INTELLECTUAL PROPERTY LAW
CASES

最高人民法院民三庭
中南财经政法大学知识产权研究中心
组织编写

# 人民法院知识产权案例裁判要旨通纂
## 上卷

主编 吴汉东 宋晓明
执行主编 金克胜 黄玉烨

编撰人
吴汉东 宋晓明 金克胜
黄玉烨 郭 威 瞿昊晖 张 弘
张 颖 张慧春 詹 艳 丁文严

北京大学出版社
PEKING UNIVERSITY PRESS

#### 图书在版编目(CIP)数据

人民法院知识产权案例裁判要旨通纂:全2册/吴汉东,宋晓明主编. —北京:北京大学出版社,2016.9
ISBN 978-7-301-26171-2

Ⅰ.①人… Ⅱ.①吴… ②宋… Ⅲ.①知识产权法—案例—中国 Ⅳ.①D923.405

中国版本图书馆 CIP 数据核字(2015)第 185138 号

| | |
|---|---|
| 书　　名 | 人民法院知识产权案例裁判要旨通纂（上下卷） |
| | Renmin Fayuan Zhishichanquan Anli Caipan Yaozhi Tongzuan (Shangxiajuan) |
| 著作责任者 | 吴汉东　宋晓明　主编 |
| 策划编辑 | 陆建华 |
| 责任编辑 | 苏燕英 |
| 标准书号 | ISBN 978-7-301-26171-2 |
| 出版发行 | 北京大学出版社 |
| 地　　址 | 北京市海淀区成府路 205 号　100871 |
| 网　　址 | http://www.pup.cn　http://www.yandayuanzhao.com |
| 电子信箱 | yandayuanzhao@163.com |
| 新浪微博 | @北京大学出版社　@北大出版社燕大元照法律图书 |
| 电　　话 | 邮购部 62752015　发行部 62750672　编辑部 62117788 |
| 印 刷 者 | 南京爱德印刷有限公司 |
| 经 销 者 | 新华书店 |
| | 730 毫米×1020 毫米　16 开本　67 印张　1908 千字 |
| | 2016 年 9 月第 1 版　2016 年 9 月第 1 次印刷 |
| 定　　价 | 328.00 元（上下卷） |

未经许可，不得以任何方式复制或抄袭本书之部分或全部内容。
版权所有，侵权必究
举报电话：010-62752024　电子信箱：fd@pup.pku.edu.cn
图书如有印装质量问题，请与出版部联系，电话：010-62756370

# 凡 例

一、本书结构
    1. 章节设置:本书第一、二、三编的章节设置分别与《中华人民共和国著作权法》《中华人民共和国商标法》《中华人民共和国专利法》基本对应;第四编的章节则是根据《中华人民共和国反不正当竞争法》和反不正当竞争纠纷类型设置。
    2. 案例结构:本书收录的案例由"基本案情"和"裁判要旨"两部分构成。

二、本书案例主要来源
    1. 最高人民法院正式发布的指导性案例(截至第十一批)。
    2.《人民法院案例选》(最高人民法院中国应用法学研究所编)。
    3.《中华人民共和国最高人民法院公报》(简称《最高人民法院公报》,最高人民法院办公厅主办)。
    4.《知识产权审判指导与参考》(最高人民法院民事审判第三庭编)。
    5.《中国案例指导》(最高人民法院、最高人民检察院《中国案例指导》编辑委员会编)
    6.《中国审判案例要览》(国家法官学院、中国人民大学法学院编)。
    7. 最高人民法院网、中国知识产权裁判文书网等人民法院官方网站。

三、案例选择
    由于案例裁判时所依据的法律、法规时有修改,本书尽可能选取在图书出版之前的新法背景下仍然具有指导价值的案例。为保持裁判原貌和历史沿革的需要,案例裁判所依据的法律、法规保持与裁判当时一致。

四、裁判要旨编号
    1. 收入本书的裁判要旨以本书结构与法条序号为依据进行编排,以便读者检索并结合相应法律条文使用。现示范如下:

| 编号 | 编号含义 |
| --- | --- |
| No.1-1-2.1-1 | 本书第一编(著作权)第一章,《中华人民共和国著作权法》第二条第一款第一个裁判要旨 |
| No.2-1-10.1.1-2 | 本书第二编(商标权)第一章,《中华人民共和国商标法》第10条第1款第1项第二个裁判要旨 |

    2. 一个裁判要旨对应多个法律条文的,以主要的法律条文为依据进行编排。

五、最高人民法院发布的指导性案例的处理
    1. 将最高人民法院历次发布的知识产权指导性案例按本书体例进行整理、编入。
    2. 在本书详目中,以"＊"标注最高人民法院正式发布的知识产权指导性案例,以便检索。

六、案例索引
    为方便读者查询案例,本书设置了案例索引。

七、主题词索引
    为方便读者按相关主题查询、阅读,本书设置了主题词索引。

# 总目录

序一 知识产权法治发展和法学进步中的司法判例制度
　　…………………………………………………… 吴汉东　1
序二 …………………………………………………… 宋晓明　5
要目 …………………………………………………………… 7
详目 ………………………………………………………… 19

## （上　卷）

第一编　著作权 …………………………………………… 001
　第一章　总则 …………………………………………… 003
　第二章　著作权 ………………………………………… 065
　第三章　著作权许可使用和转让合同 ………………… 139
　第四章　出版、表演、录音录像、播放 ……………… 156
　第五章　法律责任和执法措施 ………………………… 209
第二编　商标权 …………………………………………… 245
　第一章　总则 …………………………………………… 247
　第二章　商标注册的申请 ……………………………… 292
　第三章　商标注册的审查和核准 ……………………… 295
　第四章　注册商标的续展、变更、转让和使用许可 … 330
　第五章　注册商标的无效宣告 ………………………… 334
　第六章　注册商标专用权的保护 ……………………… 338

## （下　卷）

第三编　专利权 …………………………………………… 435
　第一章　总　则 ………………………………………… 437
　第二章　授予专利权的条件 …………………………… 483
　第三章　专利权的申请 ………………………………… 524
　第四章　专利权的期限、终止和无效 ………………… 584
　第五章　专利权的保护 ………………………………… 603
第四编　反不正当竞争 …………………………………… 787
　第一章　仿冒纠纷 ……………………………………… 789
　第二章　虚假宣传纠纷 ………………………………… 846
　第三章　侵害商业秘密纠纷 …………………………… 857
　第四章　商业诋毁纠纷 ………………………………… 878
　第五章　其他反不正当竞争纠纷 ……………………… 889
案例索引 …………………………………………………… 893
主题词索引 ………………………………………………… 905

# 序一
# 知识产权法治发展和法学进步中的司法判例制度

吴汉东(中南财经政法大学知识产权研究中心主任、教授)

2010年11月,最高人民法院出台了《关于案例指导工作的规定》,标志着我国案例指导制度正式建立。2015年6月,最高人民法院公布了《〈关于案例指导工作的规定〉实施细则》,就如何参照适用指导性案例作了具体规定,明确了"类似案件"的判定标准,要求各级法院在"审理类似案件"时,应当参照指导性案例的裁判要点,并将其作为裁判理由予以援引。[1] 知识产权案件多为技术类民事案件,属于专属管辖的范围,北京、上海、广州知识产权法院和各地法院知识产权审判庭在面临新型、疑难、复杂案件的审判时,迫切需要司法适用中的判例指导。

司法判例是蕴含了法律原理与规则的法院判决,即是一个国家或地区司法判例的选编、发布、内容、效力、引用、推翻之规则的总和。[2] 司法判例制度的确立,并不只是判例法国家独有的"专利",换言之,实现司法裁判标准的统一性,是不同法律传统国家共同的制度追求。正如有的学者所言,英美法系国家中的判决以及"遵循先例"原则,只是司法判例制度的一种形式而已。[3] 中国特色的指导案例制度,以案例引证制度为核心,通过对司法案例的选编、发布,对"类似案件"进行指导性约束,是一种值得肯定的"中国式判例"制度,也是值得推广的审判制度改革成果。可以认为,在两大法系传统出现融合的大趋势中,在中国司法体制改革的大背景下,建立中国特色的案例指导制度,不仅体现了人民法院在审判工作专业化和审判标准统一性上的目标追求,而且凸显了司法体制改革对司法裁判权有效运行和审判文书说理性论证的具体要求。

现代知识产权是一个庞大的制度体系,著作权发生在文化创作领域,与文化创新、文化产业发展息息相关;专利权产生于技术应用领域,与科技创新、科技产业进步紧密相连;商标权则运作于工商经营领域,涉及商品销售、市场竞争等诸多问题。可以说,在财产权体系中,知识产权最具科技含量、最多知识要素,且具有权利类型多样性、权利客体复杂性的特点。因此,在知识产权领域建立司法判例制度,其意义更为特殊,作用更为重要,下面试分述之:

(一)促进司法裁判统一

司法判例作为司法实践中法官智慧与经验的凝结,不仅可以弥补立法滞后所带来的不足,而且有利于限缩法官的自由裁量权,促进司法审判标准的统一。"类似案件"判定标准的明确,作为案例引证制度的前提性要件,发挥着避免"同案不同判"的事实约束力。从指导性案例的适用效力上讲,其并非法律适用上的正式法律渊源,主要是发挥案例引证制度的指导性约束,并可以为司法裁判活动的说理性论证提供一定的事实论据。因此,促进和完善我国案例引证制度的有效实施,就需要在案例引证的适用范围、引证程序、引证方法,以及引证来源等方面作出具体规定,以此服务于司法判例制度的指导性功能。我国知识产权法官不断提高识别和创设判例的技术能力,为推动司法裁判的统一做出了许多努力。例如"实质性相似+接触"是美国判例创设的著作权侵权认定规则。我国司法实践不仅将其广泛用于著作权、专利权、技术秘密等领域,而且在司法认定逻辑、对比测试方法、举证责任分配等方面丰富和完善了这一规则。通过一致性

---

[1] 参见最高人民法院《〈关于案例指导工作的规定〉实施细则》第9条、第10条规定。
[2] 参见宿迟、杨静:《建立知识产权司法判例制度》,载《科技与法律》2015年第2期。
[3] 参见何然:《司法判例制度论要》,载《中外法学》2014年第1期。

和稳定性的裁判,提高了知识产权司法保护水平。

(二) 促进理论研究创新

司法判例研究对法学理论发展的促进作用,取决于判例与学说的相互影响。[①] 一方面需要肯定的是,判例的形成与发展离不开理论的支持,知识产权学说思想是审判文书进行说理性论证的基础,是司法判例得以证成的思想资料;从另一方面说,司法判例制度的建立和发展,有助于中国知识产权的理论创新和思想自立。当下中国知识产权事业的发展和法治建设,是一场伟大的制度创新实践,知识产权保护在中国既具有与各国共同面对的国际背景和时代背景,又具有自身立足的本土国情以及解决中国问题的实践经验。司法判例蕴含着知识产权保护的司法理念,凝结着知识产权案件审判的司法经验,为知识产权理论研究提供了丰富的思想资料。例如,为理论研究提供具体的案例,检验理论的正确性,促进理论研究与实践结合,从而推进知识产权理论的发展。知识产权是一个实践性极强的法律部门,关注创新实践、关注法治实践,是理论工作者的应有之责。在此,我们需要总结、归纳、挖掘本国知识产权司法实践所蕴含的法治思想和经验,以丰富和发展中国的知识产权学说理论。

(三) 促进法律制度完善

司法与立法有着密切的联系。法律一经公布实施,其条文是固定的,在这种情况下,司法判例具有两种功用:一是通过鲜活的案例维系法律的生命力,使其成为实践中的法律;二是通过具体的裁判弥补法律的疏漏性、模糊性和不周延性,使其成为变动中的法律。我国知识产权审判以制定法为依据,但其立法相对滞后、修法进程缓慢,因而法律不敷使用的情形在知识产权领域最为严重。具有漏洞补充意义的判例,不仅可以产生以司法补充解释制定法的作用,而且判例规则一经稳定并成熟,还能够成为未来法律条文的雏形。例如,实施了二十多年的《中华人民共和国反不正当竞争法》,采取列举方法规定了不正当竞争的行为类型,不能过大解释适用范围;而"一般条款"对竞争规则作了过于抽象的规定,又难以具体适用于个案。在司法实践中,法官通过总结不正当竞争行为的特征和裁判规则,在诸多判例中丰富和充实了法条内容。未来《中华人民共和国反不正当竞争法》修正案在不正当竞争行为方面,应采取概括主义和列举主义的做法,即引入判定要件的"一般条款"与重构适用范围的"兜底条款"。上述判例所形成的规则,为我们提供了较好的修法思想资料。

(四) 促进实践教学改革

我国法学教育正处于改革之期,在理论教学、课堂教学的基础上,已强化实验、实训、实践等环节的教学。知识产权教学不能满足理论法学,不能停步在讲义授课上面,其改革的重大途径之一就是重视判例教学。经典判例可以为专业教师提供课堂讲授案例资源,有助于培养学生对法律事实的认定能力和对司法裁判的预见能力。可以说,师生在判例课程中得以实现教学相长的目的。台湾学者王泽鉴先生曾经这样介绍法律研习之途径:学习法律的最佳方法,是先读一本简明的教科书,期能通盘初步了解该法律的体系结构及基本概念。其后再以实例作为出发点,研读各家教科书、专题研究、论文及判例评析等,作成解题的报告。[②] 上述言论,表明了判例课程在法律教学中的重要作用。

知识产权司法判例制度的建设还在路上,本书的编纂是这一制度建设的有益尝试。近年来,最高人民法院的知识产权庭、应用法学研究所、国家法官学院等单位,先后编译出版了《知识产权审判指导与参考》《中国知识产权指导案例评注》《人民法院案例选》等著述。本书案例来源即为最高人民法院正式发表的指导性案例、前述各业务庭室编纂的案例选编,以及最高人民法院网、中国知识产权裁判文书网等人民法院官方网站发布的司法判决,对于知识产权审判工作具有相当大的指导意义,对于知识产权案例教学具有重要参考价值。

本书所援引的案例,包括案情叙述、裁判结论和裁判理由等内容,可以概括为"基本案情"和

---

① 参见刘士国:《中国民事法律与司法判例》,载《山东警察学院学报》2006 年第 2 期。
② 参见王泽鉴:《法律思维与民法判例》,中国法制出版社 2001 年版,第 17—18 页。

"裁判要旨"两大部分,其"裁判要旨"是本书的关键词。在编写体例上,依知识产权诸法有关章节次第展开,并在相关案例中特别标注案件类型及其适用的法律条款,以便读者查找和阅读。

本书由最高人民法院知识产权庭的实务工作者与中南财经政法大学知识产权研究中心的理论工作者联袂完成。特别需要指出的是,宋晓明庭长、金克胜副庭长给了大力支持,审读了书稿,宋晓明庭长亲自为本书作序,对此深表感谢。参与校稿、承担编务工作的还有本校知识产权专业博士生贺鸣、张惠瑶、鲁甜以及研究生李梦蝶等,对他们的辛勤劳动,在此一并致谢。最后,还要感谢北京大学出版社蒋浩副总编辑,苏燕英、陆建华编辑,没有他们的专业贡献,本书也许难以付成。

谨以此为前言。

2016 年 7 月 18 日

# 序二

宋晓明（最高人民法院审判委员会委员、民三庭庭长）

知识产权审判是高度专业性的审判，其审判过程不仅涉及知识产权法和传统民商法的适用问题，还涉及复杂的专业技术问题。进入新世纪以来，生物、新材料、新能源技术以及计算机互联网技术等不断对知识产权审判提出具有挑战性的问题，知识产权司法实践中法律问题与技术问题交织，传统民商法与知识产权法交错，版权、商标、专利、商业秘密、不正当竞争法冲突融合，使得知识产权审判中的新情况、新问题层出不穷。法律的稳定性、滞后性决定了法律条文终究难以满足丰富生动的司法实践需求，知识产权审判的高度技术性、复杂性，也加剧了相关法律供给的不足。

案例指导是最高人民法院长期以来指导下级法院审判活动的有效手段，2010年11月，最高人民法院出台了《关于案例指导工作的规定》，我国案例指导制度正式确立。2015年6月，最高人民法院公布《〈关于案例指导工作的规定〉实施细则》，对如何参照适用指导性案例作出具体规定，要求各级法院在"审理类似案件"时，参照指导性案例，并将其作为裁判理由予以引述。案例指导制度的确立，不仅为指导性案例在知识产权审判中的适用提供了制度依据，也进一步推动了知识产权指导性案例的编写与适用。知识产权审判是最高人民法院较早开始进行案例指导探索的领域，自2008年起，最高人民法院民三庭每年都对自身审理的知识产权典型案件进行分析、梳理和归纳，汇编出版《知识产权审判案例指导》，并组织承办法官对每年公布的中国知识产权司法保护10大案件和50件典型案例进行分析解读，汇编出版《中国知识产权指导案例评注》。案例指导制度实施后，最高人民法院正式发布的指导性案例中也包含了一批具有重要指导意义的知识产权案例。此外，《最高人民法院公报》《人民法院案例选》《知识产权审判指导与参考》《中国案例指导》《中国审判要览》等，也汇集了大量对知识产权审判和教学研究具有参考意义的案例。

上述案例记载了我国知识产权法官不断开拓法律适用领域、明晰法律适用标准、推动知识产权裁判规则体系不断完善的探索历程，是我国知识产权法官的智慧结晶和知识产权司法的宝贵财富，也是知识产权立法、法学研究和案例教学的重要素材。特别是最高人民法院编发的指导性案例，对统一法律适用标准、明晰司法政策、弥补成文法之不足、规范法官自由裁量权起到了重要作用，已成为我国知识产权法官、律师必不可少的办案工具。同时，由于这些案例均依赖相关载体发布于不同时期，缺少统一的检索标准，导致使用时查阅困难。并且，随着时代的变迁，法律、司法解释不断修订完善，一些案例中反映的裁判规则、观点与现行法律和司法解释业已产生冲突。因此，对上述案例按照法律部门和相关法律问题进行系统的分类，并按照现行有效的法律条文进行归纳、梳理，不断满足法官办案、知识产权立法、法学研究和案例教学的需求，具有重要的现实意义。为此，最高人民法院知识产权庭与中南财经政法大学知识产权研究中心组织编写了《人民法院知识产权案例裁判要旨通纂》（上下卷）。本书具有以下特点：

一是尽量选择在本书出版之前新实施的法律背景下仍然具有指导参考意义的案例，并且为保持裁判的原貌，案例裁判所依据的法律、法规仍保持与裁判当时一致。

二是采用工具书编纂体例，分为凡例、总目录、序言、要目、详目、正文六大部分。在凡例部分，对本书的结构、案例来源和选择标准、裁判要旨、编号方法、案例类别和相关索引进行了详细介绍，以便于读者掌握本书的使用方法。

三是设置案例索引和主题词索引，对收入的裁判要旨以本书结构与法条顺序为依据进行编排,每个裁判要旨都赋予一个编号。对指导性案例和其他案例进行区分,在详目中以"*"标注出最高人民法院正式发布的知识产权指导性案例,以方便读者检索。

四是分为上下两卷,上卷包括著作权和商标权两编,下卷包括专利权和反不正当竞争两编。其中著作权、商标权和专利权均依照相应的法律体系分为若干"章、节","节"之下按照法律条文的先后排序;不正当竞争编则依照《反不正当竞争法》和反不正当竞争纠纷的类型设置。全书共梳理汇集法律问题和相关案例280个,均以具体的案例阐释抽象的条文。其中:著作权案例96个、商标权案例54个、专利权案例118个、不正当竞争案例12个,基本涵盖了各专业领域主要法律条文理解与适用中的主要问题。

当前,科技发展更加迅猛,并愈来愈成为决定国家核心竞争力的重要因素。2008年6月,中国发布了《国家知识产权战略纲要》,特别是党的十八大以来,党中央和国务院对知识产权和创新工作高度重视,针对知识产权工作作出的决策和提出的措施密度之高、力度之大,前所未有,提出了建设知识产权强国的宏伟蓝图,并把"充分发挥司法保护知识产权主导作用"作为主要目标之一。知识产权审判发展更加迅速,知识产权指导性案例、参考性案例对知识产权司法、立法、法学研究和案例教学的重要作用日益凸显。期望借本书的出版,及时总结中国知识产权审判的成熟经验,推动知识产权案例编纂的科学化,促进中国知识产权法律制度的完善,不断满足知识产权司法保护实践的需求。

2016年7月25日

# 要 目

## （上下卷）

## 第一编 著 作 权

**第一章 总则** ······ 003

1. 受著作权法保护的作品（《著作权法》第2条第1款） ······ 005
2. 作品与思想（《著作权法》第2条第1款） ······ 006
3. 外国人作品的著作权（《著作权法》第2条第2款） ······ 007
4. 外国鉴定结论和判决文书在我国著作权诉讼中的效力（《著作权法》第2条第2款） ··· 010
5. 戏剧作品署名权（《著作权法》第3条第3项、第10条第2项） ······ 015
6. 舞剧作品的归类（《著作权法》第3条第3项、第10条、第11条） ······ 016
7. 对美术作品的认定（《著作权法》第3条第4项） ······ 020
8. 建筑作品（《著作权法》第3条第4项） ······ 023
9. 实用艺术作品的独创性判定（《著作权法》第3条第4项） ······ 025
10. 实用艺术作品的保护范围与侵权判断（《著作权法》第3条第4项） ······ 030
11. 数码照片著作权的归属（《著作权法》第3条第5项） ······ 035
12. 地图作品（《著作权法》第3条第7项） ······ 036
13. 行政区划地图的可版权性及保护（《著作权法》第3条第7项） ······ 038
14. 计算机软件的著作权（《著作权法》第3条第8项） ······ 040
15. 计算机软件著作权侵权的举证责任（《著作权法》第3条第8项） ······ 041
16. 字库的作品种类认定和使用（《著作权法》第3条第8项） ······ 044
17. 答题卡的作品认定（《著作权法》第3条第9项） ······ 051
18. 网站页面的作品认定（《著作权法》第3条第9项、第14条、第17条） ······ 053
19. 境外影视作品权益的维护（《著作权法》第4条） ······ 054
20. 利用民间文学艺术进行再创作的作品的著作权（《著作权法》第6条） ······ 056

**第二章 著作权** ······ 065

**第一节 著作权人权利** ······ 068

21. 作品登记是否构成著作权意义上的发表（《著作权法》第10条第1款第1项） ······ 068

22 著作人身权(《著作权法》第 10 条第 1 款第 4 项、第 33 条第 2 款) ⋯⋯⋯⋯ 069
23 复制行为(《著作权法》第 10 条第 1 款第 5 项) ⋯⋯⋯⋯⋯⋯⋯⋯⋯⋯ 071
24 出版发行权(《著作权法》第 10 条第 1 款第 6 项) ⋯⋯⋯⋯⋯⋯⋯⋯⋯ 074
25 信息网络传播权(《著作权法》第 10 条第 1 款第 12 项) ⋯⋯⋯⋯⋯⋯⋯ 077
26 "通知—删除"程序中网络服务提供者的义务与责任承担(《著作权法》第 10 条第 1 款第 12 项,《信息网络传播条例》第 14 条、第 23 条) ⋯⋯⋯⋯⋯ 080
27 涉及提供链接服务的网络服务提供者的直接侵权责任(《著作权法》第 10 条第 1 款第 12 项) ⋯⋯⋯⋯⋯⋯⋯⋯⋯⋯⋯⋯⋯⋯⋯⋯⋯⋯⋯⋯⋯⋯ 085
28 P2P 网络服务提供者的侵权责任(《著作权法》第 10 条第 1 款第 12 项) ⋯ 087
29 涉及网络的公证证据的认定(《著作权法》第 10 条第 1 款第 12 项) ⋯⋯ 090

第二节 著作权归属 ⋯⋯⋯⋯⋯⋯⋯⋯⋯⋯⋯⋯⋯⋯⋯⋯⋯⋯⋯⋯⋯⋯⋯⋯⋯ 093

30 法人作品(《著作权法》第 11 条第 3 款、第 16 条、第 17 条) ⋯⋯⋯⋯⋯ 093
31 戏曲音乐作品著作权权属的审查及认定(《著作权法》第 11 条第 4 款) ⋯ 095
32 民间音乐作品的改编(《著作权法》第 12 条、第 47 条第 6 项) ⋯⋯⋯⋯ 097
33 从小说到小品(《著作权法》第 12 条、第 47 条第 6 项) ⋯⋯⋯⋯⋯⋯⋯ 100
34 合作作品(《著作权法》第 13 条) ⋯⋯⋯⋯⋯⋯⋯⋯⋯⋯⋯⋯⋯⋯⋯⋯ 102
35 汇编作品的著作权(《著作权法》第 14 条、第 11 条第 3 款、第 17 条) ⋯ 104
36 电影作品的著作权(《著作权法》第 15 条、第 38 条第 5 项) ⋯⋯⋯⋯⋯ 106
37 电影 VCD 的性质(《著作权法》第 15 条、第 10 条第 1 款第 5 项) ⋯⋯⋯ 107
38 职务作品(《著作权法》第 16 条、第 14 条、第 11 条) ⋯⋯⋯⋯⋯⋯⋯⋯ 110
39 职务作品著作权的推定归属(《著作权法》第 16 条) ⋯⋯⋯⋯⋯⋯⋯⋯ 113
40 委托创作作品的权属(《著作权法》第 17 条) ⋯⋯⋯⋯⋯⋯⋯⋯⋯⋯⋯ 114
41 委托创作作品的认定(《著作权法》第 17 条) ⋯⋯⋯⋯⋯⋯⋯⋯⋯⋯⋯ 115
42 委托创作作品与合作作品(《著作权法》第 17 条) ⋯⋯⋯⋯⋯⋯⋯⋯⋯ 119
43 美术作品的原件(《著作权法》第 18 条) ⋯⋯⋯⋯⋯⋯⋯⋯⋯⋯⋯⋯⋯ 120
44 著作权的继承(《著作权法》第 19 条) ⋯⋯⋯⋯⋯⋯⋯⋯⋯⋯⋯⋯⋯⋯ 122

第三节 权利的保护期 ⋯⋯⋯⋯⋯⋯⋯⋯⋯⋯⋯⋯⋯⋯⋯⋯⋯⋯⋯⋯⋯⋯ 127

第四节 权利的限制 ⋯⋯⋯⋯⋯⋯⋯⋯⋯⋯⋯⋯⋯⋯⋯⋯⋯⋯⋯⋯⋯⋯⋯ 127

45 软件的后续开发是否合理使用(《著作权法》第 22 条、第 17 条) ⋯⋯⋯ 127
46 教材的合理使用(《著作权法》第 22 条第 1 款第 6 项) ⋯⋯⋯⋯⋯⋯⋯ 130
47 电影学院教学的合理使用(《著作权法》第 22 条第 1 款第 6 项) ⋯⋯⋯ 134
48 公益广告是否合理使用(《著作权法》第 22 条第 1 款第 9 项) ⋯⋯⋯⋯ 137

## 第三章　著作权许可使用和转让合同 ·········· 139

- 49 法定许可(《著作权法》第 23 条第 1 款、第 16 条) ·········· 139
- 50 默示使用许可合同的认定(《著作权法》第 24 条) ·········· 141
- 51 自荐信的性质(《著作权法》第 24 条) ·········· 143
- 52 著作权许可使用中的推定(《著作权法》第 24 条、第 22 条第 1 款第 7 项、第 6 条) ······ 145
- 53 许可使用和转让合同(《著作权法》第 27 条、第 25 条) ·········· 153

## 第四章　出版、表演、录音录像、播放 ·········· 156

### 第一节　出版 ·········· 158

- 54 出版合同的主体(《著作权法》第 30 条) ·········· 158
- 55 图书出版中的拒稿和退稿(《著作权法》第 30 条) ·········· 160
- 56 图书专有出版权(《著作权法》第 31 条) ·········· 163
- 57 图书出版者有按约定质量出版图书的义务(《著作权法》第 32 条第 1—2 款、第 34 条第 1 款) ·········· 165
- 58 重印、再版作品(《著作权法》第 32 条第 3 款) ·········· 168
- 59 图书重印与发行(《著作权法》第 32 条第 3 款) ·········· 169
- 60 著作权人向报社、期刊社投稿(《著作权法》第 33 条第 1 款) ·········· 171
- 61 报刊转载已刊登作品(《著作权法》第 33 条第 2 款) ·········· 173
- 62 报社、期刊社修改权(《著作权法》第 34 条第 2 款) ·········· 174
- 63 汇编作品的出版(《著作权法》第 35 条) ·········· 176
- 64 版式设计专有使用权(《著作权法》第 36 条、第 47 条第 9 项) ·········· 178

### 第二节　表演 ·········· 180

- 65 使用他人作品演出(《著作权法》第 37 条第 1 款、第 40 条第 3 款) ·········· 180
- 66 表演者的人身权利(《著作权法》第 38 条第 1—2 项、第 39 条) ·········· 183
- 67 对表演的录音录像和传播(《著作权法》第 38 条第 1、4 项、第 48 条第 3 项) ·········· 185
- 68 义演中的表演者权(《著作权法》第 38 条第 4—5 项) ·········· 188
- 69 表演者的信息网络传播权(《著作权法》第 38 条第 6 项) ·········· 189
- 70 表演者权和录像制作者权(《著作权法》第 38 条、第 40 条、第 42 条、第 53 条) ·········· 190
- 71 录音制品中表演者和侵权者的身份认定(《著作权法》第 38 条、第 41 条、第 48 条第 3 项) ·········· 196
- 72 使用他人已经合法录制为录音制品的音乐作品制作录音制品并复制和发行的法定许可(《著作权法》第 40 条第 3 款) ·········· 200

## 第三节　录音录像

**73** 录音录像制作者权(《著作权法》第42条第1款) ………… 203
**74** 表演者的二次许可权和获酬权(《著作权法》第42条第2款) ………… 204

## 第四节　广播电台、电视台播放

**75** 广播组织的法定许可(《著作权法》第43条、第55条) ………… 206
**76** 广播组织播放录像制品(《著作权法》第44条、第46条) ………… 207

## 第五章　法律责任和执法措施 ………… 209

**77** 未经许可作品的发表(《著作权法》第47条第1项、第49条) ………… 210
**78** 合作作品的发表(《著作权法》第47条第2项) ………… 212
**79** 在他人作品上署名(《著作权法》第47条第3、5项,第48条第1项) ………… 214
**80** 电影再创作(《著作权法》第47条第4项) ………… 216
**81** 剽窃他人作品(《著作权法》第47条第5项) ………… 218
**82** 未经许可展览作品(《著作权法》第47条第6项、第24条) ………… 219
**83** 未经许可摄制作品(《著作权法》第47条第6项) ………… 221
**84** 民事纠纷与行政纠纷(《著作权法》第48条第1项) ………… 224
**85** 未经许可复制作品(《著作权法》第48条第1项、第10条第1款第5项) ………… 226
**86** 未经许可放映作品(《著作权法》第48条第1项、第8条) ………… 228
**87** 未经许可在信息网络传播作品(《著作权法》第48条第1项、第10条第1款第12项) ………… 229
**88** 出版他人享有专有出版权的图书(《著作权法》第48条第2项) ………… 231
**89** 技术措施保护(《著作权法》第48条第6项、第51条、第59条) ………… 233
**90** 技术措施的认定(《著作权法》第48条第6项、第3条第8项、第59条) ………… 237
**91** 权利管理信息的保护(《著作权法》第48条第7项、第60条) ………… 239
**92** 出售假冒他人署名的作品(《著作权法》第48条第8项、第52条) ………… 241
**93** 传播复制品的侵权责任(《著作权法》第53条) ………… 243

# 第二编　商　标　权

## 第一章　总则 ………… 247

**1** 商标专用权的共有(《商标法》第5条) ………… 248
**2** 商标的显著性(《商标法》第9条第1款、第57条第1款第2项) ………… 250

3 可移动非金属建筑物上注册的商品商标近似(《商标法》第9条第1款,第57条第1款第2、7项) ·········· 252

4 以三维标志作为注册商标的特殊要求(《商标法》第9条第1款) ·········· 255

5 禁止作为商标使用的标志(《商标法》第10条第1款第1项、第11条第1款第1项、第32条) ·········· 256

6 含有描述性要素的商标的显著性(《商标法》第11条第1款第3项) ·········· 262

7 商标的实际使用(《商标法》第13条第2款) ·········· 265

8 驰名商标的认定(《商标法》第13条第2款、第14条第1款第4、5项) ·········· 268

9 驰名商标的保护(《商标法》第13条第3款,第14条第1款第1、2项) ·········· 281

10 驰名商标的证明(《商标法》第13条第3款、第14条第1款第4项) ·········· 284

11 驰名商标受保护记录(《商标法》第14条1款第4项) ·········· 286

12 恶意注册的禁止(《商标法》第15条第1款) ·········· 289

## 第二章 商标注册的申请 ·········· 292

13 优先权及其手续(《商标法》第25条) ·········· 292

## 第三章 商标注册的审查和核准 ·········· 295

14 商标注册申请的驳回(《商标法》第30条、第44条第1款) ·········· 296

15 服务商标近似的认定(《商标法》第32条、第57条第1款第2项) ·········· 311

16 申请商标注册不得损害他人现有的在先权利(《商标法》第32条) ·········· 314

17 注册商标与他人著作权冲突(《商标法》第32条) ·········· 316

18 在先权利的确定(《商标法》第32条) ·········· 318

19 在先权利与恶意抢注(《商标法》第32条、第52条第1款第2项) ·········· 322

20 企业字号与他人在先注册商标冲突(《商标法》第32条) ·········· 324

21 商标异议程序(《商标法》第35条第3款) ·········· 328

## 第四章 注册商标的续展、变更、转让和使用许可 ·········· 330

22 商标转让合同公告前的效力(《商标法》第42条第1款、第57条第1款第2项) ·········· 330

23 商标许可使用合同对第三人的效力(《商标法》第43条第3款) ·········· 333

## 第五章 注册商标的无效宣告 ·········· 334

24 商标局依职权撤销注册商标(《商标法》第49条第2款) ·········· 334

25 注册商标的使用管理(《商标法》第49条第2款) ……………………… 335

## 第六章 注册商标专用权的保护 ……………………………………… 338

26 地理标志(《商标法》第56条) …………………………………………… 340
27 注册商标专用权(《商标法》第56条、第57条第1款第2项) ………… 342
28 以三维标志作为商标的特殊要求(《商标法》第57条第1款第2项、第59条第3款) …… 344
29 商标近似(《商标法》第57条第1款第2项) …………………………… 347
30 网络环境下商标权的保护(《商标法》第57条第1款第2项、第59条第1款) …… 351
31 商标侵权行为之一(《商标法》第57条第1款第2项、第60条第2款) ……… 353
32 驰名商标的认定与保护(《商标法》第57条第1款第2、7项) ………… 365
33 商标专用权的保护(《商标法》第57条第1款第7项) ………………… 369
34 商标与商品质量(《商标法》第57条第1款第5项) …………………… 370
35 将注册商标拆分成与他人注册商标近似的标志使用(《商标法》第58条) …… 372
36 在企业宣传中突出使用他人商标(《商标法》第57条、第63条第1款) …… 373
37 商标权与企业名称权冲突(《商标法》第58条) ……………………… 376
38 产品产地与注册商标相同(《商标法》第59条) ……………………… 379
39 将境外商品输入到国内销售(新《商标法》第57条第1款第7项、第60条第2款) …… 381
40 域名与注册商标近似(《商标法》第57条第1款第7项) ……………… 383
41 商标的使用(《商标法》第57条第1款第7项) ………………………… 386
42 网络服务商责任(《商标法》第57条第1款第7项) …………………… 389
43 市场管理方责任(《商标法》第57条第1款第7项) …………………… 394
44 将他人服务商标作为商品名称使用(《商标法》第57条第1款第7项) …… 395
45 将他人注册商标申请产品外观设计(《商标法》第57条第1款第7项) …… 398
46 商标侵权行为之二(《商标法》第57条第1款第7项) ………………… 399
47 将他人驰名商标注册为企业字号(《商标法》第58条) ……………… 414
48 商标的正当使用(《商标法》第59条第1款) …………………………… 417
49 商标侵权行为之三(《商标法》第59条第1款) ………………………… 422
50 商标的合理使用(《商标法》第59条) …………………………………… 424
51 确认不侵权之诉(《商标法》第60条第1款) …………………………… 426
52 酒类经销商的合理审查义务(《商标法》第60条第3款、第63条第1款) …… 428
53 商标侵权赔偿(《商标法》第63条第1款) ……………………………… 430
54 侵犯商标权的刑事责任(《商标法》第63条第1款、第67条第3款) …… 431

# 第三编 专 利 权

## 第一章 总则 ········ 437

1. 专利实施许可合同涉嫌垄断(《专利法》第1条、《合同法》第329条) ········ 438
2. 方法专利发明的种类(《专利法》第2条) ········ 440
3. 管理专利工作的部门调查搜集有关证据的职权(《专利法》第3条、第64条) ········ 442
4. 职务发明专利的归属(《专利法》第6条) ········ 444
5. 明确职务发明的依据(《专利法》第6条) ········ 450
6. 实用新型专利与发明专利同时申请(《专利法》第9条);相同专利的确定(《专利法》第31条) ········ 451
7. 相同或类似外观设计的禁止重复授权(《专利法》第9条) ········ 455
8. 专利权转让的登记(《专利法》第10条) ········ 459
9. 方法专利的保护范围以及举证责任(《专利法》第11条、第26条、第61条) ········ 460
10. 专利权的实施(《专利法》第11条) ········ 468
11. 许诺销售(《专利法》第11条) ········ 469
12. 发明专利临时保护期使用费(《专利法》第13条) ········ 471
13. 专利权的临时保护期内所制造产品的后续使用(《专利法》第13条、第68条、第69条) ········ 473
14. 专利共有人订立专利实施许可合同(《专利法》第15条) ········ 475
15. 发明人、设计人的专利署名权、获酬权(《专利法》第16条、第17条) ········ 477
16. 专利发明人、设计人的报酬、奖励(《专利法》第16条);宣告无效专利的使用费(《专利法》第47条) ········ 478

## 第二章 授予专利权的条件 ········ 483

17. 传统工艺专利中对创造性的判定(《专利法》第22条);专利侵权法定赔偿(《专利法》第65条) ········ 484
18. 公知技术抗辩的适用(《专利法》第22条) ········ 486
19. 商业上的成功与技术创造性的判断(《专利法》第22条) ········ 487
20. 抵触申请(《专利法》第22条) ········ 488
21. 企业标准备案是否构成公开(《专利法》第22条) ········ 490
22. 创造性判断中采纳申请日后补交的实验数据的条件(《专利法》第22条) ········ 494
23. 现有技术抗辩的比对方法(《专利法》第22条) ········ 500
24. 创造性判断中商业成功的认定(《专利法》第22条) ········ 502

25 新晶型化合物的创造性判断(《专利法》第22条) …… 505
26 实用新型专利创造性判断对相近或者相关技术领域现有技术的考量(《专利法》第22条) …… 507
27 现有技术中技术偏见的判断(《专利法》第22条) …… 512
28 现有设计(《专利法》第23条) …… 514
29 注册商标作为外观设计专利申请的对比文件(《专利法》第23条) …… 516
30 功能性设计特征的判断标准(《专利法》第23条) …… 519

## 第三章 专利权的申请 …… 524

31 权利要求书中的技术方案(《专利法》第26条);全面覆盖原则(《专利法》第59条) … 525
32 独立权利要求的构成(《专利法》第26条) …… 527
33 必要技术特征的确定(《专利法》第26条);特别排除规则(《专利法》第59条) …… 530
34 专利权利要求的解释(《专利法》第26条);禁止反悔原则(《专利法》第59条) …… 533
35 在说明书中有明确特定含义的权利要求术语的解释(《专利法》第26条) …… 536
36 解释权利要求时对使用说明书和附图以及专利权人限制的应用(《专利法》第26条) 539
37 权利要求保护范围争议的解决(《专利法》第26条) …… 543
38 权利要求所要求保护的技术方案的范围(《专利法》第26条) …… 547
39 权利要求存在明显错误的情况(《专利法》第26条) …… 548
40 未在权利要求书中记载而仅通过测量说明书附图得到的尺寸参数的作用(《专利法》第26条) …… 553
41 专利申请人未能在专利说明书中公开的技术方案、技术效果的效力(《专利法》第26条);有关药品研制、生产的其他法律规定的影响(《专利法》第22条) …… 556
42 本领域普通技术人员理解的通常含义对解释权利要求用语的作用(《专利法》第26条) … 560
43 所属技术领域的人员(《专利法》第26条) …… 564
44 分案申请授权专利的权利要求保护范围(《专利法》第26条) …… 568
45 专利申请文件修改超范围的判断(《专利法》第31条) …… 570
46 专利申请文件的修改(《专利法》第33条) …… 573

## 第四章 专利权的期限、终止和无效 …… 584

47 专利无效行政诉讼中的口头审理(《专利法》第46条);外观设计等同侵权判断(《专利法》第59条) …… 584
48 专利无效宣告的诉讼中止(《专利法》第46条);现有技术抗辩的判断(《专利法》第26条);专利侵权赔偿数额的确定(《专利法》第65条) …… 587

49 专利无效宣告程序中权利要求书的修改方式(《专利法》第46条) …………… 592
50 专利临时保护的范围(《专利法》第47条) ………………………………… 595
51 部分无效的专利保护范围(《专利法》第47条) ……………………………… 597
52 专利权无效的确定(《专利法》第47条) ……………………………………… 598
53 无效宣告请求审查决定的决定日为确定宣告专利权无效的时间点(《专利法》第47条) …… 599

## 第五章 专利权的保护 …………………………………………………… 603

54 权利要求中技术术语的解释(《专利法》第59条) …………………………… 608
55 具有多项技术方案的独立权利要求的比较(《专利法》第59条) …………… 610
56 外观设计专利权的认定(《专利法》第59条) ………………………………… 613
57 公证证据的采纳(《民事诉讼法》第67条);专利侵权纠纷诉讼时效的计算(《专利法》第68条) …………………………………………………………… 615
58 现场录像、勘验笔录记录的生产过程与专利权利要求书的解释(《专利法》第59条) … 617
59 权利要求书的解释、等同原则的应用(《专利法》第59条) ………………… 619
60 相同侵权的适用(《专利法》第59条) ………………………………………… 622
61 等同侵权的适用、发明专利的保护范围(《专利法》第59条) ……………… 624
62 实用新型专利保护范围解释(《专利法》第59条) …………………………… 626
63 功能性限定技术特征权利保护范围的确定(《专利法》第59条) …………… 629
64 独立权利要求的术语解释(《专利法》第59条) ……………………………… 631
65 方法专利权利要求的解释(《专利法》第59条) ……………………………… 633
66 从属专利侵权(《专利法》第59条) …………………………………………… 635
67 等同原则在中药专利中的适用(《专利法》第59条) ………………………… 637
68 等同原则在药品专利中的应用(《专利法》第59条) ………………………… 639
69 改劣技术方案不落入专利权的保护范围(《专利法》第59条) ……………… 641
70 人民法院对禁止反悔原则的主动适用(《专利法》第59条) ………………… 643
71 技术特征解释的范围(《专利法》第59条) …………………………………… 646
72 外观设计专利的设计空间(《专利法》第59条) ……………………………… 652
73 外观设计相同或者相近似的判断(《专利法》第59条) ……………………… 657
74 禁止反悔原则的应用(《专利法》第59条) …………………………………… 660
75 禁止反悔原则的认定(《专利法》第59条) …………………………………… 663
76 授权确权程序中禁止反悔原则的适用(《专利法》第59条);专利侵权纠纷中被诉侵权技术方案的查明(《专利法》第59条) ……………………………………… 666
77 专利侵权纠纷中技术特征等同的认定(《专利法》第59条) ………………… 672

78 对一般消费者而言的外观设计专利与对比设计可视部分的相同点和区别点(《专利法》第59条) …… 676

79 说明书及附图的例示性描述不用于限制专利权的保护范围(《专利法》第59条) …… 680

80 外观设计侵权比较中装饰图案的简单替换(《专利法》第59条) …… 683

81 说明书公开范围的作用(《专利法》第59条) …… 685

82 在从属权利要求的基础上维持有效专利权对禁止反悔原则适用的限制(《专利法》第59条) …… 688

83 写入权利要求的使用环境特征属于必要技术特征(《专利法》第59条) …… 691

84 外观设计专利产品类别的确定(《专利法》第59条) …… 697

85 权利要求技术特征的划分标准(《专利法》第59条) …… 698

86 保护范围明显不清楚的专利权侵权指控不成立(《专利法》第59条) …… 700

87 专利权人选择封闭式权利要求的后果(《专利法》第59条) …… 702

88 对比文件中仅公开产品结构图形但没有文字描述的权利要求用语的确定(《专利法》第59条) …… 708

89 开放式与封闭式权利要求的区分适用于机械领域专利、开放式权利要求的区别技术特征的认定(《专利法》第59条) …… 711

90 改变方法专利的步骤顺序是否构成等同侵权(《专利法》第59条) …… 716

91 物质的医药用途发明的撰写要求、给药特征对权利要求请求保护的制药方法发明是否具有限定作用？不产生特定毒副作用的特征对权利要求请求保护的医药用途发明是否具有限定作用？(《专利法》第59条) …… 721

92 采用与权利要求限定的技术手段相反的技术方案不构成等同侵权(《专利法》第59条) …… 727

93 外观设计专利侵权判定中相同或相近种类产品的认定(《专利法》第59条) …… 728

94 封闭式权利要求的侵权判定(《专利法》第59条) …… 730

95 专利行政调解(《专利法》第60条) …… 731

96 管理专利工作的部门就专利纠纷的行政处理决定的撤销(《专利法》第60条) …… 733

97 确认不侵权之诉的管辖法院(《专利法》第60条) …… 735

98 侵犯外观设计专利权纠纷管辖权异议(《专利法》第60条) …… 736

99 最先立案法院的管辖权(《专利法》第60条) …… 738

100 涉及专利的临时保护使用费纠纷的专利诉讼管辖(《专利法》第60条、第13条) …… 739

101 被告以诉讼请求变更为由的管辖权异议(《专利法》第60条) …… 740

102 专利侵权诉讼中的证据采纳(《专利法》第60条) …… 741

103 专利侵权纠纷行政处理和诉讼的竞合(《专利法》第60条) …… 743

104 方法发明专利侵权的举证责任倒置(《专利法》第61条)；多余指定规则的应用(《专利法》第59条) …… 748

105 非新产品制造方法专利侵权纠纷中的事实推定(《专利法》第61条) …… 750

106 现有技术抗辩步骤的选择(《专利法》第62条) ················· 754
107 现有技术抗辩中多项技术方案对比的前提(《专利法》第62条) ········· 756
108 以侵权人获得利益确定损害赔偿(《专利法》第65条) ············· 758
109 专利侵权的酌定赔偿(《专利法》第65条);先用权(《专利法》第69条) ···· 760
110 数额利润率(《专利法》第65条);合理开支数额的确定(《专利法》第69条) ·· 763
111 事先或事后约定侵权损害赔偿数额的效力(《专利法》第65条) ········· 770
112 专利侵权的诉前禁令(《专利法》第66条) ·················· 774
113 药品专利的Bolar例外(《专利法》第69条) ·················· 776
114 药品生产批件的是否取得对先用权抗辩是否成立不产生影响(《专利法》第69条) ··· 778
115 专利侵权案件的管辖(《民事诉讼法》第37条) ················ 779
116 专利诉讼的调解(《民事诉讼法》第201条) ·················· 782
117 人民法院判决专利复审委员会重新作出具体行政行为,要视案件的具体情况
而定(《行政诉讼法》第54条) ························· 783

# 第四编　反不正当竞争

## 第一章　仿冒纠纷 ································ 789

1 仿冒域名(《反不正当竞争法》第2条) ···················· 791
2 仿冒商品条形码(《反不正当竞争法》第5条第2、3项) ············ 792
3 仿冒知名商品特有名称(《反不正当竞争法》第5条第2、3项) ········· 794
4 仿冒知名商品特有的包装、装潢(《反不正当竞争法》第1条、第5条第2项、第20条) ······ 807
5 仿冒知名服务特有的名称、企业名称(《反不正当竞争法》第5条第2、3项) ··· 820
6 仿冒知名服务特有的装潢(《反不正当竞争法》第5条第2项) ········· 822
7 仿冒企业名称(《反不正当竞争法》第1条、第5条) ·············· 824
8 仿冒质量证明(《反不正当竞争法》第5条第4项、第20条) ··········· 843

## 第二章　虚假宣传纠纷 ···························· 846

9 虚假宣传(《反不正当竞争法》第2条、第9条第1款、第14条、第20条) ····· 846

## 第三章　侵害商业秘密纠纷 ·························· 857

10 侵犯商业秘密(《反不正当竞争法》第2条、第10条) ············· 858

## 第四章　商业诋毁纠纷
**11** 商业诋毁(《反不正当竞争法》第 14 条) …………………………… 878

## 第五章　其他反不正当竞争纠纷
**12** 强行植入广告页面(《反不正当竞争法》第 2 条第 1 款) …………… 889

案例索引 ……………………………………………………………………… 893
主题词索引 …………………………………………………………………… 905

# 详 目

## （上 卷）

## 第一编 著 作 权

### 第一章 总 则

**1** 受著作权法保护的作品（《著作权法》第 2 条第 1 款） ………………………… 005
  案例：无锡霍尔塞特工程有限公司与无锡市铭鑫增压器制造有限公司著作权纠纷案 … 005
  一、基本案情 ………………………………………………………………………… 005
  二、裁判要旨 ………………………………………………………………………… 005
    No.1-1-2.1-1 具有独创性的产品说明书为受著作权法保护的作品。 …………… 005
    No.1-1-2.1-2 在无相反证据的情况下，作品上的署名人为作品的作者。 ……… 006

**2** 作品与思想（《著作权法》第 2 条第 1 款） ……………………………………… 006
  案例：东莞市金正科技电子有限公司与摩托罗拉（中国）电子有限公司著作权纠纷案 … 006
  一、基本案情 ………………………………………………………………………… 006
  二、裁判要旨 ………………………………………………………………………… 007
    No.1-1-2.1-3 以家喻户晓的词语和通常所用的表达手法，相似地表达同一
    种思想的，不构成著作权侵权。 ……………………………………………………… 007
    No.1-1-2.1-4 具有独创性的产品广告，属于受著作权法保护的作品。 ………… 007

**3** 外国人作品的著作权（《著作权法》第 2 条第 2 款） …………………………… 007
  案例：英特莱格公司诉可高公司等侵犯实用艺术作品著作权案 ……………………… 007
  一、基本案情 ………………………………………………………………………… 007
  二、裁判要旨 ………………………………………………………………………… 009
    No.1-1-2.2-1 《伯尔尼公约》成员国国民的实用艺术作品，在中国自作品完
    成之日起 25 年内受中国著作权法律、法规保护。 …………………………………… 009
    No.1-1-2.2-2 外国实用艺术作品享有专利权，并不妨碍其同时或继续得到
    著作权法的保护。 ……………………………………………………………………… 010

**4** 外国鉴定结论和判决文书在我国著作权诉讼中的效力（《著作权法》第 2 条第 2 款） … 010
  案例：圆谷制作株式会社、上海圆谷策划有限公司与辛波特·桑登猜、采耀版权有
  限公司、广州购书中心有限公司、上海音像出版社侵害著作权纠纷案 ………………… 010
  一、基本案情 ………………………………………………………………………… 010

二、裁判要旨 …………………………………………………………………… 014
　　No.1-1-2.2-3　外国人的作品依法受我国《著作权法》的保护,但外国机构的鉴定结论和判决文书在我国并不具有当然的证据效力。 …………… 014

**5** 戏剧作品署名权(《著作权法》第3条第3项、第10条第2项) ………… 015
　案例:汤丽真诉福建省云霄潮剧团著作权纠纷案 ………………………… 015
　　一、基本案情 ……………………………………………………………… 015
　　二、裁判要旨 ……………………………………………………………… 016
　　　No.1-1-3.1.3-1　尚未形成电影、电视、录像作品的戏剧导演的署名权,不受著作权法保护。 …………………………………………………… 016

**6** 舞剧作品的归类(《著作权法》第3条第3项、第10条、第11条) ……… 016
　案例:陈民洪与彭万廷、刘君励、宜昌市歌舞剧团等著作权纠纷案 ……… 016
　　一、基本案情 ……………………………………………………………… 016
　　二、裁判要旨 ……………………………………………………………… 019
　　　No.1-1-3.1.3-2　文字作品的创作目的在于供舞台演出,戏剧作品中的舞剧剧本与舞台上的表演应当有所区分。著作权人的表演权与表演者的表演者权也应当区分。 …………………………………………………………… 019
　　　No.1-1-3.1.3-3　以自己的物质条件独立创作自己承担责任的作品,应当属于个人作品,著作权属于创作者,与表演作品的主体应区分开来。 …… 019
　　　No.1-1-3.1.3-4　未经著作权人同意,他人不能擅自改编、修改其作品。 …… 020
　　　No.1-1-3.1.3-5　对著作权人的错误报道,并不必然导致名誉权侵权,尚需结合主观要件和客观事实综合判定。 ………………………………… 020

**7** 对美术作品的认定(《著作权法》第3条第4项) ………………………… 020
　案例:句容市美人鱼景观贸易有限公司与江苏金一文化发展有限公司著作权纠纷案 …… 020
　　一、基本案情 ……………………………………………………………… 020
　　二、裁判要旨 ……………………………………………………………… 022
　　　No.1-1-3.1.4-1　美术作品中来源于公知领域的设计不能排斥他人就此进行创作,也不能仅凭此点断定他人抄袭其作品。 …………………… 022
　　　No.1-1-3.1.4-2　未按合作协议的约定进行创作,属于合同关系的范畴,与著作权侵权的认定无关。 ………………………………………………… 022

**8** 建筑作品(《著作权法》第3条第4项) …………………………………… 023
　案例:保时捷股份公司与北京泰赫雅特汽车销售服务有限公司著作权纠纷案 …… 023
　　一、基本案情 ……………………………………………………………… 023
　　二、裁判要旨 ……………………………………………………………… 025
　　　No.1-1-3.1.4-3　受著作权法保护的建筑作品,必须具有独创性,富有美感。但建筑物的内部特征必然存在的设计以及因所使用的建筑材料而产生的特征,不属于著作权法保护的范围。 …………………………………… 025

**9** 实用艺术作品的独创性判定(《著作权法》第3条第4项) …………… 025
    案例:再审申请人乐高公司与被申请人小白龙动漫公司等侵害著作权纠纷案 …… 025
    一、基本案情 …………………………………………………………… 025
    二、裁判要旨 …………………………………………………………… 029
        No.1-1-2.1-5 作品登记仅为解决著作权纠纷提供初步证据,并非是作品具有独创性、登记者享有著作权的决定性证据。在个案中,如果著作权纠纷的当事人有争议时,法院可以依职权根据具体事实对作品的独创性加以判断。 …… 029
        No.1-1-3.1.4-4 不存在适用于所有作品的统一、具体的独创性标准,实用艺术作品的独创性判断,主要取决于美学领域的独特创造力和观念。 …… 029

**10** 实用艺术作品的保护范围与侵权判断(《著作权法》第3条第4项) …… 030
    案例:景德镇法蓝瓷实业有限公司与潮州市加兰德陶瓷有限公司侵害著作权纠纷案 …… 030
    一、基本案情 …………………………………………………………… 030
    二、裁判要旨 …………………………………………………………… 034
        No.1-1-3.1.4-5 实用艺术作品的著作权法保护以表达为限,采用同样的设计思路和工艺方法,设计并生产类似主题的产品,不侵犯实用艺术作品的著作权。 …… 034

**11** 数码照片著作权的归属(《著作权法》第3条第5项) …………… 035
    案例:王正昌与云南省地图院、富民县人民政府著作权纠纷案 …………… 035
    一、基本案情 …………………………………………………………… 035
    二、裁判要旨 …………………………………………………………… 036
        No.1-1-3.1.5-1 对摄影作品的著作权归属,法院已作出有效判决的,应当依有效判决认定;无有效判决的,可以通过比较不同确定归属。 …… 036

**12** 地图作品(《著作权法》第3条第7项) ………………………… 036
    案例:武汉市勘测设计研究院与牛水英著作权纠纷案 …………………… 036
    一、基本案情 …………………………………………………………… 036
    二、裁判要旨 …………………………………………………………… 038
        No.1-1-3.1.7-1 地图作品在出版印刷之前要报有关行政主管部门批准的规定,并不影响地图作品本身的著作权。 …… 038

**13** 行政区划地图的可版权性及保护(《著作权法》第3条第7项) …… 038
    案例:刘凯与达茂旗政府等侵犯著作权纠纷案 …………………………… 038
    一、基本案情 …………………………………………………………… 038
    二、裁判要旨 …………………………………………………………… 039
        No.1-1-3.7-2 独立创作完成的地图,如果在整体构图、客观地理要素的选择及表现形式上具有独创性,应当属于著作权法保护的图形作品。 …… 039
        No.1-1-3.7-3 行政区划图中关于行政区的整体形状、位置以及各内设辖区的形状和位置等,由于系客观存在,表达方式非常有限,在认定侵权时应不予考虑。 …… 039

**14** 计算机软件的著作权（《著作权法》第 3 条第 8 项） ········· 040

案例：北京市海淀区东方计算机技术研究所与珠海市恒开电子发展有限公司北京市海淀区恒开电子产品经营部著作权纠纷案 ········· 040

一、基本案情 ········· 040

二、裁判要旨 ········· 041

No.1-1-3.1.8-1 计算机软件受著作权法保护。未经软件著作权人同意，发表、复制其软件作品，或发行、展示其软件的复制品，或办理其软件的许可使用或者转让事宜的，需承担侵权责任。 ········· 041

**15** 计算机软件著作权侵权的举证责任（《著作权法》第 3 条第 8 项） ········· 041

案例：石鸿林诉泰州华仁电子资讯有限公司侵害计算机软件著作权纠纷案* ········· 041

一、基本案情 ········· 041

二、裁判要旨 ········· 044

No.1-1-3.1.8-2 当被控侵权人无正当理由拒绝提供软件源程序或目标程序供直接比对，且因技术的限制无法从被控侵权产品中直接读取的情形下，如果双方当事人的软件在设计缺陷方面基本相同，法院可以判定双方软件之间构成实质性相同，由被控侵权人承担民事责任。 ········· 044

**16** 字库的作品种类认定和使用（《著作权法》第 3 条第 8 项） ········· 044

案例：北京北大方正电子有限公司与暴雪娱乐股份有限公司、上海第九城市信息技术有限公司、九城互动信息技术（上海）有限公司、北京情文图书有限公司侵犯著作权纠纷案 ········· 044

一、基本案情 ········· 044

二、裁判要旨 ········· 050

No.1-1-3.1.8-3 作为字型轮廓构建指令及相关数据与字型轮廓动态调整数据指令代码结合的计算机中文字库，属于计算机软件作品，非美术作品。 ········· 050

No.1-1-3.1.8-4 购买计算机字库软件后，未经特别许可，将字库用于商业软件开发，属于侵犯字库作者著作权的行为，但仅将其中字体以汉字表意功能为目的的使用行为，则不构成侵权。 ········· 051

**17** 答题卡的作品认定（《著作权法》第 3 条第 9 项） ········· 051

案例：陈建与富顺县万普印务有限公司侵犯著作权纠纷案 ········· 051

一、基本案情 ········· 051

二、裁判要旨 ········· 052

No.1-1-3.1.9-1 本身并不表达某种思想的答题卡，不构成著作权法意义上的作品。 ········· 052

---

\* 最高人民法院 2015 年 4 月 15 日第十批指导性案例第 49 号。

## 18 网站页面的作品认定(《著作权法》第 3 条第 9 项、第 14 条、第 17 条) ········ 053
### 案例：乔哲与西部旅行社著作权纠纷案 ········ 053
#### 一、基本案情 ········ 053
#### 二、裁判要旨 ········ 053

No.1-1-3.1.9-2　具有独创性的网站页面设计,应当受著作权法保护。 ········ 053

No.1-1-3.1.9-3　无论是作品的汇编,还是由数据或其他任何形式的公知领域的材料构成的汇编,只要其对材料的选择或编排体现了独创性,均受著作权法保护。 ········ 054

No.1-1-3.1.9-4　受委托创作的作品,委托人和受托人可以通过合同约定著作权的归属。 ········ 054

## 19 境外影视作品权益的维护(《著作权法》第 4 条) ········ 054
### 案例：广东中凯公司与重庆水木年华网吧、罗昌颖侵犯著作权纠纷案 ········ 054
#### 一、基本案情 ········ 054
#### 二、裁判要旨 ········ 055

No.1-1-4-1　境外影视作品著作权人维护自己的合法权益,不以获得进口行政审批为条件。 ········ 055

## 20 利用民间文学艺术进行再创作的作品的著作权(《著作权法》第 6 条) ········ 056
### 案例：白广成诉北京稻香村食品有限责任公司著作权权属、侵权纠纷案 ········ 056
#### 一、基本案情 ········ 056
#### 二、裁判要旨 ········ 057

No.1-1-6-1　如民间艺术作品符合著作权法上作品的条件,可以适用著作权法进行保护。确定侵权赔偿额时,应当考虑到鼓励创作和弘扬传统文化之间的平衡。 ········ 057

No.1-1-6-2　自立体三维美术作品到平面二维美术作品的使用,构成著作权法意义上的复制行为。 ········ 057

### 案例：黄自修与南宁市艺术剧院著作权纠纷案 ········ 058
#### 一、基本案情 ········ 058
#### 二、裁判要旨 ········ 063

No.1-1-6-3　利用民间文学艺术进行再创作的作品,作者的著作权不能及于作品中原属于民间文学艺术领域中公有的部分。 ········ 063

No.1-1-6-4　在民间文学艺术的创造者、保存者、发展者之间适用合理、公平的惠益分享原则。在后作品从之前的收集整理作品中间接受益的,应当根据公平原则给予适当补偿。 ········ 064

# 第二章 著 作 权

## 第一节 著作权人权利

**21** 作品登记是否构成著作权意义上的发表(《著作权法》第10条第1款第1项) ………… 068

　　**案例：坤联公司与深圳八航公司侵犯著作权纠纷案** ……………………………………… 068

　　　一、基本案情 ……………………………………………………………………………… 068

　　　二、裁判要旨 ……………………………………………………………………………… 069

　　　　No.1-2-10.1.1-1　作品登记的作用主要在于证明权利的归属，一般不构成著作权法意义上的发表，在没有其他证据的情况下，不宜以此推定侵权的实质性接触。 ……………………………………………………………………………… 069

**22** 著作人身权(《著作权法》第10条第1款第4项、第33条第2款) …………………… 069

　　**案例：林奕诉中国新闻社侵犯其保护作品完整权及名誉权案** ……………………………… 069

　　　一、基本案情 ……………………………………………………………………………… 069

　　　二、裁判要旨 ……………………………………………………………………………… 071

　　　　No.1-2-10.1.4-1　我国《著作权法》关于作品刊登后，除著作权人声明不得转载、摘编外，其他报刊可以转载或作为文摘、资料摘编的规定，仅适用于报纸、杂志，且仅限于转载或作为文摘、资料进行摘编。 ……………………… 071

　　　　No.1-2-10.1.4-2　被控侵权人同时构成侵犯保护作品完整权和名誉权的情况下，可以对名誉权损害及作品人身权损害以公开致歉、消除影响等方式一并予以补救。 ……………………………………………………………………… 071

**23** 复制行为(《著作权法》第10条第1款第5项) ……………………………………………… 071

　　**案例：上海纽福克斯汽车配件有限公司、纽福克斯光电科技(上海)有限公司诉上海索雷亚汽车用品有限公司著作权纠纷案** …………………………………………… 071

　　　一、基本案情 ……………………………………………………………………………… 071

　　　二、裁判要旨 ……………………………………………………………………………… 073

　　　　No.1-2-10.1.5-1　印刷线路板的元器件位置图属于图形作品，受著作权法保护，但印刷线路板上的字符层不属于著作权法保护的客体。 …………… 073

　　　　No.1-2-10.1.5-2　根据印刷线路板上的字符生产印刷线路板的行为，不属于著作权法意义上的复制行为。 ………………………………………………… 073

**24** 出版发行权(《著作权法》第10条第1款第6项) …………………………………………… 074

　　**案例：陈逸飞与大一公司等著作权纠纷案** …………………………………………………… 074

　　　一、基本案情 ……………………………………………………………………………… 074

　　　二、裁判要旨 ……………………………………………………………………………… 075

No.1-2-10.1.6-1　违反有关出版印刷的行政法规的行为不属于法院的管辖范围。 …………………………………………………………… 075

No.1-2-10.1.6-2　被代理人知道代理人违反著作权法的侵权行为而不反对的,负连带责任。 …………………………………………………… 075

No.1-2-10.1.6-3　违反著作权许可使用合同的,著作权人可以以合同违约或侵权为由,选择其一进行起诉。 ……………………………… 076

**案例:李长福与中国文史出版社侵犯著作权纠纷案** …………………… 076
　一、基本案情 ………………………………………………………… 076
　二、裁判要旨 ………………………………………………………… 077

No.1-2-10.1.2-1　校对及排版印刷方面存在错误,并非是有意修改或者歪曲篡改作者的作品,不构成侵犯作者修改权和保护作品完整权的情形。 …………… 077

No.1-2-10.1.6-4　出版社未经著作权人许可将作品交给书商出版,其复制发行的主体实质上是书商,而非出版社。出版社的行为既侵犯了著作权人的复制权和发行权,也构成违约。 ……………………………… 077

**㉕ 信息网络传播权(《著作权法》第10条第1款第12项)** …………… 077
**案例:慈文公司和鼎仁信息技术、上海派特文化传播有限公司著作权纠纷案** …… 077
　一、基本案情 ………………………………………………………… 077
　二、裁判要旨 ………………………………………………………… 079

No.1-2-10.1.12-1　除法律、行政法规另有规定的外,任何组织或者个人将他人的作品、表演、录音录像制品通过信息网络向公众提供,应当取得权利人许可,并支付报酬。 …………………………………………… 079

No.1-2-10.1.12-2　未经著作权人同意,在网站上提供作品下载的行为,即使未收取费用,未获利,也构成对信息网络传播权的侵害。 ………… 079

**㉖ "通知—删除"程序中网络服务提供者的义务与责任承担(《著作权法》第10条第1款第12项,《信息网络传播条例》第14条、第23条)** …………… 080
**案例:浙江泛亚电子商务有限公司与北京百度网讯科技有限公司、百度在线网络技术(北京)有限公司侵犯著作权纠纷案** ……………………………… 080
　一、基本案情 ………………………………………………………… 080
　二、裁判要旨 ………………………………………………………… 085

No.1-2-10.1.12-3　提供作品链接服务者属于网络服务提供者,在"通知—删除"过程中,经著作权人多次发送符合条件的通知后,仅仅因为著作权人之后发送的通知不符合相应条件而不作为,不能免责。 …………… 085

**㉗ 涉及提供链接服务的网络服务提供者的直接侵权责任(《著作权法》第10条第1款第12项)** …………………………………………………… 085
**案例:北京慈文公司与海南网通公司侵犯著作权纠纷案** ……………… 085
　一、基本案情 ………………………………………………………… 085
　二、裁判要旨 ………………………………………………………… 086

No.1-2-10.1.12-4　如果网络服务提供者将被链接网页或网站作为其内容向公众提供,该被链接网页或网站上未显示任何对应的域名或者网站名称等信息,可以表明该网页属于第三方所有,则该网络服务提供者并非仅系提供链接服务,应当对该网页或网站上的被控侵权行为承担直接侵权责任。 …………… 086

No.1-2-10.1.12-5　如果网络服务提供者对被控侵权内容的选择完全是自主进行的,需对该内容负有一定程度的审核义务,尽到最低程度的注意义务,否则应承担共同侵权责任。 …………………………………………… 087

**28** P2P 网络服务提供者的侵权责任(《著作权法》第 10 条第 1 款第 12 项) …… 087

　　案例:雅柏电影有限公司和数联公司著作权纠纷案 …………………… 087
　　一、基本案情 ……………………………………………………………… 087
　　二、裁判要旨 ……………………………………………………………… 090

　　No.1-2-10.1.12-6　网络服务提供者虽未直接实施用户的侵权行为,但如未尽到适当注意义务,未采取适当措施以防止其链接的侵权作品的传播,属于通过网络教唆、帮助他人实施侵犯著作权行为,主观上具有过错,应与直接实施侵权行为的网络用户承担共同侵权责任。 ……………………………… 090

**29** 涉及网络的公证证据的认定(《著作权法》第 10 条第 1 款第 12 项) ……… 090

　　案例:新传在线(北京)信息技术有限公司与中国网络通信集团公司自贡分公司侵犯信息网络传播权纠纷案 ……………………………………………… 090
　　一、基本案情 ……………………………………………………………… 090
　　二、裁判要旨 ……………………………………………………………… 093

　　No.1-2-10.1.12-7　法院对网络环境下公证证据的证明力审查,除审查其本身的真实性外,还应审查公证证据记载的事实是否发生于网络环境。 …………… 093

## 第二节　著作权归属

**30** 法人作品(《著作权法》第 11 条第 3 款、第 16 条、第 17 条) ……………… 093

　　案例:杨松云与日喀则地区行署修建灵塔办公室著作权纠纷案 ………… 093
　　一、基本案情 ……………………………………………………………… 093
　　二、裁判要旨 ……………………………………………………………… 094

　　No.1-2-11.3-1　体现国家意志、受国家指定承办的创作活动产生的作品属于法人作品。 ………………………………………………………………… 094

**31** 戏曲音乐作品著作权权属的审查及认定(《著作权法》第 11 条第 4 款) …… 095

　　案例:黄能华等与扬子江音像公司、汝金山侵犯著作权纠纷案 ………… 095
　　一、基本案情 ……………………………………………………………… 095
　　二、裁判要旨 ……………………………………………………………… 097

　　No.1-2-11.4-1　戏曲音乐作品应作为一个整体作品看待。在历史上对戏曲音乐曲作者署名不一致,且署名的案外人未参与诉讼,无法查清相关事实的情况下,其中一位署名作者主张著作权人归己所有,不应予以支持。 …………… 097

**32** 民间音乐作品的改编(《著作权法》第12条、第47条第6项) ········· 097
  案例:王庸诉朱正本、中央电视台、王云之著作权侵权案 ············ 097
    一、基本案情 ······································································ 097
    二、裁判要旨 ······································································ 099
      No.1-2-12-1　以民间音乐作品为基础的改编所要求的独创性,应高于民歌填词和整理。典型意义上的民间音乐作品的改编,是指使用了原音乐作品的基本内容或重要内容,其结果对原作的旋律作了创造性修改,却又没有使原作旋律消失。 ········ 099

**33** 从小说到小品(《著作权法》第12条、第47条第6项) ················ 100
  案例:刘汉雷与中央电视台、上海市群众艺术馆、徐英著作权纠纷案 ······ 100
    一、基本案情 ······································································ 100
    二、裁判要旨 ······································································ 101
      No.1-2-12-2　不同作者对同一题材的创作所出现的巧合,应当体现在合理的限度之内,并且在相互隔离的状态下独立创作产生。否则该种相似并非源于独创,而是侵权。 ··················································· 101
      No.1-2-12-3　主观故意并非侵犯著作权的必要条件。 ··············· 102
      No.1-2-12-4　修改并不产生新的作品,而改编会产生新的作品。 ···· 102

**34** 合作作品(《著作权法》第13条) ············································ 102
  案例:刘国础与叶毓山著作权纠纷案 ············································ 102
    一、基本案情 ······································································ 102
    二、裁判要旨 ······································································ 104
      No.1-2-13-1　为他人创作进行组织工作,提供咨询意见、物质条件,或者进行其他辅助工作,均不视为创作,不属于合作作者。 ······················· 104

**35** 汇编作品的著作权(《著作权法》第14条、第11条第3款、第17条) ··· 104
  案例:桂林天狮广告策划有限责任公司与桂林市旅游局著作权纠纷案 ····· 104
    一、基本案情 ······································································ 104
    二、裁判要旨 ······································································ 105
      No.1-2-14-1　对其内容的选择或者编排体现独创性的汇编作品,其著作权由汇编人享有。 ······································································ 105

**36** 电影作品的著作权(《著作权法》第15条、第38条第5项) ············ 106
  案例:王冠亚等诉安徽音像出版社等著作权纠纷案 ···························· 106
    一、基本案情 ······································································ 106
    二、裁判要旨 ······································································ 106
      No.1-2-15-1　电影作品的整体著作权归属于制片人,只能由制片人作为著作权人行使权利或主张权利,电影内部的编剧、导演、摄影、作词、作曲等作者,无权就电影作品的整体主张权利。 ············································ 106

37 电影VCD的性质(《著作权法》第15条、第10条第1款第5项) …… 107
　　案例:傅清莲等与长春电影制片厂等著作权纠纷案 …… 107
　　　一、基本案情 …… 107
　　　二、裁判要旨 …… 109
　　　　No.1-2-15-2　将电影作品制作成VCD,是对同一电影作品在不同载体上的复制行为,电影VCD并非著作权法意义上的"录像制品",而是电影作品的复制品。 …… 109

38 职务作品(《著作权法》第16条、第14条、第11条) …… 110
　　案例:张延华与临猗县志编委会著作权纠纷案 …… 110
　　　一、基本案情 …… 110
　　　二、裁判要旨 …… 112
　　　　No.1-2-16-1　由编纂委员会主持编辑,并由该委员会承担法律责任的编辑作品属于法人作品,而非合作作品。 …… 112
　　　　No.1-2-16-2　个人向编委会提供的具有独创性的被编辑作品,著作权归原作者享有。编委会在行使自己的编辑作品著作权时,不得侵犯原作者的著作权。 …… 112
　　　　No.1-2-16-3　个人为完成法人或者其他组织的工作任务,并由法人或者其他组织承担责任的职务作品,作者享有署名权,著作权的其他权利由法人或者其他组织享有,法人或者其他组织可以给作者以奖励。 …… 112

39 职务作品著作权的推定归属(《著作权法》第16条) …… 113
　　案例:陈俊峰与金盾出版社侵犯著作权纠纷案 …… 113
　　　一、基本案情 …… 113
　　　二、裁判要旨 …… 114
　　　　No.1-2-16-4　在没有明示合同约定的情形下,法院可以根据双方当事人的行为,推定职务作品著作权的归属。 …… 114

40 委托创作作品的权属(《著作权法》第17条) …… 114
　　案例:黄志斌与南通百乐渔都经营管理有限公司著作权纠纷案 …… 114
　　　一、基本案情 …… 114
　　　二、裁判要旨 …… 115
　　　　No.1-2-17-1　受委托创作的作品,合同未作明确约定或者没有订立合同的,著作权属于受托人。 …… 115
　　　　No.1-2-17-2　广告经营者和广告发布者对广告内容具有形式审查的义务。如果广告经营者设计、制作的广告侵犯了第三人的著作权,广告主与广告制作者承担共同侵权责任。 …… 115

41 委托创作作品的认定(《著作权法》第17条) …… 115
　　案例:福建省石狮市人民政府与王则坚著作权纠纷案 …… 115
　　　一、基本案情 …… 115

二、裁判要旨 ·············································································· 118
　　　　No.1-2-17-3　构成事实委托创作关系的,受委托创作作品的著作权归属依《著作权法》第17条处理。 ················································· 118
　　　　No.1-2-17-4　按照《著作权法》第17条的规定,委托作品的著作权属于受托人,委托人在约定的使用范围内享有使用作品的权利;双方没有约定使用作品范围的,委托人可以在委托创作的特定目的范围内免费使用该作品。 ············· 119

**42** 委托创作作品与合作作品(《著作权法》第17条) ················································· 119
　　案例:杨某诉春风文艺出版社等著作权侵权纠纷案 ··········································· 119
　　一、基本案情 ·············································································· 119
　　二、裁判要旨 ·············································································· 120
　　　　No.1-2-17-5　接受其他合作作者的委托参与合作创作的,委托人在特定目的范围内使用合作作品,不需要与合作作者协商。 ························· 120

**43** 美术作品的原件(《著作权法》第18条) ································································ 120
　　案例:佘国富与翁金山、佘珍英著作权纠纷案 ················································· 120
　　一、基本案情 ·············································································· 120
　　二、裁判要旨 ·············································································· 121
　　　　No.1-2-18-1　美术等作品原件的所有权不管是否合法取得,均不视为作品著作权的转移。除展览该作品原件,原件所有人不得实施侵犯作品著作权的行为。 ································································· 121

**44** 著作权的继承(《著作权法》第19条) ································································ 122
　　案例:哈力旦·乌甫江、阿不力克木等与新疆洛宾文化艺术发展有限公司、天津音像公司著作权纠纷案 ······························································ 122
　　一、基本案情 ·············································································· 122
　　二、裁判要旨 ·············································································· 126
　　　　No.1-2-19-1　权利人死亡后其继承人对署名权不能继承。继承人对作者的著作权中的人身权的保护是限定在作者死亡后发生了侵犯其著作权中的署名权、修改权和保护作品完整权的侵权行为。 ············· 126
　　　　No.1-2-19-2　在不能确定完整客观地认定作品创作根源的情况下,应当从作品发表问世后各权利人和利害关系人对各自权利的处分态度及各方权利的历史延续情况,确定各个权利人的权利范围。 ············ 126

### 第三节　权利的保护期

### 第四节　权利的限制

**45** 软件的后续开发是否合理使用(《著作权法》第22条、第17条) ················· 127
　　案例:广东智软电脑开发有限公司诉广州拓保软件有限公司软件著作权侵权案 ······ 127
　　一、基本案情 ·············································································· 127

二、裁判要旨 ······································································· 129

No.1-2-22-1 软件用户可以在其与软件设计者共有的软件基础上进行后续开发,其后续开发中对原有软件的复制属于合理使用,不构成侵权。 ······ 129

**46** 教材的合理使用(《著作权法》第 22 条第 1 款第 6 项) ······················· 130

案例:朱莉亚·班纳·亚历山大与北京市海淀区戴尔培训学校、北京洲际文化艺术交流有限公司著作权纠纷案 ······················································· 130

一、基本案情 ······································································· 130

二、裁判要旨 ······································································· 134

No.1-2-22.1.6-1 创作的目的以及教材本身的性质,不能成为他人可以违反法律关于合理使用的规定而进行复制和向公众传播的依据。判断是否构成合理使用,一般需要参考以下标准:是否基于商业目的而使用、使用作品的性质、使用的数量和比例、使用行为对作品的潜在市场价值是否有较大的不利影响? ····· 134

No.1-2-22.1.6-2 使用他人作品,除非另有约定或者因使用方式的特性而无法指明作者的,应当为作者署名。 ······················································· 134

**47** 电影学院教学的合理使用(《著作权法》第 22 条第 1 款第 6 项) ············ 134

案例:北影录音录像公司与北京电影学院著作权纠纷案 ························· 134

一、基本案情 ······································································· 135

二、裁判要旨 ······································································· 136

No.1-2-22.1.6-3 从事电影教学的艺术院校使用他人已发表的作品练习拍摄电影,是课堂教学的一部分,属于合理使用。 ········································· 136

No.1-2-22.1.6-4 在电影节上放映使用他人作品改编的影片,超出必不可少的课堂教学的使用范围,不属于《著作权法》规定的合理使用。 ··············· 136

**48** 公益广告是否合理使用(《著作权法》第 22 条第 1 款第 9 项) ··············· 137

案例:陈逸与厦门友协广告有限公司著作权纠纷案 ······························ 137

一、基本案情 ······································································· 137

二、裁判要旨 ······································································· 137

No.1-2-22.1.9-1 未经著作权人许可,使用他人作品制作公益广告,不属于合理使用的范畴。 ······························································· 137

No.1-2-22.1.9-2 出版者、制作者应当对其出版、制作有合法授权承担举证责任。举证不能的,承担侵权责任。 ············································· 138

# 第三章 著作权许可使用和转让合同

**49** 法定许可(《著作权法》第 23 条第 1 款、第 16 条) ··························· 139

案例:丁晓春与江苏美术出版社、南通市教育局著作权纠纷案 ·················· 139

一、基本案情 ······································································· 139

二、裁判要旨 …………………………………………………………… 140

 No.1-3-23.1-1 并非利用法人或者其他组织的物质技术条件创作,也并非由法人或者其他组织承担责任,同时,法律、行政法规规定或者合同也未约定著作权由法人或者其他组织享有的职务作品,著作权仍归作者所有。…………… 140

 No.1-3-23.1-2 非经省级以上教育行政部门批准编写,经国家专门设立的学科审查委员会通过,并报送审定委员会批准后,由国家教育委员会列入全国普通中小学教学用书目录的中小学课堂正式用书,不属于《著作权法》规定的法定许可中教科书的范围。……………………………………………… 141

**50** 默示使用许可合同的认定(《著作权法》第24条) ………………… 141

案例:周海婴诉光明日报社侵犯著作权纠纷案 ………………………… 141

一、基本案情 …………………………………………………………… 141

二、裁判要旨 …………………………………………………………… 143

 No.1-3-24-1 《著作权法》第24条规定的专有使用权的内容由合同约定,合同未约定或者约定不明的,视为被许可人有权排除包括著作权人在内的任何人以同样的方式使用作品;除合同另有约定外,被许可人许可第三人行使同一权利,必须取得著作权人的许可。…………………………………… 143

 No.1-3-24-2 报刊社未经著作权人许可转载著作权人的作品时,著作权人来函收集报刊、修正错误、询问稿酬等行为,不能认定为双方形成事实上的著作权使用许可合同关系。………………………………………………… 143

**51** 自荐信的性质(《著作权法》第24条) ………………………………… 143

案例:俞华诉北京古桥电器公司侵犯广告词著作权案 ………………… 143

一、基本案情 …………………………………………………………… 143

二、裁判要旨 …………………………………………………………… 145

 No.1-3-24-3 著作权人给使用人的书信,有希望对方使用其作品的意思表示,未附加任何前提条件,且在对方使用其作品后,著作权人有肯定的意思表示,或有认可使用费性质的行为,应当认定著作权人具有许可使用其作品的意思表示。……………………………………………………………… 145

**52** 著作权许可使用中的推定(《著作权法》第24条、第22条第1款第7项、第6条) …… 145

案例:白秀娥诉国家邮政局、国家邮政局邮票印制局侵犯著作权案 …… 145

一、基本案情 …………………………………………………………… 145

二、裁判要旨 …………………………………………………………… 152

 No.1-3-24-4 由个人独立创作完成的剪纸作品,应当属于受《著作权法》保护的美术作品。……………………………………………………… 152

 No.1-3-24-5 使用他人作品,使用人应当就是否取得许可提供证据。使用人的主张和证据无法证明其已取得许可,应当承担侵权责任。……… 152

 No.1-3-24-6 国家邮政局、邮票印制局属于公用企业,使用他人作品印制、发行邮票,不能以"合理使用"为由免责。……………………………… 153

**53** 许可使用和转让合同(《著作权法》第27条、第25条) ………………… 153
  案例:成都经济电视台与成都市信海广告公司著作权纠纷案 …………… 153
   一、基本案情 ……………………………………………………………… 153
   二、裁判要旨 ……………………………………………………………… 154
    No.1-3-27-1 未经著作权人同意,许可使用合同和转让合同的另一方在合同履行完毕后再次行使原权利的行为,构成侵权。 …………… 154
    No.1-3-27-2 电视节目专有使用权的取得,无须获得影视制作经营许可证,电视节目著作权转让行为不同于电视节目发行行为或从事电视节目制作经营行为。 ………………………………………………………… 155

# 第四章　出版、表演、录音录像、播放

## 第一节　出　版

**54** 出版合同的主体(《著作权法》第30条) …………………………………… 158
  案例:颜永华诉南京市鼓楼区至乐书社等图书出版合同纠纷案 ………… 158
   一、基本案情 ……………………………………………………………… 158
   二、裁判要旨 ……………………………………………………………… 159
    No.1-4-30-1 书商介入作者和出版社之间的出版事宜时,应从三者约定的权利义务的整体关系确定图书出版合同的主体。 ……………… 159

**55** 图书出版中的拒稿和退稿(《著作权法》第30条) ………………………… 160
  案例:王志荣与湖南大学出版社出版合同纠纷案 ………………………… 160
   一、基本案情 ……………………………………………………………… 160
   二、裁判要旨 ……………………………………………………………… 162
    No.1-4-30-2 在图书投稿过程中,出版社拒稿视为出版合同不成立,期间当事人若无违反诚实信用原则的情形,无须承担缔约过失责任,不再适用国家版权局1999年制定的《出版文字作品报酬规定》第16条。 ……………… 162

**56** 图书专有出版权(《著作权法》第31条) …………………………………… 163
  案例:钱钟书、人民文学出版社诉胥智芬、四川文艺出版社著作权纠纷案 …… 163
   一、基本案情 ……………………………………………………………… 163
   二、裁判要旨 ……………………………………………………………… 164
    No.1-4-31-1 未经许可出版他人享有专有出版权作品的汇校本,属于侵犯图书出版者专有出版权的行为。 ……………………………… 164
    No.1-4-31-2 在《著作权法》没有明确规定时,民法基本原则也可适用于著作权纠纷。 ……………………………………………………… 165

**57** 图书出版者有按约定质量出版图书的义务(《著作权法》第 32 条第 1—2 款、第 34 条第 1 款) ······ 165
  案例:沈家和诉北京出版社著作权纠纷案 ······ 165
  一、基本案情 ······ 165
  二、裁判要旨 ······ 167
    No.1-4-32.1-1 著作权人和图书出版者未就图书出版质量进行约定时,可参照有关国家或行业标准。······ 167
    No.1-4-32.1-2 图书出版者出版编校质量不合格图书,是对著作权人保护作品完整权的侵犯,但未必侵害了著作权人的修改权。······ 167
    No.1-4-32.2-1 图书出版者应按照出版合同约定的期限出版图书,否则应承担违约责任,但图书出版者超期后双方同意继续出版的,不承担违约责任。······ 168

**58** 重印、再版作品(《著作权法》第 32 条第 3 款) ······ 168
  案例:汪飞来与重庆出版社出版合同纠纷案 ······ 168
  一、基本案情 ······ 168
  二、裁判要旨 ······ 169
    No.1-4-32.3-1 图书出版者重印、再版图书时,著作权人有知情权和获得报酬权。······ 169
    No.1-4-32.3-2 图书脱销后图书出版者拒绝著作权人重印、再版后,私自进行重印、再版的,著作权人仍有权终止合同。······ 169

**59** 图书重印与发行(《著作权法》第 32 条第 3 款) ······ 169
  案例:张培莲与四川科学技术出版社、北京市新华书店王府井书店侵犯著作权纠纷案 ······ 169
  一、基本案情 ······ 169
  二、裁判要旨 ······ 171
    No.1-4-32.3-3 对已为生效裁判确定为侵权并已给予权利人充分赔偿的图书,如在该判决生效后继续发行,属于对原判决执行的问题,不构成新的侵权行为。······ 171

**60** 著作权人向报社、期刊社投稿(《著作权法》第 33 条第 1 款) ······ 171
  案例:罗襄珑诉法制日报社退稿纠纷案 ······ 171
  一、基本案情 ······ 171
  二、裁判要旨 ······ 172
    No.1-4-33.1-1 除双方另有约定外,著作权人向报社、期刊社投稿,超过法定期限未被采用的,可另投他处,报社、期刊社无退稿义务。······ 172

**61** 报刊转载已刊登作品(《著作权法》第 33 条第 2 款) ······ 173
  案例:陈卫华诉成都电脑商情报社侵犯著作权纠纷案 ······ 173
  一、基本案情 ······ 173

二、裁判要旨 ………………………………………………………… 173
  No.1-4-11.4-1 如无相反证据,可利用网络注册号和密码验证的方式证明网络作品的作者身份。 …………………………………………… 173
  No.1-4-33.2-1 著作权人对已刊登作品声明不得转载、摘编的,不适用法定许可。 ……………………………………………………… 174

**62** 报社、期刊社修改权(《著作权法》第34条第2款) ……………… 174
 案例:丁如云诉无锡日报社著作人身权侵权案 ……………………… 174
  一、基本案情 …………………………………………………… 174
  二、裁判要旨 …………………………………………………… 176
  No.1-4-34.2-1 报刊出版者在对作品进行文字性修改、删节时,无须征得作者同意。但这种修改、删节不能涉及作品的内容,不能歪曲、篡改作品。 ………… 176

**63** 汇编作品的出版(《著作权法》第35条) ……………………………… 176
 案例:张旭龙与人民美术出版社著作权纠纷案 ……………………… 176
  一、基本案情 …………………………………………………… 176
  二、裁判要旨 …………………………………………………… 177
  No.1-4-35-1 汇编作品的著作权人在与图书出版者签订出版合同前获得原作品著作权人的出版授权,应视为图书出版者获得出版该汇编作品的合法授权。 ……………………………………………… 177

**64** 版式设计专有使用权(《著作权法》第36条、第47条第9项) ……… 178
 案例:汽车杂志社与中国汽车工业经济技术信息研究所侵犯版式设计专有使用权案 …………………………………………………………… 178
  一、基本案情 …………………………………………………… 178
  二、裁判要旨 …………………………………………………… 179
  No.1-4-36-1 封面的排版格式及版面布局属于版式设计,而刊标等单幅作品则属于美术作品。 ………………………………………… 179
  No.1-4-36-2 版式设计专用权仅为出版者所有,其权属确认不适用有关委托作品权属的规定。 ……………………………………… 180

## 第二节 表 演

**65** 使用他人作品演出(《著作权法》第37条第1款、第40条第3款) …… 180
 案例:陈涛诉沙宝亮、北京现代力量文化发展有限公司著作权纠纷案 …… 180
  一、基本案情 …………………………………………………… 180
  二、裁判要旨 …………………………………………………… 182
  No.1-2-13-2 歌曲是合作作品,对其使用应同时取得词、曲著作权人的授权。 ……………………………………………………… 182

No.1-4-37.1-1　演员的演出行为属于职务行为时,演出单位是表演者,应独立承担未经许可并支付报酬而使用他人作品演出的侵权责任。…… 182

No.1-4-37.1-2　演出组织者组织演出时使用他人作品,应由该组织者取得著作权人许可,并支付报酬。…… 182

No.1-4-40.3-1　录音制作者使用他人已经合法录制为录音母带的音乐作品制作录音制品,应视该母带的性质决定是否适用法定许可。…… 182

## 66 表演者的人身权利(《著作权法》第38条第1—2项、第39条) …… 183

案例:刘国企、刘国全、刘国有、刘国同、刘国年等与北京文化艺术音像出版社、中国经济信息社、贵州东方音像出版社、广州四达音像有限公司纠纷案 …… 183

一、基本案情 …… 183

二、裁判要旨 …… 185

No.1-4-38-1　表演者享有表明表演者身份、保护表演形象不受歪曲的权利。…… 185

## 67 对表演的录音录像和传播(《著作权法》第38条第1、4项、第48条第3项) …… 185

案例:耿某诉北京摇太阳文化艺术传播有限公司等侵犯著作邻接权纠纷案 …… 185

一、基本案情 …… 185

二、裁判要旨 …… 187

No.1-2-15-2　以类似摄制电影的方法创作的作品,应当是以类似摄制电影的方法制作、具有创作成分、体现制作者应有的创作性劳动的作品。…… 187

No.1-4-38-2　表演者对其表演享有表明表演者身份的权利,只要以他人能够得知的适当形式让他人知悉实施表演的表演者为谁,即达到了表明表演者身份的要求。…… 187

No.1-4-38-3　知道其所录制的节目是以播出为目的的,其参与录制该节目,推定为同意他人将其表演录音录像公开传送。…… 187

## 68 义演中的表演者权(《著作权法》第38条第4—5项) …… 188

案例:臧天朔诉国际减灾十年艺术系列组委会等未经许可以营利为目的使用其作品侵犯著作权纠纷案 …… 188

一、基本案情 …… 188

二、裁判要旨 …… 189

No.1-2-17-6　委托人不是委托作品著作权人时,仅有权在委托事项范围内免费使用该作品。…… 189

No.1-4-38-4　表演者有许可他人录音录像及复制、发行该录音录像,并获得报酬的权利,义演等公益理由不能免除使用人获得表演者许可的义务。…… 189

## 69 表演者的信息网络传播权(《著作权法》第38条第6项) …… 189

案例:汪峰与深圳市华动飞天网络技术开发有限公司著作权纠纷案 …… 189

一、基本案情 …… 189

二、裁判要旨 ……………………………………………………………… 190

　　No.1-4-38-5　表演者享有许可他人通过信息网络向公众传播其表演,并获得报酬的权利。 ……………………………………………………… 190

**70** 表演者权和录像制作者权(《著作权法》第38条、第40条、第42条、第53条) ………… 190

　　案例:广东唱金影音有限公司与中国文联音像出版社、天津天宝文化发展有限公司、天津天宝光碟有限公司、河北省河北梆子剧院、河北音像人音像制品批销有限公司著作权纠纷案 …………………………………………………………… 190

　　一、基本案情 …………………………………………………………… 190

　　二、裁判要旨 …………………………………………………………… 195

　　　　No.1-4-37.1-3　在整台戏剧演出中,承担了筹备、组织、资金投入等工作,并以自己的名义对外承担法律责任的演出单位,是著作权法意义上的表演者。 ……………………………………………………………………… 195

　　　　No.1-4-40-1　发行剧目录像制品应当取得作者、表演者、录像制品制作者的许可;录像复制单位接受委托复制录像制品的,也应当验证委托人是否取得了各权利主体的授权。 ……………………………………………………… 195

　　　　No.1-4-42.1-3　录像制品制作者权的范围仅限于录像制品制作者制作的录像制品,但是如果录像制品制作者取得了非自制录像制品所涉内容的独家出版、发行权,有权禁止他人就相关内容制作、出版、发行录像制品。 ……… 196

**71** 录音制品中表演者和侵权者的身份认定(《著作权法》第38条、第41条、第48条第3项) ………………………………………………………………………… 196

　　案例:孙楠与北京金视光盘有限公司、淄博银座商城有限责任公司、江西音像出版社侵犯表演者权纠纷案 …………………………………………………… 196

　　一、基本案情 …………………………………………………………… 196

　　二、裁判要旨 …………………………………………………………… 200

　　　　No.1-4-38-6　如无相关证据,在录音制品上表明曲目的表演者姓名和肖像的,可以据此认定表演者身份。 ……………………………………… 200

　　　　No.1-4-41-1　如无相反证据,光盘上蚀刻的 SID 码是判定光盘复制者的重要依据。 ………………………………………………………………… 200

**72** 使用他人已经合法录制为录音制品的音乐作品制作录音制品并复制和发行的法定许可(《著作权法》第40条第3款) ……………………………………………… 200

　　案例:广东大圣公司与王海成等侵犯著作权纠纷案 ………………………… 200

　　一、基本案情 …………………………………………………………… 200

　　二、裁判要旨 …………………………………………………………… 202

　　　　No.1-4-40.3-1　使用他人已经合法录制为录音制品的音乐作品制作录音制品,可以不经著作权人许可;对使用此类音乐作品制作的录音制品进行复制、发行,也不需要经著作权人许可,但应当依法向著作权人支付报酬。 ………… 202

No.1-4-40.3-2　在不损害著作权人获得报酬权的前提下,作品使用人可以先使用后付款。在计算应付报酬数额时,如当事人之间对复制、发行数量有争议,可以根据出版行业的惯例判定。 …………………………………………… 202

No.1-4-40.3-3　根据民歌改编的音乐作品的著作权人,依法对改编的音乐作品享有著作权,使用他人根据民歌改编的音乐作品制作录音制品并复制、发行的,可以向改编者支付全额报酬。 …………………………………………… 202

No.1-4-40.3-4　著作权人将其著作财产权授权给集体管理组织之后,在其与集体管理组织订立的合同中未对诉权问题作出约定时,可以自己行使诉权。 ……… 203

### 第三节　录音录像

**73** 录音录像制作者权(《著作权法》第42条第1款) ……………………… 203

案例:北京非同音乐文化传播有限公司与黑龙江人民广播电台网络传播权侵权纠纷案 …………………………………………………………………………… 203

　一、基本案情 ……………………………………………………………………… 203

　二、裁判要旨 ……………………………………………………………………… 204

　　No.1-4-42.1-1　依惯例通过网络宣传者未提供下载路径,不侵犯录音录像制作者权。 ……………………………………………………………… 204

**74** 表演者的二次许可权和获酬权(《著作权法》第42条第2款) ………… 204

案例:吴美丽等与上海电影制片厂等著作权纠纷案 …………………………… 204

　一、基本案情 ……………………………………………………………………… 204

　二、裁判要旨 ……………………………………………………………………… 205

　　No.1-4-42.2-2　目前电影表演者不享有二次许可权和获酬权。 ……… 205

### 第四节　广播电台、电视台播放

**75** 广播组织的法定许可(《著作权法》第43条、第55条) ………………… 206

案例:王春花诉新乡市邮电局将其作品制作成电话声讯服务节目侵犯著作权案 … 206

　一、基本案情 ……………………………………………………………………… 206

　二、裁判要旨 ……………………………………………………………………… 206

　　No.1-4-43-1　应用户点播而播放的声讯服务,不适用广播组织的法定许可。 …… 206

　　No.1-4-55-1　著作权纠纷可以调解结案。 …………………………… 207

**76** 广播组织播放录像制品(《著作权法》第44条、第46条) ……………… 207

案例:浙江永乐影视制作有限公司、淄博笑艺文化传播有限公司与夏津县广播电视局、夏津县广播电视台播放权纠纷案 ………………………………… 207

　一、基本案情 ……………………………………………………………………… 207

　二、裁判要旨 ……………………………………………………………………… 208

　　No.1-4-44-1　广播组织播放电影作品、录像制品不适用法定许可制度。 …… 208

No.1-4-46-1 广播组织播放电影作品、录像制品,应取得制片者或者录像制作者许可,并支付报酬。……………………………………………… 208

# 第五章 法律责任和执法措施

## 77 未经许可作品的发表(《著作权法》第47条第1项、第49条) …… 210
案例:邹源与林治、中华工商联合出版社著作权纠纷案 …………… 210
一、基本案情 ………………………………………………………… 210
二、裁判要旨 ………………………………………………………… 211

No.1-5-47-1 有权许可他人发表摄影作品者,应是著作权人,非照片所有人。 …… 211

No.1-5-47-2 侵犯著作权的民事责任与刑事责任不同,民事责任的承担不以营利为要件。 ………………………………………………… 212

No.1-5-49-1 有关支付报酬的国家或行业标准,不能替代侵犯著作权的损害赔偿责任。 ………………………………………………… 212

## 78 合作作品的发表(《著作权法》第47条第2项) ……………………… 212
案例:张绍蓁与任义伯著作权纠纷案 …………………………………… 212
一、基本案情 ………………………………………………………… 212
二、裁判要旨 ………………………………………………………… 214

No.1-5-47-3 单位意志介入和接受,可以成立当事人之间的创作合意,产生的合作作品,未经合作作者许可不能单独发表。 …………… 214

## 79 在他人作品上署名(《著作权法》第47条第3、5项,第48条第1项) …… 214
案例:龚凯杰与浙江泛亚电子商务有限公司、王蓓著作权纠纷案 …… 214
一、基本案情 ………………………………………………………… 214
二、裁判要旨 ………………………………………………………… 216

No.1-1-4-2 涉嫌侵权的演绎作品著作权人,仍可追求他人对该作品的侵权责任。 ……………………………………………………………… 216

No.1-5-47-4 在剽窃他人作品上署名者,应承担侵权责任。 ………… 216

No.1-5-48-1 未经许可表演、通过信息网络向公众传播他人作品者,应承担侵权责任。 ……………………………………………………… 216

## 80 电影再创作(《著作权法》第47条第4项) ……………………………… 216
案例:陈立洲、王雁与珠江电影制片公司、王进著作权纠纷案 ……… 216
一、基本案情 ………………………………………………………… 217
二、裁判要旨 ………………………………………………………… 217

No.1-5-47-5 导演对原著所作的增删改动,如未对原著的主要故事情节、主要作品内涵和主要人物关系作重大改变,其删改部分属于导演再创作许可范围内的活动。 ………………………………… 217

**81** 剽窃他人作品(《著作权法》第 47 条第 5 项) ················· 218
案例:北京国联医药经营有限公司诉北京紫竹药业有限公司抄袭广告词侵犯著作权被驳回案 ················· 218
 一、基本案情 ················· 218
 二、裁判要旨 ················· 219
  No.1-5-47-6 著作权法不保护作品中的思想、观念,只保护思想、观念的独创性表达。················· 219

**82** 未经许可展览作品(《著作权法》第 47 条第 6 项、第 24 条) ················· 219
案例:叶洪桐诉北京丰联广场商业有限公司著作权侵权纠纷案 ················· 219
 一、基本案情 ················· 219
 二、裁判要旨 ················· 221
  No.1-3-24-7 著作权许可使用合同中未明确约定的权利,使用人不能擅自行使。················· 221
  No.1-5-47-7 著作权人明知行为人的使用行为而未反对,可视为对该使用行为的默示许可。················· 221

**83** 未经许可摄制作品(《著作权法》第 47 条第 6 项) ················· 221
案例:于耀中与北京成象影视制作公司等著作权纠纷案 ················· 221
 一、基本案情 ················· 221
 二、裁判要旨 ················· 223
  No.1-5-47-8 将作品作为表演中的道具使用,既是对物的使用,也是著作权法意义上对作品的使用。················· 223
  No.1-5-47-9 合同当事人在合同中约定的著作权免责条款不能对抗合同以外的第三人。················· 223
  No.1-5-47-10 美术作品在公共经营场所的展览,视为作品发表。················· 223

**84** 民事纠纷与行政纠纷(《著作权法》第 48 条第 1 项) ················· 224
案例:双叶株式会社与上海恩嘉经贸发展有限公司、广州市诚益眼镜有限公司、响水县世福经济发展有限公司侵犯著作权纠纷案 ················· 224
 一、基本案情 ················· 224
 二、裁判要旨 ················· 225
  No.1-5-48-2 指控他人在注册商标中使用其享有著作权的作品及在产品销售、宣传时非法使用其作品的,应属于民事纠纷。················· 225

**85** 未经许可复制作品(《著作权法》第 48 条第 1 项、第 10 条第 1 款第 5 项) ················· 226
案例:圆谷会社与豫园购物中心著作权纠纷案 ················· 226
 一、基本案情 ················· 226
 二、裁判要旨 ················· 227

No.1-5-48-2　将平面作品独创性部分使用到立体的实用艺术工业品上,属于著作权法意义上的复制行为。……………………………………… 227

**86** 未经许可放映作品(《著作权法》第 48 条第 1 项、第 8 条) ……………… 228
案例:中国音像著作权集体管理协会与北京京瑞房产有限公司著作权纠纷案 ……… 228
一、基本案情 ………………………………………………………………………… 228
二、裁判要旨 ………………………………………………………………………… 229
No.1-5-8-1　著作权集体管理组织可以以自己的名义为著作权人的利益提起诉讼。……………………………………………………………………… 229
No.1-5-48-3　KTV 经营者未经许可放映他人作品,应承担侵权责任。……… 229

**87** 未经许可在信息网络传播作品(《著作权法》第 48 条第 1 项、第 10 条第 1 款第 12 项) …… 229
案例:陈兴良与中国数字图书馆有限责任公司著作权纠纷案 ……………………… 229
一、基本案情 ………………………………………………………………………… 229
二、裁判要旨 ………………………………………………………………………… 230
No.1-5-48-4　以数字图书馆的形式,未经权利人许可上传作品,且未支付报酬,构成对信息网络传播权的侵犯。……………………………………… 230

**88** 出版他人享有专有出版权的图书(《著作权法》第 48 条第 2 项) ……………… 231
案例:中国友谊出版公司与浙江淘宝网络有限公司、杨海林侵犯出版者权纠纷案 ……… 231
一、基本案情 ………………………………………………………………………… 231
二、裁判要旨 ………………………………………………………………………… 232
No.1-5-48-5　未经授权私自印刷他人享有专用出版权的图书,侵犯了出版者的专有出版权,应承担侵权责任。……………………………………… 232
No.1-5-48-6　电子交易平台网络服务提供商尽到合理审查义务的,对于发生于其交易平台的第三方侵权行为不承担责任。………………………… 232

**89** 技术措施保护(《著作权法》第 48 条第 6 项、第 51 条、第 59 条) ……………… 233
案例:武汉适普软件有限公司诉武汉地大空间信息有限公司计算机软件著作权侵权案 ………………………………………………………………………… 233
一、基本案情 ………………………………………………………………………… 233
二、裁判要旨 ………………………………………………………………………… 236
No.1-5-48-7　故意避开或破坏计算机软件的技术措施,应承担侵权责任。……… 236
No.1-5-51-1　在著作权侵权纠纷中权利人,可以向法院申请诉前证据保全。……… 236

**90** 技术措施的认定(《著作权法》第 48 条第 6 项、第 3 条第 8 项、第 59 条) ……… 237
案例:北京精雕科技有限公司诉上海奈凯电子科技有限公司侵害计算机软件著作权纠纷案* ……………………………………………………………… 237

---

\* 参见最高人民法院 2015 年 4 月 15 日第十批指导性案例第 48 号。

一、基本案情 …………………………………………………………… 237
　　二、裁判要旨 …………………………………………………………… 239
　　　　No.1-5-48-8　计算机软件著作权人为实现软件与机器的捆绑销售,将软件运行的输出数据设定为特定文件格式,以限制其他竞争者的机器读取以该特定文件格式保存的数据,从而将其在软件上的竞争优势扩展到机器,不属于《著作权法》所规定的著作权人为保护其软件著作权而采取的技术措施。他人研发软件读取其设定的特定文件格式的,不构成侵害计算机软件著作权。…… 239

**91** 权利管理信息的保护(《著作权法》第48条第7项、第60条) ……………… 239
　　案例:阎世豪与上海亿之唐信息服务有限公司著作权侵权纠纷案 ………… 239
　　一、基本案情 …………………………………………………………… 239
　　二、裁判要旨 …………………………………………………………… 240
　　　　No.1-5-48-9　网络作品"不得转载的声明"属于权利管理电子信息,未经许可对其故意删除或者改变,应承担侵权责任。………………………………… 240
　　　　No.1-5-60-1　法律修改后,依照侵权或者违约行为发生时的规定处理。 …… 241

**92** 出售假冒他人署名的作品(《著作权法》第48条第8项、第52条) …………… 241
　　案例:吴冠中与上海朵云轩、香港永成古玩拍卖有限公司著作权纠纷案 …… 241
　　一、基本案情 …………………………………………………………… 241
　　二、裁判要旨 …………………………………………………………… 242
　　　　No.1-5-48-10　拍卖假冒他人署名的作品是对著作权的侵犯。 ……………… 242
　　　　No.1-5-52-1　法院在审理著作权侵权纠纷案件时,有民事制裁权。 ………… 243

**93** 传播复制品的侵权责任(《著作权法》第53条) …………………………… 243
　　案例:环球城市制片公司诉上海沪声音像有限公司、曾扣亮侵犯著作权纠纷案 …… 243
　　一、基本案情 …………………………………………………………… 243
　　二、裁判要旨 …………………………………………………………… 244
　　　　No.1-5-53-1　房租出租者对发生在其房屋内销售侵权复制品的行为,既不能证明他人所为,也不能证明复制品合法来源的,承担举证不能的侵权责任。…… 244

# 第二编　商　标　权

## 第一章　总　　则

**1** 商标专用权的共有(《商标法》第5条) ………………………………………… 248
　　案例:安徽省傻子经济发展有限公司与芜湖市傻子瓜子总厂注册商标使用权纠纷案 …… 248
　　一、基本案情 …………………………………………………………… 248
　　二、裁判要旨 …………………………………………………………… 249

No.2-1-5-1　两个以上的自然人、法人或者其他组织可以共同享有和行使商标专用权。…… 249

## ❷ 商标的显著性(《商标法》第9条第1款、第57条第1款第2项) …… 250

**案例:《家庭》杂志社诉北京里肯咨询有限公司等13家单位侵犯注册商标专用权案** …… 250

一、基本案情 …… 250

二、裁判要旨 …… 251

No.2-1-9.1-1　如果注册商标表达的是商品或者服务本身的特征,虽然该商标经过使用获得显著性,但鉴于其显著性较弱,不能阻止他人对该注册商标的合理使用。…… 251

No.2-7-57.1.2-1　相关公众应以与商标所标识的某类商品或者服务有关的消费者和与前述商品或者服务的营销有密切关系的其他经营者为范围。…… 251

## ❸ 可移动非金属建筑物上注册的商品商标近似(《商标法》第9条第1款,第57条第1款第2、7项) …… 252

**案例:重庆协信控股(集团)有限公司诉重庆天骄物业发展有限公司商标侵权案** …… 252

一、基本案情 …… 252

二、裁判要旨 …… 253

No.2-1-9.1-2　在后的商标权保护范围,不及于在先的企业名称权保护范围。…… 253

No.2-7-57.1.2-2　判断商品类似,需要参考注册商标使用的商品分类。…… 253

No.2-7-57.1.7-1　显著性不强的近似商标之间存在权利冲突,需要判断使用程度是否"突出"。…… 254

## ❹ 以三维标志作为注册商标的特殊要求(《商标法》第9条第1款) …… 255

**案例:意大利爱马仕公司与国家工商行政管理总局商标评审委员会商标驳回复审行政纠纷案** …… 255

一、基本案情 …… 255

二、裁判要旨 …… 255

No.2-1-9.1-3　申请商标是以商品部分外观的三维形状申请注册的情形,在通常情况下,这种三维形状不能脱离商品本身而单独使用,故相关公众更易将其视为商品的组成部分。…… 255

## ❺ 禁止作为商标使用的标志(《商标法》第10条第1款第1项、第11条第1款第1项、第32条) …… 256

**案例:劲牌有限公司诉国家工商行政管理总局商标评审委员会商标驳回复审行政纠纷案** …… 256

一、基本案情 …… 256

二、裁判要旨 …… 258

　　　　No.2-1-10.1.1-1　注册商标含有与我国国家名称相同或者近似的文字,但其与其他要素相结合作为一个整体,已不再与我国国家名称构成相同或者近似的,不宜认定为与中华人民共和国国家名称相同或者近似的标志。 ……… 258

案例:索尼爱立信移动通信产品(中国)与国家工商行政管理总局商标评审委员会、刘建佳商标行政纠纷案 …………………………………………………… 259

　一、基本案情 ………………………………………………………………… 259

　二、裁判要旨 ………………………………………………………………… 260

　　　　No.2-1-10.1.1-2　在审查判断有关标志是否构成具有其他不良影响的情形时,应当考虑该标志或者其构成要素是否可能对我国政治、经济、文化、宗教、民族等社会公共利益和公共秩序产生消极、负面影响。 ………… 260

　　　　No.2-3-32-1　审查判断诉争商标是否损害他人现有的在先权利,一般以诉争商标申请日为准。 …………………………………………………… 260

案例:河南省柘城县豫丰种业有限责任公司诉国家工商行政管理总局商标评审委员会商标行政纠纷案 ………………………………………………………… 261

　一、基本案情 ………………………………………………………………… 261

　二、裁判要旨 ………………………………………………………………… 262

　　　　No.2-1-11.1.1-1　商品的通用名称是指为国家或者某一行业所共用的反映一类商品与另一类商品之间根本区别的规范化称谓。 ………………… 262

**6** 含有描述性要素的商标的显著性(《商标法》第11条第1款第3项) ……… 262

案例:长沙沩山茶业有限公司与国家工商行政管理总局商标评审委员会、湖南宁乡沩山湘沩名茶厂等商标行政纠纷案 ……………………………………… 262

　一、基本案情 ………………………………………………………………… 263

　二、裁判要旨 ………………………………………………………………… 265

　　　　No.2-1-11.1.3-1　判断争议商标是否具有显著性,应当根据争议商标指定使用商品的相关公众的通常认识,从整体上对商标是否具有显著特征进行判断,不能因为争议商标含有描述性文字就认为其整体缺乏显著性。 …… 265

**7** 商标的实际使用(《商标法》第13条第2款) …………………………………… 265

案例:辉瑞产品有限公司、辉瑞制药公司诉上海东方制药有限公司破产清算组、北京健康新概念大药房有限公司、广州威尔曼药业有限公司不正当竞争、侵犯未注册驰名商标权纠纷申请再审案 ……………………………………………… 265

　一、基本案情 ………………………………………………………………… 265

　二、裁判要旨 ………………………………………………………………… 268

　　　　No.2-1-13.2-1　商标使用应当是权利人实际将商标使用在商品或服务上。 …… 268

**8** 驰名商标的认定(《商标法》第13条第2款、第14条第1款第4、5项) ………… 268

案例:日本国株式会社双叶社诉中华人民共和国国家工商行政管理总局商标评审委员会商标行政确认纠纷案 ……………………………………………… 268

　一、基本案情 ………………………………………………………………… 268

二、裁判要旨 …………………………………………………………… 271

    No.2-1-13.2-2　判断标识是否为未在中国注册的驰名商标,关键在于判定申请人的商标在争议商标申请注册前是否已在中国大陆成为使用在相关商品上的驰名商标。 …………………………………………………… 271

**案例:彭博有限合伙公司诉上海澎博财经资讯有限公司等商标侵权纠纷案** …… 271

一、基本案情 …………………………………………………………… 271

二、裁判要旨 …………………………………………………………… 274

    No.2-1-14.1.4-1　驰名商标认定应坚持权利主张地原则。 ………… 274

    No.2-3-32-2　企业名称权的范围应当基于规范完整使用,企业名称未经权利人允许,不得在企业名称中单独或突出使用与他人注册商标相似的标识。 …… 275

    No.2-7-57.1.2-3　提供在线电子出版物与主持计算机网站这两类服务之间存在特定联系,如果相关公众难以区分,则两者构成类似服务。 …………… 275

**案例:伊士曼柯达公司诉苏州科达液压电梯有限公司商标权侵权纠纷案** …… 276

一、基本案情 …………………………………………………………… 276

二、裁判要旨 …………………………………………………………… 277

    No.2-1-14.4-3　法院在审判侵犯商标权纠纷的案件中,对涉案商标是否属于驰名商标作出认定是对案件基本事实的认定,不受当事人诉讼请求的限制。 …… 277

    No.2-7-57.1.7-2　复制、摹仿、翻译他人注册的驰名商标或其主要部分在不相同或不相类似商品上作为商标使用,误导公众,致使该驰名商标注册人的利益可能受到损害的,依法应当承担相应的民事责任。 …………………… 277

**案例:北京中铁快运有限公司与国家工商行政管理总局商标评审委员会等商标行政纠纷案** …………………………………………………………… 278

一、基本案情 …………………………………………………………… 278

二、裁判要旨 …………………………………………………………… 280

    No.2-1-14.1.5-1　认定商标是否驰名,不仅应考虑商标注册后的使用情况,也应考虑商标注册前持续使用的情形。 …………………………… 280

**⑨ 驰名商标的保护(《商标法》第 13 条第 3 款,第 14 条第 1 款第 1、2 项)** …… 281

**案例:德士活有限公司与国家工商行政管理总局商标评审委员会、广东苹果实业有限公司商标撤销行政纠纷案** ……………………………………… 281

一、基本案情 …………………………………………………………… 281

二、裁判要旨 …………………………………………………………… 282

    No.2-1-13.3-1　在权利人同时拥有非类似商品上已注册的驰名商标和类似商品上的在先注册商标的情况下,不仅应该将争议商标与权利人在类似商品上在先注册的商标进行比对,还应该考虑驰名商标跨类保护的因素。 …… 282

**案例:北京华夏长城高级润滑油有限责任公司与国家工商行政管理总局商标评审委员会、日产自动车株式会社商标争议行政纠纷案** ……………… 282

一、基本案情 …………………………………………………………… 282

二、裁判要旨 …………………………………………………………… 283

　　No.2-1-14.1.1-1　关于商标知名度的证明,需要证明的是通过其使用、宣传等行为,使相关公众对商标有了广泛的认知。 …………… 283

　　No.2-1-14.1.2-1　商标使用只要是在生产、经营活动中将商标用于与其指定使用商品相关联的场合,使相关公众能够认识到其是该商品的商标即可。 …… 283

**10** 驰名商标的证明(《商标法》第13条第3款、第14条第1款第4项) ……… 284

　案例:雅虎公司诉中华人民共和国国家工商行政管理总局商标评审委员会商标异议复审行政纠纷案 …………………………………………………… 284

　　一、基本案情 …………………………………………………………… 284

　　二、裁判要旨 …………………………………………………………… 286

　　No.2-1-13.3-2　欲证明商标在中国具有较高知名度,需要提供该商标在中国的使用状况和推广宣传程度的证据。 ……………………………… 286

　　No.2-1-14.1.4-4　驰名商标受保护的记录,仅是认定商标是否驰名所考虑的因素之一。 …………………………………………………… 286

**11** 驰名商标受保护记录(《商标法》第14条1款第4项) …………………… 286

　案例:米其林集团总公司与天津米其林电动自行车有限公司侵犯商标权纠纷案 …… 286

　　一、基本案情 …………………………………………………………… 286

　　二、裁判要旨 …………………………………………………………… 288

　　No.2-1-14.1.4-2　商标曾被工商行政部门认定为驰名商标,只是其作为驰名商标受保护的记录,并非原告要求保护其商标权的权利依据。 ……… 288

**12** 恶意注册的禁止(《商标法》第15条第1款) ……………………………… 289

　案例:重庆正通药业有限公司、国家工商行政管理总局商标评审委员会诉四川华蜀动物药业有限公司商标行政纠纷案 ………………………………… 289

　　一、基本案情 …………………………………………………………… 289

　　二、裁判要旨 …………………………………………………………… 290

　　No.2-1-15.1-1　未经授权,代理人或者代表人以自己的名义将被代理人或者被代表人的商标进行注册,被代理人或者被代表人提出异议的,不予注册并禁止使用。 ………………………………………………… 290

　　No.2-1-15.1-2　确定双方当事人之间是否存在商标法中的代理关系,不仅要根据当事人双方所订立的协议名称,更要根据其内容的法律属性判断。 …… 291

## 第二章　商标注册的申请

**13** 优先权及其手续(《商标法》第25条) ……………………………………… 292

　案例:泰尔斯特拉有限公司与中华人民共和国国家工商行政管理总局商标评审委员会商标行政纠纷案 ……………………………………………… 292

一、基本案情 ·········· 292
二、裁判要旨 ·········· 293

No.2-2-25-1 要求优先权的,应当在提出商标注册申请的时候提出书面声明,并且在3个月内提交第一次提出的商标注册申请文件的副本;未提出书面声明或者逾期未提交商标注册申请文件副本的,视为未要求优先权。 ·········· 293

## 第三章 商标注册的审查和核准

**14** 商标注册申请的驳回(《商标法》第30条、第44条第1款) ·········· 296
案例:路德马特(美国)股份有限公司不服商标驳回复审决定诉国家工商行政管理总局商标评审委员会案 ·········· 296
一、基本案情 ·········· 296
二、裁判要旨 ·········· 298

No.2-3-30-1 申请放弃在部分指定商品上使用商标的注册申请,应当是对申请商标所指定使用商品中的部分商品的放弃,而不是随意改变原来指定使用的商品。 ·········· 298

案例:侯勇与哈尔滨秋林集团股份有限公司等商标异议复审行政纠纷案 ·········· 298
一、基本案情 ·········· 298
二、裁判要旨 ·········· 300

No.2-3-30-2 在判断被异议商标与引证商标是否构成相同或相似商标时,应从二者所使用的商品或服务是否相同或类似和二者的标识是否相同或相似两方面进行判定。 ·········· 300

案例:湖南省长康实业有限责任公司与国家工商行政管理总局商标评审委员会、长沙加加食品集团有限公司商标异议复审行政纠纷案 ·········· 301
一、基本案情 ·········· 302
二、裁判要旨 ·········· 303

No.2-3-30-3 判断商品是否类似,应当考虑商品的功能、用途、生产部门、销售渠道、消费群体等是否相同或者具有较大的关联性,是否容易使相关公众认为是同一主体提供的,或者其提供者之间存在特定联系。 ·········· 303

案例:艾德文特软件有限公司与国家工商行政管理总局商标评审委员会商标驳回复审行政纠纷案 ·········· 304
一、基本案情 ·········· 304
二、裁判要旨 ·········· 304

No.2-3-30-4 在商标驳回复审行政纠纷案件中,如果引证商标在诉讼程序中因3年连续不使用而被商标局撤销,鉴于申请商标尚未完成注册,人民法院应根据情势变更原则,依据变化了的事实依法作出裁决。 ·········· 304

案例:杭州啄木鸟鞋业与中华人民共和国国家工商行政管理总局商标评审委员会、七好(集团)有限公司商标争议行政纠纷案 ·········· 305

一、基本案情 ································································· 305
二、裁判要旨 ································································· 308
  No.2-3-30-5 商标的主要功能在于标识商品或者服务的来源,因此商标是否发挥其主要功能必须同具体的商品或者服务相结合判断。 ················· 308
  No.2-5-44.1-1 《商标法》第44条第1款所规定的"不正当手段",属于欺骗手段以外的扰乱商标注册秩序、损害公共利益、不正当占用公共资源或者以其他方式谋取不正当利益的手段。 ················································ 309

案例:北京台联良子保健技术有限公司与国家工商行政管理总局商标评审委员会、山东良子自然健身研究院有限公司商标争议行政纠纷案 ················ 310
一、基本案情 ································································· 310
二、裁判要旨 ································································· 310
  No.2-3-30-6 近似商标共存协议影响商标可注册性的审查判断。 ·············· 310

**15** 服务商标近似的认定(《商标法》第32条、第57条第1款第2项) ·············· 311
案例:雷茨饭店有限公司诉上海黄浦丽池休闲健身有限公司商标权权属、侵权纠纷案 ··········································································· 311
一、基本案情 ································································· 311
二、裁判要旨 ································································· 313
  No.2-3-32-3 商标未在中国使用,如果经过授权,商标的一部分在中国使用,可以享有在先权。 ························································ 313
  No.2-7-57.1.2-4 相同或类似服务是判断服务商标混淆的依据之一,即服务内容、服务方式等方面基本相同,属于相同或类似服务。 ···················· 313
  No.2-7-57.1.2-5 认定服务商标相同或者近似,应以相关公众的一般注意为标准。 ································································· 313
  No.2-7-57.1.2-6 判断被控侵权标识与主张权利的注册商标是否构成近似,应在考虑注册商标的显著性、市场知名度的基础上,对两者的整体、主体部分等起到主要识别作用的要素进行综合判断。 ····································· 314

**16** 申请商标注册不得损害他人现有的在先权利(《商标法》第32条) ··············· 314
案例:申请再审人山西康宝生物制品股份有限公司与被申请人国家工商行政管理总局商标评审委员会、原审第三人北京九龙制药有限公司商标争议行政纠纷案 ······· 314
一、基本案情 ································································· 314
二、裁判要旨 ································································· 316
  No.2-3-32-4 经实际使用并具有一定影响的药品商品名称,可作为民事权益,属于《商标法》第31条所说的"在先权利",受法律保护。 ················ 316

**17** 注册商标与他人著作权冲突(《商标法》第32条) ····························· 316
案例:法国(欧尚)集团诉国家工商行政管理总局商标评审委员会注册商标专用权行政确权纠纷案 ····························································· 316
一、基本案情 ································································· 316

二、裁判要旨 …… 318

No.2-3-32-5 注册商标损害他人现有的在先权利,在先权利人需提供证据证明其享有在先权利。…… 318

**18** 在先权利的确定(《商标法》第 32 条) …… 318

案例:(瑞士)豪夫迈—罗须公司诉中华人民共和国国家工商行政管理总局商标评审委员会、第三人西南药业股份有限公司商标行政纠纷案 …… 318

一、基本案情 …… 318

二、裁判要旨 …… 321

No.2-3-32-6 人用药品必须使用注册商标,对商品通用名称的标注不能认定是对未注册商标的使用。…… 321

**19** 在先权利与恶意抢注(《商标法》第 32 条、第 52 条第 1 款第 2 项) …… 322

案例:沈阳薇薇美容有限公司诉国家工商行政管理总局商标评审委员会商标争议行政纠纷案 …… 322

一、基本案情 …… 322

二、裁判要旨 …… 324

No.2-3-32-7 《商标法》第 32 条规定的在先权利并不包括商标权本身。…… 324

No.2-7-57.1.2-7 商标近似是指,两商标在其文字的字形、读音、含义或者图形的构成及颜色,或者各要素组合后的整体结构相似,易使相关公众对商品或服务的来源产生误认或者认为二者之间有特定的联系。…… 324

**20** 企业字号与他人在先注册商标冲突(《商标法》第 32 条) …… 324

案例:王将饺子(大连)餐饮有限责任公司与李惠延侵犯注册商标专用权纠纷案 …… 324

一、基本案情 …… 324

二、裁判要旨 …… 327

No.2-3-32-8 使用企业名称应当规范,在招牌、招贴和餐具等突出使用企业名称,应与他人在先注册的商标相区别,使相关公众可以区分。…… 327

**21** 商标异议程序(《商标法》第 35 条第 3 款) …… 328

案例:黄长青等诉李永祥、贵阳彩艺商标事务所申请人资格确权以及商标侵权纠纷案 …… 328

一、基本案情 …… 328

二、裁判要旨 …… 329

No.2-3-35.3-1 商标局受理异议申请,并不影响法院对商标争议案件的管辖权。…… 329

## 第四章　注册商标的续展、变更、转让和使用许可

**22** 商标转让合同公告前的效力(《商标法》第 42 条第 1 款、第 57 条第 1 款第 2 项) ········ 330

案例:北京方太新怡华食品销售有限公司与新会市大有食品有限公司、新会市包大厨食品有限公司、彭顺智侵犯注册商标专用权及不正当竞争纠纷案 ········ 330

一、基本案情 ········ 330

二、裁判要旨 ········ 332

No.2-4-42.1-1　转让注册商标经核准后,予以公告。受让人自公告之日起享有商标专用权,但是在此之前有诉权。········ 332

No.2-7-57.1.2-8　相关公众对商品或服务的一般认识,是判断商品是否相同或类似的主要评判标准,《商标注册用商品和服务国分类表》《类似商品和服务区分表》可以作为辅助的评判标准予以参考、援引。········ 332

**23** 商标许可使用合同对第三人的效力(《商标法》第 43 条第 3 款) ········ 333

案例:李红霞与克拉玛依市聋哑学校综合服务部商标使用权侵权纠纷案 ········ 333

一、基本案情 ········ 333

二、裁判要旨 ········ 333

No.2-4-43.3-1　商标使用许可合同应当报商标局备案,未经备案并发出公告,不能对抗不知情第三人。········ 333

## 第五章　注册商标的无效宣告

**24** 商标局依职权撤销注册商标(《商标法》第 49 条第 2 款) ········ 334

案例:申请再审人法国卡斯特兄弟股份有限公司与被申请人国家工商行政管理总局商标评审委员会、李道之商标撤销复审行政纠纷案 ········ 334

一、基本案情 ········ 334

二、裁判要旨 ········ 335

No.2-5-49.2-1　商标只要是公开、真实的使用,即使在使用中违反了进口、销售等方面的法律,也不构成《商标法》第 49 条第 2 款所规定的连续 3 年停止使用的情形。········ 335

**25** 注册商标的使用管理(《商标法》第 49 条第 2 款) ········ 335

案例:云南滇虹药业集团股份有限公司与国家工商行政管理总局商标评审委员会等商标行政纠纷案 ········ 335

一、基本案情 ········ 335

二、裁判要旨 ········ 337

No.2-5-49.2-2　"商标使用"是在商业活动中对商标进行公开、真实、合法的使用。········ 337

## 第六章　注册商标专用权的保护

**26** 地理标志(《商标法》第56条) ······ 340
案例:浙江省食品有限公司诉上海市泰康食品有限公司、浙江永康四路火腿一厂商标侵权纠纷案 ······ 340
 一、基本案情 ······ 341
 二、裁判要旨 ······ 342
  No.2-7-56-1　商标注册时的历史背景以及商标注册证上记载的内容可以用来确定商标专用权的保护范围。 ······ 342

**27** 注册商标专用权(《商标法》第56条、第57条第1款第2项) ······ 342
案例:厦门市雅宝电脑有限公司与北京今点万维网络技术有限公司、北京雅宝在线拍卖有限公司注册商标侵权纠纷案 ······ 342
 一、基本案情 ······ 342
 二、裁判要旨 ······ 343
  No.2-7-56-2　注册商标专用权,以核准注册的商标和核定使用的商品为限。 ······ 343
  No.2-7-57.1.2-9　判断类似服务,应当根据服务的内容及其本质特征确定。 ······ 343

**28** 以三维标志作为商标的特殊要求(《商标法》第57条第1款第2项、第59条第3款) ······ 344
案例:开平味事达调味品有限公司诉雀巢产品有限公司确认不侵犯注册商标专用权纠纷案 ······ 344
 一、基本案情 ······ 344
 二、裁判要旨 ······ 345
  No.2-7-57.1.2-10　判定商标侵权,应考虑使用商标是否存在主观恶意,并足以造成相关公众对其产品来源产生误认或与商标权人存在特定联系的混淆。 ······ 345
  No.2-7-59.3-1　判断涉及立体商标侵权时,应结合争议产品的包装、装潢及商标等整体能够被消费者看到的所有部分与涉案注册商标进行比对。 ······ 346

**29** 商标近似(《商标法》第57条第1款第2项) ······ 347
案例:(法国)拉科斯特股份有限公司与(新加坡)鳄鱼国际机构私人有限公司、上海东方鳄鱼服饰有限公司北京分公司侵犯商标专用权纠纷案 ······ 347
 一、基本案情 ······ 347
 二、裁判要旨 ······ 349
  No.2-7-57.1.2-11　侵犯注册商标专用权意义上的商标近似,应当是指混淆性近似,即足以造成市场混淆的近似。 ······ 349

**30** 网络环境下商标权的保护(《商标法》第 57 条第 1 款第 2 项、第 59 条第 1 款) ………… 351
案例:大宇资讯股份有限公司诉上海盛大网络发展有限公司侵犯注册商标专用权
纠纷案 ……………………………………………………………………………………… 351
 一、基本案情 ……………………………………………………………………………… 351
 二、裁判要旨 ……………………………………………………………………………… 352
  No.2-7-57.1.2-12 商标首字读音或者字形明显不同,或者整体含义不同,
  使商标整体区别明显,不易使相关公众对商品或者服务的来源产生误认的,不
  属于混淆。 ………………………………………………………………………… 352
  No.2-7-57.1.2-13 判断商标是否近似,应当考虑请求保护注册商标的显著
  性和知名度。 ……………………………………………………………………… 352
  No.2-7-59.1-1 网络游戏的商标中含有相关公众约定俗成的一类游戏的名
  称的,不构成对注册商标专用权的侵犯。 ……………………………………… 353

**31** 商标侵权行为之一(《商标法》第 57 条第 1 款第 2 项、第 60 条第 2 款) ……………… 353
案例:佛山市圣芳(联合)有限公司与国家工商行政管理总局商标评审委员会、强
生公司商标撤销行政纠纷案 …………………………………………………………… 353
 一、基本案情 ……………………………………………………………………………… 353
 二、裁判要旨 ……………………………………………………………………………… 355
  No.2-7-57.1.2-14 在产品性质、生产和销售渠道等方面有着明确的区别,
  消费者可以辨别,不足以误导公众,不足以损害商标权人利益,两个商标在各
  自相关市场中可以共存。 ………………………………………………………… 355
案例:湖南省华光机械实业有限责任公司、湖南省嘉禾县华光钢锄厂与湖南嘉禾
县锻造厂、郴州市伊斯达实业有限责任公司侵犯商标权纠纷案 …………………… 355
 一、基本案情 ……………………………………………………………………………… 355
 二、裁判要旨 ……………………………………………………………………………… 357
  No.2-7-57.1.2-15 在商标侵权纠纷案件中,认定被控侵权标识与主张权利
  的注册商标是否近似,应当视所涉商标或其构成要素的显著程度、市场知名度
  等具体情况,在考虑和对比文字的字形、读音和含义,图形的构图和颜色,或者
  各构成要素的组合结构等基础上,对其整体或者主要部分是否具有市场混淆
  的可能性进行综合分析判断。 …………………………………………………… 357
案例:四川省宜宾五粮液集团有限公司与济南天源通海酒业有限公司侵犯商标专
用权及不正当竞争纠纷案 ……………………………………………………………… 357
 一、基本案情 ……………………………………………………………………………… 357
 二、裁判要旨 ……………………………………………………………………………… 359
  No.2-7-57.1.2-16 如果使用商标的行为并没有破坏商标识别商品来源的
  主要功能,视为未侵犯商标专用权。 …………………………………………… 359
案例:苏州鼎盛食品有限公司与江苏省苏州工商行政管理局工商行政处罚上诉案 … 359
 一、基本案情 ……………………………………………………………………………… 360

二、裁判要旨 ································································· 363

　　No.2-7-57.1.2-17　在判断商品上的标识是否属于商标性使用时,必须根据该标识的具体使用方式,看其是否具有识别商品或服务来源之功能。 ············· 363

　　No.2-7-57.1.2-18　侵犯注册商标专用权意义上商标近似,应当是混淆性近似,是否造成市场混淆是判断商标近似的重要因素之一。 ··············· 363

　　No.2-7-60.2-1　工商行政管理部门在处理侵犯注册商标专用权纠纷时,认定侵权成立的,责令立即停止侵权行为,并可处以罚款。 ··············· 364

## 32 驰名商标的认定与保护(《商标法》第 57 条第 1 款第 2、7 项) ············· 365

　案例:马鞍山市永合重工科技有限公司与三一重工股份有限公司侵犯商标专用权及不正当竞争纠纷案 ················································· 365

　一、基本案情 ································································· 365

　二、裁判要旨 ································································· 368

　　No.2-7-57.1.2-19　在产品中和对外宣传的醒目位置突出标注标识,对一般公众而言,该标识实际上起到了识别商品来源的作用,属于商标化使用行为。 ····· 368

　　No.2-7-57.1.7-3　复制、摹仿、翻译他人注册的驰名商标或其主要部分在不相同或者不相类似商品上作为商标使用,误导公众,致使该驰名商标注册人的利益可能受到损害的,属于侵犯他人注册商标权的行为。 ··············· 368

## 33 商标专用权的保护(《商标法》第 57 条第 1 款第 7 项) ··············· 369

　案例:如皋市印刷机械厂诉轶德公司侵犯商标专用权纠纷案 ··············· 369

　一、基本案情 ································································· 369

　二、裁判要旨 ································································· 370

　　No.2-7-57.1.7-4　在商品流通过程中去除原有商标,并作为自己的产品销售的行为,直接侵犯了商标权人所享有的商标专用权。 ··············· 370

## 34 商标与商品质量(《商标法》第 57 条第 1 款第 5 项) ··············· 370

　案例:华润雪花啤酒(中国)有限公司诉张志刚、山东民鑫生物科技有限公司商标侵权案 ······················································· 370

　一、基本案情 ································································· 370

　二、裁判要旨 ································································· 371

　　No.2-7-57.1.5-1　未经商标注册人同意,将其注册商标撤下后换上自己的商标并将该更换商标的商品又投入市场的行为,是商标侵权行为。 ··············· 371

## 35 将注册商标拆分成与他人注册商标近似的标志使用(《商标法》第 58 条) ··············· 372

　案例:博内特里公司诉上海梅蒸公司等商标侵权和不正当竞争纠纷案 ············· 372

　一、基本案情 ································································· 372

　二、裁判要旨 ································································· 373

　　No.2-7-57-1　商品经营者在同一种或者类似商品上,将与他人注册商标相同字样的标志作为企业名称突出使用,或者将自己的注册商标拆分成与他人注册商标近似的标志使用,以此误导公众的,是侵犯注册商标专用权行为。 ········· 373

**36** 在企业宣传中突出使用他人商标(《商标法》第57条、第63条第1款) ················ 373
 案例:大众汽车股份公司诉长春大众润滑油品销售有限公司商标侵权纠纷案 ·········· 373
  一、基本案情 ············································································· 373
  二、裁判要旨 ············································································· 375
   No.2-7-57-2 未经商标注册人许可将其商标在企业宣传中突出使用是商标侵权行为。 ················································································ 375
   No.2-7-63.1-1 法院酌定侵权赔偿数额可突破法定赔偿上限。 ············· 376

**37** 商标权与企业名称权冲突(《商标法》第58条) ············································ 376
 案例:四川滕王阁制药有限公司诉四川保宁制药有限公司侵犯商标专用权纠纷上诉案 ······································································································· 376
  一、基本案情 ············································································· 376
  二、裁判要旨 ············································································· 377
   No.2-7-58-3 当不同权利主体的商标专用权和企业名称权发生冲突时,应当适用维护公平竞争,尊重和保护在先合法权利,禁止混淆的原则进行处理。 ········ 377
   No.2-7-58-4 在维护公平竞争秩序和社会公共利益的前提下,解决商标专用权与企业名称之权利冲突,应遵循诚实信用原则。 ········································ 378

**38** 产品产地与注册商标相同(《商标法》第59条) ············································ 379
 案例:联友卤制品厂诉柏代娣商标侵权纠纷案 ·············································· 379
  一、基本案情 ············································································· 379
  二、裁判要旨 ············································································· 380
   No.2-7-59.1-2 对注册商标中含有地名的,注册商标专用权人无权禁止他人合理、正当地使用。 ··································································· 380

**39** 将境外商品输入到国内销售(《商标法》第57条第1款第7项、第60条第2款) ········ 381
 案例:米其林集团总公司诉谈国强欧灿侵犯注册商标专用权案 ·························· 381
  一、基本案情 ············································································· 381
  二、裁判要旨 ············································································· 382
   No.2-7-57.1.7-5 未经许可擅自将商标权人在境外制造的商品输入国内销售并违反强制性认定规范的,构成侵权。 ······················································ 382
   No.2-7-60.2-2 销售不知道是侵犯注册商标专用权的商品,能证明该商品是自己合法取得并说明提供者的,不承担赔偿责任。 ········································ 383

**40** 域名与注册商标近似(《商标法》第57条第1款第7项) ·································· 383
 案例:蒋海新诉飞利浦公司计算机网络域名纠纷案 ········································ 383
  一、基本案情 ············································································· 384
  二、裁判要旨 ············································································· 385

No.2-7-57.1.7-6　注册、使用的域名与他人的注册商标相同或者近似,且无正当的注册、使用理由,并足以造成相关公众误认的,应认定为恶意注册、使用域名。……385

**41** 商标的使用(《商标法》第57条第1款第7项)……………………386

案例:路易威登马利蒂(法国)诉时间廊(广东)钟表有限公司、雄腾(上海)贸易有限公司、深圳市金光华商业有限公司侵犯商标专用权纠纷案……………386

一、基本案情………………………………………………………386

二、裁判要旨………………………………………………………388

No.2-7-57.1.7-7　组合商标中的一部分在特定商品上具有较高知名度,并不意味着组合商标中的所有商标在特定商品以外的其他商品上同样具有较高知名度。…………………………………………………………388

**42** 网络服务商责任(《商标法》第57条第1款第7项)………………389

案例:鲁道夫·达斯勒体育用品波马股份公司诉浙江淘宝网络有限公司、陈仰蓉销售假冒注册商标商品纠纷案………………………………389

一、基本案情………………………………………………………389

二、裁判要旨………………………………………………………392

No.2-7-57.1.7-8　网络服务商在商标权利人或第三人提出网络商店售假,并提出相应的证据证实后应承担积极删除相关信息的义务。…………392

No.2-7-57.1.7-9　当网络商店申请卖物品时,网络服务商应审查其身份、制定售假制裁规则,并在显著的地方予以公布。……………………393

**43** 市场管理方责任(《商标法》第57条第1款第7项)………………394

案例:拉科斯特股份有限公司与上海龙华服饰礼品市场经营管理有限公司注册商标专用权纠纷案………………………………………………394

一、基本案情………………………………………………………394

二、裁判要旨………………………………………………………395

No.2-7-57.1.7-10　市场的管理方负有善良管理人的注意义务,应对市场经营活动中侵犯商标权的行为进行监督管理。……………………395

**44** 将他人服务商标作为商品名称使用(《商标法》第57条第1款第7项)……395

案例:天津狗不理集团有限公司诉济南大观园商场天丰园饭店侵犯商标专用权纠纷案………………………………………………………395

一、基本案情………………………………………………………395

二、裁判要旨………………………………………………………397

No.2-7-57.1.7-11　在他人注册服务商标前,已经将该商标作为商品名称使用,只要行为人规范使用该商品名称,即不侵犯他人已注册的服务商标专用权。………397

**45** 将他人注册商标申请产品外观设计(《商标法》第57条第1款第7项)……398

案例:法国路易威登马利蒂股份有限公司诉郭碧英侵犯注册商标专用权纠纷案……398

一、基本案情………………………………………………………398

二、裁判要旨 ……………………………………………………………………… 399

  No.2-7-57.1.7-12 将他人在先注册商标在相同或者类似商品上申请外观设计专利,不侵犯在先商标权,但该专利的实施造成相关公众混淆的,属于侵犯注册商标专用权的行为。 ……………………………………………… 399

**46** 商标侵权行为之二(《商标法》第57条第1款第7项) …………………… 399

**案例:江苏迈安德食品机械有限公司与江苏牧羊集团有限公司侵害注册商标专用权、不正当竞争纠纷案** ……………………………………………… 399

 一、基本案情 ……………………………………………………………………… 399

 二、裁判要旨 ……………………………………………………………………… 400

  No.2-7-57.1.7-13 成员企业为彰显其成员企业的身份,在经营活动中使用关联公司的集团标识符合常理,且无不正当性。 …………………… 400

**案例:山东齐鲁众合科技有限公司与齐鲁证券有限公司南京太平南路证券营业部侵犯注册商标专用权纠纷案** ……………………………………… 401

 一、基本案情 ……………………………………………………………………… 401

 二、裁判要旨 ……………………………………………………………………… 402

  No.2-7-57.1.7-14 对企业名称的简化使用,不违反相关法律规定,属于合理使用。 …………………………………………………………………… 402

**案例:尚杜·拉菲特罗兹施德民用公司因与被告深圳市金鸿德贸易有限公司、湖南生物医药集团健康产业发展有限公司商标专用权纠纷** …………… 402

 一、基本案情 ……………………………………………………………………… 402

 二、裁判要旨 ……………………………………………………………………… 407

  No.2-7-57.1.7-15 将与他人注册商标相同或者相近似的文字注册为域名,并且通过该域名进行相关商品交易的电子商务,容易使相关公众产生误认的行为,属于《商标法》第57条第1款第7项规定的给他人注册商标专用权造成其他损害的行为。 …………………………………………………… 407

**案例:佛山海天公司诉高明威极公司侵害商标权及不成当竞争纠纷案** …… 407

 一、基本案情 ……………………………………………………………………… 407

 二、裁判要旨 ……………………………………………………………………… 413

  No.2-7-57.1.7-16 商标的使用,包括将商标用于商品、商品包装或者容器以及商品交易文书上,或者将商标用于广告宣传、展览以及其他商业活动中。 ……………………………………………………………… 413

**47** 将他人驰名商标注册为企业字号(《商标法》第58条) …………………… 414

**案例:星源公司、统一星巴克诉上海星巴克、上海星巴克分公司商标侵权及不正当纠纷竞争案** ……………………………………………………… 414

 一、基本案情 ……………………………………………………………………… 414

 二、裁判要旨 ……………………………………………………………………… 416

  No.2-7-58-5 将他人驰名商标作为自己的企业字号,足以造成相关公众对商标注册人与企业名称所有人产生误认或误解的,属于商标侵权。 …… 416

## 48 商标的正当使用(《商标法》第 59 条第 1 款) ... 417
### 案例:漳州片仔癀药业股份有限公司诉漳州市宏宁家化有限公司侵犯商标专用权纠纷案 ... 417
#### 一、基本案情 ... 417
#### 二、裁判要旨 ... 421
**No.2-7-59.1-3** 当产品成分中含有他人注册商标名称,对产品成分中的该词汇进行描述性使用时,可以参考商业惯例等因素。 ... 421

## 49 商标侵权行为之三(《商标法》第 59 条第 1 款) ... 422
### 案例:佛山市合记饼业有限公司与珠海香记食品有限公司侵犯注册商标专用权纠纷案 ... 422
#### 一、基本案情 ... 422
#### 二、裁判要旨 ... 423
**No.2-7-59.1-4** 判断争议标识是否产品通用名称,需要考虑产品的特点和文化传统。 ... 423

## 50 商标的合理使用(《商标法》第 59 条) ... 424
### 案例:利源公司诉金兰湾公司商标侵权纠纷案 ... 424
#### 一、基本案情 ... 424
#### 二、裁判要旨 ... 425
**No.2-7-59.1-5** 商品房销售者在广告宣传中使用他人注册商标中含有的地名来标注商品房地理位置,没有造成公众对商品房来源产生混淆、误认的,不构成侵犯注册商标专用权。 ... 425

## 51 确认不侵权之诉(《商标法》第 60 条第 1 款) ... 426
### 案例:南京大学出版社与武汉亚新地学有限公司请求确认不侵犯商标权纠纷案 ... 426
#### 一、基本案情 ... 426
#### 二、裁判要旨 ... 427
**No.2-7-60.1-1** 相关程序已经经过行政程序认定的,不应再提起确认不侵权之诉。 ... 427

## 52 酒类经销商的合理审查义务(《商标法》第 60 条第 3 款、第 63 条第 1 款) ... 428
### 案例:中国贵州茅台酒厂有限责任公司诉重庆南方君临酒店有限公司侵犯商标专用权案 ... 428
#### 一、基本案情 ... 428
#### 二、裁判要旨 ... 430
**No.2-7-60.3-1** 应结合产品来源、产品价格、产品及其商标的知名度以及销售者的实际经验和国家对该种产品采购、销售的特殊规定等综合因素,确定经营者是否"合法取得"侵权产品。 ... 430

No.2-7-63.1-2 行政处罚不得代替民事责任或者作为减轻、免除民事责任的依据。 ………………………………………………………………………… 430

**53** 商标侵权赔偿(《商标法》第63条第1款) …………………………………… 430

案例:申请再审人鲁道夫·达斯勒体育用品波马股份公司与北京六里桥广客宇商贸有限责任公司侵犯注册商标专用权纠纷案 …………………………… 430

一、基本案情 ……………………………………………………………………… 431

二、裁判要旨 ……………………………………………………………………… 431

No.2-7-63.1-3 侵权商品销售者仅就其销售行为承担相应的责任。 …………… 431

**54** 侵犯商标权的刑事责任(《商标法》第63条第1款、第67条第3款) ……… 431

案例:思科技术公司诉许杰侵犯商标权纠纷案 ………………………………… 431

一、基本案情 ……………………………………………………………………… 431

二、裁判要旨 ……………………………………………………………………… 433

No.2-7-63.1-4 侵犯商标专用权的赔偿数额,为侵权人在侵权期间因侵权所获得的利益,或者被侵权人在被侵权期间因被侵权所受到的损失,包括被侵权人为制止侵权行为所支付的合理开支。 ………………………………… 433

No.2-7-67.3-1 销售明知是假冒注册商标的商品构成犯罪的,除赔偿被侵权人的损失外,还应依法追究刑事责任。 ……………………………………… 433

# (下 卷)

# 第三编 专 利 权

## 第一章 总 则

**1** 专利实施许可合同涉嫌垄断(《专利法》第1条、《合同法》第329条) ……… 438

案例:厦门大洋工艺品有限公司与厦门市黄河技术贸易有限公司专利实施许可合同纠纷案 ……………………………………………………………… 438

一、基本案情 ……………………………………………………………………… 438

二、裁判要旨 ……………………………………………………………………… 440

No.3-1-1-1 专利技术实施许可合同生效后,专利技术许可方按合同的约定,向专利技术接受方提供包含专利技术的专用生产设备,使其用于生产和销售专利产品的,不构成《合同法》第329条规定的"非法垄断技术、妨碍技术进步"的情形。 …………………………………………………………… 440

**2** 方法专利发明的种类(《专利法》第2条) …………………………………… 440

案例:刘保昌与安徽省东泰纺织有限公司侵犯专利权纠纷案 ………………… 440

一、基本案情 …… 440
二、裁判要旨 …… 442
　　No.3-1-2-1　方法发明,是指对方法或者其改进所提出的新的技术方案。 …… 442

**3** 管理专利工作的部门调查搜集有关证据的职权(《专利法》第3条、第64条) …… 442
案例:张梅桂、泰州市园艺塑料厂与江苏省知识产权局专利纠纷处理决定案 …… 442
一、基本案情 …… 442
二、裁判要旨 …… 443
　　No.3-1-3-1　在处理专利侵权纠纷、查处假冒他人专利或者冒充专利行为过程中,管理专利工作的部门,可以根据需要,依据职权调查搜集有关证据。 …… 443

**4** 职务发明专利的归属(《专利法》第6条) …… 444
案例:深圳唐锋电器实业有限公司、上海克莱美斯有限公司与胡松、武汉大学职务发明专利归属纠纷案 …… 444
一、基本案情 …… 444
二、裁判要旨 …… 446
　　No.3-1-6-1　执行本单位的任务或者主要是利用本单位的物质技术条件所完成的发明创造,为职务发明创造。 …… 446

案例:吴林祥、陈华南与翟晓明、常州一匙通数码锁业有限公司专利权纠纷案 …… 447
一、基本案情 …… 447
二、裁判要旨 …… 449
　　No.3-1-6-2　主要利用本单位的物质技术条件所完成的发明创造为职务发明,职务发明创造申请专利的权利属于该单位。 …… 449

**5** 明确职务发明的依据(《专利法》第6条) …… 450
案例:合肥普天机电设备贸易有限责任公司与蒋家善专利权属纠纷案 …… 450
一、基本案情 …… 450
二、裁判要旨 …… 451
　　No.3-1-6-3　执行本单位的任务所完成的职务发明创造,包括:在本职工作中的发明创造;履行本单位交付的本职工作之外的任务所做的发明创造;退休、调离原单位后或者劳动、人事关系终止后1年内做出的,与其在原单位承担的本职工作或者原单位分配的任务有关的发明创造。 …… 451

**6** 实用新型专利与发明专利同时申请(《专利法》第9条);相同专利的确定(《专利法》第31条) …… 451
案例:舒学章、国家知识产权局专利复审委员会与济宁无压锅炉厂发明专利权无效纠纷案 …… 451
一、基本案情 …… 451
二、裁判要旨 …… 455

No.3-1-9-1 同一申请人同日对同样的发明创造既申请实用新型专利又申请发明专利,先获得的实用新型专利权尚未终止,申请人声明放弃该实用新型专利权的,可以授予发明专利权。 ………………………………………………… 455

No.3-3-31-1 同样的发明创造,应当是指保护范围相同的专利申请或者专利。 …… 455

## 7 相同或类似外观设计的禁止重复授权(《专利法》第9条) ……………… 455

案例:国家知识产权局专利复审委员会与科万商标投资有限公司、佛山市顺德区信达染整机械有限公司外观设计专利无效纠纷申请再审案 …………………… 455

一、基本案情 ……………………………………………………………… 455

二、裁判要旨 ……………………………………………………………… 458

No.3-1-9-2 相同或者实质相同的设计仅能被授予一项外观设计权。 ………… 458

## 8 专利权转让的登记(《专利法》第10条) ……………………………………… 459

案例:王广均、王广利与刘宝芝、山东省巨野县恒洁环保设备制造有限公司专利技术买卖合同纠纷案 ……………………………………………………………… 459

一、基本案情 ……………………………………………………………… 459

二、裁判要旨 ……………………………………………………………… 460

No.3-1-10 转让专利申请权或者专利权的,当事人应当订立书面合同,并向国务院专利行政部门登记,由国务院专利行政部门予以公告。专利申请权或者专利权的转让自登记之日起生效。 …………………………………… 460

## 9 方法专利的保护范围以及举证责任(《专利法》第11条、第26条、第61条) ……… 460

案例:申请再审人石家庄制药集团欧意药业有限公司与被申请人张喜田、二审上诉人石家庄制药集团华盛制药有限公司、石药集团中奇制药技术(石家庄)有限公司,一审被告吉林省玉顺堂药业有限公司侵犯发明专利权纠纷案 …………… 460

一、基本案情 ……………………………………………………………… 460

二、裁判要旨 ……………………………………………………………… 467

No.3-1-11-1 方法专利权的保护范围只能延及依照该专利方法直接获得的产品。 …………………………………………………………………… 467

No.3-3-26-1 在新产品制造方法专利侵权纠纷中,举证责任倒置的前提是权利人能够证明依照专利方法制造的产品属于新产品,并且被诉侵权人制造的产品与依照专利方法制造的产品属于同样的产品。 ……………… 467

No.3-7-61-1 对新产品制造方法专利侵权纠纷中被诉侵权人实施自有方法抗辩,应当进行试验验证。 …………………………………………… 467

## 10 专利权的实施(《专利法》第11条) …………………………………………… 468

案例:美泰利装饰公司诉钦州港务局等侵犯外观设计专利权案 …………………… 468

一、基本案情 ……………………………………………………………… 468

二、裁判要旨 ……………………………………………………………… 468

No.3-1-11-2 未经专利权人许可,实施其专利,侵犯其专利权。 ……………… 468

## 11 许诺销售(《专利法》第 11 条) ·········· 469
### 案例:伊莱利利公司与甘李药业有限公司发明专利侵权纠纷案 ·········· 469
#### 一、基本案情 ·········· 469
#### 二、裁判要旨 ·········· 470

No.3-1-11-2　许诺销售,是指以做广告、在商店橱窗中陈列或者在展销会上展出等方式作出销售商品的意思表示。许诺销售行为应当发生在实际销售行为之前,其目的是为了实际销售,被控侵权人不但应当具有即将销售侵犯专利权产品的明确意思表示,而且在作出该意思表示之时,其产品应当处于能够销售的状态。·········· 470

## 12 发明专利临时保护期使用费(《专利法》第 13 条) ·········· 471
### 案例:申请再审人浙江杭州鑫富药业股份有限公司与被申请人山东新发药业有限公司、上海爱兮缇国际贸易有限公司发明专利临时保护期使用费纠纷及侵犯发明专利权纠纷管辖权异议申请再审案 ·········· 471
#### 一、基本案情 ·········· 471
#### 二、裁判要旨 ·········· 472

No.3-1-13-1　发明专利临时保护期使用费纠纷的管辖,应当参照专利侵权纠纷诉讼的管辖原则确定。·········· 472

No.3-1-13-2　发明专利临时保护期使用费纠纷,可以与发明专利侵权纠纷一并审理。·········· 473

## 13 专利权的临时保护期内所制造产品的后续使用(《专利法》第 13 条、第 68 条、第 69 条) ·········· 473
### 案例:深圳市斯瑞曼精细化工有限公司诉深圳市坑梓自来水有限公司、深圳市康泰蓝水处理设备有限公司侵害发明专利权纠纷案* ·········· 473
#### 一、基本案情 ·········· 473
#### 二、裁判要旨 ·········· 474

No.3-1-13-3　在发明专利申请公布后至专利权授予前的临时保护期内制造、销售、进口的被诉专利侵权产品不为《专利法》禁止的情况下,其后续的使用、许诺销售、销售,即使未经专利权人许可,也不视为侵害专利权,但专利权人可以依法要求在临时保护期内实施其发明的单位或者个人支付适当的费用。·········· 474

## 14 专利共有人订立专利实施许可合同(《专利法》第 15 条) ·········· 475
### 案例:王兴华、王振中、吕文富、梅明宇与黑龙江无线电一厂专利实施许可合同纠纷案 ·········· 475
#### 一、基本案情 ·········· 475
#### 二、裁判要旨 ·········· 476

---

* 参见最高人民法院 2013 年 11 月 8 日第五批指导性案例第 20 号。

No.3-1-15 专利权人与其他非专利权人共同作为合同的一方当事人,与他人签订专利实施许可合同,且合同中明确约定了其他非专利权人的权利义务的,专利权人行使专利权应当受到合同的约束,非经其他非专利权人同意,专利权人无权独自解除该专利实施许可合同。……………………………… 476

**15** 发明人、设计人的专利署名权、获酬权(《专利法》第16条、第17条)……… 477

 案例:吴光志与西安近代化学研究所、西安北方庆华电器(集团)有限责任公司技术成果署名权纠纷案 ………………………………………………………………… 477

  一、基本案情 …………………………………………………………………… 477
  二、裁判要旨 …………………………………………………………………… 478
   No.3-1-16-1 被授予专利权的单位,应当对职务发明创造的发明人或者设计人给予奖励;发明创造专利实施后,根据其推广应用的范围和取得的经济效益,对发明人或者设计人给予合理的报酬,发明人或者设计人有权在专利文件中写明自己是发明人或者设计人。…………………………………… 478

**16** 专利发明人、设计人的报酬、奖励(《专利法》第16条);宣告无效专利的使用费(《专利法》第47条) ……………………………………………………………… 478

 案例:翁立克与上海浦东伊维燃油喷射有限公司、上海柴油机股份有限公司职务发明设计人报酬纠纷案 ………………………………………………………………… 478

  一、基本案情 …………………………………………………………………… 478
  二、裁判要旨 …………………………………………………………………… 480
   No.3-1-16-2 被授予专利权的单位可以与发明人、设计人约定或者在其依法制定的规章制度中规定《专利法》第16条规定的奖励、报酬的方式和数额。……… 480
   No.3-1-16-3 作为发明人或者设计人报酬的专利使用费分成,是对实施相应专利已经实现利益的分成,并不包括对期待利益的分成。 ……………… 481
   No.3-5-47-1 宣告专利权无效的决定,对在宣告专利权无效前人民法院作出并已执行的专利侵权的判决、裁定,已经履行或者强制执行的专利侵权纠纷处理决定,以及已经履行的专利实施许可合同和专利权转让合同,不具有追溯力。但是因专利权人的恶意给他人造成的损失,应当给予赔偿。不返还专利侵权赔偿金、专利使用费、专利权转让费,明显违反公平原则的,应当全部或者部分返还。 ………………………………………………………………………… 481

## 第二章 授予专利权的条件

**17** 传统工艺专利中对创造性的判定(《专利法》第22条);专利侵权法定赔偿(《专利法》第65条)……………………………………………………………… 484

 案例:福州金得利工艺品有限公司与刘爱容、深圳市丰和盛实业有限公司、盛琦外观设计专利侵权纠纷案 ……………………………………………………………… 484

  一、基本案情 …………………………………………………………………… 484
  二、裁判要旨 …………………………………………………………………… 485

No.3-2-22-1　在传统工艺基础上进行技术创新所获得的技术成果,符合专利授予条件的,可以申请专利并受到法律保护。 ································· 485

No.3-7-65-1　权利人的损失、侵权人获得的利益和专利许可使用费均难以确定的,人民法院可以根据专利权的类型、侵权行为的性质和情节等因素,确定给予1万元以上100万元以下的赔偿。 ································· 485

## 18　公知技术抗辩的适用(《专利法》第22条) ································· 486

案例:施特里克斯有限公司与宁波圣利达电器制造有限公司、华普超市有限公司侵犯专利权纠纷申请再审案 ································· 486

一、基本案情 ································· 486

二、裁判要旨 ································· 487

No.3-2-22-2　被控侵权产品与专利权人的专利相同,不能排除公知技术抗辩原则的适用。 ································· 487

## 19　商业上的成功与技术创造性的判断(《专利法》第22条) ································· 487

案例:比亚迪股份有限公司与国家知识产权局专利复审委员会、惠州超霸电池有限公司专利无效行政纠纷案 ································· 487

一、基本案情 ································· 487

二、裁判要旨 ································· 488

No.3-2-22-3　商业上的成功仅是判断技术具有创造性的辅助证据。 ································· 488

## 20　抵触申请(《专利法》第22条) ································· 488

案例:邱则有与长沙市桔洲建筑工程有限公司侵害发明专利权纠纷案 ································· 488

一、基本案情 ································· 488

二、裁判要旨 ································· 490

No.3-2-22-4　抵触申请与现有技术具有相同的属性,即均损害专利的新颖性,在《专利法》已明确规定专利侵权诉讼中可以适用现有技术抗辩的情形下,可以参照《专利法》及有关司法解释的规定,在专利侵权诉讼中适用抵触申请的抗辩。 ································· 490

## 21　企业标准备案是否构成公开(《专利法》第22条) ································· 490

案例:如皋市爱吉科纺织机械有限公司与国家知识产权局专利复审委员会、王玉山实用新型专利无效行政纠纷案 ································· 490

一、基本案情 ································· 490

二、裁判要旨 ································· 494

No.3-2-22-5　企业标准备案不当然构成专利法意义上的公开。 ································· 494

## 22　创造性判断中采纳申请日后补交的实验数据的条件(《专利法》第22条) ································· 494

案例:申请再审人武田药品工业株式会社与被申请人国家知识产权局专利复审委员会、四川海思科制药有限公司、重庆医药工业研究院有限责任公司发明专利权行政纠纷案 ································· 494

一、基本案情 …………………………………………………………… 494
　　二、裁判要旨 …………………………………………………………… 499
　　　　No.3-2-22-6　创造性判断中采纳申请日后补交的实验数据的条件,是其用以证明的技术效果在原申请文件中有明确记载。 …………………………… 499

**23** 现有技术抗辩的比对方法(《专利法》第 22 条) ………………………… 500
　案例:申请再审人盐城泽田机械有限公司与被申请人盐城市格瑞特机械有限公司侵犯实用新型专利权纠纷案 ……………………………………………… 500
　　一、基本案情 …………………………………………………………… 500
　　二、裁判要旨 …………………………………………………………… 502
　　　　No.3-2-22-7　现有技术抗辩的比对方法,是将被诉侵权技术方案与现有技术进行对比,审查判断现有技术是否公开了与之相同或者等同的技术特征。…… 502

**24** 创造性判断中商业成功的认定(《专利法》第 22 条) ……………………… 502
　案例:申请再审人国家知识产权局专利复审委员会与被申请人胡颖、原审第三人深圳市恩普电子技术有限公司实用新型专利权无效行政纠纷案 ………………… 502
　　一、基本案情 …………………………………………………………… 502
　　二、裁判要旨 …………………………………………………………… 504
　　　　No.3-2-22-8　创造性判断中商业成功的考量时机,为利用"三步法"难以判断技术方案的创造性或者得出无创造性的评价与认定方法时,判断标准为技术方案相比现有技术作出改进的技术特征是商业成功的直接原因。………… 504

**25** 新晶型化合物的创造性判断(《专利法》第 22 条) ………………………… 505
　案例:申请再审人贝林格尔英格海姆法玛两合公司与被申请人国家知识产权局专利复审委员会、第三人江苏正大天晴药业股份有限公司发明专利权无效行政纠纷案 ……………………………………………………………………… 505
　　一、基本案情 …………………………………………………………… 505
　　二、裁判要旨 …………………………………………………………… 507
　　　　No.3-2-22-9　在新晶型化合物创造性判断中,应当结合其是否带来预料不到的技术效果进行考虑。 ………………………………………………… 507
　　　　No.3-2-22-10　《专利审查指南》所称"结构接近的化合物",仅指该化合物必须具有相同的核心部分或者基本的环,不涉及化合物微观晶体结构本身的比较。 ……………………………………………………………………… 507

**26** 实用新型专利创造性判断对相近或者相关技术领域现有技术的考量(《专利法》第 22 条) ………………………………………………………… 507
　案例:申请再审人国家知识产权局专利复审委员会与被申请人赵东红、张如一,一审第三人、二审被上诉人邹继豪专利无效行政纠纷案 ……………………… 507
　　一、基本案情 …………………………………………………………… 507
　　二、裁判要旨 …………………………………………………………… 512

No.3-2-22-11　评价实用新型专利创造性时,在现有技术已经给出明确技术启示的情况下,可以考虑相近或者相关技术领域的现有技术。 …… 512

**㉗ 现有技术中技术偏见的判断(《专利法》第22条)** …… 512

案例:申诉人阿瑞斯塔生命科学北美有限责任公司与被申诉人中华人民共和国国家知识产权局专利复审委员会专利行政纠纷案 …… 512

一、基本案情 …… 512

二、裁判要旨 …… 514

No.3-2-22-12　现有技术中是否存在技术偏见,应当结合现有技术的整体内容进行判断。 …… 514

**㉘ 现有设计(《专利法》第23条)** …… 514

案例:佘全生诉袁中玉等侵犯外观设计专利权案 …… 514

一、基本案情 …… 515

二、裁判要旨 …… 516

No.3-2-23-1　授予专利权的外观设计,应当不属于现有设计,也没有任何单位或者个人就同样的外观设计在申请日以前向国务院专利行政部门提出过申请,并记载在申请日以后公告的专利文件中。 …… 516

**㉙ 注册商标作为外观设计专利申请的对比文件(《专利法》第23条)** …… 516

案例:拜尔斯道夫股份有限公司与国家知识产权局专利复审委员会专利无效行政纠纷案 …… 516

一、基本案情 …… 516

二、裁判要旨 …… 518

No.3-2-23-2　授予专利权的外观设计不得与他人在申请日以前已经取得的合法权利相冲突。 …… 518

**㉚ 功能性设计特征的判断标准(《专利法》第23条)** …… 519

案例:申请再审人国家知识产权局专利复审委员会与被申请人张迪军、慈溪市鑫隆电子有限公司外观设计专利权无效行政纠纷案 …… 519

一、基本案情 …… 519

二、裁判要旨 …… 522

No.3-2-23-3　功能性设计特征的判断标准,在于一般消费者看该设计特征是否仅仅由特定功能所决定。 …… 522

# 第三章　专利权的申请

**㉛ 权利要求书中的技术方案(《专利法》第26条);全面覆盖原则(《专利法》第59条)** … 525

案例:李耀中与太原市同翔金属镁有限公司发明专利侵权纠纷案 …… 525

一、基本案情 …… 525

二、裁判要旨 ·················································· 527
  No.3-2-26-2 仅记载在专利说明书及附图中,而未反映在专利权利要求书中的技术方案,不能纳入专利权保护范围。 ·················· 527
  No.3-7-59-1 "全面覆盖原则"适用的前提是被控侵权客体(产品或方法)的全部技术特征均包含在涉案专利的全部必要技术特征之内,如果缺少某项必要技术特征,则不能使用该原则判定侵权成立。 ·················· 527

**32** 独立权利要求的构成(《专利法》第 26 条) ·················· 527
 案例:中国东南技术贸易总公司与北京市王码电脑总公司专利侵权纠纷案 ····· 527
 一、基本案情 ·················································· 527
 二、裁判要旨 ·················································· 530
  No.3-3-26-3 发明或者实用新型的独立权利要求,应当包括前序部分和特征部分,其中前序部分内容为要求保护的发明,或者实用新型技术方案的主题名称和发明,或者实用新型主题与最接近的现有技术共有的必要技术特征;特征部分内容为发明或者实用新型区别于最接近的现有技术的技术特征。 ·················································· 530

**33** 必要技术特征的确定(《专利法》第 26 条);特别排除规则(《专利法》第 59 条) ····· 530
 案例:大连新益建材有限公司与大连仁达新型墙体建材厂侵犯专利权纠纷案 ····· 530
 一、基本案情 ·················································· 530
 二、裁判要旨 ·················································· 532
  No.3-3-26-4 独立权利要求应当记载解决技术问题的所有必要技术特征。 ····· 532
  No.3-7-59-2 如果专利申请人对其保护的范围进行了明确的限制,将其他相关技术方案特意排除在权利要求的范围之外,则不能将相关技术认定为等同技术。 ·················································· 532

**34** 专利权利要求的解释(《专利法》第 26 条);禁止反悔原则(《专利法》第 59 条) ····· 533
 案例:湖北午时药业股份有限公司与澳诺(中国)制药有限公司、王军社侵犯发明专利权纠纷案 ·················································· 533
 一、基本案情 ·················································· 533
 二、裁判要旨 ·················································· 535
  No.3-3-26-5 在解释权利要求时,可以结合专利说明书中记载的技术内容以及权利要求书中记载的其他权利要求,确定该权利要求中技术术语的含义。 ·················································· 535
  No.3-7-59-3 专利权人在专利授权程序中通过对权利要求、说明书的修改或者意见陈述而放弃的技术方案,无论该修改或者意见陈述是否与专利的新颖性或者创造性有关,在侵犯专利权纠纷案件中,均不能通过等同侵权将其纳入专利权的保护范围。 ·················· 535

**35** 在说明书中有明确特定含义的权利要求术语的解释(《专利法》第 26 条) ····· 536
 案例:申请再审人福建多棱钢业集团有限公司与被申请人启东市八菱钢丸有限公司侵犯发明专利权纠纷案 ·················································· 536

一、基本案情 ································································· 536
二、裁判要旨 ································································· 538
    No.3-3-26-6 权利要求的术语在说明书中有明确的特定含义,应根据说明书的界定解释权利要求用语。································································· 538

### 36 解释权利要求时对使用说明书和附图以及专利权人限制的应用(《专利法》第26条) ········ 539
案例:申请再审人孙守辉与被申请人青岛肯德基有限公司、上海柏礼贸易有限公司、百胜(中国)投资有限公司侵犯实用新型专利权纠纷案 ························ 539
一、基本案情 ································································· 539
二、裁判要旨 ································································· 543
    No.3-3-26-7 在解释权利要求时,可以使用说明书和附图,并应当考量专利权人对专利权保护范围作出的限制。··················································· 543

### 37 权利要求保护范围争议的解决(《专利法》第26条) ························ 543
案例:申请再审人台山先驱建材有限公司与被申请人广州新绿环阻燃装饰材料有限公司、付志洪侵犯实用新型专利权纠纷案 ·································· 543
一、基本案情 ································································· 543
二、裁判要旨 ································································· 545
    No.3-3-26-8 如果对权利要求的表述内容产生不同理解,导致对权利要求保护范围产生争议,说明书及其附图可以用于解释权利要求。··············· 545

案例:柏万清诉成都难寻物品营销服务中心等侵害实用新型专利权纠纷案* ········ 545
一、基本案情 ································································· 545
二、裁判要旨 ································································· 546
    No.3-3-26-9 专利权的保护范围应当清楚,如果实用新型专利权的权利要求书的表述存在明显瑕疵,结合涉案专利说明书、附图、本领域的公知常识及相关现有技术等,不能确定权利要求中技术术语的具体含义而导致专利权的保护范围明显不清,则因无法将其与被诉侵权技术方案进行有实质意义的侵权对比,从而不能认定被诉侵权技术方案构成侵权。··························· 546

### 38 权利要求所要求保护的技术方案的范围(《专利法》第26条) ················· 547
案例:再审申请人(美国)伊莱利利公司与被申请人中华人民共和国国家知识产权局专利复审委员会专利权无效行政纠纷案 ·································· 547
一、基本案情 ································································· 547
二、裁判要旨 ································································· 548
    No.3-3-26-10 权利要求所要求保护的技术方案,应当是所属技术领域的技术人员能够从说明书充分公开的内容中得到或概括得出的技术方案,并且不得超出说明书公开的范围。··············································· 548

---

\* 参见最高人民法院2015年11月19日第十一批指导性案例第55号。

## 39 权利要求存在明显错误的情况(《专利法》第26条) …… 548
案例:申请再审人洪亮与被申请人国家知识产权局专利复审委员会、原审第三人宋章根实用新型专利权无效行政纠纷案 …… 548
一、基本案情 …… 548
二、裁判要旨 …… 552

No.3-3-26-11 如果权利要求存在明显错误,本领域普通技术人员根据说明书和附图的相应记载能够确定其唯一的正确理解的,应根据修正后的理解确定权利要求所保护的技术方案,在此基础上,再对该权利要求是否得到说明书的支持进行判断。 …… 552

## 40 未在权利要求书中记载而仅通过测量说明书附图得到的尺寸参数的作用(《专利法》第26条) …… 553
案例:申请再审人深圳盛凌电子股份有限公司与被申请人安费诺东亚电子科技(深圳)有限公司侵犯实用新型专利权纠纷案 …… 553
一、基本案情 …… 553
二、裁判要旨 …… 556

No.3-3-26-12 未在权利要求书中记载而仅通过测量说明书附图得到的尺寸参数,一般不能用来限定权利要求的保护范围。 …… 556

## 41 专利申请人未能在专利说明书中公开的技术方案、技术效果的效力(《专利法》第26条);有关药品研制、生产的其他法律规定的影响(《专利法》第22条) …… 556
案例:申请再审人北京双鹤药业股份有限公司与被申请人湘北威尔曼制药股份有限公司、一审被告、二审被上诉人国家知识产权局专利复审委员会发明专利权无效行政纠纷案 …… 556
一、基本案情 …… 556
二、裁判要旨 …… 559

No.3-2-22-13 对涉及药品的发明创造而言,在其符合《专利法》规定的授权条件的前提下,即可授予专利权,无须另行考虑该药品是否符合其他法律、法规中有关药品研制、生产的相关规定。 …… 559

No.3-3-26-13 专利申请人未能在专利说明书中公开的技术方案、技术效果等,一般不得作为评价专利权是否符合法定授权确权标准的依据。 …… 559

## 42 本领域普通技术人员理解的通常含义对解释权利要求用语的作用(《专利法》第26条) …… 560
案例:申请再审人深圳市蓝鹰五金塑胶制品厂与被申请人罗士中侵犯实用新型专利权纠纷案 …… 560
一、基本案情 …… 560
二、裁判要旨 …… 564

No.3-3-26-14 在说明书对权利要求的用语无特别界定时,应根据本领域普通技术人员理解的通常含义进行解释,不能简单地将该用语的含义限缩为说明书给出的某一具体实施方式体现的内容。 …… 564

**43** 所属技术领域的人员(《专利法》第26条) ·············································· 564
　　案例:申请再审人曾关生与被申请人国家知识产权局专利复审委员会发明专利申
　　请驳回复审行政纠纷案 ····················································································· 564
　　　一、基本案情 ······························································································ 564
　　　二、裁判要旨 ······························································································ 567
　　　　No.3-3-26-15　在审查专利申请人对专利申请文件的修改是否超出原说明
　　　　书和权利要求书记载的范围时,应当充分考虑专利申请所属技术领域的特点,
　　　　不能脱离本领域技术人员的知识水平。 ·················································· 567

**44** 分案申请授权专利的权利要求保护范围(《专利法》第26条) ······················ 568
　　案例:申请再审人邱则有与被申请人山东鲁班建设集团总公司侵犯专利权纠纷案 ····· 568
　　　一、基本案情 ······························································································ 568
　　　二、裁判要旨 ······························································································ 569
　　　　No.3-3-26-16　在确定分案申请授权专利的权利要求保护范围时,超出母案
　　　　申请公开范围的内容,不能作为解释分案申请授权专利的权利要求的依据。 ····· 569

**45** 专利申请文件修改超范围的判断(《专利法》第31条) ································ 570
　　案例:再审申请人株式会社岛野与被申请人中华人民共和国国家知识产权局专利
　　复审委员会及一审第三人宁波赛冠车业有限公司发明专利权无效行政纠纷案 ············ 570
　　　一、基本案情 ······························································································ 570
　　　二、裁判要旨 ······························································································ 573
　　　　No.3-3-31-2　审查专利申请文件的修改是否超出原说明书和权利要求书记
　　　　载的范围,应当考虑所属技术领域的技术特点和惯常表达、所属领域普通技术
　　　　人员的知识水平和认知能力、技术方案本身在技术上的内在要求等因素 ······· 573

**46** 专利申请文件的修改(《专利法》第33条) ·················································· 573
　　案例:再审申请人精工爱普生与被申请人专利复审委员会等发明专利权无效行政
　　纠纷案 ············································································································ 573
　　　一、基本案情 ······························································································ 573
　　　二、裁判要旨 ······························································································ 582
　　　　No.3-3-33-1　在专利授权确权程序中,申请人在审查档案中的意见陈述,原
　　　　则上只能作为理解说明书以及权利要求书含义的参考,而不是决定性依据。 ····· 582
　　　　No.3-3-33-2　专利申请人不可基于其修改在专利授权过程中得到审查员认
　　　　可而享有信赖利益保护,对其修改行为所造成的一切后果应自负其责。 ········ 583
　　　　No.3-3-33-3　判断专利申请文件修改是否合法时,当事人的意见陈述通常
　　　　只能作为理解说明书以及权利要求书含义的参考,而不是决定性依据。 ········· 583

## 第四章 专利权的期限、终止和无效

**47** 专利无效行政诉讼中的口头审理(《专利法》第 46 条);外观设计等同侵权判断
(《专利法》第 59 条) ·················· 584
案例:LG 电子株式会社与国家知识产权局专利复审委员会、宁波奥克斯空调有限
公司外观设计专利权无效行政纠纷案 ·················· 584
 一、基本案情 ·················· 584
 二、裁判要旨 ·················· 587
  No.3-4-46-1 专利复审委员会根据当事人的请求或者案情需要,可以决定
  对无效宣告请求进行口头审理。 ·················· 587
  No.3-5-59-4 当对比设计与在先设计存在局部细微变化,在认定相近似时,
  应该考虑相关领域现有设计现状,判断其是否属于实质性差异。 ·················· 587

**48** 专利无效宣告的诉讼中止(《专利法》第 46 条);现有技术抗辩的判断(《专利法》
第 26 条);专利侵权赔偿数额的确定(《专利法》第 65 条) ·················· 587
案例:上海帅佳电子科技有限公司、慈溪市西贝乐电器有限公司与山东九阳小家
电有限公司、王旭宁及济南正铭商贸有限公司发明专利侵权纠纷案 ·················· 587
 一、基本案情 ·················· 587
 二、裁判要旨 ·················· 590
  No.3-3-26-14 现有技术抗辩应当将被控侵权物与单独一份公知技术进行
  对比。 ·················· 590
  No.3-4-46-2 人民法院受理的侵犯发明专利权纠纷案件,被告或者其他单
  位或者个人在答辩期间内,请求专利复审委员会宣告该专利权无效的,人民法
  院可以不中止诉讼。 ·················· 591
  No.3-5-65-2 侵犯专利权的赔偿数额按照权利人因被侵权所受到的实际损
  失确定;实际损失难以确定的,可以按照侵权人因侵权所获得的利益确定。 ·················· 591

**49** 专利无效宣告程序中权利要求书的修改方式(《专利法》第 46 条) ·················· 592
案例:申请再审人国家知识产权局专利复审委员会与被申请人江苏先声药物研究
有限公司、南京先声药物有限公司、第三人李平专利无效行政纠纷案 ·················· 592
 一、基本案情 ·················· 592
 二、裁判要旨 ·················· 595
  No.3-4-46-3 专利无效宣告程序中权利要求书的修改方式,不必严格限于
  《专利审查指南》限定的三种方式。 ·················· 595

**50** 专利临时保护的范围(《专利法》第 47 条) ·················· 595
案例:蒋柏平与李磊、金光明、南京金桐电器有限公司发明专利侵权纠纷案 ·················· 595
 一、基本案情 ·················· 595

二、裁判要旨 ……………………………………………………… 596

　　No.3-4-47-2　发明专利申请公布后,申请人可以要求实施其发明的单位或者个人支付适当的费用。……………………………………… 596

**51** 部分无效的专利保护范围(《专利法》第 47 条) ……………………… 597

案例:新疆岳麓巨星建材有限责任公司与新疆维吾尔自治区阿克苏地区国家税务局、新疆建工集团第一建筑工程有限责任公司侵犯专利权纠纷案 ……… 597

　　一、基本案情 ……………………………………………………… 597

　　二、裁判要旨 ……………………………………………………… 597

　　No.3-4-47-3　当专利权被宣告部分无效后,应当以维持有效的权利要求记载的技术特征与其所引用的权利要求记载的技术特征,共同限定该专利权的保护范围。 …………………………………………………… 597

**52** 专利权无效的确定(《专利法》第 47 条) ……………………………… 598

案例:申请再审人深圳万虹科技发展有限公司与被申请人深圳市平治东方科技发展有限公司等侵犯实用新型专利权纠纷案 ………………………… 598

　　一、基本案情 ……………………………………………………… 598

　　二、裁判要旨 ……………………………………………………… 599

　　No.3-4-47-4　专利权被宣告无效的前提为专利复审委员会行政决定的自动生效认定,或者相关法院对专利复审委员会行政决定的认定。……… 599

**53** 无效宣告请求审查决定的决定日为确定宣告专利权无效的时间点(《专利法》第 47 条) ………………………………………………… 599

案例:申请再审人陕西东明农业科技有限公司与被申请人陕西秦丰农机(集团)有限公司侵害实用新型专利权纠纷案 …………………………… 599

　　一、基本案情 ……………………………………………………… 599

　　二、裁判要旨 ……………………………………………………… 601

　　No.3-4-47-5　在《专利法》第 47 条第 2 款意义上,应以无效宣告请求审查决定的决定日为准,确定宣告专利权无效的时间点。 ………… 601

# 第五章　专利权的保护

**54** 权利要求中技术术语的解释(《专利法》第 59 条) ……………………… 608

案例:菲尔马·安德烈亚斯·斯蒂勒公司与衢州力恒动力机械制造有限公司专利侵权纠纷案 ……………………………………………………… 608

　　一、基本案情 ……………………………………………………… 608

　　二、裁判要旨 ……………………………………………………… 609

　　No.3-5-59-5　人民法院应当根据权利要求的记载,结合本领域普通技术人员阅读说明书及附图后对权利要求的理解,确定相关权利要求的内容。…… 609

## 详目 71

**55** 具有多项技术方案的独立权利要求的比较(《专利法》第 59 条) ·············· 610
   案例：刘庆范诉温州机械厂等侵犯其实用新型专利权案 ··············· 610
     一、基本案情 ··············· 610
     二、裁判要旨 ··············· 612
        No.3-5-59-6　一项发明或者实用新型应当只有一个独立权利要求。但当独立权利要求中的多项技术特征实质上为不同技术方案时，应就不同的技术方案中的技术特征与被控侵权的发明或专利中的对应技术方案的技术特征进行比对，判断是否侵权。··············· 612

**56** 外观设计专利权的认定(《专利法》第 59 条) ··············· 613
   案例：东莞市华瀚儿童用品有限公司与广东省知识产权局专利行政处理纠纷案 ··············· 613
     一、基本案情 ··············· 613
     二、裁判要旨 ··············· 615
        No.3-5-59-7　在与外观设计专利产品相同或者相近种类产品上，采用与授权外观设计相同或者近似的外观设计的，人民法院应当认定被诉侵权设计落入外观设计专利权的保护范围。··············· 615

**57** 公证证据的采纳(《民事诉讼法》第 67 条)；专利侵权纠纷诉讼时效的计算(《专利法》第 68 条) ··············· 615
   案例：佛山市南海基宏家用电器有限公司与蔡镜波、佛山市澜石镇银星电器厂、北京市海淀区花园路百货商场、北京市海淀区清河百货商场侵犯专利权纠纷案 ··············· 615
     一、基本案情 ··············· 615
     二、裁判要旨 ··············· 617
        No.3-5-59-8　在专利侵权诉讼中，经公证被购买的侵权产品可以作为证明专利权侵权的有效证据。··············· 617
        No.3-5-68　侵犯专利权的诉讼时效自专利权人或者利害关系人知道或者应当知道侵权行为发生之日起计算。发明专利申请公布后至专利权授予前使用该发明未支付适当使用费的，自专利权人得知或者应当得知他人使用其发明之日起计算，但是，专利权人于专利权授予之日前即已得知或者应当得知的，自专利权授予之日起计算。··············· 617

**58** 现场录像、勘验笔录记录的生产过程与专利权利要求书的解释(《专利法》第 59 条) ··· 617
   案例：湖北中天亚科冶金化工股份有限公司与武钢森泰通山冶金有限责任公司、武钢森泰通山铁合金有限责任公司专利侵权纠纷案 ··············· 617
     一、基本案情 ··············· 618
     二、裁判要旨 ··············· 619
        No.3-5-59-9　在专利侵权纠纷案件中，如无相反证据，可以将现场录像以及勘验笔录记录的生产过程与专利权利要求书中的方法进行对比与分析，判断被控侵权方法与专利方法的必要技术特征是否相同。··············· 619

**59** 权利要求书的解释、等同原则的应用(《专利法》第59条) ……………… 619

案例：宁波市东方机芯总厂与江阴金铃五金制品有限公司侵犯专利权纠纷案 ………… 619

 一、基本案情 ……………………………………………………………… 619

 二、裁判要旨 ……………………………………………………………… 622

  No.3-5-59-10 发明或者实用新型专利权的保护范围以其权利要求的内容为准。在权利要求书记载的内容不清楚时，说明书及附图可以用于解释权利要求中不清楚的内容。…………………………………………………… 622

  No.3-5-59-11 专利权的保护范围应当以权利要求书中明确记载的必要技术特征所确定的范围为准，也包括与该必要技术特征相等同的特征所确定的范围。等同特征是指与所记载的技术特征以基本相同的手段，实现基本相同的功能，达到基本相同的效果，并且本领域的普通技术人员无须经过创造性劳动就能够联想到的特征。……………………………………………… 622

**60** 相同侵权的适用(《专利法》第59条) …………………………………… 622

案例：庄志和、广东省深圳天明美术印刷有限公司与广东省南海市官窑中心印刷厂侵犯专利权纠纷案 …………………………………………………………… 622

 一、基本案情 ……………………………………………………………… 622

 二、裁判要旨 ……………………………………………………………… 624

  No.3-5-59-12 判断被控侵权产品或方法是否侵犯发明专利权，应当将被控侵权产品或方法的技术特征与发明专利权利要求的技术特征进行比较。如果被控侵权产品或方法包含与专利权利要求的全部技术特征相同的技术特征，则被控侵权产品或方法构成专利侵权。………………………………… 624

**61** 等同侵权的适用、发明专利的保护范围(《专利法》第59条) …………… 624

案例：西安奥克自动化仪表有限公司与被告上海辉博自动化仪表有限公司请求确认不侵犯专利权纠纷案 …………………………………………………………… 624

 一、基本案情 ……………………………………………………………… 624

 二、裁判要旨 ……………………………………………………………… 626

  No.3-5-59-13 发明专利权的保护范围以其权利要求的内容为准，说明书及附图可以用于解释权利要求。当专利权人与被控侵权人对专利权利要求记载的技术特征的理解有分歧时，可以用专利说明书记载的相关内容解释权利要求所记载的技术特征的含义，并且应当以相关领域的普通技术人员对专利说明书的理解进行解释，从而明确专利权的保护范围。……………………… 626

  No.3-5-59-14 判断被控侵权产品或方法是否侵犯发明专利权，应当将被控侵权产品或方法的技术特征与发明专利权利要求的技术特征进行比较。如果被控侵权产品使用的方法包含与权利要求的全部技术特征相同的技术特征，或者被控侵权产品或方法的某个或某些技术特征虽与专利权利要求的对应技术特征不同但构成等同，则被控侵权产品或方法构成专利侵权。……………… 626

**62** 实用新型专利保护范围解释(《专利法》第59条) ……………………… 626

案例：中国科学院成都有机化学研究所与成都正大电器机械厂专利侵权纠纷案 ……… 626

一、基本案情 ········································································· 627
二、裁判要旨 ········································································· 629
　　No.3-5-59-15　实用新型专利权的保护范围以其权利要求的内容为准。权利要求书应当以说明书为依据。说明书应当对发明或者实用新型作出清楚、完整的说明,以所属技术领域的技术人员能够实现为准;必要的时候,应当有附图。摘要应当简要说明发明或者实用新型的技术要点。·················· 629

**63** 功能性限定技术特征权利保护范围的确定(《专利法》第59条)················ 629
案例:河北珍誉工贸有限公司、北京双龙顺仓储购物中心与曾展翅侵犯专利权纠纷案··········································································· 629
一、基本案情 ········································································· 629
二、裁判要旨 ········································································· 631
　　No.3-5-59-16　以功能性限定技术特征撰写权利要求的专利在侵权判定时,应当按照说明书记载的实施例确定权利保护范围。·································· 631

**64** 独立权利要求的术语解释(《专利法》第59条)·································· 631
案例:冯德义与哈尔滨蓝波高科技开发有限公司侵犯专利权纠纷案 ············ 631
一、基本案情 ········································································· 632
二、裁判要旨 ········································································· 632
　　No.3-5-59-17　独立权利要求中的术语解释,应当依据其技术特征进行,不能与其他独立权利要求中的相同术语简单直接等同。 ····························· 632

**65** 方法专利权利要求的解释(《专利法》第59条)·································· 633
案例:OBE-工厂·翁玛赫特与鲍姆盖特纳有限公司与浙江康华眼镜有限公司侵犯发明专利权纠纷案 ····················································· 633
一、基本案情 ········································································· 633
二、裁判要旨 ········································································· 634
　　No.3-5-59-18　在方法专利的权利要求没有明确限定步骤顺序时,应当结合说明书和附图、审查档案、权利要求记载的整体技术方案以及各个步骤之间的逻辑关系,确定各步骤是否应当按照特定的顺序实施。················· 634

**66** 从属专利侵权(《专利法》第59条)··············································· 635
案例:宋志安与江苏省无锡锅炉实用新型专利侵权纠纷案 ······················ 635
一、基本案情 ········································································· 635
二、裁判要旨 ········································································· 636
　　No.3-5-59-19　如果被控侵权技术除了包含专利权利要求中记载的全部技术特征相同的对应技术特征之外,又增加了其他技术特征,无论增加的技术特征本身或者与其他技术相结合产生何等功能与效果,均构成专利侵权,属于从属专利的构成相同侵权。··················································· 636

**67** 等同原则在中药专利中的适用(《专利法》第 59 条) ······················ 637
　　案例:天津天士力制药股份有限公司与东莞万成制药有限公司、北京易安时代科技发展有限公司专利侵权纠纷案 ······················ 637
　　　一、基本案情 ······················ 637
　　　二、裁判要旨 ······················ 638
　　　　No.3-5-59-20　等同特征是指与所记载的技术特征以基本相同的手段,实现基本相同的功能,达到基本相同的效果,并且本领域的普通技术人员无须经过创造性劳动就能够联想到的特征。······················ 638

**68** 等同原则在药品专利中的应用(《专利法》第 59 条) ······················ 639
　　案例:昆明制药集团股份有限公司与黑龙江省珍宝岛制药有限公司确认不侵犯专利权纠纷案 ······················ 639
　　　一、基本案情 ······················ 639
　　　二、裁判要旨 ······················ 640
　　　　No.3-5-59-21　在适用等同规则判断药品专利侵权纠纷时,当药品的主要成分及含量不同而具有不同的适用范围,产生不同的功能或效果时,不属于相同或等同产品。······················ 640

**69** 改劣技术方案不落入专利权的保护范围(《专利法》第 59 条) ······················ 641
　　案例:申请再审人张建华与被申请人沈阳直连高层供暖技术有限公司、二审上诉人沈阳高联高层供暖联网技术有限公司侵犯实用新型专利权纠纷案 ······················ 641
　　　一、基本案情 ······················ 641
　　　二、裁判要旨 ······················ 643
　　　　No.3-5-59-22　改劣技术方案不落入专利权的保护范围。······················ 643

**70** 人民法院对禁止反悔原则的主动适用(《专利法》第 59 条) ······················ 643
　　案例:申请再审人沈其衡与被申请人上海盛懋交通设施工程有限公司侵犯实用新型专利权纠纷案 ······················ 643
　　　一、基本案情 ······················ 643
　　　二、裁判要旨 ······················ 646
　　　　No.3-5-59-23　人民法院可以依职权主动适用禁止反悔原则。······················ 646

**71** 技术特征解释的范围(《专利法》第 59 条) ······················ 646
　　案例:申请再审人薛胜国与被申请人赵相民、赵章仁实用新型专利侵权纠纷案 ······················ 646
　　　一、基本案情 ······················ 646
　　　二、裁判要旨 ······················ 652
　　　　No.3-5-59-24　专利权人对其技术特征的解释应当不超出其权利要求书的记载范围,并应与其专利说明书与附图吻合。······················ 652

**72** 外观设计专利的设计空间(《专利法》第 59 条) ·············· 652
　　案例:申请再审人国家知识产权局专利复审委员会、浙江今飞机械集团有限公司与被申请人浙江万丰摩轮有限公司专利无效行政纠纷案 ·············· 652
　　一、基本案情 ·············· 652
　　二、裁判要旨 ·············· 657
　　　　No.3-5-59-25　在外观设计相同或者相近似的判断中,应该考虑设计空间或者说设计者的创作自由度,以便准确确定该一般消费者的知识水平和认知能力。 ·············· 657

**73** 外观设计相同或者相近似的判断(《专利法》第 59 条) ·············· 657
　　案例:申请再审人本田技研工业株式会社与被申请人中华人民共和国国家知识产权局专利复审委员会、原审第三人石家庄双环汽车股份有限公司、原审第三人河北新凯汽车制造有限公司破产清算组外观设计专利权无效行政纠纷案 ·············· 657
　　一、基本案情 ·············· 657
　　二、裁判要旨 ·············· 660
　　　　No.3-5-59-26　在外观设计相同或者相近似判断中,应当考量引起一般消费者注意的其他设计特征的变化。 ·············· 660

**74** 禁止反悔原则的应用(《专利法》第 59 条) ·············· 660
　　案例:广州美视晶莹银幕有限公司、北京仁和世纪科技有限公司与(日本)泉株式会社侵犯实用新型专利权纠纷案 ·············· 660
　　一、基本案情 ·············· 660
　　二、裁判要旨 ·············· 663
　　　　No.3-5-59-27　专利申请人、专利权人在专利授权或无效宣告程序中,通过对权利要求、说明书的修改或者意见陈述而放弃的技术方案,权利人在侵犯专利权纠纷案件中又将其纳入专利权保护范围的,人民法院不予支持。 ·············· 663

**75** 禁止反悔原则的认定(《专利法》第 59 条) ·············· 663
　　案例:北京实益拓展科技有限责任公司与陕西三安科技发展有限责任公司确认不侵犯专利权纠纷案 ·············· 663
　　一、基本案情 ·············· 663
　　二、裁判要旨 ·············· 665
　　　　No.3-5-59-28　放弃的技术方案,包括通过修改或者意见陈述而缩小其保护范围所导致的变化。 ·············· 665

**76** 授权确权程序中禁止反悔原则的适用(《专利法》第 59 条);专利侵权纠纷中被诉侵权技术方案的查明(《专利法》第 59 条) ·············· 666
　　案例:申请再审人江苏万高药业有限公司与被申请人成都优他制药有限责任公司、原审被告四川科伦医药贸易有限公司侵犯发明专利权纠纷案 ·············· 666
　　一、基本案情 ·············· 666

二、裁判要旨 ………………………………………………………………… 671
　　No.3-5-59-29　专利权人在授权确权程序中的意见陈述,可导致禁止反悔原
　　则的适用。………………………………………………………………… 671
　　No.3-5-59-30　对专利侵权纠纷中被诉侵权技术方案的查明,应当依法进行
　　证据保全,譬如现场勘验、查封扣押生产记录等,而不是简单地进行推定。 ……… 671

**77** 专利侵权纠纷中技术特征等同的认定(《专利法》第59条) ……………………… 672
　　案例:申请再审人陕西竞业玻璃钢有限公司与被申请人永昌积水复合材料有限公
　　司侵犯实用新型专利权纠纷案 …………………………………………… 672
　　一、基本案情 ………………………………………………………………… 672
　　二、裁判要旨 ………………………………………………………………… 675
　　　　No.3-5-59-31　对专利侵权纠纷中技术特征等同的认定,应考虑被诉侵权产
　　　　品的技术特征与专利技术特征相比,是否属于基本相同的技术手段,能否实现
　　　　基本相同的效果。………………………………………………………… 675

**78** 对一般消费者而言的外观设计专利与对比设计可视部分的相同点和区别点
(《专利法》第59条) ……………………………………………………………… 676
　　案例:申请再审人珠海格力电器股份有限公司与被申请人广东美的电器股份有
　　限公司、二审上诉人国家知识产权局专利复审委员会外观设计专利权无效行政
　　纠纷案 ……………………………………………………………………… 676
　　一、基本案情 ………………………………………………………………… 676
　　二、裁判要旨 ………………………………………………………………… 680
　　　　No.3-5-59-32　在判断外观设计专利与对比设计的视觉效果是否具有明显
　　　　区别时,应考虑对一般消费者而言的外观设计专利与对比设计可视部分的
　　　　相同点和区别点,并综合考虑各相同点、区别点对整体视觉效果的影响大小
　　　　和程度。………………………………………………………………… 680

**79** 说明书及附图的例示性描述不用于限制专利权的保护范围(《专利法》第59条) ……… 680
　　案例:申请再审人徐永伟与被申请人宁波市华拓太阳能科技有限公司侵犯发明专
　　利权纠纷案 ………………………………………………………………… 680
　　一、基本案情 ………………………………………………………………… 680
　　二、裁判要旨 ………………………………………………………………… 683
　　　　No.3-5-59-33　运用说明书及附图解释权利要求时,不应当以说明书及附图
　　　　的例示性描述限制专利权的保护范围。…………………………………… 683

**80** 外观设计侵权比较中装饰图案的简单替换(《专利法》第59条) ………………… 683
　　案例:申请再审人中山市君豪家具有限公司与被申请人中山市南区佳艺工艺家具
　　厂侵犯外观设计专利权纠纷案 …………………………………………… 683
　　一、基本案情 ………………………………………………………………… 684
　　二、裁判要旨 ………………………………………………………………… 685

No.3-5-59-34　当外观设计专利区别于现有设计的设计特征对于外观设计的整体视觉效果更具有显著影响时，应当比较被诉侵权设计与涉案专利设计在这一区别上的相同或者近似，而不用考量装饰图案的简单替换。 …………… 685

**81** 说明书公开范围的作用(《专利法》第59条) ……………………………… 685

案例：申请再审人东莞佳畅玩具有限公司、许楚华与被申请人新利达电池实业(德庆)有限公司、肇庆新利达电池实业有限公司及一审被告、二审上诉人国家知识产权局专利复审委员会和一审第三人、二审上诉人四会永利五金电池有限公司等实用新型专利权无效行政纠纷案 ……………………………………………………… 685

　　一、基本案情 ……………………………………………………………… 685
　　二、裁判要旨 ……………………………………………………………… 687
　　　　No.3-5-59-35　解释权利要求时，应使保护范围与说明书公开的范围相适应。 …… 687

**82** 在从属权利要求的基础上维持有效专利权对禁止反悔原则适用的限制
(《专利法》第59条) ……………………………………………………………… 688

案例：申请再审人中誉电子(上海)有限公司与被申请人上海九鹰电子科技有限公司侵犯实用新型专利权纠纷案 ……………………………………………………… 688

　　一、基本案情 ……………………………………………………………… 688
　　二、裁判要旨 ……………………………………………………………… 691
　　　　No.3-5-59-36　如果独立权利要求被宣告无效而在其从属权利要求的基础上维持专利权有效，且专利权人未曾自我放弃，不宜因此即对该从属权利要求适用禁止反悔原则并限制等同侵权原则的适用。 ………… 691

**83** 写入权利要求的使用环境特征属于必要技术特征(《专利法》第59条) …………… 691

案例：申请再审人株式会社岛野与被申请人日骋公司侵犯发明专利权纠纷案 ………… 691

　　一、基本案情 ……………………………………………………………… 692
　　二、裁判要旨 ……………………………………………………………… 697
　　　　No.3-5-59-37　已经写入权利要求的使用环境特征属于必要技术特征，对于权利要求的保护范围具有限定作用，且限定程度应当根据个案情况具体确定。 …… 697

**84** 外观设计专利产品类别的确定(《专利法》第59条) ……………………………… 697

案例：申请再审人法国弓箭玻璃器皿国际实业公司与被申请人义乌市兰之韵玻璃工艺品厂侵犯外观设计专利权纠纷案 …………………………………………… 697

　　一、基本案情 ……………………………………………………………… 697
　　二、裁判要旨 ……………………………………………………………… 698
　　　　No.3-5-59-38　确定外观设计专利产品类别，应以具有独立存在形态、可以单独销售的产品的用途为依据。 …………………………………… 698

**85** 权利要求技术特征的划分标准(《专利法》第59条) ……………………………… 698

案例：申请再审人张强与被申请人烟台市栖霞大易工贸有限公司、魏二有侵犯专利权纠纷案 ……………………………………………………………………… 698

一、基本案情 ·········· 698

二、裁判要旨 ·········· 700

No.3-5-59-39 划分权利要求的技术特征时,一般应把能够实现一种相对独立的技术功能的技术单元作为一个技术特征,不宜把实现不同技术功能的多个技术单元划定为一个技术特征。 ·········· 700

**86** 保护范围明显不清楚的专利权侵权指控不成立(《专利法》第 59 条) ·········· 700

案例:申请再审人柏万清与被申请人难寻中心、添香公司侵害实用新型专利权纠纷案 ·········· 700

一、基本案情 ·········· 700

二、裁判要旨 ·········· 701

No.3-5-59-40 保护范围明显不清楚的专利权的侵权指控不应支持。 ·········· 701

**87** 专利权人选择封闭式权利要求的后果(《专利法》第 59 条) ·········· 702

案例:申请再审人山西振东泰盛制药有限公司、山东特利尔营销策划有限公司医药分公司与被申请人胡小泉侵犯发明专利权纠纷案 ·········· 702

一、基本案情 ·········· 702

二、裁判要旨 ·········· 707

No.3-5-59-41 对封闭式权利要求,一般应当解释为不含有该权利要求所述以外的结构组成部分或者方法步骤。 ·········· 707

No.3-5-59-42 专利权人选择封闭式权利要求,表明其明确将其他未被限定的结构组成部分或者方法步骤排除在专利权保护范围之外,不宜再通过适用等同原则将其重新纳入保护范围。 ·········· 707

**88** 对比文件中仅公开产品结构图形但没有文字描述的权利要求用语的确定(《专利法》第 59 条) ·········· 708

案例:申请再审人镇江市营房塑电有限公司与被申请人广东科进尼龙管道制品有限公司、一审被告、二审被上诉人国家知识产权局专利复审委员会实用新型专利权无效行政纠纷案 ·········· 708

一、基本案情 ·········· 708

二、裁判要旨 ·········· 711

No.3-5-59-43 对比文件中仅有公开产品的结构图形但没有文字描述的权利要求用语,可以结合其结构特点和本领域技术人员的公知常识确定其含义。 ·········· 711

**89** 开放式与封闭式权利要求的区分适用于机械领域专利、开放式权利要求的区别技术特征的认定(《专利法》第 59 条) ·········· 711

案例:申请再审人北京世纪联保消防新技术有限公司与被申请人国家知识产权局专利复审委员会、二审第三人山西中远消防设备有限公司发明专利权无效行政纠纷案 ·········· 711

一、基本案情 ·········· 711

二、裁判要旨 ·········· 716

No.3-5-59-44 开放式和封闭式权利要求的区分在包括化学、机械领域在内的全部技术领域,有普遍适用性。 ………………………………… 716

No.3-5-59-45 如果对比文件的某个技术特征在该开放式权利要求中未明确提及,一般不将缺少该技术特征作为开放式权利要求相对于对比文件的区别技术特征。 …………………………………………………………… 716

**90** 改变方法专利的步骤顺序是否构成等同侵权(《专利法》第59条) ………… 716
案例:申请再审人浙江乐雪儿家居用品有限公司与一审被告、二审上诉人何建华,一审第三人温士丹侵害发明专利权纠纷案 ………………………… 716
一、基本案情 ……………………………………………………………… 716
二、裁判要旨 ……………………………………………………………… 720
No.3-5-59-46 如果方法专利所涉步骤必须以特定的顺序实施,以及这种顺序改变会带来技术功能或者技术效果的实质性差异,这种步骤顺序就对专利权的保护范围起到了限定作用。 ……………………………………… 720

**91** 物质的医药用途发明的撰写要求、给药特征对权利要求请求保护的制药方法发明是否具有限定作用?不产生特定毒副作用的特征对权利要求请求保护的医药用途发明是否具有限定作用?(《专利法》第59条) ……………………………… 721
案例:再审申请人卡比斯特制药公司与被申请人中华人民共和国国家知识产权局专利复审委员会发明专利权无效行政纠纷案 ……………………… 721
一、基本案情 ……………………………………………………………… 721
二、裁判要旨 ……………………………………………………………… 726
No.3-5-59-47 如果发明的实质及其对现有技术的改进在于物质的医药用途,申请专利权保护时,应当将权利要求撰写为制药方法类型权利要求,并以与制药相关的技术特征对权利要求的保护范围进行限定。 …………… 726
No.3-5-59-48 如果权利要求中不产生特定毒副作用的特征没有改变药物已知的治疗对象和适应症,也未发现药物的新性能,不足以与已知用途相区别,则其对权利要求请求保护的医药用途发明不具有限定作用。 ……… 726
No.3-5-59-49 给药剂量仅体现于用药行为中的特征不是制药用途的技术特征,对权利要求请求保护的制药方法本身不具有限定作用。 …………… 726

**92** 采用与权利要求限定的技术手段相反的技术方案不构成等同侵权(《专利法》第59条) …… 727
案例:申请再审人北京市捷瑞特弹性阻尼体技术研究中心与被申请人北京金自天和缓冲技术有限公司、王菡夏侵害发明专利权纠纷案 ……………… 727
一、基本案情 ……………………………………………………………… 727
二、裁判要旨 ……………………………………………………………… 728
No.3-5-59-50 被诉侵权技术方案的技术手段与权利要求明确限定的技术手段相反,技术效果亦相反,且不能实现发明目的的,不构成等同侵权。 ……… 728

**93** 外观设计专利侵权判定中相同或相近种类产品的认定(《专利法》第59条) ……………… 728
案例:再审申请人福建省晋江市青阳维多利食品有限公司与被申请人漳州市越远食品有限公司、一审被告、二审被上诉人李欣彩侵害外观设计专利权纠纷案 …………… 728

一、基本案情 ································································································ 728

　　二、裁判要旨 ································································································ 730

　　　　No.3-5-59-51　在外观设计专利侵权判定中,确定产品种类是否相同或相近的依据是产品是否具有相同或相近似的用途,产品销售、实际使用的情况可以作为认定用途的参考因素。······································································ 730

94  封闭式权利要求的侵权判定(《专利法》第 59 条) ·········································· 730

　　案例:申请再审人河北鑫宇焊业有限公司与被申请人宜昌猴王焊丝有限公司侵害发明专利权纠纷案 ······························································································ 730

　　一、基本案情 ································································································ 730

　　二、裁判要旨 ································································································ 731

　　　　No.3-5-59-52　对于封闭式权利要求,如果被诉侵权产品或者方法除具备权利要求明确记载的技术特征之外,还具备其他特征的,应当认定其未落入权利要求保护范围。···························································································· 731

95  专利行政调解(《专利法》第 60 条) ······························································ 731

　　案例:上海全能科贸有限公司诉上海市知识产权局专利侵权纠纷处理决定案 ········ 731

　　一、基本案情 ································································································ 731

　　二、裁判要旨 ································································································ 733

　　　　No.3-5-60-1　未经专利权人许可,实施其专利,即侵犯其专利权,引起纠纷的,由当事人协商解决。不愿协商或者协商不成的,专利权人或者利害关系人可以请求管理专利工作的部门处理。······················································· 733

96  管理专利工作的部门就专利纠纷的行政处理决定的撤销(《专利法》第 60 条) ······ 733

　　案例:昆明欧冠窗业有限公司与昆明市知识产权局专利行政处理决定案 ·············· 733

　　一、基本案情 ································································································ 733

　　二、裁判要旨 ································································································ 735

　　　　No.3-5-60-2　管理专利工作的部门违反法定程序作出处理决定,且该处理决定主要证据不足的,应当予以撤销。······································································ 735

97  确认不侵权之诉的管辖法院(《专利法》第 60 条) ·········································· 735

　　案例:龙宝公司诉朗力福公司请求确认不侵犯专利权案 ······································ 735

　　一、基本案情 ································································································ 735

　　二、裁判要旨 ································································································ 736

　　　　No.3-5-60-3　一方当事人因被控涉嫌侵犯专利权并因此遭受损失的,可以向法院起诉,请求法院确认其不侵权。··········································································· 736

98  侵犯外观设计专利权纠纷管辖权异议(《专利法》第 60 条) ······························· 736

　　案例:河北新凯汽车制造有限公司、高碑店新凯汽车制造有限公司与(日本)本田技研工业株式会社、东风本田汽车(武汉)有限公司、北京鑫升百利汽车贸易有限公司侵犯外观设计专利权纠纷管辖权异议案 ············································· 736

一、基本案情 …………………………………………………………… 736
　　二、裁判要旨 …………………………………………………………… 737
　　　　No.3-5-60-4　专利纠纷第一审案件,由各省、自治区、直辖市人民政府所在地
　　　　的中级人民法院、最高人民法院指定的中级人民法院以及高级人民法院管辖。 …… 737

**99** 最先立案法院的管辖权(《专利法》第60条) ……………………………… 738
　案例:靖江市永泰丰化工有限公司与佳木斯农药厂、佳木斯兰新实业有限公司专
　利侵权纠纷案 ………………………………………………………………… 738
　　一、基本案情 …………………………………………………………… 738
　　二、裁判要旨 …………………………………………………………… 738
　　　　No.3-5-60-5　因侵犯专利权行为提起的诉讼,由侵权行为地或者被告住所
　　　　地人民法院管辖,其中侵权行为地与被告住所地不一致的,由最先立案的人民
　　　　法院管辖。 ………………………………………………………………… 738

**100** 涉及专利的临时保护使用费纠纷的专利诉讼管辖(《专利法》第60条、第13条) ……… 739
　案例:山东新发药业有限公司与浙江杭州鑫富药业股份有限公司、上海爱兮缇国
　际贸易有限公司发明专利临时保护期使用费纠纷及侵犯发明专利权纠纷管辖权
　异议案 ………………………………………………………………………… 739
　　一、基本案情 …………………………………………………………… 739
　　二、裁判要旨 …………………………………………………………… 740
　　　　No.3-5-60-6　在专利临时保护期间内,专利申请人仅对侵权产品制造者提
　　　　起诉讼,制造地人民法院有管辖权;以制造者与销售者为共同被告起诉的,销
　　　　售地人民法院有管辖权。 ………………………………………………… 740

**101** 被告以诉讼请求变更为由的管辖权异议(《专利法》第60条) ……………… 740
　案例:陈勇与天津天狮经济发展有限公司、天津天狮生物工程有限公司、天津天狮
　集团有限公司专利侵权纠纷案 ……………………………………………… 740
　　一、基本案情 …………………………………………………………… 741
　　二、裁判要旨 …………………………………………………………… 741
　　　　No.3-5-60-7　侵犯专利纠纷案件,在侵权行为地或者被告住所地法院受理
　　　　案件后,被告一方对案件性质有争议,请求变更管辖法院的,不属于管辖权
　　　　异议。 …………………………………………………………………… 741

**102** 专利侵权诉讼中的证据采纳(《专利法》第60条) ……………………………… 741
　案例:伊莱利利公司与江苏豪森药业股份有限公司专利侵权纠纷案 ……… 741
　　一、基本案情 …………………………………………………………… 741
　　二、裁判要旨 …………………………………………………………… 743
　　　　No.3-5-60-8　鉴定机构接受人民法院的委托,对专利诉讼中有争议的技术
　　　　问题进行鉴定时,应以双方当事人经过庭审质证的真实、合法、有效的证据材
　　　　料作为鉴定依据。依据未经双方当事人质证或者核对的证据材料所作出的鉴
　　　　定结论,不是合法有效的证据,不能作为认定案件事实的依据。 ……………… 743

## 103 专利侵权纠纷行政处理和诉讼的竞合（《专利法》第 60 条） ………… 743

**案例：申请再审人江苏省微生物研究所有限责任公司与被申请人福州海王福药制药有限公司、一审被告辽宁省知识产权局、一审第三人辽宁民生中一药业有限公司、常州方圆制药有限公司专利侵权纠纷处理决定案** ………………………… 743

一、基本案情 ……………………………………………………………… 743

二、裁判要旨 ……………………………………………………………… 747

No.3-5-60-1　相关请求人已经就针对同一专利的相同或者相关联的侵权纠纷向人民法院提起诉讼，无论当事人是否完全相同，只要可能存在处理结果冲突，管理专利工作的部门即不能受理相关专利侵权纠纷处理请求。 …… 747

## 104 方法发明专利侵权的举证责任倒置（《专利法》第 61 条）；多余指定规则的应用（《专利法》第 59 条） …………………………………………………… 748

**案例：林群祥与闽侯县台龙塑化厂方法发明专利侵权纠纷案** ……………… 748

一、基本案情 ……………………………………………………………… 748

二、裁判要旨 ……………………………………………………………… 749

No.3-5-59-53　人民法院判定被诉侵权技术方案是否落入专利权的保护范围，应当审查权利人主张的权利要求所记载的全部技术特征。 ………… 749

No.3-5-61-1　专利侵权纠纷涉及新产品制造方法的发明专利的，制造同样产品的单位或者个人应当提供其产品制造方法不同于专利方法的证明。 …… 750

## 105 非新产品制造方法专利侵权纠纷中的事实推定（《专利法》第 61 条）……… 750

**案例：再审申请人潍坊恒联浆纸有限公司与被申请人宜宾长毅浆粕有限责任公司、一审被告成都鑫瑞鑫塑料有限公司侵犯发明专利权纠纷案** ………… 750

一、基本案情 ……………………………………………………………… 750

二、裁判要旨 ……………………………………………………………… 753

No.3-5-61-2　在专利权人能够证明被诉侵权人制造了同样产品，经合理努力仍无法证明被诉侵权人确实使用了该专利方法的情况下，根据案件的具体情况，结合已知事实及日常生活经验，能够认定该同样产品经由专利方法制造的可能性很大，被诉侵权人拒不配合法院调查收集证据或者保全证据的，可以推定被诉侵权人使用了该专利方法。 ……………………………… 753

## 106 现有技术抗辩步骤的选择（《专利法》第 62 条） …………………………… 754

**案例：北京东方京宁建材科技有限公司与北京锐创伟业房地产开发有限公司、北京锐创伟业科技发展有限公司、北京睿达华通化工材料技术有限责任公司侵犯实用新型专利权纠纷案** ………………………………………………………… 754

一、基本案情 ……………………………………………………………… 754

二、裁判要旨 ……………………………………………………………… 756

No.3-5-62-1　审查现有技术抗辩时，比对方法是将被诉侵权技术方案与现有技术进行对比，在两者并非相同的情况下，审查时可以专利权人的要求为参照，确定被诉侵权技术方案中被指控落入专利权保护范围的技术特征，并判断现有技术是否公开了与之相同或者等同的技术特征。 ……………… 756

**107** 现有技术抗辩中多项技术方案对比的前提(《专利法》第62条) ·············· 756
案例:苏州工业园区新海宜电信发展股份有限公司诉南京普天通信股份有限公司、苏州工业园区华发科技有限公司侵犯专利权纠纷案 ················· 756
 一、基本案情 ················································································ 756
 二、裁判要旨 ················································································ 758
  No.3-5-62-2 被控侵权人有充分证据证明其实施的技术方案属于一份对比文献中记载的一项现有技术方案与所属领域技术人员广为熟知的常识的简单组合,则应当认定被控侵权人主张的现有技术抗辩成立,被控侵权物不构成侵犯专利权。 ················································································ 758

**108** 以侵权人获得利益确定损害赔偿(《专利法》第65条) ······················· 758
案例:新乐国人啤酒有限公司与武安名人啤酒厂、雪山(河北)啤酒有限公司外观设计专利侵权纠纷案 ······································································ 758
 一、基本案情 ················································································ 759
 二、裁判要旨 ················································································ 760
  No.3-5-65-3 侵犯专利权的赔偿数额按照权利人因被侵权所受到的实际损失确定;实际损失难以确定的,可以按照侵权人因侵权所获得的利益确定。 ······ 760

**109** 专利侵权的酌定赔偿(《专利法》第65条);先用权(《专利法》第69条) ········ 760
案例:昆明飞龙电器厂与昆明科力嘉工贸有限公司实用新型专利侵权纠纷案 ···· 760
 一、基本案情 ················································································ 760
 二、裁判要旨 ················································································ 762
  No.3-5-65-4 在专利申请日前已经制造相同产品、使用相同方法或者已经做好制造、使用的必要准备,并且仅在原有范围内继续制造、使用的,不视为专利侵权。 ····················································································· 762
  No.3-5-69-1 在没有专利许可使用费可以参照或者专利许可使用费明显不合理的情况下,人民法院可以根据专利权的类别、侵权人侵权的性质和情节等因素,酌定赔偿专利侵权数额。 ····················································· 762

**110** 数额利润率(《专利法》第65条);合理开支数额的确定(《专利法》第69条) ······ 763
案例:华纪平与合肥安迪华进出口有限公司等专利权权属、侵权纠纷案 ············ 763
 一、基本案情 ················································································ 763
 二、裁判要旨 ················································································ 769
  No.3-5-65-5 在有关产品的利润率难以准确计算时,人民法院可以酌定一个合理的利润率进行计算。 ··············································································· 769
  No.3-5-69-2 调查和制止侵权行为的合理开支数额,可以计算在赔偿数额范围内。 ···················································································· 770

**111** 事先或事后约定侵权损害赔偿数额的效力(《专利法》第65条) ············· 770
案例:申请再审人中山市隆成日用制品有限公司与被申请人湖北童霸儿童用品有限公司侵害实用新型专利权纠纷提审案 ············································· 770

一、基本案情 …… 770
二、裁判要旨 …… 774
　No.3-5-65-6　侵权人与被侵权人之间就侵权损害赔偿数额等作出事先或事后约定，属于私法自治范畴；若无法律规定的无效情形，人民法院应予支持。 …… 774

**112** 专利侵权的诉前禁令（《专利法》第66条） …… 774
案例：炬力集成电路设计有限公司与矽玛特有限公司、东莞市歌美电子科技有限公司、黄忠达侵犯专利纠纷案 …… 774
一、基本案情 …… 774
二、裁判要旨 …… 775
　No.3-5-66-1　专利权人或者利害关系人有证据证明他人正在实施或者即将实施侵犯其专利权的行为，如不及时制止将会使其合法权益受到难以弥补的损害的，可以在起诉前向人民法院申请采取责令停止有关行为和财产保全的措施。 …… 775

**113** 药品专利的 Bolar 例外（《专利法》第69条） …… 776
案例：三共株式会社、上海三共制药有限公司与北京万生药业有限责任公司发明专利侵权纠纷案 …… 776
一、基本案情 …… 776
二、裁判要旨 …… 777
　No.3-5-69-3　为提供行政审批所需要的信息，制造、使用、进口专利药品或者专利医疗器械的，以及专门为其制造、进口专利药品或者专利医疗器械的，不视为侵犯专利权。 …… 777

**114** 药品生产批件的是否取得对先用权抗辩是否成立不产生影响（《专利法》第69条） …… 778
案例：江西银涛药业有限公司与被申请人陕西汉王药业有限公司、一审被告西安保赛医药有限公司侵犯专利权纠纷案 …… 778
一、基本案情 …… 778
二、裁判要旨 …… 779
　No.3-5-69-4　是否取得药品生产批件，对先用权抗辩是否成立不产生影响。 …… 779

**115** 专利侵权案件的管辖（《民事诉讼法》第37条） …… 779
案例：本田株式会社与双环公司侵犯外观设计专利权纠纷管辖权异议案 …… 779
一、基本案情 …… 779
二、裁判要旨 …… 781
　No.3-7-CP-37　不同法院受理的涉及同一事实的确认不侵犯专利权诉讼和专利侵权诉讼，应当移送管辖合并审理；移送过程中，如涉及地域管辖，应按照立案时间的先后顺序，由后立案受理的法院将案件移送到先立案受理的法院审理；如涉及级别管辖，一般按"就高不就低"的原则，由级别低的法院将其立案受理的案件移送到级别高的法院审理。 …… 781

116 专利诉讼的调解(《民事诉讼法》第201条) ········································ 782
 案例:杨培康与无锡活力保健品有限公司侵犯发明专利权纠纷案 ··············· 782
  一、基本案情 ··································································································· 782
  二、裁判要旨 ··································································································· 782
   No.3-7-CP-201 诉讼和解协议是案件当事人为终止争议或者防止争议再次发生,通过相互让步形成的合意,和解协议的内容不限于当事人的诉讼请求事项。 ································································································· 782

117 人民法院判决专利复审委员会重新作出具体行政行为,要视案件的具体情况而定(《行政诉讼法》第54条) ············································································· 783
 案例:申请再审人曹忠泉与被申请人国家知识产权局专利复审委员会、一审第三人上海精凯服装机械有限公司实用新型专利权无效行政纠纷案 ············· 783
  一、基本案情 ··································································································· 783
  二、裁判要旨 ··································································································· 786
   No.3-7-AP-37 人民法院在判决撤销或者部分无效宣告请求审查决定时,是否判决专利复审委员会重新作出具体行政行为,应当视案件的具体情况而定。 ······ 786

# 第四编　反不正当竞争

## 第一章　仿冒纠纷

1 仿冒域名(《反不正当竞争法》第2条) ················································· 791
 案例:上海柏丽居货运代理有限公司与毕丽萍、上海孚睿吉商务咨询有限公司不正当竞争纠纷上诉案 ························································································· 791
  一、基本案情 ··································································································· 791
  二、裁判要旨 ··································································································· 792
   No.4-1-2.2-1 仿冒他人域名行为,构成不正当竞争行为。 ······················· 792

2 仿冒商品条形码(《反不正当竞争法》第5条第2、3项) ······················· 792
 案例:宁波华能国际经济贸易有限公司与福建天龙电机有限公司不正当竞争纠纷上诉案 ··················································································································· 792
  一、基本案情 ··································································································· 792
  二、裁判要旨 ··································································································· 793
   No.4-1-5.2-1 冒用他人商品条形码对特殊企业而言将造成商品来源的混淆,破坏公平的市场竞争环境,构成不正当竞争。 ··········································· 793
   No.4-1-5.3-1 商品条形码是商品标识的一种表现形式,具有特定性,应受法律保护。 ································································································· 794

## ❸ 仿冒知名商品特有名称(《反不正当竞争法》第 5 条第 2、3 项) ······ 794

**案例：张锠、张宏岳、北京泥人张艺术开发有限责任公司与张铁成、北京泥人张博古陶艺厂、北京泥人张艺术品有限公司不正当竞争纠纷案** ······ 794

 一、基本案情 ······ 794

 二、裁判要旨 ······ 797

  No.4-1-5.2-2 具有很高知名度的指代特定人群及其技艺或作品的特定称谓，可以被认定为知名商品特有名称，获得《反不正当竞争法》保护。 ······ 797

  No.4-1-5.3-2 判断"行业(或商品)+姓氏"的称谓是否属于通用名称，应综合考虑该称谓是否属于仅有的称谓方法、该称谓所指人物或商品来源是否特定以及是否使用了文学上的比较手法等因素。 ······ 797

**案例：江苏爱特福药物保健品有限公司与北京地坛医院、金湖县爱特福化工有限责任公司、北京庆余药品经营部不正当竞争纠纷案** ······ 797

 一、基本案情 ······ 797

 二、裁判要旨 ······ 799

  No.4-1-2.3-1 自然人、法人或其他组织只要事实上从事了商品经营或营利性服务的行为，即属于《反不正当竞争法》上的经营者。 ······ 799

  No.4-1-5.2-3 对于已为同行业经营者约定俗成、普遍使用的表示某类商品的名称，应认定为该商品的通用名称。 ······ 799

**案例：山东东阿阿胶股份有限公司与山东福胶集团有限公司不正当竞争纠纷案** ······ 799

 一、基本案情 ······ 799

 二、裁判要旨 ······ 801

  No.4-1-5.2-4 通用名称经过使用产生了区别性或者显著性，获得了"第二含义"，便可以成为特有名称。 ······ 801

  No.4-1-5.2-5 只有将他人商品名称做相同或者近似的使用，并造成与他人知名商品相混淆，才构成仿冒知名商品特有名称的不正当竞争行为。 ······ 801

**案例：厦门康士源生物工程有限公司与北京御生堂生物工程有限公司、北京御生堂生物工程有限公司、长春市东北大药房有限公司擅自使用知名商品特有名称、包装、装潢纠纷案** ······ 801

 一、基本案情 ······ 802

 二、裁判要旨 ······ 804

  No.4-1-5.2-6 不具备特有性的描述性商品名称，不能构成知名商品特有名称。 ······ 804

**案例：山东鲁锦实业有限公司诉鄄城县鲁锦工艺品有限责任公司、济宁礼之邦家纺有限公司侵害商标权及不正当竞争纠纷案\*** ······ 804

 一、基本案情 ······ 804

---

\* 参见最高人民法院 2015 年 4 月 15 日第十批指导性案例第 46 号。

二、裁判要旨 …………………………………………………………………… 807

No.4-1-5.2-7 地域性相关公众认可度、地域性群众长期劳动实践形成的商品生产工艺以及地域性商品生产原料,是判断地域性商品通用名称的综合考量因素。 …………………………………………………………… 807

**4** 仿冒知名商品特有的包装、装潢(《反不正当竞争法》第1条、第5条第2项、第20条) …… 807

案例:意大利费列罗公司与蒙特莎(张家港)食品有限公司、天津经济技术开发区正元行销有限公司不正当竞争纠纷案* ………………………………… 807

一、基本案情 …………………………………………………………………… 807

二、裁判要旨 …………………………………………………………………… 810

No.4-1-5.2-8 认定该知名商品,应当结合该商品在中国境内的销售时间、销售区域、销售额和销售对象,进行宣传的持续时间、程度和地域范围,作为知名商品受保护的情况等因素,并适当考虑该商品在国外已知名的情况,进行综合判断。 ……………………………………………………………… 810

No.4-1-5.2-9 反不正当竞争法所保护的知名商品特有的包装、装潢,是指能够区别商品来源的盛装或者保护商品的容器等包装,以及在商品或者其包装上附加的文字、图案、色彩及其排列组合所构成的装潢。 ………………… 811

No.4-1-5.2-10 对他人能够区别商品来源的知名商品特有的包装、装潢,进行足以引起市场混淆、误认的全面模仿,属于不正当竞争行为。 ………… 811

案例:福建省乔丹体育用品有限公司诉晋江市阳新体育用品有限公司不正当竞争纠纷上诉案 …………………………………………………………… 811

一、基本案情 …………………………………………………………………… 812

二、裁判要旨 …………………………………………………………………… 814

No.4-1-5.2-11 只要经营者主观上存在过错,其产品装潢与他人在先使用在产品上的装潢构成近似并足以造成混淆或者误认的,即可认定该在先产品为知名商品。 ……………………………………………………………… 814

No.4-1-20-1 当不正当竞争纠纷的损害赔偿额难以计算时,该赔偿额应为侵权人在侵权期间因侵权所获得的利润以及受侵害者为调查侵权人的不正当竞争行为所支付的合理费用。 …………………………………………… 814

案例:申请再审人宁波微亚达制笔有限公司与被申请人上海中韩晨光文具制造有限公司、原审被告宁波微亚达文具有限公司、原审被告上海成硕工贸有限公司擅自使用知名商品特有装潢纠纷案 ……………………………………… 814

一、基本案情 …………………………………………………………………… 814

二、裁判要旨 …………………………………………………………………… 817

No.4-1-1-1 在符合《反不正当竞争法》保护条件的情况下,外观设计专利权已终止的商品外观仍可受到反不正当竞争法的保护。 …………………… 817

---

\* 参见最高人民法院2015年4月15日第十批指导性案例第47号。

No.4-1-5.2-11　产品形状获得反不正当竞争法保护的重要条件是非功能性以及显著性。………………………………………………………………………… 818

案例：山东龙大企业集团有限公司与莱阳鲁花浓香花生油有限公司不正当竞争纠纷案 ………………………………………………………………………… 818

一、基本案情 ………………………………………………………………… 818

二、裁判要旨 ………………………………………………………………… 819

No.4-1-5.2-12　反不正当竞争法对包装装潢的保护是针对装潢的整体而言的，对装潢的组成部分并不单独予以保护。 ………………………… 819

No.4-1-5.2-13　受保护标识的显著程度、相关消费者的识别力、标识之间的近似性和标识所有人以及侵权人的知名度是认定商品的包装、装潢是否构成混淆时应考虑的要素。 ……………………………………………… 820

## 5 仿冒知名服务特有的名称、企业名称（《反不正当竞争法》第 5 条第 2、3 项） ……… 820

案例：上海避风塘美食有限公司与上海德荣唐美食有限公司不正当竞争纠纷案 ……… 820

一、基本案情 ………………………………………………………………… 820

二、裁判要旨 ………………………………………………………………… 822

No.4-1-5.2-14　不具有原创性名称使用行为，不能使该名称成为知名服务的特有名称。 ………………………………………………………… 822

No.4-1-5.3-3　企业名称权人无权禁止他人在其字号的原有含义上进行合理使用。 ……………………………………………………………… 822

## 6 仿冒知名服务特有的装潢（《反不正当竞争法》第 5 条第 2 项） ……… 822

案例：广州市越秀区东北菜风味饺子馆与宋维河不正当竞争纠纷案 ……… 822

一、基本案情 ………………………………………………………………… 822

二、裁判要旨 ………………………………………………………………… 824

No.4-1-5.2-15　由经营者营业场所的装饰、营业用具的式样、营业人员的服饰等构成的具有独特风格的整体营业形象，可以认定为服务的"装潢"。 …… 824

## 7 仿冒企业名称（《反不正当竞争法》第 1 条、第 5 条） ……………… 824

案例：镇江唐老一正斋药业有限公司与吉林一正药业集团有限公司、一正集团吉林省医药科技实业有限公司、江苏大德生药房连锁有限公司、江苏大德生药房连锁有限公司镇江新概念药房不正当竞争纠纷上诉案 ……………………………… 824

一、基本案情 ………………………………………………………………… 824

二、裁判要旨 ………………………………………………………………… 825

No.4-1-1-2　保护公平竞争、保护经营者和消费者的合法权益，是《反不正当竞争法》的立法目的。 ……………………………………………… 825

No.4-1-5.2-16　对知名商品的判断，应当综合考虑该商品的销售时间、区域、规模以及宣传力度、受影响范围等因素。 …………………………… 826

No.4-1-5.3-4　市场知名度的高低是字号能否受《反不正当竞争法》的保护的判断标准。 ……………………………………………………………… 826

**案例:兰建军、杭州小拇指汽车维修科技股份有限公司诉天津市小拇指汽车维修服务有限公司等不正当竞争纠纷案**\* ·················································· 827
　一、基本案情 ·················································· 827
　二、裁判要旨 ·················································· 830
　　No.4-1-2.2-2　经营者是否具有超越法定经营范围而违反行政许可法律、法规的行为,不影响其依法行使制止不正当竞争行为的民事权利。 ·················································· 830
　　No.4-1-2.2-3　反不正当竞争法并未限制经营者之间必须具有直接的竞争关系,也没有要求其从事相同行业。经营者之间具有间接竞争关系,行为人违背《反不正当竞争法》的规定,损害其他经营者合法权益的,也应当认定为不正当竞争行为。 ·················································· 831

**案例:福建省白沙消防工贸有限公司诉南安市白沙消防设备有限公司侵犯企业名称(商号)权及不正当竞争纠纷案** ·················································· 832
　一、基本案情 ·················································· 832
　二、裁判要旨 ·················································· 835
　　No.4-1-5.3-5　判断侵权企业申请注册其企业名称中字号的主观意图,主要以其申请注册时的主观状况为准,不能以被侵权企业此后具有知名度而推定侵权企业此前注册企业字号时,具有攀附其声誉和市场价值的主观恶意。 ·················································· 835
　　No.4-1-5.3-6　在判断具有特殊地理因素的企业字号是否可以共存时,应综合考虑与之相关的历史因素。 ·················································· 835

**案例:广东伟雄集团有限公司、佛山市高明区正野电器实业有限公司、广东正野电器有限公司与佛山市顺德区正野电器有限公司、佛山市顺德区光大企业集团有限公司不正当竞争纠纷案** ·················································· 835
　一、基本案情 ·················································· 835
　二、裁判要旨 ·················································· 838
　　No.4-1-5.1-1　将在先使用且已有一定市场知名度的企业字号申请注册为商标并予以使用,足以使相关公众对商品的来源产生误认的,侵犯了在先的企业字号权益,构成不正当竞争。 ·················································· 838
　　No.4-1-5.3-7　将他人注册商标中相同的文字作为企业名称中的字号使用在类似商品上,致使相关公众对商品或者服务的来源产生混淆,虽不突出使用,仍构成不正当竞争行为。 ·················································· 838

**案例:山东山起重工有限公司诉山东起重机厂有限公司侵犯企业名称权纠纷案** ·················································· 838
　一、基本案情 ·················································· 838
　二、裁判要旨 ·················································· 840
　　No.4-1-5.3-8　具有一定市场知名度、为相关公众所熟知并已实际具有商号作用的企业或者企业名称的简称,可以视为企业名称。 ·················································· 840

---

\* 参见最高人民法院2014年6月26日第七批指导性案例第30号。

案例：天津中国青年旅行社诉天津国青国际旅行社擅自使用他人企业名称纠纷案* ······ 840
　一、基本案情 ························································· 841
　二、裁判要旨 ························································· 842
　　No.4-1-5.3-9　擅自将他人已实际具有商号作用的企业简称作为商业活动中互联网竞价排名关键词，使相关公众产生混淆误认的，属于不正当竞争行为。 ························································· 842

❽ 仿冒质量证明（《反不正当竞争法》第5条第4项、第20条） ············ 843
案例：遵化栗源食品有限公司与北京富亿农板栗有限公司、上海三樱包装材料有限公司不正当竞争纠纷案 ················································· 843
　一、基本案情 ························································· 843
　二、裁判要旨 ························································· 844
　　No.4-1-5.4-1　仿冒他人商品的质量证明构成不正当竞争。 ············ 844
　　No.4-1-5.4-2　仿冒食品生产许可证号、食品标签认可证书号的行为，有违行政管理规定，但不构成不正当竞争行为。 ························· 845
　　No.4-1-20-2　若仿冒行为仅是对财产权利造成损害，则不应将赔礼道歉纳入赔偿责任范围。 ················································· 845

# 第二章　虚假宣传纠纷

❾ 虚假宣传（《反不正当竞争法》第2条、第9条第1款、第14条、第20条） ············ 846
案例：中国药科大学与江苏福瑞科技有限公司不正当竞争纠纷案 ············ 846
　一、基本案情 ························································· 846
　二、裁判要旨 ························································· 848
　　No.4-2-9.1-1　仿冒行为的主要目的是搭他人商品声誉的便车；虚假宣传行为的目的在于通过对商品质量等提供误导性的信息，误导相关公众。 ······ 848
案例：泰兴市蓝色阀门有限责任公司与南京水美环保机械有限公司虚假宣传不正当竞争纠纷案 ························································· 848
　一、基本案情 ························································· 848
　二、裁判要旨 ························································· 849
　　No.4-2-9.1-2　对引人误解的虚假宣传行为进行认定时，应参考被宣传对象的实际情况。 ························································· 849
案例：福建省福清大闽生物工程有限公司与福州南海岸生物工程有限公司不正当竞争纠纷上诉案 ························································· 850
　一、基本案情 ························································· 850

---

\* 参见最高人民法院2014年6月26日第七批指导性案例第29号。

二、裁判要旨 ………………………………………………………………… 851

　　No.4-2-9.1-3　因宣传内容的不全面或带有歧义性而"引人误解",即使内容真实也依然构成虚假宣传不正当竞争行为。 ……………… 851

　　No.4-2-14-1　"明确的指向性"是判断行为是否构成商业诋毁的基本要素。 …… 852

**案例:北京黄金假日旅行社有限公司与携程计算机技术(上海)有限公司、上海携程商务有限公司、河北康辉国际航空服务有限公司、北京携程国际旅行社有限公司虚假宣传纠纷上诉案** …………………………………………… 852

一、基本案情 ………………………………………………………………… 852

二、裁判要旨 ………………………………………………………………… 854

　　No.4-2-9.1-4　同业竞争者宣传内容存在混同使用或者模糊称谓其经营主体身份,造成公众误认,但并未造成他人直接损害的,不构成不正当竞争。 …… 854

　　No.4-2-9.1-5　具有一定事实基础但略显夸张的宣传内容,不足以造成相关公众误解的,不构成虚假宣传行为。 ……………………………… 854

**案例:北京市仁爱教育研究所与星球地图出版社虚假宣传纠纷上诉案** ……… 855

一、基本案情 ………………………………………………………………… 855

二、裁判要旨 ………………………………………………………………… 856

　　No.4-2-2.2-4　不正当竞争关系是作为民事主体的经营者之间的法律关系,当事人违反行政管理规范,不必然构成不正当竞争。 ……………… 856

　　No.4-2-20-3　被侵权人主张不正当竞争行为损害赔偿的前提,是该不正当竞争行为与被侵权人经济损害之间存在因果关系。 ……………… 856

# 第三章　侵害商业秘密纠纷

**10　侵犯商业秘密(《反不正当竞争法》第2条、第10条)** ……………………… 858

**案例:济南灯具厂有限公司诉张晓红、李红、冯秀娟、济南智富商贸有限公司侵犯商业秘密纠纷案** ………………………………………………………… 858

一、基本案情 ………………………………………………………………… 858

二、裁判要旨 ………………………………………………………………… 859

　　No.4-3-10-1　"客户自愿"的抗辩,应建立在对离职员工个人的信赖基础上。 …… 859

　　No.4-3-10-2　具有实用性、秘密性、保密性特征的客户名单可以作为商业秘密获得保护。 …………………………………………………… 859

**案例:江苏苏威尔软件工程有限公司诉吴志贤侵犯商业秘密纠纷案** ………… 859

一、基本案情 ………………………………………………………………… 859

二、裁判要旨 ………………………………………………………………… 860

　　No.4-3-10-3　权利人对商业秘密主张权利的前提是能说明该商业秘密的具体内容。 …………………………………………………………… 860

No.4-3-10-4　商业秘密的新颖性要求。……………………………… 861

**案例：河南省许昌市许继电气股份有限公司诉郑学生、河南省漯河市爱特电器设备有限公司侵犯商业秘密纠纷上诉案** …………………………… 861

一、基本案情 ……………………………………………………………… 862

二、裁判要旨 ……………………………………………………………… 863

No.4-3-10-5　行为人利用职务之便掌握了技术秘密，并违反忠实义务，使用或者允许他人使用该商业秘密，构成侵犯商业秘密的行为。……… 863

No.4-3-10-6　第三人明知他人以不正当手段获取商业秘密，仍对该商业秘密加以利用，构成侵犯商业秘密的行为。……………………………… 863

No.4-3-10-7　通过有偿转让具有经济价值并采取保密措施进行保护的技术信息属于技术秘密。……………………………………………………… 863

**案例：山东省食品进出口公司、山东山孚集团有限公司、山东山孚日水有限公司与马达庆、青岛圣克达诚贸易有限公司不正当竞争纠纷案** ……………… 864

一、基本案情 ……………………………………………………………… 864

二、裁判要旨 ……………………………………………………………… 865

No.4-3-2.2-5　通过正当途径获取商业机会不构成不正当竞争。……… 865

No.4-3-10-8　一般的知识、经验和技能不足以构成商业秘密。……… 866

**案例：河南均衡新技术有限责任公司、徐平均、马军政与郑州恒科实业有限公司侵犯商业秘密纠纷上诉案** ……………………………………………… 866

一、基本案情 ……………………………………………………………… 866

二、裁判要旨 ……………………………………………………………… 868

No.4-3-10-9　在侵权人无法提供其商业秘密合法来源的情况下，以"接触＋相似"的规则来判断其行为是否构成侵犯商业秘密。……………… 868

No.4-3-10-10　判断行为人的行为是否属于"反向工程"，应以该行为人未采取不正当手段为前提。………………………………………………… 868

No.4-3-10-11　商业秘密应具备秘密性、价值性的特点。…………… 869

No.4-3-10-12　竞业禁止条款中双方即使未就补偿费问题形成一致意见，也不意味着可以解除保密义务，雇员仍负有后合同义务。…………… 869

**案例：上海强人路信息服务有限公司与上海辰邮科技发展有限公司等侵犯商业秘密纠纷上诉案** ……………………………………………………… 870

一、基本案情 ……………………………………………………………… 870

二、裁判要旨 ……………………………………………………………… 871

No.4-3-10-13　商业秘密内容的合法性是该商业秘密受法律保护的前提。…… 871

**案例：张培尧、惠德跃、江苏省阜宁县除尘设备厂与苏州南新水泥有限公司侵犯商业秘密、财产损害赔偿纠纷上诉案** ……………………………… 871

一、基本案情 ……………………………………………………………… 871

二、裁判要旨 ……………………………………………………………… 873

No.4-3-10-14　采取合理的保密措施是相关信息成为商业秘密并受法律保护的前提。 …………………………………………………………… 873

No.4-3-10-15　商业秘密的价值性不以其先进性为判断标准。 ………… 873

**案例:安徽省服装进出口股份有限公司与上海中基进出口有限公司、叶启华、徐迎春侵害商业经营秘密纠纷上诉案** …………………………………… 874

一、基本案情 …………………………………………………………… 874

二、裁判要旨 …………………………………………………………… 875

No.4-3-10-16　原告对第三人侵犯商业秘密的主观状态负有举证责任。 ……… 875

No.4-3-10-17　义务人对商业秘密所负有的保密期限应以不违反权利人有关保守商业秘密的要求为前提。 ………………………………………… 875

**案例:上海富日实业有限公司与黄子瑜、上海萨菲亚纺织品有限公司侵犯商业秘密纠纷案** ……………………………………………………………… 876

一、基本案情 …………………………………………………………… 876

二、裁判要旨 …………………………………………………………… 877

No.4-3-10-18　单纯的竞业限制约定,不能构成作为商业秘密保护条件的保密措施。 ……………………………………………………………… 877

# 第四章　商业诋毁纠纷

**11　商业诋毁(《反不正当竞争法》第14条)** ……………………………… 878

**案例:上海某机电设备有限公司与上海某设备成套设计研究院、上海某电力设备有限公司商业诋毁纠纷上诉案** ……………………………………………… 878

一、基本案情 …………………………………………………………… 878

二、裁判要旨 …………………………………………………………… 879

No.4-4-14-2　"散布虚假信息"是指将所捏造的虚伪事实向不特定多数人或者特定的共同客户或同行业的其他竞争者进行传播的行为。 ……… 879

**案例:杭州曼波鱼贸易有限公司与台州市康贝婴童用品厂、浙江淘宝网络有限公司不正当竞争纠纷上诉案** …………………………………………… 879

一、基本案情 …………………………………………………………… 879

二、裁判要旨 …………………………………………………………… 881

No.4-4-14-3　基于客观事实且非恶意的商业投诉行为不构成商业诋毁。 ……… 881

No.4-4-14-4　网络平台服务提供商在不正当竞争侵权纠纷中可以援引"通知—删除"制度进行合理抗辩。 …………………………………… 882

**案例:赵杰峰与佛山市南海嘉美时代照明有限公司、汪仲商业诋毁纠纷案** …… 882

一、基本案情 …………………………………………………………… 882

二、裁判要旨 …………………………………………………………… 883

> No.4-4-14-5 以私力救济方式公开揭露同业竞争者侵犯其专有权利应控制在合理范围内，否则将构成商业诋毁。 ................................................ 883
>
> No.4-4-14-6 不完整的宣传表述可能导致捏造虚假事实的后果。 ............ 883

案例：腾讯科技（深圳）有限公司、深圳市腾讯计算机系统有限公司与北京奇虎科技有限公司、北京三际无限网络科技有限公司、奇智软件（北京）有限公司不正当竞争纠纷上诉案 .................................................. 884

 一、基本案情 ........................................................................ 884

 二、裁判要旨 ........................................................................ 885

> No.4-4-14-7 不恰当的评价可能构成商业诋毁。 ................................ 885

案例：广州高露洁棕榄有限公司与广州宝洁有限公司、宝洁（中国）有限公司、广州浩霖贸易有限公司不正当竞争纠纷案 .............................. 886

 一、基本案情 ........................................................................ 886

 二、裁判要旨 ........................................................................ 888

> No.4-4-14-8 利用广告与竞争者进行比较，贬损其商品的行为，属于商业诋毁。 ............................................................................ 888

# 第五章 其他反不正当竞争纠纷

**12** 强行植入广告页面（《反不正当竞争法》第 2 条第 1 款） .................. 889

案例：北京百度网讯科技有限公司与青岛奥商网络技术有限公司、中国联合网络通信有限公司青岛市分公司、中国联合网络通信有限公司山东省分公司不正当竞争纠纷案* ........................................................ 889

 一、基本案情 ........................................................................ 889

 二、裁判要旨 ........................................................................ 890

> No.4-5-2.1-1 从事互联网服务的经营者，在其他经营者网站的搜索结果页面强行弹出广告的行为，违反诚实信用原则和公认商业道德，妨碍其他经营者正当经营并损害其合法权益，可以认定为不正当竞争。 ........................ 890

案例索引 .................................................................................. 893

主题词索引 .............................................................................. 905

---

 \* 参见最高人民法院 2015 年 4 月 15 日第十批指导性案例第 45 号。

# 第一编 著作权

第一章 总则

第二章 著作权

第三章 著作权许可使用和转让合同

第四章 出版、表演、录音录像、播放

第五章 法律责任和执法措施

# 第一章 总则

**本章裁判要旨**

No.1-1-2.1-1 具有独创性的产品说明书为受著作权法保护的作品。

No.1-1-2.1-2 在无相反证据的情况下,作品上的署名人为作品的作者。

No.1-1-2.1-3 以家喻户晓的词语和通常所用的表达手法,相似地表达同一种思想的,不构成著作权侵权。

No.1-1-2.1-4 具有独创性的产品广告,属于受著作权法保护的作品。

No.1-1-2.2-1 《伯尔尼公约》成员国国民的实用艺术作品,在中国自作品完成之日起25年内受中国著作权法律、法规保护。

No.1-1-2.2-2 外国实用艺术作品享有专利权,并不妨碍其同时或继续得到著作权法的保护。

No.1-1-2.2-3 外国人的作品依法受我国《著作权法》的保护,但外国机构的鉴定结论和判决文书在我国并不具有当然的证据效力。

No.1-1-3.1.3-1 尚未形成电影、电视、录像作品的戏剧导演的署名权,不受著作权法保护。

No.1-1-3.1.3-2 文字作品的创作目的在于供舞台演出,戏剧作品中的舞剧剧本与舞台上的表演应当有所区分。著作权人的表演权与表演者的表演者权也应当区分。

No.1-1-3.1.3-3 以自己的物质条件独立创作自己承担责任的作品,应当属于个人作品,著作权属于创作者,与表演作品的主体应区分开来。

No.1-1-3.1.3-4 未经著作权人同意,他人不能擅自改编、修改其作品。

No.1-1-3.1.3-5 对著作权人的错误报道,并不必然导致名誉权侵权,尚需结合主观要件和客观事实综合判定。

No.1-1-3.1.4-1 美术作品中来源于公知领域的设计不能排斥他人就此进行创作,也不能仅凭此点断定他人抄袭其作品。

No.1-1-3.1.4-2 未按合作协议的约定进行创作,属于合同关系的范畴,与著作权侵权的认定无关。

No.1-1-3.1.4-3 受著作权法保护的建筑作品,必须具有独创性,富有美感。但建筑物的内部特征必然存在的设计以及因所使用的建筑材料而产生的特征,不属于著作权法保护的范围。

No.1-1-2.1-5 作品登记仅为解决著作权纠纷提供初步证据,并非是作品具有独创性、登记者享有著作权的决定性证据。在个案中,如果著作权纠纷的当事人有争议时,法院可以依职权根据具体事实对作品的独创性加以判断。

No.1-1-3.1.4-4 不存在适用于所有作品的统一、具体的独创性标准,实用艺术作品的独创性判断,主要取决于美学领域的独特创造力和观念。

No.1-1-3.1.4-5 实用艺术作品的著作权法保护以表达为限,采用同样的设计思路和工艺方法,设计并生产类似主题的产品,不侵犯实用艺术作品的著作权。

No.1-1-3.1.5-1　对摄影作品的著作权归属,法院已作出有效判决的,应当依有效判决认定;无有效判决的,可以通过比较不同确定归属。

No.1-1-3.1.7-1　地图作品在出版印刷之前要报有关行政主管部门批准的规定,并不影响地图作品本身的著作权。

No.1-1-3.7-2　独立创作完成的地图,如果在整体构图、客观地理要素的选择及表现形式上具有独创性,应当属于著作权法保护的图形作品。

No.1-1-3.7-3　行政区划图中关于行政区的整体形状、位置以及各内设辖区的形状和位置等,由于系客观存在,表达方式非常有限,在认定侵权时应不予考虑。

No.1-1-3.1.8-1　计算机软件受著作权法保护。未经软件著作权人同意,发表、复制其软件作品,或发行、展示其软件的复制品,或办理其软件的许可使用或者转让事宜的,需承担侵权责任。

No.1-1-3.1.8-2　当被控侵权人无正当理由拒绝提供软件源程序或目标程序供直接比对,且因技术的限制无法从被控侵权产品中直接读取的情形下,如果双方当事人的软件在设计缺陷方面基本相同,法院可以判定双方软件之间构成实质性相同,由被控侵权人承担民事责任。

No.1-1-3.1.8-3　作为字型轮廓构建指令及相关数据与字型轮廓动态调整数据指令代码结合的计算机中文字库,属于计算机软件作品,非美术作品。

No.1-1-3.1.8-4　购买计算机字库软件后,未经特别许可,将字库用于商业软件开发,属于侵犯字库作者著作权的行为,但仅将其中字体以汉字表意功能为目的使用的行为,不构成侵权。

No.1-1-3.1.9-1　本身并不表达某种思想的答题卡,不构成著作权法意义上的作品。

No.1-1-3.1.9-2　具有独创性的网站页面设计,应当受著作权法保护。

No.1-1-3.1.9-3　无论是作品的汇编,还是由数据或其他任何形式的公知领域的材料构成的汇编,只要其对材料的选择或编排体现了独创性,均受著作权法保护。

No.1-1-3.1.9-4　受委托创作的作品,委托人和受托人可以通过合同约定著作权的归属。

No.1-1-4-1　境外影视作品著作权人维护自己的合法权益,不以获得进口行政审批为条件。

No.1-1-6-1　如民间艺术作品符合著作权法上作品的条件,可以适用著作权法进行保护。确定侵权赔偿额时,应当考虑到鼓励创作和弘扬传统文化之间的平衡。

No.1-1-6-2　自立体三维美术作品到平面二维美术作品的使用,构成著作权法意义上的复制行为。

No.1-1-6-3　利用民间文学艺术进行再创作的作品,作者的著作权不能及于作品中原属于民间文学艺术领域中公有的部分。

No.1-1-6-4　在民间文学艺术的创造者、保存者、发展者之间适用合理、公平的惠益分享原则。在后作品从之前的收集整理作品中间接受益的,应当根据公平原则给予适当补偿。

## 1 受著作权法保护的作品(《著作权法》第2条第1款)

**案例:无锡霍尔塞特工程有限公司与无锡市铭鑫增压器制造有限公司著作权纠纷案**
案例来源:《人民法院案例选》2004年商事·知识产权专辑[第75号]
主题词:独创性　侵害复制权

### 一、基本案情

　　原告:无锡霍尔塞特工程有限公司(以下简称霍尔塞特公司)。
　　被告:无锡市铭鑫增压器制造有限公司(以下简称铭鑫公司)。
　　原告无锡霍尔塞特工程有限公司为从事增压器制造的知名企业。2002年初,原告委托无锡市意盛广告有限公司(以下简称意盛公司)为其《涡轮增压器说明书》设计卡通插图6幅并支付了相应报酬,意盛公司按霍尔塞特公司的设计要求,委托章慕伟进行创作并交付图稿。意盛公司、章慕伟均表示上述作品的著作权归霍尔塞特公司享有。霍尔塞特公司根据该6幅插图对原《涡轮增压器说明书》进行了改版并署名,用于投放市场向客户宣传、介绍企业产品。
　　被告铭鑫公司亦为制造增压器的企业,其《涡轮增压器说明书》的封面设计、版式、内容编排、插图、配套说明的文字除插图中署名为铭鑫公司外,与霍尔塞特公司的说明书基本相同。
　　2003年9月1日,霍尔塞特公司诉至江苏省无锡市中级人民法院,请求判令铭鑫公司:(1)立即停止使用并销毁侵权产品说明书;(2)公开赔礼道歉;(3)赔偿霍尔塞特公司经济损失50万元。
　　被告铭鑫公司辩称,铭鑫公司未实施侵权行为,霍尔塞特公司无法证明其为产品说明书插图的著作权人,霍尔塞特公司主张赔偿损失没有依据。
　　无锡市中级人民法院经审理认为,公民、法人的著作权受法律保护。霍尔塞特公司的《涡轮增压器说明书》在版式、文字、插图及内容编排上具有独创性,应认定为受著作权法保护的作品。该《涡轮增压器说明书》有霍尔塞特公司的署名,此为证明霍尔塞特公司为著作权人的初步证据,在没有相反证明推翻上述证据的情况下,应认定霍尔塞特公司为《涡轮增压器说明书》的作者。此外,霍尔塞特公司还提供了一系列的证据证明其《涡轮增压器说明书》的创作过程,在受托人明确表示著作权归于委托人的情况下,依法应认定霍尔塞特公司为《涡轮增压器说明书》的作者,享有著作权法规定的人身权利和财产权利。铭鑫公司虽否认其制作过霍尔塞特公司指控的《涡轮增压器说明书》,但未能解释该《涡轮增压器说明书》何以会有铭鑫公司的署名,也未能提供必要的证据使人相信上述观点可以成立并足以推翻霍尔塞特公司所举之证据。因此,可以认定被指控的《涡轮增压器说明书》为铭鑫公司所制作。通过对两份《涡轮增压器说明书》的对比,铭鑫公司的《涡轮增压器说明书》在版式、文字、内容编排,尤其是在6幅插图上明显抄袭了霍尔塞特公司的《涡轮增压器说明书》,铭鑫公司侵犯了霍尔塞特公司基于上述作品享有的署名权、复制权、获得报酬权,应对此承担法律规定的侵权责任。霍尔塞特公司作为被侵权人,有权根据《著作权法》第48条第2款关于损害赔偿的规定,要求铭鑫公司赔偿经济损失。根据铭鑫公司侵权行为的性质、影响、持续时间等因素,确认赔偿金额为5万元。据此,法院依照《中华人民共和国著作权法》第2条第1款,第10条第1款第2项、第5项、第2款、第11条第4款、第17条、第47条第1款第1项、第48条第2款的规定,于2003年11月24日判决:
　　一、铭鑫公司应立即停止使用并销毁侵权的《涡轮增压器说明书》。
　　二、铭鑫公司应于本判决生效后30日内在《柴油车配件》杂志上刊登致歉声明,所需费用由铭鑫公司承担。
　　三、铭鑫公司应于本判决生效后7日内赔偿霍尔塞特公司经济损失5万元。
　　一审宣判后,原、被告在法定期限内均未提起上诉,判决发生法律效力。

### 二、裁判要旨

　　**No.1-1-2.1-1　具有独创性的产品说明书为受著作权法保护的作品。**
　　我国《著作权法》第2条第1款规定:"中国公民、法人或者其他组织的作品,不论是否发表,依照本法享有著作权。"《著作权法》第3条虽然未明确列举产品说明书是否属于受著作权法保护的作品，但根据《著作权法实施条例》第2条对作品的规定，作品是指文学、艺术和科学领域内具有独创性并能以某种有形形式复制的智力成果，从而可以看出，构成著作权法保护的作品有三个要素，即具有独创性、是可复制的、并属于智力成果。

霍尔塞特公司的《涡轮增压器说明书》在版式、文字、插图及内容编排上具有独创性，并且是可复制的智力成果，故应认定为受著作权法保护的作品。

**No.1-1-2.1-2　在无相反证据的情况下，作品上的署名人为作品的作者。**

作品上的署名，为证明作品著作权人的初步证据，在无相反证明的情况下，作品上的署名人为作品的作者。《涡轮增压器说明书》上有霍尔塞特公司的署名，应认定霍尔塞特公司为该《涡轮增压器说明书》的作者。此外，霍尔塞特公司提供了一系列的证据证明其《涡轮增压器说明书》的创作过程，在受托人明确表示著作权归于委托人的情况下，依法应认定霍尔塞特公司为《涡轮增压器说明书》的作者，享有著作权法规定的人身权利和财产权利。铭鑫公司虽否认其制作过霍尔塞特公司指控的《涡轮增压器说明书》，但未能解释该《涡轮增压器说明书》何以会有铭鑫公司的署名，也未能提供必要的证据使人相信上述观点可以成立并足以推翻霍尔塞特公司所举之证据。可以认定被指控的《涡轮增压器说明书》为铭鑫公司所制作。

## 2 作品与思想(《著作权法》第2条第1款)

**案例：东莞市金正科技电子有限公司与摩托罗拉(中国)电子有限公司著作权纠纷案**
案例来源：《人民法院案例选》2000年第2辑[第40号]
主题词：产品广告　电视和美术作品

### 一、基本案情

上诉人(原审原告)：东莞市金正科技电子有限公司(以下简称金正公司)。

被上诉人(原审被告)：摩托罗拉(中国)电子有限公司(以下简称摩托罗拉公司)。

金正公司委托广州柏信广告有限公司为其金正VCD机产品制作电视广告，并约定版权归上诉人所有。广告制作出来后，于1997年6月开始在中央电视台播出，后又制作成VCD光碟。上述广告的画面主要是熊熊燃烧的烈火配以伽利略、哥白尼、布鲁诺、李时珍、屈原等历史人物、科学家的头像，金正VCD机产品以及"真金不怕火炼、金正VCD"的广告语。此后，上诉人又在《读者》杂志1998年第4期封底及有关报纸上发布了金正VCD产品广告，这些广告画面主要是熊熊燃烧的烈火配以"真金不怕火炼、金正VCD"的广告语及金正VCD机产品等。此外，上诉人还通过户外广告牌、海报、礼品袋等形式印刷、发布了与上述广告画面相近似的广告。1997年12月，被上诉人摩托罗拉公司委托达高美广告(香港)有限公司为其GP88无线电对讲机设计制作平面报纸广告，并刊登在《广州日报》1998年4月20日和5月18日的第19版和《深圳特区报》1998年5月18日第8版上，上述广告的主要画面为对讲机在熊熊的烈火中燃烧，配以"真金不怕火炼"的广告语及"摩托罗拉GP88无线电对讲机"的文字。上诉人发现被上诉人的上述广告后，遂向广州市中级人民法院起诉，请求：(1)判决被上诉人立即停止侵权行为，并公开赔礼道歉。(2)判决被上诉人赔偿损失300万元人民币。(3)判决被上诉人承担本案诉讼费。

广州市中级人民法院认为，上诉人在电视、杂志、户外广告牌等为其金正VCD产品所作的广告，分别属于电视作品和美术作品，其著作权受我国著作权法的保护。我国著作权法只保护作品的表达形式，而不保护作品的思想。将被上诉人刊登在报纸上的摩托罗拉GP88无线电对讲机的广告和上诉人的上述作品相比较，两者在火焰的形状、图案、广告语的字体排列以及所作广告的产品名称及图案等方面都有较大的区别，两者的表达形式差异较大，因此，被上诉人的行为不构成对上诉人作品的抄袭、剽窃。上诉人指控被上诉人的作品是抄袭、剽窃其作品的主张缺乏事实和法律依据，上诉人的诉讼请求本院不予支持。原审法院于1998年10月29日作出一审民事判决：驳回上诉人东莞市金正科技电子有限公司的诉讼请求。

判决后，东莞市金正科技电子有限公司不服，向广东省高级人民法院提起上诉，认为对两者应从整体上进行比较。上诉人的 VCD 广告，包括"真金不怕火炼"的广告语、"火焰"画面、"VCD 产品"和"产品说明"四个部分。被上诉人的对讲机广告除产品及其说明外，其主要部分和实质部分的广告语和广告画面，均与上诉人的 VCD 广告相同或相近似，抄袭的范围占整个广告的大部分，足以认定侵权。而且，上诉人的 VCD 广告不仅有电视、杂志、户外广告的电视作品和美术作品，还包括口述作品和文字作品。被上诉人的对讲机广告就是按照上诉人的口述作品和文字作品制作的，侵犯了上诉人的著作权邻接权。摩托罗拉(中国)电子有限公司则答辩同意原审判决。

广东省高级人民法院认为，上诉人为金正 VCD 产品制作的广告，分别属于电视作品和美术作品，其著作权受我国著作权法保护。将被上诉人刊登在报纸上的摩托罗拉 GP88 无线电对讲机的广告和上诉人上述作品相比较，两者在火焰的形状、图案、广告语的字体、排列以及所作广告的产品名称及图案等方面都有较大的区别，整体画面显然不同，不足以认定被上诉人的作品构成对上诉人作品的抄袭、剽窃。"真金不怕火炼"一语已是家喻户晓，也不能作为上诉人的作品来保护。故而对上诉人的上诉请求不予支持。原审法院判决正确，应予维持。至于上诉人认为被上诉人侵犯其口述作品和文字作品，系上诉人在二审期间新增加的诉讼请求，依法不予审理，上诉人可另行解决。依照《中华人民共和国民事诉讼法》第一百五十三条第一款第(一)项之规定，判决驳回上诉，维持原判。

二、裁判要旨

No.1-1-2.1-3　以家喻户晓的词语和通常所用的表达手法，相似地表达同一种思想的，不构成著作权侵权。

我国《著作权法》第 2 条第 1 款规定："中国公民、法人或者其他组织的作品，不论是否发表，依照本法享有著作权。"但对何为作品，《著作权法》仅在第 3 条以列举方式概括了九类受著作权法保护的作品。为此，《著作权法实施条例》第 2 条进一步细化了对作品的定义，指出作品是文学、艺术和科学领域内具有独创性并能以某种有形形式复制的智力成果，表明著作权法保护的作品需是能以有形形式复制的表达，从而暗含了西方著作权法的一项基本原则——"思想表达二分法"，即著作权法不保护作品中的思想、观念，只保护思想、观念的独创性表达。因法律属于行为规则而非思想规则。

在本案中，初审法院和二审法院均认为，被上诉人刊登在报纸上的摩托罗拉 GP88 无线电对讲机的广告和上诉人的上述作品通过比较，在火焰的形状、图案、广告语的字体排列以及所作广告的产品名称及图案等方面都有较大的区别，两者的表达形式差异较大，不足以认定被上诉人的行为构成抄袭、剽窃。而且，二审法院认为，"真金不怕火炼"一语属于家喻户晓的词语，也不能作为上诉人的作品来保护。故而，被上诉人不构成侵权。

No.1-1-2.1-4　具有独创性的产品广告，属于受著作权法保护的作品。

产品广告是否构成我国著作权法意义上的作品？虽然我国《著作权法》中未明确规定，但根据《著作权法实施条例》第 2 条对作品的定义，由于该案中原告的产品广告具有独创性、属于能以有形形式复制的智力成果，故被法院认定为电视和美术作品，受著作权法保护。只是由于被告的图案等与原告显著不同，而广告语属于家喻户晓的词语，故法院判决驳回了原告的侵权请求。

**3** 外国人作品的著作权(《著作权法》第 2 条第 2 款)

**案例：英特莱格公司诉可高公司等侵犯实用艺术作品著作权案**

案例来源：《人民法院案例选》2004 年商事・知识产权专辑［第 78 号］

主题词：实用艺术作品　伯尔尼公约

一、基本案情

上诉人(原审原告)：英特莱格公司(INTERLEGO. AG)。

上诉人（原审被告）：可高（天津）玩具有限公司。
被上诉人（原审被告）：北京市复兴商业城。

丹麦乐高公司制造的玩具积木产品于1992年由宝隆洋行作为批发商首次进入中国大陆市场销售。1998年2月25日乐高系统公司出具著作权转让确认书：依据丹麦法律对由乐高系统公司及乐高未来公司的雇员及设计人员创作完成，并已推向市场的所有乐高玩具块中的雕塑、文字、图片、绘画、摄影及文字作品和实用艺术作品享有著作权在内的所有权及利益；而且，就前述作品已在中国所享有的包括著作权及全部相关续展权在内的所有权及利益以不可撤销的方式转让给英特莱格公司。1999年1月19日，柳沈知识产权事务所在复兴商业城公证购买了可高公司制造的可高玩具。1999年9月15日英特莱格公司向北京市第一中级人民法院提起民事诉讼，状告可高公司侵犯其56件乐高玩具积木块实用艺术作品的著作权。

1999年11月10日，英特莱格公司放弃就编号为10、18、20的玩具积木块实用艺术作品著作权对可高公司和复兴商业城的侵权指控。英特莱格公司要求可高公司赔偿经济损失10万元、为本案诉讼支出的合理费用12 577元及代理费10 000元。可高公司曾于1996年就其制造的部分玩具积木块申请了中国外观设计专利，专利号分别为96308347.3、96308410.0、96308408.9、96308416.X、96308360.0，英特莱格公司曾请求中国专利局撤销上述外观设计专利，中国专利局经审查维持上述专利权有效。可高公司为证明其生产的玩具积木具有合法来源，提交了韩国五林株式会社与麦可逊株式会社就可高积木玩具的模具、半成品及技术转让签订的协议，以及裴南沫于1995年9月19日出具的权利转让证书。可高公司为证明英特莱格公司不享有著作权，还提交了韩国专利厅审判所的判决书。该案中，乐高未来公司请求宣告李锦荣登记的第75644号外观设计无效，韩国专利厅审判所驳回了乐高未来公司的请求。复兴商业城为证明其在销售可高公司产品时进行了必要的审查，提交了可高公司的企业营业执照副本、企业法人代码证书、产品质量检验报告及"可高"商标注册证等复印件。

北京市第一中级人民法院判决认定，英特莱格公司是本案涉及的53种乐高玩具积木块实用艺术作品在中国的著作权及相关权益的所有者。英特莱格公司为瑞士公司，瑞士及中国均为《伯尔尼公约》成员国，依《伯尔尼公约》第2条之规定，公约保护的文学艺术作品包括实用艺术作品，故中国对起源于《伯尔尼公约》成员国国民的实用艺术作品负有保护义务。根据《实施国际著作权条约的规定》的规定，外国实用艺术作品在中国应自作品完成起25年内受中国著作权法律、法规的保护。实用艺术作品是指具有实用性、艺术性并符合作品构成要件的智力创作成果。实用艺术作品应当具有实用性、艺术性、独创性和可复制性。本案中，英特莱格公司主张权利的53种玩具积木块中的3、补13、补24不具有独创性和艺术性，其余的则符合实用艺术作品的构成条件，应受法律保护。构成实用艺术作品的50种玩具积木块中，可高公司产品与之实质性相似构成侵权的有1、2、4、5、6、7、8、12、13、14、15、16、17、21、24、27、29、补1、补3、补5、补6、补7、补8、补9、补10、补14、补15、补16、补19、补20、补23、补25、补26；可高公司产品与之相比不构成实质性相似，不构成侵权的有8、9、11、19、22、23、25、26、30、补2、补4、补11、补12、补17、补18、补21、补22。可高公司关于其玩具产品模具系从韩国引进、韩国专利厅审判所已判定该产品不侵权，以及可高公司产品已获得中国外观设计专利的主张，均不影响本案侵权的认定，其抗辩理由不能成立。复兴商业城从可高公司进货时已履行了必要的审查手续，主观上并无过错，其行为不构成侵权，但复兴商业城应负有停止销售侵权产品的义务。对于侵权赔偿数额，本院依据英特莱格公司要求保护的实用艺术作品的数量、可高公司产品所包含的侵权产品的数量及侵权行为的后果等酌定。据此，依照《著作权法》第46条第（1）、（2）项及《实施国际著作权条约的规定》第1、2、3条，第6条第1款之规定，判决：

一、可高公司停止生产、销售侵权产品的行为，侵权产品模具交本院销毁；
二、可高公司赔偿英特莱格公司经济损失5万元，合理的诉讼支出17 017元；
三、可高公司在《北京日报》上公开向英特莱格公司赔礼道歉；
四、复兴商业城停止销售侵权产品；

实用艺术作品・伯尔尼公约

五、驳回英特莱格公司的其他诉讼请求。

英特莱格公司、可高公司均不服一审判决,分别上诉至北京市高级人民法院。

英特莱格公司上诉称:(1)一审判决认定英特莱格公司的玩具积木块3、补13、补24系常见形状,不具有独创性和艺术性是错误的,这3件积木块完全符合著作权法的要求,理应作为实用艺术作品受到保护。(2)一审判决以英特莱格公司的实用艺术作品独创性较低为由,认定可高公司产品与请求保护的玩具积木块8、9、11、19、22、23、25、26、30、补2、补4、补11、补12、补17、补18、补21、补22不构成实质性相似,对上述17件实用艺术作品不予保护是错误的。可高公司抄袭了上述17件实用艺术作品,根本不存在独创性高低和利益平衡的问题,请求撤销一审判决,依法改判。

可高公司上诉称:(1)英特莱格公司的积木块不是实用艺术作品,不应享有著作权。实用艺术作品的实用性是指该产品可以独立完整存在,具有直接终极的实用性,英特莱格公司主张权利的仅仅是构成玩具的零部件,这些零部件在可高公司产品中所占件数比例仅为百分之几,在整体上,可高公司产品与英特莱格公司产品完全不同。一审判决混淆了零部件的功能作用与实用艺术作品的实用性。此外,英特莱格公司主张权利的玩具积木块也不具有艺术性。(2)英特莱格公司的玩具组件不应受著作权法保护。中国著作权法没有对实用艺术作品提供保护,实践中,此类作品是作为外观设计受专利法保护的。没有证据表明中国法律对实用艺术作品提供著作权和专利权的双重保护,英特莱格公司就其玩具组件已申请了外观设计专利,也就不应再受著作权法保护。请求撤销一审判决,驳回英特莱格公司的诉讼请求。

复兴商业城服从原审判决。

北京市高级人民法院经审理认为:本案二审审理中双方争议的焦点在于,英特莱格公司主张权利的53种乐高玩具积木块能否作为实用艺术作品在中国受到法律保护,以及受到保护的范围和程度如何。依据《伯尔尼公约》及中国政府于1992年9月25日制定并颁布的《实施国际著作权条约的规定》的规定,起源于《伯尔尼公约》成员国国民的实用艺术作品在中国自该作品完成起25年内受中国法律保护。实用艺术作品是指具有实用性、艺术性并符合作品构成要件的智力创作成果。依据上述规定,实用艺术作品一般应当具有实用性、艺术性、独创性及可复制性的特征。实用性是指该物品有无实用价值,而不是单纯地仅具有观赏、收藏价值。艺术性则要求该物品具有一定的艺术创作程度,这种创作程度至少应使一般公众足以将其看做艺术品。在英特莱格公司主张权利的53种玩具积木块中,一审法院认定其中的3(PUPLO板)、补13(屋顶4x4)、补24(旋转木马)没有达到应有的艺术创作程度,不应被认定为实用艺术作品,另50件则具备了实用性、艺术性、独创性和可复制性,应当被认定为实用艺术作品,对此不持异议。可高公司认为,没有证明中国法律对实用艺术作品提供著作权和专利权的双重保护,本院认为这一问题应当更符合法律逻辑地理解为,现在没有证据表明中国法律对于外国人的实用艺术作品排斥著作权和专利权的双重保护。英特莱格公司就其实用艺术作品虽然申请了中国外观设计专利,但并不妨碍其同时或继续得到著作权法的保护。可高公司关于英特莱格公司的玩具组件已申请外观设计专利,不应再受著作权法保护的主张,本院不予采信。一审法院认定可高公司产品与英特莱格公司的玩具积木块8、9、11、19、22、23、25、26、30、补2、补4、补11、补12、补17、补18、补21、补22实质上不相近似,不构成侵权并无不当。可高公司的产品确有抄袭之嫌,但同时也应看到英特莱格公司的上述玩具积木块艺术创作程度确实不是很高,与典型的实用艺术作品在艺术创作程度上尚有一定差距,一审法院出于平衡利益关系的考虑,作出上述认定是合理的。综上,一审判决认定事实清楚、适用法律正确,遂依照《中华人民共和国民事诉讼法》第153条第1款第1项之规定,于2002年12月18日判决:驳回上诉,维持原判。

二、裁判要旨

No.1-1-2.2-1 《伯尔尼公约》成员国国民的实用艺术作品,在中国自作品完成之日起25年内受中国著作权法律、法规保护。

本案中,双方争议的焦点在于英特莱格公司主张权利的53种乐高玩具积木块能否作为实用艺术作品在中国受到法律保护以及受到保护的范围和程度如何。中国著作权法虽然没有对实用艺术作品提供保护,但根据《著作权法》第 2 条第 2 款的规定,外国作品根据其作者所属国或者经常居住地国同中国签订的协议或者共同参加的国际条约享有的著作权,也受著作权法保护。所以,依据《伯尔尼公约》及中国政府于 1992 年 9 月 25 日制定并颁布的《实施国际著作权条约的规定》的规定,起源于《伯尔尼公约》成员国国民的实用艺术作品在中国自该作品完成之日起 25 年内应受中国著作权法律、法规保护。

**No.1-1-2.2-2** 外国实用艺术作品享有专利权,并不妨碍其同时或继续得到著作权法的保护。

由于实用艺术作品兼具艺术性和工业实用性,故有可能得到著作权法和专利法的双重保护,中国著作权法对此没有明文规定。但法院认为,现在没有证据表明中国法律对于外国人的实用艺术作品排斥著作权和专利权的双重保护。英特莱格公司就其实用艺术作品虽然申请了中国的外观设计专利,但并不妨碍其同时或继续得到著作权法的保护。

### 4 外国鉴定结论和判决文书在我国著作权诉讼中的效力(《著作权法》第 2 条第 2 款)

**案例:** 圆谷制作株式会社、上海圆谷策划有限公司与辛波特·桑登猜、采耀版权有限公司、广州购书中心有限公司、上海音像出版社侵害著作权纠纷案
**案例来源:** 最高人民法院(2011)民申字第 259 号民事裁定书
**主题词:** 外国鉴定结论 证据效力

#### 一、基本案情

原告(二审上诉人、再审被申请人):辛波特·桑登猜(Sompote Saengduenchai,以下简称辛波特)、采耀版权有限公司(Chaiyo Productions Co., Ltd,以下简称采耀公司)。

被告(二审上诉人、再审申请人):圆谷制作株式会社(Tsuburaya Productions Co., Ltd,以下简称圆谷制作)、上海圆谷策划有限公司(以下简称上海圆谷公司)。

被告(二审上诉人):广州购书中心有限公司(以下简称广州购书中心)、上海音像出版社。

辛波特、采耀公司认为,四被告侵犯了其在中国享有的《巨人对詹伯 A》《哈卢曼和 7 个奥特曼》《奥特曼 1》《奥特曼 2》《奥特曼赛文》《奥特曼归来》《奥特曼艾斯》《奥特曼泰罗》《詹伯格艾斯》9 部作品以及延伸制作的作品的独占使用权,为此提起著作权侵权诉讼。

原告提交的主要证据是:(1)1976 年 3 月 4 日圆谷制作与企业有限公司(Tsuburaya Prod. and Enterprise Co., Ltd.)向采耀公司总裁辛波特签订的合同(以下简称《1976 年合同》),该合同约定圆谷制作与企业有限公司对《巨人对詹伯 A》(GIANT VS. JAMBO"A")等 9 部作品授权采耀公司总裁辛波特在日本国以外无期限的独占专权。合同的最后一段的内容为:我,圆谷皋(Noboru Tsuburaya),通过本合同宣布已经全额收到了第 1 条记载的所有动画片和影片的独占专权金额,在此代表圆谷制作与企业有限公司签名并加盖公司印章。在合同的底部有圆谷皋的英文签名和圆谷企业株式会社公章以及圆谷皋的汉字印章。(2)1996 年 7 月 23 日,圆谷皋之子圆谷一夫向辛波特发出的《致歉信》。

广州购书中心答辩称:其有合法来源,其销售的被控侵权产品由上海音像出版社提供。
上海音像出版社答辩称:其有合法来源,已获得圆谷制作的授权。
圆谷制作、上海圆谷公司答辩称,涉案《1976 年合同》系辛波特伪造的。
《1976 年合同》的真实性和有效性是该案争议的焦点,经一二审法院审理查明:
2001 年圆谷制作在日本国提起著作权确认之诉。2003 年 2 月 28 日,日本国东京地方裁判所作出判决,认定《1976 年合同》真实有效。圆谷制作提起上诉,日本国东京高等裁判所于 2003 年 12 月 10 日作出判决,驳回圆谷制作的上诉,确认辛波特享有在日本国以外的奥特曼作品的独占使用权。圆谷制作继续申诉,日本国最高裁判所于 2004 年 4 月 27 日作出判决,驳回圆谷制作的申诉,对圆谷制作的申诉不予立案。

圆谷制作在泰国起诉采耀公司、辛波特等4被告侵害著作权,泰国中央知识产权和国际贸易法院2000年4月4日作出判决,认定《1976年合同》真实有效,并因此判决撤销圆谷制作在刑事和民事案件中的诉讼,圆谷制作须根据反索赔向辛波特赔偿,圆谷制作停止侵犯辛波特根据带有争议的合同所拥有的权利,并停止再做出对辛波特的侵权行为,圆谷制作赔偿采耀公司、辛波特等4被告的律师费。圆谷制作提起上诉,泰国最高法院于2008年2月5日作出的终审判决中,采信了泰国一审法院的证据鉴定报告。该鉴定由泰国警察总署证据检验处处长任命的7名文件和伪造品核查方面的专家组成的文件审核委员会,对《1976年合同》原件以及辛波特和圆谷制作共同认可的由辛波特和圆谷制作签订的《奥特曼赛文》电影许可协议中的圆谷皋的签名(原件)作为检材,结合有圆谷皋签名的8份文件的复印件作为样本文件进行对比。

主要鉴定结果和专家意见为:(1)对上述文件中皋圆谷(即本案中提到的圆谷皋)先生的英文签名对比后发现,写字的风格、字体的样式和字迹有差别,意见:不是同一人签名。(2)争议文件的英文打印纸中的第1段第1行、最后一段第3行上的"prod. and"打印字体,与同行的其他字体对比后发现,打印的水平线不一致,意见:不是同一时间打印。

2008年10月31日,锐视公司的法定代表人杨水源以锐视公司的名义与圆谷制作在日本签订《基本合意书》,锐视公司在该合意书中承认:圆谷制作是在日本国内及日本国以外的全世界拥有"奥特曼系列"等由圆谷制作制作的映像作品相关的著作权、商标权、创意权等其他一切权利的唯一的合法权利人;泰国人辛波特和泰国企业采耀公司在圆谷制作未授予其合法权限的情况下,曾非法利用奥特曼;采耀公司不拥有奥特曼等相关的丝毫的正当权利。锐视公司对于正在审理中的圆谷制作与辛波特、采耀公司之间的诉讼,作证该合意书中确认的事实是真实的。该合意书在许可合同缔结之前,当由圆谷制作或锐视公司向对方发出不能缔结许可合同时,该合意书失效。锐视公司与圆谷制作此后没有缔结与奥特曼相关的著作权许可合同。

江苏省南京市中级人民法院于2005年1月17日受理锐视公司诉南京大洋百货有限公司侵害著作权纠纷一案,因锐视公司在该案中提交了《1976年合同》、日本国三级法院判决及泰国一审判决等证据,该院于2005年6月6日作出判决,认定《1976年合同》真实有效,并判决南京大洋百货有限公司承担停止侵权和赔偿损失的民事责任,该判决已发生法律效力。

本案一审法院认为:(1)《1976年合同》的签订方身份存在多处与事实不符的情况和与常理相悖之处,原告未提交证据证明合同的一方当事人 Tsuburaya Prod. and Enterprises Co., Ltd.(辛波特、采耀公司提交的翻译件对应的中文名称为圆谷制作株式会社与企业有限公司)是不是一个真实存在的法律实体。(2)该合同仅提及圆谷皋收到了独占专用权金额,却没有关于合同的对价、付款方式、付款期限等必备条款,难以认定该合同成立且生效。(3)《致歉信》也仅提及辛波特对"咸蛋超人系列"以及"詹伯特艾斯"系列的权利,并非对《1976年合同》的全面追认,且在影片名称上亦与合同中的名称不一致,在圆谷皋已去世的情况下,难以对其真实意思表示进行核实。(4)从涉案影片著作权案件在国外法院审理的情况看,泰国最高法院采信的鉴定报告是泰国警察总署作出的,该鉴定报告认为,《1976年合同》中两处的"prod. and"与同行的其他字体相比对,不是同一时间打印。结合前文对合同中存在诸多不符合逻辑及情理的疑点分析,该鉴定报告的结论是客观真实的,可以作为证据予以采信。《致歉信》虽然是真实的,但不足以印证《1976年合同》的客观真实性。综上,一审法院对《1976年合同》不予确认,判决:驳回辛波特、采耀公司的诉讼请求。

辛波特、采耀公司提起上诉,除了坚持上述证据的真实性外,还主张一审法院采信外国鉴定机构的结论并作为主要证据缺乏依据,《1976年合同》是在日本国签订的,争议标的大部分是在日本国制作,本案应适用日本国法律。

二审法院认为:(1)因日本国、泰国法院判决的效力未经中国民事诉讼程序予以承认,两国判决在中国没有法律效力,不具有约束力,本案不应以日本国、泰国法院判决确认的事实作为本案认定事实的依据;中国对直接认定泰国鉴定机构的鉴定结论也缺乏法律依据,且泰国法院的判决在中国不具有约束力,故对泰国鉴定机构作出的鉴定结论不予采信。(2)本案双方当事人对《致歉信》的真实性均无异议,该信显示:"这封信旨在澄清根据1976年3月4日圆谷企业株式会社总裁圆谷皋和采耀电影有限公司总裁辛波特先生之间签订的《授权合约》……"由于圆谷制作株式会社未能提交圆谷皋在1976年3月4日与辛波特另外签订有其他合同,可以认定此处《授权合约》即《1976年合同》,从而得出《1976年合同》真实存在的结论。(3)《1976年合同》签订于30多年前的日本,难以苛求作为非法律专业人士的圆谷皋在多年前所签署的授权合约为形式规范、逻辑严密的合同,因圆谷皋系圆谷制作株式会社和圆谷企业株式会社两家公司的法定代表人,圆谷皋的行为可以视为两家公司的公司行为;至于圆谷皋签名的真伪,因泰国的鉴定结论不具有证明力,不能作为认定本案事实的依据,在没有其他证据证明圆谷皋签名为虚假的情况下,应认定圆谷皋的签名为真实;故圆谷制作株式会社对该合同提出的种种疑点,并不足以否定该合同的真实性,不能得出该合同为虚假的结论。(4)杨水源以锐视公司的名义签订的《基本合意书》应当视为锐视公司自身的行为,不能代表辛波特、采耀公司,故锐视公司对与《1976年合同》有关的事实的承认,不属于辛波特、采耀公司的自认,对辛波特、采耀公司不发生法律效力。综上,二审法院认为,《1976年合同》系辛波特和圆谷制作株式会社的真实意思表示,属于合法有效的合同,具有法律约束力,因而判决撤销一审判决,改判:广州购物中心停止销售侵权产品;上海音像出版社停止生产和销售侵权产品,并销毁相关的母带、生产工具等,向辛波特、采耀公司返还其侵权所得利润人民币10万元;上海圆谷公司、圆谷制作株式会社停止以任何方式在中国许可任何人生产和销售上述3部作品的音像制品的行为,赔偿辛波特、采耀公司人民币30万元及合理费用人民币101 930元。

圆谷制作、上海圆谷公司不服二审判决,向中华人民共和国最高人民法院提起再审申请,称:本案争议的焦点,即《1976年合同》的真实性和有效性。二审判决认定事实不清,适用法律不当。(1)在认定外国当事人英文名称时,没有以所在国政府颁发的营业执照为准。(2)《1976年合同》的格式、签名和公章与其他事实不符。在该合同中,圆谷皋的签名与其在其他合同中的签名字体、笔迹风格不同,有双方认可的圆谷皋签名可供比对,泰国警察总署的鉴定报告亦作出不是同一人签名的结论。在辛波特提供的《1976年合同》上,只有圆谷企业株式会社而非著作权人圆谷制作的公章,该公章与合同签订时圆谷企业株式会社在日本政府登记的公章存在差异,圆谷制作和辛波特均在本案庭审时同意对公章进行司法鉴定,二审法院对此未作评述。(3)《1976年合同》的内容中出现了无法确定的企业名称,当该企业名称与落款和签章不一致时,应以落款和签章为准,不能因合同中出现了一个"Prod."文字,就把并未签字盖章的圆谷制作当成合同的当事人,二审法院将"TSUBURAYA PROD."作为圆谷制作的简称是错误的,将其认定为合同当事人缺乏依据。(4)《1976年合同》缺乏合同生效的条件。其中,部分作品的名称和集数与实际不符。圆谷皋虽在合同中声称已收到款项,但没有明确的金额、支付方式及支付凭证,不具备对价条款的效力。(5)二审法院仅根据日期判定《致歉信》所指合同等同于诉争的《1976年合同》,缺乏事实依据。《致歉信》所指的作品是两部,而《1976年合同》包含的作品是9部。《致歉信》在开头处就说明所涉合同系由圆谷企业株式会社所订,表明圆谷制作株式会社明确表示《致歉信》中所涉合同与己无关,无法判定《致歉信》是针对《1976年合同》所发,不能直接证明《1976年合同》真实有效。(6)泰国警察总署的鉴定结论的证据效力的真实性和权威性理应受到重视,二审法院不采信泰国的鉴定结论,有失公允。(7)广州市锐视文化传播有限公司(简称锐视公司)系辛波特、采耀公司的委托代理人,其在与圆谷制作签订的《基本合意书》中,明确了辛波特和采耀公司不具有奥特曼相关作品的权利,二审法院认为的《基本合议书》不足以否定《1976年合同》的效力是错误的。(8)根据中国与泰国关于民商事司法协助的协定,提请对涉案泰国最高法院民事判决予以承认。(9)根据新证据,即2011年2月1日泰国法院刑事判决辛波特因伪造合同进行授权活动,侵害了圆谷制作奥特曼作品的著作权,已被判刑,并处罚款,该事实对本案有重要意义,可以在民事案件中加以采用。(10)在泰国刑事案件中,辛波特于2010年9月15日为减轻其罪责作出声明:辛波特已将根据《1976年合同》所取得的权利,在2008年2月泰国最高法院判决《1976年合同》为伪造文件后不久,全部转让给了UM公司(该公司系日本公司)。辛波特已失去了合同当事人的身份,也失去了本案的诉讼主体资格。圆谷制作于2010年11月12日向二审法院提交经公证认证和翻译的辛波特在泰国法院的上述证言,二审法院此后还送达二审判决属于程序错误。请求撤销二审判决,维持一审判决。

辛波特、采耀公司提交意见认为:(1)《1976年合同》底部有圆谷企业公司的印章、圆谷皋的汉字印章以及圆谷皋的英文签名,其真实性有《致歉信》予以印证。(2)圆谷皋于1974年10月14日、1975年2月19日将属于辛波特的两部电影分别卖给台湾虎龙电影公司和香港南方公司,并分别收取3万美金和12万美金的许可费,这是签订《1976年合同》的原因。(3)圆谷制作在诉北京长安商场侵害署名权纠纷案件中称其署名方式为"TSUBURAYA PROD.",日本国法院也查明圆谷制作使用该简称。(4)圆谷制作、上海圆谷公司申请再审所述的泰国刑事诉讼目前仅作出一审判决,且辛波特已提起上诉并在审理之中。圆谷制作株式会社、上海圆谷公司声称泰国刑事诉讼与本案存在事实方面的关联,但未说明与本案存在哪些方面的关联性,故其要求推翻二审法院查明的事实,理据不充分。请求维持二审判决。

最高人民法院经审查,一审、二审法院查明的事实基本属实。另查明:(1)北京市第一中级人民法院作出的(2004)一中民初字第11242号民事判决及上海市第二中级人民法院作出的(2004)沪二中民五(知)初字第250号民事判决中,圆谷制作分别诉北京东安集团公司长安商场及上海烟草集团静安烟草糖酒有限公司的起诉状中称:圆谷制作是"奥特曼"影视作品的著作权人,"奥特曼"形象的署名方式为"TSUBURAYA PRODUCTIONS"或"TSUBURAYA PROD."。(2)二审法院于2010年10月25日作出判决,圆谷制作于2010年11月12日向二审法院递交了辛波特于2010年9月15日在泰国中央知识产权及国际贸易法院的刑事案中的证人证词,辛波特称其于2008年12月24日向UM公司转让了《1976年合同》的权利。圆谷制作提交该证据,用以证明辛波特不具有本案主体资格。(3)在本案再审复查期间,圆谷制作向本院递交泰国刑事法院于2011年2月1日作出的刑事判决,该判决认定该刑事案件当事人2006年5月19日签订的《修订版许可授予合同》为伪造,圆谷制作递交该证据用以证明《1976年合同》系伪造。本案当事人确认该泰国法院刑事判决为一审判决,尚未发生法律效力。

该院认为,根据圆谷制作、上海圆谷公司申请再审的请求及理由与辛波特、采耀公司的答辩意见,现本案主要涉及两个问题:(1)二审法院是否存在程序错误;(2)圆谷制作、上海圆谷公司是否侵害辛波特、采耀公司对"奥特曼"相关作品的独占使用权。

(一)二审法院是否存在程序错误?

首先,从时间上看,二审法院系于2010年10月25日作出二审判决,而圆谷制作、上海圆谷公司是在2010年11月12日向二审法院递交辛波特于2010年9月15日泰国法院刑事案件中所作自述,故二审法院未对此予以评判,不存在程序上的错误。其次,圆谷制作、上海圆谷公司申请再审期间提交该证据的目的,是要证明辛波特于2008年2月之后已将《1976年合同》的权利转让给UM公司,辛波特因此失去合同当事人的身份,故已不具备本案的诉讼主体资格。对此,本院认为,辛波特、采耀公司提起本案一审诉讼的时间为2005年9月30日,而被诉的侵权行为发生在2002年至2005年之间,即使辛波特在一审起诉之后将《1976年合同》的相关权利转让给了第三方,也不当然丧失其权利转让前所依法享有的民事权益,进而影响其在本案中的诉讼主体资格。鉴此,圆谷制作、上海圆谷公司以二审法院违反诉讼程序为由向本院申请再审,本院不予支持。

(二)圆谷制作、上海圆谷公司是否侵害辛波特、采耀公司对奥特曼相关作品的独占使用权?

本案中,辛波特、采耀公司主张圆谷制作、上海圆谷公司侵害其享有的涉案奥特曼相关作品独占使用权,其首先应提供证据证明其享有该项权利,这也是认定圆谷制作、上海圆谷公司是否侵权的前提。鉴于辛波特、采耀公司为支持其主张,不仅提供了《1976年合同》,而且还提供了《致歉信》予以佐证;圆谷制作、上海圆谷公司主张《1976年合同》系伪造,但未提供充分证据予以证明,且确认《致歉信》的真实性,据此,二审法院未支持圆谷制作、上海圆谷公司关于涉案合同系伪造的主张，并根据查明的事实认定圆谷制作、上海圆谷公司侵害了辛波特、采耀公司对奥特曼相关作品的独占使用权并无不当。

下面主要针对圆谷制作、上海圆谷公司申请再审新提出的如下问题予以回应：

1. 是否需要对《1976年合同》上的"公章"予以鉴定？申请鉴定是当事人的诉讼权利，也是当事人的举证义务，但在具体案件审理过程中，是否需要对当事人提供的书证、物证进行鉴定，应由法院决定。关于是否需要对《1976年合同》上的"公章"予以鉴定问题，鉴于辛波特、采耀公司提交的证据已经能够证明该合同上的"公章"的真实性，故二审法院未委托鉴定机构对此进行鉴定并无不当，但二审法院未在判决中说明理由欠妥，本院对此予以纠正。

2. 泰国警察总署出具的鉴定报告能否予以采信？鉴定机构出具的鉴定结论属于证据的一种形式，作为具有重要的诉讼价值的鉴定结论，必须符合客观性、关联性和合法性的要求。对于鉴定程序合法，当事人没有异议的鉴定结论，一般可以作为法院认定相关案件事实的依据。但是，这并不意味着简单地将鉴定结论直接作为裁判的依据，具体案件中对案件事实的实质性审查判断仍是法官是否采信鉴定结论的前提，否则无异于将对案件事实的审查权让渡予鉴定机构。中国法院对涉及外国鉴定机构出具的鉴定结论能否采信，应当按照中国的相关法律进行审查。二审法院认为，本案直接认定泰国警察总署出具的鉴定结论缺乏法律依据是正确的。特别是本案在辛波特、采耀公司对该鉴定结论提出质疑的情况下，二审法院未采信圆谷制作、上海圆谷公司提交的泰国警察总署出具的鉴定结论，亦无不当。

3. 圆谷制作、上海圆谷公司能否向本院申请承认泰国最高法院判决？我国《民事诉讼法》(2013年)第281条规定："外国法院作出的发生法律效力的判决、裁定，需要中华人民共和国人民法院承认和执行的，可以由当事人直接向中华人民共和国有管辖权的中级人民法院申请承认和执行，也可以由外国法院依照该国与中华人民共和国缔结或者参加的国际条约的规定，或者按照互惠原则，请求人民法院承认和执行。"该法第282条规定"人民法院对申请或者请求承认和执行的外国法院作出的发生法律效力的判决、裁定，依照中华人民共和国缔结或者参加的国际条约，或者按照互惠原则进行审查"。据此，圆谷制作、上海圆谷公司申请承认泰国法院生效判决不管能否得到支持，都应向中国有管辖权的中级人民法院申请，并由该院依法进行审查。圆谷制作、上海圆谷公司向本院申请承认涉案泰国最高法院民事判决不符合上述规定，超出了本院对本案的审查范围。

4. 泰国法院的刑事判决对本案是否具有证明力？鉴于圆谷制作、上海圆谷公司申请再审期间提交的泰国法院刑事判决系未生效的一审判决，对此，本院认为，即使该刑事判决系生效判决，也不必然对本案案件事实具有证明力。中国法院审理民事纠纷案件应根据当事人提供的证据及案件事实，依照中国的相关民事程序法及实体法作出裁判。圆谷制作、上海圆谷公司以泰国法院作出的刑事判决作为否认二审判决已经认定的事实的证据，于法无据，本院不予采纳。

综上所述，本院认为，二审判决认定事实清楚，适用法律正确，应予维持，裁定：驳回圆谷制作、上海圆谷公司的再审申请。

二、裁判要旨

**No.1-1-2.2-3  外国人的作品依法受我国《著作权法》的保护，但外国机构的鉴定结论和判决文书在我国并不具有当然的证据效力。**

依据我国《著作权法》的规定，外国人、无国籍人的作品根据其作者所属国或者经常居住地国同中国签订的协议或者共同参加的国际条约享有的著作权，受我国《著作权法》的保护。本案当事人国籍涉及日本、泰国、中国三个国家，均为《伯尔尼保护文学艺术作品公约》成员国，故涉案作品的著作权及独占使用权，均可受到中国《著作权法》的保护。

本案的案由虽为著作权侵权诉讼，但是争议的焦点却在于辛波特、采耀公司是否享有涉案作品的独占使用权，而这取决于对《1976年合同》真实性的判断。在本案之前，日本国最高法院、泰国最高法院对该问题分别作出过不同的判决，泰国警察总署还为此出具过鉴定报告，这些都成为本案双方当事人证明各自主张的论据。然而，我国《著作权法》对外国作品提供保护，并

外国鉴定结论·证据效力

不意味着当然认可外国法院的著作权相关的判决。在诉讼中,鉴定结论是否具有证明力,需要法院对其客观性、关联性和合法性进行审查。对于鉴定程序合法,当事人没有异议的鉴定结论,一般可以作为法院认定相关案件事实的依据;但是这并不意味着简单地将鉴定结论直接作为裁判的依据。当鉴定结论为外国鉴定机构出具时,还涉及司法主权问题,依据我国《民事诉讼法》的规定,法院对该鉴定结论的审查和采信,应以中国法律为依据。本案中二审法院没有直接采信泰国警察总署出具的鉴定结论是正确的,在辛波特、采耀公司对该鉴定结论提出质疑的情况下,二审法院依据中国法律认定《1976 年合同》真实有效,并无不当。

同理,外国法院的生效判决也不能当然地拘束我国法院的审判,依我国《民事诉讼法》的规定,外国法院作出的发生法律效力的判决、裁定,需要中华人民共和国人民法院承认和执行的,可以由当事人直接向中华人民共和国有管辖权的中级人民法院申请承认和执行,也可以由外国法院依照该国与中华人民共和国缔结或者参加的国际条约的规定,或者按照互惠原则,请求人民法院承认和执行。因此,本案当事人圆谷制作、上海圆谷公司在申请再审时,直接请求最高人民法院承认泰国最高法院的判决于法无据,其以未生效的泰国法院刑事判决证明其主张,更是不能获得我国法院的支持。

**5** **戏剧作品署名权(《著作权法》第 3 条第 3 项、第 10 条第 2 项)**
**案例:汤丽真诉福建省云霄潮剧团著作权纠纷案**
案例来源:《人民法院案例选》1998 年(总第 24 辑)[第 41 号]
主题词:戏剧作品　署名权

**一、基本案情**
　　原告:汤丽真。
　　被告:福建省云霄潮剧团(以下简称云霄潮剧团)。
　　汤丽真原系云霄潮剧团导演。在任职期间,汤丽真与郭志贤共同执导了《碧血瑶阶》《围城记》两部地方戏剧,其中《围城记》曾获省、市文化部门颁发的优秀导演奖。
　　1995 年 9 月,云霄潮剧团应新加坡浮光陈氏公会(民间组织)邀请,组团赴新加坡进行"云霄潮剧之夜"演出。为了提高云霄潮剧团的知名度和上座率,浮光陈氏公会根据云霄潮剧团提供的材料,在演出期间印发了《云霄潮剧之夜——推出多出全省汇演得奖剧目》的宣传画册。在宣传材料中,剧照《围城记》《碧血瑶阶》的导演只署郭志贤的名字,未署汤丽真的名字。剧团回国后,汤丽真从得到的上述宣传画册中发现该二剧目的导演未署其姓名,即向云霄潮剧团提出异议。经双方协商解决未果,汤丽真于 1995 年 11 月 21 日向云霄县人民法院起诉:潮剧《碧血瑶阶》《围城记》系其与郭志贤共同执导的被告云霄潮剧团保留剧目。被告把该二剧目带到新加坡演出时,在宣传材料上只署导演郭志贤的姓名,剥夺了其署名权,造成声誉损害,请求依法判令被告恢复其导演署名权,并赔礼道歉、赔偿精神损失。
　　被告云霄潮剧团辩称:潮剧《碧血瑶阶》《围城记》二剧目,原告汤丽真虽参与执导过,但随着时间的推移,该二剧演员几经更替。作为赴新加坡演出的二剧目,已由郭志贤单独重新指导,且就戏剧导演而言,执导行为尚不能形成作品。因此,原告汤丽真不具有导演署名权。宣传材料系新加坡浮光陈氏公会所印发,剧团并不构成侵犯原告汤丽真的导演署名权,请求驳回原告的诉讼请求。
　　云霄县人民法院经审理认为:郭志贤和原告汤丽真共同指导所付出的智力劳动应予肯定,其智力创作成果应受法律保护。被告云霄潮剧团在赴新加坡演出期间的宣传材料中,就该二剧的导演没有署原告汤丽真的姓名,显属不妥,侵犯了原告汤丽真的导演署名权。原告汤丽真主张该二剧的导演署名权有理,依法应予支持。但原告汤丽真要求赔偿精神损失缺乏依据,不予支持。依照《中华人民共和国民法通则》第 94 条,《中华人民共和国著作权法》第 3 条,《中华人民共和国著作权法实施条例》第 2 条、第 3 条的规定,于 1996 年 3 月 25 日判决:
　　被告云霄县潮剧团在判决生效后 10 日内向原告汤丽真公开赔礼道歉。

被告云霄潮剧团不服判决，以戏剧导演不是戏剧作品的著作权人，戏剧作品著作权属剧作家享有，汤丽真的执导行为未创作出戏剧作品，为此不享有著作权中的署名权等理由，上诉于漳州市中级人民法院。

漳州市中级人民法院经审理认为：汤丽真在云霄潮剧团任导演期间，与郭志贤共同执导了潮剧《围城记》《碧血瑶阶》，汤丽真对此付出了一定的智力劳动，应予肯定。云霄潮剧团在演出该二剧目时，只署导演郭志贤名，未署汤丽真的姓名不妥。但是，尚未形成电影、电视、录像作品的戏剧导演的署名权不属著作权法保护的客体，云霄潮剧团的行为未构成法律意义上的侵权。原审法院判决认定云霄潮剧团侵犯了汤丽真的署名权，没有法律依据，汤丽真的请求依法不予支持。云霄潮剧团上诉有理，应予支持。故依照《中华人民共和国民事诉讼法》第153条第1款第（1）、（2）项，《中华人民共和国著作权法》第15条第1款之规定，于1996年9月9日判决撤销云霄县人民法院民事判决中要求被告云霄县潮剧团向原告汤丽真公开赔礼道歉的内容。

二、裁判要旨

**No.1-1-3.1.3-1 尚未形成电影、电视、录像作品的戏剧导演的署名权，不受著作权法保护。**

被告在原告参与共同执导的地方戏剧的宣传材料上，未署原告之名，原告认为被剥夺了署名权。被告则辩称戏剧导演的执导行为尚未形成戏剧作品，因此原告不享有署名权。一审法院支持了原告的导演署名权主张，二审法院则认为尚未形成电影、电视、录像作品的戏剧导演的署名权不属著作权法保护的客体，撤销一审判决中的相关内容。

所以，该案中问题的焦点是，尚未形成电影、电视、录像作品的戏剧导演的署名权，是否属著作权法所调整和保护的客体？换个角度说，也即戏剧导演的执导行为是否形成著作权法第3条第1款第3项所规定的戏剧作品？《著作权法实施条例》第4条对戏剧作品作了进一步规定，指出戏剧作品系话剧、歌剧、地方戏等供舞台演出的作品。从该规定看，戏剧作品应符合作品的基本要素，即前面提到的独创性、可复制性和智力成果三要素。对于尚未形成作品的导演行为和活动，不宜理解为受著作权法保护的对象。

从二审法院的判决意见看，法院也认为戏剧导演的智力劳动应予肯定，但对尚未形成电影、电视、录像作品的戏剧导演的署名权不属于著作权法保护的客体，故被告不构成侵权。

**6 舞剧作品的归类（《著作权法》第3条第3项、第10条、第11条）**
案例：陈民洪与彭万廷、刘君励、宜昌市歌舞剧团等著作权纠纷案
案例来源：《人民法院案例选》2001年第2辑[第44号]
主题词：戏剧作品　个人作品　改编　演绎权

一、基本案情

　　上诉人（原审原告）：陈民洪（艺名陈洪）。
　　被上诉人（原审被告）：彭万廷。
　　被上诉人（原审被告）：刘君励。
　　被上诉人（原审被告）：宜昌市歌舞剧团。
　　被上诉人（原审被告）：门文元。
　　被上诉人（原审被告）：宜昌市文化局。
　　被上诉人（原审被告）：宜昌中国青年旅行社（以下简称宜昌青旅）。

上诉人陈民洪于1991年3月创作出反映土家族民俗风情的《土家情》舞剧剧本。长阳土家族自治县文化局将此创作列为该县文化工作计划的内容。同年8月，陈民洪完成了创作第二稿，并定名为《土里巴人》。1992年5月该作品由该县歌舞团首次公演。

1993年5月，被上诉人宜昌市文化局将《土里巴人》剧本调到被上诉人宜昌市歌舞剧团。同年10月，被上诉人宜昌市文化局、宜昌市歌舞剧团聘请被上诉人门文元为总编导，并由上诉人

陈民洪修改完善该剧本。陈民洪在门文元、施兆淮、付正道、蓝东等人提出一些修改性意见后,几易其稿,最后于 1994 年 3 月 28 日定稿。有关专业人员为该剧进行了作曲及音乐、舞美设计,该剧由宜昌市歌舞剧团公开上演。宜昌市歌舞剧团在宜昌市、湖北省和第五届中国艺术节演出该剧获得成功。文化部为此颁发了"文华大奖",上诉人陈民洪获得湖北省文化厅颁发的《土里巴人》编剧特等奖及宜昌市文化局颁发的创作特等奖。

1994 年期间,上诉人陈民洪署名编剧,先后在《剧本》《民族大家庭》等刊物上发表《土里巴人》剧本,并在 1994 年第 4 期《楚天艺术》杂志上发表该剧本后声明:"本剧本未经作者许可不得随意使用(包括选自剧中各场单独成章使用)。"

1994 年 9 月至 1995 年 9 月期间,被上诉人彭万廷、刘君励在《人民日报》《戏剧电影报》等报刊上发表宣传介绍《土里巴人》的文章时,称《土里巴人》是宜昌市歌舞剧团创作的。

1995 年元月,被上诉人门文元接受被上诉人宜昌市歌舞剧团的委托,为《土里巴人》在中央电视台 1995 年春节联欢晚会上演出,按照晚会的时间安排对该剧进行浓缩、改编时,将"抹黑"的表演手法改为"抹红"的表演手法。

1994 年底,被上诉人宜昌市文化局、宜昌青旅印制了介绍土家风情、宣传宜昌的 1995 年台历,该台历引用了部分《土里巴人》剧本的歌词和剧情简介,虽署名编剧为陈民洪,但未经上诉人陈民洪的同意。该台历印制后发送给了会议代表及来宾。

1996 年 5 月,被上诉人宜昌市歌舞剧团应邀赴香港演出,在演出节目单及宣传册上均未署编剧陈民洪之名。并且,被上诉人宜昌市歌舞剧团演出《土里巴人》剧 164 场,其中营业性的演出 42 场,门票收入 173 730.8 元,未向陈民洪支付报酬。

湖北省宜昌市中级人民法院判决认为,原告在单位的工作职责虽不是从事创作,但原告按照上级单位部署的创作任务,所创作出的《土里巴人》剧本应为职务作品。我国著作权法将职务作品的著作权归属划分为作者个人享有和单位享有,因该作品不具备《中华人民共和国著作权法》第 16 条第 2 款规定的情形,故剧本的著作权应归原告享有。《土里巴人》剧本由上级部门为社会公益性演出需要,调到宜昌市使用,宜昌市歌舞剧团对该作品的作曲、音乐、舞美设计等内容进行了再创作,形成《土里巴人》舞蹈剧,宜昌市歌舞剧团享有对其改编作品的演绎权。原告在参与该剧改编的过程中,在杂志上发表未经本人同意不得使用的声明,对被告宜昌市歌舞剧团使用原告的剧本没有约束力。被告宜昌市歌舞剧团在赴香港演出时节目单上未署名原告姓名的事实存在,对其责任不应由被告宜昌市歌舞剧团承担。但使用原告的剧本进行营业性演出,应按规定向原告支付报酬。被告门文元在中央电视台 1995 年春节联欢晚会演出,浓缩修改《土里巴人》剧时将"抹黑"表演手法改为"抹红"表演手法,虽有悖于原作,但其目的是突出春节喜庆色彩,可不以侵权追究。被告彭万廷、刘君励在报刊上发表文章称《土里巴人》剧是宜昌市歌舞剧团创作的,属新闻评论,不构成对原告剧本的侵权。被告宜昌市文化局、宜昌青旅将《土里巴人》剧的部分歌词和剧情简介印制到台历上,其目的是善意使用,并非营利,且台历署名有原告名字,故二被告在本案中不承担民事责任。据此,一审判决:

一、被告宜昌市歌舞剧团向原告支付《土里巴人》剧营业性演出报酬费 5 511.33 元(71 场×3 696.4 元×2.1%),并补偿原告的经济损失 953.40 元。

二、驳回原告对各被告的其他诉讼请求。

案件诉讼费 7 568 元,由被告宜昌市歌舞剧团负担 7 000 元,原告负担 568 元。

宣判后,原告陈民洪不服,向湖北省高级人民法院提起上诉称:《土里巴人》是上诉人个人作品,原判认定为职务作品不当;原判认定被上诉人宜昌市歌舞剧团享有对《土里巴人》改编作品的演绎权,于法无据;各被上诉人对上诉人的著作权或名誉权构成侵权,应各自承担相应的民事责任。被上诉人宜昌市歌舞剧团、宜昌市文化局、彭万廷、刘君励、门文元等则答辩称:《土里巴人》是单位作品,它不是上诉人的个人作品。请求二审依法改判,驳回上诉人的诉讼请求。被上诉人宜昌青旅未予书面答辩。

湖北省高级人民法院认为,本案系著作权、名誉权侵权纠纷。双方当事人对《土里巴人》的作品性质、作品的权利归属、《土里巴人》文字作品与对该作品进行表演形成的权利之间的关系以及该作品著作权人的相关著作权、名誉权等是否受到侵害等问题发生争议，为本案的争议焦点。

1. 对《土里巴人》作品的性质的认定。《土里巴人》是戏剧作品中的舞剧作品，虽然它也是以舞蹈为表现形式的戏剧，但又不同于一般的舞蹈，一般的舞蹈主要是给人以美的享受和艺术效果，而舞剧除了上述效果外，还能感受到作者对人生、事业的看法，体现作者的性格和写作风格，有人物和简单的情节等，《土里巴人》具有舞剧的上述基本特征。1999年，中宣部、文化部、广电总局、新闻出版署、中国文联、中国作协等部门组织编选的《新中国舞台影视艺术精品选》中，《土里巴人》亦作为舞剧类优秀剧目入选。据此，《土里巴人》是舞剧作品。

2. 对《土里巴人》作品的权利归属的认定。《土里巴人》是陈民洪的个人作品，其著作权归陈民洪享有。陈民洪在创作过程中，某些人提出过修改意见，但该剧本从第一稿到第七稿的修改和完善，主要是进行语言的润色和文学性的提高，整个故事情节、主题思想、人物设置等都没有根本性的变化。上述修改并不能改变该剧本为陈民洪个人作品的性质。

3. 对《土里巴人》文字作品(剧本)的著作权与对该剧本进行表演形成权利的关系的认定。《土里巴人》的著作权属陈民洪所有，宜昌市歌舞剧团通过动作编排、服装、道具、设计、音乐、作曲等再创作形成的舞台节目《土里巴人》，享有的只是表演者权，是《土里巴人》著作权的邻接权。原审法院据此认定宜昌市歌舞剧团对《土里巴人》有演绎权不当。

4. 对未经著作权人同意进行改编的行为是否因善意而免责的问题的认定。门文元对该剧内容进行的浓缩、改编，特别是将土家婚俗中表现吉祥含义的"抹锅灰"改为"抹红"，改变了该剧的原意，未尊重土家族长期形成的婚俗习惯，侵犯了著作权人对作品的修改权，应承担相应的民事责任。门文元是受宜昌市歌舞剧团的委托对表演的节目进行的改编，因此门文元的行为所产生的法律后果应当由委托人宜昌市歌舞剧团承担。

5. 对宜昌市文化局、宜昌青旅制作、发行台历是否构成侵权的问题的认定。著作权人陈民洪曾发表"本剧本未经作者许可不得随意使用"的声明，而宜昌市文化局、宜昌青旅未经陈民洪同意，擅自印制、发行有《土里巴人》剧本中的歌词和剧情简介的台历，虽未进行销售，但其赠与行为仍有商业性质，其行为已构成侵权。

6. 对宜昌市歌舞剧团在香港演出时，节目单未署陈民洪姓名，宜昌市歌舞剧团对此应否承担责任问题的认定。表演者在表演作品时，不得侵犯著作权人的其他权利，包括署名权。宜昌市歌舞剧团在香港演出时，其节目宣传单上未署编剧姓名，侵犯了著作权人陈民洪的署名权。作为演出的主办单位，香港文化艺术基金和香港联艺机构有限公司对此应承担相应的法律责任。陈民洪认为宜昌市歌舞剧团侵犯其署名权证据不足。

7. 对彭万廷、刘君励是否侵犯陈民洪名誉权的认定。由于彭、刘二人发表的文章并未对陈民洪的名誉进行故意毁损或严重失实的评论，且无侵权的故意或过失。虽然用语不恰当，但不构成对著作权人名誉权的侵犯。彭万廷、刘君励的行为不构成侵权。

8. 对宜昌市歌舞剧团所应支付的演出报酬问题的认定。表演者使用他人已经发表的作品进行营业性演出，可以不经著作权人许可，但应当按照规定支付报酬，著作权人声明不许使用的不得使用。按照1993年8月1日国家版权局发布的《演出法定许可付酬标准暂行规定》计算，宜昌市歌舞剧团演出《土里巴人》164场，其中营业性演出47场，陈民洪应获报酬4343元。原审法院将宜昌市歌舞剧团表演作品视为改编作品，据此计算报酬不当。

综上所述，原审判决认定部分事实不清，判决不当，上诉人的部分上诉理由成立，应予支持。据此，依照《中华人民共和国民法通则》第九十四条，《中华人民共和国著作权法》第45条第4、5、6、7、8项，《中华人民共和国民事诉讼法》第153条第1款第2、3项之规定，于2000年4月14日判决如下：

一、撤销湖北省宜昌市中级人民法院(1998)宜中民初字第58号民事判决第一、二项，即被告宜昌市歌舞剧团向原告支付《土里巴人》剧营业性演出报酬费5 511.33元(71场×3 696.4

元×2.1%),并补偿原告经济损失953.40元。
二、宜昌市歌舞剧团向陈民洪公开赔礼道歉,停止侵权,并赔偿经济损失人民币10 000元。
三、宜昌市歌舞剧团向陈民洪支付演出报酬人民币4 343元。
四、宜昌青旅社、宜昌市文化局向陈民洪公开赔礼道歉,并赔偿经济损失各人民币5 000元。
五、驳回陈民洪的其他诉讼请求。

二、裁判要旨

No.1-1-3.1.3-2 **文字作品的创作目的在于供舞台演出,戏剧作品中的舞剧剧本与舞台上的表演应当有所区分。著作权人的表演权与表演者的表演者权也应当区分。**

该案的首要焦点问题在于《土里巴人》的性质认定,即其系戏剧作品还是舞蹈作品,抑或其他的作品形式?

陈民洪认为,《土里巴人》系戏剧作品类中的舞剧作品,其主张的是《土里巴人》的剧本作为文字作品的权利。《土里巴人》剧本有可上演性,宜昌市歌舞剧团上演《土里巴人》构成对其文字作品的使用。而宜昌市歌舞剧团等认为,《土里巴人》是舞蹈作品,而不是戏剧作品。宜昌市歌舞剧团上演的《土里巴人》是以舞蹈为主要内容,无戏剧中的独白、对白等以台词为主要表现手法的特征,其艺术表现形式正好与舞蹈艺术特征相吻合。因此,陈民洪执笔的《土里巴人》文字提示稿中的主要内容并不是舞蹈动作的设计编排,而是一种环境提示和歌词,不能构成舞蹈作品。

在此,我们应将《著作权法》中规定的戏剧作品、舞蹈作品与舞台上的表演相区分。戏剧作品是指话剧、歌剧、地方戏曲等供舞台演出的作品。舞蹈作品是指通过连续的动作、姿势、表情等表现思想情感的作品。无论是戏剧作品还是舞蹈作品,都不是指舞台上的表演。戏剧作品应指戏剧剧本。而一台戏的形成,除剧本外,还有音乐、美术、服装、道具等。表演者享有表演者权,其他作者分别对音乐、美术等享有著作权。而舞蹈作品应是以文字、图形及其他形式固定下来的舞蹈的动作设计。《土里巴人》文字作品的创作目的在于供舞台演出,应当为戏剧作品中的舞剧剧本。该作品系陈民洪创作的个人作品,著作权应属陈民洪享有。

另外,还需区分著作权人的表演权和表演者的表演者权。

虽然我国《著作权法》和《著作权法实施条例》都规定了著作权人的表演权,但由于在实践过程中,著作权行政管理部门、音乐作品的著作权人、音乐著作权集体管理机构以及音乐作品的使用单位对表演的具体应用问题有不同认识,1999年12月9日国家版权局《关于著作权实施条例第五条中"表演"的具体应用问题的解释》中进一步指出,《著作权法实施条例》第5条的"表演",即《著作权法》第10条规定的"表演",指直接或者借助技术设备公开再现受《著作权法》保护的作品。无论表演有无营利目的,只要是公开的,都属于著作权法所指的表演。根据《著作权法实施条例》第5条第(6)项的规定:"表演者,是指演员、演出单位或者其他表演文学、艺术作品的人。"著作权人享有对其作品的表演权,可以自己行使,也可以授予他人行使。当自己行使时,既享有表演权,又享有表演者权,当授权他人行使时,则著作权人享有表演权,表演者享有表演者权。表演者在表演作品时,不得侵犯著作权人的其他权利,如修改权、改编权、录制权等。

所以,宜昌市歌舞剧团的舞台节目《土里巴人》,实际上是剧本作品的表演形式,其对《土里巴人》享有的只是表演者权,是邻接权,并非一种新的独立的著作权。宜昌市歌舞剧团通过舞台动作编排、服装、音乐的设计和再创作表演的《土里巴人》,是其获得著作权人陈民洪对其表演权的一种转让许可,同时宜昌市歌舞剧团又享有表演者权。

No.1-1-3.1.3-3 **以自己的物质条件独立创作自己承担责任的作品,应当属于个人作品,著作权属于创作者,与表演作品的主体应区分开来。**

本案的另一焦点问题为,《土里巴人》究属陈民洪的个人作品,还是职务作品抑或法人作品,其权利归属如何确定?

陈民洪认为,从创作过程、体现创作作者的意志,以及责任承担等各方面来讲,《土里巴人》剧本应是个人作品，其著作权应归其所有。原审法院对《土里巴人》为职务作品的认定是不对的。

宜昌市歌舞剧团等则认为，《土里巴人》是根据上级单位布置的创作任务创作的，体现的是单位意志，其著作权应归宜昌市歌舞剧团所有，《土里巴人》系法人作品。

根据我国《著作权法》第11条的规定，创作作品的公民是作者。法人或者其他组织视为作者，须是在由法人或者其他组织主持，代表法人或者其他组织的意志创作，并由法人或者其他组织承担责任的情况下。如无相反证明，在作品上署名的公民、法人或者其他组织为作者。从本案的案情看，《土里巴人》是陈民洪以自己的物质条件独立创作、自己承担责任的作品，因此应属于个人作品。二审法院也正是通过对相关证据的分析，从署名情况、是否代表单位的意志创作，及是否由单位承担责任等方面得出"《土里巴人》是陈民洪个人作品，其著作权归陈民洪享有"的结论。

至于宜昌市歌舞剧团等所举的湖北省版权局于1998年10月9日向宜昌市新闻出版局出具的有关《土里巴人》的函，虽然该函称"《土里巴人》属于法人作品"，但从其内容和措辞看，针对的是宜昌市歌舞剧团排演的《土里巴人》，即实际上指的是《土里巴人》的表演，所以该函应是指表演者权属于宜昌市歌舞剧团。这与剧本的著作权是有所区别的。

No.1-1-3.1.3-4 未经著作权人同意，他人不能擅自改编、修改其作品。

根据《著作权法》第10条的规定，著作权人享有修改权、改编权。第12条也规定，改编、整理已有作品而产生的作品，其著作权虽由改编、整理人享有，但行使著作权时不得侵犯原作品的著作权。所以，未经著作权人同意，他人不得擅自改编、修改其作品。

本案中，《土里巴人》的著作权属于陈民洪，未经其同意，门文元对该剧内容进行了浓缩、改编，特别是将土家族婚俗中表现吉祥含义的"抹锅灰"改为"抹红"，改变了该剧的原意，没有尊重土家族长期形成的婚俗习惯，所以侵犯了著作权人的修改权和改编权。由于门文元是受宜昌市歌舞剧团的委托对节目进行的改编，因此门文元的行为所产生的法律后果应当由委托人宜昌市歌舞剧团承担。

No.1-1-3.1.3-5 对著作权人的错误报道，并不必然导致名誉权侵权，尚需结合主观要件和客观事实综合判定。

彭万廷、刘君励曾发表文章称，《土里巴人》是宜昌市歌舞剧团创作的。陈民洪认为彭、刘二人的行为歪曲了事实，侵害了其名誉权。彭万廷、刘君励则认为，其所写文章属新闻评论，不构成侵权。

对著作权人的错误报道并不必然导致名誉权侵权，尚需结合主观要件和客观事实。从本案情况看，彭、刘二人发表的文章并未对陈民洪的名誉进行故意毁损或严重失实的评论。其所称"由宜昌市歌舞剧团创作的《土里巴人》"依据的是文化部颁发的文华大奖证书中的用语，二人并无侵权的故意或过失。而且，从整篇文章的内容看，也主要是对宜昌市歌舞剧团的表演进行评论，称"宜昌市歌舞剧团创作的《土里巴人》"是指宜昌市歌舞剧团对该剧的表演。所以如二审法院指出的，尽管这种用语并不恰当，但不构成对著作权人名誉权的侵犯。

## 7 对美术作品的认定（《著作权法》第3条第4项）

**案例：句容市美人鱼景观贸易有限公司与江苏金一文化发展有限公司著作权纠纷案**
案例来源：《人民法院案例选》2010年第1辑第116页
主题词：美术作品　公知领域

### 一、基本案情

原告：句容市美人鱼景观贸易有限公司（以下简称美人鱼公司）。
被告：江苏金一文化发展有限公司（以下简称江苏金一）。

2009年2月7日，冷贝生、孔云与美人鱼公司签订了一份著作权转让合同，约定冷贝生、孔云自愿将其享有的"十二生肖兽首"和"十二生肖兽首人身像"雕塑作品的著作权转让给美人鱼公司。2009年5月13日，美人鱼公司经国家知识产权局授权，获得了名称为"装饰品(24)"的外观设计专利权,专利号为ZL200830025372.5。专利说明书显示,该专利为龙首的立体产品,申请日为2008年3月27日,设计人为冷贝生、孔云。

2007年12月6日,中华社会文化发展基金会(以下简称中华基金会)与北京金一文化发展有限公司(以下简称北京金一)签订了一份合作协议,双方就捐款及"圆明园海晏堂十二生肖铜像"图像版权使用等事项作了约定,北京金一经中华基金会授权,有权以"圆明园海晏堂十二生肖铜像"图像为题材设计、生产、销售各种以贵金属为载体的收藏品。中华基金会就此向北京金一出具了相应的授权书。

2008年3月2日,北京金一与上海壹诚金属制品有限公司签订了一份模具加工合同,双方就"国宝生肖120克银套装"(12枚/套)的模具加工等事项作了约定。江苏金一在上述模具开发后,组织生产、销售涉案银条产品。

美人鱼公司委托代理人于2009年7月2日,在公证人员的陪同下来到江阴市临港新城利港镇澄路2598号江苏金一文化产业园,购买了江苏金一公司生产、销售的国宝生肖、圆明园至尊兽首纪念银条一套(共12枚),并从该公司当场取得发票一张,上述过程由公证人员现场监督。

原告诉称:2003年,美人鱼公司组织"圆明园十二生肖兽首人身像"的创作,于2007年在国内首次成功精仿"十二生肖兽首"和"十二生肖兽首人身像",其中对目前下落不明的圆明园十二生肖兽首中的龙首、羊首、鸡首、蛇首的设计更具有独创性,并于2009年获得了名称为"装饰品(24)"(专利号为ZL200830025372.5)的生肖龙首外观设计专利权。同时,美人鱼公司与圆明园管理处达成合作协议,由管理处授权其研发经营上述作品的相关产品,在江苏、北京等地设立了经销处销售上述产品。2008年,美人鱼公司发现江苏金一销售的"国宝生肖"圆明园至尊兽首纪念银条和金章,经比对,上述银条、金章中龙首与美人鱼公司设计的生肖龙首十分相似,并参照了美人鱼公司的设计风格与理念。江苏金一的上述行为系以经营为目的,抄袭、模仿了美人鱼公司设计中的新颖独创性部分,侵犯了其著作权,并对其产品市场造成了较大影响和较大的经济损失。

被告则辩称:(1)江苏金一系北京金一的全资子公司,北京金一与中华基金会签订了合作协议,由中华基金会授权北京金一以"圆明园海晏堂十二生肖铜像"图像为题材设计、生产、销售各种以贵金属为载体的收藏品。江苏金一系受北京金一的委托,生产、销售涉案银条及金章;(2)被控侵权银条中的龙首与美人鱼公司的龙首作品在设计风格、艺术形式和图案形态上有很大区别,并未侵犯美人鱼公司的著作权;(3)北京金一的设计人员并未接触过美人鱼公司及其作品,系独立创作了涉案被控侵权的作品,并无所谓剽窃、抄袭行为;(4)即使双方作品存在某些相同之处,也是因为基于龙首同一客体进行创作,作品无法避免有相同之处,就同一题材进行创作,只要是独立完成的,创作人便依法享有各自的著作权;(5)依据美人鱼公司的现有证据,不足以证明其就是涉案作品的著作权人,其诉讼主体不适格。

江苏省无锡市中级人民法院认为,涉案银条中的龙首图案未侵犯美人鱼公司龙首作品的著作权,基于以下几点理由:

1. 庭审对比的情况显示,美人鱼公司的龙首作品与涉案银条中的龙首图案在设计风格、整体形态、具体细节上存在着诸多不同。在设计风格方面,前者比后者更为写实庄重,后者比前者更为简约卡通,各部位线条更为圆润,两者具有较大差别。在整体形态及具体细节方面,两者在龙角的数量、额部的形状、耳部的大小、嘴部、鼻部、颈部等方面存在明显的不同之处,在整体观感上亦有较大差异。

2. 美人鱼公司称龙首嘴部张开且向前伸出的设计是其作品主要的具有独创性部分,并认为龙首银条图案体现了上述特征。龙的形象来源于传说,是中华民族的图腾,基本形象为人熟悉,龙首主要由鳄嘴、鹿角、牛耳、驼头、兔眼、蛇颈、虎眉等部位组成,且在常见的艺术作品中,龙首嘴部通常以张开的状态出现,嘴部伸出特征亦是如此,美人鱼公司龙首作品的嘴部张开且向前伸出的设计,来源于公知领域,不能排斥他人就此进行创作,也不能仅凭此点断定他人抄袭其作品。美人鱼公司龙首作品中的嘴部张开幅度较大、獠牙尖且长、舌部明显,整体略显严肃,而江苏金一的龙首银条图案中的龙首嘴部张开幅度小且上下獠牙相抵、未见舌部，整体略显卡通，两者上述部分的创作存在较大不同。

3. 美人鱼公司强调江苏金一实际未按合作协议的约定，依"圆明园海晏堂十二生肖铜像"图像为题材进行设计，其产品的设计风格与上述图像风格不相同。法院认为，涉案银条中的龙首图案是否为独立完成以及是否具有抄袭美人鱼公司龙首作品的情况，才是本案侵权认定所需查明的事实，至于江苏金一是否按照合同协议的约定进行设计以及最终产品是否与合同协议所确定的龙首形象一致，系北京金一与中华基金会之间合同关系所需要解决的问题，与本案侵权认定并无关联。即使江苏金一未按上述图像进行设计或设计风格与上述图像存在明显差异，也不必然认定江苏金一的龙首银条图案侵犯美人鱼公司生肖龙首作品的著作权。

综上所述，无锡市中级人民法院认为，美人鱼公司对其龙首作品享有著作权，并依法享有以上述作品为载体的专利权。在涉案作品权利竞合的情况下，美人鱼公司可以选择其一主张权利。美人鱼公司在诉讼中明确主张江苏金一的涉案行为构成著作权侵权，请求追究江苏金一的著作权侵权责任，但其提出被控侵权产品图案侵犯其著作权的主张不能成立。据此，依照最高人民法院《关于审理著作权民事纠纷案件适用法律若干问题的解释》第15条、《中华人民共和国民事诉讼法》第128条之规定，判决驳回美人鱼公司的诉讼请求。

一审宣判后，美人鱼公司、江苏金一均未提起上诉，本案判决已生效。

二、裁判要旨

No.1-1-3.1.4-1　美术作品中来源于公知领域的设计不能排斥他人就此进行创作，也不能仅凭此点断定他人抄袭其作品。

该案中，美人鱼公司的龙首作品既享有著作权，又享有外观设计专利权。在涉案作品权利竞合的情况下，美人鱼公司可选择其一主张权利。由于美人鱼公司是以著作权侵权作为起诉案由，所以应当按照我国《著作权法》的相关规定进行审查。

美术作品属于我国《著作权法》第3条第4项规定的作品类型。根据《著作权法实施条例》第4条第8项的规定，美术作品是指绘画、书法、雕塑等以线条、色彩或者其他方式构成的有审美意义的平面或者立体的造型艺术作品。本案中的龙首雕塑系冷贝生、孔云独立创作设计形成的，具有独创性，可以认定为著作权法意义上的美术作品，享有著作权。

现在问题的关键在于，江苏金一所销售的涉案龙首银条是否与美人鱼公司享有著作权的龙首雕塑相同，以致侵犯了其著作权。由于美人鱼公司的龙首作品与涉案银条中的龙首图案在设计风格、整体形态、具体细节上存在着诸多不同，故需进一步判断，江苏金一公司的设计是否抄袭或剽窃了美人鱼公司作品的独创性部分。

由于美人鱼公司主张其龙首嘴部张开且向前伸出的设计是其作品主要的具有独创性部分，并认为龙首银条图案体现了上述特征。但是龙的形象来源于传说，其龙首的基本形象及其龙首嘴部张开和伸出的特征设计被认为来源于公知领域，故美人鱼公司不能排斥他人就此进行创作，也不能仅凭此点断定他人抄袭其作品。而且，美人鱼公司的龙首作品中的嘴部设计整体略显严肃，而江苏金一的龙首银条图案中的龙首嘴部设计整体略卡通，两者的创作亦存在较大不同。

综上所述，不能认定江苏金一的龙首银条图案侵犯了美人鱼公司生肖龙首作品的著作权。

No.1-1-3.1.4-2　未按合作协议的约定进行创作，属于合同关系的范畴，与著作权侵权的认定无关。

美人鱼公司在案中强调，江苏金一实际未按合作协议的约定，以"圆明园海晏堂十二生肖铜像"图像为题材进行设计，其产品的设计风格与上述图像风格不相同，由此否定涉案龙首银条独创性的问题。但是否按照合作协议的约定进行创作应属合同关系的范畴，与该案中著作权侵权的认定无关。由于美人鱼公司的作品与江苏金一的作品无论在整体还是在独创性部分均有较大的不同，所以法院驳回了美人鱼公司的诉讼请求。

美术作品・公知领域

## 8 建筑作品(《著作权法》第 3 条第 4 项)

**案例**:保时捷股份公司与北京泰赫雅特汽车销售服务有限公司著作权纠纷案
**案例来源**:《人民法院案例选》2009 年第 4 辑(第 250—251 页)
**主题词**:建筑作品

### 一、基本案情

上诉人(原审被告):北京泰赫雅特汽车销售服务有限公司(以下简称泰赫雅特公司)。

被上诉人(原审原告):保时捷股份公司(以下简称保时捷公司)。

1999 年 7 月 22 日,保时捷公司与荷兰赛普次德公司(以下简称赛普次德公司)签订协议。协议约定,赛普次德公司在保时捷公司于 1997 年举办的斯图加特——祖芬豪斯分部设计比赛中获胜,保时捷公司对该设计进行了修订。该设计是保时捷公司为正在或即将筹建的保时捷公司其他贸易机构制定的保时捷建筑导则的基础。借此,保时捷公司将以统一的建筑形象出现在全球各地。赛普次德公司有权支配其在比赛以及该分部项目实施过程中产生的所有有关设计、提纲、模型及其他类似物上所享有的著作权。保时捷公司和赛普次德公司在分部项目实施过程中产生的设计以及建筑作品上共同享有著作权。赛普次德公司无偿将其基于比赛作品以及该分部项目实施中所产生的著作权的所有使用权(即所有财产权益)转让于保时捷公司。该转让的使用权延及全球。该使用权是排他性的,未经保时捷公司事先书面同意,赛普次德公司无权继续使用。

2003 年 12 月 9 日、10 日、17 日,《中国汽车报》《经济参考报》《北京青年报》《中华工商时报》相继对北京保时捷中心的落成进行了报道。上述报道称,由北京百得利汽车进出口有限公司投资兴建的北京保时捷中心将在北京经济技术开发区开业,该中心是中国内地首家集整车销售、专业售后服务和全套原厂配件供应一条龙服务的保时捷 3S 店。

2006 年 11 月 20 日,保时捷公司取得 2006-L-06050 号著作权登记证书。该证书载明:保时捷公司以被转让人身份对赛普次德公司于 2003 年 10 月创作完成,于 2003 年 10 月在中国北京首次发表的作品《保时捷建筑》(英文名称 Porsche Center)享有著作权。保时捷公司认可该《保时捷建筑》即为位于北京经济技术开发区的北京保时捷中心。该著作权登记所附作品照片显示该建筑物外部具有如下特征:(1)该建筑正面呈圆弧形,分为上下两个部分,上半部由长方形建筑材料对齐而成,下半部为玻璃外墙。(2)该建筑物入口部分及其上方由玻璃构成,位于建筑物正面中央位置;入口部分上方向建筑物内部缩进,延伸直至建筑物顶部;建筑物入口及其上方将建筑物正面分成左右两部分,左侧上方有"PORSCHE"字样,右侧上方有"百得利"字样。(3)该建筑物的后面和右侧面为工作区部分,呈长方形,其外墙由深色材料构成,该材料呈横向带状。(4)建筑物展厅部分为银灰色,工作区部分为深灰色。

北京百得利汽车进出口集团有限公司证明,北京保时捷中心的建设严格遵守了保时捷公司内部文件建筑手册所设定的建筑、装饰标准,北京保时捷中心建筑的著作权归保时捷公司所有。

2006 年 11 月 29 日,长安公证处对网址为"http:imp.porsche.com"的相关网页内容进行了公证下载。其中页面显示中国的保时捷中心包括上海、北京、成都、广州、杭州、青岛、沈阳、武汉、大连、厦门、香港、澳门、重庆、温州保时捷中心,且成都、沈阳、厦门、上海保时捷中心以及北京保时捷 3S 中心的图片显示,相关建筑具有类似外观。此外,保时捷公司还提交了经公证下载的该公司在澳大利亚、德国、法国和英国的保时捷中心的相关图片,表明相关建筑的特点和风格近似。泰赫雅特公司对此不予认可,并提交了经北京市公证处公证下载的日本、德国保时捷中心的相关图片,据此主张保时捷建筑在世界各地的特点和风格并不相同或近似。

泰赫雅特公司于 2005 年 6 月 21 日成立,其经营范围包括进口 TechArt(泰赫雅特)品牌汽车销售、汽车配件、一类小型车维修、信息咨询(中介除外)、货物进出口。2005 年 7 月 28 日,泰赫雅特公司与德国泰赫雅特汽车设计股份有限公司(以下简称德国泰赫雅特公司)签订《泰赫雅特汽车设计股份有限公司进口商与国外基地合同》。合同约定,德国泰赫雅特公司授权泰赫雅特公司在中国内地及香港、澳门地区销售、改造和经销其提供的产品,泰赫雅特公司有独家经销权和销售权,有权经许可在销售地区使用属于德国泰赫雅特公司的商标和品牌。2005年11月21日,中华人民共和国国家工商行政管理总局发布的品牌汽车总经销商名单中记载,泰赫雅特公司作为授权汽车企业德国泰赫雅特公司的总经销商,经营范围为进口TechArt(泰赫雅特)品牌汽车销售。搜狐网、太平洋汽车网、车市网以及《休闲时尚》《时尚座驾》杂志对Techart改装保时捷汽车进行了报道。

2005年6月15日,泰赫雅特公司与北京中房建科建筑设计咨询有限公司(以下简称中房建科公司)签订《北京泰赫雅特中心工程设计咨询协议书》。协议约定,由泰赫雅特公司提供所需设计资料,由中房建科公司完成北京泰赫雅特中心的方案设计。2005年10月7日,泰赫雅特公司与名典仕嘉公司签订《北京市建设工程施工合同》,约定由名典仕嘉公司承包北京泰赫雅特中心的展厅室内装修工程。

2006年2月14日,经长安公证处公证,登录名典仕嘉公司网址为"http:www.mdsj.com.cn"的网站,点击"最新工程案例"中的"泰赫雅特公司保时捷展厅",其中前台效果图、展厅效果图显示接待柜台后的围挡上均可见"PORSCHE"和"盾牌图形"标识。

2006年4月6日,经长安公证处公证,北京英特普罗知识产权代理有限公司的代理人自中房集团建筑设计事务所陈东伟处取得《钢结构设计工程专篇》一册。其中包括对"保时捷4S汽车专营店"的介绍,业主名称为泰赫雅特公司,所附效果图显示,该建筑物左侧上方有"PORSCHE"字样,右侧上方有"泰赫雅特"字样。

经一审法院北京市第二中级人民法院勘验,泰赫雅特公司位于北京市金港汽车公园的泰赫雅特中心建筑外观,基本具备保时捷公司主张权利的北京保时捷中心建筑作品的三个主要特征。

在本案一审审理期间,泰赫雅特公司对泰赫雅特中心建筑进行了改造,建筑外部及内部均使用白色建筑材料,保时捷公司认为改造后的建筑仍属于侵犯其著作权的建筑。

北京市第二中级人民法院认为,涉案北京保时捷中心建筑具有独特的外观和造型,富有美感,具有独创性,属于我国著作权法所保护的建筑作品。保时捷公司对涉案建筑作品享有专有使用权。泰赫雅特公司建造和使用的泰赫雅特中心建筑,侵犯了保时捷公司对涉案北京保时捷中心建筑作品所享有的专有使用权。据此,依据《中华人民共和国著作权法》第10条第1款第5项、第2款,第47条第1项,第48条之规定,判决:

自判决生效之日起6个月内,泰赫雅特公司对涉案泰赫雅特中心建筑予以改建,改建后的建筑不应具有与涉案北京保时捷中心建筑相同或相近似的组合建筑特征,相关改建效果须经法院审核;并于判决生效之日起10日内赔偿保时捷公司经济损失人民币15万元及因本案诉讼支出的合理费用人民币17 079元。

泰赫雅特公司不服一审判决,向北京市高级人民法院提起上诉。

北京市高级人民法院认为,本案的焦点是保时捷公司是否为涉案北京保时捷中心建筑的著作财产权专有使用权人、泰赫雅特公司的泰赫雅特中心建筑是否侵犯了保时捷公司对涉案建筑作品的著作权。

由于北京保时捷中心建筑落成于2003年10月,先于泰赫雅特中心建筑的完成时间;保时捷公司依据其与荷兰赛普茨德公司签订的协议,取得保时捷统一建筑形象相关设计及建筑作品的著作财产权的专有使用权;《保时捷建筑》著作权登记证书载明保时捷公司系著作权人;作为北京保时捷中心建筑的投资者,北京百得利汽车进出口集团有限公司确认北京保时捷中心建筑的著作权归保时捷公司享有。所以综合考虑上述事实,北京保时捷中心建筑的著作权应归保时捷公司享有。

泰赫雅特中心建筑与保时捷中心建筑在外观上的相同之处在于:(1)二者在建筑物的正面均采用圆弧形设计,上半部由长方形建筑材料对齐而成,下半部为玻璃外墙;(2)二者在建筑物的入口处将建筑物分为左右两部分,入口部分及上方由玻璃构成;(3)长方形工作区与展厅部分相连,使用横向带状深色材料。因第3点相同之处涉及的工作区部分的设计属于汽车4S店工作区的必然存在的设计,其外部呈现的横向带状及颜色,与所用建筑材料有关,并非保时捷中心建筑的独创性成分,应当排除在著作权法保护之外。而上述第 1 点和第 2 点可以被认定构成两个建筑的主要或实质部分,因为就两个建筑的整体而言,如果舍去上述第 1 点和第 2 点,整个建筑也将失去根本。由于二者实质上的近似,泰赫雅特公司的泰赫雅特中心建筑侵犯了保时捷公司对保时捷中心建筑享有的著作权。虽然泰赫雅特中心建筑系由案外人中房建科公司和名典仕嘉公司所设计和装修,但泰赫雅特公司作为该建筑的所有权人和实际使用人,应当就此承担相应的法律责任。

据此,依据《中华人民共和国民事诉讼法》第 153 条第 1 款第 1 项的规定,于 2008 年 12 月 19 日判决:驳回上诉,维持原判。

二、裁判要旨

No.1-1-3.1.4-3 受著作权法保护的建筑作品,必须具有独创性,富有美感。但建筑物的内部特征必然存在的设计以及因所使用的建筑材料而产生的特征,不属于著作权法保护的范围。

建筑作品属于受我国著作权法保护的作品类型。根据《著作权法实施条例》第 4 条的规定,建筑作品是指以建筑物或者构筑物形式表现的有审美意义的作品。因此,要构成受著作权法保护的建筑作品,必须具有独特的外观和造型,具有独创性,并且要富有美感,具有审美意义。因建筑作品具有功能性的特征,所以对这类作品进行著作权的保护,除具备独创性要求外,还需有审美要求。但建筑物内部特征、必然存在的设计,以及因所使用的建筑材料而产生的特征不属于著作权法保护的范围。

涉案的北京保时捷中心建筑具有独特的外观和造型,富有美感,具有独创性,因此属于我国著作权法所保护的建筑作品。而泰赫雅特公司的泰赫雅特中心建筑与涉案北京保时捷中心建筑在外观上存在三个相同之处。因第 3 点相同之处属于汽车 4S 店工作区的必然存在的设计,其外部呈现的横向带状及颜色,也因所用建筑材料而出现的特征,并非保时捷中心建筑的独创性成分,故不受著作权法保护。而另两个相同之处因构成建筑整体之根本,可以被认定属于建筑的主要或实质部分,该二者构成实质上的近似。所以,泰赫雅特公司的泰赫雅特中心建筑系未经许可擅自复制原告建筑作品的行为,侵犯了保时捷公司对保时捷中心建筑享有的著作权。为保护建筑物的著作权,法院可以判令侵权人改建。

**9** 实用艺术作品的独创性判定(《著作权法》第 3 条第 4 项)

**案例:再审申请人乐高公司与被申请人小白龙动漫公司等侵害著作权纠纷案**

案例来源:中华人民共和国最高人民法院(2013)民申字第 1262 号至 1271 号、第 1275 号至 1282 号、第 1327 号至 1346 号、第 1348 号至 1365 号民事裁定书《最高人民法院知识产权案件年度报告(2013)摘要》

主题词:实用艺术作品 独创性 著作权登记

一、基本案情

原告(二审上诉人、再审申请人):乐高公司。

被告(二审被上诉人、再审被申请人):广东小白龙动漫玩具实业有限公司(以下简称小白龙动漫公司,原名广东小白龙玩具实业有限公司,以下简称小白龙公司)、北京华远西单购物中心有限公司(以下简称西单购物中心)。

受乐高公司的委托,北京市柳沈律师事务所律师杨凯分别于 2007 年 4 月 2 日、4 月 3 日、10 月 26 日在西单购物中心公证购买了"COGO 积高玩具"及"小白龙 LWDRAGON 玩具",西单购物中心出具了相应的购买发票,其中包含涉案被控侵权积木块。乐高公司向北京市第一中级人民法院起诉称,其对涉案积木块享有著作权,西单购物中心销售的小白龙公司生产的玩具中,复制了原告享有著作权的"乐高"玩具积木块,侵犯了原告依法享有的复制权及发行权。

小白龙公司辩称：(1)乐高公司的玩具积木块多数难以在相关受众中形成一定印象，不具备艺术性和独创性，少数积木块虽能形成某种形象，但都是对日常生活该用品的简单模仿，不具有审美意义，不属于实用艺术品范畴。因此，乐高公司的玩具积木块不具备实用艺术品的构成要素，不是《著作权法》所保护的作品范畴。(2)乐高公司提交的所谓经过公证、认证的著作权证明都是乐高公司自己的单方面声明，也不属于著作权登记文书等书证。(3)小白龙公司所生产的积木块玩具主要是从积高(英国)集团公司引进并由该公司授权生产的，并不存在仿冒乐高公司积木块的事实；同时，乐高公司主张的玩具积木块与小白龙公司的玩具积木块并不近似。综上，小白龙公司请求本院判决驳回乐高公司的全部诉讼请求。

西单购物中心辩称：(1)其与小白龙公司并无任何法律关系，是通过出租柜台的方式进行经营，承租人是北京小仙贝商贸有限公司，乐高公司所诉侵权商品是由该柜台承租商销售，西单购物中心并不是事实意义上的销售者。(2)乐高公司与小白龙公司是否真实存在著作权争议与西单购物中心无关，西单购物中心已于2009年4月正式书面通知小白龙公司及柜台承租人——北京小仙贝商贸有限公司，将本案所诉侵权商品停止在西单购物中心销售，并函告乐高公司已将该批玩具商品撤出本商场，乐高公司对西单购物中心的诉讼目的已经得到事实上的实现。西单购物中心认为乐高公司应当撤回对该公司的起诉。

一审庭审中，小白龙公司认可乐高公司从西单购物中心购买的涉案积木玩具确系由其生产。小白龙公司为证明其生产的被控侵权玩具有合法的权利来源，提交了该公司与英国COGO集团有限公司于2006年8月1日签订的《授权书》。乐高公司认可西单购物中心销售的涉案玩具有合法来源。乐高公司提交了经过公证认证的乐高玩具积木块的设计图纸、产品图册以及使用说明书，其中设计图纸中显示有"LEGO"标志，并提交了购买玩具的费用、公证费、翻译费和律师费用的相关发票。

北京市第一中级人民法院经审理认为，乐高公司依据合同受让了与涉案积木块相关的知识产权，有权针对该行为提起侵权诉讼，并获得救济。关于涉案积木块是否构成美术作品，该院认为，构成作品的智力成果应具有独创性及可复制性，不具有上述任一特性的智力成果均不构成作品。其中，独创性是作品的本质属性。通常而言，智力成果如符合如下条件，可认定其符合作品的独创性要求：首先，该智力成果应系作者独立创作，而非对他人智力成果的抄袭。其次，该智力成果的智力创作性应达到著作权法所要求的基本高度。应注意的是，基本的智力创作性高度并非要求该智力成果达到较高的艺术或科学的美感程度，而仅是要求作品中所体现的智力创作性不能过于微不足道。判断涉案积木块这一载体所承载的表达是否构成美术作品，其关键在于该表达是否由乐高公司独立创作且已达到著作权法所要求的基本的智力创作性高度。本案中，涉案积木块所体现的智力成果的创作性高度过于微不足道，未达到作品的独创性所要求的基本的创作性高度。因此，涉案积木块所承载的表达不具有独创性，不构成美术作品。因此，该院判决：驳回乐高公司的全部诉讼请求。

乐高公司不服一审判决，向北京市高级人民法院提起上诉，请求撤销原审判决，依法改判并支持乐高公司原审诉讼请求。其主要上诉理由是：(1)一审法院没有对"基本的创作性高度"给出定义，于法无据。(2)一审法院认定上诉人请求保护的乐高玩具积木块作品的创作性高度"过于微不足道"没有事实依据。(3)一审法院的判决完全否定了此前相同案件中已生效的法院判决，背离了我国法院在相同案件中的司法实践。

小白龙公司和西单购物中心服从原审判决。

二审审理过程中，小白龙公司变更企业名称为小白龙动漫公司。乐高公司向法院提交了一份新证据，即经过公证认证的乐高公司职员彼得·托斯隆德·克贾尔先生出具的宣誓书，以证明乐高公司请求保护的涉案积木块作品系该公司花费大量资源并经特殊的创作程序而独创完成的。小白龙动漫公司对该证据的真实性没有异议，对合法性、关联性及证明目的持有异议，认为该证据实质上属于当事人单方的意见陈述，且设计的投入高，并不代表设计出来的就是作品。西单购物中心对该证据没有意见。二审法院对该证据的真实性予以确认。

北京市高级人民法院经审理认为,构成作品的智力成果应具有独创性及可复制性,本案二审的争议焦点在于涉案积木块的表达形式是否具有独创性。独创性是指一部作品是经作者独立创作产生的:(1) 要求作品具有非抄袭性,是作者独立构思的产物;(2) 要求作品之中必须包含作者的创作性劳动,即表达形成过程中有作者的取舍、选择、安排和设计。构成作品所要求的创作性劳动,不仅需要简单的体力劳动形式的投入,也不仅是一种工业或手工方面的技巧,而是必须包含必要的"创作"因素。本案中,即使涉案积木块所承载的表达是乐高公司独立完成的,且可能进行了大量的物质投入,并包含为适应玩具整体拼装的需要而运用的某些技巧,但是,该表达仍缺乏著作权法意义的必要的"创作性劳动",因此,其不符合作品的构成要件。乐高公司在二审中提交的宣誓书,仅为当事人单方陈述,缺乏其他证据佐证,而且投入大量劳动或大量资金并不必然会产生作品,因此,仅依据该宣誓书,并不足以认定涉案积木块承载的表达构成作品。一审法院关于涉案积木块所承载的表达不具有独创性、不构成作品的认定正确,应予维持。乐高公司的相关上诉主张缺乏依据,二审不予支持。乐高公司关于一审判决完全否定了已生效的相同案件的判决的主张,缺乏依据,二审不予支持。综上,二审法院判决:驳回上诉,维持原判。

乐高公司不服上述判决,向中华人民共和国最高人民法院(以下简称最高院)提起再审申请称,二审判决认定事实不清、证据不足、适用法律错误。其主要理由为:

1. 二审法院在已有生效判决确认与本案类似的积木块享有著作权的情况下,作出涉案乐高玩具积木块不具有独创性,因而不能受到《著作权法》保护的认定明显不当,二审判决应予撤销。1999 年,北京市第一中级人民法院在英特莱格公司与可高(天津)玩具有限公司、北京市复兴商业城侵害实用艺术作品著作权纠纷一案中,认定 53 件请求保护的乐高玩具积木块中的 50 件具有独创性,并作为实用艺术作品给予著作权保护。北京市高级人民法院维持了一审法院的判决。乐高公司正是根据前述判决,选择与前述判决中认定具有著作权的乐高玩具积木块相同或极其相似、类似的玩具积木块,提起本案诉讼。但是,一、二审法院在已有生效判决存在的情况下,对与其相同或类似的积木块作出完全不同于前案的认定,其裁判结果有损司法公信力,应当予以撤销。

2. 二审法院否定涉案乐高玩具积木块具有独创性的理由不能成立。(1) 二审法院笼统地认定涉案玩具积木块缺乏著作权法意义上的必要的"创作性劳动",但既未明确"创作性劳动"的法律依据,又未说明缺乏必要的"创作性劳动"的任何相关事实,故上述认定缺乏相关的法律依据和事实依据。(2) 二审法院认定涉案的部分积木块"均为已有常见形状,该表达形式对以积木块为组件的一般玩具厂商而言,均为已有常见形状"这一事实,缺乏基本证据支持。正是由于这些玩具积木块为乐高公司所独创并广受欢迎,才使得诸多玩具厂商进行抄袭,从而成为判决中所述的"已有常见形状"。二审法院的相关认定违反原创与抄袭的逻辑关系,对本案判决这一关键性事实的认定缺乏相应的证据支持。(3) 二审法院对相同积木块,作出了与生效判决完全不同的认定,其裁判结果显失公平。(4) 二审法院以我国著作权登记采用自愿登记制度为由,在乐高公司已经对涉案积木块进行了著作权登记的情况下,认定涉案玩具积木块所承载的表达不构成作品的理由缺乏法律依据,该认定违反了我国有关著作权保护的相关法规。根据《国家版权局作品自愿登记试行办法》第 1 条和第 5 条的规定,著作权登记证书是著作权保护的初步证据。著作权登记的自愿性质并不能改变国家版权局认定乐高玩具积木块是受著作权法保护的作品的事实。二审法院以著作权登记是自愿为由,否定著作权登记证书的效力,完全违反了我国著作权保护的法规,亦是对我国的著作权登记制度本身的否定。综上,二审法院否定乐高玩具积木块具有独创性、否定其受《著作权法》保护,缺乏事实与法律依据。

3. 保护现归类于美术作品下的实用艺术作品,是我国著作权法的一贯政策,二审判决的相关认定明显与此相悖。涉案玩具积木块均为智力劳动成果,理应受到著作权法的保护。否定涉案玩具美术作品的著作权保护,将打击创作和创新,鼓励非法复制和抄袭,这样的判决结果与著作权法的立法宗旨背道而驰,也不利于中国玩具市场的健康发展。

实用艺术作品·独创性·著作权登记

被申请人小白龙动漫公司提交意见称：乐高公司的再审申请缺乏法律和事实依据，请求依法予以驳回。其主要理由为：(1)乐高公司主张涉案玩具积木块是著作权法意义上的美术作品没有事实及法律依据。乐高公司混淆了设计结果与作品之间的关系，把设计结果等同于作品。实践中，设计、创造产生的可能是美术作品，也可能是工业产品，受工业产权法律的保护。在本案及关联案件涉及的57件积木块中，41件是单纯的积木连接件，无法表现任何形体，其余16件可以表现生活中的某一物体，但都不是著作权法意义上的美术作品，每件积木块都无法表达一个独立的、具有审美意义的创意。(2)乐高公司关于本案判决及其系列案件的认定与之前生效判决相违背的主张没有事实依据。涉案的57件积木块与之前生效判决所保护的积木块不同。乐高公司在本案中主张积木块是美术作品，而之前主张的是实用艺术品，两者适用的法律规范不同。美术作品的判断标准可以随不同时期人们的认识标准而不同。可见，乐高公司主张本案判决与之前生效判决相违背没有事实依据。(3)本案判决较好地平衡了著作权保护与维护公共利益之间的关系。

被申请人西单购物中心答辩称：一、二审判决认定事实清楚，适用法律正确，请求驳回乐高公司的再审申请。

最高院审查查明：英特莱格公司曾于1999年以可高(天津)玩具有限公司、北京市复兴商业城为被告，向北京市第一中级人民法院提起侵害实用艺术作品著作权诉讼。英特莱格公司在该案中主张，乐高玩具积木块作为实用艺术品，应受到我国著作权法保护，拥有乐高玩具积木块作为实用艺术品的著作权。可高(天津)玩具有限公司生产、北京市复兴商业城销售的塑料玩具系列侵害了英特莱格公司53种乐高玩具积木块的实用艺术品著作权。北京市第一中级人民法院审理认为，英特莱格公司主张实用艺术品的涉案53种乐高玩具积木块可以分为三类：不具有独创性和艺术性的玩具积木块共3种；虽具有独创性和艺术性，但被诉侵权产品与之相比不构成实质性相似的玩具积木块共17种；具有独创性和艺术性，且被诉侵权产品与之相比构成实质性相似的玩具积木块共33种。北京市高级人民法院对北京市第一中级人民法院的上述认定予以维持。

本案一、二审过程中，乐高公司并未提交涉案玩具积木块的著作权登记证书。

最高院认为，本案被诉侵权行为发生于2007年，应适用《著作权法》(2001)和《著作权法实施条例》(2002)的规定。根据已经查明的案件事实，结合各方当事人的诉辩主张，本案的争议焦点问题为：涉案玩具积木块是否可以作为我国著作权法规定的美术作品而受到保护？二审判决关于涉案玩具积木块不构成美术作品的认定，是否与在先判决相冲突？

1. 涉案玩具积木块是否可以作为我国著作权法规定的美术作品而受到保护？根据《著作权法实施条例》(2002)第4条第8项的规定："美术作品，是指绘画、书法、雕塑等以线条、色彩或者其他方式构成的有审美意义的平面或者立体的造型艺术作品。"独创性和可复制性是作品的两个基本属性，各方当事人对本案请求保护客体的可复制性问题并无争议，故核心问题在于涉案玩具积木块能否满足著作权法对美术作品的独创性要求。作品的独创性是指作品由作者独立完成并表现了作者独特的个性和思想。独创性是一个需要根据具体事实加以判断的问题，不存在适用于所有作品的统一标准。实际上，不同种类作品对独创性的要求不尽相同。对美术作品而言，其独创性要求体现作者在美学领域的独特创造力和观念。因此，对那些既有欣赏价值又有实用价值的客体而言，是否可以作为美术作品保护取决于作者在美学方面付出的智力劳动所体现的独特个性和创造力，那些不属于美学领域的智力劳动，则与独创性无关。

具体到本案而言，根据乐高公司在原审程序中提交的产品设计图纸等证据，可以证明涉案玩具积木块由乐高公司独立完成，并为此付出了一定的劳动和资金。但如前所述，独立完成和付出劳动本身并不是某项客体获得著作权法保护的充分条件。从涉案玩具积木块的设计来看，其均为通常设计，并未赋予涉案玩具积木块足够的美学方面的独特性。据此，涉案玩具积木块不符合著作权法关于美术作品的独创性要求，二审判决的认定并无不当。乐高公司关于二审法院否定涉案乐高玩具积木块具有独创性缺乏依据的申请再审理由不能成立，本院不予支持。

实用艺术作品·独创性·著作权登记

乐高公司还主张其已经对涉案玩具积木块进行了著作权登记,因而涉案玩具积木块能够获得著作权法保护。对此分析如下:(1)根据本院查明的事实,乐高公司在一、二审审理过程中,并未提交涉案玩具积木块的著作权登记证书。二审法院亦未在本案中对著作权登记与作品独创性的关系进行评述。(2)即使涉案玩具积木块已经进行了著作权登记,著作权登记证书亦不是认定某项客体具有独创性并获得保护的决定性依据。根据《国家版权局作品自愿登记试行办法》第1条的规定,作品著作权登记的目的是为解决著作权纠纷提供初步证据。因此,涉案玩具积木块获得著作权登记本身,并不能成为其当然能够获得著作权法保护的依据。(3)在个案中,对某项客体是否具有独创性作出审查判断是法院的职权。即使著作权登记能够成为权利人享有权利或者某项客体属于著作权法保护的作品的初步证据,在当事人于个案中对此发生争议时,人民法院仍然有权对权属或者独创性问题重新作出审查判断。因此,乐高公司的上述主张不能成立,本院不予支持。

2. 二审判决关于涉案玩具积木块不构成美术作品的认定是否与在先判决相冲突?乐高公司主张,二审法院对涉案玩具积木块的独创性判断标准与在先生效判决相冲突。对此分析如下:(1)独创性必须根据具体事实加以判断,不存在适用于所有作品的统一标准。(2)涉案玩具积木块与在先生效判决中所涉及的玩具积木块的表现形式差异较大,在先生效判决基于个案事实所作出的认定与本案中作品独创性的判断并不矛盾。乐高公司的该项申请再审理由不能成立,本院不予支持。

综上,最高院认为乐高公司的申请不符合再审情形,裁定驳回乐高公司的再审申请。

二、裁判要旨

No.1-1-2.1-5　作品登记仅为解决著作权纠纷提供初步证据,并非是作品具有独创性、登记者享有著作权的决定性证据。在个案中,如果著作权纠纷的当事人有争议时,法院可以依职权根据具体事实对作品的独创性加以判断。

我国《著作权法》采用自动产生和自愿登记原则,国家版权局《作品自愿登记试行办法》第1条即规定:"为维护作者或其他著作权人和作品使用者的合法权益,有助于解决因著作权归属造成的著作权纠纷,并为解决著作权纠纷提供初步证据,特制定本办法。"因此,作品登记并非是作品具有独创性、登记者享有著作权的决定性证据。在个案中,如果著作权纠纷的当事人对此出现争议时,法院可以依职权根据具体事实对作品的独创性加以判断。

本案中,乐高公司仅对涉案玩具积木块进行了著作权登记,但在一、二审审理过程中,并未提交涉案玩具积木块的著作权登记证书,故其主张无法获得法院支持。退一步讲,即使乐高公司提交了涉案玩具积木块的著作权登记证书,由于被告方对此存有异议,故该登记证书也不能成为证明积木块具有独创性要件的决定性证据,仍然需要法院对其美学领域的独创性程度进行具体分析。

同理,除非针对的是完全相同的客体,否则,在先判决也不能作为判断独创性的充分理由。本案中,涉案玩具积木块与在先生效判决中所涉及的玩具积木块的表现形式差异较大,故乐高公司的相关主张,也无法得到法院的支持。

No.1-1-3.1.4-4　不存在适用于所有作品的统一、具体的独创性标准,实用艺术作品的独创性判断,主要取决于美学领域的独特创造力和观念。

独创性是著作权法上的作品最重要的品性,其基本要求是作品是由作者独立创作完成而非抄袭而来。由于作品的种类复杂多样,不同种类作品的创作过程也不尽相同,法律无法设立适用于所有作品的统一、具体的独创性标准。因此,在判断某项作品是否具有独创性时,应根据其所属种类进行区别对待。

实用艺术作品并非我国《著作权法》明确列举的作品种类,世界知识产权组织编写的《著作权和邻接权法律词汇》一书,将实用艺术作品界定为"具有实际用途的艺术作品,无论这种作品是手工艺品还是工业生产的产品"。依据我国现行《著作权法》的规定,实用艺术作品是作为美术作品的一种而受到保护的。美术作品是指绘画、书法、雕塑等以线条、色彩或者其他方式构成的具有审美意义的平面或者立体的造型艺术作品,故美术作品的独创性要求主要体现在作者在美学领域的独特创造力和观念。实用艺术作品虽然兼具了实用性和艺术性双重属性,但其要获得著作权的保护,对其独创性的判断应注重于艺术性,即其是否可以作为美术作品得到保护,取决于作者在美学方面付出的智力劳动所体现的独特个性和创造力,那些不属于美学领域的智力劳动则与独创性无关。

本案中,乐高虽然举证试图证明其对涉案积木块投入了大量人力和财力,但是就这些积木块的设计而言,并未赋予涉案玩具积木块足够的美学方面的独特性,缺乏著作权法意义的必要的"创作性劳动",不符合作品的构成要件。

### 10 实用艺术作品的保护范围与侵权判断(《著作权法》第3条第4项)

**案例**:景德镇法蓝瓷实业有限公司与潮州市加兰德陶瓷有限公司侵害著作权纠纷案
**案例来源**:最高人民法院(2012)民申字第1392号民事裁定书
**主题词**:实用艺术作品 保护范围 侵权判断

#### 一、基本案情

原告(二审上诉人、再审申请人):景德镇法蓝瓷实业有限公司(以下简称法蓝瓷公司)。

被告(二审上诉人、再审被申请人):潮州市加兰德陶瓷有限公司(以下简称加兰德公司)。

海畅实业有限公司(台湾注册)(以下简称海畅公司)于2004年6月在江西省版权局就美术作品《蜂鸟茶具系列》《小红莓系列》《蜂鸟摆饰系列》进行了版权登记,登记号:14-2005-F-067、070、074;于2005年3月就美术作品《金鱼茶具系列》《金鱼摆饰系列》进行了版权登记,登记号:14-2005-F-015、016号;于2005年12月就美术作品《鸢尾花系列之一》《鸢尾花系列之二》进行了版权登记,登记号:14-2005-F-148、149。2006年11月,海畅公司与法蓝瓷公司签订《著作权许可使用合同》,约定海畅公司将其所拥有的全部著作财产权,许可原告法蓝瓷公司在中国大陆(不包括港澳台)享有专有使用权;许可期间为10年。

2009年4月,加兰德公司经厦门海关出口一批瓷餐具。经查,该批餐具包括"圣诞果系列""金鱼系列"和"蓝鸢尾花系列"。法蓝瓷公司认为,其中"圣诞果系列"产品与其拥有著作权的《小红莓系列》作品、"金鱼系列"产品与其拥有著作权的《金鱼茶具系列》和《金鱼摆饰系列》作品、"蓝鸢尾花系列"产品与其拥有著作权的《蜂鸟茶具系列》《蜂鸟摆饰系列》《鸢尾花系列之一》《鸢尾花系列之二》作品相似,侵犯了其对上述作品的著作权,遂申请厦门海关予以查扣,并向厦门市中级人民法院提起诉讼。

厦门市中级人民法经审理认为:虽然著作权法未将实用艺术品明确列为著作权法保护客体,但我国加入的《保护文学艺术作品伯尔尼公约》明确规定,如果成员对实用艺术品未提供专门保护,则至少应当作为艺术品而得到著作权保护。因此,不仅表现个性与美感,还为满足生产或生活需要的实用艺术品,也是美术作品的一种。本案中的作品,著作权人虽是台湾企业,但该作品在大陆地区办理了著作权登记,并被许可给大陆地区法人进行生产、销售,依法应受我国著作权法保护。加兰德公司辩称,法蓝瓷公司作品因使用模具批量生产等,不受我国著作权法保护,缺乏事实和法律依据,不予支持。

从《Rörstrand瓷器:新艺术杰作》一书中可以看出,早在20世纪初就已出现将动植物形象引入生活用品中,制作出精美的实用工艺品的设计思路、工艺方法。法蓝瓷公司的作品同样也是采用这种构思、方法,制作出既具备日用陶瓷功能,又兼具观赏性和收藏价值的实用艺术品。但是,著作权法所称作品,是指文学、艺术和科学领域内具有独创性,并能以某种有形形式复制的智力成果。即著作权法保护的是作品的外在表现形式,并不保护作品的构思、思想、观点。因此,加兰德公司辩称以法蓝瓷公司作品的创作思路与《Rörstrand瓷器:新艺术杰作》相类似认定原告作品系抄袭、剽窃,缺乏法律依据,不能成立。

判断原告的作品是否对《Rörstrand瓷器:新艺术杰作》一书中作品的抄袭、剽窃,应是就原告作品与该书中的具体作品是否相同或近似进行比较。原告的《鸢尾花系列之一》《鸢尾花系列之二》与该书中鸢尾花作品相比较,不论是其艺术造型、结构,还是色彩搭配上,均有明显差异。加兰德公司辩称两者相近似,缺乏事实依据,不能成立。

综上,法蓝瓷公司利用大自然动植物的艺术造型,以线条、色彩搭配等装饰日常生活中使用的日用陶瓷用品,其形成的具有独创性的富有美感的实用工艺品,是美术作品的一种,依法应受我国著作权法保护。

同样,判断加兰德公司的产品是否侵犯了法蓝瓷公司的著作权,应是将两者进行比对,同时考察两者创作时间的先后。通过比对,加兰德公司"圣诞果系列"与法蓝瓷公司分别对应的"红莓系列"在对设计元素的取材上基本相同,都是小红果实配以绿叶;而对这些设计元素的艺术造型设计、色彩使用和搭配、装饰在日用品上的具体位置,以及由此产生的作品的设计风格、整体造型均基本相似。

关于加兰德公司"蓝鸢尾花系列"产品,法蓝瓷公司认为,其中的盘子侵犯了其《蜂鸟摆饰系列》和《鸢尾花系列之二》中的盘子造型,另三件产品侵犯了《蜂鸟摆饰系列》和《蜂鸟茶具系列》中的作品。对此,厦门市中级人民法院认为,其与法蓝瓷公司的作品都选取了鸢尾花这一元素(法蓝瓷公司的《蜂鸟摆饰系列》作品除鸢尾花外,还有蜂鸟),但对鸢尾花的造型设计、色彩搭配、在盘子上的装饰位置,以及作品的整体装饰效果等均不相同,加兰德公司该"蓝鸢尾花系列"产品有其独创性,未侵犯法蓝瓷公司的著作权。同样,二者的"金鱼系列"相比,除了同样使用了金鱼、水草设计元素外,两者的外形、神态不同,采用的颜色搭配等亦不同,两者并不相似,加兰德公司该"金鱼系列"产品未侵犯法蓝瓷公司的著作权。

此外,法蓝瓷公司认为加兰德公司的行为也构成不正当竞争,缺乏事实和法律依据,不予支持。据此判决:

一、加兰德公司应于判决生效之日起,立即停止对法蓝瓷公司《小红莓系列》作品的侵权行为;

二、加兰德公司应于判决生效之日起10日内,赔偿法蓝瓷公司经济损失及合理费用支出共6万元;

三、驳回法蓝瓷公司的其他诉讼请求。

一审宣判后,法蓝瓷公司和加兰德公司均不服,向福建省高级人民法提起上诉。

二审另查明:海畅实业有限公司于2004年6月在江西省版权局就美术作品《蜂鸟茶具系列》《小红莓系列》《蜂鸟摆饰系列》进行版权登记的登记号分别为:14-2004-F-067、070、074。

2006年,海畅实业有限公司以战秀芳、香港苏太经贸发展有限公司、潮州市格兰特服饰有限公司为共同被告,提起著作权侵权之诉。2007年3月26日,江西省景德镇市中级人民法院作出(2006)景民三初字第17号民事判决书,判决:

一、格兰特公司自判决生效之日起,立即停止侵权行为,即在其生产、销售的陶瓷制品中,不得含有侵犯海畅公司著作权相同或近似部分;

二、战秀芳、香港苏太公司自判决生效之日起立即停止销售与海畅公司享有著作权的陶瓷制品;

三、上述三被告被法院查封、扣押的侵权陶瓷制品、半成品、模具予以销毁;

四、格兰特公司在判决生效之日起10日内在中国《法制日报》《南方日报》上公开向海畅公司赔礼道歉,文字内容须经法院审核;

五、格兰特公司在判决生效之日起15日内,赔偿海畅公司经济损失人民币45万元,赔偿海畅公司为制止侵权而支出的合理费用人民币3万元,以上合计款项48万元;

六、驳回海畅公司其他诉讼请求。

潮州市格兰特服饰有限公司不服提起上诉,江西省高级人民法院于2008年6月25日作出(2007)赣民三终字第19号民事判决书,判决:

一、维持(2006)景民三初字第17号民事判决第三、四、五、六项;

二、变更(2006)景民三初字第17号民事判决第一项为"自判决生效之日起格兰特公司立即停止生产、销售其红色马蹄莲花瓶（货号Y04001-C）、圣诞果系列、蓝鸢尾花系列大盘（货号Y04006-A）、杯盘组（货号Y04006-01）、箭鱼系列陶瓷侵权产品"；

三、变更（2006）景民三初字第17号民事判决第二项为"战秀芳、香港苏太公司自判决生效之日起立即停止销售格兰特公司生产的侵犯海畅公司著作权的上述侵权产品"。

加兰德公司系成立于2007年4月3日的一家有限责任公司，经营范围为生产、销售工艺陶瓷、日用陶瓷等，注册与实收资本均为468万港币，其中潮州市格兰特服饰有限公司实缴出资额300万港币，占64.1%。潮州市格兰特服饰有限公司与加兰德公司的法定代表人均为吴为新。加兰德公司在二审庭审时，确认吴为新系同一人。

二审法院认为：

1. 法蓝瓷公司的《小红莓系列》等涉案瓷制品属于我国著作权法所保护的美术作品范畴；虽然《Rörstrand瓷器：新艺术杰作》一书中有相关陶瓷作品展示，但其表现形式和手法比较单一，与法蓝瓷公司的上述系列作品在艺术造型、结构、色彩搭配上存在明显差异。因此，加兰德公司认为法蓝瓷公司不享有上述系列作品著作权的抗辩理由不能成立，不予采纳。

2. 法蓝瓷公司的系列瓷制作品是由线条、色彩装饰、艺术造型构成的外在主题表达，将加兰德公司的被控侵权瓷制品与之进行比对，可以看出：（1）加兰德公司的"圣诞果系列"瓷制品（货号Y05017-A、Y05017-F、Y05017-E、Y05017-01、Y05017-03）与法蓝瓷公司的《小红莓系列》作品（编号FZ00420、FZ00443、FZ00398、FZ00397、FZ00399、FZ00395、FZ00396），加兰德公司的"鸢尾花系列"瓷制品中的大盘（货号Y04006-A）、杯盘组（货号Y04006-01）与法蓝瓷公司的《蜂鸟摆饰系列》作品中的大盘（编号FZ00130）、《蜂鸟茶具系列》作品中的杯盘组合（编号FZ00129），不存在实质性区别，加兰德公司的上述瓷制品并没有全盘复制原作，有的还进行了相当的改动，但是系在原作表达基础上的非实质性改动，未脱离原作的基本表达，在一般公众看来没有产生实质不同。而且，加兰德公司未提供证据证明其生产、销售的上述瓷制品是由其独立构思创作完成的。因此，应认定加兰德公司的上述瓷制品侵犯了法蓝瓷公司的相关著作权。（2）兰德公司的"鸢尾花系列"其他瓷制品与法蓝瓷公司的《蜂鸟茶具系列》相关作品，虽然都选用了鸢尾花这一元素，但瓷器皿形状和鸢尾花造型设计、位置及色彩搭配等方面均存在较大差异；加兰德公司的"金鱼系列"瓷制品与法蓝瓷公司的《金鱼茶具系列》《金鱼摆饰系列》相关作品，虽然都选取了金鱼、水草等元素，但不论是杯、盘、壶等瓷器皿的形状，还是金鱼的形状、神态及制作圆润程度，抑或是水草的叶子宽窄粗细及位置等，均同样存在明显差异，故加兰德公司生产、销售的该部分瓷制品，不构成对法蓝瓷公司相关著作权的侵犯。因此，原审法院的相关认定有所不当，予以纠正。法蓝瓷公司有关这方面的上诉理由部分有理，予以部分支持。（3）本案中，法蓝瓷公司的实际损失或者加兰德公司的侵权所得均难以确定，本案应适用法定赔偿方法确定赔偿数额。潮州市格兰特服饰有限公司在其产品被江西省有关法院判定构成侵权后，出资成立加兰德公司，二者法定代表人系同一人，加兰德公司在此情形下继续生产侵权产品，说明其主观方面恶意明显。由于本案二审增加了侵权行为认定，因此，本院综合考虑上述情节，将加兰德公司赔偿法蓝瓷公司的经济损失和合理费用数额酌情调整为人民币15万元。法蓝瓷公司的相关上诉理由部分成立，予以部分支持。

3. 法蓝瓷公司一审中在主张著作权的同时要求判定加兰德公司的行为构成不正当竞争，但其并未就后一诉讼请求是否成立进行举证，而且两个诉讼请求应视为法律竞合，因此，原审法院在认定加兰德公司的行为构成著作权侵权并判令其承担相应民事责任后，对法蓝瓷公司有关不正当竞争的诉讼请求不作认定，并无不当。本案中加兰德公司侵犯的是法蓝瓷公司的著作财产权，而非著作人身权，故一般不考虑判令加兰德公司登报赔礼道歉。所以，法蓝瓷公司有关这方面的上诉理由依据不足，不予采纳。

综上，福建省高级人民法院判决如下：

一、维持一审判决第三项，即"驳回原告景德镇法蓝瓷实业有限公司的其他诉讼请求"。

二、变更一审判决第一项为"被告潮州市加兰德陶瓷有限公司应于本判决生效之日起立即停止生产、销售其'圣诞果系列'（货号Y05017-A、Y05017-F、Y05017-E、Y05017-01、Y05017-03）、'鸢尾花系列'中的大盘（货号Y04006-A）、杯盘组（货号Y04006-01）瓷器侵权产品"。

三、变更一审判决第二项为"被告潮州市加兰德陶瓷有限公司应于本判决生效之日起10日内，赔偿原告景德镇法蓝瓷实业有限公司经济损失及合理费用支出共人民币15万元"。

四、驳回潮州市加兰德陶瓷有限公司的上诉请求。

二审后，法蓝瓷公司仍然不服，向中华人民共和国最高人民法院提起再审申请称：

1. 加兰德公司的圣诞果系列、金鱼系列、蓝鸢尾花系列产品与海畅公司作品的艺术风格、形态处理、结构布置、装饰效果、设计理念等方面实质相似，加兰德公司产品存在明显的刻意模仿痕迹，构成对专有使用权人法蓝瓷公司著作权的侵犯。

2. 法蓝瓷公司因客观原因在二审开庭后取得的补充证据——赣知司鉴2011技鉴字第0301号至第0307号《江西知识产权司法鉴定中心技术鉴定书》——足以证明加兰德公司的鸢尾花系列中的茶壶（货号Y04006-1）、奶罐糖罐（货号Y04006-03）、金鱼系列（货号Y06029-E、Y06029、Y06029-V、Y06029-01、Y06029-03）侵犯了法蓝瓷公司的著作权，但二审法院未予以采信。加兰德公司的鸢尾花系列中的茶壶、奶罐、糖罐，与海畅公司的蜂鸟茶具系列产品对比，它们的主题、设计理念、装饰内容完全相同，都采取了圆雕和捏雕，功能上兼具日用和艺术欣赏。主题都以一支蓝色鸢尾花叶梗向器物另一端延伸绽放花朵的表现形式，尤其是部分花瓣或叶片悬空超出器物主体的相同处理的手法且功能都相同。器体同样以一支叶梗开出花朵为中心，采用喷彩表现由深而浅，杯盘盘面则都是由盘缘深而中央浅的渐变过渡效果。两者的表述是实质相似的。加兰德公司的金鱼系列与海畅公司的金鱼摆饰系列相比，均属于日用艺术陶瓷作品，具有相同的功能，属于同类产品，主要设计元素一致，均为白底、红色金鱼、绿色水草，且主题图案设计和布局、色彩组合、设计理念和表现手法相似，尤其是金鱼尾巴扬起，红白色相间处理的手法，水草喷彩表现由深而浅的渐变过渡效果，茶罐及茶壶盖子上都以一只金鱼作为盖纽，茶壶及奶罐都在把手处有一只金鱼，金鱼的走向、相对位置、构图的方式等都无实质差别。二者之间最明显的区别仅仅在于大盘的器形，这种差异在著作权人设计理念的影响下和在不特别注意且特别记忆的情况下，容易使一般消费者忽略或误认为是著作权人的新产品，而产生混淆，导致误购行为。综上，法蓝瓷公司请求撤销二审判决第一项，改判加兰德公司生产的鸢尾花系列中的茶壶、奶罐、糖罐，金鱼系列陶瓷制品侵犯了法蓝瓷公司的著作权，应立即停止生产、销售，并改判加兰德公司赔偿法蓝瓷公司经济损失及合理费用支出人民币60万元。

加兰德公司答辩称：加兰德公司的产品是独立创作完成的，其创作灵感来自《Rörstrand瓷器：新艺术杰作》一书，海畅公司的产品也是对该书作品的抄袭、模仿，不具有独创性。加兰德公司的产品与海畅公司的产品既不相同也不近似，没有侵犯法蓝瓷公司的著作权。加兰德公司的产品是由模具经工业流水线生产，是完全重复再现的工业产品，并非实用艺术品，不受著作权法保护。法蓝瓷公司提交的鉴定书与二审阶段提交的专家论证意见是一致的，在二审阶段经过质证的，不属于新证据。综上，请求驳回法蓝瓷公司的再审申请。

最高院经审查认为：虽然加兰德公司在答辩时提出海畅公司的作品不具有独创性、属于工业产品不是实用艺术品等观点，但由于其并未就二审判决申请再审，故本案的争议焦点在于加兰德公司生产的鸢尾花系列中的茶壶和奶罐、糖罐以及金鱼系列陶瓷制品是否与海畅公司的相应产品构成实质性相似，侵犯了法蓝瓷公司的著作权。判断的关键在于准确确定海畅公司作品的独创性所在以及加兰德公司是否抄袭了海畅公司作品中具有独创性、受著作权法保护的内容。

从《Rörstrand瓷器：新艺术杰作》一书中可以看出，一百多年前社会上就已出现将动植物形象引入生活用品中，制作出精美的陶瓷制品的设计思路和工艺方法。海畅公司借鉴已有的设计思路和工艺方法，用鸢尾花、蜂鸟、金鱼等动植物的形象来装饰茶壶、杯盘汤匙组和奶罐、糖罐等产品，使其系列瓷制品在艺术造型、结构、色彩搭配上具有独创性，构成有审美意义的立体造型艺术作品，应当受到著作权法的保护。但著作权法并不保护思想本身。本案中，将动植物形象装饰陶瓷制品，在各种器形载体的杯缘、瓶口、把手上刻画出立体生动的动植物造型的设计思路以及相应的工艺方法,并非海畅公司所独创,也非著作权法的保护对象,海畅公司不能通过著作权垄断相应的设计思路和工艺方法,否则将违背著作权法的立法原意,阻碍文学、艺术、科学的进步和作品的多样性。他人可以采用同样的设计思路和工艺方法,设计并生产类似主题的产品,因为模仿是文学、艺术和自然科学、社会科学、工程技术等进步的基本手段和方法,著作权制度并不禁止他人适度的模仿,但不能抄袭他人具有独创性的表达。自然界中已经客观存在的动植物形象,不属于海畅公司独创,但如果其用特定的方式,赋予其具有特定审美意义的造型表达,则应当予以保护。

海畅公司的鸢尾花系列包括大盘、茶壶、杯盘汤匙组和奶罐、糖罐等,基本的设计主题是在器体上装饰鸢尾花和蜂鸟,主要元素包括白底器体、蓝色鸢尾花、绿色叶梗及蜂鸟。海畅公司的茶壶和奶罐、糖罐中鸢尾花的叶梗由器体下方向上延伸,开出花朵,并有一朵花在器体上缘绽放,一只蜂鸟与绽放的花朵相向设计,花鸟相戏,茶壶和糖罐的盖纽由花瓣构成;加兰德公司的产品也在白底的器体上装饰绿色的叶、蓝紫色的鸢尾花,茶壶和糖罐的盖纽也由花瓣构成,但与海畅公司产品相比,两者的茶壶、奶罐、糖罐本身器体形状差别较大,鸢尾花造型设计、位置及色彩搭配等也存在诸多不同,加兰德公司的产品没有蜂鸟和叶梗等设计元素,在整体装饰效果上,海畅公司的产品造型更加流畅温婉,颜色和空间布局过渡更加自然。

海畅公司的金鱼系列包括茶壶、汤匙杯盘组、糖罐、奶罐、大盘和摆饰等,基本的设计主题是在器体上装饰金鱼和水草,主要元素包括白底器体、悠游的红色金鱼、绿色的水草等。具体而言,海畅公司以一条红色金鱼装饰茶壶和奶罐的把手处,一条红色金鱼作为糖罐和茶壶盖的盖纽,金鱼的相对位置处有绿色水草;其汤匙杯盘组中分别以一条红色金鱼装饰于杯子手柄、托盘和汤匙上端部,金鱼头朝向处有绿色水草;其大盘以一条红色金鱼和绿色水草装饰于盘缘;其摆饰为游动姿态,尾部红白相间的红色金鱼。将加兰德公司的产品与海畅公司的产品相比,两者在主题、元素和布局上确有很多相同之处,比如均有一条红色金鱼装饰在茶壶和奶罐的把手处、一条红色金鱼作为糖罐和茶壶盖的盖纽,金鱼的相对位置处有绿色水草,以一条红色金鱼装饰于汤匙杯盘组中的杯子手柄、托盘和汤匙上端部,金鱼头朝向处有绿色水草,其大盘也有一条红色金鱼和绿色水草装饰于盘缘,摆饰也是呈游动姿态的红色金鱼,但两者也有诸多明显差异:比如器体整体差别较大,水草的形状、姿态、位置不同,金鱼的形态不同,颜色搭配也有区别等。

由上述对比可见,虽然加兰德公司的产品具有模仿海畅公司产品的痕迹,两者产品有相同之处,但也有明显的差异。相同之处主要是设计主题、思路、位置关系和动植物形象等元素,这些相同之处尚未使两公司产品达到实质性相似的程度,加兰德公司的行为没有超出应有的界限,二审法院认定加兰德公司生产的鸢尾花系列中的茶壶、奶罐、糖罐以及金鱼系列陶瓷制品未侵犯法蓝瓷公司著作权正确。法蓝瓷公司提交的鉴定书,并不能直接作为侵权判断依据,只能作为参考。法蓝瓷公司据此主张构成实质性相似的理由,法院不予支持。

综上,最高院裁定:驳回法蓝瓷公司的再审申请。

二、裁判要旨

**No.1-1-3.1.4-5 实用艺术作品的著作权法保护以表达为限,采用同样的设计思路和工艺方法,设计并生产类似主题的产品,不侵犯实用艺术作品的著作权。**

本案争议的焦点在于涉案作品的著作权保护范围。

1. 我国《著作权法实施条例》第4条第8项规定:"美术作品,是指绘画、书法、雕塑等以线条、色彩或者其他方式构成的有审美意义的平面或者立体的造型艺术作品"。实用艺术作为一种立体造型的美术作品,不论其是否批量生产,只要在美学领域具有了独创性,便可获得著作权的保护。本案涉案作品虽然具有实用功能,但符合上述美术作品的界定,应当获得著作权法的保护。加兰德公司辩称"产品是由模具经工业流水线生产,是完全重复再现的工业产品,并非是实用艺术品,不受著作权法保护"的观点,于法无据。

2. 著作权只保护外在的表达,不保护内在的思想。具言之,对实用艺术作品而言,设计思路以及相应的工艺方法,并非著作权法的保护对象。本案中,法蓝瓷公司一再强调加兰德公司的产品在主题、构思和工艺上与其构成实质相似,超越了著作权法的保护范围。同理,加兰德公司在抗辩中所称法蓝瓷公司产品是对《Rörstrand 瓷器:新艺术杰作》一书的抄袭,也超出了著作权法的保护范围。在判断产品是否侵犯实用艺术作品的著作权时,应仅限于对作品表达的比对,如对作品的线条、颜色、布图等元素进行直观比对,不考察其背后的设计理念、工艺方法和主题思想是否相似。换言之,权利人不能通过著作权垄断相应的设计思路和工艺方法,行为人可以采用与他人相同的设计思路和工艺方法,设计并生产类似主题的产品,这不属于侵犯著作权的行为;但是行为人不能抄袭他人具有独创性的表达,否则即构成对他人著作权的侵犯。因此,在本案中,法院通过比对,部分支持法蓝瓷公司的诉讼请求,并无不当。

**11** 数码照片著作权的归属(《著作权法》第 3 条第 5 项)
**案例:**王正昌与云南省地图院、富民县人民政府著作权纠纷案
**案例来源:**《人民法院案例选》2009 年第 11 辑[第 118—123 号]
**主题词:**摄影作品　数码照片

**一、基本案情**
　　上诉人(原审原告):王正昌。
　　被上诉人(原审被告):云南省地图院。
　　被上诉人(原审被告):富民县人民政府。
　　2003 年 8 月 4 日,被告富民县人民政府发出了一份《富民县人民政府办公室关于编制经贸交通旅游地图的通知》,被告云南省地图院与富民伽峰山乡村营地于 2003 年 10 月 18 日签订了一份《富民县经贸交通旅游图》认刊合同书。2004 年 10 月,《富民县经贸交通旅游图》第一次出版印刷,该图的编制署名为两被告。富民伽峰山乡村营地有限公司于 2005 年 12 月 2 日出具了一份证明,证明涉案两幅作品是由其提供给被告云南省地图院的。而云南省高级人民法院作出的(2006)云高民三终字第 57 号民事判决书确认,2002 年 1 月版的《伽峰山乡村营地》宣传册和其中 30 幅照片的著作权属于富民伽峰山乡村营地有限公司。
　　原告王正昌认为,两被告在其编制的《富民县经贸交通旅游图》中使用了原告享有著作权的两幅作品,即"伽峰山庄乡村营地全景图"和"富民风光飞来湖",两被告的行为侵犯了原告的署名权、修改权、使用权及获得报酬权,故诉至云南省昆明市中级人民法院。
　　被告云南省地图院辩称:(1)生效民事判决已对本案争议两幅作品的权属进行了确认,涉案作品的著作权人为富民县伽峰山乡村营地有限公司,原告并非著作权人。(2)涉案两幅作品是由富民县伽峰山乡村营地有限公司提供给被告刊登在《富民县经贸交通旅游图》上,以宣传伽峰山乡村营地,与原告无任何关系。
　　被告富民县人民政府辩称:(1)涉案作品的著作权人为富民县伽峰山乡村营地有限公司,原告不具备诉讼主体资格。(2)涉案作品是由富民县伽峰山乡村营地有限公司提供给省地图院的,富民县人民政府不是地图编辑者,省地图院将政府作为编辑单位落款,政府并不知情。(3)富民县人民政府没有使用过原告的作品刊登在图册上,也没有从中获利,不应成为赔偿主体。
　　云南省昆明市中级人民法院认为,原告主张《富民县经贸交通旅游图》中使用的"伽峰山庄乡村营地全景图"和"富民风光飞来湖"两幅作品的著作权归其所有,并且提交了该两幅摄影作品的数码照片。但经比对,《富民县经贸交通旅游图》中使用的"伽峰山庄乡村营地全景图"与原告提交的"伽峰山庄乡村营地全景图"数码照片并不一致(两幅照片中的瀑布存在明显差异),并非同一张照片。云南省高级人民法院作出的(2006)云高民三终字第 57 号民事判决书已确认 2002 年 1 月版的《伽峰山乡村营地》宣传册和其中 30 幅照片的著作权属于富民伽峰山乡村营地有限公司,该案中 2002 年 1 月版的《伽峰山乡村营地》宣传册中编号为 5 的照片是由一幅风景图片和一幅题字合成,编号为 24 的照片与本案涉案作品"富民风光飞来湖"相同。而本案所涉《富民县经贸交通旅游图》中使用的"伽峰山庄乡村营地全景图"并不是整张照片,只是截取了中间部分,左边刚好将题字部分截去,且富民县伽峰山乡村营地有限公司于 2005 年 12 月

2日出具的证明证实了涉案两幅作品是由该公司提供给被告云南省地图院的,故《富民县经贸交通旅游图》中使用的两幅涉案作品的著作权人并不是原告,而是富民县伽峰山乡村营地有限公司。因此,依照《中华人民共和国民事诉讼法》第64条第1款、第67条、第136条第2款的规定,判决驳回原告王正昌的诉讼请求。

原告王正昌不服,向云南省高级人民法院提起上诉。

云南省高级人民法院认为,经比对,《富民县经贸交通旅游图》中使用的由富民县伽峰山乡村营地有限公司提供的"伽峰山庄乡村营地全景图"与上诉人提交的"伽峰山庄乡村营地全景图"数码照片有不一致的地方,具体表现在:(1)两幅照片的瀑布宽窄幅度不同;(2)两幅照片天空中的蓝天白云状态明显不同;(3)两幅照片反映的房屋状况有一定差别。因此,《富民县经贸交通旅游图》中的"伽峰山庄乡村营地全景图"与上诉人提交的"伽峰山庄乡村营地全景图"数码照片不是相同的照片,故依照法律规定,上诉人对于《富民县经贸交通旅游图》中的"伽峰山庄乡村营地全景图"照片不享有著作权,即不享有该照片的著作人身权和著作财产权。另《富民县经贸交通旅游图》中使用的"富民风光飞来湖"照片与(2006)云高民三终字第57号民事判决书所确认的编号为24号之照片相同。该判决书已经确认24号照片的著作权已依照双方签订的委托合同归属于富民县伽峰山乡村营地有限公司,上诉人不能再就该作品的署名权主张权利。故上诉人关于两被上诉人侵犯其涉案照片著作权的上诉理由不能成立,两被上诉人并未侵犯上诉人王正昌上述两幅摄影作品的著作权。故而依照《中华人民共和国民事诉讼法》第153条第1款第1项的规定,于2007年12月19日判决驳回上诉,维持原判。

二、裁判要旨

No.1-1-3.1.5-1 对摄影作品的著作权归属,法院已作出有效判决的,应当依有效判决认定。无有效判决的,可以通过比较不同确定归属。

《著作权法》第3条规定了摄影作品属于受著作权法保护的客体。根据《著作权法实施条例》第4条第10项的规定,摄影作品是指借助器械在感光材料或者其他介质上记录客观物体形象的艺术作品。该案涉及摄影作品尤其是数码照片的著作权人如何认定的问题。

由于以前的摄影作品建立在胶片原底的基础上,所以认定著作权人比较简单,一般认为,如无相反证据,持有胶片原底的人为权利人。但随着科技的发展,数码照片成为常见的摄影作品形式。由于数码照片具有间接性、易修改性、可复制性等特点,且没有底片、底稿等,存在难以确认权属的问题。

在该案中,法院通过对涉案的"伽峰山庄乡村营地全景图"与原告提交主张的"伽峰山庄乡村营地全景图"数码照片进行比较,认为存在不一致的地方,不属于同一张照片。而对另一张涉案的"富民风光飞来湖"照片,因在云南省高级人民法院作出的(2006)云高民三终字第57号民事判决书中已确认,其著作权已依照双方签订的委托合同归属于富民县伽峰山乡村营地有限公司,故上诉人不能再就该作品的署名权主张权利。所以,上诉人的侵权指控是不能成立的。

**12** 地图作品(《著作权法》第3条第7项)

案例:武汉市勘测设计研究院与牛水英著作权纠纷案
案例来源:《人民法院案例选》1998年第1辑[第42号]
主题词:地图作品 行政批准

一、基本案情

原告:武汉市勘测设计研究院(以下简称武汉勘测院)。
被告:牛水英。

为落实与国家测绘出版社签订的编制武汉市各种交通游览图的协议,原告武汉市勘测设计研究院于1989年10月向武汉市有关行政主管部门提出书面报告,称:"我院根据多年积累的本市地图资料和现有的技术力量,与测绘出版社共同编制有关地图,以满足城市经济和社会发展的需要。付印前,报请国家测绘局审批。现报送《武汉市交通旅游图》壹份,请审查。"同月18日,该行政主管部门在此报告上批示:同意编制该地图。1992年3月,武汉勘测院与国家测绘出版社就《武汉市交通旅游图》的出版签订协议,约定:该图的编辑提纲和编图设计需经双方审阅后,方能开始编绘工作。编绘工作完成后,由武汉勘测院负责安排印刷,付印前,送4份打字样稿交测绘出版社终审,并报国家测绘局审批。在地图印刷出版前,国家测绘出版社将该图清样报送国家测绘局审批,并经其同意。同年7月,国家测绘出版社将审批结果函告给武汉勘测院,《武汉市交通旅游图》即开始出版发行。

  1993年2月,被告牛水英以自己的名义编制了一份《最新最实用武汉市交通商业游览图》,此图于同年6月出版发行。武汉勘测院认为该图侵犯了自己在1992年出版的《武汉市交通旅游图》的著作权,于1996年上半年委托武汉测绘科技大学土地科学学院、国土信息与地图科学系对两种地图进行鉴定。1996年7月7日,该两单位出具了一份《关于〈武汉市交通旅游图〉与〈最新最实用武汉市交通游览图〉的鉴定意见》,结论为:后图的主版图与前图基本一致,显然出于同一成果:(1)在这两幅图上,武汉市基本地理要素轮廓范围、比例尺完全一致,街巷分级一致,形状无任何差别,水网的选择与综合也完全一样。根据制图规律,如果依据不同的原始资料,由不同作者各自独立创作,是绝不会完全相同的。(2)前图是由未经纠正的彩航片强行镶嵌的平面图作基本资料编成,因而无统一投影,各处比例尺不同。后图与之完全一样,而如果用其他资料编成,图形绝不会与前图处处相同。(3)前图在编制作业中存在的错误之处,在后图上大多也存在,如图例中"饭店、宾馆"的英文名为"GUESTHOUS",在前图中漏"E",在后图中同样漏"E";马场角的十字路口,前图画歪了,后图上也一样;还有单位、街道名称注错,街道形状偏差,后图中均有同样错误。类似情况还有不少。据此认为,该两图的基本内容属于同一版本。

  根据该鉴定结论,武汉勘测院向武汉市中级人民法院提起诉讼,称被告牛水英编制的《最新最实用武汉市商业交通游览图》的各项要素均与该院1992年编制出版发行的《武汉市交通旅游图》基本一致,牛水英的行为属抄袭复制行为,构成了对该院地图著作权的侵犯。

  被告牛水英则答辩称:原告编制的地图未报经有关测绘行政管理部门审批,原告不仅不应享有该图的著作权,还应受到相应的处罚。被告根据相关法规和行业工作规程的要求,进行了地图的编制工作,其地图的编制基础(地理底图)来源于湖北省测绘局,与该局制印队编印的1993年2月第一版《武汉工商旅游交通图》使用的是同一底图。其图编制后报请湖北省测绘局审批同意,才于1993年6月出版发行。故应享有其图的著作权,请求驳回原告的诉讼请求。

  武汉市中级人民法院认为,原告武汉勘测院具有测绘资格和较完备的测绘手段。1992年版《武汉市交通旅游图》系原告在航空摄影的基础上,经集体创作而成的地图作品。该地图作品在许可国家测绘出版社专有出版时,已报国家测绘局审批,故该地图作品的著作权应由原告享有。被告牛水英不具备合法的测绘资格,其编制的《最新最实用武汉市商业交通旅游图》在编制时间上晚于原告主张权利的地图,并在地理要素、轮廓、范围、比例尺、街巷分级、水网的选择与综合等方面与原告地图基本一致,牛水英又不能提供该图系自己创作的充分证据,故牛水英不享有该图的著作权。被告牛水英未经原告许可,印刷出版其地图的行为,已构成对原告著作权的侵犯。牛水英辩称原告地图未报经有关测绘管理部门审批,是属于行政主管部门管理范围,并不影响原告对自己编制的地图作品著作权的享有。根据《中华人民共和国民法通则》第118条、《中华人民共和国著作权法》第46条之规定,该院于1996年11月20日判决:

  一、《武汉市交通旅游图》的著作权应由原告武汉勘测院享有。

  二、被告牛水英立即停止对原告地图著作权的侵犯,并当面向原告赔礼道歉。

  三、被告牛水英赔偿原告经济损失1.5万元,于本判决生效后10日内付清。牛水英不服此判决,上诉至湖北省高级人民法院。

  湖北省高级人民法院认为,武汉勘测院根据历年的测绘成果创作完成的《武汉市交通旅游图》(1992年版),应依法享有该图的著作权。该图在国家测绘出版社出版时,已由该社报经国家测绘局批准。而上诉人牛水英进行过实际的地图创作活动的证据不足,侵犯了被上诉人武汉勘测院的著作权，有鉴定结论为据。原审认定事实清楚，适用法律正确，其判决并无不当。据此，依照《中华人民共和国民事诉讼法》第 153 条第 1 款第 1 项的规定，于 1997 年 9 月 30 日判决驳回上诉，维持原判。

二、裁判要旨

**No.1-1-3.1.7-1　地图作品在出版印刷之前要报有关行政主管部门批准的规定，并不影响地图作品本身的著作权。**

我国《著作权法》第 3 条规定了受著作权法保护的作品，包括地图。根据《著作权法实施条例》第 4 条第 12 项的规定："图形作品，是指为施工、生产绘制的工程设计图、产品设计图，以及反映地理现象、说明事物原理或者结构的地图、示意图等作品。"《著作权法实施条例》第 6 条还规定："著作权自作品创作完成之日起产生。"说明我国对著作权采取的是国际通行的自动保护原则。所以地图作品与其他作品一样，自地图创作完成之日起著作权即产生。虽然我国的行政法规规定，地图作品在出版印刷之前要报有关行政主管部门批准，但这只是批准出版印刷的手续，与著作权保护无关。

本案原告作为专业测绘单位，先于被告编制地图，应是该地图的著作权人。如前所述，未报经国家测绘局批准并不影响其著作权的享有。何况，已有充分证据证明该地图的出版已经过报批。被告作为个人，难以完成地图所依赖的测绘活动，且其所绘地图经鉴定，在地理要素、轮廓、范围、比例尺、街巷分级、水网的选择与综合等方面与原告地图基本一致，甚至编制过程中的错误之处也基本相似。被告又不能提供该图系自己创作的充分证据，所以被告未经原告许可，印刷出版其他地图的行为，构成了对原告享有的著作权的侵犯。

## 13 行政区划地图的可版权性及保护（《著作权法》第 3 条第 7 项）

**案例：刘凯与达茂旗政府等侵犯著作权纠纷案**
**案例来源：《最高人民法院知识产权审判案例指导》（第三辑）[第 15 号]**
**主题词：独创性　侵害复制权**

一、基本案情

申请再审人（一审原告、二审上诉人）：刘凯。

被申请人（一审被告、二审被上诉人）：包头市达茂联合旗人民政府（以下简称达茂旗政府）、包头市达茂联合旗建设局（以下简称达茂旗建设局）、包头市达茂联合旗国土资源局（以下简称达茂旗国土资源局）、包头市达茂联合旗工商行政管理局（以下简称达茂旗工商局）。

2002 年 8 月 30 日，刘凯以 15 000 元的价格向达茂旗政府出售了 600 份《行政区划图》。该图右下角标注"达尔罕茂明安联合旗民政局（以下简称达茂旗民政局）编制，包头市民政局监制 2002 年 8 月"，右上角标有"内部用图"字样。

2003 年 9 月，刘凯与两案外人胡达古拉、刘彩霞共同编制并经西安地图出版社印制出版了蒙 S2003 号《包头商务旅游交通指南》（以下简称《指南》）一书，书中有达茂旗地图页。

2004 年 3 月 17 日，达茂旗政府向各苏木、乡、镇人民政府，旗直属各有关单位下发了达政办发（2004）21 号关于编印出版《旅游交通图》的通知。2004 年 6 月，达茂旗政府、达茂旗建设局共同编制发行了《旅游交通图》。

《行政区划图》与《旅游交通图》的对比情况如下：《行政区划图》包括各苏木镇、行政村、自然村，《旅游交通图》基本只包括到行政村，有很少量的自然村，主要是景点图片。两幅图中关于达茂旗及各苏木镇的整体轮廓相同，边界线的画法均为深浅两种粉色，边墙遗址（均为 4 处 13 段）和河流水库（共 9 处）的画法相同，18 个图例中 9 个相同。另外，《行政区划图》上达茂旗跟固阳县的交界线画为两横一点，而根据图例，旗县界应为一横一点，《旅游交通图》存在同样的错误。两幅图背景颜色不同，比例尺不同，角度不同，标注的道路有所不同，《旅游交通图》里没有标注白云鄂博的区域。

2007年3月22日，刘凯以达茂旗政府、达茂旗建设局、达茂旗国土资源局、达茂旗工商局侵犯其著作权及不正当竞争为由，诉至包头市中级人民法院。一审法院审理期间，胡达古拉、刘彩霞向法庭明确表示由刘凯一人对《指南》主张权利。

包头市中级人民法院一审及内蒙古自治区高级人民法院二审均认为，《行政区划图》上署名的编制人为达茂旗民政局，刘凯仅向法庭提交部分达茂旗乡镇底图复印件，未提供其他直接证据证明其就是《行政区划图》的著作权人，故刘凯以其是著作权人，达茂旗政府、达茂旗建设局编制的《旅游交通图》侵犯其著作权为由提起诉讼，不具备诉讼主体资格，遂判决驳回其诉讼请求。

内蒙古自治区高级人民法院再审认为，刘凯没有测绘资质，也未做过测量工作，争议的《行政区划图》不具有独创性，不受著作权法的保护。且根据有关规定，个人无权进行地图的编制。故判决维持原二审判决。

刘凯不服，向最高人民法院（以下简称最高院）申请再审。

最高院认为：（1）涉案的《行政区划图》系刘凯独立创作完成，在整体构图、客观地理要素的选择及表现形式上具有独创性，构成著作权法意义上的作品，刘凯作为该图的作者，依法享有著作权。原再审判决认定该图没有独创性错误，应予以纠正。刘凯是否具有测绘资质与其绘制的地图是否有独创性，没有必然联系。（2）根据《行政区划图》和《旅游交通图》的对比情况可知，《旅游交通图》主要利用了《行政区划图》关于达茂旗及各乡镇苏木的整体轮廓和结构，在此基础上添加景点图片而成。由于达茂旗的整体形状、位置以及各乡镇苏木的形状和位置是客观存在的，其表达方式非常有限，《旅游交通图》对刘凯具有独创性的部分仅有少量使用，如边界线的颜色、边墙遗址的画法等，从整体上来看，不构成对《行政区划图》的复制，可不视为对刘凯著作权的侵犯。

据此，虽然原再审判决认定《行政区划图》没有独创性、不受著作权法保护理由有误，但认定被申请人不构成对刘凯著作权的侵犯判决结论正确，应予维持。故最高院于2010年9月21日裁定，驳回刘凯的再审申请。

## 二、裁判要旨

**No.1-1-3.7-2　独立创作完成的地图，如果在整体构图、客观地理要素的选择及表现形式上具有独创性，应当属于著作权法保护的图形作品。**

我国《著作权法》第3条第7项规定了受著作权法保护的图形作品类别："工程设计图、产品设计图、地图、示意图等图形作品和模型作品"。再根据《著作权法实施条例》第2条对作品的规定，作品"是指文学、艺术和科学领域内具有独创性并能以某种有形形式复制的智力成果"，从而可以看出，具有独创性的地图也受著作权法保护。该案中，《行政区划图》系刘凯独立创作完成，在整体构图、客观地理要素的选择及表现形式上具有独创性，故构成著作权法意义上的作品，刘凯作为该图的作者，依法享有著作权。而独创性是指的作品本身形式上体现出来的独创性，即作品的完成是作者自己智力创作和选择的结果，刘凯是否具有测绘资质，与其绘制的地图是否有独创性并没有必然联系。

**No.1-1-3.7-3　行政区划图中关于行政区的整体形状、位置以及各内设辖区的形状和位置等，由于系客观存在，表达方式非常有限，在认定侵权时应不予考虑。**

尽管如前所述，具有独创性的地图享有著作权，但由于地图表达的基本内容系客观存在，尤其是涉案《行政区划图》中行政区的整体形状、位置以及各内设辖区的形状和位置等的表达方式非常有限，如果据此判定侵权的话，将造成对事实的垄断。所以最高院认为，《旅游交通图》对刘凯具有独创性的部分仅有少量使用，如边界线的颜色、边墙遗址的画法等，从整体上来看，不构成对《行政区划图》的复制，可不视为对刘凯著作权的侵犯。

独创性·侵害复制权

**14** 计算机软件的著作权(《著作权法》第 3 条第 8 项)

**案例**:北京市海淀区东方计算机技术研究所与珠海市恒开电子发展有限公司北京市海淀区恒开电子产品经营部著作权纠纷案

案例来源:《中华人民共和国最高人民法院公报》1995 年第 3 期(总第 43 期)
主题词:计算机软件　著作权侵权

一、基本案情

原告:北京市海淀区东方计算机技术研究所(以下简称东方研究所)。

被告:珠海市恒开电子发展有限公司、北京市海淀区恒开电子产品经营部(以下简称恒开公司、恒开经营部)。

1989 年 11 月,东方研究所开发完成了"单片机高级语言交叉调试窗口软件 V1.00"(简称 CDW 软件),于 1990 年 11 月起开始将 CDW 软件与单片机开发系统连带销售,其销量呈逐年上升趋势。1992 年 10 月 28 日,东方研究所向中国软件登记中心申请了软件著作权登记,并就 CDW 软件与单片机的适用范围作了说明。

1993 年 2 月 26 日,东方研究所取得了计算机软件著作权登记证书,登记号为 930010。登记证书载明:CDW 软件著作权人为东方研究所。推定该软件的著作权人自 1989 年 11 月 12 日起,在法定的期限内享有该软件的著作权。

1993 年 3 月 16 日,CDW 软件的登记情况由《中国计算机报》向社会公告,该软件零售报价为人民币 600 元。

恒开公司系史晓楠投资,于 1992 年 4 月 18 日经珠海市工商行政管理局进行私营登记领取了企业法人营业执照,经济性质为私营有限责任公司。该公司于 1992 年 7 月 7 日,在北京市海淀区工商行政管理局申请注册成立了分支机构恒开经营部,经济性质为私营独资企业,领取了营业执照。1991 年 5 月 29 日,史晓楠向一个名为花某的学生以现金 300 元购买了一份 CDW 软件复制本,而并非从邢某处得到该软件版本。1991 年底至 1992 年初,史晓楠在参加天津市召开的单片机年会上得知 CDW 软件是东方研究所开发的产品,著作权归东方研究所享有。1992 年 9 月 1 日,恒开公司未经东方研究所许可,将 CDW 软件以现场复制方式与其自行开发的单片机开发系统连带销售,并将该软件列入其产品简介材料中对外进行宣传。除其自行销售外,还以代销方式委托其他企业销售,销售范围涉及全国部分省、市。

东方研究所认为,恒开公司和恒开经营部两被告非法销售软件产品 CDW 的行为严重损害了东方研究所和消费者的权益,给东方研究所在企业信誉和经济上造成了严重损失,于 1993 年 4 月 25 日向北京市海淀区人民法院提起诉讼。

北京市海淀区人民法院认为,计算机软件作为智力成果,受国家法律保护,任何单位、个人不得侵犯。东方研究所投资开发的 CDW 软件,作为一个完整的软件作品,已经过中国软件登记中心注册登记,东方研究所对该软件依法享有著作权,并在市场上取得了一定经济效益。恒开公司和恒开经营部明知 CDW 软件系东方研究所开发的软件作品,却未经东方研究所的许可,以营利为目的擅自将 CDW 软件作为其软件产品对外进行商业性宣传,并采取现场直接复制方法,自销和委托其他企业代销,其主观恶意明显,该行为严重违反了《中华人民共和国著作权法》和《计算机软件保护条例》的有关规定,侵犯了东方研究所对 CDW 软件享有的专有权利,损害了东方研究所的合法权益。恒开公司和恒开经营部应对其侵权行为造成的损害和后果依法承担民事责任。东方研究所要求恒开公司及恒开经营部停止侵害、赔偿损失、公开赔礼道歉的诉讼请求理由成立,应予支持。赔偿金额根据被告侵权行为主观过错的性质、情节及其后果以及制止不法侵害行为的法律原则酌情裁量。被告以 CDW 软件不是一个完整作品,其销售该软件不构成侵犯原告软件专有权为由不同意原告的诉讼请求的理由不能成立。

综上所述,法院依照《中华人民共和国著作权法》第 45 条第 1 项、第 46 条第 2 项,《计算机软件保护条例》第 24 条第 1 款、第 30 条第 1 款第 1 项、第 6 项、第 7 项、第 8 项之规定,于 1993 年 12 月 15 日判决如下:

一、被告珠海市恒开电子发展有限公司,被告北京市海淀区恒开电子产品经营部立即停止发表、复制、销售单片机高级语言交叉调试窗口 V1.00 软件(CDW 软件)。

二、被告珠海市恒开电子发展有限公司,被告北京市海淀区恒开电子产品经营部共同赔偿原告北京市海淀区东方计算机技术研究所经济损失 199 730 元,于判决生效后 10 日内一次付清。

三、被告珠海市恒开电子发展有限公司,被告北京市海淀区恒开电子产品经营部于判决生效后 30 日内,在《中国计算机报》第一版位置,刊登经法院审核的启事,向原告北京市海淀区东方计算机技术研究所赔礼道歉。

四、审计鉴定费 2 000 元,由被告珠海市恒开电子发展有限公司,被告北京市海淀区恒开电子产品经营部负担。

五、驳回原告北京市海淀区东方计算机技术研究所其他诉讼请求。

诉讼保全费 500.20 元,诉讼费 140.10 元,均由两被告负担。

与此同时,海淀区人民法院认为,恒开公司及恒开经营部的侵权行为,违反了《计算机软件保护条例》的规定,严重损害了软件著作权人东方研究所的合法权益,为保障计算机软件产业的顺利发展,维护软件产品市场秩序,保护当事人合法权益,制裁民事违法行为,依据《中华人民共和国民法通则》第 134 条之规定,法院作出民事制裁决定:

一、对被制裁人珠海市恒开电子发展有限公司罚款 1 万元;

二、对被制裁人北京市海淀区恒开电子产品经营部罚款 1 万元;

三、被制裁人珠海市恒开电子发展有限公司及被制裁人北京市海淀区恒开电子产品经营部向法院提交的单片机高级语言交叉调试窗口 V1.00 软件(CDW 软件)一盘予以收缴。

案件一审判决后,双方当事人均未提出上诉。

二、裁判要旨

**No.1-1-3.1.8-1** 计算机软件受著作权法保护。未经软件著作权人同意,发表、复制其软件作品,或发行、展示其软件的复制品,或办理其软件的许可使用或者转让事宜的,需承担侵权责任。

计算机软件亦是我国著作权法保护的客体之一。根据本案审理之时实施的 1991 年《计算机软件保护条例》的规定,计算机软件是指计算机程序及其有关文档,受该条例保护的软件必须由开发者独立开发,并已固定在某种有形物体上。尽管与其他作品一样,计算机软件采取的也是自动保护原则,但根据《计算机软件保护条例》第 24 条第 1 款的规定,向软件登记管理机构办理软件著作权登记,是根据该条例提出软件权纠纷行政处理或者诉讼的前提。这容易引起对软件著作权理解上的歧义,故自 2002 年 1 月 1 日起实施的《计算机软件保护条例》删去了这一规定。本案中的东方研究所已对其 CDW 软件作了著作权登记,而且 CDW 软件是其独立开发完成的,所以东方研究所是软件的著作权人毋庸置疑。

根据 1991 年《计算机软件保护条例》第 30 条的规定,未经软件著作权人同意发表其软件作品;或未经软件著作权人或者其合法受让者的同意复制或者部分复制其软件作品;或未经软件著作权人或者其合法受让者的同意向公众发行、展示其软件的复制品;或未经软件著作权人或者其合法受让者的同意向任何第三方办理其软件的许可使用或者转让事宜的,应当根据情况,承担停止侵害、消除影响、公开赔礼道歉、赔偿损失等民事责任,并可以由国家软件著作权行政管理部门给予没收非法所得、罚款等行政处罚。该案中,恒开公司及恒开经营部实施了上述侵权行为,严重损害了软件著作权人东方研究所的合法权益,故应承担著作权侵权责任。

**15** 计算机软件著作权侵权的举证责任(《著作权法》第 3 条第 8 项)

**案例**:石鸿林诉泰州华仁电子资讯有限公司侵害计算机软件著作权纠纷案

**案例来源**:最高人民法院第十批指导性案例[第 49 号]

**主题词**:计算机软件　实质性相同　举证责任

一、基本案情

上诉人(原审原告):石鸿林。

被上诉人(原审被告):泰州市华仁电子资讯有限公司(以下简称华仁公司)。

原告石鸿林诉称:原告于2000年8月1日开发完成了"S型线切割机床单片机控制器系统软件V1.0",原告是该软件的合法著作权人。原告发现被告华仁公司销售的切割机床单片机控制器(单板机)使用的系统软件指令代码序列及硬件使用配置、键盘布局、操作显示内容等,与原告涉案软件完全相同。被告未经许可,非法复制原告享有著作权的软件,并安装至单板机内向生产线切割机床的厂商销售,每月销售单板机多达两百余台,其行为严重损害了原告的合法权益。诉请判令被告停止侵权,公开赔礼道歉,支付鉴定费用,赔偿原告经济损失10万元,以及为制止被告侵权行为所支付的证据保全公证费、诉讼代理费9 200元。

被告华仁公司辩称:被告销售的HR-Z型线切割机床控制器所采用的系统软件系被告独立自主开发完成,与原告石鸿林S型线切割机床单片机控制系统应没有相同的可能,且被告的线切割机床控制器产品与原告生产的S型线切割机床单片机控制器的硬件及键盘布局完全不同。原告的诉讼主张没有事实根据,请求驳回原告的诉讼请求。

泰州市中级人民法院经审理查明:2000年8月1日,石鸿林开发完成S型线切割机床单片机控制器系统软件。2005年4月18日获得国家版权局软著登字第035260号计算机软件著作权登记证书,证书载明,软件名称为S型线切割机床单片机控制器系统软件V1.0(以下简称S系列软件),著作权人为石鸿林,权利取得方式为原始取得。2005年12月20日,泰州市海陵区公证处出具(2005)泰海证民内字第1146号公证书1份,对石鸿林以660元价格向华仁公司购买HR-Z线切割机床数控控制器(以下简称HR-Z型控制器)一台和取得销售发票(No:00550751)的购买过程,制作了保全公证工作记录,拍摄了所购控制器及其使用说明书、外包装的照片8张,并对该控制器进行了封存。

一审中,原告石鸿林向法院申请对泰州市海陵区公证处公证保全的HR-Z线切割机床控制器内置软件进行鉴定。被告华仁公司否认相关侵权事实,并拒绝提供其控制器软件源程序,原告遂提供其国家版权局登记备案的软件源程序,申请对其与公证保全的控制器软件源程序进行比对鉴定。因双方对鉴定机构的选择未能协商一致,泰州市中级人民法院依职权指定江苏省科技咨询中心对下列事项进行比对鉴定:(1)石鸿林本案中提供的软件源程序与其在国家版权局版权登记备案的软件源程序的同一性;(2)公证保全的华仁公司HR-Z型控制器系统软件与石鸿林获得版权登记的软件源程序代码的相似性或者相同性。后江苏省科技咨询中心出具鉴定工作报告,因被告的软件主要固化在美国ATMEL公司的AT89F51和菲利普公司的P89C58两块芯片上,而代号为"AT89F51"的芯片是一块带自加密的微控制器,必须首先破解它的加密系统,才能读取固化其中的软件代码。而根据现有技术条件,无法解决芯片解密程序问题,因而根据现有鉴定材料难以作出客观、科学的鉴定结论。泰州市中级人民法院将上述鉴定工作报告送达原、被告双方,双方对鉴定报告的内容均无异议。

此后,原告石鸿林提出再次鉴定申请,主要内容是:由原告提供一份软件源代码和源程序与其在国家版权局登记的"S型线切割机床单片机控制器系统软件"作版本相似或相同性鉴定,再将其提供的软件与公证保全的被告华仁公司的线切割机床数控控制器软件进行功能相同性或一致性鉴定,以证明被告侵权。被告认为源程序是企业最大的商业秘密,以无提供源程序义务为由拒绝提供。

泰州市中级人民法院认为,相对于特殊侵权行为而言,知识产权侵权诉讼属于普通侵权诉讼,应按照"谁主张,谁举证"的原则,对存在侵权行为的举证责任应当由主张对方侵权的一方承担。本案中,原告石鸿林起诉被告华仁公司侵害其软件著作权,原告即应当对被告存在侵权行为提供证据加以证明。原告提供的证据和鉴定机构鉴定无法确认被告生产、销售线切割机床控制器的行为构成对原告软件著作权的侵犯,也就无从判令由被告承担侵权行为责任。对于原告石鸿林提出再次鉴定的申请,其目的是通过功能比对鉴定,在各自软件实现的功能相同或者一致的情况下,证明被告华仁公司存在侵权可能性,进而产生举证责任转移的效果,以使被告提供其软件源程序。该法院认为,功能通常被认为是软件的思想、概念,任何人都不能排斥他人研发

计算机软件・实质性相同・举证责任

与自己功能相同的软件,软件功能相同并不等同于比对软件具有实质性相似或者相同,因此,不同软件实现了相同、相似的功能,不能当然得出一方软件侵权的结论。故对原告提出再次鉴定的申请,不予支持。综上,原告石鸿林起诉称被告华仁公司对其实施了软件著作权侵权行为的证据不足,据此,泰州市中级人民法院判决:驳回原告石鸿林的诉讼请求。

石鸿林不服一审判决,向江苏省高级人民法院提起上诉,请求撤销原判,依法改判。

被上诉人华仁公司辩称:(1)被上诉人没有义务提供源程序,源程序是企业最大的商业秘密,一旦提供就需要经过多个专家对比,难免不造成泄密,而且上诉人石鸿林对由此造成的损失拒绝赔偿,因此,被上诉人不同意提供源程序。(2)关于上诉人反复提到的相似性问题,一方面,上诉人、被上诉人双方产品的按键数量并不一致。另一方面,由于目前比较流行的线切割机软件都是用3B代码进行编程的,故操作显示界面存在若干相似之处是正常的。综上,请求驳回上诉,维持原判,并判令上诉人赔偿被上诉人的经济损失。

江苏省高级人民法院经二审,确认了一审查明的主要事实。根据原告石鸿林的申请,准许双方当事人共同指定中国版权保护中心版权鉴定委员会就以下事项进行技术鉴定:(1)石鸿林提供的HX-Z软件源程序与石鸿林享有著作权的S系列软件源程序是否相同或实质性相同?(2)HX-Z软件与被控侵权的HR-Z软件是否具有相同的软件缺陷及运行特征?

经鉴定,中国版权保护中心版权鉴定委员会出具鉴定报告,结论为:(1)石鸿林享有著作权的S系列软件源程序与石鸿林二审提供的HX-Z软件源程序实质性相同。(2)通过运行石鸿林二审提供HX-Z型控制器和被控侵权的HR-Z型控制器,发现二者在加电运行时存在相同的特征性情况。(3)通过运行原、被告软件,发现二者存在如下相同的缺陷情况:① 二控制器连续加工程序段超过2048条后,均出现无法正常执行的情况;② 在加工完整的一段程序后只让自动报警两声以下即按任意键关闭报警时,在下一次加工过程中加工回复线之前自动暂停后,二控制器均有偶然出现蜂鸣器响两声的现象。

二审法院另查明:原、被告软件的使用说明书基本相同。两者对控制器功能的描述及技术指标基本相同;两者对使用操作的说明基本相同;两者在段落编排方式和多数语句的使用上基本相同。经二审法院多次释明,华仁公司始终拒绝提供被控侵权软件的源程序以供比对。

本案二审期间,上诉人石鸿林明确表示放弃要求被上诉人华仁公司公开赔礼道歉的诉讼请求。华仁公司一直未能提供被控侵权的HR-Z软件的源程序以供比对。

江苏省高级人民法院二审认为,本案的核心问题在于比对涉案HR-Z型控制器计算机软件是否侵犯石鸿林享有著作权的S系列软件著作权。鉴于华仁公司无正当理由拒绝提供软件源程序以供直接比对,因此石鸿林有关比对双方软件是否存在共同缺陷及运行特征的请求应予采纳。根据本案二审查明的事实,石鸿林提供的HX-Z软件属于其对S系列软件的改版,而根据中国版权保护中心版权鉴定委员会作出的HX-Z软件源程序与S系列软件源程序实质性相同的鉴定结论,可以证明这两个系统软件本身也构成实质性相同,故HX-Z软件源程序可以作为石鸿林主张著作权的依据与被控侵权的HR-Z软件进行比对。而由于被控侵权的HR-Z软件的源程序及目标程序由华仁公司持有并一直拒绝向法院提供,依靠现有技术手段也无法从HR-Z型控制器中获得HR-Z软件源程序或目标程序,因此石鸿林实际无法提供HR-Z软件的源程序或目标程序以供直接对比。根据计算机软件设计的一般性原理,在独立完成设计的情况下,不同软件之间出现相同的软件缺陷几率极小,而如果软件之间存在共同的软件缺陷,则软件之间的源程序相同的概率较大。根据鉴定结论和二审查明事实,石鸿林提供的现有证据能够初步证明被控侵权的HR-Z软件与石鸿林的S系列软件亦构成实质相同。此时,可以证明被上诉人华仁公司持有但拒不提供的源程序的内容不利于华仁公司,经法院反复释明,华仁公司最终仍不提供被控侵权的HR-Z软件源程序以供比对,依法应当承担举证不能的不利后果。综上,可以认定被控侵权的HR-Z软件与上诉人石鸿林的S系列软件构成实质相同,华仁公司侵犯了石鸿林S系列软件著作权。判决:

一、撤销江苏省泰州市中级人民法院(2006)泰民三初字第2号民事判决。

二、被上诉人华仁公司立即停止生产、销售侵犯上诉人石鸿林 S 型线切割机床单片机控制器系统软件 V1.0 著作权的产品。

三、华仁公司于本判决生效之日起 10 日内赔偿石鸿林经济损失 79 200 元。

四、驳回石鸿林的其他诉讼请求。

二、裁判要旨

No.1-1-3.1.8-2 **当被控侵权人无正当理由拒绝提供软件源程序或目标程序供直接比对，且因技术的限制无法从被控侵权产品中直接读取的情形下，如果双方当事人的软件在设计缺陷方面基本相同，法院可以判定双方软件之间构成实质性相同，由被控侵权人承担民事责任。**

判断原、被告双方的计算机软件源程序或目标程序之间是否相同或者构成实质性相同，是计算机软件著作权侵权纠纷中判断是否存在侵权行为的关键。著作权侵权诉讼属于普通侵权诉讼，应按照"谁主张、谁举证"原则，对存在侵权行为的举证责任应当由主张对方侵权的一方承担。同时，最高人民法院《关于民事诉讼证据的若干规定》第 75 条规定："有证据证明一方当事人持有证据无正当理由拒不提供，如果对方当事人主张该证据的内容不利于证据持有人，可以推定该主张成立。"计算机软件的侵权行为往往具有隐蔽性，权利人的举证责任受限于被控侵权人是否提供对比软件，因此，在计算机软件侵权诉讼中，不能简单套用"谁主张、谁举证"原则，法院应从公平和诚实信用原则出发，合理把握证明标准的尺度，对存在举证客观困难的当事人所提供的现有证据能否形成高度盖然性优势进行综合判断，并要求无正当理由拒绝提供相关证据的相对方承担举证不能的不利后果。

本案中，被控侵权的 HR-Z 软件的源程序及目标程序处于华仁公司的实际掌握之中，在经法院释明华仁公司仍然拒绝提供的情况下，石鸿林无法提供 HR-Z 软件的源程序或目标程序以供直接比对；并且鉴定结论显示，现有技术手段无法从被控侵权的 HR-Z 型控制器中获得 HR-Z 软件源程序或目标程序。由此，可以认定石鸿林已经穷尽其举证能力，存在客观上的举证困难。此时可以适用高度盖然性优势对其提供的证据进行综合判断。二审鉴定结论显示双方当事人的计算机软件在设计缺陷方面基本相同。根据计算机软件设计的一般性原理，独立设计完成的不同软件之间出现相同的软件缺陷几率极小，加之双方软件在加电运行时存在相同的特征性情况、使用说明书基本相同等情形，法院可以认定石鸿林提供的现有证据能够形成高度盖然性优势，即在设计缺陷方面基本相同的软件构成实质性相同。此时，石鸿林的举证标准符合最高人民法院《关于民事诉讼证据的若干规定》第 75 条的规定，法院推定华仁公司持有但拒不提供的源程序的内容对其不利，故而判定华仁公司承担举证不能的不利后果，符合公平原则且于法有据。

**16** 字库的作品种类认定和使用(《著作权法》第 3 条第 8 项)

**案例：**北京北大方正电子有限公司与暴雪娱乐股份有限公司、上海第九城市信息技术有限公司、九城互动信息技术(上海)有限公司、北京情文图书有限公司侵犯著作权纠纷案
**案例来源：**《最高人民法院知识产权审判案例指导》(第五辑)[第 27、28 号]
**主题词：**字体　字库　软件作品　美术作品

一、基本案情

原告(二审上诉人)：北京北大方正电子有限公司(以下简称北大方正公司)。

被告(二审上诉人)：暴雪娱乐股份有限公司(Blizzard Entertainment Inc.，以下简称暴雪公司)、上海第九城市信息技术有限公司(以下简称第九城市公司)。

被告(二审被上诉人)：九城互动信息技术(上海)有限公司(以下简称九城互动公司)、北京情文图书有限公司(以下简称情文图书公司)。

暴雪公司是中文版计算机网络游戏《魔兽世界》(以下简称网络游戏《魔兽世界》)的著作权人，该公司授权九城互动公司独家在中国大陆(不包括香港、澳门特别行政区和台湾地区)商业

运营网络游戏《魔兽世界》。九城互动公司通过第九城市公司实际运营网络游戏《魔兽世界》。第九城市公司以授权情文图书公司等经销商公开销售网络游戏《魔兽世界》安装光盘的方式向用户提供网络游戏《魔兽世界》的客户端。用户在计算机上安装网络游戏《魔兽世界》客户端并购买点卡后,即可使用该客户端并通过互联网激活账户登录成为玩家,付费参加网络游戏《魔兽世界》。在网络游戏《魔兽世界》客户端中,未经北大方正公司许可,复制、安装了北大方正公司享有著作权的方正兰亭字库中的方正北魏楷书、方正剪纸等5款方正字体。在网络游戏《魔兽世界》运行的过程中,各种游戏界面的中文文字分别使用了上述5款方正字体。

北大方正公司于2007年6月18日起诉称:暴雪公司、九城互动公司、第九城市公司、情文图书公司的行为侵犯了北大方正公司对上述5款方正字体的复制权、发行权和获得报酬权等权利。根据公开的信息可知,被告的侵权行为影响十分广泛,获得了巨大的非法利益,极大地损害了北大方正公司的权益。请求判令四被告立即停止侵权行为,采取技术措施删除游戏玩家已安装网络游戏《魔兽世界》客户端中的方正字体,在《法制日报》上赔礼道歉,连带赔偿北大方正公司的经济损失和诉讼费用。

在一审法院2009年11月26日公开开庭审理本案时,北大方正公司明确其主张的权利是:方正兰亭字库V5.0版中的方正北魏楷体GBK、方正细黑-GBK、方正剪纸GBK,方正兰亭字库V3.0版中的方正隶变GBK,方正兰亭字库V1.0版中的方正隶变GB等的计算机软件著作权,以及前述5款字体中每个汉字的美术作品著作权。北大方正公司还主张,暴雪公司、九城互动公司、第九城市公司、情文图书公司的行为,侵犯了上述5款字体的信息网络传播权。

暴雪公司、九城互动公司、第九城市公司的口头答辩意见均为:涉案字库和字体不是著作权法保护的作品。北大方正公司现有的证据,不足以证明其对网络游戏《魔兽世界》中使用的字体享有著作权。九城互动公司与网络游戏《魔兽世界》的运营无任何关系。网络游戏《魔兽世界》中使用的字体有合法来源。北大方正公司请求赔偿的金额无事实和法律依据。

情文图书公司的口头答辩意见是:情文图书公司作为电子出版物销售商,没有能力核查每一个产品是否存在著作权的问题,属于不知情的第三人。

一审法院经审理认为:(1)字库不属于计算机软件保护条例所规定的程序,也不是程序的文档。即便字库属于计算机程序,但其运行结果即产生字型,其与相应的字型是一一对应的,是同一客体的两种表达,在著作权法上应作为一个作品给予保护。故北大方正公司关于四被告侵犯涉案5款方正兰亭字库计算机软件著作权的主张不予支持。(2)字库中每个字体的制作体现出作者的独创性。涉案方正兰亭字库中的每款字体的字型是由线条构成的具有一定审美意义的书法艺术,符合《著作权法》规定的美术作品的条件,属于受《著作权法》及其实施条例保护的美术作品。(3)第九城市公司在网络游戏《魔兽世界》客户端软件和相关补丁程序中使用涉案方正兰亭字库的5款字体,并向消费者进行销售的行为,侵犯了北大方正公司对涉案方正兰亭字库中的字体的美术作品著作权中的复制权、发行权和获得报酬权。(4)由于在网络游戏《魔兽世界》客户端或者相关补丁程序的操作过程中,可以看到如"方正隶变简体"以及"版本:1.00 Copyright(c)Fonder Corporation 1997"等5款方正字体的信息,且北大方正公司也主张"Fonder Corporation"是其英文名称,根据计算机运行本身的特点,本案中的这种信息的记载方式,应认定已为北大方正公司署名,因此,并未侵犯该公司的署名权。(5)由于北大方正公司并未同意将涉案方正兰亭字库的字体用于网络游戏《魔兽世界》客户端软件或者相关补丁程序,因此,第九城市公司通过计算机网络,向网络游戏《魔兽世界》玩家提供包含涉案方正兰亭字库5款字体的客户端软件或者相关补丁程序的行为,构成对北大方正公司就涉案方正兰亭字库字体所享有的信息网络传播权的侵犯。

一审法院判决:

一、四被告立即停止销售、通过计算机网络提供包含有方正兰亭字库V5.0版中的方正北魏楷体GBK、方正细黑-GBK、方正剪纸GBK,方正兰亭字库V3.0版中的方正隶变GBK,方正兰亭字库V1.0版中的方正隶变GB字体的计算机网络游戏《魔兽世界》客户端软件和相关补丁程序；

二、情文图书公司立即停止销售包含有上述 5 种字体的计算机网络游戏《魔兽世界》客户端软件光盘；

三、暴雪公司、九城互动公司、第九城市公司赔偿北大方正公司经济损失 140 万元及诉讼合理支出 5 万元；

四、驳回北大方正公司的其他诉讼请求。

北大方正公司、暴雪公司、第九城市公司均不服一审判决，向中华人民共和国最高人民法院（以下简称最高院）提起上诉。

北大方正公司上诉称：(1) 涉案方正字库属于计算机软件，北大方正公司依法享有计算机软件著作权，一审判决对方正字库未按照计算机软件给予保护，属于认定事实不清，适用法律错误。(2) 涉案方正字库的程序和字体均构成著作权法意义上的作品，均应依法得到保护。一审判决认为字库程序与字体"是同一客体的两种表达，在著作权法上应作为一个作品给予保护"是错误的。(3) 四被告侵犯了北大方正公司对方正字库的署名权，应依法承担赔礼道歉的法律责任。(4) 一审判决认定九城互动公司、第九城市公司购买了方正兰亭字库并对游戏进行汉化没有事实根据。(5) 北大方正公司已经提供证据证明涉案每款方正字库的价格，亦提供证据证明暴雪公司等销售网络游戏《魔兽世界》客户端软件的数量，一审判决"酌情确定赔偿额"属于认定事实和适用法律严重错误。

请求二审法院：(1) 依法判决撤销一审判决第三项、第四项；(2) 依法改判四被告在《法制日报》上公开赔礼道歉；(3) 依法改判四被告连带赔偿北大方正公司经济损失人民币 4.08 亿元；(4) 依法改判暴雪公司、九城互动公司、第九城市公司、情文图书公司共同承担北大方正公司为制止侵权而支出的合理费用人民币 980 110 元；(5) 依法判令本案一审、二审全部诉讼费用由四被上诉人共同负担。

暴雪公司上诉称：(1) 涉案方正兰亭字库中的字型并非《著作权法》及其实施条例保护的美术作品（一审法院认定涉案字库不属于计算机软件）。因此，涉案字库和字型均不是《著作权法》和其他相关法律保护的作品。北大方正公司现有证据不足以证明其对涉案游戏中使用的字型享有著作权。(2) 涉案游戏中使用的字型有合法来源。(3) 一审法院酌情确定的赔偿数额将近法定最高赔偿额的 3 倍，没有任何事实和法律依据。请求二审法院撤销一审判决，依法改判。

第九城市公司上诉称：一审判决没有事实和法律依据。(1) 涉案方正兰亭字库中的字型绝大多数是通过无生命、无思维的"函数"生成，而并非"人"的创作，因此，涉案字型不能成为《著作权法》及其实施条例保护的美术作品。此外，涉案字库并非计算机软件作品。因此，涉案字库和字型均非"作品"。(2) 其使用的是合法购买的"方正兰亭 46 款 GBK 字库"。(3) 一审法院酌情确定的赔偿数额将近法定最高赔偿额的 3 倍，没有任何事实和法律依据。请求二审法院撤销一审判决，依法改判。

最高院经审理查明，一审法院查明的事实基本属实，予以确认。

在最高院审理过程中，北大方正公司向该院提交了《计算机字库的开发生产过程》《为什么说计算机字库是软件》等文件。根据前述文件及北大方正公司的陈述意见，该院查明，诉争北大方正兰亭字库的制作通常经过字型设计（字稿创作）、扫描、数值拟合、人工修字、拼字、质检、符号库搭配、使用 Truetype 指令、编码成 Truetype 字库、测试等步骤。其中字型设计是选定字体创意稿后，依字型创意的汉字风格、笔形特点和结构特点，由专业人员在计算机上直接设计成字稿或在纸介质上设计成字稿。扫描是指将纸介质上的设计字稿通过扫描仪扫成高精度点阵图形，输入电脑做成底纹，并按底纹在相关软件上画成三次曲线字，规范制作后，按照编码字符国家标准 GB1300.1-1993 给出字符编码。拟合是将扫描后的数字化图像初步转换为该字的输出显示程序，即按照一定的数学算法，将扫描后的数字化图像抽取轮廓，并通过参数控制来调整轮廓的点、线、角度和位置（随着计算机做字技术的发展，字型设计师也可以直接使用计算机软件进行字体设计,不需要扫描、拟合过程)。拟合过程之后是修字,该步骤是由人工借助专业造字工具辅助对拟合好的字进行修改,使之达到印刷字库的要求。拼字是根据字体由部件组成的特点,先行设计和制作部件,再以部件为基础,拼合出其他字的方法。具体而言,北大方正公司在制作字库时,通常只让设计师设计常用的几百字,之后由其制作人员,在把握原创风格的基础上,按照印刷字的组字规律,将原创的部件衍生成一套完整的印刷字库。质检环节是对成品字进行检查,把控整套字库的同一性。符号库搭配是指将西文符号按照中文字的风格、大小和粗细来设计,使其在字库中搭配使用效果能够和谐统一。整款印刷字库字型设计完成后,软件开发人员使用Truetype指令,将设计好的字型用特定的数学函数描述其字体轮廓外形,并用相应的控制指令对字型进行相应的精细调整后编码成Truetype字库。该字库中一般包含构成字形轮廓动态构建指令集、字形轮廓动态调整指令集等。其中构成字形轮廓动态构建指令集的主要功能是选取字型中的点并以特定方式连线构成汉字的字型轮廓;字型轮廓动态调整指令集的功能主要是为了实现汉字在不同环境(如不同分辨率下)的完整及美观,在程序设定的条件下对汉字的字型轮廓进行动态调整,以便在各种分辨率的情况下均能够清晰地显示每一个汉字。诉争的5款字型均采用以上基本相同的方法制作完成。

最高院另查明,北大方正公司提交的一审证据三方正兰亭字库V5.0产品外包装复印件、北大方正软件最终用户许可协议复印件,该许可协议书载明:本"软件产品"是被当成一个单一产品而被授予许可协议,不得将各个部分分开在多个计算机上使用。此外,北大方正公司提交的一审证据第25、26,关于"第九城市披露2006年度第四季度和年度未经审计财务业绩",记载"2006年度第四季度,暴雪娱乐《魔兽世界》中国大陆区同时在线玩家最高达68万人,平均为34万人。截至2006年12月31日,共激活680万个付费账户"。"其他收入主要包括《魔兽世界》相关商品和安装套件的销售收入。2006年第四季度,其他业务总收入为60万元,与2006年第三季度的190万元和2005年第四季度的180万元相比有所下滑。"该院认为,虽然第九城市公司在一审诉讼中对该证据的真实性不予认可,但其并未提出相反证据推翻上述证据,且该陈述系第九城市公司作为上市公司向社会公布的,并附有该公司投资者管理部高级经理的详细联系方式,根据民事诉讼优势证据原则,对其真实性该院予以认可。

最高院认为,本案的争议焦点可归纳为:(1)本案诉争的方正兰亭字库是否著作权法意义上的作品?(2)暴雪公司、第九城市公司将涉案方正兰亭字库的5款字体文件使用于网络游戏《魔兽世界》客户端软件和相关补丁程序中,是否侵犯了北大方正公司的相关权利?(3)暴雪公司、第九城市公司在其网络游戏《魔兽世界》运行中,其游戏界面中使用5款方正字体是否侵犯了北大方正公司的相关权利?(4)本案的民事责任承担问题。

对于上列争议焦点,最高院认为:

1. 本案诉争的方正兰亭字库是否著作权法意义上的作品?根据《著作权法实施条例》第2条的规定,著作权法意义上的作品"是指文学、艺术和科学领域内具有独创性并能以某种有形形式复制的智力成果"。本案中,诉争的字库由方正兰亭字库V5.0版中的方正北魏楷体GBK、方正细黑-GBK、方正剪纸GBK,方正兰亭字库V3.0版中的方正隶变GBK,方正兰亭字库V1.0版中的方正隶变GB字体共5款字体组成。根据北大方正公司陈述的字库制作过程,其字库中相关字体是在字型原稿的基础上,由其制作人员在把握原创风格的基础上,按照印刷字的组字规律,将原创的部件衍生成一套完整的印刷字库后,再进行人工调整后使用Truetype指令,将设计好的字型用特定的数字函数描述其字体轮廓外形,并用相应的控制指令对字型进行相应的精细调整后,编码成Truetype字库。根据其字库制作过程,由于印刷字库中的字体字型是由字型原稿经数字化处理后和由人工或计算机根据字型原稿的风格结合汉字组合规律拼合而成,其字库中的每个汉字的字型与其字型原稿并不具有一一对应关系,亦不是字型原稿的数字化,且在数量上也远远多于其字型原稿。印刷字库经编码形成计算机字库后,其组成部分的每个汉字不再以汉字字型图像的形式存在,而是以相应的坐标数据和相应的函数算法存在。在输出时经特定的指令及软件调用、解释后,还原为相应的字型图像。

根据《中华人民共和国计算机软件保护条例》(以下简称《计算机软件保护条例》)第2条之规定,计算机软件是指计算机程序及有关文档。该《条例》第3条第1项规定:"计算机程序是指为了得到某种结果而可以由计算机等具有信息处理能力的装置执行的代码化指令序列,或者可以被自动转换成代码化指令序列的符号指令序列或者符号化语句序列。"本案中,诉争字库中的字体文件的功能是支持相关字体字型的显示和输出,其内容是字型轮廓构建指令及相关数据与字型轮廓动态调整数据指令代码的结合,其经特定软件调用后产生运行结果,属于计算机系统软件的一种,应当认定其是为了得到可在计算机及相关电子设备的输出装置中显示相关字体字型而制作的由计算机执行的代码化指令序列,因此其属于《计算机软件保护条例》第3条第1项规定的计算机程序,属于著作权法意义上的作品。鉴此,最高院认为,一审法院以"字库中对数据坐标和函数算法的描述,并非计算机程序所指的指令,并且字库只能通过特定软件对其进行调用,本身并不能运行并产生某种结果"为由,认定诉争字库不属于《计算机软件保护条例》所规定的程序,缺乏事实和法律依据,应予以纠正。北大方正公司关于其诉争字库属于计算机软件的上诉主张,应以支持。暴雪公司、第九城市公司关于诉争字库不属于计算机软件的答辩意见,无事实和法律依据,不予支持。

关于诉争方正兰亭字库是否著作权法意义上的美术作品的问题。《著作权法实施条例》第4条第8项规定:"美术作品,是指绘画、书法、雕塑等以线条、色彩或者其他方式构成的有审美意义的平面或者立体的造型艺术作品"。本案中,诉争方正兰亭字库由方正北魏楷体 GBK、方正细黑-GBK、方正剪纸 GBK,方正兰亭字库 V3.0 版中的方正隶变 GBK、方正兰亭字库 V1.0 版中的方正隶变 GB 字体(字库)组成。每款字体(字库)均使用相关特定的数字函数,描述常用的5000余汉字字体轮廓外形,并用相应的控制指令及对相关字体字型进行相应的精细调整,因此每款字体(字库)均由上述指令及相关数据构成,并非由线条、色彩或其他方式构成的有审美意义的平面或者立体的造型艺术作品,因此其不属于著作权法意义上的美术作品。此外,根据诉争相关字体(字库)的制作过程,字库制作过程中的印刷字库与经编码完成的计算机字库及该字库,经相关计算机软件调用运行后产生的字体属于不同的客体,且由于汉字本身构造及其表现形式受到一定限制等特点,经相关计算机软件调用运行后产生的字体是否具有著作权法意义上的独创性,需要进行具体分析后尚能判定。一审法院以字库的字型均采用统一的风格与笔形规范进行处理,而认定字库中的每个字型的制作体现出作者的独创性而成为著作权法意义上的作品,是将北大方正公司制作计算机字库过程中的印刷字库与最终完成计算机字库及该字库运行后产生的字体混为一体,且对该字库经计算机程序调用运行后产生的汉字是否具有独创性没有进行分析判定,进而影响了其对诉争字库(字型)性质的认定,导致认定事实、适用法律均有错误,二审应予以纠正。

2. 暴雪公司、第九城市公司将诉方方正兰亭字库的5款字体文件使用于网络游戏《魔兽世界》客户端软件和相关补丁程序中,是否侵犯了北大方正公司的相关权利?根据一审法院查明的事实,北大方正公司是方正兰亭字库 V5.0、方正兰亭字库 V3.0 版、方正兰亭字库 V1.0 版的著作权人,也是前述三个版本字库中方正北魏楷体 GBK、方正细黑-GBK、方正剪纸 GBK,方正隶变 GBK,方正隶变 GB 字体共5款字体的著作权人,暴雪公司、第九城市公司上诉称,北大方正公司提交的现有证据不足以证明其是诉争5款字体的著作权人,但其对网络游戏《魔兽世界》中使用了涉案5款字体以及标有 GBK 的各款字体包含 21 000 个汉字,标有 GB 的字体包含 7 000 个汉字无异议,且其提出的相关证据并不能否定北大方正公司是诉争字库的著作权人,对其上诉主张,二审不予支持。

一审法院认定第九城市公司购买了"46款 GBK 字库",对此北大方正公司不持异议,但认为仅凭该购买事实,不足以证明暴雪公司、九城互动公司、第九城市公司在其《魔兽世界》客户端中使用诉争字库有合法来源,更不能证明暴雪公司、九城互动公司、第九城市公司在其《魔兽世界》客户端中使用诉争字库是得到了北大方正公司的合法授权。暴雪公司、九城互动公司、第九城市公司认为因其是合法购买取得的涉案字库,因此其对涉案字库的使用并非是未经许可的使用。最高院认为,暴雪公司、九城互动公司、第九城市公司在一审中仅提供了其购买"46 款 GBK 字库"的发票,并未提供相应的许可协议,仅凭该发票不足以证明其获得了将诉争字库使用于其游戏客户端的相应授权。因此,第九城市公司未经北大方正公司的许可,将北大方正公司享有著作权的涉案兰亭字库装入其游戏客户端并销售的行为,侵犯了北大方正公司对诉争字库计算机软件的复制权、发行权和获得报酬权,将该客户端通过计算机网络向其玩家提供的行为,侵犯了北大方正公司对诉争字库计算机软件的信息网络传播权,应当承担停止侵权、赔偿北大方正公司因其侵权行为而受到的损失等民事责任。一审法院认定,第九城市公司未侵犯北大方正公司对诉争字库的署名权,不应承担赔礼道歉的民事责任并无不当,但其认定第九城市公司侵犯了北大方正公司对诉争字库字型美术作品的相关权利,认定事实和适用法律均有错误,该院予以纠正。一审法院关于暴雪公司、九城互动公司应与第九城市承担连带责任的认定并无不当,应予以维持。

3. 暴雪公司、第九城市公司在其网络游戏《魔兽世界》运行中,其游戏界面中使用 5 款方正字体,是否侵犯了北大方正公司的相关权利?根据一审法院及二审查明的事实,网络游戏《魔兽世界》中使用了涉案 5 款字体以及标有 GBK 的各款字体包含 21 000 个汉字,标有 GB 的字体包含 7 000 个汉字。由于前述汉字均属诉争方正兰亭字库经相关计算机软件调用后产生,判断暴雪公司、第九城市公司在其游戏运行中使用上述字体,是否侵犯北大方正公司相应权利的前提是诉争字库经计算机软件调用后产生的汉字是否属于著作权法意义上的作品。最高院在第一焦点部分已经分析由于汉字本身构造及其表现形式受到一定限制等特点,其经相关计算机软件调用后产生的单个字是否具有著作权法意义上的独创性,需要进行具体分析后尚能判定。但鉴于汉字具有表达思想、传递信息的功能,由于暴雪公司、第九城市公司在其游戏运行中使用上述汉字是对其表达思想、传递信息等功能的使用,无论前述汉字是否属于著作权法意义上的美术作品,其均不能禁止他人正当使用汉字来表达一定思想,传达一定的信息的权利。因此,该院认为,暴雪公司、第九城市公司在其游戏运行中使用上述字体相关汉字,并不侵犯北大方正公司的相关权利。

4. 民事责任承担问题。关于暴雪公司、九城互动公司、第九城市公司是否应当承担停止侵权的民事责任的问题。因暴雪公司、九城互动公司、第九城市公司已经停止在其游戏中使用诉争字库,一审判决其停止销售、通过计算机网络提供包含涉案字库的计算机网络游戏《魔兽世界》客户端软件和相关补丁程序已无必要,二审对此作出相应调整。

关于北大方正公司请求删除游戏玩家已安装网络游戏《魔兽世界》客户端软件中的涉案方正兰亭字库相关字体的诉讼请求应否支持的问题。根据一审法院查明的事实,由于已经销售的网络游戏《魔兽世界》客户端软件不在暴雪公司、九城互动公司、第九城市公司或者情文图书公司的控制之下,最高院对北大方正公司要求删除游戏玩家已安装网络游戏《魔兽世界》客户端软件中的涉案方正兰亭字库字体的诉讼请求不予支持。

关于情文图书公司作为网络游戏《魔兽世界》客户端软件光盘的销售商应当承担的民事责任问题。因该公司不知道该客户端中存在侵犯他人计算机软件作品著作权的情况,且已经说明了所销售网络游戏《魔兽世界》客户端软件光盘的来源,故不应承担赔偿责任,但应停止销售包含侵犯涉案方正兰亭字库字体著作权的网络游戏《魔兽世界》客户端软件光盘。

关于本案赔偿数额确定的问题。北大方正公司经二审询问后,未提交其涉案兰亭字库及与其类似的字库许可商业用户使用的许可费数额,亦未提交其因暴雪公司、九城互动公司、第九城市公司相关侵权行为致使其相关字体销售量下降而受到的损失,以及暴雪公司、九城互动公司、第九城市公司因相关侵权行为而获得的利润。根据一审法院及二审查明的事实,在网络游戏《魔兽世界》客户端软件和相关补丁程序中使用涉案方正兰亭字库中的 5 款字体是该网络游戏的组成部分。此外,将《魔兽世界》游戏中的涉案字体进行替换后,游戏玩家数量没有下降趋势。鉴此,最高院认为,涉案字库字体并不是相关游戏玩家选择购买涉案游戏客户端软件和相关补丁程序的目的,涉案游戏运营收入与该游戏中是否使用涉案字库并没有直接的因果关系。因此，北大方正公司关于以该游戏的运营收入及以已销售的网络游戏《魔兽世界》客户端软件的数量或者以乘以涉案方正兰亭字库中每款字体的单价的方式确定本案的赔偿数额的主张，没有事实和法律依据，该院不予支持。但是，根据二审查明的事实，仅在 2006 年第四季度，暴雪公司《魔兽世界》中国大陆同时在线玩家最高达 68 万人，平均为 34 万人，截至 2006 年 12 月 31 日，共激活 680 万个付费账户。2006 年第三季度、第四季度，销售《魔兽世界》相关商品和安装套件的销售收入为 250 万元。因在网络游戏《魔兽世界》客户端软件和相关补丁程序中，涉案方正兰亭字库中的 5 款字体仅是该网络游戏的组成部分，不能将暴雪公司、第九城市公司等销售游戏客户端软件的全部收入归因于北大方正公司的涉案兰亭字库，但不可否认，涉案方正兰亭字库对网络游戏《魔兽世界》的正常运行亦有一定的作用。因此，虽然暴雪公司、九城互动公司、第九城市公司相关侵权行为致使北大方正公司相关字体销售量下降等，而使北大方正公司遭受的实际损失和暴雪公司、九城互动公司、第九城市公司因相关侵权行为而获得的利润均无法具体确定，但根据北大方正公司提交的一审证据 25、26，足以证明北大方正公司的涉案方正兰亭字库的 5 款字体在暴雪公司等获得利润中的贡献率，已经明显超过了法定赔偿的最高限额，本案依法不适用法定赔偿额的计算方法，该院依法根据本案的具体情况，考虑到暴雪公司等侵权行为的规模、涉案字库相关字体在涉案游戏中的作用，暴雪公司、九城互动公司、第九城市公司购买涉案字库的行为，使用涉案字库的主观意图等因素，综合确定本案赔偿数额为人民币 200 万元。关于北大方正公司为本案支出的合理费用具体数额的问题，该院经审查认为，一审法院结合当事人提供的证据并考虑案件的具体情况，认定北大方正公司为本案诉讼支出的公证费、律师费等合理开支为人民币 5 万元并无不当，本院予以维持。暴雪公司等关于赔偿数额等的上诉理由不能成立，本院不予支持。

综上，三上诉人的部分上诉理由成立，二审法院予以支持；一审判决认定事实、适用法律部分有误，二审予以纠正；最高院判决：

一、维持一审判决第二项、第四项；

二、撤销一审判决第一项；

三、变更一审判决第三项为：自本判决生效之日起 10 日内，暴雪娱乐股份有限公司、九城互动信息技术（上海）有限公司、上海第九城市信息技术有限公司赔偿北京北大方正电子有限公司经济损失人民币 200 万元及诉讼合理支出人民币 5 万元。

二、裁判要旨

**No.1-1-3.1.8-3 作为字型轮廓构建指令及相关数据与字型轮廓动态调整数据指令代码结合的计算机中文字库，属于计算机软件作品，非美术作品。**

著作权法意义上的作品是指文学、艺术和科学领域内具有独创性并能以某种有形形式复制的智力成果，包括美术作品和计算机软件等多个种类。具有独创性的字体原稿可以作为美术作品获得著作权法的保护，但是在此基础上借助计算机技术制作并以软件形式销售的字库是否也属于美术作品、计算机软件作品或者其他著作权法意义上的作品，是随着计算机技术的进步产生的著作权法适用的新问题。

依据《计算机软件保护条例》的界定，计算机软件是指计算机程序及有关文档。其中，计算机程序是指为了得到某种结果而可以由计算机等具有信息处理能力的装置执行的代码化指令序列，或者可以被自动转换成代码化指令序列的符号指令序列或者符号化语句序列。文档是指用来描述程序的内容、组成、设计、功能规格、开发情况、测试结果及使用方法的文字资料和图表等，如程序设计说明书、流程图、用户手册等。在软件工程上，指令是指使计算机执行一个特定操作或者执行一组特定操作的程序语句，或者是在程序设计语言中规定某种操作，且如果有操作数则对操作数进行标识的一个有含义的表述。依据《著作权法实施条例》的规定，美术作品是指绘画、书法、雕塑等以线条、色彩或者其他方式构成的有审美意义的平面或者立体的造型艺术作品。因此，判断计算机字库是否属于著作权法意义上的作品及属于何种作品，需要从其产生的过程加以分析。

本案中,诉争字库的制作通常经过字型设计(字稿创作)、扫描、数值拟合、人工修字、拼字、质检、符号库搭配、使用 Truetype 指令,编码成 Truetype 字库、测试等步骤。北大方正公司在制作字库时,通常只让设计师设计常用的几百字,之后由其制作人员,在把握原创风格的基础上,按照印刷字的组字规律,将原创的部件衍生成一套完整的印刷字库。字库制作过程中的印刷字库与经编码完成的计算机字库,及该字库经相关计算机软件调用运行后产生的字体属于不同的字体,诉争字库的字体并非是相关字体原稿的单纯数字化结果。诉争字库中的字体文件的功能是支持相关字体字型的显示和输出,其内容是字型轮廓构建指令及相关数据与字型轮廓动态调整数据指令代码的结合,其经特定软件调用后产生运行结果,应当认定其是为了得到可在计算机及相关电子设备的输出装置中显示相关字体字型而制作的由计算机执行的代码化指令序列,符合《计算机软件保护条例》对计算机程序的定义,因此,计算机字库属于著作权法意义上的计算机软件作品。由上述计算机字库的制作过程,也可得知,每款字体(字库)均由上述指令及相关数据构成,并非由线条、色彩或其他方式构成的有审美意义的平面或者立体的造型艺术作品,因此其不属于著作权法意义上的美术作品。

**No.1-1-3.1.8-4** 购买计算机字库软件后,未经特别许可,将字库用于商业软件开发,属于侵犯字库作者著作权的行为,但仅将其中字体以汉字表意功能为目的的使用行为,则不构成侵权。

计算机软件的买卖和计算机软件的著作权许可是两种不同的关系,合法购买计算机软件并不能同时获得计算机软件著作权的合法许可,后者需要计算机软件著作权许可使用合同的成立。因此,本案中暴雪公司、九城互动公司、第九城市公司仅提供了其购买"46 款 GBK 字库"的发票,并未提供相应的许可协议,仅能证明其与软件销售方的买卖关系存在,并不能证明其在《魔兽世界》客户端中使用诉争字库得到了北大方正公司的合法授权。因此,法院判定第九城市公司未经北大方正公司的许可,将北大方正公司享有著作权的涉案兰亭字库装入其游戏客户端并销售的行为,侵犯了北大方正公司对诉争字库计算机软件的复制权、发行权和获得报酬权,将该客户端通过计算机网络向其玩家提供的行为,侵犯了北大方正公司对诉争字库计算机软件的信息网络传播权,是正确的。

上文所述,具有独创性和美感的字体可以作为美术作品获得著作权法的保护,借助计算机技术设计产生的字体是否属于美术作品,也需要具体分析其是否具有独创性。但是汉字具有表达思想、传递信息的功能,无论出于何种理由对字库或自体进行保护,都不应妨碍汉字这一基本功能的实现。因此,不论通过调用字库软件产生的字体是否属于著作权法意义上的作品,北大方正公司都无权禁止他人以汉字表意功能为目的的使用行为,暴雪公司、第九城市公司在其游戏运行中使用上述字体相关汉字,是通过计算机屏幕呈现、传递信息的需要,并不侵犯北大方正公司的相关权利。

**17** 答题卡的作品认定(《著作权法》第 3 条第 9 项)
**案例:陈建与富顺县万普印务有限公司侵犯著作权纠纷案**
案例来源:《最高人民法院知识产权审判案例指导》(第四辑)[第 31 号]
主题词:答题卡 思想表达 作品
**一、基本案情**
原告(二审被上诉人、再审申请人):陈建。
被告(二审上诉人、再审被申请人):富顺县万普印务有限公司(以下简称万普公司)。
陈建长期从事机读卡阅卷和研究工作,完成了具有三个主观分答题卡的设计,并于 2008 年 4 月 9 日,在四川省版权局对设计的三个主观分答题卡进行了版权登记。万普公司于 2008 年 8 月 11 日成立,经营范围为:其他印刷品印刷;广告制作;销售;文化办公用品、体育器材。万普公司自成立起均在生产销售三个主观分答题卡。
陈建认为,万普公司生产销售的主观分答题卡侵犯了其著作权,向四川省自贡市中级人民法院提起诉讼,请求判令万普公司停止侵权,不得再复制、销售原告拥有著作权的三个主观分答题卡。

四川省自贡市中级人民法院经审理认为,陈建完成了三个主观分答题卡的设计,又在四川省版权局对其设计的三个主观分答题卡进行了版权登记,取得三个主观分答题卡的著作权登记。万普公司复制、销售三个主观分答题卡,其行为明显侵犯了陈建的合法权益,构成对陈建三个主观分答题卡著作权的侵权,应当承担侵权责任。该院判决:

一、万普公司停止对陈建享有著作权的三个主观分答题卡的侵权;

二、万普公司支付陈建律师费3000元;

三、驳回陈建的其他诉讼请求。

万普公司不服,向四川省高级人民法院提起上诉。

四川省高级人民法院经审理认为,受著作权法保护的图形作品特指以工程或产品的设计图或者地图、示意图等图形形式承载作者思想或设计意图的表达形式,而单纯的通用数表、通用表格等,由于只是某种公知公用思想的唯一表达,并不受著作权法的保护。答题卡并非图形作品,而属于通用数表。由于在各类考试中被广泛使用,尽管样式各异,但由于自定义内容的限制,答题卡的样式仍然是有限的。如果将这种自定义答题卡样式的过程视为对图形作品的创作过程,则由于著作权的限制从而损害公众利益。因此,给予答题卡样式著作权法保护,不符合我国著作权保护制度的立法目的。本案的三个主观分答题卡属于通用数表,不属于著作权法保护的客体,故陈建对其不享有著作权,万普公司的行为也不构成侵犯著作权,不应承担侵权责任。该院判决:撤销一审判决;驳回陈建在原审诉讼中的全部诉讼请求。

陈建不服,向最高人民法院(以下简称最高院)申请再审称,其所设计的答题卡具有创新内容,不属于通用表格,二审法院认定其是通用数表缺乏证据支持。

最高院经审理认为,诉争答题卡是否属于著作权法意义上的作品,是本案争议的焦点问题。根据《著作权法实施条例》第2条的规定,著作权法意义上的作品"是指文学、艺术和科学领域内具有独创性并能以某种有形形式复制的智力成果"。我国高考改革前普遍适用的答题卡是由若干题号和代表选项的字母A、B、C、D或数字0~9,以及少量考试信息相关的文字,如姓名、准考证号、科目、考试注意事项等组成。之后,因为考试题型变化需要增加非考生填写的"主观分判断分数框"的内容。因而,即便诉争答题卡最初由陈建设计,但由于答题卡中增加的"主观分判断分数框"主要针对考题的选项设置和统计信息需要而设置,其与其他信息之间的排列受制于光标阅读机软件所识别的行列间距等参数,故二审法院以诉争答题卡自身不能表达某种思想和设计,且表达方式有限,不属于著作权法保护的客体,并无不当,但认定诉争答题卡属于通用数表不妥,对此应予纠正。综上,该院裁定驳回陈建的再审申请。

二、裁判要旨

No.1-1-3.1.9-1 **本身并不表达某种思想的答题卡,不构成著作权法意义上的作品。**

著作权法只保护表达,不保护思想,是一项基本的原则。但是著作权法意义上的作品作为文学、艺术和科学领域内具有独创性并能以某种有形形式复制的智力成果,又必然内含了某种思想,因此没有任何思想的表达,不是著作权法意义上的作品。著作权法第作品独创性的要求也暗含了这一要求。

本案中,诉争的三个主观分答题卡由客观题和主观题答题卡组成,其组成部分主要包括若干题号和代表选项的字母A、B、C、D或数字0~9,以及少量考试信息相关的文字。答题卡的前述设置主要针对考题的选项设置和统计信息需要而设的,且图形排布受制于光标阅读机等阅读设备所识别的行列间距等参数,"主观分判断分数框"亦然。故答题卡本身并不表达某种思想和设计,且其排列及表达方式有限,不属于著作权法意义上的具有独创性的智力成果,不能获得著作权法的保护。

答题卡·思想表达·作品

## 18 网站页面的作品认定(《著作权法》第3条第9项、第14条、第17条)

案例:乔哲与西部旅行社著作权纠纷案
案例来源:《人民法院案例选》2009年第2辑(第243—244页)
主题词:独创性　汇编作品　委托作品

### 一、基本案情

原告:乔哲。

被告:西部旅行社。

2006年11月25日,西安光大国际旅行社与乔哲签订的网站建设合同约定:西安光大国际旅行社委托乔哲在互联网上建设网站,乔哲为西安光大国际旅行社提供网站制作栏目、网站页面设计、数据库、程序开发。2007年3月15日,西安光大国际旅行社开通www.xaeits.com网站,为维护网站网页的版权,与乔哲签订的补充协议约定:www.xaeits.com网站的域名归西安光大国际旅行社所有并管理使用,网页的版权由双方共同行使;如果发现本网站版权被盗用链接、盗用版权、盗用网站后台,双方有权单独或联合采取法律途径共同维护双方的合法利益,乔哲对www.xaeits.com网站上的网页内容享有著作权,有权对侵犯该网页著作权的行为提出诉讼。2007年3月24日,西部旅行社就其开立的网站www.xaxbgl.com进行了备案。

www.xaeits.com网页载明了西安光大旅行社优惠酒店的价格、机票价格、汽车租赁价格、公司简介、招聘信息、国际、国内旅游线路等内容;www.xaxbgl.com的页面也显示了酒店的价格、机票价格、汽车租赁价格、公司简介、招聘信息、国际、国内旅游线路等内容。经比对,二者页面内容、结构、排列位置、文件名、部分文字和图片、滚动文字栏基本相同。此外,www.xaxbgl.com网站页面显示了西安光大国际旅行社的名称和来访客户的详细信息。

乔哲起诉认为,西部旅行社未经本人同意,使用其为西安光大国际旅行社创作的网页,侵犯了其著作权,故诉至西安市中级人民法院,请求判令:(1)西部旅行社立即停止侵犯www.xaeits.com网站全部网页著作权的行为;(2)赔礼道歉;(3)赔偿原告损失及合理开支4.6万元。

西安市中级人民法院审理后认为,本案所涉网站页面是作者独特构思的体现和智慧的结晶,具有独创性、可复制性,符合作品的构成要件,应受著作权法保护。西安光大国际旅行社与乔哲约定了争讼之网站网页的版权由双方共同行使,乔哲对网页享有著作权,因此乔哲作为本案原告起诉,诉讼主体适格。西部旅行社的网站页面实质上采用了与乔哲设计的网站页面相同的表现形式,构成对争讼著作权的侵犯。判决:

一、西部旅行社立即停止侵犯争讼www.xaeits.com网站全部网页著作权的行为;赔偿乔哲损失1.5万元;

二、驳回乔哲其他诉讼请求。

宣判后,当事人均未上诉,判决已生效。

### 二、裁判要旨

**No.1-1-3.1.9-2　具有独创性的网站页面设计应当受著作权法保护。**

我国《著作权法》列举的作品类型中未包括网站的页面设计,但根据《著作权法实施条例》的规定,作品是指文学、艺术和科学领域内具有独创性、并能以某种有形形式复制的智力成果。由于立法技术的局限性和科学技术的发展,法律不可能对每一种类型都作出明确列举,因此如果符合《著作权法实施条例》有关作品定义的类型,即使在我国《著作权法》中没有列举,也应受到著作权法保护。而且,最高人民法院《关于审理涉及计算机网络著作权纠纷案件适用法律若干问题的解释》第2条进一步对此予以阐明:"受著作权法保护的作品,包括著作权法第三条规定的各类作品的数字化形式。在网络环境下无法归于著作权法第三条列举的作品范围,但在文学、艺术和科学领域内具有独创性并能以某种有形形式复制的其他智力创作成果,人民法院应当予以保护。"该案所涉网站页面体现了作者的独特构思,是其智慧的结晶,具有独创性、可复制性,符合作品的构成要件,应受著作权法保护。

**No.1-1-3.1.9-3　无论是作品的汇编，还是由数据或其他任何形式的公知领域的材料构成的汇编，只要其对材料的选择或编排体现了独创性，均受著作权法保护。**

我国《著作权法》在著作权人的权利中规定了汇编权，同时在第 14 条规定："汇编若干作品、作品的片段或者不构成作品的数据或者其他材料，对其内容的选择或者编排体现独创性的作品，为汇编作品，其著作权由汇编人享有，但行使著作权时，不得侵犯原作品的著作权。"另外，我国参加的《世界知识产权组织版权条约》第 5 条也规定："数据或其他资料的汇编，无论采用任何形式，只要由于其内容的选择或排列构成智力创作，其本身即受到保护。这种保护不延及数据或资料本身，亦不损害汇编中的数据或资料已存在的任何版权。"这些规定均表明，只要是对材料的选择或编排具有独创性，构成智力创作，不仅作品的汇编，而且由数据或者其他任何形式的材料构成的汇编都可以获得保护。

本案中的网站页面实际上可以说是一种汇编作品。原告通过自己的选择和编排，将优惠酒店的价格、机票价格、汽车租赁价格、公司简介、招聘信息、国际、国内旅游线路等内容或信息放到网站某一栏目或数据库中，并将它们通过一定的关系组织起来，方便访问者查询。其中的内容或信息大部分来自公知领域，但原告的选择、组合和编排体现了其独特的构思，具有独创性、可复制性，因此应当受著作权法保护。

**No.1-1-3.1.9-4　受委托创作的作品，委托人和受托人可以通过合同约定著作权的归属。**

本案所涉争议网站网页属委托作品。委托作品是指委托他人委托创作的作品。根据《中华人民共和国著作权法》第 17 条的规定："受委托创作的作品，著作权的归属由委托人和受托人通过合同约定。合同未作明确约定或者没有订立合同的，著作权属于受托人。"该案中，西安光大国际旅行社与乔哲签订的补充协议约定，www.xaeits.com 网站的网页之版权由双方共同行使；如果发现版权被盗用的情况，双方有权单独或者联合采取法律途径共同维护双方的合法利益。因此，作为网站网页的设计者，乔哲对 www.xaeits.com 网站上的网页内容享有著作权，有权对侵犯该网页著作权的行为提出诉讼。

**19　境外影视作品权益的维护（《著作权法》第 4 条）**

**案例**：广东中凯公司与重庆水木年华网吧、罗昌颖侵犯著作权纠纷案
**案例来源**：《最高人民法院知识产权审判案例指导》（第三辑）[第 13 号]
**主题词**：行政审批　信息网络传播权

**一、基本案情**

申请再审人（一审原告、二审被上诉人）：广东中凯文化发展有限公司（以下简称中凯公司）。

被申请人（一审被告、二审上诉人）：重庆市高新技术产业开发区水木年华网吧（以下简称水木年华网吧）。

被申请人（一审被告）：罗昌颖。

2007 年 5 月 21 日，韩国 MBC 公司出具《节目权益证明书》，将其拥有版权的包括《宫 S》在内的多部电视连续剧在中国大陆的信息网络传播权，独家授权给中凯公司，并授权中凯公司处理中国大陆的盗版行为，授权期限为两年。2007 年 7 月 26 日经公证证明，使用水木年华网吧的 52 号电脑操作，可以在线播放《宫 S》各集。水木年华网吧是罗昌颖设立的个人独资企业。2008 年 6 月 20 日，中凯公司以水木年华网吧未经授权在其局域网传播《宫 S》，侵犯了其信息网络传播权为由提起诉讼，请求判令水木年华网吧停止侵权并赔偿经济损失，罗昌颖在其网吧的财产不足以赔偿时，承担补充赔偿责任。

一审法院认为，韩国 MBC 公司是涉案作品的著作权人，中凯公司享有涉案作品在中国大陆的独家信息网络传播权，水木年华网吧未经许可，通过其局域网传播涉案作品，侵犯了中凯公司享有的信息网络传播权，判决水木年华网吧立即停止侵权行为、赔偿中凯公司经济损失和合理费用 2 万元；在水木年华网吧不足以承担上述赔偿损失的民事责任时，罗昌颖应当以其个人的

其他财产予以清偿。

水木年华网吧不服一审判决,提起上诉。

重庆市高级人民法院在二审中查明,水木年华网吧在一审中提交了重庆网盟科技有限公司(以下简称网盟公司)的工商登记资料、网盟公司出具的收据和网尚公司的网吧院线对水木年华网吧 ICD 授权的电子页面截屏。中凯公司提供的公证光盘中,播放影片的网站页面内容是中国网吧院线的内容,但是播放页面的 IP 地址里包含有水木年华网吧的局域网地址;在互联网上直接输入该网址,无法登陆网尚公司的网站。二审法院认为,中凯公司享有涉案作品在中国大陆的独家信息网络传播权,水木年华网吧在其局域网上传播了涉案作品,侵犯了中凯公司的信息网络传播权。水木年华网吧应当承担停止侵权的法律责任。根据水木年华网吧提供的证据,可以认定其传播的涉案作品系由有正规资质的网尚公司有偿提供,有合法来源,应当由网尚公司承担主要责任。但是鉴于水木年华网吧没有提供与网尚公司的合作协议、许可使用合同等证据,审查不够充分,法律手续不够规范,存在一定过错,应当按照过错程度承担赔偿责任 2 000 元(其中包含赔偿中凯公司制止侵权的合理费用 1 000 元)。中凯公司无法证明涉案作品获得了我国的行政审批,无权从事与涉案作品信息网络传播权有关的商业活动及获取报酬,因此不能获得经济损失的赔偿。水木年华网吧应当承担的赔偿金额中扣除合理费用后,还有 1 000 元因中凯公司无权收取,应当以不当得利予以收缴,上缴国库。据此,二审法院判决维持一审判决第一项、第三项、第四项,撤销一审判决第二项,改判水木年华网吧赔偿中凯公司制止侵权的合理费用 1 000 元,对水木年华网吧的不当得利 1 000 元予以收缴。

中凯公司向最高人民法院(以下简称最高院)申请再审。中凯公司称,二审判决对水木年华网吧是否尽到合理审查义务、涉案作品是否由案外人提供等事实问题的认定没有充分的依据,二审判决认定涉案作品未经行政审批错误。水木年华网吧则辩称,涉案作品被批准进口的日期为 2007 年 10 月 9 日,晚于中凯公司公证取证的时间 2007 年 7 月 26 日,公证取证行为违法。

最高院认为,著作权人维护自己的合法权益并不以获得进口行政审批为条件。因此,中凯公司在 2007 年 7 月进行公证取证并不违反法律规定。而通过相关证据,可以认定《宫 S》与文化部批准在我国出版发行的《宫 2》为同一作品,涉案作品《宫 S》在我国的出版发行已经经过行政审批,可以在中国合法传播,二审法院对此事实认定不当,应予纠正。水木年华网吧所提交的证据,尚不能证明涉案作品系由网尚公司有偿提供,且其提交的网尚公司关于中国网吧院线的书面宣传资料显示,网吧可以自行添加或删除其服务器中的影视剧文件。因此,不能认定水木年华网吧在传播涉案作品时尽到了必要的注意义务。水木年华网吧对其侵权行为,应当依法承担停止侵权和赔偿损失的法律责任。对权利人仅起诉网吧的案件,应该考虑在局域网传播作品的数量、对权利人经济利益损害的程度、网吧的侵权获利水平等因素,合理确定赔偿额。根据本案具体情形,二审判决酌定的经济损失额 2 000 元(含维权合理费用 1 000 元)是基本适当的,但判决没收不当得利,适用法律不当,应予纠正。

因此,最高人民法院判决,维持二审判决的第一项、第二项、第三项,即水木年华网吧立即停止电视剧作品《宫 S》在其经营场所局域网内的传播行为,赔偿中凯公司制止侵权的合理费用 1 000 元,加判赔偿中凯公司经济损失 1 000 元,驳回中凯公司的其他诉讼请求等。

二、裁判要旨

**No.1-1-4-1　境外影视作品著作权人维护自己的合法权益,不以获得进口行政审批为条件。**

我国《著作权法》第 2 条第 3 款规定:"外国人、无国籍人的作品首先在中国境内出版的,依照本法享有著作权。"该案中,最高院根据中凯公司提交的在中国大陆合法出版的《宫 S》DVD、我国文化部出具的《进口音像制品批准单》等证据记载的内容,认定韩国 MBC 公司是《宫 S》的著作权人,并认定中凯公司享有《宫 S》在中国大陆的独家信息网络传播权。法院还指出,虽然涉案作品被批准进口的日斯为 2007 年 10 月 9 日,但是著作权人维护自己的合法权益并不以获得进口行政审批为条件。因此,中凯公司在 2007 年 7 月进行公证取证,并不违反法律规定。从而明确了境外影视作品著作权的维护不以获得进口行政审批为条件的审判原则。

著作权的保护属于私法性质的保护,而对作品的进口行政审批,属于国家的公法规制,二者不应混同。依据伯尔尼公约,作品自创作完成之日起即享有著作权,我国《著作权法实施条例》第 6 条也规定:"著作权自作品创作完成之日起产生。"由此可见,履行进口审批手续,并非境外影视作品享有著作权的条件。

## 20 利用民间文学艺术进行再创作的作品的著作权(《著作权法》第 6 条)

**案例:** 白广成诉北京稻香村食品有限责任公司著作权权属、侵权纠纷案
**案例来源:**《人民法院案例选》2011 年第 3 辑[第 39 号]
**主题词:** 民间艺术作品　著作权　立体到平面的复制

### 一、基本案情

原告:白广成。

被告:北京稻香村食品有限责任公司(以下简称北京稻香村公司)。

北京鬃人是北京传统民间工艺。2007 年 6 月,北京鬃人被北京市人民政府评为"市级非物质文化遗产"。原告白广成与其兄白大成是北京鬃人的传承人。"跑驴"是北京鬃人的传统制作项目。2007 年 5 月,原告白广成制作完成了涉案作品"跑驴",该作品底座刻有"北京鬃人白"的字样。涉案作品曾多次在公开场合展出。

2009 年 9 月,原告购得被告北京稻香村公司生产的"老北京"广式月饼一盒,单价 146 元。月饼的包装盒和手提袋上使用了涉案作品"跑驴",具体使用情况为:(1)手提袋一面的左上部使用 1 次,该面还有"老北京皮影""老北京冬虫儿""老北京京剧"3 幅图画。(2)月饼大包装盒盒顶左侧中部使用 1 次,该面还有"老北京皮影""老北京冬虫儿""老北京京剧""老北京兔儿爷""老北京沙燕风筝""老北京四合院"6 幅图画。(3)大包装盒内装有 6 例独立小包装盒,每个小包装盒在盒面上使用 4 次,小包装盒上也有上述 6 幅图画。经比对,月饼包装盒上使用的"跑驴"作品与原告创作的"跑驴"作品具有一致性。

原告白广成认为,原告是北京鬃人仅有的两位传承人之一。涉案作品"跑驴"是其独立创作完成的民俗鬃人系列作品之一。原告曾将该作品的照片上传到原告开办的北京鬃人网(www.bjzrw.com.cn)进行展示。原告依法对"跑驴"作品享有著作权,且从未授权任何单位和个人使用。被告未经原告许可,未支付使用费,以营利为目的,擅自将原告之作品"跑驴"作为其月饼包装的一部分,并进行了颜色的修改,获利巨大,侵犯了原告的署名权、修改权、使用权和获得报酬的权利。为维护其合法权益,故起诉至北京市东城区人民法院。

被告北京稻香村公司则辩称:(1)原告非涉案作品"跑驴"的作者,也不能确认该"跑驴"作品是否对北京鬃人的传统作品"跑驴"进行了改进,形成了著作权法上的新作品。(2)被告使用的是"跑驴"的图片,而不是鬃人作品。(3)原告未因被告使用图片的行为产生实际损失。被告销售的月饼与鬃人作品不具有竞争关系,不会造成原告鬃人作品销售量的减少。(4)原告主张的赔偿额过高,无法律依据。(5)被告设计使用"跑驴"图片的行为是对老北京文化的宣传和保护,没有侵犯著作权的故意,也没有获得商业利益的目的,不应承担侵权责任。

北京市东城区人民法院认为:北京鬃人是源于清末、流传于北京地区的特色民间工艺艺术,已被评为北京市非物质文化遗产。北京鬃人艺术作为代代相传的手工技艺,本身具有非物质的特性。原告白广成是北京鬃人艺术的传承人,在吸纳传统工艺和艺术风格的基础上制作完成的"跑驴"作品,是以有形载体形式表现的民间艺术作品。民间艺术作品可以成为知识产权保护的对象。目前,我国著作权法中规定民间文学艺术作品的著作权保护办法由国务院另行规定,但相关保护办法至今并未出台。在此种情况下,如民间艺术作品符合著作权法上作品的条件,可适用著作权法进行保护。

本案中,原告持有"跑驴"作品原件,且其兄白大成出庭证明该作品系原告所做,在无相反证

据的情况下,可认定原告为该作品的作者。虽"跑驴"属于北京鬃人的传统制作项目,但并无证据证明原告创作的"跑驴"作品与之前的鬃人作品相同,故法院确认涉案作品"跑驴"具有独创性,是著作权法所保护的作品。被告在其生产月饼的包装盒上使用了涉案作品"跑驴",且包装盒上的"跑驴"作品与原告创作的涉案作品"跑驴"具有一致性,不构成对修改权的侵犯,但确系自立体三维作品到平面二维作品的使用,属于复制行为之一。关于被告辩称月饼包装上使用的是"跑驴"图片,但未举证证明月饼包装上使用图片的合法来源,故对被告的该项辩称意见不予采信。

在赔偿数额方面,因双方不能证明被告的获利情况,法院综合考虑了涉案作品的性质、涉案作品的使用方式、涉案作品及作者的知名度、被告的主观过错程度等因素予以确定。

综上,依据《中华人民共和国著作权法》第10条第1款第2、5、6项,第2款,第47条第11项,第48条第1项,第49条;《最高人民法院关于审理著作权民事纠纷案件适用法律若干问题的解释》第7条第1款,第25条第1、2款之规定,于2010年7月1日判决:

一、被告停止在其生产、销售的月饼包装盒上使用原告的"跑驴"作品;
二、就其未经许可使用的行为,刊登致歉声明;
三、同时赔偿原告白广成经济损失人民币2万元。

二、裁判要旨

**No.1-1-6-1 如民间艺术作品符合著作权法上作品的条件,可以适用著作权法进行保护。确定侵权赔偿额时,应当考虑到鼓励创作和弘扬传统文化之间的平衡。**

民间文学艺术作品是经某个社会群体几代人的传承而进行的非个人的、连续的、缓慢的创作活动的产物,是那些起源、发展于过去并将在以后继续发展的、具有文化价值的内容。对于民间文学艺术作品的保护,国际上尚存有不同争议。民间文学艺术作品的特点不同于其他作品,所以我国《著作权法》第6条专门规定,民间文学艺术作品的著作权保护办法由国务院另行规定。但国务院迟迟未出台相关的保护办法,由此可见其困难程度。

但国务院未出台规定,并不意味着就不对民间文学艺术作品进行保护。如果民间文学艺术作品符合著作权法有关作品的定义,具有独创性、可复制性等特点,当然也可以适用著作权法进行保护。涉案作品"跑驴"虽属于民间艺术作品,但其与传统的鬃人作品不同,符合作品独创性的要求,且具有可复制性的特点,当然可以适用《著作权法》进行保护。

由于涉案作品是民间艺术作品,其所代表的北京鬃人民间工艺作为非物质文化遗产予以保护,而非物质文化遗产的保护强调保存、弘扬和发展。所以,在适用著作权法保护的同时,在确定侵权赔偿数额时,应当考虑到鼓励创作和弘扬传统文化之间的平衡,以利于传统文化的传承。

**No.1-1-6-2 自立体三维美术作品到平面二维美术作品的使用,构成著作权法意义上的复制行为。**

我国《著作权法》第10条第1款第5项规定了著作权人的复制权,即以印刷、复印、拓印、录音、录像、翻录、翻拍等方式将作品制作一份或者多份的权利。其中并未明确自立体三维作品到平面二维作品的使用是否属于著作权法意义上的复制行为。但国家版权局1999年12月9日发布的《关于制作数字化制品的著作权规定》第2条进一步规定:"将已有作品制成数字化作品,不论已有作品以何种形式表现和固定,都属于《中华人民共和国著作权法实施条例》第5条第1项所指的复制行为,也是《中华人民共和国著作权法》所称的复制行为。"从该规定来看,似乎把立体到平面的这种复制行为也包含在了著作权法所规定的复制行为里面。从有关国际公约的规定看,《伯尔尼公约》和《TRIPS协定》对"复制"的规定都是采用的广义概念。

但我国学界对此却有不同看法。沈仁干先生曾言:"复制的含义有广义和狭义之分。广义的复制概念,包括复制平面作品和将平面作品制成立体作品,将立体作品制成平面作品。本法规定的复制是狭义的。"另有许超、郑成思等学者,他们认为,如果我国目前给予太高水平的保护,将会导致许多工业领域的生产寸步难行。

民间艺术作品·著作权·立体到平面的复制

尽管学界对此有不同看法,但从司法实践看,对美术作品的转换复制有拓展的趋势。就本案判决而言,法院也倾向认为,把三维工艺美术作品印刷在商品包装上的平面二维使用,构成著作权法意义上的复制行为。

**案例:黄自修与南宁市艺术剧院著作权纠纷案**
案例来源:《人民法院案例选》2009年第4期(第251—253页)
主题词:民间文学作品　再创作　惠益分享

**一、基本案情**

上诉人(一审原告):黄自修。

被上诉人(一审被告):南宁市艺术剧院。

1958年2月号总第35期的《民间文学》刊登了"布英""收集整理"的"壮族民间传说"《妈勒带子访太阳》一文,其主要内容是:古时的壮乡照不到太阳,壮乡黑暗、寒冷、野兽出没。人们决定去找太阳。老人、中年男子、小孩各摆条件争着要去。最后,一位名叫妈勒的年轻孕妇所说的理由获得大家认同,大家决定让她去找太阳。年轻的孕妇在途中生下儿子。两母子一路上翻山越岭,跋山涉水,与野兽搏斗,经历了很多困难,一路上得到很多好心人的帮助。走了七十年,母亲因年老走不动了,由儿子一人继续向前走,终于在第一百年找到了太阳。文尾注明"收集于来宾县"。

1999年,南宁市艺术剧院编排的大型壮族舞剧《妈勒访天边》在广西南宁首演。该剧的主要内容是:很久以前,阴暗和寒冷封锁了壮乡。人们决定去寻访太阳。老人、青年、孩子各摆条件争着要去。最后,一位美丽年轻的孕妇所说的理由获得大家认同,大家决定由她到天边去寻访太阳。年青的孕妇在途中生下了勒(勒在壮语中是儿子的意思)。两母子(妈勒)在路上经历了很多困难,一路上得到很多好心人的帮助。母亲因年老去世,儿子继续前行。儿子在一处遇到了藤妹,两人相爱,难分难舍。儿子想到了母亲临终前的嘱咐,毅然离去。其后藤妹也追随而去,两人继续寻访太阳。

该剧分为前序和五幕。前序部分:壮乡阴暗和寒冷,大家争着去寻访太阳,老人、青年和孩子各摆条件争着要去。最后年轻的孕妇所说的理由得到大家认同,大家决定由她去寻访太阳,并为她送行。第一幕:年轻的孕妇经过了重重险阻,并在途中生下了勒。第二幕:勒慢慢长大。母亲锻炼年少的勒与猛兽搏斗。勒长成强壮的青年,但母亲逐渐衰老,并最后去世,母亲临终前嘱咐勒不要忘记家乡的期盼,继续寻访太阳。第三幕:勒继续前行。勒受伤昏迷,美丽的藤妹救醒了勒后离去。在欢乐的歌圩上,勒再次遇到了藤妹。勒在比赛中战胜了众人,赢得了藤妹的爱情。第四幕:勒沉溺在舒适和温柔里,忘记了寻访太阳。猛然间,勒想起了母亲的嘱托和乡亲们的期盼,毅然舍下藤妹,重新踏上寻访太阳的道路。最后,藤妹也追寻勒而去。第五幕:勒独自前行。在与洪水的搏斗中与藤妹相遇,两人共同战胜困难,向太阳升起的地方继续前进。在他们身后,有更多的人朝着同一目标前进。南宁市艺术剧院在介绍该剧时注明:"根据壮族民间传说改编"。

舞剧《妈勒访天边》在南宁首演后,接着又到广西壮族自治区(以下简称广西区)内外多个省、市进行了多场演出。该剧的演出获得好评,荣获第六届中国艺术节"优秀剧目奖",第二届中国舞蹈荷花奖金奖,2004、2005年度国家舞台艺术精品工程"十大精品剧目"等众多奖项。2005年12月,广西人民政府对《妈勒访天边》剧组予以表彰,并奖励100万元。

黄自修主张其就是《妈勒带子访太阳》的作者"布英",并认为南宁市艺术剧院的舞剧《妈勒访天边》系改编自其作品,侵犯了其著作权,故向有关部门投诉。2006年7月,黄自修在给广西区文联的函件中写道:1958年我根据少儿时听家乡父老们讲的一则极其简短的民间故事,创作了一篇题为《妈勒带子访太阳》的民间传说,原民间传说的内容仅是:世上任何东西都有个界限,天也应该有边际和根脚,于是,一位身材粗壮的壮族青年村民自告奋勇,向着东方寻找天脚去了。我觉得原来的故事过于简短,且意识到天脚不是几年、几十年就能走到的,故想出"妈勒访天边"之题,在原故事中加入各人争摆条件的情节,以及妈勒母子俩艰辛行程和最后达到目的,村民见到东方满天通红而欢呼胜利等情节。但觉得"妈勒"不易为读者理解,"天边"也太空洞,因此定稿时把"妈勒"当作人名,整题改成《妈勒带子访太阳》。近年,南宁市艺术剧院擅自将我的作品改编成歌舞剧,侵犯了我的著作权,请求维护我的合法权益。2007年2月,黄自修还委托律师向南宁市艺术剧院发出《律师函》,提出艺术剧院侵犯了其著作权。南宁市艺术剧院则复函称,并未侵犯黄自修的著作权,舞剧《妈勒访天边》是由农冠品的广西民间文学作品《妈勒访天边》改编而来,并与之同名。

黄自修在与南宁市艺术剧院协商未果的情况下诉至广西壮族自治区南宁市中级人民法院。

一审庭审中,黄自修主张其在《妈勒带子访太阳》一文中所加入的独创部分包括:

1. 人物方面:有母亲、儿子、争着去寻访太阳的老汉、青年和小孩,以及在母子寻访太阳途中帮助他们的人们。

2. 故事情节方面:(1)壮族人民生活在没有阳光、黑暗的地方;(2)壮族人民为了改变生活现状,聚集在一起商量决定去寻访太阳;(3)老汉、青年、小孩、孕妇依次说出自己的有利条件,争着去寻访太阳;(4)孕妇说服了大家,争取到寻访太阳的任务,并出发去寻找太阳;(5)孕妇在寻访太阳的途中生下儿子,母子二人继续寻访太阳;(6)母子二人在寻访太阳途中翻山越岭,爬山涉水,与野兽进行搏斗;(7)母亲因为年老无法继续前进,由儿子独自一人继续寻访太阳;(8)第一百年,太阳从东方升起,阳光照进壮族人民聚居的地方。

一审查明,1989年由中国书籍出版社出版的《中国出版人名词典》及1991年的《广西当代科普作家》刊物中登载有黄自修的身份简介,写道:黄自修,1930年出生,广西来宾人,壮族,别名布英,1955年毕业于广西师范学院语文专修科,历任广西民族出版社编辑、教材编辑室副组长、副社长等职。广西民族出版社亦出具《证明》,证明黄自修是该社退休职工,历任该社编辑、副社长等职,"布英"为其笔名。

一审另查明,1981年的《广西民间文学丛刊》第4期刊登了"农冠品整理"的"壮族古代传说"《妈勒访天边》一文,该文主要内容是:古时的人们想看看天边是什么样,因此决定派人去寻找天边。老人、青年、小孩各摆条件争着要去。最后,一名年轻的孕妇所提出的理由(她和儿子两代人去找)获得大家认同,决定由她去寻找天边。年轻的孕妇在途中生下儿子(勒)。两母子在路上经历了很多困难,得到好心人们的帮助。走了几十年,母亲年老走不动了,由儿子一个人继续向前走寻找天边。农冠品在文后的"附记"中写道:这篇壮族古代传说系根据1958年壮族文学调查组搜集的资料整理。过去曾有人整理发表过,题为《妈勒带子访太阳》(见《民间文学》1958年第2期)。该整理者的材料来源,我无法知道,很可能在壮族民间确实有一位古代的妇女"妈勒"带着他的儿子去访问太阳。但依我的看法,过去的整理者从现实的观点出发,把原来是寻找"天边"的传说改为访"太阳",因为人们向往光明。假若真的是这样更改,就与民间传说完全异样——本来,古代的人们还没有科学的眼光,认为苍天是有边的,想知道它的模样,因此就让一位年轻的孕妇去寻访。这样表现,说明古代壮族人们对宇宙的探索、求知的欲望。这样表现也许更接近情理。过去整理时为访"太阳",内容上并没有错误,但为了使一个远古的传说适应当今时代的政治倾向而自作更改,那是对古代传说的歪曲、篡改,是从事民间文学工作所力戒的。

2002年,农冠品致函南宁市艺术剧院及有关部门,称舞剧《妈勒访天边》系根据其整理的壮族民间神话传说进行再创作和演绎的,南宁市艺术剧院侵犯了其著作权。2003年7月,南宁市艺术剧院与农冠品达成协议:(1)南宁市艺术剧院创作的舞剧《妈勒访天边》与农冠品收集整理的民间故事《妈勒访天边》均是对同一壮族民间传说的传承,农冠品认为南宁市艺术剧院未构成侵权;(2)因农冠品参与了舞剧《妈勒访天边》的论证工作,南宁市艺术剧院向农冠品一次性支付稿酬2 000元。

南宁市中级人民法院审理认为:《妈勒带子访太阳》一文的作者是"布英",而公开出版发行的书籍《中国出版人名词典》、内部刊物《广西当代科普作家》、广西民族出版社的《证明》及黄自修的身份证等证据证明，"布英"是黄自修的笔名，黄自修就是《妈勒带子访太阳》一文的作者。

关于《妈勒带子访太阳》一文的内容是否黄自修独创的问题。黄自修主张《妈勒带子访太阳》一文中的人物及八处情节为其独创，但其发表《妈勒带子访太阳》一文时已注明该文是其根据"壮族民间传说""收集整理"而成。由此可见，该文的内容应来源于民间传说，结合农冠品发表在《广西民间文学丛刊》中《妈勒访天边》一文后的"附记"来看，民间传说的版本所讲述的应该是古时壮族人寻访天边的故事，因此，即便是《妈勒带子访太阳》一文中有独创的部分，也仅为黄自修将故事背景由"寻访天边"改为"寻访太阳"。

对比《妈勒带子访太阳》与舞剧《妈勒访天边》的主要内容，两部作品均讲述了壮族人民为追求美好生活不畏艰险、前仆后继的故事。因此，两部作品的题材是相同的。但是，作品的题材不是著作权法所保护的客体，不能以两部作品所采用的题材相同，即认为一部作品为另一部作品的改编作品。而且上述两部作品均是根据壮族民间传说改编而来，都是对民间传说的传承，而民间传说、故事的内容为社会公众共享，任何人均可以采用和加以发挥。

对比两部作品的主要人物，黄自修作品的主要人物是妈和勒，而南宁市艺术剧院作品中除了有妈和勒外，还有藤妹，两部作品的主要人物不完全相同；对比两部作品的故事情节，两部作品均有壮族人民聚集在一起商量去寻访太阳，老汉、青年、小孩、孕妇各摆条件争着要去，孕妇争取到任务，在寻访途中生下儿子（勒），母子两人共同克服困难，最后由勒继续寻访太阳等情节。但是没有证据证明这些情节是黄自修所独创。而且这些情节在南宁市艺术剧院的作品中所占的比例不是很大，南宁市艺术剧院的舞剧作品分为前序和五幕，上述情节仅仅反映在前序和一、二幕中，第二幕中还加入并突出了母亲锻炼儿子与猛兽搏斗的情节。即便"寻访太阳"是黄自修所独创，该独创部分也仅是故事背景部分，在南宁市艺术剧院的作品中所占的比例也很小。另外，南宁市艺术剧院在其作品中加入了儿子与藤妹相遇、相恋及共同战胜困难、继续寻访太阳等情节，这些情节是黄自修的作品中所没有的，而在南宁市艺术剧院的作品中占有较大的比例，也是南宁市艺术剧院作品中所突出的重点部分，增强了故事中壮族人民生生不息、勇往直前的主题。在一些具体情节上，两部作品也有所不同，如黄自修的作品中，母亲是因年老走不动而停留在中途，而南宁市艺术剧院的作品中，母亲是因年老去世，由儿子独自继续前行；黄自修的作品中有在第一百年找到太阳的情节，南宁市艺术剧院的作品中则没有该情节，有由儿子与藤妹继续寻访太阳的情节。

综上所述，黄自修的文字作品《妈勒带子访太阳》与南宁市艺术剧院的舞剧《妈勒访天边》是两部不同的作品，虽然两部作品中有部分情节相同，但不构成实质性相同。黄自修的侵权主张缺乏充分的证据和理由，不予支持。据此，依照《中华人民共和国民事诉讼法》第64条第1款、《中华人民共和国著作权法》第10条第1款第14项的规定，判决驳回黄自修的诉讼请求。

上诉人黄自修不服，向广西壮族自治区高级人民法院提起上诉。

黄自修不服一审判决，提起上诉称：

1. 一审判决认定黄自修作品中的人物及故事情节完全来自于民间传说、不具有独创性，没有事实依据。(1)《妈勒带子访太阳》系黄自修独立创作的作品，原有的民间传说仅仅是黄自修创作的灵感的来源，与黄自修作品没有任何相同之处。(2) 黄自修是为了该文章能在《民间文学》刊物上发表，才以民间传说、民间故事的形式投稿，杂志社注明"布英整理"而不是"布英著"是基于《民间文学》刊物自身的需要，不是作者的本意。事实上，该刊物上所有以民间故事、民间传说为题材的文章都是注明"某某收集""某某整理""某某记录"等字样，一审判决以黄自修作品发表时刊物注明是"布英整理""收集于来宾县"就否认作品的独创性，认定其作品完全是来自民间，没有事实依据。(3) 一审判决无视南宁市艺术剧院没有提供任何证据证明黄自修的作品来源于民间传说，也不能举出任何证据证明其创作素材来源的事实，完全免除其举证责任，作出的判决是错误的。(4) 农冠品作品《妈勒访天边》系抄袭黄自修作品形成，一审判决以农冠品的作品作为参照物并作为认定黄自修作品没有独创性的唯一证据，依据不足。

民间文学作品·再创作·惠益分享

2. 黄自修作品与南宁市艺术剧院作品相比较，人物形象及基本故事情节几乎完全一致，后者只是多了"藤妹"这一人物形象及"藤妹与勒恋爱"的故事情节，而从"众人争摆条件、争取寻访太阳的任务"这一故事情节中个人出场的顺序及说话的内容来看，二者几乎完全一致，已经构成实质性的相同。一审判决认定两作品之间没有实质性相同，不具有改编关系与事实不符。请求撤销一审判决，改判支持其一审全部诉讼请求，本案诉讼费由南宁市艺术剧院负担。

南宁市艺术剧院答辩称：

1. 黄自修对《妈勒带子访太阳》无著作权。①《妈勒带子访太阳》是布英收集整理的民间传说（民间故事），作品的内容和故事情节均来源于民间传说，布英只是收集整理、编辑成文字作品而已，黄自修称《妈勒带子访太阳》是创作作品的证据不足，不能享有著作权。② 南宁市艺术剧院曾认为舞剧《妈勒访天边》与农冠品的作品《妈勒访天边》同名，因此认为自己的作品是从农冠品的作品改编而来，而事实证明，农冠品的《妈勒访天边》也不是其创作的作品，也是收集、整理民间传说（神话）的整理作品，农冠品对《妈勒访天边》文字作品也不享有著作权。③ 民间文学艺术作品的作者是创作民间文学艺术作品的社会群体，《妈勒访天边》属于民间神话故事、民间传说、民间文学，因此，《妈勒访天边》的著作权归远古的壮族人民集体所有，由创作、保存该民间文学艺术作品的社会群体享有权利。

2. 根据我国《著作权法》第6条的规定，民间文学艺术作品不属于我国著作权法的调整范围，故黄自修对《妈勒带子访太阳》无著作权，南宁市艺术剧院创编的舞剧《妈勒访天边》不构成对黄自修著作权的侵犯。请求驳回上诉，维持原判。

广西壮族自治区高级人民法院将当事人在本案二审诉讼中的争议焦点归纳为：（1）黄自修的《妈勒带子访太阳》是否为著作权法意义上的作品？黄自修对其是否享有著作权？（2）一审判决认定南宁市艺术剧院的《妈勒访天边》没有改编自黄自修的《妈勒带子访太阳》，南宁市艺术剧院未侵犯黄自修的著作权是否正确？

二审法院另查明，1961年广西壮族自治区人民出版社出版的《广西壮族文学》（初稿）第二章"远古神话"中，收录了《妈勒访天边》一文，该文未标明著者或收集整理人。该文阐述的故事梗概是：古时候的人看见天像锅头一样盖着大地，就想象天一定是有边际的。于是大家都想去找天边。老人、青年人、小孩子都摆出自己能去找天边的理由，但是一个年轻的孕妇说服了大家，大家同意她去找天边。孕妇在途中生下了一个男孩，带着孩子一同走，走了几十年，妈妈走不动了，儿子继续往东走，要走完妈妈没有走完的路。文章还对这则故事进行了分析，认为这篇神话生动地表明了远古壮族人民如何向大自然探索，百折不挠，年老一代走不完的路，年青的一代继续走。该文还对壮族远古神话作了进一步的解析，并以另一个民间传说《三星的故事》作例证。

该书的"后记"中记载了该书的形成经过：壮族文学史编辑室"1958年9月接到中国科学院文学研究所关于编写壮族文学史的通知后，由自治区科学分院进行筹备，经区党委宣传部批准，从区直属文化单位和广西师范学院中文系五十多个教师与学生组成壮族文学史调查队……深入到广西壮族地区卅二个县、市进行调查、收集材料，历时两个多月。在大体了解壮族文学概况，并占有相当材料的基础上，由编辑室着手分析和研究材料，开始编写工作。1959年4月写出了初稿，同年10月进行第一次修改……今年8月（1960年8月）在广西师范学院党委会到中文系党总支的直接领导下，胜利地完成了这一工作"，"在材料的收集整理和编写过程中，得到了区民族事务委员会、区北文学校、区民族出版社"等的"大力帮助，在这里谨致以热忱的感谢"。

二审法院认为：

1. 黄自修的《妈勒带子访太阳》是否为著作权法意义上的作品，黄自修对其是否享有著作权？从黄自修《妈勒带子访太阳》一文中标明的布英"收集整理"的"壮族民间传说"，文章末尾注明的"收集于来宾县"，以及黄自修的自述，农冠品《妈勒访天边》一文标题下注明的"壮族古代传说"、后记中详细叙述的该壮族古代传说的整理经过和创作体会，以及壮族文学史编辑室整理的《妈勒访天边》并收录于《广西壮族文学》《远古神话》中的事实来看，妈勒访天边这个故事原型在民间早已存在。

黄自修的《妈勒带子访太阳》、1961年广西壮族自治区人民出版社出版的《广西壮族文学》（初稿）第二章"远古神话"中收录的《妈勒访天边》，以及1981年《广西民间文学丛刊》第4期刊登的农冠品整理的"壮族古代传说"《妈勒访天边》三篇文章中都有孕妇、母亲、儿子、老人、年轻人、小孩这些主要人物和次要人物，其内容也都有众人争摆条件找太阳（天边）、一名孕妇所提出的理由获得大家认同、孕妇出发寻找太阳（天边）并在途中生下儿子、母子一起寻找太阳（天边）的情节。黄自修虽然较早地收集、整理并发表了《妈勒带子访太阳》，但除了本案纠纷发生后其所作的个人创作陈述外，未能举出其他证据印证其整理的素材及其来源。对于三篇文章中相同、相似的人物设置和故事情节究竟是黄自修原创，还是民间故事中本来就存在着的原型问题，黄自修也未能提供充分的证据证实。从黄自修2006年给区文联的信函中可以看到，他早就知道1961年、1981年两篇文章的存在，但对于其中相同、相似的人物及故事情节，一直没有提出异议。从《广西壮族文学》把《妈勒访天边》归入了不具名的"远古神话"一章，并作为远古壮族神话的一个范例进行分析，在后记中详细说明采风、收集、整理壮族民间文学的过程以及农冠品在其文后"附记"中写明的其创作来源，他对黄自修整理发表的《妈勒带子访太阳》的不同看法等事实看，现有的证据不足以证明三篇文章中相同、相似的人物设置和故事情节为黄自修原创，黄自修主张原创的证据不充分，不予支持。

虽然黄自修主张的故事中的主次人物的设置以及众人竞争找太阳（天边）、孕妇获得大家认同出发找太阳（天边）、在途中生下儿子后母子一起寻找太阳（天边）的故事情节是其独创的依据不充分，但黄自修的《妈勒带子访太阳》一文在民间传说的基础上，融合了个人的理解和想象，运用生动活泼、通俗易懂，具有鲜明个性特色的语言文字及表述风格进行整理、改动和加工，并把壮语中具有母、子含义的"妈勒"，独创性地改变成母亲独有的称谓，把在第一百年终于找到太阳独创性地作为故事的结局，而不是简单地把口头传说用文字的形式固定下来，不是一般意义上的单纯的收集整理，是投入了个人创造性思维和劳动的再创作，属于著作权法保护的创作活动，其文章亦属于著作权法保护的作品范围，依据《著作权法》第11条第2款"创作作品的公民是作者"的规定，黄自修对《妈勒带子访太阳》应享有著作权。

2. 一审判决认定南宁市艺术剧院的《妈勒访天边》没有改编黄自修的《妈勒带子访太阳》，南宁市艺术剧院未侵犯黄自修的著作权是否正确？黄自修虽对《妈勒带子访太阳》享有著作权，但该作品属于利用民间文学艺术再创作作品。利用民间文学艺术再创作作品和一般意义上的作品不一样，对于纯粹由作者个人创作而成的作品，作者对作品的全部享有完整的著作权，但是对于利用民间文学艺术进行再创作的作品，作者的著作权不能当然覆盖至其中原属于民间文学艺术领域中公有的部分。对民间文学艺术作品的著作权保护，既要保护作者对作品的创造性劳动，保护作品的独创性，又不能不恰当地把原来处于民间流传中的公有领域部分的内容纳入作者作品的保护范围，阻碍民间文学艺术的传承以及他人利用该民间文学艺术进行正常的再创作。本案中，黄自修没有证据证明南宁市艺术剧院接触过其作品《妈勒带子访太阳》；从南宁市艺术剧院的舞剧与黄自修的作品比较来看，南宁市艺术剧院的作品没有利用黄自修作品中的独创性部分，即没有利用黄自修特有的语言表达，没有采用黄自修独创的把"妈勒"作为母亲的独特的称谓方式，没有把在第一百年终于找到太阳作为舞剧的结局；虽然南宁市艺术剧院舞剧的剧名为《妈勒访天边》，但内容不是找天边而是找太阳，其人物有孕妇、母亲、儿子、老人、年轻人、小孩，其内容有众人摆条件争取寻找的任务、一名孕妇所提出的理由获得大家认同、孕妇在寻找途中生下儿子、母子一起寻找的情节，这些人物设置与故事情节与黄自修、壮族文学史编辑室、农冠品前述作品中相同或相似，但对于这些人物设置以及故事情节，黄自修并没有举出充分的证据证明是其独创，因此，舞剧《妈勒访天边》对这些人物设置以及故事情节的使用不构成侵权。至于"找天边"或者"找太阳"这一主题或题材以及其蕴含的主题思想或者精神价值则不属于著作权法保护的范畴，任何人都可以就该题材进行创作。

综上，黄自修主张南宁市艺术剧院的舞剧《妈勒访天边》构成对其作品《妈勒带子访太阳》

的改编,侵犯其著作权的理由缺乏事实和法律依据,不能成立,不予支持。一审判决的认定是正确的。

虽然黄自修的作品《妈勒带子访太阳》与南宁市艺术剧院的舞剧《妈勒访天边》之间不构成改编法律关系,南宁市艺术剧院也没有直接接触到黄自修的作品,但是,在本案审理中南宁市艺术剧院承认其接触过农冠品的作品,而农冠品的作品是得益于 1958 年壮族文学调查组收集整理的资料,壮族文学调查组在当年搜集资料的过程中又得到了黄自修原供职单位广西民族出版社的支持,黄自修在本人自述中也提到《广西壮族文学》编辑部在 1958 年曾向其询问收集整理故事的来龙去脉。这些事实客观反映了该民间文学艺术被发掘、流传和发扬的过程,黄自修较早地收集、整理了该民间文学故事并形成文字,为后人的创作提供了发现、发掘、采用的线索,对该民间文学故事的保存、流传具有重要的意义。黄自修的作品《妈勒带子访太阳》与南宁市艺术剧院的舞剧《妈勒访天边》客观上存在着承前启后的联系,南宁市艺术剧院的舞剧《妈勒访天边》从黄自修的作品《妈勒带子访太阳》中间接受益。

民间文学艺术是宝贵的文化遗产,在代代相传和缓慢变化中发展和流传,因此对民间文学艺术的创造、保存、发展者之间进行合理的、公平的惠益分享,不仅符合民间文学艺术产生和发展的规律,也有利于鼓励民间文学艺术的保存和传承。虽然南宁市艺术剧院的舞剧《妈勒访天边》与黄自修的作品《妈勒带子访太阳》之间不构成改编法律关系,南宁市艺术剧院也未侵犯黄自修的著作权,但考虑到南宁市艺术剧院的舞剧《妈勒访天边》从黄自修的作品《妈勒带子访太阳》中间接受益,南宁市艺术剧院在本案审理中也本着实事求是、协商解决的态度处理本案的纠纷,在本院主持的调解中同意给黄自修作适当补偿,故根据本案的实际情况,酌情确定由南宁市艺术剧院补偿黄自修人民币 3 万元。

综上,依照《中华人民共和国民事诉讼法》第 153 条第 1 款第 1 项、第 2 项,《中华人民共和国民法通则》第 4 条,《中华人民共和国著作权法》第 10 条第 1 款第 14 项的规定,于 2008 年 11 月 20 日判决:维持原判,由南宁市艺术剧院补偿人民币 3 万元给黄自修。

该判决为终审判决。

二、裁判要旨

**No.1-1-6-3　利用民间文学艺术进行再创作的作品,作者的著作权不能及于作品中原属于民间文学艺术领域中公有的部分。**

民间文学艺术作品是经某个社会群体几代人的传承而进行的非个人的、连续的、缓慢的创作活动的产物,是那些起源、发展于过去并将在以后继续发展的、具有文化价值的内容。对于民间文学艺术作品的保护,国际上尚存在不同争议。民间文学艺术作品的特点不同于其他作品,所以我国《著作权法》第 6 条专门规定,民间文学艺术作品的著作权保护办法由国务院另行规定。但国务院迟迟未出台相关的保护办法,由此可见其困难程度。

目前一般的看法是,利用民间文学艺术进行再创作的作品,由于其中所具有的独创性,作者无疑是享有再创作作品的著作权的。但再创作作品的著作权不能及于其中原属于民间文学艺术领域中公有的部分。

就本案所涉案情来看,黄自修的作品《妈勒带子访太阳》与南宁市艺术剧院的舞剧《妈勒访天边》均是在民间文学的基础上进行的再创作,其素材均来源于广西壮族的民间传说。黄自修的《妈勒带子访太阳》一文在民间传说的基础上,融合了个人的理解和想象,运用其鲜明的个性特色语言文字及表述风格进行整理、改动和加工,并独创性地改变了传说中的称谓和故事的结局,并非单纯的收集整理,而是投入了个人创造性思维和劳动的再创作,其文章属于著作权法保护的作品范围,故黄自修对《妈勒带子访太阳》应当享有著作权。

但由于黄自修的《妈勒带子访太阳》是利用民间文学艺术进行再创作的作品,其著作权不能当然及于作品中原属于民间文学艺术领域中公有的部分。所以,黄自修不能阻止其他人利用该民间文学艺术进行正常的再创作。

民间文学作品·再创作·惠益分享

**No.1-1-6-4** 在民间文学艺术的创造者、保存者、发展者之间适用合理、公平的惠益分享原则。在后作品从之前的收集整理作品中间接受益的,应当根据公平原则给予适当补偿。

由于民间文学艺术具有其特殊性,民间文学艺术是宝贵的文化遗产,在代代相传和缓慢的变化中发展和流传,因此对民间传说的收集、整理对该民间文学故事的保存、流传具有重要的意义。从而,在民间文学艺术的创造、保存、发展者之间进行合理的、公平的惠益分享,不仅符合民间文学艺术产生和发展的规律,也有利于鼓励民间文学艺术的保存和传承。所以,在后的作品从在先的收集整理的作品中间接受益的,应根据公平原则给予适当补偿。二审法院正是基于此确定由南宁市艺术剧院补偿黄自修人民币3万元。

民间文学作品·再创作·惠益分享

# 第二章 著作权

> **本章裁判要旨**
>
> No.1-2-10.1.1-1 作品登记的作用主要在于证明权利的归属,一般不构成著作权法意义上的发表,在没有其他证据的情况下,不宜以此推定侵权的实质性接触。
>
> No.1-2-10.1.4-1 我国《著作权法》关于作品刊登后,除著作权人声明不得转载、摘编外,其他报刊可以转载或作为文摘、资料摘编的规定,仅适用于报纸、杂志,且仅限于转载或作为文摘、资料进行摘编。
>
> No.1-2-10.1.4-2 被控侵权人同时构成侵犯保护作品完整权和名誉权的情况下,可以对名誉权损害及作品人身权损害以公开致歉、消除影响等方式一并予以补救。
>
> No.1-2-10.1.5-1 印刷线路板的元器件位置图属于图形作品,受著作权法保护,但印刷线路板上的字符层不属于著作权法保护的客体。
>
> No.1-2-10.1.5-2 根据印刷线路板上的字符生产印刷线路板的行为,不属于著作权法意义上的复制行为。
>
> No.1-2-10.1.6-1 违反有关出版印刷的行政法规的行为不属于法院的管辖范围。
>
> No.1-2-10.1.6-2 被代理人知道代理人违反著作权法的侵权行为而不反对的,负连带责任。
>
> No.1-2-10.1.6-3 违反著作权许可使用合同的,著作权人可以以合同违约或侵权为由,选择其一进行起诉。
>
> No.1-2-10.1.2-1 校对及排版印刷方面存在错误,并非是有意修改或者歪曲篡改作者的作品,不构成侵犯作者修改权和保护作品完整权的情形。
>
> No.1-2-10.1.6-4 出版社未经著作权人许可将作品交给书商出版,其复制发行的主体实质上是书商,而非出版社。出版社的行为既侵犯了著作权人的复制权和发行权,也构成违约。
>
> No.1-2-10.1.12-1 除法律、行政法规另有规定的外,任何组织或者个人将他人的作品、表演、录音录像制品通过信息网络向公众提供,应当取得权利人许可,并支付报酬。
>
> No.1-2-10.1.12-2 未经著作权人同意,在网站上提供作品下载的行为,即使未收取费用,未获利,也构成对信息网络传播权的侵害。
>
> No.1-2-10.1.12-3 提供作品链接服务者属于网络服务提供者,在"通知—删除"过程中,经著作权人多次发送符合条件的通知后,仅仅因为著作权人之后发送的通知不符合相应条件而不作为,不能免责。
>
> No.1-2-10.1.12-4 如果网络服务提供者将被链接网页或网站作为其内容向公众提供,该被链接网页或网站上未显示任何对应的域名或者网站名称等信息,可以表明该网页属于第三方所有,则该网络服务提供者并非仅系提供链接服务,应当对该网页或网站上的被控侵权行为承担直接侵权责任。

No.1-2-10.1.12-5　如果网络服务提供者对被控侵权内容的选择完全是自主进行的,需对该内容负有一定程度的审核义务,尽到最低程度的注意义务,否则应承担共同侵权责任。

No.1-2-10.1.12-6　网络服务提供者虽未直接实施用户的侵权行为,但如未尽到适当注意义务,未采取适当措施以防止其链接的侵权作品的传播,属于通过网络教唆、帮助他人实施侵犯著作权行为,主观上具有过错,应与直接实施侵权行为的网络用户承担共同侵权责任。

No.1-2-10.1.12-7　法院对网络环境下公证证据的证明力审查,除审查其本身的真实性外,还应审查公证证据记载的事实是否发生于网络环境。

No.1-2-11.3-1　体现国家意志、受国家指定承办的创作活动产生的作品属于法人作品。

No.1-2-11.4-1　戏曲音乐作品应作为一个整体作品看待。在历史上对戏曲音乐曲作者署名不一致,且署名的案外人未参与诉讼,无法查清相关事实的情况下,其中一位署名作者主张著作权归己所有,不应予以支持。

No.1-2-12-1　以民间音乐作品为基础的改编所要求的独创性,应高于民歌填词和整理。典型意义上的民间音乐作品的改编,是指使用了原音乐作品的基本内容或重要内容,其结果对原作的旋律作了创造性修改,却又没有使原作旋律消失。

No.1-2-12-2　不同作者对同一题材的创作所出现的巧合,应当体现在合理的限度之内,并且在相互隔离的状态下独立创作产生。否则该种相似并非源于独创,而是侵权。

No.1-2-12-3　主观故意并非侵犯著作权的必要条件。

No.1-2-12-4　修改并不产生新的作品,而改编会产生新的作品。

No.1-2-13-1　为他人创作进行组织工作,提供咨询意见、物质条件,或者进行其他辅助工作,均不视为创作,不属于合作作者。

No.1-2-14-1　对其内容的选择或者编排体现独创性的汇编作品,其著作权由汇编人享有。

No.1-2-15-1　电影作品的整体著作权归属于制片人,只能由制片人作为著作权人行使权利或主张权利,电影内部的编剧、导演、摄影、作词、作曲等作者,无权就电影作品的整体主张权利。

No.1-2-15-2　将电影作品制作成 VCD,是对同一电影作品在不同载体上的复制行为,电影 VCD 并非著作权法意义上的"录像制品",而是电影作品的复制品。

No.1-2-16-1　由编纂委员会主持编辑,并由该委员会承担法律责任的编辑作品属于法人作品,而非合作作品。

No.1-2-16-2　个人向编委会提供的具有独创性的被编辑作品,著作权归原作者享有。编委会在行使自己的编辑作品著作权时,不得侵犯原作者的著作权。

No.1-2-16-3　个人为完成法人或者其他组织的工作任务,并由法人或者其他组织承担责任的职务作品,作者享有署名权,著作权的其他权利由法人或者其他组织享有,法人或者其他组织可以给作者以奖励。

No.1-2-16-4　在没有明示合同约定的情形下,法院可以根据双方当事人的行为,推定职务作品著作权的归属。

No.1-2-17-1　受委托创作的作品,合同未作明确约定或者没有订立合同的,著作权属于受托人。

No.1-2-17-2　广告经营者和广告发布者对广告内容具有形式审查的义务。如果广告经营者设计、制作的广告侵犯了第三人的著作权,广告主与广告制作者承担共同侵权责任。

No.1-2-17-3　构成事实委托创作关系的,受委托创作作品的著作权归属依《著作权法》第17条处理。

No.1-2-17-4　按照《著作权法》第17条的规定,委托作品的著作权属于受托人,委托人在约定的使用范围内享有使用作品的权利;双方没有约定使用作品范围的,委托人可以在委托创作的特定目的范围内免费使用该作品。

No.1-2-17-5　接受其他合作作者的委托参与合作创作的,委托人在特定目的范围内使用合作作品,不需要与合作作者协商。

No.1-2-18-1　美术等作品原件的所有权不管是否合法取得,均不视为作品著作权的转移。除展览该作品原件,原件所有人不得实施侵犯作品著作权的行为。

No.1-2-19-1　权利人死亡后其继承人对署名权不能继承。继承人对作者的著作权中的人身权的保护是限定在作者死亡后发生了侵犯其著作权中的署名权、修改权和保护作品完整权的侵权行为。

No.1-2-19-2　在不能确定完整客观地认定作品创作根源的情况下,应当从作品发表问世后各权利人和利害关系人对各自权利的处分态度及各方权利的历史延续情况,确定各个权利人的权利范围。

No.1-2-22-1　软件用户可以在其与软件设计者共有的软件基础上进行后续开发,其后续开发中对原有软件的复制属于合理使用,不构成侵权。

No.1-2-22.1.6-1　创作的目的以及教材本身的性质,不能成为他人可以违反法律关于合理使用的规定而进行复制和向公众传播的依据。判断是否构成合理使用,一般需要参考以下标准:是否基于商业目的而使用、使用作品的性质、使用的数量和比例、使用行为对作品的潜在市场价值是否有较大的不利影响?

No.1-2-22.1.6-2　使用他人作品,除非另有约定或者因使用方式的特性而无法指明作者的,应当为作者署名。

No.1-2-22.1.6-3　从事电影教学的艺术院校使用他人已发表的作品练习拍摄电影,是课堂教学的一部分,属于合理使用。

No.1-2-22.1.6-4　在电影节上放映使用他人作品改编的影片,超出必不可少的课堂教学的使用范围,不属于《著作权法》规定的合理使用。

No.1-2-22.1.9-1　未经著作权人许可,使用他人作品制作公益广告,不属于合理使用的范畴。

No.1-2-22.1.9-2　出版者、制作者应当对其出版、制作有合法授权承担举证责任。举证不能的,承担侵权责任。

## 第一节 著作权人权利

**21** 作品登记是否构成著作权意义上的发表(《著作权法》第 10 条第 1 款第 1 项)
**案例**:坤联公司与深圳八航公司侵犯著作权纠纷案
案例来源:《最高人民法院知识产权审判案例指导》(第三辑)[第 12 号]
主题词:作品登记　发表

一、基本案情

申请再审人(一审原告、二审上诉人):坤联(厦门)照相器材有限公司(以下简称坤联公司)。

被申请人(一审被告、二审被上诉人):深圳市宝安区公明八航五金塑胶厂(以下简称八航厂)、八航实业(深圳)有限公司(以下简称八航公司)、他普实业有限公司(以下简称他普公司)。

坤联公司职员郑国栋创作了"取景标贴(keep 20 cm)"图案,是用于贴在摄像机产品上的标贴,该美术图案左侧为一只含有眉毛和眼睛的图案,右边是英文"keep 20 cm"。郑国栋与坤联公司签署"职务作品确认书",内容为:郑国栋创作该作品是完成坤联公司的工作任务,系职务作品,双方约定,除作品署名权以外之著作权,在作品首次发表之日起 50 年内归坤联公司所有,郑国栋同意以不具名方式行使署名权。

2004 年 7 月 15 日,坤联公司取得福建省版权局颁发的作品著作权登记证书,载明作品名称为"取景标贴(keep 20 cm)",作品类型为美术作品,作者为郑国栋,坤联公司为著作权人,作品完成时间为 2003 年 10 月 10 日。所附的"作品登记表"中记载有"首次发表时间为 2004 年 10 月"以及"申请登记时间为 2004 年 5 月 10 日"的内容。所附的"作品创作说明"载明:本作品:(1)突出眼睛,将之置于首要位置,同时符合人们单眼取景的习惯,用一只含有"眉毛和眼睛"的图表示;(2)强调距离,用"keep 20 cm"表示;(3)将二者融为一体,整幅作品意为"眼睛要距离 20 cm 时才能取景"。

八航公司、八航厂有型号分别为 DV9000F、DV8600、DV7000 的摄像机产品,在其取景器下方标有"左侧为眉毛和眼睛图形,右侧为 keep 20 cm"字样的图案。与坤联公司作品相比,不同点为:坤联公司作品中眼睛是两个圆形相套的眼珠,八航公司、八航厂产品标贴中的眼睛是一个涂黑的圆眼珠;坤联公司作品中的"K"字母高于其他字母,"P"低于其他字母,而八航公司、八航厂产品标贴中字母大小相同,高度一致;坤联公司作品的右侧为浅蓝色,八航公司、八航厂产品标贴的右侧是深蓝色。

八航厂是一家"三来一补"企业,其投资方是他普公司,八航公司是他普公司在大陆投资设立的全资子公司。

2006 年 6 月 16 日,坤联公司以侵犯著作权为由向深圳市中级人民法院提起诉讼,请求判令八航厂、八航公司、他普公司立即停止侵权行为并赔偿经济损失人民币 30 万元。

深圳市中级人民法院一审认为,坤联公司"取景标贴(keep 20 cm)"图案具有独创性,属于著作权法意义上的作品。但坤联公司未举证证明其作品已经发表,且发表的时间早于被诉侵权产品销售的时间,亦不能证明八航厂、八航公司、他普公司以其他方式接触坤联公司作品的事实,遂判决驳回坤联公司的诉讼请求。

坤联公司不服,提起上诉。广东省高级人民法院维持一审判决。

坤联公司向最高人民法院(以下简称最高院)申请再审。

最高院认为,坤联公司"取景标贴"作品系其公司职员独立创作完成,原两审法院均认定该标贴具有独创性,受著作权法的保护。坤联公司主张八航厂、八航公司及他普公司侵犯其著作权,应举证证明被诉侵权标贴系抄袭、复制其作品。本案中由于坤联公司未能提供其作品与其产品一起公开销售的证据,故主张对方接触其作品缺乏证据证明。根据国家版权局 1994 年发布的《作品自愿登记试行办法》第 1 条的规定,作品登记的主要目的是维护作者或其他著作权人和作品使用者的合法权益,有助于解决因著作权归属造成的纠纷,并为解决著作权纠纷提供初步证据。可见,进行登记的主要作用在于证明权利的归属。虽然该行办法规定有"作品登记应实行计算机数据库管理,并对公众开放"的内容,但对登记机构能否向公众提供相关登记的作品未作规定。原审法院结合本案的具体情况,认为作品登记不是著作权法意义上的发表,坤联公司主张八航厂、八航公司、他普公司侵权不能成立,驳回其诉讼请求是正确的。从而裁定驳回坤联公司的再审申请。

## 二、裁判要旨

No.1-2-10.1.1-1　作品登记的作用主要在于证明权利的归属,一般不构成著作权法意义上的发表,在没有其他证据的情况下,不宜以此推定侵权的实质性接触。

该案中,坤联公司享有涉案作品的著作权,但要主张八航厂、八航公司及他普公司侵犯其著作权,需举证证明被诉侵权标贴系抄袭、复制其作品。由于坤联公司仅对其著作权进行了登记,并未提供其作品与其产品一起公开销售的证据,因此主张对方接触其作品缺乏证据证明。

在此涉及的关键问题是,著作权的登记是否属于著作权法意义上的发表。根据我国《著作权法》第10条和《著作权法实施条例》第20条的规定,发表应是指著作权人自行或者许可他人将其作品公之于众。而作品登记的作用主要在于证明权利的归属,登记机构能否向公众提供相关登记的作品,法律也未作规定,不能认为登记即是将作品公之于众。因此,最高院认为,作品登记一般不构成著作权法意义上的发表,在没有其他证据的情况下,不宜以此推定被告接触过原告作品。

## 22 著作人身权(《著作权法》第10条第1款第4项、第33条第2款)

**案例:林奕诉中国新闻社侵犯其保护作品完整权及名誉权案**
案例来源:《人民法院案例选》2003年第2辑[第48号]
主题词:保护作品完整权　名誉权

### 一、基本案情

原告:林奕。

被告:中国新闻社。

1995年3月,林奕拍摄了反映海关人员缉私风采的彩色摄影作品《跳帮》,作品画面为海关缉私警察跳跃走私船船帮实施缉私行动的情景。同年10月,该摄影作品入选浙江省台州市椒江摄影工作者协会举办的国庆摄影展览,并公开展出。后该幅作品在《走向二十一世纪的中国海关》大型画册中刊登,作品下方配有"用忠贞和正义锻造的利箭射向罪恶,使走私分子胆战心惊。图为海关海上缉私队员在'跳帮'"的文字,画册摄影者集体署名中有林奕的署名。

2000年10月7日,中国新闻社从《走向二十一世纪的中国海关》画册中,复制了林奕的上述作品,用于其编辑出版的第21期《中国新闻周刊》封面,并在照片画面中自上而下配写了"私破海关、腐败重创中国海关大门、危机中年、地盗战、娱乐圈是个什么圈"等文章标题,在照片右上方印制了一个反转倒置的中国海关关徽图案。中国新闻社将载有林奕作品的第21期《中国新闻周刊》封面与该刊物其他期刊封面组合设计,制作成《中国新闻周刊》的征订广告宣传页画面,在2000年《中国新闻周刊》第22期B版第21页"履历"栏目、2000年第23期A版第5页征订广告页、2001年征订广告单页和中文双月刊《商之旅》第14期第82页、《中国新闻周刊》征订广告页上使用。

林奕认为,中国新闻社的行为侵犯了其著作权,也侵犯了其名誉权,故起诉至北京市第一中级人民法院。

北京市第一中级人民法院认为,林奕是《跳帮》摄影作品的作者,依法享有该作品的著作权。中国新闻社的行为侵犯了林奕的作品署名权、保护作品完整权和获得报酬的权利,理应承担侵权责任,应停止侵权行为,向林奕公开赔礼道歉,赔偿损失。同时,中国新闻社的行为也构成对林奕名誉权的侵害，但是，林奕主张名誉权损害赔偿的相关证明却未经确认有效，且林奕未提交证据证明其精神损害的严重后果，故林奕的名誉权赔偿请求，因缺乏事实根据不予支持，但其所受名誉权侵害，可以连同其作品人身权所受到的侵害以中国新闻社向其公开致歉、消除影响的方式一并予以补救。依据《中华人民共和国民法通则》第101条，第134条第1款第1项、第9项、第10项、第2款，《中华人民共和国著作权法》第23条，第45条第4项、第8项，第46条第2项之规定，于2001年12月14日判决：

一、中国新闻社立即停止使用《跳帮》的侵权行为；
二、中国新闻社在《中国新闻周刊》上刊登致歉声明，向林奕公开赔礼道歉；
三、中国新闻社赔偿林奕经济损失12 500元；
四、中国新闻社赔偿林奕因诉讼所支出的合理费用2 000元；
五、驳回林奕其他诉讼请求。

林奕、中国新闻社均不服一审判决，提起上诉。

林奕上诉称：原审判决认定侵权正确，但确定赔偿数额、范围有误。原审判决未对中国新闻社使用林奕作品用于广告宣传、获取巨额经济利益予以认定，未支持林奕名誉权赔偿的请求，律师费、差旅费仅部分支持，明显不当，应予改判。请求撤销原审判决第三、四、五项，改判中国新闻社赔偿损失人民币15万元及因本案支出的全部律师费、差旅费，诉讼费由中国新闻社负担。

中国新闻社则上诉称：(1) 中国新闻社并未侵犯林奕的名誉权。(2) 林奕的作品属已刊登作品，并且未声明不得转载，其使用该作品只须付费，无须经林奕同意；中国新闻社侵权后果及情节轻微，原审判决确定的赔偿数额偏高。原审判决适用《著作权法》第23条有误。(3) 林奕所要求的律师费以假想的赔偿额为基础，其任意耗费差旅费、律师费等费用，该费用不能转嫁于中国新闻社。(4) 中国新闻社已经在周刊上向林奕公开声明道歉，不应再判决上诉人承担该项民事责任。请求二审法院依法改判。

北京市高级人民法院经审理认为：林奕作为该摄影作品的作者，其依法享有彩色摄影作品《跳帮》的著作权。中国新闻社未经林奕许可，擅自使用林奕的摄影作品，未给作者林奕署名；其使用行为严重歪曲、篡改了林奕的创作本意，且该刊物封面多次在其刊物广告页上刊登。中国新闻社的行为侵犯了林奕对作品所享有的署名权、保护作品完整权、使用权以及获得报酬的权利，中国新闻社理应承担侵权责任，停止侵权，向林奕公开赔礼道歉，赔偿损失。林奕关于原审判决未对中国新闻社使用林奕作品用于广告宣传、获取经济利益予以认定的上诉理由，缺乏事实依据，不予支持。

中国新闻社故意对林奕作品歪曲、篡改，擅自在其公开出版物上刊登被歪曲、篡改的作品，且以广告宣传品的形式广为传播，其行为明显具有贬损他人名誉的违法性，其所传播的内容已为相关公众所知悉，足以造成相关公众对林奕社会评价的降低，致其名誉利益受损。中国新闻社应当承担侵害名誉权的相应责任。但林奕未提交证据证明其精神损害的严重后果，故其所提名誉权赔偿的上诉请求，不予支持。林奕所受名誉权损害，可以连同其作品人身权所受到的损害以中国新闻社向其公开致歉、消除影响的方式一并予以补救。

因我国《著作权法》关于作品转载的规定仅适用于报刊、杂志，且仅限于转载或作为文摘、资料进行摘编，而本案争议的摄影作品来源于《走向二十一世纪的中国海关》画册，不是报刊、杂志；而且中国新闻社是以歪曲、篡改的方式使用的，其对作品的使用并非著作权法规定的转载、摘编。原审法院以中国新闻社支付一张照片的最高付酬数额为基数，并根据中国新闻社侵权故意、后果及情节酌定相应的倍数所确定的赔偿数额并无不当。另外，中国新闻社刊发的致歉启事的内容与法院查证的事实不完全相符，原审法院判决其承担公开赔礼道歉的责任并无不当。故中国新闻社的上诉请求均不予支持。

林奕所支付的律师费的部分数额为林奕因诉讼所支出的合理支出，应由中国新闻社予以赔偿；林奕对其主张的差旅费的有关票据未能提交原件，而中国新闻社对该项费用不予认可，故对该项主张不予支持，原审法院对律师费、差旅费的确定并无不当。

综上,原审判决认定事实清楚,适用法律并无不当。根据《中华人民共和国民事诉讼法》第153条第1款第1项之规定,于2002年4月16日判决:驳回上诉,维持原判。

## 二、裁判要旨

**No.1-2-10.1.4-1** 我国《著作权法》关于作品刊登后,除著作权人声明不得转载、摘编外,其他报刊可以转载或作为文摘、资料摘编的规定,仅适用于报纸、杂志,且仅限于转载或作为文摘、资料进行摘编。

我国《著作权法》第33条第2款规定:"作品刊登后,除著作权人声明不得转载、摘编的外,其他报刊可以转载或者作为文摘、资料刊登,但应当按照规定向著作权人支付报酬。"即除著作权人声明的情况,报纸杂志可以不经作者同意转载或者作为文摘、资料刊登,但需支付报酬。这可以说是对作者著作权的一个限制。但从该款规定看,是对前一款作者向报纸、期刊社投稿的进一步补充,因此,该规定应仅适用于报纸、杂志。且从该规定的措辞看,也仅限于转载或者作为文摘、资料刊登。

在该案中,从争议的摄影作品看,来源于《走向二十一世纪的中国海关》画册,并不是报纸、杂志;从中国新闻社的使用方式看,其对该作品的使用并非《著作权法》规定的转载、摘编,而是以歪曲、篡改的方式使用的。因其未经林奕许可,在其编辑出版的刊物封面上,擅自使用林奕的摄影作品,未给作者林奕署名,并且在明知作品主题反映的是海关人员的英勇无畏精神的情况下,为达到自己的使用目的,反而在刊物封面上配印与作品主题相反的图案和文字,突出海关腐败的内容,严重歪曲、篡改了林奕的创作本意,还多次在其刊物广告页上刊登。所以,中国新闻社的抗辩理由是不成立的,其行为侵犯了林奕所享有的署名权、保护作品完整权、使用权以及获得报酬等著作权权利,理应承担侵权责任。

**No.1-2-10.1.4-2** 被控侵权人同时构成侵犯保护作品完整权和名誉权的情况下,可以对名誉权损害及作品人身权损害以公开致歉、消除影响等方式一并予以补救。

如果被控侵权人在侵犯著作权人著作人身权的同时,其行为还明显具有贬损著作权人名誉的违法性,且其所传播的内容被相关公众知悉,足以造成相关公众对著作权人社会评价的降低,致使著作权人的名誉利益受损,同时也构成对著作权人名誉权的侵害。对此种情况,可以合并要求侵权人承担侵犯著作权和名誉权的责任。

本案中,中国新闻社故意歪曲、篡改原告的作品,擅自在其公开出版物上刊登,且以广告宣传品的形式广为传播的行为既侵害了原告林奕保护作品完整的著作人身权,也侵害了其名誉权。所以,中国新闻社应当同时承担侵害著作权和名誉权的责任。但由于本案中的原告林奕未提交证据证明其精神损害的严重后果,所以法院未支持其所提名誉权赔偿的请求,只是就其所受名誉权损害,连同其作品人身权所受到的损害以中国新闻社向其公开致歉、消除影响的方式一并予以补救。

## 23 复制行为(《著作权法》第10条第1款第5项)

**案例**:上海纽福克斯汽车配件有限公司、纽福克斯光电科技(上海)有限公司诉上海索雷亚汽车用品有限公司著作权纠纷案
**案例来源**:《人民法院案例选》2007年第3辑[第38号]
**主题词**:复制权　生产工业产品行为

### 一、基本案情

原告:上海纽福克斯汽车配件有限公司(以下简称纽福克斯配件公司)。
原告:纽福克斯光电科技(上海)有限公司(以下简称纽福克斯光电公司)。
被告:上海索雷亚汽车用品有限公司(以下简称索雷亚公司)。

2001年5月8日,原告纽福克斯配件公司与原告纽福克斯光电公司签订一份《印刷线路板合作开发合同》。合同约定,任何一方开发的或双方合作开发的印刷线路板的知识产权为两原

告共同所有,如有任何第三方侵犯该知识产权的,两原告都有权单独或共同提起诉讼。原告纽福克斯配件公司于2001年11月18日、12月8日分别设计完成FB30W20C、DCAC70WB两款车载电源转换器的印刷线路板元器件位置图。

2001年3月28日,原告纽福克斯配件公司向国家知识产权局申请了名称为"可将直流电转变为交流电的电源转换器"实用新型专利,并在2002年2月20日被授予专利权。2001年9月30日,原告纽福克斯配件公司向国家知识产权局申请了名称为"高频逆变开关电源"实用新型专利,2002年9月4日被授予专利权。

2003年5月6日,被告索雷亚公司成立,经营范围包括生产加工汽车零配件、汽车用小电器等。2004年4月13日,原告纽福克斯配件公司在北京顶茂科技有限公司购买了两个由被告生产的70W和150W车载电源转换器。同年6月24日,原告纽福克斯配件公司又在北京卓易运动健身有限公司购买了一个70W车载电源转换器。同年7月28日,上海市公证处根据原告纽福克斯配件公司的委托进行网上公证保全,根据"Soleil汽车世界"和"奥林体育网——运动精品购物商城"网站的页面显示,被告在上述网站分别登载了各种索雷亚汽车用品广告,其中包括70W、150W、300W、500W索雷亚车载电源转换器产品的文字介绍和照片。

被告员工姜涛、李富启曾系原告纽福克斯配件公司员工。姜涛曾在原告纽福克斯配件公司采购部门担任副总经理,2000年11月离职,现为被告总经理。李富启曾在原告纽福克斯配件公司开发部担任开发工程师,2003年2月被辞退,现为被告开发部工程师。

原告纽福克斯配件公司、原告纽福克斯光电公司认为,被告索雷亚公司生产销售的六款车载电源转换器与两原告产品的印刷线路板上的字符层完全一致,属于复制、抄袭两原告作品的行为,侵犯了两原告印刷线路板的著作权,遂共同起诉至上海市第二中级人民法院。

被告索雷亚公司则辩称,本案系争印刷线路板上的字符层,不属于我国著作权法保护的客体,元器件位置图才是著作权法保护的客体,而且被告生产印刷线路板的行为不属于著作权法上的复制行为,不构成著作权侵权。

经法院委托专家对两者的车载电源转换器进行技术咨询,认定被告70W3210、70W3110、120W、175W印刷线路板与两原告DCAC70WB印刷线路板上的字符层基本相同;被告150W、300W印刷线路板与两原告FB30W20C印刷线路板上的字符层基本相同。原被告双方对此均无异议。

上海市第二中级人民法院认为,本案的争议焦点是:(1)印刷线路板上的字符层是否受著作权法保护。(2)被告按照印刷线路板上的字符层生产印刷线路板的行为是否属于《著作权法》规定的复制行为。

关于印刷线路板上的字符层是否受著作权法保护是本案主要的争议焦点。(1)从技术角度分析,印刷线路板布图设计图和元器件位置图是互相对应的关系,印刷线路板上的印刷线路和字符层也是互相对应的关系。(2)印刷线路板的元器件位置图属于图形作品,受著作权法保护,未经著作权人同意,他人不得对印刷线路板的元器件位置图以出版等形式复制发行。而印刷线路板上的字符层具有一定的实用功能,已经超出了文学、艺术、科学作品的范畴,不属于著作权法保护的客体。(3)从国际惯例考虑,大多数国家对于印刷线路板上的字符层也不给予著作权法保护,而是从工业产权上进行保护,故印刷线路板上字符层在我国也不应受著作权法保护。

关于第二个争议焦点,著作权法保护工程设计、产品设计图纸及其说明,仅指以印刷、复印、翻拍等复制形式使用图纸及其说明,不包括按照工程设计、产品设计图纸及其说明进行施工、生产工业产品,后者的使用应适用其他法律规定。故被告按照两原告印刷线路板上的字符层生产印刷线路板的行为,无论通过何种方式,例如印刷方式,也应视为工业产权性质的实施。因此被告按照两原告印刷线路板上的字符层生产印刷线路板的行为不构成著作权法意义上的复制行为。

据此,依照《中华人民共和国著作权法》第3条第7项、第10条第1款第5项的规定,于

2005 年 12 月 26 日判决:驳回原告的诉讼请求。

二、裁判要旨

No.1-2-10.1.5-1　**印刷线路板的元器件位置图属于图形作品,受著作权法保护,但印刷线路板上的字符层不属于著作权法保护的客体。**

该案的首要争议焦点即印刷线路板上的字符层是否受著作权法保护。

两原告认为,印刷线路板上的字符层属于著作权法保护的产品设计图、示意图作品,因为著作权法所保护的作品必须具有独创性、可复制性。而且因其是一种示意图,不具有功能性,没有导电、传热或绝缘的功能,不属于工业产权。字符层是一种示意图,不具有功能性,没有导电、传热或绝缘的功能。

被告则认为,只有元器件位置图可以受著作权法保护,印刷线路板上字符层不受我国著作权法保护,因为:(1)印刷线路板上的字符层依附于印刷线路板上,是印刷线路板的组成部分,无法与印刷线路板分离;(2)印刷线路板上的字符层有特定的导电功能,还为各元器件定位导向,具有特定的功能;(3)印刷线路板上字符层的形成是工业化生产的一个环节;(4)作品的意义在于被公众所感受、欣赏,但印刷线路板上的字符层在产品中被元器件遮挡,无法为公众所感知。

对该问题法院通过几个方面进行了分析:

1. 从技术角度分析,制作印刷线路板一般需要两个阶段:一是在图纸上设计完成印刷线路板的布图设计图、元器件位置图;二是按照设计图纸生产印刷线路板实物,该印刷线路板上具有印刷线路和字符层。印刷线路板的元器件位置图是用以指导操作工人插接元器件及进行维护的图纸。而印刷线路板上的字符层是体现元器件分布位置的油墨层。印刷线路板布图设计图和元器件位置图是互相对应的关系,印刷线路板上的印刷线路和字符层也是互相对应的关系。

2. 根据我国《著作权法》的规定,工程设计图、产品设计图、地图、示意图等图形作品都属于著作权法保护的作品。印刷线路板的元器件位置图属于图形作品,受著作权法保护。现两原告主张的是印刷线路板上的字符层,并非印刷线路板的元器件位置图。字符层是体现元器件分布位置的油墨层,与印刷线路板密不可分,成为印刷线路板的重要组成部分。印刷线路板上的字符层与其背面导电的印刷线路存在互相对应的关系。虽然印刷线路板上的字符层本身不具有导电、传热和绝缘功能,但是它具有指导操作工人插接元器件及进行维护,从而实现印刷线路板整体功能的作用。因此,印刷线路板上的字符层具有一定的实用功能,不属于著作权法保护的客体。

3. 从国际惯例考虑,大多数国家对于印刷线路板上的字符层也不给予著作权法保护,而是从工业产权上进行保护,故印刷线路板上字符层在我国也不应受著作权法保护。

所以,法院认为印刷线路板上的字符层不属于著作权法保护的客体,只有印刷线路板的元器件位置图,受著作权法保护。

No.1-2-10.1.5-2　**根据印刷线路板上的字符生产印刷线路板的行为,不属于著作权法意义上的复制行为。**

该案的两原告发现被告印刷线路板上的字符层与其共同研发生产的印刷线路板字符层完全一致,认为被告侵犯其著作权而诉至法院。这里的关键在于,被告按照印刷线路板上的字符层生产印刷线路板的行为是否属于著作权法规定的复制行为。

两原告认为,被告印刷线路板上的字符层复制、抄袭了其作品。(1)被告六款产品的印刷线路板上的字符层与两原告两款产品的字符层完全相同,两者的电容、电阻等元器件排列位置一模一样。(2)被告具有接触、抄袭两原告作品的途径。被告的总经理姜涛、开发部工程师李富启曾分别担任原告纽福克斯配件公司的采购部负责人和开发部工程师。(3)被告是以印刷、复印的方式复制两原告的作品,是著作权法所称的复制行为,而不是工业制造。

被告则认为,根据元器件位置图生产印刷线路板的行为不构成复制行为,按照元器件位置图生产印刷线路板,应视为工业产权性质的实施。按照产品设计图进行工业化生产是一个复杂的过程,生产与他人相同的产品就导致著作权侵权,将导致著作权的过度保护,从而影响工业领域的发展。

法院认为,被告根据印刷线路板上的字符生产印刷线路板的行为,是生产工业产品的行为,不属于著作权法意义上的复制行为,不构成侵权。

法院的判决体现了一种审慎的态度。对于工业化价值较高的产品,如果给予太高的保护,可能会限制工业技术的提高,阻碍工业生产。在司法实践中,一般对于工业化价值不高的美术作品,会给予禁止"平面到立体"的复制权保护,而对于工业化价值较高的工程设计、线路板设计图等,则并不承认其"平面到立体"为著作权法意义上的复制,也是出于这种考虑。

## 24 出版发行权(《著作权法》第10条第1款第6项)

**案例:陈逸飞与大一公司等著作权纠纷案**
**案例来源:**《人民法院案例选》1999年第1辑[第40号]
**主题词:**行政违规行为　委托代理　著作权许可使用合同

### 一、基本案情

原告:陈逸飞。

被告:上海大一包装设计印刷有限公司(以下简称大一公司)。

被告:陈云龙。

第三人:中国图书进出口上海公司(以下简称中图公司)。

第三人:上海世界图书出版公司(以下简称世图公司)。

1994年9月初,原告陈逸飞与第三人中图公司达成合作出版与销售1995年《陈逸飞油画作品选》挂历15000本的口头协议,由陈逸飞提供挂历的版模,中图公司负责安排联系出版书号及印刷,挂历最低销售价不得低于每本44元。

同年9月7日,中图公司与被告大一公司签订《印刷合同》,该合同内容为:"品名全开95版陈逸飞油画精品挂历(柒张),数量15000本,单价16.65元,彩色7幅,交货日期9月20日交5000本,总金额249750元。"9月8日,大一公司开出《工程单》,主要内容为:"客户中图公司,印件名称陈逸飞月历,样本数量5000本。"9月11日,世图公司应中图公司的要求,开出《印订施工单》,该《印订施工单》内容为:"承印厂大一公司,书刊号ISBN7-5062-2025-3/J.06,书名陈逸飞油画作品选,定价108元,印数5000册。"上述《印刷合同》和《印订施工单》均由中图公司委托被告陈云龙交给大一公司。9月12日,因挂历封面印刷要求高,陈云龙即以大一公司的名义,委托案外人中华印刷厂印刷,印数为2万份。大一公司共印制了19900本挂历的6幅内页,由案外人青浦盈盈装订厂装订后交给陈云龙。同年9月、11月、12月,大一公司共收到中图公司支付的印制费304250元,其中124250元由中图公司支付给世图公司后,再由世图公司支付给大一公司。同年12月,大一公司应陈云龙的要求,出具了3张"上海市增值税专用发票",填写的数量共计15000本,单价分别为16.65元、17.55元和19.80元。陈云龙将该3张发票交给了中图公司。印制的19900本挂历均以世图公司名义和出版书号出版,中图公司收取14900本,其余5000本陈云龙称由其销售4150本、送人850本,中图公司收取陈云龙返还的现金64291.80元。

原告陈逸飞以被告大一公司未经其许可,擅自加印挂历5000本并由被告陈云龙销售,侵犯了其著作权为由,向上海市第一中级人民法院提起诉讼。

被告大一公司辩称:其受陈云龙委托印刷挂历,陈云龙受中图公司委托。印刷2万本挂历系依据中图公司15000本的印刷合同及世图公司5000本的印制单,最后按实际印量19900本与中图公司结算,并未擅自加印,没有侵权。

被告陈云龙辩称:中图公司委托其联系印制挂历为2万本,有15000本的印刷合同和5000本的印制单为证,其行为得到中图公司认可,不构成对原告著作权的侵害。

上海市第一中级人民法院受理案件后,考虑到案件处理结果可能与中图公司和世图公司有法律上的利害关系,故将该两公司追加为本案第三人。

第三人中图公司诉称:其与大一公司签订15 000本的印刷合同后,先委托世图公司开出5 000本的印刷单给大一公司,后又口头通知大一公司再印1万本,未开印制单。

第三人世图公司则述称:其根据中图公司的要求向大一公司开出5 000本的印制单。

上海市第一中级人民法院审理查明:第三人中图公司的经营方式为进出口、发行、代销和经销;被告大一公司的经营范围中不包括书刊印刷。

上海市第一中级人民法院认为:原告陈逸飞系1995年《陈逸飞油画作品选》挂历中7幅油画作品的作者,依法享有该7幅油画作品的著作权。被告陈云龙在整个挂历印制过程中与第三人中图公司形成了事实上的委托代理关系,其知道实际印制挂历的数量与开出的发票不符,并实际处分了加印的挂历,此行为构成对原告享有的著作权中的使用权和获得报酬权的侵害,对此应承担相应的责任。被告陈云龙辩解其系代理行为,不构成侵权的理由不能成立。被告大一公司系应委托人的要求印制了19 900本挂历,故原告诉称大一公司擅自加印挂历的主张,依据不足,不予支持。第三人中图公司未经原告许可,擅自加印原告油画作品选挂历,其行为构成对原告著作权中的使用权和获得报酬权的侵害,对此应负主要责任。根据相应证据,中图公司另辩称其未加印挂历的主张不能成立。第三人世图公司虽未经原告同意开出《印订施工单》,但因原告对该挂历以世图公司名义出版已予认可,故世图公司的行为不构成对原告著作权的侵犯。对于经济赔偿的诉请,应在扣除挂历的合理制作成本后予以赔偿。据此,依照《中华人民共和国著作权法》第10条第5款、第46条第2款,《中华人民共和国民法通则》第67条的规定,于1997年6月2日判决:被告陈云龙与第三人中图公司停止对原告陈逸飞著作权的侵害,并共同赔偿原告陈逸飞经济损失141 800元,其中陈云龙赔偿4万元,中图公司赔偿101 800元,并对陈云龙的赔偿数额负连带责任。原告的其他诉请不予支持。

判决后,原、被告及第三人均未提出上诉。

## 二、裁判要旨

**No.1-2-10.1.6-1  违反有关出版印刷的行政法规的行为不属于法院的管辖范围。**

该案法院查明,第三人中图公司的经营方式为进出口、发行、代销和经销;被告大一公司的经营范围中不包括书刊印刷。

根据新闻出版署、公安部、国家工商行政管理总局等部门1988年联合发布的《印刷行业管理暂行办法》的规定,承印图书必须持有许可证。新闻出版署1989年的《加强书报刊印刷管理的若干规定》要求,对出版社、期刊社委印的正式出版物实行书刊定点印刷制度。大一公司的经营范围不包括书刊印刷,不具备印刷的资格。而中图公司的经营范围也不包括出版印刷,所以二者均超越了经营范围,违反了我国有关印刷、出版管理的行政法规。但违反行政法规的行为是行政管理部门处理的范围,并非法院的管辖范围。而原告是以侵犯著作权为由向法院起诉,故法院只对著作权侵权的问题进行审理,而不受理行政违规行为。

**No.1-2-10.1.6-2  被代理人知道代理人违反著作权法的侵权行为而不反对的,负连带责任。**

被告陈云龙明知实际印刷挂历的数量与开出发票不符,又未经原告许可销售了加印的挂历,无疑侵犯了原告的著作权。而《印刷合同》和《印订施工单》均是由中图公司委托被告陈云龙交给大一公司的,所以中图公司与陈云龙属于事实上的委托代理关系。根据《民法通则》第67条的规定,代理人知道被委托代理的事项违法仍然进行代理活动的,或者被代理人知道代理人的代理行为违法不表示反对的,由被代理人和代理人负连带责任。该案中,中图公司虽否认同意销售加印的挂历,但实际上却收取了陈云龙返还的部分销售所得,可见其知道陈云龙的代理行为违法却未反对,故应对陈云龙的侵权行为负连带责任。

No.1-2-10.1.6-3 违反著作权许可使用合同的,著作权人可以以合同违约或侵权为由,选择其一进行起诉。

我国《著作权法》第 24 条规定:"使用他人作品应当同著作权人订立许可使用合同,本法规定可以不经许可的除外。"《著作权法实施条例》第 24 条进一步规定:"著作权法第二十四条规定的专有使用权的内容由合同约定,合同没有约定或者约定不明的,视为被许可人有权排除包括著作权人在内的任何人以同样的方式使用作品;除合同另有约定外,被许可人许可第三人行使同一权利,必须取得著作权人的许可。"另外,《著作权法》第 10 条第 1 款第 6 项规定,著作权人的"发行权,即以出售或者赠与方式向公众提供作品的原件或者复制件的权利"。

该案中,原告许可中图公司出版发行其作品挂历,约定了 15 000 本的印刷数量。中图公司未征得原告同意,超出约定范围的印刷行为既侵犯了原告的出版发行权,也违反了合同的约定。所以,著作权人可以以合同违约或侵权为由,选择其一进行起诉。该案原告正是以侵犯著作权为由提起诉讼的。

**案例:李长福与中国文史出版社侵犯著作权纠纷案**
案例来源:《最高人民法院知识产权审判案例指导》(第三辑)[第 14 号]
主题词:复制权　发行权　保护作品完整权

**一、基本案情**

申请再审人(一审原告、二审上诉人):李长福。

被申请人(一审被告、二审被上诉人):中国文史出版社(以下简称文史出版社)。

2001 年 4 月 13 日,李长福与文史出版社签订《图书出版合同》,约定李长福授予文史出版社在中国大陆出版发行《邓小平理论辞典》作品汉字简体字文本的专有使用权;未经双方同意,任何一方不得将第 1 条约定的权利许可第三方使用,如有违反,另一方有权要求经济赔偿并终止合同;文史出版社尊重李长福确定的署名方式;稿酬计算方式为基本稿酬 65 元/千字加印数稿酬;出版电子版或者许可第三方出版电子版,须另行取得李长福的书面授权;合同自签字之日起生效,有效期为 10 年。

李长福发现,文史出版社未经其许可,在合同约定的《邓小平理论辞典》960 版版本之外又出版了 1092 版及配套光盘。1092 版及配套光盘有 40 余处错误。李长福于是起诉文史出版社未经许可出版 1092 版及光盘的行为侵犯其著作权。

北京市第一中级人民法院经审理认为,文史出版社根据合同取得了在中国大陆以图书形式出版发行《邓小平理论辞典》作品汉字简体字文本的专有使用权,只要在约定的范围内出版、发行该书即是合法的,版本的决定权在文史出版社,因此其出版 1092 版并未超出合同约定范围。但文史出版社在出版 1092 版的同时出版该作品光盘版,超出了合同约定,其行为既属于违约又构成侵权。遂判决解除李长福与文史出版社关于《邓小平理论辞典》的图书出版合同,文史出版社停止出版发行光盘版《邓小平理论辞典》并赔偿李长福损失 4 万元等。

李长福不服一审判决,提起上诉。北京市高级人民法院以与一审判决基本相同的理由判决驳回上诉,维持原判。

李长福向最高人民法院(以下简称最高院)申请再审,最高院裁定提审该案。

再审过程中,文史出版社承认,1092 版《邓小平理论辞典》是其当时的社长马威找书商姚智瑞合作出版,将录有 960 版内容的未定稿交给书商,由书商自行排版、印刷、发行了 1092 版;文史出版社向书商收取了 8 万元管理费。

最高院认为,李长福作为涉案的《邓小平理论辞典》这一汇编作品的主编,其对该作品享有的著作权应受法律保护。按照文史出版社与李长福签订的图书出版合同的规定,文史出版社并无许可他人复制发行涉案作品的权利。根据查明的事实,可以认定 1092 版《邓小平理论辞典》是文史出版社以合作出版为名,向书商姚智瑞收取管理费,给书商办理有关手续,由书商自行排版、印刷、发行的。文史出版社放弃了编辑、校对、印制、复制、发行等职责,致使书商以文史出版社的名义从事非法出版活动牟利,构成买卖书号行为。1092版图书是书商姚智瑞从事非法出版活动出版的出版物,其复制发行的主体实质上已经不是文史出版社,而是书商姚智瑞。虽然文史出版社主张1092版图书为该社的合法出版物,并愿意对该版图书出现错误、未付酬等问题承担责任,但是因其主张与事实不符,不予采信。文史出版社未经许可将李长福的书稿交给书商复制发行的行为,构成侵权行为。1092版所附光盘是被控侵权的1092版图书的组成部分,而李长福与文史出版社签订的出版合同明确约定,出版电子版应该经过作者书面授权。据此,也应该认定1092版的出版发行侵犯了李长福的著作权。文史出版社卖书号给书商出版侵权图书,将960版未定稿交给书商复制发行、出版电子版的行为,均侵犯了李长福对其作品的复制发行权。据此,最高院于2010年11月30日作出再审判决,改判文史出版社停止出版发行1092版《邓小平理论辞典》及其配套光盘,赔偿李长福损失及维权合理费用15万元。

二、裁判要旨

No.1-2-10.1.2-1 校对及排版印刷方面存在错误,并非是有意修改或者歪曲篡改作者的作品,不构成侵犯作者修改权和保护作品完整权的情形。

《著作权法》第10条第1款规定了作者的修改权和保护作品完整权。该案中,1092版虽然存在李长福指出的错误,但是最高院认为,均属于没有充分校对及排版印刷方面的问题,并非有意修改或者歪曲篡改作者的作品,不属于侵犯作者修改权和保护作品完整权的情形,因此李长福关于侵犯其修改权、保护作品完整权的主张不能成立。

No.1-2-10.1.6-4 出版社未经著作权人许可将作品交给书商出版,其复制发行的主体实质上是书商,而非出版社。出版社的行为既侵犯了著作权人的复制权和发行权,也构成违约。

该案中,涉案1092版《邓小平理论辞典》是文史出版社以合作出版为名,向书商姚智瑞收取管理费,给书商办理有关手续,由书商自行排版、印刷、发行的。我国《出版管理条例》(2011)第21条规定:"出版单位不得向任何单位或者个人出售或者以其他形式转让本单位的名称、书号。"1997年1月新闻出版署《关于严格禁止买卖书号、刊号、版号等问题的若干规定》〔新出图(1997)53号〕第1条规定:"严禁出版单位买卖书号、刊号、版号。凡是以管理费、书号费、刊号费、版号费或其他名义收取费用,出让国家出版行政部门赋予的权力,给外单位或个人提供书号、刊号、版号和办理有关手续,放弃编辑、校对、印刷、复制、发行等任何一个环节的职责,使其以出版单位的名义牟利,均按买卖书号、刊号、版号查处。"第2条规定:"严禁任何单位和个人以任何名义直接或间接地购买书号、刊号、版号,并参与出版、印刷、复制、发行等活动。凡购买书号、刊号、版号从事的出版活动均属非法出版活动,坚决予以取缔。"据此,文史出版社放弃编辑、校对、印刷、复制、发行等职责,致使书商以文史出版社的名义从事非法出版活动牟利,构成买卖书号行为。1092版图书是书商姚智瑞从事非法出版活动出版的出版物,其复制发行的主体实质上已经不是文史出版社,而是书商姚智瑞。

李长福作为涉案《邓小平理论辞典》这一汇编作品的主编,其对该作品享有的著作权应受到法律保护。其中包括《著作权法》第10条第1款所规定的复制权和发行权。按照文史出版社与李长福签订的图书出版合同的规定,文史出版社享有在中国大陆出版发行《邓小平理论辞典》作品汉字简体字文本的专有使用权,但并无许可他人复制发行涉案作品的权利。文史出版社未经许可,将李长福的书稿交给书商复制发行的行为,构成侵权行为,也属于违反出版合同的违约行为。

**25** 信息网络传播权(《著作权法》第10条第1款第12项)

**案例:慈文公司和鼎仁信息技术、上海派特文化传播有限公司著作权纠纷案**
案例来源:《人民法院案例选》2009年第3辑第277—280页
主题词:信息网络传播权

一、基本案情

上诉人(原审被告):鼎仁信息技术(上海)有限公司(以下简称鼎仁公司)。

上诉人(原审被告)：上海派特文化传播有限公司(以下简称特派公司)。

被上诉人(原审原告)：北京慈文影视制作有限公司(以下简称慈文公司)。

2005年7月8日，原告慈文公司、案外人香港华映电影有限公司(以下简称华映公司)和韩国宝蓝电影制作公司(以下简称宝蓝公司)签订了《关于电影〈七剑〉有关问题的补充协议书》。该补充协议书约定：《七剑》在中国大陆的版权、发行权以及由此产生的各种形式的收益权归原告慈文公司拥有，并且如果《七剑》在中国大陆遭受任何形式的盗版侵权(包括针对未经授权在互联网等大众传播媒介上上传播电影作品等侵权行为采取诉讼和非诉讼的维权行为)时，原告慈文公司有独立的、排他的诉讼权利。

2005年6月10日，原告慈文公司与案外人中国文联音像出版社签订《〈七剑〉许可使用协议》。该协议约定：原告慈文公司许可中国文联音像出版社在网络环境下非独家传播《七剑》；授权期限为1年(2005年6月16日至2006年6月15日)，最低许可费用为人民币80万元。

2005年10月31日，原告慈文公司获得编号为2005-H-0384号的《著作权登记证书》，载明：对由原告慈文公司、华映公司、宝蓝公司2005年5月共同摄制完成，于2005年7月29日在中国首次公映的《七剑》，申请者原告慈文公司享有上述作品在中国大陆的著作权，同时享有独立的、排他的诉讼和非诉讼的权利。

被告鼎仁公司系成立于2005年1月10日的外商独资公司，公司的主要营业地和办事机构所在地在上海市吴江路881号静安新时代大厦9楼A；被告派特公司系成立于2005年10月19日的国内合资公司，公司的主要营业地和办事机构所在地在上海市吴江路881号静安新时代大厦7楼。被告鼎仁公司租用江苏省电信有限公司南京分公司的机房托管机位；被告鼎仁公司负责提供在江苏省电信有限公司南京分公司托管的信息服务器及与信息服务相关的支持软件，提供即时信息并更新信息，负责信息的收集、整理、加工，并及时更新，保证信息的准确性和时效性；江苏省电信有限公司南京分公司提供中国公众多媒体通信平台，提供接入中国公众多媒体通信网的IP地址，并提供与网络相连接的相关硬件设备；服务器托管/机柜租用期1年(2006年3月20日至2007年3月19日)。被告派特公司向中国网络通信集团公司江苏分公司租用42U机柜1个，放置于江苏省南京市鱼市街92号中国网络通信集团公司江苏分公司2楼IDC机房。

原告慈文公司认为：被告鼎仁公司和派特公司未经《七剑》著作权人的许可，在被告鼎仁公司所有的、被告鼎仁公司与被告派特公司共同经营的网站上，向公众提供《七剑》的下载服务，上述行为已构成对《七剑》著作权人的信息网络传播权的侵害，为此诉至上海市第二中级人民法院。

上海市第二中级人民法院认为：《七剑》光盘封面上标示的权利人为原告慈文公司、宝蓝公司、华映公司，著作权登记证书的申请者是原告慈文公司，浦东新区法院(2006)浦民三(知)初字第2号生效民事判决又进一步确认了原告慈文公司对《七剑》享有著作权，而且，著作权登记证书和《关于电影〈七剑〉有关问题的补充协议书》明确了原告慈文公司对《七剑》在中国大陆享有独立的、排他的诉讼和非诉讼的权利。因此，对发生在我国内地的侵犯《七剑》著作权的侵权行为，原告慈文公司可以独立地行使诉权，以维护自己的合法权益。

被告派特公司在涉案网站上向公众提供了《七剑》的下载服务，且该下载服务的行为未经《七剑》权利人的授权，因此侵害了原告慈文公司和其他权利人对《七剑》所享有的信息网络传播权。因此，被告派特公司应承担相应的民事赔偿责任。《经营许可证信息表》虽然显示涉案网站的经营者是被告派特公司，但鉴于：(1) 被告鼎仁公司作为涉案域名注册人，以自己的名义向两个案外人租赁了网站服务器；(2) 涉案网站的地址与被告鼎仁公司的经营地址相同；(3) 相关证据显示，被告鼎仁公司与派特公司之间存在密切联系；(4) 被告鼎仁公司拒绝对相关问题予以具体的说明等原因，被告鼎仁公司应与被告派特公司共同对涉案网站发生的侵权行为承担相应的民事责任。依据《中华人民共和国著作权法》第10条第1款第12项、第47条第1项、第48条第2款之规定，判决：

一、被告鼎仁公司、派特公司应于判决生效之日起10日内共同赔偿原告慈文公司包括合理费用在内的经济损失人民币18万元；

二、对原告慈文公司的其余诉讼请求不予支持。

本案案件受理费人民币7 460元,由原告慈文公司负担人民币1 695元,由被告鼎仁公司、被告派特公司共同负担人民币5 765元。

判决后,鼎仁公司和派特公司不服,共同向上海市高级人民法院提出上诉。

其上诉理由主要是:(1)原审判决对于上诉人在网站上提供下载服务时均为"免费"的事实没有认定,上诉人在提供涉案作品下载服务过程中,没有收取用户任何费用,并无获利;(2)原审判决对于上诉人在网站上提供下载服务的时间认定错误,事实上该时间段只有26天;原审判令的赔偿额明显过高,超出了合理的范围。

慈文公司答辩称:原审判决正确,上诉人的上诉理由不能成立,请求驳回上诉,维持原判。

上海市高级人民法院认为,信息网络传播权是著作权的一项重要的权项。权利人依法取得的信息网络传播权受法律保护,他人不得侵犯。上诉人未经许可,擅自在自己的网站上使用被上诉人的涉案作品,侵犯了被上诉人对该作品享有的信息网络传播权,原审判决判令上诉人承担相应的民事责任,并无不当。

上诉人诉称,原审判决对于上诉人在网站上提供下载服务时均为"免费"的事实没有认定,上诉人在提供涉案作品下载服务过程中,没有收取用户任何费用,并无获利。即使如上诉人所主张,其在提供涉案作品下载服务过程中没有收取任何费用,上诉人没有获利,但上诉人未经著作权人同意,在网站上提供涉案作品下载的行为,必然使被上诉人的利益遭受损失,构成对被上诉人信息网络传播权的侵害。因此,上诉人以这一条上诉理由要求支持其上诉请求的主张,不予支持。

上诉人诉称,原审判决对于上诉人在网站上提供下载服务的时间认定错误,事实上该时间段只有26天;原审判令的赔偿额明显过高,超出了合理的范围。但无证据反映上诉人在网站上提供涉案作品下载服务的时间只有26天,且有证据表明,原审判决并未过高认定上诉人使用涉案作品的时间。鉴于被上诉人的实际损失和上诉人的违法所得无法查明,原审判决根据两上诉人侵权行为的情节,以及被上诉人与案外人签订的有关许可使用协议和相关部门的收费标准等,酌情确定被上诉人的经济损失,符合法律的有关规定。

据此,依照《中华人民共和国民事诉讼法》第152条第1款、第153条第1款第1项、第158条之规定,于2007年4月4日判决:驳回上诉,维持原判。

## 二、裁判要旨

**No.1-2-10.1.12-1** 除法律、行政法规另有规定的外,任何组织或者个人将他人的作品、表演、录音录像制品通过信息网络向公众提供,应当取得权利人许可,并支付报酬。

我国《著作权法》规定,中国公民、法人或者其他组织的作品,不论是否发表,依法享有著作权;著作权包括信息网络传播权等权利。信息网络传播权是指以有线或者无线方式向公众提供作品,使公众可以在其个人选定的时间和地点获得作品的权利。而根据2006年的《信息网络传播权保护条例》(以下简称《条例》)第2条之规定:"除法律、行政法规另有规定的外,任何组织或者个人将他人的作品、表演、录音录像制品通过信息网络向公众提供,应当取得权利人许可,并支付报酬。"

该案中,慈文公司是《七剑》的著作权人,对《七剑》在中国大陆享有独立的、排他的诉讼和非诉讼的权利,两被告鼎仁公司和派特公司未经许可,擅自在自己的网站上使用慈文公司的涉案作品,侵犯了慈文公司对该作品享有的信息网络传播权。

**No.1-2-10.1.12-2** 未经著作权人同意,在网站上提供作品下载的行为,即使未收取费用,未获利,也构成对信息网络传播权的侵害。

该案中,上诉人的上诉理由是,上诉人在提供涉案作品下载服务过程中,没有收取用户任何费用,未获利。但根据《条例》第2条之规定:"除法律、行政法规另有规定的外,任何组织或者个人将他人的作品、表演、录音录像制品通过信息网络向公众提供,应当取得权利人许可,并支付报酬。"而且,上诉人的行为也不属于《条例》所规定的第6条到第10条的例外情形。上诉人的行为属于《条例》第18条第1款第1项所规定的"通过信息网络擅自向公众提供他人的作品、表演、录音录像制品的"侵权行为,需承担侵权责任。即使如上诉人所主张,其在提供涉案作品下载服务过程中未收取任何费用,没有获利,但其未经著作权人同意,在网站上提供涉案作品下载的行为,必然使被上诉人的利益遭受损失,所以,构成对被上诉人信息网络传播权的侵害。

**26** "通知—删除"程序中网络服务提供者的义务与责任承担(《著作权法》第10条第1款第12项,《信息网络传播条例》第14条、第23条)

案例:浙江泛亚电子商务有限公司与北京百度网讯科技有限公司、百度在线网络技术(北京)有限公司侵犯著作权纠纷案

案例来源:《最高人民法院知识产权审判案例指导》(第五辑)[第29号]

主题词:网络服务提供商　通知—删除

### 一、基本案情

原告(二审上诉人):浙江泛亚电子商务有限公司(以下简称泛亚公司)。

被告(二审被上诉人):北京百度网讯科技有限公司(以下简称百度网讯公司)、百度在线网络技术(北京)有限公司(以下简称百度在线公司)。

泛亚公司对《你的选择》等351首歌曲享有词曲的著作财产权、表演者权中的财产权以及录音制作者权。百度网讯公司是百度网站(http://www.baidu.com)的所有人,有关网站的管理和经营均由其实施;百度在线公司提供搜索引擎技术服务。

泛亚公司于2006年12月至2007年1月期间,陆续向百度网讯公司、百度在线公司发出9份公函,共涉及351首歌曲中的103首歌曲。在这些公函中,泛亚公司对输入歌曲名后的搜索结果进行了甄别和选择,将其认为属于侵权的链接用星号标出,并将具体链接地址填写在后附表格中。泛亚公司要求百度网讯公司、百度在线公司对泛亚公司提供著作权证书及词曲内容的音乐作品断开侵权网页及MP3地址的链接。每一份公函列明的侵权链接地址均不相同。

2007年3月19日,泛亚公司向百度网讯公司、百度在线公司发出律师公函,该律师公函所附的《歌曲清单》中列明了歌曲名、词曲内容及作者、版权登记号,并附有演唱录音的光盘。泛亚公司主张,其在此前的"公函"中,曾经列明了查找侵权作品网址的办法,故百度网讯公司、百度在线公司以此方法即可确定侵权作品的网址。同年4月26日至6月15日、9月至10月,泛亚公司分别对《你的选择》等223首歌曲、《原点交点》等128首歌曲进行了两次公证证据保全,浙江省杭州市西湖公证处制作了14份《公证书》,以证明百度网讯公司、百度在线公司通过百度网站的MP3搜索框,向用户提供MP3搜索服务的事实。

泛亚公司于2007年7月31日向北京市高级人民法院提起诉讼,请求法院判决百度网讯公司、百度在线公司:(1)立即停止在百度网站上提供泛亚公司歌曲的歌词内容及停止对泛亚公司歌曲下载地址的搜索和深层链接;(2)赔偿泛亚公司经济损失1亿元(包含为制止侵权行为所支付的合理开支)。百度网讯公司则向法院提交了相关公证书,证明其在2007年9月29日之前和2007年10月25日之前,已先后删除了泛亚公司提交的公证书中显示的被控侵权歌曲所在第三方网址的搜索链接。

2007年10月15日,泛亚公司在提交补充起诉状时,明确提出了歌词侵权的主张,并于2007年11月15日提交第2914至2925号共12份《公证书》,以证明百度网讯公司、百度在线公司在音乐盒中向用户提供歌词的行为构成侵权。当月21日,百度网讯公司、百度在线公司提交《公证书》,表明已经删除上述12份《公证书》显示的音乐盒中相关歌词的搜索链接。

泛亚公司提交的第2913号《公证书》,显示百度网站页面显示的涉案歌词共有26首,证明百度网站通过MP3搜索框提供歌词。百度网讯公司、百度在线公司称,该"歌词"是对第三方网站上存在的LRC文本文件的歌词的"快照",是对搜索结果文本信息的技术缓存,类似于对网页html文件的快照。当搜索引擎比对出某首歌的大部分歌词文本文件都一样时,它会随机只提供一个文本文件"快照"。一审法院开庭审理过程中,百度网讯公司、百度在线公司认可上述歌词

"快照"存在于百度网站的服务器中。用户点击"歌词"按钮时,百度网站会直接从自己的服务器向用户提供歌词,未显示歌词出处。2007年11月21日,百度网讯公司提交的公证书,证明其已经删除第2913号《公证书》显示的泛亚公司首次主张涉嫌侵权歌词的搜索结果。

一审法院开庭审理过程中,泛亚公司明确表示不再主张百度网讯公司、百度在线公司提供网页搜索服务侵权。泛亚公司陈述其曾将主张权利的351首歌曲许可给其他网站或者机构在互联网上传播,但均是非专有许可,不能转授权给第三方,且是有期限的。

一审法院开庭审理之后,百度网讯公司提交了新的证据(第1209号《公证书》),证明:2008年4月1日,百度网站已经恢复了音乐盒中歌词搜索对应的第三方网站地址,在音乐盒中的歌词全文的下方将歌词对应的第三方网站上LRC文件的网络地址显示了出来,在歌词全文"快照"的下方,将"快照"对应的第三方网站上LRC文件的网络地址显示了出来,并且显示所有的相同名称的歌词LRC文件的搜索结果。泛亚公司以该证据已超过举证期限为由,拒绝发表质证意见。

北京市高级人民法院经审理认为:(1)百度网讯公司、百度在线公司以搜索框输入主题词的搜索方式向网络用户提供MP3搜索服务的行为,所提供的是定位和链接服务,并非信息网络传播行为,不构成对泛亚公司相关信息网络传播权的直接侵犯;二者施予与其能力所及的注意,也难以知道其所提供服务涉及的信息是否侵权,且对泛亚公司通知中明确列明的侵权链接地址已经及时断开,其所为符合《信息网络传播权保护条例》第23条规定的免责条件;而泛亚公司2007年3月19日发出的律师公函,不符合《信息网络传播权保护条例》第14条关于通知要件的要求。因此,泛亚公司的相关主张于法无据,不予支持。(2)百度音乐盒提供的MP3搜索服务,系基于主题词的搜索服务,基于如上理由,百度网讯公司、百度在线公司向用户提供音乐盒服务以及利用音乐盒服务向用户提供歌词的行为,也不构成侵犯信息网络传播权。(3)百度网讯公司、百度在线公司将歌词放置在其服务器上,由用户通过点击百度网站MP3搜索框的"歌词"按钮的方式向用户提供歌词的行为,属于"复制"和"上载"作品行为,其提供的歌词"快照"服务,并非仅仅是搜索引擎服务,已构成在网络上传播作品的行为,且二者提供的"快照"或"缓存"服务,客观上起到了让用户直接从其服务器上获取歌词的作用,足以影响提供歌词的第三方的市场利益,不符合《信息网络传播权保护条例》第21条规定的免责条件,故百度网讯公司、百度在线公司以涉案"快照"方式提供歌词的行为,侵犯了泛亚公司对《坐在马桶抽烟喝茶》等26首涉案歌词享有的信息网络传播权。(4)本案的侵害后果由二者共同造成,百度在线公司亦有主观过错,故应认定百度网讯公司、百度在线公司构成共同侵权。

综上所述,一审法院判决:

一、百度网讯公司、百度在线公司立即停止对泛亚公司享有著作财产权的《坐在马桶抽烟喝茶》等涉案26首歌词作品的信息网络传播的侵权行为;

二、二者共同赔偿泛亚公司经济损失人民币52 000元以及合理诉讼支出18 000元;

三、驳回泛亚公司的其他诉讼请求。

泛亚公司不服一审判决,向中华人民共和国最高人民法院(以下简称最高院)提起上诉称,一审判决适用法律错误,著作权是完整的专有性权利,除法律明确规定外,任何未经授权的使用均构成侵权。百度网讯公司和百度在线公司向网络用户提供歌词、以深层链接方式提供歌曲文件,实质是对作品的使用,未经授权即构成对著作权的侵犯,并不以所链接的第三方网站构成侵权为前提。百度网讯公司、百度在线公司未经授权向用户提供音乐作品的表现形式为:提供歌词搜索;对作品在互联网上的音频文件进行搜索并提供深层链接;主动提供音乐盒服务,为用户提供音频文件的链接地址,并主动设置歌词内容,提供歌曲的收藏、管理等服务,构成了对作品的使用。百度网讯公司和百度在线公司的上述行为不是纯粹技术服务,而是对音乐作品的商业利用。其未经权利人许可,擅自为其用户提供免费音乐,扩大了自己的用户群,增加了网站的点击率和流量,产生了广告收益与彩铃公司合作等其他收益,而权利人没有任何收益,亦无从知晓作品的使用次数及使用方式。百度网讯公司和百度在线公司的上述行为,不符合著作权法中关于合理使用或者法定许可的情形,也没有任何法律明确许可搜索引擎可以对音频文件进行深层链接,其使用不具有合法性,构成对泛亚公司著作权、表演者权及录音制作者权的侵犯。并且百度网讯公司和百度在线公司在收到泛亚公司的多次通知后,未采取措施,导致侵权后果不断扩大。关于赔偿数额方面,泛亚公司是涉案作品完整的权利人,应当享有涉案作品所有产业链上的利益。在考虑赔偿时,需同时考虑作为词曲著作权人、表演权利人及录音制作权利人的全部财产权利;本案侵权歌曲的数量特别巨大,多达 300 余首,其中《你的选择》一歌仅在中国移动平台上的彩铃收入就高达 600 万元,足以证明数字音乐本身应当为权利人带来的利益。百度网讯公司和百度在线公司从 2002 年开始提供 MP3 搜索,占据国内 MP3 搜索市场的 84%,也占其流量的 30%,侵权次数无法计算,侵权后果严重。其主观恶意明显,应当给予其惩罚性赔偿。综上,请求撤销一审判决第二、三项;判决百度网讯公司、百度在线公司向网络用户提供泛亚公司歌曲下载地址的搜索和深层链接系侵权行为;判令百度网讯公司、百度在线公司赔偿经济损失 100 万元(包含为制止侵权行为所支付的合理费用)。

百度网讯公司、百度在线公司答辩称:(1) 百度网讯公司、百度在线公司提供的 MP3 搜索是信息定位服务,泛亚公司认为 MP3 搜索本身构成侵权的主张没有法律依据。百度 MP3 搜索是一种以音频数据格式文件为对象的搜索方式,百度网站提供的音频数据格式文件搜索、试听、下载服务的结果,均是通过网站得到涉案歌曲不同地址的链接,涉案歌曲实际上是第三方网站上传或放置在网络服务器中提供给用户的,百度网讯公司、百度在线公司作为搜索引擎服务提供者,并不能控制第三方网站的资源和行为,对搜索内容的合法性不具有识别力和控制力。百度网站提供的歌词搜索服务是一种文件格式的搜索,LRC 歌词文件是一种与音乐播放器软件相结合的文件,功能在于使音乐播放器在播放音乐文件时以文字形式展现歌词。百度网讯公司、百度在线公司采取了临时缓存技术,形成歌词快照。百度网讯公司、百度在线公司对于歌词搜索结果是否侵权没有任何主观过错,在接到相关通知后立即断开了所有涉案搜索结果,并且泛亚公司在起诉之前从未提出删除歌词搜索链接的要求。百度网站提供的音乐盒服务,是一种将用户搜索的主题词进行存储的服务,音乐盒中搜索指令能否成功,完全取决于所链接的第三方网站是否可以访问。音乐盒内的 LRC 歌词文件同样是针对用户输入的主题词进行搜索的结果,歌曲的试听和歌词的同步播放,是 LRC 歌词文件的固有技术实现的。(2) 泛亚公司的通知不符合现行法律要求,百度无法接到泛亚公司通知后删除涉及其作品的全部侵权链接。百度无法根据主题词屏蔽侵权作品,现有技术亦无法做到根据音频内容过滤侵权链接,泛亚公司要求百度人工甄别侵权链接的主张转嫁了甄别成本,与现行法律规定的"通知—删除"政策不符。(3) 一审判决之后,很多涉案歌曲权利发生了转移,泛亚公司已经不再是涉案歌曲的权利人。综上,网络的本质在于信息互联共享,任何网络信息的默认状态都是可以被搜索和链接的。百度搜索引擎作为符合网络技术规范的工具,所提供的 MP3 搜索本身不构成侵权,在接到侵权通知后也及时删除了涉案链接,不存在主观过错,不应承担侵权损害赔偿责任。泛亚公司所谓"设链权"的主张,会改变互联网的基础架构,缺乏法律和事实依据,请求驳回泛亚公司的上诉请求。

最高院经审查,一审法院查明的事实基本属实,予以确认。另查明,泛亚公司一审庭前质证时陈述,在所发送的 9 份公函中,是根据歌手、歌词内容和专辑名来确定搜索结果中的侵权歌曲的。

一审法院第一次开庭审理中,百度网讯公司陈述,对泛亚公司 9 份公函中指明的具体链接地址,其接到公函后就断开了。对泛亚公司提交的第 1069 号等 14 份公证书所涉及的歌曲,百度网讯公司提交的公证书表明,其删除的仅是泛亚公司公证书中挑选下载的特定链接。上述 14 份公证书中的第 1070 号《公证书》显示,仅输入歌曲名,搜索结果可能显示有多个与泛亚公司无关的相同或近似的歌曲名。

百度网讯公司二审提交证据显示,段千寻(泛亚公司主张权利的一部分歌曲作者及演唱者)与案外人北京美力星空文化传播有限公司签订授权书,将其对列表中歌曲所享有的全部著作财产权等授权该公司使用。

网络服务提供商·通知—删除

最高院认为,根据泛亚公司一审及上诉的主张,本案主要涉及百度网讯公司、百度在线公司通过百度网站提供 MP3 搜索、音乐盒以及歌词搜索服务是否侵犯泛亚公司相关著作权的问题。鉴于一审法院已经认定百度网站以歌词快照的方式提供歌词搜索服务构成侵权,百度网讯公司、百度在线公司并未提出上诉,故本案的争议焦点在于 MP3 搜索及音乐盒服务是否构成侵权。

1. 基于空白搜索框的 MP3 搜索服务。百度网站提供的 MP3 搜索是针对特定格式文件的搜索,其根据用户的指令,为用户提供其认为最符合用户要求的内容,主题词的选择以及链接结果的选择均是基于用户的意志,搜索引擎本身并不提供内容,而只是提供便利用户找到内容的服务,并非是我国著作权法以及信息网络传播权保护条例所规定的通过信息网络提供他人作品的行为。泛亚公司主张提供歌曲的链接地址,即相当于提供歌曲本身,构成以其他方式使用作品,同样侵犯了著作权人的专有权利,其主张混淆了网络服务提供者直接提供内容与提供包括信息定位在内的网络技术服务这两种不同性质的行为。对于提供信息定位等网络技术服务的网络服务提供者而言,由于其并不直接提供作品,对其应适用不同于内容提供者的归责标准,即只有对他人利用其网络服务实施的侵权行为具有过错时才需要承担侵权责任,而且该过错的标准应结合网络的特点及网络传播作品的特点、所提供的服务及其行为、所涉及的作品以及技术现状等因素综合加以判定,避免使网络服务提供者承担过高的注意义务。

本案中,百度网站提供的 MP3 搜索服务,只有在明知或者应知所搜索链接到的作品为侵权作品仍然提供搜索链接的情况下,才需要对第三方网站的侵权行为承担连带责任,故判断百度网讯公司、百度在线公司是否对搜索结果中某一链接为侵权的事实明知或者应知,是认定其是否承担责任的关键。百度网站的 MP3 搜索是在抓取、分析网络上指向 MP3 文件的链接、文字描述等周边信息的基础上建立索引库,在用户输入主题词之后,从中找到其认为相关的内容,以列表的形式返回用户。在此过程中,其是基于技术的安排,自动地提供服务,并未对搜索结果进行主动干预,也无从知晓搜索结果是否侵犯了他人著作权,亦没有证据表明百度网站明知或者应知某搜索结果系侵犯他人著作权而仍然有意提供该结果的链接。故通常情况下,基于空白搜索框的百度 MP3 搜索,不因为搜索结果中包含有侵权链接,而与第三方网站承担侵犯著作权的连带责任。

2. 百度音乐盒服务。百度音乐盒是百度网站基于 MP3 搜索而提供的一种延伸服务,与基于空白搜索框的 MP3 搜索相比,音乐盒服务增加了如下的设计:自动调用用户计算机中的播放软件、记录搜索指令并主动提供链接地址、提供 LRC 歌词搜索。但上述增加的行为,均不针对具体作品,而且在本案体现出的音乐盒服务中,最初的启动者仍然是用户,如最初的搜索指令仍然是用户所输入的,百度网站只是记录了该指令,省略了用户再次输入的过程以及选择具体链接地址的过程,LRC 歌词也是基于用户所输入的主题词进行的搜索,并非百度网站主动向用户提供或推荐了歌曲,故仍然应认为其系提供搜索引擎服务,与前述的 MP3 搜索没有本质区别。在没有证据证明百度网站明知或应知音乐盒播放的歌曲系侵权的情况下,百度网站不应承担连带责任。泛亚公司认为百度网站提供音乐盒服务即侵犯了其信息网络传播权,对该主张,二审法院不予支持。

3. 通知和删除问题。现行法律未赋予搜索引擎服务提供者事先审查搜索结果合法性的义务,但由于网络上作品数量巨大且传播迅速,对著作权人的利益造成了极大的冲击,需要有相应的制度保障权利人的利益。《信息网络传播权保护条例》规定的"通知—删除"制度,即是现行法律为适应网络环境的特点而创设的一种保护权利人利益和设定网络服务提供者特定义务的机制。当然,权利人发送的通知需要满足一定的条件。本案中,泛亚公司在 2006 年 12 月至 2007 年 1 月期间,向百度网讯公司、百度在线公司发出了 9 份公函,提供了权利证明,指明了其认为侵权的涉及 103 首歌曲的 1 848 条链接结果。百度网讯公司提交公证书表明,其已全部断开上述侵权链接,一审庭审中陈述其接到公函后即断开。最高院认为上述解释具有合理性,不能要求网络服务提供者对每一次的断开行为都进行公证。泛亚公司并未提出其他相反证据证明百度网讯公司、百度在线公司直到公证时才断开相关链接。而且一审法院查明泛亚公司之后所作第 1069 号等公证书中载明的侵权链接地址，与上述公函中并不相同，亦可佐证百度网讯公司接到泛亚公司 9 份公函后，已及时断开了侵权链接。

2007 年 3 月 19 日，泛亚公司向百度网讯公司、百度在线公司发出律师公函，附有《歌曲清单》，列明了歌曲名、词曲内容及作者、版权登记号，并附有演唱录音的光盘，但是未将每首歌曲的演唱者与歌曲名对应，未指明具体侵权链接的地址。该律师公函并不符合《信息网络传播权保护条例》第 14 条的规定，百度网讯公司、百度在线公司未采取相应措施进行删除或断开链接。对此，泛亚公司应负有一定的责任。作为著作权人，泛亚公司最了解其作品，最有条件提供合适的信息，以便搜索引擎服务提供者可以相对准确地屏蔽相关侵权链接。根据查明的事实，泛亚公司提供的歌曲名与搜索结果之间的关联性存在多种情况，差别较大。很多同名歌曲与泛亚公司无关，而且泛亚公司在律师公函中对 773 首歌曲主张权利，起诉时为 351 首，亦说明对权利人发送的通知需要有一定的限制和要求，以保证其审慎地主张权利。在律师公函中，泛亚公司并未提供歌曲的演唱者，仅凭歌曲名称显然不能达到准确过滤的效果。故泛亚公司对百度网讯公司、百度在线公司未能及时采取合理措施断开侵权链接所造成的后果，应自行承担相应责任。

但是，即使泛亚公司的律师公函不符合通知的要求，也并非毫无意义。百度网讯公司、百度在线公司接到律师公函后毫无行动，亦不能认为其积极履行了法律赋予的义务。泛亚公司在先已经发送过 9 份公函，百度网讯公司亦据此删除了大量侵权链接，其对泛亚公司权利人的身份以及通过其 MP3 搜索服务能够搜索到侵犯泛亚公司权利的作品的事实应有所了解。如前所述，由于网络上信息量巨大且时时变化的特点，法律未赋予搜索引擎服务提供者保证搜索结果不侵犯他人著作权的义务，但该特点的另一方面，就是权利人发送包含具体侵权链接地址的通知也非常困难，百度网讯公司、百度在线公司对此亦应十分了解。因此，当其再次接到泛亚公司的通知时，尽管没有具体的侵权链接地址，但作为一个负责任的搜索引擎服务提供者，百度网讯公司、百度在线公司应当意识到其 MP3 搜索结果中仍然存在侵犯泛亚公司权利的链接地址，而且泛亚公司已明确表明希望其断开的意图，百度网讯公司、百度在线公司不应仅因为该律师公函不符合通知的要求，就对其视而不见、置之不理，其有义务与泛亚公司联系协商，以得到符合条件的通知，或者其他信息使其能够采取合理的措施，停止对侵权结果的链接。但百度网站没有采取任何行动，对侵犯泛亚公司权利的作品继续传播所导致的损失，应负有一定的责任。另外，对于泛亚公司提交的第 1069 号等 14 份公证书，百度网讯公司仅删除了公证书中进行下载的特定链接地址，对其他明显包含有相同信息的链接地址未采取任何措施，且仍然未与权利人泛亚公司进行联系，以便协商确定如何采取合理措施，其对侵权链接的继续存在所导致的泛亚公司的损失，应当负有相应的赔偿责任。

4. 歌词搜索快照服务。快照是搜索引擎提供的一种附加服务，搜索引擎在收录网页过程中，事先将网页上文本文件存储在搜索引擎的服务器上，并根据技术的安排定期更新。实践中常见的快照类型有网页快照、图片快照（即缩略图）以及本案中的歌词快照。快照与搜索引擎服务紧密相关，但网络服务提供者提供各种不同类型的快照服务，应考虑到其所提供的内容是否他人受保护的作品，其提供行为对各相关方，包括对权利人以及原始提供内容的网站正常提供作品的影响，以及其是否采取了合理的措施避免对权利人以及第三方网站的合法利益产生不合理的损害。本案中，一审法院基于歌词作品的特性，认为百度网站提供歌词快照的行为，构成对泛亚公司信息网络传播权的侵犯，其认定并无不当，本院予以支持。百度网讯公司、百度在线公司虽然对该认定持有异议，但其并未提出上诉，二审对其主张不予支持。

5. 百度网讯公司、百度在线公司应承担的责任。（1）泛亚公司在二审中并未提出要求百度网讯公司、百度在线公司停止提供侵犯泛亚公司权利的歌曲链接地址的诉讼请求。（2）百度网讯公司、百度在线公司提供证据表明，泛亚公司已将涉案歌曲权利转让给他人，泛亚公司已不再是相关歌曲的权利人，故本院不再判决停止提供相关歌曲的链接地址。

关于百度网讯公司、百度在线公司应承担的赔偿责任，本院综合考虑泛亚公司所主张权利的作品数量，其二审的诉讼请求，以及百度网讯公司、百度在线公司的行为以及持续时间等因素,酌情确定百度网讯公司、百度在线公司共同赔偿泛亚公司经济损失40万元,泛亚公司为本案所支付的公证费4.8万元、律师费8万元另行支持。

综上所述,一审判决认定事实基本清楚,适用法律部分不当,最高院判决:
一、维持一审第一、三项;
二、变更一审第二项为:百度网讯公司、百度在线公司共同赔偿泛亚公司经济损失40万元及诉讼合理支出12.8万元。

二、裁判要旨

**No.1-2-10.1.12-3** 提供作品链接服务者属于网络服务提供者,在"通知—删除"过程中,经著作权人多次发送符合条件的通知后,仅仅因为著作权人之后发送的通知不符合相应条件而不作为,不能免责。

作品的网络传播具有便捷性,未经许可对作品进行信息网络传播会对著作权人利益造成极大的冲击;但是提供作品链接服务不等同于提供作品本身,其目的在于方便网络用户快速找到所需内容,而网络上内容庞杂,在目前的技术条件下,搜索引擎无法对所搜索内容的合法性,尤其是著作权方面的合法性进行预先判断,故现行法律未赋予搜索引擎服务提供者事先审查搜索结果合法性的义务,仅通过"通知—删除"制度对著作人提供一种事后的保护制度,即当权利人发送符合法律规定条件的通知后,网络服务提供者应当根据该通知删除相关侵权链接,否则将承担共同侵权责任。《信息网络传播保护条例》第14条对此类通知应以书面方式作出,并包含下列内容:权利人的姓名(名称)、联系方式和地址;要求删除或者断开链接的侵权作品、表演、录音录像制品的名称和网络地址;构成侵权的初步证明材料。

本案中,2007年3月19日,泛亚公司向百度网讯公司、百度在线公司发出律师公函,附有《歌曲清单》,列明了歌曲名、词曲内容及作者、版权登记号,并附有演唱录音的光盘,但是未将每首歌曲的演唱者与歌曲名对应,未指明具体侵权链接地址。由于该律师函的内容欠缺《信息网络传播权保护条例》第14条规定的通知内容,百度网讯公司、百度在线公司未采取相应措施进行删除或断开链接。对此,作为通知方的泛亚公司应负有一定的责任。但是,依照"通知—删除"制度规定,信息网络服务商的免责应以不明知或应知为前提。泛亚公司在2006年12月至2007年1月期间,向百度网讯公司、百度在线公司发出了9份公函,提供了权利证明,指明了其认为侵权的涉及103首歌曲的1848条链接结果;本案证据情况也可证明百度网讯公司接到泛亚公司9份公函后,已及时断开了侵权链接,这说明,被告对泛亚公司权利人的身份以及通过其MP3搜索服务能够搜索到侵犯泛亚公司权利的作品的事实应有所了解。此外,网络内容的庞杂是搜索服务提供者和著作权人共同面对的环境,因此著作权人发送包含具体侵权链接地址的通知也非常困难,百度网讯公司、百度在线公司对此亦应十分了解。因此,当被告再次接到泛亚公司的通知时,尽管没有具体的侵权链接地址,应当意识到其MP3搜索结果中仍然存在侵犯泛亚公司权利的链接地址,而且泛亚公司已明确表明希望其断开的意图,不应仅因为该律师公函不符合通知的要件就对其置之不理。此时,其有义务与泛亚公司联系协商,以得到符合条件的通知,或者其他信息使其能够采取合理的措施停止对侵权结果的链接。因此,其对侵犯泛亚公司权利的作品继续传播所导致的损失,应负有一定的责任,不能完全免责。

**27** 涉及提供链接服务的网络服务提供者的直接侵权责任(《著作权法》第10条第1款第12项)
**案例:北京慈文公司与海南网通公司侵犯著作权纠纷案**
案例来源:《最高人民法院知识产权审判案例指导》(第二辑)[第9号]
主题词: 链接服务  侵权责任  注意义务

一、基本案情
申请再审人(一审原告、二审上诉人):北京慈文影视制作有限公司(以下简称慈文公司)。
被申请人(一审被告、二审被上诉人):中国网络通信集团公司海南省分公司(以下简称海南网通公司)。

慈文公司拥有电影《七剑》在大陆地区的著作权。海南网通公司在其网站 www.hai169.com 首页上设置了"影视频道",点击进入"影视天地"(IP 地址 221.11.132.112),在"搜索"栏中输入"七剑",依次点击"搜索""详情介绍""在线观看 A 面""在线观看 B 面",可以看到有关该电影的介绍及整部电影作品。点击"在线观看 A 面"后出现的画面中显示:北京慈文影视制作有限公司、宝蓝电影制作公司、华映电影有限公司联合出品。

慈文公司以海南网通公司侵犯其著作权为由,将海南网通公司起诉至海口市中级人民法院,请求判令将海南网通公司立即停止侵权行为、赔礼道歉并赔偿经济损失。海南网通公司通过公证举证证明,点击其网站主页"影视频道"后进入的是"116 天天在线",而非原来的"影视天地"网页。

海口市中级人民法院一审认为,海南网通公司提供的是链接行为,且其在受到侵权指控后已及时断开了链接,避免了侵权结果的扩大,因此,海南网通公司对播放侵犯慈文公司著作权的作品不应承担侵权的民事责任,从而判决驳回慈文公司的诉讼请求。

慈文公司不服一审判决,向海南省高级人民法院提起上诉。

海南省高级人民法院二审认为,网络服务提供者无法对数量巨大、内容庞杂的众多网站使用者的具体情况和信息内容逐一进行审查,也无义务对其合法性进行认定。慈文公司称海南网通公司与涉嫌侵权网站属共同侵权,应承担连带责任的理由,无事实和法律依据,不予采纳。遂判决驳回上诉,维持原判。

慈文公司申请再审,最高人民法院(以下简称最高院)于 2008 年 12 月 16 日提审该案。

最高院经再审认为,慈文公司拥有电影《七剑》在大陆地区的著作权,依法应受到保护。他人未经许可通过信息网络向公众传播该电影作品的,应承担相应的法律责任。该案中涉案的网页上虽然有"影视天地"的名称,但该网页上没有显示任何对应的域名或者网站名称等信息可以表明该网页属于第三方所有。该网页的 IP 地址亦不能证明该网页另属其他主体所有,故从慈文公司及其他社会公众的角度,播放《七剑》电影的网页至少从表面上属于海南网通公司。在海南网通公司未提供相关证据的情况下,关于仅提供链接服务的抗辩不能得到支持,其应对该网页上播放慈文公司享有著作权的电影作品的侵权行为承担相应的法律责任。且根据案情,未尽到最低程度的注意义务,对该网页上出现的侵权行为亦应承担连带责任。据此,最高人民法院于 2009 年 12 月 15 日作出判决,撤销原两审判决,判令海南网通公司赔偿慈文公司经济损失人民币 8 万元(包括为诉讼支出的合理费用)。

二、裁判要旨

No.1-2-10.1.12-4 如果网络服务提供者将被链接网页或网站作为其内容向公众提供,该被链接网页或网站上未显示任何对应的域名或者网站名称等信息,可以表明该网页属于第三方所有,则该网络服务提供者并非仅系提供链接服务,应当对该网页或网站上的被控侵权行为承担直接侵权责任。

我国《著作权法》第 10 条第 1 款第 12 项规定:"信息网络传播权,即以有线或者无线方式向公众提供作品,使公众可以在其个人选定的时间和地点获得作品的权利",具体有关信息网络传播权保护的规定,集中体现在《信息网络传播权保护条例》中。该《条例》第 23 条规定了网络服务提供者的责任:"网络服务提供者为服务对象提供搜索或者链接服务,在接到权利人的通知书后,根据本条例规定断开与侵权的作品、表演、录音录像制品的链接的,不承担赔偿责任;但是,明知或者应知所链接的作品、表演、录音录像制品侵权的,应当承担共同侵权责任。"

根据该条规定,如果网络服务提供者仅是提供链接服务,就不需承担侵权责任。因此,要判定网络服务提供者是否应承担直接侵权责任,就要判断该网络服务提供者是否系仅提供链接服务。该案中,最高院认为,点击海南网通公司网站首页上的"影视频道",即可在进入的页面上进行操作观看电影《七剑》。进入的网页上虽然有"影视天地"的名称,但该网页上没有显示任何对应的域名或者网站名称等信息,可以表明该网页属于第三方所有。该网页的 IP 地址亦不能证

链接服务・侵权责任・注意义务

明该网页另属其他主体所有,故从慈文公司及其他社会公众的角度,播放《七剑》电影的网页至少从表面上属于海南网通公司。海南网通公司如欲证明该网页仅是其链接的第三方网站,不应为该网页上的侵权行为承担责任,但应提交相应的证据。因该网页的 IP 地址位于海南网通公司管理的地址段范围内,海南网通公司能够提供该证据,而包括慈文公司在内的社会公众均无法获得。在海南网通公司未提供相关证据的情况下,关于仅提供链接服务的抗辩不能得到支持,其应对该网页上播放慈文公司享有著作权的电影作品的侵权行为承担相应的法律责任。

**No.1-2-10.1.12-5** 如果网络服务提供者对被控侵权内容的选择完全是自主进行的,需对该内容负有一定程度的审核义务,尽到最低程度的注意义务,否则应承担共同侵权责任。

根据我国《信息网络传播权保护条例》第 23 条的规定,即使网络服务提供者仅提供链接服务,但如其明知或者应知所链接的作品、表演、录音录像制品侵权的,亦应承担共同侵权责任。此处的"明知或应知",暗含了网络服务提供者最低程度的注意义务。

该案中,最高院认为,即使该网页确属第三方主体所有或实际经营,因该"影视频道"与海南网通公司网站"主页""新闻频道""文学频道"等并列,海南网通公司将该网页内容作为其内容频道向公众提供,且从其在原审中提交公证书显示被诉后即变更了该"影视频道"内容来看,该选择完全是海南网通公司自主进行的,因此,此种行为与仅提供指向第三方网站的普通链接不同,海南网通公司对该频道上的内容亦有一定程度的审核义务,其至少应对该网站的实际所有者或经营者的主体资质进行一定的审核。本案中海南网通公司至今称其并不知晓该网页的实际经营主体,未尽到最低程度的注意义务,对该网页上出现的侵权行为亦应承担连带责任。

### 28 P2P 网络服务提供者的侵权责任(《著作权法》第 10 条第 1 款第 12 项)

**案例:雅柏电影有限公司和数联公司著作权纠纷案**
案例来源:《人民法院案例选》2009 年第 7 辑第 187 页
主题词:信息网络传播权

#### 一、基本案情

上诉人(原审被告):广州数联软件技术有限公司(以下简称数联公司)。
被上诉人(原审原告):广东中凯文化发展有限公司(以下简称中凯公司)。
原审被告:上海卡芙广告有限公司(以下简称卡芙公司)。

2006 年 6 月 2 日,雅柏电影有限公司(以下简称雅柏公司)出具一份《委托(授权)书》,受托人为中凯公司,该授权书称:雅柏公司合法持有电影《杀破狼》的所有版权并依法可以转让,现将该电影于中华人民共和国(不包括台湾、香港和澳门地区)之资讯网络传播权及音像制品复制、发行权独家授权给中凯公司,授权年限为 5 年,自 2005 年 10 月 16 日到 2010 年 10 月 16 日止,该权利是独家专有的,在授权期限内,包括雅柏公司在内的任何第三人未经中凯公司同意,不得行使上述权利。中凯公司有权以自己的名义对侵犯中凯公司上述权利的侵权行为采取法律行动并索赔等。雅柏公司是《杀破狼》一片的出品公司、版权持有人,该片于 2004 年 9 月在香港完成,并于 2005 年 11 月首次在香港公映,版权持有人为雅柏公司。

同日,上海市卢湾区公证处依据原告中凯公司委托代理人的申请,对域名为 www.poco.cn 网站上的相关内容进行证据保全公证,记载:进入 POCO 网站,该网站的首页有"电影、摄影、美食、电子杂志、个人主页、视频、影视交互区"等条目栏,左侧页面有"软件下载、最新电影、最新音乐、最新游戏、最新动漫、网友互动资源"等分类框,同时首页上还登载了"阳朔最后一记——斑鱼火锅"等广告。点击网站首页"影视交互区",显示"多媒体交流"的页面,该页面的左侧显示了"POCO 栏目导航"栏,其中分为电影交流区、电视剧交流区、电视节目交流区、音乐交流区、游戏交流区等栏目。在电影交流区中分为"动作片、科幻片、恐怖片、喜剧片、爱情片、文艺片、战争片、动画片"等,点击"动作片"一栏后,该页面的右侧以条块状排列显示了数部电影的海报与剧情简介,其中有《杀破狼》的电影海报与剧情简介,海报下注有"发布时间:20051119",简介下有

"资源下载"栏。点击"资源下载"栏后,该页面的左侧一栏有:卡通头像、"无为大侠豁然贯通总版主"、"团队:总版主,贴子:716,POCO 号码:3949538,积分:3542,POCO 币:2805"等字样。右侧一栏有指引下载栏,记载:"POCO 下载下面是 POCO 专用的下载链接,您必须安装 POCO 才能点击下载,大碟版杀破狼、Rmvb"等字样,该指引栏下面有《杀破狼》的电影海报、剧情简介以及电影类型、导演、演员、上映日期与国家地区等信息。点击下载完成后,原告中凯公司的委托代理人录制了电影《杀破狼》的部分片断。在点击下载 POCO 软件、新用户注册登录 POCO 网的过程中,POCO 网站上显示了"中国绝对领先的免费电影、音乐、动漫等多媒体分享平台,同时在线人数突破 70 万人,是中国最大的电影音乐动漫分享平台。革命性的多点传输技术更使电影、音乐、游戏等大容量文件传输速度空前提高,使用 POCO 软件可以真正畅快地体验到高速分享的乐趣""千万好友分享无限量影音资源""现在登陆 POCO,立即下载海量多媒体资源,完全免费"等广告语。在 POCO 网站上,还有被告数联公司、POCO 软件及该网站的内容介绍。在"数联公司简介"中称:数联公司(www.poco.cn)是中国领先的宽带多媒体娱乐互动分享平台,POCO 围绕宽带娱乐互动业务覆盖六大领域:POCO 多媒体分享软件,Magbox 电子杂志发行软件,包含摄影、美食、影视在内的娱乐互动平台,在线视频娱乐平台,电子杂志制作发行。"POCO 软件简介":POCO 为国内用户及广大华语地区用户提供了一个适合中文环境的多媒体资源共享平台,实现真正意义上的多点传输,传输效率大大提高。POCO 软件,不仅能够搜索和下载海量的音乐、影视、图片、软件、游戏等资源,更可以使用内置的 IM(即时通信)系统方便、快捷地与好友一起分享等。"POCO 介绍"部分称:POCO 是中国最大的 P2P 用户娱乐分享平台,目前已经形成了 4100 万海量用户,平均在线 58.5 万,成为中国第一的 P2P 分享平台。"广告投放联系方式 CAV"中称:卡芙公司成为 POCO 总代理,携手 POCO 打造中国最强势的互动娱乐平台。

被告数联公司于 2006 年 12 月 6 日向广州市公证处申请对 www.poco.cn 网站上的相关内容进行证据保全公证,该公证处出具了(2006)穗证内经字第 105477 号《公证书》。该公证书记载了 POCO 网站的一些告知与提示,在新用户注册过程中显示的"POCO 用户服务条款"称:用户不得利用 POCO 提供的服务,从事侵害他人隐私、版权及其他依法保护的权利的行为。POCO 网站分类标准及关键词的设定仅为用户方便使用 POCO 软件,与内容的出处无关,其出处来自其他网站,同时搜索结果及下载文件均来自使用 POCO 软件的个人用户。同意安装本软件,即为无条件同意承担对所搜索与下载文件所涉及包括版权在内的一切法律责任。POCO 请您尊重权利人的合法权益,在下载或使用前确认自己拥有版权或合法使用权。在"POCO 软件用户许可协议"中称:数联公司仅提供 POCO 软件,内容搜索于互联网中同意本协议的个人用户终端。软件中涉及的所有宽频娱乐服务内容与数联公司无关,其所有权归各影音内容提供商,该所有权受法律的保护。所以,用户只能在影音内容提供商的正式授权下才能使用这些内容,不能擅自复制、链接、再造、非法传播这些内容等。"多媒体交流"提示称:POCO 多媒体分享平台提醒您:根据用户指令,POCO 的多媒体信息搜索引擎系统会以非人工的 P2P 方式自动生成到多媒体信息资源第三方存放处的链接。"POCO 多媒体分享平台及软件"自身不存储、控制、编辑或修改被链接的第三方多媒体的信息。数联软件 POCO 高度重视知识产权保护,并制定了旨在保护权利人的合法权益的措施和步骤,当权利人发现在 POCO 生成的搜索多媒体链接所指向的第三方资源信息的内容侵犯其著作权时,请权利人向数联 POCO 发出"权利通知",数联 POCO 将依法采取措施移除相关内容或屏蔽相关链接。该《公证书》还演示了以普通用户身份在电影交流区发布电影《命盘杀人魔》帖子的过程,其中包括上传该电影的海报图片与剧情简介等信息、通过 POCO 软件获取该电影的 URL 加入该帖子等步骤。

2006 年 12 月 12 日,被告向原告致函,对 POCO 软件的工作原理、POCO 网站的信息搜索功能等进行了说明,认为 POCO 软件是无中心服务器的第三代 P2P 软件,该软件本身系一种信息搜索和交换的工具,所有信息资源均由用户提供,在用户之间进行分享和交流,这一过程并不利用公司的服务器或带宽。POCO 的工作原理是由程序自动完成整个信息搜索和交换的流程,因此公司不可能对所有用户提供的海量信息进行检查,并精确地判断其内容是否侵权。公司在网站及POCO用户服务条款等处,均明确刊登了著作权保护声明或者警示。任何权利人均可以通过向公司发出"权利通知"的方式便捷地获得权利保护和救济。为表达对解决此事件的诚意,被告已于2006年12月5日主动在POCO网站上删除了《杀破狼》电影资料页面,并对POCO软件进行设置,屏蔽对相关内容的搜索。

另外,2004年12月及2005年12月,两被告之间签订了两份《广告总代理协议》,双方约定:数联公司授权卡芙公司为POCO软件及其网站(www.poco.cn)之网络广告和《POCO志》的唯一指定总代理商,负责寻找广告主在POCO发布广告,POCO各个频道的冠名赞助,POCO各项活动的策划、推广、执行以及《POCO志》项下的各项广告代理业务。卡芙公司向数联公司每月支付广告费,其中2006年前三季度每月的广告费为20万元。被告数联公司还向被告卡芙公司出具了《广告业务代理授权书》。

上海市第一中级人民法院认为:(1)雅柏公司是电影《杀破狼》的著作权人,鉴于其将电影《杀破狼》在中国大陆的信息网络传播权独家授予原告中凯公司,因此原告中凯公司对电影《杀破狼》在中国大陆依法独家享有信息网络传播权,其有权针对互联网上未经其许可向社会公众传播涉案电影作品的行为主张权利。(2)POCO软件是以实现文件搜索和下载、即时通信为主要功能的P2P软件,被告数联公司建立的POCO网站为用户利用POCO软件实现资源共享提供了平台。被告数联公司开发出POCO软件并在POCO网站上允许网络用户下载使用该软件的行为本身并不构成侵权。但是其在POCO网站上就传播涉案电影作品所作的搜索链接服务明显有不当之处,既是教唆、帮助网络用户方便、快捷地提供侵权电影作品的行为,又是引诱其他网络用户搜索与链接侵权电影作品的行为,其主观过错明显,应当承担相应的法律责任。(3)被告卡芙公司只负责POCO网站的广告代理与广告发布,并不参与网站运营,亦未与被告数联公司共同实施教唆、帮助他人实施诉争侵权行为,不构成共同侵权。(4)关于原告中凯公司诉请赔偿经济损失的数额,由于中凯公司未提供证据证明其因涉案电影作品的信息网络传播权受侵害而遭受的实际损失,或被告数联公司侵权的违法所得,故法院依据涉案电影作品的类型、知名度以及被告数联公司侵权行为的性质、期间、后果等情节,酌情确定赔偿数额。

据此,依照《中华人民共和国民法通则》第134条第1款第1项、第7项,《中华人民共和国著作权法》第10条第1款第12项、第47条第1项、第48条,最高人民法院《关于审理涉及计算机网络著作权纠纷案件适用法律若干问题的解释》第3条,最高人民法院《关于审理著作权民事纠纷案件适用法律若干问题的解释》第25条第1款、第2款之规定,判决:

一、数联公司立即停止实施侵害中凯公司对电影作品《杀破狼》享有的信息网络传播权的行为;

二、数联公司赔偿中凯公司经济损失人民币5万元;

三、中凯公司的其余诉讼请求不予支持。

数联公司不服一审判决,上诉至上海市高级人民法院。

上海市高级人民法院认为,雅柏公司作为电影《杀破狼》的著作权人,依法享有涉案电影作品的包括复制权、发行权和信息网络传播权等在内的相关著作权。由于雅柏公司将电影《杀破狼》在中国大陆的信息网络传播权以独占许可的方式授权被上诉人中凯公司使用,中凯公司由此在上述区域享有对电影《杀破狼》的信息网络传播权。

数联公司虽然没有直接实施POCO网络用户的上述侵权行为,但其一方面在自己经营的网站上免费提供开发的P2P软件即POCO软件,并宣传"千万好友分享无限量影音资源,现在登录POCO,立即免费下载海量多媒体资源",以吸引用户注册成为会员;另一方面在网站专门设立"影视交互区"项目,通过对影视作品的多层次、体系化的事先分类、设置、编辑,供用户上传电影《杀破狼》的下载地址、电影海报和剧情简介,在网站中设置指向个人计算机"共享区"中《杀破狼》的链接等,属于通过网络教唆、帮助他人实施侵犯著作权的行为,主观上具有过错,应与直接实施侵权行为的POCO网络用户承担共同侵权责任。

据此,依照《中华人民共和国民事诉讼法》第153条第1款第1项、第158条的规定,于2008

年 2 月 21 日判决:驳回上诉,维持原判。

二、裁判要旨

**No.1-2-10.1.12-6** 网络服务提供者虽未直接实施用户的侵权行为,但如未尽到适当注意义务,未采取适当措施以防止其链接的侵权作品的传播,属于通过网络教唆、帮助他人实施侵犯著作权行为,主观上具有过错,应与直接实施侵权行为的网络用户承担共同侵权责任。

我国《著作权法》规定了"信息网络传播权",最高人民法院《关于审理涉及计算机网络著作权纠纷案件适用法律若干问题的解释》规定了网络服务提供者的共同侵权责任,提出了我国"互联网内容服务提供商"的概念,但并没有像美国、德国等国家一样对互联网络信息服务商作出明确分类,以区分不同的责任。

2006 年国务院颁布的《信息网络传播权保护条例》第 14、15 条规定了权利人的书面通知义务和网络服务提供者接到通知书后的删除或断开链接义务。数联公司正是据此认为,只有在明知用户通过网络实施侵权,或者经著作权人提出确有证据的警告,但仍不采取移除侵权内容等措施的情况下,才追究网络服务提供者与用户的共同侵权责任。被上诉人从未提出过任何警告或维权通知,在收到诉状后,上诉人又及时采取措施主动删除相关网页内容,故上诉人已经履行了法律义务,不应再承担侵权赔偿责任。

从该案案情看,POCO 网上对该网站及 POCO 软件的介绍表明,POCO 软件是一种以实现文件搜索和下载、即时通信为主要功能的 P2P 软件,被告数联公司建立的 POCO 网站为用户利用 POCO 软件实现资源共享提供平台,其行为本身并不构成侵权。但是,由于被告数联公司并非仅向社会公众提供该项技术及技术平台,其在 POCO 网站上就传播涉案电影作品所作的搜索链接服务,明显有不当之处,对帮助他人实施侵权行为存在主观过错,故依照最高人民法院《关于审理涉及计算机网络著作权纠纷案件适用法律若干问题的解释》第 3 条之规定,应当与直接实施侵权行为人共同承担侵权责任:(1) 被告数联公司是以大量广告语吸引用户登录其网站下载使用 POCO 软件。(2) 被告数联公司将其推荐用户下载使用 POCO 软件的目的,直接指向了其网站所设的"影视交互区"等栏目。(3) 从 POCO 网"影视交互区"的内容的生成过程看,被告数联公司通过事先设定的一系列程序,使网络用户提供的侵权电影作品与被告数联公司对电影作品所作的分类编排形成对应,以便于其他用户搜索下载侵权电影作品。其商业模式存在很大的帮助侵权风险,应承担更大的注意义务,而上诉人在本案中显然未尽到适当注意义务,未采取适当措施以防止其链接的侵权作品的传播。这种行为,属于通过网络教唆、帮助他人实施侵犯著作权行为,主观上具有过错。

另外,《杀破狼》的公映时间与其在 POCO 网上被用户擅自上传的时间几乎同步,根据常理可知,目前没有任何一家中外著名电影制片公司许可过任何网站或个人免费提供其摄制的热门电影供网络用户下载,上诉人作为一家专门从事包含影视、摄影、电子杂志等在内的多媒体娱乐互动平台的专业网站,必然知晓,或至少"应当知晓"其 POCO 用户上传的《杀破狼》的下载地址是未经许可的。从这方面看,上诉人在其 POCO 网站上就《杀破狼》电影作品提供的搜索链接服务,也存在主观过错,应当与直接实施侵权行为的网络用户承担共同侵权责任。

**㉙ 涉及网络的公证证据的认定(《著作权法》第 10 条第 1 款第 12 项)**

案例:新传在线(北京)信息技术有限公司与中国网络通信集团公司自贡分公司侵犯信息网络传播权纠纷案

案例来源:《最高人民法院知识产权审判案例指导》(第一辑)[第 7 号]

主题词:网络环境 公证证据 证明力 信息网络传播权

一、基本案情

原告(二审上诉人,申请再审人):新传在线(北京)信息技术有限公司(以下简称新传在线)。

被告(二审被上诉人,被申请人):中国网络通信集团公司自贡市分公司(以下简称自贡网通)。

电影《疯狂的石头》由四方源创国际影视文化传播(北京)有限公司(以下简称四方源创公司)、中影华纳横店影视有限公司(以下简称中影华纳公司)、映艺娱乐有限公司于2006年联合出品。2006年10月和11月,映艺娱乐有限公司和四方源创公司分别出具证明,确认电影《疯狂的石头》在中国大陆的网络视频点播权由中影华纳公司拥有。2006年7月11日,中影华纳公司将电影《疯狂的石头》在中国大陆的信息网络传播权授予北京新传时代广告有限公司,时间为3年,自即日起算。北京新传时代广告有限公司历经2006年9月16日和2006年10月9日两次更名,最终更名为新传在线(北京)信息技术有限公司。

2006年12月12日,新传在线的委托代理人李研向四川省成都市蜀都公证处申请证据保全公证,该公证处于2007年2月10日作出(2007)成蜀证内经字第22931号公证书(以下简称第22931号公证书),载明:2006年12月14日,李研在该公证处公证员面前打开自己携带的电脑,进行了相关操作:(1)点击桌面"屏幕录像专家",点击开始录制的相应按钮;(2)点击桌面的IE浏览器,在"信息产业部ICP/IP地址信息备案管理系统"网站查询输入www.zgcnc.net,显示相应的ICP单位,全称为"中国网通集团自贡市分公司";(3)在IE地址栏输入www.zgcnc.net,进入"自贡宽频网"网站首页,点击页面上方的"天天影视"按钮,进入"自贡电影网"页面,地址栏显示为http://www.zgcnc.net/movie/;(4)在"自贡电影网"页面左侧"分类搜索"栏输入"疯狂的石头"进行搜索,点击"疯狂的石头"图标,进入影片简介页面,点击页面的"第1集"按钮开始播放影片直至播放完毕,李研将录像所得命名为"录像2",保存在移动硬盘的"自贡网通:石头"文件夹。该公证书还记录了李研在www.zgcnc.net网站"自贡宽频网"栏目中查找并播放电影《龙凤斗》等影片的过程。李研将上述录像所得均保存在移动硬盘中后,移动硬盘交由公证员保管。自贡网通是网站"自贡宽频网"(网址为www.zgcnc.net)的开办者和经营者。

2007年5月23日,新传在线以自贡网通侵犯其信息网络传播权纠纷为由,向自贡市中级人民法院提起诉讼。期间,四川省成都市蜀都公证处出具(2007)成蜀证内经字第110182号公证书(以下简称第110182号公证书),载明:李研与工作人员于2007年7月3日来到位于自贡市大安区安大商厦底楼大安九鼎超市旁的"中国网通大安合作营业厅",李研向营业厅工作人员咨询有关宽带的问题,其间,李研问自贡网通网站上是否有《疯狂的石头》,该工作人员称有,并看过。

被告自贡网通辩称:其未在其开办和经营的网站上提供电影《疯狂的石头》的在线播放服务,未侵犯原告新传在线的著作权,原告提供的证据不具有真实性;通过事先修改电脑数据后再上网,可以显示出虚拟的网络情况,故请求驳回原告的诉讼请求。

自贡市中级人民法院经审理认为,新传在线就电影《疯狂的石头》在中国大陆享有信息网络传播权。新传在线的诉讼主张主要依据是第22931号公证书和第110182号公证书。第22931号公证书载明的情况表明,新传在线委托代理人是使用自己控制的电脑进行上网操作(该电脑在进行公证之前不为公证人员所控制),因此不排除预先在该电脑中进行技术处理的可能性,即其证据不具有唯一性和排他性的特点;从公证书记载的内容看,公证取证时所使用移动硬盘,应是新传在线的委托代理人提供并事先由其保管,该移动硬盘的是否清洁无法知晓,故不能确保公证书所记载内容的真实性、客观性;而被告自贡网通的模拟演示表明,事先修改电脑数据后再上网,可以显示出虚拟的网络情况,故该证据不予采信。第110182号公证书虽证明了网通营业厅工作人员称自贡网通网站上有《疯狂的石头》并看过该片,但该证据并不能直接证明自贡网通在其网站上提供了电影《疯狂的石头》在线播放服务,且自贡网通辩称:营销人员所述是为推销产品亦有其合理性,故在新传在线不能提交其他证据印证的情况下,对公证书及所附封存光盘中载明的内容不予确认,对该证据证明自贡网通侵权的证明力不予采纳。因此,新传在线提交的证据不足以证明其诉讼主张,判决驳回新传在线的诉讼请求。

判决后,新传在线不服一审判决,向四川省高级人民法院提起上诉,认为原审判决对已采信的证据所证实的事实不予确认,违背了民事诉讼的基本原则;原审判决将专家辅助人的技术性说明作为证据采信,违反民事诉讼的相关规定;故原审认定事实错误,请求二审改判并支持其诉讼请求。

自贡网通则答辩称:其从未实施相关侵权行为,新传在线的主张与事实不符、于法无据;侵权是否成立的举证责任应当完全由新传在线承担,故请求维持一审判决。

四川省高级人民法院经审理,对一审法院查明的案件事实予以确认,并认为,根据第 22931 号公证书记载内容,公证人员是随同新传在线的委托代理人到事前已预定好的宾馆并使用该代理人自己携带的电脑进行的证据保全公证。因公证地点及公证的电脑均由新传在线事前安排,该公证书又未反映是否对宾馆的宽带网络及所用的电脑进行检查,同时该公证书也未反映用于公证取证时的移动硬盘的来源以及清洁程度,无法保证公证取证内容的真实性和客观性。第 110182 号公证书虽然显示公证人员和新传在线的代理人在"中国网通大安合作营业厅"和"自贡市汽车总站斜对面的网通大厦"进行过咨询和索取宣传资料,但该公证书并不能直接、充分地反映自贡网通在其网站上提供过《疯狂的石头》在线播放服务。故从上述两份公证书所记载的内容分析,不能充分反映自贡网通实施了提供电影《疯狂的石头》在线播放服务,一审法院对以上两份公证书的真实性予以确认,但同时因公证书所记载的内容存在瑕疵,对公证书及所附光盘中载明的内容不予确认是正确的。此外,自贡网通向法院申请专家辅助人出庭作证,一审法院准予该专家证人出庭,并根据其说明支持了自贡网通关于"事先修改电脑数据后再上网,可以显示出虚拟的网络情况,从而公证员所看到的不是真实的网站情况,不能证明构成侵权"的主张并无不妥,符合最高人民法院《关于民事诉讼证据的若干规定》第 61 条的规定。故四川省高级人民法院认为,新传在线的上诉理由不能成立,判决驳回上诉,维持原判。

新传在线不服上述判决,于 2008 年 9 月 10 日向中华人民共和国最高人民法院(以下简称最高院)申请再审,主张二审法院没有遵循"谁主张、谁举证"的证据规则,在自贡网通没有提供相反证据的情况下否定第 22931 号公证书和第 110182 号公证书的证明力,违反我国公证法、民事诉讼法以及最高人民法院《关于民事诉讼证据的若干规定》的相关规定;该院根据存在某种电脑技术,推测新传在线可能使用了该技术虚构侵权事实,以主观猜测认定事实,违反民事诉讼证据的基本规则;该院没有纠正自贡市中级人民法院将专家辅助人的技术说明作为证据及采信未出庭质证的证人证言的违法行为。

自贡网通答辩称:其没有实施被控侵权行为,没有第 110182 号公证书中所称的"大安营业厅"。新传在线提供的公证书只是电脑屏幕上显示的内容,不能证明是互联网上的事实。该公证用的是新传在线的电脑,在该电脑中,可以预先进行技术处理,四川省成都市成都公证处根据自贡网通申请作的公证,已证明技术上存在这种可能性。请求驳回新传在线的再审申请。

最高院经审查,认为原审法院认定的事实基本属实。新传在线为支持其主张所提交的两份公证书能否作为定案依据?是本案争议的焦点问题。根据法院查明的事实,第 22931 号公证书涉及的公证行为是在新传在线委托代理人提供的场所进行的,公证所用的电脑及移动硬盘亦为该代理人提供,并由该代理人进行具体操作,该公证书没有记载是否对该电脑及移动硬盘的清洁性进行检查等内容;且在技术上确实存在可以预先在本地电脑中设置目标网页,当通过该电脑访问互联网时,该虚拟的目标网页与其他真实的互联网页有同时并存的可能性,因此在未记载是否对公证所用的本地电脑进行清洁性检查的情况下,第 22931 号公证书虽能证明在公证员面前发生了公证书记载的行为,但不足以证明该行为发生于互联网环境之中,即不足以证明自贡网通在网站上提供过《疯狂的石头》的在线播放服务。第 110182 号公证书虽然能证明自贡网通工作人员在公证员面前作的陈述,但不足以证明其证言内容的真实性。在没有其他证据佐证的情况下,原审法院认定新传在线提供的两份公证书记载的内容存在瑕疵,缺乏真实性和客观性,不能充分反映自贡网通实施了提供电影《疯狂的石头》在线播放服务,并无不当。

综上,最高院裁定驳回新传在线的再审申请。

网络环境・公证证据・证明力・信息网络传播权

## 二、裁判要旨

**No.1-2-10.1.12-7** 法院对网络环境下公证证据的证明力审查,除审查其本身的真实性外,还应审查公证证据记载的事实是否发生于网络环境。

在网络环境下,信息数字形态存在,具有易逝性,极易被覆盖、删除或者修改,故在涉及网络的著作权纠纷中,尤其是在侵犯信息网络传播权的案件中,通过公证进行证据保全,是举证责任人的通常做法。根据《民事诉讼法》的规定,经过法定程序公证证明的法律事实和文书,人民法院应当作为认定事实的根据,但有相反证据足以推翻公证证明的除外。一般认为,一项证据需要具有客观性、相关性与合法性,才能被法院作为判定诉争事实的依据。公证证据由于第三方主体的介入,通常都会具备客观性和合法性,这也是公证证据一般具有较高证明力的重要原因,故相关性往往成为法院认定公证证据的重要因素。

在传统环境下,公证文书记载的内容通常都会与案件事实具有一定的相关性;但在网络环境下,在判定是否存在信息网络传播行为时,由于计算机技术和网络技术的应用,呈现于电脑屏幕上的界面和操作过程则未必发生于网络环境。因此,对当事人提供的相关公证证据,人民法院在必要时可根据网络环境和网络证据的具体情况,审查公证证明的网络信息是否来自互联网而不是本地电脑,并在此基础上决定能否作为定案依据。

从本案公证文书记载的内容看,就电脑屏幕显示的事实而言,第22931号公证书具有客观性和真实性,但是不能排除公证人员看到的页面事来源于本地电脑的可能性,即对侵犯信息网络传播权的行为而言,欠缺网络环境这一相关性要件。故第22931号公证书只能证明公证人员看到的情形,却无法证明该情形发生于网络环境,法院对其不予采信是正当的。同理,第110182号公证书只能证明存在自贡网通工作人员的证人证言,在没有其他佐证的情形下,也不足以证明自贡网通从事《疯狂的石头》的在线播放服务,不能被法院采信。

此外,本案也提示当事人和公证机关,有关网络行为的公证文书除了记载电脑屏幕呈现行为外,有关电脑清洁性和网络环境的认定内容也是保证其证明力的重要因素。这对于举证责任人而言,并未过分增加其负担,并不违反"谁主张、谁举证"的举证责任分担原则,而是该原则在网络环境下对技术进步的回应。

## 第二节 著作权归属

**30** 法人作品(《著作权法》第11条第3款、第16条、第17条)

案例:杨松云与日喀则地区行署修建灵塔办公室著作权纠纷案
案例来源:最高人民法院网站[(1998)藏法民终字第2号]
主题词:法人作品 国家意志

### 一、基本案情

上诉人(原审原告):杨松云。

被上诉人(原审被告):日喀则地区行署修建灵塔办公室(以下简称灵塔办)。

被上诉人灵塔办组织修建的第十世班禅灵塔内,需铸一尊班禅大师的银头像。1992年5月,上诉人杨松云从灵塔办驾驶员处得知该情况后,来到被上诉人处要求承担此项任务。由于杨松云从未见过班禅大师的尊容,故双方口头约定,先让杨松云依照班禅大师的照片试塑班禅大师的泥头像。杨松云在试塑过程中,被上诉人给其提供了班禅大师的照片5张和物质上的帮助,并依班禅大师的五官特征先后多次提出修改意见。当初双方的口头约定中未提到该作品的著作权归属及费用的支付问题。杨松云试塑大师头像成功后,被上诉人准备与杨松云协商签订铸造银头像的合同时,杨松云提出26万元的使用费,因开价过高未能达成协议。后经双方多次协商,于1993年1月15日签订了《研制班禅大师塑像》合同。其主要内容是:(1)杨松云在已塑出的大师头像的基础上,按从头顶到腮骨高27公分复制第二个泥头像,技术效果不低于现已塑出来的头像。（2）塑好第二个头像后，造好银头像的内外模型并参与铸造工作。以上两项工程总造价为7000元，验收合格后付奖金3000元。现双方对合同无争议，合同已全部履行。

杨松云为享有著作权和追索使用费于1995年1月起诉至西藏自治区日喀则地区中级人民法院。

西藏自治区日喀则地区中级人民法院认为：原告杨松云在试塑第十世班禅大师头像过程中，付出了一定的智力劳动，为头像的成功完成起了一定的作用。但塑造第十世班禅头像是由被告方主持的。在试塑过程中，被告为原告提供了班禅大师的各种照片等资料，物资上也给予了帮助。并根据班禅大师的五官特点先后提出了六次修改意见，原告按照被告提出的修改意见进行了修改。原告是按照被告意志进行构思创作的。作品所要表达的思想、观点和内容都反映了被告的意志，该作品的责任由被告全部承担，加之该作品涉及宗教领袖，是一种特定的人身性质的作品，因此，其著作权归被告享有，而不是原告享有。原告在庭审过程中提出被告方赔偿从1992年9月至1995年8月的经济损失费5万元的诉讼请求。因原、被告在意思表示一致的基础上签订了酬劳合同，并经国家公证机关进行了公证，双方当事人对签订的合同无争议，此合同已全部履行完毕。故该5万元的诉讼请求不予支持。依照《中华人民共和国著作权法》第11条第3款之规定，判决：班禅大师泥塑头像的著作权归被告享有；驳回原告杨松云要求被告支付使用费26万元及赔偿经济损失5万元的诉讼请求。

一审宣判后，杨松云不服，向西藏自治区高级人民法院提起上诉称：上诉人对自己塑造的大师头像作品享有著作权。

西藏自治区高级人民法院认为：本案争议的标的物为"银头像"，一审法院认定为泥头像有误，应予纠正。根据《中华人民共和国著作权法》第11条第3款的规定，该"银头像"应视为法人作品，其所有权及著作权均应归灵塔办享有。上诉人上诉理由不成立。鉴于上诉人在试塑第十世班禅大师泥头像过程中付出了一定的智力劳动，被上诉人应一次性给与上诉人杨松云适当经济补偿。根据《中华人民共和国民事诉讼法》第152条第1款、第153条第1款第3项的规定，于1998年6月8日判决：

一、撤销西藏日喀则地区中级人民法院（1995）日中民初字第07号民事判决第一项，维持原审判决第二、三项；

二、第十世班禅大师"银头像"的著作权归日喀则地区行署修建灵塔办公室享有；

三、被上诉人一次性付给上诉人经济补偿1万元。

二、裁判要旨

**No.1-2-11.3-1 体现国家意志、受国家指定承办的创作活动产生的作品属于法人作品。**

在该案中，由于第一、二稿的泥头像以及为铸造银头像制作的模型，都是十世班禅大师银头像"作品"形成前的铺垫环节，并非作品本身，所以，系争标的物应为"银头像"。故二审法院对一审法院判决的认定予以了纠正。

该案的争议焦点在于，系争标的物"银头像"的性质究属法人作品、职务作品还是委托作品，其著作权的归属如何认定的问题。

根据我国1990年《著作权法》第11条第3款的规定："由法人或者其他组织主持，代表法人或者其他组织意志创作，并由法人或者其他组织承担责任的作品，法人或者非法人单位视为作者。"从该规定看，构成法人作品的要件有三：（1）必须由单位主持；（2）作品必须代表单位意志；（3）作品产生的责任必须由单位承担。

根据我国《著作权法》第16条的规定："公民为完成法人或者非法人单位工作任务所创作的作品是职务作品。"一般情况下，职务作品的著作权由作者享有，但法人或者其他组织有权在其业务范围内优先使用。职务作品完成两年内，未经单位同意，作者不得许可第三人以与单位使用的相同方式使用该作品。如果主要是利用法人或者其他组织的物质技术条件创作，并由法人或者其他组织承担责任的工程设计图、产品设计图、地图、计算机软件等职务作品，作者享有署名权，著作权的其他权利由法人或者其他组织享有。另外，法律、行政法规规定或者合同约定著

法人作品·国家意志

作权由法人或者其他组织享有的职务作品,著作权由法人或者其他组织享有。职务作品主要由两个要件构成:(1)作品的作者同单位之间必须是一种职务性的上下级关系,即劳动法或者类似劳动法(例如国家公务员同国家机关或者事业单位之间)的法律关系;(2)作品必须是履行单位工作任务的结果。所谓单位工作任务,指职工根据单位下达的书面或者口头指示创作与本单位工作业务有关的作品。

而根据我国《著作权法》第17条的规定,接受委托创作的作品是委托作品。著作权的归属由委托人和受托人通过合同约定。合同未作明确约定或者没有订立合同的,著作权属于受托人。委托作品应该是在民法的委托或者承揽关系下创作的作品。

该案中,杨松云并非日喀则地区行署修建灵塔办公室的职工或雇员,系争作品显然不是职务作品。故关键在于判断系争作品属于法人作品还是委托作品。杨松云主张该作品属于委托作品,因双方的口头合同及书面合同均未对著作权的归属问题作任何约定,故著作权属于受托人,即杨松云。而被上诉人则认为,杨松云的工作受制于灵塔办,是严格反映灵塔办思想意志的劳务性工作,责任承担者责无旁贷地属于灵塔办,故大师头像的著作权应归属于灵塔办。

由于第十世班禅大师生前是我国著名的宗教领袖,国家领导人之一。为第十世班禅大师塑造银头像,是国家意志的体现。这项工作由被上诉人灵塔办受国家的指定承办,故全部责任应由灵塔办承担。为第十世班禅大师塑像,同时还具有特殊的宗教意义,参加塑像的人不可能也无权利凭自己的想象去创作、发挥,只能按灵塔办的意志创作。从而根据法人作品的定义和构成要件,第十世班禅大师"银头像"的著作权应归日喀则地区行署修建灵塔办公室享有。

**31** **戏曲音乐作品著作权权属的审查及认定(《著作权法》第11条第4款)**
**案例:黄能华等与扬子江音像公司、汝金山侵犯著作权纠纷案**
案例来源:《最高人民法院知识产权审判案例指导》(第三辑)[第11号]
主题词:署名 作者 共同创作

**一、基本案情**

申请再审人(一审原告、二审上诉人):黄能华、许文霞、许文霆、许文露、许文雷(以下简称黄能华等)。

被申请人(一审被告、二审被上诉人):扬州扬子江音像有限公司(以下简称扬子江公司)、汝金山。

1954年至1963年,《上海新民报晚刊》等报纸上刊登的《家》《王魁负桂英》《两代人》《红菱记》《茶花女》《为奴隶的母亲》的演出公告中,作曲署名为水辉,演出单位为勤艺沪剧团。勤艺沪剧团印制的《家》《王魁负桂英》《两代人》《红菱记》《茶花女》《为奴隶的母亲》《龙凤花烛》《白鹭》《妓女泪》《星火燎原》的演出节目单与宣传单上,作曲署名为水辉。上海音像出版社于1990年1月出版的沪剧录音带《为奴隶的母亲》,作曲署名水辉,系1962年9月演出实况录音,由勤艺沪剧团乐队伴奏。上海音像出版社出版发行的VCD《杨飞飞沪剧专辑》中《为奴隶的母亲》片断的作曲署名为水辉。中国唱片上海公司出版发行的《杨飞飞赵春芳艺术集锦》VCD(其中有《卖红菱》《妓女泪》)封面上有两处作曲记载,一处为水辉,另一处为杨飞飞。

许如辉又名水辉,于1987年1月4日去世,黄能华等系许如辉的妻子与儿女。2005年8月25日,许文霞经公证购买了由扬子江公司发行的VCD《沪剧杨飞飞沪剧流派演唱会》1~3辑,其中包含上述戏剧的一些片段或整部戏。该演唱会的演出节目单记载:作曲配器:汝金山。该演唱会由上海沪剧院协助演出,汝金山由该院安排参加"杨飞飞沪剧流派演唱会"的音乐创作工作。

对于VCD《沪剧杨飞飞沪剧流派演唱会》中"归家"唱段的合唱部分(共8句),经组织各方当事人将该部分合唱音乐与录音带沪剧《为奴隶的母亲》(1962年勤艺沪剧团伴奏演出)中的合唱音乐作比对,其中有两句完全相同,其余部分的音乐因唱词改动均作改动与调整。而上海文化出版社于1999年出版发行的《上海沪剧志》记载:勤艺沪剧团由杨飞飞等人创建于1949年8

月,杨飞飞任团长,赵春芳、丁国斌任副团长,作曲水辉、王国顺,建团后共整理、改编、创作剧目100 余个,主要剧目有《家》《为奴隶的母亲》《茶花女》《妓女泪》《龙凤花烛》《卖红菱》等。

黄能华等主张,许如辉是涉案 10 部沪剧的作曲,扬子江公司、汝金山侵犯了许如辉的署名权、复制权、修改权及获得报酬权,起诉请求判令扬子江公司、汝金山停止侵权、公开致歉及赔偿损失等。

上海市第一中级人民法院一审认为,涉案 10 部沪剧的唱腔音乐部分,主要由杨飞飞等演员基于传统曲调改编、创作完成;场景音乐系由许如辉创作;伴奏音乐部分则应为黄海滨等主胡伴奏人员与杨飞飞等演员密切配合的创作成果。因涉案 VCD 所涉经典唱段的音乐主要为唱腔音乐,其余为唱腔的伴奏音乐以及演唱会幕间曲、合唱等场景音乐,故针对伴奏音乐部分,必须进行曲谱比对。由于黄能华等除提供了《为奴隶的母亲》曲谱外,未能提供其他原始曲谱,故应承担举证不能的法律后果。至于黄能华等提供的《为奴隶的母亲》1955 年曲谱,由于演唱会 VCD 中《为奴隶的母亲》"归家"唱段的 8 句合唱部分在 1955 年曲谱中并无记载,唱词音乐亦不相同,"思家""归家"唱段的场景音乐也完全不同,黄能华等主张汝金山抄袭了许如辉的原作曲内容,侵犯其著作权,缺乏事实依据。故判决对黄能华等的诉讼请求不予支持。

黄能华等不服一审判决,向上海市高级人民法院提起上诉。

上海市高级人民法院二审认为,五六十年代的沪剧音乐是由老一辈戏曲艺术家、作曲、琴师等在传统民间曲调的基础上共同创作完成的合作作品。共同参与作品创作并作出独创性贡献的上述几个环节人员,均是合作作者,根据《著作权法》的规定,共同享有与行使整个剧目音乐的著作权。黄能华等主张涉案的沪剧音乐均由许如辉一人享有著作权,演员的唱腔、唱段只是一部戏剧音乐的组成部分,独创性很低,与事实不符,也不符合沪剧音乐的创作特点和发展规律,不予支持。许如辉作为勤艺沪剧团的专职作曲,主要是指从事开幕曲、幕间曲等场景音乐、配器等部分的音乐创作,并不代表对整个剧目中所有沪剧音乐元素的创作。由于唱段主要体现的是演员的唱腔音乐,就整个的唱段部分音乐乃至唱腔音乐而言,局部的过门、旋律的修饰不足以构成著作权法意义上的"创作",故许如辉不能因此而对唱腔音乐享有著作权。根据我国《民事诉讼法》和最高人民法院《关于民事诉讼证据的若干规定》规定的举证责任原则,一审法院根据当事人提供的证据,对 VCD 专辑中黄能华等提出被侵权的涉案沪剧唱段音乐的权属进行审查并确定归属是正确的。从而判决驳回上诉,维持原判。

黄能华等不服二审判决,向最高人民法院(以下简称最高院)申请再审。

最高院经审理认为,根据本案系侵权之诉的具体情况,对相关权属状况进行审查是查清案件事实的必要环节,原审法院对此进行必要的审查是正确的。作为不同的地方戏曲,都有其基本的曲牌、曲调,任何一个地方戏曲剧目,都是在民间传统曲牌、曲调的基础上创作完成的,且都经历了演出的剧目从没有曲谱,到定腔定谱的发展过程。许如辉五六十年代曾任上海勤艺沪剧团的专职作曲,负责戏曲音乐的谱曲整合、总体设计、定腔定谱等工作,其参与了涉案沪剧音乐作品创作的事实应该肯定。原审法院根据沪剧音乐产生、传承和发展规律,并根据五六十年代戏曲演出多以演员为主的特点,认定涉案沪剧音乐系由老一辈戏曲表演艺术家及曲作者、琴师等共同创作完成,符合客观事实。但原审法院在认定共同创作的同时,又将涉案沪剧音乐中的唱腔音乐与开幕曲、幕间曲及大合唱等场景音乐分开,否认了许如辉参与整体音乐创作的客观事实不妥。本案各方当事人对许如辉系涉案沪剧音乐中场景音乐的曲作者没有争议,争议的焦点在于许如辉是否参与了唱腔音乐的创作。对此,根据双方当事人提供的证据及相关证人证言,由于不同时期、不同出版社出版发行的音像制品或报刊、杂志,对涉案沪剧音乐作品曲作者的署名不尽一致,即涉案相关沪剧剧目曲作者除许如辉外,还包括王国顺、杨飞飞等人,在上述人员非本案当事人,且杨飞飞作为证人出庭作证,坚持自己系唱腔音乐的曲作者的情况下,黄能华等主张涉案沪剧整体音乐(包括唱腔音乐)的著作权归许如辉一人享有,缺乏事实和法律依据。因此,最高院于 2010 年 11 月 26 日裁定,驳回黄能华等人的再审申请。

二、裁判要旨

No.1-2-11.4-1 戏曲音乐作品应作为一个整体作品看待。在历史上对戏曲音乐曲作者署名不一致,且署名的案外人未参与诉讼,无法查清相关事实的情况下,其中一位署名作者主张著作权人归己所有,不应予以支持。

我国《著作权法》第11条第4款规定:"如无相反证明,在作品上署名的公民、法人或者其他组织为作者。"但在一个作品于不同时期其署名不一致的情况下,如何确定作者,法律未明确。该案争议问题即属于此。

由于该案所涉及作品为戏曲音乐作品,而不同的地方戏曲都有其基本的曲牌、曲调,任何一个地方戏曲剧目,都是在民间传统曲牌、曲调的基础上创作完成,且都经历了演出的剧目从没有曲谱,到定腔定谱的发展过程。最高院认为,根据沪剧音乐产生、传承和发展规律,并根据五六十年代戏曲演出多以演员为主的特点,认定涉案沪剧音乐系由老一辈戏曲表演艺术家及曲作者、琴师等共同创作完成,符合客观事实。

基于此,由于不同时期、不同出版社出版发行的音像制品或报刊、杂志,对涉案沪剧音乐作品曲作者的署名不尽一致,这种因历史形成的署名混乱而导致的权属不明问题,在涉及相关案外人权益的情况下,只能另案解决。最高院认为,涉案沪剧音乐作品的作者涉及多个案外人,在没有通过另案或其他途径厘清和确定相关权属问题时,黄能华等在本案中主张许如辉系唯一曲作者,缺乏事实依据,从而不予支持。

**32** 民间音乐作品的改编(《著作权法》第12条、第47条第6项)

案例:王庸诉朱正本、中央电视台、王云之著作权侵权案
案例来源:《人民法院案例选》2007年第4辑[第39号]
主题词:民间音乐作品 改编 独创性

一、基本案情
原告:王庸。
被告:朱正本。
被告:中央电视台。
被告:王云之。

《长歌》属于江西民歌,《送同志哥上北京》(以下简称《送》曲)、《十送红军》(以下简称《十》曲)均源于江西民歌《长歌》。作为民歌的《长歌》被称为赣南采茶调,有多种唱法,在赣南地区流行广泛,具有变化的随意性,可以根据词的不同而发生曲的变化。《长歌》有《长歌》《长歌8226送郎调》《长歌8226十二月跌苦》等,曲谱并不完全相同,一定程度上印证了《长歌》在历史发展过程中词、曲变化性和随意性的特点。以上事实有当事人陈述、王庸提供的《长歌》曲谱予以证明。

《送》曲为王庸根据《长歌》谱写。1959年国庆前夕,井冈山农场成立了一支业余文工团,由曾宪屏、冯江涛二人作词,王庸根据《长歌》加以谱曲,形成《送》曲,并进行排练,以表演唱的形式在国庆晚会上演出。关于演出的情况及词曲发表时的署名情况,已出版的期刊、书籍上有如下的记载:1960年5月的《歌曲》(半月刊)专门开辟了"江西农村业余文艺会演优秀歌曲介绍"栏目,中国音协江西分会编的介绍的主要内容包括:今年(1960年)2月23日至3月3日在江西九江举行了历时十天的江西省第四届农村业余文艺会演。空政文工团等单位都派代表参加了观摩。这里发表的几个歌曲就是这次会演中受到热烈欢迎的优秀节目。其中收录了《送》曲,注明:江西民歌,吉安专区代表队。中共井冈山委员会宣传部编印的《歌唱井冈山》一书的前言中写明:《送》曲是一首反映井冈山人民热爱毛主席,时时不忘毛主席的表演唱,作者用形象的词句,道出了井冈山人民对毛主席无比敬爱的心情。这首歌曲曾在吉安专区第二届戏曲会演大会获了奖,在全省农村业余文艺会演大会也获了奖,并被选为出席北京的献礼节目之一。在《送》

曲上面注明了：江西民歌，冯江涛、曾宪屏词。在该书上有《井冈山上把好汉当》（署名：吕云松词，王庸曲）、《光荣的井冈山英雄的井冈山》（署名：吕云松词，王庸曲）、《矿石成铁人成钢》（署名：云松、宪屏词，王庸曲）、《井冈山啊我最亲爱的家乡》（署名：梁京词，王庸曲）、《丰收年景谁不乐》（署名：曾宪屏词，王庸曲）、《什么时候请吃糖》（署名：吕云松词，王庸曲）、《对歌》（署名：江涛、王庸编剧，王安曲）等多首歌曲。1997年出版的《井冈山垦殖场志》第362页至第363页记载：1960年，中共井冈山委员会宣传部选出下放干部、转业军官等创作的27首歌曲编印成《歌唱井冈山》一书。由冯江涛、曾宪屏为江西民歌填词的《送》曲，先后在吉安地区第二届戏曲会演和全省农村业余文艺会演中获奖，并被选为出席北京的献礼节目之一。当时在文艺创作上最活跃、最有成就的是吕云松、曾宪屏、王庸等。1959年元旦，业余文工团第一次在茨坪举行汇报演出。同年2月11日，全团赴南昌参加全省垦殖场文艺会演，带去"向亲人汇报""刘赛莲""拉木舞"等十余个节目。该记载表明，《歌唱井冈山》一书的编印时间是1960年。在1964年4月中国音乐家协会江西分会编、江西人民出版社出版的《江西民间歌曲选》（增订本）前言中提道：这些民歌、山歌经过我省专业与业余音乐工作者的收集、整理并改编，其中大部分已成为专业与业余音乐团体经常演唱的节目，如《送》曲的曲调由北京空政文工团改编成《十》曲，已流传全国。该书并在《送》曲上注明"吉安民歌"。在1982年3月中国音乐家协会江西分会编的《江西民歌十五首（钢琴伴奏谱）》中载有《送》曲，标明：茶歌8226长歌，吉安地区遂川，演唱者：柯有珍，填词：曾宪屏，整理：王庸。1996年出版的《中国民间歌曲集成江西卷（下）》，在《十二月跌苦》（长歌）曲谱之后的第1272页的注中写道：此曲调名称很多，如：《交情歌》《十送》《十劝》《十想》《十骂》《跌苦歌》《牛头歌》等，曲同词异。此曲不仅传遍赣南，且流传邻省的一些地方。1959年由曾宪屏填词、王庸整理的《送》曲也是采用此调编的。

1960年3月，空政文工团一行五人，包括朱正本，作为贵宾应邀参加了在江西省九江市举办的江西省农村业余会演。会演的节目中包括《送》曲。会演期间，江西音乐家协会将会演的节目材料交给了采风的空政文工团一行人。朱正本一行人应邀参加了《送》曲的演出单位——吉安代表队的座谈会，并记录了一些曲子的谱子。会演结束后，朱正本、汪洋、李耀先等到江西井冈山采风，接待他们的是文工团团长罗德成。《十》曲词作者张士燮当时没有同去，而是之后单独去的。因罗德成已经去世，曾宪屏未能出庭接受质证，现不能查清曾宪屏所述：当时将《送》曲求教于朱正本，朱正本承认罗德成给了一些斗争时期的历史材料。赣南采茶歌舞剧团陈裕光当年在接待前来采风的朱正本等人时，介绍了《长歌》采茶戏的相关情况，朱正本记了谱。朱正本听演员唱了送红军的歌曲，但是否就是听了《送》曲，无法查明。双方认可朱正本未见到王庸，二人未直接发生接触。采风回来不久，朱正本运用回旋曲的创作技法，创作完成了曲谱，并由张士燮作词形成《十》曲。1961年9月，《十》曲正式在《歌曲》上公开发表，署名江西革命民歌，朱正本、张士燮收集整理。吉安地区第二次文艺会演的时间是1962年2月。

2001年6月，被告中央电视台向全国首播其摄制的电视连续剧《长征》，该剧中除反复使用《十》曲外，还由被告王云之对《十》曲的部分内容改编，增加和声后进行使用。在该剧首播的前几集中，于每集片尾处作曲署名仅被告王云之一人（王云之当时并不知道《十》曲另有作者，其接触的书中都注明是江西民歌，仅以为是一首民歌，就增加和声修改后使用了），后经被告朱正本提出异议，王云之立即向中央电视台并长征剧组发函，建议中央电视台查明情况并依法给作者署名、付费。于是，该剧剩余部分播出时，于片尾处注明片中主题曲《十送红军》作者为朱正本及案外人张士燮，并向朱正本、王云之支付了相当的报酬，后中央电视台对该剧多次重播。

朱正本在《长征》剧播出期间接受媒体采访时，多次介绍了其"创作经过"，声称：1960年春其与空政文工团的几位创作人员到井冈山采风，听到当地居民所唱送别红军歌，于是深有感触地创作了《十》曲。因当时团领导要求必须注明是江西民歌不能署名，只好先署"朱正本、张士燮收集整理"等，对是否使用《送》曲进行改编一事未谈及。原告发现上述情况后，先后两次与朱正本交涉，均无果。中央电视台在《长征》电视剧播出期间，未涉及王庸及《送》曲的介绍。

《十》曲形成后，在已经发表的刊物上载明朱正本、张士燮整理，在山西教育出版社出版的

《中国名歌1000首》中的民间歌曲部分选入了《十》曲,注明:江西民歌,朱正本、张士燮等整理。

王庸认为,《送》曲曲谱系其根据传统江西赣南民歌进行独创性改编创作后形成,其依法享有著作权。《十》曲曲谱系朱正本抄袭使用《送》曲曲谱后改编,并使用至今,其对来源只字不提的行为侵犯了其著作权。被告王云之未经其许可擅自对《十》曲部分内容进行修改,并有偿许可中央电视台使用,其明知自己并非《长征》剧中所有乐曲的作者,却默认自己被冠以"作曲"署名,以致观众误认王云之是该剧中所有乐曲的原创者,其行为亦侵犯了其著作权。被告中央电视台播放《十》曲时大量使用《十》曲及王云之改编的《十》曲部分内容,且既未在片中注明《十》曲系根据《送》曲曲谱改编,也未向其支付报酬,其行为也侵犯了其合法权益,上述被告均应承担民事责任,故诉至北京市海淀区人民法院。

北京市海淀区人民法院经现场听取三首歌的对比录音,总体感觉三首歌主旋律都较为相近,显示出明显的同源性。其中,《长歌》与《送》曲对比时,感觉《长歌》与《送》曲差别不是太大,整体能够感觉两者的主旋律是基本相同的,只有过门是否唱词、某些音节音符的不同、表达的感情不同等区别。而《送》曲与《十》曲比较,也从整体上感觉出其主旋律的相似性,但在过门是否唱词、是否一唱三叹、表达的感情上有所不同。

北京市海淀区人民法院认为:原告的诉讼请求包括两部分:一是确权之诉,要求法院确认《送》曲系《长歌》的改编作品;二是侵权之诉,要求法院确认《十》曲侵犯了《送》曲。三被告的意见主要有两点:不承认《送》曲是改编作品,不承认《十》曲接触了《送》曲。

该院认为,民间音乐作品基础上的改编所要求的独创性应高于民歌填词和整理。通过采用曲谱、曲词的比对、整段录音的比对和分句录音比对等多种方式,同时,认真听取了当事人的比对意见、当事人提供的一般证人及专家证人的意见,力求从专业人员及相关听众的角度综合判断,作出如下认定:

王庸的《送》曲已经跳出民歌《长歌》的范畴,构成著作权法意义上的改编,对其要求确认改编者身份的诉讼请求,予以支持。

朱正本的《十》曲并非从《送》曲改编而来,而是从《长歌》改编而来,仅仅是在创作过程中借鉴了《送》曲的相关部分,且基于当时王庸署名的情况,朱正本等人的行为不具有侵权的故意,故王庸对于朱正本、中央电视台、王云之构成侵权的诉讼请求,不予支持。

据此,依据《中华人民共和国著作权法》第3条第3项、第10条第1款第14项、第11条第4款、第12条之规定,于2004年11月16日判决:

一、《送同志哥上北京》系江西赣南民歌《长歌》的改编作品,原告王庸系该曲谱的改编者;

二、驳回原告王庸的其他诉讼请求。

二、裁判要旨

**No.1-2-12-1　以民间音乐作品为基础的改编所要求的独创性,应高于民歌填词和整理。典型意义上的民间音乐作品的改编,是指使用了原音乐作品的基本内容或重要内容,其结果对原作的旋律作了创造性修改,却又没有使原作旋律消失。**

该案涉及的焦点问题是,对民间音乐进行改编的作品,如何判断是否享有著作权,如何认定对改编民间音乐作品著作权的侵犯?

我国《著作权法》第12条对改编仅作了原则性的规定,即改编已有作品产生的作品,其著作权由改编人享有,但行使著作权时不得侵犯原作品的著作权。但怎么判断改编的独创性,《著作权法》并未作出具体说明。一般依据行业惯例和通常的理解,在原有作品的基础上再度创作后,作品的文学、艺术形式已完全不同于原来的文学、艺术形式的,如将小说再度创作为电影,属于改编;再度创作后作品的文学、艺术形式与原有的文学、艺术形式相同的,如从电影剧本到电影剧本,只要改动过程体现了独创性,也属于改编。本案涉及的音乐作品不是从一种形式到另一种形式的改编问题,而是对同一艺术形式下再度创作的改动过程如何判断其具有独创性的问题。而且被改编的对象属于民间音乐。就民间音乐专业性的特点而言,根据其独创性的大小可分为民歌填词、整理和改编,也就是说,民间音乐作品基础上的改编所要求的独创性应高于民歌填词和整理。典型意义上的民间音乐作品的改编是指使用了原音乐作品的基本内容或重要内容,其结果对原作的旋律作了创造性修改,却又没有使原有旋律消失。

该案一审法院合议庭的成员通过对涉案的《长歌》《送》曲和《十》曲进行比较,主要从作品的旋律、结构、创作技法、主题、感情等诸方面因素进行考察,尤其是音乐的风格、主题和表达的感情等,认为《送》曲虽然主体旋律与《长歌》相同,但因为"一唱三叹"风格的消失、感情色彩和思想主题的明显不同、九度下行的加入,已经形成了新的音乐形象,达到了改编所要求的创造性程度。而《十》曲与《送》曲相比较,在过门是否唱词、是否一唱三叹、表达的感情上也有所不同。从而认为,《送》曲和《十》曲是对同一民间音乐作品进行改编,改编后的两作品不构成整体或部分实质性相似。王庸与朱正本各自对其改编作品享有著作权,所以三被告不构成侵权。

**33 从小说到小品(《著作权法》第 12 条、第 47 条第 6 项)**
**案例**:刘汉雷与中央电视台、上海市群众艺术馆、徐英著作权纠纷案
**案例来源**:《人民法院案例选》2009 年第 1 辑[第 47 号]
**主题词**:戏剧作品　文字作品　改编　修改权

**一、基本案情**

原告:刘汉雷(笔名喊雷)。

被告:中央电视台。

被告:上海市群众艺术馆。

被告:徐英。

2003 年 12 月,新疆青少年出版社、克孜勒苏柯尔克孜文出版社出版发行了《魔袋》一书,封面注明"喊雷著",封面折页注明"喊雷,原名刘汉雷,中国作家协会会员,工艺美术师……"书中第 77 至 79 页为小说《鸭趣》一文,全文约 800 余字,文末注明该文曾载于《城市人》1997 年第 7 期等 10 本图书、杂志,并获首届中国小小说金麻雀奖提名奖。2006 年 4 月 19 日,中国作家协会创作联络部出具证明,称"中国作家协会会员原名刘汉雷,笔名喊雷"。

2005 年 1 月 20 日,中央电视台以第五届 CCTV 小品大赛组委会办公室名义向上海市群众艺术馆发出邀请函,邀请上海市群众艺术馆选送作品参加第五届 CCTV 小品大赛。邀请函注明:大赛分职业组和非职业组两个组别进行,由中央、地方及部队系统所属文艺团体、艺术院校和文化单位直接向组委会报名,也可以个人名义报名……凡是 2000 年以来未在中央电视台春节联欢晚会上播出过的小品均可参赛,大赛鼓励原创作品参赛……大赛设参赛作品奖、编剧奖、导演奖、表演奖、优秀组织奖等奖项……外地参赛队参赛往返差旅费及在京期间的食宿由大赛组委会负责。邀请函中未见与著作权审查相关的内容。

2005 年 3 月 4 日,上海市群众艺术馆向第五届 CCTV 小品大赛组委会办公室回函,称该馆选送包括《鸭蛋》在内的 18 个小品参赛。经组委会评选,小品《鸭蛋》与另一小品《金色池塘》被选参加决赛。中央电视台举办了第五届今麦郎杯 CCTV 小品大赛。2005 年 5 月,中央电视台向徐英颁发了获奖证书,证书内容为:"徐英,你创作的《鸭蛋》小品,在中央电视台举办的第五届 CCTV 小品大赛的决赛中荣获优秀作品奖(非职业组)。"

2006 年 6 月 5 日,经刘汉雷申请,陕西省西安市汉唐公证处对 www.cctv.com 网站内容进行了证据保全,依次点击"娱乐""小品驿站""更多内容",进入"cctv.com 综艺"页面,在页面中的小品板块点击"正剧讽刺小品《鸭蛋》",正文页面显示:正剧讽刺小品《鸭蛋》送选单位:上海市群众艺术馆,编剧:徐英,导演:王梦九,表演:李琳琳、陈志超、张佩麟、林桓等字样,网页右侧列有广告链接,点击网页上的下载链接,可下载该小品的视频文件。

原告刘汉雷认为,被告中央电视台"今麦郎杯第五届 CCTV 小品大赛"将其作品改编成小品《鸭蛋》演出,但未得到原告的许可,也未给原告署名。该小品的编剧为被告徐英,送选单位为被告上海市群众艺术馆。中央电视台演出该小品和在网上长期存放该小品的行为属于侵权行为,被告上海市群众艺术馆在向中央电视台送选作品时应当查明真正的著作权人,被告徐英则是实

施了剽窃行为。故诉至北京市海淀区人民法院。

被告中央电视台辩称,参赛小品都是由各选送单位选送的,其未参与前期创作,且在大赛初期已再三告知选送单位认真审核著作权;其对小品只有播出权,没有著作权,也未进行任何创作和改编;虽确实把小品放在 www.cctv.com 网站上,接到诉状后已经责令网站屏蔽。

被告上海市群众艺术馆辩称,其对小品大赛只起到协调、辅助的作用,且该馆仅一个工作人员负责,没有能力一一审核著作权;也未参与创作或者评选,不存在侵权的过错;并且未得到名或利。

被告徐英辩称:其作品并未对原告的作品构成侵权。被告没有主观上的故意和动机。即使行为侵权,其侵权后果也极其微小。被告家庭经济困难,客观上无力承担原告提出的赔偿要求。如果构成了侵权,虽然出于无意,被告仍愿就此表示道歉,也愿意在法庭的主持下和原告达成协商,共同商讨出一个调解方案。

北京市海淀区人民法院认为:刘汉雷是小说《鸭趣》的著作权人。小品《鸭蛋》与小说《鸭趣》主要内容基本相似,前者系对后者的改编。小品《鸭蛋》属于戏剧作品,小说《鸭趣》属于文字作品。小品《鸭蛋》是对小说《鸭趣》的改编而非修改,小品《鸭蛋》并未侵犯小说《鸭趣》的修改权。小品《鸭蛋》并不构成对小说《鸭趣》的歪曲、篡改和割裂,因而并未侵犯其保护作品完整权。徐英将小说《鸭趣》改编为小品《鸭蛋》,未经刘汉雷许可,未为刘汉雷署名,未向刘汉雷支付报酬,侵犯了刘汉雷的署名权、改编权和获得报酬的权利,应当承担停止侵权、赔礼道歉、赔偿损失的民事责任。中央电视台在权利人发出通知后,未采取合理措施制止侵权,扩大了侵权范围和损失,产生了不良影响,具有过错,间接侵犯了刘汉雷的著作权,应依法承担停止侵权、消除影响、赔偿损失的法律责任。上海市群众艺术馆不是小品的创作者,不是小品大赛的组织者或承办者,也未从涉案小品中获取经济利益,故本院认定其对侵权事实的发生没有过错,不应承担民事责任。

据此,依据《中华人民共和国著作权法》第 46 条第 6 项、第 47 条第 1 项、第 48 条之规定,于 2007 年 8 月 20 日判决:

一、被告徐英、被告中央电视台未经原告许可不得使用根据小说《鸭趣》改编的小品《鸭蛋》;

二、被告徐英在央视国际网站或者在一家全国发行的报刊上刊登声明,向原告赔礼道歉;

三、被告中央电视台在央视国际网站或者在一家全国发行的报刊上刊登声明,更正说明小品《鸭蛋》改编自小说《鸭趣》,以消除影响;

四、被告徐英赔偿原告经济损失 2 万元;

五、被告中央电视台赔偿原告经济损失 2 万元;

六、驳回原告的其他诉讼请求。

一审宣判后,双方当事人均未上诉,一审判决已经发生法律效力。

二、裁判要旨

**No.1-2-12-2 不同作者对同一题材的创作所出现的巧合,应当体现在合理的限度之内,并且在相互隔离的状态下独立创作产生。否则该种相似并非源于独创,而是侵权。**

该案的争议作品,一是戏剧作品;二是文字作品。由于二者的表达形式不同,关键点在于如何判定小说与小品的相似性,如何判定小品对小说构成了侵权?

被告徐英辩称,其作品并未对原告的作品构成侵权。无论从体裁、立意、落脚点还是作品的名称、篇幅、讽刺的对象来看,被告都没有实施侵权行为。原告和被告的作品都是来源于百姓的日常生活,作品的思路、取材难免有雷同。

但法院认为,从作品角度讲,二者在作品体裁、题目、篇幅及部分情节上确有不同,但在人物设置、场景背景、主要情节、关键对话等方面构成相似。虽然不同作者对同一题材的创作可能出现巧合,但这种巧合应当体现在合理的限度之内,并且在相互隔离的状态下独立创作产生。小说《鸭趣》早在 1997 年就已发表,而小品《鸭蛋》发表于 2005 年,时间明显要晚,故小品《鸭蛋》的作者存在接触小说《鸭趣》的可能。小品《鸭蛋》与小说《鸭趣》主要内容基本相似,且大量内容高度相似,甚至部分内容完全相同,这种相似或相同已经超出巧合的合理限度,在存在接触可能性的情况下,法院认定这种相似并非源于独创,小品《鸭蛋》使用了小说《鸭趣》的主要内容。

从司法实践来看,因为对于权利人来说,要证明被控侵权人接触了原作品是相当困难的,所以,在判定被控侵权作品与原作品的关系时,如果存在实质性近似,而被控侵权人又不能提出确切证据证明是自己独创,则一般推定原作品的在先公开使被控侵权人有接触的可能,从而确定被控侵权人构成侵权。

### No.1-2-12-3 主观故意并非侵犯著作权的必要条件。

该案中,被告徐英还辩称,其作为上海市浦东新区文化艺术指导中心的工作人员,工作都是非营利性的纯公益行为,没有主观上的故意和动机。但在判定著作权侵权时,主观过错并非侵犯著作权的必要条件。由于小品《鸭蛋》对小说《鸭趣》属于改编行为,根据我国《著作权法》第47条第1款第6项"未经著作权人许可,以展览、摄制电影和以类似摄制电影的方法使用作品,或者以改编、翻译、注释等方式使用作品的,本法另有规定的除外"之表述看,改编构成侵权的要件是"未经著作权人许可",并未要求主观故意。所以被告徐英的这一答辩并不被认可。

### No.1-2-12-4 修改并不产生新的作品,而改编会产生新的作品。

该案中还涉及一个问题,即小品《鸭蛋》与小说《鸭趣》内容相似,究竟是侵犯了著作权人的修改权,还是侵犯了著作权人的改编权？修改权是修改或者授权他人修改作品的权利,改编权是改变作品、创作出具有独创性的新作品的权利。根据法院的解释,修改与改编的区别在于:修改是对局部内容的改动或文字、用语上的改动,修改并不产生新的作品;改编不是改动作品的基本内容,而是改动作品的表达形式和用途,改编产生新的作品。由于小说《鸭趣》是文字作品,小品《鸭蛋》是戏剧作品,二者的表达形式不同,属于两部作品,因而小品《鸭蛋》是对小说《鸭趣》的改编而非修改,小品《鸭蛋》并未侵犯小说《鸭趣》的修改权。

### 34 合作作品(《著作权法》第13条)

**案例:刘国础与叶毓山著作权纠纷案**
案例来源:《中华人民共和国最高人民法院公报》1991年第1期(总第25期)第41—42页
主题词:合作作者 辅助工作

#### 一、基本案情

原告:刘国础。

被告:叶毓山。

1981年夏天,共青团重庆市委、重庆市教育局、重庆市文化局决定,在全市少先队员中发起以集资修建《歌乐山烈士群雕》(以下简称《群雕》)的活动,并决定聘请被告叶毓山为创作设计人。1981年8月下旬,《群雕》发起单位的负责人口头聘请叶毓山,叶毓山表示接受。1981年9月10日,在研究《群雕》的联席会上,叶毓山表示愿无偿设计《群雕》。1981年10月11日,发起单位派员到四川美术学院,正式办理了聘请叶毓山创作设计烈士群雕的有关手续。1981年11月25日,在重庆市各界代表参加的"歌乐山烈士群雕奠基典礼"仪式上,叶毓山展示了创作的30公分高的《群雕》初稿,并就创作构思的主题思想、创作过程作了说明,获得与会者的赞同。同时,展示了原告刘国础根据有关领导指示为说明《群雕》所处位置而制作的烈士墓模型。1982年3、4月间,叶毓山在《群雕》初稿基础上,又制作了一座48公分高的二稿。随后,叶毓山与刘国础根据初稿、二稿基本形态的要求,指导木工制作了《群雕》放大稿(又称定稿)骨架。这时,刘国础作为《群雕》工程办公室的工作人员,在叶毓山的指导下,参加了《群雕》泥塑放大制作和其他一些工作。叶毓山的学生余志强、郭选昌、何力平也曾对泥塑初形做了工作。泥塑放大制作过程中,叶毓山经常到现场进行指导和刻画修改,并对有关方面提出的合理化建议予以采纳。对刘国础提出的一些建议,叶毓山认为符合自己创作意图和表现手法的,亦予采纳。1983年初,高 2.12 米的烈士群雕放大稿完成后,分割成 400 余块,由叶毓山等人分别按 1∶4 的比例放大制作成泥塑,翻成石膏,交由工人用花岗石进行 1∶1 石刻制作。1986 年 11 月 27 日,《群雕》正式落成。

在此之前的 1984 年 5 月,全国首届城市雕塑设计方案展览会在北京举行,重庆市选送了叶毓山创作的《群雕》放大稿的缩小稿。刘国础等人设计制作的《烈士墓沙盘》也参加了展览。展览结束后,叶毓山创作的《群雕》获得纪念铜牌。刘国础制作的《烈士墓沙盘》不属评选范围,没有颁发纪念铜牌。

原告刘国础认为被告叶毓山侵害其著作权,向重庆市中级人民法院提起诉讼。

原告刘国础诉称:(1) 原告与被告叶毓山共同创作的《群雕》放大稿,叶毓山以个人名义参展;(2) 全国首届城市雕塑设计方案展览会为《群雕》和原告与他人创作设计的《烈士墓沙盘》颁发的纪念铜牌,被告据为己有。被告侵害了原告的著作权,请求法院判令被告公开道歉、消除影响、赔偿损失。

被告叶毓山辩称:被告受《群雕》建造倡议单位的聘请,创作了《群雕》初稿,制作了《群雕》二稿。在此基础上,被告亲自参加和指导制作了放大稿,著作权应归被告享有。纪念铜牌是全国首届城市雕塑设计方案展览会发给被告创作《群雕》雕塑作品的,原告无权享有。

该案在审理期间,刘国础变更第二项诉讼请求:原告与他人共同制作的《烈士墓沙盘》在京展览时,标签标明:设计,白佐民;制作,刘国础。设计人未标明刘国础为共同设计人,系叶毓山的责任,请求追究叶毓山侵犯沙盘设计署名权的责任。叶毓山辩称:沙盘展出如何署名一概不知,且对署名权无争。

重庆市中级人民法院认为:双方当事人讼争的《群雕》是建造倡议单位聘请被告叶毓山创作,并在叶毓山参加和指导下制作完成的,依照《中华人民共和国民法通则》第 94 条的规定,其著作权属叶毓山享有。原告刘国础在《群雕》制作过程中提过一些建议,对叶毓山创作稿做过一些具体工作,不能因此认定其为《群雕》的共同创作人。关于纪念铜牌问题,全国首届城市雕塑展览会只评选城市雕塑设计方案;沙盘模型只起环境效果和附件的作用,不属评选范围。《群雕》作为雕塑作品获得的纪念铜牌,应归叶毓山个人享有。至于刘国础诉叶毓山侵害其沙盘模型的署名权问题,与叶毓山无关,不属本案审理范围。据此,该院于 1990 年 6 月 14 日判决:驳回刘国础的诉讼请求;《群雕》的著作权和纪念铜牌归叶毓山享有。

第一审宣判后,原告刘国础不服,向四川省高级人民法院提出上诉。上诉理由是:(1) 作品的署名权不能仅以"聘书"为唯一根据来判定,被告叶毓山实际也无"聘书",只有一张介绍信;(2) 原告与叶毓山在合作创作《群雕》上存在事实上的约定关系,由被告做初稿,原告做烈士墓沙盘,二者结合起来成为一个完整的设计方案。

四川省高级人民法院审理认为:《群雕》是建造倡议单位聘请委托被上诉人叶毓山设计创作,并由叶毓山独立创作了《群雕》初稿,该作品著作权应为叶毓山享有。上诉人刘国础上诉称其制作的烈士墓沙盘与《群雕》初稿结合起来成为一个完整的设计方案,因而《群雕》创作设计中存在合作分工关系的理由,缺乏事实根据,上诉理由不能成立。《群雕》放大稿是在叶毓山亲自参加和指导下完成的,刘国础参与了放大制作,做了一些工作,通过口头或实际刻画制作提过建议,但最终是否采纳认可,取决于叶毓山。《群雕》放大稿与初稿相比较,在主题思想、整体结构、基本形态、表现手法等方面是一致的,没有实质的改变。出现的一些变化也是在叶毓山的指导、参加和认可下完成的,是在初稿基础上的修改完善,不存在建造倡议单位委托刘国础参加《群雕》创作的事实。刘国础与叶毓山之间也没有合作创作的口头或书面约定。因此,刘国础以实际参与制作的放大稿较初稿有变化,从而应享有著作权的主张不能成立,不能认定其为《群雕》的共同创作人。全国首届城市雕塑设计方案展览会评委会评选只评雕塑作品,不评选沙盘模型,《群雕》作为雕塑作品所获得的纪念铜牌应归作者叶毓山享有。刘国础诉叶毓山侵害其沙盘模型署名权,叶毓山明确表示对沙盘模型的设计署名权并无争议,且该诉的诉讼主体还涉及其他创作人,原审法院认定不属本案审理范围是正确的。原审法院判决认定事实清楚,证据充

合作作者·辅助工作

分,审判程序合法,适用法律正确。上诉人刘国础的上诉理由不能成立。据此,依照《中华人民共和国民事诉讼法(试行)》第151条第1款第1项的规定,于1990年12月1日判决:驳回上诉,维持原判。

二、裁判要旨

**No.1-2-13-1** 为他人创作进行组织工作,提供咨询意见、物质条件,或者进行其他辅助工作,均不视为创作,不属于合作作者。

该案涉及的争议焦点为,原告是否涉案作品《群雕》的合作作者,从而享有相应的著作权?

我国《著作权法》第13条规定了合作作者的概念:"两人以上合作创作的作品,著作权由合作作者共同享有。没有参加创作的人,不能成为合作作者。"但如何判断"没有参加创作",对提供修改意见、进行辅助工作等是否属于创作,并未作明确规定。

该案中的原告刘国础参与了作品的放大制作,做了一些工作,并通过口头或实际刻画制作提过建议,像此类情形是否属于合作创作的范畴?法院主要是从以下几个方面进行考虑的:(1)因为《群雕》属委托作品,建造倡议单位是聘请委托的叶毓山设计创作,并由叶毓山独立创作的,故叶毓山享有著作权。(2)从最终的创作决定权来看,《群雕》放大稿是在叶毓山亲自参加和指导下完成的,刘国础的工作和建议最终是否采纳认可,取决于叶毓山。(3)从作品的变化来看,《群雕》放大稿与初稿相比较,在主题思想、整体结构、基本形态、表现手法等方面一致,没有实质的改变。出现的一些变化也是在叶毓山的指导、参加和认可下完成的,是在初稿基础上的修改完善。(4)因为刘国础与叶毓山之间也没有合作创作的口头或书面约定。从而,确定原告并非合作作者。

针对实践中这类问题的增多,2002年颁布的《著作权法实施条例》第3条对此作了进一步说明:"著作权法所称创作,是指直接产生文学、艺术和科学作品的智力活动。为他人创作进行组织工作,提供咨询意见、物质条件,或者进行其他辅助工作,均不视为创作。"

**㉟ 汇编作品的著作权(《著作权法》第14条、第11条第3款、第17条)**

**案例:桂林天狮广告策划有限责任公司与桂林市旅游局著作权纠纷案**
案例来源:《人民法院案例选》1998年第1辑[第41号]
主题词:汇编作品　法人作品　委托作品

一、基本案情

原告:桂林天狮广告策划有限责任公司(以下简称天狮广告公司)。

被告:桂林市旅游局。

1995年12月底,原告天狮广告公司经理郦波应桂林市旅游局局长助理张源涛的要求,利用张源涛提供的文字、图片等资料,由天狮广告公司组织设计编创《桂林旅游指南》一书。天狮广告公司接到张源涛交来的文字、图片等资料后,即组织公司专业技术人员进行创意,公司为此添置了设备。经公司员工设计、编撰,郦波在1996年3月将《桂林旅游指南》一书的样稿交给了张源涛。1996年5月10日,张源涛以桂林市旅游局的名义,与广州威雅广告实业公司签订了一份印刷合同,由该公司按《桂林旅游指南》一书的样稿印刷2万册,书的封面上署名为"桂林市旅游局编"。此书印好后,桂林市旅游局将此书作为旅游促销宣传品向境内外发行。

原告天狮广告公司发现此书的署名后,经向桂林市旅游局交涉未果,遂起诉至桂林市秀峰区人民法院,认为桂林市旅游局的行为侵犯了其对该书享有的著作权。

秀峰区人民法院经审理认为:《桂林旅游指南》是一本宣传桂林旅游资源、指导人们旅游购物的出版物,内容分别由文字、图片等组成,系我国《著作权法》所规定的文字、美术和摄影作品,为该法保护的客体。由这些作品汇编结合而成的整体——《桂林旅游指南》应受我国《著作权法》的保护。《桂林旅游指南》一书的文字、照片的提供者是桂林市旅游局,版面设计是由桂林市旅游局委托天狮广告公司经理郦波进行的。天狮广告公司为设计《桂林旅游指南》一书添置了设备,提供了创作的物质技术条件,并组织了公司员工进行创意设计和制作;郦波是该公司的经理,其职责是全面负责公司经营范围内的业务,不能排除其承接业务的行为是代表公司的行为。所以,天狮广告公司对《桂林旅游指南》一书享有著作权。但该书的文字、图片等资料系桂林市旅游局所提供,并参与了修改、定稿等一系列创作工作,为设计此书付出了劳动,应与天狮广告公司一并享有《桂林旅游指南》一书的著作权。但桂林市旅游局未经天狮广告公司同意,独自将该书大量印刷发行,侵犯了天狮广告公司的著作权,应承担侵权责任,给予天狮广告公司一定的赔偿。依照《中华人民共和国著作权法》第 3 条第 1、4 项,第 13 条第 1 款,第 45 条第 2 项之规定,于 1996 年 12 月 14 日判决:

一、《桂林旅游指南》一书的著作权归属原、被告共有。

二、被告桂林市旅游局赔偿原告天狮广告公司经济损失 17 500 元。

天狮广告公司不服此判决,上诉至桂林市中级人民法院。

桂林市中级人民法院认为:《桂林旅游指南》一书,系郦波在天狮广告公司任经理期间,根据张源涛提供的文字、图片作品资料,组织公司员工,利用公司的物质技术条件,集体策划、编辑创作的一部作品。该作品的作者应为天狮广告公司,著作权应归该公司享有。原审认定该作品系桂林市旅游局向郦波提供文字、图片资料,委托郦波进行版面设计,与事实不符。尚无证据表明桂林市旅游局以法人名义与郦波形成过委托关系,也无证据证明张源涛向郦波提供有关资料的行为是桂林市旅游局的法人行为,张源涛的行为应属个人行为。因此,原审判决《桂林旅游指南》的著作权由当事人双方共有不当,应予改判。原判认定桂林市旅游局未经天狮广告公司同意,大量印刷《桂林旅游指南》一书,是侵犯天狮广告公司著作权的行为,并判决该局应适当给予天狮广告公司一定的赔偿,是正确的,应予维持。

据此,根据《中华人民共和国著作权法》第 11 条第 1 款、第 3 款,第 45 条第 1 项,《中华人民共和国民事诉讼法》第 153 条第 1 款第 3 项之规定,于 1997 年 7 月 7 日判决:撤销一审判决第一项,维持第二项;《桂林旅游指南》一书著作权归天狮广告公司享有。

二、裁判要旨

**No.1-2-14-1** 对其内容的选择或者编排体现独创性的汇编作品,其著作权由汇编人享有。

该案中的争议作品《桂林旅游指南》一书究属什么作品,其著作权归属如何划定,是需要解决的首要问题。

从该书本身的性质看,是将张源涛提供的文字、图片等资料,由原告天狮广告公司组织设计编创的,根据《著作权法》第 14 条的规定:"汇编若干作品、作品的片段或者不构成作品的数据或者其他材料,对其内容的选择或者编排体现独创性的作品,为汇编作品,其著作权由汇编人享有,但行使著作权时,不得侵犯原作品的著作权。"汇编作品的著作权归汇编人即原告享有。

另外,根据《著作权法》第 11 条第 3 款的规定,法人作品(包括非法人单位作品)是指"由法人或者其他组织主持,代表法人或者其他组织意志创作,并由法人或者其他组织承担责任的作品"。从该案看,《桂林旅游指南》一书,系郦波在天狮广告公司任经理期间,组织公司员工,利用公司的物质技术条件,集体策划、编辑创作的作品,所以该作品的作者应为天狮广告公司,著作权应归该公司享有。

而由于原告是应张源涛的要求,利用张源涛提供的文字、图片等资料设计编创的,但无证据表明桂林市旅游局以法人名义与郦波形成过委托关系,也无证据证明张源涛向郦波提供有关资料的行为是桂林市旅游局的法人行为,所以张源涛的行为应属个人行为。由于张源涛未支付原告报酬,很难说他们之间是委托创作关系。退一步讲,即便他们之间是委托关系,因对著作权的归属未订立合同,根据《著作权法》第 17 条的规定,著作权也应属于受托人,即原告天狮广告公司。

所以,桂林市旅游局未经天狮广告公司同意,大量印刷《桂林旅游指南》一书,是侵犯天狮广告公司著作权的行为。

### 36 电影作品的著作权(《著作权法》第 15 条、第 38 条第 5 项)

**案例:王冠亚等诉安徽音像出版社等著作权纠纷案**
案例来源:《人民法院案例选》2010 年第 3 期第 152 页
主题词:电影作品　唱腔设计

#### 一、基本案情

原告:王冠亚等。
被告:安徽音像出版社。
被告:深圳南山书城。

黄梅戏电影《天仙配》于 1955 年由上海电影制片厂拍摄,主演为严凤英、王少舫。严凤英于 1968 年 4 月 8 日去世,其继承人为其配偶王冠亚及两个儿子王小亚和王小英。2005 年 11 月,王小英发现深圳南山书城正在销售由安徽音像出版社出版发行的上述电影 VCD 光盘。王冠亚、王小亚和王小英认为,严凤英享有黄梅戏电影《天仙配》中的唱腔设计(曲调和表演动作)著作权以及表演者权,安徽音像出版社、深圳南山书城的上述行为,未经严凤英之著作权法定继承人的许可并支付报酬,因而侵犯了严凤英法定继承人的合法权益,请求追究两被告停止侵权、赔偿损失的民事责任。

广东省深圳市南山区人民法院经审理认为,原告未举证证明戏剧作品《天仙配》的原曲谱,无法对比原告主张的严凤英对《天仙配》具有独创性的创作之处,故原告关于严凤英在黄梅戏《天仙配》中享有唱腔设计著作权的主张,不予支持。严凤英在黄梅戏《天仙配》中不享有表演者权,故判决驳回原告的诉讼请求。

一审宣判后,原告不服提起上诉。

广东省深圳市中级人民法院经审理认为,唱腔设计是指带声乐的戏曲旋律,其只要符合作品的构成条件,就应受我国著作权法的保护。根据《著作权法》第 15 条的规定,电影作品的整体著作权归属于制片人,只能由制片人作为著作权人来行使权利或主张权利,电影内部作品的著作权人无权向该侵权人主张权利。安徽音像出版社出版发行黄梅戏电影 VCD 光碟的行为,是对黄梅戏电影《天仙配》整体作品的使用,不是脱离黄梅戏电影《天仙配》而单独使用黄梅戏《天仙配》唱腔设计的行为,所以无论严凤英的法定继承人所主张的严凤英享有《天仙配》唱腔设计著作权的主张能否成立,都无权向安徽音像出版社主张该唱腔设计著作权被侵犯的请求权。据此,于 2010 年 2 月 24 日判决:驳回上诉,维持原判。

#### 二、裁判要旨

**No.1-2-15-1** 电影作品的整体著作权归属于制片人,只能由制片人作为著作权人行使权利或主张权利,电影内部的编剧、导演、摄影、作词、作曲等作者,无权就电影作品的整体主张权利。

根据我国《著作权法》第 15 条的规定:"电影作品和以类似摄制电影的方法创作的作品的著作权由制片者享有,但编剧、导演、摄影、作词、作曲等作者享有署名权,并有权按照与制片者签订的合同获得报酬。"电影作品的整体著作权归属于制片人,电影内部的音乐、剧本等著作权被电影作品著作权吸收,对外电影作品著作权的使用与维权均由制片人行使。所以,电影内部的编剧、导演、摄影、作词、作曲等作者均无权向电影作品侵权人主张权利。只有电影作品中的剧本、音乐等可以单独使用作品的作者有权独立行使其各自作品的著作权。

就本案而言,由于是由在先的唱腔设计编写者创作出《天仙配》唱腔设计文本,然后再由严凤英根据自身嗓音的条件及对该曲目表达内容的理解,对唱腔进行设计并表演。而黄梅戏电影《天仙配》的拍摄行为表明,该案的唱腔设计著作权人已授权上海电影制片厂使用其唱腔设计,所以黄梅戏电影《天仙配》唱腔设计的著作权已并入电影,归属于电影制片人。故无论安徽音像出版社出版发行黄梅戏电影《天仙配》VCD 光盘的行为是否经过了电影制片人的许可,也无论原告主张的严凤英享有《天仙配》唱腔设计著作权的主张能否成立,其均无权以唱腔设计著作权受到侵犯为由,向安徽音像出版社主张权利。而且,安徽音像出版社出版发行黄梅戏电影 VCD 光盘的行为,是对黄梅戏电影《天仙配》整体作品的使用,不是脱离黄梅戏电影《天仙配》而单独使用《天仙配》唱腔设计的行为,所以无论原告主张的严凤英享有《天仙配》唱腔设计著作权的主张能否成立,原告均无权向安徽音像出版社主张该唱腔设计著作权被侵犯的请求权。

根据《著作权法》第 38 条之规定,表演者的复制、发行权仅针对录音录像制品。而根据《著作权法实施条例》第 5 条的规定,录音录像制品并不包括电影作品,电影作品的演员并不享有这方面的表演者权,从实践看,电影演员一般是通过与电影制片人签订合同的方式获取演出报酬的,所以原告也无法以表演者权被侵犯为由主张权利。但我国新加入了世界知识产权组织的《视听表演北京条约》(2012 年),该条约赋予了电影等作品的表演者,依法享有许可或禁止他人使用其在表演作品时的形象、动作、声音等一系列表演活动的权利。此后,词曲作者和歌手等声音表演者享有的复制、发行等权利,电影演员等视听作品的表演者也将享有。如何协调该条约与《著作权法》的关系,尚有待研究。

**37** 电影 VCD 的性质(《著作权法》第 15 条、第 10 条第 1 款第 5 项)
**案例:傅清莲等与长春电影制片厂等著作权纠纷案**
案例来源:《人民法院案例选》2004 年商事·知识产权专辑[第 77 号]
主题词:电影 VCD  录像制品  署名权

**一、基本案情**
    原告:傅清莲等。
    被告:长春电影制片厂。
    被告:广州音像出版社。
    被告:广州俏佳人文化传播有限公司。
    1960 年,被告长春电影制片厂将莆仙戏《团圆之后》拍摄成电影,由于历史原因,电影未署编剧姓名。1998 年 7 月 10 日,长春电影制片厂授权俏佳人文化传播有限公司出版包括讼争的《团圆之后》等 53 部影片 VCD,之后被告俏佳人公司根据长春电影制片厂提供的影片母带制作并总经销《电影宝库——团圆之后》VCD 影碟,由被告广州音像出版社出版发行。1999 年原告傅清莲等在福州购买该《电影宝库——团圆之后》VCD 影碟后,发现未署编剧陈仁鉴姓名,遂诉至福州市中级人民法院。
    原告傅清莲等 7 人诉称,传统戏曲莆仙戏《团圆之后》,系原告付清莲的丈夫,原告陈纪建、陈纪民、陈纪炉、陈纪胜、陈纪联、陈双英的父亲陈仁鉴编剧的著名戏剧。早在 1957 年 12 月,《热风》杂志就刊登了署名陈仁鉴改编的莆仙戏《团圆之后》剧本的全文,北京戏剧出版社 1957 年 12 月出版的《中国传统戏曲剧本选集》第 2 卷将该剧全文收入,改名《父子恨》,署名仍为"陈仁鉴改编"。1959 年,仙游县鲤声剧团以《团圆之后》进京参加建国十周年演出,在首都产生巨大轰动。1960 年,被告长春电影制片厂将莆仙戏《团圆之后》拍摄成电影。由于当时"左"的影响,电影中没有署原告亲属陈仁鉴的名字。1978 年拨乱反正后,有关文章均认为《团圆之后》的作者为陈仁鉴。但原告最近在福州市购买到被告广州音像出版社出版发行、广州俏佳人文化传播有限公司制作总经销的 VCD 影碟《电影宝库——团圆之后》却没有编剧陈仁鉴的署名,被告侵犯了陈仁鉴的署名权以及由此发生的其他权利,故请求法院判令:(1) 被告立即停止侵害,就其侵权行为在报纸上公开向原告赔礼道歉;(2) 被告在其出版的 VCD 影碟版《电影宝库——团圆之后》中,署上原告亲属陈仁鉴的名字,在未署陈仁鉴名字之前,不得继续发行和再版上述 VCD 影碟片;(3) 被告赔偿原告经济损失 2 万元和精神损失费 2 万元;(4) 3 被告对上述侵权赔偿行为承担连带责任;(5) 由 3 被告承担本案的诉讼费用。
    被告长春电影制片厂辩称,其不存在侵犯陈仁鉴署名权的行为。其于 1960 年摄制的电影《团圆之后》,是根据 1959 年上海文艺出版社出版的莆仙戏《团圆之后》舞台剧本改编拍成的,并参考了《剧本》月刊 1959 年 11 月号的剧本。这两个版本的剧本均明确署名为福建省仙游县编剧小组改编,在1959年福建省戏曲巡回演出团介绍中,明确载明《团圆之后》由仙游县编剧小组集体整理,而不是原告1957年在《热风》杂志发表或《中国传统戏曲剧本选集》收入的那两个版本。目前没有任何证据表明其所采用的这两个版本的改编作者是陈仁鉴个人。作品的改编权不是唯一的,任何单位或个人均有权根据法律的规定在不侵犯原作品著作权的前提下改编原作品,由此所产生的著作权由改编人所享有。因此,原告认为被告所采用的剧本版本也是陈仁鉴改编,则其应另行起诉,请求人民法院对陈仁鉴与福建省仙游县编剧小组之间关于《团圆之后》剧本著作权的纠纷进行确认,但这显然不属于本案审理范围。原告的诉讼请求已超过法定的诉讼时效。1960年摄制完成电影《团圆之后》至今已39年,原告时至今日才向人民法院起诉所谓"侵权事实",早已超过法定诉讼时效。长春电影制片厂虽曾许可广州俏佳人文化传播有限公司出版发行VCD《团圆之后》,但并未因此对电影作任何形式的变更,且这一行为只是原来行为的继续。原告因诉讼时效已过,已丧失了请求人民法院保护的权利,请求法院依法驳回原告的全部诉讼请求。

被告广州俏佳人文化传播有限公司辩称,影片《团圆之后》之版权属长春电影制片厂所有,本公司于1997年向长春电影制片厂购买了VCD出版发行权。双方约定:长春电影制片厂负责提供版权证明,影片进行删剪,事先需通知并经长春电影制片厂同意,其也是按照以上约定,根据长春电影制片厂提供的影片母带,出版发行《电影宝库——团圆之后》VCD影碟的。本案《团圆之后》之版权人长春电影制片厂与编剧陈仁鉴的继承人之版权纠纷,根据其与长春电影制片厂的约定以及《中华人民共和国著作权法》等有关规定,应当由长春电影制片厂与原告负责协商解决,所产生的责任应由长春电影制片厂承担,与本公司无关。

被告广州音像出版社未作答辩。

福州市中级人民法院经审理认为,陈仁鉴系电影《团圆之后》的剧作者事实清楚,其著作权应依法受到保护。原告作为已故著作权人陈仁鉴的继承人,依法享有著作权保护期内该作品的使用权和获得报酬的权利,但被告长春电影制片厂没有在电影《团圆之后》署名陈仁鉴,是基于当时特定历史,并非主观故意,原告要求被告赔礼道歉于法无据,原告以讼争的影碟内容提要部分"给人以格调低下的感觉"主张被告侵犯其保护作品的完整权依据不足,原告主张被告应赔偿其精神损失2万元不予支持。被告长春电影制片厂许可他人使用陈仁鉴编剧的电影《团圆之后》制作VCD影碟,应向著作权人支付报酬,原告诉请法院判令被告停止侵权,支付报酬,本院予以支持。被告俏佳人公司虽主张其与被告长春电影制片厂签有合同,但并未举证说明其与长春电影制片厂之间的权利义务关系,其主张本案与其无关没有依据。根据《音像制品管理条例》第12条的规定:"音像制品应当在音像制品及其包装的明显位置,标明出版单位的名称、地址和版号、发行许可证号,出版时间、著作权人姓名等事项……"被告广州音像出版社、广州俏佳人文化传播有限公司对此负有注意的义务,故应对侵权赔偿承担连带责任。讼争的VCD影碟制作于1998年,被告长春电影制片厂主张原告诉讼请求已超过诉讼时效没有事实依据。

据此,依照《中华人民共和国著作权法》第15条第1款、第20条、第37条第2款、第39条第2款、第45条、第46条第2款之规定,于2002年1月8日判决:

一、被告长春电影制片厂应于判决生效之日起10日内赔偿原告人民币2万元,被告广州音像出版社、广州俏佳人文化传播有限公司对被告长春电影制片厂赔偿负连带责任;

二、被告广州音像出版社、广州俏佳人文化传播有限公司应在其出版的《电影宝库——团圆之后》中署上编剧陈仁鉴姓名,在未署名之前,不得继续发行和再版该VCD影碟;

三、驳回原告其他诉讼请求。

长春电影制片厂不服一审判决提起上诉。

福建省高级人民法院经审理查明:(1)莆仙戏《团圆之后》剧本是陈仁鉴根据莆仙戏的传统剧目改编而成,并发表于多家公开发行的刊物和书籍。(2)在原审判决后,广州音像出版社出版发行、广州俏佳人文化传播有限公司总经销的VCD《电影宝库——团圆之后》的包装上标明"编剧:陈仁鉴"。对此各方当事人均无异议。

福建省高级人民法院经审理认为,根据本案现有证据证实,莆仙戏《团圆之后》剧本著作权属于陈仁鉴,该著作受法律保护。根据《著作权法》(1990年)第15条、国务院颁布的《电影管理条例》(1996年)第16条等相关规定,长春电影制片厂1960年根据莆仙戏《团圆之后》改编拍摄成电影后,长春电影制片厂作为制片人即取得了《团圆之后》电影作品的著作权。陈仁鉴作为莆仙戏《团圆之后》剧本著作权人,根据《著作权法》(1990年)的规定,应在电影作品《团圆之后》享有署名权。在原电影作品《团圆之后》未署陈仁鉴的名字是因当时历史原因所致,长春电影制片厂对此不应承担责任。1998年长春电影制片厂将《团圆之后》等影片许可给广州俏佳人文化传播有限公司等制作的是电影VCD,在广州音像出版社出版发行,广州俏佳人文化传播有限公司总经销的《团圆之后》电影VCD未署陈仁鉴的名字,在陈仁鉴继承人主张权利后仍未署名,侵犯了陈仁鉴在电影《团圆之后》VCD的署名权,长春电影制片厂、广州影像出版社、广州俏佳人文化传播有限公司应根据《音像制品管理条例》的相关规定,在发行《团圆之后》电影VCD时以适当的方式署上陈仁鉴的名字。因此,陈仁鉴继承人对此诉之有理,原审法院对有关署名权的判决正确。但原审法院未要求长春电影制片厂共同承担侵犯署名权不妥,应予纠正。

将电影作品制作成VCD(数码激光视盘)是对同一电影作品在不同载体上的复制行为,就是《著作权法》(1990年)和《著作权法实施条例》(1991年)第5条第1项所指的"复制"。电影VCD是电影作品的复制品。复制是电影作品著作权人使用作品的主要方式之一。因为不是原始录制品,所以电影VCD不是《著作权法》(1990年)和《著作权法实施条例》(1991年)中所称的"录像制品"。原审法院在判决适用法律时引用《著作权法》(1990年)的第37条第2款和第39条第2款的规定,将电影VCD等同于"录像制品",是适用法律错误。

1998年长春电影制片厂将《团圆之后》等影片许可广州俏佳人文化传播有限公司制作电影VCD,是电影作品著作权人对电影作品的复制使用,并未侵犯陈仁鉴剧本的著作权。原审法院认为长春电影制片厂将电影《团圆之后》许可给他人制作VCD,是对陈仁鉴著作权中财产权利的侵犯,因此适用《著作权法》(1999年)相关规定判决长春电影制片厂承担赔偿责任,对此本院认为没有法律依据。长春电影制片厂对此上诉有理,予以支持。傅清莲等人认为编剧在电影作品中仍享有获得报酬权的抗辩意见,没有法律依据。不予采纳。

陈仁鉴的继承人傅清莲等人是在1999年针对1998年所出版发行的《团圆之后》电影VCD提起的诉讼,根据《民法通则》的相关规定,傅清莲等人的诉讼没有超过诉讼时效。长春电影制片厂有关本案已经超过诉讼时效的上诉请求,没有事实依据,不予支持。

因本案纠纷和诉讼均发生在《中华人民共和国著作权法》修正之前,故本案仍适用修正前《中华人民共和国著作权法》的相关规定。

综上,原审认定事实基本清楚,但适用法律不当。上诉人上诉部分有理。

据此,根据《中华人民共和国著作权法》(1990年)第15条第1款、第20条、第45条第8项,《中华人民共和国著作权法实施条例》(1991年)第20条第1款,《中华人民共和国民事诉讼法》第153条第1款第2项的规定,于2002年8月28日判决:

一、撤销福州市中级人民法院[1999]榕民初字第197号民事判决第一、二项;

二、维持福州市中级人民法院[1999]榕民初字第197号民事判决第三项;

三、长春电影制片厂、广州音像出版社和广州俏佳人文化传播有限公司应立即在其出版发行的《电影宝库——团圆之后(莆仙剧)》(版号:ISRC CN-F28-98-0037-0/V.J9)中署上陈仁鉴的名字,在未署名之前,不得继续发行;

四、驳回傅清莲、陈纪建、陈双英、陈纪民、陈纪炉、陈纪胜、陈纪联其他诉讼请求。

二、裁判要旨

No.1-2-15-2 将电影作品制作成VCD,是对同一电影作品在不同载体上的复制行为,电影VCD并非著作权法意义上的"录像制品",而是电影作品的复制品。

该案涉及的焦点之一为,将电影作品制作成VCD(数码激光视盘)是电影作品的复制品,还是《著作权法》中所称的"录像制品"?

电影VCD · 录像制品 · 署名权

法院认为,将电影作品制作成 VCD 是对同一电影作品在不同载体上的复制行为,就是《著作权法》(1990 年)和《著作权法实施条例》(1991 年)第 5 条第 1 项所指的"复制"。电影 VCD 是电影作品的复制品。复制是电影作品著作权人使用作品的主要方式之一。因为不是原始录制品,电影 VCD 不是《著作权法》(1990 年)和《著作权法实施条例》(1991 年)中所称的"录像制品"。

而根据 2002 年修改的《著作权法实施条例》第 5 条第 3 项之规定:"录像制品,是指电影作品和以类似摄制电影的方法创作的作品以外的任何有伴音或者无伴音的连续相关形象、图像的录制品。"第 5 项规定:"录像制作者,是指录像制品的首次制作人"。从中可以看出,电影作品与录像制品的区别。

电影作品和以类似摄制电影的方法创作的作品属于著作权法保护的对象,而录像制品属于邻接权保护的范围,二者的主要区别在于摄制过程中是否具有独创性。由于电影作品的特殊性,电影作品的著作权整体归属于制片人。录像制品的邻接权则属于制作者,在使用他人作品制作录音录像制品时,应当取得著作权人许可,并支付报酬。

所以,由于电影 VCD 不是原始录制品,将电影作品制作成 VCD 应是对同一电影作品在不同载体上的复制行为。

由于电影作品和以类似摄制电影的方法创作的作品的著作权由制片者享有,从而,被告长春电影制片厂将《团圆之后》等影片许可广州俏佳人文化传播有限公司制作电影 VCD,是电影作品著作权人对电影作品的复制使用,并未侵犯陈仁鉴剧本的著作权。

虽然电影作品的著作权由制片人享有,但编剧仍享有署名权。在原电影作品中未署编剧陈仁鉴的名字是因当时历史原因所致,长春电影制片厂对此不应承担责任。但 1998 年长春电影制片厂将影片许可制作成电影 VCD,仍未署陈仁鉴的名字,且在陈仁鉴继承人主张权利后仍未署名,则侵犯了编剧陈仁鉴在电影 VCD 中的署名权。

### 38 职务作品(《著作权法》第 16 条、第 14 条、第 11 条)

**案例:张延华与临猗县志编委会著作权纠纷案**
案例来源:《人民法院案例选》1999 年第 2 辑[第 40 号]
主题词:职务作品　编辑作品　法人作品

#### 一、基本案情

原告:张延华。

被告:临猗县县志编纂委员会(以下简称编委会)。

张延华曾于 1983 年 6 月至 1985 年 10 月借调在临猗县县志办工作。在此期间,张延华与他人下乡采访,收集整理了《王干的故事》等民间广为流传的民俗、风情、故事、传说、歌谣、谚语等;同时,编辑完成了《临猗县地名志》一书(该书于 1985 年出版),撰写了《临猗县志》"人口志"一章。1985 年 10 月后,张延华调离县志办。后张延华曾两次从县志办领取过资料费 450 元。1991 年原编委会负责人孙晋怀口头委托张延华提供《临猗县志》"方言志"一章的材料,张延华即提供了其曾于 1989 年获山西省社会科学院语言研究所"六五"国家重点项目"山西省各县市方言志"优秀成果奖的《临猗县方言志》4 万多字的原稿。1993 年,《临猗县志》由北京海潮出版社正式出版发行 3 000 册,全书约 120 万字。该书采用了张延华《临猗县方言志》原稿中 3 万字的内容,"人口志" 2 万字的内容,《临猗县地名志》中约 2 万字的内容和《王干的故事》约 1 800 字。《临猗县志》的目录前有编委会成员、县志办成员、编辑等人员的署名;在该书尾部有后记,有提供资料单位名单。该书所附《志人摄影》,为各专志的 16 人列了传记,说明了各专志的出处、作者作品、字数等内容,其中《临猗县地名志》的主编孙晋怀、副主编宁新杰的传记,注明其二人编著有《临猗县地名志》等说明。但对张延华及其作品,全书未作任何介绍与说明。张延华认为,其作为《临猗县志》"方言志""人口志""地名志" 3 部专志约 10 万字的作者,未被署名,也未得到稿酬,被编委会剥夺了著作权,遂于 1995 年 10 月 20 日向运城地区中级人民法院提起诉讼,要求编委会停止侵害、消除影响、为其署名,并赔偿其应得稿酬及经济、精神损失共计28 000元;并要求对"方言志"中出现的多处错误予以更正。

后经山西省社科院语言研究所进行鉴定,确认"方言志"中135处有误。1995年10月25日,编委会以"补记"的形式,将所有参加志书提供资料者进行了追加认可,张延华为其中之一。

被告编委会答辩称:《临猗县志》系众人智慧的结晶,无任何个人作品,其著作权属编委会,不存在侵权行为,原告索赔更无法律依据。虽然《临猗县志》中"社会志"第二章"方言志"资料确由张延华于1991年夏秋间依据1984年他在县志办工作期间编写的方言志改写成4万余字,但后经主编等人多处修改为2万字,不能称为张延华的个人作品。《临猗县志》中的"人口志"资料稿系张延华所为,但张延华所提供的资料只有18 000余字,后经他人重写、补写成书,为48 000余字。除此,如民俗风情、喜庆、陋习、禁忌俗语等均系主编与他人所写。

运城地区中级人民法院认为:《临猗县志》的著作权属于被告编委会。鉴于该书系多人合作作品,故作者对各自创作的作品可以享有单独著作权。《王干的故事》属于职务作品,张延华享有署名权,编委会应给予适当的奖励;张延华所编著的"方言志""人口志"以及"社会志"第一章"民俗风情"中"喜庆""陋习""禁忌",第三章"婚姻家庭",第四章"俗语""建置沿革及沿革表""古地名考""春秋令狐之战"等作品,是受编委会口头委托创作的作品,但口头委托未明确约定著作权的归属,其著作权应属于张延华所有,张延华应享有署名权。为此,编委会应在相应的报刊上向张延华公开赔礼道歉,消除影响并赔偿损失。依据《中华人民共和国民法通则》第118条,《中华人民共和国著作权法》第9条、第13条、第16条、第17条,《中华人民共和国民事诉讼法》第108条,于1997年8月19日判决:

一、《临猗县志》中"社会志"中的"方言志""人口志","社会志"第一章"民俗风情"中的"喜庆""陋习""禁忌",第三章"婚姻家庭",第四章"俗语"中的部分内容,"古地名考""建置沿革及沿革表""春秋令狐之战"《王干的故事》等,张延华享有署名权,《临猗县志》再版发行时应在上述作品中署张延华之名。

二、《临猗县志》再版发行时应对"社会志"中的"方言"志中135处错误予以更正。

三、编委会应在《山西日报》《光明日报》上向张延华赔礼道歉,其稿发表前需经本院审核,所需费用由编委会负担。

四、编委会付给张延华劳动报酬款10 000元人民币,补偿张延华经济、精神损失费15 000元人民币,判决生效后15日内付清。

判决宣判后,编委会不服,向山西省高级人民法院提出上诉。

山西省高级人民法院经审理认为:

《临猗县志》一书是由上诉人编委会主持完成的编辑作品,其整体著作权应归编委会。该书中所有被编辑作品的创作人,依法对各自的原作品享有著作权。编委会在行使自己的编辑作品著作权时,不得侵犯原作者的著作权。

《临猗县地名志》是被上诉人张延华在县志办公室工作期间编辑而成,其中的"建置沿革表""古地名考""春秋令狐之战"等作品和《王干的故事》,是张延华的职务作品,张延华享有署名权,著作权中的其他权利由上诉人编委会享有。《临猗县志》可以使用《临猗县地名志》的内容,但是编委会除了应当保证张延华的署名权外,还应当给付适当的报酬。

《临猗县方言志》是被上诉人张延华独立创作的作品,张延华享有发表权、署名权、修改权、保护作品完整权、使用权和获得报酬权。《临猗县志》"社会志"第二章"方言志"部分使用《临猗县方言志》中的大部分内容,上诉人编委会应当保障张延华享有这些权利。张延华要求更正《临猗县志》"社会志"第二章"方言志"部分出现的135处印刷错误,是其行使保护作品完整权的表现,编委会有义务履行。

据此,依据《中华人民共和国民事诉讼法》第153条第1款第1、2项之规定,于1998年8月31日判决:

一、维持运城地区中级人民法院民事判决第2项、第3项,即《临猗县志》再版发行时,应对

"社会志"中的"方言志"中 135 处错误予以更正;编委会应在《山西日报》《光明日报》上向张延华赔礼道歉,其稿发表前需经本院审核,所需费用由编委会负担。

二、变更运城地区中级人民法院民事判决第 1 项为:张延华享有《临猗县志》"社会志"中"方言志"的全部著作权;《王干的故事》"人口志"等张延华享有署名权,《临猗县志》再版发行时应在"志人掠影"中对上述作品署张延华之名。

三、变更运城地区中级人民法院民事判决第 4 项为:编委会付给张延华劳动报酬款 2 100 元,补偿张延华经济、精神损失费 15 000 元,本判决送达后 15 日内付清。

## 二、裁判要旨

**No.1-2-16-1** 由编纂委员会主持编辑,并由该委员会承担法律责任的编辑作品属于法人作品,而非合作作品。

该案首先要解决《临猗县志》是何种性质的作品,其著作权归属于谁的问题。

地方志,是在地方政府的领导下,由地方政府确定的编纂委员会主持编辑并由该委员会承担法律责任的编辑作品。作为编辑作品,也应当和其他作品一样,受《著作权法》保护。根据 1990 年《著作权法》第 11 条第 3 款之规定:"由法人或者非法人单位主持,代表法人或者非法人单位意志创作,并由法人或者非法人单位承担责任的作品,法人或者非法人单位视为作者。"因为《临猗县志》是根据临猗县委、县政府的安排部署,提供资金、资料等创作条件,由编委会组织人员进行创作,并由其承担责任的,所以《临猗县志》是一部法人作品,其整体著作权应归编委会。但一审法院认定县志是合作作品,是不正确的。合作作品是两人以上共同创作的作品,代表合作者的个人意志,由个人承担责任,而县志代表编委会的意志,由编委会承担责任,并不是由编委会中的创作人员承担责任。

**No.1-2-16-2** 个人向编委会提供的具有独创性的被编辑作品,著作权归原作者享有。编委会在行使自己的编辑作品著作权时,不得侵犯原作者的著作权。

该案的第二个关键问题是,张延华向编委会提供的"方言志""人口志"等属于资料还是作品?

编委会认为张延华提供的只是资料,不是作品。虽然说资料的概念非常广泛,但不能否认其中具有独创性的部分属于作品的性质。分析张延华提供的文稿究竟是不是作品,应首先分析其是否经过独立创作能表达一定思想的系统文章。从证据材料看,张延华提供的稿件是经过其独立创作,能表达一定思想观点的系统文章,是经过其脑力劳动后的智力成果的外在表现。而且,编委会所主张的资料,指的是用作参考的材料的意思。但《临猗县志》在使用张延华提供的稿件时,并非简单的参考,而是将其作为县志某一部分内容的初稿,在此基础上进行加工、修改、完善,大部分内容仍是张延华的原作。因此,张延华向编委会提供的文稿应是作品,依法享有著作权。

根据《著作权法》第 14 条之规定,编辑作品由编辑人享有著作权,但行使著作权时,不得侵犯原作品的著作权。在编辑作品中应注明被编辑作品的作者姓名、作品名称,并向被编辑作品的原作者支付报酬。编委会剥夺了张延华在其作品上署名和获得报酬的权利,显然构成了侵权。

**No.1-2-16-3** 个人为完成法人或者其他组织的工作任务,并由法人或者其他组织承担责任的职务作品,作者享有署名权,著作权的其他权利由法人或者其他组织享有,法人或者其他组织可以给作者以奖励。

该案牵涉的问题比较多,其中比较引人注意的还有一点就是,《临猗县地名志》的性质问题。从其实际情况看,张延华于 1983 年 6 月至 1985 年 10 月借调在县志办工作,在此期间,为完成县志办工作的创作行为属于职务行为。《临猗县地名志》是张延华在县志办工作期间编辑而成的,应属张延华的职务作品。在此难以知道是否利用了单位的物质技术条件,但因其作品被县志采用后显然是由编委会承担责任,所以根据《著作权法》第 16 条第 2 款的规定,其中的"建置沿革表""古地名考""春秋令狐之战"等作品和《王干的故事》,张延华享有署名权,著作权的其他权利则由编委会享有。因此,《临猗县志》可以使用《临猗县地名志》的内容,但是编委会应当保证张延华的署名权,并给予适当的报酬。

## 39 职务作品著作权的推定归属(《著作权法》第16条)

**案例:陈俊峰与金盾出版社侵犯著作权纠纷案**
案例来源:《最高人民法院知识产权审判案例指导》(第二辑)[第7号]
主题词:职务作品　推定

### 一、基本案情

申请再审人(一审原告、二审上诉人):陈俊峰。

被申请人(一审被告、二审被上诉人):中国人民解放军总后勤部金盾出版社(以下简称金盾出版社)。

申请再审人陈俊峰因与金盾出版社侵犯著作权纠纷一案,不服北京市第一中级人民法院(2008)一中民终字第7372号民事判决及北京市高级人民法院(2008)高民申字第4221号民事裁定,向最高人民法院(以下简称最高院)申请再审。

陈俊峰申请再审称,其是9本涉案图书的编著者,原审法院没有依法收集涉案图书的主要证据,主观臆断,认定事实错误;原审有意回避作为职务作品的9本涉案图书版权应该归单位所有还是归作者所有这个焦点问题,适用法律错误。

金盾出版社提交书面答辩称,陈俊峰从1997年12月20日至2007年12月25日受聘在金盾出版社第一编辑室从事图书编辑工作,其主张著作权的《跨世纪万年历》《袖珍实用万年历》和《工作效率手册》,均是金盾出版社策划的图书选题,安排第一编辑室代表单位组织汇编,陈俊峰作为第一编辑室指定的责任编辑,参与了上述图书的搜集、整理等劳动,但这些工作均是其本职工作范围,并已经获得相应的劳动报酬和奖励;涉案图书上的署名"靳一石",是该社集体署名方式,即金盾一编室的简称"金一室"的谐音;陈俊峰与该社之间的关系是劳动关系,不构成作者与出版社的关系;涉案图书是利用金盾出版社的物质条件完成的,陈俊峰对这些图书不享有著作权,无权索要稿酬。

最高院经审查认为,涉案的《跨世纪万年历》《袖珍实用万年历》和2002年至2008年《工作效率手册》9本图书,均属于汇编作品,均是陈峻峰为完成单位工作任务而汇编的职务作品。金盾出版社在《关于对编辑实行量化考核的暂行规定》《关于在编辑人员中实行激励机制的暂行办法》等文件中规定,编辑图书工作量指标按版面字数乘相应系数,并规定经社领导同意或授意,由责编自己编写的书按照版面字数乘以3或2.5计算,各类手册按照版面字数乘以1.5计算。从原审查明的事实来看,陈俊峰接受了金盾出版社对涉案图书按上述规定乘以相应的系数计算工作量并发放相应的工作量酬金、奖励的模式,并实际领取了按照上述规定计算的涉案图书相应的酬金、奖励。在1999年至2007年,涉案图书编写及出版发行期间,陈俊峰并未向金盾出版社提出过著作权问题和稿酬问题。从金盾出版社的这些文件规定来看,经过出版社领导同意或授意,责任编辑有时需要自己编写相应图书;出版社对这种图书按照版面字数乘以一定的倍数计算责任编辑的工作量,并计付相应的工作量酬金、超工作量奖励。上述规定意味着出版社不需要向编写此类书稿的编辑支付稿酬,也意味着出版社与编辑之间以特定的方式约定了此类书稿著作权的归属,即编辑对这种书稿不得主张除署名权以外的著作权。按照《中华人民共和国著作权法》第16条第2款的规定,涉案图书的著作权应由金盾出版社享有。金盾出版社出版涉案图书未侵犯陈峻峰的著作权,也不需要向陈俊峰支付稿酬。据此,法院认为,原审判决认定事实基本正确,判决结果并无不当。陈俊峰的再审申请不符合《中华人民共和国民事诉讼法》第179条第1款规定的情形。依照《中华人民共和国民事诉讼法》第181条第1款之规定,于2009年12月15日裁定,驳回陈俊峰的再审申请。

## 二、裁判要旨

**No.1-2-16-4** 在没有明示合同约定的情形下,法院可以根据双方当事人的行为,推定职务作品著作权的归属。

我国《著作权法》第16条第2款规定了职务作品著作权的归属除法律、行政法规的规定以外,还可以通过合同的方式约定由法人或其他组织享有,但该款并未明确说明合同约定的具体形式。因此,除明示的合同约定之外,默示是否也属于此种合同约定,亟须澄清。

最高院在该案中,根据双方当事人的行为,肯定了职务作品的著作权归属可以通过推定的方式确定。通过综合考察,金盾出版社在《关于对编辑实行量化考核的暂行规定》《关于在编辑人员中实行激励机制的暂行办法》等文件中有关编辑图书工作量和奖励酬金的规定、陈俊峰对此类规定未提出异议并就其编辑获得了相应的报酬和奖励的事实,法院认为,出版社与编辑之间以特定的方式约定了此类书稿著作权的归属,涉案图书的著作权应由金盾出版社享有,从而裁定驳回陈俊峰的再审申请。

## 40 委托创作作品的权属(《著作权法》第17条)

**案例:黄志斌与南通百乐渔都经营管理有限公司著作权纠纷案**
案例来源:《人民法院案例选》2001年第1辑[第42号]
主题词:摄影作品 委托创作 形式审查

### 一、基本案情

原告:黄志斌。

被告:南通百乐渔都经营管理有限公司。

原告黄志斌系一位国家授予资格的高级摄影师。1999年12月19日,南通市唐闸工人文化宫举办了一场"胡明德个人独唱音乐会",应文化宫主任高旗的邀请,原告黄志斌参与了这场音乐会的部分策划工作,为给文化宫留存一些图像资料,受高旗的委托,原告黄志斌在现场进行了摄影。但高旗未与黄志斌就摄影作品的著作权归属作出明确约定。1999年12月31日,《南通日报》第八版上刊登了由该报刊副部编辑施亚撰稿的"高歌扬帆"一文,对胡明德的事迹进行了报道,同时还配发了原告黄志斌拍摄的一组关于胡明德的照片,其中主题照片就是12月19日原告黄志斌在音乐会现场所拍摄的胡明德引吭高歌的形象。这篇报道刊出后,社会效果良好。

2000年1月上旬,被告经江海晚报社记者朱建国介绍,决定在其开业两周年之际举办胡明德个人演唱会,为宣传需要,被告策划人员要求胡明德提供一些反映其艺术生涯的照片,胡明德遂从南通日报社施亚退给其作留念之用的照片中,挑选了几张交被告单位广告策划周丽华,其中一幅就是原告所拍摄的本案涉及的照片。双方在交接照片过程中,胡明德未告知被告照片的作者是谁,被告对此也未加询问。此后,被告除将原告所拍摄的这张本案涉及的照片用于店堂门口的广告宣传外,还提供了包括这张照片在内的两张照片委托江海晚报社制作并发布了报刊广告,这则广告刊登在2000年1月13日的江海晚报头版上。被告举办的胡明德个人演唱会从2000年1月12日至17日,历时6天,本案涉及的这张照片,被告于演唱会结束后退还胡明德保存。原告发现被告上述行为后,即以被告侵犯其摄影作品著作权为由,于2000年2月25日诉至江苏省南通市中级人民法院。

江苏省南通市中级人民法院认为,原告受唐闸工人文化宫之托,在胡明德个人独唱音乐会上进行现场拍摄,其作品属于委托作品,因唐闸工人文化宫未与原告就现场拍摄的作品的著作权作出明确约定,依法应确认这些摄影作品的著作权归受托人黄志斌享有,所以原告黄志斌对本案涉及的摄影作品享有著作权,其合法权益受法律保护。

被告南通百乐渔都经营管理有限公司从胡明德处取得本案涉及的照片,在未加审核谁是作者的情况下,即用于店堂门口的广告宣传,这一行为未经原告同意,事后也未向原告支付任何报酬,已构成对原告著作权的侵犯,被告对此应承担完全的民事责任;同时被告在委托江海晚报社制作和发布报刊广告的过程中,又将上述未尽审核义务的照片提供给报社,作为广告主的被告具有与广告制作者和发布者共同的过错,属于对原告的共同侵权,被告应承担在这起共同侵权中与其过错相当的民事责任。

据此,依照《中华人民共和国民法通则》第49条、《中华人民共和国著作权法》第17条、第45条第5项之规定,于2000年5月16日判决:被告南通百乐渔都经营管理有限公司在江海晚报头版相同位置以同样篇幅刊登赔礼道歉的声明,并赔偿原告人民币5 000元整;驳回原告的其他诉讼请求。

宣判后,双方均未上诉,该判决已发生法律效力。

二、裁判要旨

No.1-2-17-1　**受委托创作的作品,合同未作明确约定或者没有订立合同的,著作权属于受托人。**

该案涉及的是对音乐会所摄照片的著作权争议问题。根据《著作权法》和《著作权法实施条例》的规定,摄影作品是借助器械在感光材料或者其他介质上记录客观物体形象的艺术作品,属于著作权法保护的客体。对音乐会的摄影作品也同样可因其独创性具有著作权。根据《著作权法》第17条"受委托创作的作品,著作权的归属由委托人和受托人通过合同约定。合同未作明确约定或者没有订立合同的,著作权属于受托人"之规定,原告黄志斌受文化宫主任高旗的委托,为音乐会现场进行摄影,但双方未就摄影作品的著作权归属作出明确约定,因此,摄影作品的著作权应归属于受托人黄志斌。

No.1-2-17-2　**广告经营者和广告发布者对广告内容具有形式审查的义务。如果广告经营者设计、制作的广告侵犯了第三人的著作权,广告主与广告制作者承担共同侵权责任。**

根据《广告法》的相关规定,广告经营者、广告发布者对广告内容具有形式审查的法律义务,即对一些法律文件,如营业执照、授权委托书等进行形式上的审查和判断。不同类型的广告经营者和发布者(报刊、电视台、广告公司等)对广告的审查义务是一样的。如果广告经营者和发布者不能证明其已经履行了相应的审查义务,则被认为其主观上存在过错,应承担侵权责任。而如果广告经营者设计、制作的广告作品侵犯了第三人的著作权,广告主与广告制作者承担同样的侵权责任。

该案中,被告南通百乐渔都经营管理有限公司从胡明德处取得本案所涉照片,在未加审核谁是作者的情况下,即用于店堂门口的广告宣传,这一行为未经原告同意,事后也未向原告支付任何报酬,已构成对原告著作权的侵犯,应承担完全的侵权责任;同时被告委托江海晚报社制作和发布报刊广告时,又将上述未尽审核义务的照片提供给报社,作为广告主的被告与作为广告制作者和发布者的报社具有共同过错,属于对原告的共同侵权,被告应承担在这起共同侵权中与其过错相当的民事责任。

**41** 委托创作作品的认定(《著作权法》第17条)

**案例:福建省石狮市人民政府与王则坚著作权纠纷案**
案例来源:《人民法院案例选》2004年商事·知识产权专辑[第74号]
主题词:委托创作　专有使用权

一、基本案情

原告:福建省石狮市人民政府(以下简称石狮市政府)。
被告:王则坚。
第三人:福建省工艺美术学校(以下简称工艺美校)。
第三人:厦门市艺术设计公司(以下简称艺术公司)。

1981年,原福建省委某领导在石狮镇视察时,提议雕塑一尊石狮作为城标。1987年,石狮市政府(原为石狮镇政府,后升格为市)从华侨黄氏兄弟处筹得资金,将树立城标一事提上工作日程。石狮市政府将城标作品的主题确定为应表现出石狮人民开拓进取、奋发上进的精神面貌。之后,石狮市政府与工艺美校进行联系,请工艺美校为其设计创作一座能体现该主题的狮子造型。但工艺美校并未接受该委托,只是将石狮市政府的要求告诉了本校的有关专业人员,由他们自行设计创作出若干狮子造型。包括王则坚在内的专业人员根据石狮市政府的命题要求,各自进行了创作。王则坚经过一段时间的构思、创作,完成了"东方醒狮"的小稿。王则坚在此基础上又做了"东方醒狮"中稿,与小稿没有实质性的变化,只是在细节上更为精致些。石狮市政府看到该中稿后,对该狮子造型表示认可,选中确定为城标石狮造型。

1988年6月25日,石狮市政府在选中王则坚设计的"东方醒狮"中稿的基础上,作为甲方与艺术公司(乙方)签订了一份委托制作城标作品的《合同书》,签约时,工艺美校校长陈文灿及王则坚均在场。该《合同书》约定:石狮市政府委托艺术公司设计创作石狮市城标《东方醒狮》雕塑,该城标作品象征石狮人民开拓向上的精神风貌;雕塑体量初步拟定为高7.1 m、宽9 m—10 m,待中稿放大后最后审定;合同签订后6—7个月完成雕塑安装,交付验收使用;工程总造价18万元,包工包料,包运输安装;合同中双方的责任,石狮市政府主要为:(1)雕塑地平面以下的基座基础工程和附属花圃工程由石狮市政府负责完成;(2)落实建设资金,保证施工如期用款。艺术公司为:实行总方负责制,保证按合同施工,保证工程质量。合同签订后,石狮市政府支付9万元给艺术公司。王则坚着手将"东方醒狮"中稿制作放大成石膏大稿。1990年6月13日,石狮市政府又支付给艺术公司23 160元。

"东方醒狮"城标(以下简称城标)作品所用的原材料为花岗岩,因此制作城标的主要工作之一就是花岗岩雕刻,这是艺术公司自身无法完成的。艺术公司便将城标作品的花岗岩雕刻工作委托惠安崇武石雕工艺公司(以下简称惠安公司)完成。惠安公司在承担该花岗岩雕刻工作以及安装城标作品的过程中,王则坚多次到现场检查、指导。为了惠安公司领款方便,王则坚让石狮市政府将《合同书》项下的部分款项直接付款给惠安公司。经结算,石狮市政府实际支付给惠安公司总价款182 000元。1991年5月,在城标作品落成1年后,艺术公司向惠安公司出具了验收证明。

该城标作品于1990年10月7日举行落成典礼,放置在石狮市塔前开阔地带。石狮市政府拟稿的"志文"与城标作品同时落成,上写:"石狮市、镇人民政府筹建立志:石狮市城标荷蒙旅菲华侨黄氏光坦光赞二昆仲慷慨捐资承福建省工艺美术学校设计狮身造型……"

因王则坚称城标作品是石狮市政府委托其个人创作的,著作权应归属其个人所有,于2000年10月16日办理了著作权登记。原告石狮市政府遂起诉称:城标作品构思于1981年,于1988年由石狮市政府与工艺美校签订委托合同书,并付给高达18万元的城标制作费。该城标作品虽委托工艺美校制作,但无论是构思创意,还是外观形态,都是在石狮市政府授意下由工艺美校制作出模型,再由石狮市政府召集有关人士几经评审、修改后定稿完成的,因此,作品属法人作品,著作权应归属石狮市政府。石狮市政府从未委托王则坚个人设计城标作品,亦未支付任何费用给王则坚。王则坚称其是城标作品的著作权人,与事实严重不符。故请求法院确认石狮市政府是该城标作品的著作权人。

被告王则坚辩称,石狮市政府的诉求不能成立。石狮市政府是委托艺术公司而不是工艺美校制作城标作品的,但实际设计人是其个人。事实上,城标作品是石狮市政府看中了王则坚的设计,与王则坚的挂靠单位艺术公司签订合同,委托王则坚设计、制作的。王则坚是唯一的著作权人,石狮市政府仅是从事了募集资金,提供物资条件等辅助性工作,石狮市政府以此来主张该城标作品著作权,没有依据。

第三人工艺美校称,城标作品是王则坚创作的,王则坚是该作品的著作权人。工艺美校从未与石狮市政府签订过委托合同,亦未收过石狮市政府的任何款项。工艺美校仅是把石狮市政府要求创作城标作品一事转告给王则坚等人,至于王则坚如何创作,作品是否被采纳,均与工艺美校无关。

第三人艺术公司称,根据双方签订的委托创作合同,城标作品应定性为委托作品而非法人作品。双方在合同中并未就作品著作权的归属作出约定,著作权依法应属于受托人。由于艺术公司仅是被挂靠方,王则坚才是合同的实际受托方,因此,该城标作品的著作权应归属于王则坚。

厦门市中级人民法院经审理认为,石狮市政府决定树立城标,确定了城标命题和创作要求。虽然石狮市政府为此事与工艺美校联系,要求委托工艺美校进行创作,但工艺美校并未接受委托,双方未达成委托创作的合意。工艺美校仅是将石狮市政府委托设计一事告知本校的有关人员。包括王则坚在内的学校专业人员均以自己独立创作的狮子造型作品应征送选,结果石狮市政府选中了王则坚设计的狮子作品,确定为城标作品的造型。对此王则坚也予以认可,同意将该作品交由石狮市政府作为城标使用。由于作品的著作权在作品完成后就自动产生和存在,该作品是王则坚独立设计和创作完成的,其依法享有该作品的著作权。石狮市政府决定使用该作品时,双方也并未就著作权的归属进行约定,故石狮市政府称其拥有该作品著作权缺乏事实和法律依据,不予支持。

从石狮市政府和艺术公司签订的《合同书》内容看,该《合同书》是在作品造型定稿后,石狮市政府与艺术公司约定,由艺术公司根据王则坚提供的"东方醒狮"作品的造型,包工包料,按时按质制作完成城标作品;石狮市政府接受工作成果,买断城标作品的所有权,并支付报酬。因此,该《合同书》具有委托制作城标作品的内容,属加工承揽合同的性质,不具有委托创作城标作品的性质。石狮市政府以此合同作为其委托工艺美校设计作品的证据及王则坚以此合同作为石狮市政府委托其设计作品的证据,均不能成立。

石狮市政府另称,该城标作品虽是委托工艺美校创作的,但作品的性质应是法人作品,理由不能成立。因为:著作权法保护的是作品的艺术表现形式,而不是创意。石狮市政府决定要在石狮市建立一座石狮城标及提出该城标所要表现的主题,仅是提出命题和创作要求。石狮市政府以此要求享有作品著作权,于法无据。石狮市政府所立"志文"内容是记载树立城标作品的全过程,石狮市政府仅是筹建立志的身份,不具有署名发表城标作品的性质。石狮市政府以此证明作品系其法人作品,证据不能成立。石狮市政府另称是在其授意下由工艺美校制作出狮子模型,再由石狮市政府召集有关人士几经评审、修改后定稿完成城标作品,缺乏证据,不予支持。

石狮市政府决定制作该城标作品,除作为一个景点外,更重要的是要将它作为一个城市的象征,体现石狮市人民开拓向上的精神风貌。王则坚作为城标作品的创作者,很清楚该城标作品是专为石狮市政府创作的,必须要表达出石狮市政府的思想和情感,才能为石狮市政府接受和使用。因此,从王则坚应石狮市政府要求创作该作品,并在被选中后同意将该作品交由艺术公司作为制作城标的蓝本看,王则坚是同意将该作品许可给石狮市政府作为城标专有使用,且石狮市政府为此也支付了报酬。因此,从自愿、公平、合理的原则出发,本案讼争的城标作品应由石狮市政府享有专有使用权。

据此,厦门市中级人民法院依照《中华人民共和国民法通则》第4条之规定,于2002年1月21日判决:

一、被告王则坚对"东方醒狮"城标作品享有著作权;

二、原告石狮市政府对"东方醒狮"城标作品享有作为城标使用的专有使用权,并可在政府公务活动中将该城标作为城市形象象征进行使用,但商业上的使用除外;

三、驳回原告石狮市政府的其他诉讼请求。

石狮市政府不服一审判决,向福建省高级人民法院提起上诉。石狮市政府上诉称,其始终是与工艺美校联系的,原审法院认定石狮市政府选中王则坚设计的醒狮作品造型没有事实依据;《合同书》具有委托制作城标作品的内容,实际签约方和履行方是工艺美校,艺术公司只是名义上的签约方,原审法院认定《合同书》的乙方是艺术公司,且将《合同书》定性为加工承揽合同,与事实不符;狮子造型是在石狮市政府主持下,委托工艺美校按石狮市政府的意志设计的,属法人作品,原审法院将该作品著作权判归王则坚,缺乏事实和法律依据,也违反了民事诉讼法"不告不理"原则;原审判决认定石狮市政府支付的费用是著作权许可使用费,以及石狮市政府享有城标作品的"专有使用权",没有事实和法律依据。故请求二审法院撤销原审判决,支持石狮市政府的诉讼请求。

福建省高级人民法院另查明:时任石狮镇副镇长、城标建设负责人郭迪田撰写的《东方醒狮的昂立——石狮城标兴建始末》提到,工艺美校校长陈文灿及城标设计师王则坚参加了落成典礼;城标工程先是由石狮镇政府与工艺美校签订设计施工合同,再由工艺美校与惠安崇武石雕厂签订施工合同;校长陈文灿、设计师王则坚认真负责。石狮市政府1990年10月8日的《石狮信息》中《石狮市城标"东方醒狮"举行落成庆典》一文中提到,石狮由旅菲华侨黄光坦、黄光赞捐资,聘请工艺美校的专家设计。

福建省高级人民法院认为,石狮市政府为了设计城标与工艺美校联系,工艺美校将石狮市政府的请求转达给王则坚等人,王则坚是该城标作品的实际创作设计人。王则坚创作的作品为石狮市政府接受,这样在石狮市政府与王则坚之间就形成了事实上的委托创作关系,而艺术公司与王则坚的关系实际上仅是形式上的"挂靠"关系。在对委托创作作品著作权的归属没有约定的情况下,根据著作权保护人类智力劳动成果的相关原则以及一般惯例,作品著作权应属于实施具体创作行为的受托人,因此,石狮市城标作品"东方醒狮"的著作权人是王则坚。石狮市政府否认曾与王则坚联系设计城标事宜,但其无法合理解释王则坚为何出现于与城标有关的签约现场、施工现场、落成庆典现场。从王则坚所从事的工作和他的专业看,最合理的解释就是郭迪田撰文所述,王则坚是城标作品的设计者。石狮市政府主张该作品属法人作品,没有事实和法律依据,不予支持。

从《合同书》的条款看,《合同书》是在作品完成后签订的,其主要内容为城标坐落位置、城标雕塑的大小、工程日期、工程造价等,其中约定支付的款项均表述为工程造价。《合同书》虽有委托设计的表述,如前所述也不能理解为石狮市政府拥有城标作品的著作权。石狮市政府依据《合同书》主张其为城标作品著作权人,没有法律依据,不予支持。

石狮市政府委托创作的目的是设计城标雕塑,王则坚的醒狮作品也是专为石狮城标而创作的,作品的创作目的和使用方式双方是明确的。作为委托方的石狮市政府可在法律规定的范围内使用城标。

石狮市政府的诉讼请求只是请求确认石狮市政府为城标作品的著作权人,王则坚也只是陈述其是城标作品著作权人的抗辩理由以及提供相关证据,并没有提出确认其为城标作品著作权人的反诉。原审法院应在查明城标作品著作权的归属后,作出是否支持原告诉讼请求的判决。但原审判决作出确认王则坚享有城标作品著作权及石狮市政府对城标作品享有专有使用权等,均超出了石狮市政府的诉讼请求,对此应予纠正。石狮市政府对此上诉部分有理,予以支持。

综上,福建省高级人民法院依据《中华人民共和国民法通则》第94条和《中华人民共和国民事诉讼法》第153条第1款第2项之规定,于2002年12月9日判决:

一、撤销厦门市中级人民法院〔2001〕厦知初字第21号民事判决;
二、驳回石狮市政府的诉讼请求。

二、裁判要旨

**No.1-2-17-3 构成事实委托创作关系的,受委托创作作品的著作权归属依《著作权法》第17条处理。**

该案的争议焦点在于,城标作品属于法人作品还是委托创作作品,其著作权归属于谁?从案情来看,石狮市政府为了设计城标与工艺美校联系,工艺美校将其请求转达给王则坚等人,王则坚设计出城标作品,是该城标作品的实际创作设计人。该作品被石狮市政府接受,因此石狮市政府与王则坚之间是事实上的委托创作关系。根据《著作权法》第17条的规定,在对委托创作作品著作权的归属没有约定的情况下,作品著作权应属于实施具体创作行为的受托人,即王则坚。石狮市政府主张该作品属法人作品,但王则坚既非其职工,具体的创作设计也非在其主持下,石狮市政府仅是提供一个主题,很难说是代表市政府的意志。而且《合同书》是在作品完成后签订的,从其主要内容看均是对作品的工程建设的约定,具有加工承揽的性质,石狮市政府是定作方,艺术公司是承揽方。根据相关的证据综合来看,都不能理解为石狮市政府拥有城标作品的著作权。

所以,"东方醒狮"作品属委托创作未约定著作权的作品,而不是法人作品,著作权应归王则坚所有。

**No.1-2-17-4** 按照《著作权法》第 17 条的规定,委托作品的著作权属于受托人,委托人在约定的使用范围内享有使用作品的权利;双方没有约定使用作品范围的,委托人可以在委托创作的特定目的范围内免费使用该作品。

由于城标作品属于委托创作作品,虽然著作权归王则坚所有,但作为委托方的石狮市政府可在法律规定的范围内使用城标。从石狮市政府与王则坚的行为看,双方有专有许可使用的意思表示。石狮市政府对城标作品在委托创作的特定目的范围内享有专有使用权。2002 年最高人民法院《关于审理著作权民事纠纷案件适用法律若干问题的解释》第 12 条对此种情况作了专门规定:"按照著作权法第 17 条规定委托作品著作权属于受托人的情形,委托人在约定的使用范围内享有使用作品的权利;双方没有约定使用作品范围的,委托人可以在委托创作的特定目的范围内免费使用该作品。"据此,以后遇到类似情况可依该条规定处理。

## 42 委托创作作品与合作作品(《著作权法》第 17 条)

**案例:杨某诉春风文艺出版社等著作权侵权纠纷案**
**案例来源:**《人民法院案例选》2006 年第 2 辑[第 46 号]
**主题词:**委托创作　合作作品　协商

### 一、基本案情

原告:杨栗。

被告:春风文艺出版社。

被告:上海新华书店长宁区店(以下简称新华书店)。

2002 年 11 月 29 日,郭敬明与被告春风文艺出版社签订《图书出版合同》,授权该社出版《幻城》,双方在合同第 11 条关于稿酬支付的约定中增加一项:"书中插画费用另付,共十五幅,每幅 100 元。"2003 年 1 月,小说《幻城》由被告春风文艺出版社正式出版发行,迄今印数已达 102 万册,被告新华书店也有销售。该书中共有 15 幅插图,除第 26、27 页之间和第 218、219 页之间的 2 幅外,有 13 幅系原告、郭敬明和吴亮 3 人共同创作,该书封三位置亦有三人作为插图作者的共同署名。除插图外,该书第 29 页、第 185 页以及第 30 至第 218 页之间的偶数页的左下角分别选用了 2 幅三人合作的插图局部作为装帧图饰使用。

被告春风文艺出版社于 2003 年 3 月 4 日向郭敬明电汇了稿酬共计人民币 21 500 元,在电汇凭证的"汇款用途"一栏注明"2 万元稿费,1 500 元是插图"。

图书出版后,郭敬明向原告支付了稿酬。

原告诉称,被告春风文艺出版社于 2003 年 1 月出版发行了郭敬明撰写的小说《幻城》,该书至今印数已达 102 万册,出版社和作者均因此获得了丰厚的市场回报。郭敬明在创作《幻城》的过程中,为帮助读者理解,特别邀请原告为其创作插图。原告通过努力创作了几十幅插图的墨线稿交给郭敬明,由郭敬明、吴亮在此基础上完成了插图的最终创作。在被告春风文艺出版社出版的《幻城》中有 15 幅插图,其中 13 幅插图分别选用了原告的作品。该书的封面和页角也分别采用了插图作品的局部。原告认为,被告春风文艺出版社未经原告授权擅自使用原告的作品且未支付报酬,侵犯了原告的著作权;被告新华书店擅自销售该书,同样构成侵权。原告据此请求判令被告春风文艺出版社立即停止出版发行并销毁持有的《幻城》图书(2003 年 1 月第 1 版);被告新华书店立即停止销售并销毁持有的上述图书;两被告在《新民晚报》中缝以外的版面上公开向原告赔礼道歉;两被告共同赔偿原告经济损失人民币 10 万元;两被告共同赔偿原告支出的合理费用人民币 4 010 元。

被告春风文艺出版社辩称,《幻城》的作者郭敬明委托原告参与书中插图的创作,郭敬明也是合作作者之一,出版社在与郭敬明签订的《图书出版合同》中对插图部分的稿酬支付有明确的约定，出版社也按约向郭敬明支付了这部分稿酬并由其转交其他作者。出版社与原告之间没有法律关系，原告的主张缺乏法律依据。

被告新华书店辩称，原告是受郭敬明的委托参与插图的创作，故春风文艺出版社使用系争插图并不构成侵权；新华书店销售的系争图书系从正规渠道购进的正规出版物，共计380册，故新华书店不构成侵权。

法院经审理认为，被告春风文艺出版社出版的《幻城》图书中所使用的插图是经合作作者之一郭敬明授权使用的，对此双方当事人并无争议。本案双方当事人的争议焦点在于，郭敬明对春风文艺出版社的授权是否属于合法授权。而双方的主要分歧源自于对系争插图的作品性质的不同认识。从本案系争插图的性质分析，从系争13幅插图的最终形式看，系合作作品。而从这些插图的创作过程分析，具有受委托创作的作品性质。虽然郭敬明与原告之间未就委托创作事宜订立合同，但当时原告明知其参与创作的美术作品的用途是作为郭敬明的小说《幻城》的插图，因此，郭敬明无须同原告协商即可按照委托创作的特定目的，将系争插图作为《幻城》中的插图交付出版社，并授权该出版社以图书形式出版发行。被告春风文艺出版社在其出版的图书《幻城》中使用原告参与创作的插图系经合法授权。

据此，依照《中华人民共和国著作权法》第17条、最高人民法院《关于审理著作权民事纠纷案件适用法律若干问题的解释》第12条的规定，判决对原告杨某的诉讼请求不予支持。

二、裁判要旨

**No.1-2-17-5　接受其他合作作者的委托参与合作创作的，委托人在特定目的范围内使用合作作品，不需要与合作作者协商。**

该案的关键问题在于，涉案作品的性质是合作作品还是委托创作作品，从而决定被告春风文艺出版社是否有权使用。因为被告春风文艺出版社出版的《幻城》图书中所使用的插图是经合作作者之一郭敬明授权使用的，双方当事人对此并无争议。

对系争插图的作品的性质进行分析，由于其最终形式体现了原告、郭敬明和吴亮三人的共同创作行为，是三人不同创作行为的最终统一结果，所以从这个意义上说，该作品系合作作品。但从这些插图的创作过程分析，原告的创作行为又是受郭敬明的委托而完成的，其创作的墨线稿具有受委托创作的作品性质。主要基于几点理由：（1）原告开始进行创作并非起意于自己的创作意图，而是经他人介绍结识郭敬明后应邀为其小说《幻城》创作插图的墨线稿；（2）郭敬明在画风等方面对原告创作的墨线稿提出了要求，原告的创作思维受到郭敬明的思想和要求的约束；（3）郭敬明在邀请原告创作时与其商讨了作品报酬，在小说出版后亦向其支付了一定的报酬；（4）原告创作的墨线稿只有被郭敬明所接受，才能作为郭敬明、吴亮进一步创作的基础，最终形成符合要求的插图。

法院根据最高人民法院《关于审理著作权民事纠纷案件适用法律若干问题的解释》第12条"委托人在约定的范围内享有使用作品的权利，该范围未作约定的，委托人可以在委托创作的特定目的范围内免费使用该作品"之规定，认为郭敬明与原告之间虽未就委托创作事宜订立合同，但当时原告明知其参与创作的美术作品的用途是作为郭敬明的小说《幻城》的插图，因此，郭敬明作为委托人无须同原告协商即可按照委托创作的特定目的，将系争插图作为《幻城》中的插图交付出版社，并授权该出版社以图书形式出版发行。

**43　美术作品的原件（《著作权法》第18条）**

**案例：佘国富与翁金山、佘珍英著作权纠纷案**
案例来源：《人民法院案例选》2004年商事·知识产权专辑[第76号]
主题词：原件所有权　美术作品

一、基本案情

原告：佘国富。

被告：翁金山。

被告：佘珍英。

雕塑作品《琴女》又名《琵琶女》，系一套四件造型各异、手持琵琶的舞女。1997年10月8日，原告佘国富将一套四件的木雕《琴女》向福建省版权局申请著作权登记。同年10月23日，该局进行了登记并向原告颁发了1397-F-285号《作品登记证》，载明著作权人：佘国富；作品完成日期：1995年8月10日；作品登记日期：1997年10月23日。

1994年，原告佘国富、被告佘珍英及案外人佘珍玉、佘国新四兄妹合伙创办华艺雕刻精品厂，黄杨木雕《琴女》是该厂生产的产品之一。1997年底被告佘珍英退出华艺雕刻精品厂。1998年台湾商人苏顺荣在华艺雕刻精品厂购买木雕《琴女》并拿到郑文勇处加工生产，该厂发现后，立即派人（包括被告佘珍英）持《琴女》作品著作权证书到郑文勇处交涉。

2002年，被告佘珍英将一套四件的黄杨木雕《琴女》出售给被告翁金山，被告翁金山根据购得的《琴女》自行开模四副，用树脂和石膏混合制成《琴女》复制品。2003年1月28日，涵江区工商局到被告翁金山的工艺加工厂进行检查，共查扣了《琴女》木雕原作一套4件、侵权复制品208尊、《琴女》模具4副，并对被告翁金山制作了询问笔录，后涵江区公安局对被告佘珍英、翁金山也进行询问并制作了询问笔录。

原告佘国富认为，原告对雕塑作品《琴女》享有著作权，被告佘珍英未经原告许可，将《琴女》出售给被告翁金山，翁金山又根据该作品自行开模，进行大量翻版生产，二人的行为侵犯了其著作权，故诉至莆田市中级人民法院。

被告翁金山辩称，其始终认为《琴女》系被告佘珍英的作品，仿造《琴女》经过出卖人佘珍英的同意，在主观上不存在侵权的故意，且仿造的《琴女》作品尚未流向市场，故未对原告造成损失，请求驳回原告对其的诉讼请求。

被告佘珍英辩称，《琴女》系华艺雕刻精品厂的产品，本人作为原股东有收藏的权利，后将其收藏的作品卖给被告翁金山。至于翁金山买后的行为一概不知，也与己无关。《琴女》作品在1994年就大量生产并出售，在《琴女》产品的形成过程中，特别是模型后的修改、修整等环节，本人都有参与并付出劳动，故认为不应将其列为共同被告。

莆田市中级人民法院经审理认为，被告翁金山向被告佘珍英购买原告享有著作权的雕塑作品《琴女》后，未经原告许可，自行开模复制生产，其行为侵犯了原告的著作权，应依法承担民事责任，被告佘珍英明知被告翁金山从事雕塑翻模工艺却擅自将原告享有著作权的《琴女》木雕高价出售给翁金山，并表示可供其仿造，构成共同侵权，应承担连带赔偿责任。原告与被告佘珍英之间关于佘珍英对《琴女》原作的取得是否合法系另一法律关系，原告主张被告翁金山返还的诉讼请求不予支持。但为使被告停止侵权应予收缴。根据原告请求，对法院查扣被告翁金山的侵权复制品208尊及侵权模具4副应另行制作民事裁决定书予以收缴。

据此，依照《中华人民共和国著作权法》(2001年)第18条、第47条第1项、第48条第2款，最高人民法院《关于贯彻执行〈中华人民共和国民法通则〉若干问题的意见》第148条，最高人民法院《关于审理著作权民事纠纷案件适用法律若干问题的解释》第26条之规定，于2003年11月12日判决：被告翁金山、佘珍英立即停止侵权行为，并赔偿原告经济损失5万元。其中被告翁金山承担4万元，被告佘珍英承担1万元，二被告互负连带赔偿责任。另外，二被告翁金山、佘珍英应分别在《福建日报》上登报向原告赔礼道歉。驳回原告其他诉讼请求。

此外，依照《民法通则》第134条第3款、最高人民法院《关于审理著作权民事纠纷案件适用法律若干问题的解释》第29条之规定，于2003年11月12日作出制裁决定：收缴被制裁人翁金山进行侵权活动的《琴女》木雕原作一套4件、《琴女》模具4副及侵权复制品208尊。

一审判决后，原、被告均未提起上诉。

二、裁判要旨

**No.1-2-18-1　美术等作品原件的所有权不管是否合法取得，均不视为作品著作权的转移。除展览该作品原件，原件所有人不得实施侵犯作品著作权的行为。**

根据《著作权法实施条例》第4条第8项"美术作品，是指绘画、书法、雕塑等以线条、色彩或者其他方式构成的有审美意义的平面或者立体的造型艺术作品"之规定,系争作品《琴女》应属美术作品。根据《著作权法》第 18 条"美术等作品原件所有权的转移,不视为作品著作权的转移,但美术作品原件的展览权由原件所有人享有"之规定,不管被告佘珍英对《琴女》原作的取得是否合法,都无权侵犯作品的著作权。由于被告佘珍英明知被告翁金山从事雕塑翻模工艺却擅自将原告享有著作权的《琴女》木雕高价出售给翁金山,并表示可供其仿造,所以应与翁金山构成共同侵权,承担连带赔偿责任。

### 44 著作权的继承(《著作权法》第 19 条)

**案例:哈力旦·乌甫江、阿不力克木等与新疆洛宾文化艺术发展有限公司、天津音像公司著作权纠纷案**

案例来源:《人民法院案例选》2007 年第 3 辑[第 40 号]
主题词:继承 人身权 财产权

#### 一、基本案情

上诉人(原审本诉被告、反诉原告):新疆洛宾文化艺术发展有限公司(以下简称洛宾文化公司)。

上诉人(原审本诉被告、反诉原告):天津音像公司。

被上诉人(原审本诉原告、反诉被告):哈力旦·乌甫江(阿不力克木阿不都拉之妻)。

被上诉人(原审本诉原告、反诉被告):阿色亚阿不力克木(阿不力克木阿不都拉之女)。

被上诉人(原审本诉原告、反诉被告):阿不力米提阿不力克木(阿不力克木阿不都拉之子)。

新疆广播电台 1960 年录音并播放阿不力克木阿不都拉的歌曲作品《我的美丽的花园》。1964 年 5 月新疆青年出版社出版《农村演唱材料》。其中收录署名阿不力克木阿不都拉作曲的《我的公社多美丽》。1976 年新疆军区政治部文化处编印《创作歌曲选》中收录署名阿不力克木阿不都拉作曲的《赞公社》。1986 年 12 月新疆青年出版社由阿不力克木阿不都拉著《我的花园多美丽》。1994 年青年歌唱家夏米力和巴哈尔古丽演唱会曲目上有《我有一个美丽的花园》署名阿不力克木阿不都拉曲。中国唱片总公司出版夏米力专辑 CD《走向远方》收录了《高高的白杨》,署名阿不力克木阿不都拉曲,王洛宾填词。《我的美丽的花园》《我的公社多美丽》《赞公社》《我的花园多美丽》的乐曲的旋律基本相同或相似。

王洛宾 1969 年在监狱期间编写歌曲《高高的白杨》,署名哈密古歌。1983 年甘肃人民出版社出版的《洛宾歌曲集》收录《高高的白杨》,署名维吾尔族民歌、洛宾编曲。1986 年新疆人民出版社出版的《在那遥远的地方》收录《高高的白杨》,署名维吾尔族民歌、洛宾编词曲。1986 年新疆军区政治部文化处、中国音乐家协会新疆分会主办,新疆军区文工团承办《王洛宾作品音乐会》,其中演唱了《高高的白杨》。1989 年新疆人民出版社出版《达坂城的姑娘》收录《高高的白杨》,署名维吾尔族民歌、洛宾编词曲。王洛宾之子王海成于 1996 年 3 月 26 日以继承人身份加入中国音乐著作权协会。王洛宾生前作品《在那遥远的地方》《阿拉木汗》《高高的白杨》等,于 1996 年 4 月 1 日在协会进行了登记。2000 年王海成从中国音乐著作权协会 16 次分配中获得 57.6 元。

乌鲁木齐市中级人民法院(2001)乌中民终字第 1152 号生效民事判决书认定,《高高的白杨》为阿不力克木阿不都拉作曲,太平洋影音公司未经著作权人许可出品《吐鲁番的葡萄》《最美的还是我们新疆》等两盘巴哈尔古丽专辑光盘中选用《高高的白杨》,未署著作权人姓名,未支付报酬,构成侵权。本案上诉人洛宾文化公司及第三人未参与该案诉讼。在该案审理中,法院委托新疆艺术研究所进行了鉴定,2001 年 9 月 6 日,新疆维吾尔自治区艺术研究所出具鉴定意见:"太平洋公司出版的《吐鲁番的葡萄》《最美的还是我们新疆》等两盘巴哈尔古丽专辑光盘中,都有《高高的白杨》这首歌曲。该歌曲与阿不力克木阿不都拉创作的《我的花园多美丽》曲调基本上完全相同,为同一歌曲。"后洛宾文化公司法定代表人王海成向天山区人民法院起诉新疆维吾尔自治区艺术研究所。乌鲁木齐市天山区人民法院于 2002 年 11 月 12 日作出天民初字第 4176 号民事判决,驳回王海成的诉讼请求。王海成不服,向乌鲁木齐市中级人民法院提起上诉。乌鲁木齐市中级人民法院于 2003 年 6 月 2 日作出(2003)乌民一终字第 1252 号民事判决书,维持了原审判决。

2000 年 3 月 20 日,洛宾文化公司授权天津音像公司出版发行 CD《世纪之声——达坂城的姑娘》(第 11 首为《高高的白杨》)署名为新疆民歌。德威龙公司向中国音乐著作权协会交纳音乐作品著作权使用费 4 300 元。天津音像公司与南海明珠影音公司签订的录音录像制品复制委托书,委托复制《达坂城的姑娘》10 000 张。

阿不力克木阿不都拉是原新疆军区政治部文工团国家一级作曲家,于 1998 年 4 月 5 日病逝。王洛宾是原新疆军区政治部文工团作曲家,于 1996 年病逝。在 1981—1987 年,两人同在新疆军区政治部文工团工作。哈力旦·乌甫江、阿色亚阿不力克木、阿不力米提阿不力克木 3 人继承了阿不力克木阿不都拉著作权中的财产权。王海成是王洛宾之子,继承了王洛宾著作权中的财产权。

被告天津音像公司与洛宾文化公司签订的协议中约定了"如出现著作权纠纷,由洛宾音像公司全权负责"的内容,天津音像公司未对洛宾文化公司著作权进行合理审查。

三原告认为,洛宾文化公司和天津音像公司侵犯了原告享有的著作权,为此诉至乌鲁木齐市中级人民法院。

乌鲁木齐市中级人民法院认为,被告洛宾文化公司将原告享有著作权的作品《高高的白杨》授权被告天津音像公司出版发行,未署曲作者阿不力克木阿不都拉的姓名,也未向著作权人支付报酬,侵犯了著作权人的署名权和财产权,哈力旦·乌甫江等原告要求被告停止侵权行为,公开赔礼道歉、赔偿经济损失的要求合理,予以支持。被告洛宾文化公司辩称(反诉称)的《高高的白杨》与《我的花园多美丽》不是同一作品,《高高的白杨》的著作权人是王洛宾等理由,因未能提供充分的证据,不予采信。被告天津音像公司作为音像出版行业的从业者,虽然提供了与被告洛宾文化公司之间的许可合同,但除此之外没有提供其他证据证明尽到了合理注意义务,根据最高人民法院《关于审理著作权民事纠纷案件适用法律若干问题的解释》第 20 条"出版者对其出版行为的授权、稿件来源和署名、所编辑出版物的内容等未尽到合理注意义务的,依据著作权法第四十八条的规定,承担赔偿责任"之规定,被告天津音像公司仅凭其使用的作品有洛宾文化公司授权的辩称理由不能成立,应当承担连带赔偿责任。第三人新疆德威龙公司仅为 CD《世纪之声——达坂城的姑娘》提供合法来源,故不承担赔偿责任。第三人王海成因其以洛宾文化公司的名义从事活动,属于洛宾文化公司的职务行为,其行为引起的侵权责任应由洛宾文化公司承担。第三人新闻办公室只是挂名,未从事 CD《世纪之声——达坂城的姑娘》的经营性活动,故不承担赔偿责任。本案中,原告为自然人,未从事音像作品的出版发行等经营,无法得知被告的违法所得。被告洛宾文化公司和音像公司亦未提供相关的财务资料,根据《中华人民共和国著作权法》第 49 条的规定:"侵犯著作权或者与著作权有关的权利的,侵权人应按照权利人的实际损失给予赔偿;实际损失难以计算的,可以按照侵权人的违法所得给予赔偿。赔偿数额还应当包括权利人为制止侵权行为所支付的合理开支。权利人的实际损失或者侵权人的违法所得不能确定的,由人民法院根据侵权行为的情节,判决给予五十万元以下的赔偿。"以及最高人民法院《关于审理著作权民事纠纷案件适用法律若干问题的解释》第 26 条规定:"著作权法第四十八条第一款规定的制止侵权行为所支付的合理开支,包括权利人或者委托代理人对侵权行为进行调查、取证的合理费用。人民法院根据当事人的诉讼请求和具体案情,可以将符合有关部门规定的律师费用计算在赔偿范围内。"原审法院根据作者以及歌曲的知名度、侵权的性质、范围以及制止侵权行为所支出的费用等因素确定损失赔偿额,但原告主张的经济损失和精神损失过高,故酌情予以支持。依照《中华人民共和国著作权法》第 41 条、第 46 条、第 48 条,《中华人民共和国著作权法实施条例》第 15 条,最高人民法院《关于审理著作权民事纠纷案件适用法律若干问题的解释》第 19 条、第 26 条的规定,遂作出(2002)乌中民初字第 175 号民事判决:

一、被告洛宾文化公司和天津音像公司停止侵权行为,并于本判决书生效后 10 日内在全国

知名报刊上刊登声明,向原告等赔礼道歉、消除影响;

二、被告洛宾文化公司赔偿三原告经济损失 15 万元,精神损失 3 000 元;

三、被告天津音像公司承担连带赔偿责任;

四、驳回洛宾文化公司的反诉请求。

洛宾文化公司、天津音像公司不服乌鲁木齐市中级人民法院(2002)乌中民初字第 175 号民事判决,向新疆维吾尔自治区高级人民法院提起上诉。

其事实及理由如下:

1. 原审法院认定《高高的白杨》及《我的花园多美丽》为同一歌曲,事实错误。(1)《高高的白杨》为王洛宾 1969 年在狱中服刑时依据民歌改编并自行填词而成,在其创作完毕即拥有该歌的著作权,而且王洛宾生前,国内各种出版物及中国音乐著作权协会,均认定该歌曲著作权人为王洛宾。(2) 原审法院依据新疆艺术研究所的一纸鉴定意见,认定《高高的白杨》与《我们花园多美丽》为同一首乐曲不能成立。依据最高人民法院关于司法鉴定的相关司法解释,艺术研究所并不具备进行司法鉴定的资质。(3) 被上诉人亦无其他证据证明《高高的白杨》与《我的花园多美丽》为同一首歌曲,故《高高的白杨》著作权人应为王洛宾。

2. 原审法院认定上诉人应承担 153 000 元损失无事实及法律依据。一审中,天津音像出版社、新疆德威龙音像制品公司已举证说明,包含该歌曲的碟片《达坂城的姑娘》共生产、销售了 3 000 张,不可能产生 150 000 元违法所得。(2) 在本案庭审前,国内所有的合法出版物中,均认定《高高的白杨》著作权人为王洛宾,且在王洛宾生前,被上诉人及阿不力克木阿不都拉本人均未主张过该乐曲享有著作权,而上诉人是从王洛宾遗产继承人处获得著作权利,对可能发生的侵权行为并无主观过错。(3) 上诉人授权出版及发行单位使用该歌曲的著作权,并由出版发行单位向中国音乐著作权协会交付 100 元词曲著作权使用费,且上诉人并不具备音像制品的发行、销售资格和从事销售活动。除收取 100 元著作权使用费外,并无其他经济收益,判定上诉人承担 153 000 元责任显然有失公平。

上诉人天津音像公司不服原审判决,提起上诉称:公司根据国家新闻出版署《出版管理条例》在出版碟片《达坂城的姑娘》时,审查了中国音乐著作权协会交纳词曲使用费及出版授权等与出版相关的文件及有效证明,已尽到了合理审查义务。中国音乐著作权协会未向我公司声明《高高的白杨》作者署名有误。我公司不应承担侵权责任及连带赔偿责任。即便该曲是阿不力克木阿不都拉所作,也应由被上诉人向中国音乐著作权协会收取其应得的使用费。

被上诉人共同答辩称:阿不力克木阿不都拉原系新疆军区政治部文工团国家一级作曲家,《高高的白杨》歌曲是阿不力克木阿不都拉在 50 年代后期创作的,并于 1960 年 5 月 5 日在新疆人民广播电台正式录音后,由著名歌唱家帕夏依夏以《我的美丽的花园》为歌名,开始演唱至今。并早在 1964 年 5 月由新疆青年出版社第一次以《农村演唱材料》一书公开发表。1986 年 12 月新疆青年出版社在阿不力克木阿不都拉的专著《我的花园多美丽》一书中第二次发表。上诉人未经著作权人的许可,将《高高的白杨》作为王洛宾的作品收录于 CD《世纪之声——达坂城的姑娘》(第 11 首)并大量销售,侵犯了我们的合法权益,应承担侵权责任。

原审第三人王海成称:我父亲 1996 年去世后,我继承了《高高的白杨》,2000 年新闻办、德威龙公司想出版王洛宾的 CD 集,我确认哪些是王洛宾的歌,2000 年春天就上市了,因音质不好,只在新疆地方发行了 3 000 张。被上诉人是认可王洛宾没有侵权的,我从王洛宾处继承的是财产权利,所以也不构成侵权。

原审第三人德威龙公司称:同意原审判决对我公司行为的认定。

原审第三人新闻办称:新闻办在出版《世纪之声——达坂城的姑娘》音乐 CD 过程中只是挂名而已,没有参与。请法院查明事实并作出公正的判决。

二审庭审中上诉人洛宾文化公司、天津音像公司,第三人王海成、德威龙公司、新闻办提出鉴定申请。被上诉人不同意进行鉴定,理由是针对涉案乐曲,新疆艺术研究所已经进行过鉴定。经审查认为,在被上诉人诉太平洋影音公司一案中法院委托新疆艺术研究所进行鉴定时所鉴定的检材不是本案中涉案的CD《达坂城的姑娘》中收录的《高高的白杨》,本案上诉人及第三人也未参与诉讼,新疆艺术研究所出具的鉴定结论未明确检材的来源、鉴定专家的身份,缺少技术分析。尽管王海成曾因该鉴定起诉过新疆艺术研究所,但法院只是针对鉴定程序及鉴定人资格进行了审理,未涉及鉴定内容。根据《关于民事证据若干规定》第27条第1款第3项的规定,准许当事人的申请,对本案诉争乐曲进行鉴定。为此,二审法院技术处组织各方当事人提供鉴定检材,委托中国音乐学院对涉案歌曲进行了鉴定。中国音乐学院出具鉴定结论:

1.《我的花园多美丽》与《高高的白杨》两首歌曲的曲调,在音高组织、旋律骨干音及旋法、节奏形式、曲式及句式结构等主要方面基本相同;在节拍形式、具体的润腔及结构细部有所差别。

2.《我的花园多美丽》作者署名为"阿不力克木阿不都拉",《高高的白杨》署名为"维吾尔民歌洛宾编曲",在手稿(复印件)上注明为"哈密古歌",这表明该歌的曲调改编自哈密地区的维吾尔民歌。如后者的署名属实,即可认定,这两首歌曲的曲调均源自同一母体的维吾尔民歌。鉴定人对各方当事人对鉴定结论的质证意见的书面答复表明其在进行比对时,参照了1964年出版的《我的公社多美丽》、1976年出版的《赞公社》、1986年出版的《我的花园多美丽》三份歌谱,认为三份歌谱的旋律基本相同或相似。其无法回答《高高的白杨》是改编自《我的花园多美丽》,从音高组织、旋法等方面感觉两首歌曲的曲调与维吾尔民歌的风格很接近。

新疆维吾尔自治区高级人民法院认为:阿不力克木阿不都拉创作了《我的美丽的花园》《我的公社多美丽》《赞公社》《我的花园多美丽》等曲调基本相同的歌曲,对上述歌曲享有著作权,其去世后,继承人依法继承著作权中的财产权利。哈力旦·乌甫江等三位被上诉人在原审中诉洛宾文化公司和天津音像公司侵权是基于洛宾文化公司、天津音像公司将《高高的白杨》作为王洛宾的作品收录于CD《世纪之声——达坂城的姑娘》并销售CD的行为,即被上诉人认为洛宾文化公司和天津音像公司的行为侵犯了阿不力克木阿不都拉的署名权及被上诉人所继承的著作权中的财产权利。

本案中被诉侵权所指向的作品——《高高的白杨》是20世纪80年代以后长期存世的歌曲,在署名维吾尔民歌,王洛宾编词曲的情况下多次出版发行。在王洛宾生前没有人对此提出异议,在《高高的白杨》不能被确认为侵权作品的情况下,王洛宾应享有《高高的白杨》的著作权。王洛宾去世后,王海成作为王洛宾著作权的合法继承人,继承了王洛宾著作权中的财产权利。王海成作为洛宾文化公司的法定代表人,通过洛宾文化公司行使该财产权利符合法律规定。被上诉人诉洛宾文化公司和天津音像公司侵犯了阿不力克木阿不都拉的署名权及被上诉人所继承的著作权中的财产权利,应当证明王海成所继承的原始权利并非合法权利,即王洛宾对《高高的白杨》乐曲并不享有著作权。

关于《高高的白杨》与《我的花园多美丽》的关系问题。经过鉴定后,鉴定人的鉴定意见表明两首歌主要方面基本相同,细部有所差别,曲调与维吾尔民歌的风格很接近。本案中上诉人洛宾文化公司和被上诉人均向法院提交了若干经过公证的证人证言,洛宾文化公司提交的证人证言证明,涉案歌曲的曲调在阿不力克木阿不都拉创作《我的美丽的花园》前,即在20世纪50年代已有传唱,是民间曲调。被上诉人提交的证人证言证明,涉案歌曲的曲调是阿不力克木阿不都拉创作,不是民间曲调。由于提供证言的证人均未到庭接受质询,而双方提交的证言证明的内容相反,故证人证言不能单独作为本案认定事实的依据。在不能确定完整客观地认定《高高的白杨》乐曲创作根源的情况下,应当从《高高的白杨》发表问世后,各权利人和利害关系人对各自权利的处分态度及各方权利的历史延续情况确定各个权利人的权利范围。

王洛宾一生进行了大量的民间音乐的收集和民族音乐的改编工作,前后多次公开发表过《高高的白杨》。王洛宾和阿不力克木阿不都拉在1981年至1987年期间同在新疆军区文工团工作。王洛宾首次发表《高高的白杨》后,阿不力克木阿不都拉在生前十余年的时间内从未对该曲的著作权权属提出过异议。期间阿不力克木阿不都拉也以自己的署名发表过《我的花园多美丽》。在十多年的时间内,两人各自作品的著作权是平行有效的,即各自在自己的著作权范围内享有权利。即使王洛宾在不知情的情况下,将该曲当做是维吾尔民歌加以改编,阿不力克木阿不都拉生前知道王洛宾以《高高的白杨》发表了该曲,如其认为王洛宾的行为侵犯了其署名权,其应当依法及时主张自己的权利。阿不力克木阿不都拉生前始终未提出异议的行为,可以视为其对王洛宾编曲的认可。被上诉人在一、二审庭审中也明确表示不认为王洛宾有侵权行为。

新疆维吾尔自治区高级人民法院认为,被上诉人起诉洛宾文化公司的行为属于继承人对著作权人生前未主张的权利再行主张的行为。权利人死亡后其继承人对署名权不能继承。继承人对于作者的著作权中的署名权、修改权和保护作品完整权的保护,是限定在作者死亡后发生了侵犯其著作权中的署名权、修改权和保护作品完整权的侵权行为。本案中洛宾文化公司授权天津音像公司出版 CD 中对《高高的白杨》的署名是延续王洛宾在世时的署名,并非首次发表。阿不力克木阿不都拉生前是知道王洛宾以署名维吾尔民歌洛宾编曲作词发表《高高的白杨》,其对此未提异议,应视为其并不认为王洛宾的行为侵犯了其著作权,包括署名权这一人身权利。在权利人去世后其继承人认为权利人在世时已有的作品侵犯了权利人的署名权的主张没有法律依据,不予支持。原审判决认定侵权成立不当,二审予以纠正。

综上所述,哈力旦·乌甫江、阿色亚阿不力克木、阿不力米提阿不力克木享有对所继承的《我的花园多美丽》著作权中的财产权利,王海成享有对所继承的《高高的白杨》著作权中的财产权利,双方应在各自的权利范围内行使权利。原审判决认定事实部分错误,适用法律不当,应予纠正。

据此,依据《中华人民共和国著作权法实施条例》第 15 条第 1 款,《中华人民共和国民事诉讼法》第 153 条第 1 款第 2 项、第 3 项之规定,于 2006 年 4 月 10 日判决:撤销原审判决;驳回原审原告哈力旦·乌甫江、阿色亚阿不力克木、阿不力米提阿不力克木的诉讼请求。

## 二、裁判要旨

**No.1-2-19-1** 权利人死亡后其继承人对署名权不能继承。继承人对作者的著作权中的人身权的保护是限定在作者死亡后发生了侵犯其著作权中的署名权、修改权和保护作品完整权的侵权行为。

著作权的人身权利,是著作权人基于作品的创作依法享有的以人格利益为内容的权利,它与作者人身不可分离,不能继承、转让。而《著作权法》第 19 条也规定:"著作权属于公民的,公民死亡后,其本法第十条第一款第(五)项至第(十七)项规定的权利在本法规定的保护期内,依照继承法的规定转移。"《著作权法实施条例》第 15 条第 1 款规定:"作者死亡后,其著作权中的署名权、修改权和保护作品完整权由作者的继承人或者受遗赠人保护。"所以,权利人死亡后,其继承人对著作权中的人身权不能继承,能继承的仅是财产权。继承人对于作者的著作权中的署名权、修改权和保护作品完整权的保护是限定在作者死亡后发生了侵犯其著作权中的署名权、修改权和保护作品完整权的侵权行为。而本案中,由于阿不力克木阿不都拉生前知道王洛宾以《高高的白杨》发表了该曲,如其认为王洛宾的行为侵犯了其署名权,应当依法及时主张自己的权利。阿不力克木阿不都拉生前始终未提异议的行为,可以视为其对王洛宾编曲的认可。被上诉人起诉洛宾文化公司的行为属于继承人对著作权人生前未主张的人身权利再行主张的行为,无法律上的依据,所以二审法院未予支持。

**No.1-2-19-2** 在不能确定完整客观地认定作品创作根源的情况下,应当从作品发表问世后各权利人和利害关系人对各自权利的处分态度及各方权利的历史延续情况,确定各个权利人的权利范围。

该案中涉及的关键问题是判断《高高的白杨》是原告哈力旦·乌甫江等人的丈夫或父亲阿不力克木阿不都拉的作品,还是被告王海成的父亲王洛宾的作品,以确定是否侵权。

而经过鉴定后,鉴定人的鉴定意见表明,两首歌主要方面基本相同,细部有所差别,曲调与维吾尔民歌的风格都很接近。由于上诉人洛宾文化公司和被上诉人均向法院提交了若干经过公证的证人证言,洛宾文化公司提交的证人证言证明,涉案歌曲的曲调在阿不力克木阿不都拉创作《我的美丽的花园》前,即在 20 世纪 50 年代已有传唱,是民间曲调。被上诉人提交的证人证言证明,涉案歌曲的曲调是阿不力克木阿不都拉创作,不是民间曲调。但提供证言的证人均未到庭接受质询,而双方提交的证言证明的内容相反,故证人证言不能单独作为认定事实的依据。

在不能确定完整客观地认定《高高的白杨》乐曲创作根源的情况下,二审法院认为,应当从《高高的白杨》发表问世后各权利人和利害关系人对各自权利的处分态度,及各方权利的历史延续情况确定各个权利人的权利范围。

由于王洛宾一生进行了大量的民间音乐的收集和民族音乐的改编工作,前后多次公开发表过《高高的白杨》,而王洛宾和阿不力克木阿不都拉在1981年至1987年期间同在新疆军区文工团工作。王洛宾首次发表《高高的白杨》后,阿不力克木阿不都拉在生前十余年的时间内从未对该曲的著作权权属提出过异议,且以自己的署名发表过《我的花园多美丽》。在十多年的时间,两人各自作品的著作权是平行有效的,即各自在自己的著作权范围内享有权利。即使王洛宾在不知情的情况下,将该曲当做是维吾尔民歌加以改编,阿不力克木阿不都拉生前知道王洛宾以《高高的白杨》发表了该曲,如其认为王洛宾的行为侵犯了其署名权,应当依法及时主张自己的权利。阿不力克木阿不都拉生前始终未提异议的行为,可以视为其对王洛宾编曲的认可。被上诉人在一、二审庭审中也明确表示不认为王洛宾有侵权行为。

所以,综合这些情况分析,二审法院认为,哈力旦·乌甫江、阿色亚阿不力克木、阿不力米提阿不力克木享有对所继承的《我的花园多美丽》著作权中的财产权利;王海成享有对所继承的《高高的白杨》著作权中的财产权利。双方应在各自的权利范围内行使权利。

## 第三节 权利的保护期

(本节暂无案例)

## 第四节 权利的限制

**45 软件的后续开发是否合理使用(《著作权法》第22条、第17条)**
案例:广东智软电脑开发有限公司诉广州拓保软件有限公司软件著作权侵权案
案例来源:《人民法院案例选》2007年第3辑[第39号]
主题词:后续开发 合理使用 委托作品

一、基本案情
  原告:广东智软电脑开发有限公司(以下简称智软公司)。
  被告:广州拓保软件有限公司(以下简称拓保公司)。
  2000年4月6日,华泰公司(甲方)与香港智软公司(乙方)签订《华泰保险信息系统开发合同》,约定甲方委托乙方为其开发软件《华泰保险信息系统》,所形成的本系统成果,包括软件系统、相关技术文档和资料归甲乙双方共有,未经对方许可,双方均不得向第三方单独出售、转让或免费提供本系统。2001年8月17日,华泰公司与香港智软公司签订《系统验收报告》,双方确认系统已交付华泰公司正式运行,系统基本达到需求报告所提的要求,可以通过验收评审。原告的经理王太权在上述合同及验收报告上作为香港智软公司的代表签名。
  2001年11月,被告(乙方)与华泰公司(甲方)签订《华泰财产保险应急出单系统开发及服务合同》,约定甲方委托乙方对甲方的应急出单系统进行开发和后期维护,该合同形成的项目成果(包括软件版权、源程序、相关技术文档和资料等)归双方共有。双方还在该合同的附件——《华泰财产保险应急出单系统功能需求说明书》中约定了上述委托开发软件的要求,在附件二《华泰财产保险应急出单系统项目开发、培训计划书》的开发计划书中备注:"以上文档部分按甲方提供的各种模板编写,原代码部分按甲方提供的程序编码规则编写。"
  2003年3月17日,广州市天河区公安分局到华泰公司进行调查,在对华泰公司信息技术部的软件经理吕宁所作的询问笔录上记载:因华泰公司的业务中有很多小数量保单的分支机构,如在华泰公司原有的系统进行操作,成本较高,所以就需要在原有的基础上开发一套专门针对出单量较小的下属机构的系统,以节约成本,公司的信息技术部就成立了名称为《华泰财产保险应急出单系统》的项目。因原有整套系统是原告开发的,华泰公司就先找了原告,但不满意原告的方案,就又找了被告,被告的方案得到华泰公司业务部门的认可,故华泰公司就与被告签订了开发及服务合同。同时,华泰公司还将原系统中有关出单内容的主要部分给了被告,让被告在这一基础上进行升级、改造的开发。被告就给华泰公司开发出了软件《应急出单系统》,华泰公司将该系统交付了总部及下属的各分公司应用。原系统名为《华泰保险信息系统》,是 2000 年 4 月 6 日委托香港智软公司开发的,成果归双方共有,华泰公司有权将该系统的一部分拿出来委托开发公司进行升级改造。原系统是针对一整套保险业务的,包括其中的出单业务,而应急出单系统是对原出单部分的升级改造,其中的内容肯定又来自原系统。

2003 年 3 月 18 日,广州市天河区公安分局到华泰公司进行调查,在对华泰公司信息技术部的软件工程师卢斌所作的询问笔录上记载:2000 年华泰公司委托原告开发了《华泰保险信息系统》,版权双方共有。华泰公司在 2001 年 11 月份委托被告为华泰公司开发了软件《应急出单系统》,版权双方共有。因该套系统要在原系统上升级改造,故华泰公司将其《华泰保险信息系统》中的出单和打印部分及其基础模块的源代码,直接复制到了被告的经理赵启铭的电脑笔记本中。《应急出单系统》软件,是安装在华泰公司下设的保险代办点等业务保单量少的点上进行运作的。

另外,原告(甲方)与广州联想智软公司(乙方)在 2002 年 5 月 10 日签订了《计算机软件著作权转让协议》,约定甲方将名称为"智软保险业务管理系统 V2.0"、著作权登记号为 2001SR4133 的计算机软件的著作权无偿转让给乙方。双方在 2002 年 12 月 1 日就上述协议签订《补充协议》,约定上述软件的权利自著作权管理部门发出登记证书之日起正式由甲方转移至乙方,在著作权管理部门发出登记证书之前有关该套软件的权属纠纷、侵权纠纷(包括第三者侵权)由甲方负责处理,损失或所获赔偿由甲方承担或所有。登记之日之后发生的该套软件的权属纠纷、侵权纠纷仍由甲方负责处理,乙方负责提供相应的协助(包括提供相关证明文件、被侵权事实证据、侵权造成损失证据等)。

2002 年 12 月 10 日,国家版权局发出的编号为软著登字第 004466 号《计算机软件著作权登记证书》上记载:登记号为 2002SR4466,软件名称为智软保险业务管理系统 V2.0,著作权人为广州联想智软计算机科技有限公司。

2004 年 6 月 19 日,香港智软公司出具《智软软件著作权的说明》,称"智软保险业务管理系统 V2.0"版是香港智软公司与原告于 2000 年 4 月共同开发完成的保险行业管理软件,根据两公司最初合作开发该软件的有关协定及两公司此后达成的共识,该软件著作权由原告申请和享有。

原告认为,原告对其开发的"智软保险业务管理系统 V2.0"软件享有著作权。被告公司系由原参与该软件开发的技术人员朱东海、赵启铭、万青、胡泽平等 4 人在离开公司后注册成立的,也是以保险业务软件开发和销售为主业,其客户对象主要为他们在原告工作时所认识的客户,也即原告的主要客户。自被告成立后,赵启铭、朱东海等人将"智软保险业务管理系统 V2.0"改装成《保险应急出单系统》,并相继于 2002 年 2 月、12 月,将该软件销售给原告的老客户华泰公司和太平公司。该《保险应急出单系统》用的"智软保险业务管理系统 V2.0"的核心部分(即中间件模块和基类),系侵权产品。被告开发、销售侵权产品的行为构成了侵权。为此,原告诉至广州市中级人民法院。

广州市中级人民法院认为:本案的焦点在于:(1)原告是否有权起诉被告侵犯其著作权?(2)被告是否侵犯了原告的权利,是否需要对被控侵权软件与原告主张权利的软件"智软保险业务管理系统 V2.0"进行对比鉴定?

首先,关于原告是否有权起诉被告侵犯其著作权的问题。依据相关证据认定,从 2001 年 1

月 10 日起至 2002 年 12 月 10 日止,原告是上述软件的著作权人,其在上述期间内的合法权利应受法律保护。即原告在本案被控侵权行为发生时 2001 年 11 月享有涉案软件的著作权,其有权提起本案的诉讼。

其次,关于被告是否侵犯了原告权利的问题。依据香港智软公司与华泰公司签订的《华泰保险业务管理系统开发合同》,香港智软公司接受华泰公司的委托并为其开发出计算机软件《华泰保险业务管理系统》,该软件的著作权由双方共有,所形成的本系统成果,包括软件系统、相关技术文档和资料归双方共有。原告无证据证明香港智软公司在与华泰公司签订合同时不享有上述涉案软件的著作权。另外,代表香港智软公司与华泰公司签订上述开发合同的王太权是原告的经理及开发软件"智软保险业务管理系统 V2.0"的主要负责人,同时也是本案原告的诉讼代理人,原告对该合同的内容不可能不知情,故香港智软公司与华泰公司签订的开发合同合法有效,华泰公司是该软件的共有权人,合法取得该软件的源代码等技术信息。

至于被控侵权软件是否侵犯了原告的权利,首先应确定涉案的三个软件之间的关系。由于应用软件《应急出单系统》是与《华泰保险业务管理系统》的操作系统软件接口并在该操作平台上运行的,要实现这一目的,其中必然会使用到《华泰保险业务管理系统》操作系统的部分源代码和目标代码。因华泰公司是该上述源代码和目标代码的合法所有人,其委托被告使用上述技术资料开发设计《应急出单系统》,并实际仍由华泰公司继续使用,应视为华泰公司对软件《华泰保险业务管理系统》的合理使用的行为。被告接受华泰公司委托,设计应用软件的行为并无不妥,故不构成对原告的软件"智软保险业务管理系统 V2.0"的侵犯。

据此,依照《中华人民共和国民事诉讼法》第 64 条的规定,于 2006 年 2 月 28 日判决:驳回原告的诉讼请求。

一审宣判后,双方当事人均未上诉,一审判决已经发生法律效力。

## 二、裁判要旨

**No.1-2-22-1** 软件用户可以在其与软件设计者共有的软件基础上进行后续开发,其后续开发中对原有软件的复制属于合理使用,不构成侵权。

该案中,华泰公司委托原告开发软件,约定了版权双方共有。后华泰公司又委托被告为该套系统进行后续开发。原告认为,被告使用了原告享有著作权的软件核心部分,构成侵权。所以,该案的主要争议问题是,被告接受软件版权人之一的第三人委托进行后续开发并由第三人继续使用,是否构成侵权?

《著作权法》第 17 条规定了委托作品的著作权归属:"受委托创作的作品,著作权的归属由委托人和受托人通过合同约定。合同未作明确约定或者没有订立合同的,著作权属于受托人。"所以,依据华泰公司跟原告的约定,华泰公司属于版权共有人之一。

要判定华泰公司委托被告进行的后续开发是否侵权,首先需要明晰计算机系统软件的原理,了解该后续开发使用原软件的源代码和目标代码是否必要。

计算机系统的软件通常分为系统软件和应用软件两大类。应用软件是计算机用户利用计算机的软件、硬件资源为某一专门的应用目的而开发的软件。系统软件是计算机系统的一部分,由它支持应用软件的运行,为用户开发应用系统提供一个平台,用户可以使用它,但不能随意修改它。其中操作系统是计算机系统中的核心软件,其他软件均建立在操作系统的基础上,并在操作系统的统一管理和支持下运行。

该案中,由于应用软件《应急出单系统》是与《华泰保险业务管理系统》的操作系统软件接口并在该操作平台上运行的,要实现这一目的,其中必然会使用到《华泰保险业务管理系统》的操作系统的部分源代码和目标代码。而华泰公司是该上述源代码和目标代码的合法所有人,其委托被告使用上述技术资料开发设计《应急出单系统》,并实际仍由华泰公司继续使用,应视为华泰公司对软件《华泰保险业务管理系统》的合理使用的行为。而新软件虽是建立在原软件的基础上,但主要是针对华泰公司的需求开发的一个新的应用软件,因此被告的行为并无不妥。即使被控侵权软件中含有《华泰保险业务管理系统》的部分源代码和目标代码,亦属于该软件所有人华泰公司的合理使用范围,而不构成对原告的软件"智软保险业务管理系统 V2.0"的侵犯。而且,法院从科技发展的角度考虑,认为如果支持原告的诉求,则会出现由原始设计者垄断后续开发的局面,这样对于软件用户而言是不公平的,也不利于促进科技的发展。

我国《著作权法》第 22 条列举了合理使用的类型,但未规定计算机软件的后续开发问题,而《计算机软件保护条例》第 16 条规定了软件的合法复制品所有人享有的权利,也未就合法软件的后续开发、使用作出规定。由于科学技术的发展,对软件进行后续开发在实践中会越来越普遍,如何平衡权利人与使用者之间的利益,该案所确立的裁判要旨,对类似情况的处理具有启发意义。

### 46 教材的合理使用(《著作权法》第 22 条第 1 款第 6 项)

**案例:**朱莉亚·班纳·亚历山大与北京市海淀区戴尔培训学校、北京洲际文化艺术交流有限公司著作权纠纷案

**案例来源:**《人民法院案例选》2012 年第 2 辑[第 43 号]

**主题词:**合理使用　使用方式的特性

### 一、基本案情

上诉人(原审原告):朱莉亚·班纳·亚历山大(Julia Banner Alexander)。

被上诉人(原审被告):北京市海淀区戴尔培训学校。

被上诉人(原审被告):北京洲际文化艺术交流有限公司(以下简称洲际公司)。

《新概念英语》(新版)1—4 册由外语教学与研究出版社、朗文出版亚洲有限公司联合出版,1997 年 10 月第 1 版,2007 年 8 月第 70 次印刷,署名亚历山大(L. G. ALEXANDER)、何其莘合作编著。

路易·乔治·亚历山大系《新概念英语》英语部分的著作权人,于 2002 年 6 月 17 日去世,朱莉亚·亚历山大系其遗孀。根据路易·乔治·亚历山大的遗嘱,其著作权归朱莉亚·亚历山大所有。

《新概念英语》为一套教材,第 1 册和第 2 册既有学生用书,又有教师用书,第 3 册和第 4 册为师生同用,本案中朱莉亚·亚历山大主张权利的是学生用书。每册书前面均有"致教师和学生""关于本教材的说明""本教材使用说明"的内容,对该教材的使用方法、基本目的等进行了介绍。

《新概念英语》教材中第 1 册 144 课、第 2 册 96 课、第 3 册 60 课、第 4 册 48 课。各册安排的内容不尽相同,但基本上每一课均有课文和课文注释(第 1 册中复数课为练习课,除外)、生词和短语等内容,朱莉亚·亚历山大认为,第 1—3 册中课文均为作者原创,第 4 册中课文均系引用他人文章或片断,课文后标注了来源。生词和短语部分把课文中新的单词和短语基本按在课文中出现的顺序进行了排列。第 1 册中复数课中有书面练习题,第 2—4 册则按其教学目的设计了如摘要写作、词汇、关键句型、难点及多项选择题等练习内容。

2007 年 1 月 15 日—16 日,朱莉亚·亚历山大的委托代理人在北京市公证处公证员的监督下,在戴尔学校购买了"新概念英语 1—4 册下载学"网络课程,费用为人民币 1 060 元,戴尔学校出具了发票。因上述课程只能固定到一台电脑上进行学习,不能复制或者在其他电脑上操作,朱莉亚·亚历山大的代理人特提供了一台笔记本电脑以供使用。2007 年 1 月 25 日、29 日,1 月 31 日至 2 月 11 日,朱莉亚·亚历山大的代理人在公证员的监督下,利用该台电脑在 www.dellenglish.com 网站及其链接的 www.dellenglish.com 网站下载了"新概念英语 1—4 册下载学"学习软件,并随机演示部分课程,拷屏打印了部分网页。

2007 年 7 月 23、24 日,因上述课件的授权使用期限只有半年,超过后不能使用,朱莉亚·亚历山大的代理人与戴尔学校联系,戴尔学校同意为其提供新的用户名和口令由其重新申请认证。

洲际公司系戴尔学校的举办者和相关网站的经营者。

朱莉亚·亚历山大认为戴尔学校和洲际公司的行为构成了著作权侵权,为此诉至北京市第一中级人民法院。

北京市第一中级人民法院在本案审理期间,对上述封存的笔记本电脑进行了勘验,戴尔学校课件中老师的讲解方式如下:第1册,单词和课文基本为逐一和逐句朗读、讲解以及页面显示,页面上同时会显示老师扩充讲解的部分内容。第2—4册中仍然会逐一和逐句朗读和讲解单词及课文,但只有部分单词和课文中的句子在页面上显示,大部分显示的内容是老师延伸讲解的内容。

北京市第一中级人民法院认为,《新概念英语》全四册教材是针对不同英语水平和能力的学习者编写的一套学习用书。从教材署名情况来看,除第4册中课文系引自他人外,其余的英文部分均为路易·亚历山大教授独创。故该套教材作为一个整体应为原创作品,其中英文部分与中文部分可以分割使用,路易·亚历山大教授对英文部分享有著作权。朱莉亚·亚历山大作为其继承人享有其著作权中的财产权利,受到《中华人民共和国著作权法》的保护。

涉案学习课件是以《新概念英语》为教学对象,这决定了其在指定教材时必须明确诸如作者、出版社等相关信息,必然会指明作者身份。而其在进行具体内容的讲述时,由于使用方式的特性,不可能要求其每次都须提及作者,《中华人民共和国著作权法实施条例》第19条允许因使用方式的特性而不指明作者身份,本案属于该条款所述情形,故朱莉亚·亚历山大主张侵犯作者署名利益缺乏事实和法律依据,不予支持。

《新概念英语》从整体上是一部原创作品,但并不意味着著作权人对其中的每一部分都享有著作权。如第4册中的课文均系引自他人,著作权人即不能对该册书的每一篇课文本身主张权利。而关于生词和短语部分,朱莉亚·亚历山大显然不能针对单独的单词主张著作权,而其教材中又基本按照生词在课文中出现的顺序进行排列,在选择和编排上也不具有独立于课文之外的独创性,朱莉亚·亚历山大对其不享有著作权。故对朱莉亚·亚历山大与该部分相关的主张不予支持。

《著作权法》规定的复制权是指以印刷、复印、拓印、录音、录像、翻录、翻拍等方式将作品制作一份或者多份的权利。从法律列举的上述复制方式来看,复制应是通过某种手段非创造性地再现作品的内容,其表达形式与作品具有重复性。而本案中,因《新概念英语》本身即是用于英语学习的一套教材,故戴尔学校、洲际公司应有权利选择其作为教学对象,开设课堂、招收学员进行讲授,这与著作权人出版发行该作品的目的并不违背,且并不影响著作权人的利益。而语言类教学相对具有其特殊性,"听"和"读"是两种重要的语言能力,在《新概念英语》教材中亦体现出对上述能力进行训练的重要性和必要性。故老师在讲授过程中朗读课文,均是服务于其教学的目的,且并未超出该目的。随朗读出现的页面显示,也是其正常的教学手段,除了第1册简单对话外,其并非全部内容显示,而是有选择地对老师认为是重点或难点的单词或句子进行显示,证明其确是为了更好地进行讲授,达到其教学的目的。而进行讲解更是课堂的主要目的和意义所在,与复制原告作品无关。上述行为与著作权法意义上的复制显然不是同一概念,其非简单地再现《新概念英语》,目的亦并非向相关公众提供该作品的复制件,而其学员虽然能下载其课件,但仅限于在一定期限内在固定的一台计算机终端上使用,并不能将相关内容另行下载保存,亦即不能通过此途径获得著作权人的作品。通过网络的教学虽然与传统课堂教学有所不同,但本案中戴尔学校的行为仍然是正常的教学行为,其性质并不改变。故戴尔学校、洲际公司并未侵犯朱莉亚·亚历山大对作品享有的复制权。相应的,戴尔学校销售上述网络学习课件并对其学员提供下载学习服务,亦不侵犯发行权及信息网络传播权。戴尔学校的行为既不影响著作权人在现实生活中行使其权利,如许可他人出版发行其作品,亦不影响其在互联网环境下行使权利,其同样可以许可他人对其作品提供在线阅读、下载等服务,其行为并不影响其该部分利益的实现。反之,如果如朱莉亚·亚历山大所主张,戴尔学校进行相关新概念英语教学均需获得其许可,无疑使朱莉亚·亚历山大获得了可以控制哪些主体有资格开设该课程的权利,而这种权利显然并非著作权法所要和能赋予的,且与著作权法保护的目的并不相符合。著作权法保护著作权人的合法权利,但同时亦鼓励作品的创作和传播,以达到促进科学文化发展的目的。故从该角度,朱莉亚·亚历山大的主张亦不应得到支持。

综上所述,朱莉亚·亚历山大关于戴尔学校、洲际公司侵犯其著作权的主张不能成立,依照《中华人民共和国著作权法》第10条第1款第5项、第6项及第12项以及《中华人民共和国著作权法实施条例》第19条之规定,北京市第一中级人民法院判决:驳回朱莉亚·亚历山大的诉讼请求。

朱莉亚·亚历山大不服一审判决向北京市高级人民法院提起上诉:

1. 一审判决认定被上诉人使用《新概念英语》作品内容制作涉案网络课件并销售等行为,属于"正常的教学行为",显系对事实性质的错误认定。

2. 一审判决适用法律错误,依法应当改判。(1)一审判决认定被上诉人在本案中对《新概念英语》作品内容的使用行为合法毫无法律依据;(2)一审判决在没有任何法律依据的情况下,凭空创设"教材"作品类型并特别规定其使用方式是错误的;(3)一审判决在认定涉案网络课件中再现了《新概念英语》作品全部内容这一事实的基础上,却认为该再现行为不属于著作权法律意义上的复制行为,并未侵犯上诉人依法享有的著作权是错误的;(4)一审判决虽然认定《新概念英语》全四册的原创性质,却又认定上诉人不能对《新概念英语》第四册中的课文内容主张权利,于法无据,于理不合。

3. 一审判决对《新概念英语》作品作者之署名利益问题,在认定事实和适用法律方面均存在严重错误,应予纠正。

北京市高级人民法院认为,根据《著作权法》第2条第2款的规定,外国人、无国籍人的作品根据其作者所属国或者经常居住地国同中国签订的协议或者共同参加的国际条约享有的著作权,受本法保护。上诉人朱莉亚·亚历山大所属的英国与中国同属于《伯尔尼保护文学和艺术作品公约》的成员国,故朱莉亚·亚历山大对涉案作品享有的著作权应受中国著作权法保护,其认为著作权在中国受到侵犯时,有权向中国法院提起诉讼。

涉案《新概念英语》全四册教材是一套以学习英语为目的的教材,其内容主要包括课文、生词和短语、课文释义、练习等内容。根据《著作权法》的相关规定,该教材应当属于文字作品。该作品第一、二、三册中的英文部分,除单词和短语部分外,均由路易·亚历山大所独立创作,路易·亚历山大作为作者享有著作权;第四册中的课文虽系引自他人作品,但其余部分除单词和短语部分外,亦均由路易·亚历山大所独立创作,其著作权也由路易·亚历山大所享有;且因第四册课文的选择和编排具有独创性,已经构成汇编作品,该汇编作品著作权亦应由路易·亚历山大享有。路易·亚历山大去世后,朱莉亚·亚历山大作为路易·亚历山大的继承人,依法享有对涉案作品著作权之财产权,亦有权对涉案作品著作权之人身权进行保护。

本案中,朱莉亚·亚历山大指控戴尔学校、洲际公司未经许可,以营利为目的、非法使用其享有著作权的作品内容制作网络学习课件,并通过互联网提供上述课件的网络下载服务的行为,侵犯了其依法享有的复制权、发行权和信息网络传播权。根据《著作权法》的规定,信息网络传播权是指以有线或者无线方式向公众提供作品,使公众可以在其个人选定的时间和地点获得作品的权利。根据查明的事实,戴尔学校提供了名称为"新概念1—4册下载学"的网络课程,报名该课程的用户可以在戴尔学校指定的网站下载该课程的学习课件,通过视频的方式进行《新概念英语》的学习。课件中,授课老师讲解的方式可以分为三种:一是对每篇课文进行朗读,页面显示全部或部分课文中的句子;二是对单词和短语进行讲解,页面显示全部或部分单词和短语;三是页面显示老师扩充讲解的部分内容。对于第一种情况,老师对课文的朗读以及在页面上对作品内容的显示,是对涉案作品在网络上进行的公开传播,该传播行为,未经著作权人许可,使公众可以通过互联网在个人选定的时间和地点获得涉案作品,已经构成对朱莉亚·亚历山大享有的信息网络传播权的侵犯。对于第二种情况,是对单词和短语的显示和讲解,因这些单词和短语并非作品,且其选择、排序也不具有独立于作品的独创性,故对朱莉亚·亚历山大相关主张不予支持。关于第三种情况,是老师对作品的扩充讲解,并非是对涉案作品的使用,显然不能构成对朱莉亚·亚历山大著作权的侵犯。

根据《著作权法》的相关规定,复制权是指以印刷、复印、拓印、录音、录像、翻录、翻拍等方式将作品制作一份或者多份的权利。本案中,戴尔学校、洲际公司是在将涉案作品进行数字化复制后,再通过互联网提供课件下载服务。该复制行为未经朱莉亚·亚历山大许可,已经构成对朱莉亚·亚历山大享有的复制权的侵犯。发行权是指以出售或者赠与方式向公众提供作品的原件或者复制件的权利,朱莉亚·亚历山大并未证明戴尔学校、洲际公司实施了侵犯发行权的行为,故对朱莉亚·亚历山大关于侵犯发行权的主张不予支持。

本案审理中,戴尔学校、洲际公司主张使用涉案作品属于合理使用,但其并未明确相关的法律依据。诚然,《新概念英语》是为学习英语而创作的教材,但创作的目的以及作为教材本身的性质并不能成为他人可以违反法律关于合理使用的规定而进行复制和向公众传播的依据。判断是否构成合理使用一般参考以下标准,即是否基于商业目的而使用、所使用作品的性质、使用的数量和比例、使用行为对作品的潜在市场价值是否有较大的不利影响。本案中,戴尔学校作为营利性教学机构使用《新概念英语》的行为,显然不属于非商业使用;戴尔学校对《新概念英语》绝大部分英文内容进行了使用,而非少量使用;学员通过涉案网络教学中的朗读和显示,完全可以不再购买《新概念英语》而进行学习,这对《新概念英语》潜在的市场价值也具有较大的不利影响。因此,戴尔学校、洲际公司关于使用涉案作品系合理使用的抗辩理由于法无据,不予支持。一审法院的相关认定错误,本院予以纠正。

署名权是表明作者身份的权利,是作者享有的一项重要人身权。除非另有约定或者因使用方式的特性而无法指明作者的,应当为作者署名。本案中,在涉案课件内容中、网页页面宣传介绍以及销售课件过程中,戴尔学校均未指明《新概念英语》的作者,因此,已构成对路易·亚历山大署名权的侵犯,应承担相应的民事责任。一审法院相关认定错误,本院予以纠正。

因戴尔学校系独立的民事主体,涉案课件系其制作并提供互联网下载服务,因此,戴尔学校应对该侵权行为承担相应的停止侵权、赔礼道歉、赔偿损失等民事责任。朱莉亚·亚历山大主张洲际公司作为戴尔学校的开办者和涉案网站的开办者、经营者,应当承担连带责任的主张无事实和法律依据,不予支持。

鉴于朱莉亚·亚历山大并未举证证明戴尔学校侵权行为给其造成的实际损失以及戴尔学校的违法所得,故本院根据戴尔学校侵权的主观过错、后果,朱莉亚·亚历山大主张的侵权行为以及获得本院支持部分的比例,并参考涉案出版物价格、购买课件费用等因素,综合酌情确定赔偿数额。戴尔学校虽已构成对路易·亚历山大署名权的侵犯,但因路易·亚历山大已经去世,判决赔礼道歉的对象已不存在,故本院对朱莉亚·亚历山大关于赔礼道歉的诉讼请求不再支持。同时,基于戴尔学校侵权给朱莉亚·亚历山大造成的影响,戴尔学校应承担公开消除影响的民事责任。消除影响的具体方式根据侵权主观过错程度、侵权持续时间及范围等综合确定。此外,朱莉亚·亚历山大关于删除、销毁涉案网络课件的诉讼请求无事实和法律依据,本院不予支持。

综上,一审判决认定事实不清,适用法律不当,应予纠正。上诉人朱莉亚·亚历山大的上诉请求部分成立。依照2001年10月27日修正的《中华人民共和国著作权法》第47条第11项、第47条第1款第1项、第48条第2款,《中华人民共和国民事诉讼法》第153条第1款第2、3项之规定,于2011年8月29日判决:

一、撤销北京市第一中级人民法院(2007)一中民初字第10169号民事判决;
二、北京市海淀区戴尔培训学校立即停止涉案侵权行为;
三、赔偿朱莉亚·班纳·亚历山大经济损失人民币30万元及为制止侵权而支付的合理开支人民币5 060元;
四、并在www.dellenglish.com首页连续48小时就本案事实发表消除影响的声明;
五、驳回朱莉亚·班纳·亚历山大的其他诉讼请求。

## 二、裁判要旨

**No.1-2-22.1.6-1** 创作的目的以及教材本身的性质,不能成为他人可以违反法律关于合理使用的规定而进行复制和向公众传播的依据。判断是否构成合理使用,一般需要参考以下标准:是否基于商业目的而使用、使用作品的性质、使用的数量和比例、使用行为对作品的潜在市场价值是否有较大的不利影响?

《著作权法》第 22 条第 1 款第 6 项规定了课堂教学的合理使用:为学校课堂教学或者科学研究,翻译或者少量复制已经发表的作品,供教学或者科研人员使用,且不得出版发行,可以不经著作权人许可,不向其支付报酬,但应当指明作者姓名、作品名称,并且不得侵犯著作权人依照本法享有的其他权利。

另外,根据《信息网络传播权保护条例》第 6 条第 1 款第 3 项的规定,为学校课堂教学或者科学研究,通过信息网络向少数教学、科研人员提供少量已经发表的作品,可以不经著作权人许可,不向其支付报酬。虽然允许通过信息网络进行教学的合理使用,但有其限定条件:(1) 限于少数教学、科研人员;(2) 提供的需是少量已经发表的作品。结合前面《著作权法》的规定,还不得出版发行,且应当指明作者姓名、作品名称。

所以,仅是创作的目的以及作为教材本身的性质并不能成为他人可以违反法律关于合理使用的规定而进行复制和向公众传播的依据。另外,法条中的"教学或科研人员"由于是相对应的,所以应是指教书的人或进行科研的人,并不包括接受知识的学生在内。且学生相对于老师而言,总是多数,并构成学校教材使用的群体性主体,是这类作品的市场所在。

在实践中,判断合理使用通常要采用三步检验法对四个因素进行分析:即是否基于商业目的而使用、所使用作品的性质、使用的数量和比例、使用行为对作品的潜在市场价值是否有较大的不利影响。

根据所涉检验法结合本案案情分析,戴尔学校系营利性教学机构,其使用《新概念英语》的行为,显然不属于非商业使用;戴尔学校对《新概念英语》绝大部分英文内容进行了使用,而非少量使用;学员通过涉案网络教学中的朗读和显示,完全可以不再购买《新概念英语》而进行学习,这对《新概念英语》潜在的市场价值也具有较大的不利影响。所以,二审法院认定使用涉案作品系合理使用的抗辩理由不成立。

**No.1-2-22.1.6-2** 使用他人作品,除非另有约定或者因使用方式的特性而无法指明作者的,应当为作者署名。

《著作权法实施条例》第 19 条规定:"使用他人作品的,应当指明作者姓名、作品名称;但是,当事人另有约定或者由于作品使用方式的特性无法指明的除外。"一审法院认为,涉案学习课件是以《新概念英语》为教学对象,这决定了其在指定教材时必须明确诸如作者、出版社等相关信息,必然会指明作者身份。而其在进行具体内容的讲述时,由于使用方式的特性,不可能要求其每次都须提及作者,从而认为朱莉亚·亚历山大主张侵犯作者署名利益缺乏事实和法律依据,不予支持。二审法院的看法恰恰相反,认为在涉案课件内容中、网页页面宣传介绍以及销售课件过程中,戴尔学校均未指明《新概念英语》的作者,已构成对路易·亚历山大署名权的侵犯,应承担相应的民事责任。

在此,主要是需明确何谓"使用方式的特性",譬如高考出卷需使用已有作品作为题目,由于高考的特殊性,必须对试卷进行严格的保密,因此事先征求著作权人的修改意见并不可行,而由于试题的特殊性,指明作者姓名和作品名称也不可行。但该案中,在涉案课件中指明作者完全是可能的,而且如前所述,作为营利性教学机构使用作品,也需事先征求著作权人的许可。

**47** 电影学院教学的合理使用(《著作权法》第 22 条第 1 款第 6 项)

**案例:**北影录音录像公司与北京电影学院著作权纠纷案

**案例来源:**《中华人民共和国最高人民法院公报》1996 年第 1 期第 21—24 页

主题词:课堂教学　必不可少的使用范围

一、基本案情

上诉人(原审原告):北影录音录像公司(以下简称北影公司)。

被上诉人(原审被告):北京电影学院。

1992年5月5日,北影公司与小说《受戒》的作者汪曾祺订立了《电影、电视剧改编权、拍摄权转让合同》。合同约定汪曾祺允许北影公司对其拥有版权的《受戒》等作品进行影视改编及拍摄,汪曾祺保证3年内不将该作品的改编权及拍摄权转让他人,期限为1992年3月15日至1995年3月15日,改编摄制完成的电影、电视剧版权归北影公司所有,北影公司一次性支付给汪曾祺改编权转让费人民币5 000元,合同期满后,如未对该作品进行改编拍摄,即丧失其改编权与拍摄权,如欲重新拥有以上权利,则需重新签订合同。1994年12月30日,北影公司与汪曾祺再次续订了合同,将原合同约定的期限重新确定为1995年3月15日至1998年3月15日,并约定北影公司另给付汪曾祺改编权转让费5 000元,影片摄制完成后,北影公司再支付5 000元,共计1万元。1992年10月,电影学院文学系学生吴琼为完成课程作业,将汪曾祺的小说《受戒》改编成电影剧本,并上交电影学院。电影学院经审核,选定该剧本用于当届学生毕业作品的拍摄。电影学院曾就拍摄《受戒》一事通过电话征求过汪曾祺及北影公司的意见。汪曾祺表示小说的改编权、拍摄权已转让给北影公司。北影公司未表示同意电影学院拍摄此片。1993年4月,电影学院出资5万元,组织该院八九级学生联合摄制电影《受戒》,当年7月完成后期制作。该片全长30分钟,使用16毫米胶片拍摄,片头标明"根据汪曾祺同名小说改编",片尾标明"北京电影学院出品"。电影学院曾于当年暑期前后在该院小剧场放映该片两次,用于教学观摩,观众系该院教师及学生。1994年11月,电影学院经有关部门批准,组团携《受戒》等片参加了法国朗格鲁瓦学生电影节。在电影节上,《受戒》一片共放映两次,观众主要为参加电影节的各国学生及教师,亦不排除有当地公民。电影节组委会曾对外公开销售过少量门票。影片的放映场所系对外公开售票的电影院中的某一放映厅,电影学院未举证证明电影节组委会曾对进入该放映厅的观众采取过限制措施。电影学院没有参加"克雷芒"电影节。电影学院共摄制《受戒》拷贝两个,其中一个拷贝及录像带一盘由原审法院封存,另一个拷贝已由朗格鲁瓦电影节组委会寄往电影学院。

北京市海淀区人民法院认为:电影学院为教学需要拍摄该片及在校内放映,属于法律规定的合理使用,电影学院将该片送至朗格鲁瓦电影节,超出合理使用范围,构成对北影公司享有的专有使用权的侵害。据此,于1995年5月18日判决:被告北京电影学院向原告北影录音录像公司以书面形式赔礼道歉;被告制作的电影《受戒》拷贝及录像带只能在其学院内供教学使用,不得投入公有领域;被告赔偿原告经济损失人民币1万元。

判决后,北影公司不服,向北京市第一中级人民法院提起上诉。称:《著作权法》规定的为教育目的的合理使用仅限于课堂教学,使用方式仅限于翻译或者少量复制。原审判决将电影学院拍摄电影的行为确认为合理使用,于法无据。原审判决不仅未能保护权利人的合法权益,而且会造成严重后果。上诉请求确认电影学院摄制电影为侵权行为,赔偿损失25万元。

电影学院辩称:北影公司没有拍摄电影的法定资格,不应享有小说《受戒》的电影拍摄权。电影学院以教学为目的拍摄电影《受戒》及在校内放映属于合理使用,北影公司上诉理由不能成立。朗格鲁瓦国际学生电影节纯系学术活动,电影学院将电影《受戒》送至该电影节参展不属于出版发行,未超出合理使用范围,原审判决认定该行为侵权根据不足,判令《受戒》只能在学院内使用于法无据,认定电影节组委会会出售少量门票也与事实不符。要求撤销原审法院有关电影学院侵权部分的判决。

北京市第一中级人民法院认为:北影公司与小说《受戒》的著作权人订有著作权许可使用合同,该合同真实有效。北影公司依合同取得以拍摄影视的方式改编该小说的专有使用权。因现行法律未对拥有此类权利的主体资格进行限制,所以电影学院否认北影公司享有小说《受戒》拍摄电影专有使用权的主张不能成立,本院不予支持。根据《中华人民共和国著作权法实施条例》

第 35 条的规定,北影公司取得的专有使用权应受保护,有权排除他人以拍摄影视的同样方式使用小说《受戒》。

根据《中华人民共和国著作权法》第 22 条第 1 款第 6 项的规定,为学校的课堂教学,在合理范围内使用他人已发表的作品,可以不经著作权人许可及不向其支付报酬。此规定的目的在于许可学校为课堂教学在一定范围内无偿使用他人作品,以保障教学活动得以顺利进行。电影学院系培养电影人才的艺术院校,其教学方式具有相对的特殊性,故该校为课堂教学使用作品的方式也应与一般院校有所不同,练习拍摄电影应属于该校进行课堂教学活动必不可少的一部分。根据《著作权法》有关规定的精神,电影学院为此使用他人已发表的作品属于合理使用。电影学院组织应届毕业生使用小说《受戒》拍摄电影,其目的是为学生完成毕业作业及锻炼学生的实践能力,在校内放映该片也是为了教学观摩及评定,均为课堂教学必要的组成部分。所以电影学院在以上阶段以上述方式使用作品《受戒》应为合理使用,不构成对北影公司专有使用权的侵犯。需特别指出的是,此种方式的合理使用应严格限于从事电影教学的艺术院校,并仅可在必要的课堂教学范围内进行。

电影学院持《受戒》一片参加了朗格鲁瓦国际电影节,无论该电影节的性质如何,参展行为均不属于必不可少的课堂教学活动,故电影学院在电影节上放映使用小说《受戒》改编的影片,超出了为本校的课堂教学而使用的范围,不属于《著作权法》规定的合理使用。因电影节上放映《受戒》一片的场所系公开售票的电影院中的某一放映厅,而电影学院未能举证证明电影节组委会对进入该放映厅的观众采取过限制措施,故不排除有当地观众购票后观看了该片。因此,原审法院认定观看该片的观众为参加电影节的各国学生、教师、当地公民及认定组委会对外公开销售少量门票是客观的。电影学院使用以小说《受戒》改编的影片参加电影节的行为,违反了《著作权法》的有关规定,侵犯了北影公司所享有的对小说《受戒》的专有使用权,给北影公司以同样方式使用该作品的潜在市场造成不利影响,构成侵害。对此电影学院应承担责任。

综上所述,原审判决认定电影学院为课堂教学使用小说《受戒》拍摄电影属合理使用,认定该院持此片参加国际电影节构成侵权是正确的,根据电影学院侵权行为的过错程度及后果所作处理亦无不当,应予维持。北影公司上诉理由不足,不予支持。依照《中华人民共和国民事诉讼法》第 153 条第 1 款第 1 项之规定,判决:驳回上诉,维持原判。

二、裁判要旨

**No.1-2-22.1.6-3 从事电影教学的艺术院校使用他人已发表的作品练习拍摄电影,是课堂教学的一部分,属于合理使用。**

该案涉及的争议问题首先是,电影学院对《受戒》进行改编、拍摄电影的行为是否属于合理使用?根据《中华人民共和国著作权法》第 22 条的规定,为学校的课堂教学,在合理范围内使用他人已发表的作品,可以不经著作权人许可及不向其支付报酬。其中并未规定具体的课堂教学的范围,但通常认为应是课堂教学必不可少的。

该规定旨在许可学校为课堂教学在一定范围内无偿使用他人作品,以保障教学活动的顺利进行。而电影学院系培养电影人才的艺术院校,其教学方式与一般院校具有相对的特殊性,所以其课堂教学使用作品的方式也应与一般院校有所不同,练习拍摄电影应属于其进行课堂教学必不可少的一部分。因此,电影学院为此使用他人已发表的作品属于合理使用。但此种方式的合理使用应严格限于从事电影教学的艺术院校,并仅可在必要的课堂教学范围内进行。

该案中,电影学院组织应届毕业生使用小说《受戒》拍摄电影,其目的是为学生完成毕业作业及锻炼学生的实践能力,在校内放映该片也是为了教学观摩及评定,均为课堂教学必要的组成部分。所以电影学院在以上阶段以上述方式使用作品《受戒》应为合理使用,不构成对北影公司专有使用权的侵犯。

**No.1-2-22.1.6-4 在电影节上放映使用他人作品改编的影片,超出必不可少的课堂教学的使用范围,不属于《著作权法》规定的合理使用。**

如上所述,电影学院因其教学方式的特殊性,可以使用他人作品练习拍摄电影,但这种合理使用仅可在必要的课堂教学范围内进行。而电影学院将未经著作权人同意、根据他人作品改编的电影参加了国际电影节,无论该电影节的性质如何,参展行为均不属于必不可少的课堂教学活动,故电影学院的这种行为超出了必不可少的课堂教学的使用范围,不属于《著作权法》规定的合理使用。加之电影节上放映《受戒》一片的场所系公开售票的电影院中的某一放映厅,电影学院也未能举证证明电影节组委会对进入该放映厅的观众采取过限制措施,故不排除有当地观众购票后观看了该片。因此,电影学院使用以小说《受戒》改编的影片参加电影节的行为违反了《著作权法》的有关规定,侵犯了北影公司所享有的对小说《受戒》的专有使用权,给北影公司以同样方式使用该作品的潜在市场造成不利影响,构成侵害。对此电影学院应承担责任。

## 48 公益广告是否合理使用(《著作权法》第 22 条第 1 款第 9 项)

**案例:陈逸与厦门友协广告有限公司著作权纠纷案**
案例来源:《人民法院案例选》2004 年商事·知识产权专辑[第 79 号]
主题词:公益广告 合理使用

### 一、基本案情

原告:陈逸。

被告:厦门友协广告有限公司(以下简称友协广告公司)。

1999 年 10 月,陈逸以厦门风光为背景拍摄了七张 120 反转片,随后,陈逸将该底片及有关的树、花鸟等素材照片,加工制作成一幅完整的摄影作品《厦门全景》。2000 年 9 月,友协广告公司未经陈逸同意,将该《厦门全景》制作为厦门市工商行政管理局"12315"巨幅公益广告的背景画面,竖立在金尚路(枋湖工业区)附近。该公益广告由友协广告公司垫付制作费用,公益广告的下方附挂一小牌,上面标注有友协广告公司名称的缩写"友协广告"及联系电话。陈逸遂以友协广告公司侵犯其摄影作品著作权为由提起诉讼,请求判令友协广告公司:(1) 停止侵权,销毁侵权物品(包括光盘);(2) 在《厦门日报》上公开赔礼道歉,消除影响;(3) 赔偿陈逸经济及精神损失 2 万元。

被告友协广告公司辩称:(1) 友协广告公司是受厦门市工商局的委托,无偿制作、发布该公益广告的,友协广告公司并未营利,还垫付了制作成本。(2) 友协广告公司在制作该公益广告时,被告知讼争作品的作者另有其人,并不是陈逸。(3) 友协广告公司是应厦门市工商局的要求使用讼争作品的,使用前已确认该作品使用费的支付情况,即友协广告公司已尽了审查义务,主观上并无过错。

厦门市中级人民法院经审理认为,厦门市中级人民法院[2001]厦知初第 22 号民事判决及福建省高级人民法院[2001]闽知终字第 12 号民事判决,已确认陈逸享有《厦门全景》的著作权。2000 年 9 月,友协广告公司制作的公益广告是受厦门市工商局委托,按照厦门市工商局提供的以陈逸的《厦门全景》为背景画面的光盘制作的。该公益广告的内容是为宣传工商局的 12315 工作职能,服务于广大消费者。

审理过程中经法院主持,陈逸和友协广告公司进行调解,双方当事人自愿达成如下协议:(1) 被告友协广告公司于签收本调解书时一次性支付给原告陈逸 5 000 元;(2) 原告陈逸放弃其他诉讼请求;(3) 本案案件受理费 210 元,由原告陈逸负担。

厦门市中级人民法院确认该协议符合有关法律规定,制作并送达了调解书。

### 二、裁判要旨

**No.1-2-22.1.9-1** 未经著作权人许可,使用他人作品制作公益广告,不属于合理使用的范畴。

该案的争议焦点主要在于,未经著作权人许可,使用他人作品制作公益广告是否属于合理使用。

友协广告公司辩称:其是受厦门市工商局的委托,无偿制作、发布该公益广告的,友协广告公司并未营利,还垫付了制作成本。未营利是否就能构成合理使用? 根据《著作权法》第22条的列举规定看,仅有第9项"免费表演已经发表的作品,该表演未向公众收取费用,也未向表演者支付报酬"之规定,涉及公益事业,但从该规定看,这种公益事业也仅限于免费表演的情况。公益广告并非这种情形。而且,结合该案的案情,公益广告下方附挂的小牌,标注有友协广告公司名称的缩写"友协广告"及联系电话,在客观上起到了商业宣传的效果和目的,并非完全不具有商业利益。所以,友协广告公司的行为不属于合理使用。

**No.1-2-22.1.9-2　出版者、制作者应当对其出版、制作有合法授权承担举证责任。举证不能的,承担侵权责任。**

友协广告公司的另一辩解理由是,其是应厦门市工商局的要求使用讼争作品的,使用前已确认该作品使用费的支付情况,即友协广告公司已尽了审查义务,主观上并无过错。但确认作品使用费的支付情况是否属于已尽审查义务? 一般认为,所谓的审查义务应是指对合法授权的情况进行表面审查,如是否有授权委托书等。从该案案情看,友协广告公司并未对厦门市工商局所提供的光盘中的《厦门全景》的背景画面进行授权审查,便将该《厦门全景》制作为公益广告的背景画面,因此仍需承担侵权责任。

2002年最高人民法院《关于审理著作权民事纠纷案件适用法律若干问题的解释》第19条对此种情况作了进一步规定:"出版者、制作者应当对其出版、制作有合法授权承担举证责任。发行者、出租者应当对其发行或者出租的复制品有合法来源承担举证责任。举证不能的,依据《著作权法》第四十六条、第四十七条的相应规定承担法律责任。"

## 第三章 著作权许可使用和转让合同

**本章裁判要旨**

No.1-3-23.1-1 并非利用法人或者其他组织的物质技术条件创作,也并非由法人或者其他组织承担责任,同时,法律、行政法规规定或者合同也未约定著作权由法人或者其他组织享有的职务作品,著作权仍归作者所有。

No.1-3-23.1-2 非经省级以上教育行政部门批准编写、经国家专门设立的学科审查委员会通过,并报送审定委员会批准后,由国家教育委员会列入全国普通中小学教学用书目录的中小学课堂正式用书,不属于《著作权法》规定的法定许可中教科书的范围。

No.1-3-24-1 《著作权法》第24条规定的专有使用权的内容由合同约定,合同未约定或者约定不明的,视为被许可人有权排除包括著作权人在内的任何人以同样的方式使用作品;除合同另有约定外,被许可人许可第三人行使同一权利,必须取得著作权人的许可。

No.1-3-24-2 报刊社未经著作权人许可转载著作权人的作品时,著作权人来函收集报刊、修正错误、询问稿酬等行为,不能认定为双方形成事实上的著作权使用许可合同关系。

No.1-3-24-3 著作权人给使用人的书信,有希望对方使用其作品的意思表示,未附加任何前提条件,且在对方使用其作品后,著作权人有肯定的意思表示,或有认可使用费性质的行为,应当认定著作权人具有许可使用其作品的意思表示。

No.1-3-24-4 由个人独立创作完成的剪纸作品,应当属于受《著作权法》保护的美术作品。

No.1-3-24-5 使用他人作品,使用人应当就是否取得许可提供证据。使用人的主张和证据无法证明其已取得许可,应当承担侵权责任。

No.1-3-24-6 国家邮政局、邮票印制局属于公用企业,使用他人作品印制、发行邮票,不能以"合理使用"为由免责。

No.1-3-27-1 未经著作权人同意,许可使用合同和转让合同的另一方在合同履行完毕后再次行使原权利的行为,构成侵权。

No.1-3-27-2 电视节目专有使用权的取得,无须获得影视制作经营许可证,电视节目著作权转让行为不同于电视节目发行行为或从事电视节目制作经营行为。

### 49 法定许可(《著作权法》第23条第1款、第16条)

**案例**:丁晓春与江苏美术出版社、南通市教育局著作权纠纷案
**案例来源**:《中华人民共和国最高人民法院公报》2006年第9期第28—32页
**主题词**:职务作品　法定许可　教科书

一、基本案情

原告:丁晓春,又名丁小春。
被告:南通市教育局。

被告:江苏美术出版社。

原告丁晓春系《南通日报》社摄影记者。1999年2月7日,丁晓春用自己的照相机为在街头选购大红灯笼的妻子和儿子拍摄了一幅照片,后该照片在1999年2月12日《南通日报》"周末特刊"的"过大年"专版上发表,题名为"街上红灯闹",署名为"本报记者丁晓春"。

2000年1月,被告江苏美术出版社出版发行了严抒勤主编的《乡土教材》,该教材中使用了原告丁晓春发表在《南通日报》上的"街上红灯闹"照片,并将照片更名为"大红灯笼"。江苏美术出版社自2000年1月至2002年1月先后三次印刷该教材,累计印数为294 701册,每册定价均为人民币3.90元。该教材的编辑者和出版者在该教材中使用"街上红灯闹"照片,既未征得丁晓春的同意,也未指明其作者身份并支付报酬。

被告南通市教育局曾将《乡土教材》列入小学教学用书目录,作为南通市小学高年级学生用书,由相应年级学生购买。后因国家教育部等有关部门发出清理整顿中小学教材的编写、出版、发行的通知,南通市教育局未再将被告江苏美术出版社第三次印刷发行的72 993册该教材列入小学生用书目录。

原告丁晓春认为,被告南通市教育局、江苏美术出版社的行为侵犯了其著作权,向江苏省南通市中级人民法院提起诉讼。

南通市中级人民法院经审理认为:(1)"街上红灯闹"照片的著作权归属于原告丁晓春。(2)被告江苏美术出版社在其出版的《乡土教材》中使用原告丁晓春拍摄的"街上红灯闹"摄影作品,不属于《著作权法》第23条规定的法定许可使用的情形。(3)被告南通市教育局既非该教材的编写者,也非该教材的出版发行者,在本案中不承担民事责任。(4)被告江苏美术出版社的行为已构成对原告所享有的"街上红灯闹"摄影作品著作权的侵害,应停止侵害,赔礼道歉,并赔偿原告的经济损失。根据《著作权法》第11条、第16条、第23条第1款、第47条第1款第1项、第48条的规定,于2002年12月19日判决:

一、被告江苏美术出版社今后如重印或再版《乡土教材》,应将原告丁晓春拍摄的"街上红灯闹"摄影作品予以删除;

二、被告江苏美术出版社在《南通日报》上刊登向原告丁晓春道歉的声明,并赔偿原告人民币6 000元;

三、驳回原告对被告南通市教育局的诉讼请求。

一审宣判后,双方当事人均未提出上诉,一审判决已发生法律效力。

二、裁判要旨

No.1-3-23.1-1 **并非利用法人或者其他组织的物质技术条件创作,也并非由法人或者其他组织承担责任,同时,法律、行政法规规定或者合同也未约定著作权由法人或者其他组织享有的职务作品,著作权仍归作者所有。**

本案中照片的著作权归谁所有,是否职务作品,是争论的一个焦点。照片由原告丁晓春独立拍摄,具有一定的独创性,属于我国《著作权法》所保护的摄影作品。根据《著作权法》第11条第3款的规定,由法人或者其他组织主持,代表法人或者其他组织意志创作,并由法人或者其他组织承担责任的作品,法人或者其他组织视为作者。而"街上红灯闹"这幅摄影作品系由丁晓春在假日期间利用自己的摄影器材拍摄完成,该创作行为并不代表法人或者其他组织的意志。因此,该作品的作者是丁晓春个人。原告丁晓春系《南通日报》社摄影记者,"街上红灯闹"照片的拍摄行为虽然系其个人行为,但其同意《南通日报》迎春特刊"过大年"使用该幅作品,并同意在其署名前冠以"本报记者"的身份,据此可以认定该作品是丁晓春为完成《南通日报》社组办迎春特刊"过大年"的工作任务而拍摄,属于《著作权法》第16条第1款规定的职务作品。但该作品并非主要是利用《南通日报》社的物质技术条件创作并由该社承担责任,也没有相关法律、行政法规规定或者合同约定该作品的著作权由《南通日报》社享有,不属于《著作权法》第16条第2款规定的"作者享有署名权,著作权的其他权利由法人或者其他组织享有"的情形。因此,"街上红灯闹"照片的著作权仍应归作者丁晓春享有。

职务作品·法定许可·教科书

No.1-3-23.1-2 非经省级以上教育行政部门批准编写、经国家专门设立的学科审查委员会通过,并报送审定委员会批准后,由国家教育委员会列入全国普通中小学教学用书目录的中小学课堂正式用书,不属于《著作权法》规定的法定许可中教科书的范围。

本案中,被告江苏美术出版社在其出版的《乡土教材》中使用原告丁晓春拍摄的"街上红灯闹"照片,是否属于《著作权法》第23条规定的法定许可使用的情形也是争论的焦点之一。

《著作权法》第23条规定:"为实施九年制义务教育和国家教育规划而编写出版教科书,除作者事先声明不许使用的外,可以不经著作权人许可,在教科书中汇编已经发表的作品片段或者短小的文字作品、音乐作品或者单幅的美术作品、摄影作品,但应当按照规定支付报酬,指明作者姓名、作品名称,并且不得侵犯著作权人依照本法享有的其他权利。"

本案中原告丁晓春创作的"街上红灯闹"照片属单幅摄影作品,原告对该摄影作品事先没有声明不许使用。因此,判定江苏美术出版社将该作品使用于《乡土教材》的行为是否属于《著作权法》第23条第1款规定的法定许可使用的情形,关键在于判断《乡土教材》是否属于为实施九年制义务教育和国家教育规划而编写出版的教科书。我国《著作权法》第23条第1款关于法定许可使用的规定,旨在平衡著作权保护与公共利益的需要,但该规定仅是对著作权的一种适度限制,适用该规定的教科书也并非泛指中小学使用的所有教材。根据《中华人民共和国义务教育法》的规定,义务教育的教学制度、教学内容、课程设置和教科书审定,应当由国务院教育主管部门确定。国家教委在《全国中小学教材审定委员会章程》中规定,教科书的编写必须经中央或省级教育行政部门批准,经学科审查委员会通过,并报送审定委员会批准后,由国家教育委员会列入全国普通中小学教学用书目录。因此,《著作权法》第23条第1款规定的教科书,应当界定为经省级以上教育行政部门批准编写、经国家专门设立的学科审查委员会通过,并报送审定委员会批准后,由国家教育委员会列入全国普通中小学教学用书目录的中小学课堂正式用书。在被告江苏美术出版社出版发行《乡土教材》前,该教材的编写者未按规定向江苏省教育厅补办编写地方性教材的立项申请核准手续,该教材也未经江苏省中小学教材审定委员会审查,更未经江苏省教育厅批准并列入南通市辖区范围内的《中小学教学用书目录》。因此,该教材不属于《著作权法》第23条第1款规定的教科书,江苏美术出版社关于在该教材中使用原告丁晓春的摄影作品"街上红灯闹",属于法定许可使用的答辩理由亦不能成立。

## 50 默示使用许可合同的认定(《著作权法》第24条)

**案例:周海婴诉光明日报社侵犯著作权纠纷案**
案例来源:《人民法院案例选》2005年第1辑第357页
主题词:使用许可合同 默示 专有使用权

### 一、基本案情

原告:周海婴。

被告:光明日报社。

2001年4月,周海婴(甲方)与南海出版公司(乙方)签订了关于《海婴回忆录》(暂名)一书的图书出版合同。在《合同》第1条约定:甲方授予乙方在合同有效期内,在中国大陆,以图书形式、简体文版出版发行《鲁迅与我七十年》的专有使用权。第3条约定:在合同有效期内,未经双方同意,任何一方不得将第1条约定的权利许可第三方使用,如有违约,另一方有权要求经济赔偿并终止合同。第9条约定:未经甲方书面许可,乙方不得行使合同第1条授权范围以外的权利。2001年9月,南海出版公司出版发行了该书,名为《鲁迅与我七十年》,署名作者为周海婴。

2001年10月18日,南海出版公司出具信函载明:南海出版公司同意《光明日报》所属的《生活时报》连载《鲁迅与我七十年》一书,稿酬按每千字50元支付。

《生活时报》系光明日报社主办的报刊,自2001年10月30日至2002年2月8日,分28期转载了《鲁迅与我七十年》一书的部分内容。

2002年1月16日,原告周海婴给《生活时报》编辑肖燕的信函载明:"11月底我们通信之后,一直看到贵报连载。……我一直在收集,但是缺少第一、四、五期,如有可能代找给我。……奉上最近的正误表,麻烦你在刊出时改正一下,是不断接到各方面朋友来信纠正的。"

2002年3月10日,原告周海婴给《生活时报》编辑肖燕的信函载明:"1月19日惠寄的复印报纸,早已收到,我的集报完成了。直至今日,未见贵刊结算稿酬,或许中间有何困难。希告知为盼。"

前述的《生活时报》编辑肖燕,经核实应为肖燕立。

被告制作的转载原告《鲁迅与我七十年》一书的稿酬结算单,字数10.6万,共28期,稿酬5300元。原告认为被告统计数字有误,应为14.6万字。被告认为,其统计字数是用计算机对电子文本进行统计的,原告按照行数、标题、图片进行统计的方法不符合行业要求。

原告周海婴认为,被告光明日报社的连载行为侵犯了其著作权,遂诉至北京市第一中级人民法院。

原告周海婴诉称:2001年11月16日前后,原告发现被告未经原告许可,在其所属的《生活时报》上,以连载的方式将原告的《鲁迅与我七十年》一书连续刊出,共计28期。原告随即通知被告,要求被告停止侵权行为。被告不同意,并表示要向原告支付稿酬,但拒绝与原告商议稿酬数额。无奈之下,为了减小负面影响,原告随即向被告寄去了《正误表》。原告认为,被告的行为侵犯了原告的修改权和发行权,减少了原告正版图书的正常发行量。被告恶意侵权的行为,给原告造成了一定的精神痛苦和极大经济损失。故请求法院判令被告:在一家全国性报纸上向原告公开道歉;赔偿经济损失15万元和为制止侵权的费用2.5万元。

被告光明日报社辩称:被告所属的《生活时报》转载原告《鲁迅与我七十年》一书作品,已征得南海出版公司的书面同意,并商定稿酬为千字50元。在连载前也已经与原告联系并取得了其本人同意。现原告以《生活时报》未经同意转载其作品起诉,不符合客观实际情况。被告确因客观原因没有及时向原告支付稿酬,对此,被告同意向原告支付所拖欠的稿酬及相应的利息,但原告的索赔要求不合理。综上,请求法院作出公正判决。

北京市第一中级人民法院认为,按照我国《著作权法》的规定,如无相反证明,在作品上署名的公民、法人或者其他组织为作者。《鲁迅与我七十年》一书的作品署名为周海婴,可以认定周海婴为该书的著作权人。

我国《著作权法》规定,使用他人作品应当同著作权人订立许可使用合同。光明日报社主办的《生活时报》以连载的方式使用原告的《鲁迅与我七十年》一书,应当依法同原告订立该作品的著作权许可使用合同。在本案中,被告以南海出版公司出具的函件和原告给《生活时报》编辑肖燕立的信件为由,认为其转载的行为是获得原告许可的。对此,该院认为:

1.《鲁迅与我七十年》一书的著作权人系周海婴。虽然南海出版公司与原告签订了图书出版合同,但是在该合同中明确限定了南海出版公司许可第三人使用作品的权利。因此,南海出版公司无权许可他人使用原告的作品,其所出具的关于许可被告转载原告《鲁迅与我七十年》一书的函件应属无效,不予采信。因此,被告不能由此获得使用原告作品的权利。被告以南海出版公司许可其使用原告作品为理由进行抗辩,缺乏事实和法律依据,不予支持。

2. 关于原告给《生活时报》编辑肖燕立的信件:(1)从信件发生的时间看,是被告使用原告作品的行为发生后原告写给被告方的,被告使用原告作品的行为在先;(2)从信件的内容看,仅表明原告向被告收集连载报刊、向被告寄出《正误表》、询问稿酬的情况,但没有表明原告授权或追认被告使用作品的行为。被告以原告该两份信件为由,认为原告许可或追认了其使用作品的行为,证据不足,不予采信。

综上,光明日报社在未经著作权人许可的情况下,以报刊连载的方式使用原告作品,侵犯了原告的著作权。对此,被告应当承担公开赔礼道歉、赔偿损失的法律责任。

关于损失赔偿一节,出版图书与在报刊上刊登稿件在计酬方法上是不同的,原告以版税计酬的方法作为损失赔偿的依据,证据不足。法院参照国务院著作权行政管理部门制定的付酬标准,根据被告侵权行为的情节,对赔偿数额予以酌定。原告请求被告赔偿其为制止侵权支付的

使用许可合同·默示·专有使用权

费用2.5万元,但未向法庭提供相应的证据证明,不予支持。

综上所述,依照《中华人民共和国著作权法》第24条第1款、第47条第1项、第48条第2款之规定,于2003年4月28日判决:

一、自本判决生效之日起30日内,被告光明日报社在《新闻出版报》上发表致歉声明,向原告周海婴公开赔礼道歉。致歉声明内容须经本院审核。

二、自本判决生效之日起30日内,被告光明日报社赔偿原告周海婴经济损失人民币22 000元。

三、驳回原告周海婴的其他诉讼请求。

二、裁判要旨

**No.1-3-24-1**　《著作权法》第24条规定的专有使用权的内容由合同约定,合同未约定或者约定不明的,视为被许可人有权排除包括著作权人在内的任何人以同样的方式使用作品;除合同另有约定外,被许可人许可第三人行使同一权利,必须取得著作权人的许可。

该案涉及的第一个问题是,南海出版公司是否有权许可他人使用原告的作品。根据《著作权法实施条例》第24条"著作权法第二十四条规定的专有使用权的内容由合同约定,合同没有约定或者约定不明的,视为被许可人有权排除包括著作权人在内的任何人以同样的方式使用作品;除合同另有约定外,被许可人许可第三人行使同一权利,必须取得著作权人的许可"之规定,由于南海出版公司与原告签订的图书出版合同中明确限定了南海出版公司许可第三人使用作品的权利,南海出版公司无权许可他人使用原告的作品,故其所出具的关于许可被告转载原告《鲁迅与我七十年》一书的函件应属无效。被告要转载原告的作品,需另行征得著作权人的许可。

**No.1-3-24-2**　报刊社未经著作权人许可转载著作权人的作品时,著作权人来函收集报刊、修正错误、询问稿酬等行为,不能认定为双方形成事实上的著作权使用许可合同关系。

由于如前所述,南海出版公司无权许可他人使用原告的作品,被告要转载原告的作品需另行征得著作权人的许可。而根据我国《著作权法》第24条第1款的规定,使用他人作品应当同著作权人订立许可使用合同。所以该案的关键在于,原告向被告收集连载报刊、向被告寄出《正误表》、询问稿酬等行为,是否属于默示同意或者追认许可报社的转载行为?也即双方是否形成事实上的著作权使用许可合同关系?

根据最高人民法院《关于适用〈中华人民共和国合同法〉若干问题的解释(二)》第2条"当事人未以书面形式或者口头形式订立合同,但从双方从事的民事行为能够推定双方有订立合同意愿的,人民法院可以认定是以合同法第十条第一款中的'其他形式'订立的合同"之规定,构成默示的合同需从双方的民事行为能够推定订立合同的意愿,但本案原告向被告收集连载报刊、向被告寄出《正误表》、询问稿酬等行为,既可能是准备授权的表示,也可能是准备作为事后维权证据的表示,难以推定著作权人有默示同意或者追认许可报社的转载行为的意愿,故而不能认定双方形成了事实上的著作权使用许可合同关系。

**51** 自荐信的性质(《著作权法》第24条)

案例:俞华诉北京古桥电器公司侵犯广告词著作权案
案例来源:《人民法院案例选》2005年第4辑[第49号]
主题词:许可使用　肯定的意思表示

一、基本案情

原告:俞华。

被告:北京古桥电器公司(以下简称古桥公司)。

1992年俞华创作出用于古桥空调的广告词"横跨冬夏,直抵春秋"。同年12月16日,俞华写信给生产该空调的长城空调器厂(现北京古桥电器公司)称:"我是一名广告艺术的爱好者,前一段时间迳前门,无意中看到贵厂'古桥'空调器的路牌广告,觉得如果加上两句精彩的广告词,效果或许会更好,我想了两句,虽还不成熟,或许对你们有所帮助和启发,这两句是这样的'横跨冬夏,直抵春秋——古桥空调'。贵厂的电视广告如果也需要进一步改进,本人很愿意在广告创意和设计方面提供帮助。因为本人现在想在这方面寻求发展,故很想借此机会积累一些实际经验,为日后的求职应聘增加实力。如果能对贵厂有所帮助,本人将深感荣幸。欢迎联系"。后附联系电话。

同月底,古桥公司办公室职员王某某约见俞华,对广告词表示赞赏。因为正值冬季,不适合空调做广告,王某某未表示用还是不用该广告词。

1996年4月,古桥公司用俞华创作的广告词制作的广告分别在北京电视台、《北京晚报》《北京日报》播放、刊登。

1996年4月11日,俞华打电话给古桥公司的王某某,称已看到古桥公司用其广告词制作的广告,感到"特别高兴""太好了"。

1996年6月4日,俞华应邀到古桥公司找到王某某,王某某填了一张支出凭单,内容为:"即付'横跨冬夏,直抵春秋'广告语的设计者同志壹次性奖励款计人民币贰仟伍佰圆整。"古桥公司副经理许某在该支出凭证上写"同意,请三产支付",并签字。但俞华未等王某某领款就携支出凭证离开。该支出凭证后被俞华作为证据提交给一审法院,在领款人栏中俞华填写"今收到古桥公司支付使用本人创作广告语部分费用2500元",并签字。

原告俞华认为,古桥公司未经许可而擅自使用其创作的广告词,侵犯了其享有的著作权,诉至北京市海淀区人民法院。

被告古桥公司辩称,其未向社会公开征集广告词,也未向俞华提出要约,而俞华主动给古桥公司投寄广告词是民事法律关系中的赠与行为;且俞华在领取报酬的凭单上签了字,应视为领取了报酬。古桥公司使用其广告词是合法的。因此,其并未侵犯俞华的著作权。

北京市海淀区人民法院经审理认为,俞华创作的广告词符合文字作品的特征,依法享有著作权。1992年在寄给古桥公司的信中,俞华未明确表示将广告词赠与古桥公司或授予其使用,因此,该作品的著作权仍属俞华享有。古桥公司未经其许可,擅自使用其创作的广告词制作广告,并在新闻媒体中播放、刊登,侵犯了俞华对其创作的作品依法享有的发表权、使用权、获取报酬权。

据此,依照《中华人民共和国著作权法》第10条第1款第1项、第5项,第45条第1款第1项、第5项、第6项之规定,作出判决:

一、判决生效之日起,被告古桥公司在广告中停止使用原告俞华创造的文字作品"横跨冬夏,直抵春秋";

二、被告古桥公司在一家本市发行的非专业报刊上向原告俞华赔礼道歉,致歉内容须经本合议庭审核,判决生效后10日内执行;

三、被告古桥公司赔偿原告俞华经济损失人民币16 200元,律师费300元,判决生效后10日内执行。

古桥公司不服一审判决,向北京市第一中级人民法院提起上诉。其上诉理由为:俞华给古桥公司投寄广告词是准许其使用的单方授权行为,因此古桥公司使用广告词的行为是合法的。请求二审法院撤销一审判决。

俞华答辩认为,其写信给古桥公司是要约邀请行为,并未授权古桥公司使用广告词。请求驳回上诉请求,维持原判。

北京市第一中级人民法院认为,俞华是广告词"横跨冬夏,直抵春秋"的作者,依法享有该作品的著作权。根据法律规定,他人使用该作品,应与著作权人俞华订立合同或者取得许可,否则构成侵权。本案当事人争执的焦点是古桥公司的使用是否取得了著作权人俞华的许可。在俞华1992年12月16日写给古桥公司的信中,俞华向古桥公司用书面形式作出了意思表示,即希望古桥公司使用"横跨冬夏,直抵春秋"广告词作品,这与俞华本人事后向法院的陈述是一致的,

许可使用·肯定的意思表示

与她在得知广告词被使用后的"特别高兴"及在支出凭证上使用的"使用费"一词也是一致的。而且这种希望没有附加任何前提条件。这种希望使用是俞华热切希望广告词被古桥公司使用的意思表示,如仅以俞华未写"许可"二字而否认俞华曾经作出的许可表示,是不合逻辑、于理不通、与事实不符的。古桥公司在取得俞华许可后使用其作品,不应认定是侵权。一审法院认为著作权人俞华未许可古桥公司使用其作品,据此认定古桥公司的使用构成侵权,缺乏事实和法律依据,应予纠正。古桥公司关于其使用俞华的广告词是基于授权、不属侵权的上诉理由成立,法院予以支持。但古桥公司使用俞华的作品,应当支付相应的报酬。同时,俞华1992年的书面许可并没有限定时间,俞华有权对许可古桥公司使用的时间作出限定,故自起诉之日起,古桥公司如使用该广告词应当与俞华签订合同或再取得许可,否则将构成侵权。

综上,依据《中华人民共和国著作权法》第23条、《中华人民共和国民事诉讼法》第153条第1款第3项之规定,于1997年4月21日判决:

一、撤销北京市海淀区人民法院〔1996〕海知初字第28号民事判决;

二、北京古桥电器公司支付俞华"横跨冬夏,直抵春秋"广告词作品的使用费2500元(在本判决生效后7日内一次性支付)。

一、二审诉讼费各110元,均由北京古桥电器公司承担。

二、裁判要旨

No.1-3-24-3 **著作权人给使用人的书信,有希望对方使用其作品的意思表示,未附加任何前提条件,且在对方使用其作品后,著作权人有肯定的意思表示,或有认可使用费性质的行为,应当认定著作权人具有许可使用其作品的意思表示。**

本案当事人争执的焦点是,古桥公司的使用是否取得了著作权人俞华的许可。根据《著作权法》第24条的规定:"使用他人作品应当同著作权人订立许可使用合同"。因此,首先需明确俞华的自荐信的性质,是属于要约邀请还是许可使用的意思表示?二者间是否成立了许可使用合同?

要约邀请是指为了邀请对方向自己发出要约而向对方作出的一种意思表示,其内容并不明确、肯定。从俞华自荐信的措辞看,有希望古桥公司使用其作品的意思表示,从其之后的言行看,在得知广告词被使用后的"特别高兴"及在支出凭证上使用"使用费"一词,并且向法院的陈述也都表明了热切希望广告词被古桥公司使用的意思表示。而且这种希望没有附加任何前提条件。

而且,在俞华向古桥公司投寄自荐信之前,该公司从未向社会公开征集过广告词,也未单独向俞华发出过要约,俞华投寄自荐信的目的是希望古桥公司采纳其广告词,为日后求职应聘增加实力,并未附任何前提条件,所以这应是著作权人单方面许可古桥公司使用其作品的意思表示。正如二审法院所言,如仅以俞华未写"许可"二字而否认俞华曾经作出的许可表示,是不合逻辑、于理不通、与事实不符的。

同时,由于俞华的许可表示没有附加任何条件,所以古桥公司(在不侵害俞华人身权、获取报酬权的情况下)可以通过各种方式,随时使用该广告词。但俞华有权对许可古桥公司使用的时间和方式作出限定,所以,二审法院判定,自起诉之日起,古桥公司如使用该广告词,应当与俞华签订合同或再取得许可,否则将构成侵权。

**52** 著作权许可使用中的推定(《著作权法》第24条、第22条第1款第7项、第6条)

案例:白秀娥诉国家邮政局、国家邮政局邮票印制局侵犯著作权案

案例来源:《人民法院案例选》2005年第4辑[第51号]

主题词:剪纸作品 举证责任 合理使用

一、基本案情

原告:白秀娥。

被告:国家邮政局。

被告:国家邮政局邮票印制局(以下简称邮票印制局)。

白秀娥应邮票印制局之约,为邮票印制局印制辛巳蛇年生肖邮票,设计、制作了数幅以蛇为题材的剪纸,后提交给邮票印制局,邮票印制局选择了其中的4幅,将复印件留存。后邮票印制局的设计师呼振源在白秀娥的剪纸基础上设计了邮票图稿,并被邮票图稿评审委员会最终确定为辛巳蛇年生肖邮票的图稿。

2000年11月27日,邮票印制局向白秀娥支付了970元资料费,白秀娥向邮票印制局出具了收条:"今收到生肖邮票资料费玖百柒拾元整。"

2000年11月15日制定的国家邮政局文件国邮〔2000〕546号《关于发行辛巳年特种邮票的通知》中载明:国家邮政局定于2001年1月5日发行辛巳年特种邮票一套2枚。志号:2001-2,图序(2-1)T,图名祥蛇祝福,面值80分……剪纸作者:第一图白秀娥……

2001年1月5日,国家邮政局发行了辛巳蛇年生肖特种邮票一套。该套邮票为2枚,其中第一枚邮票使用了原告白秀娥向邮票印制局提供的一幅蛇剪纸图案,该枚邮票单价0.8元。邮票印制局在使用白秀娥的该幅蛇剪纸图案时,根据印制邮票的实际需要,对白秀娥的剪纸进行了修改,将蛇的头部加大,增加了一根蛇信子,删除了蛇身体上的部分花纹及蛇尾部的一朵梅花及叶子,并将蛇身的花纹染成红、黄、蓝、绿各色。在该套邮票的发行介绍中,载明"第一图原剪纸作者:白秀娥"。

国家邮政局在其出版发行的2001年第2期《新邮预报》上,刊登了辛巳年生肖邮票的预报,载明发行日期为2001年1月5日,(2-1)T祥蛇祝福,80分,(2-2)T祥运普照,2.80元……设计者:呼振源,一图剪纸:白秀娥,二图剪纸:贾四贵,等。国家邮政局在其出版、发行的2001年新邮台历中,使用了该套辛巳蛇年生肖邮票。

2000年12月15日、2001年1月5日的《中国集邮报》、2001年1月18日《北京青年报》等相关报刊、杂志上,均介绍了于2001年1月5日发行的辛巳蛇年生肖邮票的情况,其中均明确涉及白秀娥是该套邮票中第一枚邮票剪纸的制作者。《北京青年报》还在相关报道部分刊登了白秀娥的剪纸作品,并指明:"这是辛巳年生肖票的原型,是陕西省民间艺术家白秀娥的剪纸。"

国家邮政局邮资票品管理司发行处出具的证明载明:国家邮政局发行的辛巳年邮票,第一图面值80分,发行量为8000万枚。另印制小版张166万版(每版6枚,共计996万枚),只作为贺年(有奖)明信片兑奖的奖品向获奖者赠送,不对外出售。

原告白秀娥起诉至北京市第一中级人民法院,诉称:原告的剪纸是应约专门为被告印制蛇年邮票而创作的。1999年11月,邮票印制局李昕约原告为蛇年生肖邮票设计图案,要求采用民间传统的剪纸形式,2000年3月交稿。并告知原告,一经采用,即签订合同,即使不采用也会支付劳务费。2000年2月底,原告依约将60幅剪纸交给邮票印制局,邮票印制局选中其中4幅,并告知能否采用尚需专家评选,暂时无法签订合同。直至同年11月,邮票印制局通知原告领取了970元资料费,并告知原告,所留的4幅剪纸并未采用,只能按照提供资料支付报酬。2000年12月,原告意外发现辛巳蛇年生肖邮票中有一张使用了原告的剪纸,并作了改动,署名设计者呼振源。原告的剪纸作品属于《著作权法》(指2001年修改前的《著作权法》)第3条第4款所规定的美术作品,应受到著作权法的保护。两被告不与原告订立合同,也没有经原告同意擅自修改原告的作品,并公开使用,其行为侵犯了原告的著作权,包括图案的设计署名权、发表权、修改权、保护作品完整权和获得报酬权。故请求法院判令两被告:(1)停止侵害;(2)在全国性的报纸上公开赔礼道歉;(3)赔偿经济损失100万元;(4)由被告承担本案诉讼费用与相关费用。

被告国家邮政局辩称:剪纸是中华民族几千年来流传下来的民间美术形式,不属于《著作权法》第3条列举的一般作品,而属于《著作权法》第6条规定的应由国务院另行制定保护办法予以保护的民间文学艺术作品。故本案审理不应适用《著作权法》。在国务院尚未就民间文学艺术作品的著作权保护另行颁布规定的情况下,即使按照《著作权法》审理本案,也要根据该法第27条第7项关于"国家机关为执行公务在合理范围内使用已经发表的作品""可以不经著作权人许可,不向其支付报酬,但应当指明作者姓名、作品名称"之规定,国家邮政局作为国务院邮政主管部门,在执行邮票发行公务中使用白秀娥提供的剪纸作为参考资料,不仅得到了白秀娥的许可,而且由邮票印制局向其支付了970元资料费,并在全国发行的《新邮预报》及其他媒体宣传材料上为白秀娥署名,白秀娥的人身权利和财产权利没有受到任何侵犯。而白秀娥故意混淆其剪纸作品与邮票设计师反复设计并经邮票图稿评审委员会最终定稿的邮票图稿两个作品之间的本质区别,称国家邮政局侵犯其著作权并索赔100万元,没有事实和法律依据,其诉讼请求应当全部被驳回。

被告邮票印制局辩称:原告的侵权指控歪曲事实。1999年10月26日,辛巳年邮票责任编辑向原告征集剪纸资料时,明确告诉原告是为设计邮票而搜集资料,设计中有可能对资料进行修改,如果原告同意提供剪纸并被用于邮票设计,被告将向其支付资料费。原告同意了被告的约请并提供了约30幅剪纸,被告留下4幅复印件,并转交邮票设计师参考。2000年4月,设计师呼振源参考原告剪纸资料设计的邮票图稿在专家评审会议上中选,并在进一步修改后被确定为辛巳年邮票正式图稿。被告将此消息及时通知了原告。由于国家尚无民间文学艺术作品使用权付酬统一标准,故被告根据《民法通则》之公平原则,决定按照行业标准最高限向原告付酬,原告于2000年11月27日领取了资料费970元。随后,被告在《新邮预报》上为原告署名,确认了其该套邮票第一图剪纸原图制作者的身份。因此,被告根本没有对原告构成任何侵权事实。原告的剪纸属于民间文学艺术作品,根据《著作权法》第6条的规定,民间文学艺术作品的著作权保护办法由国务院另行制定。目前这一办法尚未出台,原告根据《著作权法》的一般规定主张自己的民间剪纸作品被侵权,没有有效的法律依据。请求法院驳回原告的诉讼请求。

北京市第一中级人民法院审理后认为,我国《著作权法实施条例》(指1991年,下同)第2条规定,作品指文学、艺术和科学领域内,具有独创性并能以某种有形形式复制的智力创作成果。因此,著作权法上的作品必须具有独创性和可复制性。这里所说的独创性并不要求作品具有相当的创作高度或是前所未有的,而应是由作者独立创作完成的。就本案涉及的白秀娥的剪纸图案而言,是白秀娥运用我国民间传统的剪纸技艺,将其对生活、艺术及民间美学的理解,通过其创作的剪纸图案表达出来,该剪纸是白秀娥自己独立创作完成的,具备了著作权法对作品独创性的要求,其可复制性亦毋庸置疑,故可以认定本案争议的剪纸图案属于《著作权法》所规定的作品。同时,由于这幅剪纸作品是以线条、色彩构成的具有审美意义的平面造型艺术作品,故这幅剪纸作品是《著作权法》所规定的美术作品,应受著作权法保护。

关于被告国家邮政局及邮票印制局对本案争议的剪纸作品属于民间作品范畴,其保护不适用著作权法之主张,法院认为,《著作权法》第6条规定的民间文学艺术作品,应为民间世代相传的、长期演变、没有特定作者,通过民间流传而逐渐形成的带有鲜明地域色彩,反映某一社会群体文学艺术特性的作品,如民歌、民谣、蜡染等。本案中的剪纸作品是原告白秀娥运用民间剪纸技法,自己独立创作完成的,不属于世代相传、没有特定作者的作品,故被告关于这幅剪纸作品系民间文学艺术作品,不应受到著作权法保护的主张,不能成立,本院不予支持。

在本案中,原告白秀娥主张其是接受被告邮票印制局之约,并按照邮票印制局的特定要求,专门为邮票印制局创作的剪纸图案。而邮票印制局则主张其曾就辛巳蛇年生肖邮票的剪纸图案向白秀娥征稿。虽然双方对此陈述不一,又无其他证据予以佐证,但无论是白秀娥接受邮票印制局约请创作剪纸图案,还是其向邮票印制局投稿,均可以认定白秀娥系专门为邮票印制局制作辛巳蛇年生肖邮票而创作剪纸图案的。故白秀娥应知道其将剪纸图案交付邮票印制局后,邮票印制局会以发行邮票的方式使用其作品。在邮票的设计过程中,必然会根据邮票设计的特定需要,对该剪纸图案进行必要的修改,白秀娥对此亦应有所了解。在这种情况下,白秀娥将剪纸作品提交邮票印制局,故尽管双方最终未签订书面合同,但以上事实足以认定白秀娥已许可邮票印制局在制作辛巳蛇年生肖邮票时以适当方式使用该剪纸图案。因此,邮票印制局在印制辛巳蛇年生肖邮票的特定范围内,有权使用该作品,并可以根据邮票设计的特定需要,对该剪纸作品进行必要的修改。但邮票印制局应当承担支付报酬的义务。邮票印制局未与白秀娥签订书面使用许可合同,有不妥之处,但白秀娥主张国家邮政局、邮票印制局未经其许可,使用其剪纸作品并进行修改,侵犯其享有的发表权、修改权,不能成立。邮票印制局对白秀娥剪纸作品的修改,系根据邮票设计的需要,对剪纸图案进行的少量修改,修改内容未超出合理范围,不构成对白秀娥作品的歪曲和篡改。故白秀娥主张国家邮政局、邮票印制局侵犯其保护作品完整权,亦不成立。

由于邮票的特殊性,邮票印制局不可能在邮票上为白秀娥署名,但在国家邮政局出版、发行的 2001 年第 2 期《新邮预报》上,明确载明"一图剪纸:白秀娥",并且在国家邮政局的文件及相关的媒体报道中,均指明了白秀娥的剪纸作者身份。公众在阅读了《新邮预报》或相关报道后,均可以得出该套邮票第一图的剪纸作者是白秀娥的结论。虽然部分文件中有设计者的署名,但由于设计者的署名是与一图剪纸作者及二图剪纸作者的署名并列的情况下使用的,不会使公众对一图剪纸的作者产生误认。而邮票设计者的创作活动应体现为全套辛巳蛇年生肖邮票的整体构思、布局、色彩搭配等,不包括对一图剪纸的创作。故国家邮政局、邮票印制局已经以适当的方式为白秀娥署名,表明了其剪纸作者的身份。白秀娥关于国家邮政局、邮票印制局侵犯其署名权的主张,不能成立。

邮票印制局作为国家邮资票品的印制主体,其在使用白秀娥的剪纸作品制作辛巳蛇年生肖邮票的过程中,负有向白秀娥支付作品使用费的义务,邮票印制局向白秀娥支付的资料费不能视为使用作品的费用,故邮票印制局仍应向白秀娥支付作品的使用费,具体数额应按照国家有关美术作品的付酬标准及该枚邮票的印制、发行数量予以计算。

2001 年 10 月 27 日公布施行的《中华人民共和国著作权法》第 59 条第 2 款规定,该法施行前的侵权或者违约行为,依照侵权或者违约行为发生时的有关规定和政策处理。综上所述,依据修改前的《中华人民共和国著作权法》第 10 条之规定,于 2001 年 11 月 20 日判决:

一、国家邮政局邮票印制局向白秀娥支付作品使用费 4 685 元(于本判决生效之日起 10 日内给付);

二、驳回原告白秀娥的其他诉讼请求。

白秀娥不服一审判决,向北京市高级人民法院提出上诉。其理由是:自己依约将剪纸交予邮票印制局的编辑李昕时,李昕明确说明,是否使用要经专家评选后才能确定,经专家评选确定使用,再订立使用合同。因此,在双方没有明确使用作品的方式、范围、期间、付酬标准和办法等著作权许可使用合同中最基本内容的前提下,自己交予邮票印制局剪纸的复印件,只是应约参加辛巳蛇年生肖邮票图案的专家评选,许可使用合同还没有成立,因此,一审判决认定自己许可了邮票印制局修改使用的事实不存在。国家邮政局、邮票印制局擅自修改自己的剪纸,并以设计者的身份参加评选,以设计者的身份将自己的剪纸用于邮票、台历等,是抄袭使用,一审判决对此视而不见,是认定事实错误。一审判决认定邮票印制局使用了自己的剪纸,没有支付使用费,但又没有依法判决邮票印制局承担侵权责任,所适用的法律错误。因此,请求二审法院撤销一审判决,判决国家邮政局、邮票印制局侵权。

国家邮政局、邮票印制局服从原审判决,但均答辩称,涉案剪纸属于民间文学艺术作品范畴,因此本案不应适用《著作权法》进行审理。

除一审法院查明的邮票印制局于 2000 年 11 月 27 日向白秀娥支付资料费、国家邮政局于 2000 年 11 月 15 日下发了《关于发行辛巳年特种邮票的通知》、在 2001 年第 2 期《新邮预报》上预报将发行辛巳蛇年生肖邮票、辛巳蛇年生肖特种邮票第一图图案与白秀娥原剪纸图案的主要区别、辛巳蛇年生肖邮票的面值和发行量等事实外,北京市高级人民法院还查明:

1999 年下半年,邮票印制局职工李昕接受领导委派,担任拟于 2001 年初发行的辛巳蛇年生肖邮票的责任编辑。同年,白秀娥在中央工艺美术学院举办的安塞剪纸展览上出售自己的剪纸,李昕主动找到白秀娥,谈及有关辛巳蛇年生肖邮票发行一事,并约其提供一些蛇图剪纸,白秀娥表示同意。同年底,白秀娥将其制作的数十幅蛇图剪纸提交给邮票印制局,邮票印制局选择了其中的 4 幅,并将复印件留存。

邮票印制局设计师呼振源在白秀娥剪纸图案的基础上设计了邮票图稿。2000年4月11日，国家邮政局第一届邮票图稿评议委员会确定该图稿为辛巳蛇年生肖邮票第一图。2001年1月5日，辛巳蛇年生肖邮票由国家邮政局正式发行。该套邮票共2枚，其中第一枚使用了白秀娥向邮票印制局提供的剪纸图案。国家邮政局还同时印制、发行了该套邮票的小版张，以及以该套邮票第一枚图案为封面的新邮台历。国家邮政局在该套邮票的发行介绍中载明："第一图原剪纸作者：白秀娥。"

北京市高级人民法院认为，本案涉及的蛇图剪纸系白秀娥独立创作完成，该剪纸作品虽然采用了我国民间传统艺术中"剪纸"的表现形式，但其并非对既有同类题材作品的简单照搬或模仿，而是体现了作者白秀娥审美观念，且表现出独特意象空间，属于应当受《著作权法》保护的美术作品。目前，我国法律、法规中虽然尚未对民间文学艺术作品的保护问题作出规定，但是借鉴民间文学艺术表现形式创作出的新的作品，应当视为对民间文学艺术的继承和发展，其作者依法享有著作权，符合我国《著作权法》"鼓励创作"的立法精神。因此，国家邮政局、邮票印制局关于本案不应适用《著作权法》的主张不能成立，法院不予支持。

根据《著作权法》的规定，使用他人作品应当同著作权人订立使用合同或者取得许可，该法规定可以不经许可的除外。在本案中，邮票印制局应对自己主张使用白秀娥的剪纸作品，已经得到白秀娥许可之事实提供证据加以证明。在现有证据中，李昕证言并未表明邮票印制局与白秀娥已就使用涉案剪纸作品用于邮票一事有过具体协商，更无法证明已经得到白秀娥的许可。邮票印制局未提交证据证明在给付白秀娥"资料费"之前，已告知白秀娥其作品已经被选定为邮票图案，因此，物证"白秀娥收讫资料费收条"中因明确写明"资料费"字样，只能表明此为白秀娥应约向邮票印制局提供数幅剪纸获得的报酬，而不能证明是因白秀娥已许可使用其作品而获得的使用费。同时，由于邮票设计图稿最终用于邮票图案须经过一个专家评议的严格过程，作者提供作品用于邮票设计，并不必然用于最终发行的邮票图案，当作品被选定为邮票图案后，作者再与邮票印制局就合同主要条款进行协商，并订立使用合同，并非不可实现和违背常规。因此，在本案中，无论白秀娥是应约供稿，还是主动投稿，均不能表明白秀娥已许可邮票印制局使用其作品。由此可见，邮票印制局关于其使用白秀娥的作品已经得到白秀娥许可之主张，无充分证据加以证明，故其对此应承担不利的法律后果。邮票印制局未经许可使用白秀娥的作品，且未支付报酬，已构成对白秀娥的使用权和获得报酬权的侵犯。国家邮政局作为辛巳蛇年生肖邮票图稿的审定和该套邮票的发行单位，应与邮票印制局承担连带责任。关于印制、发行是否属于"国家机关执行公务"，法院认为，国家邮政局、邮票印制局印制、发行涉案邮票，乃是依国家授权、行使邮政专营权范围内的一种营利行为，并非国家机关实施管理的公务行为，因此，国家邮政局、邮票印制局使用白秀娥剪纸用于邮票印制、发行不能以"合理使用"而免责。据此，一审法院关于白秀娥"已许可邮票印制局在制作辛巳蛇年生肖邮票时以适当方式使用该剪纸图案"的认定有误，予以纠正。白秀娥关于国家邮政局、邮票印制局侵犯其使用权及获得报酬权之主张，应予支持。

依据《著作权法》的规定，人民法院在依法保护作者财产权利的同时，亦应维护作者的精神权利不受侵犯。在本案中，白秀娥将自己制作的剪纸交予邮票印制局参加邮票评选，此举只能认为白秀娥已许可将自己的作品在邮票评议委员会成员、相关活动组织者这一特定范围内展示，而国家邮政局、邮票印制局将该剪纸图案复制、发行，使得该作品公之于众，违背了作者白秀娥的意愿，故已构成对白秀娥发表权的侵犯。国家邮政局、邮票印制局设计、印制、发行的辛巳蛇年生肖邮票第一图是在对白秀娥作品进行修改的基础上完成的，且改动非常明显，该修改未经白秀娥许可，且有其他法律依据，故已构成对白秀娥修改权的侵犯。同时，白秀娥创作的涉案剪纸，其图案中的各个组成部分为一和谐整体，作者所选取的各种素材有其特定内涵，国家邮政局、邮票印制局对该作品进行的不适当修改，在一定程度上有损于作者所要表达的思想，故同时构成了对白秀娥保护作品完整权的侵犯。据此，白秀娥关于国家邮政局、邮票印制局侵犯其发表权、修改权、保护作品完整权之主张，予以支持。

剪纸作品·举证责任·合理使用

关于白秀娥主张国家邮政局、邮票印制局侵犯其署名权一节，法院认为，由于邮票的特殊性，邮票印制单位通常无法在邮票图案上表明作者身份。在本案中，国家邮政局在辛巳蛇年生肖邮票的发行介绍《新邮预报》上已经指明了白秀娥为邮票一图剪纸作者，客观上也已经使公众知悉一图剪纸为白秀娥创作，这种署名方式适当、合理，故国家邮政局、邮票印制局并未侵犯白秀娥的署名权。同时，邮票印制局设计师呼振源在白秀娥剪纸图案的基础上，设计出了辛巳蛇年生肖邮票第一图图案，该邮票图案虽因侵犯他人著作权而在法律上存在瑕疵，但仍具有一定的独创性，可构成一件独立的演绎作品。呼振源因创作该演绎作品而行使署名权，符合《著作权法》的规定，其与原作者白秀娥并列署名，公众不会对一图剪纸作者的身份产生误认，故白秀娥关于呼振源抄袭自己作品之主张，于法无据，不予支持。

鉴于辛巳蛇年生肖邮票已经由邮票印制局、国家邮政局印制并发行完成，即侵权行为已经停止，故法院对白秀娥停止侵权的诉讼请求不予支持。因国家邮政局、邮票印制局侵犯了白秀娥之人身权，故其应承担赔礼道歉的民事责任，但鉴于本案侵权情节并不严重，且并未给白秀娥的声誉带来不良影响，故酌情确定赔礼道歉的方式。对因侵权行为给白秀娥造成的经济损失，国家邮政局、邮票印制局应当予以赔偿，但白秀娥主张的100万元的赔偿数额无法律依据，法院根据辛巳蛇年生肖邮票的发行数量、侵权人主观过错程度、侵权后果等因素酌定赔偿数额。

综上，一审判决认定事实、适用法律有误，应予改判。法院依据2001年10月27日修正前的《中华人民共和国著作权法》第3条、第10条、第45条第1、4、8项、第46条第2项，《中华人民共和国民事诉讼法》第153条第1款第2、3项之规定，于2002年11月6日判决：

一、撤销北京市第一中级人民法院〔2001〕一中知初字第185号民事判决；

二、国家邮政局、国家邮政局邮票印制局当面向白秀娥致歉；

三、国家邮政局、国家邮政局邮票印制局赔偿白秀娥经济损失24万元（于本判决生效后10日内支付）；

四、驳回白秀娥的其他诉讼请求。

上述判决发生法律效力后，国家邮政局、邮票印制局向法院申请再审。北京市高级人民法院于2003年9月8日作出〔2003〕高民监字第301号民事裁定，决定对本案进行再审。

再审申请人国家邮政局、邮票印制局再审期间称：

1. 涉案剪纸作品系民间文学艺术作品，不应受《著作权法》保护，原判对此认定有误，应予纠正。

2. 白秀娥只是邮票设计资料的提供者，邮票印制局专家评选的均是正式的邮票图稿方案。白秀娥关于其向邮票印制局提供剪纸只是应约参加蛇年邮票图案的专家评选，选上后再签订合同的说法没有事实依据。

3. 根据我国《合同法》第36条的规定："法律、行政法规规定或者当事人约定采用书面形式订立合同，当事人未采用书面形式但一方已经履行主要义务，对方接受的，该合同成立。"白秀娥提交剪纸作品、领取资料费及接受《中国集邮报》记者采访时完全知晓其剪纸的用途，其均没有提出异议，说明其许可邮票印制局使用其剪纸作品设计和发行邮票，双方之间已通过口头方式建立使用合同，故不构成对白秀娥作品发表权、修改权、保护作品完整权、使用权及获得报酬权的侵犯。

4. 邮票是邮件资费交付的标志，邮票面值是邮政职工为用户完成其交寄邮件运递的劳务价值，原判决认为邮票印制、发行是一种营利行为，以邮票发行量作为计算赔偿数额的主要依据是错误的，原判因未考虑我方具体的行业特点，所作判决偏离客观实际，对我方的合法权益未予保护，请求再审改判。

白秀娥再审期间称：

1. 涉案剪纸是受著作权法保护的作品。

2. 李昕在向我约稿时明确讲：剪纸图案经专家评上后，邮票印制局再与我签订使用合同。申请人在未与我签订使用合同并未经我许可的情况下，即将我的作品公开印刷、发行，原审判决认定申请人侵犯了我剪纸作品的发表权、修改权、保护作品完整权、使用权及获得报酬权是正确的,应予维持。

3. 原判决认定申请人印制、发行涉案邮票是依国家授权、行使邮政专营范围的一种营利行为是正确的,但原判未判令申请人承担台历、小版张及其他同类邮品的侵权责任是错误的。鉴于申请人存在严重侵权行为,应在原判赔偿24万元的基础上,加重对申请人的制裁。

除二审法院查明的邮票印制局职工李昕就发行辛巳蛇年生肖邮票约白秀娥提供蛇图剪纸、邮票印制局于2000年11月27日向白秀娥支付资料费、国家邮政局于2000年11月15日下发《关于发行辛巳年特种邮票的通知》、在2001年第2期《新邮预报》上预报将发行辛巳蛇年生肖邮票、辛巳蛇年生肖特种邮票第一图图案与白秀娥原剪纸图案的主要区别、辛巳蛇年生肖邮票的面值和发行量等事实外,再审法院还查明:

再审开庭时,邮票印制局职工李昕出庭作证:我向白秀娥约稿时讲明,她提供的蛇图剪纸,是给我们作为设计邮票的参考资料,资料被使用后会给她一定的资料费,还有可能在原有的基础上改动,当时白秀娥同意了。2000年4月经专家评议,设计师呼振源的方案中选,参考的是白秀娥的剪纸,我就将此事电话通知了白秀娥。2000年11月27日白秀娥领取了资料费。白秀娥则称:李昕在向我约蛇年剪纸时讲:使用与不使用要经专家评选后才能确定,确定使用后,再具体协商,订立使用合同。后李昕告诉我作品没选中,李昕给我970元时,是说4幅剪纸复印件的资料费。几天后我在报纸上看到该邮票,认出是我的作品,我立即给李昕打电话,就找不到人了。

2000年12月12日,《中国集邮报》记者专门就即将发行的蛇年邮票采访了白秀娥,白秀娥在接受采访时发表了创作感想,并没有提及邮票印制局对其有欺瞒之事。

对于李昕证言与白秀娥陈述相互矛盾之处,因双方均不能提交其他证据予以证实,法院不予认可。

北京市高级人民法院再审认为,涉案剪纸是白秀娥自己独立创作完成的,具备了《著作权法》对作品独创性的要求,属于应当受《著作权法》保护的美术作品。因此,国家邮政局关于本案不应适用《著作权法》的主张不能成立。原判决认定国家邮政局、邮票印制局并未侵犯白秀娥的署名权是正确的。原判决认定邮票印制局已构成对白秀娥作品的发表权、使用权、获得报酬权及修改权的侵犯是正确的。

国家邮政局作为辛巳蛇年生肖邮票图稿的审定和该套邮票的发行单位,应与邮票印制局承担连带责任。

本案中,邮票印制局根据邮票设计的需要,对白秀娥的剪纸作品虽作了一定改动、删节,但该改动、删节尚未达到对作品内容、观点进行歪曲、篡改的程度,尚未破坏作品的完整性,且未构成对白秀娥名誉的损害,故原判认定国家邮政局、邮票印制局侵害了白秀娥的保护作品完整权欠妥,应予纠正。

根据我国《邮政法》的相关规定,国家邮政局、邮票印制局属于公用企业,邮政业务的基本资费,由国务院物价主管部门制定,报国务院批准。邮票主要功能是邮资凭证,由国务院主管部门发行。邮票印制、发行具有行业性特点,邮票作为邮资凭证使用时,邮政企业要付出一定的劳务,邮票面值、发行量的确定,与商业性的营利行为亦有不同,故国家邮政局、邮票印制局关于原判以发行量作为确定赔偿数额的主要依据之一,对邮政行业特点未予以充分考虑的理由成立,应予采信。因白秀娥未能提交证据证明镶嵌铜章首日封、收藏金卡、香币等其他邮品系邮政局、邮票印制局印制、发行或授权其他单位印制、发行,故原判以这些邮品的相关证据与本案不具有关联性,对白秀娥其他邮品亦被侵权的主张未予以支持是正确的。原判在确认本案侵权情节并不严重,且未给白秀娥的声誉带来不良影响的前提下,酌定赔偿的数额明显过高,应适当予以调整。

综上,本案应根据侵权人主观过错程度、侵权后果、辛巳蛇年生肖邮票的发行量、小版张、新邮台历的发行使用情况以及邮政局、邮票印制局的行业特点等因素酌定赔偿数额。故依照2001

年 10 月 27 日修改前的《著作权法》第 3 条、第 10 条、第 45 条第 1、8 项,《中华人民共和国民事诉讼法》第 184 条第 1 款、第 153 条第 1 款第 2、3 项的规定,于 2003 年 12 月 15 日判决:

一、维持北京市高级人民法院〔2002〕高民终字第 252 号判决第一、二、四项(即撤销北京市第一中级人民法院〔2001〕一中知初字第 185 号民事判决;国家邮政局、邮票印制局当面向白秀娥致歉;驳回白秀娥的其他诉讼请求);

二、变更北京市高级人民法院〔2002〕高民终字第 252 号判决第三项国家邮政局、邮票印制局赔偿白秀娥经济损失 24 万元为国家邮政局、邮票印制局赔偿白秀娥经济损失 7 万元。

二、裁判要旨

No.1-3-24-4 **由个人独立创作完成的剪纸作品,应当属于受《著作权法》保护的美术作品。**

本案的首要焦点是,白秀娥的剪纸作品究竟属于民间文学艺术作品还是属于著作权法保护的作品?对此原、被告的意见截然相反,而北京市中、高级人民法院的意见均很一致,认为白秀娥的剪纸作品是由个人独立创作完成的,虽然采用了我国民间传统艺术中"剪纸"的表现形式,但其并非对既有同类题材作品的简单照搬或模仿,而是体现了白秀娥的审美观念,且表现出独特意象空间,属于应当受《著作权法》保护的美术作品。

对于剪纸这类民间文学艺术作品,我国《著作权法》第 6 条规定,其著作权保护办法由国务院另行制定。但由于其复杂性和特殊性,国务院迟迟未出台相关规定。而对于现实中屡屡发生的这类作品的侵权纠纷,法院一般是从作品是否具有独创性、构成著作权法意义上的作品这个角度出发,决定是否给予著作权保护。

No.1-3-24-5 **使用他人作品,使用人应当就是否取得许可提供证据。使用人的主张和证据无法证明其已取得许可,应当承担侵权责任。**

根据纠纷当时的《著作权法》的规定,使用他人作品应当同著作权人订立使用合同或者取得许可,该法规定可以不经许可的除外。而涉案作品的作者与作品的使用者曾经有过"接触",甚至交付了作品,使用者认为已经取得了许可,而作者却始终声明没有授权,双方的使用许可合同是否成立?该案中使用者支付作者"资料费"的行为是否又可以认定为支付作品使用费的行为?

由于该案中双方的陈述是互相矛盾冲突的,又未提出其他证据予以证明,所以只能通过举证责任的分配来确定侵权与否。

我国《民事诉讼法》第 46 条规定了"谁主张,谁举证"的举证原则,最高人民法院《关于民事诉讼证据的若干规定》及司法解释明确了举证责任分配的一般原则和细化规定。根据规定,侵权纠纷案件中涉及合同成立的举证责任应当由被告承担。所以,该案中的被告邮票印制局应当承担与原告的著作权许可使用合同成立的举证责任。

在现有证据中,李昕证言并未表明邮票印制局与白秀娥已就使用涉案剪纸作品用于邮票一事有过具体协商,更无法证明已经得到白秀娥的许可。邮票印制局未提交证据证明在给付白秀娥"资料费"之前,已告知白秀娥其作品已经被选定为邮票图案,因此,物证"白秀娥收讫资料费收条"中国明确写明"资料费"字样,只能表明此为白秀娥应约向邮票印制局提供数幅剪纸获得的报酬,而不能证明是因白秀娥已许可使用其作品而获得的使用费。同时,由于邮票设计图稿最终用于邮票图案须经过一个专家评议的严格过程,作者提供作品用于邮票设计,并不必然用于最终发行的邮票图案,当作品被选定为邮票图案后,作者再与邮票印制局就合同主要条款进行协商,并订立使用合同,并非不可实现和违背常规。所以,无论白秀娥是应约供稿,还是主动投稿,均不能表明白秀娥已许可邮票印制局使用其作品。

故而邮票印制局关于其使用白秀娥的作品已经得到白秀娥许可之主张,无充分证据加以证明,应对此承担不利的法律后果,即承担侵权责任。

剪纸作品·举证责任·合理使用

**No.1-3-24-6** 国家邮政局、邮票印制局属于公用企业,使用他人作品印制、发行邮票,不能以"合理使用"为由免责。

该案的另一争议问题是,国家邮政局、邮票印制局印制、发行涉案邮票的行为是否属于两被告所辩称的"国家机关执行公务",从而以"合理使用"免责?

根据《著作权法》第 22 条第 1 款第 7 项之规定,国家机关为执行公务在合理范围内使用已经发表的作品可以不经著作权人许可,不向其支付报酬,但应当指明作者姓名、作品名称,并且不得侵犯著作权人享有的其他权利。从该规定看,构成合理使用,首先主体需是国家机关,另外需在执行公务的合理范围内,且是使用已经发表的作品。

关于印制、发行是否属于"国家机关执行公务",二审法院认为,国家邮政局、邮票印制局印制、发行涉案邮票,乃是依国家授权、行使邮政专营权范围内的一种营利行为,并非国家机关实施管理的公务行为,因此,国家邮政局、邮票印制局使用白秀娥剪纸用于邮票印制、发行不能以"合理使用"而免责。而再审法院则认为,根据《邮政法》的相关规定,国家邮政局、邮票印制局属于公用企业,邮政业务的基本资费,由国务院物价主管部门制定,报国务院批准。邮票主要功能是邮资凭证,由国务院主管部门发行。邮票印制、发行具有行业性特点,邮票作为邮资凭证使用时,邮政企业要付出一定的劳务,邮票面值、发行量的确定,与商业性的营利行为亦有不同。但再审法院也未认定其为合理使用行为,只是考虑到邮票印制、发行的行业性特点,在酌定赔偿的数额上予以了相应调整。不过,从再审法院的认定看,公用企业并非国家机关,显然也不符合《著作权法》第 22 条第 1 款第 7 项规定的"合理使用"之范围。

## 53 许可使用和转让合同(《著作权法》第 27 条、第 25 条)

**案例:成都经济电视台与成都市信海广告公司著作权纠纷案**
案例来源:《人民法院案例选》2001 年第 1 辑[第 43 号]
主题词:许可使用 转让合同

### 一、基本案情

被上诉人(原审原告):成都市信海广告公司(以下简称广告公司)。
上诉人(原审被告):成都经济电视台(以下简称电视台)。

1995 年 3 月 25 日,广东经济电视将其经广东省广播电视厅批准从法国引进译制的 52 集电视动画片《天命神童》的全国无线电视播出版权,有偿转让给沈阳万得广告传播有限公司(以下简称传播公司),并出具委托发行证明书,陈述上述转让事实并表明,凡得到传播公司提供的节目均具有合法播出版权,未得到该公司允许而播出该节目的都视为侵权。同年 12 月,传播公司与原告签订电视节目版权转让协议,约定:传播公司将《天命神童》在中国大陆无线电视播映权之四川境内版权有偿独家转让给原告 2 年,原告一次性付给传播公司版权费 3 万元。之后,传播公司出具授权证明证实上述转让事实,并声明各地市电视台在广告公司授权后有权播出该片。同月,原、被告双方签订协议约定,由原告将所购得的《天命神童》成都地区无线电视播出权转让给被告,被告从当月底在该台每晚 18:20《每日卡通站》栏目中连续播出,每晚 1 集,共播出 52 天;作为条件,原告有权在每集夹带 30 秒广告一次,共计 30 秒×52 次,且被告征集广告应在原告夹带广告之后播出。之后,原、被告双方均按约履行完上述协议,但被告未退还原告向其提供的、且已播完的 26 盒 SONY/KCA3/4 节目磁带。1997 年 4 月下旬,被告未经原告同意,再次在该台每晚 18:20 左右的《每日卡通站》栏目中播出《天命神童》,每集夹带其自行征集广告约 80 秒。被告在 18:00—18:50 的 B1 段广告播出收费标准为每 30 秒 2 000 元。

原告认为,电视台在协议履行完后,于 1997 年 4 月下旬未经其同意,又再次播出《天命神童》,侵害了其合法权益,遂起诉至成都市青羊区人民法院。

电视台答辩称:广告公司不具备将《天命神童》四川境内播出权再行转让的权利,广告公司与本台于 1995 年 12 月签订的协议无效,广告公司的转让行为无效,且广告公司未举出其损失存在的合法依据。请求法院驳回广告公司的诉讼请求。

成都市青羊区人民法院认为,广东经济电视台引进译制的电视动画片《天命神童》,具有该片在中国大陆合法播出版权,其将该片的全国无线电视播出版权有偿转让给传播公司,传播公司又将该片的四川境内播出版权有偿独家转让给原告2年,原告再将该片的成都地区无线电视播出版权以夹带播出原告广告为对价,转让给被告52天,故原、被告双方签订的转让播出版权的协议有效;被告提出原告未得到广东经济电视台授权许可,而向其转让播出版权行为无效的理由不能成立;被告本应于上述协议履行完毕后将《天命神童》节目磁带退还给原告却未为之,并于此之后未经原告许可再次播出该片,侵害了原告在成都地区无线电视播出该片的播出权,故应参照原、被告双方前述协议约定,按原告在每集中夹带30秒广告的收益104 000元赔偿原告损失。

据此,依照《中华人民共和国经济合同法》第9条,《中华人民共和国著作权法》第23条、第45条第8项之规定,判决:

被告电视台在判决生效后30天内赔偿原告广告公司侵权损失费104 000元,并退还广告公司26盒SONY/KCA3/4《天命神童》节目磁带。

一审法院宣判后,被告电视台不服,向成都市中级人民法院提出上诉称:(1)被上诉人从传播公司获得电视动画片《天命神童》在四川境内2年的独家播映权后再行转让,必须取得的授权却未取得,且被上诉人未取得影视制作经营许可证,无经营权,故原判认定双方转让协议有效证据不充分;(2)上诉人第二次播放电视动画片《天命神童》时并未夹带广告,只是在《每日卡通站》播出了该栏目的固定广告,故原判以上诉人第二次播放该片获得的收益额作为赔偿标准是错误的。上诉人第二次播出的损害程度最多影响了被上诉人对该片的第二次转让,而被上诉人获得该片播映权所付的价款仅为3万元,在第一次播出时的实际收益为57 000元,故应以此实际存在的损害为据。请求二审法院撤销原判,依法改判。

成都市中级人民法院认为:《天命神童》电视动画片国内版权系广东经济电视台合法取得,其将该片在全国无线电视播出版权有偿转让给传播公司并出具委托发行证明书的行为合法有效,传播公司又将该片在四川地区无线电视播映权有偿转让给广告公司,广告公司由此取得的相应的独家播映权合法有效,应受法律保护。广告公司与电视台双方所签协议约定,电视台只能播出《天命神童》一次,而电视台未经广告公司许可,又再次播出,侵犯了广告公司在成都地区的无线电视播映权。电视台再次播出该片并夹带广告80秒所造成的损失,应参照双方协议约定,由电视台按广告公司在每集夹带30秒广告时的实际收益104 000元,赔偿给广告公司。上诉人电视台所述广告公司无经营权,所签协议无效以及原审认定的赔偿数额错误等上诉理由不成立,法院不予支持。原判认定事实清楚,适用法律正确。

成都市中级人民法院经院审判委员会讨论决定,依照《中华人民共和国民事诉讼法》第153条第1款第1项之规定,于1998年5月7日判决:驳回上诉,维持原判。

二、裁判要旨

**No.1-3-27-1　未经著作权人同意,许可使用合同和转让合同的另一方在合同履行完毕后再次行使原权利的行为,构成侵权。**

该案的争议问题是,原告广告公司转让其著作使用权予电视台,电视台在合同履行完毕后擅自重播,该行为是否构成著作权侵权？从侵权法的角度,侵害著作权是指侵害人针对著作权人就其作品在保护期内所享有的人身权或财产权实施的不法侵害行为。根据《著作权法》第25条"转让本法第十条第一款第(五)项至第(十七)项规定的权利,应当订立书面合同"之规定,以及第27条"许可使用合同和转让合同中著作权人未明确许可、转让的权利,未经著作权人同意,另一方当事人不得行使"之规定,原告虽不是电视片《天命神童》的著作权人或所有人,但经由其与传播公司签订的电视节目版权转让协议,已经享有中国大陆无线电视播映权之四川境内的专有使用许可。在电视台与广告公司签订的有偿转让协议履行终止后,电视台要另行播放该片,应重新与广告公司签订转让协议。电视台未经其同意,擅自播映即构成了对其专有使用许可权的侵犯,应承担侵权责任。

此外,该纠纷也属于著作权转让合同纠纷。原、被告双方按照双方签订的转让协议,均已按约履行完上述协议,但被告未退还原告向其提供的、已播完的 26 盒 SONY/KCA3/4 节目磁带。另外,根据《合同法》第92条"合同的权利义务终止后,当事人应当遵循诚实信用原则,根据交易习惯履行通知、协助、保密等义务"之规定,电视台未履行相互协助、相互保护的义务,擅自播放无权再行使用的电视节目播映权,给广告公司造成经济损失,属于违反后合同义务的行为。后合同义务是指合同关系消灭后,缔约双方当事人依诚实信用原则依法应负有某种作为或不作为义务,以维护给付效果,或协助对方处理合同终了的善后事务的合同附随义务。我国《合同法》虽规定了后合同义务,但对违反后合同义务的民事法律后果却未作出具体规定。按照学术界通说的观点,违反后合同义务仍然应当按照违约责任处理。

因此,该案既构成了侵权之诉,也构成了违约之诉。原告可以选择其一进行起诉。由于原告选择的是著作权侵权之诉,所以电视台应承担侵权责任。

No.1-3-27-2　**电视节目专有使用权的取得,无须获得影视制作经营许可证,电视节目著作权转让行为不同于电视节目发行行为或从事电视节目制作经营行为。**

该案被告电视台的一个主要辩称理由是,广告公司未取得影视制作经营许可证,无经营权,无权转让电视节目著作使用权,故双方的转让协议无效。

但电视节目著作权转让行为不同于电视节目发行行为或电视节目制作经营行为,广告公司并非影视制作经营单位或电视节目发行单位,而仅为电视节目著作权专有使用权的享有者,无须领取影视制作经营许可证。广告公司依照与传播公司的电视节目版权转让协议合法取得电视节目的专有使用权,并且其后将该片的成都地区无线电视播出版权以夹带播出原告广告为对价,限期转让给具备电视节目制作经营资格的电视台进行公开播映,并未自行或转让给其他不具相应经营权的非专业机构发行播映,因此并未违反广播电影电视部的行业管理规定,双方签订的转让协议应属有效。

# 第四章　出版、表演、录音录像、播放

> **本章裁判要旨**
>
> No.1-4-30-1　书商介入作者和出版社之间的出版事宜时,应从三者约定的权利义务的整体关系确定图书出版合同的主体。
>
> No.1-4-30-2　在图书投稿过程中,出版社拒稿视为出版合同不成立,期间当事人若无违反诚实信用原则的情形,无须承担缔约过失责任,不再适用国家版权局1999年制定的《出版文字作品报酬规定》第16条。
>
> No.1-4-31-1　未经许可出版他人享有专有出版权作品的汇校本,属于侵犯图书出版者专有出版权的行为。
>
> No.1-4-31-2　在《著作权法》没有明确规定时,民法基本原则也可适用于著作权纠纷。
>
> No.1-4-32.1-1　著作权人和图书出版者未就图书出版质量进行约定时,可参照有关国家或行业标准。
>
> No.1-4-32.1-2　图书出版者出版编校质量不合格图书,是对著作权人保护作品完整权的侵犯,但未必侵害了著作权人的修改权。
>
> No.1-4-32.2-1　图书出版者应按照出版合同约定的期限出版图书,否则应承担违约责任,但图书出版者超期后双方同意继续出版的,不承担违约责任。
>
> No.1-4-32.3-1　图书出版者重印、再版图书时,著作权人有知情权和获得报酬权。
>
> No.1-4-32.3-2　图书脱销后图书出版者拒绝著作权人重印、再版后,私自进行重印、再版的,著作权人仍有权终止合同。
>
> No.1-4-32.3-3　对已为生效裁判确定为侵权并已给予权利人充分赔偿的图书,如在该判决生效后继续发行,属于对原判决执行的问题,不构成新的侵权行为。
>
> No.1-4-33.1-1　除双方另有约定外,著作权人向报社、期刊社投稿,超过法定期限未被采用的,可另投他处,报社、期刊社无退稿义务。
>
> No.1-4-11.4-1　如无相反证据,可利用网络注册号和密码验证的方式证明网络作品的作者身份。
>
> No.1-4-33.2-1　著作权人对已刊登作品声明不得转载、摘编的,不适用法定许可。
>
> No.1-4-34.2-1　报刊出版者在对作品进行文字性修改、删节时,无须征得作者同意。但这种修改、删节不能涉及作品的内容,不能歪曲、篡改作品。
>
> No.1-4-35-1　汇编作品的著作权人在与图书出版者签订出版合同前获得原作品著作权人的出版授权,应视为图书出版者获得出版该汇编作品的合法授权。
>
> No.1-4-36-1　封面的排版格式及版面布局属于版式设计,而刊标等单幅作品则属于美术作品。
>
> No.1-4-36-2　版式设计专用权仅为出版者所有,其权属确认不适用有关委托作品权属的规定。

No.1-2-13-2　歌曲是合作作品,对其使用应同时取得词、曲著作权人的授权。

No.1-4-37.1-1　演员的演出行为属于职务行为时,演出单位是表演者,应独立承担未经许可并支付报酬而使用他人作品演出的侵权责任。

No.1-4-37.1-2　演出组织者组织演出时使用他人作品,应由该组织者取得著作权人许可,并支付报酬。

No.1-4-40.3-1　录音制作者使用他人已经合法录制为录音母带的音乐作品制作录音制品,应视该母带的性质决定是否适用法定许可。

No.1-4-38-1　表演者享有表明表演者身份、保护表演形象不受歪曲的权利。

No.1-2-15-2　以类似摄制电影的方法创作的作品,应当是以类似摄制电影的方法制作、具有创作成分、体现制作者应有的创作性劳动的作品。

No.1-4-38-2　表演者对其表演享有表明表演者身份的权利,只要以他人能够得知的适当形式让他人知悉实施表演的表演者为谁,即达到了表明表演者身份的要求。

No.1-4-38-3　知道其所录制的节目是以播出为目的的,其参与录制该节目,推定为同意他人将其表演录音录像公开传送。

No.1-2-17-6　委托人不是委托作品著作权人时,仅有权在委托事项范围内免责使用该作品。

No.1-4-38-4　表演者有许可他人录音录像及复制、发行该录音录像,并获得报酬的权利,义演等公益理由不能免除使用人获得表演者许可的义务。

No.1-4-38-5　表演者享有许可他人通过信息网络向公众传播其表演,并获得报酬的权利。

No.1-4-37.1-3　在整台戏剧演出中,承担了筹备、组织、资金投入等工作,并以自己的名义对外承担法律责任的演出单位,是著作权法意义上的表演者。

No.1-4-40-1　发行剧目录像制品应当取得作者、表演者、录像制品制作者的许可;录像复制单位接受委托复制录像制品的,也应当验证委托人是否取得了各权利主体的授权。

No.1-4-42.1-3　录像制品制作者权的范围仅限于录像制品制作者制作的录像制品,但是如果录像制品制作者取得了非自制录像制品所涉内容的独家出版、发行权,有权禁止他人就相关内容制作、出版、发行录像制品。

No.1-4-38-6　如无相关证据,在录音制品上表明曲目的表演者姓名和肖像的,可以据此认定表演者身份。

No.1-4-41-1　如无相反证据,光盘上蚀刻的SID码是判定光盘复制者的重要依据。

No.1-4-40.3-1　使用他人已经合法录制为录音制品的音乐作品制作录音制品,可以不经著作权人许可;对使用此类音乐作品制作的录音制品进行复制、发行,也不需要经著作权人许可,但应当依法向著作权人支付报酬。

No.1-4-40.3-2　在不损害著作权人获得报酬权的前提下,作品使用人可以先使用后付款。在计算应付报酬数额时,如当事人之间对复制、发行数量有争议,可以根据出版行业的惯例判定。

> No.1-4-40.3-3 根据民歌改编的音乐作品的著作权人,依法对改编的音乐作品享有著作权,使用他人根据民歌改编的音乐作品制作录音制品并复制、发行的,可以向改编者支付全额报酬。
>
> No.1-4-40.3-4 著作权人将其著作财产权授权给集体管理组织之后,在其与集体管理组织订立的合同中未对诉权问题作出约定时,可以自己行使诉权。
>
> No.1-4-42.1-1 依惯例通过网络宣传者未提供下载路径,不侵犯录音录像制作者权。
>
> No.1-4-42.2-2 目前电影表演者不享有二次许可权和获酬权。
>
> No.1-4-43-1 应用户点播而播放的声讯服务,不适用广播组织的法定许可。
>
> No.1-4-55-1 著作权纠纷可以调解结案。
>
> No.1-4-44-1 广播组织播放电影作品、录像制品不适用法定许可制度。
>
> No.1-4-46-1 广播组织播放电影作品、录像制品,应取得制片者或者录像制作者许可,并支付报酬。

## 第一节 出版

### 54 出版合同的主体(《著作权法》第30条)

**案例**:颜永华诉南京市鼓楼区至乐书社等图书出版合同纠纷案
**案例来源**:《中国审判案例要览》2005年商事审判案例卷(第76号)
**主题词**:出版合同 稿酬

#### 一、基本案情

原告(被上诉人):颜永华。
被告(上诉人):湖南师范大学出版社(以下简称出版社)。
被告(被上诉人):南京市鼓楼区至乐书社(以下简称至乐书社)。

2000年12月2日,颜永华作为著作权人与至乐书社签订"约稿合同"一份,约定颜永华授予至乐书社在合同签字之日起5年内以图书形式出版《题型优化设计与解题方法》的专有使用权。在上述期限内,颜永华还授予至乐书社下列从属权利:把该著作的专有使用权转授第三方以其他形式使用的权利。作者于2001年3月31日前交付原稿,至乐书社在图书出版后30日内一次性支付稿酬。合同签订后,颜永华约请若干教师撰写丛书。诉讼中,撰稿人同意颜永华作为本案著作权财产权利的代表人。

2001年6月11日,出版社(甲方)与至乐书社(乙方)签订图书包销合同一份,双方约定:丛书一经甲方出版,乙方即包销5000套(不得退货);乙方分两次付清书款,乙方向作者支付整套丛书稿酬(支付办法由丛书图书出版合同规定),用抵第一次书款,余款年底付清。

2001年7月初,颜永华出具了相应的授权委托书,内容为:兹委托至乐书社蔡言先生全权代表本人与湖南师范大学出版社洽谈《中学各科知识精讲与实力训练丛书——题型优化设计与解题方法》之化学的出书事宜,并签署了相关协议。之后,至乐书社代表原告方与出版社签订了图书出版合同。合同抬头甲方为作者,乙方为出版社,合同签字方为至乐书社和出版社。合同内容为:作者方将该丛书的出版发行专有使用权授予出版社,稿酬标准为每千字53元,全部稿酬由至乐书社先行代为垫付。

原告颜永华诉称：上述合同签订后，原告如约履行，按约定向两被告交付稿件，丛书也得以出版，合计 1 442 千字，共计稿酬 72 100 元。但两被告仅支付稿酬 20 000 元，故请求判令两被告支付剩余稿酬 52 100 元，并互负连带责任。

被告至乐书社辩称：我社仅是作为代理人，代理原告寻找出版社出版作品，故稿酬结算应向出版社主张。

被告出版社辩称：依照原告与至乐书社签订的合同，原告已将著作权财产权转让给了至乐书社，至乐书社又与我方签订合同，我社与原告不存在法律关系，故应由至乐书社向原告支付稿酬。

苏州市中级人民法院经审理查明上述事实，认为：(1) 关于约稿合同的定性问题，从约稿合同内容看，颜永华授予至乐书社在合同签字之日起 5 年内以图书形式出版丛书的专有使用权，也就是说，在一定时期内，颜永华将《题型优化设计与解题方法》的出版权许可给了至乐书社，该合同应认定为出版权许可合同。至于作品是否已实际完成，不影响当事人签订此类合同，法律对此也无禁止性规定。(2) 关于图书出版合同的主体问题。颜永华等作者出具授权委托书的行为表明，约稿合同中的图书出版权已被其收回，双方通过授权委托书将约稿合同的内容进行了变更，至乐书社是代表颜永华等著作权人，故出版合同主体应当是出版社和作者，出版合同的抬头也印证了这一点。(3) 根据法律规定，出版社应当依约定支付稿酬。至于至乐书社，虽然其图书出版合同中盖章，但其仅负先行代为垫付稿酬的义务，是一种代为履行的行为。故在至乐书社不履行垫付义务时，颜永华等只能向出版社主张权利，出版社也应对至乐书社的不履行承担合同义务。据此，苏州市中级人民法院依照 2001 年《中华人民共和国著作权法》和《中华人民共和国合同法》，判决：

一、出版社在本判决生效 10 日内向颜永华支付稿酬 52 100 百元。
二、驳回原告要求至乐书社承担连带责任的诉讼请求。案件受理费 2 073 元，由出版社负担 1 873 元，颜永华负担 200 元。

出版社不服一审判决，向江苏省高级人民法院提起上诉，请求撤销一审判决，驳回颜永华的诉讼请求。主要理由为，出版社与颜永华之间不存在合同关系，颜永华无权向其索要稿酬。本案在二审过程中经法院主持调解，各方当事人达成如下调解协议：

一、出版社给付颜永华人民币 21 055 元；
二、至乐书社给付颜永华人民币 21 055 元；
三、颜永华放弃对出版社、至乐书社的其他诉讼请求；
四、一审案件受理费 2 073 元，由至乐书社负担，二审案件受理费 2 073 元，由出版社负担；
五、本案各方当事人再无纠葛。本案最终以调解方式结案。

二、裁判要旨

No.1-4-30-1　**书商介入作者和出版社之间的出版事宜时，应从三者约定的权利义务的整体关系确定图书出版合同的主体。**

本案中作者、书商、出版者三者之间的合同关系，反映了出版业中一种较为常见的图书出版运作方式，即书商先分别与作者和出版社签订合同，获得前者的图书出版权授权，并向后者保证图书的销路，然后再以作者的名义与出版社签订图书出版合同，从而降低作者和出版社的商业风险。此时，在判断图书出版合同的主体时，应整体分析三方当事人的真实意思表示。

现行《著作权法》第 30 条规定，图书出版者出版图书应当和著作权人订立出版合同，并支付报酬。本案中，虽然原告颜永华最初通过约稿合同将图书出版权转让给被告至乐书社，实质上只是保证两者之间的固定合作关系，以便至乐书社可顺利进行后续活动。并且，随后颜永华又出具授权委托书，全权委托至乐书社与另一被告湖南师范大学出版社签订图书出版合同，至乐书社也认可了该委托书并从事委托事宜。对此，可视为对先前约稿合同的协议变更，此时颜永华收回了原授予至乐书社的图书出版专有权，仍是图书出版权人。因此，在至乐书社代表原告与出版社签订的图书出版合同中，虽然签字一方是代理人身份的至乐书社和出版社，但约束的仍是被代理人颜永华和出版社。

所以，出版社的答辩理由不成立，应承担向原告足额支付报酬的责任，至于其与至乐书社签订的包销合同关于报酬代付的约定，属于二者内部的法律关系，不能对抗图书出版合同的当事人颜永华。

## 55 图书出版中的拒稿和退稿(《著作权法》第 30 条)

**案例**:王志荣与湖南大学出版社出版合同纠纷案
**案例来源**:《最高人民法院知识产权审判案例指导》(第一辑)[第 11 号]
**主题词**:投稿　出版合同　法律依据

### 一、基本案情

原告(二审上诉人、再审申请人):王志荣。

被告(二审被上诉人、再审被申请人):湖南大学出版社(以下简称出版社)。

2007 年 4 月,王志荣与湖南大学出版社总编室秘书邹丽红联系,请求出版社为其出版《与初学写作者谈写作》和《实用文体写作指要》两书。2007 年 4 月 25 日,王志荣通过邮局向出版社投寄书稿,收件人为邹丽红,内含《与初学写作者谈写作》和《实用文体写作指要》两书稿。邹丽红收到王志荣的上述两书稿后,交该社相关编辑审查。2007 年 7 月,王志荣电话询问书稿出版事宜,邹丽红告知王志荣,其书稿不能被采用。2007 年 11 月 28 日,王志荣到出版社,与该社相关人员发生了争执。2007 年 11 月 29 日,出版社通过长沙申通快递公司(以下简称快递公司)退回了王志荣的上述书稿(编号为 268422618496),并随寄信函载:王志荣先生,你的大著《与初学写作者谈写作》和《实用文体写作指要》经我社选题论证,认为市场上多有此类选题,不拟列选,现随函退回书稿两部及两张光盘,查请收;按我社常例,非本社约稿和非手写稿一般不退回作者。邮件注明经手人为李亮,外包装完好无损,发件日期为 11 月 28 日。王志荣承认收到了书稿,但否认收到光盘,并对发件日期与信函落款日期矛盾及经办人应为"雷召"而非李亮提出了异议。

王志荣于 2007 年 12 月 25 日向长沙市中级人民法院起诉称,从其邮寄书稿到出版社退稿经历了 7 个多月,双方达成事实合同关系,出版社严重违反国家版权局的《出版文字作品报酬规定》,侵犯其知识产权,请求法院判令出版社支付其补偿金 12 600 元,退回《与初学写作者谈写作》和《实用文体写作指要》两书稿的光盘,承担本案诉讼费。

湖南大学出版社辩称,我社于 2007 年 7 月初已告知原告对其书稿不会采用;我社退书稿时,已将光盘给了王志荣,光盘系书稿的电子翻版,我社既然将书稿退给王志荣,留下电子翻版没有意义;我社没有违法行为,王志荣投给我社的书稿非我社约稿,且没有与我社形成出版合同关系,王志荣完全可以转投其他出版社,我社没有给原告造成任何损害;两本书稿没有 60 万字,只有约 30 万字,故请求法院驳回原告的诉讼请求。

长沙市中级人民法院经审查认为:(1) 根据《著作权法》的规定,出版者出版图书应当与著作权人订立出版合同。本案中,王志荣虽向出版社自由投寄了书稿,出版社收到书稿后又对书稿进行了选题论证,但双方没有签订书面协议,王志荣认为双方形成了事实合同关系的诉讼主张有违《著作权法》的规定,法院不予支持。另外,知识产权纠纷作为一级案由,下设知识产权合同纠纷,知识产权权属、侵权纠纷和不正当竞争、垄断纠纷 3 个二级案由,并相应设置多个三级案由和四级案由。该院立案时,根据原告的诉状,将本案初步确定为出版合同纠纷,符合尽可能将与知识产权有关的纠纷集中统一规定的精神。虽然经审理查明,双方并未成立出版合同,但双方争议系在出版事宜中产生,以此为案由并无不妥。(2) 光盘虽为《与初学写作者谈写作》和《实用文体写作指要》两书稿的电子版,王志荣在庭审中也承认书稿有备份,光盘本身价值也并不高,但光盘系王志荣的财产,其财产权利应受法律保护,但综合本案证据情况,应当认定被告已退回原告光盘。(3) 出版社已履行了告知不予采用并退还原告书稿的义务,王志荣没有提供因出版社没有及时退回其书稿而造成其经济损失的证据,其要求出版社支付经济补偿金的请求没有法律依据,不应予以支持。据此判决:驳回王志荣的诉讼请求。

王志荣不服一审判决，向湖南省高级人民法院提起上诉。理由是：认为一审法院歪曲和擅自篡改本案案由，造成判决与本案基本案情不相符合；一审判决拒绝追加湖南大学出版社工作人员邹丽红为被告，而将其作为证人出庭，严重违法；一审法院没有采信王志荣提交的补充证据，认定湖南大学出版社已把光盘退回的证据不可靠，错误驳回王志荣要求湖南大学出版社给予经济补偿的诉讼请求，故一审判决认定事实、适用法律都存在严重错误。

湖南大学出版社答辩称：王志荣在上诉状中增列邹丽红为被告，违反法定程序，二审法院不应支持；一审法院对本案案由定性正确，邹丽红作为本案证人出庭，符合法律规定；一审法院对李亮的调查合法有效；《合同法》第42条关于缔约过失责任的规定与《出版文字作品报酬规定》第16条的规定相矛盾，根据新法优于旧法的原则，应适用《合同法》第42条的规定，本案湖南大学出版社的行为没有给王志荣造成损失，故不应给予赔偿或补偿。综上，一审判决认定事实清楚，适用法律准确，二审法院应驳回上诉，维持原判。

该院于2008年6月16日到快递公司岳麓办公室，向该办负责人严勇平、原经办人李亮调查核实有关情况，并做了两份调查笔录，证明编号为268422618496邮件是该办发出的，经办人为李亮，交寄该快递时，邹丽红交给李亮两本书和光盘，快递公司从来没有姓名为"雷召"的工作人员。

湖南省高级人民法院经审理认为：原审法院查明的事实基本属实，湖南大学出版社没有出版王志荣《与初学写作者谈写作》和《实用文体写作指要》两作品。（1）关于本案的案由，王志荣和出版社没有签订出版合同，本案纠纷发生于合同订立之中，根据王志荣的起诉，并依据最高人民法院《民事案件案由规定》，本案应定为出版合同纠纷，属于知识产权合同纠纷的民事案件类型。（2）关于出版社是否已经退回王志荣两本书稿的光盘问题。基于出版社通过快递公司退还王志荣书稿，邮件中附带信函，告知王志荣随邮件退回两张光盘；经向快递公司调查核实，出版社邮寄退回了王志荣光盘；王志荣提供的邮件详情单注明外包装完好无损，表明邮件内物品未丢失。（3）王志荣以书稿没有出版，要求出版社给予经济补偿是合同订立过程中产生的纠纷，应适用《合同法》第42条的规定，即当事人在订立合同过程中，因违背诚实信用原则，给对方造成损失的，应当承担损害赔偿责任。《出版文字作品报酬规定》是国家版权局制定的规章，《合同法》的效力高于《出版文字作品报酬规定》，当二者规定有冲突时，应当适用《合同法》。出版社没有违反诚信的行为，根据《合同法》第42条的规定，其不应承担民事责任。（4）原一审法院根据王志荣的起诉，将出版社作为被告，符合法律规定。综上，原审判决认定事实基本清楚，程序合法，适用法律虽有不当之处，但没有影响案件处理结果。判决驳回上诉，维持原判。

王志荣不服湖南省高级人民法院的二审判决，向最高人民法院（以下简称最高院）申请再审称：本案案由是知识产权纠纷，原审法院将案由定为出版合同纠纷，是为了有利于出版社；没有追加出版社总编室秘书邹丽红为本案被告，违反法定程序；未采纳王志荣申请司法鉴定意见，使用了出版社的伪证；本案应当适用《出版文字作品报酬规定》，而非《合同法》。请求：撤销原审判决，判令出版社支付王志荣经济补偿金12 600元，令出版社退回王志荣《与初学写作者谈写作》和《实用文体写作指要》两本书稿的光盘。

最高院经审查认为：

1. 关于原审法院对本案案由的确定是否适当的问题。知识产权纠纷属于《民事案件案由规定》中的第一级案由，湖南省高级人民法院根据《民事案件案由规定》，将本案定性为该一级案由项下的著作权合同纠纷中的出版合同纠纷并无明显不当，故不支持王志荣主张原审对本案案由定性错误的理由。

2. 关于原审法院没有追加邹丽红为被告是否违反法定程序的问题。本案中，邹丽红是出版社经办此事的工作人员，其行为系职务行为。本案的适格被告是出版社，王志荣称原审不追加邹丽红为被告违反法定程序，没有法律依据。

3. 关于本案是否需要司法鉴定的问题。王志荣请求对"雷召"与李亮的笔迹进行鉴定。根据现有的证据及原审法院查明的事实,王志荣已经收到出版社退回书稿的事实双方均无异议,但对书中是否夹带了光盘双方存在异议。根据湖南省高级人民法院调查核实的情况,出版社经办人员和快递公司经办人均证明书中夹带了光盘,李亮是该快递公司的业务员,该办公室没有姓名为"雷召"的工作人员,因此本案没有进行鉴定的必要,原审对王志荣申请司法鉴定的请求不予支持,并无不当。

4. 关于本案法律适用的问题。《出版文字作品报酬规定》是国家版权局 1999 年根据 1991 年 6 月 1 日起施行的《著作权法》及其实施条例制定的。原《著作权法实施条例》第 40 条规定:"作者主动投给图书出版者的稿件,出版者应在六个月内决定是否采用。采用的,应签订合同;不采用的,应及时通知作者。既不通知作者,又不签订合同的,六个月后作者可以要求出版者退还原稿和给予经济补偿。"鉴于原实施条例上述相关内容在 2002 年 9 月 15 日修订时已被删除,故《出版文字作品报酬规定》相关规定已失去存在的法律依据。另外,考虑在 1999 年之前,作者手写稿件的情况比较普遍,要求出版社 6 个月内决定对投稿不予采用的,应退还书稿,对方便著作权人行使权利有其一定的合理性。但目前基本上都是电子形式稿件,本案中,王志荣向出版社投的书稿也是电子文本及其打印文档,即使出版社不退还书稿,也不影响其向其他出版社投稿行使著作权。原审以《出版文字作品报酬规定》的相关内容不符合现行法律规定,不应在本案中适用是正确的。原审法院将本案视为出版合同纠纷,并依据《合同法》第 42 条的规定审查后,作出的出版社没有违背诚实信用原则,也没有在缔约过程中给王志荣造成损失的认定,也无明显不当。该院对王志荣要求出版社给予其经济补偿的请求不予支持。综上,最高人民法院裁定驳回再审申请人王志荣的再审申请。

## 二、裁判要旨

**No.1-4-30-2** 在图书投稿过程中,出版社拒稿视为出版合同不成立,期间当事人若无违反诚实信用原则的情形,无须承担缔约过失责任,不再适用国家版权局 1999 年制定的《出版文字作品报酬规定》第 16 条。

国家版权局 1999 年制定的《出版文字作品报酬规定》第 16 条规定:"作者主动向图书出版社投稿,出版社应在六个月内决定是否采用。满六个月,既不与作者签订合同、不予采用又不通知作者的,出版社应按第六条规定的同类作品付酬标准平均值的 30% 向作者支付经济补偿,并将书稿退还作者。"该规定法律依据是 1991 年颁布的《著作权法实施条例》第 40 条,即:"作者主动投给图书出版者的稿件,出版者应在六个月内决定是否采用。采用的,应签订合同;不采用的,应及时通知作者。既不通知作者,又不签订合同的,六个月后作者可以要求出版者退还原稿和给予经济补偿。六个月期限,从出版者收到稿件之日起计算。"上述规定是基于当时投稿条件所限,即投稿方式以递交或邮寄手写稿为主,出版社拒稿后,是否完整地退换稿件,对著作权人继续行使著作权影响很大。随着计算机技术的发展和普及,文字作品大都已有电子文本,复制成本极低,出版社拒稿后是否完整地退换稿件,对著作权人继续行使著作权影响不大。故 2002 年颁布的《著作权法实施条例》,删除了上述规定,虽然该案发生时,国家相关部门对《出版文字作品报酬规定》第 16 条尚未作出调整,但该条因不符合现行《著作权法》及其实施条例的精神并已经滞后于出版实践,而不应再予适用。需说明的是,在 2014 年 8 月 1 日,国家版权局通过《使用文字作品支付报酬办法》,并于 2014 年 11 月 1 日起施行。该办法删除了上述 16 条的内容,并规定 1999 年发布的《出版文字作品报酬规定》废止。

依据《著作权法》的规定,图书出版者出版图书应当和著作权人订立出版合同,并支付报酬。因此,关于图书投稿中的行为性质应结合《合同法》的规定认定,即投稿行为属于要约行为,出版社同意出版属于承诺行为。本案中,王志荣与湖南大学出版社之间并没有形成合同关系,而是处于合同缔结的过程中,在该过程中,出版社没有承担缔约过失责任的情形,王志荣也没有提交证据证明出版社的退稿行为给其造成了经济损失,故法院驳回其再申请求,并无不当。

## 56 图书专有出版权（《著作权法》第31条）

**案例**：钱钟书、人民文学出版社诉胥智芬、四川文艺出版社著作权纠纷案
**案例来源**：《中华人民共和国最高人民法院公报》1997年第1期第22—26页
**主题词**：专有出版权　汇校本

### 一、基本案情

原告（被上诉人）：钱钟书、人民文学出版社。
被告（上诉人）：胥智芬、四川文艺出版社。

钱钟书创作的长篇小说《围城》，1946年2月起首次发表于上海大型文艺月刊《文艺复兴》，至1947年1月止，共分10期连载。1947年5月，上海晨光出版公司出版《围城》单行本，1948年9月再版，1949年3月第3次再版。期间钱钟书对该小说多次修改润色，1980年11月由人民文学出版社重排出版。

1980年，人民文学出版社征得钱钟书同意出版《围城》一书，并按照文化部《图书、期刊版权保护试行条例》的有关规定，对《围城》一书的专有出版权行使到1990年。1991年2月4日，钱钟书书面授权将《围城》继续交人民文学出版社出版，并言明待《中华人民共和国著作权法》（以下简称《著作权法》）实施时，再按国家有关规定签订正式出版合同。1992年3月18日，钱钟书与人民文学出版社签订《图书出版合同》，授予人民文学出版社以图书形式继续出版《围城》中文本的专有使用权。对于1991年1月1日至本合同签订之日人民文学出版社已享有的专有出版权，钱钟书予以追认并认可，合同有效期为10年，从合同签字之日起生效。

1990年初，四川文艺出版社向胥智芬约稿，对《围城》一书进行汇校，胥智芬汇校时所依据的钱钟书《围城》，分别为1946年2月至1947年1月连载于《文艺复兴》文艺月刊上的版本、1947年5月上海晨光出版公司初版本、1980年10月人民文学出版社重印本。胥智芬的《〈围城〉汇校本》（以下简称汇校本）包括钱钟书《围城》一书在《文艺复兴》文艺月刊上发表的连载小说的全文，每页附有胥智芬所作的汇校内容。四川文艺出版社从1991年5月至1992年7月，共出版发行汇校本一书总计12万册，其中封面印有"汇校本"字样为3万册，无"汇校本"字样9万册。四川文艺出版社在第五届全国图书看样订货会四川省店订货目录、1992年春新华书店图书看样订货会四川省店订货目录上所列的《围城》一书，均无汇校本字样。

期间，四川文艺出版社编辑龚明德曾于1991年6月寄一本汇校本给钱钟书，希望钱钟书支持出版此书。7月23日，人民文学出版社代表钱钟书致函四川省新闻出版局版权处，要求查处四川文艺出版社侵害著作权和专有出版权的行为。同年8月8日，四川文艺出版社在给四川省新闻出版局版权处、人民文学出版社总编室的信函中均承认，未取得钱钟书同意出版编辑此书，侵害了作者权益。在不了解钱钟书先生授予《围城》一书给人民文学出版社专有出版权的情况下，事先没有得到人民文学出版社同意即出汇校本，构成侵权行为。四川文艺出版社还表示愿意赔礼道歉、赔偿损失，保证今后不发生类似事件。但1991年8月以后，四川文艺出版社又继续出版发行了汇校本一书，总数达8万册，其中所有书的封面均无汇校本字样。四川文艺出版社于1991年10月汇给钱钟书《围城》汇校本稿费9 974.02元，被钱钟书拒收。

对此，人民文学出版社与四川文艺出版社为《围城》汇校本进行过多次交涉未果。1993年6月15日，钱钟书、人民文学出版社以两被告侵犯钱钟书对《围城》一书的演绎权和出版使用权，以及侵犯人民文学出版社专有出版权为由，向原上海中级人民法院提起诉讼，要求两被告停止侵权，在全国性报纸上公开向原告赔礼道歉，并分别赔偿两原告的损失。

两被告辩称：由其汇校、出版的汇校本一书客观上造成了侵害钱钟书的作品使用权。愿意向钱钟书公开赔礼道歉并赔偿由此造成的损失。但被告并未侵害人民文学出版社的专有出版权。因为汇校本为一种演绎使用方式无需征得出版社的同意，汇校本作为演绎作品也不属于专有出版权保护的范畴；汇校本使用的底本是载于《文艺复兴》杂志上的连载小说，专有出版权的保护仅限于图书而不包括杂志，《围城》最早刊于杂志，这是首次发表，而并非原版，所以被告人没有使用作品的原版本；人民文学出版社获得专有出版权的日期应自其与钱钟书在1992年3月

18 日签订出版合同之日起算，故对于被告在此之前对该作品的使用无权主张权利。汇校本体现了作者的创造性劳动，具有文献价值和学术价值，也是与原作品《围城》不同类型的演绎作品，故并不侵害人民文学出版社的专有出版权。

原上海市中级人民法院审理认为，原告钱钟书对其创作的小说《围城》享有著作权，被告胥智芬未经著作权人同意，对《围城》进行汇校，被告四川文艺出版社出版汇校本的行为，侵害了钱钟书享有的使用《围城》作品的权利，两被告共同构成了侵害钱钟书著作权，应承担民事责任。根据 1980 年两原告的约定及有关规定，1991 年 2 月 4 日钱钟书的出版授权书及 1992 年 3 月 18 日的出版合同，人民文学出版社依法享有《围城》一书自 1980 年至 2002 年 3 月的专有出版权。四川文艺出版社出版的《围城》，使用了最初刊载于《文艺复兴》杂志上的版本，即为《围城》小说以复制形式首次发表的原版。其将属人民文学出版社享有出版权利的《围城》原著，与被告胥智芬的汇校作品以"汇校本"名义一同复制出版发行，侵害了人民文学出版社的专有出版权。被告以出版"汇校本"为名，不适当地大量复制发行《围城》一书的行为，违背了诚实信用原则，也不利于出版界正常的出版秩序。因此，根据《中华人民共和国民法通则》（以下简称《民法通则》）第 4 条、第 7 条、第 94 条、第 118 条的规定，原上海市中级人民法院于 1994 年 12 月 9 日判决：

一、被告胥智芬和四川文艺出版社应承担侵害原告钱钟书的著作权的责任，停止侵害，并在《光明日报》上公开向原告钱钟书赔礼道歉（该书面赔礼道歉内容需经本院审核）。

二、被告胥智芬和四川文艺出版社共同赔偿原告钱钟书人民币 88 320 元（在本判决生效后给付）。

三、被告胥智芬和四川文艺出版社应承担侵害原告人民文学出版社的专有出版权的责任，停止侵害，在《光明日报》上公开向原告人民文学出版社赔礼道歉（该书面赔礼道歉内容需经本院审核）。

四、被告胥智芬和四川文艺出版社共同赔偿原告人民文学出版社人民币 110 400 元（在本判决生效后给付）。案件受理费人民币 5 140 元由两被告承担。

一审判决后，两被告均不服，向上海市高级人民法院提起上诉。认为原判对汇校本一书印刷出版数量的认定等事实不清；未经钱钟书同意进行汇校，只侵犯钱钟书先生的汇校权，但并未侵犯人民文学出版社的专有出版权；我国 1991 年《著作权法》规定，专有出版权仅限于"原版、修订版和缩编本"三项，引用《民法通则》的原则作为认定侵犯专有出版权的法律依据不当。

上海市高级人民法院在审理中纠正了关于汇校本定价等影响赔偿数额的事实后，认为一审法院对本案主要事实认定清楚，法律适用正确，但对"汇校本"的精装本部分定价的认定有误，故仅降低了两被告的损害赔偿数额，驳回了其他上诉理由。

二、裁判要旨

**No.1-4-31-1 未经许可出版他人享有专有出版权作品的汇校本，属于侵犯图书出版者专有出版权的行为。**

汇校是对古籍进行整理、研究的一种方法，但何为"汇校"，目前无统一的定义，一般可分为点校和本教，本案涉及的是本教，即对汇集同一作品的不同版本进行校订。汇校本一般包括原作与汇校两个部分，属于演绎作品。无论是根据现行《著作权法》第 12 条还是纠纷发生时 1991 年《著作权法》第 5 条和第 10 条的规定，汇校本的著作权归汇校者所有，但都需经过作者的许可，不得侵犯原作品的著作权。因此，本案中两被告对侵犯原告钱钟书的著作权均无异议。争议的焦点在于两被告是否侵犯原告人民文学出版社的专有出版权。

图书出版合同实际上是著作权许可使用合同的一种，是著作权人行使其著作财产权的一种方式，对于专有出版权的具体权限范围，也可由著作权人和出版社自行约定，此时在判断出版社专有出版权的权限范围时，应首先尊重双方的合同约定。但是当双方对于专有出版权的具体内容约定不明时，方可依据《著作权法实施条例》的规定处理。本案中，两原告未对专有出版权的内容作出明确约定，需依据相关法律规范予以推定。

现行《著作权法》第 31 条规定："图书出版者对著作权人交付出版的作品，按照合同约定享有的专有出版权受法律保护,他人不得出版该作品。"可见,专有出版权的客体指向的仍为作品,而所谓"原版""修订版"等是对某一作品发表、复制的一种方式或者载体,不是专有出版权的客体。因此,本案中,不论被告的"汇校本"使用的是发表在《文艺复兴》月刊上的《围城》作品,还是以图书形式出版的《围城》作品,都是对人民出版社的专有出版权的侵犯。

从法律规范的历史脉络看,纠纷发生时 1991 年《著作权法实施条例》第 39 条规定视为"以同种文字的原版、修订版和缩编本的方式出版图书的独占权利",而 2002 年和 2011 年的《著作权法实施条例》则均规定"以同种文字的原版、修订版出版图书的专有权利",删掉了"缩编版",但结合作者的著作权权项可知,缩编是对原作品的一种演绎方式,也应属于"修订"的范畴,新的《著作权法实施条例》并非缩小了原专有出版权的范围,而是对 1991 年立法表达的精炼。所以,被告辩称专有出版权仅限于"原版、修订版和缩编本"三项,实为对"修订版"作了缩小解释,该上诉理由不能成立。本案两被告,无论依据当时或现行《著作权法》判断,其未经许可出版《围城》汇校本无论其是否标注"汇校本"字样,都侵犯了原告人民出版社的专有出版权。

此外,对于人民出版社享有专有出版权的期间,也应尊重出版合同当事人的意思自治,钱钟书对于 1991 年 1 月 1 日《著作权法》实施之日至双方签订《图书出版合同》期间,人民文学出版社享有的专有出版权予以追认,是合法有效的。因此,计算被告损害赔偿额,也应包括 1991 年 1 月 1 日至 1992 年 3 月 18 日的期间,所以被告辩称"人民文学出版社获得专有出版权的日期应自其与钱钟书在 1992 年 3 月 18 日签订出版合同之日起算,对于在此之前对该作品的使用无权主张权利",不能获得法院支持。

No.1-4-31-2 在《著作权法》没有明确规定时,民法基本原则也可适用于著作权纠纷。

著作权在本质上属于私权,著作权法和民法是特别法和一般法的关系,当著作权法没有明确规定时,法院不能拒绝裁判,可以适用民法的一般规定和原则。本案是我国首例涉及汇校作品的著作权侵权纠纷,审理法院一审和二审都未明确引用当时已实施的《著作权法》,而是适用了《民法通则》的诚实信用原则,这与当时我国著作权理论和实践都比较欠缺不无关系,虽有瑕疵,却也无可厚非。在今后的司法审判中,当《著作权法》没有明确规定时,法院处理著作权纠纷时也可适用合同法、侵权责任法等民法一般规则和原则。

**57** 图书出版者有按约定质量出版图书的义务(《著作权法》第 32 条第 1—2 款、第 34 条第 1 款)

**案例:沈家和诉北京出版社著作权纠纷案**
案例来源:《中华人民共和国最高人民法院公报》2002 年第 5 期第 171—175 页
主题词:图书质量　出版期限　保护作品完整权　违约责任

一、基本案情
　　原告(上诉人):沈家和。
　　被告(被上诉人):北京出版社。
《正阳门外》是沈家和创作的系列京味长篇小说,共 9 卷,前 6 卷均由北京出版社出版发行。1999 年 11 月 25 日,双方就出版、发行《正阳门外》最后 3 卷小说《坤伶》《戏神》《闺梦》订立图书《出版合同》。《出版合同》的主要条款是:
　　1. 沈家和授予北京出版社在国内外各地区以图书形式出版、发行上述 3 卷作品中文本的专有使用权。
　　2. 在合同有效期内,未经双方同意,任何一方不得将第 1 条约定的权利许可第三方使用。如有违反,另一方有权要求经济赔偿并终止合同。
　　3. 北京出版社应在 2000 年 6 月前出版上述作品,北京出版社因故不能按时出版,应在出版期限届满前通知沈家和,双方另行约定出版日期,北京出版社到期仍不能出版,除非因不可抗力所致,沈家和有权终止合同,北京出版社按报酬标准的 40%向沈家和支付赔偿金。

4. 北京出版社尊重沈家和确定的署名方式,为达到出版要求,经沈家和同意并授权北京出版社对上述作品进行必要的修改、删节,最后定稿由沈家和签字认可,北京出版社如需更动上述作品的名称、标题、增加、删节图表、前言、后记、序言,应征得沈家和书面同意。

5. 北京出版社第一版第一次印刷的保底最低印数为 8 000 册并按 8% 版税支付沈家和稿酬。

6. 在合同有效期内,如图书脱销,沈家和有权要求北京出版社重印、再版。如沈家和收到北京出版社拒绝重印、再版的书面答复,或北京出版社收到沈家和重印、再版的书面要求后 6 个月内未重印、再版,沈家和可以终止合同。

7. 本合同的有效期为 5 年。

合同订立后,沈家和依约向北京出版社交稿,而后者却未按期出版上述作品。后经协商,沈家和同意由被告继续履行出版合同。上述 3 部作品出版之前,北京出版社依合同让沈家和审校了一次书稿校样,但并未将书稿的最后定稿交付沈家和进行书面确认。2000 年 6 月 30 日,《坤伶》《戏神》《闺梦》由北京出版社出版发行,3 本书各印了 8 000 册。3 天后,北京出版社向沈家和支付了 3 本书的全部稿酬。

2000 年 7 月,沈家和看到出版样书后发现,北京出版社未经其同意,对《闺梦》《坤伶》《戏神》进行了修改和删减,而且出现了许多文字、语言、标点符号等方面的差错,遂向北京出版社进行了反映。2000 年 8 月,北京出版社向沈家和表示道歉,并承诺对库存的《闺梦》不再销售,集中销毁,校改再版时保证质量。嗣后,沈家和于 2000 年 8 月至 2001 年 4 月,分别在北京市花市新华书店、南京市新华书店、北京春季书市上分别购得未加修正的《闺梦》。遂以北京出版社侵犯了自己作品的修改权、保护作品完整权、毁坏自己作为京味儿小说作家的声誉为由,向北京市第一中级人民法院提起诉讼,请求法院判令解除双方的出版合同,停止被告的侵权行为,销毁库存《闺梦》一书,为《坤伶》《戏神》发勘误表,被告向原告赔礼道歉并赔偿精神损失,重新出版《闺梦》8 000 册和《坤伶》《戏神》各 2 000 册,并支付稿酬等。

北京出版社辩称,对《坤伶》《戏神》两本书的编辑,以《现代汉语词典》为准,并参考《北京土语辞典》,并未超出责任编辑的职责范围,未侵犯原告的修改权、保护作品完整权;并且两本书属于合格产品,不应重印。对《闺梦》一书存在的质量问题该社已提出改正意见,但质量问题与侵权问题性质不同,不应混为一谈,不能就此要求被告承担侵权责任,并且纠正错误需要一定期限,而原告仅在提出意见半个月后买到此书就起诉是站不住脚的。故请求法院驳回原告的诉讼请求。

北京市第一中级人民法院经审理查明,《闺梦》一书共有文字、语言、标点符号等方面的差错 179 处。《坤伶》一书存在的错字、漏字及标点符号错误有 12 处,被告北京出版社根据《现代汉语词典》进行修改的有 9 处,双方理解不同的问题 3 处。《戏神》一书存在错字 12 处,北京出版社根据《现代汉语词典》进行修改的有 6 处,双方理解不同及北京出版社根据读者阅读习惯进行修改的有 7 处。

对此,该法院认为,根据上述《出版合同》第 4 条,北京出版社有权根据出版的需要对沈家和的作品进行必要的修改和删节,视为原告将修改权授予了被告,但被告未依约将涉案 3 本书的最终定稿交由沈家和签字认可,属于违约,应承担违约责任。对于《闺梦》一书,其有大量错误,存在图书质量问题,但双方合同对图书出版质量未作约定,故参照新闻出版署 1997 年发布的《图书质量管理规定》,图书中差错率超过万分之一的,为不合格。现北京出版社承诺停止销售并销毁库存的《闺梦》一书,并在修改后重印 8 000 册,应予准许。因北京出版社已就该书向沈家和支付了 8 000 册的稿酬,截至 2000 年 10 月 18 日,该书只发行了 380 册,故北京出版社应在重印 8 000 册的基础上,按照合同约定的稿酬计算方式,向沈家和支付 380 册的稿酬 729.6 元。此外,《闺梦》一书存在严重质量问题,该书在社会上公开发行后,必然使作为该书作者的原告沈家和的社会评价有所降低,声誉受到影响。故被告北京出版社出版发行有严重质量问题的《闺梦》一书,不仅构成违约,同时侵害了沈家和所享有的保护作品完整权。北京出版社除应承担相应的违约责任外,亦应承担公开赔礼道歉的侵权责任,但对于原告请求精神损害赔偿的请求不予支持。

对于《坤伶》《戏神》两书,对沈家和指出的这些地方,除了由被告北京出版社根据《现代汉语词典》、读者阅读习惯进行修改的以外,其他错字、漏字及标点符号错误等现象,应认定为差错。据此计算出的差错率,均未超过《图书质量管理规定》允许的万分之一,故《坤伶》《戏神》两书不属于不合格产品,无需重印,但北京出版社应为上述两书印发勘误表。对沈家和关于重印《坤伶》《戏神》两书各2000册并再向其支付稿酬的请求,不予支持。小说的风格体现在小说表现的内容、历史背景、作者描述的手法和他的整体文风中,并不唯一体现在小说的遣词用字上。至于原告沈家和主张双方曾口头约定对上述作品的修改以《北京土语词典》为依据,但未能提供相应的证据,故对该主张不予支持。

此外,上述3本书中存在的差错,也不足以导致小说风格的变化。故沈家和认为北京出版社的修改改变了其作品的京味儿风格、侵犯了其享有的保护作品完整权和修改权,理由不能成立。原告沈家和提出解除双方图书出版合同,但是至双方发生纠纷时止,合同中约定的解除情形或者法律规定的解除合同情形均未出现,故对沈家和的这一诉讼请求,也不予支持。

综上,北京市第一中级人民法院于2001年5月9日判决:

一、被告北京出版社自判决生效后立即停止销售《闺梦》一书,并于判决生效后30日内销毁库存的该书,修改后重印8000册。

二、被告北京出版社自判决生效后30日内,在《新闻出版报》上就《闺梦》一书的侵权行为向原告沈家和公开赔礼道歉,道歉内容需经法院审核。逾期不执行,法院将公布判决主要内容,费用由北京出版社负担。

三、被告北京出版社自判决生效后30日内,为《坤伶》《戏神》两书印发勘误表。

四、被告北京出版社自判决生效后10日内,向原告沈家和支付《闺梦》一书380册的稿酬729.6元及合理损失56.8元(如《闺梦》一书库存数量不足7620册,则每缺少一本,北京出版社按每本1.92元向沈家和增加支付稿酬)。

五、驳回原告沈家和的其他诉讼请求。

原告沈家和不服一审判决,向北京市高级人民法院提出上诉,并提出北京出版社未在合同约定的2000年6月出版涉案作品,应当承担违约责任,支付违约金等事由。二审认为一审判决认定事实清楚,适用法律正确,故驳回上诉,维持原判。

二、裁判要旨

No.1-4-32.1-1 **著作权人和图书出版者未就图书出版质量进行约定时,可参照有关国家或行业标准。**

依据现行《著作权法》第32条第1款的规定:"图书出版者应当按照合同约定的出版质量、期限出版图书。"对于图书质量的判断,如果合同有约定则依约定判断,合同没有约定的,则依据有关国家或行业标准判断,目前,我国判断图书出版质量时,可依据2005年新闻出版总署颁布的《图书质量管理规定》。该规定第3条规定,图书质量包括内容、编校、设计、印制4项,分为合格、不合格两个等级;其中上述4项中任何1项不合格,即为不合格图书。在本案中,主要涉及编校的质量,对此,《图书质量管理规定》第5条以差错率是否超过万分之一,划分合格与否。本案中,由于双方没有约定出版图书的质量标准,法院即依据新闻出版署1997年发布的《图书质量管理规定》的标准(与现行2005年版的标准一致),将《闺梦》一书判为质量不合格图书,而《坤伶》和《戏神》两书的错误均未达到该标准,不属于编校质量不合格的图书。由于我国一般民事责任遵循"填平原则",所以对于编校质量不合格的图书可以要求图书出版者予以重印;而对于质量合格而编校有误的图书,仅要求图书出版者印发勘误表即可,无需重印。

No.1-4-32.1-2 **图书出版者出版编校质量不合格图书,是对著作权人保护作品完整权的侵犯,但未必侵害了著作权人的修改权。**

据现行《著作权法》第10条规定:"……(三)修改权,即修改或者授权他人修改作品的权利;(四)保护作品完整权,即保护作品不受歪曲、篡改的权利……"前者是一种积极的权利,后者是一种消极的权利。实践中，对前者的侵犯往往是有意为之，对后者的侵犯则不尽然。图书出版者在编校作品时出错，并非有意而为，但是若差错率太高，必将影响读者对作品内容的理解，割裂作品原有表达和内容的统一性，使作者的社会评价和声誉有所降低，符合"歪曲"的要件，故侵犯了著作权人的保护作品完整权，应承担赔礼道歉、赔偿损失等责任。本案中被告出版的《闺梦》一书，因差错率超过万分之一，被认定为编校质量不合格图书，应判定是对原告保护作品完整权的侵犯。但对于《坤伶》和《戏神》两书，原告主张被告的编校行为损害了其"京味"小说的风格，也侵犯了其保护作品完整权。对此，一方面，这两书的编校差错率低，不属于质量不合格的图书，不足以影响作品的完整性；另一方面，如法院判决所言，小说的风格体现在小说表现的内容、历史背景、作者描述的手法和他的整体文风中，并不唯一体现在小说的遣词用字上。所以，被告依据《现代汉语词典》所进行的编校，不构成对原告保护作品完整权的侵犯。

我国现行《著作权法》第34条第1款规定："图书出版者经作者许可，可以对作品修改、删节。"但图书出版合同中约定图书出版者可根据出版需要对作品进行修改的，视为其取得了著作权人作品修改权的授权。此时出版者在其编辑职责范围内或授权范围内对作品的修改，不属于侵权。本案中，原、被告在合同中约定为达到出版要求，被告可对涉案作品进行"必要的修改、删节，如需更动上述作品的名称、标题、增加、删节图表、前言、后记、序言，应征得沈家和书面同意"，即赋予被告一定范围的修改权，本案中被告对《坤伶》和《戏神》两书的修改没有超出该范围，故没有侵犯原告的修改权。被告没有依约把"最后定稿由沈家和签字认可"，则属于违约行为。至于原告提出被告修改作品应按照《北京土语词典》而非《现代汉语词典》的主张，如若双方已有约定，则被告行为可因超越修改权限而对原告的修改权造成侵害。但本案中，原告对此举证不力而不能获得法院支持。这也提醒著作权人，在签署图书出版合同时，应尽量详尽约定双方的权利义务。

**No.1-4-32.2-1　图书出版者应按照出版合同约定的期限出版图书，否则应承担违约责任，但图书出版者超期后双方同意继续出版的，不承担违约责任。**

现行《著作权法》第32条第1款、第2款及第54条规定，图书出版者应当按照合同约定的期限出版图书，否则应依照《民法通则》《合同法》等有关法律规定承担违约责任。本案中，北京出版社未按照合同约定在2000年6月前出版涉案作品，本属于违约行为。但双方当事人又口头约定继续履行先前签订的合同。相关法律并未规定出版合同的形式要件，加之原、被告双方签订的图书出版合同也约定，北京出版社应在2000年6月前出版涉案作品，北京出版社因故不能按时出版，应在出版期限届满前通知沈家和，双方另行约定出版日期。所以，该口头协议具有法律效力，是对原书面合同约定的出版期限的变更，出版社2000年6月30日才出版涉案作品的行为不属于违约行为，无需承担违约责任。

### 58 重印、再版作品（《著作权法》第32条第3款）

**案例：汪飞来与重庆出版社出版合同纠纷案**
案例来源：重庆市第一中级人民法院(2003)渝一中民初字第509号民事判决书
主题词：重印再版　知情权　报酬权　合同终止

#### 一、基本案情

原告：汪飞来。

被告：重庆出版社。

1999年1月29日，原、被告签订《写诉状不求人》一书的图书出版合同，该书于1999年4月第一次出版后脱销。原告多次要求被告重印或再版，均被被告拒绝。但被告在未告知原告的情况下，实际上却多次改换封面，重印该书。为此，原告汪飞来向法院起诉，请求判令被告支付稿酬、赔偿损失8万元，退还原告书稿、照片及电脑软盘，终止合同，不得再印和销售该书，并销毁已印的图书。

被告重庆出版社辩称:(1)被告共印刷该书两次,共计印刷8000册,但被告已按照1万册的数量向原告支付了基本稿酬和印数稿酬。(2)双方已约定原告在交稿时应书面申明是否要求退还,若未作申明,即视为由被告自行处理稿件;由于原告在交稿时未作申明,故被告有权自行处理稿件,无退还书稿和软盘的义务。(3)被告按照合同约定履行了合同义务,原告无终止合同的理由。(4)法律规定的著作权不包括知情权,原告不享有此知情权,因此不存在被告侵犯原告知情权的问题。故应驳回原告诉求。

法院经审理查明,涉案图书于第一次出版发行脱销后,被告不止重印一次,故对被告第一项答辩理由不予支持。对于其他答辩理由,法院认为,根据2001年《著作权法》第31条第3款(即现行《著作权法》第32条第3款)之规定,著作权人在图书出版者重印、再版作品后,享有知情权和获得报酬权。被告2001年5月第二次印刷了3000册,尽管被告在此之前已付足了稿酬,无须另行支付稿酬,但是被告重庆出版社在实施重印行为后,未告知原告,侵犯了原告的知情权;其他重印行为则既侵犯了原告的知情权,也侵犯了原告的获得报酬权。同时从为减少当事人的讼累、节约司法资源等因素出发,对原告请求法院判令终止合同的诉讼请求一并予以支持。既然双方订立的合同终止,被告相应的还应退还原告所交付的书稿、照片及电脑软盘。至于原告请求判决被告销毁已印的书和支付稿酬的诉讼请求,因不符合法律规定而不予支持。

综上,法院判决被告赔偿原告经济损失3万元,解除双方签订的《图书出版合同》,并由被告退还原告书稿、照片及电脑软盘,驳回原告的其他诉讼请求。判决后,双方均未上诉。

二、裁判要旨

**No.1-4-32.3-1** 图书出版者重印、再版图书时,著作权人有知情权和获得报酬权。

依据现行《著作权法》第32条第3款的规定:"图书出版者重印、再版作品的,应当通知著作权人,并支付报酬。"因此,著作权人在图书出版者重印、再版作品时,享有知情权和获得报酬权,并且这两种权利相互独立,其中著作权人任一权利的满足都不能影响其对另一权利的行使。本案中,被告以《著作权法》第10条未规定著作权人享有知情权抗辩,是对著作权法的机械理解,不应获得支持。此外,被告已对2001年5月的重印行为提前支付了报酬的情形,也不能构成对侵犯原告知情权的抗辩。所以被告多次重印未告知原告,均侵犯了原告对其作品重印、再版情况的知情权,并且2001年5月的重印行为以外的重印行为,还侵犯了原告的获得报酬权,应承担损害赔偿等侵权责任。

**No.1-4-32.3-2** 图书脱销后图书出版者拒绝著作权人重印、再版后,私自进行重印、再版的,著作权人仍有权终止合同。

所谓图书脱销是指著作权人寄给图书出版者的两份订单在6个月内未能得到履行,视为图书脱销。依据现行《著作权法》第32条第3款的规定:"图书脱销后,图书出版者拒绝重印、再版的,著作权人有权终止合同。"至于图书出版者事实上是否擅自重印、再版,不影响著作权人的合同终止权。本案中,该书于1999年4月第一次出版后脱销。原告多次要求被告重印或再版,遭到被告拒绝。虽然实际上被告多次改换封面,重印涉案图书,但该私自重印以谋求不当利益的情形,反映了被告不愿满足应原告重印请求的意思表示,是对原告知情权的侵犯,因此实质上也是对原告合法请求的拒绝,此时原告仍然享有终止合同的权利。

**59** 图书重印与发行(《著作权法》第32条第3款)

**案例:**张培莲与四川科学技术出版社、北京市新华书店王府井书店侵犯著作权纠纷案
案例来源:《最高人民法院知识产权审判案例指导》(第一辑)[第12号]
主题词:图书重印　侵权　判决执行

一、基本案情

原告(二审上诉人、再审申请人):张培莲。
被告(二审被上诉人、再审被申请人):四川科学技术出版社(以下简称科技出版社)、北京

市新华书店王府井书店(以下简称王府井书店)。

张培莲对《三十六闭手》一书享有著作权,该书于1985年交由科技出版社出版发行,该社于1986年8月发行了该书第一版并向张培莲支付了稿酬。后该社分别于1987年5月、1989年5月、1997年1月、1997年8月四次重印该书,但未告知张培莲和支付稿酬。张培莲以侵犯著作权为由,于1998年3月向重庆市渝中区人民法院起诉。该案经重庆市高级人民法院于2001年8月14日作出(2001)渝高法民再字第30号判决,认定张培莲关于科技出版社1987年5月、1989年5月两次重印、发行行为的诉讼请求已超过诉讼时效,对其赔偿请求不予支持。科技出版社1997年1月和1997年8月的重印行为构成对张培莲著作权的侵害,根据相关稿酬规定计算,张培莲应得稿酬10 186元(包括基本稿酬及印数稿酬),以5倍于该稿酬的数额即50 930元作为赔偿数额,判决责令四川科学技术出版社停止对张培莲著作权的侵害,赔偿经济损失50 930元。

2002年10月至2003年4月,张培莲发现王府井书店销售1997年8月第5次印刷的《三十六闭手》一书。随后,张培莲以科技出版社及王府井书店侵犯其复制发行权、修改权、保护作品完整权为由,向北京市第二中级人民法院提起诉讼,要求科技出版社立即收回并销毁全部侵权版本,公开赔礼道歉,赔偿其经济损失、精神损失等共计637 390元。

在诉讼过程中,北京市第二中级人民法院于2003年6月13日到王府井书店调查关于《三十六闭手》的进货和销售情况,王府井书店出具书面证明称:其于2002年6月28日自科技出版社进货13册,2003年2月17日进货10册,已售完。科技出版社认可此份证明,并提交其1997年8月第5次印刷的《三十六闭手》一书的发行清单,承认2001年8月(2001)渝高法民再字第30号判决作出后至2003年6月期间,其向包括王府井书店在内的12家单位发行此书87册,尚有库存2 648册。

北京市第二中级人民法院一审认为:自重庆市高级人民法院作出(2001)渝高法民再字第30号判决后,科技出版社应立即停止发行张培莲所著《三十六闭手》一书,但科技出版社拒不执行法院判决,在2001年8月至2003年6月期间,仍在发行该书,构成了对张培莲著作权的再次侵害。科技出版社应立即销毁库存书籍,并承担停止发行、公开赔礼道歉的法律责任。因对科技出版社1997年8月重印发行《三十六闭手》一书的行为,张培莲经重庆市高级人民法院上述判决已获得了赔偿,不得重复请求科技出版社赔偿。但张培莲为本案诉讼支出的合理费用应得到酌情支持。王府井书店应承担停止销售的法律责任。对张培莲关于侵犯其修改权、保护作品完整权的主张以及精神损害赔偿的主张不予支持。综上,判决科技出版社于判决生效之日起,立即停止发行张培莲所著《三十六闭手》一书,并立即销毁库存书籍,向张培莲公开赔礼道歉,赔偿其合理支出4 000元,王府井书店立即停止销售该书籍,驳回张培莲的其他诉讼请求。

张培莲不服一审判决,向北京市高级人民法院提起上诉称:(1)一审法院将被上诉人在北京实施的1992年版至1997年5次盗版发行这一新的侵权事实和与本案无关的1986年版的5次重印混为一谈;1992年至1997年5次盗版发行的事实没有审理和判决过,不存在重复请求赔偿的问题,一审不支持上诉人关于赔偿的主张,证据不足;新发现的证据足以证明1992年版《三十六闭手》是客观存在的事实。(2)一审法院认定我没有提供充分的证据证明我因本案著作权纠纷受到精神损害,这不是事实。(3)被上诉人违背作者的意愿,把一个与本书内容毫不相干的长拳动作摆在封面正中央,使本书的峨嵋派传统武术套路遭到严重的歪曲、篡改,原审法院没有认定被上诉人的行为构成侵犯我的作品修改权和保护作品完整权,是错误的。请求撤销原审判决,重新审理此案;支持上诉人在原审中提出的诉讼主张;判令被上诉人支付我因上诉而遭受的经济损失;一、二审诉讼费用由被上诉人承担。

在二审过程中,北京市高级人民法院调取了重庆市法院的相关卷宗材料,显示《三十六闭手》一书5次印刷的版权页为:1986年8月第1版、1986年8月第1次印刷,印数1—18 300;1986年8月第1版、1987年5月第2次印刷,印数18 301—28 300;1986年8月第1版、1989年5月第3次印刷,印数28 301—49 300;1992年6月成都第1版、1997年1月第4次印刷,印数49 301—

56 300；1992 年 6 月成都第 1 版、1997 年 8 月第 5 次印刷，印数 56 301—61 300。其于本案中购买到的是 1997 年 8 月第 5 次印刷的《三十六闭手》一书。

北京市高级人民法院二审认为，人民法院的生效判决具有约束力，当事人应履行人民法院的生效判决，同一当事人不得对同一诉讼标的、同一事实和理由再行起诉。科技出版社在重庆市高级人民法院作出生效判决后仍然发行上述书籍，属于不执行法院生效判决的行为。张培莲可以向有关法院申请通过执行程序来解决。但其以侵犯复制权、发行权为由提起诉讼，人民法院不应受理。一审法院认定科技出版社上述行为构成对张培莲著作权的再次侵害，在认定事实及适用法律上均有错误，应予纠正。综上，判决王府井书店停止销售《三十六闭手》一书，驳回张培莲其他诉讼请求。

张培莲不服上述判决，向中华人民共和国最高人民法院（以下简称最高院）申请再审称：王府井书店 2003 年销售《三十六闭手》一书，与重庆市法院审理的案件并非同一事实，侵权书籍的版本不同，本案并非重复诉讼。原审判决错误。请求撤销（2003）高民终字第 639 号判决，判令科技出版社立即收回并销毁全部侵权版本，公开赔礼道歉，赔偿稿酬经济损失 571 860 元及扩大的经济损失 50 万元、精神损失费 50 万元、合理费用 5 万元，共计 1 621 860 元。

最高人民法院经审查，原审判决认定事实属实。该院认为，重庆市高级人民法院（2001）渝高法民再字第 30 号判决已经对科技出版社出版、发行 1997 年 8 月重印的《三十六闭手》一书的侵权行为作出了处理，且赔偿数额已充分考虑了张培莲合理的经济损失。因本案诉讼标的已为生效判决所羁束，张培莲以科技出版社侵犯其复制权、发行权等著作权为由提起诉讼，原二审判决对此不予支持，并无不当。张培莲关于本案侵权书籍版本与重庆市高级人民法院生效判决认定的不同，其不属于重复起诉的申请再审主张，缺乏事实和法律依据，不予支持。综上，裁定驳回再审申请人张培莲的再审申请。

二、裁判要旨

No.1-4-32.3-3　对已为生效裁判确定为侵权并已给予权利人充分赔偿的图书，如在该判决生效后继续发行，属于对原判决执行的问题，不构成新的侵权行为。

《著作权法》（2010）第 32 条第 3 款规定："图书出版者重印、再版作品的，应当通知著作权人，并支付报酬。"张培莲对《三十六闭手》一书享有著作权，该书于 1985 年交由科技出版社出版发行，该社于 1986 年 8 月发行了该书第 1 版并向张培莲支付了稿酬。后该社分别于 1987 年 5 月、1989 年 5 月、1997 年 1 月、1997 年 8 月 4 次重印该书，但未告知张培莲和支付稿酬，应当承担侵权责任。对此，重庆市高级人民法院已于 2001 年 8 月 14 日作出（2001）渝高法民再字第 30 号判决，该判决已生效。

依据《民事诉讼法》的规定，人民法院的生效判决具有约束力，当事人应履行人民法院的生效判决，同一当事人不得对同一诉讼标的、同一事实和理由再行起诉。本案中张培莲主张王府井书店 2003 年销售《三十六闭手》一书，与重庆市法院审理的案件并非同一事实，侵权书籍的版本不同，本案并非重复起诉，但未获得证据证明。因此，科技出版社在重庆市高级人民法院作出生效判决后仍然发行上述书籍，属于不执行法院生效判决的行为，而非新的著作权侵权问题，对此，张培莲应向有关法院申请通过执行程序来解决，而不能重复诉讼。

**60** 著作权人向报社、期刊社投稿（《著作权法》第 33 条第 1 款）

**案例：罗襄珑诉法制日报社退稿纠纷案**
案例来源：北京市第二中级人民法院（2004）二中民终字第 01849 号民事判决书
主题词：期刊　投稿　退稿

一、基本案情

原告（上诉人）：罗襄珑。

被告（被上诉人）：法制日报社。

2002年12月17日，原告罗襄珑将其创作的文学作品《狂飙——中国扫黑行动》以邮寄的形式向《金剑》编辑部投稿，该稿件为装订成册的打印稿，罗襄珑另在稿件末尾处注明了"本作品著作权归本人所有，如不出版，请按规定将作品退回"。同年12月25日，《金剑》编辑部收到该稿件，经审查后未予采用。2003年4月18日，罗襄珑曾致函《金剑》编辑部，要求将未采纳的稿件退回，但未获答复。现涉案稿件已被《金剑》编辑部处理掉，不能返还。

由于《金剑》编辑部是不具有法人资格的部门，法制日报社是其主办机关。因此，罗襄珑诉至北京市朝阳区人民法院，要求法制日报社返还作品，赔偿经济损失1万元。

法制日报社辩称：根据法律规定，作者寄来稿件，30日没有答复就视为没有采用，作者可以另投他处。故其对不采用稿件没有法定返还义务，况且罗襄珑提供的并非原稿。因此其不同意原告的诉讼请求。

北京市朝阳区人民法院认为，著作权人主动向报社、期刊社投稿只是一种许可报社、期刊社刊载其作品的要约行为，只有报社、期刊社在法定的期限内通知采用的，双方才形成合同关系，否则报社、期刊社对于著作权人主动投来的稿件没有法定的退还与保管义务。虽然罗襄珑在邮寄的稿件中表达了退还不采用稿件的意思，但只是其单方的意愿，法制日报社并未就此承诺。双方不存在其他的保管并退还稿件的合同关系，故罗襄珑应自行承担所投稿件未能收回的风险与相应的损失。据此判决，驳回原告罗襄珑的诉讼请求。

对此，罗襄珑不服该判决，向北京市第二中级人民法院提起上诉，该法院查明事实与一审相同，并认为我国著作权法对于作者向报社、期刊社投稿后，在经过一定的期限内未收到刊登通知的，仅仅规定了作者可以另向其他报社、期刊社投稿，但并未规定报社、期刊社负有返还稿件的义务，原审判决认定事实清楚，适用法律正确，判决驳回上诉，维持原判。

## 二、裁判要旨

**No.1-4-33.1-1　除双方另有约定外，著作权人向报社、期刊社投稿，超过法定期限未被采用的，可另投他处，报社、期刊社无退稿义务。**

现行《著作权法》第33条第1款规定："著作权人向报社、期刊社投稿的，自稿件发出之日起十五日内未收到报社通知决定刊登的，或者自稿件发出之日起三十日内未收到期刊社通知决定刊登的，可以将同一作品向其他报社、期刊社投稿。双方另有约定的除外。"该条款的立法目的一方面是防止著作权人一稿多投，损害报社、期刊社的利益，另一方面也赋予了著作权人一定期限后转投他处的权利。其并未规定报社、期刊社对不予采用的稿件予以退稿的法定义务。此外，当前报社、期刊社收到的投稿不断增加，出于对运营时间成本和经济成本的考虑，报社、期刊社行业中，对不予刊登的作品亦无返还稿件的惯例。

1999年4月5日国家版权局发布的《出版文字作品报酬规定》第16条规定："作者主动向图书出版社投稿，出版社应在六个月内决定是否采用。满六个月，既不与作者签订合同、不予采用又不通知作者的，出版社应按第六条规定的同类作品付酬标准平均值的30%向作者支付经济补偿，并将书稿退还作者。"对此，一方面，该条是对图书出版情形的规范，不适用向报社、期刊社投稿的情形。另一方面该规定是在计算机技术、文件复制技术尚不普及的背景下制定的，结合其制定背景，该条中的"书稿"应做限缩解释，即仅限"底稿"。随着技术的进步和文化的繁荣，著作权人在投稿时手写稿件逐步减少，大多采用计算机打印件，稿件复制便利且成本低，因此该规定在今天受到诸多诟病。

本案中，无论原告投出稿件是否为原件，被告法制日报社都没有退稿的法定义务。而被告是否有约定义务，应以是否存在合同关系为前提。若存在有关退稿的约定，则被告需承担依约退稿的义务，否则即构成违约。但本案原告虽在稿件末尾处注明了"本作品著作权归本人所有，如不出版，请按规定将作品退回"，但该表示仅为原告的要约行为，被告并未对此承诺，因此双方之间不存在合同关系，被告也无约定退稿的义务。所以原告的诉讼请求于法无据，理应被驳回。

**61** 报刊转载已刊登作品(《著作权法》第 33 条第 2 款)

案例:陈卫华诉成都电脑商情报社侵犯著作权纠纷案
案例来源:《中华人民共和国最高人民法院公报》1999 年第 5 期(第 173—175 页)
主题词:报刊转载　著作权人声明

一、基本案情

　　原告:陈卫华。

　　被告:成都电脑商情报社。

　　"3D 芝麻街"为国际互联网上一个个人主页的名称,版主署名为"无方"。1998 年 5 月 10 日,一篇题为《戏说 MAYA》的文章被上载到该主页上,作者署名为"无方"。1998 年 10 月 16 日,成都电脑商情报社在其主办的《电脑商情报》上刊登《戏说 MAYA》一文,文章署名为"无方",该报在刊登此文的同时加注了编者按,称"本文的出处也如同文中的 3D 发源一样不详,不过有一位铁杆读者、3D 迷兼网虫极力推荐"。此后,该报社在其作者信息库中保留了"无方"的栏目,栏目内容仅注明作者署名为"无方",并在稿费统计表中注明稿酬尚未支付。同年 11 月,陈卫华向成都电脑商情报社发出电子邮件,说明其本人系《戏说 MAYA》一文的作者,同年 12 月 2 日,陈卫华又向其发出传真,要求其承担侵权责任。成都电脑商情报社收到上述函件后,拒绝了陈卫华的要求。

　　陈卫华为此诉至北京市海淀区人民法院,请求判令成都电脑商情报社公开赔礼道歉、支付稿费 231 元和惩罚性稿费 5 万元。

　　被告成都电脑商情报社辩称:《戏说 MAYA》一文,是读者于 1998 年 8 月通过电子邮件投稿到我们的电子信箱上的,该电子邮件中没有"版权所有 请勿转载"的内容,我们曾回函要求其提供作者详细资料,但推荐者未能回函。同年 10 月 16 日,我社在报纸上将该文全文发表,署名为"无方",并在发表时加注编者按,注明"作者与 3D 一样发源不详"。我们同意以国家稿费标准付给《戏说 MAYA》一文的作者稿费 231 元,但是请陈卫华证明他就是作者"无方",我社没有主观过错,行为没有构成侵权,故不同意道歉及支付所谓惩罚性稿费的要求。

　　法院经审理查明上述事实后,认为如无相反证明,在作品上署名的人即为作者。个人主页"3D 芝麻街"的版主与该主页上《戏说 MAYA》一文作者的署名均为"无方",原告陈卫华能够完成主页密码修改、内容添加和删改等操作,可认定为该主页版主;且电脑商情报社亦未提出相反的证据证明特殊情况的存在,故陈卫华应为"无方",享有《戏说 MAYA》一文的著作权。被告在其主办的登有商业广告的报纸上擅自刊载陈卫华的作品《戏说 MAYA》,为其商业目的扩大了该作品的传播范围,侵犯了陈卫华的作品使用权和获得报酬权,其以使用该作品无主观过错等为由拒绝承担侵权责任的辩称,于法无据,法院不予采信。据此,判决被告停止使用陈卫华的作品《戏说 MAYA》并向其公开致歉,向原告陈卫华支付稿酬并赔偿经济损失共计 924 元。判决后,原、被告双方均未上诉。

二、裁判要旨

　　**No.1-4-11.4-1**　如无相反证据,可利用网络注册号和密码验证的方式证明网络作品的作者身份。

　　根据《著作权法》的规定,如无相反证明,在作品上署名者即为作者。作者享有署名权,包括署真名、署笔名或不署名的权利。随着计算机网络的普及,网络写手大量出现,且多用笔名或网络昵称,所以网络环境下著作权权利主体的确认成为该类著作权纠纷面临的首要问题。目前我国国际互联网上个人主页的注册现尚无明确的法律规定,但个人主页注册后,注册人会获得该个人主页的账号、密码和网址,在一般情况下,个人主页的密码由其注册人掌握、使用,文件的上载、删除工作亦由注册人完成。此时,若无相反证据,可认定掌握相关密码信息、能够完成上述操作的是作者。根据民事诉讼法"谁主张谁举证"的一般原则,上述两处"相反证据",应由署名者的相对方承担举证责任。

本案在审理过程中,经现场勘验,原告陈卫华可修改个人主页"3D 芝麻街"的密码,并可上载文件、删除文件,《戏说 MAYA》一文可被固定在计算机硬盘上并可通过 WWW 服务器上载到"无方"的个人主页上,且个人主页"3D 芝麻街"的版主与该主页上《戏说 MAYA》一文作者的署名均为"无方"。而被告未提出相反的证据证明特殊情况的存在,所以可以据此认定原告即为涉案作品的作者。

### No.1-4-33.2-1 著作权人对已刊登作品声明不得转载、摘编的,不适用法定许可。

法定许可是指使用者可以不经著作权人同意而使用其已发表的作品,但需支付报酬的一种著作权权利限制制度,但著作权人已声明不能使用的除外。我国现行《著作权法》第 33 条第 2 款即为报刊社设立了一项法定许可,规定:"作品刊登后,除著作权人声明不得转载、摘编的外,其他报刊可以转载或者作为文摘、资料刊登,但应当按照规定向著作权人支付报酬。"此时,根据《著作权法实施条例》第 30 条的规定,不得转载、摘编的声明,应当在刊登该作品时附带作出。本案中,在载有涉案作品的页面上,同时标有"版权所有请勿转载"的字样,说明作者已依法作出不得转载该涉案作品的声明,因此虽然被告已显示出支付报酬的意愿,仍然侵犯了原告的著作权。对此,其没有主观过错的抗辩,也不是著作权侵权责任的免责事由。

### 62 报社、期刊社修改权(《著作权法》第 34 条第 2 款)

**案例:丁如云诉无锡日报社著作人身权侵权案**
案例来源:《人民法院案例选》2006 年第 2 辑[第 45 号]
主题词:报社　期刊社　修改权　保护作品完整权

#### 一、基本案情

上诉人(原审原告):丁如云。

被上诉人(原审被告):无锡日报社。

2005 年 6 月 20 日,丁如云将自己写作的《如何判断房价是否合理》一文以传真方式投给无锡日报社,投稿全文如下:

目前的房价是否合理是多方评论的焦点话题,如何判断房价是否合理,也有多方面的理论,比如西方国家较为流行的收入比价法,我认为房价是否合理是可以判断的,方法也比较简单。

一、商品市场的价值规律是判断房价的基本规律

大家知道,商品房是商品,是商品就会有基本的价值规律,即供需规律。俗话说,物以稀为贵,当供应量少于需求量时,价值就会上升,当供应量大于需求量时,价值就会下降。同一地段的同一套住房,一年前的价值是 20 万(元),现在是 40 万,是什么原因促使同一商品在不同的时段发生如此大的变化,是供求关系,这一基本的价值规律所起的作用。

二、只有健康的市场才能体现真实的供求关系

影响价值规律的供求关系只有在健康的市场环境条件下才是真实的。如果这个市场是一个无序的,法制不健全的,投机盛行的环境,这个供求关系就可能是不真实的。这好比是足球比赛,如果比赛规则是公平的,裁判执法是公正的,一场球踢进 10 个球都应该被认为是合法有效的。反之,即便只踢进一个球也是无效的。根据这一基本方法我们可以判断,当前的房价是不正常的,至少可以认定是偏离了正常合理的价值。

三、怎样的市场环境才是健康有序的市场

根据这几年市场各个环节所暴露出来的问题,我认为必须解决以下几个方面的问题,才能促进房地产市场健康发展。

1. 首先银行的放贷必须严格把关,合理控制,再也不能给炒房者大开方便之门,随便贷个几百、上千万。

2. 开发商在获得商品房预售许可前,不能以任何形式变通预售商品房。预售的商品房

必须网上实名备案,不准更名炒作。

3. 没有获得房产权登记的房产不能以任何形式进入市场,包括信息发布。

4. 中介商、代理商不能赚取差价,只能收取佣金。

5. 安居房、经济适用房必须真正出售给符合条件者。

只有解决了以上问题,我们的市场才能是一个健康正常的市场,在正常的市场条件下,即使一个平方的商品房价值 10 万元,只要能真实地反映市场的供求关系,也应该认为这个价值是正常的。

2005 年 6 月 21 日,《无锡日报》B6 版刊登了丁如云上述投稿,但删除了"二、只有健康的市场才能体现真实的供求关系"一段中"根据这一基本方法我们可以判断,当前的房价是不正常的,至少可以认定是偏离了正常合理的价值"的表述。

江苏省无锡市中级人民法院认为:本案的争议焦点主要在于,无锡日报社删减作者投稿中的一句表述是否构成对作者丁如云作品修改权和保护作品完整权的侵害。一般认为,修改权与保护作品完整权是同类权利的正反不同表述,修改权表明作者有权修改自己的作品,而保护作品完整权则指作者有权禁止他人修改、增删或歪曲自己的作品。判断作品完整性是否受到损害,主要应当考察作品的主题、表达形式、基本内容的完整性是否被不当增删或歪曲。本案中,丁如云投稿主题在于"如何判断房价是否合理",而阐述其主题的分论点分别为:"一、商品市场的价值规律是判断房价的基本规律""二、只有健康的市场才能体现真实的供求关系""三、怎样的市场环境才是健康有序的市场(如何培育健康有序的市场)"。无锡日报社删除的一段表述"根据这一基本方法我们可以判断,当前的房价是不正常的,至少可以认定是偏离了正常合理的价值",既不能论证分论点"只有健康的市场才能体现真实的供求关系",也缺乏相应论据表明该结论,更与丁如云投稿主题"如何判断房价是否合理"没有直接关联。此外,根据《中华人民共和国著作权法》第 33 条的规定,报社等出版机构可以对作品作文字性修改、删节。因此,无锡日报社对丁如云投稿所作的删节既不具备违法性,也未曲解或破坏了丁如云投稿作品的同一性或完整性,故并未侵犯丁如云作品的修改权和保护作品完整权。据此,依照《中华人民共和国著作权法》第 10 条第 1 款第 3 项、第 4 项,第 33 条第 2 款;《中华人民共和国民事诉讼法》第 128 条的规定,判决:驳回原告的诉讼请求。

上诉人丁如云不服一审法院判决,向江苏省高级人民法院提起上诉称:本案的争议焦点应是无锡日报社删除"根据这一基本方法,我们可以判断当前的房价是不正常的,至少可以认定是偏离了正常合理的价值",是文字性删除、修改,还是对内容的修改、删除。一审法院回避这一焦点,把本案焦点定为修改权和保护作品完整权。一审判决书也承认,删除的一段是一个结论性的内容。无锡日报社未经作者同意把文章结论性的内容任意删除,还谈什么保护作品完整权。对照《著作权法》第 33 条"报社、期刊社可以对作品作文字性的修改、删节。对内容的修改,应当经作者许可"的规定及第 47 条的规定,一审判决明显错误。故请求二审法院依法撤销一审判决,判决无锡日报社侵权事实成立,并当面赔礼道歉。

江苏省高级人民法院认为:当事人在二审中争议的主要焦点为,无锡日报社删除"根据这一基本方法我们可以判断,当前的房价是不正常的,至少可以认定是偏离了正常合理的价值"这段表述,是文字性删节还是对作品内容的删节。在判断报刊出版者对作品是作文字性修改、删节,还是对内容的修改,应结合作者的修改权和保护作品完整权进行综合判断。

本案中,丁如云所投题为《如何判断房价是否合理》的稿件主题,是介绍读者判断房价合理与否的方法。该文从三个方面进行了论述,其中第二点论述了"只有健康的市场才能体现真实的供求关系",并在该论点最后表述"根据这一基本方法我们可以判断,当前的房价是不正常的,至少可以认定是偏离了正常合理的价值"。然而综观该论点的表述,只是对健康的市场环境对供求关系真实性的影响作了阐述,并没有对当前的商品房市场的供求关系是否真实作进一步的论述,因此,该"结论"在文义上与前面的表述没有直接的联系,缺乏逻辑关联性。无锡日报社根据文章的结构、主题思想、文字表述,删除了"根据这一基本方法我们可以判断,当前的房价是不正常的,至少可以认定是偏离了正常合理的价值"这一"结论",并不影响作品的主题,没有破坏作品的完整性,亦未歪曲、篡改作品。因此,无锡日报社对该句文字表述的删除,不属于对作品内容的修改,不构成对丁如云著作权的侵权。据此,依照《中华人民共和国民事诉讼法》第153条第1款第1项的规定,于2006年3月8日判决:驳回上诉,维持原判。

## 二、裁判要旨

**No.1-4-34.2-1** 报刊出版者在对作品进行文字性修改、删节时,无须征得作者同意。但这种修改、删节不能涉及作品的内容,不能歪曲、篡改作品。

我国《著作权法》第10条规定了作者的修改权和保护作品完整权。修改权是修改或者授权他人修改作品的权利;而保护作品完整权则是保护作品不受歪曲、篡改的权利。在《著作权法》第34条第2款又规定了"报社、期刊社可以对作品作文字性修改、删节。对内容的修改,应当经作者许可"。第34条之规定是延续2010年修正前第33条第2款之规定。该规定被认为是对作者修改权和保护作品完整权的限制,即报刊出版者在对作品进行文字性修改、删节时,无须征得作者同意。但这种修改、删节是有限度的,不能涉及作品的内容,不能歪曲、篡改作品。因此,该案的关键在于判断被告对原告文章的修改属于文字性修改、删节,还是对内容的修改。在此,应结合作者的修改权和保护作品完整权进行综合判断。由于该案中被告对"根据这一基本方法我们可以判断,当前的房价是不正常的,至少可以认定是偏离了正常合理的价值"这一"结论"的删除,并不影响作品的主题,没有破坏作品的完整性,亦未歪曲、篡改作品,所以应认为系文字性删节,不属于对内容的修改。从而被告未构成对原告著作权的侵权。

## 63 汇编作品的出版(《著作权法》第35条)

**案例:张旭龙与人民美术出版社著作权纠纷案**
案例来源:北京市高级人民法院(2003)高民终字第1006号民事判决书
主题词:汇编作品 图书出版者

### 一、基本案情

原告(上诉人):张旭龙。

被告(被上诉人):人民美术出版社。

张旭龙系专业人像摄影师,其曾为案外人模特汤加丽拍摄了20余组人体艺术照片,并拥有上述摄影作品的著作权。2002年7月9日,张旭龙为汤加丽出具了一份《授权书》,内容是:"我授权将我与汤加丽合作拍摄的照片用于她个人写真集的出版、发行及展览。"汤加丽据此于2002年7月15日与人民美术出版社签订了《汤加丽人体艺术写真》出版合同。合同主要内容是:甲方(汤加丽)授予乙方(人民美术出版社)在合同有效期内,在中国大陆以图书(含图片、挂图)形式出版各种文字及版本的《汤加丽人体艺术写真》(以下简称《汤加丽写真》),乙方享有《汤加丽写真》书稿的专有使用权;甲方许可将《汤加丽写真》书稿与其他作品汇集在一起由乙方出版,乙方享有该编辑作品的整体著作权和专有出版权,并有权向第三者转让整体著作权,但转让时不得损害甲方作品的著作权益;甲方保证拥有《汤加丽写真》书稿的著作权(翻译稿、改编稿需附原作者或原出版者的授权),不存在侵犯他人著作权益问题,如有抄袭、盗用或在编辑、改编、翻译他人作品及在利用单位、个人收藏的美术作品编纂图书时未取得著作权人的许可等侵权行为,由甲方负全部责任,并赔偿由此给乙方造成的经济损失;乙方支付甲方人民币4万元为稿酬(签合同时付2万元,出书后付2万元)同时支付甲方成书500本,除此,其他相关费用届时商量(如宣传活动等),再版稿酬按8%支付;合同有效期为5年。此外,双方还就书稿的要求、出版的时间、争议的解决方式等问题作了约定。

2002年9月,人民美术出版社出版、发行了《汤加丽写真》一书。该书的图书在版编目(CIP)数据和版权页均显示"汤加丽著",封面勒口标明摄影为张旭龙,封底勒口有摄影师张旭龙的简介,共收录图片144幅,其中136幅(3张照片系重复使用)张旭龙享有著作权,共计39幅张旭龙享有著作权的摄影作品部分人体、背景或道具被剪裁。为此，张旭龙认为，人民美术出版社侵犯了其署名权、保护作品完整权、获得报酬权，诉至北京市第二中级人民法院。

被告人民美术出版社辩称，涉案图书为汤加丽所著，图片为汤加丽和原告共同享有，我社与汤加丽签订了出版合同，且原告对其作品出版已经提供了授权书，我社已尽了严格的审查义务。该书为编辑作品，作者为汤加丽，同时我社在书中也明确标明摄影人为原告，因此，我社未侵犯原告的署名权；我社在出版过程中对部分稿件进行边缘性裁切，是为了提高作品的表现力以及便于版式整齐美观，原告关于该图片用于出版的授权中，应包含出版过程中对图片进行必要加工，同时，所有对图片的加工行为均得到了图片作者之一汤加丽的认可，因此，我社未侵犯原告的保护作品完整权；我社已向汤加丽支付了17.6万元的稿酬，其中包括张旭龙的稿酬，我社未侵犯原告的使用和获得报酬权。综上，请求驳回原告的诉讼请求。

北京市第二中级人民法院认为：张旭龙作为涉案人体写真图片的著作权人，被告提出模特汤加丽为涉案图片合作作者之一，该社对涉案图片出版已尽到严格审查义务的主张，依据不足。涉案作品是由汤加丽经原告授权对图片进行选择和编辑而成，属于汇编作品，汤加丽依法对其享有著作权；但该书汇编的主要内容为张旭龙享有著作权的涉案摄影作品，汤加丽以"汤加丽著"的方式署名不妥。构成了对该汇编作品汇编的单幅摄影作品著作权人所享有的署名权的侵犯。被告在使用张旭龙享有著作权的部分作品时，对其图片中的背景和人体进行了剪裁，但该种使用方式未对上述作品作实质性改动，未歪曲和篡改上述作品的主要内容，因此并未破坏上述作品的完整性，未侵犯张旭龙对上述作品享有的保护作品完整权。本案张旭龙已经书面授权汤加丽出版、发行其享有著作权的摄影作品，汤加丽作为《汤加丽人体艺术写真》一书的著作权人，其同人民美术出版社所签图书出版合同，应视为其行使了汇编作者著作权及从张旭龙处取得的相关权利。鉴于人民美术出版社与张旭龙之间不存在出版合同关系，亦不存在侵犯著作财产权的法律关系，原告主张人民美术出版社使用其享有著作权的摄影作品，侵犯了其所享有的使用和获得报酬权，并据此向人民美术出版社提出支付作品使用费的主张，缺乏事实和法律依据，因此判决：

一、被告停止发行涉案署名"汤加丽著"的《汤加丽人体艺术写真》一书，再版、重印该书时不得以"汤加丽著"的方式署名；

二、在《中国摄影报》上刊登向张旭龙赔礼道歉的声明；

三、赔偿张旭龙因本案诉讼支出的合理费用802元；

四、驳回张旭龙的其他诉讼请求。

张旭龙不服该一审判决，上诉至北京市高级人民法院。法院认为，汤加丽是涉案汇编作品的著作权人，故依法享有署名权。《汤加丽写真》一书已在封面勒口标明摄影为张旭龙，且在封底勒口载有摄影者张旭龙的简介，张旭龙作为《汤加丽写真》一书摄影作者的身份已得到体现。原审法院据此认定人民美术出版社侵犯了张旭龙的署名权是错误的。人民美术出版社出版、发行涉案作品时，其未经张旭龙同意，对其享有著作权的39幅摄影作品的部分人体、背景或道具进行裁剪，超出了其为了版式整齐美观而进行边缘性裁切的限度，侵犯了张旭龙对上述作品的保护作品完整权，故原审驳回张旭龙保护作品完整权的诉讼请求不妥。因此判决：

撤销一审判决书，人民美术出版社停止出版、发行侵犯张旭龙作品完整权的《汤加丽人体艺术写真》一书，并就其侵犯张旭龙涉案39幅摄影作品完整权的行为，在《中国摄影报》上刊登向张旭龙赔礼道歉的声明，赔偿张旭龙因本案诉讼支出的合理费用人民币3 802元。

二、裁判要旨

**No.1-4-35-1 汇编作品的著作权人在与图书出版者签订出版合同前获得原作品著作权人的出版授权，应视为图书出版者获得出版该汇编作品的合法授权。**

汇编若干作品、作品的片段或者不构成作品的数据或者其他材料，对其内容的选择或者编排体现独创性的作品，为汇编作品，其著作权由汇编人享有，但行使著作权时，不得侵犯原作品的著作权。现行《著作权法》第35条规定："出版改编、翻译、注释、整理、汇编已有作品而产生的作品,应当取得改编、翻译、注释、整理、汇编作品的著作权人和原作品的著作权人许可,并支付报酬。"本案中,涉案作品是由案外人汤加丽汇集大量原告的摄影作品而成,属于汇编作品。在该作品出版前,汤加丽已获得原告的出版授权,被告据此授权与汤加丽签订图书出版合同,应视为同时获得了汇编作品著作权人和原作品著作权人的许可,并未侵犯原告的著作权。

至于报酬,由于原告在汤加丽与被告签订图书出版合同前已给汤加丽出具出版授权书,此时相对于被告而言,原告的报酬请求权属于其与案外人汤加丽的内部关系。而原告在给汤加丽的授权书中并未提及报酬问题,被告在此情况下基于图书出版合同向汤加丽支付了《汤加丽写真》一书的全部稿酬,并无不妥,可视为其已履行《著作权法》第 35 条规定的"支付报酬"义务。故此时原告应向汤加丽主张报酬请求权,一审和二审法院驳回原告要求被告支付报酬的诉讼请求于法有据。

### 64 版式设计专有使用权(《著作权法》第 36 条、第 47 条第 9 项)

**案例:汽车杂志社与中国汽车工业经济技术信息研究所侵犯版式设计专有使用权案**
**案例来源:**《人民法院案例选》2008 年第 1 辑[第 41 号]
**主题词:**版式设计

**一、基本案情**

原告(被上诉人):汽车杂志社(以下简称杂志社)。

被告(上诉人):中国汽车工业经济技术信息研究所(以下简称研究所)。

2000 年 1 月 3 日,杂志社与北京德润文化发展中心(以下简称德润中心)签订《汽车杂志委托制作合同》,约定:由德润中心为杂志社出版的《汽车杂志》(以下简称《汽》)进行图文制作和印务咨询服务,包括图版的拍摄和加工、版式设计、出片打样等印前准备工作。合同有效期为 8 年。签约后,德润中心依照合同约定为《汽》进行了包括刊标在内的整个设计。

2000 年 11 月 9 日,杂志社与北京德润时代图文制作有限公司(以下简称德润公司)签订《汽车杂志委托制作合同》。约定:杂志社拥有《汽》的所有权与经营权。德润公司受杂志社委托为《汽》提供独家图文制作及制版和印刷服务。有效期至 2007 年 12 月 31 日。2001 年 9 月 16 日,杂志社、德润公司与利丰雅高公司签订了《汽》制作和印刷委托合同。载明:杂志社委托德润公司为《汽》提供独家图文制作、制版及代理印刷业务,负责《汽》的版式设计、制版。杂志社每月 20 日将图文制作费和印刷费以每册 6.70 元支付给德润公司。德润公司设计的 LOGO 与德润中心设计的刊标相比有所改动,2001 年 12 月 1 日出版的《汽》开始使用德润公司制作的 LOGO 及其他版式设计。

2001 年 7 月 20 日,德润中心与德润公司签订关于图文制作转让协议及衔接的协议的补充协议,约定:德润中心因执行图文制作业务而产生的著作权同时转让给德润公司,德润公司依法享有德润中心的全部著作权,德润中心已于 2003 年 5 月办理了注销手续。2002 年 8 月 13 日,杂志社通知德润公司终止合同,德润公司予以确认,以后《汽》并未更换刊标。2002 年 8 月 15 日,德润公司出具授权委托书写明:授权研究所主办、中国汽车画报社(以下简称"中国画报社")编辑出版的《中国汽车画报》(以下简称《中》)2002 年 9 月第 9 期独家使用由德润公司设计的刊名 LOGO,封面和内文版式样式。

原告杂志社认为,2002 年第 9 期《中》在 LOGO 等版式设计上抄袭了杂志社出版的《汽》,侵犯了杂志社在《汽》上拥有的版式设计专用权,请求成都市中级人民法院判令研究所停止侵权,在《中国汽车报》《汽车杂志》上赔礼道歉,赔偿杂志社经济损失 290 万元。

杂志社在庭审中主张的版式设计内容包含:(1) LOGO 的设计;(2) 期刊号的字体,包括期刊月号的突出使用;(3) 条形码的位置;(4) 内文在封面提示的字体、字号;(5) 封面车辆与背景的安排与布局;(6) 内页页眉的安排;(7) 栏目的设置的字体、字号、颜色;(8) 内页插图的位置、大小;(9) 封面页眉与页脚的设计;(10) 版权页的设计;(11) 页码标注的方式。

被告研究所辩称,杂志社出版的《汽》所称的 LOGO 及封面系美术作品,且属于委托作品,其著作权应属受托人即德润中心所有，杂志社并不享有其所主张的版式设计专用权；而德润中心将该著作权已转让给德润公司，杂志社行使其所称的版式设计专用权，也不能损害德润公司作为著作权人的权利，研究所经德润公司授权合法使用并未侵犯杂志社的著作权。版式设计侵权的认定应当以是否原样复制为标准，但2002年第9期《中》并未达到复制使用《汽》版式设计的程度，等等。据此，研究所请求法院判令驳回杂志社的诉讼请求。

成都市中级人民法院经审理查明上述事实后认为：(1) 对于原告主张的11项版式设计的内容，封面中的LOGO应为美术作品，因《汽》的LOGO系由德润中心受杂志社委托设计完成的，双方未对LOGO的著作权归属进行约定，依据2001年《著作权法》第17条关于"受委托创作的作品，著作权的归属由委托人和受托人通过合同约定。合同未作明确约定或者没有订立合同的，著作权属于受托人"之规定，刊标的著作权应由德润中心依法享有。德润公司以德润中心受让了杂志社委托德润中心创作的"LOGO"后对德润中心设计的"LOGO"进行了改动后形成了涉案LOGO，在未与杂志社约定著作权归属的情况下，德润公司对该"LOGO"享有著作权。由于德润公司将其享有著作权的"LOGO"许可《中》第9期使用，且杂志社并不享有"LOGO"的著作权，法律亦未规定出版者对此享有专用权，故研究所在《中》第9期上使用LOGO的行为，并未构成对杂志社的侵权。(2) 杂志社主张的封面包括期刊号字体、条形码的位置、内文在封面的提示的字体、字号、封面车辆与背景的安排与布局、封面页眉与页脚的设计等，上述主张均是针对封面的排版格式及版面布局造型的设计，故杂志社主张的封面应为版式设计。(3) 法律对版式设计专用权仅指明由出版者享有，未规定可由其他人包括设计者享有版式设计专用权，也不适用有关委托作品权利归属的规定，因此杂志社享有《汽》的版式设计专用权。(4) 研究所出版的2002年第9期《中》的版式设计与杂志社之前使用的2002年第7、8期《汽》的版式设计实质相同，故对其"存在差异、未达到复制使用程度"的主张不予支持，认定其已侵犯了杂志社的版式设计专用权，据此判决：

一、本判决生效之日起，被告中国汽车工业经济信息研究所立即停止侵犯原告汽车杂志社版式设计专用权的行为；

二、被告中国汽车工业经济信息研究所于本判决生效之日起10日内，赔偿原告汽车杂志社经济损失8万元；

三、驳回原告汽车杂志社的其余诉讼请求。本案案件受理费24 510元，其他诉讼费18 353元，合计42 563元（汽车杂志社已预交）由中国汽车研究所承担34 050.4元，汽车杂志社承担8 812.6元。

研究所不服上述判决，以杂志社不是本案适格的诉讼当事人等理由向四川省高级人民法院提起上诉。二审法院经审理认为一审判决认定的事实基本清楚，适用法律基本正确，但决定诉讼费分担欠妥，应予变更。故驳回上诉，维持原判，仅对一审诉讼费的承担予以纠正。

二、裁判要旨

**No.1-4-36-1　封面的排版格式及版面布局属于版式设计，而刊标等单幅作品则属于美术作品。**

版式设计是指图书、报纸、杂志的排版格式，如版心、字体、字号、行距、花边、页眉、插图、报头等版面布局造型的设计。实践中，对于版心等版式设计较易辨识，而对于封面而言，因其往往和图片密不可分，因此易与美术作品相混淆。而美术作品是指绘画、书法、雕塑等以线条、色彩或者其他方式构成的有审美意义的平面或者立体的造型艺术作品。简言之，前者是一种编排的学问，后者则强调一种整体的美感。

封面包括期刊号字体、条形码的位置、内文在封面提示的字体、字号、封面车辆与背景的安排与布局、封面页眉与页脚的设计等，对这些要素的排列布局即属于版式设计。如本案中，杂志社主张的版式设计是封面上各要素的排版格式及布局，而非以线条、色彩或其他方法构成的艺术作品封面整体；对于封面车辆，其本身属于摄影作品，但是对于其摆放位置及其与背景的协调关系，则属于版式设计的范畴。

对于封面中的 LOGO,其本身笔画、色彩的排列组合是表达语言信息的需要,不能任意排列,其除了传递刊名信息外,往往在整体上具有一定的审美功能,因此是由线条、色彩方式构成的具有审美意义的书法美术作品。故本案中对杂志社所主张的 LOGO 应包含在版式设计中的主张,法院不予支持。

**No.1-4-36-2** 版式设计专用权仅为出版者所有,其权属确认不适用有关委托作品权属的规定。

版式设计是附属于出版者出版的图书、期刊上的,与其享有的出版权密不可分,只要出版者进行了出版活动,就必然涉及版式设计问题。现行《著作权法》第 36 条规定:"出版者有权许可或者禁止他人使用其出版的图书、期刊的版式设计。前款规定的权利的保护期为十年,截止于使用该版式设计的图书、期刊首次出版后第十年的 12 月 31 日。"除此之外,法律并未规定有关版式设计专用权的其他权利主体,可见,版式设计专用权的主体仅为出版者,这也符合出版行业的实际需求。

实践中,当出版者将其出版图书、期刊等的版式委托给他人设计时,就会产生该版式设计权利归属的问题。现行《著作权法》第 17 条规定:"受委托创作的作品,著作权的归属由委托人和受托人通过合同约定。合同未作明确约定或者没有订立合同的,著作权属于受托人。"但是由于版式设计专用权属于法定权利,法律未规定出版者之外的其他权利主体,因此,上述第 36 条相对于第 17 条而言,应是特别法与一般法的关系,应优先适用第 36 条的规定。所以,本案中《汽》的版式设计是委托德润中心设计的,且双方未约定权利归属,此时仍应根据《著作权法》第 36 条的规定,认定杂志社享有对《汽》的版式设计专用权,而不再适用第 17 条的规定归受托人德润中心享有。

## 第二节 表演

**⑥⑤ 使用他人作品演出(《著作权法》第 37 条第 1 款、第 40 条第 3 款)**
**案例:陈涛诉沙宝亮、北京现代力量文化发展有限公司著作权纠纷案**
案例来源:北京市第二中级人民法院(2004)二中民终字第 1923 号民事判决书
主题词:表演者 演出组织者 录音制作者 歌曲作品 法定许可

**一、基本案情**

原告(被上诉人):陈涛。

被告(上诉人):沙宝亮、北京现代力量文化发展有限公司(以下简称现代力量公司)。

2002 年 5 月沙宝亮受电视连续剧《金粉世家》剧组的委托,为电视连续剧《金粉世家》的主题歌《暗香》填词,并获得了相应报酬。三宝音乐工作室录制了陈涛作词、三宝作曲、沙宝亮演唱的歌曲《暗香》,并将其用做电视连续剧主题歌。

沙宝亮是现代力量公司的签约歌手。2003 年 4 月前,现代力量公司制作了歌曲《暗香》MV,其中的音乐部分直接复制了三宝音乐工作室录制的歌曲《暗香》,画面为演唱者沙宝亮。此后,现代力量公司制作了《沙宝亮》歌曲 CD 专辑和同名磁带,其中收录了三宝音乐工作室录制的歌曲《暗香》,在 CD 和磁带中附带的彩页上印有《暗香》的歌词,该 CD 和磁带由案外人国际文化交流音像出版社出版、(案外人)星文文化传播有限公司发行。2003 年 5 月至 8 月,CD 专辑的发行总量为 57 087 张、磁带的发行总量为 43 116 盒。就使用歌曲《暗香》制作 MV、歌曲专辑 CD 及磁带的行为,现代力量公司未曾取得陈涛的许可,亦未向陈涛支付报酬。2003 年 9 月 27 日,沙宝亮在第四届中国金鹰电视艺术节开幕式(以下简称金鹰节)上演唱了陈涛作词的歌曲《暗香》;2003 年 10 月 18 日,沙宝亮在第七届宁波国际服装节开幕式(以下简称服装节)上再次演唱了陈涛作词的歌曲《暗香》。

原告陈涛认为,沙宝亮和现代力量公司未经其许可使用其作词的《暗香》,制作《沙宝亮》歌曲专辑 CD 和同名磁带出版发行,还制作了《暗香》MV 在电视台播放,均亦未支付报酬,侵犯了其复制权与表演权;沙宝亮未经其许可在金鹰节、服装节上演唱其作词的歌曲《暗香》,且未支付报酬,侵犯其表演权。故诉至北京市朝阳区人民法院,请求判令现代力量公司立即停止侵权行为,停止销售收录歌曲《暗香》的 CD 专辑《沙宝亮》及同名磁带;沙宝亮和现代力量公司共同向其赔礼道歉、消除影响,并赔偿经济损失 20 万元。

被告沙宝亮与现代力量公司辩称:歌曲《暗香》是一个词曲不可分割的音乐作品,但陈涛将歌词作为单独的部分主张著作权,前后矛盾。且陈涛系接受电视剧组委托创作歌词,没有证据证明自己享有歌词的著作权。现代力量公司只是从三宝音乐工作室取得歌曲《暗香》的母带,汇编制成专辑 CD 和磁带,并与案外人合作拍摄合成 MV,没有另组织沙宝亮演唱并录制,不存在出版、发行、销售 CD 和磁带的行为,《暗香》MV 也只是交电视台满足观众点播要求。沙宝亮在金鹰节与服装节上演唱《暗香》均未收取报酬,征得作者许可并支付报酬的责任应由演出组织者承担。沙宝亮是现代力量公司的签约歌手,制作 CD、MV 和磁带均是现代力量公司组织与安排的,沙宝亮不对取得有关的著作权许可及支付报酬承担责任。故不同意原告的诉讼请求。

北京市朝阳区人民法院经审理认为,词曲作者对各自创作的部分单独享有的著作权均受著作权法保护,原告陈涛受托创作《暗香》歌词,未与委托人约定著作权归属,故应依法认定其为涉案歌词的著作权人。沙宝亮在案外人组织的金鹰节、服装节上演唱歌曲《暗香》,是对陈涛作品进行表演的行为,其本人未就此征得陈涛许可,亦未提供证据证明上述活动的演出组织者履行了取得权利人许可及支付报酬的义务,因此,沙宝亮的表演行为侵犯了陈涛所享有的表演权,应就此承担停止侵权、赔偿损失的民事责任。现代力量公司为制作《暗香》MV 而组织其签约歌手沙宝亮进行表演,使用了陈涛的歌词,由于沙宝亮和现代力量公司均未就该表演及使用行为征得许可,故共同侵犯了陈涛享有的表演权与复制权,应当停止侵权,并连带赔偿陈涛经济损失。现代力量公司制作完成《沙宝亮》歌曲专辑 CD 和同名磁带,是对已有录音制品的复制行为,该行为亦应征得陈涛的许可并支付报酬。故判决未经陈涛许可,沙宝亮不得表演陈涛作词的歌曲《暗香》,现代力量公司也不得使用陈涛作词的歌曲《暗香》,沙宝亮就其在金鹰节、服装节上的表演行为赔偿陈涛经济损失 7 万元,现代力量公司和沙宝亮就制作《暗香》MV 的行为连带赔偿陈涛经济损失 3 万元,现代力量公司就制作《沙宝亮》CD 专辑和同名磁带的行为赔偿陈涛经济损失 4 万元,驳回陈涛的其他诉讼请求。

两被告均不服一审判决,上诉至北京市第二中级人民法院。二者再次质疑原告的著作权人身份和诉讼主体资格。此外,被告沙宝亮还主张,其作为现代力量公司的签约歌手,表演《暗香》MV 未取得任何收益,故无须征得著作权人的许可,亦无须支付报酬;其参加演出的金鹰节及服装节均有演出组织者,表演者与演出组织者之间是劳务关系,应由演出组织者就表演歌曲《暗香》的行为在法律上承担责任;原判演唱者承担赔偿责任,于法无据。而现代力量公司也主张,其与案外人组织免费表演和制作《暗香》MV,无须取得著作权人的许可,亦无须支付报酬;其取得了三宝音乐工作室的授权,使用《暗香》歌曲的母带制作《沙宝亮》音乐专辑,由于三宝音乐工作室是《暗香》歌曲的曲作者,该歌曲是不可分割使用的合作作品,且三宝音乐工作室是歌曲《暗香》的录音制作者,因此现代力量公司无须再取得陈涛的许可;故请求二审法院撤销原审判决,由其按照法定许可稿酬标准向陈涛支付报酬。

北京市第二中级人民法院经审理查明事实与一审相同,认为:(1)关于陈涛的著作权人身份认定:根据委托作品著作权归属的有关规定,陈涛是歌曲《暗香》的词作者,其依法享有的著作权受法律保护,沙宝亮及现代力量公司均未提出相反证明,故对此上诉理由不予支持。(2)关于制作《暗香》MV 的行为:现代力量公司组织沙宝亮进行表演,制作完成《暗香》MV,以配合《沙宝亮》音乐专辑 CD 及磁带宣传,不属于合理使用,侵犯了陈涛的著作权,应承担停止侵权行为、赔偿经济损失的法律责任。而沙宝亮作为现代力量公司的签约歌手,接受该公司工作安排参加《暗香》MV 的表演,原审法院认定沙宝亮对此承担连带责任不妥,应以纠正。(3)关于制作《沙宝亮》歌曲专辑 CD 和同名磁带的行为:歌曲《暗香》由词、曲两部分组成,但可单独使用,词、曲作者对各自创作的部分享有著作权,现代力量公司在其制作的《沙宝亮》歌曲专辑 CD 和同名磁带中收录三宝音乐工作室制作的歌曲《暗香》,在 CD 和磁带附带的彩页上印有《暗香》歌词,该行为未取得陈涛的许可,亦未支付报酬,侵害了陈涛享有的复制权和获得报酬权。(4) 关于沙宝亮在金鹰节、服装节上的演出,就该表演行为征得著作权人许可的责任在于涉案演出的组织单位,原审法院认定沙宝因此侵犯了陈涛所享有的表演权,应予以纠正。据此,二审法院判决维持一审第二项判决,撤销第一、三、四、五、六、七项判决,现代力量公司就制作《暗香》MV 的行为,赔偿陈涛人民币 4 000 元,就制作《沙宝亮》CD 专辑和同名磁带的行为,赔偿陈涛人民币 8 000 元,驳回陈涛的其他诉讼请求。

二、裁判要旨

No.1-2-13-2 **歌曲是合作作品,对其使用应同时取得词、曲著作权人的授权。**

涉案歌曲包括词、曲两部分,属于合作作品,根据《著作权法》第 13 条的规定,合作作品的著作权由合作作者共同享有,但可以分割使用的,作者对各自创作的部分可以单独享有著作权。涉案歌曲的词、曲著作权分属原告陈涛和案外人三宝音乐工作室,且根据其性质可以分别行使各自的著作权。本案中,被告现代力量公司制作的涉案 CD 和磁带中附带的彩页上印有《暗香》的歌词,侵犯了歌词著作权人的复制权。因此,被告现代力量公司的"已取得曲作者授权"的抗辩理由,不能免除其"未取得词作者授权"的侵权责任。

No.1-4-37.1-1 **演员的演出行为属于职务行为时,演出单位是表演者,应独立承担未经许可并支付报酬而使用他人作品演出的侵权责任。**

表演者包括演员和演出单位两种,根据现行《著作权法》第 37 条第 1 款的规定:"使用他人作品演出,表演者(演员、演出单位)应当取得著作权人许可,并支付报酬。"否则表演者即侵犯著作权人的表演权。实践中,个体的演员往往隶属于某一演出单位,其根据演出单位的安排从事的表演行为,应视为职务行为,此时应将演出单位认定为表演者,并承担获得著作权人授权和支付报酬的义务。

本案中,涉案歌曲的歌词属于委托作品,根据现行《著作权法》第 17 条的规定,委托作品的著作权归属由委托人和受托人通过合同约定,合同未作明确约定或者没有订立合同的,著作权属于受托人。原告接受委托创作《暗香》歌词,其与委托人未约定著作权归属,因此应认定其为涉案歌词作品的著作权人。被告现代力量公司未经原告许可使用其歌词作品制作 MV,侵犯了原告的著作权,理应承担侵权责任。被告沙宝亮作为现代力量公司的签约歌手,其在涉案 MV 中的表演行为,是依据现代力量公司的工作安排做出的,此时应认定现代力量公司作为该 MV 的表演者,制作 MV 的侵权责任应由作为演出单位的现代力量公司承担,沙宝亮无须承担该侵权责任,一审判决两被告对此承担连带责任于法无据,二审予以纠正是正确的。

No.1-4-37.1-2 **演出组织者组织演出时使用他人作品,应由该组织者取得著作权人许可,并支付报酬。**

由于演出组织者是其组织演出的直接获益者,其与参加演出的演员属于劳务关系,现行《著作权法》第 37 条第 1 款规定,演出组织者组织演出时,若需使用他人作品演出,取得著作权人许可,并支付报酬的义务应由演出组织者承担。本案中,沙宝亮分别于 2003 年 9 月和 10 月在金鹰节和服装节上演唱涉案歌曲,应由金鹰节和服装节的演出组织者寻求原告的许可,并向原告支付报酬。作为演出参加者的沙宝亮,无须承担该项义务。因此,就沙宝亮两次演唱行为的侵权责任,应由案外人金鹰节和服装节的演出组织者承担,因此一审判决被告沙宝亮为此承担侵权责任,亦为错误。

No.1-4-40.3-1 **录音制作者使用他人已经合法录制为录音母带的音乐作品制作录音制品,应视该母带的性质决定是否适用法定许可。**

现行《著作权法》第 40 条第 3 款规定:"录音制作者使用他人已经合法录制为录音制品的音乐作品制作录音制品,可以不经著作权人许可,但应当按照规定支付报酬;著作权人声明不许使用的不得使用。"本案中,被告现代力量公司在制作《沙宝亮》歌曲专辑 CD 和同名磁带的行为时,其身份为录音制作者,其取得三宝音乐工作室的授权使用《暗香》歌曲的母带制作《沙宝亮》音乐专辑,而三宝音乐工作室制作的《暗香》歌曲的母带是合法录制的,此时被告现代力量公司制作涉案 CD 和磁带的行为,是否适用该条规定的法定许可,关键在于判断涉案歌曲母带的性质。

从形式上看,经著作权人授权制作的录音母带属于该条规定的"已经合法录制的录音制品"。但该案原告陈涛许可三宝音乐工作室制作该录音母带是为了用做电视剧主题歌,而非为了录制为录音制品,前者属于著作权人对其摄制权的行使,后者则属于对录制权的行使。因此若将该录音母带用于被告现代力量公司制作涉案 CD 和磁带,则超出了其本身"已经合法录制"的权限,此时已不属于上述法律条款所规定的法定许可要件。所以,如前一规则所言,被告现代力量公司仍然需要取得歌词作者的许可并支付报酬,否则仍应承担侵权责任。

**66 表演者的人身权利(《著作权法》第 38 条第 1—2 项、第 39 条)**

**案例:刘国企、刘国全、刘国有、刘国同、刘国年等与北京文化艺术音像出版社、中国经济信息社、贵州东方音像出版社、广州四达音像有限公司纠纷案**
**案例来源:** 北京市朝阳区人民法院(2007)朝民初字第 01138 号民事判决书、北京市第二中级人民法院(2007)二中民终字第 08840 号民事裁定书
**主题词:** 表演者　表明身份权　保护表演形象不受歪曲权

**一、基本案情**

原告:刘国企、刘国全、刘国有、刘国同、刘国年、刘国文。

被告:北京文化艺术音像出版社(以下简称文艺音像社)、中国经济信息社(以下简称中经社)、贵州东方音像出版社(以下简称东方社)、广州四达音像有限公司(以下简称四达公司)。

马增芬是原告之母。1955 年 11 月 4 日中央人民广播电台录制了马增芬演唱的西河大鼓唱段《懒汉和鸡蛋》,共 67 句唱词。1987 年 12 月,马增芬去世,其配偶已先于马增芬去世。

1994 年,文艺音像社、中经社、北京成象影视制作公司(以下简称成象公司)和北京天寅影视艺术策划中心(以下简称天寅中心)联合摄制了 40 集电视连续剧《宰相刘罗锅》。该片片尾注明由成象公司发行。2000 年 6 月 9 日,东方社与北京联科电子出版技术有限公司(以下简称联科公司)签订《关于转让电视剧宰相刘罗锅 VCD、DVD 系列产品版权协议》。东方社依据该协议于 2000 年 6 月出版、发行了 40 集电视连续剧《宰相刘罗锅》VCD 光盘。该光盘由四达公司经销。东方社称联科公司转让的权利来源于成象公司,并为此提交了联科公司出具的《关于宰相刘罗锅 40 集 VCD 制作出版授权书的说明》和授权书原件,以及成象公司和联科公司签订的《关于转让电视剧宰相刘罗锅 VCD 系列产品的制作出版授权协议》复印件。联科公司在出具的说明中称其与成象公司签订的协议书原件已丢失。现成象公司和天寅中心均已吊销。

2005 年 1 月,刘国企、刘国全、刘国有、刘国同发现,文艺音像社和中经社联合摄制、东方社出版发行、四达公司经销的 40 集电视连续剧《宰相刘罗锅》VCD 中,未经马增芬继承人的许可使用了马增芬演唱的上述西河大鼓唱段,且没有指明马增芬的表演者身份。同时,由于该唱段被用于第 27 集和第 28 集中表现妓院场景的特征音乐,因此严重歪曲了马增芬的表演者形象。该 4 人作为马增芬的继承人起诉至北京市朝阳区人民法院,要求文艺音像社、中经社、东方社和四达公司停止侵权,公开赔礼道歉,连带赔偿经济损失及合理费用共计 10 万元。法院受理后,依法追加刘国年、刘国文作为本案原告参加诉讼,该 2 人经本院公告追加,未参加本案诉讼,也未明确放弃继承权。

4 被告均不同意原告诉求,其中文艺音像社辩称:40 集电视连续剧《宰相刘罗锅》1994 年就已经在电视台播出,刘国企等 4 原告现在主张权利已经超过了法定诉讼时效期间。马增芬演唱的西河大鼓唱段应属于民族作品,我们即使使用也没有歪曲马增芬的表演者形象,没有给原告造成物质和精神损害。而且,我社不能确认涉案 VCD 中使用的西河大鼓是否马增芬所演唱。

中经社辩称:现有证据不能证明涉案 VCD《宰相刘罗锅》中的唱段为马增芬所演唱。刘国企等 4 原告不能证明马增芬是《懒汉和鸡蛋》的权利人及其表演者形象被严重歪曲,也不能证明其据以主张权利的《懒汉和鸡蛋》仍在权利保护期内。

东方社辩称:原告不能证明对涉案唱段享有权利,即使其享有权利,权利也过了保护期。另外,涉案唱段只是电视剧中的插曲,且时间非常短,一般观众不会听得很清楚。因此,我社并未侵权,不同意刘国企等 4 原告的诉讼请求。

四达公司辩称:我公司不是电视剧的编导,只是使用人,为此我公司也已遭到损失。另外,我公司同意东方社的答辩意见。

北京市朝阳区人民法院经审理查明,《宰相刘罗锅》VCD 在第 27 集和第 28 集中 5 次共计使用了《懒汉和鸡蛋》中除第 63 句以外的全部唱词。上述使用《懒汉和鸡蛋》唱段的剧情是反映妓院的场景,包含剧中人物的活动及对话。在人物对话的同时,从剧中传出的背景音是西河大鼓《懒汉和鸡蛋》的唱段。所使用的大鼓唱腔随着人物对话的有无和声音大小时强时弱。经对比,剧中使用的上述西河大鼓唱段,与马增芬 1955 年 11 月 4 日录制的《懒汉和鸡蛋》中的相应唱段唱词相同,且相应唱段的演唱时间长度一致。原告主张该背景音乐使用的西河大鼓唱段即马增芬于 1955 年 11 月 4 日在中央人民广播电台录制的《懒汉和鸡蛋》。文艺音像社、中经社、东方社和四达公司对此均不认可,但没有说明剧中所使用唱段的来源和演唱者。双方均表示不申请对此进行鉴定。

法院认为,马增芬作为中央人民广播电台录制的西河大鼓《懒汉和鸡蛋》的演唱者,依法享有表演者权。表演者人身权保护期不受限制,财产权的保护期为 50 年,截止于该表演发生后第 50 年的 12 月 31 日。电视连续剧《宰相刘罗锅》的摄制时间为 1994 年,距离马增芬录制该唱段的时间 1955 年 11 月 4 日,尚未超过 50 年。因此,电视连续剧《宰相刘罗锅》摄制时,刘国企等 4 原告据以主张权利的西河大鼓《懒汉和鸡蛋》仍在著作权保护期限内。《宰相刘罗锅》在伴随剧情的背景音乐中使用了西河大鼓《懒汉和鸡蛋》唱段的几乎全部内容,且所使用的唱词内容和演唱时间长度与马增芬 1955 年 11 月 4 日录制的同名唱段相同。文艺音像社和中经社作为该剧的联合摄制单位,在不能说明电视剧中所使用唱段的来源和演唱者的情况下,要否认使用了上述马增芬享有表演者权的同名唱段,应承担举证责任。但二者均不同意就此进行鉴定,也没有其他证据证明其主张,因此应认定其摄制的电视连续剧《宰相刘罗锅》中出现的西河大鼓《懒汉和鸡蛋》就是马增芬于 1955 年 11 月 4 日演唱的同名唱段。电视连续剧《宰相刘罗锅》中对于涉案唱段的使用,已基本完全再现了马增芬表演的全部内容,却没有表明马增芬的表演者身份,侵犯了马增芬对其表演享有的表明表演者身份的权利。而且,《懒汉和鸡蛋》的内容是对不劳而获的嘲讽,与妓院没有任何联系,文艺音像社和中经社却将该唱段用于表现妓院场景的背景音乐,违背了演唱者所要表现的主题内容,歪曲了表演者的形象。现马增芬已经死亡,其享有的表演者人身权应依法由其继承人保护。因此,原告以马增芬继承人的身份主张文艺音像社和中经社承担停止侵权、赔礼道歉的责任,于法有据,予以支持。东方社作为涉案 VCD 光盘的出版单位,其法定审查义务的对象是出版物本身。其能力及权利均不涉及涉案具体使用的作品内容,东方社作为电视连续剧的出版单位,仅需承担停止出版发行的法律责任。四达公司作为涉案 VCD 的经销单位,能够证明其经销的侵权光盘来源于东方社,因此其也仅需承担停止销售的法律责任。

据此,北京市朝阳区人民法院判决:文艺音像社、中经社就侵犯马增芬表演者权的行为刊登致歉声明,文艺音像社、中经社赔偿原告经济损失 2 万元,东方社、四达公司在未经权利人许可使用涉案马增芬表演的西河大鼓唱段的情况下,不得出版、发行、经销涉案的《宰相刘罗锅》VCD 音像制品,驳回 4 原告的其他诉讼请求。

此后,中经社不服一审判决,上诉至北京市第二中级人民法院,但在二审审理中,其与被上诉人(原审原告)、原审被告文艺音像社达成和解协议,提出撤诉申请,二审法院裁定准予撤诉。

表演者·表明身份权·保护表演形象不受歪曲权

二、裁判要旨

**No.1-4-38-1** 表演者享有表明表演者身份、保护表演形象不受歪曲的权利。

现行《著作权法》第38条第1、2项规定,表演者对其表演享有表明表演者身份的权利、保护表演形象不受歪曲的权利。这两项都属于表演者的人身权利。其中,表明表演者身份的权利类似作者的署名权,其实质是建立表演者与其表演之间的人身关系,是表演者最基本的权利。实践中,表演者表明身份的方式多样,如通过影视作品、音像作品中的片头、片尾等部分字幕显示,在宣传海报上表明,由主持人介绍等。本案中,法院经比对确认涉案电视剧使用了马增芬演唱的西河大鼓《懒汉和鸡蛋》同名唱段,却没有通过任何方式表明马增芬的身份,侵犯了其表明表演者身份的权利。

表演形象,是表演者在现场演出时表现出来的艺术形象,可反映表演者的水平和艺术风格,并与表演者本人的形象、名誉密不可分。因此,《著作权法》赋予了表演者保护表演形象不受歪曲的权利,以防止他人对其表演形象进行歪曲、丑化。本案中,马增芬演唱的《懒汉和鸡蛋》的内容是对不劳而获的嘲讽,涉案电视剧将其唱段用于表现妓院场景的背景音乐,歪曲了该唱段的主题和表演者的形象,亦应承担侵权责任。

此外,根据我国现行《著作权法》第39条等的规定,表演者享有的人身权利保护期不受限制,财产权利的保护期截止到该表演发生后第50年的12月31日,表演者死亡的其权利由其继承人继承或行使。因此,案中马增芬虽已去世,但其享有的表演者权在涉案电视剧摄制时仍在保护期内,且该电视剧的VCD在原告起诉时仍在发行和销售,因此其侵权后果一直在持续,原告起诉也未超过诉讼时效,被告关于保护期及权利主体的抗辩不成立。

**67** 对表演的录音录像和传播(《著作权法》第38条第1、4项、第48条第3项)

**案例:**耿某诉北京摇太阳文化艺术传播有限公司等侵犯著作邻接权纠纷案
**案例来源:**《人民法院案例选》2005年第4辑[第53号]
**主题词:**以类似摄制电影的方法创作的作品　表演者　录音录像制品

一、基本案情

上诉人(原审被告):北京摇太阳文化艺术传播有限公司(以下简称摇太阳文化艺术公司)。
被上诉人(原审原告):耿子涵。
原审被告:北京摇太阳广告有限公司。

耿子涵应摇太阳文化艺术公司邀请作为主持人,于2002年12月24日、25日、27日为摇太阳文化艺术公司制作的《健康伴你行》栏目录制了《2002我们一同走过》(上、下集)、《预防艾滋病从我做起》(上、下集)、《居室扫雷》(上、下集)、《〈医疗事故处理条例〉实施百日谈》(上、下集)等节目。参加录制节目的还有部分社会各界的嘉宾或专家。在节目中,耿子涵作为主持人与参加节目的嘉宾或专家就节目所涉及的话题进行座谈。

在《2002我们一同走过》《预防艾滋病从我做起》《居室扫雷》《〈医疗事故处理条例〉实施百日谈》每一集节目开始时,耿子涵首先作自我介绍:"观众朋友们,大家好,欢迎收看《健康伴你行》节目,我是子涵"。在《居室扫雷》《〈医疗事故处理条例〉实施百日谈》中,耿子涵还特别声明《健康伴你行》是旅游卫视的节目。在《2002我们一同走过》上集的片头,字幕显示为"主持人子涵(实习)",其他各集节目没有上述字幕。在各集节目片尾部分,字幕均显示为"本栏目广告由摇太阳广告公司独家代理""摇太阳文化艺术公司制作"。

2003年1月2日、3日,上述节目在海南旅游卫视节目中播出,并重播一次。2003年春节期间,海南旅游卫视对上述节目又进行了重播。

耿子涵认为摇太阳文化艺术公司和摇太阳广告公司侵犯了其著作邻接权,诉至北京市第二中级人民法院。

北京市第二中级人民法院认为:涉案争议的《健康伴你行》节目属于以类似摄制电影的方法

创作的作品。耿子涵作为涉案节目的主持人，其作为表演者的相关权利受法律保护。

虽然耿子涵与摇太阳文化艺术公司未就拍摄涉案节目事宜签订书面合同，但是从涉案节目的录制过程、各节目内容的连贯性和完整性、节目中其他人员的参与情况等因素综合判断，可以认定耿子涵同意摇太阳文化艺术公司将其表演录音录像。

涉案节目仅在《2002我们一同走过》上集的片头字幕中列明了耿子涵的名字，表明了原告作为表演者的身份，其他各集节目均未表明耿子涵作为表演者的身份。摇太阳文化艺术公司侵犯了耿子涵作为表演者享有的表明身份的权利，应承担相应的法律责任。

摇太阳文化艺术公司未向耿子涵支付报酬，亦未取得公开传送其表演的许可，侵犯了耿子涵享有的许可他人公开传送表演并获得报酬的权利，应承担相应的法律责任。

耿子涵为涉案节目的著作邻接权人，不享有该作品的表演权、广播权和保护作品完整权。因此，其就上述权项提出的诉讼请求，缺乏依据，不予支持。

摇太阳广告公司仅为涉案《健康伴你行》栏目的广告代理商，与涉案被控侵权节目的制作、播出无关，摇太阳文化艺术公司对此予以认可，耿子涵要求摇太阳广告公司承担涉案侵权责任的诉讼请求，缺乏事实依据，不予支持。

据此，依照《中华人民共和国著作权法》第37条第1款第1项、第3项、第4项，《中华人民共和国民法通则》第134条第1款第1项、第7项、第10项，判决：

一、摇太阳文化艺术公司未经许可不得公开传送涉案侵权节目；

二、摇太阳文化艺术公司就涉案侵权行为在《法制日报》上向耿子涵发表致歉声明；

三、摇太阳文化艺术公司赔偿耿子涵经济损失2万元；

四、驳回耿子涵的其他诉讼请求。

上诉人摇太阳文化艺术公司不服原审判决，向北京市高级人民法院提起上诉。请求撤销原审判决，驳回耿子涵的诉讼请求。其上诉理由是：(1)在每一期节目中均有节目主持人耿子涵的语言表述，上诉人在播出节目时表明了耿子涵的身份；(2)所录制的四期节目都有政府官员或专业人士参加，节目的相关语言也表明节目将在电视台播出，耿子涵未表示反对，耿子涵应当知道录制节目要在电视台播出；(3)耿子涵的主持行为不是表演，不享有表演者权，且上诉人是节目的著作权人，有权公开传送节目，无须表明耿子涵的身份和取得其同意；(4)耿子涵作为主持人的报酬是工作报酬不是表演者的报酬，且上诉人曾多次向被上诉人支付，是其不来领取。

北京市高级人民法院认为，以类似摄制电影的方法创作的作品应当是以类似摄制电影的方法制作，通常是在编剧的基础上，经过导演、演员、摄影、剪辑、服装、灯光、特技、合成等独创性活动产生的。涉案节目是对景象、形象、声音进行机械录制产生的，它只是忠实地录制现存的音像，并不具有创作的成分，没有体现出制作者应有的创作性劳动，不构成著作权法保护的作品。原审判决认定涉案《健康伴你行》节目属于以类似摄制电影的方法创作的作品是错误的。

耿子涵作为涉案节目的主持人，其作为表演者的相关权利受法律保护。

表演者对其表演享有表明表演者身份的权利。表明表演者身份的目的在于使表演者与其表演之间建立起联系，使他人知悉实施表演行为的表演者的身份。因此，只要以他人能够得知的适当形式让他人知悉实施表演的表演者为谁，即达到了表明表演者身份的要求。在摇太阳文化艺术公司制作的涉案每一集节目开头，耿子涵对自己的身份向听众、观众所作的介绍，是一种表明其主持人身份的形式。因此，应认为摇太阳文化艺术公司已经以适当形式表明了耿子涵的身份，耿子涵的表明表演者身份的权利已得到实现。原审判决认定摇太阳文化艺术公司侵犯了耿子涵享有的表明表演者身份的权利不符合法律规定。

表演者依法享有许可他人对其表演录音录像，并获得报酬的权利。从涉案节目的性质、内容、录制过程、涉案各节目内容的连贯性和完整性、节目中其他人员的参与情况等因素综合判断，耿子涵是知道其所录制的节目是以播出为目的的；其参与录制该节目，表明其同意摇太阳文化艺术公司将其表演录音录像并公开传送。摇太阳文化艺术公司播出涉案节目不须再经过耿子涵的许可。原审判决认定耿子涵同意摇太阳文化艺术公司将其表演录音录像是正确的，但认为摇太阳文化艺术公司传送该节目应另行取得耿子涵同意,而摇太阳文化艺术公司没有取得耿子涵许可,构成侵权是错误的。

表演者对其表演享有许可他人使用并获得报酬的权利。摇太阳文化艺术公司应向耿子涵支付其作为表演者参与录制节目应获得的报酬。

综上,原审判决认定事实、适用法律错误,应予改判;摇太阳文化艺术公司的上诉理由成立,对其上诉请求,予以支持。依据《中华人民共和国著作权法》第37条第1款第1项、第4项,《中华人民共和国民事诉讼法》第153条第1款第2、3项,于2004年4月29日判决:

一、撤销北京市第二中级人民法院(2003)二中民初字第06279号民事判决;

二、北京摇太阳文化艺术传播有限公司于本判决生效之日起10日内向耿子涵支付报酬人民币1万元;

三、驳回耿子涵的其他诉讼请求。

## 二、裁判要旨

**No.1-2-15-2  以类似摄制电影的方法创作的作品,应当是以类似摄制电影的方法制作、具有创作成分、体现制作者应有的创作性劳动的作品。**

该案第一个争议问题,即涉案节目是否属于《著作权法》第15条所规定的"以类似摄制电影的方法创作的作品"?

《著作权法》第15条规定:"电影作品和以类似摄制电影的方法创作的作品的著作权由制片者享有,但编剧、导演、摄影、作词、作曲等作者享有署名权,并有权按照与制片者签订的合同获得报酬。"在判断涉案节目是属于以类似摄制电影的方法创作的作品还是作为邻接权客体的录音录像制品时,区分的关键在于看其是否包含创作。以类似摄制电影的方法创作的作品应当是以类似摄制电影的方法制作,通常是在编剧的基础上,经过导演、演员、摄影、剪辑、服装、灯光、特技、合成等独创性活动产生的,具有创作成分、体现出制作者应有的创作性劳动的作品。而录音录像制品是对景象、形象、声音进行机械录制产生的,它只是忠实地录制现存的音像,并不具有创作的成分。涉案节目正是这种机械的录制,并没有体现出制作者应有的创作性劳动,所以不构成著作权法保护的作品。

**No.1-4-38-2  表演者对其表演享有表明表演者身份的权利,只要以他人能够得知的适当形式让他人知悉实施表演的表演者为谁,即达到了表明表演者身份的要求。**

该案的第二个问题在于,主持人作为表演者,其表明表演者身份的权利是否得到了实现?

根据《著作权法》第38条之规定,表演者对其表演享有表明表演者身份的权利。表明表演者身份旨在使表演者与其表演之间建立起联系,使他人知悉实施表演行为的表演者的身份。从此立法目的看,只要以他人能够得知的适当形式让他人知悉实施表演的表演者为谁,即达到了表明表演者身份的要求。而在该案中,在涉案节目的每一集开头,耿子涵就自己的身份都向听众和观众作了自我介绍,是一种表明其主持人身份的形式。因此,应认为摇太阳文化艺术公司已经以适当形式表明了耿子涵的身份,耿子涵的表明表演者身份的权利已得到实现。

**No.1-4-38-3  知道其所录制的节目是以播出为目的的,其参与录制该节目,推定为同意他人将其表演录音录像公开传送。**

《著作权法》第38条规定:"表演者对其表演享有下列权利……(四)许可他人录音录像,并获得报酬;(五)许可他人复制、发行录有其表演的录音录像制品,并获得报酬……"为此,表演者依法享有许可他人对其表演录音录像,并获得报酬的权利。该案所涉及的另一争议问题,即耿子涵同意将其表演制作为节目,能否推定为同意他人播放?二审法院认为,从涉案节目的性质、内容、录制过程、涉案各节目内容的连贯性和完整性、节目中其他人员的参与情况等因素综合判断,耿子涵是知道其所录制的节目是以播出为目的的;其参与录制该节目,表明其同意摇太阳文化艺术公司将其表演录音录像并公开传送。因此,摇太阳文化艺术公司播出涉案节目不须再经过耿子涵的许可。

**68** 义演中的表演者权(《著作权法》第 38 条第 4—5 项)

**案例**:臧天朔诉国际减灾十年艺术系列组委会等未经许可以营利为目的使用其作品侵犯著作权纠纷案

**案例来源**:《人民法院案例选》1995 年第 4 辑[第 26 号]

**主题词**:表演者　委托作品　录音录像

### 一、基本案情

原告(上诉人):臧天朔。

被告(被上诉人):国际减灾十年艺术系列组委会(以下简称减灾艺术组委会)、扬子江音像出版社。

1992 年 8 月,减灾艺术组委会委托臧天朔为专题艺术片《孩子、太阳、世界》的主题歌《希望、太阳、世界》作曲,并邀请臧天朔所在的 1989 乐队参加该专题艺术片的外景拍摄。臧天朔接受委托,为主题歌《希望、太阳、世界》作了曲,并与有关文艺团体的几十名演员作为表演者参与录制了该主题歌。臧天朔还向减灾艺术组委会提供了本人创作、本人和 1989 乐队表演的电视剧《珍重吧,朋友》的插曲《说说》的录音母带。该剧已于 1992 年夏在陕西电视台播出。因参加此专题艺术片的活动,臧天朔以作曲、乐手、演唱、录音的名义从减灾艺术组委会领取 950 元。1992 年 10 月 14 日,中央电视台播出减灾专题艺术片《我们永远是孩子》时,未采用 1989 乐队等表演的摇滚乐内容。1992 年 12 月 31 日,减灾艺术组委会影视部与扬子江音像出版社签订了出版发行 10 万盒《中国大摇滚》专辑纪念音带的协议书。1993 年 1 月 8 日,收入了臧天朔创作和表演的《希望、太阳、世界》和《说说》及其他摇滚乐队演唱歌曲的《中国大摇滚》盒带由扬子江音像出版社出版发行。该盒带实际生产 9 万余盒,扬子江音像出版社实际获利 11 万余元,减灾艺术组委会获利 9 万余元。

原告臧天朔认为,两被告出版发行的《中国大摇滚》盒带未经其许可,擅自收录其创作并参加表演的《说说》《希望、太阳、世界》(词作者李季)两首歌曲,侵害其著作权以及作为表演者的权利,故诉至北京市中级人民法院,请求判令两被告停止侵害、公开赔礼道歉,并赔偿损失人民币 10 万元,承担所有诉讼费用。

被告减灾艺术组委会辩称:其为组织拍摄国际减灾日专题电视艺术片《孩子、太阳、世界》,邀请了包括原告在内的文艺团体和个人志愿参加表演,臧天朔等应邀参加了拍摄,并接受委托与李季一起创作了主题歌《希望、太阳、世界》,提供了《说说》录音母带。对这两首歌曲都已经付酬,且《说说》是已经发表过的作品,故不构成侵权。

被告扬子江音像出版社辩称:《中国大摇滚》录音带是依其与减灾艺术组委会影视部签订的协议而出版发行的,协议明确约定,录音制作的版权问题由国际减灾艺术组委会影视部负责与有关著作权方协商解决,我们给付减灾艺术组委会影视部每套彩封 AB 贴 1.3 元,实际上已包含了母带制作费,故不应承担责任。

北京市中级人民法院经审理后认为,《中国大摇滚》录音盒带中的《希望、太阳、世界》作曲,是臧天朔与他人受减灾艺术组委会委托创作的作品,按照《著作权法》的规定,没有明确约定的,著作权属于受托人,但委托人对委托作品有优先使用权。减灾艺术组委会在向受托人臧天朔付酬后,按计划将该主题歌用于专题电视艺术片的配音和国际减灾专辑纪念音带,并未侵害受托人的权益。《中国大摇滚》中另一首由臧天朔创作、1989 乐队表演的歌曲《说说》,是陕西电视台录制的电视剧《珍重吧,朋友》中的插曲,该剧已于 1992 年公开播出。臧天朔和 1989 乐队应邀义务参加国际减灾日专题电视艺术片拍摄时,向减灾艺术组委会提供了《说说》的录音母带,臧天朔同时索取报酬 1 300 元,违反了义演约定,减灾艺术组委会给付报酬后,应该视为已获得《说说》用于电视专题艺术片以外的使用权。现原告臧天朔称未经其许可,被告减灾艺术组委会和扬子江音像出版社擅自将《说说》《希望、太阳、世界》收入《中国大摇滚》录音盒带出版发行,侵害其著作权和作为表演者的权利,与本院查证事实不符。据此,该法院判决驳回原告臧天朔的诉讼请求。

臧天朔不服该判决,上诉至北京市高级人民法院,二审过程中,减灾艺术组委会、扬子江音像出版社承认其行为侵犯了臧天朔作为《希望、太阳、世界》作曲者的著作权及作为《希望、太阳、世界》《说说》两首歌的表演者的表演者权。经二审法院主持调解,双方当事人自愿达成如下协议:本案在审理过程中,减灾艺术组委会给付臧天朔 2 500 元;扬子江音像出版社给付臧天朔5 000 元。

二、裁判要旨

No.1-2-17-6 委托人不是委托作品著作权人时,仅有权在委托事项范围内免费使用该作品。

委托作品是指受托人接受委托人的委托而创作完成的作品。其著作权归属可由双方约定,没有约定或约定不明时,著作权归受托人所有。但由于委托作品创作的目的是为了满足委托人的使用需求,因此其暗含了许可委托人在委托范围内使用的授权。当双方没有约定使用作品的范围时,委托人可以在委托创作的特定目的范围内免费使用该作品。

本案中,原告受减灾艺术组委会委托为歌曲《希望、太阳、世界》作曲,但双方未就此约定著作权归属和使用范围,故根据现行《著作权法》第 17 条的规定,原告是该歌曲的曲作者,此时减灾艺术组委会可以在拍摄专题艺术片的范围内免费使用该作品。但其就歌曲《希望、太阳、世界》授权扬子江音像出版社出版发行《中国大摇滚》盒带,则超出了委托的事项,构成对原告著作权的侵犯。一审法院认为,委托人对其不享有著作权的委托作品享有优先使用权,委托人付酬后可同时用于专题电视艺术片的配音的观点是正确的,但认为被告还可用于国际减灾专辑纪念音带出版发行的观点,则于法无据。

No.1-4-38-4 表演者有许可他人录音录像及复制、发行该录音录像,并获得报酬的权利,义演等公益理由不能免除使用人获得表演者许可的义务。

现行《著作权法》第 38 条第 4 项、第 5 项规定,表演者对其表演享有许可他人录音录像、许可他人复制、发行录有其表演的录音录像制品,并获得报酬的权利。本案原告作为表演者参加了《希望、太阳、世界》和《说说》两歌曲的录制,对此享有表演者权。原告仅授权减灾艺术组委会将这两个作品用于专题艺术片的录制,减灾艺术组委会未经原告授权,无权将含有原告表演的两歌曲再授权扬子江音像出版社制作《中国大摇滚》音带,向市场发行。故该案中两被告未经原告许可将原告表演录音并出版发行的行为,侵犯了原告的表演者权。

我国著作权法等相关法律并未对表演者的该项权利设置合理使用或法定许可的限制。虽然原告应邀志愿参与减灾艺术组委会的专题艺术片的演出录制,其收取报酬的行为可视为双方对报酬协议的结果。即便原告违约,也不能免除被告的侵权责任。因此一审法院以原告收取报酬违反义演约定为由,扩大了被告对原告表演的使用权,亦于法无据。

## 69 表演者的信息网络传播权(《著作权法》第 38 条第 6 项)

**案例:汪峰与深圳市华动飞天网络技术开发有限公司著作权纠纷案**
**案例来源:北京市朝阳区人民法院(2009)朝民初字第 4332 号民事判决书**
**主题词:表演者 信息网络传播权**

一、基本案情

原告:汪峰。

被告:深圳市华动飞天网络技术开发有限公司(以下简称华动飞天公司)。

2004 年,珠影白天鹅音像出版社出版发行了版号为 ISRCCNF230437900A.J6 的《飞得更高》专辑。该专辑中包含了涉案《飞得更高》《花火》《生命中的一天》《在雨中》《笑着哭》《绽放》6 首歌曲在内的 19 首歌曲。上述 6 首歌曲的词曲作者和表演者均为汪峰。2008 年 4 月 25 日,汪峰申请公证处对广东、江苏等省份 12530 网站上的涉案 6 首歌曲的彩铃下载情况进行了证据保全。公证书显示提供商为华动飞天公司的涉案 6 首歌曲的订购次数或者人气约为 7 000 余次,价格从1元至3元不等。华动飞天公司使用上述6首歌曲用于彩铃业务并未得到汪峰及录音制作者的许可。

原告认为被告侵犯了其对该6首歌曲享有的信息网络传播权,给他造成了重大经济损失。故诉至北京市朝阳区人民法院,请求判令华动飞天公司停止侵权行为,赔偿经济损失1万元和合理开支30元。

华动飞天公司辩称:涉案《飞得更高》专辑的录音制作者是北京中文华纳文化有限公司,因此我公司未侵犯汪峰的权利,不同意汪峰的诉讼请求。

北京市朝阳区人民法院认为:汪峰作为涉案《飞得更高》《花火》《生命中的一天》《在雨中》《笑着哭》《绽放》6首歌曲的词曲作者和表演者,对其创作的上述歌曲的词曲及其表演分别享有著作权和表演者权。华动飞天公司在未经汪峰许可的情况下,擅自将上述歌曲用于提供彩铃业务,供手机用户可在自己选定的时间和地点获得上述歌曲,侵犯了汪峰作为词曲作者和表演者对上述歌曲享有的信息网络传播权,应当承担停止侵权、赔偿经济损失和合理费用的法律责任。故判决:被告停止将涉案6首歌曲的词曲和表演用于彩铃业务,赔偿汪峰经济损失及合理开支共计8000元,驳回汪峰其他诉讼请求。宣判后,原、被告双方均未上诉。

二、裁判要旨

**No.1-4-38-5 表演者享有许可他人通过信息网络向公众传播其表演,并获得报酬的权利。**

据现行《著作权法》第38条第6项的规定,表演者对其表演享有信息网络传播权。本案原告既是涉案歌曲的著作权人,也是表演者,被告华动飞天公司未经其许可将涉案歌曲用于向中国移动音乐门户网站提供彩铃下载服务,使不特定公众可以在自己选定的时间、地点获取该涉案歌曲,既侵犯了原告作为歌曲词曲作者的信息网络传播权,也侵犯了原告作为表演者就其表演的信息网络传播权。同时,原告的表演已收录进案外人享有录音录像制作者权的《飞得更高》专辑中,不影响对权利的行使。

**70** 表演者权和录像制作者权(《著作权法》第38条、第40条、第42条、第53条)

**案例:**广东唱金影音有限公司与中国文联音像出版社、天津天宝文化发展有限公司、天津天宝光碟有限公司、河北省河北梆子剧院、河北音像人音像制品批销有限公司著作权纠纷案
**案例来源:**《最高人民法院知识产权审判案例指导》(第一辑)[第9号]
**主题词:**表演者  录像制作者权

一、基本案情

原告(二审被上诉人):广东唱金影音有限公司(以下简称唱金公司)。

被告(二审上诉人):中国文联音像出版社(以下简称文联音像出版社)、天津天宝文化发展有限公司(以下简称天宝文化公司)、天津天宝光碟有限公司(以下简称天宝光碟公司)。

被告:河北省河北梆子剧院(以下简称河北省梆子剧院)、河北音像人音像制品批销有限公司(以下简称音像公司)。

1998年1月18日,河北百灵音像出版社(以下简称百灵音像出版社)出具授权书,授权唱金公司代表该社向拥有著作权人授权的文艺团体或个人求购节目,用于出版VCD等音像制品,所购节目经审查合格后,纳入该社出版计划。2003年4月21日、2004年12月6日,百灵音像出版社(甲方)与唱金公司(乙方)签订协议,约定双方合作出版、发行音像制品,由乙方组织节目源,甲方出版,乙方对甲方出版的音像制品享有永久发行权。2000年9月11日、2001年10月9日、2004年5月21日、2006年12月1日,唱金公司根据与河北省梆子剧院签订的多份合同及河北省梆子剧院出具的授权书,取得了出版、发行该院演出的《双错遗恨》《打金砖》《三打陶三春》《蝴蝶杯》(上、下部)《陈三两》等剧目音像制品的专有使用权。2001年4月2日,石家庄市河北梆子剧团(甲方)与唱金公司(乙方)签订协议,约定由乙方录制甲方演出的《清风亭》等演出剧目,录制完成后,一次性给付甲方使用费2万元,乙方对该演出剧目享有专有音像出版、发行权。

2001年9月29日,保定市河北梆子剧团(甲方)出具授权书,将出版、发行《血染双梅》等演出剧目音像制品的专有使用权授予唱金公司。2001年10月3日,衡水市河北梆子剧团(甲方)与唱金公司(乙方)签订《音像出版合同》,约定甲方将出版、发行演出剧目《春草闯堂》音像制品的专有使用权授予乙方。

唱金公司发行的上述演出剧目音像制品中,根据1981年7月河北省梆子剧院的演出剧本及相关证据显示,《蝴蝶杯》(上、下部)剧本文字整理人为河北省梆子剧院职工张特和王昌言,音乐整理人为河北省梆子剧院职工张占维。1999年10月29日,百灵音像出版社向张特的继承人张毅支付使用费100元。2005年8月10日,王昌言的继承人王清晨许可百灵音像出版社、唱金公司使用《蝴蝶杯》(上、下部)剧本,并出版、发行该演出剧目的音像制品。《陈三两》剧本由河北省梆子剧院原职工王焕亭整理,1998年3月12日、2005年8月8日,王焕亭的继承人王敬慈(甲方)与百灵音像出版社、唱金公司(乙方)签订协议,约定甲方许可乙方使用《陈三两》剧本,并出版、发行该演出剧目的音像制品。《双错遗恨》的剧本文字部分由河北省梆子剧院外聘尚羡智整理,音乐部分由该院职工张占维整理。2000年12月21日,张占维收到唱金公司支付的使用费4000元。《清风亭》的剧本是由石家庄市河北梆子剧团外聘尚羡智整理。2002年7月尚羡智出具授权书,许可百灵音像出版社使用《双错遗恨》《清风亭》剧本,并出版、发行音像制品。

上述音像制品中,《双错遗恨》《清风亭》为唱金公司录制;《蝴蝶杯》(上、下部)《陈三两》为河北电视台录制;《血染双梅》是1997年拍摄的实景戏曲电影,制片者和表演单位均为保定市河北梆子剧团。百灵音像出版社、唱金公司获得了河北电视台、保定市河北梆子剧团授予的出版、发行《蝴蝶杯》《陈三两》《血染双梅》演出剧目音像制品的权利。

《打金砖》的剧本文字及音乐整理人分别为河北省梆子剧院职工赵鸣歧、马全贵。《三打陶三春》的剧本文字部分由河北省梆子剧院外聘吴祖光整理,音乐部分由该院职工徐惠宝整理。唱金公司未获得《打金砖》《三打陶三春》剧本文字及音乐整理人的授权。《春草闯堂》仅获得演出单位和剧本整理人的授权,未获得音像制品制作者授权。

2006年1月4日,河北电视台总编室(甲方)与梆子剧院(乙方)签订协议,双方确认由甲方录制的乙方演出的河北梆子戏剧的表演者权为乙方所有,甲方为音像制品制作者;甲方不得将其录制的乙方的演出剧目授权第三方复制、出版、发行音像制品;甲方许可乙方复制、出版、发行该音像制品专有使用权。

文联音像出版社、天宝光碟公司及天宝文化公司出版、复制并发行的《双错遗恨》《清风亭》《蝴蝶杯》(上、下部)《陈三两》《血染双梅》5个演出剧目音像制品中,《蝴蝶杯》(上、下部)与唱金公司发行的音像制品同版,取得了张惠云等6名主要演员的授权;《陈三两》《双错遗恨》《清风亭》和《血染双梅》与唱金公司发行的音像制品版本不同,分别属于同一演出单位不同场次的演出。《陈三两》演出剧目由河北电视台录制,取得了主要演员张惠云、田春鸟的授权;《双错遗恨》由河北新艺影视制作中心录制,取得了主要演员张惠云的授权;《清风亭》由河北新艺影视制作中心录制,取得了主要演员雷宝春、李夕果的授权。2004年6月1日,尚羡智(甲方)与河北新艺影视制作中心、天宝文化公司(乙方)签订合同,甲方将《双错遗恨》《清风亭》剧本授予乙方专有使用。《血染双梅》是对舞台表演版本的录制,文联音像出版社、天宝光碟公司及天宝文化公司称该演出由河北电视台组织,其取得了剧本音乐整理人刘蕴和及吴涛等4名主要演员的授权。

河北音像人音像制品批销有限公司(以下简称音像人公司)作为销售商,提供了天宝文化公司向其出具的销售委托书和销售明细单,以证明其进货来源的合法性。

2007年6月15日,唱金公司向河北省高级人民法院起诉称:其自2000年起分别从河北省梆子剧院、衡水市河北梆子剧团、石家庄市河北梆子剧团、保定市河北梆子剧团处获得授权,独家出版、发行《蝴蝶杯》(上、下部)《陈三两》《三打陶三春》《双错遗恨》《打金砖》《春草闯堂》《清风亭》和《血染双梅》等8部河北梆子演出剧目的音像制品。2004年末,唱金公司发现由文联音像出版社出版、天宝光碟公司复制、天宝文化公司发行及音像人公司销售的上述音像制品,侵犯了唱金公司的合法权益,请求判令上述侵权人停止侵权、销毁侵权产品并赔偿唱金公司损失45万元。

河北省高级人民法院经审理认为:唱金公司主张的是涉案戏剧音像制品的专有发行权。合法出版戏剧音像制品,出版者必须自己享有戏剧作品的著作权、表演者权和录像制作者权,或者获得上述权利主体的授权。戏剧作品,是指供舞台演出的戏剧剧本,包括由文字和音乐记载的以台词和音乐为主的两部分内容。已进入公共领域的传统戏剧作品,他人可以自由使用。改编、整理传统戏剧作品而产生的作品,其著作权由改编、整理人享有。公民为完成法人或者其他组织工作任务所创作的作品是职务作品。张特、王昌言、张占维、赵鸣歧、马全贵、王焕亭和徐惠宝等人,对涉案剧本文字、音乐的整理均为完成本单位的工作任务的行为,因此由他们整理的作品属于职务作品,其著作权依法应归整理人享有。吴祖光受聘整理的《三打陶三春》剧本,尚羡智受聘整理的《双错遗恨》《清风亭》剧本,是受委托整理的作品,由于委托人未与吴祖光、尚羡智约定剧本的著作权的归属,因此吴祖光、尚羡智对受托整理的剧本依法享有著作权。

唱金公司发行的涉案音像制品中的演出剧目,所需投入均由演出单位提供,演出的组织、排练等均由演出单位主持,参与演出的演职员均属于履行职务的行为,演出剧目体现的是演出单位的意志,对外责任亦由演出单位承担,因此对整台戏剧的表演,许可他人现场直播和公开传送、制作音像制品并复制、发行,及通过信息网络向公众传播并获得报酬的权利,理应由演出单位享有,任何演员个人对整台戏剧都不享有上述权利,也不得影响演出单位对上述权利的行使。河北省梆子剧院与河北电视台总编室的协议,确认了河北省梆子剧院有权使用河北电视台录制的河北省梆子剧院演出的所有戏剧的音像制品,包括授权他人独自复制、出版、发行涉案音像制品。河北省梆子剧院在庭审中称唱金公司发行涉案音像制品合法,表明其已将河北电视台的授权转授予唱金公司行使。

百灵音像出版社与唱金公司出版、发行的《蝴蝶杯》(上、下部)《陈三两》《双错遗恨》《清风亭》及《血染双梅》演出剧目音像制品,均获得了相关剧本著作权人、演出单位及音像制作者的授权,唱金公司对上述5个演出剧目的音像制品享有专有出版、发行权。根据百灵音像出版社与唱金公司的合作协议,唱金公司获得的授权,百灵音像出版社当然享有,因此百灵音像出版社与唱金公司出版、发行涉案音像制品的行为合法。《打金砖》《三打陶三春》《春草闯堂》3个演出剧目,因唱金公司未获得完整授权,故无权主张他人侵犯其音像制品发行权。

文联音像出版社、天宝光碟公司及天宝文化公司出版、复制、发行的《蝴蝶杯》(上、下部)《陈三两》《双错遗恨》和《清风亭》4个音像制品,因未获得演出单位的许可,属于授权不完整;其出版、复制及发行的《血染双梅》音像制品,未取得演出单位的授权,虽然该剧目属于对舞台场景的录制,与对电影实景录制比较有差异,但因演员阵容和表演内容相同,两者构成实质相同,文联音像出版社、天宝光碟公司及天宝文化公司侵犯了唱金公司对《蝴蝶杯》(上、下部)《陈三两》《双错遗恨》《清风亭》和《血染双梅》5个演出剧目音像制品的专有发行权,应依法承担停止侵害、赔偿损失的民事责任。关于赔偿数额,应根据作品类型,侵权行为的性质、后果,唱金公司为制止侵权行为所支付的合理开支等因素,酌情确定。音像人公司提供了进货来源合法的证据,因此不应承担赔偿责任,但应承担停止销售并销毁侵权产品的法律责任。河北省梆子剧院不存在侵害唱金公司音像制品专有发行权的行为,法院对唱金公司针对河北省梆子剧院提出的诉讼请求不予支持。综上判决:

一、文联音像出版社、天宝光碟公司及天宝文化公司立即停止出版、复制及发行涉案《蝴蝶杯》(上、下部)《陈三两》《双错遗恨》《清风亭》和《血染双梅》的音像制品,并销毁未出售的上述剧目的音像制品。

二、音像人公司立即停止销售上述音像制品,并销毁未出售的上述剧目的音像制品。

三、文联音像出版社、天宝光碟公司及天宝文化公司于判决生效之日起10日内连带赔偿唱金公司经济损失30万元。

四、驳回唱金公司的其他诉讼请求。

文联音像出版社、天宝文化公司、天宝光碟公司不服一审判决,向中华人民共和国最高人民法院(以下简称最高院)提起上诉。其中,文联音像出版社和天宝文化公司的上诉理由是:(1)一审判决在查明《陈三两》《双错遗恨》《清风亭》《血染双梅》4个节目录像制品版本不同的情况下,认定上诉人侵犯了唱金公司对以上4个节目享有的独家发行权是错误的。根据《著作权法》的规定,享有录像制作者权的基础是录像制品是由其制作的。上诉人出版、发行的版本并非由唱金公司制作,唱金公司不能对该版本主张权利,上诉人当然不可能侵犯其任何权利。(2)唱金公司未取得《蝴蝶杯》剧唱腔著作权人的许可,且未合法获得录像制作者——河北电视台的授权,没有证据表明河北电视台总编室得到了河北电视台的签约授权。唱金公司获得的授权是不完整的,因而不享有该剧录像制品的独家发行权,上诉人当然不侵犯其权利。(3)即使上诉人应承担责任,一审判决30万元的赔偿数额也是欠妥的。综上,请求依法撤销一审判决,改判上诉人不承担侵权责任。

天宝光碟公司的上诉理由是:首先,唱金公司对上诉人复制的《蝴蝶杯》等5个剧目录像制品不享有合法的权利,上诉人亦不可能侵权。(2)即使唱金公司享有以上录像制品的独家发行权,上诉人的复制行为也不可能侵犯其发行权,上诉人的复制行为是一种加工承揽行为,不构成侵害他人著作权的行为。(3)上诉人接受文联音像出版社的委托复制涉案光盘,与其签订的《录音录像制品复制委托书》第4条明确规定:"出版单位对委托复制的音像制品内容、版权关系负全部法律责任",该《复制委托书》是根据《音像制品管理条例》的要求签订的,并非只是当事人之间的合同。(4)上诉人的复制行为尽到了《音像制品管理条例》第23条规定的义务,验证了全部手续,主观上不存在过错,不应承担任何法律责任。综上,请求撤销一审判决,改判上诉人不承担侵权责任。

唱金公司针对文联音像出版社、天宝文化公司的上诉答辩如下:(1)关于《陈三两》《双错遗恨》《清风亭》《血染双梅》4个剧目。得到一个剧目合法的发行权,不仅需要取得录像制作者的许可,还应取得剧本著作权人和表演者的许可。就同一剧目,唱金公司已取得独家发行权,在仅仅录像制作者不同的情况下,上诉人仅有另一录像制作者的授权而没有该剧著作权人和表演者的授权,就出版发行该剧目明显是违法行为,该行为直接损害了唱金公司的经济利益。(2)关于《蝴蝶杯》。唱金公司取得了该剧唱腔著作权人张占维的授权;河北电视台总编室有权代表河北电视台对外签订许可使用合同;包括《蝴蝶杯》在内的其他涉案剧目,演出均由剧院或剧团完成,剧院或剧团享有整台戏曲的表演者权,而非演员个人。唱金公司取得的授权是完整的。(3)一审法院判决的赔偿数额并无不当。综上所述,一审法院认定事实清楚,适用法律正确,请求驳回上诉,维持原判。

唱金公司针对天宝光碟公司的上诉答辩如下:(1)发行权以获得经济利益或实现其他权益为目的,只要上诉人的行为影响了权利人目的的实现,就构成侵权。(2)《录音录像制品复制委托书》仅是出版单位和上诉人之间的约定,承担责任与否应当根据法律的规定。上诉人与光碟发行单位地址相同,法定代表人相同,由此可以得出上诉人与其他侵权人具有主观上的共同故意。所以上诉人应当与其他侵权人连带承担赔偿损失的责任。综上所述,请求驳回上诉,维持原判。

河北省梆子剧院在二审中陈述如下答辩意见:(1)河北电视台总编室与剧院签订的合同合法有效。河北电视台作为涉案剧目音像制品的制作者,将其许可河北省梆子剧院使用,剧院又授权唱金公司使用,符合法律规定和合同约定。(2)河北省梆子剧院作为相关剧目的全民所有制演出单位,组织、排练演出,体现的是剧院的整体意志,其民事责任由剧院承担,剧院享有表演者权,有权许可唱金公司复制、发行录有其表演的音像制品。综上,河北省梆子剧院未授权上诉人复制、发行涉案的河北梆子剧目,不存在侵权行为,原审法院关于剧院的责任认定清楚,适用法律正确,请求维持。

音像人公司未提交书面陈述意见,其于二审庭审中陈述其已停止销售涉案音像制品。

由于各方当事人对一审法院查明的事实均予认可,二审法院对一审法院查明事实予以确认。此外,文联音像出版社、天宝文化公司提出双方发行的《蝴蝶杯》版本不同,但其于庭审中认可二者是同一次录制的同一场演出,只是出版时进行了编辑和取舍。河北电视台向本院出具证明,表示认可其总编室与河北省梆子剧院签订的协议。

最高院认为,唱金公司一审中对文联音像出版社等出版发行的《蝴蝶杯》《陈三两》《双错遗恨》《清风亭》《血染双梅》《打金砖》《三打陶三春》《春草闯堂》共8个剧目的录像制品主张权利,一审法院认为,唱金公司未针对后三者取得完整授权,因此不支持其对该三个剧目的主张,因唱金公司未提出上诉,故本案的争议焦点即在于唱金公司对《蝴蝶杯》《陈三两》《双错遗恨》《清风亭》《血染双梅》等5部剧目享有何种权利及文联音像出版社、天宝文化公司及天宝光碟公司等是否侵犯其权利并应承担相应的侵权责任。

1. 唱金公司享有的权利。戏剧类作品演出的筹备、组织、排练等均由剧院或剧团等演出单位主持,演出所需投入亦由演出单位承担,演出体现的是演出单位的意志,演出单位是著作权法意义上的表演者,有权许可他人从现场直播或录音录像、复制发行录音录像制品等,在没有特别约定的情况下,演员个人不享有上述权利。

河北电视台总编室以自己的名义与河北省梆子剧院签订的合同,虽然在主体资格上存在瑕疵,但因河北电视台对此予以确认,故不影响该合同的效力,河北省梆子剧院有权据此许可唱金公司出版、发行河北电视台录制的录像制品。

唱金公司发行了《蝴蝶杯》《陈三两》《双错遗恨》《清风亭》及《血染双梅》的录像制品。对上述音像制品,唱金公司获得了河北省梆子剧院等作为表演者的演出单位的许可,获得了录像制作者的授权或者其本身为录像制作者,在存在剧本、唱腔著作权人的情况下亦获得了著作权人的许可。其发行的上述录像制品符合我国《著作权法》的规定,对该合法制作的录像制品,唱金公司享有我国著作权法规定的录音录像制作者的各项权利,包括发行权。

唱金公司分别与河北省梆子剧院、石家庄市河北梆子剧团、保定市河北梆子剧团签订协议,取得独家出版发行涉案剧目录像制品的权利。唱金公司与保定市河北梆子剧团签订的合同中更明确规定:剧团不再为其他单位录制和授权该剧目。唱金公司据此享有独家出版、发行录有相关剧目表演的录像制品的权利。他人未经许可不得侵犯。

2. 文联音像出版社、天宝文化公司是否侵犯了唱金公司的权利?文联音像出版社出版、天宝文化公司发行的涉案剧目光盘中,《蝴蝶杯》与唱金公司发行的录像制品系来源于同一次录制过程,由于唱金公司对该录像制品享有独家发行权,文联音像出版社、天宝文化公司出版发行的录像制品虽然进行了不同的编辑和取舍,仍然侵犯了唱金公司的权利。其二者关于唱金公司对《蝴蝶杯》未取得完整授权、其未侵权的上诉主张没有事实和法律依据,本院不予支持。

关于《陈三两》《双错遗恨》《清风亭》和《血染双梅》剧目,唱金公司发行的版本与文联音像出版社、天宝文化公司出版、发行的版本不同,并非来自同一个录像过程。根据《著作权法》的规定,录像制作者的权利仅限于禁止他人未经许可复制、发行其制作的录像制品,对于非其制作的,其无权禁止。文联音像出版社、天宝文化公司对此提出的上诉理由正确,本院予以支持。原审判决仅以文联音像出版社、天宝文化公司未获得完整授权为由,即认定其侵犯唱金公司的录像制品独家发行权,判决理由不当,本院予以纠正。但是,如本院前所认定,唱金公司除对其发行的录像制品享有独家发行权外,对相关剧目还享有独家出版、发行录像制品的权利。文联音像出版社、天宝文化公司未经许可,亦未经相关表演者许可,出版、发行相关剧目的录像制品,侵犯了唱金公司的上述权利,同样应承担停止侵权、赔偿损失的民事责任。原审判决虽然理由不当,但其结论正确,本院予以维持。

3. 天宝光碟公司是否应对唱金公司承担侵权责任?《音像制品管理条例》第23条规定,音像复制单位接受委托复制音像制品的,应当按照国家有关规定,验证音像制品复制委托书及著作权人的授权书。据此,如果音像复制单位未能充分履行上述行政法规规定的验证义务,复制了侵犯他人合法权利的音像制品,应当与侵权音像制品的制作者、出版者等承担共同侵权责任。本案中,天宝光碟公司仅验证了涉案剧目主要演员的授权,显然未满足上述条例规定的注意义务,故一审法院判令其与文联音像出版社、天宝文化公司共同承担侵权责任并无不当。其与文联音像出版社签订的《录音录像制品复制委托书》虽有关于责任承担的约定,但该约定仅对双方当事人有效,不能以此对抗权利受侵犯的第三人。天宝光碟公司关于《音像制品管理条例》中规定的注意义务过高,《复制委托书》不仅仅是当事人之间的合同等上诉理由,缺乏法律依据,本院不予支持。

4. 原审判决赔偿数额是否合理?文联音像出版社、天宝文化公司、天宝光碟公司提出,原审判决其赔偿唱金公司 30 万元的数额过高。但因唱金公司未能举证证明其实际损失,文联音像出版社等至今亦未举证证明其出版、发行涉案剧目光盘所获利润,在此基础上,考虑到本案涉及 5 个剧目、双方光盘发行时间、侵权行为的性质等因素,并考虑到唱金公司为此支出的合理费用,原审判决 30 万元的赔偿数额并无明显不当,对文联音像出版社、天宝文化公司、天宝光碟公司此项上诉理由,本院不予支持。

综上,二审法院认为审判决认定事实正确,判决结果正确。判决驳回上诉,维持原判。

二、裁判要旨

**No.1-4-37.1-3　在整台戏剧演出中,承担了筹备、组织、资金投入等工作,并以自己的名义对外承担法律责任的演出单位,是著作权法意义上的表演者。**

尽管《著作权法实施条例》第 5 条第 6 项将表演者界定为"演员、演出单位或者其他表演文学、艺术作品的人",但在具体的演出活动中,谁是著作权法意义上的表演者,还应具体分析。整台戏剧演出是一项综合性活动,各演员的演出活动是在剧团、剧院等演出单位的统筹安排下进行的,剧目的选择、演员的搭配、排练均在演出单位的主持下进行,演出所需的各项投入亦由演出单位承担,对外承担责任的主体也是演出单位,因此整台戏剧演出体现的是演出单位的意志,演出单位是著作权法意义上的表演者。在没有特别约定的情况下,演员个人(包括主要演员)对整台戏剧演出不享有著作权法规定的表演者权,无权就整台戏剧演出从事许可等行为。

就本案而言,《蝴蝶杯》《陈三两》《双错遗恨》的表演者是河北省梆子剧院,《清风亭》的表演者是石家庄市河北梆子剧团,《血染双梅》的表演者是保定市河北梆子剧团,张惠云等主要演员并不享有表演者权,故合法取得上述剧目的表演者授权的是唱金公司,而非文联音像出版社、天宝光碟公司及天宝文化公司。

**No.1-4-40-1　发行剧目录像制品应当取得作者、表演者、录像制品制作者的许可;录像复制单位接受委托复制录像制品的,也应当验证委托人是否取得了各权利主体的授权。**

依《著作权法》规定,录音录像制作者使用他人作品制作录音录像制品,应当取得著作权人许可,并支付报酬;录音录像制作者制作录音录像制品,应当同表演者订立合同,并支付报酬;录音录像制作者对其制作的录音录像制品,享有许可他人复制、发行等权利。故剧目录像制品的发行者应当直接或者间接取得作者、表演者、录像制品制作者的许可,否则无法主张发行权。本案中,唱金公司分别取得了《蝴蝶杯》(上、下部)《陈三两》《双错遗恨》和《清风亭》的剧本和音乐作者或其继承人、表演者、录像制品制作者(唱金公司本身是《双错遗恨》和《清风亭》的录像制品制作者)的授权,其发行权具有合法的权利来源;《血染双梅》是 1997 年拍摄的实景戏曲电影,保定市河北梆子剧团既是该电影作品的制片人(作者),也是表演者,故唱金公司发行《血染双梅》也有合法的授权。而唱金公司无法证明其对《打金砖》《三打陶三春》《春草闯堂》3 个剧目的发行行为已直接或者间接地取得戏剧作者的许可,故法院认定唱金公司未获得 3 个剧目的完整授权,无权主张他人侵犯其录像制品的发行权。

同理,根据《音像制品管理条例》第 23 条的规定,录像复制单位接受委托复制录像制品的,也应对委托人是否取得上述各权利主体的授权进行验证,若未能充分履行该验证义务,复制了侵犯他人合法权利的录像制品,应当与侵权录像制品的制作者、出版者等承担共同侵权责任。故本案中,天宝光碟公司未充分履行对表演者授权的验证,未尽到《音像制品管理条例》的注意义务,法院判令其与文联音像出版社、天宝文化公司共同承担侵权责任并无不当。虽然天宝光碟公司与文联音像出版社签订的《录音录像制品复制委托书》中有关于责任承担的约定,但该约定仅对合同双方当事人有效,不能以此对抗合同之外的第三人。但天宝光碟公司在实际履行侵权责任后,可以依该约定向文联音像出版社追偿。

**No.1-4-42.1-3** 录像制品制作者权的范围仅限于录像制品制作者制作的录像制品,但是如果录像制品制作者取得了非自制录像制品所涉内容的独家出版、发行权,有权禁止他人就相关内容制作、出版、发行录像制品。

依据《著作权法》的规定,录像制品制作者权,是指录像制作者对其制作的录像制品享有的许可他人复制、发行、出租、通过信息网络向公众传播并获得报酬的权利。该权利的前提是权利人制作了录像制品,故录像制品制作者无权仅依据现行《著作权法》(2010)第42条(即该案发生时2001年《著作权法》第41条)的规定禁止他人复制、发行、出租、通过信息网络向公众传播非由其制作的录像制品。本案一审法院在认定文联音像出版社、天宝文化公司出版、发行的《陈三两》《双错遗恨》《清风亭》《血染双梅》4个剧目的录像制品与唱金公司发行的版本不同的情况下,认定前者侵犯了唱金公司对以上4个剧目录像制品的独家发行权,是错误的。

录像制品制作者从表演者和著作权人处获得的"独家出版发行相关剧目录像制品的权利",与其享有的"录像制品制作者权"不同,前者作为一种约定的权利,类似专有出版权,可以禁止他人未经许可出版、发行同一表演者表演的该剧目的录像制品,不限于某一演出场次、某一录制版本。对于文联音像出版社、天宝文化公司出版、发行的上述4个剧目的录像制品,唱金公司虽然不享有录像制品制作者权,但是其通过与河北省梆子剧院、石家庄市河北梆子剧团、保定市河北梆子剧团以及相关著作权人签订协议,取得了独家出版发行上述剧目录像制品的权利,有权禁止他人就相同的剧目进行复制、发行等行为。因此,文联音像出版社、天宝文化公司出版、发行上述四个剧目的录像制品,侵犯了唱金公司独家出版发行剧目的录像制品的权利,应当承担停止侵权、赔偿损失的民事责任。

**71** 录音制品中表演者和侵权者的身份认定(《著作权法》第38条、第41条、第48条第3项)

**案例:孙楠与北京金视光盘有限公司、淄博银座商城有限责任公司、江西音像出版社侵犯表演者权纠纷案**

案例来源:《最高人民法院知识产权审判案例指导》(第一辑)[第10号]

主题词:录音制品　表演者身份　侵权者身份

**一、基本案情**

原告(二审被上诉人、再审申请人):孙楠。

被告(二审上诉人、再审被申请人):北京金视光盘有限公司(以下简称金视公司)。

被告(再审被申请人):淄博银座商城有限责任公司(以下简称银座商城)。

被告:江西音像出版社。

孙楠于2007年9月13日向淄博市中级人民法院起诉称:其于2006年发现被告银座商城在销售由金视公司、江西音像出版社出版、复制、发行的彩封、盘芯标有"孙楠 对视"的CD光盘。该专辑盘芯的生产源识别码(SID)为IFPI 0207,版号为ISRC CN-E21-01-302-00/A.J6,其第1~7、9~16等歌曲的表演者均为孙楠。根据相关法律规定可以认定,上述光盘的出版、复制、发行者为金视公司、江西音像出版社,其擅自出版、复制、发行上述专辑,严重侵犯了孙楠的著作权及表演者权,请求法院判令:(1)银座商城停止销售涉案音像制品;(2)金视公司、江西音像出版社立即停止对涉案曲目原告表演者权的侵害,收回并销毁涉案音像制品,未经原告许可,不得复制、发行涉案音像制品;(3)金视公司、江西音像出版社共同赔偿原告经济损失30万元;(4)金视公司、江西音像出版社共同承担诉讼费用。

银座商城辩称:其已停止销售本案涉案光盘,所以不应承担责任。

金视公司辩称:(1)原告出示证据不能证明其对涉案曲目享有表演者权,原告没有提供涉案曲目的原载体,没有证据证明涉案曲目是合法制作的,因此无法证明其对涉案曲目享有合法的著作权。(2)我公司没有发行涉案光盘,没有侵权,原告称我公司侵犯其表演者权应提供证据证明。该涉案光盘是原告从淄博银座商场购买,淄博银座商场是销售发行者,并不是从我公司购买,我公司没有侵犯原告的发行权。(3)本案已超过诉讼时效,根据涉案光盘的出版号证明涉案光盘是2001年出版的,至今已有6年,原告称2006年才知道权利受到侵害没有事实依据,因此其诉讼请求已超过诉讼时效。(4)即使被告侵权行为成立,赔偿也不应适用法定赔偿,因权利人的实际损失可以依据现行规定及市场规律查清。

江西音像出版社辩称:(1)我单位从未出版过"孙楠 对视"的CD光碟。本案涉案光盘标注的版号ISRCCN-E21-01-302-00/A.J6,确系我单位专有的音像制作版号,但金视公司擅自盗用该版号用于光盘生产,我单位也是被侵权人,从未委托过金视公司复制"孙楠 对视"光盘。综上,我单位没有侵犯原告著作权的行为,不应当作为本案的共同被告。(2)金视公司曾盗用我单位同一版号复制了其他光盘,为制止金视公司的侵权行为,我单位曾于2002年在南昌市中级人民法院起诉了金视公司,在南昌市中级人民法院的主持下,双方达成调解协议,金视公司作出赔偿,并承诺:"被告保证在本调解书生效后不再实施未经原告许可而使用原告享有权利的版号及原告名称进行音像制品复制的行为。凡因被告在本调解书生效前的上述行为而引发的一切争议由被告负责,不得使原告受到任何经济损失(包括诉讼和非诉讼的损失),否则原告保留继续追偿的权利"。因此,本案侵权行为系金视公司的行为,应由该公司承担全部责任,与我单位无关。综上,请求驳回对我单位的起诉。

孙楠为支持自己的主张,提交了以下证据:(1)涉案侵权光盘1张,光盘名称是"孙楠 对视",该光盘封面标有江西音像出版社出版发行,版号是ISRCCN-E21-01-302-00/A.J6,该光盘盘芯的生产源识别码(SID)为IFPI 0207。原告据此证明,孙楠系涉案光盘中1~7、9~16首曲目的表演者,该光盘系江西音像出版社出版,金视公司复制、发行。(2)发票1张,证明涉案光盘系由原告代理人于2006年4月27日自银座商城购买。

关于上述证据,银座商城对证据1无异议;证据2的发票确系第一被告出具,但音像制品范围很广,涉案光盘是否从第一被告处购买不清楚。金视公司认为,证据1不能证明原告主张的对象,也不能证明我公司存在侵权行为,该光盘的SID码的确是我公司专用,但不能确定该光盘是我公司复制,该光盘的封面也不是我公司复制;在证据2中,发票上写的是音像制品,不能证明该发票与本案有关,该发票也不是我公司出具,不能证明原告所证明的对象。江西音像出版社同意金视公司对证据1的质证意见,该证据不足以证明孙楠享有表演者权,该光盘也不是我单位发行的;对证据2的真实性无异议,对关联性有异议,同意金视公司的质证意见。

金视公司提交以下证据:(1)复制许可证1份,证明第二被告经国家有关部门授权的合法的复制单位;(2)复制委托书1份,证明第三方曾委托金视公司复制光盘;(3)孙楠音像制品价格参考表4份,证明了孙楠音像制品的平均价格;(4)复制加工合同书一份;(5)北京市海淀区人民法院(2006)海民初字第11508号民事判决书1份,证明4、5证明了第二被告复制光盘的平均价格。

关于上述证据,孙楠认为:证据1、证据2与本案无关联性;对证据3真实性无异议,但孙楠音像制品2007年的价格与2006年价格相差较大,该证据不能证明孙楠音像制品的平均价格,同时该证据也证明了孙楠确系涉案曲目的表演者;对证据4、证据5的真实性无异议,但光盘复制价格是不断变化的,该证据不能证明金视公司复制光盘的准确价格,与本案无关,且原告损失不应以盗版光盘的复制价格计算,应以正版光盘的发行价格计算。江西音像出版社对证据1、证据2的真实性、关联性无异议,但涉案光盘不是我单位委托发行;对证据3、证据4、证据5无异议。银座商城无异议。

江西音像出版社为证明其答辩意见,提供证据如下:(1)江西省新闻出版局音像选题通知单;(2)江西省新闻音像局陈报表一份;证据1、证据2证明第三被告的版号ISRCCN-E21-01-302-00/A.J6选题内容为"小夜曲",与本案涉案光盘内容不一致;(3)录音录像复制委托书一份,证明第三被告委托北京海传公司复制了"小夜曲",而非本案涉案光盘;(4)江西省南昌市中级人民法院民事调解书 1 份,证明第二被告曾经盗用第三被告同一版号复制光盘;(5) 江西省南昌市公证处的公证书一份,证明第二被告出具的复制委托书的公章与第三被告的公章不同。

关于上述证据,孙楠对证据 1、证据 2、证据 3 的真实性无异议,但关联性有异议,不能证明江西音像出版社未出版涉案光盘;对证据 4 的真实性无异议,但与本案无关;对证据 5 的真实性无异议。金视公司对证据 1、证据 2 的真实性无异议;证据 3 与我公司持有的委托书不一致,后通过诉讼得知,我公司持有委托书不是江西音像出版社出具;对证据 4 真实性无异议,但不能证明我公司曾盗用江西音像出版社的版号;对证据 5 无异议。银座商城无异议。

根据各方当事人的质证意见,淄博市中级人民法院对涉案证据材料认证如下:孙楠提交的证据 1、证据 2,金视公司提交的证据 1、证据 3、证据 4、证据 5,江西音像出版社提交的证据 1、证据 2、证据 3、证据 4、证据 5,因各方当事人均未对其真实性提出异议,法院对以上证据的真实性予以确认。金视公司提交的证据 2,自述该证据不是被告江西音像出版社出具,对该证据的真实性本院不予确认。

淄博市中级人民法院经审理查明,2006 年,孙楠的特别授权代理人王飞在被告银座商城购得彩标为"孙楠 对视",盘芯标有"孙楠 对视"的光盘一张,该光盘封底及盘芯均标有江西音像出版社出版发行,版号 ISRCCN-E21-01-302-00/A.J6,该光盘盘芯的生产源识别码(SID)为 IFPI 0207。该光盘收录了《对视》《一起写下的誓言》《美好生活》《伸出告别的手》《一生第一》《我的心不够肯定》《梦的眼睛》《让梦冬眠》《红旗飘飘》《天长地久》《为爱说抱歉》《爱得精彩》《生生世世》《是否爱过我》《爱你的心无法自拔》《我们都是伤心的人》16 首曲目。原告主张,该光盘第 1~7、9~16 首曲目,均为原告表演。

版号 ISRCCN-E21-01-302-00/A.J6 系被告江西音像出版社的专用版号。2001 年 5 月,该社与北京海传光盘有限公司签订录音录像制品复制委托书一份,委托北京海传光盘有限公司使用版号 ISRCCN-E21-01-302-00/A.J6 复制名称为"小夜曲"的 CD 光盘。该光盘的曲目为《欢乐颂》《西班牙斗牛》《匈牙利舞曲》《悲怆奏鸣曲》《威廉退尔序曲》《茶花女》《睡美人》《幻想即兴曲》《布兰登堡协奏曲》《小提琴浪漫曲》《蓝色多瑙河》《月光奏鸣曲》《小夜曲》。2002 年,被告江西音像出版社发现被告金视公司利用其 ISRCCN-E21-01-302-00/A.J6 的版号复制其他盗版光盘,随即向南昌市中级人民法院提起诉讼,后该院出具(2002)洪民二字第 61 号民事调解书。在该调解书中,被告金视公司保证在调解书生效后,未经许可不再使用该社专有版号进行音像制品的复制。

淄博市中级人民法院认为,涉案光盘彩封及盘芯均标有"孙楠 对视""sun nan:最新专辑"字样,并印有孙楠本人图像。孙楠此主张其系涉案光盘中 1~7、9~16 首曲目的表演者,金视公司、江西音像出版社虽提出异议,但未提供相反的证据予以证明,且金视公司提供的孙楠音像制品价格参考表中,也有孙楠表演的相关曲目。综上,足以证明孙楠确系涉案光盘中 1~7、9~16 首曲目的表演者。

金视公司虽然在庭审中辩称涉案光盘不是其生产的,但认可该光盘生产源识别码(SID)为其公司专用。且从江西音像出版社提供的江西省南昌市中级人民法院民事调解书看,金视公司曾经违法使用 ISRCCN-E21-01-302-00/A.J6 的版号生产过其他音像制品,因此,本院认定涉案光盘系金视公司生产。金视公司在庭审中的陈述及被告江西音像出版社提供的相关证据相互印证,足以证明,江西音像出版社并未出版涉案光盘,也未授权金视公司进行复制,在金视公司未提供涉案光盘的出版人及发行者的情况下,应推定涉案光盘系由金视公司出版并发行。金视公司未举证证明该出版、复制、发行行为经过了原告的授权,金视公司的上述行为,侵犯了原告表演者权及获得报酬的权利,应承担停止侵权、收回并销毁涉案音像制品及赔偿相应损失的责任。鉴于原、被告提供的证据均不能证明原告的实际损失及被告的获利情况,赔偿损失的数额应根据金视公司侵权事实、主观过错程度、涉案光盘可能的发行量、侵权时间等因素酌情予以认定。金视公司将原告多首表演曲目汇编并冠以"孙楠最新专辑"形式予以出版,并利用江西音像

录音制品·表演者身份·侵权者身份

出版社同一版号生产多种音像制品,其侵权的主观恶意明显。且本案涉案光盘使用版号为 2001 年的版号,至今已有 6 年,该光盘的发行量较大及发行范围较广,给原告造成的损失难以估计。综合以上情况,本院酌情认定本案赔偿损失数额为 30 万元。

孙楠称本案涉案光盘系在银座商城处购买,银座商城未明确否认,且孙楠提供的发票是银座商城出具,并已注明是"音像制品",该发票足以证明本案涉案光盘系从银座商城购买。依照《中华人民共和国发票管理办法实施细则》(1993)第 5 条第 1 款"发票的基本内容包括:发票的名称、字轨号码、联次及用途,客户名称,开户银行及账号,商品名称或经营项目,计量单位、数量、单价、大小写金额,开票人,开票日期,开票单位(个人)名称(章)等",及第 35 条"单位和个人在开具发票时,必须做到按号码顺序填开,填写项目齐全,内容真实,字迹清楚,全部联次一次复写、打印,内容完全一致,并在发票联和抵扣联加盖单位财务印章或者发票专用章"的规定,银座商城出具发票时应注明商品名称、计量单位、数量、单价、大小写金额、开票人等相关内容。本案中,孙楠提交的发票未注明商品名称,是因银座商城未按照以上规定开具发票所致,责任在于银座商城。银座商城关于原告提供发票未注明音像制品名称,不能证明购买的系本案涉案光盘的辩解理由,本案不予采信。因涉案光盘侵犯了孙楠的合法权益,孙楠关于要求银座商城停止销售涉案光盘的主张,应予支持。

江西音像出版社的证据足以证明,其使用版号 ISRCCN-E21-01-302-00/A.J6 复制、发行的"小夜曲"CD 光盘与本案涉案光盘不同,本案涉案光盘的 SID 码系金视公司专有,且金视公司曾有盗用江西音像出版社同一版号的行为。故此,在孙楠未提供其他证据的情况下,应认定江西音像出版社并未出版、复制、发行本案涉案光盘。原告要求该社承担责任的诉讼请求,本院不予支持。

因金视公司的侵权行为为连续侵权行为,其关于按照涉案光盘出版时间为时效起算点,原告诉讼请求已超过诉讼时效的主张,与现行法律规定不符。该抗辩理由,本院不予支持。

综上所述,淄博市中级人民法院判决:

一、银座商城立即停止销售涉案光盘;

二、金视公司立即停止侵犯孙楠表演者权的相关行为,限 3 个月内收回并销毁涉案光盘;

三、金视公司于本判决生效之日起 10 日内赔偿原告孙楠经济损失 30 万元;

四、驳回孙楠的其他诉讼请求;

五、案件受理费 5 800 元,由被告金视公司负担。

金视公司不服该判决,向山东省高级人民法院提起上诉,山东省高级人民法院经审理认为:孙楠提交的证据不足以证明其系涉案光盘中诉争歌曲表演者,故判决:撤销一审判决;驳回孙楠的诉讼请求。

孙楠不服山东省高级人民法院的二审判决,向中华人民共和国最高人民法院申请再审称:二审判决对认定的基本事实没有任何证据证明,适用法律严重错误,请求再审法院依法撤销二审判决书,维持一审判决;由再审被申请人承担本案费用。

金视公司再审答辩称,孙楠不能证明涉案光盘是其表演的,也没有申请音源同音性鉴定,被申请人在庭审中未承认 CD 光盘是孙楠表演的,应承担本案举证不能的不利后果;孙楠自称表演过涉案曲目,但其按照最高人民法院《关于审理著作权民事纠纷案件适用法律若干问题的解释》第 7 条的规定,不能提供相关证据如合法出版物等证明其表演过相关曲目,应当承担举证不力的后果;即使申请人表演了相关曲目,也不能证明自己享有合法的表演者权。

在再审过程中,孙楠以其已与各方当事人达成了庭外和解协议为由,申请撤销对金视公司、银座商城、江西音像出版社的所有诉讼请求,并提交了撤诉申请书。最高人民法院经审查认为,孙楠在再审期间提出撤回再审申请的请求,是依法处分自己的权利,裁定准许孙楠撤回再审申请,终结再审程序。

## 二、裁判要旨

**No.1-4-38-6** 如无相关证据,在录音制品上表明曲目的表演者姓名和肖像的,可以据此认定表演者身份。

该案虽然最终因当事人和解以申请撤诉结案,但最高人民法院通过本案的审理,统一了对本案涉及的当事人举证责任以及相关证据认定标准的认识。

由于表演者权的取得属于原始取得,该权利既不需要合同的约定,也不需要以出版物的出版为要件。在侵犯表演者权的案件中,表演者身份的确定是案件裁决的首要条件。在认定录音制品中曲目的表演者身份方面,根据《著作权法》第 11 条第 4 款"如无相反证明,在作品上署名的公民、法人或者其他组织为作者"的立法精神,如无相反证明,在录音制品上表明曲目演唱者姓名的,可以认定为表演者。最高人民法院《关于审理著作权民事纠纷案件适用法律若干问题的解释》第 7 条第 1 款仅规定:"当事人提供的涉及著作权的……合法出版物……可以作为证据",并未强制规定表演者只能通过上述列举方式才能证明其身份;该第 2 款则规定:"在作品或者制品上署名的自然人、法人或者其他组织视为著作权、与著作权有关权益的权利人,但有相反证明的除外。"

本案中,孙楠提交的涉案光盘的彩封及盘芯均标有"孙楠 对视""sun nan;最新专辑"字样,印有孙楠的多幅照片,且孙楠对其中相关曲目为其表演的事实予以认可,足以完成证明其对涉案光盘中曲目的表演者身份的举证责任,至于相反证据的举证责任,应由对其身份提出质疑者承担。对此,原审被告及再审被申请人均未提交相反证据,故可以据此认定孙楠为相关曲目的表演者。

**No.1-4-41-1** 如无相反证据,光盘上蚀刻的 SID 码是判定光盘复制者的重要依据。

SID 码,即来源识别码,是国际唱片业联盟(IFPI)和 Philips 在 1992 年 12 月防盗版达成协议时设置的。SID 是通过对激光数码储存片注塑模具定模镜面板规定位置进行蚀刻的方式,压制在激光数码储存片表面的一组四位数编码。这组编码存在在本地 SAM 数据库中,这个库默认连管理员都没权读的,只有 SYSTEM 完全控制;4 位数编码的前两位是 CD 复制厂商名代码,后两位为模具编号,故 SID 码可以识别 CD 是在哪条复制线和母盘线制作的,是光盘的复制代码,为生产商特有的身份识别码。SID 码的上述特征对判定光盘的复制者身份具有重要意义,在没有相反证据推翻 SID 码表明光盘来源的情形下,可以作为判定光盘复制者的重要依据。

本案中,涉案光盘蚀刻有其生产源识别码(SID),该 SID 码为金视公司专有,尽管随着技术的发展,不排除 SID 码被盗用的情形,但由于 SID 码作为唯一身份编码,其公示力得到广泛认可,相反证据的提交应由金视公司承担,但其却不同意进行鉴定;此外金视公司承认由其向法院提交的相关复制委托书是伪造的,但未说明由谁伪造,且未就为何涉案光盘显示的出版号码、出版发行日期及相关文字与另一份合法签订的复制委托书一致等作出合理解释;音像出版社也辩称,金视公司曾擅自盗用该社版号。综合上述情形及相关证据,可以认定涉案光盘由金视公司复制、发行。

**72** 使用他人已经合法录制为录音制品的音乐作品制作录音制品并复制和发行的法定许可(《著作权法》第 40 条第 3 款)

案例:广东大圣公司与王海成等侵犯著作权纠纷案
案例来源:《最高人民法院知识产权审判案例指导》(第二辑)[第 8 号]
主题词:录音制品  法定许可  复制发行

一、基本案情

申请再审人(一审被告、二审上诉人):广东大圣文化传播有限公司(以下简称大圣公司)。
被申请人(一审原告、二审被上诉人):王海成、王海星、王海燕(以下简称王海成等)。
2005 年 3 月 2 日王海成等在联盛公司、南昌百货大楼购得《喀什噶尔胡杨》CD 光盘一盒,该光盘由广州音像出版社出版,大圣公司发行。该光盘共存储了11首歌曲,其中第8首歌曲《亚克西》是王海成等之父王洛宾于1957年根据吐鲁番民歌改编并作词的音乐作品。王洛宾于1996年去世后,其子王海成等,于1996年3月1日与中国音乐著作权协会(以下简称音著协)签订了音乐著作权合同,将该音乐作品的公开表演权、广播权和录制发行权授权音著协管理。2004年7月5日,罗林(艺名刀郎)与大圣公司签订合同,约定罗林许可大圣公司将罗林制作并享有版权的《喀什噶尔胡杨》歌唱类音乐专辑节目制作录音制品(CD)出版发行。2004年12月3日,广州音像出版社与大圣公司签订了音像制品合作出版合同,约定由广州音像出版社制作、出版、发行《喀什噶尔胡杨》专辑录音制品。2004年12月6日,大圣公司与三峡公司签订委托复制加工合同,约定复制该录音制品20万张。2004年12月8日,广州音像出版社委托三峡公司复制该录音制品90万张。2004年12月24日,广州音像出版社向音著协申请使用音乐作品《冰山上的雪莲》《打起手鼓唱起歌》《亚克西》制作、发行20万张《喀什噶尔胡杨》专辑录音制品,批发价为6.5元,后向音著协支付上述3首音乐作品的使用费21 900元。2005年3月17日,音著协出具了《音乐著作权使用收费证明》。

2005年3月4日,一审原告王海成等向江西省九江市中级人民法院起诉称,三峡公司、大圣公司、广州音像出版社未经许可,复制、发行该音乐作品的录音制品,侵犯了王海成等依法享有的权利,请求判令被告停止侵害、赔偿损失并赔礼道歉。

江西省九江市中级人民法院一审认为,《亚克西》是一首于涉案录音制品复制、发行前早已公开发表并已制作为录音制品的音乐作品,根据《著作权法》(2001)第39条第3款的规定:"录音制作者使用他人已经合法录制为录音制品的音乐作品制作录音制品,可以不经著作权人许可,但应当按照规定支付报酬;著作权人声明不许使用的不得使用。"王海成等将涉案音乐作品已交由音著协以信托的方式管理,且并未声明不许使用该作品,故音著协有权许可他人使用,广州音像出版社、大圣公司、三峡公司广州音像出版社、大圣公司、三峡公司出版、发行、复制《喀什噶尔胡杨》录音制品使用音乐作品《亚克西》,属于法定许可范围。广州音像出版社按申请发行数额20万张向著作权人支付了报酬,但对超出的70万张未按规定支付报酬,侵犯了王海成等的获酬权,应承担侵权赔偿责任。根据国家版权局1993年8月制定的《录音法定许可付酬标准暂行规定》,确定赔偿数额为录音制品批发价6.5元×版税率3.5%×700 000张的两倍,即318 500元。三峡公司复制涉案录音制品的行为,未构成对涉案音乐作品著作权的侵犯。遂判决,大圣公司、广州音像出版社共同赔偿王海成等318 500元,及合理费用支出15 433元,并承担连带民事责任。

大圣公司、广州音像出版社不服一审判决,提起上诉。

江西省高级人民法院二审认为,根据《著作权法》(2001)第41条第2款的规定,大圣公司、广州音像出版社、三峡公司复制、出版、发行《喀什噶尔胡杨》录音制品,除应取得罗林的许可并支付报酬外,还应取得该制品所使用的音乐作品《亚克西》著作权人的许可,并支付报酬。音著协的许可和收费系针对使用音乐作品制作录音制品而行使的权利,并不是行使著作权人对复制、发行录音制品所享有的许可权和获得报酬权。根据音著协与广州音像出版社之间就音乐作品《亚克西》所发生的往来,应认定大圣公司、广州音像出版社、三峡公司复制、出版、发行20万张《喀什噶尔胡杨》录音制品,已取得了音著协的许可,并支付了报酬。但一审法院按整张制品所含音乐作品的报酬总额的两倍确定其中一首作品的赔偿数额,缺乏合理性,遂判决撤销一审判决,判令大圣公司、广州音像出版社、三峡公司停止复制、出版、发行《喀什噶尔胡杨》录音制品,大圣公司、广州音像出版社共同赔偿王海成等15万元,并承担连带责任。

大圣公司不服二审判决,向最高人民法院(以下简称最高院)申请再审。最高院裁定提审该案。

最高院经再审认为,原审判决认定事实基本清楚,但适用法律不当,应予纠正。大圣公司申请再审理由部分成立,予以支持。从而依照《中华人民共和国著作权法》(2001)第39条第3款、《中华人民共和国民事诉讼法》第153条第1款第2项之规定,于2009年12月15日作出再审判决,撤销原一、二审判决,判令大圣公司、广州音像出版社、三峡公司向王海成等支付音乐作品使用费14 477元。

## 二、裁判要旨

**No.1-4-40.3-1 使用他人已经合法录制为录音制品的音乐作品制作录音制品,可以不经著作权人许可;对使用此类音乐作品制作的录音制品进行复制、发行,也不需要经著作权人许可,但应当依法向著作权人支付报酬。**

我国《著作权法》(2001年)第39条第3款规定:"录音制作者使用他人已经合法录制为录音制品的音乐作品制作录音制品,可以不经著作权人许可,但应当按照规定支付报酬;著作权人声明不许使用的不得使用。"同时,《著作权法》(2001)第41条第2款规定:"被许可人复制、发行、通过信息网络向公众传播录音录像制品,还应当取得著作权人、表演者许可,并支付报酬。"从而,在录音制作者使用他人已经合法录制为录音制品的音乐作品制作录音制品后,要复制发行其制作的录音制品时,是否要取得著作权人的许可,应该适用哪一条规定?《著作权法》未对此予以明确。

该案中,最高院认为,《著作权法》(2010)第40条第3款的规定,虽然只是规定"使用他人已经合法录制为录音制品的音乐作品制作录音制品,可以不经著作权人许可",但该规定的立法本意是为了便于和促进音乐作品的传播,对使用此类音乐作品制作的录音制品进行复制、发行,同样应适用该款关于法定许可的规定,而不应适用《著作权法》(2010)第40条第2款的规定。经著作权人许可制作的音乐作品的录音制品一经公开,其他人再使用该音乐作品另行制作录音制品并复制、发行,不需要经过音乐作品的著作权人许可,但应依法向著作权人支付报酬。

鉴于涉案专辑录音制品中使用的音乐作品《亚克西》,已经在该专辑发行前被他人多次制作成录音制品广泛传播,且著作权人没有声明不许使用,故大圣公司、广州音像出版社、三峡公司、联盛公司、南昌百货大楼使用该音乐作品制作并复制、发行涉案录音制品,符合《著作权法》(2010)第40条第3款法定许可的规定,不构成侵权。

**No.1-4-40.3-2 在不损害著作权人获得报酬权的前提下,作品使用人可以先使用后付款。在计算应付报酬数额时,如当事人之间对复制、发行数量有争议,可以根据出版行业的惯例判定。**

《著作权法》(2001)第27条规定:"使用作品的付酬标准可以由当事人约定,也可以按照国务院著作权行政管理部门会同有关部门制定的付酬标准支付报酬。当事人约定不明确的,按照国务院著作权行政管理部门会同有关部门制定的付酬标准支付报酬。"鉴于1993年8月国家版权局发布的《录音法定许可付酬标准暂行规定》目前仍为各有关单位及著作权集体管理组织参照执行的依据,故审理此类案件,在当事人没有约定的情况下,可以按照该规定确定付酬标准。本案中,大圣公司、广州音像出版社、三峡公司、联盛公司及南昌百货大楼不构成侵犯涉案音乐作品著作权人王海成等的复制、发行权,但应依法向其支付报酬。因法律没有规定支付报酬必须在使用作品之前,因而作品使用人在不损害著作权人获得报酬权的前提下,"先使用后付款"不违反法律规定。对于应付报酬的数额,取决于复制、发行的数量,最高院认为,在当事人之间对复制、发行数量有争议的情况下,原二审法院根据出版行业惯例,以一份复制委托书项下的复制数量可分一次或多次履行,认定不排除大圣公司、广州音像出版社、三峡公司在20万张以外没再复制、发行的理由适当。

**No.1-4-40.3-3 根据民歌改编的音乐作品的著作权人,依法对改编的音乐作品享有著作权,使用他人根据民歌改编的音乐作品制作录音制品并复制、发行的,可以向改编者支付全额报酬。**

涉案作品《亚克西》是王洛宾根据民歌改编并作词的音乐作品。最高院认为,民歌一般具有世代相传、没有特定作者的特点,根据民歌改编的音乐作品的著作权人,依法对改编的音乐作品享有著作权,使用他人根据民歌改编的音乐作品制作录音制品并复制、发行的,可以向改编者支

录音制品·法定许可·复制发行

付全额报酬。

**No.1-4-40.3-4** 著作权人将其著作财产权授权给集体管理组织之后,在其与集体管理组织订立的合同中未对诉权问题作出约定时,可以自己行使诉权。

现行《著作权集体管理条例》第20条规定:"权利人与著作权集体管理组织订立著作权集体管理合同后,不得在合同约定的期限内自己行使或者许可他人行使合同约定的由著作权集体管理组织行使的权利。"根据该规定,音乐作品的著作权人将著作权中的财产权利授权音著协管理之后,其诉讼主体资格是否受到限制,取决于其与音著协订立的著作权集体管理合同是否对诉权的行使作出了明确的约定。因本案王海成等在其与音著协的合同中未对诉权问题作出约定,故其行使诉权不应受到限制。

## 第三节 录音录像

### 73 录音录像制作者权(《著作权法》第42条第1款)

**案例:**北京非同音乐文化传播有限公司与黑龙江人民广播电台网络传播权侵权纠纷案
**案例来源:**《人民法院案例选》2007年第4辑[第38号]
**主题词:**录音录像制作者 信息网络传播权

**一、基本案情**

原告:北京非同音乐文化传播有限公司(以下简称非同音乐)。

被告:黑龙江人民广播电台(以下简称广播电台)。

2004年12月,非同音乐为宣传歌手爱戴的音乐专辑《爱·警戒》,便按照宣传惯例,通过中诚快递将该专辑的光盘和介绍文章邮寄给了黑龙江广播电台"MUSIC龙广音乐网"的节目主持人姚莉,让其作为宣传之用。由于此前音乐制作公司与广播电台、网站之间一直存在着免费宣传使用录音制品的惯例,因此黑龙江广播电台主持人姚莉在接到音乐公司邮寄的光盘后,便将专辑内容上载至"MUSIC龙广音乐网",只提供在线播放,不提供下载。2005年7月1日非同音乐发现黑龙江广播电台未经许可,在其"MUSIC龙广音乐网"网站上向公众提供了《爱·警戒》专辑中《海南姑娘》《那时那刻》等8首歌曲的在线播放和下载服务,并对其进行了公证。

非同音乐认为,广播电台的行为侵犯其信息网络传播权,故诉至哈尔滨市中级人民法院,请求判令被告立即停止提供涉案歌曲的在线播放和下载服务,在其网站主页及《法制日报》上发表声明向原告公开赔礼道歉,赔偿原告损失8万元和为调查被告侵权行为和起诉被告所支出的费用2万元,合计10万元。

被告广播电台辩称:原告所述不实。被告仅在网站上提供了8首歌曲的在线播放,并未提供下载服务。原告公证书中的下载是拦截被告发送的数据流复制的,是从被告服务器中窃取了涉案歌曲的电子数据资料。被告提供的在线播放是得到原告授权的合法行为。双方存在长期的业务合作关系,一直以来,原告将欲作宣传的录音制品交由被告在所管理的广播、网站等媒体上宣传,互不收取费用。虽然双方没有就涉案歌曲订立书面授权许可协议,但根据以往的交易惯例,应当认定被告得到了原告的在线播放授权许可,故没有侵权。

法院经审理认为,音乐制作公司向广播电台、网站等媒体提供录音制品无偿使用,广播电台、网站等媒体利用自己管理的传媒为音乐制作公司的录音制品免费宣传已成为行业惯例。非同公司作为专业音乐文化传播公司给被告的"MUSIC龙广音乐网"节目主持人姚莉提供录音制品,其目的就是为了供被告按照其业务活动范围在其管理的媒体上正常使用宣传,同时原告没有对被告应当如何正常使用宣传其提供给被告的《爱·警戒》等录音制品作出清楚明确的意思表示,特别是并没有禁止、限制被告在"MUSIC龙广音乐网"上使用、上载、播放、宣传其提供给被告的《爱·警戒》光盘录音制品等的意思表示。所以被告只能按照正常的理解和先前的惯例进行使用,被告只需尽到一般注意的义务和采取合理的防范措施,不能要求被告必须采取足以防范任何非法行为的防范措施。被告没有在其网页上设置8首涉案歌曲的下载路径,未提供下载服务,不借助技术手段也不能直接下载复制8首涉案歌曲,说明被告已经尽到了一般注意义务和采取了合理的防范措施。在被告网站上使用"迅雷4"软件下载8首涉案歌曲,超出了被告的服务范围,属于非法行为。因此原告使用"迅雷4"软件下载8首涉案歌曲并进行了公证,虽是事实,但属于使用非正常手段取证,被告并无主观过错,且被告在"MUSIC龙广音乐网"上在线播放原告提供给被告的8首涉案歌曲录音制品,属于正常的使用宣传,是符合双方合意的,不是侵权,亦不构成侵权。

据此,哈尔滨市中级人民法院判决:被告立即停止在"MUSIC龙广音乐网"网站上播放原告享有录音制作者权之信息网络传播权的8首涉案歌曲;驳回原告的其他诉讼请求。宣判后,原、被告均未上诉。

二、裁判要旨

**No.1-4-42.1-1** 依惯例通过网络宣传者未提供下载路径,不侵犯录音录像制作者权。

现行《著作权法》第42条第1款规定:"录音录像制作者对其制作的录音录像制品,享有许可他人复制、发行、出租、通过信息网络向公众传播并获得报酬的权利;权利的保护期为五十年,截止于该制品首次制作完成后第五十年的12月31日。"但实践中,录音录像制作者往往需要借助广播电台、网络等媒体对其录音录像制品进行宣传,而后者也愿意免费使用该录音录像制品并充实其媒体内容。因此,广播电台、网站等媒体利用自己管理的传媒为音乐制作公司的录音制品免费宣传已成为行业惯例。对此,媒体一方对录音录像制品的网络传播仅需尽到一般注意义务即可。但其在宣传时若能提供下载服务,将会使权利人的录音录像制品失去市场,使其宣传目的落空。

本案中,被告作为网络宣传媒体,对于涉案作品未提供下载路径,使网民如果不借助技术手段不能直接下载复制8首涉案歌曲,可认定其已经尽到了一般注意的义务,并采取了合理的防范措施。至于原告使用"迅雷4"软件下载8首涉案歌曲,是对被告防范措施的破坏,超出了对被告网页正常的使用方法,而且原告在将涉案歌曲交给被告时,亦未要求被告尽更多的注意业务、采取特殊防范措施的意思表示,因此要求被告对非正常手段使用其网络服务的行为承担责任,不合公平原则。

## 74 表演者的二次许可权和获酬权(《著作权法》第42条第2款)

**案例**:吴美丽等与上海电影制片厂等著作权纠纷案
**案例来源**:《人民法院案例选》2000年第4辑[第43号]
**主题词**:表演者 二次报酬权

一、基本案情

原告:吴美丽、文佳明、文佳颖、文佳凤。

被告:北京北影录音录像公司(以下简称音像公司)、广州俏佳人文化传播有限公司(以下简称传播公司)、上海电影制片厂(以下简称上影厂)。

原告吴美丽系文彬彬之妻,文佳明、文佳颖、文佳凤系文彬彬之子女。文彬彬于1972年1月死亡。影片《三毛学生意》是由文彬彬等主演、上影厂摄制的电影作品。1997年7月,上影厂东方影视发行有限责任公司与传播公司签订协议,上影厂出让50部电影的VCD影碟国内版权。同时,上影厂出具给传播公司版权授权书,将包括《三毛学生意》在内的50部电影在中华人民共和国境内(不包括港、澳、台地区)的VCD小影碟制品的独家出版制作及发行权授权给传播公司,授权期限4年。同年,小影碟VCD《三毛学生意》由音像公司出版发行,由传播公司总经销。

原告诉称:原告等是已故演员文彬彬的继承人。20世纪50年代末,文彬彬表演的滑稽戏《三毛学生意》被上影厂摄制成电影。1997年底,原告在音乐书店偶见《三毛学生意》被制成VCD(版权为音像公司,制作经销为传播公司)并向社会公开发行。为此,原告与被告联系要求支付文彬彬的表演报酬,但未果。按照1991《著作权法》第39条的规定,被许可复制发行的录音录像制作者应当按规定向表演者支付报酬,所以被告应支付文彬彬表演报酬;且VCD与电影载体不同、制作程序不同、表现形式也不同。上影厂虽许可传播公司使用电影《三毛学生意》,且上影厂已经收取该片的5万元许可费,但被告等不能对抗表演者的报酬。故要求3被告支付文彬彬表演报酬5万元。

被告音像公司辩称:音像公司与传播公司订有协议,由传播公司负责购买节目版权并制成VCD小影碟,由音像公司负责出版。《三毛学生意》是由传播公司所购并经上影厂合法授权,符合我国的法律规定。

被告传播公司辩称:根据我国《著作权法》的规定,电影作品的版权由制片者享有,传播公司将电影《三毛学生意》制成音像制品,是经上影厂的合法授权,符合我国《著作权法》的规定,另我国著作权法对于录像制作的概念界定中,并不包括电影。

被告上影厂辩称:电影《三毛学生意》是由上影厂摄制,对该片享有著作权,有权将其出让给任意第三方,不存在侵权。至于为影片的其他载体(包括VCD)另行支付表演报酬问题,不符合我国的法律规定。电影作品的导演、编剧、摄影等作者享有署名权,著作权的其他权利由制片者享有。原告被继承人文彬彬的表演已经依法享有署名权,其他权利应为制片者所有。所以原告的诉讼请求没有法律上的依据。另对原告诉称上影厂已经收取传播公司5万元电影《三毛学生意》许可费用表示否认。

上海市黄浦区人民法院经审理认为,对于原告诉称上影厂已经收取传播公司电影《三毛学生意》许可费5万元一节,因未提供相应证据证明,法院不予采信。1991年《著作权法》第39条的规定仅适用于录音录像制品,不能类推适用电影作品,原告将其扩大适用到电影作品,缺乏法律依据。而且,电影与光盘VCD在载体及表现形式等方面有所不同,但本案VCD《三毛学生意》仍属于电影《三毛学生意》不同形式的复制,二者的区别并未改变电影《三毛学生意》的权利性质。VCD《三毛学生意》是电影《三毛学生意》版权处分的结果。故二者的区别对本案的处理并无影响。《三毛学生意》由电影胶片复制为光盘VCD,使家庭影院化,同时也产生新的市场和利益。由于制作者承担了投资回报的市场风险,市场变动而产生的新的利益应由制片者享有。表演者在取得片酬后,市场风险与其无涉,表演者不应再分享制片者的市场利益。故原告等要求被告等支付文彬彬电影《三毛学生意》的表演报酬,于法无据,不予支持,判决驳回原告的诉讼请求。宣判后,原、被告双方均未上诉,一审判决生效。

二、裁判要旨

**No.1-4-42.2-2  目前电影表演者不享有二次许可权和获酬权。**

现行《著作权法》第38条第5项规定,表演者有许可他人复制、发行录有其表演的录音录像制品,并获得报酬的权利。与之呼应,第42条第2款(与案例中援引的1991年《著作权法》第39条第2款相同)规定:"许可人复制、发行、通过信息网络向公众传播录音录像制品,还应当取得著作权人、表演者许可,并支付报酬。"但该项权利仅适用于录音录像的情形,不适用于电影作品。对电影作品,根据现行《著作权法》第15条的规定,其著作权由制片者享有,表演者仅享有署名权,并按照与制片者签订的合同获得报酬。至于该电影作品后续利用产生的利益均归制片人享有,表演者无权干涉。

因此,本案需首先区分涉案VCD是对电影作品的复制品,还是对表演的录像制品。根据现行《著作权法实施条例》的有关规定,所谓电影作品,是指摄制在一定介质上,由一系列有伴音或者无伴音的画面组成,并且借助适当装置放映或者以其他方式传播的作品;其往往以剧本为基础,经导演、演员等多方创作而成。而所谓录像制品,是指电影作品和以类似摄制电影的方法创作的作品以外的任何有伴音或者无伴音的连续相关形象、图像的录制品。其特点是使用他人作品完成,缺乏共同创作。但是单纯的载体转化不属于录像制品,而是一种复制行为。本案中,将《三毛学生意》由电影胶片复制为光盘VCD,即是制片人为适应新的市场环境需求而进行的电影作品的载体转换,转换后的VCD仍然属于电影作品,而非录像制品。所以,本案原告混淆了《著作权法》第42条第2款的适用情形,目前在电影作品的使用中,电影表演者只能根据其与制片人的合同获得报酬,类似一种劳务关系,其诉讼请求不能获得法律支持。

但是,2012年我国已签订《北京条约》,该条约增加了视听作品(含电影作品)中表演者的二次获酬权,即表演者有权对他人使用视听作品获得报酬。我国正在进行的《著作权法》修改工作,就已公布的修改稿而言,也增加了该类权利,如果最终获得通过,那时类似本案的纠纷结果将产生完全不同的判决结果。

## 第四节　广播电台、电视台播放

### 75 广播组织的法定许可(《著作权法》第43条、第55条)

**案例**:王春花诉新乡市邮电局将其作品制作成电话声讯服务节目侵犯著作权案
**案例来源**:《人民法院案例选》1998年第4辑[第40号]
**主题词**:声讯服务　广播　信息网络传播

### 一、基本案情

原告:王春花。

被告:新乡市邮电局(以下简称邮电局)。

1997年7—8月,原告王春花按照被告新乡市邮电局"168自动声讯使用手册"(四版)的说明,拨打其所设"168自动声讯台"的电话,听取该台提供的有关声讯服务节目内容,听到了与自己所著《在家里,女人不要太能干》作品相同题目和内容的节目内容,时间约7分钟,没有作者姓名。经电话查询,得知该录音内容取自1994年第11期《妇女生活》发表的本人作品。经向有关单位反映,有人竟怀疑原告该文是抄袭"168台"的,使原告精神上受了伤害。为此,王春花起诉至河南省新乡市红旗区人民法院,认为新乡市邮电局的行为侵犯其对该作品享有的著作权,请求判令该局立即停止侵权,公开赔礼道歉,支付报酬,赔偿损失1万元。

新乡市邮电局答辩:承认原告起诉内容基本属实,但自己由于不懂有关法律规定,才造成对原告的侵权。所设"168自动声讯服务台"开通后使用不多,收入很少。要求调解解决纠纷。

新乡市红旗区人民法院经主持调解,原、被告于1997年10月2日自愿达成如下调解协议:新乡市邮电局一次性赔偿王春花人民币8 000元,诉讼费400元由王春花负担。新乡市邮电局当庭向王春花履行了调解协议。法庭将上述协议及履行情况记入笔录,由双方当事人和审判员、书记员签名,未制作调解书。

### 二、裁判要旨

**No.1-4-43-1**　应用户点播而播放的声讯服务,不适用广播组织的法定许可。

邮电局利用其通讯设备和服务功能,将有关声讯信息存储在其电话声讯服务源中,提供给社会拨打该种电话使用,由此向用户收取相应的电话费用,这是当时邮电局新发展的一项经营业务,属于以营利为目的的一种经营业务。

我国现行《著作权法》第43条规定:"广播电台、电视台播放他人未发表的作品,应当取得著作权人许可,并支付报酬;广播电台、电视台播放他人已发表的作品,可以不经著作权人许可,但应当支付报酬。"

从表面看,本案被告将原告作品录制在其声讯服务源中,提供给拨打该台电话者收听使用,具有"播放"的性质,但其不同于电台、电视台那种性质的播放。一方面,电台、电视台的播放是一种主动播放,而电话播放是一种被动播放。另一方面,前者是一种单向传播作品方式,用户没有选择收听时间和地点的自由,后者是应收听用户选择的时间、地点的一种交互式传播作品的方式。因此,由于该案发生时,我国尚无有关信息网络传播权的规定,因此该案被告的行为被笼统地界定为以营利的方式侵犯作者的使用权,甚至被错误定性为广播组织或录音录像制作者的法定许可情形。以今天立法环境看,结合我国三网融合的背景,本案被告通过电话声讯服务播放原告作品未经许可且未支付报酬的行为,应是对原告信息网络传播权的侵犯。

**No.1-4-55-1　著作权纠纷可以调解结案。**

现行《著作权法》第 55 条规定:"著作权纠纷可以调解……"调解一直是我国民事诉讼法坚持的一项重要原则,民事诉讼中的调解,是指按照《民事诉讼法》的有关规定,在法院审判人员的主持下,双方当事人就发生争议的民事权利义务自愿进行协商,达成协议,解决纠纷的诉讼活动,是当事人行使处分权和法院行使审判权相结合的产物。当事人的处分权包括对其私权实体权利的处分,也包括对民事诉讼权利的处分。著作权是私权,当事人对其有依法自由处分的权利,因此也可适用调解制度。

民事纠纷在自愿的基础上通过调解的方式结案,可以更好地化解当事人的纠纷。本案根据 1990 年《著作权法》第 48 条(现行《著作权法》第 55 条)的规定,原、被告双方在法院主持调解下,达成协议,由被告新乡市邮电局承担相应的民事责任,当庭履行,取得了较好的社会效果。

此外,科技的进步不断拓宽着作品的使用方式,如何以现有立法处理新问题,也是司法实践需要深入探究的命题。其中,依法调解也是途径之一。

## 76 广播组织播放录像制品(《著作权法》第 44 条、第 46 条)

案例:浙江永乐影视制作有限公司、淄博笑艺文化传播有限公司与夏津县广播电视局、夏津县广播电视台播放权纠纷案
案例来源:山东省德州市中级人民法院(2007)德中民四初字第 28 号民事判决书、山东省高级人民法院(2008)鲁民三终字第 66 号民事调解书
主题词:电视台　录像制品

### 一、基本案情

原告:浙江永乐影视制作有限公司(以下简称浙江永乐公司)、淄博笑艺文化传播有限公司(以下简称淄博笑艺公司)。

被告:夏津县广播电视局、夏津县广播电视台(以下简称夏津电视台)。

2005 年 9 月,原告浙江永乐公司开始创作摄制电视连续剧《封神榜》,并于 2006 年 12 月 19 日经国家广播电影电视局审查批准,颁发(广)剧审字(2006)第 161 号国产电视剧发行许可证,合法拥有该电视剧的所有相关著作权,2006 年 10 月 26 日,浙江永乐公司将该电视剧在山东播映权授予淄博笑艺公司。从 2006 年 12 月 16 日开始,被告夏津电视台在未经原告授权许可的情况下在其第二套节目播映该电视剧,并在其中及片前片后插播大量广告。原告发现后,向淄博市公证处申请证据保全公证,淄博市公证处于 2007 年 1 月 9 日出具了(2006)淄证民字第 2452 号公证书,公证了被告在夏津县电视二台播映《封神榜》的事实。至原告的律师发出律师函要求停止侵权时,被告已经播映了 28 集。

原告认为,被告在其电视剧尚未发行前公开播映,严重构成对原告著作权的侵犯,并给其造成了严重的经济损失。故诉至德州市中级人民法院,请求法院判令被告赔偿经济损失 50 万元,并负担本案相关的诉讼费用及证据保全费用、律师费用。

两被告答辩称:夏津县广播电视局不应作为本案的被告,夏津县电视台作为独立法人,不应将其行政主管列为第一被告。原告浙江永乐公司对电视剧制作复制发行权截至 2006 年 2 月 1 日已结束,依据相关法律规定,该公司已无生产电视剧著作权的主体资格,夏津电视台侵犯其播放权更无从谈起,原淄博笑艺公司的经营范围中并无电视剧复制发行权项目,且该公司从事广播电视节目制作经营活动没有依法获取许可证,因此侵权亦不会产生;夏津电视台所播放《封神榜》光盘系 2006 年 11 月 22 日从山东爱书人音像图书公司处合法购买,且该作品的著作权人并非两原告;被告播放该剧时,涉案电视剧已是公开发表销售的作品,可以不经著作权人许可;即便存在侵犯原告著作权的情况,被告仅播放了 24 集,且播出期间所得甚微,原告请求最高额损失无事实依据。请求依法驳回两原告的诉讼请求。

德州市中级人民法院经审理认为，原告浙江永乐公司于 2006 年 2 月 1 日获得浙江省广播电视局颁发的广播电视节目制作经营许可证，具备制作电视剧的资质，享有《封神榜》的著作权，故浙江永乐公司具备原告主体资格。原告淄博笑艺公司于 2006 年 10 月 26 日经浙江永乐公司授权取得《封神榜》在山东的播映权，故也应认定淄博笑艺公司具备原告主体资格。所以，对被告关于原告主体资格的答辩理由不予支持。而被告夏津县广播电视台作为独立事业单位，应自行承担法律责任，夏津县广播电视局是其主管行政部门，不应列为被告。两原告提交的公证书证实了被告夏津县电视台播映《封神榜》的过程，被告虽主张该公证系异地公证不应采信，但根据法律规定，公证可以在公证方经常居住地、住所地、事故发生地进行，故该公证书内容应予采信；被告夏津县电视台播映《封神榜》虽系播放已经出版的录像制品，但是该录像制品明确注明"该片仅供家庭播放，除经制作许可方同意不得进行传播"，被告的播映行为未经原著作权人及许可方同意构成侵权，应当承担相应的法律责任。对被告的主张因缺乏事实与法律依据，本院不予采信。据此，德州市中级人民法院判决被告夏津县电视台赔偿两原告各项经济损失 5 万元，驳回两原告对被告夏津县广播电视局的诉讼请求。

宣判后夏津县广播电视台不服一审判决，上诉至山东省高级人民法院，二审法院经审理调解结案。

二、裁判要旨

**No.1-4-44-1　广播组织播放电影作品、录像制品不适用法定许可制度。**

现行《著作权法》第 44 条规定了广播组织播放已出版录音制品的法定许可情形，即"广播电台、电视台播放已经出版的录音制品，可以不经著作权人许可，但应当支付报酬。当事人另有约定的除外。具体办法由国务院规定"。

在本案审理中，被告曾提供证明其播放的《封神榜》电视剧，系来源于其合法购买的由北京中录同方音像出版社出版的《封神榜》光碟，无须经过权利人许可。实际上是对上述第 44 条的误读。该条有关法定许可的情形，仅适用于录音制品，涉案电视剧属于以类似摄制电影的方法创作的作品，其相关光碟则属于录像制品，都不符合第 44 条规定的法定许可要件。因此，无论被告播放的涉案电视剧真实来源如何，都需要经过相关权利人的授权，并支付报酬，否则即构成侵权。

**No.1-4-46-1　广播组织播放电影作品、录像制品，应取得制片者或者录像制作者许可，并支付报酬。**

本案被告辩称：其播放的《封神榜》电视剧系来源于其合法购买的《封神榜》光碟，而该光碟封面显示由北京中录同方音像出版社出版，所以两被告不是适格的诉讼主体。但法院未采信其有关购买涉案电视剧光碟的证据。退言之，即使被告所称属实，则其不仅侵犯了案外人北京中录同方音像出版社的录音录像制作者权，也侵犯了两被告的权利。

现行《著作权法》第 46 条规定："电视台播放他人的电影作品和以类似摄制电影的方法创作的作品、录像制品，应当取得制片者或者录像制作者许可，并支付报酬；播放他人的录像制品，还应当取得著作权人许可，并支付报酬。"依据我国法律的规定，电视剧属于以类似摄制电影的方法创作的作品，其著作权归制片人所有。本案中，原告浙江永乐公司依法取得广播电视节目制作经营许可证，是涉案电视剧的合法制片人和著作权人，有权许可他人播放其影视作品。另一原告从前者继受了该电视剧在山东地区的播映权授权，也具有该剧的著作权人资格。被告若播放涉案电视剧光碟，即为"播放他人的录像制品"，需要同时征得案外人北京中录同方音像出版社和两被告的许可。而录音录像制作者权是邻接权，其权利行使不得损及著作权人的利益。因此当录音录像制作者不主张权利时，并不影响著作权人依法维护自身的权益。所以，被告夏津县电视台在山东境内未经许可以无线方式公开播放涉案电视剧侵犯了两原告的广播权，是对两原告广播权的侵犯。

# 第五章 法律责任和执法措施

> **本章裁判要旨**
>
> No.1-5-47-1　有权许可他人发表摄影作品者,应是著作权人,非照片所有人。
>
> No.1-5-47-2　侵犯著作权的民事责任与刑事责任不同,民事责任的承担不以营利为要件。
>
> No.1-5-49-1　有关支付报酬的国家或行业标准,不能替代侵犯著作权的损害赔偿责任。
>
> No.1-5-47-3　单位意志介入和接受,可以成立当事人之间的创作合意,产生的合作作品,未经合作作者许可不能单独发表。
>
> No.1-1-4-2　涉嫌侵权的演绎作品著作权人,仍可追求他人对该作品的侵权责任。
>
> No.1-5-47-4　在剽窃他人作品上署名者,应承担侵权责任。
>
> No.1-5-48-1　未经许可表演、通过信息网络向公众传播他人作品者,应承担侵权责任。
>
> No.1-5-47-5　导演对原著所作的增删改动,如未对原著的主要故事情节、主要作品内涵和主要人物关系作重大改变,其删改部分属于导演再创作许可范围内的活动。
>
> No.1-5-47-6　著作权法不保护作品中的思想、观念,只保护思想、观念的独创性表达。
>
> No.1-3-24-7　著作权许可使用合同中未明确约定的权利,使用人不能擅自行使。
>
> No.1-5-47-7　著作权人明知行为人的使用行为而未反对,可视为对该使用行为的默示许可。
>
> No.1-5-47-8　将作品作为表演中的道具使用,既是对物的使用,也是著作权法意义上对作品的使用。
>
> No.1-5-47-9　合同当事人在合同中约定的著作权免责条款不能对抗合同以外的第三人。
>
> No.1-5-47-10　美术作品在公共经营场所的展览,视为作品发表。
>
> No.1-5-48-2　指控他人在注册商标中使用其享有著作权的作品及在产品销售、宣传时非法使用其作品的,应属于民事纠纷。
>
> No.1-5-48-2　将平面作品独创性部分使用到立体的实用艺术工业品上,属于著作权法意义上的复制行为。
>
> No.1-5-8-1　著作权集体管理组织可以以自己的名义为著作权人的利益提起诉讼。
>
> No.1-5-48-3　KTV经营者未经许可放映他人作品,应承担侵权责任。
>
> No.1-5-48-4　以数字图书馆的形式,未经权利人许可上传作品,且未支付报酬,构成对信息网络传播权的侵犯。

> No.1-5-48-5 未经授权私自印刷他人享有专用出版权的图书,侵犯了出版者的专有出版权,应承担侵权责任。
>
> No.1-5-48-6 电子交易平台网络服务提供商尽到合理审查义务的,对于发生于其交易平台的第三方侵权行为不承担责任。
>
> No.1-5-48-7 故意避开或破坏计算机软件的技术措施,应承担侵权责任。
>
> No.1-5-51-1 在著作权侵权纠纷中权利人,可以向法院申请诉前证据保全。
>
> No.1-5-48-8 计算机软件著作权人为实现软件与机器的捆绑销售,将软件运行的输出数据设定为特定文件格式,以限制其他竞争者的机器读取以该特定文件格式保存的数据,从而将其在软件上的竞争优势扩展到机器,不属于《著作权法》所规定的著作权人为保护其软件著作权而采取的技术措施。他人研发软件读取其设定的特定文件格式的,不构成侵害计算机软件著作权。
>
> No.1-5-48-9 网络作品"不得转载的声明"属于权利管理电子信息,未经许可对其故意删除或者改变,应承担侵权责任。
>
> No.1-5-60-1 法律修改后,依照侵权或者违约行为发生时的规定处理。
>
> No.1-5-48-10 拍卖假冒他人署名的作品是对著作权的侵犯。
>
> No.1-5-52-1 法院在审理著作权侵权纠纷案件时,有民事制裁权。
>
> No.1-5-53-1 房租出租者对发生在其房屋内销售侵权复制品的行为,既不能证明他人所为,也不能证明复制品合法来源的,承担举证不能的侵权责任。

## 77 未经许可作品的发表(《著作权法》第47条第1项、第49条)

**案例:**邹源与林治、中华工商联合出版社著作权纠纷案
**案例来源:**《人民法院案例选》2004年商事·知识产权专辑[第80号]
**主题词:**发表 稿酬

### 一、基本案情

原告(被上诉人):邹源。

被告(上诉人):林治、中华工商联合出版社。

原告系福建省南平市摄影家协会会员,长期以来从事业余摄影工作。2000年7月,其在武夷山市举办的中国茶文化活动中拍摄了两幅照片,作品中的人物为原武夷山红袍公司的员工卢丽娟、吴雪华。原告拍摄两幅照片冲洗后,将该照片寄给卢丽娟、吴雪华,后二人将该两幅照片提供给被告林治,被告林治将该两幅照片收入其编撰的《中国茶艺》一书。2000年11月,《中国茶艺》一书由被告中华工商联合出版社出版,书中的两幅插图照片《请客人参与擂茶》和《武夷山红袍公司擂茶茶艺表演》为原告拍摄的两幅作品。原告发现该书采用其两幅照片后,即与被告林治交涉,未果。2002年1月18日,原告委托其代理人邱芝杰进行非诉代理并订立委托合同,约定支付非诉代理费500元。2002年1月31日,原告委托代理人邱芝杰向被告林治发出函件,认为被告林治未经原告许可,使用原告照片已构成侵权,要求被告立即停止侵权,并就侵权赔偿问题与原告律师联系,寻求妥善解决的办法。2002年2月3日,被告林治给原告律师邱芝杰复函,认为其工作有疏忽,表示道歉,愿意支付原告拍摄照片费用40元。2002年3月6日,原告委托其代理人邱芝杰进行诉讼代理并订立委托合同,约定支付代理费用500元。

原告认为,被告采用原告的摄影作品,未署原告的姓名,也未向原告支付相应的稿酬,侵犯了其著作权。嗣后原告聘请律师与被告林治协商不成,故于2002年4月11日诉至南平市中级

人民法院,请求判令被告停止侵权行为,消除影响,并公开登报赔礼道歉,赔偿原告经济损失1万元,并支付原告律师费等1000元。

被告林治辩称:其在准备出版《中国茶艺》一书时收到卢丽娟、吴雪华送来的原告赠送给她们的照片并予以采用,该二人在受赠即是这两张照片的合法所有者,只是没有署名权。原告只有资格起诉卢丽娟、吴雪华将受赠照片拿去发表,而无权直接起诉本人;《中国茶艺》一书是茶文化理论书籍,茶文化理论书籍中所用的普通照片一般均无署名;采用这两幅照片是为了宣传武夷山文化,该书是否采用原告所拍照片,对本书商业价值和学术水平均无影响,其行为性质不是有意侵权,而且出版社是按每千字而不是按插图向作者支付稿酬,为此本人愿意按照国家规定的插图照片最高付酬标准,加倍支付40元稿酬。

南平市中级人民法院经审理认为,原告拍摄的《请客人参与摇茶》和《武夷山红袍公司摇茶茶艺表演》两幅摄影作品,被告林治未经原告许可,在其编撰的由被告中华工商联合出版社出版的《中国茶艺》一书中采用了原告拍摄的两幅作品,属于2010年《著作权法》第46条第1项规定的"未经著作权人许可,发表其作品"的情形,被告林治的行为侵犯了原告对其作品享有的署名权、使用权、获得报酬权,应当根据情况,承担停止侵权、消除影响、赔礼道歉、赔偿损失等民事责任。鉴于侵犯著作权行为的认定不以营利为目的作为构成要件,被告林治提出原告所拍照片对该书商业价值和学术水平无影响的抗辩理由亦不能成立。根据2010年《著作权法》第48条之规定,原告为制止侵权与其委托代理人约定支付的合理费用1000元亦应由侵权人赔偿。根据本案侵权的性质、情节等情况,原告诉请被告赔偿的数额过高,本院酌定以赔偿6000元为宜。被告中华工商联合出版社经法院合法传唤,无正当理由拒不到庭参加诉讼,视为放弃质证权利,原告诉请要求其停止侵权理由成立,由于被告中华工商联合出版社未能举证证明其已尽审查义务,故被告中华工商联合出版社仍应对此承担连带责任。据此,判决两被告立即停止侵害原告的《请客人参与摇茶》和《武夷山红袍公司摇茶茶艺表演》两幅作品的侵权行为,并在《闽北日报》上刊登道歉声明,向原告赔礼道歉,消除影响;被告林治赔偿原告经济损失6000元,并支付原告因侵权行为所应支付的合理费用1000元,被告中华工商联合出版社对上述款项承担连带赔偿责任;驳回原告的其他诉讼请求。

宣判后,被告林治不服一审判决,上诉至福建省高级人民法院,其上诉有三:(1)邹源所拍照片属于职务作品,仅有署名权,不享有其他著作权利;(2)《中国茶艺》一书是茶文化的理论书籍,不是以营利为目的,且文化理论书籍使用一些照片为插图时省略署名,是我国出版界普遍存在的客观现象;(3)其在不知情的情况下使用被上诉人的两幅照片,属事出有因,并且情节极其轻微,在知情后马上进行补救,对本案完全可以不处罚;故一审法院适用法律错误,赔偿的计算也错误。

福建省高级人民法院认为,上诉人提出被上诉人拍摄的两幅照片是在上诉人所属公司的主持下,代表上诉人所属公司的意志创作的作品,故被上诉人仅享有该摄影作品的署名权,而著作权的其他权利(含发表权)应由上诉人公司享有的主张,没有事实和法律依据,不予支持。上诉人未经讼争的两幅摄影作品的著作权人的许可,擅自将该两幅摄影作品收入其编撰的《中国茶艺》一书,其行为已构成对被上诉人著作权的侵犯,依法应当承担停止侵权、赔礼道歉、消除影响和赔偿损失等民事责任。原审被告中华工商联合出版社作为出版单位,未尽到注意审查义务,也构成侵权,对上诉人的侵权行为应承担连带赔偿责任。上诉人主张对被上诉人的侵权赔偿额可按照国家关于摄影作品的稿酬标准确定,这种观点混淆了作品的稿酬与侵权赔偿的概念,显属错误,不予支持。上诉人其他上诉理由亦于法无据,不予支持。据此,二审法院判决驳回上诉,维持原判。

二、裁判要旨

No.1-5-47-1 **有权许可他人发表摄影作品者,应是著作权人,非照片所有人。**

摄影作品是指借助器械在感光材料或者其他介质上记录客观物体形象的艺术作品,若无特别约定,其著作权归拍摄者享有。照片的物权所有人,仅享有摄影作品的载体——照片的物上财产权,不享有摄影作品的著作权。发表他人摄影作品时,应取得著作权人的授权,并尊重其署名权和获得报酬的权利。本案中,原告邹源将其拍摄的涉案照片冲洗后赠与卢丽娟、吴雪华二人,二人仅获得照片的所有权,而非著作权,无权许可他人发表该作品。

现行《著作权法》第47条第1项规定了"未经著作权人许可,发表其作品的",应根据情况,承担停止侵害、消除影响、赔礼道歉、赔偿损失等民事责任。所以两被告侵犯了原告邹源的发表权和署名权,应据此承担侵权责任。

**No.1-5-47-2  侵犯著作权的民事责任与刑事责任不同,民事责任的承担不以营利为要件。**

现行《著作权法》第47、48条有关侵犯著作权民事责任的规定,均未涉及"营利"要件,因此在我国,除了合理使用等法律明确规定的特殊情形外,在判断一项行为是否侵犯著作权时,均不考察"营利"等主观要件。著作权侵权规则原则适用无过错责任原则,仅在判断损害赔偿责任时才可能考虑侵权人的主观要件。而根据我国《刑法》的规定,侵犯著作权的刑事责任,才会以"营利"为要件。因此,本案中被告有关"事出有因""无主观过错""行业普遍现象"等抗辩理由,均不能免除其侵犯著作权的民事责任。

**No.1-5-49-1  有关支付报酬的国家或行业标准,不能替代侵犯著作权的损害赔偿责任。**

现行《著作权法》第49条规定:"侵犯著作权或者与著作权有关的权利的,侵权人应当按照权利人的实际损失给予赔偿;实际损失难以计算的,可以按照侵权人的违法所得给予赔偿。赔偿数额还应当包括权利人为制止侵权行为所支付的合理开支。权利人的实际损失或者侵权人的违法所得不能确定的,由人民法院根据侵权行为的情节,判决给予五十万元以下的赔偿。"

根据我国《著作权法》的相关规定,著作权人有获得报酬的权利,该权利一般内含于协商定价权。当使用著作权人作品需经其同意时,该种协商定价的权利就会显现,所以此时并不一定适用上述报酬支付标准。目前我国存在许多有关支付报酬的国家或行业标准,但由于著作权是私权,该类标准一般并不具有强制适用性。国家或行业出台该类标准的目的,一是为了在事前引导、规范著作权许可使用等合同行为,并弥补当事人未约定或约定不明时的空漏;二是在法定许可情形下,促进权利人获得报酬权的实现。

所以,当著作权人的权利遭受侵害时,其损失的并不仅仅限于这些参照性质的报酬额,所以本案中,林治主张侵权赔偿额可按照国家关于摄影作品的稿酬标准确定,这种观点混淆了作品的稿酬与侵权赔偿的概念。法院综合考虑本案侵权行为的性质、情节等因素,酌定6 000元作为本案的侵权赔偿额,符合法律规定。此外根据相关司法解释,原告为了维护其合法权益支出的律师费等属于上述第49条中的"为制止侵权行为所支付的合理开支",也应获得法院支持。

## 78 合作作品的发表(《著作权法》第47条第2项)

**案例**:张绍蓁与任义伯著作权纠纷案
**案例来源**:《人民法院案例选》1995年第4辑[第24号]
**主题词**:发表  稿酬

### 一、基本案情

原告(被上诉人):张绍蓁。

被告(上诉人):任义伯。

1989年8月,都江堰市文管局向四川雕塑艺术院等单位发出征集李冰父子雕像作品的通知。四川雕塑艺术院接到通知后,即发动本院艺术工作人员参加创作。张绍蓁和任义伯在同年9月下旬各自完成初稿作品(任稿编3号,张稿编4号)。同年9月28日,都江堰市文管局有关人员看了该两件作品后,认为未达到要求,告知四川雕塑艺术院负责同志郭长荣。郭长荣为保证本院作品能中标,同时鉴于张绍蓁4号作品气魄宏大,构图、布局较有气势,任义伯3号作品表现手法较为细腻,就决定由任义伯在张绍蓁的初稿基础上进行再创作。10月初,郭长荣将以上意见告诉了张、任二人,对此,任义伯未提出异议;张虽最初不同意,后经做工作,也表示同意由任义伯修改其作品。经任义伯修改再创作的李冰父子雕塑作品编为2号,经都江堰市文管局选定送北京审定入选。被采用的2号李冰父子像作品,除李冰右臂稍高,左臂背于身后,李二郎右手放置右腿上握竹筒,衣纹表面平整方正,取消了工具锸,以水平飘动的长披衫代替了锸等外,其余与张绍蓁4号作品在构图、布局、动势和精神气质等实质性方面均相似。该作品经放大制作竣工后,只署名任义伯。为此,双方发生纠纷。

张绍蓁向成都市中级人民法院提起诉讼,诉称:争议雕塑作品李冰父子像,是当时主持四川雕塑院工作的郭长荣指定任义伯在其初稿上进行再创作而成的,应为双方合作的作品,不应由任义伯一人署名。

任义伯辩称:李冰父子像的创作征稿是以个人创作方式进行的,郭长荣要被告同原告合作,但原告不同意,原、被告双方没有合作的协议。现落成于都江堰市的雕塑作品李冰父子像,无论是小稿、定稿、泥塑放大均是被告独立完成,原告没有参与任何工作,没有合作的事实。因此,李冰父子像是个人创作作品,只应当署被告一人名字,被告没有侵犯原告的著作权。

在审理中,成都市中级人民法院征询了有关雕塑专家的意见,他们认为:从作品本身来看,经任义伯再创作的作品与张绍蓁的初稿没有根本区别。任义伯对当时主管领导要其在张绍蓁初稿上进行再创作未提出异议,这应视为按组织的意见进行再创作。

成都市中级人民法院经审理认为:对于四川雕塑艺术院负责人郭长荣的指定修改,任义伯未提出异议,张绍蓁也表示服从组织决定。据此,可以认定任义伯、张绍蓁已同意合作创作。同时,经任义伯再创作后定稿的李冰父子像(2号作品),与张绍蓁所创作的李冰父子像初稿在整体结构、基本形态、表现手法等实质性方面均相似,仅局部略有不同。争议作品同时含有双方的创作行为,应视为张绍蓁与任义伯的合作作品。张绍蓁提出2号作品系原、被告双方合作作品,任义伯只署自己一人名字侵犯了张绍蓁著作权理由成立,应予支持。任义伯坚持2号作品均为自己一人创作无证据证明,与事实不符,不予支持。鉴于双方都有独立的初稿和定稿创作仅为任义伯一人完成的实际情况,可分初稿设计和定稿创作两个阶段表述,初稿设计为任义伯、张绍蓁;定稿创作为任义伯。据此成都市中级人民法院判决:

一、现坐落在都江堰市的雕塑作品李冰父子像为任义伯、张绍蓁合作创作的作品。

二、李冰父子像作者署名顺序应为"初稿设计任义伯、张绍蓁;定稿创作任义伯";在李冰父子像基座上变更署名事宜,委托省雕塑艺术院于判决生效后两个月内组织实施,费用按任义伯、张绍蓁对该作品所得稿酬比例承担。

被告任义伯对该判决不服,向四川省高级人民法院提起上诉,诉称:现争议的李冰父子雕像作品是其在接到郭长荣指定之前已开始创作,而且郭长荣是要其与张绍蓁合作搞一件作品,并非要其修改张绍蓁的作品。原判将二人的初稿作品视为采用作品之初稿,以采用作品与张绍蓁作品有相似之处推论采用作品是修改张初稿作品而产生的合作作品,以所谓"组织决定"作为合作合意是认定事实不清,适用法律不当。请求撤销原判,确认采用作品为其个人创作的作品。

四川省高级人民法院查明的事实与一审相同,认为:当事人双方对采用的争议作品的创作,事前没有书面合作协议。但该作品系双方各自创作了作品之后,单位负责人决定由任义伯在张绍蓁的4号作品基础上进行再创作,任义伯和张绍蓁均服从,应认为双方事实上已默认同意合作创作。采用作品即2号作品与张绍蓁的4号作品在整体结构、基本形态、表现手法等实质方面均相似,仅局部略有不同,应认为采用作品同时含有双方的创作行为。据此,争议作品应为任义伯、张绍蓁的合作作品,著作权应归二人共同享有。任义伯上诉理由不能成立。原判认定争议作品为任义伯、张绍蓁合作作品是正确的,应予维持。鉴于张绍蓁创作的4号作品系个人独立完成,任义伯在4号作品基础上进行再创作,独立完成了采用作品,作品的创作过程具有连贯性和阶段性,分别视为初稿和定稿为妥当,其作品署名亦应以相关作者分别确认,故原审判决采用作品初稿署名任义伯、张绍蓁不当,应予变更。所以,四川省高级人民法院判决:维持成都市中级人民法院民事判决第一项,即现坐落在都江堰市的雕塑作品李冰父子像为任义伯、张绍蓁合作创作的作品;变更一审判决第二项为:李冰父子像作品署名初稿张绍蓁、定稿创作任义伯。

## 二、裁判要旨

**No.1-5-47-3　单位意志介入和接受,可以成立当事人之间的创作合意,产生的合作作品,未经合作作者许可不能单独发表。**

两人以上合作创作的作品,著作权由合作作者共同享有。现行《著作权法》第 47 条第 2 项规定:"未经合作作者许可,将与他人合作创作的作品当作自己单独创作的作品发表的",应承担民事责任。该条款是对合作作品著作权人发表权和署名权的救济。本案能否适用该条款,关键在于判断涉案雕塑作品是否属于合作作品。

根据相关法律规定,合作作品往往具有两个要件:(1)当事人之间必须有共同创作的合意;(2)当事人必须实际参加了创作行为,并体现于合作作品之中,没有参加创作的人,不能成为合作作者。对于第二项要件,实践中合作创作的形式可以是多样的,既可以分工进行,也可以共同创意,而分工的情况也具有多样性,可按作品部分分工,也可按创作进度分工。从客观结果看,由于本案争议作品是在张绍蓁稿的基础上由任义伯修改而成,虽然张绍蓁未参与修改阶段的创作,但经专家鉴定,该争议作品与张绍蓁稿无根本区别,可视为双方按照创作进度分工,所以原、被告双方的创作行为均有体现。

因此,判断争议作品属性的关键在于第一项要件的满足。本案中,双方当事人属于同一单位,该单位在双方独立作品均未入选的情况下,为保证本单位作品中标,指定任义伯在张绍蓁4号作品基础上进行再创作。双方当事人最终都认可了该项指定行为,该指定作为单位意志,起到了联系双方意志的作用,因此,可视为双方当事人对合作创作作品形成默示合意。综上,可判断争议作品属于合作作品。任义伯在该合作作品竣工时,仅署其一人姓名,属于"将与他人合作创作的作品当作自己单独创作的作品发表",侵犯了合作作者的权利,应承担相应的侵权责任。

### 79　在他人作品上署名(《著作权法》第 47 条第 3、5 项,第 48 条第 1 项)

**案例:龚凯杰与浙江泛亚电子商务有限公司、王蓓著作权纠纷案**
案例来源:《人民法院案例选》2009 年第 2 辑[第 46 号]
主题词:他人作品　署名　表演

### 一、基本案情

原告:龚凯杰。

被告:浙江泛亚电子商务有限公司、王蓓。

原告龚凯杰是个歌曲填词爱好者,2007 年 4 月 26 日,原告有感于自己的炒股经历和当时火爆的股市,根据《死了都要爱》的曲调重新填写了《死了都不卖》歌词(以下简称龚凯杰版歌词或龚版歌词),发表于 Loveinhere.com 网上,署名"凯哥"。同年 5 月 6 日,原告请被告王蓓唱该歌曲,王蓓歌唱后,将录音文件通过 QQ 传给原告,原告将该数字文件挂上原告的个人主页。随后,该歌曲在网上流传。2007 年 5 月底 6 月初,原告作为《死了都不卖》歌曲的词作者、王蓓作为演唱者接受了上海人民广播电台《记录 2007》节目、新民网《新闻夜总会》栏目、杭州电视台《新闻 60 分》节目访谈。访谈中,被告王蓓谈到是原告将《死了都不卖》歌词给她并让她唱这首歌曲,或者"从朋友处拿到歌词"。但同时,两被告签订了著作权许可使用合同,开始了合作关系。被告王蓓将《死了都不卖》歌词许可第一被告使用,第一被告负责取得歌曲的使用权,并推广歌曲和歌手。2007 年 5 月 25 日,经被告王蓓修改的歌词(以下简称王版歌词)并署名"作词:王蓓"的《死了都不卖》的歌曲,开始在第一被告的娱乐基地网站上传播,方式为歌曲的视听、下载。2007 年 10 月 11 日,该网站的"推荐彩铃""最新金曲彩铃""最新点击彩铃"栏目的彩铃列表中显示有男、女声版和 DJ 版的《死了都不卖》,在"最新点击彩铃"和"彩铃订购本月排行榜"中,该歌排在最前面。至本案诉讼期间,该歌曲仍在第一被告网站传播。据新华网报道,2007 年谷歌和百度对搜索关键词进行排名,系争歌名"死了都不卖"进入谷歌"年度中国热榜"和百度 2007 搜索风云榜"十大上升最快"的第四位。第一被告的娱乐基地网站上通行的货币为"豆豆",花费一定数量的豆豆便可获得在该网站上进行歌曲投票、歌曲下载、彩铃赠送等功能。豆豆的获取方式为：用户注册为该网站会员后，将获赠一定数量的豆豆。此后，用户可通过发送收费短信充值、银行卡充值等方式购买豆豆，也可以通过参与上传歌曲、给歌曲打分、评论等活动获取豆豆。

原告龚凯杰认为，两被告的行为严重侵害了原告的署名权、修改权、保护作品完整权、改编权、表演权、信息网络传播权、复制发行权、获得报酬权，故诉至上海市浦东新区人民法院，请求判令两被告停止侵害行为，在《解放日报》《浙江日报》、新浪网及被告自己的官方网站刊登赔礼道歉公告，赔偿原告经济损失人民币40万元、精神损害抚慰金5万元，以及为制止侵权的合理支出13 184.7元。

被告浙江泛亚电子商务有限公司辩称：其在网站上使用《死了都不卖》歌曲是经过词权利人即被告王蓓和曲权利人滚石唱片公司许可的，故不构成侵权。《死了都不卖》的歌词抄袭了《死了都要爱》的歌词，原告的歌曲属于侵权作品，不具有著作权，依法不应受保护。且《死了都要爱》的词曲作者也并未参与本案诉讼或给予原告任何授权，故原告的请求权基础不存在。另外，《死了都不卖》的走红是因为《死了都要爱》的优美旋律和原歌手的名气，加上股市火爆及歌手王蓓用特别的声音所作的成功演绎，并不仅仅因为原告改词的成功。其在网上传播《死了都不卖》系免费传播，并没有从中获利，原告自己也是免费传播，从未要求对作品以任何方式进行保护，被告的传播并不使原告蒙受损失。故要求法院驳回原告诉请。

被告王蓓辩称，《死了都不卖》的歌词抄袭了《死了都要爱》的歌词，故自己和原告都不享有著作权。其他都同意第一被告的辩称意见。故也要求法院驳回原告的诉讼请求。

经法院比对，龚版《死了都不卖》与《死了都要爱》歌词总字数均为189字，其中83个字相同，两者每句的字数相同，但内容分别为炒股和爱情，具有明显差异。龚版《死了都不卖》和王版《死了都不卖》歌词内容均为炒股，总字数均为189字，其中23个字不同。

上海市浦东新区人民法院经审理认为，龚版《死了都不卖》歌词最早于网上发表时的署名即为原告，被告王蓓虽辩称参与了创作，但未提供任何证据，其在接受媒体采访时的表述与该辩称也明显不符，故本院难以采纳被告王蓓关于参与了龚版《死了都不卖》歌词创作的辩称意见。因此，可以确认原告龚凯杰是龚版《死了都不卖》歌词的作者。原告根据自己的炒股经历和对股票市场的认识而作的《死了都不卖》歌词，与《死了都要爱》歌词相比，主题、内容都不同，文字表达上存在较大的差异，客观上足以识别为一个新的文字作品，符合我国《著作权法》所保护的作品应达到的独创性要求，故原告对此享有著作权，应受我国著作权法的保护。两被告以龚版《死了都不卖》抄袭《死了都要爱》歌词和使用《死了都要爱》曲调为由抗辩原告的权利，但两被告不是《死了都要爱》歌词的权利人，原告歌词对《死了都要爱》歌词是否构成侵权，不是本案审理的范围，即使原告歌词与《死了都要爱》歌词之间存在侵权嫌疑，也并不影响原告在自己作品被侵权时向他人主张权利。而被告王蓓版的《死了都不卖》歌词与龚版《死了都不卖》歌词的主题和内容都相同，只是在个别词句上稍作修改，在文字表达上的差别极其细微，明显是对原告龚凯杰作品的抄袭，不能构成新的作品。

被告王蓓未经原告许可将该作品当做自己的作品许可第一被告组织演唱后在网络上传播，构成对原告文字作品的署名权、修改权、表演权、信息网络传播权、获得报酬权的侵犯，但不构成对保护作品完整权的侵犯。第一被告未经原告许可，使用《死了都不卖》歌词组织演唱并进行网络传播，也未署明原告为词作者，构成对原告文字作品署名权、表演权、信息网络传播权、获得报酬权的侵犯。原告认为第一被告网站上有多个版本的《死了都不卖》歌曲在传播，故侵犯了原告的改编权。但原告并未提供这几个版本的具体内容和形式，本院无从判断仅是演唱方式的不同还是文字内容及表达的不同，故难以认定第一被告在传播中还侵犯了原告作品的改编权。原告还认为被告侵犯了其作品的复制发行权，但无证据证明被告另对涉案作品进行了前述行为之外的复制发行，在本院已经确认两被告的前述行为构成侵犯原告作品之信息网络传播权的情况下，原告称被告侵犯原告对作品的复制发行权的主张，本院也不予采纳。

据此,该院判决:

一、两被告浙江泛亚电子商务有限公司、王蓓停止对原告龚凯杰《死了都不卖》文字作品著作权的侵权行为;

二、两被告在被告浙江泛亚电子商务有限公司的娱乐基地网站首页显著位置连续 30 日刊登书面启事,共同向原告龚凯杰赔礼道歉;

三、两被告共同赔偿原告龚凯杰经济损失人民币 15 000 元和原告为制止侵权行为支出的合理费用人民币 12 000 元;

四、驳回原告其余诉讼请求。

对此,双方当事人均未上诉。

二、裁判要旨

No.1-1-4-2　涉嫌侵权的演绎作品著作权人,仍可追求他人对该作品的侵权责任。

根据 2001 年《著作权法》第 4 条第 1 款"依法禁止出版、传播的作品,不受本法保护"的规定,在判断著作权法保护的作品时,只需考察其是否具有独创性。如上文法院判决理由所述,本案龚版歌词相对于《死了都要爱》而言,已构成新作品,具有独创性,依法受著作权法保护。而且,即使在案件发生的立法环境下,2001 年《著作权法》第 4 条所指"依法禁止出版、传播的作品",主要是指因内容违反法律、宣扬色情、暴力、封建迷信等而被禁止出版、传播的作品,并不涉及私权纠纷。所以,无论依据新、旧著作权法,原告对其创作的歌词都可享有著作权。

原告未经《死了都要爱》词曲作者的授权而改编其歌词,使其在积极行使其权利时受到限制,原作著作权人是否对其主张权利是原作著作权人的自由,法律的强制性不应过分干预私权领域。所以,龚版歌词本身的著作权属性,使原告仍有权行使其消极性权利,即禁止他人对其创作歌词所享有的著作权的侵犯。

No.1-5-47-4　在剽窃他人作品上署名者,应承担侵权责任。

根据《著作权法》的规定,作品的著作权归创作者所有,一般情况下未参与创作的人不能成为作者,也不可以作者的身份署名。如无相反证据,在作品上署名的人是作者。本案中,被告王蓓仅是龚版歌词的表演者,并未参与龚版歌词的创作,其所谓王版歌词系抄袭龚版歌词的结果,不具独创性,不受著作权法保护。而且,原告有证据证明被告王蓓的署名不实,所以王蓓不享有王版歌词的著作权,无权就此与第一被告签订著作权许可使用合同。

现行《著作权法》第 47 条第 3 项、第 5 项规定:"没有参加创作,为谋取个人名利,在他人作品上署名的";"剽窃他人作品的"都应承担侵权责任。被告王蓓在王版歌词上署名"作词:王蓓"的行为,是对原告署名权、修改权的侵犯,应据此承担侵权责任。

No.1-5-48-1　未经许可表演、通过信息网络向公众传播他人作品者,应承担侵权责任。

现行《著作权法》第 48 条第 1 项规定:"未经著作权人许可,复制、发行、表演、放映、广播、汇编、通过信息网络向公众传播其作品的,本法另有规定的除外"。其中,"另有规定"主要是指合理使用等法定权利限制情形。

由上可知,王版歌词构成对原告著作权的侵犯,因此,对其使用的行为亦构成侵权。具体到本案,王蓓对王版歌词的演唱、允许第一被告将其演唱的歌曲在其所有的娱乐基地网站上传播、提供歌曲的视听、下载服务,都侵犯了原告的表演权和信息网络传播权。而且,第一被告在该网站上将"豆豆"作为通行货币,用户可以通过发送收费短信充值、银行卡充值等方式购买豆豆,属于营利性行为,不属于上述条文"另有规定"的情形。

## 80 电影再创作(《著作权法》第 47 条第 4 项)

案例:陈立洲、王雁与珠江电影制片公司、王进著作权纠纷案
案例来源:《中华人民共和国最高人民法院公报》1990 年第 1 期(总第 21 期)第 29—31 页
主题词:再创作　歪曲篡改

一、基本案情
　　原告:陈立洲。
　　原告:王雁。
　　被告:珠江电影制片公司。
　　被告:王进。
　　原告陈立洲和王雁于1987年初写成电影文学剧本《寡妇村的节日》和分镜头剧本,珠江电影制片公司于1987年4月决定采用该电影文学剧本拍摄电影《寡妇村》,由陈立洲担任导演,并依规定付给陈立洲和王雁稿酬8 000元,从而取得该电影文学剧本的摄制权。1987年8月初,摄制组在福建省泉州市拍摄中,陈立洲与摄制组的工作人员发生矛盾,拍摄工作难以进行。珠江电影制片公司决定改由王进担任导演,编剧仍为陈立洲、王雁。王进接手后,编写了电影分镜头剧本。
　　1987年9月29日,原告陈立洲、王雁以被告王进侵害其电影文学剧本《寡妇村的节日》著作权为由,向福建省泉州市中级人民法院提出诉讼。福建省泉州市中级人民法院鉴于原告所诉被告户籍所在地是广州市,依照《中华人民共和国民事诉讼法(试行)》第20条的规定,将该案移送广东省广州市中级人民法院。
　　被告王进辩称:王进编写的电影分镜头剧本在主题思想、主要情节和主要人物关系方面,是尊重原电影文学剧本的。原告把乌蛋丘这一堆石头当做体现作者主题构思的说法,是想象出来的推理。请求驳回原告的诉讼请求。
　　广州市中级人民法院受理该案后,认为珠江电影制片公司是必须进行共同诉讼的当事人却没有参加诉讼,依照《民事诉讼法(试行)》第91条的规定,决定追加其为被告。
　　广州市中级人民法院认为:被告王进担任电影《寡妇村》的导演,其编写的分镜头剧本和拍摄的电影《寡妇村》,对原著《寡妇村的节日》中某些情节、细节、对白、环境、场景及人物动作等方面进行了增删。原著共84节,其中21节是描写乌蛋丘及主要人物在乌蛋丘上活动的情节。电影分镜头将11节有关乌蛋丘的描写改为"黑色的岩石""丘地"等,将另10节删掉。原著所描写的乌蛋丘,只是描写寡妇村的一个局部的自然景物,仅是剧中人活动的一个局部背景,只对剧本主题思想的表现有一定的衬托作用。参照文化部《关于故事片厂电影文学工作的若干规定》中关于"导演接受厂领导通过的文学剧本后,应该在充分尊重文学剧本基础(主题思想、主要情节和主要人物关系)的前提下进行导演艺术的再创作,以便实现剧本的意图和提高影片的质量"的规定,王进的行为属于导演进行电影导演艺术再创作的权限许可范围内的,未构成对原告的《寡妇村的节日》的主题思想、主要情节和主要人物关系方面描写的实质性改变。原告以被告删改了关于乌蛋丘的描写为由诉被告篡改了原著,不能成立。原告诉被告侵犯著作权缺乏事实依据,亦不符合《民法通则》第118条的规定。据此,于1988年8月29日作出判决:驳回原告陈立洲和王雁的诉讼请求。
　　原告陈立洲和王雁不服第一审判决,向广东省高级人民法院提出上诉,请求改判被告王进和珠江电影制片公司赔礼道歉,赔偿损失。珠江电影制片公司和王进答辩请求维持原判。
　　广东省高级人民法院经审理认为:被上诉人王进和珠江电影制片公司在摄制电影《寡妇村》的过程中,对原著《寡妇村的节日》所作的增删改动,没有对原著的主要故事情节、主要作品内涵和主要人物关系作重大改变,其删改部分属于导演再创作许可范围内的活动。原审判决正确,陈立洲和王雁的上诉理由不能成立。据此,依照《民事诉讼法》(试行)第151条第1项的规定,于1989年12月6日判决:驳回上诉,维持原判。

二、裁判要旨
　　No.1-5-47-5　导演对原著所作的增删改动,如未对原著的主要故事情节、主要作品内涵和主要人物关系作重大改变,其删改部分属于导演再创作许可范围内的活动。
　　该案主要涉及导演对剧本的改动是否侵犯原著的著作权问题。被告制片公司取得原告的电影剧本和分镜头剧本摄制权,后改由另一被告担任导演,分镜头剧本和拍摄的电影对原著作

再创作·歪曲篡改

了增删改动,但与原著的主题思想、主要情节和主要人物关系基本上一致。原告认为被告侵犯了其著作权。

根据《著作权法》第15条第2款的规定:"电影作品和以类似摄制电影的方法创作的作品中的剧本、音乐等可以单独使用的作品的作者有权单独行使其著作权。"剧本作者有权行使其著作权,但对其行使的范围并未作明确规定,尤其是当涉及导演的导演活动时。由于导演的特殊性质,如果不允许导演对剧本进行适当的删改的话,将严重影响导演的再创作活动。法院主要是根据当时文化部《关于故事片厂电影文学工作的若干规定》中关于"导演接受厂领导通过的文学剧本后,应该在充分尊重文学剧本基础(主题思想、主要情节和主要人物关系)的前提下进行导演艺术的再创作,以便实现剧本的意图和提高影片的质量"之规定作出的判决。之后,在2002年颁布的《著作权法实施条例》第10条对此进行了明确规定:"著作权人许可他人将其作品摄制成电影作品和以类似摄制电影的方法创作的作品的,视为已同意对其作品进行必要的改动,但是这种改动不得歪曲篡改原作品。"从而使导演在电影电视的导演过程中对作品进行删改有了法律依据。从该规定可以看出,只要改动而不歪曲篡改原作品,都属于允许范围,不构成侵权。

## 81 剽窃他人作品(《著作权法》第47条第5项)

**案例:北京国联医药经营有限公司诉北京紫竹药业有限公司抄袭广告词侵犯著作权被驳回案**
案例来源:《人民法院案例选》2007年第1辑[第48号]
主题词:剽窃 思想表达二分法

### 一、基本案情

上诉人(原审原告):北京国联医药经营有限公司(以下简称国联公司)。

被上诉人(原审被告):北京紫竹药业有限公司(以下简称紫竹公司)。

国联公司于1999年委托高晓岩创作了"安婷"紧急避孕药的广告词,内容是"表达激情不再有后顾之忧!""写错了字,可用橡皮一擦了之""发生了意外,她为您解除不安和焦虑"。其中"表达激情不再有后顾之忧!"为主题词。高晓岩在一审庭审中称"表达激情不再有后顾之忧!"为其独创,但"表达激情"一词并非其独创。高晓岩明确表示上述广告词的著作权归属于国联公司。2000年8月,国联公司在《目标广告》上刊登了含有"表达激情不再有后顾之忧!"文字的广告。2000年9月,国联公司在《北京新婚生活指南》上刊登了含有"表达激情不再有后顾之忧!""写错了字,可用橡皮一擦了之""发生了意外,她为您解除不安和焦虑"文字的广告。

2003年12月3日至31日,中国教育电视台第三套节目晚7:55至8:00播出了紫竹公司"毓婷"紧急避孕药的声像广告,画外音内容为"生活中有各种各样的意外,这种意外可以这样补救,表达激情也会出现意外,这样的意外需要紧急避孕药毓婷来补救,紧急避孕请选毓婷,紫竹药业"。

北京市朝阳区人民法院判决认为,国联公司和紫竹公司的广告词均旨在宣传紧急避孕药的功效,但强调的重点不同,前者强调的是"解除"不安和焦虑,后者强调的是"补救"意外;具体写作手法亦不同,前者采用的是类比手法,后者采用的是举例手法;选用的具体语句、表达形式均存在明显差异,前者选用"不再有……"和"解除……"等语句,后者选用"发生……"和"需要……"等语句;对"表达激情"和"意外"两词组的使用方式和位置也明显不同。因此国联公司的广告词和紫竹公司的广告词均属于受著作权法保护的作品,紫竹公司的广告词不构成侵犯国联公司广告词的著作权。故依据最高人民法院《关于审理著作权民事纠纷案件适用法律若干问题的解释》第15条的规定,判决驳回国联公司的诉讼请求。

国联公司不服一审判决,向北京市第二中级人民法院提起上诉,称紫竹公司的广告从主题词"表达激情"的运用,到广告词的结构都剽窃了国联公司的创意,用新的文学或艺术表达方式,将"安婷"广告词拆散,在中间安插自己产品的信息,改变作品的内容,变换广告形式的方法,侵犯了国联公司的著作权。请求二审法院撤销一审判决,并改判。紫竹公司服从一审判决。

北京市第二中级人民法院判决认为,国联公司的广告语是创作者独立构思完成的,体现了创作者的个性,具有著作权法所要求的独创性,是受著作权法保护的作品。国联公司对该广告语作品享有的著作权依法应当受到保护。但著作权法不保护作品中的思想、观念,只保护这些思想、观念的独创性表达。在判断紫竹公司的广告词是否剽窃了国联公司的作品时,应当以前者的广告词是否与后者作品的独创性表达实质相似为判断标准。比较紫竹公司的广告词和国联公司的作品,两者虽然有相同的创意和构思,运用了同样的修辞手法,但是这些均属于思想、观念范畴,不是著作权法的保护对象。从文字上比较,紫竹公司的广告词与国联公司的作品中,仅"意外"和"表达激情"两词是相同的,但是"意外"属于通用词汇,"表达激情"并非国联公司的作品所独创,因此在文字上不构成实质相似;从语句结构上比较,紫竹公司的广告词使用"……有……意外……需要……补救……"的结构,国联公司的作品则使用"不再有……""发生了意外……解除……"的结构,因此在语句的结构上也不构成实质相似;国联公司作品的主题词是"表达激情不再有后顾之忧!",紫竹公司的广告词中则称"表达激情也会出现意外,这样的意外需要……补救",因此国联公司作品的主题词与紫竹公司广告词中的语句也不构成实质相似。据此,上诉人国联公司关于被上诉人紫竹公司的广告词剽窃其作品的主题词、结构和创意,侵犯其著作权的主张,不能成立,故对国联公司的上诉请求不予支持。依据《中华人民共和国民事诉讼法》第153条第1款第1项之规定,判决驳回上诉,维持原判。

二、裁判要旨

**No.1-5-47-6** 著作权法不保护作品中的思想、观念,只保护思想、观念的独创性表达。

我国《著作权法》第2条第1款规定:"中国公民、法人或者其他组织的作品,不论是否发表,依照本法享有著作权。"但对何为作品,《著作权法》仅在第3条以列举方式概括了九类受著作权法保护的作品。为此,《著作权法实施条例》第2条进一步细化了对作品的定义,指出作品是文学、艺术和科学领域内具有独创性并能以某种有形形式复制的智力成果,表明受著作权法保护的作品需是能以有形形式复制的表达,从而暗含了西方著作权法的一项基本原则——"思想表达二分法",即著作权法不保护作品中的思想、观念,只保护思想、观念的独创性表达。

该案二审法院比较了紫竹公司的广告词和国联公司的作品,指出两者虽有相同的创意和构思,运用了同样的修辞手法,但这些均属于思想、观念范畴,不是著作权法的保护对象。并从文字、语句结构和主题词上进行了比较分析,认为二者不存在实质相似,从而认为紫竹公司不构成侵权。

## 82 未经许可展览作品(《著作权法》第47条第6项、第24条)

案例:叶洪桐诉北京丰联广场商业有限公司著作权侵权纠纷案
案例来源:《人民法院案例选》2005年第4辑(总第54辑)
主题词:默示许可 展览

一、基本案情

原告:叶洪桐。

被告:北京丰联广场商业有限公司(以下简称丰联广场公司)。

2000年9月4日,丰联广场公司与中华民族团结友好协会有限公司(以下简称友好协会公司)就合作举办"京剧漫画脸谱购物节"(以下简称购物节)达成协议,双方约定:友好协会公司免费提供600幅装裱好的京剧漫画脸谱及允许丰联广场公司印制参展作品的授权书,负责活动期间每天在《北京晚报》上刊登1张京剧脸谱画,文字内容双方认可后登载;丰联广场公司有权将参展作品印制成明信片等。同年9月8日双方又达成协议:友好协会公司允许丰联广场公司将京剧脸谱画印制成明信片或其他印刷品,并保证该权利无瑕疵,如有第三者主张权利并引发纠纷,由友好协会公司承担相应法律责任等。

同年9月24日,友好协会公司负责人秦立新与叶洪桐签订协议书,该协议约定:(1)秦立新提供一定条件,叶洪桐负责作画;(2)秦立新负责所有叶洪桐创作的与京剧漫画脸谱有关的开发事宜;(3) 所有作品都由双方署名;(4) 凡对外开展活动的作品署名均为策划秦立新,创意秦国修,制作秦国哲,原创叶洪桐;(5) 凡由叶洪桐创作已交秦立新的作品,秦立新出品产生的收入都按售价的10%(免税),支付给叶洪桐;双方还就违约责任等进行了约定。当月,叶洪洞将创作完成的600幅京剧漫画脸谱作品原件交给秦立新。

《北京晚报》于2000年10月26日至11月19日陆续发布9则关于丰联广场公司和中国人生科学成功者研究会在丰联广场联合举行"2000年京剧漫画脸谱竞猜"活动的广告。上述广告分别使用了9幅京剧漫画脸谱,竞猜活动所使用的两种"找图猜戏名答题专用卡"(以下简称答题卡)分别使用了24幅京剧漫画脸谱。2000年10月27日至11月26日,丰联广场公司依据与友好协会公司的协议,在持有叶洪桐与秦立新订立的协议、秦立新的授权书的情况下,作为主办单位之一,在丰联广场举办购物节—活动现场展出了600幅京剧漫画脸谱的复制件。现场派发的宣传单上使用了1幅京剧漫画脸谱;现场发放的1套明信片上分别使用了12幅京剧漫画脸谱。除明信片背面和答题卡上署名"原创:叶洪桐"外,上述各项活动中使用的京剧漫画脸谱均无署名。

叶洪桐曾于购物节开幕之前的前一日即10月26日到过丰联广场,当时展品已经悬挂完毕。开幕当日及活动期间其也曾到现场,并参加了闭幕式。应叶洪桐之邀王某某曾于购物节开幕当日到现场观展。丰联广场公司使用上述京剧漫画脸谱未曾向叶洪桐支付任何报酬。

原告叶洪桐认为,用漫画手法来表现京剧脸谱是其艺术创新,对"京剧漫画脸谱"这一名称及已经创作完成的600幅京剧漫画脸谱作品均享有著作权。丰联广场公司的上述行为侵犯了其对作品的使用权、署名权和获得报酬权。故诉至北京市朝阳区人民法院,请求判令丰联广场公司就使用作品名称"京剧漫画脸谱"赔偿损失277元;就展出的600幅作品支付报酬9万元;就其他未经许可的使用行为赔偿损失1万元;在《北京晚报》上公开赔礼道歉;负担诉讼费。

被告丰联广场公司辩称,叶洪桐已同意其使用其作品,且在购物节前亲自参加布展,其后还参加了开、闭幕式及活动期间的接待竞猜对答。展品是秦立新经叶洪桐授权后许可他人制作完成的,我公司只负责提供场地,并经授权印制了明信片。叶洪桐对"京剧漫画脸谱"的名称并不享有著作权,其损失也没有依据。因此我公司没有侵犯叶洪桐的著作权,不同意其诉讼请求。

北京市朝阳区人民法院经审理认为,叶洪桐是上述京剧漫画脸谱作品的作者,其享有的著作权依法受到法律保护。合同中著作权人未明确许可的权利,未经著作权人许可,另一方当事人不得行使。由于叶洪桐与秦立新的协议没有明确"开发"等的具体内容与形式,故该协议不足以成为丰联广场公司使用叶洪桐作品的授权依据。

鉴于叶洪桐于展览开幕前、展品悬挂完毕后到过现场,又主动邀请他人于展览开幕日观展,活动期间也数次到现场并参加闭幕式;且其未举证证明曾在展前、展中就展览方式、署名提出异议,故可以认定叶洪桐事先知晓并认可丰联广场公司展览其600幅京剧漫画脸谱作品的复制件并不署名;其据此主张署名权被侵犯,本院不予支持。但因丰联广场公司未举证证明叶洪桐对于宣传单、明信片、答题卡、报纸广告上使用其作品以及展览不付报酬、宣传单和报纸广告不署名等事实也事先知晓,丰联广场公司展览叶洪桐作品未付报酬侵犯了其获得报酬权;未经许可在明信片、答题卡、宣传单、报纸广告上使用叶洪桐的作品,侵犯了其使用权和获得报酬权;未在宣传单、报纸广告上为叶洪桐署名,侵犯了其署名权。鉴于丰联广场公司与友好协会公司的协议仅是双方的内部分工,不能对抗合同外的第三人。且其作为购物节的主办者之一,直接实施了上述侵权行为,应承担民事责任。叶洪桐要求公开赔礼道歉、赔偿损失之请求,未超出法律规定的范围,本院予以支持。鉴于叶洪桐未举证证明"京剧漫画脸谱"的称谓为其所创,且作品必须表达一定的思想、情感,传达一定的信息,仅凭"京剧漫画脸谱"这一称谓不足以构成著作权法所保护的作品。因此叶洪桐主张丰联广场公司使用该名称为购物节冠名,侵犯其对该名称所享有的著作权,并据此要求赔偿2万元,本院不予支持。

综上,该院判决:北京丰联广场商业有限公司在《北京晚报》上向叶洪桐公开赔礼道歉,赔偿叶洪桐损失10万元,驳回叶洪桐的其他诉讼请求。一审宣判后,双方当事人均未提起上诉。

默示许可·展览

## 二、裁判要旨

**No.1-3-24-7  著作权许可使用合同中未明确约定的权利,使用人不能擅自行使。**

现行《著作权法》第 24 条第 1 款规定:"使用他人作品应当同著作权人订立许可使用合同,本法规定可以不经许可的除外。"由于著作权权项众多,且具有无形性、地域性等特点,许可使用合同内容应明确许可使用的权利种类、是否是专有使用权、许可使用的地域范围、期间等事项。此外,根据我国《合同法》的相关规定,如果合同约定事项不明,可以通过合同上下文、行业惯例解释,适用相关法律规范弥补,根据法律原则解释等方式予以明确。本案中,原告与友好协会公司负责人秦立新签订的合同中所称"开发",并非著作权固有用语,实践中该词含义广泛,亦无行业惯例参照,因此,出于对权利人的保护,应视为原告没有授予友好协会使用其作品的权利。所以友好协会与被告的后续行为均属于未经授权的侵权行为。

此外,虽然被告与友好协会的协议中约定了双方对权利瑕疵引发的法律责任的分担,但是基于合同相对性,其无法羁束原告,加之该案中原告未追究友好协会的责任,而被告则直接实施了相关侵权行为,故法院判决被告承担相应法律责任是正确的。

**No.1-5-47-7  著作权人明知行为人的使用行为而未反对,可视为对该使用行为的默示许可。**

如上一规则所述,一般著作权人通过明示的授权许可使用人使用其作品,但当其明知使用人未经许可使用其作品,或者不符合许可内容使用其作品时,不予反对,甚至积极参与其中,基于诚实信用原则,应推定其对使用人的行为进行了追认授权,此后,权利人若再就该使用行为主张侵权责任时,不应获得支持。

现行《著作权法》第 47 条第 6 项规定,未经著作权人许可,以展览方法使用作品,侵犯了著作权人的展览权,应承担侵权责任。本案被告未经原告许可展览其美术作品且未署名,本应就此承担侵权责任。但本案原告在被告举行的展览开幕前、展品悬挂完毕后到过现场,又邀请他人在开幕日观展,在活动期间数次到现场,并参加闭幕式活动,期间均未提出异议,应推定其许可被告的上述行为,因此,原告不能就该行为再主张被告的侵权责任。

### 83 未经许可摄制作品(《著作权法》第 47 条第 6 项)

**案例:于耀中与北京成象影视制作公司等著作权纠纷案**
**案例来源:**《人民法院案例选》1998 年第 3 辑[第 40 号]
**主题词:**摄制  作品  载体

#### 一、基本案情

上诉人(原审被告):北京成象影视制作公司(以下简称成象公司)。
上诉人(原审被告):北京文化艺术音像出版社(以下简称音像出版社)。
上诉人(原审被告):柳州两面针股份有限公司(以下简称两面针公司)。
上诉人(原审被告):南京电视台。
上诉人(原审被告):南京市群众艺术馆(以下简称南京艺术馆)。
被上诉人(原审原告):于耀中。

于耀中系美术作品《支柱》的作者;其作品完成后,曾在中央工艺美术学院科技艺术开发中心展厅展览。1994 年底,《东边日出西边雨》(以下简称《东》)剧组为拍摄需要,到中央工艺美术学院科技艺术开发中心联系借用部分美术作品作剧中道具。对此,中央工艺美术学院科技艺术开发中心表示同意,并允许剧组人员将所挑选的包括《支柱》在内的十余件美术作品作《东》剧道具使用,现双方对被借用作品的使用方式说法不一。1995 年夏,《东》剧组将上述借用作品退回,并给付中央工艺美术学院科技艺术开发中心作品管理费人民币 1 000 元。《东》剧组在拍摄过程中,根据剧情发展需要,除选用《支柱》作为演绎剧中男、女主角爱情故事的主要道具多次使用外,还未经许可对作品《支柱》进行了复制、播放。

为此，于耀中认为，北京成象影视制作公司等5被告侵害了其对《支柱》享有的著作权，向北京市第二中级人民法院提起诉讼。

北京市第二中级人民法院认为，于耀中创作完成的作品《支柱》，是受我国著作权法保护的美术作品。于耀中作为美术作品《支柱》的作者，系该作品的著作权人。成象公司、音像出版社、两面针公司、南京电视台、南京艺术馆作为电视连续剧《东》剧的共同制片者，系该剧的著作权人。《东》剧组为摄制该剧向中央工艺美术学院科技艺术开发中心（以下简称科艺中心）借用《支柱》作道具使用的行为，以及科艺中心出借《支柱》的行为，均未取得《支柱》作者于耀中的许可，已构成对于耀中作品《支柱》著作权的侵害，应各自承担相应的侵权责任。鉴于于耀中已放弃追究科艺中心出借《支柱》给《东》剧组使用行为的侵权赔偿责任，故成象公司、音像出版社、两面针公司、南京电视台、南京艺术馆在赔偿数额上应扣除科艺中心所应承担部分，具体赔偿数额酌定。于耀中主张上述被告侵害了其作为《支柱》作者所享有的对该作品的发表权一节，因科艺中心系公开接待不特定公众并兼具展售性质的经营场所，于耀中将其作品《支柱》交付科艺中心展览的行为，应视为其已将《支柱》发表。于耀中的上述主张于法无据，不予支持。据此，依照《中华人民共和国著作权法》第2条、第3条第4项、第9条、第10条、第35条、第45条第5、6、8项及《中华人民共和国著作权法实施条例》第5条第1、3、7项之规定，判决：

一、成象公司、音像出版社、两面针公司、南京电视台、南京艺术馆在《中国电视报》上就侵害《支柱》著作权（署名权、使用权）一事，向于耀中公开赔礼道歉；

二、成象公司、音像出版社、两面针公司、南京电视台、南京艺术馆须向购买《东》剧录像带及播放权的单位或个人具函，说明作为道具使用的《支柱》的作者情况，并在尚未销售的录像带上加贴"本剧拍摄采用了于耀中的美术作品《支柱》"文字说明；

三、成象公司、音像出版社、两面针公司、南京电视台、南京艺术馆共同给付于耀中作品《支柱》的使用费人民币55 000元；

四、成象公司、音像出版社、两面针公司、南京电视台、南京艺术馆共同赔偿于耀中经济损失人民币1万元；

五、驳回于耀中的其他诉讼请求。

成象公司、音像出版社、两面针公司、南京电视台、南京艺术馆不服一审判决，提出上诉。成象公司的上诉理由是：（1）上诉人对《支柱》只是作为道具使用，是物的使用。不是著作权的使用，不存在侵权问题。（2）一审判决适用法律错误。（3）一审判决酌定的作品使用费65 000元背离法律准则。（4）在世界范围内及国家版权局的示范合同中，均许可合作当事人对合作创作或著作使用中的著作权责任予以约定，上诉人各方约定明确，法院应予支持。一审法院对其他被告的判决，亦无道理。请求撤销一审判决，驳回被上诉人的诉讼请求。其他四上诉人均同意成象公司的上诉理由及诉讼请求。于耀中服从原审判决。

北京市高级人民法院进一步查明：《东》剧组在拍摄过程中，除根据剧情发展需要选用《支柱》作为道具多次使用，同时为剧情拍摄需要，还复制了一件石膏的陶艺品《支柱》，作为不能破坏的原件陶艺品《支柱》的替代品。该复制品在《东》剧摄制完成后已毁损。《东》剧中涉及使用作品《支柱》的镜头，前后出现近80次。《东》剧摄制完成后，已在全国47家电视台播放。原审法院庭审期间，于耀中放弃追究科艺中心的侵权责任。

北京市高级人民法院认为，本案涉及的美术作品《支柱》系由于耀中独立创作完成的，于耀中作为该美术作品的作者，依法对美术作品《支柱》享有著作权。成象公司、音像出版社、两面针公司、南京电视台、南京艺术馆作为《东》剧的共同制片者，系该剧的著作权人。《东》剧组为摄制该剧向科艺中心借用《支柱》作道具使用的行为，以及科艺中心出借《支柱》的行为，均未取得《支柱》作者于耀中的许可。《东》剧制片者在未合法取得作品《支柱》使用权的情况下，将该作品作为剧中演绎男、女主角爱情故事的道具多次使用，并将该作品播放，且未署作者姓名，其行为已构成对于耀中对其作品《支柱》所享有的署名权、使用权和获得报酬权的侵害，应依法承担侵权责任。科艺中心擅自将于耀中作品《支柱》出借给成象公司、音像出版社、两面针公司、南京电视台、南京艺术馆在《东》剧中使用,使侵权行为得以发生,亦应承担一定责任。

成象公司、音像出版社、两面针公司、南京电视台、南京艺术馆除应支付于耀中作品使用费外,还应支付于耀中因侵权诉讼所支出的合理费用。鉴于于耀中已放弃追究科艺中心的侵权赔偿责任,故上述五上诉人在赔偿数额上应扣除科艺中心所应承担部分。原审法院酌定的赔偿数额缺乏合理依据。《东》剧组为表现剧情而复制的《支柱》,不是以营利为目的,不应认定为侵权复制。关于上诉人所持"上诉人各方明确约定《东》剧制作中涉及著作权侵权纠纷,责任由成象公司一家承担,法院应予支持"的观点,因合同当事人在合同中约定的免责条款不能对抗合同以外的第三人,五上诉人作为《东》剧的共同制片者,应共同承担侵权责任,对于上诉人的这一上诉理由,本院不予采纳。据此,依照《中华人民共和国著作权法》第 2 条第 1 款、第 3 条第 4 项、第 9 条、第 10 条第 2、5 项、第 45 条第 5、6 项、《中华人民共和国著作权法实施条例》第 5 条第 3、7 项、《中华人民共和国民事诉讼法》第 153 条第 1 款第 3 项之规定,于 1997 年 10 月 9 日判决:

一、维持北京市第二中级人民法院(1996)二中知初字第 22 号民事判决的第一、二、五项;

二、撤销原判决的第三、四项;

三、五上诉人共同给付于耀中作品《支柱》的使用费人民币 6 320 元,并共同给付于耀中因侵权诉讼所支出的合理费用人民币 4 200 元。

二、裁判要旨

**No.1-5-47-8** 将作品作为表演中的道具使用,既是对物的使用,也是著作权法意义上对作品的使用。

本案所涉争议焦点为,将作品作为表演中的道具使用,到底属于著作权法意义上对作品的使用,还是属于对一般物的使用的问题。上诉人主张其对《支柱》的使用,仅是物的使用,不是著作权的使用,从而不存在侵权问题。但由于剧中所使用的物是具有独创性、可复制性的智力成果,属于著作权法所保护的美术作品,因而,对《支柱》的使用,既是对物的使用,也是著作权法意义上对作品的使用。从而,对《支柱》的使用要符合著作权法有关著作权使用的规定,应征得其著作权人于耀中的同意。由于《东》剧制片者对美术作品《支柱》的使用,未合法取得《支柱》的使用权,且未署作者姓名,其行为已构成对著作权人于耀中所享有的署名权、使用权和获得报酬权的侵害,应依法承担侵权责任。而科艺中心擅自将于耀中作品《支柱》出借给成象公司、音像出版社、两面针公司、南京电视台、南京艺术馆在《东》剧中使用,使侵权行为得以发生,亦应承担一定责任。

**No.1-5-47-9** 合同当事人在合同中约定的著作权免责条款不能对抗合同以外的第三人。

合同具有相对性,是合同规则和制度赖以建立的基础和前提。一般认为,合同中的条款仅对缔约双方发生效力,对合同外的其他人不发生效力。合同中的免责条款尤其如此。合同当事人在合同中约定的著作权免责条款,也同样不能对抗合同以外的第三人。所以,本案上诉人认为"上诉人各方明确约定《东》剧制作中涉及著作权侵权纠纷,责任由成象公司一家承担,法院应予支持",这种观点与合同的相对性相悖,不能得到支持。五上诉人作为《东》剧的共同制片者,应共同承担侵权责任。

**No.1-5-47-10** 美术作品在公共经营场所的展览,视为作品发表。

该案中,著作权人于耀中认为,其作品《支柱》尚未发表,北京成象公司等五被告侵害了其所享有的对该作品的发表权。但根据《著作权法》第 10 条第 1 款第 1 项"发表权,即决定作品是否公之于众的权利"之规定,以及《著作权法实施条例》第 20 条"著作权法所称已经发表的作品,是指著作权人自行或者许可他人公之于众的作品"之规定,由于该作品曾在中央工艺美术学院科技艺术开发中心展厅展览,而科艺中心系公开接待不特定公众并兼具展售性质的经营场所,在这种场所的展览实际上具有公之于众的特点,所以,于耀中将其作品《支柱》交付科艺中心展览的行为,应视为其已将《支柱》发表。

对"公之于众"的概念,2002 年最高人民法院《关于审理著作权民事纠纷案件适用法律若干问题的解释》第9条作了进一步说明:"著作权法第十条第(一)项规定的'公之于众',是指著作权人自行或者经著作权人许可将作品向不特定的人公开,但不以公众知晓为构成条件。"由此可知,不需公众知晓,只要是有向不特定的人公开的特点,就属于"公之于众"。

### 84 民事纠纷与行政纠纷(《著作权法》第48条第1项)

**案例:** 双叶株式会社与上海恩嘉经贸发展有限公司、广州市诚益眼镜有限公司、响水县世福经济发展有限公司侵犯著作权纠纷案

**案例来源:**《最高人民法院知识产权审判案例指导》(第一辑)[第8号]

**主题词:** 美术作品 注册商标 民事纠纷 行政纠纷

#### 一、基本案情

原告(二审上诉人,申请再审人):双叶株式会社(以下简称双叶会社)。

被告(二审被上诉人,被申请人):上海恩嘉经贸发展有限公司(以下简称恩嘉公司)、广州市诚益眼镜有限公司(以下简称诚益公司)、响水县世福经济发展有限公司(以下简称世福公司)。

诚益公司持有国家工商行政管理总局商标局(以下简称国家商标局)颁发的第1026605号、第1026606号、第1044841号商标注册证,其中:第1026605号注册商标为蜡笔小新的图形商标,被核定使用在旅行袋、帆布背包、手提包、学生用书包、钱包等第18类商品上,有效期自1997年6月14日至2007年6月13日;第1026606号注册商标为"蠟筆小新"文字商标,被核定使用在第18类商品上,有效期自1997年6月14日至2007年6月13日;第1044841号注册商标为蜡笔小新的图形商标,被核定使用在墨水、印章、印油、笔、不干胶纸、绘图用具等第16类商品上,有效期自1997年7月7日至2007年7月6日。世福公司持有国家商标局颁发的第1033444号、第1033450号商标证,分别为蜡笔小新的图形商标与"蠟筆小新"的文字商标,均被核定使用在服装、婴儿服装、游泳衣、鞋、帽等第25类商品上,有效期自1997年6月21日至2007年6月20日。恩嘉公司经诚益公司与世福公司许可使用上述商标。

2004年8月19日,双叶会社起诉至上海市第一中级人民法院称,该社于1992年4月从蜡笔小新著作权人臼井仪人处获得了该作品的出版权,以及除出版权以外的著作权、著作支分权以及商品化权的授权,该授权的性质是独占和排他的。恩嘉公司未经该社授权,在其产品、销售、宣传及商标上非法使用该社享有的蜡笔小新美术作品(含图形和名称),通过各种媒介进行其所谓蜡笔小新产品的市场加盟连锁活动等,其行为构成了对该社著作权的侵犯;诚益公司、世福公司未经该社合法授权,在其注册或者持有的商标中非法使用该社享有著作权蜡笔小新作品(含图形和文字),亦构成对该社著作权的侵犯。综上,请求法院依法判令:恩嘉公司立即停止通过在产品、销售、各种媒介宣传及商标上非法使用该社作品的方式侵犯该社著作权的侵权行为,赔偿该社经济损失50万元人民币;诚益公司、世福公司立即停止通过在商标上非法使用该社作品的方式侵犯该社著作权的侵权行为,赔偿该社经济损失50万元人民币;三公司承担该社支出取证费用352元人民币、证据保全公证费用2300元人民币、翻译费用650元人民币、律师费用6万元人民币,以及本案诉讼费用。

在上海市第一中级人民法院审理过程中,双叶会社对于由诚益公司与世福公司注册的上述商标向国家工商行政管理总局商标评审委员会(以下简称国家商标评审会)提出了注册商标争议裁定申请,国家商标评审会已于2005年1月28日受理了该项申请。

上海市第一中级人民法院认为,双方的争议焦点是诚益公司和世福公司已经注册、恩嘉公司实际使用的商标是否侵犯了双叶会社的著作权?根据我国《商标法》的有关规定,对已经注册的商标发生争议的,当事人可以向有关行政主管机关申请处理,因此双叶会社应当按照法律规定的程序解决其与恩嘉公司、诚益公司、世福公司之间存在的著作权和注册商标专用权之间的权利冲突争议,而且双叶会社也已经对诚益公司与世福公司注册的商标向国家商标评审会提出了争议裁定申请,故对于双叶会社以此为由提起的侵权诉讼不予受理,遂裁定:驳回双叶会社的

起诉。案件受理费 50 元人民币由双叶会社负担。

双叶会社不服,向上海市高级人民法院提起上诉。其上诉理由主要是:一审裁定混淆了"将他人享有著作权的作品注册为商标"和"将他人作品作为商标在市场上公开使用"两种不同性质的行为;商标主管机关的权限范围仅涉及商标申请过程中有关商标应否注册、撤销等问题,至于商标在实际使用中是否侵害了他人权利,则属于人民法院受理民事纠纷的范围,一审法院没有任何理由不予受理;在被上诉人将上诉人作品注册为商标的情况下,人民法院为避免矛盾裁判可以中止本案的审理,但径行驳回上诉,将会导致上诉人依法享有的著作权处于得不到法律救济的状态。为此,请求撤销原裁定。而恩嘉公司、诚益公司和世福公司均认为:一审裁定正确,请求维持原裁定。

上海市高级人民法院审理后认为,本案属于涉及注册商标授权争议的知识产权权利冲突案件,双叶会社应该按照《商标法》规定的有关注册商标争议等救济程序予以解决,人民法院对此纠纷不作为民事案件受理。原一审法院是以裁定的形式驳回双叶会社的诉请,并不会导致双叶会社依法享有的著作权处于得不到法律应给予救济的状态。故原一审法院对双叶会社提起的本案侵权诉讼不予受理,并无不当,遂裁定:驳回上诉,维持原裁定。二审案件受理费 50 元人民币由双叶会社负担。

双叶会社不服该裁定,向中华人民共和国最高人民法院(以下简称最高院)申请再审称:原审法院混淆了"将他人享有著作权的作品申请注册为商标"和"将他人享有著作权的作品作为商标在市场上公开使用"两种不同性质的行为。将双叶会社"蜡笔小新"美术作品在市场上公开使用,以及单独使用截取"蜡笔小新"卡通形象主要部分的行为,符合《著作权法》规定的侵权要件,属于民事侵权纠纷,人民法院应当受理。原审法院裁定驳回双叶会社的起诉,适用法律错误。请求撤销原审裁定,依法审理。

最高院认为,双叶会社的起诉请求不仅主张诚益公司、世福公司在注册或者持有的商标中非法使用了其享有著作权的"蜡笔小新"美术作品,还主张恩嘉公司未经许可在产品销售、宣传时非法使用其美术作品。双叶会社对上述产品销售、宣传等实际使用行为提起诉讼,属于民事权益争议,在符合《民事诉讼法》相关规定的情况下,人民法院应当予以受理。原审法院以本案属于涉及注册商标授权争议的知识产权权利冲突案件,应由行政主管机关处理,不属于人民法院受案范围,驳回双叶会社的起诉,适用法律错误,应当予以纠正,裁定:指令上海市高级人民法院再审;再审期间,中止原裁定的执行。

上海市高级人民法院再审中查明,原审查明的事实属实。另查明,国家商标评审会于 2005 年 12 月 30 日作出本案系争商标争议裁定书,对被申请人注册的系争商标予以维持。双叶会社不服,向北京市第一中级人民法院提起诉讼,北京市第一中级人民法院于 2006 年 6 月 20 日作出(2006)一中行初字第 405 号行政判决:维持国家商标评审会的商标争议裁定。双叶会社不服,向北京市高级人民法院、最高人民法院提出上诉和再审申请均被驳回。2007 年 6 月 19 日,国家商标评审会受理了双叶会社以被申请人恶意注册为由要求撤销系争商标的申请。该院认为,双叶会社以诚益公司、世福公司注册或者持有的商标非法使用了其享有著作权的"蜡笔小新"美术作品,侵犯了其著作权为由提起的诉讼,属于民事权益争议,符合《中华人民共和国民事诉讼法》的规定,人民法院应当予以受理。原审法院以本案属于涉及注册商标授权争议的知识产权权利冲突案件,应由行政主管机关处理,不属于人民法院受案范围为由,驳回双叶会社的起诉,属于适用法律错误,应当予以纠正。综上,裁定撤销该院及上海市第一中级人民法院的民事裁定,指令上海市第一中级人民法院对本案进行审理。

二、裁判要旨

**No.1-5-48-2 指控他人在注册商标中使用其享有著作权的作品及在产品销售、宣传时非法使用其作品的,应属于民事纠纷。**

《商标法》规定,申请注册的商标不得与他人在先取得的合法权利相冲突。在图形商标的注册中,在先权利的保护往往表现为美术作品著作权和商标权的冲突,此时著作权人可以在该商标注册过程中向商标局或者商标评审委员会提出异议申请,或者在该商标注册后申请撤销注册商标,此时表现为一种行政争议。但是,行政救济措施和民事救济措施具有不同的立法目的和功能,著作权作为一种民事权利,上述行政救济措施并不能替代著作权人寻求民事救济措施。当未经著作权人许可,以商标的形式在市场上公开使用著作权人的作品(通常是美术作品),亦会侵犯作品的复制权、发行权、信息网络传播权等,著作权人仍然可以请求停止侵权、赔偿损失等民事救济措施。

正如本案中双叶会社所指出的,"将他人享有著作权的作品申请注册为商标"与"将他人享有著作权的作品作为商标在市场上公开使用"是两种不同性质的行为,后者属于民事纠纷,若将其理解为单纯的注册商标授权争议而不受理其民事诉求,将导致双叶会社依法享有的著作权处于得不到法律救济的状态。

**85** 未经许可复制作品(《著作权法》第 48 条第 1 项、第 10 条第 1 款第 5 项)

**案例:圆谷会社与豫园购物中心著作权纠纷案**
案例来源:《人民法院案例选》2002 年第 3 辑[第 49 号]
主题词:复制权　平面到立体

**一、基本案情**
　　原告:圆谷制作株式会社(以下简称圆谷会社)。
　　被告:上海豫园商城国际购物中心有限公司(以下简称豫园购物中心)。
　　原告圆谷会社是日本一家从事提供制作电影技术及承包电影制作等业务的公司。从 1966 年开始,原告陆续制作了"奥特曼"系列影像作品。在这些系列影像作品中,原告设计了"奥特曼"(ULTRAMAN)科幻英雄人物的形象,该人物的主要特征是头部为头盔形,眼睛突起呈椭圆形,两眼中间延至头顶部有突起物,两耳呈长方形,无眉,无发。原告制作的影像系列剧《宇宙英雄奥特曼》曾在上海东方电视台、上海教育电视台多次播出。

　　1999 年 7 月,原告在被告上海豫园购物中心处购买到"天美时"闹钟 1 只,该闹钟的外观为人物造型,身体部位装有钟盘。该人物的头部特征为眼睛突起呈椭圆形,两眼中间延至头顶部有突起物,两耳呈长方形,无眉,无发,无嘴。其头部长度约占整体造型的一半。

　　原告圆谷会社认为,被告侵犯了其对"奥特曼"影像作品的著作权,诉至上海市第一中级人民法院。

　　上海市第一中级人民法院认为:日本和我国都是《伯尔尼公约》的成员国,按照该公约的国民待遇原则,原告对"奥特曼"形象的独创性设计可以作为一种美术作品,依据《伯尔尼公约》享有著作权,并受我国《著作权法》的保护。按照《伯尔尼公约》的有关规定,将平面作品的独创性部分使用到立体的实用艺术工业品上也是一种复制行为。因此,系争闹钟的外观造型侵害了原告享有的"奥特曼"作品的著作权。应综合被告的主观状态、侵权情节、损害后果等因素,酌情确定赔偿额。据此,依照《伯尔尼保护文学艺术作品公约》第 2 条之 1、第 5 条之 1、第 9 条之 1,《中华人民共和国民法通则》第 142 条第 2 款,《中华人民共和国著作权法》第 2 条第 3 款、第 45 条第 8 项的规定,于 2000 年 4 月 12 日判决:
　　一、被告停止销售侵权闹钟,并赔偿原告经济损失人民币 1 000 元;
　　二、对原告的其余诉讼请求不予支持。
　　一审判决后,原告不服,提起上诉称:(1) 被上诉人的侵权行为存在主观故意。被上诉人明知著作权主体的情况下,继续从事该类销售行为而不予以任何审慎的了解,其侵权的主观状态是故意而非过失。(2) 上诉人认为一审对损失部分的认定不正确。上诉人提出 5 万元赔偿主张正是基于如果许可他人使用"奥特曼"作品的预期收入而提出的,应当予以支持。办理公证、认证手续是《中华人民共和国民事诉讼法》对外国起诉人向中国法院提交诉状及其他证明文件的基本要求,因此判决不支持该部分费用没有任何依据。(3) 上诉人认为,一审判决不支持赔礼道歉的认定,没有提供充分的证据和理由。故请求二审法院撤销一审判决,支持上诉人的全部诉讼请求。

被上诉人上海豫园商城国际购物中心有限公司辩称:上诉人认为被上诉人是主观故意,这不是事实。被上诉人作为销售商对系争闹钟外观的设计是否仿造"奥特曼"形象并不了解。而且,上诉人在一审期间就拒绝增加生产商为被告。在没有解决生产商是否侵权的问题上,不能追究销售商的有关责任。当被上诉人发觉所谓的"奥特曼"涉及有关著作权纠纷时,就立即采取了措施,即立刻要求生产厂方把销售的商品撤回,终止销售,而且如实说明销售、库存情况,且提供给法庭。因此被上诉人在本案中没有任何的故意和过失,不应当承担责任。故要求二审法院驳回上诉人的上诉。

上海市高级人民法院经审理认为:上诉人圆谷制作株式会社依法享有对"奥特曼"(ULTRAMAN)影像作品的著作权,其制作的《宇宙英雄奥特曼》曾在上海市播出,剧中"奥特曼"形象已为公众所知悉。本案系争闹钟外观造型复制了上诉人创作的"奥特曼"形象的主要特征,属侵权商品,被上诉人上海豫园商城国际购物中心有限公司在进货时疏于审查而将该侵权商品予以销售,其虽属于过失,但客观上侵犯了上诉人的著作权。现上诉人认为被上诉人行为主观存在故意,但未提供相应证据予以佐证,故本院难以采信。原审法院考虑被上诉人系销售商,以及其销售侵权商品的数量、利润、持续影响、主观状态和损害后果等因素,酌情判处被上诉人赔偿上诉人1000元并无不当,所以上诉人要求按照其如果许可他人使用"奥特曼"作品的预期收入赔偿5万元与事实和法律不符,本院不予支持。我国《著作权法》现尚未规定赔偿被侵权人为调查处理侵权所支付的合理费用,因此,上诉人提出的被上诉人应赔偿有关公证、认证费用的理由亦不能成立。由于被上诉人主观上存在过失,侵权情节轻微,销售的数量少,尚未造成严重后果,也没有在较大范围对上诉人的作品产生消极影响,故上诉人主张被上诉人应登报赔礼道歉的观点,本院同样不能支持。综上所述,原审法院认定事实清楚,适用法律准确,审判程序合法,依法应予维持。依照《中华人民共和国民事诉讼法》第153条第1款第8项、第158条之规定,上海市高级人民法院于2000年9月11日判决:驳回上诉,维持原判。

二、裁判要旨

**No.1-5-48-2 将平面作品独创性部分使用到立体的实用艺术工业品上,属于著作权法意义上的复制行为。**

根据我国《著作权法》第10条第1款第5项的规定:"复制权,即以印刷、复印、拓印、录音、录像、翻录、翻拍等方式将作品制作一份或者多份的权利"。从该条的表述看,复制是否扩展到"平面到立体",并不明确,因所列举的方式皆只涉及"平面到平面"的复制,而对于其他形式则避而未谈,仅概括以"等"字。

从有关的国际公约的规定看,《伯尔尼公约》和《TRIPS协定》对"复制"的规定都是采用的广义概念。德利娅·利普希克教授在其著作《著作权与邻接权》中指出:"复制权包括:将二维作品复制成一件或数件三维作品(如以各种不同的平面图表示一幢建筑物)或是将三维作品复制成一件或数件二维作品(如雕塑作品的照片)。因此,即使是在不同原有载体的载体上复制(在上彩釉的陶盘或瓷盘上复制绘画、雕刻或油画作品)或者使用不同的技术(将一件艺术作品拍摄成照片)也都是复制。"

但我国很多学者主张,著作权法意义上的复制不包括"平面到立体",他们认为,如果给予太高水平的保护,将会导致许多工业领域的生产寸步难行。

尽管学界对此有不同看法,但从司法实践看,对美术作品的转换复制有拓展的趋势。

该案中因涉案作品属外国美术作品,根据《著作权法》第2条第2款的规定:"外国人、无国籍人的作品根据其作者所属国或者经常居住地国同中国签订的协议或者共同参加的国际条约享有的著作权,受本法保护。"日本和我国都属于《伯尔尼公约》的成员国,所以,原告对"奥特曼"形象的独创性设计依据《伯尔尼公约》享有著作权,并受我国《著作权法》的保护。并且,按照我国《民法通则》第142条第2款的规定:"中华人民共和国缔结或者参加的国际条约同中华人民共和国的民事法律有不同规定的,适用国际条约的规定,但中华人民共和国声明保留的条款除外。"在此应适用《伯尔尼公约》的有关规定,将平面作品的独创性部分使用到立体的实用艺术工业品上也是一种复制行为。因此,系争闹钟的外观造型侵害了原告享有的"奥特曼"作品的著作权。

### 86 未经许可放映作品(《著作权法》第 48 条第 1 项、第 8 条)

**案例**:中国音像著作权集体管理协会与北京京瑞房产有限公司著作权纠纷案
**案例来源**:《人民法院案例选》2009 年第 2 辑[第 45 号]
**主题词**:KTV 放映权 集体管理

#### 一、基本案情

原告:音像著作权集体管理协会(以下简称音集协)。

被告:北京京瑞房产有限公司(以下简称京瑞房产公司)。

音集协是经国家版权局批准成立的著作权集体管理组织,成立于 2008 年 6 月 24 日。2008 年 7 月 22 日至 2008 年 11 月 13 日,音集协先后与北京鸟人艺术推广有限责任公司(以下简称鸟人公司)、佛山市顺德区孔雀廊娱乐唱片有限公司(以下简称孔雀廊公司)、北京天中文化发展有限公司(以下简称天中公司)、正大国际音乐制作中心(以下简称正大中心)、北京星工场音乐娱乐有限公司(以下简称星工场公司)、广州市新时代影音公司(以下简称新时代公司)、中国唱片广州公司(以下简称中唱广州公司)、北京太合麦田音乐文化发展有限公司(以下简称太合麦田公司)、北京竹书房文化传播有限责任公司(以下简称竹书房公司)和北京九雨天下音乐文化发展有限公司(以下简称九雨天下公司)签订《音像著作权授权合同》。根据上述合同约定,鸟人公司、孔雀廊公司、天中公司、正大中心、星工场公司、新时代公司、中唱广州公司、太合麦田公司、竹书房公司和九雨天下公司,分别同意将其依法拥有的音像节目的放映权、复制权等权利信托给音集协管理,其中包括音集协主张权利的 46 首音乐电视作品(以下简称涉案音乐电视作品)。

2008 年 9 月 26 日,音集协在位于北京市东三环南路 17 号"京瑞大厦"4 层 222 房间使用点歌机,点播了涉案音乐电视作品,并支付餐费 1 280 元,取得了京瑞房产公司出具的发票。北京市方圆公证处对此进行了公证。音集协为此支出了公证费 2 650 元。京瑞房产公司虽提出公证的 KTV 包房是由瑞港娱乐公司承包经营的,但未就此提交充分证据予以证明。京瑞房产公司没有就使用涉案音乐电视作品支付费用,并认可经营 KTV 的包间共有七间。

对此,原告认为,京瑞房产公司未经权利人许可,也未支付费用,而在其营业场所的点唱机中完整地收录了我协会管理的 46 首音乐电视作品,侵犯了权利人的放映权、复制权。故原告起诉至北京市朝阳区人民法院,要求京瑞房产公司停止侵权、删除涉案音乐电视作品,赔偿经济损失及合理费用共计 20 万元。

京瑞房产公司辩称:音集协公证的 KTV 场所是由北京瑞港餐饮娱乐有限公司(以下简称瑞港娱乐公司)向我公司承包经营的,根据双方的合同约定,如遇法律责任应由瑞港娱乐公司承担。而且,音集协最早取得授权的时间距现在仅一百多天,瑞港娱乐公司经营的 KTV 包房只有七间。音集协主张 20 万元的赔偿数额没有依据。因此,不同意原告的诉讼请求。

北京市朝阳区人民法院经审理认为,著作权集体管理组织,经权利人授权有权以自己的名义进行诉讼,原告音集协是适格的诉讼主体。音集协在京瑞房产公司的注册地点发现了使用涉案音乐电视作品从事 KTV 经营的活动,而且获得了京瑞房产公司出具的消费发票。京瑞房产公司虽提出 KTV 的实际经营者是瑞港娱乐公司,但并未就此充分举证,故京瑞房产公司应对使用涉案音乐电视作品进行 KTV 经营活动的行为承担责任。现京瑞房产公司未举证证明使用涉案音乐电视作品征得了许可,并支付了报酬,故其应当承担停止侵权、赔偿损失的责任。就具体的赔偿数额,法院将综合考虑涉案音乐电视作品的数量、京瑞房产公司的使用方式、经营模式和规模等因素,酌情判处。据此,该院判决:

一、被告停止使用涉案 46 首音乐电视作品;

二、向原告支付赔偿金 46 000 元和原告为制止侵权行为而支出的合理费用 2 650 元;
三、驳回原告其他诉讼请求。
对于该判决,双方当事人均未上诉。

二、裁判要旨
**No.1-5-8-1** 著作权集体管理组织可以以自己的名义为著作权人的利益提起诉讼。
现行《著作权法》第 8 条规定:"著作权人和与著作权有关的权利人可以授权著作权集体管理组织行使著作权或者与著作权有关的权利。著作权集体管理组织被授权后,可以以自己的名义为著作权人和与著作权有关的权利人主张权利,并可以作为当事人进行涉及著作权或者与著作权有关的权利的诉讼、仲裁活动。"著作权集体管理组织可以集中行使权利人的有关权利,更利于权利人发现侵权行为,维护自己的权益。
本案原告音集协是依法成立的音像著作权集体管理组织,通过与权利人签订《音像著作权授权合同》,取得了以信托方式管理涉案音乐电视(MV)作品的放映权、复制权的权利,其有权以自己的名义向侵犯涉案音乐电视(MV)作品放映权、复制权的侵权人提起诉讼。因此,是本案适格的法律主体。

**No.1-5-48-3** KTV 经营者未经许可放映他人作品,应承担侵权责任。
现行《著作权法》第 48 条第 1 项规定,未经著作权人许可,向公众放映其作品的,应承担侵权责任。我国长期以来,KTV 经营者习惯了就其放映的作品不经许可、不向著作权人支付报酬的做法。实际上,早在 2006 年 11 月 9 日,国家版权局就已经公布《卡拉 OK 经营行业版权使用费标准》,确定 KTV 经营行业支付版权使用费基本标准为 12 元/包房/天。根据全国不同区域以及同一地域卡拉 OK 经营的不同规模和水平,可以按照上述标准在一定范围内适当下调。公告之后,有些经营者已经按照公告的标准支付了版权使用费。本案中,通过原告经公证取证的发票,可以确定被告作为 KTV 经营者的身份,故应对其放映涉案 46 首音乐作品的行为承担侵权责任。

## 87 未经许可在信息网络传播作品(《著作权法》第 48 条第 1 项、第 10 条第 1 款第 12 项)

**案例:陈兴良与中国数字图书馆有限责任公司著作权纠纷案**
案例来源:中华人民共和国最高人民法院网站[(2002)海民初字第 5702 号]
主题词:数字图书馆 信息网络传播权

一、基本案情
原告:陈兴良。
被告:中国数字图书馆有限责任公司(以下简称数图公司)。
原告陈兴良为《当代中国刑法新视界》《刑法适用总论》《正当防卫论》的作者,其中《当代中国刑法新视界》由中国政法大学出版社出版,1999 年 4 月第 1 版,754 千字,印刷 3 000 册,定价 45 元;《刑法适用总论》由法律出版社出版,1999 年 6 月第 1 版,1 170 千字,印刷 5 000 册,定价 96 元;《正当防卫论》由中国人民大学出版社出版,1987 年 6 月第 1 版,206 千字,印刷 1 万册,定价 1.7 元。
被告数图公司于 2000 年 1 月 17 日成立,企业性质为有限责任公司,经营范围为计算机软件的技术开发、技术转让、电子商务(未取得专项许可的项目除外)、制作发布网络广告等,该公司于 2002 年 3 月 11 日进行了工商年检登记。该公司所设"中国数字图书馆"网站以搜集、整理和发布他人作品为主。其网站的访问方式为:使用联网主机,启动 III 浏览器 5.5 版,在地址栏中键入 www.dlibrary.com.cn,可进入"中国数字图书馆"主页,主页上注明"(c)版权所有:中国数字图书馆有限责任公司";点击该页面中"下载标准版浏览器",新网页中显示"中国数图浏览器 Beta1.01 版是中国数字图书馆有限责任公司为网上图书馆开发的专用浏览器,读者通过它足不出户即可方便地进入网上图书馆读书借阅,同时以独特的方式对网上著作权进行了保护";同时,"读者浏览、借阅图书需办理读书证——利用网上或卡式方式付费,并通过用户注册获得用户名和密码"。

在"中国数字图书馆"网站主页上使用"高级检索"系统,检索词语为"陈兴良",检索途径为"责任者",检索结果包括涉及本案的3部著作,即《当代中国刑法新视界》《刑法适用总论》《正当防卫论》,同时包括有关著作的专门信息,如题名责任者、出版发行者、载体形态、主题、中图分类号、科图分类号等。

原告陈兴良于2001年12月在被告的"中国数字图书馆"网站上发现,读者只有付费后才可以成为被告的会员、阅读并下载网上作品,其中包括其3部著作,认为此行为并未征得本人同意,侵犯了其信息网络传播权,故诉至北京市海淀区人民法院。

北京市海淀区人民法院认为:陈兴良依法享有《当代中国刑法新视界》《刑法适用总论》《正当防卫论》3部作品的著作权,数图公司未经许可将此作品列入中国数字图书馆中,对陈兴良在网络空间行使权利产生了影响。数图公司的行为阻碍了陈兴良以其所认可的方式使社会公众接触其作品,侵犯了其信息网络传播权,故数图公司应立即停止侵权并依法承担侵权责任。据此,依据《中华人民共和国著作权法》第10条第1款第12项、第11条第1款、第2款、第47条第1项和第48条第2款的规定,判决:

一、被告停止在其"中国数字图书馆"网站上使用原告的作品《当代中国刑法新视界》《刑法适用总论》《正当防卫论》;

二、赔偿原告经济损失8万元及因诉讼支出的合理费用4800元;

三、驳回原告的其他诉讼请求。

二、裁判要旨

**No.1-5-48-4 以数字图书馆的形式,未经权利人许可上传作品,且未支付报酬,构成对信息网络传播权的侵犯。**

该案中,被告数图公司辩称,建立数字图书馆的目的是适应信息时代广大公众的需求,公司基本上属于公益型事业,正在投入资金开发版权保护系统,一方面保护著作权人的利益不受侵犯,另一方面又能发挥中国数字图书馆的作用,使数字图书馆更好地为公众服务,故请求法院依据中国数字图书馆的实际情况,结合我国国情,作出裁判。

传统图书馆具有公益目的,但数字技术的发展对此带来了冲击。将作品制作成电子版是对作品的再一次复制使用,会涉及作品著作权的诸多方面。根据《著作权法》第22条第1款第8项的规定,图书馆、档案馆、纪念馆、博物馆、美术馆等为陈列或者保存版本的需要,复制本馆收藏的作品,可以不经著作权人许可,不向其支付报酬,但应当指明作者姓名、作品名称,并且不得侵犯著作权人依照本法享有的其他权利。但该规定限于馆藏的需要,而且只允许复制本馆收藏的作品,所以对数字图书馆来说,不符合该条合理使用的范围。从当前的理论和实践看,各国对数字图书馆的问题争议也比较多,主要集中于数字图书馆的海量许可授权方面。

该案中,法院认为,数图公司未经许可将此作品列入中国数字图书馆中,对陈兴良在网络空间行使权利产生了影响。图书馆的功能在于保存作品,并向社会公众提供接触作品的机会,这种接触是基于特定的作品被特定的读者在特定的期间以特定的方式(借阅)完成,对知识的传播、社会的文明进步具有非常重要的意义,同时对作者行使权利的影响非常有限,因此,并不构成侵权。但数图公司将陈兴良的作品上载到国际互联网上的行为,扩大了作品传播的时间和空间,扩大了接触作品的人数,改变了接触作品的方式,并且没有采取有效手段保证作者获得合理的报酬,因此阻碍了陈兴良以其所认可的方式使社会公众接触其作品,侵犯了其信息网络传播权。可以认为,法院的这种认定主要是基于对作者行使权利的影响上。传统图书馆对作者行使权利的影响有限,故不构成侵权,而数字图书馆则会较大影响作者行使权利,从而构成侵权。

**88** 出版他人享有专有出版权的图书(《著作权法》第 48 条第 2 项)

**案例:中国友谊出版公司与浙江淘宝网络有限公司、杨海林侵犯出版者权纠纷案**

案例来源:《人民法院案例选》2010 年第 3 辑,北京市第二中级人民法院(2009)二中民终第 15423 号民事判决书

主题词:专有出版权 网络服务提供者

## 一、基本案情

原告(被上诉人):中国友谊出版公司(以下简称友谊出版公司)。

被告(上诉人):浙江淘宝网络有限公司(以下简称淘宝网公司)。

被告:杨海林。

2008 年 1 月 29 日,原告友谊出版公司与磨铁(北京)文化发展有限公司(以下简称"磨铁公司")签订《图书出版合同》,约定原告享有在中国大陆范围内以图书形式出版《盗墓笔记 4》(以下简称"正版图书")的专有权利。2008 年 11 月,原告发现被告杨海林以明显不合理的低价,通过开设在被告淘宝网公司网站上的网店销售《盗墓笔记 4》(以下简称涉案图书)。经法院当庭比对,涉案图书与正版图书虽然版权页均标明系原告出版,但正版图书与涉案图书在印刷版次、印刷质量、目录样式上均不一致,原告否认涉案图书系其出版物。

2008 年 12 月,原告通过公证方式,分别对在淘宝网上搜索及购买《盗墓笔记 4》的过程及网页上的相关内容、登录淘宝网后显示"已买到的宝贝"相关网页的内容、收到卖家通过快递公司发给的涉案图书的过程等进行了证据保全。在淘宝网显示交易成功后,原告于 2008 年 12 月 18 日向被告淘宝网公司出具了关于淘宝网销售涉案图书问题的函及知识产权侵权通知书,通知被告淘宝网有关销售涉案图书的链接内容侵犯了其版权,要求删除相关内容并提供侵权网店经营者的真实名称、地址、联系方式。被告淘宝网公司回函称:对原告所指证的侵犯原告知识产权的上传信息进行检查,给予删除处理,共 28 件,并提供卖家在被告淘宝网上自行注册的资料。其中,会员名为"杨帆书屋"的卖家姓名为本案被告杨海林,地址为北京市春松胡同 2 号。

对此,原告认为,被告杨海林所销售的涉案图书系盗版图书,其行为侵犯了原告享有的专有出版权。被告淘宝网公司作为提供交易服务平台的主体,对在其网上销售的涉案图书及销售主体资格,未尽到合理的审查义务,且对以明显低于市场价格销售图书的信息未尽及时删除的义务,为非法销售盗版图书提供了渠道和便利,已经参与到被告杨海林的侵权环节之中,与被告杨海林构成共同侵权,应承担连带责任。故诉至北京市东城区人民法院,请求判令二被告停止侵权行为,在《人民法院报》公开赔礼道歉,消除影响;赔偿原告经济损失 20 万元;支付原告为制止侵权行为所支付的合理费用 24 000 元;承担本案诉讼费用。

被告淘宝网公司辩称:其作为提供信息发布平台的服务提供商,并非网店经营者,不应承担因网店经营或商品发布、销售而引发的侵权责任。涉案图书的销售信息系淘宝网公司收到原告的投诉函之前由被告杨海林在网上发布并传输的,淘宝网公司对被告杨海林销售涉案图书是否构成侵权并不知情。被告淘宝网公司在收到原告投诉函之后,对所投诉的相关信息及时作了删除处理,并按要求提供了会员的注册资料,已经尽到了合理的注意义务,不构成对原告专有出版权的侵犯。请求法院驳回原告的全部诉讼请求。

被告杨海林未发表答辩意见。

北京市东城区人民法院经审理认为,原告通过经权利人合法授权取得正版图书的专有出版权。涉案图书虽然在版权页标明系原告出版,但涉案图书与正版图书在印刷版次、印刷质量、目录样式上均不一致,且原告否认涉案图书系其出版,被告杨海林亦未能出示涉案图书的合法来源,故本院确认涉案图书并非原告正式出版物。被告杨海林通过在淘宝网上开设的"杨帆书屋"网店,销售并非原告正式出版物的涉案图书,且未到庭进行实体答辩,未能证明其已经审查了涉案图书的权属来源以及供货商资质,故本院以此认定被告杨海林销售涉案图书的行为,侵犯了原告的专有出版权,应当承担侵权责任。鉴于原告认可被告淘宝网公司已经删除涉案图书上传信息的事实,在原告未举证证明被告杨海林仍在进行销售行为的情形下,本院确认被告杨海林

在淘宝网上销售涉案图书的侵权行为已经停止。

被告淘宝网公司作为网络服务商,其本身并不参与信息发布者与接受者之间的交易过程,亦不从单笔交易中获取收益。但其服务目的在一定程度上会与经营者力图获取的经济效益相关,按照权利与义务对等原则,被告淘宝网公司在提供信息平台服务过程中,当然负有相应审查义务。本案中,被告淘宝网公司负有对交易平台上发布经营信息销售主体的资质审查义务,但对交易平台上商品报价是否畸低以及商品质量是否合格等不负有事前审查义务,只有在权利人提出确有证据的主张后予以及时删除的义务。虽然被告淘宝网公司作为交易平台服务提供者,并未介入原告与被告杨海林的交易过程,故其主观上不存在共同故意。但在被告淘宝网公司对淘宝网交易平台上提供信息的经营主体负有资质审查义务的前提下,并未以任何形式履行该项审查义务,故在被告杨海林侵权行为的发生过程中存在过失。而且,被告淘宝网公司实施的提供交易平台信息服务,确为被告杨海林侵权行为发生起到了辅助作用,故在本院确认被告杨海林侵权成立的情况下,被告淘宝网公司亦应承担相应的侵权责任。被告淘宝网公司为被告杨海林实施侵权行为提供了辅助条件,应与被告杨海林共同承担赔偿责任。据此,北京市东城区人民法院判决:

一、两被告赔偿原告经济损失2 000元;

二、驳回原告其他诉讼请求。

一审判决后,被告淘宝网公司不服提起上诉,请求撤销原审判决,改判淘宝网公司不构成侵权。

北京市第二中级人民法院认为,淘宝网公司提供的网络交易平台与市场内的柜台、摊位等存在区别。其涉及的商品数量巨大、类别繁多,涉及的卖家情况不同,应负的审查范围及审查内容不同,由于目前法律、行政法规中并未明确规定网络交易平台的提供者负有审查个人卖家经营资质的义务,故淘宝网公司仅审查个人卖家的真实姓名和身份证号码,未要求杨海林提供其具有经营资质方面的证明,并未违反相关规定。二审法院认为,淘宝网公司的上诉理由成立,终审判决:

一、撤销原审判决,由杨海林赔偿中国友谊出版公司经济损失2 000元;

二、驳回友谊出版公司的其他诉讼请求。

二、裁判要旨

**No.1-5-48-5 未经授权私自印刷他人享有专用出版权的图书,侵犯了出版者的专有出版权,应承担侵权责任。**

现行《著作权法》第48条第2项规定,出版他人享有专有出版权的图书的,应当承担民事、行政和刑事责任。根据《著作权法》的相关规定,图书出版者出版图书应当和著作权人订立出版合同,并支付报酬。图书出版者对著作权人交付出版的作品,按照合同约定享有的专有出版权受法律保护,他人不得出版该作品。实践中,图书出版者与著作权人往往在合同中约定其享有专有出版权。

所谓"盗版图书",即未经授权私自印刷的图书,因其无须向权利人支付使用费,大大压缩了成本,售价低廉。出版盗版书不仅侵犯了作者的发行权等权利,还会冲击图书出版者的市场,影响其发行正版图书的市场利润。因此,应承担相应的侵权责任。

在实践中,根据相关证据规则和举证的难易程度,对盗版书的判断,往往由出版该书一方承担举证责任,如其能提供合法授权文件,或者能够证明该书有合法来源,则不承担侵权责任。此外,将涉案图书与正版图书进行印刷版次、印刷质量、目录样式等的比对,也可起到辅助证明的作用。本案中,涉案图书与正版图书的印刷质量不同,原告否认涉案图书系其出版,而被告杨海林亦未能出示涉案图书的合法来源,因此可认定其侵权行为成立。

**No.1-5-48-6 电子交易平台网络服务提供商尽到合理审查义务的,对于发生于其交易平台的第三方侵权行为不承担责任。**

随着网络技术的进步,类似淘宝网公司的新兴网络交易平台发展迅速,其与对在其网站上注册网店出售商品的会员所实施的侵权行为是否承担责任及承担何种责任,已经成为实践中关注的热点之一。所谓网络服务提供者,是指利用自己掌握的网络技术和硬件设施,为各类开放性网络提供信息传播中介服务的经营者,其不直接提供信息内容、不直接参加交易活动。本案被告淘宝网公司的经营范围包括第二类增值电信业务中的信息服务业(仅限互联网信息服务业务),含消费购物类电子公告信息服务。因此,一般不会构成直接侵权。至于其是否应承担间接责任,关键在于对其审查义务的判断。

网络交易平台与其注册卖家的关系,表面上类似于传统的商场与专柜的关系,都是一方仅提供交易的场所,不参加直接交易,也不直接从另一方的交易中获利。但二者又有着明显的区别,专柜入驻商场需鉴定相关合同,商场可一一审查入驻专柜的资质;而网络交易平台上的卖家既包括企业形式的商家,也包括个体卖家,由于网络的便捷性,其数量众多,它们提供的商品信息量巨大,网络交易平台的网络服务提供商难以在事前对卖家一一进行实质审查,只能在事后负有依请求及时删除相关信息的义务,否则有违网络迅捷的特性。由于目前立法未对网络交易平台网络服务提供商的审查义务作出具体明确的规定,因此,司法实践中在考察其审查义务时,应根据权利义务对等原则,综合考量其与现阶段技术发展状态相适应的审查能力、促进产业发展与对交易主体行为导向之影响等方面予以确定。若网络服务提供商不存在主观过错,一般无须为其平台上卖家的侵权行为承担侵权责任。目前,对其过错的认定,可结合《侵权责任法》第36条的规定判断。所以,本案中,二审法院对淘宝网公司的责任认定是正确的。

### 89 技术措施保护(《著作权法》第48条第6项、第51条、第59条)

**案例:**武汉适普软件有限公司诉武汉地大空间信息有限公司计算机软件著作权侵权案
**案例来源:**《人民法院案例选》2009年第2辑[第44号]
**主题词:**技术措施　计算机软件

#### 一、基本案情

原告:武汉适普软件有限公司(以下简称武汉适普公司)。

被告:武汉地大空间信息有限公司(以下简称地大空间公司)。

原告武汉适普公司诉称,其自主开发的"VirtuoZo NT全数字摄影测量系统"软件于2000年1月取得了计算机软件著作权登记证书(软著登字第0004115)。被告地大空间公司未经原告武汉适普公司的许可,擅自安装并使用原告武汉适普公司自主开发的VirtuoZo NT软件。2007年2月9日,原告武汉适普公司向湖北省武汉市中级人民法院申请对被告地大空间公司进行诉前证据保全时,当场发现被告地大空间公司未经原告武汉适普公司许可,在其工作车间生产用电脑上擅自安装并使用的该软件57套,致使原告武汉适普公司蒙受经济损失,其行为严重侵害了原告武汉适普公司的软件著作权,扰乱了VirtuoZo NT软件的市场秩序。原告武汉适普公司因此诉请法院判令被告立即停止侵权行为,在《武汉晚报》和《楚天都市报》向原告公开赔礼道歉、消除不良影响,赔偿原告经济损失500万元和诉讼合理支出费用5万元,并承担本案全部诉讼费用。庭审中,原告申请撤回上述第2项关于赔礼道歉、消除影响的诉讼请求,法院已予以准许。

被告地大空间公司辩称:(1)法院证据保全时,被告地大空间公司计算机中的VirtuoZo NT软件均已升级V3.5版,且VirtuoZo NT V3.5产品包装上署名并非原告武汉适普公司的法定名称,不能确定原告武汉适普公司对VirtuoZo NT V3.5版享有著作权。(2)法院证据保全时查到的57台计算机中安装有VirtuoZo NT V3.5软件,其中有7套是向原告武汉适普公司合法购买的,其余的是用GHOST镜像拷贝后用来备份的;且由于原告软件有加密授权措施,只有电脑安装有与授权许可文件license相应的原配网卡的情况下才能使用,被告地大空间公司只有7台电脑有原配网卡,其他未安装有VirtuoZo软件原配网卡的电脑上是无法运行使用该软件的,因此被告地大空间公司的行为不构成侵权。(3)原告武汉适普公司要求被告地大空间公司赔偿损失计算依据不足,原告方的证据不能证明涉案软件的价值为每套10万元。请求法院驳回原告武汉适普公司的诉讼请求。

湖北省武汉市中级人民法院经审理查明，2000 年 1 月 6 日，国家版权局颁发软著登字第 0004115 号《计算机软件著作权登记证书》，登记号 2000SR0034，软件名称：VirtuoZo NT 全数字化摄影测量系统［简称：VirtuoZo NT］V3.0，著作权人：武汉适普公司。证书内容为"根据中华人民共和国《计算机软件保护条例》的规定及申请人的申报，经审查，推定该软件的著作权人自 1999 年 1 月 20 日起，在法定的期限内享有该软件的著作权"。

VirtuoZo NT 全数字摄影测量系统，是一个全软件化设计的现代摄影测量系统，能完成从自动空中三角测量到测绘地形图的全套整体作业流程解决方案，可处理航空影像、近景影像、卫星影像和可量测数码相机影像等。VirtuoZo NT V3.5 版软件产品是 VirtuoZo NT 软件的一种，其产品外包装上标明"在使用本产品之前，您必须接受其中所附的许可协议。如果您不接受许可协议的条款，请立即将本产品退回。Copyright 2003. 适普公司版权所有。Supresoft、Supresoft 徽标和 VirtuoZo 是适普软件公司的注册商标。未得到适普公司的正式许可，任何人或组织不得以任何手段与形式对任何内容进行复制或传播"。在《VirtuoZo NT V3.5 使用手册》内有版权声明："适普软件公司版权所有 2003 年。保留所有权利。……VirtuoZo 的版权归适普软件公司所有。VirtuoZo NT 是适普软件公司的注册商标……"该产品包装和使用手册的署名为："适普软件有限公司 Supresoft INC.、适普软件北京有限公司和适普软件武汉有限公司（地址：湖北省武汉市关山二路关东科技园 3-2 号楼）。"

武汉适普公司是由股东武汉测绘科技大学开发实业总公司和香港适普软件有限公司发起设立的合资经营企业，经营范围是"计算机技术及产品的开发、研制、技术服务；开发产品的销售；数据库服务业"。经香港地区中国委托公证人陈耀庄证明，在香港注册的适普软件有限公司（英文名称：Supresoft Limited，以下简称香港适普公司）系 1997 年成立，注册地址香港皇后大道东 1 号太古广场三座 28 楼，股东为杨忠、张祖勋。2007 年 7 月 20 日，香港适普公司出具了《VirtuoZo 系列软件计算机软件著作权归武汉适普公司所有的声明》，证明：VirtuoZo 系列软件包括 VirtuoZo V3.5 软件，是由武汉适普公司基于自主核心技术开发的计算机软件产品；其著作权由武汉适普公司所有，香港适普公司不享有该软件的著作权，与该系列软件著作权被侵害引起的一切权利主张都由武汉适普公司主张；官方网站 www.supresoft.com.cn 属于武汉适普公司所有并由其维护；VirtuoZo 软件产品宣传上统称为适普软件、适普软件有限公司，部分产品宣传上的"适普软件（武汉）有限公司"，就是武汉适普公司。

适普软件（北京）有限公司（以下简称北京适普公司），是在中国北京注册的独资公司，投资者为香港适普公司。2007 年 7 月 20 日，北京适普公司也出具了《VirtuoZo 系列软件计算机软件著作权归武汉适普公司所有的声明》一份，内容是证明 VirtuoZo 系列软件包括 VirtuoZo V3.5 软件著作权归武汉适普公司所有，北京适普公司不享有该软件的著作权，其余内容与前述香港适普公司出具的声明相同。

VirtuoZo NT V3.5 软件内附有一份软件许可证协议，该协议是"您"（软件安装使用者）与适普软件公司之间有关"软件产品"的法律协议。软件的安装使用者在安装、复制或以其他方式使用"软件产品"，即表示其同意接受协议各项条件的约束。协议中包括如下条款："授予许可。适普公司授予您使用一份本软件拷贝的许可证。使用的含义是存储、加载、安装、执行或展示本软件。不得修改本软件或使用本软件的许可或控制特性无效。""拷贝和改编。仅用于存档，或复制或改编是已授权软件使用中的主要步骤时，您可以拷贝和改编本软件。在所有的拷贝或改编本上必须复制所有的版权声明。不得将本软件复制到任何其他人可以下载或通过其他方式可以获得该软件产品的公告版或类似的系统上。"

《VirtuoZo NT V3.5 使用手册》附录 1 安装指南中有如下说明："1. 安装前准备：A. 确认软件使用许可。如果您已经通过电子邮件或传真收到了 VirtuoZo 的软件使用许可文件，请注意保存。有了该软件的使用许可文件，方能正常运行该软件，如果您还未收到该软件许可文件，您仍然可以安装该软件，但不能正常运行。……2. 系统硬件配置要求：……B. 网卡，本软件是通过网卡来设定软件的使用许可，因此，需要一块标准的可驱动使用的网卡。……4. VirtuoZo 软件许可:若您已购买了 VirtuoZo 软件,还需要从适普软件有限公司申请使用许可证,方可正常使用 VirtuoZo。首先,需要提供使用 VirtuoZo 软件的计算机内置网卡对应的网卡号,然后由适普公司授权加密生成软件使用许可。A. 如何获得网卡号,由于 VirtuoZo 是通过网卡进行加密授权,当您已购买该软件,并将所要求的系统配置都已安装好,下一步就是获取网卡号。……请将此网卡号传给适普公司,我们将根据此网卡号进行加密授权,产生软件许可证(license)文件 *.lic,用户将其拷贝到所安装的 VirtuoZo 根目录中,运行执行文件即可。……C. 软件许可证(license)出现的常见问题,软件许可证(license)文件是以"lic"为扩展名的文本文件,它是由适普软件有限公司发放的对软件进行授权的文件,一般情况下,用户只须将由我公司发出的 license 文件拷贝到 VirtuoZo 安装目录下,如 c:\VirtuoZo,然后运行 VirtuoZo NT.exe 即可使用其购买的相关软件。……若使用 VirtuoZo 权 V3.5,当从主界面选择一些功能菜单如:相对定向、核线重采样、影像匹配等时,若出现程序没有任何反应的现象,一般是由于 license 没有正确安装或没有安装所引起的……"

2007 年 2 月 9 日,经原告武汉适普公司申请,本院依法裁定采取诉前证据保全措施,对被告地大空间公司操作间的计算机进行了现场清查勘验。在证据保全中,本院执行人员首先随机选取了被告地大空间公司图形制作中心第二图像操作室内编号为 kg-j-15 号和 kg-j-16 号的两台计算机安装有 VirtuoZo 软件的情况进行了数据备份。在该两台计算机的 C 盘根目录下有"VirtuoZo35"目录,kg-j-16 号计算机内还有"VirtuoZo35PLUS"目录,这些目录下均有"VirtuoZo.lic"的软件许可文件,打开该文件,均显示有"……HOSTID = 0000e84c2ab1……"的许可号字样。在该两台计算机的 WINDOWS 附件 DOS 命令提示符下,输入"ipconfig/all"命令后回车,查询计算机的网卡设置,显示两台计算机内各安装有两块网卡,检查网卡号,两台计算机内分别显示有同一个编号为"Ethernet adapter 本地连接:Physical Address……;00-00-E8-4C-2A-B1"的网卡号。然后,执行人员对被告地大空间公司操作间的所有计算机逐台开机清点并核实软件许可文件,结果表明,被告地大空间公司的四个操作间内共有计算机 78 台,其中,有 21 台未安装 VirtuoZo NT 软件(其中 11 台因设置密码等原因无法开机、10 台未安装),有 57 台计算机上安装了 VirtuoZo NT V3.5 软件,该 57 台计算机分别重复使用了 7 个相同的许可号。经统计,使用了许可号为 0000e8b00f64 的 7 台;0000e84c2ab1 的 18 台;0000e84d3079 的 7 台;00055d048afd 的 20 台;0090263d06a1 的 3 台;0090263d079c 的 1 台;0090263d0685 的 1 台。原告武汉适普公司确认,上述 7 个许可号是经过其许可,已授权被告地大空间公司使用的 7 套正版 VirtuoZo 软件的使用许可号。被告地大空间公司确认,其在计算机安装过程中,是使用 GHOST 镜像软件,将已安装有 VirtuoZo NT V3.5 软件的计算机中的硬盘文件全部拷贝到了其他计算机中。

2008 年 2 月 29 日,本院组织双方当事人在本院办公室内,通过操作法院办公用计算机,对上述证据保全时复制的被告地大空间公司编号为 kg-j-15 号和 kg-j-16 号电脑数据进行了现场演示。操作步骤如下:第一步,在用于演示电脑的 DOS 命令提示符下输入"ipconfig/all"命令后回车,查询计算机的网卡设置,计算机显示有"Ethernet adapter 本地连接:Physical Address……:00-1B-11-B8-0A-08; Ethernet adapter 本地连接 2:Physical Address……:00-0F-3D-81-41-C0"两个网卡号(物理地址)。第二步,接入 2007 年 2 月 9 日本院证据保全中复制的数据硬盘,将其中被告地大空间公司编号为 kg-j-16 计算机上的文件夹"VirtuoZo35PLUS"复制到演示计算机的 D 盘目录下,检查该文件夹中有 VirtuoZo.lic 授权许可文件,打开该文件,显示"……HOSTID = 0000e84c2ab1……"表明,该授权文件是针对 0000E84C2AB1 的注册网卡号编制的。第三步,运行该文件夹中的 VirtuoZoNT.exe 可执行文件,出现 VirtuoZo35 软件的操作界面,载入软件的处理对象——1 份影像数据文件,运行软件界面中名称为"处理—模型定向—相对定向"模块,显示"Get License:Invalid host(-9,57)"字样,软件不能运行使用。第四步,通过手工修改演示计算机中两块网卡中的一块网卡号为 License 文件中授权的网卡号 0000E84C2AB1,在 DOS 命令提示符下再次输入"ipconfig/all"命令后回车,查询计算机的网卡设置,计算机显示有"Ethernet adapter 本地连接:Physical Address……:00-00-E8-4C-2A-B1; Ethernet adapter 本地连接 2:Physical Address……: 00-0F-3D-81-41-C0"两个网卡物理地址。第五步,重新启动计算机后,运行上述 VirtuoZoNT. exe 可执行文件,出现 VirtuoZo35 软件的操作界面,载入软件的处理对象——1 份影像数据文件,运行软件界面中名称为"处理—模型定向—相对定向"模块,结果显示该软件及模块能够正常运行使用。以上演示过程及结果,本院以勘验笔录方式予以确认。

据此,湖北省武汉市中级人民法院认为,原告武汉适普公司是涉案的"全数字化摄影测量系统 VirtuoZo NT V3.5"软件的著作权人,其著作权应当受到法律保护。被告地大空间公司是经著作权人许可使用 7 套 VirtuoZo NT V3.5 软件的最终用户,在其工作场所的 57 台计算机上复制、安装、使用 VirtuoZo NT V3.5 软件的行为,是商业性使用软件行为,其超出许可范围大量复制、使用了 VirtuoZo NT V3.5 软件,构成侵权。被告实施了故意避开或者破坏著作权人为保护其软件著作权而采取的技术措施的行为,构成对原告武汉适普公司计算机软件著作权的侵害。综上判决:

一、被告立即停止涉案侵犯原告武汉适普软件有限公司"全数字摄影测量系统 VirtuoZo NT V3.5"软件著作权的行为;

二、赔偿原告经济损失 308 万元(包含原告因维权支出的合理费用);

三、驳回原告的其他诉讼请求。

判决后,双方均未上诉。

二、裁判要旨

**No.1-5-48-7** 故意避开或破坏计算机软件的技术措施,应承担侵权责任。

技术措施是权利人为了防止他人非法接触、使用其作品而采取的技术手段。技术的进步在丰富了著作权客体的同时,也增加了对著作权侵害的手段。因此,权利人也试图借助技术手段控制自己作品的传播,增强对自己著作权的保护。虽然技术措施本身不是著作权的客体,但由于其"防患于未然"的功能,对其侵害就影响了权利人对其作品的控制,增加了著作权被侵权的风险。因此,现行《著作权法》第 48 条规定:"……(六)未经著作权人或者与著作权有关的权利人许可,故意避开或破坏权利人为其作品、录音录像制品等采取的保护著作权或者与著作权有关的权利的技术措施的,法律、行政法规另有规定的除外……"

本案中,"全数字化摄影测量系统 VirtuoZo NT V3.5"属于计算机软件作品,原告依法对其享有著作权。对于计算机软件的保护,现行《著作权法》第 59 条规定:"计算机软件、信息网络传播权的保护办法由国务院另行规定。"而国务院《计算机软件保护条例》第 24 条第 3 项规定,除《中华人民共和国著作权法》、本条例或者其他法律、行政法规另有规定外,未经软件著作权人许可,故意避开或者破坏著作权人为保护其软件著作权而采取的技术措施的,应当根据情况,承担停止侵害、消除影响、赔礼道歉、赔偿损失等民事责任。

本案的证据保全资料及勘验演示结果表明,被告公司图像操作室内不同的计算机上出现了相同的网卡号(即网卡物理地址 Physical Address)。由于计算机网卡的物理地址具有唯一性的特点,同一办公地点的计算机不同网卡显示出相同的网卡号,只有通过人工修改方式才能实现,因此,可以确认被告实施了修改计算机网卡号的行为。而通过网卡的物理地址唯一性原理设置软件保护加密措施,恰恰是原告对其计算机软件采取的技术措施。且证据保全的数据资料显示,被告地大空间公司对其计算机的网卡物理地址进行修改后所生成的网卡号,与本机安装的涉案软件授权许可文件" * . lic"中的 12 位授权加密码(HOSTID)相符。法院组织双方当事人当场勘验演示的结果表明,被告地大空间公司修改其计算机内网卡号的行为,能够产生避开涉案软件的加密措施的后果,使被告地大空间公司已获授权的 7 套涉案软件,能够在任何一台计算机上复制安装后正常运行。被告地大空间公司辩称其复制软件及许可证协议后不能使用的理由不能获得支持,应当承担相关侵权责任。

**No.1-5-51-1** 在著作权侵权纠纷中权利人,可以向法院申请诉前证据保全。

诉前保全证据指当事人在证据可能灭失或者以后难以取得的情况下,在诉讼之前向人民法院申请保全证据,对证据加以固定和保护的制度。目前,我国《民事诉讼法》仅规定了诉讼中的证据保全制度,没有规定诉前证据保全。诉前证据保全目前仅适用知识产权纠纷和海事纠纷案件。

由于包括著作权在内的知识产权具有无形性的特点,对其侵权行为的证据相对于一般民事案件更易灭失或事后难以取得,这在计算机软件和信息网络领域表现得尤其明显。因此,《TRIPS 协议》等国际条约均要求成员国向知识产权人提供诉前证据保全的临时性救济措施。我国在 2001 年《著作权法》修订时增加了该项措施。根据现行《著作权法》第 51 条的规定:"为制止侵权行为,在证据可能灭失或者以后难以取得的情况下,著作权人或者与著作权有关的权利人可以在起诉前向人民法院申请保全证据。人民法院接受申请后,必须在四十八小时内作出裁定;裁定采取保全措施的,应当立即开始执行。人民法院可以责令申请人提供担保,申请人不提供担保的,驳回申请。申请人在人民法院采取保全措施后十五日内不起诉的,人民法院应当解除保全措施。"

本案中,由于计算机软件及电脑网卡号极易被删除、篡改和恢复,导致证据灭失,因此原告在诉前即申请证据保全,并在法院采取保全措施后 15 日内及时提起诉讼。在案件审理中,法院诉前采取的证据保全获得的相关证据对案件事实的查明,起到了至关重要的作用。

**90** 技术措施的认定(《著作权法》第 48 条第 6 项、第 3 条第 8 项、第 59 条)
**案例:北京精雕科技有限公司诉上海奈凯电子科技有限公司侵害计算机软件著作权纠纷案**
案例来源:最高人民法院第十批指导性案例[第 48 号]
主题词:计算机软件　技术措施

一、基本案情

上诉人(原审原告):北京精雕科技有限公司(以下简称精雕公司)。

被上诉人(原审被告):上海奈凯电子科技有限公司(以下简称奈凯公司)。

精雕公司分别于 2001 年、2004 年取得国家版权局向其颁发的软著登字第 0011393 号、软著登字第 025028 号《计算机软件著作权登记证书》,登记其为精雕雕刻软件 JDPaintV4.0、JDPaintV5.0(两软件以下简称 JDPaint)的原始取得人。奈凯公司分别于 2004 年、2005 年取得国家版权局向其颁发的软著登字第 023060 号、软著登字第 041930 号《计算机软件著作权登记证书》,登记其分别为软件奈凯数控系统 V5.0、维宏数控运动控制系统 V3.0(两软件以下简称 Ncstudio)的原始取得人、受让取得人。

奈凯公司在其公司网站上宣称:2005 年 12 月,奈凯公司推出 NC-1000 雕铣机控制系统,该数控系统全面支持精雕各种版本的 Eng 文件,该功能是针对用户对精雕 JDPaintV5.19 这一排版软件的酷爱而研发的。

精雕公司的 JDPaint 软件输出的 Eng 文件是数据文件,采用 Eng 格式。奈凯公司的 Ncstudio 软件能够读取 JDPaint 软件输出的 Eng 文件,即 Ncstudio 软件与 JDPaint 软件所输出的 Eng 文件兼容。

为此,原告诉至上海市第一中级人民法院,称其自主开发的精雕 CNC 雕刻系统由三大部分组成,即精雕雕刻 CAD/CAM 软件即 JDPaint 软件、精雕数控系统、机械本体三大部分。该系统的使用通过两台计算机完成,一台是加工编程计算机,另一台是数控控制计算机。两台计算机运行两个不同的程序需要相互交换数据,即通过数据文件进行。具体是:JDPaint 软件通过加工编程计算机运行生成 Eng 格式的数据文件,再由运行于数控控制计算机上的控制软件接收该数据文件,将其变成加工指令。原告对上述 JDPaint 软件享有著作权,该软件不公开对外销售,只配备在原告自主生产的数控雕刻机上使用。被告开发的 NC-1000 雕铣机数控系统中的 Ncstudio 软件能够读取 JDPaint 软件输出的 Eng 格式数据文件,而原告对 Eng 格式采取了加密措施。因此,被告通过非法破译 Eng 格式的加密措施的方式,开发、销售能够读取 Eng 格式数据文件的数控系统是故意避开或者破坏原告为保护软件著作权而采取的技术措施的行为,构成对原告著作权的侵犯。被告的行为使得其他数控雕刻机能够非法接收 Eng 文件,导致原告精雕雕刻机销量减少,造成经济损失。原告请求法院判令:(1) 被告立即停止支持精雕 JDPaint 各种版本输出格式 Eng 的数控系统的开发和销售及其他侵权行为;(2) 被告在上海《新民晚报》和福州《海峡都市报》中缝以外非广告版面向原告公开赔礼道歉;(3) 赔偿原告因被告所遭受的经济损失人民币 485 000 元。

被告辩称:(1) 被告开发的 Ncstudio 软件是机械工业的控制软件,原告享有著作权的 JDPaint 软件是工艺美术制造业的图形软件。两者在界面、功能设置、应用环境等方面均不同。(2) Ncstudio 软件能够读取 JDPaint 软件输出的 Eng 格式数据文件,因 Eng 数据文件及该文件所使用的 Eng 格式不属于计算机软件的保护范围,故被告的行为不构成侵权,对于原告诉请的经济损失不承担赔偿责任。

上海市第一中级人民法院认为,Eng 文件是否属于法律保护的 JDPaint 软件的组成部分,是本案应审查的重点。该文件是数据文件,其所使用的输出格式即 Eng 格式是计算机 JDPaint 软件的目标程序经计算机执行产生的结果,无法通过计算机运行和执行。据原告陈述,Eng 文件是 JDPaint 软件在加工编程计算机上运行所生成的数据文件。可见,该文件所记录的数据并非原告的 JDPaint 软件所固有的,而是软件使用者输入的雕刻加工信息而生成的。因此,Eng 格式数据文件中包含的数据和文件格式并不属于 JDPaint 软件的程序,不属于计算机软件的保护范围,不应受到法律保护。据此,原告主张被告的 Ncstudio 软件能够读取 Eng 文件的行为实质上是软件与数据文件的兼容。原告关于其因未公开销售 JDPaint 软件,且对 Eng 格式的数据文件采取了加密措施,故被告的软件接收 Eng 文件构成软件著作权侵权的主张,缺乏法律依据,不予支持。故判决:对精雕公司的诉讼请求不予支持,一审案件受理费人民币 9 785 元,由精雕公司负担。

精雕公司不服一审判决,上诉至上海市高级人民法院称:(1) 原审判决错误认定奈凯公司 Ncstudio 软件能够读取精雕公司 JDPaint 软件输出的 Eng 文件,实质是软件与数据文件的兼容而非对 JDPaint 软件著作权的侵犯。JDPaint 软件不作为一个通用商业软件在市场销售,而是作为上诉人所销售"精雕 CNC 雕刻系统"的一部分而存在。JDPaint 软件输出的 Eng 格式文件是"精雕 CNC 雕刻系统"中解决不同程序间通讯问题的数据交换文件,JDPaint 软件输出没有采用标准的 NC 格式,而采用自定义的 Eng 格式,并且不断提高这种文件格式的加密强度,目的在于防止 JDPaint 软件能在普通数控系统中使用。而被上诉人针对上诉人 JDPaint 软件破解 JDPaint5.19 所输出的 Eng 格式,避开和破坏了上诉人为保护 JDPaint 软件权利而采取的技术措施。因此,被上诉人破解 Eng 格式文件的行为已构成对 JDPaint 软件著作权的侵犯。(2) 原审判决适用法律错误,应当增加两项法律依据,即《计算机软件保护条例》第 8 条第 1 项和第 24 条第 3 项。根据《计算机软件保护条例》第 8 条第 1 项之规定,软件著作权人有发表权,即决定是否将软件公之于众的权利,由于上诉人 Eng 格式文件的文件格式、数据结构、指令意义、加密算法从未公开,所以被上诉人行为侵犯了上诉人对于软件的发表权。根据《计算机软件保护条例》第 24 条第 3 项的规定,故意避开或者破坏著作权人为保护其软件著作权而采取的技术措施的行为是侵犯著作权的行为,被上诉人应就其破解 Eng 格式文件的侵权行为承担民事责任。为此,上诉请求撤销原审判决,并判决支持上诉人在一审中提出的诉讼请求。

奈凯公司认为,上诉人精雕公司 JDPaint 软件输出的 Eng 格式文件不属于《计算机软件保护条例》保护的软件,破解 Eng 格式文件的行为不属于侵权行为,原审认定事实清楚,适用法律正确。

上海市高级人民法院经审理查明,原审查明事实属实。该院认为,精雕公司所主张奈凯公司破解 JDPaint 软件输出的 Eng 格式文件的行为构成《计算机软件保护条例》第 24 条第 3 项规定"故意避开或者破坏著作权人为保护其软件著作权而采取的技术措施的"行为,缺乏依据。从技术上和设计目的而言,JDPaint 软件输出采用 Eng 格式都不属于对"著作权人为保护其软件著作权而采取的技术措施"。精雕公司所主张奈凯公司破解 JDPaint 软件输出 Eng 格式文件的行为构成对上诉人软件发表权的侵犯,也缺乏事实与法律依据。精雕公司称其 Eng 格式文件的文件格式、数据结构、指令意义、加密算法从未公开,但由于 Eng 格式文件不属于《计算机软件保护条例》所指软件,精雕公司因此也就不享有对 Eng 格式文件的软件发表权,奈凯公司破解 JDPaint 软件输出 Eng 格式文件的行为,不构成对上诉人软件发表权的侵犯。综上,精雕公司上诉理由不能成立,应予驳回。原审认定事实清楚,适用法律正确,应予维持。故判决驳回上诉,维持原判。

二、裁判要旨

No.1-5-48-8 计算机软件著作权人为实现软件与机器的捆绑销售,将软件运行的输出数据设定为特定文件格式,以限制其他竞争者的机器读取以该特定文件格式保存的数据,从而将其在软件上的竞争优势扩展到机器,不属于《著作权法》所规定的著作权人为保护其软件著作权而采取的技术措施。他人研发软件读取其设定的特定文件格式的,不构成侵害计算机软件著作权。

技术措施是网络环境下著作权人保护其计算机软件著作权的重要手段,《著作权法》第48条第6项规定:"故意避开或者破坏权利人为其作品、录音录像制品等采取的保护著作权或者与著作权有关的权利的技术措施的"行为,属于侵犯著作权的行为。该条的立法目的在于通过对恶意规避技术措施的限制,强化对相关作品著作权的保护,即对计算机软件技术措施进行保护的目的是为了保护计算机软件著作权。随着网络技术的发展,著作权人采取的技术手段繁杂多样,其使用目的也各不相同,既有保护著作权的目的,也有过度限制对作品合理接触的行为、限制竞争的目的。因此,对上述法条的规定应当慎重,不能滥用。

本案中,精雕公司 JDPaint 软件输出没有采用标准的 NC 格式,而采用自定义的 Eng 格式,并且不断提高这种文件格式的加密强度,目的在于防止 JDPaint 软件能在普通数控系统中使用,限制竞争者的机器读取该文件,从而在 JDPaint 软件与其自主生产的雕刻机床之间建立捆绑关系,排除了 JDPaint 软件合法取得者在其他数控系统中使用 JDPaint 软件的机会。这就将 JDPaint 软件著作权的专有竞争优势,扩展到了机器生产竞争领域,超出了《著作权法》对计算机软件这一智力成果的保护范围。故精雕公司 JDPaint 软件输出采用加密 Eng 格式文件的技术措施,其目的是为了实现软件与机器的捆绑销售,限制机器竞争,不属于《著作权法》所规定的著作权人为保护其著作权所采取的技术措施。并且,从技术层面讲,JDPaint 输出的 Eng 格式文件功能在于完成两个系统之间的数据交换,其基本功能并不在于对 JDPaint 软件进行加密保护,加密 Eng 格式文件只是对 JDPaint 软件而输出的文件加密,而不是直接对 JDPaint 软件采用的加密措施,故破解加密 Eng 格式文件也不会直接导致对 JDPaint 软件的非法复制。因此,奈凯公司研发能读取 JDPaint 软件输出的 Eng 文件的 Ncstudio 软件,并不属于《著作权法》第 48 条第 6 项所规定的恶意规避技术措施的行为。

此外,计算机软件著作权的保护范围是计算机程序和文档。Eng 文件是 JDPaint 软件在加工编程计算机上运行所生成的数据文件,该文件的输出格式是 JDPaint 软件运行后产生的结果,其本身无法由通过具有信息处理能力的装置执行,不属于代码化指令序列或者符号化指令序列或者符号化语句序列。故 Eng 文件不符合《计算机软件保护条例》所称的"计算机程序"。而 Eng 文件所记录的数据内容是根据 JDPaint 软件使用者输入的雕刻加工信息生成的,并非 JDPaint 软件的固有信息,也不符合《计算机软件保护条例》对"文档"的界定。因此,JDPaint 软件所输出的 Eng 文件也不属于 JDPaint 软件的组成部分。综上,奈凯公司研发并销售的 Ncstudio 软件能够读取 Eng 文件,属于软件与数据文件的兼容问题,并未侵犯精雕公司的计算机软件著作权。

## 91 权利管理信息的保护(《著作权法》第48条第7项、第60条)

**案例:阎世豪与上海亿之唐信息服务有限公司著作权侵权纠纷案**
案例来源:上海市第一中级人民法院(2002)沪一中民五(知)初字第52号民事判决书
主题词:权利管理信息 不得转载声明

一、基本案情

原告:阎世豪。

被告:上海亿之唐信息服务有限公司。

原告阎世豪系榕树下网站的注册用户,用户名为"明月"。1998年9月2日,原告用笔名"明月"在榕树下网站发表了《国人眼中的"上海女人"》一文(以下简称《国》文),全文篇幅约为2200字。原告在文章尾部声明:其他任何媒体未经授权一律不得转载。2001年底,原告发现被告在未经许可也未支付稿酬的情况下,在其所属网站 www.etang.com 的"网蝶情话"栏目中刊登了《国》文,且未标注作者的姓名,更改了文章标题,删除了两个小节的内容。2002年1月28日,原告与上海市卢湾区公证处的公证员黄露兰、邵晖在该公证处的办公室通过拨号上网的方式接入互联网,在"网蝶情话"网页下显示《喜欢上海女人的几个理由》一文(以下简称《喜》文),署名为北京青年报。《喜》文尾部没有作者禁止转载的声明。被告在庭审中表示,其不清楚《喜》文的来源,也不能证明《喜》文来源于北京青年报。经比较,《国》文与《喜》文的开头和结尾段文字完全相同。《喜》文的正文部分包括"漂亮的上海女人"和"精打细算的上海女人"两部分,其中除个别字句的删改外,与《国》文的相应部分基本相同。《喜》文全文约1700字。

原告认为,被告的行为侵犯了原告的获得报酬权、署名权、修改权以及保护作品完整权,故诉至上海市第一中级人民法院,请求判令被告在被告网站首页显著位置标注由原告认可的道歉声明链接至少两周,赔偿原告经济损失人民币3772.50元。

被告辩称:原告不能证明其系《国》文的作者,故不具备本案的诉讼主体资格;原告提出的赔偿请求没有法律依据。

上海市第一中级人民法院认为,鉴于原告发现的涉嫌著作权侵权的行为发生在2001年《著作权法》修正实施之后,故本案应适用修改后的《著作权法》。如无相反证明,在作品上署名的公民、法人或者其他组织为作者,而系争作品著作权人应为在该作品上署名的作者明月,原告提供证据可证明其即为"明月",系《国》文的作者,对该作品依法享有著作权。被告未能提供相反证据或反驳证据证明《国》文的作者另有其人,故其关于不能确认原告系该文作者的辩解不予采信。原告在署名文章中附加了禁止转载的声明,而被告仍在未经原告同意的情况下,改变署名,涤除权利管理信息,擅自使用了《国》文中的大量内容,其行为已经侵犯了原告的署名权、修改权、复制权和获得报酬权,理应承担侵权责任,据此判决:

一、被告立即停止对原告《国》文著作权的侵害;
二、在 www.etang.com 首页设立道歉声明链接,向原告阎世豪公开赔礼道歉,为期一周;
三、赔偿原告阎世豪经济损失人民币2746元。判决后,原、被告均未上诉。

二、裁判要旨

**No.1-5-48-9** 网络作品"不得转载的声明"属于权利管理电子信息,未经许可对其故意删除或者改变,应承担侵权责任。

权利管理信息保护是现代著作权制度中的一个重要内容,其主要作用在于标明权利人、声明权利以及公示作品的使用条件。目前国际条约仅要求对电子形式的权利管理信息提供保护,即只保护权利管理电子信息。

根据《信息网络传播条例》的有关规定,所谓权利管理电子信息,是指说明作品及其作者、表演及其表演者、录音录像制品及其制作者的信息,作品、表演、录音录像制品权利人的信息和使用条件的信息,以及表示上述信息的数字或者代码。随着数字技术的进步,以数码形式表现的权利管理信息很容易被删除或更改,为侵权人进一步从事侵权行为提供了便利。因此,与前文提到的技术措施类似,其本身不享有著作权,但是对其删除或改变,却可为侵犯著作权行为打开方便之门。因此,现行《著作权法》第48条规定:"……(七)未经著作权人或者与著作权有关的权利人许可,故意删除或者改变作品、录音录像制品等的权利管理电子信息的,法律、行政法规另有规定的除外……"

本案中,系争作品发表于网络,属于数字作品,其文后附属的有关"不得转载"的声明是对该文使用条件的说明,且亦为数字形式的表达,符合"权利管理电子信息"的定义。因此,被告剔除该信息后未经许可使用该文时,除了应就其侵犯原告相关著作权承担侵权责任外,还应对其剔除该信息的行为承担侵权责任。

**No.1-5-60-1** 法律修改后,依照侵权或者违约行为发生时的规定处理。

我国著作权制度自1990年《著作权法》公布并于1991年实施以来,历经2001年、2010年两度修改,期间必然涉及法律的适用实效。现行《著作权法》第60条第2款规定:"本法施行前发生的侵权或者违约行为,依照侵权或者违约行为发生时的有关规定和政策处理。"这符合有关法律溯及力的原则。

本案系争作品的著作权产生于2001年《著作权法》实施之前,但被告的侵权行为发生在该法实施之后,故应适用2001年修改后的《著作权法》。

**92** 出售假冒他人署名的作品(《著作权法》第48条第8项、第52条)

**案例:** 吴冠中与上海朵云轩、香港永成古玩拍卖有限公司著作权纠纷案
**案例来源:**《中华人民共和国最高人民法院公报》1996年第2期第66—68页
**主题词:** 假冒署名　拍卖　民事制裁

## 一、基本案情

原告(被上诉人):吴冠中。

被告(上诉人):上海朵云轩。

被告(被上诉人):香港永成古玩拍卖有限公司(以下简称香港永成公司)。

1993年10月2日,在港客户赵某某与香港永成公司签订《出售委托书》一份,委托书中载明,赵某某委托香港永成公司拍卖署名吴冠中的载有"炮打司令部"字样的《毛泽东肖像》画一幅,估价为30—35万港元,备注栏标明:拍卖日期1993年10月27日等。双方还就拍卖品佣金、保险等作了约定。同年10月上旬,香港永成公司将其征集和朵云轩提供的拍卖品总数计382件编印成《图录》,封面上载明:"香港永成古玩拍卖有限公司、朵云轩于1993年10月27日(星期三)下午2时30分联合主办'中国近代字画及古画拍卖会'"。《图录》中编号第231号图系一幅署名吴冠中的《毛泽东肖像》画。香港永成公司除将该《图录》向外界散发外,还给"朵云轩"50册。拍卖会召开前夕,朵云轩将此《图录》赠送给上海有关单位和个人。

1993年10月中旬,吴冠中获悉上述事宜后认为,其从未画过《毛泽东肖像》画。于是委托他人向有关部门反映,设法制止对该画的拍卖。同年10月25日,上海市文化管理处以文件通知朵云轩,上述画件"如确系伪作,须迅速撤下,停止拍卖;如有其他伪作,也须照此办理,并请将核查情况上报我处"。对此,朵云轩作出如下答复:该画系香港永成公司在香港接受委托作品;拍卖在香港举行并由香港法人主持,决定权在香港永成公司;一定报告上级意见及作者要求,尽力说服香港永成公司撤下该作品。之后,朵云轩多次电告其在港观摩拍卖的考察组,向香港永成公司转达有关部门的通知及吴冠中的意见,同时也对系争作品进行了鉴定。

香港永成公司接到朵云轩转告的通知和意见后,当即请香港有关专家对此作品进行了鉴定,认为作者称假的理由不能成立,并由委托人作了担保。香港永成公司还出具证明称:"有关上述作品的代理、宣传、竞拍等事项均由本公司照章办理,与朵云轩无关……本公司以为,根据香港法律以及公司的拍卖规程,我们可以决定拍卖。"1993年10月下旬,朵云轩专家赴香港参加拍卖工作。同年10月27日下午,由香港永成公司和朵云轩联合主办的中国近代字画及古画拍卖会如期举行,编号第231号署名吴冠中的《毛泽东肖像》画以52.8万港元成交,其中4.8万港元为拍卖人所得佣金。

1994年6月5日,中华人民共和国公安部根据吴冠中所在单位的要求,对《图录》中《毛泽东肖像》一画的署名字迹是否吴冠中亲笔所写作出"刑事科学鉴定书"。结论为"送检的朵云轩与香港永成古玩拍卖有限公司联合拍卖目录中第231号署名吴冠中的《毛泽东肖像》画上书写'吴冠中画于工艺美院一九六六(重复字)年'字迹,不是吴冠中亲笔所写。"

为此,吴冠中以两被告侵害其著作权为由,向上海市第二中级人民法院提起诉讼,请求法院判令朵云轩和香港永成古玩拍卖有限公司停止侵害、消除影响、公开赔礼道歉,赔偿经济损失港币52.8万元。

被告朵云轩辩称：原告认定系争作品是伪作证据不足；被告的艺术品拍卖行为在法律上不构成对原告著作权的侵犯。委托拍卖行为不是商店销售行为，而是一种居间性质的行纪行为，朵云轩实际上不是香港拍卖活动的联合拍卖人，故请求法院驳回原告的诉讼请求。

被告香港永成公司没有应诉。

上海市第二中级人民法院认为，系争《毛泽东肖像》画，落款非原告吴冠中署名，是一幅假冒吴冠中署名的美术作品。对其拍卖活动，两被告订有共同主持拍卖的协议书，在其《图录》中载明为"联合主办"，且实际拍卖时又共同主持整个拍卖活动，表明对系争作品的拍卖为两被告的共同行为。拍卖书画是一种出售美术作品的行为。两被告在获知原告对系争作品提出异议，且无确凿证据证明该作品系原告所作，落款为原告本人署名的情况下，仍将该作品投入竞拍，最后出售该作品，获取了利益。为此，原告吴冠中依据我国《著作权法》之规定，诉称两被告的行为系出售假冒其署名的美术作品的行为，损害其声誉和美术作品的出售，侵犯其著作权，有事实依据和法律依据，法院应予支持。拍卖是一种特殊形式的买卖，被告朵云轩辩称拍卖行为不是销售行为，其实际上不是系争作品的联合拍卖人，缺乏事实和法律依据，法院不予支持。据此，该院判决：

一、两被告联合拍卖假冒吴冠中署名的《毛泽东肖像》画的行为侵犯了原告的著作权，应停止侵害；

二、两被告在《人民日报（海外版）》《光明日报》上载文向原告公开赔礼道歉、消除影响；

三、两被告共同赔偿原告损失人民币 73 000 元。

此外，该院还对两被告的严重侵权行为作出民事裁决：

一、没收朵云轩、香港永成古玩拍卖有限公司因联合拍卖假冒吴冠中署名的美术作品《毛泽东肖像》的非法所得港币 4.8 万元；

二、处以永成古玩拍卖有限公司罚款人民币 5 万元；

三、处以朵云轩罚款人民币 3 万元。

一审判决后，朵云轩不服，向上海市高级人民法院提出上诉，认为一审判决对事实的认定存在着重大错误和严重失实；法律适用错误，应适用"拍卖地法律"，即香港地区的法律；一审判决朵云轩与香港永成公司承担相同的法律责任是不公正的。

上海市高级人民法院认为，公民的署名权受到法律保护，同时，法律禁止制作、出售假冒他人署名的美术作品。根据现有证据证明，本案系争的《毛泽东肖像》画，落款非吴冠中署名，是一幅假冒吴冠中署名的美术作品。朵云轩与香港永成古玩拍卖有限公司在依协议联合主办的拍卖活动中，公开拍卖了假冒吴冠中亲笔署名的美术作品，共同构成了对吴冠中著作权的侵害。因侵权行为人之一朵云轩在内地；拍卖行为包括书画征集、编印发行《图录》、拍卖清账等系列行为，载有系争作品的《图录》部分流入上海，上海系本案侵权行为地之一。因此，对于本案适用中华人民共和国有关法律是完全正确的。两被告有关"本案应适用香港法律"的辩称是没有根据的。另外，两被告不听有关方面的劝阻，执意拍卖，属于严重的侵权行为，应当按照《中华人民共和国著作权法》及有关法律的规定，承担停止侵害、赔礼道歉、消除影响及赔偿损失的民事责任。一审法院对本案事实认定清楚，法律适用正确。但鉴于系争作品是由香港永成公司直接接受委托，朵云轩曾数次转达了有关方面及作者的意见等事实，香港永成古玩拍卖有限公司对本案的侵权行为负有主要责任，朵云轩系拍卖联合主办单位之一，也应有责任，并相互承担连带责任。据此，判决：

维持一审法院判决的第一项和第二项，变更一审法院判决的第三项，为朵云轩、香港永成公司共同赔偿吴冠中损失人民币 73 000 元，其中朵云轩赔偿吴冠中 27 000 元，香港永成公司赔偿吴冠中 46 000 元。

此外，二审法院还维持了一审法院对两被告的民事制裁决定。

二、裁判要旨

**No.1-5-48-10　拍卖假冒他人署名的作品是对著作权的侵犯。**

现行《著作权法》第 48 条规定："……（八）制作、出售假冒他人署名的作品的。"本案中，两被告联合举办了拍卖会,并拍卖了假冒原告署名的美术作品,符合该条规定,应共同承担侵权责任。

首先,拍卖是一种特殊的销售行为。在拍卖程序中,涉及拍卖人、委托人、竞买人、买受人多方法律主体,各主体之间可以通过合同约定其权利义务关系和责任分担方式,但这些合同关系不能对抗合同外的第三人。对于本案原告而言,拍卖的结果是系争作品被有偿转让给买受人,符合销售的要件,因此被告"拍卖不是销售行为"的答辩理由不成立。

其次,拍卖假冒他人署名的作品是对著作权人署名权的侵犯。对于上述法条所规定情形究竟侵犯权利人的何种权利,存在争议:(1)认为是侵犯权利人的姓名权;(2)认为是侵犯权利人的著作权之署名权。我们赞同后者观点。一方面,著作权人的署名权包括署真名、署假名、不署名,以及阻止他人在不是其作品上署名等情形,制作销售假冒他人作品的行为,侵犯的即是最后一种情形的署名权。另一方面,姓名权是一般民事权利,著作权相对一般民事权利而言,是特别法与一般法的关系,当两者发生竞合时,应优先适用特别法的规定。所以本案法院判决被告侵犯了著作权,是恰当的。

此外,需要说明的是,本案发生时所适用的1990年《著作权法》的类似规定,仅适用于美术作品,2001年修改后的《著作权法》,扩大适用到所有作品。

No.1-5-52-1　法院在审理著作权侵权纠纷案件时,有民事制裁权。

现行《著作权法》第52条规定:"人民法院审理案件,对于侵犯著作权或者与著作权有关的权利的,可以没收违法所得、侵权复制品以及进行违法活动的财物。"此外,《民法通则》第134条第3款也规定,人民法院审理民事案件时,可以予以训诫、责令具结悔过、收缴进行非法活动的财物和非法所得,并可以依照法律规定处以罚款、拘留。这些规定赋予了法院在审理著作权侵权纠纷案件时的民事制裁权,一般适用于严重的侵权行为。

本案中,两被告不听有关方面的劝阻,执意拍卖,属于严重的侵权行为,因此法院对其给予没收非法所得、罚款的制裁于法有据。

### 93　传播复制品的侵权责任(《著作权法》第53条)

**案例:** 环球城市制片公司诉上海沪声音像有限公司、曾扣亮侵犯著作权纠纷案
**案例来源:**《人民法院案例选》2005年第1辑[第46号]
**主题词:** 复制品　房屋出租者

#### 一、基本案情

原告:环球城市制片公司(以下简称环球制片公司)。

被告:上海沪声音像有限公司(以下简称沪声音像)、曾扣亮。

原告环球制片公司系《侏罗纪公园Ⅲ》(Jurassic Park Ⅲ)《迷失世界——侏罗纪公园》(The Lost World:Jurassic Park)的著作权人,上述电影作品均在美国进行了版权登记,且从未许可任何单位或个人在中国境内制作、发行DVD影碟。2002年2月25日,原告代理人在上海市公平路316号"沪声音像公平店"购得盗版DVD影碟共14部,其中包括了《侏罗纪公园Ⅲ》《迷失世界——侏罗纪公园》。被告曾扣亮系上海市公平路316号房屋的产权人,曾于2001年12月14日向上海市虹口区工商行政管理局申请上海市虹口区亮亮烟杂店(以下简称亮亮烟杂店)个体工商户营业执照,经营范围为烟、酒等,经营场所为上海市公平路316号。2001年12月17日,该申请被上海市虹口区工商行政管理局核准,并颁发营业执照。

原告认为,被告沪声音像未经原告许可,以营利为目的擅自发行原告依法享有著作权的作品,侵犯了原告的合法权益。被告曾扣亮作为公平路316号房屋的产权人,与被告沪声音像共同销售盗版DVD影碟,共同侵犯了原告的合法权益。故原告诉至上海市第二中级人民法院,请求判令两被告立即停止销售侵犯原告著作权的音像制品;被告沪声音像提供盗版音像制品生产厂商的名称;两被告共同在《新民晚报》公开赔礼道歉;两被告连带赔偿原告经济损失人民币40

万元和合理支出人民币 15 000 元。

被告沪声音像辩称:沪声音像从未在上海市公平路 316 号开设分店,因此其未实施销售侵犯原告著作权 DVD 影碟的行为。

被告曾扣亮辩称:其与被告沪声音像没有任何关系,也从未销售过涉案盗版 DVD 影碟。其仅将上海市公平路 316 号房屋出租给他人,至于他人是否出售过盗版音像制品,其不清楚,也与其无关;原告主张合理费用的证据的真实性、合理性有问题,故原告要求被告赔偿经济损失及合理费用无事实及法律依据。

上海市第二中级人民法院经审理认为,原告所提供的证据尚不足以证明被告沪声音像在上海市公平路 316 号从事过销售涉案盗版 DVD 影碟的经营行为。本院对原告要求被告沪声音像对销售涉案盗版 DVD 影碟的侵权行为承担法律责任的诉讼请求难以支持。被告曾扣亮系上海市公平路 316 号房屋的产权人及经营者,其应当掌握、了解该房屋内的经营情况。原告环球制片公司已经证实上海市公平路 316 号曾有人销售涉案盗版 DVD 影碟的事实,因此,作为该房屋产权人及该地经营者的曾扣亮,在本案中有义务说明是何人实施了销售涉案盗版 DVD 影碟的行为。虽然被告曾扣亮提供了租赁合同用以证明房屋已出租他人,但该合同并未经房地产主管部门登记备案,且合同中记载的承租人陈华娣本人亦未到庭作证,证实其承租了上海市公平路 316 号房屋并实施销售涉案盗版音像制品的行为。故被告曾扣亮未充分履行其在本案中应承担的举证责任,未证明发生在上海市公平路 316 号房屋内销售涉案盗版 DVD 影碟的行为并非其实施的。因此,被告曾扣亮应对发生在上海市公平路 316 号房屋内销售涉案盗版 DVD 影碟的行为承担民事责任。

据此,该院判决:
一、被告曾扣亮停止对原告享有的电影作品《侏罗纪公园Ⅲ》《迷失世界——侏罗纪公园》著作权的侵害;
二、在《新民晚报》刊登道歉声明,向原告赔礼道歉;
三、赔偿原告经济损失人民币 27 000 元;
四、对原告的其余诉讼请求不予支持。
本案判决后,原、被告均未上诉。

二、裁判要旨

**No.1-5-53-1 房租出租者对发生在其房屋内销售侵权复制品的行为,既不能证明他人所为,也不能证明复制品合法来源的,承担举证不能的侵权责任。**

现行《著作权法》第 53 条规定:"复制品的出版者、制作者不能证明其出版、制作有合法授权的,复制品的发行者或者电影作品或者以类似摄制电影的方法创作的作品、计算机软件、录音录像制品的复制品的出租者不能证明其发行、出租的复制品有合法来源的,应当承担法律责任。"

本案中,原告已证明被告曾扣亮的房屋内有销售涉案复制品的行为,一般可推定该侵权行为系该房主所为。被告曾扣亮作为房屋的所有人,虽举证证明其将该房屋出租给案外人,但是根据公安部的《租赁房屋治安管理规定》,房屋出租者附有一定的治安责任,对承租者的基本情况有知悉、报告的义务。因此,其无法推翻上述优势证据,法院可就此认定其从事了销售涉案复制品的行为。此时,对其责任的认定,可适用上述《著作权法》第 53 条的规定。被告曾扣亮亦不能证明所售 DVD 影碟的合法来源,因此应承担相应的侵权责任。

# 第二编　商标权

第一章　总则

第二章　商标注册的申请

第三章　商标注册的审查和核准

第四章　注册商标的续展、变更、转让和使用许可

第五章　注册商标的无效宣告

第六章　注册商标专用权的保护

# 第一章 总则

> **本章裁判要旨**
>
> No.2-1-5-1　两个以上的自然人、法人或者其他组织可以共同享有和行使商标专用权。
>
> No.2-1-9.1-1　如果注册商标表达的是商品或者服务本身的特征,虽然该商标经过使用获得显著性,但鉴于其显著性较弱,不能阻止他人对该注册商标的合理使用。
>
> No.2-7-57.1.2-1　相关公众应以与商标所标识的某类商品或者服务有关的消费者和与前述商品或者服务的营销有密切关系的其他经营者为范围。
>
> No.2-1-9.1-2　在后的商标权保护范围,不及于在先的企业名称权保护范围。
>
> No.2-7-57.1.2-2　判断商品类似,需要参考注册商标使用的商品分类。
>
> No.2-7-57.1.7-1　显著性不强的近似商标之间存在权利冲突,需要判断使用程度是否"突出"。
>
> No.2-1-9.1-3　申请商标是以商品部分外观的三维形状申请注册的情形,在通常情况下,这种三维形状不能脱离商品本身而单独使用,故相关公众更易将其视为商品的组成部分。
>
> No.2-1-10.1.1-1　注册商标含有与我国国家名称相同或者近似的文字,但其与其他要素相结合作为一个整体,已不再与我国国家名称构成相同或者近似的,不宜认定为与中华人民共和国国家名称相同或者近似的标志。
>
> No.2-1-10.1.1-2　在审查判断有关标志是否构成具有其他不良影响的情形时,应当考虑该标志或者其构成要素是否可能对我国政治、经济、文化、宗教、民族等社会公共利益和公共秩序产生消极、负面影响。
>
> No.2-3-32-1　审查判断诉争商标是否损害他人现有的在先权利,一般以诉争商标申请日为准。
>
> No.2-1-11.1.1-1　商品的通用名称是指为国家或者某一行业所共用的反映一类商品与另一类商品之间根本区别的规范化称谓。
>
> No.2-1-11.1.3-1　判断争议商标是否具有显著性,应当根据争议商标指定使用商品的相关公众的通常认识,从整体上对商标是否具有显著特征进行判断,不能因为争议商标含有描述性文字就认为其整体缺乏显著性。
>
> No.2-1-13.2-1　商标使用应当是权利人实际将商标使用在商品或服务上。
>
> No.2-1-13.2-2　判断标识是否为未在中国注册的驰名商标,关键在于判定申请人的商标在争议商标申请注册前是否已在中国大陆成为使用在相关商品上的驰名商标。
>
> No.2-1-14.1.4-1　驰名商标认定应坚持权利主张地原则。
>
> No.2-3-32-2　企业名称权的范围应当基于规范完整使用,企业名称未经权利人允许,不得在企业名称中单独或突出使用与他人注册商标相似的标识。
>
> No.2-7-57.1.2-3　提供在线电子出版物与主持计算机网站这两类服务之间存在特定联系,如果相关公众难以区分,则两者构成类似服务。

No.2-1-14.4-3　法院在审判侵犯商标权纠纷的案件中,对涉案商标是否属于驰名商标作出认定是对案件基本事实的认定,不受当事人诉讼请求的限制。

No.2-7-57.1.7-2　复制、摹仿、翻译他人注册的驰名商标或其主要部分在不相同或不相类似商品上作为商标使用,误导公众,致使该驰名商标注册人的利益可能受到损害的,依法应当承担相应的民事责任。

No.2-1-14.1.5-1　认定商标是否驰名,不仅应考虑商标注册后的使用情况,也应考虑商标注册前持续使用的情形。

No.2-1-13.3-1　在权利人同时拥有非类似商品上已注册的驰名商标和类似商品上的在先注册商标的情况下,不仅应该将争议商标与权利人在类似商品上在先注册的商标进行比对,还应该考虑驰名商标跨类保护的因素。

No.2-1-14.1.1-1　关于商标知名度的证明,需要证明的是通过其使用、宣传等行为,使相关公众对商标有了广泛的认知。

No.2-1-14.1.2-1　商标使用只要是在生产、经营活动中将商标用于与其指定使用商品相关联的场合,使相关公众能够认识到其是该商品的商标即可。

No.2-1-13.3-2　欲证明商标在中国具有较高知名度,需要提供该商标在中国的使用状况和推广宣传程度的证据。

No.2-1-14.1.4-4　驰名商标受保护的记录,仅是认定商标是否驰名所考虑的因素之一。

No.2-1-14.1.4-2　商标曾被工商行政部门认定为驰名商标,只是其作为驰名商标受保护的记录,并非原告要求保护其商标权的权利依据。

No.2-1-15.1-1　未经授权,代理人或者代表人以自己的名义将被代理人或者被代表人的商标进行注册,被代理人或者被代表人提出异议的,不予注册并禁止使用。

No.2-1-15.1-2　确定双方当事人之间是否存在商标法中的代理关系,不仅要根据当事人双方所订立的协议名称,更要根据其内容的法律属性判断。

## 1 商标专用权的共有(《商标法》第5条)

**案例**:安徽省傻子经济发展有限公司与芜湖市傻子瓜子总厂注册商标使用权纠纷案
**案例来源**:(2002)皖民二终字第12号
**主题词**:商标权共有　商标转让

### 一、基本案情

上诉人(原审被告):安徽省傻子经济发展有限公司(以下简称傻子公司)。

被上诉人(原审原告):芜湖市傻子瓜子总厂(以下简称傻子总厂)。

2000年8月4日,年广九、傻子公司、傻子总厂三方签订《注册商标转让协议书》(以下简称"8·4"三方协议书)约定,年广九(甲方)将其拥有的"傻子"注册商标及正在办理的"年广九及其肖像"注册商标转让于傻子公司(乙方)和傻子总厂(丙方),转让价100万元,乙方承担55万元,丙方承担45万元,协议生效之日或年广九要求支付给甲方;"傻子"注册商标由乙方和丙方共同拥有,由乙方负责办理受让手续。"年广九及其肖像"由乙、丙双方共同拥有,由丙方负责办理受让手续。甲、乙、丙三方依法办理受让手续后,乙方、丙方均同时准许对方无偿享有"傻子"注册商标和"年广九及其肖像"的长期共有权,并向登记主管机关申请备案;乙、丙双方依法受让后,非经双方同意,任何一方不得转让和许可他人使用已取得的"傻子"注册商标和"年广九及其肖像";乙、丙双方任何一方许可他人使用商标均应取得对方的书面同意,否则视为违约;乙、丙双方应极力维护已取得的"傻子"注册商标和"年广九及其肖像"的合法权益,发觉他人侵权时,由乙、丙双方共同追究;合同生效后,凡涉及本合同项下的"傻子"注册商标和"年广九及其肖像"的广告、公告,均应由乙、丙双方共同发布;乙、丙双方在此之前已取得的商标注册及使用,任何一方均不得以任何形式诋毁或提出异议,否则按违约论处。本合同经甲、乙、丙三方签章后成立,经芜湖市公证处公证后生效。协议签订后,未经公证,傻子公司、傻子总厂将应给付的转让金交付年广九。同年8月14日,年广九将"傻子"注册商标转让给傻子公司,并办理了相关手续。傻子公司取得该商标专有权后,未办理许可傻子总厂使用的备案手续。傻子公司于2001年6月21日出具给广州富讯达科技有限公司"授权书",该授权书载明,傻子公司授权广州富讯达科技有限公司清理整顿广州市境内"傻子"瓜子市场,取缔一切假冒伪劣"傻子"瓜子经销行为。并称该公司为傻子公司设在广州市内的唯一总经销。傻子总厂据此认为傻子公司否定其对"傻子"注册商标使用权,起诉至安徽省芜湖市中级人民法院。

原审法院审理认为,年广九和傻子公司、傻子总厂三方签订的上述协议书虽约定经公证机关公证后生效,但该协议签订后,年广九和傻子公司、傻子总厂双方已经部分履行了协议,该履行行为视为对协议书中公证条款的变更。故傻子公司以协议书未经公证不产生法律效力的主张,不能成立。傻子公司以协议书中约定"傻子"注册商标由双方共同拥有系指共有"傻子"注册商标专用权,并据此认定此项约定违反有关注册商标禁止共有的规定,辩称此条款因违反法律禁止性规定而无效。因此辩称缺乏法律依据,故不予采纳。上述协议约定"傻子"注册商标由傻子公司、傻子总厂双方共同拥有,显已包括使用权,依协议,傻子公司有义务办理备案手续。傻子公司在办理"傻子"注册商标转让手续后,亦书面承诺依上述协议约定履行备案手续。现傻子公司以相关备案手续未办理来抗辩傻子总厂不具有"傻子"注册商标使用权显属不当。其要求法院驳回傻子总厂起诉的请求,不予支持。上述协议约定傻子总厂与傻子公司对"傻子"注册商标具有共有权,在此项约定没有被相关法律所禁止,且傻子公司拒绝履行向有关部门办理备案手续义务的情况下,傻子总厂仅起诉要求确认对"傻子"注册商标具有使用权,应予支持。根据《中华人民共和国民法通则》第54条、第57条,《中华人民共和国商标法》第26条之规定,判决:芜湖市傻子瓜子总厂对"傻子"注册商标具有使用权。案件受理费15 010元由傻子公司负担。

安徽省傻子经济发展有限公司不服安徽省芜湖市中级人民法院(2001)芜中民二初字第103号民事判决,向安徽省高级人民法院提起上诉。二审法院认为,上诉人的上诉理由均不能成立,其上诉请求应予驳回。原审判决认定事实清楚,程序合法,引用法律虽欠完整,但判决结果并无不当。法院根据《中华人民共和国民事诉讼法》第153条第1款第1项的规定,判决驳回上诉,维持原判。

二、裁判要旨

**No.2-1-5-1 两个以上的自然人、法人或者其他组织可以共同享有和行使商标专用权。**

本案争议商标的专用权共有行为发生在注册商标的转让过程中,并不是在申请注册过程中,"法无禁止不违法"。我国《合同法》第52条规定,违反国家法律、行政性法规强制性规定的合同无效。现行《商标法》第5条规定:"两个以上的自然人,法人或者其他组织可以共同向商标局申请注册同一商标,共同享有和行使该商标专用权。"这就完全明确了注册商标专用权共有的合法性。"8·4"三方协议中约定"傻子"注册商标专用权共有,是三方当事人的真实意思表示,既不违反2001年《商标法》及其实施细则的禁止性规定,也未损害他人和社会的公共利益。商标权是一种民事权利,从民法原理看,应当允许两个以上主体共同享有同一商标权;该约定既是一种私法行为,也是当事人意思自治原则下的适法行为。因此,该约定并不违法,应为有效。上诉人以2001年《商标法》及其实施细则中规定禁止商标专用权共有,即使认定"8·4"三方协议合法有效,其内容也因商标专用权共有的约定违法而部分无效的理由,不能成立。

商标权共有·商标转让

**2** 商标的显著性(《商标法》第 9 条第 1 款、第 57 条第 1 款第 2 项)

案例:《家庭》杂志社诉北京里肯咨询有限公司等 13 家单位侵犯注册商标专用权案
案例来源:《人民法院案例选》2005 年第 1 辑,(2003)高民终字第 901 号
主题词:获得显著性

## 一、基本案情

上诉人(原审原告):《家庭》杂志社。
被上诉人(原审被告):北京里肯咨询有限公司(以下简称里肯咨询公司)。
被上诉人(原审被告):北京奥肯广告有限公司。
被上诉人(原审被告):北京双鹤药业股份有限公司。
被上诉人(原审被告):芜湖绿叶制药有限公司。
被上诉人(原审被告):承德颈复康药业集团有限公司。
被上诉人(原审被告):上海先灵葆雅制药有限公司。
被上诉人(原审被告):济南体恒健生物工程有限公司。
被上诉人(原审被告):陕西东盛医药有限责任公司。
被上诉人(原审被告):西安杨森制药有限公司。
被上诉人(原审被告):哈药集团制药总厂。
被上诉人(原审被告):重庆桐君阁大药房连锁有限责任公司。

上诉人《家庭》杂志社因商标侵权纠纷一案,不服北京市第二中级人民法院(2002)二中民初字第 5666 号民事判决,向北京市高级人民法院提起上诉。二审法院经审理查明:1990 年 1 月 10 日,《家庭》杂志社经国家工商行政管理局商标局核准注册了"家庭"文字商标,注册证号为 509556,核定使用的商品为第 16 类杂志。该商标经过续展,有效期至 2010 年 1 月 9 日。

《家庭》杂志社自 1982 年起出版、发行《家庭》杂志至今,全国统一刊号为:CN441066C。该杂志的规格为 16 开,封面为 128 克进口铜版纸彩页,内页均为黑白页,共 64 页。在封面的左上方印有杂志名称"家庭",并有注册商标英文标记。该杂志内容为介绍名人或普通人的家庭生活、命运悲欢、爱情故事、家庭生活新理念、心理咨询等。

里肯咨询公司于 2001 年创办了《家庭 OTC》杂志,至 2002 年 6 月共发行了 4 期。该杂志没有国内统一刊号,其规格为大 16 开,封面为 157 克铜版纸彩页、覆亮膜,内页为 105 克铜版纸,大多为彩页,页数为 90—128 页不等。在封面的正上方印有杂志名称"家庭 OTC",其中"家庭"二字为艺术字体,字体颜色配合封面整体色调,有黑色及黄色两种,"OTC"三个英文字母均为白色,与"家庭"二字的大小相同,呈平行整齐排列(首刊号除外)。该杂志内容为家庭非处方药物用药指南、家庭非处方药物百科、家庭非处方药物市场、家庭保健常识等,其中有多页广告。在该杂志后面有征订函、广告刊例等,在征订函中宣称每期发行 5 万份。

《家庭 OTC》杂志首刊号第 1 页印有"发起人:非处方药物协会、西安杨森制药公司、先灵葆雅制药公司、哈尔滨制药总厂、里肯咨询公司"等。第 4 页印有"主办:里肯咨询公司,协办:非处方药物协会,承办:奥肯广告公司,协办单位:芜湖绿叶制药公司"。杂志最后印有"成本价 10 元 1 册"(后 3 期没有此报价条目)。

该杂志 2001 年 11 月出版发行的第 2 期中第 1 页印有"发起人:西安杨森制药公司、先灵葆雅制药公司、桐君阁大药房、里肯咨询公司"等。第 6 页印有"主办:里肯咨询公司,承办:奥肯广告公司,协办单位:芜湖绿叶制药公司、东盛科技陕西东盛医药有限责任公司、双鹤药业公司、先灵葆雅制药公司"。

该杂志 2002 年 2 月出版的第 3 期中第 4 页印有"主办:里肯咨询公司,承办:奥肯广告公司,协办单位:承德中药集团有限责任公司(该公司名称于 2003 年 5 月 22 日变更为承德颈复康药业集团有限公司,简称颈复康公司)、先灵葆雅制药公司、体恒健生物公司、芜湖绿叶制药公司"。

该杂志 2002 年 6 月出版的第 4 期中第 12 页印有"主办:里肯咨询公司,承办:奥肯广告公司,协办单位:承德中药集团有限责任公司、先灵葆雅制药公司"等。

2001年9月，里肯咨询公司应非处方药物协会要求，就其单方面在《家庭OTC》杂志首刊号上将非处方药物协会列为发起人一事，起草了一封致企业的公开信，公开向非处方药物协会致歉。并从该杂志第2期起，在发起人一页中删除了非处方药物协会。

里肯咨询公司于2002年2月、3月、8月、9月分别给奥肯广告公司、芜湖绿叶制药公司、承德中药集团有限责任公司、桐君阁大药房发函，说明在《家庭OTC》杂志上所列协办单位的称号，属于杂志馈赠的荣誉称号，不存在实质性协办合作。里肯咨询公司在庭审中明确表示《家庭OTC》杂志系其独立创办，与本案中其他被告没有合作关系。

本案中只有先灵葆雅制药公司提交了与里肯咨询公司签订的广告合同，证明双方只存在广告业务关系。奥肯广告公司在庭审中表示其与里肯咨询公司之间只是代理广告业务的关系。里肯咨询公司对此表示认可。另查明，目前在国内期刊市场上，带有"家庭"字样的杂志多达40余种，如《家庭医药》《家庭医生》《家庭保健》等。

1999年11月19日，国家药品监督管理局发布国药管安〔1999〕399号《关于公布非处方药专有标识及管理规定的通知》，要求全国的非处方药都要在药品标签、使用说明书、包装以及药品分类销售中使用"OTC"非处方药专有标识。

二审法院认为，本案争议的焦点在于：《家庭OTC》作为杂志名称，是否对《家庭》杂志社注册在第16类杂志类商品上的"家庭"注册商标构成商标侵权。经审理，二审法院认为，一审判决认定事实清楚，适用法律基本正确。《家庭》杂志社的上诉理由不能成立，对其上诉请求不予支持。依照《中华人民共和国民事诉讼法》第153条第1款第1项的规定，判决：驳回上诉，维持原判。

二、裁判要旨

**No.2-1-9.1-1** 如果注册商标表达的是商品或者服务本身的特征，虽然该商标经过使用获得显著性，但鉴于其显著性较弱，不能阻止他人对该注册商标的合理使用。

我国《商标法》第9条第1款规定："申请注册的商标，应当有显著特征，便于识别，并不得与他人在先取得的合法权利相冲突。"《商标法实施条例》第49条规定："注册商标中含有的本商品的通用名称、图形、型号，或者直接表示商品的质量、主要原料、功能、用途、重量、数量及其他特点，或者含有地名，注册商标专用权人无权禁止他人正当使用。""家庭"一词是人们在日常生活、工作和学习中使用的常用基本词汇，其作为报纸杂志名称的一部分，具有说明刊物本身特点或者刊物读者群特点的功能和属性。《家庭》杂志社在选用"家庭"二字作为商标时，由于"家庭"一词表达的是商品或者服务本身的特征，因而它的区别作用，即显著性就弱，只是经过《家庭》杂志社将其作为杂志名称长期使用后，才使"家庭"二字有了特定的杂志名称的含义，即在"家庭"二字的基本含义之外产生出第二含义。因此，《家庭》杂志社虽经国家商标局核准在第16类杂志类商品上注册了"家庭"文字商标，成为该注册商标的专用权人，但不能阻止他人对"家庭"二字的合理使用。目前国内期刊市场上诸多带有"家庭"字样的杂志存在的客观事实，亦足以说明在报刊类商品上确实存在着对"家庭"一词合理使用的情况。鉴于里肯咨询公司创办的《家庭OTC》杂志使用"家庭"二字完全是善意地说明该杂志的特征或者属性，因此，其行为不构成对《家庭》杂志社所享有的"家庭"注册商标专用权的侵犯。《家庭》杂志社关于"里肯咨询公司主观上有恶意使用'家庭OTC'名称误导消费者的故意"的主张不能成立。

**No.2-7-57.1.2-1** 相关公众应以与商标所标识的某类商品或者服务有关的消费者和与前述商品或者服务的营销有密切关系的其他经营者为范围。

我国改革开放以来，外来词汇，包括英语缩略语越来越多地出现在人们的日常生活当中，人们往往不需要懂得很多英文，不需要知道缩略语原来对应的英文是什么，就能大体上了解其含义。一词多义是语言的基本现象，"OTC"三个英文字母在英语辞典中可能有多种含义，但在《家庭OTC》杂志中，"OTC"却只有一种含义，即非处方药。特别是在国家药品监督管理局已有明文规定，要求全国的非处方药都要在药品标签、使用说明书、包装以及药品分类销售中使用"OTC"非处方药专有标识的情况下，相关公众对"OTC"是有认知力的。

获得显著性

我国商标法所称相关公众,是指与商标所标识的某类商品或者服务有关的消费者和与前述商品或者服务的营销有密切关系的其他经营者。《家庭 OTC》杂志的相关公众主要是医院、药店、制药企业、医药经销企业以及医生、患者,这部分人不但知道"OTC"的含义,而且更关注杂志中的"OTC",而不是"家庭"这两个字。况且,《家庭 OTC》杂志与《家庭》杂志的发行渠道不同。《家庭 OTC》杂志采用的是直投的方式,主要是针对医院、药店、制药企业以及医药经销企业发放,并没有在公开渠道发行;而《家庭》杂志在国内是通过全国各地邮局订阅和发行,在国外是通过中国国际图书贸易总公司发行。因此,二者在发行渠道中不可能发生交叉,当然不会使消费者对商品来源产生混淆。《家庭》杂志社关于"'家庭'与'家庭 OTC'足以使公众产生联想,误认为《家庭 OTC》杂志是《家庭》杂志社所办"的主张,缺乏事实依据。

### 3 可移动非金属建筑物上注册的商品商标近似(《商标法》第 9 条第 1 款、第 57 条第 1 款第 2、7 项)

**案例**:重庆协信控股(集团)有限公司诉重庆天骄物业发展有限公司商标侵权案
**案例来源**:《人民法院案例选》2006 年第 1 辑[(2004)渝高法民终字第 99 号]
**主题词**:商品分类　在先权利　突出使用

#### 一、基本案情

上诉人(原审原告):重庆协信控股(集团)有限公司。
被上诉人(原审被告):重庆天骄物业发展有限公司。

原告重庆协信控股(集团)有限公司诉称:2001 年 2 月 7 日,原告重庆协信控股(集团)有限公司在第 19 类商品非金属建筑物上注册了"天骄"商标。被告重庆天骄物业发展有限公司自 2002 年起在重庆市巴南区界石镇销售"天骄花园"商品房楼盘。被告的行为是在相同商品上使用了与原告近似的商标,误导了消费者,使消费者对被告的"天骄花园"与原告的天骄系列楼盘产生混淆,侵犯了原告的商标专用权,给原告造成了损失。

重庆天骄物业发展有限公司辩称:该公司于 1997 年 10 月 5 日经重庆市工商局核准注册了企业名称"重庆天骄物业发展有限公司",于 1998 年依法获准在重庆市南岸区南坪金山路开发了第一个以企业名称命名的"富贵天骄大厦",享有企业名称在先使用权,"界石天骄花园"是被告继续合法使用企业名称开发的楼盘,没有侵犯原告的商标专用权。原告要求被告赔偿因销售"界石天骄花园"所得收益 50 万元没有事实和法律依据。"界石天骄花园"是旧城改造项目,基本未获利。请求法院判决驳回原告的诉讼请求,并由其承担诉讼费用。

重庆市第一中级人民法院经公开开庭审理后认定:被告将企业字号"天骄"而不是企业全称在其开发并销售的楼盘售房部牌匾、墙体广告、宣传单、布幅广告、工作人员名片等上使用,虽然不属于企业名称专用权范围,但是属于企业名称权保护范围。因此,被告的使用行为不属于原告的商标权保护范围,即不构成对原告商标权的侵犯。另从原告商标的强度来看,属一般商标。从被告使用的"天骄"与原告图形和文字组合注册商标是否近似来看,不会构成近似。从商品种类和消费者购买时的注意程度来看,不容易使相关公众产生误认。"一般商标"只有使用程度达到"突出"才能构成本项的侵权,而"一般商标"不"突出"使用,不能构成本项的侵权。被告将"天骄"作为企业的字号使用,与其他字体大小一致,并非是一种突出使用。因此,被告将与原告一般注册商标不相同也不相近似的文字作为企业的字号在相同或者类似商品上一般使用,不容易使相关公众产生误认,不构成本项的侵权。由于被告使用的标志与原告一般注册商标不相同也不近似,且没有作为商品名称或者商品装潢使用,也未误导公众,故不构成本项的侵权。关于是否承担赔偿责任的问题,由于被告的使用行为并不构成对原告商标权的侵犯,故不应该承担赔偿责任。经重庆市第一中级人民法院审判委员会讨论决定,判决:驳回原告重庆协信控股(集团)有限公司的诉讼请求。宣判后,重庆协信控股(集团)有限公司不服判决,向重庆市高级人民法院提起上诉。

二审法院进一步查明:重庆天骄物业发展有限公司在 1997 年 9 月 23 日经重庆市工商行政

管理局预先核准后,于同年 10 月 5 日成立,其经营范围为:房地产开发、批发、零售五金、交电、建筑材料、装饰材料、金属材料(不含稀贵金属)、日用杂品、百货、塑料制品(不含农膜)、其他食品(烟酒零售)等。重庆市建设委员会于 1998 年 7 月向其颁发了三级资质证书,于 2000 年 9 月 11 日颁发了三级资质证书,于 2003 年 7 月 22 日颁发了二级资质证书。1998 年,该公司在重庆市南岸区南坪金山路开发了"富贵天骄"大厦。2003 年对重庆市巴南区界石镇南路开发的一商住楼盘以"天骄花园"为名进行销售。

2001 年 2 月 7 日,重庆协信实业(集团)有限公司经国家工商行政管理局商标局核准,取得图形和文字组合注册商标,其商标注册证号为第 1516718 号,核定使用商品为第 19 类中的非金属建筑物,有效期限至 2011 年 2 月 6 日。该图形和文字组合注册商标,上为三条竖向均等排列的粗实线,中间一条略高,另有一约为粗实线 1/2 粗的 V 形实线均等置于竖向粗实线之中,该图形约占整个商标大小的 5/6;该商标下为经艺术变形的简体中文"天骄"二字,该文字约占整个商标大小的 1/6。

2001 年 3 月 22 日,经重庆市工商行政管理局核准,重庆协信实业(集团)有限公司更名为重庆协信控股(集团)有限公司。2003 年 12 月 17 日,该公司向国家工商行政管理局商标局申请将第 1516718 号商标注册人由重庆协信实业(集团)有限公司变更为重庆协信控股(集团)有限公司。

2003 年 11 月 3 日,根据重庆协信控股(集团)有限公司的申请,重庆市公证处对重庆天骄物业发展有限公司在重庆市巴南区界石镇南路开发并销售的"天骄花园"楼盘进行了公证,拍摄照片 4 张,并在"天骄花园"售房部取得广告宣传页 1 张和名片 2 张。重庆天骄物业发展有限公司在该楼盘售房部牌匾等上使用了"天骄花园(简、繁体)",在墙体广告、宣传单等上使用了"天骄花园(简体)",在布幅广告等上使用了"界石天骄花园(简体)",在工作人员名片等上使用了"天骄花园(繁体)"和"天骄(简体)"。重庆协信控股(集团)有限公司认为被告的上述行为侵犯了其注册商标专用权。

经审理,二审法院认为,一审判决查明的事实清楚,虽在认定上有不当之处,但判决结果正确,应予以维持。二审法院依照《中华人民共和国民事诉讼法》第 153 条第 1 款 1 项之规定,判决:驳回上诉,维持原判。

二、裁判要旨

**No.2-1-9.1-2　在后的商标权保护范围,不及于在先的企业名称权保护范围。**

根据《商标法》第 52 条第 1 款的规定,"未经商标注册人的许可,在同一种商品或者类似商品上使用与其注册商标相同或者近似的商标的"构成商标侵权。本案中,重庆协信控股(集团)有限公司对依法注册的第 1516718 号图形和文字注册商标,在其第 19 类商品中的非金属建筑物上享有专用权,应受到法律的保护。但就本案所控侵权行为来看,重庆天骄物业发展有限公司对其开发的商住楼盘以"天骄花园"进行销售,系一种销售服务行为,与重庆协信控股(集团)有限公司的商品性质的注册商标属两个不同的类别。参照中华人民共和国国家工商行政管理局商标局 2003 年 7 月 3 日商标函(2003)32 号《关于商品房如何确定类别问题的复函》,"19 类的非金属建筑物是指简易的或是可移动的建筑物,不包括商品房。在商品房建筑、销售等环节中,建造永久性建筑的服务属于 37 类,以商品房建造申报;出售商品房的服务属于 36 类,以商品房销售服务申报"。因此,重庆天骄物业发展有限公司对其开发的商住楼盘使用"天骄花园"进行销售,并不涉及第 19 类商品中的非金属建筑物,与重庆协信控股(集团)有限公司的注册商标没有可比性。重庆协信控股(集团)有限公司起诉重庆天骄物业发展有限公司侵犯其商标专用权,没有事实和法律依据,其诉讼请求不能成立。

**No.2-7-57.1.2-2　判断商品类似,需要参考注册商标使用的商品分类。**

被告于 1997 年 10 月 5 日在先取得重庆市地域范围内的房地产开发等经营范围内的企业名称专用权和禁止权(即企业名称权的保护范围),而原告于 2001 年 2 月 7 日在后取得第 19 类(非金属建筑物)商品上的图形(约 5/6)和文字"天骄"(约 1/6)组合注册商标专用权和禁止权(即商标权的保护范围),按照《中华人民共和国商标法》第9条第1款之规定:"申请注册的商标,应当有显著特征,便于识别,并不得与他人在先取得的合法权利相冲突。"第31条规定:"申请商标注册不得损害他人现有的在先权利,也不得以不正当手段抢先注册他人已经使用并有一定影响的商标。"原告在后的商标权保护范围不应及于被告在先的企业名称权保护范围。另根据《企业名称登记管理规定》(1991年5月6日国务院批准,1991年5月21日国家工商行政管理局发布,1991年7月1日生效)第20条的规定:"企业的印章、银行账户、牌匾、信笺所使用的名称应当与登记注册的企业名称相同。从事商业、公共饮食、服务等行业的企业名称牌匾可适当简化,但应当报登记主管机关备案。"参照《企业名称登记管理实施办法》(1999年12月8日国家工商行政管理局发布,2000年1月1日生效)第37条的规定:"企业的印章、银行账户、信笺所使用的企业名称,应当与其营业执照上的企业名称相同。"被告将企业字号"天骄"而不是企业全称在其开发并销售的楼盘售房部牌匾、墙体广告、宣传单、布幅广告、工作人员名片等上使用,虽然不属于企业名称专用权范围,但是属于企业名称权保护范围。因此,被告的使用行为不属于原告的商标权保护范围,即不构成对原告商标权的侵犯。

**No.2-7-57.1.7-1 显著性不强的近似商标之间存在权利冲突,需要判断使用程度是否"突出"。**

从原告商标的强度来看,属一般商标。从被告使用的"天骄"与原告图形和文字组合注册商标是否近似来看,不会构成近似。从商品种类和消费者购买时的注意程度来看,不容易使相关公众产生误认。最高人民法院《关于审理商标民事纠纷案件适用法律若干问题的解释》第1条第1项规定:"下列行为属于商标法第五十二条第(五)项规定的给他人注册商标专用权造成其他损害的行为:(一)将与他人注册商标相同或者相近似的文字作为企业的字号在相同或者类似商品上突出使用,容易使相关公众产生误认的……"可见,"一般商标"只有使用程度达到"突出"才能构成本项的侵权,而"一般商标"不"突出"使用,不能构成对本项的侵权。被告将"天骄"作为企业的字号使用,与其他字体大小一致,并非是一种突出使用。因此,被告将与原告一般注册商标不相同也不相近似的文字作为企业的字号在相同或者类似商品上一般使用,不容易使相关公众产生误认,不构成对本项的侵权。《中华人民共和国商标法实施条例》第50条第1项规定:"有下列行为之一的,属于商标法第五十二条第(五)项所称侵犯注册商标专用权的行为:(一)在同一种或者类似商品上,将与他人注册商标相同或者近似的标志作为商品名称或者商品装潢使用,误导公众的……"由于被告使用的标志与原告一般注册商标不相同也不近似,且没有作为商品名称或者商品装潢使用,也未误导公众,故不构成本项的侵权。关于是否承担赔偿责任的问题,由于被告的使用行为并不构成对原告商标权的侵犯,故当然不承担赔偿责任。

商标最基本的作用是区别商品来源,保护商标的出发点和归宿在于防止混淆,因此,一个标记是否可以作为商标受到保护,其核心要件在于是否具有显著特征,便于识别。指示来源显著性是区别显著性的基础,而区别显著性又服务于指示来源的显著性。显著性是商标的核心要件,缺乏显著性的标志不能作为商标注册,各国商标法及国际公约都毫无例外地将显著性规定为商标构成之必要条件以及商标注册的积极条件。我国《商标法》第9条规定:"申请注册的商标,应当有显著特征,便于识别,并不得与他人在先取得的合法权利相冲突。"在司法裁判中,判断一个商标是否具有显著性时,往往需要结合各种因素加以综合考虑,一般包括:使用的商品和服务、商标的实际使用、整体认定原则。本案中涉及商标与企业名称权的冲突,根据最高人民法院《关于审理注册商标、企业名称与在先权利冲突的民事纠纷案件若干问题的规定》第1条之规定:"原告以他人注册商标使用的文字、图形等侵犯其著作权、外观设计专利权、企业名称权等在先权利为由提起诉讼,符合民事诉讼法第一百零八条规定的,人民法院应当受理。原告以他人使用在核定商品上的注册商标与其在先的注册商标相同或者近似为由提起诉讼的,人民法院应当根据民事诉讼法第一百一十一条第(三)项的规定,告知原告向有关行政主管机关申请解决。但原告以他人超出核定商品的范围或者以改变显著特征、拆分、组合等方式使用的注册商标,与其注册商标相同或者近似为由提起诉讼的,人民法院应当受理。"综上,如果商标权人不当使用

商品分类·在先权利·突出使用

商标,会构成对在先权利的侵犯,本案亦体现了对于使用不当侵犯在先权利的判定标准适用问题,即"一般商标"只有使用程度达到"突出"时才能构成侵权,而"一般商标"不"突出"使用,则不能构成侵权。

### 4 以三维标志作为注册商标的特殊要求(《商标法》第 9 条第 1 款)

**案例:意大利爱马仕公司与国家工商行政管理总局商标评审委员会商标驳回复审行政纠纷案**
**案例来源:**《最高人民法院知识产权审判案例指导》(第五辑)[(2012)知行字第 68 号]
**主题词:**立体商标

#### 一、基本案情

申请再审人(一审原告、二审上诉人):意大利爱马仕公司(HERMES ITALIE S. P. A.,以下简称爱马仕公司)。

被申请人(一审被告、二审被上诉人):中华人民共和国国家工商行政管理总局商标评审委员会(以下简称商标评审委员会)。

爱马仕公司与商标评审委员会商标驳回复审行政纠纷一案,北京市高级人民法院于 2010 年 6 月 9 日作出(2009)高行终字第 635 号行政判决(以下简称二审判决),已经发生法律效力。爱马仕公司不服该判决,向最高人民法院(以下简称最高院)申请再审。

爱马仕公司申请再审称:

1. 商评字[2007]第 5961 号《关于国际注册第 798099 号"立体图形"商标驳回复审决定书》(以下简称第 5961 号决定)及(2008)一中行初字第 323 号行政判决(以下简称一审判决)对国际注册第 798099 号"立体图形"商标(以下简称申请商标)的注册范围认定错误,系认定事实不清。一审判决认定"申请商标主要由包体、包体上的开关部分及提手部分构成",实际上,包体的轮廓并非申请商标的组成部分,且指定使用的商品还包括证件套、皮革钥匙包等,该立体标志并非上述商品的常见外形。二审法院在正确认定申请商标注册范围的情况下,直接对所新确定的商标注册范围进行显著性审查判断,无异于采用了"一审终审"的裁判方式,严重违反法定程序,应予撤销。

2. 申请商标具备极强的显著性。体现在:翻盖、两条平行皮带、可扭转金属环、挂锁等位置。其中,扣带部分的设计复杂、层层相扣,具备极高的独创性,与现有的任何一款皮包设计均不相同,在相关公众中具有很高的识别性。申请商标经过爱马仕公司长期和极其广泛的使用,已为广大公众所熟知,其显著性随着知名度的不断扩大而得到了进一步强化。此外,申请商标上述特征中开关部分的立体形状,爱马仕公司已经获得了商标注册。

3. 申请商标已经在很多国家获得了注册保护。

综上,一、二审法院认定事实不清,适用法律错误。请求撤销一、二审判决及第 5961 号决定。

商标评审委员会提交意见认为:爱马仕公司的再审申请缺乏事实与法律依据,请求予以驳回。

经审理,最高院认为爱马仕公司的再审申请不符合《中华人民共和国行政诉讼法》第 63 条第 2 款和最高人民法院《关于执行〈中华人民共和国行政诉讼法〉若干问题的解释》第 72 条规定的再审条件。依照最高人民法院《关于执行〈中华人民共和国行政诉讼法〉若干问题的解释》第 74 条之规定,裁定驳回意大利爱马仕公司(HERMES ITALIE S. P. A.)的再审申请。

#### 二、裁判要旨

No.2-1-9.1-3　申请商标是以商品部分外观的三维形状申请注册的情形,在通常情况下,这种三维形状不能脱离商品本身而单独使用,故相关公众更易将其视为商品的组成部分。

申请商标由包体上的翻盖、包背面穿出的两条平行皮带及开关挂锁组成,商标评审委员会和一审法院将包体和提手部分也认定为申请商标请求保护的范围之中,属于认定事实错误,二审法院对此已予以纠正。一审判决虽然将包体和提手部分列入了申请商标的保护范围,但对申请商标实际组成部分的内容进行了事实查明,并对上述内容是否具有显著性的问题给予了评述。因此,二审判决并非是对一审法院没有查明和评述过的事实进行了直接审查。在对一审判决认定不当的部分事实予以纠正的基础上,基于判决结果的正确性,二审判决对一审判决予以维持的做法并无不当之处,亦未违反法定程序。

对于申请商标是否具有显著性,应当结合指定使用商品的相关公众的通常认识,从整体上进行判断。申请商标是以商品部分外观的三维形状申请注册的情形,在通常情况下,这种三维形状不能脱离商品本身而单独使用,故相关公众更易将其视为商品的组成部分。除非这种三维形状的商品外观作为商标,其自身具有区别于同类商品外观的显著特征,或者有充分的证据证明,通过使用,相关公众已经能够将这种商品外观与特定的商品提供者联系起来。具体到本案而言,关于申请商标是否具有区别于其他同类商品的显著特征问题,法院认为,申请商标由包体上的翻盖、包背面穿出的两条平行皮带及开关挂锁组成。其中,包体上的翻盖部分为3个呈平行排列的倒梯形,两条皮带分别从翻盖部分的左右两侧并在翻盖部分的上方向中心部位汇集,并最终在翻盖的中心部分由一搭扣和锁头组成的金属部件予以固定。由于申请商标指定使用的商品主要为包类,如背包、旅行包、手包等,结合此类商品相关公众的通常认识,申请商标所包含的经过一定变形的皮包翻盖、皮带和金属部件均是包类商品上运用较多的设计元素,将这几种设计元素组合在一起的设计方式,并未使其产生明显区别于同类其他商品外观的显著特征。仅从该三维标识本身来看,申请商标并不具有内在显著性。关于申请商标是否通过使用获得显著性问题,法院认为,爱马仕公司在诉讼过程中提交的证据难以证明申请商标通过使用而获得显著性。(1)涉及在中国大陆宣传使用的证据较少,且其中的大部分宣传资料指向的是爱马仕公司的历史发展、经营状况等,与申请商标的宣传使用无关。爱马仕公司所提交的在世界其他国家的宣传资料,也未涉及申请商标的相关内容。(2)即使考虑到这些证据当中部分与申请商标所依附的商品有关的宣传资料,也未能证明作为商品组成部分的申请商标,通过爱马仕公司对商品的宣传而使申请商标具有了区分商品来源的作用。本案中,尽管爱马仕公司提交了调查公司关于包含申请商标组成部分的手提包立体商标认知情况的调查研究报告,但该报告并未在商标评审程序及一、二审诉讼过程中提交,且该调查报告的结论即使能够证明申请商标所使用的商品,或者作为商品外观一部分的申请商标对消费者具有吸引力,也未能证明相关公众凭借申请商标足以区分不同的商品提供者。(3)虽然申请商标已经在其他国家获得了注册,但基于知识产权的独立保护和地域保护原则,上述事实仅是审查的参考因素,其对按照《中华人民共和国商标法》的相关规定进行的商标审查行为,并不产生直接的影响。(4)对爱马仕公司其他已经获准注册的商标一节,由于其标识构成和指定使用商品均与本案情况不同,且未进入司法审查程序,故其是否被核准注册的事实与本案的审理并无直接的关联性。据此,因爱马仕公司既未能证明申请商标具有内在显著性,也未能证明申请商标通过使用而获得了显著性,故二审法院对第5961号决定予以维持的做法是正确的。

**5** 禁止作为商标使用的标志(《商标法》第10条第1款第1项、第11条第1款第1项、第32条)

**案例:**劲牌有限公司诉国家工商行政管理总局商标评审委员会商标驳回复审行政纠纷案
**案例来源:**《中华人民共和国最高人民法院公报》2012年第4期[最高人民法院(2010)行提字第4号行政判决书]
**主题词:**国家名称

一、基本案情

申诉人(一审被告、二审上诉人):国家工商行政管理总局商标评审委员会(以下简称商标评审委员会)。

被申诉人(一审原告、二审被上诉人):劲牌有限公司。

国家名称

商标评审委员会因与劲牌有限公司商标驳回复审行政纠纷一案,不服北京市高级人民法院于2009年8月19日作出的(2009)高行终字第829号行政判决,向最高人民法院申请再审。

北京市第一中级人民法院、北京市高级人民法院经审理查明:2005年10月20日,劲牌有限公司向国家工商行政管理总局商标局(以下简称商标局)申请在第33类果酒(含酒精)、开胃酒、蒸馏饮料、葡萄酒、酒(饮料)、米酒、含酒精液体、酒精饮料(啤酒除外)、黄酒、食用酒精等商品上注册第4953206号"中国劲酒"商标(以下简称申请商标)。2008年2月26日,商标局作出ZC4953206BH1号商标驳回通知书,认为申请商标内含我国国名,不得作为商标使用,不宜注册,根据《中华人民共和国商标法》(以下简称《商标法》)第10条第1款第1项、第28条的规定,驳回申请商标的注册申请。劲牌有限公司不服该驳回决定,向商标评审委员会申请复审认为:申请商标中的主体"劲"是劲牌有限公司已经注册的商标,具有很高的知名度,已经被认定为驰名商标。申请商标中的"中国"与"劲"字的字体、表现形式均不相同,"中国"在申请商标中仅仅起到表示申请人所属国的作用。根据《商标审查及审理标准》,申请商标不在禁止注册的范围之列,劲牌有限公司请求商标评审委员会给予申请商标初步审定。2008年11月24日,商标评审委员会作出商评字〔2008〕第28028号《关于第4953206号"中国劲酒"商标驳回复审决定书》(简称第28028号决定),认为:申请商标中的"中国"为我国国家名称,属于《商标法》第10条第1款第1项明确规定不得作为商标使用的标志,依法应予驳回。劲牌有限公司关于在其较有知名度的商标中加入"中国"就可当然获准注册的主张缺乏法律依据。因此,商标评审委员会决定驳回申请商标的注册申请。劲牌有限公司不服第28028号决定,向北京市第一中级人民法院提起行政诉讼称:申请商标虽含有我国国名,但申请商标与我国国名并不相同也不近似,商标评审委员会适用《商标法》第10条第1款第1项错误,请求撤销第28028号决定。

北京市第一中级人民法院一审认为:申请商标为"中国劲酒"文字及方章图形共同构成的组合商标,其中文字"劲"字字体为行书体,与其他三字字体不同,字形苍劲有力,明显突出于方章左侧,且明显大于其他三字,是申请商标的显著识别部分。方章图案中的"中国酒"三字,字体明显有别于"劲"字,虽然包含有中国国名,但该国名部分更容易使消费者理解为商标申请人的所属国。商标评审委员会作出的第28028号决定,仅以申请商标中的"中国"为我国国家名称为由,即认定申请商标属于《商标法》第10条第1款第1项规定的不得作为商标使用的标志,主要证据不足。

北京市第一中级人民法院于2009年4月7日作出(2009)一中行初字第441号行政判决,依据《中华人民共和国行政诉讼法》第54条第2项第1目之规定,判决撤销第28028号决定。

商标评审委员会不服一审判决,向北京市高级人民法院提起上诉。北京市高级人民法院二审认为,《商标法》第10条第1款第1项规定,同中华人民共和国的国家名称相同或者近似的标志不得作为商标使用。上述法律规定表明,在一般情况下,禁止将与我国国名相同或者近似的标志作为商标使用,但申请商标所含我国国名与其他具备显著特征的标志相互独立,国名仅起表示申请人所属国作用的除外。本案申请商标为"中国劲酒"文字及方章图形共同构成的组合商标。其中文字"劲"字字体为行书体,与其他三字字体不同,字形苍劲有力,明显突出于方章左侧,且明显大于其他三个字,是申请商标的显著识别部分。方章图案中的"中国酒"三字,字体明显有别于"劲"字,虽然包含有中国国名,但该国名部分更容易使消费者理解为仅起商标申请人所属国的作用。因此,商标评审委员会作出的第28028号决定认定事实不清,主要证据不足,一审法院判决予以撤销正确,应予维持。北京市高级人民法院于2009年8月19日作出(2009)高行终字第829号行政判决,维持一审判决。

商标评审委员会向最高人民法院申请再审称:《商标法》第10条第1款第1项规定,同中华人民共和国的国家名称相同或者近似的标志不得作为商标使用。《商标审查及审理标准》明确商标含有与我国国家名称相同或者近似的文字的,应判定为与我国国家名称相同或者近似的情况。《商标审查及审理标准》规定了三种例外情形,除此之外,包含我国国家名称的商标一律不予注册并禁止使用。之所以对包含中国国名的商标可注册性作出严格规定,是由于:首先,《商标法》关于商标注册管理的规定,不仅要保护商标注册人的利益,还要承担维护国家尊严、保护消费者权益、维护社会公共利益以及社会主义市场经济秩序的责任。中华人民共和国的国家名称(包括简称)与国旗、国徽等同为国家标志,与国家尊严紧密相连,为保证市场主体合理、正当地使用国家名称,避免可能出现的在商业使用中滥用国家标志的情况,历来对含有国名的商标进行严格审查,原则上禁止带有国名的商标注册已成为审查惯例。其次,"中国"和具有显著特征的其他标志的组合易被作为企业名称简称识别,而我国企业名称登记管理规定对企业名称中带有"中国"有严格的条件限制。在商标可注册性的审查中,亦应考虑企业名称法律法规中的限制性规定,避免不符合登记条件的企业名称以商标形式出现。本案中,申请商标含有"中国"二字,且在视觉效果上已形成一个整体,"中国"二字成为商标中密不可分的组成部分,不属于《商标审查及审理标准》中所指的与其他显著特征相对独立,仅起表示申请人所属国作用的情况,而本案申请商标注册申请人企业名称为"劲牌有限公司",并不属于能够使用"中国"字样的公司,在商标标志中将"中国"与企业字号合用,已构成对我国国家名称的不当使用。原审法院未慎重考虑带有我国国家名称商标的特殊性,所作出的判决结果可能导致不同类别的市场主体对我国国家名称不加限制地注册和使用。为避免可能出现的大量带有"中国"的商标注册造成对我国国家名称的滥用,维护良好的商标注册管理秩序,商标评审委员会请求撤销一、二审判决,维持商标评审委员会作出的第 28028 号决定。

劲牌有限公司答辩称:《商标法》并未将企业名称登记管理规定作为规范商标注册的法律依据,也未对注册商标的申请主体给予不同类别的划分,商标评审委员会允许部分主体注册含有"中国"的商标,限制其他主体注册,这种区别对待的做法违反了平等、法制统一的原则。申请商标虽含有国名,但商标整体与我国国名并不相同也不近似,不能因为申请商标包含国名即认定其与国名近似,实践中也有许多含有"中国"的商标获准注册。《商标审查及审理标准》中明确规定"我国申请人申请商标所含我国国名与其他具备显著特征的标志相互独立,国名仅起表示申请人所属国作用的",允许注册。申请商标中,具备显著特征的是草体"劲","中国"与"酒"字为普遍表现形式,国名与具备显著特征的标志相互独立,国名仅起表示申请人所属国作用。因此申请商标完全符合《商标审查及审理标准》的规定,应予注册。申请商标经过多年使用,获得多项荣誉,得到消费者认可,没有证据证明其有损于国家主权和尊严。综上,劲牌有限公司请求维持(2009)高行终字第 829 号行政判决。

经审理,最高人民法院依照《中华人民共和国行政诉讼法》第 54 条第 2 项第 2 目、第 63 条第 2 款,最高人民法院《关于执行〈中华人民共和国行政诉讼法〉若干问题的解释》第 76 条第 1 款之规定,判决如下:

一、维持北京市高级人民法院(2009)高行终字第 829 号行政判决;
二、国家工商行政管理总局商标评审委员会重新作出复审决定。

二、裁判要旨

**No.2-1-10.1.1-1** 注册商标含有与我国国家名称相同或者近似的文字,但其与其他要素相结合作为一个整体,已不再与我国国家名称构成相同或者近似的,不宜认定为与中华人民共和国国家名称相同或者近似的标志。

商标是用以区别不同生产经营者所提供的商品或者服务的标志。《商标法》第 10 条第 1 款第 1 项规定,同中华人民共和国的国家名称相同或者近似的标志不得作为商标使用。此处所称同中华人民共和国的国家名称相同或者近似,是指该标志作为整体同我国家名称相同或者近似。如果该标志含有与我国国家名称相同或者近似的文字,且其与其他要素相结合,作为一个整体已不再与我国国家名称构成相同或者近似的,则不宜认定为同中华人民共和国国家名称相同或者近似的标志。本案中,申请商标可清晰识别为"中国""劲""酒"三部分,虽然其中含有我国国家名称"中国",但其整体上并未与我国国家名称相同或者近似,因此申请商标并未构成同中华人民共和国国家名称相同或者近似的标志,商标评审委员会关于申请商标属于《商标法》第 10 条第 1 款第 1 项规定的同我国国家名称相近似的标志,据此驳回申请商标的注册申请不妥。

但是,国家名称是国家的象征,如果允许随意将其作为商标的组成要素予以注册并作商业使用,将导致国家名称的滥用,损害国家尊严,也可能对社会公共利益和公共秩序产生其他消极、负面影响。因此,对于上述含有与我国国家名称相同或者近似的文字的标志,虽然对其注册申请不宜根据《商标法》第 10 条第 1 款第 1 项进行审查,但并不意味着属于可以注册使用的商标,而仍应当根据《商标法》其他相关规定予以审查。例如,此类标志若具有不良影响,仍可以按照《商标法》相关规定认定为不得使用和注册。本案中,商标评审委员会仍需就申请商标是否违反《商标法》其他相关规定进行审查,故需判决商标评审委员会重新作出复审决定。

**案例:索尼爱立信移动通信产品(中国)与国家工商行政管理总局商标评审委员会、刘建佳商标行政纠纷案**
案例来源:《最高人民法院知识产权审判案例指导》(第三辑) [(2010)知行字第 48 号]
主题词:商标使用

一、基本案情

申请人:索尼爱立信移动通信产品(中国)有限公司(以下简称索尼爱立信公司)。

被申请人:国家工商行政管理总局商标评审委员会(以下简称商标评审委员会)、刘建佳。

索尼爱立信公司申请再审称:(1)"索爱"商标与"索尼爱立信/ Sony Ericsson"商标/商号已经建立了唯一对应联系,且具有一定影响力,这是本案证据足以证明的事实,是考量争议商标注册是否正当的客观基础。(2)"索爱"与"索尼爱立信/ Sony Ericsson"形成了唯一对应联系,在相关公众心目中,"索爱"商标所指示的手机及个人电子消费商品来源,是索尼爱立信公司而不是被申请人刘建佳,允许被申请人刘建佳使用"索爱"商标,必然会引起相关公众混淆的后果,根据商标法的立法宗旨,争议商标应被撤销以制止混淆,维护公共利益。(3)二审法院片面、机械地理解和适用商标法关于"使用"的规定,所作判决背离了商标法制止混淆的立法宗旨。(4)二审法院错误理解和认定索尼爱立信集团副总裁 2007 年 10 月的声明,索尼爱立信集团呼吁相关公众用索尼爱立信或 Sony Ericsson 来称呼其公司,但没有反映申请人或索尼爱立信集团不认同"索爱"是"索尼爱立信/Sony Ericsson"简称的事实。(5)"索爱"无论是作为"索尼爱立信/Sony Ericsson"商标的简称,还是作为申请人的企业名称简称,在争议商标申请日以前已经存在,二审法院忽视了权利人对 2001 年《商标法》第 31 条中"不得损害他人现有的在先权利"的主张。(6)被申请人刘建佳申请注册争议商标"索爱",具有明显的恶意。请求本院:① 裁定由原审法院重审或由最高人民法院提审本案;② 撤销北京市高级人民法院(2008)高行终字第 717 号行政判决,维持北京市第一中级人民法院(2008)一中行初字第 196 号行政判决;③ 裁定由商标评审委员会重新就索尼爱立信公司对第 3492439 号"索爱"商标提出的争议申请作出"撤销争议商标注册"的裁定。

商标评审委员会答辩称,其作出的商评字[2007]第 11295 号《关于第 3492439 号索爱商标争议裁定书》(以下简称第 11295 号裁定)及二审判决认定事实清楚,程序合法,适用法律正确,应予维持。请求法院维持二审判决。

刘建佳答辩称,商标评审委员会作出的第 11295 号裁定认定事实和适用法律是否正确,主要涉及《商标法》(2001)第 10 条第 1 款第 8 项、第 13 条第 1 款和第 31 条的适用问题。根据商标法申请在先的原则和最高人民法院有关审判文件精神,对索尼爱立信公司在先权利的审查,应当以争议商标申请日 2003 年 3 月 19 日为准。第 11295 号裁定和二审法院判决认定事实和适用法律正确,应予维持。其理由是:(1)争议商标申请日前,索尼爱立信公司从未将"索爱"字样作为未注册商标或企业简称使用,其所称媒体的使用,可产生归于其本身的权利的说法没有依据。(2)索尼爱立信公司的手机产品最早于 2003 年 3 月 12 日取得入网许可,被允许进入中国市场,其产品不可能在争议商标申请日前在相关公众中具有商标法意义上的"一定影响"。(3)与索尼爱立信公司的未注册商标"Sony Ericsson"相比较,被申请人刘建佳所持有的"索爱"商标具有显著性,相关公众能够以一般注意力将两者区分开来,其申请该商标,不具有恶意。(4)索尼爱立信公司是否享有在先的名称权,不属于本案审理范围,且索尼爱立信公司从未将"索爱"作为字号或者字号的简称使用,因此,不构成《反不正当竞争法》第5条第3项规定的受保护的企业名称的情形。(5)争议商标的申请与注册不违反《商标法》(2001)第10条第1款第8项和第13条第1款的规定。争议商标实际用于商品已经五年多,被申请人刘建佳及广州市索爱数码科技有限公司为了"索爱"品牌付出了巨大的人力、物力和财力。请求法院驳回索尼爱立信公司的再审申请。

最高院经审查,原审法院查明的事实基本属实。另查明,本案争议商标核定使用范围为:影碟机、扩音器、扬声器音箱、与电视机连用的娱乐器具、振动膜(音响)、电话机、延时混响器、音响连接器、电视机、录像机。其中,电话机与手提电话、手提无线电话机均属《类似商品和服务区分表》(基于尼斯分类第九版)第九类0907通讯导航设备。

2007年12月17日,CNET科技资讯网登载题目为"索尼爱立信卢健生:请称我们《索尼爱立信》"的文章,其中提到索尼爱立信集团副总裁兼中国区主管卢健生答:"长久以来,'索尼爱立信'被非正式简称为'索爱',这是我们不可以接受的。'索爱'并不能代表'索尼爱立信'。索尼爱立信移动通信产品(中国)有限公司是经国家工商行政管理局核准注册的,品牌称谓是'索尼爱立信'及'Sony Ericsson'。把'索尼爱立信'简称为'索爱',一方面不能充分体现两家母公司的品牌效应,另一方面也会使消费者失去理解'索尼爱立信'背后含义的机会。……只有'索尼爱立信'才能最清楚地体现我们品牌的内涵。……把'索尼爱立信'简称为'索爱',就不能反映我们全称的优势与Walkman和Cyber-shot的关系,这无疑会影响消费者从我们的产品中获得丰富的体验。……出于对品牌的尊重,请称我们'索尼爱立信'。"

经审查,最高院认为索尼爱立信移动通信产品(中国)有限公司的再审申请不符合《行政诉讼法》第63条第2款和最高人民法院《关于执行〈中华人民共和国行政诉讼法〉若干问题的解释》第72条规定的再审条件。依照最高人民法院《关于执行〈中华人民共和国行政诉讼法〉若干问题的解释》第74条的规定,予以驳回。

二、裁判要旨

**No.2-1-10.1.1-2 在审查判断有关标志是否构成具有其他不良影响的情形时,应当考虑该标志或者其构成要素是否可能对我国政治、经济、文化、宗教、民族等社会公共利益和公共秩序产生消极、负面影响。**

2001年《商标法》第10条第1款第8项规定,有害于社会主义道德风尚或者有其他不良影响的标志不得作为商标使用。最高人民法院《关于审理商标授权确权行政案件若干问题的意见》第3条规定:"人民法院在审查判断有关标志是否构成具有其他不良影响的情形时,应当考虑该标志或者其构成要素是否可能对我国政治、经济、文化、宗教、民族等社会公共利益和公共秩序产生消极、负面影响。"索尼爱立信公司申诉称,因2002年12月开始曾先后在多家网站上出现了对不同型号"索爱手机"以及其他"索爱"电子产品的报道、评论,"索爱"与"索尼爱立信/Sony Ericsson"由此形成了唯一对应的联系,但根据其提交的证据,前述报道主要针对其手机产品,因本案争议商标核定使用范围并不包括手提电话及手提无线电话机,争议商标使用在手机产品上是否会导致欺骗公众等损害公共利益之后果,并不属于本案审理范围,本院对此不作评判。索尼爱立信公司并未提供其他证据证明争议商标及其构成要素足以对我国政治、经济、文化、宗教、民族等社会公共利益和公共秩序产生消极、负面影响。因此,原审法院认定争议商标不属于《商标法》(2001)第10条第1款第8项规定的有其他不良影响的标志,并无不当。

**No.2-3-32-1 审查判断诉争商标是否损害他人现有的在先权利,一般以诉争商标申请日为准。**

2001年《商标法》第31条规定:"申请商标注册不得损害他人现有的在先权利,也不得以不正当手段抢先注册他人已经使用并有一定影响的商标。"最高人民法院《关于审理商标授权确权行政案件若干问题的意见》第17条第2款规定:"人民法院审查判断诉争商标是否损害他人现有的在先权利,一般以诉争商标申请日为准。"因此争议商标申请日前,索尼爱立信公司是否对其享有在先权利成为认定争议商标的注册是否违反了2001年《商标法》第31条的前提。本案中,根据索尼爱立信公司提供的证据,不能证明争议商标"索爱"已经成为其企业名称的简称及其未注册商标"索尼爱立信"简称,且根据原审法院查明的事实,在本案争议商标申请日前,索尼爱立信公司的相关手机均未在中国大陆生产和销售,其关于争议商标是其知名商品特有名称简称的主张亦不能成立。而且,无论是作为未注册商标的简称,还是作为企业名称或知名商品特有名称的简称,其受法律保护的前提是,对该标识主张权利的人必须有实际使用该标识的行为,且该标识已能够识别其商品来源。在本案争议商标申请日前,没有证据证明索尼爱立信公司将争议商标用作其产品来源的标识,亦未有证据证明其有将该争议商标用来标识其产品来源的意图。相反,根据原审法院及本院查明的事实,直至2007年10月、12月,在争议商标已经被核准注册3年之后,索尼爱立信集团副总裁兼中国区主管卢健生仍多次声明"索爱"并不能代表"索尼爱立信",认为"索尼爱立信"被非正式简称为"索爱"不可以接受。鉴此,本院认为,在争议商标申请日前,索尼爱立信公司并无将争议商标作为其商业标识的意图和行为,相关媒体对其手机产品的相关报道,不能为其创设受法律保护的民事权益,因此索尼爱立信公司关于争议商标的注册损害其在先权利的再审理由不能成立。

**案例:河南省柘城县豫丰种业有限责任公司诉国家工商行政管理总局商标评审委员会商标行政纠纷案**

案例来源:《人民法院案例选》2007年第4辑[(2006)高行终字第188号]
主题词:通用名称

一、基本案情

原告:柘城县豫丰种业有限责任公司(以下简称豫丰公司)。
被告:国家工商行政管理总局商标评审委员会。
第三人:河南省柘城县三鹰种业有限公司(以下简称三鹰公司)。
(2005)第1374号裁定系商标评审委员会针对三鹰公司就豫丰公司注册在第31类辣椒种子等商品上的第3118114号"子弹头 ZiDanTou 及图"商标(简称争议商标)提出的撤销申请作出的。商标评审委员会在裁定中认定:通用名称是指某一行业内通用或公众约定俗成的产品名称。三鹰公司提交的证据证明"子弹头"在争议商标申请注册之前,就是人们长期称呼特定形状及品种辣椒的俗称,已成为约定俗成的特定辣椒品种名称。但争议商标除汉字"子弹头"及其汉语拼音"ZiDanTou"外,还有图形部分,且该部分图形由三颗子弹头图形组成,不是其指定使用商品辣椒种子等的通用图形,争议商标整体上具有商标的显著性,能起到区别商品来源的作用。因此争议商标未构成《商标法》第11条第1款第1项所指的仅有本商品通用名称、图形组成的标志,应予注册。但"子弹头"作为商标的组成元素,不能阻止他人正常使用。同时,因为豫丰公司没有提供相应的证据证明"子弹头"不是辣椒品种的通用名称。且公众约定俗成的商品通用名称不必经过相关部门的批准。综上,商标评审委员会依据《商标法》第11条第1款第1项及第41条第1款之规定,裁定:三鹰公司对豫丰公司注册的第3118114号"子弹头 ZiDanTou 及图"商标("子弹头"不在专用权范围)所提争议理由不成立,该商标予以维持注册。

原告豫丰公司不服,向法院提起行政诉讼。其诉称,被告关于"子弹头"属于辣椒的通用名称的认定,在事实和法律上均无根据,且与法律规定相违背,裁定"子弹头"不在专用权范围是错误的。综上,原告请求人民法院依法撤销被告作出的(2005)第1374号裁定。

被告商标评审委员会辩称:(1)"子弹头"在争议商标申请注册之前已是人们对果实像子弹头形状的辣椒品种的俗称,成为约定俗成的特定形状辣椒品种的名称,构成了特定辣椒品种的通用名称。(2)虽然《商标法》对注册商标专用权的保护,以核准注册的商标和核定使用的商品为限,但根据《商标法实施条例》第49条的规定,这不包括对核准注册商标中属于通用名称、图形等进行保护。本案中,争议商标中的"子弹头"已构成通用名称。被告认定争议商标整体具有商标的显著性,没有违反《商标法》第11条第1款第1项的规定,作出维持争议商标注册的(2005)

第1374号裁定,并指出"子弹头"不在专用权保护范围,不能阻止他人的正当使用,是完全合理、合法的。综上,(2005)第1374号裁定认定事实清楚、适用法律正确,请求法院予以维持。

第三人三鹰公司述称:"子弹头"作为一个辣椒品种的通用名称,最早出现于我国贵州遵义地区,是当地的农家品种,已有200余年的历史,这一事实被《朝天椒高产优质栽培技术》一书所证实。

北京市第一中级人民法院经审理查明:2002年3月19日,豫丰公司在第31类植物种子、玉米种子、小麦种子、黄瓜种子、辣椒种子商品上申请注册"子弹头 ZiDanTou 及图"商标(即争议商标),该商标于2003年3月21日被核准注册。2004年1月12日,三鹰公司以"子弹头"为特定形状辣椒的通用名称为由向商标评审委员会提出撤销争议商标的申请。2005年5月23日,商标评审委员会作出(2005)第1374号裁定,裁定:三鹰公司对豫丰公司注册的第3118114号"子弹头 ZiDanTou 及图"商标("子弹头"不在专用权范围)所提争议理由不成立,该商标予以维持注册。

经审理,一审法院认为被告商标评审委员会作出的(2005)第1374号裁定证据确凿,适用法律正确,程序合法,应予维持。原告豫丰公司的诉讼请求没有事实与法律依据,法院不予支持。依照《中华人民共和国行政诉讼法》第54条第1项之规定,判决维持被告国家工商行政管理总局商标评审委员会商评字(2005)第1374号《关于第3118114号"子弹头 ZiDanTou 及图"商标争议裁定书》。

豫丰公司因商标行政纠纷一案,不服北京市第一中级人民法院(2005)一中行初字第675号行政判决,向北京市高级人民法院提起上诉。

二审法院认为,本案审理焦点为"子弹头"是否辣椒的通用名称。经审理,二审法院认为,一审判决及(2005)第1374号裁定认定事实不清,证据不足,应予撤销。豫丰公司的上诉理由成立,对其上诉请求,予以支持。依照《中华人民共和国行政诉讼法》第61条第3项之规定,判决:

一、撤销北京市第一中级人民法院(2005)一中行初字第675号行政判决。

二、撤销国家工商行政管理总局商标评审委员会(2005)第1374号《关于第3118114号"子弹头 ZiDanTou 及图"商标争议裁定书》。

二、裁判要旨

No.2-1-11.1.1-1 商品的通用名称是指为国家或者某一行业所共用的反映一类商品与另一类商品之间根本区别的规范化称谓。

《商标法》第11条第1款第1项规定:"仅有本商品的通用名称、图形、型号的",不得作为商标注册。商品的通用名称是指为国家或者某一行业所共用的,反映一类商品与另一类商品之间根本区别的规范化称谓。通用名称应具有广泛性、规范性的特征。就通用名称的广泛性而言,应该是国家或者某一行业所共用的,仅为某一区域所使用的名称,不具有广泛性;就规范性而言,其应该符合一定的标准,反映一类商品与另一类商品之间的根本区别,即应指代明确。就本案而言,从三鹰公司提交的证据可以证明:在河南省柘城县有一种形状像子弹头的辣椒,当地通称其为"子弹头",在贵州省遵义地区亦有一种子弹头朝天椒,两者品种有明显区别。众所周知,辣椒是我国一种常见的农业作物,在我国许多省份都有广泛的种植,然而三鹰公司并未提交证据证明在我国其他辣椒产区有将"子弹头"作为辣椒俗称的情形。因此,三鹰公司提交的证据尚不足以证明"子弹头"已经在国家或者本行业中成为广泛使用的商品名称,故商标评审委员会及一审法院认定"子弹头"是辣椒的通用名称证据不足,将"子弹头"排除在专用权范围外是错误的。

**6** 含有描述性要素的商标的显著性(《商标法》第11条第1款第3项)

案例:长沙沩山茶业有限公司与国家工商行政管理总局商标评审委员会、湖南宁乡沩山湘沩名茶厂等商标行政纠纷案

案例来源:《最高人民法院知识产权审判案例指导》(第四辑)[(2011)行提字第9号]

主题词:商标显著性

一、基本案情

申请再审人(一审原告、二审上诉人):长沙沩山茶业有限公司(以下简称沩山茶业公司)。

被申请人(一审被告、二审被上诉人):国家工商行政管理总局商标评审委员会(以下简称商标评审委员会)。

被申请人(一审第三人、二审被上诉人):湖南宁乡沩山湘沩名茶厂(以下简称湘沩名茶厂)。

被申请人(一审第三人、二审被上诉人):湖南沩山名茶厂(以下简称沩山名茶厂)。

被申请人(一审第三人、二审被上诉人):宁乡县沩山乡茶叶协会(以下简称沩山茶叶协会)。

被申请人(一审第三人、二审被上诉人):湖南宁乡沩山军民茶叶实业有限公司(以下简称沩山军民茶叶公司)。

被申请人(一审第三人、二审被上诉人):长沙市沩峰茶厂(以下简称沩峰茶厂)。

被申请人(一审第三人、二审被上诉人):湖南省宁乡县沩山密印茶厂(以下简称沩山密印茶厂)。

北京市第一中级人民法院审理查明,争议商标原系湖南省宁乡县茶叶公司于1990年5月11日向国家工商行政管理总局商标局(以下简称商标局)提出的注册申请,商标局于1991年5月20日经核准注册,注册号为552102。2002年2月,该商标经核准转让给湖南省宁乡县八溪茶厂,2002年6月6日转让给沩山茶业公司。2004年6月14日,湘沩名茶厂等六公司以"沩山毛尖"为茶叶商品的通用名称,争议商标以茶叶商品的通用名称注册违反了2001年《商标法》第11条第1款、第41条第1款的规定为由,向商标评审委员会申请撤销争议商标,同时提交了相应证据。2005年5月9日,沩山茶叶协会向商标评审委员会提交了"关于对'沩山'争议商标答辩的补充意见",认为"沩山毛尖""沩山茶叶"出名的关键因素乃其独特的自然环境造就了其独特的上等品质。商标评审委员会于2006年11月30日向沩山茶业公司发出通知,指出"以上商标注册在指定使用商品上,仅仅直接表示了指定使用商品的品质特点,缺乏显著特征,违反了2001年《商标法》第11条第1款第2、3项的规定",并要求沩山茶业公司在收到该通知之日30天内作出书面答辩。沩山茶业公司针对该通知进行了答辩,并提交了该商标于2002年被认定为湖南省著名商标等证据。

商标评审委员会经审查认为,"沩山茶"作为一个历史悠久的茶叶品种,多年来以其稳定、独特的品质,广受好评,在市场上享有较高的声誉,并已得到了公众的认可。沩山乡现在有许多家茶叶生产厂家,这些生产厂家均对其产品进行了广泛的市场宣传,并获得了相应的国际认证资格证书及荣誉称号。沩山茶之所以能够获得如此高的知名度,有地理和人文两方面的原因,尤其要得益于当地独特的地理、自然环境。从《中国名茶志》中对于"沩山毛尖"的记载可以看出,沩山毛尖优良的品质是沩山地区独特的自然环境造成的。沩山乡现在有数家茶叶生产企业,这些企业中一部分还注册了商标,如"宁沩""湘沩"等,所有这些企业都应合理享有这些自然资源和社会资源,但也要在合理的限度内,不妨碍其他人的正当使用。沩山茶业公司在获得了争议商标等三件"沩山"商标的专用权后,试图禁止其他沩山茶农在茶叶类商品上使用"沩山"字样,其在茶叶类商品上独占"沩山"这一公共资源的意图十分明显,已经妨碍了其他沩山茶农的正当权益。茶叶是一种地域性很强的商品,不同产地的茶叶,其品质、特点完全不同。茶叶产地的名称同时也可表明此种茶叶突出的、区别于其他产地的茶叶商品的品质特点。争议商标虽然还有图形部分,但依据一般消费习惯,消费者会将文字部分作为商标的主要识别和呼叫对象,争议商标的图形部分,无法使其整体产生显著性。争议商标的拼音与其文字部分的"沩山"是对应的,文字部分缺乏显著特征,拼音部分亦无法使其产生显著特征。虽然争议商标与沩山茶业公司的字号一致,但这种一致与判断争议商标是否具备显著特征并无直接关系,争议商标并不能因此而具备显著性。依据2001年《商标法》第11条第1款第2项、第3项,第41条第1款、第43条的规定,商标评审委员会于2007年2月28日作出第265号裁定,对沩山茶业公司注册的"沩山牌及图"商标予以撤销。

沩山茶业公司不服该裁定,向北京市第一中级人民法院提起行政诉讼。

商标显著性

北京市第一中级人民法院经审理认为,根据本案现有证据,能够证明湖南省宁乡县沩山乡自古产茶,并且沩山乡独特的地理和自然环境决定了沩山茶的品质特点。争议商标由沩山牌文字及图组成,一般消费者会将文字部分作为商品的主要识别部分和呼叫对象,故其整体亦不具有显著性。商标评审委员会第265号裁定认定争议商标已构成直接表示指定使用商品的品质特点、缺乏显著特征的行为,并无不妥。2001年《商标法》第11条第1款规定了3项关于商标不具有显著性的不同情形。湘沩名茶厂等6公司认为争议商标违反了2001年《商标法》第11条第1款第1项向商标评审委员会提出申请撤销争议商标,商标评审委员会针对湘沩名茶厂等6公司提出的撤销理由进行审理,认为争议商标违反了2001年《商标法》第11条第1款第2、3项的规定,并通知沩山茶业公司进行答辩,虽然商标评审委员会变更了湘沩名茶厂等6公司提出申请引用的法律条款,但是该变更行为并没有导致当事人答辩理由以及证据的根本改变,而且商标评审委员会给予了沩山茶业公司陈述意见的机会,故对沩山茶业公司关于商标评审委员会违反法定程序的诉讼理由不予支持。第265号裁定认定事实清楚、结论正确,沩山茶业公司要求撤销第265号裁定的诉讼请求,缺乏事实及法律依据,不予支持。依照最高人民法院《关于执行〈中华人民共和国行政诉讼法〉若干问题的解释》第56条第4项,判决驳回沩山茶业公司的诉讼请求。

沩山茶业公司不服该判决,向北京市高级人民法院提出上诉。

北京市高级人民法院经审理认为,《商标评审规则》第29条规定,商标评审委员会审理请求撤销注册商标的案件,应当针对当事人申请和答辩的事实、理由及请求进行评审。根据该规定,商标评审委员会审理撤销注册商标案件应在当事人提出的事实理由及请求的基础上进行审查。商标评审委员会在就湘沩名茶厂等6公司申请撤销争议商标的事实进行的审查中,在湘沩名茶厂等6公司提交事实的基础上,认为争议商标不具有显著性,属于《商标法》第11条第2、3项规定的不予注册的情形,未超出当事人提交证据的范围,同时,商标评审委员会通知沩山茶业公司就该事实进行答辩,未影响当事人的合法权益。

关于"沩山牌及图"商标的显著性问题。根据湘沩名茶厂等6公司提交的证据,能够确认"沩山毛尖"为一茶叶品种,该品种的命名是由沩山地区特定的山、水等自然环境以及特定的工艺所形成的品质、特色等所决定;且该品种的命名,也使"沩山毛尖"成为该地区具有特色的自然资源;因此,"沩山"文字已经具有表示产品质量的含义,缺乏显著性。争议商标虽不仅包含"沩山"文字,但因拼音部分与文字中的"沩山"相对应,故该商标的文字和拼音应为主要部分,对该商标的呼叫应为消费者认知该商标的主要方式。据此,该商标属缺乏显著性的商标,属于《商标法》第11条第3项不予注册的情形。依据《中华人民共和国行政诉讼法》第61条第1项的规定,判决驳回沩山茶业公司上诉,维持一审判决。

沩山茶业公司申请再审称:商标评审委员会依职权擅自转换本案适用的法律条款,程序违法,二审法院判决认定商标评审委员会作出的商评字(2007)第265号《关于第552102号"沩山牌及图"商标争议裁定书》(简称第265号裁定)程序合法无事实和法律依据;沩山茶业公司第552102号"沩山牌及图"注册商标,具有固有的和获得的显著特征,不属于仅仅直接表示指定使用商品的品质特点的标识,商标评审委员会滥用缺乏显著性的概念,裁定撤销该商标违法。争议商标在湘沩名茶厂等6被申请人成立之前已经核准注册,商标评审委员会认定争议商标损害公共利益缺乏事实依据。请求撤销二审法院判决及商标评审委员会第265号裁定。

商标评审委员会答辩称:商标评审委员会作出的第265号裁定认定事实清楚,适用法律正确,二审法院维持该裁定正确。请求驳回沩山茶业公司的再审申请,维持二审法院判决。

湘沩名茶厂等6被申请人答辩称:商标评审委员会是国家商标行政部门,其行使职能时是根据当事人所争议的事实决定适用的法律,其作出的第265号裁定不存在程序违法;沩山茶为历史名茶,具有典型的产地意义,应视为公共资源,他人不得作为商标垄断使用。请求驳回沩山茶业公司的再审申请,维持二审法院判决。

最高人民法院审查查明:原审法院查明的事实基本属实,予以确认。经审理,法院认为,争议商标的注册没有违反《商标法》第11条第1款的相关规定,商标评审委员会第265号裁定及原审判决确有错误,应予撤销。依照《中华人民共和国行政诉讼法》第54条第2项第2目、第63条第2款、最高人民法院《关于执行〈中华人民共和国行政诉讼法〉若干问题的解释》第76条第1款之规定,判决如下:

一、撤销北京市高级人民法院(2007)高行终字第583号行政判决及北京市第一中级人民法院(2007)一中行初字第647号行政判决;

二、撤销国家工商行政管理总局商标评审委员会商评字(2007)第265号《关于第552102号"沩山牌及图"商标争议裁定书》。

## 二、裁判要旨

No.2-1-11.1.3-1　**判断争议商标是否具有显著性,应当根据争议商标指定使用商品的相关公众的通常认识,从整体上对商标是否具有显著特征进行判断,不能因为争议商标含有描述性文字就认为其整体缺乏显著性。**

根据《商标法》第11条第1款第2、3项之规定,"仅仅直接表示商品的质量、主要原料、功能、用途、重量、数量及其他特点的"、"缺乏显著特征的"的标志不得作为商标注册。判断争议商标是否应当依据上述法律规定予以撤销时,应当根据争议商标指定使用商品的相关公众的通常认识,从整体上对商标是否具有显著特征进行判断,不能因为争议商标含有描述性文字,就认为其整体缺乏显著性。本案争议商标由沩山牌文字、拼音及相关图形组成,并非仅由沩山文字及其拼音组成,其商标组成部分中的图形亦属该商标的重要组成部分。此外,根据原审法院查明的事实,争议商标1991年5月20日核准注册,已经经过了近20年的使用,且在2002年被评为湖南省著名商标。鉴于以上事实,本案争议商标使用时间较长,已经建立一定的市场声誉,相关公众能够以其识别商品来源,并不仅仅直接表示商品的质量、主要原料、功能、用途、重量、数量及其他特点,商标评审委员会、原审法院以争议商标含有沩山文字,就认为其整体缺乏显著性,属于认定事实错误,沩山茶业公司申请再审的此项再审理由成立。

## 7　商标的实际使用(《商标法》第13条第2款)

**案例:辉瑞产品有限公司、辉瑞制药公司诉上海东方制药有限公司破产清算组、北京健康新概念大药房有限公司、广州威尔曼药业有限公司不正当竞争、侵犯未注册驰名商标权纠纷申请再审案**

案例来源:《中国知识产权指导案例评注》2009年中国法院知识产权司法保护50件典型案件[(2009)民申字第313号]

主题词:商标使用　未注册商标

### 一、基本案情

申请再审人(一审原告、二审上诉人):辉瑞有限公司(PfizerInc.,以下简称辉瑞公司)。

申请再审人(一审原告、二审上诉人):辉瑞制药有限公司(以下简称辉瑞制药公司)。

被申请人(一审被告、二审被上诉人):上海东方制药有限公司破产清算组(以下简称东方公司破产清算组)。

二审被上诉人(一审被告):北京健康新概念大药房有限公司(以下简称新概念公司)。

二审被上诉人(一审被告):广州威尔曼药业有限公司(以下简称威尔曼公司)。

辉瑞公司与辉瑞制药公司申请再审称,早在威尔曼公司于1998年6月2日申请注册"伟哥"商标之前,相关公众已经使用"伟哥"一词指称Viagra产品。在相关公众心目中,"伟哥"商标唯一对应Viagra产品,是Viagra的中文名称(别名)。"伟哥"在事实上已成为标识Viagra产品来源的商标,成为申请再审人的商标,申请再审人对"伟哥"享有合法的在先权利。威尔曼公司申请注册、使用"伟哥"商标,具有明显的恶意。因为相关公众约定俗成的使用,"伟哥"同样也已经构成申请再审人的Viagra产品这一知名商品的特有名称,根据《反不正当竞争法》第5条第

2 项"擅自使用知名商品特有的名称、包装、装潢,或者使用与知名商品近似的名称、包装、装潢,造成和他人的知名商品相混淆,使购买者误认为是该知名商品"的规定,东方公司擅自在其生产的"甲磺酸酚妥拉明分散片"上使用"伟哥"商标,使相关公众产生混淆误认,构成不正当竞争。二审法院北京市高级人民法院没有正确认定申请再审人的正当权利及被申请人的不正当竞争行为,在事实认定及法律适用上均存在错误,请求判令:(1)撤销北京市高级人民法院(2007)高民终字第 1684 号民事判决;(2)认定威尔曼公司申请注册"伟哥"商标的行为是非法抢注行为,构成不正当竞争;(3)威尔曼公司立即停止对"伟哥"商标进行许可和广告宣传等不正当竞争行为;(4)东方公司、新概念公司立即停止生产、销售带有"伟哥"商标药品的不正当竞争行为;(5)威尔曼公司、东方公司立即停止印制和使用"伟哥"商标的不正当竞争行为,并销毁全部"伟哥"商标标识及用于印制"伟哥"商标标识的工具;(6)东方公司、新概念公司、威尔曼公司共同赔偿经济损失及与本案有关的合理支出人民币 50 万元;(7)东方公司、新概念公司、威尔曼公司发布经其同意、澄清事实的公告等有效措施消除影响,并在《中国医药报》《法制日报》和《人民日报》(海外版)等媒体上向申请再审人赔礼道歉。

东方公司辩称:申请再审人"Viagra"产品的商品名是"万艾可",威尔曼公司是最早申请和使用"伟哥"商标的权利人。申请再审人从未使用过"伟哥"商标,其对"伟哥"商标不享有任何权益。相关公众并未将"伟哥"商标唯一对应申请再审人的"Viagra"产品,申请再审人在媒体上发布的《律师声明》也声称"Viagra"药品的商品名是"万艾可",中国商标法适用"注册在先"原则,威尔曼公司申请"伟哥"文字商标的行为符合法律规定,不是非法抢注。申请再审人关于"威尔曼公司申请注册'伟哥'商标的行为是非法抢注行为,构成不正当竞争"的请求,属于新的诉讼请求,已超出本案原审的审理范围。申请再审人没有任何证据证明"伟哥"构成申请再审人的知名商品的特有名称,且基于知名商品特有名称的不正当竞争指控,也已超出本案原审的审理范围。

威尔曼公司声称与东方公司的意见相同。

新概念公司没有发表意见。

最高人民法院审查查明:1997 年 11 月 28 日,辉瑞公司的第 1130739 号"VIAGRA"文字商标在中国获得注册,指定使用的商品为第 5 类人用药、医用制剂,有效期经续展至 2017 年 11 月 27 日。2001 年 1 月 28 日,该商标经核准转让予辉瑞产品有限公司(Pfizer Products Inc.)。

1998 年 9 月 29 日,《健康报》报道伟哥(Viagra)是枸橼酸西地非尔的商品名;1998 年 10 月 8 日,《南方都市报》登载的《IT 大亨染指壮阳药》一文中提及"伟哥"(VIAGRA);1998 年 10 月 22 日,《浙江经济日报》登载的《诺贝尔奖与"伟哥"》一文称 Viagra(伟哥)是美国辉瑞药厂制造;1998 年 10 月 26 日,《南方日报》登载的《"伟哥",想说爱你不容易》一文称"伟哥"(Viagra)原是美国辉瑞制药公司 1992 年开发的用于治疗心绞痛的新药;1998 年 11 月 7 日,《重庆晚报》登载的《伟哥:笑傲江湖》一文称"伟哥"的英文名称 VIAGRA 由 VIGOR(活力)与 NIAGARA(尼亚加拉瀑布)两字合成;1998 年 11 月 21 日,《信息时报》登载的《也谈"伟哥"》一文中提及"伟哥"(Viagra);1998 年 11 月 25 日,《中国青年报》登载的《"伟哥"是什么,怎么样?》一文称"伟哥"是英文 Viagra 的音译,化学名称是枸橼酸西地非尔;珠海出版社出版了名称为《伟哥报告——蓝色精灵 Viagra》的出版物;1998 年 10 月 16 日至 2003 年 9 月 28 日,《海口晚报》《青年报》《参考消息》《经济日报》《羊城晚报》《法制日报》《人民日报》《南方都市报》《北京青年报》等二十几家报刊的 26 份报道,摘录中多将"Viagra"称为"伟哥",称"伟哥"(VIAGRA)的生产者为辉瑞公司或辉瑞制药厂,主要内容为媒体对"Viagra"的药效、销售情况、副作用的介绍以及评论性的文章。

《新时代汉英大词典》2000 年版第 1601 页和 2002 年版第 1232 页对"伟哥"词条的解释为:也称"威尔刚"Viagra、"万艾可"Viagra,用于治疗男性性功能障碍的美国药品商标。

国家药监局国药管市函〔1999〕72 号文件《关于查处假药"伟哥"的紧急通知》(简称第 72 号文件),载有如下内容:"近来,国内一些省市出现了销售'伟哥'(英文名:VIAGRA)的情况,并有不断扩大的趋势,一批未经审批的药品'伟哥'进入了市场……'伟哥'为美国辉瑞制药有限公司生产的药品,该药品在我国正处于临床研究阶段……目前,国内除有关医院正用于临床实验的该药品外,市场销售的'伟哥'均为假药……"等。

中国药科大学、威尔曼国际新药开发中心和威尔曼公司致国家药监局"请求国家药品监督管理局澄清有关药名的请示报告",内容为询问第72号文件中所说的"伟哥"是否指当时"西地那非"的商品名或通用名。

国家药监局药管市函〔2000〕19号文件《关于对请求国家药品监督管理局澄清有关药名的请示的复函》,其主要内容为:在第72号文件中采用了以带引号的"伟哥"和英文名"VIAGRA"的标注等指当时在中国市场上出现的此种假药,以便于各地药品监督管理部门的查处,并非是对美国辉瑞制药有限公司"西地那非"通用名或商品名的认定。

辉瑞公司为支持"伟哥"系其在中国未注册的驰名商标的主张,还提交了1998年4月30日美国《世界日报》、1998年6月8日中国香港《天天日报》《东方日报》的报道摘要,上述报道中均提及"伟哥"(Viagra)、生产商为美国辉瑞药厂等。

辉瑞制药公司发布的《律师声明》,主要内容有:"由美国辉瑞制药公司研发生产的药品Viagra已由国家药品监督管理局批准,正式进入市场,万艾可为正式的商品名。万艾可是经国家工商行政管理局商标局批准注册的商标。辉瑞制药有限公司是万艾可商标的拥有者……"

2005年3月17日,中国国际贸易促进委员会专利商标事务所的代理人邱宏彦在新概念公司经公证购买了"伟哥"药品4盒。该购买过程由长安公证处进行了证据保全公证。"伟哥"药品的包装盒、药品说明书、药片包衣上均标有"伟哥"字样和东方公司企业名称,药片上亦标有"伟哥"字样。该"伟哥"产品系东方公司生产,新概念公司销售。东方公司系经威尔曼公司授权使用"伟哥"商标。

威尔曼公司于1998年6月2日向商标局提出"伟哥"商标的注册申请,并于2002年6月22日获得初步审定公告,初步审定号为1911818,指定使用商品为人用药、生化药品等。2002年9月20日,辉瑞公司就威尔曼公司申请注册的"伟哥"商标向商标局提出商标异议申请。2004年4月7日,商标局核准该"伟哥"商标转让注册,受让人为广州威尔曼新药开发中心有限公司(简称威尔曼新药公司)。

2003年8月20日,东方公司与广东药之星医药有限公司、威尔曼公司订立《【伟哥】药品区域总经销协议》,约定:【伟哥】药品,指甲磺酸酚妥拉明分散片,由威尔曼公司独家研制开发并由东方公司生产;东方公司系威尔曼公司【伟哥】药品的授权生产单位,合同有效期至2005年9月30日。

1998年8月12日,辉瑞公司向商标局提出"伟哥"文字商标的注册申请,该商标申请被驳回,后进入商标驳回复审阶段。2005年7月28日,辉瑞公司与辉瑞制药公司订立《商标授权协议第三次修订案》,授权辉瑞制药公司使用其在中国申请的"伟哥"商标。

东方公司于2005年7月19日被中华人民共和国上海市南汇区人民法院裁定宣告破产,2005年7月20日成立破产清算组进行破产清算。

辉瑞制药公司系1989年10月7日经核准登记成立的中外合资经营企业,其生产经营范围为化学药品原料药、制剂药等。

2005年10月11日,辉瑞公司、辉瑞制药公司以威尔曼公司不正当竞争及侵犯未注册驰名商标权为由,向北京市第一中级人民法院提起诉讼。一审庭审中,辉瑞公司、辉瑞制药公司承认其在中国内地未使用过"伟哥"商标。

最高人民法院另查明,2008年12月17日,商标局在(2008)商标异字第10226号及10227号商标异议裁定书中认为,"VIAGRA"是辉瑞公司研制生产的一种专治男性阳痿的药品名称,并作为商标在我国进行了注册。经多年宣传使用,"伟哥"已实际成为与该药品及商标所对应的中文标识,且为社会公众所知晓。在(2008)商标异字第10226号商标异议裁定中,商标局裁定对威尔曼新药公司的第1911818号"伟哥"商标不予核准注册。驳回辉瑞有限公司、辉瑞制药有限公司的再审申请。

经审理,最高人民法院认为,申请再审人辉瑞公司与辉瑞制药公司的再审申请不符合《中华人民共和国民事诉讼法》第179条规定的情形。依照《中华人民共和国民事诉讼法》第181条第1款之规定,裁定如下:驳回辉瑞有限公司、辉瑞制药有限公司的再审申请。

## 二、裁判要旨

**No.2-1-13.2-1　商标使用应当是权利人实际将商标使用在商品或服务上。**

《商标法》第13条第1款规定:"就相同或者类似商品申请注册的商标是复制、摹仿或者翻译他人未在中国注册的驰名商标,容易导致混淆的,不予注册并禁止使用。"最高人民法院《关于审理商标民事纠纷案件适用法律若干问题的解释》第2条规定:"根据商标法第十三条第一款的规定,复制、摹仿、翻译他人未在中国注册的驰名商标或其主要部分,在相同或者类似商品上使用,容易导致混淆的,应当承担停止侵害的民事法律责任。"而根据《商标法》的规定,商标的使用应当是将商标用于商品、商品包装或容器,以及商品交易文书上或是将商标用户广告宣传、展览以及其他商业活动中,用于识别商品来源的行为。根据本案查明的事实,1998年9月29日《健康报》等七篇报道、珠海出版社出版的《伟哥报告——蓝色精灵 Viagra》,以及《海口晚报》等26份媒体的报道中虽然多将"伟哥"与"Viagra"相对应,但因上述报道均系媒体所为而并非两申请再审人所为,并非两申请再审人对自己商标的宣传,且媒体的报道均是对"伟哥"的药效、销售情况、副作用的一些介绍、评论性文章。辉瑞制药公司也明确声明"万艾可"为其正式商品名,并承认其在中国内地未使用过"伟哥"商标。故媒体在宣传中将"Viagra"称为"伟哥",亦不能确定为反映了两申请再审人当时将"伟哥"作为商标的真实意思。故申请再审人所提供的证据不足以证明"伟哥"为未注册商标。原审法院对"伟哥"是辉瑞公司的未注册驰名商标的事实主张不予支持,并据此认定东方公司和新概念公司生产、销售使用"伟哥"商标药品的行为,并未构成上述法律所规定的应当承担停止侵害的民事法律责任的情形,并无不当。

## 8 驰名商标的认定(《商标法》第13条第2款、第14条第1款第4、5项)

**案例:日本国株式会社双叶社诉中华人民共和国国家工商行政管理总局商标评审委员会商标行政确认纠纷案**

案例来源:《最高人民法院知识产权审判案例指导》[(2007)民监字第25-1号]
主题词:在先权利

### 一、基本案情

被告:中华人民共和国国家工商行政管理总局商标评审委员会(以下简称商标评审委员会)。

原告:日本国株式会社双叶社(以下简称双叶社)。

第三人:上海恩嘉经贸发展有限公司(以下简称恩嘉经贸贸公司)。

商标评审委员会第4639号裁定系被告针对双叶社就注册人为恩嘉经贸公司的第1044841号"蜡笔小新"商标(简称争议商标)提出的撤销申请作出的。在该裁定中,涉及如下问题:

1. 针对双叶社以争议商标的注册侵害其著作权为由提出的撤销注册申请,商标评审委员会认为,双叶社于2005年1月26日向商标评审委员会提出争议裁定申请,是在2011年修改后《中华人民共和国商标法》(以下简称《商标法》)有关规定申请争议裁定,本案应适用现行《商标法》有关规定进行审理。《商标法》(2001)第41条第2款规定,对违反该法第31条规定的,自该商标注册之日起5年内,商标所有人或利害关系人可以请求撤销该注册商标。可见,对已经注册的商标,以第31条规定申请撤销的期限限定为5年。本案争议商标取得商标专用权时间为1997年7月7日,双叶社于2005年1月26日对该商标提出争议时争议商标注册已近8年,超出了5年的法定期限。双叶社主张本案中提起争议裁定申请的5年期限,应从现行商标法实施之日起算的复审理由不成立。双叶社依据《商标法》(2001)第31条提出的撤销争议商标的理由因超出法定期限,其该项评审请求应予以驳回。

2. 针对双叶社以争议商标的注册构成对其"蜡笔小新"文字和图形未注册驰名商标的复制和摹仿为由提出的撤销注册申请,商标评审委员会认为,争议商标于 1997 年在中国大陆获得注册,当时双叶社的"蜡笔小新"商标在中国大陆尚未申请注册。根据《商标法》(2001)第 13 条第 1 款之规定,未在中国注册但请求特别保护的商标,须在争议商标未注册前就已在相同或类似商品上成为驰名商标。根据双叶社提供的证据,虽然早在 1994 年、1995 年开始开发"蜡笔小新"授权产品,将"蜡笔小新"卡通形象用于开发、制造玩具、文具、服饰等商品,并在日本、中国台湾、中国香港市场有一定影响,但中国大陆关于双叶社的"蜡笔小新"漫画与商品的报道,主要发生于 2003 年,双叶社未能证明"蜡笔小新"商标在争议商标注册前,双叶社的"蜡笔小新"商标已在第 16 类争议商标核定使用的商品上为中国大陆消费者熟知,成为驰名商标。双叶社以《商标法》(2001)第 13 条第 1 款的规定,撤销争议商标注册的主张不成立。

3. 针对双叶社以争议商标的注册属于以欺骗手段或其他不正当手段取得注册为由提出的撤销注册申请,商标评审委员会认为,《商标法》(2001)第 41 条第 1 款所指的"以欺骗手段或其他不正当手段取得注册",既包括商标注册人在申请注册的时候,以弄虚作假的手段欺骗商标行政主管机关取得注册的行为,也包括基于进行不正当竞争、牟取非法利益的目的,恶意进行注册的行为。后一种行为,主要是指商标注册人明知他人或应知他人的商标而申请注册。双叶社提交的证据可以显示其"蜡笔小新"商标在日本、中国港台地区有一定的知名度,但其知名度并不当然及于中国大陆。双叶社未能证明在争议商标注册前,其"蜡笔小新"商标在中国大陆市场已经使用,并在相关消费者中有一定的知名度,争议商标原注册人是在明知或应知他人商标的情况下恶意申请注册争议商标。双叶社提交的争议商标原注册人在其他类别上注册"蜡笔小新"商标并转让他人及其抢注他人知名商标的证据,难以证明争议商标原注册人在申请注册本案争议商标时具有恶意。双叶社依据《商标法》(2001)第 41 条第 1 款的规定,撤销争议商标注册的主张缺乏事实根据,该主张不成立。

此外,关于恩嘉经贸公司述称双叶社不具备申请争议的主体资格的问题,《蜡笔小新》系双叶社拥有著作权的漫画作品,尽管双叶社并未在中国大陆注册"蜡笔小新"文字及图商标,但其以在先拥有的著作权和其在中国未注册的驰名商标提出争议,符合《商标法》(2001)第 41 条第 2 款关于商标所有人或利害关系人的规定,恩嘉经贸公司的此条陈述理由不成立。综上,商标评审委员会根据《商标法》(2001)第 13 条第 1 款,第 31 条、第 41 条第 1 款、第 2 款和第 43 条的规定,裁定对恩嘉经贸公司注册的争议商标予以维持。

原告双叶社不服,向法院提起行政诉讼称:(1) 商标评审委员会认为提出争议申请已经超过法定期限的观点不能成立。争议商标的注册日为 1997 年 7 月 7 日,根据当时适用的 1993 年《商标法》第 27 条第 1 款以及 1993 年《中华人民共和国商标法实施细则》第 25 条的规定,对已注册商标提起争议并没有时间的限制。本案涉及新旧两版《商标法》的适用这一特殊情况,不能仅仅因为对旧法的修改,而将原告本可争取权益的时间缩短,相反使第三人依旧法本属恶意注册应予撤销的权利得以稳固。即使适用修改后的《商标法》,注册商标争议提起的"五年期限"的起算日,也应当以修订后的商标法施行之日,即自 2001 年 12 月 1 日起统一起算,而不应该机械地从法条上所规定的注册之日起算。在我社"蜡笔小新"著作权已经被确认的情况下,恩嘉经贸公司将"蜡笔小新"注册为商标,其行为已经损害了他人现有的在先权利,依法应当予以撤销。(2) 争议商标已构成就相同或类似商品对我社未在中国注册的驰名商标的复制和摹仿,应予撤销。商标评审委员会未认定"蜡笔小新"为驰名商标,应属不当。我社对"蜡笔小新"系列商标在日本、韩国、中国香港和台湾等地进行了广泛注册。在中国大陆,我社不仅将"蜡笔小新"作为漫画书籍出版,同时还将其制作成动画片和剧场作品 VCD 和 DVD,也具有广泛的知名度。我社还将"蜡笔小新"形象广泛使用在文具、玩具、书包、服装、泡泡糖、零食等商品上和手机的各种服务上。鉴于"蜡笔小新"动画及漫画的知名度,"蜡笔小新"及"蜡笔小新"形象在中国消费者中具有了极高的知名度,应被作为驰名商标予以保护。争议商标与我社商标完全相同,商品类似,构成对我社商标在类似商品上的复制。"蜡笔小新"为非常用汉字组合,具有很强的显著性。鉴于""作为"蜡笔小新"漫画的标题,经过多年的宣传和使用,已在消费者中具有极高的知名度,争议商标已构成了对原告驰名商标的复制。(3)争议商标的注册具有明显恶意,已构成对我社未在中国注册的驰名商标的恶意抢注。争议商标的原注册人为广州市恩嘉经贸公司,2004年9月,该公司将争议商标转让给恩嘉经贸公司。争议商标原注册人不仅非法注册了本案的争议商标,还在第9、16、18、25和28类等多个类别注册了共计9件侵犯我社"蜡笔小新"图样和文字权利的商标,并将其中部分商标转让给他人,非法获利,具有明显的恶意。争议商标原注册人不仅抢注了原告"蜡笔小新"系列商标,还注册了近50件他人的知名商标。争议商标原注册人是一家长期从事抢注他人商标权进行不正当竞争的公司,其抢注原告"蜡笔小新"系列商标的行为恶意明显。原告据此请求法院撤销第4639号裁定,并判令商标评审委员会撤销争议商标。

被告商标评审委员会辩称:(1)双叶社以争议商标的注册损害其著作权为由提出争议申请已超过5年的法定期限。争议商标注册于1997年7月,但双叶社提起争议裁定申请是在2005年1月,是在2001年《商标法》实施后发生的行为,应适用《商标法》(2001)相关规定审查其提起争议的时限,不存在法律溯及力的问题。商标争议时限如何起算应适用《商标法》(2001)、《国家工商行政管理总局商标评审规则》的相关规定。(2)双叶社的"蜡笔小新"商标在争议商标申请注册时,未成为相关商品上的驰名商标。争议商标申请注册于1996年,指定使用于国际分类第16类墨水等商品,当时双叶社的"蜡笔小新"商标尚未在中国注册。适用《商标法》(2001)第13条第1款规定的前提是,双叶社的"蜡笔小新"商标在争议商标申请注册前在中国大陆已成为第16类墨水类商品上的驰名商标。但双叶社并没有提供在争议商标注册前,其"蜡笔小新"商标在中国大陆使用、宣传并为中国相关公众广为知晓的相关证据,因此,不能认定在争议商标申请注册前,双叶社的"蜡笔小新"商标已为中国大陆消费者熟知并成为驰名商标。《蜡笔小新》虽然是著名的漫画作品,但双叶社在中国大陆并没有将其作为商标广泛使用于市场,从而建立"蜡笔小新"品牌的知名度,形象的知名度并不代表商标的知名度。(3)双叶社称争议商标的注册具有明显恶意的主张缺乏充分证据,争议商标注册未构成恶意抢注行为。判定商标注册行为是否为恶意抢注行为,关键在于判断商标注册人是否明知或应知他人的商标而申请注册。双叶社提交的证据不能证明争议商标的原注册人是在明知或应知双叶社"蜡笔小新"商标的情况下恶意申请注册争议商标。争议商标原注册人抢注其他知名商标及在其他类别上注册"蜡笔小新"商标并转让他人的行为,都难以直接证明争议商标原注册人在申请注册本案争议商标时具有恶意。第4639号裁定认定事实清楚,适用法律正确,程序合法,请求法院驳回原告的诉讼请求,维持该裁定。

第三人恩嘉经贸公司述称:(1)就双叶社针对争议商标所提出的争议申请,应当适用《商标法》(2001)的规定,其提出的理由属于《商标法》(2001)第41条第2款所规定的情形,争议商标核准注册于1997年,而双叶社并未提供有效证据证明此前其"蜡笔小新"商标已在中国大陆驰名。根据现行商标法及相关司法解释的规定,双叶社的申请已超过法定时限。(2)双叶社就争议商标所提争议申请属于《商标法》(2001)第41条第2款规定之情形,该条所规定的"以欺骗手段或其他不正当手段取得注册的行为",应当仅仅指商标注册人在申请注册的时候,以弄虚作假的手段欺骗商标行政主管机关取得注册的行为,或者侵犯国家利益等行为,不应当包括商标注册人明知他人或应知他人的商标而申请注册的情形。综上,第4639号裁定认定双叶社的争议申请,已经超过法定期限且其引证商标并非驰名商标并据以维持我方争议商标的行为符合法定程序,适用法律正确,有充分的事实根据,应予维持。

法院经审理查明:第1044841号"蜡笔小新"商标(即争议商标)由案外人广州市诚益眼镜公司于1996年1月9日向中华人民共和国国家商标局提出注册申请,于1997年7月7日被核准注册,核定使用商品为第16类墨水、印章、笔等。2004年10月19日,争议商标经商标局核准转让给恩嘉经贸公司。

2005年1月26日,双叶社以争议商标的注册违反了《商标法》(2001)第13条第1款、第31条,第41条第1、2款的规定为由,向商标评审委员会提出撤销申请,并提供了证据。

2005年12月30日,商标评审委员会作出第4639号裁定,查明如下事实:《蜡笔小新》是日本公民臼井义人创作的漫画作品,双叶社于1992年经臼井义人授权,获得该作品独占性、排他性的著作权及商品化权。1992年至2005年间,《蜡笔小新》系列漫画由双叶社出版,在日本广泛发行。1994年以后,双叶社通过许可出版的方式,将《蜡笔小新》系列漫画在中国香港、台湾发行。《蜡笔小新》动画片也随之在日本、中国香港和中国台湾等东南亚国家或地区播放。双叶社的"蜡笔小新"商标自1994年开始在日本、中国台湾注册,涉及第9、14、16、25类等十几个类别。1995年4月1日双叶社与国际影业有限公司签订商品化权合同,将漫画《蜡笔小新》在亚洲的商品化权提供给国际影业有限公司独家行使,由该公司负责"蜡笔小新"卡通造型商品的开发、制造,主要包括玩具、文具、休闲、服饰等商品,并在台湾市场销售。《蜡笔小新》系列漫画在中国大陆正式发行始于2003年。双叶社的"蜡笔小新"商标在中国大陆注册始于2002年3月18日,由国际影业有限公司申请注册,于2003年7月7日获准(注册号为3117066),使用在第21类牙刷、水杯、纸巾分配器等商品上。双叶社提及的应被认定为驰名商标的第3117067号"蜡笔小新及图"商标,系由国际影业有限公司于2002年3月18日提出注册申请,于2004年2月28日获得注册,使用在第16类书、连环漫画书、卡纸板制品上。

针对以上事实,各方当事人均无异议,法院予以确认。在本案诉讼过程中,双叶社对其已经向商标评审委员会提交的证据进一步予以明确,并提供证据证明"蜡笔小新"文字、图形系列商标系驰名商标。

经审理,法院认为被告作出的第4639号裁定证据充分,适用法律正确,程序合法,应予维持。原告双叶社的诉讼请求没有事实与法律依据,法院不予支持。依照《中华人民共和国行政诉讼法》(以下简称《行政诉讼法》)第54条第1项之规定,判决维持被告中华人民共和国国家工商行政管理总局商标评审委员会商评字(2005)第4639号《关于第1044841号"蜡笔小新"商标争议裁定书》。

双叶社不服北京市高级人民法院(2006)高行终字第374号行政判决,向最高人民法院提起再审申请,经审理予以驳回。

二、裁判要旨

No.2-1-13.2-2　判断标识是否为未在中国注册的驰名商标,关键在于判定申请人的商标在争议商标申请注册前是否已在中国大陆成为使用在相关商品上的驰名商标。

《商标法》(2001)第13条规定,就相同或者类似商品申请注册的商标是复制、摹仿或者翻译他人未在中国注册的驰名商标容易导致混淆的,不予注册并禁止使用。违反该规定,是撤销争议商标的法定理由之一。双叶社以争议商标违反《商标法》(2001)第13条规定提出的撤销理由能否成立,关键在于判定申请人的"蜡笔小新"(文字和图形)是否作为商标在争议商标申请注册前是否已在中国大陆成为使用在第16类墨水等商品上的驰名商标。根据双叶社提供的证明资料,均不能证明在争议商标申请注册日,即1996年1月9日之前,"蜡笔小新"图形和文字作为商标已在中国大陆使用。因此,第4639号裁定没有认定"蜡笔小新"文字和图形属于未注册的驰名商标是正确的。双叶社认为,"蜡笔小新"图形和文字构成未注册的驰名商标之主张缺乏事实依据。

**案例:彭博有限合伙公司诉上海澎博财经资讯有限公司等商标侵权纠纷案**
案例来源:《中华人民共和国最高人民法院公报》2010年第10期[(2007)沪一中民五(知)终字第2号]
主题词:权利主张地原则　类似服务

一、基本案情
　　原告:彭博有限合伙公司(Bloomberg L. P.)。
　　被告:上海澎博财经资讯有限公司。
　　被告:上海澎博网络数据信息咨询有限公司。

原告诉称,其于 1986 年成立于美国特拉华州,依靠其快捷、方便、准确的软件系统和专业、及时的新闻资讯服务,很快在业内享有了较高的声誉,并成为世界上财经软件和金融信息领域最具有影响力的跨国公司之一。自 2003 年 1 月 1 日起,原告获中国国家广播电影电视总局许可,其彭博财经电视获准在中国大陆的三星级以上宾馆等场所播出。原告还在泰国、马来西亚、中国港澳台等地注册了大量带有"彭博"文字的商标。原告于 2003 年 4 月向国家商标局在第 9 类、第 41 类上提出了"彭博资讯"商标申请,并获得了国家商标局的核准注册。原告的 Bloomberg 商标多次被国外法院或仲裁机关认定为驰名商标。通过广为人知的宣传和不懈努力,原告的"彭博"和"彭博资讯"已经在第 36 类财经信息领域成为驰名商标。两被告分别注册了 pobo. net. cn 和 pobo. com. cn 两个域名。通过其网站,两被告向最终用户提供多种财经信息的在线电子出版物。此外,两被告在线销售的大多数财经软件产品带有"澎博"的名称。两被告的以上产品和服务都以"澎博资讯"的名义提供、许诺销售或推销,"澎博资讯"的名称一直以标题的形式出现在两被告的网站上。pobo. com. cn 和 pobo. net. cn 域名分别由第一被告和第二被告注册,两个网站的内容却完全一样。在两个网站的"公司简介"中介绍的网站所有人都是第一被告,而"联系我们"栏目中的收款方却是第二被告,两个网站的版权也属于第二被告。可见,第一被告提供了侵权产品和服务,第二被告收款并提供技术支持,两被告共同实施了侵权行为。由于两被告在其软件和网站网页上使用了"澎博"和"澎博资讯",而且在企业名称中使用"澎博"作为显著部分,而"澎博""澎博资讯"又和原告的"彭博""彭博资讯"十分近似,容易使一般消费者对原告、被告商品服务的来源产生混淆。原告认为,经营者应当遵循公平竞争、诚实信用的原则,遵循商业道德,原告享有的权利依法应受到保护。两被告在没有经过原告许可的情况下,擅自在与原告相同和相似的商品和服务上使用与原告商标近似的标识,误导消费者,使消费者对被告商品或服务与原告的商品或服务产生混淆。两被告的上述行为违反了商标法的有关规定,严重侵犯了原告的合法权益,应依法共同承担侵权的民事责任。请求判令两被告停止侵害原告第 3545109 号和第 3545441 号注册商标专用权以及原告对于"彭博"和"彭博资讯"在第 36 类的驰名商标专用权,停止在企业名称中使用"澎博",在《新民晚报》上公开赔礼道歉,以消除影响并赔偿包括合理费用在内的经济损失共计人民币 100 万元。

两被告辩称,其并未侵犯原告的合法权益,原告对被告提出的各项诉讼请求没有事实和法律依据。具体理由如下:(1) 原告不具备本案的起诉资格。原告没有提出任何有效证据可以证明商标权利人"彭博"与原告"BIoomberg L. P. "之间有直接联系。本案系争的第 3545109 号和 3545441 号商标权利人与本案原告根本不是同一个法人,原告与本案系争商标专用权无直接利害关系。因此,原告不符合起诉的条件。(2) 原告关于"彭博"商标驰名的主张没有事实与法律依据。在中国大陆,相关公众对"彭博"的知晓度和"彭博"商标的持续使用时间远没有达到驰名程度。而且原告系违法经营,其违法经营的持续期间应该予以剔除。同时,"彭博"商标在中国境外的注册资料不能证明其在中国大陆已经达到驰名程度。原告主张"Bloomberg"是驰名商标,且作为"Bloomberg"中文翻译的"彭博"也是驰名商标的意见,没有事实与法律依据。(3) 被告未侵犯原告的注册商标专用权。在"软件作品""软件产品"的名称中使用"澎博",是被告依法行使在先,被告在"软件服务工具"上使用"澎博"是在第 36 类服务和第 42 类服务的使用,并不侵犯原告第 9 类商品"彭博资讯"的注册商标专用权。同时,被告在网站的右上角使用了"图 + 澎博资讯 + PoboInformation"的标识,是在第 42 类服务的使用,并不侵犯原告第 41 类服务"彭博资讯"的注册商标专用权。此外,原告在中国大陆没有取得"彭博"在第 36 类服务的注册商标专用权,故被告也未侵犯原告第 36 类服务的注册商标专用权。(4) 被告"澎博"字号未侵犯原告的注册商标专用权。原告系争两件商标的注册时间均晚于两被告的成立日期。两被告对"澎博"字号依法享有在先权利。同时,被告"澎博"字号系抄袭原告的主张没有事实依据。(5) 原告要求被告赔偿 100 万元经济损失、登报道歉的主张无事实与法律依据。被告没有侵犯原告的权利,不应承担相应赔偿责任。原告于 2004 年 10 月 28 日、11 月 21 日之后方取得商标权,即使计算其声称的被告所谓"违法所得",也应当自原告取得有关权利且被告侵权开始之后的日期计算。同时,注册商标专用权是一种财产权,因此被告在商标侵权案件中不应承担赔礼道歉的民事责任。被告基于上述理由请求本院依法驳回原告的诉请。

法院查明:原告于1986年12月成立,是一家全球知名的专业提供财经软件和财经信息的美国公司。作为原告的商标和字号,原告在世界范围内以Bloomberg提供不同的产品和服务。美国国家仲裁院曾经在域名争议裁定中认定Bloomberg在争议域名注册前(2000年前)已经驰名。《商标世界》的一篇文章《哪个商标在哪个领域驰名》列出了一份根据各商标在诉讼和仲裁中被认定驰名商标的次数而排出的商标名次,Bloomberg名列在第19位。1995年1月27日,布隆伯格商业新闻社驻沪分社成立。1995年6月7日,布隆伯格商业新闻社驻京分社成立。2001年8月22日,上述两社更名为彭博新闻社上海分社与北京分社。经新华社涉外信息管理中心审查,美国布隆伯格商业新闻社于1999年4月9日获得机构名称核准,并在2002年3月15日更名为彭博新闻社。原告于1996年制作的中文(繁体)用户手册中使用了"彭博"和"彭博资讯"标识,并介绍其以多媒体形式提供财经信息,这些多媒体包括彭博资讯电视、彭博资讯广播、彭博市场杂志、彭博资讯论坛等形式。上述用户手册亦载有中国大陆用户的电话服务专线。原告2001年、2002年、2003年的中文(简体)用户手册持续使用了"彭博"和"彭博资讯"商标。根据国家图书馆社科咨询室的检索资料,《证券时报》等大陆媒体,最早从1995年3月开始陆续引用原告以"彭博资讯"或"彭博通讯社"为名提供的信息。1995—2004年各年,中国大陆报道或转载"彭博资讯"或"彭博通讯社"的文章分别为2、2、2、4、1、23、86、3、9、1篇。港台媒体报道、转载"彭博资讯"或"彭博通讯社"的文章1998—2000年间有7 168篇,2001—2003年间有7 516篇。原告2001年开始陆续在使用中文的国家或地区包括马来西亚(18件)、泰国(2件)、新加坡(8件)、中国台湾(1件)、中国香港(22件)、中国澳门(7件)对"彭博""彭博资讯"或含有上述文字的标识获得商标注册,原告还在中国大陆注册了含有"彭博"文字的商标27件。2002年12月,经中国国家广播电影电视总局许可,原告所有的彭博财经电视亚太频道获准在中国大陆有限范围落地。该频道至今每年通过年检,一直在国家批准的可申请接收的境外卫星电视频道范围之内。根据《卫星电视广播地面接收设施管理规定实施细则》的规定,级别较高、规模较大的教育、科研、新闻、金融、经贸等因业务工作需要的单位,三星级或国家标准二级以上的涉外宾馆,专供外国人和港、澳、台人士办公或居住的公寓等,均可申请接收卫星传送的境外电视节目。同时,根据原告关于彭博财经电视频道中国许可证申请的内容,彭博财经电视频道使用的国家语言不包括中文。根据专业行业信息分析机构内部市场数据公司提供的报告,2001—2002年,原告在实时数据信息市场的销售收入仅次于路透社,居全球同行业第二。2003—2004年,原告在实时数据信息市场的销售收入超过路透社,排名第一。原告于2003年4月向国家商标局在第9类、第41类上提出了"彭博资讯"商标申请,其中第9类(计算机软件)于2004年10月28日注册,第41类(在线电子出版物)于2004年11月21日注册。商标注册证的注册人明确载明为彭博(Bloomberg L. P.)。

被告澎博财经资讯公司成立于2004年4月15日,工商注册经营范围包括:计算机软硬件的研发、销售,计算机网络系统集成,计算机软件、财经资讯、网络系统集成等上述专业技术领域的"四技"服务。被告澎博网络数据公司成立于2000年1月17日,工商注册经营范围包括:计算机软件、网络工程、系统集成等专业技术的"四技"服务,计算机软件开发及销售。被告澎博网络数据公司在2000年4月27日注册了www.pobo.com.cn与www.pobo.net.cn两个域名。其中www.pobo.net.cn域名在2005年3月续费时,记载的域名注册人变更为被告澎博财经资讯公司。该域名的注册人在2005年11月诉讼中又重新变更回被告澎博网络数据公司。上述两网站的对外中文名称是澎博资讯,英文名称是POBOINFORMATION。上述两网站"关于我们"栏目的介绍均是关于澎博财经资讯公司的内容,网页下方的版权所有人是被告澎博网络数据公司,在"联系我们"栏目中,被告澎博网络数据公司是收款人。原告在购买信息服务时的发票也是由被告澎博网络数据公司出具。两被告涉案财经软件的名称、软件安装及运行操作界面上使用了"澎博"或"澎博财经"字样。2002年被告澎博网络数据公司在《期货日报》上为其带有"澎博"字样的软件系统做了一年的广告。两被告网站设有软件下载栏目，访问者点击该栏目，被告网站即出现各类财经软件的下载列表。访问者进一步点击各相应软件，即可按照网站提示对软件进行下载。被告网站财经信息"快讯""评论""公告"等栏目报道页面，以及被告公司和产品介绍、联系方式等页面的顶端均会出现显著的"澎博资讯"字样。在被告网站上模拟运行手机WAP网提供财经数据时，会出现"澎博"字样。

另查，原告Bloomberg.com.cn域名的注册人名称为布卢姆伯格有限合伙公司。新华社组织编写的《英语姓名译名手册》将"BIoomberg"翻译为"布隆伯格"或"布卢姆伯格"。在原告创始人Bloomberg先生的中文自传中亦称自己为布隆伯格。

经审理，法院根据《中华人民共和国民法通则》第118条、《中华人民共和国商标法》第52条第2项、第56条第1、2款，最高人民法院《关于审理商标民事纠纷案件适用法律若干问题的解释》第16条第1、2款、第17条之规定，判决如下：

一、被告上海澎博财经资讯有限公司与被告上海澎博网络数据信息咨询有限公司应当在本判决生效之日起立即停止对原告彭博有限合伙公司第3545109号、第3545441号"彭博资讯"商标的侵害；

二、被告上海澎博财经资讯有限公司与被告上海澎博网络数据信息咨询有限公司应当在本判决生效之日起7日内在www.pobo.net.cn和www.pobo.com.cn两网站首页显著位置以不小于8 cm×8 cm的面积，连续30天刊登启事以消除影响（启事内容须经本院审核），若不履行，本院将在《新民晚报》公布判决书内容，所需费用由两被告承担；

三、被告上海澎博财经资讯有限公司与被告上海澎博网络数据信息咨询有限公司在本判决生效之日起10日内，共同向原告彭博有限合伙公司赔偿经济损失人民币30万元；

四、对原告彭博有限合伙公司的其他诉讼请求不予支持。

二、裁判要旨

### No.2-1-14.1.4-1 驰名商标认定应坚持权利主张地原则。

本案原告享有两件"彭博资讯"注册商标权，其中第9类（计算机软件）于2004年10月28日注册，第41类（提供在线电子出版物）于2004年11月21日注册。而被告澎博财经资讯公司成立于2004年4月15日，被告澎博网络数据公司成立于2000年1月17日，两被告成立时间均在原告商标注册之前。如果对原告"彭博"或"彭博资讯"商标在注册之前的驰名度不予审查，原告关于要求被告停止在企业名称中使用"澎博"的诉请将缺乏法律依据。故原告"彭博"或"彭博资讯"商标在两被告企业成立之时是否驰名系法院着重考察的事实，本案确有需要考虑原告的商标是否驰名。在中国，依照中国法律规定的行政程序取得的相应商标权，受中国法律保护，本案审理依法适用中国法律。

在审查商标驰名事实时，应当根据《商标法》第14条的规定认定。原告认为，其Bloomberg商标多次被国外法院或仲裁机关认定为驰名商标，大陆媒体早在1995年3月21日就开始引用原告以"彭博资讯"或"彭博商业资讯"为名提供的信息。新闻传媒行业和其他服务行业不同，一方面其为自己专门的商标广告宣传较少，另一方面其提供的服务主要是通过互相引用来实现的。原告以"彭博"和"彭博资讯"商标提供的财经新闻信息被中国大陆媒体所引用时，相关内容标明信息来源于"彭博资讯"或"彭博商业资讯"，实际上就是原告对于"彭博"和"彭博资讯"商标的使用。2002年12月，原告彭博财经电视亚太频道获准在中国大陆有限范围落地，该频道名称对彭博的使用也系商标的使用。同时，在全球经济一体化的背景之下，财经资讯跨越国界、迅速传播已成为业内常态。故华语国家和地区特别是中国港台地区对"彭博"或"彭博资讯"的使用均应考虑。两被告对原告的上述观点均持异议。

法院认可原告关于新闻传媒行业特殊性的评论，同意信息引用时对信息来源的标明可以作为商标使用的一种方式。同时，法院也不否认财经资讯跨越国界、迅速传播的特点，正是基于此，法院认可了原告上述商标使用的特殊方式。但是，商标驰名事实的发生仍应当坚持要求保护地或者权利主张地原则。受到关注的应当是中国大陆对原告财经信息的引用情况，而不是其他地域。同样,内部市场数据公司的报告,也未明确原告在中国的销售收入排名,尽管原告在全球的销售收入排名名列前茅,但并不当然意味其在中国的情况就是如此。

根据驰名商标认定的权利主张地原则,中国大陆之外华语国家和地区的商标注册情况并非判断商标驰名的直接依据。正是由于在认定商标驰名时的地域性考量,英文"Bloomberg"商标在国外驰名不能等同于在中国驰名,更不能等同于中文"彭博"或"彭博资讯"商标驰名。而且,从原告域名注册时的中文名称、《英语姓名译名手册》对"Bloomberg"的中文翻译以及原告创始人Bloomberg先生的中文自传来看,均难以得出"Bloomberg"与"彭博"在翻译上的必然性。此外,原告并没有提交其直接进行任何商标宣传工作的证据材料,对涉案商标广告宣传和推广活动的方式、地域范围、广告投放量等均未予以说明。尽管有证据表明,原告较早就开始使用"彭博资讯"标识,但是原告对其使用的范围和程度并未提交有说服力的证据。特别是原告提交的在中国大陆报道或转载"彭博资讯""彭博通讯社"的文章各年数据统计,只能说明涉案商标使用的范围和程度是极其有限的。彭博财经电视亚太频道从2003年开始获准在中国大陆有限范围落地,但彭博电视使用的语言仅限于英、法、德、意、日、葡萄牙和西班牙文七种,并不包括中文。故其关于电视内容传播作为中文"彭博"驰名的依据不足,而频道名称对"彭博"的使用虽然可以作为商标的使用,但使用的范围和程度毕竟有限。据此,原告的证据并不能证明其在2000年1月或者2004年4月两被告企业成立之时已经驰名,原告关于要求两被告停止在其企业名称使用"澎博"标识的诉讼,缺乏事实和法律依据。

**No.2-3-32-2** 企业名称权的范围应当基于规范完整使用,企业名称未经权利人允许,不得在企业名称中单独或突出使用与他人注册商标相似的标识。

两被告提供软件的名称、软件的安装及运行界面上均使用了"澎博"字样。两被告通过其网站对上述软件向公众提供下载服务。原告认为这些均侵害了其"彭博资讯"在第9类计算机软件上的商标专用权。被告辩称,其包含"澎博"字样的软件名称是软件作品名称和软件产品名称,其正当使用软件作品名称和产品名称的在先权利应该得到保护,同时被告软件作为提供服务的工具,软件名称使用"澎博"字样是在服务类别上的使用,没有侵犯原告第9类计算机软件上的商标权。法院认为,原告从注册之日即取得"彭博资讯"在第9类计算机软件上的商标专用权,被告在其软件名称中以及软件安装和运行界面上使用了"澎博"字样的行为,毫无疑义地侵害了原告在第9类计算机软件上的商标专用权。软件是否收费并不影响这一判断,即使被告免费提供软件下载,但是这些软件的功用也在于帮助被告提供财经信息服务,以谋取商业利益。被告将"澎博"字样作为软件作品名称或软件产品名称使用,在原告商标注册之前是允许的,但并不因此产生法定权利,也不得以此对抗原告的商标权。在原告获得商标注册之后未经许可,被告将不可以在软件上使用包括"澎博"等在内与"彭博资讯"相似的标识。两被告还抗辩,其在先注册"澎博"字号,对"澎博"标识的使用依法享有在先权利。法院认为,两被告企业名称虽然注册在原告商标之前,但其企业名称权的范围应当基于规范完整使用企业名称,被告无权单独或突出使用包括"澎博""澎博资讯"等在内与"彭博资讯"相似的标识。

**No.2-7-57.1.2-3** 提供在线电子出版物与主持计算机网站这两类服务之间存在特定联系,如果相关公众难以区分,则两者构成类似服务。

两被告网站财经信息"快讯""评论""公告"等栏目页面以及被告公司和产品介绍、联系方式等页面的顶端均出现了显著的"澎博资讯"字样。被告网站上模拟运行手机WAP网提供财经数据时也出现了"澎博"字样。原告主张这些均侵害了其"彭博资讯"在第41类在线电子出版物上的商标专用权。被告辩称,根据国家新闻出版署发布的《电子出版物管理规定》对电子出版物概念的界定,被告的上述使用均不属于电子出版物上的使用。根据《类似商品和服务区分表》,主持计算机站(网站)属于第42类服务。被告在网站的右上角使用了"图+澎博资讯+PoboInformation"的标识,是在第42类服务的使用,并不侵犯原告第41类服务"彭博资讯"的注册商标专用权。法院认为,作为商标注册用服务类别的"提供在线电子出版物",其服务主要是为了传播资讯并通过网络访问者对网页浏览的方式实现的。两被告在网络页面上使用"澎博"标识提供服务的行为,在服务目的、方式或者对象等方面与"提供在线电子出版物"相同,这两类服务之间存在特定联系,相关公众难以区分,两者构成类似服务。根据《商标法》第52条的相关规定,被告的行为构成对原告"彭博资讯"在第41类(提供在线电子出版物)上商标专用权的侵害。

### 案例:伊士曼柯达公司诉苏州科达液压电梯有限公司商标权侵权纠纷案

案例来源:《中华人民共和国最高人民法院公报》2008年第5期[(2005)苏中民三初字第0213号]

主题词:驰名商标

一、基本案情

原告:伊士曼柯达公司(以下简称伊士曼公司)。

被告:苏州科达液压电梯有限公司(以下简称科达电梯公司)。

伊士曼公司因与科达电梯公司发生商标权侵权纠纷,向江苏省苏州市中级人民法院提起诉讼。

原告伊士曼公司诉称:伊士曼公司始创于1880年,是一家生产传统和数码影像产品、医疗影像产品、商业摄影产品、光学元器件和显示器的知名跨国公司。早在1888年,伊士曼公司就已将"KODAK"作为商标使用在照相机上,至今已有117年的悠久历史。作为世界知名企业,伊士曼公司在150多个国家和地区注册了将近1700件"KODAK"商标或以"KODAK"文字为主体的商标,具有极高的知名度和良好的市场声誉。在中国,伊士曼公司的"KODAK"商标早在1982年就已在第1类"有机化学品和无机化学品"上核准注册,注册号为154121。在此基础上,伊士曼公司又在第1类、第9类商品上注册了多个"KODAK"商标。作为世界最大的影像产品及相关服务的生产和供应商,伊士曼公司的"KODAK"商标在中外早已成为驰名商标,中国国家工商行政管理局先后于1999年和2000年两次将"KODAK 柯达"商标列入《全国重点商标保护名录》,中国的多家法院、工商执法机关及海关也认定和查处过众多侵犯伊士曼公司"KODAK"商标的侵权行为。

2005年6月,原告伊士曼公司在城外城家居文化广场、中国第一商城发现其所使用的自动扶梯上带有"KODAK"标识。经调查发现该电梯由被告科达电梯公司生产并销售。除电梯产品外,科达电梯公司及其北京分公司、广州分公司还在其企业网站、工厂大门、公司门牌、员工名片、产品介绍、企业宣传资料上使用了"KODAK"标识。同时,科达电梯公司及其北京分公司还将"KODAK"商标注册成其网站域名kodaklift.com.cn和kodak-bj.com,并加以使用。科达电梯公司未经授权,在其产品、宣传资料以及公司网站上使用与伊士曼公司"KODAK"注册商标完全相同的商标,并将"KODAK"注册成为其域名,侵犯了伊士曼公司注册商标专用权,损害了伊士曼公司"KODAK"商标的形象。请求法院判令:(1)科达电梯公司立即停止对"KODAK"商标的全部侵权行为;(2)科达电梯公司就其侵权行为向伊士曼公司赔偿经济损失50万元(包括伊士曼公司支出的合理费用);(3)科达电梯公司就其侵权行为在全国性报刊上刊登启事公开消除影响。

被告科达电梯公司未提供证据。经法院组织质证,被告科达电梯公司对原告伊士曼公司提交的证据中经过公证的证据材料的真实性均无异议,对伊士曼科达公司提交的证据中涉及的网络信息资料的客观性不表示异议,但对上述网络信息资料内容本身的真实性不能确认,并认为伊士曼公司提交的部分证据材料是关于宣传伊士曼公司的,而不是宣传"KODAK"注册商标的,与本案缺乏关联性。

对于伊士曼公司提交的相关案例,科达电梯公司认为,我国不适用判例法,不能将美国的司法案例及其司法理论作为参考,且伊士曼公司所提交的美国案例中涉及的商标淡化理论,即使在美国也存在很大争议。

法院认为本案的争议焦点是:(1)原告伊士曼公司所有的"KODAK"商标应否作为驰名商标予以保护;(2)被告科达电梯公司使用"KODAK"商业标识的行为是否构成对伊士曼公司

"KODAK"注册商标权的侵犯,如果构成商标侵权,科达电梯公司应如何承担责任。

经审理,苏州市中级人民法院依照《商标法》第14条、第52条、第56条,最高人民法院《关于民事诉讼证据的若干规定》第11条,最高人民法院《关于审理商标民事纠纷案件适用法律若干问题的解释》第1条第2项、第22条之规定,判决如下:

一、被告科达电梯公司立即停止使用"KODAK"商业标识;

二、被告科达电梯公司赔偿原告伊士曼公司经济损失人民币5万元,于本判决生效后10日内履行;

三、被告科达电梯公司就本案所涉商标侵权事实及商标禁用事项于本判决生效之日起15日内在两家全国性的报刊上各刊登启事一次,以消除影响。刊登的启事内容须经法院审核,逾期不刊登,法院将本判决内容公开刊登,相关费用由被告科达电梯公司承担。

四、驳回原告伊士曼公司的其他诉讼请求。

**二、裁判要旨**

**No.2-1-14.4-3** 法院在审判侵犯商标权纠纷的案件中,对涉案商标是否属于驰名商标作出认定是对案件基本事实的认定,不受当事人诉讼请求的限制。

根据《商标法》第14条的规定,认定驰名商标应当考虑下列因素:(1)相关公众对该商标的知晓程度;(2)该商标使用的持续时间;(3)该商标的任何宣传工作的持续时间、程度和地理范围;(4)该商标作为驰名商标受保护的记录;(5)该商标驰名的其他因素。

根据本案事实,"KODAK"注册商标系原告伊士曼公司于1888年开始创设的臆造性文字商业标识,已先后在全球范围内广泛注册。通过伊士曼公司100多年来对该商标进行的大范围、持续的广告宣传,以及"KODAK"商标相关商品的良好质量,使得伊士曼公司的"KODAK"商品在全球范围内拥有广泛的用户群,为大众所熟知,长期以来享有极高的商誉。

我国也是原告伊士曼公司的主要市场,"KODAK"商标早于1979年开始即在我国进行了相关注册,伊士曼公司对该商标享有专用权。伊士曼公司多年来投入巨额费用对该商标及其商品进行了持续广泛的广告宣传,"KODAK"品牌的传统和数码影像产品在我国拥有大量的消费者。同时,由于"KODAK"传统和数码影像产品事实上已经与广大民众的日常生活紧密联系,"KODAK"商标在我国也已实际成为家喻户晓的商业品牌。

鉴于以上事实,可以认定原告伊士曼公司所有的"KODAK"注册商标属于在市场上享有较高声誉并为相关公众所熟知的商标,在司法保护中,应认定该注册商标为驰名商标,并依法予以跨商品或服务领域的高水平保护。

被告科达电梯公司答辩认为,原告伊士曼公司未在诉讼请求中独立要求认定"KODAK"注册商标为驰名商标,且"KODAK"注册商标未经我国商标行政管理部门认定为驰名商标,故主张不能将该商标认定为驰名商标并予以相应的法律保护。对此应当明确,人民法院在审判侵犯商标权纠纷的案件中,对涉案商标是否属于驰名商标作出认定,属于对案件基本事实的认定,不受当事人诉讼请求的限制。基于事实认定,对构成驰名商标的涉案商标依法应当予以相应的法律保护。

**No.2-7-57.1.7-2** 复制、摹仿、翻译他人注册的驰名商标或其主要部分在不相同或不相类似商品上作为商标使用,误导公众,致使该驰名商标注册人的利益可能受到损害的,依法应当承担相应的民事责任。

被告科达电梯公司使用"KODAK"商业标识的行为构成对原告伊士曼公司所有的"KODAK"注册商标权的侵犯。被告科达电梯公司在其商品、公司门牌、员工名片及企业宣传资料上均印制独立且突出的"KODAK"文字标识,科达电梯公司及其分公司还以"KODAK"为商业标识申请注册了 kodaklift.com.cn 及 kodak-bj.com 域名,并将该域名用于网络宣传经营。在本案诉讼中,虽然科达电梯公司解释其所使用的"KODAK"商业标识系其企业字号"科达"的英文翻译方法,且未作为产品商标使用,但从其实际使用形式来看,科达电梯公司显然是以商品商标的形式突出使用"KODAK"商业标识。另外,如前所述,"KODAK"系原告伊士曼公司臆造创设的商业标识,并无其他文字含义。该标识直接指向伊士曼公司,是伊士曼公司具有独特性、显著性的商业标识。科达电梯公司虽称其所使用的"KODAK"商业标识系对其"科达"企业字号的英文翻译,但"KODAK"与"科达"之间并不具有语言学上的中英文翻译对应关系,且不符合我国语言文字的英文翻译惯例及语音习惯。对此,科达电梯公司也没有进一步作出合理解释。而结合伊士曼公司所有的"KODAK"注册商标标识及"柯达"商标早已广为公众知晓的事实,可以认定,科达电梯公司以"KODAK"标示其"科达"字号的使用行为,明显是复制、摹仿了伊士曼公司"柯达"与"KODAK"驰名商标的相对应关系。因此,科达电梯公司关于其"KODAK"标识系其"科达"企业字号的语言翻译及合理使用的辩述,显然不能成立,其使用该标识不属合理使用。

根据最高人民法院《关于审理商标民事纠纷案件适用法律若干问题的解释》第1条第2项的规定,复制、摹仿、翻译他人注册的驰名商标或其主要部分在不相同或者不相似商品上作为商标使用,误导公众,致使该驰名商标注册人的利益可能受到损害的,属于《商标法》第52条第5项规定的给他人注册商标专用权造成其他损害的行为。与该规定相对应,《保护工业产权巴黎公约》第6条之二规定[驰名商标]:"本联盟各国承诺,如本国法律允许,应依职权,或依有关当事人的请求,对商标注册国或使用国主管机关认为在该国已经属于有权享受本公约利益的人所有而驰名、并且用于相同或类似商品的商标构成复制、仿制或翻译,易于产生混淆的商标,拒绝或取消注册,并禁止使用。这些规定,在商标的主要部分构成对上述驰名商标的复制或仿制,易于产生混淆时,也应适用……" TRIPS协议则在其第二部分"关于知识产权的效力、范围及使用的标准"第二节"商标"第16条"授予的权利"之二进一步规定:"《巴黎公约》(1967年文本第6条之二)原则上适用于与注册商标所标示的商品或服务不类似的商品或服务,只要一旦在不类似的商品或服务上使用该商标,即会暗示该商品或服务与注册商标所有人存在某种联系,从而注册商标所有人的利益可能受损。"结合本案事实及上述法律规范,被告科达电梯公司使用"KODAK"标识,显然是模仿原告伊士曼公司所有的"KODAK"驰名商标,并借此攀附该商标的良好商誉,以取得不正当的商业利益。从保护驰名商标专有性的角度看,科达电梯公司使用"KODAK"标识必然会降低伊士曼公司所有的"KODAK"驰名商标的显著性,损害其商誉价值,给伊士曼公司所有的"KODAK"驰名商标的专有性及其形象利益造成实质性损害。因此,科达电梯公司未经"KODAK"驰名商标权利人同意而使用"KODAK"商业标识的行为,构成商标侵权。

**案例:北京中铁快运有限公司与国家工商行政管理总局商标评审委员会等商标行政纠纷案**
案例来源:《最高人民法院知识产权审判案例指导》(第二辑)[(2009)知行字第1号]
主题词:驰名商标

一、基本案情

上诉人(原审原告):北京中铁快运有限公司(以下简称北京中铁公司)。

被上诉人(原审被告):国家工商行政管理总局商标评审委员会(以下简称商标评审委员会)。

原审第三人:中铁快运股份有限公司(以下简称中铁公司)。

针对中铁公司的第1511905号"中铁快递CRE"商标(以下简称争议商标),北京中铁公司以其第1209991号"中铁"商标作为引证商标,提出商标争议,请求撤销争议商标。商标评审委员会于2008年11月14日作出商评字[2007]第2124号重审第126号《关于第1511905号"中铁快递CRE"商标争议裁定书》(以下简称重审第126号裁定),裁定:北京中铁公司对争议商标所提撤销理由不成立,争议商标予以维持。北京中铁公司不服重审第126号裁定,向北京市第一中级人民法院提起诉讼。

北京市第一中级人民法院认为,北京市高级人民法院作出的(2008)高行终字第105号终审判决、(2008)高行终字第91号终审判决均系生效判决。(2008)高行终字第105号行政判决书认定,北京中铁公司申请注册的引证商标违反了《商标法》第13条第2款的规定,应予撤销。(2008)高行终字第91号行政判决书认定,由于(2008)高行终字第105号行政判决书认定引证商标应予撤销,北京中铁公司依据引证商标申请撤销争议商标的基础已不存在,因此,商标评审委员会作出维持争议商标的重审第126号裁定,系根据上述终审判决作出的,裁定内容与上述终审判决一致,其实质是执行生效判决的行为,并无不当。北京中铁公司主张撤销重审第126号裁定,缺乏事实和法律依据,不予支持。综上,北京市第一中级人民法院依照《中华人民共和国行政诉讼法》第54条第1项之规定,判决:维持重审第126号裁定。

北京中铁公司不服一审判决,向本院提起上诉,请求撤销一审判决和重审第126号裁定。其主要上诉理由为:上诉人已对商标评审委员会作出的商评字[2005]第1804号重审第60号重审第161号(以下简称重审第161号裁定)《关于第1209991号"中铁"商标争议裁定书》提起上诉,本案系依据该案认定的错误事实作出的,应予撤销。第1209991号"中铁"引证商标目前仍属于有效商标,重审第126号裁定缺乏事实和法律依据,程序错误。

商标评审委员会、中铁公司服从一审判决。

再审查明:北京中铁外服快运公司于1995年2月20日申请注册"中铁快运CRE及图"("快运"不在专用范围内)商标,于1997年1月14日被核准注册,商标注册证号为第931545号,核定服务项目为第39类"传递服务(信息或商品)、包裹投递"。1997年6月,该商标被核准转让给中铁公司。

北京中铁公司于1997年8月28日申请注册"中铁"商标(即引证商标),于1998年9月21日被核准注册,商标注册证号为第1209991号,核定服务项目为第39类"运输经纪、运输、货运发送、搬运、商品打包、铁路运输、汽车运输、市内运输、货物贮存、船舶经纪"。

中铁公司于1999年10月11日申请注册"中铁快递CRE"("快递"放弃专用权)商标(即争议商标),于2001年1月21日被核准注册,商标注册证号为第1511905号,核定服务项目为第39类"搬运行李、运输信息、商品包装、汽车运输、铁路运输、车辆租赁、货物贮存、货运、空中运输、船运货物"。

2003年5月30日,北京中铁公司以争议商标的注册违反《商标法》第41条第3款和《中华人民共和国商标法实施条例》第29条的规定为由申请撤销争议商标的注册。商标评审委员会于2007年6月6日作出商评字[2007]第2124号《关于第1511905号"中铁快递CRE"商标争议裁定书》(以下简称第2124号裁定),认为争议商标由"中铁快递"文字(其中"快递"放弃专用权)及"CRE"组成,其主要识别部分"中铁"与引证商标"中铁"文字相同,两商标属于近似商标。争议商标指定使用的车辆租赁服务与引证商标指定使用的运输等服务,在服务内容、对象等方面相差较远,属于不相类似服务,使用近似商标不易引起消费者混淆。争议商标指定使用的搬运行李、汽车运输、货物贮存、空中运输、船运货物等其他服务项目与引证商标指定使用的运输、铁路运输、汽车运输、货物贮存、船舶经纪等服务项目,分别属同一种及类似服务,使用近似商标容易引起消费者的混淆误认,故裁定争议商标在车辆租赁服务上的专用权予以维持,争议商标在其他服务上的注册予以撤销。中铁公司不服该裁定,起诉至北京市第一中级人民法院,该院于2007年12月10日作出(2007)一中行初字第938号行政判决书:维持第2124号裁定。中铁公司不服该判决,上诉至本院。本院于2008年6月19日作出(2008)高行终字第91号行政判决书,认为(2008)高行终字第105号行政判决书认定北京中铁公司引证商标的注册违反了《商标法》第13条第2款的规定应予撤销,因此北京中铁公司依据其引证商标申请撤销中铁公司争议商标的基础已不存在,北京市第一中级人民法院和商标评审委员会依据引证商标有效所作出的(2007)一中行初字第938号行政判决书和第2124号裁定应予撤销。本院依照《行政诉讼法》第61条第3项之规定,判决:

一、撤销(2007)一中行初字第938号行政判决书;

二、撤销第2124号裁定;

三、商标评审委员会就北京中铁公司提出的撤销争议商标的申请重新作出裁定。

2008年11月14日,商标评审委员会另行组成合议组,作出了重审第126号裁定,认为:依据北京市高级人民法院作出的(2008)高行终字第105号生效判决书,北京中铁公司的第

1209991号"中铁"商标的注册违反了《商标法》第13条第2款的规定,应予撤销,因此,北京中铁公司依据其引证商标申请撤销中铁公司的第1511905号"中铁快递CRE"商标的基础已不存在。依据北京市高级人民法院(2008)高行终字第91号行政判决书、《商标法》第43条的规定,裁定:北京中铁公司对争议商标所提撤销理由不成立,争议商标予以维持。

2003年9月12日,中铁公司以引证商标的注册违反《商标法》第13条第2款、第28条、第31条的规定为由申请撤销引证商标的注册。商标评审委员会于2005年6月23日作出商评字[2005]第1804号《关于第1209991号"中铁"商标争议裁定书》(以下简称第1804号裁定),裁定撤销引证商标。

北京中铁公司不服该裁定,起诉至北京市第一中级人民法院,该院于2005年12月23日作出(2005)一中行初字第842号行政判决书:撤销第1804号裁定。商标评审委员会及中铁公司不服该判决,上诉至本院。本院于2006年7月21日作出(2006)高行终字第261号行政判决书:驳回上诉,维持原判。

商标评审委员会另行组成合议组对本案进行重新审理,并于2007年6月6日作出的商评字[2005]第1804号重审第60号《关于第1209991号"中铁"商标争议裁定书》(以下简称重审第60号裁定),对引证商标予以维持。

中铁公司不服该裁定,起诉至北京市第一中级人民法院,该院于2007年12月15日作出(2007)一中行初字第939号行政判决书:维持重审第60号裁定。中铁公司不服该判决,上诉至本院。本院认为第931545号商标应认定为驰名商标,北京中铁公司的第1209991号商标违反《商标法》第13条第2款的规定应予撤销,并于2008年6月19日作出(2008)高行终字第105号行政判决书,判决:

一、撤销(2007)一中行初字第939号行政判决书;

二、撤销重审第60号裁定;

三、商标评审委员会就中铁公司提出的撤销引证商标的申请重新作出裁定。

商标评审委员会另行组成合议组,于2008年11月14日作出重审第161号裁定,撤销引证商标。

北京中铁公司不服该裁定,起诉至北京市第一中级人民法院,该院于2009年2月25日作出(2009)一中行初字第236号行政判决书:维持重审第161号裁定。

北京中铁公司不服,向北京市高级人民法院提起上诉,法院依法作出(2009)高行终字第663号行政判决:驳回上诉,维持原判。

经审理,二审法院认为一审判决认定事实清楚,适用法律正确,应予维持。北京中铁公司的上诉理由均不能成立,对其上诉请求不予支持。依照《中华人民共和国行政诉讼法》第61条第1项之规定,判决驳回上诉,维持原判。

北京中铁快运有限公司不服北京市高级人民法院作出的(2008)高行终字第105号行政判决,向最高人民法院(以下简称最高院)申诉,经审查,最高院驳回其再审申请。

二、裁判要旨

**No.2-1-14.1.5-1** 认定商标是否驰名,不仅应考虑商标注册后的使用情况,也应考虑商标注册前持续使用的情形。

(2008)高行终字第105号行政判决、(2008)高行终字第91号行政判决,均系法院已生效的终审判决。(2008)高行终字第105号行政判决书认定,北京中铁公司申请注册的引证商标,违反了《商标法》第13条第2款的规定,应予撤销。(2008)高行终字第91号行政判决书认定,由于(2008)高行终字第105号行政判决书认定引证商标应予撤销,北京中铁公司依据引证商标申请撤销争议商标的基础已不存在,因此,商标评审委员会作出维持争议商标的重审第126号裁定,系根据上述终审判决作出的,并未认定新的事实和证据,裁定内容与上述终审判决一致,其实质是执行生效判决的行为,并无不当。北京中铁公司主张撤销重审第126号裁定,缺乏事实和法律依据,一审法院不予支持正确。

最高院审查认为,中铁股份公司为铁道部直属企业,其前身中铁快运有限公司及中铁快运有限公司的母公司中国铁路对外服务公司,根据铁道部[1993]321号《关于试办铁路快运包裹的通知》及铁道部[1997]355号《关于正式办理中国铁路包裹快运业务的通知》,专营中国铁路包裹快运业务。该业务自1993年开始,由北京、上海、天津、广州、深圳、沈阳和郑州7个城市试办,1997年正式在全国办理。在此期间,中铁快运有限公司及其母公司中国铁路对外服务公司及该公司各分公司对引证商标进行了广泛的使用、宣传,在申请再审人申请注册争议商标之前,引证商标已经为相关公众广为知晓,因此原审法院认定其为驰名商标,是正确的。

## 9 驰名商标的保护(《商标法》第13条第3款,第14条第1款第1、2项)

**案例:德士活有限公司与国家工商行政管理总局商标评审委员会、广东苹果实业有限公司商标撤销行政纠纷案**

案例来源:《最高人民法院知识产权审判案例指导》(总第13辑)[(2009)行提字第3号]
主题词:驰名商标　商标近似

### 一、基本案情

申诉人(一审原告、二审上诉人):(香港)德士活有限公司(以下简称德士活公司)。

被申诉人(一审被告、二审被上诉人):国家工商行政管理总局商标评审委员会(以下简称商评委)。

德士活公司申请再审称:(1)对争议商标与引证商标是否近似,法院应该依法进行独立审查、判断,而不应该以行政机关以前作出的裁定作为本案的判决依据。终审判决引用的商评委的两个裁决是在2001年《商标法》实施之前作出的,没有经过司法审查。如果人民法院将商评委在1993年《商标法》修改前所作的裁定作为判案依据,则司法审查形同虚设。而且二审法院引用的商评委两个终局裁定所针对的案件事实与本案不同。商评委作出该两个裁定时,没有考虑"苹果牌"和"texwood苹果图"两个驰名商标的知名度;而在对本案争议商标进行审查时,考虑了这一因素,认定争议商标与引证商标近似,这恰恰表明商评委已经改变看法。(2)争议商标与引证商标一、引证商标二均为苹果轮廓外形,主要识别特征相同,均表现了苹果的含义,相关公众会将争议商标与引证商标均呼叫为苹果,呼叫完全相同,在类似商品上使用可能造成消费者混淆误认,商评委认定已经构成相同类似商品上的近似商标的结论正确。(3)德士活公司向商评委提交的争议申请,明确要求认定其"苹果牌""texwood及苹果图"商标为驰名商标,并确认争议商标注册构成对驰名商标权利人的损害。商评委认定了该两个商标为驰名商标,并认定德士活公司的撤销理由成立,应该已经考虑了驰名商标的因素。原审判决称商评委认定驰名商标对争议商标被撤销没有影响,但事实上商评委的裁定并无此种表述。争议商标与"texwood及苹果图"商标近似,同时也构成了对"苹果牌"驰名商标的摹仿,足以误导公众,致使德士活公司的利益受到损害。根据2001年《商标法》第13条第2款的规定,争议商标也应予撤销。原审判决遗漏了本案以驰名商标为理由要求得到跨类保护这个重要的争点,影响案件公正裁判。此外,二审法院在针对广东苹果公司的"苹果男人""苹果女人"商标分别作出的(2005)高行终字第119号、第130号两个行政判决中认为,广东苹果公司虽然在1997年在第25类商品上注册了"苹果图形""APPLESMAN"等商标,但上述商标与争议商标相互独立,彼此之间并无法律上的必然联系,广东苹果公司不能依据已经注册的其他商标主张争议商标具有合法性。该两个判决维持了商评委撤销"苹果男人""苹果女人"商标的裁定。而在本案中,该院又根据广东苹果公司在先注册的商标来证明本案争议商标的合法性,显然是相互矛盾的。

商评委提交书面答辩意见称,服从二审判决。广东苹果公司认为,商标中的苹果元素不能被独占使用,德士活公司的商标独创性较差,显著性较弱。德士活公司申请再审的理由不成立,应予驳回。

经审理,再审法院认为,原二审判决确有错误,应予撤销,商评委第5456号裁定及一审判决结果正确,应予维持。依照《行政诉讼法》第54条第1项、第61条第2项、第63条第2款、最高

人民法院《关于执行〈中华人民共和国行政诉讼法〉若干问题的解释》第76条第1款、第78条之规定,判决:

一、撤销北京市高级人民法院(2005)高行终字第402号行政判决;

二、维持北京市第一中级人民法院(2004)一中行初字第973号行政判决及国家工商行政管理总局商标评审委员会商评字[2004]第5456号《关于第1355455号图形商标争议裁定书》。

二、裁判要旨

No.2-1-13.3-1 在权利人同时拥有非类似商品上已注册的驰名商标和类似商品上的在先注册商标的情况下,不仅应该将争议商标与权利人在类似商品上在先注册的商标进行比对,还应该考虑驰名商标跨类保护的因素。

德士活公司申请撤销争议商标的依据和理由,既包括《商标法》(2001)第13条第2款对驰名商标跨类保护的规定,又包括《商标法》(1993)第17条与类似商品上已经注册的商标近似的撤销理由。本案中,商评委因为已经认定争议商标与引证商标构成相同类似商品上的近似商标,应予撤销,所以没有必要再适用《商标法》(2001)第13条第2款关于对驰名商标跨类保护的规定撤销争议商标,但这并不等于否定了德士活公司关于争议商标构成对其服装商品上的两个驰名商标的复制、摹仿应予撤销的申请理由。德士活公司首先将苹果、苹果图作为服装及钟表等商品上的商标予以注册和使用,并不存在显著性上的局限;第25类服装与第14类钟、表、手表带、表盒,在销售渠道和消费群体等方面存在一定的关联性,不属于没有联系或联系很弱的非类似商品。在德士活公司同时拥有非类似商品上已注册的驰名商标和类似商品上的在先注册商标的情况下,不仅应该将争议商标与权利人在类似商品上在先注册的商标进行比对,还应该考虑驰名商标跨类保护的因素,而不应该出现权利人除了拥有驰名商标之外,还拥有在相同或类似商品上在先注册商标的情况下,所得到的保护反而弱于仅有在非类似商品上的驰名商标而没有在类似商品上在先注册商标的情况。二审法院放弃对行政行为的独立审查判断职责,未对争议商标与引证商标是否近似进行独立审查,而以商评委以前作出的未经司法审查的裁定作为依据,认定引证商标与争议商标不构成近似,其做法确有不当,应予纠正。商评委裁定及一审判决认定争议商标和引证商标已构成类似商品上的近似商标,据此得出争议商标应予撤销的结论正确,应予维持。德士活公司申请再审的主要理由成立,应予支持。

**案例:北京华夏长城高级润滑油有限责任公司与国家工商行政管理总局商标评审委员会、日产自动车株式会社商标争议行政纠纷案**

案例来源:《最高人民法院知识产权审判案例指导》(第四辑)[(2011)行知字第45号]

主题词:商标使用　驰名商标

一、基本案情

申请再审人(一审原告、二审上诉人):北京市华夏长城高级润滑油有限责任公司(以下简称华夏长城公司)。

被申请人(一审被告、二审被上诉人):中华人民共和国国家工商行政管理总局商标评审委员会(以下简称商标评审委员会)。

原审第三人:日产自动车株式会社(以下简称日产株式会社)。

华夏长城公司申请再审称:二审判决认定事实错误,日产株式会社所提交的证据不足以证明争议商标申请日前两引证商标已成为驰名商标。日产株式会社没有将两引证商标实际使用在汽车商品上,其宣传报道证据缺乏证明力,商标评审委员会及一、二审法院认定引证商标构成驰名商标缺乏事实依据和法律依据。而且日产株式会社所提交的证据存在重大瑕疵,几乎全部为自己形成的证据,在域外证据的公证认证及国内证据的公证问题上均存在重大瑕疵,不应被采信。日产株式会社主张两个引证商标构成驰名商标,应当分别举证证明,但其没有分别列开,一、二审法院同样把两个引证商标混同起来一起认定驰名商标,于法无据。如果随意降低驰名商标的认定标准,并以此给予扩大保护,撤销已经在市场上使用了10年的争议商标,不仅对华夏长城公司不公平,也使相关公众无所适从,起到不良的社会示范作用。争议商标在长期的使用中,已经形成了自身的相关公众群体,不会与引证商标混淆,不应予以撤销。综上,请求撤销一、二审判决及商评字[2009]第11726号《关于第1556379号"日产嘉禾及图"商标争议裁定书》,由商标评审委员会重新作出裁定。

商标评审委员会未提交答辩意见。

日产株式会社提交意见称:两引证商标在争议商标申请日前已经成为驰名商标,商标评审委员会及一、二审法院对此认定正确,日产株式会社提交了充分的证据予以证明。关于使用方面,汽车制造商在汽车产品上使用企业的商标(如"日产"),同时标明车型(如"赛芙罗"),此为一般常识。"日产"企业名称的使用视同引证商标1的使用,"日产"中文与"NISSAN"英文在商标的使用上形成了直接的对应关系,NISSAN环状标识与引证商标2仅存在细微差异,其使用也应视同于引证商标2的使用。另外,争议商标构成对两引证商标的模仿,其指定使用的润滑油等商品与引证商标使用的汽车商品具有较强的关联性,使用争议商标的产品中包含了大量的汽车(轿车)用润滑油产品,华夏长城公司、日产嘉禾公司注册、使用争议商标具有主观恶意,容易误导相关公众,对日产株式会社的利益造成了损害,原审判决应予维持。况且,华夏长城公司申请再审的内容均是其一审、二审过程中同样观点的重复,其恶意利用现行司法制度的相关程序,达到其获取不正当利益的目的十分明显。请求驳回再审申请。

经审理,最高人民法院认为,华夏长城公司的再审申请不符合《中华人民共和国行政诉讼法》第63条第2款和最高人民法院《关于执行〈中华人民共和国行政诉讼法〉若干问题的解释》第72条规定的再审条件。依照最高人民法院《关于执行〈中华人民共和国行政诉讼法〉若干问题的解释》第74条之规定,裁定如下:驳回北京市华夏长城高级润滑油有限责任公司的再审申请。

二、裁判要旨

**No.2-1-14.1.1-1 关于商标知名度的证明,需要证明的是通过其使用、宣传等行为,使相关公众对商标有了广泛的认知。**

我国法律规定的驰名商标,是指在我国境内为相关公众广为知晓的商标。由于其知名度高,其所承载的商誉也更高,相关公众看到与其相同或者近似的标识,更容易与其商标所有人产生联系,所以法律对驰名商标提供较普通注册商标更宽的保护。当事人为了在具体案件中达到受保护的目的,提供关于其商标知名度的证据,需要证明的是通过其使用、宣传等行为,相关公众对其商标有了广泛的认知。而商标是否为相关公众广泛知晓是对所有的证据进行综合判断后得出的结论,不能孤立地看相关的证据,也不能机械地要求必须提供哪一类的证据。本案中两引证商标核定使用的商品为汽车,引证商标一"日产"同时为日产株式会社的企业字号,引证商标2中的"NISSAN"文字与日产具有对应关系,考虑到汽车商品的特殊性,消费者会特别关注生产厂商,所以,日产株式会社对其企业名称的使用、所生产各种车型的汽车的销售维修等情况,均有助于其引证商标知名度的提高。华夏长城公司过于机械地理解法律对驰名商标的证据要求,其主张法院不予支持。

**No.2-1-14.1.2-1 商标使用只要是在生产、经营活动中将商标用于与其指定使用商品相关联的场合,使相关公众能够认识到其是该商品的商标即可。**

华夏长城公司主张本案两引证商标未在汽车商品上实际使用即不可能成为相关公众熟知的驰名商标。根据《中华人民共和国商标法实施条例》第3条的规定,商标的使用,包括将商标用于商品、商品包装或者容器以及商品交易文书上,或者将商标用于广告宣传、展览以及其他商业活动中。可见,商标使用的概念十分广泛,只要是在生产、经营活动中将商标用于与其指定使用商品相关联的场合,使相关公众能够认识到其是该商品的商标即可。故华夏长城公司上述主张缺乏法律依据,法院不予支持。

本案中,引证商标1"日产"同时是日产株式会社企业名称中的字号,而且由于汽车商品的特殊性,通常会同时使用公司的名称(商标)和具体车型名称(可能也是商标),对日产株式会社生产的各种汽车而言,"日产汽车"是其统一的称谓,这一点在日产株式会社所提交宣传广告或者媒体报道中均可得到证实,故引证商标1"日产"作为日产株式会社的字号和汽车品牌,得到广泛的使用,"日产汽车"的使用方式具有提高注册商标知名度的作用,商标评审委员会及一、二审法院根据相关证据认定其成为相关公众广泛知晓的驰名商标,并无不当。

关于引证商标2,日产株式会社提交的证据表明,在宣传报道中,引证商标2经常与"日产汽车"一起使用,由于引证商标2中的"NISSAN"文字,实际上是日文中"日产"对应的英文字母表现形式,二者存在对应关系。而且,华夏长城公司所称日产株式会社实际使用的 NISSAN 及图环状标识,其与引证商标2显著特征基本一致,结合其在汽车这种特定商品上的使用方式,原一、二审法院认定该标识的使用所带来的知名度会于引证商标2的论述并无明显不当。综合本案证据,商标评审委员会及一、二审法院认定引证商标二亦构成驰名商标的结论,并无不当。

**10** 驰名商标的证明(《商标法》第13条第3款、第14条第1款第4项)

**案例:**雅虎公司诉中华人民共和国国家工商行政管理总局商标评审委员会商标异议复审行政纠纷案

案例来源:中国知识产权裁判文书网[(2010)高行终字第600号]
主题词:驰名商标　知名度

**一、基本案情**

上诉人(原审原告):雅虎公司,住所地美利坚合众国加利福尼亚州阳光谷第一大街701号。

被上诉人(原审被告):中华人民共和国国家工商行政管理总局商标评审委员会。

被异议商标为第1500174号"雅虎YAHOOH"商标,其申请日为1999年10月14日,申请人为宏天涂料公司,指定使用商品为第2类:木材涂料(油漆)、刷墙用白浆、清漆、油漆稀释剂、防火漆、油漆用粘合剂、底漆、油胶泥(腻子)、涂料,被初步审定公告日为2000年10月7日。

在被异议商标的法定异议期内,雅虎公司向商标局提出异议申请,其主要异议理由是:雅虎公司从1995年起就建立了"YAHOO"网站,其使用的"YAHOO"和"雅虎"商标享有很高的知名度,被异议商标构成对雅虎公司商标的复制模仿,并容易导致消费者的混淆。商标局受理该申请后,经审查于2003年2月24日作出第324号裁定,认为被异议商标与雅虎公司商标构成近似,但其指定使用的商品未构成类似商品,雅虎公司在第二类"油漆"等商品上申请注册的"YAHOO雅虎"商标,晚于被异议商标的注册申请日,被异议商标的使用不会导致消费者的混淆,雅虎公司称被异议商标构成对雅虎公司商标的复制模仿的证据不足。基于上述理由,商标局依据《商标法》第23条的规定:"注册商标需要变更注册人的名义、地址或者其他注册事项的,应当提出变更申请。"裁定:被异议商标予以核准注册。

雅虎公司不服商标局作出的第324号裁定,于2003年3月12日向商标评审委员会申请复审。雅虎公司申请复审的主要理由为:(1)雅虎公司的"雅虎"和"YAHOO"商标是已在中国注册的驰名商标,被异议商标构成对雅虎公司驰名商标的摹仿,容易导致混淆,误导公众,致使雅虎公司利益受损,宏天涂料公司申请注册被异议商标违反了《商标法》第13条的规定。(2)雅虎公司已在第2类油漆等商品上使用"雅虎"和"YAHOO"商标,并已在该类商品上提交了"雅虎YAHOO"商标的注册申请,宏天涂料公司申请注册被异议商标,是以不正当手段抢注商标并损害雅虎公司的在先权利,违反了《商标法》第31条的规定。雅虎公司的"雅虎"和"YAHOO"商标均具有一定的独创性和显著性,宏天涂料公司的恶意十分明显。"雅虎"和"YAHOO"不但是雅虎公司的商标,还是企业名称,雅虎公司对其企业名称享有在先权利。综上,雅虎公司请求对被异议商标不予核准注册。

2008年10月13日,商标评审委员会经审查作出第18380号裁定。商标评审委员会在该裁定中认定:

首先,关于宏天涂料公司申请注册被异议商标是否构成《商标法》第13条第2款所指情形。适用《商标法》第13条第2款须具备以下要件:(1)雅虎公司的"雅虎"和"YAHOO"商标在被异议商标申请注册日期之前,即已在中国获准注册,并通过使用为相关公众所熟知,成为《商标法》第14条所指的驰名商标;(2)被异议商标的申请注册构成对雅虎公司驰名商标的复制、摹仿、翻译,且有可能误导公众并损害雅虎公司的利益。雅虎公司向商标评审委员会提交的相关使用证据中,除部分媒体报道外,绝大部分证据的形成日期均晚于被异议商标的申请注册日期,不能证明雅虎公司商标在此之前的使用情况。雅虎公司提交的外国和中国台湾地区的司法裁决文书等证据与本案无关,商标局的其他异议裁定书亦因与本案缺乏关联性而不予采信。发布时间在被异议商标申请注册日期1999年10月14日之前的媒体报道中,绝大多数发布于1999年9月下旬,最早的发布于1999年9月,仅比被异议商标申请注册日期早1个月,报道内容大多是雅虎公司1999年9月24日在北京宣布设立雅虎中国网站(http:www.yahoo.com.cn)的消息。仅凭此尚不足以证明雅虎公司的商标在被异议商标申请注册日期之前已构成驰名商标。虽然被异议商标与雅虎公司的"雅虎"和"YAHOO"商标近似,但被异议商标指定使用的油漆等商品与雅虎公司"雅虎"和"YAHOO"商标核定使用和实际使用的计算机相关商品和服务相差甚远,即使雅虎公司的商标驰名,被异议商标的注册和使用也不易导致产源误认、混淆或损害雅虎公司的利益。因此,宏天涂料公司申请注册被异议商标未违反《商标法》第13条第2款的规定。

其次,关于宏天涂料公司申请注册被异议商标是否违反《商标法》第31条的规定。雅虎公司主张其主网站http:www.yahoo.com及中文网站http:www.yahoo.com.cn在中国享有高知名度,但其提交的证据中早于被异议商标申请注册日期的仅有关于雅虎中国网站1999年9月24日成立的若干媒体报道,仅凭此尚不足以证明雅虎公司在被异议商标申请注册日之前,已将"YAHOO"作为域名的显著部分在先注册,并经过使用具有一定知名度,也不足以证明被异议商标的申请注册构成对其在先域名的侵犯,并违反《商标法》第31条关于不得侵犯他人在先权利的相关规定。雅虎公司还主张宏天涂料公司申请注册被异议商标,构成《商标法》第31条所指的以不正当手段抢先注册他人在先使用并有一定影响的商标的情形,但其所提交证据不足以证明其"雅虎"和"YAHOO"商标在被异议商标申请注册日期之前在油漆等商品上进行了实际使用,故对该主张不予支持。因此,本案现有证据不足以证明宏天涂料公司申请注册被异议商标违反了《商标法》第31条的规定。

最后,雅虎公司还主张其对"雅虎"和"YAHOO"享有在先商号权,但其未提交上述商号用于油漆等商品的经营的相关证据。鉴于双方所经营的行业相差较远,以及雅虎公司商号于被异议商标申请注册前的知名度等因素,被异议商标的注册尚不致误导公众并致使雅虎公司的利益可能受到损害,雅虎公司的复审主张及相应复审理由不能成立。

基于上述理由,商标评审委员会依据《商标法》第33条、第34条的规定,裁定:被异议商标予以核准注册。

雅虎公司不服商标评审委员会作出的上述裁定,并向北京市第一中级人民法院起诉,请求撤销第18380号裁定。北京市第一中级人民法院认为,引证商标在第42类计算机服务及对计算机网络上使用的信息进行查询和检索的服务上未构成驰名商标,被异议商标的注册并未违反《商标法》第13条第2款的规定。鉴于在被异议商标申请注册的1999年10月,中国互联网行业尚处于初期发展阶段,网络用户的数量有限,被异议商标指定使用的第2类商品的大多数相关公众,对互联网行业并不具有认知能力,即便引证商标在第42类计算机服务及对计算机网络上使用的信息进行查询和检索的服务上构成驰名商标,对于第2类木材涂料(油漆)、刷墙用白浆等商品的相关公众而言,亦通常不会认为被异议商标的注册人与雅虎公司具有一定联系,不会产生"误导公众,致使该驰名商标注册人的利益可能受到损害"的后果。北京市第一中级人民法院依照《中华人民共和国行政诉讼法》第54条第1项之规定,判决:维持中华人民共和国国家工商行政管理总局商标评审委员会作出的商评字2008第18380号《关于第1500174号"雅虎YAHOOH"商标异议复审裁定书》。

雅虎公司不服原审判决,向北京市高级人民法院提起上诉,请求撤销原审判决并依法改判。雅虎公司的上诉理由为:第1109289号引证商标"YAHOO!"为驰名商标,原审判决认定其不构成驰名商标,属于事实及证据认定错误;原审判决认定被异议商标的注册不会误导公众致使雅虎公司利益受到损害的认定是错误的。

二审法院查明:雅虎公司在商标异议复审程序中仅称其"雅虎"和"YAHOO"商标是已在中国注册的驰名商标,但未明确上述商标的注册号。商标评审委员会在第 18380 号裁定中亦未明确其所评述的引证商标的注册号。在原审法院审理过程中,雅虎公司明确其主张构成驰名的引证商标为第 1109289 号"YAHOO!"商标。该引证商标的注册人为雅虎公司,申请日为 1996 年 4 月 12 日,被核准注册日为 1997 年 9 月 21 日,核定使用服务为第 42 类:计算机服务;对计算机网络上使用的信息进行查询和检索,商标专用权期限经续展至 2017 年 9 月 20 日。

经审理,北京市高级人民法院认为,雅虎公司的上诉主张缺乏事实和法律依据,对其上诉请求不予支持。原审判决认定事实基本清楚,适用法律正确,依法应予维持。依据《中华人民共和国行政诉讼法》第 61 条第 1 项之规定,判决:驳回上诉,维持原判。

二、裁判要旨

**No.2-1-13.3-2** 欲证明商标在中国具有较高知名度,需要提供该商标在中国的使用状况和推广宣传程度的证据。

本案中在雅虎公司提交的用以证明其知名度的证据中,部分证据所涉时间均晚于被异议商标申请日,且大部分是国外媒体的报道,或国外机构所作出的认定,无法证明引证商标在被异议商标申请注册前在中国的知名度情形。

**No.2-1-14.1.4-4** 驰名商标受保护的记录,仅是认定商标是否驰名所考虑的因素之一。

本案中商标局在针对本案引证商标所作出的相关裁定中认定本案引证商标具有一定知名度,并对他人在不相同或不相类似的商品上申请注册的相关被异议商标未予核准注册,但鉴于作为驰名商标受保护的记录仅是依据《商标法》第 14 条认定商标是否驰名所考虑的因素之一,而宏天涂料公司在商标复审程序中对引证商标为驰名商标这一事实亦未予以认可,故雅虎公司仍须举证证明引证商标在中国境内为相关公众广为知晓,而不能当然地根据上述证据直接认定引证商标构成驰名商标。由于雅虎公司不能举证证明其商标在中国具有知名度,基于上述理由,在被异议商标申请注册时,引证商标在第 42 类计算机服务及对计算机网络上使用的信息进行查询和检索服务上未构成中国驰名商标。原审判决对上述证据的认定并无不当,雅虎公司有关原审判决认定引证商标不构成驰名商标,属于事实及证据认定错误的上诉理由缺乏依据。

在被异议商标申请注册时引证商标未构成驰名商标的基础上,鉴于被异议商标核定使用的商品与引证商标核定使用的服务差别过大,未构成相同或类似的商品及服务,至少在被异议商标申请注册时,被异议商标与引证商标的共存不会导致消费者的混淆误认,也不会损害雅虎公司的利益。原审法院考虑到我国互联网行业发展初期的实际情况,认定即便引证商标构成驰名商标,也不会对被异议商标指定使用的第 2 类木材涂料(油漆)、刷墙用白浆等商品的相关公众产生"误导公众,致使该驰名商标注册人的利益可能受到损害"的后果是恰当的。雅虎公司有关原审法院认定被异议商标的注册不会产生误导公众致使雅虎公司利益受到损害的认定错误的上诉理由,依据不足。

**11** 驰名商标受保护记录(《商标法》第 14 条 1 款第 4 项)

**案例:米其林集团总公司与天津米其林电动自行车有限公司侵犯商标权纠纷案**
案例来源:《中国知识产权指导案例评注》2009 年中国法院知识产权司法保护 50 件典型案例[天津市高级人民法院(2008)津高民三终字第 28 号]
主题词:驰名商标认定

一、基本案情

原告:米其林集团总公司(COMPAGNIE GENERAL DES ETABLISSEMENTS MICHELIN)。
被告:天津米其林电动自行车有限公司。

原告米其林集团总公司诉称,原告是于1863年成立的法国企业,是世界著名的轮胎生产商和全球500强企业之一。早在19世纪末20世纪初,原告就已在相关商品上使用"轮胎人图形"和"MICHELIN"商标。一百多年来,在长期、广泛的使用和巨大投资的推广下,原告的上述系列商标在全球获得了极高的知名度和声誉。原告于1980年在中国注册了"MICHELIN"文字商标、"轮胎人图形"商标。作为上述商标的对应和翻译,2000年5月原告在中国又注册了"米其林"中文商标。一直以来,上述系列商标在中国同样也成为具有极高知名度的驰名商标并具有良好的声誉。2005年12月,中国国家商标局在(2005)商标异字第02708号异议裁定书上将"轮胎人图形""MICHELIN及轮胎人图形组合"商标、"米其林"商标认定为驰名商标。

2007年4月,原告发现山东省莱州市金伟电动车商店的经营者王亮和江苏省徐州市云龙区风驰电动车行未经许可销售"米其林"牌电动自行车。为此,当地工商局分别进行了处理。经了解,上述侵权产品系由被告生产、经营,被告还在其网站上进行侵权商品的宣传。原告认为,"米其林"等商标是原告具有极高知名度的驰名商标,被告未经允许在其电动自行车商品中擅自使用"米其林"商标侵犯了原告的商标权;被告使用有"米其林"字样的企业名称构成对原告商标权和企业名称权的不正当竞争,故请求判令:(1)被告停止侵犯"米其林"商标专用权的行为;(2)被告停止使用含有"米其林"字样企业名称的不正当竞争行为;(3)赔偿经济损失10万元人民币,包括为制止侵权所支付的合理开支;(4)就其侵权行为公开消除影响。

法院进一步查明:原告米其林集团总公司经国家工商总局核准注册了"MICHELIN及轮胎人图形组合"商标,商标注册证号为第1922872号,核定使用商品为第12类:车辆实心轮胎;车轮内胎;翻新轮胎用胎面;车轮;车轮胎;汽车;陆、空、水或铁路用机动运载器;车轮充气阀;充气外胎(轮胎),商标注册有效期自2002年10月14日至2012年10月13日。该商标来源于原告1980年在中国注册的"MICHELIN"商标。第1294488号商标注册证为"轮胎人图形"商标,商标注册有效期自1999年7月14日至2009年7月13日。该商标来源于原告1980年在中国注册的"轮胎人图形"商标。第519749号商标注册证为"米其林"中文商标,商标注册有效期自2000年5月20日至2010年5月19日。该商标系对应原告外文商标的中文译音。上述商标核定使用商品皆为12类,内容基本同上。

原告是在法国登记的一家股份制公司,已有百年以上历史,主要从事汽车轮胎、内胎等产品的生产、销售,在世界范围内设立了多家企业,销售机构和市场遍及170多个国家和地区,在其产品上使用"轮胎人图形"商标、"MICHELIN"商标有上百年历史。原告2000年在《财富》杂志上列入全球500强排名,产品的销售额在世界轮胎厂商中排名前列,2002年净销售收入达到156.45亿欧元。2002年度世界轮胎75强排名原告位于第一名。

原告于1988年在中国香港成立销售办事处,1989年在北京成立在中国内地的代表处,负责产品推广及筹备分销网络,后在上海、广州、成都、沈阳、西安及香港都设立了营销办事机构,销售网络遍布全国主要地区。原告所属的米其林财务公司作为发起人于1995年在中国成立了米其林沈阳轮胎有限公司,2001年在上海成立了米其林(中国)投资有限公司。上述公司在中国主要生产"米其林"系列商标的轿车轮胎、轻卡车和卡车轮胎,产品覆盖了全国大部分地区。2000年,原告所属公司在中国的产销量达1.133亿美元。2002年上半年主要指标企业排名中,米其林沈阳轮胎有限公司实现利润排名第二名、原告控股的上海轮胎橡胶股份有限公司销售排名第四名。在米其林中文网站上,登载了2002年至2006年期间原告开展的"米其林"系列商标品牌的各种产品展示、汽车大奖赛及社会赞助活动。2002年至2004年期间原告在中国投入了大量的广告宣传费用,宣传范围覆盖了中国几个主要城市。

原告又分别在第4类商品润滑油、第9类商品压力表、第42类有关轮胎生产和使用的技术咨询服务等上注册了中文商标"米其林",还在新加坡、马来西亚等国及中国台湾地区注册了"米其林"商标。2005年12月31日,国家工商行政管理总局商标局在商标异议审查中,对原告的"MICHELIN及轮胎人图形组合"商标、"轮胎人图形"商标、中文"米其林"商标认定为驰名商标。

被告是于2004年11月16日经天津市工商管理局东丽分局核准注册成立的企业,经营范围包括电动自行车、自行车及零部件、电源装置等加工、制造、批发零售。2007年4月,原告发现山东省莱州市金伟电动车商店的经营者王亮和江苏省徐州市云龙区风驰电动车行未经许可销售"米其林"牌电动自行车。2007年4月27日,莱州市工商局对王亮下达了扣留财物通知书,扣留了王亮经营的"米其林"牌电动自行车。2007年4月29日,徐州市工商局云龙分局对徐州市云龙区风驰电动车行以侵犯他人商标权为由采取扣留财物的行政措施,扣留其经营的"米其林"牌电动自行车。从获得的宣传彩页上可以看出,在电动自行车的车筐前部标有"米其林"字样,彩页上标有"米其林电动车",下端标有"米其林电动自行车有限公司",公司地址及电话与被告注册网站上标示的地址、电话相同。

另查,被告在公司成立后在互联网上注册了公司的网站,在网页上标有"米其林电动车"和被告公司名称、地址、电话等。被告的产品销售范围在湖北、河南、河北等地区,由当地的经销商进行销售。

另,原、被告双方对原告商标核定使用的商品类别与被告产品属于不相类似的商品没有异议。

本案争议的焦点有:(1)原告的商标在2004年是否达到驰名商标的状态,被告在其产品上使用"米其林"字样作为标识的行为是否侵犯了原告的商标专用权;(2)被告在2004年登记后开始使用含有"米其林"字样的企业名称是否构成侵犯原告商标专用权和侵犯原告企业名称的不正当竞争行为;(3)原告请求赔偿10万元是否有法律依据。

经审理,天津市第二中级人民法院依照《中华人民共和国民法通则》第106条第2款、第134条第1款第1项、第7项,《中华人民共和国商标法》第14条、第52条第5项、第56条第2款,最高人民法院《关于审理商标民事纠纷案件适用法律若干问题的解释》第1条第2款、第22条的规定,判决如下:

一、本判决生效之日起,被告天津米其林电动自行车有限公司立即停止在其商品上及网站上使用含有"米其林"字样的标识。

二、本判决生效之日起30日后,被告天津米其林电动自行车有限公司停止使用含有"米其林"字样的企业名称。

三、本判决生效之日起10日内,被告天津米其林电动自行车有限公司赔偿原告经济损失人民币5万元。如果未按判决指定的期间履行给付金钱义务,应当依照《中华人民共和国民事诉讼法》第229条之规定,加倍支付迟延履行期间的债务利息。

四、驳回原告其他诉讼请求。

二、裁判要旨

**No.2-1-14.1.4-2 商标曾被工商行政部门认定为驰名商标,只是其作为驰名商标受保护的记录,并非原告要求保护其商标权的权利依据。**

由于被告的企业名称是在2004年登记时开始使用,原告主张其"米其林"系列商标在被告企业名称登记时已经达到驰名状态,被告登记使用企业名称的行为构成对原告驰名商标的侵权,并持续至原告起诉时;而被告认为其企业名称是合法登记,且登记时间是在原告商标被工商机关认定为驰名商标之前,因此不构成侵权。法院认为,被告注册公司的时间是2004年底,被控侵权行为的时间应以2004年作为起点,至于原告商标曾被工商行政部门认定为驰名商标,只是其作为驰名商标受保护的记录,并非原告要求保护其商标权的权利依据。

法院需根据原告的请求结合案件审理的具体情况及原告提供的关于2004年涉及原告商标驰名方面的证据,对原告三个商标在2004年是否达到驰名状态进行确认。按照我国《商标法》第14条的规定,认定驰名商标应当综合考虑下列因素进行审查:(1)相关公众对该商标的知晓程度;(2)该商标使用的持续时间;(3)该商标的任何宣传工作的持续时间、程度和地理范围;(4)该商标作为驰名商标受保护的记录;(5)该商标驰名的其他因素。

根据法院查明的事实,原告的"MICHELIN"商标、"轮胎人图形"商标在国际上使用历史久远,享有很高的知名度。原告于1980年在中国注册了上述商标,后原告在上述商标的基础上于

2000年前后注册了"MICHELIN及轮胎人图形组合"商标、"轮胎人图形"商标及中文"米其林"商标。原告的中文商标注册时间虽然较短,但因其外文及图形商标注册时间较早,原告在中国对于"米其林"中文译音的使用存在历史沿革的情形。原告于1995年开始在中国设厂投产,产品的销售范围覆盖了全国大部分省、市、自治区。2000年,原告所属公司在中国的产销量达1.133亿美元。2002年上半年主要指标企业排名中,米其林沈阳轮胎有限公司、原告控股的上海轮胎橡胶股份有限公司排名前列。原告的"米其林"系列商标经权利人长期使用,并采取多种形式的广泛宣传,投入大量的广告费用,扩大了"米其林"系列商标在相关公众中的影响力,至2004年,"米其林"系列商标在相关公众中已经享有很高的知名度。正因如此,在其他类别商品上擅自使用或注册原告"米其林"商标的行为时有发生。2005年,国家工商管理总局商标局在商标异议审查中认定原告的"米其林"系列商标为驰名商标。结合上述事实,法院认定原告的"MICHELIN及轮胎人图形组合"商标、"轮胎人图形"商标、中文"米其林"商标在2004年时达到驰名商标的状态。

被告公司成立于2004年,其明知原告的商标已经注册并已为相关公众所知晓,在汽车轮胎行业享有较高的声誉,仍在其产品电动自行车上将"米其林"字样作为商标使用,主观上具有利用原告"米其林"商标的知名度发展自身产品的故意,属于"搭便车""傍名牌"的行为,客观上也具有使相关公众混淆和误认的可能性。虽然被告生产、经营的商品类别与原告商品不相类似,但国际商品分类类别都在第12类中,两种商品之间并非毫无关联,且原告的中文商标"米其林"三个字属臆造词,具有显著性并享有较高的知名度,被告除在电动自行车上使用"米其林"字样外还将其作为企业名称的字号登记使用,无疑会造成相关公众对被告与原告之间存在某种关系产生联想或误认。因此,被告的行为对原告的合法权益造成侵害,属于我国《商标法》规定的给他人的注册商标专用权造成其他损害的行为,被告对此应承担停止使用的民事责任。

**12** 恶意注册的禁止(《商标法》第15条第1款)
**案例:重庆正通药业有限公司、国家工商行政管理总局商标评审委员会诉四川华蜀动物药业有限公司商标行政纠纷案**
案例来源:《中华人民共和国最高人民法院公报》2007年第11期[(2007)行提字第2号]
主题词:商标代理 恶意注册

**一、基本案情**

再审申请人(一审第三人、二审被上诉人):重庆正通药业有限公司。

再审申请人(一审被告、二审被上诉人):国家工商行政管理总局商标评审委员会(以下简称商标评审委员会)。

再审被申请人(一审原告、二审上诉人):四川华蜀动物药业有限公司(以下简称华蜀公司)。

2002年9月12日,华蜀公司向国家工商行政管理总局商标局(以下简称商标局)提出争议商标"头孢西林Toubaoxilin"的注册申请,该商标于2004年2月7日被核准注册,商标专用权人为华蜀公司,商标注册号为3304260,核定使用商品为第5类的兽医用制剂、兽医用药、兽医用生物制剂等,专用期限为2004年2月7日至2014年2月6日。2004年3月31日,正通公司(当时为重庆正通动物药业有限公司)以争议商标的注册违反了《商标法》第10条、第11条第1款第1项、第15条及第31条为由,向商标评审委员会提起撤销争议商标的申请。2005年3月4日,商标评审委员会针对正通公司提出的商标争议,依据《商标法》第15条、第41条第2款和第43条的规定,作出商评字〔2005〕第289号裁定,将华蜀公司在第5类兽医用药等项目上注册的争议商标予以撤销。2002年4月30日,正通公司向重庆市农业局提出"注射用复方青霉素钾(Ⅰ型)"的兽药产品申请,申请表中显示的商品名称为"头孢西林粉针",制造商为正通公司,准产证号为渝兽药生证字第041号。在申请表所附的标签式样中,商品名称"头孢西林"使用了特殊字体和字号并处于标签中的显著位置。2002年5月28日,重庆市农业局以重兽药审批字(2002)第533号审批证书批准正通公司生产销售通用名称为"注射用复方青霉素钾(Ⅰ型)"、商品名称为"头孢西林粉针"的兽药产品,兽药产品批准文号为渝兽药字(2002)X041008,批准文号有效期至 2005 年 5 月 28 日。

2002 年 7 月 27 日,正通公司作为甲方与作为乙方的华蜀公司签订了《关于专销"头孢西林"产品的协议书》(以下简称《专销协议书》),该协议书主要内容有:(1)正通公司将"头孢西林"粉针产品授权华蜀公司在全国区域内专销,正通公司不得销售该产品,华蜀公司不得生产该产品,否则视为违约;(2)包装由华蜀公司设计,正通公司印制,包装上使用华蜀公司的"华蜀"商标,以华蜀公司合作开发、正通公司生产的形式印制,由正通公司组织生产产品;(3)华蜀公司负责专销片区宣传策划、产品定价、承担销售费、宣传费、运输费等全部费用;(4)华蜀公司预付正通公司包装费 3 万元;(5)正通公司向华蜀公司提供产品的规格及价格:3 克/支×120 支/件,价格 108 元/件,华蜀公司销售累积 3 000—5 000 件,价格 106.80 元……(7)出现产品质量问题由正通公司负责退货和承担损失,华蜀公司对外包装说明负责;(8)华蜀公司要货须提前通知正通公司,一律先付款在正通公司提货……(10)协议期满或提前结束协议,正通公司继续生产销售该产品,取消华蜀公司的专销权,但不得继续使用"华蜀"商标;(11)正通公司在生产过程中和华蜀公司在专销过程中发生的税收及债权债务均由各自解决……(13)若出现"头孢西林"被注册或其他知识产权问题,由华蜀公司负责,由正通公司负责重新申请更换商品名称。该协议签订后除对第(5)条中约定的价格进行了变动并实际履行外,双方均按约履行了该协议。

在双方合作期间生产的产品包装上,"头孢西林"四字被以特殊字体使用在显著位置,且字号明显大于其他文字。在该产品包装上标明:四川省隆昌华蜀动物药业有限公司开发,重庆正通动物药业有限公司制造。产品包装上使用了注册商标"华蜀"。产品介绍的首句为"本品是华蜀公司 2002 倾力奉献……"等。该兽药外包装上还有"华蜀精心奉献 兽医首选""您放心的选择 华蜀兽药"等宣传词。

2004 年 1 月 7 日,正通公司作为甲方,华蜀公司作为乙方签订了关于终止"头孢西林"等三个品种九个规格产品合作的《终止协议》,约定正通公司自 2004 年 1 月 7 日起不得再生产印有"华蜀"标识的原图案的以上品种,华蜀公司也不得生产加工印有正通公司生产及其批文标示等的以上产品。在双方解除合作关系后,正通公司继续生产头孢西林粉针产品,在产品包装上"头孢西林"仍被以特殊字体和字号使用在显著位置,产品上使用的注册商标为"安逸"。

北京市第一中级人民法院依照《中华人民共和国行政诉讼法》第 54 条第 1 项之规定,判决维持商标评审委员会商评字[2005]第 289 号《关于第 3304260 号"头孢西林 Toubaoxilin"商标争议裁定书》。案件受理费 1 000 元,由华蜀公司负担。华蜀公司不服一审判决,向北京市高级人民法院提起上诉。

北京市高级人民法院依照《中华人民共和国行政诉讼法》第 61 条第 3 项之规定,判决:

一、撤销北京市第一中级人民法院(2005)一中行初字第 437 号行政判决;

二、撤销国家工商行政管理总局商标评审委员会商评字[2005]第 289 号《关于第 3304260 号"头孢西林 Toubaoxilin"商标争议裁定书》。

本案一审、二审案件受理费由国家工商行政管理总局商标评审委员会负担。

正通公司和商标评审委员会均不服二审判决,向最高人民法院提出再审申请。经审查,最高人民法院于 2007 年 3 月 19 日以(2006)行监字第 104-1 号行政裁定书,决定对本案提审。最高人民法院根据《中华人民共和国行政诉讼法》第 61 条第 2 项,最高人民法院《关于执行〈中华人民共和国行政诉讼法〉若干问题的解释》第 76 条第 1 款、第 78 条之规定,判决如下:

一、撤销北京市高级人民法院(2006)高行终字第 93 号行政判决;

二、维持北京市第一中级人民法院(2005)一中行初字第 437 号行政判决。

二、裁判要旨

**No.2-1-15.1-1　未经授权,代理人或者代表人以自己的名义将被代理人或者被代表人的商标进行注册,被代理人或者被代表人提出异议的,不予注册并禁止使用。**

《商标法》第 15 条规定:"未经授权,代理人或者代表人以自己的名义将被代理人或者被代表人的商标进行注册,被代理人或者被代表人提出异议的,不予注册并禁止使用。"由于在本案中当事人及一审、二审判决对"代理人"的含义具有不同的理解和认定,为消除分歧,正确适用法律,可以通过该条规定的立法过程、立法意图以及参照相关国际条约的规定等确定其含义。该条规定系 2001 年 10 月 27 日修改的《商标法》增加的内容。原国家工商行政管理局局长王众孚受国务院委托于 2000 年 12 月 22 日在第九届全国人民代表大会常务委员会第十九次会议上所作的《关于〈中华人民共和国商标法修正案(草案)〉的说明》指出:"巴黎公约第六条之七要求禁止商标所有人的代理人或者代表人未经商标所有人授权,以自己的名义注册该商标,并禁止使用。据此,并考虑到我国恶意注册他人商标现象日益增多的实际情况,草案增加规定:'未经授权,代理人或者代表人以自己的名义将被代理人或者被代表人的商标进行注册,被代理人或者被代表人提出异议的,不予注册并禁止使用'。"据此,《商标法》第 15 条的规定既是为了履行《巴黎公约》第 6 条之七规定的条约义务,又是为了禁止代理人或者代表人恶意注册他人商标的行为。《巴黎公约》第 6 条之七第(1)项规定,"如果本联盟一个国家的商标所有人的代理人或者代表人,未经该所有人授权而以自己的名义向本联盟一个或一个以上的国家申请该商标的注册,该所有人有权反对所申请的注册或要求取消注册"。据该条约的权威性注释,有关成员国的通常做法和我国相关行政执法的一贯态度,《巴黎公约》第 6 条之七的"代理人"和"代表人"应当作广义的解释,包括总经销、总代理等特殊销售关系意义上的代理人或者代表人。参照最高人民法院《关于审理国际贸易行政案件若干问题的规定》第 9 条关于"人民法院审理国际贸易行政案件所适用的法律、行政法规的具体条文存在两种以上的合理解释,其中有一种解释与中华人民共和国缔结或者参加的国际条约的有关规定相一致的,应当选择与国际条约的有关规定相一致的解释,但中华人民共和国声明保留的条款除外"的规定,《巴黎公约》第 6 条之七规定的"代理人"的含义,可以作为解释我国《商标法》第 15 条规定的重要参考依据。

根据上述立法过程、立法意图、《巴黎公约》的规定以及参照上述司法解释的精神,为制止因特殊经销关系而知悉或使用他人商标的销售代理人或代表人违背诚实信用原则、抢注他人注册商标的行为,《商标法》第 15 条规定的代理人应当作广义的理解,不只限于接受商标注册申请人或者商标注册人委托、在委托权限范围内代理商标注册等事宜的商标代理人、代表人,而且还包括总经销(独家经销)、总代理(独家代理)等特殊销售代理关系意义上的代理人、代表人。二审判决关于《商标法》第 15 条规定的代理人仅为商标代理人的理解不当,应予纠正。

**No.2-1-15.1-2 确定双方当事人之间是否存在商标法中的代理关系,不仅要根据当事人双方所订立的协议名称,更要根据其内容的法律属性判断。**

正通公司与华蜀公司的市场交易关系是由双方订立的《专销协议书》确立的。确定双方当事人之间是否存在《商标法》第 15 条规定的代理关系,不仅要根据该协议的名称,更要根据其内容的法律属性。该协议是关于"头孢西林"粉针产品的生产销售但以销售为主要内容的协议。该协议第 1 条关于"正通公司将'头孢西林'粉针产品授权华蜀公司在全国区域内专销,正通公司不得销售该产品,华蜀公司不得生产该产品,否则视为违约"的约定表明,双方之间形成的是一种相当于独家销售性质的专销关系,华蜀公司据此获得了独家销售资格,可以认定属于《商标法》第 15 条规定意义上的销售代理人。

## 第二章　商标注册的申请

> **本章裁判要旨**
>
> No.2-2-25-1　要求优先权的,应当在提出商标注册申请的时候提出书面声明,并且在3个月内提交第一次提出的商标注册申请文件的副本;未提出书面声明或者逾期未提交商标注册申请文件副本的,视为未要求优先权。

### 13 优先权及其手续(《商标法》第25条)

**案例**:泰尔斯特拉有限公司与中华人民共和国国家工商行政管理总局商标评审委员会商标行政纠纷案
**案例来源**:中国知识产权裁判文书网[(2011)高行终字第1471号]
**主题词**:商标侵权行为

#### 一、基本案情

上诉人(原审被告):中华人民共和国国家工商行政管理总局商标评审委员会(以下简称商标局)。

被上诉人(原审原告):泰尔斯特拉有限公司(以下简称泰尔斯特拉公司)。

2007年2月28日,泰尔斯特拉公司向商标局提出第5926314号"信思"商标(以下简称申请商标)的注册申请,指定使用在第41类:提供在线电子出版物(包括在线出版物)、与广告有关的教育服务、与广告有关的培训服务、组织和举行娱乐活动和竞赛、书籍出版、企业名录出版、时事通讯出版;安排和组织会议、安排和组织学术研讨会、通过因特网提供在线游戏、在线电子信息出版、提供多媒体出版物、电子和无线以及在线绘图服务,即对标有街道、房屋和商业情况的街道及区域地图以电子、无线或在线的方式进行出版服务上。

商标评审委员会提交的申请商标商标档案显示,在"优先权"一栏中,有"初次申请国为澳大利亚、申请日为2007年1月22日、申请号为1157384号"的记载。

2007年2月16日,昆明五华信思达教育中心向商标局提出第5921182号"信思达"商标(简称引证商标)的注册申请。该商标经商标局初步审定并公告于第1197期《商标公告》中。后引证商标获准注册,专用权期限自2010年3月28日至2020年3月27日,核定使用在第41类"学校(教育)、培训、教育考核、教育信息、就业指导(教育或培训顾问)、安排和组织培训班、安排和组织研讨会、书籍出版、课本出版(非广告材料)、假日野营服务(娱乐)"服务上。

2009年6月30日,商标局作出《商标驳回通知书》,以申请商标与申请在先的引证商标构成类似服务项目上的近似商标为由,依据《商标法》第29条的规定,驳回申请商标的注册申请。

2009年7月30日,泰尔斯特拉公司向商标评审委员会提出复审申请,请求核准申请商标的注册申请,其理由为:申请商标是泰尔斯特拉公司"SENSIS"商标的中文对应商标,与引证商标在视觉、听觉及含义等方面均存在差异,能够相互区别。申请商标与引证商标指定服务的侧重点也不同,不构成相同或类似服务。泰尔斯特拉公司共提交了19份证据。

2010年9月6日,商标评审委员会作出商评字(2010)第23840号《关于第5926314号"信思"商标驳回复审决定书》(以下简称第23840号决定)。该决定认为:申请商标"信思"与引证商标的文字构成、呼叫相近,已构成近似商标,申请商标指定使用的书籍出版、与广告有关的教育等服务,与引证商标指定使用的书籍出版、教育等服务属于同一种或类似服务,两商标已经构成使用在同一种或类似服务上的近似商标。综上,依据《商标法》第28条的规定,决定:对申请商标予以驳回。

泰尔斯特拉有限公司不服商标评审委员会的决定,向北京市第一中级人民法院提起诉讼,北京市第一中级人民法院依照《中华人民共和国行政诉讼法》第54条第2项第1目之规定,判决:

一、撤销商标评审委员会第23840号决定;
二、商标评审委员会就申请商标驳回复审申请,重新作出决定;
三、驳回泰尔斯特拉公司的其他诉讼请求。

商标评审委员会不服原审判决,向北京市高级人民法院提起上诉,请求撤销原审判决,维持第23840号决定。

经审理,北京市高级人民法院认为原审判决认定事实清楚,适用法律基本正确,裁判结论正确,依法应予维持。商标评审委员会的各项上诉主张和理由均不能成立,对其上诉请求不予支持。依照《中华人民共和国行政诉讼法》第61条第1项之规定,判决:驳回上诉,维持原判。

二、裁判要旨

No.2-2-25-1　要求优先权的,应当在提出商标注册申请的时候提出书面声明,并且在3个月内提交第一次提出的商标注册申请文件的副本;未提出书面声明或者逾期未提交商标注册申请文件副本的,视为未要求优先权。

根据《行政诉讼法》第5条的规定:"人民法院审理行政案件,对具体行政行为是否合法进行审查。"第32条规定:"被告对作出的具体行政行为负有举证责任,应当提供作出该具体行政行为的证据和所依据的规范性文件。"

商标评审委员会提交的申请商标商标档案显示,在"优先权"一栏中,有"初次申请国为澳大利亚、申请日为2007年1月22日、申请号为1157384号"的记载。根据《商标法》第28条之规定:"申请注册的商标,凡不符合本法有关规定或者同他人在同一种商品或者类似商品上已经注册的或者初步审定的商标相同或者近似的,由商标局驳回申请,不予公告。"如果申请商标具有优先权,则引证商标申请日早于申请商标申请日而晚于申请商标优先权日,第5921182号"信思达"商标不能作为本案引证商标,申请商标是否具有优先权,对本案处理结果有重大影响。在本案原审庭审中,商标评审委员会主张申请商标商标档案记载有误,申请商标不具有优先权,但未提交任何证据予以证明。所以,在商标复审阶段,商标评审委员会未审查申请商标是否具有优先权,亦未提供证据证明申请商标不具有优先权,第23840号决定驳回申请商标注册申请的主要证据不足。

商标注册申请优先权的实质内容是,以某一个商标注册申请人在一国际公约的成员因为一项商标提出的正式申请为基础,在一定时期内同一申请人可以在其他各成员国申请对该商标的保护,这些在后的申请被认为是与第一次申请同一天提出的。这项规定对意欲在多个国家得到保护的申请人,是会有许多实际利益的。《商标法》第24条规定:"商标注册申请人自其商标在外国第一次提出商标注册申请之日起六个月内,又在中国就相同商品以同一商标提出商标注册申请的,依照该外国同中国签订的协议或者共同参加的国际条约,或者按照相互承认优先权的原则,可以享有优先权。依照前款要求优先权的,应当在提出商标注册申请的时候提出书面声明,并且在三个月内提交第一次提出的商标注册申请文件的副本;未提出书面声明或者逾期未提交商标注册申请文件副本的,视为未要求优先权。"第28条规定:"申请注册的商标,凡不符合本法有关规定或者同他人在同一种商品或者类似商品上已经注册的或者初步审定的商标相同或者近似的,由商标局驳回申请,不予公告。"第29条规定:"两个或者两个以上的商标注册申请人,在同一种商品或者类似商品上,以相同或者近似的商标申请注册的,初步审定并公告申请在先的商标;同一天申请的,初步审定并公告使用在先的商标,驳回其他人的申请,不予公告。"

本案中,引证商标的申请日为2007年2月16日,初审公告日为2009年12月27日,申请商标的申请日为2007年2月28日,引证商标的初审公告日晚于申请商标的申请日,故第23840号决定适用《商标法》第28条的规定,对申请商标的注册申请予以驳回,显属适用法律错误。商标评审委员会在原审过程中提交的申请商标的商标档案显示,申请商标的申请日为 2007 年 2 月 28 日,优先权日为 2007 年 1 月 22 日。如果申请商标优先权有效,引证商标申请日虽早于申请商标申请日,但却晚于申请商标优先权日,则引证商标不构成申请商标申请注册的障碍。故申请商标是否具有优先权,对本案处理结果有重大影响,对该事实的认定是商标评审委员会作出相应具体行政行为的前提和事实基础。虽然泰尔斯特拉公司在商标评审阶段并未明确主张享有优先权,但在申请商标的商标档案中"优先权"栏目已载明了相关内容的情况下,商标评审委员会未对与优先权有关的相关内容进行审查,即依据《商标法》第 28 条的规定,对申请商标予以驳回,不仅适用法律错误,而且也缺乏事实依据。

商标侵权行为

# 第三章　商标注册的审查和核准

> **本章裁判要旨**
>
> No.2-3-30-1　申请放弃在部分指定商品上使用商标的注册申请,应当是对申请商标所指定使用商品中的部分商品的放弃,而不是随意改变原来指定使用的商品。
>
> No.2-3-30-2　在判断被异议商标与引证商标是否构成相同或相似商标时,应从二者所使用的商品或服务是否相同或类似和二者的标识是否相同或相似两方面进行判定。
>
> No.2-3-30-3　判断商品是否类似,应当考虑商品的功能、用途、生产部门、销售渠道、消费群体等是否相同或者具有较大的关联性,是否容易使相关公众认为是同一主体提供的,或者其提供者之间存在特定联系。
>
> No.2-3-30-4　在商标驳回复审行政纠纷案件中,如果引证商标在诉讼程序中因3年连续不使用而被商标局撤销,鉴于申请商标尚未完成注册,人民法院应根据情势变更原则,依据变化了的事实依法作出裁决。
>
> No.2-3-30-5　商标的主要功能在于标识商品或者服务的来源,因此商标是否发挥其主要功能必须同具体的商品或者服务相结合判断。
>
> No.2-5-44.1-1　《商标法》第44条第1款所规定的"不正当手段",属于欺骗手段以外的扰乱商标注册秩序、损害公共利益、不正当占用公共资源或者以其他方式谋取不正当利益的手段。
>
> No.2-3-30-6　近似商标共存协议影响商标可注册性的审查判断。
>
> No.2-3-32-3　商标未在中国使用,如果经过授权,商标的一部分在中国使用,可以享有在先权。
>
> No.2-7-57.1.2-4　相同或类似服务是判断服务商标混淆的依据之一,即服务内容、服务方式等方面基本相同,属于相同或类似服务。
>
> No.2-7-57.1.2-5　认定服务商标相同或者近似,应以相关公众的一般注意为标准。
>
> No.2-7-57.1.2-6　判断被控侵权标识与主张权利的注册商标是否构成近似,应在考虑注册商标的显著性、市场知名度的基础上,对两者的整体、主体部分等起到主要识别作用的要素进行综合判断。
>
> No.2-3-32-4　经实际使用并具有一定影响的药品商品名称,可作为民事权益,属于《商标法》第31条所说的"在先权利",受法律保护。
>
> No.2-3-32-5　注册商标损害他人现有的在先权利,在先权利人需提供证据证明其享有在先权利。
>
> No.2-3-32-6　人用药品必须使用注册商标,对商品通用名称的标注不能认定是对未注册商标的使用。
>
> No.2-3-32-7　《商标法》第32条规定的在先权利并不包括商标权本身。
>
> No.2-7-57.1.2-7　商标近似是指,两商标在其文字的字形、读音、含义或者图形的构成及颜色,或者各要素组合后的整体结构相似,易使相关公众对商品或服务的来源产生误认或者认为二者之间有特定的联系。

No.2-3-32-8　使用企业名称应当规范,在招牌、招贴和餐具等突出使用企业名称,应与他人在先注册的商标相区别,使相关公众可以区分。

No.2-3-35.3-1　商标局受理异议申请,并不影响法院对商标争议案件的管辖权。

## 14 商标注册申请的驳回(《商标法》第30条、第44条第1款)

**案例:路德马特(美国)股份有限公司不服商标驳回复审决定诉国家工商行政管理总局商标评审委员会案**

案例来源:《人民法院案例选》2007年第4辑[(2006)高行终字第102号]
主题词:驳回商标申请

### 一、基本案情

原告:路德马特(美国)股份有限公司(以下简称路德马特公司)。

被告:国家工商行政管理总局商标评审委员会。

被告根据原告的复审请求,对中华人民共和国国家工商行政管理总局商标局(以下简称商标局)作出的商标驳回通知进行审查,依据《商标法》第28条、第32条的规定,于2004年9月1日作出商评字[2004]第4598号《关于第3035284号"ROADMASTER"商标驳回复审决定》(以下简称第4598号决定),结论是:驳回原告在第11类便携式灯等商品上申请注册的第3035284号"ROAD-MASTER"商标(以下简称申请商标),不予初步审定并公告。理由如下:申请商标由英文"ROADMASTER"组成,该文字与阿尔—阿莫迪贸易有限公司在类似商品上已经注册的第1598110号"Roadmaster"商标(以下简称引证商标)字母构成完全相同。申请商标指定使用的"便携式灯""安全灯""闪光灯(手电筒)""照明器械及装置"商品与引证商标注册使用的"照明器械及装置"等在用途上及销售渠道、销售对象等方面相同或近似,同属于《商标注册用商品和服务国际分类》第1101组类似商品。申请商标与引证商标已构成使用在同一种或类似商品上的近似商标,易引起消费者对商品来源的混淆误认。申请商标依法应不予初步审定。

原告诉称:第4598号决定认定事实不清,结论错误,请求法院依法予以撤销。其理由如下:

1. 原告在向被告申请复审时,已经将原注册申请所指定的商品范围从原申请的"便携式灯、安全灯、闪光灯(手电筒)、照明器械及装置",限制成"便携装饰灯、安全灯、闪光灯(手电筒)、汽车用装饰照明装置",该限制后的商品在原申请指定的商品范围之内。根据商标驳回复审的实践,是可以对部分商品或服务进行复审请求的。因此,对引证商标指定商品的冲突部分进行删减或者限制后,如果该部分商品或服务不再与引证商标冲突,是可以对该商标予以审定和公告的。但是被告在第4598号决定中,并没有对原告限制后的部分商品是否与引证商标指定商品构成类似商品进行阐述,而是对原申请指定的原商品范围与引证商标所指定的商品进行比对,从而得出被诉决定的结论。被告在第4598号决定中,没有对原告限制后的部分商品是否与引证商标指定商品构成类似商品进行分析的做法,违反了《商标评审规则》第35条的规定,没有针对评审时的事实状态进行评审,即没有针对评审时原告的指定商品范围进行评审。

2. 原告限制后的商品不但未超出原申请指定的商品范围,而且由于该种限定,使得限制后的"便携式装饰灯、安全灯、闪光灯(手电筒)、汽车用装饰照明装置",更在重点用途特点上与引证商标指定商品"照明器械及装置"产生了较大的区别,因此在销售渠道和销售对象上也都与引证商标指定的"照明器械及装置"产生了较大的区别,不构成类似商品,从而不违反《商标法》第28条的规定,与引证商标不构成类似商品上的近似商标。

被告辩称:(1)根据《商标评审规则》第35条的规定,我委受理原告的复审请求,是针对商标局驳回决定和申请人复审的事实、理由、请求以及评审时的事实状态进行评审。原告对商局的驳回决定不服,申请复审时,只能对申请商标指定使用商品进行部分删减,而不能自行更换申请商标指定商品。原告在复审程序中,自行将申请商标指定使用的商品从原来的"便携式灯、安全灯、闪光灯(手电筒)、照明器械及装置",限制为"便携式装饰灯、安全灯、闪光灯(手电筒)、汽车用装饰照明装置",请求对限制后的商品进行复审没有法律依据。所以,我委对原告自行更换指定使用商品的行为不予认可。(2)申请商标与引证商标构成相同或类似商品上的近似商标,易引起消费者对商品来源的混淆和误认。综上,我委认为,第4598号决定认定事实清楚,适用法律正确,程序合法,原告的诉讼请求及理由不能成立,请求法院依法维持第4598号决定。

一审法院经审理查明:2001年12月10日,原告向商标局申请注册"ROADMASTER"商标,指定使用的商品在国际分类第11类1101组,申请号为3035284。2002年11月28日,商标局依据《商标法》第28条的规定,驳回其申请,理由如下:申请商标与引证商标近似。原告不服,于同年12月19日向被告提交"驳回商标注册申请复审申请书",将申请商标指定使用的商品从原来的"便携式灯、安全灯、闪光灯(手电筒)、照明器械及装置",限制为"便携式装饰灯、安全灯、闪光灯(手电筒)、汽车用装饰照明装置",请求被告对其限定后的商品进行评审。

被告经审查,于2004年9月1日作出第4598号决定,并于同年9月3日向原告邮寄送达。原告仍不服,在法定期限内向法院提起行政诉讼。

另查,引证商标的申请日是2000年4月3日,其指定使用的商品在国际分类第11类1101—1113组。该商标是由"Road-master"与类似阿拉伯文的两部分文字组成,其中"Roadmaster"文字是商标的显著部分。

将两商标进行对比,两商标均是由以下10个英语字母ROADMASTER组成,其组成的顺序相同。两者的区别点在于:申请商标的字母全部是大写,引证商标的第一个字母是大写,后面9个字母为小写。

一审法院认为:由于引证商标与申请商标的文字组合相同,所指定使用的商品属于同一种类,所以,被告将引证商标与申请商标对比后,认定申请商标与引证商标已构成使用在同一种或类似商品上的近似商标的事实清楚。

根据《商标评审规则》第35条的规定,被告在评审时应当针对商标局的驳回决定和申请人申请复审的事实、理由、请求以及评审时的事实状态进行评审。虽然在被告的评审工作中,根据《商标法实施条例》第21条的规定,允许申请人复审期间可以"申请放弃在部分指定商品上使用商标的注册申请"。但是,这种放弃应当是对申请商标所指定使用商品中的部分商品的放弃。原告在复审程序中,将申请商标指定使用商品从原来的"便携式灯、安全灯、闪光灯(手电筒)、照明器械及装置",限制为"便携式装饰灯、安全灯、闪光灯(手电筒)、汽车用装饰照明装置",不是对原指定商品中部分商品的放弃。所以,原告以其在复审期间限制的商品名称请求被告进行评审没有法律依据,本院不予支持。因此,被告作出的第4598号决定认定事实清楚,程序合法,且适用法律正确,应予维持。综上,依照《商标法》第28条、《行政诉讼法》第54条第1项的规定,判决维持中华人民共和国国家工商行政管理总局商标评审委员会于2004年9月1日作出的商评字〔2004〕第4598号《关于第3035284号"ROADMASTER"商标驳回复审决定》。

路德马特公司不服一审判决提起上诉,请求撤销北京市第一中级人民法院(2005)一中行初字第439号行政判决书,同时撤销商评字(2004)第4598号《关于第3035284号"ROADMASTER"商标驳回复审决定书》。

被上诉人辩称:(1)依据《商标法实施条例》第21条的规定,申请人在复审时可以申请放弃在部分指定商品上使用商标的注册申请。但是这种放弃应当是对申请商标中的部分商品的放弃,而不能随意改变原来指定使用的商品。上诉人在复审期间将申请商标指定使用的商品从原来指定的"便携式灯、安全灯、闪光灯(手电筒)、照明器械及装置",限制成"便携式装饰灯、安全灯、闪光灯(手电筒)、汽车用装饰照明装置",从本质上改变了原指定使用的商品的功能、用途等特点,同时也改变了指定使用商品的类似关系,已经成为一件新的商标,应另行提出注册申请。(2)申请商标与引证商标构成使用在同一种或类似商品上的近似商标。请求维持北京市第一中级人民法院(2005)一中行初字第439号行政判决书。

经审理,二审法院认为,一审法院认定事实清楚,适用法律正确。依照《行政诉讼法》第61条第1项的规定,判决:驳回上诉,维持一审判决。

二、裁判要旨

**No.2-3-30-1** 申请放弃在部分指定商品上使用商标的注册申请,应当是对申请商标所指定使用商品中的部分商品的放弃,而不是随意改变原来指定使用的商品。

将两商标进行比对,两商标均是由以下10个英语字母ROADMASTER组成,其组成的顺序相同。两者的区别点在于:申请商标的字母全部是大写,引证商标的第一个字母是大写,后面9个字母为小写。《商标评审规则》(2002年)第10条规定,在商标评审期间,当事人有权依法处分自己的商标权和与商标评审有关的权利。上诉人在复审期间,将申请商标指定使用的商品从原来申请注册时指定的"便携式灯、安全灯、闪光灯(手电筒)、照明器械及装置",限制成"便携式装饰灯、安全灯、闪光灯(手电筒)、汽车用装饰照明装置",上诉人虽有权依法处分与其商标评审有关的权利,但该限制从本质上改变了原指定使用的商品的功能、用途等特点,已经成为一个新的注册商标申请。对于这种新的申请按照《商标法》《商标法实施条例》的有关规定,当事人应当另行提出注册申请。根据《商标评审规则》第35条的规定,被上诉人审理不服商标局驳回商标注册申请决定的复审案件,应当针对商标局的驳回决定和申请人申请复审的事实、理由、请求以及评审时的事实状态进行评审。上诉人要求商标评审委员会对其在复审申请书中对申请注册的商标指定的商品进行限制的做法进行评述于法无据,应不予支持。申请商标与引证商标的显著部分均是由以下10个英语字母ROADMASTER组成,其组成的顺序相同,且申请商标指定的商品与引证商标核准使用的商品类似。上述商品在商品的用途及销售渠道、消费对象方面相同或相关联,故申请商标与引证商标构成使用在同一种或类似商品上的近似。

**案例:侯勇与哈尔滨秋林集团股份有限公司等商标异议复审行政纠纷案**
案例来源:《最高人民法院知识产权审判案例指导》(第二辑)[(2009)知行字第15号]
主题词:商标近似

一、基本案情

  上诉人(原审第三人):侯勇。
  被上诉人:哈尔滨秋林集团股份有限公司。
  国家工商行政管理总局商标评审委员会(以下简称商标评审委员会)。

北京市第一中级人民法院认定,侯勇于2003年7月1日向国家工商行政管理总局商标局申请注册第3612653号"伊雅秋林"商标(以下简称被异议商标),指定使用商品为第29类香肠、风肠、猪肉食品、肉、水果罐头、蘑菇罐头、肉罐头、果酱、腌制蔬菜、牛奶、酸奶等,商标局经审查后予以初步审定公告。在被异议商标初审公告后的异议期内,秋林集团公司向商标局提出异议申请,其使用的引证商标为第1266601号"秋林及图"商标。该引证商标于1999年4月21日获准注册,核定使用商品为第29类香肠、风干肠、火腿、腌腊肉、风肠、熏煮肠、猪肝肠、牛舌肠等。2007年9月3日,商标局作出(2007)商标异字第04112号"伊雅秋林"商标异议裁定书,认定被异议商标与引证商标未构成近似商标,被异议商标应予以注册。秋林集团公司不服该裁定,向商标评审委员会申请复审。商标评审委员会于2008年5月5日作出商评字[2008]第4378号《关于第3612653号"伊雅秋林"商标异议复审裁定书》(以下简称第4378号裁定),认定被异议商标申请注册并未侵犯他人在先商号权,亦未损害他人的姓名权,被异议商标与引证商标未构成指定使用在类似商品上近似商标,秋林集团公司所提异议复审理由不成立,裁定准予被异议商标注册。

北京市第一中级人民法院认为,鉴于秋林集团公司未实际使用该商标,亦无其他证据证明其为"伊雅秋林"商标的所有人,故无论侯勇是否为秋林集团公司的代理人,其申请注册被异议商标的行为,均不违反《商标法》第15条的规定,亦不符合《商标法》第31条有关"以不正当手段抢先注册他人已经使用并有一定影响的商标"的规定。被异议商标指定使用商品中的肉罐头、香肠、风肠、猪肉食品、肉与引证商标核定使用的香肠、风干肠、火腿、腌腊肉、风肠、熏煮肠、猪肝肠、牛舌肠为类似商品,但被异议商标指定使用的水果罐头、蘑菇罐头、果酱、腌制蔬菜、牛奶、酸奶等商品,与引证商标的核定使用商品为非类似商品。被异议商标"伊雅秋林"完全包含了引证商标中起重要识别作用的文字部分——"秋林",结合考虑相关当事人均处在同一地域等情况,应当认定被异议商标如果注册在肉罐头、香肠、风肠、猪肉食品、肉等与引证商标核定使用商品相类似的商品上,会造成消费者对商品来源的混淆,故不应准许被异议商标在上述商品上的注册。因水果罐头、蘑菇罐头、果酱、腌制蔬菜、牛奶、酸奶等商品与引证商标的核定使用商品并不类似,故应准许被异议商标在上述商品上的注册。综上,北京市第一中级人民法院依据《行政诉讼法》第54条第2项之规定,判决:

1. 撤销商标评审委员会作出的第4378号裁定;
2. 商标评审委员会针对秋林集团公司对第3612653号"伊雅秋林"商标所提出的异议复审申请,重新作出异议复审裁定。

侯勇不服原审判决提起上诉,请求撤销原审判决并维持第4378号裁定。侯勇的上诉理由为:(1)一审判决适用法律错误。一审判决认定被异议商标包含引证商标中的文字"秋林",但未对被异议商标与引证商标是否相同或相似作出认定,而是增加了非法定要件"会造成消费者对商品来源的混淆",并据此不准许被异议商标在相关商品上注册,属于对商标评审委员会行政行为合理性的审查,违反了《商标法》第28条的规定和《行政诉讼法》第5条规定的合法性审查原则。(2)一审判决认定事实错误。被异议商标与引证商标并未构成相似商标,被异议商标不会造成消费者对商品来源的混淆。

秋林集团公司及商标评审委员会服从原审判决。

二审法院查明:2003年7月1日,侯勇经哈尔滨秋林食品厂授权,向商标局申请注册"伊雅秋林"文字商标(即被异议商标),申请号为3612653,指定使用商品为第29类香肠、风肠、猪肉食品、肉、水果罐头、蘑菇罐头、肉罐头、果酱、腌制蔬菜、牛奶、酸奶。2004年10月28日,被异议商标经商标局审查后予以初步审定公告。

在被异议商标初审公告后的异议期内,秋林集团公司向商标局提出异议申请,并以"秋林及图"商标为引证商标。该引证商标的申请日为1997年12月22日,申请号为1266601,申请人为哈尔滨秋林糖果厂,核定使用商品为第29类香肠、风干肠、火腿、腌腊肉、风肠、熏煮肠、猪肝肠、牛舌肠。1999年4月21日,引证商标获准注册,商标专用权期限为1999年4月21日至2009年4月20日。

2007年9月3日,商标局针对秋林集团公司提出的上述异议申请,作出(2007)商标异字第04112号"伊雅秋林"商标异议裁定书,认定被异议商标与引证商标未构成近似商标,秋林集团公司所提异议理由不成立,被异议商标应予以注册。

2007年9月10日,秋林集团公司因不服上述(2007)商标异字第04112号"伊雅秋林"商标异议裁定,依法向商标评审委员会申请复审。秋林集团公司的复审理由为:(1)秋林集团公司的字号源于公司的创始人伊万·雅阔列维奇·秋林。1900年俄罗斯人伊万·雅阔列维奇·秋林在哈尔滨创建秋林洋行、秋林灌肠厂,是国内最早生产俄式红肠的工厂,1953年移交给中国政府后,定名为中国国营秋林总公司,1998年改制上市。可见,秋林公司具有悠久的历史,"秋林"字号在国内外拥有很高的知名度。(2)秋林集团公司的关联企业哈尔滨秋林糖果厂,于1999年在第29类商品上获准注册第1266601号"秋林及图"商标。经过长期使用,特别是近年来在哈尔滨秋林糖果厂的努力下,秋林商标已产生极高的知名度,秋林红肠在哈尔滨市是独具地方特色的产品。(3)侯勇将秋林集团公司和关联企业的知名字号和商标,作为其商标的主要部分,并且完整使用秋林集团公司创始人名字作为其商标的主体部分,与秋林集团公司关联企业秋林糖果厂所注册的引证商标构成近似,使普通消费者认为"伊雅秋林"与"秋林"均属于秋林集团公司及其关联企业秋林糖果厂的系列商标,从而造成混淆。(4)侯勇1976年在秋林集团公司参加工作,1992年担任秋林食品厂厂长,直至2007年该厂完成改制,故侯勇明知"伊雅秋林"历史和秋林的知名度,其注册被异议商标属于恶意抢注。综上,依据《商标法》(2001)第15条、第31条、第41条的规定,秋林集团公司请求对被异议商标不予核准注册。

2008年5月5日,商标评审委员会作出第4378号裁定。商标评审委员会在该裁定中认定:(1)关于被异议商标是否侵犯了他人在先商号权?秋林食品公司作为老的秋林公司的下属单位,虽经数次改制及名称变更,仍有权使用"秋林"作为商号,而被异议商标由该公司于2003年6月28日授权侯勇以其个人名义申请注册。并且,被异议商标"伊雅秋林"与秋林集团公司商号"秋林"在文字构成上存在一定区别,故被异议商标申请注册并未侵犯他人在先商号权。(2)关于被异议商标是否侵犯他人姓名权?姓名权指在世的自然人有权决定、使用和依照规定改变自己的姓名并禁止他人干涉、盗用、假冒的权利。姓名权与自然人人身不可分离,本案被异议商标"伊雅秋林"虽是秋林洋行创始人姓名的简写形式,但由于该自然人已经去世,其姓名权亦随之丧失。因此,被异议商标申请注册并未损害他人的姓名权。(3)关于被异议商标与引证商标是否构成指定使用在类似商品上的近似商标。被异议商标与引证商标存在相当大的区别,同时在类似商品上使用能够相互区分,不致造成混淆,故两商标未构成指定使用在类似商品上的近似商标。综上所述,秋林集团公司所提异议复审理由不成立。双方当事人就秋林集团公司与引证商标所有人是否为关联企业的争议?被异议商标是否已在第30类商品上获准注册?哈尔滨秋林食品股份有限公司在第30类商品上使用"秋林"商标是否为申请人授权使用等问题,与本案无直接关系,商标评审委员会对其不予评述。综上,商标评审委员会依据《商标法》(2001)第33条、第34条的规定,裁定准予第3612653号"伊雅秋林"商标注册。秋林集团公司不服该裁定,并依法向原审法院提起本案诉讼。

另查明,俄国人伊万·雅阔列维奇·秋林1900年在哈尔滨成立名为"秋林洋行"的商贸机构,1953年被我国政府接收。在"破四旧"过程中,其下属公司均更改了字号,直到1984年才恢复使用"秋林"字号。秋林公司1992年改制后,遗留下3个工厂,即秋林公司食品厂、秋林公司糖果厂、秋林公司服装厂。后来3个公司均变更了名称,秋林公司糖果厂变更名称为哈尔滨秋林糖果厂,后又变更为哈尔滨秋林糖果厂有限责任公司,即本案引证商标所有人;秋林公司食品厂变更名称为哈尔滨秋林食品厂,后又变更为哈尔滨秋林食品有限责任公司(简称秋林食品公司),侯勇为该公司法定代表人。

在本案一审诉讼中,秋林集团公司主张其依据《商标法》(2001)第15条享有权利的商标为"伊雅秋林",并认可其未实际使用该商标;秋林集团公司称其放弃有关被异议商标的注册,违反了《商标法》第31条中有关损害在先权利的规定的主张,但坚持主张被异议商标申请注册构成对其在先使用并有一定影响的"伊雅秋林"商标的抢注,二审法院对该事实予以确认。

在本案二审过程中,上诉人补充多份证据,认可上述证据未向商标评审委员会提交,并以上述新证据证明秋林食品公司的前身哈尔滨市松花江食品厂继承了秋林洋行的部分房产、业务、生产设备、技术人员及秋林食品的历史,而哈尔滨秋林糖果厂有限责任公司源自1981年才被秋林集团公司接收的哈尔滨市农用油脂化工厂,由此主张"秋林"及"伊雅秋林"商标不应被秋林集团公司垄断。被上诉人对上述证据的真实性均无异议,但不认可其与本案的关联性,认为上述证据不能证明上诉人的主张。法院认为,上述证据虽不是商标评审委员会作出第4378号裁定的依据,但鉴于上诉人作为被异议商标的注册申请人,如果被异议商标不予核准注册,难以寻求其他救济,故法院对上诉人提交的上述证据予以采信,对相关事实予以认定。经审理,二审法院认为侯勇的上诉理由不能成立,其上诉主张不予支持。一审判决认定事实清楚,适用法律正确,应予维持。依据《行政诉讼法》第61条第1项之规定,判决驳回上诉,维持原判。

二、裁判要旨

No.2-3-30-2 **在判断被异议商标与引证商标是否构成相同或相似商标时,应从二者所使用的商品或服务是否相同或类似和二者的标识是否相同或相似两方面进行判定。**

只有被异议商标与引证商标的标识相同或相似,并且二者所使用的商品或服务也相同或类似,才能认定二者构成相似商标。两商标相似时,容易导致消费者的混淆或误认,故由造成或可能造成消费者的混淆或误认,可以判定两商标构成相似商标。

将被异议商标的指定使用商品与引证商标的核定使用商品相比,被异议商标指定使用的水果罐头、蘑菇罐头、果酱、腌制蔬菜、牛奶、酸奶等商品,虽与引证商标的核定使用商品在消费对象及销售渠道等方面具有某些相似性,但二者具有不同的功能、性质及用途,应为非类似商品。被异议商标使用在水果罐头、蘑菇罐头、果酱、腌制蔬菜、牛奶、酸奶等商品上,与引证商标不构成指定使用在相同或类似商品上的相同或相似商标。被异议商标指定使用的肉罐头、香肠、风肠、猪肉食品、肉与引证商标的核定使用商品香肠、风干肠、火腿、腌腊肉、风肠、熏煮肠、猪肝肠、牛舌肠在功能、用途、消费对象及销售渠道等方面均相同,二者应为类似商品。当被异议商标使用在肉罐头、香肠、风肠、猪肉食品、肉等商品上时,引证商标使用在香肠、风干肠、火腿、腌腊肉、风肠、熏煮肠、猪肝肠、牛舌肠等商品上时,虽然引证商标为文字与图形的组合商标,被异议商标为文字商标,二者在整体视觉上具有一定的差别,但引证商标为中文"秋林"文字与图形的组合商标,其中文字部分对商标的呼叫以及实现商标的基本功能都具有重要作用,而被异议商标完全包含了引证商标中起重要识别作用的文字部分——"秋林",据此可以判定二者构成相似商标,如果将二者使用在相同或相似商品或服务上,容易造成消费者的混淆、误认。上诉人二审提交的证据,虽可表明秋林食品公司使用"秋林"商标具有一定的历史原因,但并不是被异议商标的注册人,也不对"秋林"享有注册商标专用权,上诉人申请注册被异议商标虽由其授权,但因被异议商标使用在肉罐头、香肠、风肠、猪肉食品、肉等商品上时,与使用在香肠、风干肠、火腿、腌腊肉、风肠、熏煮肠、猪肝肠、牛舌肠等商品上的引证商标已经构成指定使用在相同或者类似商品上的相同或者近似商标。因此,上诉人关于一审判决认定事实错误,被异议商标与引证商标并未构成相似商标,被异议商标不会造成消费者对商品来源的混淆的上诉主张,因缺乏事实及法律依据不能成立,本院不予支持。《商标法》(2001)第28条规定:"申请注册的商标,凡不符合本法有关规定或者同他人在同一种商品或者类似商品上已经注册的或者初步审定的商标相同或者近似的,由商标局驳回申请,不予公告。"该规定表明,将与他人在同一种商品或者类似商品上已经注册的或者初步审定的商标相同或者近似的商标申请注册的,商标局应驳回该申请并不予公告。指定使用在相同或类似商品或服务上且可能导致消费者混淆的商标属于相同或相似商标,即商标相同或相似,必然包含会造成消费者对商品来源混淆和误认的后果。原审判决虽未使用"被异议商标与引证商标构成指定使用在相同或者类似商品上的相同或者近似商标"或类似描述,但其判定被异议商标使用在肉罐头、香肠、风肠、猪肉食品、肉等商品上与引证商标使用在香肠、风干肠、火腿、腌腊肉、风肠、熏煮肠、猪肝肠、牛舌肠等商品上时,会造成消费者对商品来源的混淆,已经表明了被异议商标与引证商标构成指定使用在相同或者类似商品上的相同或者近似商标,并未增加非法定条件。因此,上诉人关于一审判决错误适用《商标法》(2001)第28条的上诉理由,不能成立。

最高院经审查认为:按照《商标法》(2001)第28条的规定,申请注册的商标,同他人在同一种商品或者类似商品上已经注册的商标相同或者近似的,由商标局驳回申请,不予公告。商标近似,是指两商标的文字的字形,读音,含义或者图形的构图及颜色,或者其各要素组合后的整体结构相似,易使相关公众对商品的来源产生误认或者认为存在特定的联系,判断时要以相关公众的一般注意力为标准,既要进行整体对比,又要进行主要部分的对比,而且应当考虑在先注册商标的显著性和知名度。二审判决首先对被异议商标与引证商标标识之间的相似程度进行判断,在认定二者构成相似的情况下,又考虑市场混淆误认的可能性后,判定被异议商标与引证商标构成近似商标,其适用法律正确。

**案例:湖南省长康实业有限责任公司与国家工商行政管理总局商标评审委员会、长沙加加食品集团有限公司商标异议复审行政纠纷案**
案例来源:《最高人民法院知识产权审判案例指导》(第四辑)[(2011)知行字第7号]
主题词:类似商品

## 一、基本案情

申请人（一审第三人、二审上诉人）：湖南省长康实业有限责任公司（以下简称长康公司）。

被申请人（一审原告、二审被上诉人）：长沙加加食品集团有限公司（以下简称加加公司）。

原审被告：国家工商行政管理总局商标评审委员会（以下简称商标评审委员会）。

原一、二审法院经审查查明：长沙巨龙实业有限公司于1996年1月31日申请注册"加加及图"商标，1997年6月21日核准注册，注册号为第1035667号，核定使用在第30类酱油商品上，后经续展专用权期限至2017年6月20日。1998年6月28日，该商标经核准转让予加加酱业（长沙）有限公司（以下简称加加酱业公司）。

加加酱业公司于1998年5月21日申请注册"加加"商标，1999年10月7日核准注册，注册号为第1321453号，核定使用在第30类酱油、醋、调味品、酱菜（调味品）、佐料（调味品）、味精、蚝油商品上，后经续展，专用权期限至2019年10月6日。

加加酱业公司于1998年5月21日申请注册"加加JIAJIA及图"商标，1999年10月7日核准注册，商标注册号为第1321451号，核定使用在第30类酱油、醋、调味品、酱菜（调味品）、佐料（调味品）、味精、蚝油商品上，后经续展专用权期限至2019年10月6日。

1999年7月9日，长康公司向国家工商行政管理总局商标局（以下简称商标局）申请注册"加加JIAJIA"商标（即被异议商标），商标局于2000年8月28日经初步审定，被异议商标刊登在第749期《商标公告》，商标注册号为第1482338号，指定使用在第29类芝麻油商品上。

加加酱业公司在法定期限内针对被异议商标向商标局提出异议申请，商标局于2002年10月16日作出第1395号裁定，裁定被异议商标核准注册。加加酱业公司不服，向商标评审委员会申请复审，理由为：长康公司以摹仿、抄袭的手段，将加加酱业公司注册并使用多年的"加加"商标抢先在芝麻油商品上申请注册，违反了《商标法》第31条和《民法通则》规定的诚实信用原则。长康公司与加加酱业公司同处一个行政区域，更容易使消费者造成混淆。加加酱业公司的企业字号"加加"，是全国知名企业。加加酱业公司的"加加"商标已经构成驰名商标。加加酱业公司向商标评审委员会提交证据用以证明其商标的知名度。其中，在被异议商标申请日之前的证据有：1997年至1998年"加加"酱油的销售发票和记账单；1997年至1999年"加加"酱油产品标签、酱油瓶型、包装；1997年至1999年"加加"特制酱油产品质量检验报告书；部分经销商及产品用户调查表；"加加"酱油经销协议书；1998年1月8日，"加加"牌酱油获得湖南省技术监督局颁发的产品质量监督免检资格证书；1998年12月，"加加"牌酱油获得质量信得过产品荣誉证书；1997年、1998年，"加加"酱油获得湖南省卫生防疫站颁发的"特别推荐产品"荣誉证书；1999年3月15日，加加酱业公司获得湖南省技术监督局颁发的"3.15产品质量信得过"称号荣誉证书；1997至1999年宣传加加酱油的广告合同及广告费发票。此外，加加酱业公司还提供了"加加"商标于2001年12月，被湖南省工商行政管理局认定为在"调味品、味精"商品上的湖南省著名商标等证据。

加加酱业公司于2006年7月13日经核准更名为加加集团（长沙）有限公司，于2007年12月11日经核准，更名为长沙加加食品集团有限公司，即本案加加公司。

2009年12月7日，商标评审委员会作出第34098号裁定，认为：被异议商标指定使用的第29类芝麻油商品与3个引证商标核定使用的第30类酱油、醋等商品在生产原料、制作工艺、销售渠道等方面存在较大区别，不属于类似商品。被异议商标与加加公司的引证商标，一般不易导致消费者混淆误认，未构成使用在类似商品上的近似商标。加加公司亦未提交证据证明其在被异议商标申请注册前在芝麻油等商品上使用"加加"商标的证据，不能认定被异议商标是对其在先使用并有一定影响的商标的抢注。加加公司提交的证据也不足以证明其使用在酱油等商品上的商标在被异议商标申请注册日前已经成为我国公众熟知的驰名商标，不能认定被异议商标违反了《商标法》(2001)第13条的规定。此外，加加公司关于被异议商标注册违反了《民法通则》有关规定的主张，不属于本案评审范围之内。综上，加加公司的异议复审理由不成立。据此，商标评审委员会依据《商标法》(2001)第33条、第34条，裁定被异议商标予以核准注册。

类似商品

长康公司申请再审称:(1) 芝麻油与酱油不属于类似商品,二者在商标注册用商品分类表中明确为不类似商品。芝麻油的生产归属于油脂企业,产品本身属性、所需的生产设备及工艺流程等与酱油截然不同,二者之间有本质区别,不存在竞争性与相互替代性,不会导致消费者产生误认。二审法院片面考虑功能、用途、销售渠道、消费群体有一定关联,而没有考虑产品的根本属性、生产部门、生产工艺、功能用途及销售渠道的多样性等,认定二者为类似商品的理由是不客观的。(2) 审查在先商标的知名度应以被异议商标申请时为依据,而不应以其后知名度的发展变化为依据。加加公司成立于1997年1月,长康公司于1999年7月申请被异议商标,距加加公司成立仅两年半时间。加加公司提交的销售发票等证据不能说明被异议商标申请注册时其引证商标已经具有知名度,二审判决关于其具有一定知名度的认定是错误的。(3) 在被异议商标申请日前,加加公司没有生产过芝麻油商品,长康公司没有抢注商标的恶意。综上,请求撤销原一、二审判决,维持商标评审委员会第34098号裁定。

最高人民法院另查明:2007年9月1日起实施的"调味品分类国家标准"中将"芝麻油"列为调味品。2009年1月1日起实施的"芝麻油国家标准"中载明芝麻油分为"芝麻香油、芝麻原油、成品芝麻油"三类。长康公司在听证中陈述,芝麻原油和成品芝麻油可作为药品企业、奶粉企业等的生产原料,芝麻香油主要面向普通消费者销售。其向本院提交的增值税发票显示其有"香油王"产品,产品规格为180ml、300ml等。其他产品如葵花调和油,产品规格为5000ml和2000ml两种,酱油、白醋产品规格基本均为500ml。向药店、医院或其他企业等销售的芝麻油产品为散装或者50kg/桶、190kg/桶的规格。长康公司另提交了其他品牌食用油的产品图片,均显示芝麻油(芝麻香油)为食用调和油的配料之一。长康公司并未使用被异议商标。

经审理,最高人民法院认为,长康公司的再审申请不符合《行政诉讼法》第63条第2款和最高人民法院《关于执行〈中华人民共和国行政诉讼法〉若干问题的解释》第72条规定的再审条件。依照最高人民法院《关于执行〈中华人民共和国行政诉讼法〉若干问题的解释》第74条之规定,裁定驳回湖南省长康实业有限责任公司的再审申请。

二、裁判要旨

**No.2-3-30-3 判断商品是否类似,应当考虑商品的功能、用途、生产部门、销售渠道、消费群体等是否相同或者具有较大的关联性,是否容易使相关公众认为是同一主体提供的,或者其提供者之间存在特定联系。**

本案争议的焦点在于被异议商标与引证商标是否构成类似商品上的近似商标,即芝麻油商品与酱油、醋等商品是否构成类似商品,被异议商标使用在芝麻油商品上是否容易导致相关公众与使用在酱油等商品上的引证商标产生混淆。根据最高人民法院《关于审理商标授权确权行政案件若干问题的意见》第15条的规定,判断商品是否类似,"应当考虑商品的功能、用途、生产部门、销售渠道、消费群体等是否相同或者具有较大的关联性……是否容易使相关公众认为是同一主体提供的,或者其提供者之间存在特定联系"。根据查明的事实,芝麻香油是芝麻油主要面向普通消费者的产品形态,其可用作调味,而且其产品包装规格更类似于酱油、醋这样的调味品,即一般以小瓶包装,与其他食用油明显不同。其作为食用油脂更主要是作为食用调和油的原料,而不是独立的产品。关于芝麻油的其他用途,比如作为其他产品的生产原料等,一方面,对于产品用途的判断,应以其主要用途为主;另一方面,如果产品的不同用途面对的是不同的消费对象,一般情况下应该以注意程度较低的消费者为准。本案中,应以家庭烹饪用品的消费者作为相关公众,对于此类普通消费者来讲,其普遍的认知应该是芝麻油是调味品的一种。况且本案中被异议商标与引证商标文字均为"加加",且加加公司提交关于其"加加"酱油1997年至1998年的销售发票、1998年湖南省产品质量监督免检资格证书、质量信得过产品荣誉证书、1999年湖南省技术监督局"3·15产品质量信得过"称号荣誉证书以及宣传广告合同等,可以证明在被异议商标申请之时,加加公司使用在酱油等商品上的"加加"引证商标,已经在湖南省取得了一定的知名度,普通消费者看到芝麻油商品上的被异议商标容易产生混淆,以为与标注了引证商标的酱油等产品均出自同一主体,或者出自有特定联系的主体。在此基础上,原一、二审法院认定芝麻油与酱油等商品构成类似商品,从而撤销第 34098 号裁定是正确的。

**案例**:艾德文特软件有限公司与国家工商行政管理总局商标评审委员会商标驳回复审行政纠纷案

案例来源:《最高人民法院知识产权审判案例指导》(第四辑)(2011)行提字第 14 号

主题词:商标使用

### 一、基本案情

申请再审人(一审原告、二审上诉人):艾德文特软件有限公司(以下简称艾德文特公司)。

被申请人(一审被告、二审被上诉人):中华人民共和国国家工商行政管理总局商标评审委员会(以下简称商标评审委员会)。

艾德文特公司申请再审称:在本案二审过程中,商标评审委员会用以驳回本案申请商标的引证商标已经被商标局以 3 年未使用为由予以撤销。据此,商标评审委员会作出决定的基础已经不存在,鉴于引证商标被撤销,它不再影响申请商标的注册,申请商标注册的障碍已经消失。二审法院在明知引证商标已经被撤销的情况下,继续维持驳回复审决定,显然有悖商标法的基本法理。虽然其在 2009 年 6 月 12 日再次在第 9 类提交了申请注册"ADVENT"商标的第 7465537 号申请,但该申请在 2011 年 1 月 20 日已被他人提出异议。该异议人的商标申请日晚于本案申请商标申请日,因此本案申请商标是否能通过再审被获准注册,对其商标权利至关重要。依据《中华人民共和国行政诉讼法》第 62 条之规定,请求撤销二审判决和商标评审委员会第 12733 号决定,判令商标评审委员会重新作出复审决定,本案的一、二审诉讼费由商标评审委员会负担。

商标评审委员会提交意见认为:在作出第 12733 号决定时,引证商标为有效的在先注册商标。艾德文特公司之后在相同的商品上又申请了相同的第 7465537 号"ADVENT"商标,且已经初步审定公告,虽然其申请日较晚,但本案申请商标的申请注册过程仍然是艾德文特公司使用"ADVENT"商标的参考依据。在这种情况下,应维持第 12733 号决定的稳定性,驳回艾德文特公司的再审申请。

再审查明:一、二审法院查明的事实属实。另查明:《关于第 3183570 号"ADVENT 海得曼"注册商标连续三年停止使用撤销申请的决定》,已经生效。

经审理,最高人民法院认为商标评审委员会的第 12733 号决定虽未有不妥,但在引证商标已经被商标局撤销的情况下,仍需就申请商标是否违反《商标法》的相关规定重新审查。二审判决认定事实清楚,但适用法律不当,本院予以撤销。依照《中华人民共和国行政诉讼法》第 54 条第 2 项、第 61 条第 2 项、第 63 条第 2 款,最高人民法院《关于执行〈中华人民共和国行政诉讼法〉若干问题的解释》第 76 条第 1 款、第 78 条之规定,判决如下:

一、撤销中华人民共和国国家工商行政管理总局商标评审委员会商评字〔2009〕第 12733 号《关于第 4953637 号"ADVENT"商标驳回复审决定书》、北京市第一中级人民法院(2009)一中知行初字第 2318 号行政判决、北京市高级人民法院(2010)高行终字第 769 号行政判决;

二、中华人民共和国国家工商行政管理总局商标评审委员会重新作出复审决定。

### 二、裁判要旨

**No.2-3-30-4** 在商标驳回复审行政纠纷案件中,如果引证商标在诉讼程序中因 3 年连续不使用而被商标局撤销,鉴于申请商标尚未完成注册,人民法院应根据情势变更原则,依据变化了的事实依法作出裁决。

艾德文特公司申请商标因与引证商标构成类似商品上的近似商标而被商标评审委员会以第 12733 号决定驳回,商标评审委员会根据当时的事实状态依法作出上述决定未有不妥。但本案在二审过程中,引证商标因连续 3 年不使用而被商标局撤销,引证商标已丧失商标专用权。依据《商标法》第 28 条"申请注册的商标,凡不符合本法有关规定或者他人在同一种商品或者类似商品上已经注册的或者初步审定的商标相同或者近似的,由商标局驳回申请,不予公告"之规定,引证商标已不构成申请商标注册的在先权利障碍。在商标评审委员会作出第12733号决定的事实依据已经发生了变化的情形下,如一味考虑在行政诉讼中,人民法院仅针对行政机关的具体行政行为进行合法性审查,而忽视已经发生变化了的客观事实,判决维持商标评审委员会的上述决定,显然对商标申请人不公平,也不符合商标权利是一种民事权利的属性,以及商标法保护商标权人利益的立法宗旨。且商标驳回复审案件本身又具有特殊性,在商标驳回复审后续的诉讼期间,商标的注册程序并未完成。因此,在商标驳回复审行政纠纷案件中,如果引证商标在诉讼程序中因3年连续不使用而被商标局撤销,鉴于申请商标尚未完成注册,人民法院应根据情势变更原则,依据变化了的事实依法作出裁决。故本案在艾德文特公司明确主张引证商标权利已经消失,其申请商标应予注册的情况下,二审法院没有考虑相应的事实依据已经发生变化的情形,维持商标评审委员会的第12733号决定以及一审判决显属不当。此外,艾德文特公司在同一种商品上再次申请"ADVENT"商标系另一法律关系,不属于本案审理范围,且该申请商标仍在商标局异议过程中,故商标评审委员会主张艾德文特公司再次在同一种商品上提出"ADVENT"商标申请且已初步审定公告,其商标权利已得到保障、应维持12733号决定的理由不成立。

需要注意的是,此处的"情势变更"不能仅仅以商标局作出撤销商标的裁定为依据。《商标法》第54条规定,对商标局撤销或者不予撤销注册商标的决定,当事人不服的,可以自收到通知之日起15日内向商标评审委员会申请复审。商标评审委员会应当自收到申请之日起9个月内作出决定,并书面通知当事人。有特殊情况需要延长的,经国务院工商行政管理部门批准,可以延长3个月。当事人对商标评审委员会的决定不服的,可以自收到通知之日起30日内向人民法院起诉。《商标法》第55条规定,法定期限届满,当事人对商标局作出的撤销注册商标的决定不申请复审或者对商标评审委员会作出的复审决定不向人民法院起诉的,撤销注册商标的决定、复审决定生效。在商标局作出裁定撤销引证商标之后,当事人申请复审的15日期满之前,商标仍然处于有效状态,法院仍应据此裁判。(详见雅客(中国)有限公司与国家工商行政管理总局商标评审委员会申诉民事裁定书,(2015)知行字第34号。)

**案例:杭州啄木鸟鞋业与中华人民共和国国家工商行政管理总局商标评审委员会、七好(集团)有限公司商标争议行政纠纷案**

案例来源:《最高人民法院知识产权审判案例指导》(第四辑)[(2011)知行字第37号]
主题词:类似商品 不正当手段注册

**一、基本案情**

申请人:杭州啄木鸟鞋业有限公司(以下简称啄木鸟公司)。

被申请人:中华人民共和国国家工商行政管理总局商标评审委员会(以下简称商标评审委员会)。

被申请人:七好(集团)有限公司(以下简称七好公司)。

啄木鸟公司再审称:

1. 二审判决认定第1609312号图形商标(简称争议商标)违反《商标法》第28条之规定,认定事实和适用法律错误。(1)《商标法》第28条适用的前提是商品类似,但二审判决并没有对争议商标和引证商标核定使用的"鞋""靴"商品和"服装""领带""皮包"商品是否类似进行认定,而是以核定使用商品均为穿戴类商品,是所谓的"关联商品"为由,认定争议商标与引证商标构成近似商品,进而认定争议商标违反《商标法》第28条之规定,适用法律错误。(2)服装等商品和鞋等商品在功能、用途、生产部门、销售渠道等方面均存在较大差异,不属于类似商品。对此,(2005)高行终字第27号判决书已经有明确的结论。而且在《类似商品和服务区分表》(简称《区分表》)中,鞋、靴和服装等商品被划分为非类似商品。《区分表》是我国商标管理机关进行商标管理的依据,也是广大生产服务提供者申请注册商标的规范类指引,应当保持其适用的稳定性和统一性。因此,在没有充分证据证明鞋、靴和服装等商品在原料、生产、销售、消费习惯等方面已具有普遍为相关公众接受的密切联系以及国际惯例尚未改变情况下，不应突破《区分表》对上述商品之间的非类似关系的认定。(3) 争议商标的图形和引证商标的图形在构图细节、设计风格上有明显的不同，争议商标主要采取的是涂抹、夸张并着色的绘画手法，不同于引证商标的以线条勾勒为主的绘画手法。(4) 争议商标经多年使用，已为广大消费者所熟知，不会造成相关公众的误认。综上，争议商标和引证商标并无令相关公众产生混淆、误认的可能，不构成类似商品上的近似商标，二审判决在此问题上认定事实和适用法律确有错误。

2. 二审判决认定争议商标违反《商标法》第41条第1款之规定，事实认定和法律适用明显错误。(1) 二审判决认定在争议商标申请日前，引证商标有一定知名度缺乏证据支持。在商标评审程序中，七好公司并未能提交引证商标在争议商标申请日前在国内宣传、使用的证据资料。二审判决认定你公司对引证商标应当知晓纯属主观臆断，毫无事实和法律依据。同时，二审判决认定争议商标存在对引证商标的抄袭、模仿缺乏证据支持。(2) 七好公司在商标评审程序中并未就争议商标违反《商标法》第41条第1款提出评审请求，商标评审委员会也未就此进行评审，二审判决直接适用此条款，超越了商标评审委员会的审理范围，剥夺了你公司的合法抗辩权利。(3) 根据最高人民法院《关于审理商标授权确权行政案件若干问题的意见》(简称《意见》)的规定，《商标法》第41条第1款仅适用于绝对事由，不适用于相对事由。因此，即使假定二审判决所谓的抄袭、模仿行为存在，也并不属于"其他不正当手段"，二审判决适用法律错误。

3. 你公司自注册争议商标以来，一直致力于"啄木鸟"皮鞋的品牌建设，对该品牌投入了大量的广告宣传、打假维权费用。经过你公司的大力推动，啄木鸟皮鞋已经成为国内的著名品牌。根据《意见》第1条的政策精神，对争议商标这样注册使用时间长达10年，已经建立较高市场声誉，形成自身的相关公众群体，并已经驰名的商标，人民法院应当尊重相关公众已在客观上将相关商标区别开来的市场实际，慎重撤销，以促进品牌培养，避免社会资源的浪费。二审判决却以似是而非的理由撤销争议商标，明显违背相关政策精神。综上，请求撤销二审判决，维持北京市第一中级人民法院(2009)一中行初字第1068号判决(简称一审判决)和商评字(2009)第2577号《关于第1609312号图形商标争议裁定书》(简称第2577号裁定)。

七好公司答辩称：(1) 二审法院以"鞋"与"衣服"构成关联商品，适用《商标法》第28条，认定争议商标与引证商标构成近似商标是正确的。(2) 七好公司提出撤销申请的理由包括抄袭引证商标构成不正当竞争，因此二审判决适用《商标法》第41条第1款并无不妥。另外，因为争议商标违反《商标法》第28条的规定，是否适用《商标法》第41条第1款不足以影响最终结果。(3) 你公司提供的证据不足以证明争议商标的知名度，你公司经营规模很小，主要靠傍名牌进行经营，不宜给予保护。

商标评审委员会陈述意见称：(1)《区分表》是我国商标主管机关以世界知识产权组织提供的《商标注册用商品和服务国际分类》为基础，总结我国长期的商标审查实践，并结合我国国情而形成的判断商品和服务类似与否的专业规范文件，具有公开性、一致性和稳定性的特点。该表对类似商品的划分本身就是在综合考虑了商品的功能、用途、生产部门、销售渠道、销售对象等因素的基础上得出的。商标确权程序中需要维护类似商品判断标准的一致性。诚然，由于商品和服务的项目更新和市场交易情况变化，类似商品和服务的类似关系不会一成不变，但对《区分表》的修正应当通过一定的程序统一进行并予以公布，以确保判断标准的相对稳定和商标审查的公平有序，避免商标申请人在申请注册时无所适从，保证注册商标的权利稳定。就本案而言，争议商标指定使用的鞋、靴与引证商标核定使用的服装、领带等商品在制作材料、生产工艺、功能用途、销售渠道等方面有明显区别，未构成类似商品。因此争议商标和引证商标并未构成使用在同一种或者类似商品上的近似商标。(2) 七好公司在行政程序中并未就争议商标违反《商标法》第41条第1款的规定提出评审请求，二审判决直接适用该条款并以此撤销第2577号裁定，超越了本案的审理范围。因此，请求撤销二审判决，维持第2577号裁定。

最高人民法院审查查明，本案争议商标系你公司于2000年5月26日向中华人民共和国国家工商行政管理总局商标局(以下简称商标局)申请注册，指定使用在第25类2507群的鞋、靴商品,指定使用颜色为啄木鸟通体为黑色,嘴的下部为绿色。商标局于 2001 年 8 月 7 日核准该商标注册,注册号为 1609312。

2004 年 2 月 3 日,七好公司向商标评审委员会提出了撤销争议商标注册申请。七好公司认为,该公司在第 25 类、18 类商品注册了"鸟图形 + TUCANO"及"鸟图形"等商标。经过使用,该商标已成为世界服装知名品牌,且曾经司法确认为驰名商标。争议商标属于抢注他人驰名商标的行为,侵害了七好公司的合法权益;争议商标与引证商标构成使用在类似商品上的近似商标,也侵犯七好公司的著作权。综上,请求撤销争议商标。在评审期间,七好公司提交 2001—2003 年引证商标因被侵权,安徽、浙江、成都等地工商机关进行处罚的决定书等证据。

在评审期间,啄木鸟公司提交了于 2001 年 8 月就"啄木鸟鞋业"签订的电视广告合同,就"啄木鸟"鞋商标被假冒,于 2002 年 11 月 15 日在安徽消费者报发布的声明,2001—2004 年在浙江省内因"啄木鸟鞋业"被侵权,当地工商机关出具的处罚决定等,2002 年 10—12 月《江淮晨报》《安徽市场报》《福建经济快报》等媒体关于"啄木鸟鞋业"被侵权的报道,湖南省湘西土家族苗族自治州中级人民法院(2007)州民三初字第 32 号民事判决书及该判决书的生效证明,该判决书确认你公司的第 1609312 号"啄木鸟图形"商标(即争议商标)、第 1525486 号"啄木鸟"商标为中国驰名商标。

商标评审委员会经审查认为,争议商标指定使用的鞋、靴商品与各引证商标指定使用的服装、领带、皮包等商品所属的范围和领域不同,消费者获取上述商品的渠道有所区别,在《区分表》中亦不属于同一类似群组,不属于类似商品。争议商标与引证商标未构成使用在同一种或类似商品上的近似商标。七好公司提交的证据不足以证明引证商标在争议商标申请注册前已驰名,因而争议商标的注册未构成《商标法》第 13 条第 2 款所指之情形。七好公司的"鸟图形"商标为一常见的啄木鸟图案,独特性并非很强,而争议商标与引证商标的鸟图形在构图细节、设计风格上有一定差异,因而并无充分理由认定争议商标的注册构成侵犯他人著作权之情形。因此,商标评审委员会于 2009 年 2 月 23 日作出了第 2577 号裁定,维持争议商标注册。

七好公司不服第 2577 号裁定,于法定期限内向北京市第一中级人民法院提起行政诉讼。北京市第一中级人民法院一审认为:争议商标指定使用的鞋、靴商品与引证商标指定使用的服装、领带、皮包等商品不属于类似商品,争议商标与引证商标使用在非类似商品上,不会导致普通消费者对商品来源的混淆误认。七好公司提交的证据不足以证明引证商标在争议商标申请日之前已成为驰名商标。争议商标与引证商标中的鸟图形在设计手法、表现形式上有所不同,争议商标未侵犯鸟图形的著作权。因此,一审法院于 2009 年 12 月 31 日作出一审判决,维持第 2577 号裁定。

七好公司不服一审判决,向北京市高级人民法院上诉。七好公司向二审法院补充提交了以下证据:(1)该公司于 1996 年 5 月 1 日与浙江来去来有限公司(简称来去来公司)签订的合同,约定"授权来去来公司为啄木鸟品牌服饰的中国境内独家代理,授予啄木鸟品牌男士服饰生产权及鉴定权,可自行生产制作,而且允许使用啄木鸟注册商标的产品有恤衫、毛衣等";(2)来去来公司于 1996 年 9 月与浙江华盟股份有限公司签订的共同组建"浙江啄木鸟服饰有限公司"的合同书、营业执照内容、公司名称变更手续;(3)中央电视台 1997 年春节联欢晚会节目单,其中广告插页之一为啄木鸟(中国)服饰有限公司对其啄木鸟系列服饰的广告宣传及该公司就啄木鸟服饰的宣传画册的复印件;(4)你公司的注册登记信息、七好公司使用啄木鸟图形的商品;(5)各类媒体就"啄木鸟"被摹仿和使用的报道、评论;(6)近年各地工商机关就七好公司"鸟图形"等商标被侵权的调查函件。二审法院认为由于七好公司在提交上述证据时,未申明其在评审阶段和一审期间未能提交的正当理由,故对上述证据不予接纳。

北京市高级人民法院二审认为:七好公司在行政程序和诉讼程序虽提出该公司旗下的"鸟图形""啄木鸟"汉字、"鸟图形 + TUCANO"商标曾于 2005 年经司法确认为驰名商标,但该确认系争议商标申请日之后作出的,不能证明上述商标在争议商标申请日前已为驰名商标。但七好公司提交的相关证据,能够证明该公司旗下的引证商标经其在大陆的使用和宣传,在争议商标申请日前具有一定的知名度。由于引证商标的"鸟图形"是源于啄木鸟的固有图形，且引证商标的"鸟图形"系经转让取得，七好公司并非最初的设计者，七好公司没有提交证据证明其对引证商标的"鸟图形"享有著作权。故同意商标评审委员会及一审法院就此事由的确认。虽争议商标的"啄木鸟图形"与引证商标的"鸟图形"在局部设计上略有差异，但整体造型基本相同，因此在隔离比对的情况下，商标标识的整体外观近似。同时，争议商标与引证商标两者指定使用商品虽不为同一类似群组，但均为穿戴类商品，商品及生产商品的企业关联性极强，因此，二者指定使用的商品应为关联商品；其在市场上的共同使用，易使消费者对其商品来源产生混淆或误认。故争议商标与引证商标构成近似商标。由于争议商标申请注册前，七好公司的引证商标已有一定的知名度，加之两公司均为服装、鞋帽类商品的生产企业，两企业之间具有较强的关联性，故你公司对七好公司的引证商标应当知晓，由于七好公司的引证商标"鸟图形"使用在先，争议商标标识的设计与引证商标近似，存在对引证商标的抄袭或摹仿，属于《商标法》第41条第1款规定的采用不正当手段注册的情况。综上，第2577号裁定和一审判决关于上述事实的确认，不符合《商标法》第28条和第41条第1款的规定，应予撤销。因此二审法院判决撤销一审判决和第2577号裁定。

另查明，啄木鸟公司提交的证据可以看出，该公司在鞋类商品上不仅注册了争议商标等"鸟图形"商标，而且还于2000年和2001年分别注册了"TUCANO"和"啄木鸟"商标，使用时常将"鸟图形"、"TUCANO"和"啄木鸟"并列使用。通过经营，该公司产品和商标具有一定的知名度。七好公司提交的证据证明引证商标经其在大陆的授权许可使用和广告宣传，在争议商标申请日前具有一定的知名度。之后，引证商标的使用规模进一步扩大，目前具有较高知名度。

再查，七好公司向商标评审委员会提出撤销争议商标申请时，主张争议商标系对引证商标鸟图形的抄袭摹仿侵犯了其著作权，还主张你公司以"啄木鸟"为字号，会引起进一步的混淆，属于不正当的竞争行为，但并未明确主张争议商标违反《商标法》第41条第1款的规定。七好公司不服第2577号裁定提起一审诉讼时，也未主张商标评审委员会漏审或就此问题提出相关异议。

经审查，最高人民法院（以下简称最高院）认为，二审判决虽然在部分法律适用上存在不当之处，但结论正确，啄木鸟公司的再审申请不符合《中华人民共和国行政诉讼法》第63条第2款和最高院《关于执行〈中华人民共和国行政诉讼法〉若干问题的解释》第72条规定的再审条件。依照最高院《关于执行〈中华人民共和国行政诉讼法〉若干问题的解释》第74条的规定，予以驳回。

二、裁判要旨

**No.2-3-30-5 商标的主要功能在于标识商品或者服务的来源，因此商标是否发挥其主要功能必须同具体的商品或者服务相结合判断。**

根据《商标法》规定，申请注册的商标，同他人在同一种商品或者类似商品上已经注册的或者初步审定的商标相同或者近似的，由商标局驳回申请，不予公告。如果先申请注册的商标注册人认为他人在后申请注册的商标与其在同一种或者类似商品上的注册商标相同或者近似，可以自在后申请注册的商标核准注册之日起5年内，向商标评审委员会申请裁定。

商标的主要功能在于标识商品或者服务的来源，因此商标必须同具体的商品或者服务相结合。商标法设置商品类似关系，是因为商标主要是按商品类别进行注册、管理和保护。在商标授权确权和侵权判定过程中，进行商标法意义上相关商品是否类似的判断，并非作相关商品物理属性的比较，而主要考虑商标能否共存或者决定商标保护范围的大小。避免来源混淆是商品类似关系判断时要坚持的一项基本原则。因此，人民法院在审理商标授权确权案件时，审查判断相关商品是否类似，应当考虑商品的功能、用途、生产部门、销售渠道、消费群体等是否相同或者具有较大的关联性，两个商标共存是否容易使相关公众认为商品或者服务是同一主体提供的，或者其提供者之间存在特定联系。

本案中，争议商标指定使用的商品为鞋和靴，引证商标核定使用的商品是服装等。虽然两者在具体的原料、用途等方面具有一些差别,但是两者的消费对象是相同的,而且在目前的商业环境下,一个厂商同时生产服装和鞋类产品,服装和鞋通过同一渠道销售,比如同一专卖店、专柜销售的情形较为多见。同时,争议商标与引证商标中的"鸟图形"虽然在细部上略有差异,但两者基本形态相同,且根据查明的事实,引证商标通过使用具有较高的知名度。在这种情况下,如果两商标在服装和鞋类商品上共存,容易使相关公众认为两商品是同一主体提供的,或者其提供者之间存在特定联系。因此,争议商标与引证商标构成类似商品上的近似商标。啄木鸟公司关于争议商标与引证商标不近似,两者指定使用的商品不属于类似商品的主张不能成立。

《区分表》是我国商标主管机关以世界知识产权组织提供的《商标注册用商品和服务国际分类》为基础,总结我国长期的商标审查实践,并结合我国国情而形成的判断商品和服务类似与否的规范性文件。该表对类似商品的划分就是在综合考虑了商品的功能、用途、生产部门、销售渠道、销售对象等因素的基础上确定的。因此《区分表》可以作为判断类似商品或者服务的参考。尤其商标注册申请审查,强调标准的客观性、一致性和易于操作性,为了保证执法的统一性和效率,商标行政主管机关以《区分表》为准进行类似商品划分,并以此为基础进行商标注册和管理,是符合商标注册审查的内在规律的。但是,商品和服务的项目更新和市场交易情况不断变化,类似商品和服务的类似关系不是一成不变的,而商标异议、争议是有别于商标注册申请审查的制度设置,承载不同的制度功能和价值取向,更多涉及特定民事权益的保护,强调个案性和实际情况,尤其是进入诉讼程序的案件,更强调司法对个案的救济性。在这些环节中,如果还立足于维护一致性和稳定性,而不考虑实际情况和个案因素,则背离了制度设置的目的和功能。因此在商标异议、争议和后续诉讼以及侵权诉讼中进行商品类似关系判断时,不能机械、简单地以《区分表》为依据或标准,而应当考虑更多实际要素,结合个案的情况进行认定。《区分表》的修订有其自身的规则和程序,无法解决滞后性,也无法考虑个案情况。把个案中,准确认定商品类似关系,寄托在《区分表》的修订是不现实和不符合逻辑的,相反,个案的认定和突破,才能及时反映商品关系的变化,在必要时也可促进《区分表》的修正。因此对《区分表》的修正,应当通过一定的程序统一进行并予以公布,否则不能突破的观点不能成立。事实上,商标评审委员会在一些评审案件中已经在考虑相关案情的基础上,在《区分表》类似商品判断划分外作出符合实际的裁决。因此啄木鸟公司关于鞋和服装在《区分表》中被划分为非类似商品,不应突破的观点,缺乏法律依据,法院不予支持。

需要强调的是,由于在商品类似判断时考虑了个案情况,相关商品是否类似并非绝对和一成不变,基于不同的案情可能得出不同的结论。因此,(2005)高行终字第27号判决中认定服装和鞋不属于类似商品,并不意味着两者在特定案情下必然不构成类似,本案的认定与之并不矛盾。同时,由于具体案件中关于商品类似关系的认定考虑了个案情况,具有个案性,因此,个案认定结论并不意味商标注册管理上的商品类似关系发生变化,也不必然影响《区分表》中对商品类似关系的确定和划分,商标申请人在申请注册时仍可以《区分表》为准进行申请。同样的,个案的认定一般也不会影响到已经注册商标的权利稳定性。

此外,关联商品往往是针对《区分表》中被划定为非类似,但实际上具有较强的关联性,相关商标共存容易导致混淆误认的商品而言的。对于这些商品,仍需置于类似商品框架下进行审查判断,只要容易使相关公众认为商品或者服务是同一主体提供的,或者其提供者之间存在特定联系,在法律上即构成类似商品。本案中,二审判决认定服装和鞋为关联商品,并进而认定争议商标违反《商标法》第28条的规定,这种表述容易使人误解为在类似商品之外又创设了另一种商品关系划分,为此,法院予以纠正。

**No.2-5-44.1-1** 《商标法》第44条第1款所规定的"不正当手段",属于欺骗手段以外的扰乱商标注册秩序、损害公共利益、不正当占用公共资源或者以其他方式谋取不正当利益的手段。

对只是损害特定民事权益的情形,则要适用《商标法》第41条第2款、第3款及《商标法》的其他相应规定进行审查判断。本案中,即使如二审法院认定,争议商标抄袭、摹仿引证商标,损害的也是七好公司的民事权益,并不属于扰乱商标注册秩序、损害公共利益、不正当占用公共资源或者以其他方式谋取不正当利益的行为,不构成《商标法》第41条第1款所规定的"不正当手段"。二审法院认定争议商标违反《商标法》第41条第1款错误,法院予以纠正。

**案例**:北京台联良子保健技术有限公司与国家工商行政管理总局商标评审委员会、山东良子自然健身研究院有限公司商标争议行政纠纷案

案例来源:《最高人民法院知识产权审判案例指导》(第四辑)[(2011)知行字第50号]
主题词:商标共存协议

### 一、基本案情

申请再审人(一审第三人、二审被上诉人):北京台联良子保健技术有限公司(以下简称北京良子公司)。

被申请人(一审原告、二审上诉人):山东良子自然健身研究院有限公司(以下简称山东良子公司)。

北京良子公司与国家工商行政管理总局商标评审委员会(以下简称商标评审委员会)、山东良子公司商标争议行政纠纷一案,北京市高级人民法院于2009年5月7日作出(2009)高行终字第141号行政判决,已经发生法律效力。北京良子公司不服该判决,向最高人民法院(以下简称最高院)申请再审。

北京良子公司申请再审称:北京良子公司针对第1551944号"良子"商标(以下简称争议商标)提出撤销申请,并未违反双方间的约定。2001年8月27日,协议书(以下简称《共存协议》)签订的前提条件是保证北京良子公司在第4204群组服务项目上享有"良子"商标的所有权,山东良子公司拥有"华夏良子"商标。山东良子公司在类似的商品上注册争议商标,不仅违反了《商标法》第28条的规定,而且违反了《共存协议》的精神和目的。虽然《共存协议》第4条的约定存在歧义,但按照协议的精神,第4条之"其他带有'良子'字样的商标"不应该包括争议商标。如果允许山东良子公司既拥有"华夏良子"商标,也拥有"良子"商标,显然对北京良子公司不公平。二审判决对《共存协议》断章取义,错误解读,与《共存协议》的签约目的背道而驰。综上,北京良子公司请求撤销二审判决,维持(2008)一中行初字第1178号行政判决和商评字(2008)第6099号《关于第1551944号"良子"商标争议裁定书》(以下简称第6099号裁定)。

山东良子公司答辩称:本案的处理应当充分考虑历史发展过程。北京良子公司一再违反协议约定,恶意抢注第1235891号"良子及图"商标、恶意提出本案争议,其行为违反诚实信用原则,主观恶意明显。共存协议系当事人真实意思表示,当事人各方应严格遵守。《共存协议》签订时争议商标已经获准注册,北京良子公司应当知晓争议商标的存在,却在之后对争议商标提出撤销申请,北京良子公司的行为明显违反《共存协议》第4条的约定。争议商标与引证商标指定服务项目具有明显区别,并未违反《商标法》第28条规定。经过山东良子公司的经营,争议商标已经具有很高的知名度,如果撤销争议商标,显然对山东良子公司不公平。因此请求驳回北京良子公司的再审申请。

经审理,最高院认为:北京良子公司的再审申请不符合《中华人民共和国行政诉讼法》第63条第2款和最高人民法院《关于执行〈中华人民共和国行政诉讼法〉若干问题的解释》第72条规定的再审条件。依照最高人民法院《关于执行〈中华人民共和国行政诉讼法〉若干问题的解释》第74条之规定,裁定驳回北京台联良子保健技术有限公司的再审申请。

### 二、裁判要旨

**No.2-3-30-6  近似商标共存协议影响商标可注册性的审查判断。**

本案纠纷的发生有着特定的历史过程,在处理时必须予以充分考虑,以作出公平、合理的裁决。根据查明的事实,"良子"商标为朱国凡、史英建等7人共同创立,按照1997年9月23日签订的集体发展协议,申请注册的"良子"商标本应为全体股东拥有。但朱国凡违反该协议的约定,将"良子"商标注册到自己成立的新疆良子公司名下,导致后续一系列纠纷的发生。为了解

决纠纷,划定双方的商标权利,新疆良子公司与济南历下区良子健身总店签订《共存协议》,其中第4条约定双方均放弃对对方其他带有"良子"字样的商标提出异议或注册不当申请的权利。在《共存协议》签订时,本案的争议商标已经过初审公告后获准注册,作为协议签订一方的新疆良子公司理应知晓山东良子公司注册争议商标这一事实,在此基础上仍签订共存协议,应视为新疆良子公司同意山东良子公司注册争议商标,因此争议商标受《共存协议》第4条的拘束。按照《共存协议》的约定,济南市历下区良子健身总店放弃了对新疆良子公司注册的引证商标的异议申请,引证商标从而获准注册,然而新疆良子公司法定代表人朱国凡成立的北京良子公司却违反协议约定,向商标评审委员会提出撤销争议商标的申请,以致商标评审委员会撤销争议商标。北京良子公司的上述行为,违反了《共存协议》的约定和诚实信用原则,而撤销争议商标的结果,显然打破了《共存协议》约定的利益平衡和多年来形成的市场格局,对山东良子公司明显不公平。二审判决综合考虑上述因素,判决撤销商标评审委员会作出的第6099号裁定并无不妥。北京良子公司关于《共存协议》第4条"其他带有'良子'字样的商标",不包括争议商标、二审判决断章取义等主张没有事实和法律依据,不能成立。

**15 服务商标近似的认定(《商标法》第32条、第57条第1款第2项)**

**案例:**雷茨饭店有限公司诉上海黄浦丽池休闲健身有限公司商标权权属、侵权纠纷案
**案例来源:**《中华人民共和国最高人民法院公报》2009年第3期[(2008)沪高民三(知)终字第70号]
**主题词:**类似服务 相关公众 在先权 混淆

**一、基本案情**

上诉人(原审被告):上海黄浦丽池休闲健身有限公司(以下简称黄浦丽池公司)。

被上诉人(原审原告):雷茨饭店有限公司(THE RITZ HOTEL,LIMITED,以下简称雷茨公司)。

原审法院上海市第二中级人民法院查明:原告雷茨公司是一家英国公司,成立于1896年。经中华人民共和国国家工商行政管理总局商标局(以下简称国家商标局)核准注册了第G611405号"LERITZ"商标、第3098933号"RITZ"商标和第3098934号"RITZ"商标。其中第G611405号商标系国际注册并领土延伸至中国受保护,核定服务项目为饭店、餐馆、休养所、疗养院、美容美发沙龙等,有效期限自1993年12月9日至2013年12月9日;第3098933号商标的核定服务项目为第44类的美容院、理发室、疗养院、矿泉疗养院,该商标的申请日为2002年2月20日,有效期限自2005年5月21日至2015年5月20日;第3098934号商标的核定服务项目为第43类的饭店、餐馆、带有烤肉房的饭店、快餐馆、茶室、鸡尾酒会服务、酒吧、旅馆预订,该商标的申请日为2002年2月20日,有效期限自2003年10月7日至2013年10月6日。

1998年11月9日,原告与案外人丽嘉酒店有限公司(THE RITZ-CARLTON HOTEL COMPANY,L.L.C.,以下简称丽嘉公司)签订《商标许可协议》,原告授权丽嘉公司可在包括中国在内的部分区域将"RITZ"作为"RITZCARLTON"标识的一部分自行使用或者再许可他人使用。2000年8月7日,丽嘉公司经国家商标局核准,注册了"RITZCARLTON"商标,核定服务项目为旅馆、餐馆、快餐馆、酒吧等。

案外人上海波特曼丽思卡尔顿酒店(The Portman Ritz-Carlton,Shanghai,以下简称卡尔顿酒店)成立于1998年,在经营活动中使用"RITZ-CARLTON"标识。根据该公司网站记载,"上海波特曼丽思卡尔顿酒店现成为中国国家旅游局正式授予的白金五星级饭店","此奖项是中国旅游饭店业的最高级别,而上海波特曼丽思卡尔顿酒店是全国仅有的三家白金五星级饭店之一,并是上海唯一获选的国际性豪华酒店"。北京金融街丽思卡尔顿酒店、北京建国路丽思卡尔顿酒店亦在经营活动中使用"RITZ-CARLTON"标识。

原告另在澳大利亚、加拿大、希腊、南非、以色列、新加坡、日本、德国等国注册了"RITZ"商标或包含"RITZ"的文字商标或文字图形组合商标。

原告为维护其对"RITZ"标识的合法权利,在多个国家和地区进行了维权活动。世界知识产权组织仲裁与调解中心在处理原告与克罗地亚公司 Damir Kruzicevics 有关"ritzhotel.com"的域名争议中,于2006年1月16日裁决将域名"ritzhotel.com"转移给原告。原告在日本注册在第23类和第42类上的"RITZ"商标曾在日本法院判决中被认定为驰名商标。北京市工商行政管理局朝阳分局于2006年9月15日出具的《责令改正通知书》中,认定案外人奥德房地产公司丽致酒店管理分公司在对外宣传中擅自使用"H.Q.RITZ"的行为,侵犯了原告的注册商标专用权,并责令该公司改正。

案外人厦门丽晶娱乐有限公司(以下简称丽晶公司)成立于1993年。该公司于2000年9月11日向国家商标局申请注册"RITS、丽池及图"的文字图形组合商标,指定使用服务为"提供食宿旅馆、餐厅、美容院、理发店、按摩"等。初审公告期内,原告雷茨公司以其注册的第G611405号"LERITZ"商标对丽晶公司的"RITS、丽池及图"的商标注册申请提出异议。国家商标局于2005年11月21日作出裁定:异议人(雷茨公司)商标由"LE"和"RITZ"两部分组成,由于"LE"为法语中的介词,该商标的主体为"RITZ",被异议商标的外文部分"RITS"与"RITZ"前三个字母完全相同,虽第四个字母"S"和"Z"不同,但两者发音近似,消费者难以区分双方的商标。双方商标指定使用服务在服务内容、服务方式等方面基本相同,属于同一种或者类似服务。因此,被异议商标与原告的第G611405号"LERITZ"商标构成使用在同一种或者类似服务上的近似商标,对该商标不予核准注册。丽晶公司对该裁定不服,于2005年12月8日向国家工商行政管理总局商标评审委员会申请复审,该裁定目前处于复审阶段。另外,丽晶公司经国家商标局核准,于2004年取得第43类上的"丽池"文字商标,第43类和第44类上的"水纹"图形商标。

被告雷茨公司成立于2004年11月18日,注册资本为人民币200万元,经营范围为公共浴室、足部保健。因其经营地点位于上海市黄浦区的外滩附近,被告自称为"外滩81丽池会所"。根据被告的中英文宣传资料,被告除提供桑拿、指压、按摩、美容、美发、足疗等服务外,还"免费提供住宿服务""早餐、午餐、晚餐、夜宵……不限时免费提供"。被告称案外人丽晶公司与被告系关联公司,关联公司在经营活动中统一使用"丽池会所"品牌,会所的品牌口号为"桑海茫茫,丽池领航;丽池指压,全国一流"。在2001年8月5日《旅游时报》"夜上海"版面刊登的一篇题为《在大浴场消暑度夏》的文章中,"丽池桑拿"被称为"格调最高"。"丽池会所"曾被中国最佳连锁企业评选委员会评为"2007年度中国最佳连锁品牌"和"2007年度中国最具投资价值连锁企业"。

2007年10月18日,原告对被告在位于上海市滇池路81—85号的经营场所内使用"RITS"标识的情况进行了公证保全。根据公证书的记载,被告对"RITS"的使用有三种方式:(1)在拖鞋鞋面上单独使用"RITS";(2)在浴衣、毛巾、牙具包装盒、纸巾盒等物具上使用"RITS、丽池及图"文字图形组合商标;(3)在店外招牌、店内指示牌、菜单、酒水单、手牌等处使用"RITS"与"丽池"组合标识、"RITSUNION"与"丽池会所"组合标识,或"RITSCLUB"与"丽池会所"组合标识。在本案一审审理中,被告表示其店外招牌中的"RITSUNION"已变更为"RI-STARSPA",原告对此予以确认。

综上,原审法院认为,被告侵犯了原告第3098933号、第3098934号"RITZ"商标专用权,应当承担停止侵权、赔偿损失的民事责任。原告请求法院对被告的侵权行为作出罚款并收缴侵权物品,因上述两项内容不属于被告应该承担的民事责任的范畴,故原审法院不予支持。据此,依照《中华人民共和国商标法》第4条第3款、第51条、第52条第1项、第56条第1款、第2款,最高人民法院《关于审理商标民事纠纷案件适用法律若干问题的解释》第8条、第9条第2款、第10条、第11条第2款、第12条、第16条第2款、第17条第1款、第18条的规定,判决:

一、被告黄浦丽池公司应立即停止在经营活动中使用"RITS"标识;

二、被告黄浦丽池公司应于本判决生效之日起10日内赔偿原告雷茨饭店经济损失人民币20万元;

三、驳回原告其他诉讼请求。

本案一审案件受理费人民币 5 800 元,由原告雷茨饭店负担人民币 967 元,被告黄浦丽池公司负担人民币 4 833 元。

判决后,被告黄浦丽池公司不服,向上海市高级人民法院提起上诉,二审法院认为,上诉人的上诉请求及理由无事实及法律依据,应予驳回。据此,依照《中华人民共和国民事诉讼法》第 153 条第 1 款第 1 项、第 158 条之规定,判决:驳回上诉,维持原判。

## 二、裁判要旨

**No.2-3-32-3** 商标未在中国使用,如果经过授权,商标的一部分在中国使用,可以享有在先权。

从原告商标的知名度和显著性来看,根据前述原审法院查明的事实,原告成立于 1896 年,其使用"RITZ"标识已有逾百年的历史。"RITZ"及包含"RITZ"的商标在世界多个国家获得注册,在日本还曾被认定为驰名商标。在中国,上海波特曼丽思卡尔顿酒店、北京金融街丽思卡尔顿酒店、北京建国路丽思卡尔顿酒店在经营中,皆使用"RITZ-CARLTON"的标识。原审法院认为,根据《商标许可协议》,原告授权丽嘉公司可在包括中国在内的部分区域内将"RITZ"作为"RITZ-CARLTON"标识的一部分自行使用或者再许可他人使用。丽嘉公司在获得授权后在中国注册了"RITZ-CARLTON"商标。之后,上海波特曼丽思卡尔顿酒店等在经营活动中使用了该商标。从上述事实来看,原告有关授权的主张可以成立。上海波特曼丽思卡尔顿酒店、北京金融街丽思卡尔顿酒店、北京建国路丽思卡尔顿酒店对"RITZ-CARLTON"的使用,源于原告及丽嘉公司的授权。因上海波特曼丽思卡尔顿酒店等在业内享有较高的知名度,故"RITZ"作为其商业标识的一部分,在中国也享有较高的知名度和较强的显著性。

**No.2-7-57.1.2-4** 相同或类似服务是判断服务商标混淆的依据之一,即服务内容、服务方式等方面基本相同,属于相同或类似服务。

《商标法》第 4 条第 2 款规定:"自然人、法人或者其他组织对其提供的服务项目,需要取得商标专用权的,应当向商标局申请服务商标注册。"第 3 款规定:"本法有关商品商标的规定,适用于服务商标。"本案的关键在于,如何判定服务商标侵权中,混淆的认定。

根据最高人民法院《关于审理商标民事纠纷案件适用法律若干问题的解释》第 11 条第 2 款的规定:"类似服务是指在服务的目的、内容、方式、对象等方面相同,或者相关公众一般认为存在特定联系、容易造成混淆的服务。"

《商标法》第 51 条规定:"注册商标的专用权,以核准注册的商标和核定使用的商品为限。"第 52 条第 1 款第 1 项规定:"有下列行为之一的,均属侵犯注册商标专用权:(一) 未经商标注册人的许可,在同一种商品或者类似商品上使用与其注册商标相同或者近似的商标的……"被告的经营范围为公共浴室、足部保健,其在经营活动中提供了桑拿、指压、按摩、美容、美发、足疗等服务。原告第 3098933 号商标的核定服务项目为第 44 类的美容院、理发室、疗养院、矿泉疗养院。原审法院认为,从相关公众的一般认识来看,被告上述服务与原告第 3098933 号商标的核定服务在服务内容、服务方式等方面基本相同,属于相同或类似服务,被告认为因原告、被告服务侧重点不同,因而服务不类似的辩称没有法律依据。

根据被告的宣传资料及其陈述,其在经营活动中提供餐饮、住宿等服务,而原告第 3098934 号商标的核定服务项目为第 43 类的饭店、餐馆、快餐馆等,显然,被告提供的该项服务与原告商标的核定服务项目是相同的。被告辩称:当前的桑拿场所都提供配套餐饮,该服务并不构成被告的主营业务,因此不能以此判定被告服务的性质。但法院认为,被告提供餐饮、住宿服务是一个客观事实,该服务是否为被告的主营业务,不影响对服务相同或类似性的判断。

**No.2-7-57.1.2-5** 认定服务商标相同或者近似,应以相关公众的一般注意为标准。

根据最高人民法院《关于审理商标民事纠纷案件适用法律若干问题的解释》第 9 条第 2 款的规定:"商标近似,是指被控侵权的商标与原告的注册商标相比较,其文字的字形、读音、含义或者图形的构图及颜色,或者其各要素组合后的整体结构相似,或者其立体形状、颜色组合近似,易使相关公众对商品的来源产生误认或者认为其来源与原告注册商标的商品有特定的联系。"第10条规定,认定商标相同或近似应以相关公众的一般注意力为标准,既要进行对商标的整体比对,又要进行对商标主要部分的比对,要考虑请求保护注册商标的显著性和知名度。

本案中,判断"相关公众"的依据在于服务对象。将"RITS"与"RITZ"进行比对:两标识组成相似,都由四个字母组成,前三个字母完全相同,仅最后一个字母不同;两标识皆用普通字体表达,外形也近似;两标识发音近似。因此,被告使用的"RITS"标识与原告的"RITZ"商标相近似,易使相关公众对服务的来源产生误认,或者认为其来源与原告的服务有特定的联系。上诉人在经营活动中使用了包含"RITS"文字的"RITS、丽池及图"标识。虽然该组合标识中"RITS"文字所占比例较小,但文字作为商标中起到较强识别作用的要素,对于接受较为高端服务的相关公众,尤其是外籍人士而言,"RITS"文字仍是该标识中区分服务来源的主要因素。由于"RITS"文字与被上诉人"RITZ"注册商标构成近似,而上诉人在经营活动中又同时使用了"RITS""RITSCLUB""RITSUNION""RITSSAUNA""RITS、丽池"等文字,显然,上诉人主观上具有借用被上诉人"RITZ"商标商誉的故意,客观上相关公众也易对上诉人包含"RITS"文字的"RITS、丽池及图"标识所指示的服务来源产生混淆,或误认为上诉人和被上诉人具有特定联系,因此,上诉人使用的包含"RITS"文字的"RITS、丽池及图"标识,亦对被上诉人"RITZ"注册商标的专用权构成侵犯。

**No.2-7-57.1.2-6** 判断被控侵权标识与主张权利的注册商标是否构成近似,应在考虑注册商标的显著性、市场知名度的基础上,对两者的整体、主体部分等起到主要识别作用的要素进行综合判断。

被上诉人的上述"RITZ"以及"LERITZ"注册商标,能够起到区别服务来源的作用,具有较高的显著性。同时,"RITZ"商标经过被上诉人的多年使用,已经在世界上许多国家获得了注册,并曾被日本等国法院认定为驰名商标;在国内,被上诉人的"RITZ"商标也通过许可相关豪华酒店使用包含"RITZ"文字的"RITZ-CARLTON"商标的形式,使"RITZ"商标为相关公众所知悉。

本案中,上诉人在其经营活动中不但单独使用"RITS"或"RITSCLUB""RITSUNION""RITS-SAUNA""RITS、丽池"等文字,同时还使用了包含有"RITS"文字的"RITS、丽池及图"标识。

从上诉人使用的"RITS"文字和被上诉人"RITZ"商标的相似性来看,上诉人使用的"RITS"文字与被上诉人的"RITZ"商标相比较,都为英文大写字母,字体、读音和整体结构近似;前三个字母完全相同;而两者最后一个字母"S"与"Z",在英文中是对应的一对清浊辅音,发音亦近似。因此,以相关公众的一般注意力为标准进行隔离比对,结合被上诉人"RITZ"注册商标的显著性和知名度,上诉人使用的"RITS"文字,与被上诉人的"RITZ"商标构成近似。

综上,上诉人使用"RITS"或"RITSCLUB""RITSUNION""RITSSAUNA""RITS 丽池"等文字,易使相关公众对上诉人与被上诉人所提供的相同或者类似服务产生混淆,或者认为两者具有特定联系,上述行为已构成对被上诉人两项"RITZ"注册商标专用权的侵犯。

**16** 申请商标注册不得损害他人现有的在先权利(《商标法》第32条)

**案例:**申请再审人山西康宝生物制品股份有限公司与被申请人国家工商行政管理总局商标评审委员会、原审第三人北京九龙制药有限公司商标争议行政纠纷案
**案例来源:**《最高人民法院知识产权审判案例指导》(第3辑)[(2010)知行字第52号]
**主题词:**在先权利　商标异议

**一、基本案情**

原告:北京九龙制药厂(以下简称九龙制药厂)
被告:山西康宝生物制品有限公司(以下简称康宝公司)

九龙公司原名北京九龙制药厂,2005年9月,经北京市工商行政管理局批准九龙制药厂生产的"磷酸苯丙哌啉口服液"的商品名称变为"可立停"。2003年2月20日,国家食品药品监督

管理局向九龙制药厂颁发了商品名为"可立停"的"磷酸苯丙哌啉口服液"的《药品注册证》。2000年6月6日,山西康宝生物制品有限公司提出争议商标(图略)注册申请,指定使用商品为第5类的医药制剂、药用胶囊、原材料、各种丸、各种针剂、片剂、中药、成药、医用药物、维生素制剂。

争议商标经初审公告后,浙江南洋药业有限公司提出异议申请。国家工商行政管理总局商标局(以下简称商标局)作出(2004)商标异字第512号裁定,对本案争议商标予以核准注册。浙江南洋药业有限公司不服,向商标评审委员会提出复审申请。2007年1月31日,商标评审委员会作出商评字〔2007〕第90号《关于第1592518号"可立停及图"商标异议复审裁定书》,裁定本案争议商标予以核准注册。争议商标被核准注册后,九龙公司于2007年8月8日向商标评审委员会提出撤销争议商标注册的申请。其主要理由为:(1) 九龙公司在先取得"可立停"药品的商品名称。根据原卫生部及国家食品药品监督管理局的相关规定,药品名称需要报国家药品行政部门批准后,方可申请注册商标。早在1994年1月21日卫生部药政管理局已经批准了九龙公司以"可立停"为止咳类药"磷酸苯丙哌啉口服液"的商品名称。2003年2月,九龙公司又按照国家新药品办理办法的规定,重新申请并取得了国家食品药品监督管理局颁发的包括"可立停"商品名的新的药品等级证书。九龙公司对"可立停"享有在先权利,康宝公司未获国家食品药品监督管理局批准使用"可立停"药品名,并将其申请注册为商标,违反国家的相关法律法规。九龙公司获准"可立停"药品名后,即大量生产销售"可立停口服液"药品,并投入巨资对"可立停"药品进行宣传,使其成为具有很高知名度的品牌。(2) 九龙公司生产的"可立停牌止咳糖浆"在康宝公司申请注册争议商标前已生产销售多年,不可能不知道九龙公司早已使用"可立停"药品名多年的事实,争议商标的注册是对九龙公司药品名的恶意模仿,是出于不正当竞争的目的,争议商标的使用会损害九龙公司的利益,造成了消费者的混淆,不利于市场经济的发展。

2008年7月28日,商标评审委员会作出的商评字〔2008〕第6757号《关于第1592518号"可立停"商标争议裁定书》(简称第6757号裁定)认为,九龙公司获准"可立停"口服液药品商品名符合国家医药行政管理部门的相关规定,应认为九龙公司自其核准之日起享有"可立停"药品商品名称权和注册商标申请权。康宝公司将与九龙公司药品名称完全相同的文字作为商标注册在同类商品(药品)上,损害了九龙公司对"可立停"商品名称的独占使用权和注册商标申请权,已构成《商标法》第31条规定的损害他人现有在先权利的行为,故争议商标应予以撤销。

康宝公司不服商标评审委员会的裁定,向北京市第一中级人民法院提起诉讼。

北京市第一中级人民法院认为,法定权利是指法律明确规定,并对其取得要件、保护内容等均作出相应明确规定的权利,法律未明确规定的权利均不被认定为法定权利。鉴于现有的法律中并未将药品的商品名称设定为一种法定权利,故九龙公司的药品商品名"可立停"不属于《商标法》第31条中所规定的在先权利中的法定权利。九龙公司所提交的现有证据无法证明其在康宝公司申请注册争议商标之前即已使用"可立停"这一商品名称,亦无法证明该名称系知名商品的特有名称。据此,在九龙公司未主张对"可立停"商品名称享有其他民事权益的情况下,争议商标的注册不构成对于九龙公司享有的受法律保护的在先权益的损害。北京市第一中级人民法院依据《中华人民共和国行政诉讼法》第54条第2项之规定,判决如下:

一、撤销商标评审委员会第6757号裁定;

二、商标评审委员会就九龙公司针对争议商标所提撤销申请重新作出商标争议裁定。

商标评审委员会和九龙公司均不服一审判决,向北京市高级人民法院提起上诉,请求撤销一审判决,维持商标评审委员会第6757号裁定。

北京市高级人民法院认为,对经过审批获得的药品商品名称,药品名称申请人享有一定的合法利益。虽然九龙公司的"可立停"口服液尚未通过使用在2000年之前成为知名商品,但是九龙公司在获得原卫生部药政管理局对"可立停"药品商品名称的审批后,在其口服液商品上已实际使用了"可立停"文字,而这种对其审批获得的"可立停"药品商品名称的使用,即使无法达到构成知名商品的特有名称的程度,仍能够构成一定的合法权益。此合法权益属于《商标法》

第 31 条规定的在先权利,应当给予保护。一审判决关于九龙公司的"可立停"药品商品名称不属于《商标法》第 31 条规定的在先权利的认定,缺乏依据,予以纠正。依照《中华人民共和国行政诉讼法》第 61 条第 2 项和第 3 项之规定,判决:
一、撤销北京市第一中级人民法院〔2008〕一中行初字第 1289 号行政判决;
二、维持商标评审委员会商评字〔2008〕第 6757 号裁定。
康宝公司向最高人民法院申请再审。

最高人民法院认为,二审法院以康宝公司违反《商标法》第 31 条的规定,侵犯了九龙公司的在先权利,并维持商标评审委员会第 6757 号裁定并无不当。二审法院认定事实清楚,适用法律正确,根据最高人民法院《关于执行〈中华人民共和国行政诉讼法〉若干问题的解释)》第 74 条之规定,予以驳回。

二、裁判要旨

No.2-3-32-4 经实际使用并具有一定影响的药品商品名称,可作为民事权益,属于《商标法》第 31 条所说的"在先权利",受法律保护。

关于《商标法》第 31 条规定的"在先权利",最高人民法院《关于审理商标授权确权行政案件若干问题的意见》第 17 条规定:"要正确理解和适用商标法第三十一条关于申请商标注册不得损害他人现有的在先权利的概括性规定。商标法虽无特别规定,但根据民法通则和其他法律的规定属于应予保护的合法权益的,应该根据该概括性规定给予保护……"根据有关行政规章和行政规范性文件的规定,国家对药品商品名称的使用实行相应的行政管理制度,但除依照其他法律取得民事权利外,经药品行政管理部门批准使用的药品商品名称是否产生民事权益,尚取决于其实际使用情况,经实际使用并具有一定影响的药品商品名称,可作为民事权益受法律保护。本案中,九龙公司的"可立停"药品商品名称为其合法享有的在先权利。《民法通则》《商标法》及其他法律虽然并未对经过国家食品药品行政管理部门审批获得的药品的商品名称属于一种民事权利作出明确规定,但是药品商品名称的取得须经国家食品药品行政管理部门审批,国家食品药品行政管理部门还要审查该名称是否与他人已经使用的药品商品名称相同或近似;而且,药品商品名称经审批获得后才能在药品上使用,并能够排斥他人在同一种药品商品上使用相同或近似的名称。本案中,九龙公司的"可立停"药品商品名称经过国家食品药品行政管理部门审批获得,且经在先使用并具有一定影响,可以产生民事权益,即合法的在先权利。康宝公司与九龙公司均系药品生产企业,应知"可立停"是九龙公司经过批准使用的药品商品名称,却仍将其申请为注册商标并使用在止咳类药品上,侵犯了九龙公司的在先权利,该商标应予以撤销。

**17** 注册商标与他人著作权冲突(《商标法》第 32 条)

**案例:法国(欧尚)集团诉国家工商行政管理总局商标评审委员会注册商标专用权行政确权纠纷案**

案例来源:《人民法院案例选》2009 年第 3 辑〔(2009)高行终字第 316 号〕
主题词:在先权利

一、基本案情

原告:(法国)欧尚集团(GROUPE AUCHAN)。
被告:国家工商行政管理总局商标评审委员会(以下简称商标评审委员会)。
第三人:福建爱都工贸有限公司(以下简称福建爱都公司)。

1991 年 1 月 7 日,福建省晋江县金井玉山服装三厂申请注册"AIDU 及图"商标,并于 1992 年 1 月 20 日获准注册,注册号为第 579399 号,核定使用的商品为第 25 类服装(以下简称第 579399 号商标)。1995 年 3 月 7 日,第 579399 号商标依法转让给晋江爱都制衣有限公司(以下简称晋江爱都公司)。2000 年 7 月 28 日,第 579399 号商标依法转让给福建爱都公司。

第 579399 号商标获准注册后,欧尚集团以第 579399 号商标注册不当为由,请求商标评审委员会撤销该商标。欧尚集团申请撤销的具体理由是:(1)"A 及小鸟图"商标是欧尚集团的商品及服务商标,欧尚集团于 1984 年请 CARRENOIR 公司为其设计了"A 及小鸟图"商品及服务标志,欧尚集团享有该图案的版权;(2)欧尚集团的"A 及小鸟图"经多年使用,已为世界许多地区的消费者熟知;(3)第 579399 号商标是不当注册的商标,构成对欧尚集团的"A 及小鸟图"的复制或仿制。

1999 年 5 月 13 日,商标评审委员会作出商评字(1999)第 228 号《"AIDU 及图"商标注册不当终局裁定书》(以下简称第 228 号裁定),裁定第 579399 号商标注册予以维持。商标评审委员会在第 228 号裁定中认定:虽然欧尚集团的"A 及小鸟图"与第 579399 号商标的图形非常相似,但欧尚集团未提供其早于第 579399 号商标注册申请时间的使用及注册的证据,因而无法证明晋江爱都公司申请注册第 579399 号商标的行为,侵犯了欧尚集团的在先权利。欧尚集团虽主张第 579399 号商标的申请注册行为侵犯其"A 及小鸟图"的版权,但其提供的证据仅为 CARRENOIR 公司于 1995 年 5 月 15 日签署的证明,CARRENOIR 公司只是在该证明中陈述其曾根据欧尚集团的要求为其设计了 A 及小鸟图。由于该证明既非原始设计证明,亦未证明该图形的原始设计时间,无法支持欧尚集团有关其"于 1984 年即请 CARRENOIR 公司为其设计了 A 及小鸟图"的主张,故欧尚集团所提撤销注册不当理由均不成立。第 228 号裁定目前为生效裁定。

1998 年 1 月 21 日,晋江爱都公司在第 25 类服装商品上申请注册被异议商标"ADO 及图"商标,指定使用商品为服装,欧尚集团以被异议商标系对其独创的"A 及小鸟图"的模仿、抄袭,属于违反诚实信用原则的商标抢注为由,对该商标提出异议。在其异议期间,被异议商标依法转让给福建爱都公司。2000 年 10 月 26 日,国家工商行政管理总局商标局(以下简称商标局)作出(2000)商标异字第 1819 号《关于第 1308254 号"ADO 及图"商标异议的裁定》(以下简称第 1819 号裁定),裁定被异议商标予以核准注册。商标局在该裁定中认定:虽然从整体上看被异议商标与欧尚集团的"A 及小鸟图"商标相似,但晋江爱都公司申请、注册、使用被异议商标的时间均早于欧尚集团,欧尚集团虽称"A 及小鸟图"系其独创并享有版权,被异议商标存在抄袭和抢注的不当情形,但却无任何事实和证据佐证。被异议商标是晋江爱都公司将其原注册商标图形稍加修改并配以文字后重新申请注册,指定使用商品仍为服装,且其在我国市场上已具有一定知名度。欧尚集团在我国申请注册商标的时间晚于被异议商标,使用商品不包括服装,被异议商标与欧尚集团商标使用在不同功能、用途的商品或服务上,不会造成消费者的混淆或误认,被异议商标的申请注册符合《商标法》的有关规定,欧尚集团所提异议理由不成立。

欧尚集团不服商标局作出的裁定,并向商标评审委员会申请复审,请求撤销被异议商标的核准注册。欧尚集团所提的复审理由是:(1)欧尚集团是"A 及小鸟图"的独创者和在先使用者,也是该图形的版权所有者,其"A 及小鸟图"是当然的驰名商标;(2)晋江爱都公司有条件、有可能知道欧尚集团以"A 及小鸟图"为标志的超市,其在第 25 类服装商品上申请注册与欧尚集团"A 及小鸟图"商标相同的被异议商标,构成对欧尚集团驰名商标的恶意抄袭,也是对欧尚集团在先使用"A 及小鸟图"版权的侵犯;(3)被异议商标的注册使用易造成消费者的混淆和误认,损害了申请人及消费者的利益。2008 年 5 月 12 日,商标评审委员会作出商评字〔2008〕第 04709 号《关于第 1308254 号"ADO 及图"商标异议复审裁定书》(以下简称〔2008〕第 04709 号裁定),裁定被异议商标予以核准注册。商标评审委员会在〔2008〕第 04709 号裁定中认定:欧尚集团提供的有关其"A 及小鸟图"商标在法国、美国等国家注册及广告宣传等在案证据不足以证明其"A 及小鸟图"在被异议商标申请注册前,经过长期使用及广告宣传等已在中国大陆市场上具有很高的知名度,为相关消费者熟知并已构成驰名商标,亦不足以证明其"A 及小鸟图"版权作品在被异议商标申请注册前,在中国大陆进行了使用及宣传等,并为中国消费者熟悉。同时,欧尚集团也没有提供证据证明晋江爱都公司在申请注册被异议商标前,曾接触或有机会接触到欧尚集团的"A 及小鸟图"版权作品,并抄袭该版权作品作为商标申请注册。被异议商标由字母"ADO"和由"A 及小鸟图"与字母"A"组成的图形构成,该商标是在第 579399 号"AIDU 及图"商标基础上申请注册的商标,被异议商标中的"A及小鸟图"与第579399号商标中"A及小鸟图"基本相同,鉴于第579399号商标经过长期大量使用及广泛的广告宣传,在市场上已具有较高的知名度,且被异议商标与第579399号商标均已转让给福建爱都公司等事实,消费者在看到被异议商标时,易将其与福建爱都公司联系在一起。因此,被异议商标的申请注册符合现行《商标法》的有关规定,欧尚集团的复审理由不能成立。

欧尚集团不服商标评审委员会〔2008〕第04709号裁定,依法向北京市第一中级人民法院提起诉讼,请求撤销〔2008〕第04709号裁定。欧尚集团的诉讼理由是:(1)欧尚集团的"A及小鸟图"著作权应当在中国受到保护,被异议商标侵犯了其在先著作权,按照现行《商标法》第31条的规定,被异议商标应被驳回注册申请;(2)欧尚集团的"A及小鸟图"商标在中国应属于驰名商标,被异议商标的注册和使用完全可能引发消费者的混淆、误认。

商标评审委员会及福建爱都公司辩称:〔2008〕第04709号裁定认定事实清楚,适用法律正确,欧尚集团所提诉讼理由不能成立,请求驳回其诉讼主张。

北京市第一中级人民法院判决撤销商标评审委员会作出的〔2008〕第04709号裁定,并责令商标评审委员会就欧尚集团针对被异议商标提出的异议复审重新作出裁定。福建爱都公司不服原审判决并提起上诉,请求撤销原审判决并维持商标评审委员会的裁定。欧尚集团及商标评审委员会服从原审判决,欧尚集团在二审中主张,其在多个国家和地区享有"A及小鸟图"注册商标,且多年来无人提出异议本身就可表明其对"A及小鸟图"享有著作权。

经审理,北京市高级人民法院判决:撤销一审判决并维持商标评审委员会〔2008〕第04709号裁定。

二、裁判要旨

No.2-3-32-5 注册商标损害他人现有的在先权利,在先权利人需提供证据证明其享有在先权利。

《商标法》第31条规定:"申请商标注册不得损害他人现有的在先权利,也不得以不正当手段抢先注册他人已经使用并有一定影响的商标。"北京市高级人民法院经审理认为,本案现有证据不能证明在福建爱都公司申请注册被异议商标之前,欧尚集团已在中国大陆实际商标性使用其"A及小鸟图",也不能证明欧尚集团的"A及小鸟图"已经成为驰名商标。虽然被异议商标与欧尚集团的"A及小鸟图"具有相似性,但被异议商标与第579399号商标也同样具有明显的相似性。欧尚集团虽然也认为第579399号商标侵犯其"A及小鸟图"所享有的在先著作权,并曾以此为由请求撤销579399号商标,但由于欧尚集团在该案中不能证明其对"A及小鸟图"合法享有在先著作权,其撤销请求已被商标评审委员会的生效裁定驳回。虽然"A及小鸟图"可以被认定为作品,但欧尚集团不能证明其对"A及小鸟图"合法享有在先著作权,仅依据其对"A及小鸟图"享有商标权判定其对"A及小鸟图"也享有著作权,缺乏事实及法律依据。鉴于第579399号商标目前仍为合法有效的注册商标,其与被异议商标具有明显的关联性,且其申请注册的时间早于欧尚集团在中国大陆对其"A及小鸟图"所进行的商标性使用时间,故被异议商标应予核准注册。

**18** 在先权利的确定(《商标法》第32条)

**案例:**(瑞士)豪夫迈—罗须公司诉中华人民共和国国家工商行政管理总局商标评审委员会、第三人西南药业股份有限公司商标行政纠纷案

**案例来源:**《最高人民法院知识产权审判案例指导》第1辑〔(2009)行提字第1号〕

**主题词:**在先权利

一、基本案情

申请再审人(一审第三人、二审上诉人):西南药业股份有限公司(以下简称西南药业公司)。

被申请人(一审被告、二审上诉人):中华人民共和国国家工商行政管理总局商标评审委员

会(以下简称国家商标局)。

被申请人(一审原告、二审被上诉人):拜耳消费者护理有限公司(以下简称拜耳公司)。

北京市第一中级人民法院一审查明,西南药业公司经国家工商行政管理总局商标局核准,于1993年2月28日注册了第631613号"散列通"商标。1999年7月30日,(瑞士)豪夫迈—罗须控股公司(以下简称罗须公司)以注册不当为由,请求商标评审委员会撤销该商标。商标评审委员会经审查,于2005年4月26日作出商评字(2005)第0675号裁定,维持了该商标的注册。罗须公司不服该裁定,在法定期限内向北京市第一中级人民法院提起诉讼。

一审法院经审理认为,根据罗须公司与西南药业公司的前身西南制药三厂签订的协议,其交易内容包括"散利痛"与"Saridon"商标标识的许可使用事项,即"散利痛"确已作为罗须公司的商标标识,成为该合同关系客体的组成部分,并已得到西南制药三厂的认同。另外,商标评审委员会在已生效的商评字(1998)第1415号"散利痛"商标异议复审终局裁定中审查认定了如下事实,即"散利痛"商标当时虽然没有在我国注册,但作为其英文注册商标"Saridon"的中文译名,却是罗须公司独创并长期使用的,作为罗须公司的生产合作者,西南药业公司对该商标归属罗须公司一事是明知的。故应认定,"散利痛"商标在"散列通"商标申请注册之前即已存在,当时属于未在我国注册的商标;"散利痛"商标属于罗须公司已经使用并有一定影响的商标。"散列通"与"散利痛"标注的商品相同,均用于西药,两标识的文字组合顺序与形式相同,字音、字形上,"散"与"散"相同,"列"与"利""通"与"痛"相近,二者整体读音相近似,据此,应认定构成近似商标。西南药业公司在明知"散利痛"商标属于罗须公司使用在先且有一定影响的情况下,注册与"散利痛"商标相近似的"散列通"商标,主观上已具备了挤占罗须公司"散利痛"商标利益的恶意,西南药业公司的行为违背《商标法》第31条之规定,同时违背了诚实信用的民法基本原则,属于《商标法》第41条中规定的"以不正当手段取得注册的"行为。依照《商标法》第31条、第41条,《行政诉讼法》第54条第2项第1、2目之规定,判决:

一、撤销商标评审委员会商评字(2005)第0675号裁定;
二、商标评审委员会在判决生效后作出撤销第631613号"散列通"商标的裁定。

西南药业公司和商标评审委员会均不服原审判决,分别向北京市高级人民法院提起上诉,请求撤销一审判决,维持商标评审委员会商评字(2005)第0675号裁定。

北京市高级人民法院二审理查明,1987年11月12日,罗须公司与西南药业公司的前身西南制药三厂签订了包括商标许可使用在内的合作生产协议,即《关于"散利痛片"在中国生产、销售的协议》。该《协议》第9条规定:"商标使用权,在这一协议下生产的产品,受以下第10条的约束,罗须公司无须现金补偿地给予西南制药三厂在中国市场商标名〈SARIDON〉'散利痛'的使用权。在产品外包装上,注明〈SARIDON〉'散利痛'是罗须公司委托制造。《协议》有效期三年,至1991年12月31日期满。"1992年3月17日,西南药业公司向国家商标局申请了"散列通"商标,该商标申请于1993年2月28日被核准注册,商标注册号为631613,核定使用商品为第5类西药。1993年11月3日,罗须公司与西南药业公司签订会谈纪要,确认:(1)西南药业公司从1990年起在散利痛片的宣传与销售上投入了大量资金、人力,致使市场迅速扩大,罗须公司对此承认并表示满意;(2)西南药业公司要求继续合作,罗须公司不同意;(3)罗须公司要求西南药业公司不再使用"罗氏""Saridon""散利痛"。1993年11月9日,西南药业公司向国家商标局申请在第5类西药上注册"散利痛"商标,1995年4月21日,该商标申请被初审公告,审定号为756579。1995年6月28日罗须公司提出异议,国家商标局遂于1996年12月25日作出(1996)商标异字第568号异议裁定,裁定西南药业公司申请的第756579号"散利痛"商标不予核准注册。西南药业公司不服,请求商标评审委员会复审,商标评审委员会于1998年7月28日作出商评字(1998)第1415号终局裁定,裁定第756579号"散利痛"商标不予核准注册,理由是:罗须公司提供了充分的证据材料证明"散利痛"为其英文商标"Saridon"的中文译音,该"散利痛"文字为罗须公司独创并长期使用,西南药业公司与罗须公司曾因合作生产"散利痛片"而明知"散利痛"商标的归属,却在双方合同结束后,违反诚实信用原则,申请注册了罗须公司独创的

"散利痛",已构成了《商标法实施细则》第25条所指的注册不当行为。此后,罗须公司又于1999年7月30日请求商标评审委员会撤销西南药业公司的第631613号"散列通"商标,理由是"散利痛"是罗须公司的未注册商标,西南药业公司违背诚实信用原则将与"散利痛"相近似的"散列通"注册为商标,侵犯了罗须公司的在先权利。商标评审委员会经审查认为,"散利痛"不属于本商品的通用名称。罗须公司在1987年至1992年曾与西南药业公司合作生产"散利痛片",产品使用的商标是"散利痛"及"Saridon","散列通"不是罗须公司在先使用的中文商标,也无证据证明"散利痛"作为"Saridon"的对应中文,申请日前已被消费者广泛接受并产生一定影响。"散利痛""散列通"在文字含义及产生的对功效的暗示作用也有明显区别,普通消费者一般不会将其识别为同一商标。西南药业公司注册"散列通"的行为不属于抢先注册他人商标的行为。"散列通"与"散利痛"文字构成存在明显区别,罗须公司关于"散列通"会被消费者误认为"Saridon"的对应中文,从而与"散利痛"发生混淆缺乏足够的事实依据。故不能认定西南药业公司的注册行为违反了诚实信用原则。2005年4月26日,商标评审委员会作出商评字(2005)第0675号裁定,西南药业公司的第631613号"散列通"商标予以维持。

二审法院认为,罗须公司于1999年7月30日向商标评审委员会提出本案争议申请,其依据的是1993年2月22日修正的《商标法》第27条第1款及相应的《商标法实施细则》第25条的规定,上述争议理由也体现在现行《商标法》第13条、第31条及第41条的规定中。本案争议商标"散列通"与"散利痛"在文字组合顺序及表现形式上相同,且读音近似,应认定为近似商标。西南药业公司曾与罗须公司签订有《关于"散利痛片"在中国生产、销售的协议》,并依据该协议,于1987年至1992年使用"散利痛"作为商标或药品的商品名称。西南药业公司在明知"散利痛"标识归属的情况下,却在双方所签合同期满后,将与"散利痛"标识相近似的"散列通"申请注册为商标,违反了诚实信用原则,已经构成注册不当行为。西南药业公司的第631613号"散列通"商标应予撤销,商标评审委员会商评字(2005)第0675号裁定认为"散列通"与"散利痛"不构成近似,并维持西南药业公司的第631613号"散列通"商标有失妥当。综上,二审法院认为,商标评审委员会商评字(2005)第0675号裁定认定事实、适用法律均有错误,应予撤销;西南药业公司及商标评审委员会的上诉理由均不能成立,判决驳回上诉,维持原判。

二审判决后,西南药业公司不服该判决,向北京市高级人民法院申请再审。北京市高级人民法院经审理认为其再审申请理由不能成立,以(2007)高行监字第293号驳回再审申请通知书,驳回了西南药业公司的再审申请。其理由是:(1)"散利痛"商标当时虽然没有在我国注册,但作为罗须公司英文商标"Saridon"的谐音中文译名,却是罗须公司独创并长期使用的;"散利痛"虽被作为药品名称于1988年和1995年收入《四川省药品标准》和《上海市药品标准》,但"散利痛片"本质上仅系药品商品名称,其作为药品名称并不规范,也因此于2001年为新的国家标准所纠正取代,"散利痛"文字在客观上仍起的是区分商品来源的作用。(2)西南药业公司注册的"散列通"与罗须公司的"散利痛"在文字组合顺序及表现形式上相同,且读音近似,应认定为近似商标。西南药业公司曾与罗须公司合作,对"散利痛"标识归属罗须公司一事是明知的,而合作期满后,将与"散利痛"标识相近似的"散列通"申请注册为商标,违反了诚实信用原则,已经构成注册不当行为。

西南药业公司申请再审称:原审法院认定事实和适用法律错误,判断"散列通"商标是否应予撤销或维持,应以该商标申请注册时的事实状态和法律规定为基础。(1)本案的一个基本事实是,在2001年以前,"散利痛"一直是药品的通用名称并描述药品的功能,在"散列通"商标申请注册前后的长时间内,(瑞士)豪夫迈一罗须控股公司(以下简称罗须公司)并未将"散利痛"作为商标使用,并明确认可其已经成为药品通用名称的事实。(2)法律适用方面,本案应适用争议商标注册时有效的1982年《商标法》及1988年《商标法实施细则》等相关法律规定。即使考虑适用现行商标法,本案根本不存在该法第41条规定的事实,从中找不到撤销"散列通"商标的依据。(3)鉴于"散利痛"是药品通用名称而不是商标,申请人申请注册"散列通"商标并无不当,完全符合诚实信用原则,其注册也没有使用任何不正当手段。

在先权利

被申请人商标评审委员会书面答辩表示服从原二审判决,并已于 2008 年 6 月 18 日重新作出撤销第 631613 号"散列通"商标的裁定。

第三人拜耳公司答辩称:(1) 西南药业公司抢注"散列通"商标具有明显的恶意。(2) 争议商标"散列通"与原审第三人的"散利痛"商标相近似。(3) 我国《商标法》颁布后历经两次修改,诚实信用原则是其最基本的原则,无论是适用哪一时期的商标法,"散列通"商标作为典型的违反诚实信用原则恶意抢注的不当注册商标都应当被撤销,请求驳回申请再审人的再审申请。

再审法院另查明,"散利痛片"为一种以乙酰氨基酚为主,辅加咖啡因和异丙安替比林的解热镇痛药。1988 年被列入四川省药品标准,1995 年被列为上海市药品标准。1990 年卫生部卫药发(90) 第 39 号《关于进一步加强药品标准及名称管理的通知》规定:"国家药品标准和省、自治区、直辖市卫生厅(局)药品标准(包括制剂规范)中收载的药品名称即为法定名称,也是通用名称。根据我国《专利法》不授予药品专利权及《商标法》第八条第五款的规定,药品通用名称不得作为商标注册。"2001 年 4 月 27 日,国家药典委员会出具的《关于"散利痛片"名称问题的函》记载:"'散利痛片'作为地方标准品种名称,情况属实。国家药品监督管理局国药管安(1999) 85 号文公布其已通过临床评价,名称亦为'散利痛片'。根据卫药发(90) 第 39 号文和卫药政发(91) 第 143 号文规定,国家药品标准和省、自治区、直辖市卫生厅(局)药品标准中收载的药品名称即为法定名称,也是通用名称,不得作为商标或商品名注册"。2001 年 9 月 20 日,国家药品监督管理局发布的 2001 国药标字 XG-013 号国家标准颁布件规定,自 2001 年 10 月 31 日起,复方对乙酰氨基酚片(Ⅱ)的地方标准同时停止使用,该品种原药品名称"散利痛片"作为曾用名称过渡。

原二审判决后,"散利痛"商标由罗须公司转让至拜耳公司,罗须公司向本院申请不再以其名义参加再审诉讼,并同意拜耳公司承继罗须公司在该案中的全部诉讼权利和义务。同时,拜耳公司向本院提交了以拜耳公司的名义参加本案再审诉讼的声明。商标评审委员会于 2008 年 6 月 18 日,按照北京市高级人民法院(2006)高行终字第 253 号判决作出了撤销第 631613 号"散列通"商标的裁定。

再审法院认为,本案的焦点之一为西南药业公司注册"散列通"商标,是否违反了《商标法》第 13 条及第 31 条的规定。

经审理,再审法院认为,鉴于"散利痛"在西南药业公司注册"散列通"商标时,不是未注册的商标,因此其不构成罗须公司提出争议的权利基础,西南药业公司关于其注册"散列通"不违反商标法有关规定的申请再审理由成立,法院予以支持。虽然商标评审委员会商评字(2005)第 0675 号裁定关于"散利痛"是罗须公司的未注册商标事实认定错误,但其关于维持"散列通"商标注册的结论正确,应予维持。原审判决认定西南药业公司注册"散列通"商标构成注册不当行为,判决撤销商标评审委员会商评字(2005)第 0675 号裁定,认定事实及适用法律均有错误,应予撤销。根据《中华人民共和国行政诉讼法》第 61 条第 2 项、最高人民法院《关于执行〈中华人民共和国行政诉讼法〉若干问题的解释》第 76 条第 1 款、第 78 条之规定,判决如下:

一、撤销北京市高级人民法院(2006)高行终字第 253 号行政判决;
二、撤销北京市第一中级人民法院(2005)一中行初字第 677 号行政判决;
三、维持被申请人中华人民共和国国家工商行政管理总局商标评审委员会商评字(2005)第 0675 号裁定。

二、裁判要旨

**No. 2-3-32-6 人用药品必须使用注册商标,对商品通用名称的标注不能认定是对未注册商标的使用。**

罗须公司申请撤销"散列通"商标的权利基础是"散利痛"商标,因此判定西南药业公司注册"散列通"商标是否违反了《商标法》第 31 条的规定,应首先分析"散列通"商标申请注册时,"散利痛"是否是罗须公司的在先未注册商标。

法院已查明,"散利痛片"1988 年被列入四川省药品标准,1995 年被列为上海市药品标准。

2001年9月20日,国家药品监督管理局发布的2001国药标字XG-013号国家标准颁布件规定,自2001年10月31日起,复方对乙酰氨基酚片(Ⅱ)的地方标准同时停止使用,该品种原药品名称"散利痛片"作为曾用名称过渡。因此,在2001年10月31日上述地方标准被修改之前,"散利痛"是一种以乙酰氨基酚为主,辅加咖啡因和异丙安替比林的解热镇痛药的法定通用名称。而且,《中华人民共和国药品管理法》(1984年)第41条规定,"除中药材、中药饮片外,药品必须使用注册商标;未经核准注册的,不得在市场销售,注册商标必须在药品包装和标签上注明。"1983年《商标法实施细则》第4条亦明确规定:"药品必须使用注册商标"。据此,我国药品管理法禁止在药品上使用未注册商标,西南药业公司申请注册"散列通"商标及该商标被核准注册之时,"散利痛"从法律上也不可能是"散利痛片"的未注册商标。罗须公司在与西南药业公司合作期间,在合作生产的"散利痛片"上对"散利痛"的使用,是根据药品管理法及药品说明书和标签管理等相关规定,对药品通用名称的标注,不能认定其为对未注册商标的使用。原审判决及商标评审委员会认定"散利痛"是罗须公司的未注册商标,属于认定事实错误,应予以纠正。

**19** 在先权利与恶意抢注(《商标法》第32条、第52条第1款第2项)

**案例**:沈阳薇薇美容有限公司诉国家工商行政管理总局商标评审委员会商标争议行政纠纷案
**案例来源**:《人民法院案例选》2008年第1辑[(2006)高行终字第189号]
**主题词**:商标近似　在先权利

**一、基本案情**

　　原告:沈阳薇薇美容有限公司(以下简称沈阳薇薇公司)。
　　被告:国家工商行政管理总局商标评审委员会(以下简称商标评审委员会)。
　　第三人:北京京都薇薇美容科技开发有限公司(以下简称京都薇薇公司)。
　　第0532号裁定,系商标评审委员会针对沈阳薇薇公司就注册人为京都薇薇公司的第1651834号"京都薇薇 JINGDUWEIWEI"商标(以下简称争议商标)提出的争议裁定申请作出的。商标评审委员会在该裁定中认定:

　　1. 争议商标由"京都薇薇"及其拼音组成,文字字体相同,大小均匀排列,其中"京都"指京城、国都。沈阳薇薇公司受让的第1109024号"薇薇 WEIWEI 及图"商标(以下简称引证商标)由文字"薇薇"及其拼音、图形两部分组成,在外观上两部分左右分开排列。虽然争议商标和引证商标中均含"薇薇"二字,但由于"京都"二字多见于古汉语,现代社会中并不是人们日常普遍使用的表示首都等地理概念的词汇,在消费者对两商标的识别上可以起到一定的区分作用。且争议商标与引证商标均指定使用在美容院等服务项目上,对服务业而言,其服务范围、服务对象、广告宣传及其所产生的影响一般具有较强的地域性,因此,两商标在文字上的差别一般可以使相关消费者将二者区分开。从两商标的整体上看,引证商标左边的图形由双手相托的心形图案及置于其内的平行交错的两个"W"字母、字母下的阴影组成,在消费者施以普通注意力的情况下,该图形部分能够给予较大视觉影响,具有较高的识别性。因此,争议商标与引证商标在构成要素、整体外观上存在明显差异,两商标共存于类似服务项目上,一般不易使相关消费者产生混淆或者误认,未构成指定使用在类似服务上的近似商标。

　　2. 《商标法》第31条规定系针对抢先注册他人已经使用并有一定影响的商标的行为,而不是针对与他人在先申请注册商标相同或近似的情形,同时,沈阳薇薇公司提交的证据不足以证明其"薇薇"商标在争议商标申请注册之前已经具有一定影响,因此,不能适用《商标法》第31条的规定,撤销争议商标。

　　3. 本案争议商标于2001年10月14日被核准注册,修改后的《商标法》于2001年12月1日施行,根据《商标评审规则》第100条的规定,对争议商标的争议申请应适用修改后《商标法》第41条第3款关于5年期限的规定。原告提出争议裁定申请时间是2002年8月23日,在法定5年期限内,因此,第三人提出本争议案超出法定期限,争议裁定申请应予以驳回的主张不成立。

　　4. 第0532号裁定系针对已注册的争议商标是否违反《商标法》有关规定而作出的,对原告所称第三人在商标实际使用中侵犯原告商标专用权的事由,以及使用三无产品的事由不属于本案的受理范围。据此,被告作出第 0532 号裁定,对争议商标的注册予以维持。

原告沈阳薇薇公司不服第 0532 号裁定,向北京市第一中级人民法院提起行政诉讼,其诉称:

1. 争议商标与引证商标构成同一种商品或服务上使用的相同或近似商标,极易引起消费者的混淆,不利于市场的公平竞争。由于争议商标注册不当,已严重影响了原告的正常经营活动,并造成了重大损失。第三人在沈阳的连锁机构在经营中因使用三无产品被媒体曝光及被行政机关查处,更引起了市场的极度混乱。争议商标是文字商标,可第三人在广告宣传中违法随意乱加标识,即乱用"W"的变形标识,试图与引证商标相混淆。

2. 原告的前身是沈阳薇薇美容院,其根据创办人姓名设计成"薇薇"文字与图形相组合的商标标识,即引证商标,并于 1997 年得到国家商标局的核准,取得商标专用权。原告提交的荣誉证书的复印件在行政程序中曾提交给被告,可被告却无视这些事实,认定原告的证据不足以证明引证商标在争议商标申请注册之前已经具有一定的影响。

3. 原告与第三人向社会所提供的服务均是美容美发业务,依据我国《商标法》的规定,原告商标注册后,其他任何组织、单位或自然人均不应在同一类别的服务项目上,以相同或相近的图形、文字或其组合获得商标注册。综上,原告请求人民法院依法撤销被告作出的第 0532 号裁定。

被告商标评审委员会辩称:

1. 本案争议的焦点在于争议商标与引证商标是否相同或近似。对此,被告坚持其在第 0532 号裁定中的意见。

2. 关于争议商标是否违反《商标法》第 31 条的规定。(1)《商标法》第 31 条关于申请注册商标不得以不正当手段抢先注册他人已经使用并有一定影响的商标的规定,是指不得利用不正当手段,将他人已经使用并有一定影响,但尚未注册的商标以自己的名义向商标局申请注册的情形。对本案而言,原告引证商标在先已经获得注册,已不存在第三人抢先注册的问题,不存在适用《商标法》第 31 条的法定情形。(2) 原告在评审阶段提交的证据尚不足以证明在争议商标申请注册之前,引证商标在核定的服务上已经产生一定的影响。综上,被告认为第 0532 号裁定认定事实清楚,适用法律正确,审查程序合法,请求人民法院维持该裁定,驳回原告的诉讼请求。

第三人京都薇薇公司没有提交书面意见陈述,其在庭审过程中表示被告作出的第 0532 号裁定认定事实清楚,适用法律正确,审理程序合法,请求人民法院予以维持。

法院经审理查明:第 1109024 号"薇薇 WEIWEI 及图"商标(即引证商标)由沈阳市薇薇美容中心于 1996 年 8 月 15 日向国家工商行政管理总局商标局(以下简称商标局)提出注册申请,并于 1997 年 9 月 21 日被核准注册,注册有效期限自 1997 年 9 月 21 日至 2007 年 9 月 20 日,核定服务项目为第 42 类按摩、高级理发店、美容院及修指甲。1998 年 8 月 5 日,原告沈阳薇薇公司成立。2000 年 1 月 28 日,经商标局核准,该商标转让给沈阳薇薇公司。

第 1651834 号"京都薇薇 JINGDUWEIWEI"商标(即争议商标)由北京京都薇薇技术开发有限公司于 2000 年 6 月 22 日向商标局提出注册申请,并于 2001 年 10 月 14 日被核准注册,注册有效期限自 2001 年 10 月 14 日至 2011 年 10 月 13 日,核定服务项目为第 42 类非贸易业务的专业咨询、技术研究、科研项目研究、研究和开发(替他人)、技术项目研究、美容院、按摩、理发店、公共保健浴室、蒸气浴。2001 年 10 月 19 日,北京京都薇薇科技开发有限公司成立,2002 年 12 月 28 日,争议商标转让给北京京都薇薇科技开发有限公司。

2002 年 8 月 23 日,沈阳薇薇公司以引证商标在沈阳乃至全国具有一定的知名度,争议商标的注册侵犯了其在先商标权,京都薇薇公司不正当使用含有"薇薇"字样的商标,侵犯了其商标专用权为由,请求撤销对争议商标的注册。

2005 年 3 月 30 日,商标评审委员会作出第 0532 号裁定。

经审理,法院认为,被告作出的第 0532 号裁定对部分事实认定不清,适用法律错误,应予撤销。原告沈阳薇薇公司的诉讼请求具有事实与法律依据,予以支持。依照《中华人民共和国行政诉讼法》第54条第2项第2目之规定,判决:

一、撤销被告国家工商行政管理总局商标评审委员会作出的商评字(2005)第0532号《关于第1651834号"京都薇薇JINGDUWEIWEI"商标争议裁定书》;

二、被告国家工商行政管理总局商标评审委员会于本判决生效之日起90日内,就第1651834号"京都薇薇JINGDUWEIWEI"商标作出予以撤销注册的裁定。

二、裁判要旨

No.2-3-32-7 **《商标法》第32条规定的在先权利并不包括商标权本身。**

根据《商标法》第31条的规定,申请商标注册不得损害他人现有的在先权利,也不得以不正当手段抢先注册他人已经使用并有一定影响的商标。

1. 从立法本意来看,《商标法》第31条所称的在先权利应该包括专利权、著作权、企业名称权、肖像权、知名商品特有包装或者装潢使用权等,而并不包括商标权本身。原告以争议商标侵犯了其在先商标权为由请求撤销争议商标,没有事实和法律依据,不予支持。

2. 《商标法》第31条规范的是抢先注册他人已经使用并有一定影响的未注册商标的行为,而本案中的引证商标为已注册商标,故本条规定并不适用于本案。此外,原告虽提供了一系列证书证明引证商标具有一定影响,但由于其未提供证据证明沈阳市薇薇美容院、沈阳市薇薇美容中心以及原告之间存在法律上的承继关系,故只有直接授予原告的证书才有可能佐证引证商标的知名度。但在原告提供的证据中,只有两份是原告在争议商标注册申请日前获得的,且其均是授予原告公司的,与引证商标没有直接的、必然的联系,故仅凭上述两份证书不能认定在争议商标申请日前引证商标已经具有一定影响。因此,原告主张以《商标法》第31条的规定撤销争议商标没有事实和法律依据,法院不予支持。

No.2-7-57.1.2-7 商标近似是指,两商标在其文字的字形、读音、含义或者图形的构成及颜色,或者各要素组合后的整体结构相似,易使相关公众对商品或服务的来源产生误认或者认为二者之间有特定的联系。

本案中,争议商标是文字商标,由"京都薇薇"及其拼音组成,文字字体相同,大小均匀排列;而引证商标为组合商标,由文字"薇薇"及其拼音、图形两部分组成,在外观上两部分左右分开。虽然争议商标与引证商标在组成要素上有所区别,但对于相关公众而言,商标中的文字部分均起到了主要的识别和认知作用,是两商标的主要部分。将本案的争议商标与引证商标的文字部分相比较,二者均包含"薇薇"二字,争议商标仅在此之前增加了限定词"京都",将两商标共同使用在美容院等服务项目上,容易使消费者误认为争议商标与引证商标之间存在某种关联性,或者认为两商标的商标专用权人之间存在某种联系。因此,争议商标与引证商标构成指定使用在类似服务上的近似商标,应予撤销。

**⑳ 企业字号与他人在先注册商标冲突(《商标法》第32条)**

**案例:王将饺子(大连)餐饮有限责任公司与李惠延侵犯注册商标专用权纠纷案**
案例来源:《最高人民法院知识产权审判案例指导》(第三辑)[(2010)民提字第15号]
主题词:在先权利

一、基本案情

申请再审人(一审被告、二审上诉人):王将饺子(大连)餐饮有限公司(以下简称大连王将公司)。

被申请人(一审原告、二审被上诉人):李惠延。

2007年3月22日,一审原告李惠延起诉至辽宁省大连市中级人民法院称,2003年李惠延获准在第43类上注册第3192768号"王将"商标,大连王将公司于2005年将"王将"作为字号注册为企业名称,并在经营活动中使用"王将"等标识,大连王将公司的上述行为侵犯了李惠延的商标专用权,请求判令大连王将公司停止侵犯"王将"商标专用权的行为,变更企业名称,公开赔礼道歉并赔偿李惠廷经济损失50万元及诉讼支出5000元等。大连王将公司辩称,本案应当中止审理,而且大连王将公司的企业名称是依法获得的,其正当使用企业名称、字号、招牌等行为不构成侵权。

辽宁省大连市中级人民法院一审查明,2002年5月29日,李惠廷向国家工商行政管理总局商标局(以下简称商标局)申请注册"王将"商标,商标局于2002年7月31日受理,并于2003年12月向李惠廷核发了第3192768号商标注册证,注册有效期限自2003年12月7日至2013年12月6日,核定服务项目为第43类,即住所(旅馆、供膳寄宿处)、养老院、咖啡馆、自助餐厅、饭店、日间托儿所、旅馆预订、快餐馆、鸡尾酒会服务、会议室出租。1999年9月9日,哈尔滨王将食品有限公司(简称哈尔滨王将公司)成立并领取营业执照,法定代表人系李惠廷;2001年11月28日、2003年6月17日,哈尔滨王将公司先后成立嵩山分店和大安分店,并领取了营业执照,其负责人均为李惠廷。前述哈尔滨王将公司及其分店使用了"王将"和"王将"字样的招牌。

2005年1月6日,日本王将株式会社投资成立的大连饺子的王将餐饮有限公司获得外商投资企业批准证书,并经审批增设分支机构大连饺子的王将餐饮有限公司开发区分店。2005年11月18日,大连饺子的王将餐饮有限公司经核准变更名称为现名称王将饺子(大连)餐饮有限公司,并领取了营业执照,经营范围为餐饮,注册资金为1.5亿日元。2006年4月26日,大连经济技术开发区经济贸易局批准大连王将公司股东变更为日本王将株式会社。

2005年11月15日,哈尔滨市第二公证处分别在大连王将公司位于大连商场新玛特一楼的总店和位于大连经济技术开发区辽宁街52-7号的分店内,对大连王将公司的店外招牌、店内筷子套等餐具包装、菜谱、茶具上使用了"王将"字样服务标识以及在菜谱、茶具及发票印鉴上使用了"王将"字样服务标识的事实进行了公证拍照,并作出(2005)哈二证内民字第692号公证书。

吉林出版社出版的楷书字典中记载欧阳询、柳公权、赵孟頫、智永、蔡襄等书法家把"将"字写为"将"的写法。在实用汉日词典中"将"字在日语的汉字有写为"将"字。

2006年9月19日,大连王将公司和日本王将株式会社向国家工商行政管理总局商标评审委员会(以下简称商标评审委员会)提出撤销李惠廷"王将"注册商标的申请,其理由是日本王将株式会社在先成立、享有盛名,李惠廷明知而抢注了日本王将株式会社的商标和字号。商标评审委员会以大连王将公司和日本王将株式会社不能证明其在李惠廷"王将"商标注册之前,先在中国注册了"王将"商号,并在中国公众中具有一定的知名度,也不能证明其在中国境内在先使用"王将"商标为由,认为李惠廷注册"王将"商标的行为不构成不正当手段注册商标,并于2008年4月23日作出了维持李惠廷第3192768号"王将"商标的争议裁定书。大连王将公司和日本王将株式会社对该裁定书未在法定期限内提起行政诉讼。

在一审诉讼期间,大连王将公司又新设了人民路、金州、二七广场等3家分店。

辽宁省大连市中级人民法院于2008年4月18日作出(2007)大民知初字第20号民事判决,判令:

一、大连王将公司于判决生效后15日内在李惠廷"王将"商标注册证核定服务项目的范围内停止使用含有"王将"字样的企业名称;

二、大连王将公司于判决生效后立即停止使用"王将"和"王将"字样的服务标识;

三、大连王将公司于判决生效后15日内赔偿李惠廷经济损失人民币25万元;

四、大连王将公司于判决生效后15日内赔偿李惠廷为制止侵权行为而支付的合理开支人民币5000元;

五、驳回李惠廷其他诉讼请求。案件受理费10510元、财产保全费3020元,合计13530元,由大连王将公司承担6832元,由李惠廷自行承担6698元。

大连王将公司不服一审判决,向辽宁省高级人民法院提起上诉。辽宁省高级人民法院二审查明的事实与一审查明的事实一致。

辽宁省高级人民法院二审认为,大连王将公司注册包含"王将"字样的企业名称在李惠廷

在先权利

"王将"文字商标注册之后。大连王将公司的经营范围包含在李惠廷注册商标的核定服务项目范围之内。根据最高人民法院《关于审理商标民事纠纷案件适用法律若干问题的解释》第1条第1项"将与他人注册商标相同或相近的文字作为企业的字号在相同或者类似商品上突出使用,容易使相关公众产生误认"的规定,大连王将公司企业名称虽经行政部门核准登记后使用,但与在先权利相冲突,属于给他人注册商标专用权造成损害的行为,侵犯了李惠廷的商标权。此外,在大连王将公司使用含有"王将"字样的服务标识中,"将"字是"将"字的另类写法,此点被中国大众所认同。二者读音、字义均相同,字形亦相近。大连王将公司在招牌、餐具包装、菜谱、茶具上使用了"王将"字样服务标识,反易使公众直接产生相似感,造成与李惠廷"王将"商标混淆和误认,构成对李惠廷商标权的侵犯。辽宁省高级人民法院于2009年4月8日作出(2009)辽民三终字第49号民事判决:驳回上诉,维持原判。

大连王将公司申请再审称,原审判决认定事实和适用法律均存在错误。(1)大连王将公司是日本王将株式会社在中国设立的全资子公司,根据相关规定,外商投资企业名称可以使用出资的外国企业的字号,大连王将公司通过合法的程序依法设立并取得企业名称权,该企业名称应受到法律保护。原审判决禁止使用含有"王将"字号的企业名称,将使日本"王将"这个拥有近50年发展历史的日本知名企业难以在中国市场继续发展。(2)大连王将公司使用经核准的企业名称和字号并没有侵害李惠廷"王将"注册商标的主观故意和过错,而且大连王将公司所使用的企业名称和字号与李惠廷的注册商标从文字、发音、形式、经营范围以及特色等方面均存在明显差异,何况日本"王将"已经具有近半个世纪的历史,有本质区别,不构成对李惠廷注册商标的侵犯。(3)李惠廷恶意抢注"王将"商标的行为违反诚实信用原则,侵犯了大连王将公司以及母公司的企业名称权,根据《反不正当竞争法》和《保护工业产权巴黎公约》的规定,应禁止李惠廷继续使用"王将"商标。(4)李惠廷许可哈尔滨王将公司使用涉案商标的许可合同并未备案,该许可行为无效,涉案商标3年未使用,应予以撤销。综上,大连王将公司请求撤销原审判决,并依法作出判决。

李惠廷答辩称,李惠廷注册商标取得在先,大连王将公司企业名称中的字号不能与注册商标相同或近似,依据维护公平竞争及保护在先合法权利人利益原则,大连王将公司不得使用含有"王将"文字的企业名称。大连王将公司的投资人在日本对"王将"拥有的各项权利,并不当然延续到中国,在中国,"王将"的注册商标专用权属于李惠廷,根据《商标法》的规定,侵犯他人注册商标专用权并无须考虑主观意图,而且大连王将公司是知晓涉案商标的存在,大连王将公司的行为侵犯了涉案商标。涉案商标一直在经营中使用,从未间断,而且是否备案,并不影响许可合同的效力。综上,李惠廷请求驳回大连王将公司的再审申请。

最高人民法院再审查明,原审法院查明的事实基本属实。另查明,根据(2005)哈二证内民字第692号公证书,大连王将公司在其经营的位于大连商场新玛特一楼的总店和位于大连经济技术开发区辽宁街52-7号的分店,在店外招牌、招贴、店内筷子套等上有"ぎとうざのGIAOZA 王将"字样(日文部分译为"饺子的"),其中"王将"两字特别突出,在菜谱上有"王将冷面""饺子的王将""王将拉面"等,在茶具上有明显的"王将"字样。李惠廷"王将"注册商标目前仅在黑龙江省哈尔滨市实际使用。

经审理,最高人民法院认为原审判决认定事实基本清楚,但适用法律存在错误之处,大连王将公司的再审申请部分理由成立,法院予以支持。依照《中华人民共和国民法通则》第118条、《中华人民共和国商标法》第52条第5项、第56条,最高人民法院《关于审理商标民事纠纷案件适用法律若干问题的解释》第1条第1项,最高人民法院《关于审理注册商标、企业名称与在先权利冲突的民事纠纷案件若干问题的规定》第4条,以及《中华人民共和国民事诉讼法》第186条第1款、第153条第1款第2项之规定,判决如下:

一、撤销辽宁省高级人民法院(2009)辽民三终字第49号民事判决。

二、维持辽宁省大连市中级人民法院(2007)大民知初字第20号民事判决第三、四、五项,即王将饺子(大连)餐饮有限公司于判决生效后15日内赔偿李惠廷经济损失人民币25万元;王将饺子(大连)餐饮有限公司于判决生效后 15 日内赔偿李惠廷为制止侵权行为而支付的合理开支人民币 5000 元;驳回李惠廷的其他诉讼请求。

3. 撤销辽宁省大连市中级人民法院(2007)大民知初字第 20 号民事判决第一、二项,即王将饺子(大连)餐饮有限公司于判决生效后 15 日内在李惠廷"王将"商标注册证核定服务项目的范围内,停止使用含有"王将"字样的企业名称;大连王将公司于判决生效后立即停止使用"王将"和"王将"字样的服务标识。

4. 王将饺子(大连)餐饮有限公司于判决生效后立即规范使用其企业名称,停止突出使用"王将"和"王将"等侵犯李惠廷注册商标专用权的行为。

二、裁判要旨

No.2-3-32-8　**使用企业名称应当规范,在招牌、招贴和餐具等突出使用企业名称,应与他人在先注册的商标相区别,使相关公众可以区分。**

注册商标和企业名称均是依照相应的法律程序获得的标志权利,分属不同的标志序列,依照相应法律受到相应的保护。对注册商标与企业名称之间的纠纷,人民法院应当区分不同的情形,按照诚实信用、维护公平竞争和保护在先权利等原则,依法处理。如果注册使用企业名称本身具有不正当性,比如不正当地将他人具有较高知名度的在先注册商标作为字号注册登记为企业名称,即使规范使用仍足以产生市场混淆,可以按照不正当竞争处理;如果是不规范使用企业名称,在相同或者类似商品上突出使用与他人注册商标相同或者相近的企业的字号,容易使相关公众产生误认的,属于给他人注册商标专用权造成其他损害的行为,依法按照侵犯商标专用权行为处理。相应的,人民法院应当依据最高人民法院《关于审理注册商标、企业名称与在先权利冲突的民事纠纷案件若干问题的规定》第 4 条的规定,根据原告的诉讼请求和案件具体情况,确定被告应当承担的民事责任。如果不正当地将他人具有较高知名度的在先注册商标作为字号注册登记为企业名称,注册使用企业名称本身即是违法,不论是否突出使用,均难以避免产生市场混淆的,可以根据当事人的请求判决停止使用或者变更该企业名称;如果企业名称的注册使用并不违法,只是因突出使用其中的字号而侵犯注册商标专用权的,判决被告规范使用企业名称、停止突出使用行为即足以制止被告的侵权行为,因此,在这种情况下,不宜判决停止使用或者变更企业名称。规范使用企业名称与停止使用或变更企业名称是两种不同的责任承担方式,不能因突出使用企业名称中的字号从而侵犯商标专用权,就一律判决停止使用或变更企业名称。

本案中,虽然李惠廷的"王将"商标注册在先,但其仅在黑龙江省哈尔滨市实际使用,且在大连王将公司注册登记企业名称时并不具有较高知名度。同时,由于大连王将公司是日本王将株式会社投资成立的,大连王将公司以王将为字号注册其企业名称,具有一定的合理性。如果大连王将公司在经营活动中规范使用其王将饺子(大连)餐饮有限公司的企业名称,不足以导致相关公众的混淆误认。因此大连王将公司注册使用企业名称本身并不违法。原审判决以李惠廷的"王将"商标注册在先,认定大连王将公司的企业名称与李惠廷的注册商标相冲突、侵犯了注册商标专用权,并据此判决大连王将公司在李惠廷"王将"商标注册证核定服务项目的范围内停止使用含有"王将"字样的企业名称,没有事实和法律依据,再审法院予以纠正。

虽然大连王将公司注册使用企业名称本身并无不当,但是,大连王将公司没有规范使用其企业名称,而在其招牌、招贴和餐具等突出使用其字号,其所使用的标志"王将""王将"与李惠廷在先核准注册的商标标志虽存在一些差异,但这种差异是细微的,以相关公众的一般注意力难以区分,使用在相同服务上,容易使相关公众产生误认,根据最高人民法院《关于审理商标民事纠纷案件适用法律若干问题的解释》第 1 条的规定,大连王将公司的上述行为是侵犯了李惠廷的注册商标专用权,其应当停止相应侵权行为并赔偿李惠廷的经济损失。原审判决大连王将公司赔偿李惠廷经济损失 25 万元和诉讼合理开支 5000 元并无不妥,但原审判决大连王将公司停止使用"王将"和"王将"字样的服务标识的表述不尽准确,本院予以进一步明确。大连王将公司在以后的经营活动中应当规范使用其企业名称,停止突出使用"王将"和"王将"等侵犯李惠廷注册商标专用权的行为,采取必要的措施,避免混淆误认的发生。

## 21 商标异议程序(《商标法》第35条第3款)

**案例**:黄长青等诉李永祥、贵阳彩艺商标事务所申请人资格确权以及商标侵权纠纷案
**案例来源**:《人民法院案例选》2007年第1辑(总第59辑)[黔高民二终字第39号]
**主题词**:商标异议 管辖权

### 一、基本案情

上诉人(原审本诉被告、反诉原告):李永祥。

上诉人(原审本诉被告):贵阳彩艺商标事务所(以下简称彩艺事务所)。

被上诉人(原审本诉原告、反诉被告):黄长青。

被上诉人:陈英。

被上诉人:李利。

贵阳市中级人民法院经审理查明:2003年8月,李永祥、黄长青、陈英、李顺利、叶兴周、李舜琪、杜家云、李利8人共同出资206 666元,合伙筹办了"贵阳市南明区龙大哥辣子鸡饭庄"(以下简称龙大哥饭庄)。筹办期间,上述8人决定申请"龙大哥"注册商标,并由黄长青代表全体合伙人办理商标注册申请事宜,2 220元注册申请费由全体合伙人负担。2003年11月26日,黄长青委托贵州省德华商标知识产权事务所有限公司(以下简称德华事务所)向国家工商行政管理总局商标局(以下简称国家商标局)申请注册"龙大哥"商标。同年12月19日,国家商标局向其核发了"注册申请受理通知书"。2004年9月18日,因在经营中发生纠纷,经全体合伙人协商,将合伙企业作价60万元,以黄长青、杜家云所占比例给付转让金后,黄长青和杜家云退出合伙企业。同年9月23日,黄长青在收到178 800元的转让金后,退出饭庄。此后,其他合伙人也相继退出合伙企业。2005年6月,龙大哥饭庄由原来的合伙经营转为李永祥个人经营,故李永祥持黄长青与德华事务所的商标代理委托书、商标注册申请书复印件、国家商标局的注册申请受理通知书的原件、黄长青与李永祥的商标转让协议和黄长青的身份证复印件,到彩艺事务所办理商标转让手续,但事实上,商标转让协议、变更商标代理人申请书、商标代理委托书、转让申请注册商标申请书上黄长青的签名均为李永祥所写。2005年7月20日,彩艺事务所向国家商标局提出申请,请求将"龙大哥"商标的申请人变更为李永祥。同月27日,黄长青到德华事务所查询商标事宜,得知商标申请人已被转让给李永祥。2006年1月7日,国家商标局发布初审公告,该公告上"龙大哥"商标的申请人为黄长青,代理人为彩艺事务所。

一审认为:关于"龙大哥"商标申请人资格的归属问题,《商标法》中关于侵权责任的规定仅针对经国家商标局核准注册的商标,未注册的商标除驰名商标外不受保护,故黄长青、陈英关于要求李永祥承担侵犯其商标专用权责任的主张无法律依据,不能成立。但是,申请中的商标亦应受到保护,国家商标局在受理了当事人的申请后,除非当事人撤回申请或其他人提出确有理由的异议,其他人不能就同一商标在同一使用范围内申请商标注册,商标申请人实际上已享有在同一范围内排除他人就同一商标申请注册的权利,故法律对这种权利应予保护。《商标评审规则》第10条关于"在商标评审期间,当事人有权利依法处分自己的商标权和与商标评审有关的权利",以及国家工商行政管理总局在《商标注册指南》中"自2002年9月15日起,已经申请但尚未获准注册的商标,也可以申请转让或转移……"等的规定,对于理解商标申请人的权利很有参考意义。因李永祥不能提供证据证明其他合伙人有转让商标申请人资格的意思表示,相关协议中也无约定,且李永祥在购得其他合伙人的出资份额后,对陈英仍使用"龙大哥"商标经营饭庄未提出异议,故合伙人在订立股份转让协议时没有对该商标申请人资格予以处分,该商标申请人资格仍归黄长青、李永祥、陈英、李利4人共有。李永祥关于其购买了其他合伙人的出资份额,应享有"龙大哥"商标申请人资格的主张不能成立。李永祥擅自将4人共有的权利转让到自己名下,尽管其行为尚未取得其预期的后果,但该行为客观上导致黄长青、陈英、李利为维护自己的权利而提起诉讼,故应负担3人的诉讼费用。关于李永祥和黄长青之间的转让协议是否

有效的问题,从李永祥的反诉来看,李永祥的行为并没有得到黄长青的许可,故其与黄长青之间并无转让协议。另外,受让人在办理商标转让手续时,代理机构或评审机构应审查该转让是否是转让人的意思表示。在转让人没有到场,受让人只提供转让人身份证复印件的情况下,彩艺事务所仅核对签名,就代为办理商标转让事宜,并向国家商标局提交变更商标申请人的申请,其行为存在过错,故应承担撤回该转让商标申请的义务,并与李永祥共同负担本诉的诉讼费用。一审判决:

一、彩艺事务所在判决生效后 10 日内向国家商标局撤回转让"龙大哥"商标的申请;

二、驳回黄长青、陈英的其余诉讼请求;

三、驳回李永祥的反诉请求。

一审宣判后,李永祥、彩艺事务所不服,向贵州省高级人民法院提起上诉。二审认为一审判决事实认定清楚,适用法律不当。撤销一审判决,确认李永祥为"龙大哥"注册商标的申请人。

二、裁判要旨

No.2-3-35.3-1　**商标局受理异议申请,并不影响法院对商标争议案件的管辖权。**

本案中,李永祥在二审期间又就"龙大哥"商标申请权向国家商标局提出异议。对此,法院认为:《商标法》以及最高人民法院《关于审理商标民事纠纷案件适用法律若干问题的规定》对人民法院受理商标民事纠纷后,当事人又就该初步审查的商标向商标局提出异议,人民法院是否应中止审理的问题没有作出规定,且根据《商标法》第 33 条"对初步审定、予以公告的商标提出异议的,商标局应当听取异议人和被异议人陈述事实和理由,经调查核实后,作出裁定。当事人不服的,可以自收到通知之日起 15 日内向商标评审委员会申请复审,由商标评审委员会作出裁定,并书面通知异议人和被异议人。当事人对商标评审委员会的裁定不服的,可以自收到通知之日起 30 日内向人民法院起诉。人民法院应当通知商标复审程序的对方当事人作为第三人参加诉讼"的规定,人民法院对国家商标局作出的审查意见有权进行审查和确定,并据实作出裁决。因此,国家商标局的审查意见不能约束人民法院的裁判结果,商标局受理李永祥的异议申请,并不影响本院依法对本案进行审理和裁判。

# 第四章 注册商标的续展、变更、转让和使用许可

> **本章裁判要旨**
>
> No.2-4-42.1-1 转让注册商标经核准后,予以公告。受让人自公告之日起享有商标专用权,但是在此之前有诉权。
>
> No.2-7-57.1.2-8 相关公众对商品或服务的一般认识,是判断商品是否相同或类似的主要评判标准,《商标注册用商品和服务国际分类表》《类似商品和服务区分表》可以作为辅助的评判标准予以参考、援引。
>
> No.2-4-43.3-1 商标使用许可合同应当报商标局备案,未经备案并发出公告,不能对抗不知情第三人。

**22** 商标转让合同公告前的效力(《商标法》第 42 条第 1 款、第 57 条第 1 款第 2 项)

案例:北京方太新怡华食品销售有限公司与新会市大有食品有限公司、新会市包大厨食品有限公司、彭顺智侵犯注册商标专用权及不正当竞争纠纷案

案例来源:《人民法院案例选》(2004 年商事·知识产权专辑)(总第 49 辑)[(2002)长中民三初字第 270 号]

主题词:商标转让公告　商标近似

一、基本案情

原告:北京方太新怡华食品销售有限公司(以下简称方太公司)。

被告:新会市大有食品有限公司(以下简称大有公司)。

被告:新会市包大厨食品有限公司(以下简称包大厨公司)。

被告:彭顺智(系湖南高桥大市场顺智调料行业主)。

长沙市中级人民法院经审理查明:广西黑五类食品集团有限责任公司原系"贵妃"注册商标持有人,该商标经国家工商行政管理总局商标局核定,在第 30 类商品中使用,注册有效期自 1995 年 2 月 28 日至 2005 年 2 月 27 日。2002 年 1 月 12 日,广西黑五类食品集团有限责任公司与原告方太公司达成协议,其主要内容为:广西黑五类食品集团有限责任公司同意将"贵妃"注册商标转让给原告方太公司,并授权原告方太公司对于侵犯"贵妃"注册商标的行为申请有关部门进行行政或司法处理。协议签订后,原告方太公司即在其生产、销售的含醋产品上同时使用"方姐"和"贵妃"两个注册商标。之后双方向国家工商行政管理部门提出转让申请。2002 年 9 月 7 日,国家工商行政管理总局商标局核准转让,其内容为:兹核准第 732128 号商标转让注册,受让人为北京方太新怡华食品销售有限公司,受让人地址为北京市宣武区太平街 35 号(凤龙宾馆 415、416 室)。随后,国家工商行政管理总局商标局又在 2002 年第 33 期《商标公告》(下册)中对上述转让事宜予以公告。

2002 年 4 月,被告包大厨公司开始加工生产包大厨"宫廷贵妃"醋,"包大厨"及相关图形为产品的商标,"宫廷贵妃"醋则为产品的名称。产品标贴由被告包大厨公司提供,该标贴注明"出品商"为被告包大厨公司,生产商为被告大有公司,但被告包大厨公司未提供委托加工的相关证据。从提取的被告包大厨公司的销售明细账中可以发现,2002 年 4 月、5 月、6 月,该公司销售包大厨"宫廷贵妃"醋的利润分别为 31 695.81 元、5 721 元和 20 884 元,合计销售利润为 58 300.81 元。2002 年 9 月,被告包大厨公司将其商品名称由"宫廷贵妃"醋改为"贵妃"醋,且对产品的外包装、装潢进行了较大的改变,同时也没有对该时段内产品的销售利润情况做账。

2002年7月26日,被告包大厨公司与被告彭顺智签订了一份《包大厨贵妃醋代销合同》,合同约定由包大厨公司将25件产品(237元/件)交由彭顺智门面销售,货款在产品售完后立即付清。2002年9月22日,彭顺智将销售包大厨"宫廷贵妃"醋的全部货款5 925元付给包大厨公司的业务员,并由该业务员出具了相应的收条。

　　另查明,原告方太公司产品的外包装、装潢主要由瓶颈、瓶身两部分标贴构成。瓶颈部的标贴正面由橘黄色、黄色卷云边锁链状装饰图案构成,两侧辅以黑底镶金云彩图案。瓶身部标贴则由三部分构成,呈纵向条状排列。中间主体部分由文字和图案结合而成,文字为纵列的白色"御制贵妃醋"字样(其中"御制"为小字体,"贵妃醋"为大字体),配以紫底黄框,框上下对称饰以花形图案,以黄色与橘红色为主要颜色。左右两侧为产品有关说明,呈对联状排列,各部分之说明内容置于六小纵栏内,栏内底色为黑色,用橘红色线条勾边。左侧与右侧分别为:产品配料、饮用方法和持有商、咨询电话、产品标准等内容,字体颜色为白色。该包装主要底色为黑色,饰以卷云状花纹。被告包大厨公司生产的包大厨"宫廷贵妃"醋产品外包装、装潢主要由瓶身标贴构成,该标贴由纵向排列的三部分构成,即中间主体部分和左右对称的两部分纵栏框(各有六小纵栏,框内底色为黑色,用红色线条勾边,字样颜色为白色)。主体部分亦由文字与图案结合而成,文字为纵列的白色"宫廷贵妃醋"字样("宫廷"为小字体,"贵妃醋"为大字体),配以褐底橙框,框上饰以卷云线锁链形图案,以黄色与橙色为主要颜色。两部分纵栏框内容分别为:配料、食法和出口商、电话、标识登记号等。该包装主要底色为深褐色,饰以凤状花纹。被告包大厨公司生产的包大厨"贵妃"醋产品外包装、装潢是在包大厨"宫廷贵妃"醋产品外包装、装潢的基础上,通过较大的改动而形成的,主要变化体现在瓶身标贴中间主体部分,即文字变为纵列的黑色"贵妃醋"字样,字体较大且引人注目,图案变为古代宫廷嫔妃人物,删去了原有的边框及花形图案等。其包装、装潢在色彩、整体印象等方面与原告方太公司产品的外包装、装潢有较大区别。再查明,原告方太公司为此次诉讼活动花去交通费765元。

　　法院认为,被告包大厨公司生产、出品包大厨"宫廷贵妃"醋、"贵妃"醋之行为侵犯了"贵妃"注册商标专用权,应承担停止侵权、赔偿损失的民事责任。其赔偿数额可以被告包大厨公司侵权行为所获利润及原告方太公司为制止侵权行为所发生的合理的交通费用为依据。尽管原告方太公司仅向法庭提交了被告包大厨公司2002年4月至6月期间的财务账册,但从本院依法提取的包大厨"宫廷贵妃"醋、包大厨"贵妃"醋的实物来看,被告包大厨公司在2002年7月至9月期间仍在生产销售侵权产品,故在虽无准确的产品销售利润数据的情况下,可将2002年4月至6月间的月平均利润额作为计算2002年7月至9月侵权所得的参考标准。被告彭顺智销售包大厨"宫廷贵妃"醋产品,同样也属侵犯"贵妃"注册商标专用权之行为,但根据《商标法》的有关规定,其只承担停止侵权的民事责任。原告方太公司提供的包大厨"宫廷贵妃"醋标贴及被告包大厨公司单方面的称述,不足以证明被告大有公司接受了被告包大厨公司委托加工侵权产品之事实,故原告方太公司要求被告大有公司停止侵权、赔偿损失的诉讼请求,缺乏充分的事实依据,本院不予支持。被告大有公司依法不承担民事责任。此外,被告包大厨公司使用与原告方太公司产品近似的包装、装潢之行为,构成不正当竞争,亦应承担相应的民事责任。鉴于本案被告包大厨公司的侵权行为已给原告方太公司的商誉造成了一定影响,被告包大厨公司还应承担赔礼道歉的民事责任,以切实全面保护权利人的合法权益,该道歉内容及方式、范围应由本院审核。据此,依照《中华人民共和国民法通则》第96条,第118条,《中华人民共和国商标法》第51条,第52条第5项,第56条第1款、第3款,《中华人民共和国商标法实施条例》第3条,第50条第1项,最高人民法院《关于审理商标民事纠纷案件适用法律若干问题的解释》第4条,第11条第1款,第12条,第14条,第17条第1款,第19条,第21条第1款,《中华人民共和国反不正当竞争法》第5条第2项,第20条以及《中华人民共和国民事诉讼法》第130条之规定,判决如下:

　　一、被告包大厨公司自本判决生效之日起立即停止生产、销售侵犯原告方太公司"贵妃"注册商标专用权产品的行为。

　　二、被告彭顺智自本判决生效之日起立即停止销售侵犯原告方太公司"贵妃"注册商标专用权产品的行为。

三、被告包大厨公司自本判决生效之日起立即停止使用与原告方太公司生产的御制"贵妃"醋产品的包装、装潢相近似的包装、装潢。

四、被告包大厨公司自本判决生效之日起 10 日内，赔偿原告方太公司经济损失人民币 10 万元。

五、被告包大厨公司自本判决生效之日起 10 日内，就其侵权行为在《人民法院报》上向原告方太公司赔礼道歉、消除影响，致歉内容须经本院审核；逾期不履行，本院将在有关报刊上公布本判决书之内容，费用由被告包大厨公司承担。

六、驳回原告方太公司对被告彭顺智的其他诉讼请求。

七、驳回原告方太公司对被告大有公司的诉讼请求。

判决后，各方当事人均未提出上诉，该判决已发生法律效力。

二、裁判要旨

**No.2-4-42.1-1** 转让注册商标经核准后，予以公告。受让人自公告之日起享有商标专用权，但是在此之前有诉权。

《商标法》虽规定经核准公告后才发生注册商标专用权主体变更的法律效力，但《商标法》并未将之作为转让合同生效的要件。这往往导致转让合同签订后至核准公告前这一段时期内，商标专用权的保护形成事实和法律上的缺陷。转让人与受让人共同向商标行政部门提出转让申请后，何时能够予以核准公告已不在其控制之中。而实践中，有的商标注册人在签订转让合同、收取转让费后，往往怠于行使打击侵权行为的权利，从而使受让人的相关权利受到损害。因此对于商标保护的这一真空时段，法律有必要予以关注。本案原告方太公司在 2002 年 9 月 7 日国家商标局对转让商标核准公告前，虽未取得商标专用权，但其在广西黑五类食品集团有限责任公司的明确授权下，以自己的名义提起民事诉讼，符合法律规定，诉讼主体是适格的。

**No.2-7-57.1.2-8** 相关公众对商品或服务的一般认识，是判断商品是否相同或类似的主要评判标准，《商标注册用商品和服务国分类表》《类似商品和服务区分表》可以作为辅助的评判标准予以参考、援引。

最高人民法院《关于审理商标民事纠纷案件适用法律若干问题的解释》第 11 条第 1 款规定："商标法第五十二条第（一）项规定的类似商品，是指在功能、用途、生产部门、销售渠道、消费对象等方面相同，或者相关公众一般认为其存在特定联系、容易造成混淆的商品。"第 12 条规定："人民法院依据商标法第五十二条第（一）项的规定，认定商品或者服务是否类似，应当以相关公众对商品或者服务的一般认识综合判断；《商标注册用商品和服务国际分类表》《类似商品和服务区分表》可以作为判断类似商品或者服务的参考。"由此，最高人民法院确定了商品相同或类似的主要评判标准和参考标准，相关公众的主观普遍认识是判断商品是否相同或类似的主要评判标准，《商标注册用商品和服务国际分类表》《类似商品和服务区分表》可以作为辅助的评判标准予以参考、援引。本案中，两种产品的销售渠道完全相同，均被置于同种商品的位置进行销售；两种商品的主要配方、醋酸度、功能用途、食用方法等也基本相同。无论是直接消费涉案两种"贵妃"醋产品的相关公众，还是与涉案两种"贵妃"醋产品的营销有密切关系的经营者，均认为两者属于同种商品，相互间存在特定的联系，难以对其进行区分。另外，经查阅《商标注册用商品和服务国际分类表》，该表第 32 类非酒精饮料中的 42 项商品名称中不包括"含醋饮料"，即没有"醋饮料"这一商品类别，而全部含醋的商品均被归属在第 30 类商品中。由此可知，原、被告生产的醋产品均系第 30 类中之产品。被告包大厨公司生产的包大厨"宫廷贵妃"醋、"贵妃"醋所使用的商标非注册商标，未被相关部门核定过商品使用类别，其任意使用"饮料"这一名称不能成为分类的依据。被告包大厨公司生产的"宫廷贵妃"醋、"贵妃"醋与原告的商品属于同种商品。

商标转让公告·商标近似

**23** 商标许可使用合同对第三人的效力(《商标法》第 43 条第 3 款)

**案例:李红霞与克拉玛依市聋哑学校综合服务部商标使用权侵权纠纷案**
案例来源:《人民法院案例选》2000 年第 4 辑[(1999)克民初字第 600 号]
主题词:商标许可使用合同  善意第三人

## 一、基本案情

原告:李红霞,系重庆唐肥肠克拉玛依分店业主。

被告:克拉玛依市聋哑学校综合服务部。

1998 年 12 月 29 日,原告与重庆唐肥肠饮食文化有限公司签订了一份《引进使用"重庆唐肥肠"注册商标、名称字号、肥肠系列特色菜品协议书》,约定原告在克市开设酒家,使用该公司注册商标、名称字号"重庆唐肥肠酒楼",使用期限 1 年,使用费 6 万元,该协议书中载明,"唐肥肠"商标在 1984 年获国家注册(商标注册证号:第 683261 号和第 775893 号),该公司同时为原告颁发了"独家代理"的授权书。原告随即开始经营"唐肥肠"系列菜品,并于 1999 年 6 月 10 日登记注册了"重庆唐肥肠克拉玛依分店"。

被告于 1998 年 12 月底派专人到重庆唐肥肠饮食文化有限公司学习唐肥肠系列菜品的制作工艺,1999 年 5 月开始经营唐肥肠系列菜品,并在其开办的南方大酒店门前竖起一块内容为"重庆肥肠宴引进唐肥肠系列菜品"的灯箱广告,后于 1999 年 6 月 28 日拆除。

重庆唐肥肠饮食文化有限公司法定代表人唐亮于 1994 年就一变体"唐"字及汉语拼音组成的组合商标,向国家商标局申请商标注册获得批准,核定使用商品为猪肥肠、鸡肠、鸭肠、鹅肠,商标证号为第 683261 号。

新疆维吾尔自治区克拉玛依市克拉玛依区法院认为,本案是一起商标使用权纠纷。原告所提供的证据,不能证实重庆唐肥肠饮食文化有限公司已就"唐肥肠"向国家商标局申请注册并获得商标专用权,因此原告不能依据与该公司签订的协议取得"唐肥肠"商标的使用权,即本案的侵权客体并不存在。原告以被告侵犯了原告对"唐肥肠"商标的使用权为由,要求被告赔偿损失 3 万元的诉讼请求,于法无据,依法不予支持。被告提出的"唐肥肠"并非注册商标,被告使用,并未构成侵权的辩解理由,予以采信。判决驳回原告李红霞的诉讼请求。

李红霞不服判决,上诉至克拉玛依市中级人民法院。克拉玛依市中级人民法院认为一审事实认定清楚,判决结果并无不当,但适用法律错误,撤销一审判决,驳回李红霞的诉讼请求。

## 二、裁判要旨

No.2-4-43.3-1  商标使用许可合同应当报商标局备案,未经备案并发出公告,不能对抗不知情第三人。

本案中上诉人李红霞虽与重庆唐肥肠饮食文化有限公司签订了注册商标使用许可合同,但其未提交证据证实该合同已送商标局备案并发出公告,故该合同不能对抗不知情的第三人即被上诉人综合服务部。上诉人主张其合法权益受到被上诉人的侵害,依据不足,其诉讼请求不应支持。

# 第五章 注册商标的无效宣告

> **本章裁判要旨**
>
> No.2-5-49.2-1 商标只要是公开、真实的使用,即使在使用中违反了进口、销售等方面的法律,也不构成《商标法》第 49 条第 2 款所规定的连续 3 年停止使用的情形。
>
> No.2-5-49.2-2 "商标使用"是在商业活动中对商标进行公开、真实、合法的使用。

## 24 商标局依职权撤销注册商标(《商标法》第 49 条第 2 款)

**案例:申请再审人法国卡斯特兄弟股份有限公司与被申请人国家工商行政管理总局商标评审委员会、李道之商标撤销复审行政纠纷案**

案例来源:《最高人民法院知识产权审判案例指导》第 4 辑[(2010)知行字第 55 号]
主题词:连续三年停止使用 商标撤销

### 一、基本案情

申请再审人(一审原告、二审上诉人):法国卡斯特兄弟股份有限公司(以下简称卡斯特公司)。

被申请人(一审被告、二审被上诉人):中华人民共和国国家工商行政管理总局商标评审委员会(以下简称商标评审委员会)。

被申请人(一审第三人、二审被上诉人):李道之。

北京市第一中级人民法院经审理查明,争议商标"卡斯特"原系温州五金交电化工(集团)公司酒类分公司于 1998 年 9 月 7 日申请、2000 年 3 月 7 日被核准注册,指定使用在第 33 类"果酒(含酒精)"等商品上,商标注册号为 1372099,2002 年 4 月 25 日经核准转让给李道之。

2005 年 7 月,卡斯特公司以连续 3 年停止使用为由,向商标局申请撤销争议商标。商标局以李道之未在法定期间内提交其使用争议商标的证据材料为由,决定撤销争议商标。李道之不服商标局决定,向商标评审委员会申请复审,请求维持争议商标,并提交证据。商标评审委员会经审查认为,根据李道之提交的证据,李道之自 2002 年 6 月 1 日起许可班提公司在葡萄酒商品上使用"卡斯特"商标,许可期限至 2008 年 12 月 31 日止。2002 年 12 月 9 日及 2004 年 2 月 9 日,班提公司分别在其销售葡萄酒的增值税专用发票上使用了争议商标。卡斯特公司关于班提公司系将"卡斯特"作为商品名称(而非商标)使用的理由亦不成立。争议商标的前述使用事实《商标法实施条例》第 3 条及第 39 条第 3 款关于商标使用的规定,未构成《商标法》第 44 条所指的连续 3 年停止使用应予撤销的情形。因此,商标评审委员会作出了撤销商标局决定、争议商标予以维持的第 8357 号决定。

卡斯特公司不服第 8357 号决定,向北京市第一中级人民法院提起行政诉讼。北京市第一中级人民法院一审认为:李道之向商标评审委员会提交的证据,已经证明李道之自 2003 年 6 月 1 日起许可班提公司在葡萄酒商品上使用争议商标,许可期限至 2008 年 12 月 31 日止。班提公司对争议商标的使用事实,符合法律、法规及其他商标规范性文件的规定,争议商标未构成《商标法》第 44 条所指的连续 3 年停止使用应予撤销的情形。如果商标使用人在生产许可、卫生许可、进口许可等方面存在问题,则应适用不同的法律规范,由其他执法机关管理和查处。商标评审委员会无权在审查争议商标是否"三年不使用"的过程中,适用其他行政管理领域的规范性文件对班提公司销售卡斯特葡萄酒的行为是否违法违规直接予以认定并加以制裁。综上,一审法院判决维持被诉决定。

卡斯特公司不服一审判决,向北京市高级人民法院提起上诉。北京市高级人民法院二审认为,李道之在商标复审程序中提交了《商标许可使用合同》及增值税发票,也提交了有关部门在此期间为班提公司核发的"卡斯特"干红葡萄酒中文标签的证书,均可证明班提公司在上述期间内在葡萄酒销售活动中使用了争议商标。故,商标评审委员会认定争议商标的前述使用的事实符合《商标法》的规定。综上,二审法院判决驳回上诉,维持一审判决。

卡斯特公司于2010年10月26日向最高人民法院申请再审。最高人民法院认为,卡斯特公司的再审申请不符合《中华人民共和国行政诉讼法》第63条第2款和最高人民法院《关于执行〈中华人民共和国行政诉讼法〉若干问题的解释》第74条之规定,裁定驳回卡斯特公司的再审申请。

二、裁判要旨

No.2-5-49.2-1　商标只要是公开、真实的使用,即使在使用中违反了进口、销售等方面的法律,也不构成《商标法》第49条第2款所规定的连续3年停止使用的情形。

注册商标如果长期搁置不用,该商标不仅不会发挥商标的功能和作用,还会妨碍他人注册、使用,从而影响到商标制度的良好运转。因此《商标法》第44条第4项规定,注册商标连续3年停止使用的,由商标局责令限期改正或者撤销其注册商标。应当注意的是,该条款的立法目的在于激活商标资源,清理闲置商标,撤销只是手段而不是目的。因此只要在商业活动中公开、真实地使用了注册商标,且注册商标的使用行为本身没有违反商标法律规定,则注册商标权利人已经尽到法律规定的使用义务,不宜认定违反该项规定。本案中,李道之在评审程序中提交了李道之许可班提公司使用争议商标的合同和班提公司销售卡斯特干红葡萄酒的增值税发票,在申请再审审查期间,又补充提交了30余张销售发票和进口卡斯特干红葡萄酒的相关材料。综合以上证据,可以证明班提公司在商业活动中对争议商标进行公开、真实的使用,争议商标不属于《商标法》第44条第4项规定连续3年停止使用,应由商标局责令限期改正或者撤销的情形。

卡斯特公司在再审申请中称,"3年不使用"中的商标使用仅指"合法使用",而不包括"违法使用"。《进出口商品检验法》针对进口、销售葡萄酒产品作了强制性、禁止性规定。根据这些规定,班提公司如果要在国内进口并销售葡萄酒,必须经过必要的检验和审核程序,并取得相关证书。李道之并未提供任何证据证明班提公司具有合法进口及销售的资格,并未提供任何证据证明其进口的葡萄酒取得了上海市相关行政部门出具的批发和零售许可证,并未提供任何证据证明其销售的葡萄酒质量合格。非法销售过程中产生的发票不能作为争议商标合法使用的证据。然而,这并非《商标法》第44条第4项所要规范和调整的问题。卡斯特公司关于班提公司违反了《进出口商品检验法》等法律规定,由此争议商标违反《商标法》第44条第4项规定,应予撤销的主张,没有法律依据。

**㉕ 注册商标的使用管理(《商标法》第49条第2款)**

**案例:云南滇虹药业集团股份有限公司与国家工商行政管理总局商标评审委员会等商标行政纠纷案**

案例来源:《最高人民法院知识产权审判案例指导》(第一辑)[(2007)行监字第184-1号]
主题词:商标使用

一、基本案情

上诉人(原审原告):云南滇虹药业集团股份有限公司(以下简称云南滇虹公司)。

被上诉人(原审被告):国家工商行政管理总局商标评审委员会(以下简称商标评审委员会)。

原审第三人:汕头市康王精细化工实业有限公司(以下简称康王公司)。

商标评审委员会于2008年6月6日作出的商评字[2006]第2432号重审第106号《关于第738354号"康王"商标撤销复审决定书》(以下简称重审第106号决定),该决定认定:根据法院认定的"现有证据,不足以证明昆明滇虹公司在1999年10月18日至2002年10月17日之间实际使用了复审商标,因此也就无法证明云南滇虹公司有使用复审商标(即"康王"商标)行为的事实。依据《商标法》第49条的规定,决定云南滇虹公司在第3类化妆品商品上注册的第738354号"康王"商标予以撤销。云南滇虹公司不服,向北京市第一中级人民法院提起诉讼。

北京市第一中级人民法院认为,根据北京市高级人民法院(2007)高行终字第78号行政判决书所确定的内容可知,现有证据无法证明复审商标在涉案的3年期限内有使用行为,其注册应予撤销。虽然云南滇虹公司针对该判决向最高人民法院(以下简称最高院)提出再审申请,但鉴于最高院对该申请予以驳回,故(2007)高行终字第78号行政判决为发生法律效力的判决。据此,商标评审委员会根据该判决所确定的事实,重新作出重审第106号决定,该行为是对生效判决的正确执行,对此予以支持。一审法院依照《行政诉讼法》第54条第1项之规定,判决维持商标评审委员会重审第106号决定。

云南滇虹公司不服原审判决,提起上诉,请求撤销原审判决,撤销商标评审委员会重审第106号决定。其主要理由是:(1)相关证据,足以证明云南滇虹公司在规定的期限内实际使用了复审商标,原审判决和重审第106号决定对此认定事实有误。(2)原审判决维持商标评审委员会根据北京市高级人民法院(2007)高行终字第78号行政判决关于"商标使用行为"的错误法律理解和适用所作的重审第106号决定,属于适用法律错误,应予纠正。

商标评审委员会和康王公司服从原审判决。

二审法院查明:"康王"商标(即复审商标)的申请日为1993年8月12日,核准注册日为1995年4月7日,注册号为738354,核定使用的商品为第3类化妆品。复审商标的原注册人为北京康丽雅健康科技总公司,2003年9月8日经国家工商行政管理总局商标局(以下简称商标局)核准,复审商标转让给云南滇虹公司。

2002年10月18日,潮阳市康王精细化工实业有限公司(后更名为汕头市康王精细化工实业有限公司,即本案原审第三人)以复审商标连续3年停止使用为由,向商标局申请撤销复审商标。商标局于2003年12月17日作出《关于撤销第738354号"康王"商标的决定》,对复审商标予以撤销。

云南滇虹公司作为复审商标的注册商标专用权人,对商标局的撤销决定不服,于2004年1月9日向商标评审委员会申请复审。

商标评审委员会于2006年7月26日作出商评字[2006]第2432号《关于第738354号"康王"商标撤销复审决定书》(以下简称2432号决定),撤销商标局的决定,对复审商标的注册予以维持。

康王公司不服,于法定期限内向北京市第一中级人民法院提起诉讼。北京市第一中级人民法院受理后,于2006年12月28日作出(2006)一中行初字第1052号行政判决,撤销第2432号决定,并判令商标评审委员会针对第738354号"康王"商标重新作出撤销复审决定。

云南滇虹公司、商标评审委员会不服(2006)一中行初字第1052号行政判决,于法定期限内向北京市高级人民法院提起上诉。

2007年9月18日,北京市高级人民法院作出(2007)高行终字第78号行政判决,认定现有证据无法证明复审商标在涉案的3年期限内有使用行为,其注册应予撤销。在此基础上本院判决:驳回上诉,维持原判。

2008年6月6日,商标评审委员会针对复审商标作出重审第106号决定,撤销了复审商标在第3类化妆品上的注册。

另查,云南滇虹公司不服(2007)高行终字第78号行政判决,向最高人民法院(以下简称最高院)申请再审。

2008年12月25日,最高院作出(2007)行监字第184-1号驳回再审申请通知书,认为:我国

《商标法》第44条第4项规定的"使用",应该是在商业活动中对商标进行公开、真实、合法的使用。从《商标法》第45条的规定来看,判断商标使用行为合法与否的法律依据,并不限于商标法及其配套法规。对于违反法律法规强制性、禁止性规定的生产经营活动中的商标使用行为,如果认定其法律效力,则可能鼓励、纵容违法行为,与《商标法》有关商标使用行为规定的本意不符。综上,最高院认定一、二审判决认定事实清楚,适用法律正确,对云南滇虹公司的再审申请予以驳回,对云南滇虹公司提交的新证据不予审查。

经审理,二审法院依照《行政诉讼法》第61条第1项之规定,判决如下:驳回上诉,维持原判。

云南滇虹药业集团股份有限公司不服北京市高级人民法院(2007)高行终字第78号行政判决,向最高院申请再审,经审理再审请求被驳回。

二、裁判要旨

**No.2-5-49.2-2 "商标使用"是在商业活动中对商标进行公开、真实、合法的使用。**

最高院认为《商标法》(2001)第44条第4项规定的"使用",应该是在商业活动中对商标进行公开、真实、合法的使用。从《商标法》(2001)第45条的规定来看,判断商标使用行为合法与否的法律依据,并不限于《商标法》及其配套法规。对违反法律、法规的强制性、禁止性规定的生产经营活动中的商标使用行为,如果认定其法律效力,则可能鼓励、纵容违法行为,与商标法有关商标使用行为规定的本意不符。申请人没有提交在撤销申请提出前已经向有关主管机关申报申请材料的证据,无法认定其有不使用商标的正当理由。从《商标法实施条例》(2002)第39条第2款的规定来看,有《商标法》第44条第4项规定的连续3年停止使用行为的,他人向商标局申请撤销该注册商标后,如果注册人没有使用的证据材料或者证据材料无效,并且没有不使用的正当理由的,由商标局撤销其注册商标,并不适用责令限期改正的处理办法。因此,申请人关于终审判决违背《商标法》(2001)第44条立法宗旨的主张,在现行法律、法规中并没有依据。

# 第六章　注册商标专用权的保护

> **本章裁判要旨**
>
> No.2-7-56-1　商标注册时的历史背景以及商标注册证上记载的内容可以用来确定商标专用权的保护范围。
>
> No.2-7-56-2　注册商标专用权,以核准注册的商标和核定使用的商品为限。
>
> No.2-7-57.1.2-9　判断类似服务,应当根据服务的内容及其本质特征确定。
>
> No.2-7-57.1.2-10　判定商标侵权,应考虑使用商标是否存在主观恶意,并足以造成相关公众对其产品来源产生误认或与商标权人存在特定联系的混淆。
>
> No.2-7-59.3-1　判断涉及立体商标侵权时,应结合争议产品的包装、装潢及商标等整体能够被消费者看到的所有部分与涉案注册商标进行比对。
>
> No.2-7-57.1.2-11　侵犯注册商标专用权意义上的商标近似,应当是指混淆性近似,即足以造成市场混淆的近似。
>
> No.2-7-57.1.2-12　商标首字读音或者字形明显不同,或者整体含义不同,使商标整体区别明显,不易使相关公众对商品或者服务的来源产生误认的不属于混淆。
>
> No.2-7-57.1.2-13　判断商标是否近似,应当考虑请求保护注册商标的显著性和知名度。
>
> No.2-7-59.1-1　网络游戏的商标中含有相关公众约定俗成的一类游戏的名称的,不构成对注册商标专用权的侵犯。
>
> No.2-7-57.1.2-14　在产品性质、生产和销售渠道等方面有着明确的区别,消费者可以辨别,不足以误导公众,不足以损害商标权人利益,两个商标在各自相关市场中可以共存。
>
> No.2-7-57.1.2-15　在商标侵权纠纷案件中,认定被控侵权标识与主张权利的注册商标是否近似,应当视所涉商标或其构成要素的显著程度、市场知名度等具体情况,在考虑和对比文字的字形、读音和含义,图形的构图和颜色,或者各构成要素的组合结构等基础上,对其整体或者主要部分是否具有市场混淆的可能性进行综合分析判断。
>
> No.2-7-57.1.2-16　如果使用商标的行为并没有破坏商标识别商品来源的主要功能,视为未侵犯商标专用权。
>
> No.2-7-57.1.2-17　在判断商品上的标识是否属于商标性使用时,必须根据该标识的具体使用方式,看其是否具有识别商品或服务来源之功能。
>
> No.2-7-57.1.2-18　侵犯注册商标专用权意义上商标近似,应当是混淆性近似,是否造成市场混淆是判断商标近似的重要因素之一。
>
> No.2-7-60.2-1　工商行政管理部门在处理侵犯注册商标专用权纠纷时,认定侵权成立的,责令立即停止侵权行为,并可处以罚款。
>
> No.2-7-57.1.2-19　在产品中和对外宣传的醒目位置突出标注标识,对一般公众而言,该标识实际上起到了识别商品来源的作用,属于商标化使用行为。

No.2-7-57.1.7-3　复制、摹仿、翻译他人注册的驰名商标或其主要部分在不相同或者不相类似商品上作为商标使用，误导公众，致使该驰名商标注册人的利益可能受到损害的，属于侵犯他人注册商标权的行为。

No.2-7-57.1.7-4　在商品流通过程中去除原有商标，并作为自己的产品销售的行为，直接侵犯了商标权人所享有的商标专用权。

No.2-7-57.1.5-1　未经商标注册人同意，将其注册商标撤下后换上自己的商标并将该更换商标的商品又投入市场的行为，是商标侵权行为。

No.2-7-57-1　商品经营者在同一种或者类似商品上，将与他人注册商标相同字样的标志作为企业名称突出使用，或者将自己的注册商标拆分成与他人注册商标近似的标志使用，以此误导公众的，是侵犯注册商标专用权行为。

No.2-7-57-2　未经商标注册人许可将其商标在企业宣传中突出使用是商标侵权行为。

No.2-7-63.1-1　法院酌定侵权赔偿数额可突破法定赔偿上限。

No.2-7-58-3　当不同权利主体的商标专用权和企业名称权发生冲突时，应当适用维护公平竞争，尊重和保护在先合法权利，禁止混淆的原则进行处理。

No.2-7-58-4　在维护公平竞争秩序和社会公共利益的前提下，解决商标专用权与企业名称之权利冲突，应遵循诚实信用原则。

No.2-7-59.1-2　对注册商标中含有地名的，注册商标专用权人无权禁止他人合理、正当地使用。

No.2-7-57.1.7-5　未经许可擅自将商标权人在境外制造的商品输入国内销售并违反强制性认定规范的，构成侵权。

No.2-7-60.2-2　销售不知道是侵犯注册商标专用权的商品，能证明该商品是自己合法取得并说明提供者的，不承担赔偿责任。

No.2-7-57.1.7-6　注册、使用的域名与他人的注册商标相同或者近似，且无正当的注册、使用理由，并足以造成相关公众误认的，应认定为恶意注册、使用域名。

No.2-7-57.1.7-7　组合商标中的一部分特定商品具有较高知名度，并不意味着组合商标中的所有商标在特定商品以外的其他商品上同样具有较高知名度。

No.2-7-57.1.7-8　网络服务商在商标权利人或第三人提出网络商店售假，并提出相应的证据证实后应承担积极删除相关信息的义务。

No.2-7-57.1.7-9　当网络商店申请卖物品时，网络服务商应审查其身份；制定售假制裁规则，并在显著的地方予以公布。

No.2-7-57.1.7-10　市场的管理方负有善良管理人的注意义务，应对市场经营活动中侵犯商标权的行为进行监督管理。

No.2-7-57.1.7-11　在他人注册服务商标前，已经将该商标作为商品名称使用，只要行为人规范使用该商品名称，即不侵犯他人已注册的服务商标专用权。

No.2-7-57.1.7-12　将他人在先注册商标在相同或者类似商品上申请外观设计专利，不侵犯在先商标权，但该专利的实施造成相关公众混淆的，属于侵犯注册商标专用权的行为。

No.2-7-57.1.7-13　成员企业为彰显其成员企业的身份,在经营活动中使用关联公司的集团标识符合常理,且无不正当性。

No.2-7-57.1.7-14　对企业名称的简化使用不违反相关法律规定,属于合理使用。

No.2-7-57.1.7-15　将与他人注册商标相同或者相近似的文字注册为域名,并且通过该域名进行相关商品交易的电子商务,容易使相关公众产生误认的行为,属于《商标法》第57条第1款第7项规定的给他人注册商标专用权造成其他损害的行为。

No.2-7-57.1.7-16　商标的使用,包括将商标用于商品、商品包装或者容器以及商品交易文书上,或者将商标用于广告宣传、展览以及其他商业活动中。

No.2-7-58-5　将他人驰名商标作为自己的企业字号,足以造成相关公众对商标注册人与企业名称所有人产生误认或误解的,属于商标侵权。

No.2-7-59.1-3　当产品成分中含有他人注册商标名称,对产品成分中的该词汇进行描述性使用时,可以参考商业惯例等因素。

No.2-7-59.1-4　判断争议标识是否是产品通用名称需要考虑产品的特点和文化传统。

No.2-7-59.1-5　商品房销售者在广告宣传中使用他人注册商标中含有的地名来标注商品房地理位置,没有造成公众对商品房来源产生混淆、误认的,不构成侵犯注册商标专用权。

No.2-7-60.1-1　相关程序已经经过行政程序认定的,不应再提起确认不侵权之诉。

No.2-7-60.3-1　应结合产品来源、产品价格、产品及其商标的知名度以及销售者的实际经验和国家对该种产品采购、销售的特殊规定等综合因素,确定经营者是否"合法取得"侵权产品。

No.2-7-63.1-2　行政处罚不得代替民事责任或者作为减轻、免除民事责任的依据。

No.2-7-63.1-3　侵权商品销售者仅就其销售行为承担相应的责任。

No.2-7-63.1-4　侵犯商标专用权的赔偿数额,为侵权人在侵权期间因侵权所获得的利益,或者被侵权人在被侵权期间因被侵权所受到的损失,包括被侵权人为制止侵权行为所支付的合理开支。

No.2-7-67.3-1　销售明知是假冒注册商标的商品构成犯罪的,除赔偿被侵权人的损失外,还应依法追究刑事责任。

26 地理标志(《商标法》第56条)
案例:浙江省食品有限公司诉上海市泰康食品有限公司、浙江永康四路火腿一厂商标侵权纠纷案
案例来源:《中华人民共和国最高人民法院公报》2007年第11期[(2003)沪二中民五(知)初字第239号]
主题词:地理标志

地理标志

## 一、基本案情

原告：浙江省食品有限公司。

被告：上海市泰康食品有限公司（以下简称泰康公司）。

被告：浙江永康四路火腿一厂（以下简称永康火腿厂）。

原告系"金华火腿"注册商标的专用权人。注册商标由"金华火腿"字样外加印章型方框构成，是具有显著性特征的可视性标志。1986年，经国家工商行政管理局商标局（以下简称国家商标局）批准，原告对其注册商标在火腿表皮的具体使用样式做了适当改变，但具有与注册商标同等的法律效力。2003年7月，原告在上海市南京东路776号的被告泰康公司门店发现被告正在销售的火腿使用了原告的注册商标"金华火腿"，原告遂发函给泰康公司，告知"金华火腿"是原告的注册商标，要求其停止销售侵权商品。同年9月，原告在被告泰康公司门店再次发现其销售的火腿上印有"金华火腿"的字样，该火腿的生产单位是永康火腿厂。据查，上海南京东路步行街上4家销售火腿的公司有3家销售永康火腿厂的火腿，2003年销售量达到3万多只。原告认为，原告从未许可永康火腿厂使用"金华火腿"商标，因此，永康火腿厂擅自使用"金华火腿"字样，侵犯了原告的注册商标专用权。被告泰康公司明知销售的系侵犯他人注册商标专用权的商品，依照《商标法》第52条第2款的规定，也侵犯了原告注册商标专用权。据此，请求法院判令：（1）被告泰康公司立即停止销售侵权商品，公开向原告赔礼道歉；（2）被告永康火腿厂停止生产与原告注册商标相同或近似的侵权商品，公开向原告赔礼道歉；（3）被告永康火腿厂在30日内消除其生产火腿上与原告注册商标相同或近似的标识，收缴其擅自制作的"金华火腿"皮印；（4）两被告共同赔偿原告人民币5万元，两被告承担连带责任；（5）两被告共同赔偿原告公证费用人民币2 000元、公证时购买火腿费用人民币165元以及律师费人民币10 000元。

法院查明：1979年10月，浙江省浦江县食品公司在第33类商品（火腿）上申请注册了注册证号为第130131号商标。后商品使用类别由第33类转为商品国际分类第29类。商标注册证记载"商标金华牌"，该文字下面有一底色红色长方形纸张，纸张中有装饰性线条组成的方框，方框上端标有"发展经济 保障供给"，中间是"金华火腿"字样，下端有"浦江县食品公司"字样。该长方形红色纸张右下角有下列文字："注：'发展经济、保障供给'、企业名称及装潢不在专用范围内"字样。

1983年3月14日，该商标经核准转让给浙江省食品有限公司。2000年10月7日，商标注册人变更为原告浙江省食品有限公司。2002年12月，商标经续展注册有效期自2003年3月1日至2013年2月28日。

1986年8月21日，浙江省食品公司在向国家商标局《关于"金华"火腿商标事宜的请示》（以下简称《请示》）（食业〔1986〕174号）中提出："今后凡印制有'金华'火腿商标的火腿包装物、产品合格证等，以及'金华'火腿商标的宣传、广告，除去掉'发展经济，保障供给'、'浦江县食品公司'部分外，均按照注册证核准的'金华'火腿商标标识使用，并标明'注册商标'或注册标记；由于工艺上的特点，在火腿上直接印盖的'金华火腿'的字体与排列位置，仍按照历史沿用的样式使用，但是，不标明'注册商标'或者注册标记，以此区别于注册证核准的注册标识。"

2004年3月9日，国家商标局（商标案字〔2004〕第64号）《关于"金华火腿"字样正当使用问题的批复》（以下简称《批复》）认为，使用在商标注册用商品和服务国际分类第29类火腿商品上的"金华火腿"商标，是食品公司的注册商标；"金华特产火腿"、"XX（商标）金华火腿"和"金华XX（商标）火腿"属于《中华人民共和国商标法实施条例》第49条所述的正当使用方式；同时，在实际使用中，上述正当使用方式应当文字排列方向一致，字体、大小、颜色也应相同，不得突出"金华火腿"字样。

1992年8月、1997年10月、2001年3月和2004年1月，浙江省工商行政管理局先后认定原告"金华火腿"商标为浙江省著名商标。1985年12月国家质量奖审定委员会颁发给浙江省食品公司的金质奖章证书、1993年8月浙江省工商行政管理局等多家单位颁发给浙江省食品公司的浙江名牌产品证书、1998年8月浙江省人民政府授予浙江省食品公司的浙江名牌产品证书等，其中对原告获奖产品表述为"金华牌"金华火腿或"金华牌"特级金华火腿。2001年9月,浙江名牌产品认定委员会颁发给浙江省食品有限公司的浙江名牌产品证书中,对原告获奖产品的表述为"金华牌"火腿。浙江省杭州市中级人民法院(2003)杭民三初字第110号民事判决书,以及浙江省高级人民法院(2004)浙民三终字第154号民事判决书,对原告商标的表述为"金华牌"和"金华"火腿注册商标。

2003年9月24日,国家质检局发布2003年第87号公告,通过了对浙江省常山县火腿公司、永康火腿厂等55家企业提出的金华火腿原产地域产品专用标志使用申请的审核,并给予注册登记。自该日起,上述55家企业可以按照有关规定在其产品上使用"金华火腿"原产地域产品专用标志,获得原产地域产品保护。

2003年4月21日,永康火腿厂在核定使用的第29类商品(火腿、肉等)上申请注册了"真方宗"注册商标,注册有效期至2013年4月20日。同年6月,永康火腿厂被金华火腿行业协会评定为首届"金华火腿明星企业"。

2003年10月16日,金华火腿原产地域产品保护管理委员会核发给永康火腿厂《金华火腿原产地域产品专用标志使用证书》,证书编号为金原保(2003)第12号。同年11月12日,永康火腿厂与金华市质量技术监督检测中心签订《金华火腿原产地域产品质量责任书》。

2003年7月27日,原告食品公司向泰康公司发函,告知"金华火腿"系原告注册商标,要求其在收到函件后,立即停止销售侵犯原告注册商标专用权的火腿,否则将采取相关的法律行动。

经审理,上海市第二中级人民法院根据《中华人民共和国民法通则》第96条、《中华人民共和国商标法》第16条、第51条、《中华人民共和国商标法实施条例》第6条第1款、第49条的规定,判决对原告浙江省食品有限公司的诉讼请求不予支持。

二、裁判要旨

**No.2-7-56-1** 商标注册时的历史背景以及商标注册证上记载的内容可以用来确定商标专用权的保护范围。

根据《民法通则》和《商标法》的规定,公民、法人和其他组织的注册商标专用权受我国法律保护。注册商标的专用权,以商标行政管理部门核准注册的商标和核定使用的商品为限。原告注册证号为第130131号注册商标,经商标行政部门注册并经续展,目前仍然有效,该注册商标的商标专用权受我国法律保护。

关于原告注册商标的专用权保护范围,应当根据商标当时注册的历史背景以及商标注册证上记载的内容确定。原告商标注册证是一个完整的整体,该商标注册于20世纪70年代末,那时注册商标的形式、商标注册证等,与目前有明显的不同,但是这并不改变商标专用权的保护范围。原告商标注册证右下角注中明确注明将"'发展经济、保障供给'、企业名称及装潢内容"排除在专用范围外,国家商标局作为我国商标注册和管理工作的主管部门也在其《批复》中明确,食品公司的注册商标为"金华火腿"商标。由此可以认定,原告注册商标专用权保护范围的核心是"金华火腿"。被告永康火腿厂称原告注册商标的专用权保护范围仅仅为"金华"的观点,与事实不符,不予支持。

**27** 注册商标专用权(《商标法》第56条、第57条第1款第2项)

案例:厦门市雅宝电脑有限公司与北京今点万维网络技术有限公司、北京雅宝在线拍卖有限公司注册商标侵权纠纷案
案例来源:《人民法院案例选》2002年第2辑[(2001)高知终字第99号]
主题词:商标专用权范围 类似服务

一、基本案情

  原告(上诉人):厦门市雅宝电脑有限公司(以下简称厦门雅宝公司)。

  被告(被上诉人):北京今点万维网络技术有限公司(以下简称今点万维公司)。

被告（被上诉人）：北京雅宝在线拍卖有限公司（原北京雅宝拍卖有限公司，以下简称雅宝拍卖公司）。

原告厦门雅宝公司是 1992 年成立的有限责任公司，其经营范围为计算机网络工程设计、安装、计算机应用软件、系统软件设计、开发、办公设备维修等。

2001 年 11 月 23 日，厦门市公证处出具了（2000）年厦证经字第 12785 号公证书，该公证书对今点万维公司在"雅宝拍卖网"上使用"雅宝"标识的情况进行现场公证。该网网址为 http://www.yabuy.com，网页署名为"北京今点万维网络技术有限公司版权所有 Copyright@ ,1999—2000"。在公证书中载明：通过 163 拨号上网方式进入 Internet，打开 Internet Explorer 浏览器，输入"雅宝拍卖网"http://www.yabuy.com 后，进入"雅宝拍卖网"主页，拍照并打印了该页面。点击主页上的超级链接"更多新闻"后，进入"雅宝新闻与动态"页面，拍照并打印了该页面……在公证书中记录了各操作步骤及打印结果，并以附件 1 至附件 8 的形式记录在公证书内。经查在被告网站的显著位置和栏目中多处出现"雅宝"的文字标识。

雅宝拍卖公司于 2000 年 6 月成立，2000 年 6 月 22 日，取得北京市公安局颁发的公特京拍字第 HK0009 号特种行业许可证，经营范围为拍卖企业股权、知识产权、工农业产品、房地产房屋使用权、专利技术等。2001 年 2 月 20 日，该公司取得北京市工商行政管理局颁发的网站名称注册证书、经营性网站备案登记证书，该证书载明：注册网站名称为"雅宝拍卖网"，网站所有者为"北京雅宝在线拍卖有限公司"。

今点万维公司于 1999 年 5 月成立，同年 6 月开通雅宝竞拍卖网。2000 年 6 月 30 日，该公司将雅宝竞拍卖网的资产转让给被告雅宝拍卖公司。雅宝拍卖公司于同年 10 月开始经营雅宝竞拍卖网。

北京市第一中级人民法院认为，原告注册的"雅宝"文字商标，从服务商标类别看属于电信服务。主要服务范围是电信设施和电信技术服务。被告使用"雅宝"的文字标识是以网站的方式提供拍卖信息服务，注册的网站名称、网主的企业名称、网页设计、栏目设置、服务内容具有明显的拍卖行业的特征。被告的服务类别与原告注册商标的服务类别，不属于商标法所称的相同和类似的服务。因此，被告使用"雅宝"文字标识的行为，没有侵犯原告的商标专用权，原告对被告侵犯其商标专用权的指控，不能成立。

北京市第一中级人民法院根据 2001 年《中华人民共和国商标法》第 38 条第 1 项（现行《商标法》第 51 条第 1 项）的规定，判决：驳回原告厦门市雅宝电脑有限公司的诉讼请求。厦门雅宝公司向北京市高级人民法院提起上诉。二审维持原判。

二、裁判要旨

No.2-7-56-2　**注册商标专用权，以核准注册的商标和核定使用的商品为限。**

注册商标专用权的保护范围，以核准注册的商标和核定使用的商标或服务为限，超范围的内容不在保护范围之内。本案中，厦门雅宝公司注册服务商标核定使用的服务项目与今点万维公司、雅宝拍卖公司提供的网上拍卖服务虽然在信息处理的技术手段和方式上有相同或相似之处，但两者的服务对象、服务内容均不相同。厦门雅宝公司注册服务商标核定使用的服务项目属于国际分类第 38 类，在类似商品和服务区分表中被归入第 3802"通讯服务"类群。今点万维公司和雅宝拍卖公司经营的"雅宝拍卖网"站，主要是利用互联网提供拍卖信息服务，从网络名称、网主的企业名称、网页设计、栏目设置、服务内容来看，都反映了显著的拍卖行业特征。拍卖服务属于国际分类第 35 类，在类似商品和服务区分表中被归入第 3503"销售（合同）代理"类群。二被上诉人在"雅宝拍卖网"站使用"雅宝"文字标识，不会导致消费者对服务的提供者产生混淆和误认，二被上诉人并未侵犯厦门雅宝公司的注册商标专用权，厦门雅宝公司的上诉理由不成立。

No.2-7-57.1.2-9　**判断类似服务，应当根据服务的内容及其本质特征确定。**

原告注册的"雅宝"文字商标，从服务商标类别看属于电信服务。主要服务范围是电信设施和电信技术服务。被告使用"雅宝"的文字标识是以网站的方式提供拍卖信息服务，被告注册的网站名称、网主的企业名称、网页设计、栏目设置、服务内容均具有明显的拍卖行业的特征。因此,厦门雅宝公司注册服务商标核定使用的服务项目与今点万维公司、雅宝拍卖公司所从事的拍卖服务,并不构成类似服务。

**28** 以三维标志作为商标的特殊要求(《商标法》第57条第1款第2项、第59条第3款)
**案例**:开平味事达调味品有限公司诉雀巢产品有限公司确认不侵犯注册商标专用权纠纷案
案例来源:中国知识产权裁判文书网[(2010)粤高法民三终字第418号]
主题词:立体商标

一、基本案情

上诉人(原审被告):雀巢产品有限公司(以下简称雀巢公司)。

被上诉人(原审原告):开平味事达调味品有限公司(以下简称味事达公司)。

味事达公司成立于1996年,其前身为开平县酱料厂。开平县酱料厂至迟于1983年开始使用一款棕色(或透明,以下略)方形瓶作为其生产的"潭江桥"牌味极鲜酱油产品的外包装,该款产品于1984年曾获得广东省第一轻工业厅颁发的"优秀四新产品"二等奖。之后,该款产品曾多次获得各种奖项,例如:开平县1984年优秀科技成果四等奖、1985年江门市优质产品奖、1990年广东省酱油酱料行业优秀产品奖,等等。

1992年11月,经广东省企业股份制试点联审小组和广东省经济体制改革委员会批复同意,开平县酱料厂进行股份制改制,由其独家发起设立广东开平味事达集团股份有限公司。1996年8月,经开平市经济委员会和开平市对外经济贸易委员会批复同意,由广东开平味事达集团股份有限公司与新加坡嘉士利私人控股有限公司共同出资,成立中外合资经营企业开平味事达调味品有限公司,即本案原告。广东开平味事达集团股份有限公司和味事达公司成立后,继续在其生产的"味事达 Master"味极鲜酱油产品上持续使用前述的棕色方形瓶作为该产品的外包装。并且,由于味事达公司生产的"味事达 Master"味极鲜酱油质量优异、产销量较大、在同类产品中所占市场份额居前,在相关公众中享有较高的知名度,国家工商行政管理总局商标局于2008年3月5日批复认定味事达公司注册于第30类酱油商品上的"味事达 Master"商标为驰名商标。

雀巢公司为瑞士联邦企业法人,注册成立于1936年,其经营范围主要包括:各类食品、营养品、药品、医疗用品、化妆品和保健品的生产、销售和配送等,现其主体资格仍然存在。1995年7月27日,雀巢公司将先前使用的一款棕色方形瓶黄色尖顶瓶盖作为立体商标申请国际注册并获得核准。其后,雀巢公司于2002年3月14日,根据《商标国际注册马德里协定》向我国提出该"棕色方形瓶黄色尖顶瓶盖"立体商标国际领土延伸申请。2002年11月27日,国家工商行政管理总局商标局经审查驳回了雀巢公司提出的该商标申请。雀巢公司遂向商标评审委员会申请复审,2005年7月27日,该商标经复审后获得注册,注册号为:第G640537号,核定使用商品为国际商品分类第30类"食用调味品",有效期自2005年7月27日至2015年7月27日。

2008年7月21日,雀巢公司在《南方都市报》发布声明称:第G640537号商标是雀巢公司在中国已经获得注册的注册商标,受中国法律的保护。任何未经雀巢公司许可或授权,擅自在相同或者近似商品上使用此商标的行为,均构成侵权行为。

2008年10月23日,北京正理商标事务所有限公司(以下简称正理公司)向味事达公司发出《关于要求你公司立即停止商标侵权行为的函》称:正理公司受雀巢公司委托,负责处理雀巢公司在中国相关的知识产权法律事务。近期,雀巢公司发现你公司在生产的调味品(酱油)上使用了雀巢公司已经注册的商标。根据《中华人民共和国商标法》第52条的规定,你公司在未经雀巢公司授权和许可的前提下,在你公司生产的调味品产品上使用与雀巢公司商标相近似的商标,不仅淡化了该商标的显著性,而且极易使消费者误认你公司销售的产品是雀巢公司的产品,从而误导消费者。你公司的上述行为已经侵犯了雀巢公司的注册商标专用权。因此,正理公司现代表雀巢公司,要求你公司从此函送达之日起10日内,作出如下承诺及行动:

立即停止一切侵权行为,停止生产或委托他人生产任何带有与雀巢公司该注册商标相同或者近似的商标的产品。

将你公司尚存的带有争议商标的物品(包括但不限于:产品、包装物、宣传品等)予以销毁并将销毁照片寄交或送交正理公司代理人。

向雀巢公司作出书面道歉和承诺,保证今后不再发生侵犯雀巢公司知识产权的行为。

请你公司务必在收到本函之日起10日内将前述资料及证明寄交雀巢公司代理人。如你公司未按要求在10日内完成上述工作,或者拒绝完成上述工作,雀巢公司将考虑对你公司采取进一步的法律行动。

2008年11月5日,正理公司再次致函味事达公司称:你公司10月30日的回函收悉。对于你公司在处理此事时所采取的态度,我们深表遗憾。在此,我们就相关事宜,向你公司再次作出说明:(1) 国家依法保护注册商标专用权……(2) 关于第G640537号商标的发展历史和使用情况……(3) 保护和维护注册商标专用权是雀巢公司一贯坚持的原则……我们重申,雀巢公司的第G640537号商标获得了商标注册,依法享有商标专用权。希望你公司在收到本函后,能够悬崖勒马,立即停止侵权行为,并以书面形式向雀巢公司保证今后不再使用该款瓶型。否则,雀巢公司将对你公司采取进一步的法律行动,并不再另行通知,等等。

一审法院另查明:目前,国内多家调味品生产企业使用棕色方形瓶作为液体产品的容器和外包装。如:广东美味鲜调味食品有限公司生产的厨邦牌美味鲜酱油、佛山市海天调味食品有限公司生产的海天牌味极鲜酱油、加加集团(长沙)有限公司生产的加加牌味极鲜酱油、厦门淘化大同调味品有限公司生产的淳珍味牌味极鲜酱油、广东省食品进出口集团有限公司生产的珠江桥牌御品鲜酱油、青岛灯塔酿造有限公司生产的灯塔牌海苔九品鲜酱油,等等。

2008年11月24日,味事达公司称为维护自身合法权益,有效制止雀巢公司对味事达公司正常经营的干扰和损害,起诉至原审法院,请求判令:(1) 确认味事达公司在其生产销售的酱油等商品上使用棕色方形瓶、透明方形瓶包装的行为,不构成对雀巢公司第G640537号注册商标专用权的侵犯;(2) 雀巢公司承担本案全部诉讼费用。

原审法院依照《中华人民共和国商标法》第52条第1项、《中华人民共和国商标法实施条例》第50条第1项、最高人民法院《关于审理商标民事纠纷案件适用法律若干问题的解释》第9条第2款之规定,判决:确认开平味事达调味品有限公司在其生产销售的酱油等商品上使用棕色(或透明)方形包装瓶的行为,不构成对雀巢产品有限公司第G640537号注册商标专用权的侵犯。本案案件受理费1 000元,由雀巢产品有限公司负担。雀巢公司不服原审判决,向广东省高级人民法院提起上诉,经审理,广东省高级人民法院认为原审判决认定事实清楚,适用法律正确,依法应予维持。

二、裁判要旨

**No.2-7-57.1.2-10 判定商标侵权,应考虑使用商标是否存在主观恶意,并足以造成相关公众对其产品来源产生误认或与商标权人存在特定联系的混淆。**

本案系确认不侵犯注册商标专用权纠纷。根据双方当事人的诉辩主张,本案争议的焦点问题是:味事达公司在其生产的味极鲜酱油产品上使用棕色方形包装瓶的行为是否侵犯了雀巢公司注册的第G640537号立体商标的商标专用权。

我国《商标法》第52条第1项规定:"未经商标注册人的许可,在同一种商品或类似商品上使用与其注册商标相同或者近似的商标的",属于侵犯注册商标专用权的行为。《商标法实施条例》第50条第1项规定:"在同一种或者类似商品上,将与他人注册商标相同或者近似的标志作为商品名称或者商品装潢使用,误导公众的"行为,属于侵犯注册商标专用权的行为。最高人民法院《关于审理商标民事纠纷案件适用法律若干问题的解释》第9条第2款规定:"商标法第五十二条第(一)项规定的商标近似,是指被控侵权的商标与商标权人的注册商标相比较,其文字的字形、读音、含义或者图形的构图及颜色,或者其各要素组合后的整体结构相似,或者其立体形状、颜色组合近似,易使相关公众对商品的来源产生误认或者认为其来源与商标权人的注册商标的商品有特定的联系。"另外,侵犯注册商标专用权一般均属故意为之,侵权人在主观上存在侵权的故意。因此,根据本案争议的焦点问题,并结合上述法律规定,本案应重点审查味事达公司使用棕色方形包装瓶的行为是否存在主观恶意,并足以造成相关公众对其产品来源产生误认或认为其与雀巢公司存在特定联系,进而判定是否构成侵权。

1. 从本案查明的事实分析,味事达公司的前身开平县酱料厂至迟于1983年已经开始使用涉案的棕色方形包装瓶。其后在开平县酱料厂进行股份制改制,成立广东开平味事达集团股份有限公司及至成立味事达公司后,该两公司均继续在其酱油产品上使用该款棕色方形包装瓶。因此,味事达公司使用该款包装瓶具有其特定的历史渊源。尽管雀巢公司诉称其注册为商标的该款瓶形早在1886年即由Julius Maggi设计出来,并被使用于雀巢公司的产品上,其使用的时间远远早于味事达公司,但该款瓶形在我国被核准注册为商标的时间是2005年7月27日,就本案而言,味事达公司使用该款棕色方形包装瓶的时间早于雀巢公司的商标注册时间。并且,雀巢公司的涉案注册商标注册时间较短,尚未具有较高的知名度。在本案诉讼中,雀巢公司亦未能提交相关证据证明其在取得涉案商标后,单独使用该商标作为其产品来源的标识,从而使该商标在相关公众中产生了与雀巢公司具有直接对应关系的较高的识别度。而味事达公司使用该款包装瓶包装销售的"味事达Master"味极鲜酱油,其"味事达Master"注册商标已被国家工商行政管理总局商标局于2008年3月5日批复认定为驰名商标,具有较高的知名度。因此,在本案中,并不足以认定味事达公司使用该款包装瓶具有"搭便车""傍名牌"、误导消费者的侵权恶意。

2. 味事达公司在使用该款棕色方形瓶时,其用途是作为液体产品的容器和外包装,并非作为商标使用。将味事达公司使用的该款包装瓶与雀巢公司的涉案注册商标相比较,可以看出二者除瓶盖的设计不同外,其余部位基本相同,二者构成近似。但味事达公司在使用该款包装瓶时,并非单独以此包装瓶作为产品识别的标识,在味事达公司所使用的该款包装瓶的瓶身居中位置相对称的正反两面,均以立体凸刻的方式显著标示了味事达公司的"味事达Master"商标;在味事达公司设计的为配合该款包装瓶所使用的瓶贴上,也清楚地标注了"味事达Master"商标、"味极鲜酱油"的产品名称、生产企业的名称、地址、产品简介等产品信息以及中国驰名商标、中国名牌等标记。因此,在相关公众施以一般注意力的情况下,二者差异明显,易于区分,并不会造成误认和混淆。

综上所述,味事达公司在其生产销售的"味事达Master"牌味极鲜酱油产品上所使用的棕色方形包装瓶,虽然与雀巢公司注册的立体商标构成近似,但消费者在购买该产品时,并不会与雀巢公司的商标相混淆,亦不会认为该产品与雀巢公司存在特定联系进而产生误认,因此味事达公司使用该款棕色方形包装瓶的行为,并不构成对雀巢公司商标专用权的侵犯。

**No.2-7-59.3-1 判断涉及立体商标侵权时,应结合争议产品的包装、装潢及商标等整体能够被消费者看到的所有部分与涉案注册商标进行比对。**

关于味事达公司使用的被诉侵权物整体是否会与第G640537号注册商标产生混淆和误认的问题。《商标法》第52条第1项规定,未经商标注册人的许可,在同一种商品或者类似商品上使用与其注册商标相同或者近似的商标的行为,属于侵犯注册商标专用权。最高人民法院《关于审理商标民事纠纷案件适用法律若干问题的解释》第9条第2款规定:"商标法第五十二条第(一)项规定的商标近似,是指被控侵权的商标与原告的注册商标相比较,其文字的字形、读音、含义或者图形的构图及颜色,或者其各要素组合后的整体结构相似,或者其立体形状、颜色组合近似,易使相关公众对商品的来源产生误认或者认为其来源与原告注册商标的商品有特定的联系。"从该规定看,商标近似不仅要求外观的相近,而且要求"易使相关公众对商品的来源产生误认或者认为其来源与原告注册商标的商品有特定的联系"。因此,商标近似并不必然产生混淆之结果。

从本案事实看,首先被诉侵权物不是棕色方形瓶本身,因为味事达公司不是将棕色方形瓶作为商标使用,而是作为包装物使用。因此在进行比对时,必须结合味事达公司酱油产品的包装、装潢及商标等整体能够被消费者看到的所有部分。与涉案注册商标进行比对,将味事达公司所使用的被诉侵权物与雀巢公司涉案注册商标相比较,味事达公司在其所使用的棕色方形瓶瓶身居中位置相对称的正反两面,以立体凸刻的方式标明了味事达公司的"味事达 Master"商标,在瓶贴上也标明了"味事达 Master"商标。而且,味事达公司在棕色方形瓶上使用的瓶贴上,也加注了其他的说明性文字,如瓶贴上标明了产品名称"味极鲜酱油",并标明了生产企业的名称、地址、产品简介等信息。由于"味事达 Master"商标已被国家工商行政管理总局商标局认定为驰名商标,具有显著的识别性,在中国境内也为相关公众广为知晓,消费者已将"味事达 Master"商标与味事达公司紧密联系在一起,故消费者不会对味事达公司被诉侵权商品的来源产生误认或者认为其来源与雀巢公司涉案注册商标的商品有特定的联系。

我国商标法赋予商标权人享有专用权的同时,也对商标专用权进行了限制,即商标的合理使用。从味事达公司使用棕色方形瓶的历史沿革来看,味事达公司早在1983年就开始使用棕色方形瓶作为产品的外包装,且一直使用至今。现有证据显示,雀巢公司涉案注册无论在我国核准注册的时间,还是在我国实际使用的时间,均晚于味事达公司使用棕色方形瓶的时间。因此,味事达公司使用该棕色方形瓶作为包装,主观上不具有非正当的搭便车意图,客观上也未造成消费者的混淆误认,所以味事达公司的该行为不构成侵权。

## 29 商标近似(《商标法》第 57 条第 1 款第 2 项)

**案例**:(法国)拉科斯特股份有限公司与(新加坡)鳄鱼国际机构私人有限公司、上海东方鳄鱼服饰有限公司北京分公司侵犯商标专用权纠纷案
**案例来源**:《最高人民法院知识产权审判案例指导》第 3 辑[(2009)民三终字第 3 号]
**主题词**:商标近似　混淆性近似

### 一、基本案情

上诉人(一审原告):(法国)拉科斯特股份有限公司(LACOSTE)(以下简称拉科斯特公司)。

被上诉人(一审被告):(新加坡)鳄鱼国际机构私人有限公司(CROCODILE INTERNATIONAL PTE LTD)(以下简称鳄鱼国际公司)。

被上诉人(一审被告):上海东方鳄鱼服饰有限公司北京分公司(以下简称上海东方鳄鱼公司)。

拉科斯特公司创办于 1933 年,同年在法国注册"鳄鱼图形"商标,此后其产品主要在欧洲销售。20 世纪 60 年代,拉科斯特公司开始将其产品推向亚洲。70 年代末,其产品进入中国香港。1980 年,拉科斯特公司在中国大陆注册了"鳄鱼图形"商标,其产品于 1984 年正式进入中国,但数量有限,1994 年正式开设专柜或专卖店。2000 年 5 月 11 日,拉科斯特公司向原审法院起诉称,自 1980 年以来,其先后在中国注册了一系列"鳄鱼图形"商标,根据中国的法律规定,其公司对注册的"鳄鱼图形"商标享有专用权。1995 年,其公司发现鳄鱼国际公司在中国建立了多家店面,其招牌上印有写实风格的鳄鱼图形,销售标有"鳄鱼图形"商标的服装产品。其公司分别于 1995 年和 1998 年向鳄鱼国际公司提出警告。此外,鳄鱼国际公司及其在北京的代理商上海东方鳄鱼公司至今仍在北京地区销售带有"鳄鱼图形"商标的服装和其他相关产品。二被告使用的"鳄鱼图形"商标与其公司的"鳄鱼图形"注册商标构成近似,侵犯了其在第 25 类服装及其他相关类别商品上的注册商标专用权,违反了《中华人民共和国商标法》的有关规定。故请求:(1)判令二被告停止侵害,即停止在相同或类似商品上使用与其公司之注册商标近似的商标标识;(2)判令二被告赔偿经济损失人民币 300 万元;(3)判令二被告消除影响;(4)判令二被告承担本案全部诉讼费用。

鳄鱼国际公司的前身系陈贤进于 1943 年在新加坡创办的利生民公司,该公司于 1949 年申请并于 1951 年在新加坡获准注册了"crocodile + 鳄鱼图形"商标。利生民公司产品于 1953 年进入中国香港,主要在东南亚地区销售。1983 年,利生民公司更名为鳄鱼国际公司。1993 年,鳄鱼国际公司在中国大陆申请注册"CARTELO 及图"商标,其产品于 1994 年进入中国市场。利生民公司曾于 1969 年在日本大阪向法院提起民事诉讼,指控拉科斯特公司侵犯其商标权。1973 年双方在大阪高等法院达成和解:利生民公司同意拉科斯特公司在日本注册"鳄鱼图形"商标。

1983年6月17日,双方还签订协议,意图在于:(1) 结束并最终解决双方之间未决的所有法律纠纷、法律行为、分歧、争议和请求;(2) 开发其自己的业务;(3) 合力反对第三方侵权人;(4) 双方希望在本协议第一条所列国家开展合作;(5) 拉科斯特公司愿意付给利生民公司过去支付"鳄鱼"商标保护和防御费用的补偿金;(6) 双方同意其各自徽标可在相关市场中共存不致混淆;(7) 双方还打算如有可能在世界其他地方进行合作。此外,双方约定的地域包括中国台湾、新加坡、印度尼西亚、马来西亚、文莱。

拉科斯特公司于1980年10月30日在中国注册了第141103号"鳄鱼"图形商标,核定使用商品为第25类衣服;于1996年10月7日在中国注册了第879258号"鳄鱼"图形商标,核定使用商品为第25类腰带;于1997年2月7日在中国注册了第940231号"鳄鱼图形+LACOSTE"商标,核定使用商品为第18类皮革及仿皮革,及其制品,包括皮包、钱包等;于1999年9月28日在中国注册了第1318589号"鳄鱼"图形商标,核定使用商品为第25类领带、鞋等。鳄鱼国际公司于1993年12月24日向中华人民共和国国家工商行政管理总局商标局(以下简称商标局)申请了第1331001号"CARTELO及图"商标,使用商品为第25类服装、西装、夹克、大衣、皮衣(服装)、皮质长外衣、裘皮衣服、内衣、内裤、汗衫、裙子、裤子、运动衫、针织品(服装);于1994年6月29日申请了第1343051号"CARTELO及图"商标,使用商品为第18类皮革、旅行包、钱包、包装用皮袋(包、小袋)、伞。上述两商标已于2007年12月14日经北京市高级人民法院(2007)高行终字第178、277号行政判决认定,予以核准注册,现判决已经生效。北京市高级人民法院(2007)高行终字第178号行政判决认定,鳄鱼国际公司申请的第1331001号"CARTELO及图"商标与拉科斯特公司合法拥有的第141103号"鳄鱼图形"商标相比较,二者图形部分近似,但主要部分及各要素组合后的整体结构并不相同或近似。以相关公众的一般注意力在隔离状态下观察,并考虑第141103号"鳄鱼图形"商标的显著性和知名度,二者之间可能会产生某种联想,但不会产生混淆和误认。北京市高级人民法院(2007)高行终字第277号行政判决认定,鳄鱼国际公司申请的第1343051号"CARTELO及图"商标与拉科斯特公司合法拥有的第213407号"鳄鱼图形+LACOSTE"商标,二者图形部分近似,但主要部分及各要素组合后的整体结构并不相同或近似。以相关公众的一般注意力在隔离状态下观察并考虑拉科斯特公司第213407号"鳄鱼图形+LACOSTE"商标的显著性和知名度,二者之间可能会产生某种联想,但不会产生混淆和误认。

2000年4月25日,拉科斯特公司在北京购买了鳄鱼国际公司和上海东方鳄鱼公司出品的"卡帝乐鳄鱼T恤"一件,单价为人民币886元(以下简称被诉侵权产品1)。本案诉讼发生后,其又于2002年7月29日在北京购买了"卡帝乐白色衬衫"(以下简称被诉侵权产品2)、"卡帝乐黑色皮包"(以下简称被诉侵权产品3)、"卡帝乐夹克"(以下简称被诉侵权产品4)、"卡帝乐T恤"(以下简称被诉侵权产品5)、"卡帝乐裤子"(以下简称被诉侵权产品6)、"卡帝乐礼盒"(内含领带、钱包、皮带)(以下简称被诉侵权产品7)、"卡帝乐女鞋"(以下简称被诉侵权产品8)。被诉侵权产品1—8在其外包装及产品吊牌上均使用了"CARTELO及图"商标。被诉侵权产品1、2、4、5、6在衣领或后腰处,被诉侵权产品7礼盒中的领带背面以及被诉侵权产品8女鞋鞋底内面均使用了"CARTELO及图"商标;被诉侵权产品3皮包正面、被诉侵权产品7礼盒中的钱包正面及皮带扣正面均使用了"CARTELO"字样。此外,被诉侵权产品1、2、4、5、6均在前胸或后腰上单独使用了"鳄鱼图形"商标;被诉侵权产品3及被诉侵权产品7礼盒中的钱包均在产品正面单独使用了"鳄鱼图形"商标;被诉侵权产品7礼盒中的领带正面及被诉侵权产品8的产品正面或鞋面、鞋底均单独使用了"鳄鱼图形"商标;被诉侵权产品7礼盒中的皮带在产品正面和背面单独使用了"鳄鱼图形"商标。

另外,分别于2005年10月22日、2005年12月20日、2006年4月20日发生法律效力的中华人民共和国吉林省长春市中级人民法院(2005)长民三初字第94号、中华人民共和国湖北省高级人民法院(2005)鄂民三终字第9号、北京市高级人民法院(2006)高民终字第169号民事判决认定,长春市新百信商贸有限责任公司、武汉武商集团股份有限公司世贸广场购物中心、北京西单赛特商城有限责任公司销售的单独标示"鳄鱼图形"的相关商品侵犯了拉科斯特公司第141103、879258、1318589号"鳄鱼图形"注册商标专用权。

本案中,拉科斯特公司主张,被诉侵权产品1、2、4、5、6侵犯了其第141103号"鳄鱼图形"注册商标;被诉侵权产品3及被诉侵权产品7礼盒中的钱包侵犯了其第940231号"鳄鱼图形+LACOSTE"注册商标;被诉侵权产品7礼盒中的领带及被诉侵权产品8侵犯了其第1318589号"鳄鱼图形"注册商标;被诉侵权产品7礼盒中的皮带侵犯了其第879258号"鳄负图形"注册商标。

原审法院经审理认为,已经发生法律效力的北京市高级人民法院(2007)高行终字第178、277号行政判决确认:鳄鱼国际公司于1993年12月24日、1994年6月29日申请的第1331001、1343051号"CARTELO及图"商标予以核准注册,并且认定"CARTELO及图"商标与"鳄鱼图形""鳄鱼图形+LACOSTE"商标之间不会产生混淆和误认,故本案被诉侵权产品1—8在实际销售时其外包装及产品吊牌上均使用的"CARTELO及图"商标,与拉科斯特公司主张权利的第141103、940231、1318589、879258号注册商标不会造成消费者的混淆和误认,也就是说,鳄鱼国际公司、上海东方鳄鱼公司出品的被诉侵权产品1—8在外包装及产品吊牌上使用"CARTELO及图"商标,并未侵犯拉科斯特公司的商标专用权。同样,被诉侵权产品3皮包正面、被诉侵权产品7礼盒中的钱包正面及皮带扣正面使用的"CARTELO"字样与拉科斯特公司主张权利的四个注册商标也不会造成消费者的混淆和误认,未侵犯拉科斯特公司的注册商标专用权。

原审法院依照《中华人民共和国商标法》第52条第1项、最高人民法院《关于审理商标民事纠纷案件适用法律若干问题的解释》第10条之规定,于2008年12月12日判决驳回拉科斯特公司的诉讼请求。案件受理费25 010元,由拉科斯特公司负担。

拉科斯特公司不服前述判决,向最高人民法院上诉。最高人民法院认为,拉科斯特公司的上诉理由不能成立,原审判决认定事实基本清楚,依据《中华人民共和国民事诉讼法》第153条第1项、第2项之规定,判决:驳回上诉,维持原判。

二、裁判要旨

**No.2-7-57.1.2-11 侵犯注册商标专用权意义上的商标近似,应当是指混淆性近似,即足以造成市场混淆的近似。**

《商标法》第52条第1项规定:"未经注册商标所有人的许可,在同一种商品或者类似商品上使用与其注册商标相同或者近似的商标的",构成侵犯注册商标专用权行为。最高人民法院《关于审理商标民事纠纷案件适用法律若干问题的解释》第9条第2款规定:"商标法第五十二条第(一)项规定的商标近似,是指被控侵权的商标与原告的注册商标相比较,其文字的字形、读音、含义或者图形的构图及颜色,或者其各要素组合后的整体结构相似,或者其立体形状、颜色组合近似,易使相关公众对商品的来源产生误认或者认为其来源与原告注册商标的商品有特定的联系。"参照该司法解释的规定及根据审判实际,认定被诉标识与原告请求保护的注册商标是否构成《商标法》第52条第1项规定的近似商标,通常要根据诉争标识文字的字形、读音、含义或者图形的构图及颜色等构成要素的近似性进行判断,且将是否造成混淆作为重要判断因素。因此,侵犯注册商标专用权意义上的商标近似应当是指混淆性近似,即足以造成市场混淆的近似。由于不同案件诉争标识涉及情况的复杂性,认定商标近似除通常要考虑其构成要素的近似程度外,还可以根据案件的具体情况,综合考虑其他相关因素,在此基础上认定诉争商标是否构成混淆性近似。诉争商标虽然在构成要素上具有近似性,但综合考量其他相关因素,仍不能认定其足以造成市场混淆的,不认定其构成侵犯注册商标专用权意义上的近似商标。就本案而言,在拉科斯特公司主张权利的注册商标中,其鳄鱼头朝右,嘴巴大张,躯干及尾部上布满块状鳞片或装饰有横向条纹,其中第213407号注册商标鳄鱼图形下还显著标有LACOSTE文字;鳄鱼国际公司使用的被诉标识1、2中的鳄鱼头朝左,被诉标识1中的鳄鱼图形躯干上的鳞片呈立体状,被诉标识2中的鳄鱼图形整体颜色为黄绿色或黄色,嘴巴张开露出红色,躯干上有斜向排列的条纹。被诉标识1、2与拉科斯特公司的系列注册商标相比,其均为鳄鱼图形,具有一定的近似性,但被诉标识1、2中的鳄鱼头部朝向、体型、鳞片、颜色均与拉科斯特公司主张权利的鳄鱼图形不同。特别是,双方之间的诉争商标在相关市场中具有特殊的形成历史和发展历程,有特殊的使用和共存状况,在本案中认定诉争商标是否构成侵犯注册商标专用权意义上的近似商标,既不能割裂各自形成和发展的历史,又不能无视相互之间的共存过程和使用状态,否则,就难以作出公平合理的裁判。因此,就本案诉争商标具体情况而言,在认定其是否近似时,仅仅比对标识本身的近似性是不够的,还必须综合考量鳄鱼国际公司的主观意图、双方共存和使用的历史与现状等因素,结合相关市场实际,进行公平合理的判断。

1. 鳄鱼国际公司前身系陈贤进于1943年在新加坡创办的利生民公司,该公司于1949年申请并于1951年在新加坡获准注册了"crocodile+鳄鱼图形"及"鳄鱼图形"商标。利生民公司产品于1953年进入中国香港,主要在东南亚地区销售。根据现有证据并考虑1949年的国际经济情况及拉科斯特公司20世纪60年代始进入亚洲市场等事实,不足以认定当时的利生民公司系抄袭模仿拉科斯特公司申请注册的相关商标而申请注册的"crocodile+鳄鱼图形"商标。进入中国市场后,鳄鱼国际公司继续使用与其在亚洲相关国家业已注册商标相应的有关鳄鱼标识。而且,根据原审法院查明的事实,鳄鱼国际公司在其被诉侵权产品1—8外包装及产品吊牌上均使用了"CARTELO及图"商标;被诉侵权产品1、2、4、5、6在衣领或后腰处,被诉侵权产品7礼盒中的领带背面以及被诉侵权产品8女鞋鞋底内面均使用了"CARTELO及图"商标;被诉侵权产品3皮包正面、被诉侵权产品7礼盒中的钱包正面及皮带扣正面均使用了"CARTELO"字样。被诉标识这种使用环境和状态,足以使其双方的相关产品区别明显。上述事实足以表明,鳄鱼国际公司进入中国市场后使用相关商标,主要是对其已有商标的沿用,且在实际使用中也有意区分诉争标识。因此,鳄鱼国际公司之行为不同于刻意模仿名牌奢侈品的假冒行为,其主观上并无利用拉科斯特公司的品牌声誉,造成消费者混淆、误认之故意。

2. 从相关国际市场看,双方诉争标识在亚洲部分国家和地区已经长期形成共存和使用的国际市场格局。鳄鱼国际公司的前身利生民公司于1951年12月13日在25类商品上在新加坡注册了相关鳄鱼图形商标。同年10月26日,利生民公司在25类商品上在中国香港注册了相关鳄鱼图形商标,并于1953年进入香港市场。1959年4月27日,利生民公司在日本注册了相关鳄鱼图形商标。1969年,鳄鱼国际公司在日本大阪地方法院诉拉科斯特公司侵犯其鳄鱼图形商标专用权,后两公司在日本高等法院和解后达成1983年和解协议。该和解协议确认,两公司相关标识在相关国家和地区共存而不致混淆。因鳄鱼国际公司的被诉标识1、2在本案诉讼之前,在相关国家和地区已经注册多年,且已与拉科斯特公司达成了包括被诉标识1、2在内的标识与拉科斯特公司鳄鱼图形文字系列标识共存不致混淆的1983年和解协议,且在该协议未明确列明的韩国、巴基斯坦等国家,拉科斯特公司亦就被诉标识在该两国家相关类别的注册上出具了同意注册的同意函。因此,无论是从双方当事人的相关认同和共识,还是从相关国际市场实际看,双方诉争标识在亚洲部分国家和地区已经不致产生市场混淆而可以共存,这足以表明诉争商标在构成要素上的近似性上,并不必然构成混淆性近似,并不必然导致其不能共存。

3. 从诉争标识在中国市场的共存和使用情况看,两者在中国市场内已拥有各自的公众,在市场上均已形成客观的划分,已成为可区别的标识。本案中,拉科斯特公司产品自1984年始正式进入中国,但数量有限。两公司均是从1994年开始在中国开设专柜或专卖店。根据本案已查明的事实,拉科斯特公司的鳄鱼商标当时在中国并不具有较高的知名度,而鳄鱼国际公司进入中国市场后,其经营规模迅速扩大,仅1995年在上海、武汉、广州、江西、新疆、山东、浙江、江苏、云南、福建等地已开设了85个专卖店或专柜,1996年在辽宁、河北、江苏、山东、安徽等地又开设了89个专卖店或专柜,其知名度和影响力迅速提高,拥有了相对固定的消费群体。与此相比,至1996年底,拉科斯特公司在中国仅有三家专卖店(柜)。此外,鳄鱼国际公司的产品价格与拉科斯特公司的产品价格差距比较明显,两者各自有其不同的消费群体,且两公司商品的销售渠道均为专卖店或专柜,且被诉标识1、2在实际使用中还与其他相关标识共同标识其所用商品,由此形成了便于区分商品来源的独特使用状态。这些因素足以表明,被诉标识在其相关市场内已与其各自所标识的商品形成固定的联系,已足以独立地指示其商品来源,不会导致拉科斯特公司的市场份额被不正当地挤占。争议双方在相关市场内已形成相互独立的市场格局,这是足以认定诉争商标能够区别开来的客观基础。

1. 综合考虑以上因素,在鳄鱼国际公司使用被诉标识不具有恶意抄袭模仿意图的前提下,这种经市场竞争形成的客观区别,是鳄鱼国际公司在中国境内商业成功的结果,对此应给予法律上的认可和肯定。因此,应当认为被诉标识1、2与拉科斯特公司的注册商标相比虽有近似之处,但相关公众已在客观上将两公司诉争标识区别开来,其共存不足以使相关公众对其商品的来源产生混淆。

2. 商标的实际价值在于区分商品来源,而不是让商标权人简单地独占特定标识符号。在能够实际区分商品来源的情况下,即便被诉标识或其主要构成要素与注册商标具有一定程度的近似性,亦不应当认定其构成侵犯注册商标专用权意义上的近似商标,否则与商标法保护商标权的立法意图相背离。正是基于鳄鱼国际公司的产品已经形成自身的相关消费群体,相关公众已在客观上将两公司的相关商品区别开来的市场实际,本院认为被诉标识1、2与拉科斯特公司请求保护的注册商标不构成近似商标。

3. 在侵犯注册商标专用权的具体判断中,将是否足以产生市场混淆作为认定商标近似的重要考量因素,主要是要求相关标识具有不产生市场混淆的较大可能性,并不要求达到任何人在任何情况下均绝对不会误认的程度,认定因复杂的历史渊源和现实状态而具有一定近似因素的相关商业标识是否近似时,更应如此。因此,尽管因本案被诉标识1、2在读音、图形上具有某些近似元素而不排除某些消费者会产生误认的可能性,但不妨碍其标识本身因上述因素而形成的整体区别性。

综上,根据被诉标识1、被诉标识2与拉科斯特公司请求保护的注册商标在构成要素上的比对,以及双方的发展历史和共存状况及其他相关因素,被诉标识1、被诉标识2与拉科斯特公司请求保护的注册商标不构成侵犯注册商标专用权意义上的混淆性近似,不足以对拉科斯特公司的注册商标造成损害。

**30** 网络环境下商标权的保护(《商标法》第57条第1款第2项、第59条第1款)

**案例**:大宇资讯股份有限公司诉上海盛大网络发展有限公司侵犯注册商标专用权纠纷案
**案例来源**:《中华人民共和国最高人民法院公报》2011年第12期[(2006)一中民初字第10738号]
**主题词**:网络商标侵权

一、基本案情

原告:大宇资讯股份有限公司。
被告:上海盛大网络发展有限公司(以下简称盛大公司)。

自1989年起,原告自主开发研制并销售了8款"大富翁"系列电子游戏软件,在市场上建立了良好的口碑,具有产品识别性。2005年,经国家工商行政管理总局商标局核准,原告取得了"大富翁"文字商标,核定使用在第41类服务项目,其中包括"(在计算机网络上)提供在线游戏"项目。2005年6月,原告发现被告盛大公司通过计算机网络,推出网络在线游戏"盛大富翁",与原告的"大富翁"电子游戏同属"(在计算机网络上)提供在线游戏"的服务项目,且"盛大富翁"与"大富翁"在文字组合、含义、读音等方面均构成近似,"盛大富翁"并没有改变"大富翁"的基本含义,两者之间没有明显的区别性,客观上已经对众多游戏用户造成了混淆和误解。因此被告的行为侵犯了原告的商标专用权,要求判令被告立即停止侵权、赔偿经济损失。

被告盛大公司辩称:"大富翁"是一类模拟商业风险的智力游戏棋的通用名称,"大富翁"作为商标不具有显著性,被告有权正当使用。被告的游戏名称"盛大富翁"系由被告的企业字号"盛大"和通用词汇"富翁"两部分组成,属合理使用,且与原告大宇公司的商标不相同也不相近似。被告的企业字号"盛大"已经注册了商标,而且在业内有知名度,不会造成与原告商标的混淆。被告已经注册了许多与"盛大"有关的游戏商标,"盛大富翁"的商标注册申请也已经得到了商标局的受理。此外,原告的"大富翁"文字仅在其单机版游戏上使用过,还是作为商品名称而不是作为商标使用,其单机版游戏上使用的商标是"softstar",而原告在第41类"(在计算机网络上)提供在线游戏"项目上从未推出过产品,也未使用过涉案商标,因此被告的游戏名称"盛大富翁"并没有侵犯原告的商标专用权,故不同意原告的诉讼请求。

上海市浦东新区人民法院一审认为:"大富翁"是一类游戏的通用名称,原告大宇公司不能禁止他人对"大富翁"在表示一类"按骰子点数走棋的模拟现实经商之道的游戏"名称时的正当使用;另外,经比对,图文标识"盛大富翁"与文字商标"大富翁"不相近似,且被控侵权标识在网站上被使用时,直接标明了服务来源,而大宇公司又至今未在商标核定使用的服务范围内进行过以"大富翁"为商标的经营,"大富翁"的显著性极其有限,故被告盛大公司在网站上使用"盛大富翁"标识和"盛大富翁"游戏名称的行为不构成商标侵权。

据此,上海市浦东新区人民法院根据《中华人民共和国商标法》第4条第3款、第52条第1款第1项、《中华人民共和国商标法实施条例》第49条、最高人民法院《关于审理商标民事案件适用法律若干问题的解释》第9条第2款、第10条之规定,于2007年9月13日判决:驳回原告大宇公司的诉讼请求。

大宇公司不服一审判决,向上海市第一中级人民法院提起上诉,上海市第一中级人民法院二审认为:原审法院认定事实基本清楚,适用法律正确,审判程序合法。判决驳回上诉,维持原判。

## 二、裁判要旨

**No.2-7-57.1.2-12** 商标首字读音或者字形明显不同,或者整体含义不同,使商标整体区别明显,不易使相关公众对商品或者服务的来源产生误认的,不属于混淆。

根据最高人民法院《关于审理商标民事案件适用法律若干问题的解释》第9条第2款之规定:"商标法第五十二条第(一)项规定的商标近似,是指被控侵权的商标与原告的注册商标相比较,其文字的字形、读音、含义或者图形的构图及颜色,或者其各要素组合后的整体结构相似,或者其立体形状、颜色组合近似,易使相关公众对商品的来源产生误认或者认为其来源与原告注册商标的商品有特定的联系。"

"盛大"本身就是具有独立含义的词语,"盛大富翁"和"大富翁"是各自独立的语汇,两者的区别之处明显可见,不存在混淆的可能。"盛大富翁"和"大富翁"相比,无论从首字读音或者字形,还是在整体含义上均不相同,比对商标整体区别明显,不会造成相关公众的误认和混淆。

**No.2-7-57.1.2-13** 判断商标是否近似,应当考虑请求保护注册商标的显著性和知名度。

根据最高人民法院《关于审理商标民事案件适用法律若干问题的解释》第10条之规定:"人民法院依据商标法第五十二条第(一)项的规定,认定商标相同或者近似按照以下原则进行:(一)以相关公众的一般注意力为标准;(二)既要进行对商标的整体比对,又要进行对商标主要部分的比对,比对应当在比对对象隔离的状态下分别进行;(三)判断商标是否近似,应当考虑请求保护注册商标的显著性和知名度。"

本案中,"盛大富翁"相比"大富翁",具有更高的显著性,因为"盛大"无论作为被告的企业名称,还是被告在网络游戏及其相关类别广泛注册和使用的商标,都具有无可置疑的显著性。其中作为网络游戏类别注册商标,"盛大"两度被法院和国家工商行政管理总局分别认定为驰名商标。因此,被告在该类网络游戏中使用"盛大富翁"有理有据,无可非议。

尽管"盛大富翁"包含了"大富翁"三个字,但在网络游戏类别中单独的"大富翁"并不具有显著性。而作为被认定为驰名商标的"盛大"标志,使得"盛大富翁"作为不可分割的整体具有极高的显著性,对消费者尤其是网络游戏玩家产生深刻印象。因此可以确认,网络游戏消费者误将盛大富翁与大富翁互相混淆的可能性在实际中并不存在,主张被告侵犯原告商标权毫无依据。

No.2-7-59.1-1 网络游戏的商标中含有相关公众约定俗成的一类游戏的名称的,不构成对注册商标专用权的侵犯。

本案中大宇公司在中国大陆申请注册之商标"大富翁"的核定使用服务类别为第41类即"(在计算机网络上)提供在线游戏",任何人未经大宇公司许可,在与注册商标"大富翁"核定使用的同一种服务上或者类似服务上使用与该商标相同或者近似标识的,均构成对大宇公司商标专用权的侵害。但是,由于"大富翁"作为一种在计算机上"按骰子点数走棋的模拟现实经商之道的游戏"已经广为人知,"大富翁"已成为这种商业冒险类游戏约定俗成的名称,根据《商标法实施条例》第49条之规定:"注册商标中含有的本商品的通用名称、图形、型号,或者直接表示商品的质量、主要原料、功能、用途、重量、数量及其他特点,或者含有地名,注册商标专用权人无权禁止他人正当使用。"所以,本案中如果他人正当使用"大富翁"文字用以概括或说明游戏的对战目的、规则、特点和内容时,是对商业冒险类游戏通用名称的使用,则不应被认定为是商标侵权行为。

## 31 商标侵权行为之一(《商标法》第57条第1款第2项、第60条第2款)

**案例:佛山市圣芳(联合)有限公司与国家工商行政管理总局商标评审委员会、强生公司商标撤销行政纠纷案**

案例来源:《最高人民法院知识产权审判案例指导》(第二辑)[(2008)行提字第2号]
主题词:溯及力 商标共存

### 一、基本案情

申诉人(一审原告、二审上诉人):佛山市圣芳(联合)有限公司(以下简称圣芳公司)。

被申诉人(一审被告、二审被上诉人):国家工商行政管理总局商标评审委员会(以下简称商评委)。

原审第三人:强生公司。

圣芳公司申请再审称:

1. 商评委对争议商标经过两次终局裁定维持注册,该商标已成为不可争议商标。商评委本次受理和裁定违反一事不再理原则,严重破坏法律的确定性。一审判决以强生公司本次评审中提交的部分证据在前两次申请中未提交过为由,认定其本次申请中主张的事实与前两次不完全相同,这种看法是完全错误的。(1)新证据与新事实显然是两个不同的概念;(2)强生公司在本次评审中新提交的证据,其证明事项均发生在1997年8月之前,在前两次申请时并不存在提交的客观障碍,也不是前两次申请后新发现的证据,不属于法律意义上的新证据;(3)这些证据是强生公司在提出本次评审申请后过了两年才提交的,商评委受理本次评审申请时没有新的事实和理由。

2. 在本次评审申请提出两年以后,商评委接受强生公司改变评审请求的补充申请及新提交的证据,并以此作为主要依据作出裁定,严重违反评审规则,评审不公正。强生公司在其申请中请求认定引证商标到2002年已成为驰名商标,在2004年10月18日之前,强生公司提交的证明引证商标驰名的证据,也主要是1998年至2002年的使用证据。强生公司在2004年10月18日才提交了西安杨森公司1997年以前的产品销售量、广告费审计报告,2004年11月10日,强生公司补充提交了AC尼尔森公司出具的西安杨森公司1997年前的广告监测数据等证据,并将评审请求改变为要求认定引证商标在争议商标申请注册之前已经驰名。

3. 商评委的裁定及原审判决认定事实和适用法律错误。2001年《商标法》不具有溯及力,不应适用于已经有终局裁定的案件。强生公司提交的证据都不是使用引证商标的证据,违法使用的商标不能认定为驰名商标;强生公司自行委托中介机构出具的审计报告和广告监测报告的数据,存在明显矛盾或不合情理之处,不具有真实性,存在重大瑕疵并有伪造数据的重大嫌疑,不应该采信。在圣芳公司已提交证据证明强生公司有伪造证据行为的情况下,商评委仍然拒绝对本案进行公开质证和公开评审,对强生公司提交的审计报告、广告监测报告等证据不经质证直接认定,评审不公正。强生公司没有持续使用引证商标的证明,没有相关公众知晓的证据,没有作为驰名商标受保护的证据,销售量和广告费的证据不真实,根本不应该认定为驰名商标。商评委在裁定中称圣芳公司未对强生公司提交证据的真实性提出异议,与事实不符。

4. 圣芳公司因为信赖行政机关的终局裁定,对争议商标进行了持续大规模的宣传使用,2005年6月,争议商标已被司法认定为驰名商标,应受到保护。圣芳公司的洗发水产品与西安杨森公司的酮康唑洗剂药品两种商品销售渠道、消费群体完全不同,洗发水包装与药品包装外观上极易区分,不会发生混淆误认的问题。强生公司在药品上的商标利益并没有受到损害,其要求撤销圣芳公司在化妆品上的采乐商标,目的在于夺取洗发水市场的巨大利益。强生公司为达到目的,居然制造并提供伪证,应该受到制裁。请求撤销原审判决及商评委第1801号裁定。

商评委答辩称,强生公司前两次申请都是依据《商标法》第27条及其《实施细则》第25条的规定,第三次申请依据的是2001年《商标法》第13条、14条及41条的规定,并非是以相同的理由;第三次申请的证据种类、证明力上与前两次有明显区别,因此第三次受理符合法律规定。2004年强生公司提交的审计报告不是新的证据,而是对销量及广告投入的补强证据。第1801号裁定没有违反请求原则,也不存在适用法律错误的问题。

强生公司同意商评委的答辩意见,并认为,《商标法实施细则》(1993)第25条第2项来源于巴黎公约,没有驰名商标跨类保护的规定;《商标法》(2001)第13条第2款的规定来源于Trips协议,增加了对驰名商标跨类保护的规定,而且强调只要是误导公众就可以给予跨类保护,并不以实际发生混淆为条件,降低了驰名商标跨类保护的门槛和要求,因此,第三次申请与第二次的法律依据是有区别的。强生公司在本次申请中提交的证据与前两次也不同。圣芳公司关于有关证据为伪证的说法都是推测,没有证据证明。2002年修改的商标评审规则对于审计报告并没有明确的要求,圣芳公司称审计报告不符合评审规则没有依据;几个审计报告之间的精确度差别是因为审计深度不同,不能因此否认其科学性。

最高院另查明:西安杨森公司是强生公司控股的中外合资经营企业,该公司于1994年7月开始生产销售治疗头皮脂溢性皮炎和头皮糠疹的"酮康唑洗剂"产品。强生公司提交的西安杨森公司2000年以前的报纸广告宣传证据显示,该药品的瓶贴及外包装盒上,实际使用的商标有两个,一个是英文"TRIATOP"商标,字体较大并置于明显位置,另一个是"采乐2%及图"图文组合商标,商标图案为封闭圆形图案,在实心的圆形图案内部,上面有反白的简体"采乐"二字,下面有反白的"2%"符号,在圆形图案外的右上方有商标注册标志。国家商标局在2000年3月3日给陕西省工商局的批复中,认为西安杨森公司使用"采乐2%及图"图文组合商标的行为,属于1993年《商标法》第30条第1项规定的"自行改变注册商标的文字、图形或者其组合的"违法使用行为。在西安杨森公司的广告宣传文字中,强调头皮屑是由真菌感染引起、药物去头屑更有效,强调"2%的药物浓度能更好地保证治疗的效果与安全性",并注明"请按医生处方使用和购买""只在医院、药店有售"。

南海市梦美思化妆品有限公司许可圣芳公司从1998年10月至2008年10月使用"采乐CAILE"商标,使用许可合同于2000年10月在国家商标局备案;2002年6月20日,争议商标经商标局核准转让给圣芳公司。1999年起,圣芳公司开始在其洗发水、护肤品、香皂等产品上使用争议商标;2002年4月起,圣芳公司聘请香港影视明星黎明作为洗发水产品广告代言人,进行了持续的、大规模的广告宣传,其洗发水产品及争议商标已经有较高的知名度,销售量也较大。

强生公司在2002年11月6日提交的补正材料中明确指出,通过自1998年到2002年近5年的大量广告投入,依靠优异的产品质量,强生公司的采乐商标已成为驰名商标。

2003年4月28日,商评委向强生公司发出了证据交换通知书,要求其在收到通知后1个月内一次性提交证据。强生公司2003年5月30日提交了质证意见,并补充提交了网络文章、报刊文章及消费者投诉书等证据。2004年4月12日,商评委向强生公司发出补充证据通知书,强生公司于2004年5月14日补充提交了证据。2004年11月10日,强生公司提交了评审申请的补充理由,要求认定引证商标在1997年争议商标申请注册以前已经驰名。

2004年11月19日,圣芳公司在给商评委的书面意见中指出,"申请人本次提交的审计报告、广告监测数据等均是间接证据,这些证据在未经质证之前不具有证明力","有关本争议所有证据的我方质证意见,将会在公开评审时发表并以该质证意见为准"。2005年1月18日,圣芳公司向商评委提交了《请求司法鉴定申请书》和《请求公开质证和公开评审申请书》。2005年2月4日,圣芳公司在提交给商评委的《对证据进行质证和辩论的申请》中,除要求核对强生公司提交的证据原件之外,还要求商评委主持就证据来源和证明对象进行公开辩论。2005年3月7日,商评委组织圣芳公司和强生公司的代理人,进行了部分证据复印件与原件的核对;圣芳公司的代理人对原件是否真实存在发表了意见,未对证据内容的真实性、证明力发表意见。

经审理,最高院认为,商评委第1801号裁定及原审判决认定事实和适用法律均存在错误,应予撤销。依照《行政诉讼法》第54条第2项、第61条第3项、第63条第2款,最高人民法院《关于执行〈中华人民共和国行政诉讼法〉若干问题的解释》第76条第1款、第78条之规定,判决如下:

一、撤销北京市高级人民法院(2007)高行终字第404号行政判决及北京市第一中级人民法院(2005)一中行初字第793号行政判决;

二、撤销国家工商行政管理总局商标评审委员会商评字〔2005〕第1801号《关于第1214187号"采乐CAILE"商标争议裁定书》。

二、裁判要旨

No.2-7-57.1.2-14　在产品性质、生产和销售渠道等方面有着明确的区别,消费者可以辨别,不足以误导公众,不足以损害商标权人利益,两个商标在各自相关市场中可以共存。

由于强生公司自身并未在中国市场使用过引证商标,实际使用人西安杨森公司的采乐酮康唑洗剂作为药品,只在医院、药店出售,与普通洗发水在产品性质、生产和销售渠道等方面有着明确的区别,圣芳公司的洗发水产品不可能进入医药流通领域,消费者可以辨别。因此,圣芳公司在洗发水等日化用品上注册使用争议商标,不足以误导公众,不足以损害强生公司在药品商标上的利益,两个商标在药品和日化品的各自相关市场中可以共存。强生公司虽然在药品类别上注册了引证商标,但是其在洗发水等日化品市场并没有合法的在先利益,法律也不会为强生公司在药品上的商标预留化妆品市场。因此,在商评委已有两次终局裁定维持圣芳公司的争议商标注册的情况下,商评委再裁定撤销争议商标,没有充分的理由。

**案例:湖南省华光机械实业有限责任公司、湖南省嘉禾县华光钢锄厂与湖南嘉禾县锻造厂、郴州市伊斯达实业有限责任公司侵犯商标权纠纷案**
案例来源:《最高人民法院知识产权审判案例指导》(第三辑)[(2010)民提字第27号]
主题词:商标近似

一、基本案情

申请再审人(一审被告、二审上诉人):湖南省华光机械实业有限责任公司(以下简称华光机械公司)。

申请再审人(一审被告、二审上诉人):湖南省嘉禾县华光钢锄厂(以下简称华光钢锄厂)。

被申请人(一审原告、二审被上诉人):湖南省嘉禾县锻造厂(以下简称嘉禾县锻造厂)。

华光机械公司、华光钢锄厂不服湖南省高级人民法院(2007)湘高法民三终字第44号民事判决及(2008)湘高法民监字第49号民事裁定,向最高人民法院申请再审,称其未侵犯嘉禾县锻造厂的商标专用权,一、二审判决及驳回再审申请的裁定,认定事实及适用法律均存在错误。华光机械公司、华光钢锄厂使用的"银鸡及图"标识使用在先,且与嘉禾县锻造厂的第1641855号注册商标不相同亦不近似。根据商标法及最高人民法院的司法解释,商标近似是在被控侵权标识与权利人的注册商标之间进行比较,而原审判决是将华光机械公司、华光钢锄厂使用的标识与嘉禾县锻造厂、伊斯达公司实际使用的标识相对比,该对比方式违反了商标相似判断的基本准则。请求本院撤销一、二审判决,重新审理本案。

嘉禾县锻造厂、伊斯达公司答辩称:被控侵权标识与华光机械公司、华光钢锄厂的第141855

号注册商标近似，华光机械公司、华光钢锄厂关于二者不近似的申请再审理由不能成立。原审判决认定事实清楚，适用法律正确。请求本院依法驳回华光机械公司、华光钢锄厂的再审申请。

再审法院审理查明，除关于华光钢锄厂于 1999 年开始使用"银鸡"中英文和鸡图案商标的事实双方当事人有争议外，原审查明的事实基本属实。在庭审中，华光机械公司、华光钢锄厂提供了郴州远大广告包装发展公司 1999 年为华光钢锄厂设计制作的产品宣传资料册原件。嘉禾县锻造厂、伊斯达公司对其质证意见提出异议，认为该宣传册印制时间不符合实际，与其内容矛盾。法院认为，虽然嘉禾县锻造厂、伊斯达公司对该宣传册原件提出了异议，但其并未提出足以反驳该原件的相反证据。综合考虑经一审庭审质证的李学亮、杨文景、郴州远大广告包装发展公司法定代表人张建国的证人证言，及华光机械公司、嘉禾县工商局出具的证明等证据，根据民事优势证据原则，可以认定华光钢锄厂自 1999 年开始使用"银鸡"中英文和鸡图案商标的事实。二审法院以"这些证人证言都只是证实这一事实的存在，但并没有相应的证据予以佐证，不能充分证明上诉人早在 1999 年就开始使用'银鸡'中英文和鸡图案商标的事实"为由，对该事实不予认定，属于认定事实错误，法院予以纠正。

在审查过程中，嘉禾县锻造厂、伊斯达公司为证明其在 1999 年之前已经使用了其注册商标，提供了衡阳砂轮厂出具的送货清单、湖南学院彩色印刷厂出具的证明、1997 年其同广东机械进出口公司、1997 年其同辽宁机械进出口股份有限公司及 1998 年同山东五金矿产进出口公司的合同及部分铁路货运单和发票。华光机械公司、华光钢锄厂认为前述证据并未说明使用的商标是什么，且与本案无关，对其真实性亦不予认可。本院经审查认为，前述证据除湖南学院彩色印刷厂出具的证明外，均未表明嘉禾县锻造厂使用商标的具体形态。且在其与辽宁机械进出口公司日期为 1997 年 3 月 14 日签订的收购合同、与山东省五金矿产进出口公司日期为 1998 年 11 月 13 日签订的工矿产品购销合同中，其中的"雄鸡"二字与其他字迹颜色明显不同，湖南学院彩色印刷厂出具的证明本质上属于证人证言，并未经庭审质证，本院对以上证据不予认定。此外，即使能够认定嘉禾县锻造厂在 1999 年之前已经使用了其注册商标，根据嘉禾县锻造厂、伊斯达公司提供的证据，亦难以认定华光钢锄厂使用的诉争标识有复制、模仿嘉禾县锻造厂第 1641855 号"雄鸡及图"注册商标之意。

再审法院另查明，嘉禾锻造厂的第 1641855 号"雄鸡及图"注册商标主色调为黑白色，由鸡图案及雄鸡文字组成，其中鸡图案中鸡头位于商标右方，鸡尾朝下位于图案左方，鸡尾为黑色，其鸡的羽毛层次不清晰，左脚提起呈行走状。华光机械公司、华光钢锄厂使用的被控侵权标识、主色调为绿白两色，由鸡图案及"银鸡"中英文文字组成，有菱形边框。其中鸡图案鸡头位于图案左方，呈回头张望姿势，鸡尾为银色，全身羽毛层次清晰，两脚为分立状。此外，华光机械公司、华光钢锄厂向一审法院提交了部分与嘉禾县锻造厂注册商标相同类组带有"鸡"图形及文字已经核准注册的商标公告，以证明在相关商品类别和行业领域内，以"鸡"图形＋文字的商标被较广泛地注册、使用。嘉禾县锻造厂、伊斯达公司在一审中对该证据质证意见为"对其真实性予以确认，但与本案无关联"。该证据表明，1990 年 9 月 10 日，案外人天津机械进出口有限公司向国家商标局申请注册"雄鸡及图"商标，注册证号为 565627，核定使用商品为第 8 类锄头等商品。此后，1999 年 6 月、2003 年 11 月案外人滦南县农具制造行业协会、白会勇等数十家企业和自然人经国家商标局核准，相继在第 8 类锄头等商品上注册了"乌鸡及图""金鸡及图""彩鸡及图""鸣鸡及图""神鸡及图"等含有"鸡"图形的商标。

经审理，最高院认为湖南省高级人民法院(2007)湘高法民三终字第 44 号民事判决认定事实部分有误，适用法律错误。华光机械公司、华光钢锄厂申请再审理由成立，应予支持。根据《商标法》(2001)第 52 条第 1 项、《民事诉讼法》第 186 条第 1 款、153 条第 1 款第 2、3 项之规定，判决如下：

一、撤销湖南省高级人民法院(2007)湘高法民三终字第 44 号民事判决及湖南省郴州市中级人民法院(2007)郴民三初字第 2 号民事判决；

二、驳回湖南省嘉禾县锻造厂、郴州市伊斯达实业有限责任公司诉讼请求。

商标近似

## 二、裁判要旨

**No.2-7-57.1.2-15** 在商标侵权纠纷案件中,认定被控侵权标识与主张权利的注册商标是否近似,应当视所涉商标或其构成要素的显著程度、市场知名度等具体情况,在考虑和对比文字的字形、读音和含义,图形的构图和颜色,或者各构成要素的组合结构等基础上,对其整体或者主要部分是否具有市场混淆的可能性进行综合分析判断。

华光机械公司、华光钢锄厂在其生产、销售的钢锄上使用的标识与嘉禾县锻造厂第1641855号"雄鸡及图"注册商标是否构成侵犯注册商标专用权意义上的近似,是本案的焦点问题。根据最高人民法院《关于审理商标民事纠纷案件适用法律若干问题的解释》第9条和第10条的规定,在商标侵权纠纷案件中,认定被控侵权标识与主张权利的注册商标是否近似,应当视所涉商标或其构成要素的显著程度、市场知名度等具体情况,在考虑和对比文字的字形、读音和含义,图形的构图和颜色,或者各构成要素的组合结构等基础上,对其整体或者主要部分是否具有市场混淆的可能性进行综合分析判断。本案诉争商标嘉禾锻造厂的第1641855号"雄鸡及图"注册商标和华光机械公司、华光钢锄厂使用的被控侵权标识均由鸡图案及相关鸡文字组成。嘉禾锻造厂的第1641855号"雄鸡及图"注册商标由鸡图形和"雄鸡"文字构成,其中鸡头位于该商标右方,鸡尾朝下位于图案左方;被控侵权标识由鸡图形和"银鸡"文字构成,其中鸡图案鸡头位于图案左方,呈回头张望姿势,其羽毛层次清晰。经比对,两者鸡图形从视觉上看有明显不同,"雄鸡""银鸡"文字在视觉及呼叫上亦有明显区别,被控侵权标识主色调为绿白两色,且有菱形边框,从整体上比较,也与嘉禾县锻造厂的注册商标有明显的区别。根据法院查明的事实,在生产锄头等产品的行业内,以"鸡"图形+文字的商标被较广泛的注册、使用,嘉禾锻造厂也未提交其第1641855号"雄鸡及图"注册商标在1999年以前具有较高知名度的相关证据,且在嘉禾锻造厂的第1641855号"雄鸡及图"商标注册之前,华光钢锄厂已经在其生产、销售的钢锄上使用了银鸡中英文和鸡图案商标,根据本案现有证据难以认定华光钢锄厂有借用嘉禾锻造厂的注册商标声誉的主观故意。此外,根据原审法院查明的事实,在嘉禾县锻造厂提起本案诉讼之前,华光钢锄厂、华光机械公司与嘉禾县锻造厂、伊斯达公司在其各自生产、销售的钢锄上,对相关商标均进行了大规模的使用,仅本案诉讼发生之前6年的各自的出口产值均已超过数百万美元。因此,华光钢锄厂、华光机械公司和嘉禾县锻造厂、伊斯达公司虽然处于同一地区,双方的锄头等产品均多数销往国外市场,相关公众已经将两者的商标区别开来,已经形成了各自稳定的市场。综合考虑以上因素,法院认为华光钢锄厂、华光机械公司使用的银鸡中英文和鸡图案商标和嘉禾县锻造厂享有注册商标专用权的第1641855号"雄鸡及图"商标不构成近似,原审法院认定两者为近似商标,认定事实、适用法律均有不当。

**案例:四川省宜宾五粮液集团有限公司与济南天源通海酒业有限公司侵犯商标专用权及不正当竞争纠纷案**

案例来源:《最高人民法院知识产权审判案例指导》(第五辑)[(2012)民申字第887号]
主题词:商标的合理使用

## 一、基本案情

申请再审人(一审原告、二审上诉人):四川省宜宾五粮液集团有限公司(以下简称五粮液公司)。

被申请人(一审被告、二审被上诉人):济南天源通海酒业有限公司(以下简称天源通海公司)。

五粮液公司申请再审称:

1. 一、二审判决认定天源通海公司是经合法授权的"锦绣前程"系列酒的山东运营商与事实不符。天源通海公司是经上海锦绣前程酒业有限公司授权的锦绣前程系列酒除济南市超市、酒店、流通渠道外的运营商,授权期限至2010年12月31日。由于天源通海公司违反约定,上海锦绣前程酒业有限公司于2010年8月23日通知天源通海公司停止侵权,并于2010年10月10

日通知天源通海公司终止履行双方的协议,天源通海公司自此已经不再是上海锦绣前程酒业有限公司的合法运营商。

2. 二审法院不采信其提交的证据与一审查明的事实矛盾,且违反法律规定。(1) 二审中,为了证明天源通海公司的获利情况,其提交的天源通海公司与部分加盟商签订的品牌授权经销合同书复印件4份,系在相关商标侵权案件诉讼过程中被告为证明其使用五粮液商标系天源通海公司的授权而提交的,且与一审中证据6的内容完全一致,并有相关法律文书佐证。二审法院却以该证据系复印件不予采信,违反了民事诉讼的禁止反言原则和证据规则的相关规定。(2) 加盟商在门头及店面装修中使用涉案商标系天源通海公司的授权,侵犯了其商标专用权。二审法院以调解书系非生效裁判文书、案外人的行为与天源通海公司无关等为由不采信,违反了最高人民法院《关于民事诉讼证据的若干规定》第64条的规定。

3. 一、二审判决认定天源通海公司不具有主观恶意,不会造成相关消费者对商品来源的混淆和误认,从而认定天源通海公司不构成商标侵权在认定事实和适用法律上均有错误。(1) 其主张的类似商品是指服务与商品类似,但原审法院却认为"天源通海公司并未在其经销的其他厂家的酒类商品上使用五粮液公司的涉案注册商标",显然是曲解其诉讼请求。(2) 天源通海公司在网站、连锁店加盟手册、招商广告、加盟店、品牌授权合同书等经营活动中大量使用涉案商标,该使用方式属于在服务中使用五粮液公司的商标,属于《商标注册用商品和服务国际分类表》第35类3503小类中规定的"推销(替他人)"行为,根据《商标法》第52条第1项及最高人民法院《关于审理商标民事纠纷案件适用法律若干问题的解释》第11条的规定,天源通海公司系在类似商品(销售服务中)上使用相同商标,侵犯了涉案商标的注册商标专用权。(3) 天源通海公司与其加盟商签订的合同为2011年年底,最早的也是11月份,远远超出其被授权时间。另外,通过天源通海公司在《齐鲁晚报》2011年4月20日A02版、2011年6月3日A24版刊登的广告和致歉声明中可以看出,天源通海公司明知其侵权行为的性质,且其所经营的产品也不仅仅限于五粮液公司的产品,还有拉菲系列红酒、茅台公司的系列产品等等。另外,争议商标仅在高端优质白酒上使用,锦绣前程酒虽为其子公司生产,但在包装和销售宣传中,均不得使用争议商标。

4. 一、二审判决认定天源通海公司不构成不正当竞争证据不足。天源通海公司在其网站中标明"五粮液集团有限公司版权所有""五粮液山东运营机构济南天源通海公司酒业有限公司"等字样,品牌授权经销合同书封面上、连锁店加盟手册的落款处、授权经销证书上使用了五粮液公司的企业名称,故意使社会公众误认为天源通海公司的经营行为是代表五粮液公司所为,根据《反不正当竞争法》第5条第3项和最高人民法院《关于审理不正当竞争民事案件应用法律若干问题的解释》第7条的规定,天源通海公司的行为构成不正当竞争。此外,天源通海公司在连锁店加盟手册的第一页中,将五粮液公司厂区的大幅照片作为背景和主要画面,把五粮液公司的企业简介与天源通海公司的介绍并列放在一起;在《齐鲁晚报》所做的招商广告中使用"宜宾五粮液股份有限公司""五粮液集团有限公司"等字样,采用了较大篇幅宣传五粮液酒及五粮液公司,并宣称品牌制造商是"宜宾五粮液股份有限公司",品牌运营商是天源通海公司,却只字未提"品牌运营商"的含义是什么,更未提其仅仅是"锦绣前程"系列酒的山东代理商的事实。按照通常理解,会使人认为加盟了天源通海公司,就是加盟了五粮液公司。这种故意使用歧义性语言的行为,根据《反不正当竞争法》第9条第1款和最高人民法院《关于审理不正当竞争民事案件应用法律若干问题的解释》第7条、第8条第1款第3项的规定,天源通海公司的上述行为也构成不正当竞争。依据《中华人民共和国民事诉讼法》第179条第1款第2项、第6项之规定,请求撤销一、二审判决,依法改判支持其所有的诉讼请求。

经审理,最高人民法院认为五粮液公司的再审申请不符合《中华人民共和国民事诉讼法》第179条第1款第2项、第6项规定的情形。依照《中华人民共和国民事诉讼法》第181条第1款之规定,裁定驳回四川省宜宾五粮液集团有限公司的再审申请。

商标的合理使用

二、裁判要旨

No.2-7-57.1.2-16　如果使用商标的行为并没有破坏商标识别商品来源的主要功能,视为未侵犯商标专用权。

五粮液公司是涉案商标的权利人,根据《商标法》的相关规定,其享有注册商标专用权,未经许可任何人不得在相同或类似商品上使用其注册商标。天源通海公司是五粮液公司生产的"锦绣前程"系列酒的山东运营商,其在上述经营活动中使用争议商标,虽未经五粮液公司的许可,但其使用争议商标的意图是指明"锦绣前程"系列酒系五粮液公司所生产,其为五粮液公司"锦绣前程"系列酒的山东运营商,且五粮液三字既是五粮液公司的商标,亦为五粮液公司的字号,"锦绣前程"系列酒本身标注着商标。同时,天源通海公司在经营活动中使用涉案商标是为了更好地宣传推广和销售"锦绣前程"系列酒,亦无主观恶意,这种使用行为,并没有破坏商标识别商品来源的主要功能,故天源通海公司未侵犯五粮液公司的涉案商标专用权。五粮液公司主张天源通海公司在经营活动中使用涉案商标是在推广销售酒类的服务中使用涉案商标,故构成《商标法》第52条第1项规定的在类似商品上使用涉案商标的情形。本院认为,根据《中华人民共和国商标法实施条例》第3条的规定,商标的使用不仅包括在商品、商品包装或者容器以及商品交易文书上的使用,也包括在广告宣传、展览以及其他商业活动中的使用,因此五粮液公司将天源通海公司在经营活动中使用涉案商标的行为,理解为仅在服务中使用,系对商标使用行为理解不全面,二审法院并未曲解五粮液公司的诉讼请求。五粮液公司申请再审理由不能成立。

本案中,五粮液公司主张天源通海公司构成不正当竞争的行为主要有两类:一是《反不正当竞争法》第5条第3项关于"擅自使用他人的企业名称或者姓名,引人误认为是他人的商品"的行为;二是《反不正当竞争法》第9条第1款以及最高人民法院《关于审理不正当竞争民事案件应用法律若干问题的解释》第8条第1款第3项关于"引人误解的虚假宣传"的行为。关于第一类擅自使用他人企业名称或姓名、引人误认为是他人的商品的不正当竞争问题。本案中,五粮液公司主张天源通海公司构成不正当竞争的行为主要有:在网站上标明"五粮液集团有限公司版权所有""五粮液山东运营机构济南天源通海酒业有限公司"等字样;在品牌授权经销合同书、连锁店加盟手册、授权经销证书上使用了"五粮液集团""宜宾五粮液酒类销售有限责任公司"等。本院认为,《反不正当竞争法》第5条第3项旨在规制引人误认为是他人的商品的行为。本案中,锦绣前程系列酒本身为五粮液公司所生产,天源通海公司在经营活动中使用五粮液公司的企业名称,主要是为了指明锦绣前程系列酒的生产商和来源以及宣传推广锦绣前程系列酒,使用五粮液公司的企业名称并不存在引人误认为是他人的商品的问题,故上述行为并不违反《反不正当竞争法》第5条第3项的规定,未构成不正当竞争。五粮液公司申请再审理由不能成立。

关于第二类引人误解的虚假宣传的不正当竞争问题。五粮液公司主张天源通海公司构成不正当竞争的行为主要有:天源通海公司在连锁店加盟手册的第一页中,将五粮液公司厂区的大幅照片作为背景和主要画面,把五粮液公司的企业简介与天源通海公司的介绍并列放在一起;在《齐鲁晚报》所做的招商广告中使用"宜宾五粮液股份有限公司""五粮液集团有限公司"等字样,采用了较大篇幅宣传五粮液酒及五粮液公司,并宣称品牌制造商是"宜宾五粮液股份有限公司",品牌运营商是天源通海公司,却未提其仅仅是"锦绣前程"系列酒的山东代理商的事实,等等。法院认为,从整个经营活动来看,天源通海公司作为锦绣前程系列酒的山东运营商,采取上述宣传方式的目的是为了推广和销售五粮液公司生产的锦绣前程系列酒,而且在宣传中其也表明是五粮液新品的山东运营商,天源通海公司主观上不存在不正当竞争的故意,客观上也没有损害五粮液公司的整体利益。尽管在宣传中用语有不妥之处,但也难以构成引人误解的虚假宣传。故天源通海公司不构成不正当竞争,五粮液公司申请再审理由不能成立。

**案例:苏州鼎盛食品有限公司与江苏省苏州工商行政管理局工商行政处罚上诉案**
案例来源:《2012中国法院知识产权司法保护十大案件》[(2011)苏知行终字第0004号]
主题词:商标使用　商标近似　行政处罚

## 一、基本案情

上诉人(原审原告):苏州鼎盛食品有限公司(以下简称鼎盛公司)。
被上诉人(原审被告):江苏省苏州工商行政管理局(以下简称苏州工商局)。
被上诉人(原审第三人):东华纺织集团有限公司(以下简称东华公司)。

鼎盛公司一审诉称:

1. 行政处罚决定书认定事实错误。鼎盛公司在产品包装上使用"乐活 LOHAS"并未作为商标使用,而是作为商品的名称以及对该词汇本意的使用。根据鼎盛公司 2009 年中秋月饼目录的内容,其 2009 年生产的全部月饼紧扣"爱"的主题,以"用爱过中秋"为主旨,共分 23 个系列产品,分别以"普天同庆""幸福""美满"等不同的生活方式和大爱境界命名,而"乐活"即为其中一款月饼的名称。同时,在苏州工商局于 2010 年 1 月 27 日就本案同一事由作出的苏工商商广听告字(2010)第 001 号听证告知书中,亦明确鼎盛公司的行为是将他人注册商标作为月饼名称使用。

2. 行政处罚决定书认定鼎盛公司在产品包装上使用"乐活 LOHAS"构成侵权不符合我国《商标法》的规定。(1)"乐活 LOHAS"是社会通用词汇,将该词汇注册为商标,本身就不具备较强的显著性,商标注册人不能依据商标法排除他人对该社会通用词汇善意和合理的使用。在百度中查询乐活,显示的释义是:乐活族又称为乐活生活、洛哈思主义。乐活,是一个西方传来的新兴生活形态族群,意为以健康及自给自足的形态过生活,强调"健康、可持续"的生活方式。在教育部公布的《汉语新词语选》中,"乐活族"即列入其中。可见,该词汇是社会通用词汇,在社会公众之中已经被普遍使用和接受,应属于公有领域、具有特定含义的通用词汇。将此类文字注册为商标,该商标的显著性是较弱的。而鼎盛公司对该文字的使用,完全是对其本意的使用,并非用于区分商品来源。其将"乐活"与其注册商标"Iwill 爱维尔"一起使用,事实上已经构成了一句完整的语句,表达了对健康生活方式的追求和渴望。(2)鼎盛公司合理使用他人注册商标的行为不会产生误导公众的后果,不应属于《商标法》规定的侵权行为。首先,判断其行为是否构成侵权,必须考虑是否导致相关公众误认。鼎盛公司在产品包装上使用"乐活 LOHAS"是作为产品名称使用,按照我国《商标法实施条例》第 50 条第 1 项规定,是否误导公众,是构成侵权之必备条件,而且即使按照苏州工商局错误认定的事实,判断是否构成侵权,也必须看是否误导公众。但是苏州工商局实际未考虑该情节。其次,鼎盛公司对"乐活 LOHAS"的使用不会导致相关公众误认。鼎盛公司始终将"乐活 LOHAS"与"Iwill 爱维尔"同时使用,在包装盒的侧面等多处地方也突出使用了"Iwill 爱维尔"的注册商标,且鼎盛公司生产的"乐活 LOHAS"系列月饼,仅在其下属的爱维尔门店销售或由客户直接订货购买,相关公众施以一般注意力,就不会对该商品来源与"乐活 LOHAS"商品来源产生混淆和误认;同时,鼎盛公司的商品是苏州市知名商品,相关公众认知程度较高,也不会导致误认。故请求法院依法撤销苏工商案字(2010)第 00053 号行政处罚决定书,并由苏州工商局承担本案的诉讼费用。

苏州工商局一审辩称:

1. 对鼎盛公司的行为认定事实清楚、正确。(1)"乐活 LOHAS"不是任何一种商品,也不是任何商品名称;(2)鼎盛公司在其月饼包装盒上并没有完整使用其注册商标,而是将"乐活 LOHAS"与"IWill 爱维尔"连用,突出使用"乐活 LOHAS",该标识使消费者将"乐活 LOHAS"与爱维尔联系在一起,客观上起到了标识商品来源的作用,明显具有商标标识功能;(3)根据《商标法实施条例》第 3 条的规定,鼎盛公司在月饼包装盒上使用"IWill 爱维尔"和"乐活 LOHAS"组合的标识,属于商标使用行为;(4)鼎盛公司在月饼包装盒上使用"乐活 LOHAS"与注册商标"乐活 LOHAS"权利人核准使用商品类似;(5)鼎盛公司使用"IWill 爱维尔"和"乐活 LOHAS"组合标识,其显著部分是"乐活 LOHAS",与第 5345911 号注册商标相比较,在字形、读音、含义上相同,整体组合相似,构成近似的商标。

2. 认定鼎盛公司的行为属于商标侵权行为符合法律规定。(1)注册商标"乐活 LOHAS"是否具有显著性,应当由商标局在核准注册时予以考虑,而苏州工商局的职责仅在于依法保护注册商标专用权,对侵犯注册商标专用权的行为予以查处,现鼎盛公司行为侵犯了东华公司"乐活LOHAS"注册商标专用权,苏州工商局即应当依法查处;(2)鼎盛公司使用"乐活LOHAS"的行为不属于正当使用;(3)商标法并不以"实际误认"和"主观过错"为商标侵权的构成要件;(4)由于鼎盛公司在月饼包装盒上使用与注册商标"乐活LOHAS"相近似的商标,苏州工商局依据《商标法》第52条第1项的规定,认定其行为构成对东华公司"乐活LOHAS"注册商标的侵犯,该认定符合《商标法》的规定。综上所述,苏州工商局对鼎盛公司作出的具体行政行为合法,鼎盛公司要求撤销的请求是错误的,请求法院予以驳回。

第三人东华公司述称,涉案行政处罚决定书所述事实清楚,证据确凿,适用法律正确,处罚得当,请求法院驳回鼎盛公司的诉讼请求。

一审法院查明:鼎盛公司系一家专业从事生产、加工(焙)烘烤制品并销售公司自产产品等的外商独资企业。其分别于2003年1月、2006年9月、2008年10月及2010年2月注册取得第3003766号、第4155628号"艾维尔IWill"文字及图商标、第5063450号"爱维尔"文字商标以及第6289718号"爱维尔Iwill"文字及图商标,核定使用商品均为第30类"蛋糕、面包、月饼等"。鼎盛公司在其产品包装和加盟店招牌等处均全面持续使用上述商标以及"IWill爱维尔"组合标识。近年来,爱维尔品牌逐步为广大消费者所认知,在特定区域烘焙市场及相关公众中具有较高的影响力和知名度。

2009年6月23日,鼎盛公司与浙江健利包装有限公司签订订购合同,约定由浙江健利包装有限公司为鼎盛公司制作涉案标有(详见附件1)标识的礼盒、手拎袋、单粒等包装产品。2009年8月,鼎盛公司开始生产月饼,并将其当年度所生产的月饼划分为"秋爽""美满""星月""和谐"以及涉案的"乐活"等总计23个类别,同时制作相应的广告宣传目录册。2009年9月初,鼎盛公司将上述月饼投放市场,主要通过鼎盛公司在苏州大市范围内的63家爱维尔直营店、加盟店销售、直接向公司订货及临时聘请外来人员以销售礼品券的方式进行销售。鼎盛公司在涉案"乐活"款月饼的手拎袋、内衬及月饼单粒包装盒外侧左下角显著位置均标注标识,手拎袋两侧同时标注有生产商鼎盛公司的名称、电话、厂址等信息。

另查明,东华公司经国家商标局核准于2009年7月14日取得第5345911号(详见附件2)注册商标,核定使用商品为第30类"糕点、方便米饭、麦片、冰淇淋",目前尚未在产品上使用该商标。

2009年9月8日,苏州工商局接到举报称,鼎盛公司生产销售的"乐活LOHAS"等月饼有商标侵权嫌疑,故展开相应调查。查明鼎盛公司在当年生产销售的23款月饼中有一款月饼使用"乐活LOHAS"商标,根据当事人的销售记录,截至2009年9月20日止,"乐活LOHAS"月饼已销售10 200盒,标价119元盒,计货值为1 213 800元。苏州工商局于2010年3月4日及2010年4月12日,两次就该行政处罚一案举行听证。2010年6月11日,苏州工商局作出苏工商案字(2010)第00053号行政处罚决定,认定鼎盛公司的行为属于《商标法》第52条第1项所规定的侵犯注册商标专用权的行为,依据《商标法》第53条以及《商标法实施条例》第52条的规定,对鼎盛公司作出了责令停止侵权行为并罚款人民币50万元的行政处罚决定。该具体行政行为作出后,鼎盛公司不服并于2010年6月29日向苏州市人民政府申请行政复议。苏州市人民政府经审理后认为,苏州工商局的处罚决定认定事实清楚,证据确凿,程序合法,内容适当。故于2010年8月27日作出2010苏行复第148号行政复议决定书,决定维持苏州工商局作出的苏工商案字(2010)第00053号工商处罚决定。鼎盛公司对此仍不服,遂向法院提起行政诉讼。

再查明,关于乐活一词的起源及释义,乐活系由美国社会学家保罗雷在1998年提出,其英文释义为"lifestyles of health and sustainability"。2008年8月,在教育部发布的《中国语言生活状况报告(2006)》中,将"乐活族"作为汉语新词语收录其中。

一审法院依照最高人民法院《关于执行〈中华人民共和国行政诉讼法〉若干问题的解释》第56条第4项之规定,判决:驳回鼎盛公司的诉讼请求。一审案件受理费人民币50元,由鼎盛公司负担。

商标使用·商标近似·行政处罚

鼎盛公司上诉称：一审判决认定事实部分错误。鼎盛公司在月饼系列商品上使用"乐活LOHAS"，是将其作为商品款式名称使用的。一审法院认为，鼎盛公司使用"乐活LOHAS"系商标意义上的使用缺乏法律和事实依据。对相关公众是否误认的问题，一审法院排除是否导致相关公众混淆这一重要事实，于法无据，依法不能成立。"乐活LOHAS"注册商标来源于社会流行词语，其显著性较弱，他人有合理使用的权利。故一审判决认定事实有误，适用法律错误，请求二审法院依法改判，撤销苏工商案字（2010）第00053号行政处罚决定。

苏州工商局答辩称：一审判决认定事实清楚、正确，鼎盛公司的上诉请求错误，应予驳回。

东华公司庭审口头述状：一审判决认定事实清楚、证据确凿、适用法律正确、程序合法，请求二审法院依法驳回上诉，维持原判。

本案二审争议焦点为：苏州工商局作出的苏工商案字（2010）第00053号行政处罚决定是否合法。

鼎盛公司提起上诉后，一审法院将各方当事人在一审中提交的证据材料均随案移送本院。庭审中，各方当事人围绕本案二审争议焦点，分别发表了以下主要辩论意见。

鼎盛公司认为：(1)鼎盛公司早在东华公司取得商标专用权前即开始设计和印刷含有"乐活LOHAS"的包装物，并且作为其中秋23个系列商品中一款商品的款式名称使用，同时还是根据该词的本意使用，并非商标意义上的使用。(2)商标权人至今没有在任何商品上使用"乐活LOHAS"注册商标，没有任何社会公众表明其基于涉嫌侵权标记的使用混淆了商品的来源。(3)"乐活LOHAS"注册商标来源于社会流行词语，其显著性较弱，他人有合理使用的权利。(4)《行政处罚法》没有规定可以再次听证，苏州工商局对同一案件多次听证，违反相关规定。

苏州工商局认为：(1)"乐活LOHAS"不是商品名称，鼎盛公司将"乐活LOHAS"与"Iwill爱维尔"连用，该标识客观上起到了表示商品来源的作用，具有商标标识的功能，属于商标使用行为。(2)鼎盛公司使用标识的显著部分是"乐活LOHAS"，与涉案注册商标相比，在字形、读音、含义上相同，整体组合相似，构成近似商标。(3)鼎盛公司使用"乐活LOHAS"不属于合理使用，其使用方式会导致消费者的误认。首先，"乐活LOHAS"并不含有《商标法》第49条规定的内容；作为新词语，说明该词不是社会通用词汇，显著性较强；其次，我国商标法不以"实际误认"和"主观过错"作为商标侵权的构成要件，混淆、误认的判断，不仅包括现实的误认，也包括误认的可能性。鼎盛公司将"Iwill爱维尔"与"乐活LOHAS"连用，突出使用"乐活LOHAS"的方式，使消费者容易误认为"乐活LOHAS"是鼎盛公司的，使权利人与其注册商标之间的联系被割裂。(4)本案中双方在第一次听证中对事实认定发生分歧，给予当事人再次听证的权利，符合《行政处罚法》的规定。

东华公司的辩论意见同其陈述意见。

经审理，二审法院认为：工商行政机关依法对行政相对人的商标侵权行为实施行政处罚时，应遵循过罚相当原则行使自由裁量权，即在保证行政管理目标实现的同时，兼顾保护行政相对人的合法权益，行政处罚以达到行政执法目的和目标为限，并尽可能使相对人的权益遭受最小的损害。工商行政机关如果未考虑应当考虑的因素，违背过罚相当原则，导致行政处罚结果显失公正的，人民法院有权依法判决变更。本案中，苏州工商局的行政处罚显失公正，应当予以变更。一审判决认定事实清楚，审判程序合法，但适用法律错误，应予改判。依照《中华人民共和国商标法》第52条第1项、第53条，《中华人民共和国行政处罚法》第4条第2款，《中华人民共和国行政诉讼法》第54条第4项、第61条第2项的规定，判决如下：

一、撤销江苏省苏州市中级人民法院(2011)苏中知行初字第0001号行政判决；

二、变更2010年6月11日江苏省苏州工商行政管理局作出的苏工商案字（2010）第00053号行政处罚决定"1.责令停止侵权行为；2.罚款人民币50万元"为"责令停止侵权行为"。

一、二审案件受理费各人民币50元，均由江苏省苏州工商行政管理局负担。

商标使用·商标近似·行政处罚

二、裁判要旨

**No.2-7-57.1.2-17** 在判断商品上的标识是否属于商标性使用时,必须根据该标识的具体使用方式,看其是否具有识别商品或服务来源之功能。

鼎盛公司对标识的使用系商标性使用,该标识与东华公司的注册商标构成近似,其行为侵害了东华公司的注册商标专用权。苏州工商局认定鼎盛公司的行为侵犯注册商标专用权,并作出责令停止侵权行为的行政处罚正确,但其作出罚款50万元的行政处罚显失公正。

商标是商品生产经营者或服务提供者为使自己的商品或服务区别于他人而使用的一种标识,应当具有显著性和区别的功能。在判断商品上的标识是否属于商标性使用时,必须根据该标识的具体使用方式,看其是否具有识别商品或服务来源之功能。本案中,鼎盛公司在2009年中秋月饼的推销活动中,将其生产销售的月饼划分为"秋爽""美满""星月""和谐"以及涉案的"乐活"等总计23个款式,虽然鼎盛公司认为"乐活LOHAS"只是作为其月饼款式中一款的商品名称使用,但根据其在月饼包装上的标注情况,本院认为,涉案标识的使用方式属于商标性使用,理由是:(1)鼎盛公司并未在其月饼包装上规范且以显著方式突出使用自己的"爱维尔"系列注册商标;(2)在标识中,"乐活 LOHAS"与"Iwill 爱维尔"连用,融为一体,鼎盛公司并未突出其自有商标"Iwill 爱维尔",相反却突出了"乐活 LOHAS",标识性效果明显。因此,从涉案标识的实际使用情况来看,无法看出"乐活 LOHAS"的使用方式属于其注册商标或"Iwill 爱维尔"商标项下的一种款式名称,"乐活 LOHAS"与"Iwill 爱维尔"连用后作为一个整体标识,起到了区别商品来源的功能,属于商标性使用。

**No.2-7-57.1.2-18** 侵犯注册商标专用权意义上商标近似应当是混淆性近似,是否造成市场混淆是判断商标近似的重要因素之一。

我国《商标法》第52条第1项规定,未经商标注册人的许可,在同一种商品或者类似商品上使用与其注册商标相同或近似的商标,属于侵犯注册商标专用权的行为。本案中,鼎盛公司使用诉争标识的商品月饼与东华公司注册商标核定使用的糕点等商品属于类似商品,且两个商标并不相同,对此各方当事人并无争议,因此,判断鼎盛公司的行为是否构成商标侵权的关键在于,鼎盛公司使用的标识与东华公司的注册商标是否构成近似?

虽然我国《商标法》对商标近似的判断未作具体规定,但在司法实践中,一般认为商标近似是指被控侵权的商标与注册商标相比较,其文字的字形、读音、含义或者图形的构图及颜色,或者其各要素组合后的整体结构相似,或者其立体形状、颜色组合近似,易使相关公众对商品的来源产生误认或者认为其来源与注册商标的商品有特定的联系。也即,侵犯注册商标专用权意义上商标近似应当是混淆性近似,是否造成市场混淆,是判断商标近似的重要因素之一。其中,是否造成市场混淆,通常情况下,不仅包括现实的混淆,也包括混淆的可能性。

在具体判断商标是否近似时,应当掌握的原则:(1)以相关公众的一般注意力为标准;(2)既要对商标进行整体比对,又要对商标的主要部分进行比对,且比对应当在比对对象隔离的状态下分别进行;(3)应当考虑请求保护注册商标的显著性和知名度。

本案中,鼎盛公司使用的标识与东华公司的注册商标相比,应当认定构成近似商标。理由是:

1. 从整体对比来看,在鼎盛公司使用的标识中,"乐活 LOHAS"在整体结构中较为突出,占主要部分,且该部分的中英文字的字形、读音及含义与东华公司注册商标完全相同,其构成要素非常接近,易使相关公众对商品的来源产生误认。

2. 从"乐活 LOHAS"注册商标的显著性和知名度考虑,两商标易造成市场相关公众的混淆和误认:(1)"乐活族"一词虽然被《中国语言生活状况报告(2006)》所收录,但作为2006年度才出现的新词语,只能说明该词语在2006年这一时段因一定使用频率及流行度而被收录,并不代表该词语在当时已经达到通用词汇的程度,更不能以该词汇在本案进入诉讼阶段后的流行度来反推在2009年"乐活 LOHAS"商标被核准注册时,已经成为社会通用词汇。目前,"乐活 LOHAS"作为注册商标并未被撤销,也说明"乐活"一词虽具有一定含义,但该词汇在核准注册时因尚未达到通用词汇的程度,具有一定的显著性。因此,应认定标识起到的是商标标识性作用,而非是对商品进行的一种描述,一般消费者看到标识时,并不会将其理解为"我愿意健康生活"这一含义。鼎盛公司认为"乐活 LOHAS"作为社会通用词汇,是根据该词的本意使用,属于合理使用的主张不能成立,本院不予支持。(2) "乐活 LOHAS"商标于 2009 年 7 月核准注册。虽然在苏州工商局 2009 年 9 月查处、2010 年 6 月作出行政处罚决定时,"乐活 LOHAS"注册商标因尚未实际使用而不存在市场知名度,且在本案二审诉讼期间,该注册商标仍未使用,但本院认为,由于东华公司的"乐活 LOHAS"商标刚被核准注册,鼎盛公司的使用行为即被工商行政机关查处,因此,本案对是否会造成两者混淆的侵权判断应当以行政机关查处的时间为判断基准。在没有证据证明东华公司注册"乐活 LOHAS"商标的行为存在恶意抢注的主观故意时,需要为尚未使用注册商标的商标权人预留一定的保护空间,此时关于混淆的判断,应当更多地考虑混淆的可能性,而非是否产生了实际混淆。在司法实践中,近似商标侵权判定以实际混淆作为判断标准的,通常需要有被控侵权商标经长期善意使用,两个商标已形成善意共存状态等特殊历史因素存在,而本案中,不存在上述特殊历史因素。虽然鼎盛公司在涉案商标核准注册之前即已使用"乐活 LOHAS"字样进行相应包装设计和委托生产,但由于该使用时间很短暂,不足 1 个月,并未形成两商标因长期使用而善意共存的状况。如果一味以涉案注册商标未实际使用,不会造成实际混淆作为侵权判断标准,则有可能对商标注册制度造成不应有的冲击,不利于注册商标专用权的保护。

**No.2-7-60.2-1 工商行政管理部门在处理侵犯注册商标专用权纠纷时,认定侵权成立的,责令立即停止侵权行为,并可处以罚款。**

行政处罚显失公正一般是指行政处罚虽然在形式上不违法,但处罚结果明显不公正,损害了公民、法人或者其他组织的合法权益。我国《行政处罚法》第 4 条第 2 款规定,实施行政处罚必须以事实为依据,与违法行为的事实、性质、情节以及社会危害程度相当。因此,行政主体在实施行政处罚时,应当遵循该条规定的"过罚相当原则"。如果行政机关作出的行政处罚明显违背"过罚相当原则",使行政处罚结果与违法程度极不相适应,则应当认定属于行政处罚显失公正。

我国《商标法》第 53 条规定,工商行政管理部门在处理侵犯注册商标专用权纠纷时,认定侵权行为成立的,责令立即停止侵权行为,并可处以罚款。对该条款的正确理解应当是工商行政机关对商标侵权行为作出行政处罚时,在责令立即停止侵权行为的同时,可以对是否并处罚款作出选择。因此,工商行政机关在行使该自由裁量权时,应当根据《行政处罚法》第 4 条第 2 款确立的"过罚相当原则",综合考虑处罚相对人的主观过错程度、违法行为的情节、性质、后果及危害程度等因素,决定是否对相对人并处罚款。本案中,鼎盛公司使用的标识与东华公司的注册商标构成近似商标,其行为构成商标侵权,苏州工商局作为查处侵犯注册商标专用权行为的行政机关,有权依据我国《商标法》对其违法行为予以查处并作出处罚,但其在责令鼎盛公司停止侵权行为的同时并处 50 万元罚款,并未考虑以下应当考虑的因素:(1) 在"乐活 LOHAS"注册商标核准之前,鼎盛公司就进行了相应的包装设计并委托生产,鼎盛公司不存在攀附东华公司注册商标声誉的主观恶意。(2) "乐活 LOHAS"商标于 2009 年 7 月核准注册,苏州工商局对鼎盛公司的侵权行为于 2009 年 9 月查处、2010 年 6 月作出行政处罚决定。因鼎盛公司的侵权时间非常短暂,且涉案注册商标尚未实际使用,故鼎盛公司的侵权行为对商标权人东华公司并未造成实际的损害后果。(3) 从标识的使用情况来看,鼎盛公司仅是在 2009 年中秋月饼的促销活动中使用该标识,且作为该年度中秋 23 款系列月饼中的一款,鼎盛公司并未对使用该标识的月饼进行专门、广泛、大量的宣传,其对商品的销售模式也仅限于其专卖店销售或直接推销。加之"乐活 LOHAS"注册商标因未使用不存在市场知名度,尚未造成市场中相关公众实际的混淆和误认,故其侵权行为和情节显著轻微。

基于以上因素,苏州工商局在对鼎盛公司进行行政处罚时,责令其停止侵权行为即足,以达到保护注册商标专用权以及保障消费者和相关公众利益的行政执法目的,但苏州工商局未考虑鼎盛公司上述主观上无过错,侵权性质、行为和情节显著轻微,尚未造成实际危害后果等因素,同时对鼎盛公司并处50万元罚款,使行政处罚的结果与违法行为的社会危害程度之间明显不适当,其行政处罚缺乏妥当性和必要性,应当认定属于显失公正的行政处罚。

此外,鼎盛公司在二审庭审中提及苏州工商局多次听证违反《行政处罚法》的相关规定,属于程序违法。对此,法院认为,我国《行政处罚法》规定了听证程序,但对听证的次数没有作出明确规定,因此苏州工商局多次听证并未违反相关法律的禁止性规定,鼎盛公司认为苏州工商局存在程序违法的理由于法无据,法院不予支持。

### 32 驰名商标的认定与保护(《商标法》第57条第1款第2、7项)

案例:马鞍山市永合重工科技有限公司与三一重工股份有限公司侵犯商标专用权及不正当竞争纠纷案
案例来源:《2012中国法院知识产权司法保护十大案件》[(2012)湘高法民三终字第61号]
主题词:驰名商标 商标侵权

#### 一、基本案情

上诉人(原审被告)马鞍山市永合重工科技有限公司(原名马鞍山市三一重工机械制造有限公司,以下简称永合公司)。

被上诉人(原审原告)三一重工股份有限公司(以下简称三一重工公司)。

原审法院查明:原告成立于1994年11月22日,其企业名称历经数次变更,成立时名称为湖南三一重工业集团有限公司,1995年1月25日变更为三一重工业集团有限公司,2000年12月8日变更为三一重工股份有限公司。

原告注册资本为人民币5 062 470 758元,经营范围包括建筑工程机械、起重机械等。

原告前身三一重工业集团有限公司系第1550869号"三一"的商标注册人,该商标注册有效期限为2001年4月7日至2011年4月6日,核定使用商品为第7类,包括压路机、挖掘机、挖掘机(机器)、刷墙机、升降设备、搅拌机、压滤机、铁路建筑机器、混凝土搅拌机(机器)、推土机。

2009年8月7日,原告受让取得第1550869号"三一"注册商标。

原告同时系第6131503号"三一"商标注册人,该商标注册有效期限为2010年6月21日至2020年6月20日,核定使用商品为第7类,包括地质勘探、采矿选矿用机器设备、采煤机、机床等商品。

原告在其产品、厂房、办公楼、服务车辆、企业标语中广泛使用"三一"商标。

2005年至2010年,原告生产的产品销售范围覆盖全国多个省份和地区,包括安徽合肥、黄山、铜陵、池州、蚌埠、宿州、马鞍山、亳州、管的、桐城、贵州贵阳、江苏南京、徐州、上海、广东广州、中山、云南昆明、文山洲、深圳、山西运城、重庆合川、河北张家口、北京、河南洛阳、湖北黄石、新疆乌鲁木齐、浙江台州、海南三亚等。

2005年9月20日,为满足三峡三期工程施工的需要,中国葛洲坝水利水电工程集团有限公司向原告购置其生产的HBT120A-1410D型砼输拖泵两台,合同总价为3 976 200元。

据利安达信隆会计师事务所出具的利安达审字2007第1036号、2008第1088号、2011第1255号审计报告记载,2006年,原告资产总计5 917 054 066.14元,主营业务收入4 574 461 245.34元,主营业务利润1 625 823 636.46元,利润总额682 515 826.40元。

2007年,原告资产总计11 179 126 568.19元,营业收入9 144 950 843.99元,营业利润2 063 261 989.52元,利润总额2 083 088 367.06元。

2010年,原告资产总计31 340 766 119.02元,营业收入33 954 939 086.19元,营业利润6 896 883 960.75元,利润总额6 938 245 636.19元。

2005年至2010年,国内多家媒体对原告进行了专门报道。

2005年5月11日中国证券报《三一重工复牌猜想》、2006年3月21日创业周刊《"疾慢如仇"的三一文化》、2008年9月5日证券时报《三一重工成功浇注广州新电视塔》、2008年9月证券时报《三一重工常德新制造基地即将上马》、2008年11月18日21世纪经济报道《估值放大13倍：三一重工"注资悬念"》、2009年工程机械周刊《"千亿纪念券"的价值》、2009年7月28日证券时报《三一重工掘进机问鼎新纪录》、2010年6月10日证券日报《三一重工市值管理探秘：依托价值提升市值》、2011年4月3日香港大公报以三一重工援日泵车为主题的报道《援日泵车智能遥控凸显中国制造骄傲》等。

中央电视台、中央电视台经济频道、凤凰卫视、湖南卫视等多家电视媒体对原告进行了电视报道。

2011年，包括湖南卫视、湖南经济电视台、香港凤凰卫视、CCTVNEWS等在内的多家电视媒体，均以原告援日泵车为主题进行了新闻报道。

在互联网上，据湖南省长沙市长沙公证处于2011年4月29日出具的(2011)湘长证民字第2350号公证书记载，2011年4月14日在百度搜索"三一重工"词条，共找到1590万个结果，前10个页面显示的内容均指向原告，内容涵盖了三一重工股票行情（股票代码600031）、企业介绍、招聘信息、产品信息、网站信息、最新信息等各个方面。

"三一重工"和"三一重工股份有限公司"在百度百科中被这样释义："三一是全球工程机械制造商50强、全球最大的混凝土机械制造商、中国企业500强、工程机械行业综合效益和竞争力最强企业、福布斯'中国顶尖企业'、中国最具成长力自主品牌、中国最具竞争力品牌、中国工程机械行业标志性品牌、亚洲品牌500强"。

2000年至2011年，原告在多家杂志上投放广告对其产品及"三一"品牌进行宣传，包括2000年—2010年在全国建筑科学核心期刊《混凝土》的部分期刊；2004年—2011年在《工程机械与维修》的部分专刊，其中2004年6月投放有三一重工特刊；2004年—2011年中文核心期刊《铁道建筑》的部分期刊；2005年—2011年《建筑机械》的部分期刊；2005年—2011年《筑路机械与施工机械化》的部分期刊、2006年《今日工程机械》的部分期刊；2006年《建筑机械》的部分期刊；2009年第6期《建设机械技术与管理》；2009年2月号第64期《国际工程机械》国际中文版；2009年—2010年《交通世界》的部分期刊；2010年《工程机械周刊》《建设机械技术与管理》《企业管理》《今日工程机械》《International Construction》；2011年《施工企业管理》。

2004年至2010年间，原告与《铁道建筑》《工程机械与维修》《建筑机械》《施工企业管理》《国际建设》《交通世界》《建筑》《国际工程机械》《今日工程机械》《筑路机械与施工机械化》《工程机械周刊》等杂志的出版发行商签订广告合同，进行产品及形象广告宣传，共计投入广告费用5 432 704元。

2011年5月18日，神州电视有限公司出具证明函，证明原告自2003年至2011年，连续9年在凤凰卫视以全年栏目赞助形式投放企业的品牌形象广告片，签约特约赞助的栏目有《时事直通车》之《国际专列》及《香港聚焦》《港澳聚焦》《时事开讲》栏目，播出的15秒广告片内容均为"科技是品质的源泉，责任是品质的保证，品质改变世界，三一重工"，重点宣传"三一重工"及其企业文化风貌。

2003年至2011年，三一重工公司的广告合约已支付总额为222 745 987元。

据凤凰卫视有限公司于2003年1月1日出具的委托书载明，神州电视有限公司全权代理凤凰卫视中文台、资讯台、欧洲台、美洲台、凤凰周刊及凤凰网的广告销售业务，神州电视股份有限公司及所属各分公司在对外开展业务时，可以凤凰卫视的名义进行工作。

经过多年发展，原告在进行科学技术创新并取得多项技术成果的同时，还积极参与慈善事业和重大救灾事件，履行社会责任。

因此，原告获得了相关部门及市场的肯定，获得多项荣誉，受到了党和国家领导人的多次视察和赞誉，原告及其产品获得的荣誉包括2002年8月荣获中国民营科技促进会颁发的"中国民营科技企业创新奖"，2003年9月荣获中国工业经济联合会、中国机械工业联合会、中国工业报社联合颁发的"2002中国机械工业企业核心竞争力100强"称号；2004年2月荣获湖南省质量技术监督局、湖南省工商业联合会颁发的"全省民营企业百家质量信得过单位"称号；2004年10

月获得中国企业联合会、中国企业家协会颁发的"2004 年度全国企业文化优秀奖",并于同年获得《东方企业家》、中欧国际工商学院颁发的"2004 民营上市公司 100 强"称号;2005 年获得"二等国家科学技术进步奖";2005 年、2007 年获得中国科学技术部、商务部、国家质量监督检验检疫总局、国家环境保护总局颁发的"国家重点新产品"证书;2005 年、2009 年获得湖南省商务厅、湖南省出口品牌评选委员会授予的"湖南省出口名牌证书",明确授予原告使用的"三一"(SANY)为湖南省出口名牌,有效期限至 2012 年 1 月 14 日;2006 年,原告在品牌中国总评榜组委会举办的"爱国者品牌"中国总评榜中,成为"中国品牌百企榜上榜企业";2006 年 9 月至 2009 年 9 月获得"中国名牌产品"称号;2006 年 8 月获得"中国工程机械行业用户满意最具影响力第一品牌"称号;2007 年蒙代尔杂志中文版、世界品牌实验室授予原告"亚洲品牌 500 强"称号;2007 年获得"2007 民营企业上市公司百强公司"称号;2007 年获得科学技术部火炬高技术产业开发中心颁发的"国家火炬计划项目"证书;2008 年,原告被世界品牌实验室及其独立的评测委员会评测为"2008 年中国 500 强最具价值品牌",品牌价值评估为 43.86 亿元人民币。

据国家工商行政管理总局商标局于 2005 年 12 月 30 日出具商标驰字 2005 第 114 号关于认定第 1550868 号注册商标为驰名商标的批复载明,认定原告使用在商标注册用商品和服务国际分类第 7 类挖掘机、液压泵商品上的第 1550868 号注册商标为驰名商标。

2007 年 3 月 1 日,当涂县工商行政管理局同意预先核准被告企业名称为"马鞍山市三一重工机械制造有限公司",同年 3 月 14 日,被告正式成立,公司注册资本共计 300 万元,由费宏海、吴德玉、胡起武三位投资人各出资 100 万元,公司地址为安徽省马鞍山市当涂县新市镇工业集中区,经营范围包括锻压机床、刀模具、工矿机械配件生产、销售。

经国家工商行政管理总局商标局核准注册,被告系第 6041218 号"永合"文字及图商标注册人,商标注册有效期限自 2009 年 11 月 28 日至 2019 年 11 月 27 日,核定使用商品为第 7 类,包括机床,刀具(机器零件)、地质勘探、采矿选矿用机器设备、铸模(机器部件)、冲床(工业用机器)、弯曲机、剪板机、折弯机、液压机、打包机。

被告提供的商标铭牌上分别标有"三一机床"、产品名称、型号、厂家名称等信息。

据安徽省马鞍山市为民公证处出具的(2010)皖马为公证字第 2871 号公证书记载,被告在其厂房外墙上使用"三一重工"文字及图,并在其户外广告牌上使用"三一机床"文字及图。

据湖南省长沙市公证处出具的(2010)长证民字第 6155 号公证书记载,在 http:www.ahsanyi.com 网站上,网站首页左上角显示有"三一重工"文字及图,网页中央有"三一机床"文字,以及被告企业名称,同时有版权归被告所有的信息。

点击进入后,网页左上角有"三一重工"文字,并列有"首页、关于三一、产品展示、新闻中心、在线订购、销售网络"等栏目,新闻中心栏目中有关于被告受邀参加"2007 中欧企业洽谈会"活动及被告在慕尼黑 2007BAUMA 展会取得直接订单近 100 万美元、意向订单 300 余万美元的新闻介绍。

在产品展示栏目,有折弯机系列、剪板机系列、卷板机系列、冲床、刃模具系列产品展示。其中,型号为 WF67Y-160T4000 液压板料折弯机、WF67K-160T5000 液压板料数控折弯机、QC12Y-6X2500 液压摆式剪板机、QC12K-6X3200 数控液压摆式剪板机、QC11Y-6X3200 液压闸式剪板机的产品左上方均显示有"三一机床"文字。

在销售网络和联系我们的栏目中,有被告以"三一重工驻外办事处"名义设立于唐山、武汉、长沙、青岛、西安、成都、苏州、安庆、顺联、安阳、东营、石家庄办事处的联系人、电话、传真、手机信息的详细介绍,其中湖南长沙办负责人为费昭德。

据湖南省长沙市公证处出具的(2010)长证民字第 6156 号公证书记载,2010 年 8 月 3 日原告委托代理人董小军来到位于长沙市中意路 718 号大全联机电城三栋 3068 号的三一机床,该店门面招牌显示"三一机床"文字及产品图样,该店待售的型号为 WF67Y-100T3200 的机器上有"三一机床"字样。该店负责人为费昭德,据其使用的个人名片显示,该店系被告湖南办事处,名片上标有"三一机床"文字,同时有被告企业名称及 http:www.ahsanyi.com 等信息。

董小军从该办事处索取的产品介绍的第一页上方标有"三一机床"文字,该页面中央有产品图形及 http://www.ahsanyi.com 显示,右下角标有被告企业名称。

该产品介绍的内页中,载有被告的公司简介,并在宣传图片中使用"三一机床""三一重工"文字。

据安徽省马鞍山市为民公证处出具的(2010)皖马为公证字第4003号公证书记载,2010年11月29日,在国家工商行政管理总局商标局网站查询"三一"商标,出现包括"三一""三一 SANY""三一111""三一电工;111""三一机械;111""三一精工"等商标在内的39个查询结果,其中"三一"商标被包括三一集团有限公司、三一重工股份有限公司在内的多家企业在不同商品类别上注册。

在庭审过程中,法院组织双方当事人进行上网查询,在地址为 http:sbj.saic.gov.cn 的国家商标局网站,查询"三一",国际分类号第7类,结果显示:1299403号,2009年7月27日,0749群组,商标已无效;168005号,2003年2月28日,0738群组,商标已无效;200193号,2003年10月14日,0742群组,商标已无效;221790号,1995年8月18日,0703群组,商标已注销;221798号,1995年8月18日,0721群组,商标已注销;293211号,1997年7月19日,0749群组,商标已无效;3336309号,0713群组,商标异议复审中;541524号,0706群组,2001年1月29日,商标已无效。

此庭审上网查询结果,双方当事人均无异议。

经审理,二审法院认为:上诉人永合公司的行为侵犯了被上诉人三一重工公司的注册商标专用权,亦构成对被上诉人三一重工公司的不正当竞争,依法应承担相应的民事责任,其上诉请求无事实及法律依据,依法应予驳回。原审判决认定事实清楚,适用法律准确,程序合法,依法应予维持。

## 二、裁判要旨

**No.2-7-57.1.2-19** 在产品中和对外宣传的醒目位置突出标注标识,对一般公众而言,该标识实际上起到了识别商品来源的作用,属于商标化使用行为。

本案中,被诉侵权商品为上诉人生产的机床类商品,与涉案第1550869号"三一"注册商标核准使用的起重机、挖掘机等商品不相同亦不相似,上诉人在其机床产品和对外宣传的醒目位置突出标注"三一机床""三一重工"标识,对一般公众而言,该标识实际上起到了识别商品来源的作用,属于商标化使用行为。

以上诉人在被诉侵权商品上使用的"三一机床""三一重工"标识与涉案第1550869号"三一"驰名商标比对,"三一机床""三一重工"标识完整包含了涉案第1550869号"三一"驰名商标,二者构成商标法意义上的相同,易对相关公众产生误导,使相关公众误认为上诉人的商品来源于被上诉人处,损害了被上诉人作为第1550869号"三一"驰名商标注册人的合法权益,侵犯了被上诉人三一重工公司的注册商标专用权。

同时,根据《中华人民共和国商标法》第52条的规定,未经商标注册人的许可,在同一种商品或者类似商品上使用与他人注册商标相同或者近似的商标的行为,属于商标侵权行为。

经查,被上诉人三一重工公司持有的第6131503号"三一"注册商标核准使用的商品范围包括机床类商品,上诉人未经被上诉人的许可,在其机床产品和对外宣传的醒目位置突出标注完整包含涉案第6131503号"三一"注册商标的"三一机床""三一重工"标识,属于在同一种商品上使用与他人注册商标相同的商标的行为,侵害了被上诉人第6131503号"三一"注册商标专用权。

上诉人关于其行为不构成商标侵权的上诉主张无事实及法律依据,依法应予驳回。

**No.2-7-57.1.7-3** 复制、摹仿、翻译他人注册的驰名商标或其主要部分在不相同或者不相类似商品上作为商标使用,误导公众,致使该驰名商标注册人的利益可能受到损害的,属于侵犯他人注册商标权的行为。

被上诉人三一重工公司依法享有涉案第1550869号、第6131503号"三一"注册商标专用权,其合法权利应受法律保护。上诉人虽然主张,原审法院认定涉案第 1550869 号"三一"注册商标为驰名商标系认定事实错误。但根据查明的事实,涉案第 1550869 号"三一"注册商标专用权,由被上诉人前身三一重工业集团有限公司于 2001 年取得,被上诉人三一重工公司与三一重工业集团有限公司属于变更承继关系,在此变更承继的过程中,第 1550869 号"三一"注册商标由被上诉人三一重工公司在企业名称、产品、对外宣传、企业设施及股票名称中持续使用,被上诉人提供的证据足以证明该商标已为相关公众广为知晓,符合《商标法》第 14 条关于驰名商标的认定条件。

且本案由于被诉侵权商品与涉案第 1550869 号"三一"注册商标核准使用的商品不相同亦不相似,被上诉人三一重工公司主张对涉案第 1550869 号"三一"注册商标给予驰名商标的跨类保护,亦主张上诉人在其企业名称中使用涉案第 1550869 号"三一"驰名商标的行为构成不正当竞争,因此,本案有必要对涉案第 1550869 号"三一"注册商标是否驰名作出司法认定。

原审法院根据本案的事实及证据,依法认定第 1550869 号"三一"注册商标为中国驰名商标符合法律规定,并无不当。上诉人关于原审法院认定涉案第 1550869 号"三一"注册商标为驰名商标系认定事实错误的上诉主张,不能成立。

根据《中华人民共和国商标法》第 52 条和最高人民法院《关于审理商标民事纠纷案件适用法律若干问题的解释》第 1 条第 1 款 2 项之规定,复制、摹仿、翻译他人注册的驰名商标或其主要部分在不相同或者不相类似商品上作为商标使用,误导公众,致使该驰名商标注册人的利益可能受到损害的,属于侵犯他人注册商标权的行为。

### 33 商标专用权的保护(《商标法》第 57 条第 1 款第 7 项)

**案例**:如皋市印刷机械厂诉轶德公司侵犯商标专用权纠纷案
**案例来源**:《中华人民共和国最高人民法院公报》2004 年第 10 期第 35—37 页
**主题词**:商标专用权

#### 一、基本案情

原告:江苏省如皋市印刷机械厂(以下简称印刷机械厂)。
被告:江苏省如皋市轶德物资有限责任公司(以下简称轶德公司)。

原告江苏省如皋市印刷机械厂认为,被告轶德公司侵犯其商标专用权,于 2003 年 6 月 10 日向江苏省南通市中级人民法院提起诉讼。

原告诉称:被告轶德公司自 2001 年起多次购进该厂生产的"银雉"牌旧胶印机进行翻新,并在除去该厂"银雉"商标后,以无任何标识的方式对外销售,妨碍了该厂"银雉"牌商标知名度的扩大,影响了该厂胶印机的市场份额,构成了对该厂"银雉"商标专用权的侵犯。请求判令:(1) 轶德公司立即停止侵犯原告商标权的行为;(2) 轶德公司赔偿原告损失计 5 万元;(3) 轶德公司承担原告支付的本案律师代理费 5 000 元,调查取证费 1 万元;(4) 轶德公司负担本案的案件受理费及其他诉讼费用。

被告辩称:该公司是受客户委托,对原告印刷机械厂生产的旧胶印机进行修理,并因此收取修理费。该公司与客户之间不存在买卖关系,为客户修理旧印刷机械是在经营范围内的合法行为,没有侵犯印刷机械厂的商标权,认为原告的诉讼请求应当被驳回。

南通市中级人民法院对本案事实认定如下:原告印刷机械厂系从事印刷机械生产及销售的企业,1991 年 12 月 20 日受让取得南通市矿山机械厂用于印刷机械的"银雉"商标后,将该商标标识和产品技术参数、该厂厂名一起制作成产品铭牌,固定在其生产的胶印机上。被告轶德公司于 1997 年 7 月注册设立,经营范围为印刷机械的组装、修理和销售。该公司自 2001 年以来,多次购买他人使用过的"银雉"牌旧印刷机械,除去机械铭牌,经修理后重新喷涂,以无标识的形式销售给用户。轶德公司承认以上述方法销售了 3 台印刷机,这 3 台印刷机的买受人不清楚印刷机的原生产厂家。

南通市中级人民法院认为,本案的争议焦点是:被告轶德公司将他人使用过的"银雉"牌印刷机械购回予以修整,去除商标标识后向他人销售的行为,是否侵犯了原告印刷机械厂的商标专用权。

经审理,南通市中级人民法院依照《中华人民共和国商标法》第 52 条第 5 项,第 56 条第 1、2 款的规定,于 2003 年 10 月 24 日判决:

一、被告轶德公司自本判决发生法律效力之日起立即停止侵犯原告印刷机械厂"银雉"注册商标专用权的行为。

二、被告轶德公司于本判决发生法律效力之日起 5 日内赔偿原告印刷机械厂损失 4 万元,并支付印刷机械厂的合理开支 12 000 元,合计 52 000 元。

二、裁判要旨

No.2-7-57.1.7-4　在商品流通过程中去除原有商标,并作为自己的产品销售的行为,直接侵犯了商标权人所享有的商标专用权。

《商标法》第 3 条第 1 款规定:"商标注册人享有商标专用权,受法律保护。"原告印刷机械厂依法对"银雉"牌商标享有所有权及使用权,并享有禁止他人不适当使用该商标的权利。注册商标中的商品商标,作为商标权人与商品使用者之间的纽带,只有附在核准使用的商品上随着商品流通,才能加强商品的知名度和竞争力,使商品使用者认知商品生产者及其商品的全部价值,增加商品的市场交易机会,满足商标权人实现其最大经济利益的目的。所以,商品商标与商品具有不可分离的属性,商标权人有权在商品的任何流通环节,要求保护商品商标的完整性,保障其经济利益。在商品流通过程中拆除原有商标的行为,显然割断了商标权人和商品使用者的联系,不仅使商品使用者无从知道商品的实际生产者,从而剥夺公众对商品生产者及商品商标认知的权利,还终结了该商品所具有的市场扩张属性,直接侵犯了商标权人所享有的商标专用权,并最终损害商标权人的经济利益。因此,根据《商标法》第 52 条第 5 项规定的"给他人注册商标专用权造成其他损害的"属于商标侵权行为。被告轶德公司在商品交易中擅自将印刷机械厂的"银雉"牌商标与该商标标识的商品分离,是侵犯印刷机械厂商标专用权的行为。

被告轶德公司辩称:其仅是为客户修理印刷机械,并未侵犯原告印刷机械厂的商标专用权。按常识说,修理仅是提供劳务的行为,不改变标的物的所有权。在本案中,轶德公司先购入他人使用过的"银雉"牌旧印刷机,去除该设备上印有"银雉"商标的铭牌、更换破损部件并重新喷漆后,再以自己的名义出售给用户。这种行为已不是单纯的修理行为,而是将修整后的"银雉"牌旧印刷机作为轶德公司的产品对外销售的货物交易行为。轶德公司不是印刷机械设备的合格生产厂家,经核准的经营范围内亦不包括收购和出售旧物资设备的内容,其将旧"银雉"牌印刷机修整后,在无合格证、无质量标准和不带任何标识的情况下投入市场,不仅违反产品质量法和工商行政管理法规,更侵犯了印刷机械厂对"银雉"商标的专有使用权,应当承担停止侵权并赔偿相应损失的责任。

## 34 商标与商品质量(《商标法》第 57 条第 1 款第 5 项)

**案例:华润雪花啤酒(中国)有限公司诉张志刚、山东民鑫生物科技有限公司商标侵权案**
案例来源:中国知识产权裁判文书网[(2009)衡民三初字第 29 号]
主题词:更换商标　质量保证义务

一、基本案情

原告:华润雪花啤酒(中国)有限公司(以下简称雪花公司)。
被告:河北景县美日酒水门市部(以下简称美日门市部)。
被告:山东民鑫生物科技有限公司(以下简称民鑫生物公司)。

原告雪花公司诉称:"雪花"牌啤酒创始于 1960 年,迄今已有近五十年的历史,1981 年,"雪花"商标经国家工商行政管理总局核准为第 32 类商品——"啤酒、矿泉水和汽水以及其他不含酒精的饮料,水果饮料及果汁,糖浆及其他供饮料用的制剂"——中使用的商标,多次被国家评为中国名牌产品,并被国家工商行政管理总局认定为中国驰名商标,被山西省运城市中级人民法院认定为"驰名商标",该"雪花"商标的品牌评估价值截至2008年年底为111.85亿元人民币,2009年3月以来,原告在山东省、河北省等市场上发现大量由两被告生产和销售的"雪京花"牌啤酒,致使消费者在选购商品时产生误认误购,被告的行为侵害了原告合法商标的使用权,扰乱了公平竞争的市场秩序,请求人民法院判令被告停止生产、销售侵权产品,销毁标识,赔偿经济损失50万元。

被告美日门市部答辩称:"雪京花"商标与"雪花"商标二者不属于相近,其经营的行为不构成侵权,美日酒水门市部认为其仅销售雪京花啤酒1000包,获利1009元。

被告民鑫生物公司答辩称,其提供的啤酒没有雪京花标识,"雪京花"是由美日门市部自行贴标。原告要求50万元损失没有法律和事实上的依据。事实上,被告民鑫生物公司生产和销售的"惠宁湖"牌啤酒是合法产品,该公司没有生产和销售过"雪京花"啤酒,所以,民鑫生物公司认为本案与该公司无关。

另查:该"雪京花"啤酒的标识为美日酒水门市部业主张志刚委托河南籍人士设计生产,并且已上报国家商标局对"雪京花"文字构图提出商标注册申请,至今国家商标局尚未批准。

河北省衡水市中级人民法院认为,为了给予驰名商标范围更宽、强度更大的保护,激励市场竞争的优胜者、净化市场、遏制不正当搭车、模仿行为,被告景县美日门市部应当在"雪京花"商标申请国家商标局同意为其注册公告期届满前,禁止其采取更换"雪京花"标识的方法侵害消费者利益进行啤酒销售;美日门市部制造销售换贴标识"雪京花"啤酒的行为,属于行政机关按照法律法规打假的范畴。故对被告美日门市部制造销售"雪京花"啤酒所获利1009元,由法院另行制作民事制裁决定书予以收缴。

河北省衡水市中级人民法院根据《中华人民共和国民事诉讼法》第64条第1款、《中华人民共和国民法通则》第134条第3款、《中华人民共和国商标法》第7条之规定判决驳回原告华润雪花啤酒(中国)有限公司的诉讼请求。

## 二、裁判要旨

**No.2-7-57.1.5-1 未经商标注册人同意,将其注册商标撤下后换上自己的商标并将该更换商标的商品又投入市场的行为,是商标侵权行为。**

本案中,被告从民鑫生物公司购入"惠宁湖"预包装产品将标识换牌后进行销售的行为,法院认为,因没有被告民鑫生物公司生产销售"雪京花"产品获利的情况及二被告有相同主观意思牵连行为的证据,故对民鑫生物公司不应承担民事责任的抗辩请求应予支持。同时法院确认:美日门市部制造销售换贴标识"雪京花"啤酒的行为,属于行政机关按照法律法规打假的范畴。事实上是对美日门市部"反向假冒"行为的否定性评价。

商标作为商品和消费者之间的联系、纽带,具有几个基本功能:表明来源,指示质量、信誉、广告等。作为经营者,商标是商品声誉和企业信誉的象征;对于消费者来说,商标是辨认和选择商品的依据。经营者要使自己的产品为消费者熟悉和喜爱,必须借助于商标的广告宣传作用,让消费者认可和追随商标,以防止误认误购。消费者要获得自己满意的商品须认清商标,防止误认。尽管经营者和消费者是在商品交换的两端,但在防止商标的欺骗性使用上,他们却有着共同的利益。为使商标有效和可靠地发挥作用,商标所有人的商标专用权必须受到保护。也就是说,不允许他人在商品流通过程之中破坏或妨碍商标的正常使用。撤换注册商标的行为,令商标与商品分离,商标指示来源、保证质量、广告宣传及信誉象征的功能因此受到影响,消费者因被蒙骗而购买的是名不副实的商品;经营者使用商标的权利受到侵害,并会因此失去通过商标建立信誉而获得利益的机会。

撤换商标的行为之所以构成商标侵权,根本原因在于该行为破坏了商标专用权的行使、妨碍了商标功能的实现。现行《商标法》将撤换他人注册商标列为侵犯商标专用权的行为,从法律上明确了该行为的性质,同时体现了对商标权人利益更高层次上的保护。

## 35 将注册商标拆分成与他人注册商标近似的标志使用(《商标法》第58条)

**案例**:博内特里公司诉上海梅蒸公司等商标侵权和不正当竞争纠纷案
**案例来源**:《中华人民共和国最高人民法院公报》2005年第12期[(2004)沪高民三(知)终字第24号]
**主题词**:商标拆分使用

### 一、基本案情

上诉人(原审被告):上海梅蒸服饰有限公司(以下简称上海梅蒸)。

被上诉人(原审原告):博内特里塞文奥勒有限公司(Bonneterie CevenoleS. A. R. L.)。

原审法院经审理查明:原告博内特里塞文奥勒有限公司于1925年2月11日在法国登记设立,主要从事服装设计、制造和销售。自1986年6月起,原告先后向国家商标局登记注册了4个商标,4个商标核定使用的商品均为商品国际分类第25类衣服、鞋、帽等,目前均在有效期内。商标注册证号为795657的商标是一个"花图形",由花瓣、叶和茎组成;商标注册证号为577537的商标为繁体字"梦特娇";商标注册证号为253489和1126662的两个商标均是"MONTAGUT与花图形",前者"花图形"位于"MONTAGUT"的字母"G"之上,后者"花图形"位于"MONTAGUT"之中,替代了字母"O"。

香港梅蒸是一家于2001年9月14日在香港注册设立的有限公司,其英文名称为"MONTEQUEMAYJANE(HONGKONG)FASHIONLIMITED"。公司董事为甘传飞和甘传猛。"梅蒸"商标原系浙江省义乌市大陈镇珊珊服装厂于1999年3月8日申请注册取得,商标注册证号为1220606,核定使用范围为第25类服装。2002年2月28日,经国家商标局核准,香港梅蒸从浙江省义乌市大陈镇珊珊服装厂受让取得"梅蒸"商标。该商标由"梅蒸"中文文字、拼音字母"Meizheng"和花瓣图形组成,花瓣图形和"梅蒸"中文文字分别位于连体的"梅蒸"拼音字母的"Mei"和"zheng"之上。与原告的"花图形"商标相比,"梅蒸"商标中的花瓣图形与"花图形"中的花瓣相同,仅缺少了花瓣下面的叶和茎。

上海梅蒸于2001年11月15日在上海投资设立。同年12月1日,香港梅蒸授权上海梅蒸在中国内地独占使用"梅蒸"商标,并享有在中国内地以合资、合作、加盟特许的方式将"梅蒸"商标有偿许可给他人使用的权利,有效期为2001年12月1日至2006年11月30日。

上海梅蒸销售的服装,包括夹克、T恤等,在服装、包装袋、吊牌上使用商标和企业名称的具体情况如下:夹克、T恤的衣领标上标有"梅蒸"商标,商标下方标有"梦特娇梅蒸"标志;上装的左胸标有"梅蒸"拼音字母与花瓣图形标志,与"梅蒸"商标相比,缺少了"梅蒸"文字,并放大了花瓣图形;在夹克、风衣的衬内上标有"梦特娇梅蒸"标志;包装袋和吊牌的底色均为白色,中间标有"梅蒸"商标,"梅蒸"中文文字和拼音字母为黑体,花瓣图形为红色,商标下方为绿色横条,上面标有"HONGKONG",包装袋和吊牌的最下方为香港梅蒸的中、英文企业名称。原告包装袋的底色也为白色,中间是"MONTAGUT与花图形"商标,"花图形"在"MONTAGUT"的上方,"花图形"的花瓣为红色,叶、茎为绿色,商标下方为一绿色横条,上面标有"PARIS"。

经审理,一审法院依据《中华人民共和国商标法》第52条第1、2、5项,第56条第1、2款,《中华人民共和国商标法实施条例》第50条第1项,最高人民法院《关于审理商标民事纠纷案件适用法律若干问题的解释》第9条第2款,《中华人民共和国反不正当竞争法》第2条、第5条第1、2项,第20条,《中华人民共和国民法通则》第36条,最高人民法院《关于贯彻执行〈中华人民共和国民法通则〉若干问题的意见(试行)》第58条之规定,判决:

一、上海梅蒸服饰有限公司、梦特娇梅蒸(香港)服饰有限公司停止侵害博内特里塞文奥勒有限公司的"梦特娇"与"花图形"注册商标专用权;

二、上海梅蒸服饰有限公司、梦特娇梅蒸(香港)服饰有限公司停止对博内特里塞文奥勒有限公司的不正当竞争行为;

三、上海梅蒸服饰有限公司、梦特娇梅蒸(香港)服饰有限公司等被告共同赔偿博内特里塞文奥勒有限公司经济损失人民币50万元,并相互承担连带责任;

四、对博内特里塞文奥勒有限公司的其他诉讼请求不予支持。

一审判决后,上海梅蒸不服,向上海市高级人民法院提起上诉。二审法院确认了一审法院认定的事实,经审理,二审法院认为原审法院认定事实清楚,适用法律正确,审判程序合法,应予维持。依照《中华人民共和国民事诉讼法》第153条第1款第1项、第158条之规定,判决驳回上诉,维持原判。

二、裁判要旨

No.2-7-57-1　商品经营者在同一种或者类似商品上,将与他人注册商标相同字样的标志作为企业名称突出使用,或者将自己的注册商标拆分成与他人注册商标近似的标志使用,以此误导公众的,是侵犯注册商标专用权行为。

《商标法》第52条规定,未经商标注册人许可,在同一种商品或者类似商品上使用与注册商标相同或者近似商标的;销售侵犯注册商标专用权商品的,均属于侵犯注册商标专用权的行为。最高人民法院《关于审理商标民事纠纷案件适用法律若干问题的解释》规定,判断两个商标是否构成近似,应以消费者或经营者的一般注意力为标准,通过比较两个商标的文字字形、读音、含义或者图形的构图及颜色,或者其各要素组合后的整体结构,或者其立体形状、颜色组合,以判断两者是否相似,且这种相似易使消费者、经营者对商品的来源或者不同经营者之间的关系产生误认。本案中,上海梅蒸、常熟豪特霸生产和销售的上装的衣领标、衬内标有"梦特娇梅蒸"标志,上装的左胸标有"梅蒸"拼音字母与花瓣图形标志,且将"梅蒸"拼音字母的颜色选择为服装衣料的颜色,将花瓣的颜色突出。与原告的注册商标"梦特娇"相比,"梦特娇梅蒸"仅多了一个后缀"梅蒸",从文字的先后顺序看,"梦特娇"在前,"梅蒸"在后。以一般消费者或经营者的认知,"梦特娇梅蒸"与"梦特娇"两个标志在相同商品上使用,容易使消费者或经营者误认为两个不同经营者之间存在某种关联。被告在上装上使用的"梅蒸"拼音字母与花瓣图形标志,结合其色彩,一般消费者或经营者只会对花瓣图形产生较强的感觉而忽视"梅蒸"拼音字母的存在。与原告的"花图形"商标相比,被告的花瓣图形仅仅是缺少了叶和茎。而对于原告"花图形"商标,从视觉角度讲,花瓣对一般消费者或经营者的视觉冲击要大于叶和茎。因此,消费者或经营者很容易将被告的"梅蒸"拼音字母与花瓣图形标志与原告的"花图形"商标相混淆。所以,虽然被告在上装上使用的"梦特娇梅蒸"和"梅蒸"拼音字母与花瓣图形标志,与原告的"梦特娇"和"花图形"商标不完全相同,但比较两者的读音、整体结构、色彩等,可以认定两者构成近似。因原告的注册商标均指定使用在商品国际分类第25类服装,被告的上述标志也使用在服装上,所以,被告是在与原告注册商标指定使用的相同商品上使用近似商标,侵犯了原告的注册商标专用权。

我国《企业名称登记管理规定》规定,企业在经营活动中应当依法规范使用企业名称,使用的企业名称应当与其注册登记的相同,只有从事商业、公共饮食、服务等行业的企业名称牌匾才可以适当简化,但也不得与其他企业的注册商标相混淆。被告香港梅蒸尽管是在香港注册的企业,但在中国内地从事经营活动也应当遵守中国的法律法规。作为被授权人,上海梅蒸在使用授权人的企业名称时,应当依法规范使用,而不能侵犯他人的注册商标。对于注册商标的使用,我国《商标法》也规定,商标权人在使用中不得擅自更改注册商标,而被告实际使用的标志与注册商标并不相同。因此,被告的行为违反了上述法律法规。

**36 在企业宣传中突出使用他人商标(《商标法》第57条、第63条第1款)**

**案例:大众汽车股份公司诉长春大众润滑油品销售有限公司商标侵权纠纷案**
案例来源:《人民法院案例选》2009年第1辑[(2007)长中民三初字第74号]
主题词:商品类似　商标近似　赔偿额

一、基本案情

原告:(德国)大众汽车股份公司(以下简称大众公司)。

被告:长春大众润滑油品销售有限公司(以下简称大众润滑油公司)。

被告:华宇大酒店。

原告大众公司诉称:原告是享誉全球的跨国企业,在中国也具有极大的影响力和知名度。"VOLKSWAGEN""大众""大众汽车""大众汽车(图文组合)"商标是属于原告的注册商标、驰名商标。被告大众润滑油公司未经原告授权,在其生产的发动机油产品上使用"VOLKSWAGEN""大众""大众汽车"商标,并且在产品包装上突出标有"VOLKSWAGEN""德国大众""帕萨特""B5"、德文产品信息、"德国科技—长春大众汽车发动机油""捷达、奥迪、宝来专用发动机油""捷达、桑塔纳2000发动机油""德国科技—大众汽车发动机油""大众唯一技术标准""纯正配件""德国大众油品集团(中国)有限公司""大众"轿车图片等多种产品标识或产品信息。被告华宇大酒店销售了上述侵权产品。二被告的行为构成对原告商标权的侵犯,被告大众润滑油公司在产品上标注不实信息,进行虚假宣传,还构成多项对原告的不正当竞争行为。因此,原告请求法院判令:(1)两被告立即停止全部商标侵权行为;(2)被告大众润滑油公司立即停止全部不正当竞争行为;(3)被告大众润滑油公司就其侵权行为和不正当竞争行为公开消除影响;(4)两被告赔偿原告经济损失80万元人民币,其中包括为制止被告违法行为发生的合理开支。庭审过程中,原告当庭放弃对被告华宇大酒店的赔偿请求。

被告华宇大酒店答辩称:(1)被告华宇大酒店不是本案适格被告。被告华宇大酒店从未经营过润滑油产品,与涉嫌销售侵权产品的个体老板徐世堂仅为房屋租赁关系;(2)徐世堂不具有侵权故意。他替朋友代卖涉嫌侵权的产品,根本不知道该油品涉嫌侵犯了原告大众公司的商标权。华宇大酒店请求驳回对华宇大酒店的诉讼请求。

法院查明:第2021132号注册商标、第2021133号注册商标"大众汽车(图文组合)"、第G702679号注册商标"VOLKSWAGEN"为原告所有。

被告大众润滑油公司在产品简介上的宣传为:封面上以大号字体"VOLKSWAGEN lubricant oil"作为标题,右上角用中号字体注明"德国大众装备油品"及甲壳虫车商标,封面下半部分是德文信息;第一页是大众奥迪汽车的图片,该页底部以中号字体标注"同一星球、同一品质、同一大众"字样及甲壳虫车商标;将简介完全展开,页面上方是"volkswagen lubricant oil"产品简介的标题,页面下方是德文信息,正文部分介绍的油类产品纷纷冠以"德国大众汽车"或"德国大众"等蓝色中号字体字样作为标题,并用横粗下划线标注;产品图片的包装上清楚地标有"德国大众""大众汽车""帕萨特""捷达""桑塔纳""一汽大众"等字样,图片下方也清楚地注明了该产品是"一汽大众奥迪原装机油""一汽大众原装机油""大众汽车发动机油""宝来专用发动机油""桑塔纳、捷达专用油等";简介封底左上角标注有"Volkswagen",下半部分是德文信息,并用小字体注明被告公司名称"长春大众润滑油品销售有限公司""中国吉林省长春市开运街533号""客户服务热线04315964298""网址www.vwoil.com.cn"等内容。

被告大众润滑油公司于2005年5月14日注册了www.vwoil.com.on作为其官方网站。根据北京市国信公证处[2006]京国证经字第3031号公证书的记载:2006年10月24日,在上述网站的首页上,被告自称是德国大众汽车养护产品唯一专业配套出品商,生产捷达、奥迪、桑塔纳2000、帕萨特B5、B6、宝来等专用各级别与规格的油品,全部采用德国大众公司统一标准技术;点击"营销预案",在该页面上再点击"市场评估报告",被告在该"市场评估报告"中称"德国大众汽车连锁养护(中国)机构责成长春大众润滑油品销售有限公司搞连锁养护经营,以建立真正属于大众品牌的全车系配件基地和车用液体供应基地"。点击"技术服务",在该页面上有"关于甲壳虫""大众车浏览"等文章,点击"关于甲壳虫",被告在该文中称"德国大众汽车公司的甲壳虫汽车如此受人青睐,它已成为一个著名品牌。长春大众润滑油品销售有限公司经过大众公司的特别授权,首先在中国国家工商局注册了卡通画甲壳虫图形,将其作为大众油品的代表性标识应用在产品的包装上"。点击"大众车浏览",被告该文中细数了国内大众投放的车种有"桑塔纳、捷达、奥迪、帕萨特、宝来、甲壳虫等"。点击"产品展示",显示的14种油类产品中10种冠以"大众汽车发动机油"的名称或自称"某大众品牌专用油",12种产品包装上突出印刷有"大众汽车、大众汽车(图文组合)、VOLKSWAGEN、德国科技"等字样,并且配有德国大众的汽车图片。点击"产品分类"下的"汽车发动机油""制动液""动力方向机油""自动排挡液""ATF自动波箱油""曼牌""冷冻液""玻璃清洗液""润滑脂"等各栏,显示的部分产品冠以"大众"名称,所有产品包装上突出印刷有"大众""德国大众""VOLKSWAGEN""大众汽车(图文组合)"等字样。网站首页的"热销产品""最新产品"栏目宣传的产品也存在上述以"大众"商标冠以名称和产品包装上利用大众公司的商标作宣传的情况。上述各种产品均处于有货待售的状态。

2006年12月17日,原告的委托代理人在被告华宇大酒店购买"帕萨特发动机油""捷达、奥迪、宝来专用发动机油"(德国科技—长春大众汽车发动机油)、"捷达、桑塔纳2000发动机油"(德国大众SF/CD—超级发动机油)各1瓶。该购买过程及实物均经湖南省长沙市公证处以〔2006〕长证内字第7423号公证书进行公证。这些经公证保全的产品包装上印刷有:"CCVOLKSWAGEN""德国科技—长春大众汽车发动机油""捷达、奥迪、宝来专用发动机油""德国大众SF/CD—超级发动机油""捷达、桑塔纳2000发动机油""德国大众油品集团(中国)有限公司""大众统一技术标准""德国大众""帕萨特轿车发动机油""B5""长春大众润滑油品销售有限公司"等字样和德文产品信息、大众汽车图片。瓶底部印刷有:"德国大众油品集团(中国)有限公司、长春大众润滑油品销售有限公司、中国吉林省长春开运街533号、电话04315964298、传真04315964268"等内容。

另查明,被告大众润滑油公司成立于2002年1月11日,是以经销润滑油为主的公司,住所地吉林省长春市朝阳区开运街3号。从成立至今,该公司已在吉林、山东、广州、深圳设立分公司,在北京、天津、沈阳、哈尔滨、石家庄、济南、苏州、南京、杭州、厦门、四川、重庆、陕西、河南等地发展了55个直接从被告大众润滑油公司处进货的经销商。据法院保全证据统计,仅2005年3月26日至2006年3月16日期间,被告大众润滑油公司向广州发货的价值就达809868.06元。

经审理,湖南省长沙市中级人民法院根据《中华人民共和国民法通则》第134条第1款第9项,《中华人民共和国商标法》第52条第1项、第2项、第5项,第56条,最高人民法院《关于审理商标民事纠纷案件适用法律若干问题的解释》第9条、第10条、第11条、第12条、第13条、第17条,《中华人民共和国反不正当竞争法》第2条、第9条、第5条第3项、第20条,最高人民法院《关于审理不正当竞争民事案件应用法律若干问题的解释》第6条、第17条之规定,判决:

一、被告长春大众润滑油品销售有限公司立即停止实施侵犯原告大众汽车公司的第2021132号"大众汽车(图文组合)"、第2021133号"大众汽车(图文组合)"、第2021135号"大众汽车"、第2021136号"大众汽车"、第2021138号"大众"、第2021141号"大众"、第G702679号"VOLKSWAGEN"等注册商标的商标专用权的行为。

二、被告长春大众润滑油品销售有限公司立即停止实施对原告大众汽车公司进行不正当竞争的行为。

三、被告长沙市华宇大酒店立即停止销售由被告长春大众润滑油品销售有限公司出品的侵权产品发动机油。

四、被告长春大众润滑油品销售有限公司在本判决发生法律效力之日起10日内,赔偿原告大众汽车公司经济损失80万元(已包括原告为制止侵权行为所支付的合理费用)。

五、被告长春大众润滑油品销售有限公司在本判决发生法律效力之日起10日内,在国家级报纸上刊登启事,消除影响。启事的内容需经该院审核。被告未履行上述义务的,由该院将本判决的主要内容在《人民法院报》上公开,费用由被告承担。

六、驳回原告其他诉讼请求。

### 二、裁判要旨

**No.2-7-57-2 未经商标注册人许可将其商标在企业宣传中突出使用是商标侵权行为。**

《商标法》第52条第1项规定:"未经商标注册人的许可,在同一种商品或者类似商品上使用与其注册商标相同或者近似的商标的";第2项规定:"销售侵犯注册商标专用权的商品的";第5项规定:"给他人的注册商标专用权造成其他损害的"属商标侵权行为。湖南省长沙市中级人民法院认为，原告系第 2021132 号注册商标"大众汽车（图文组合）"、第 2021133 号注册商标"大众汽车（图文组合）"、第 2021135 号注册商标"大众汽车"、第 2021136 号注册商标"大众汽车"、第 2021138 号注册商标"大众"、第 2021141 号注册商标"大众"、第 G702679 号注册商标"VOLKSWAGEN"等 7 个注册商标的权利人，其注册商标专用权受法律保护。被告大众润滑油公司将原告商标突出使用在其生产的发动机油商品及其宣传资料和网页上，其行为已构成对原告商标专用权的侵犯，应予以制止；被告大众润滑油公司在其产品上和宣传中，大量使用足以误导相关公众的虚假信息，攀附原告的市场地位，其行为构成对原告的不正当竞争。被告华宇大酒店销售侵权产品，其侵权行为亦应予以制止。原告要求被告大众润滑油公司、被告华宇大酒店停止上述侵权行为的诉讼请求，应予支持。

**No. 2-7-63.1-1　法院酌定侵权赔偿数额可突破法定赔偿上限。**

《商标法》第 56 条第 1 款、第 2 款规定："侵犯商标专用权的赔偿数额，为侵权人在侵权期间因侵权所获得的利益，或者被侵权人在被侵权期间因侵权所受到的损失，包括被侵权人为制止侵权行为所支付的合理开支。前款所称侵权人因侵权所得利益，或者被侵权人因被侵权所受损失难以确定的，由人民法院根据侵权行为的情节判决给予五十万元以下的赔偿。"但本案中原告要求被告大众润滑油公司赔偿 80 万元的经济损失，却没有提供证据证明其损失。法院认为，通过诉讼中的证据保全取得的部分销售证据表明，被告大众润滑油公司仅在 2005 年 3 月至 2006 年 3 月向广州发货的发动机油货值就达 80 余万元，故即使没有关于被告大众润滑油公司生产经营成本的证据，但根据原告大众润滑油公司涉案产品的销售额和销售地区，被告大众润滑油公司因侵权所获得的利润明显超过 50 万元，被告又不应诉举证反驳，故原告要求赔偿包括合理费用在内的经济损失 80 万元的诉讼请求，可予支持。

### 37　商标权与企业名称权冲突（《商标法》第 58 条）

**案例：四川滕王阁制药有限公司诉四川保宁制药有限公司侵犯商标专用权纠纷上诉案**
**案例来源：**《中国知识产权指导案例评注》2009 年中国法院知识产权司法保护 50 件典型案例[（2009）川民终字第 155 号]
**主题词：** 禁止混淆　在先权利　诚实信用

#### 一、基本案情

上诉人（原审原告）：四川滕王阁制药有限公司（以下简称滕王阁公司）。
被上诉人（原审被告）：四川保宁制药有限公司（以下简称保宁公司）。

上诉人滕王阁公司因与被上诉人保宁公司侵犯商标专用权纠纷一案，不服四川省南充市中级人民法院（2008）南中法民初字第 29 号民事判决，向四川省高级人民法院提出上诉。

原审法院四川省南充市中级人民法院查明：滕王阁公司与保宁公司系同处四川省阆中市的药品生产企业。滕王阁公司于 1985 年 12 月经国家工商行政管理总局商标局（以下简称国家商标局）核准，取得了商标注册证号为 1648518 号的"保宁"商标，核定使用商品为第 5 类，即：原料药、中药成药、各种丸、散、膏、丹、生化药品、药酒。该注册商标为文字商标，即"保宁"变形文字，下方为"BAONING"拼音。

保宁公司的前身是四川保宁制药厂，1999 年 2 月 9 日，保宁公司原法定代表人赵金乐购买了四川保宁制药厂，1999 年 5 月 6 日，保宁公司以"四川保宁制药有限公司"为企业名称向工商行政管理部门申请注册登记，1999 年 5 月 24 日经核准成立，经营范围为原料药（葡萄糖）、颗粒剂、硬胶囊剂、片剂、散剂、糖浆剂等。保宁公司的注册商标为和平鸽图案加"金乐"文字的图文组合商标，其产品外包装上完整地使用了"四川保宁制药有限公司"企业全称，同时标注了"金乐"图文组合商标。保宁公司的合格证为椭圆形透明塑胶纸，上方为"金乐"图文组合商标加注册商标记Ⓡ，中部为"合格证"，下方为"四川保宁"，贴附于产品外包装的封口处。

原审法院另查明，《阆中县志》记载："国初之前，阆中一直为保宁府治"，"保宁"原系阆中市行政区划中一个镇的名称,地处阆中市城区,于 1981 年经四川省人民政府批准由阆中县城关镇更名而来,2003 年 3 月,因撤销镇建制,改设为保宁街道办事处。

原审法院同时查明,滕王阁公司经国家食品药品监督管理局(以下简称国家药监局)批准的产品种类只有两种,2004 年、2006 年的年产销量均在 60 万元左右。而保宁公司经国家药监局批准的产品种类有 38 种。本案中,滕王阁公司依法享有"保宁"注册商标专用权,而保宁公司经合法注册成立,依法享有企业名称权。当属不同权利主体的商标专用权和企业名称权。综上,原审法院依据《中华人民共和国民法通则》第 4 条、第 96 条,《中华人民共和国商标法》第 3 条第 1 款、第 52 条第 5 项,最高人民法院《关于审理商标民事纠纷案件适用法律若干问题的解释》第 1 条第 1 项,国家工商行政管理局《关于解决商标与企业名称中若干问题的意见》第 1 条、第 2 条、第 5 条、第 6 条之规定,判决驳回滕王阁公司的诉讼请求。

滕王阁公司不服,向四川省高级人民法院提起上诉,请求:撤销原判。

四川省高级人民法院认为原判认定事实清楚,适用法律正确。依据《中华人民共和国民事诉讼法》第 153 条第 1 款第 1 项的规定,判决驳回上诉,维持原判。

## 二、裁判要旨

**No.2-7-58-3　当不同权利主体的商标专用权和企业名称权发生冲突时,应当适用维护公平竞争,尊重和保护在先合法权利,禁止混淆的原则进行处理。**

本案涉及原告的注册商标专用权与被告的企业名称权产生权利冲突的问题。商标是区别不同商品或服务来源的标志。企业名称是区别不同市场主体的标志,由行政区划、字号、行业或经营特点、组织形式等构成,其中字号又是区别不同企业的主要标志。商标权和企业名称权均是经法定程序确认的独立权利,分别受商标法律法规和民法通则、企业名称登记管理法规的调整和保护。本案中,滕王阁公司依法享有第 1648518 号"保宁"注册商标专用权,而保宁公司经合法注册成立,依法享有企业名称权,享有在不侵犯他人合法权益的基础上使用企业名称进行民事活动的权利。法院认为,本案的关键问题在于解决"不同权利主体的商标专用权和企业名称权冲突"。从本案的审理思路看,法院从维护公平竞争、尊重和保护在先合法权利、禁止混淆的角度出发,对该问题进行处理。

《商标法》第 3 条第 1 款规定:"经商标局核准注册的商标为注册商标,包括商品商标、服务商标和集体商标、证明商标;商标注册人享有商标专用权,受法律保护。"《中华人民共和国民法通则》第 4 条规定:"民事活动应当遵循自愿、公平、等价有偿、诚实信用的原则。"第 96 条规定:"法人、个体工商户、个人合伙依法取得的商标专用权受法律保护。"本案是注册商标专用权与企业名称权冲突的典型案例　根据最高人民法院《关于审理商标民事纠纷案件适用法律若干问题的解释》第 1 条第 1 款之规定:"下列行为属于商标法第五十二条第(五)项规定的给他人注册商标专用权造成其他损害的行为:(一)将与他人注册商标相同或者近似的文字作为企业的字号在相同或者类似商品上突出使用,容易使相关公众产生误认的……"国家工商行政管理局《关于解决商标与企业名称中若干问题的意见》第 1 条、第 2 条、第 5 条和第 6 条分别确认了解决类似纠纷的基本原则和规则,包括:(1)商标专用权和企业名称权均是经法定程序确认的权利,分别受商标法律、法规和企业名称登记管理法律、法规保护。(2)商标专用权和企业名称权的取得,应当遵循《民法通则》和《反不正当竞争法》中的诚实信用原则,不得利用他人商标或者企业名称的信誉进行不正当竞争。(3)将与他人企业名称中的字号相同或者近似的文字注册为商标,引起相关公众对企业名称所有人与商标注册人的误认或者误解的,构成商标法中的"混淆"。将与他人注册商标相同或者近似的文字登记为企业名称中的字号,引起相关公众对商标注册人与企业名称所有人的误认或者误解的构成"混淆"。(4)处理商标与企业名称的混淆,应当使用维护公平竞争和保护在先合法权利人利益的原则。

商标是区别不同商品或者服务来源的标志,企业名称是区别不同市场主体的标志,字号是企业名称的核心组成部分。字号与商标均属于识别性标记,但分别受不同的法律、法规调整,经过合法注册产生的注册商标专用权和经依法核准登记产生的企业名称权均为合法权利。当两种权利发生冲突时,人民法院应当依照诚实信用、维护公平竞争和保护在先权利等原则处理。

就本案情况而言,首先,保宁公司使用"保宁"字号无主观恶意。在阆中,"保宁"名称的由来有其历史渊源。从元朝设立"保宁府"管治阆中等县开始,至明清两代阆中一直为"保宁府"辖治。1981年至2003年3月,保宁镇系阆中市行政区划中的一个区级镇,2003年3月之后改设为保宁街道办事处。在阆中有很多以"保宁"命名的产品和企业,如"保宁醋""四川保宁醋有限公司"等。保宁公司的前身是四川保宁制药厂,也是以"保宁"命名的企业。1999年该厂改制为有限责任公司时保留了"保宁"字号。可见,保宁公司使用"保宁"字号有其历史因素,没有违反诚实信用的商业道德。其次,在相同商品上,滕王阁公司注册商标虽先行使用"保宁"标识,但该标识并非由滕王阁公司或在先的阆中县中药材公司饮片加工厂臆造,固有显著性不足。滕王阁公司也没有提交证据证明保宁公司成立之前,"保宁"商标经过使用已经在药品行业的相关公众中具有一定知名度,保宁公司使用其作为企业字号具有明显的攀附故意。再次,最高人民法院《关于审理商标民事纠纷案件适用法律若干问题的解释》第1条第1项规定,"将与他人注册商标相同或者相近似的文字作为企业的字号在相同或者类似商品上突出使用,容易使相关公众产生误认的",属于给他人注册商标专用权造成其他损害的行为。本案中,保宁公司字号虽使用于与滕王阁公司同类商品上,但滕王阁公司所提交证据均不足以证明保宁公司在其产品外包装上突出使用"保宁"字号并足以造成相关公众对二者来源的误认。滕王阁公司"保宁"商标采用圆圈内的"保宁"变形文字加下方"BAONING"拼音组合,与保宁公司产品外包装上的"保宁"文字相比,二者视觉差异较大。并且,保宁公司产品外包装清楚标明了本企业的"金乐"注册商标,使用字号时不仅有"四川保宁制药"简称,还规范使用了其经核准登记的企业名称"四川保宁制药有限公司",相关公众在销售、购买产品时会清楚认识该产品来源于保宁公司,不会与滕王阁公司相同或类似产品相混淆。故保宁公司字号使用不属于最高人民法院《关于审理商标民事纠纷案件适用法律若干问题的解释》第1条第1项规定的商标侵权行为。最后,滕王阁公司取得"保宁"注册商标时保宁公司已经成立,滕王阁公司应当清楚在同一行业的同类商品上其"保宁"商标与保宁公司"保宁"字号同时存在的情况。综合以上因素考虑,法院认为,保宁公司字号使用不构成对滕王阁公司注册商标专用权的侵犯。滕王阁公司上诉理由不成立,法院不予支持。因保宁公司企业名称未侵犯滕王阁公司"保宁"注册商标在先权利,滕王阁公司要求保宁公司停止使用其企业名称的诉讼请求也不能成立,法院不予支持。法院同时也认为,虽然保宁公司企业名称权依法应受保护,但在市场经营活动中,保宁公司应当恪守诚实信用原则,遵循应有的商业道德,依法正确、谨慎地使用企业名称,维护公平竞争的市场秩序。

**No.2-7-58-4 在维护公平竞争秩序和社会公共利益的前提下,解决商标专用权与企业名称之权利冲突,应遵循诚实信用原则。**

产生权利冲突在于,保宁公司将滕王阁公司享有专用权的"保宁"注册商标中所使用的"保宁"文字登记为企业名称中的字号,是否会引起相关公众对商标专用权人和企业名称所有人的混淆和误认问题。原审法院四川省南充市中级人民法院认为,最高人民法院《关于审理商标民事纠纷案件适用法律若干问题的解释》第1条第1项规定,"将与他人注册商标相同或近似的文字作为企业的字号在相同或者类似商品上突出使用,容易使相关公众产生误认的",属于给他人注册商标专用权造成其他损害的行为。该种侵权行为必须同时具备下列构成要件:(1)文字相同或近似;(2)在相同或类似商品上使用;(3)突出使用;(4)容易使相关公众产生误认。而"突出使用"是指企业字号在字体、字号、颜色等方面突出醒目地使用与商标权人注册商标相同或近似的文字,使人在视觉上产生混淆的行为。本案中,保宁公司在所有产品外包装上均整体规范地使用了其经核准登记的企业名称,同时还使用了本企业的"金乐"图文组合商标,不存在任何突出使用"保宁"文字的情形,其在合格证下方所标注的"四川保宁"文字也已被四川省高级人民法院(2008)川民终字第191号民事判决认定为合理使用。滕王阁公司虽然举出了曾三次被南充市工商行政管理局评为"南充市知名商标"的证据,但其获奖时间是在保宁公司登记成立之后,没有证据表明在保宁公司成立之前,"保宁"商标已经具有一定知名度。因此,保宁公司将"保宁"作为字号进行企业名称登记,不会使相关公众认为"保宁"商标注册人与保宁公司具有关联性,不会导致相关公众对商标专用权人和企业名称所有人的混淆和误认,故保宁公司的行为不构成对注册商标专用权的侵犯。原审法院认为,在维护公平竞争秩序和社会公共利益的前提下,解决商标专用权与企业名称之权利冲突应遵循诚实信用原则,对注册商标专用权给予充分保护的同时,无法定事由亦不能忽略企业名称权的存在。

## 38 产品产地与注册商标相同(《商标法》第59条)

**案例:联友卤制品厂诉柏代娣商标侵权纠纷案**
案例来源:《中华人民共和国最高人民法院公报》2005年第8期第37页
主题词:产品产地

### 一、基本案情

原告:句容市联友卤制品厂(以下简称联友厂)。

被告:柏代娣。

原告诉称:被告在其生产的"茅山老鹅""茅山草鸡"包装盒与包装袋上,使用原告的"茅山"文字商标,给原告造成极大经济损失。请求判令被告:(1)停止侵权,销毁含有"茅山"字样的侵权包装物、广告牌;(2)登报赔礼道歉,消除影响;(3)赔偿经济损失20万元;(4)负担本案诉讼费。

被告辩称:原告虽享有"茅山"注册商标的专用权,但被告从来没有使用过这个商标,谈不上侵权。正像原告在自己的产品上使用"农家"这一商标一样,被告产品上使用的是"天贵"商标。原告指认被告产品包装上印刷的"茅山老鹅""茅山草鸡"字样侵犯其注册商标专用权,而"茅山老鹅""茅山草鸡"不是商标,只是公用的食品名称。把"茅山老鹅""茅山草鸡"推向市场,使其成为茅山地区传统特色食品的第一人,正是被告。原告要求被告赔偿经济损失20万元,没有任何事实根据与法律依据,其诉讼请求应当驳回。

法庭主持了质证、认证,经质证,双方当事人都对对方提交证据的真实性、合法性无异议,镇江市中级人民法院据此审理查明:

被告柏代娣经营的美味饭店,位于句容市茅山风景区内。自1995年开始,柏代娣的丈夫王天贵就腌制咸鹅、咸鸡,作为饭店菜肴兼对外销售。由于美味饭店的咸鹅、咸鸡口味好,王天贵及其腌制的老(草)鹅、草鸡有了一定声誉,逐渐成为远近闻名的具有地方特色的一种腌制食品。至2001年,柏代娣开始以印有"茅山老(草)鹅""茅山草鸡"字样的包装出售鹅、鸡腌制品。2001年5月26日,《句容日报》以"王天贵小手艺打开大市场"为题,报道了美味饭店制作、销售"茅山老(草)鹅"的有关情况。

原告联友厂是2001年8月成立的私营独资企业,主要从事禽畜产品的加工、腌制,真空包装系列销售,家禽批发、零售等业务。2002年11月28日,国家商标局核准联友厂申请注册的"茅山"文字商标,核定使用于第29类商品,即板鸭、家禽。此后不久,联友厂发现被告柏代娣经营的鹅、鸡腌制品,其外售包装上印有"茅山老(草)鹅""茅山草鸡"字样,即以柏代娣侵犯"茅山"注册商标专用权为由,提起侵权之诉。审理期间,柏代娣已主动停止使用印有"茅山老(草)鹅"和"茅山草鸡"字样的包装。

一审法院镇江市中级人民法院认为:原告联友厂合法取得的"茅山"注册商标专用权,应该依法予以保护。被告柏代娣在同类商品上突出使用"茅山"字样,构成对联友厂注册商标专用权的侵害,故对联友厂关于柏代娣停止侵权的诉讼请求,予以支持。早在联友厂申请注册商标之前,柏代娣就使用"茅山老(草)鹅""茅山草鸡"包装袋;联友厂申请注册商标后的短时间内,柏代娣主动停止了使用该包装物,客观上不太可能给联友厂造成经济方面的损失,因此对联友厂关于柏代娣赔偿经济损失20万元的诉讼请求,不予支持。

据此,镇江市中级人民法院于2003年11月6日判决:

一、自本判决生效之日起,被告柏代娣不得再使用印有"茅山老(草)鹅"和"茅山草鸡"字样的包装,并于判决生效后 10 日内向原告联友厂赔礼道歉(到期如拒不履行,法院将在市级以上报刊上刊登本判决书,所需费用由柏代娣负担)。

二、驳回原告联友厂的其他诉讼请求。

一审宣判后,双方当事人均不服,向江苏省高级人民法院提出上诉。

联友厂的上诉理由是:(1) 认定被上诉人柏代娣腌制老鹅、草鸡远近闻名,言过其实;(2) 认定审理期间柏代娣主动停止使用印有"茅山老(草)鹅"和"茅山草鸡"字样的包装物,没有事实根据;(3) 认定柏代娣客观上不太可能给联友厂造成经济损失,语义模棱两可。一审判决认定的部分事实有误,请求撤销一审判决第二项,改判柏代娣承担赔偿损失的责任,负担本案全部诉讼费用。

柏代娣的上诉理由是:(1) 上诉人在被上诉人建厂之前,就一直将"茅山老鹅"作为商品名称使用,可谓正当使用,不是侵权。一审以上诉人突出使用"茅山"字样为由,判定上诉人侵犯被上诉人的商标专用权,于法无据。(2) 正像被上诉人在其商品上使用"农家"商标一样,上诉人在自己的商品上使用的是"天贵"商标,与"茅山"注册商标没有任何关系。(3) 茅山是地名,茅山老鹅是茅山地区腌制咸鹅的通用名称。被上诉人把大众知晓的地名注册为商标,以达到阻止其他厂家使用茅山老鹅这一通用名称的目的,是不正当竞争行为,依法应予制止。请求二审改判驳回被上诉人的诉讼请求。

对联友厂的上诉,柏代娣答辩称:一审认定柏代娣腌制老鹅、草鸡远近闻名,客观上不太可能给联友厂造成经济损失,均有事实根据,是正确的。

对柏代娣的上诉,联友厂答辩称:(1) 将"茅山老鹅",作为老鹅的通称,没有依据;(2) 柏代娣称其是正当使用,没有法律依据;(3) 联友厂注册了"茅山"商标后,不使用这个商标而使用"农家"商标,不表明联友厂放弃了注册商标的专有使用权,况且事实并非如柏代娣所说;(4) 如果柏代娣认为"茅山"商标的注册属于不正当竞争,应当向商标局提出异议,或者申请撤销该商标。

江苏省高级人民法院经审理,确认一审查明的事实属实。经审理,二审法院认为,上诉人柏代娣关于其是正当使用"茅山"字样的上诉理由成立,应予采纳。上诉人联友厂关于一审认定部分事实有误和确定赔偿数额错误的上诉理由不能成立,不予采纳。一审认定事实清楚,但认定柏代娣侵犯了联友厂的注册商标专用权,是适用法律错误,应当改判。据此,江苏省高级人民法院依照《中华人民共和国民事诉讼法》第 153 条第 1 款第 2 项的规定,于 2004 年 3 月 12 日判决:

一、撤销一审民事判决。

二、驳回上诉人联友厂的诉讼请求。

二、裁判要旨

No.2-7-59.1-2　对注册商标中含有地名的,注册商标专用权人无权禁止他人合理、正当地使用。

本案争议焦点是:怎样判断以注册商标中含有的地名经营相同或者类似商品的行为是否正当?《民法通则》第 96 条规定:"法人、个体工商户、个人合伙依法取得的商标专用权受法律保护。"《商标法》第 51 条规定:"注册商标的专用权,以核准注册的商标和核定使用的商品为限。"《商标法实施条例》第 49 条规定:"注册商标中含有的本商品的通用名称、图形、型号或者直接表示商品的质量、主要原料、功能、用途、重量、数量及其他特点,或者含有地名,注册商标专用权人无权禁止他人正当使用。"上诉人联友厂将"茅山"注册为在第 29 类商品中使用的文字商标后,其依法取得的商标专用权受法律保护,他人不得在经营与板鸭、家禽相同或者类似商品时使用该注册商标。但由于"茅山"是句容市一个风景区的地名,地名属于公有领域中的词汇,具有公共性特点,他人在表述自己商品的产地或者风味特色等问题时,难免要涉及地名。如果允许注册商标专用权人绝对垄断地使用注册商标中的地名,必然会违反社会公共利益,妨碍正当的市场竞争。因此法律规定,对注册商标中含有的地名,注册商标专用权人无权禁止他人合理、正当地使用。

产品产地

本案关键,在于判断上诉人柏代娣在销售腌制鹅、鸡的商品包装上打印"茅山"字样,是否为正当使用?(1)"茅山"二字是因地知名,不是因商标而知名。(2)上诉人柏代娣经营的美味饭店位于茅山地区,该店腌制的咸鹅、咸鸡,均来源于当地农家自养的草鹅、草鸡。柏代娣在自己的商品名称前冠注"茅山"二字,不是将其作为区别其他同类商品的商业标识使用,只是要标明自己商品的产地。(3)在上诉人联友厂申请注册"茅山"商标之前,柏代娣就已在自己的商品上使用"茅山"字样,以此表明自己商品与"茅山"这一地方之间的客观联系。联友厂申请注册"茅山"商标获准后,柏代娣只是在自己商品的包装上延续使用"茅山"二字。(4)在茅山地区,腌制与出售鹅、鸡食品的商家众多,人们有腌制和品尝此类食品的生活习惯与经验;当地消费者在选择此类食品时,往往会结合生产者及商品上的其他相关标识加以判断,不会因柏代娣的商品上有"茅山"二字,而将该商品与联友厂的商品混淆、误认。考虑到这些因素,应当认定柏代娣在其生产、销售的商品包装上使用"茅山"二字,不存在侵犯他人注册商标专用权的主观恶意,不会误导公众,是对注册商标中含有地名的善意使用,因而是正当使用,不构成对联友厂注册商标专用权的侵犯。由于柏代娣的行为不构成侵权,故无须再考虑原判决是否适当的问题。

## 39 将境外商品输入到国内销售(《商标法》第 57 条第 1 款第 7 项、第 60 条第 2 款)

案例:米其林集团总公司诉谈国强欧灿侵犯注册商标专用权案
案例来源:《人民法院案例选》2009 年第 2 辑[(2009)长中民三初字第 0073 号]
主题词:平行进口

### 一、基本案情

原告:米其林集团总公司。
被告:谈国强。
被告:欧灿。

原告米其林集团总公司诉称,原告是一家成立于 1863 年的法国企业,是世界著名的轮胎生产商和全球 500 强企业之一。早在 19 世纪末 20 世纪初,原告就已在相关商品上使用"轮胎人图形"与"MICHELIN"系列商标。原告的"轮胎人图形"与"MICHELIN"系列商标在中国很早便在轮胎与车辆等产品上获得了注册。2008 年 4 月,原告发现两被告经营销售侵犯原告注册商标专用权的产品。原告认为,两被告应当对其侵权行为承担相应的法律责任,特向法院提起诉讼,请求判令:(1)两被告停止全部侵权行为,销毁待售与库存的所有侵权产品;(2)两被告共同赔偿经济损失 10 万元,其中包括原告为制止侵权行为所支付的合理开支;(3)两被告在覆盖全国的媒体上发表声明,就其侵权行为公开消除影响。

被告谈国强、欧灿共同辩称:(1)被告销售的轮胎为原告在日本的工厂生产的正品,并没有侵犯原告的商标专用权。(2)即便认定被告销售的轮胎为侵权产品,该产品系被告合法取得,并能说明提供者,被告依法不承担赔偿责任。(3)即使被告应承担赔偿责任,原告要求赔偿经济损失 10 万元和要求在全国媒体上发表声明,明显超出法律规定的限度。综上,请求法院驳回原告的诉讼请求。

经审理查明,原告米其林集团总公司系第 1922872 号注册商标"MICHELIN(轮胎人图形及 MICHELIN 文字组合)"、第 136402 号注册商标"MICHELIN(文字)"、第 604554 号注册商标"轮胎人图形"、第 1294488 号注册商标"轮胎人图形"的商标注册人。

被告谈国强与欧灿系夫妻关系,谈国强系个体工商户长沙市芙蓉区大强汽配经营部的经营者,经营地址为三湘汽配城五区 D 栋 1、2 号。欧灿系个体工商户长沙市芙蓉区强大轮胎经营部的经营者,经营地址为三湘汽配城五区 B 栋 27、28 号。

原告委托北京万慧达知识产权代理有限公司于 2008 年 4 月 29 日在长沙市三湘汽配城五区 B 栋 27、28 号门面,以普通消费者的身份购买了 21555R16 型米其林轮胎一个,并取得"三湘轮胎大世界"收据一张,收据上盖有"长沙市芙蓉区强大轮胎经营部"的印章,还取得了"长沙市芙蓉区大强汽配经营部"出具的机打发票一张,发票号码 02765047。以上轮胎购买及封存过程,经长沙市雨花区公证处作了公证。

经当庭拆封,该轮胎上标注了与第1922872号注册商标相同的轮胎人图形及MICHELIN文字组合,并在多处标识"MICHELIN"文字;标注"21555R16""93W"等技术指标;标注产地为日本;该轮胎上没有3C认证标志。经原告当庭确认,该胎产自原告的日本工厂。与两被告从原告销售网络中购买的正品米其林19565R15型轮胎、22560R16型轮胎相比,上述21555R16轮胎,也没有3C认证标志。

另查明,我国国家质量监督检验检疫总局和国家认证认可监督管理委员会于2001年12月3日一起对外发布了《强制性产品认证管理规定》(即3C认证),对列入目录的19类132种产品实行"统一目录、统一标准与评定程序、统一标志和统一收费"的强制性认证管理。根据《第一批实施强制性产品认证的产品目录》,汽车轮胎包括轿车轮胎(轿车子午线轮胎、轿车斜交轮胎)、载重汽车轮胎(微型载重汽车轮胎、轻型载重汽车轮胎、中型/重型款式重汽车轮胎)等被列入第13类。根据《中国国家强制性产品认证证书》,21555R16型轿车轮胎属于需要强制3C认证的产品。

双方的争议焦点概括为:

1. 两被告的销售行为是否构成对原告注册商标专用权的损害、是否侵犯原告的注册商标专用权?原告认为,该产品是未经原告许可在国内销售的产品,但该产品上标注了原告的商标,因此这种销售行为构成了对原告商标权的侵犯。两被告则认为,其销售的轮胎是原告在日本生产的正品,并没有侵犯原告的商标权。

2. 被告销售侵权产品的行为是否符合法定的免责条件?

经审理,法院依据《中华人民共和国商标法》第52条第2项、第5项,第56条,最高人民法院《关于审理商标民事纠纷案件适用法律若干问题的解释》第16条,第17条,第21条之规定,判决如下:

一、被告谈国强、欧灿立即停止销售侵犯原告米其林集团总公司第1922872号注册商标的注册商标专用权的产品。

二、被告谈国强、欧灿在本判决发生法律效力之日起10日内,连带赔偿原告米其林集团总公司经济损失5000元(已包括原告为制止侵权行为所支付的合理费用)。

三、驳回原告的其他诉讼请求。

## 二、裁判要旨

**No.2-7-57.1.7-5 未经许可擅自将商标权人在境外制造的商品输入国内销售并违反强制性认定规范的,构成侵权。**

本案所涉及之被控侵权轮胎产品,在我国属于强制3C认证的产品,必须经国家指定的认证机构认证合格,取得指定认证机构颁发的认证证书,并标注认证标志后,方可出厂销售、进口和在经营性活动中使用。本案中,未经3C认证这一事实,具有以下法律意义:(1)该轮胎不是经海关合法进口的产品;(2)该轮胎是禁止在中国市场上流通的产品。而根据本案被告提交的进货证据,被控侵权产品也不是从原告的中国销售网络中进货,被告亦无证据证明其销售行为获得了原告的其他许可。由此可以认定,该产品是未经原告许可在国内销售的产品,由于这些产品并未经我国3C认证,故无法确定是否适用于中国,是否符合中国的安全规范。从安全性角度来看,轮胎的质量直接关乎驾驶员和乘客的人身财产安全,因此,轮胎的生产商针对各种不同的速度要求、地理和气候特性及销售国的强制性认证标准生产和销售轮胎,这些依法应当进行3C认证而未履行认证的汽车轮胎产品,可能存在安全隐患,违反我国的强制性规定。无论这些产品由谁生产,销售该类产品的行为均属于违法行为,依法应予制止。因此,本案的关键不在于这些产品由谁生产,而在于这种未经许可的销售行为,是否可能损害商标注册人的利益。

最高人民法院在2002年7月11日作出的法释〔2002〕22号《关于产品侵权案件的受害人能否以产品的商标所有人为被告提起民事诉讼的批复》中明确表示,任何将自己的姓名、名称、商标或者可资识别的其他标识体现在产品上,表示其为产品制造者的企业或个人,均属于《民法通则》第 122 条规定的"产品制造者"和《产品质量法》规定的"生产者"。因此，从原告的利益而言，未经原告许可，在我国销售标注原告商标而无安全性保障的轮胎，尽管这种销售行为本身并未经原告许可，但由此引发的交通事故或其他民事纠纷，其法律后果和对产品的否定性评价均会通过标注在产品上的"MICHELIN"系列商标而指向作为商标权人的原告。同时，对于必须强制认证的轮胎产品，无 3C 标志而标注了"MICHELIN"系列商标的轮胎流入市场，也同样会损害原告商标的声誉，原告可以以商标权人的身份进行维权。

法院认为，商标是区分商品不同来源的标志，具有保证商品质量和表明商品提供者信誉的作用。对于上述功能和作用的损害，即构成商标侵权。本案中，尽管原告承认被控侵权产品是由其日本工厂生产，产品上标注的"MICHELIN"系列商标也是在日本标注，但该产品未经原告许可和质量认证即在中国境内销售。由于这种产品在我国境内的销售已属违法，且可能存在性能和安全隐患，破坏了原告商标保证商品质量和商品提供者信誉的作用，对原告注册商标专用权已造成实际损害，两被告的销售行为，属于侵犯原告注册商标专用权的行为，两被告有关不构成商标侵权的辩论意见，不予采信。但考虑到侵权产品上所标注的主要商标与原告主张的第1922872 号组合商标相同，另外，单独使用的"MICHELIN"文字也与该组合商标的文字部分相同，故适用该注册商标的保护即足以维护原告的权利，根据本案的具体情况，不需要再适用其他商标来保护。

**No.2-7-60.2-2　销售不知道是侵犯注册商标专用权的商品，能证明该商品是自己合法取得并说明提供者的，不承担赔偿责任。**

两被告认为，即使其行为构成侵权，两被告也系合法取得商品，并能说明提供者，依法不承担赔偿责任。原告则认为，由于两被告销售的轮胎未经 3C 认证，这种进、销行为本身就不具合法性，不符合商标法关于免责的规定。两被告理应承担停止侵权、赔偿损失的民事责任。

法院认为，根据《商标法》第 56 条第 3 款的规定，销售不知道是侵犯注册商标专用权的商品，能证明该商品是自己合法取得并说明提供者的，不承担赔偿责任。该规定的适用条件除能说明提供者外，还需要具备合法取得和不知道是侵权商品两个条件。本案中，两被告作为汽车轮胎的销售商，应当知道在《第一批实施强制性产品认证的产品目录》中列明的轿车轮胎均必须经 3C 认证。然而两被告应当知道该 21555R16 型号无 3C 认证的轮胎不具备销售条件而仍然进、销，其行为不具合法性，主观上也具有过错，故不符合适用该免除赔偿责任条款的条件，两被告提交的证据不能实现其证明目的，其辩论意见不予采信。两被告应承担停止侵权、赔偿损失的民事责任。

综上所述，原告作为第 1922872 号注册商标的商标注册人，其注册商标专用权受法律保护。被告欧灿在其经营场所销售未经原告许可而标有"MICHELIN"系列商标的轮胎产品，被告谈国强为上述销售行为出具发票，两被告的行为已构成侵犯原告注册商标专用权的行为，应当承担停止侵权、赔偿损失的民事责任。在赔偿数额上，本案的原告因侵权所受的损失和被告的侵权获利均难以确定，符合适用定额赔偿的条件。本案中，两被告销售侵权产品的行为虽已构成商标侵权，但考虑该产品毕竟仍是原告的产品，故两被告的销售行为并未影响原告自身的销售利润，与假冒、仿冒、傍名牌等商标侵权行为相比，有其特殊性，法院根据侵权行为的性质、期间、后果、商标的声誉及制止侵权行为的合理开支等因素，综合确定本案的赔偿数额。本案中，没有证据证明两被告长时间、大批量收购和销售涉案侵权产品，故原告索赔 10 万元金额过高，法院应酌情调整。

**40 域名与注册商标近似（《商标法》第 57 条第 1 款第 7 项）**
**案例：蒋海新诉飞利浦公司计算机网络域名纠纷案**
案例来源：《中华人民共和国最高人民法院公报》2004 年第 9 期[(2002)沪二中民五(知)初字第 214 号]
主题词：域名　商标近似

## 一、基本案情

原告：蒋海新。

被告：荷兰皇家飞利浦电子股份有限公司（以下简称飞利浦公司）。

原告诉称：原告于2002年3月1日注册了 philipscis.com 域名，被告于2002年7月19日向世界知识产权组织仲裁与调解中心投诉，认为原告注册该域名侵害了被告的合法权益，请求将该域名裁决转归被告所有，该中心于2002年9月19日裁决将争议域名转移给被告。

原告认为：

1. 原告的域名 philipscis.com 与被告拥有的商标 PHILIPS 并不相同或混淆相似。原告的域名并非被告的注册商标 PHILIPS，被告也不能认为所有包含 PHILIPS 字母的域名皆应归被告所有；作为简称，无论是 CIS，还是 SCIS，都有比较广泛的含义，而并不局限于被告产品部门 CSI（Communication，Security，Imaging）的简称含义。

2. 原告对争议域名享有合法权益。原告的域名 philipscis.com 是由通用的男性英文名 philip、sc、is 三部构成的，其中 philip 是原告自年轻时就使用的英文名，sc 是原告居住地上海 Shanghai China 的缩写，is 是 Internet System 或 Internet Server 的缩写；在域名争议之前，原告就使用该域名开通了网站，在获得合法授权后，原告网站提供的完全是飞利浦公司通讯及视像保安系统产品和技术支持与服务；在域名争议之前，原告就利用搜索引擎 google.com、yahoo.com 进行了搜索登记，而使其域名为互联网用户所知。

3. 原告对争议域名的注册和使用没有恶意。philip 是通用名称，且 sc 和 ic，对原告来说都具有特殊的含义；如前所述，原告公司经授权销售且仅销售被告产品，原告网站提供的全部是被告公司通讯及视像保安系统的产品和技术支持服务，原告既没有以被告公司为竞争对手，也没有干扰被告的经营活动；原告在网站的明显部位标志了原告公司的 LOG 中英文动态标志，且表明了网站所有人，不会造成互联网用户的误认，因而原告是合理善意的使用。

4. 被告具有恶意侵夺域名的动机。

5. 仲裁与调解中心在审理中，采取的是独任专家形式，语言是中文。本案的专家梁慧思是新加坡公民，虽然熟悉中国语言和文字，但在审理中国的案件时，可能存在地域和文化理解及表述上的差异，并带来个人的偏向性及其他因素，进而导致审理结果的不公。

据此，原告认为，专家组的裁决没有依据，请求法院判令：(1)撤销或停止执行世界知识产权组织仲裁与调解中心的裁决；(2)域名 philipscis.com 归原告所有。

被告辩称：PHILIPS 商标自1891年就在荷兰注册，之后又在包括中国在内的世界许多国家注册，现该商标的商标权人为飞利浦公司，公司花费巨资用于维护 PHILIPS 商标，该商标是被告公司最重要的财产之一。

被告认为：(1)争议域名的前7个字母与被告拥有权利的 PHILIPS 商标完全相同，易引起混淆。(2)原告对争议域名不享有权利和法律上的利益。原告并非因域名被普遍认知；被告从未授权原告在网站上使用 PHILIPS 商标及标语；原告也无视被告发出的要求原告停止使用争议域名的信函。(3)原告对争议域名的使用有恶意。原告网站对应的域名包含 PHILIPS 商标；原告网站复制被告网站主页 philipscis.com 的样式；原告在该网站上销售被告的"通讯及视像保安系统"产品或推广相关的服务；原告在该网站上使用被告享誉全球的标语"let'smakethingsbetter"；原告另一个中文网站 philipscss.com.cn 上的内容与该网站相同。原告在明知被告 PHILIPS 商标是驰名商标的情形下，注册争议域名并作上述使用，显见其恶意。(4)专家组的审理无论从程序还是实体上皆符合有关规定。综上，原告注册及使用争议域名的行为侵犯了被告的商标权。

据此，被告请求法院驳回原告的诉讼请求。

经审理查明：PHILIPS 商标于1980年在中国注册，注册号为135046，现商标权人为被告飞利浦公司。该商标在世界近150个国家获得注册。在本案争议前，被告拥有自己的 CSI（Communication，Security Imaging）部门，被告亦开通了对应的网站，域名为 philipscsi.com。"let'smakethingsbetter"是被告飞利浦公司用于全球的宣传标语。

域名·商标近似

原告蒋海新于 2002 年 3 月 1 日注册 philipscis.com 域名,并开通了对应的网站。在 2002 年 9 月 28 日打印的该网站的首页页面上,居中标有"Communication,Security Imaging",右边设有"CSINEWS"栏目,左上角设有"ABOUT PHILIPSCSI"链接,右上角标有"let'smakethingsbetter"字样,整个版面采用英文。网站下端注明版权所有人为上海新屋智能系统工程有限公司(以下简称新屋公司)。该公司经飞利浦保安及通讯系统特级经销商授权,获准在中国大陆经营飞利浦通讯及视像保安系统产品的设计、安装及维修业务,蒋海新为该公司的法定代表人。

被告于 2002 年 7 月 19 日向世界知识产权组织仲裁与调解中心投诉,请求裁决将域名 philipscis.com 转归被告所有。世界知识产权组织仲裁与调解中心于 2002 年 9 月 19 日作出裁决,行政专家组认为:(1) 争议域名 philipscis.com 与申请人(本案被告)拥有权利的商标(PHILIPS)完全或混淆相似;(2) 被申请人(本案原告)在争议域名中不拥有权利或合法利益;(3) 被申请人对于本案争议域名的注册和使用具有恶意。据此,行政专家组裁定,争议域名 philipscis.com 转移给申请人。原告对上述裁决结果不服,于 2002 年 9 月 28 日向我院提起诉讼,域名注册机构现已暂停执行行政专家组的裁决。

经审理,法院认为,原告蒋海新注册使用 philipscis.com 域名,侵犯了被告飞利浦公司的商标权。依照最高人民法院《关于审理涉及计算机网络域名民事纠纷案件适用法律若干问题的解释》第 4 条、第 5 条的规定,判决对原告蒋海新的诉讼请求不予支持。

二、裁判要旨

**No.2-7-57.1.7-6 注册、使用的域名与他人的注册商标相同或者近似,且无正当的注册、使用理由,并足以造成相关公众误认的,应认定为恶意注册、使用域名。**

《商标法》第 52 条第 5 项规定,给他人的注册商标专用权造成其他损害的,属于侵犯注册商标专用权。本案发生在互联网领域内,要判断原告行为是否属于商标侵权,焦点在于:原告蒋海新注册使用争议域名是否侵犯了被告飞利浦公司的权利。对此,法院主要从以下几个方面来审查:(1) 飞利浦公司请求保护的民事权益是否合法有效;(2) 争议域名与原告的商标是否近似,并足以造成相关公众的误认;(3) 蒋海新对该域名或其主要部分是否享有权益,或有注册使用该域名的正当理由;(4) 蒋海新注册使用该域名是否有恶意。

飞利浦公司请求保护的 PHILIPS 商标权利合法有效,且原告亦认为飞利浦公司的 PHILIPS 系驰名商标。蒋海新注册的域名 philipscis.com 与飞利浦公司的商标近似,足以造成相关公众的误认。该域名的前 7 个字母与飞利浦公司的商标完全相同,后 3 个字母与飞利浦公司的 CSI 部门简称相同,该事实本身已足以说明域名会造成公众的误认。

蒋海新对该域名并不享有权益,也没有注册使用该域名的正当理由。蒋海新称,philip 是其英文名,sc 是其居住地上海 Shanghai China 的缩写,is 是 Internet System 或 Internet Server 的缩写,这种解释过于牵强,不具说服力。蒋海新称其经合法授权从事飞利浦通讯及视像保安系统的销售,网站也为此服务,因而注册使用该域名并无不妥。商标和产品涉及不同的权利,被授权经销相关产品并不意味同时取得了在经营活动中使用他人商标等标识的权利,更何况注册争议域名的是原告蒋海新,而不是获得经销权的新屋公司。蒋海新以其已在搜索引擎上进行搜索登记为由,称其已因该域名而广为人知。搜索引擎的重要作用在于,当互联网用户输入关键字时,搜索引擎可以提供包含该关键字的网站或网页,因此,仅作搜索登记并不能说明该域名已广为人知;相反,这种搜索登记反而会使互联网用户认为网站与飞利浦公司有某种关系。

根据最高人民法院《关于审理涉及计算机网络域名民事纠纷案件适用法律若干问题的解释》第 5 条的规定:"注册、使用的域名与他人的注册商标相同或者近似,且无正当的注册、使用理由,并足以造成相关公众误认的,应认定为恶意注册、使用域名。"法院认为,蒋海新对该域名的注册与使用有恶意。蒋海新注册的域名与飞利浦公司相关域名的字母完全相同,差异仅体现在顺序上,前者最后 3 个字母为"cis",后者为"csi",且蒋海新网站主要指向飞利浦公司 CSI 部门产品;蒋海新网站首页页面上,不仅出现了飞利浦公司的宣传标语,而且多处出现 CSI。结合蒋海新所注册的域名及其对域名的使用,蒋海新注册争议域名,意在误导并吸引互联网用户访问其网站。

## 41 商标的使用(《商标法》第 57 条第 1 款第 7 项)

**案例**:路易威登马利蒂(法国)诉时间廊(广东)钟表有限公司、雄腾(上海)贸易有限公司、深圳市金光华商业有限公司侵犯商标专用权纠纷案

**案例来源**:中国知识产权裁判文书网[(2008)粤高法民三终字第 345 号]

**主题词**:组合商标　商标使用

### 一、基本案情

上诉人(原审被告):时间廊(广东)钟表有限公司(以下简称时间廊公司)。

上诉人(原审被告):雄腾(上海)贸易有限公司(以下简称雄腾公司)。

被上诉人(原审原告):路易威登马利蒂(法国)(以下简称路易威登)。

原审被告:深圳市金光华商业有限公司(以下简称金光华公司)。

原审法院经审理查明:路易威登在本案中请求保护的"四花瓣"图形商标于 1997 年 9 月 28 日经中华人民共和国国家工商行政管理局商标局核准注册,核定使用商品为第 14 类,包括计时器(时钟)、表带、表、手表、钟(钟表)、闹钟、表盒等,注册有效期自 1997 年 9 月 28 日至 2007 年 9 月 27 日,商标注册证号为第 1111910 号。2007 年 12 月 25 日,中华人民共和国国家工商行政管理局商标局核准第 1111910 号商标续展注册,续展注册有效期自 2007 年 9 月 28 日至 2017 年 9 月 27 日。

2007 年 5 月,深圳市工商行政管理局罗湖分局根据路易威登代理人北京亚龙华顺知识产权代理有限公司相关人员的投诉,对深圳市罗湖区人民南路金光华广场内"时间廊钟表店"所销售的"SOLVIL 腕表",予以扣留并对该店进行询问调查。

深圳市罗湖区人民南路金光华广场由金光华公司经营。2006 年 12 月 6 日,雄腾公司与金光华公司签订了《深圳市金光华广场合同(一)》一份,约定金光华公司将坐落于深圳市罗湖区人民南路金光华广场 B1 层,位置编号为 B1-020 号的场地有偿提供给雄腾公司使用。雄腾公司在该场地的经营项目是精品·时尚手表·时间廊。合同期限自 2006 年 11 月 20 日起至 2007 年 11 月 19 日止。双方约定,雄腾公司按月向金光华公司交纳场地使用费用。雄腾公司不得在该场地内销售假冒伪劣商品,不得销售国家禁止经营的商品,不得销售侵犯他人专利权、商标权、著作权的商品。雄腾公司违反上述规定致使金光华公司遭受损失或受到行政处罚的,由雄腾公司承担全部法律责任。

2007 年 5 月,北京、广州、重庆等地工商行政管理部门亦曾对"SOLVIL 腕表"采取扣留强制措施。2007 年 6 月 27 日,重庆市工商行政管理局渝中区分局解除了对上海雄腾贸易有限公司"SOLVIL 腕表"所采取的扣留强制措施。2007 年 6 月 21 日,重庆市工商行政管理局以渝工商[2007]84 号文下发了《重庆市工商行政管理局关于第 1111910 号商标问题的批复》,该批复认为,渝中区解放碑茂业百货时间廊专柜销售的 SOLVIL ET TITUSSA(瑞士)"SOLVIL"腕表上的花形装饰图案与第 1111910 号"四叶花"图形注册商标不近似。广州市工商行政管理局越秀分局亦于 2008 年解除了对被控侵权产品的行政强制措施。

庭审过程中,双方当事人均同意以时间廊公司、雄腾公司当庭提交的"SOLVIL"腕表作为被控侵权产品进行比对。比较路易威登第 1111910 号注册商标以及被控侵权的"SOLVIL"腕表,路易威登第 1111910 号注册商标为四花瓣图案,由四片弧形、狭长花瓣组成,四花瓣中间为圆形。被控侵权"SOLVIL"腕表的表盘中部不规则地分布有五朵不完整的四花瓣图案,该四花瓣图案花瓣较为短粗,整个四花瓣上均匀地分布着类似于碎钻石的小圆点装饰,表盘中上部有"SOLVIL"字样,表盘四周分布有 16 朵大小不同的完整四花瓣装饰,表带上有用线缝制的两个不规则四花瓣装饰,腕表表盘背面以及表带背面亦有"SOLVIL"字样。

在 14 类钟表、计时器类别中,中华人民共和国国家工商行政管理总局商标局没有核准注册"SOLVIL"商标。注册号第 G561456 号(国际注册)"SOLVIL ET TITUS"商标申请人为瑞士索尔维乐提图斯公司,核定使用商品:钟表、计时器等。

庭审过程中,时间廊公司、雄腾公司称被控侵权产品上所使用的"SOLVIL"为非注册商标,

被控侵权手表系由雄腾公司进口,由时间廊公司、雄腾公司共同经销,但对于该被控侵权产品的制造者,时间廊公司、雄腾公司未予以说明,亦未提交相关证据。

原审法院经审理认为:路易威登的第 1111910 号"四花瓣"图形商标系经中华人民共和国国家工商行政管理局商标局依法核准注册,并经续展注册,有效期自 2007 年 9 月 28 日至 2017 年 9 月 27 日,路易威登的该注册商标应依法予以保护。本案路易威登请求保护的商标中"四花瓣"图形系其"LV"菱形四花瓣组合商标四花瓣组成要素,路易威登的"LV"以及"LV 圆形四花瓣镂空图案"组合商标具有较高的知名度,路易威登在本案中请求保护的"四花瓣"图形商标经过长期使用,亦具有较强的显著性、识别性。雄腾公司虽声称"四花瓣"图案是通用图形,但没有提供充分证据,且该辩解意见也与国家工商行政管理总局商标局核准、续展路易威登的第 1111910 号商标事实不符,原审法院不予采信。被控侵权的"SOLVIL"(索菲亚)"四花瓣"图形使用在手表商品上,路易威登请求保护的第 1111910 号"四花瓣"图形商标核定使用商品亦包括手表,二者使用商品为同一种商品。经比对,被控侵权产品的"四花瓣"装潢要素图案与路易威登请求保护的商标近似。并且,被控侵权产品上除手表表面中上部使用了"SOLVIL"以外,没有作其他标注,而该"SOLVIL"并未在我国国家工商行政管理总局商标局注册,其显著性、识别性不强,二者容易混淆、导致误认。被控侵权产品属于《中华人民共和国商标法实施条例》第 50 条第 1 项所规定的,在同一种商品上,将与他人注册商标近似的标志作为商品装潢使用,误导公众,构成侵犯他人注册商标专用权的产品。相关工商行政管理部门的认定意见以及是否解除行政强制措施与本案侵权判断没有直接关系,对于时间廊公司、雄腾公司的被控侵权产品不构成侵权的抗辩,原审法院不予采信。关于时间廊公司、雄腾公司的侵权行为的性质,路易威登指控金光华公司提供经营场所,并为雄腾公司、被告时间廊公司的进口、销售被控侵权产品开具发票。雄腾公司、时间廊公司生产销售被控侵权产品。

经查,金光华公司仅提供经营场所,没有证据证明金光华公司有销售被控侵权产品或代为开具销售发票的行为,金光华公司不构成侵权,无须承担侵权责任。被控侵权产品是在雄腾公司、时间廊公司共同经营的专卖店被查获,路易威登没有提供证据证明时间廊公司、雄腾公司有生产被控侵权产品的行为,结合时间廊公司、雄腾公司工商登记资料所显示,经营范围均不包括钟表,故原审法院根据现有证据仅能认定时间廊公司、雄腾公司共同销售被控侵权产品。时间廊公司、雄腾公司销售侵犯他人注册商标专用权的商品,其行为已经构成商标侵权,理应承担相应的商标侵权责任。对于路易威登的请求判令时间廊公司、雄腾公司停止侵犯路易威登注册商标专用权的诉讼请求,原审法院予以支持。

路易威登没有举证证明其在被侵权期间因被侵权所受到的损失,时间廊公司、雄腾公司也没有举证证明其在侵权期间因侵权所获得的利益,对于路易威登的赔偿请求,原审法院不予全额支持。原审法院综合考虑路易威登请求保护商标的知名情况,时间廊公司、雄腾公司侵权行为的具体情节、侵权产品价格,路易威登维权的成本等因素,酌定时间廊公司、雄腾公司共同赔偿路易威登经济损失人民币 15 万元。

原审法院根据《中华人民共和国民事诉讼法》第 64 条第 1 款,《中华人民共和国商标法》第 52 条第 2 项、第 5 项,第 56 条,最高人民法院《关于审理商标民事纠纷案件适用法律若干问题的解释》第 16 条,第 17 条之规定,作出如下判决:

一、时间廊公司、雄腾公司立即停止侵犯路易威登第 1111910 号注册商标专用权;

二、时间廊公司、雄腾公司于判决生效之日起 10 日内,赔偿路易威登经济损失人民币 15 万元;

三、驳回路易威登的其他诉讼请求。

时间廊公司、雄腾公司如果未按判决指定的期间履行给付金钱义务,应当按照《中华人民共和国民事诉讼法》第 229 条之规定,加倍支付迟延履行期间的债务利息。本案一审案件受理费人民币 8 800 元,由时间廊公司、雄腾公司负担。

上诉人时间廊公司、雄腾公司不服原审判决,提起上诉,诉称:原审法院对事实的认定有明显的错误。原审法院认定时间廊公司、雄腾公司被控侵权的手表上使用的部分装饰图案与路易威登的四瓣花图形近似、会导致消费者误认错误。(1) 将引证商标——菱型"四花瓣"图案与LV 商标混为一谈，认为 LV 是驰名商标，菱型四花瓣图案商标也是驰名商标。事实并非如此。(2) 原审法院认定菱型"四花瓣"图案商标经过了长期使用，具有较强的显著性、识别性，该认定没有任何的证据支持。事实上，菱型"四花瓣"图案商标并没有在路易威登的产品（尤其是手表）中作为独立的商标使用，而仅仅是作为装饰性使用。(3) 原审法院认定菱型"四花瓣"图案商标与被控侵权产品上的"四花瓣"装饰图案相近似错误。时间廊公司、雄腾公司在原审答辩中强调了两者不相近似，并指出了最少有四处不相近似的地方。(4) 原审法院将"SOLVIL"商标没有在中国注册，从而得出显著性、识别性不强的结论是对商标和商标法的极大曲解。商标没有注册不等于不知名。中国有众多的老字号商标，并没有注册，同样驰名海内外。"SOLVIL" 品牌在手表行业的知名度是举世公认的。原审判决认为时间廊公司、雄腾公司只将"SOLVIL"商标用在手表的中上部，因此不显著。殊不知，这个"中上部"恰恰就是手表上标注商标的惯常位置，所有消费者都在这个位置上了解手表的来源。(5) 时间廊公司、雄腾公司同意法院审判案件的独立性。但是，在审判实践中，法官也经常会参考专家的意见。特别是争议较大，难以把握的情况下的专家意见显得特别重要。而本案中，全国多个工商局的意见和做法属于专家意见。原审法院未参考这些专家意见而作出与之相反的判决是错误的。(6) 时间廊公司、雄腾公司在原审中强调被控侵权产品不会使公众产生误认的理由和证据，包括但不限于：产品在时间廊的连锁专卖店销售，识别性很强；产品说明书等资料上强调"SOLVIL"品牌。依照《中华人民共和国商标法实施条例》第 50 条第 1 项的规定，在同一商品或者类似商品上，将与他人注册商标相同或者近似的标志作为商品名称或者商品装潢使用，误导公众。这里强调相同或近似及误导公众作为必要条件，二者缺一不可。以上事实表明，被控产品上的四瓣花图案与菱型"四花瓣"图案商标，不但不相近似，而且不会误导公众。因此，被控产品上的四瓣花图案作为产品的装饰（装潢），不侵犯路易威登菱型"四花瓣"图案商标的商标专用权。综上所述，请求二审法院依法查明事实，撤销原判决，改判驳回路易威登的诉讼请求。

被上诉人路易威登答辩称：原审判决认定事实清楚，上诉人时间廊公司、雄腾公司的"SOLVIL"手表使用路易威登享有注册商标专用权的图案作为装饰，依照《商标法》第 50 条第 1 项的规定，构成对路易威登商标权的侵犯，请求驳回上诉，维持原判。

经审理，二审法院认为被控侵权的"SOLVIL"手表上的花纹图案与路易威登请求保护的"四花瓣"商标不相同，不会导致相关公众的误认和混淆。上诉人时间廊公司、雄腾公司关于被控侵权产品不构成侵犯其注册商标专用权的上诉理由成立，法院予以支持。路易威登的诉讼请求依法不能成立，原审判决认定时间廊公司、雄腾公司侵权成立，并判决其承担侵权民事责任不当，法院予以撤销。依照《中华人民共和国商标法》第 52 条第 5 项、《中华人民共和国商标法实施条例》第 50 条第 1 项和《中华人民共和国民事诉讼法》第 153 条第 1 款第 2 项之规定，判决如下：

一、撤销中华人民共和国广东省深圳市中级人民法院 (2007) 深中法民三初字第 557 号民事判决；

二、驳回路易威登马利蒂（法国）的全部诉讼请求。

二、裁判要旨

**No.2-7-57.1.7-7　组合商标中的一部分在特定商品上具有较高知名度，并不意味着组合商标中的所有商标在特定商品以外的其他商品上同样具有较高知名度。**

本案路易威登"LV"字母组合图案商标具有较高的知名度，但"四花瓣"标识仅为字母组合图案的一部分，并无证据证明路易威登"四花瓣"图形商标用于手表上在中国具有较高的知名度。路易威登的声誉应存在于其"LV"标识上，其品牌所有的手表上都有"LV"标识，但并不能证明路易威登的知名度存在于"四花瓣"图形标识中。因此，路易威登称其"四花瓣"图形商标用于手表上在中国具有较高知名度的依据不足。

路易威登的第 1111910 号"四花瓣"图形商标系经中华人民共和国国家工商行政管理局商

标局依法核准注册,并经续展注册,有效期自 2007 年 9 月 28 日至 2017 年 9 月 27 日,路易威登的该注册商标应依法予以保护。《商标法实施条例》第 50 条规定:"有下列行为之一的,属于商标法第五十二条第(五)项所称侵犯注册商标专用权的行为:(一) 在同一种或者类似商品上,将与他人注册商标相同或者近似的标志作为商品名称或者商品装潢使用,误导公众的……"

认定商标相同或者近似应按照以下原则进行:(1) 以相关公众的一般注意力为标准;(2) 既要进行对商标的整体比对,又要进行对商标主要部分的比对,比对应当在比对对象隔离的状态下分别进行;(3) 判断商标是否近似,应当考虑请求保护注册商标的显著性和知名度。

本案中被控侵权的"SOLVIL"(索菲亚)"四花瓣"图形使用在手表商品上,路易威登请求保护的第 1111910 号"四花瓣"图形商标核定使用商品亦包括手表,二者使用商品为同一种商品。

将本案涉案注册商标"四花瓣"图案标识与"SOLVIL"手表上的图案花纹进行比对:路易威登第 1111910 号注册商标为"四花瓣"图案,由四片弧形、狭长花瓣组成,在四片相同花瓣间隔中间有独特的圆圈,"SOLVIL"手表内表盘上的图案花纹在花瓣中央带有一个亮饰(花瓣也由亮饰装饰),其内表盘上的花纹中央的圆圈并不明显。路易威登的"四花瓣"图形是周正的图形,四片花瓣较为狭长,"四花瓣"图案给人以秀气、干练的感觉;"SOLVIL"手表图案是不完整也不规则的图形,其表盘中部不规则地分布有五朵不完整的四花瓣图案,其花纹花瓣和花瓣稍稍卷起的末端的比例与路易威登的"四花瓣"图案标识不同,"SOLVIL"的四花瓣图案花瓣较为短粗,"SOLVIL"手表被随意重复展示于手表表盘的内部和外部,表盘上的花纹形状和大小不一,部分花纹有小亮饰,部分则没有,内表盘较大,花纹的花瓣被删除,不完整的花纹存于表带,其中花纹中央没有圆圈,整体风格富丽、夸张。因此,被控侵权手表上的图案花纹与本案涉案注册商标"四花瓣"图案标识存在差异,二者并不相同。

从被控侵权的"SOLVIL"手表上,图案花纹花瓣所起的作用和整体效果看,被控侵权"SOLVIL"手表上的图案花纹在其手表上的使用是不规则的,主要是以装饰为目的,并非作为手表的标识使用。况且,"SOLVIL"手表表盘中上部即手表中标注商标的惯常位置上标注有"SOLVIL"字样,表盘四周分布有 16 朵大小不同的完整四花瓣装饰,表带上有用线缝制的两个不规则四花瓣装饰,手表表盘背面以及表带背面亦有"SOLVIL"字样。虽然被控侵权"SOLVIL"手表没有在中国申请获得注册商标,但瑞士索尔维乐提图斯公司申请了第 G561456(国际注册)"SOLVIL ET TITUS"商标,核定使用的商品为:钟表、计时器。被控侵权的手表将"SOLVIL"字样置于手表中上部,即标注商标的惯常位置上,应当视为被控侵权的"SOLVIL"手表将"SOLVIL"字样作为未注册商标使用,而该手表对图案花纹的使用不是作为商标标识使用。所以,被控侵权的"SOLVIL"手表上花形装饰图案与路易威登第 1111910 号注册商标的"四花瓣"图案不相同,且被控侵权的"SOLVIL"手表上使用的图案花纹仅起装饰作用,而非作商标标识使用,并非在商标意义上使用该图案。

## 42 网络服务商责任(《商标法》第 57 条第 1 款第 7 项)

案例:鲁道夫·达斯勒体育用品波马股份公司诉浙江淘宝网络有限公司、陈仰蓉销售假冒注册商标商品纠纷案

案例来源:《中华人民共和国最高人民法院公报》2008 年第 3 辑〔(2006)穗中法民三初字第 179 号〕

主题词:事后补救义务　事前审查义务

### 一、基本案情

原告:鲁道夫·达斯勒体育用品波马股份公司。

第一被告:浙江淘宝网络有限公司。

第二被告:陈仰蓉。

原告诉称:"豹图形"和"PUMA"为原告独创并在运动衣、运动鞋、背包等产品上在世界范围内大量和长期使用的世界驰名品牌。该品牌在世界范围内均享有高度的知名度和良好的市场

声誉。为了拓展中国市场，原告早在 1978 年就在中国注册了"PUMA"商标、"豹图形"商标和"PUMA 及豹图形"商标。商标注册后，原告在中国大量使用了上述商标。由于原告产品质量上乘，加上大量的广告宣传，原告上述商标在中国运动衣、运动鞋等产品上获得了巨大成功，成为在中国少数几个世界驰名的运动系列品牌之一。正是因为原告品牌的成功和备受消费者青睐，一些不法分子为了赢取暴利就大肆生产和销售假冒仿冒产品，而一些网络平台提供者也参与其中，为侵权行为提供方便和支持。为了打击侵权行为，原告进行了大量的调查，调查结果显示，由第一被告享有所有权和经营管理的淘宝网为 43932 个 PUMA 产品网络商店提供支持平台，这些网络商店遍布全国，全国性地销售 PUMA 侵权产品。这些网络商店大量销售假冒仿冒产品，一方面导致原告正牌产品销售额的大量下降；另一方面由于假冒仿冒产品一般质量较差，消费者在购买使用后，也跟着认为原告产品质量低下，这给原告声誉造成了非常恶劣的影响。此外，在淘宝网上，由第二被告所经营管理的网络商店也在广州大量销售 PUMA 侵权产品，侵犯了原告注册商标的专用权，给原告造成了损害。请求法院判令：(1) 第一被告赔偿原告损失人民币 100 万元；(2) 两被告停止侵权行为；(3) 两被告在《广州日报》和《南方都市报》上登文赔礼道歉，内容由法院审定。

第一被告辩称：(1) 答辩人系依法成立的互联网信息服务业务提供者，并非本案所涉的"销售假冒注册商标的商品"销售方。答辩人作为信息服务提供者，依据《互联网信息服务管理办法》及《互联网电子公告服务管理规定》，系为上网用户提供信息发布条件的服务商，而上网用户使用电子公告服务系统应当遵守法律、法规，并对所发布的信息负责。答辩人网上公布的《淘宝网服务条款》规定："本网站仅作为用户物色交易对象，就货物和服务的交易进行协商，以及获取各类与贸易相关的服务的地点。本网站不能控制交易所涉及的物品的质量、安全或合法性，商贸信息的真实性或准确性，淘宝网并不作为买家或是卖家的身份参与买卖行为本身。"同时规定用户不得买卖侵犯他人知识产权的物品。答辩人网上公布的《商品发布管理规定》针对会员规定了《禁止和限制交易物品管理规则》，其中明确禁止交易的物品包含"任何侵犯他人知识产权的物品，如假冒商品、侵犯他人版权和专利权的产品"。同时制定并公布了《诚信规则》，规定了对发现会员违规行为的投诉和举报内容，也规定了用户发现网上违法行为时答辩人协助的相关义务。(2) 原告要求答辩人对第二被告在"销售假冒注册商标的商品"的在线交易承担民事责任缺乏法律依据。目前法律或规章没有要求网络服务提供商对用户利用系统条件发布的信息内容做实质审查的义务，从技术上讲，事先审查也是不可能的。网络服务提供商既不可能也没有权力逐一检查遍布全国或全球的销售者。网络服务提供者在对用户提供服务时，对电子商家或网上用户的信息内容承担的是形式审查和合理的事后监督义务。当收到人民法院寄来的原告证明第二被告"销售假冒注册商标的商品"的证据时，答辩人已按《淘宝网服务条款》和相关规则对第二被告的相关信息记录进行数据查询，即尽事后审查义务，发现第二被告已从 2006 年 6 月 1 日起将涉案物品下线。目前，关于网络侵权的法律和司法解释除前述两个规定和最高人民法院对著作权侵权的司法解释外，没有更多的规定可以遵循，答辩人除认真执行相关规定外，也参考了司法解释的做法，并明确公布了各项规则，已尽法定义务和审查义务。就本案来说，原告只举证证明第二被告在 2006 年 2 月 16 日在淘宝网发布包括 1 件 "PUMA 外贸跟单鞋——休闲运动鞋"在内的 87 件宝贝的信息，并通过充当买家购买侵权商品这个证据指责答辩人的正常网络服务业务，无疑是混淆概念和缺乏逻辑的。综上，答辩人没有侵犯原告的商标权，无须承担任何民事责任，请求法院驳回原告的全部诉讼请求。

第二被告没有答辩。

法院查明的事实："PUMA 及豹图形"注册商标(注册证号为第 57014 号)的注册人是原告。该商标由英文字母"PUMA"及一只作奔跳状的豹图形组成。该商标核定使用商品第 25 类(衣服、鞋、帽子。包括：体育用鞋和便鞋、运动服、服装带、手套和袜)，注册有效期限自 1991 年 10 月 30 日至 2001 年 10 月 29 日，后又展期至 2011 年 10 月 29 日。"PUMA"注册商标(注册证号为第 70554 号)的注册人原是鲁道夫·达斯勒美洲狮运动鞋公司，后于 1991 年 12 月 30 日变更为原告。该商标由英文字母"PUMA"组成。该商标原核定使用商品第 53 类,有效期自 1978 年 12 月 2 日至 1998 年 12 月 1 日,后展期至 2008 年 12 月 1 日,展期后核准使用商品变更为商品国际分类第 25 类,包括运动服、运动鞋等运动系列商品。"豹图形"注册商标(注册证号为第 76559 号)的注册人原是鲁道夫·达斯勒美洲狮运动鞋公司,后于 1991 年 12 月 30 日变更为原告。该商标是一只作奔跳状的豹的图形。该商标原核定使用商品第 53 类,有效期自 1978 年 12 月 2 日至 1988 年 12 月 1 日,后经两次展期至 2008 年 12 月 1 日,展期后核准使用商品变更为商品国际分类第 25 类,包括运动服、运动鞋等运动系列商品。

2006 年 2 月 16 日,原告代理人吴秀荣以"rogerwu363"的会员名登录淘宝网,发现一会员名为"coco08080"的卖家发布了一则外贸跟单"PUMA 运动鞋"的销售信息,价格为人民币 60 元。于是,原告决定购买。原告根据网页上的相关指示支付了价款并填写了收货信息。在购买的过程中,买卖双方还进行了在线交谈,卖家承认该"PUMA 运动鞋"有 PUMA 标志,是仿真的。双方约定,卖家以邮寄的方式将货物送到原告代理人提供的收货地址。从卖家提供的信息,原告发现第二被告就是"coco8080"。2006 年 2 月 24 日,原告到广州市海珠区公证处,申请对其收到的第二被告寄来的包裹进行证据保全。庭审中,该保全的包裹被拆封,里面是一双运动鞋,鞋上面标有原告"PUMA"及"豹图形"注册商标;鞋上还挂着一吊牌,吊牌上标有原告"PUMA 及豹图形"注册商标。2006 年 3 月 8 日,原告向第一被告邮寄了一份函件,称原告是第 76559、76552、619182 号中国注册商标的商标权人,并称淘宝网提供网络平台的 PUMA/彪马/"豹图形"产品有关的宣传资料、网络商店所销售的产品、网络商店照片、网络链接皆侵犯了原告商标权,要求第一被告删除这些资料并停止为侵权网络商店提供网络支持平台。2006 年 3 月 15 日,原告发现淘宝网上第二被告发布的上述"PUMA 运动鞋"的销售信息仍然存在。同日,原告还发现淘宝网上与"puma"相关的信息有 43932 条。原告将其中的 36 条信息打印了出来。这 36 条信息是一些网络商店发布的 PUMA 鞋类、包类及服装类产品的销售信息。这些信息显示:鞋类产品的销售价格最低的为 66 元,最高为 280 元,但大部分是 100—200 元这个区间。

淘宝网(域名为 www.taobao.com.on)为第一被告开办的网站。第一被告通过其提供经营性互联网信息服务,业务种类是第二类增值电信业务中的信息服务业务(仅限于互联网信息服务业务),业务覆盖范围是专业 BBS 消费购物类(不包含新闻、出版、教育、医疗保健、药品和医疗器械、文化和广播电影电视节目等内容的信息服务)。

淘宝网规定,任何年满 18 岁或具有合法经营资格的实体组织、同意《淘宝网服务条款》的用户,均可免费注册成为淘宝网会员。会员要在淘宝网销售物品(即卖宝贝)须通过实名认证,包括个人认证和商家认证。个人认证是对年满 18 周岁以上的会员所进行的身份证认证(可用证件还包括护照、驾照、军官证、户籍证明),商家认证是对具有法人资格的商家所进行的认证。2005 年 6 月 9 日的《淘宝网服务条款》有以下内容:本服务协议双方为淘宝与淘宝网用户,本服务协议具有合同效力;本服务协议内容包括协议正文及所有淘宝已经发布的或将来可能发布的各类规则;淘宝有权根据需要不时地制定、修改本协议或各类规则,如本协议有任何变更,淘宝将在网站上刊登公告,通知予用户,如用户不同意相关变更,必须停止使用"服务";本网站仅作为用户物色交易对象,就货物和服务的交易进行协商,以及获取各类与贸易相关的服务的地点;淘宝并不作为买家或卖家的身份参与买卖行为本身。该服务条款还规定:用户在淘宝网网上交易平台上不得买卖国家禁止销售或限制销售的物品,不得买卖侵犯他人知识产权或其他合法权益的物品;用户承诺自己在使用淘宝网时实施的所有行为遵守国家法律、法规和淘宝的相关规定以及各种社会公共利益或公共道德。该服务条款进一步规定:对于在淘宝网网上交易平台上的不当行为或其他任何淘宝认为应当终止服务的情况,淘宝有权随时做出删除相关信息、终止服务提供等处理,而无须征得用户的同意。淘宝网颁布的各类淘宝规则是上述《淘宝网服务条款》的组成部分。当日淘宝规则项下的《禁止和限制交易物品规则》没有明确将"假冒商品"列为禁止销售的物品。而当日淘宝规则项下的《投诉规则》规定:会员如与其他会员因在淘宝网上进行交易而产生纠纷,可按照投诉定义和投诉流程请求淘宝从中协商,淘宝将视具体情况对会员投诉的违规行为进行调查和处理。投诉的内容包括"出售假冒伪劣和禁售品";而淘宝网对被投诉方处罚的措施包括"查看(取消被投诉方对当前交易评价的权利)、警告(信用评价中显示警告记录、取消被投诉方对当前交易评价的权利)、限权(限制交易资格30—90天)""冻结(取消会员资格)、查封该会员名"。

2006年3月20日,原告致第一被告《律师函》,称其就淘宝网为侵权网络商店提供网络平台一事已于2006年3月8日致函第一被告,由于第一被告没有任何答复,也没有删除有关页面,现原告委托律师再次通知要求立即停止侵权并赔偿损失,否则将采取法律手段。第一被告以传真的方式对该《律师函》答复,由于原告在来函中没有指明确定的侵权人(或侵权链接),也未对其侵权行为提供任何证据,第一被告认为原告未提供有效的通知,无法进行删除。第一被告还在答复中要求原告填写所附的《商标侵权通知》,或以其他格式提供有效的侵权通知;并表示,只要通知中有具体侵权链接、侵权方式说明(假货)等要素,第一被告将对原告指认的侵权信息全面删除。2006年3月22日,原告回复不接受第一被告的处理方案。原告称,其在信函中已经明确指定了侵权网络商店的范围,第一被告以没有指定确定的侵权人(或侵权链接)为由不予删除是不成立的。原告还称,关于侵权证据方面,其已经进行了大量和长时间的取证工作,由于现仅属于商谈和争取谅解阶段,其不便于向第一被告出示有关证据。原告再次表示,如第一被告不接受其方案,其将会通过诉讼解决。

经第一被告查询,第二被告已经于2006年4月9日至同年6月1日自行将其在淘宝网上销售的PUMA产品下线。原告确认第一被告的查询结果。2006年8月4日,第一被告通过公证处进行证据保全,证明其已经将原告在2006年3月15日打印出来的36条PUMA信息予以删除。原告对此予以认可。

经审理,法院认为原告指控第一被告违反其事前审查义务及事后补救义务,协助第二被告售假,侵犯了其注册商标权,缺乏依据不予支持。原告诉请第一被告停止侵权、赔偿损失无据,应予驳回。根据《中华人民共和国民事诉讼法》第64条第1款、最高人民法院《关于民事诉讼证据的若干规定》第2条的规定,判决驳回原告鲁道夫·达斯勒体育用品波马股份公司的全部诉讼请求。

二、裁判要旨

**No.2-7-57.1.7-8 网络服务商在商标权利人或第三人提出网络商店售假,并提出相应的证据证实后应承担积极删除相关信息的义务。**

法院认为,为网络服务商设定这样的义务是合理的,理由如下:(1)《民法通则》第130条规定,二人以上共同侵权造成他人损害的,应当承担连带责任。《商标法实施条例》第50条第2项规定,故意为侵犯他人注册商标专用权行为提供仓储、运输、邮寄、隐匿等便利条件的,属于侵犯注册商标专用权的行为。网络用户能够删除自己发布的信息,网络服务商作为用户发布信息的技术支持者,也能对这些信息予以删除。如果网络服务商明知其用户销售侵犯他人注册商标权的商品,仍不删除相关信息以消除侵权后果,无疑属于故意为侵犯他人注册商标权行为提供便利条件,构成共同侵权。(2)以下法规及规章对该义务有明确规定。《互联网信息服务管理办法》第15条规定了互联网信息服务提供者不得制作、复制、发布、传播的9项信息,其中第9项起保底作用,即除前8项外含有法律、行政法规禁止的其他内容。第16条规定,互联网信息服务提供者发现其网站传输的信息明显属于上述9项内容之一的,应当立即停止传输,保存有关记录,并向国家有关机关报告。用户为销售侵犯他人注册商标专用权的商品发布的信息不属于第15条前8项的内容,但无疑属于第9项的内容。另外,《互联网电子公告服务管理规定》也有基本相同的规定。(3)第一被告认可该义务并为履行该义务制定了相应的措施。根据淘宝网2005年6月9日的《淘宝网服务条款》,对于在淘宝网网上交易平台上的不当行为或其他任何淘宝网认为应当终止服务的情况,淘宝网有权随便做出删除相关信息、终止服务提供等处理,而无须征得用户的同意。

第一被告没有违反上述事后补救义务。原告认为其三次致函第一被告,指出包括第二被告在内的网络商店的侵权并要求删除相关信息,但第一被告没有及时删除,违反了该项义务。法院认为,只有商标权人指出网络商店的侵权事实,并提交相应的证据证实,第一被告才有义务删除相关的信息。原告虽然指出包括第二被告在内的网络商店侵权,但其三次致函都没有提交侵权方面的证据,而且在第一被告要求其提交这些证据的情况下明确答复暂不提交,第一被告在此情况下没有删除其指定的信息并没有违反事后补救义务。

**No.2-7-57.1.7-9 当网络商店申请卖物品时,网络服务商应审查其身份、制定售假制裁规则,并在显著的地方予以公布。**

关于对网络商店的身份审查义务。这其实是《互联网信息服务管理办法》规定的网络服务商义务的应有之义。根据该办法的规定,互联网信息服务提供者在发现9项禁止传输的信息时除进行删除,还须保存有关记录并向国家有关机关报告。为履行其报告义务,网络服务商必须对网络商店的身份进行审查,掌握其真实的身份情况。所以,法院对该项义务的合理性予以确认。(2)关于对网络商店所售商品的商标合法性进行审查的义务。原告认为,网络服务商与网络商店的关系类似于商场与专柜的关系,由于商场通常会对其专柜销售的商品的注册商标或商标权人的授权许可证明进行审查,网络服务商也应有此审查义务。

法院认为,原告不能证明其主张的义务的合理性,理由是:(1)原告认为商场对专柜所售商品的商标的合法性进行审查是商场的法定义务,没有法律依据。(2)网络服务商与网络商店的关系不同于商场与专柜的关系。根据广州友谊商店股份有限公司与广州锐丰体育用品有限公司签订的《专柜协议书》,专柜商品销售采取代销分成办法,双方结算时是商场支付货款给专柜。这表明,专柜销售商品是通过商场统一收取价款的。广州市广百股份有限公司与广州锐丰体育用品有限公司签订的《专柜经营合同书》更是明确约定,专柜必须使用商场的价格牌和销售票据,由商场统一收款。所以,在商标侵权诉讼中,无论是消费者还是法院,都会将专柜的销售行为视为商场的行为,商场对外承担责任。为自身利益计,商场往往约定其有权对专柜所售商品商标的合法性进行审查。不同于商场与专柜的关系,网络服务商仅仅为网络商店提供网上交易的平台。2005年6月9日的《淘宝网服务条款》规定,淘宝网仅作为用户物色交易对象,就货物和服务的交易进行协商,以及获取各类与贸易相关的服务的地点;并不作为买家或卖家的身份参与买卖行为本身。在这种情况下,淘宝网的用户不会将网络商店的销售行为视为网络服务商的行为。网络商店的销售行为在法律上也不应视为网络服务商的行为。原告在本案中也没有直接指控第一被告售假,而是指控第一被告协助第二被告售假。所以,原告无视这些区别,将商场为自身利益计约定的对专柜的审查权利作为确立网络服务商审查义务的依据缺乏证明力。(3)履行该项审查义务超出网络服务商的能力范围。由于网络的容量近乎无限,网络商店及其销售的商品数量是惊人的。例如,至2005年12月30日,淘宝网在线商品数量超过1400万件,至2006年5月其注册会员为2050万人。而且,由于网络延伸空间的全球性,网络服务商不可能对网络商店所售商品商标的合法性进行当面审查。在这种情况下,要求网络服务商对每一个网络商店销售的每一种商品的商标合法性负责,超出了其能力范围。

关于制定售假制裁规则并在显著位置予以公布的义务。法院认为,确立网络服务商的该项义务是合理的,理由是:(1)履行该项义务不会超出网络服务商的能力范围。(2)确立该项义务还有利于网络服务商履行上述事后补救义务。上述认定,网络服务商在发现网络商店售假时应当删除有关信息。将这一措施事前告知用户,一方面满足了用户的知情权,另一方面也有利于该措施的执行。

第一被告没有违反上述事前审查义务。(1)第一被告没有违反对网络商店的身份审查义务。淘宝网规定,用户要在淘宝网销售物品须通过实名认证,包括个人认证和商家认证。个人认证是对年满18周岁以上的用户所进行的身份证认证(可用证件还包括护照、驾照、军官证、户籍证明),商家认证是对具有法人资格的商家所进行的认证。原告认为,第一被告违反该义务缺乏事实依据,本院不予支持。(2)第一被告没有违反制定售假制裁规则并在显著位置予以公布的义务。2005年6月9日的《淘宝网服务条款》规定,用户在淘宝网网上交易平台上不得买卖国家禁止销售或限制销售的物品,不得买卖侵犯他人知识产权或其他合法权益的物品;用户承诺自己在使用淘宝网时实施的所有行为遵守国家法律、法规和淘宝的相关规定以及各种社会公共利益或公共道德。《投诉规则》是《淘宝网服务条款》的组成。2005 年 6 月 9 日的《投诉规则》规定,商标权人可以对淘宝网用户出售假冒伪劣产品进行投诉,淘宝网查实被诉事实后可以针对具体情况对被诉用户采取查看、警告、限权、冻结和查封等措施。法院还指出,淘宝网在每个用户填写注册信息申请成为会员时都着重提示,只有同意《淘宝网服务条款》才能成为其会员。而且,在淘宝网的主页中只要点击"帮助"或"客服中心",用户就能轻易查到包括《投诉规则》在内的各种淘宝规则。考虑到淘宝网有售假制裁方面的规则、这些规则本身对用户的重要性以及用户查阅这些规则的便捷性,法院认为第一被告履行了该义务。原告以这些规则过于简单且没有放在显著位置为由,指控第一被告违反该义务,缺乏说服力,法院不予支持。同时,法院注意到,虽然 2005 年 6 月 9 日淘宝网的《禁止和限制交易物品管理规则》没有明确将"假冒商品"列为禁止销售的物品,但 2006 年 4 月 14 日的《禁止和限制交易物品管理规则》作了明确规定。第一被告在完善售假制裁规则方面所做的努力是值得肯定的。

### 43 市场管理方责任(《商标法》第 57 条第 1 款第 7 项)

**案例**:拉科斯特股份有限公司与上海龙华服饰礼品市场经营管理有限公司注册商标专用权纠纷案

**案例来源**:《中华人民共和国最高人民法院公报》2010 年第 10 期[(2009)沪一中民五(知)初字第 38 号]

**主题词**:商标专用权　市场管理方责任

#### 一、基本案情

原告:拉科斯特股份有限公司。

被告:上海龙华服饰礼品市场经营管理有限公司(以下简称龙华公司)。

原告诉称:鳄鱼图形及文字系列商标为原告在中国依法注册的商标,自 1980 年以来,第 141102 号"LACOSTE"、第 141103 号、第 1318589 号及第 G581924 号等鳄鱼系列商标在中国相继获得注册。作为国际著名服装生产商,原告的上述商标具有极高知名度和良好的市场声誉。国家工商行政管理总局商标局先后于 1999 年和 2000 年两次将原告的"鳄鱼"系列商标列入《全国重点商标保护名录》。2005 年,原告的鳄鱼图形商标经长春市中级人民法院判决,认定为驰名商标。上述商标现均在有效期内。原告经调查发现,上海龙华服饰礼品市场(以下简称龙华市场)以低廉的价格公开销售带有原告上述注册商标的服装。2008 年 8 月,原告致函被告,要求龙华市场停止侵犯原告鳄鱼系列商标专用权的行为,被告回函表示同意原告的意见,但被告并未停止上述侵权行为。为此,原告于 2008 年 12 月再次致函被告要求停止侵权,被告仍回函表示立即停止侵权,但至今被告仍在实施侵权行为。原告认为,被告的行为已侵犯了原告的上述注册商标专用权,且在原告两次警告后,仍继续实施侵权行为,主观恶意明显,故起诉请求判令:(1)被告立即停止商标侵权行为;(2)被告赔偿原告包括为制止侵权行为所支付合理开支在内的经济损失人民币 10 万元。

被告龙华公司辩称:(1)被告公司的性质是组织市场内经营者集中进行现货商品交易,从事市场经营、服务和管理的企业法人,主要职责是服务和管理,本身不具有销售经营权。根据被告与徐汇区税务局签订的《委托代征税款协议书》,为方便纳税人,被告为其管理的市场范围内租柜经营户代征税款,被告按照税务机关的票证管理规定,领取、使用、保管、报缴有关税收凭证,按规定代开发票。因此,被告对原告购买的服装出具发票系基于代征税款的需要,被告并不是被控侵权商品的销售者。(2)被告作为市场管理企业,已经尽到了相应的管理义务。根据被告与场内经营者签订的《商铺租赁合同》,约定了经营者有义务遵守商业道德、诚信经营,"不制假、不售假、不存假、不欺诈"。被告在收到原告函件后,第一时间回函,并且履行了监督管理职责,让有侵权嫌疑的相关经营者签署了保证书,并责令其停止侵权,销毁存货。被告已令实施侵权行为的经营者写过保证书并确信他们都已经停止了侵权行为。被告作为市场管理方,当市场内经营者违法经营时,只能对其进行监督管理、教育改正,无权对其进行行政处罚。因此,被告已尽到了最大的管理监督责任,不应承担侵权责任。故应当驳回原告的诉讼请求。

经审理,上海市第一中级人民法院依照《中华人民共和国民法通则》第130条,第134条第1款第1项、第7项,《中华人民共和国商标法》第3条第1款、第52条第5项,第56条第1款、第2款之规定,判决如下:

一、被告上海龙华服饰礼品市场经营管理有限公司于本判决生效之日,立即停止侵害原告拉科斯特股份有限公司对第141102号"LACOSTE"、第141103号、第1318589号、第G581924号商标所享有的注册商标专用权的行为。

二、被告上海龙华服饰礼品市场经营管理有限公司于本判决生效之日起10日内,赔偿原告拉科斯特股份有限公司经济损失人民币1万元及合理费用人民币5000元;被告上海龙华服饰礼品市场经营管理有限公司如果未按本判决指定的期间履行给付金钱义务,应当依照《中华人民共和国民事诉讼法》第229条之规定,加倍支付迟延履行期间的债务利息。

## 二、裁判要旨

**No.2-7-57.1.7-10** 市场的管理方负有善良管理人的注意义务,应对市场经营活动中侵犯商标权的行为进行监督管理。

本案的争议焦点在于被告是否应当承担侵权责任。被告虽非被控侵权产品的直接销售者,但被控侵权产品交易的完成也与被告的行为不可分割。被告作为该市场的管理方,在原告一再发函告知在其管理的市场内存在出售侵犯原告注册商标专用权商品的情况时,理应对相关商铺加强监管。被告虽辩称其没有行政执法权,但根据被告与承租商铺的合同及其附件之约定,其对于承租商铺经营业主出售侵犯注册商标专用权商品的行为具有限期整改、扣减保证金、解除合同直至清退出场的合同权利,现被告仅要求相关商铺业主出具书面保证书,主观上没有尽到善良管理人的注意义务,客观上为侵权行为提供了便利条件,导致侵权行为反复发生,故法院认定被告与直接销售被控侵权产品的相关商铺经营者构成共同侵权。

被告行为已经构成《商标法》第52条第5项所规定的"给他人的注册商标专用权造成其他损害的"情形。故,原告起诉请求被告停止侵权、赔偿经济损失及原告为制止侵权所发生的合理费用,应予以支持。《商标法》第56条第1款规定:"侵犯商标专用权的赔偿数额,为侵权人在侵权期间因侵权所获得的利益,或者被侵权人在被侵权期间因被侵权所受到的损失,包括被侵权人为制止侵权行为所支付的合理开支。"第2款规定:"前款所称侵权人因侵权所得利益,或者被侵权人因被侵权所受损失难以确定的,由人民法院根据侵权行为的情节判决给予五十万元以下的赔偿。"因原告未能举证证实其由于被告侵权行为所遭受的实际损失以及被告侵权获利的实际数额,法院综合被告的侵权性质、情节以及原告实际支出费用的合理性等因素,酌情确定被告所应承担的赔偿数额。

## 44 将他人服务商标作为商品名称使用(《商标法》第57条第1款第7项)

**案例:天津狗不理集团有限公司诉济南大观园商场天丰园饭店侵犯商标专用权纠纷案**
案例来源:《中华人民共和国最高人民法院公报》2008年第2期[(2007)鲁民三终字第70号]
主题词:商品名称 规范使用

### 一、基本情况

原告:天津狗不理集团有限公司(以下简称狗不理集团公司)。
被告:济南市大观园商场天丰园饭店(以下简称天丰园饭店)。
原告狗不理集团公司诉称:狗不理集团公司于1994年10月7日取得国家工商行政管理局第769005号"狗不理"牌注册商标证,核定服务项目为第42类。后经批准,该商标续展10年。1999年12月29日,"狗不理"商标被国家工商行政管理局商标局认定为"中国驰名商标"。2006

年 4 月,原告发现被告天丰园饭店长期以来冒用"狗不理"名义从事餐饮经营活动,将原告的"狗不理"注册商标作为企业名号使用,在其经营场所外部正面墙体和楼道、楼梯内、店内价格单、宣传名片上突出使用"狗不理"服务标识。被告的前述行为构成了对原告商标权的侵害。为此,请求法院判令:(1)被告立即停止侵犯原告注册商标的侵权行为;(2)被告就侵犯原告注册商标专用权的行为在全国性报纸上公开道歉、消除影响;(3)被告赔偿因侵权行为而给原告造成的经济损失 26.5 万元;(4)被告承担本案全部诉讼费用。

被告天丰园饭店辩称:被告是提供餐饮服务的国有企业,在自己的经营场所内使用"狗不理"作为服务项目灌汤包的服务标识,并且在冠以天丰园饭店的字号下使用,与原告狗不理集团公司注册商标的区别十分明显,不会使服务对象产生误认。济南的老食客都知道济南大观园的狗不理包子是济南的著名小吃,早在 20 世纪 40 年代就存在,从来没有人认为济南的狗不理灌汤包与天津的狗不理包子有什么关系。被告在自己的经营场所内使用"狗不理"作为服务项目灌汤包的服务标识从 1979 年开始,已连续使用 20 多年,而原告的"狗不理"商标是在 1994 年注册,依照我国商标法律关于"连续使用至 1993 年 7 月 1 日的服务商标,与他人在相同或类似的服务上已注册的服务商标相同或者近似的,可以继续使用"的规定,原告起诉被告商标侵权于法无据,应予驳回。

济南市中级人民法院一审查明:1994 年 10 月 7 日,天津狗不理包子饮食(集团)公司在国家工商行政管理局商标局注册了"狗不理"服务商标,注册号为第 769005 号,核定服务项目为第 42 类,即餐馆、备办宴席、快餐馆、自动餐馆。1999 年 12 月 29 日,"狗不理"商标被国家工商行政管理局认定为驰名商标。2004 年 8 月 24 日,该商标进行了续展核准,有效期至 2014 年 10 月 6 日。

2005 年 4 月 8 日,天津狗不理包子饮食(集团)公司变更为天津狗不理集团有限公司,即本案原告狗不理集团公司。2005 年 10 月 7 日,上述第 769005 号"狗不理"服务商标经国家工商行政管理总局商标局核准转让,狗不理集团公司成为受让人。

原告狗不理集团公司发现被告天丰园饭店涉嫌侵权后,分别于 2006 年 4 月、9 月、11 月,对被告经营狗不理包子的场所进行了现场拍摄。照片显示,被告在其经营地点二楼南侧经营狗不理包子,并在一楼楼梯口、楼梯过道、二楼门口以及二楼窗外使用和悬挂了带有"中华老字号狗不理包子""中华小吃狗不理欢迎您光临""济南名吃天丰园狗不理包子""天丰园狗不理包子"等字样的宣传牌匾、墙体广告和指示牌,在饭店使用的名片和价格单上,也出现了"狗不理传统名吃"和"中华名吃狗不理包子"的文字。

又查明:1990 年 8 月,济南出版社出版了由山东省政协文史资料委员会、济南市政协文史资料委员会编写的《济南老字号》一书,该书涉及了"天丰园狗不理包子铺",对"狗不理"包子的由来、"狗不理"包子如何定居历下(济南古称)以及"狗不理"包子的制作方法、天丰园饭店的发展历史等进行了介绍。其中记载:1943 年,商人魏子衡在济南当时最繁华的地带大观园开设了一家饭店,店名"天丰园",专营"狗不理"包子。他从天津聘请了以李文志为首的 10 名厨师,他们制作包子的方法和天津的"狗不理"包子一脉相承,无论选料、配料、制作方法都和天津的"狗不理"包子相同。因此,天丰园开业不久,"狗不理"包子就在济南叫响。久而久之,天丰园饭店的名字渐渐为济南人所忽略,"狗不理包子铺"反而成为家喻户晓的名号。济南的"狗不理"包子从 40 年代初开始经营,到 1948 年济南解放,一直畅销不衰。特别是济南解放后,天丰园饭店门前天天顾客盈门。1956 年公私合营后,天丰园饭店营业面积扩大,从业人员增加,营业额大幅度上升。现在,又在它的原址上盖起了新的营业大厅,发展成了一家大型饭店。

被告天丰园饭店曾于 1999 年向济南市工商行政管理局申请企业免检,在向有关机关呈报的申请中同样显示,该企业以经营"狗不理"猪肉灌汤包闻名,在饮食业中属老字号。

2005 年 4 月,被告天丰园饭店经营的"狗不理猪肉灌汤包"经由济南市贸易服务局、济南市饮食业协会评比,认定为"济南名优(风味)小吃"。同年,被告经营的"狗不理猪肉灌汤包"入选济南市消费者协会的《济南消费指南》。

经审理,一审法院认为被告天丰园饭店使用"狗不理"介绍和宣传其所经营的猪肉灌汤包的行为,不构成对原告"狗不理"注册服务商标专用权的侵犯。济南市中级人民法院依照《中华人民共和国民事诉讼法》第64条第1款、《中华人民共和国商标法》第51条、《中华人民共和国商标法实施条例》第54条之规定,于2007年4月17日判决驳回原告狗不理集团公司的诉讼请求。

狗不理集团公司不服一审判决,向山东省高级人民法院提起上诉,认为一审判决认定事实不清,证据不足,适用法律不当。主要理由如下:(1)一审判决对证据的认定有误,从而混淆了"商品名称"与"服务商标"两个概念。现有证据表明,1993年之前,被上诉人天丰园饭店对"狗不理"的使用属于对商品名称的使用,而不是将"狗不理"与"天丰园"联用作为字号或者将"狗不理"作为其服务商标。一审判决对此事实的认定错误。(2)一审判决适用法律不当。一审判决适用《商标法实施条例》第54条的规定作为判案依据,属于适用法律错误。请求二审法院依法撤销一审判决,维护上诉人的合法权益。

被上诉人天丰园饭店未提交书面答辩意见,口头辩称:一审判决正确,应予维持。山东省高级人民法院依据《中华人民共和国民事诉讼法》第153条第3款、《中华人民共和国商标法》第52条第5项之规定,于2007年10月10日判决:

一、撤销济南市中级人民法院就本案作出的一审民事判决;

二、被上诉人天丰园饭店停止在其宣传牌匾、墙体广告上或以其他形式使用"狗不理"三字进行宣传;

三、驳回上诉人狗不理集团公司的其他诉讼请求。

二、裁判要旨

No.2-7-57.1.7-11　在他人注册服务商标前,已经将该商标作为商品名称使用,只要行为人规范使用该商品名称,即不侵犯他人已注册的服务商标专用权。

关于被上诉人天丰园饭店在本案中的行为是否对上诉人狗不理集团公司所有的"狗不理"服务商标专用权构成侵犯的问题。上诉人狗不理集团公司所有的"狗不理"注册服务商标与被上诉人天丰园饭店的"狗不理猪肉灌汤包"商品名称,客观上存在权利冲突,一种权利是注册商标专用权,另一种权益是商品名称权,但权利冲突的产生有其特定的历史背景和原因。根据一、二审查明的事实,天丰园饭店在济南这一特定地域内经营"狗不理"猪肉灌汤包的历史由来已久,自20世纪40年代即已在济南扎根,1956年公私合营后,天丰园饭店的营业面积扩大,在其原址上不断发展,成为今天的天丰园饭店。虽然天丰园饭店的经营效益不稳定,但一直经营"狗不理"猪肉灌汤包这一食品。而狗不理集团公司取得"狗不理"注册服务商标的时间是1994年10月。综上可见,天丰园饭店对于"狗不理"风味猪肉灌汤包的经营,具有一个历史承袭演变的过程,并非是在狗不理集团公司所有的"狗不理"商标经过注册并驰名后,为争夺市场才故意使用"狗不理"三字,并没有违背市场公认的商业道德,不存在搭他人便车、利用狗不理集团公司的"狗不理"注册服务商标声誉的主观恶意。因此,天丰园饭店对于"狗不理"猪肉灌汤包这一商品名称的使用是善意的,而且属于在先使用。只要天丰园饭店规范使用这一商品名称,即不存在侵犯狗不理集团公司所有的"狗不理"注册服务商标专用权的问题。

但是,根据本案事实,被上诉人天丰园饭店将"狗不理"三字用于宣传牌匾、墙体广告和指示牌,并且突出使用"狗不理"三字或将"狗不理"三字与天丰园饭店字号割裂开来独立使用。考虑到"狗不理"是上诉人狗不理集团公司的驰名商标,这一商标显著性强,知名度高,已经与狗不理集团公司建立了唯一、特定的联系。天丰园饭店的消费者不可能也不应当仅仅局限于济南的老食客。普通消费者看到"狗不理"三字,就可能会与狗不理集团公司提供的餐饮服务联系到一起。因此可以认定,天丰园饭店以上述方式使用"狗不理"三字,容易使消费者产生天丰园饭店与狗不理集团公司存在联营关系,或者天丰园饭店系狗不理集团公司开设的分店,或二者之间存在其他特定关系等误认。这种误认可能误导普通的消费者。

综上,被上诉人天丰园饭店将"狗不理"三字用于宣传牌匾、墙体广告和指示牌,并且突出使用"狗不理"三字或将"狗不理"三字与天丰园饭店字号割裂开来独立使用的行为,构成对上诉人狗不理集团公司所有的"狗不理"服务商标专用权的侵犯。但由于本案涉及历史因素,因此,应当在充分考虑和尊重相关历史因素的前提下,根据"保护在先权利、维护公平市场竞争、遵守商业道德、诚实守信"的原则,公平合理地解决本案争议。为规范市场秩序,体现对狗不理集团公司所有的"狗不理"驰名商标的充分保护,天丰园饭店不得在企业的宣传牌匾、墙体广告中使用"狗不理"三字进行宣传,但仍可保留"狗不理猪肉灌汤包"这一菜品。同时,在知识产权民事纠纷案件中,判令侵权人承担损害赔偿责任,应以侵权人基于主观恶意、故意实施侵权行为为前提。根据本案事实,天丰园饭店使用"狗不理"三字有其历史渊源,天丰园饭店使用"狗不理"三字并不是要搭狗不理集团公司所有的"狗不理"驰名商标的便车,不存在侵权的主观恶意。因此,天丰园饭店只需承担停止侵权的责任即可,不必再承担损害赔偿的民事责任。

## 45 将他人注册商标申请产品外观设计(《商标法》第 57 条第 1 款第 7 项)

**案例**:法国路易威登马利蒂股份有限公司诉郭碧英侵犯注册商标专用权纠纷案
**案例来源**:《人民法院案例选》2009 年第 4 辑[(2009)高民终字第 2575 号]
**主题词**:商标权 外观设计 在先权利

### 一、基本案情

上诉人(原审被告):郭碧英。

被上诉人(原审原告):法国路易威登马利蒂股份有限公司(以下简称路易威登公司)。

北京市第一中级人民法院经审理查明:1986 年 1 月 15 日,第 241025 号商标经中华人民共和国国家工商行政管理总局商标局(以下简称商标局)核准注册,核定使用商品为第 28 类,包括玩具、跳棋、十五子棋游戏、高尔夫球专用手套等,商标注册人为路易威登公司。该商标有效期经续展至 2016 年 1 月 14 日。

2003 年 11 月 13 日,郭碧英向中华人民共和国国家知识产权局(以下简称国家知识产权局)申请了名称为"麻将(23)"、申请号为 200330116816.3 的外观设计专利(以下简称第 200330116816.3 号专利),该专利于 2004 年 7 月 14 日被授权公告,公告号为 CN3379670。

路易威登公司认为,郭碧英申请第 200330116816.3 号专利的行为侵犯了其注册商标专用权,于 2008 年 6 月 16 日提起民事诉讼。原告路易威登公司诉称:原告是第 241025 号商标的所有人,该商标在中国具有极高的知名度。被告未经原告许可,将与原告商标完全相同的文字组合作为设计要素,设计了麻将商品的外观,并申请了第 200330116816.3 号外观设计专利,而原告商标指定使用商品亦为棋牌类产品,与第 200330116816.3 号专利产品构成类似商品,该外观设计一旦投入市场使用,势必给原告的商标权造成难以弥补的损害,故被告的外观设计专利权与原告的注册商标专用权存在冲突。被告申请第 200330116816.3 号专利具有明显的主观恶意,违反了《民法通则》第 4 条规定的诚实信用原则和《商标法》第 52 条第 5 项的规定,是对原告注册商标专用权的侵犯,原告请求法院判令被告不得实施第 200330116816.3 号专利。

被告郭碧英辩称:(1)原告提起本案诉讼已经超过诉讼时效。原告指控被告的侵权行为为申请第 200330116816.3 号专利的行为,而第 200330116816.3 号专利于 2004 年 7 月 14 日即被授权公告,原告于 2008 年才提起本案诉讼,超过了两年的诉讼时效。(2)原告并无证据证明被告的行为给原告造成了损害后果,原告要求被告承担侵权民事责任没有事实和法律根据。(3)原告商标指定使用商品并不包含麻将,被告申请第 200330116816.3 号专利的行为未侵犯原告的商标专用权。被告请求法院驳回原告的诉讼请求。

北京市第一中级人民法院认为,路易威登公司的委托代理人有权代其签署起诉状,其提起本案诉讼具备法律效力,亦未超过诉讼时效。路易威登公司委托代理人的工作单位变化并不影响代理关系的法律效力。人民法院可以对专利权人未实际实施的外观设计专利是否与他人在先取得的合法权利相冲突作出认定。相对于第 200330116816.3 号专利而言,第 241025 号商标为在先取得的合法权利。第 200330116816.3 号专利的产品"麻将(23)"与第 241025 号商标核定使用的"跳棋"等商品属于类似商品,二者 LV 文字图案设计基本相同,相关公众会将第 200330116816.3 号专利产品误认为是路易威登公司的商品,从而给路易威登公司的注册商标专用权造成损害,第 200330116816.3 号专利已与第 241025 号商标专用权构成冲突。虽然本案中并无证据证明郭碧英已实施第 200330116816.3 号专利,但因该专利申请的目的即为投入市场使用,而该产品一旦投入市场,必然会给路易威登公司的注册商标专用权造成损害,故郭碧英申请第 200330116816.3 号专利的行为属于《商标法》第 52 条第 5 项规定的"其他侵犯注册商标专用权的行为"。

北京市第一中级人民法院依据《中华人民共和国专利法》第 23 条、《中华人民共和国专利法实施细则》第 65 条第 3 款、《中华人民共和国商标法》第 52 条第 5 项之规定,判决:郭碧英不得实施名称为"麻将(23)"的第 200330116816.3 号专利。

郭碧英不服原审判决提出上诉,以其申请涉案专利的行为未侵犯被上诉人的商标权为由,请求撤销原审判决并依法改判驳回路易威登公司的诉讼请求。

经审理,二审法院认为,原审法院判定郭碧英不得实施被诉专利的结论并无不当。北京市高级人民法院判决:驳回上诉,维持原判。

## 二、裁判要旨

**No.2-7-57.1.7-12** 将他人在先注册商标在相同或者类似商品上申请外观设计专利,不侵犯在先商标权,但该专利的实施造成相关公众混淆的,属于侵犯注册商标专用权的行为。

《商标法》第 52 条第 5 项规定,给他人的注册商标专用权造成其他损害的是商标侵权行为。本案中,二审法院认为,侵犯商标专用权的行为通常是指非法使用他人商标的行为,而商标使用主要是指该商标与特定商品的组合并面向消费者的使用。将与他人商标相同或者相似的标志申请外观设计专利的行为,不属于面向市场消费者的非法使用商标的行为,该申请行为本身不属于侵犯注册商标专用权的行为。上诉人申请被诉外观设计专利的行为未侵犯被上诉人商标专用权,一审法院认定上诉人申请被诉专利的行为侵犯了被上诉人的注册商标专用权显然不当。但是,尽管郭碧英申请被诉外观设计专利的行为未侵犯路易威登公司注册商标权,本案也无证据表明上诉人已经实际实施其专利,但由于路易威登公司商标权确已构成被诉外观设计专利权的在先合法权利,该专利产品与路易威登公司注册商标核定使用的"跳棋"等商品已构成类似商品,该外观设计专利的主要设计因素与路易威登公司注册商标的图案也构成相似,被诉专利一旦实施,或者其专利产品一旦上市,相关公众很可能将该专利产品误认为是路易威登公司的商品,从而损害路易威登公司的注册商标权。因此,被诉外观设计专利已与路易威登公司注册商标专用权构成冲突,故被告不得实施其专利。

**46** 商标侵权行为之二(《商标法》第 57 条第 1 款第 7 项)

**案例**:江苏迈安德食品机械有限公司与江苏牧羊集团有限公司侵害注册商标专用权、不正当竞争纠纷案

案例来源:《最高人民法院知识产权审判案例指导》(第五辑)[(2012)民提字第 61 号]
主题词:商标使用

## 一、基本案情

申请再审人(一审被告、二审上诉人):江苏迈安德食品机械有限公司(以下简称迈安德公司)。

被申请人(一审原告、二审上诉人):江苏牧羊集团有限公司(以下简称牧羊公司)。

迈安德公司因与牧羊公司侵犯注册商标专用权、不正当竞争纠纷一案,不服江苏省高级人民法院(2010)苏知民终字第 26 号民事判决,向最高人民法院申请再审。

迈安德公司申请再审称:

1. 二审法院认定迈安德公司使用标识图形的行为是商标性使用行为,并认定迈安德公司构成商标侵权是错误的。(1)迈安德公司是对标识的使用,而非对注册商标的使用。争议标识单独使用时,发挥识别商品来源的作用;组合使用时,它只是牧羊公司集团标识中的一个图形元

素,与其他文字元素融合为一个完整的视觉形象,在经营活动中以区别其他不同类型的企业。迈安德公司作为牧羊公司的成员企业,有权使用集团标识。(2)迈安德公司在企业宣传画册、网站、信封中一直规范使用牧羊公司的集团标识,从未在任何产品上单独使用争议图形标识,以混淆商品来源。

2. 迈安德公司是牧羊公司的成员企业,有权使用集团标识,以彰显其成员企业的身份。(1)相关事实在牧羊公司董事会纪要、《牧羊通讯》、牧羊公司网站等可以得到印证。无论迈安德公司是否取得了争议图形注册商标的使用权,均有权使用含该图形的集团标识。(2)《上岛协议》项下牧羊公司董事设立的公司可以有偿使用该注册商标,所给付的对价是向其他董事无偿分配共同事业创业股。迈安德公司按照"共同事业创业股委托代管协议",实际给付了商标使用的对价。《"牧羊"注册商标许可使用合同》,事实上已经得到了牧羊公司董事会的批准,徐有辉作为牧羊公司的法定代表人和董事长,其签字无论是否经过牧羊公司董事会的批准,都合法有效。即便徐有辉未获得牧羊公司董事会的批准,其内部程序不能产生对外效力,迈安德公司系善意相对方,该合同仍然有效。请求撤销二审判决第一项、第三项,驳回牧羊公司的全部诉讼请求。

牧羊公司答辩称:

1. 迈安德公司使用牧羊公司集团标识的行为构成商标意义上的使用。带有争议标识的商标组合,是牧羊公司使用商标的表现形式之一,该使用方式凸显了争议标识图案及"牧羊"文字的商标属性。迈安德公司在其业务活动中大量使用这种商标组合,是对牧羊公司商标的使用。无论迈安德公司是否属于牧羊公司的成员企业,均无权使用牧羊商标和所谓的"集团标识",其使用行为构成商标侵权。

2. "牧羊"注册商标许可使用合同》与《上岛协议》的内容互相矛盾,系事后伪造。(1)该合同仅有牧羊公司徐有辉一人签字,没有其他董事签字,且没有加盖公章,即便该合同存在,至今也未生效;(2)该合同签订时,商标所有权人为扬州市邗江区粮食局,故牧羊公司无权许可迈安德公司使用牧羊商标。即便该合同存在,也属于无效合同。(3)共同事业创业股不是迈安德公司商标许可使用的对价,且所谓"共同事业创业股"的承诺从来就没有兑现过。综上,迈安德公司对牧羊公司商标的使用不具有正当性,请求驳回迈安德公司的再审申请。

最高院经审查,对一审、二审法院查明的事实予以确认。经审理,再审法院认为迈安德公司对牧羊公司的集团标识的使用行为具有正当性,不构成对牧羊公司注册商标专用权的侵犯。二审法院认定迈安德公司侵犯牧羊公司的注册商标专用权事实依据与法律依据不足,予以纠正。依照《商标法》(2001)第52条、《民事诉讼法》第153条第3项、第186条之规定,判决如下:

一、撤销江苏省高级人民法院(2010)苏知民终字第26号民事判决及扬州市中级人民法院(2009)扬民三初字第0019号民事判决;

二、驳回江苏牧羊集团有限公司全部诉讼请求。

二、裁判要旨

**No.2-7-57.1.7-13 成员企业为彰显其成员企业的身份,在经营活动中使用关联公司的集团标识符合常理,且无不正当性。**

迈安德公司与牧羊公司的关系。由于《上岛协议》没有就何谓"成员企业"予以界定,导致双方当事人对迈安德公司是否属于牧羊公司的成员企业说法不一。再审法院认为,虽然《上岛协议》没有就牧羊公司成员企业作出界定,但根据牧羊公司董事会会议纪要等相关证据,可以证明迈安德公司系牧羊公司的成员企业。2004年2月26日牧羊公司董事会会议纪要证明,迈安德公司成立之初,曾在牧羊公司所属"工程技术中心"办公,其搬离该办公地点,是因牧羊公司发展的需要,要求迈安德公司加快新区建设速度。2004年5月4日牧羊公司董事会会议纪要中,明确将迈安德公司界定为集团成员企业。所以,迈安德公司的成员企业身份,是经牧羊公司董事会确认的。牧羊公司还曾委托《中国油脂》杂志及在牧羊公司的网站上,为迈安德公司作广告宣传,称迈安德公司为牧羊公司的下属部门或成员企业,并将迈安德公司的科技成果作为牧羊公司的科技成果进行宣传报道。2004年7月至2007年2月期间,牧羊公司还在其内部刊物《牧羊通讯》中,刊登其下属部门及成员企业的联系方式,迈安德公司也在其中。上述事实,足以证明迈安德公司系牧羊公司的成员企业。牧羊公司为了规范使用其集团标识,制作了相关企业视觉识别系统,且有多种表现形式。从牧羊公司公开使用的不同的集团标识看,整体上都含有注册商标及牧羊公司企业名称及其字母组合;涉及分(子)公司的,注册商标与文字及字母如何排列也有严格的要求。

本案中,迈安德公司是否有权使用牧羊公司的集团标识,是双方当事人争议的核心问题。鉴于牧羊公司对其分(子)公司及其成员企业是否均有权使用牧羊公司的集团标识没有限制性规定,因而迈安德公司作为牧羊公司的成员企业,为彰显其牧羊公司成员企业的身份,在经营活动中使用牧羊公司的集团标识符合常理,且无不正当性。根据查明的事实,迈安德公司在经营活动中,系按照与其他分(子)公司或成员企业相同的方式使用牧羊公司的集团标识,没有在其产品上单独使用牧羊公司的注册商标,或存在不规范使用牧羊公司的集团标识的行为。对迈安德公司使用牧羊公司的集团标识的行为,牧羊公司非但没有禁止,反而代表迈安德公司与《中国油脂》杂志签订广告发布合同,委托该杂志为迈安德公司发布广告,并约定广告采用客户提供的样稿。牧羊公司在长达1年的时间内,主动在公开发行的杂志上为迈安德公司使用集团标识的事实,亦证明牧羊公司认可迈安德公司有权使用集团标识。牧羊公司辩称,迈安德公司无权使用其集团标识证据不足。

**案例:山东齐鲁众合科技有限公司与齐鲁证券有限公司南京太平南路证券营业部侵犯注册商标专用权纠纷案**

案例来源:《最高人民法院知识产权审判案例指导》(第四辑)[(2011)民申字第222号]
主题词:相关公众　商标混淆可能

**一、基本案情**

申请再审人(一审原告、二审上诉人):山东齐鲁众合科技有限公司(以下简称齐鲁众合公司)。

被申请人(一审被告、二审被上诉人):齐鲁证券有限公司南京太平南路证券营业部(以下简称南京太平南路营业部)。

齐鲁众合公司不服江苏省高级人民法院(2010)苏知民终字第12号判决,向最高人民法院(以下简称最高院)申请再审。

齐鲁众合公司申请再审称,构成商标侵权不需要侵害者出于"恶意"这个要件,非"恶意"属于正当使用行为的结论,是对侵犯商标权行为的违法放纵;企业名称权和字号有联系但存在显著区别,南京太平南路营业部对"齐鲁"不享有专有权,二审法院认定南京太平南路营业部有权使用"齐鲁"是错误的;商品来源误认仅是"误认"的一种情况,让相关公众认为二者具有特定联系,也属于误认的一种,二审法院仅凭二者不存在服务来源误认就断定没有误认的可能,是错误的。请求撤销原审法院判决,支持其一审诉讼请求。

南京太平南路营业部提交意见认为,齐鲁证券有限公司企业名称和字号取得日期,早于齐鲁众合公司"齐鲁"注册商标取得时间。证券行业属于国家特别审批的行业,实行市场准入制度,南京太平南路营业部作为齐鲁证券有限公司的分支机构,在经营活动中使用"齐鲁证券"以及"齐鲁"是对公司名称和字号的合理使用。齐鲁证券有限公司投入了较大的人力、物力和财力,对其字号"齐鲁证券"进行宣传,该字号在同行业内具有较高的知名度。由于双方实际经营范围不同,不存在造成公众混淆误认的可能性。原审法院判决正确,请求驳回齐鲁众合公司的再审申请。

经审理,最高院认为,齐鲁众合公司的再审申请不符合《中华人民共和国民事诉讼法》第179条规定的情形。依照《中华人民共和国民事诉讼法》第181条第1款的规定,裁定驳回山东齐鲁众合科技有限公司的再审申请。

二、裁判要旨

**No.2-7-57.1.7-14** 对企业名称的简化使用,不违反相关法律规定,属于合理使用。

本案齐鲁众合公司对"齐鲁"注册商标享有被许可使用权,该商标核定使用范围为第 36 类服务类别,齐鲁证券有限公司及其南京太平南路营业部经营范围属于涉案"齐鲁"注册商标核定服务范围。但齐鲁众合公司主张南京太平南路营业部侵犯其享有的涉案注册商标许可使用权应否予以支持,需要进行综合判断。

(1)"齐鲁"是齐鲁证券有限公司的字号,"证券"代表的是其从事的经营行业,齐鲁证券有限公司及其分支机构南京太平南路营业部,在经营活动中使用"齐鲁""齐鲁证券"属于对企业名称的简化使用,不违反相关法律规定。(2)"齐鲁"系山东省的别称,南京太平南路营业部设在南京市,其在广告语"真诚待客户满意在齐鲁"中使用了"齐鲁"文字,具有区分特定的经营者之寓意,该行为并无不正当性。齐鲁众合公司以其享有"齐鲁"注册商标被许可使用权为由,禁止他人合理使用"齐鲁"文字没有法律依据,不应予以支持。

是否构成侵犯商标权,原则上要以是否存在造成公众混淆、误认的可能性为基础,而判断是否存在造成公众混淆、误认的可能性时,必须要考虑涉案注册商标的显著性,特别是其知名度。

本案中,南京太平南路营业部在简化使用其企业字号时,突出使用了"齐鲁""齐鲁证券"文字,但是否构成侵犯齐鲁众合公司对涉案注册商标享有的被许可使用权,原则上要以是否存在造成公众混淆、误认的可能性为基础,而判断是否存在造成公众混淆、误认的可能性时,必须要考虑涉案注册商标的显著性,特别是其知名度。由于"齐鲁"系山东省的别称,故将其作为注册商标使用,本身显著性较弱。本案涉案商标虽然核定服务类别为 36 类,但注册商标权人信达公司及其被许可使用人齐鲁众合公司经营范围与齐鲁证券有限公司及其南京太平南路营业部经营范围不同。鉴于国家对证券行业实行严格的市场准入制度,未取得《中华人民共和国经营证券业务许可证》的企业,不得从事特许证券经营业务。由于信达公司及齐鲁众合公司不具备从事特许证券业务的资格,且二者也没有实际从事特许证券业务,故在该行业不存在知名度的问题,进而也就不可能使公众对齐鲁众合公司与南京太平南路营业部经营主体及经营范围产生混淆、误认。为此,一审、二审法院认定南京太平南路营业部未侵犯齐鲁众合公司对涉案注册商标享有的被许可使用权并无不当,应予维持。

**案例:尚杜·拉菲特罗兹施德民用公司因与被告深圳市金鸿德贸易有限公司、湖南生物医药集团健康产业发展有限公司商标专用权纠纷**

案例来源:《2011 中国法院知识产权司法保护十大案件》[(2011)湘高法民三终字第 55 号]
主题词:商标近似　知名商品　通用名称

一、基本案情

原告:尚杜·拉菲特罗兹施德民用公司(SOCIETE CIVILE DE CHATEAU LAFITE ROTHSCHILD,以下简称尚杜·拉菲特罗兹施德民用公司)。

被告:深圳市金鸿德贸易有限公司(以下简称金鸿德公司)。

被告:湖南生物医药集团健康产业发展有限公司(以下简称生物医药公司)。

原告尚杜·拉菲特罗兹施德民用公司诉称:原告向中国商标局分别申请了"LAFITE"和"CHATEAU LAFITE ROTHSCHILD"商标,并均获准注册。原告在第 33 类"以原产地取名的酒"等商品上申请图形商标注册,初次申请国和注册国是法国,原告根据《商标国际注册马德里协定》,以上述注册为基础向世界知识产权组织国际局提交了国际注册申请,指定中国予以领土延伸保护并得到中国商标局的批准。

被告金鸿德公司实际使用的"LAFITE FAMILY"商标,使用"lafite family.com"域名,侵犯了原告尚杜·拉菲特罗兹施德民用公司在先注册并知名的"LAFITE"注册商标专用权;被告实际使用的图形商标,侵犯了原告在先注册并知名的图形注册商标专用权。原告的"LAFITE"注册商标,其音译的中文"拉菲"名称经过原告的长期使用和广泛宣传,已在相关公众中具有了非常高的知名度,且"拉菲""LAFITE"与原告之间已具有特定的、唯一对应的法律关系,被告使用的"拉菲世族"商标的主要识别部分,仍是"拉菲",容易造成相关公众的混淆误认。因此,被告使用"拉菲世族"侵犯了原告"拉菲"知名商品特有的名称,构成不正当竞争。被告为达到误导相关公众的目的,在其商品宣传册、网站中虚构事实以及编造拉菲酒庄的历史背景,其行为构成了对原告的不正当竞争。为维护原告的合法权益,遂诉至法院,请求判令:(1) 两被告立即停止使用"LAFITE FAMILY"、图形商标及"拉菲世族"商标;(2) 两被告立即停止不正当竞争;(3) 金鸿德公司立即将"lafitefamily.com"域名予以注销;(4) 两被告连带赔偿原告经济损失50万元;(5) 两被告在全国发行的报纸、期刊上刊登声明,为原告消除影响。

被告金鸿德公司辩称:被控侵权商品上使用的图形商标与原告尚杜·拉菲特罗兹施德民用公司的"LAFITE"及图形注册商标存在重大区别,不会导致消费者产生混淆,被告行为不构成商标侵权;原告"LAFITE"和图形商标不属于驰名商标或知名商标,亦未在中国对"拉""菲""世""族"或其组合进行商标注册,金鸿德公司使用"拉菲世族"文字不构成侵权;原告称金鸿德公司的虚假宣传行为和注册"lafitefamily.com"域名的行为构成不正当竞争行为的证据不足;原告未能举证其商品在市场上广泛流通,也未能证明具体经济损失,要求赔偿50万元没有事实和法律依据。

被告生物医药公司辩称:其不是被控侵权商品的销售者,而是消费者。

湖南省长沙市中级人民法院一审查明:原告尚杜·拉菲特罗兹施德民用公司于1963年4月23日在法国注册成立,系第1122916号"LAFITE"与第G764270号图形注册商标的注册人。第1122916号"LAFITE"注册商标于1997年10月28日,经我国国家工商行政管理局商标局核准注册,核定使用的商品为第33类"含酒精饮料(啤酒除外)"。该商标于2007年10月28日得到续展,有效期至2017年10月27日。第G764270号图形注册商标的基础注册国为法国,基础注册的日期为1991年4月17日,该注册商标主要由"LAFITE""五箭头图形"组成,以字母"R"和"LAFITE"居中,五支箭头呈放射状排列,"DOMAINES""BARONES DE ROTH—SCHILD"环绕四周,形成一个封闭的圆,核定使用的商品为第33类"以原产地取名的酒",有效期自2001年7月23日至2011年7月23日。2008年1月1日,原告与美夏国际贸易(上海)有限公司签订《商标使用许可合同》,授权美夏国际贸易(上海)有限公司在中国大陆(不包括台湾地区、香港特别行政区和澳门特别行政区)非独占许可使用上述两注册商标,许可使用的期限自2008年1月1日至2010年12月31日。

百度百科对"拉菲"的历史、评级、纪录、品质和产量作了详细介绍,称拉菲葡萄酒是拉菲庄园出产的享誉世界的法国波尔多葡萄酒之一;百度百科对"lafite"的概述中称"拉菲"是世界上最出名的葡萄酒,是目前世界上最贵一瓶葡萄酒的纪录保持者;维基百科也对"拉菲酒庄"进行了详细介绍,称该庄出产的葡萄酒是享誉世界的法国波尔多葡萄酒之一。

2004年以来,人民网、经营网、新浪网、搜狐网、凤凰网、中国经济网、中国葡萄酒信息网、华尔街日报官方网、东方网、南方网、杭州网等多家网站对拉菲或"LAFITE"商品进行了报道,其中包括:2004年5月24日、5月25日,中国经营报旗下的经营网、食品商务网刊登文章《拉菲等巨头将合力打造顶级精品酒庄》;2005年7月4日,东方网刊登文章《投资葡萄酒胜过股市》,介绍了投资拉菲酒庄葡萄酒的相关情况;2007年9月30日,人民网刊登文章《2005年的连锁反应拉菲价格狂飙》;2008年8月28日,人民网刊登文章"中国富豪只认拉菲,而且一定要喝1982年的";2008年10月24日,中国经营报旗下的经营网刊登文章《总统级品酒家—托马斯·杰斐逊》,介绍了美国第三任总统托马斯·杰斐逊(Thomas Jefferson)收藏拉菲红酒的历史故事;2009年11月18日,人民网刊登《味觉之外的传奇法国美酒及五大名酒庄》,对拉菲酒庄及其葡萄酒作了详细的介绍;2010年11月3日,搜狐网刊登文章《港红酒拍卖创天价纪录1瓶150万港币贵黄金6倍》,报道了在苏富比拍卖行举行的拉菲红酒拍卖会上,3瓶1869年的拉菲红酒各以150万港币的破世界纪录天价购下。另查,在百度中使用"LAFITE 葡萄酒"进行检索,显示找到相关网页约47.1万篇;用"拉菲葡萄酒"进行检索,显示找到相关网页约230万篇;在百度新闻中用"拉菲 LAFITE"进行检索,结果显示找到相关新闻约有 1600 篇。

相关出版物对拉菲或"LAFITE"商品所作宣传报道包括:1985 年第 4 期《酿酒科技》中的"酒之最"一文,称最贵的葡萄酒为 1806 年的"LAFITE";1996 年第 9 期《国际市场》中的《魅力永存的法国红葡萄酒》一文,介绍了"Lafite"是一家具有数百年历史的老牌酒厂;2002 年第 6 期《中外葡萄与葡萄酒》中的《法国波尔多的葡萄与葡萄酒—酒庄的分类与等级》一文,称大多数有声望的酒庄像"Lafite"的质量构成了评价的一种指标;2008 年第 6 期《艺术家》中的文章《美夏佳酿》、2008 年第 6 期《天下美食》中的文章《拉菲—卓越,精美,优雅》、2008 年第 8 期《天下美食》中的文章《用时间绽放出光芒的拉菲传奇》,均对拉菲"LAFITE"葡萄酒进行了介绍;2009 年的第 2 期及 2010 年第 10 期的《天下美食》还对"拉菲 LAFITE"商品进行了展示,并可以看到其瓶装上对图形注册商标的使用。

2010 年 1 月 28 日,法国波尔多葡萄酒行业协会出具一份声明,称:"LAFITE"这个词的首次使用可以追溯到 1234 年,CHATEAU LAFITE ROTHSCHILD("罗斯柴尔德拉菲庄园",又译为"罗斯柴尔德拉斐庄园")在 1868 年成为罗斯柴尔德家族的产业,从那时起,LAFITE 葡萄酒一直被认为是最好的葡萄酒之一。

原告尚杜·拉菲特罗兹施德民用公司在其官方网站 http://www.lafite.com/chi 及其宣传手册中对其图形注册商标及商品进行了介绍与展示,同时还介绍了"LAFITE"的历史渊源。其历史渊源包括以下主要情节:(1) 史料上对拉菲最早的记录可以追溯至公元 1234 年,位于波亚克村北部的维尔得耶修道院正是今天的拉菲古堡所在。加斯科尼方言中"lahite"意为"小山丘","拉菲"因而得名。17 世纪西格尔家族的到来,使得拉菲发展成为伟大的葡萄种植园。(2) 美国总统托马斯·杰弗逊于 1787 年 5 月来到波尔多小住,在他自己拟订的梅多克地区葡萄酒分级表中,排行前四名的酒庄——其中就包括拉菲——恰是 1855 年分级制度中的前四家,他本人从此也成为波尔多顶级酒庄的忠实拥护者。(3) 1868 年 8 月 8 日是罗斯柴尔德家族值得纪念的一天,这一天,詹姆斯·罗斯柴尔德男爵在公开拍卖会上购得此堡。1868 年对拉菲来说都是值得纪念的一年:迎来新主人,葡萄酒进入发展繁荣时期。

"拉菲"这一中文名称的使用情况为:2006 年 5 月 31 日,国家质量监督检验检疫总局签发《进出口食品标签审核证书》,核准原告尚杜·拉菲特罗兹施德民用公司使用"拉菲传奇波尔多红葡萄酒""拉菲传奇波尔多白葡萄酒""拉菲传奇梅多克红葡萄酒""拉菲传奇波亚克红葡萄酒""拉菲传奇波尔多红葡萄酒""拉菲传说红葡萄酒"等分别作为其系列商品的名称;2008 年 1 月 28 日,上海商检认证服务有限公司出具由原告的注册商标被许可人美夏国际贸易(上海)有限公司委托所作的《进口食品标签咨询报告》,认为标注品名为"拉菲珍藏波尔多红葡萄酒""拉菲珍藏波亚克红葡萄酒""拉菲珍藏梅多克红葡萄酒""拉菲珍藏波尔多白葡萄酒"的进口商品的标签版式和标注内容符合《预包装食品标签通则》及有关规定;2009 年 1 月 21 日,美夏国际贸易(上海)有限公司与上海爱晚亭实业有限公司签订《商品经销协议》,在其附件中,与"LAFITE"对应的中文名称为"拉菲";2009 年 10 月 16 日,美夏国际贸易(上海)有限公司与温州市逸轩副食品有限公司签订《商品经销协议》,在其附件中也使用了"拉菲"这一中文名称。

2010 年 3 月 18 日,北京市集佳知识产权代理有限公司到北京市方正公证处申请证据保全。北京市方正公证处的公证员何军及公证处工作人员吴刚对域名为 http://www.lafitefamily.com 的网站的相关内容进行了证据保全。该网站的网页里标注有"Lafite-Family""Lafite Family""拉菲世族"及图形标识,在其"品牌故事"的网页里,对其历史渊源的介绍包括以下主要情节:(1) 拉菲酒庄是一名姓拉菲(lafite)的贵族创园于 1354 年,在 14 世纪已相当有名气了。到了 1675 年,她由当时世界的酒业一号人物希刚公爵购得;(2) 直至 1868 年,詹姆士·罗斯柴尔德爵士在公开拍卖会上以天价 440 万法郎中标购得。该家族拥有拉菲庄一直至今,而且一直能把拉菲庄的质量和世界顶级葡萄酒的声誉维持至今;(3) 美国的第三任总统汤马士·杰斐逊不单是总统,他还是 18 世纪最出名的酒评家。1985 年伦敦佳士得拍卖会上,一瓶 1787 年由 ThomasJefferson 签名的拉菲以 16 万美元的高价由 Forbes 杂志老板 MalcolmForbes 投得,创下并保持了世界上最贵一瓶葡萄酒的纪录;(4) 1984 年的秋天,年轻的马丁·罗斯柴尔德经过波尔多波亚克的另一片葡萄庄园的时候,与他未来的妻子一见钟情。这个叫安妮的姑娘是庄园主亨利先生的女儿。马丁和亨利先生一样热爱葡萄酒,他们决定酿出最好的葡萄酒,并让所有喜欢他的人都能得到。数年后,足以感动绝大部分葡萄酒爱好者的佳酿"拉菲世族"系列诞生了。被告金鸿德公司在其制作的商品宣传手册中,在"关于我们"一页里面,对其商品历史渊源的介绍也包括了上述第(1)(2)(4)方面的内容,同时在其宣传手册中也使用了"Lafite—Family""LafiteFamily""拉菲世族"及图形标识。

2010 年 6 月 9 日,原告尚杜·拉菲特罗兹施德民用公司向长沙市公证处申请证据保全。长沙市公证处公证员祖千里和公证人员高慕里与原告的委托代理人倪赶重及随同人员罗智,来到长沙市万家丽路北段 439 号浏阳河畔 1 栋 2 楼的湖南生物医药集团药品供应有限公司 202 室,倪赶重及随同人员罗智以普通消费者名义购买了外包装标明为"运营商:深圳市金鸿德贸易有限公司""LAFITE-FAMILY""拉菲世族子爵 2007 干红葡萄酒"一箱(12 瓶/箱)。销售商出具了所盖印章为"湖南生物医药集团健康产业发展有限公司财务专用章"的收据 1 份,并取得"刘蓁"和"曾露"名片各 1 张,宣传手册 1 份、赠品 1 份(包括打火机 1 个、红酒盖 1 个、开酒器 1 个)。之后,由倪赶重对所购买的商品及赠品、宣传手册进行数码拍照,共拍摄照片 17 张。以上过程由公证员祖千里和公证人员高慕里现场监督。原告的委托代理人倪赶重随后将上述照片冲洗成一式 3 份,公证处留存 1 份,公证员将上述所购商品进行了封存。长沙市公证处于 2010 年 8 月 10 出具(2010)长证民字第 5832 号《公证书》,对上述过程进行了公证。其中,由被告生物医药公司出具的收据中载明子爵 2007 的单价为 188 元一瓶,金额总计为 2 256 元。

庭审中,原审法院对公证封存的物证进行拆封。该物证为原告尚杜·拉菲特罗兹施德民用公司从被告生物医药公司处购得的被控侵权商品 1 箱(12 瓶/箱)。该被控侵权商品纸质包装箱四周均标注有"LAFITE FAMILY"文字及图形标识。从被控侵权商品本身来看,其主视面标注有图形标识及"LAFITE FAMILY"文字;其后视面的上端突出标注有汉字"拉菲世族",下端标注有图形标识及运营商:深圳市金鸿德贸易有限公司、网址 http://www.1afitefamily.com。

另查明,被告金鸿德公司系 2008 年 7 月 8 日在我国成立的一家有限责任公司,经营范围为:国内商业、物资供销业(不含专营、专控、专卖商品);兴办实业(具体项目另行申报);信息咨询(不含证券咨询、人才中介服务和其他限制项目);预包装食品(酒类)批发(凭有效的食品流通许可证有效期经营);货物及技术出口(法律、行政法规禁止的项目除外,法律、行政法规限制的项目须取得许可后方可经营)。金鸿德公司先后于 2009 年 9 月 28 日、10 月 29 日向国家工商行政管理总局商标局申请注册"拉菲世族"及图形商标,国家工商行政管理总局商标局先后于 2009 年 10 月 26 日、11 月 11 日签发注册申请受理通知书。

被告生物医药公司系 2009 年 2 月 13 日在我国成立的一家有限责任公司,经营范围为:定型包装食品、保健品、酒类(食品卫生许可证有效期至 2013 年 2 月 9 日止)、制药机械销售;投资管理;自营和代理各类商品和技术的进出口,但国家限定公司经营或进出口的商品和技术除外。2010 年 3 月 30 日、2010 年 4 月 9 日、6 月 29 日,生物医药公司先后从被告金鸿德公司处购得拉菲世族系列商品,合计金额为 50 680 元,其中有部分商品由生物医药公司内部使用。金鸿德公司提供了其作为法国拉菲世族酒庄有限公司中国独家总代理商的授权证书、"拉菲世族"及图形商标的注册申请受理通知书、拉菲世族系列商品的卫生证书给生物医药公司。

一审法院湖南省长沙市中级人民法院依据《民法通则》第 134 条第 1 款第 1 项、第 7 项、第 9 项及第 2 款,《反不正当竞争法》第 2 条、第 5 条第 2 项、第 9 条第 1 款、第 20 条,《商标法》第 52 条第 1 项、第 2 项、第 56 条,最高人民法院《关于审理不正当竞争民事案件应用法律若干问题的解释》第 1 条第 1 款、第 2 条第 1 款、第 4 条第 1 款、第 17 条第 1 款,最高人民法院《关于审理商标民事纠纷案件适用法律若干问题的解释》第 1 条第 3 项、第 9 条、第 10 条、第 16 条第 1、2 款、第 21 条第 1 款,最高人民法院《关于审理涉及计算机网络域名民事纠纷案件适用法律若干问题的解释》第 8 条及《民事诉讼法》第 130 条之规定,于 2011 年 2 月 28 日判决:

一、被告金鸿德公司立即停止在其生产和销售的葡萄酒商品上、Http://www.lafitefamily.com 网站及宣传资料中使用侵犯原告尚杜·拉菲特罗兹施德民用公司第 1122916 号"LAFITE"与第 G764270 号图形注册商标专用权的"LAFITE FAMILY"及图形标识。

二、被告金鸿德公司立即停止在其生产和销售的葡萄酒商品上、Http://www.lafitefamily.com 网站及宣传资料中使用与原告尚杜·拉菲特罗兹施德民用公司知名商品特有的名称"拉菲"构成不正当竞争的"拉菲世族"文字。

三、被告金鸿德公司就上述第 1、2 二项的侵权行为赔偿原告尚杜·拉菲特罗兹施德民用公司经济损失人民币 25 万元。

四、被告金鸿德公司立即停止在 Http://www.lafitefamily.com 网站及宣传资料中通过虚假宣传对原告尚杜·拉菲特罗兹施德民用公司实施的不正当竞争行为;并于本判决生效之日起 10 日内注销侵犯原告第 1122916 号"LAFITE"注册商标专用权的"lafitefamily.com"域名。

五、被告金鸿德公司就上述第 4 项的侵权行为赔偿原告尚杜·拉菲特罗兹施德民用公司经济损失人民币 5 万元。

六、被告生物医药公司立即停止销售被告金鸿德公司的使用有"拉菲世族""LAFITE FAMILY"图形标识的葡萄酒商品及立即停止使用被告金鸿德公司的包含前述标识与虚假宣传内容的宣传资料。

七、被告金鸿德公司在本判决生效之日起 10 日内,在《中国工商报》上刊登声明,为原告尚杜·拉菲特罗兹施德民用公司消除影响,该声明内容由原审法院先行审核;逾期不履行的,由原审法院在该报上发布判决内容,相关费用由被告金鸿德公司负担。

八、以上第 3、5 项确定的赔偿义务共计人民币 30 万元,由被告金鸿德公司在本判决生效之日起 10 日内支付给原告尚杜·拉菲特罗兹施德民用公司。

九、驳回原告尚杜·拉菲特罗兹施德民用公司的其他诉讼请求。

金鸿德公司不服上述判决,向湖南省高级人民法院提出上诉,主要理由是:被上诉人尚杜·拉菲特罗兹施德民用公司注册商标,与上诉人的二商标存在设计使用元素、直观外形等方面有重大区别,因此不应认定上诉人的商标侵犯了被上诉人注册商标专用权;被上诉人至今未在国内取得对"拉""菲""世""族"或其组合的注册商标权,没有取得"拉菲"名称的专用权,被上诉人的"LAFITE"与图形注册商标亦不属于驰名或知名商标,被上诉人诉上诉人不正当竞争证据不足。请求二审法院依法撤销一审判决,驳回被上诉人的诉讼请求。

被上诉人尚杜·拉菲特罗兹施德民用公司辩称:被上诉人的"LAFITE"与图形注册商标经过长期使用和广泛宣传,已经在相关公众中具有了非常高的知名度。被控侵权商标与被上诉人注册商标构成混淆性近似,且上诉人金鸿德公司注册并使用的"lafitefamily.com"域名与被上诉人的"LAFITE"注册商标构成混淆性近似,侵犯了被上诉人的注册商标专用权。被上诉人的"LAFITE"注册商标音译为中文"拉菲","拉菲"在中国境内经过长期使用和广泛宣传,已构成被上诉人知名商品特有名称,被控侵权产品上使用"拉菲世族"与被上诉人"拉菲"知名商品特有名称构成混淆性近似,上诉人还在其产品宣传手册、网站中虚构拉菲酒庄的相关事实,其行为构成不正当竞争。

原审被告生物医药公司提交诉讼意见称:其是涉案葡萄酒的使用者,不是销售者,服从一审判决。

湖南省高级人民法院经过二审,确认了一审查明的事实,并另查明:被上诉人尚杜·拉菲特罗兹施德民用公司在中国内地销售葡萄酒商品正面使用的是外文瓶贴,该外文瓶贴中标注有"LAFITE"、图形注册商标,背面使用的是中文瓶贴,该中文瓶贴在顶端中部用较大字体突出标注"拉菲"二字,在中下部标注"由罗斯柴尔(拉菲)堡灌装"字样。

经审理,二审法院认为:上诉人金鸿德公司的行为侵犯了被上诉人尚杜·拉菲特罗兹施德民用公司的注册商标专用权,亦构成对尚杜·拉菲特罗兹施德民用公司的不正当竞争,依法应当承担相应的民事责任,其上诉请求无事实和法律依据,依法应予驳回。原审判决认定事实清

商标近似·知名商品·通用名称

楚,适用法律正确,程序合法,应予维持。据此,湖南省高级人民法院根据《中华人民共和国民事诉讼法》第 153 条第 1 款第 1 项之规定,于 2011 年 8 月 17 日判决:驳回上诉,维持原判。

## 二、裁判要旨

**No.2-7-57.1.7-15** 将与他人注册商标相同或者相近似的文字注册为域名,并且通过该域名进行相关商品交易的电子商务,容易使相关公众产生误认的行为,属于《商标法》第 57 条第 1 款第 7 项规定的给他人注册商标专用权造成其他损害的行为。

被上诉人尚杜·拉菲特罗兹施德民用公司系第 1122916 号"LAFITE"与第 G764270 号图形注册商标专用权人,其享有的注册商标专用权依法受我国法律保护。根据我国《商标法》的规定,未经商标注册人的许可,在同一种商品或者类似商品上使用与其注册商标相同或者近似的商标,或者销售侵犯注册商标专用权的商品的,均属侵犯注册商标权的行为。本案中,被控侵权商品为葡萄酒,与被上诉人第 1122916 号"LAFITE"注册商标、第 G764270 号图形注册商标核定使用的商品同属于《商标注册用商品和服务国际分类表》第 33 类,系相同商品。将被控侵权商品上使用的"LAFITE FAMILY"标识与被上诉人的注册商标在隔离的状态下进行比对,其中,"LAFITE FAMILY"标识,完整包含了上诉人金鸿德公司的第 1122916 号注册商标"LAFITE"文字,图形标识的构图则与上诉人第 G764270 号注册商标图形的构图整体结构相似,易使相关公众对商品的来源产生误认或者认为其来源与被上诉人注册商标的商品有特定联系。因此,上诉人金鸿德公司未经商标权人许可,在其葡萄酒商品上使用"LAFITEFAMILY"、图形标识的行为,侵犯了被上诉人的注册商标专用权,应承担相应的民事责任。其关于"LAFITE FAMILY"、图形标识与注册商标不相同或不相似,其行为不构成商标侵权的上诉理由不能成立,不予支持。

根据最高人民法院《关于审理商标民事纠纷案件适用法律若干问题的解释》第 1 条第 3 项的规定,将与他人注册商标相同或者相近似的文字注册为域名,并且通过该域名进行相关商品交易的电子商务,容易使相关公众产生误认的行为,属于《商标法》第 52 条第 5 项规定的给他人注册商标专用权造成其他损害的行为。本案中,上诉人金鸿德公司使用的域名"Lafite family.com",完整包含了被上诉人尚杜·拉菲特罗兹施德民用公司第 1122916 号注册商标"LAFITE"文字,上诉人并在该网站中结合"Lafitefamily"、图形等标识,对其葡萄酒商品进行宣传、推广,容易使相关公众误认为上诉人提供的商品来源于被上诉人,上诉人的这一行为,属于给他人注册商标专用权造成其他损害的行为,侵犯了被上诉人尚杜·拉菲特罗兹施德民用公司第 1122916 号"LAFITE"注册商标专用权。金鸿德公司关于其使用的域名没有侵犯被上诉人注册商标专用权的上诉理由,无事实和法律依据,应予驳回。

**案例:佛山海天公司诉高明威极公司侵害商标权及不成当竞争纠纷案**
案例来源:《2013 中国知识产权司法保护十大案件》[(2012)佛中法知民初字第 352 号]
主题词:商标使用 赔偿数额

## 一、基本案情

原告:佛山市海天调味食品股份有限公司(以下简称海天公司)。
被告:佛山市高明威极调味食品有限公司(以下简称威极公司)。
原告海天公司诉称:

1. 海天公司的基本情况。海天公司的前身是海天酱油厂。1988 年,海天公司发展成为一所大型企业。1994 年,海天公司成功转制,成为中国最大的酱油产销、出口企业。自 1997 年至今,海天公司连续 14 年保持调味品产品销量全国排名第一。"威极"系列是海天公司全力打造并拥有的品牌之一,海天公司于 1994 年 2 月 28 日取得了"威极"商标注册证(第 679197 号),并于 2005 年 3 月被认定为广东省著名商标。海天公司已在全球 100 多个国家拥有"海天"注册商标。"海天"商标先后获得国家工商行政管理局授予的"驰名商标"、中国商务部授予的"中华老字号"和"最具市场竞争力品牌"、国家质检总局授予的"中国名牌产品"等称号和荣誉。海天公司的市场网络已经遍及全国 31 个省、300 多个地市、近 1000 个县,总终端销售网点达 30 多万个。中国证券监督委员会官网上公示的《佛山市海天调味食品股份有限公司首次公开发行股票招股说明书(申报稿)》(以下简称《招股说明书》)显示,海天公司于2011年的年度营业总收入为60.9亿元,利润为11.73亿元,中信证券股份有限公司等中介机构对《招股说明书》的真实性、完整性作出了审查意见。《招股说明书》应属于众所周知的事实。

2. 威极公司采取种种不诚信的方式、手段,造成相关公众对其商品的来源产生混淆(包括误认为威极公司与海天公司具有委托生产、属于关联企业等特定联系),不仅侵害了海天公司的商标专用权,亦构成不正当竞争。具体侵权行为如下:

(1) 威极公司恶意在其企业名称中使用海天公司"威极"注册商标中的"威极"二字作为字号,致使社会公众对其产品来源产生混淆。早在威极公司1998年登记成立以前,海天公司已于1994年取得"威极"商标注册证,海天公司出品的海天牌酱油(包含"威极"系列)于1996年被确认为广东省名牌产品,并于1997年就已成为全国最大的调味品生产企业。作为行业内的生产企业,威极公司不可能不注意到海天公司在大佛山地区已经取得的行业龙头地位,不可能不注意到海天公司的"威极"酱油在大佛山地区已经具有相当高的知名度。威极公司是在知道且应当知道"威极"酱油是海天公司享有注册商标专用权的品牌产品的情况下,仍然在其企业名称中使用"威极"字号,其目的是将海天公司知名的商标登记为企业名称,从而使社会公众对其产品来源产生混淆。这种"搭便车""傍名牌"的行为,显然构成不正当竞争。

(2) 威极公司为了进一步误导社会公众,在其厂区周边范围设置的广告牌、企业厂牌上,故意重点突出其企业名称中的"威极"字号,故意误导相关公众,不仅损害了海天公司的商标专用权,当然也构成不正当竞争。

(3) 威极公司为了误导相关公众,在经营活动中公开宣称其与海天公司具有某种关联关系。"酱油门"事件曝光后,媒体记者为了解海天公司与威极公司之间的关系,致电给威极公司的经营部门,问"是海天酱油的生产商吗?"威极公司的员工大方地予以承认。

(4) 威极公司为了误导相关公众,在其网站上(http://gmwjdwsp.6262988.com/cn.html)(以下简称涉案网站),直接将海天公司特有的基本情况介绍和海天公司的产品图片作为威极公司的公司简介和威极公司的产品,对外予以宣传和展示,其行为不仅损害了海天公司"海天"商标的专用权,同时也构成不正当竞争。在涉案网站首页,威极公司的简介如下:"佛山市威极调味食品有限公司,肇始于清代乾隆年间的佛山酱园,历经三百余年酱香悠远的文化积淀,发展成为具有品牌影响力的现代化调味品生产和销售企业,已连续十一年保持酱油产销量全国第一的纪录,产品出口100多个国家和地区……"这显然是海天公司特有的基本情况介绍。在首页点击其产品图片,显示出来的大图片清晰可见产品上印有海天公司的"海天"商标。在首页右下角的"联系我们"一栏记载内容为:"佛山市高明威极调味食品有限公司,联系人:何卫昌,电话:86-0757-88803382,企业地址:广东省佛山市高明区人和镇工业大道"。这些信息与威极公司在工商行政管理部门登记的公开信息完全一致。其中联系人"何卫昌"是威极公司的原股东之一,出资方式为"土地使用权、货币出资"。

3. 威极公司实施不正当竞争的行为,已经给海天公司造成严重损害。"酱油门事件"曝光后,由于社会公众在很大程度上混淆了海天公司与威极公司之间的关系,导致海天公司的品牌严重受损、产品销量严重下滑。据媒体采访报道显示,海天公司在深圳家乐福超市当天(5月22日)的销量立即下降了25%至50%。海天公司为了保护品牌,消除不良影响,立即采取应对措施——通过媒体广告公司在全国各大媒体发布大量澄清公告,希望可以制止侵权损失进一步扩大。虽然高明区政府事后发布了澄清信息,海天公司也发布了大量的澄清公告,但仍然无法立即消除公众的疑虑。部分公众、媒体对海天公司发出愤怒的质疑,要求海天公司以起诉威极公司的方式,给社会公众一个交代。海天公司为了进一步澄清事实、消除影响,消除社会公众的疑虑,同时也为了维护海天公司的合法权益,制止不正当竞争行为,聘请律师提起诉讼,支付了一审律师费5万元。

海天公司认为,威极公司通过种种方式误导社会公众,导致相关公众对威极公司的产品来源产生混淆,误以为海天公司与威极公司之间具有某种特定关系。威极公司的行为不仅损害了海天公司注册商标专用权,同时也构成不正当竞争,理应依法承担法律责任,包括停止侵权、赔礼道歉、消除影响,并赔偿损失。威极公司应赔偿海天公司在媒体上刊登各种澄清公告而支出的合理费用;威极公司还应赔偿海天公司在"酱油门"事件中因品牌受损、产品销量下滑而导致的利润损失,暂计至起诉之日止,约5 941 996元。海天公司在本案中请求威极公司赔偿损失的范围(1000万元)仅仅是针对起诉时已知的损失事实,对起诉之后发现的、发生的各种损失,海天公司将保留继续追究的权利。

综上所述,海天公司请求法院判决:

1. 判令威极公司停止侵权、停止继续实施不正当竞争行为,包括:(1)销毁设置在威极公司厂区周边范围内侵犯海天公司商标专用权(突出使用"威极"字号)的广告牌、企业厂牌;(2)删除涉案网站(http://gmwjdwsp.6262988.com/cn.html)上所有侵犯海天公司"海天""威极"商标专用权的图片和文字,删除与海天公司有关、引起社会公众误解的所有宣传资料;(3)停止在其企业名称中使用"威极"字号,并向工商行政管理机关办理相应的工商登记变更手续。

2. 判令威极公司在全国具有影响力的主流媒体上刊登公告,就其不正当竞争行为公开向海天公司赔礼道歉、消除影响(公告内容由法院审查)。

3. 判令威极公司赔偿海天公司暂计至起诉之日止的损失1000万元(特别声明,对于起诉之后发生、发现的损失,海天公司保留继续主张的权利),包括:(1)暂计至起诉之日止,海天公司为了消除公众误会、防止损失进一步扩大而在媒体上刊登澄清公告所支出的合理费用4 008 004元;(2)海天公司因本案诉讼维权而支出的一审律师费用5万元;(3)暂计至起诉之日止,威极公司因其种种不正当竞争行为误导了社会公众而造成海天公司品牌受损、产品销量下滑的损失,约5 941 996元。

海天公司在诉讼中明确其诉讼请求中所称的品牌受损,包括商誉受损、计算赔偿的时间暂计至2012年6月6日。

被告威极公司答辩称:

1. 威极公司没有实施商标侵权行为。威极公司的"威极"字号虽然与海天公司的注册商标"威极"相同,但威极公司既没有在同一种商品或者类似商品上使用"威极"商标,也没有将企业字号"威极"在相同或者类似商品上突出使用,因此本案中威极公司没有任何侵犯海天公司注册商标专用权的行为。(1)本案中,威极公司的商品一直使用的是威极公司的注册商标"威顶"及"巨浪",从未使用过海天公司的注册商标。(2)在威极公司的商品上突出使用的全部是威极公司的"威顶"及"巨浪"注册商标,而对企业名称中"威极"两个字的字体、大小、颜色均与企业名称中其他文字相同,符合企业名称使用规范,并没有突出使用。(3)威极公司在自己工厂围墙上设置的两个牌匾及企业厂牌上突出威极公司的"威极"字号,是因为该等牌匾是用于指路及便于客户辨识威极公司厂名使用的。在指路用的牌匾上突出企业字号与商标侵权中的"在相同或者类似商品上突出使用",是完全不同的概念。

2. 本案中威极公司并没有实施不正当竞争行为。(1)威极公司于1998年在高明区开办的时候,海天公司还在禅城区,海天公司是后来才搬到高明区,在威极公司附近开办工厂的。而且当时"威极"商标并非著名商标,"威极"牌产品并没有市场知名度,市场占有率及市场认知度也很低,"威极"产品并非"知名商品"。事实上,如果不是本次"酱油门"事件,普通市民公众也只知有"海天"而不知道有"威极"。另外,威极公司自开办至今,一直使用企业字号"威极",没有任何客户或公众将威极公司的产品混淆为海天公司的产品,也没有发生过任何购买者将威极公司的产品误认为是海天公司产品的情况。海天公司也从未对威极公司企业名称提出过质疑。因此,威极公司注册时在企业字号中使用"威极"二字,不构成所谓"傍名牌"的不正当竞争。(2)威极公司在自己工厂的围墙上设置的两个指路牌匾(提示工厂的门口在100米处)及企业厂牌上突出企业名称中的"威极"厂名是用于指路,并不存在任何虚假内容,也不会让人产生任何误解,并不构成"虚假广告宣传"行为。(3)威极公司本身与海天公司没有任何关联关系,威极公司更未在经营活动中宣称过与海天公司有关联关系。事实上,威极公司一直公开向媒体及公众澄清、说明与海天公司之间没有关联关系。海天公司诉称威极公司的员工在与媒体记者私下通电话时,大方承认其是海天公司产品的生产商,这只是个别媒体记者的一家之言,不具有公信力,无法查证。而且该媒体记者打电话的时候,威极公司已因"酱油门"事件停产及停止经营,因此,是否还有经营部门员工接听电话,接电话的是否为威极公司的员工,接电话的实际内容等根本无法确认。对事件的说明应该以威极公司在正式的公开采访报道中所述的为准。(4)威极公司委托千讯网络科技有限公司(以下简称千讯公司)建设有自己的网站(网址为www.fswj-food.com),海天公司所称的涉案网站,根本不是威极公司的网站,该网站的建设单位是北京高维信诚资讯有限公司(以下简称高维信诚公司)。威极公司在海天公司起诉并知悉该网站后,委托律师专门向涉案网站的建设单位高维信诚公司发出了律师函。高维信诚公司已书面传真回复称,该网站系其内部测试演示时所做的尚未完成的演示版本,并在收到律师函后第一时间关闭了该网站,该网站的内容与威极公司无关。且该网站的点击量极小,点击量不足6 000次,该网站的内容影响力极小。

根据法院确认的证据,结合双方当事人的陈述,法院查明事实如下:

海天公司成立于2000年4月8日,其前身是佛山市海天调味食品有限公司,经营范围是生产经营调味品、豆制品、食品、饮料、包装材料等。2010年12月16日,中国调味品协会出具《证明》证明:"从1997年至2009年,海天公司连续12年调味品销量全国排名第一。"海天公司的前身是佛山市海天调味食品有限公司。1997年9月18日,中国发酵工业协会出具的《关于佛山市海天调味食品有限公司是全国最大的酱油调味品生产企业的意见》载明:"多年来,该公司无论从酱油生产能力、产量、出口量、销量等均居全国同行业首位。佛山市海天调味食品有限公司是目前全国最大的酱油调味品生产企业。"佛山市海天(高明)调味食品有限公司是海天公司的子公司,住所地为广东省佛山市高明区沧江工业园东园,经营范围包括调味品、副食品、食品等。

威极公司于1998年2月24日由何卫昌、何爱兴出资设立,经营范围为加工、销售酿造酱油、酱、调味料(液体)、酿造食醋、配制食醋。何卫昌在1995年5月至1999年3月,为南海市九江镇裕丰食品经营部的负责人,并自威极公司成立之日起至2010年9月20日为该公司的股东。何卫昌还于2005年4月8日至2006年11月1日期间任该公司的法定代表人。威极公司在设立时的另一位股东何爱兴,在1989年11月至1999年3月间在高明市杨梅酱油厂工作。威极公司的《公司名称预先核准申请书》显示,威极公司在设立时申请注册的备选企业名称包括"高明市家乐调味食品有限公司""高明市家美调味食品有限公司""高明市威极调味食品有限公司"。

广东省佛山市珠江酱油厂1984年2月28日注册了第204984号"海天牌"商标,续展注册有效期至2014年2月27日,核定使用商品为第40类的酱油、醋、味精。该商标的注册人名义于1996年4月7日核准变更为佛山市海天调味食品有限公司,再于2011年1月27日核准变更为海天公司。

佛山市海天调味食品有限公司于2004年7月28日注册了第3448510号"海天"商标,注册有效期至2014年7月27日,核定使用商品为第30类的酱油、醋、蚝油、调味酱等。2011年1月27日,该商标的注册人名义核准变更为海天公司。

海天牌酱油于1996年2月被评为广东省名牌产品,在酱油产品上使用的"海天"商标于2000年9月27日被国家工商行政管理局商标局认定为驰名商标。佛山市海天调味食品公司于1994年2月28日注册了第679197号"威极"商标,续展有效期自2004年2月28日至2014年2月27日。1996年2月7日,"威极"商标的注册人名义核准变更为佛山市海天调味食品有限公司。2011年1月27日,该商标注册人名义核准变更为海天公司。2005年3月,"威极"商标被认定为广东省著名商标,认定商品为醋、调味品。

威极公司于2009年6月21日注册了第5725193号"威顶"文字及图形商标,核定使用商品为第29类的腌制蔬菜、番茄汁、腌肉、鱼制制品、蔬菜罐头、水果肉、果酱、腐乳、食用油、豆腐,注册有效期至2019年6月20日。威极公司还于2011年4月28日注册了第1563456号"威顶"文字及图形商标,核定使用商品为第30类的酱油、调味酱、蚝油、调味酱油、调味品,商标核准续展有效期至2021年4月27日。威极公司于2009年9月14日注册了第5725194号"巨浪"文字及图形商标,核定使用商品为第30类的醋、调味酱油、酱油、调味品、豆豉、蚝油、鸡精(调味品)、食盐、味精、豉油,注册有效期至2019年9月13日。

2012年5月22日,佛山市高明区政府向社会公布"某大型调味公司"使用工业盐代替食用盐生产酱油产品,随即引起舆论关注。2012年5月23日,佛山市高明区政府紧急召开新闻发布会,澄清该"某大型调味公司"为威极公司,但社会舆论仍纷纷猜测海天公司与威极公司之间存在关联关系。2012年5月30日,海天公司认为威极公司的行为构成商标侵权和不正当竞争,已对其造成严重损害,遂向法院提起诉讼。

威极公司违法使用工业盐水生产酱油产品事件曝光后,海天公司分别于2012年5月25日、5月28日、5月29日、5月30日、6月1日在《南方日报》《羊城晚报》《广州日报》《三湘都市报》《齐鲁晚报》《佛山日报》等20多家省内外媒体上刊登公开声明,澄清威极公司及其产品与海天公司及佛山市海天(高明)调味食品有限公司之间没有任何关系。其中2012年5月25日在《佛山日报》及《羊城晚报》中刊登的广告均为公开声明,其余的广告均包括公开声明及产品宣传两部分。

2012年5月25日,威极公司在接受《羊城晚报》《南方都市报》采访时均表示,其与海天公司没有任何关联关系。

2012年5月29日,广东省广州市广州公证处的公证员来到海天公司的办公室,海天公司的委托代理人在公证员的现场监督下,通过登录百度搜索网站,搜索关键字"海天威极酱油""威极酱油""海天威极""海天威极酱油",打开并打印了"中金在线"网站中题为"佛山威极海天究竟害了多少人?"的报道、"搜狐"网站中题为"威极酱油致癌 海天威极生抽深圳躺着中枪"的报道、"网易。网站中题为"海天陷'酱油门'事件威极电话接通海天公司"的报道、"凤凰网"网站中题为"'威极'致癌看看谁在'打酱油'",以及"酱油门:海天称不知有威极两公司间隔不到一公里"的报道,"百灵"网站中题为"威极'想搭车',海天酱油不走'代工'路"的报道,"中国企业新闻网"网站中题为"海天IPO冲刺 网曝佛山企工业盐水制酱油"的报道。

"搜狐"网站中题为"威极酱油致癌 海天威极生抽深圳躺着中枪"的新闻,报道了"从5月22日'高明某大型调味品公司'用致癌工业盐水造酱油被查处的新闻爆出,至23日,高明区政府紧急新闻发布会澄清'某公司'就是'威极'公司,海天酱油在深圳的销量大幅下降,仅深圳家乐福前天和昨天,海天酱油的销量就下降了25%和50%。昨天,海天公司发表正式声明,称该事件和海天没有任何关系。……酱油竟然使用致癌的工业盐水!媒体报道之后,久享盛名的佛山酱油的可信度在公众眼中顿时打上了一个大大的问号,网友尤其质疑,报道中'某大型调味品公司'到底是哪家公司?……海天酱油随即成为网民怀疑的重点对象:位于佛山高明,符合大型调味品公司,符合……一串串问号之下,海天酱油的销量开始走低。据深圳家乐福统计,海天酱油的销量当天降了25%……在深圳家乐福之外,景田南片区华润万家超市、岁宝超市员工都向记者表示,海天酱油的销量确有下滑……在香梅市场一家摊档,档主是告诉记者,'威极生抽'是海天酱油中很低端的一档产品,他们以前卖3块钱一瓶,'现在已经不进了'……在景田岁宝超市的货架上'威极生抽'标价每瓶4.2元,其他各档的海天系列酱油,如'金标生抽''银标生抽王'等,都要六七元以上。对海天酱油的销售情况,岁宝超市工作人员介绍说:"威极生抽虽然价格低,但销量差好多"等内容。该网页还登载了一些网友对海天酱油质疑的评论。

"网易"网站中题为"海天陷'酱油门'事件 威极电话接通海天公司"的新闻,报道了"记者通过佛山威极调味食品有限公司所树立的广告牌上的另外一个电话询问'是海天酱油的生产商吗?'对方却给予承认。'除了海天酱油外,是否有其他产品,记者问道。此时,对方惊觉地问记者的身份,当得知是媒体时,以自己忙没有时间为由挂掉了电话"等内容。

同日,海天公司的委托代理人与广东省广州市广州公证处的公证员来到佛山市高明区人和镇工业大道,对悬挂"高明市威极调味食品有限公司"厂牌的一企业外围现状进行拍照。根据公证书所附的广告牌照片显示，该广告牌上左部为一瓶酱油产品图片（酱油上所使用商标为"威顶"），中部印有较大的"威极"二字，右部分三行自上而下印有"威顶"文字及图商标、"天然酱油""调味食品有限公司"，广告牌下部印有"电话：(0757) 88809632 88803382 直入 100 米"的文字，"直入 100 米"文字下方还有一箭头。其中，"威极"二字占广告牌中间的绝大部分位置。现场拍摄的照片还显示一企业的厂牌，自上而下印有"高明市""威极""调味食品有限公司"3 排文字。其中"威极"二字为红色，其他字体为黑色，"威极"二字的字体较其他文字的字体要大。广东省广州市广州公证处对上述拍摄的相片，出具了（2012）粤广广州第 117079 号公证书。

2012 年 6 月 7 日，广东省广州市广州公证处的公证员来到海天公司的办公室，海天公司的委托代理人在公证员的现场监督下，通过 IE 浏览器输入"http://gmwjdwsp.6262988.com/cn.html"网址登录到首页，显示为"佛山威极调味食品有限公司"的网站。网站首页在公司简介一栏显示："佛山市威极调味食品有限公司，肇始于清代乾隆年间的佛山酱园，历经三百余年酱香悠远的文化积淀，发展成为具有品牌影响力的现代化调味品生产和销售企业，已连续十一年保持酱油产销量全国第一的纪录，产品出口 100 多个国家和地区。随着威极高明公司于 2005 年 10 月 28 日落成，威极调味年产酱油等调味品超过 100 万吨，成功跃升为世界最大的专业调味品生产企业。长袖善舞，滋香味浓，威极调味将对中国美食文化在全球范围内更广泛、更深入的传扬，做出更新、更大的贡献！"网站的"联系我们"一栏里显示："佛山市高明威极调味食品有限公司联系人：何卫昌电话：86-0757-88803382 企业地址：广东省佛山市高明区人和镇工业大道"。网站的产品展示一栏里展示有四瓶海天公司的"海天"牌酱油产品实物图片以及一瓶品名为英文的调味产品实物图片。该网站的首页显示，该网站的访问量为 5 747 次。同日，海天公司的委托代理人在公证员的现场监督下，通过在百度搜索网站上搜索关键字"佛山工业盐入侵酱油"，打开并打印了"财新网"网站中题为"佛山工业盐入侵酱油"的报道。该报道载明："本次佛山威极厂于 2012 年 3 月 31 日被现场查获工业盐水后，当地质检部门至少三次送往化验室，但前两次的化验结果竟是产品没有问题。"2012 年 7 月 31 日，威极公司委托代理人向高维信诚公司寄发《律师函》，指出涉案网站并非威极公司委托建设的，并请求高维信诚公司提供关于涉案网站的建设、设计方面的详细情况以及网站的访问量数据等。高维信诚公司收到该律师函后，传真函复威极公司，称高维信诚公司在收到《律师函》后，已于第一时间关闭了涉案网站，并声称涉案网站为高维信诚公司在内部测试演示时所做的尚未完成的演示版本。

2012 年 9 月 12 日，法院依威极公司的申请，到位于上海市徐汇区漕溪北路 88 号圣爱大厦 2001 室的高维信诚公司上海分公司，对高维信诚公司就涉案网站的创建问题进行调查。高维信诚公司法定代表人刘建确认，威极公司提交的两份《关于佛山高明威极公司〈律师函〉答复函》是其发出的，并确认涉案网站是高维信诚公司在 2011 年进行内部培训时所做的演示网站，并非威极公司委托创建的，涉案网站的文字及图片资料均来源于互联网，网站的内容是将从互联网搜索所得的资料拼凑而成。

关于海天公司与威极公司是否存在关联关系的问题，法院于 2012 年 10 月 10 日依职权到佛山市工商行政管理局及佛山市高明区工商行政管理局调取了海天公司与威极公司的董事、投资人、股东等工商登记资料信息，该工商登记资料中未显示，海天公司与威极公司有关联关系。另外，2012 年 5 月 29 日，佛山市高明区人民政府向中国证监会出具证明，证明经高明区有关部门核实，无证据证明威极公司及其产品与佛山市海天（高明）调味食品有限公司有任何关联关系。在庭审过程中，海天公司与威极公司均否认双方之间存在关联关系。

海天公司在《招股说明书》中载明，海天公司在 2009 年年度利润总额为 1 056 642 638.38 元，2010 年年度利润总额为 972 600 789.6 元，2011 年年度利润总额为 1 175 589 345.02 元。

海天公司为其广告共支付了广告费 4 076 644 元，并为本案诉讼支付了律师费 5 万元。

另查明：2012 年 1 月 4 日，千讯公司指派其员工林阳为威极公司办理国际域名 fswjdood.com 的注册登记。2012 年 1 月 11 日，威极公司与千讯公司签订网站建设合同书，约定由千讯公司为威极公司创建公司网站。威极公司为该网站建设支付了价款 10 500 元。

在庭审过程中,威极公司确认其使用了工业盐水生产酱油产品。

百度百科网页中对"家乐"词条的解释为:"家乐是联合利华第一大食品品牌……家乐是世界最著名的汤粉类产品品牌之一,拥有100多年的历史……1993年,家乐产品来到中国……在中国,家乐是厨师首选的品牌……"

经审理,依照《中华人民共和国民法通则》第4条、第118条、第120条,第134条第1款第1、7、9、10项,第2款,《中华人民共和国侵权责任法》第6条第1款,《中华人民共和国反不正当竞争法》第2条第1款、第2款、第20条,《中华人民共和国商标法》第52条第5项、第56条第1款、第2款,最高人民法院《关于审理商标民事纠纷案件适用法律若干问题的解释》第1条第1项,第16条第1款、第2款,第17条,第21条第1款,《中华人民共和国商标法实施条例》第3条的规定,判决:

一、被告佛山市高明威极调味食品有限公司应于本判决发生法律效力之日起,立即停止侵犯原告佛山市海天调味食品股份有限公司第679197号"威极"注册商标专用权的行为,即立即停止在其户外广告牌及企业厂牌上突出使用"威极"二字的行为,并拆除突出使用"威极"二字的广告牌及企业厂牌。

二、被告佛山市高明威极调味食品有限公司应于本判决发生法律效力之日起,立即停止不正当竞争行为,即立即停止使用其带有"威极"字号的企业名称,并在本判决发生法律效力之日起10日内,向工商行政管理部门办理企业字号变更手续。

三、被告佛山市高明威极调味食品有限公司应于本判决发生法律效力之日起30日内,在《法制日报》《南方日报》上刊登面积不小于10 cm×10 cm的公开声明,向原告佛山市海天调味食品股份有限公司赔礼道歉,消除影响(内容须经本院审核。逾期不履行,本院将根据原告佛山市海天调味食品股份有限公司的申请公布判决书的主要内容,费用由被告佛山市高明威极调味食品有限公司承担)。

四、被告佛山市高明威极调味食品有限公司应于本判决发生法律效力之日起10日内,赔偿原告佛山市海天调味食品股份有限公司经济损失人民币655万元。

五、驳回原告佛山市海天调味食品股份有限公司的其他诉讼请求。当事人如果未按本判决指定的期间履行给付金钱义务,应当依照《中华人民共和国民事诉讼法》第229条之规定,加倍支付迟延履行期间的债务利息。案件受理费81 800元,由原告佛山市海天调味食品股份有限公司负担11 800元,由被告佛山市高明威极调味食品有限公司负担7万元。

二、裁判要旨

No.2-7-57.1.7-16 **商标的使用,包括将商标用于商品、商品包装或者容器以及商品交易文书上,或者将商标用于广告宣传、展览以及其他商业活动中。**

威极公司在其广告牌上突出使用"威极"二字属于商标性使用行为。《中华人民共和国商标法实施条例》第3条规定:"商标法和本条例所称商标的使用,包括将商标用于商品、商品包装或者容器以及商品交易文书上,或者将商标用于广告宣传、展览以及其他商业活动中。"尽管"威极"是威极公司依法登记注册的企业字号,但威极公司在其广告牌上并没有将"威极"二字与其企业名称的其他组成部分同时使用,而是将"威极"二字单独突出使用,并将其与威极公司的酱油产品并列排放印在其广告牌上。因此,威极公司将企业字号中的"威极"二字用于广告宣传的行为,属于商标法意义上的商标使用行为。威极公司辩称广告牌上使用"威极"二字,仅表明其企业字号缺乏依据,法院对此辩解不予采信。

最高人民法院《关于审理商标民事纠纷案件适用法律若干问题的解释》第1条第11项规定:"将与他人注册商标相同或者相近似的文字作为企业的字号在相同或者类似商品上突出使用,容易使相关公众产生误认的,属于商标法第五十二条第(五)项规定的给他人注册商标专用权造成其他损害的行为。"威极公司在其广告牌上突出使用与海天公司"威极"注册商标中的中文文字相同的"威极"二字,使相关公众产生混淆或误认,因此,其行为侵犯了对海天公司的"威极"注册商标专用权。

威极公司辩称:该广告牌仅用于指路,而非具有广告性质的广告牌。法院认为,尽管该广告牌上印有"直入100米"的字样,并有一箭头指示方向,但由于该广告牌在明显位置上有威极公司的酱油产品实物,并配以"威极"二字,因此该广告牌显然是在指示威极公司位置的同时,还兼具宣传其产品的作用,故威极公司认为该广告牌仅为指路牌的辩解不成立,法院不予采信。

企业名称是一个完整的整体,一般由行政区划、字号、行业、组织形式依次组成。企业名称是区分生产经营主体的标识,其标识生产经营主体的功能是通过包括字号在内的整个企业名称同时发挥作用实现的。若不合理地突出其字号,使企业字号在企业名称之外成为独立或者相对独立的标识,则该企业字号就具有了商标性的标识作用,该突出使用企业字号的行为,便构成《商标法实施条例》第3条中所述的商标法意义上商标使用行为。在本案中,尽管威极公司在其企业厂牌上使用的"威极"二字属于其企业名称中的组成部分,但是厂牌上"威极"二字的字体明显大于其他字的字体,而且字体颜色为红色,亦明显区别于其他字的黑色字体,因此,企业厂牌上"威极"二字相对于其企业名称,成为了一个相对独立、突出的标识,威极公司使用其企业字号的行为构成突出使用企业字号的行为。由于威极公司是经营包括酱油产品在内的调味品生产企业,因此,威极公司在其企业厂牌上突出使用"威极"二字,属于将他人注册在先的商标作为企业字号在相同商品上突出使用的行为,且容易造成相关公众误认,根据最高人民法院《关于审理商标民事纠纷案件适用法律若干问题的解释》第1条第1项的规定,其行为侵犯了海天公司"威极"注册商标专用权。

海天公司在诉讼中还主张,威极公司在其广告牌、企业厂牌上使用"威极"二字构成不正当竞争。对此,法院认为,由于法院已认定威极公司在其广告牌、企业厂牌上使用"威极"二字侵犯了海天公司的注册商标专用权,海天公司被侵犯的权利已由商标法予以保护,因而不应再以反不正当竞争法予以保护。故法院对海天公司尚主张威极公司在其广告牌、企业厂牌上使用"威极"二字构成不正当竞争的请求,不再支持。

**47** 将他人驰名商标注册为企业字号(《商标法》第58条)

**案例:星源公司、统一星巴克诉上海星巴克、上海星巴克分公司商标侵权及不正当纠纷竞争案**
案例来源:《中华人民共和国最高人民法院公报》2007年第6期[(2006)沪高民三(知)终字第32号]
主题词:驰名商标　企业字号　混淆

**一、基本案情**

　　上诉人(原审被告):上海星巴克咖啡馆有限公司。
　　上诉人(原审被告):上海星巴克咖啡馆有限公司南京路分公司。
　　被上诉人(原审原告):星源公司(Starbucks Corporation)。
　　被上诉人(原审原告):上海统一星巴克咖啡有限公司(以下简称统一星巴克)。
　　原审法院经审理查明:星源公司是一家在美国注册成立的公司,以公司经营和特许经营方式在美国及世界范围内从事咖啡零售业务,公司成立证明的签发日期为1985年11月4日。
　　统一星巴克系一家中外合作企业,经工商行政管理机关核准,于2000年3月2日成立。经营范围为:咖啡、茶座(含饮料)、点心、冰淇淋、餐饮。
　　"STARBUCKS"文字标识于1985年11月26日在美国进行了商标注册,核定使用商品为国际分类第21类的咖啡壶、茶杯等。截至2003年3月11日,"STARBUCKS"文字标识还在第7、9、11、14、16、18、25、29、30、32、42等类商品及服务类别上进行了商标注册;"STARBUCKS"文字及图形标识在第30、31、42类商品及服务类别上进行了商标注册;"STARBUCKS COFFEE"文字及图形标识在第7、9、11、14、16、18、21、25、28、29、30、32、35、42类商品及服务类别上进行了商标注册。

　　此外,上述各类包含"STARBUCKS"文字标识的商标(以下简称"STARBUCKS"系列商标)还在英国、法国、德国、巴西、南非、澳大利亚、印度、日本以及中国香港特别行政区、澳门特别行政区、台湾地区等120多个国家和地区进行了注册,类别包括国际分类第30、42类在内的20多个商品及服务类别。至本案受理时,"STARBUCKS"系列商标在世界各国和地区注册总数已近1 400次,其中"STARBUCKS"商标、"STARBUCKS COFFEE"文字及图形商标分别约600次,"STARBUCKS"文字及图形商标超过100次。

1997年9月28日,星源公司与星源美国品牌公司(STARBUCKS U. S. BRANDSCORPORATION)签订了一份商标保护与许可协议,根据该协议及其修订文件,星源美国品牌公司授予星源公司一项非独占权利、许可和特权,星源公司据此有权使用和再许可他人在美国(但不包括夏威夷、美国的领地和属地)使用星源美国品牌公司的包括商标和服务标志在内的各项财产。

经中国国家工商行政管理局商标局核准,星源公司于1996年5月14日、6月28日将"STARBUCKS"文字标识、"STARBUCKS"文字及图形标识在第42类进行了商标注册,注册号分别为839975、851969,核定项目均为咖啡馆、餐馆。1997年1月7日,星源公司又将"STARBUCKS"文字标识、"STARBUCKS"文字及图形标识在第30类进行了商标注册,注册号分别为926045、926050,核定使用商品均为咖啡、咖啡饮料、咖啡调味品、茶及茶叶代用品等。从1996年5月至2003年3月,星源公司还将"STARBUCKS"文字标识、"STARBUCKS"文字及图形标识、"STARBUCKS COFFEE"文字及图形标识在其他多类商品及服务类别上进行了商标注册。其中"STARBUCKS"商标的注册类别为第7、9、11、14、16、18、21、25、28、29、32类,"STARBUCKS"文字及图形商标的注册类别为第7、11、21、25、29类,"STARBUCKS COFFEE"文字及图形商标的注册类别为第30、42类等。

2000年3月23日,星源公司与其在美国设立的全资子公司STARBUCKS COFFEE INTERNATIONAL,INC(以下简称SBI公司)及统一星巴克三方共同签订一份商标许可协议。根据该商标许可协议,星源公司作为商标所有人,准许SBI公司授予统一星巴克在中国上海市,为开发和经营STARBUCKS商店、从事核心业务和销售核心产品使用相关商标的权利,许可使用的商标为星源公司注册或未注册的商标,其中包括属于第42类的"STARBUCKS""STARBUCKS COFFEE"文字及图形和"星巴克"商标。该协议的性质为普通使用许可合同。2002年8月,三方对上述协议进行了修订,根据修订后的协议附件的规定,统一星巴克可以使用星源公司在中国大陆分别注册于第30类、第42类的"STARBUCKS""星巴克"和"STARBUCKS"文字及图形商标。

统一星巴克成立后,陆续开设了星巴克咖啡连锁店以扩大经营,并在经营活动中使用"STARBUCKS"商标、"STARBUCKS"文字及图形商标和"星巴克"商标。截至2004年1月,统一星巴克已设立分支机构36家,其中上海市28家,杭州市4家,南京市2家,宁波市1家,昆山市1家。根据统一星巴克的财务报告,公司2000年度资产总计人民币4 300余万元,营业收入约人民币980万元,净利润约人民币-716万元;至2002年度,公司资产总计人民币5 811万余元,营业收入近人民币1.06亿元,净利润逾人民币700万元;2003年度,公司的营业收入仍呈持续增长趋势。统一星巴克及其他关联人通过委托发布广告、赞助及其他合作方式,投入了大量的广告费用,对"STARBUCKS"系列商标等进行了市场推广宣传。各类媒体对原告及上述商标作了大量的宣传报道。

上海星巴克是一家经营饮料、西餐、零售堂饮酒的企业,1999年10月20日获得企业名称预先核准,2000年3月9日成立。2003年7月1日,上海星巴克经核准设立了上海星巴克分公司,其经营范围均为饮料、食品(不含熟食)、堂饮酒。

一审法院认为,上海星巴克将与星源公司"星巴克"驰名商标相同的"星巴克"文字作为企业名称中的字号进行登记,并在其分支机构上海星巴克分公司的企业名称中使用的行为,侵犯了星源公司享有的"STARBUCKS""星巴克"驰名商标(均为第42类)专用权,同时构成对星源公司的不正当竞争;两被告在经营活动中使用含有与星源公司"星巴克"商标相同的"星巴克"文字的各类标识,以及使用与星源公司"STARBUCKS"商标、"STARBUCKS"文字及图形商标近似的标识,侵犯了星源公司享有的"STARBUCKS""星巴克"驰名商标(均为第42类)专用权、"STARBUCKS"商标、"星巴克"商标(均为第30类)专用权和"STARBUCKS"文字及图形商标(第

30、42 类) 专用权以及统一星巴克的商标使用权, 同时构成对两原告的不正当竞争。依照《中华人民共和国民法通则》第 4 条、第 118 条、第 134 条第 1 款第 1、7、9、10 项及第 2 款、《中华人民共和国商标法》第 14 条、第 52 条第 5 项、第 56 条第 1、2 款、《中华人民共和国反不正当竞争法》第 2 条第 1、2 款、第 20 条第 1 款, 最高人民法院《关于审理商标民事纠纷案件适用法律若干问题的解释》第 22 条第 1、2 款, 最高人民法院《关于民事诉讼证据的若干规定》第 11 条、第 34 条第 3 款、第 38 条第 2 款之规定, 判决:

一、被告上海星巴克、上海星巴克分公司停止侵犯原告星源公司享有的"STARBUCKS""星巴克"驰名商标(均为第 42 类)专用权; 停止侵犯原告星源公司享有的"STARBUCKS"商标、"星巴克"商标和"STARBUCKS"文字及图形商标专用权; 停止侵犯原告统一星巴克商标使用权。

二、被告上海星巴克、上海星巴克分公司停止对原告星源公司、统一星巴克的不正当竞争行为。

三、被告上海星巴克、上海星巴克分公司应于本判决生效之日起 30 日内变更企业名称, 变更后的企业名称中不得包含"星巴克"文字。

四、被告上海星巴克、上海星巴克分公司应于本判决生效之日起 10 日内, 共同赔偿原告星源公司、统一星巴克经济损失人民币 50 万元。

五、被告上海星巴克、上海星巴克分公司应于本判决生效之日起 30 日内, 在《新民晚报》上刊登声明, 向原告星源公司、统一星巴克赔礼道歉, 消除影响(内容需经本院审核)。

六、对原告星源公司、统一星巴克的其余诉讼请求不予支持。本案案件受理费人民币 15 310 元, 由原告星源公司、统一星巴克负担人民币 4 044 元, 由被告上海星巴克、上海星巴克分公司负担人民币 11 266 元; 财产保全申请费人民币 5 820 元, 由原告星源公司、统一星巴克负担人民币 1 537 元, 由被告上海星巴克、上海星巴克分公司负担人民币 4 283 元。

上海星巴克、上海星巴克分公司不服一审判决, 向上海市高级人民法院提起上诉, 请求撤销原判, 驳回对方当事人的诉讼请求。二审法院认为, 原审判决认定事实属实, 适用法律正确, 审判程序合法, 应予维持; 两上诉人的上诉请求和理由缺乏事实和法律依据, 应予驳回。依照《中华人民共和国民事诉讼法》第 153 条第 1 款第 1 项的规定, 判决驳回上诉, 维持原判。

二、裁判要旨

**No.2-7-58-5** 将他人驰名商标作为自己的企业字号, 足以造成相关公众对商标注册人与企业名称所有人产生误认或误解的, 属于商标侵权。

认定商标是否驰名是对与商标有关的事实进行法律评价。最高人民法院《关于审理商标民事纠纷案件适用法律若干问题的解释》第 22 条第 1 款规定: "人民法院在审理商标纠纷案件中, 根据当事人的请求和案件的具体情况, 可以对涉及的注册商标是否驰名依法作出认定。"因此, 对当事人提出的系争注册商标已构成驰名商标的主张, 法院可以根据该主张与当事人的诉讼请求及案件事实与理由的关系, 决定是否对该主张作出认定。法院根据"STARBUCKS""星巴克"商标注册的时间和地理范围、两注册商标持续使用的时间、两注册商标的广告宣传情况、两注册商标的知名度和声誉等因素, 认定"STARBUCKS"商标(第 42 类)、"星巴克"商标(第 42 类)为驰名商标。

上诉人上海星巴克明知"STARBUCKS"或"星巴克"系他人具有较高知名度的商标, 仍然擅自将"星巴克"作为其企业名称中的字号进行登记和使用, 并在其分支机构上海星巴克分公司的企业名称中使用, 两上诉人的行为违反了诚实信用原则和公认的商业道德, 足以造成相关公众对"STARBUCKS"及"星巴克"商标的注册人与两上诉人的混淆, 或使相关公众误认为双方有特定的联系。因此, 两上诉人以不正当的手段利用了星源公司良好的商业信誉, 从而提高了自己的知名度和影响力, 故两上诉人的行为构成对被上诉人星源公司的不正当竞争, 两上诉人应当依法承担停止侵害、赔礼道歉、消除影响、赔偿损失的民事责任。

两上诉人在咖啡馆的经营服务活动中, 擅自使用含有"星巴克"文字的标识、含有"Starbuck"的标识以及"上海星巴克咖啡馆"文字及两颗五角星的绿色圆形图形标识, 这些标识分别与星源公司的"星巴克"商标(第30类、第42类)、"STARBUCKS"商标(第30类、第42类)、"STAR-BUCKS"文字及图形商标(第30类、第42类)相近似,故两上诉人的行为构成对星源公司就以上6个注册商标享有的商标专用权的侵犯,以及对统一星巴克就以上6个注册商标享有的商标使用权的侵犯。两上诉人的商标侵权行为同时构成对两被上诉人的不正当竞争。因此,两上诉人依法应当共同承担停止侵害、赔礼道歉、消除影响、赔偿损失的民事责任。

## 48 商标的正当使用(《商标法》第59条第1款)

**案例:漳州片仔癀药业股份有限公司诉漳州市宏宁家化有限公司侵犯商标专用权纠纷案**
案例来源:中国知识产权裁判文书网[(2009)民申字第1310号]
主题词:正当使用 商业惯例

### 一、基本案情

原告:漳州片仔癀药业股份有限公司(以下简称片仔癀公司)。

被告:漳州市宏宁家化有限公司(以下简称宏宁公司)。

原告漳州片仔癀药业股份有限公司诉称:第701403号商标注册证记载的"片仔癀"商标所有人为原告,核定使用商品为第3类:牙膏、口洁素、口香水、牙垢净、牙粉、牙皂、人造牙洗涤剂,注册有效期至2014年8月13日,原告对该商标享有注册商标专用权。第562754号商标注册证记载的"片仔癀"商标所有人为原告,核定使用商品第3类:化妆品,注册有效期至2011年8月29日,原告对该商标享有注册商标专用权。第358318号商标注册证记载的"片仔癀"商标所有人为原告,核定使用商品第31类:药品、中西成药,后经核准续展注册在商品国际分类,第5类,注册有效期至2009年8月19日,原告对该商标享有注册商标专用权。第358317号商标注册证记载的"PIENTZEHUANG"商标所有人为原告,核定使用商品第31类,药品、中西成药,后经核准续展注册在商品国际分类,第5类,注册有效期至2009年8月19日,原告对该商标享有注册商标专用权。原告注册并使用在药品商品上的"片仔癀PIENTZEHUANG"商标被国家商标局认定为驰名商标,注册商标"片仔癀"被国家商务部认定为"中华老字号"。上述相关注册商标在全国范围内乃至东南亚等国家和地区享有很高的声誉。

被告未经原告同意,擅自在其生产的"片仔癀珍珠霜"等27种化妆品及日化用品上,将与原告第701403号、第562754号、第358318号、第358317号注册商标相同的标志作为商品名称、商品包装装潢使用,并在其包装装潢上明显突出"片仔癀"的识别效果;同时,被告还在其商品外包装上擅自引用片仔癀的功效说明文字,对消费者造成误导,扰乱相关市场秩序,损害了原告作为注册商标所有人的合法权益。因此,被告的行为违反了《商标法》第52条第5项和《商标法实施条例》第50条第1项的规定,构成侵犯注册商标专用权的行为。被告应赔偿原告经济损失:(1)被告侵权获得的利益805902.47元;(2)律师费16518元,两项合计人民币822420.47元。

现原告诉讼请求:(1)判令被告立即停止侵害原告注册商标专用权的行为,即立即停止生产、销售"片仔癀珍珠霜"等27种侵权商品;(2)责令被告在广东、广西、福建三省省级报刊及《厦门日报》《闽南日报》《闽西日报》公开赔礼道歉;(3)赔偿原告经济损失合计人民币822420.47元;(4)本案诉讼费用由被告承担。

被告漳州市宏宁家化有限公司答辩称:

1. 答辩人依法享有对抗商标专用权的在先权。理由:(1)答辩人系由漳州市家用化学品厂(以下简称家化厂)改制而来,答辩人的经营活动实际上是家化厂的延续。家化厂成立于1979年,是当时漳州市香料厂下属的一家集体所有制工厂。1981年香料厂升格为漳州香料总厂,家化厂成为独立核算的集体工厂。由于家化厂经营不善,在1998年6月19日经漳州市经济委员会批准,与漳州市宏宁罐头厂合资,成立答辩人。在合资时约定,家化厂的所有资产(包括商标权等工业产权)投资到合资公司,家化厂不再从事生产经营活动。因此,答辩人的经营活动实际上是家化厂的延续。(2)家化厂在1984年开始生产"荔枝牌"片仔癀系列家用化学品,并获得知名商品名称。早在20世纪80年代,漳州市政府及相关主管部门,为了提高名牌产品"片仔癀"的知名度及扩大其使用范围,鼓励家化厂及漳州市化学品厂生产片仔癀系列家用化学品。家化厂积极响应当时市政府的号召,开始生产开发荔枝牌片仔癀系列家用化学品,主要产品有荔枝牌片仔癀青春霜、荔枝牌片仔癀珍珠霜(膏)、荔枝牌片仔癀特效牙膏(1991 年被鉴定为国内先进水平第二类新产品)、荔枝牌片仔癀粉底霜、荔枝牌片仔癀洗发露等。家化厂为推广片仔癀系列家用化学品,在 1984 年就开始对该系列家用化学品的外包装进行设计并在多种媒体上做广告,努力提高该系列产品的知名度,并成为知名商品名称。事实上也正是如此,该系列产品自投放市场以来,受到市场的肯定并多次获奖,如荔枝牌片仔癀珍珠霜(膏)在 1988 年 12 月被省政府授予"省优质产品"称号;1990 年 12 月在国家轻工业部主办的首届全国轻工业博览会上获得金奖;1993 年 2 月被商业部规划调节司、信息中心评为全国大商场推荐市场名优商品;1993 年在"93 金鸡杯"全国国产最畅销商品评选活动中,荣获"银杯奖";1994 年被省经济委员会、轻工业厅授予"福建省名优产品"称号;1998 年被省消费者委员会评为福建省首届消费者信得过产品;所生产的"无比牌"片仔癀特效牙膏在 1993 年也被省消费者委员会评为 1994—1995 年推荐产品,1994 年 12 月在省政府主办的福建省第二届工业品博览会上被评为银奖。(3)"片仔癀"于 1994 年才被注册为化妆品类的商标,依《商标法》第 9 条、第 31 条的规定,答辩人依法享有在先权,可对抗商标专用权。在先权利是商标专用权的一种抗辩事由,如字号权,专利权,知名商品特有名称、包装、装潢权,著作权等,如本案的"片仔癀珍珠霜"。故答辩人在其生产的产品上有权继续将"片仔癀珍珠霜"作为商品名称使用,并不构成对原告商标专用权的侵犯。

2. 由于原告近年来并未生产化妆品,没有特定的公众,答辩人将"片仔癀"作为商品名称使用,不会误导公众。原告认为答辩人将"片仔癀珍珠霜"作为商品名称使用侵犯其商标权,答辩人认为这是原告对法律的误解。答辩人所生产的片仔癀系列家用化学品,在市场上并未引起公众误解。公众的认定应以不同类别的商品来划分,即不同类别的商品有不同的公众。而片仔癀药业公司其主业是药品(商标分类列为第 5 类),且近年来并没有生产过化妆品等商品(商标分类列为第 3 类),也就是说,片仔癀药业公司在第 3 类别的商品上并不存在所谓的消费者和其他经营者,因此答辩人生产的片仔癀系列家用化学品不会误导公众。事实上,原告也未能举证出"误导公众"的相关证据。

3. 由于"片仔癀"系药品名称,答辩人拥有正当的使用权。根据《商标法实施条例》第 49 条的规定,注册商标中含有本商品的通用名称、图形、型号,或者直接表示商品的质量、主要原料、功能、用途、重量、数量及其他特点,或者含有地名,注册商标专用权人无权禁止他人正当使用。"片仔癀"于 1965 年载入《中国中药名产品》,是国家一级中药保护品种,是一种药品名称。而药品是一种通用名称,没有权利禁止他人将其作为某些商品的原料,如本案所涉及的在珍珠霜加入片仔癀。事实上,在漳州不仅是家化厂生产片仔癀系列家化品,漳州市化学品厂也在生产皇后牌片仔癀珍珠霜(膏)等系列家用化学品,并同样获得较高的市场知名度。可见,片仔癀系列家用化学品在市场上已成为知名商品名称,表明这些产品加入了漳州所特有的一种原料——片仔癀。因此,依该规定,答辩人将片仔癀作为一种商品名称使用是一种正当的使用,并没有侵犯原告的商标专用权。

4. 原告要求答辩人赔偿原告经济损失 805 902.47 元没有事实依据,事实上,答辩人在 2005 年 1 月 1 日至 2007 年 1 月 20 日期间处于亏损状态。原告根据其在漳州工商局行政管理局所复印的一张情况统计表,从而推定出答辩人获得利益为 805 902.47 元,答辩人认为这与事实不相符。该统计表的利润是按销售收入减去销售成本、减去增值税加上存库商品计算的,没有扣减销售税金及附加、管理费用、财务费用,与财务规定不相符,是一种错误的计算方法。还有,此统计表是我公司为配合工商局及在保留意见前提下进行确认的,依法不应作为证据使用。此外,根据最高人民法院《关于审理商标民事纠纷案件适用法律若干问题的解释》第 18 条的规定,原告是在 2007 年 4 月 19 日起诉,其受保护的期限只有两年,即其只能主张 2005 年 4 月 19 日之后所受到侵害,而不能从 2005 年 1 月 1 日起算。综上所述,答辩人并未对原告的商标权构成侵犯,依法应驳回原告的诉讼请求。

正当使用·商业惯例

一审法院经审查当事人提供的上述证据,并结合当事人、证人的陈述和证言,查明以下事实:

1. 原告漳州片仔癀药业股份有限公司于1999年12月成立,其前身漳州片仔癀集团公司于1993年成立,漳州片仔癀集团公司前身漳州市制药厂于1957年12月成立。"片仔癀"名称为原告独有,"片仔癀"作为一种特殊的中成药也是原告独家生产。

第701403号商标注册证载明的"片仔癀"商标注册人为漳州市制药厂,核定使用商品第3类:牙膏、口洁素、口香水、牙垢净、牙粉、牙皂、人造牙洗涤剂,注册有效期限自1994年8月14日至2004年8月13日止。1998年7月7日国家商标局核准第701403号商标注册人名义变更为:漳州片仔癀集团公司;2002年1月21日国家商标局核准第701403号商标转让注册,受让人为:漳州片仔癀药业股份有限公司,生效日期为2002年1月21日;2004年7月19日国家商标局核准第701403号商标续展注册,续展注册有效期限自2004年8月14日至2014年8月13日。

第562754号商标注册证载明的"片仔癀"商标注册人为漳州市制药厂,核定使用商品第3类:化妆品,注册有效期限自1991年8月30日至2001年8月29日止;1998年8月7日国家商标局核准第562754号商标注册人名义变更为:漳州片仔癀集团公司;2002年1月21日国家商标局核准第562754号商标转让注册,受让人为:漳州片仔癀药业股份有限公司,生效日期为2002年1月21日;2001年4月21日国家商标局核准第562754号商标续展注册,续展有效期限自2001年8月30日至2011年8月29日。

第358318号商标注册证载明"片仔癀"[该文字商标的形状(字体)有别于前述第701403号、第562754号商标,详见附图]商标注册人为漳州市制药厂,核定使用商品第31类:药品、中西成药,注册有效期限自1989年8月20日至1999年8月19日止;后经核准续展注册在商品国际分类,第5类,续展有效期限自1999年8月20日至2009年8月19日;1998年7月7日国家商标局核准第358318号商标注册人名义变更为:漳州片仔癀集团公司;2002年1月21日国家商标局核准第358318号商标转让注册,受让人为:漳州片仔癀药业股份有限公司,生效日期为2002年1月21日。

第358317号商标注册证载明"PIENTZEHUANG"商标注册人为漳州市制药厂,核定使用商品第31类:药品、中西成药,注册有效期限自1989年8月20日至1999年8月19日止,后经核准续展注册在商品国际分类,第5类,续展有效期限自1999年8月20日至2009年8月19日;1998年7月7日国家商标局核准第358317号商标注册人名义变更为:漳州片仔癀集团公司;2002年1月21日国家商标局核准第358317号商标转让注册,受让人为:漳州片仔癀药业股份有限公司,生效日期为2002年1月21日;1999年1月5日国家商标局商标监(1999)45号文认定原告注册并使用在药品商品上的"片仔癀PIENTZEHUANG"商标为驰名商标。

中华人民共和国商务部认证书(证书号13001)认证漳州片仔癀药业股份有限公司注册商标"片仔癀"为"中华老字号"。2004年2月原告许可原告控股子公司漳州片仔癀皇后化妆品有限公司使用第562754号"片仔癀"注册商标,许可使用期限自2003年11月1日至2011年10月31日止;2000年7月11日原告许可注册商标"片仔癀"三字作为原告控股子公司的控股子公司漳州片仔癀日化有限责任公司日化、牙膏产品名称的组成部分,许可使用期限自2000年7月11日至2008年3月31日止。

国家工商行政管理局商标评审委员会曾受理南京化妆品厂对漳州市制药厂在3类化妆品商品上已注册的第562754号"片仔癀"商标提出注册不当一案,1997年6月10日国家工商行政管理局商标评审委员会作出商评综字(1997)第591号"片仔癀"商标注册不当案终局裁定,评审委员会评议认为:"片仔癀"确是漳州市制药厂最早使用及注册的商标,片仔癀虽然又是药品名,但长期为漳州市制药厂独家生产使用及国家重点保护药品,在消费者中享有很高的知名度,已起到区别商品来源的商标作用。该评审委员会终局裁定:南京化妆品厂对漳州市制药厂在3类注册的"片仔癀"商标所提注册不当理由不成立。该商标予以维持。

2. 被告漳州市宏宁家化有限公司成立于1998年7月6日,被告系由漳州市家用化学品厂、漳州市宏宁罐头食品厂合资成立的公司,漳州市家用化学品厂于1979年成立,其生产的"荔枝牌片仔癀珍珠霜(膏)"产品在1988年12月荣获福建省优质产品称号;1993年2月被商业部规划调节司、信息中心评为全国大商场推荐市场名优商品;1993年在"93金鸡杯"全国国产最畅销商品评选活动中荣获"银杯奖";1994年被省经济委员会、轻工业厅授予"福建省名优产品"称号。其所生产的"无比牌"片仔癀特效牙膏于1994年12月在省政府主办的福建省第二届工业品博览会上被评为银奖。

1990年漳州市家用化学品厂注册第525083号"荔枝牌"商标,注册有效期限自1990年7月30日至2000年7月30日止。1998年6月份,漳州市家用化学品厂将其资产(包括产房、机器设备、工业产权等)投资到合资公司即被告。1999年3月20日漳州市家用化学品厂将其注册的第525083号"荔枝牌"商标转让给被告。被告未经原告同意,擅自将原告的注册商标"片仔癀"作为其产品名称组成部分,并在包装装潢上突出使用原告第562754号、第701403号、第358317号"片仔癀""PIENTZEHUANG"注册商标。

庭审中,原告提供漳州市工商局扣押被告生产的"荔枝牌片仔癀珍珠霜(膏)""荔枝牌片仔癀爽身粉""荔枝牌片仔癀保湿护手霜""荔枝牌片仔癀礼品盒""片仔癀特效牙膏""片仔癀洗发露""片仔癀滋润霜"等侵权产品实物14种及原告在市场上收集的被告生产、销售产品实物9种,这些产品均在显著位置突出标明"片仔癀"字样,被告还在其产品的外包装装潢上擅自配上有关"片仔癀"历史的文字说明:"……'片仔癀'源于明朝嘉靖年间宫中药医秘方,是百年传统老字号,国内独家生产,其配方受国家绝密级保护,使片仔癀系列化妆品成为独特……"被告生产、销售的"荔枝牌片仔癀珍珠霜(膏)""荔枝牌片仔癀保湿护手霜""荔枝牌片仔癀礼品盒""片仔癀特效牙膏""片仔癀洗发露"等27种化妆品及日化用品的销售渠道都是进入医药公司、药店等,消费群体及经销商群体与原告、原告控股子公司、原告控股子公司的子公司销售渠道一致。2005年1月1日至2007年1月10日,被告非法生产上述27种"片仔癀"侵权产品共获利人民币805 902.47元,本案原告律师服务费为人民币16 518元整。

2007年1月10日原告向漳州市工商行政管理局投诉被告侵犯原告注册"片仔癀""PIENTZEHUANG"商标专用权,漳州市工商行政管理局于2007年5月16日作出漳工商检处200723号行政处罚决定,决定对漳州市宏宁家化有限公司处罚:(1)责令立即停止侵权行为;(2)没收在扣350 174瓶包标注"片仔癀"字样的化妆品和牙膏;(3)没收在封13 400个标注"片仔癀"字样的包装纸箱(盒)和105 800支/个标注"片仔癀"字样的空包装瓶;(5)在封1台真空制膏机和1台自动灌装机予以解除封存;(5)处以罚款175 000元。被告不服该行政处罚决定,已依法向福建省工商行政管理局申请复议。漳州市家用化学品厂于2007年5月16日向国家商标评审委员会提出对第3类第701403号、第562754号、第3431178号"片仔癀"注册商标争议评审申请,于2007年9月19日向国家商标评审委员会提出撤回上述商标评审申请,2007年11月26日国家商标评审委员会作出国家商标评审案件准予撤案通知书。原告于2007年4月20日向本院起诉。

经审理,一审法院依照《中华人民共和国商标法》第52条第1项、第5项,《中华人民共和国商标法实施条例》第50条第1项的规定,判决:

一、被告漳州市宏宁家化有限公司应立即停止在其产品上使用与原告漳州片仔癀药业股份有限公司第562754号、第701403号、第358317号"片仔癀""PIENTZEHUANG"注册商标(见附图)相同或相近似的标识,即立即停止生产、销售"片仔癀珍珠霜""片仔癀特效牙膏""片仔癀洗发露"等27种侵权商品;

二、被告漳州市宏宁家化有限公司应在本判决生效之日起10日内,赔偿原告漳州片仔癀药业股份有限公司经济损失人民币822 420.47元;

三、被告漳州市宏宁家化有限公司应在本判决生效之日起10日内,在广东、广西、福建三省省级报刊及《厦门日报》《闽南日报》《闽西日报》刊登向原告漳州片仔癀药业股份有限公司的道歉声明(内容需经本院审核、费用由被告承担)。

原、被告均不服漳州市中级人民法院(2007)漳民初字第18号民事判决,向福建省高级人民法院提起上诉。二审法院认为,原审判决认定事实基本清楚,适用法律正确。依照《中华人民共和国民事诉讼法》第153条第1款第1项的规定,判决:

驳回漳州市宏宁家化有限公司的上诉,维持原判。

2009年9月9日,漳州市宏宁公司向最高人民法院申请再审。宏宁公司申请再审称:

1. 根据《中华人民共和国商标法》的规定,仅有本商品的通用名称不得作为商标注册,而片仔癀公司将既是通用名称又是药品主要原料的"片仔癀"注册为商标,宏宁公司已经向国家工商行政管理总局商标局(简称商标局)提出商标撤销申请,并已经被受理。

2. 宏宁公司的使用行为不是商标意义上的使用,而是正当使用。(1)通用名称被注册为商标,也不能禁止他人使用该通用名称,宏宁公司仅仅是为了说明商品的主要原料,是正当使用。(2)宏宁公司并没有将片仔癀作为商标使用,只是在作为商品名称一部分的同时,标注了自己的商标"荔枝牌"。公众对该商品的区别是通过商标来实现的,并不构成对消费者的误导。

3. 宏宁公司的股东漳州市家用化学品厂(简称家化厂)依法享有在先权。早在"片仔癀"商标核准授权日之前,家化厂就将"片仔癀"作为商品名称的一部分使用在自己生产的系列家化产品上,并多次获得有关部门的奖项和称号,是知名商品特有名称,家化厂享有在先权。而且家化厂委托他人设计产品的外包装,享有"片仔癀"三个字的著作权并支付了设计费。宏宁公司也提交证据证明家化厂在"片仔癀"被注册为商标之前就开始使用与现在一致的包装、装潢。

4. 根据备案于工商局的宏宁公司的新章程,家化厂是用包括工业产权的净资产出资,二审法院关于出资方式的认定错误。家化厂的生产经营业务由宏宁公司承接,宏宁公司继续生产荔枝牌片仔癀珍珠霜等产品是合法的。

5. 原审法院依据宏宁公司提供的产销情况表而认定宏宁公司的收益是错误的。该统计表是工商局办案人员自行编制,并诱导经办人员陈茂德签字,是违法取证。而且利润计算公式不符合财务规定。一审法院无视该报表的合法性,二审法院一方面对宏宁公司要求进行审计的申请不予认可,另一方面却以没有充分证据为由驳回,显然不公平。综上所述,请求撤销(2008)闽民终字第266号民事判决,提审或指定下级人民法院再审本案。

片仔癀公司答辩称:(1)"片仔癀"是药品名称,但并非药品通用名称,国家工商行政管理总局商标评审委员会(以下简称商标评审委员会)已经认定"片仔癀"在消费者中享有很高的知名度,已经起到区别商品来源的商标作用。(2)宏宁公司未经片仔癀公司的许可,在其生产、销售的化妆品和日用品中,将注册商标"片仔癀"文字作为产品名称的组成部分,并将与注册商标"片仔癀""PIENTZEHUANG"标识完全相同的标识作为其商标装潢使用,不是所谓的正当使用,而具有明显"搭便车的意图",在客观上足以使相关公众混淆商品的来源,侵犯了片仔癀公司注册商标专用权。(3)家化厂不享有任何在先权,也没有证据证明在"片仔癀"被注册为商标之前,家化厂就开始使用与现有一致的包装、装潢。家化厂并没有将任何工业产权出资到宏宁公司,宏宁公司所谓承接家化厂的主张也不能成立。(4)原审法院认定宏宁公司侵权获利805 902.47元是正确的。综上,片仔癀公司请求驳回宏宁公司的再审申请。

经审理,最高人民法院认为宏宁公司再审申请理由均不能成立,再审申请不符合《中华人民共和国民事诉讼法》第179条的规定,依据《中华人民共和国民事诉讼法》第181条第1款之规定,裁定驳回漳州市宏宁家化有限公司的再审申请。

二、裁判要旨

**No.2-7-59.1-3 当产品成分中含有他人注册商标名称,对产品成分中的该词汇进行描述性使用时,可以参考商业惯例等因素。**

《商标法实施条例》第49条规定,注册商标中含有的本商品的通用名称、图形、型号,或者直接表示商品的质量、主要原料、功能、用途、重量、数量及其他特点,或者含有地名,注册商标专用权人无权禁止他人正当使用。片仔癀是一种药品的名称,如果被控产品中含有片仔癀成分,生产者出于说明或客观描述商品特点的目的,以善意方式在必要的范围内予以标注,不会导致相关公众将其视为商标而导致来源混淆,可以认定为正当使用。判断是否属于善意,是否必要,可以参考商业惯例等因素。宏宁公司如果是为了说明其产品中含有片仔癀成分,应当按照商业惯例以适当的方式予以标注,但是本案中,宏宁公司却是在其生产、销售商品的包装装潢显著位置突出标明"片仔癀""PIENTZEHUANG"字样,该标识明显大于宏宁公司自己的商标及其他标注,并且所采用的字体与片仔癀公司的注册商标基本一致。该种使用方式已经超出说明或客观描述商品而正当使用的界限,其主观上难谓善意,在涉案商标已经具有很高知名度的情况下,客观上可能造成相关公众产生商品来源的混淆,因此宏宁公司关于其使用是正当使用的主张不能成立。

## 49 商标侵权行为之三(《商标法》第59条第1款)

**案例:佛山市合记饼业有限公司与珠海香记食品有限公司侵犯注册商标专用权纠纷案**
**案例来源:**《最高人民法院知识产权审判案例指导》(第四辑)[(2011)民提字第55号]
**主题词:**通用名称的认定

### 一、基本案情

申请再审人(一审原告、二审被上诉人):佛山市合记饼业有限公司(以下简称合记公司)。
申请再审人(一审被告、二审上诉人):珠海香记食品有限公司(以下简称香记公司)。

合记公司申请再审称:(1)二审判决认定"盲公饼是商品名称"没有事实根据和理由。"盲公饼"名称具有历史原创性,它完全是包括合记公司在内的数代经营者独家创立的品牌,其权利理应由合记公司单独享有,不可能成为公众可以随意使用的商品名称。"盲公饼"在成为注册商标之前属于一种特有名称,一直为独家使用;成为注册商标后,显著性越来越强,是不折不扣的知名品牌。国内并无其他合法使用"盲公"饼的生产厂家。香记公司提供的证据不足以说明"盲公"饼是商品名称。二审判决认定"盲公饼是商品名称"没有任何事实依据,相反会严重影响合记公司的权益,请求予以改正。(2)本案中,合记公司的"盲公"品牌历史悠久,具有很高的市场知名度。香记公司在其生产的饼干的饼身及外包装上使用"盲公饼"标记,足以使相关公众对两者的关系产生误认。二审判决在对比香记公司的"盲公饼"与合记公司的注册商标时,忽视合记公司商标的市场知名度,简单地认定香记公司产品饼身的"盲公饼"与合记公司的两注册商标不同,不构成侵权;外包装上的"盲公饼"也仅侵犯了合记公司的第1965555号"盲公"注册商标。二审判决的这一认定明显不当,香记公司的行为同时侵犯了合记公司第166967号及第1965555号商标专用权。(3)香记公司应赔偿合记公司20万元。合记公司没有对第283号判决提起上诉,并不代表合记公司接受该赔偿数额。本案中合记公司的两注册商标知名度较高,历史悠久,而香记公司侵权时间较长,赔偿数额如重第2号判决确定为20万元较为合理。综上,合记公司请求撤销二审判决,改判维持重第2号判决。

香记公司申请再审称:(1)合记公司起诉仅主张香记公司使用"盲公"作为同类商品名称的行为侵犯了其商标权,从未提及外包装使用"盲公饼"构成侵权。在庭审过程中也未将此问题作为争议焦点由双方当事人进行质证和辩论,但原审法院却认定香记公司外包装使用"盲公饼"标记的行为侵犯了合记公司的商标权,明显违反了民事诉讼法"不告不理"的基本原则,并剥夺了香记公司答辩的权利。(2)盲公饼是在我国广东省和港澳地区、东南亚某些地区和国家流行的一种饼类的通称。合记公司将"盲公牌"注册为商标,首先,违反了通用名称不得作为商标注册的法律规定。其次,根据《商标法实施条例》第49条的规定,合记公司无权禁止香记公司正当使用"盲公饼"作为商品名称。况且,本案中香记公司将"盲公饼"字体作为外包装,只是为了说明或者描述自己生产销售的商品是"盲公饼"而已,这样的使用并不会造成相关公众的误认和混淆,因此二审判决以容易导致相关公众误认为由判决香记公司侵权,属于适用法律错误。(3)香记公司提交的证据表明,澳门香记食品公司早在1975年成立之初就开始生产盲公饼,并使用"盲公饼"艺术字体作为包装标识沿用至今。澳门香记食品公司对"盲公饼"标识享有著作权。2000年以后,澳门香记食品公司在珠海设厂生产香记"盲公饼",并采用与澳门香记食品公司相一致的外包装装潢。香记公司享有在先权利。合记公司将香记公司使用的这一艺术字体申请商标,并于 2002 年 12 月 28 日才获准注册,有抢注商标的嫌疑。综上,香记公司请求撤销二审判决,并依法驳回合记公司的诉讼请求。

再审查明,原审法院查明的事实基本属实。另查明:在再审期间,香记公司提交了合记公司和嘉华公司的工商档案,主张合记公司是私营企业,并非由嘉华公司(全民所有)改制而来,不是盲公饼的继受人。经查,合记公司 1999 年经有关部门批准成立,最初有 3 个股东,2003 年变更为 40 名自然人股东,大多是嘉华公司的原职工。再查,在嘉华公司申请"盲公牌盲公"和"盲公"商标前,目前没有证据证明在大陆还有其他厂商生产盲公饼;在这之后,除了香记公司以及 1998 年佛山市技术监督局曾对南海市一家生产盲公饼的食品厂进行了行政处罚外,也没有其他厂商生产盲公饼的证据。

经审理,再审法院认为二审判决认定事实和适用法律存在错误之处,合记公司的再审申请部分理由成立,予以支持。依照《中华人民共和国民法通则》第 118 条、第 134 条第 1 款第 1、7 项,《中华人民共和国商标法》第 52 条第 1 项、第 56 条,最高人民法院《关于审理商标民事纠纷案件适用法律若干问题的解释》第 16 条,以及《中华人民共和国民事诉讼法》第 186 条第 1 款、第 153 条第 1 款第 2、3 项之规定,判决:

一、维持广东省高级人民法院(2007)粤高法民三终字第 36 号民事判决第一、四项,即:驳回佛山市合记饼业有限公司的其他诉讼请求;珠海香记食品有限公司在判决生效之日起 10 日内赔偿佛山市合记饼业有限公司经济损失 5 万元。如果未按本判决指定的期间履行给付金钱义务,应当依照《民事诉讼法》第 229 条之规定,加倍支付迟延履行期间的债务利息。

二、变更广东省高级人民法院(2007)粤高法民三终字第 36 号民事判决第二项为:珠海香记食品有限公司在判决发生法律效力之日起立即停止侵犯佛山市合记饼业有限公司第 166967 号及第 1965555 号注册商标专用权的行为。

三、变更广东省高级人民法院(2007)粤高法民三终字第 36 号民事判决第三项为:珠海香记食品有限公司在判决发生法律效力之日起 10 日内,销毁生产侵权产品的模具及带有"盲公饼"字样的包装纸(盒)。

二、裁判要旨

**No.2-7-59.1-4 判断争议标识是否产品通用名称,需要考虑产品的特点和文化传统。**

合记公司拥有第 166967 号"盲公牌盲公"商标和第 1965555 号"盲公"商标,依法应受保护。根据《商标法》第 52 条第 1 项的规定,未经商标注册人的许可,在同一种商品或者类似商品上使用与其注册商标相同或者近似的商标的,属于侵犯注册商标专用权的行为。本案中,香记公司其生产和销售的产品与合记公司注册商标核定使用商品相同,虽然被控产品饼身标注的"盲公饼"字体与合记公司第 166967 号和第 1965555 注册商标的字体存在一些差异,外包装盒标贴"盲公饼"与第 166967 号注册商标也存在一些不同,但这些差别是细微的,构成在同一种商品上使用与注册商标近似商标的行为。香记公司抗辩主张盲公饼是通用名称,其标注"盲公饼"是正当使用。对此,法院认为,本案中,根据查明的事实可以看出,盲公饼是有着 200 多年历史的一种佛山特产,有着特定的历史渊源和地方文化特色。虽然"盲公饼"具有特殊风味,但"盲公"或者"盲公饼"本身并非是此类饼干的普通描述性词汇。从其经营者传承看,虽然经历了公私合营、改制等过程,但有着较为连续的传承关系,盲公饼是包括合记饼店、佛山市合记饼干糖果食品厂、佛山市糖果厂、嘉华公司、合记公司等在内的数代经营者独家创立并一直经营的产品。而且在我国 2001 年《商标法》施行不久,"盲公饼"的经营者即申请了"盲公"商标,并且积极维护其品牌,其生产的"盲公饼"具有较高的知名度。虽然香记公司主张"盲公饼"是通用名称,但未能举出证据证明在我国内地还有其他厂商生产"盲公饼",从而形成多家主体共存的局面。虽然有些书籍介绍"盲公饼"的做法,我国港澳地区也有一些厂商生产各种品牌的"盲公饼",这些客观事实,有可能使得某些相关公众认为"盲公饼"可能是一类产品的名称,但由于特定的历史起源、发展过程和长期唯一的提供主体以及客观的市场格局,我国内地的大多数相关公众会将"盲公饼"认知为某主体提供的某种产品。因此,在被诉侵权行为发生时,盲公饼仍保持着产品和品牌混合的属性,具有指示商品来源的意义,并没有通用化,不属于通用名称。对于这种名称,给予其较强的保护,禁止别人未经许可使用,有利于保持产品的特点和文化传统,使得产品做大做强,消费者也能真正品尝到产品的风味和背后的文化;相反,如果允许其他厂家生产制造"盲公饼",一方面权利人的权益受到损害,另一方面也可能切断了该产品所承载的历史、传统和文化,破坏已有的市场秩序。

所以"盲公饼"并非商品通用名称,香记公司关于其正当使用的抗辩不能成立。香记公司未经合记公司许可,在与注册商标核定使用商品相同的商品上使用与注册商标近似商标的"盲公饼"的行为,易使相关公众误认为该产品来自合记公司或者其提供主体与合记公司之间存在特定关系,侵犯了合记公司第166967号和第1965555号注册商标专用权,应当承担相应的民事责任。

**50** 商标的合理使用(《商标法》第59条)

**案例:利源公司诉金兰湾公司商标侵权纠纷案**

案例来源:《中华人民共和国最高人民法院公报》2005年第10期[(2003)苏民三审监字第008号]

主题词:商标合理使用

**一、基本案情**

原告(上诉人):南京利源物业发展有限公司。

被告(被上诉人):南京金兰湾房地产开发有限公司。

原告诉称:经过9年的精心打造,本公司开发的百家湖花园已成为房地产界的知名品牌,并已注册了"百家湖"商标。2001年10月10日,被告未经原告许可,将其新开盘的高层冠名为"百家湖·枫情国度",其商标的文字部分也使用了"百家湖",并在有关媒体进行广告宣传。被告的行为已侵犯了原告的商标专用权。请求判令被告立即停止侵权行为,公开赔礼道歉,赔偿原告经济损失100万元。

被告辩称:本公司开发的住宅地点在百家湖地区,建筑物前的名称属于地名,而非商标。本公司在广告宣传中使用"百家湖"不会使购房者产生误认,"百家湖"作为一个地名家喻户晓,本公司也是将其作为地名使用,消费者不会将其理解为原告开发的"枫情国度",请求驳回原告的诉讼请求。

江苏省南京市中级人民法院经公开审理查明:"百家湖"系位于南京市江宁区东山镇境内的一个地方的名称。南京利源物业发展有限公司于1999年8月13日申请注册"百家湖"商标,于2000年10月14日获国家商标局核准,商标标记为"百家湖"文字的行书体,核定使用的服务范围为"艺术品估价,不动产出租,不动产代理,不动产中介,不动产评估,不动产管理,公寓管理,公寓出租,住所(公寓)经纪"。2001年9月、10月,南京利源物业发展有限公司在《现代快报》上,以行书体"百家湖花园"的使用形式,刊登多种售房广告。南京金兰湾房地产开发有限公司于2001年9月6日将其在江宁区百家湖地区开发的住宅小区命名为"枫情家园",并向江宁区地名委员会进行了申报,同年9月14日获得该委批准。后南京金兰湾房地产开发有限公司将"枫情家园"中新开盘的高层住宅冠名为"百家湖·枫情国度",并以该名在2001年10月10日、12月17日的《金陵晚报》,2001年11月11日的《扬子晚报》上刊登售楼广告进行宣传,同时南京金兰湾房地产开发有限公司在该楼盘的售楼书中标有[百家湖·枫情国度]的文字,在标识图案的右下方同样标有[百家湖·枫情国度]的文字。

经审理,一审法院江苏省南京市中级人民法院依照《中华人民共和国民法通则》第4条、第5条、第55条第1款第3项,《中华人民共和国商标法》第52条,判决:驳回原告南京利源物业发展有限公司的诉讼请求。

原审原告不服一审法院判决,提出上诉,诉称:(1)被上诉人对小高层楼盘的地址及地理来源并非采用表述的方式,而是采用冠名及文字商标的方式,而冠名和文字商标足以使消费者对商品和服务的来源产生误认。(2)被上诉人使用"百家湖"主观上并非善意。被上诉人并未使用江宁区地名委员会核准的地名"枫情家园"。"百家湖"虽为一湖名，但十年前只是一个小水塘，经过江宁开发区及上诉人巨资投入和精心打造，已成为具有巨大经济价值的风景区，被上诉人利用上诉人的知名品牌"百家湖"的市场影响力推销其楼盘，使广大消费者对被上诉人的"枫情国度"的出处产生了误解，应属不正当竞争。请求二审法院撤销原判，判令被上诉人停止侵权，赔偿上诉人经济损失100万元，并公开赔礼道歉。

被上诉人(原审被告)辩称:(1)被上诉人在楼盘冠名中使用"百家湖"，其目的在于表明楼盘所处地理位置。(2)"百家湖·枫情国度"楼盘确实处于百家湖地区，百家湖已成为风景区，其代表的不是一个点，而是一个区域。请求二审法院驳回上诉，维持原判。

二审法院江苏省高级人民法院经公开审理查明的事实与一审相同。另查明:"百家湖"系位于南京市江宁区东山镇境内的一个湖名。被告南京金兰湾房地产开发有限公司在江苏展览馆展出的样板房上使用的广告语为"百家湖畔·枫情国度"，其中"畔"字明显小于其他字体。

经审判，江苏省高级人民法院依照《中华人民共和国民事诉讼法》第153条第1款第2项、《中华人民共和国民法通则》第134条第1款第1、10项、《中华人民共和国商标法实施细则》(修订前)第41条第1款第2项、《中华人民共和国商标法》(修订后)第56条第2款，作出如下判决:

一、撤销江苏省南京市中级人民法院(2001)宁知初字第196号民事判决。

二、南京金兰湾房地产开发有限公司立即停止侵犯南京利源物业发展有限公司商标权的行为。

三、南京金兰湾房地产开发有限公司赔偿南京利源物业发展有限公司经济损失10万元。

金兰湾房地产公司不服二审判决，向江苏省高级人民法院申请再审，江苏省高级人民法院于2004年9月3日作出(2003)苏民三审监字第008号民事裁定，决定对本案进行再审。

再审中，双方当事人对原一、二审判决认定的事实均不持异议，江苏省高级人民法院予以确认。经再审，江苏省高级人民法院认为:金兰湾房地产开发有限公司使用"百家湖"属于正当、合理的使用，不会使相关公众引起混淆、误认。原一审适用修订后的《商标法》作为判决依据不当，但认定金兰湾房地产开发有限公司不构成侵权以及实体处理结果是正确的，应予维持。本院二审认定事实清楚，但判定金兰湾房地产开发有限公司的合理使用构成侵权不当，应予纠正。江苏省高级人民法院依照《中华人民共和国民事诉讼法》第184条第1款、第153条第1款第2项、《中华人民共和国民法通则》第4条、《中华人民共和国商标法》(修订前)第37条的规定，作出再审判决:

一、撤销本院(2002)苏民三终字第056号民事判决;

二、维持江苏省南京市中级人民法院(2001)宁知初字第196号民事判决，即驳回南京利源物业发展有限公司的诉讼请求。

二、裁判要旨

**No.2-7-59.1-5 商品房销售者在广告宣传中使用他人注册商标中含有的地名来标注商品房地理位置，没有造成公众对商品房来源产生混淆、误认的，不构成侵犯注册商标专用权。**

《商标法实施条例》第49条规定:"注册商标中含有的本商品的通用名称、图形、型号，或者直接表示商品的质量、主要原料、功能、用途、重量、数量及其他特点，或者含有地名，注册商标专用权人无权禁止他人正当使用。"判断是否侵犯商标专用权，主要看相关公众的一般注意力是否会对相同或类似商品或服务的来源产生混淆或误认，或者认为其来源与注册商标的商品或服务有特定的联系。在依法保护商标专用权的同时，也要合理维护正当的公众利益。"百家湖"商标经国家工商行政管理局商标局合法注册，利源物业发展有限公司对该商标依法享有商标权。但是，该注册商标属于涉及"百家湖"地名的文字商标，利源物业发展有限公司作为商标权人，虽有权禁止他人将与该地名相同的文字作为商标或商品名称等商业性标识在相同或者类似商品上使用来表示商品的来源，但无权禁止他人在相同或者类似商品上正当使用该地名来表示商品与产地、地理位置等之间的联系。金兰湾房地产开发有限公司虽然在楼盘冠名和广告宣传中使用了与"百家湖"注册商标相同的文字,但并不侵犯利源物业公司的商标专用权。

1. 金兰湾房地产开发有限公司使用"百家湖"文字的目的和方式,是为了表示房地产的地理位置,并无不当。金兰湾房地产开发有限公司开发的房地产就位于百家湖地区,并且楼盘距百家湖湖面很近,完全有权如实注明商品房的地理位置。金兰湾房地产开发有限公司将楼盘冠名[百家湖·枫情国度],并在广告中使用[百家湖·枫情国度]或[百家湖畔枫情国度],其目的就是为了告知消费者该楼盘位于百家湖地区。而且这种使用地名的方式,是将"百家湖"作为地理位置叙述使用,符合普通公众惯常理解的表示地理位置的方式,属于对地名的正当使用。

2. "百家湖"作为地名的知名度明显高于其作为商标的知名度,金兰湾房地产开发有限公司将其作为地名使用,不易造成与商标的混淆。在地名商标中,如果所使用的文字作为商标的知名度高,则相关公众对其出处的混淆、误认的可能性大;如果其作为地名的知名度高,则相关公众对其出处的混淆、误认的可能性则小。"百家湖"作为地名、湖名,属于公共领域词汇,当地有"百家湖街道办事处""百家湖中学""百家湖小学",等等。利源物业发展有限公司虽然早期参与了百家湖地区的物业开发和环境整治,但主要仍是南京市江宁区政府及周边众多房地产开发商的投入,而不是主要由利源物业发展有限公司单独投资而来。南京地区的普通公众对"百家湖"的第一印象首先是地名、湖名,一般不会将其视为商标。可见"百家湖"主要是作为地名、湖名使用,其作为第36类商标,至少在争议发生之前知名度不高。金兰湾房地产开发有限公司使用[百家湖·枫情国度],引起相关公众和消费者对楼盘出处混淆、误认的可能性几乎不存在。

3. 金兰湾房地产开发有限公司在销售楼盘中指示地理位置,符合房地产经营的惯例。商品或服务的分类情况,往往决定了是否需要指示其地理位置。不动产销售的特点是必须和相应的地理位置相联系,标示楼盘的地理位置是房地产开发销售市场的经营惯例,也是不动产本身的特点所决定的。金兰湾房地产开发有限公司在楼盘冠名和房地产销售广告中如实告知消费者楼盘的地理位置,应当认为是基于说明不动产自然属性的需要,符合房地产经营的惯例,并非恶意使用或者不正当使用。

4. 由于相关公众在选择房地产时有很高的注意程度,金兰湾房地产开发有限公司的使用方式也不会造成消费者混淆或者误认。房屋作为特殊商品,地域特征非常明显,购买房地产的消费者一般较其他购买行为更为谨慎,消费者对不同楼盘往往进行实地考察,即使是同一家房地产公司开发的他处楼盘,消费者通常也会慎重考察质量问题。根据相关公众选择此类商品或服务时的一般注意程度,金兰湾房地产开发有限公司这样使用"百家湖",也不会使相关公众对该房地产的来源产生混淆或误认。

5. 金兰湾房地产开发有限公司虽然在广告宣传中使用[百家湖·枫情国度]或[百家湖畔·枫情国度],但这种使用地名的方式,是普通公众惯常理解的表示楼盘出处和地理位置的方式,主要是为突出地名或湖名,以此强调它的楼盘与湖的关系,而不是暗示该楼盘与注册商标的关系。

## 51 确认不侵权之诉(《商标法》第60条第1款)

**案例:南京大学出版社与武汉亚新地学有限公司请求确认不侵犯商标权纠纷案**
案例来源:《人民法院案例选》[(2008)苏民三终字第0052号]
主题词:确认不侵权之诉

### 一、基本案情

上诉人(原审原告):南京大学出版社。

被上诉人(原审被告):武汉亚新地学有限公司(以下简称亚新公司)。

原审南京大学出版社诉称,原告于2005年出版了《奥数一点通》系列小学生数学学习辅助用书。该套丛书以对数学问题进行点拨的方式帮助小学生理顺解题思路。为表现这一特点,在丛书的书名中使用了"一点通"三个字。经查询,原告得知被告在第16类商品上获得了"一点通"注册商标专用权。经与被告函件往来，被告认为原告在《奥数一点通》丛书中使用"一点通"侵犯了其"一点通"注册商标专用权，并要求原告立即停止侵权行为，如若使用，需要取得书面授权许可。原告认为，"一点通"仅仅是丛书书名《奥数一点通》中的一个组成部分，意在表现商品的特性。根据《中华人民共和国商标法实施条例》第49条关于"注册商标中含有的本商品的通用名称、图形、型号，或者直接表示商品的质量、主要原料、功能、用途、重量、数量及其他特点，或者含有地名，注册商标专用权人无权禁止他人正当使用"的规定，原告使用《奥数一点通》作为书名，并不构成对被告涉案注册商标专用权的侵犯，亦无须得到被告的许可。被告的行为使原告的正常经营活动和经营利益受到了影响，为此，诉于法院，请求确认原告使用《奥数一点通》书名出版系列图书没有侵犯被告的"一点通"注册商标专用权。

江苏省南京市中级人民法院经审理查明，本案所涉纠纷已由湖南省益阳市工商行政管理局资阳分局在先立案处理。湖南省益阳市工商行政管理局资阳分局于2007年5月21日向原告发出《听证告知书》，通知南京大学出版社在该局作出行政处罚决定前有陈述、申辩以及要求举行听证的权利；于2007年7月16日作出行政处罚决定书，认定南京大学出版社在《奥数一点通》丛书上突出使用"一点通"文字，侵犯了亚新公司"一点通"注册商标专用权，责令南京大学出版社停止违法行为，并罚款4万元。法院认为，原告的相关权利在行政程序或者行政诉讼程序中可以得到救济，原告提起请求确认不侵犯商标权之诉不符合法律规定的受理条件。本案所涉纠纷已由工商行政管理部门立案和处理，原告的相关权利可依法得到相应的法律程序救济；原告提起的诉讼不符合法律规定的受理条件，因此，人民法院不应受理。对于被告亚新公司提出的管辖权异议，基于上述情形的存在，法院不再理涉。据此，根据《中华人民共和国民事诉讼法》第108条和最高人民法院《关于适用〈中华人民共和国民事诉讼法〉若干问题的意见》第139条的规定，裁定驳回原告南京大学出版社的起诉。

原告不服一审判决，上诉至江苏省高级人民法院。称益阳工商局的行政处罚并不构成本案民事诉讼的前提，法律亦未规定不侵权之诉须针对权利主体"滥用权利"的行为，因此，本案起诉符合法律规定的受理条件。请求二审法院撤销一审裁定。江苏省高级人民法院二审裁定：驳回上诉，维持原裁定。

二、裁判要旨

No.2-7-60.1-1 **相关程序已经经过行政程序认定的，不应再提起确认不侵权之诉。**

根据《商标法》第53条的规定，对于侵犯商标专用权纠纷，可以由人民法院立案审理，也可以由工商行政管理部门立案处理，对工商行政管理部门处理决定不服的，可以根据《行政诉讼法》的相关规定向人民法院提起行政诉讼。湖南省益阳市工商行政管理局资阳分局有权依据被告的请求对原告相关行为是否侵犯本案被告"一点通"商标专用权进行认定和处理。人民法院受理请求确认不侵权之诉，是给当事人提供的一种辅助救济手段，因此对请求确认不侵权案件的受理条件应予以必要的限制。只有在权利人向被控侵权人发出侵权警告，而被控侵权人认为自己的行为不构成侵权，权利人的警告行为可能对被控侵权人的权益造成损害的情况下，被控侵权人才能提出请求确认不侵权之诉。对于相关行为是否构成侵权已经过行政程序或者权利人已提起民事侵权诉讼，则不应再通过提起确认不侵权之诉请求人民法院予以处理。对于侵犯商标专用权纠纷，可以由人民法院立案审理，也可以由工商行政管理部门立案处理。对工商行政管理部门处理决定不服的，可以根据《行政诉讼法》的相关规定向人民法院提起行政诉讼。在南京大学出版社提起确认不侵权之诉前，资阳工商局应亚新公司的请求，已就南京大学出版社发行、销售《奥数一点通》的行为予以立案。一审立案后，资阳工商局对南京大学出版社作出行政处罚。南京大学出版社如果认为自己的行为不构成侵权，完全可以通过行政诉讼程序得到最终确认。一审法院认为南京大学出版社的起诉不符合我国《民事诉讼法》第108条的规定，裁定驳回起诉是正确的。

**52** 酒类经销商的合理审查义务(《商标法》第60条第3款、第63条第1款)

案例：中国贵州茅台酒厂有限责任公司诉重庆南方君临酒店有限公司侵犯商标专用权案
案例来源：(2009)渝高法民终字第159号
主题词：合理审查义务　赔偿责任

一、基本案情

上诉人(原审原告)：中国贵州茅台酒厂有限责任公司(以下简称茅台酒厂)。

被上诉人(原审被告)：重庆南方君临酒店有限公司(以下简称君临酒店)。

一审法院查明：1987年4月20日，茅台酒厂在核定使用商品第33类(酒类)上向国家商标局申请注册了"贵州茅台"商标，注册证号为第284526号，有效期至1997年4月19日。2006年12月26日，经国家商标局核准，第284526号商标续展注册有效期自2007年4月20日至2017年4月19日。1998年4月7日，经国家商标局核准，该商标注册人变更为中国贵州茅台酒厂(集团)有限责任公司。2009年2月16日，北京市东城区人民法院作出(2009)东民初字第01478号民事判决，认定原告茅台酒厂对"贵州茅台"商标(注册证号为第284526号)享有注册商标专用权。1991年9月19日，中国驰名商标消费者评选活动委员会颁发荣誉证书载明，"贵州茅台"牌商标在首届中国驰名商标消费者评选活动中荣获中国驰名商标称号。

2008年1月16日，重庆市商业委员会接到举报，对被告君临酒店涉嫌经销假冒贵州茅台酒进行立案调查。在调查中，被告君临酒店的采购部经理陈述，其经销的贵州茅台酒是于2007年8—9月从茅台文兴酒业祝福祖国酒销售总部重庆业务代表何建强处购进，并表示接受处理但希望从轻处罚。调查中，被告君临酒店提供了其购买贵州茅台酒的相关凭证。后经贵州茅台酒股份有限公司工作人员抽样鉴定(抽样喷码包括生产日期20070830，批号2007100-0211、0218、00183、00186等)，认定被告君临酒店经销的贵州茅台酒的包装材料属假冒，酒质也不是该公司生产的产品，鉴定结论为假冒贵州茅台酒。2008年1月22日，重庆市商业委员会作出行政处罚事先告知书和听证权利告知书，载明拟对被告君临酒店作出没收未销售完的假冒贵州茅台酒以及罚款1 063 440元的处罚。被告君临酒店放弃了听证权利，并于2008年1月25日向重庆市商业委员会缴纳了20万元。2008年1月30日，重庆市商业委员会作出渝商委发〔2008〕处字04号案件处理决定书，载明该委于2008年1月16日在酒类市场的例行检查中发现被告君临酒店经销的贵州茅台酒("飞天"系列53度500ML)581瓶，贵州茅台十五年陈("飞天"系列53度500ML)42瓶涉嫌假冒。重庆市商业委员会根据被告提供的购销凭据，认定被告共购进了涉嫌假冒贵州茅台酒十五年陈(53度500ML)42瓶，购进价2 180元/瓶(未销售)；涉嫌假冒贵州茅台酒("飞天"系列53度500ML)840瓶，购进价分别为508元/瓶和536元/瓶，违法销售259瓶(588元/瓶)，计销售金额152 292元。经有关单位鉴定属假冒贵州茅台酒。重庆市商业委员会据此对被告作出处罚，没收未销售完的假冒贵州茅台酒("飞天"系列53度500ML)581瓶和贵州茅台酒十五年陈(53度500ML)42瓶并罚款304 500元。2008年1月31日，被告君临酒店向重庆市商业委员会报告，表示由于该酒店在酒类供货渠道上把关不严，盲目购进茅台酒，致使不法分子钻了空子，其没有购买假酒的故意，申请减轻处罚，重庆市商业委员会未作回应。

另查明，2007年8—11月间，被告君临酒店通过茅台文兴酒业祝福祖国酒销售总部重庆业务代表何建强购买了贵州茅台酒("飞天"系列53度500ML)和贵州茅台酒十五年陈(500ML)，其中贵州茅台酒("飞天"系列53度500ML)单价为536元和508元，贵州茅台酒十五年陈(500ML)单价为2 180元。被告君临酒店将货款直接支付给了何建强，何建强向被告君临酒店提供了贵州茅台酒股份有限公司下属贵州茅台酒销售有限公司以及贵州茅台酒厂(集团)习酒有限责任公司重庆分公司名义开具的发票共4张。诉讼中，原告茅台酒厂称，前述以贵州茅台酒销售有限公司名义开具的发票非该单位开具，且贵州茅台酒厂(集团)习酒有限责任公司未在重庆设立分公司。2008年1月4日，贵州省产品质量检验检测院根据被告君临酒店的委托，出具了一份鉴定报告，载明2008年1月3日送样的"贵州茅台酒"("飞天"系列53度500ML，生产日期为20070830，批号为20071000111)是属真的贵州茅台酒("飞天"系列53度500ML)。

经审理,一审法院认为,被告君临酒店销售假冒茅台酒侵犯了原告茅台酒厂的注册商标专用权,应当停止销售假冒贵州茅台酒("飞天"系列53度500ML)的行为。依照《中华人民共和国商标法》第52条、第53条、第56条第3款和《中华人民共和国民事诉讼法》第128条之规定,遂判决如下:

一、被告重庆南方君临酒店有限公司立即停止侵权行为,即停止销售假冒贵州茅台酒("飞天"系列53度500ML)的行为;

二、驳回原告中国贵州茅台酒厂有限责任公司的其他诉讼请求。

原告茅台酒厂对上述判决不服,向重庆市高级人民法院提起上诉。诉称:一审法院认定事实错误,适用法律错误,请求法院撤销重庆市第五中级人民法院(2009)渝五中法民初字第7号民事判决书;判决被上诉人就其侵权行为在所在地省级报纸上为上诉人恢复商誉,消除不良影响,赔偿上诉人经济损失人民币50万元,并承担一、二审诉讼费用。其理由是:(1)被上诉人未按照商务部制定的《酒类流通管理办法》第15条规定对每批购进的酒类商品索取有效的产品质量检验合格证明复印件以及加盖酒类经营者印章的《随附单》等。(2)贵州茅台酒作为酒类的优质品牌,是中国驰名商标,拥有很高的市场认可度,被上诉人作为在重庆本地具有很高知名度和市场占有率的五星级大酒店,其内部财务会计制度的要求以及工商税务等行政部门的审核要求,其购销商品需要办理的手续也较为完善、复杂,有能力判断所购销的商品是否可能侵犯他人的注册商标专用权,且被上诉人作为长期大量销售茅台酒的经营主体,应对茅台酒公司的销售模式及产品特征有所了解及掌握,因此,被上诉人在进货时应施以更多注意。(3)关于发票和付款凭证问题,被上诉人虽提供了购货发票,但四张发票的出票单位不一致,出票人既非何建强本人也非何建强所供职的单位,且出具的发票仅载明品名为酒、无规格、无数量、无单价、非机打,且与被上诉人此前向执法部门自认12瓶十五年茅台陈酿价值24960元没有发票相矛盾,因此上述发票不能证明被上诉人所购假酒来源于何建强。被上诉人未尽到合理审查义务,不具备《中华人民共和国商标法》第56条第3款规定的商标侵权人的免责条件,应承担赔偿责任。被上诉人侵权时间长、数量大且已经销售了价值10余万元的假酒,上诉人为制止侵权行为而多次进行调查并委托律师进行诉讼,发生了大量的费用,请求二审法院充分考虑被上诉人侵权的恶性程度及茅台商标系中国驰名商标等因素,判令被上诉人赔偿上诉人50万元的经济损失。并依据最高人民法院《关于审理商标民事纠纷案件适用法律若干问题的解释》第21条的规定,判令被上诉人在重庆报纸上为上诉人恢复商誉,消除不良影响。

被上诉人君临酒店未向法庭提交答辩状,但在庭审时答辩称本案是关于侵犯商标权的案件,而上诉人未举示其公司被重庆市商委处罚的假酒的商标,无法判定其公司销售的酒侵犯了上诉人的注册商标专用权。同时,君临酒店认为,原审法院认定事实清楚,适用法律正确,要求依法驳回上诉,维持原判。

二审中,法院另查明,茅台文兴酒厂祝福祖国酒销售总部与茅台酒厂没有关联,茅台文兴酒厂祝福祖国酒销售总部给何建强出具的授权书载明:兹授权何建强作为我部在重庆的业务代表,其权限为负责"祝福祖国酒"系列产品在重庆的销售工作;其在工作过程中的违法行为,一律由被授权者自行负责。

二审法院认为双方争议的焦点是:被上诉人君临酒店是否尽到了合理审查义务,应否承担赔偿经济损失及消除不良影响的责任。经审理,二审法院认为茅台酒厂的上诉理由部分成立,一审判决认定事实有误,应予改判。据此,依照《中华人民共和国民事诉讼法》第153条第1款第1、3项的规定,判决:

一、维持重庆市第五中级人民法院(2009)渝五中法民初字第7号判决第一项;

二、撤销重庆市第五中级人民法院(2009)渝五中法民初字第7号判决第二项;

三、被上诉人重庆南方君临酒店有限公司于本判决生效之日起15日内,赔偿上诉人中国贵州茅台酒厂有限公司经济损失3万元;

四、驳回被上诉人重庆南方君临酒店有限公司的其他诉讼请求。

## 二、裁判要旨

**No.2-7-60.3-1** 应结合产品来源、产品价格、产品及其商标的知名度以及销售者的实际经验和国家对该种产品采购、销售的特殊规定等综合因素,确定经营者是否"合法取得"侵权产品。

酒类经营是一种特种行业,国家有专门的法律法规,经营者必须遵守。商务部制定的《酒类流通管理办法》第15条规定:酒类经营者采购酒类商品时,应向首次供货方索取其营业执照、卫生许可证、生产许可证(限生产商)、登记表、酒类商品经销授权书(限生产商)等复印件。酒类经营者对每批购进的酒类商品应索取有效的产品质量检验合格证明复印件,以及加盖酒类经营者印章的《随附单》或符合本办法第14条第2款规定的单据;对进口酒类商品还应索取国家出入境检验检疫部门核发的《进口食品卫生证书》和《进口食品标签审核证书》复印件。本案中,君临酒店只向法庭提交了其销售假冒茅台酒来源于何建强的证据,从本院查明的情况看,何建强虽系茅台文兴酒厂祝福祖国酒销售总部在重庆的业务代表,但该部给何建强出具的授权书载明何建强的权限为负责"祝福祖国酒"系列产品在重庆的销售工作,该部与茅台酒厂并无关联,何建强没有得到贵州茅台酒厂的授权,其无销售贵州茅台酒的资格,因此,君临酒店提交的其销售假冒茅台酒来源的证据不能说明其销售的酒是合法取得。君临酒店作为重庆市高新技术产业开发区融商务旅行、会展洽谈和休闲娱乐为一体的挂牌五星级豪华商务酒店,在重庆具有很高知名度和市场占有率,其销售的酒类不但种类多且数量也大,作为一家经营多年的五星级豪华商务酒店,对商务部制定的《酒类流通管理办法》应该了解并知悉其中的规定,但其在酒类经营中,未按照《酒类流通管理办法》的规定向首次供货方索取其营业执照、卫生许可证、生产许可证(限生产商)、登记表、酒类商品经销授权书(限生产商)等复印件,也未索取有效的产品质量检验合格证明复印件以及加盖酒类经营者印章的《随附单》或符合《酒类流通管理办法》第14条第2款规定的单据,违反了《酒类流通管理办法》的规定。虽然君临酒店向法庭提供了其以正常市场价格购买该批茅台酒的发票以及付款凭证,并说明了该酒是从茅台文兴酒业祝福祖国酒销售总部的重庆业务代表何建强处购进,且曾对同批次贵州茅台酒进行了送检,但上述这些行为均不能免除其作为一个酒类经营者遵守商务部制定的《酒类流通管理办法》的义务,可以不对何建强销售贵州茅台酒的资格等进行审查就在其处购买酒。因而,君临酒店未尽到作为销售者所应尽到的合理审查义务,其主观上存在过错,依法应承担赔偿责任。

**No.2-7-63.1-2** 行政处罚不得代替民事责任或者作为减轻、免除民事责任的依据。

被告君临酒店因销售假冒贵州茅台酒已受到重庆市商业委员会的行政处罚,其民事责任是否可以免除的问题,法院认为,重庆市商业委员会对君临酒店作出的行政处罚是基于其销售假酒的行为扰乱了社会的经济秩序,侵犯的是公权,而本案涉及的是私权,即君临酒店销售假酒的行为侵犯了贵州茅台酒厂的私权利,二者有着本质的区别,不能因为受到了行政处罚就可以减轻或免除其民事责任。

由于茅台酒厂的实际损失和君临酒店的侵权获利均无法确定,依据《中华人民共和国商标法》第56条第1、2款的规定,综合考虑君临酒店的侵权时间(2007年8月至2008年1月)、数量[贵州茅台酒十五年陈(53度500ML)42瓶,贵州茅台酒("飞天"系列53度500ML)840瓶],且已经销售了价值15万余元的假酒及上诉人为制止侵权行为发生的费用,酌情决定君临酒店赔偿茅台酒厂3万元。

**53** 商标侵权赔偿(《商标法》第63条第1款)

**案例:** 申请再审人鲁道夫·达斯勒体育用品波马股份公司与北京六里桥广客宇商贸有限责任公司侵犯注册商标专用权纠纷案
**案例来源:**《最高人民法院知识产权审判案例指导》(第三辑)[(2009)民申字第1882号]
**主题词:** 商标侵权　赔偿数额

一、基本案情
申请再审人(一审原告、二审上诉人):鲁道夫·达勒斯体育用品波马股份公司(以下简称波马公司)。
被申请人(一审被告、二审被上诉人):北京六里桥广客宇商贸有限责任公司(以下简称广客宇公司)。
波马公司是依据德意志联邦共和国法律注册成立的公司法人。1978年12月2日,经中华人民共和国国家工商行政管理局商标局核准,鲁道夫·达斯勒美洲狮运动鞋公司取得了国际商品分类第25类豹子图形的注册商标专用权,商标注册证号第76559号。1991年12月30日,经核准,该商标注册人名义从鲁道夫·达斯勒美洲狮运动鞋公司变更为波马公司。该商标核定使用商品为运动衣、运动裤、运动袜、便鞋、运动鞋等商品,该注册商标专用权目前尚处于有效期内。
2007年11月12日,波马公司在位于北京市丰台区六里桥的亿客隆商场购买到"足奇威"牌运动鞋一双,价格为96元,获得发票一张,该发票上加盖有"北京六里桥广客宇商贸有限责任公司"的发票专用章,发票上记载的商品名称是"鞋"。该款鞋的鞋帮外侧有一豹子图案,鞋的吊牌上有"ZUQIWEI""美国足奇威体育用品发展有限公司(授权)"字样以及生产厂商福建省晋江市钱鹏鞋塑有限公司的厂名、厂址、电话。
2008年7月,波马公司以侵犯注册商标专用权为由向北京市第二中级人民法院提起诉讼,请求判令广客宇公司停止侵权行为,赔偿波马公司经济损失10万元及为制止侵权行为发生的费用700元。北京市第二中级人民法院认定广客宇公司作为销售主体应承担停止销售侵权产品的法律责任,还应当赔偿波马公司的经济损失。故作出(2008)二中民初字第12326号民事判决,判令广客宇公司立即停止销售涉案商标专用权的涉案鞋类产品,赔偿波马公司经济损失人民币1000元及合理诉讼支出人民币700元,驳回波马公司的其他诉讼请求。
波马公司不服一审判决,向北京市高级人民法院提起上诉。北京市高级人民法院认为一审法院根据本案具体情况酌情确定的赔偿数额并无不当,判决驳回上诉,维持原判。
波马公司向最高人民法院申请再审。最高人民法院认为波马公司的再审申请不符合《中华人民共和国民事诉讼法》第179条的规定,根据《中华人民共和国民事诉讼法》第181条第1款之规定,裁定驳回再审申请。

二、裁判要旨
**No.2-7-63.1-3 侵权商品销售者仅就其销售行为承担相应的责任。**
本案中,广客宇公司是销售商,而非制造商,在未与制造者构成共同侵权、需要承担连带责任时,广客宇公司仅就其销售行为承担责任,而不一并承担制造者应当承担的责任,更不能由某一经销商赔偿权利人因侵权而受的所有损失。

## 54 侵犯商标权的刑事责任(《商标法》第63条第1款、第67条第3款)

**案例:思科技术公司诉许杰侵犯商标权纠纷案**
案例来源:(2010)一中民初字第7299号
主题词:商标侵权刑事责任

一、基本案情
原告:思科技术公司(Cisco Technology, Inc.)。
被告:许杰。
涉案商标系第786741号"Cisco Systems及桥图形"商标,思科公司于1993年12月4日向中华人民共和国国家工商行政管理总局商标局提出注册申请,并于1995年10月28日被核准注册,核定使用商品为第9类"计算机软硬件",经续展有效期限延至2015年10月27日。
2004年4月8日,通达公司成立,注册资金人民币30万元,其中许杰出资人民币15万元,纪执东出资人民币9万元,安庆宏出资人民币6万元。

2008年6月26日,北京市公安局公交分局经侦处对许杰进行讯问,许杰承认:其于2000年在北京晓通网络技术公司(以下简称晓通网络公司)任职员,2004年辞职筹建通达公司。2004年4月,通达公司成立,注册资金人民币30万元,法定代表人许杰,后于2004年10月变更为安庆宏,现公司实际负责人是许杰、安庆宏和纪执东。许杰负责公司的总体经营,安庆宏负责财务,纪执东负责采购产品。通达公司每年销售额大概是1000万元人民币,3年经营总额为3000万元人民币,其中销售假冒思科产品经营额为1500万元人民币,其个人获利大概是100多万元人民币。2004年12月,他们将假冒思科光纤模块和路由器放到在 ebay.com 网上注册的 Shende. Net. working 商铺进行销售,网上标价为思科公司产品的10%,进货价格100—200元人民币,每次都是电话订货。假冒思科公司产品都是在深圳生产的,产品进货到公司时,产品的标识和外包装都是生产厂家做好后发到公司的,货到后存放于回龙观龙腾苑四区5号楼5号底商内。许杰负责销售,销售对象全部是外国人,主要是美国和欧洲国家。付款是两个渠道:一个是外国人购货时先将货款打入许杰在工商银行设立的个人账户内;另一个渠道是通过香港结款,户名 SHENDENTECH. CO,账号为636586612838。

2008年6月27日,北京市公安局公交分局经侦处对许杰进行讯问,许杰承认:其在晓通网络公司工作4年,对思科品牌产品非常了解,晓通网络公司是思科公司在中国的代理商之一,所以辞职后就想自己卖思科品牌的网络设备。其在 ebay.com 网上注册了一家 Shende. Net. working 公司,从中关村购进思科公司产品(有真有假),假货的价格是思科产品的10%,这样做了几个月。在2005年6—10月,通过代办公司在香港注册了 Shende Networking 公司,这样境外买家可以把钱打到香港公司账户,然后再转到其工行或中行的个人账户里。从2004年底开始,大概每年销售额在1000万元人民币左右,公司从中获得利润大概100多万元。假冒产品是假冒思科商标的文字商标和图标(包括涉案商标),和思科正式产品商标做的一样。

2008年6月29日,北京市公安局公交分局经侦处对许杰进行讯问,许杰承认:其卖假冒思科品牌产品纯利润大概100多万元人民币,具体数字没有记录。其已将钱花完,投资50万元开办了北京深蓝色水族商贸有限公司,花60多万元买了部宝马530汽车,还有后续水族公司的投资、日常开销等,现在基本没什么钱了。

2008年10月8日,北京市刑事科学技术研究所作出京公刑技鉴(电)字2008第149号《电子物证检验报告》,载明:委托单位为北京市公安局经侦处,送检日期为2008年8月15日;简要案情:2004年以来,许杰、安庆宏、纪执东等人成立通达公司,利用互联网向全球数十个国家和地区销售假冒注册商标(思科)的产品,已查实的非法获利达近百万元。

2009年8月26日,北京市海淀区人民法院作出(2009)海刑初字第1469号刑事判决(已发生法律效力),认定事实如下:许杰、安庆宏、纪执东自2004年底以来,利用其成立的通达公司销售假冒思科品牌的网络产品。2007年12月,通达公司由徐元放具体操作,以48 310美元的价格向巴西一公司销售一批思科品牌的网络产品,后被法国海关查获。经鉴定,上述产品均系假冒思科注册商标的商品。2005年7月至2008年12月间,通达公司多次向美国公司销售假冒思科注册商标的网络产品,销售金额共计3 000余美元,均被美国海关查获。2007年3月,通达公司以712美元的价格向上海净信知识产权服务有限公司销售一批思科品牌的商品,后被查获。经鉴定,上述产品系假冒思科注册商标的商品。许杰、安庆宏、纪执东于2008年6月26日被抓获归案,同时公安机关在通达公司位于本市昌平区回龙观的库房内,起获了大量用于销售的思科品牌的商品,经鉴定均系假冒思科注册商标的商品,市场价格为人民币1 269 767元。许杰的辩护人当庭提交了由公安机关出具的两份办案说明,证明起诉书所指控的第一起、第二起事实中,侦查机关没有查找到国外的购货方,亦没有调取到相关的退款或收款记录的事实。北京市海淀区人民检察院对上述办案说明的真实性不持异议,但认为该办案说明并不影响对指控事实的认定。北京市海淀区人民法院认为,通达公司及其直接负责的主管人员许杰、安庆宏、纪执东,直接责任人员徐元放,明知是假冒注册商标的商品仍以通达公司名义予以销售,销售金额数额巨大,其行为均已构成销售假冒注册商标的商品罪,应予惩处。关于思科公司的诉讼代理人提出本案不属于单位犯罪的代理意见,由于在案证据尚不足以证实通达公司自成立以来,是以实施犯罪为主要活动这一事实,故不予采纳。通达公司已经着手实施的销售假冒注册商标的商品行为,由于意志以外的原因而无法得逞,故本案的全部指控事实均应认定为犯罪未遂。许杰在本案中所起作用虽然大于其他被告人,但念其在家属的协助下能够积极缴纳罚金,确有悔罪表现,故在量刑时予以体现。最终判决:许杰犯销售假冒注册商标的商品罪,判处有期徒刑1年零6个月,罚金人民币3万元。

2009年4月17日,北京市公安局公共交通安全保卫分局出具公交补侦字2009033号补充侦查报告书,载明:关于尝试查找销售记录上的购货方的问题,经工作,未能查找到国外的购货方。关于被扣货物实际未收到货款的问题,现未查到退款或收款相关记录。

庭审中,思科公司明确(2009)海刑初字第1469号刑事判决所述假冒思科公司注册商标是指假冒涉案商标,许杰对此未予否认。

经审理,北京市第一中级人民院根据《中华人民共和国商标法》第56条第1款、第59条第3款之规定,判决:

一、自本判决生效之日起,被告许杰立即停止销售侵犯原告思科技术公司拥有的第786741号"Cisco Systems 及桥图形"注册商标专用权商品的行为;

二、自本判决生效之日起30日内,被告许杰赔偿原告思科技术公司经济损失人民币100万元;

三、驳回原告思科技术公司的其他诉讼请求。

## 二、裁判要旨

**No.2-7-63.1-4** 侵犯商标专用权的赔偿数额,为侵权人在侵权期间因侵权所获得的利益,或者被侵权人在被侵权期间因被侵权所受到的损失,包括被侵权人为制止侵权行为所支付的合理开支。

《商标法》第56条第1款规定:"侵犯商标专用权的赔偿数额,为侵权人在侵权期间因侵权所获得的利益,或者被侵权人在被侵权期间因被侵权所受到的损失,包括被侵权人为制止侵权行为所支付的合理开支。"本案中,确定赔偿额度是以侵权人许杰在侵权期间所获得的利益为主要标准,具体考虑了以下因素:(1)许杰的自认。许杰在接受北京市公安局公交分局经侦处讯问时,确认通达公司销售假冒思科产品的经营额为1 500万元人民币,并多次自认个人销售假冒思科产品获利人民币100多万元。(2)通达公司的销售金额、销售成本、许杰的出资比例、许杰自认的个人侵权获利金额等因素。综上,法院判决许杰赔偿思科公司经济损失100万元。

**No.2-7-67.3-1** 销售明知是假冒注册商标的商品构成犯罪的,除赔偿被侵权人的损失外,还应依法追究刑事责任。

我国《刑法》第214条规定了"销售假冒注册商标商品罪",销售明知是假冒注册商标的商品,销售金额数额较大的,处3年以下有期徒刑或者拘役,处或者单处罚金;销售金额数额巨大的,处3年以上7年以下有期徒刑,并处罚金。

本案中,许杰在接受北京市公安局公交分局经侦处的讯问时,自认曾经在思科公司代理处工作,辞职后以通达公司名义销售假冒思科品牌的产品,获利达人民币100多万元。北京市海淀区人民法院作出(2009)海刑初字第1469号刑事判决,已经认定许杰利用通达公司销售假冒思科品牌(包括涉案商标)的网络产品,并以销售假冒注册商标的商品罪判处许杰有期徒刑1年零6个月及罚金人民币3万元。许杰销售明知是假冒思科公司注册商标的商品,主观恶意明显,其行为侵犯了思科公司享有的涉案注册商标专用权。

商标权是物权性质的财产权,属私权。当权利遭受侵害时,商标权人可以行使物权性质的请求权,即要求行为人停止使用、停止销售等。《商标法》第59条第3款规定:"销售明知是假冒注册商标的商品,构成犯罪的,除赔偿被侵权人的损失外,依法追究刑事责任。"虽然许杰就其销售假冒注册商标的商品的行为已经承担刑事责任,但并不能据此免除许杰个人应当承担的民事赔偿责任。

商标侵权刑事责任

最高人民法院民三庭
中南财经政法大学知识产权研究中心
组织编写

# 人民法院知识产权案例裁判要旨通纂

## 下卷

主编 吴汉东 宋晓明
执行主编 金克胜 黄玉烨

编撰人
吴汉东 宋晓明 金克胜
黄玉烨 郭 威 瞿昊晖 张 弘
张 颖 张慧春 詹 艳 丁文严

# 凡 例

一、本书结构
1. 章节设置：本书第一、二、三编的章节设置分别与《中华人民共和国著作权法》《中华人民共和国商标法》《中华人民共和国专利法》基本对应；第四编的章节则是根据《中华人民共和国反不正当竞争法》和反不正当竞争纠纷类型设置。
2. 案例结构：本书收录的案例由"基本案情"和"裁判要旨"两部分构成。

二、本书案例主要来源
1. 最高人民法院正式发布的指导性案例（截至第十一批）。
2. 《人民法院案例选》（最高人民法院中国应用法学研究所编）。
3. 《中华人民共和国最高人民法院公报》（简称《最高人民法院公报》，最高人民法院办公厅主办）。
4. 《知识产权审判指导与参考》（最高人民法院民事审判第三庭编）。
5. 《中国案例指导》（最高人民法院、最高人民检察院《中国案例指导》编辑委员会编）
6. 《中国审判案例要览》（国家法官学院、中国人民大学法学院编）。
7. 最高人民法院网、中国知识产权裁判文书网等人民法院官方网站。

三、案例选择
由于案例裁判时所依据的法律、法规时有修改，本书尽可能选取在图书出版之前的新法背景下仍然具有指导价值的案例。为保持裁判原貌和历史沿革的需要，案例裁判所依据的法律、法规保持与裁判当时一致。

四、裁判要旨编号
1. 收入本书的裁判要旨以本书结构与法条序号为依据进行编排，以便读者检索并结合相应法律条文使用。现示范如下：

| 编号 | 编号含义 |
| --- | --- |
| No.1－1－2.1－1 | 本书第一编（著作权）第一章，《中华人民共和国著作权法》第二条第一款第一个裁判要旨 |
| No.2－1－10.1.1－2 | 本书第二编（商标权）第一章，《中华人民共和国商标法》第10条第1款第1项第二个裁判要旨 |

2. 一个裁判要旨对应多个法律条文的，以主要的法律条文为依据进行编排。

五、最高人民法院发布的指导性案例的处理
1. 将最高人民法院历次发布的知识产权指导性案例按本书体例进行整理、编入。
2. 在本书详目中，以"＊"标注最高人民法院正式发布的知识产权指导性案例，以便检索。

六、案例索引
为方便读者查询案例，本书设置了案例索引。

七、主题词索引
为方便读者按相关主题查询、阅读，本书设置了主题词索引。

# 要 目

## （上下卷）

## 第一编 著 作 权

### 第一章 总则 ……003

1. 受著作权法保护的作品（《著作权法》第2条第1款） ……005
2. 作品与思想（《著作权法》第2条第1款） ……006
3. 外国人作品的著作权（《著作权法》第2条第2款） ……007
4. 外国鉴定结论和判决文书在我国著作权诉讼中的效力（《著作权法》第2条第2款） …010
5. 戏剧作品署名权（《著作权法》第3条第3项、第10条第2项） ……015
6. 舞剧作品的归类（《著作权法》第3条第3项、第10条、第11条） ……016
7. 对美术作品的认定（《著作权法》第3条第4项） ……020
8. 建筑作品（《著作权法》第3条第4项） ……023
9. 实用艺术作品的独创性判定（《著作权法》第3条第4项） ……025
10. 实用艺术作品的保护范围与侵权判断（《著作权法》第3条第4项） ……030
11. 数码照片著作权的归属（《著作权法》第3条第5项） ……035
12. 地图作品（《著作权法》第3条第7项） ……036
13. 行政区划地图的可版权性及保护（《著作权法》第3条第7项） ……038
14. 计算机软件的著作权（《著作权法》第3条第8项） ……040
15. 计算机软件著作权侵权的举证责任（《著作权法》第3条第8项） ……041
16. 字库的作品种类认定和使用（《著作权法》第3条第8项） ……044
17. 答题卡的作品认定（《著作权法》第3条第9项） ……051
18. 网站页面的作品认定（《著作权法》第3条第9项、第14条、第17条） ……053
19. 境外影视作品权益的维护（《著作权法》第4条） ……054
20. 利用民间文学艺术进行再创作的作品的著作权（《著作权法》第6条） ……056

### 第二章 著作权 ……065

#### 第一节 著作权人权利 ……068

21. 作品登记是否构成著作权意义上的发表（《著作权法》第10条第1款第1项） ……068

22 著作人身权(《著作权法》第 10 条第 1 款第 4 项、第 33 条第 2 款) …………… 069
23 复制行为(《著作权法》第 10 条第 1 款第 5 项) …………………………………… 071
24 出版发行权(《著作权法》第 10 条第 1 款第 6 项) ………………………………… 074
25 信息网络传播权(《著作权法》第 10 条第 1 款第 12 项) ………………………… 077
26 "通知—删除"程序中网络服务提供者的义务与责任承担(《著作权法》第 10 条第 1 款第 12 项,《信息网络传播条例》第 14 条、第 23 条) ……………………………… 080
27 涉及提供链接服务的网络服务提供者的直接侵权责任(《著作权法》第 10 条第 1 款第 12 项) ……………………………………………………………………………… 085
28 P2P 网络服务提供者的侵权责任(《著作权法》第 10 条第 1 款第 12 项) ……… 087
29 涉及网络的公证证据的认定(《著作权法》第 10 条第 1 款第 12 项) …………… 090

## 第二节 著作权归属 …………………………………………………………………… 093

30 法人作品(《著作权法》第 11 条第 3 款、第 16 条、第 17 条) …………………… 093
31 戏曲音乐作品著作权权属的审查及认定(《著作权法》第 11 条第 4 款) ……… 095
32 民间音乐作品的改编(《著作权法》第 12 条、第 47 条第 6 项) ………………… 097
33 从小说到小品(《著作权法》第 12 条、第 47 条第 6 项) ………………………… 100
34 合作作品(《著作权法》第 13 条) …………………………………………………… 102
35 汇编作品的著作权(《著作权法》第 14 条、第 11 条第 3 款、第 17 条) ………… 104
36 电影作品的著作权(《著作权法》第 15 条、第 38 条第 5 项) …………………… 106
37 电影 VCD 的性质(《著作权法》第 15 条、第 10 条第 1 款第 5 项) …………… 107
38 职务作品(《著作权法》第 16 条、第 14 条、第 11 条) …………………………… 110
39 职务作品著作权的推定归属(《著作权法》第 16 条) ……………………………… 113
40 委托创作作品的权属(《著作权法》第 17 条) ……………………………………… 114
41 委托创作作品的认定(《著作权法》第 17 条) ……………………………………… 115
42 委托创作作品与合作作品(《著作权法》第 17 条) ………………………………… 119
43 美术作品的原件(《著作权法》第 18 条) …………………………………………… 120
44 著作权的继承(《著作权法》第 19 条) ……………………………………………… 122

## 第三节 权利的保护期 ………………………………………………………………… 127

## 第四节 权利的限制 …………………………………………………………………… 127

45 软件的后续开发是否合理使用(《著作权法》第 22 条、第 17 条) ……………… 127
46 教材的合理使用(《著作权法》第 22 条第 1 款第 6 项) ………………………… 130
47 电影学院教学的合理使用(《著作权法》第 22 条第 1 款第 6 项) ……………… 134
48 公益广告是否合理使用(《著作权法》第 22 条第 1 款第 9 项) ………………… 137

## 第三章 著作权许可使用和转让合同 ······ 139

- 49 法定许可(《著作权法》第23条第1款、第16条) ····· 139
- 50 默示使用许可合同的认定(《著作权法》第24条) ····· 141
- 51 自荐信的性质(《著作权法》第24条) ····· 143
- 52 著作权许可使用中的推定(《著作权法》第24条、第22条第1款第7项、第6条) ····· 145
- 53 许可使用和转让合同(《著作权法》第27条、第25条) ····· 153

## 第四章 出版、表演、录音录像、播放 ····· 156

### 第一节 出版 ····· 158

- 54 出版合同的主体(《著作权法》第30条) ····· 158
- 55 图书出版中的拒稿和退稿(《著作权法》第30条) ····· 160
- 56 图书专有出版权(《著作权法》第31条) ····· 163
- 57 图书出版者有按约定质量出版图书的义务(《著作权法》第32条第1—2款、第34条第1款) ····· 165
- 58 重印、再版作品(《著作权法》第32条第3款) ····· 168
- 59 图书重印与发行(《著作权法》第32条第3款) ····· 169
- 60 著作权人向报社、期刊社投稿(《著作权法》第33条第1款) ····· 171
- 61 报刊转载已刊登作品(《著作权法》第33条第2款) ····· 173
- 62 报社、期刊社修改权(《著作权法》第34条第2款) ····· 174
- 63 汇编作品的出版(《著作权法》第35条) ····· 176
- 64 版式设计专有使用权(《著作权法》第36条、第47条第9项) ····· 178

### 第二节 表演 ····· 180

- 65 使用他人作品演出(《著作权法》第37条第1款、第40条第3款) ····· 180
- 66 表演者的人身权利(《著作权法》第38条第1—2项、第39条) ····· 183
- 67 对表演的录音录像和传播(《著作权法》第38条第1、4项、第48条第3项) ····· 185
- 68 义演中的表演者权(《著作权法》第38条第4—5项) ····· 188
- 69 表演者的信息网络传播权(《著作权法》第38条第6项) ····· 189
- 70 表演者权和录像制作者权(《著作权法》第38条、第40条、第42条、第53条) ····· 190
- 71 录音制品中表演者和侵权者的身份认定(《著作权法》第38条、第41条、第48条第3项) ····· 196
- 72 使用他人已经合法录制为录音制品的音乐作品制作录音制品并复制和发行的法定许可(《著作权法》第40条第3款) ····· 200

### 第三节 录音录像

73 录音录像制作者权(《著作权法》第42条第1款) …… 203
74 表演者的二次许可权和获酬权(《著作权法》第42条第2款) …… 204

### 第四节 广播电台、电视台播放

75 广播组织的法定许可(《著作权法》第43条、第55条) …… 206
76 广播组织播放录像制品(《著作权法》第44条、第46条) …… 207

## 第五章 法律责任和执法措施 …… 209

77 未经许可作品的发表(《著作权法》第47条第1项、第49条) …… 210
78 合作作品的发表(《著作权法》第47条第2项) …… 212
79 在他人作品上署名(《著作权法》第47条第3、5项,第48条第1项) …… 214
80 电影再创作(《著作权法》第47条第4项) …… 216
81 剽窃他人作品(《著作权法》第47条第5项) …… 218
82 未经许可展览作品(《著作权法》第47条第6项、第24条) …… 219
83 未经许可摄制作品(《著作权法》第47条第6项) …… 221
84 民事纠纷与行政纠纷(《著作权法》第48条第1项) …… 224
85 未经许可复制作品(《著作权法》第48条第1项、第10条第1款第5项) …… 226
86 未经许可放映作品(《著作权法》第48条第1项、第8条) …… 228
87 未经许可在信息网络传播作品(《著作权法》第48条第1项、第10条第1款第12项) …… 229
88 出版他人享有专有出版权的图书(《著作权法》第48条第2项) …… 231
89 技术措施保护(《著作权法》第48条第6项、第51条、第59条) …… 233
90 技术措施的认定(《著作权法》第48条第6项、第3条第8项、第59条) …… 237
91 权利管理信息的保护(《著作权法》第48条第7项、第60条) …… 239
92 出售假冒他人署名的作品(《著作权法》第48条第8项、第52条) …… 241
93 传播复制品的侵权责任(《著作权法》第53条) …… 243

# 第二编 商 标 权

## 第一章 总则 …… 247

1 商标专用权的共有(《商标法》第5条) …… 248
2 商标的显著性(《商标法》第9条第1款、第57条第1款第2项) …… 250

3 可移动非金属建筑物上注册的商品商标近似(《商标法》第9条第1款,第57条第1款第2、7项) ·············· 252

4 以三维标志作为注册商标的特殊要求(《商标法》第9条第1款) ·············· 255

5 禁止作为商标使用的标志(《商标法》第10条第1款第1项、第11条第1款第1项、第32条) ·············· 256

6 含有描述性要素的商标的显著性(《商标法》第11条第1款第3项) ·············· 262

7 商标的实际使用(《商标法》第13条第2款) ·············· 265

8 驰名商标的认定(《商标法》第13条第2款、第14条第1款第4、5项) ·············· 268

9 驰名商标的保护(《商标法》第13条第3款,第14条第1款第1、2项) ·············· 281

10 驰名商标的证明(《商标法》第13条第3款、第14条第1款第4项) ·············· 284

11 驰名商标受保护记录(《商标法》第14条1款第4项) ·············· 286

12 恶意注册的禁止(《商标法》第15条第1款) ·············· 289

## 第二章 商标注册的申请 ·············· 292

13 优先权及其手续(《商标法》第25条) ·············· 292

## 第三章 商标注册的审查和核准 ·············· 295

14 商标注册申请的驳回(《商标法》第30条、第44条第1款) ·············· 296

15 服务商标近似的认定(《商标法》第32条、第57条第1款第2项) ·············· 311

16 申请商标注册不得损害他人现有的在先权利(《商标法》第32条) ·············· 314

17 注册商标与他人著作权冲突(《商标法》第32条) ·············· 316

18 在先权利的确定(《商标法》第32条) ·············· 318

19 在先权利与恶意抢注(《商标法》第32条、第52条第1款第2项) ·············· 322

20 企业字号与他人在先注册商标冲突(《商标法》第32条) ·············· 324

21 商标异议程序(《商标法》第35条第3款) ·············· 328

## 第四章 注册商标的续展、变更、转让和使用许可 ·············· 330

22 商标转让合同公告前的效力(《商标法》第42条第1款、第57条第1款第2项) ·············· 330

23 商标许可使用合同对第三人的效力(《商标法》第43条第3款) ·············· 333

## 第五章 注册商标的无效宣告 ·············· 334

24 商标局依职权撤销注册商标(《商标法》第49条第2款) ·············· 334

25 注册商标的使用管理(《商标法》第49条第2款) …………………………………… 335

## 第六章 注册商标专用权的保护 ……………………………………………………… 338

26 地理标志(《商标法》第56条) ……………………………………………………… 340
27 注册商标专用权(《商标法》第56条、第57条第1款第2项) …………………… 342
28 以三维标志作为商标的特殊要求(《商标法》第57条第1款第2项、第59条第3款) …… 344
29 商标近似(《商标法》第57条第1款第2项) ……………………………………… 347
30 网络环境下商标权的保护(《商标法》第57条第1款第2项、第59条第1款) …… 351
31 商标侵权行为之一(《商标法》第57条第1款第2项、第60条第2款) ………… 353
32 驰名商标的认定与保护(《商标法》第57条第1款第2、7项) …………………… 365
33 商标专用权的保护(《商标法》第57条第1款第7项) …………………………… 369
34 商标与商品质量(《商标法》第57条第1款第5项) ……………………………… 370
35 将注册商标拆分成与他人注册商标近似的标志使用(《商标法》第58条) ……… 372
36 在企业宣传中突出使用他人商标(《商标法》第57条、第63条第1款) ………… 373
37 商标权与企业名称权冲突(《商标法》第58条) ………………………………… 376
38 产品产地与注册商标相同(《商标法》第59条) ………………………………… 379
39 将境外商品输入到国内销售(新《商标法》第57条第1款第7项、第60条第2款) …… 381
40 域名与注册商标近似(《商标法》第57条第1款第7项) ………………………… 383
41 商标的使用(《商标法》第57条第1款第7项) …………………………………… 386
42 网络服务商责任(《商标法》第57条第1款第7项) ……………………………… 389
43 市场管理方责任(《商标法》第57条第1款第7项) ……………………………… 394
44 将他人服务商标作为商品名称使用(《商标法》第57条第1款第7项) ………… 395
45 将他人注册商标申请产品外观设计(《商标法》第57条第1款第7项) ………… 398
46 商标侵权行为之二(《商标法》第57条第1款第7项) …………………………… 399
47 将他人驰名商标注册为企业字号(《商标法》第58条) ………………………… 414
48 商标的正当使用(《商标法》第59条第1款) ……………………………………… 417
49 商标侵权行为之三(《商标法》第59条第1款) …………………………………… 422
50 商标的合理使用(《商标法》第59条) …………………………………………… 424
51 确认不侵权之诉(《商标法》第60条第1款) ……………………………………… 426
52 酒类经销商的合理审查义务(《商标法》第60条第3款、第63条第1款) ……… 428
53 商标侵权赔偿(《商标法》第63条第1款) ………………………………………… 430
54 侵犯商标权的刑事责任(《商标法》第63条第1款、第67条第3款) …………… 431

## 第三编　专　利　权

**第一章　总则** ………………………………………………………… 437

1. 专利实施许可合同涉嫌垄断（《专利法》第1条、《合同法》第329条） ………… 438
2. 方法专利发明的种类（《专利法》第2条） …………………………… 440
3. 管理专利工作的部门调查搜集有关证据的职权（《专利法》第3条、第64条） …… 442
4. 职务发明专利的归属（《专利法》第6条） …………………………… 444
5. 明确职务发明的依据（《专利法》第6条） …………………………… 450
6. 实用新型专利与发明专利同时申请（《专利法》第9条）；相同专利的确定（《专利法》第31条） ………………………………………………………… 451
7. 相同或类似外观设计的禁止重复授权（《专利法》第9条） ……………… 455
8. 专利权转让的登记（《专利法》第10条） ……………………………… 459
9. 方法专利的保护范围以及举证责任（《专利法》第11条、第26条、第61条） ……… 460
10. 专利权的实施（《专利法》第11条） ………………………………… 468
11. 许诺销售（《专利法》第11条） ……………………………………… 469
12. 发明专利临时保护期使用费（《专利法》第13条） …………………… 471
13. 专利权的临时保护期内所制造产品的后续使用（《专利法》第13条、第68条、第69条） …… 473
14. 专利共有人订立专利实施许可合同（《专利法》第15条） ……………… 475
15. 发明人、设计人的专利署名权、获酬权（《专利法》第16条、第17条） ……… 477
16. 专利发明人、设计人的报酬、奖励（《专利法》第16条）；宣告无效专利的使用费（《专利法》第47条） ………………………………………………… 478

**第二章　授予专利权的条件** ……………………………………………… 483

17. 传统工艺专利中对创造性的判定（《专利法》第22条）；专利侵权法定赔偿（《专利法》第65条） ……………………………………………………………… 484
18. 公知技术抗辩的适用（《专利法》第22条） …………………………… 486
19. 商业上的成功与技术创造性的判断（《专利法》第22条） ……………… 487
20. 抵触申请（《专利法》第22条） ……………………………………… 488
21. 企业标准备案是否构成公开（《专利法》第22条） …………………… 490
22. 创造性判断中采纳申请日后补交的实验数据的条件（《专利法》第22条） ……… 494
23. 现有技术抗辩的比对方法（《专利法》第22条） ……………………… 500
24. 创造性判断中商业成功的认定（《专利法》第22条） ………………… 502

25 新晶型化合物的创造性判断(《专利法》第22条) …… 505
26 实用新型专利创造性判断对相近或者相关技术领域现有技术的考量(《专利法》第22条) …… 507
27 现有技术中技术偏见的判断(《专利法》第22条) …… 512
28 现有设计(《专利法》第23条) …… 514
29 注册商标作为外观设计专利申请的对比文件(《专利法》第23条) …… 516
30 功能性设计特征的判断标准(《专利法》第23条) …… 519

## 第三章 专利权的申请 …… 524

31 权利要求书中的技术方案(《专利法》第26条);全面覆盖原则(《专利法》第59条) …… 525
32 独立权利要求的构成(《专利法》第26条) …… 527
33 必要技术特征的确定(《专利法》第26条);特别排除规则(《专利法》第59条) …… 530
34 专利权利要求的解释(《专利法》第26条);禁止反悔原则(《专利法》第59条) …… 533
35 在说明书中有明确特定含义的权利要求术语的解释(《专利法》第26条) …… 536
36 解释权利要求时对使用说明书和附图以及专利权人限制的应用(《专利法》第26条) …… 539
37 权利要求保护范围争议的解决(《专利法》第26条) …… 543
38 权利要求所要求保护的技术方案的范围(《专利法》第26条) …… 547
39 权利要求存在明显错误的情况(《专利法》第26条) …… 548
40 未在权利要求书中记载而仅通过测量说明书附图得到的尺寸参数的作用(《专利法》第26条) …… 553
41 专利申请人未能在专利说明书中公开的技术方案、技术效果的效力(《专利法》第26条);有关药品研制、生产的其他法律规定的影响(《专利法》第22条) …… 556
42 本领域普通技术人员理解的通常含义对解释权利要求用语的作用(《专利法》第26条) …… 560
43 所属技术领域的人员(《专利法》第26条) …… 564
44 分案申请授权专利的权利要求保护范围(《专利法》第26条) …… 568
45 专利申请文件修改超范围的判断(《专利法》第31条) …… 570
46 专利申请文件的修改(《专利法》第33条) …… 573

## 第四章 专利权的期限、终止和无效 …… 584

47 专利无效行政诉讼中的口头审理(《专利法》第46条);外观设计等同侵权判断(《专利法》第59条) …… 584
48 专利无效宣告的诉讼中止(《专利法》第46条);现有技术抗辩的判断(《专利法》第26条);专利侵权赔偿数额的确定(《专利法》第65条) …… 587

49 专利无效宣告程序中权利要求书的修改方式(《专利法》第46条) ·············· 592
50 专利临时保护的范围(《专利法》第47条) ······························· 595
51 部分无效的专利保护范围(《专利法》第47条) ························ 597
52 专利权无效的确定(《专利法》第47条) ································· 598
53 无效宣告请求审查决定的决定日为确定宣告专利权无效的时间点(《专利法》第47条) ······ 599

## 第五章 专利权的保护 ·············· 603

54 权利要求中技术术语的解释(《专利法》第59条) ····················· 608
55 具有多项技术方案的独立权利要求的比较(《专利法》第59条) ········ 610
56 外观设计专利权的认定(《专利法》第59条) ···························· 613
57 公证证据的采纳(《民事诉讼法》第67条);专利侵权纠纷诉讼时效的计算(《专利法》第68条) ······························· 615
58 现场录像、勘验笔录记录的生产过程与专利权利要求书的解释(《专利法》第59条) ··· 617
59 权利要求书的解释、等同原则的应用(《专利法》第59条) ············ 619
60 相同侵权的适用(《专利法》第59条) ····································· 622
61 等同侵权的适用、发明专利的保护范围(《专利法》第59条) ·········· 624
62 实用新型专利保护范围解释(《专利法》第59条) ······················ 626
63 功能性限定技术特征权利保护范围的确定(《专利法》第59条) ······· 629
64 独立权利要求的术语解释(《专利法》第59条) ························ 631
65 方法专利权利要求的解释(《专利法》第59条) ························ 633
66 从属专利侵权(《专利法》第59条) ········································ 635
67 等同原则在中药专利中的适用(《专利法》第59条) ···················· 637
68 等同原则在药品专利中的应用(《专利法》第59条) ···················· 639
69 改劣技术方案不落入专利权的保护范围(《专利法》第59条) ········· 641
70 人民法院对禁止反悔原则的主动适用(《专利法》第59条) ············ 643
71 技术特征解释的范围(《专利法》第59条) ······························· 646
72 外观设计专利的设计空间(《专利法》第59条) ························ 652
73 外观设计相同或者相近似的判断(《专利法》第59条) ·················· 657
74 禁止反悔原则的应用(《专利法》第59条) ······························· 660
75 禁止反悔原则的认定(《专利法》第59条) ······························· 663
76 授权确权程序中禁止反悔原则的适用(《专利法》第59条);专利侵权纠纷中被诉侵权技术方案的查明(《专利法》第59条) ······························· 666
77 专利侵权纠纷中技术特征等同的认定(《专利法》第59条) ············ 672

78 对一般消费者而言的外观设计专利与对比设计可视部分的相同点和区别点(《专利法》第 59 条) …… 676

79 说明书及附图的例示性描述不用于限制专利权的保护范围(《专利法》第 59 条) …… 680

80 外观设计侵权比较中装饰图案的简单替换(《专利法》第 59 条) …… 683

81 说明书公开范围的作用(《专利法》第 59 条) …… 685

82 在从属权利要求的基础上维持有效专利权对禁止反悔原则适用的限制(《专利法》第 59 条) …… 688

83 写入权利要求的使用环境特征属于必要技术特征(《专利法》第 59 条) …… 691

84 外观设计专利产品类别的确定(《专利法》第 59 条) …… 697

85 权利要求技术特征的划分标准(《专利法》第 59 条) …… 698

86 保护范围明显不清楚的专利权侵权指控不成立(《专利法》第 59 条) …… 700

87 专利权人选择封闭式权利要求的后果(《专利法》第 59 条) …… 702

88 对比文件中仅公开产品结构图形但没有文字描述的权利要求用语的确定(《专利法》第 59 条) …… 708

89 开放式与封闭式权利要求的区分适用于机械领域专利、开放式权利要求的区别技术特征的认定(《专利法》第 59 条) …… 711

90 改变方法专利的步骤顺序是否构成等同侵权(《专利法》第 59 条) …… 716

91 物质的医药用途发明的撰写要求、给药特征对权利要求请求保护的制药方法发明是否具有限定作用?不产生特定毒副作用的特征对权利要求请求保护的医药用途发明是否具有限定作用?(《专利法》第 59 条) …… 721

92 采用与权利要求限定的技术手段相反的技术方案不构成等同侵权(《专利法》第 59 条) …… 727

93 外观设计专利侵权判定中相同或相近种类产品的认定(《专利法》第 59 条) …… 728

94 封闭式权利要求的侵权判定(《专利法》第 59 条) …… 730

95 专利行政调解(《专利法》第 60 条) …… 731

96 管理专利工作的部门就专利纠纷的行政处理决定的撤销(《专利法》第 60 条) …… 733

97 确认不侵权之诉的管辖法院(《专利法》第 60 条) …… 735

98 侵犯外观设计专利权纠纷管辖权异议(《专利法》第 60 条) …… 736

99 最先立案法院的管辖权(《专利法》第 60 条) …… 738

100 涉及专利的临时保护使用费纠纷的专利诉讼管辖(《专利法》第 60 条、第 13 条) …… 739

101 被告以诉讼请求变更为由的管辖权异议(《专利法》第 60 条) …… 740

102 专利侵权诉讼中的证据采纳(《专利法》第 60 条) …… 741

103 专利侵权纠纷行政处理和诉讼的竞合(《专利法》第 60 条) …… 743

104 方法发明专利侵权的举证责任倒置(《专利法》第 61 条);多余指定规则的应用(《专利法》第 59 条) …… 748

105 非新产品制造方法专利侵权纠纷中的事实推定(《专利法》第 61 条) …… 750

| 106 | 现有技术抗辩步骤的选择(《专利法》第62条) | 754 |
| 107 | 现有技术抗辩中多项技术方案对比的前提(《专利法》第62条) | 756 |
| 108 | 以侵权人获得利益确定损害赔偿(《专利法》第65条) | 758 |
| 109 | 专利侵权的酌定赔偿(《专利法》第65条);先用权(《专利法》第69条) | 760 |
| 110 | 数额利润率(《专利法》第65条);合理开支数额的确定(《专利法》第69条) | 763 |
| 111 | 事先或事后约定侵权损害赔偿数额的效力(《专利法》第65条) | 770 |
| 112 | 专利侵权的诉前禁令(《专利法》第66条) | 774 |
| 113 | 药品专利的Bolar例外(《专利法》第69条) | 776 |
| 114 | 药品生产批件的是否取得对先用权抗辩是否成立不产生影响(《专利法》第69条) | 778 |
| 115 | 专利侵权案件的管辖(《民事诉讼法》第37条) | 779 |
| 116 | 专利诉讼的调解(《民事诉讼法》第201条) | 782 |
| 117 | 人民法院判决专利复审委员会重新作出具体行政行为,要视案件的具体情况而定(《行政诉讼法》第54条) | 783 |

# 第四编 反不正当竞争

## 第一章 仿冒纠纷 ········ 789

| 1 | 仿冒域名(《反不正当竞争法》第2条) | 791 |
| 2 | 仿冒商品条形码(《反不正当竞争法》第5条第2、3项) | 792 |
| 3 | 仿冒知名商品特有名称(《反不正当竞争法》第5条第2、3项) | 794 |
| 4 | 仿冒知名商品特有的包装、装潢(《反不正当竞争法》第1条、第5条第2项、第20条) | 807 |
| 5 | 仿冒知名服务特有的名称、企业名称(《反不正当竞争法》第5条第2、3项) | 820 |
| 6 | 仿冒知名服务特有的装潢(《反不正当竞争法》第5条第2项) | 822 |
| 7 | 仿冒企业名称(《反不正当竞争法》第1条、第5条) | 824 |
| 8 | 仿冒质量证明(《反不正当竞争法》第5条第4项、第20条) | 843 |

## 第二章 虚假宣传纠纷 ········ 846

| 9 | 虚假宣传(《反不正当竞争法》第2条、第9条第1款、第14条、第20条) | 846 |

## 第三章 侵害商业秘密纠纷 ········ 857

| 10 | 侵犯商业秘密(《反不正当竞争法》第2条、第10条) | 858 |

## 第四章　商业诋毁纠纷
**11** 商业诋毁(《反不正当竞争法》第 14 条) …………………………… 878

## 第五章　其他反不正当竞争纠纷
**12** 强行植入广告页面(《反不正当竞争法》第 2 条第 1 款) …………… 889

案例索引 ……………………………………………………………………… 893
主题词索引 …………………………………………………………………… 905

# 详 目

## （下 卷）

## 第三编 专 利 权

### 第一章 总 则

**1** 专利实施许可合同涉嫌垄断(《专利法》第1条、《合同法》第329条) ·············· 438
案例：厦门大洋工艺品有限公司与厦门市黄河技术贸易有限公司专利实施许可合
同纠纷案 ······················································································ 438
一、基本案情 ················································································ 438
二、裁判要旨 ················································································ 440
　　No.3-1-1-1　专利技术实施许可合同生效后，专利技术许可方按合同的约
　　定，向专利技术接受方提供包含专利技术的专用生产设备，使其用于生产和销
　　售专利产品的，不构成《合同法》第329条规定的"非法垄断技术、妨碍技术进
　　步"的情形。 ············································································ 440

**2** 方法专利发明的种类(《专利法》第2条) ······················································ 440
案例：刘保昌与安徽省东泰纺织有限公司侵犯专利权纠纷案 ···························· 440
一、基本案情 ················································································ 440
二、裁判要旨 ················································································ 442
　　No.3-1-2-1　方法发明，是指对方法或者其改进所提出的新的技术方案。 ······ 442

**3** 管理专利工作的部门调查搜集有关证据的职权(《专利法》第3条、第64条) ······ 442
案例：张梅桂、泰州市园艺塑料厂与江苏省知识产权局专利纠纷处理决定案 ······ 442
一、基本案情 ················································································ 442
二、裁判要旨 ················································································ 443
　　No.3-1-3-1　在处理专利侵权纠纷、查处假冒他人专利或者冒充专利行为过
　　程中，管理专利工作的部门，可以根据需要，依据职权调查搜集有关证据。 ······ 443

**4** 职务发明专利的归属(《专利法》第6条) ······················································ 444
案例：深圳唐锋电器实业有限公司、上海克莱美斯有限公司与胡松、武汉大学职务
发明专利归属纠纷案 ······································································ 444

一、基本案情 …………………………………………………………………… 444
　　二、裁判要旨 …………………………………………………………………… 446
　　　　No.3-1-6-1　执行本单位的任务或者主要是利用本单位的物质技术条件所完成的发明创造，为职务发明创造。 ………………………………………… 446
　案例:吴林祥、陈华南与翟晓明、常州一匙通数码锁业有限公司专利权纠纷案 ……… 447
　　一、基本案情 …………………………………………………………………… 447
　　二、裁判要旨 …………………………………………………………………… 449
　　　　No.3-1-6-2　主要利用本单位的物质技术条件所完成的发明创造为职务发明，职务发明创造申请专利的权利属于该单位。 …………………………… 449

**5** 明确职务发明的依据(《专利法》第6条) ………………………………… 450
　案例:合肥普天机电设备贸易有限责任公司与蒋家善专利权属纠纷案 ……………… 450
　　一、基本案情 …………………………………………………………………… 450
　　二、裁判要旨 …………………………………………………………………… 451
　　　　No.3-1-6-3　执行本单位的任务所完成的职务发明创造,包括:在本职工作中的发明创造;履行本单位交付的本职工作之外的任务所做的发明创造;退休、调离原单位后或者劳动、人事关系终止后1年内做出的,与其在原单位承担的本职工作或者原单位分配的任务有关的发明创造。 …………………… 451

**6** 实用新型专利与发明专利同时申请(《专利法》第9条);相同专利的确定(《专利法》第31条) …………………………………………………………… 451
　案例:舒学章、国家知识产权局专利复审委员会与济宁无压锅炉厂发明专利权无效纠纷案 ……………………………………………………………………… 451
　　一、基本案情 …………………………………………………………………… 451
　　二、裁判要旨 …………………………………………………………………… 455
　　　　No.3-1-9-1　同一申请人同日对同样的发明创造既申请实用新型专利又申请发明专利,先获得的实用新型专利权尚未终止,申请人声明放弃该实用新型专利权的,可以授予发明专利权。 ……………………………………… 455
　　　　No.3-3-31-1　同样的发明创造,应当是指保护范围相同的专利申请或者专利。 …… 455

**7** 相同或类似外观设计的禁止重复授权(《专利法》第9条) ………………… 455
　案例:国家知识产权局专利复审委员会与科万商标投资有限公司、佛山市顺德区信达染整机械有限公司外观设计专利无效纠纷申请再审案 ……………… 455
　　一、基本案情 …………………………………………………………………… 455
　　二、裁判要旨 …………………………………………………………………… 458
　　　　No.3-1-9-2　相同或者实质相同的设计仅能被授予一项外观设计权。 ………… 458

**8** 专利权转让的登记(《专利法》第10条) …………………………………… 459
　案例:王广均、王广利与刘宝芝、山东省巨野县恒洁环保设备制造有限公司专利技术买卖合同纠纷案 ……………………………………………………………… 459

一、基本案情 ……………………………………………………………… 459
　　二、裁判要旨 ……………………………………………………………… 460
　　　No.3-1-10　转让专利申请权或者专利权的,当事人应当订立书面合同,并向国务院专利行政部门登记,由国务院专利行政部门予以公告。专利申请权或者专利权的转让自登记之日起生效。 ………………………………… 460

**9** 方法专利的保护范围以及举证责任(《专利法》第11条、第26条、第61条) ……… 460
　案例:申请再审人石家庄制药集团欧意药业有限公司与被申请人张喜田、二审上诉人石家庄制药集团华盛制药有限公司、石药集团中奇制药技术(石家庄)有限公司,一审被告吉林省玉顺堂药业有限公司侵犯发明专利权纠纷案 ……… 460
　　一、基本案情 ……………………………………………………………… 460
　　二、裁判要旨 ……………………………………………………………… 467
　　　No.3-1-11-1　方法专利权的保护范围只能延及依照该专利方法直接获得的产品。 ……………………………………………………………………… 467
　　　No.3-3-26-1　在新产品制造方法专利侵权纠纷中,举证责任倒置的前提是权利人能够证明依照专利方法制造的产品属于新产品,并且被诉侵权人制造的产品与依照专利方法制造的产品属于同样的产品。 ………………… 467
　　　No.3-7-61-1　对新产品制造方法专利侵权纠纷中被诉侵权人实施自有方法抗辩,应当进行试验验证。 …………………………………………………… 467

**10** 专利权的实施(《专利法》第11条) ………………………………………… 468
　案例:美泰利装饰公司诉钦州港务局等侵犯外观设计专利权案 …………… 468
　　一、基本案情 ……………………………………………………………… 468
　　二、裁判要旨 ……………………………………………………………… 468
　　　No.3-1-11-2　未经专利权人许可,实施其专利,侵犯其专利权。 ……… 468

**11** 许诺销售(《专利法》第11条) …………………………………………… 469
　案例:伊莱利利公司与甘李药业有限公司发明专利侵权纠纷案 …………… 469
　　一、基本案情 ……………………………………………………………… 469
　　二、裁判要旨 ……………………………………………………………… 470
　　　No.3-1-11-2　许诺销售,是指以做广告、在商店橱窗中陈列或者在展销会上展出等方式作出销售商品的意思表示。许诺销售行为应当发生在实际销售行为之前,其目的是为了实际销售,被控侵权人不但应当具有即将销售侵犯专利权产品的明确意思表示,而且在作出该意思表示之时,其产品应当处于能够销售的状态。 ……………………………………………………………………… 470

**12** 发明专利临时保护期使用费(《专利法》第13条) ……………………… 471
　案例:申请再审人浙江杭州鑫富药业股份有限公司与被申请人山东新发药业有限公司、上海爱兮缇国际贸易有限公司发明专利临时保护期使用费纠纷及侵犯发明专利权纠纷管辖权异议申请再审案 ……………………………………… 471
　　一、基本案情 ……………………………………………………………… 471

二、裁判要旨 …………………………………………………………… 472
　　　　No.3-1-13-1　发明专利临时保护期使用费纠纷的管辖,应当参照专利侵权
　　　　纠纷诉讼的管辖原则确定。 ……………………………………………… 472
　　　　No.3-1-13-2　发明专利临时保护期使用费纠纷,可以与发明专利侵权纠纷
　　　　一并审理。 ………………………………………………………………… 473

**13** 专利权的临时保护期内所制造产品的后续使用(《专利法》第13条、第68条、第69条)
　　…………………………………………………………………………………… 473
　　案例:深圳市斯瑞曼精细化工有限公司诉深圳市坑梓自来水有限公司、深圳市康
　　泰蓝水处理设备有限公司侵害发明专利权纠纷案* ………………………… 473
　　一、基本案情 …………………………………………………………………… 473
　　二、裁判要旨 …………………………………………………………………… 474
　　　　No.3-1-13-3　在发明专利申请公布后至专利权授予前的临时保护期内制造、
　　　　销售、进口的被诉专利侵权产品不为《专利法》禁止的情况下,其后续的使用、许
　　　　诺销售、销售,即使未经专利权人许可,也不视为侵害专利权,但专利权人可以
　　　　依法要求在临时保护期内实施其发明的单位或者个人支付适当的费用。 …… 474

**14** 专利共有人订立专利实施许可合同(《专利法》第15条) ……………………… 475
　　案例:王兴华、王振中、吕文富、梅明宇与黑龙江无线电一厂专利实施许可合同纠
　　纷案 ……………………………………………………………………………… 475
　　一、基本案情 …………………………………………………………………… 475
　　二、裁判要旨 …………………………………………………………………… 476
　　　　No.3-1-15　专利权人与其他非专利权人共同作为合同的一方当事人,与他
　　　　人签订专利实施许可合同,且合同中明确约定了其他非专利权人的权利义务
　　　　的,专利权人行使专利权应当受到合同的约束,非经其他非专利权人同意,专
　　　　利权人无权独自解除该专利实施许可合同。 …………………………… 476

**15** 发明人、设计人的专利署名权、获酬权(《专利法》第16条、第17条) ………… 477
　　案例:吴光志与西安近代化学研究所、西安北方庆华电器(集团)有限责任公司技
　　术成果署名权纠纷案 …………………………………………………………… 477
　　一、基本案情 …………………………………………………………………… 477
　　二、裁判要旨 …………………………………………………………………… 478
　　　　No.3-1-16-1　被授予专利权的单位,应当对职务发明创造的发明人或者设
　　　　计人给予奖励;发明创造专利实施后,根据其推广应用的范围和取得的经济效
　　　　益,对发明人或者设计人给予合理的报酬,发明人或者设计人有权在专利文件
　　　　中写明自己是发明人或者设计人。 ……………………………………… 478

**16** 专利发明人、设计人的报酬、奖励(《专利法》第16条);宣告无效专利的使用费
　　(《专利法》第47条) …………………………………………………………… 478

---

\* 参见最高人民法院2013年11月8日第五批指导性案例第20号。

案例:翁立克与上海浦东伊维燃油喷射有限公司、上海柴油机股份有限公司职务发明设计人报酬纠纷案 …… 478
 一、基本案情 …… 478
 二、裁判要旨 …… 480
  No.3-1-16-2 被授予专利权的单位可以与发明人、设计人约定或者在其依法制定的规章制度中规定《专利法》第16条规定的奖励、报酬的方式和数额。 …… 480
  No.3-1-16-3 作为发明人或者设计人报酬的专利使用费分成,是对实施相应专利已经实现利益的分成,并不包括对期待利益的分成。 …… 481
  No.3-5-47-1 宣告专利权无效的决定,对在宣告专利权无效前人民法院作出并已执行的专利侵权的判决、裁定,已经履行或者强制执行的专利侵权纠纷处理决定,以及已经履行的专利实施许可合同和专利权转让合同,不具有追溯力。但是因专利权人的恶意给他人造成的损失,应当给予赔偿。不返还专利侵权赔偿金、专利使用费、专利权转让费,明显违反公平原则的,应当全部或者部分返还。 …… 481

## 第二章 授予专利权的条件

**17** 传统工艺专利中对创造性的判定(《专利法》第22条);专利侵权法定赔偿(《专利法》第65条) …… 484
案例:福州金得利工艺品有限公司与刘爱容、深圳市丰和盛实业有限公司、盛琦外观设计专利侵权纠纷案 …… 484
 一、基本案情 …… 484
 二、裁判要旨 …… 485
  No.3-2-22-1 在传统工艺基础上进行技术创新所获得的技术成果,符合专利授予条件的,可以申请专利并受到法律保护。 …… 485
  No.3-7-65-1 权利人的损失、侵权人获得的利益和专利许可使用费均难以确定的,人民法院可以根据专利权的类型、侵权行为的性质和情节等因素,确定给予1万元以上100万元以下的赔偿。 …… 485

**18** 公知技术抗辩的适用(《专利法》第22条) …… 486
案例:施特里克斯有限公司与宁波圣利达电器制造有限公司、华普超市有限公司侵犯专利权纠纷申请再审案 …… 486
 一、基本案情 …… 486
 二、裁判要旨 …… 487
  No.3-2-22-2 被控侵权产品与专利权人的专利相同,不能排除公知技术抗辩原则的适用。 …… 487

**19** 商业上的成功与技术创造性的判断(《专利法》第22条) …… 487
案例:比亚迪股份有限公司与国家知识产权局专利复审委员会、惠州超霸电池有限公司专利无效行政纠纷案 …… 487

| | |
|---|---|
| 一、基本案情 | 487 |
| 二、裁判要旨 | 488 |
| No.3-2-22-3　商业上的成功仅是判断技术具有创造性的辅助证据。 | 488 |

**⑳ 抵触申请(《专利法》第 22 条)** ········· 488

案例:邱则有与长沙市桔洲建筑工程有限公司侵害发明专利权纠纷案 ······ 488

| | |
|---|---|
| 一、基本案情 | 488 |
| 二、裁判要旨 | 490 |
| No.3-2-22-4　抵触申请与现有技术具有相同的属性,即均损害专利的新颖性,在《专利法》已明确规定专利侵权诉讼中可以适用现有技术抗辩的情形下,可以参照《专利法》及有关司法解释的规定,在专利侵权诉讼中适用抵触申请的抗辩。 | 490 |

**㉑ 企业标准备案是否构成公开(《专利法》第 22 条)** ········· 490

案例:如皋市爱吉科纺织机械有限公司与国家知识产权局专利复审委员会、王玉山实用新型专利无效行政纠纷案 ······ 490

| | |
|---|---|
| 一、基本案情 | 490 |
| 二、裁判要旨 | 494 |
| No.3-2-22-5　企业标准备案不当然构成专利法意义上的公开。 | 494 |

**㉒ 创造性判断中采纳申请日后补交的实验数据的条件(《专利法》第 22 条)** ········· 494

案例:申请再审人武田药品工业株式会社与被申请人国家知识产权局专利复审委员会、四川海思科制药有限公司、重庆医药工业研究院有限责任公司发明专利权行政纠纷案 ······ 494

| | |
|---|---|
| 一、基本案情 | 494 |
| 二、裁判要旨 | 499 |
| No.3-2-22-6　创造性判断中采纳申请日后补交的实验数据的条件,是其用以证明的技术效果在原申请文件中有明确记载。 | 499 |

**㉓ 现有技术抗辩的比对方法(《专利法》第 22 条)** ········· 500

案例:申请再审人盐城泽田机械有限公司与被申请人盐城市格瑞特机械有限公司侵犯实用新型专利权纠纷案 ······ 500

| | |
|---|---|
| 一、基本案情 | 500 |
| 二、裁判要旨 | 502 |
| No.3-2-22-7　现有技术抗辩的比对方法,是将被诉侵权技术方案与现有技术进行对比,审查判断现有技术是否公开了与之相同或者等同的技术特征。 | 502 |

**㉔ 创造性判断中商业成功的认定(《专利法》第 22 条)** ········· 502

案例:申请再审人国家知识产权局专利复审委员会与被申请人胡颖、原审第三人深圳市恩普电子技术有限公司实用新型专利权无效行政纠纷案 ······ 502

一、基本案情 …………………………………………………………………… 502
　　二、裁判要旨 …………………………………………………………………… 504
　　　　No.3-2-22-8　创造性判断中商业成功的考量时机，为利用"三步法"难以判断技术方案的创造性或者得出无创造性的评价与认定方法时，判断标准为技术方案相比现有技术作出改进的技术特征是商业成功的直接原因。………… 504

**25** 新晶型化合物的创造性判断(《专利法》第22条) ……………………………… 505
　　案例：申请再审人贝林格尔英格海姆法玛两合公司与被申请人国家知识产权局专利复审委员会、第三人江苏正大天晴药业股份有限公司发明专利权无效行政纠纷案 …… 505
　　一、基本案情 …………………………………………………………………… 505
　　二、裁判要旨 …………………………………………………………………… 507
　　　　No.3-2-22-9　在新晶型化合物创造性判断中，应当结合其是否带来预料不到的技术效果进行考虑。 …………………………………………………… 507
　　　　No.3-2-22-10　《专利审查指南》所称"结构接近的化合物"，仅指该化合物必须具有相同的核心部分或者基本的环，不涉及化合物微观晶体结构本身的比较。……… 507

**26** 实用新型专利创造性判断对相近或者相关技术领域现有技术的考量
(《专利法》第22条) …………………………………………………………………… 507
　　案例：申请再审人国家知识产权局专利复审委员会与被申请人赵东红、张如一，一审第三人、二审被上诉人邹继豪专利无效行政纠纷案 ………………………………… 507
　　一、基本案情 …………………………………………………………………… 507
　　二、裁判要旨 …………………………………………………………………… 512
　　　　No.3-2-22-11　评价实用新型专利创造性时，在现有技术已经给出明确技术启示的情况下，可以考虑相近或者相关技术领域的现有技术。 ……………… 512

**27** 现有技术中技术偏见的判断(《专利法》第22条) ……………………………… 512
　　案例：申诉人阿瑞斯塔生命科学北美有限责任公司与被申诉人中华人民共和国国家知识产权局专利复审委员会专利行政纠纷案 ……………………………………… 512
　　一、基本案情 …………………………………………………………………… 512
　　二、裁判要旨 …………………………………………………………………… 514
　　　　No.3-2-22-12　现有技术中是否存在技术偏见，应当结合现有技术的整体内容进行判断。 …………………………………………………………………… 514

**28** 现有设计(《专利法》第23条) …………………………………………………… 514
　　案例：佘全生诉袁中玉等侵犯外观设计专利权案 ……………………………… 514
　　一、基本案情 …………………………………………………………………… 515
　　二、裁判要旨 …………………………………………………………………… 516
　　　　No.3-2-23-1　授予专利权的外观设计，应当不属于现有设计，也没有任何单位或者个人就同样的外观设计在申请日以前向国务院专利行政部门提出过申请，并记载在申请日以后公告的专利文件中。 …………………………………… 516

## 29 注册商标作为外观设计专利申请的对比文件(《专利法》第23条) ········· 516
案例:拜尔斯道夫股份有限公司与国家知识产权局专利复审委员会专利无效行政
纠纷案 ································································································· 516
一、基本案情 ························································································ 516
二、裁判要旨 ························································································ 518
  No.3-2-23-2 授予专利权的外观设计不得与他人在申请日以前已经取得的
  合法权利相冲突。 ············································································· 518

## 30 功能性设计特征的判断标准(《专利法》第23条) ······························· 519
案例:申请再审人国家知识产权局专利复审委员会与被申请人张迪军、慈溪市鑫
隆电子有限公司外观设计专利权无效行政纠纷案 ········································· 519
一、基本案情 ························································································ 519
二、裁判要旨 ························································································ 522
  No.3-2-23-3 功能性设计特征的判断标准,在于一般消费者看该设计特征
  是否仅仅由特定功能所决定。 ······························································ 522

# 第三章 专利权的申请

## 31 权利要求书中的技术方案(《专利法》第26条);全面覆盖原则(《专利法》第59条) ··· 525
案例:李耀中与太原市同翔金属镁有限公司发明专利侵权纠纷案 ···················· 525
一、基本案情 ························································································ 525
二、裁判要旨 ························································································ 527
  No.3-2-26-2 仅记载在专利说明书及附图中,而未反映在专利权利要求书
  中的技术方案,不能纳入专利权保护范围。 ············································ 527
  No.3-7-59-1 "全面覆盖原则"适用的前提是被控侵权客体(产品或方法)
  的全部技术特征均包含在涉案专利的全部必要技术特征之内,如果缺少某项
  必要技术特征,则不能使用该原则判定侵权成立。 ·································· 527

## 32 独立权利要求的构成(《专利法》第26条) ········································· 527
案例:中国东南技术贸易总公司与北京市王码电脑总公司专利侵权纠纷案 ········ 527
一、基本案情 ························································································ 527
二、裁判要旨 ························································································ 530
  No.3-3-26-3 发明或者实用新型的独立权利要求,应当包括前序部分和特
  征部分,其中前序部分内容为要求保护的发明,或者实用新型技术方案的主题
  名称和发明,或者实用新型主题与最接近的现有技术共有的必要技术特征;特
  征部分内容为发明或者实用新型区别于最接近的现有技术的技术特征。 ······· 530

## 33 必要技术特征的确定(《专利法》第26条);特别排除规则(《专利法》第59条) ········ 530
案例:大连新益建材有限公司与大连仁达新型墙体建材厂侵犯专利权纠纷案 ····· 530

一、基本案情 …… 530
二、裁判要旨 …… 532
 No.3-3-26-4 独立权利要求应当记载解决技术问题的所有必要技术特征。 …… 532
 No.3-7-59-2 如果专利申请人对其保护的范围进行了明确的限制,将其他相关技术方案特意排除在权利要求的范围之外,则不能将相关技术认定为等同技术。 …… 532

**34** 专利权利要求的解释(《专利法》第26条);禁止反悔原则(《专利法》第59条) …… 533
案例:湖北午时药业股份有限公司与澳诺(中国)制药有限公司、王军社侵犯发明专利权纠纷案 …… 533
一、基本案情 …… 533
二、裁判要旨 …… 535
 No.3-3-26-5 在解释权利要求时,可以结合专利说明书中记载的技术内容以及权利要求书中记载的其他权利要求,确定该权利要求中技术术语的含义。 …… 535
 No.3-7-59-3 专利权人在专利授权程序中通过对权利要求、说明书的修改或者意见陈述而放弃的技术方案,无论该修改或者意见陈述是否与专利的新颖性或者创造性有关,在侵犯专利权纠纷案件中,均不能通过等同侵权将其纳入专利权的保护范围。 …… 535

**35** 在说明书中有明确特定含义的权利要求术语的解释(《专利法》第26条) …… 536
案例:申请再审人福建多棱钢业集团有限公司与被申请人启东市八菱钢丸有限公司侵犯发明专利权纠纷案 …… 536
一、基本案情 …… 536
二、裁判要旨 …… 538
 No.3-3-26-6 权利要求的术语在说明书中有明确的特定含义,应根据说明书的界定解释权利要求用语。 …… 538

**36** 解释权利要求时对使用说明书和附图以及专利权人限制的应用(《专利法》第26条) …… 539
案例:申请再审人孙守辉与被申请人青岛肯德基有限公司、上海柏礼贸易有限公司、百胜(中国)投资有限公司侵犯实用新型专利权纠纷案 …… 539
一、基本案情 …… 539
二、裁判要旨 …… 543
 No.3-3-26-7 在解释权利要求时,可以使用说明书和附图,并应当考量专利权人对专利权保护范围作出的限制。 …… 543

**37** 权利要求保护范围争议的解决(《专利法》第26条) …… 543
案例:申请再审人台山先驱建材有限公司与被申请人广州新绿环阻燃装饰材料有限公司、付志洪侵犯实用新型专利权纠纷案 …… 543
一、基本案情 …… 543

二、裁判要旨 ·········································································· 545

  No.3-3-26-8 如果对权利要求的表述内容产生不同理解,导致对权利要求保护范围产生争议,说明书及其附图可以用于解释权利要求。············· 545

**案例:柏万清诉成都难寻物品营销服务中心等侵害实用新型专利权纠纷案\*** ········ 545

 一、基本案情 ·········································································· 545

 二、裁判要旨 ·········································································· 546

  No.3-3-26-9 专利权的保护范围应当清楚,如果实用新型专利权的权利要求书的表述存在明显瑕疵,结合涉案专利说明书、附图、本领域的公知常识及相关现有技术等,不能确定权利要求中技术术语的具体含义而导致专利权的保护范围明显不清,则因无法将其与被诉侵权技术方案进行有实质意义的侵权对比,从而不能认定被诉侵权技术方案构成侵权。······················· 546

**38 权利要求所要求保护的技术方案的范围(《专利法》第26条)** ················· 547

**案例:再审申请人(美国)伊莱利利公司与被申请人中华人民共和国国家知识产权局专利复审委员会专利权无效行政纠纷案** ························· 547

 一、基本案情 ·········································································· 547

 二、裁判要旨 ·········································································· 548

  No.3-3-26-10 权利要求所要求保护的技术方案,应当是所属技术领域的技术人员能够从说明书充分公开的内容中得到或概括得出的技术方案,并且不得超出说明书公开的范围。································································· 548

**39 权利要求存在明显错误的情况(《专利法》第26条)** ························· 548

**案例:申请再审人洪亮与被申请人国家知识产权局专利复审委员会、原审第三人宋章根实用新型专利权无效行政纠纷案** ························· 548

 一、基本案情 ·········································································· 548

 二、裁判要旨 ·········································································· 552

  No.3-3-26-11 如果权利要求存在明显错误,本领域普通技术人员根据说明书和附图的相应记载能够确定其唯一的正确理解的,应根据修正后的理解确定权利要求所保护的技术方案,在此基础上,再对该权利要求是否得到说明书的支持进行判断。······················································· 552

**40 未在权利要求书中记载而仅通过测量说明书附图得到的尺寸参数的作用(《专利法》第26条)** ················································ 553

**案例:申请再审人深圳盛凌电子股份有限公司与被申请人安费诺东亚电子科技(深圳)有限公司侵犯实用新型专利权纠纷案** ························ 553

 一、基本案情 ·········································································· 553

 二、裁判要旨 ·········································································· 556

---

\* 参见最高人民法院 2015 年 11 月 19 日第十一批指导性案例第 55 号。

No.3-3-26-12　未在权利要求书中记载而仅通过测量说明书附图得到的尺寸参数,一般不能用来限定权利要求的保护范围。 …………………… 556

## 41 专利申请人未能在专利说明书中公开的技术方案、技术效果的效力(《专利法》第 26 条);有关药品研制、生产的其他法律规定的影响(《专利法》第 22 条) ………… 556

案例:申请再审人北京双鹤药业股份有限公司与被申请人湘北威尔曼制药股份有限公司、一审被告、二审被上诉人国家知识产权局专利复审委员会发明专利权无效行政纠纷案 …………………………………………………………………………… 556

一、基本案情 ………………………………………………………………… 556

二、裁判要旨 ………………………………………………………………… 559

No.3-2-22-13　对涉及药品的发明创造而言,在其符合《专利法》规定的授权条件的前提下,即可授予专利权,无须另行考虑该药品是否符合其他法律、法规中有关药品研制、生产的相关规定。 …………………………………… 559

No.3-3-26-13　专利申请人未能在专利说明书中公开的技术方案、技术效果等,一般不得作为评价专利权是否符合法定授权确权标准的依据。 ………… 559

## 42 本领域普通技术人员理解的通常含义对解释权利要求用语的作用 (《专利法》第 26 条) ………………………………………………………………… 560

案例:申请再审人深圳市蓝鹰五金塑胶制品厂与被申请人罗士中侵犯实用新型专利权纠纷案 …………………………………………………………………………… 560

一、基本案情 ………………………………………………………………… 560

二、裁判要旨 ………………………………………………………………… 564

No.3-3-26-14　在说明书对权利要求的用语无特别界定时,应根据本领域普通技术人员理解的通常含义进行解释,不能简单地将该用语的含义限缩为说明书给出的某一具体实施方式体现的内容。 ………………………………… 564

## 43 所属技术领域的人员(《专利法》第 26 条) ……………………………………… 564

案例:申请再审人曾关生与被申请人国家知识产权局专利复审委员会发明专利申请驳回复审行政纠纷案 ………………………………………………………………… 564

一、基本案情 ………………………………………………………………… 564

二、裁判要旨 ………………………………………………………………… 567

No.3-3-26-15　在审查专利申请人对专利申请文件的修改是否超出原说明书和权利要求书记载的范围时,应当充分考虑专利申请所属技术领域的特点,不能脱离本领域技术人员的知识水平。 ……………………………………… 567

## 44 分案申请授权专利的权利要求保护范围(《专利法》第 26 条) ………………… 568

案例:申请再审人邱则有与被申请人山东鲁班建设集团总公司侵犯专利权纠纷案 …… 568

一、基本案情 ………………………………………………………………… 568

二、裁判要旨 ………………………………………………………………… 569

No.3-3-26-16　在确定分案申请授权专利的权利要求保护范围时,超出母案申请公开范围的内容,不能作为解释分案授权专利的权利要求的依据。 …… 569

**45** 专利申请文件修改超范围的判断(《专利法》第31条) ……………………… 570

案例:再审申请人株式会社岛野与被申请人中华人民共和国国家知识产权局专利复审委员会及一审第三人宁波赛冠车业有限公司发明专利权无效行政纠纷案 ……… 570

一、基本案情 ………………………………………………………………………… 570

二、裁判要旨 ………………………………………………………………………… 573

　No.3-3-31-2　审查专利申请文件的修改是否超出原说明书和权利要求书记载的范围,应当考虑所属技术领域的技术特点和惯常表达、所属领域普通技术人员的知识水平和认知能力、技术方案本身在技术上的内在要求等因素 ………… 573

**46** 专利申请文件的修改(《专利法》第33条) …………………………………… 573

案例:再审申请人精工爱普生与被申请人专利复审委员会等发明专利权无效行政纠纷案 …………………………………………………………………………………… 573

一、基本案情 ………………………………………………………………………… 573

二、裁判要旨 ………………………………………………………………………… 582

　No.3-3-33-1　在专利授权确权程序中,申请人在审查档案中的意见陈述,原则上只能作为理解说明书以及权利要求书含义的参考,而不是决定性依据。 ……… 582

　No.3-3-33-2　专利申请人不可基于其修改在专利授权过程中得到审查员认可而享有信赖利益保护,对其修改行为所造成的一切后果应自负其责。 ………… 583

　No.3-3-33-3　判断专利申请文件修改是否合法时,当事人的意见陈述通常只能作为理解说明书以及权利要求书含义的参考,而不是决定性依据。 …………… 583

## 第四章　专利权的期限、终止和无效

**47** 专利无效行政诉讼中的口头审理(《专利法》第46条);外观设计等同侵权判断(《专利法》第59条) ………………………………………………………………… 584

案例:LG电子株式会社与国家知识产权局专利复审委员会、宁波奥克斯空调有限公司外观设计专利权无效行政纠纷案 …………………………………………………… 584

一、基本案情 ………………………………………………………………………… 584

二、裁判要旨 ………………………………………………………………………… 587

　No.3-4-46-1　专利复审委员会根据当事人的请求或者案情需要,可以决定对无效宣告请求进行口头审理。 ……………………………………………………… 587

　No.3-5-59-4　当对比设计与在先设计存在局部细微变化,在认定相近似时,应该考虑相关领域现有设计现状,判断其是否属于实质性差异。 ……………… 587

**48** 专利无效宣告的诉讼中止(《专利法》第46条);现有技术抗辩的判断(《专利法》第26条);专利侵权赔偿数额的确定(《专利法》第65条) ………………… 587

案例:上海帅佳电子科技有限公司、慈溪市西贝乐电器有限公司与山东九阳小家电有限公司、王旭宁及济南正铭商贸有限公司发明专利侵权纠纷案 ……………… 587

一、基本案情 ………………………………………………………………………… 587

二、裁判要旨 590

No.3-3-26-14 现有技术抗辩应当将被控侵权物与单独一份公知技术进行对比。 590

No.3-4-46-2 人民法院受理的侵犯发明专利权纠纷案件,被告或者其他单位或者个人在答辩期间内,请求专利复审委员会宣告该专利权无效的,人民法院可以不中止诉讼。 591

No.3-5-65-2 侵犯专利权的赔偿数额按照权利人因被侵权所受到的实际损失确定;实际损失难以确定的,可以按照侵权人因侵权所获得的利益确定。 591

### 49 专利无效宣告程序中权利要求书的修改方式(《专利法》第46条) 592

案例:申请再审人国家知识产权局专利复审委员会与被申请人江苏先声药物研究有限公司、南京先声药物研究有限公司、第三人李平专利无效行政纠纷案 592

一、基本案情 592

二、裁判要旨 595

No.3-4-46-3 专利无效宣告程序中权利要求书的修改方式,不必严格限于《专利审查指南》限定的三种方式。 595

### 50 专利临时保护的范围(《专利法》第47条) 595

案例:蒋柏平与李磊、金光明、南京金桐电器有限公司发明专利侵权纠纷案 595

一、基本案情 595

二、裁判要旨 596

No.3-4-47-2 发明专利申请公布后,申请人可以要求实施其发明的单位或者个人支付适当的费用。 596

### 51 部分无效的专利保护范围(《专利法》第47条) 597

案例:新疆岳麓巨星建材有限责任公司与新疆维吾尔自治区阿克苏地区国家税务局、新疆建工集团第一建筑工程有限责任公司侵犯专利权纠纷案 597

一、基本案情 597

二、裁判要旨 597

No.3-4-47-3 当专利权被宣告部分无效后,应当以维持有效的权利要求记载的技术特征与其所引用的权利要求记载的技术特征,共同限定该专利权的保护范围。 597

### 52 专利权无效的确定(《专利法》第47条) 598

案例:申请再审人深圳万虹科技发展有限公司与被申请人深圳市平治东方科技发展有限公司等侵犯实用新型专利权纠纷案 598

一、基本案情 598

二、裁判要旨 599

No.3-4-47-4 专利权被宣告无效的前提为专利复审委员会行政决定的自动生效认定,或者相关法院对专利复审委员会行政决定的认定。 599

**53** 无效宣告请求审查决定的决定日为确定宣告专利权无效的时间点
（《专利法》第47条） ································································ 599

案例：申请再审人陕西东明农业科技有限公司与被申请人陕西秦丰农机(集团)有限公司侵害实用新型专利权纠纷案 ································· 599

一、基本案情 ································································································ 599

二、裁判要旨 ································································································ 601

No.3-4-47-5 在《专利法》第47条第2款意义上，应以无效宣告请求审查决定的决定日为准，确定宣告专利权无效的时间点。 ············· 601

# 第五章 专利权的保护

**54** 权利要求中技术术语的解释（《专利法》第59条） ··························· 608

案例：菲尔马·安德烈亚斯·斯蒂勒公司与衢州力恒动力机械制造有限公司专利侵权纠纷案 ······································································· 608

一、基本案情 ································································································ 608

二、裁判要旨 ································································································ 609

No.3-5-59-5 人民法院应当根据权利要求的记载，结合本领域普通技术人员阅读说明书及附图后对权利要求的理解，确定相关权利要求的内容。 ············································· 609

**55** 具有多项技术方案的独立权利要求的比较（《专利法》第59条） ·········· 610

案例：刘庆范诉温州机械厂等侵犯其实用新型专利权案 ······················· 610

一、基本案情 ································································································ 610

二、裁判要旨 ································································································ 612

No.3-5-59-6 一项发明或者实用新型应当只有一个独立权利要求。但当独立权利要求中的多项技术特征实质上为不同技术方案时，应就不同的技术方案中的技术特征与被控侵权的发明或专利中的对应技术方案的技术特征进行比对，判断是否侵权。 ······················································· 612

**56** 外观设计专利权的认定（《专利法》第59条） ······························· 613

案例：东莞市华瀚儿童用品有限公司与广东省知识产权局专利行政处理纠纷案 ······· 613

一、基本案情 ································································································ 613

二、裁判要旨 ································································································ 615

No.3-5-59-7 在与外观设计专利产品相同或者相近种类产品上，采用与授权外观设计相同或者近似的外观设计的，人民法院应当认定被诉侵权设计落入外观设计专利权的保护范围。 ············································· 615

**57** 公证证据的采纳（《民事诉讼法》第67条）；专利侵权纠纷诉讼时效的计算
（《专利法》第68条） ································································ 615

案例：佛山市南海基宏家用电器有限公司与蔡镜波、佛山市澜石镇银星电器厂、北京市海淀区花园路百货商场、北京市海淀区清河百货商场侵犯专利权纠纷案 ·········· 615

一、基本案情 ·········································································· 615
　　二、裁判要旨 ·········································································· 617
　　　　No.3-5-59-8　在专利侵权诉讼中,经公证被购买的侵权产品可以作为证明
　　　　专利权侵权的有效证据。 ······················································· 617

　　　　No.3-5-68　侵犯专利权的诉讼时效自专利权人或者利害关系人知道或者应
　　　　当知道侵权行为发生之日起计算。发明专利申请公布后至专利权授予前使用
　　　　该发明未支付适当使用费的,自专利权人得知或者应当得知他人使用其发明
　　　　之日起计算,但是,专利权人于专利权授予之日前即已得知或者应当得知的,
　　　　自专利权授予之日起计算。 ······················································· 617

**58** 现场录像、勘验笔录记录的生产过程与专利权利要求书的解释(《专利法》第59条) ··· 617
　　案例:湖北中天亚科冶金化工股份有限公司与武钢森泰通山冶金有限责任公司、
　　武钢森泰通山铁合金有限责任公司专利侵权纠纷案 ······································ 617
　　一、基本案情 ·········································································· 618
　　二、裁判要旨 ·········································································· 619
　　　　No.3-5-59-9　在专利侵权纠纷案件中,如无相反证据,可以将现场录像以及
　　　　勘验笔录记录的生产过程与专利权利要求书中的方法进行对比与分析,判断
　　　　被控侵权方法与专利方法的必要技术特征是否相同。 ························· 619

**59** 权利要求书的解释、等同原则的应用(《专利法》第59条) ························ 619
　　案例:宁波市东方机芯总厂与江阴金铃五金制品有限公司侵犯专利权纠纷案 ········· 619
　　一、基本案情 ·········································································· 619
　　二、裁判要旨 ·········································································· 622
　　　　No.3-5-59-10　发明或者实用新型专利权的保护范围以其权利要求的内容
　　　　为准。在权利要求书记载的内容不清楚时,说明书及附图可以用于解释权利
　　　　要求中不清楚的内容。 ··························································· 622

　　　　No.3-5-59-11　专利权的保护范围应当以权利要求书中明确记载的必要技
　　　　术特征所确定的范围为准,也包括与该必要技术特征相等同的特征所确定的
　　　　范围。等同特征是指与所记载的技术特征以基本相同的手段,实现基本相同
　　　　的功能,达到基本相同的效果,并且本领域的普通技术人员无须经过创造性劳
　　　　动就能够联想到的特征。 ························································· 622

**60** 相同侵权的适用(《专利法》第59条) ··············································· 622
　　案例:庄志和、广东省深圳天明美术印刷有限公司与广东省南海市官窑中心印刷
　　厂侵犯专利权纠纷案 ································································ 622
　　一、基本案情 ·········································································· 622
　　二、裁判要旨 ·········································································· 624
　　　　No.3-5-59-12　判断被控侵权产品或方法是否侵犯发明专利权,应当将被控
　　　　侵权产品或方法的技术特征与发明专利权利要求的技术特征进行比较。如果
　　　　被控侵权产品或方法包含与专利权利要求的全部技术特征相同的技术特征,
　　　　则被控侵权产品或方法构成专利侵权。 ········································· 624

**61** 等同侵权的适用、发明专利的保护范围(《专利法》第59条) ………… 624

案例:西安奥克自动化仪表有限公司与被告上海辉博自动化仪表有限公司请求确认不侵犯专利权纠纷案 ………… 624

一、基本案情 ………… 624

二、裁判要旨 ………… 626

No.3-5-59-13 发明专利权的保护范围以其权利要求的内容为准,说明书及附图可以用于解释权利要求。当专利权人与被控侵权人对专利权利要求记载的技术特征的理解有分歧时,可以用专利说明书记载的相关内容解释权利要求所记载的技术特征的含义,并且应当以相关领域的普通技术人员对专利说明书的理解进行解释,从而明确专利权的保护范围。 ………… 626

No.3-5-59-14 判断被控侵权产品或方法是否侵犯发明专利权,应当将被控侵权产品或方法的技术特征与发明专利权利要求的技术特征进行比较。如果被控侵权产品使用的方法包含与权利要求的全部技术特征相同的技术特征,或者被控侵权产品或方法的某个或某些技术特征虽与专利权利要求的对应技术特征不同但构成等同,则被控侵权产品或方法构成专利侵权。 ………… 626

**62** 实用新型专利保护范围解释(《专利法》第59条) ………… 626

案例:中国科学院成都有机化学研究所与成都正大电器机械厂专利侵权纠纷案 ………… 626

一、基本案情 ………… 627

二、裁判要旨 ………… 629

No.3-5-59-15 实用新型专利权的保护范围以其权利要求的内容为准。权利要求书应当以说明书为依据。说明书应当对发明或者实用新型作出清楚、完整的说明,以所属技术领域的技术人员能够实现为准;必要的时候,应当有附图。摘要应当简要说明发明或者实用新型的技术要点。 ………… 629

**63** 功能性限定技术特征权利保护范围的确定(《专利法》第59条) ………… 629

案例:河北珍誉工贸有限公司、北京双龙顺仓储购物中心与曾展翅侵犯专利权纠纷案 ………… 629

一、基本案情 ………… 629

二、裁判要旨 ………… 631

No.3-5-59-16 以功能性限定技术特征撰写权利要求的专利在侵权判定时,应当按照说明书记载的实施例确定权利保护范围。 ………… 631

**64** 独立权利要求的术语解释(《专利法》第59条) ………… 631

案例:冯德义与哈尔滨蓝波高科技开发有限公司侵犯专利权纠纷案 ………… 631

一、基本案情 ………… 632

二、裁判要旨 ………… 632

No.3-5-59-17 独立权利要求中的术语解释,应当依据其技术特征进行,不能与其他独立权利要求中的相同术语简单直接等同。 ………… 632

## 65 方法专利权利要求的解释(《专利法》第59条) ········· 633
### 案例:OBE-工厂·翁玛赫特与鲍姆盖特纳有限公司与浙江康华眼镜有限公司侵犯发明专利权纠纷案 ········· 633
#### 一、基本案情 ········· 633
#### 二、裁判要旨 ········· 634
##### No.3-5-59-18 在方法专利的权利要求没有明确限定步骤顺序时,应当结合说明书和附图、审查档案、权利要求记载的整体技术方案以及各个步骤之间的逻辑关系,确定各步骤是否应当按照特定的顺序实施。········· 634

## 66 从属专利侵权(《专利法》第59条) ········· 635
### 案例:宋志安与江苏省无锡锅炉实用新型专利侵权纠纷案 ········· 635
#### 一、基本案情 ········· 635
#### 二、裁判要旨 ········· 636
##### No.3-5-59-19 如果被控侵权技术除了包含专利权利要求中记载的全部技术特征相同的对应技术特征之外,又增加了其他技术特征,无论增加的技术特征本身或者与其他技术相结合产生何等功能与效果,均构成专利侵权,属于从属专利的构成相同侵权。········· 636

## 67 等同原则在中药专利中的适用(《专利法》第59条) ········· 637
### 案例:天津天士力制药股份有限公司与东莞万成制药有限公司、北京易安时代科技发展有限公司专利侵权纠纷案 ········· 637
#### 一、基本案情 ········· 637
#### 二、裁判要旨 ········· 638
##### No.3-5-59-20 等同特征是指与所记载的技术特征以基本相同的手段,实现基本相同的功能,达到基本相同的效果,并且本领域的普通技术人员无须经过创造性劳动就能够联想到的特征。········· 638

## 68 等同原则在药品专利中的应用(《专利法》第59条) ········· 639
### 案例:昆明制药集团股份有限公司与黑龙江省珍宝岛制药有限公司确认不侵犯专利权纠纷案 ········· 639
#### 一、基本案情 ········· 639
#### 二、裁判要旨 ········· 640
##### No.3-5-59-21 在适用等同规则判断药品专利侵权纠纷时,当药品的主要成分及含量不同而具有不同的适用范围,产生不同的功能或效果时,不属于相同或等同产品。········· 640

## 69 改劣技术方案不落入专利权的保护范围(《专利法》第59条) ········· 641
### 案例:申请再审人张建华与被申请人沈阳直连高层供暖技术有限公司、二审上诉人沈阳高联高层供暖联网技术有限公司侵犯实用新型专利权纠纷案 ········· 641
#### 一、基本案情 ········· 641
#### 二、裁判要旨 ········· 643

No.3-5-59-22　改劣技术方案不落入专利权的保护范围。 …………… 643

## 70 人民法院对禁止反悔原则的主动适用(《专利法》第59条) ……… 643
案例:申请再审人沈其衡与被申请人上海盛懋交通设施工程有限公司侵犯实用新型专利权纠纷案 …………………………………………… 643
　一、基本案情 ……………………………………………………… 643
　二、裁判要旨 ……………………………………………………… 646
　　No.3-5-59-23　人民法院可以依职权主动适用禁止反悔原则。 ……… 646

## 71 技术特征解释的范围(《专利法》第59条) ……………………… 646
案例:申请再审人薛胜国与被申请人赵相民、赵章仁实用新型专利侵权纠纷案 …… 646
　一、基本案情 ……………………………………………………… 646
　二、裁判要旨 ……………………………………………………… 652
　　No.3-5-59-24　专利权人对其技术特征的解释应当不超出其权利要求书的记载范围,并应与其专利说明书与附图吻合。 …………………… 652

## 72 外观设计专利的设计空间(《专利法》第59条) ………………… 652
案例:申请再审人国家知识产权局专利复审委员会、浙江今飞机械集团有限公司与被申请人浙江万丰摩轮有限公司专利无效行政纠纷案 …………… 652
　一、基本案情 ……………………………………………………… 652
　二、裁判要旨 ……………………………………………………… 657
　　No.3-5-59-25　在外观设计相同或者相近似的判断中,应该考虑设计空间或者说设计者的创作自由度,以便准确确定该一般消费者的知识水平和认知能力。 …… 657

## 73 外观设计相同或者相近似的判断(《专利法》第59条) ………… 657
案例:申请再审人本田技研工业株式会社与被申请人中华人民共和国国家知识产权局专利复审委员会、原审第三人石家庄双环汽车股份有限公司、原审第三人河北新凯汽车制造有限公司破产清算组外观设计专利权无效行政纠纷案 …… 657
　一、基本案情 ……………………………………………………… 657
　二、裁判要旨 ……………………………………………………… 660
　　No.3-5-59-26　在外观设计相同或者相近似判断中,应当考量引起一般消费者注意的其他设计特征的变化。 …………………………………… 660

## 74 禁止反悔原则的应用(《专利法》第59条) ……………………… 660
案例:广州美视晶莹银幕有限公司、北京仁和世纪科技有限公司与(日本)泉株式会社侵犯实用新型专利权纠纷案 ……………………………… 660
　一、基本案情 ……………………………………………………… 660
　二、裁判要旨 ……………………………………………………… 663
　　No.3-5-59-27　专利申请人、专利权人在专利授权或无效宣告程序中,通过对权利要求、说明书的修改或者意见陈述而放弃的技术方案,权利人在侵犯专利权纠纷案件中又将其纳入专利权保护范围的,人民法院不予支持。 …… 663

**75** 禁止反悔原则的认定(《专利法》第 59 条) ······ 663
案例:北京实益拓展科技有限责任公司与陕西三安科技发展有限责任公司确认不侵犯专利权纠纷案 ······ 663
　一、基本案情 ······ 663
　二、裁判要旨 ······ 665
　　No.3-5-59-28　放弃的技术方案,包括通过修改或者意见陈述而缩小其保护范围所导致的变化。 ······ 665

**76** 授权确权程序中禁止反悔原则的适用(《专利法》第 59 条);专利侵权纠纷中被诉侵权技术方案的查明(《专利法》第 59 条) ······ 666
案例:申请再审人江苏万高药业有限公司与被申请人成都优他制药有限责任公司、原审被告四川科伦医药贸易有限公司侵犯发明专利权纠纷案 ······ 666
　一、基本案情 ······ 666
　二、裁判要旨 ······ 671
　　No.3-5-59-29　专利权人在授权确权程序中的意见陈述,可导致禁止反悔原则的适用。 ······ 671
　　No.3-5-59-30　对专利侵权纠纷中被诉侵权技术方案的查明,应当依法进行证据保全,譬如现场勘验、查封扣押生产记录等,而不是简单地进行推定。 ······ 671

**77** 专利侵权纠纷中技术特征等同的认定(《专利法》第 59 条) ······ 672
案例:申请再审人陕西竞业玻璃钢有限公司与被申请人永昌积水复合材料有限公司侵犯实用新型专利权纠纷案 ······ 672
　一、基本案情 ······ 672
　二、裁判要旨 ······ 675
　　No.3-5-59-31　对专利侵权纠纷中技术特征等同的认定,应考虑被诉侵权产品的技术特征与专利技术特征相比,是否属于基本相同的技术手段,能否实现基本相同的效果。 ······ 675

**78** 对一般消费者而言的外观设计专利与对比设计可视部分的相同点和区别点(《专利法》第 59 条) ······ 676
案例:申请再审人珠海格力电器股份有限公司与被申请人广东美的电器股份有限公司、二审上诉人国家知识产权局专利复审委员会外观设计专利权无效行政纠纷案 ······ 676
　一、基本案情 ······ 676
　二、裁判要旨 ······ 680
　　No.3-5-59-32　在判断外观设计专利与对比设计的视觉效果是否具有明显区别时,应考虑对一般消费者而言的外观设计专利与对比设计可视部分的相同点和区别点,并综合考虑各相同点、区别点对整体视觉效果的影响大小和程度。 ······ 680

**79** 说明书及附图的例示性描述不用于限制专利权的保护范围(《专利法》第 59 条) ······ 680

案例：申请再审人徐永伟与被申请人宁波市华拓太阳能科技有限公司侵犯发明专利权纠纷案 …………………………………………………………………… 680
 一、基本案情 …………………………………………………………… 680
 二、裁判要旨 …………………………………………………………… 683
  No.3-5-59-33 运用说明书及附图解释权利要求时，不应当以说明书及附图的例示性描述限制专利权的保护范围。 …………………………… 683

**80** 外观设计侵权比较中装饰图案的简单替换（《专利法》第59条） ……… 683
 案例：申请再审人中山市君豪家具有限公司与被申请人中山市南区佳艺工艺家具厂侵犯外观设计专利权纠纷案 …………………………………… 683
 一、基本案情 …………………………………………………………… 684
 二、裁判要旨 …………………………………………………………… 685
  No.3-5-59-34 当外观设计专利区别于现有设计的设计特征对于外观设计的整体视觉效果更具有显著影响时，应当比较被诉侵权设计与涉案专利设计在这一区别上的相同或者近似，而不用考量装饰图案的简单替换。 ……… 685

**81** 说明书公开范围的作用（《专利法》第59条） ………………………… 685
 案例：申请再审人东莞佳畅玩具有限公司、许楚华与被申请人新利达电池实业（德庆）有限公司、肇庆新利达电池实业有限公司及一审被告、二审上诉人国家知识产权局专利复审委员会和一审第三人、二审上诉人四会永利五金电池有限公司等实用新型专利权无效行政纠纷案 …………………………………………… 685
 一、基本案情 …………………………………………………………… 685
 二、裁判要旨 …………………………………………………………… 687
  No.3-5-59-35 解释权利要求时，应使保护范围与说明书公开的范围相适应。 …… 687

**82** 在从属权利要求的基础上维持有效专利权对禁止反悔原则适用的限制（《专利法》第59条） …………………………………………………… 688
 案例：申请再审人中誉电子（上海）有限公司与被申请人上海九鹰电子科技有限公司侵犯实用新型专利权纠纷案 …………………………………… 688
 一、基本案情 …………………………………………………………… 688
 二、裁判要旨 …………………………………………………………… 691
  No.3-5-59-36 如果独立权利要求被宣告无效而在其从属权利要求的基础上维持专利权有效，且专利权人未曾自我放弃，不宜因此即对该从属权利要求适用禁止反悔原则并限制等同侵权原则的适用。 …………………… 691

**83** 写入权利要求的使用环境特征属于必要技术特征（《专利法》第59条） …… 691
 案例：申请再审人株式会社岛野与被申请人日骋公司侵犯发明专利权纠纷案 …… 691
 一、基本案情 …………………………………………………………… 692
 二、裁判要旨 …………………………………………………………… 697
  No.3-5-59-37 已经写入权利要求的使用环境特征属于必要技术特征，对于权利要求的保护范围具有限定作用，且限定程度应当根据个案情况具体确定。 …… 697

**84** 外观设计专利产品类别的确定(《专利法》第 59 条) ·········· 697

案例:申请再审人法国弓箭玻璃器皿国际实业公司与被申请人义乌市兰之韵玻璃工艺品厂侵犯外观设计专利权纠纷案 ·········· 697

一、基本案情 ·········· 697

二、裁判要旨 ·········· 698

No.3-5-59-38 确定外观设计专利产品类别,应以具有独立存在形态、可以单独销售的产品的用途为依据。 ·········· 698

**85** 权利要求技术特征的划分标准(《专利法》第 59 条) ·········· 698

案例:申请再审人张强与被申请人烟台市栖霞大易工贸有限公司、魏二有侵犯专利权纠纷案 ·········· 698

一、基本案情 ·········· 698

二、裁判要旨 ·········· 700

No.3-5-59-39 划分权利要求的技术特征时,一般应把能够实现一种相对独立的技术功能的技术单元作为一个技术特征,不宜把实现不同技术功能的多个技术单元划定为一个技术特征。 ·········· 700

**86** 保护范围明显不清楚的专利权侵权指控不成立(《专利法》第 59 条) ·········· 700

案例:申请再审人柏万清与被申请人难寻中心、添香公司侵害实用新型专利权纠纷案 ·········· 700

一、基本案情 ·········· 700

二、裁判要旨 ·········· 701

No.3-5-59-40 保护范围明显不清楚的专利权的侵权指控不应支持。 ·········· 701

**87** 专利权人选择封闭式权利要求的后果(《专利法》第 59 条) ·········· 702

案例:申请再审人山西振东泰盛制药有限公司、山东特利尔营销策划有限公司医药分公司与被申请人胡小泉侵犯发明专利权纠纷案 ·········· 702

一、基本案情 ·········· 702

二、裁判要旨 ·········· 707

No.3-5-59-41 对封闭式权利要求,一般应当解释为不含有该权利要求所述以外的结构组成部分或者方法步骤。 ·········· 707

No.3-5-59-42 专利权人选择封闭式权利要求,表明其明确将其他未被限定的结构组成部分或者方法步骤排除在专利权保护范围之外,不宜再通过适用等同原则将其重新纳入保护范围。 ·········· 707

**88** 对比文件中仅公开产品结构图形但没有文字描述的权利要求用语的确定(《专利法》第 59 条) ·········· 708

案例:申请再审人镇江市营房塑电有限公司与被申请人广东科进尼龙管道制品有限公司、一审被告、二审被上诉人国家知识产权局专利复审委员会实用新型专利权无效行政纠纷案 ·········· 708

一、基本案情 ·········· 708

二、裁判要旨 ································································· 711

No.3-5-59-43 对比文件中仅有公开产品的结构图形但没有文字描述的权利要求用语,可以结合其结构特点和本领域技术人员的公知常识确定其含义。 ······ 711

**89** 开放式与封闭式权利要求的区分适用于机械领域专利、开放式权利要求的区别技术特征的认定(《专利法》第59条) ······························ 711

案例:申请再审人北京世纪联保消防新技术有限公司与被申请人国家知识产权局专利复审委员会、二审第三人山西中远消防设备有限公司发明专利权无效行政纠纷案 ························································ 711

一、基本案情 ······························································· 711

二、裁判要旨 ······························································· 716

No.3-5-59-44 开放式和封闭式权利要求的区分在包括化学、机械领域在内的全部技术领域,有普遍适用性。 ······························ 716

No.3-5-59-45 如果对比文件的某个技术特征在该开放式权利要求中未明确提及,一般不将缺少该技术特征作为开放式权利要求相对于对比文件的区别技术特征。 ························································ 716

**90** 改变方法专利的步骤顺序是否构成等同侵权(《专利法》第59条) ······ 716

案例:申请再审人浙江乐雪儿家居用品有限公司与一审被告、二审上诉人何建华,一审第三人温士丹侵害发明专利权纠纷案 ································ 716

一、基本案情 ······························································· 716

二、裁判要旨 ······························································· 720

No.3-5-59-46 如果方法专利所涉步骤必须以特定的顺序实施,以及这种顺序改变会带来技术功能或者技术效果的实质性差异,这种步骤顺序就对专利权的保护范围起到了限定作用。 ································ 720

**91** 物质的医药用途发明的撰写要求、给药特征对权利要求请求保护的制药方法发明是否具有限定作用?不产生特定毒副作用的特征对权利要求请求保护的医药用途发明是否具有限定作用?(《专利法》第59条) ······················· 721

案例:再审申请人卡比斯特制药公司与被申请人中华人民共和国国家知识产权局专利复审委员会发明专利权无效行政纠纷案 ·························· 721

一、基本案情 ······························································· 721

二、裁判要旨 ······························································· 726

No.3-5-59-47 如果发明的实质及其对现有技术的改进在于物质的医药用途,申请专利权保护时,应当将权利要求撰写为制药方法类型权利要求,并以与制药相关的技术特征对权利要求的保护范围进行限定。 ············ 726

No.3-5-59-48 如果权利要求中不产生特定毒副作用的特征没有改变药物已知的治疗对象和适应症,也未发现药物的新性能,不足以与已知用途相区别,则其对权利要求请求保护的医药用途发明不具有限定作用。 ··········· 726

No.3-5-59-49 给药剂量仅体现于用药行为中的特征不是制药用途的技术特征,对权利要求请求保护的制药方法本身不具有限定作用。 ············ 726

**92** 采用与权利要求限定的技术手段相反的技术方案不构成等同侵权(《专利法》第 59 条) …… 727

案例:申请再审人北京市捷瑞特弹性阻尼体技术研究中心与被申请人北京金自天和缓冲技术有限公司、王菡夏侵害发明专利权纠纷案 ……………………………… 727

 一、基本案情 ……………………………………………………………………… 727
 二、裁判要旨 ……………………………………………………………………… 728
  No.3-5-59-50 被诉侵权技术方案的技术手段与权利要求明确限定的技术手段相反,技术效果亦相反,且不能实现发明目的的,不构成等同侵权。 ………… 728

**93** 外观设计专利侵权判定中相同或相近种类产品的认定(《专利法》第 59 条) …………… 728

案例:再审申请人福建省晋江市青阳维多利食品有限公司与被申请人漳州市越远食品有限公司、一审被告、二审被上诉人李欣彩侵害外观设计专利权纠纷案 …… 728

 一、基本案情 ……………………………………………………………………… 728
 二、裁判要旨 ……………………………………………………………………… 730
  No.3-5-59-51 在外观设计专利侵权判定中,确定产品种类是否相同或相近的依据是产品是否具有相同或相近似的用途,产品销售、实际使用的情况可以作为认定用途的参考因素。 …………………………………………………… 730

**94** 封闭式权利要求的侵权判定(《专利法》第 59 条) ……………………………………… 730

案例:申请再审人河北鑫宇焊业有限公司与被申请人宜昌猴王焊丝有限公司侵害发明专利权纠纷案 …………………………………………………………………… 730

 一、基本案情 ……………………………………………………………………… 730
 二、裁判要旨 ……………………………………………………………………… 731
  No.3-5-59-52 对于封闭式权利要求,如果被诉侵权产品或者方法除具备权利要求明确记载的技术特征之外,还具备其他特征的,应当认定其未落入权利要求保护范围。 ……………………………………………………………… 731

**95** 专利行政调解(《专利法》第 60 条) ……………………………………………………… 731

案例:上海全能科贸有限公司诉上海市知识产权局专利侵权纠纷处理决定案 …… 731

 一、基本案情 ……………………………………………………………………… 731
 二、裁判要旨 ……………………………………………………………………… 733
  No.3-5-60-1 未经专利权人许可,实施其专利,即侵犯其专利权,引起纠纷的,由当事人协商解决。不愿协商或者协商不成的,专利权人或者利害关系人可以请求管理专利工作的部门处理。 ………………………………………… 733

**96** 管理专利工作的部门就专利纠纷的行政处理决定的撤销(《专利法》第 60 条) ……… 733

案例:昆明欧冠窗业有限公司与昆明市知识产权局专利行政处理决定案 ………… 733

 一、基本案情 ……………………………………………………………………… 733
 二、裁判要旨 ……………………………………………………………………… 735
  No.3-5-60-2 管理专利工作的部门违反法定程序作出处理决定,且该处理决定主要证据不足的,应当予以撤销。 ……………………………………… 735

**97** 确认不侵权之诉的管辖法院(《专利法》第60条) ⋯⋯⋯⋯⋯⋯⋯⋯⋯⋯⋯⋯ 735
　　案例:龙宝公司诉朗力福公司请求确认不侵犯专利权案 ⋯⋯⋯⋯⋯⋯⋯ 735
　　　一、基本案情 ⋯⋯⋯⋯⋯⋯⋯⋯⋯⋯⋯⋯⋯⋯⋯⋯⋯⋯⋯⋯⋯⋯⋯⋯ 735
　　　二、裁判要旨 ⋯⋯⋯⋯⋯⋯⋯⋯⋯⋯⋯⋯⋯⋯⋯⋯⋯⋯⋯⋯⋯⋯⋯⋯ 736
　　　　　No.3-5-60-3　一方当事人因被控涉嫌侵犯专利权并因此遭受损失的,可以向法院起诉,请求法院确认其不侵权。 ⋯⋯⋯⋯⋯⋯⋯⋯⋯⋯⋯⋯ 736

**98** 侵犯外观设计专利权纠纷管辖权异议(《专利法》第60条) ⋯⋯⋯⋯⋯⋯ 736
　　案例:河北新凯汽车制造有限公司、高碑店新凯汽车制造有限公司与(日本)本田技研工业株式会社、东风本田汽车(武汉)有限公司、北京鑫升百利汽车贸易有限公司侵犯外观设计专利权纠纷管辖权异议案 ⋯⋯⋯⋯⋯⋯⋯⋯⋯⋯⋯⋯ 736
　　　一、基本案情 ⋯⋯⋯⋯⋯⋯⋯⋯⋯⋯⋯⋯⋯⋯⋯⋯⋯⋯⋯⋯⋯⋯⋯⋯ 736
　　　二、裁判要旨 ⋯⋯⋯⋯⋯⋯⋯⋯⋯⋯⋯⋯⋯⋯⋯⋯⋯⋯⋯⋯⋯⋯⋯⋯ 737
　　　　　No.3-5-60-4　专利纠纷第一审案件,由各省、自治区、直辖市人民政府所在地的中级人民法院、最高人民法院指定的中级人民法院以及高级人民法院管辖。 ⋯⋯ 737

**99** 最先立案法院的管辖权(《专利法》第60条) ⋯⋯⋯⋯⋯⋯⋯⋯⋯⋯⋯⋯ 738
　　案例:靖江市永泰丰化工有限公司与佳木斯农药厂、佳木斯兰新实业有限公司专利侵权纠纷案 ⋯⋯⋯⋯⋯⋯⋯⋯⋯⋯⋯⋯⋯⋯⋯⋯⋯⋯⋯⋯⋯⋯⋯⋯ 738
　　　一、基本案情 ⋯⋯⋯⋯⋯⋯⋯⋯⋯⋯⋯⋯⋯⋯⋯⋯⋯⋯⋯⋯⋯⋯⋯⋯ 738
　　　二、裁判要旨 ⋯⋯⋯⋯⋯⋯⋯⋯⋯⋯⋯⋯⋯⋯⋯⋯⋯⋯⋯⋯⋯⋯⋯⋯ 738
　　　　　No.3-5-60-5　因侵犯专利权行为提起的诉讼,由侵权行为地或者被告住所地人民法院管辖,其中侵权行为地与被告住所地不一致的,由最先立案的人民法院管辖。 ⋯⋯⋯⋯⋯⋯⋯⋯⋯⋯⋯⋯⋯⋯⋯⋯⋯⋯⋯⋯⋯⋯⋯⋯⋯⋯⋯ 738

**100** 涉及专利的临时保护使用费纠纷的专利诉讼管辖(《专利法》第60条、第13条) ⋯⋯ 739
　　案例:山东新发药业有限公司与浙江杭州鑫富药业股份有限公司、上海爱兮缇国际贸易有限公司发明专利临时保护期使用费纠纷及侵犯发明专利权纠纷管辖权异议案 ⋯⋯⋯⋯⋯⋯⋯⋯⋯⋯⋯⋯⋯⋯⋯⋯⋯⋯⋯⋯⋯⋯⋯⋯⋯⋯⋯⋯⋯ 739
　　　一、基本案情 ⋯⋯⋯⋯⋯⋯⋯⋯⋯⋯⋯⋯⋯⋯⋯⋯⋯⋯⋯⋯⋯⋯⋯⋯ 739
　　　二、裁判要旨 ⋯⋯⋯⋯⋯⋯⋯⋯⋯⋯⋯⋯⋯⋯⋯⋯⋯⋯⋯⋯⋯⋯⋯⋯ 740
　　　　　No.3-5-60-6　在专利临时保护期间内,专利申请人仅对侵权产品制造者提起诉讼,制造地人民法院有管辖权;以制造者与销售者为共同被告起诉的,销售地人民法院有管辖权。 ⋯⋯⋯⋯⋯⋯⋯⋯⋯⋯⋯⋯⋯⋯⋯⋯⋯⋯⋯⋯ 740

**101** 被告以诉讼请求变更为由的管辖权异议(《专利法》第60条) ⋯⋯⋯⋯⋯ 740
　　案例:陈勇与天津天狮经济发展有限公司、天津天狮生物工程有限公司、天津天狮集团有限公司专利侵权纠纷案 ⋯⋯⋯⋯⋯⋯⋯⋯⋯⋯⋯⋯⋯⋯⋯⋯⋯⋯ 740
　　　一、基本案情 ⋯⋯⋯⋯⋯⋯⋯⋯⋯⋯⋯⋯⋯⋯⋯⋯⋯⋯⋯⋯⋯⋯⋯⋯ 741
　　　二、裁判要旨 ⋯⋯⋯⋯⋯⋯⋯⋯⋯⋯⋯⋯⋯⋯⋯⋯⋯⋯⋯⋯⋯⋯⋯⋯ 741

No.3-5-60-7　侵犯专利纠纷案件,在侵权行为地或者被告住所地法院受理案件后,被告一方对案件性质有争议,请求变更管辖法院的,不属于管辖权异议。 …… 741

## 102 专利侵权诉讼中的证据采纳(《专利法》第60条) ………………………… 741
**案例:伊莱利利公司与江苏豪森药业股份有限公司专利侵权纠纷案** …… 741
一、基本案情 ……………………………………………………………… 741
二、裁判要旨 ……………………………………………………………… 743

No.3-5-60-8　鉴定机构接受人民法院的委托,对专利诉讼中有争议的技术问题进行鉴定时,应以双方当事人经过庭审质证的真实、合法、有效的证据材料作为鉴定依据。依据未经双方当事人质证或者核对的证据材料所作出的鉴定结论,不是合法有效的证据,不能作为认定案件事实的依据。 ………… 743

## 103 专利侵权纠纷行政处理和诉讼的竞合(《专利法》第60条) ………… 743
**案例:申请再审人江苏省微生物研究所有限责任公司与被申请人福州海王福药制药有限公司、一审被告辽宁省知识产权局、一审第三人辽宁民生中一药业有限公司、常州方圆制药有限公司专利侵权纠纷处理决定案** …………… 743
一、基本案情 ……………………………………………………………… 743
二、裁判要旨 ……………………………………………………………… 747

No.3-5-60-1　相关请求人已经就针对同一专利的相同或者相关联的侵权纠纷向人民法院提起诉讼,无论当事人是否完全相同,只要可能存在处理结果冲突,管理专利工作的部门即不能受理相关专利侵权纠纷处理请求。 ……… 747

## 104 方法发明专利侵权的举证责任倒置(《专利法》第61条);多余指定规则的应用(《专利法》第59条) …………………………………………………… 748
**案例:林群祥与闽侯县台龙塑化厂方法发明专利侵权纠纷案** ………… 748
一、基本案情 ……………………………………………………………… 748
二、裁判要旨 ……………………………………………………………… 749

No.3-5-59-53　人民法院判定被诉侵权技术方案是否落入专利权的保护范围,应当审查权利人主张的权利要求所记载的全部技术特征。 ………… 749

No.3-5-61-1　专利侵权纠纷涉及新产品制造方法的发明专利的,制造同样产品的单位或者个人应当提供其产品制造方法不同于专利方法的证明。 …… 750

## 105 非新产品制造方法专利侵权纠纷中的事实推定(《专利法》第61条) … 750
**案例:再审申请人潍坊恒联浆纸有限公司与被申请人宜宾长毅浆粕有限责任公司、一审被告成都鑫瑞鑫塑料有限公司侵犯发明专利权纠纷案** …… 750
一、基本案情 ……………………………………………………………… 750
二、裁判要旨 ……………………………………………………………… 753

No.3-5-61-2　在专利权人能够证明被诉侵权人制造了同样产品,经合理努力仍无法证明被诉侵权人确实使用了该专利方法的情况下,根据案件的具体情况,结合已知事实及日常生活经验,能够认定该同样产品经由专利方法制造的可能性很大,被诉侵权人拒不配合法院调查收集证据或者保全证据的,可以推定被诉侵权人使用了该专利方法。 …………………………………… 753

**106** 现有技术抗辩步骤的选择(《专利法》第62条) ········· 754

案例:北京东方京宁建材科技有限公司与北京锐创伟业房地产开发有限公司、北京锐创伟业科技发展有限公司、北京睿达华通化工材料技术有限责任公司侵犯实用新型专利权纠纷案 ············ 754

一、基本案情 ············ 754

二、裁判要旨 ············ 756

No.3-5-62-1 审查现有技术抗辩时,比对方法是将被诉侵权技术方案与现有技术进行对比,在两者并非相同的情况下,审查时可以专利权人的要求为参照,确定被诉侵权技术方案中被指控落入专利权保护范围的技术特征,并判断现有技术是否公开了与之相同或者等同的技术特征。············ 756

**107** 现有技术抗辩中多项技术方案对比的前提(《专利法》第62条) ········· 756

案例:苏州工业园区新海宜电信发展股份有限公司诉南京普天通信股份有限公司、苏州工业园区华发科技有限公司侵犯专利权纠纷案 ············ 756

一、基本案情 ············ 756

二、裁判要旨 ············ 758

No.3-5-62-2 被控侵权人有充分证据证明其实施的技术方案属于一份对比文献中记载的一项现有技术方案与所属领域技术人员广为熟知的常识的简单组合,则应当认定被控侵权人主张的现有技术抗辩成立,被控侵权物不构成侵犯专利权。············ 758

**108** 以侵权人获得利益确定损害赔偿(《专利法》第65条) ········· 758

案例:新乐国人啤酒有限公司与武安名人啤酒厂、雪山(河北)啤酒有限公司外观设计专利侵权纠纷案 ············ 758

一、基本案情 ············ 759

二、裁判要旨 ············ 760

No.3-5-65-3 侵犯专利权的赔偿数额按照权利人因被侵权所受到的实际损失确定;实际损失难以确定的,可以按照侵权人因侵权所获得的利益确定。············ 760

**109** 专利侵权的酌定赔偿(《专利法》第65条);先用权(《专利法》第69条) ········· 760

案例:昆明飞龙电器厂与昆明科力嘉工贸有限公司实用新型专利侵权纠纷案 ············ 760

一、基本案情 ············ 760

二、裁判要旨 ············ 762

No.3-5-65-4 在专利申请日前已经制造相同产品、使用相同方法或者已经做好制造、使用的必要准备,并且仅在原有范围内继续制造、使用的,不视为专利侵权。············ 762

No.3-5-69-1 在没有专利许可使用费可以参照或者专利许可使用费明显不合理的情况下,人民法院可以根据专利权的类别、侵权人侵权的性质和情节等因素,酌定赔偿专利侵权数额。············ 762

**110** 数额利润率(《专利法》第65条);合理开支数额的确定(《专利法》第69条) ········· 763

案例：华纪平与合肥安迪华进出口有限公司等专利权权属、侵权纠纷案 ················ 763
  一、基本案情 ················ 763
  二、裁判要旨 ················ 769
    **No.3-5-65-5** 在有关产品的利润率难以准确计算时，人民法院可以酌定一个合理的利润率进行计算。················ 769
    **No.3-5-69-2** 调查和制止侵权行为的合理开支数额，可以计算在赔偿数额范围内。················ 770

**111** 事先或事后约定侵权损害赔偿数额的效力（《专利法》第65条）················ 770
  案例：申请再审人中山市隆成日用制品有限公司与被申请人湖北童霸儿童用品有限公司侵害实用新型专利权纠纷提审案 ················ 770
  一、基本案情 ················ 770
  二、裁判要旨 ················ 774
    **No.3-5-65-6** 侵权人与被侵权人之间就侵权损害赔偿数额等作出事先或事后约定，属于私法自治范畴；若无法律规定的无效情形，人民法院应予支持。 ················ 774

**112** 专利侵权的诉前禁令（《专利法》第66条）················ 774
  案例：炬力集成电路设计有限公司与矽玛特有限公司、东莞市歌美电子科技有限公司、黄忠达侵犯专利纠纷案 ················ 774
  一、基本案情 ················ 774
  二、裁判要旨 ················ 775
    **No.3-5-66-1** 专利权人或者利害关系人有证据证明他人正在实施或者即将实施侵犯其专利权的行为，如不及时制止将会使其合法权益受到难以弥补的损害的，可以在起诉前向人民法院申请采取责令停止有关行为和财产保全的措施。 ················ 775

**113** 药品专利的Bolar例外（《专利法》第69条）················ 776
  案例：三共株式会社、上海三共制药有限公司与北京万生药业有限责任公司发明专利侵权纠纷案 ················ 776
  一、基本案情 ················ 776
  二、裁判要旨 ················ 777
    **No.3-5-69-3** 为提供行政审批所需要的信息，制造、使用、进口专利药品或者专利医疗器械的，以及专门为其制造、进口专利药品或者专利医疗器械的，不视为侵犯专利权。 ················ 777

**114** 药品生产批件的是否取得对先用权抗辩是否成立不产生影响（《专利法》第69条）······ 778
  案例：江西银涛药业有限公司与被申请人陕西汉王药业有限公司、一审被告西安保赛医药有限公司侵犯专利权纠纷案 ················ 778
  一、基本案情 ················ 778
  二、裁判要旨 ················ 779
    **No.3-5-69-4** 是否取得药品生产批件，对先用权抗辩是否成立不产生影响。······ 779

### 115 专利侵权案件的管辖(《民事诉讼法》第37条) ……… 779
案例:本田株式会社与双环公司侵犯外观设计专利权纠纷管辖权异议案 …… 779
　一、基本案情 ……… 779
　二、裁判要旨 ……… 781
　　No.3-7-CP-37　不同法院受理的涉及同一事实的确认不侵犯专利权诉讼和专利侵权诉讼,应当移送管辖合并审理;移送过程中,如涉及地域管辖,应按照立案时间的先后顺序,由后立案受理的法院将案件移送到先立案受理的法院审理;如涉及级别管辖,一般按"就高不就低"的原则,由级别低的法院将其立案受理的案件移送到级别高的法院审理。 ……… 781

### 116 专利诉讼的调解(《民事诉讼法》第201条) ……… 782
案例:杨培康与无锡活力保健品有限公司侵犯发明专利权纠纷案 ……… 782
　一、基本案情 ……… 782
　二、裁判要旨 ……… 782
　　No.3-7-CP-201　诉讼和解协议是案件当事人为终止争议或者防止争议再次发生,通过相互让步形成的合意,和解协议的内容不限于当事人的诉讼请求事项。 ……… 782

### 117 人民法院判决专利复审委员会重新作出具体行政行为,要视案件的具体情况而定(《行政诉讼法》第54条) ……… 783
案例:申请再审人曹忠泉与被申请人国家知识产权局专利复审委员会、一审第三人上海精凯服装机械有限公司实用新型专利权无效行政纠纷案 ……… 783
　一、基本案情 ……… 783
　二、裁判要旨 ……… 786
　　No.3-7-AP-37　人民法院在判决撤销或者部分无效宣告请求审查决定时,是否判决专利复审委员会重新作出具体行政行为,应当视案件的具体情况而定。 ……… 786

# 第四编　反不正当竞争

## 第一章　仿冒纠纷

### 1 仿冒域名(《反不正当竞争法》第2条) ……… 791
案例:上海柏丽居货运代理有限公司与毕丽萍、上海孚睿吉商务咨询有限公司不正当竞争纠纷上诉案 ……… 791
　一、基本案情 ……… 791
　二、裁判要旨 ……… 792
　　No.4-1-2.2-1　仿冒他人域名行为,构成不正当竞争行为。 ……… 792

### 2 仿冒商品条形码(《反不正当竞争法》第5条第2、3项) ……… 792

案例:宁波华能国际经济贸易有限公司与福建天龙电机有限公司不正当竞争纠纷上诉案 …… 792
  一、基本案情 …… 792
  二、裁判要旨 …… 793
    No.4-1-5.2-1　冒用他人商品条形码对特殊企业而言将造成商品来源的混淆,破坏公平的市场竞争环境,构成不正当竞争。 …… 793
    No.4-1-5.3-1　商品条形码是商品标识的一种表现形式,具有特定性,应受法律保护。 …… 794

**❸ 仿冒知名商品特有名称(《反不正当竞争法》第5条第2、3项)** …… 794

案例:张锠、张宏岳、北京泥人张艺术开发有限责任公司与张铁成、北京泥人张博古陶艺厂、北京泥人张艺术品有限公司不正当竞争纠纷案 …… 794
  一、基本案情 …… 794
  二、裁判要旨 …… 797
    No.4-1-5.2-2　具有很高知名度的指代特定人群及其技艺或作品的特定称谓,可以被认定为知名商品特有名称,获得《反不正当竞争法》保护。 …… 797
    No.4-1-5.3-2　判断"行业(或商品)+姓氏"的称谓是否属于通用名称,应综合考虑该称谓是否属于仅有的称谓方法、该称谓所指人物或商品来源是否特定以及是否使用了文学上的比较手法等因素。 …… 797

案例:江苏爱特福药物保健品有限公司与北京地坛医院、金湖县爱特福化工有限责任公司、北京庆余药品经营部不正当竞争纠纷案 …… 797
  一、基本案情 …… 797
  二、裁判要旨 …… 799
    No.4-1-2.3-1　自然人、法人或其他组织只要事实上从事了商品经营或营利性服务的行为,即属于《反不正当竞争法》上的经营者。 …… 799
    No.4-1-5.2-3　对于已为同行业经营者约定俗成、普遍使用的表示某类商品的名称,应认定为该商品的通用名称。 …… 799

案例:山东东阿阿胶股份有限公司与山东福胶集团有限公司不正当竞争纠纷案 …… 799
  一、基本案情 …… 799
  二、裁判要旨 …… 801
    No.4-1-5.2-4　通用名称经过使用产生了区别性或者显著性,获得了"第二含义",便可以成为特有名称。 …… 801
    No.4-1-5.2-5　只有将他人商品名称做相同或者近似的使用,并造成与他人知名商品相混淆,才构成仿冒知名商品特有名称的不正当竞争行为。 …… 801

案例:厦门康士源生物工程有限公司与北京御生堂生物工程有限公司、北京御生堂生物工程有限公司、长春市东北大药房有限公司擅自使用知名商品特有名称、包装、装潢纠纷案 …… 801
  一、基本案情 …… 802
  二、裁判要旨 …… 804

No.4-1-5.2-6　不具备特有性的描述性商品名称,不能构成知名商品特有名称。……804

**案例:山东鲁锦实业有限公司诉鄄城县鲁锦工艺品有限责任公司、济宁礼之邦家纺有限公司侵害商标权及不正当竞争纠纷案\*** ……804

一、基本案情……804

二、裁判要旨……807

No.4-1-5.2-7　地域性相关公众认可度、地域性群众长期劳动实践形成的商品生产工艺以及地域性商品生产原料,是判断地域性商品通用名称的综合考量因素。……807

**4 仿冒知名商品特有的包装、装潢(《反不正当竞争法》第1条、第5条第2项、第20条)** ……807

**案例:意大利费列罗公司与蒙特莎(张家港)食品有限公司、天津经济技术开发区正元行销有限公司不正当竞争纠纷案\*** ……807

一、基本案情……807

二、裁判要旨……810

No.4-1-5.2-8　认定该知名商品,应当结合该商品在中国境内的销售时间、销售区域、销售额和销售对象,进行宣传的持续时间、程度和地域范围,作为知名商品受保护的情况等因素,并适当考虑该商品在国外已知名的情况,进行综合判断。……810

No.4-1-5.2-9　反不正当竞争法所保护的知名商品特有的包装、装潢,是指能够区别商品来源的盛装或者保护商品的容器等包装,以及在商品或者其包装上附加的文字、图案、色彩及其排列组合所构成的装潢。……811

No.4-1-5.2-10　对他人能够区别商品来源的知名商品特有的包装、装潢,进行足以引起市场混淆、误认的全面模仿,属于不正当竞争行为。……811

**案例:福建省乔丹体育用品有限公司诉晋江市阳新体育用品有限公司不正当竞争纠纷上诉案** ……811

一、基本案情……812

二、裁判要旨……814

No.4-1-5.2-11　只要经营者主观上存在过错,其产品装潢与他人在先使用在产品上的装潢构成近似并足以造成混淆或者误认的,即可认定该在先产品为知名商品。……814

No.4-1-20-1　当不正当竞争纠纷的损害赔偿额难以计算时,该赔偿额应为侵权人在侵权期间因侵权所获得的利润以及受侵害者为调查侵权人的不正当竞争行为所支付的合理费用。……814

**案例:申请再审人宁波微亚达制笔有限公司与被申请人上海中韩晨光文具制造有限公司、原审被告宁波微亚达文具有限公司、原审被告上海成硕工贸有限公司擅自使用知名商品特有装潢纠纷案** ……814

---

\*　参见最高人民法院2015年4月15日第十批指导性案例第46号。

\*　参见最高人民法院2015年4月15日第十批指导性案例第47号。

一、基本案情 …………………………………………………………… 814
　　二、裁判要旨 …………………………………………………………… 817
　　　　No.4-1-1-1　在符合《反不正当竞争法》保护条件的情况下,外观设计专利权已终止的商品外观仍可受到反不正当竞争法的保护。 ………… 817
　　　　No.4-1-5.2-11　产品形状获得反不正当竞争法保护的重要条件是非功能性以及显著性。 ……………………………………………………… 818
　案例:山东龙大企业集团有限公司与莱阳鲁花浓香花生油有限公司不正当竞争纠纷案 …………………………………………………………………… 818
　　一、基本案情 …………………………………………………………… 818
　　二、裁判要旨 …………………………………………………………… 819
　　　　No.4-1-5.2-12　反不正当竞争法对包装装潢的保护是针对装潢的整体而言的,对装潢的组成部分并不单独予以保护。 ……………………… 819
　　　　No.4-1-5.2-13　受保护标识的显著程度、相关消费者的识别力、标识之间的近似性和标识所有人以及侵权人的知名度是认定商品的包装、装潢是否构成混淆时应考虑的要素。 …………………………………… 820

**5** 仿冒知名服务特有的名称、企业名称(《反不正当竞争法》第5条第2、3项) …… 820
　案例:上海避风塘美食有限公司与上海德荣唐美食有限公司不正当竞争纠纷案 …… 820
　　一、基本案情 …………………………………………………………… 820
　　二、裁判要旨 …………………………………………………………… 822
　　　　No.4-1-5.2-14　不具有原创性名称使用行为,不能使该名称成为知名服务的特有名称。 ………………………………………………………… 822
　　　　No.4-1-5.3-3　企业名称权人无权禁止他人在其字号的原有含义上进行合理使用。 …………………………………………………………… 822

**6** 仿冒知名服务特有的装潢(《反不正当竞争法》第5条第2项) ……………… 822
　案例:广州市越秀区东北菜风味饺子馆与宋维河不正当竞争纠纷案 …………… 822
　　一、基本案情 …………………………………………………………… 822
　　二、裁判要旨 …………………………………………………………… 824
　　　　No.4-1-5.2-15　由经营者营业场所的装饰、营业用具的式样、营业人员的服饰等构成的具有独特风格的整体营业形象,可以认定为服务的"装潢"。 …… 824

**7** 仿冒企业名称(《反不正当竞争法》第1条、第5条) ……………………… 824
　案例:镇江唐老一正斋药业有限公司与吉林一正药业集团有限公司、一正集团吉林省医药科技实业有限公司、江苏大德生药房连锁有限公司、江苏大德生药房连锁有限公司镇江新概念药房不正当竞争纠纷上诉案 ………………………… 824
　　一、基本案情 …………………………………………………………… 824
　　二、裁判要旨 …………………………………………………………… 825
　　　　No.4-1-1-2　保护公平竞争、保护经营者和消费者的合法权益,是《反不正当竞争法》的立法目的。 ………………………………………… 825

No.4-1-5.2-16 对知名商品的判断,应当综合考虑该商品的销售时间、区域、规模以及宣传力度、受影响范围等因素。 ………………………………… 826

No.4-1-5.3-4 市场知名度的高低是字号能否受《反不正当竞争法》的保护的判断标准。 ……………………………………………………………… 826

**案例:兰建军、杭州小拇指汽车维修科技股份有限公司诉天津市小拇指汽车维修服务有限公司等不正当竞争纠纷案\*** ………………………… 827

一、基本案情 …………………………………………………………… 827

二、裁判要旨 …………………………………………………………… 830

No.4-1-2.2-2 经营者是否具有超越法定经营范围而违反行政许可法律、法规的行为,不影响其依法行使制止不正当竞争行为的民事权利。 ……… 830

No.4-1-2.2-3 反不正当竞争法并未限制经营者之间必须具有直接的竞争关系,也没有要求其从事相同行业。经营者之间具有间接竞争关系,行为人违背《反不正当竞争法》的规定,损害其他经营者合法权益的,也应当认定为不正当竞争行为。 ……………………………………………………… 831

**案例:福建省白沙消防工贸有限公司诉南安市白沙消防设备有限公司侵犯企业名称(商号)权及不正当竞争纠纷案** …………………………… 832

一、基本案情 …………………………………………………………… 832

二、裁判要旨 …………………………………………………………… 835

No.4-1-5.3-5 判断侵权企业申请注册其企业名称中字号的主观意图,主要以其申请注册时的主观状况为准,不能以被侵权企业此后具有知名度而推定侵权企业此前注册企业字号时,具有攀附其声誉和市场价值的主观恶意。 ………………………………………………………………… 835

No.4-1-5.3-6 在判断具有特殊地理因素的企业字号是否可以共存时,应综合考虑与之相关的历史因素。 ……………………………………… 835

**案例:广东伟雄集团有限公司、佛山市高明区正野电器实业有限公司、广东正野电器有限公司与佛山市顺德区正野电器有限公司、佛山市顺德区光大企业集团有限公司不正当竞争纠纷案** ……………………………………………… 835

一、基本案情 …………………………………………………………… 835

二、裁判要旨 …………………………………………………………… 838

No.4-1-5.1-1 将在先使用且已有一定市场知名度的企业字号申请注册为商标并予以使用,足以使相关公众对商品的来源产生误认的,侵犯了在先的企业字号权益,构成不正当竞争。 ……………………………………… 838

No.4-1-5.3-7 将他人注册商标中相同的文字作为企业名称中的字号使用在类似商品上,致使相关公众对商品或者服务的来源产生混淆,虽不突出使用,仍构成不正当竞争行为。 …………………………………………… 838

**案例:山东山起重工有限公司诉山东起重机厂有限公司侵犯企业名称权纠纷案** …… 838

一、基本案情 …………………………………………………………… 838

---

\* 参见最高人民法院 2014 年 6 月 26 日第七批指导性案例第 30 号。

二、裁判要旨 ………………………………………………………… 840

  No.4-1-5.3-8 具有一定市场知名度、为相关公众所熟知并已实际具有商号作用的企业或者企业名称的简称,可以视为企业名称。…………… 840

**案例:天津中国青年旅行社诉天津国青国际旅行社擅自使用他人企业名称纠纷案** * …… 840

 一、基本案情 ………………………………………………………… 841

 二、裁判要旨 ………………………………………………………… 842

  No.4-1-5.3-9 擅自将他人已实际具有商号作用的企业简称作为商业活动中互联网竞价排名关键词,使相关公众产生混淆误认的,属于不正当竞争行为。…… 842

**⑧ 仿冒质量证明(《反不正当竞争法》第5条第4项、第20条)** ………… 843

**案例:遵化栗源食品有限公司与北京富亿农板栗有限公司、上海三樱包装材料有限公司不正当竞争纠纷案** ………………………………………… 843

 一、基本案情 ………………………………………………………… 843

 二、裁判要旨 ………………………………………………………… 844

  No.4-1-5.4-1 仿冒他人商品的质量证明构成不正当竞争。……………… 844

  No.4-1-5.4-2 仿冒食品生产许可证号、食品标签认可证书号的行为,有违行政管理规定,但不构成不正当竞争行为。……………………… 845

  No.4-1-20-2 若仿冒行为仅是对财产权利造成损害,则不应将赔礼道歉纳入赔偿责任范围。……………………………………………… 845

## 第二章 虚假宣传纠纷

**⑨ 虚假宣传(《反不正当竞争法》第2条、第9条第1款、第14条、第20条)** ………… 846

**案例:中国药科大学与江苏福瑞科技有限公司不正当竞争纠纷案** ………… 846

 一、基本案情 ………………………………………………………… 846

 二、裁判要旨 ………………………………………………………… 848

  No.4-2-9.1-1 仿冒行为的主要目的是搭他人商品声誉的便车;虚假宣传行为的目的在于通过对商品质量等提供误导性的信息,误导相关公众。…… 848

**案例:泰兴市蓝色阀门有限责任公司与南京水美环保机械有限公司虚假宣传不正当竞争纠纷案** ………………………………………………… 848

 一、基本案情 ………………………………………………………… 848

 二、裁判要旨 ………………………………………………………… 849

  No.4-2-9.1-2 对引人误解的虚假宣传行为进行认定时,应参考被宣传对象的实际情况。…………………………………………………… 849

**案例:福建省福清大闽生物工程有限公司与福州南海岸生物工程有限公司不正当竞争纠纷上诉案** ………………………………………………… 850

---

\* 参见最高人民法院 2014 年 6 月 26 日第七批指导性案例第 29 号。

一、基本案情 …… 850
二、裁判要旨 …… 851
 No.4-2-9.1-3 因宣传内容的不全面或带有歧义性而"引人误解",即使内容真实也依然构成虚假宣传不正当竞争行为。 …… 851
 No.4-2-14-1 "明确的指向性"是判断行为是否构成商业诋毁的基本要素。 …… 852

**案例:北京黄金假日旅行社有限公司与携程计算机技术(上海)有限公司、上海携程商务有限公司、河北康辉国际航空服务有限公司、北京携程国际旅行社有限公司虚假宣传纠纷上诉案** …… 852
一、基本案情 …… 852
二、裁判要旨 …… 854
 No.4-2-9.1-4 同业竞争者宣传内容存在混同使用或者模糊称谓其经营主体身份,造成公众误认,但并未造成他人直接损害的,不构成不正当竞争。 …… 854
 No.4-2-9.1-5 具有一定事实基础但略显夸张的宣传内容,不足以造成相关公众误解的,不构成虚假宣传行为。 …… 854

**案例:北京市仁爱教育研究所与星球地图出版社虚假宣传纠纷上诉案** …… 855
一、基本案情 …… 855
二、裁判要旨 …… 856
 No.4-2-2.2-4 不正当竞争关系是作为民事主体的经营者之间的法律关系,当事人违反行政管理规范,不必然构成不正当竞争。 …… 856
 No.4-2-20-3 被侵权人主张不正当竞争行为损害赔偿的前提,是该不正当竞争行为与被侵权人经济损害之间存在因果关系。 …… 856

# 第三章 侵害商业秘密纠纷

**10 侵犯商业秘密(《反不正当竞争法》第2条、第10条)** …… 858
**案例:济南灯具厂有限公司诉张晓红、李红、冯秀娟、济南智富商贸有限公司侵犯商业秘密纠纷案** …… 858
一、基本案情 …… 858
二、裁判要旨 …… 859
 No.4-3-10-1 "客户自愿"的抗辩,应建立在对离职员工个人的信赖基础上。 …… 859
 No.4-3-10-2 具有实用性、秘密性、保密性特征的客户名单可以作为商业秘密获得保护。 …… 859

**案例:江苏苏威尔软件工程有限公司诉吴志贤侵犯商业秘密纠纷案** …… 859
一、基本案情 …… 859
二、裁判要旨 …… 860
 No.4-3-10-3 权利人对商业秘密主张权利的前提是能说明该商业秘密的具体内容。 …… 860

No.4-3-10-4　商业秘密的新颖性要求。……861

**案例：河南省许昌市许继电气股份有限公司诉郑学生、河南省漯河市爱特电器设备有限公司侵犯商业秘密纠纷上诉案** ……861

一、基本案情 ……862

二、裁判要旨 ……863

No.4-3-10-5　行为人利用职务之便掌握了技术秘密，并违反忠实义务，使用或者允许他人使用该商业秘密，构成侵犯商业秘密的行为。……863

No.4-3-10-6　第三人明知他人以不正当手段获取商业秘密，仍对该商业秘密加以利用，构成侵犯商业秘密的行为。……863

No.4-3-10-7　通过有偿转让具有经济价值并采取保密措施进行保护的技术信息属于技术秘密。……863

**案例：山东省食品进出口公司、山东山孚集团有限公司、山东山孚日水有限公司与马达庆、青岛圣克达诚贸易有限公司不正当竞争纠纷案** ……864

一、基本案情 ……864

二、裁判要旨 ……865

No.4-3-2.2-5　通过正当途径获取商业机会不构成不正当竞争。……865

No.4-3-10-8　一般的知识、经验和技能不足以构成商业秘密。……866

**案例：河南均衡新技术有限责任公司、徐平均、马军政与郑州恒科实业有限公司侵犯商业秘密纠纷上诉案** ……866

一、基本案情 ……866

二、裁判要旨 ……868

No.4-3-10-9　在侵权人无法提供其商业秘密合法来源的情况下，以"接触+相似"的规则来判断其行为是否构成侵犯商业秘密。……868

No.4-3-10-10　判断行为人的行为是否属于"反向工程"，应以该行为人未采取不正当手段为前提。……868

No.4-3-10-11　商业秘密应具备秘密性、价值性的特点。……869

No.4-3-10-12　竞业禁止条款中双方即使未就补偿费问题形成一致意见，也不意味着可以解除保密义务，雇员仍负有后合同义务。……869

**案例：上海强人路信息服务有限公司与上海辰邮科技发展有限公司等侵犯商业秘密纠纷上诉案** ……870

一、基本案情 ……870

二、裁判要旨 ……871

No.4-3-10-13　商业秘密内容的合法性是该商业秘密受法律保护的前提。……871

**案例：张培尧、惠德跃、江苏省阜宁县除尘设备厂与苏州南新水泥有限公司侵犯商业秘密、财产损害赔偿纠纷上诉案** ……871

一、基本案情 ……871

二、裁判要旨 ……873

No.4-3-10-14　采取合理的保密措施是相关信息成为商业秘密并受法律保护的前提。·················································································· 873

No.4-3-10-15　商业秘密的价值性不以其先进性为判断标准。··················· 873

**案例：安徽省服装进出口股份有限公司与上海中基进出口有限公司、叶启华、徐迎春侵害商业经营秘密纠纷上诉案** ················································ 874

一、基本案情 ·············································································· 874

二、裁判要旨 ·············································································· 875

No.4-3-10-16　原告对第三人侵犯商业秘密的主观状态负有举证责任。······· 875

No.4-3-10-17　义务人对商业秘密所负有的保密期限应以不违反权利人有关保守商业秘密的要求为前提。··························································· 875

**案例：上海富日实业有限公司与黄子瑜、上海萨菲亚纺织品有限公司侵犯商业秘密纠纷案** ················································································ 876

一、基本案情 ·············································································· 876

二、裁判要旨 ·············································································· 877

No.4-3-10-18　单纯的竞业限制约定，不能构成作为商业秘密保护条件的保密措施。 ····················································································· 877

# 第四章　商业诋毁纠纷

## 11 商业诋毁（《反不正当竞争法》第14条） ············································ 878

**案例：上海某机电设备有限公司与上海某设备成套设计研究院、上海某电力设备有限公司商业诋毁纠纷上诉案** ··························································· 878

一、基本案情 ·············································································· 878

二、裁判要旨 ·············································································· 879

No.4-4-14-2　"散布虚假信息"是指将所捏造的虚伪事实向不特定多数人或者特定的共同客户或同行业的其他竞争者进行传播的行为。 ····················· 879

**案例：杭州曼波鱼贸易有限公司与台州市康贝婴童用品厂、浙江淘宝网络有限公司不正当竞争纠纷上诉案** ··························································· 879

一、基本案情 ·············································································· 879

二、裁判要旨 ·············································································· 881

No.4-4-14-3　基于客观事实且非恶意的商业投诉行为不构成商业诋毁。······· 881

No.4-4-14-4　网络平台服务提供商在不正当竞争侵权纠纷中可以援引"通知—删除"制度进行合理抗辩。 ··························································· 882

**案例：赵杰峰与佛山市南海嘉美时代照明有限公司、汪仲商业诋毁纠纷案** ······ 882

一、基本案情 ·············································································· 882

二、裁判要旨 ·············································································· 883

  No.4-4-14-5　以私力救济方式公开揭露同业竞争者侵犯其专有权利应控制在合理范围内,否则将构成商业诋毁。………………………………… 883

  No.4-4-14-6　不完整的宣传表述可能导致捏造虚假事实的后果。……………… 883

案例:腾讯科技(深圳)有限公司、深圳市腾讯计算机系统有限公司与北京奇虎科技有限公司、北京三际无限网络科技有限公司、奇智软件(北京)有限公司不正当竞争纠纷上诉案 …………………………………………………………… 884

 一、基本案情 ……………………………………………………………………… 884

 二、裁判要旨 ……………………………………………………………………… 885

  No.4-4-14-7　不恰当的评价可能构成商业诋毁。………………………… 885

案例:广州高露洁棕榄有限公司与广州宝洁有限公司、宝洁(中国)有限公司、广州浩霖贸易有限公司不正当竞争纠纷案 …………………………………………… 886

 一、基本案情 ……………………………………………………………………… 886

 二、裁判要旨 ……………………………………………………………………… 888

  No.4-4-14-8　利用广告与竞争者进行比较,贬损其商品的行为,属于商业诋毁。………………………………………………………………………… 888

## 第五章　其他反不正当竞争纠纷

**12** 强行植入广告页面(《反不正当竞争法》第2条第1款) ………………………… 889

案例:北京百度网讯科技有限公司与青岛奥商网络技术有限公司、中国联合网络通信有限公司青岛市分公司、中国联合网络通信有限公司山东省分公司不正当竞争纠纷案* …………………………………………………………………………… 889

 一、基本案情 ……………………………………………………………………… 889

 二、裁判要旨 ……………………………………………………………………… 890

  No.4-5-2.1-1　从事互联网服务的经营者,在其他经营者网站的搜索结果页面强行弹出广告的行为,违反诚实信用原则和公认商业道德,妨碍其他经营者正当经营并损害其合法权益,可以认定为不正当竞争。……………… 890

案例索引 ………………………………………………………………………………… 893

主题词索引 ……………………………………………………………………………… 905

---

\* 参见最高人民法院2015年4月15日第十批指导性案例第45号。

# 第三编　专利权

第一章　总　则

第二章　授予专利权的条件

第三章　专利权的申请

第四章　专利权的期限、终止和无效

第五章　专利权的保护

# 第一章 总则

> **本章裁判要旨**
>
> No.3-1-1-1 专利技术实施许可合同生效后,专利技术许可方按合同的约定,向专利技术接受方提供包含专利技术的专用生产设备,使其用于生产和销售专利产品的,不构成《合同法》第329条规定的"非法垄断技术、妨碍技术进步"的情形。
>
> No.3-1-2-1 方法发明,是指对方法或者其改进所提出的新的技术方案。
>
> No.3-1-3-1 在处理专利侵权纠纷、查处假冒他人专利或者冒充专利行为过程中,管理专利工作的部门,可以根据需要,依据职权调查搜集有关证据。
>
> No.3-1-6-1 执行本单位的任务或者主要是利用本单位的物质技术条件所完成的发明创造,为职务发明创造。
>
> No.3-1-6-2 主要利用本单位的物质技术条件所完成的发明创造为职务发明,职务发明创造申请专利的权利属于该单位。
>
> No.3-1-6-3 执行本单位的任务所完成的职务发明创造,包括:在本职工作中的发明创造;履行本单位交付的本职工作之外的任务所做的发明创造;退休、调离原单位后或者劳动、人事关系终止后1年内做出的,与其在原单位承担的本职工作或者原单位分配的任务有关的发明创造。
>
> No.3-1-9-1 同一申请人同日对同样的发明创造既申请实用新型专利又申请发明专利,先获得的实用新型专利权尚未终止,申请人声明放弃该实用新型专利权的,可以授予发明专利权。
>
> No.3-3-31-1 同样的发明创造,应当是指保护范围相同的专利申请或者专利。
>
> No.3-1-9-2 相同或者实质相同的设计仅能被授予一项外观设计权。
>
> No.3-1-10 转让专利申请权或者专利权的,当事人应当订立书面合同,并向国务院专利行政部门登记,由国务院专利行政部门予以公告。专利申请权或者专利权的转让自登记之日起生效。
>
> No.3-1-11-1 方法专利权的保护范围只能延及依照该专利方法直接获得的产品。
>
> No.3-3-26-1 在新产品制造方法专利侵权纠纷中,举证责任倒置的前提是权利人能够证明依照专利方法制造的产品属于新产品,并且被诉侵权人制造的产品与依照专利方法制造的产品属于同样的产品。
>
> No.3-7-61-1 对新产品制造方法专利侵权纠纷中被诉侵权人实施自有方法抗辩,应当进行试验验证。
>
> No.3-1-11-2 未经专利权人许可,实施其专利,侵犯其专利权。
>
> No.3-1-11-2 许诺销售,是指以做广告、在商店橱窗中陈列或者在展销会上展出等方式作出销售商品的意思表示。许诺销售行为应当发生在实际销售行为之前,其目的是为了实际销售,被控侵权人不但应当具有即将销售侵犯专利权产品的明确意思表示,而且在作出该意思表示之时,其产品应当处于能够销售的状态。
>
> No.3-1-13-1 发明专利临时保护期使用费纠纷的管辖,应当参照专利侵权纠纷诉讼的管辖原则确定。

> No.3-1-13-2　发明专利临时保护期使用费纠纷，可以与发明专利侵权纠纷一并审理。
>
> No.3-1-13-3　在发明专利申请公布后至专利权授予前的临时保护期内制造、销售、进口的被诉专利侵权产品不为《专利法》禁止的情况下，其后续的使用、许诺销售、销售，即使未经专利权人许可，也不视为侵害专利权，但专利权人可以依法要求在临时保护期内实施其发明的单位或者个人支付适当的费用。
>
> No.3-1-15　专利权人与其他非专利权人共同作为合同的一方当事人，与他人签订专利实施许可合同，且合同中明确约定了其他非专利权人的权利义务的，专利权人行使专利权应当受到合同的约束，非经其他非专利权人同意，专利权人无权独自解除该专利实施许可合同。
>
> No.3-1-16-1　被授予专利权的单位应当对职务发明创造的发明人或者设计人给予奖励；发明创造专利实施后，根据其推广应用的范围和取得的经济效益，对发明人或者设计人给予合理的报酬，发明人或者设计人有权在专利文件中写明自己是发明人或者设计人。
>
> No.3-1-16-2　被授予专利权的单位，可以与发明人、设计人约定或者在其依法制定的规章制度中规定《专利法》第16条规定的奖励、报酬的方式和数额。
>
> No.3-1-16-3　作为发明人或者设计人报酬的专利使用费分成，是对实施相应专利已经实现利益的分成，并不包括对期待利益的分成。
>
> No.3-5-47-1　宣告专利权无效的决定，对在宣告专利权无效前人民法院作出并已执行的专利侵权的判决、裁定，已经履行或者强制执行的专利侵权纠纷处理决定，以及已经履行的专利实施许可合同和专利权转让合同，不具有追溯力。但是因专利权人的恶意给他人造成的损失，应当给予赔偿。不返还专利侵权赔偿金、专利使用费、专利权转让费，明显违反公平原则的，应当全部或者部分返还。

## 1 专利实施许可合同涉嫌垄断（《专利法》第1条、《合同法》第329条）

**案例**：厦门大洋工艺品有限公司与厦门市黄河技术贸易有限公司专利实施许可合同纠纷案

**案例来源**：《中华人民共和国最高人民法院公报》2004年第9期第7页

**主题词**：专利实施许可合同　垄断

### 一、基本案情

上诉人（原审原告）：厦门大洋工艺品有限公司（以下简称大洋公司）。

被上诉人（原审被告）：厦门市黄河技术贸易有限公司（以下简称黄河公司）。

上诉人大洋公司与被上诉人黄河公司专利实施许可合同纠纷一案，不服福建省高级人民法院（2003）闽知初字第2号民事判决，向最高人民法院（以下简称最高院）提起上诉。最高院依法组成合议庭公开审理了本案。

福建省高级人民法院审理查明：1999年11月19日，厦门市黄河贸易有限公司（甲方）与大洋公司（乙方）签订《专利技术合作及专利技术实施许可合同》一份，约定甲方在收到定金后100天内，分批负责制造出本合同应供给乙方的生产线，并运抵乙方指定的工厂等事项。

合同签订后，大洋公司按照合同约定，将阳明楼房产交付给厦门市黄河贸易有限公司抵合同款，但未按照合同约定支付定金。

1999年12月23日，厦门市黄河贸易有限公司与厦门阳兴业输送机有限公司签订"产品制造协议书"，订制重型悬挂输送机3条，当挂物输送线运抵大洋公司的生产基地安装时，遭到大洋公司项目负责人阻拦,导致输送线无法安装。因大洋公司不允许安装设备,双方签订的《专利技术合作及专利技术实施许可合同》停止履行。

2000年1月21日,厦门市黄河贸易有限公司致函大洋公司,认为其已经按合同约定履行了相关义务,要求大洋公司支付定金50万元。2000年1月26日,针对厦门市黄河贸易有限公司的来函,大洋公司复函,提出对方的产品没有专利权保障,且由于市场其他供货商每一平方米的产品市价仅为25元等因素,将导致其无法实现合同目的,要求厦门市黄河贸易有限公司提出解决方案,否则将依《合同法》规定,申请法院予以撤销或变更合同。

一审法院审理认为,1999年11月19日,大洋公司与厦门市黄河贸易有限公司签订的《专利技术合作及专利技术实施许可合同》系双方自愿签订的专利技术实施许可合同,合同内容没有违反法律、行政法规的强制性规定,是有效合同,应受法律保护。合同签订后,大洋公司虽然已将厦门阳明房地产开发有限公司的房产抵作合同款项履行合同部分义务,但其未依合同规定交付定金并继续履行完付款义务,已构成违约,而厦门市黄河贸易有限公司在履行合同部分义务后,因遭到大洋公司的无理阻拦而被迫停止合同的继续履行。现大洋公司以黄河公司没有履行合同等为由要求解除合同没有事实依据,诉争合同尚不具备《中华人民共和国合同法》规定的解除合同的条件,双方签订的《专利技术合作及专利技术实施许可合同》也没有特别约定合同解除的条件,据此,在厦门市黄河贸易有限公司不同意解除合同的情况下,大洋公司单方解除合同及返还款项的请求不应得到支持。因此福建省高级人民法院判决:驳回原告厦门大洋工艺品有限公司的诉讼请求。

大洋公司不服福建省高级人民法院的一审判决,向最高院上诉。

最高院经审理查明,一审法院所查明的事实属实。

最高院认为,根据已经查明的事实,被上诉人黄河公司已经履行了双方所订立合同约定的大部分义务,其尚未履行的部分也是由于上诉人大洋公司的阻拦而造成。上诉人大洋公司未支付50万元定金等行为违反合同约定,导致了本案专利实施许可合同未全面履行完毕。对此,上诉人大洋公司应当承担违约责任。

在二审中,上诉人大洋公司以合同存在非法垄断技术、妨碍技术进步为由,请求确认合同无效。这一诉讼请求本不属于上诉人大洋公司起诉的诉讼请求范围,但鉴于被上诉人黄河公司在二审中,针对上诉人大洋公司提出的导致本专利实施许可合同无效的理由作了实质性答辩,并同意将此作为本案争议焦点,因此,二审法院在庭审过程中,对此问题也进行了法庭调查,双方当事人也发表了法庭辩论意见。

本案诉争专利实施许可合同涉及的石材成型机是包含专利技术的专用设备,上诉人实施该技术,购买该机器设备是必需的。依据专利实施许可合同的约定,实施该专利技术所使用的设备包括主机、特种模具及传送带,以建立造价为人民币500万元的生产线。上诉人大洋公司从被上诉人黄河公司处约定获得的专利实施许可,并不是制造专利产品(即石材切压成型机),而是通过使用该专利产品生产、销售最终产品——石材。因此,在专利实施许可合同中约定,由技术许可方提供履行合同所需要的专用设备并不违反法律、法规的规定。上诉人大洋公司称这些设备是被上诉人强加于上诉人的,但未举证证明其主张。故其以"非法垄断技术、妨碍技术进步"的上诉理由确认合同无效不能成立。

本案诉争的专利实施许可合同写明了涉案专利的申请日、专利申请号、专利号、专利有效期、专利证书号等涉及该专利技术的有关真实信息。该合同签订时,被上诉人黄河公司(其前身为厦门市黄河贸易有限公司)的法定代表人吴达新即为石材切压成型机实用新型专利权人。黄河公司作为本案诉争合同的许可方,并没有实施未经专利权人许可的侵权行为,其当时的法定代表人亦为合同许可方的签字人即专利权人,合同所约定的权利义务也未侵害专利权人或他人的合法权益。所以认为该合同系被上诉人欺诈而订立,理由不足。作为专利实施许可合同的被许可方,在合同中已经写明涉及专利相关信息的情况下,也有义务审查合同内容的真实性,避免不必要的商业风险。根据现有的证据,本专利实施许可合同是双方当事人的真实意思表示,合同内容亦未违反国家法律、法规的规定，应当认定为有效合同。上诉人大洋公司认为被上诉人黄河公司的欺诈行为导致合同无效的上诉理由不能成立。

二、裁判要旨

**No.3-1-1-1　专利技术实施许可合同生效后，专利技术许可方按合同的约定，向专利技术接受方提供包含专利技术的专用生产设备，使其用于生产和销售专利产品的，不构成《合同法》第329条规定的"非法垄断技术、妨碍技术进步"的情形。**

依据《专利法》第1条可知，专利法的立法目标和立法目的就是保护专利权人的合法权益，鼓励发明创造，推动发明创造的应用，提高创新能力，促进科学技术进步和经济社会发展，而不是鼓励通过专利限制竞争、妨碍技术进步。《合同法》第329条"非法垄断技术、妨碍技术进步"行为的规定可以视为对《专利法》第1条的细化。依据最高人民法院《关于审理技术合同纠纷案件适用法律若干问题的解释》第10条可知，非法垄断技术、妨碍技术进步合同的几种情况："（一）限制当事人一方在合同标的技术基础上进行新的研究开发或者限制其使用所改进的技术，或者双方交换改进技术的条件不对等，包括要求一方将其自行改进的技术无偿提供给对方、非互惠性转让给对方、无偿独占或者共享该改进技术的知识产权；（二）限制当事人一方从其他来源获得与技术提供方类似技术或者与其竞争的技术；（三）阻碍当事人一方根据市场需求，按照合理方式充分实施合同标的技术，包括明显不合理地限制技术接受方实施合同标的的技术生产产品或者提供服务的数量、品种、价格、销售渠道和出口市场；（四）要求技术接受方接受并非实施技术必不可少的附带条件，包括购买非必需的技术、原材料、产品、设备、服务以及接收非必需的人员等；（五）不合理地限制技术接受方购买原材料、零部件、产品或者设备等的渠道或者来源；（六）禁止技术接受方对合同标的技术知识产权的有效性提出异议或者对提出异议附加条件。"

本案中，诉争专利实施许可合同涉及的石材成型机是包含专利技术的专用设备，上诉人实施该技术，购买该机器设备是必需的。依据专利实施许可合同的约定，实施该专利技术所使用的设备包括主机、特种模具及传送带，以建立造价为人民币500万元的生产线。上诉人大洋公司从被上诉人黄河公司处约定获得的专利实施许可，并不是制造专利产品（即石材切压成型机），而是通过使用该专利产品生产、销售最终产品——石材。因此，在专利实施许可合同中约定由技术许可方提供履行合同所需要的专利设备，并不违反《专利法》以及《合同法》的规定。

### 2 方法专利发明的种类（《专利法》第2条）

**案例：刘保昌与安徽省东泰纺织有限公司侵犯专利权纠纷案**
案例来源：《中华人民共和国最高人民法院公报》2010年第1期第26页
主题词：方法发明专利　产品制造方法专利　操作使用方法专利

一、基本案情

申请再审人（一审原告、二审上诉人）：刘保昌。

被申请人（一审被告、二审被上诉人）：安徽省东泰纺织有限公司（以下简称东泰公司）。

申请再审人刘保昌与被申请人东泰公司侵犯专利权纠纷一案，安徽省高级人民法院于2006年12月5日作出（2006）皖民三终字第0021号民事判决，已经发生法律效力。2008年8月26日，刘保昌向最高人民法院申请再审。

安徽省合肥市中级人民法院（以下简称一审法院）查明，刘保昌于2002年3月16日向国家知识产权局申请了专利号为02112782.4，名称为"自动换梭织机适用有梭织机用木梭换梭调整方法"的发明专利（以下简称涉案专利），于2005年6月22日获得授权，涉案专利包含两项权利要求，其中权利要求1为独立权利要求，权利要求2为从属权利要求。

一审法院认为，将涉案专利的权利要求所记载的必要技术特征与被控侵权方法的特征进行比对，涉案专利的调整方法是在不增减织机的任何零部件、不改变织机原有装配规格的基础上，通过产品本身的梭子来调整相关零部件的距离、位置,而东泰公司采用的是三用定规调整梭库脚与梭箱底板的间距。因此,东泰公司所使用的调整方法与涉案专利方法既不相同也不等同,东泰公司的技术方案并未落入涉案专利权利要求的保护范围内,故不构成侵权。刘保昌的诉讼请求没有事实和法律依据,不能成立,应予驳回。据此,判决驳回刘保昌的诉讼请求。

刘保昌不服一审判决,上诉至安徽省高级人民法院(以下简称二审法院)。二审法院将涉案专利的权利要求 1 划分为以下三个技术特征:

A. 当 V 型螺丝把动力由冲嘴传递给推进滑动器,推进滑动器在梭库脚上把所用的有梭织机用的木梭由一边推到该木梭后上梭,刚被推到前闸轨前沿或该木梭后,上梭已被推进距前闸轨前边沿 2 mm 深位置瞬间时,先用手扶住该木梭,保持木梭底部的平面与梭库脚导梭面的平面密接关系,再调整梭库上的可动轴在可动轴托脚上的位置,使前闸轨前边沿与前面凸边板之间即喇叭口的水平垂直距离大于该木梭后侧面的宽度,该水平垂直距离等于木梭后侧面的宽加上 2—7 mm 的间隙,使木梭后侧面的宽处在喇叭口中间的位置上。

B. 当前闸轨抬足时,即所使用的有梭织机用的木梭最高处轧在前闸轨与前面凸边板之间时,调整梭箱扬起背板臂杆用的螺丝分别在梭箱扬起背板长、短臂中的位置,使梭箱扬起背板底部的铁丝,以该铁丝中间直线部分为准与梭箱底板平面等高,其误差不超过 ±1 mm。

C. 再调整铁丝的弯曲程度,使梭箱扬起背板底部的铁丝与梭箱底板后边沿平行,之间间隙为该木梭宽的 1/3—1/4。

二审法院认为,涉案专利系自动换梭织机适用有梭织机用木梭换梭的调整方法,并不延及产品,该换梭调整方法是由记载在其权利要求 1 中的所有技术特征构成的一个完整的技术方案。东泰公司所使用的换梭调整方法仅包含一个技术特征:用三用定规来校正梭库脚的高低位置,即用三用定规检查梭库两脚与梭箱底板的距离。如果距离不对,可略松梭库轴螺母,用扳手口卡住螺母,并以角状杆为支点向上撬动,使轴在托脚上孔内向上移动,或轻击梭库轴,使轴向下移动进行调整。将东泰公司所使用的换梭调整方法的技术特征与涉案专利的权利要求所记载的必要技术特征进行比对,前者只有一个技术特征,缺少专利方法中的后两个技术特征,且前者仅有的技术特征与涉案专利的技术特征 A 既不相同也不等同,二者具有质的区别。涉案专利是在不增减织机的任何零部件、不改变织机原有装配规格的基础上,用手扶住木梭进行换梭调整的。而东泰公司则是采用三用定规来检查、调整梭库脚与梭箱底板的间距,达到换梭调整的目的。因此,东泰公司所使用的换梭调整方法与涉案专利方法既不相同也不等同,并未落入涉案专利的保护范围内,其行为未侵犯涉案专利权。刘保昌认为,东泰公司不可能采用三用定规进行换梭调整,肯定使用了其专利方法,但未能提供充足的证据予以证明,故二审法院对刘保昌的上诉请求不予支持。一审判决认定事实清楚,适用法律正确,应予维持,据此,二审法院依照《中华人民共和国民事诉讼法》第 153 条第 1 款第 1 项之规定,判决驳回上诉,维持原判。

最高院认为,涉案专利是一种"自动换梭织机适用有梭织机用木梭换梭调整方法",不涉及产品制造,不属于《中华人民共和国专利法》第 57 条第 2 款规定的新产品制造方法专利适用举证责任倒置的例外情形,因此专利权人刘保昌应就东泰公司使用的换梭调整方法落入涉案专利的保护范围承担举证责任。根据最高院查明的事实,刘保昌在本案中虽向一、二审法院提供了多份证据,但仅其在一审程序中提交的证据五涉及被控侵权人东泰公司所使用的换梭调整方法。根据证据五中谈话笔录记载的有关内容,东泰公司系使用三用定规进行换梭调整,而在最高院听证程序中,刘保昌明确认可如果东泰公司使用三用定规进行换梭调整,则不同于专利方法。

此外,本案中,东泰公司称其使用三用定规进行织机的换梭调整,该方法与权利要求 1 中的步骤 A 并不相同,因此,刘保昌提供的证据不足以证明东泰公司使用的换梭调整方法中包含了与权利要求 1 中的步骤 B、C 相同或等同的技术特征,不能证明被控侵权方法落入涉案专利权的保护范围。

因此,东泰公司没有侵犯刘保昌的专利权。

## 二、裁判要旨

**No.3-1-2-1　方法发明,是指对方法或者其改进所提出的新的技术方案。**

方法发明专利一般可分为产品制造方法专利和操作使用方法专利两种类型,前者以改变物体的形状、结构或特性为目的,后者则以产生某种效果为目的。对方法发明专利进行区分的意义在于,在认定新产品制造方法专利侵权时,可以适用《专利法》第 61 条第 1 款:"专利侵权纠纷涉及新产品制造方法的发明专利的,制造同样产品的单位或者个人应当提供其产品制造方法不同于专利方法的证明。"而非新产品的制造方法专利以及操作使用方法专利,则不能够适用该规则。

涉案专利是一种"自动换梭织机适用有梭织机用木梭换梭调整方法",仅是机械使用的操作方法,不涉及产品制造,不属于《专利法》所规定的新产品制造方法专利适用举证责任倒置的例外情形,因此专利权人刘保昌应就东泰公司使用的换梭调整方法落入涉案专利的保护范围承担举证责任,没有证据或者证据不足以证明专利权人的事实主张的,专利权人应当承担不利后果。刘保昌在本案中,虽向一、二审法院提供了多份证据,但仅在一审程序中提交的证据五涉及被控侵权人东泰公司所使用的换梭调整方法。根据证据五中谈话笔录记载的有关内容,东泰公司系使用三用定规进行换梭调整,而在最高院的听证程序中,刘保昌明确认可如果东泰公司使用三用定规进行换梭调整,则不同于专利方法。故刘保昌提供的证据不足以证明东泰公司使用的换梭调整方法中包含与涉案专利相同或等同的技术特征,不能证明被控侵权方法落入涉案专利权的保护范围。因此,法院没有支持其诉求。

### ❸ 管理专利工作的部门调查搜集有关证据的职权(《专利法》第 3 条、第 64 条)

**案例:张梅桂、泰州市园艺塑料厂与江苏省知识产权局专利纠纷处理决定案**
**案例来源:最高人民法院《地方法院知识产权司法保护典型案例》(二)[行政案例第 5 号]**
**主题词:管理专利工作的部门　调查权　搜集证据权**

#### 一、基本案情

上诉人(原审原告):张梅桂。
上诉人(原审原告):泰州市园艺塑料厂。
被上诉人(原审被告):江苏省知识产权局(以下简称省知产局)。
被上诉人(原审第三人):王俊。

上诉人张梅桂、泰州市园艺塑料厂因诉江苏省知识产权局专利纠纷处理决定一案,不服江苏省南京市中级人民法院(2005)宁行初字第 39 号行政判决,向江苏省高级人民法院(以下简称江苏高院)提起上诉。

原经庭审举证质证认定,第三人王俊拥有花盆(一)外观设计专利(专利号为 ZL03316992.6),因其认为原告泰州市园艺塑料厂侵犯其外观专利权,向被告省知产局申请专利侵权纠纷处理。被告于 2005 年 3 月 21 日立案受理后,于 2005 年 3 月 22 日向原告泰州市园艺塑料厂送达了相关法律文书。原告泰州市园艺塑料厂向被告提交了答辩书及相关证据材料。被告经调查取证,通过书面审理,认定被控侵权产品与第三人王俊的外观设计属近似设计。被告遂于 2005 年 8 月 12 日作出苏知(2005)纠字 05 号专利纠纷处理决定书,并依法送达原告泰州市园艺塑料厂及第三人王俊。原告对该决定不服,于 2005 年 10 月提起行政诉讼。

另查明,原告泰州市园艺塑料厂在本案受理期间,未能提供专利复审委员会受理其宣告涉案专利无效申请的通知书。

原审法院认为,根据法律规定,被告省知产局对涉案专利侵权纠纷,有权依法进行处理。被告省知产局根据第三人王俊的申请,经现场调查取证,在审查双方当事人的诉辩意见、理由和证据材料的基础上,根据国家知识产权局《专利行政执法办法》第 10 条之规定,通过书面审理,作出了苏知(2005)纠字 05 号专利纠纷处理决定,并送达了当事人。被告省知产局认定侵权主体适当,处理程序符合法律规定。鉴于原告在处理专利侵权纠纷过程中,一直未能提供专利复审委员会受理其专利无效申请的通知书,被告省知产局依法未终止审理此案并无不当。此外,在书面审理足以查清事实、得出正确结论的前提下,依据《专利行政执法办法》第 10 条之规定,被告省知产局可以决定书面审理本案。鉴于被告所作的口审笔录只被作为一般性记录使用,未作为原告缺席处理的证据,被告是否依法通知了原告参加口审活动,不影响本案被诉行政行为的合法性。根据《中华人民共和国专利法》的相关规定,专利纠纷处理行为系对当事人之间的专利纠纷进行调查处理的准司法活动,原告认为被告的行为违反《中华人民共和国行政处罚法》的相关规定,据以认为被告行政行为违法的主张,不予支持。根据《中华人民共和国专利法》第 59 条第 2 款之规定,外观设计专利权的保护范围以表示在图片或者照片中的该产品的外观设计专利产品为准。经对比,被告省知产局认定被控侵权产品与第三人王俊的外观设计属近似设计,并根据《中华人民共和国专利法》及《专利行政执法办法》的相关规定,作出要求被请求人立即停止对 ZL03316992.6 号外观设计专利的侵权行为;销毁库存侵权产品及用于生产该产品的模具;未经专利权人许可,不得再为生产经营目的制造、销售其专利产品的专利纠纷处理决定,认定事实清楚,适用法律正确。由于被告省知产局并非专利无效的审查机关,原告认为第三人的外观设计专利已丧失新颖性、不具有外观设计特点及第三人申请专利有违诚信的主张,不属于被告的审查范围,与被诉具体行政行为的合法性没有关联,不作评述。

综上,被告省知产局作出的专利纠纷处理决定事实清楚、证据确实充分、适用法律、法规正确,符合法定程序。依照《中华人民共和国行政诉讼法》第 54 条第 1 项,《中华人民共和国专利法》第 11 条第 2 款、第 56 条第 2 款之规定,判决维持省知产局于 2005 年 8 月 12 日作出的苏知(2005)纠字 05 号专利纠纷处理决定书。

江苏高院经审查,确认原审法院认定的案件事实。

庭审辩论中,各方当事人所认定的争议焦点,是被上诉人省知产局和一审法院没有认定上诉人在王俊专利申请日前已经生产销售专利号为 ZL03316992.6 的专利产品的事实是否错误。

江苏高院认为,上诉人张梅桂在省知产局处理本案专利侵权纠纷过程中提出,其于王俊申报专利前即生产涉案产品,其行为不构成侵权的主张,对此上诉人应当提交充分证据予以证明或提供确切的证据线索以便核实。上诉人虽然提交了 7 份证人证言,但因这些证人证言均没有证人的基本情况说明,亦没有附证人居民身份证复印件等证明证人身份的文件,且均为复印件,其中有的证人证言没有出具日期,有的没有被侵权产品的图示,因此,这些证人证言的真实性难以确认,在此情形下,被上诉人省知产局认为这些证据不具有线索价值,根据《专利行政执法办法》第 27 条"在处理专利侵权纠纷、查处假冒他人专利或者冒充专利行为过程中,管理专利工作的部门可以根据需要依职权调查收集有关证据"的规定,行使自由裁量权,决定不予核实,并不构成执法不公。由于上诉人提交的证人证言不符合最高人民法院《关于行政诉讼证据若干问题的规定》第 13 条的规定,且一审中,上诉人亦未就上述证人证言申请证人出庭,故一审法院对上诉人提出的其于王俊专利申请日前已生产涉案产品的事实主张不予认定,并无不当。

## 二、裁判要旨

**No.3-1-3-1** 在处理专利侵权纠纷、查处假冒他人专利或者冒充专利行为过程中,管理专利工作的部门,可以根据需要,依据职权调查搜集有关证据。

《专利法》第 3 条规定,国务院专利行政部门负责管理全国的专利工作;统一受理和审查专利申请,依法授予专利权。省、自治区、直辖市人民政府管理专利工作的部门负责本行政区域内的专利管理工作。依据国务院的规定,国家知识产权局承担规范专利管理基本秩序的责任。拟定专利知识产权法律、法规草案,拟定和实施专利管理工作的政策和制度,拟定规范专利技术交易的政策措施,指导地方处理、调解侵犯专利的纠纷案件以及查处假冒他人专利行为和冒充专利行为,会同有关部门指导和规范知识产权无形资产评估工作。《专利法》第 64 条第 1 款也规定,管理专利工作的部门根据已经取得的证据,对涉嫌假冒专利行为进行查处时,可以询问有关当事人,调查与涉嫌违法行为有关的情况;对当事人涉嫌违法行为的场所实施现场检查;查阅、复制与涉嫌违法行为有关的合同、发票、账簿以及其他有关资料;检查与涉嫌违法行为有关的产品,对有证据证明是假冒专利的产品,可以查封或者扣押。"

本案中,上诉人张梅桂在省知产局处理本案专利侵权纠纷过程中提出,其于王俊申报专利前即生产涉案产品,其行为不构成侵权的主张,对此上诉人应当提交充分证据予以证明或提供确切的证据线索以便核实。上诉人虽然提交了 7 份证人证言,但因这些证人证言均没有证人的基本情况说明,亦没有附证人居民身份证复印件等证明证人身份的文件,且均为复印件,其中有的证人证言没有出具日期,有的没有被侵权产品的图示,因此,这些证人证言的真实性难以确定,此情形下,被上诉人省知产局认为这些证据不具有线索价值,根据国家专利局《专利行政执法办法》第 27 条"在处理专利侵权纠纷、查处假冒他人专利或者冒充专利行为过程中,管理专利工作的部门可以根据需要依职权调查收集有关证据"的规定,行使自由裁量权,决定不予核实,并不构成执法不公。

### 4 职务发明专利的归属(《专利法》第 6 条)

**案例**:深圳唐锋电器实业有限公司、上海克莱美斯有限公司与胡松、武汉大学职务发明专利归属纠纷案

**案例来源**:《人民法院案例选》2003 年第 2 辑(总第 44 辑)

**主题词**:职务发明　单位　物质技术条件

#### 一、基本案情

原告:深圳唐锋电器实业有限公司(以下简称深圳唐锋)。

原告:上海克莱美斯有限公司(原名:上海唐锋电器有限公司,以下简称上海唐锋)。

被告:胡松。

第三人:武汉大学。

1996 年 2 月 8 日,被告胡松代表乙方思达德公司与甲方第三人武汉大学签订了协议书一份(以下简称 2·8 协议)。该协议书内容为:乙方了解到甲方在武汉大学实验室内已成熟地掌握 SPE 膜电解臭氧技术(专利号:ZL93 2 46255·3-即 93 专利);双方认定,由乙方将甲方实验室的 SPE 膜电解臭氧技术研制成可以工业化生产的 SPE 膜电极式臭氧发生器产品;甲方对乙方经过调研、比较后,决定其新产品的臭氧发生器采用 SPE 膜电极式的臭氧发生器;甲方要求乙方不论其臭氧技术应用新产品是否产生效益,均需向甲方支付非独家专利使用费人民币 15 万元;甲方有责任向乙方提供该专利准确、全面的技术文件资料,在乙方生产中及时予以现场指导,以确保乙方在批量生产中掌握、稳定 SPE 膜电极技术;本协议有效期为 3 年等。后思达德公司又出具授权书,将"2·8"协议的权利义务转让给胡松。同年 4 月 19 日,胡松在未告知武汉大学的情况下,以该专利技术入股的形式与深圳唐锋签订了协议书一份(以下简称 4·19 协议)。该协议书约定:协议范围是臭氧技术应用产品及其他领域的新产品;此协议所述合作方式以股份制形式成立,财务独立核算,股份比例为:甲方(深圳唐锋)占 90%,乙方(胡松)占 10%(技术股);本协议签订后,甲方正式拥有乙方对臭氧技术应用产品之研制成果与权利,乙方不得再与第三者合作生产;甲方支付乙方定金 22 万元整等。另外还约定,胡松在深圳唐锋处领取薪金,并享受退休保险和重大疾病保险、报销医疗费用及有关福利等。协议签订后,被告胡松依约定收到原告深圳唐锋支付的定金人民币 22 万元,并在深圳唐锋处领取薪金及享受有关福利等。

1996 年 7 月 22 日,深圳唐锋聘任被告胡松为本公司开发三部经理,负责臭氧水机之研发及管理工作。此后,第三人武汉大学应被告胡松的要求,多次派"电解式臭氧技术研究课题组"人员到原告深圳唐锋处就 93 专利的技术进行指导和培训。同时,该课题组人员与胡松及深圳唐锋的人员一起,利用深圳唐锋的物质条件,以 93 专利为基础进行系争专利("电解式臭氧发生装置")的研制工作。

1997 年 3 月 5 日,被告胡松与第三人武汉大学签订关于共同申请"固体聚合物电解质膜复合电极电解臭氧发生器系统"专利的协议书。该协议书内容为:本协议以"2·8 协议"为基础;

双方共同认为按"2·8协议",乙方(胡松)已将甲方(武汉大学)实验室的SPE膜电极臭氧技术研制成为可以工业化生产的SPE膜电极式臭氧发生器产品(即固体聚合物电解质膜复合电极电解臭氧发生器系统)。该产品在结构上已较甲方原专利(ZL93 2 46255.3)有了巨大的发展与完善,具备了申报新的实用新型专利的条件。因此,双方同意共同申请新的实用新型专利,及向国外申请相应的专利等。

1997年3月7日,中国专利局受理了胡松与武汉大学提出的"固体聚合物电解质膜复合电微电解臭氧发生器系统"的实用新型专利的申请。在此基础上,胡松以个人名义和武汉大学于同年11月19日又提出了系争"电解式臭氧发生装置"发明专利申请并被中国专利局受理(申请号为97 122126.X)。

1997年6月28日,深圳唐锋与上海唐锋签订备忘录一份,约定:深圳唐锋研发三部中工业臭氧技术应用产品的研制工作由上海唐锋具体实施,上海唐锋的臭氧事业部负责臭氧技术应用产品的研制;深圳唐锋研发三部胡松经理的关系转至上海唐锋臭氧事业部,由上海唐锋发放工资、奖金及其他福利待遇;深圳唐锋同胡松签订的协议中约定由深圳唐锋拥有的权利归上海唐锋等。1997年9月2日,上海唐锋任命胡松为本公司臭氧水机事业部总工程师。此期间,武汉大学与胡松等人一起利用上海唐锋的资金和物质条件,对系争专利的技术方案进行了进一步的完善和最终确定工作。

1999年4月23日,永新专利商标代理有限公司北京办事处收到被上诉人上海唐锋电汇的向日本申请专利等费用后,发文告知上海唐锋:由武汉大学和贵公司胡松先生委托我公司对"电解式臭氧发生装置"发明分别在中国大陆和台湾地区、日本申请发明专利,且已交付了有关费用。待上述申请的有关事宜完成之后,贵方可要求我公司财务部门提供详细的费用支出情况表等。同年11月,两原告以胡松擅自用个人名义与武汉大学共同申请系争专利为由,提起诉讼。深圳唐锋明确表示,系争专利中有关深圳唐锋的权利由上海唐锋享有。

两原告深圳唐锋和上海唐锋诉称:4·19协议约定:被告的责任为主持开发、研制臭氧技术应用产品及其他领域的新产品;协议签订后,深圳唐锋正式拥有胡松对臭氧技术应用产品之研制成果与权利。协议签订后,两原告由于协调分工的缘故,决定臭氧技术应用产品的研制工作改在上海唐锋进行。此后,上海唐锋聘任被告胡松为总工程师,并投入了大量的人力、物力和财力,进行有关的研制开发工作。不料被告瞒着原告,于1997年11月19日,以其个人名义擅自与第三人武汉大学共同申请了电解式臭氧发生装置的发明专利。两原告认为,被告是执行本单位的研制开发任务,利用本单位的物质条件完成的发明创造,是职务行为。系争电解式臭氧发生装置的发明专利的共同申请人应当是上海唐锋和武汉大学。为此诉至法院,请求判令:将系争发明专利的申请人之一胡松改为原告上海唐锋。

被告胡松辩称:系争电解式臭氧发生装置在深圳唐锋与被告合作之前,已经由武汉大学和胡松共同研制开发成功。

两原告诉称:该装置在上海唐锋处研制开发成功的说法与事实不符。深圳唐锋知道被告申请系争专利一事,并支付了有关专利费用,被告没有隐瞒两原告。本案系争的是"电解式臭氧发生装置"的专利,而不是"臭氧技术应用产品"的专利。本案系争的技术是武汉大学实验室的研制产品,被告将其加以提炼、生产并用于实际应用产品。所以被告和武汉大学是本案系争技术的发明人和专利申请人。故请求法院驳回两原告的诉讼请求。

第三人武汉大学诉称:系争技术是在第三人的93专利的基础上经过改进,再加上SPE膜的制备工艺和配方结合而成的。系争技术方案的完成日期是1997年3月后至申请专利之前。

被告辩称:系争申请专利的技术是由第三人和被告共同完成的说法与事实不符。1997年3月,第三人是在受被告蒙骗的情况下才与被告签订合同的。自己当时并不知道原告和被告之间的关系,否则是不会与被告签订共同申请专利的协议的。

上海市第二中级人民法院经审理认为:系争专利的技术方案不仅包括臭氧发生器核心部件的制造工艺及配方,还包括臭氧发生器外部水箱结构的具体技术方案。该技术与93专利有联系,但不完全相同;与被告胡松将93专利与两原告合作研制的应用产品的技术也不完全相同。被告胡松利用了两原告的物质条件与第三人武汉大学于1997年11月就本案系争申请专利技术方案共同完成了发明创造,其行为属职务行为。本案系争申请专利的共同发明人应是两原告与武汉大学。原告深圳唐锋将系争申请专利的所有权划归上海唐锋,于法不悖,予以准许。

一审判决后,被告胡松不服,提起上诉。

上海市高级人民法院经审理认为原审认定的基本事实属实。上诉人胡松与武汉大学共同研制系争专利技术期间,在深圳唐锋时任开发三部经理,后又在上海唐锋时任臭氧水机事业部总工程师。上诉人胡松不但以被上诉人员工的身份对外进行工作,同时在两被上诉人处领取薪金和享受有关的养老、医保等福利待遇。系争专利技术方案的初步形成和最终完成又是在两被上诉人处,并主要利用了两被上诉人的资金等物质条件。在系争专利的研制中,上诉人胡松虽做了有关工作,但其实施的行为完全符合《中华人民共和国专利法》及实施细则关于职务行为的规定,应属职务行为。上诉人胡松与深圳唐锋、武汉大学签订的4·19协议、3·5协议等有关情节,并不影响对其职务行为的认定。所以,上诉人胡松诉称其行为不属职务行为的上诉理由没有法律和事实依据,不能成立。上诉人又诉称,一审认定系争专利形成的起始时间错误,4·19协议之前上诉人胡松已掌握系争专利的有关技术。经查,1996年2·8协议的有关内容说明,此时上诉人尚未掌握系争专利的基础技术(即93专利)。上诉人提供的其他证据也不能充分证明该上诉理由。第三人武汉大学关于系争专利技术方案是自1996年7月后至1997年11月在被上诉人处最终完成的陈述与本案的有关证据能相互印证,应予采信。一审判决关于此节事实的认定并无不当。因此,上诉人的这一上诉理由也不能成立。上诉人还诉称,上海唐锋无原告资格。经查,胡松受聘于深圳唐锋和上海唐锋,并在期间完成了系争专利技术。上海唐锋认为,胡松擅自以个人名义与武汉大学申请系争专利的行为,损害了自己的合法权益,而与深圳唐锋一起提起诉讼符合法律的有关规定,上海唐锋具有诉讼主体资格。上诉人的这一上诉理由同样不能成立。

二、裁判要旨

**No.3-1-6-1 执行本单位的任务或者主要是利用本单位的物质技术条件所完成的发明创造,为职务发明创造。**

职务发明创造的认定有两个并列条件,即执行本单位任务或者是主要利用本单位的物质技术条件完成发明创造,两者只需其一,即可认定为职务发明。"单位"一词,本是计划经济的用语,在市场经济下,应该解释为能够以自己的名义从事民事活动,独立享有民事权利承担民事责任和义务的组织,即法人组织和非法人组织,如个人合伙企业。因此发明人与单位的关系应该是被雇用与雇用的关系,两者之间存在劳动关系,此种劳动关系,不仅包括长期劳动关系,依照《专利法实施细则》第12条第2款,还应该包括临时的劳动关系。本案中,被告胡松与原告唐锋公司具有事实上的劳动关系。从4·19协议内容看,除了胡松将技术投资外(暂且不论该行为的性质),还有关于胡松领取薪金、享受医保、住房及有关待遇的内容。该部分内容是一种劳动合同的性质。事实上,胡松也领取了两原告的薪金和享受有关的养老保险、医疗保险等福利待遇。所以,胡松与唐锋公司建立了劳动关系。此外,从胡松在深圳唐锋和上海唐锋的工作性质和职务看,胡松均接受了该两原告对其职务的任命。在深圳唐锋,胡松是开发三部经理,负责臭氧水机之研发及管理工作;在上海唐锋,胡松是臭氧水机事业部总工程师,并以唐锋公司员工的名义对外进行采购材料、签订有关合同等工作。

此外,认定职务发明的另一条件就是是否利用了本单位的物质技术条件。此处的技术条件仅限于物质的,而非普遍意义上的技术条件。依据《专利法实施细则》第12条第2款可知,物质技术条件,是指本单位的资金、设备、零部件、原材料或者不对外公开的技术资料等。此外,这种利用对于完成发明创造是不可缺少或不可替代的前提条件,即构成"主要利用"。本案中,胡松除了和唐峰公司具有劳动关系并执行相应职务外,还与武汉大学研制系争专利时利用了原告的资金等物质条件。对此,原告列举了大量胡松领取原告的资金、原材料、零部件、胡松以原告的名义对外签订购置有关设备的合同等单据。作为主要研制人员的第三人武汉大学一直认为,系争专利的研制是利用了唐锋公司的物质条件,并认为没有一定的物质条件是不可能完成该系争专利发明的。武汉大学还列举了在两原告处研制系争专利的时间、具体人员、利用物质条件等情况的表格。胡松也无充分证据证明是在其他地方利用他人的资金和物质条件与武汉大学一起完成系争专利的。并且专利的费用也是上海唐锋支出的。因此,依据《专利法》第 6 条以及《专利法实施细则》第 12 条的规定,可以认定胡松在系争专利中实施的是职务行为。

**案例:吴林祥、陈华南与翟晓明、常州一匙通数码锁业有限公司专利权纠纷案**
案例来源:《中华人民共和国最高人民法院公报》2008 年第 1 期第 32 页
主题词:职务发明创造 申请日 物质技术条件

一、基本案情
  原告:吴林祥。
  原告:陈华南。
  被告:翟晓明。
  第三人:常州一匙通数码锁业有限公司(以下简称一匙通公司)。
  原告吴林祥、陈华南因与被告翟晓明及第三人一匙通公司发生专利权纠纷,向江苏省南京市中级人民法院提起诉讼。
  南京市中级人民法院一审查明:第三人一匙通公司于 2003 年 4 月 25 日设立,公司股东为吴林祥、陈华南和翟晓明三人。该公司的经营范围为数码智能锁具、数码智能安全防范设备的制造、销售,以及数码智能锁具、机电一体化及计算机软件的技术开发、技术服务。2004 年 3 月 1 日,一匙通公司就"'一匙通'数码智能锁项目"向常州市高新技术开发区科技局申报"常州市科技发展计划",计划项目设计任务书记载:"本项目产品由锁、钥匙和钥匙设定器三种独立的产品组成";"本项目研究以世界上现有的电子锁和指纹锁为基础,其中包括磁卡电子锁、IC 卡电子锁、IP 卡电子锁、TM 卡电子锁和电子门禁系统。在继承和发扬现有电子锁的优点,对关键技术问题有重大突破的基础上开展本项目研究";项目主要研究人员为翟晓明、陶涛、吴林祥、尤启国。2004 年 7 月 22 日,一匙通公司就"'一匙通'数码锁项目"与常州市科学技术局签订《常州市科技项目合同》,该项目涉及锁、钥匙、钥匙设定器三种产品。2004 年 9 月 21 日,一匙通公司就"'一匙通'数码锁项目"与常州市新北区科学技术局签订《科技项目合同》,该合同载明项目负责人为翟晓明,主要研究人员为陶涛、吴林祥和尤启国。2003 年 9 月至 2004 年 9 月,常州市科学技术局和常州市新北区科学技术局先后三次为"'一匙通'数码锁项目"拨款 40 万元。
  自 2003 年 5 月至 2005 年 7 月,第三人一匙通公司为上述项目购买了设备、元器件,并委托他人进行零部件的加工。2003 年 7 月 18 日,一匙通公司与镇江市丹徒区星宇压铸厂签订《协议书》,由该厂按一匙通公司提供的图纸加工电子锁具的外壳;2003 年 7 月 28 日,一匙通公司与常州市武进鸣凰无线电器材厂签订《协议书》,由该厂按一匙通公司提供的图纸加工电子锁的零部件。
  2005 年 3 月 20 日,第三人一匙通公司向常州市新区工商局提交《申请报告》称:本公司自注册成立两年来,投入大量的财力和人力开发自主知识产权的"一匙通数码智能锁",在这两年间未形成销售。
  2005 年 6 月 22 日,第三人一匙通公司与扬州市人民防空办公室签订《锁具购销协议》,约定扬州市人民防空办公室向一匙通公司购买一匙通数码锁具、钥匙和管理器,其中门锁 170 把,钥匙 65 把,管理器 5 把。
  2005 年 8 月,被告翟晓明以其个人名义向国家知识产权局提出关于"一种由钥匙提供电源的微功耗电子锁具"的发明专利申请、实用新型专利申请各一项,专利申请号分别为 2005100414845 和 2005200744982。将翟晓明的上述专利申请文件与原告吴林祥、陈华南提供的、标有第三人一匙通公司名称的图纸进行比对,原告方提供的图纸所记载的技术方案与翟晓明的专利申请技术方案相同。

南京市中级人民法院一审认为：

首先，根据本案事实，不能认定涉案专利申请的技术方案系由被告翟晓明个人完成，不能认定该技术成果属被告所有。

被告翟晓明辩称：涉案专利申请技术方案是由其个人研制成功的，该方案的形成时间是在第三人一匙通公司设立之前，设立一匙通公司仅仅是为了实现产业化。翟晓明就此提供了相关实物证据。但是，被告仅仅提交了相关产品实物，不能证明涉案专利申请技术方案的形成时间，被告提供的证人证言也不能证明涉案专利申请技术方案系由被告个人完成，不能认定该技术成果属被告所有。被告还辩称：其在设立一匙通公司之前的多项个人专利已完全覆盖了涉案专利申请技术方案，但未能提供充分证据予以证明。另据本案事实，一匙通公司自2003年4月成立后的两年时间里，一直未生产出"一匙通数码锁具"成品，直至2005年6月才有产品投放市场，也表明在这两年时间里，一匙通公司一直在研制、开发相关产品。因此，被告的上述答辩理由不能成立，不予采纳。

其次，根据本案事实，可以认定涉案专利申请技术方案系职务发明，归属于第三人一匙通公司所有，相应的专利申请权也属于该公司。

根据《中华人民共和国专利法》（以下简称《专利法》）第6条的规定，执行本单位的任务或主要是利用本单位的物质技术条件所完成的发明创造为职务发明，职务发明创造申请专利的权利属于该单位。本案中，原告吴林祥、陈华南提供了第三人一匙通公司的设计图纸等技术资料，经比对，上述技术资料所反映的技术方案与被告翟晓明的专利申请技术方案相同，可以确认为同一技术方案。一匙通公司自2003年成立之后，就上述技术方案项目申报常州市科技发展计划项目，翟晓明为该项目的负责人，研究人员还包括一匙通公司陶涛、吴林祥、尤启国等人。一匙通公司为该技术方案项目投入了相当的人力、物力，为该项目专门购买仪器设备，常州市科技局也为该项目拨款予以支持。这些事实都足以证明，涉案专利申请技术方案系翟晓明等人为执行一匙通公司的任务，并且利用该公司的物质技术条件所完成的，属于职务发明，相关科技成果应当归属于一匙通公司，申请专利的权利也属于该公司。退一步说，即使被告个人在一匙通公司成立之前已独立从事相关技术方案的研究、开发，并且取得了一定的研究成果，但一匙通公司经过进一步的研究、开发，形成最终的技术方案，翟晓明等人在此过程中系执行单位职务并利用单位的物质技术条件进行研发，最终的技术方案，亦即涉案专利申请技术方案也应认定为职务发明，应归属于一匙通公司所有，相应的专利申请权也属于该公司。

因此，被告翟晓明以其个人名义申请的"一种由钥匙提供电源的微功耗电子锁具"发明专利和实用新型专利技术方案应属第三人——一匙通公司所有，原告吴林祥、陈华南关于上述技术方案的专利申请权归属一匙通公司的诉讼主张，有事实根据和法律依据，应予支持

据此，南京市中级人民法院于2006年3月22日判决：被告翟晓明以自己的名义申请"一种由钥匙提供电源的微功耗电子锁具"发明专利和实用新型专利（专利申请号分别为2005100414845和2005200744982）不当，上述技术的专利申请权归属第三人——一匙通公司。

翟晓明不服一审判决，向江苏省高级人民法院提起上诉。

江苏省高级人民法院经二审，确认了一审查明的事实。另查明：2004年3月，原审第三人——一匙通公司就"一匙通数码智能锁"项目向常州市高新技术开发区科技局申报"2004年常州市科技发展计划"。申报材料中的"科技计划项目设计任务书"载明："本项目由一匙通公司独家研发和实施……本项目研究的所有知识产权均为自主知识产权，归一匙通公司所有。"

江苏省高级人民法院二审上诉人翟晓明及原审第三人一匙通公司的其他研究人员，为执行一匙通公司的任务，并在主要利用该公司物质技术条件的基础上完成了涉案发明创造，涉案发明创造属于职务发明，相应的专利申请权属于一匙通公司。上诉人认为，涉案发明创造属于其个人发明，专利申请权应归其所有的上诉主张，没有事实根据和法律依据，不予支持。

二、裁判要旨

No.3-1-6-2 主要利用本单位的物质技术条件所完成的发明创造为职务发明,职务发明创造申请专利的权利属于该单位。

主要利用本单位的物质技术条件完成的发明创造的认定有两个步骤:首先是认定发明人或者设计人,依照《专利法实施细则》第13条规定可知:"发明人或者设计人,是指对发明创造的实质性特点作出创造性贡献的人。在完成发明创造过程中,只负责组织工作的人、为物质技术条件的利用提供方便的人或者从事其他辅助工作的人,不是发明人或者设计人。"其次,应该确定主要利用本单位物质技术条件的范围,一般而言,主要利用法人或者其他组织的物质技术条件,是指职工在完成技术成果的研究开发过程中,全部或者大部分利用了法人或者其他组织的资金、设备、器材或者原材料,或者该技术成果的实质性内容是在该法人或者其他组织尚未公开的技术成果、阶段性技术成果或者关键技术的基础上完成的。但对利用法人或者其他组织提供的物质技术条件,约定返还资金或者交纳使用费的除外。此外,在研究开发过程中利用法人或者其他组织已对外公开或者已为本领域普通技术人员公知的技术信息,或者在技术成果完成后利用法人或者其他组织的物质条件,对技术方案进行验证、测试的,不属于主要利用法人或者其他组织的物质技术条件。

本案争议的关键问题有两个方面:一是确定涉案发明创造的技术方案的完成时间,如果完成时间是在一匙通公司成立之前,则该发明创造不属于职务发明。二是确定一匙通公司为涉案发明创造提供物质技术条件的目的,如果不是为了完成涉案发明创造,而仅仅是为了验证或实施涉案发明创造,则涉案发明创造不属于职务发明。

1. 根据本案事实,可以认定涉案发明创造的技术方案完成于原审第三人——一匙通公司成立之后。权利人对一项发明创造提出专利申请,是这项技术方案已经完成的标志之一。如果没有确凿证据证明有关技术方案的实际完成时间早于专利申请日,则只能以专利申请日作为推定该技术方案完成时间的依据。本案中,上诉人翟晓明申请涉案专利的时间是2005年8月,而一匙通公司的成立时间为2003年4月。虽然翟晓明认为涉案发明创造的技术方案在一匙通公司设立之前就已完成,并提供了相关实物证据和证人周天文的证言,但这两份证据均不能充分证明其主张。主要原因是:① 实物证据本身无法反映其形成时间,即使进行鉴定,也只能确定实物证据中主要金属成分的形成时间,而金属成分的形成时间并不能等同于实物证据的形成时间;② 根据证人周天文所作证言,周天文仅仅是为翟晓明加工部分零件,并不知道加工的零件具体安装在哪里,也不会拆卸翟晓明提供的实物证据,不能确认实物证据中是否有其加工的零件,也不能确认实物证据是否就是翟晓明申请专利的发明创造的产物。因此,周天文的证言无法与实物证据相互印证。因此,可以认定涉案发明创造的技术方案是在一匙通公司成立之后才完成的。

2. 涉案发明创造主要是利用原审第三人——一匙通公司的物质技术条件完成的。上诉人翟晓明并不否认一匙通公司为涉案发明创造投入了大量的人力、物力和财力,只是认为,一匙通公司提供物质技术条件的行为本身并没有产生任何具有实质性、创造性的技术革新,仍然是按照其本人在此之前已经独立完成的技术方案实施和做出微小的改进,故认为涉案发明创造并非主要利用一匙通公司的物质技术条件完成。被上诉人吴林祥、陈华南认为,涉案发明创造主要是利用一匙通公司的物质技术条件而得以研发完成。法院认为,一匙通公司就"一匙通数码智能锁"向地方科技局提交的科技发展计划申报材料,以及该公司与地方科技局签订的科技项目合同、科技项目拨款凭证等证据,均表明涉案发明创造系由一匙通公司独家研发和实施,且该项目的研发负责人为翟晓明。此外,一匙通公司2005年3月给常州市新区工商局的《申请报告》中记载,该公司自注册成立两年来,投入大量的财力和人力开发自主知识产权的"一匙通数码智能锁"。根据上述证据,可以认定研发涉案发明创造是一匙通公司的一项主要任务,涉案发明创造的研发完成,主要是利用了一匙通公司的物质技术条件。

**5** 明确职务发明的依据(《专利法》第 6 条)

**案例：合肥普天机电设备贸易有限责任公司与蒋家善专利权属纠纷案**
案例来源：《知识产权审判指导与参考》第 6 卷第 353 页
主题词：专利权属　职务发明　本职工作

## 一、基本案情

原告：合肥普天机电设备贸易有限责任公司(以下简称普天公司)。
被告：蒋家善。

原告合肥普天公司与被告蒋家善专利权属纠纷一案,由合肥市中级人民法院(以下简称合肥中院)受理。

原告普天公司诉称：被告蒋家善受聘于原告公司担任生产厂长,负责生产、技术、人事安排及技术资料的管理。被告在原告公司工作期间,利用本公司的技术资料、图纸,与原告公司的法定代表人何川共同对原告公司的各种产品,包括钢筋弯曲机进行了改进,且受到原告公司的奖励,但被告于 1999 年 8 月 18 日未经原告同意,擅自将属于原告的钢筋弯曲机专有技术申请了专利,并于 2000 年 5 月 25 日获得专利权。原告认为,被告在受聘于原告期间,参与对钢筋弯曲机的改进工作属于职务行为,私自将此项职务发明申请为个人所有,严重侵害了原告的合法权益,故依照《中华人民共和国专利法》第 6 条的规定,请求法院依法确认原告为实用新型专利钢筋弯曲机的专利权人。

被告蒋家善辩称：(1) 被告蒋家善与普天公司从无隶属聘用关系,不存在所谓职务发明问题。(2) 原告普天公司对被告依法获得的名称为钢筋弯曲机的实用新型专利没有直接利害关系,不符合起诉的必备条件,故法院应驳回原告的起诉。(3) 被告蒋家善在与何川合作办厂期间,利用工余时间,独立完成了对原告钢筋弯曲机传动部分和角度调节装置的改进。被告虽然具有接触合作厂图纸资料的便利条件,但该两项技术在这些图纸资料中是没有的,合作厂的图纸资料亦不能为被告的发明创造提供任何启示,因此,该两项技术成果是被告经过创造性劳动完成的。在讼争专利的研究过程中,被告所用稿纸是合肥叉车厂的检查交接班记录用纸,绘图工具自费购置,申请专利的定稿用纸是合肥叉车厂的复印纸,申请专利的文字材料书写用纸是被告自费购买的信笺纸,申请专利的费用由自己支出,故被告的发明创造与合作厂无关。(4) 钢筋弯曲机专利技术与何川无关,在该项技术研究过程中,何川未提供任何帮助。

合肥中院根据对双方证据的认证,确认了以下案件事实：1998 年 2 月 25 日,何川与蒋家善签订了一份《合作协议》,该协议的主要内容为：(1) 合作期间,何川任合作厂法定代表人,蒋家善任生产厂长,负责生产、技术、人事安排及管理并负责财务审批。(2) 蒋家善领取月工资,每月 1000 元整,每生产一台 CJ40 型手动弯曲机,提取 50 元,每生产一台 GJ40 型半自动弯曲机提取 100 元,每生产一台 GJ50 型弯曲机提取 100 元,每生产一台 GQ40 型切断机提取 100 元,以上提取费用每半年结算一次。(3) 合作期满后,如果双方无意见,可再续订协议。如终止协议,蒋家善将本厂产品图纸、工艺技术软件用文字形式全部交给何川。合作协议签订后,蒋家善即担任合作厂生产厂长。1998 年 4 月 28 日,普天公司注册成立后,蒋家善继续在该公司担任生产厂长,分管各种型号钢筋弯曲机及切断机的生产及技术工作。1999 年 4 月开始,普天公司根据对老式钢筋弯曲机存在缺陷的分析及市场的需要,决定对钢筋弯曲机的角度调节部分和变速结构进行改进。为此,该公司从安徽旌德某单位购买了钢筋弯曲机图纸资料,蒋家善作为普天公司分管钢筋弯曲机生产和技术的厂长,利用这些图纸资料,参考了合肥工业大学机电厂生产的半自动钢筋弯曲机的变速结构和角度调节装置,在台式钻床塔轮变速结构的启发下,并得到普天公司协作单位的帮助,对老式钢筋弯曲机的角度调节部分和变速结构进行了改进,研创出新型角度调节器和双层塔型轮变速装置,将其运用到齿轮传动的钢筋弯曲机上,形成了不同于已有钢筋弯曲机的新技术方案。上述技术方案完成后,蒋家善于 1999 年 8 月 18 日以个人名义向国家知识产权局申请了专利,并于 2000 年 5 月 25 日获得钢筋弯曲机实用新型专利权。2000 年 9 月 25 日,普天公司对该项专利权归属提出异议,诉至合肥中院。

合肥中院认为,专利权属纠纷之诉系指一项技术方案被授予专利权后,他人(或单位)对该项专利权的归属提出异议诉至法院而形成的诉讼。判断专利权归属的法律依据,应为《中华人民共和国专利法》第 6 条第 1、2 款和《中华人民共和国专利法实施细则》第 10 条之规定,本案被告蒋家善与普天公司法定代表人何川于 1998 年 2 月 25 日签订的《合作协议》名为"合作",实为蒋家善受聘于普天公司的聘用合同。蒋家善作为分管普天公司产品钢筋弯曲机和切断机的生产及技术工作的生产厂长,利用普天公司提供的机器设备、图纸资料、外协单位等物质技术条件,完成了钢筋弯曲机专利技术方案,故蒋家善的发明创造应认定为职务发明创造,蒋家善为钢筋弯曲机实用新型专利的发明人,专利权人应为普天公司。

二、裁判要旨

No.3-1-6-3　执行本单位的任务所完成的职务发明创造,包括:在本职工作中的发明创造;履行本单位交付的本职工作之外的任务所做的发明创造;退休、调离原单位后或者劳动、人事关系终止后 1 年内做出的,与其在原单位承担的本职工作或者原单位分配的任务有关的发明创造。

如前述案例所述可知,判断发明专利是否属于职务发明,一般而言有两个要件,执行本单位任务或者主要是利用本单位的物质技术条件完成的发明创造,择其一即可。因此,如何判断是执行本单位的任务所进行的发明创造值得关注。从《专利法实施细则》第 12 条第 1 款规定可知,执行本单位的任务所完成的职务发明创造的三种形式。但如何判断本职工作,以及本单位交付的本职工作以外的任务,就需要依据单位与发明人所签署的劳动合同等相关合同以及文件认定。本案中,何川与蒋家善签订了一份《合作协议》,通过对协议内容的分析,如蒋家善在任职期间负责的职务、薪酬等可知,该协议名为合作协议,实为聘用合同。并且在普天公司注册成立后,蒋家善继续在该公司担任生产厂长,分管各种型号钢筋弯曲机及切断机的生产及技术工作,并负责对钢筋弯曲机的角度调节部分和变速结构的改进工作。因此,可以认为,对钢筋弯曲机的技术研发就是蒋家善的本职工作。此外,该公司从安徽旌德某单位购买了钢筋弯曲机图纸资料,蒋家善作为普天公司分管钢筋弯曲机生产和技术的厂长,利用这些图纸资料,参考了合肥工业大学机电厂生产的半自动钢筋弯曲机的变速结构和角度调节装置,在台式钻床塔轮变速结构的启发下,还得到了普天公司协作单位的帮助。蒋家善在研发过程中,利用普天公司提供的机器设备、图纸资料、外协单位等物质技术条件完成了钢筋弯曲机专利技术方案。故综合两方面的因素,蒋家善的发明创造应认定为职务发明创造,蒋家善为钢筋弯曲机实用新型专利的发明人,专利权人应为普天公司。

**6** 实用新型专利与发明专利同时申请(《专利法》第 9 条);相同专利的确定(《专利法》第 31 条)

案例:舒学章、国家知识产权局专利复审委员会与济宁无压锅炉厂发明专利权无效纠纷案
案例来源:《知识产权审判指导》2008 年第 2 辑第 127 页
主题词:相同专利　同时申请

一、基本案情

再审申请人(原审第三人):舒学章。

再审申请人(一审被告、二审被上诉人):国家知识产权局专利复审委员会(以下简称专利复审委员会)。

再审被申请人(一审原告、二审上诉人):济宁无压锅炉厂。

再审申请人舒学章、专利复审委员会因与再审被申请人济宁无压锅炉厂发明专利权无效纠纷一案,不服北京市高级人民法院于 2002 年 4 月 22 日作出的(2002)高民终字第 33 号行政判决书,以及 2003 年 12 月 17 日和 2003 年 12 月 18 日分别针对舒学章和专利复审委员会的再审申请作出的(2003)高行监字第 8 号驳回再审申请通知书,向最高人民法院(以下简称最高院)申请再审。

北京市高级人民法院经审理查明：舒学章于1992年2月22日申请了"一种高效节能双层炉排反烧锅炉"发明专利，该发明专利的颁证日为1999年8月14日，授权公告日为1999年10月13日，专利号为92106401.2。授权公告的权利要求书为："一种立式或卧式双层炉排平面波浪型反烧炉排锅炉，其特征是上层水管反烧炉排平面波浪型布置。"

针对该发明专利，济宁无压锅炉厂于2000年12月22日向专利复审委员会提出无效宣告请求，其理由是，本发明专利不符合修改前的《专利法实施细则》第12条第1款的规定，所提交的对比文件为1992年2月26日公告的公告号为CN2097376U的实用新型专利申请说明书，专利申请号为91211222.0，设计人、申请人均为舒学章。该实用新型专利的申请日为1991年2月7日，颁证日为1992年6月17日，授权公告日为1992年9月30日。该实用新型专利的权利期限届满前，专利权人请求了续展，该专利权至1999年2月8日由于有效期届满而终止。

专利复审委员会于2001年3月26日作出第3209号无效宣告请求审查决定，维持92106401.2号发明专利权有效。该决定认为，本案所涉的第92106401.2号发明专利在授权时，91211222.0号实用新型专利权已经终止，故不存在所述实用新型专利权和本发明专利权共同存在的情况。因此，本发明专利权的授予不违反修改前的《专利法实施细则》第12条第1款的规定，济宁无压锅炉厂请求宣告本发明专利权无效的理由不成立。

济宁无压锅炉厂不服专利复审委员会第3209号无效宣告请求审查决定，在法定期限内向北京市第一中级人民法院提起诉讼。

北京市第一中级人民法院经审理认为：原告济宁无压锅炉厂请求宣告本案所涉发明专利无效的理由是本发明专利不符合修改前的《专利法实施细则》第12条第1款的规定，所提交的附件是公告号为CN2097376U的实用新型专利申请说明书。从修改前的《专利法实施细则》第12条第1款的规定"就同样的发明创造只能被授予一项专利"来看，本案所涉92106401.2号发明专利与91211222.0号实用新型专利在保护期上有间断，没有同时存在，故不属于重复授权的情况。

针对实际中发生的有关情况，原中国专利局《审查指南公报》第6号对修改前《专利法实施细则》第12条第1款的适用进行了具体规定。由于本案所涉发明专利在授权时，已授权的实用新型专利权的期限经续展后已经届满，不存在权利人选择的问题，因此发明专利权的授予并不违反上述规定及修改前《专利法实施细则》第12条第1款的规定。

综上，专利复审委员会作出的第3209号无效宣告请求审查决定事实清楚，适用法律正确，程序合法，应予维持。北京市第一中级人民法院判决：维持国家知识产权局专利复审委员会第3209号无效宣告请求审查决定。

济宁无压锅炉厂不服一审判决，在法定期限内向北京市高级人民法院提起上诉。

北京市高级人民法院经审理认为：1992年《专利法实施细则》第12条第1款规定："同样的发明创造只能被授予一项专利。"同样的发明创造是指技术领域、所要解决的技术问题和技术方案实质上相同的发明创造，授予一项专利是指授予一项发明专利或者实用新型专利。本案中，舒学章在先申请并被授权的实用新型专利与其在后申请的发明专利符合上述相同主题的发明或者实用新型的定义，故一审判决认定舒学章的发明专利与实用新型专利属于相同主题的发明创造是正确的。

重复授权是指同样的发明创造被授予两次专利权，基于同样的发明创造的两项专利权同时存在并不是构成重复授权的必要条件。一审判决中确认的"只要基于同样的发明创造的两项有效专利权不同时存在，即不构成重复授权"于法无据，且有悖于立法本意。对济宁无压锅炉厂关于92106401.2号发明专利的授权违反1992年《专利法实施细则》第12条第1款的规定，请求撤销专利复审委员会第3209号无效宣告请求审查决定的上诉请求，应予支持。

综上，专利复审委员会所作出的第3209号无效宣告请求审查决定及一审法院作出的行政判决，认定事实清楚，但适用法律错误，应予撤销。

舒学章不服二审判决，于2002年5月13日向北京市高级人民法院申请再审。专利复审委员会亦不服二审判决,于 2002 年 8 月 2 日向最高院申请再审。对该再审申请,最高院于 2002 年 12 月 6 日以(2002)行监字第 76 号函转北京市高级人民法院复查处理。

北京市高级人民法院经复查认为:从舒学章的发明专利与实用新型专利权利要求书所载明的内容来看,舒学章在后申请的发明专利的必要技术特征,只涉及上层炉排的技术特征,而舒学章在先申请并被授予的实用新型专利的必要技术特征涉及上、下两层炉排的技术特征。舒学章发明专利技术特征包含在实用新型专利技术特征中,故一、二审判决有关舒学章的发明专利与实用新型专利属于相同的发明主题,是同样的发明创造的认定正确。一审判决后,舒学章和专利复审委员会对一审相关事实的认定并未提出上诉,在二审庭试时,法庭询问舒学章其发明专利与实用新型专利是否为同一发明创造,舒学章明确表示:实际上是同一专利。现舒学章和专利复审委员会未能提供两个专利在技术方案、所要解决技术问题方面存在实质不同的充分证据,故有关舒学章的实用新型专利与发明专利不是同一发明创造的再审申请理由不成立。本案舒学章的实用新型专利于 1999 年 2 月 8 日因权利期限届满而终止时,该专利技术便已进入公有领域。舒学章在后申请的发明专利因与该实用新型专利系相同主题的发明创造,故在该发明专利于 1999 年 10 月 13 日被授权公告时,相当于把已进入公有领域的技术又赋予了专利权人以专利权。因此,原判认定本案发明专利属于重复授权正确,专利复审委员会关于其审查决定未违反《专利法实施细则》相关规定的再审申请理由无充分证据支持。综上,原判在认定事实及适用法律方面并无不当,有关再审申请不符合法律规定的再审条件。该院于 2003 年 12 月 17 日和 2003 年 12 月 18 日,分别针对舒学章和国家知识产权局专利复审委员会作出(2003)高行监字第 8 号驳回再审申请通知书,驳回各自的再审申请。

舒学章与专利复审委员会均不服二审判决和北京市高级人民法院(2003)高行监字第 8 号驳回再审申请通知书,分别于 2004 年 6 月 1 日和 2006 年 3 月 29 日向最高院申请再审,认为二审判决认定事实和适用法律均有错误,请求撤销本案二审判决,维持一审判决和专利复审委员会第 3209 号无效宣告请求审查决定。

最高院经审理查明:原审审理查明的事实属实。另查明:本案 92106401.2 号发明专利说明书记载:本发明提供了一种高强燃烧的双层炉排反烧锅炉。目前已被广泛推广的双层炉排反烧锅炉,存在以下三个缺陷:(1)燃烧强度低,出力低,造成钢材浪费。(2)上层水管炉排通风透气性差,燃烧强度低,迫使在下层炉排上补添生煤,造成冒黑烟。(3)上层炉排水管易发生结垢、堵管、烧损事故。造成这些缺陷的主要原因,是由于上层平面水管炉排的间隙,要以不自由漏落生煤的间隙为最大间隙。这个平面极限通风间隙,使得该炉具有以上的固有缺陷。"本发明是根据堆煤力学原理,上层水管炉排设计为平面波浪型,以较大的斜面间隙代替平面间隙,使自由漏落生煤量与平面间隙相当,但却加大了通风间隙,从而提高了上层炉排反烧的燃烧强度。"说明书还结合以立式双层炉排反烧锅炉为例的附图,对于采用上层平面波浪型水管炉排结构的燃烧机理予以说明。说明书并未对下层炉排的具体结构作出任何限定或者说明,但在说明书的唯一附图中显示的双层炉排的结构是,上层为平面波浪型水管炉排,下层则为平面一字排开的炉条。

还查明:20 世纪 90 年代中期,原中国专利局的发明专利申请待审案积压严重,相当数量发明专利申请需要等待七八年甚至更长的时间才能得到授权。基于当时的申请积压状况,为鼓励和及时保护发明创造,原中国专利局于 1995 年 9 月 28 日发布了《审查指南公报》第 6 号,对 1992 年《专利法实施细则》第 12 条第 1 款的具体适用作出了规定,首次明确了对同一申请人就同样的发明创造既申请实用新型专利又申请发明专利的处理原则,即在对专利申请或者无效宣告请求的审查过程中,发现同一申请人就同样的发明创造既申请实用新型专利又申请发明专利,且两件申请均符合授予专利权的其他条件时,应通知申请人在二者之间任择其一;如果申请人书面声明放弃其在先获得的实用新型专利权的,则可以对发明专利申请予以授权或者维持该发明专利权有效。有关的基本处理原则也被 2001 年和 2006 年发布的《专利审查指南》所采纳。

最高院经审理认为,本案诉争主要涉及以下两个问题:

1. 关于涉案两个专利是否属于同样的发明创造。涉案发明专利与实用新型专利是否属于1992年《专利法实施细则》第12条第1款规定的同样的发明创造，是本案应否适用禁止重复授权原则的事实基础。

就本案而言，涉案两个专利分别只有一项权利要求。按照前述的判断方法，应当通过对这两项权利要求所确定的保护范围的比较判断这两个专利是否属于同样的发明创造。根据涉案两个专利的权利要求，结合各自的说明书及附图，可以看出，两个专利所要求保护的技术方案均涉及一种由反烧炉排（上层炉排）、正烧炉排（下层炉排）和炉体构成的双层炉排反烧锅炉，二者只是在对上下层炉排结构的限定上有所不同。发明专利要求保护的是上层炉排为平面波浪形排列的双层炉排反烧锅炉；实用新型专利要求保护的是上下层炉排均为波浪形排列的双层炉排反烧锅炉。由此可见，本案中发明专利在保护范围上不仅包含了实用新型专利，而且大于实用新型专利的保护范围。相对而言，可以将实用新型专利看做是发明专利的一种具体实施方式，实用新型专利在保护范围上完全落入了发明专利的保护范围之内，并且小于发明专利的保护范围。按照前述关于同样的发明创造的判断原则和方法，涉案两个专利的保护范围并不相同，二者不属于同样的发明创造。

本案中，济宁无压锅炉厂的无效理由是本案发明专利不符合1992年《专利法实施细则》第12条第1款的规定，但其在专利复审委员会审查程序中陈述意见时，却认为本案所涉两个专利属于相同主题的发明创造，属于概念不清。一审法院对此认为，"从独立权利要求书所载明的内容来看，第三人舒学章在后申请的发明专利的必要技术特征只涉及上层炉排的技术特征，而其在先申请并被授权的实用新型专利的必要技术特征涉及上、下两层炉排的技术特征。发明专利技术特征包含在实用新型专利技术特征中，故舒学章的发明专利与实用新型专利属于相同的发明主题，是同样的发明创造"。一审法院关于"发明专利技术特征包含在实用新型专利技术特征中"的表述，本身语义不清，甚至错误，不能因为有共同的技术特征就认定技术特征之间有包含关系，而应当是对要求保护的技术方案之间有无包含关系作出认定。同时，以两个专利属于相同的发明主题进而认定二者属于同样的发明创造，属于概念混淆。而且，"相同的发明主题"本身不是一个规范用语，应当是指"相同主题"的发明创造。二审法院对此认为："同样的发明创造是指技术领域、所要解决的技术问题和技术方案实质上相同的发明创造……"同时又认为："舒学章在先申请并被授权的实用新型专利与其在后申请的发明专利符合上述相同主题的发明或者实用新型的定义，故原审判决认定舒学章的发明专利与实用新型专利属于相同主题的发明创造是正确的"；"舒学章在后申请的92106401.2号发明专利因与91211222.0号实用新型专利系相同主题的发明创造……"该院复查驳回再审申请的有关理由与一审法院相同。可见，二审法院也未对同样的发明创造与相同主题的发明创造的概念作出严格区分，亦属概念混淆。

根据以上分析，通过对涉案两个专利的权利要求的比对，涉案两个专利并不属于同样的发明创造，无效请求人济宁无压锅炉厂的有关主张不能成立，一、二审法院的有关认定有误；专利复审委员会和舒学章在本案再审中提出的涉案两个专利不属于同样的发明创造的意见应予支持，有关申请再审理由基本成立。

2. 关于对禁止重复授权原则的理解。本案涉案两个专利本不属于同样的发明创造，即不存在适用禁止重复授权原则的前提事实。但同一申请人就同样的发明创造既申请实用新型专利又申请发明专利的做法是否符合专利法上的禁止重复授权原则，始终是本案当事人争议的焦点之一。

本案一审判决认为，禁止重复授权应理解为："同样的发明创造不能同时有两项或两项以上处于有效状态的授权专利存在。"二审判决认为："重复授权是指同样的发明创造被授予两次专利权，基于同样的发明创造的两项专利权同时存在并不是构成重复授权的必要条件。"二审判决实际上是认为同样的发明创造只能被授予一次专利权。

1992年《专利法实施细则》第12条第1款和现行2001年《专利法实施细则》第13条第1款规定的"同样的发明创造只能被授予一项专利"，可以理解为是指同样的发明创造不能有两项或者两项以上的处于有效状态的专利权同时存在;在现行的制度安排下,同一申请人就同样的发明创造既申请实用新型专利又申请发明专利的,只要两项专利权不同时存在,就不违反禁止重复授权原则。

综上所述,本案92106401.2号发明专利与作为对比文件的91211222.0号实用新型专利并不属于同样的发明创造;专利法上的禁止重复授权,是指同样的发明创造不能有两项或者两项以上的处于有效状态的专利权同时存在,而不是指同样的发明创造只能被授予一次专利权。本案原审认定事实和适用法律均有错误,原判依法应予撤销。

二、裁判要旨

No.3-1-9-1　同一申请人同日对同样的发明创造既申请实用新型专利又申请发明专利,先获得的实用新型专利权尚未终止,申请人声明放弃该实用新型专利权的,可以授予发明专利权。

该规则指同样的发明创造不能有两项或者两项以上的处于有效状态的专利权同时存在;同一申请人就同样的发明创造既申请实用新型专利又申请发明专利的,只要两项专利权不同时存在,就不违反禁止重复授权原则。在《专利法》第三次修正生效之后,同一申请人只有在同日就同样的发明创造既申请实用新型专利又申请发明专利的,才不被认定为违反禁止重复授权原则。

在本案发明专利授权时,实用新型专利已经过期,其主要原因在于对专利申请的审查周期过长。按照当时的《审查指南公报》第6号的操作规定,不存在由申请人选择放弃实用新型专利的可能和必要,但该发明专利申请在实用新型专利过期前已经处于临时保护期,不能认为有关技术已经进入公有领域。

No.3-3-31-1　同样的发明创造,应当是指保护范围相同的专利申请或者专利。

1992年《专利法实施细则》第12条第1款和2001年《专利法实施细则》第13条第1款均规定了禁止重复授权原则,即"同样的发明创造只能被授予一项专利"。禁止重复授权的目的在于防止对于同样的发明创造有两项或者两项以上的专利权同时存在而导致专利权之间的冲突或者不必要的重叠,只要两项专利申请或者专利要求保护的内容不同,即可以达到防止重复授权的目的。对于发明和实用新型而言,应当将两件发明或者实用新型专利申请或专利的权利要求书的内容进行比较,而不是将权利要求书与专利申请或专利文件的全部内容进行比较;被比对的两项权利要求所要求保护的范围相同的,应当认为是同样的发明创造;要求保护的范围不同的,不论二者的说明书内容是否相同,均不属于同样的发明创造。对于一项专利申请或者专利要求保护的范围完全落入小于另一专利申请要求保护的范围的情形,不能认为是属于同样的发明创造,而是应当根据对新颖性、创造性等其他专利授权条件的审查来决定是否授予专利权。

本案中,发明专利在保护范围上不仅包含实用新型专利,而且大于实用新型专利的保护范围。相对而言,可以将实用新型专利看做是发明专利的一种具体实施方式,实用新型专利在保护范围上完全落入了发明专利的保护范围之内,并且小于发明专利的保护范围。按照前述关于同样的发明创造的判断原则和方法,涉案两个专利的保护范围并不相同,二者不属于同样的发明创造。

**7 相同或类似外观设计的禁止重复授权(《专利法》第9条)**

**案例:国家知识产权局专利复审委员会与科万商标投资有限公司、佛山市顺德区信达染整机械有限公司外观设计专利无效纠纷申请再审案**
案例来源:《最高人民法院知识产权审判案例指导》(第一辑)[(2008)行提字第4号]
主题词:相同或类似的设计　重复授权

一、基本案情

再审申请人(一审被告、二审被上诉人):中华人民共和国国家知识产权局专利复审委员会

(以下简称专利复审委)。

再审被申请人(一审原告、二审上诉人):科万商标投资有限公司(FALMER INVESTMENTS LTD.,以下简称科万公司)。

原审第三人:佛山市顺德区信达染整机械有限公司(以下简称信达公司)。

再审申请人专利复审委因与再审被申请人科万公司、原审第三人信达公司专利无效行政纠纷一案,向最高人民法院(以下简称最高院)申请再审。

原审法院查明:名称为"染色机(J)""染色机(K)""染色机(L)""染色机(M)""染色机(N)"外观设计专利,由科万公司于2002年8月6日向中华人民共和国国家知识产权局提出申请,专利号分别为02333397.9、02333398.7、02333399.5、02333400.2、02333501.7。其中,"染色机(M)"于2003年2月5日被授权公告,"染色机(J)""染色机(K)""染色机(L)""染色机(N)"于2003年3月26日被授权公告。2005年2月18日,信达公司以上述五项外观设计专利不符合《专利法》第23条和《专利法实施细则》第13条第1款(2001年,下同)的规定为由,向专利复审委提出无效宣告请求。

2005年11月16日,专利复审委进行了口头审理。在审理过程中,专利复审委询问科万公司:鉴于涉案五项专利均处于无效程序,在本专利与其他四项外观设计专利被认定为相同或相近似导致重复授权有可能被宣告无效的情况下,是否选择放弃其中一项或多项专利权。科万公司声明不放弃任何一项专利权。同年11月23日,科万公司向专利复审委提交书面声明,表示对上述五项专利均不放弃。

2005年12月12日,专利复审委作出第7860号无效宣告请求审查决定(以下简称7860号决定),认定:信达公司提供的专利权人为科万公司的第02333398.7号"染色机(K)"外观设计专利,是与本专利相同专利权人于同日申请的中国外观设计专利,而且该专利与本专利属于同样的外观设计,则本专利的授权不符合《专利法实施细则》第13条第1款的规定。据此,专利复审委宣告本专利无效。同日,专利复审委还分别作出第7858、7859、7861、7862号无效宣告请求审查决定,分别宣告专利权人同为科万公司的第02333397.9号"染色机(J)"、第02333398.7号"染色机(K)"、02333400.2号"染色机(M)"、第02333501.7号"染色机(N)"外观设计专利无效。上述决定宣告涉案外观设计专利无效的理由,均为授权不符合《专利法实施细则》第13条第1款的规定。

科万公司不服专利复审委第7860号决定,于2006年4月11日向北京市第一中级人民法院(以下简称北京一中院)提起诉讼,认为专利复审委没有告知其本专利与哪一件外观设计构成重复授权、本专利与对比的外观设计不相似、同样的外观设计仅指相同的外观设计,请求法院撤销第7860号决定,维持本专利有效。

北京市第一中级人民法院一审认为:《专利法实施细则》第13条第1款规定,同样的发明创造只能被授予一项专利。《审查指南》第一部分第三章第4.5.1节规定,同样的外观设计是指两项外观设计相同或者相近似。这一规定是完全符合《专利法实施细则》第13条第1款的立法目的的。科万公司关于同样的外观设计只是指相同的外观设计的主张,是对专利法的曲解,不符合上述立法宗旨。根据染色机类产品的使用情况,对这类产品外观的相同、相近似判断,应采取整体观察对比的方法。本专利与对比的外观设计属于相近似的外观设计。根据口头审理的记录,专利复审委已经告知科万公司可能存在重复授权的有关专利的范围,即科万公司处于无效程序中的五项专利,并允许科万公司进行选择,其告知是清楚、适当的,符合《专利法实施细则》关于同样的发明创造只能被授予一项专利的立法宗旨和目的。同时,专利复审委还给予科万公司充分的时间进行选择。在此情况下,科万公司对其拥有的五项外观设计专利权所面临的被宣告无效的风险是清楚的,完全可以根据需要进行选择。但是,科万公司在合理的时间内仍然坚持不放弃其中任何一项权利,在此情况下,专利复审委既没有权利也不能为其进行选择,故由此导致的法律后果,只能由科万公司自行承担。科万公司认为,专利复审委没有告知其本专利与哪一件外观设计构成重复授权,其对专利复审委的要求过于苛刻,本院对其主张不予支持。此外,专利复审委以涉案专利不符合《专利法实施细则》第13条第1款的规定作出的无效决定均是在2005年12月12日作出的,即同时宣告了科万公司的多项专利权无效,所以不存在其利用被宣告无效的专利来宣告本专利无效的情形。判决维持专利复审委第7860号决定。

科万公司不服该一审判决,向北京市高级人民法院(以下简称北京高院)提起上诉。

北京市高级人民法院二审认为,《专利法》第9条第2款规定:"两个以上的申请人分别就同样的发明创造申请专利的,专利权授予最先申请的人。"该条规定了先申请原则,即不同主体先后申请同样的发明创造,只能授予在先申请的人。《专利法实施细则》第13条第1款规定:"同样的发明创造只能被授予一项专利。"该款规定了禁止重复授权的原则,即不仅不同主体不得重复授权,而且同一主体也不能重复授权。《审查指南》第一部分第三章第4.5.1节规定:"同样的外观设计是指两项外观设计相同或者相近似"。根据《审查指南》的上述规定,无论是不同主体还是同一主体,先后或同日就相同产品申请两件以上相同或者相近似的外观设计的均属于重复授权。

本案中,科万公司于同日就相同产品申请了五项相近似的外观设计。依据《专利法》第31条第2款关于单一性的规定,科万公司的五项外观设计申请因不符合单一性的规定,不能作为一项专利申请,只能作为五项不同的外观设计申请。但是,专利复审委和一审法院又依据《专利法实施细则》第13条第1款和《审查指南》的规定,认为科万公司的五项相近似的外观设计专利构成重复授权,并宣告全部五项专利无效。这一做法显失公平。对申请人作出的发明创造,只要符合相关法律规定,且没有侵犯国家利益、社会公共利益及他人的合法权益,应当予以保护。实践中,申请人一方面为了扩大其外观设计专利的保护范围,防止他人仿冒其外观设计,另一方面为适应不同消费者的需求,提高其竞争优势,往往在同日就相同产品申请两个或两个以上相近似的外观设计。这种做法不为法律所禁止,也未侵犯国家利益、社会公共利益及他人的合法权益,符合《专利法》及其《专利法实施细则》关于鼓励发明创造、促进科技创新和进步的立法本意,应当予以认可。

对于外观设计而言,《审查指南》规定:"同样的外观设计是指两项外观设计相同或者相近似"。当不同主体就同一产品申请两项以上相近似的外观设计,以及同一主体先后就同一产品申请两项以上相近似的外观设计时,《审查指南》的上述规定并无不妥。但是同一主体就相同产品同日申请了两项以上相近似的外观设计时,则《审查指南》的上述规定明显与《专利法》及其《专利法实施细则》的立法本意不符。在这种情况下,"同样的外观设计"仅应解释为外观设计相同,而不应包括相近似的情况。专利复审委依据《专利法实施细则》第13条关于重复授权的规定宣告本专利无效,属于理解和适用法律错误,一审判决维持无效决定,亦属不当。科万公司关于本专利与其他四项相近似的外观设计不属于重复授权的上诉主张,于法有据。因此,二审法院认为科万公司的上诉理由成立,专利复审委第7860号决定适用法律错误,应予撤销。一审判决适用法律错误,应予改判。据此,二审法院判决:

一、撤销一审判决;

二、撤销专利复审委第7860号决定;

三、维持名为"染色机(L)"、专利号为02333399.5的外观设计专利权有效。

专利复审委不服该二审判决,向本院申请再审。

最高院经审理查明,原审判决认定的事实属实。

最高院另查明:科万公司于2002年7月19日申请了名称为"染色机(A)"的外观设计专利,并被授予专利权。该专利与科万公司2002年8月6日申请的"染色机(J)""染色机(K)""染色机(L)""染色机(M)""染色机(N)"等五项外观设计专利相比,整体区别仅在于染色机前表面由方窗和圆窗组成的单元数量不同,其余外观基本相同。

2005年2月18日,信达公司针对上述六项专利,分别向专利复审委提出无效宣告请求。专利复审委针对上述六件无效宣告请求进行了合案审理。在口头审理中,合议组询问专利权人,由于上述专利均处于无效宣告程序,在争议专利之外观设计被认定相同或相近似导致重复授权有可能被宣告无效的情况下，是否选择放弃其中一项或多项，专利权人明确声明不放弃任何一项专利权。同年 11 月 23 日，科万公司向专利复审委员会提交书面声明，表示对上述六项专利权均不放弃。2005 年 12 月 12 日，专利复审委针对上述六件无效宣告请求作出了第 7857、7858、7859、7860、7861、7862 号决定，其中第 7857 号决定维持了"染色机(A)"。

最高院认为，本案争议的主要焦点问题为，对同一申请人于同一日申请的两项以上的相近似的外观设计授予专利权，是否违反《专利法实施细则》第 13 条第 1 款关于禁止重复授权的规定。

《专利法实施细则》第 13 条第 1 款系关于禁止重复授权的规定，即："同样的发明创造只能被授予一项专利。"就外观设计而言，为防止外观设计专利权之间的相互冲突，无论是相同的外观设计，还是相近似的外观设计，也不论是否为同一申请人，均应按照上述行政法规的规定授予一项专利权。在本案中，二审判决关于同一主体同日就相同产品申请两项以上近似的外观设计，不适用《专利法实施细则》第 13 条的认定，没有现行法律的依据。专利复审委第 7860 号决定依据《专利法实施细则》及审查指南的相关规定，将同样的外观设计解释为两项外观设计相同或者相近似，并无不当。

根据《审查指南》的相关规定，任何人认为属于同一专利权人的具有相同申请日的两项专利权不符合《专利法实施细则》第 13 条第 1 款规定的，可以请求专利复审委员会宣告其中一项专利权无效。专利权人可以通过选择放弃另一项专利权来维持被请求宣告无效的专利权有效。因此，若本案外观设计专利与科万公司拥有的其他四项外观设计专利均为相近似的外观设计，应当至少维持一项外观设计专利有效，而非将该五项外观设计专利全部宣告无效。而且，被宣告无效的专利自始即不存在，不应当再将其作为判断是否重复授权的对比文件。专利复审委将已经因重复授权被宣告无效的外观设计专利又作为宣告另一项外观设计专利无效的对比文件，于法不合。因此，专利复审委宣告本案专利以及其他四项外观设计专利无效的决定，均违反了《专利法》第 47 条第 1 款以及《专利法实施细则》第 13 条第 1 款的规定。但是，被专利复审委第 7857 号决定维持有效的"染色机(A)"外观设计专利与本案专利以及其他四项外观设计专利相比较，每个单元的外观设计均相同，所不同的只是单元数量的简单增加或者减少，并且为惯常的排列顺序，故上述外观设计应属于相近似的外观设计。亦即，就染色机(A)外观设计专利而言，本案专利以及其他四项外观设计专利均构成重复授权，故专利复审委决定宣告本案专利以及其他四项外观设计专利无效，在实体处理上并无不当。鉴于此，最高院不再撤销专利复审委第 7860 号决定，亦不再判令专利复审委重新作出决定。

二、裁判要旨

No.3-1-9-2　相同或者实质相同的设计仅能被授予一项外观设计权。

现行《专利法》第 9 条第 1 款明确规定："同样的发明创造只能被授予一项专利。"就外观设计而言，由于外观设计专利的申请文件和专利文件没有权利要求书，仅能从图片或者照片进行判断，多个外观设计就可能存在相同或者近似的情况。为防止这一情况的发生，《专利审查指南 2010》将同样的外观设计定义为相同或者实质相同的设计。因此，无论是相同的外观设计，还是相近似的外观设计，也不论是否为同一申请人，均应按照《专利法实施细则》第 13 条的规定授予一项专利权；被宣告无效的专利自始即不存在，不应当再将其作为判断是否重复授权的对比文件；每个单元的外观设计均相同，所不同的只是单元数量的简单增加或者减少，属于相近似的外观设计。本案中，被专利复审委第 7857 号决定维持有效的"染色机(A)"外观设计专利与本案专利以及其他四项外观设计专利相比较，每个单元的外观设计均相同，所不同的只是单元数量的简单增加或者减少，并且为惯常的排列顺序，故上述外观设计应属于相近似的外观设计。亦即，就染色机(A)外观设计专利而言，本案专利以及其他四项外观设计专利均构成重复授权。

## 8 专利权转让的登记(《专利法》第10条)

案例:王广均、王广利与刘宝芝、山东省巨野县恒洁环保设备制造有限公司专利技术买卖合同纠纷案

案例来源:《知识产权审判指导》2008年第2辑第192页

主题词:专利权转让　登记　公告

### 一、基本案情

再审申请人(一审原告、二审上诉人、原再审被申请人):王广均。

再审申请人(一审原告、二审上诉人、原再审被申请人):王广利。

再审被申请人(一审被告、二审被上诉人、原再审申请人):刘宝芝。

原二审被上诉人(一审被告):山东省巨野县恒洁环保设备制造有限公司(以下简称恒洁公司)。

再审申请人王广均、王广利因与再审被申请人刘宝芝、原二审被上诉人恒洁公司专利技术买卖合同纠纷一案,不服山东省高级人民法院2007年12月12日作出的(2006)鲁民监字第508号民事判决,向最高人民法院(以下简称最高院)申请再审。最高院依法组成合议庭对本案进行了审查,现已审查完毕。

再审申请人申请再审称:(1)再审申请人与再审被申请人之间签订的《专利技术买卖协议》,虽然名为专利技术买卖,但该协议的内容约定了实施专利的地域范围,不符合专利权转让合同的实质要件,故该协议的性质是专利实施许可合同,而非专利权转让合同。一审判决认定为专利权转让合同,属于适用法律错误。(2)再审申请人没有提出解除合同的诉讼请求,再审被申请人也没有提出解除合同的反诉请求,而一审判决和原审判决却判令解除本案合同关系,超出了再审申请人的诉讼请求范围。请求最高院依法撤销原审判决,维持原审法院的二审判决。

再审被申请人辩称:(1)涉案合同没有约定支付"使用费",也没有向国务院专利行政部门备案,被答辩人也没有交付实施专利有关的技术资料,因此,涉案合同不符合专利实施许可合同的实质要件和特征,应为专利权转让合同。(2)答辩人在一、二审答辩状和再审申请书中多次请求解除涉案合同,一再阐述涉案合同已无法继续履行,一审判决和原审判决判令解除合同并没有超出当事人的请求范围。(3)被答辩人没有按照合同约定向答辩人交付专利证书、技术资料和图纸,并违反合同约定在网站上发布转让涉案专利技术的信息,构成违约。原审判决认定事实清楚,适用法律正确,并无不当,应依法予以维持。

经审查查明:2002年9月3日,王广均、王广利(甲方)与刘宝芝(乙方)签订《专利技术买卖协议》一份,约定:(1)甲方同意将环保垃圾箱两项专利技术转让给乙方,甲方不得再将技术转让或销售给第二家;(2)两项专利的专利号为02213722X、02268364X;(3)甲方两项专利技术一次性卖断费为280万元;(4)乙方买断专利后,专利权和生产只限于巨野;(5)甲方取得第一项专利证书后,应立即将证书及相关技术资料和图纸等给乙方,乙方一次性付清专利技术买断费280万元;(6)甲、乙双方签约后,由乙方投资进行正式生产,不论经营如何,专利款按规定由乙方全部付给甲方;(7)任何一方未能完全履行本协议规定的条款,另一方有权解除本协议,所造成的全部损失由违约方承担。合同订立当日,刘宝芝交付王广均、王广利定金10万元。

合同签订后,刘宝芝即将受让的专利技术交由恒洁公司生产,并由二再审申请人的父亲王宝献进行技术指导,共生产30台环保垃圾装置,其中售出4台。2003年3月7日,巨野县人民政府办公室下发文件,号召在巨野县城区推广使用小型环保垃圾中转站。

2003年5月21日,协议中的其中一项专利申请获得国家知识产权局授权,二再审申请人取得专利证书。二再审申请人据此要求刘宝芝支付全部专利技术卖断费,刘宝芝未能支付。2003年5月27日,二再审申请人(甲方)与刘宝芝(乙方)又订立《补充协议》一份,约定:甲方专利已于2003年5月21日下达,一切按原合同执行;乙方交款日期定为4天,自2003年5月28日至2003年5月31日,如乙方未能按合同执行,甲方有权终止合同,乙方也不得以任何理由生产

或干预甲方,并且乙方应承担给甲方造成的一切损失。协议到期后,刘宝芝一直没有支付专利转让费。二再审申请人除了派其父亲王宝献到刘宝芝指定的恒洁公司进行技术指导外,也没有交付专利证书及相关的技术资料和图纸。2004年年底,二再审申请人在中国经都专利推广网站发布商业广告,对涉案专利进行转让、许可使用等宣传。

2005年4月13日,二再审申请人向一审法院起诉,请求判令刘宝芝继续履行合同,支付280万元专利转让费,并承担全部诉讼费用。一审法院认定双方签订的合同为专利权转让合同,因没有依照专利法规定办理登记手续,不发生转让效力;刘宝芝与二再审申请人均存在违约行为,判决:解除当事人之间签订的合同,驳回二再审申请人的诉讼请求。二再审申请人不服一审判决,向原审法院提起上诉,原审法院二审判决认为,双方签订的合同为专利实施许可合同;二再审申请人虽然未交付技术资料和图纸,但涉案合同目的已经实现;二再审申请人未要求解除合同,一审判决解除合同系超出诉讼请求范围。判决:撤销一审判决;刘宝芝支付二再审申请人270万元专利转让费,二再审申请人同时向刘宝芝交付有关专利证书。刘宝芝不服二审判决,向原审法院申请再审。原审法院再审认为,二再审申请人违反了《专利技术买卖协议》第1条和第2条约定,并根据该协议第7条的规定,判决:撤销二审判决,维持一审判决。

最高院经审查认为,再审申请人的申请符合《中华人民共和国民事诉讼法》第179条第2、6项规定的情形。依照《中华人民共和国民事诉讼法》第177条第2款、第140条第1款第8项的规定,裁定本案由最高院提审。

二、裁判要旨

No.3-1-10 **转让专利申请权或者专利权的,当事人应当订立书面合同,并向国务院专利行政部门登记,由国务院专利行政部门予以公告。专利申请权或者专利权的转让自登记之日起生效。**

专利申请权和专利权作为民事权利,应当依据当事人意思自治的原则,其转让原则上不受限制。不过专利申请权和专利权的客体发明专利是无形的,其归属应当以国家知识产权局的登记簿为准,故为了保护交易的安全和当事人的利益,《专利法》规定,专利申请权或者专利权的转让合同必须以书面形式订立,并且进行登记,这样就使得书面形式和登记成为转让合同的成立要件和权属变更的生效要件。因此,转让合同不以书面形式订立的,一般视为不成立。转让没有登记的,专利权属不发生变更。本案中,再审申请人与再审被申请人之间签订的《专利技术买卖协议》虽然名为专利技术买卖,但该协议的内容约定了实施专利的地域范围,并且没有向国务院专利行政部门登记并公告,不符合专利权转让合同的生效要件,故该协议的性质是专利实施许可合同,而非专利权转让合同。

⑨ **方法专利的保护范围以及举证责任(《专利法》第11条、第26条、第61条)**

**案例:申请再审人石家庄制药集团欧意药业有限公司与被申请人张喜田、二审上诉人石家庄制药集团华盛制药有限公司、石药集团中奇制药技术(石家庄)有限公司,一审被告吉林省玉顺堂药业有限公司侵犯发明专利权纠纷案**
案例来源:《最高人民法院知识产权审判案例指导》(第三辑)[(2009)民提字第84号]
主题词:方法专利　直接获得的产品　举证责任倒置

一、基本案情

申请再审人(一审被告、二审上诉人):石家庄制药集团欧意药业有限公司(以下简称欧意公司)。

被申请人(一审原告、二审被上诉人):张喜田。

二审上诉人(一审被告):石家庄制药集团华盛制药有限公司(以下简称华盛公司)。

二审上诉人(一审被告):石药集团中奇制药技术(石家庄)有限公司(以下简称中奇公司)。

一审被告:吉林省玉顺堂药业有限公司(以下简称玉顺堂公司)。

申请再审人欧意公司因与被申请人张喜田、二审上诉人华盛公司、中奇公司、一审被告玉顺堂公司侵犯发明专利权纠纷一案,不服吉林省高级人民法院2006年11月21日作出的(2006)吉民三终字第146号民事判决,向最高人民法院(以下简称最高院)申请再审。

一审法院审理查明:2000年2月21日,张喜田申请了专利号为00102701.8、名称为"氨氯地平对映体的拆分"发明专利(以下简称涉案专利),2003年1月29日被授予专利权。涉案专利公开了制造左旋氨氯地平的方法,由左旋氨氯地平可进一步制得马来酸左旋氨氯地平、苯磺酸左旋氨氯地平等下游产品。2001年6月,案外人辉瑞研究与发展公司(以下简称辉瑞公司)被授予专利号为95192238.6、名称为"由阿罗地平的非对映体的酒石酸分离其对映体"发明专利权(以下简称238专利)。上述两项专利均为制造左旋氨氯地平的方法专利,在此之前,我国国内没有制造左旋氨氯地平的工业技术。

中奇公司、华盛公司、欧意公司向一审法院提交了公开号为CN1609102A、名称为"一种光学活性氨氯地平的拆分方法"发明专利申请公开说明书,用以证明其制造被诉侵权产品的方法与涉案专利方法不同。张喜田向一审法院提出鉴定申请,请求对该说明书中记载的氨氯地平拆分方法进行试验检验。一审法院委托法源司法科学证据鉴定中心(以下简称法源中心)进行鉴定,法源中心出具检验报告称:"在相同试验条件下,采用发明专利CN1609102A说明书中公开最充分、且对映体过量最高的实施例1中描述的氨氯地平药物生成方法进行试验,试验结果与说明中的表述在对映体过量方面存在重大差异,使用发明专利CN1609102A提供的化学方法,本试验不能达到拆分氨氯地平的目的。"

一审法院认为:(1)《中华人民共和国专利法》(2000)第57条第2款规定:"专利侵权纠纷涉及新产品制造方法的发明专利的,制造同样产品的单位或者个人应当提供其产品制造方法不同于专利方法的证明。"该规定中所称的"新产品",是指在专利产品之前,国内市场上没有上市的产品。目前国内市场上只有原告生产的苯磺酸左旋氨氯地平及其片剂,以及欧意公司生产的马来酸左旋氨氯地平及其片剂,而原告产品的上市时间早于欧意公司产品,虽然辉瑞公司已在中国被授予238专利,但其产品尚未在中国上市。另外,原告的左旋氨氯地平产品于2001年5月被原国家经济贸易委员会认定为2001年度国家重点新产品,2001年6月,被原国家经济贸易委员会评为"九五"国家技术创新优秀项目奖。被告虽然认为原告的产品不是新产品,但是未提供充分的证据反驳。因此,涉案专利应为新产品的制造方法专利。(2)左旋氨氯地平作为一种化合物,并不能直接供消费者消费,必须与马来酸、苯磺酸等经成盐工艺制成马来酸左旋氨氯地平、苯磺酸左旋氨氯地平后,才真正成为产品。因此,涉案专利能够延及至被告生产的马来酸左旋氨氯地平及其片剂。(3)根据《中华人民共和国专利法》第57条第2款的规定,中奇公司、华盛公司、欧意公司应当提供证据证明其制造马来酸左旋氨氯地平及其片剂的方法,不同于涉案专利方法。经法源中心鉴定,中奇公司、华盛公司、欧意公司提供的专利方法,不能实现拆分氨氯地平的目的;中奇公司、华盛公司、欧意公司未能证明其产品制造方法不同于涉案专利方法,应依法承担相应的侵权责任。(4)张喜田未能提供充分的证据证明玉顺堂公司的侵权事实存在。

中奇公司、华盛公司、欧意公司不服该一审判决,向吉林省高级人民法院(以下简称二审法院)提起上诉。

二审法院审理查明,一审法院认定的事实属实。

二审法院认为,本案的争议焦点有:(1)涉案专利是否是新产品制造方法发明专利;(2)涉案专利权的保护范围是否延及中奇公司、华盛公司、欧意公司开发和生产的马来酸左旋氨氯地平及其片剂;(3)中奇公司、华盛公司、欧意公司开发和生产被诉侵权产品所使用的方法是否与涉案专利方法相同或等同;(4)一审法院委托鉴定的程序是否合法,鉴定结论是否正确?能否证明中奇公司、华盛公司、欧意公司侵权?

关于第一个焦点问题。根据国家食品药品监督管理局及其药品审评中心网页公布的有关"左旋氨氯地平"专利及法律状态的检索结果,目前国内市场上只有涉案专利实施企业吉林省天风制药有限责任公司(以下简称大风公司)生产的苯磺酸左旋氨氯地平及其片剂,以及欧意公司生产的马来酸左旋氨氯地平及其片剂,除此之外没有其他的左旋氨氯地平药品,辉瑞公司的左旋氨氯地平产品也未在中国上市。中奇公司、华盛公司、欧意公司没有提供证据证明在利用涉案专利方法生产左旋氨氯地平之前,国内市场上已有其他企业生产和销售同类药品,因此,中奇公司、华盛公司、欧意公司关于涉案专利不属于新产品制造方法专利的主张缺乏事实和法律根据,不予支持。

关于第二个焦点问题。左旋氨氯地平作为一种化合物,本身并不能成为直接供消费者消费的产品。涉案专利为左旋氨氯地平的拆分方法,依照该方法,不能直接得到产品,而左旋氨氯地平化合物与马来酸、苯磺酸等经过成盐工艺制成马来酸左旋氨氯地平、苯磺酸左旋氨氯地平后,才真正成为产品,所以上述产品应为依照左旋氨氯地平的拆分方法直接获得的产品。涉案专利能够延及中奇公司、华盛公司、欧意公司生产的马来酸左旋氨氯地平及其片剂。

关于第三、四个焦点问题。二审法院在二审中,组织各方当事人以及鉴定人员到庭对鉴定结论进行了质询。除程序问题外,中奇公司、华盛公司、欧意公司还认为鉴定结论不科学,仅依照专利文件分离不出左旋氨氯地平是正常的,除专利文献外,还有许多技术诀窍和控制方法是专利文献中没有记载的。法源中心的答复意见是:(1)法源中心具备药物方面的鉴定资质,中奇公司、华盛公司、欧意公司在一审时曾请求北京市司法局撤销鉴定结论,北京市司法局已书面答复异议不成立。(2)鉴定人员具备相应的资格和专业能力,鉴定程序合法,送检材料已经过鉴定部门检验,并且用辉瑞公司的专利方法已成功拆分出左旋氨氯地平,说明设备状态稳定,人员操作正确。(3)关于中奇公司、华盛公司、欧意公司提出的鉴定过程中仅使用40 ml 2-丁酮的问题。法源中心解释为笔误,并出示了原始试验记录,证明当时加入的是60 ml 2-丁酮。

二审法院认为:(1)法源中心是司法部和最高人民法院认可并公布的具有法医、药理、药物学等鉴定资质的鉴定机构,具有对药物、药理进行鉴定的资格,相关鉴定人员均为药物学、药理学的专家,具备鉴定资格。(2)鉴定程序虽存在一些瑕疵,但为了减少当事人的诉累,在不影响案件实体审理结果的前提下,可以在二审中采取措施对鉴定程序存在的问题进行补正,如果经过补正可以认定鉴定结论的合法性,则无须重新组织鉴定或发回重审,为此,二审法院组织各方当事人进行了调查和质疑:① 关于一审法院委托鉴定时未通知中奇公司、华盛公司、欧意公司到庭。根据一审卷宗记载,中奇公司、华盛公司、欧意公司在第一次选择鉴定机构未果后,已给一审法院发函,明确表示不同意鉴定,并不是一审法院不通知其到庭。② 关于送检材料。送检材料是张喜田购买的氨氯地平原料,由于该材料不是证据,不存在质证问题。送检材料虽未经双方确认,但鉴定部门为确保试验的公正性和科学性,已对送检材料进行了鉴定和确认,并且依照辉瑞公司的专利方法,成功制得左旋氨氯地平。③ 关于申请回避问题。二审法院询问中奇公司、华盛公司、欧意公司是否申请鉴定人员回避,但中奇公司、华盛公司、欧意公司未提出具体的回避意见,仅认为属于程序瑕疵。(3)关于鉴定结论。中奇公司、华盛公司、欧意公司认为不同的试验、不同的人以及对搅拌速度、温度的控制等,都可能对试验结果产生影响,但未说明究竟是什么原因导致不能实现氨氯地平的拆分,如何才能实现氨氯地平的拆分。鉴定人员都是本领域的专家,显然具备相应的专业知识和操作技能,其按中奇公司、华盛公司、欧意公司提供的专利方法,不能实现拆分出左旋氨氯地平的目的,中奇公司、华盛公司、欧意公司未能提供充分的证据证明其产品制造方法不同于涉案专利方法,应承担举证不能的责任。

最后,二审法院依照《中华人民共和国民事诉讼法》第153条第1款第(1)项之规定,判决驳回上诉,维持原判。

最高院审理查明,一、二审法院认定的事实基本属实。最高院另查明以下事实:

1. 涉案专利的事实。涉案专利授权公告的权利要求1为:"一种从混合物中分离出氨氯地平的(R)—(+)—和(S)—(—)—异构体的方法。其特征在于:包含下述反应,即在手性助剂六氘代二甲基亚砜(DMSO-d6)或含 DMSO-d6 的有机溶剂中,异构体的混合物同拆分手性试剂 D—或 L—酒石酸反应,结合一个 DMSO-d6 的(S)—(—)—氨氯地平的 D—酒石酸盐,或结合一个DMSO-d6的(R)—(+)—氨氯地平的L—酒石酸盐而分别沉淀,其中氨氯地平与酒石酸的摩尔比约等于0.25。"涉案专利的说明书记载:"拆分氨氯地平的过程是,在手性助剂六氘代二甲基亚砜(DMSO-d6)或含DMSO-d6的有机溶剂中分别溶解氨氯地平和酒石酸,然后搅拌混合,氨氯地平同D—或L—酒石酸反应,结合一个DMSO-d6的(S)—(—)—氨氯地平的D—酒石酸盐,或结合一个DMSO-d6的(R)—(+)—氨氯地平的L—酒石酸盐而分别沉淀,用于沉淀物的分离方法有过滤、离心分离或移注。沉淀物的进一步处理可以得到(R)—(+)—氨氯地平或(S)—(—)—氨氯地平。除去沉淀物后的母液,可以用0.25当量相反极性的酒石酸(如首先用的是L—酒石酸,现在则用D—酒石酸)处理,相反,极性的氨氯地平及其酒石酸和DMSO-d6配合物可生成沉淀。……用于酒石酸盐重结晶的溶剂是醇类,例如:甲醇。"涉案专利的说明书实施例5中还记载了由(S)—(—)—氨氯地平制造苯磺酸(S)—(—)—氨氯地平的方法。涉案专利中所称的"(S)—(—)—氨氯地平"即为左旋氨氯地平,"(R)—(+)—氨氯地平"即为右旋氨氯地平。

2. 辉瑞公司238专利的事实。辉瑞公司于1995年3月6日申请238专利,2001年6月13日被授予专利权,授权公告号为CN1067055C。其说明书记载:"本发明提供了由其混合物中分离阿罗地平的(R)—(+)—及(S)—(—)—异构体的方法,其中包括将混合物与L—或D—酒石酸在含有足够量二甲基亚砜的有机溶剂中反应,分别将(R)—(+)—阿罗地平的L—酒石酸盐的DMSO溶剂化物或(S)—(—)—阿罗地平的D—酒石酸盐的DMSO溶剂化物沉淀。""沉淀的DMSO溶剂化物可用几种方法进一步处理。由有机溶剂中重结晶可得到不含DMSO的阿罗地平酒石酸盐。可用碱进一步处理得到游离的对映体纯的阿罗地平异构体。"238专利中所称的阿罗地平,即为氨氯地平。

3. 欧意公司申请专利的事实。2003年12月5日,欧意公司申请了专利号为200310119335.7,名称为"一种光学活性氨氯地平的拆分方法"发明专利(简称335专利),该专利申请于2005年4月27日公开,公开号为CN1069102A,2005年12月14日被授予专利权、335专利授权公告的权利要求1为:"一种(S)—(—)—氨氯地平的制造方法,其特征是将消旋氨氯地平和L—(+)—酒石酸溶解于含有2—丁酮的有机溶剂中,反应产生(S)—(—)—氨氯地平和L—(+)酒石酸盐的沉淀,经过过滤或离心后,再采用乙醇、甲醇或异丙醇溶剂进行重结晶,得到上述固体,然后加入二氯甲烷,用氢氧化钠溶液中和,得到(S)—(—)—氨氯地平。"335专利的说明书中泛载:"氨氯地平是钙离子拮抗剂,临床用于治疗高血压和稳定型心绞痛。目前临床上应用的氨氯地平主要为消旋体,……其药理活性主要成分是(S)—(—)—氨氯地平。""另一对映体(R)—(+)—氨氯地平具有治疗动脉粥样硬化的活性。……制备氨氯地平对映体的方法主要是拆分消旋氨氯地平。"335专利的说明书实施例1中,记载了一种具体的(S)—(—)—氨氯地平的制造方法,包括如下步骤:"将5克(0.012 mol)氨氯地平溶于40 ml 2—丁酮中,加入溶有1.0克(0.0066 mol)L—(+)—酒石酸的60 ml 2—丁酮溶液,室温搅拌反应1小时,析出沉淀,过滤,用少量2—丁酮洗涤,得2.1克固体。将母液蒸馏回收2—丁酮,将所得固体在乙醇中重结晶,得(S)—(—)—氨氯地平L—(+)—酒石酸盐1.7克。在1.7克(S)—(—)—氨氯地平L—(+)—酒石酸盐中,加入二氯甲烷18 ml,2N氢氧化钠溶液10 ml,搅拌反应30分钟,静置,分出有机层,加入适量无水碳酸钠干燥,过滤,用少量二氯甲烷洗涤滤饼,将滤液减压浓缩,加入适量正己烷,搅拌结晶,过滤,真空干燥过夜,得(S)—(—)—氨氯地平1.2克。利用手性组HPLC测定其对映体过量值(ee)为99.0%,收率48%。"

4. 法源中心出具检验报告的事实。法源中心出具的检验报告记载:"本次试验检验人在相同的条件下,分别对发明专利CN1067055C实施例1、4、5、8和发明专利CS1609102A实施例1所描述的氨氯地平药物生成化学反应方法进行了重复试验,试验结果如下:(1)采用CN1067055C实施例1、4、5、8所描述氨氯地平药物生成方法,所得的试验结果与其说明书中表述一致,证明检验人试验能力与原料试剂的可靠性。(2)在相同试验条件下,采用发明专利CN1609102A说明书中公开最充分,且对映体过量最高的实施例1描述的氨氯地平药物生成方法进行试验,试验结果与其说明中的表述在对映体过量方面存在重大差异,使用该发明专利CN1609102A提供的化学方法,本试验不能达到拆分氨氯地平的目的。"检验报告中所称的发明专利CN1609102A,即为欧意公司的335专利,发明专利CN1067055C,即为辉瑞公司的238专利。法源中心的司法鉴定许可证载明,该中心的鉴定业务范围包括法医病理鉴定、法医临床鉴定、法医物证鉴定、法医毒物鉴定、文书司法鉴定、痕迹司法鉴定、司法会计鉴定、建筑工程司法鉴定、资产评估司法鉴定,但不包括知识产权司法鉴定。

5. 欧意公司提交的有关左旋氨氯地平制造方法的证据。本案一、二审中,欧意公司先后提交了335专利申请公开说明书以及授权公告的发明专利说明书、在国家食品药品监督管理局备案的工艺流程记录、生产记录、河北省石家庄市食品药品监督管理局出具的现场检查笔录、《马来酸左旋氨氯地平工艺规程SOP-MPP-W0l7(00)》等证据,用于证明其系使用自有方法制造左旋氨氯地平,并未使用涉案专利方法。将335专利申请公外说明书、备案工艺流程记录、生产记录以及《马来酸左旋氨氯地平工艺规程SOP-MPP-W017(00)》进行比较。虽然所述证据中记载的左旋氨氯地平制造方法在部分原料、用量、具体反应条件等方面有所差异,但均是以L—(+)—酒石酸和2—丁酮为原料,对氨氯地平进行拆分以制得左旋氨氯地平。

最高院认为,本案焦点在于:(1)原审法院对举证责任的分配是否正确?(2)欧意公司制造左旋氨氯地平的方法是否落入涉案专利权的保护范围?(3)法源中心出具的检验报告能否采信。

一、关于原审法院对举证责任的分配是否正确

《中华人民共和国专利法》(2000)第57条第2款规定:"专利侵权纠纷涉及新产品制造方法的发明专利的,制造同样产品的单位或者个人应当提供其产品制造方法不同于专利方法的证明。"根据该规定,在此类专利侵权纠纷案件中,由被诉侵权人承担证明其产品制造方法不同于专利方法的举证责任,需满足一定的前提条件,即权利人能够证明依照专利方法制造的产品属于新产品,并且被诉侵权人制造的产品与依照专利方法制造的产品属于同样的产品。

在认定一项方法专利是否属于新产品制造方法专利时,应当以依照该专利方法直接获得的产品为依据。所谓"依照专利方法直接获得的产品",是指使用专利方法获得的原始产品,而不包括对该原始产品作进一步处理后获得的后续产品。根据涉案专利的权利要求1,虽然其主题名称是"一种从混合物中分离出氨氯地平的(R)—(+)—和(S)—(—)—异构体的方法",但从权利要求1记载的内容看,依照涉案专利方法直接获得的产品是"结合一个DMSO-d6的(S)—(—)—氨氯地平的D—酒石酸盐",或"结合一个DMSO-d6的(R)—(+)—氨氯地平的L—酒石酸盐",其中前者即为制造左旋氨氯地平的中间产物,而非左旋氨氯地平本身;而后者即为制造右旋氨氯地平的中间产物,亦非左旋氨氯地平本身。由于在涉案专利的申请日之前,上述中间产物并未为国内外公众所知悉,可以认定依照涉案专利方法直接获得的产品是新产品,涉案专利属于新产品制造方法专利。欧意公司虽提交了辉瑞公司的238专利,用于证明涉案专利不属于新产品制造方法专利,但由于238专利和涉案专利系分别使用不同的手性助剂DMSO、DMSO-d6对氨氯地平进行拆分,在依照两项专利方法制造左旋氨氯地平或者右旋氨氯地平的过程中,形成的中间产物并不相同,因此,238专利并未公开依照涉案专利方法直接获得的产品,不足以证明涉案专利不属于新产品制造方法专利。

虽然涉案专利是一项新产品制造方法专利,但要由被诉侵权人中奇公司、华盛公司、欧意公司承担证明其产品制造方法不同于专利方法的举证责任,还须由权利人张喜田证明被诉侵权人制造的产品与依照专利方法直接获得的产品属于同样的产品。如前所述,依照涉案专利权利要求1记载的方法,直接获得的产品是"结合一个DMSO-d6的(S)—(—)—氨氯地平的D—酒石酸盐",或"结合一个DMSO-d6的(R)—(+)—氨氯地平的L—酒石酸盐",张喜田提供的证据,虽然能够证明华盛公司、欧意公司制造了马来酸左旋氨氯地平及其片剂,并且马来酸左旋氨氯

地平的制造须以左旋氨氯地平为原料,但并没有提供证据证明华盛公司、欧意公司在制造马来酸左旋氨氯地平及其片剂时,也制造了"结合一个 DM—SO-d6 的(S)—(—)—氨氯地平的 D—酒石酸盐"中间产物,因此,张喜田提供的证据,并不足以证明华盛公司、欧意公司制造的产品与依照涉案专利方法直接获得的产品属于同样的产品,本案不应由华盛公司、欧意公司承担证明其产品制造方法不同于专利方法的举证责任。

原审法院认定涉案专利属于新产品制造方法专利,虽然结论正确,但将依照涉案专利方法直接获得的产品认定为左旋氨氯地平,明显有误。由于原审法院对依照涉案专利方法直接获得的产品认定错误,在张喜田没有提供充分的证据证明华盛公司、欧意公司制造的产品与依照涉案专利方法直接获得的产品属于同样的产品的情况下,即认定由华盛公司、欧意公司承担证明其产品制造方法不同于专利方法的举证责任,显然错误。

二、关于欧意公司制造左旋氨氯地平的方法是否落入涉案专利权的保护范围

在本案一、二审过程中,欧意公司先后提交了 335 专利申请公开说明书以及授权公告的发明专利说明书、在国家食品药品监督管理局备案的工艺流程记录、生产记录、《马来酸左旋氨氯地平工艺规程 SOP-MPP-W017(00)》等证据,用于证明其系使用自有方法制造左旋氨氯地平,并未使用涉案专利方法。张喜田主张依照上述证据中记载的左旋氨氯地平制造方法不能实现氨氯地平的拆分,无法制得高纯度的左旋氨氯地平,并提交了法源中心出具的检验报告。为了验证欧意公司依照自有方法能够制得左旋氨氯地平,最高院根据中奇公司、华盛公司、欧意公司以及张喜田的请求,对欧意公司制造左旋氨氯地平的方法进行了现场勘验,由欧意公司依照 335 专利中记载的左旋氨氯地平制造方法进行现场试验。试验结果表明,欧意公司依照 335 专利中记载的方法,以 2—丁酮以及 L—(+)—酒石酸为原料,实现了氨氯地平的拆分,制得了含量为 99.7%、对映体含量值为 99.4% 的左旋氨氯地平。张喜田对该试验结果当庭表示认可。

张喜田虽然对欧意公司现场试验中的有关试验步骤以及试验原料提出了异议,但这些异议均不能成立。(1) 关于 60 ml 2—丁酮的加入方式以及反应温度。从查明的事实看,335 专利权利要求 1 中与上述步骤对应的技术特征为:"将消旋氨氯地平和 L—(+)—酒石酸溶解于含有 2—丁酮的有机溶剂中,反应生成……"实施例 1 中的对应技术特征为:"加入溶有 1.0 克 L—(+)—酒石酸的 60 ml 2—丁酮溶液,室温搅拌反应 1 小时"。上述技术特征均没有对 2—丁酮的具体加入方式以及具体的反应温度进行限定,欧意公司在现场试验中将 60 ml 2—丁酮溶液陆续加入,并且由于试验当天气温较低,故在 34℃ 的水浴温度下进行搅拌反应,并没有超出上述技术特征限定的范围,因此,张喜田的该项异议不能成立。(2) 关于欧意公司现场试验时将九次拆分试验获得的固体合并进行重结晶。现场试验时,欧意公司确实是将九次拆分试验获得的固体合并进行重结晶,当张喜田的委托代理人提出异议后,欧意公司表示同意进行第二次现场试验,将拆分试验获得的固体分别进行重结晶。但是,在剩余原料封存情况完好的情况下,张喜田又提出对试验原料进行重新检测的要求,致使第二次现场试验未能进行。其实,从查明的事实看,335 专利实施例 1 中与重结晶对应的技术特征是:"将所得固体在乙醇中重结晶",授权公告的权利要求 1 中对应的技术特征是"再采用乙醇、甲醇或异丙醇溶剂进行重结晶"。因此,欧意公司将九次拆分试验获得的固体合并进行重结晶,并没有超出上述技术特征限定的范围。而且根据本领域的常识,对于拆分试验获得的固体是合并进行重结晶还是分别进行重结晶,对于能否拆分出左旋氨氯地平并无影响,因此,张喜田的该项异议亦不能成立。(3) 关于试验原料是否真实。庭审中,张喜田对欧意公司现场试验时使用的原料提出质疑,认为该原料与取样时的原料不同,并且其对现场试验中取得的沉淀物等样品进行检测后,结果与其自行完成的对比试验存在明显差异,故怀疑欧意公司在现场试验时系使用高纯度的左旋氨氯地平作为原料。为支持其主张,张喜田向最高院提交了其自行完成的对比试验报告。事实上,在对欧意公司购买的试验原料进行取样后,即由最高院审判人员在各方当事人在场并认可的情况下对原料就地进行了封存,张喜田的委托代理人对原料的取样以及封存并未提出异议。现场试验开始前,张喜田

的委托代理人对原料封存情况以及试验现场、试验设备进行了检查,在其确认原料封存完好并且未提出异议的情况下,欧意公司才将原料拆封进行试验。在试验过程中,张喜田的委托代理人及其两名助手对试验全过程进行了监督,张喜田的委托代理人在此期间并没有对原料的取用情况提出异议。现场试验结束后,在各方当事人均无异议的情况下,最高院再次对剩余原料予以封存。综上,试验原料的取样、封存、使用以及再次封存等,均是在各方当事人的共同监督下进行的,足以保证试验原料的客观、真实。张喜田仅仅依据其自行完成的对比试验报告,对试验原料的真实性提出质疑,其真实性与科学性均不足信。因此,张喜田就试验原料提出的异议亦不成立。

欧意公司的现场试验结果与欧意公司提交的备案工艺流程记录、生产记录、《马来酸左旋氨氯地平工艺规程 SOP-MPP-W017(00)》等证据相互印证,可以证明欧意公司使用 2—丁酮和 L—(+)—酒石酸为原料,能够实现对氨氯地平的拆分,可以制得左旋氨氯地平。与之相比较,涉案专利权利要求 1 系使用六氘代二甲基亚砜(DMSO-d6)以及 D—酒石酸为原料,二者使用的原料既不相同也不等同,欧意公司制造左旋氨氯地平的方法没有落入涉案专利权的保护范围。庭审中,张喜田亦认为,以 2—丁酮和 L—(+)—酒石酸为原料制造左旋氨氯地平的方法与涉案专利方法不同,只是认为依照该方法,不可能制得左旋氨氯地平。但是,现场试验结果证明,使用该方法能够制得高纯度的左旋氨氯地平,因此,欧意公司关于依照自有方法制造左旋氨氯地平的抗辩理由成立。原审法院认定欧意公司依照自有方法不能制得左旋氨氯地平,并据此认定中奇公司、华盛公司、欧意公司侵犯了张喜田的涉案专利权,显然缺乏事实依据。

另需指出的是,根据《中华人民共和国专利法》(2000)第 11 条的规定,方法专利权的保护范围只能延及依照该专利方法直接获得的产品,即使用专利方法获得的原始产品,而不能延及对原始产品作进一步处理后获得的后续产品。如前所述,实施涉案专利权利要求 1 限定的方法后,直接获得的是"结合一个 DMSO-d6 的(S)—(—)—氨氯地平的 D—酒石酸盐",或"结合一个 DMSO-d6 的(R)—(+)—氨氯地平的 L—酒石酸盐",华盛公司、欧意公司生产的马来酸左旋氨氯地平、马来酸左旋氨氯地平片以及左旋氨氯地平,均属于对上述产品作进一步处理后获得的后续产品,不属于依照涉案专利方法直接获得的产品。因此,涉案专利权的保护范围不能延及左旋氨氯地平、马来酸左旋氨氯地平及其片剂;"依照该专利方法直接获得的产品"的认定与该产品能否直接供消费者使用无关,一审法院以"左旋氨氯地平作为一种化合物,本身并不能成为直接供消费者消费的产品,……涉案专利为左旋氨氯地平的拆分方法,依照该方法不能直接得到产品,而左旋氨氯地平化合物与马来酸、苯磺酸等经过成盐工艺制成马来酸左旋氨氯地平、苯磺酸左旋氨氯地平后,才真正成为产品"为由,将涉案专利权的保护范围延及华盛公司、欧意公司生产的马来酸左旋氨氯地平及其片剂,适用法律显然不当。

三、关于法源中心出具的检验报告能否采信

正如前述,欧意公司依照 335 专利方法已经成功制得左旋氨氯地平,现场试验结果足以证明法源中心出具的检验报告的结论是错误的。因此,欧意公司关于该检验报告不能采信的再审理由成立,最高院予以支持。其实,在进行化学试验时,操作人员的经验以及对操作技巧和诀窍的掌握程度,均可能对试验结果产生实质性的影响,例如,在本案中,欧意公司在 335 专利的实施例 1 中,仅以"将所得固体在乙醇中重结晶",对重结晶步骤进行了相对概括的描述,但在现场试验过程中,欧意公司的工作人员实际上对重结晶步骤进行了认真、细致的观察和操作。因此,虽然法源中心组织的鉴定人员依照 335 专利无法制得左旋氨氯地平,但并不足以据此认定欧意公司依照该专利方法无法制得左旋氨氯地平。原审法院忽视了试验操作人员所掌握的经验、技巧以及诀窍对试验结果可能带来的实质影响,在欧意公司明确提出其在实施 335 专利时还拥有一定的经验、技巧和诀窍的情况下,对欧意公司要求由其工作人员进行试验操作的请求置之不理,轻易采信法源中心的检验报告,以致造成错误判决。

综上,原审判决认定事实和适用法律均有错误,应予纠正。

方法专利・直接获得的产品・举证责任倒置

二、裁判要旨

No.3-1-11-1　**方法专利权的保护范围只能延及依照该专利方法直接获得的产品。**

根据《专利法》(2008)第11条的规定,方法专利权的保护范围,只能延及依照该专利方法直接获得的产品,即使用专利方法获得的原始产品,而不能延及对原始产品作进一步处理后获得的后续产品。具体而言,对专利方法保护的延伸,应当仅涵盖完成该专利方法的最后一个步骤后所获得的最初产品。这种解释表现在最高人民法院《关于审理侵犯专利权纠纷案件应用法律若干问题的解释》第13条中,即其将对使用专利方法获得的原始产品认定为《专利法》(2000)第11条规定的依照专利方法直接获得的产品。因此,在本案中,根据涉案专利的权利要求1,虽然其主题名称是"一种从混合物中分离出氨氯地平的(R)—(+)—和(S)—(—)—异构体的方法",但从权利要求1记载的内容看,依照涉案专利方法直接获得的产品是"结合一个DMSO-d6的(S)—(—)—氨氯地平的D—酒石酸盐",或"结合一个DMSO-d6的(R)—(+)—氨氯地平的L—酒石酸盐",其中前者即为制造左旋氨氯地平的中间产物,而非左旋氨氯地平本身;而后者即为制造右旋氨氯地平的中间产物,亦非右旋氨氯地平本身。华盛公司、欧意公司生产的马来酸左旋氨氯地平、马来酸左旋氨氯地平片以及左旋氨氯地平,均属于对上述产品作进一步处理后获得的后续产品,不属于依照涉案专利方法直接获得的产品。因此,涉案专利权的保护范围不能延及左旋氨氯地平、马来酸左旋氨氯地平及其片剂。

No.3-3-26-1　**在新产品制造方法专利侵权纠纷中,举证责任倒置的前提是权利人能够证明依照专利方法制造的产品属于新产品,并且被诉侵权人制造的产品与依照专利方法制造的产品属于同样的产品。**

依据《专利法》(2008)第61条第1款的规定,在新产品制造方法专利侵权纠纷中,由被诉侵权人承担证明其产品制造方法不同于专利方法的举证责任,需满足一定的前提条件,即权利人能够证明依照专利方法制造的产品属于新产品,并且被诉侵权人制造的产品与依照专利方法制造的产品属于同样的产品。这一前提包含了两个概念,即新产品和同样的产品。所谓新产品,从最高人民法院《关于审理侵犯专利权纠纷案件应用法律若干问题的解释》第17条可知,并不包括产品或者制造产品的技术方案在专利申请日以前为国内外公众所知的情形。从这一规定可推知,新产品的判断方法有两种:(1)判断产品的技术方案在申请日之前是否为国内外公众所知悉;(2)判断制造产品的技术方案在申请日之前是否为国内外公众所知悉。所谓同样的产品,由于方法专利的权利要求记载的是方法特征,而不是产品特征,因此,对于同样产品的判断,只能将被控侵权产品与专利权人实施其专利方法直接获得的产品进行比较。这可以考虑使用专利方法,在制作过程中曾经获得同样产品的情形。本案中,依照涉案专利权利要求1记载的方法,直接获得的产品是"结合一个DMSO-d6的(S)—(—)—氨氯地平的D—酒石酸盐",或"结合一个DMSO-d6的(R)—(+)—氨氯地平的L—酒石酸盐",张喜田提供的证据,虽然能够证明华盛公司、欧意公司制造了马来酸左旋氨氯地平及其片剂,并且马来酸左旋氨氯地平的制造须以左旋氨氯地平为原料,但并没有提供证据证明华盛公司、欧意公司在制造马来酸左旋氨氯地平及其片剂时,也制造了"结合一个DM—SO-d6的(S)—(—)—氨氯地平的D—酒石酸盐"中间产物,因此,张喜田提供的证据并不足以证明华盛公司、欧意公司制造的产品与依照涉案专利方法直接获得的产品属于同样的产品。

No.3-7-61-1　**对新产品制造方法专利侵权纠纷中被诉侵权人实施自有方法抗辩,应当进行试验验证。**

根据《专利法》第26条、《专利法实施细则》等法律法规的规定可知,制造方法专利的说明书和附图对方法的说明,只需达到使所属领域的技术人员能够实现该方法的程度,但并不排除专利权人通过一定的技巧和经验实施专利技术。这是因为,在进行化学试验时,操作人员的经验以及对操作技巧和诀窍的掌握程度,均可能对试验结果产生实质性的影响。在鉴定机构依照被诉侵权人主张的自有方法无法制得被诉侵权产品,被诉侵权人主张其实施自有方法存在一定的技巧和诀窍的情况下,法院应当根据各方当事人的请求,对被诉侵权人制造相关产品的方法进行了现场试验,由被诉侵权人进行试验验证,将试验结果与其他证据相互印证,证明被诉侵权人依照自有方法是否能够制得被诉侵权产品。

### 10 专利权的实施(《专利法》第 11 条)

**案例:美泰利装饰公司诉钦州港务局等侵犯外观设计专利权案**
案例来源:《人民法院案例选》2004 年总第 49 辑[第 67 号]
主题词:专利实施

#### 一、基本案情

原告:南宁美泰利装饰有限责任公司(以下简称美泰利公司)。
被告:钦州港务局(以下简称港务局)。
被告:广西国营丽光华侨建筑工程公司(以下简称丽光公司)。

原告美泰利公司诉被告港务局、被告丽光公司侵犯外观设计专利权纠纷一案,南宁市中级人民法院(以下简称南宁中院)于 2003 年 5 月 9 日公开开庭进行了审理。

经审理查明:原告于 1998 年 8 月 10 日向中国国家知识产权局申请"建筑装饰栏杆(七)"的外观设计专利,1999 年 4 月 15 日,国家知识产权局授予原告该外观设计专利权,专利号为ZL98323085.4。

2002 年 8 月 1 日,被告丽光公司作为中标单位与被告港务局签订了一份《钦州港务局港务小区围墙工程施工合同书》,约定:港务局采取工程总价包干方式将其港务小区围墙工程发包给丽光公司承建,工程包干范围按其提供的施工图纸及工程量清单即附件1。在合同的附件1工程量清单第18项注明铸铁构件制作安装花样由港务局定。港务局还提供了四份图纸(图1、2、3、4)给丽光公司,其中的图2为围墙立面图、平面图,注明由港务局工程管理部设计,该图样式与原告的外观设计专利相比较,除了其中的菱形为空心与原告的有区别外,其余部分基本相同。被告港务局在庭审中承认,该样式是其从市场上看到后,拍摄回来并扫描到图纸上的。

两被告签订合同后,被告丽光公司又于同年 8 月 5 日与钦州市城北工艺铸造厂的蓝业刚、钦州市家宜珍禽养殖场签订了一份《合同书》,约定:丽光公司将港务局围墙的铸铁栏杆交予蓝业刚生产,蓝业刚必须按港务小区围墙工程施工图纸的花样施工铸造,样品需经港务局有关人员看样认可后方可正式铸造。合同签订后,蓝业刚按照丽光公司交给其的图纸制做好 1230 件铁栏杆(被控侵权产品)后,交付给丽光公司并安装于港务局港务小区。原告发现后,认为侵犯了其专利权,遂诉至南宁中院。

南宁中院认为:被控侵权产品与原告的外观设计专利产品构成相近似。两被告对此提出的抗辩理由不成立,南宁中院不予支持。又通过相关证据可知,被告港务局是该承揽定作物铸铁栏杆(外观部分)即本案被控侵权产品的设计者,因而是制造者,其未经原告的许可实施了原告的外观设计专利,即其为生产经营目的制造的被控侵权产品与原告的专利产品相近似,因而侵犯了原告的外观设计专利权,依法应承担侵权责任。被告港务局以其没有实施侵权行为为由主张驳回原告的诉讼请求,理由不成立,南宁中院不予支持。被告丽光公司既不是被控侵权产品的制造者,也不是销售者,其行为不构成侵权。原告要求被告丽光公司承担侵权责任的理由不成立,南宁中院不予支持。

#### 二、裁判要旨

**No.3-1-11-2 未经专利权人许可,实施其专利,侵犯其专利权。**

如何界定专利的实施,是确定专利侵权人的要件。普通意义上的实施即是按照专利文件的描述生产产品或者按照其中描述的方法生产产品,进行此种活动的单位或个人就是实施者。发明和实用新型专利权的实施为以生产经营目的制造、使用、许诺销售、销售、进口其专利产品,或者使用其专利方法以及使用、许诺销售、销售、进口依照该专利方法直接获得的产品。外观设计专利权的实施为生产经营目的制造、许诺销售、销售、进口其外观设计专利产品。

本案中,钦州港务局并不具备这种能力,相关专利的直接实施者是丽光公司,但是港务局将被控侵权产品外观设计制作成图纸,并在图纸上标示自己为设计人,并指令他人生产该产品。由此可见,被侵权产品的生产是体现港务局的意志,而丽光公司只是按照其指示和图纸进行侵权活动,因此应认定钦州港务局为专利的侵权人。

## 11 许诺销售(《专利法》第11条)

**案例**:伊莱利利公司与甘李药业有限公司发明专利侵权纠纷案
**案例来源**:《人民法院案例选》2009年第1辑[第50号]
**主题词**:许诺销售

### 一、基本案情

上诉人(原审原告):伊莱利利公司。
被上诉人(原审被告):甘李药业有限公司(以下简称甘李公司)。

北京市第二中级人民法院经审理查明:1990年2月8日,伊莱利利公司向原国家专利局申请了名称为"含有胰岛素类似物的药物制剂的制备方法"的发明专利。国家知识产权局经审查后,于2003年3月26日授予伊莱利利公司专利权,专利号为961066350。目前该专利权处于有效状态。

2002年,甘李公司向国家食品药品监督管理局提交了"双时相重组赖脯胰岛素注射液75/25"药品注册申请。2003年1月23日,甘李公司就该申请取得了临床研究批件。目前尚未取得药物注册批件。诉讼中,经伊莱利利公司申请,法院前往国家食品药品监督管理局查阅了"双时相重组赖脯胰岛素注射液75/25"药品的临床申报资料。根据上述临床申报资料中的制剂处方部分的记载,该药物的活性成分为赖脯胰岛素,所添加的赋形剂或载体包括:蒸馏水、盐酸、氧化锌、甘油、间甲酚、苯酚、无水磷酸氢二钠、硫酸鱼精蛋白。

2005年7月28日,经北京市海淀第二公证处公证,对甘李公司的网站(网址为:http://www.ganli.com.cn)相关内容进行了证据保全。根据该网站中相关内容的介绍,甘李公司对其研制的药物"速秀霖"(系商品名称,通用名称为"赖脯胰岛素")进行了宣传,称"该药物的活性成分为赖脯胰岛素……是新一代胰岛素制剂……"

原告伊莱利利公司起诉称:原告于1990年2月8日向原国家专利局申请了名称为"含有胰岛素类似物的药物制剂的制备方法"发明专利。国家知识产权局经审查后,于2003年3月26日授予原告伊莱利利公司专利权。被告甘李公司向国家食品药品监督管理局申报了"双时相重组赖脯胰岛素注射液75/25"药品注册申请。根据原告掌握的证据,可以推定被告申报的上述药物中的活性成分是原告专利技术方案中指定的赖脯胰岛素,而且有载体,据此可以判断被告的上述药物落入了原告专利权的保护范围。被告已经取得了临床批件,而且在此之前被告已经通过网络宣传其申请的上述药物,其行为性质属于即发侵权和许诺销售,构成对原告专利权的侵犯。现原告提起诉讼,要求法院判令被告甘李公司停止侵权行为。

被告甘李公司答辩称:(1)被告的行为不属于《中华人民共和国专利法》规定的实施他人专利的行为;(2)被告的涉案行为目的是为药品的行政审批,根据惯例,为药品的行政审批目的而使用他人专利的,不视为侵权,也不属于即发侵权。因此,不同意原告提出的诉讼请求。

北京市第二中级人民法院认为,原告伊莱利利公司所享有的涉案"含有胰岛素类似物的药物制剂的制备方法"发明专利权应当受到专利法的保护。任何单位或者个人未经专利权人原告伊莱利利公司许可,都不得实施其专利,即不得为生产经营目的使用其专利方法以及使用、许诺销售、销售、进口依照该专利方法直接获得的产品。

依据本案现有证据,原告伊莱利利公司指控被告甘李公司侵权的涉案申报药物"双时相重组赖脯胰岛素注射液75/25"尚处于药品注册审批阶段,虽然被告甘李公司实施了临床试验和申请生产许可的行为,但其目的是为了满足国家相关部门对于药品注册行政审批的需要,以检验其生产的涉案药品的安全性和有效性。鉴于被告甘李公司的制造涉案药品的行为并非直接以销售为目的,不属于《专利法》所规定的为生产经营目的实施他人专利的行为。另外,鉴于涉案药品尚处于注册审批阶段,并不具备上市条件,因此,被告网站上的相关宣传内容不属于许诺销售行为,也不构成即发侵权。原告伊莱利利公司认为被告甘李公司的涉案行为构成即发侵权和许诺销售的主张,不能成立。

一审宣判后,伊莱利利公司不服,提出上诉。

二审法院查明的事实与一审相同。

北京市高级人民法院认为:伊莱利利公司享有的"含有胰岛素类似物的药物制剂的制备方法"发明专利权受我国专利法的保护,任何单位或者个人未经伊莱利利公司许可,不得实施其专利,即不得为生产经营目的使用其专利方法以及使用、许诺销售、销售、进口依照该专利方法直接获得的产品。

涉案专利权利要求2中涉及的胰岛素类似物为赖脯胰岛素(insulin lispro),甘李公司在其网站宣传的"速秀霖"的基本成分即为赖脯胰岛素。虽然甘李公司向药监局申报的"重组赖脯胰岛素注射液"已经获得了药品注册批件,具备了上市条件,但甘李公司在网上宣传行为的直接目的并不包含使药监局批准其申请的被控侵权产品作为药品注册、生产,并不构成以生产经营为目的使用伊莱利利公司享有专利权的涉案专利方法的行为。因此,甘李公司向药监局申报"重组赖脯胰岛素注射液"并且获得药品注册批件的行为,并非实施涉案专利的行为。

最高人民法院《关于审理专利纠纷案件适用法律问题的若干规定》第24条规定:"许诺销售,是指以做广告、在商店橱窗中陈列或者在展销会上展出等方式作出销售商品的意思表示。"许诺销售行为发生在实际销售行为之前,其目的是为了实际销售。专利法禁止许诺销售的目的在于尽可能早地制止专利产品或依照专利方法直接获得的产品的交易,使专利权人在被控侵权产品扩散之前就有可能制止对其发明创造的侵权利用。因此,被控侵权人不但应当具有即将销售侵犯专利权的产品的明确意思表示,而且在作出该意思表示之时,其产品应当处于能够销售的状态。本案中,尽管甘李公司在其网站上对其"速秀霖"产品进行宣传,但现有证据不能证明甘李公司所进行的宣传系欲达到销售该产品的目的。因此,甘李公司在其网站上进行宣传的行为不构成许诺销售。

即将实施的侵权行为是指被控侵权人即将着手实施侵权行为,如不制止则将实际实施并构成侵权的状态。在这种状态下,侵权行为应是即将发生的,即存在着即将发生的可能性。本案中,现有证据不能证明甘李公司在涉案专利保护期内存在从事生产、销售、许诺销售被控侵权产品的可能性,故其行为不构成即将实施的侵权行为。

二、裁判要旨

**No.3-1-11-2** 许诺销售,是指以做广告、在商店橱窗中陈列或者在展销会上展出等方式作出销售商品的意思表示。许诺销售行为应当发生在实际销售行为之前,其目的是为了实际销售,被控侵权人不但应当具有即将销售侵犯专利权产品的明确意思表示,而且在作出该意思表示之时,其产品应当处于能够销售的状态。

许诺销售,需要考虑的因素有以下几点:(1)关于是否能够确认许诺销售的产品是侵权产品的问题。许诺销售是明确表明愿意出售一种产品的行为,它是销售行为的前期行为,实际销售行为尚未发生。法院在对指控许诺销售侵权时所适用的基本原则与指控销售侵权一样,都是要将被控侵权产品与专利进行技术特征上的逐一比较,只有在确认了被控侵权产品落入了专利权保护范围后,才能认定该产品是侵权产品。(2)关于许诺销售的产品是否已经成型,在一般情况下,只有当实际上已经存在许诺销售的产品时,才有可能认定许诺销售行为侵犯了专利权。(3)许诺销售者是否具备实际销售的目的。它是指为销售目的而向特定或非特定主体作出的愿意销售或将要销售专利产品(包括依照专利方法直接获得的产品)、愿意提供或将要提供专利方法的行为表示。可以是直接表示愿意销售,如寄送价目表、拍卖公告、招标公告等;也可以是间接表示将要销售,如展览、公开演示等。

本案中,尽管甘李公司在其网站上对其"速秀霖"产品进行宣传,但是,现有证据不能证明甘李公司所进行的宣传系欲达到销售该产品的目的。因此,甘李公司在其网站上进行宣传的行为不构成许诺销售。

**12** 发明专利临时保护期使用费(《专利法》第13条)

**案例:申请再审人浙江杭州鑫富药业股份有限公司与被申请人山东新发药业有限公司、上海爱兮缇国际贸易有限公司发明专利临时保护期使用费纠纷及侵犯发明专利权纠纷管辖权异议申请再审案**

案例来源:《最高人民法院知识产权审判案例指导》(第一辑)[(2008)民申字第81号]
主题词:发明专利临时保护期使用费

一、基本案情

申请再审人(一审被告、二审上诉人):山东新发药业有限公司(以下简称新发公司)。

被申请人(一审原告、二审被上诉人):浙江杭州鑫富药业股份有限公司(以下简称鑫富公司)。

原审被告:上海爱兮缇国际贸易有限公司(以下简称爱兮缇公司)。

申请再审人新发公司因与被申请人鑫富公司、原审被告爱兮缇公司发明专利临时保护期使用费纠纷及侵犯发明专利权纠纷管辖权异议一案,不服浙江省高级人民法院2008年4月1日作出的2008浙民告终字第28号管辖权异议民事裁定书,向最高人民法院(以下简称最高院)申请再审。最高院依法组成合议庭,对本案进行了审查。

最高院经审查查明:原告鑫富公司以新发公司、爱兮缇公司为共同被告,于2007年12月3日向浙江省杭州市中级人民法院起诉称:鑫富公司系200510123566.4号"产D—泛解酮内酯水解酶的微生物及其制备D—泛解酸的方法"发明专利的专利权人。新发公司自原告申请专利后,未经原告许可为生产经营的目的,使用上述专利方法生产了专利产品,爱兮缇公司销售了依照该专利方法直接获得的产品,造成鑫富公司经济损失。故,请求判令新发公司和爱兮缇公司立即停止侵权并在《人民法院报》《证券时报》上刊登声明,以消除负面影响以及承担有关诉讼费用,判令新发公司支付鑫富公司专利使用费用和赔偿损失人民币合计7 500万元,爱兮缇公司对其中1万元的赔偿金与新发公司承担连带责任。

杭州市中级人民法院一审认为,本案鑫富公司提供的购销合同等证据可以初步证明,被控依照该专利方法直接获得的产品的销售行为发生在杭州市辖区内,故杭州市中级人民法院作为销售地法院对本案享有管辖权。该院依照《民事诉讼法》第38条、最高人民法院《关于审理专利纠纷案件适用法律问题的若干规定》第5条、第6条之规定,于2008年1月14日裁定:驳回山东新发药业有限公司、上海爱兮缇国际贸易有限公司对本案管辖权提出的异议。

新发公司、爱兮缇公司均不服一审裁定,向浙江省高级人民法院提出上诉。浙江省高级人民法院二审认为,根据鑫富公司的起诉及所提供的证据材料,新发公司生产了被控侵权产品,爱兮缇公司销售了该产品。根据《民事诉讼法》第29条及最高人民法院《关于审理专利纠纷案件适用法律问题的若干规定》第6条"……以制造者与销售者为共同被告起诉的,销售地人民法院有管辖权"的规定,本案鑫富公司提供的其与爱兮缇公司签订的订货合同明确约定交货地为杭州临安市,杭州市中级人民法院作为本案被控侵权产品的销售地法院,依法享有管辖权。新发公司、爱兮缇公司上诉提出的有关被控侵权行为是否发生在鑫富公司专利的保护期内、D—泛酸钙与本案专利的关系及新发公司、爱兮缇公司是否构成侵权等问题有待本案的实体审理,因此,对于新发公司、爱兮缇公司的上诉理由,不予支持。该院依照《民事诉讼法》第154条之规定,于2008年4月1日裁定:驳回上诉,维持原裁定。

最高院经审查认为,人民法院应当在准确确定案件案由的基础上依法确定案件的管辖。本案原告的诉讼请求既包括要求新发公司和爱兮缇公司支付发明专利申请公开后授权前的临时保护期实施专利技术的使用费,也包括要求新发公司支付专利授权后侵犯专利权行为的损害赔偿金以及承担停止侵权等民事责任。因此，本案案由应当确定为发明专利临时保护期使用费纠纷及侵犯发明专利权纠纷。原审法院将本案案由仅确定为侵犯专利权纠纷有所不妥。

最高人民法院《关于审理专利纠纷案件适用法律问题的若干规定》第5条规定："因侵犯专利权行为提起的诉讼，由侵权行为地或者被告住所地人民法院管辖。侵权行为地包括：被控侵犯发明、实用新型专利权的产品的制造、使用、许诺销售、销售、进口等行为的实施地；专利方法使用行为的实施地，依照该专利方法直接获得的产品的使用、许诺销售、销售、进口等行为的实施地；外观设计专利产品的制造、销售、进口等行为的实施地；假冒他人专利的行为实施地。上述侵权行为的侵权结果发生地。"第6条规定："原告仅对侵权产品制造者提起诉讼，未起诉销售者，侵权产品制造地与销售地不一致的，制造地人民法院有管辖权；以制造者与销售者为共同被告起诉的，销售地人民法院有管辖权。"该司法解释依据《民事诉讼法》第29条的规定，进一步明确了一般意义上的侵犯专利权纠纷，即在专利授权后因他人擅自实施专利而引起的侵权纠纷的确定管辖的具体规则。

发明专利保护期使用费纠纷虽然不属于一般意义上的侵犯专利权纠纷，但在本质上也是一类与专利有关的侵权纠纷，是涉及专利权人对其发明专利技术在临时保护期所享有的收取使用费的权利的侵权纠纷。因此，应当依据《民事诉讼法》第29条有关侵权诉讼的管辖确定原则，确定发明专利保护期使用费纠纷的管辖。

《专利法》第13条规定："发明专利申请公布后，申请人可以要求实施其发明的单位或者个人支付适当的费用。"这里的"实施"与《专利法》第11条所称的"实施"系同一概念，应当作出相同的解释，即指制造、使用、许诺销售、销售、进口。任何人在发明专利临时保护期内以制造、使用、许诺销售、销售、进口等任何一种方式实施该发明的，专利权人都有权在该发明专利授权后提起诉讼要求支付适当的使用费。在发明专利临时保护期使用费纠纷中，除了权利人只能就使用费问题主张损害赔偿的民事责任而不能请求实施人承担停止侵权等其他民事责任以外，在其他问题上与一般意义上的侵犯专利权纠纷并无本质不同，发明专利临时保护期使用费纠纷在案件性质上与侵犯专利权纠纷最为类似。因此，在法律或者司法解释对发明专利保护期使用费纠纷的管辖作出特别规定之前，可以参照侵犯专利权纠纷的管辖规定确定发明专利保护期使用费纠纷的管辖。

对被控侵权的实施行为跨越发明专利授权公告日前后的，其行为具有前后的连续性、一致性。从方便当事人诉讼出发，应当允许权利人一并就临时保护期使用费和侵犯专利权行为同时提出权利主张。同时，最高人民法院《关于审理专利纠纷案件适用法律问题的若干规定》第6条"以制造者与销售者为共同被告起诉的，销售地人民法院有管辖权"的规定，本意在于权利人可以在被控侵权产品的销售地对该被控侵权产品制造者的全部制造以及销售被控侵权产品的行为主张权利，而并非在被控侵权产品的销售地仅能对制造者制造并销售给该销售者的那部分被控侵权产品的行为主张权利。本案中，原告在发明专利临时保护期内的销售被控侵权产品的销售地，同时以制造者与销售者为共同被告，起诉销售者的销售行为和制造者在发明专利临时保护期内以及该专利授权以后的制造和销售行为，该销售地法院对全案具有管辖权。申请再审人的有关申请再审理由不能成立，最高院不予支持。被申请人的有关答辩理由基本成立，但其关于专利权人可以针对自专利申请日开始的他人的任何实施行为主张权利的理由并不准确；对专利申请公开以前的他人的实施行为，除非构成侵犯商业秘密，专利权人无权依据专利法主张权利。

最后，最高院认为申请再审人新发公司的再审申请不符合《民事诉讼法》第179条规定的情形。依照《民事诉讼法》第181条第1款之规定，裁定驳回新发药业有限公司的再审申请。

二、裁判要旨

**No.3-1-13-1　发明专利临时保护期使用费纠纷的管辖，应当参照专利侵权纠纷诉讼的管辖原则确定。**

发明专利的临时保护是避免如下一种情况，即在申请专利的技术从公布到授权的期间内，

发明专利临时保护期使用费

他人使用技术发明人利益的损害。故而,发明专利临时保护期使用费纠纷中,当事人所使用技术的判断与侵犯发明专利权纠纷的判断方式基本没有区别。发明专利临时保护期使用费纠纷应当依据《民事诉讼法》第29条有关侵权诉讼的管辖确定原则,确定发明专利临时保护期使用费纠纷的管辖。

因此,本案中,原告在发明专利临时保护期内的销售被控侵权产品的销售地,同时以制造者与销售者为共同被告,起诉销售者的销售行为和制造者在发明专利临时保护期内以及该专利授权以后的制造和销售行为,该销售地法院对全案具有管辖权。

No.3-1-13-2　**发明专利临时保护期使用费纠纷,可以与发明专利侵权纠纷一并审理。**

对被控侵权的实施行为跨越发明专利授权公告日前后的,其行为具有前后的连续性、一致性,从方便当事人诉讼出发,应当允许权利人一并就临时保护期使用费和侵犯专利权行为同时提出权利主张。

**13** **专利权的临时保护期内所制造产品的后续使用(《专利法》第13条、第68条、第69条)**

案例:深圳市斯瑞曼精细化工有限公司诉深圳市坑梓自来水有限公司、深圳市康泰蓝水处理设备有限公司侵害发明专利权纠纷案
案例来源:最高人民法院第五批指导性案例[第20号]
主题词:后续行为　专利临时保护期使用费

**一、基本案情**

申请再审人(一审被告、二审上诉人):深圳市坑梓自来水有限公司(以下简称坑梓自来水公司)。

被申请人(一审原告、二审被上诉人):深圳市斯瑞曼精细化工有限公司(以下简称斯瑞曼公司)。

被申请人(一审被告、二审上诉人):深圳市康泰蓝水处理设备有限公司(以下简称康泰蓝公司)。

申请再审人坑梓自来水公司因与被申请人斯瑞曼公司、康泰蓝公司侵犯发明专利权纠纷一案,不服广东省高级人民法院(2010)粤高法民三终字第444号民事判决,向最高人民法院(以下简称最高院)申请再审。最高院于2011年5月4日作出(2011)民申字第179号民事裁定,提审本案。

2009年3月16日,一审原告斯瑞曼公司起诉至广东省深圳市中级人民法院称:其拥有专利号为ZL200610033211.0、名称为"制备高纯度二氧化氯的设备"的发明专利(以下简称涉案发明专利),康泰蓝公司生产、销售和坑梓自来水公司使用的二氧化氯生产投加设备落入涉案发明专利保护范围,要求康泰蓝公司停止侵权并赔偿损失。一审庭审中,斯瑞曼公司当庭请求增加判令康泰蓝公司立即停止侵犯涉案发明专利权的许诺销售行为的诉讼请求。

广东省深圳市中级人民法院、广东省高级人民法院在一审、二审中查明:

斯瑞曼公司于2006年1月19日向国家知识产权局申请了名称为"制备高纯度二氧化氯的方法和设备"的发明专利,该专利于2006年7月19日公开,2009年1月21日授权公告,授权的发明名称为"制备高纯度二氧化氯的设备",专利权人为斯瑞曼公司,专利号为ZL200610033211.0。2008年10月20日,坑梓自来水公司与康泰蓝公司签订了《购销合同》,购买被诉侵权产品,并购买了被诉侵权产品一套。康泰蓝公司已于2008年12月30日就上述产品销售款要求税务机关代开统一发票。上述被诉侵权产品一直被坑梓自来水公司使用,康泰蓝公司并为该被诉侵权产品的正常运转提供维修、保养等技术支持。

最高院再审认为,现行《专利法》第11条第1款规定:"发明和实用新型专利权被授予后,除本法另有规定的以外,任何单位或者个人未经专利权人许可,都不得实施其专利,即不得为生产经营目的制造、使用、许诺销售、销售、进口其专利产品,或者使用其专利方法以及使用、许诺销

售、销售、进口依照该专利方法直接获得的产品。"第 13 条规定:"发明专利申请公布后,申请人可以要求实施其发明的单位或者个人支付适当的费用。"第 62 条规定:"侵犯专利权的诉讼时效为二年,自专利权人或者利害关系人得知或者应当得知侵权行为之日起计算。发明专利申请公布后至专利权授予前使用该发明未支付适当使用费的,专利权人要求支付使用费的诉讼时效为二年,自专利权人得知或者应当得知他人使用其发明之日起计算,但是,专利权人于专利权授予之日前即已得知或者应当得知的,自专利权授予之日起计算。"综合考虑上述规定,《专利法》虽然规定了申请人可以要求在发明专利申请公布后至专利权授予之前(即专利临时保护期内)实施其发明的单位或者个人支付适当的费用,即享有请求给付发明专利临时保护期使用费的权利,但对于专利临时保护期内实施其发明的行为,并不享有请求停止实施的权利。因此,在发明专利临时保护期内实施相关发明的,不属于《专利法》禁止的行为。在专利临时保护期内制造、销售、进口被诉专利侵权产品不为《专利法》禁止的情况下,其后续的使用、许诺销售、销售该产品的行为,即使未经专利权人许可,也应当得到允许。也就是说,专利权人无权禁止他人对专利临时保护期内制造、销售、进口的被诉专利侵权产品的后续使用、许诺销售、销售。当然,这并不否定专利权人根据《专利法》第 13 条规定行使要求实施其发明者支付适当费用的权利。对于在专利临时保护期内制造、销售、进口的被诉专利侵权产品,在销售者、使用者提供了合法来源的情况下,销售者、使用者不应承担支付适当费用的责任。这里的"合法来源"是指相关产品是通过正当、合法的商业渠道获得的,并不必然要求考虑销售者或者供应者在提供相关产品时是否符合相关行政管理规定。

本案中,康泰蓝公司销售被诉专利侵权产品是在涉案发明专利临时保护期内,该行为即使是在未取得卫生许可批件而不得销售的情况下,也不为《专利法》所禁止。在此情况下,后续的坑梓自来水公司使用所购买的被诉专利侵权产品的行为也应当得到允许。因此,坑梓自来水公司后续的使用行为不侵犯涉案发明专利权。同理,康泰蓝公司在涉案发明专利授权后为坑梓自来水公司使用被诉专利侵权产品提供售后服务也不侵犯涉案发明专利权。

二、裁判要旨

**No.3-1-13-3** 在发明专利申请公布后至专利权授予前的临时保护期内制造、销售、进口的被诉专利侵权产品不为《专利法》禁止的情况下,其后续的使用、许诺销售、销售,即使未经专利权人许可,也不视为侵害专利权,但专利权人可以依法要求在临时保护期内实施其发明的单位或者个人支付适当的费用。

根据《专利法》第 39 条的规定可知,专利权是从公告授权之日起生效。由于发明专利申请在尚未授权时就予以公布,公众就可以通过公布的发明专利申请说明书掌握该发明的技术方案。在公告授权日之前,对他人实施对获得授权专利的技术方案的行为,专利申请人就无权禁止。尽管发明专利申请的早期公开、延迟审查制度对于申请人的利益可能造成了相当的损害,尤其是在技术更新迅速的领域,但因为专利申请可能在后来的实质审查中被驳回,所以,又不能给予与已授权的专利同等的保护。因此,《专利法》第 13 条规定:"发明专利申请公布后,申请人可以要求实施其发明的单位或者个人支付适当的费用。"这就是对发明专利申请的临时保护。不过,这种保护不是专利保护,从《专利法》第 68 条的规定和最高人民法院《关于开展专利审判工作的规定》可知,关于专利申请公布后、专利权授予前使用发明、实用新型、外观设计的费用的纠纷案件与关于专利侵权的纠纷案件分属不同的案件类型,因临时保护期间由发明专利申请人和实施该技术的单位或个人之间而产生的纠纷属于费用纠纷,并非专利权被授予后专利权人和非法实施专利权的人之间产生的侵权纠纷。这也表明,尽管专利权的期限自申请日起计算,但权利的有效期却是从授权日起计算。因此,在临时保护期内依照专利技术方案生产的产品,属于合法的产品,能够依照《专利法》第 69 条的规定,实行使用、许诺销售、销售、进口该产品等后续行为,即能够适用专利权穷竭规则。

## 14 专利共有人订立专利实施许可合同(《专利法》第15条)

**案例**:王兴华、王振中、吕文富、梅明宇与黑龙江无线电一厂专利实施许可合同纠纷案
**案例来源**:《中华人民共和国最高人民法院公报》2007年第1期第28页
**主题词**:专利共有人　专利实施许可合同

### 一、基本案情

再审申请人(一审原告、二审上诉人、原再审被申请人):王兴华。
再审申请人(一审第三人、二审上诉人、原再审被申请人):王振中。
再审申请人(一审第三人、二审上诉人、原再审被申请人):吕文富。
再审申请人(一审第三人):梅明宇。
再审被申请人(一审被告、二审被上诉人、原再审申请人):黑龙江无线电一厂。

再审申请人王兴华、王振中、吕文富、梅明宇因专利实施许可合同纠纷一案,不服黑龙江省高级人民法院(2002)黑高商再字第12号民事判决,向最高人民法院(以下简称最高院)申请再审。

哈尔滨市中级人民法院一审查明:1990年11月1日,王兴华与无线电一厂签订《专利实施许可合同》一份。1991年3月20日,王兴华与无线电一厂签订《终止合同协议书》,以该合同涉及的单人便携式浴箱的结构形式在生产中无法实施为主要理由终止了合同。另查明,王兴华与王振中、吕文富、梅明宇三位第三人之间的专利权属纠纷业经哈尔滨市中级人民法院(94)哈经初字第229号判决认为,"单人便携式浴箱"实用新型非职务发明专利权属为王兴华、王振中、吕文富共有,效益分配比例为王兴华45%,王振中35%,吕文富15%,梅明宇5%,该判决已发生法律效力。

原一审法院认为:王兴华与无线电一厂签订的《专利实施许可合同》为有效合同,双方在履行合同过程中,根据实际情况自愿签订的《终止合同协议书》亦不违反法律规定。经法院判决,确认专利权为王兴华及王振中、吕文富共有,无线电一厂应按约定给付王兴华及王振中、吕文富、梅明宇相应的使用费,使用费给付应计算到终止合同协议书签订日期为止。此款无线电一厂已实际支付,王兴华及王振中、吕文富、梅明宇应按法院判决确认的分配比例分享。

一审判决后,王兴华、王振中、吕文富三人不服,提出上诉。

黑龙江省高级人民法院二审另查明:王兴华、王振中、梅明宇与无线电一厂于1989年9月1日签订了专利技术转让合同,并于1989年10月14日向无线电一厂提交了全套图纸和设计资料,无线电一厂按合同支付了1.3万元入门费。后进行了调试和试生产。在此合同基础上,根据无线电一厂的要求,王兴华、王振中、梅明宇与无线电一厂重新签订排他性专利实施许可合同。王兴华代表王振中、梅明宇在合同文本上签字。

原二审法院认为,1990年11月1日,王兴华本人并代表王振中、梅明宇与无线电一厂签订的"排他性专利实施许可合同",是双方当事人真实意思表示,不违反法律规定,应认定为有效。该合同签订时,王兴华系作为二人代表在合同文本上签字,无线电一厂对此是明知的。1991年3月20日,王兴华在没有征得王振中、梅明宇同意和授权的情况下,以个人名义与无线电一厂签订《终止合同协议书》,侵害了他人的合法权益,且《终止合同协议书》签订后,无线电一厂并没有返还该技术的全套设计图纸和设计资料,仍然使用该专利技术进行生产,至1993年7月10日还在支付专利使用费,这些行为说明,《终止合同协议书》并未实际履行。王兴华等人发生权属争议后,经有关部门和法院确认,专利权为王兴华、王振中、吕文富共有。依照法律规定,1989年6月1日中国专利局授予该专利权之日,专利权即为王兴华、王振中、吕文富共有。王兴华擅自以个人名义与无线电一厂签订《终止合同协议书》应认定无效。原一审法院认定王兴华与无线电一厂签订《终止合同协议书》有效不当,应予纠正。根据《中华人民共和国专利法》第12条、《中华人民共和国民事诉讼法》第153条第1款第2项之规定,判决:撤销原一审判决。

无线电一厂不服终审判决,向原二审法院申诉。黑龙江省高级人民法院于1998年2月18日以(98)黑高告字第8号函驳回该厂申诉。1998年10月,无线电一厂向最高院申请再审,最

高院函转黑龙江省高级人民法院审查处理。

2002年3月20日,黑龙江省高级人民法院以(2001)黑监经监字第81号一民事裁定书,裁定另行组成合议庭对本案进行再审。

黑龙江省高级人民法院再审另查明,《终止合同协议书》是由王兴华本人执笔起草签名,时任无线电一厂法定代表人张世杰签名并加盖公章。

原再审认为,王兴华作为专利号88202076.5当时唯一的专利权人与无线电一厂签订的专利实施许可合同,虽代表非专利权人王振中、梅明宇签订(不含吕文富),但该合同并未约定专利的处分权归上述三人共有,也未就有关专利实施许可的收益问题对王振中、梅明宇作出分配数额的约定。1991年3月20日,王兴华与无线电一厂签订《终止合同协议书》时,仍是专利证书上所记载的唯一专利权人。无线电一厂签订《终止合同协议书》是应专利权人王兴华的请求签订,在此期间,王振中、吕文富、梅明宇等人对88202076.5专利权与王兴华共有的权利并未依法得以确认,而且原告及第三人等亦未举证证明,无线电一厂应王兴华的请求签订《终止合同协议书》有损害第三人合法权益的恶意。《专利实施许可合同》和《终止合同协议书》的专利实施许可方均由王兴华一人签字,故两份合同的效力应作同一认定。王兴华以专利权人身份与无线电一厂签订的上述两份合同,符合《中华人民共和国专利法》的规定,均为有效合同。专利权经确认为共有时,无线电一厂基于《专利实施许可合同》所负的义务已经依《终止合同协议书》解除,无线电一厂与王兴华等人之间已不存在合同关系。原二审判决依第三人等事后被确认的专利共有权否认事前已形成的合同被解除的客观事实,没有法律依据。

王兴华、王振中、吕文富、梅明宇不服黑龙江省高级人民法院(2002)黑高监商再字第12号民事判决书,向最高院申请再审。

最高院认为:专利权人与其他非专利权人共同作为专利实施许可合同的一方,特别是合同对其他非专利权人也约定了权利义务的情况下,专利权人行使专利权应当受到合同的约束。不经过其他非专利权人的同意,专利权人无权独自解除所签订的专利实施许可合同,否则,就会损害合同其他当事人的合法权益。1990年11月1日双方签订《专利实施许可合同》时,王兴华是作为甲方(王兴华、王振中、梅明宇)的代表签名,该合同虽没有约定专利的处分权归上述三人共有,但约定了甲方有获得入门费、专利使用费的权利。该合同虽未约定其他两人的收益数额,但没有约定的只是具体的分配比例,并不是没有约定两人应获得的收益。1991年3月20日,王兴华与无线电一厂签订《终止合同协议书》时,未经其他许可人的同意和授权,擅自终止原签订的《专利实施许可合同》,损害了其他许可人的利益。

二、裁判要旨

No.3-1-15 专利权人与其他非专利权人共同作为合同的一方当事人,与他人签订专利实施许可合同,且合同中明确约定了其他非专利权人的权利义务的,专利权人行使专利权应当受到合同的约束,非经其他非专利权人同意,专利权人无权独自解除该专利实施许可合同。

依据我国《专利法》第15条的规定,专利申请权或者专利权的共有人对权利的行使没有约定的,共有人可以单独实施或者以普通许可方式许可他人实施该专利;许可他人实施该专利的,收取的使用费应当在共有人之间分配。该条只规定了专利权共有人缔约专利实施许可合同的权利,没有规定其他非专利权人作为共有人的情况。一般而言,专利申请权或者专利权的共有需要事先约定,依据约定决定共有的性质以及共有的状态。

在本案中,专利权人虽然只有一个,但是其在签订合同时,是代表其他两人的,并且合同对其他非专利权人也约定了权利义务,因此,专利权人行使专利权应当受到合同的约束。不经过其他非专利权人的同意,专利权人无权独自解除所签订的专利实施许可合同,否则,就会损害合同其他当事人的合法权益。故在该合同中,应当确认王兴华、王振中、梅明宇等三人对专利权的共有状况,合同的实施以及解除,也应当经过其他两人的同意。

**15** 发明人、设计人的专利署名权、获酬权(《专利法》第16条、第17条)

**案例:吴光志与西安近代化学研究所、西安北方庆华电器(集团)有限责任公司技术成果署名权纠纷案**

案例来源:《知识产权审判指导》2008年第2辑第174页

主题词:署名权 获酬权

## 一、基本案情

再审申请人(一审原告、二审上诉人):吴光志。

再审被申请人(一审被告、二审被上诉人):西安近代化学研究所。

再审被申请人(一审被告、二审被上诉人):西安北方庆华电器(集团)有限责任公司(以下简称804厂)。

再审申请人吴光志因与西安近代化学研究所、804厂技术成果署名权纠纷一案,不服陕西省高级人民法院2003年9月11日作出的(2003)陕民三终字第23号民事裁定,向最高人民法院(以下简称最高院)申请再审。

再审申请人申请再审称:(1)再审申请人参与了WD526-02(19型)、03(20型)航空抛放弹(以下简称航空抛放弹)项目从调研、方案论证实验到定型文件的编写,以及"药"的研制到弹的实验的全过程,系该项技术成果的主要完成人,享有署名权。再审申请人的诉讼请求是要求法院对此予以确认,属于人民法院民事案件的受案范围。原审裁定"偷换概念",以再审申请人请求确认"排名前三位",不属于人民法院民事案件受案范围为由,维持一审驳回起诉的民事裁定,于法无据,属于适用法律错误。(2)再审被申请人西安近代化学研究所《国防专用部级科学技术进步奖申报书》记载的GR5系列发射药技术成果(包括GR5和GR5改1)的主要完成人中,虽有吴光志的署名,但在向804厂申报的航空抛放弹技术成果报奖名单中,并没有吴光志的署名,而这两个技术成果并非一回事。原审法院将GR5系列发射药技术成果与航空抛放弹技术成果混为一谈,把GR5系列发射药技术成果的署名等同于航空抛放弹技术成果的署名,属于认定事实不清。因此,请求最高院撤销原审裁定,依法立案再审。

经审理查明,再审申请人吴光志于1980年至1989年,在西安近代化学研究所从事GR5发射药研究,该项技术成果获部级科技成果三等奖。1984年至1989年,再审申请人又投入GR5改1Bp航空抛放弹发射药研制。航空抛放弹工厂定型试验和设计定型试验已于1987年至1989年进行,其结果满足了有关战术技术要求。直到2001年5月24日,西安近代化学研究所通知再审申请人领取航空抛放弹发射药成果奖时,再审申请人才知道航空抛放弹获部级科技成果一等奖。后经其调查得知,1991年4月,航空抛放弹报奖时,主报单位804厂建议给参与发射药研制的同志奖励。西安近代化学研究所以再审申请人退休为由,剥夺了再审申请人对航空抛放弹科技成果的署名权和获得奖励、报酬的部分权利。在讨论报奖名单时,未通知再审申请人参加。

另查明,西安近代化学研究所在确定航空抛放弹技术成果报奖名单过程中,未将此事告知再审申请人吴光志。

一审法院认为,西安近代化学研究所依照上级规定的名额申报获奖人员名单,系单位内部的行政管理行为,再审申请人要求西安近代化学研究所向上级主管部门为其申报科技进步一等奖、颁发荣誉证书,没有可诉性,其诉讼请求不符合人民法院民事诉讼受案范围,故裁定驳回再审申请人的起诉。再审申请人不服一审裁定,向原审法院提起上诉。原审法院认为,再审申请人以其获奖应当排名前三位,起诉要求确认其对航空抛放弹科技进步一等奖的署名权,但是,按照有关规定,主要参加人员的排名问题,属于行政解决的问题,不属于人民法院民事诉讼受案范围,故裁定驳回上诉,维持原裁定。

最高院经审查认为,《民法通则》第97条第2款规定:"公民对自己的发明或者其他科技成果,有权申请领取荣誉证书、奖金或者其他奖励。"《合同法》第328条规定:"完成技术成果的个人有在有关技术成果文件上写明自己是技术成果完成者的权利和取得荣誉证书、奖励的权利。"因此,科技成果的署名权以及申请领取荣誉证书,奖金或者其他奖励的权利,是公民享有的民事权利,当事人因科技成果署名以及申请领取荣誉证书、奖金或者其他奖励发生争议的,属于民事争议,当事人起诉到人民法院的,人民法院应当依照《民事诉讼法》第 108 条的规定予以受理。本案再审申请人吴光志发现在西安近代化学研究所申报的航空抛放弹技术成果报奖名单中没有其本人,请求法院确认其为航空抛放弹发射药的完成人和享有署名权,并据此认为,西安近代化学研究所在申报航空抛放弹技术成果报奖名单的过程中,没有告知吴光志,侵犯了吴光志申请领取该项科技成果荣誉证书、获得奖励和报酬的权利,请求法院判令维护其相应的权利,该争议属于民事权益争议,人民法院应当受理。原审裁定对再审申请人的诉讼请求理解有误,简单地以"主要参加人员的排名问题,属行政解决的问题"为由,认为本案不属于人民法院民事诉讼受案范围,维持一审驳回再审申请人的起诉的裁定,系适用法律错误,应当予以纠正。

二、裁判要旨

No.3-1-16-1  被授予专利权的单位,应当对职务发明创造的发明人或者设计人给予奖励;发明创造专利实施后,根据其推广应用的范围和取得的经济效益,对发明人或者设计人给予合理的报酬,发明人或者设计人有权在专利文件中写明自己是发明人或者设计人。

《专利法》第 16 条规定,被授予专利权的单位应当对职务发明创造的发明人或者设计人给予奖励;发明创造专利实施后,根据其推广应用的范围和取得的经济效益,对发明人或者设计人给予合理的报酬。第 17 条第 1 款规定,发明人或者设计人有权在专利文件中写明自己是发明人或者设计人。前者是对发明人、设计人提供的物质性回报,后者则是对发明人、设计人提供的精神性回报,这有利于鼓励发明创造。本案中,吴光志作为相关专利的发明人和设计人具有署名权,以及领取该项科技成果荣誉证书、获得奖励和报酬的权利,上述权利属于民事权利,应该得到保护。

**16** 专利发明人、设计人的报酬、奖励(《专利法》第 16 条);宣告无效专利的使用费(《专利法》第 47 条)

**案例**:翁立克与上海浦东伊维燃油喷射有限公司、上海柴油机股份有限公司职务发明设计人报酬纠纷案

**案例来源**:《中华人民共和国最高人民法院公报》2009 年第 7 期第 41 页

**主题词**:发明人 设计人 使用费分成

一、基本案情

原告:翁立克。
被告:上海浦东伊维燃油喷射有限公司(以下简称伊维公司)。
被告:上海柴油机股份有限公司(以下简称上柴公司)。

原告翁立克因与被告伊维公司、上海柴油机公司发生职务发明设计人报酬纠纷,向上海市第一中级人民法院(以下简称上海一中院)提起诉讼。

上海市第一中级人民法院一审查明:被告上柴公司是被告伊维公司的股东之一,其出资占伊维公司注册资本的 90%。原告翁立克自 1995 年 12 月 15 日伊维公司成立之日起,一直担任该公司的总工程师,2005 年 3 月退休。

2001 年 4 月 17 日,被告上柴公司向国家知识产权局申请名称为"喷油泵挺柱体滚轮锁簧装置"和"矩形截面柱塞弹簧喷油泵"实用新型专利,2002 年 1 月 23 日,国家知识产权局决定将前述两项专利权授予上柴公司,专利号为 ZL01238898.X 和 ZL01238896.3,专利证书上所列设计人均为原告翁立克。

2003 年 11 月 1 日,上柴公司与伊维公司双方签订了两份《专利权转让合同》,约定上柴公司将 ZL01238898.X 和 ZL01238896.3 专利权无偿转让给伊维公司。"矩形截面柱塞弹簧喷油泵"专利权转让登记日为 2004 年 2 月 27 日,"喷油泵挺柱体滚轮锁簧装置"专利权转让登记日为 2004 年 4 月 23 日。

2003 年 11 月 4 日,被告伊维公司作为许可方,案外人电装公司作为被许可方签订《P7、PE

型柴油喷射泵技术转让协议》。原、被告双方均认可前述协议所涉 P7 泵总成技术中含有"喷油泵挺柱体滚轮锁簧装置"一项专利，PE 泵总成技术中含有"喷油泵挺柱体滚轮锁簧装置""矩形截面柱塞弹簧喷油泵"两项专利。

2005 年 7 月 7 日，国家知识产权局专利复审委员会（以下简称专利复审委）受理了案外人电装公司于同日对 ZL01238898.X 和 ZL01238896.3 专利权提出的无效宣告请求。2005 年 12 月 23 日，专利复审委依据电装公司提交的被告伊维公司于 1999 年 8 月 31 日向被告上柴公司开具的增值税专用发票及上柴公司的装配明细表，以与专利权要求保护的技术方案相同的产品已经在专利申请日前公开销售即不具有新颖性为由，作出了宣告 ZL01238898.X 和 ZL01238896.3 实用新型专利权全部无效的决定。

上海市第一中级人民法院一审认为：

《中华人民共和国专利法》（以下简称《专利法》）第 16 条规定："被授予专利权的单位应当对职务发明创造的发明人或者设计人给予奖励；发明创造专利实施后，根据其推广应用的范围和取得的经济效益，对发明人或者设计人给予合理的报酬。"《专利法实施细则》第 76 条规定："被授予专利权的国有企业事业单位许可其他单位或者个人实施其专利的，应当从许可实施该项专利收取的使用费纳税后提取不低于 10% 作为报酬支付发明人或者设计人。"被告伊维公司、上柴公司提供了柱塞弹簧、挺柱体部件及 P7 加强泵的图纸，称涉案专利是由上柴公司工作人员完成，但一方面涉案专利证书上记载的设计人为原告翁立克，另一方面上柴公司向伊维公司无偿转让涉案技术时双方形成的共识是，涉案专利应该归属伊维公司，专利权人登记为上柴公司是由于伊维公司是上柴公司的一个子公司，专利申请统一由上柴公司出面办理的缘故，双方共同签署的书面情况已证明了这一点。此外，两被告提供的图纸本身也不能直接证明涉案专利是由上柴公司工作人员完成。综合考虑以上因素，对两被告称原告不是涉案"喷油泵挺柱体滚轮锁簧装置"和"矩形截面柱塞弹簧喷油泵"实用新型专利的设计人的主张，不予认定。原告有权就涉案两项职务发明创造主张合理的报酬，伊维公司许可案外人电装公司实施上述专利并收取了使用费，应当依法从中提取一定比例作为报酬支付给原告。

庭审中，被告上柴公司、伊维公司提供《退款及关于〈P7、PE 型柴油喷射泵技术转让协议〉的补充协议》，称伊维公司与电装公司已协商确定涉讼专利在转让技术中所占的比重，并且在专利权被宣告无效后，将此前收取的专利所涉之许可使用费退还给电装公司。《专利法》第 47 条第 2 款规定："宣告专利权无效的决定，对在宣告专利权无效前人民法院作出并已执行的专利侵权的判决、裁定，已经履行或者强制执行的专利侵权纠纷处理决定，以及已经履行的专利实施许可合同和专利权转让合同，不具有追溯力。但是因专利权人的恶意给他人造成的损失，应当给予赔偿。"因此，在本案涉案专利权被宣告无效之前，被告伊维公司与电装公司已经发生的专利实施许可行为是有效的，但伊维公司仍需根据相关法律规定向职务发明创造设计人支付报酬。此外，伊维公司认为其已经奖励了原告，并提供了相关单据，对于这个问题，一方面，伊维公司对原告的这些奖励，并不是向职务发明创造设计人支付报酬，其数额也不符合《专利法实施细则》第 76 条的规定，另一方面，从这些奖励给付的时间来看，均在伊维公司与电装公司签约之前，与原告在本案中所主张的报酬无关。

涉案两项专利权已于 2005 年 12 月 23 日被宣告无效，在原告翁立克没有证据表明该两项专利仍处于有效法律状态的情况下，原告只能要求被告伊维公司支付专利权被宣告无效前基于专利许可使用费的收取所应提取的相应报酬。

关于计算基数问题，首先，从《P7、PE 型柴油喷射泵技术转让协议》相关条款分析，被告伊维公司依协议所收取的款项之对价为"根据本协议 3.1 款提供技术情报以及根据本协议第 2 条许可权利"，而协议附件中所列"技术情报"内容又不完全都是合同产品 P7 泵和 PE 泵总成技术直接对应之载体，依据科咨中心出具的补充鉴定结论所确定的比重，伊维公司收取的合同款项中的 70% 左右才是与喷油泵总成技术许可相关的使用费；其次，由于涉案专利只是喷油泵总成技术中的一部分，应当再依据专利在 P7 泵或 PE 泵中的技术贡献率来确定喷油泵总成技术的许可使用费中与专利相关的费用;第三,计算报酬的基数应为税后收益,且伊维公司与电装公司的协议中也约定了税款由许可方伊维公司自行缴纳,原告提出的减免税情形缺乏证据佐证,不予采信。综上,涉案专利报酬的计算基数应将伊维公司收取的协议款项纳税后计算70%,结合专利在合同产品中技术贡献率分别计算。故伊维公司许可电装公司在 P7 泵中使用"喷油泵挺柱体滚轮锁簧装置"专利所获得的税后净收益为 168 104.69 元,许可电装公司在 PE 泵中使用涉案两项专利所获得的税后净收益为 753 433.86 元。

关于提取比例问题,《专利法实施细则》第 76 条的规定只确定了一个最低比例,上海市《关于进一步加强本市知识产权工作的若干意见》规定:"企业要进一步加大对专利发明人的激励,自觉维护专利发明人的权益。专利权的持有单位在专利技术转让或者许可他人实施后,可以在收益纳税后提取不低于 30%,作为发明人或者设计人的报酬。"上海市《关于实施〈上海中长期科学和技术发展规划纲要(2006—2020 年)〉若干配套政策的通知》规定:"切实保障专利发明人或设计人的权益。专利权所有单位在专利转让或许可他人实施后,可在税后收益中提取不低于 30%作为发明人或设计人的报酬。其中,专利权所有单位为高校和科研院所的,可提取的比例不低于 50%。或可参照上述比例,实行发明人或设计人的技术入股。"前述规定使用了"可以"这样的指导性文字,均不能直接计算提取比例。因此,计算涉案发明人或设计人的报酬数额应当结合案情全面分析。原告翁立克提起本案诉讼不久,电装公司即向专利复审委宣告涉案专利权无效。原告在庭审时称,电装公司所依据的证据持有人应为被告上柴公司、伊维公司,而且两被告之间存在明显的关联关系,双方发生的销售事实不足以否定专利新颖性,电装公司向专利复审委宣告涉案专利权无效是两被告恶意串通的非法行为。法院认为,本案作为民事诉讼,对该部分内容不予审理。但是,从伊维公司在收到涉案专利无效宣告请求审查决定后 3 个月内未能采取有效措施挽救专利权的消极行为来看,涉案专利的无效直接致原告不能根据涉案专利在专利权期限届满之前继续被推广应用所产生的经济效益而主张报酬。综合考虑全案各项因素,将提取比例酌定为 30%。

据此,上海市第一中级人民法院于 2007 年 12 月 25 日判决:被告伊维公司应从许可电装公司实施专利号为 ZL01238898.X"喷油泵挺柱体滚轮锁簧装置"和专利号为 ZL01238896.3"矩形截面柱塞弹簧喷油泵"两项实用新型专利所收取的使用费中,提取人民币 276 461.57 元作为报酬,支付给原告翁立克。

翁立克与伊维公司均不服一审判决,向上海市高级人民法院(以下简称上海市高院)提起上诉。

上海市高级人民法院经审理,确认了一审查明的事实。

上海市高级人民法院二审认为:根据《专利法实施细则》的规定,上诉人伊维公司的义务是从许可实施涉案专利收取的使用费纳税后提取不低于 10%作为报酬支付给翁立克,一审法院结合本案的实际情况,全面分析,将专利使用费提取比例酌定为 30%,符合法律规定,说理得当,应予维持。

上诉人翁立克要求对预期利益进行分成,应将"计算报酬时间段"延伸至涉案专利的届满期限 2011 年 4 月。根据《专利法》及其《专利法实施细则》的规定,作为发明人或者设计人报酬的专利使用费分成,是对实施相应专利已经实现利益的分成,并不包括对期待利益的分成。故翁立克的该项主张没有法律依据,不予支持。

一审判决上诉人伊维公司支付上诉人翁立克的专利使用费分成,是涉案专利被宣告无效之前的专利使用费分成,这些专利使用费是伊维公司已经实现的涉案专利许可使用费,本案不存在专利权人伊维公司的恶意给被许可人电装公司造成损失的情形,根据《专利法》的规定,伊维公司并无义务返还被许可人电装公司在涉案专利权被宣告无效之前已经收取的专利使用费。伊维公司关于涉案专利权已经无效、伊维公司不应支付相关报酬的上诉理由不能成立。

二、裁判要旨

No.3-1-16-2 被授予专利权的单位可以与发明人、设计人约定或者在其依法制定的规章制度中规定《专利法》第 16 条规定的奖励、报酬的方式和数额。

被授予专利权的单位未与发明人、设计人约定也未在其依法制定的规章制度中规定《专利法》第 16 条规定的报酬的方式和数额的,应当自专利权公告之日起 3 个月内发给发明人或者设计人奖金。

在专利权有效期限内,实施发明创造专利后,每年应当从实施该项发明或者实用新型专利的营业利润中提取不低于法律法规规定的比例作为报酬,给予发明人或者设计人,或者参照上述比例,给予发明人或者设计人一次性报酬;被授予专利权的单位许可其他单位或者个人实施其专利的,应当从收取的使用费中提取不低于法律法规规定的比例,作为报酬给予发明人或者设计人。

《专利法》第 16 条规定:"被授予专利权的单位应当对职务发明创造的发明人或者设计人给予奖励;发明创造专利实施后,根据其推广应用的范围和取得的经济效益,对发明人或者设计人给予合理的报酬。"现行《专利法实施细则》第 76 条第 1 款规定:"被授予专利权的单位可以与发明人、设计人约定或者在其依法制定的规章制度中规定专利法第十六条规定的奖励、报酬的方式和数额。"第 77 条第 1 款规定:"被授予专利权的单位未与发明人、设计人约定也未在其依法制定的规章制度中规定专利法第十六条规定的奖励的方式和数额的,应当自专利权公告之日起 3 个月内发给发明人或者设计人奖金。一项发明专利的奖金最低不少于 3 000 元;一项实用新型专利或者外观设计专利的奖金最低不少于 1 000 元。"第 78 条规定:"被授予专利权的单位未与发明人、设计人约定也未在其依法制定的规章制度中规定专利法第十六条规定的报酬的方式和数额的,在专利权有效期限内,实施发明创造专利后,每年应当从实施该项发明或者实用新型专利的营业利润中提取不低于 2% 或者从实施该项外观设计专利的营业利润中提取不低于 0.2%,作为报酬给予发明人或者设计人,或者参照上述比例,给予发明人或者设计人一次性报酬;被授予专利权的单位许可其他单位或者个人实施其专利的,应当从收取的使用费中提取不低于 10%,作为报酬给予发明人或者设计人。"

被告伊维公司、上柴公司提供了柱塞弹簧、挺柱体部件及 P7 加强泵的图纸,称涉案专利是由上柴公司工作人员完成,但一方面涉案专利证书上记载的设计人为原告翁立克,另一方面上柴公司向伊维公司无偿转让涉案技术时双方形成的共识是涉案专利应该归属伊维公司,专利权人登记为上柴公司是由于伊维公司是上柴公司的一个子公司,专利申请统一由上柴公司出面办理的缘故,双方共同签署的书面情况已证明了这一点。此外,两被告提供的图纸本身也不能直接证明涉案专利是由上柴公司工作人员完成。因此可以认定,原告是涉案"喷油泵挺柱体滚轮锁簧装置"和"矩形截面柱塞弹簧喷油泵"实用新型专利的设计人。原告有权就涉案两项职务发明创造主张合理的报酬,伊维公司许可案外人电装公司实施上述专利并收取了使用费,应当依法从中提取一定比例作为报酬支付给原告。

**No.3-1-16-3** 作为发明人或者设计人报酬的专利使用费分成,是对实施相应专利已经实现利益的分成,并不包括对期待利益的分成。

从《专利法实施细则》第 78 条规定可知,发明人或者设计人每年可从实施专利的营业利润以及收取的使用费中提取一定比例的报酬,因此作为发明人或者设计人报酬的专利使用费分成,是对实施相应专利已经实现利益的分成,并不包括对期待利益的分成。因此,本案中不能将"计算报酬的时间段"延伸至涉案专利的届满期限 2011 年 4 月。

**No.3-5-47-1** 宣告专利权无效的决定,对在宣告专利权无效前人民法院作出并已执行的专利侵权的判决、裁定,已经履行或者强制执行的专利侵权纠纷处理决定,以及已经履行的专利实施许可合同和专利权转让合同,不具有追溯力。但是因专利权人的恶意给他人造成的损失,应当给予赔偿。不返还专利侵权赔偿金、专利使用费、专利权转让费,明显违反公平原则的,应当全部或者部分返还。

根据《专利法》第 47 条第 2 款的规定,对发明人、设计人起诉要求许可他人实施专利的专利权人以该专利已经被宣告无效为由,拒绝支付在专利权被宣告无效之前已经发生的专利实施许可行为所应支付的职务发明设计人报酬的,人民法院不应予以支持。这是因为,没有任何专利权人都有把握保证其权利始终被认为有效,往往在专利权被确认无效的时候,专利权人或者无能力偿还,或者去世或不存在。因此基于经济秩序的考虑,各国都在专利法中对此作出了规定。但是这种规定也是有限制的,即专利权人恶意给他人造成损失的情况以及不返还专利侵权赔偿金、专利使用费、专利权转让费,明显违反公平原则的情况。前者可适用于专利权人利用无效专利,诈骗专利使用费;后者则可适用于专利权人收取过于高昂的专利使用费等,影响被授权人经营生产的情况。鉴于本案不存在专利权人伊维公司的恶意给被许可人电装公司造成损失的情形,因此伊维公司并无义务返还被许可人电装公司在涉案专利权被宣告无效之前已经收取的专利使用费。

发明人・设计人・使用费分成

# 第二章 授予专利权的条件

> **本章裁判要旨**
>
> No.3-2-22-1 在传统工艺基础上进行技术创新所获得的技术成果,符合专利授予条件的,可以申请专利并受到法律保护。
>
> No.3-7-65-1 权利人的损失、侵权人获得的利益和专利许可使用费均难以确定的,人民法院可以根据专利权的类型、侵权行为的性质和情节等因素,确定给予1万元以上100万元以下的赔偿。
>
> No.3-2-22-2 被控侵权产品与专利权人的专利相同,不能排除公知技术抗辩原则的适用。
>
> No.3-2-22-3 商业上的成功仅是判断技术具有创造性的辅助证据。
>
> No.3-2-22-4 抵触申请与现有技术具有相同的属性,即均损害专利的新颖性,在《专利法》已明确规定专利侵权诉讼中可以适用现有技术抗辩的情形下,可以参照《专利法》及有关司法解释的规定,在专利侵权诉讼中适用抵触申请的抗辩。
>
> No.3-2-22-5 企业标准备案不当然构成专利法意义上的公开。
>
> No.3-2-22-6 创造性判断中采纳申请日后补交的实验数据的条件,是其用以证明的技术效果在原申请文件中有明确记载。
>
> No.3-2-22-7 现有技术抗辩的比对方法,是将被诉侵权技术方案与现有技术进行对比,审查判断现有技术是否公开了与之相同或者等同的技术特征。
>
> No.3-2-22-8 创造性判断中商业成功的考量时机,为利用"三步法"难以判断技术方案的创造性或者得出无创造性的评价与认定方法时,判断标准为技术方案相比现有技术作出改进的技术特征是商业成功的直接原因。
>
> No.3-2-22-9 在新晶型化合物创造性判断中,应当结合其是否带来预料不到的技术效果进行考虑。
>
> No.3-2-22-10 《专利审查指南》所称"结构接近的化合物",仅指该化合物必须具有相同的核心部分或者基本的环,不涉及化合物微观晶体结构本身的比较。
>
> No.3-2-22-11 评价实用新型专利创造性时,在现有技术已经给出明确技术启示的情况下,可以考虑相近或者相关技术领域的现有技术。
>
> No.3-2-22-12 现有技术中是否存在技术偏见,应当结合现有技术的整体内容进行判断。
>
> No.3-2-23-1 授予专利权的外观设计,应当不属于现有设计,也没有任何单位或者个人就同样的外观设计在申请日以前向国务院专利行政部门提出过申请,并记载在申请日以后公告的专利文件中。
>
> No.3-2-23-2 授予专利权的外观设计不得与他人在申请日以前已经取得的合法权利相冲突。
>
> No.3-2-23-3 功能性设计特征的判断标准,在于一般消费者看该设计特征是否仅仅由特定功能所决定。

**17** 传统工艺专利中对创造性的判定(《专利法》第 22 条);专利侵权法定赔偿(《专利法》第 65 条)

**案例**:福州金得利工艺品有限公司与刘爱容、深圳市丰和盛实业有限公司、盛琦外观设计专利侵权纠纷案

**案例来源**:《人民法院案例选》2004 年商事·知识产权专辑[第 63 号]

**主题词**:传统工艺　创造性　专利侵权法定赔偿

## 一、基本案情

原告:福州金得利工艺品有限公司。

被告:刘爱容。

被告:深圳市丰和盛实业有限公司。

被告:盛琦。

福州金得利工艺品有限公司因刘爱容、深圳市丰和盛实业有限公司以及盛琦涉嫌侵犯其专利权,向福州市中级人民法院(以下简称福州中院)提起诉讼。

福州市中级人民法院经公开审理查明:原告福州金得利工艺品有限公司于 1997 年 5 月 1 日向国家知识产权局专利局申请了"一种制作较大体积空心金属工艺美术品的造型工艺"的发明专利[专利号为:ZL97103571.7],该专利于 2000 年 12 月 29 日被国家知识产权局授予专利权。2001 年 6 月开始,被告刘爱容在其店(福州市台江雅丽工艺品店)中公开销售被告深圳市丰和盛实业有限公司所生产制造的工艺摆件。被告深圳市丰和盛实业有限公司所生产的本案讼争的工艺摆件品种多达近一百种,具体品种有"九龙瓶"等。2001 年 7 月 4 日,原告福州金得利工艺品有限公司通过其代理人林天凯向被告福州市台江雅丽工艺品店的业主刘爱容发出电报,要求其立即停止销售被告深圳市丰和盛实业有限公司、盛琦生产的本案讼争的侵权工艺摆件。但被告刘爱容仍继续销售本案讼争的侵权工艺摆件。被告盛琦作为经营者,在广东省东莞市登记注册成立了东莞市长安美盛工艺品加工厂,其组织形式为个体工商户,经营场所为东莞市长安镇乌沙江贝第二工业区。同时,被告盛琦的另一身份为本案被告深圳市丰和盛实业有限公司的法定代表人。被告盛琦在其经营场所内大规模生产、制造使用与原告专利 ZL97103571.7 相同的专利方法,直接制造本案讼争的侵权工艺摆件。被告刘爱容所销售的由被告深圳市丰和盛实业有限公司所生产、制造的工艺摆件(本案讼争的侵权产品),均系由被告盛琦与被告深圳市丰和盛实业有限公司共同生产、制造。2002 年 3 月 27 日,经过被告深圳市丰和盛实业有限公司的专利无效申请,中华人民共和国国家知识产权局专利局专利复审委员会作出了《无效宣告请求审查决定》,在该审查决定书中认定,ZL97103571.7,名为"一种制作较大体积空心金属工艺美术品的造型工艺"发明专利,具有新颖性与创造性,故驳回深圳市丰和盛实业有限公司的无效宣告请求,维持该专利权有效。

原告福州金得利工艺品有限公司作为许可方与被许可方福建省长乐市宝辉首饰模具有限公司于 2001 年 8 月 8 日订立了一份《专利实施许可合同》,约定将专利号为:ZL97103571.7,名为"一种制作较大体积空心金属工艺美术品的造型工艺"发明专利,以普通许可的方式授权福建省长乐市宝辉首饰模具有限公司有偿使用。该合同于 2002 年 8 月 28 日向福建省知识产权局备案。福建省长乐市宝辉首饰模具有限公司也于 2001 年 12 月 22 日支付给原告福州金得利工艺品有限公司专利许可使用费 20 万元人民币。

福州市中级人民法院根据上述事实认为,被告深圳市丰和盛实业有限公司及被告盛琦未经原告许可,大量生产、低价倾销与原告发明专利相同的工艺摆件产品,已经构成了对原告发明专利权的侵犯。被告刘爱容在收到原告向其发出的立即停止侵权的电报后,仍继续销售本案讼争的侵权工艺摆件,其行为也已经构成对原告发明专利权的侵犯。原告福州金得利工艺品有限公司作为许可方与被许可方福建省长乐市宝辉首饰模具有限公司于 2001 年 8 月 8 日订立了一份《专利实施许可合同》,该合同于 2002 年 8 月 28 日才向福建省知识产权局备案。虽福建省长乐市宝辉首饰模具有限公司于 2001 年 12 月 22 日支付给原告福州金得利工艺品有限公司第一期

专利许可使用费 20 万元人民币,但该份《专利实施许可合同》并未得到长乐市宝辉首饰模具有限公司的全面履行(即合同所约定的 200 万元专利实施许可使用费并未全额支付)。原告要求按照该《专利实施许可合同》所约定的专利实施许可使用费 200 万元来确定侵权赔偿数额的诉讼请求,福州市中级人民法院不予支持。但由于该方法发明专利具有新颖性、创造性与实用性,又能够产生较好的经济效益,且原告福州金得利工艺品有限公司的"金得利"商标系中国知名品牌,其专利产品具有很好的信誉与较高的市场占有率。被告深圳市丰和盛实业有限公司、盛琦的生产及销售行为给原告造成较大的经济损失,福州市中级人民法院以专利侵权定额赔偿的标准为依据,确定被告深圳市丰和盛实业有限公司、被告盛琦在本案中的发明专利侵权赔偿的数额应为 50 万元为宜。另由于被告刘爱容具体销售本案讼争的侵权工艺摆件的违法所得无法确定,且被告刘爱容本人又拒不到庭进行答辩及质证,所以原告根据专利侵权定额赔偿的有关规定,要求被告刘爱容赔偿 5 万元经济损失的诉讼请求合理合法,福州市中级人民法院依法予以支持。

原、被告均服从一审判决,没有上诉。

二、裁判要旨

No.3-2-22-1 在传统工艺基础上进行技术创新所获得的技术成果,符合专利授予条件的,可以申请专利并受到法律保护。

授予发明、实用新型专利的一个重要条件就是对创造性的认定,即与现有技术相比,该发明具有突出的实质性特点和显著的进步,该实用新型具有实质性特点和进步。考虑到在当前科技发展现状下,完全不依赖现有技术的开拓性发明极为少见,因此,专利三性的判断还是基于现有技术与发明创造的对比之上。

本案被告认为,其所共同生产的本案讼争的侵权产品工艺摆件并未侵犯原告的专利权,其制造以上工艺摆件所使用的技术方法与步骤均是公知公用的公有技术,原告的专利并不具有新颖性与创造性,并认为,2002 年 3 月 27 日国家专利复审委员会作出的"无效宣告请求审查决定"有重大失误,并已经向北京市第一中级人民法院提起行政诉讼,要求撤销 2002 年 3 月 27 日国家专利复审委员会作出的"无效宣告请求审查决定"。

2002 年 3 月 27 日国家专利复审委员会针对被告深圳市丰和盛实业有限公司为专利无效申请作出了"无效宣告请求审查决定",认定原告的发明专利具有新颖性与创造性,驳回申请人的无效宣告请求,维持该专利权有效。专利复审委员会作出的"无效宣告请求审查决定"程序合法,内容真实,在被告深圳市丰和盛实业有限公司、盛琦没有其他证据推翻"无效宣告请求审查决定"之前,该"无效宣告请求审查决定"是合法有效的。因此。本案原告的发明专利不是公知技术,被告的行为构成侵权。

No.3-7-65-1 权利人的损失、侵权人获得的利益和专利许可使用费均难以确定的,人民法院可以根据专利权的类型、侵权行为的性质和情节等因素,确定给予 1 万元以上 100 万元以下的赔偿。

专利侵权的法定赔偿,是指在权利人损失、侵权人非法获利以及专利许可使用费均难以确定的情况下,由法院依据与侵权行为相关的一些因素在法定的幅度内酌情确定赔偿数额。值得注意的是,法定赔偿,是在权利人所受损失、侵权人的非法获利以及专利许可使用费均难以确定的情况下才能应用。

本案原告以其与长乐市宝辉首饰模具有限公司订立的《专利实施许可合同》为依据,要求被告赔偿损失。该《专利实施许可合同》约定专利许可使用费为 200 万元,采用分期付款的方式支付。被许可方并未完全履行合同,仅支付了第一期费用 20 万元。因此,该《专利实施许可合同》约定的专利许可使用费不能作为确定本案被告赔偿的依据。法院根据被告侵权行为的时间、情节,依据最高人民法院《关于审理专利纠纷案件适用法律问题的若干规定》规定的法定赔偿数额的最高限额 50 万元确定赔偿金额是正确的。

传统工艺·创造性·专利侵权法定赔偿

### 18 公知技术抗辩的适用(《专利法》第 22 条)

**案例:施特里克斯有限公司与宁波圣利达电器制造有限公司、华普超市有限公司侵犯专利权纠纷申请再审案**

案例来源:《最高人民法院知识产权审判案例指导》(第一辑)[(2007)民三监字第 51-1 号]
主题词:公知技术抗辩

#### 一、基本案情

再审申请人(一审原告、二审被上诉人):施特里克斯有限公司。

再审被申请人(一审被告、二审上诉人):宁波圣利达电气制造有限公司(以下简称圣利达公司)。再审被审请人(原审被告):华普超市有限公司(以下简称华普超市)。

施特里克斯有限公司因与再审被申请人侵犯专利权纠纷一案,不服北京市高级人民法院(2006)高民终字第 571 号民事判决,向最高人民法院(以下简称最高院)申请再审。施特里克斯有限公司提出,原审判决认定被控侵权热敏控制器属于公知技术,并进而认定再审被申请人圣利达公司的公知技术抗辩成立,其行为不构成侵犯专利权,属于认定事实错误,适用法律不当。具体理由包括:(1)被控侵权热敏控制器的两个双金属片致动器在基本相同的温度下工作,而公知技术 89208920.2 号实用新型专利文献(以下简称 8920 专利文献)所公开的控温器并不必然在相同温度下工作;(2)被控侵权热敏控制器的双金属片致动器在正常煮水时不工作,而 8920 专利文献公开的控温器中的双金属片在正常煮水时工作;(3)被控侵权热敏控制器的两个双金属片致动器是隔开的,原审判决已经认定该特征与涉案专利权利要求 1 记载的相同,而 8920 专利文献公开的两个控温器的隔开位置是尽可能地靠近,与被控侵权热敏控制器及涉案专利均不相同;(4)被控侵权热敏控制器与涉案专利权利要求 1 记载的技术特征完全相同,构成字面侵权,不应适用公知技术抗辩原则。最高院审查并对这一问题作出回应:

1. 公知技术抗辩是否成立?这主要取决于你公司所提出的关于原审判决认定再审被申请人圣利达公司公知技术抗辩成立错误的四项具体理由是否成立。

2. 理由(1)"基本相同的温度"。从 8920 专利说明书记载的内容看,"两只控温器(6)或(6)′放在底盘(2)的两个圆孔里",清楚地表明了 8920 专利使用了两只控温器,它们就是(6)或(6)′;"控温器(6)去掉警报器就是(6)′""水沸后紧贴水壶底的控温器(6)中的双金属片动作(温度为 98±3℃)",则表明了控温器(6)或(6)′的致动温度都如说明书所述为 98±3℃,根本没有两只控温器致动温度不同的记载;"电热水壶底盘上装有一只以上(2 只)控温器(6)或(6)′,当一只控温器(6)或(6)′烧坏后……另一个控温器(6)或(6)′就可代替第一个控温器(6)或(6)′工作,起到保险作用",这清楚地表明了两只控温器的关系是互为替代的关系。而只有两只控温器致动温度设置成基本相同的情况下,才可能互为替代,两只控温器的互为替代作用也更进一步说明了两只控温器的致动温度应是基本相同的。在这点上,被控侵权热敏控制器与 8920 专利文献公开的控温器并无不同。你公司认为从 8920 专利文献中不能唯一、必然地推断出两只控温器的致动温度基本相同,甚至认为 8920 专利文献公开的只有一只控温器而不是两只控温器,被控侵权热敏控制器与 8920 专利文献公开的控温器不同,而与你公司的专利技术相同,与事实不符。

3. 理由(2)"正常煮水不致动"。从查明的事实看,被控侵权热敏控制器为了防止水壶水煮干或在无水的过热情况下烧毁加热元件,从而设置了高于水沸点的双金属片致动温度,如 140℃,因此在正常煮水时双金属片不致动。而 8920 专利文献公开的控温器中双金属片设置的致动温度为 98±3℃,与水的沸点相同,故在正常煮水时会致动。但被控侵权热敏控制器与 8920 专利文献公开的控温器之间的上述区别,仅在于双金属片具体致动温度的选择上,对于本领域技术人员来说,选择致动温度是 100℃的双金属片也好,还是选择致动温度是 140℃的双金属片也好,完全可以根据需要在现有技术中选择,不需付出创造性的劳动,8920 专利文献公开的控温器和被控侵权热敏控制器,均采用了双金属片致动技术手段,并达到了防止发热元件烧毁的技术效果,二者并无实质性的区别。尽管被控侵权热敏控制器的该技术特征与涉案专利的相应技术特征也相同,但将其与 8920 专利文献公开的控温器相比,二者属于等同的技术特征,仍属于公知技术的范畴。

4. 理由(3)"隔开"。从被控侵权热敏控制器实物看,两只双金属片致动器是通过隔离筋隔开的,以防短路;两只双金属片致动器位于基本相同的位置,所感测到的是相同位置的温度。8920 专利文献也公开了两只控温器,从该专利说明书及附图看,其所公开的两只控温器也是通过隔离筋相互隔开,以便使用中不会造成短路;两只控温器也位于基本相同的位置,感测到的是相同位置的温度。因此,被控侵权热敏控制器中两只双金属片致动器的"隔开",与 8920 专利文献所公开的两只控温器之间的"隔开"是相同的,显然属于公知技术范畴。相反,涉案专利权利要求 1 虽然也记载有一对双金属片致动器相互"隔开"的技术特征,但"隔开"的目的并非仅仅是为了防止短路,而是要感测到不同位置的温度,以便实现防侧倾的技术效果。故被控侵权热敏控制器的此一技术特征与涉案专利权利要求 1 记载的"隔开"技术特征并不相同,也不等同,原审判决认定二者相同反而是不当的。

5. 理由(4) 相同侵权是否适用公知技术抗辩?公知技术抗辩的适用,仅以被控侵权产品中被指控落入专利权保护范围的全部技术特征,与已经公开的其他现有技术方案的相应技术特征是否相同或者等同为必要,不能因为被控侵权产品与专利权人的专利相同而排除公知技术抗辩原则的适用。何况从查明的事实看,被控侵权热敏控制器与涉案专利权利要求 1 记载的技术特征并不完全相同。因此,你公司认为在被控侵权热敏控制器与涉案专利相同的情况下不应适用公知技术抗辩,缺乏法律依据。

基于上述分析,你公司认为被控侵权热敏控制器不属于现有技术,原审判决认定再审被申请人公知技术抗辩成立错误的再审理由不能成立,最高院不予支持。

## 二、裁判要旨

**No.3-2-22-2** 被控侵权产品与专利权人的专利相同,不能排除公知技术抗辩原则的适用。

公知技术抗辩就是现有技术抗辩,是在诉讼程序中当事人对涉案专利新颖性的质疑。公知技术抗辩的适用仅以被控侵权产品中被指控落入专利权保护范围的全部技术特征,与已经公开的其他现有技术方案的相应技术特征是否相同或者等同为必要,不能因为被控侵权产品与专利权人的专利相同而排除公知技术抗辩原则的适用。

**19** 商业上的成功与技术创造性的判断(《专利法》第 22 条)

案例:比亚迪股份有限公司与国家知识产权局专利复审委员会、惠州超霸电池有限公司专利无效行政纠纷案
案例来源:最高人民法院《2008 年 100 件全国知识产权司法保护典型案例》
主题词:商业上的成功 创造性

## 一、基本案情

上诉人(原审原告):比亚迪股份有限公司(以下简称比亚迪公司)。
被上诉人(原审被告):国家知识产权局专利复审委员会。
被上诉人(原审第三人):惠州超霸电池有限公司(以下简称超霸公司)。

上诉人比亚迪公司因专利无效行政纠纷一案,不服北京市第一中级人民法院(2004)一中行初字第 850 号行政判决,向北京市高级人民法院(以下简称北京高院)提起上诉。

比亚迪公司系第 00227259.8 号名称为一种用于可充电池组的电路保护元件实用新型专利的专利权人。2001 年 8 月 29 日,超霸公司向专利复审委员会请求宣告该专利权无效,认为该专利不具有新颖性和创造性,且不符合《专利法》第 26 条及《专利法实施细则》第 2 条、第 20 条、第 21 条、第 22 条之规定。专利复审委员会经过审查,于 2004 年 6 月 9 日作出第 6147 号无效决定,宣告 00227259.8 号实用新型专利权无效。比亚迪公司不服,向北京市第一中级人民法院提起行政诉讼。

北京市第一中级人民法院经审理认为,专利复审委员会作出第6147号无效决定程序合法,适用法律亦无不当。此外,比亚迪公司未提出确实、充分的证据证明本专利取得了商业上的成功,且这种成功是由本专利的技术方案所直接导致的,比亚迪公司关于取得商业上成功使得本专利具有创造性的主张,不予支持。

比亚迪公司不服,向北京市高级人民法院提起上诉,请求撤销一审判决和专利复审委员会第6147号无效决定,维持第00227259.8号实用新型专利权有效。比亚迪公司上诉称:本案实用新型专利取得的商业上的成功,也说明本实用新型专利具有创造性。

北京高院认为,本专利对于本领域普通技术人员来说,将附件8中的电路保护元件用于可充电电池组中不需要花费创造性劳动,故本专利权利要求1不具有创造性。同理,依据本案有关的具体事实和证据,各从属于权利要求2、3、4也不具有创造性。比亚迪公司认为,本专利取得了商业上的成功,但并未提供确实、充分的证据予以支持,而且也未能证明商业上的成功来源于技术方案所带来的技术效果,其主张不予支持。

## 二、裁判要旨

**No.3-2-22-3　商业上的成功仅是判断技术具有创造性的辅助证据。**

在判断技术方案是否具有相应技术效果的一个辅助性指标就是商业上的成功,但这不能直接用来得出专利是否具有创造性的结论。判断一项技术是否具有创造性,还需要与现有技术相比,该发明具有突出的实质性特点和显著的进步,该实用新型具有实质性特点和进步。本案中,比亚迪公司认为,本专利取得了商业上的成功,但并未提供确实、充分的证据予以支持,而且也未能证明商业上的成功来源于技术方案所带来的技术效果,其主张没有得到北京高院的支持。

**20** 抵触申请(《专利法》第22条)

**案例**:邱则有与长沙市桔洲建筑工程有限公司侵害发明专利权纠纷案
**案例来源**:《人民法院案例选》2012年第1辑[第49号]
**主题词**:抵触申请　新颖性

## 一、基本案情

原告:邱则有。

被告:长沙市桔洲建筑工程有限公司(以下简称长沙桔洲公司)。

原告邱则有系"一种现浇钢筋砼空心板"发明专利的权利人,该项专利的申请日为2003年5月6日,授权日为2009年4月8日,专利号为ZL200610093421.9,该专利尚在有效期限之内。

由株洲欧洲城房地产开发有限公司开发建设的"株洲欧洲城服饰市场"工程项目,位于株洲市芦淞区,被告长沙桔洲公司系该工程项目的施工单位,在楼盖施工中使用了"现浇混凝土空心楼盖结构技术",并于2010年1月27日与案外人湖南省立信建材实业有限公司签订《BDF薄壁箱销售合同》,购买工程中所需的规格为900×900×350薄壁箱18 000个,单价为85元,合同总价款为153万元。2010年3月28日,原告邱则有向被告长沙桔洲公司发出了一份"关于在投建工程中选用获得发明专利授权的产品及楼盖技术避免侵犯专利权的函",在该函中,原告邱则有提醒被告长沙桔洲公司,在工程施工中尊重其相关专利权以避免侵权,被告长沙桔洲公司在接到该函后并未停止施工,也未找原告邱则有协商。

本案在审理过程中,湖南省株洲市中级人民法院(以下简称株洲中院)根据原告邱则有的申请,依法采取证据保全措施,扣押了被告长沙桔洲公司施工采用的薄壁箱两个,并对被告长沙桔洲公司在"欧洲城服饰市场"工程项目施工中现浇空心楼盖浇注混凝土前、后的结构特征进行录像和拍照。通过对上述扣押的物证薄壁箱进行观察,结合反映现浇空心楼盖浇注混凝土前、后结构特征的视听资料,被告长沙桔洲公司制造的现浇空心楼盖的相应技术特征可以分解为:(1)现浇空心楼盖底板中采用钢丝网,其余各面均系钢筋砼;(2)薄壁箱部分或全部裹含在钢筋砼中;(3)薄壁箱中有现浇砼浇注用孔洞;(4)现浇砼浇注于孔洞中,形成叠合砼柱或墩;

(5)薄壁箱在现浇砼中间隔布置,彼此之间形成现浇砼暗肋,现浇砼暗肋呈正交布置。原告邱则有起诉要求被告停止侵权并赔偿损失。

被告长沙桔洲公司辩称:其在"欧洲城服饰市场"项目制造的现浇空心楼盖的技术特征与原告邱则有的发明专利的技术特征既不相同也不等同,不构成侵犯原告邱则有的发明专利权;被告长沙桔洲公司所实施的现浇空心楼盖技术方案属于对案外人王本森在先专利的许可实施,由于案外人王本森的在先专利文件构成抵触申请,因此,被告长沙桔洲公司实施的技术应视为现有技术而不构成侵犯专利权。

湖南省株洲市中级人民法院一审认为:

1. 经比对,本案被控侵权现浇空心楼盖技术方案包含了与原告专利独立的权利要求记载的全部技术特征相同的技术特征,同时被控侵权现浇空心楼盖还包含落入从属权利要求20、22、26、28、29、32、34、47、48、56限定特征保护范围的相应技术特征,被告长沙桔洲公司制造的现浇空心楼盖的技术特征落入原告邱则有发明专利权的保护范围。

2. 被告长沙桔洲公司主张实施"抵触申请"不构成侵权的抗辩理由不能成立。其一,抵触申请参照现有技术抗辩之说,缺乏法律依据。无论是《专利法》还是《专利法实施细则》,或是最高人民法院的相关司法解释,对被诉侵权人以抵触申请主张不侵权抗辩,均没有相应的规定。抵触申请也不属于现有技术的范畴,不能视为现有技术作为不侵权抗辩的法定理由。其二,被告长沙桔洲公司主张其现浇空心楼盖技术系实施"抵触申请"并无事实根据。被告长沙桔洲公司所提出专利权人王本森第02282207.0号"薄壁箱体现浇砼空腹板用薄壁箱体"实用新型专利说明书,仅从该专利的主题名称即可判断其与被控侵权现浇空心楼盖不同,其实施例所述楼盖技术方案也与被控侵权现浇空心楼盖不同;被告长沙桔洲公司所提出专利申请人王本森第02130871.3号"薄壁箱体现浇空腹板"发明专利申请公开说明书,该申请所公开的技术方案亦明显与被控侵权现浇空心楼盖不同。被告长沙桔洲公司提出的两篇抵触申请文件记载的实施例方案大致相同,但其实施例方案与被控侵权现浇空心楼盖技术方案均不相同,且至少存在以下区别:被控侵权现浇空心楼盖中落入专利保护范围的"薄壁箱上孔洞的一端的下底表面上设置有四个凸台""增强物纤维网的每一个构成单元均为纤维薄条带"等技术特征,没有在被告主张抗辩的抵触申请技术方案中记载,而抵触申请记载方案中所必要的"所述箱体的空腔中周壁的内壁面各对角间至少设一个内衬板,形成对角的、米字或辐射状之一的内衬板系"技术特征也没有在被控侵权现浇空心楼盖技术方案中再现,可见,两者技术方案及对应技术特征均实质不同,被告长沙桔洲公司所实施的现浇空心楼盖并非其主张抗辩的抵触申请专利文件中所记载的技术方案。综上,被告长沙桔洲公司主张所谓"抵触申请"既无事实根据,也不属于不侵权抗辩的法定事由,其抗辩理由不能成立。

3. 被告长沙桔洲公司应当停止侵权行为并承担赔偿损失的民事责任。一审判决:被告长沙市桔洲建筑工程有限公司立即停止继续侵犯原告邱则有ZL200610093421.9"一种现浇钢筋砼空心板"发明专利权的行为,并赔偿原告经济损失40万元。

一审判决后,原、被告均不服一审判决,向湖南省高级人民法院(以下简称湖南省高院)提起上诉。

二审湖南省高级人民法院经审理后认为:本案中,上诉人长沙桔洲公司主张,其在被控侵权产品中实施的技术来源于案外人王本森先于邱则有申请,但在邱则有涉案专利申请日之后公开的专利申请文件中,又提供了王本森的专利申请文件佐证。对上诉人桔洲公司的这一抗辩主张应予审查。经查,被控侵权产品为现浇空心楼盖,而王本森的专利名称为"薄壁箱体现浇砼空腹板用薄壁箱体",即王本森专利权利要求所请求保护的范围仅限于被控侵权产品空心楼盖中的空心箱体部分,二者系解决不同的技术问题,存在显著差异;在王本森专利申请文件的实施例一中,虽然记载了现浇空心楼盖的技术方案,但将该技术方案与被控侵权产品被诉落入涉案专利权保护范围的全部技术特征进行比对,被控侵权产品被诉落入上诉人邱则有涉案专利保护范围的技术特征中的"轻质胎体上的凸台"以及"增强物"两项技术特征,在王本森专利所公开的技术方案中没有记载,而王本淼专利公开的"内衬板"技术特征在被控侵权产品被诉落入上诉人邱则有涉案专利保护范围的技术特征中也没有相应体现。因此,被控侵权产品被诉落入涉案专利权保护范围的全部技术特征与王本淼专利申请记载的相应技术特征并不相同或无实质性差异,被控侵权产品并不是对其的实施。上诉人长沙桔洲公司上诉提出的"被控侵权产品系对王本淼专利的合法实施"上诉理由,没有事实依据,依法应予驳回。经比对,被控侵权产品落入上诉人邱则有 ZL200610093421.9 发明专利权利要求 1、20、22、26、47、48、56 的保护范围,未落入其主张的该专利权利要求 28、29、32、34 的保护范围。上诉人长沙桔洲公司上诉提出的"被控侵权产品技术特征没有落入邱则有涉案专利权利要求 28 的保护范围"的上诉理由,有事实和法律依据,依法予以支持,但其上诉提出的"被控侵权产品技术特征没有落入邱则有涉案专利权利要求 20、48、56 的保护范围"的上诉理由与事实不符,依法应予驳回。上诉人长沙桔洲公司在"株洲欧洲城服饰市场"工程项目中制造使用的现浇砼空心楼板落入邱则有 ZL200610093421.9 发明专利的保护范围,侵犯了上诉人邱则有的发明专利权,应当承担相应的侵权民事责任。

二、裁判要旨

No.3-2-22-4　抵触申请与现有技术具有相同的属性,即均损害专利的新颖性,在《专利法》已明确规定专利侵权诉讼中可以适用现有技术抗辩的情形下,可以参照《专利法》及有关司法解释的规定,在专利侵权诉讼中适用抵触申请的抗辩。

依照现行《专利法》第 22 条的规定可知,抵触申请是指在专利申请日以前,任何单位或个人向专利行政部门提出并在申请日后(含申请日)公开的同样的发明或实用新型专利申请。现有技术则是指在专利申请日前已为国内外公众所知晓的技术。根据该条规定,在对专利进行审查时,抵触申请和现有技术具有相同的意义,即均损害专利的新颖性,并对专利的效力产生直接影响。因此在专利侵权诉讼中,可以参照专利法关于现有技术抗辩的有关规定,类推适用抵触申请的抗辩,即被告有证据证明其所实施的技术或者设计属于"抵触申请"所记载的技术的,不构成侵犯专利权。

抵触申请抗辩的目的在于证明被控侵权技术属于"抵触申请"所记载的技术而不在于直接否定涉案专利的效力。因此在专利侵权诉讼中,被告主张抵触申请的抗辩时,应当证明其实施的技术属于抵触申请中所记载的技术,即被诉侵权技术与一项抵触申请所记载技术方案中的相应技术特征相同或无实质性差异。本案中,王本淼专利权利要求所请求保护的范围仅限于被控侵权产品空心楼盖中的空心箱体部分,二者系解决不同的技术问题,存在显著差异;在王本淼专利申请文件的实施例一中,虽然记载了现浇空心楼盖的技术方案,但该技术方案与被控侵权产品被诉落入涉案专利权保护范围的全部技术特征并不相同或无实质性差异。因此不构成抵触申请抗辩。

**㉑ 企业标准备案是否构成公开(《专利法》第 22 条)**

**案例:如皋市爱吉科纺织机械有限公司与国家知识产权局专利复审委员会、王玉山实用新型专利无效行政纠纷案**
案例来源:《知识产权审判指导》2008 年第 2 辑[第 130 页]
主题词:企业标准备案　新颖性

一、基本案情

原告(二审上诉人):如皋市爱吉科纺织机械有限公司(以下简称爱吉科公司)。
被告(二审被上诉人):国家知识产权局专利复审委员会(以下简称专利复审委员会)。
第三人:王玉山。
本案一审法院经审理查明:本案涉及原中国专利局授予的名称为"清洁器吸棉管废棉截留装置"的第 98248629.4 号实用新型专利(以下简称本专利),专利权人为王玉山,其申请日为 1998 年 11 月 9 日,授权公告日为 1999 年 10 月 13 日。

爱吉科公司认为,本专利权的授予不符合《专利法》第 22 条的规定,于 2001 年 4 月 4 日向专利复审委员会提出无效宣告请求,认为本专利的技术方案在其申请日前已由公开出版的 SSM 公司的产品说明书所公开,其专利产品亦于申请日前在国内公开销售使用,权利要求 1—10 不具有新颖性和创造性,同时提交了相关证据但未提交原件,在口头审理过程中也未使用该证据进行答辩,因此,专利复审委员会未对该证据进行评述。

爱吉科公司又于 2001 年 5 月 8 日提交了意见陈述书,并补充提交了包括证据 5:如皋纺织机械制造厂企业标准。在意见陈述书中,爱吉科公司认为,本专利的技术方案在申请日前已被使用公开,不具备新颖性和创造性。

证据 5 是江苏昌升集团如皋市纺织机械制造厂于 1998 年 7 月 1 日发布、7 月 10 日实施的《AJQ 型系列吹吸清洁机》的企业标准——Q/320682KC0l-1998,爱吉科公司在口头审理时提交了原件,其中记载了有关 AJQ-II 型吹吸清洁机的技术参数和附图。其附图 2 与本专利权利要求 10 相同。该企业标准已在如皋市技术监督局进行了备案,在爱吉科公司提交的该复印件上有如皋标准备案注册章,注明 867 号-1998-J 及 2001 年 7 月字样。

专利复审委员会依据《专利法》第 22 条第 3 款的规定,于 2003 年 3 月 26 日作出第 4988 号决定,宣告 98248629.4 号实用新型专利权的权利要求 1—9 无效,维持权利要求 10 有效。决定的主要理由是:证据 5 是企业内部标准(以下简称 1998 标准),不是公开出版物,即没有处于任何人想得知就能得知的状态。此外,在证据 5 的前言中,明确记载了该标准是对 Q/320622KC04-1995(以下简称 1995 标准)的修订,修订内容包括对技术参数的修订。该 1998 标准的发布日早于本专利的申请日,但是晚于购销合同的签订日。在本案中,请求人未提交 1995 标准作为证据,而是提交了 1998 标准作为说明销售客体技术内容的证据。本领域技术人员知道,技术参数的改变往往是由于产品结构的改变带来的,尽管销售合同记载的 AJQ-II 型细纱机吹吸清洁机与修改后的 1998 年标准中 AJQ-II 型吹吸清洁机型号相同,但是作为吹吸清洁机这样的产品,作出局部结构改变并不一定引起其型号的改变。另外,依据 1998 年标准所记载的内容,也不能确认其中所涉及的产品结构较之 1995 标准中的同型号产品未作出过改变。因此,合议组认为,现有证据不能说明购销合同中所记载的 AJQ-II 型细纱机吹吸清洁机与其后修订的 1998 标准中的 AJQ-II 型吹吸清洁机结构相同。也就是说,依据证据 5,不能确认证据 4 中的 AJQ-II 型细纱机吹吸清洁机的结构。结合请求人的书面请求及在口头审理中的意见陈述,在本案的证据 7—20 中,可以认定证据 7 是最相关的对比文件。

爱吉科公司不服专利复审委员会的上述决定,在法定期限内向北京市第一中级人民法院(以下简称北京市一中院)提起诉讼。

北京市一中院认为:从爱吉科公司提交的证据 5,即江苏昌升集团如皋市纺织机械制造厂于 1998 年 7 月 1 日发布、7 月 10 日实施的《AJQ 型系列吹吸清洁机》企业标准——Q/320682KCOl-1998 看,该企业标准确已在如皋市技术监督局进行了备案,在爱吉科公司提交的该复印件上有如皋标准备案注册章。但是,证据 5 不能证明该企业标准在如皋市技术监督局进行备案的时间以及该时间系在本专利申请日之前,故不足以证明证据 5 所载明的内容已在本专利申请日前为公众所得知或处于公众可得知的状态,故专利复审委员会对证据 5 不予采信是正确的。并于 2003 年 11 月 28 日判决维持被告国家知识产权局专利复审委员会作出的第 4988 号无效宣告请求审查决定。

爱吉科公司不服一审判决,提出上诉,请求撤销一审判决和第 4988 号无效宣告决定,判决第 98248629.4 号实用新型专利的专利权全部无效。其主要理由有:一审判决认为如皋纺织机械制造厂企业标准这一证据不能证明该标准的备案时间是错误的,事实上,该标准已在本专利申请日前备案并能够为公众所知。

北京市高级人民法院二审查明的事实与一审法院查明的事实相同。

北京市高级人民法院认为:根据《专利法》的规定,授予专利权的实用新型专利应当具备新颖性。本案中各方当事人对爱吉科公司提交的证据 5,即《AJQ 型系列吹吸清洁机》企业标准中所记载的有关 AJQ-II 型吹吸清洁机的附图 2 所公开的技术方案与本专利权利要求 10 相同这一事实不持异议，各方争议的焦点在于该企业标准在如皋市技术监督局备案的事实，是否意味着其中所记载的技术方案已公开以及如何确认公开时间。根据《标准化法》及其实施条例的有关规定，企业生产的产品，没有国家标准、行业标准和地方标准的，应当制定相应的企业标准，作为组织生产、销售和监督检查的依据；企业生产执行国家标准、行业标准、地方标准或企业标准，应当在其产品或者说明书、包装物上标注所执行标准的代号、编号、名称。企业的产品标准须在规定的时间内，按规定的要求报当地政府标准化行政主管部门和有关行政主管部门备案。因此，作为交货依据的企业标准在规定的时间、在规定的部门备案本身就意味着公众可以根据该标准备案的时间、通过相关的部门获知该企业标准的备案信息。本案所涉及的企业标准系江苏昌升集团如皋市纺织机械制造厂在如皋市技术监督局备案的企业标准。根据《江苏省标准监督管理办法》的有关规定，企业产品标准应当在发布后 30 日内，按照规定报当地标准化行政主管部门和有关行政主管部门备案。而前述企业标准的发布时间是 1998 年 7 月 1 日，故可以推定其备案时间至迟为 1998 年 7 月 31 日，在本专利申请日之前。故证据 5 可以作为评判本专利新颖性的对比文件。由于该证据已经公开了本专利权利要求 10 的全部技术特征，因此，本专利不具备新颖性。因此，一审判决和专利复审委员会作出的第 4988 号无效决定，认定事实有误，予以纠正。

专利复审委员会不服二审判决，向最高人民法院提出再审申请。

最高人民法院经审理查明：原审法院查明的事实基本属实。另查明：根据第 4988 号无效宣告请求审查决定的记载，无效请求人爱吉科公司在无效宣告审查程序中对证据 5 的使用方式如下：

1. 请求人于 2001 年 5 月 8 日提交的意见陈述中指出：（1）"早在本专利申请日之前，如皋纺织机械厂就开始在国内大量生产、公开销售 AJQ-II 型吹吸清洁机（见证据 4）、AJQ-II 型吹吸清洁机的吸棉箱结构（见证据 5、6）为：……由上述分析可见，AJQ-II 型吹吸清洁机的吸棉箱已公开了权利要求 1 的全部技术特征，权利要求 1 丧失了新颖性，更没有创造性。"（2）"权利要求 10 的附加技术特征'该装置通过其上、下圆柱形端口与清洁器吸棉管相连'是该装置使用时的必然状态，且与 AJQ-II 型的连接方式完全相同，因此权利要求 10 当然无新颖性可言，更没有创造性。"（3）"请求人还认为，本专利技术方案已由在申请日前公开发表的出版物所公开，不具备新颖性和创造性……"请求人在此无效理由中并未使用证据 5。

2. 在口头审理结束后，请求人于 2003 年 1 月 17 日提交的意见陈述中指出："证据 5 为如皋纺织机械厂 1998 年 7 月 1 日发布的 Q/320682KC01-1998 号企业标准，是企业技术手册的一种，属于公开出版物并经国家质量技术监督管理机关备案。该标准第 8 页公开了型号为 AJQ-II 型吹吸清洁机的结构。……因此，权利要求 1 的技术特征 d 也已经由证据 5 所公开，在证据 7 第二实施例和证据 5 相结合的基础上，权利要求 1 的技术方案对本领域技术人员来说是显而易见的，权利要求 1 不具备创造性。请求人提供的证据 8 也公开了权利要求 1 的全部技术特征，特别是证据 8 与证据 7、证据 9、证据 5 结合的基础上，权利要求 1 也不具备创造性。"在本院庭审中，爱吉科公司对于该决定的上述记载并无异议。

第 4988 号无效宣告请求审查决定还记载，被请求人王玉山对证据 5 的真实性提出了 4 点怀疑，认为其不能作为证据使用。该决定在决定理由中，对证据 5 的真实性未作出明确评价，指出证据 5 是企业内部标准，不是公开出版物。但也指出，"依据证据 5 不能确认证据 4 中的 AJQ-II 型吹吸清洁机的结构"。

爱吉科公司在二审法院审理期间，向法庭提交了南通市如皋质量技术监督局（即前述之如皋市质量技术监督局）2004 年 3 月 16 日出具的证明，证明该企业标准于 1998 年 7 月 4 日在该局备案。应本院有关说明证据 5 形成过程的要求，爱吉科公司代理人于 2007 年 3 月 30 日向本院来函说明：江苏昌升集团如皋纺织机械制造厂是位于江苏省如皋市的一家工厂，2000 年因企业改制，该厂变更为如皋市爱吉科纺织机械有限公司，即本案被申请人。该工厂按照《标准化法》和《江苏省标准监督管理办法》的规定，于 1998 年 7 月 1 日制定并发布了这份强制性企业标准，

企业标准备案·新颖性

并按照上述法律的规定,于1998年7月4日将该标准一式两份提交给了如皋市质量技术监督局备案登记。如皋市质量技术监督局于当日为其办理了备案登记手续,并在该厂提交的企业标准上加盖了标准备案专用章,一份留存在质量技术监督局备查,一份交给该工厂。本案证据5就是质量技术监督局备案并盖章后交给该厂的企业标准。

最高人民法院认为,本案涉及的主要问题是:企业标准备案是否当然构成专利法意义上的公开。

我国现行法律、行政法规和部门规章以及江苏省的地方政府规章,虽然规定了企业标准,特别是企业产品标准的发布、备案和公告制度,但均未对备案的企业标准对外公开的具体内容作出明确规定或者限制。这并不意味着备案的企业标准当然会被备案管理机关予以全部公开,从而构成专利法意义上的公开。企业标准作为一种技术要求,构成企业的科技成果,虽并非必然但绝不排除可以包含企业的技术秘密。国家机关对在执法活动中获得的他人的技术秘密依法负有保密义务。对于备案的企业标准,备案管理机关以及其他有机会接触该企业标准的执法机关(如解决产品质量争议的执法机关)和检验、鉴定机构等中介组织,应当注意到其中可能包含企业的技术秘密,应当依法予以保护,除非具有明确的法律依据,不得擅自予以公开。

此外,企业标准的发布实质上是指企业标准在制定完成后在企业内部发布实施,不同于国家标准、行业标准、地方标准的向社会发布,企业标准是否向社会公开发布属于企业自主行为;对于备案的企业标准,备案管理机关一般只公告标准的代号、编号、名称和备案企业名称,并不公告标准的具体内容;公众能够向管理标准档案的机构借阅的标准只能是国家标准、行业标准、地方标准、国际标准等,不包括企业标准;除了法院等特定执法机关,企业标准备案管理部门一般也不对外提供对备案企业标准具体内容的查询服务。

结合现有法律规定和实践操作情况,企业标准的备案,并不意味着标准的具体内容要向社会公开发布,企业标准的备案,也不意味着公众中任何人即可以自由查阅和获得,企业标准并不因备案行为本身而构成专利法意义上的公开。本案中无效请求人并无证据证明争议企业标准的全部内容已经实际由备案管理机关对外公告。其在二审期间提交的南通市如皋质量技术监督局2004年3月16日出具的证明本身,不能作为新的证据在本案中使用,即使认可该证据的使用,也只能证明该企业标准的具体备案时间,不能证明该企业标准的具体内容已经实际对外公告。而且,其所提交的证据5,实际上是其自己提交备案并经备案管理机关加盖标准备案专用章后退还给自己的企业标准,并非能够代表社会公众的第三人从公开渠道自由取得,因此,不能用于证明该企业标准已经处于社会公众中任何人想得知就能够得知的状态。

本案中证据5所涉企业标准的具体内容并未构成专利法意义上的公开,不能作为评价本专利新颖性和创造性的依据。二审法院关于"作为交货依据的企业标准在规定的时间、在规定的部门备案本身就意味着公众可以根据该标准备案的时间、通过相关的部门获知该企业标准的备案信息"的认定,既无明确的法律依据,也与主管部门的实践操作不符,属于认定事实错误。二审法院在此基础上所作关于本专利丧失新颖性的判断亦属错误。爱吉科公司有关本专利丧失新颖性的理由不能成立,专利复审委员会的此点申请再审理由成立。

鉴于证据5不能用于评价本专利的新颖性,对于证据5附图2所记载的技术方案是否与本专利权利要求10相同,已无须再行审查。

至于专利复审委员会所提二审法院直接根据《江苏省标准监督管理办法》推定备案企业标准的公开日期缺乏事实依据的问题。假设无效请求人已经单独就证据5提出丧失新颖性的请求,而证据5本身的真实性可以认定且能够认定企业标准备案即构成专利法意义上的公开,则二审法院在无效请求人并无其他证据能够证明准确公开日期的情况下,作出这样的推定并无不可。专利复审委员会的此点申请再审理由不能成立,一审法院关于证据5的备案时间不能确定的认定亦属有误。

因此本案当事人所争议的企业标准备案本身,并不构成专利法意义上的公开,本案二审判决对此认定事实错误。

企业标准备案·新颖性

二、裁判要旨

**No.3-2-22-5 企业标准备案不当然构成专利法意义上的公开。**

纳入标准内容的技术要求,不可避免地会涉及相关的技术信息,包括可能涵盖专利和技术秘密等技术内容。不能简单地认为有关技术信息被纳入标准,就已经当然公开并且进入公有领域。根据《标准化法实施条例》的有关规定,对于国家标准、行业标准和地方标准,由主管部门编制计划,组织草拟,统一审批、编号、发布。这些标准作为民用标准,一般会是全文发布,发布之后,社会公众即可从公开渠道获得。据此可以认为,国家标准、行业标准和地方标准作为民用标准一旦发布,有关内容即构成专利法意义上的公开。

对于企业自行制定的严于国家标准或者行业标准的企业内控标准,在企业内部适用,这种企业标准可以不公开,也不要求备案,但如果该标准作为交货依据,则必须备案,同时该备案标准也是政府标准化行政主管部门和有关行政主管部门对企业生产的产品进行监督检查的依据。但对于备案的企业标准,从现有有关法律和行政法规中没有备案后任何人可以自由查阅、获得的规定,但也没有明确禁止性的规定。并且在买卖合同中,买卖的标的物涉及特定的企业标准,在卖方依照约定或者交易习惯向买方交付企业标准时,在当事人应当知悉其中包含对方的技术秘密时,依据《合同法》第60条第2款的规定,买方负有合同的附随保密义务,这也不能被视为公开。

此外,企业生产执行国家标准、行业标准、地方标准或企业标准,应当在产品或其说明书、包装物上标注所执行标准的代号、编号、名称。其目的在于便于执法机关监督检查和便于解决产品质量纠纷,社会公众据此只能获知有关产品所执行的标准代号、编号、名称,并不能据此当然获知标准的具体内容。法律既不要求将企业产品标准具体内容向社会公开,也未强制要求向交易相对人公开。

因此企业标准作为一种技术要求,构成企业的科技成果,并不排除可以包含企业的技术秘密;法律虽然要求作为交货依据的企业标准必须备案,但这并不意味着备案的企业标准当然会被备案管理机关予以全部公开。

## 22 创造性判断中采纳申请日后补交的实验数据的条件(《专利法》第22条)

**案例:** 申请再审人武田药品工业株式会社与被申请人国家知识产权局专利复审委员会、四川海思科制药有限公司、重庆医药工业研究院有限责任公司发明专利权行政纠纷案

**案例来源:** 《最高人民法院知识产权审判案例指导》(第五辑)[(2012)知行字第41号]

**主题词:** 创造性 补交的实验数据

### 一、基本案情

申请再审人(一审原告、二审上诉人):武田药品工业株式会社。

被申请人(一审被告、二审被上诉人):国家知识产权局专利复审委员会(以下简称专利复审委员会)。

被申请人(原审第三人):四川海思科制药有限公司(以下简称海思科公司)。

被申请人(原审第三人):重庆医药工业研究院有限责任公司(以下简称重庆研究院)。

申请再审人武田药品工业株式会社因与被申请人专利复审委员会、海思科公司、重庆研究院发明专利权行政纠纷一案,不服北京市高级人民法院(2010)高行终字第566号行政判决,向最高人民法院(以下简称最高院)申请再审。一、二审法院审理查明:本案涉及专利名称为"用于治疗糖尿病的药物组合物"的发明专利,其申请日为1996年6月19日,优先权日为1995年6月20日,授权公告日为2005年7月27日,专利号为96111063.5,专利权人为武田药品工业株式会社。

针对上述专利权,海思科公司、重庆研究院分别于2008年6月13日和2008年7月18日向专利复审委员会提出无效请求,其无效宣告理由和所提交的证据均相同,认为本专利权利要求

1、2、4、5、9、10 不符合《专利法》第 22 条第 3 款的规定,权利要求 4 不符合《专利法》第 33 条和第 26 条第 4 款的规定。其提交了如下证据:

证据 1:"経口糖尿病药—新药と新しい治疗フラン一",石田俊彦等,综合临床,第 43 卷第 11 期,1994 年;

证据 2:"Oncologic, Endocrine & Metabolic, Thiazolidinediones",Randall W. Whitcomb & Alan R. Saltiel,Expert Opinion on Investigational Drugs,第 4 卷第 12 期,1995 年;

证据 3:包含论文"Improved metabolic control by addition of toglitazone to glibenclamide therapy in noninsulin dependent diabetics"的摘要的期刊;

证据 4:"A pilot clinical trial of a new oral hypoglycemic agent, CS-045, in patents with non-insulin dependent diabetes mellitus",Takeshi Kuzuya 等人,Diabetes Research and Clinical Practice,第 11 卷,1991 年;

证据 5:"Clinicla profile of glimepiride",Eberhard Draeger,Diabetes Research and Clinical Practice,第 28 卷增刊,1995 年;

证据 6:"Clinicla profile of the novel sulphonylurea glimepiride",R. Robkamp 等人,Diabetes Research and Clinical Practice,第 31 卷增刊,1996 年;

证据 7:"Stimulation of glucose utilization in 3T3 adipocytes and rat diaphragm in vitro by the sulphonylureas, glimepiride and glibenclamide, is correlated with modulations of the cAMP regulatory cascade",Günter Müller 等人,Biochemical Pharmacology,第 48 卷第 5 期,1994 年;

证据 8:"Relations between structure and biological activity of sulfonamides",Thoma H. Maren 等人,1976 年;

证据 9:本专利的优先权文件,申请号特平 7-153500,申请日 1995 年 6 月 20 日。

2008 年 8 月 11 日和 9 月 11 日,武田药品工业株式会社分别针对上述两个无效请求,提交了相同的意见陈述书和 7 份反证,其中反证 7 为实验数据(英文共 3 页,中文译本 3 页)。

2008 年 10 月 16 日,专利复审委员会举行了口头审理,在口头审理当庭,专利权人提交了修改的权利要求书,其中所作修改为将授权公告中的权利要求 2 中格列美脲的并列技术方案删除。

专利复审委员会于 2008 年 10 月 31 日作出第 12712 号无效决定,其审查文本以 2008 年 10 月 16 日口头审理时武田药品工业株式会社提交的经修改的权利要求书和授权公告的说明书为基础。该无效决定确定的无效宣告请求的理由和范围为:权利要求 4 修改不符合《专利法》第 33 条的规定;权利要求 4 不符合《专利法》第 26 条第 4 款的规定;权利要求 1、2、4、5、9、10 相对于证据 1 与公知常识的结合不符合《专利法》第 22 条第 3 款的规定。该决定对证据 1—9 和反证 1—6 的真实性、合法性、关联性予以确认。对反证 7 的真实性不予采信。关于创造性,该无效决定认为:本专利权利要求 1 涉及用于预防或治疗糖尿病、糖尿病综合症、糖代谢紊乱或脂质代谢紊乱的药物组合物,其含有选自吡格列酮或其药理学可接受的盐的胰岛素敏感性增强剂和作为胰岛素分泌增强剂的磺酰脲。证据 1 公开了如下技术内容:胰岛素非依赖型糖尿病(NIDDM)是胰岛素分泌不足和胰岛素抵抗性增加两方面引起的。如果进入糖尿病状态,根据病状,针对分泌不足和抵抗性的平衡性程度尝试多种不同的用药组合,其中包括空腹时血糖 140 mg/dl 至 199 mg/dl 时,单独给予磺脲剂,并用磺脲剂和胰岛素敏感性增强剂(又称胰岛素增敏剂或胰岛素抵抗性改善剂),与 a-糖苷酶抑制剂三者并用的疗法。其中对于胰岛素增敏剂,证据 1 第三部分列举了吡格列酮和曲格列酮,并且指出两种制剂具有相同的降血糖作用机制。证据 1 第四部分指出,尽管糖吸收抑制剂和胰岛素敏感性增强剂等作为新型糖尿病药物而备受关注,但是无论哪一种药物,均因其血糖降低作用缓慢,与单独使用相比,与磺脲剂或胰岛素的并用效果更值得期待。该部分列举了作为胰岛素分泌刺激剂(或称胰岛素分泌增强剂)的磺脲剂格列美脲和与磺脲剂完全不同的化合物 AG-EE 623 ZW(NN-623)。本专利权利要求 1 的技术方案与证据 1 公开的内容相比,区别仅在于权利要求 1 选择了具体的胰岛素敏感性增强剂即吡格列酮或其药理学可接受的盐,并将其与作为胰岛素分泌增强剂的磺酰脲一起制成药物组合物,用于预防或治疗糖尿病、糖尿病综合症、糖代谢紊乱或脂质代谢紊乱。然而,如上所述,证据 1 已指出吡格列酮与曲格列酮具有相同的降血糖作用机制,可以用作胰岛素敏感性增强剂,而且证据 1 明确教导了胰岛素敏感性增强剂与磺脲剂或胰岛素的并用效果更值得期待,在此教导下,选择吡格列酮作为胰岛素敏感性增强剂与磺脲剂一起制成药物组合物,用于预防或治疗糖尿病对本领域技术人员来说是显而易见的,不具备突出的实质性特点。并且从本专利说明书记载的内容也看不到这种选择相对于证据 1 取得了任何意料不到的技术效果。对吡格列酮的药理学可接受的盐,本领域技术人员知晓其为吡格列酮在使用时的一种具体形式,与吡格列酮具有相同的药理活性。因此,使用吡格列酮的药理学可接受的盐的技术方案也是显而易见的,不具备突出的实质性特点。故权利要求 1 的技术方案相对于证据 1 公开的内容不具备创造性,不符合《专利法》第 22 条第 3 款的规定。

第 12712 号无效决定认为,虽然证据 1 未记载权利要求 1 所述组合具有更好的效果,但证据 1 给出了权利要求 1 所述组合可用于治疗糖尿病的启示。证据 2、3、5、6 公开于本专利的优先权日之后,在评价本专利的创造性时不能作为现有技术使用;证据 4、7 和 8 不涉及吡格列酮的研究,并不能表明吡格列酮不能用做胰岛素增敏剂。因此,证据 2—8 不能证明本领域存在吡格列酮不能用作人类药物的技术偏见。证据 4 并不能表明曲格列酮与磺酰脲联用对处于任何糖尿病状态的所有糖尿病患者均没有协同作用。正如证据 1 所表明的,针对处于不同糖尿病状态的糖尿病患者个体应尝试不同的治疗方案,这种情况下,曲格列酮与磺酰脲联用对一些患者能够显示出协同效果,而对另一些患者不能显示出协同效果,例如证据 4 中文译文第 151 页表 2 表明,曲格列酮与其他口服降血糖药(OHA)联用,与单独服用曲格列酮的治疗方案在显著改善的比例上存在明显差异,分别为 20.0% 和 11.1%。因此,证据 4 不能证明本专利权利要求 1 的技术方案取得了预料不到的技术效果。由于无法确认反证 7 的真实性,因此不能以反证 7 来证明本专利权利要求 1 的技术方案取得了预料不到的技术效果。

权利要求 2 具体限定了权利要求 1 中所述的磺酰脲,但本领域技术人员已知其中所列举的具体化合物均为磺酰脲,在证据 1 给出了磺酰脲可作为降糖药与胰岛素敏感性增强剂并用以治疗糖尿病的情况下,权利要求 2 的技术方案相对证据 1 公开的内容,仍然是显而易见的,况且从本专利说明书记载的内容来看,具体选择所述磺脲类胰岛素分泌增强剂并不能使权利要求 2 的技术方案相对于证据 1 取得任何意料不到的技术效果。因此,权利要求 2 中所包含的技术方案,相对于证据 1 仍然不具备突出的实质性特点和显著的进步,不具备创造性。

权利要求 4 具体限定权利要求 1 中所述的磺酰脲为格列美脲,如前所述,证据 1 明确指出格列美脲可作为胰岛素分泌刺激剂用于糖尿病的治疗,且由本专利说明书可知,具体选择格列美脲,并不能为权利要求 4 的技术方案带来任何意料不到的技术效果,因此,在权利要求 1 不具备创造性的前提下,权利要求 4 的技术方案相对于证据 1,仍不具备创造性。

权利要求 5,涉及权利要求 1 的药物组合物在制备用于预防或治疗糖尿病的药物中的应用,其与证据 1 的区别仅在于其选择了具体的胰岛素敏感性增强剂即吡格列酮或其药理学可接受的盐,并用与磺酰脲一起制成的药物组合物,制备预防或治疗糖尿病的药物。由于权利要求 1 用于预防或治疗糖尿病、糖尿病综合征、糖代谢紊乱或脂质代谢紊乱的药物组合物相对于证据 1 不具备创造性,因而用权利要求 1 的药物组合物制备预防或治疗糖尿病的药物是显而易见的,相对于证据 1 没有取得任何显著进步。因此,权利要求 5 不符合《专利法》第 22 条第 3 款的规定。

权利要求 9 涉及选自吡格列酮或其药理学可接受的盐的胰岛素敏感性增强剂,与选自磺酰脲的胰岛素分泌增强剂联合在制备用于预防或治疗糖尿病的药物中的应用。其与证据 1 的区别仅在于其选择了具体的胰岛素敏感性增强剂即吡格列酮或其药理学可接受的盐,并将其与磺酰脲联合制备用于预防或治疗糖尿病的药物。由于证据 1 已指出吡格列酮与曲格列酮具有相同的降血糖作用机制,可以用作胰岛素敏感性增强剂,而且证据 1 明确教导了胰岛素敏感性增强剂与磺脲剂或胰岛素的并用效果更值得期待,在此教导和启示下,选择吡格列酮作为胰岛素敏感性增强剂与磺脲剂联合用于制备预防或治疗糖尿病的药物,对于本领域技术人员来说是显而易见的,不具备突出的实质性特点和显著的进步,并且从本专利说明书记载的内容也看不到这种选择相对于证据 1 取得了任何意料不到的技术效果。对吡格列酮的药理学可接受的盐,本领域技术人员知晓其为吡格列酮在使用时的一种具体形式,与吡格列酮具有相同的药理活性。因此,使用吡格列酮的药理学可接受的盐的技术方案也是显而易见的,不具备突出的实质性特点。权利要求 9 的技术方案相对于证据 1 公开的内容不具备创造性,不符合《专利法》第 22 条第 3 款的规定。

权利要求 10 具体限定权利要求 9 中所述的胰岛素敏感性增强剂和胰岛素分泌增强剂分别是单独配制的,而本领域技术人员公知所谓"联合"用药,即为将联用药物制成药物组合物使用或者分别单独配制使用。证据 1 中的"并用",即包含这两种联用方式,选择其中一种方式并不具备突出的实质性特点,而且将胰岛素敏感性增强剂和胰岛素分泌增强剂分别单独配制使用,也没有取得任何意料不到的技术效果。因此,在权利要求 9 不具备创造性的基础上,权利要求 10 不具备创造性。综上所述,第 12712 号无效决定宣告本专利权利要求 1、2、4、5、9 和 10 无效,以权利要求 3、6—8、11—19 为基础维持本专利权有效。

武田药品工业株式会社不服上述无效决定,向北京市第一中级人民法院提起行政诉讼。在一审程序中,武田药品工业株式会社提交了 7 份证据,其中包括国家知识产权局在本专利实质审查过程中发出的第三次审查意见通知书,武田药品工业株式会社于 2004 年 8 月 18 日提交的意见陈述书及其附件,以及与本专利对应的欧洲专利申请(EP01203170.4)审查过程中的部分文件的公证认证及中文译文。

北京市第一中级人民法院一审审理认为:(1) 反证 7 是武田药品工业株式会社提交的对比试验数据,海思科公司以及重庆研究院对其真实性不予认可,由于反证 7 记载的内容没有显示其实验结果由哪一机构或个人作出,武田药品工业株式会社在无效宣告请求审查程序中也没有提供证据证实反证 7 的真实性,故专利复审委员会对反证 7 的真实性不予认可正确。(2) 关于创造性:本专利权利要求 1 的技术方案与证据 1 公开的内容相比,区别仅在于权利要求 1 选择了具体的胰岛素敏感性增强剂即吡格列酮或其药理学可接受的盐,并将其与作为胰岛素分泌增强剂的磺酰脲一起制成药物组合物,用于预防或治疗糖尿病、糖尿病综合征、糖代谢紊乱或脂质代谢紊乱。然而,证据 1 已指出吡格列酮与曲格列酮具有相同的降血糖作用机制,可以用作胰岛素敏感性增强剂,而且证据 1 明确教导了胰岛素敏感性增强剂与磺脲剂或胰岛素的并用效果更值得期待,在此教导下,选择吡格列酮作为胰岛素敏感性增强剂与磺脲剂一起制成药物组合物,用于预防或治疗糖尿病对于本领域技术人员来说是显而易见的,不具备突出的实质性特点。并且从本专利说明书记载的内容,也看不到这种选择相对于证据 1 取得了任何意料不到的技术效果。对于吡格列酮的药理学可接受的盐,本领域技术人员知晓其为吡格列酮在使用时的一种具体形式,与吡格列酮具有相同的药理活性。因此,使用吡格列酮的药理学可接受的盐的技术方案也是显而易见的,不具备突出的实质性特点。故权利要求 1 的技术方案相对于证据 1 公开的内容不具备创造性,不符合《专利法》第 22 条第 3 款的规定。虽然证据 1 未记载权利要求 1 所述组合具有更好的效果,但证据 1 给出了权利要求 1 所述组合可用于治疗糖尿病的启示。证据 2、3、5、6 公开于本专利的优先权日之后,在评价本专利的创造性时不能作为现有技术使用;证据 4、7 和 8 不涉及吡格列酮的研究,并不能表明吡格列酮不能用做胰岛素增敏剂。因此,证据 2—8 不能证明本领域存在吡格列酮不能用做人类药物的技术偏见。证据 4 并不能表明曲格列酮与磺酰脲联用,对处于任何糖尿病状态的所有糖尿病患者均没有协同作用。正如证据 1 所表明的,针对处于不同糖尿病状态的糖尿病患者个体应尝试不同的治疗方案,在这种情况下,曲格列酮与磺酰脲联用,对一些患者能够显示出协同效果,而对另一些患者不能显示协同效果,因此,证据 4 不能证明本专利权利要求 1 的技术方案取得了预料不到的技术效果。由于无法确认反证 7 的真实性,因此不能以反证 7 来证明本专利权利要求 1 的技术方案取得了意料不到的技效果。在独立权利要求1不具备创造性的基础上,同意专利复审委员会关于权利要求4、5、9、10也不具备创造性的认定理由。(3)在无效宣告请求审查程序中,专利复审委员会给予武田药品工业株式会社和无效请求人充分的陈述意见的机会,并未违反听证原则。权利要求2具体限定了权利要求1中所述的磺酰脲,但本领域技术人员已知其中所列举的具体化合物均为磺酰脲,在证据1给出了磺酰脲可作为降糖药与胰岛素敏感性增强剂并用以治疗糖尿病的情况下,权利要求2的技术方案相对于证据1公开的内容仍然是显而易见的,况且从本专利说明书记载的内容来看,具体选择所述磺酰脲类胰岛素分泌增强剂,并不能使权利要求2的技术方案相对于证据1取得任何意料不到的技术效果,因此,权利要求2中所包含的技术方案相对于证据1,仍然不具备突出的实质性特点和显著的进步,不具备创造性。

武田药品工业株式会社不服一审判决,向北京市高级人民法院提起上诉。

北京市高级人民法院二审审理认为:专利复审委员会对反证7不予认可是正确的。专利复审委员会认定本专利权利要求1不具备突出的实质性特点正确。基于本专利独立权利要求1不具备创造性,专利复审委员会关于本专利权利要求4、5、9、10也不具备创造性的认定正确,所作第12712号无效决定合法,并未违反行政程序。一审判决维持正确,武田药品工业株式会社的上诉理由缺乏事实和法律依据,不予支持。

一、二审法院审理查明的事实属实,最高院予以确认。

最高院审查认为:本案争议的焦点问题之一在于,第12712号无效决定,对反证7不予采信是否错误?

本专利审查档案和欧洲同族专利审查档案是武田药品工业株式会社在一审诉讼程序中针对反证7而提交的补强性证据,用于进一步证明在无效行政程序中已经提交的反证7的真实性,对本专利审查档案和欧洲同族专利审查档案的证据,应当予以采纳。本案反证7涉及的两份对比试验材料,记载了试验目的、所采用的试验方案和试验手段、试验设备,介绍了具体实验过程并给出了明确的实验结果,是武田药品工业株式会社单方提交,欲证明吡格列酮与格列美脲联用,与它们单独使用相比,具有意料不到的协同作用;吡格列酮和格列美脲联用的治疗方案与环格列酮和格列美脲联用、曲格列酮和格列美脲联用,以及曲格列酮和优降糖联用的治疗方案相比具有预料不到的技术效果。根据查明的事实,在国家知识产权局发出的第三次审查意见通知书中,审查员指出权利要求1中的"磺酰脲"概括了较大的范围,从而导致该权利要求不符合《专利法》第26条第4款的规定。针对这一意见,武田药品工业株式会社不仅提交了所述的反证7的第一组实验数据,以证明吡格列酮与磺酰脲相比具有意想不到的技术效果,而且提交了附件证明磺酰脲是一类结构相似的化合物,并结合说明书的内容陈述意见。国家知识产权局随后作出了授权决定,并无证据证明审查员是因为接受了反证7的试验数据而作出了授权决定。从武田药品工业株式会社提交文件的内容来看,无证据证明涉案专利的同族专利的申请过程中,欧洲专利局接受和认可了反证7中第二组实验数据和相应的意见陈述。况且,根据专利制度的地域性原则,国家知识产权局按照中国的《专利法》《专利法实施细则》以及专利审查指南的相关规定,对专利申请进行审查,他国的专利审查实践对我国没有约束力。由于反证7存在于本专利审查档案和欧洲同族专利审查档案的事实,仅能证明本专利在授予专利权的实质审查阶段,武田药品工业株式会社曾提交过上述材料,而由于反证7并非实验记录的原件,没有出处,其内容没有显示是由哪一机构或个人作出的实验,也没有任何公证手续,且海思科公司以及重庆研究院对其真实性不予认可,一、二审法院对反证7未予采信,并无不当。

专利申请人在申请专利时提交的专利说明书中公开的技术内容,是国务院专利行政部门审查专利的基础和申请人对申请文件进行修改的依据,亦是社会公众了解、传播和利用专利技术的基础。说明书应当满足充分公开发明或者实用新型的要求。化学领域属于实验性科学领域,影响发明结果的因素是多方面、相互交叉且错综复杂的。说明书的撰写应该达到所属技术领域的技术人员能够实施发明的程度。根据现有技术,本领域技术人员无法预测请求保护的技术方案能够实现所述用途、技术效果时,说明书应当清楚、完整地记载相应的实验数据,以使所属技术领域的技术人员能够实现该技术方案,解决其技术问题,并且产生预期的技术效果。凡是所属领域的技术人员,不能从现有技术中直接、唯一地得出的有关内容,均应当在说明书中予以表述。如果所属领域的技术人员根据现有技术不能预期该技术方案所声称的治疗效果时,说明书还应当给出足以证明所述技术方案能够产生所声称效果的实验数据。没有在专利说明书中公开的技术方案、技术效果等,一般不得作为评价专利权是否符合法定授权确权标准的依据。申请日后补交的实验数据不属于专利原始申请文件记载和公开的内容,公众看不到这些信息,如果这些实验数据也不是本申请的现有技术内容,在专利申请日之前并不能被所属领域技术人员所获知,则以这些实验数据为依据认定技术方案能够达到所述技术效果,有违专利先申请制原则,也背离了专利权以公开换保护的制度本质,在此基础上对申请授予专利权,对公众来说是不公平的。当专利申请人或专利权人欲通过提交对比试验数据证明其要求保护的技术方案相对于现有技术具备创造性时,接受该数据的前提必须是针对在原申请文件中明确记载的技术效果。武田药品工业株式会社提供反证7,欲证明吡格列酮与格列美脲的联合用药方案相对于单独用药方案以及其他联合用药方案,均取得了意料不到的降血糖效果。但是,本专利说明书仅通过吡格列酮与伏格列波糖联用以及吡格列酮与优降糖联用的实验结果,证明胰岛素敏感性增强剂与胰岛素分泌增强剂联用,相对于其中一类药物单独用药有更好的降血糖效果,并没有提及各种不同的药物联用方案之间效果的优劣。武田药品工业株式会社提交实验数据所要证明的技术效果是原始申请文件中未记载的,也未证实的,不能以这样的实验数据作为评价专利创造性的依据。武田药品工业株式会社关于其在申请日后补交的实验证据,是在证明客观存在的技术效果,该类证据应当予以采纳的申请再审理由,最高院不予支持。

二、裁判要旨

No.3-2-22-6 **创造性判断中采纳申请日后补交的实验数据的条件,是其用以证明的技术效果在原申请文件中有明确记载。**

说明书的撰写应该达到所属技术领域的技术人员能够实施发明的程度。根据现有技术,本领域技术人员无法预测请求保护的技术方案能够实现所述用途、技术效果时,说明书应当清楚、完整地记载相应的实验数据,以使所属技术领域的技术人员能够实现该技术方案,解决其技术问题,并且产生预期的技术效果。凡是所属领域的技术人员不能从现有技术中直接、唯一地得出的有关内容,均应当在说明书中予以表述。如果所属领域的技术人员根据现有技术不能预期该技术方案所声称的治疗效果时,说明书还应当给出足以证明所述技术方案能够产生所声称效果的实验数据。没有在专利说明书中公开的技术方案、技术效果等,一般不得作为评价专利权是否符合法定授权确权标准的依据。申请日后补交的实验数据,不属于专利原始申请文件记载和公开的内容,公众看不到这些信息,如果这些实验数据也不是本申请的现有技术内容,在专利申请日之前并不能被所属领域技术人员所获知,则以这些实验数据为依据认定技术方案能够达到所述技术效果,有违专利先申请制原则,也会背离专利权以公开换保护的制度本质,在此基础上,对申请授予专利权,对公众来说是不公平的。当专利申请人或专利权人欲通过提交对比试验数据,证明其要求保护的技术方案相对现有技术具备创造性时,接受该数据的前提必须是针对在原申请文件中明确记载的技术效果。本案中,武田药品工业株式会社提供反证7,欲证明吡格列酮与格列美脲的联合用药方案相对于单独用药方案以及其他联合用药方案,均取得了意料不到的降血糖效果。但是,本专利说明书仅通过吡格列酮与伏格列波糖联用以及吡格列酮与优降糖联用的实验结果,证明胰岛素敏感性增强剂与胰岛素分泌增强剂联用,相对于其中一类药物单独用药有更好的降血糖效果,并没有提及各种不同的药物联用方案之间效果的优劣。武田药品工业株式会社提交实验数据所要证明的技术效果,在原始申请文件中未记载,也未证实,不能以这样的实验数据作为评价专利创造性的依据。创造性判断中,当专利申请人或专利权人在申请日后补充对比试验数据,以证明专利技术方案产生了意料不到的技术效果时,接受该实验数据的前提是其用以证明的技术效果在原申请文件中有明确记载。

## 23 现有技术抗辩的比对方法(《专利法》第 22 条)

**案例:申请再审人盐城泽田机械有限公司与被申请人盐城市格瑞特机械有限公司侵犯实用新型专利权纠纷案**

案例来源:《最高人民法院知识产权审判案例指导》(第五辑)[(2012)民申字第 18 号]
主题词:现有技术抗辩　新颖性

### 一、基本案情

申请再审人(一审原告、二审上诉人):盐城泽田机械有限公司(以下简称泽田公司)。

被申请人(一审被告、二审上诉人):盐城市格瑞特机械有限公司(以下简称格瑞特公司)。

申请再审人泽田公司与被申请人格瑞特公司因侵犯实用新型专利权纠纷一案,不服江苏省高级人民法院(2009)苏民三终字第 0260 号民事判决,向最高人民法院(以下简称最高院)申请再审。最高院依法组成合议庭对本案进行了审查,现已审查终结。

泽田公司申请再审称:(1) 关于 F45 型液压摇臂式裁断机(以下简称 F45 裁断机)与涉案两项专利是否相同,应当委托具有司法鉴定资质的权威部门进行判定,二审法院依据双方当事人陈述以及相关物证进行判断,认定事实错误。(2) 被诉侵权产品具备涉案两项专利的全部技术特征,并与泽田公司的专利产品完全相同,而被诉侵权产品中的电磁阀等诸多技术特征与 F45 裁断机不同。因此,二审判决认定现有技术抗辩成立错误。(3) 格瑞特公司提交的有关现有技术抗辩的证据不应采信。具体理由如下:① 浙江奇伟鞋业有限公司(以下简称奇伟公司)出具的书面证词具有明显的改动痕迹,格瑞特公司具有篡改事实的动机和手段。② 奇伟公司出具的销售发票系手写发票,与申请再审人调取的同期浙江省销售发票明显不同,发票复印件上无发票编码,并且没有向申请再审人出示过发票原件。因此,该发票系伪造。③ F45 裁断机的铭牌标注方式与习惯标注方式不同,存在作假的可能。④ 奇伟公司与格瑞特公司在法院调查取证前进行过接触,同时格瑞特公司购买了奇伟公司的两台机械,双方存在利害关系。奇伟公司的负责人没有出庭接受质证,其证词不能作为认定事实的依据。因证人亦声称非专业人士不具有发现 F45 裁断机内部装置有没有变动的能力,故应委托专业司法鉴定机构评定。⑤ 经向温州市永裕机器制造有限公司(以下简称永裕公司)了解,永裕公司否认其生产过该类产品。(4) 国家知识产权局专利复审委员会(以下简称专利复审委员会)已作出第 16612 号、17212 号无效宣告请求审查决定(以下分别简称第 16612 号、17212 号决定),维持涉案两项专利权有效,足以证明二审判决认定事实错误。请求撤销二审判决,维持一审判决。或者依法改判,发回重审。

格瑞特公司辩称:(1) 泽田公司是意大利 ARES 公司在国内的唯一合作伙伴,泽田公司亦提供了 ARES 公司与永裕公司合作的合同文本,泽田公司系使用现有技术申请专利。(2) 一审法院要求格瑞特公司就已使用多年的机器提供产品结构图纸以及产品说明书,实属强人所难。二审法院通过现场勘验,正确认定案件事实,判决结论正确。(3) 第 16612 号、17212 号决定认定事实错误。

最高院审查查明以下事实与技术方案相关:

1. 与第 16612 号、17212 号决定有关的事实。针对泽田公司"液压摇臂裁断机直联式液压控制装置"(以下简称"控制装置")、"液压摇臂裁断机内置式可调液压缸"(以下简称"液压缸")涉案两项专利,格瑞特公司于 2011 年 2 月 9 日向专利复审委员会提出无效宣告请求,理由是涉案两项专利不具有新颖性、创造性。格瑞特公司仅向专利复审委员会提交本案二审判决作为证据。

针对"控制装置"专利,第 16612 号决定认定:"反证 5(2009)苏民三终字第 0260 号民事裁定……虽然更正了证人石生林的身份,但是更正后的石生林与法院调查的主体'永裕公司'无关,二者存在明显抵触。""证据 1(即二审判决)中针对证人出庭作证环节和证人证言的认定存在明显瑕疵,因此,合议组对证据 1 中记载的与该证人有关的法院查明的事实均无法予以认可,不予考虑。""权利要求 1 中记载了:'电磁阀的出口直接与有杆活塞的外端相连接,电磁阀与油泵之间通过方块法兰和连接管使之相连,方块法兰的侧面接有溢流阀',上述技术特征已经清楚地描述、限定了电磁阀的连接关系,当然也表达了其连接方向的特征,上述特征属于专利权的保护范围,应当予以考虑。综上所述,请求人提交的证据1所证明的事实不清,无法据此评价本专利权利要求的新颖性和创造性。"专利复审委员会据此维持"控制装置"专利权有效。

针对"液压缸"专利,第17212号决定认定:"请求人未提交现有技术的直接证据。证据1中也没有具体记载F45裁断机的内置式可调液压缸的具体结构,以及各组成部分分别对应于权利要求1的哪些技术特征,证据1无法反映现有技术公开的具体技术方案。在此基础上,本领域技术人员无法将请求人所主张的现有技术,即F45裁断机与本专利权利要求1请求保护的技术方案进行对比。"专利复审委员会据此维持"液压缸"专利权有效。

2. 与F45裁断机的技术方案有关的事实。关于涉案"控制装置"专利与F45裁断机的异同,泽田公司在二审中主张F45裁断机的电磁阀部件与专利技术的电磁阀部件不同。因专利技术中的特殊连接要求,故委托加工商特制的电磁阀。最高院询问时,泽田公司再次明确专利技术中使用的电磁阀是特定的电磁阀,其对电磁阀的内部结构以及出口进行了改进,故可以将电磁阀的出口与有杆活塞的外端直接相连接,省略了连接管。使用普通电磁阀无法实现上述目的。关于F45裁断机中使用的电磁阀,双方当事人确认其包括电磁铁、包含有阀芯及弹簧的圆柱体部分,以及包含有连接管路及阀芯的圆台部分。所述三个部分相互配合,共同实现了改变油路的作用。圆台部分的出口直接与有杆活塞的外端相连接。

关于"液压缸"专利,双方当事人在一、二审中确认被诉侵权产品与专利技术方案一致,专利技术方案亦与F45裁断机中的液压缸一致。

最高院认为,本案焦点之一在于:格瑞特公司有关现有技术抗辩的主张能否成立。

在专利侵权诉讼中设立现有技术抗辩制度的根本原因,在于专利权的保护范围不应覆盖现有技术,以及相对于现有技术而言显而易见,构成等同的技术。除在无效程序中对专利权的法律效力进行审查外,通过在侵权诉讼中对被诉侵权人有关现有技术抗辩的主张进行审查,有利于及时化解纠纷,减少当事人诉累,实现公平与效率的统一。在审查现有技术抗辩时,比较方法应是将被诉侵权技术方案与现有技术进行对比,而不是将现有技术与专利技术方案进行对比。审查方式则是以专利权利要求为参照,确定被诉侵权技术方案中被指控落入专利权保护范围的技术特征,并判断现有技术中是否公开了相同或者等同的技术特征。现有技术抗辩的成立,并不要求被诉侵权技术方案与现有技术完全相同,毫无区别,对于被诉侵权产品中与专利权保护范围无关的技术特征,在判断现有技术抗辩能否成立时应不予考虑。被诉侵权技术方案与专利技术方案是否相同或者等同,与现有技术抗辩能否成立亦无必然关联。因此,即使在被诉侵权技术方案与专利技术方案完全相同,但与现有技术有所差异的情况下,亦有可能认定现有技术抗辩成立。

本案中,关于格瑞特公司的现有技术抗辩主张能否成立,双方当事人的争议主要在于:(1)被诉侵权产品中电磁阀与有杆活塞的连接方式是否被现有技术公开?(2)被诉侵权产品中电磁阀的具体结构是否被现有技术公开?根据涉案专利权利要求1,其中限定了电磁阀的连接方式,即"电磁阀的出口直接与有杆活塞的外端相连接",但并未限定电磁阀的具体结构。因此,电磁阀的具体结构与涉案专利权的保护范围无关,亦与现有技术抗辩能否成立无关。由于被诉侵权产品中的电磁阀与有杆活塞亦采取同样的连接方式,因此,认定现有技术抗辩是否成立的关键,在于确定现有技术中是否公开了与上述连接方式相同或者等同的技术特征,而无须考虑被诉侵权产品中电磁阀的具体结构是否被现有技术公开。从最高院查明的事实来看,尽管现有技术中公开的电磁阀包括三个部分,其具体结构与被诉侵权产品的电磁阀有着明显差异,但是现有技术中确已公开将电磁阀的出口与有杆活塞的外端直接相连接。因此,二审法院认定现有技术抗辩成立,并无不当。对于申请再审人有关被诉侵权产品的电磁阀具体结构与专利产品一致,与现有技术不一致,故现有技术抗辩不能成立的主张,最高院不予支持。

无效程序与专利侵权诉讼中的现有技术抗辩制度各自独立,各自发挥其自身作用。二者相互协调、配合,有利于避免专利权的保护范围覆盖现有技术,侵入公共领域,从而更好地实现专利法保护和鼓励创新的立法目的。在无效程序中,系将专利技术方案与现有技术进行对比,审查现有技术是否公开了专利技术方案,即专利技术方案相对于现有技术是否具有新颖性、创造性。而在侵权诉讼中,现有技术抗辩的审查对象,则在于被诉侵权技术方案与现有技术是否相同或等同,而不在于审查现有技术是否公开了专利技术方案。因此,二者的审查对象和法律适用均有差异。加之在本案中,格瑞特公司仅向专利复审委员会提交本案二审判决作为证据,并未将本案一、二审中的相关证据均提交给专利复审委员会。因此,专利复审委员会维持涉案两项专利权有效,与二审法院认定现有技术抗辩成立并不存在明显矛盾。对泽田公司有关第16612号、17212号决定维持涉案两项专利权有效,足以证明二审判决认定事实错误的主张,最高院不予支持。

综上,泽田公司的再审申请不符合《中华人民共和国民事诉讼法》第179条的规定。依照《中华人民共和国民事诉讼法》第181条第1款之规定,裁定如下:

## 二、裁判要旨

**No.3-2-22-7** 现有技术抗辩的比对方法,是将被诉侵权技术方案与现有技术进行对比,审查判断现有技术是否公开了与之相同或者等同的技术特征。

从现行《专利法》第62条可知,被控侵权人有证据证明其实施的技术或者设计属于现有技术或者现有设计的,不构成侵犯专利权。所谓现有技术,就是指申请日以前在国内外为公众所知的技术;所谓现有设计,就是指申请日以前在国内外为公众所知的设计。审查现有技术抗辩时,比对方法是将被诉侵权技术方案与现有技术进行对比,在两者并非相同的情况下,审查时可以专利权利要求为参照,确定被诉侵权技术方案中被指控落入专利权保护范围的技术特征,并判断现有技术是否公开了与之相同或者等同的技术特征。本案中,尽管现有技术中公开的电磁阀包括三个部分,其具体结构与被诉侵权产品的电磁阀有着明显差异,但是现有技术中确已公开将电磁阀的出口与有杆活塞的外端直接相连接,因此构成现有技术的抗辩。

## 24 创造性判断中商业成功的认定(《专利法》第22条)

**案例:** 申请再审人国家知识产权局专利复审委员会与被申请人胡颖、原审第三人深圳市恩普电子技术有限公司实用新型专利权无效行政纠纷案

**案例来源:**《最高人民法院知识产权审判案例指导》(第五辑)[(2012)行提字第8号]

**主题词:** 创造性　商业成功

### 一、基本案情

申请再审人(一审被告、二审被上诉人):国家知识产权局专利复审委员会(以下简称专利复审委员会)。

被申请人(一审原告、二审上诉人):胡颖。

原审第三人:深圳市恩普电子技术有限公司(以下简称恩普公司)。

申请再审人专利复审委员会因与被申请人胡颖、原审第三人恩普公司实用新型专利权无效行政纠纷一案,不服北京市高级人民法院(2009)高行终字第1441号行政判决,向最高人民法院(以下简称最高院)申请再审。

2008年5月16日,恩普公司针对本专利提出无效宣告请求。2008年12月19日,专利复审委员会作出第12728号无效宣告请求审查决定(以下简称第12728号决定),认为本专利权全部无效。

一审法院认为:附件2中的阴道扩张器与本专利中的阴道窥器的结构基本相同,工作原理和作用相同,因此,附件2中的阴道扩张器与本专利中的阴道窥器没有本质区别。本专利权利要求1中的探测元件是B型超声仪探头,而附件2中的探测元件是视频摄像单元。附件4包括一个可置入患者阴道内的超声波发射器12,因此,附件4给出了将其公开的超声波发射器12应用到附件2中的技术启示,在附件2和附件4的基础上,本领域的技术人员很容易想到将附件2

中的视频摄像单元替换为附件 4 中的超声波发射器,这种替换不需花费创造性劳动。卡接是日常生活中常见的部件固定连接方式,属于本领域的公知常识。在附件 2 与附件 4 结合的基础上,本领域的技术人员容易想到使用卡接来实现超声波探测元件与阴道扩张器的固定连接,不需花费创造性劳动。据此,在附件 2 和附件 4 的基础上,得到本专利权利要求 1 的技术方案是显而易见的,因此,本专利权利要求 1 不具备创造性,权利要求 2 是对权利要求 1 的进一步限定,附件 5 公开一种特别使用于洗胃、吸痰机的负压吸引器。由于女性计划生育手术中使用的负压吸引器与附件 5 中公开的洗胃、吸痰机中的负压吸引器在工作原理、主要部件构成方面基本相同,其相应的连接关系和设置部位均属于本领域公知常识。在附件 2、4、5 公开内容的基础上,为了能在可视的情况下进行女性计划生育手术,将超声探头、阴道窥器和负压吸引器结合在一起构成的方案,对本领域的技术人员来说是显而易见的,因此,在其引用的权利要求 1 不具备创造性的情况下,权利要求 2 也不具备创造性。在权利要求 1、2 不具备创造性的情况下,权利要求 3—6 也不具备创造性。

胡颖不服一审判决,向北京市高级人民法院提起上诉。

二审法院认为:本案的焦点问题在于附件 2 和 4 的组合是否能够破坏本专利权利要求 1 的创造性。在创造性判断过程中,应当考虑该实用新型专利的技术效果,从整体技术方案进行考虑,不能机械地将技术特征进行分割。如果该实用新型专利的技术效果直接导致其取得商业上的成功,则该实用新型专利具备创造性。

本案中,本专利要解决的是"对女性计划生育手术中的人工流产手术、放置节育器及取出节育器手术可在直视下进行"的技术问题,附件 2 是用于宫颈的检查及录影设备,所解决的技术问题是通过视频录影观察宫颈的病变从而进行诊断及后续治疗。附件 4 是用于监控子宫内的、宫颈的和输卵管的手术设备,所解决的技术问题是在手术中防止对宫颈造成损伤的情况下进行可视监控。附件 2 和附件 4 均不能用于人工流产手术以及放置、取出节育器的手术,也均没有给出将 B 型超声仪探头与扩张阴道的器具进行卡接进行女性计划生育手术的技术启示。本专利为实用新型专利,其创造性的要求低于发明专利。本专利将 B 型超声仪探头与阴道窥器通过卡接这种方式连接,操作简单、准确直观、节省空间,大大提高了计划生育手术的效率,减小了医生盲视状态下仅仅凭借经验操作导致失误的风险,产生了显著的效果。而且,在本专利申请日之前的现有技术均没有解决这一问题,本专利的提出,克服了现有技术中的缺点与不足,解决了长期以来女性计划生育手术中的人工流产手术、放置、取出节育器不能在直视下进行、容易发生意外的问题。

在本案二审审理期间,胡颖提交的新证 1、3,能够证明本专利以及依照本专利的技术方案生产的 B 超监视妇产科手术仪解决了现有技术中如何提高人工流产手术的成功率,减少手术并发症的发生,解决妇产科医生在盲视下手术的问题。新证 2、3 能够证明依照本专利的技术方案生产的 B 超监视妇产科手术仪已经在全国广为推广,并通过政府采购占有一定的市场份额。上述证据可以证明本专利已经取得商业上的成功,而且这种成功是由于该实用新型专利的技术特征直接导致的。

综上,一审判决及第 12728 号决定中关于本专利权利要求 1 相对于附件 2 和 4 的组合不具备创造性的认定不妥,予以纠正。在权利要求 1 具备创造性的基础上,其从属权利要求 2—6 也具备创造性。据此判决:撤销一审判决和第 12728 号决定,判令专利复审委员会就本专利重新作出无效宣告请求审查决定。一、二审案件受理费各 100 元,由专利复审委员会负担。

专利复审委员会不服二审判决,向最高院申请再审。

最高院认为:本案争议的焦点之一在于本专利产品是否获得了商业上的成功。对技术方案创造性的评价,一般会从对现有技术作出贡献的角度出发,采取相对客观的"三步法"判断方式,判断要求保护的技术方案是否对现有技术构成了实质上的"贡献",从而决定是否对其授予专利权。当采取"三步法"难以判断技术方案的创造性或者得出技术方案无创造性的评价时,从社会经济的激励作用角度出发,商业上的成功就会被纳入创造性判断的考量因素。当一项技术方案的产品在商业上获得成功时,如果这种成功是由于其技术特征直接导致的,则一方面反映了该技术方案具有有益的效果,同时也说明了其是非显而易见的,该技术方案即具有创造性。但是,如果商业上的成功是由于其他原因所致,例如销售技术的改进或者广告宣传等,则不能作为判断创造性的依据。因此,商业上的成功是当技术方案本身与现有技术的区别在构成可授予专利权的程度上有所欠缺时,如有证据能够证明该区别技术特征在市场上取得了成功,则从经济激励的层面对其予以肯定。商业成功是创造性判断的辅助性因素。与相对客观的"三步法"而言,对商业上的成功是否确实导致技术方案达到被授予专利权的程度,应当持相对严格的标准。当申请人或专利权人主张其发明或者实用新型获得了商业上的成功时,应当审查:(1)发明或者实用新型的技术方案是否真正取得了商业上的成功;(2)该商业上的成功是否源于发明或者实用新型的技术方案相比现有技术做出改进的技术特征,而非该技术特征以外的其他因素所导致。商业上的成功体现的是一项发明或者实用新型被社会认可的程度。从理论上讲,成功与否应当由该发明或者实用新型所代表的技术或产品相比其他类似的技术或产品在同行业所占的市场份额来决定,单纯的产品销售并不能代表已经取得商业上的成功。一项发明或者实用新型获得商业上的成功所基于的直接原因,应当是创造性判断的重点。导致商业上取得成功的,必须是发明或者实用新型的技术方案相比现有技术做出改进的技术特征,而非该技术特征之外的其他因素。因此,必须对导致商业成功的原因进行详细分析,从而排除技术特征之外的其他因素对取得商业成功的影响。

本案中,在无效程序中,专利权人没有主张本专利在商业上获得了成功,也没有提交关于本专利在商业上成功的证据。因此,专利复审委员会在对本专利进行创造性判断时,没有考虑商业成功的因素,并无不当。专利权人在二审阶段提交证据证明其专利产品获得了商业成功,新证据1是11所医院的医生提供的证言,其中记载这些医院采用"经阴道超声介入性计划生育手术"技术产生的效果。新证据2是湖北、河南、黑龙江省人口与计划生育委员会分别就Belson-700A、Belson-700D、Belson-700C产品与无锡贝尔森影像技术有限公司签订的政府采购合同。新证据3是中华医学会电子音像出版社出具的关于出版"经阴道超声介入性计划生育手术技术"DVD光盘的证明。但是,上述证据中载明湖北、河南、黑龙江省人口与计划生育委员会采购了116台本专利产品,从产品的销售量来看,尚不足以证明本专利产品达到商业上成功的标准。因此,二审判决基于新证据2和3得出"本专利已经取得商业上的成功",证据不足,最高院不予支持。

最后,最高院认为,第12728号决定依据的相关事实证据不足,应予撤销,重新作出审查决定;一审判决错误地维持该决定,应当相应予以撤销;二审判决对本专利取得商业上的成功的事实认定不清,适用法律错误,应予撤销。

二、裁判要旨

**No.3-2-22-8 创造性判断中商业成功的考量时机,为利用"三步法"难以判断技术方案的创造性或者得出无创造性的评价与认定方法时,判断标准为技术方案相比现有技术作出改进的技术特征是商业成功的直接原因。**

创造性的判断一般有赖于"三步法",即第一步,确定最接近的现有技术;第二步,确定要求保护的发明或者实用新型的区别特征,并由此确定该发明或者实用新型实际解决的技术问题;第三步,在最接近的现有技术以及其他技术的基础上,判断请求保护的发明或实用新型为解决所要解决的技术问题而采取的技术方案是否所属领域的技术人员容易想到的。一般情况下,只有利用"三步法"难以判断技术方案的创造性或者得出无创造性的评价时,才将商业上的成功作为创造性判断的辅助因素。当一项技术方案的产品在商业上获得成功时,如果这种成功是由于其技术特征直接导致的,则一方面反映了该技术方案具有有益的效果,同时也说明了其是非显而易见的,该技术方案即具有创造性。但是,如果商业上的成功是由于其他原因所致,例如销售技术的改进或者广告宣传等,则不能作为判断创造性的依据。本案中,在无效程序中,专利权人没有主张本专利在商业上获得了成功,也没有提交关于本专利在商业上成功的证据。因此,专利复审委员会在对本专利进行创造性判断时,没有考虑商业成功的因素,并无不当。

## 25 新晶型化合物的创造性判断(《专利法》第 22 条)

**案例**:申请再审人贝林格尔英格海姆法玛两合公司与被申请人国家知识产权局专利复审委员会、第三人江苏正大天晴药业股份有限公司发明专利权无效行政纠纷案
**案例来源**:《最高人民法院知识产权审判案例指导》(第五辑)[(2011)知行字第 86 号]
**主题词**:新晶型化合物 结构接近的化合物

### 一、基本案情

申请再审人(一审原告、二审上诉人):贝林格尔英格海姆法玛两合公司(Boehringer Ingelheim Pharma GmbH & Co. KG,以下简称贝林格尔公司)。

被申请人(一审被告、二审被上诉人):国家知识产权局专利复审委员会(以下简称专利复审委员会)。

第三人(一审第三人、二审第三人):江苏正大天晴药业股份有限公司(以下简称正大天晴公司)。

申请再审人贝林格尔公司因与被申请人专利复审委员会、第三人正大天晴公司发明专利权无效行政纠纷一案,不服北京市高级人民法院(2010)高行终字第 751 号行政判决,向最高人民法院(以下简称最高院)申请再审。

最高院认为:本案争议的焦点在于涉案专利权利要求 1 和 2 是否具有创造性。

2008 年 8 月 27 日,专利复审委员会作出 12206 号决定,宣告涉案专利权全部无效。12206 号决定中认定涉案专利权利要求 1 的化学产品与证据 5a 和证据 1 的化学产品,均属于结构上非常接近的化学产品,但是权利要求 1 保护的化学产品,相对于证据 5a 和证据 1 中公开的现有技术化学产品,不具备预料不到的用途和效果。贝林格尔公司提交的反证 1,为其在申请日之后即答复国家知识产权局的第一次审查意见通知书时提交的实验数据,该数据给出的是涉案专利的结晶性单水合物微粉化以后粒径稳定的教导,由于其所教导的技术效果在涉案专利申请文件中没有依据,并且在现有技术中也没有教导,故在涉案专利创造性评价中,专利复审委员会对该数据不予考虑。因此,权利要求 1 的化学产品相对于证据 1 或者证据 5a 与证据 1 的结合均不具备创造性。权利要求 2 中的制备方法实质上是通过重结晶制备结晶性单水合物的方法,而选择合适的含水溶剂,通过加热溶解、加入活性碳脱色除杂质、过滤除去活性炭、缓慢冷却结晶这种常规的重结晶操作制备水合物晶体,是本领域的公知常识。在权利要求 1 不具备创造性的情况下,权利要求 2 相对于证据 1 与公知常识的结合或者证据 5a 与证据 1 及公知常识的结合,也不具备创造性。

本案中,贝林格尔公司不再主张涉案专利权利要求 3—6 的创造性,但是其认为专利复审委员会错误地将化合物创造性审查标准适用于晶体领域专利,从而错误地认定涉案专利权利要求 1 和 2 不具有创造性。对此,最高院认为,在评价权利要求 1 和 2 的创造性时,首先需要确定的是评价标准的问题。化合物总是以一定的物理形态存在的,晶体仅是化合物分子的一种堆积形态,同一种化合物可能存在多种晶体形式,也可能根本不存在晶体形式,在目前的技术水平下,这是难以预测的。一般来说,本领域的技术人员在发现某种化合物具有某种药学活性后,会基于稳定性、高纯度等普遍存在的动机,采用常规的结晶方法尝试制备晶体,如果能制备出晶体,就对晶体性能进行检测。由此可见,晶体是否具有意想不到的技术效果,是决定其是否具有创造性的关键因素,而《审查指南》第二部分第十章 6.1 节对化合物的创造性审查规定,结构上与已知化合物接近的化合物,必须要有意料不到的用途或者效果。此意料不到的用途或者效果,可以是与该已知化合物的已知用途不同的用途;或者是对已知化合物的某一已知效果有实质性的改进或提高;或者是在公知常识中没有明确的或不能由常识推论得到的用途或效果。在审查实践中,晶体的创造性一直适用上述化合物创造性审查标准进行评价。涉案专利要求保护的是化合物溴化替托品的结晶性单水合物,专利复审委员会适用《审查指南》关于化合物的创造性审

查规定来评价涉案专利的创造性,并无不当。

结构相近的化合物,必须具有相同的基本核心部分或者基本的环,而决定药学活性的结构单元即为药学活性物质的基本核心部分。本案中,证据5a公开了溴化替托品的x水合物,证据1公开的溴化替托品晶体及其具体制备实施例,并且公开了该溴化替托品晶体具有治疗慢性阻塞性肺病(COPD)和气喘的活性。涉案专利权利要求1保护的溴化替托品结晶性单水合物与证据5a、证据1公开的化合物都是以溴化替托品为基本核心部分,该基本核心部分使三者具有了相同的活性,无论x值是多少,或者三者的晶体形态有所区别,对于本领域的技术人员来说,三者的结构都是接近的。因此,专利复审委员会关于涉案专利权利要求1保护的溴化替托品结晶性单水合物、证据5a公开的溴化替托品x水合物和证据1公开的溴化替托品晶体属于结构接近的化合物,故权利要求1的溴化替托品结晶性单水合物只有在其具有预料不到的用途或效果的情况下才具备创造性的认定,并无不当。

关于涉案专利权利要求1保护的溴化替托品结晶性单水合物是否具有预料不到的用途或效果。由于证据1公开了溴化替托品晶体具有治疗慢性阻塞性肺病(COPD)和气喘的活性,因此,涉案专利权利要求1保护的溴化替托品结晶性单水合物并不具有预料不到的用途。

涉案专利说明书中记载了溴化替托品结晶性单水合物满足所述的诸多苛刻要求,包括起始物料在多种环境条件作用下的活性稳定性、药物制剂制造过程的稳定性以及最终药物组合物的稳定性。具体的记载有:所用药物活性物质应尽可能纯,并须保证其在多种不同环境条件下长期储存的稳定性。这是防止药物组合物除了真正活性物质外还含有其分解产物(举例)的重要关键。……水分的吸收对因摄取水分而增加重量的药物活性物质而言,将降低药物活性物质含量。……为了获得具有相当粒径的活性物质,有时需要再度研磨过程(所谓的微粉化过程)。要尽可能避免药物活性物质的分解,使活性物质仍然绝对必要在整个研磨过程中高度稳定。研磨过程中结晶性活性物质的稳定性及性质满足苛刻要求。……药物活性物质的稳定性在药物组合物中决定药物特性的有效期限也相当重要,在不同储存条件下上述药物组合物中的药物高度稳定,为病人及制造商提供了另外的优点。……可改良药物组合物的物理及化学稳定性的任何药物组合物的固态变化,比相同药物的较不稳定制剂可提供显著优点。涉案专利说明书中对上述技术效果进行了记载,但是并没有任何证据表明涉案专利具有上述技术效果。贝林格尔公司主张反证1证明了权利要求1保护的溴化替托品结晶性单水合物具备预料不到的效果。反证1通过实验数据的记载证明"微粉化以后结晶性单水合物的细分颗粒级分在压力条件下基本上不变",是贝林格尔公司在涉案专利申请日后实审阶段,答复"第一次审查意见通知书"时,为克服创造性缺陷而提交的意见陈述书。基于反证1,涉案专利获得授权。比较涉案专利说明书,其中对涉案专利药物活性物质的稳定性作出泛泛的描述,微粉化后药物活性物质的稳定性包括诸多方面,本领域技术人员根据涉案专利公开的信息以及现有技术,得不到任何有关溴化替托品结晶性单水合物具有微粉化后粒径稳定的技术效果的教导,这一效果不能作为认定涉案溴化替托品结晶性单水合物具备创造性的依据,专利复审委员会对反证1不予采信,并无不当。因此,涉案专利权利要求1保护的溴化替托品结晶性单水合物相对于证据5a或证据1或证据5a与证据1的结合公开的化合物没有预料不到的技术效果,涉案专利权利要求1不具有创造性。贝林格尔公司认为不采信反证1,就违背了行政信赖原则、正当程序原则、可预见原则和公平原则,对此,最高院认为,专利复审制度的功能是对专利授权程序中出现的错误进行弥补和纠正,专利复审委员会作出与专利授权部门不同的决定,并不违反法定原则,对于贝林格尔公司的该项申请再审理由,最高院不予支持。

关于权利要求2的创造性,贝林格尔公司对专利复审委员会在12206号决定中认定选择合适的含水溶剂,通过加热溶解、加入活性碳脱色除杂质、过滤除去活性炭、缓慢冷却结晶这种常规的重结晶操作制备水合物晶体是本领域的公知常识,未表示异议,而涉案专利权利要求2中的制备方法,实质上就是通过重结晶制备结晶性单水合物的方法,因此,在权利要求1的方法制备得到的晶体,即权利要求1要求保护的溴化替托品结晶性单水合物不具备创造性的情况下,权利要求2也不具备创造性。贝林格尔公司认为二审判决没有对权利要求2的创造性作出评判就直接认定涉案专利无效,属于事实认定错误。经审查,贝林格尔公司在上诉理由中没有提及权利要求2的创造性问题,二审法院对此不予评判并无不当。对贝林格尔公司的该项申请再审理由,最高院不予支持。

## 二、裁判要旨

**No.3-2-22-9** 在新晶型化合物创造性判断中,应当结合其是否带来预料不到的技术效果进行考虑。

化合物总是以一定的物理形态存在的,晶体仅是化合物分子的一种堆积形态,同一种化合物可能存在多种晶体形式,也可能根本不存在晶体形式,在目前的技术水平下,这是难以预测的。一般来说,本领域的技术人员在发现某种化合物具有某种药学活性后,会基于稳定性、高纯度等普遍存在的动机,采用常规的结晶方法尝试着制备晶体,如果能制备出晶体,就对晶体性能进行检测。由此可见,晶体是否具有意想不到的技术效果,是决定其是否具有创造性的关键因素,而《审查指南》第二部分第十章6.1节对化合物的创造性审查规定,结构上与已知化合物接近的化合物,必须要有预料不到的用途或者效果。此预料不到的用途或者效果,可以是与该已知化合物的已知用途不同的用途,或者是对已知化合物的某一已知效果有实质性的改进或提高;或者是在公知常识中没有明确的或不能由常识推论得到的用途或效果。在新晶型化合物创造性判断中,并非所有的微观晶体结构变化均必然具有突出的实质性特点和显著的进步,必须结合其是否带来意料不到的技术效果进行考虑。具体到本案中,关于涉案专利权利要求1保护的溴化替托品结晶性单水合物是否具有意料不到的用途或效果。由于证据1公开了溴化替托品晶体具有治疗慢性阻塞性肺病(COPD)和气喘的活性,因此,涉案专利权利要求1保护的溴化替托品结晶性单水合物并不具有预料不到的用途。

**No.3-2-22-10** 《专利审查指南》所称"结构接近的化合物",仅指该化合物必须具有相同的核心部分或者基本的环,不涉及化合物微观晶体结构本身的比较。

结构相近的化合物,必须具有相同的基本核心部分或者基本的环,而决定药学活性的结构单元即为药学活性物质的基本核心部分。具体在本案中,证据5a公开了溴化替托品的x水合物,证据1公开的溴化替托品晶体及其具体制备实施例,并且公开了该溴化替托品晶体具有治疗慢性阻塞性肺病(COPD)和气喘的活性。涉案专利权利要求1保护的溴化替托品结晶性单水合物与证据5a、证据1公开的化合物都是以溴化替托品为基本核心部分,该基本核心部分使三者具有了相同的活性,无论x值是多少,或者三者的晶体形态有所区别,对于本领域的技术人员来说,三者的结构都是接近的。

---

**26** 实用新型专利创造性判断对相近或者相关技术领域现有技术的考量(《专利法》第22条)

**案例**:申请再审人国家知识产权局专利复审委员会与被申请人赵东红、张如一,一审第三人、二审被上诉人邹继豪专利无效行政纠纷案

案例来源:《最高人民法院知识产权审判案例指导》(第五辑)[(2011)知行字第19号]
主题词:实用新型 现有技术

## 一、基本案情

申请再审人(一审被告、二审被上诉人):国家知识产权局专利复审委员会(以下简称专利复审委员会)。

被申请人(一审原告、二审上诉人):赵东红。

被申请人(一审原告、二审上诉人):张如一。

一审第三人、二审被上诉人:邹继豪。

申请再审人专利复审委员会因与被申请人赵东红、张如一,一审第三人、二审被上诉人邹继豪专利无效行政纠纷一案,不服北京市高级人民法院(2010)高行终字第811号行政判决,向最

高人民法院(以下简称最高院)申请再审。

2008年11月6日,专利复审委员会作出第12613号无效宣告请求审查决定(以下简称被诉决定),认定名称为"握力计"的第97216613.0号实用新型专利权,不符合《专利法》第22条第3款规定,宣告涉案专利全部无效。赵东红、张如一不服被诉决定,向北京市第一中级人民法院(以下简称一审法院)提起行政诉讼。

一审法院经审理认为,被诉决定认定事实清楚,适用法律正确,审理程序合法,应予维持;赵东红、张如一的诉讼主张均不成立,其要求撤销被诉决定的诉讼请求不予支持。据此,依照《行政诉讼法》第54条第1项的规定,判决维持被诉决定。

赵东红、张如一不服一审判决,向北京市高级人民法院(以下简称二审法院)提起上诉。

二审法院确认如下事实:1997年5月28日,赵东红、张如一向国家知识产权局提出名称为"握力计"的实用新型专利申请。1998年9月23日,国家知识产权局授予其专利权,即涉案专利。涉案专利授权公告的权利要求书如下:(1)一种握力计,具有:外握柄,安装于外握柄内的内握柄,与内握柄连接的测力传感器以及装于外壳内的检测显示装置,其特征是,上述测力传感器是具有多个凸台的弹性体梁,上述测力传感器通过握距调整装置与上述内握柄连接。(2)根据权利要求1所述的握力计,其特征是,上述弹性体梁具有三个凸台,且两端凸台比中部的凸台伸出高。(3)根据权利要求1或2所述的握力计,其特征是,上述弹性体梁的凸台侧设有承力板。(4)根据权利要求3所述的握力计,其特征是,上述弹性体梁与承力板是形成一个整体的框架结构。(5)根据权利要求1、2或4中任一项所述的握力计,其特征是,上述握距调整装置是具有调距手轮的力杆,上述力杆穿过外握柄,连接内握柄与测力传感器。(6)根据权利要求3所述的握力计,其特征是,上述内握柄的两侧边框的外侧设有定位凸台,上述定位凸台安装在外握柄的滑动槽内。

2008年4月28日,邹继豪以涉案专利不符合《专利法》第22条第3款、第26条第3款以及《专利法实施细则》第20条第1款、第21条第2款的规定为由,向专利复审委员会提出无效宣告请求,并提交了6份证据:证据1:实开平4-131217号日本公开实用新案公报,其公开日为1992年12月2日。证据2:授权公告号为CN2234609Y的中国实用新型专利说明书,其授权公告日为1996年9月4日。证据3:公开号为CN1076779A的中国发明专利申请公开说明书,其公开日为1993年9月29日。证据4:《传感器技术手册》一书的版权页和第247、260、275、279页的复印件共5页,袁希光主编,国防工业出版社1986年12月第1版,1989年1月第2次印刷。证据5:涉案专利授权公告文本。证据6:平4-10816号日本特许公报,其公告日期为1992年2月26日。

专利复审委员会受理该申请后,将有关文件转送赵东红、张如一,并要求其在一个月内对该无效宣告请求陈述意见。赵东红、张如一在指定期限内未答复。

2008年5月27日,邹继豪提交了意见陈述,并补充提交了证据1、6的中文译文以及昭60-207640号日本公开特许公报及其中文译文(以下简称证据7)、公开日为1985年10月12日的昭60-153104号日本公开实用新案公报,及其中文译文(以下简称证据8)。

2008年9月16日,邹继豪再次提交了意见陈述书,同时还提交了证据4的第200-201页的复印件,以及王洪业编著、国防科技大学出版社出版、1997年4月第1版第1次印刷的《传感器工程》一书的版权页和第73、83页的复印件共3页(以下简称证据9)、公告日为1988年8月10日的公告号为CN87212699U的中国实用新型专利说明书(以下简称证据10)、公告日为1989年10月4日的公告号为CN2045270U的中国实用新型专利申请说明书(以下简称证据11)。

专利复审委员会认为,《专利法》第22条第3款规定:创造性,是指同申请日以前已有的技术相比,该发明有突出的实质性特点和显著的进步,该实用新型有实质性特点和进步。如果一项权利要求的技术方案与一份证据披露的现有技术相比存在区别技术特征,而该区别技术特征被属于相同技术领域的另一份证据披露的现有技术公开,且该特征在该另一份证据中所起的作用与本专利中的作用相同,则该权利要求不具备创造性。

具体到本案，涉案专利权利要求1要求保护一种握力计，其所要解决的技术问题是提供一种检测准确、结构简单、操作方便的握力计。该权利要求1的技术方案为：一种握力计，具有：外握柄，安装于外握柄内的内握柄，与内握柄连接的测力传感器以及装于外壳内的检测显示装置，其特征是，上述的测力传感器是具有多个凸台的弹性体梁，上述的测力传感器通过握距调整装置与上述内握柄连接。

证据7公开了一种体力测定器，具体公开了如下内容：该体力测定器包括：外握部（对应于涉案专利的外握柄），安装于外握柄内的中握部（对应于涉案专利的内握柄），压缩螺杆（对应于涉案专利中的握距调整装置）的一端通过调节手轮与中握部连接并可以自由转动，另一端螺插于在压缩弹簧的压缩板的基端处设置的圆筒体内，压缩板和齿条以齿条杆为媒介连接成一体，齿条与固定在回转式编码器的回转轴上的小齿轮啮合（压缩弹簧、压缩板、圆筒体、齿条杆、齿条、回转式编码器、小齿轮构成的整体对应于本专利的测力传感器）；测定时，被测定人握紧中握部和外握部后，弹簧通过压缩板被压缩下降的同时，契合在压缩板上的齿条杆就产生移动，与之连动的齿条也随之下降，与齿条啮合的小齿轮在回转式编码器的回转轴上回转，该回转角度与握力成比例增加，由此在回转式编码器中产生与角度成比例的方形波脉冲，该方形波脉冲被传送到对肌力测定进行数字显示的装置（对应于涉案专利的检测显示装置）中，从而完成测定握力。

由上可知，涉案专利权利要求1的技术方案与证据7公开的内容相比，其区别在于：（1）涉案专利权利要求1中的测力传感器是具有多个凸台的弹性体梁，而证据7中是利用由压缩弹簧、压缩板、齿条杆、齿条、回转式编码器、小齿轮构成的整体来实现测力传感器的功能；（2）涉案专利权利要求1中的检测显示装置安装于外壳内，而证据7中没有明确记载显示装置的安装位置。

证据2公开了一种手提式数字显示电子秤，其中具体公开了该电子秤包括称重挂钩、挂环、外壳、称重传感器，称重传感器是由金属弹性体加工的重心在中间的M型传感器，由附图4可知，该M型传感器具有竖直向下伸出的三个腿状结构（相当于涉案专利所述测力传感器具有的多个凸台），其中两侧的腿状结构与一底板形成为一体，中间的腿状结构较短且不与底板接触，该M型传感器表面还贴有4片电阻应变片，该外壳上设有显示屏，用于被外壳内的多个电器元件驱动而显示被称重物的重量。

由此可见，证据2中已经公开了具有竖直向下伸出的三个腿状结构的M型传感器，且该M型传感器由金属弹性体加工而成，其必然是具有弹性的，这就相当于公开了涉案专利所述的测力传感器是具有多个凸台的弹性体梁；而证据2中的显示屏和驱动该显示屏的电路元件就相当于公开了涉案专利所述的装于外壳内的检测显示装置，从而上述区别技术特征（1）和（2）均已被证据2公开；并且证据2与涉案专利、证据7同属于测力装置技术领域，证据2中测重力与涉案专利、证据7中测握力的不同仅在于重力是由被称重的物体施加而握力是由被测人的手施加，但该施加的重力和握力的方向均是垂直向下，也就是说，证据2中的重力与涉案专利、证据7中的握力仅仅是施力对象不同，而施力对象的不同，不会对该重力和握力的测量造成实质性影响，即该重力和握力的测量原理是基本相同的；此外，在对测力装置的实际设计中，测重力装置和测握力装置均是采用测力领域中常用的压力传感器或拉力传感器来实现的，而对本领域技术人员来说，用测重力装置中的压力传感器来替换测握力装置中的传感器结构是不需要付出创造性劳动的。因此，本领域技术人员在证据7的基础上，很容易想到用证据2中的M型传感器替换证据7中用于实现传感器功能的多个部件，并将显示装置安装于外壳内，从而得到涉案专利权利要求1的技术方案，即把证据7与证据2相结合得到本专利权利要求1的技术方案对本领域技术人员来说是显而易见的，因此，涉案专利权利要求1相对于证据7和证据2的结合不具备创造性，不符合《专利法》第22条第3款的规定。

赵东红、张如一认为，证据2与涉案专利不是同一技术领域，是用来称重的，没有结合的启事，证据2的附图4只有一个凸台，证据7中没有描述握距，因此本专利权利要求1具备创造性。

对此，专利复审委员会认为：如前所述，证据2与涉案专利、证据7同属于测力装置技术领域,证据2中的重力与涉案专利、证据7中的握力仅仅是施力对象不同,而施力对象的不同,不会对该重力和握力的测量造成实质性影响,即该重力和握力的测量原理并没有实质性不同,因此本领域技术人员有动机将证据2与证据7结合;证据2中的M型传感器的竖直向下伸出的三个腿状结构,就相当于本专利所述的多个凸台;证据7中虽然没有明确记载压缩螺杆是用于调整握距的,但是根据证据7说明书中对压缩螺杆和调节手轮的描述,并结合附图1可以确定,通过转动调节手轮使压缩螺杆转动,进而带动内握柄上升或下降,就可以调节内握柄与外握柄之间的握距,因此证据7中的压缩螺杆,就相当于公开了涉案专利的握距调整装置。综上所述,赵东红、张如一的主张不能成立。

权利要求2是引用了权利要求1的从属权利要求,其附加技术特征是"上述弹性体梁具有三个凸台,且两端凸台比中部的凸台伸出高",从证据2的附图4中可以看出,该M型传感器两侧的腿状结构比中间的腿状结构长,从而使该中间的腿状结构悬空,因此该特征也已被证据2所公开,且其在证据2中所起的作用也与本申请权利要求2中相同,在权利要求1不具备创造性的情况下,其从属权利要求2相对于证据7和证据2的结合,也不具备《专利法》第22条第3款规定的创造性。

权利要求3是引用了权利要求1或2的从属权利要求,其附加技术特征是"上述弹性体梁的凸台侧设有承力板",从证据2的附图4中可以看出,该M型传感器的腿状结构底部有一与M型传感器两侧的腿状结构承接的底板(相当于权利要求3所述的承力板),因此该特征也已被证据2所公开,在权利要求1或2不具备创造性的情况下,其从属权利要求3相对于证据7和证据2的结合也不具备《专利法》第22条第3款规定的创造性。

权利要求4是引用了权利要求3的从属权利要求,其附加技术特征是"上述弹性体梁与承力板是形成一个整体的框架结构",从证据2的附图4中可以看出,该M型传感器的腿状结构与底板形成为一体,因此该特征也已被证据2所公开,在权利要求3不具备创造性的情况下,其从属权利要求4相对于证据7和证据2的结合,也不具备《专利法》第22条第3款规定的创造性。

权利要求5是引用了权利要求1、2或4中任一项的从属权利要求,其附加技术特征是"上述握距调整装置是具有调距手轮的力杆,上述力杆穿过外握柄,连接内握柄与测力传感器",而证据7中公开了压缩螺杆(相当于权利要求5所述的力杆)和设置在压缩螺杆前端的调节手轮(相当于权利要求5所述的调距手轮),该压缩螺杆穿过外握部,连接中握部和压缩板上设置的圆筒体(由前面对权利要求1的评述可知,压缩板和其上的圆筒体是证据7中用于实现传感器功能的一部分部件,从而相当于公开了权利要求5所述的连接关系),因此上述附加技术特征也已被证据7公开,在权利要求1、2或4不具备创造性的情况下,其从属权利要求5相对于证据7和证据2的结合,也不具备《专利法》第22条第3款规定的创造性。

权利要求6是引用了权利要求3的从属权利要求,其附加技术特征是"上述内握柄的两侧边框的外侧设有定位凸台,上述定位凸台安装在外握柄的滑动槽内",上述附加技术特征所起的作用是通过定位凸台与滑动槽的卡合,使内握柄只能在滑动槽的方向上移动,而本领域技术人员为了使内握柄在受力时沿着与外握柄在同一平面内的方向向外握柄下端移动而不发生偏斜,以避免产生测量误差,能够想到采用在外握柄上设置滑动槽并在内握柄两侧边框上设置定位凸台的措施,从而使内握柄卡合在外握柄的滑动槽上而不会发生偏斜运动,这是本领域的常用技术手段,因此在权利要求3不具备创造性的情况下,其从属权利要求6相对于证据7、证据2和公知常识的结合,也不具备《专利法》第22条第3款规定的创造性。

综上所述,涉案专利权利要求1—6不具备创造性,不符合《专利法》第22条第3款的规定。由于已经得出了涉案专利全部权利要求不具备创造性的结论,因此专利复审委员会未再对邹继豪提交的其他证据和理由进行评述。

基于上述理由,专利复审委员会于2008年11月6日作出被诉决定,宣告涉案专利权全部无效。

另查,2008年3月3日,专利复审委员会针对深圳市好家庭实业有限公司的无效审查请求,作出第 11088 号决定,认定涉案专利与授权公告日为 1996 年 9 月 4 日、授权公告号为 CN2234609Y 的中国实用新型专利说明书(即被诉决定中的证据2)"属于不同的技术领域,且两者的发明目的以及传感器受力方向均存在差异,本领域技术人员不能轻易想到将其他技术领域中的传感器运用到本领域"。

二审法院认为,对专利复审委员会的审查职责,当事人无异议,经审查予以确认。鉴于被诉决定所依据的证据均在口头审理时进行了质证,专利复审委员会根据上诉人的质证意见对证据进行的审查核实,并不违背《审查指南》的相关规定,二审法院经审查对被诉决定作出程序的合法性予以确认。本案的争议焦点在于被诉决定,对涉案专利与证据2属于相同技术领域并据此否定涉案专利创造性的认定是否正确。

判断实用新型专利权是否具有创造性,一般着重于考虑该实用新型专利所属的技术领域。本案中,涉案专利要求保护的是一种握力计,所要解决的技术问题是提供一种检测精确、结构简单、操作方便的握力计,而证据2公开的是一种手提式数字显示电子秤,是一种测重力的装置,二者的发明目的以及传感器受力方向均存在差异,属于不同技术领域,本领域技术人员不能轻易想到将其他技术领域中的传感器运用到本领域。而且,专利复审委员会作出的第 11088 号决定,亦已明确认定本专利与证据2"属于不同的技术领域",在第 11088 号决定的效力未经任何法定程序被否定的情况下,专利复审委员会针对同样的情况作出不同的判断,有悖不得反复无常的依法行政原则。因而,被诉决定以证据7和与涉案专利不属于同一技术领域的证据2的结合否定本专利的创造性,属于认定事实错误。一审判决认定本专利与证据2属于相同技术领域,并在此基础上判决维持被诉决定错误。

最高院认为:专利法的立法宗旨是为了保护专利权人的合法权益,鼓励发明创造,推动发明创造的应用,提高创新能力,促进科学技术进步和经济社会发展。可见,专利制度不仅要维护专利权人的合法权益,还要充分考虑社会公众的合法权益,进而实现两者之间的平衡。为了实现上述平衡,就需要设置合理的专利授权标准。对于发明或者实用新型专利而言,需要设立合理的创造性判断标准。如果创造性标准设置得太低,就会导致创新程度不高的专利申请较容易获得授权或者很难被宣告无效,势必会限制技术的传播和利用,不利于科技进步和社会发展,损害社会公众利益。如果创造性标准设置得太高,专利申请获得授权的难度就会大大提高,将会减损专利法对技术创新的激励作用。《专利法》第 22 条第 3 款规定,发明的创造性,是指与现有技术相比,该发明具有突出的实质性特点和显著的进步。实用新型的创造性,是指该实用新型具有实质性特点和进步。《专利法》规定的实用新型专利的创造性标准低于发明专利的创造性标准。判断发明创造是否具有创造性,应当基于所属技术领域的技术人员的知识和能力,并通过将发明创造的技术方案与现有技术进行比对来判断。发明专利和实用新型专利的创造性标准不同,因此技术比对时所考虑的现有技术领域也应当有所不同,这是体现发明专利和实用新型专利创造性标准差别的一个重要方面。

技术领域,应当是要求保护的发明或者实用新型技术方案所属或者应用的具体技术领域,而不是上位的或者相邻的技术领域,也不是发明或者实用新型本身。涉案专利是名称为"握力计"的实用新型专利,判断其是否具有创造性,首先应当确定握力计所属的技术领域以及相关和相近的技术领域。技术领域的确定,应当以权利要求所限定的内容为准,一般根据专利的主题名称,结合技术方案所实现的技术功能、用途加以确定。专利在国际专利分类表中的最低位置,对其技术领域的确定具有参考作用。相近的技术领域一般指与实用新型专利产品功能以及具体用途相近的领域,相关的技术领域一般指实用新型专利与最接近的现有技术的区别技术特征所应用的功能领域。涉案专利技术功能属于测力装置,具体用途为测人手的握力。

由于技术领域范围的划分与专利创造性要求的高低密切相关,考虑到实用新型专利创造性标准要求较低,因此在评价其创造性时所考虑的现有技术领域范围应当较窄,一般应当着重比对实用新型专利所属技术领域的现有技术。但是在现有技术已经给出明确的技术启示,促使本领域技术人员到相近或者相关的技术领域寻找有关技术手段的情形下,也可以考虑相近或者相关技术领域的现有技术。所谓明确的技术启示是指明确记载在现有技术中的技术启示或者本领域技术人员能够从现有技术直接、毫无疑义地确定的技术启示。

本案中，涉案专利权利要求1的技术方案与最接近的现有技术证据7（一种体力测定器）公开的内容相比，区别技术特征在于测力传感器不同，测力传感装置为涉案专利的相关技术领域。为了评价测力传感器的创造性，专利复审委员会考虑了证据2（手提式数字显示电子秤，用于测重力），将其测力传感器与涉案专利的传感器进行比对。虽然握力计和电子秤都是测力装置，但二者分别具有不同的特定用途。同时，重力和人手的握力相比较，施力对象不同，施力方向也不同，重力单纯向下，人手的握力不是单纯向下而是从四周向中心，所以二者不属于相同技术领域。但涉案专利与手提式数字显示电子秤功能相同，用途相近，二者测力传感器的测力原理基本相同，可以将手提式数字显示电子秤视为涉案专利的相近技术领域。但是，由于现有技术并未给出明确的技术启示，专利复审委员会在评价涉案专利的创造性时，考虑手提式电子秤的测力传感器属于适用法律错误。

二、裁判要旨

No.3-2-22-11 评价实用新型专利创造性时，在现有技术已经给出明确技术启示的情况下，可以考虑相近或者相关技术领域的现有技术。

评价实用新型专利创造性时，第一步就是确定最接近的现有技术，这也就是现有技术中与要求保护的实用新型最相关的一项技术方案。该技术方案通常应当属于与要求保护的实用新型相同或者相近的技术领域，并包含最多的与权利要求所记载的技术特征相同的技术特征。因此，在创造性判断时，一般应当着重比对该实用新型专利所属技术领域的现有技术；但在现有技术已经给出明确技术启示的情况下，也可以考虑相近或者相关技术领域的现有技术；相近技术领域一般指与实用新型专利产品功能以及具体用途相近的领域，相关技术领域一般指实用新型专利与最接近的现有技术的区别技术特征所应用的功能领域。本案中，涉案专利权利要求1的技术方案与最接近的现有技术证据7（一种体力测定器）公开的内容相比，区别技术特征在于测力传感器不同，测力传感装置为涉案专利的相关技术领域。为了评价测力传感器的创造性，专利复审委员会考虑了证据2（手提式数字显示电子秤，用于测重力），将其测力传感器与涉案专利的传感器进行比对。虽然握力计和电子秤都是测力装置，但二者分别具有不同的特定用途。同时，重力和人手的握力相比较，施力对象不同，施力方向也不同，重力单纯向下，人手的握力不是单纯向下而是从四周向中心，所以二者不属于相同技术领域。但涉案专利与手提式数字显示电子秤功能相同，用途相近，二者测力传感器的测力原理基本相同，可以将手提式数字显示电子秤视为涉案专利的相近技术领域。

**27** 现有技术中技术偏见的判断（《专利法》第22条）

**案例**：申诉人阿瑞斯塔生命科学北美有限责任公司与被申诉人中华人民共和国国家知识产权局专利复审委员会专利行政纠纷案

案例来源：《最高人民法院知识产权审判案例指导》（第六辑）[（2013）知行字第31号]

主题词：现有技术　技术偏见

一、基本案情

申诉人（一审原告、二审上诉人）：阿瑞斯塔生命科学北美有限责任公司（以下简称阿瑞斯塔公司）。

被申诉人（一审被告、二审被上诉人）：中华人民共和国国家知识产权局专利复审委员会（以下简称专利复审委）。

申诉人阿瑞斯塔公司因与被申诉人专利复审委专利行政纠纷一案，不服北京市高级人民法院（2009）高行终字第719号行政判决，以及北京市高级人民法院（2012）高行监字第437号驳回再审申请通知，向最高人民法院（以下简称最高院）申请再审。

最高院审查认为,本案争议在于本专利申请是否符合《专利法》第 22 条第 3 款的规定具有创造性。克服现有技术中存在的技术偏见,是判断一项发明创造性的重要辅助性审查标准。如果发明克服了技术偏见,采用了人们由于技术偏见而舍弃的技术手段,从而解决了技术问题,则这种发明具有突出的实质性特点和显著的进步,具备创造性。现有技术中是否存在技术偏见,应当结合现有技术的整体内容进行判断。本专利申请涉及一种使用单一化合物作为除草剂的技术方案,要求保护在谷类作物中选择性控制至少一种杂草的方法,所述杂草选自冰草属、燕麦属、芸薹属、荠属、黑麦草属、芥属、遏蓝菜属、婆婆纳属及其组合。该方法包括将有效量的式(I)化合物和/或式(I)化合物的盐施用于所述谷类作物和/或其环境中,此外还限定了其中对至少一种所述杂草的药效百分比为 70% 至 100%。对比文件 2 记载:"出人意料的,发现来自一系列芳基磺酰基氨基羰基三唑啉酮的一些已知的活性化合物,当与来自各种物质类别的已知的除草剂活性化合物一起使用时,其在除草活性方面显示出显著的增效作用,并且可以特别有利地用做选择性控制有用植物作物,例如小麦中的杂草的广谱结合物制剂","上述第一组和第二组化合物的活性化合物组合的除草活性比单一化合物效果的总和明显要高。这表示,不仅存在互补效应,也存在不可预知的协同效应"。虽然对比文件 2 表 A-2 的数据表明,单独使用与本专利申请完全相同的式(I)化合物的钠盐(I-2,Na 盐),与其和赛克津组合使用的协同作用效果相比,显示的效果差。但对比文件 2 并没有披露式(I)化合物的钠盐(I-2,Na 盐)不能用于对比文件 2 所述的施用作物范围和除草范围。相反,对比文件 2 表 A-2 的数据表明,单独使用式(I)化合物的钠盐(I-2,Na 盐)时,针对风草和狗尾草的药效百分比分别达到了 60% 和 90%。阿瑞斯塔公司主张本专利申请克服了技术偏见而具备创造性前提,必须是其能够证明这种技术偏见是客观存在的,由于其提交的证据尚不能证明单独选择使用单一化合物式(I)、化合物(I-2,Na 盐)作为谷类作物选择性的控制杂草是本领域技术人员舍弃的技术方案。因此,对于阿瑞斯塔公司关于本专利申请克服了技术偏见的主张,最高院不予支持。阿瑞斯塔公司亦未提供证据证明对比文件 2 记载的式(I)化合物在除草方面存在何种具体的活性缺陷或不足,从而导致本领域技术人员不去考虑单独使用式(I)化合物去除任何杂草。其提出对比文件 2 具有反面教导的理由,最高院亦不予支持。

对比文件 2 记载了包含式(I)化合物或其盐的组合物,可应用于小麦等作物中防治冰草属、燕麦属、荠属、黑麦草属、芥属、婆婆纳属等杂草;同时,在表 A-2 中,还公开了作为本专利申请的已知单一化合物(I-2,Na 盐)施用于风草和狗尾草的效果,与含式(I)化合物的钠盐和赛克津的组合物相比,针对风草测试植物破坏或有效百分比,前者为 60%,后者为 98%;针对狗尾草测试植物破坏或有效百分比,前者为 90%,后者为 100%。对比文件 2 中已经提到了活性化合物组合可用于双子叶杂草类和单子叶杂草类。针对实施例,对比文件 2 还记载有"所述新型活性化合物组合良好的除草活性,在单一活性化合物在除草活性方面显示出弱点时,所述组合物毫无例外地显出非常好的除草活性,该活性超过了简单的叠加效应。"虽然对比文件 2 的表 A-2 是用于说明式(I)化合物的钠盐(I-2,Na 盐)与其他活性物质混合使用的效果,好于单独使用式(I)化合物的钠盐(I-2,Na 盐),但观察到的对比结果表明,单独使用式(I)化合物的钠盐(I-2,Na 盐),在风草和狗尾草上也有一定的技术效果。因此,将式(I)化合物和其他化合物组合使用的技术方案与单独使用式(I)化合物的技术方案,并不属于两个完全对立的技术方案。对本领域技术人员而言,存在将式(I)化合物的钠盐(I-2,Na 盐),应用于对比文件 2 所述的施用作物范围和除草范围的技术启示。

本专利申请权利要求 1 限定式(I)化合物对权利要求 1 的杂草具有 70% 至 100% 的药效百分比。对比文件 2 表,A-2 中公开了式(I)化合物的钠盐(I-2,Na 盐)单独施用时,针对风草和狗尾草的药效百分比分别为 60% 和 90%,还公开了式(I)化合物的钠盐(I-2,Na 盐)的施用比率为 15g/ha。本专利申请说明书中多个实施例的最小用量是 30g/ha。尽管除草剂对特定杂草的除草效果是由除草剂自身的性质决定的,并不完全是剂量越高,除草的效果越好,但药物效果也与药物剂量存在相当程度的关联性,在药效达到阈值之前,剂量的增加一般会增强药物效果。在没有证据表明表 A-2 中的施用比例 15g/ha 达到了阈值的情况下,为了提高除草活性而适当增加施用量,以有限次实验获得预期的效果,对于本领域技术人员而言,是显而易见的。阿瑞斯塔公司关于第 11964 号复审请求审查决定,以及一、二审法院将对比文件 2 的对立技术方案与本专利申请权利要求 1 请求保护的技术方案进行比较,错误确定区别技术特征的申诉理由,与事实不符,关于对本专利申请的创造性评价违反《审查指南》的主张,最高院不予支持。

本专利申请权利要求 1 限定"其中对至少一种杂草的药效百分比为 70% 至 100%",这一特征是本发明所要达到的效果特征,是该发明所限定的技术方案解决技术问题带来的技术效果,在评价创造性时,应当将该效果特征与导致该效果的其他技术特征综合考虑,不能割裂技术特征之间的关系。不能简单地以该药效百分比的两个端值没有被完全公开,就认为其具有创造性。阿瑞斯塔公司以"药效百分比"技术特征的限定作用主张本专利申请权利要求 1 具有创造性评价的申诉理由,最高院不予采纳。

本专利申请权利要求 2、3、4、6 为权利要求 1 的从属权利要求,其附加技术特征是对作物或杂草的种类作进一步的限定。由于这些附加技术特征已经在对比文件 2 说明书中被公开,因此,在权利要求 1 不具备创造性的基础上,从属权利要求 2、3、4、6,也不具有创造性。

权利要求 5 为引用权利要求 1 的从属权利要求,其附加技术特征限定了式(I)化合物和/或其盐的施用比例是 30 至 60g/ha。由于对比文件 2 公开的施用量是 15g/ha,而且所属领域的技术人员知道,增加用量会提高除草活性。权利要求 5 中限定的施用比例并不具有意料不到的技术效果。因此,在对比文件 2 的基础上,为了提高除草活性而适当增加施用量,对所属领域技术人员来说是显而易见的。因此,在权利要求 1 不具备创造性的基础上,该从属权利要求 5 也不具有创造性。

权利要求 7 是权利要求 6 的从属权利要求,其附加技术特征限定以 70WP 或 70WG 的配方施用。由于本专利申请对 70WP 或 70WG 的配方被施用所带来的技术效果没有记载,无法确定该附加技术特征是否为权利要求 7 的技术方案带来了意想不到的技术效果。在对比文件 2 说明书公开了 WP 的基础上,所属领域的技术人员能够想到和确定以 70WP 或 70WG 的配方施用。因此,在权利要求 6 不具备创造性的基础上,从属权利要求 7 也不具有创造性。

综上所述,一、二审法院的判决认定事实清楚,适用法律正确,符合法定程序。

二、裁判要旨

**No.3-2-22-12　现有技术中是否存在技术偏见,应当结合现有技术的整体内容进行判断。**

从《专利审查指南 2010》可知,技术偏见,是指在某段时间内、某个技术领域中,技术人员对某个技术问题普遍存在的、偏离客观事实的认识,它引导人们不去考虑其他方面的可能性,阻碍人们对该技术领域的研究和开发。如果发明克服了这种技术偏见,采用了人们由于技术偏见而舍弃的技术手段,从而解决了技术问题,则这种发明具有突出的实质性特点和显著的进步,具备创造性。现有技术中是否存在技术偏见,应当结合现有技术的整体内容进行判断。具体到本案,由于阿瑞斯塔公司提交的证据,尚不能证明单独选择使用单一化合物式(I)化合物(I-2,Na 盐)作为谷类作物选择性的控制杂草,是本领域技术人员舍弃的技术方案。因此,对阿瑞斯塔公司关于本专利申请克服了技术偏见的主张,最高院不予支持。阿瑞斯塔公司亦未提供证据,证明对比文件 2 记载的式(I)化合物在除草方面存在何种具体的活性缺陷或不足,从而导致本领域技术人员不去考虑单独使用式(I)化合物去除任何杂草,其提出对比文件 2 具有反面教导的理由,最高院亦不予支持。

**28 现有设计(《专利法》第 23 条)**

**案例:佘全生诉袁中玉等侵犯外观设计专利权案**
案例来源:《人民法院案例选》2004 年商事·知识产权专辑[第 68 号]
主题词:外观设计专利　现有设计

## 一、基本案情

原告：佘全生。
被告：袁中玉。
被告：袁中文。
被告：袁月美。
被告：覃保由。
被告：刘存娇。
被告：覃耐自。

原告佘全生诉称袁中玉等六被告涉嫌侵犯其外观设计专利，请求法院判令六被告立即停止其侵权行为并连带赔偿经济损失。

广西壮族自治区南宁市中级人民法院经审理查明，原告于1999年自行设计了一种水果包装箱，箱内可装入八个橙子，取名为"八珍橙"。该水果包装箱设计出来后，原告将橙子装入该水果包装箱在市场上出售。2000年1月，原告出于其将橙子装入该水果包装箱在市场上销售后顾客反映较好，但由于箱子小，所装的橙子少，满足不了顾客需要的原因，而将原设计的"八珍橙"水果包装箱进行了改进、加工，在原来包装箱的基础上加大包装箱的容量，仍用原名"八珍橙"。2000年3月3日，原告为了防止他人仿冒其设计的水果包装箱，向国家知识产权局申请外观设计专利，2000年8月26日，国家知识产权局授予原告外观设计专利权，专利号为ZL00303166.7，使用外观设计的产品名称为"水果包装箱"。该外观设计的简要说明记载：(1)后视图与主视图对称，省略后视图；(2)右视图与左视图对称，省略右视图；(3)底面无图案，省略俯视图；(4)请求保护色彩。该专利目前有效。2002年1月，原告佘全生发现被告袁中玉、被告袁中文销售的"八珍橙""八锦橙"，被告袁月美、被告覃保由销售的"八宝橙""泰国蜜橙"，被告刘存娇及其丈夫销售的"八宝橙"，被告覃耐自销售的"泰国蜜橙"，均与原告的外观设计相同或相似，认为上述被告未经其同意，制造、销售上述水果包装，侵犯了其外观设计专利，对上述被告提出制止、警告未果，原告佘全生于2002年2月8日向河池市公证处申请证据保全，该公证处公证人员到河池市水果批发市场进行了调查和证物保全工作，作出了〔2002〕桂河民证字第071号、第072号、第073号《公证书》。

广西壮族自治区南宁市中级人民法院根据上述事实和证据认为，我国《专利法》第23条规定："授予专利权的外观设计，应当同申请日以前在国内外出版物上公开发表过或者国内公开使用过的外观设计不相同或不相近似，并不得与他人在先取得合法权利相冲突。"由此看来，新颖性是外观设计获得专利权的基本条件。对外观设计新颖性的判断，其时间标准以申请日为准，公开标准以书面公开、使用公开方式为标准，而使用公开指通过公开实施使公众能够了解和掌握该外观设计内容，包括以商品形式进行销售，也包括以各种技术交流手段进行传播、应用以及通过电视、广播等方式为公众所知。公开既可以由本人公开，也可以由本人以外的人公开，无论采用何种方式，只要导致发明创造脱离了秘密状态，处于一般公众可能得知的状况，就丧失了新颖性。原告佘全生在起诉状和庭审中均承认，其获得外观设计专利的包装箱是在1999年设计并销售的内装八个橙子的"八珍橙"的包装箱的基础上改进、加工的；改装后的包装箱与原包装箱的形状、图案、色彩是一样的，只是把包装箱的尺寸扩大，改装后的包装箱在2000年1月也投入市场销售，在深受顾客喜爱之后，于2000年3月3日向国家知识产权局申请外观设计专利。原告所述事实证实原"八珍橙"包装箱在1999年已设计出来并投入市场销售，该包装箱的图案及色彩及其结合早在1999年就已公之于众，改装后要申请的外观设计包装箱也由原告自己投入市场公开销售了两个月，这说明，至原告申请专利时，其外观设计的内容即图案、色彩及其结合已经在国内公开使用。这种公开使用，已使原告的外观设计内容脱离了秘密状态，进入了公众可得知的状态，公众可以自由使用。因此，被告提出原告的外观设计内容在申请日前已公知、丧失新颖性的抗辩理由成立，其该项主张本院予以支持。被控侵权物的外观设计内容是原告的外观设计专利申请日前已为公知的外观设计内容，是公众可以自由使用的内容，不构成对原告的外观设计专利权的侵权。原告主张其外观设计不属公知内容的理由不能成立,对其主张专利有效应予保护,六被告应承担侵权赔偿责任的诉讼请求本院不予支持。

一审判决书送达后,原、被告均未提出上诉。

二、裁判要旨

No.3-2-23-1 授予专利权的外观设计,应当不属于现有设计,也没有任何单位或者个人就同样的外观设计在申请日以前向国务院专利行政部门提出过申请,并记载在申请日以后公告的专利文件中。

现有设计,是指申请日以前在国内外为公众所知的设计,而依据《专利审查指南(2010)》,不属于现有设计,是指现有设计中,既没有与涉案专利相同的外观设计,也没有与涉案专利实质相同的外观设计。

外观设计相同,是指涉案专利与对比设计是相同种类产品的外观设计,并且涉案专利的全部外观设计要素与对比设计的相应设计要素相同,其中外观设计要素是指形状、图案以及色彩。本案也属于公知技术抗辩的一种。

外观设计实质相同的判断仅限于相同或者相近种类的产品外观设计,即用途相近的产品。当一般消费者经过对涉案专利与对比设计的整体观察可以看出,二者的区别仅属于区别在于施以一般注意力不能察觉到的局部的细微差异、使用时不容易看到或者看不到的部位、将某一设计要素整体置换为该类产品的惯常设计的相应设计要素等情形时,则涉案专利与对比设计实质相同。

本案中,当事人已经自认在外观设计专利申请之前,已将原设计的橙子小包装箱进行了改进、加工,在原来包装箱的基础上加大包装箱的容量,并在销售中使用了该箱,实际上原设计和外观设计专利相比,实质相同。并且原告的使用行为并不属于《专利法》第24条所规定的不视为丧失新颖性的情况。因此,原告的外观设计专利不具有新颖性,其他人使用并不构成侵权。

## 29 注册商标作为外观设计专利申请的对比文件(《专利法》第23条)

**案例:**拜尔斯道夫股份有限公司与国家知识产权局专利复审委员会专利无效行政纠纷案
**案例来源:**《人民法院案例选》2005年第3辑[第51号]
**主题词:**在先权利

### 一、基本案情

原告:拜尔斯道夫股份有限公司。

被告:中华人民共和国国家知识产权局专利复审委员会。

第三人:许桂萍。

2000年3月22日,许桂萍向中华人民共和国国家知识产权局申请名称为"瓶贴(1)"的外观设计专利,申请号为00320662.9,该申请于2000年11月29日获得授权公告。

针对该专利,原告于2001年10月9日向被告提出无效宣告请求,其理由是:在本专利申请日之前已有与其相近似的外观设计在出版物上公开发表过,并在国内公开使用过,同时,与原告在先取得的注册商标相近似并与原告在先取得的合法商标权相冲突,因此,本专利不符合《专利法》第23条的规定,应予以宣告无效,并同时提交了6份证据,即附件1:原告的相关公司在中国印制并派发的小册子原件一本;附件2:原告的相关公司的产品"瓶贴"实物一件;附件3:原告的1056540号商标注册证复印件;附件4:原告的1056540号注册商标的公告复印件;附件5:原告的相关公司在中国销售的产品样品;附件6:广州市工商行政管理局从化分局(穗工商从分商处字[2001]第001号)行政处罚决定书。

被告经形式审查合格后,受理了上述无效宣告请求,于2002年7月9日,向双方当事人发出口头审理通知书,定于2002年8月14日对本案进行口头审理。

2002年9月2日,针对口头审理中被告对原告证据的质询意见,原告进行了意见陈述,同时补充提交了附件 7:《订印合约书》复印件的公证件;附件 8:盖有上海李岱艾广告公司公章的《临时性广告经营许可证》复印件两份;附件 9:原告自行拍摄的侵权产品照片。

被告认为,由于原告附件 1 上没有显示公开发表的时间,仅在封底印有"(沪)工商广临字印号 99-1501559"和"穗临广审字[1999]第 421 号",原告因此提交了附件 7、附件 8,而附件 7 仅是一个用于印刷某一规格的宣传册的印刷合同,与附件 1 不能形成唯一确定的对应关系,二者缺乏关联性,故不能就此认定附件 7 就是附件 1 的印刷合同,故不能依据附件 7 确定附件 1 的印刷时间及公开日期。由于原告没有按期提交附件 8(《临时性广告经营许可证》)的原件,又不能提交有证明力的其他佐证,仅凭广告公司的签章,不足以确认附件 8 的真实性,因此,不能用附件 8 证明附件 1 的公开时间。基于上述分析,原告提交的附件 1、附件 7、附件 8 没有形成完整有效的证据链,证明在本专利申请日之前已有与其相近似的外观设计在出版物上公开发表过。鉴于上述证据未能形成完整有效的证据链,与本专利的近似性即无须评述。尽管原告证据 5 的瓶贴上印有"20011113"及"请在标示日期前使用"字样,但由此无法确认其出售日期。原告称"沐浴露产品的使用期限通常为三年,由此推知该样品的生产日期是 1998 年",该推论缺乏足够的证据支持。况且该证据不足以证明其是在本专利申请日之前在国内公开销售的,故附件 5 不能充分证明在本专利申请日之前已有与其相近似的外观设计在国内公开使用过。根据《专利法实施细则》第 65 条第 3 款的规定:"以授予专利权的外观设计与他人在先取得的合法权利相冲突为理由请求宣告外观设计专利权无效,但是未提交生效的能够证明权利冲突的处理决定或者判决的,专利复审委员会不予受理。"由于原告提交的附件 6 中没有指明侵权外观设计的专利号,仅指明其涉及的产品外观设计是"迪彩牌焗油滋润健康护理洗发露",而从本专利主视图观察,本专利产品是"迪彩牌去屑止痒健康护理洗发露",显然,二者不是同一个产品,而针对本专利外观设计,原告始终未能提供有证明力的、生效的能够证明权利冲突的处理决定或者判决,因此,原告提交的证据不足以证明本专利与他人在先取得的合法权利相冲突。

据此,被告于 2003 年 6 月 24 日作出第 5149 号无效宣告请求审查决定。该决定的要点为:请求人提供的证据没有形成完整的证据链,证明在本专利申请日之前已有与其相近似的外观设计在出版物上公开发表过,或者与本专利相同或相近似的外观设计在本专利申请日以前公开销售(使用)过,或者本专利与他人在先取得的合法权利相冲突,即请求人提供的证据不足以支持其无效宣告请求的理由,无效宣告请求不成立。故根据《专利法》第 23 条和《专利法实施细则》第 65 条第 3 款的规定,维持 00320662.9 号外观设计专利权有效。原告不服,向法院提起行政诉讼。

北京市第一中级人民法院(以下简称北京市一中院)经审理后认为,《专利法》第 23 条第 1 款规定:"授予专利权的外观设计,应当同申请日以前在国内外出版物上公开发表过或者国内公开使用过的外观设计不相同和不相近似,并不得与他人在先取得的合法权利相冲突。"原告在无效审查程序中提供的产品实物不能充分证明其有在先使用的事实,被告第 5149 号决定对此的判断是正确的;原告若将宣传手册作为在先公开的证据,其尚未穷尽证明其在先公开的举证责任;虽然本案的外观设计为"瓶贴",具有特殊性,属平面设计,原告引证商标是图形,也属平面设计,两者之间具有一定的相同点,而按《专利法》第 23 条规定中的国内外出版物上公开发表过的外观设计应当是在先外观设计,而并非商标等其他情形,原告将本专利与原告提供的商标相比较缺乏法律依据,该商标不能作为证明其在先公开的证据使用;原告虽持有相应的注册商标及行政机关的处罚决定,但其所称本专利与其在先权利相冲突的事实,未经行政机关作出相应处罚决定亦无人民法院的判决,尚不能进行实体判断。综上所述,原告有关其已穷尽举证责任,所提供证据链条完整且相互印证的理由,以及其所持被告分配举证责任不均衡,理解和适用法律有误等主张,事实和法律依据不充分,其诉讼请求本院不予支持;第 5149 号决定认定事实清楚,适用法律正确,符合法定程序,本院应予维持。据此,依照《专利法》第 23 条、《中华人民共和国行政诉讼法》第 54 条第 1 项,判决如下:维持被告中华人民共和国国家知识产权局专利复审委员会于 2003 年 6 月 24 日作出的第 5149 号无效宣告请求审查决定。

拜尔斯道夫股份有限公司对一审判决不服，提起上诉。请求二审法院撤销一审判决，撤销无效宣告请求审查决定。

北京市高级人民法院经审理查明的事实与一审法院基本相同，此外其在判决书中认定拜尔斯道夫股份有限公司于2001年10月9日向专利复审委员会提出无效宣告请求的主要理由是：（1）本专利同申请日以前在国内出版物上公开发表过的外观设计相近似。一方面是同拜尔斯道夫股份有限公司于1999年在国内出版物上公开发表过的一种"瓶贴"外观设计相近似；另一方面拜尔斯道夫股份有限公司在1997年已经获得第1056540号注册商标，该商标也是一种"瓶贴"外观设计。（2）本专利同申请日以前在国内公开使用过的外观设计相近似。（3）本专利与拜尔斯道夫股份有限公司在先取得的商标权相冲突。

北京市高级人民法院认为，根据《专利法》和《专利法实施细则》的有关规定，专利无效宣告请求的申请人负有证明该专利权的授予不符合有关法律规定的举证责任。

由于拜尔斯道夫股份有限公司的证据附件1，即拜尔斯道夫股份有限公司的相关公司在中国印制并派发的小册子原件上没有显示公开发表的时间，仅在封底印有"（沪）工商广临字印号99-1501559"和"穗临广审字[1999]第421号"，而此后拜尔斯道夫股份有限公司提交的相关证据或与附件1不能形成唯一确定的对应关系，或缺乏真实性，因此，专利复审委员会认定附件1不能作为对比文件是正确的。

关于拜尔斯道夫股份有限公司提交的证据附件5，即拜尔斯道夫股份有限公司的相关公司在中国销售的产品样品，由于无法确认该样品的出售日期，不足以证明其是在本专利申请日之前在国内公开销售的，故该证据不能作为对比文件。专利复审委员会的认定亦无不当。

拜尔斯道夫股份有限公司向专利复审委员会提交了证据附件2，即拜尔斯道夫股份有限公司的相关公司的产品"瓶贴"外观设计产品实物一件；证据附件3，即拜尔斯道夫股份有限公司的1056540号商标注册证复印件；证据附件4，即拜尔斯道夫股份有限公司的1056540号注册商标的公告复印件，用以上证据证明本专利同申请日以前在国内出版物上公开发表过的外观设计相近似。专利复审委员会认为，以授予专利权的外观设计与他人在先取得的合法权利相冲突为理由请求宣告外观设计专利权无效的，必须向专利复审委员会提交生效的能够证明权利冲突的处理决定或者判决。由于拜尔斯道夫股份有限公司始终未能提供有证明力的、生效的能够证明权利冲突的处理决定或者判决。因此，拜尔斯道夫股份有限公司提交的证据不足以证明本专利与他人在先取得的合法权利相冲突。对此问题，一审法院认为，本专利为"瓶贴"，属平面设计，拜尔斯道夫股份有限公司提交的对比文件商标是图形，也属于平面设计。但是按照《专利法》以上规定中的国内外出版物上公开发表过的外观设计应当是在先外观设计，而并非商标等其他情形，因此该商标不能作为证明其在先公开的证据使用。

但从《专利法》和《商标法》的不同角度考察，可以有不同的定性，既可以看成是商标，也可以看成是外观设计。本案中，拜尔斯道夫股份有限公司已经举证证明了注册商标的公开时间是1997年4月21日，早于本专利申请日，并提供相关证据证明该注册商标是作为瓶贴使用的。根据《专利法》第23条的规定，专利复审委员会应当就许桂萍所享有的00320662.9号外观设计专利权与拜尔斯道夫股份有限公司作为商标注册的外观设计是否相同或者是否相近似作出判断。专利复审委员会和一审法院不加区别地认为不能将外观设计专利与商标相对比是不正确的。因此，专利复审委员会作出第5149号无效宣告请求审查决定，维持00320662.9号外观设计专利权有效是错误的。一审判决维持专利复审委员会的该无效宣告请求审查决定书，认定事实错误，适用法律不当，依法应予以纠正。

二、裁判要旨

**No.3-2-23-2** 授予专利权的外观设计不得与他人在申请日以前已经取得的合法权利相冲突。

根据《专利法实施细则》的定义，外观设计是指对产品的形状、图案或者其结合以及色彩与形状、图案的结合所作出的富有美感并适于工业应用的新设计。根据我国《商标法》的规定，文字、图形、字母、数字、三维标志颜色组合和声音以及上述要素的组合均可以作为商标。因此，从《专利法》和《商标法》的不同角度考察，可以有不同的定性，既可以看成是商标，也可以看成是外观设计。并且外观设计专利权的保护范围，以表示在图片或者照片中的该产品的外观设计为准。因此，外观设计的侵权判定和商标的侵权判定具有一定重合之处。《专利法》第 23 条规定了授予专利权的外观设计，不得与他人在申请日以前已经取得的合法权利相冲突。此处，依据最高人民法院《关于审理专利纠纷案件适用法律问题的若干规定》第 16 条"在先取得的合法权利包括商标权、著作权、企业名称权、肖像权、知名商品特有包装或者装潢使用权等"的规定，以及依据《专利审查指南(2010)》可知，相冲突是指未经权利人许可，外观设计专利使用了在先合法权利的客体，从而导致专利权的实施将会损害在先权利人的相关合法权利或者权益。《专利法》第 25 条规定了对平面印刷品的图案、色彩或者二者的结合作出的主要起标识作用的设计不得授予专利。其中的主要标识作用指的是，该设计主要用于使消费者识别其包装或者附着的产品的来源或生产者，即避免外观设计被用于作为商业标识。

本案中，拜尔斯道夫股份有限公司已经举证证明了注册商标的公开时间早于涉案专利申请日，并提供了相关证据证明该注册商标是作为瓶贴使用的。根据《专利法》第 23 条关于"授予专利权的外观设计，应当同申请日以前在国内外出版物上公开发表过或者国内公开使用过的外观设计不相同和不相近似"的规定，此外，依据《专利法》第 25 条的规定，专利复审委员会应当就许桂萍所享有的 00320662.9 号外观设计专利权与拜尔斯道夫股份有限公司作为商标注册的外观设计是否相同或者是否相近似作出判断。

### 30 功能性设计特征的判断标准(《专利法》第 23 条)

**案例：申请再审人国家知识产权局专利复审委员会与被申请人张迪军、慈溪市鑫隆电子有限公司外观设计专利权无效行政纠纷案**

案例来源：《最高人民法院知识产权审判案例指导》(第五辑)[(2012)行提字第 14 号]
主题词：功能性设计特征

#### 一、基本案情

申请再审人(一审被告、二审上诉人)：国家知识产权局专利复审委员会(以下简称专利复审委员会)。

被申请人(一审原告、二审被上诉人)：张迪军。

一审第三人、二审上诉人：慈溪市鑫隆电子有限公司(以下简称鑫隆公司)。

申请再审人专利复审委员会与被申请人张迪军、原审第三人鑫隆公司外观设计专利权无效行政纠纷一案，专利复审委员会不服北京市高级人民法院于 2011 年 3 月 17 日作出的(2010)高行终字第 1459 号行政判决，向最高人民法院(以下简称最高院)申请再审。

北京市第一中级人民法院审理查明，本专利系名称为"逻辑编程开关(SR14)"、专利号为 200630128900.0 的外观设计，其申请日为 2006 年 8 月 4 日，授权公告日为 2007 年 6 月 6 日，专利权人是张迪军。本专利授权公告的 6 幅视图包括：主视图、左、右视图、俯、仰视图和后视图，其上部基本形状为上细下粗的近似阶梯状圆柱体，细柱上部一侧剖切；下部为近似扁方柱体，两对侧各有两只卡脚，另两对侧中一侧有 5 只引脚，一侧无引脚。

2009 年 5 月 31 日，鑫隆公司以本专利不符合 2000 年修订的《专利法》第 23 条的规定为由，向专利复审委员会提出无效宣告请求，并提交了 9 份证据。其中证据 7，系授权公告日为 2000 年 10 月 25 日的第 00302321.4 号中国外观设计专利。附件 7 公开了一款旋转式开关的外观设计，其上部基本形状为上细下粗的近似阶梯状圆柱体，细柱上部一侧剖切，粗柱一侧有矩形凹槽；下部为近似扁方柱体，两对侧各有两只卡脚，另两对侧分别有 3 只引脚和两只引脚。

2009 年 9 月 2 日，专利复审委员会就鑫隆公司的无效宣告请求进行了口头审理。在口头审理过程中，张迪军认可附件 7 的真实性。专利复审委员会经审查认为：本专利与在先设计均为开关的外观设计，用途相同，属于相同类别的产品，具有可比性。二者的主要不同点为：在先设计上部的粗柱多了矩形凹槽设计,且二者下部的引脚位置不同。由于本专利较在先设计简化的凹槽设计相对于整体形状而言,仅属于局部的细微变化,且二者引脚位置的差别属于由连接功能所限定的局部位置变化,均对二者的整体外观设计不具有显著影响。同时,二者其他更为细微的差别,也明显不足以对整体视觉效果产生显著影响。两者主要形状构成的具体设计及其结合方式均是相同或者相似的,属于相近似的外观设计。由于在本专利申请日以前已有与其相近似的外观设计在出版物上公开发表过,本专利不符合《专利法》第 23 条的规定。2009 年 9 月 15 日,专利复审委员会作出第 13912 号决定,宣告本专利全部无效。

在一审庭审中,张迪军认可专利复审委员会认定的在先设计的上部粗柱有矩形凹槽,本专利没有;两者下部的引脚位置不同,并提出本专利与在先设计虽然都设有 5 只引脚,但本专利的 5 只引脚均设置在底座的一个侧面上,在先设计只有 3 只引脚设置在底座的一个侧面上,另外两只引脚设置在底座的另一个相对的侧面上。专利复审委员会认可张迪军提出的其他区别,但认为该区别是细微的,同时引脚的不同是由功能性决定的,在张迪军没有提交证据的情况下,不能从设计空间的角度予以考虑。

一审法院认为,判断外观设计是否构成相同或近似,相关领域的判断主体对判断结论的客观认定具有重要作用。本专利与在先设计均系电器设备元件,其相关消费者应为电器产品的专业生产和采购人员。本专利与在先设计相比较,在先设计的上部粗柱有矩形凹槽,本专利没有;两者下部的引脚位置不同,本专利 5 只引脚均在底座的一个侧面上,在先设计只有 3 只引脚设置在底座的一个侧面上,另外两只引脚设置在底座的另一个相对的侧面上。本领域的相关消费者在选择此类产品时,会施以较大注意力关注该产品的上述部位。因此,上述部位的差别对整体视觉效果产生了显著的影响,不会造成对两者的混淆误认。第 13912 号决定的主要证据不足,依法应予撤销。

专利复审委员会与鑫隆公司均不服一审判决,向北京市高级人民法院提出上诉。

二审法院经审理查明,一审查明的事实属实。

北京市高级人民法院二审认为,在判断外观设计是否相近似时,首先要确定判断主体。不同的判断主体,由于对被比设计产品的知识水平和认知能力存在差异,在判断两项外观设计是否相近似时,可能得出不同的结论。根据《专利审查指南》的规定,在判断外观设计是否相近似时,应当基于被比设计产品的一般消费者的知识水平和认知能力进行评价。所述的"一般消费者"是具体的,不同类别的被比设计产品具有不同的消费者群体。本案在先设计的公开日早于本专利的申请日,且二者属于同一类别产品,可以用于评判本专利是否符合《专利法》第 23 条的规定。本专利与在先设计均系电器设备元件,相关产品的生产和采购人员对此类电器元件产品具有一定的认知能力,客观上熟知此类产品外观功能,一审法院将其作为该类产品的"一般消费者"并无不当。专利复审委员会有关原审法院确定"一般消费者"的判定主体错误的上诉理由不能成立,不予支持。将本专利与在先设计进行比较,在先设计的上部粗柱有矩形凹槽,本专利没有;本专利 5 只引脚均在底座的一个侧面上,在先设计只有 3 只引脚设置在底座的一个侧面上,另外两只引脚设置在底座的另一个相对的侧面上。在一般消费者看来,本专利与在先设计的上述差别能够对二者的整体视觉效果产生显著影响,一般消费者在选择此类产品时,也会施以较大注意力关注该产品的上述部位,通常不会造成一般消费者对二者的混淆误认。一审法院有关二者不构成相同或类似外观设计的认定并无不当,专利复审委员会及鑫隆公司的上诉理由不能成立,其上诉请求均不予支持。一审判决认定事实基本清楚,适用法律正确,依法应予维持。

专利复审委员会向最高院申请再审。

最高院审理查明,原审法院查明的事实属实。

最高院认为,本专利申请日在 2009 年 10 月 1 日前,应该适用 2000 年修订的《中华人民共和国专利法》及其实施细则的规定。结合申请再审人的再审申请、被申请人的答辩以及庭审情况,本案的争议主要焦点在于以下三点:技术性设计特征和装饰性设计特征是否可分及其区分条件和作用;本专利与在先设计的区别设计特征是否属于功能性设计特征?本专利与在先设计是否相同或者相近似?

(一) 技术性设计特征和装饰性设计特征是否可分及其区分标准和作用?

专利复审委员会认为,设计特征可以区分为功能性特征和装饰性特征。功能性特征基于对产品功能、性能、经济性、便利性、安全性等方面的技术性要求而设计;装饰性特征则基于产品的视觉效果美观而设计。功能性特征所达到的效果是客观的,不受主体的审美取向、社会文化感受影响;装饰性特征实现的效果是审美的,不同主体因不同的审美取向、社会文化等因素得到不同的主观感受。功能性特征则受到产品功能或技术条件的限制,不具有可选择性或者选择性受到功能需求或技术规格的限定;装饰性特征不受功能或技术的制约,由于审美的不确定性而具有可选择性。这就涉及功能性设计特征和装饰性设计特征是否可分及其区分标准和意义等问题。对此,最高院评述如下:

1. 功能性设计特征与装饰性设计特征的区分。任何产品的外观设计通常都需要考虑两个基本要素:功能因素和美学因素,即,产品必须首先实现其功能,其次还要在视觉上具有美感。可以说,大多数产品都是功能性和装饰性的结合。就某一外观设计产品的具体某一设计特征而言,同样需要考虑功能性和美感的双重需求,这是技术性与装饰性妥协和平衡的产物。因此,产品的设计特征的功能性或者装饰性通常是相对而言的,绝对地区分功能性设计特征和装饰性设计特征,在大多数情况下是不现实的。只有在特殊情形下,某种产品的某项设计特征才可能完全由装饰性或者功能性所决定。因此,至少存在三种不同类型的设计特征:功能性设计特征、装饰性设计特征以及功能性与装饰性兼具的设计特征。

2. 功能性设计特征的区分标准。功能性设计特征是指那些在该外观设计产品的一般消费者看来,由所要实现的特定功能所唯一决定而并不考虑美学因素的设计特征。功能性设计特征与该设计特征的可选择性存在一定的关联性。如果某种设计特征是由某种特定功能所决定的唯一设计,则该种设计特征不存在考虑美学因素的空间,显然属于功能性设计特征。如果某种设计特征是实现特定功能的有限设计方式之一,则这一事实是证明该设计特征属于功能性特征的有力证据。不过,即使某种设计特征仅仅是实现某种特定功能的多种设计方式之一,只要该设计特征仅仅由所要实现的特定功能所决定而与美学因素的考虑无关,仍可认定其属于功能性设计特征。如果把功能性设计特征仅仅理解为实现某种功能的唯一设计,则会过分限制功能性设计特征的范围,把具有两种或者两种以上替代设计的设计特征排除在外,进而使外观设计申请人可以通过对有限的替代设计,分别申请外观设计专利的方式实现对特定功能的垄断,不符合外观设计专利保护具有美感的创新性设计方案的立法目的。从这个角度而言,功能性设计特征的判断标准,并不在于该设计特征是否因功能或技术条件的限制而不具有可选择性,而在于在一般消费者看来,该设计特征是否仅仅由特定功能所决定,从而不需要考虑该设计特征是否具有美感。

3. 区分不同类型设计特征的意义。不同类型设计特征对于外观设计产品整体视觉效果的影响存在差异。功能性设计特征对于外观设计的整体视觉效果通常不具有显著影响;装饰性特征对于外观设计的整体视觉效果一般具有影响;功能性与装饰性兼具的设计特征对整体视觉效果的影响则需要考虑其装饰性的强弱,其装饰性越强,对于对整体视觉效果的影响可能相对较大一些,反之则相对较小。当然,以上所述仅仅是一般原则,一种设计特征对于外观设计产品整体视觉效果的影响,最终需要结合案件具体情况进行综合评判。

(二) 本专利与在先设计的区别设计特征是否属于功能性设计特征?

第13912号决定和原一、二审判决均认定,本专利与在先设计相比,存在两点区别:在先设计的上部粗柱有矩形凹槽,本专利没有(区别特征一);两者下部的引脚位置不同,本专利5只引脚均在底座的一个侧面上,在先设计只有3只引脚设置在底座的一个侧面上,另外两只引脚设置在底座的另一个相对的侧面上(区别特征二)。本案各方当事人对上述区别无异议,最高院对此予以确认。

区别特征一,本专利上部粗柱无矩形凹槽,而在先设计的上部粗柱存在矩形凹槽。首先,由

功能性设计特征

于在先设计的专利文件本身并未对专利产品是单轴还是双轴结构、是否能够双轴旋转、矩形凹槽具有何种作用等进行任何说明,在此情况下,难以判断在先设计专利产品的结构以及矩形凹槽的功能。其次,第13912号决定本身并未认定在先设计的上部粗柱的矩形凹槽属于功能性设计,专利复审委员会仅仅在本案申请再审阶段才提出该矩形凹槽属于功能性设计的主张。对此,专利复审委员会应该提供充分的证据予以证明。最后,专利复审委员会提交最高院作为参考的、名称为"一种双轴编码器"的中国实用新型专利的申请日晚于本专利,且其权利要求6记载的外轴芯上的槽的功能,系便于与外部电器连接安装,与专利复审委员会的主张不尽一致,难以据此判断在先设计上部粗柱上的矩形凹槽的功能。因此,基于本案现有证据,无法确定在先设计产品是双轴可旋转的编程开关,亦无法确定其矩形凹槽用于与旋钮配合实现调节信号输出。专利复审委员会关于在先设计在中间环形轴上设置缺口是为了实现不同的信号控制功能,区别特征一是功能性设计特征的主张依据不足,最高院不予支持。

区别特征二,本专利和在先设计两者下部的引脚位置不同。本案各方当事人均确认,本专利产品涉及的编码开关的引脚数量是特定的,其分布需要与电路板节点相适配。可见,引脚的数量与位置分布是由与之相配合的电路板所决定的,以便实现与不同电路板上节点相适配。在本专利产品的一般消费者看来,无论是引脚的位置是分布在底座的一个侧面上还是分布在两个相对的侧面上,都是基于与之相配合的电路板布局的需要,以便实现两者的适配与连接,其中并不涉及对美学因素的考虑。因此,区别特征二是功能性设计特征,其对本专利产品的整体视觉效果并不产生显著影响。专利复审委员会关于区别特征二是功能性设计特征的申请再审理由成立,最高院予以支持。

(三) 本专利与在先设计是否相同或者相近似?

前已述及,本专利与在先设计相比,存在两项区别特征。其中区别特征二是功能性设计特征,对于本专利与在先设计的整体视觉效果不具有显著影响。对于区别特征一而言,现有证据不能充分证明在先设计上部粗柱具有矩形凹槽属于功能性设计特征。同时,该矩形凹槽比较明显,与整体设计相比并不属于细微变化。尽管如此,结合最高院查明的事实,编码开关上部粗柱无矩形凹槽是一种普通的、常见的设计。日本ALPS公司《2006开关/编码器》产品样本图册第171至194页的编码器图片也辅助印证了这一点。作为一种普通的、常见的设计,本专利上部粗柱无矩形凹槽对于整体视觉效果不具有显著影响,不足以导致本专利与在先设计在整体视觉效果上出现明确差异。在两项区别设计特征对于本专利的整体视觉效果均无显著影响的情况下,本专利与在先设计的相同之处对于整体视觉效果的影响更大,二者构成相近似的外观设计。原一、二审判决认定二者不构成相同或相近似外观设计,适用法律错误,应予纠正。专利复审委员会的相应申请再审理由成立,应予支持。专利复审委员会第13912号决定,认为本专利与在先设计的区别特征一相对于整体形状而言属于局部的细微变化,认定事实虽有所失当,但关于本专利与在先设计构成相近似的外观设计的结论正确,应予维持。

综上,原一、二审判决认定本专利与在先设计不相同亦不相近似,适用法律错误,依法应予撤销。专利复审委员会第13912号决定适用法律、法规正确,程序合法,应予维持。

二、裁判要旨

**No.3-2-23-3 功能性设计特征的判断标准,在于一般消费者看该设计特征是否仅仅由特定功能所决定。**

所谓功能性设计特征是指那些在该外观设计产品的一般消费者看来,由所要实现的特定功能唯一决定而并不考虑美学因素的设计特征。从现行《专利法》第2条对于外观设计的定义可知,其强调的是富有美感并适于工业应用,因此,外观设计专利的主要保护对象为审美,而非功能,后者主要由发明或者实用新型专利进行保护。如果外观设计仅具有功能性设计特征,就可能不被授权。功能性设计特征的判断标准并不在于该设计特征是否因功能或技术条件的限制而不具有可选择性,而在于一般消费者看来该设计特征是否仅仅由特定功能所决定,从而不需要考虑该设计特征是否具有美感,且功能性设计特征对于外观设计的整体视觉效果通常不具有

显著影响。具体而言,可以参照外观设计专利的授权考量因素:

  1. 在确定外观设计的可专利性时,首先要依据整体观察的原则。在确定一项外观设计主要是功能性的还是装饰性时,必须对要求保护的外观设计做整体看待,因为在确定要求保护的外观设计是否为产品的功能所支配时,最终要检验的不是单个特征的功能性或装饰性问题,而是整个产品的外观。

  2. 尽管装饰性的判定必须以整个外观设计为基础,而"在确定一项外观设计是否以功能性为主时,该设计的每个特定部分的功能都有必要而且必须加以考虑"。讨论特定部分的功能时,要根据功能的种类和级别,结合产品的设计目的,确定基本功能、附加功能,整体功能和部分功能,也就是对功能特征进行分解,要考虑设计的目的是功能还是装饰的考虑,起功能目的的特征不一定是功能性的特征。

  3. 确定为功能性特征要考虑功能与外观是否具有一一对应关系,以及是否只有功能性考虑的因素,而没有装饰性因素的考虑。

  4. 只有整个设计是功能唯一限定的设计才直接地宣布保护。只有整体上所有的功能性特征都是唯一限定的,或者功能性特征对整个设计的贡献占主导地位,而该功能性特征是功能唯一限定的,才能确定整个设计是功能唯一限定的设计。本案中,本专利产品涉及的编码开关的引脚数量是特定的,其分布需要与电路板节点相适配。因此,引脚的数量与位置分布是由与之相配合的电路板决定的,以便实现与不同电路板上节点相适配。在本专利产品的一般消费者看来,无论是引脚的位置是分布在底座的一个侧面上还是分布在两个相对的侧面上,都是基于与之相配合的电路板布局的需要,以便实现两者的适配与连接,其中并不涉及对美学因素的考虑。故区别特征二是功能性设计特征,其对本专利产品的整体视觉效果并不产生显著影响。

功能性设计特征

# 第三章 专利权的申请

> **本章裁判要旨**
>
> No.3-2-26-2　仅记载在专利说明书及附图中,而未反映在专利权利要求书中的技术方案,不能纳入专利权保护范围。
>
> No.3-7-59-1　"全面覆盖原则"适用的前提是被控侵权客体(产品或方法)的全部技术特征均包含在涉案专利的全部必要技术特征之内,如果缺少某项必要技术特征,则不能使用该原则判定侵权成立。
>
> No.3-3-26-3　发明或者实用新型的独立权利要求,应当包括前序部分和特征部分,其中前序部分内容为要求保护的发明,或者实用新型技术方案的主题名称和发明,或者实用新型主题与最接近的现有技术共有的必要技术特征;特征部分内容为发明或者实用新型区别于最接近的现有技术的技术特征。
>
> No.3-3-26-4　独立权利要求应当记载解决技术问题的所有必要技术特征。
>
> No.3-7-59-2　如果专利申请人对其保护的范围进行了明确的限制,将其他相关技术方案特意排除在权利要求的范围之外,则不能将相关技术认定为等同技术。
>
> No.3-3-26-5　在解释权利要求时,可以结合专利说明书中记载的技术内容以及权利要求书中记载的其他权利要求,确定该权利要求中技术术语的含义。
>
> No.3-7-59-3　专利权人在专利授权程序中通过对权利要求、说明书的修改或者意见陈述而放弃的技术方案,无论该修改或者意见陈述是否与专利的新颖性或者创造性有关,在侵犯专利权纠纷案件中,均不能通过等同侵权将其纳入专利权的保护范围。
>
> No.3-3-26-6　权利要求的术语在说明书中有明确的特定含义,应根据说明书的界定解释权利要求用语。
>
> No.3-3-26-7　在解释权利要求时,可以使用说明书和附图,并应当考量专利权人对专利权保护范围作出的限制。
>
> No.3-3-26-8　如果对权利要求的表述内容产生不同理解,导致对权利要求保护范围产生争议,说明书及其附图可以用于解释权利要求。
>
> No.3-3-26-9　专利权的保护范围应当清楚,如果实用新型专利权的权利要求书的表述存在明显瑕疵,结合涉案专利说明书、附图、本领域的公知常识及相关现有技术等,不能确定权利要求中技术术语的具体含义而导致专利权的保护范围明显不清,则因无法将其与被诉侵权技术方案进行有实质意义的侵权对比,从而不能认定被诉侵权技术方案构成侵权。
>
> No.3-3-26-10　权利要求所要求保护的技术方案,应当是所属技术领域的技术人员能够从说明书充分公开的内容中得到或概括得出的技术方案,并且不得超出说明书公开的范围。
>
> No.3-3-26-11　如果权利要求存在明显错误,本领域普通技术人员根据说明书和附图的相应记载能够确定其唯一的正确理解的,应根据修正后的理解确定权利要求所保护的技术方案,在此基础上,再对该权利要求是否得到说明书的支持进行判断。

No.3-3-26-12 未在权利要求书中记载而仅通过测量说明书附图得到的尺寸参数,一般不能用来限定权利要求的保护范围。

No.3-2-22-13 对涉及药品的发明创造而言,在其符合《专利法》规定的授权条件的前提下,即可授予专利权,无须另行考虑该药品是否符合其他法律、法规中有关药品研制、生产的相关规定。

No.3-3-26-13 专利申请人未能在专利说明书中公开的技术方案、技术效果等,一般不得作为评价专利权是否符合法定授权确权标准的依据。

No.3-3-26-14 在说明书对权利要求的用语无特别界定时,应根据本领域普通技术人员理解的通常含义进行解释,不能简单地将该用语的含义限缩为说明书给出的某一具体实施方式体现的内容。

No.3-3-26-15 在审查专利申请人对专利申请文件的修改是否超出原说明书和权利要求书记载的范围时,应当充分考虑专利申请所属技术领域的特点,不能脱离本领域技术人员的知识水平。

No.3-3-26-16 在确定分案申请授权专利的权利要求保护范围时,超出母案申请公开范围的内容不能作为解释分案申请授权专利的权利要求的依据。

No.3-3-31-2 审查专利申请文件的修改是否超出原说明书和权利要求书记载的范围,应当考虑所属技术领域的技术特点和惯常表达、所属领域普通技术人员的知识水平和认知能力、技术方案本身在技术上的内在要求等因素

No.3-3-33-1 在专利授权确权程序中,申请人在审查档案中的意见陈述,原则上只能作为理解说明书以及权利要求书含义的参考,而不是决定性依据。

No.3-3-33-2 专利申请人不可基于其修改在专利授权过程中得到审查员认可而享有信赖利益保护,对其修改行为所造成的一切后果应自负其责。

No.3-3-33-3 判断专利申请文件修改是否合法时,当事人的意见陈述通常只能作为理解说明书以及权利要求书含义的参考,而不是决定性依据。

## 31 权利要求书中的技术方案(《专利法》第26条);全面覆盖原则(《专利法》第59条)

**案例:李耀中与太原市同翔金属镁有限公司发明专利侵权纠纷案**
**案例来源:《人民法院案例选》2011年第3辑[第42号]**
**主题词:专利要求书　全面覆盖原则**

### 一、基本案情

上诉人(原审原告):李耀中。
被上诉人(原审被告):太原市同翔金属镁有限公司。

太原市中级人民法院(以下简称太原市中院)经审理查明:李耀中于2002年9月19日向国家知识产权局申请了一项名称为"源头消除污染的热态脱硫的净化加热炉"的发明专利,于2008年6月25日获得授权,专利号为ZL02102956.3。李耀中诉称:原告持有涉案发明专利的有效专利证书,2008年8月8日,发现太原市同翔金属镁有限公司正在使用一台立式燃气煅烧炉煅白云石。该煅烧炉炉体高10—15米,煅烧炉的外廓形状是圆体,内腔具有筒形煅烧室,向煅烧炉内供煤气的燃烧室在煅烧炉体地面3米以上的位置,矿石加料口在煅烧炉顶部,一个落料漏斗在煅烧炉的底部。上述煅烧炉的形状结构特征,全部落入李耀中发明的立式燃气煅烧炉的权利要求范围,侵犯了其专利权,故请求法院判令:(1) 太原市同翔金属镁有限公司立即停止侵权行

为;(2)赔偿李耀中经济损失52万元;(3)承担本案的诉讼费用及其他相关费用。

太原中院认为:李耀中于2008年6月25日依法获得专利号为ZL02102956.3的源头消除污染的热态脱硫的净化加热炉发明专利权,应受法律保护。

太原市同翔金属镁有限公司是否侵犯了原告李耀中的专利权。将被控侵权煅烧炉技术特征与涉案立式燃气煅烧炉的必要技术特征一一对比,相同之处在于:(1)煅烧炉体的高度10—15米,被控侵权煅烧炉体的高度为15.59米,该技术特征属于无须经过创造性劳动就能够联想到的技术特征,且增加的高度并不会影响到煅烧炉的功能及效果,两者属于等同特征;(2)向炉内供煤气的燃烧室,在煅烧炉体地面3米以上的位置;(3)矿石加料口在煅烧炉顶部;(4)煅烧炉底部有1—4个落料漏斗。

不同之处在于:(1)被控侵权的煅烧炉不含有燃烧净化器和脱硫净化器。根据权利要求1的描述,燃烧净化器包括:炉膛、隔墙、火道、阻燃的块状小部件、外排输废气管、插板;脱硫净化器设在炉内燃烧净化器后的热态区域内至插板前。李耀中提供的被控侵权煅烧炉的照片、图纸等证据不能证明太原市同翔金属镁有限公司使用的煅烧炉具有燃烧净化器和脱硫净化器技术特征。另外,从被控侵权煅烧炉功能角度出发,太原市同翔金属镁有限公司的煅烧炉是用于冶炼金属镁,本领域技术人员公知该反应中并不需要脱硫这一过程,所以该煅烧炉与权利要求5记载的"单体脱硫部件"所要达到的目标完全不一致,不存在等同关系。虽然李耀中的说明书第13页下数第一行记载了"碱性材料的煅烧室是一个脱硫净化器",说明书第14页第四段记载了"脱硫净化器在烟道的入火口处,是一个石灰石煅烧室",但是李耀中对此并未反映在权利要求书中的技术方案,仅记载在专利说明书中,故不能纳入专利权保护的范围。(2)被控侵权煅烧炉外廊形状是圆锥体而不是圆体,也不具有筒形状的煅烧室,故上述技术特征也未落入原告专利的保护范围。综上所述,被控侵权煅烧炉的技术特征未包含李耀中专利权利要求中记载的全部必要技术特征,未落入专利权的保护范围,故太原市同翔金属镁有限公司未侵犯李耀中的专利权。

李耀中不服一审判决,向山西省高级人民法院(以下简称山西省高院)提起上诉。

山西高院查明的案件事实与一审法院一致。另查明,2008年3月1日,被上诉人太原市同翔金属镁有限公司向国家知识产权局申请实用新型名称为煅烧竖窑的专利,2009年1月21日被国家知识产权局授予专利。该专利涉及煅烧领域,具体是一种煅烧白云石和石灰石的煅烧室。解决了现有煅烧竖窑存在的煅烧质量不统一的问题。窑体内由上至下分为预热、燃烧带、冷却带。保证了煅烧后成品的质量统一,并有明显的节能降耗效果。

山西高院认为:上诉人李耀中依法获得名称为源头消除污染的热态脱硫的净化加热炉的发明专利权、被上诉人太原市同翔金属镁有限公司依法获得名称为煅烧竖窑的实用新型专利,先后均被国家知识产权局授予专利,均应受法律保护。上诉人李耀中的发明专利源头消除污染的热态脱硫的净化加热炉,该炉包括有热源、热阻、热容、热压、热调五个方面的简短论述及利用余热的技巧。采用组合燃烧净化器,把煤在燃烧过程中产生的烟尘彻底清除了。只有废气流从烟筒口排出,各种燃烧净化器的部件应用于一切燃烧炉。在利用余热中生产碱性产品,用脱硫净化器脱掉了废气中二氧化硫。被上诉人太原市同翔金属镁有限公司的实用新型专利,涉及煅烧领域,具体是一种煅烧质量不统一的问题。窑体内由上至下分为预热、燃烧带、冷却带。保证了煅烧后成品的质量统一,并有明显的节能降耗效果。上诉人李耀中认为,被上诉人太原市同翔金属镁有限公司在以下几个方面构成侵权:(1)被上诉人的炉体高度15.59米;(2)炉体为圆体煅烧炉形;(3)煅烧室为桶形状;(4)煅烧炉体3米处是煅烧位置;(5)加料口在煅烧室的顶部;(6)底部有13个落料漏斗。法院认为,上诉人李耀中所述的六个侵权方面,均不是其发明专利的核心技术内容,且不具有发明专利应当具备的创造性、新颖性的特征,而属社会公众均普遍熟知并使用的公知技术的领域,且上诉人与被上诉人各自拥有的发明专利和实用新型专利,专利特征不同,专利领域不同,专利服务目的不同,专利所涉产品煅烧炉的内部结构不同,故被上诉人煅烧炉的技术特征,未落入上诉人专利权的保护范围,上诉人认为被上诉人侵犯其发明专利权的上诉理由不能成立。

二、裁判要旨
No.3-2-26-2 仅记载在专利说明书及附图中,而未反映在专利权利要求书中的技术方案,不能纳入专利权保护范围。

根据《专利法》的相关规定,发明或者实用新型专利权的保护范围以其权利要求书的内容为准,说明书和附图可以用于解释权利要求。确定专利权的保护范围,应当以权利要求书的实质内容为基准,在权利要求书不清楚时,可以借助说明书和附图予以澄清。同时依据《专利法》第59条以及最高人民法院《关于审理侵犯专利权纠纷案件应用法律问题的若干解释》第5条的规定,仅记载在专利说明书及附图中,而未反映在专利权利要求书中的技术方案,不能纳入专利权保护范围。

本案中,太原市同翔金属镁有限公司的煅烧炉与李耀中的专利技术主要不同之处在于,其不含有燃烧净化器和脱硫净化器。李耀中提供的被控侵权煅烧炉的照片、图纸等证据不能证明太原市同翔金属镁有限公司使用的煅烧炉具有燃烧净化器和脱硫净化器技术特征。而太原市同翔金属镁有限公司的煅烧炉是用于冶炼金属镁,本领域技术人员公知该反应中并不需要脱硫这一过程,所以该煅烧炉与权利要求5记载的"单体脱硫部件"所要达到的目标完全不一致,不存在等同的关系。虽然李耀中的说明书第13页下数第一行记载了"碱性材料的煅烧室是一个脱硫净化器",说明书第14页第四段记载了"脱硫净化器在烟道的入火口处,是一个石灰石煅烧室",似是将单体脱硫部件的内容具体化。但是李耀中对此并未反映在权利要求书中的技术方案,仅记载在专利说明书中,故不能纳入专利权保护的范围。因此,太原市同翔金属镁有限公司的煅烧炉与李耀中的专利技术并不构成相同或等同。

No.3-7-59-1 "全面覆盖原则"适用的前提是被控侵权客体(产品或方法)的全部技术特征均包含在涉案专利的全部必要技术特征之内,如果缺少某项必要技术特征,则不能使用该原则判定侵权成立。

全面覆盖原则指的是,在进行发明、实用新型专利权的侵权判定时,如果被控侵权客体(产品或方法)包含了一项专利的权利要求的全部技术特征,且这些技术特征一一对应,并在两者相同,则认为被控侵权客体落入了专利权保护范围。全面覆盖原则是从权利要求字面含义上认为各技术特征彼此相同,即字面上分析比较就可以认定被控物的技术特征与专利的必要特征相同,或者专利权利要求中使用的是上位概念,被控物公开的结构属于上位概念中的具体概念,或者被控物的技术特征多于专利的必要技术特征。本案中,将太原市同翔金属镁有限公司的产品的主要技术特征与李耀中专利的独立权利要求进行比较,被控侵权产品没有完全覆盖涉案专利的保护范围,此外,上诉人李耀中所述的六个侵权方面,均不是其发明专利的核心技术内容,且不具有发明专利应当具备的创造性、新颖性的特征,而属社会公众均普遍熟知并使用的公知技术的领域,因此二审法院判定:太原市同翔金属镁有限公司不构成侵权。

**㉜ 独立权利要求的构成(《专利法》第26条)**
**案例:中国东南技术贸易总公司与北京市王码电脑总公司专利侵权纠纷案**
案例来源:最高人民法院《2008年100件全国知识产权司法保护典型案例》[专利案件第2号]
主题词:独立权利要求 前序部分 后序部分

一、基本案情
上诉人(原审被告):中国东南技术贸易总公司(以下简称东南公司)。
被上诉人(原审原告):北京市王码电脑总公司(以下简称王码公司)。
上诉人东南公司因与王码公司专利侵权纠纷一案,不服原北京市中级人民法院(1993)中经初字第180号民事判决,向北京市高级人民法院(以下简称北京市高院)提起上诉。
北京市中级人民法院认定,1992年2月26日中国专利局授予"优化五笔字型编码法及其键盘"技术以发明专利,王码公司是专利权人之一。后经与其他专利权人协议,由王码公司为唯一代表,独家对外全权实施专利并处理有关事务。该专利权利要求书所载主要技术特征为:采用经优化(优选)的220个字根构成对简、繁汉字和词语依形编码的编码体系,将其字根依一定规则分布在5个区共25个键位上。该专利是五笔字型技术发展过程中的第三版技术。东南公司于1992年初研制出东南汉卡第一版,1992年7月研制出东南汉卡第二版,并进行了制造、宣传和销售。东南汉卡中含有五笔字型技术发展过程中的第四版技术。第四版技术与王码公司获得专利权的第三版技术相比较,从整体上看,无法得出第四版技术已经突破第三版的编码体系及其字根在键盘分布的方法的结论。第四版的主要技术特征仍然落入"优化五笔字型"专利技术的保护范围之内。因此,实施第四版技术时,应当与"优化五笔字型"专利权人协商,对其中含有第三版技术部分应支付合理的使用费。东南公司在使用五笔字型第四版技术时,未与"优化五笔字型"专利权持有人王码公司协商,未支付合理的使用费,损害了王码公司的利益,应予补偿。王码公司要求支付使用费是合理的,但支付40万元使用费的数额过高,不能全部予以支持。根据以上理由,依照《中华人民共和国专利法》第1条、第12条之规定,判决:

一、自本判决生效之日起10日内被告东南公司支付给原告王码公司24万元。

二、被告东南公司今后继续使用五笔字型第四版技术,应当与原告王码公司协商,支付合理的费用。

三、驳回原告王码公司其他诉讼请求。

东南公司不服一审判决,提出上诉。主要理由是:(1)一审判决未对"优化五笔字型"专利权的保护范围作出准确、清楚、完整的认定。(2)一审判决对第四版技术创造性的认定有重大错误:认定第四版技术对区位进行的调整没有改变第三版编码体系,不具有实质性进步与事实不符;认定第四版技术选用了第三版技术220个字根中的199个字根,不符合事实;对第三版技术中键盘和区位变化的认定不准确;对第四版技术将第三版技术的"五笔四型"改为"五笔三型",为彻底取消"字型"打下了基础这一技术进步未予认定。(3)一审判决的依据和结果不能自圆其说。据此,请求二审法院撤销一审法院的判决,驳回被上诉人的诉讼请求。王码公司服从一审判决,但仍坚持本案应适用"等同原则",认定东南公司构成专利侵权。

北京高院经审理查明:1985年4月1日,王永民以发明人、申请人的身份向中国专利局申请了"优化五笔字型编码法及其键盘"(以下简称"优化五笔字型")发明专利,中国专利局于1986年7月30日将该发明专利申请公开,其申请公开说明书中公开的权利要求共24项。其独立权利要求为:"一种优化五笔字型编码法,其特征是依汉字字根的组字频度和实用频度对汉字字根、字型和笔画进行优选,将选出的字根按笔画特征及它们之间的相容关系进行归并组合形成的编码体系。"

在专利审查过程中,1988年5月28日中国专利局向申请人王永民发出审查意见通知书,指出"优化五笔字型"权利要求中相当大部分属于现有技术。为此,王永民根据中国专利局的要求,对权利要求进行了修改,最终将权利要求从17项减少到7项,以优化的220个字根作为主要特征,以五笔画输入法作为从属权利要求,以此作为主要技术特征,作为该修改文本的主要技术内容。中国专利局于1991年7月30日予以审定,作为授权文本。

1992年,东南公司在制造销售的东南汉卡中使用了五笔字型第四版技术。东南汉卡中使用的五笔字型第四版技术与"优化五笔字型"专利技术的必要技术特征经过对比,二者确有许多相同之处,这些基本相同的技术特征均属于公知公用的技术,在"优化五笔字型"专利中也仅记载在独立权利要求的前序部分中。说明当时申请人也承认其为公知公用技术。

经过将五笔字型第四版技术与"优化五笔字型"专利技术的必要技术特征相比,两者的不同点在于:(1)五笔字型第四版技术与"优化五笔字型"专利技术相比,所用的字根减少了21个,它是由199个字根组成的编码体系。(2)五笔字型第四版技术在5个区位字根所对应的键盘键位发生了变化,"优化五笔字型"专利技术中5区下面5位对应的字根,在五笔字型第四版中移

独立权利要求・前序部分・后序部分

位到了第三区的位置,在标准的英文键盘上作比较,五笔字型第四版技术与"优化五笔字型"专利技术的编码有很大不同。(3)五笔字型第四版技术减少了字型,即由"优化五笔字型"专利技术中使用的左右型、上下型、外内型和单体型四种变成左右型、上下型和杂合型三种。

五笔字型第四版与第三版具有不同的技术目的。第三版技术以减少重码为第一目标,用户易学易记为第二目标;第四版技术以用户易学易记为第一目标,而把减少重码作为第二目标。第四版为了达到其技术目的,采用了减少编码字根的数量、增强字根分组的规律性、配合减少字型、精减编码规则等技术手段,形成了由199个字根构成对汉字依形编码的新的编码体系。

北京高院认为,五笔字型汉字编码输入技术是众多的计算机汉字输入技术中的一种,它的基本原理和基础技术思想,如运用笔画输入,将汉字拆成字根及用字根组字,5区5位的划分并将字根分布与其对应,末笔交叉识别等内容,有些是我国历史文化遗产,有些是现代他人发明并已公知的现有技术。"优化五笔字型"专利技术的开发者虽然作出了自己的贡献,但是从"优化五笔字型"专利独立权利要求中的前序部分可见,就整个五笔字型汉字输入技术而言,并非本案相关专利所覆盖的发明成果。

"优化五笔字型"专利独立权利要求的前序部分均为现有技术,特征部分即:来用经优化(优选)的220个字根构成对简、繁汉字和词语依形编码的编码体系,将其字根分布在下述5个区共25个键位上,并具体描述了字根在各键位上的分布。东南汉卡中使用的五笔字型第四版技术与"优化五笔字型"专利属于同一类汉字编码体系。二者都是在民族文化遗产和现有技术基础上产生的汉字输入技术方案,五笔字型第四版技术与"优化五笔字型"专利在技术上有联系,即现有技术方面基本相同,发展的基础相同,但二者的区别也是明显的。从二者的技术特征看,"优化五笔字型"专利是由220个字根组成的编码体系,而五笔字型第四版技术是由199个字根组成的编码体系,这种字根的减少并非在220个字根中删减的结果,而是依据易学易记的目标需要,重新优选字根的结果,注入了开发者创造性的劳动。单纯的计算机汉字输入技术不能获得专利保护,它们必须与计算机键盘相结合才有可能获得专利保护。"优化五笔字型"专利技术中的220个字根与键位在5区5位上的一一对应关系是固定的,而五笔字型第四版技术采用的199个字根组成编码体系,这些字根在5区5位25个键位上的分布关系重新作了调整,并将3区和5区的位置作了调换,从而达到了方便输入提高输入速度的目的。五笔字型第四版技术将"优化五笔字型"专利中的四种字型减少为三种,方便了记忆。五笔字型第四版技术与"优化五笔字型"专利技术的这些区别是具有实质性的。五笔字型第四版技术与"优化五笔字型"专利技术的发明目的亦不相同,并取得了优于"优化五笔字型"专利的技术效果。因此,五笔字型第四版技术与"优化五笔字型"专利技术之间的区别技术特征不属于等同手段替换,不能适用等同原则。

一审判决脱离了专利侵权的基本原则,未以专利的权利要求为依据界定专利的保护范围,未明确"优化五笔字型"专利技术保护范围,仅将其独立权利要求中的区别特征作为"主要技术特征"与侵权物进行对比,对前序部分涉及的公知技术部分未作比较,比较对象错误,扩大了专利保护范围。且"优化五笔字型"专利并非基本专利,第四版技术完全可以独立实施,因此,两者之间不存在从属关系;认定"优化五笔字型的专利权人在使用第四版技术的人愿意支付合理费用的情况下,不应拒绝该人使用第四版技术",于法无据。一审法院在未明确东南公司是否侵权的情况下,作出由东南公司向王码公司支付24万元技术使用费的判决,属于适用法律错误。

综上所述,上诉人虽然在东南汉卡中使用了五笔字型第四版技术,但"优化五笔字型"专利技术与五笔字型第四版技术是两个计算机汉字输入方案,二者不存在覆盖和依存关系,因此不构成对"优化五笔字型"专利权的侵犯,其上诉理由成立,北京高院予以支持,并撤销原审法院判决。

二、裁判要旨

No.3-3-26-3 发明或者实用新型的独立权利要求,应当包括前序部分和特征部分,其中前序部分内容为要求保护的发明,或者实用新型技术方案的主题名称和发明,或者实用新型主题与最接近的现有技术共有的必要技术特征;特征部分内容为发明或者实用新型区别于最接近的现有技术的技术特征。

发明或者实用新型的独立权利要求应当包括前序部分和特征部分,与最为接近的现有技术共有的技术特征应当写入前序部分,不同的写入特征部分。采用这种撰写方式的好处在于,能够清楚地反映申请专利的发明或者实用新型与最接近的现有技术之间的区别,方便国家知识产权局进行专利审查和公众对于发明或实用新型创新之处的理解。

本案中,五笔字型汉字编码输入技术是众多计算机汉字输入技术的一种,它的基本原理和基础技术思想,如运用笔画输入,将汉字拆成字根及用字根组字,5区5位的划分并将字根分布与其对应,末笔交叉识别等内容,有些是我国历史文化遗产,有些是现代他人发明并已公知的现有技术。"优化五笔字型"专利技术的开发者虽然作出了自己的贡献,但是从五笔字型第四版技术以及"优化五笔字型"专利独立权利要求中的前序部分可知,两者属于同一类汉字编码体系,都是在民族文化遗产和现有技术基础上产生的汉字输入技术方案。五笔字型第四版技术与"优化五笔字型"专利在技术上有联系,即现有技术方面基本相同,发展的基础相同。但二者的区别也是明显的。从这类编码技术发展的角度看,"优化五笔字型"专利属于低版本,五笔字型第四版技术属于高版本,高版本的技术内容不能覆盖低版本的技术内容,因为,先进的技术可能源于落后的技术,但不能覆盖落后的技术。从二者的技术特征看,"优化五笔字型"专利是由220个字根组成的编码体系,而五笔字型第四版技术是由199个字根组成的编码体系,这种字根的减少并非在220个字根中删减的结果,而是依据易学易记的目标需要,重新优选字根的结果,注入了开发者创造性的劳动。单纯的计算机汉字输入技术不能获得专利保护,它们必须与计算机键盘相结合才有可能获得专利保护。"优化五笔字型"专利技术中的220个字根与键位在5区5位上的一一对应关系是固定的,而五笔字型第四版技术采用的199个字根组成编码体系,这些字根在5区5位25个键位上的分布关系重新做了调整,并将3区和5区的位置做了调换,从而达到了方便输入、提高输入速度的目的。五笔字型第四版技术将"优化五笔字型"专利中的四种字型减少为三种,方便了记忆。五笔字型第四版技术与"优化五笔字型"专利技术的这些区别是具有实质性的。五笔字型第四版技术与"优化五笔字型"专利技术的发明目的亦不相同,并取得了优于"优化五笔字型"专利的技术效果。因此,五笔字型第四版技术与"优化五笔字型"专利技术之间的区别技术特征不属于等同手段替换,不能适用等同原则。一审判决未以专利的权利要求为依据界定专利的保护范围,仅将其独立权利要求中的区别特征作为"主要技术特征"与侵权物进行对比,对前序部分涉及的公知技术部分未作比较,扩大了专利保护范围。

**33 必要技术特征的确定(《专利法》第26条);特别排除规则(《专利法》第59条)**
**案例:大连新益建材有限公司与大连仁达新型墙体建材厂侵犯专利权纠纷案**
案例来源:《知识产权审判指导》2005年第2辑第203页
主题词:独立权利要求　必要技术特征

一、基本案情

原审上诉人:大连新益建材有限公司(以下简称新益公司)。
原审被上诉人:大连仁达新型墙体建材厂(以下简称仁达厂)。
原审上诉人新益公司与原审被上诉人仁达厂侵犯专利权纠纷一案,辽宁省高级人民法院于2004年4月19日作出(2004)辽民四知终字第67号民事判决,已经发生法律效力。新益公司认为该判决有错误,于2004年7月向最高人民法院(以下简称最高院)申请再审。
原审法院查明:1999年10月13日,"混凝土薄壁筒体构件"被授予实用新型专利权,专利权人为王本淼,专利号为 ZL98231113.3。

2001 年 2 月 16 日,仁达厂与王本淼及其授权的湖南省立信建材有限公司签订专利实施许可合同,合同约定涉案专利的实施范围为辽宁省,使用费为 20 万元,并约定了双方的其他权利义务。2001 年 6 月 9 日,合同双方又签订了一份补充协议书,补充约定仁达厂的实施为"独家使用",即双方所签的专利实施许可合同为独占实施许可合同,又规定:"因该专利产品在生产经营中所产生的法律问题与湖南省立信建材有限公司无关",即出现问题由仁达厂独自处理。使用费变更为 10 万元。仁达厂据此两份协议,取得了该专利在辽宁省的独家使用权。

该实用新型专利权利要求书的内容为:一种混凝土薄壁筒体构件,它由筒管和封闭筒管两端管口的筒底组成,其特征在于所述筒底以至少二层以上的玻璃纤维布叠合而成,各层玻璃纤维布之间由一层硫铝酸盐水泥无机胶凝材料或铁铝酸盐水泥无机胶凝材料相粘接,筒底两侧板面亦分别覆盖有一层硫铝酸盐水泥无机胶凝材料或铁铝酸盐水泥无机胶凝材料。同样,所述筒管以至少二层以上的玻璃纤维布筒叠套而成,各层玻璃纤维布筒之间由一层硫铝酸盐水泥无机胶凝材料或铁铝酸盐水泥无机胶凝材料相粘接,筒管内腔表面与外柱面亦分别覆盖有一层硫铝酸盐水泥无机胶凝材料或铁铝酸盐水泥无机胶凝材料。

2002 年年初,仁达厂发现新益公司生产与专利相类似的产品并投入市场。该产品的主要技术特征为:筒管由一层玻璃纤维布夹在两层水泥无机胶凝材料中,封闭筒管两端的筒底亦由水泥无机胶凝材料构成,其中没有玻璃纤维布。与涉案专利相比,新益公司的被控侵权产品的筒管部分少一层玻璃纤维布,筒底部分没有玻璃纤维布。

大连市中级人民法院认为:仁达厂是涉案专利在辽宁的独占实施许可合同的权利人,享有独占使用权。根据法律规定,独占实施许可合同的被许可人可以单独向人民法院提起诉讼,且专利权人对此也有明确授权,故仁达厂可以单独向人民法院提起诉讼。

新益公司的被控侵权产品与涉案专利虽有不同,但不存在本质上的区别。被控侵权产品也是由筒管和封闭筒管两端的筒底组成,与专利的前序部分相同。被控侵权产品筒管管壁的内部结构为两层水泥无机胶凝材料夹着一层玻璃纤维布,筒底壁不带玻璃纤维层,这与涉案专利关于筒管、筒底的构造在字面描述上虽有不同,但涉案专利的主体部分是筒管,采用的是水泥层间隔加有玻璃纤维布层,使得管壁既坚固又薄,内腔容积增加,从而大幅度减轻了楼层层面的重量。也就是说,增加空腔容积、减轻重量,主要靠筒管壁的减轻、减薄,而筒底只起到防止水泥砂浆渗入的作用,起次要作用。同时,更说明在筒管管壁增加玻璃纤维布隔层,就能达到增加强度的功能作用及减少壁厚增加空心体积的效果。被控侵权产品的具体技术特征与涉案专利独立权利要求中的必要技术特征相比,从手段上看,两者都是在水泥无机胶凝材料层之间增设玻璃纤维布,本质都是在水泥层之间增加了玻璃纤维布结构,一层与两层只是数量的差别,这种差别不会引起质的变化,所以,两者的手段基本相同;从功能上看,两者增设玻璃纤维布层都起到了增强薄壁强度的功能作用,特别是起到了增加薄壁受力变形拉伸强度的功能,两端有堵头的薄壁筒管,受力变形主要发生在筒管管壁,所以,增加薄壁受力变形的拉伸强度的功能主要体现在筒管管壁,两端的筒底主要起封堵作用,承受的是周向压力,壁层之间增加玻璃纤维层,并不增加筒底的抗压强度,只要在筒管管壁形成了水泥层间增加玻璃纤维层,就达到了增强变形的拉伸强度的功能,形成的功能就与涉案专利的功能基本相同;从效果上看,两者都是有效地减少了筒体的重量及楼层面的重量,效果基本相同。通过上述比较,可以看出,该领域的普通技术人员可以根据需要选择玻璃纤维层数量多少,且不引起功能的本质变化的构造,无须经过创造性劳动就能想到,并达到基本相同的效果。所以,被控侵权产品在手段、功能和效果上,与涉案专利基本相同,构成等同侵权。

辽宁省高级人民法院认为,被控侵权产品与专利产品是基于同行业使用形成的提高产品强度、减轻产品重量的产品,两者在技术构思上是基本相同的,而且均由筒管和封闭筒管两端的筒底组成,与权利要求书前序部分相同。虽然被控侵权产品与专利权利要求书载明的必要技术特征存在玻璃纤维布层数的差别,但这种差别与化合物和组合物等数值范围的限定不同,它只是数量的替换,并没有引起产品本质的变化。一审法院判定等同侵权成立,并无不当。该院依法判决:驳回新益公司的上诉,维持原判。

最高院经审理查明,原审法院认定的事实基本属实。

最高院认为,被控侵权产品筒底的水泥无机胶凝材料中没有玻璃纤维布,与专利筒底壁层结构相比,既不是相同特征,也不是等同特征;被控侵权产品筒管部分的"水泥材料中夹有一层玻璃纤维布",不能达到与专利筒管部分的"水泥材料间隔夹有至少二层以上的玻璃纤维布"基本相同的效果,被控侵权产品筒管部分的技术特征与专利相应的技术特征,不构成等同特征,更不是相同特征。故此,被控侵权产品没有落入专利权的保护范围,新益公司的行为不构成对涉案专利权的侵犯。原审判决以专利的主体部分是筒管,筒底起次要作用为由,忽略筒底壁层结构这一权利要求书明确记载的必要技术特征,未将其纳入技术特征的对比之列,且在筒管部分玻璃纤维布"一层"和"至少二层以上"的理解上,错误地认为只是数量的差别,进而判定符合等同特征的构成要件、等同侵权成立,适用法律错误,应予纠正。

二、裁判要旨

**No.3-3-26-4** 独立权利要求应当记载解决技术问题的所有必要技术特征。

《中华人民共和国专利法实施细则》第20条、第21条明确规定,权利要求书应当清楚、简要地表述请求保护的范围。权利要求书应当有独立权利要求。独立权利要求应当从整体上反映发明或者实用新型的技术方案,记载解决技术问题的必要技术特征。依据《专利审查指南(2010)》可知,必要技术特征是指,发明或者实用新型为解决其技术问题所不可缺少的技术特征,其总和足以构成发明或者实用新型的技术方案,使之区别于背景技术中所述的其他技术方案。而判断某一技术特征是否为必要技术特征,应当从所要解决的技术问题出发并考虑说明书描述的整体内容,不应简单地将实施例中的技术特征直接认定为必要技术特征。

本案专利权利要求书只有一项权利要求,即独立权利要求。该独立权利要求对筒底和筒管的壁层结构分别给予了明确记载和具体实施。所以,专利筒底壁层结构属于必要技术特征。"筒底以至少二层以上的玻璃纤维布叠合而成,各层玻璃纤维布之间由一层硫铝酸盐水泥无机胶凝材料或铁铝酸盐水泥无机胶凝材料相粘接,筒底两侧板面亦分别覆盖有一层硫铝酸盐水泥无机胶凝材料或铁铝酸盐水泥无机胶凝材料",这是本案专利的一项必要技术特征。与专利筒底壁层结构该项必要技术特征相对比,被控侵权产品筒底的水泥无机胶凝材料中没有玻璃纤维布。显然,两者并不相同。

**No.3-7-59-2** 如果专利申请人对其保护的范围进行了明确的限制,将其他相关技术方案特意排除在权利要求的范围之外,则不能将相关技术认定为等同技术。

特别排除规则(Specific Exclusion),指的是从专利权利要求的范围中被明确排除的技术方案,专利权人不能再主张属于等同。其目的在于,通过对相关技术方案中权利要求中技术方案的限定条件认定,排除等同原则,恢复全面覆盖原则的适用。因此,在适用特别排除规则时,应当以能够反映专利申请人已经限制了其要求保护的范围的文件为准。一般而言,主要是申请时提交的文件即权利要求书和说明书。如当权利要求书中有明确限制时,即可认定适用该规则。鉴于说明书可以用于解释权利要求,因此,说明书中对权利要求的明确的限制性解释,也可以作为权利人已经明确限制了其专利保护范围的意思表示。当说明书中明确放弃的情形出现时,可以认定适用该规则。

本案中,被控侵权产品筒底的水泥无机胶凝材料中不夹玻璃纤维布,而专利筒底的水泥无机胶凝材料中间隔夹有至少二层以上的玻璃纤维布,两者不属于基本相同的手段,故亦不等同。又,本案专利权利要求书在叙述玻璃纤维布层数时,明确使用了"至少二层以上"这种界线非常清楚的限定词,说明书亦明确记载玻璃纤维布筒的套叠层"可以少到仅两层",故在解释权利要求时,应该考虑此限定条件,否则,就等于从独立权利要求中删去了"至少二层以上",导致专利权保护范围不合理的扩大。而且筒管部分含有"至少二层以上"玻璃纤维布,在增强抗压能力、减轻楼层重量、增加内腔容积方面达到的技术效果,应优于筒管部分仅含"一层"玻璃纤维布的效果。因此,被控侵权产品筒管部分在水泥无机胶凝材料中夹有一层玻璃纤维布不属于与专利相应技术特征的等同特征,更不是相同特征。因此,被控侵权产品没有落入专利权的保护范围。

### 34 专利权利要求的解释(《专利法》第 26 条);禁止反悔原则(《专利法》第 59 条)

**案例:** 湖北午时药业股份有限公司与澳诺(中国)制药有限公司、王军社侵犯发明专利权纠纷案
**案例来源:** 《中华人民共和国最高人民法院公报》2010 年第 7 期第 31 页
**主题词:** 权利要求　说明书　禁止反悔原则

#### 一、基本案情

申请再审人(一审被告、二审上诉人):湖北午时药业股份有限公司(以下简称午时药业公司)。

被申请人(一审原告、二审被上诉人):澳诺(中国)制药有限公司(以下简称澳诺公司)。

原审被告:王军社。

2006 年 11 月 25 日,澳诺公司起诉至河北省石家庄市中级人民法院称,澳诺公司发现午时药业公司生产并在河北等地广泛销售其产品新钙特牌"葡萄糖酸钙锌口服溶液",并在王军社经营的保定市北市区鑫康大药房公证购买了被诉侵权产品,午时药业公司和王军社侵犯了其发明专利权。

河北省石家庄市中级人民法院一审查明,1995 年 12 月 5 日,孔彦平向国家专利局申请"一种防治钙质缺损的药物及其制备方法"发明专利,2000 年 12 月 15 日,国家知识产权局授予其专利权,专利号为 ZL95117811.3,授权公告日为 2001 年 1 月 10 日。该专利权利要求 1 为:"一种防治钙质缺损的药物,其特征在于:它是由下述重量配比的原料制成的药剂:活性钙 4—8 份,葡萄糖酸锌 0.1—0.4 份,谷氨酰胺或谷氨酸 0.8—1.2 份。"2006 年 4 月 3 日,专利权人孔彦平与澳诺公司签订《专利实施许可合同书》,当时澳诺公司名称为澳诺制药有限公司,后在工商局变更为澳诺(中国)制药有限公司。该合同约定:孔彦平将涉案专利许可澳诺公司独占实施,授权期限同专利期限,无地域和使用方式限制,如发生第三方实施对本专利的侵权行为,由被许可方独立向侵权行为人提起诉讼,相关法律后果(利益或损失)均由被许可方承担。

2006 年 9 月 28 日,经保定市第二公证处公证,澳诺公司在王军社经营的保定市北市区鑫康大药房购买了午时药业公司生产的新钙特牌"葡萄糖酸钙锌口服溶液"两盒。产品说明书载明的成分为:每 10 ml 含葡萄糖酸钙 600 mg、葡萄糖酸锌 30 mg、盐酸赖氨酸 100 mg。国家食品药品监督管理局药品注册批件(批件号:2005S009711)中对该产品的规格也表明为:10 ml:葡萄糖酸钙 0.6 g、葡萄糖酸锌 0.03 g 和盐酸赖氨酸 0.1 g。

涉案专利申请公开文本中,其独立权利要求为可溶性钙剂,可溶性钙剂包括葡萄糖酸钙、氯化钙、乳酸钙、碳酸钙或活性钙。国家知识产权局第一次审查意见通知书中,审查员认为,该权利要求书中使用的上位概念"可溶性钙剂"包括各种可溶性的含钙物质,它概括了一个较宽的保护范围,而申请人仅对其中的"葡萄糖酸钙"和"活性钙"提供了配制药物的实施例,对于其他的可溶性钙剂没有提供配方和效果实施例,所属技术领域的技术人员难以预见其他的可溶性钙剂按本发明进行配方是否也能在人体中发挥相同的作用,权利要求在实质上得不到说明书的支持,应当对其进行修改。申请人根据审查员的要求,对权利要求书进行了修改,将"可溶性钙剂"修改为"活性钙"。

为判断午时药业公司生产的"葡萄糖酸钙锌口服溶液"技术特征是否落入澳诺公司所主张的专利权保护范围,一审法院委托北京紫图知识产权鉴定中心进行了技术鉴定。该机构作出的鉴定报告认为,午时药业公司产品与涉案专利两者用途相同,各种原料等同或相同,各种原料的用量比例相同。鉴定结论为:"湖北午时药业股份有限公司生产的'新钙特牌'葡萄糖酸钙锌口服溶液药品与涉案专利的技术方案相等同。"

澳诺制药有限公司于 2003 年 2 月 19 日就"一种防止或治疗钙质缺损的口服溶液及其制备方法",向国家知识产权局申请了发明专利,专利号为 ZL03104587.1(简称 587 号专利)。

河北省石家庄市中级人民法院一审认为,专利权人孔彦平享有的涉案专利权及其与澳诺公司签订的独占实施许可合同合法有效,应受法律保护。午时药业公司生产、销售的"葡萄糖酸钙锌口服溶液",经委托鉴定机构鉴定,其产品的技术特征与澳诺公司主张的涉案专利构成等同,午时药业公司未经专利权人许可生产、销售上述产品,已构成侵权。

只有为了使专利授权机关认定其申请专利具有新颖性或创造性而进行的修改或意见陈述,才产生禁止反悔的效果,并非专利申请过程中关于权利要求的所有修改或意见陈述都会导致禁止反悔原则的适用。本案专利权人在专利申请过程中,根据专利审查员的意见对权利要求书进行了修改,将独立权利要求中的"可溶性钙剂"修改为"活性钙",并非是为了使其专利申请因此修改而具有新颖性或创造性,而是为了使其权利要求得到说明书的支持,故此修改不产生禁止反悔的效果。只要被控侵权产品侵犯了他人的在先专利,即构成侵权。

午时药业公司不服一审判决,向河北省高级人民法院提起上诉。

河北省高级人民法院二审认为,涉案专利的申请人对权利要求书进行的修改只是为了使其权利要求得到说明书的支持,并非因此而使其申请的专利具有了新颖性或创造性,故此修改不产生禁止反悔的效果。涉案专利在其说明书中对"葡萄糖酸钙"提供了配制药物的实施例,所属技术领域的技术人员对"葡萄糖酸钙"和"活性钙"按该发明进行配方,均能在人体中发挥相同的作用是显而易见的,说明活性钙与葡萄糖酸钙在用作补钙药物的制药原料方面不存在实质性差别,两者可以等同替换。根据2000年4月10日国家药品监督管理局国药管安〔2000〕131号文件,即《关于公布呼吸系统用药和维生素及矿物质类药品地方标准品种再评价结果的通知》的附件:《呼吸系统用药、维生素及矿物质类药品地方标准品种再评价结果》,直接载明了"锌钙特口服液"(澳诺公司产品)可以"用盐酸赖氨酸10g代替谷氨酸10g"。且本案一审法院委托专业机构所作鉴定结论,也认为"活性钙"与"葡萄糖酸钙""谷氨酸或谷氨酰胺"与"盐酸赖氨酸"均构成等同。故午时药业公司生产的产品落入澳诺公司独占许可使用的专利权的保护范围,构成侵权。

午时药业公司不服二审判决,向最高人民法院(以下简称最高院)申请再审。

最高院经审查,原一、二审法院查明的事实属实。

最高院再审认为,涉案专利申请公开文本权利要求2以及说明书第2页明确记载,可溶性钙剂是"葡萄糖酸钙、氯化钙、乳酸钙、碳酸钙或活性钙"。可见,在专利申请公开文本中,葡萄糖酸钙与活性钙是并列的两种可溶性钙剂,葡萄糖酸钙并非活性钙的一种。此外,涉案专利申请公开文本说明书实施例1,记载了以葡萄糖酸钙作为原料的技术方案,实施例2记载了以活性钙作为原料的技术方案,进一步说明了葡萄糖酸钙与活性钙是并列的特定钙原料,葡萄糖酸钙并非活性钙的一种。专利申请人在涉案专利修改时的意见陈述中,并未说明活性钙包括葡萄糖酸钙,故被申请人认为涉案专利中的活性钙包含葡萄糖酸钙的主张不能成立。

专利权人在专利授权程序中对权利要求1所进行的修改,放弃了包含"葡萄糖酸钙"技术特征的技术方案。根据禁止反悔原则,专利申请人或者专利权人在专利授权或者无效宣告程序中,通过对权利要求、说明书的修改或者意见陈述而放弃的技术方案,在专利侵权纠纷中不能将其纳入专利权的保护范围。因此,涉案专利权的保护范围不应包括"葡萄糖酸钙"技术特征的技术方案。原审判决对禁止反悔原则理解有误,将二者认定为等同特征不当。

587号专利权人在该专利审批过程中提供的意见陈述中称,在葡萄糖酸锌溶液中加入盐酸赖氨酸,与加入谷氨酰胺或谷氨酸的配方相比,前者使葡萄糖酸钙口服液在理化性质上有意料之外的效果,在葡萄糖酸钙的溶解度和稳定性等方面都有显著的进步,并提供了相应的实验数据证明其上述主张。国家知识产权局也据此申辩主张授予了587号专利权。由于587号专利的权利要求1与涉案专利权利要求1的主要区别,就在于将涉案专利权利要求1记载的"谷氨酸或谷氨酰胺"变更为"盐酸赖氨酸",可见,从专利法意义上讲,"谷氨酸或谷氨酰胺"与"盐酸赖氨酸"这两个技术特征,对于制造葡萄糖酸锌溶液来说,二者存在着实质性差异。被诉侵权产品的相应技术特征为盐酸赖氨酸,与涉案专利权利要求1记载的"谷氨酸或谷氨酰胺"技术特征相比,二者不应当属于等同的技术特征。国家药品监督管理局国药管安〔2000〕131号通知附件中,虽然公布了可以"用盐酸赖氨酸10g代替谷氨酸10g",但这只是国家采用的一种行政管理措施,并非专利法意义上的等同替换,不能据此就认为被诉侵权产品的盐酸赖氨酸技术特征与涉案专利权利要求1记载的"谷氨酸或谷氨酰胺"技术特征等同。

鉴于被诉侵权产品的"葡萄糖酸钙"和"盐酸赖氨酸"两项技术特征,与涉案专利权利要求1记载的相应技术特征"活性钙"和"谷氨酸或谷氨酰胺"既不相同也不等同,被诉侵权产品没有落入专利权的保护范围,因此,午时药业公司生产、王军社销售被诉侵权产品的行为,不构成侵犯专利权。原审判决适用法律不当,判决结果错误,应予纠正;申请再审人申请再审的主要理由成立,应予支持。

二、裁判要旨

No.3-3-26-5 **在解释权利要求时,可以结合专利说明书中记载的技术内容以及权利要求书中记载的其他权利要求,确定该权利要求中技术术语的含义。**

专利权利要求确定了专利的保护范围,在专利申请中,相关技术术语的概念内涵越小,其保护的范围就越大。因此在专利纠纷中,需要通过对相关术语进行解释来确定专利保护范围。而进行解释的依据就是专利说明书中所记载的内容以及权利要求书中所记载的其他权利要求。这是因为,《专利法》第26条以及《专利法实施细则》第23条对权利要求书以及说明书的功能进行了规定,即说明书应当写明发明或者实用新型的名称和所属技术领域,并清楚地反映所要解决的技术问题、解决该问题的技术方案的要点以及主要用途,以所属技术领域的技术人员能够实现为准;必要的时候,应当有附图。而权利要求书应当以说明书为依据,清楚、简要地限定要求专利保护的范围。这就要求权利要求中所使用的术语和专利说明书以及其他权利要求中的术语应当一致。因此,专利说明书以及权利要求书中记载的其他权利要求就成为解释技术术语所要首先依据的文件。

本案中,关于权利要求1中记载的"活性钙"是否包含"葡萄糖酸钙"的问题。涉案专利申请公开文本权利要求2以及说明书第2页明确记载,可溶性钙剂是:"葡萄糖酸钙、氯化钙、乳酸钙、碳酸钙或活性钙"。可见,在专利申请公开文本中,葡萄糖酸钙与活性钙是并列的两种可溶性钙剂,葡萄糖酸钙并非活性钙的一种。此外,涉案专利申请公开文本说明书实施例1记载了以葡萄糖酸钙作为原料的技术方案,实施例2记载了以活性钙作为原料的技术方案,进一步说明了葡萄糖酸钙与活性钙是并列的特定钙原料,葡萄糖酸钙并非活性钙的一种。澳诺公司辩称,专利申请人在涉案专利的审批过程中,将"可溶性钙剂"修改为"活性钙"属于一种澄清性修改,修改后的活性钙包括了含葡萄糖酸钙在内的所有组分after。然而,从涉案专利审批文档中可以看出,专利申请人进行上述修改,是针对国家知识产权局认为涉案专利申请公开文本权利要求中的"可溶性钙剂"保护范围过宽,在实质上得不到说明书支持的审查意见而进行的,同时,专利申请人在修改时的意见陈述中,并未说明活性钙包括葡萄糖酸钙,故被申请人认为涉案专利中的活性钙包含葡萄糖酸钙的主张不能成立。

No.3-7-59-3 **专利权人在专利授权程序中通过对权利要求、说明书的修改或者意见陈述而放弃的技术方案,无论该修改或者意见陈述是否与专利的新颖性或者创造性有关,在侵犯专利权纠纷案件中,均不能通过等同侵权将其纳入专利权的保护范围。**

适用禁止反悔原则所依据的是,专利申请人在被授予专利权之前的审批程序和复审程序中以及专利被授予之后的无效宣告请求程序中,对专利申请文件或专利文件进行的修改以及所陈述的意见。国家知识产权局在上述过程中发出的审查通知书、复审通知书等以及其他当事人的意见陈述等,可以作为适用禁止反悔原则的辅助材料,但不能作为依据。这是因为,通过修改或者意见陈述放弃的相关内容,不能纳入专利权的保护范围,所以禁止反悔原则的适用,必须建立在专利权人的真实意思表示之上。

本案中,专利权人在专利授权程序中对权利要求1所进行的修改,放弃了包含"葡萄糖酸钙"技术特征的技术方案。根据禁止反悔原则,专利申请人或者专利权人在专利授权或者无效宣告程序中，通过对权利要求、说明书的修改或者意见陈述而放弃的技术方案，在专利侵权纠纷中不能将其纳入专利权的保护范围。因此，涉案专利权的保护范围不应包括"葡萄糖酸钙"技术特征的技术方案。被诉侵权产品的相应技术特征为葡萄糖酸钙，属于专利权人在专利授权程序中放弃的技术方案，不应当认为其与权利要求1中记载的"活性钙"技术特征等同而将其纳入专利权的保护范围。原审判决对禁止反悔原则理解有误，将二者认定为等同特征不当。

### 35 在说明书中有明确特定含义的权利要求术语的解释（《专利法》第26条）

**案例：申请再审人福建多棱钢业集团有限公司与被申请人启东市八菱钢丸有限公司侵犯发明专利权纠纷案**
案例来源：《最高人民法院知识产权审判案例指导》(第三辑)[(2010)民申字第979号]
主题词：权利要求术语 特定含义

#### 一、基本案情

申请再审人（一审原告、二审上诉人）：福建多棱钢业集团有限公司（以下简称福建多棱钢公司）。

被申请人（一审被告、二审上诉人）：启东市八菱钢丸有限公司（以下简称启东八菱钢丸公司）。

申请再审人福建多棱钢公司与被申请人启东八菱钢丸公司侵犯发明专利权纠纷一案，江苏省高级人民法院于2008年7月30日作出(2008)苏民三终字第0134号民事判决，已经发生法律效力。2010年7月，福建多棱钢公司向最高人民法院（以下简称最高院）申请再审。

江苏省南通市中级人民法院一审认为：关于被控侵权方法是否采用"两级破碎"的技术特征。(1)专利方法中"两级破碎"技术特征的权利保护范围是判断侵权与否的前提和关键。因"两级破碎"是个生造之词，在行业领域内，对"两级破碎"没有明确的定义。因此，对"两级破碎"技术特征的权利保护范围，应结合专利说明书和附图进行解释，并按涉案专利技术所属领域最通常的解释予以综合确定。根据上述判断原则，结合涉案专利说明书的记载，以及在《化工辞典》中对"破碎"定义、"粉碎设备"的分类等，"两级破碎"必要技术特征中的"两级"，应当分为"粗碎级"和"细碎级"，并具有明确的、特定的含义和内容。(2)将被控侵权方法的技术特征与涉案八菱钢丸公司仅选用轴承厂生产轴承时冲切下来的7~10毫米之间的冲片作为生产原料，而专利方法还包括规格较大的炮筒等原料，也正因为选用原料的不同，两者采用的破碎设备、破碎过程有了差异。而且，用轴承钢冲片的边角废料作原材料生产钢砂，在1993年第1期《广西冶金》杂志中就已有记载，是公知技术。①被控侵权方法的破碎设备只使用双辊破碎机，即辊式破碎机；而专利方法先采用颚式破碎机粗破，再采用辊式破碎机细破。虽然破碎设备并非涉案专利的保护范围，但破碎设备可以印证双方破碎方法的不同。而且，生产钢砂破碎设备可采用双辊破碎机，在1998年第3期《中国铸造装备与技术》中也已有记载。②被控侵权方法将原料投入机器后，一次只能生产出占投入料100/0~30%的成品钢砂，然后通过筛分，将未成品筛选出来，再次投入双辊破碎机，以此循环，经过多次生产出成品钢砂。而专利方法将原料投入机器后，一次性即可生产出成品钢砂。③专利方法的破碎过程分为两级：第一级是粗碎，先将原料轧碎成小块；第二级是细碎，再破碎成钢砂，破碎过程有两个明显区分的不同阶段：首先是粗碎阶段，将原料由颚式破碎机粗碎，轧碎成小块，在这一阶段中，并不能产生成品的钢砂；其次是细碎阶段，在这一阶段，由辊式破碎机将上述小块原料再进行细碎，最终生产出成品钢砂。而且，关于粗碎、细碎的生产设备和方法也是公知技术。不仅在《化工辞典》中有记载，在1979年第2期《武钢》杂志中的《武钢钢研所制成喷丸用无定形钢粒》一文中，更明确了"破碎，粗碎得3~5毫米颗粒，再细碎到小于1毫米"。启东八菱钢丸公司只采用"一级破碎"，即"细碎级"破碎，直接由辊式破碎机将投入的原料进行细破，一次性生产出成品，而之后，将未成品循环破碎，只是对前述破碎过程的简单重复，省略了"粗碎"的环节，没有专利方法"两级破碎"的技术特征。(3)被控侵权方法中的"一级破碎"与涉案专利方法中的"两级破碎"的技术特征并不构成等同。

由于启东八菱钢丸公司未选用规格较大的炮管等做原材料,其仅选用冲片厚度在7~10毫米之间的轴承钢冲片作为原材料,适合双辊式破碎机两个辊之间的距离,因此,启东八菱钢丸公司仅使用细碎的"一级破碎"方法,即可生产出成品钢砂。启东八菱钢丸公司并非故意省略细碎这一技术特征,变劣涉案专利的技术方案。根据涉案专利说明书中记载的背景技术,将钢珠破碎成带棱角的钢砂,也正是采用双辊式破碎机一次性进行细碎。启东八菱钢丸公司使用双辊式破碎机直接进行破碎是公知技术,并非"变劣"技术方案。因"两级破碎"的技术特征是完整一体的必要技术特征,而被控侵权方法缺少粗碎这一必要的技术特征,福建多棱钢公司也并未明确和举证启东八菱钢丸公司对此采用等同替代的其他方法,故福建多棱钢公司认为被控侵权方法中的"一级破碎"与专利方法中"两级破碎"技术特征构成等同的观点,不予支持。(4)启东八菱钢丸公司虽然举证专利申请日前相关破碎、淬火、筛分等为公知技术的证据,但仅为单独的技术工艺和程序,没有任何证据能够证明一个与其所使用的技术方案相同的完整技术方案,故启东八菱钢丸公司抗辩被控侵权方法系公知技术的主张不能成立。综上,启东八菱钢丸公司生产钢砂的方法没有落入涉案专利权的保护范围。据此判决:驳回福建多棱钢公司的诉讼请求。

福建多棱钢公司、启东八菱钢丸公司均不服一审判决,向江苏省高级人民法院提起上诉。

除福建多棱钢公司对有关被控侵权方法中选料及投料后一次性生产出投入料一定比例的成品钢砂有异议外,二审法院对一审法院查明的其他事实予以确认。

江苏省高级人民法院二审认为,双方当事人对被控侵权方法是否落入涉案专利权保护范围的争议,仅在于被控侵权方法的技术特征中是否具有涉案专利中的"两级破碎"这一必要技术特征。由于专利权利要求1中对"两级破碎"的含义没有明确说明,故对该用语的解释应当以专利说明书和附图为依据。结合涉案专利说明书对该用语的描述,"两级破碎"是指先进行"粗碎级"破碎,再进行"细碎级"破碎,而粗碎与细碎的区别,因破碎设备、被破碎物料的大小及破碎后成品的不同而不同。本案中,被控侵权方法不具有专利权利要求1中"两级破碎"这一技术特征,没有落入涉案专利权保护范围,主要理由是:(1)涉案专利并非新产品的制造方法发明专利,作为专利权人福建多棱钢公司指控启东八菱钢丸公司侵权,应当承担相应的举证责任。福建多棱钢公司并未提供证据证明被控侵权方法具有"两级破碎"这一技术特征,其目前所举证据,只能证明启东八菱钢丸公司使用的破碎设备为双辊式破碎机。按照专利说明书的解释,细碎用辊式破碎机,而福建多棱钢公司亦认可双辊式破碎机即辊式破碎机,因此,根据现有证据,启东八菱钢丸公司使用双辊式破碎机只能认为其采用的是细碎这一级破碎。虽然福建多棱钢公司认为启东八菱钢丸公司可以通过调节双辊式破碎机的双辊距离,从而使双辊式破碎机也能进行粗碎,但其对此并未提供证据予以证明。(2)福建多棱钢公司上诉认为粗碎与细碎是两个不可分割的过程,只要第一次破碎出来的成品钢砂很少,之后再进行二次、三次破碎,就属于使用了先粗碎再细碎的破碎方法。其实,粗碎与细碎应当是两个不同的破碎工艺,这不仅是由二者采用的破碎设备本身的功能不同所决定的,还体现在两者经破碎后形成的成品不同。"粗碎级"破碎时将物料轧碎成小块,该过程形成的是小块物料,而"细碎级"破碎后形成的是成品钢砂,福建多棱钢公司在庭审中亦明确陈述粗碎过程不可能生产出成品钢砂。同时,福建多棱钢公司认可每一级破碎不等同于每一次破碎,特别是后一级破碎往往包含多次破碎。而启东八菱钢丸公司采用双辊式破碎机虽然进行了多次破碎,但只能认为是在"细碎级"破碎过程中包含的多次破碎。由于"粗碎级"破碎过程无法产生成品钢砂,故不能因为"细碎级"的第一次破碎后形成的成品钢砂数量少,就认为这一次破碎属于粗碎级破碎,福建多棱钢公司的该主张不能成立,不予支持。(3)福建多棱钢公司认为被控侵权方法采用的"一级破碎"构成专利权利要求1中"两级破碎"的等同替换,根据专利说明书中对"两级破碎"的解释,本发明之所以采用"两级破碎",是因为该方法选用的原料不是小且均匀的钢珠,而是粗大的冲切料。对于现有技术选用钢珠制作钢砂,1998年第3期《中国铸造装备与技术》中已披露其破碎设备可采用双辊破碎机,也即对钢珠进行破碎使用的是细碎设备。因此,涉案专利权利要求1中的"两级破碎"只能限定为是先粗碎再细碎的"两级破碎"方法,而不能适用等同原则扩大解释为只需进行细碎这一级破碎。被控侵权方法只采用"细碎级"的"一级破碎",不构成对权利要求1的"两级破碎"这一特征的等同替换,福建多棱钢公司对此的上诉理由于法无据,不予支持。由于已能认定启东八菱钢丸公司不构成专利侵权,故对其主张的公知技术抗辩能否成立,不再理涉。启东八菱钢丸公司要求以多个抗辩理由驳回福建多棱公司诉讼请求的上诉主张无相应依据,不予支持。福建多棱钢公司、启东八菱钢丸公司的上诉理由均不能成立,一审判决结果正确,应予维持。据此判决:驳回上诉,维持原判。二审案件受理费8 800元,由福建多棱钢公司负担。

最高院经审查,原二审法院确认的事实基本属实,最高院予以确认。

最高院认为,虽然"两级破碎"在相关行业领域并没有明确的定义,但根据涉案专利说明书中的记载:"本发明采用两级破碎,粗碎用颚式破碎机,细碎用辊式破碎机。本发明不是用钢珠破碎成钢砂,而是用冲切料破碎成钢砂,冲切料不像钢珠粒度小且均匀,对于粗大的冲切料,本发明采取先用颚式破碎机将其轧碎成小块,而后进行细碎,破碎成钢砂。"涉案专利说明书中的记载指明了"两级破碎"具有的特定的含义,并且该界定明确了涉案专利权利要求1的保护范围,所以,应当以说明书的界定理解权利要求用语的含义。"两级破碎"应当理解是先进行粗碎和后进行细碎的"两级破碎"。根据原一、二审法院查明的事实,在《化工辞典》中,"粉碎设备"可以分类为:"粗碎或预碎设备处理直径40~1 500毫米范围的原料,所得成品的直径大约是5~50毫米,如颚式压碎机等。""中碎和细碎设备处理直径5~50毫米范围的原料,所得成品的直径大约是0.1~5毫米,如滚碎机等。"各个破碎级别的设备所处理的原料直径范围以及加工出的成品均不相同,并且粗碎或预碎设备的出料成品直径范围为中碎和细碎设备的进料直径范围,因此,涉案专利的"两级破碎"中,"粗碎级"破碎和"细碎级"破碎应当理解为是相互独立的两个步骤,"粗碎级"的出料为"细碎级"的进料,工序一先一后,不能理解为"粗碎级"和"细碎级"可以合并或者替代。原一、二审法院将"两级破碎"解释为只能是先粗碎再细碎的两级破碎方法,并无不当。

根据原一、二审法院查明的事实,被控侵权方法仅使用一种双辊式破碎机进行钢砂加工。由于双辊式破碎机的破碎动力产生于两个辊子之间的挤压力,其加工方法是在一个级别的破碎中多次循环,每次破碎都是加工出一定比例的钢砂,在多次积累加工出钢砂后进行筛选。而且,福建多棱钢公司也曾在本案诉讼中明确,粗碎过程不可能生产出成品钢砂,所以,被控侵权方法只存在"细碎级"破碎,不存在"粗碎级"破碎,缺少涉案专利"两级破碎"中的粗碎。使用辊式破碎机进行破碎的手段、实现的功能和达到的效果与涉案专利"两级破碎"并不基本相同。因此,福建多棱钢公司主张被控侵权方法构成等同侵权以及属于变劣技术方案,落入涉案专利保护范围的申请再审理由,最高院不予支持。

最后,最高院认为,申请再审人福建多棱钢公司的再审申请不符合《中华人民共和国民事诉讼法》第179条规定的情形。依照《中华人民共和国民事诉讼法》第181条第1款之规定,裁定驳回福建多棱钢业集团有限公司的再审申请。

二、裁判要旨

**No.3-3-26-6　权利要求的术语在说明书中有明确的特定含义,应根据说明书的界定解释权利要求用语。**

从现行《专利法》第26条第4款可知,权利要求书应当以说明书为依据,清楚、简要地限定要求专利保护的范围。并且说明书应当对发明或者实用新型作出清楚、完整的说明,以所属技术领域的技术人员能够实现为准;必要的时候,应当有附图。摘要应当简要说明发明或者实用新型的技术要点。因此,由此可知权利要求书与说明书的关系为,后者是前者的具体解释和依据。说明书描述的要求表现为清楚、完整、能够实现。所谓清楚,就是主题明确,用词准确;所谓完整,就是其包含能够实现该技术所不可缺少的内容;所谓能够实现,就是所属领域内的技术人员无须付出创造性劳动,就能够按照说明书记载的内容,实施专利技术。这实际上要求,在权利要求书中没有说明的内容,在说明书中也必须体现。本案中,虽然该术语在相关行业领域并没有明确的定义,但涉案专利说明书中的记载指明了其具有的特定含义,并且该界定明确了涉案专利权利要求 1 的保护范围,所以应当以说明书的界定理解权利要求用语的含义。虽然"两级破碎"在相关行业领域并没有明确的定义,但根据涉案专利说明书中的记载:"本发明采用两级破碎,粗碎用颚式破碎机,细碎用辊式破碎机。本发明不是用钢珠破碎成钢砂,而是用冲切料破碎成钢砂,冲切料不像钢珠粒度小且均匀,对于粗大的冲切料,本发明采取先用颚式破碎机将其轧碎成小块,而后进行细碎,破碎成钢砂。"因此,两级破碎应当理解是先进行粗碎和后进行细碎的"两级破碎"。

## 36 解释权利要求时对使用说明书和附图以及专利权人限制的应用(《专利法》第 26 条)

**案例:** 申请再审人孙守辉与被申请人青岛肯德基有限公司、上海柏礼贸易有限公司、百胜(中国)投资有限公司侵犯实用新型专利权纠纷案

**案例来源:**《最高人民法院知识产权审判案例指导》(第三辑)[(2009)民申字第 1622 号]

**主题词:** 说明书及附图　专利权人限制

### 一、基本案情

申请再审人(一审原告、二审上诉人):孙守辉。
被申请人(一审被告、二审被上诉人):青岛肯德基有限公司(以下简称肯德基公司)。
被申请人(一审被告、二审被上诉人):上海柏礼贸易有限公司(以下简称柏礼公司)。
被申请人(一审被告、二审被上诉人):百胜(中国)投资有限公司(以下简称百胜公司)。

申请再审人孙守辉与被申请人青岛肯德基有限公司、上海柏礼贸易有限公司、百胜(中国)投资有限公司实用新型专利侵权纠纷一案,山东省高级人民法院于 2009 年 8 月 5 日作出(2009)鲁民三终字第 92 号民事判决,已经发生法律效力。2009 年 10 月 22 日,孙守辉向最高人民法院(以下简称最高院)申请再审。

山东省青岛市中级人民法院(以下简称青岛中院)一审审理查明:本案孙守辉作为专利权人的专利是一种名称为"简易牙膏挤出器"的实用新型专利(以下简称孙守辉专利或者孙守辉专利权),专利号为 zl200620115497.2,专利申请日为 2006 年 5 月 18 日,授权公告日为 2007 年 5 月 23 日。该专利至今有效。该专利的权利要求为:(1)一种简易牙膏挤出器,其特征在于:包括一梯形端面的框架体,其中框架梯形宽度较大的底为一长方形开口状,较小的底的中央部位设置较小的长条形开口,该长条形开口的长度略大于牙膏袋的宽度,开口的宽度略大于牙膏皮的厚度。(2)根据权利要求 1 所述的简易牙膏挤出器,其特征在于:所述梯形端面框架的长度为 50 mm,梯形的较大的底宽 17 mm,框架壁厚 2 mm,长方形开口的尺寸是长 46 mm、宽 13 mm,长条形开口的宽是 1 mm,长是 46 mm。孙守辉在一审庭审时明确其在本案中所主张的专利权的保护范围,是独立权利要求即权利要求 1。

肯德基公司在答辩期内,对孙守辉专利向国家知识产权局专利复审委员会(以下简称专利复审委员会)提出无效宣告请求。专利复审委员会经审理认为,孙守辉专利的权利要求 1 所要求保护的技术方案相对于请求人(即肯德基公司)提交的两份专利说明书,均具备区别技术特征,区别技术特征均涉及梯形框架体形状。采用梯形端面框架体和长条形开口,能与牙膏袋的形状相适应,梯形端面框架体在整体结构上与请求人的证据存在区别,并且客观上能够带来节约材料的技术效果,孙守辉专利的权利要求 1 所要求保护的技术方案相对于两份专利说明书的结合,仍然具有实质性特点和进步,具有《专利法》第 22 条第 3 款规定的创造性。据此,专利复审委员会作出第 12113 号无效宣告请求审查决定,维持孙守辉的 200620115497.2 号实用新型专利权有效。

山东省青岛市中级人民法院一审审理认为,本案争议焦点问题之一为被控侵权产品是否落入孙守辉专利的保护范围。

1. 要明确孙守辉专利的保护范围。《专利法》(2000)第 56 条第 1 款规定:"发明或者实用新型专利权的保护范围以其权利要求的内容为准,说明书及附图可以用于解释权利要求。"孙守辉专利的权利要求书记载了两项权利要求,孙守辉在庭审时明确其在本案中所主张的专利权的

保护范围是独立权利要求,即第1项权利要求。分析孙守辉专利的独立权利要求,包含以下必要技术特征:(1)梯形端面的框架体;(2)框架梯形宽度较大的底为一长方形状开口;(3)框架梯形较小的底的中央部位设置较小的长条形开口,该长条形开口的长度略大于牙膏袋的宽度,开口的宽度略大于牙膏皮的厚度。

2. 分析被控侵权产品所包含的技术特征。被控侵权产品也是一种用于挤出牙膏的产品,结合其产品说明书所图示的使用方法,被控侵权产品包含以下技术特征:(1)卡通鱼形的框架体;(2)卡通鱼形框架体内设置一长方形内框架;(3)内框架底部为一长方形开口;(4)两个向上斜对的页片彼此不相连,形成一长条形开口,两个页片分别与长方形开口底部两个较长的边相连,与长方形内框架其他部分不相连。

3. 将被控侵权产品的技术特征与专利权利要求所记载的必要技术特征逐一进行比较,如果被控侵权产品包含了专利权利要求的全部技术特征,则落入专利权的保护范围,构成侵权;反之,则不构成侵权。关于被控侵权产品是否落入孙守辉专利的保护范围,肯德基公司与柏礼公司均提出了被控侵权产品与孙守辉专利存在实质性不同的抗辩,同时柏礼公司还认为被控侵权产品使用的是已有技术。由于柏礼公司以公知技术抗辩依据的证据,超过了一审法院指定的举证期限,一审法院不作为证据使用。因此,一审法院仅对肯德基公司、柏礼公司提出的被控侵权产品与专利技术的不同抗辩进行审理。

依据对孙守辉专利的技术特征与被控侵权产品的技术特征的上述分析,将两者逐一进行比较,可以看出:被控侵权产品比孙守辉专利多一项技术特征(1),其技术特征(4)与专利第1项技术特征、技术特征(4)与专利第3项技术特征不相同,其技术特征(3)与专利第2项技术特征相同。依据最高人民法院《关于审理专利纠纷案件适用法律问题的若干规定》第17条的规定,专利权的保护范围也包括与专利权利要求书中记载的必要技术特征相等同的特征所确定的范围。等同特征是指与所记载的技术特征以基本相同的手段,实现基本相同的功能,达到基本相同的效果,并且本领域的普通技术人员无需经过创造性劳动就能够联想到的特征。因此判断被控侵权产品是否落入专利权的保护范围,还取决于被控侵权产品的技术特征(2)、(4)与孙守辉专利第1、3项技术特征是否构成等同。"将牙膏袋经一较大开口从一长条形开口抽出从而挤出牙膏",是被控侵权产品与孙守辉专利共同的技术原理,但是实现这一原理存在多种技术方案,被控侵权产品是通过在一长方形框架内设置两个斜对页片的方式实现,孙守辉专利则是直接以梯形框架的方式实现。孙守辉在无效宣告程序中明确表示"梯形端面设计可以最大限度地节约材料",专利复审委员会依据孙守辉的该项陈述认定"梯形端面框架体",是孙守辉专利的区别技术特征,从而维持孙守辉专利权有效。根据禁止反悔原则,孙守辉对权利要求的解释在本案中对孙守辉具有约束力,因此,应对孙守辉专利的第1项技术特征即"梯形端面的框架体"作严格解释。被控侵权产品的外框架体为卡通鱼形,内框架为长方形,端面均不是梯形,不能达到最大限度地节约材料的效果,因此,被控侵权产品的技术特征(2)与孙守辉专利第1项技术特征不构成等同。孙守辉认为,被控侵权产品的两个页片恰恰形成梯形端面,同时具备专利的其他技术特征,因此,完全落入专利保护范围,侵犯了孙守辉的专利权。对此,被控侵权产品的两个页片必须与长方形开口底部两个较长的边相连才能形成固定的结构,从而具备挤出牙膏的功能,其端面应为类似中间开口的"w"形,并非孙守辉所说的梯形,因此,孙守辉的该项主张不予支持。综上,被控侵权产品"奇奇环保牙膏夹",缺少孙守辉专利的第1项技术特征,没有全面覆盖孙守辉专利的全部技术特征,未落入专利权的保护范围,没有侵犯孙守辉的专利权,孙守辉对肯德基公司、柏礼公司的诉讼请求不予支持。因孙守辉未提供证据证明百胜公司与本案的关联性,且被控侵权产品没有侵犯孙守辉的专利权,孙守辉对百胜公司的诉讼请求也不予支持。

孙守辉不服上述一审判决,向山东省高级人民法院提出上诉。

山东省高级人民法院二审审理查明的事实与一审法院审理查明的事实一致。

山东省高级人民法院二审审理认为,本案系专利侵权纠纷案件,关键问题在于判断被控侵权产品是否落入孙守辉专利权的保护范围。本案基本的判断思路是,通过被控侵权产品与孙守辉专利权利要求的对比,确定被控侵权产品是否落入专利权的保护范围,从而确定是否构成专利侵权。需要特别说明的是,专利权的保护范围是由具体的技术特征形成,专利保护的是由该技术特征形成的技术方案,而不是该专利技术的技术原理。因此,在判断被控侵权产品是否落入专利权的保护范围时,特别强调要首先确定专利技术特征以及被控侵权产品的技术特征,然后将被控侵权产品的技术特征与孙守辉专利技术特征进行逐项的具体对比。

关于孙守辉专利权的保护范围与被控侵权产品的技术特征的确定。根据《专利法》的规定,专利权的保护范围应当以其权利要求的内容为准,一审法院据此将孙守辉专利技术特征归纳为以下三点并无不当:(1)梯形端面的框架体;(2)框架梯形宽度较大的底为一长方形状开口;(3)框架梯形较小的底的中央部位设置较小的长条形开口,该长条形开口的长度略大于牙膏袋的宽度,开口的宽度略大于牙膏皮的厚度。根据被控侵权产品实物,一审法院将被控侵权产品确定包含以下技术特征并无不当:(1)卡通鱼形的框架体;(2)卡通鱼形框架体内设置一长方形内框架;(3)内框架底部为一长方形开口;(4)两个向上斜对的页片彼此不相连,形成一长条形开口,两个页片分别与长方形开口底部两个较长的边相连,与长方形内框架其他部分不相连。

关于进行技术对比判断被控侵权产品是否落入专利权的保护范围的问题,经进行对比可以看出,被控侵权产品比孙守辉专利多一项技术特征(1),其技术特征(2)与专利第1项技术特征、技术特征(4)与专利第3项技术特征不相同,其技术特征(3)与专利第2项技术特征相同。

根据专利侵权判定一般原则,本案在以下应着重考虑技术特征(2)、(4)与专利1、专利3是否构成等同。(1)在双方技术对比不构成字面相同的情况下,决定能否适用等同原则扩大专利权的保护范围,应当考虑专利权人在无效宣告程序中的相关陈述是否对本案造成影响。本案中,在利用挤压作用将牙膏挤出的功能实现上,被控侵权产品是通过在一长方形框架内设置两个斜对页片的方式实现,孙守辉专利则是直接以梯形框架的方式实现。孙守辉在无效宣告程序中明确表明:"梯形端面设计可以最大限度地节约材料",专利复审委员会依据孙守辉的该项陈述认定"梯形端面框架体",是孙守辉专利的区别技术特征,从而维持孙守辉专利有效。因此,在涉及该技术特征的对比是否构成等同问题上适用等同原则应当严格,应当将孙守辉在无效宣告程序中明确表明的"梯形端面设计"作为其区别技术特征,这对其专利有效具有重要意义,应对其在专利保护阶段对专利权的保护范围的界定作出限定。被控侵权产品的外框架体为卡通鱼形,内框架为长方形,端面均不是梯形,不能达到最大限度地节约材料的效果,因此被控侵权产品的技术特征(2)与孙守辉专利第1项技术特征不构成等同。(2)从具体特征对比看,孙守辉专利技术特征3为框架梯形较小的底的中央部位设置较小的长条形开口,该长条形开口的长度略大于牙膏袋的宽度,开口的宽度略大于牙膏皮的厚度。而被控侵权产品在对应技术特征上则体现为:两个向上斜对的页片彼此不相连,形成一长条形开口,两个页片分别与长方形开口底部两个较长的边相连,与长方形内框架其他部分不相连。二者在技术手段上是明显不同的。根据有关专利法律及相关司法解释,等同的判定需要从技术手段、技术效果、技术功能等各个方面加以区分,并且应是对具体技术特征的对比。本案孙守辉基于原理的相同,主张二者等同不符合等同判定原则。孙守辉专利技术特征3与被控侵权产品技术特征不构成等同。

综上,根据上述分析对比,被控侵权产品与孙守辉专利相比,存在不相同且不等同的对应技术特征,被控侵权产品未落入孙守辉专利权的保护范围,本案肯德基公司销售被控侵权产品的行为,不构成对孙守辉专利权的侵犯。其他一审被告亦不构成专利侵权。一审法院认定事实清楚,适用法律正确,予以支持。孙守辉提出的上诉理由不能成立,予以驳回。依据《中华人民共和国民事诉讼法》第153条第1款第1项之规定,山东省高级人民法院于2009年8月5日作出(2009)鲁民三终字第92号民事判决,判决驳回上诉,维持原判。

最高院审查查明,一、二审法院审理查明的事实属实。结合原审证据和最高院询问当事人情况,另查明:在最高院询问当事人时,被申请人对申请再审人孙守辉提交的"奇奇环保牙膏夹"说明书复印件、上企网址网站关于百胜公司介绍的网络下载打印件、百胜公司网站首页网络下载打印件的真实性没有异议,但认为上述证据不能证明百胜公司与本案的关联性。

孙守辉专利说明书关于其专利的具体实施方式的部分载明：本实用新型牙膏挤出器，其由塑料一体注塑成型。其结构为一具有梯形断面的框架……孙守辉专利说明书附图1中的标记2指向框架体，并未指向框架体的任一端面。专利复审委员会于2008年8月18日作出的第12113号无效宣告请求审查决定书载明："合议组认为：在前面的分析中已经指出，本专利的权利要求1所要求保护的技术方案相对于证据1或证据2均具备区别技术特征，区别技术特征均涉及梯形框架形状，虽然请求人认为采用梯形框架体是常规选择，但其并未提交相应的证据来证明，故不能认定这种设置是本领域技术人员的常规选择，而且证据1和证据2中也都没有给出同时采用梯形端面框架体的技术启示，采用梯形端面框架体和长条状开口能与牙膏袋的形状相适应，梯形端面框架体在整体结构上与证据1、2存在区别，并且客观上能够带来节约材料的技术效果。也就是说，本专利的权利要求1所要求保护的技术方案相对于证据1和2的结合，仍然具有实质性特点和进步，具有《专利法》第22条第3款规定的创造性。"

最高院审查认为：本案申请再审人孙守辉主张的再审理由涉及如下一个问题：孙守辉专利权利要求1保护范围的确定，包括在确定专利保护范围时是否适用禁止反悔原则。本案被控侵权行为发生于2008年《专利法》第三次修正之前，因此，本案成当适用自2001年7月1日起施行的《专利法》〔以下简称《专利法》(2001)〕，对孙守辉专利权利要求1的保护范围应依据该法第56条第1款的规定进行确定。该法第56条第1款规定："发明或者实用新型专利权的保护范围以其权利要求的内容为准，说明书及附图可以用于解释权利要求。"同时，在专利侵权诉讼中，对专利保护范围的确定还应当考虑专利权人在专利授权和无效宣告程序中为保证获得专利权或者维持专利权有效而对专利保护范围作出的限制。首先，从权利要求1的字面内容来看，权利要求1中的"包括一梯形端面的框架体"，按通常理解，其中的"一"是用于修饰和限定"框架体"的，而并非修饰"梯形端面"，不是对"梯形端面"数量的限定。因此，"包括一梯形端面的框架体"的实际含义，就是"一具有梯形横截面的框架体"，其端面本身为平面形状，即梯形，这也符合梯形通常是指平面图形的含义。与牙膏袋相适应的应当是框架体，即一具有梯形横截面的立体结构，而非端面。因此，二审法院认定孙守辉专利权利要求1第1项技术特征为"梯形端面的框架体"符合通常理解。其次，从专利说明书和附图对框架体的相关描述来看，说明书中称"其结构为一具有梯形断面的框架2"，按通常理解，此处的"2"即附图1标记2，因被置于"框架"一词之后，所以是指代"框架"，而不是指代"断面"或"端面"。结合说明书和附图，也应当认为孙守辉专利权利要求1保护的产品是一具有梯形横截面的框架体。再次，从孙守辉专利两项权利要求对"梯形"这一术语的使用来看，权利要求2所述"梯形端面框架"中的"梯形"，显然是用于限定框架体横截面为梯形，根据不同权利要求中采用的相同技术术语，应当解释为具有相同的含义的基本原则，权利要求1中的"梯形"，也应当被解释为是对框架体的限定。另外，从专利权人孙守辉在其专利无效宣告程序中的意见陈述来看，孙守辉是将"这种梯形端面设计，可以最大限度地节约材料"，作为其专利相对于专利无效宣告程序中的证据1具有创造性的理由，专利复审委员会也正是基于上述理由认定孙守辉专利具有创造性，并决定维持孙守辉专利权有效。孙守辉在无效宣告程序中的上述意见陈述在本案中具有约束力，应当将孙守辉专利权利要求1中的"包括一梯形端面的框架体"认定为该专利保护的简易牙膏挤出器本身，为一具有梯形横截面的框架体，否则孙守辉专利相对于无效宣告程序中的证据1就不具有创造性。一、二审法院均认为应对孙守辉专利权利要求1第1项技术特征即"梯形端面的框架体"作严格解释，并无不妥。综上，一、二审法院对孙守辉专利独立权利要求1保护范围的确定和对"端面"的认定并无不妥，孙守辉的相应申请再审理由不能成立。

最后，最高院认为，被控侵权产品与孙守辉专利权利要求1相比，虽然有一项对应技术特征相同，但有两项对应技术特征既不相同也不等同，依据有关司法解释确定的专利侵权判定规则，被控侵权产品并未落入孙守辉专利权利要求1的保护范围，被申请人肯德基公司、柏礼公司不构成对孙守辉专利权的侵犯。

## 二、裁判要旨

**No.3-3-26-7** 在解释权利要求时,可以使用说明书和附图,并应当考量专利权人对专利权保护范围作出的限制。

从《专利法》(2008)第59条可知,发明或者实用新型专利权的保护范围以其权利要求的内容为准,说明书及附图可以用于解释权利要求的内容。具体而言,在使用说明书和附图解释权利要求时,有如下规则应当得到遵循。首先,权利要求中的术语在说明书未作特别解释的情况下应采用通常理解,所谓通常理解,就是所属专业领域内的一般技术人员对该术语的理解。其次,不同权利要求中采用的相同技术术语应当解释为具有相同的含义,这是因为不同的权利要求中所采用的相同术语都是为了实现专利技术,所以相同术语的内容应当具有一致性。最后,考虑专利权人在专利授权和无效宣告程序中为保证获得专利或者维持专利权有效而对专利权保护范围作出的限制,这就是禁止反悔原则的应用。

本案中,首先,从权利要求1的字面内容来看,权利要求1中的"包括一梯形端面的框架体",按通常理解,其中的"一"是用于修饰和限定"框架体"的,而并非修饰"梯形端面",不是对"梯形端面"数量的限定。因此,"包括一梯形端面的框架体"的实际含义就是"一具有梯形横截面的框架体",其端面本身为平面形状,即梯形,这也符合梯形通常是指平面图形的含义。此外,从专利说明书和附图对框架体的相关描述来看,说明书中称"其结构为一具有梯形断面的框架2",按通常理解,此处的"2"即附图1标记2,因被置于"框架"一词之后,所以是指代"框架",而不是指代"断面"或"端面"。其次,从孙守辉专利两项权利要求对"梯形"这一术语的使用来看,权利要求2所述"梯形端面框架"中的"梯形",显然是用于限定框架体横截面为梯形,权利要求1中的"梯形",也应当被解释为是对框架体的限定。最后,从专利权人孙守辉在其专利无效宣告程序中的意见陈述来看,孙守辉是将"这种梯形端面设计可以最大限度地节约材料"作为其专利相对于专利无效宣告程序中的证据1具有创造性的理由,孙守辉在无效宣告程序中的上述意见陈述,在本案中具有约束力,应当将孙守辉专利权利要求1中的"包括一梯形端面的框架体",认定为该专利保护的简易牙膏挤出器本身为一具有梯形横截面的框架体。

### 37 权利要求保护范围争议的解决(《专利法》第26条)

**案例:申请再审人台山先驱建材有限公司与被申请人广州新绿环阻燃装饰材料有限公司、付志洪侵犯实用新型专利权纠纷案**

案例来源:《最高人民法院知识产权审判案例指导》(第三辑)[(2010)民申字第871号]

主题词:权利要求保护范围 说明书及附图

#### 一、基本案情

申请再审人(一审被告、二审被上诉人):台山先驱建材有限公司(以下简称台山建材公司)。

被申请人(一审原告、二审上诉人):广州新绿环阻燃装饰材料有限公司(以下简称新绿环公司)。

被申请人(一审原告、二审上诉人):付志洪。

申请再审人台山建材公司与被申请人新绿环公司、付志洪侵犯实用新型专利权纠纷一案,广东省高级人民法院于2010年3月23日作出(2009)粤高法民三终字第195号民事判决,已经发生法律效力。2010年6月,台山建材公司向最高人民法院(以下简称最高院)申请再审。

广东省广州市中级人民法院(以下简称广州中院)一审查明,付志洪是专利号为200420017642.4、名称为"玻镁、竹、木、植物纤维复合板"实用新型专利的专利权人。该专利申请日是2004年4月3日,授权公告日是2005年7月6日。该专利权利要求1是:"一种玻镁、竹、木、植物纤维复合板,它由镁质胶凝竹、木、植物纤维复合层和玻纤网格布层或竹编网增强层组成,其特征在于:镁质胶凝竹、木、植物纤维复合层至少有两层,玻纤网格布层或竹编网增强层至少有一层,两层镁质胶凝竹、木、植物纤维层置于玻纤网格布层或竹编网增强层的下面和上面。"专利说明书称:本实用新型的目的在于提供一种采用玻纤网格布层或竹编网增强层作为增强骨架,镁质胶凝材料作为凝固剂,竹、木、植物纤维为填充材料,多层结构复合,具有防火、防潮及抗水功能的玻镁、竹、木、植物纤维复合板。说明书在将该专利与现有技术进行对比时称:采用镁质胶凝植物纤维复合层和玻纤网格布层或竹编网增强层多层结构复合,具有强度好,防火、防潮、抗水、隔热、隔音多种功能,……说明书在描述具体实施例时称:镁质胶凝植物纤维层是由氯化镁、氧化镁和竹纤维或木糠或植物纤维制成的混合物。

2008年3月20日,受广东省广州市中级人民法院的委托鉴定,广东省专利信息中心知识产权司法鉴定所(以下简称鉴定所)分别出具第200746号和第200747号《司法鉴定意见书》(简称鉴定书)。两份鉴定书均认定,送检的被控侵权产品按其板材的厚度,可分为A、B两种,A产品的结构由五层组成,由面层到底层的各层材料是:第一层是胶凝材料净浆层;第二层是单层玻纤网格布层;第三层是胶凝材料与植物纤维材料复合层;第四层是单层玻纤网格布层;第五层是胶凝材料与植物纤维材料复合层。B产品的结构由七层组成,由面层到底层的各层材料是:第一层是胶凝材料净浆层;第二层至第四层是连续三层的单层玻纤网格布层的叠合;第五层是胶凝材料与植物纤维材料复合层;第六层是单层玻纤网格布层;第七层是胶凝材料与植物纤维材料复合层。第200746号鉴定书认为,专利权利要求1记载的"玻镁、竹、木、植物纤维复合板"至少有三层:镁质胶凝竹、木、植物纤维复合层至少有两层,分别在玻纤网格布层或竹编网增强层的下面和上面;玻纤网格布层或竹编网增强层至少有一层,在镁质胶凝竹、木、植物纤维复合层的中间。将A、B产品分别与专利权利要求1进行比较,前者的胶凝材料与植物纤维材料复合层与后者的镁质胶凝竹、木、植物纤维复合层不同;前者的玻纤网格布层在胶凝材料与植物纤维材料复合层中间,与后者的玻纤网格布层在镁质胶凝竹、木、植物纤维复合层中间的结构也不同,所以两者不同。

广东省广州市中级人民法院认为,如果专利权利要求书记载的技术内容与专利说明书中的描述或体现不尽相同,则专利权利要求书中的记载优先,不能以说明书及附图记载的内容"纠正"专利权利要求书记载的内容。如果专利说明书及附图中公开的技术内容范围宽,而专利权利要求书中请求保护的范围窄,则原则上只能以权利要求书中的技术内容确定专利权的保护范围。本案中,根据专利权利要求1,镁质胶凝竹、木、植物纤维复合层是该专利的必要技术特征。从"镁质胶凝竹、木、植物纤维复合层"的通常含义理解,该复合层是由镁质胶凝、竹、木、植物纤维制成的混合物,即并列采用了竹、木、植物纤维三种材料。但在专利说明书实施例中,该复合层被赋予特定含义,即由氯化镁、氧化镁和竹纤维或木糠或植物纤维制成的混合物,对竹、木、植物纤维三种材料的采用是三者择一。根据该特定含义,说明书公开的技术内容范围将比权利要求1请求保护的范围宽。由于说明书描述的技术内容与权利要求1的记载不尽相同,且前者比后者保护范围宽,根据上述权利要求1的记载优先原则,本案应当以权利要求1记载的技术内容确定该专利权的保护范围,即该复合板并列采用了竹、木、植物纤维三种材料。根据广东省建筑材料研究院的分析报告,被控侵权产品有镁质胶凝材料与植物纤维材料复合层,不含竹、木材料。将其与专利的权利要求1对比,两者显然不同,所以被控侵权产品与专利不同,被控侵权产品未落入涉案专利权保护范围。据此判决:驳回新绿环公司、付志洪的全部诉讼请求。

新绿环公司、付志洪不服一审判决,向广东省高级人民法院(以下简称广东高院)提起上诉。

广东高院审理查明,一审判决查明的案件事实基本属实,予以确认。

广东高院认为,在侵犯专利权纠纷案件的审理中,如对权利要求书中记载的内容产生不同理解,容易产生歧义,要确定专利权的保护范围,应当依据《专利法》第56条第1款规定,可以结合说明书对权利要求进行解释。本案中,说明书在描述涉案专利的具体实施例时称:"镁质胶凝植物纤维层是由氯化镁、氧化镁和竹纤维或木糠或植物纤维制成的混合物",显然,在专利说明书实施例中,该复合层被进一步说明和明确,即由氯化镁、氧化镁和竹纤维或木糠或植物纤维制成的混合物,对竹、木、植物纤维三种材料的采用是选择关系,三者具备其中之一即可,而非竹、木及植物纤维三者必须同时具备。况且,在复合板材领域中,"竹纤维""木纤维"都属于植物纤维,与"植物纤维"概念存在着从属关系。只要具备了竹、木、麻或棉等植物纤维中的一种或几种,就可构成植物纤维层,而不需要具备所有类型的植物纤维。此外,从"竹、木、植物纤维"的作用和功能上看,其功能是增大复合板的强度、韧性和环保功能,作为复合板的添加剂,无论是竹纤维、木纤维还是其他棉、麻等植物纤维,都能实现该功能,所不同的就是添加成本与经济效益,因此,被控侵权产品中的"植物颗粒""植物纤维"与专利权利要求1中的"竹、木、植物纤维"的功能应当是等同的。因此被控侵权产品落入了专利权利要求1的保护范围,构成了对新绿环公司、付志洪涉案专利的侵犯。一审法院根据权利要求书的记载优先原则,认定本案应当以权利要求书中的技术内容确定该专利的保护范围,即该复合板并列采用了竹、木、植物纤维三种材料,台山建材公司不构成侵权的结论属于适用法律错误,应予纠正。

最高院经审查,原一、二审法院查明的事实基本属实。

最高院认为,《专利法》第56条第1款规定,发明或者实用新型专利权的保护范围以其权利要求的内容为准,说明书及附图可以用于解释权利要求。因此,如果对权利要求的表述内容产生不同理解,导致对权利要求保护范围产生争议,说明书及其附图可以用于解释权利要求。仅从本专利权利要求1对"竹、木、植物纤维"三者关系的文字表述看,很难判断三者是"和"的关系还是"或"的关系,应当结合说明书记载的相关内容进行解释。根据专利说明书实施例的记载:"镁质胶凝植物纤维层是由氯化镁、氧化镁和竹纤维或木糠或植物纤维制成的混合物。"由此可见,专利权利要求1对"竹、木、植物纤维"三者关系的表述,其含义应当包括选择关系,即三者具备其中之一即可,而非竹、木及植物纤维三者必须同时具备。二审判决认定事实清楚,适用法律正确,台山建材公司的再审申请理由不能成立。

二、裁判要旨

**No.3-3-26-8** 如果对权利要求的表述内容产生不同理解,导致对权利要求保护范围产生争议,说明书及其附图可以用于解释权利要求。

根据《专利法》(2008)第59条第1款规定,如果对权利要求的表述内容产生不同理解,导致对权利要求保护范围产生争议,说明书及其附图可以用于解释权利要求。本案中,仅从涉案专利权利要求1对"竹、木、植物纤维"三者关系的文字表述看,很难判断三者是"和"还是"或"的关系。根据涉案专利说明书实施例的记载:"镁质胶凝植物纤维层是由氯化镁、氧化镁和竹纤维或木糠或植物纤维制成的混合物。"由此可见,"竹、木、植物纤维"的含义应当包括选择关系,即三者具备其中之一即可。

**案例:柏万清诉成都难寻物品营销服务中心等侵害实用新型专利权纠纷案**
案例来源:最高人民法院2015年11月19日第十一批指导性案例第55号
主题词:民事　侵害实用新型专利权　保护范围　技术术语　侵权对比

一、基本案情

原告柏万清系专利号200420091540.7、名称为"防电磁污染服"实用新型专利(以下简称涉案专利)的专利权人。涉案专利权利要求1的技术特征为:A.一种防电磁污染服,包括上装和下装;B.服装的面料里设有起屏蔽作用的金属网或膜;C.起屏蔽作用的金属网或膜由导磁率高而无剩磁的金属细丝或者金属粉末构成。该专利说明书载明,该专利的目的是提供一种成本低、保护范围宽和效果好的防电磁污染服。其特征在于所述服装在面料里设有由导磁率高而无剩磁的金属细丝或者金属粉末构成的起屏蔽保护作用的金属网或膜。所述金属细丝可用市售5到8丝的铜丝等,所述金属粉末可用如软铁粉末等。附图1、2表明,防护服是在不改变已有服装样式和面料功能的基础上,通过在面料里织进导电金属细丝或者以喷、涂、扩散、浸泡和印染等任一方式的加工方法将导电金属粉末与面料复合,构成带网眼的网状结构即可。

2010年5月28日,成都难寻物品营销服务中心销售了由上海添香实业有限公司生产的添香牌防辐射服上装,该产品售价490元,其技术特征是:a. 一种防电磁污染服上装;b. 服装的面料里设有起屏蔽作用的金属防护网;c. 起屏蔽作用的金属防护网由不锈钢金属纤维构成。7月19日,柏万清以成都难寻物品营销服务中心销售、上海添香实业有限公司生产的添香牌防辐射服上装(以下简称被诉侵权产品)侵犯涉案专利权为由,向四川省成都市中级人民法院提起民事诉讼,请求判令成都难寻物品营销服务中心立即停止销售被控侵权产品;上海添香实业有限公司停止生产、销售被控侵权产品,并赔偿经济损失100万元。

四川省成都市中级人民法院于2011年2月18日作出(2010)成民初字第597号民事判决,驳回柏万清的诉讼请求。宣判后,柏万清提起上诉。四川省高级人民法院于2011年10月24日作出(2011)川民终字第391号民事判决驳回柏万清上诉,维持原判。柏万清不服,向最高人民法院申请再审,最高人民法院于2012年12月28日裁定驳回其再审申请。

二、裁判要旨

**No.3-3-26-9 专利权的保护范围应当清楚,如果实用新型专利权的权利要求书的表述存在明显瑕疵,结合涉案专利说明书、附图、本领域的公知常识及相关现有技术等,不能确定权利要求中技术术语的具体含义而导致专利权的保护范围明显不清,则因无法将其与被诉侵权技术方案进行有实质意义的侵权对比,从而不能认定被诉侵权技术方案构成侵权。**

法院生效裁判认为:本案争议焦点是上海添香实业有限公司生产、成都难寻物品营销服务中心销售的被控侵权产品是否侵犯柏万清的"防电磁污染服"实用新型专利权。《中华人民共和国专利法》第26条第4款规定:"权利要求书应当以说明书为依据,清楚、简要地限定要求专利保护的范围。"第59条第1款规定:"发明或者实用新型专利权的保护范围以其权利要求的内容为准,说明书及附图可以用于解释权利要求的内容。"可见,准确界定专利权的保护范围,是认定被诉侵权技术方案是否构成侵权的前提条件。如果权利要求书的撰写存在明显瑕疵,结合涉案专利说明书、附图、本领域的公知常识以及相关现有技术等,仍然不能确定权利要求中技术术语的具体含义,无法准确确定专利权的保护范围的,则无法将被诉侵权技术方案与之进行有意义的侵权对比。因此,对于保护范围明显不清楚的专利权,不能认定被诉侵权技术方案构成侵权。

本案中,涉案专利权利要求1的技术特征C中的"导磁率高"的具体范围难以确定。

1. 根据柏万清提供的证据,虽然磁导率有时也被称为导磁率,但磁导率有绝对磁导率与相对磁导率之分,根据具体条件的不同还涉及起始磁导率 $\mu_i$、最大磁导率 $\mu_m$ 等概念。不同概念的含义不同,计算方式也不尽相同。磁导率并非常数,磁场强度H发生变化时,即可观察到磁导率的变化。但是在涉案专利说明书中,既没有记载导磁率在涉案专利技术方案中是指相对磁导率还是绝对磁导率或者其他概念,又没有记载导磁率高的具体范围,也没有记载包括磁场强度H等在内的计算导磁率的客观条件。本领域技术人员根据涉案专利说明书,难以确定涉案专利中所称的导磁率高的具体含义。

2. 从柏万清提交的相关证据来看,虽能证明有些现有技术中确实采用了高磁导率、高导磁率等表述,但根据技术领域以及磁场强度的不同,所谓高导磁率的含义十分宽泛,从80 Gs/Oe至 $83.5 \times 104$ Gs/Oe 均被柏万清称为高导磁率。柏万清提供的证据并不能证明在涉案专利所属技术领域中,本领域技术人员对于高导磁率的含义或者范围有着相对统一的认识。

3. 柏万清主张根据具体使用环境的不同,本领域技术人员可以确定具体的安全下限,从而确定所需的导磁率。该主张实际上是将能够实现防辐射目的的所有情形均纳入涉案专利权的保护范围,保护范围过于宽泛,亦缺乏事实和法律依据。

综上所述,根据涉案专利说明书以及柏万清提供的有关证据,本领域技术人员难以确定权利要求1技术特征C中"导磁率高"的具体范围或者具体含义,不能准确确定权利要求1的保护范围,无法将被诉侵权产品与之进行有实质意义的侵权对比。因此,二审判决认定柏万清未能举证证明被诉侵权产品落入涉案专利权的保护范围,并无不当。

民事·侵害实用新型专利权·保护范围·技术术语·侵权对比

## 38 权利要求所要求保护的技术方案的范围(《专利法》第 26 条)

**案例**:再审申请人(美国)伊莱利利公司与被申请人中华人民共和国国家知识产权局专利复审委员会专利权无效行政纠纷案

**案例来源**:《最高人民法院知识产权审判案例指导》(第三辑)[(2009)知行字第 3 号]

**主题词**:技术方案 充分公开 所属技术领域的技术人员

### 一、基本案情

再审申请人:(一审原告、二审被上诉人):(美国)伊莱利利公司(Elillyand Company,以下简称伊莱利利公司)。

再审被申请人:(一审被告、二审上诉人):中华人民共和国国家知识产权局专利复审委员会(以下简称专利复审委员会)。

第三人:哈尔滨誉衡药业有限公司(以下简称誉衡公司)。

第三人:宁波市天衡制药有限公司(以下简称天衡公司)。

第三人:江苏豪森药业股份有限公司(以下简称豪森公司)。

北京市第一中级人民法院一审认为:(1)本专利说明书给出了 3 个表格例包括 46 组数据,表格例应属于实施例的表现形式之一,其中记载的数据等同于实施例的数据,加上说明书中的 58 个实施例,说明书共给出 104 组数据。表格例中有 11 组数据 β 异头物与 α 异头物之比小于或等于 1∶1,而其他 93 组数据均能得到 β 异头物与 α 异头物之比大于 1∶1 的核苷。在评述本专利权利要求书是否得到说明书支持时,专利复审委员会主要是从表格例中没有达到 β 异头物富集的几组数据出发进行判断,而没有全面考虑说明书中有关发明目的、技术方案的记载以及大量能够实现 β 异头物富集的实施例和表格例数据在评判本专利权利要求书是否得到说明书支持时的作用,并将两者结合起来进行综合评判。(2)评价权利要求是否得到说明书支持应当以"权利要求书中的每一项权利要求所要求保护的技术方案应当是所属技术领域的技术人员能够从说明书充分公开的内容得到或概括得出的技术方案,并且不得超出说明书公开的范围"作为标准。而专利复审委员会在评述和决定要点中引入"如果所属技术领域的技术人员根据说明书的教导并考虑本领域普通技术知识,仍然需要进行大量的反复实验或者过度劳动才能确定权利要求概括的除实施例以外的技术方案能否实现"作为标准评判本专利权利要求是否得到说明书支持,其评判的出发点不符合《专利法》第 26 条第 4 款的规定,是不适当的。伊莱利利公司的起诉理由成立,予以支持。据此判决,撤销第 9525 号无效决定、专利复审委员会就本专利重新作出无效宣告请求审查决定。

专利复审委员会、誉衡公司、天衡公司、豪森公司均不服一审判决,向北京市高级人民法院提起上诉。

北京市高级人民法院二审认为,本专利说明书中披露的 11 个实施例不能达到本专利制得 β 异头物富集的核苷的发明目的或发明效果,本专利所属技术领域的技术人员通过阅读本专利权利要求所得到的技术方案,不能得到本专利说明书的支持,应当认为本专利权利要求 1 不符合《专利法》第 26 条第 4 款的规定。据此,有合理的依据认定本专利权利要求 1 没有得到说明书的支持,不符合《专利法》第 26 条第 4 款的规定,应当被宣告无效。专利复审委员会、誉衡公司、天衡公司、豪森公司的上诉主张成立,应予支持。

伊莱利利公司向最高人民法院申请再审。

最高人民法院审查认为,权利要求所要求保护的技术方案应当是所属技术领域的技术人员能够从说明书充分公开的内容中得到或概括得出的技术方案,并且不得超出说明书公开的范围。如果权利要求的概括,使所属技术领域的技术人员有理由怀疑该上位概括或并列概括所包含的一种或多种下位概念或选择方式不能解决发明所要解决的技术问题,并达到相同的技术效果,则应当认为该权利要求没有得到说明书的支持。本案权利要求 1 保护的是一种异头物富集的二氟核苷的制备方法,其限定的技术特征是:产物为式 I 的 β 异头物富集的二氟核苷;原料及其用量是至少一摩尔当量被保护的核碱(R''')1 位是黄酰氧基、3 和 5 位被保护的式 17 的 α 异头物富集的糖;反应步骤是核碱 R""SN2 亲核取代异头物富集的糖中的黄酰氧基,之后去保护;溶剂是任选的适宜溶剂,温度是约 17℃～120℃。专利权人在说明书的表格例中,有 11 组数据不能制备得到 β 异头物富集的二氟核苷。根据说明书的描述,影响所属立体选择性方法的因素较多,除了原料糖的离去基团、原料糖构型和核碱用量外,还包括温度和溶剂的选择。权利要求 1 概括的制备方法的各因素,即离去基团、核碱种类、核碱当量、反应温度、反应溶剂等的范围是十分宽泛的。本领域技术人员有合理的理由认为,除了 11 个不能实施的情况外,该权利要求 1 的概括还包含众多其他不能解决发明所要解决的技术问题的技术方案,所属技术领域的技术人员不容易从各种反应条件的排列组合中通过常规实验或者合理推测得出能够解决技术问题的技术方案,而是需要大量反复实验或过度劳动才能确定权利要求 1 的范围。因此,无效决定和二审判决据此认为本专利权利要求 1 没有得到说明书的支持,符合《专利法》第 26 条第 4 款的规定,宣告专利权无效,并无不当。

二、裁判要旨

**No.3-3-26-10 权利要求所要求保护的技术方案,应当是所属技术领域的技术人员能够从说明书充分公开的内容中得到或概括得出的技术方案,并且不得超出说明书公开的范围。**

权利要求书应当以说明书为依据,清楚、简要地限定要求专利保护的范围,因此,权利要求所要求保护的技术方案,应当是所属技术领域的技术人员能够从说明书充分公开的内容中得到或概括得出的技术方案,并且不得超出说明书公开的范围。如果权利要求的概括,使所属技术领域的技术人员有理由怀疑该上位概括或并列概括所包含的一种或多种下位概念或选择方式不能解决发明所要解决的技术问题,并达到相同的技术效果,则应当认为该权利要求没有得到说明书的支持。本案中,专利权人给出的这 11 个具体实施例,对避免制备得到 β 异头物富集的核苷没有任何规律性的启示。根据说明书公开的内容,本领域技术人员无法确定其选择的具体方式不是权利要求保护的范围,从而予以自然排除。本案说明书的 58 个实施例均能得到 β 异头物富集的核苷,即使从能够得到 β 异头物富集的核苷的实施例整体出发,也无法得出避免不能得到 β 异头物富集的核苷的明确方向及规律的任何启示和教导。由于本案权利要求保护的是一个范围,在离去基团、核碱种类、核碱当量、反应温度、反应溶剂的哪些具体条件下,还存在不能得到 β 异头物富集的核苷的情况。本领域技术人员有合理的理由怀疑,除了 11 个不能实施的情况外,该权利要求 1 的概括还包含众多其他不能解决发明所要解决的技术问题的技术方案。权利要求 1 的概括超出了说明书公开的范围。

**㊴ 权利要求存在明显错误的情况(《专利法》第 26 条)**

**案例:申请再审人洪亮与被申请人国家知识产权局专利复审委员会、原审第三人宋章根实用新型专利权无效行政纠纷案**

案例来源:《最高人民法院知识产权审判案例指导》(第五辑)[(2011)行提字第 13 号]

主题词:权利要求　实用新型　说明书　附图

一、基本案情

申请再审人(一审原告、二审上诉人):洪亮。

被申请人(一审被告、二审被上诉人):国家知识产权局专利复审委员会(以下简称专利复审委员会)。

原审第三人:宋章根。

申请再审人洪亮因与被申请人专利复审委员会、原审第三人宋章根实用新型专利权无效行政纠纷一案,不服北京市高级人民法院(2010)高行终字第 500 号行政判决,向最高人民法院(以下简称最高院)申请再审。

宋章根于 2008 年 11 月 20 日向专利复审委员会提出无效宣告请求。2009 年 3 月 20 日,专利复审委员会作出第 13091 号无效宣告请求审查决定(以下简称第 13091 号无效决定),宣告本专利权全部无效。

该决定认为:(1)关于依职权引入的问题。根据《审查指南》第四部分第三章第4.1节第(1)点规定,请求人提出的无效宣告理由,明显与其提交的证据不相对应,专利复审委员会可以告知其有关法律规定的含义,并允许其变更为相对应的无效宣告理由。由于宋章根提出的本专利不符合《专利法实施细则》第20条第1款的无效宣告理由与权利要求与说明书矛盾,该无效宣告理由适用的法条应为《专利法》第26条第4款,专利复审委员会在将上述事实告知作为请求人的宋章根的情况系依职权引入《专利法》第26条第4款的无效理由。(2)关于《专利法》第26条第4款的问题。本专利权利要求1中的技术特征"外套管的另一端与延伸管连接,两者之间留有间隙",与说明书中的相应描述不一致,说明书中记载的是"外套管外侧直通延伸管5……延伸管5与内管1之间留有适当间隙",外套管和延伸管之间是固定连接的,不可能留有间隙,应该是延伸管5与内管1之间留有间隙,因此,该权利要求1的技术方案不能从说明书公开的内容得到或概括得出,从而得不到说明书的支持,不符合《专利法》第26条第4款的规定。

洪亮不服第13091号无效决定,向北京市第一中级人民法院提起诉讼。

北京市第一中级人民法院认为:专利复审委员会依职权引入《专利法》第26条第4款作为无效理由的做法并无不当。本专利权利要求1的技术方案不能从说明书公开的内容中毫无疑义地得出,本专利的权利要求书没有得到说明书的支持,不符合《专利法》第26条第4款的规定,洪亮对其所称的打字错误不能作出合理的解释。第13091号无效决定认定事实清楚、适用法律准确,审查程序合法。

洪亮不服一审判决,向北京市高级人民法院提起上诉。

北京市高级人民法院二审认为:《审查指南》第四部分第三章4.1节中规定,请求人提出的无效宣告理由,明显与其提交的证据不相对应的,专利复审委员会可以告知其有关法律规定的含义,并允许其变更为相对应的无效宣告理由。在口头审理过程中,宋章根认为本专利外套管与延伸管之间是固定的连接,不可能有间隙,但权利要求1的文字表述为两者之间留有间隙,这种表述没有得到说明书的支持。宋章根提出的该无效理由明显属于《专利法》第26条第4款规定的内容,在此情况下,专利复审委员会依职权告知应当依据的法律条款,并没有超出其行政职权范围。洪亮、宋章根对此均未表示异议,而且洪亮向专利复审委员会提出了给予书面答辩机会的要求,并在专利复审委员会规定的期限内提交了书面意见。因此,专利复审委员会在本案中的做法,没有影响洪亮程序及实体上的权利,并无违法之处。

本专利权利要求1的技术特征部分的描述显示外套管和延伸管之间留有间隙,虽然在说明书的发明内容部分也有相同的表述,但在具体实施方式部分却记载为:外套管外侧是直通延伸管5……延伸管5与内管1之间留有适当间隙。由于外套管与延伸管之间是固定连接关系,故二者之间不可能留有间隙。因此,本专利权利要求1的技术方案,不能从说明书公开的内容中毫无疑义地得出,本专利权利要求书没有得到说明书的支持,不符合《专利法》第26条第4款的规定。本专利在说明书的摘要和发明内容部分与权利要求书的表述既有一致的地方,也有不一致的地方,使本领域技术人员无法作出清楚、正确的判断,洪亮所称打字错误的解释过于牵强,其上诉主张不能成立。综上所述,洪亮的上诉理由缺乏事实和法律依据,其上诉请求不予支持。一审判决认定事实清楚,适用法律正确。

最高院再审查明,原一、二审判决认定的事实基本属实。

最高院再审认为:本案的焦点问题之一在于,本专利权利要求1是否得到了说明书的支持?是否符合《专利法》第26条第4款的规定?

《专利法》第26条第4款规定,权利要求书应当以说明书为依据,清楚、简要地限定要求专利保护的范围。判断本专利权利要求1是否得到了说明书的支持?即是否符合《专利法》第26条第4款的规定?

(一)需要正确理解《专利法》第26条第4款的立法宗旨

1. 权利要求书的作用。《专利法》规定,发明或者实用新型专利权的保护范围以其权利要求的内容为准,说明书及附图可以用于解释权利要求的内容。权利要求书的作用在于界定专利权的保护范围。在授予专利权之前,该界线表明申请人请求获得保护的范围。如果该范围包括已知的技术或者相对于已有技术而言显而易见的技术方案,则会因为违背《专利法》关于新颖性和创造性的规定,而被国家知识产权局驳回专利申请。在授予专利权后,该界线表明专利权依法受保护的范围。如果他人未经专利权人的许可而实施的技术方案落入权利要求的保护范围之内,则构成侵权行为。因此,权利要求既为专利权人提供了独占权的法律保护,又确保了公众享有使用已知技术的自由,使公众能够清楚知道实施什么样的行为会侵犯他人的专利权。无论对专利申请获得专利权,还是行使专利权而言,权利要求书的内容都至关重要。

2. 权利要求书与说明书的关系。权利要求书应当以说明书为依据,清楚、简要地限定要求专利保护的范围。之所以要求权利要求要得到说明书的支持,是由说明书与权利要求书的内在联系决定的。说明书是申请人必须向国家知识产权局提交的公开其发明或者实用新型的文件之一,专利法对专利说明书的基本要求是,说明书的撰写应该达到所属技术领域的技术人员能够实施发明的程度。为了对发明或者实用新型的技术方案作出清楚、完整的公开,使所属领域的技术人员能够实施该发明创造,说明书提供了大量的信息,包括技术领域、背景技术、发明内容、附图说明、具体实施方式等。这些信息是为了帮助理解和实施发明创造而撰写的,也是进行专利审查工作的基础。在专利权被授予后,特别是发生专利纠纷时,说明书可以用来解释权利要求书,因而有人称"说明书是权利要求的辞典"。而权利要求书则是对说明书记载的发明创造的实质和核心的"提炼总结",是在说明书记载的内容的基础上,用构成发明或者实用新型技术方案的技术特征定义专利权的保护范围。虽然作为界定专利权保护范围的载体,其详细程度不同于为公众提供实施发明或者实用新型所需要的具体技术信息的说明书,但权利要求书的内容不能与说明书的内容相互脱节,权利要求应当以说明书为依据,要得到说明书的支持。

3. 权利要求书以说明书为依据的具体含义。作为以"公开换保护"的专利制度,获得专利权的前提是申请人必须向公众充分公开其发明创造的内容,专利权人所获得的权利必须与向公众公开的内容相适应。这样才能实现有利于发明创造的推广利用、促进科学技术进步和创新的立法宗旨。权利要求书以说明书为依据,就是要求权利要求所要求保护的技术方案应当是所属技术领域的技术人员,能够从说明书充分公开的内容中得到或概括得出的技术方案,并且不得超出说明书公开的范围。权利要求书作为界定专利独占权的范围,是让公众能够清楚知道实施什么样的行为会侵犯他人的专利权的一种法律文件,必须达到每一项权利要求所要求保护的技术方案都应当是在说明书中被清楚、充分地公开过的程度。如果权利要求书中某一项或者多项权利要求所要求保护的技术方案是所属技术领域的技术人员不能从说明书中充分公开的内容得到或概括得出的技术方案,或权利要求所要求保护的技术方案超出了说明书公开的范围时,就应当认为权利要求没有以说明书为依据。

由此可见,权利要求概括的范围应当与说明书公开的内容相适应,不能过大也不能过小。如果权利要求概括的范围过大,把属于公众的已知技术或者申请人尚未完成的技术方案记载在了权利要求的保护范围之内,这种权利要求将会损害公共利益,该专利申请或者专利权可能会因此被驳回或者被宣告无效。反之,如果权利要求记载的范围过小,则意味着申请人在说明书中公开的某些技术方案,没有纳入权利要求书而受到保护,亦即该技术方案被捐献给了公众,他人可以无偿使用该技术方案。这对申请人而言可能是不公平的。因此,《专利法》第 26 条第 4 款的立法宗旨在于,权利要求的概括范围应当与说明书公开的范围相适应,该范围既不能宽到超出了发明公开的范围,也不应当窄到有损于申请人因公开其发明而应当获得的权益。

(二) 权利要求书存在错误是否必然导致该权利要求不符合《专利法》第 26 条第 4 款的规定

1. 权利要求中的撰写错误在所难免。权利要求的内容和表述应当清楚、简要。如何将说明书中公开的技术方案写入权利要求书中予以保护,对于发明人本人以及专利代理人而言,由于语言表达的局限性以及撰写和代理水平的客观限制,权利要求书在撰写过程中难免出现用词不够严谨或者表达不够准确等缺陷,为提高专利申请文件质量,便于公众理解运用发明创造,专利法规定了申请人可以对其专利申请文件进行修改。

2. 权利要求中的撰写错误并不必然导致该权利要求不符合《专利法》第 26 条第 4 款的规定。根据撰写缺陷的性质和程度不同,权利要求书中的撰写错误可以分为明显错误和非明显错误。所谓明显错误,是指这样的错误,即对于本领域技术人员来说,如果该技术人员根据所具有的普通技术知识在阅读权利要求后,能够立即发现某一技术特征存在错误,同时,该技术人员结合其具有的普通技术知识,阅读说明书及说明书附图的相关内容后,能够立即确定其唯一的正确答案。

权利要求书的作用在于界定专利权的保护范围,这种边界会随着专利权利要求中技术特征和技术术语含义的改变而发生变化。如果对本领域技术人员来说,权利要求中的技术特征和技术术语的含义是确定的,专利权人的私权与公有领域边界则是清晰的,公众知道实施什么样的行为会侵犯他人的专利权。反之,如果权利要求中的技术特征和技术术语的含义是模糊不清的,则对该技术特征和技术术语的不同理解,势必会影响专利权的保护范围,损害权利要求的公示性、稳定性和权威性。

专利权的保护范围是界定在本领域技术人员对发明创造理解的范围之内。判断一项权利要求能否得到说明书的支持之前,首先需要确定权利要求所要保护的技术方案,对于权利要求中存在的明显错误,如上所述,由于该错误的存在对本领域技术人员而言是如此"明显",即在阅读权利要求时能够立即发现其存在错误,同时,更正该错误的答案也是如此"确定",结合其普通技术知识和说明书能够立即得出其唯一的正确答案,所以,本领域技术人员必然以该唯一的正确解释为基准理解技术方案,明显错误的存在,并不会导致权利要求的边界模糊不清。这也是在专利授权之前专利申请人可以通过提交修改文本的方式对明显错误进行修正的原因。

然而,在审查实践中,常常出现明显错误未被审查员发现,而导致在授权公告的专利文件中也存在明显错误的现象,尤其是对实用新型专利来说,我国实行初步审查制度,这种现象更加难以避免。根据《专利法》《专利法实施细则》,尤其是《审查指南》的规定,在专利授权之后,专利权人发现其授权公告文件中存在明显错误的情形时,是没有机会再通过提交修改文本的方式进行更正的。此时,在无效宣告请求的审查过程中,如果不对权利要求中的明显错误作出更正性理解,而是"将错就错"地径行因明显错误的存在而一概以不符合《专利法》第 26 条第 4 款的规定为由将专利宣告无效,将会造成《专利法》第 26 条第 4 款成为一种对撰写权利要求不当的惩罚,导致专利权人获得的利益与其对社会作出的贡献,明显不相适应,有悖《专利法》第 26 条第 4 款的立法宗旨。不仅不利于鼓励发明创造,保护发明创造者的利益,而且会降低发明人以"公开换保护"制度申请专利的积极性。更何况,权利要求书记载达到何种程度才够清楚,能起到划界的作用,与阅读者的水平有关。无论是判断权利要求是否符合《专利法》第 26 条第 4 款的规定,还是判断权利要求中是否存在明显错误,判断主体都是本领域技术人员,而非一般的公众。由于本领域技术人员在阅读权利要求时能够立即发现该明显错误,并且能从说明书的整体及上下文立即看出其唯一的正确答案,此时,本领域技术人员在再现该发明或实用新型的技术方案时,不会教条地"照搬错误",而是必然会在自行纠正该明显错误的基础上,理解发明创造的技术方案。尤其是对该明显错误的更正性理解,并不会导致权利要求的技术方案在内容上发生变化,进而损害社会公众的利益和权利要求的公示性、稳定性和权威性。

因此,从保护发明创造专利权,鼓励发明创造的基本原则出发,一方面应当允许对授权后的专利权利要求中存在的明显错误予以正确解释;另一方面,也要防止专利权人对这一解释的滥用。要准确界定明显错误,在合理保护专利权人利益的同时,维护社会公众的利益,以适应专利法促进科技进步与创新的立法本意。

如果对明显错误进行更正性理解后的权利要求所保护的技术方案,能够从说明书充分公开的内容得到或者概括得出,没有超出说明书公开的范围,则应当认定权利要求能得到说明书的支持,符合《专利法》第 26 条第 4 款的规定。

（三）本专利权利要求1是否符合《专利法》第26条第4款规定？

就本案而言，本专利是一种具有扭转装置的涉及热网管道的旋转补偿器，背景技术中记载，通过旋转补偿器的内外套管的旋转来吸收热网管道的轴向推力和位移量。解决现有旋转补偿器的同心度不精确，补偿器本身对横向管道位移的定位问题，同时也解决内压力和冲击力引起的填料外泄的问题。作为压力管道元件的旋转补偿器，产品需要符合焊缝检验、耐压实验以及气密实验等检验要求。焊缝、密封填料处应无渗漏现象。因此，所属领域技术人员知晓外套管和延伸管之间必须是无间隙连接，且不允许出现导致传输介质外泄。本专利权利要求1记载，"在所述的外套管的另一端与延伸管连接，两者之间留有间隙"，对"两者之间留有间隙"的"两者"是何所指，各方当事人各持己见。由于本专利权利要求1保护的补偿器包括外套管、内管、压料法兰、延伸管和密封材料，其中，外套管的一端经由法兰与内管相连接，另一端与延伸管连接。该旋转补偿器通过内外套管的旋转来吸收热网管道的轴向推力和位移量。因此，内管与外套管之间，以及外套管与延伸管之间不可能既连接，又留有空隙，权利要求1中"两者之间留有间隙"的"两者"不可能是指外套管与延伸管，而只可能是内管与延伸管。这种解释也与本专利说明书公开的"外套管（4）外侧是直通延伸管5，与内管1内径相等，延伸管5与内管1之间留有适当间隙1~10 mm"相一致，而且，说明书附图亦明确标注了相符的位置。因此，本领域技术人员基于其具有的普通技术知识，能够知道权利要求1的撰写存在错误，通过阅读说明书及附图可以直接、毫无疑义地确定"两者之间留有间隙"的"两者"，应当是指延伸管与内管，不会误认为是外套管与延伸管之间留有间隙。"两者之间"应当属于明显错误。尽管本专利的撰写有可能使得一般读者根据阅读习惯，误认为"两者之间"留有间隙是指所述的外套管与延伸管之间留有间隙，但是，对"两者之间"的"两者"的理解，主体是本领域的技术人员，而非不具有本领域普通知识的一般读者。由于本领域的技术人员能够清楚准确地得出唯一的正确解释，"两者之间留有间隙"是指内管和延伸管之间留有一定的间隙，这与说明书中公开的内容相一致。因此，本专利权利要求1所要求保护的技术方案能从说明书公开的内容中得出，得到了说明书的支持，符合《专利法》第26条第4款的规定，洪亮关于"两者之间"的撰写属于明显错误，以及权利要求1能得到说明书支持的申请再审理由，最高院予以支持。

综上，原一、二审判决脱离了本领域技术人员的认知水平，对本专利权利要求记载的技术特征机械地从文字表述上进行理解，没有结合本专利的具体情况，将理解技术方案的主体与本领域技术人员的知识水平割裂开来，错误地认定本专利权利要求1记载的两者之间留有间隙是指外套管与延伸管之间留有间隙，以致得出权利要求记载的内容与说明书记载的不一致，没有得到说明书的支持的结论，从而维持了专利复审委员会第13091号无效决定，适用法律有误，应予纠正。

二、裁判要旨

**No. 3-3-26-11　如果权利要求存在明显错误，本领域普通技术人员根据说明书和附图的相应记载能够确定其唯一的正确理解的，应根据修正后的理解确定权利要求所保护的技术方案，在此基础上，再对该权利要求是否得到说明书的支持进行判断。**

尽管现行《专利法》第26条第4款规定，权利要求书应当以说明书为依据，清楚、简要地限定要求专利保护的范围。不过，权利要求中的撰写错误的存在是一种客观现象，并不必然导致其得不到说明书支持。所谓明显错误，是指这样的错误，即对于本领域技术人员来说，如果该技术人员根据所具有的普通技术知识在阅读权利要求后能够立即发现某一技术特征存在错误，同时，该技术人员结合其具有的普通技术知识，阅读说明书及说明书附图的相关内容后能够立即确定其唯一的正确答案。对于权利要求中存在的明显错误，如上所述，由于该错误的存在对本领域技术人员而言是如此"明显"，即在阅读权利要求时能够立即发现其存在错误，同时，更正该错误的答案也是如此"确定"，结合其普通技术知识和说明书能够立即得出其唯一的正确答案，所以，本领域技术人员必然以该唯一的正确解释为基准理解技术方案，明显错误的存在，并不会导致权利要求的边界模糊不清。这也就不必因为不符合《专利法》第26条第4款的规定而宣告专利无效。如果对明显错误进行更正性理解后的权利要求所保护的技术方案，能够从说明书充分公开的内容得到或者概括得出，没有超出说明书公开的范围，则应当认定权利要求能得到说明书的支持，符合《专利法》第 26 条第 4 款的规定。本案中，本专利的背景技术表明，作为压力管道元件的旋转补偿器，产品需要符合焊缝检验、耐压实验以及气密实验等检验要求。焊缝、密封填料处应无渗漏现象。因此，所属领域技术人员知晓外套管和延伸管之间必须是无间隙连接，且不允许出现导致传输介质外泄。而本专利权利要求 1 记载，"在所述的外套管的另一端与延伸管连接，两者之间留有间隙"，由于本专利权利要求 1 保护的补偿器包括外套管、内管、压料法兰、延伸管和密封材料，其中，外套管的一端经由法兰与内管相连接，另一端与延伸管连接。该旋转补偿器通过内外套管的旋转来吸收热网管道的轴向推力和位移量。因此，内管与外套管之间，以及外套管与延伸管之间不可能既连接，又留有空隙，权利要求 1 中"两者之间留有间隙"的"两者"，不可能是指外套管与延伸管，而只可能是内管与延伸管。这种解释也与本专利说明书公开的"外套管（4）外侧是直通延伸管 5，与内管 1 内径相等，延伸管 5 与内管 1 之间留有适当间隙 1～10mm"相一致，而且，说明书附图亦明确标注了相符的位置。因此，本领域技术人员基于其具有的普通技术知识，能够知道权利要求 1 的撰写存在错误，通过阅读说明书及附图可以直接、毫无疑义地确定"两者之间留有间隙"的"两者"应当是指延伸管与内管，不会误认为是外套管与延伸管之间留有间隙。因此，本专利权利要求 1 所要求保护的技术方案能从说明书公开的内容中得出，得到了说明书的支持，符合《专利法》第 26 条第 4 款的规定。

**㊵ 未在权利要求书中记载而仅通过测量说明书附图得到的尺寸参数的作用（《专利法》第 26 条）**

**案例：申请再审人深圳盛凌电子股份有限公司与被申请人安费诺东亚电子科技（深圳）有限公司侵犯实用新型专利权纠纷案**

案例来源：《最高人民法院知识产权审判案例指导》（第五辑）[（2011）民申字第 1318 号]
主题词：权利要求书　说明书　附图　尺寸参数

**一、基本案情**

申请再审人（一审被告、二审上诉人）：深圳盛凌电子股份有限公司（以下简称盛凌公司）。

被申请人（一审原告、二审上诉人）：安费诺东亚电子科技（深圳）有限公司（以下简称安费诺东亚公司）。

申请再审人盛凌公司因与被申请人安费诺东亚公司侵犯实用新型专利权纠纷一案，不服广东省高级人民法院（2011）粤高法民三终字第 59 号民事判决，向最高人民法院（以下简称最高院）申请再审。

盛凌公司申请再审称：

1. 二审判决认定一审法院保全的被诉侵权产品落入了本案专利权的保护范围，缺乏证据证明且适用法律错误。（1）本案专利是基于传统铆接式结构的改进，传统铆接式结构的端盖上没有定位槽，而是一个中缺口。本案专利是在缺口处增设了一个定位柱后，形成了宽度略等于梯形槽框架左端部厚度的定位槽，从而将铆接式结构改成了卡接式结构。无论从权利要求 1 的字面含义，还是从说明书的具体实施例，都可以看出权利要求 1 中限定的定位槽，是要对梯形槽框架的端部起定位、固定作用，防止其上下移动，所以才将其命名为"定位槽"。一审法院保全的被诉侵权产品的端盖是大缺口"U 形槽"结构，梯形槽框架的端部可在这个大缺口中有较大的上、下活动空间，没有被固定或定位。被诉侵权产品对权利要求 1 没有构成字面侵权。（2）权利要求 1 对端盖上所设的槽有特别的限定，包括"可将插接本体之梯形槽框架端固定"和"定位"，均属于用功能效果表述的技术特征。对于这一功能效果的技术特征，应当结合说明书和附图描述的具体实施方式及其等同的实施方式确定该技术特征的内容。一审法院保全的被诉侵权产品的端盖上只有大缺口，该大缺口不具备"可将插接本体之梯形槽框架端固定"的功能或效果，也不具备"定位"的功能或效果。该被诉侵权产品中并不具有权利要求 1 中以功能或者效果表述的技术特征,二审判决忽略了由"可将插接本体之梯形槽框架端固定",以及"定位"这些功能效果所构成的技术特征,仅以"端盖设有槽"作为技术特征,扩大了本案专利权的保护范围,错误地作出了构成侵权的认定。(3) 对权利要求的内容存在不同理解时应根据说明书和附图进行解释。本案对"端盖设有可将插接本体之梯形槽框架端固定的定位槽"这一技术特征有不同的理解,所以应根据说明书和附图进行解释以确定权利要求1的保护范围。被诉侵权产品只有大缺口,该大缺口的宽度远大于梯形槽框架左端部的厚度,它对梯形槽框架左端部没有定位功能,更没有固定功能。由于没有采用"端盖设有可将插接本体之梯形槽框架端固定的定位槽"这一特征,而是使用了改进之前的传统大缺口结构,这种大缺口结构与本案专利的定位槽结构既不相同,也不等同。广东省专利信息中心知识产权司法鉴定所于2011年6月,根据盛凌公司的申请于2011年7月7日作出了粤知司鉴所[2011]鉴字第22号知识产权司法鉴定书,该鉴定意见认定,SCSI连接器的端盖上没有"可将插接本体之梯形槽框架端固定的定位槽"。因此,一审法院保全的被诉侵权产品没有落入本案专利的保护范围。

2. 二审判决认定盛凌公司实施了销售行为,该认定缺乏证据证明,且剥夺了当事人的辩论权利。安费诺东亚公司于2009年6月向盛凌公司发过专利侵权警告函,并指出盛凌公司网页上展示的产品涉嫌侵权,盛凌公司收到警告函后,对产品结构作出改进以避免侵权,一审法院进行产品保全时盛凌公司提供了试产样品。由于安费诺东亚公司在此期间向案外人作了通报,导致定单被取消。一审法院保全的产品只能证明盛凌公司有试产样品,没有证据证明盛凌公司有实施批量制造的行为,更没有证据证明有实施销售行为。由于盛凌公司认为一审法院保全的被诉侵权产品不构成侵权,且一审法院也认定不侵权,所以在二审中对是否有实施销售行为的问题,未提出来作为争议焦点,双方均未就此发表辩论意见。针对盛凌公司是否有销售一审法院保全的被诉侵权产品的事实,二审判决在未进行辩论的情况下直接作出认定,违反法律规定,剥夺了当事人的辩论权利,属于《民事诉讼法》第179条第1款第10项所列的情况。严重影响了案件的正确判决。综上,请求最高院对本案进行再审,依法改判。

安费诺东亚公司提交书面意见认为:(1) 二审判决认定的基本事实清楚、适用法律正确、证据确实充分。盛凌公司认为本案专利只有端盖上有了定位柱,并与端盖顶部之间形成合适的空间,才具有定位功能的主张,不能成立。本案专利权利要求1对于定位槽的结构、大小、宽度、高度等参数并没有作出限定,凡是具备槽型并用于固定作用的结构,都属于本案专利的保护范围。(2) 二审法院给予了双方充分辩论的权利,双方当事人充分行使了辩论权。盛凌公司提及几家公司取消订单,恰恰证明其具备了实质的生产能力并且进行了销售,销售行为应当在订单确定时已经成立,订单取消的结果只能对赔偿造成影响,而不能否定销售行为的存在。

最高院认为,本案当事人争议的主要焦点问题之一是:一审法院保全的被诉侵权产品是否落入了本案专利权的保护范围?

本案专利授权公告的权利要求1,为一种小型计算机系统接口双向连接器,包括:由两端设有螺钉孔的梯形槽框架和通过绝缘体安装在梯形槽框架之梯形槽内的端子组成的插接本体、壳体和端盖。其特征在于:端盖设有可将插接本体之梯形槽框架端固定的定位槽,端盖与壳体间为卡扣连接。判断一审法院保全的被诉侵权产品是否落入本案专利权的保护范围的关键,在于被诉侵权产品是否具有"定位槽"这一技术特征。《专利法》规定,发明或者实用新型专利权的保护范围以其权利要求的内容为准,说明书及附图可以用于解释权利要求的内容。本案专利权利要求1要求保护的技术方案中,端盖与壳体以及梯形槽框架三者的配合关系是,通过定位槽将插接本体中梯形槽框架的端部固定、端盖与壳体之间卡扣连接。权利要求1限定了通过该定位槽将端盖与梯形槽框架进行配合,并具有端盖能够与壳体卡扣连接的技术特征。至于定位槽的厚度以及梯形槽框架左端的厚度,没有予以限定。虽然本案专利说明书附图中所示的定位槽的宽度略等于梯形槽框架左端部的厚度,但是,通过对说明书附图进行测量得到的尺寸参数,不能限定权利要求的技术特征。其原因是发明或者实用新型专利权的保护范围以其权利要求书的内容为准,说明书是权利要求书的依据,而权利要求是在说明书的基础上,用构成发明或者实

权利要求书·说明书·附图·尺寸参数

用新型技术方案的技术特征表明要求专利保护的范围。只有记载在权利要求书中的技术特征,才会对该权利要求的保护范围产生限定作用,在说明书中予以描述而没有在权利要求书中予以记载的技术特征,是不能用来限定权利要求保护范围的。因此,权利要求的基本属性决定了权利要求所记载的技术特征越少,表达每一个技术特征所采用的措辞越是具有广泛的含义,该权利要求的保护范围也就越大。由于本案专利权利要求书中"定位槽"的含义是清楚、确定的,并且说明书也没有就"定位槽"的含义作出特别界定,因此,应当以权利要求自身界定的内容为准,而不能以"说明书及附图可以用于解释权利要求的内容"为依据,以解释定位槽为借口,将权利要求中没有记载的内容纳入权利要求中,将说明书附图中测量得到的定位槽的厚度读入权利要求书,达到实质上以说明书来修改权利要求的目的。

盛凌公司主张本案专利是基于"背景技术"中铆接式结构的"上、下"方向可同时被固定的思路,才通过增设定位柱来形成与梯形槽框架的左端厚度相当的定位槽,以确保"上、下"方向的限制和固定的。经审查,本案专利说明书记载,现有计算机系统接口插接器由两端设有螺钉孔的梯形槽框架,通过绝缘体安装在梯形槽内的端子和壳体及端盖组成,所属端盖铆接在装有绝缘体和端子的梯形槽框一端,再与壳体相套后通过螺丝组装成一体。本案专利技术方案,是针对背景技术的这种插接器与设备输出线缆的组长方向是唯一的,提供了灵活性好、能够满足设备线缆出线两个方向选择的小型计算机系统接口双向连接器。本案专利的贡献点并非是一定要在达到铆接的上下限制固定的状态下,再构造出一个与梯形槽框架的左端厚度相当的定位槽。权利要求1没有限定"定位槽"的厚度,说明书也没有对"定位槽"予以特别的定义,不能推导出定位槽的宽度是略等于梯形槽框架左端的厚度。本案专利说明书具体实施方式部分描述"端盖3设有可卡入梯形槽框架端的定位槽31""端盖3插入到位时,端盖3的定位槽31将梯形槽框架10端固定",指出了定位槽与其他结构之间的配合关系。使用"卡入""定位""固定"等词语,是表明各个结构之间进行组配后形成的具体状态,并非必须是定位槽的厚度与梯形槽框架左端部的厚度大小相当才存在"卡入"和"固定"。综上,盛凌公司将说明书附图中的定位柱读入权利要求,提出定位槽的厚度略等于梯形槽框架左端部的厚度的主张,最高院不予支持。

盛凌公司认为,被诉侵权产品的端盖设有可将插接本体之梯形槽框架端固定的"U形槽"结构,这个"U形槽"结构缺口很大,与本案专利的"定位槽"既不相同也不等同。事实上,被诉侵权产品是端盖通过其定位槽将插接本体中梯形槽框架的端部固定、端盖与壳体之间卡扣连接。由于被诉侵权产品部件之间的配合结构与本案专利权利要求1的技术方案相同。"U形槽"的顶壁限制了插接本体之梯形槽框架往"上"的移动,"U形槽"的左侧壁限制了插接本体之梯形槽框架往"左"的移动。正是端盖设置有"U形槽",从而在端盖的前、后侧壁形成了"避空位",使得端盖与壳体间能够实现卡扣连接。进而实现了对插接本体之梯形槽框架端的固定。盛凌公司关于"避空位+定位柱",才属于"定位槽"的理由不能成立。还应说明的是,如果单单依靠定位槽的作用,而没有端盖与壳体之间的卡扣连接,插接本体之梯形槽框架端也是无法固定的。"定位槽"与"端盖与壳体之间的卡扣连接"二者必须进行配合设计,方能达到将插接本体之梯形槽框架端固定的目的,二者缺一不可。而被诉侵权产品就是卡扣连接。由于插接本体之梯形槽框架往"下"的移动已被壳体所限制,因此,不必专门设置"定位柱"来约束插接本体之梯形槽框架往"下"的运动。"U形槽"结构就是用来固定插接本体之梯形槽框架端,实现定位功能的。本专利权利要求1中没有记载定位柱这一技术特征,也没有对定位槽的厚度与梯形槽框架的厚度予以限定,"U形槽"结构就是"定位槽"。被诉侵权产品具有"端盖设有可将插接本体之梯形槽框架端固定的定位槽"这一技术特征。二审判决认定被诉侵权产品覆盖了专利权利要求1的全部技术特征,落入本案专利的保护范围,并无不当。盛凌公司申请再审提交的鉴定报告系二审判决后单方委托形成的,其结论亦与事实不符,对此证据,最高院不予采纳。盛凌公司关于二审判决认定被诉侵权产品落入本案专利权的保护范围,缺乏证据证明以及适用法律错误的申请再审理由,最高院不予支持。

权利要求书・说明书・附图・尺寸参数

此外，本领域技术人员通过阅读本案专利权利要求、说明书及附图可以得出，权利要求1记载的"定位槽"，是将插接本体之梯形槽框架端固定的起到定位的槽形结构。"定位槽"是本领域普遍知悉、约定俗成的概念，并非功能性技术特征。盛凌公司关于"定位槽"是功能性限定的技术特征的主张，最高院亦不予支持。

## 二、裁判要旨

No.3-3-26-12  未在权利要求书中记载而仅通过测量说明书附图得到的尺寸参数，一般不能用来限定权利要求的保护范围。

发明或者实用新型专利权的保护范围以其权利要求书的内容为准，说明书是权利要求书的依据，而权利要求书是在说明书的基础上，用构成发明或者实用新型技术方案的技术特征来表明要求专利保护的范围。只有记载在权利要求书中的技术特征才会对该权利要求的保护范围产生限定作用，在说明书中予以描述而没有在权利要求书中予以记载的技术特征，不能用来限定权利要求保护范围。本案中，由于本案专利权利要求书中"定位槽"的含义是清楚、确定的，并且说明书也没有就"定位槽"的含义作特别界定，因此，应当以权利要求书自身界定的内容为准，而不能以"说明书及附图可以用于解释权利要求的内容"为依据，以解释定位槽为借口，将权利要求书中没有记载的内容纳入权利要求书中，将说明书附图中测量得到的定位槽的厚度读入权利要求书，达到实质上以说明书来修改权利要求的目的。

**41** 专利申请人未能在专利说明书中公开的技术方案、技术效果的效力(《专利法》第26条);有关药品研制、生产的其他法律规定的影响(《专利法》第22条)

**案例**:申请再审人北京双鹤药业股份有限公司与被申请人湘北威尔曼制药股份有限公司、一审被告、二审被上诉人国家知识产权局专利复审委员会发明专利权无效行政纠纷案

**案例来源**:《最高人民法院知识产权审判案例指导》(第四辑)[(2011)行提字第8号]

**主题词**:禁止反悔原则　药品管理法规

## 一、基本案情

申请再审人(一审第三人):北京双鹤药业股份有限公司(以下简称双鹤公司)。

被申请人(一审原告、二审上诉人):湘北威尔曼制药股份有限公司(以下简称湘北威尔曼公司)。

一审被告、二审被上诉人:国家知识产权局专利复审委员会(以下简称专利复审委员会)。

申请再审人北京双鹤药业股份有限公司因与被申请人湘北威尔曼制药股份有限公司、一审被告、二审被上诉人专利复审委员会发明专利权无效行政纠纷一案，不服北京市高级人民法院(2007)高行终字第146号行政判决，向最高人民法院(以下简称最高院)申请再审。

一、二审法院审理查明，本案涉及专利号为97108942.6、名称为"抗β-内酰胺酶抗菌素复合物"的发明专利(以下简称涉案专利)。其申请日为1997年6月11日，授权公告日为2000年12月6日，授权公告的专利权人为广州威尔曼药业有限公司(以下简称广州威尔曼公司)。授权公告的权利要求1，为"一种抗β-内酰胺酶抗菌素复合物，其特征在于它由舒巴坦与氧哌嗪青霉素或头孢氨噻肟所组成，舒巴坦与氧哌嗪青霉素或头孢氨噻肟以0.5～2:0.5～2的比例混合制成复方制剂。"

针对涉案专利权，双鹤公司于2002年12月3日向专利复审委员会提出无效宣告请求，理由为涉案专利不具有新颖性和创造性，不符合《专利法》(2000年)第22条第2款、第3款的规定。2003年8月27日，专利复审委员会作出第8113号无效宣告请求审查决定(以下简称第8113号决定)，以涉案专利不具有创造性为由，宣告涉案专利权全部无效。

广州威尔曼公司不服第8113号决定，向北京市第一中级人民法院提起行政诉讼。

北京市第一中级人民法院一审认为:权利要求1与对比文件公开的技术方案相比，区别在于权利要求1的技术方案为舒巴坦与氧哌嗪青霉素或者头孢氨噻肟组成，舒巴坦与氧哌嗪青霉

素或者头孢氨噻肟以 0.5—2∶0.5—2 的比例混合制成复方制剂的复合物。对比文件虽然公开了舒巴坦与哌拉西林或者头孢氨噻肟可以联用,但并未公开舒巴坦与哌拉西林或者头孢氨噻肟混合形成的复方制剂。在对比文件公开的利用不同药品联合治疗某种疾病,可以产生良好疗效的基础上,本领域技术人员容易想到采用常规技术将舒巴坦与哌拉西林或者头孢氨噻肟混合制成复合物,从而得到权利要求 1 的技术方案,并获得所述技术效果。因此,权利要求 1 相对于对比文件不具有创造性,不符合《专利法》第 22 条第 3 款的规定。据此判决:维持第 8113 号决定。

广州威尔曼公司不服该一审判决,向北京市高级人民法院提起上诉。二审过程中,涉案专利的专利权人由广州威尔曼公司变更为湘北威尔曼公司。

北京市高级人民法院二审认为:权利要求 1 与对比文件的区别技术特征在于,前者是舒巴坦与哌拉西林或者头孢氨噻肟混合制成复方制剂,后者为输注前将舒巴坦与哌拉西林或者头孢氨噻肟配制为混合液。虽然对比文件公开了舒巴坦与哌拉西林或者头孢氨噻肟可以在输注前配制为混合液,但是,对比文件并没有公开将舒巴坦与哌拉西林或者头孢氨噻肟混合制成复方制剂。第 8113 号决定没有就有关"将舒巴坦与哌拉西林或者头孢氨噻肟混合制成复方制剂,是本领域技术人员容易想到的"的认定提供相关的依据,其作出的认定理由不充分。一审判决的有关认定缺乏依据。湘北威尔曼公司有关对比文件公开的联合用药与涉案专利中的复方制剂系完全不同的概念,二者具有本质区别,并非本领域技术人员显而易见的上诉理由成立,予以支持。据此判决:撤销北京市第一中级人民法院(2006)一中行初字第 786 号行政判决;撤销第 8113 号决定;判令专利复审委员会就涉案专利重新作出无效宣告请求审查决定。

双鹤公司不服该二审判决,于 2010 年 9 月向最高院申请再审。

最高院审查查明,一、二审法院认定的事实属实。

最高院认为,本案一个焦点问题在于:权利要求 1 相对于对比文件是否具有创造性?

权利要求 1 请求保护一种抗 β-内酰胺酶抗菌素复合物,特征在于它由舒巴坦与氧哌嗪青霉素或头孢氨噻肟所组成,舒巴坦与氧哌嗪青霉素或头孢氨噻肟以 0.5—2∶0.5—2 的比例混合制成复方制剂。将其与对比文件相比,对比文件虽然公开了在临床上可以将舒巴坦与哌拉西林或者头孢氨噻肟分别以特定的比例联合用药,以克服细菌的耐药性问题,扩大抗菌谱;但并未公开将舒巴坦与氧哌嗪青霉素、头孢氨噻肟组成的复合物制备为复方制剂。因此,关于权利要求 1 与对比文件的区别技术特征,第 8113 号决定以及一、二审判决中的有关认定并无不当。

从最高院查明的相关事实来看,临床联合用药与复方制剂虽属于不同的技术领域,性质有所不同,但亦具有十分紧密的联系,并非湘北威尔曼公司所主张的具有本质区别:(1) 从人民卫生出版社 1986 年 11 月出版的《药剂学》中记载的有关内容来看,在制剂生产中将两种或两种以上药物配成复方制剂,以方便服用、提高疗效和减少不良反应;以及在临床治疗上采用合并用药,以提高药物疗效或降低药物的毒副作用,是药剂配伍使用的两种具体方式。二者均面临配伍变化、配伍是否合理等问题,需要医药人员密切配合,共同开展合理用药工作,为合理解决配伍用药问题而努力。(2) 从《药理学》中记载的有关内容来看。联合用药既包括两种或两种以上药物同时使用,也包括两种或两种以上药物前后使用。而为了方便服用,将需要同时使用的两种或两种以上药物制备为复方制剂,是实现联合用药的具体方式之一。(3) 从国家食品药品监督管理局下发的《关于印发 β-内酰胺酶抑制剂抗生素复方制剂技术评价原则的通知》中记载的有关内容来看,对于首次将某抗生素与某酶抑制剂组成的新组方品种,该通知明确要求"应有充分的临床前有效性和安全性试验依据,提示组方和配比的合理性","应通过规范的合理设计的临床试验证明立题的合理性",亦表明临床医学实践与 β-内酰胺酶抑制剂抗生素复方制剂的研制具有十分密切的关系。(4) 从《药典—临床用药须知》《医药商品学》以及《医用药理学基础》中记载的有关"舒巴坦钠""舒巴坦"的相关内容来看,舒巴坦为 β-内酰胺酶抑制剂,由于其本身的抗菌力很弱,故将舒巴坦与氨苄西林、头孢哌酮等 β-内酰胺类抗生素合用,或者制为复方制剂,是涉案专利申请日前抗生素领域中使用舒巴坦的典型方式。将舒巴坦与氨苄西林制为复方制剂,即为临床上实现二者合用的具体给药方式。(5) 即使从涉案专利说明书本身来看,其中亦明确记载:"临床上采取将 β-内酰胺酶抑制剂与抗生素配伍使用的策略,取得了良好的效果,两者制成的复方,不仅使抗生素的抗菌活性增强,同时还扩大了抗菌谱。目前已上市的产品有……舒巴坦分别与氨苄青霉素及头孢哌酮的复方制剂,优立新和舒乐哌酮。"这表明具有良好效果的临床配伍使用与制备复方制剂之间存在密切联系。申请涉案专利的技术背景仅仅在于"目前尚未有将舒巴坦与氧哌嗪青霉素或头孢氨噻肟制成复方制剂在临床使用的报道"。

基于前述分析,可以得出如下结论:包括联合用药在内的临床医学实践,是研发以及验证 β-内酰胺酶抑制剂抗生素复方制剂的重要基础和源泉;而将联合用药的多种药物制备为复方制剂,则是实现 β-内酰胺酶抑制剂与抗生素联合用药的具体方式。二者之间的密切关系,也正是俗语"医药不分家"在该技术领域中的具体体现。在临床联合用药公开了足够的技术信息的情况下,本领域技术人员能够从中获得相应的技术启示。事实上,对比文件并非仅仅公开舒巴坦与哌拉西林或者头孢氨噻肟可以以特定比例联合用药。其在德国 12 家医院采用公开的多中心研究方法,由 155 位患有不同疾病的患者参与,对舒巴坦分别与美洛西林、哌拉西林和头孢氨噻肟联合用于严重细菌感染时的功效和耐受性进行了较为系统、全面的研究。除公开联合用药的具体药物组成以及比例外,对比文件还明确披露了舒巴坦与哌拉西林、头孢氨噻肟合用以解决细菌耐药性问题的机理;合用药物具有良好的临床疗效和耐受性;以琼脂扩散实验检验合用药物的细菌学效应,以及临床结果与细菌学结果有很好的相关性。并明确给出了以下结论:"舒巴坦与美洛西林、哌拉西林或头孢氨噻肟联合使用耐受性很好,β-内酰胺抗生素与舒巴坦组合可以充分发挥它们的功效,对付能产生 β-内酰胺酶的致病微生物,扩大它们的抗菌谱";"用舒巴坦与不同的抗生素组合,……对解决细菌的耐药性问题起到了实质性的作用"。在对比文件公开了如此丰富、翔实的技术内容的基础上,本领域技术人员已能获得足够的启示并有足够的动机,想到采用常规工艺将舒巴坦与哌拉西林或者头孢氨噻肟制为复方制剂,以便于联合用药的用药方便。从舒巴坦与哌拉西林、头孢氨噻肟的本身性质来看,亦不存在不宜将其制为复方制剂的反面教导或者明显障碍。湘北威尔曼公司亦未提供任何证据,证明在制备涉案专利复方制剂的过程中需要克服何种技术难题。因此,第 8113 号决定认定权利要求 1,相对于对比文件不具有创造性,并无不当。相反,二审判决片面强调联合用药与复方制剂的区别,忽视了二者之间的密切联系;对对比文件中公开的技术内容亦未能全面、准确地加以认定和考量,以致错误认定权利要求 1 相对于对比文件具有创造性,认定事实和适用法律均有错误,应予纠正。

由于药品质量与人民群众的生命健康和医疗用药安全息息相关,故相关法律法规中对药品的研制、生产规定了严格的标准和条件。与之相比,专利法保护的是以技术方案为具体对象的智力成果,专利法中有关新颖性、创造性等专利授权确权标准的规定,均是为了实现保护发明创造专利权,鼓励发明创造,有利于发明创造的推广应用,促进科学技术进步和创新的立法目的。二者的立法目的、规范对象以及具体标准均有实质性的区别。对涉及药品的发明创造而言,在其符合专利法中规定的授权条件的情况下,即可授予专利权,无须另行考虑该药品是否符合其他法律法规中有关药品研制、生产的相关规定。因此,对湘北威尔曼公司有关复方制剂作为人用药物,必须具有安全性、有效性、稳定性,未经一系列研究和试验,不能显而易见地得知可以将 β-内酰胺酶抑制剂与 β-内酰胺类抗生素制为复方制剂的主张,最高院不予支持。

专利权是一种法定的独占权,专利权人向社会公众公开其发明创造,通过国务院专利行政部门的专利审查,方能获得专利法的保护。专利申请人在其申请专利时提交的专利说明书中公开的技术内容,是国务院专利行政部门审查专利的基础,亦是社会公众了解、传播和利用专利技术的基础。因此,专利申请人未能在专利说明书中公开的技术方案、技术效果等,一般不得作为评价专利权是否符合法定授权确权标准的依据,否则会与专利法规定的先申请原则相抵触,背离专利权以公开换保护的本质属性。在涉案专利申请日施行的《审查指南》(1993 年版)第二部分第十章"关于化学领域发明专利申请审查的若干规定"4(3)规定:"新的药物化合物或药物组合物,应当公开其具体医药用途、药理功效、有效量及使用方法;应当有实验室试验、动物试验、或者临床试验的定性或定量数据;有效量和使用方法或制剂方法等应当公开至该领域的技术人员能实施的程度。"上述内容系有关专利说明书应当对新的药物化合物或者药物组合物予以充分公开的规定。专利说明书的撰写符合上述规定的要求,并不代表该专利亦能符合《专利法》规定的其他法定授权确权标准。应当指出的是,《专利法》中有关专利说明书应当对发明创造予以充分公开的规定,实为对专利说明书的最低限度要求。在满足充分公开的前提下,专利申请人有权利决定其在专利说明书中公开的技术内容的具体范围,适当保留其技术要点,但也应当承担由此可能带来的不利后果。本案中,湘北威尔曼公司主张其为了解决涉案专利的安全性、有效性、稳定性,还进行了长期毒性试验、急性毒性试验、一般药理研究试验等一系列试验和研究,但由于相关技术内容并未记载于涉案专利说明书中,不能体现出涉案专利在安全性、有效性、稳定性等方面对现有技术作出了创新性的改进与贡献。因此,这些试验和研究不能作为最高院认定权利要求1的创造性的依据。对湘北威尔曼公司有关涉案专利说明书的撰写符合《审查指南》中的规定,专利说明书中无须记载其为了获得涉案专利而完成的其他试验和研究工作的主张,最高院亦不予支持。

湘北威尔曼公司提交的反证29—30仅能证明其就涉案专利与案外人上海新先锋药业有限公司、哈尔滨智诚医药科技研究院签订专利实施许可合同并发生合同纠纷;反证31仅能证明其就涉案专利与案外人苏州二叶制药有限公司发生专利侵权纠纷。所述证据均不能证明湘北威尔曼公司实施涉案专利并取得了商业上的成功。此外,对比文件中明确披露了舒巴坦与哌拉西林、头孢氨噻肟合用的机理以及所述药物合用,可有效解决细菌的耐药性问题、扩大抗菌谱。因此,对于湘北威尔曼公司有关涉案专利取得了商业上的成功,克服了本领域中普遍存在的三代头孢、哌拉西林耐酶的技术偏见,具有创造性的主张,最高院不予支持。

## 二、裁判要旨

**No.3-2-22-13 对涉及药品的发明创造而言,在其符合《专利法》规定的授权条件的前提下,即可授予专利权,无须另行考虑该药品是否符合其他法律、法规中有关药品研制、生产的相关规定。**

由于药品质量与人民群众的生命健康和医疗用药安全息息相关,故相关法律法规对药品的研制、生产规定了严格的标准和条件。与之相比,专利法保护的是以技术方案为具体对象的智力成果,专利法中有关新颖性、创造性等专利授权确权标准的规定,均是为了实现保护发明创造专利权,鼓励发明创造,有利于发明创造的推广应用,促进科学技术进步和创新的立法目的。二者在立法目的、规范对象以及具体标准方面均有实质性区别。对涉及药品的发明创造而言,在其符合《专利法》规定的授权条件的情况下,即可授予专利权,无须另行考虑该药品是否符合其他法律法规中有关药品研制、生产的相关规定。本案中,对湘北威尔曼公司有关复方制剂作为人用药物,必须具有安全性、有效性、稳定性,未经一系列研究和试验,不能显而易见地得知可以将β-内酰胺酶抑制剂与β-内酰胺类抗生素制为复方制剂的主张,最高院没有支持。

**No.3-3-26-13 专利申请人未能在专利说明书中公开的技术方案、技术效果等,一般不得作为评价专利权是否符合法定授权确权标准的依据。**

专利说明书的一个重要作用就是提供发明或者实用新型的所属技术领域、背景技术、要解决的技术问题、解决其技术问题采用的技术方案、技术方案所能产生的有益效果等各方面的详细信息。可以说,专利申请人在申请专利时提交的专利说明书中公开的技术内容,是国务院专利行政部门审查专利的基础,也是专利申请人通过公开技术方案换取专利权的必要途径。反过来说,专利申请人未能在专利说明书中公开的技术方案、技术效果等,一般不得作为评价专利权是否符合法定授权确权标准的依据。本案中,湘北威尔曼公司主张其为了解决涉案专利的安全性、有效性、稳定性,还进行了长期毒性试验、急性毒性试验、一般药理研究试验等一系列试验和研究,但由于相关技术内容并未记载于涉案专利说明书中,不能体现出涉案专利在安全性、有效性、稳定性等方面对现有技术作出了创新性的改进与贡献。因此,这些试验和研究不能作为最高院认定权利要求1的创造性的依据。

**42** 本领域普通技术人员理解的通常含义对解释权利要求用语的作用(《专利法》第 26 条)

**案例**:申请再审人深圳市蓝鹰五金塑胶制品厂与被申请人罗士中侵犯实用新型专利权纠纷案
**案例来源**:《最高人民法院知识产权审判案例指导》(第四辑)[(2011)民提字第 248 号]
**主题词**:普通技术人员　权利要求的解释

## 一、基本案情

申请再审人(一审被告、二审被上诉人):深圳市蓝鹰五金塑胶制品厂(以下简称蓝鹰厂)。

被申请人(一审原告,二审上诉人):罗士中。

申请再审人蓝鹰厂因与被申请人罗士中侵犯实用新型专利权纠纷一案,不服广东省高级人民法院(2010)粤高法民三终字第 398 号民事判决,向最高人民法院(以下简称最高院)申请再审。

一审法院审理查明,涉案专利是名称为"汽车方向盘锁"的实用新型专利,申请日为 2002 年 4 月 23 日,授权日为 2003 年 4 月 30 日,专利号 ZL02231446.6,专利权人罗士中。2004 年 5 月 19 日,国家知识产权局对涉案专利进行了检索,检索报告的结论为,涉案专利权利要求 1 具有新颖性、创造性。涉案专利的权利要求 1:"汽车方向盘锁,包括前叉、后叉、止动杆、锁头、锁体及其内部的锁止元件。其特征在于:它还包括组合锁梁,以及锁体内部的弹性定位掣,组合锁梁的叉杆左端设有前叉,右端呈直角形的设有转轴,转轴下端插入锁体左端的垂直大孔内形成铰链连接,垂直大孔的两侧设有贯穿其中心的纵向孔,左侧的纵向孔内装有堵盖和弹性定位掣,右侧的纵向孔内装有锁止元件,转轴下端的中部设有径向凹坑,其位置与锁止元件和弹性定位掣相对应,锁体中部设有控制锁止元件的锁头,锁体右端下方设有后叉,其上方固装着止动杆的左端,组合锁梁通过铰链展开后与锁体、后叉和止动杆形成一错位的横杠,锁止元件卡在转轴的径向凹坑与锁体之间,前叉的叉口朝向左方,后叉的叉口朝向右方,两叉口非对称地撑卡在方向盘圆环上;锁头控制锁止元件退出径向凹坑开锁,组合锁梁回转 180 度形成与锁体及其右端的止动杆平行的折叠状,弹性定位掣弹顶在转轴的径向凹坑与锁体之间,前叉与后叉的叉口均朝向右方。"

一审法院认为,本案争议的焦点在于被诉侵权产品是否落入涉案专利保护范围?将被诉侵权产品与涉案专利技术进行比较,被诉侵权产品具备涉案专利的第 1、2、3、6、7、8、9、10 项技术特征。被诉侵权产品与涉案专利的不同之处在于:(1) 锁体内部结构不同。专利锁体的垂直大孔的两侧设有贯穿其中心的纵向孔,被诉侵权产品锁体的垂直大孔的两侧的纵向孔没有贯穿垂直大孔的中心,而是上下错位。前者两侧纵向孔与垂直大孔的中心处于同一水平线上,后者相互错位,不在同一水平线上。(2) 转轴的结构不相同。专利转轴下端的中部设有径向凹坑,其位置与锁止元件和弹性定位掣相对应。被诉侵权产品转轴下端分成上下两部分,分别开设两种不同滑槽:位于上方的横截面为半圆弧形滑槽,与方形弹性定位掣相对应,位于下方的呈齿形滑槽与锁止元件相对应。(3) 弹性定位掣及锁止元件与转轴的配合方式不同。专利弹性定位掣、锁止元件与径向凹坑三者位于同一轴线高度。锁紧时,锁止元件卡在转轴的径向凹坑;开锁折叠时,锁止元件退出转轴的径向凹坑。被诉侵权产品弹性定位掣与转轴位于上方的横截面为半圆弧形滑槽相对应,而锁止元件与转轴位于下方的呈齿形滑槽相对应。转轴上弹性定位掣和锁止元件分别有与自己配合的滑槽,二者位置是上下错位设计。不论锁紧时还是开锁时,弹性定位掣都始终位于横截面为半圆弧形滑槽内。锁紧时,弹性定位掣位于横截面为半圆弧形滑槽的一端,锁止元件位于相应的齿形滑槽中;开锁折叠时,转轴转动,弹性定位掣在横截面为半圆弧形滑槽中从一端滑动到另一端,锁止元件位于下端反方向的齿形滑槽中滑动转动。弹性定位掣及锁止元件与转轴的结构配合设计有效限制了锁梁只能在 0—180 度范围内旋转。

基于二者以上结构、配合关系的不同,导致二者在技术效果方面也存在明显区别。前者转轴端部环形槽内须设有挡圈以防止开锁后转轴轴向活动,且因挡圈系转轴与锁体外置式固定,容易被拆除。后者因垂直大孔两侧纵向孔与垂直大孔转轴设有两个上下错位、反向 180 度的滑槽,分别与弹性定位掣、锁止元件相对应,能够限定弹性定位掣、锁止元件的上下位置和角度范围。上滑槽与弹性定位掣相对应的结构,完成了转轴与锁体的内置锁固,使得转轴与锁体的配合固定更加安全可靠;前者组合锁梁与止动杆会在360度内旋转,而后者旋转角度被限制在180度以内,后者可以有效避免前者因360度旋转导致车锁锁固不牢、容易被破坏等缺陷。因此,被诉侵权产品的技术特征与涉案专利的必要技术特征存在明显区别,没有落入涉案专利权的保护范围。

因此,被诉侵权产品与涉案专利权利要求所记载的独立权利要求相比较,在锁体内部结构、转轴结构以及弹性定位掣、锁止元件与转轴的配合方式方面存在明显不同,被诉侵权产品没有落入涉案专利权的保护范围,蓝鹰厂的行为不构成对涉案专利权的侵犯。据此,判决驳回罗士中的诉讼请求。

罗士中不服一审判决,向广东省高级人民法院(以下简称二审法院)提起上诉。

二审法院审理查明,一审法院查明的事实属实。

二审法院认为,关于被诉侵权产品是否落入涉案专利权的保护范围,主要存在如下争议:(1)两者的锁体内部构造是否相同? (2)两者的转轴结构是否相同? (3)两者的锁止元件、弹性定位掣与转轴操作配合方式是否相同?

对于前述争议(1),涉案专利的权利要求书中记载:"垂直大孔的两侧设有贯穿其中心的纵向孔"。一审判决认为,该技术特征应理解为"两侧纵向孔与垂直大孔的中心处于同一水平线上",并进而认为其与被诉产品垂直大孔两侧上下错位设置的纵向孔不同。然而,从权利要求的字面并不能唯一导出上述结论,说明书文字部分也未作出相应解释。相反,分析涉案专利技术方案可知,垂直大孔两侧纵向孔的作用在于容纳弹性定位掣和锁止元件,并使上述两部件与位于垂直大孔中的转轴相配合,故只要两端的纵向孔分别贯通于垂直大孔的中心即可满足要求,两侧纵向孔与垂直大孔的中心处于同一水平线上,并非实现这一目的的必要手段。一审判决将从专利附图中看出的信息用于限定权利要求的特征,显然不当地缩小了专利权的保护范围。综上,对于权利要求的上述特征,应理解为两端的纵向孔分别与垂直大孔的中心相贯通,在此情形下,即便垂直大孔两侧的纵向孔上下错位设置,被诉侵权产品锁体的内部构造仍与涉案专利构成相同。

对于前述争议(2),涉案专利的权利要求书中记载:"转轴下端的中部设有径向凹坑,其位置与锁止元件和弹性定位掣相对应。"一审判决认为,被诉侵权产品转轴下端分成上下两部分,分别开设两种不同滑槽:位于上方的横截面为半圆弧形滑槽,与方形弹性定位掣相对应,位于下方的呈齿形滑槽与锁止元件相对应。因此,两者转轴的结构不同。对此,二审法院认为,权利要求中并未限定径向凹坑的形状、数目及组合方式,而被诉侵权产品中的滑槽本质上也是沿转轴径向方向下凹的坑,相当于涉案专利的径向凹坑,其目的也是与弹性定位掣和锁止元件相配合,故这一特征也与涉案专利构成相同。

对于前述争议(3),在涉案专利中,锁体中部设有控制锁止元件的锁头,锁体右端下方设有后叉,其上装有止动杆。锁车时,组合锁梁通过铰链展开后与锁体、后叉和止动杆形成一错位横杆,锁止元件卡在转轴的径向凹坑与锁体之间,前叉和后叉的叉口朝向相反,卡在方向盘的圆环上,锁体右端的止动杆伸出方向盘外围,阻止方向盘转动。开锁时,锁头控制锁止元件退出径向凹坑,组合锁梁回转180度,形成与锁体和止动杆平行的折叠状态,弹性定位掣顶在径向凹坑与锁体之间,将组合锁梁与锁体、止动杆保持在折叠状态。由此可见,在涉案专利中,锁止元件的作用在于锁车时卡住转轴的径向凹坑防止转轴转动,从而将锁体和组合锁梁稳定地保持在一条水平线上进而实现对方向盘的锁定,弹性定位掣的作用在于开锁时顶在径向凹坑和锁体之间,将组合锁梁与锁体、止动杆保持在相对稳定的折叠状态。与涉案专利相比,被诉侵权产品的组合锁梁、锁体和止动杆的结构和连接关系均相同。锁紧时,弹性定位掣位于半圆弧形滑槽的一端,锁头控制锁止元件伸出,插入转轴的齿形滑槽中限制转轴的转动,从而实现对方向盘的锁定。开锁时,锁头控制锁止元件退出滑槽,组合锁梁回转180度,形成与锁体和止动杆平行的折叠状态,弹性定位掣在半圆弧形滑槽中从一端滑动到另一端。由于滑槽内与弹性定位掣相接触的位置为一平面,而弹性定位掣在后面弹簧弹力作用下会对上述平面进行挤压,也表现为顶在滑槽和锁体之间,并保持锁体与组合锁梁折叠状态的相对稳定。由此可见,被诉侵权产品的锁止元件和弹性定位掣也完全具有涉案专利中相应部件的作用。因此,应当认定两者的锁止元件、弹性定位掣与转轴操作配合方式构成相同。

针对一审判决中有关两者技术效果有明显区别的认定,二审法院认为存在如下问题:(1)一审判决始终将涉案专利具体实施例与被诉侵权产品相比,将诸如挡圈等未记载在权利要求中的特征纳入比对范围,违反了现行《专利法》第59条第1款的规定,属于比对对象错误,在此基础上得到的两者技术效果有异的结论不能成立。(2)专利侵权判定采用的是全面覆盖原则,只要被诉侵权技术方案包含权利要求记载的全部技术特征,就应当认定其落入专利权的保护范围。即便被诉侵权产品通过附加技术特征的方式对涉案专利进行改进,获得了比涉案专利更好的技术效果,对其落入涉案专利权保护范围亦不构成影响。

被诉侵权产品落入涉案专利权的保护范围。蓝鹰厂未经权利人许可,擅自制造、销售侵犯涉案专利权的产品,其行为已构成专利侵权,应承担停止侵权的法律责任。

综上,一审判决认定事实不清,适用法律错误,应予纠正。据此判决:

一、撤销一审判决;

二、蓝鹰厂立即停止制造、销售侵犯涉案专利权的产品,销毁制造侵权产品的模具和库存侵权产品;

三、蓝鹰厂向罗士中支付2.5万元;

四、驳回罗士中的其他诉讼请求。

本案一、二审案件受理费各425元,由蓝鹰厂负担。

蓝鹰厂不服二审判决,向最高院申请再审。

最高院审理查明,一、二审法院查明的事实属实。最高院认为:双方当事人对以下技术特征是否相同或者等同存在争议:(1)锁体内部结构;(2)转轴结构和配合关系。

《专利法》(2000年)第56条第1款规定:"发明或者实用新型专利权的保护范围以其权利要求的内容为准,说明书及附图可以用于解释权利要求。"本案中,涉案专利产品OK-310BA折叠式方向盘自动锁,是涉案专利实施例1的具体体现,在确定涉案专利权的保护范围时,可以帮助理解权利要求的内容。但是,侵权判断时,应该防止将该具体的实施例与被诉侵权产品进行对比,以免不当地缩小专利权的保护范围。

最高人民法院《关于审理侵犯专利权纠纷案件应用法律若干问题的解释》第2条规定:"人民法院应当根据权利要求的记载,结合本领域普通技术人员阅读说明书及附图后对权利要求的理解,确定专利法第五十九条第一款规定的权利要求的内容。"针对本案争议的具体技术特征,应该以涉案专利权利要求中的相关记载为基础,结合说明书及附图的相关内容,对该技术特征进行正确解释。

1. 锁体内部结构。涉案专利权利要求中关于锁体内部结构的技术特征为:"垂直大孔的两侧设有贯穿其中心的纵向孔"。被诉侵权产品锁体内部结构的技术特征为:垂直大孔两侧的纵向孔上下错位设置,分别与垂直大孔的中心相贯通,与垂直大孔形成"Z"形结构。

"贯穿"不是一个专业技术术语,在涉案专利说明书中也没有对其含义作出特别界定,因此,应根据其通常含义对其进行解释。《现代汉语词典》(第5版)载明,"贯"的意思是"穿、贯通、连贯","贯穿"的意思是"穿过、连通"。也就是说,"垂直大孔的两侧设有贯穿其中心的纵向孔"的字面含义,为两侧的纵向孔连通并且穿过垂直大孔中心。垂直大孔是立体的,其中心指的是其轴向中心线,而不是轴向中心线的中心。要实现这一点,垂直大孔两侧的纵向孔可以在一条直线上,与垂直大孔形成"十"形结构,也可以上下错位设置,与垂直大孔形成"Z"形结构。因为垂直大孔和纵向孔都是中空的,上述两种结构均可以实现垂直大孔两侧的纵向孔连通并且穿过垂直大孔中心。根据涉案专利权利要求书和说明书的记载,垂直大孔两侧的纵向孔分别装设弹性定位掣和锁止原件,与垂直大孔中装设的转轴相配合实现锁紧和开锁,上述两种结构也均能实现这一目的。因此,关于锁体结构的技术特征,被诉侵权产品落入涉案专利权利要求的字面范围,与涉案专利相同。

2. 转轴结构及配合关系。涉案专利权利要求中关于转轴结构的技术特征为:"转轴下端的中部设有径向凹坑,其位置与锁止元件和弹性定位掣相对应"。被诉侵权产品转轴结构的技术特征为:转轴下端分成上下两部分,错位开设两种不同滑槽分别与锁止元件和弹性定位掣相对应。位于上方的4个齿形滑槽(两个径向设置、两个非径向设置)与锁止元件相对应,位于下方的横截面为半圆弧形的滑槽(非径向设置)与方形弹性定位掣相对应。"径向凹坑",其字面含义为沿转轴直径方向凹陷的坑状结构。在权利要求中没有对径向凹坑的形状、数量及组合方式的限制,也没有对与锁止元件和弹性定位掣相对应的径向凹坑是同一个还是不同进行限制。专利说明书中实施例1和例2,分别设置了一个和两个径向凹坑与锁止元件、弹性定位掣同时和分别对应。根据上述对锁体内部结构的分析,在垂直大孔两侧的纵向孔上下错位设置的情形下,也必定有不同的径向凹坑分别与锁止元件和弹性定位掣相对应。因此,判断被诉侵权产品的滑槽与涉案专利的径向凹坑是否相同或等同,还应该进一步确定径向凹坑的作用,而不能仅停留在其字面含义。径向凹坑的作用与配合关系紧密相连。配合关系是指锁紧和开锁状态下锁止元件、弹性定位掣与转轴的操作配合,在涉案专利权利要求中其技术特征描述为:锁紧时,"锁止元件卡在转轴的径向凹坑与锁体之间",开锁时,"锁头控制锁止元件退出径向凹坑开锁,组合锁梁回转180度形成与锁体及其右侧的止动杆平行的折叠状,弹性定位掣弹顶在转轴的径向凹坑与锁体之间,前叉与后叉的叉口均朝向右方"。被诉侵权产品配合关系的技术特征为:锁紧时弹性定位掣位于半圆弧形滑槽的一端,锁止元件插入转轴的齿形滑槽中限制转轴的转动,实现对方向盘的锁定。开锁时锁头控制锁止元件退出滑槽,组合锁梁回转180度,形成与锁体和止动杆平行的折叠状态,弹性定位掣在半圆弧形滑槽中从一端滑动到另一端,前叉与后叉的叉口朝向右方。由此可见,在锁紧状态下,涉案专利的径向凹坑与锁止元件配合,锁止元件卡在径向凹坑与锁体之间;被诉侵权产品弹性定位掣位于横截面为半圆弧形滑槽的一端,锁止元件卡在相应的齿形滑槽和锁体之间。开锁折叠,转轴转动180度,涉案专利的径向凹坑与弹性定位掣配合,此时弹性定位掣弹顶在径向凹坑与锁体之间;被诉侵权产品的弹性定位掣在横截面为半圆弧形滑槽中从一端滑动到另一端,锁止元件在位于上端反方向的齿形滑槽中滑动转动,在转轴转动过程中,弹性定位掣始终和槽的切面垂直,沿径向弹顶在滑槽和锁体之间。因此,涉案专利中的径向凹坑与被诉侵权产品中的滑槽,其作用均是与弹性定位掣和锁止元件相配合,实现锁紧和开锁,以及保持组合锁梁和止动杆的折叠状态,尽管被诉侵权产品中的滑槽有些非径向设置,但其实质上和涉案专利中的径向凹坑是相同的。

蓝鹰厂主张,被诉侵权产品不论锁紧时还是开锁时,弹性定位掣都始终位于横截面为半圆弧形的滑槽内,限制了锁梁只能在0~180度范围内旋转,使得转轴与锁体的配合固定更加安全可靠。涉案专利说明书记载的实施例中,在转轴转动过程中,弹性定位掣的确不是始终顶在径向凹坑中的,在实施例中还设置了一个权利要求中未记载的挡圈防止转轴轴向窜动。但是专利侵权判断是以权利要求书来确定保护范围,说明书和附图用于解释权利要求的内容。涉案专利权利要求和说明书中,记载了径向凹坑与弹性定位掣相对应,开锁旋转180度后弹性定位掣弹顶在径向凹坑内,对转轴转动过程中弹性定位掣的位置没有记载,也就是说没有排除在转轴转动过程中弹性定位掣始终弹顶在径向凹坑内的技术方案。被诉侵权产品弹性定位掣在转轴转动过程中,始终弹顶在横截面为半圆弧形的滑槽内,其作用也在于开锁旋转180度后顶在滑槽和锁体之间,保持锁体与组合锁梁折叠状态的相对稳定。在涉案专利的权利要求范围内,会有不同的实施方式,不同的实施方式可能会带来技术效果上的差别,但是都落入同一个专利权的保护范围之内。因此,在锁止元件、弹性定位掣与转轴的配合关系上,被诉侵权产品与涉案专利相同。

综上所述,被诉侵权产品落入涉案专利权保护范围。蓝鹰厂未经专利权人许可,为生产经营目的制造、销售被诉侵权产品,侵犯了涉案专利权。

## 二、裁判要旨

**No.3-3-26-14** 在说明书对权利要求的用语无特别界定时,应根据本领域普通技术人员理解的通常含义进行解释,不能简单地将该用语的含义限缩为说明书给出的某一具体实施方式体现的内容。

依照最高人民法院《关于审理侵犯专利权纠纷案件应用法律若干问题的解释》第 2 条、第 3 条可知:"人民法院对于权利要求,可以运用说明书及附图、权利要求书中的相关权利要求、专利审查档案进行解释。说明书对权利要求用语有特别界定的,从其特别界定。"以上述方法仍不能明确权利要求含义的,可以结合工具书、教科书等公知文献以及本领域普通技术人员的通常理解进行解释。因此,在专利说明书对权利要求的用语无特别界定时,一般应根据本领域普通技术人员理解的通常含义进行解释。不过,由于说明书的内容还包括具体的实施方式,其一般详细写明申请人认为实现其发明或者使用新型的优选方式,且有附图的应当对照附图,因此,具体实施方式是发明或者实用新型专利申请书中的重要部分,反映了说明书为公众提供的技术信息。可以说,具体的实施方式也是解释权利要求用语的重要依据,在确定专利权的保护范围时,可以帮助理解权利要求的内容。不过,在侵权判断时,应该防止将该具体的实施例与被诉侵权产品进行对比,以免不当地缩小专利权的保护范围。本案中,本案专利权利要求中有关转轴结构及配合关系技术特征为:"转轴下端的中部设有径向凹坑,其位置与锁止元件和弹性定位掣相对应。""径向凹坑"的字面含义为,沿转轴直径方向凹陷的坑状结构。在权利要求中没有对径向凹坑的形状、数量及组合方式的限制,也没有对与锁止元件和弹性定位掣相对应的径向凹坑是同一个还是不同进行限制。本案专利中的径向凹坑与被诉侵权产品中的滑槽,其作用均是与弹性定位掣和锁止元件相配合,实现锁紧和开锁,以及保持组合锁梁和止动杆的折叠状态。尽管被诉侵权产品中的滑槽有些非径向设置,但其实质上和本案专利中的径向凹坑是相同的。本案专利权利要求和说明书中,对转轴转动过程中弹性定位掣的位置没有记载,也就是说,没有排除在转轴转动过程中弹性定位掣始终弹顶在径向凹坑内的技术方案。被诉侵权产品弹性定位掣在转轴转动过程中,始终弹顶在横截面为半圆弧形的滑槽内,其作用也在于开锁旋转 180 度后顶在滑槽和锁体之间,保持锁体与组合锁梁折叠状态的相对稳定。在本案专利的权利要求范围内,会有不同的实施方式,不同的实施方式可能会带来技术效果上的差别,但是都落入了专利权的保护范围之内。

### 43 所属技术领域的人员(《专利法》第 26 条)

**案例**:申请再审人曾关生与被申请人国家知识产权局专利复审委员会发明专利申请驳回复审行政纠纷案
**案例来源**:《最高人民法院知识产权审判案例指导》(第四辑),(2011)知行字第 54 号
**主题词**:所属技术领域人员

## 一、基本案情

申请再审人(一审原告、二审上诉人):曾关生。

被申请人(一审被告、二审被上诉人):国家知识产权局专利复审委员会(以下简称专利复审委员会)。

申请再审人曾关生因与被申请人专利复审委员会发明专利申请驳回复审行政纠纷一案,不服北京市高级人民法院(2010)高行终字第 1117 号行政判决,向最高人民法院(以下简称最高院)申请再审。

曾关生申请再审称:(1) 00113917.7 号专利申请(简称涉案专利申请)的原始说明书虽然没有注明计量单位"两"系采用哪一种换算关系,但是由于本案涉及特殊的中医药领域,因此就必然限定了现有技术的选择范围,随之又进一步限定在中药三仙丹和红升丹的技术领域内。(2)《矿物本草》和《中药药剂学》中记载的三仙丹和红升丹,均采用"1 两 = 30 g"的换算关系,因

此,涉案专利申请采用"1 两=30 g"的换算关系具有唯一性。(3)《方剂学》中记载:根据国务院的指示,从1979年1月1日起,全国中医处方用药计量单位一律采用以"g"为单位的公制。附十六进制与公制单位换算率如下:……1 两(注:换算时尾数可以舍去)。因此,按照"1 两=30 g"换算具有唯一性。(4)《国务院批转国家标准计量局等单位关于改革中医处方用药计量单位的请示报告》中规定:中药计量单位的换算,按10两为1斤的市制的"1 钱"等于"5 g";16两为1斤的旧制的"1 钱"等于"3 g",尾数不计。此处的尾数指的是31.25 g中的1.25 g。因此,"1 两=31.25 g"的换算关系与"1 两=30 g"的换算关系具有同一性,选择"1 两=30 g",就等于舍去了尾数"1.25 g"。此外,该文件第5页记载:"二、目前,医院和药店进货,用十两为一斤的市制;大多数地区中医处方、中药零售和中成药生产投料,用十六两为一斤的旧制。"所以,中医处方和中成药生产投料采用1两等于10钱等于30 g,与上述规定相一致。

综上,曾关生认为涉案专利申请文件的修改没有超出原始说明书和权利要求书记载的范围,第20574号复审请求审查决定(以下简称第20574号决定)以及一、二审判决认定事实错误、适用法律错误。请求最高院:(1)撤销北京市高级人民法院(2010)高行终字第1117号行政判决;(2)撤销北京市第一中级人民法院(2010)一中知行初字第1329号行政判决;(3)撤销第20574号决定。

专利复审委员会辩称:(1)"两"与"g"的换算关系存在十六进制和十进制两种,在涉案专利申请文件没有明示或者暗示其采用的是哪种换算关系的情况下,不能唯一确定涉案专利申请系采用旧制。即使是采用旧制,如何舍去尾数也不具有唯一性。(2)曾关生提交的相关证据系行政程序之后提交的新证据,应当不予考虑,所述证据也不能证明涉案专利申请中"两"与"g"的换算关系具有唯一性。(3)在换算关系不唯一的情况下,有可能实质上改变本发明的技术方案,将不能实施的技术方案改为可以实施的技术方案。

北京市第一中级人民法院审理查明:2000年9月8日,曾关生向国家知识产权局提出了名称为"一种既可外用又可内服的矿物类中药"的涉案专利申请。2009年1月9日,国家知识产权局以曾关生对说明书和权利要求书的修改不符合《专利法》(2000)第33条的规定为由,驳回了涉案专利申请。曾关生不服该驳回决定,向专利复审委员会提出复审请求。2009年12月9日,专利复审委员会作出第20574号决定,维持国家知识产权局作出的驳回决定。

北京市第一中级人民法院认为:曾关生在其于2009年8月13日提交的权利要求书和说明书的修改替换页中,将配方中的水银、明矾、牙硝、硼砂分别由8两、8两、10两、5分修改为240 g、240 g、300—330 g、1.5 g,这种修改导致专利申请文件中的内容前后不一致,本领域技术人员也不能从原始申请文件中直接地、毫无疑义地确定修改前后的内容是相同的,构成修改超范围。据此判决:维持第20574号决定。

曾关生不服该一审判决,向北京市高级人民提起上诉,请求撤销第20574号决定和一审判决。

北京市高级人民法院认为,目前"两"与"g"的换算关系为1两等于50 g,我国旧制也有1两等于31.25 g的换算方式,但涉案专利申请原说明书中并没有明确所述的"两"采用的是新制还是旧制,因此,从原申请文件中不能唯一确定涉案专利申请中所用的"两"为旧制。即使能够确定曾关生所采用的是旧制的"两",曾关生提交的证据表明"1 两=31.25 g(换算时尾数可以舍去)",在尾数可以舍去,也可以不舍去的情况下,旧制的1两也不必然等于30 g。曾关生所提交的证据中虽然有部分证据采用了1两等于30 g的尾数省略法,但涉案专利申请是否采用的是与之相同的尾数省略法,原始说明书和权利要求书中并没有记载。因此,曾关生对涉案专利申请的权利要求书和说明书进行修改时所使用的换算方式,无法从原始申请文件中找到依据,或者从现有技术中明确地、毫无疑义地找到依据,致使修改前后的专利申请文件中的内容不能对应。据此判决:驳回上诉,维持原判。

最高院审查查明以下事实:

1. 涉案专利申请公开说明书中记载的有关事实。涉案专利申请公开说明书中记载:"炼丹术在我国已有两千多年的历史……至明代陈实功《外科正宗》中对其丹药之组方、炼制及临床应用等有较详细的论述,为祖国医药应用化学药品奠定了基础。但是,时至今日,世界上均认为丹药对心、肾、脑等内脏组织有较强的毒性,只能外用,不可内服。其实,我们的炼丹家早已掌握了炼丹术的精髓所在,他所炼的丹药可以口服,而且对心、肾等内脏组织疾病,有意想不到的治疗作用,只不过是秘而不露而已。我有幸获得了部分炼丹术的精髓所在,经过最近几年的反复炼丹实践,终于完全掌握了古人的秘密。""该中药与传统的三仙丹相比有如下优点:由于该中药配方中加入了硼砂,从而改变了三仙丹的药性……提高了临床用三仙丹治病的疗效,扩大了治病的范围。"

2. 国家知识产权局相关审查意见通知书中记载的有关内容。在涉案专利申请的实质审查过程中,国家知识产权局于2004年8月6日向曾关生发出第二次审查意见通知书。通知书指出:此外"水银八两……"属于未使用本领域的标准国际计量单位。

2008年7月11日,国家知识产权局向曾关生发出第六次审查意见通知书。通知书指出:为加快审查程序,建议申请人作如下修改:(1) 为避免修改超范围,请将说明书恢复至原始的说明书文本。(2) 权利要求:治疗肾病的矿物中药,由水银240 g、明矾240 g、硝石300—330 g和硼砂1.5 g经如下工艺制成:(原始文本具体工艺)。

3. 涉案专利申请日之前相关命令、文件中记载的有关内容。1959年6月25日发布的《中华人民共和国国务院关于统一我国计量制度的命令》中记载:市制原定16两为1斤,因为折算麻烦,应当一律改成10两为1斤;……中药处方用药,为了防止计算差错,可以继续使用原有的计量单位,不予改革。

1977年4月5日下发的《国务院批转国家标准计量局等单位关于改革中医处方用药计量单位的请示报告》中记载:目前,医院和药店进货,用10两为1斤的市制;大多数地区的中医处方、中药零售和中成药生产投料,用16两为1斤的旧制。经这次会议讨论,大家一致同意将中医处方用药现用的16两为1斤的旧制改为米制,计量单位用"克""毫克""升""毫升"。……中药计量单位的换算,按10两为1斤的市制的"1钱"等于"5 g";16两为1斤的旧制的"一钱"等于"3 g",尾数不记。国务院批准改革后,新出版的和修订再版的中医中药书刊、药典、规范和教材,一律采用米制计量单位。

4. 涉案专利申请日之前相关科技文献中记载的有关内容。1998年5月印刷的《方剂学》第17页"古方药量考证"中记载:由于历代度量衡制度的改变和地区的不同,所以古今用量差别很大,计量单位的名称亦不一致。……及至宋代,遂立两、钱、分、厘之目,即10厘为1分,10分为1钱,10钱为1两,16两为1斤。元、明以及清代,沿用宋制,很少变异。根据国务院的指示,从1979年1月1日起,全国中药处方用药计量单位一律采用"g"为单位的公制。兹附十六进制与公制计量单位换算率如下:1斤(16两)等于0.5 kg等于500 g;1两等于31.25 g;1钱等于3.125 g……(注:换算时尾数可以舍去)。

1989年4月印刷的《中药学》第13页5.3"剂量"中记载:明清以来,采用16进制,即1斤等于16两等于160钱。现在我国对中药生药计量采用公制,即1 kg等于1000 g。为了处方和配药特别是古方的配用需要进行换算时的方便,按规定以下的近似值进行计算:1两(十六进制)等于30 g;1钱等于3 g。

1995年10月印刷的《矿物本草》中记载了三仙丹(《疡医大全》)的配方及采集炮制方法。1987年H)月印刷的《中药药剂学》中引述了包括《疡医大全》,以及涉案专利申请说明书中提及的《外科正宗》在内的有关医学文献中记载的三仙丹的配方。从上述文献记载的相关配方的计量单位来看,均系采用"1两等于30 g"的换算关系。

最高院认为,本案焦点之一在于,曾关生对涉案专利申请文件的修改是否超出原始说明书和权利要求书记载的范围。

在审查专利申请人对专利申请文件的修改是否超出原始说明书和权利要求书记载的范围时,应当充分考虑专利申请所属技术领域的特点,不能脱离本领域技术人员的知识水平。就一般情况而言,虽然"两"与"g"的换算关系确实存在新、旧制的不同,但是从最高院查明的相关事实来看,在传统中药配方尤其是古方技术领域中,在进行"两"与"g"的换算时,均是遵循"1斤等于16两"的旧制。根据涉案专利申请说明书记载的有关内容,涉案专利申请系在古方三仙丹的配方的基础上改进而成,因此,虽然说明书中没有明确记载"两"与"g"的换算是采用何种换算关系,但本领域技术人员结合涉案专利申请的背景技术、发明内容以及本领域的常识,均能够确定在涉案专利申请中的"两"与"g"的换算应当采用旧制,不应当采用"1斤等于10两"的新制。

根据《国务院批转国家标准计量局等单位关于改革中医处方用药计量单位的请示报告》的规定,在以旧制进行"钱"与"g"的换算时,旧制的"1钱"等于"3g"。由于旧制中"1两等于10钱",因此,在依据旧制进行换算时,旧制的1两显然应当换算为30g。从《中药学》《矿物本草》《中药药剂学》等教科书、技术手册中记载的相关内容来看,亦均是采用"1两等于30g"的换算关系。因此,对于《方剂学》中所称的"换算时尾数可以舍去",本领域技术人员应当理解此处所指的尾数是指"31.25g"中的"1.25",即采用"1两等于30g"的换算关系。专利复审委员会虽主张实践中还存在以其他方式舍去尾数的情形,但并没有提供证据予以证明,因此,对于专利复审委员会的主张,最高院不予支持。

应当指出的是,即使在以旧制进行换算时还存在以其他方式舍去尾数,或者不舍去尾数的情形,亦应认识到这种尾数省略方式的不唯一性,是由于中药配方领域的技术特点所决定的。不同的省略方式之间仅有细微区别,采用不同的省略方式并不会导致技术方案发生实质性的改变。在实践中,本领域技术人员可以根据具体的情况和要求,选择特定的尾数省略方式,而且一旦选择了特定的省略方式,本领域技术人员即会在一项中药配方中予以统一适用,不会也不应出现在同一配方中适用不同省略方式的情形。因此,在旧制的基础上选择不同的尾数省略方式,均属于本领域技术人员能够直接、毫无疑义可以确定的内容,并不会引入新的技术内容,损害社会公众的利益;亦不会出现专利复审委员会所担心的"有可能实质上改变本发明的技术方案,将不能实施的技术方案改为可以实施的技术方案"的情形。事实上,在涉案专利申请的实质审查程序中,国家知识产权局曾先后在第二、六次审查意见通知书中就涉案专利申请文件的修改给出了明确指引,其中第二次审查意见通知书中指出"水银八两……"属于未使用本领域的标准国际计量单位,明确要求曾关生对计量单位"两"进行修改;第六次审查意见通知书则对曾关生采用"一两等于30g"的换算关系明确予以认可。第20574号决定以及一、二审判决,既未能充分考虑涉案专利申请的技术领域特点和本领域技术人员应当具有的知识水平,也未能充分考虑曾关生对涉案专利申请进行相应修改的缘由,以及相应修改方式已获国家知识产权局认可的事实,在相关审查意见通知书的意见并无明显不当的情况下,认定曾关生对涉案专利申请文件的修改超出原始说明书和权利要求书记载的范围,认定事实和适用法律均有错误。

最高院认为,曾关生的再审申请符合《行政诉讼法》第63条第2款和最高人民法院《关于执行〈中华人民共和国行政诉讼法〉若干问题的解释》第72条第1项、第2项及第74条规定的立案条件。

二、裁判要旨

**No.3-3-26-15** 在审查专利申请人对专利申请文件的修改是否超出原说明书和权利要求书记载的范围时,应当充分考虑专利申请所属技术领域的特点,不能脱离本领域技术人员的知识水平。

现行《专利法》第26条第3款指出:"说明书应当对发明或者实用新型作出清楚、完整的说明,以所属技术领域的技术人员能够实现为准"。这是因为,发明是否具备创造性,应当基于所属技术领域的技术人员的知识和能力进行评价。依照《专利审查指南》(2010)可知,所属技术领域的技术人员,也可称为本领域的技术人员,是指一种假设的"人",假定他知晓申请日或者优先权日之前发明所属技术领域所有的普通技术知识,能够获知该领域中所有的现有技术,并且具有应用该日期之前常规实验手段的能力,但他不具有创造能力。如果所要解决的技术问题能够促使本领域的技术人员在其他技术领域寻找技术手段,他也应具有从该其他技术领域中获知该

所属技术领域人员

申请日或优先权日之前的相关现有技术、普通技术知识和常规实验手段的能力。因此,在专利授权、侵权的判断中,所属技术领域的人员是判断的基点。本案中,虽然"两"与"g"的换算关系确实存在新、旧制的不同,但在传统中药配方尤其是古方技术领域中,在进行"两"与"g"的换算时,均是遵循"1斤等于16两"的旧制。根据涉案专利申请说明书记载的有关内容,涉案专利申请系在古方三仙丹的配方的基础上改进而成,因此,虽然说明书中没有明确记载"两"与"g"的换算是采用何种换算关系,但本领域技术人员结合涉案专利申请的背景技术、发明内容以及本领域的常识,均能够确定在涉案专利申请中的"两"与"g"的换算应当采用旧制,不应当采用"1斤等于10两"的新制。

### 44 分案申请授权专利的权利要求保护范围(《专利法》第26条)

**案例**:申请再审人邱则有与被申请人山东鲁班建设集团总公司侵犯专利权纠纷案
**案例来源**:《最高人民法院知识产权审判案例指导》(第四辑)[(2011)民申字第1309号]
**主题词**:分案申请 母案申请

**一、基本案情**

申请再审人(一审原告、二审上诉人):邱则有。

被申请人(一审被告、二审被上诉人):山东鲁班建设集团总公司(以下简称鲁班公司)。

申请再审人邱则有因与被申请人鲁班公司侵犯专利权纠纷一案,不服山东省高级人民法院(2010)鲁民三终字第118号民事判决(以下简称二审判决),向最高人民法院(以下简称最高院)申请再审。

最高院审查查明:(1)涉案发明专利说明书中关于分块模壳板的记载。说明书第2页第2段记载:"本发明的解决方案是在现有技术的基础上,包括……这样,由于模壳由至少两块分块模壳板拼接组装而成,而分块模壳板为包括部分上板和与之相连的部分侧壁的成型件,因而模壳构件结构简单,构造关系明确,生产容易、成本低,相应楼盖的施工成本低,从而达到了本发明的目的。"说明书第2页第5—7段记载:"本发明的特征还在于所述的上底由4块分块模壳板构成。本发明的特征还在于所述的周围侧壁由4块分块模壳板构成。本发明的特征还在于所述的分块模壳板为包括部分上板和与之相连的部分侧壁的成型件。"(2)涉案发明专利说明书中关于加强杆的记载。说明书第2页第3段记载:"本发明的特征还在于所述的至少一根加强杆支撑分块模壳板的上底和下底。"说明书第2页第8段记载:"本发明的特征还在于模壳构件还包括有加强肋、加强筋或加强杆中的至少一个,加强肋、加强筋或加强杆中的至少一个设置在分块模壳板的拼接部位。这样,楼盖的强度和刚度进一步提高,加强肋、加强筋、加强杆可参与受力与传力,消除了空心楼盖空心部位无受力构件的缺陷;同时加强肋、加强筋或加强杆设置在拼接部位,可大大提高楼盖连接部位的可靠性、整体性。"(3)涉案发明专利为第03118134.1号发明专利申请(以下简称母案)的分案申请,在母案申请文件中,没有记载涉案发明专利说明书第2页第5—7段的内容。母案专利申请公开说明书记载的权利要求4为,"根据权利要求2所述的一种现浇钢筋砼空心楼盖,其特征在于模壳构件设置有十字型加强肋(10),模壳(7)由4块分块模壳板(9)在十字型加强肋(10)上搭接构成。"母案专利申请公开说明书第2页第5段记载为:"本发明的特征还在于模壳构件设置有十字型加强肋,模壳由4块分块模壳板在十字型加强肋上搭接构成。这样,楼盖中的模壳构件的制作更容易,成本更低,相应楼盖的施工成本更低。"母案专利申请公开说明书附图4、17中,组成模壳的4块分块模壳板,均是包括部分上底和部分侧壁的结构。

最高院认为,本案争议焦点在于被诉侵权产品是否落入涉案发明专利的保护范围?具体为,被诉侵权产品的顶盒和侧框板上下组拼与涉案发明专利的"模壳由至少两块分块模壳板拼接组装而成"这一技术特征,是否相同或等同?被诉侵权产品侧框板之间的连接杆与涉案发明专利的"加强杆"这一技术特征,是否相同或等同?

本案被诉侵权行为发生在2009年10月1日以前,根据最高人民法院《关于审理侵犯专利权纠纷案件应用法律若干问题的解释》第 19 条的规定,本案适用 2000 年修订的《专利法》。

被诉侵权产品的顶盒和侧框板上下组拼与涉案发明专利的"模壳由至少两块分块模壳板拼接组装而成"这一技术特征是否相同或等同?

根据邱则有的第一点申请再审理由,其实质是主张分块模壳板可以为任意分块,由部分上底与部分侧壁相互连接成的成型件可以是分块模壳板,单纯的上底或者侧壁也可以是分块模壳板。这涉及对分块模壳板的解释问题。《专利法》(2000)第 56 条第 1 款规定:"发明或者实用新型专利权的保护范围以其权利要求的内容为准,说明书及附图可以用于解释权利要求。"基于以下理由,邱则有关于分块模壳板的解释不能成立:(1)对于权利要求中的自定义词语,通常需要借助专利说明书、其他权利要求以及专利审查档案中对该特定词语的描述,确定该词语的含义。涉案发明专利权利要求 1 限定,上底(4)和周围侧壁(5)构成模壳(7),模壳(7)由至少两块分块模壳板(9)拼接组装而成。对于所述"分块模壳板",说明书中已经赋予其明确的定义,即,"分块模壳板为包括部分上底和与之相连的部分侧壁的成型件"。(2)根据对涉案发明专利权利要求 1 本身的通常理解,也可以得出分块模壳板为包括部分上底和与之相连的部分侧壁的成型件这一结论。权利要求 1 称"分块模壳板(9)有至少一根加强杆(12)支撑",若分块模壳板单纯由上底或者侧壁组成,则加强杆将无法对这样的分块模壳板起到支撑作用。(3)涉案发明专利的母案专利申请公开说明书,未公开涉案发明专利说明书第 2 页第 5—7 段的内容,邱则有以该内容主张分块模壳板可以单纯由上底或者侧壁组成,最高院不予支持。分案申请是一类特殊的专利申请,是为了保证专利申请人的正当利益不受到损害,允许专利申请人将其在申请日提交的母案申请文件中已经披露,但因单一性等原因不能在母案中获得保护的发明创造另行提出专利申请,同时保留原申请日的一种制度。该制度在保护专利申请人利益的同时,为了平衡社会公众的利益,要求分案申请不得超出母案申请文件公开的范围,即不得在分案申请中补充母案申请文件未曾记载的新内容,以避免专利申请人将申请日后完成的发明创造通过分案申请抢占在先的申请日。因此,分案申请要受到母案申请文件的约束。在此意义上,对于分案申请而言,母案申请构成其特殊的专利审查档案,母案中未公开的内容不能作为权利人基于分案申请主张权利的依据。本案中,涉案发明专利是分案申请,其母案专利申请公开说明书中并未记载涉案发明专利说明书第 2 页第 5—7 段的内容。根据母案专利申请公开说明书第 2 页第 5 段的内容,也不能得出分块模壳板可以单纯由上底或者侧壁组成这一结论。此外,在母案专利申请公开说明书附图 4、17 中,组成模壳的 4 块分块模壳板均是包括部分上底和部分侧壁的结构。邱则有以母案专利申请公开说明书中未公开的内容主张分块模壳板可以单纯由上底或者侧壁组成,不能成立。

涉案发明专利中的模壳由至少两块分块模壳板组成,而分块模壳板为包括部分上底和与之相连的部分侧壁的成型件。与之相比,被诉侵权产品中顶盒和侧框板上下组拼,结构更加简单,成型更加容易。二者采用的技术手段不同,实现的功能和达到的效果也不同。邱则有认为二者构成等同技术特征的主张,最高院不予支持。邱则有关于分块模壳板的申请再审理由不能成立。

二、裁判要旨

**No.3-3-26-16** 在确定分案申请授权专利的权利要求保护范围时,超出母案申请公开范围的内容,不能作为解释分案申请授权专利的权利要求的依据。

从现行《专利法》第 31 条可知,属于一个总的发明构思的两项以上的发明或者实用新型,可以作为一件申请提出。不过,专利申请的原则却是单一性,即一件发明或者实用新型专利申请应当限于一项发明或者实用新型。因此,当合案提出专利申请的申请人实际提出多项发明创造的时候,如果审查结果仅仅因为该申请不符合单一性原则,而要求申请人保留其中一项发明创造,其他的发明创造只能重新通过申请程序,另行提出专利申请,以随后的提交日作为其申请日,申请人的正当利益无疑会遭到损害。专利审查中就规定了分案申请制度以避免这种情况的发生。分案申请是允许专利申请人将其在申请日提交的母案申请文件中已经披露,但因单一性等原因不能在母案中获得保护的发明创造另行提出专利申请,同时保留原申请日的一种制度。该制度在保护专利申请人利益的同时,为了平衡社会公众的利益,要求分案申请不得超出母案申请文件公开的范围,即不得在分案申请中补充母案申请文件未曾记载的新内容,以避免专利申请人将申请日后完成的发明创造通过分案申请抢占在先的申请日。因此,分案申请要受到母案申请文件的约束。在此意义上,对于分案申请而言,母案申请构成其特殊的专利审查档案,母案中未公开的内容不能作为权利人基于分案申请主张权利的依据。本案中,涉案发明专利是分案申请,其母案专利申请公开说明书中并未记载涉案发明专利说明书第 2 页第 5—7 段的内容。根据母案专利申请公开说明书第 2 页第 5 段的内容,也不能得出分块模壳板可以单纯由上底或者侧壁组成这一结论。此外,在母案专利申请公开说明书附图 4、17 中,组成模壳的 4 块分块模壳板均包括部分上底和部分侧壁的结构。邱则有以母案专利申请公开说明书中未公开的内容主张分块模壳板可以单纯由上底或者侧壁组成,不能成立。

## 45 专利申请文件修改超范围的判断(《专利法》第 31 条)

**案例**:再审申请人株式会社岛野与被申请人中华人民共和国国家知识产权局专利复审委员会及一审第三人宁波赛冠车业有限公司发明专利权无效行政纠纷案
**案例来源**:《最高人民法院知识产权审判案例指导》(第六辑)[(2013)行提字第 21 号]
**主题词**:专利申请文件修改 原说明书和权利要求书记载的范围

### 一、基本案情

再审申请人(一审原告、二审上诉人):株式会社岛野。

被申请人(一审被告、二审被上诉人):中华人民共和国国家知识产权局专利复审委员会(以下简称专利复审委员会)。

一审第三人:宁波赛冠车业有限公司(以下简称赛冠公司)。

再审申请人株式会社岛野因与被申请人专利复审委员会及一审第三人赛冠公司发明专利权无效行政纠纷一案,不服中华人民共和国北京市高级人民法院(以下简称北京市高院)(2011)高行终字第 1577 号行政判决,向最高人民法院(以下简称最高院)申请再审。

一、二审法院审理查明:1994 年 2 月 3 日,株式会社岛野向中华人民共和国国家知识产权局(以下简称国家知识产权局)提出名称为"后换挡器支架"的发明专利申请(即原申请),该申请优先权日为 1993 年 2 月 3 日,公开日为 1994 年 12 月 7 日,申请号为 94102612.4。本专利以原申请为基础提出的分案申请被授权而来,系国家知识产权局于 2006 年 8 月 30 日授权公告的名称为"后换挡器"的发明专利,其申请日为 1994 年 2 月 3 日,优先权日为 1993 年 2 月 3 日,专利号为 ZL02127848.2,专利权人为株式会社岛野。

2008 年 4 月 10 日,赛冠公司向专利复审委员会提出无效宣告请求一,请求宣告本专利全部无效。其理由是本专利不符合《专利法》(2000)第 33 条、第 26 条第 3、4 款以及 2002 年修订的《专利法实施细则》第 21 条第 2 款的规定。2008 年 10 月 28 日,专利复审委员会作出第 12424 号无效宣告请求审查决定(以下简称第 12424 号决定),宣告本专利全部无效。2009 年 5 月 24 日,针对株式会社岛野不服第 12424 号决定所提起的行政诉讼,中华人民共和国北京市第一中级人民法院(以下简称北京一中院)作出(2009)一中行初字第 359 号行政判决,认为在判断本专利是否"修改超范围"时,应当将本专利的授权文本与本专利母案的申请日提交的说明书及权利要求书的全部内容进行对比,而不应与本专利申请公开文本对比,因此,专利复审委员会在认定本专利修改超范围时,所针对的对比对象错误,导致认定事实错误,适用法律错误。据此,判决撤销第 12424 号决定,并判令专利复审委员会重新作出无效宣告请求审查决定。2009 年 9 月 2 日,专利复审委员会重新成立合议组,对上述无效宣告请求进行审查。2010 年 5 月 13 日,专利复审委员会作出第 15307 号无效宣告请求审查决定(发文日:2010 年 9 月 19 日)(以下简称第 15307 号决定),宣告本专利权全部无效。

株式会社岛野不服第 15307 号决定,向北京一中院提起行政诉讼。

北京一中院一审认为：专利复审委员会在查明事实的情况下，从方便当事人角度出发，作出宣告本专利权全部无效的第15307号决定，未损害当事人的合法权益，亦未违反相关法律规定，程序不违法。本案中，根据本专利权利要求1的记载，第二连接结构（8b）的形状为一大致圆形孔；根据本专利权利要求3的记载，第一连接结构（8a）的形式是一大致圆形孔。株式会社岛野将原申请文件中被称为"基本上圆的螺栓孔""圆形螺栓孔"或"螺栓孔"的8a和8b修改为"大致圆形孔"。将"圆的螺栓孔""圆形螺栓孔"或"螺栓孔"概括修改为"圆形孔"，删除了原申请文件中始终作为发明的必要技术特征加以描述的"用于螺栓穿过"的技术特征，上述修改内容不能从原申请记载的信息中直接地、毫无疑义地确定。因此，专利复审委员会认定本专利权利要求1、3的修改不符合《专利法》（2000）第33条的规定的结论正确。本专利权利要求3、4、6的修改亦不符合《专利法》（2000）第33条的规定。根据本专利权利要求2的记载，定位结构（8c）是通过压制形成的，株式会社岛野将原说明书中的"模压"修改为"压制"。对所属领域技术人员而言，压制属于模压的上位概念，两者含义不同。因此，本专利权利要求2和说明书的修改不符合《专利法》（2000）第33条的规定。据此判决：维持第15307号决定。

　　株式会社岛野不服一审判决，向北京市高院提起上诉。

　　北京市高院二审认为：本案中，株式会社岛野将原申请文件中被称为"基本上圆的螺栓孔""圆形螺栓孔"或"螺栓孔"的8a和8b修改为"大致圆形孔"。对所属领域技术人员而言，圆形孔是圆的螺栓孔、圆形螺栓孔的上位概念，且与螺栓孔的含义不同。株式会社岛野将"圆的螺栓孔""圆形螺栓孔"或"螺栓孔"概括修改为"圆形孔"，删除了原申请文件中始终作为发明的必要技术特征加以描述的"用于螺栓穿过"的技术特征，该修改内容不能从原申请记载的信息中直接地、毫无疑义地确定。因此，专利复审委员会及一审法院认定本专利权利要求1、3的修改不符合《专利法》（2000）第33条的规定的结论正确，予以支持。本专利从属权利要求4、5、6均是在将8a和8b界定为圆形孔的基础上进行进一步限定，因此，本专利权利要求3、4、6的修改亦不符合《专利法》（2000）第33条的规定。株式会社岛野将原说明书中的"模压"修改为权利要求2中的"压制"，对所属领域技术人员而言，压制属于模压的上位概念，两者含义不同。株式会社岛野所做的这种修改，致使所属领域的技术人员看到的信息与原申请记载的信息不同，而且又不能从原申请记载的信息中直接地、毫无疑义地确定。因此，专利复审委员会及一审法院认定本专利权利要求2和说明书的修改不符合《专利法》（2000）第33条的规定正确，予以支持。据此判决：驳回上诉，维持原判。

　　株式会社岛野不服二审判决，向最高院申请再审。

　　最高院经审理查明，一、二审法院查明的事实基本属实。

　　最高院认为，本案争议的焦点在于对本专利权利要求1、2、3、6的修改是否符合《专利法》（2000）第33条的规定。

　　《专利法》（2000）第33条规定："申请人可以对其专利申请文件进行修改，但是，对发明和实用新型专利申请文件的修改不得超出原说明书和权利要求书记载的范围，对外观设计专利申请文件的修改不得超出原图片或者照片表示的范围。"该条款的立法目的在于实现先申请制下专利申请人与社会公众之间的利益平衡：一方面，允许专利申请人对其专利申请文件进行修改和补正，以保证确有创造性的发明创造取得专利权；另一方面，将专利申请人的修改权限制在申请日公开的技术信息范围内，以保护社会公众对原专利申请文件的信赖利益。因此，可以将该第33条的含义作如下分解：（1）专利申请人有权对其专利申请文件进行修改。① 可以通过修改补正专利申请文件中的撰写瑕疵；② 可以通过修改对专利申请文件中公开的技术信息以适当的方式进行表述，对要求保护的范围作出调整。（2）基于先申请原则，专利申请人对发明和实用新型专利申请文件的修改，不得超出原说明书和权利要求书记载的范围。究其原因，一是为了鼓励专利申请人在申请日充分公开其发明创造；二是为了防止专利申请人将其在申请日未公开的发明创造通过修改纳入申请文件而不正当地获得先申请利益。

　　实践中，对于《专利法》（2000）第33条的适用，争议主要集中在什么是"原说明书和权利要求书记载的范围"。从该条款的立法目的出发，最高院认为："原说明书和权利要求书记载的范围"应当理解为原说明书和权利要求书所呈现的发明创造的全部信息，是对发明创造的全部信息的固定。这既是先申请制度的基石，也是专利申请进入后续阶段的客观基础。"原说明书和权利要求书记载的范围"具体可以表现为：原说明书及其附图和权利要求书以文字和图形直接记载的内容，以及所属领域普通技术人员根据原说明书及其附图和权利要求书能够确定的内容。审查专利申请文件的修改是否超出原说明书和权利要求书记载的范围，应当考虑所属技术领域的技术特点和惯常表达、所属领域普通技术人员的知识水平和认知能力、技术方案本身在技术上的内在必然要求等因素，以正确确定原说明书和权利要求书记载的范围。

就本案而言，本专利是以原申请为基础提出的分案申请所获得的授权，株式会社岛野在进行分案申请时，对原申请文本进行了修改，具体涉及以下修改内容：

1. 从"圆的螺栓孔"到"圆形孔"的修改。本案中，从"圆的螺栓孔"到"圆形孔"的修改体现为对第一连接结构8a和第二连接结构8b的修改。本专利权利要求1对8b的记载为"形状为一大致圆形孔"，权利要求3中对8a的记载为"形式是一大致圆形孔"。在原申请的权利要求2中记载第一连接结构8a和第二连接结构8b为"基本上圆的螺栓孔"，在原申请说明书中记载8a和8b为"基本上圆的螺栓孔的形状""圆形螺栓孔"以及"螺栓孔"。由此可见，在原申请文本中，8a和8b实质上由两个技术特征共同限定：一是圆形孔；二是供螺栓穿过。株式会社岛野将"圆的螺栓孔""圆形螺栓孔"以及"螺栓孔"概括修改为"圆形孔"，删除了"供螺栓穿过"的技术特征，在本专利授权文本的其他部分也未显示出8a和8b仅能供螺栓穿过的技术信息。实际上，在机械领域，对于圆形孔而言，其也可以供销钉等其他连接部件穿过。对本领域普通技术人员而言，"圆形孔"与"圆的螺栓孔"具有不同的技术含义。株式会社岛野的上述修改并不属于从原申请文本中能够确定的内容，因此，本专利权利要求1、3的修改，超出了原说明书和权利要求书记载的范围，不符合《专利法》(2000)第33条的规定。株式会社岛野主张原说明书附图显示8a、8b为大致圆形孔，说明书中也已提及螺栓孔可以用其他各种形式的结构代替，即8a、8b并不仅限于螺栓孔。对此，最高院认为，附图的作用是使人能够直观形象地理解发明的技术方案，原说明书附图显示8a、8b是圆形的，应理解为对"圆的螺栓孔""圆形螺栓孔"或"螺栓孔"的简要形状显示。原说明书中记载"螺栓孔8a和8b可以用其他任何形式的结构代替"，"其他任何形式的结构"范围宽泛且不确定，不能据此认定其记载了圆形孔，更不能证明"圆形孔"与"圆的螺栓孔"具有相同的技术含义。对于株式会社岛野的上述主张，最高院不予支持。

本专利权利要求6引用权利要求1，其附加技术特征为："所述大致圆形孔8b设置成使一连接螺栓16穿过所述圆形孔而放置。"权利要求1未对8a作出修改，只是将8b修改为"大致圆形孔"，而权利要求6通过附加技术特征明确将8b限定为使连接螺栓穿过的圆形孔。也就是说，权利要求6通过附加技术特征的限定，又将8b从权利要求1的"圆形孔"，实质上修改回到了原申请文本的"圆的螺栓孔"。权利要求6的这种修改没有导致本领域普通技术人员就8b看到的技术信息与原申请文本公开的技术信息有所不同，因此，权利要求6的修改没有超出原说明书和权利要求书记载的范围，符合《专利法》(2000)第33条的规定。一、二审判决和第15307号决定认定本专利权利要求6的修改不符合《专利法》(2000)第33条的规定，认定事实不清，适用法律错误，最高院予以纠正。

2. 从"模压"到"压制"的修改。本案中，从"模压"到"压制"的修改体现为对定位结构8c的修改。本专利权利要求2记载8c"是通过压制形成"。在本专利说明书中也记载8c"可以通过例如对支架8的背面进行压制使形成支架8的板的一部分凸起而制成"。在原说明书中记载8c"可以通过例如对支架8的背面进行模压使形成支架8的板的一部分凸起而制成"。株式会社岛野将原说明书中的"模压"，修改为本专利权利要求2中的"压制"。在机械领域，模压是指在压力加工过程中，使用模具或者模具类似物进行加工；而压制是指用压的方法进行制造，其并不必然涉及模具的使用，还包括锻压、冲压等技术手段。对本领域普通技术人员而言，压制属于模压的上位概念，两者具有不同的技术含义。株式会社岛野的上述修改并不属于从原申请文本中能够确定的内容,因此,本专利权利要求2的修改超出了原说明书和权利要求书记载的范围,不符合《专利法》(2000)第33条的规定。株式会社岛野主张反证2和反证3均可证明"模压"和"压制"具有相同的技术含义。对此,最高院认为,反证2的印刷日晚于本专利的优先权日,反证3的印刷日不能确定,反证2、3均不能作为本专利的现有技术达到用以证明公知常识的目的。另外,反证2、3均为工具书,其对"压塑成型"和"mould"的词语释义,并不能证明本领域普通技术人员认为"压制"和"模压"具有相同的技术含义。对株式会社岛野的上述主张,最高院不予支持。

3. 最高院认为,第15307号决定认定本专利权利要求6的修改不符合《专利法》(2000)第33条的规定,认定事实不清,适用法律错误,依法应予撤销。专利复审委员会应当就本专利重新作出无效宣告请求审查决定。一、二审判决错误地维持第15307号决定,应当相应予以撤销。

二、裁判要旨

**No.3-3-31-2　审查专利申请文件的修改是否超出原说明书和权利要求书记载的范围,应当考虑所属技术领域的技术特点和惯常表达、所属领域普通技术人员的知识水平和认知能力、技术方案本身在技术上的内在要求等因素**

从《专利审查指南》(2010)可知,不论申请人对申请文件的修改属于主动修改还是针对通知书指出的缺陷进行的修改,都不得超出原说明书和权利要求书记载的范围。原说明书和权利要求书记载的范围包括原说明书和权利要求书文字记载的内容和根据原说明书和权利要求书文字记载的内容,以及说明书附图能直接地、毫无疑义地确定的内容。申请人在申请日提交的原说明书和权利要求书记载的范围,是审查上述修改是否符合《专利法》(2000)第33条规定的依据。因此,最高人民法院指出,《专利法》(2000)第33条中"原说明书和权利要求书记载的范围",应当理解为原说明书和权利要求书所呈现的发明创造的全部信息。基于对原说明书和权利要求书记载范围的定义,审查专利申请文件的修改,是否超出原说明书和权利要求书记载的范围,应当考虑所属技术领域的技术特点和惯常表达、所属领域普通技术人员的知识水平和认知能力、技术方案本身在技术上的内在要求等因素。具体到本案中,以从"圆的螺栓孔"到"圆形孔"的修改为例,本专利权利要求6引用权利要求1,其附加技术特征为:"所述大致圆形孔8b设置成使一连接螺栓16穿过所述圆形孔而放置"。权利要求1未对8a作出修改,只是将8b修改为"大致圆形孔",而权利要求6通过附加技术特征明确将8b限定为使连接螺栓穿过的圆形孔,即权利要求6通过附加技术特征的限定,又将8b从权利要求1的"圆形孔"实质上修改回到了原申请文本的"圆的螺栓孔"。权利要求6的这种修改,没有导致本领域普通技术人员就8b看到的技术信息与原申请文本公开的技术信息有所不同,因此,权利要求6的修改,没有超出原说明书和权利要求书记载的范围,符合《专利法》(2000)第33条的规定。

**46 专利申请文件的修改(《专利法》第33条)**

**案例:再审申请人精工爱普生与被申请人专利复审委员会等发明专利权无效行政纠纷案**
案例来源:《最高人民法院知识产权审判案例指导》(第六辑)[(2010)知行字第53—1号]
主题词:权利要求的解释　信赖利益　意见陈述

一、基本案情

再审申请人(一审原告,二审上诉人):精工爱普生株式会社(以下简称精工爱普生)。

被申请人(一审被告,二审被上诉人):中华人民共和国国家知识产权局专利复审委员会(以下简称专利复审委员会)。

被申请人(原审第三人):郑亚俐。

被申请人(原审第三人):佛山凯德利办公用品有限公司(以下简称凯德利公司)。

被申请人(原审第三人):深圳市易彩实业发展有限公司(以下简称易彩公司)。

再审申请人精工爱普生因与被申请人专利复审委员会、郑亚俐、凯德利公司、易彩公司发明专利权无效行政纠纷一案，不服中华人民共和国北京市高级人民法院（2009）高行终字第327号行政判决，向最高人民法院（以下简称最高院）申请再审。

精工爱普生不服专利复审委员会第11291号无效宣告请求审查决定（以下简称第11291号决定），在法定期限内向中华人民共和国北京市第一中级人民法院（以下简称北京一中院）起诉称，第11291号决定在审查程序和认定事实上存在严重错误，请求人民法院依法予以撤销。

北京一中院一审查明：第11291号决定针对的专利是中华人民共和国国家知识产权局于2004年6月23日授权公告、名称为"墨盒"的00131800.4号发明专利（以下简称本专利）。本专利是99800780.3号发明专利申请的分案申请，其申请日为1999年5月18日，最早的优先权日为1998年5月18日，专利权人为精工爱普生。本专利授权公告的权利要求书包括42项权利要求。

针对本专利权，凯德利公司于2006年1月17日向专利复审委员会提出了无效宣告请求，其理由是本专利不符合《专利法》第22条第2、3款的规定，请求宣告本专利全部无效。

针对上述无效宣告请求，精工爱普生于2006年3月1日和20日，两次提交了内容相同的意见陈述书，并对本专利权利要求书进行了修改。专利复审委员会认为：

1. 本专利是99800780.3号发明专利申请的分案申请，而99800780.3号发明专利申请是进入中国国家阶段的国际申请（PCT/JP99/02579），即99800780.3号发明专利申请的申请文件相当于是PCT/JP99/02579号国际申请的中文翻译件。本专利权利要求1和40中的"存储装置"以及权利要求8、12和29中的"记忆装置"，均由实质审查阶段修改而来。在申请日提交的PCT/JP99/02579号国际申请文件及99800780.3号发明专利申请的说明书和权利要求书中，并没有"存储装置"和"记忆装置"的文字记载，而仅有"半导体存储装置"的文字记载。因此，判断本专利在实质审查阶段所进行的上述修改是否超范围的关键在于："存储装置"和"记忆装置"是否属于可根据原说明书和权利要求书中记载的"半导体存储装置"直接且毫无疑义地确定的内容。"存储装置"是用于保存信息数据的装置，除半导体存储装置外，还包括磁泡存储装置、铁电存储装置等多种不同的类型。根据原说明书第1页第29—32行的记载，本发明专利是为了解决拆装墨盒时由于托架与墨盒之间存在间隙使半导体存储装置接触不好、信号可能在不适当的时候充电或施加、数据无法读出或丢失的问题。因此，包括实施例在内的整个说明书，都始终在围绕上述问题描述发明，即包括实施例在内的整个说明书都始终是针对半导体存储装置描述发明的。同样，原权利要求书要求保护的技术方案中亦针对的是半导体存储装置，原说明书和权利要求书中均不涉及其他类型的存储装置，也不能直接且毫无疑义地得出墨盒装有其他类型的存储装置。因此，"存储装置"并非确定无疑就是原说明书和权利要求书中记载的"半导体存储装置"，本领域技术人员并不能从原说明书和权利要求书记载的"半导体存储装置"直接且毫无疑义地确定出"存储装置"。同理，"记忆装置"也不能从原说明书和权利要求书记载的"半导体存储装置"直接且毫无疑义地确定。专利权人在实质审查程序中将"半导体存储装置"修改为"存储装置"或"记忆装置"，超出了原说明书和权利要求书记载的范围。因此，独立权利要求1、8、12、29和40，不符合《专利法》第33条的规定。原说明书的"这是因为，打印设备必需带到厂家，并且记录控制数据的存储装置必须更换"，以及"其中在一个墨盒上设置了半导体存储装置和连接到存储装置的一个电极"两部分内容，均记载在背景技术部分中，且"这是因为，打印设备必需带到厂家，并且记录控制数据的存储装置必须更换"，针对的是现有技术中的打印设备，"其中在一个墨盒上设置了半导体存储装置和连接到存储装置的一个电极"中的"存储装置"，应当是"半导体存储装置"的简称，并非是指另外的技术特征。本专利是针对安装有半导体存储装置的墨盒做出的改进，针对的是"半导体存储装置"，而非"存储装置"和除"半导体存储装置"以外的其他存储装置。"记忆装置"本身并无"半导体存储装置"与"电路板"的组合这一含义。而且，根据本专利的权利要求书，权利要求12中记载的是"记忆装置"，其从属权利要求13和14才分别对"记忆装置"作出了限定，即"所述记忆装置包括一个基片，在所述基片的一个面上设置有一个存储装置，在与所述基片的另外面上设置有多个端子"，"所述记忆装置包括一个基片，在所述基片的一个面上设置有一个存储装置,在与所述存储装置所在的面相同的面上设置所述多个端子"。可见,"记忆装置"并非是指"'半导体存储装置'与'电路板'的组合"。由于上述独立权利要求中所包含的超出原说明书和权利要求书记载范围的技术特征"存储装置"或"记忆装置",同样也包含在相应的从属权利要求中,因此,相应的从属权利要求也不符合《专利法》第33条的规定。

2. 从属权利要求4的附加技术特征"所述第二壁的宽度比所述壳体的其他壁窄"和从属权利要求34的附加技术特征"该侧壁的宽度比所述壳体的其他侧壁窄",既没有记载在原说明书和权利要求书中,也不能从原说明书和权利要求书中直接且毫无疑义地确定,因此也超出了原说明书和权利要求书记载的范围。

3. 包含技术特征"最靠近所述供墨口的触点列比离所述供墨口最远的触点列长"的权利要求8的整体技术方案,同样未记载在原说明书和权利要求书中。对于附图6和7所示的实施例,虽然电路板上最下一列的触点列比上一列触点列长,即最靠近所述供墨口的触点列比离所述供墨口最远的触点列长,但这是针对电路板设置在与供墨口所在底壁相垂直的侧壁上的墨盒,而权利要求8并未对供墨口、记忆装置及触点的相对位置作出任何限定,使得在实质审查程序中修改而来的该权利要求所限定的技术方案,既涵盖了附图6和7所示的电路板和触点所在的壁与供墨口所在的壁相垂直的墨盒,也涵盖了电路板、触点与供墨口位于同一壁等情况的墨盒,但后者并未记载在原说明书和权利要求书中,也不能从原说明书和权利要求书中直接且毫无疑义地确定。因此,实质审查程序中对权利要求8的修改也超出了原说明书和权利要求书记载的范围。综上所述,权利要求1—40均不符合《专利法》第33条的规定。

4. 鉴于本专利已不符合《专利法》第33条之规定,故对其他无效理由及证据不再进行评述。据此,专利复审委员会于2008年4月15日作出第11291号决定,宣告本专利全部无效。

北京市一中院一审认为:(1)关于本专利权利要求1、8、12、29、40的修改是否符合《专利法》第33条的规定。本专利权利要求中修改而来的"存储装置"和"记忆装置"是清楚的术语,本领域技术人员公知"存储装置"不限于"半导体存储装置","记忆装置"也不等同于"电路板及设置在其上的半导体存储装置"。专利申请人在实质审查阶段将"半导体存储装置"修改为"存储装置"将保护范围扩大到所有类型的存储装置。"记忆装置"在原说明书和权利要求书中并未记载,本领域技术人员不能从原说明书和权利要求书中直接明确认定"记忆装置"为"电路板及设置在其上的半导体存储装置"。据此,第11291号决定认定本专利权利要求1、8、12、29、40不符合《专利法》第33条的规定并无不当。(2)关于本专利权利要求4、34、8的修改是否符合《专利法》第33条的规定。对于本专利权利要求4、34,附图6、26并不能直接、毫无疑义地确定设置电路板、半导体存储装置的侧壁比其他壁都窄。对于本专利权利要求8,意见陈述书的解释用以限定权利要求于法无据,且附图6、7仅反映电路板、触点与供墨口位于不同壁的情形,对于电路板、触点和供墨口位于同一壁的墨盒并没有体现,也不能直接地、毫无疑义地确定这种结构的墨盒其触点列的长短布置。据此,第11291号决定对权利要求4、34、8的修改,不符合《专利法》第33条的规定的认定并无不当。依据《中华人民共和国行政诉讼法》第54条第1项之规定,北京市一中院于2008年12月20日作出(2008)一中行初字第1030号行政判决:维持专利复审委员会第11291号决定。

精工爱普生不服一审判决,向北京市高级人民法院(以下简称北京市高院)提起上诉。

北京市高院查明的事实与一审法院一致。另查明:2002年11月8日,国家知识产权局就本专利申请发出第一次审查意见通知书。针对该通知书,精工爱普生于2003年5月9日提交了意见陈述书,对原权利要求作出修改,将原权利要求23修改为新权利要求1。针对审查员提出的"修改超范围"问题,精工爱普生在意见陈述书中第2.2项指出:"权利要求23涉及附图6和附图7,申请人解释,'存储装置'是指图7(b)所示的'半导体存储装置61'";在意见陈述书第3.1项指出:"申请人首先希望解释,该权利要求及其后的权利要求中所述的'记忆装置'是指说明书及附图中记载的电路板及设置在其上的半导体存储装置。"

北京市高院认为：确定修改是否超范围的标准，在于该修改是否"超出原说明书和权利要求书记载的范围"，以及是否"超出原申请公开的范围"，即本领域普通技术人员在阅读了原说明书和权利要求书后，是否能够从该文件记载的内容中毫无疑义地确定所修改的内容。在判断修改是否超范围时，还要关注修改后的技术方案是否构成新的技术方案。此外，申请人在专利授权过程中的意见陈述可以作为其修改是否超范围的参考，但该意见陈述不能作为修改是否超范围唯一的判断依据。

1. 关于本专利权利要求 1、40 中"存储装置"的修改是否违反《专利法》第 33 条规定的问题。技术术语及特征的理解应当以本领域技术人员的角度，考虑该技术术语或特征所使用的特定语境。本案中，本专利权利要求 1、40 中"存储装置"和权利要求 8、12、29 中"记忆装置"，均由实质审查阶段修改而来。本专利原始公开文本中相关权利要求记载有"半导体存储装置"及"存储装置"的内容。本专利原说明书已经载明本专利所解决的技术问题在于"打印设备必需带到厂家，并且记录控制数据的存储装置必须更换"，而且背景技术也记载了"其中在一个墨盒上设置了半导体存储装置和连接到存储装置的一个电极"。此外，原说明书其他部分均使用"半导体存储装置"。本领域技术人员通过阅读原权利要求书及说明书，是可以毫无疑义地确定本专利申请人在说明书中是在"半导体存储装置"意义上使用"存储装置"的。另外，无论是修改前还是修改后的技术方案，"存储装置"实际上是在"半导体存储装置"意义上使用，并未形成新的技术方案，本领域技术人员也不会将其理解为新的技术方案。本专利权利人在实质审查阶段答复通知书的意见陈述书中对"存储装置"作出明确限定，即对于"存储装置"，意见陈述书记载"申请人解释，'存储装置'是指图 7(b)所示的'半导体存储装置 61'"，且原说明书第 1 页倒数第 2 段记载"其中在一个墨盒上设置了半导体存储装置和连接到存储装置的一个电板"，表明"存储装置"为"半导体存储装置"的简称。

判断修改是否超范围的主体是本领域技术人员，他应当是具备专业知识背景的普通技术人员，能够理解所属领域的技术内容。"存储装置"虽然有其普遍的含义，不仅包括半导体存储装置，还包括磁泡存储装置、铁电存储装置等多种不同类型，但在本专利所属特定的打印机墨盒领域，在背景技术中已经明确其所指的为"半导体存储装置"的前提下，本领域技术人员不会将其理解为作为上位概念的"存储装置"。一审判决及第 11291 号决定关于"存储装置"的理解有误，予以纠正。精工爱普生关于"存储装置"的修改符合《专利法》第 33 条的规定的上诉主张有事实和法律依据，应予支持，专利复审委员会应当就此重新作出审查决定。

2. 关于本专利权利要求 8、12、29 中"记忆装置"的修改是否违反《专利法》第 33 条规定的问题。本专利"记忆装置"的修改虽然也是由实质审查阶段修改而来，但其不同于"存储装置"的修改。本专利原权利要求书及说明书中从未有"记忆装置"的记载，该术语系专利申请人新增加的内容。没有记载而新增加的内容不符合《专利法》第 33 条的规定。此外，虽然专利申请人在实质审查阶段答复通知书的意见陈述书中对"记忆装置"作出了明确限定，但如上述认定，仅仅在意见陈述中作出说明，不能作为允许修改的依据。据此，一审判决及第 11291 号决定关于"记忆装置"在原说明书和权利要求书并未记载，本领域技术人员不能从原说明书和权利要求书中明确认定"记忆装置"为"电路板及设置在其上的半导体存储装置"的认定正确。精工爱普生关于"记忆装置"的修改，符合《专利法》第 33 条的上诉主张不能成立，予以驳回。

鉴于认定本专利权利要求 8、12、29 不符合《专利法》第 33 条的规定，上述权利要求的从属权利要求也未克服上述缺陷，故本专利权利要求 8、12、29 及上述权利要求的从属权利要求均不符合《专利法》第 33 条之规定。专利复审委员会第 11291 号决定关于本专利权利要求 8、12、29，均不符合《专利法》第 33 条规定的认定是正确的，应予维持。

3. 关于本专利权利要求 4 中"所述第二壁的宽度比所述壳体的其他壁窄"是否符合《专利法》第 33 条规定的问题。在本专利权利要求 4 中，"所述第二壁的宽度比所述壳体的其他壁窄"，既没有记载在原权利要求书及说明书中，也不能由原权利要求书及说明书毫无疑义地得出，不符合《专利法》第 33 条的规定。说明书附图用于表示产品的形状、结构及位置关系，对于其他技术领域,说明书附图可以是电路图、化学结构式或反应方法过程的流程图。本案中,本专利说明书附图并非标准的机械制图,其所体现的仅仅是本专利技术方案的结构及位置关系,该附图并不能毫无疑义地确定"所述第二壁的宽度比所述壳体的其他壁窄"。专利复审委员会第11291号决定中关于本专利权利要求4不符合《专利法》第33条规定的认定是正确的。精工爱普生关于本专利说明书附图6能够反映本专利权利要求4中"所述第二壁的宽度比所述壳体的其他壁窄"的技术特征,符合《专利法》第33条规定的上诉主张,不能成立。

综上所述,北京市高院认为,一审判决及第11291号决定部分事实认定错误,适用法律不当,应予撤销。

精工爱普生不服二审判决,向最高院申请再审,请求依法纠正二审判决关于本专利权利要求8、12、29中"记忆装置"的修改,违反《专利法》第33条规定的结论,并在此基础上维持二审判决。

最高院审查认为,结合再审申请人的申请再审理由、被申请人的答辩和意见陈述及本案听证情况,本案的争议焦点在于:本案是否因最高院曾针对原审第三人的再审申请作出过行政裁定而构成重复审查？本案被诉决定适用的法律依据是否正确？本案专利申请人是否可基于其修改在专利授权过程中得到审查员认可而享有信赖利益保护？专利授权确权程序中权利要求的解释时机与方法;本专利权利要求8、12、29中"记忆装置"的含义解释;本专利权利要求8、12、29中关于"记忆装置"的修改是否违反法律规定？

1. 关于本案是否因最高院曾针对原审第三人的再审申请作出过行政裁定而构成重复审查？针对本案二审判决,原审第三人郑亚俐曾向最高院提出再审申请,其主要理由是本专利权利要求1、40中关于"存储装置"的修改违反了相关法律的规定,二审判决关于"存储装置"的修改符合相关法律规定的认定错误。最高院对该案进行审查后作出(2010)知行字第53号行政裁定,认定郑亚俐的再审申请理由不能成立,予以驳回。专利复审委员会认为,根据《行政诉讼法》第5条的规定,最高院已经对第11291号决定的合法性进行了全面审查,对没有涉及的内容,应认为最高院认可第11291号决定的认定。

关于行政诉讼中人民法院对当事人申请再审案件的审查范围,我国行政诉讼法未作明确规定。根据最高人民法院《关于执行〈中华人民共和国行政诉讼法〉若干问题的解释》第97条的规定:"人民法院审理行政案件,除依照行政诉讼法和本解释外,可以参照民事诉讼的有关规定。"最高人民法院《关于适用〈中华人民共和国民事诉讼法〉审判监督程序若干问题的解释》第9条规定,人民法院对再审申请的审查,应当围绕再审事由是否成立进行。因此,关于行政诉讼中人民法院对当事人申请再审案件的审查范围问题,可以参照最高人民法院《关于适用〈中华人民共和国民事诉讼法〉审判监督程序若干问题的解释》第9条的规定。即,在行政诉讼中,人民法院对当事人再审申请的审查,亦应当围绕其再审事由是否成立进行;对于当事人再审事由未涉及的问题,人民法院一般不予审查。在(2010)知行字第53号案件中,再审申请人郑亚俐的申请再审理由,主要是本专利权利要求1、40中关于"存储装置"的修改违反了相关法律的规定,二审判决关于"存储装置"的修改符合相关法律规定的认定错误。最高院围绕这一再审事由是否成立进行审查并作出结论,并未涉及本案关于本专利权利要求8、12、29中"记忆装置"的修改是否符合相关法律规定的问题,最高院亦未对上述问题予以审查并作出结论。专利复审委员会关于最高院已经对第11291号决定的合法性进行了全面审查,没有涉及的内容应当认为认可第11291号决定的认定的主张,既与人民法院的审查实践不符,又缺乏法律依据,最高院不予支持。因此,本案并不因原审第三人郑亚俐提出再审申请的(2010)知行字第53号案件而构成重复审查。

2. 关于本案被诉决定适用的法律依据是否正确？本案被诉第11291号决定的法律依据涉及本案所应适用的专利法、专利实施细则以及相应的《专利审查指南》。最高院分析如下:

(1) 关于本案实体法律问题应适用的专利法及其实施细则。本案争议的核心是精工爱普生对专利申请文件的修改行为是否超出了原申请记载的范围这一实体法律问题。我国《立法法》第84条规定,法律、行政法规、地方性法规、自治条例和单行条例、规章不溯及既往,但为了更好地保护公民、法人和其他组织的权利和利益而作的特别规定除外。该条确定了法不溯及既往这一基本法治原则。根据这一原则，法律施行后对其生效之前的行为一般不得溯及适用。就专利申请文件的修改而言，在提出专利申请时，专利申请人根据申请日时施行的法律，对申请文件的修改已经有所预期和信赖。为保障专利申请人对申请提出时施行的法律的正当信赖，判断针对该专利申请文件的修改是否合法，无论在专利授权还是以后的确权程序中，原则上应适用专利申请日（有优先权的，应为优先权日）时施行的《专利法》及其实施细则。由于《专利法》及其实施细则不仅关涉专利权人和专利申请人的利益，还关涉社会公众的利益，更应坚持法不溯及既往原则，对于溯及既往的情况应该更加慎重。本专利原国际申请的申请日是1999年5月18日，最早优先权日是1998年5月18日，公开日是2000年11月1日。因此，本专利原申请的优先权日早于2000年修订的专利法施行日（2001年7月1日），在判断该专利申请文件的修改是否合乎法律规定时，应适用当时施行的1992年修订的《专利法》及其实施细则的规定。

（2）关于本案所应适用的《专利审查指南》版本。由于本专利申请文件的修改是否符合法律规定这一实体法律问题应适用1992年修订的《专利法》及其实施细则的规定，与此相适应，该实体法律问题应适用与1992年修订的《专利法》及其实施细则相配套的、在本专利申请日时施行的《专利审查指南》，即1993年3月10日公布的《专利审查指南》。虽然该《专利审查指南》已被国家知识产权局的相关规定所废止，但此种废止的法律意义在于该《专利审查指南》自废止之日起不再继续发生法律效力，对废止之日起发生的行为不再适用，并不意味着其在任何情况下均不应适用。对于该《专利审查指南》施行时的专利申请以及依据该申请授予的专利权，仍应适用。若适用本案专利申请日时尚不存在的2001年版或者2006年版《专利审查指南》，则违背法不溯及既往这一基本法治原则，损害专利申请人对生效法律的正当信赖。因此，专利复审委员会关于1993年版和2001年版《专利审查指南》均已废止因而不应再予适用的主张，缺乏法律依据。本案中，专利复审委员会援引2006年版《专利审查指南》的规定作出第11291号决定，法律适用依据错误。

（3）关于适用1993年版《专利审查指南》对第11291号决定实体结果的影响。对比1993年版、2001年版和2006年版《专利审查指南》可以发现，由于1992年以来不同时期的《专利法》对第33条的规定均未作修改，三部《专利审查指南》关于专利申请文件的修改是否超出原说明书和权利要求书记载的范围的规定并无本质差异。因此，专利复审委员会适用2006年版《专利审查指南》作出第11291号决定虽有不当，但对第11291号决定的实体结果并无实质影响。此外，考虑到本专利自无效宣告请求审查程序启动之日起至今已逾7年，尽快明确本专利的效力状态更为重要。鉴此，尽管第11291号决定所适用的《专利审查指南》错误，但因该适用依据错误不影响该决定的实体结果，且基于尽快明确本专利效力状态的迫切需要，最高院将综合其他申请再审事由是否成立，以及第11291号决定的实体结果正确与否对本案作出处理，而不单单基于第11291号决定适用的《专利审查指南》版本错误即决定本案进入再审程序。

3. 本案专利申请人是否可基于其修改在专利授权过程中得到审查员认可而享有信赖利益保护？根据1992年修订的《专利法》第33条的规定，申请人有权对发明专利申请文件进行修改，只要其修改不得超出原说明书和权利要求书记载的范围即可。同时1992年修订的《专利法实施细则》对修改的时机和方式作了规定。根据上述规定，是否对专利申请文件进行修改，原则上是申请人的一项权利，只是该项权利的行使方式和范围受到《专利法》及其实施细则的限制。在主动修改的情况下，只要遵守法律的相关规定，是否修改专利申请文件以及如何修改很大程度上由申请人自主决定。即使在被动修改的情况下，申请人对于如何修改仍有自主决定的权利。国家知识产权局依法行使对专利申请进行审查的职权，但并不负有也不可能负有保证专利授权正确无误的责任。申请人对其修改行为所造成的一切后果应自负其责。本案中，精工爱普生针对记忆装置的修改属于主动修改，并非应审查员的要求进行的被动修改，当然应该对其修改行为的后果自行负责。精工爱普生关于其修改行为在实审程序中已经得到审查员认可，其基于信赖该审查结论而产生的信赖利益，在后续无效程序中应得到保障的主张没有法律依据，最高院不予支持。

4. 关于应如何理解专利授权确权程序中权利要求的解释时机与方法？对此问题，最高院分析如下：

（1）关于权利要求用语含义的解释时机。权利要求由语言文字表达形成，通过记载解决技术问题的必要技术特征的方式来描述和反映发明的技术方案，清楚、简要地表述请求保护的范围。任何语言只有置于特定语境中才能得到理解。同时，基于语言表达的局限性和文字篇幅的限制，权利要求不可能对发明所涉及的全部问题表述无遗，需要通过说明书对要求保护的技术方案的技术领域、背景技术、发明内容、附图及具体实施方式等加以说明。为此，《专利法》明确规定了权利要求书和说明书之间的关系，要求说明书应该充分公开发明的技术方案，使得所属技术领域的技术人员能够实现；权利要求书应当以说明书为依据，清楚、简要地限定要求专利保护的范围。在专利法的上述法定要求下，说明书记载的上述内容对于理解权利要求的含义更是不可或缺，两者具有法律意义上的密切关联性。说明书的上述内容构成权利要求所处的语境或者上下文，只有结合说明书的记载，才能正确理解权利要求的含义。在这一意义上，说明书乃权利要求之母，不参考说明书及其附图，仅仅通过阅读权利要求书即可正确理解权利要求及其用语的含义，在通常情况下是不可能的。权利要求的解释就是理解和确定权利要求含义的过程。在这个过程中，必须结合说明书及其附图，才能正确解释权利要求。专利复审委员会关于权利要求的解释应严格把握解释时机，以权利要求不清楚或者没有明确的唯一含义为前提的主张，既违背文本解释的逻辑，又不符合权利要求解释的实践，最高院无法赞同。

（2）关于专利授权确权程序中权利要求用语含义的解释方法。精工爱普生主张，无论在专利侵权程序还是在授权确权程序中，对权利要求的解释标准应当是统一的；在专利授权确权程序中，专利审查档案中当事人的意见陈述可以用做解释权利要求的依据。专利复审委员会主张，在授权确权程序中解释权利要求用语的含义时，一般应当解释为申请日时所属技术领域中通常具有的含义；说明书、附图对该技术术语另有定义或者描述的，应当根据说明书、附图对该技术术语进行解释；说明书及其附图中没有定义或者描述的，不应根据当事人的意见陈述进行解释。郑亚俐则主张，专利申请过程中的意见陈述只起过程记录和提醒作用，不能作为授权确权程序中解释权利要求术语含义的依据。可见，各方争议的核心在于，在专利授权确权程序中，应当如何解释权利要求用语的含义以及能否利用当事人的意见陈述进行解释。对此分析如下：

① 关于专利授权确权程序与专利民事侵权程序中权利要求解释方法的一致性与差异性。无论在专利授权确权程序还是在专利民事侵权程序中，客观上都需要明确权利要求的含义及其保护范围，因而需要对权利要求进行解释。在上述两个程序中，权利要求的解释方法既存在很强的一致性，又存在一定的差异性。其一致性至少体现在如下两个方面：首先，权利要求的解释属于文本解释的一种，无论是专利授权确权程序还是专利民事侵权程序中对权利要求的解释，均需遵循文本解释的一般规则；其次，无论是专利授权确权程序还是专利民事侵权程序中对权利要求的解释，均应遵循权利要求解释的一般规则。例如均应遵循专利说明书及附图、专利审查档案等内部证据优先、专利申请人自己的解释优先等解释规则。但是，由于专利授权确权程序与专利民事侵权程序中权利要求解释的目的不同，两者在特殊的个别场合又存在一定的差异。在专利授权确权程序中，解释权利要求的目的在于通过明确权利要求的含义及其保护范围，对专利权利要求是否符合专利授权条件或者其效力如何作出判断。基于此目的，在解释权利要求用语的含义时，必须顾及专利法关于说明书应该充分公开发明的技术方案、权利要求书应当得到说明书支持、专利申请文件的修改不得超出原说明书和权利要求书记载的范围等法定要求。若说明书对该用语的含义未作特别界定，原则上应采本领域普通技术人员在阅读权利要求书、说明书和附图之后对该术语所能理解的通常含义，尽量避免利用说明书或者审查档案对该术语作不适当的限制，以便对权利要求是否符合授权条件和效力问题作出更清晰的结论，从而促使申请人修改和完善专利申请文件，提高专利授权确权质量。在专利民事侵权程序中，解释权利要求的目的在于通过明确权利要求的含义及其保护范围，对被诉侵权技术方案是否落入

专利保护范围作出认定。在这一程序中，如果专利保护范围字面含义界定过宽，出现权利要求得不到说明书支持、将现有技术包含在内或者专利审查档案对该术语的含义作出过限制解释因而可能导致适用禁止反悔原则等情形时，可以利用说明书、审查档案等对保护范围予以限制，从而对被诉侵权技术方案是否落入保护范围作出更客观公正的结论。因此，专利权利要求的解释方法在专利授权确权程序与专利民事侵权程序中既有根本的一致性，又在特殊场合下体现出一定的差异性。当然，这种差异仅仅局限于个别场合，在通常情况下，其解释方法和结果是一致的。

② 关于专利授权确权程序与专利民事侵权程序中权利要求解释方法的具体差异。前述两个程序中权利要求解释方法的差异突出体现在当事人意见陈述的作用上。在专利授权确权程序中，意见陈述书是申请人与专利审查机关进行意见交换的重要形式，是专利审查档案的重要内容之一。尽管如此，在专利授权确权程序中解释权利要求时，意见陈述书的作用在特定的场合下要受到专利法明文规定的限制。例如，我国专利法规定了说明书应当对发明作出清楚完整的说明、权利要求书应当得到说明书的支持、专利申请文件的修改不得超出原说明书和权利要求书记载的范围等法定要求。在审查某项专利或者专利申请是否符合上述法定要求时，当然应该以说明书或者原说明书和权利要求书为依据，当事人的意见陈述不能也不应该起决定作用。相反，如果将当事人的意见陈述作为判断某项专利或者专利申请是否符合上述法定要求的决定性依据，则无法促使专利申请人将相关内容尽量写入说明书，专利法关于说明书应当对发明作出清楚完整的说明、权利要求书应当得到说明书的支持、专利申请文件的修改不得超出原说明书和权利要求书记载的范围等法定要求，也将无法得到实现。因此，在专利授权确权程序中，申请人在审查档案中的意见陈述，在通常情况下只能作为理解说明书以及权利要求书含义的参考，而不是决定性依据。而在专利民事侵权程序中解释权利要求的保护范围时，只要当事人在专利申请或者授权程序中通过意见陈述放弃了某个技术方案，一般情况下应该根据当事人的意见陈述对专利保护范围进行限缩解释。

③ 关于判断专利申请文件的修改是否超出原说明书和权利要求书记载的范围时当事人意见陈述的作用。根据1992年修订的《专利法》第33条的规定，对发明和实用新型专利申请文件的修改不得超出原说明书和权利要求书记载的范围。判断专利申请文件的修改是否符合这一规定，其基本依据是原说明书和权利要求书记载的范围。前已述及，在判断专利申请文件的修改是否超出原说明书和权利要求书记载的范围时，当事人的意见陈述在通常情况下只能作为理解说明书以及权利要求书含义的参考，而不是决定性依据。至于其参考价值的大小，则取决于该意见陈述的具体内容及其与说明书和权利要求书的关系。尤其需要注意的是，如果当事人意见陈述的内容超出了原说明书和权利要求书中记载的范围，则该意见陈述将完全丧失参考作用，不能参考该意见陈述对说明书或者权利要求书进行解释。

5. 关于本专利权利要求8、12、29中"记忆装置"的含义解释。确定本专利权利要求8、12、29中"记忆装置"的含义，是判断"记忆装置"的修改是否符合1992年修订的《专利法》第33条规定的基础和关键。对此分析如下：

（1）"记忆装置"在本专利所属技术领域的通常含义：首先，"记忆装置"在本案专利所属技术领域是否属于通用术语。我国台湾地区出版的《中华百科全书》的出版时间在本案申请日前，其对"电脑记忆系统"的解释对确定本专利中"记忆装置"的含义具有重要参考价值。根据《中华百科全书》的解释，"记忆装置"与"存储装置"的含义基本相同。此外，虽然解释专利申请文件中术语的含义需要运用外部证据时，原则上只能参考申请日前的工具书、教科书等外部证据，但由于语言含义的形成是社会公众在持续使用中逐渐稳定化的过程，除非时间过于久远或者其他特殊原因，申请日后该术语的含义对理解申请日前该术语的含义可以起到一定程度的佐证作用。尽管本案中"互动百科"对"记忆装置"词条的解释的形成时间尚未确定，且很可能是在本专利申请日后，但在一定程度上仍可以验证或者佐证结论的正确性。根据"互动百科"对"记忆装置"词条的解释，"记忆装置"在打印机领域属于通用术语，其含义与"存储装置"基本相同。

这进一步佐证了《中华百科全书》的解释具有相当的可信性。其次,"记忆装置"在日文中的通常含义。尽管"百度文库"的日文《计算机日语词汇》的形成时间,无法确定是否在本专利申请日前,但基于前述相同理由,该文仍可以起到一定程度的参考作用。加之本专利原申请文件系日文,更应重视日文文献的解释。根据《计算机日语词汇》的记载,日文"記憶装置"的相应英文翻译为"storage"或者"memory",即"存储"或者"记忆"。可见,在日文中,"记忆装置"的通常含义是"存储装置"。最后,本专利原申请文件关于"记忆装置"的记载。本专利原国际申请文件中出现过"半導体記憶手段"和"記憶手段"的日文用语,在申请公开文本中"記憶手段"被翻译为"存储装置"。可见,申请人在本专利申请日时亦认为"记忆手段"意为"存储装置"。因此,可以认为,在本专利所属技术领域,"记忆装置"一词的通常含义,应为"存储装置"。

(2) 本专利授权文本中对"记忆装置"和"存储装置"用语的使用情况。本专利原申请文件和授权文本的说明书中均无"记忆装置"的记载,但是本专利授权文本的权利要求书既使用了"记忆装置"的用语,又同时使用了"存储装置"的用语。其中,独立权利要求 1 和 40 均单独使用了"存储装置"的用语;独立权利要求 8 和 29 及该两个独立权利要求的从属权利要求,均单独使用了"记忆装置"的用语;独立权利要求 12 单独使用了"记忆装置"的用语,但是其从属权利要求 13、14 和 15 均又使用了"存储装置"的用语;而且,在从属权利要求 13 和 14 中,"记忆装置"和"存储装置"在一句话中同时出现。在同一权利要求中甚至在同一句话中出现两个不同的术语,应认为申请人在修改过程中刻意对该两个术语进行了区分,在无其他证据表明该两个术语具有相同含义的情况下,对该两个术语的含义原则上应作不同解释。因此,本专利授权文本中权利要求 8、12 和 29 中的"记忆装置",不应解释为与"存储装置"具有同一含义。可见,基于本专利授权文本权利要求的特定情况,对本专利授权文本权利要求 8、12、29 中的"记忆装置",已经不能根据其通常含义进行解释。

(3) 精工爱普生的意见陈述对确定本专利授权文本中"记忆装置"含义的作用。本案中,精工爱普生在意见陈述中指出,"记忆装置"是指说明书及附图中记载的电路板及设置在其上的半导体存储装置。关于精工爱普生在意见陈述中的这一解释,对确定"记忆装置"的含义的作用分析如下:首先,前已述及,申请人的意见陈述在通常情况下可以作为理解说明书以及权利要求书含义的参考,而不是决定性依据,其参考价值的大小则取决于该意见陈述的具体内容及其与说明书和权利要求书的关系。其次,从该意见陈述的内容看,精工爱普生结合说明书和附图,将"记忆装置"这一抽象概念解释为"电路板及设置在其上的半导体存储装置"这一具体概念。"记忆装置"本身并无"电路板及设置在其上的半导体存储装置"的含义,这一解释在说明书中也找不到有说服力的根据。在这种情况下,不宜将精工爱普生的意见陈述作为确定"记忆装置"含义的决定性依据。最后,该意见陈述的内容与专利授权文本的权利要求书的记载存在不和谐之处。根据本专利授权文本独立权利要求 12 的记载,"记忆装置"与"设于所述壳体上的端子"是相互独立的,彼此之间不存在包含关系。而独立权利要求 12 的从属权利要求 13 和 14 中,"记忆装置"则不仅包括基片和存储装置,还包括设于基片上的端子。可见,如果采用精工爱普生在意见陈述中对"记忆装置"的解释,将记忆装置理解为说明书及附图中记载的电路板及设置在其上的半导体存储装置,该解释虽与独立权利要求 12 的记载可以相互契合,但与引用独立权利要求 12 的从属权利要求 13 和 14 形成冲突。因此,根据本案的具体情况,不宜采用精工爱普生的意见陈述作为解释本专利授权文本中"记忆装置"含义的依据。

综上,本专利权利要求 8、12、29 中"记忆装置"既不能解释为存储装置,又不能解释为精工爱普生在意见陈述中所谓的"电路板及设置在其上的半导体存储装置",本领域普通技术人员在客观上无法确定其含义。精工爱普生关于"记忆装置"应该根据其意见陈述对该术语所作的限制性解释来理解的申请再审理由不能成立,最高院不予支持。

6. 关于本专利权利要求 8、12、29 中"记忆装置"的修改是否违反法律规定? 1992 年修订的《专利法》第 33 条规定:"申请人可以对其专利申请文件进行修改,但是,对发明和实用新型专利申请文件的修改不得超出原说明书和权利要求书记载的范围,对外观设计专利申请文件的修改

不得超出原图片或者照片表示的范围。"根据这一规定,最高院分析如下:

(1)关于对"修改不得超出原说明书和权利要求书记载的范围"的理解。"原说明书和权利要求书记载的范围",应该从所属领域普通技术人员角度出发,以原说明书和权利要求书所公开的技术内容来确定。凡是原说明书和权利要求书已经披露的技术内容,都应理解为属于原说明书和权利要求书记载的范围。既要防止对记载的范围作过宽解释,乃至涵盖申请人在原说明书和权利要求书中未公开的技术内容,又要防止对记载的范围作过窄解释,对申请人在原说明书和权利要求书中已披露的技术内容置之不顾。从这一角度出发,原说明书和权利要求书记载的范围应该包括如下内容:一是原说明书及其附图和权利要求书以文字或者图形等明确表达的内容;二是所属领域普通技术人员通过综合原说明书及其附图和权利要求书可以直接、明确推导出的内容。与上述内容相比,如果修改后的专利申请文件未引入新的技术内容,则可认定对该专利申请文件的修改未超出原说明书和权利要求书记载的范围。

(2)关于本案"记忆装置"的修改是否违反《专利法》(1992)第33条的规定的具体判断。1992年修订的《专利法》第33条所称的原说明书和权利要求书,是指申请日提交的说明书和权利要求书。对于分案申请,根据1992年修订的《专利法实施细则》第43条的规定,是指申请日提交的原申请的说明书和权利要求书。对于国际申请,是指原始提交的国际申请的说明书、权利要求书及附图。本专利是99800780.3号发明专利申请的分案申请,99800780.3号发明专利申请是进入中国国家阶段的国际申请(PCT/JP99/02579)。因此,判断本案"记忆装置"的修改是否违反1992年修订的《专利法》第33条的规定,应以PCT/JP99/02579号国际申请记载的内容为准。PCT/JP99/02579号国际申请及其中文翻译件(99800780.3号发明专利申请公开说明书)本身并无"记忆装置"的记载,只有半导体存储装置和存储装置的记载。在本专利申请过程中,精工爱普生在分案申请中通过主动修改的方式引入了"记忆装置"的这一新术语。这一新术语在专利说明书中并未作特别限定,其所指代的技术内容在原申请文件中无法确定,既不能理解为原申请文件中提及的存储装置,又不能理解为精工爱普生在意见陈述中所谓的"电路板及设置在其上的半导体存储装置"。可见,修改后授权文本中"记忆装置"的内容,既非原申请文件明确表达的内容,又非本领域普通技术人员在阅读原申请文件后通过综合原说明书及其附图和权利要求书可以直接、明确推导出来的内容。因此,关于"记忆装置"的修改,违反了1992年修订的《专利法》第33条的规定。精工爱普生的相应申请再审理由不能成立,最高院不予支持。

因此,最高院裁定如下:驳回精工爱普生株式会社的再审申请。

二、裁判要旨

No.3-3-33-1 **在专利授权确权程序中,申请人在审查档案中的意见陈述,原则上只能作为理解说明书以及权利要求书含义的参考,而不是决定性依据。**

在专利授权确权程序中,意见陈述书是申请人与专利审查机关进行意见交换的重要形式,是专利审查档案的重要内容之一。尽管如此,在专利授权确权程序中解释权利要求时,意见陈述书的作用在特定的场合下要受到《专利法》明文规定的限制。例如,我国《专利法》规定了说明书应当对发明作出清楚完整的说明、权利要求书应当得到说明书的支持、专利申请文件的修改不得超出原说明书和权利要求书记载的范围等法定要求。在审查某项专利或者专利申请是否符合上述法定要求时,当然应该以说明书或者原说明书和权利要求书为依据,当事人意见陈述不能也不应该起决定作用。相反,如果将当事人的意见陈述作为判断某项专利或者专利申请是否符合上述法定要求的决定性依据,则无法促使专利申请人将相关内容尽量写入说明书,专利法关于说明书应当对发明作出清楚完整的说明、权利要求书应当得到说明书的支持、专利申请文件的修改不得超出原说明书和权利要求书记载的范围等法定要求,也将无法得到实现。因此,在专利授权确权程序中,申请人在审查档案中的意见陈述,在通常情况下只能作为理解说明书以及权利要求书含义的参考,而不是决定性依据。而在专利民事侵权程序中解释权利要求的保护范围时,只要当事人在专利申请或者授权程序中通过意见陈述放弃了某个技术方案,一般情况下应该根据当事人的意见陈述,对专利保护范围进行限缩解释。

权利要求的解释·信赖利益·意见陈述

No.3-3-33-2　专利申请人不可基于其修改在专利授权过程中得到审查员认可而享有信赖利益保护,对其修改行为所造成的一切后果应自负其责。

根据1992年修订的《专利法》第33条的规定,申请人有权对发明专利申请文件进行修改,只要其修改不得超出原说明书和权利要求书记载的范围即可。同时1992年修订的《专利法实施细则》对修改的时机和方式作了规定。根据上述规定,是否对专利申请文件进行修改,原则上是申请人的一项权利,只是该项权利的行使方式和范围受到《专利法》及其实施细则的限制。在主动修改的情况下,只要遵守《专利法》及其实施细则的相关规定,是否修改专利申请文件以及如何修改,很大程度上由申请人自主决定。即使在被动修改的情况下,申请人对如何修改仍有自主决定的权利。国家知识产权局依法行使对专利申请进行审查的职权,但并不负有也不可能负有保证专利授权正确无误的责任。申请人对其修改行为所造成的一切后果,应自负其责。本案中,精工爱普生针对记忆装置的修改属于主动修改,并非应审查员的要求进行的被动修改,当然应该对其修改行为的后果自行负责。精工爱普生关于其修改行为在实审程序中已经得到审查员认可,其基于信赖该审查结论而产生的信赖利益在后续无效程序中应得到保障的主张没有法律依据,最高院不予支持。

No.3-3-33-3　判断专利申请文件修改是否合法时,当事人的意见陈述通常只能作为理解说明书以及权利要求书含义的参考,而不是决定性依据。

判断专利申请文件的修改是否合法,依据《专利法》(1992)第33条规定可知:"申请人可以对其专利申请文件进行修改,但是,对发明和实用新型专利申请文件的修改不得超出原说明书和权利要求书记载的范围":即修改没有超出原说明书和权利要求书记载的范围,是合法的。对范围的界定可以分为两种,一是原说明书及其附图和权利要求书以文字或者图形等明确表达的内容;二是所属领域普通技术人员通过综合原说明书及其附图和权利要求书可以直接、明确推导出的内容。由此可知,判断专利申请文件修改是否合法的依据,仍然是说明书和权利要求书等专利申请文件,而意见陈述作为意见陈述书,是申请人与专利审查机关进行意见交换的重要形式,是专利审查档案的重要内容,却不是具有法律效力的专利申请文件,故通常只作为理解说明书以及权利要求书含义的参考,而不是决定性依据,其参考价值的大小取决于该意见陈述的具体内容及其与说明书和权利要求书的关系。本案中,在本专利申请过程中,精工爱普生在分案申请中通过主动修改的方式引入了"记忆装置"的这一新术语。这一新术语在专利说明书中并未作特别限定,其所指代的技术内容在原申请文件中无法确定,既不能理解为原申请文件中提及的存储装置,又不能理解为精工爱普生在意见陈述中所谓的"电路板及设置在其上的半导体存储装置"。可见,修改后授权文本中"记忆装置"的内容,既非原申请文件明确表达的内容,又非本领域普通技术人员在阅读原申请文件后通过综合原说明书及其附图和权利要求书可以直接、明确推导出来的内容。

# 第四章 专利权的期限、终止和无效

> **本章裁判要旨**
>
> No.3-4-46-1 专利复审委员会根据当事人的请求或者案情需要,可以决定对无效宣告请求进行口头审理。
>
> No.3-5-59-4 当对比设计与在先设计存在局部细微变化,在认定相近似时,应该考虑相关领域现有设计现状,判断其是否属于实质性差异。
>
> No.3-3-26-14 现有技术抗辩应当将被控侵权物与单独一份公知技术进行对比。
>
> No.3-4-46-2 人民法院受理的侵犯发明专利权纠纷案件,被告或者其他单位或者个人在答辩期间内,请求专利复审委员会宣告该专利权无效的,人民法院可以不中止诉讼。
>
> No.3-5-65-2 侵犯专利权的赔偿数额按照权利人因被侵权所受到的实际损失确定;实际损失难以确定的,可以按照侵权人因侵权所获得的利益确定。
>
> No.3-4-46-3 专利无效宣告程序中权利要求书的修改方式,不必严格限于《专利审查指南》限定的三种方式。
>
> No.3-4-47-2 发明专利申请公布后,申请人可以要求实施其发明的单位或者个人支付适当的费用。
>
> No.3-4-47-3 当专利权被宣告部分无效后,应当以维持有效的权利要求记载的技术特征与其所引用的权利要求记载的技术特征,共同限定该专利权的保护范围。
>
> No.3-4-47-4 专利权被宣告无效的前提为专利复审委员会行政决定的自动生效认定,或者相关法院对专利复审委员会行政决定的认定。
>
> No.3-4-47-5 在《专利法》第47条第2款意义上,应以无效宣告请求审查决定的决定日为准,确定宣告专利权无效的时间点。

**47** 专利无效行政诉讼中的口头审理(《专利法》第46条);外观设计等同侵权判断(《专利法》第59条)

**案例**:LG电子株式会社与国家知识产权局专利复审委员会、宁波奥克斯空调有限公司外观设计专利权无效行政纠纷案
**案例来源**:《人民法院案例选》2012年第3辑[第46号]
**主题词**:口头审理 等同侵权 相关技术领域

一、基本案情

上诉人(原审被告):中华人民共和国国家知识产权局专利复审委员会(以下简称专利复审委员会)。

被上诉人(原审原告):LG电子株式会社。

原审第三人:宁波奥克斯空调有限公司(以下简称奥克斯公司)。

上诉人专利复审委员会因外观设计专利权无效行政纠纷一案,不服中华人民共和国北京市

第一中级人民法院(2010)一中知行初字第 29 号行政判决,于法定期限内向北京市高级人民法院(以下简称北京高院)提出上诉。

北京市第一中级人民法院经审理查明:本专利系申请日为 2004 年 12 月 20 日,授权公告日是 2005 年 8 月 17 日,名称为"空气调节器"的外观设计专利,专利号为 200430120532.6,优先权日为 2004 年 11 月 15 日,专利权人为 LG 电子株式会社。

2009 年 3 月 6 日,奥克斯公司以本专利不符合 2001 年 7 月开始实施的《专利法》第 23 条的规定为由,请求宣告本专利无效,并提交了对比文件 1 作为证据,该对比文件 1 系名称为"空调机",授权公告日为 2004 年 10 月 27 日,专利号为 200430003591.5 的中国外观设计著录项目及图片复印件。奥克斯公司的具体无效请求理由是:对比文件 1 与本专利,属于相同类别的产品。本专利为立式结构,上部有出气口,前面板为长方形,其上中部有一长方形显示屏,下部有进气口,前面板与左右侧壁之间通过一过渡板连接,与右侧壁之间的过渡板连接处有出气孔。证据 1 与本专利相近似,差别仅在于对比文件 1 的前面板上显示屏下方有四个很小的按钮,前面板与侧壁之间的过渡连接板更倾斜的设置且为一体设置。这些差别仅属于局部的细微变化,一般消费者容易将二者误认、混同。因此,对比文件 1 与本专利,属于相近似的外观设计。

经形式审查合格,专利复审委员会依法受理了上述无效宣告请求,并于 2009 年 3 月 6 日将无效宣告请求书及相关文件的副本转送给 LG 电子株式会社,并通知其在指定的期限内答复。

2009 年 4 月 7 日,奥克斯公司向专利复审委员会补充了意见陈述书,增加了有关本专利不符合《专利法实施细则》第 13 条规定的新理由:(1) 对比文件 2、3、4 用于证明在本专利申请日之前,已有相近似的外观设计公开发表,因此本专利不符合《专利法》第 23 条的规定;(2) 对比文件 5 的专利权人与本专利的专利权人相同,该产品与本专利相比,属于相同类别产品,且形状相近似,二者为"同样的发明创造",因此本专利不符合《专利法实施细则》第 13 条的规定。奥克斯公司还补充提交了四份对比文件作为证据。

2009 年 4 月 9 日,LG 电子株式会社针对无效宣告请求及对比文件 1 向专利复审委员会提交了意见陈述书,认为:(1) 主视图对比,门板宽高比例不同,在空调机正面视图中占据的比例不同;本专利门板两侧有一明显的腰线,门板上方与空调机顶部之间有一横条,对比文件 1 没有;(2) 侧视图对比,本专利中表示空调机前后外壳之间的连接板的各竖线的间距稀疏,侧面出风口位于腰线下方及底座靠后位置没有进气口,对比文件 1 的竖线间距紧密且靠近机身前侧,侧面有出风口,底座靠后位置有一横向进风口;(3) 俯视图对比,本专利门板向前方凸出,空调机正面与侧面的交界处带有明显的棱角,对比文件 1 的门板与空调机身正面紧密贴合,空调机正面与侧面为圆弧过渡;(4) 立体图对比,亦可观察到上面列举的差别。本专利与对比文件 1 体现了不同的设计风格,整体视觉感受完全不同,因此,本专利与对比文件 1,既不相同也不相近似。

2009 年 5 月 6 日,专利复审委员会发出合议组成员告知通知书,同时将上述意见陈述书和有关证据的附件分别转文,并通知各方在指定的期限内答复。

2009 年 6 月 8 日,LG 电子株式会社向专利复审委员会提交了意见陈述书,同意放弃专利权声明,其认为:(1) 奥克斯公司补充新理由和新证据的时间超过了 1 个月的法定期限,不应予以考虑。(2) 即便对奥克斯公司增加的新理由和新证据加以考虑,对比文件 3 和 4 与本专利也存在多处不同,二者既不相同也不相近似;对于对比文件 5,LG 电子株式会社同意放弃 ZL200530004750.8 号外观设计专利权。

2009 年 6 月 25 日,专利复审委员会收到奥克斯公司针对 2009 年 5 月 6 日发出的转送文件的意见陈述书,认为本专利在相应部位的变化不会对产品的整体视觉效果产生显著影响,本专利与对比文件 1 属于相近似的外观设计。

在上述审理的基础上,专利复审委员会于 2009 年 7 月 7 日作出第 13639 号外观设计专利无效宣告请求审查决定(简称第 13693 号决定)。认为在先设计与本专利存在多处不同,但是其不同之处均属于局部的细微变化。在二者整体结构、各部分形状及比例均基本相同的情况下,局部的细微变化不会对产品整体视觉效果产生显著影响,一般消费者容易将二者混同、误认。因此,本专利与在先设计属于相近似的外观设计。由于在本专利申请日以前已有与其相近似的外观设计在出版物上公开发表过,本专利权的授予不符合《专利法》第 23 条的规定,故对奥克斯公司提出的其他理由和证据不再进行评述。因此,专利复审委员会决定:宣告本专利无效。

LG 电子株式会社不服第 13693 号决定并提起诉讼。在原审法院审理中,LG 电子株式会社对对比文件的真实性没有异议,认为第 13639 号决定"案由"部分记载的内容不充分,同时认为,专利复审委员会没有进行口头审理,使其失去了一次表达意见的机会。专利复审委员会认可 LG 电子株式会社和奥克斯公司在无效审查行政程序中提出过口头审理的请求。

北京市第一中级人民法院认为,专利复审委员会未对本案进行口头审理属于行政瑕疵,该瑕疵并不足以导致专利复审委员会程序违法。对比文件 1 与本专利的区别,可见两者在整体上差别明显,并非属于细微变化。专利复审委员会认为,对比文件 1 与本专利的区别属于局部细微变化,不足以引起一般消费者的注意,从整体上不会对整体视觉效果产生显著影响的认定,缺乏依据。因此,专利复审委员会认定本专利与对比文件 1 属于相近似的外观设计的结论错误,其作出第 13639 号决定的主要证据不足,依法应予撤销。

专利复审委员会不服原审判决,向北京高院提出上诉,请求撤销原审判决并维持第 13639 号决定。专利复审委员会的主要上诉理由为:本专利与对比文件 1 已构成相似设计,原审法院认定其不属于相似设计错误;由于各方当事人未以书面形式请求对本案进行口头审理,故原审法院认定专利复审委员会未对本案进行口头审理属于行政瑕疵错误。

北京高院经审理查明,原审判决认定事实清楚,证据采信得当,且有第 13639 号决定、本专利授权文本及图片、对比文件 1、当事人陈述及笔录等证据在案佐证,证据充分,北京高院对原审法院查明的事实予以确认。

北京高院认为,《中国专利审查指南》规定,专利复审委员可以根据当事人的请求或者案情需要,决定对无效请求进行口头审理。当事人请求专利复审委员会进行口头审理的,应当提出书面形式的请求。同时,《中国专利审查指南》也规定了当事人可以向专利复审委员会提出进行口头审理的请求。虽然 LG 电子株式会社和奥克斯公司在行政程序中均请求专利复审委员会进行口头审理,但现有证据不能证明该请求系以书面形式提出,且专利复审委员会在受理奥克斯公司提出的无效宣告请求后,已将相关请求书、意见陈述书及补充意见陈述书向 LG 电子株式会社转文,LG 电子株式会社在收到上述材料后,针对奥克斯公司的主张,分别提交了意见陈述书,专利复审委员会也及时对该意见陈述书进行了转文。专利复审委员会的上述行为已经保证了各方当事人陈述意见的机会,并考虑到本案主要涉及一份在先设计与本专利进行对比等实际情况,专利复审委员会未对本案进行口头审理并无不当,也未损害各方当事人的实体及程序权利,不构成行政瑕疵。原审法院认定专利复审委员会未对本案进行口头审理属于行政瑕疵依据不足,北京高院予以纠正。专利复审委员会相应上诉理由成立,北京高院予以支持。

根据《专利法》第 23 条的规定,授予专利权的外观设计,应当同申请日以前在国内外出版物上公开发表或国内公开使用过的外观设计不相同和不相近似,并不得与他人在先取得的合法权利相冲突。本案对比文件 1 真实、有效,其申请日早于本专利,且与本专利属于相同技术领域,可以作为在先设计与本专利进行对比。二者的区别在于:对比文件 1 的前面板与背面的宽窄区别不大,本专利的面板较窄,能够清晰地看到前面板与侧面板之间的线条设计;对比文件 1 的面板上的小显示屏下方有四个小空心圆设计,本专利的显示屏下方没有设计内容;对比文件 1 的侧面板为一个整体长方形,本专利的侧面板在中上部之间有一条横线设计,将侧面板分为上下两部分,且在下半部分又有一略小的长方形线条设计;对比文件 1 的面板与侧面板之间的链接为弧线设计,本专利的面板与侧面板之间的链接线条有凹凸设计,以至于两者之间的俯视图线条不同、仰视图线条不同;对比文件 1 的底座正面与本专利的底座正面的设计线条不同,两者的侧面也有不同。对于本专利及对比文件 1 所示的空调产品来说,在考虑本领域现有设计状况后,可以认定上述区别非属细微变化,可见二者在整体上差别明显。在此基础上,原审法院认定本专利与对比文件1属于既不相同也不相似的外观设计并无不当,专利复审委员会有关本专利与对比文件1已构成相似设计的上诉理由依据不足,北京高院不予支持。

综上,虽然专利复审委员会的上诉理由部分成立,但其上诉请求仍因依据不足不能成立,北京高院不予支持。北京高院认为原审判决认定事实基本清楚,适用法律基本正确,判决结果恰当,依法应予维持。

## 二、裁判要旨

**No.3-4-46-1** 专利复审委员会根据当事人的请求或者案情需要,可以决定对无效宣告请求进行口头审理。

《专利审查指南》(2010)第四部分第四章第二节规定:在无效宣告程序中,有关当事人可以向专利复审委员会提出进行口头审理的请求,并且说明理由。同时也规定了合议组可以根据案情需要自行决定进行口头审理。

本案中,原告和第三人在行政程序中均申请被告进行口头审理,被告在未说明具体理由的情况下,决定对本案不进行口头审理,不符合《中国专利审查指南》第四部分第四章第二节的规定不构成行政瑕疵。但鉴于被告已经收到了原告和第三人在行政程序中的意见陈述,听取了原告和第三人的争议内容,而且将上述内容已经记载在第13639号决定的"案由"部分,可以认定该瑕疵并不足以导致被告程序违法。

**No.3-5-59-4** 当对比设计与在先设计存在局部细微变化,在认定相近似时,应该考虑相关领域现有设计现状,判断其是否属于实质性差异。

依据最高人民法院《关于审理侵犯专利权纠纷案件应用法律若干问题的解释》第11条的规定,被诉侵权设计与授权外观设计在整体视觉效果上无差异的,人民法院应当认定两者相同;在整体视觉效果上无实质性差异的,应当认定两者近似。但是,应当考虑到,产品正常使用时容易被直接观察到的部位相对于其他部位,以及授权外观设计区别于现有设计的设计特征相对于授权外观设计的其他设计特征,通常对外观设计的整体视觉效果更具有影响。这就要求在进行设计的对比时,考虑到相关领域的现有设计现状,从而进行是否实质性差异的判断。

本案中,涉案专利与在先设计的不同之处在于:在先设计的前面板上设置了四个很小的圆形,涉案专利没有;在先设计前面板的侧边略窄、中部没有腰线,涉案专利前面板的侧边略宽,中部各有一条腰线;在先设计的底座侧面后部有一横向进风口,涉案专利没有。虽然前面板设置的四个小圆形在整个产品中所占的比例非常微小,前面板侧边和腰线的不同属于局部细微的变化,但考虑到现有空调外观设计的现状,上述区别不属于细微变化,应当被认定具有可专利性。

## 48 专利无效宣告的诉讼中止(《专利法》第46条);现有技术抗辩的判断(《专利法》第26条);专利侵权赔偿数额的确定(《专利法》第65条)

**案例**:上海帅佳电子科技有限公司、慈溪市西贝乐电器有限公司与山东九阳小家电有限公司、王旭宁及济南正铭商贸有限公司发明专利侵权纠纷案
**案例来源**:最高人民法院《2008年100件全国知识产权司法保护典型案例》
**主题词**:诉讼中止 外观设计专利现有技术抗辩 侵权赔偿

### 一、基本案情

上诉人(原审被告):上海帅佳电子科技有限公司(以下简称帅佳公司)。
上诉人(原审被告):慈溪市西贝乐电器有限公司(以下简称西贝乐公司)。
被上诉人(原审原告):山东九阳小家电有限公司(以下简称九阳公司)。
被上诉人(原审原告):王旭宁。
原审被告:济南正铭商贸有限公司(以下简称正铭公司)。

帅佳公司、西贝乐公司因与九阳公司、王旭宁及济南正铭公司发明专利侵权纠纷一案，不服济南市中级人民法院(2006)济民三初字第121号民事判决，向山东省高级人民法院(以下简称山东高院)提起上诉。

原审法院审理查明:1999年6月1日，王旭宁就其"智能型家用全自动豆浆机"向国家知识产权局申请发明专利，于2001年12月5日获得授权：专利号ZL99112253.4，授权公告号CN1075720C，专利权人王旭宁。

2001年12月8日，王旭宁与九阳公司签订一份专利实施许可合同，王旭宁将上述专利在全国范围内独家许可九阳公司实施，许可期限同于专利有效期，许可费为300万元。双方已将该合同在国家知识产权局进行了备案。

2006年4月15日，正铭公司从江苏时代超市有限公司泰州时代九州超级购物中心购买取得西贝乐牌豆浆机7件，其中XBL100GD型每件262元、XBL100GM型每件269元、XBL500TD型每件358元、XBL500TM型每件409元。2006年4月20日，九阳公司职员来到正铭公司位于济南市天桥区铜元局前街的九阳专卖店，购买取得西贝乐牌豆浆机4件，其型号和价格为XBL100GD型每件312元、XBL100GM型每件319元、XBL500TD型每件408元、XBL500TM型每件459元。济南市公证处对上述购买过程进行了公证，并对取得的发票和实物进行拍照和封存。2006年7月6日，一审法院向被告西贝乐公司送达应诉通知并进行证据保全，取得上述型号豆浆机四件，上述产品及包装均标注：上海帅佳电子科技有限公司，生产基地慈溪市西贝乐电器有限公司。庭审中，帅佳公司和西贝乐公司自认其上述四个型号的豆浆机的产品结构和技术特征相同，并与两原告的专利权利要求1即独立权利要求限定的技术方案相同。

2006年6月21日，帅佳公司和西贝乐公司的网站 www.xibeile.com 对其XBL100GD、XBL100GM、XBL500GD、XBL500TM型豆浆机进行展示，该网站"帅佳产品"栏目介绍，两被告的产品包括厨房小精灵系列、鲜果汁豆浆碾磨系列、全自动豆浆机系列、维尔斯电磁炉系列、赫斯提亚多功能食品加工机系列。同日，中国家电企业网 www.cnjiadian.com 有关帅佳公司和西贝乐公司的栏目介绍中载明，帅佳公司是集科研、生产、销售为一体的股份制企业，拥有现代化的流水线生产基地2000多平方米，基地生产员工300多人，在全国建立了完善的销售网络，年产销额达7000多万元。

2006年7月24日，重庆家乐福商业有限公司成都分店售出西贝乐牌XBL500TD型多功能豆浆机1件，单价339元;2006年9月18日，江苏时代超市有限公司金华时代超级购物中心售出西贝乐牌XBL500TM型多功能豆浆机1件，单价409元;2006年10月9日，武汉汉福超市有限公司售出西贝乐牌XBL100GD型、XBL100GM型、XBL500TD型和XBL500TM型多功能豆浆机各1件，单价分别为248元、280元、339元和388元;2006年11月10日，上海嘉定乐购生活购物有限公司绍兴分公司售出西贝乐牌XBL100GD型多功能豆浆机2件，单价328元，该产品的生产日期为2006年10月22日。

原审法院就各方当事人争议的焦点分别评述如下:

1. 王旭宁及九阳公司的专利权是否具有创造性，本案是否需中止审理？依照我国《专利法》的有关规定，国务院专利行政部门负责全国的专利工作，统一受理和审查专利申请，依法授予专利权。专利授权后，任何单位或者个人认为专利权的授予不符合《专利法》有关规定的，可以请求专利复审委员会宣告该专利权无效。法院作为专利侵权纠纷案件的审判机关，无权对专利权的效力进行评判。依照最高人民法院法释〔2001〕21号《关于审理专利纠纷案件适用法律问题的若干规定》第11条的规定，人民法院受理的侵犯发明专利权纠纷案件，被告在答辩期间内请求宣告该项专利权无效的，人民法院可以不中止诉讼。通过初步审查，帅佳公司申请宣告涉案专利权无效的对比文件，不足以影响专利权的效力，故对帅佳公司、西贝乐公司中止诉讼的请求，不予支持。

2. 帅佳公司、西贝乐公司有关被控侵权产品的技术是否来源于已有技术，即两被告的公知技术抗辩是否成立？帅佳公司、西贝乐公司主张已有技术的证据与其在国家知识产权局专利复审委员会进行无效宣告程序所使用的证据相同,即六份中国专利文献,该六份专利文献均是由国家知识产权局在王旭宁涉案发明专利申请日以前公开的。依照我国《专利法》的有关规定,发明专利的授权须经实质审查,授予专利权的发明应当具备新颖性、创造性和实用性。王旭宁的涉案发明专利经过实质审查并得以授权,表明在申请日以前没有同样的发明或实用新型在国内外出版物上公开发表过、在国内公开使用过或者以其他方式为公众所知,且该专利技术同申请日以前的已有技术相比具有突出的实质性特点和显著的进步。对于王旭宁的涉案专利而言,帅佳公司、西贝乐公司使用的六份专利文献所记载的技术显然属于已有技术,二者不同,前者具有突出的实质性特点和显著的进步。故帅佳公司、西贝乐公司有关被控侵权产品的技术来源于已有技术的主张不成立,其公知技术抗辩理由不予采纳。

3. 本案的赔偿数额。九阳公司和王旭宁要求帅佳公司和西贝乐公司共同赔偿经济损失300万元,帅佳公司和西贝乐公司抗辩该项请求无事实依据。依照最高人民法院法释[2001]33号《关于民事诉讼证据的若干规定》第75条的规定,有证据证明一方当事人持有证据无正当理由拒不提供,如果对方当事人主张该证据的内容不利于证据持有人,可以推定该主张成立。诉讼中,原审法院依法裁定对帅佳公司和西贝乐公司生产、销售被控侵权产品的账册进行证据保全,但两被告拒绝提供,故推定九阳公司和王旭宁要求帅佳公司和西贝乐公司赔偿经济损失300万元的主张成立,予以支持。

综上所述,九阳公司和王旭宁要求正铭公司、帅佳公司和西贝乐公司停止侵权,要求帅佳公司和西贝乐公司赔偿损失,合理有据,予以支持。九阳公司和王旭宁要求帅佳公司和西贝乐公司销毁生产侵权产品的模具、未售出的侵权产成品、半成品及其零部件,因涉案发明专利是对已有技术的改进,且模具和半成品并非专用于生产侵权产品,而销毁侵权产成品应属于执行停止侵权的判决内容,故对其该项请求不予支持。依照《中华人民共和国专利法》第11条第1款、第56条第1款,最高人民法院法释[2001]33号《关于民事诉讼证据的若干规定》第75条,《中华人民共和国民法通则》第118条的规定,判决:

一、济南正铭商贸有限公司、上海帅佳电子科技有限公司、慈溪市西贝乐电器有限公司立即停止对ZL99112253.4"智能型家用全自动豆浆机"发明专利的侵权行为;

二、上海帅佳电子科技有限公司、慈溪市西贝乐电器有限公司于本判决生效后10日内共同赔偿山东九阳小家电有限公司、王旭宁经济损失300万元;

三、驳回山东九阳小家电有限公司、王旭宁的其他诉讼请求。案件受理费25 010元,财产保全费15 520元,合计40 530元,由上海帅佳电子科技有限公司、慈溪市西贝乐电器有限公司负担。

帅佳公司和西贝乐公司不服一审判决,共同提起上诉。

山东高院二审查明的事实与原审认定一致。

山东高院补充查明,上诉人在一审中为证明被上诉人涉案专利不具有创造性及公知技术抗辩成立,向法庭提供对比文件六份,其中对比文件1为"全自动豆浆机"实用新型专利说明书,专利权人李士春,专利号94235615.2,授权公告日1995年10月18日。对比文件2是"自动家用豆浆机"实用新型专利说明书,专利权人是闻周斌,专利号97224316.X,授权公告日1999年1月13日。对比文件3是自动煮豆浆机实用新型专利说明书,专利权人郑瑞台,专利号97250817.1,授权公告日1999年4月21日。

山东高院认为,虽然对专利的有效性进行判断并不属于审理侵犯专利权民事纠纷案件的人民法院的审理范围,但人民法院在审查当事人提出的中止审理申请时,可以依据当事人所提交的有关已经公开的技术文件,与涉案专利技术进行对比,并由此判断涉案专利被国家知识产权局专利复审委员会宣告无效的可能性,从而最终作出是否准许当事人中止审理的申请的决定。人民法院作出是否中止审理的决定,应当建立在对当事人所提出的对比文件是否会影响专利效力的可能性判断的基础上。

本案中,上诉人在一审答辩期间向一审法院提出中止审理的申请,并提出相关对比文件作为依据,主张涉案专利不具有创造性。对此,一审法院依据最高人民法院《关于审理专利纠纷案件适用法律问题的若干规定》第11条的规定,不予中止审理并无不当。但是,基于山东高院的前述理由,针对上诉人提出的这一主张,结合其提交的有关对比文件,山东高院在二审期间可以作进一步审查。(1)上诉人主张其提供的对比文件1即"全自动豆浆机实用新型专利说明书"中公开了涉案专利权利要求1中前序部分的技术特征。对此,山东高院经审查认为,涉案专利权利要求1前序部分中特征6"在机头上设置电源插座13",在对比文件1中并没有体现,特征9"电热器和防溢探头固定在下盖下部",在对比文件1中并没有公开。(2)上诉人主张涉案专利特征部分,即"下盖下端安装有一个由前端装有温度传感头的温度测定棒组成的温度传感器,温度传感头与控制线路板连接",在对比文件2和对比文件3中分别全部出现。对此,山东高院经审查认为,对比文件2中记载的是"在杯4的侧壁上有温敏电阻10",与涉案专利技术相比,该温敏电阻存在三个方面的差异,一是安装位置不同;二是结构有区别;三是在测定豆浆温度的效果上存在明显差异,因此,温敏电阻与涉案专利技术不能认为是简单的技术替代。通过审查对比文件3,山东高院认为,对比文件3公开的是一种煮豆浆技术,不具有涉案专利所具有的加热、粉碎打浆的功能,同时对比文件3中所记载的将温度传感器与液面传感器结合的方案,与涉案专利技术也不相同,效果也不尽一致。因此,将上诉人提交的三份对比文件进行组合,并不能完全覆盖涉案专利权利要求1所记载的全部技术特征。同时,上诉人这种将不同对比文件中所记载的技术进行分别拆解后再进行组合,以否定涉案专利的创造性的方式也是不能成立的,涉案专利所记载的技术不能认为是已知技术的简单组合。所以,上诉人以涉案专利不具有创造性为由申请中止审理的主张,山东高院不能支持。

同样,上诉人关于其产品所使用的技术来源于其提交的几份对比文件的主张,与其关于涉案专利不具有创造性的理由是一致的。山东高院认为,所谓公知技术抗辩,是指被控侵权人所使用的技术和已知技术相同或者更接近于已知技术。从本案来看,上诉人产品所使用的技术与涉案专利技术完全相同,并非更接近于其所提交的对比文件中所载明的技术。同时,上诉人依据多份对比文件中所载明的技术的拆分组合来主张公知技术抗辩也是不能成立的。

关于一审法院确定的损害赔偿数额是否适当的问题。山东高院认为,对于被上诉人九阳公司来说,涉案专利技术是企业的核心与关键技术,是被上诉人九阳公司赖于生存和发展的基础,也是被上诉人获得企业利润的主要来源。而对两上诉人来说,其使用涉案专利技术所获得的非法利益是明显和巨大的,这一点单单从其自身网站上所载明的一年的营业额宣传就可以得出结论。同时,上诉人虽然对两被上诉人之间的专利许可合同持有异议,但没有证据表明,被上诉人王旭宁与九阳公司之间的专利许可合同以及专利许可费的数额是不客观的。另外,在一审法院要求上诉人提供有关财务账册的情况下,上诉人拒不提供,从而亦不能证明上诉人关于其未获利的主张。考虑上述综合因素,一审法院依据最高人民法院有关司法解释推定,被上诉人关于300万元的损失主张并无不当,所确定的300万元损失数额并非过高。上诉人主张一审法院确定的损害赔偿数额不当,但在二审期间却不提供任何相关证据加以证明,因此其该项上诉主张亦不能成立,山东高院不予支持。

二、裁判要旨

**No.3-3-26-14** 现有技术抗辩应当将被控侵权物与单独一份公知技术进行对比。

依据最高人民法院《关于审理侵犯专利权纠纷案件应用法律若干问题的解释》第14条的规定,被诉侵权设计与一个现有设计相同或者无实质性差异的,人民法院应当认定被诉侵权人实施的设计属于《专利法》第62条规定的现有设计,即在当事人向法院提出现有技术抗辩时,一般是将被诉侵权设计与一个现有设计进行比较。同时第11条规定了对比所要采取的方法,即根据授权外观设计、被诉侵权设计的设计特征,以外观设计的整体视觉效果进行综合判断。由此可知,外观设计专利的现有技术抗辩一般是与一个现有设计相比较,通过整体视觉效果的比较,确定是否相同或者近似。但是鉴于外观设计专利的相对简单,故第10条规定了进行外观设计

诉讼中止·外观设计专利现有技术抗辩·侵权赔偿

是否相同或者近似判断的知识背景,即一般消费者的知识水平和认知能力。因此当被控侵权物是一份以上的公知技术的显而易见的简单组合,并且没有产生新的技术效果的情况下,被控侵权技术的认定值得思考,最高人民法院《关于处理专利侵权纠纷案件有关问题解决方案》(草稿)第86条对此进行了规定。但鉴于正式的司法解释删去了此条内容,因此,还是应当坚持将被控侵权物与单独一份公知技术进行对比。本案中,当事人提供的3篇文献进行对比的分析方法不能采用。

**No.3-4-46-2** 人民法院受理的侵犯发明专利权纠纷案件,被告或者其他单位或者个人在答辩期间内,请求专利复审委员会宣告该专利权无效的,人民法院可以不中止诉讼。

专利授权后,任何单位或者个人认为,专利权的授予不符合《专利法》有关规定的,可以请求专利复审委员会宣告该专利权无效。因此,在诉讼中,被告或者其他方面向专利复审委员会提出无效宣告请求。在这种情形下,法院可以决定是否中止诉讼,等待专利复审委员会的裁定,甚至北京市一中院以及北京市高院对专利复审委员会的裁定的相关判决作出,再继续进行诉讼程序。但中止诉讼带来的弊端就是,诉讼程序会被拖延,使专利权人的利益可能遭受损失。不中止诉讼带来的弊端就是,当专利的效力状态最终确认和法院审理结果相悖时,会引发再审,以及损害法院的公信力。因此最高人民法院《关于审理专利纠纷案件适用法律问题的若干规定》对上述情况作出了比较妥当,能够达到利益平衡的制度安排。人民法院审理专利案件分为两种类型,即侵犯实用新型、外观设计专利权纠纷案件和侵犯发明专利权纠纷案件,或者经专利复审委员会审查维持专利权的侵犯实用新型、外观设计专利权纠纷案件,之所以做这种分类是考虑到实用新型和外观设计专利不需要进行实质审查,被宣告无效的可能性较大。故一般而言,人民法院受理的侵犯实用新型、外观设计专利权纠纷案件,被告在答辩期间请求宣告该项专利权无效的,人民法院应当中止诉讼,被告在答辩期间届满后请求宣告该项专利权无效的,人民法院不应当中止诉讼。而人民法院受理的侵犯发明专利权纠纷案件或者经专利复审委员会审查维持专利权的侵犯实用新型、外观设计专利权纠纷案件,被告在答辩期间请求宣告该项专利权无效的,人民法院可以不中止诉讼。从本案来看,通过初步审查,帅佳公司申请宣告涉案专利权无效的对比文件,法院认为不足以影响专利权的效力,故对帅佳公司、西贝乐公司中止诉讼的请求,不予支持。

**No.3-5-65-2** 侵犯专利权的赔偿数额按照权利人因被侵权所受到的实际损失确定;实际损失难以确定的,可以按照侵权人因侵权所获得的利益确定。

在确定侵犯专利权的赔偿数额时,首先应当考虑的就是权利人因被侵权受到的实际损失以及侵权人所获得的利益。依据最高人民法院《关于审理专利纠纷案件适用法律问题的若干规定》第20条的规定,权利人所受到的实际损失,可以根据专利权人的专利产品因侵权所造成销售量减少的总数乘以每件专利产品的合理利润所得之积计算。权利人销售量减少的总数难以确定的,侵权产品在市场上销售的总数乘以每件专利产品的合理利润所得之积,可以视为权利人因被侵权所受到的损失。而侵权人所获得的利益,则可以根据该侵权产品在市场上销售的总数乘以每件侵权产品的合理利润所得之积计算。侵权人因侵权所获得的利益,一般按照侵权人的营业利润计算,对于完全以侵权为业的侵权人,可以按照销售利润计算。

本案中,在一审法院要求上诉人提供有关财务账册的情况下,上诉人拒不提供,从而不能证明上诉人关于其未获利的主张。但中国家电企业网 www.cnjiadian.com 有关帅佳公司和西贝乐公司的栏目介绍中载明,帅佳公司是集科研、生产、销售为一体的股份制企业,拥有现代化的流水线生产基地2 000多平方米,基地生产员工300多人,在全国建立了完善的销售网络,年产销额达7 000多万元。依据最高人民法院《关于民事诉讼证据的若干规定》第75条以及《专利法》第65条的规定,可以用来确定侵权赔偿的数额。

### 49 专利无效宣告程序中权利要求书的修改方式(《专利法》第46条)

**案例**:申请再审人国家知识产权局专利复审委员会与被申请人江苏先声药物研究有限公司、南京先声药物研究有限公司、第三人李平专利无效行政纠纷案

**案例来源**:《最高人民法院知识产权审判案例指导》(第四辑)[(2011)知行字第17号]

**主题词**:专利无效宣告程序　权利要求书修改

#### 一、基本案情

申诉人(一审被告、二审被上诉人):国家知识产权局专利复审委员会(以下简称专利复审委员会)。

被申诉人(二审上诉人之诉讼权利义务承继人):江苏先声药物研究有限公司(以下简称江苏先声公司)。

被申诉人(二审上诉人之诉讼权利义务承继人):南京先声药物研究有限公司(以下简称南京先声公司)。

第三人:李平。

申诉人专利复审委员会因与江苏先声公司、南京先声公司、李平专利无效行政纠纷一案,不服北京市高级人民法院于2010年12月20日作出的(2010)高行终字第1022号行政判决,向最高人民法院(以下简称最高院)申请再审。

针对涉案专利权,李平于2009年6月19日向专利复审委员会提出无效宣告请求,理由包括本专利权利要求1—4不符合《专利法》第26条第4款的规定。

2009年9月29日,专利复审委员会进行口头审理,家化公司当庭提交了权利要求书的修改文本,其中将本专利权利要求1中的比例"1∶10—30"修改为"1∶30"。专利复审委员会当庭告知该修改文本不符合《专利审查指南》第四部分第三章第4.6节的规定,不予接受。

2009年12月14日,专利复审委员会作出第14275号无效宣告请求审查决定(以下简称第14275号决定)。该决定认为:

1. 依据的文本。家化公司曾于口头审理时提交了经修改的权利要求书,其中将本专利权利要求1中的比例"1∶10—30"修改为"1∶30"。该修改从连续的比例范围中选择了一个特定的比例请求保护,而原权利要求书和说明书中均未明确记载过该比例关系,也没有教导要在原有的比例范围之中进行这样的选择,尽管本专利的说明书中记载了氨氯地平1 mg/kg与厄贝沙坦30 mg/kg的组合,但这仅表示药物具体剂量的组合,不能反映整个比例关系,此外,本专利说明书第10页曾对药物具体剂量作出明确限定:"本发明可应用的氨氯地平与厄贝沙坦复方剂量范围——氨氯地平∶厄贝沙坦=2—10 mg∶50—300 mg",故无法确定是否任意满足1∶30这个比例的组合均能达到与该组合相同的效果,因此,修改后的技术方案超出原权利要求书和说明书记载的范围,也不能从原权利要求书和说明书中毫无疑义地确定,并且对该反映比例关系的技术特征进行修改,也不属于无效宣告程序中允许的修改方式。

故专利复审委员会对该修改文本不予接受。本无效宣告请求审查决定依据的文本为本专利的授权公告文本。

2.《专利法》第26条第4款。本案中,权利要求1请求保护一种复方制剂,其中氨氯地平或氨氯地平生理上可接受的盐和厄贝沙坦的重量比为1∶10—30。根据本专利说明书的记载及专利权人在口头审理时所述,其技术方案具有降压效果显著,降压疗效稳定持久的作用。因而满足氨氯地平与厄贝沙坦重量比为1∶10—30的复方制剂及其应用均应具有上述作用。但是,本专利说明书在具体的实验例中记载了"用药后除A1I10组合降压作用不明显,A2I10组合和A1I20组合物降压作用维持不足12小时外,其余6种……""氨氯地平1 mg/kg与不同剂量的厄贝沙坦组合,仅在厄贝沙坦为30 mg/kg时才呈现稳定持续的降压效应"(说明书第7页倒数3—11行)。该实验结果显示:氨氯地平1 mg/kg与厄贝沙坦10 mg/kg的组合降压效果不明显,氨氯地平1 mg/kg与不同剂量的厄贝沙坦组合时,仅厄贝沙坦为30 mg/kg时才具有稳定持续的降压效果。因而,氨氯地平1 mg/kg与厄贝沙坦10 mg/kg的组合不仅降压效果不明显,而且不具有稳

定持续的降压效果。由此可见,说明书记载的技术方案落在1∶10—30的范围内,但却不能具有本专利技术方案所要起到的技术效果。因此,本领域技术人员不能从说明书的内容中得到或概括得出权利要求1的技术方案,本专利权利要求1不符合《专利法》第26条第4款的规定。

本专利权利要求2请求保护的复方制剂和权利要求3—4请求保护的制药用途均以权利要求1所述的复方制剂为基础,其中同样包括了前述降压效果不明显、不具有稳定持续的降压效果的技术方案,因此,本专利权利要求2—4同样得不到说明书的支持。总之,本专利权利要求1—4的技术方案中包括不能实现发明目的的技术方案,且本领域技术人员根据说明书记载的内容,不能合理地将权利要求的可实现发明目的的技术方案与不能实现发明目的的技术方案区分开,故本专利不符合《专利法》第26条第4款的规定,应予以无效。在此基础上,专利复审委员会对本无效宣告请求案涉及的其他无效理由不再予以评述。

综上,专利复审委员会决定:宣告本专利权全部无效。

家化公司不服,向北京市第一中级人民法院(以下简称北京一中院)提起行政诉讼。

北京市一中院认为:家化公司将原授权权利要求1中的比例"1∶10—30"修改为"1∶30",而该"1∶30"的比例关系在原始权利要求书和说明书中均未明确记载(原始权利要求的范围为1∶10—50)。尽管本专利的说明书中记载了氨氯地平1 mg/kg与厄贝沙坦30 mg/kg的组合,但这仅表示药物具体剂量的组合,而不能反映整个比例关系,无法确定是否任意满足1∶30这个比例关系的组合均能达到与该组合相同的效果。因此,家化公司将原权利要求1中的比例"1∶10—50"仅保留一个点值1∶30,且该点值1∶30并未记载在原权利要求书和说明书中,故家化公司对该反映比例关系的技术特征进行修改,超出了原权利要求书和说明书记载的范围,也不能从原权利要求书和说明书中毫无疑义地确定。专利复审委员会第14275号决定对此所作认定并无不妥之处,应予维持。在此基础上,专利复审委员会认定本专利权利要求1—4得不到说明书的支持、不符合《专利法》第26条第4款的规定是正确的。北京市一中院依照《行政诉讼法》第54条第1项之规定,判决:维持第14275号决定。

一审判决作出当日(2010年6月18日),本专利由家化公司转让给江苏先声公司和南京先声公司,著录项目变更于该日生效。

2010年7月15日,家化公司向北京市高级人民法院(以下简称北京高院)提起上诉,请求撤销一审判决,撤销第14275号决定。

北京高院认为:家化公司在无效宣告程序的口头审理中曾提交本专利权利要求的修改文本,将本专利权利要求1中的"1∶10—30"修改为"1∶30"。这种修改没有扩大本专利的保护范围,也没有超出原权利要求书记载的范围,更没有增加未包含在本专利授权的权利要求中的技术特征。专利复审委员会和一审法院关于原说明书中没有记载所有符合"1∶30"比例关系的氨氯地平和厄贝沙坦的组合都能达到相同的技术效果的认定,属于修改后的权利要求能否得到说明书支持的问题,即是否符合《专利法》第26条第4款的问题,而非家化公司关于本专利权利要求的修改是否扩大原专利的保护范围的问题,因此专利复审委员会第14275号决定和一审判决对家化公司关于本专利权利要求的修改不予接受的认定,缺乏依据,专利复审委员会应当根据家化公司在口头审理中所提出的本专利修改文本对李平所提宣告本专利权无效的相应理由予以审查。综上,判决撤销一审判决及第14275号决定,并判决专利复审委员会就本专利重新作出无效宣告请求审查决定。

最高院另查明,本专利说明书中有如下相关内容:说明书第三部分"试验结果"表5(第9页):"9种剂量组合及相应的剂量比"中有A1I30(1∶30)的内容。该部分"复方对血压的影响"中有如下描述:"9种组合⋯⋯用药后除A1I10组合降压作用不明显,A2I20和A1I20组合降压作用维持不足12小时外,其余6种组合均有显著降压作用,且降压作用维持24小时以上。⋯⋯氨氯地平1 mg/kg与不同剂量的厄贝沙坦组合,仅在厄贝沙坦为30 mg/kg时才呈现稳定持续的降压效应。"说明书第四部分"分析与结论"(第10页)中有"氨氯地平1 mg/kg与厄贝沙坦

30 mg/kg 的组方因降压效果稳定持久,用药剂量较小,故推荐为最佳剂量组合",以及"本发明可应用的氨氯地平与厄贝沙坦复方剂量范围——氨氯地平:厄贝沙坦 = 2—10 mg:50—300 mg"的内容。第10页及第11页片剂制备实施例1和实施例2分别公开了氨氯地平2.500 mg 与厄贝沙坦 75.000 mg 的组合以及氨氯地平 5.000 mg 与厄贝沙坦 150.000 mg 的组合。

最高院经审查认为:根据当事人申诉及答辩的事由,本案争议的焦点在于家化公司在无效程序中修改的权利要求是否应被接受,即该修改是否符合《专利法实施细则》及《专利审查指南》的相关规定。

1. 关于修改原则。《专利审查指南》规定无效宣告程序中对权利要求书的修改不得超出原说明书和权利要求书记载的范围。专利复审委员会称,二审法院错误地将比较对象认定为原授权文本,而非原申请文本。二审判决中并未出现上述陈述,关于比较对象的问题并无争议。本专利申请时的原始文本记载的比值范围为 1:10—50,授权文本为 1:10—30,无效程序中再次修改为 1:30,所涉及的问题均是 1:30 的比值是否在原说明书中有记载,这样的修改是否超出了原说明书和权利要求书记载的范围。根据查明的事实可知,本专利说明书中明确公开了氨氯地平 1 mg 与厄贝沙坦 30 mg 的组合,并将氨氯地平 1 mg/kg 与厄贝沙坦 30 mg/kg 作为最佳剂量比,在片剂制备实施例中也有相应符合 1:30 比例关系的组合,可见,1:30 的比值在说明书中已经公开。对于比值关系的权利要求而言,说明书中具体实施例只能记载具体的数值,而无法公开一个抽象的比值关系,而且本专利说明书中披露的是在大鼠身上进行试验所得到的结果,本专利说明书明确记载可应用的剂量范围是氨氯地平 2—10 mg,厄贝沙坦 50—300 mg,如果认定其披露的最佳组方仅为 1 mg:30 mg 这一具体剂量而非比值,则该最佳组方根本不包含在上述可应用的范围内,显然不符合常理。对于本领域普通技术人员来说,1 mg/kg 和 30 mg/kg 表明的是两种成分的比值而非一个固定的剂量,故本案中应认为 1:30 的比值关系在说明书已有记载,该修改没有超出原说明书和权利要求书的范围。另外,对是否符合该比值关系的所有技术方案均能够实现本专利发明目的,属于权利要求是否能得到说明书的支持,即《专利法》第 26 条第 4 款的问题,不宜以该理由认定修改是否超出范围。

2. 关于修改方式。《专利审查指南》规定无效过程中权利要求的修改方式限于三种:权利要求的删除、合并和技术方案的删除。专利复审委员会认为,即使认定本案中对权利要求的修改符合上述修改原则,但其仍然因不符合《专利审查指南》对修改方式的要求而不能被接受。本案中,尽管原权利要求中 1:10—30 的技术方案不属于典型的并列技术方案,但鉴于 1:30 这一具体比值在原说明书中有明确记载,且是其推荐的最佳剂量比,本领域普通技术人员在阅读原说明书后会得出本专利包含 1:30 的技术方案这一结论,且本专利权利要求仅有该一个变量,此种修改使本专利保护范围更加明确,不会造成其他诸如有若干变量的情况下修改可能造成的保护范围模糊不清等不利后果,允许其进行修改更加公平。《专利法实施细则》及《专利审查指南》对无效过程中权利要求的修改进行限制,其原因一方面在于维护专利保护范围的稳定性,保证专利权利要求的公示作用;另一方面在于防止专利权人通过事后修改的方式把申请日时尚未发现、至少从说明书中无法体现的技术方案纳入本专利的权利要求中,从而为在后发明抢占一个在先的申请日。本案中显然不存在上述情况,1:30 的比值是专利权人在原说明书中明确推荐的最佳剂量比,将权利要求修改为 1:30 既未超出原说明书和权利要求书记载的范围,更未扩大原专利的保护范围,不属于相关法律对于修改进行限制所考虑的要避免的情况。如果按照专利复审委员会的观点,仅以不符合修改方式的要求而不允许此种修改,使在本案对修改的限制纯粹成为对专利权人权利要求撰写不当的惩罚,缺乏合理性。况且,《专利审查指南》规定在满足修改原则的前提下,修改方式一般情况下限于前述三种,并未绝对排除其他修改方式。故最高院认为,本案中,二审判决认定修改符合《专利审查指南》的规定并无不当,专利复审委员会对《专利审查指南》中关于无效过程中修改的要求解释过于严格,其申诉理由不予支持。

## 二、裁判要旨

**No.3-4-46-3** 专利无效宣告程序中权利要求书的修改方式,不必严格限于《专利审查指南》限定的三种方式。

《专利法实施细则》第68条第1款规定,在无效宣告请求的审查过程中,发明或者实用新型的专利权人可以修改其权利要求书,但是不得扩大原专利的保护范围。在《专利审查指南》第四部分第三章第4.6节"关于无效宣告程序中专利文件的修改"中,上述修改原则表现为以下几种类型:(1)不得改变原权利要求的主题名称。(2)与授权的权利要求相比,不得扩大原专利的保护范围。(3)不得超出原说明书和权利要求书记载的范围。(4)一般不得增加未包含在授权的权利要求中的技术特征。在满足上述修改原则的前提下,修改权利要求书的具体方式一般限于权利要求的删除、合并和技术方案的删除。其中技术方案的删除是指,从同一权利要求中,并列的两种以上技术方案中删除一种或者一种以上技术方案。也就是说,专利无效宣告程序中,权利要求书的修改在满足修改原则的前提下,其修改方式在一般情况下限于权利要求的删除、合并和技术方案的删除三种方式。不过,这并未绝对排除其他修改方式。只要其他修改方式符合上述修改原则,就应当得到认可。本案中,1:30的比值是专利权人在原说明书中明确推荐的最佳剂量比,将权利要求修改为1:30既未超出原说明书和权利要求书记载的范围,更未扩大原专利的保护范围,不属于相关法律对于修改进行限制所考虑的要避免的情况。

## 50 专利临时保护的范围(《专利法》第47条)

**案例**:蒋柏平与李磊、金光明、南京金桐电器有限公司发明专利侵权纠纷案
**案例来源**:《人民法院案例选》2002年第1辑[第48号]
**主题词**:临时保护

### 一、基本案情

原告:蒋柏平。

被告:李磊。

被告:金光明。

被告:南京金桐电器有限公司(以下简称金桐公司)。

原告蒋柏平于1994年12月26日向国家专利局提出了一项名为"有线电视机上变频器的制作法"的发明专利申请。1996年7月31日,国家专利局将该发明专利申请公开,公开名称为"有线电视机上变频器的制作法",权利要求书共一项,为"一种有线电视机上变频器的制作方法,本发明的特征在于:对有线电视终端各频道信号输入,先分成两路,一路和本振的输出都加到混频器对应输入端,本振定适当频率,使增补频道的混频处于UHF电视频段内,混频器的输出接到UV频段混合器的UHF输入端,经UV频段混合器的高通电路选通;另一路直接加到UV频段混合器VHF输入端,经其低通电路选通并与UHF频段混合,输出按电视频道频率配置标准分布的VHF、UHF两个频段的各频道电视信号"。1999年9月29日,国家知识产权局对该发明专利予以授权公告,公告发明名称为"有线电视终端信号的处理方法及其装置",专利号为94111546.1,专利权人为蒋柏平。该发明专利的权利要求有两项:(1)一种有线电视终端信号的处理方法,其特征在于将有线电视终端信号先用分配器或带通滤波器分成两路,其中一路与频率大于或等于247MH.Z的本振信号进行混频,使增补频道混频上移后的和频信号处于UHF电视频段内,然后经UV频段混合器的UHF频段高通滤波器选择,得到原来信号中大于223MH.Z的各增补频道信号的和频信号,即变成大于470MH.Z的UHF频段电视信号;另一路直接经UV频段混合器的VHF低通滤波器选择得到小于223MH.Z的即1—12频道的原来信号;上述两路处理后的信号混合输出,即为提供给用户电视机的按电视频道频率配置标准分布的VHF、UHF两个频段的各频道电视信号。(2)一种有线电视终端信号的处理装置,它包括分配器或带通滤波器、混频器、本振信号源和UV频段混合器。

1995年7月20日，原告蒋柏平与被告李磊、金光明签订了一份《南京金桐电器技术中心合同章程》。1995年12月11日，原告蒋柏平与被告李磊、金光明签订了一份备忘录，对合作章程的终止作出了约定。1996年3月12日，金桐厂向玄武工商局申请减少注册资金，将原来的20万元注册资金减为3万元，获该局批准。

1999年6月29日，玄武工商局同意金桐厂注销。金桐厂在存续期间曾经生产了GP-870型有线电视增台器。1996年1月26日，金桐厂在《服务导报》上刊登广告，称每台价格为178元，10台以上8折优惠。1996年4月2日，金桐厂在《南京日报》上刊登的广告，称每台"遥控彩电专用CP550型金桐有线电视增台器"价格为165元。自1996年至1999年，金桐厂通过铁路运输向各地发送了15 776公斤货物，在托运单上记明的品名有仪器和配件等种类，托运人有李磊、金永岩等人签字，并有金桐厂的电话号码。

原告蒋柏平向江苏省南京市中级人民法院提起诉讼。

审理中，南京市中级人民法院根据双方当事人的申请，委托江苏省技术鉴定委员会对本案技术问题进行鉴定。2000年3月18日，江苏省技术鉴定委员会作出苏技鉴字(2000)第4号《鉴定结论》如下：(1)金桐厂与金桐公司的产品除电源部分略有不同外，其工作原理、技术方案、电路结构、元器件选用等完全一致。(2)被告产品的技术方案与原告专利技术方案一致，都是将电视信号分成两路，一路将223MH.Z-470MH.Z的电视信号用大于或等于247MH.Z的本振信号进行混频，上变频到UHF频段；另一路小于223MH.Z的电视信号直接经低通滤波器至输出端，两路信号一起输出。原告专利技术方案中使用了"带通滤波器"分开两路的方法，被告产品中采用了高通滤波器和低通滤波器分开两路的方法，这两种方法的技术特征相同。(3)被告产品与五份对比文件进行比较，均不能证明被告所使用的是该五份对比文件所揭示的公知技术。(4)金桐厂产品与原告专利公开技术方案对比，原告发明专利申请公开文件的权利要求涵盖了专利批准后的权利要求，故金桐厂产品的技术方案必然与申请公开文件的技术方案一致。

南京市中级人民法院经审理认为：涉案的94111546.1号专利系有线电视终端信号的处理方法及其装置的发明专利，它同时具有两项独立权利要求，只要被告产品的技术特征全面覆盖了其中一项独立权利要求所载明的技术特征，即应当认为被告构成专利侵权。由于涉案的94111546.1号专利系发明专利，因此在发明专利申请公布之后，申请人可以要求实施其发明的单位或者个人支付适当的费用。

金桐厂系原告蒋柏平和被告李磊、金光明组成的个人合伙。1995年12月11日三方所签订的备忘录，应视为原告蒋柏平退伙，原合伙金桐厂由被告李磊、金光明继续合伙经营。因此，金桐厂的合伙人李磊、金光明应当对合伙存续期间产生的债务承担连带清偿责任。

原告可以向金桐厂提出支付发明专利临时保护费的诉讼请求。金桐厂生产、销售的GP-870型有线电视增台器的技术方案与原告蒋柏平的专利技术方案一致，金桐厂应当向原告支付适当的使用费。由于金桐厂已经不存在，根据前述金桐厂系个人合伙的性质，故其给付责任应当由其合伙人即被告李磊、金光明承担。原告要求每台收取使用费20元的主张是合理的。

被告李磊不服一审判决，提起上诉：原告对金桐厂的诉讼已超过诉讼时效。

江苏省高级人民法院经审理认为，发明专利申请公布后的临时保护期使用费纠纷的诉讼时效的起始日期应当为授予其专利权之日，因此，原告的诉讼并没有超过诉讼时效。原审判决由合伙人李磊、金光明承担金桐厂合伙存续期间支付蒋柏平专利临时保护期使用费的连带责任，并无不当。

二、裁判要旨

**No.3-4-47-2 发明专利申请公布后，申请人可以要求实施其发明的单位或者个人支付适当的费用。**

根据《专利法》的规定，在发明专利申请公布之后，申请人可以要求实施其发明的单位或者个人支付适当的费用。此段时期对专利申请的保护称为"临时保护"。临时保护的保护范围应当区分具体情况而加以确定，即如果授权时的权利要求或者在经过异议程序(撤销程序)修改后的权利要求的保护范围大于公开的专利申请的权利要求所确定的保护范围,专利申请的临时保护仍以公开文本为准;反之,如果授权时的权利要求或者经过异议程序(撤销程序)修改后的权利要求的保护范围,小于公开的专利申请的权利要求所确定的保护范围,临时保护就必须以缩小后的权利要求为准。

原告专利申请公开的权利要求和授权后的权利要求已如前述,对比二者的保护范围,可以看出专利申请公开的权利要求的主题是"变频器的制作方法",但其特征所阐述的实际上是有线电视终端信号的处理方法,并且用语外延极大,必然导致权利保护范围很广;而授权后的权利要求所阐述的一是有线电视终端信号的处理方法;二是有线电视终端信号的处理装置,同时对许多技术特征作了非常明确的限定,缩小了权利保护范围。因此,对于两者,前者保护范围广,但实际上未涉及变频器的制作方法,后者保护范围较小,但增加了处理装置的权利要求。由于后者具有两个独立的权利要求,可以分开比较和处理,因此,相对于"信号处理方法"部分而言,后者的保护范围小于前者,所以临时保护的范围应当以后者的第一项独立权利要求所载明的保护范围为准,而不涉及处理装置。

## 51 部分无效的专利保护范围(《专利法》第47条)

**案例**:新疆岳麓巨星建材有限责任公司与新疆维吾尔自治区阿克苏地区国家税务局、新疆建工集团第一建筑工程有限责任公司侵犯专利权纠纷案
**案例来源**:《知识产权审判指导》2007年第2辑
**主题词**:专利部分无效　保护范围

### 一、基本案情

再审申请人(一审原告、二审上诉人):新疆岳麓巨星建材有限责任公司。
再审被申请人(一审被告、二审被上诉人):新疆维吾尔自治区阿克苏地区国家税务局。
再审被申请人(一审被告、二审被上诉人):新疆建工集团第一建筑工程有限责任公司。

再审申请人新疆岳麓巨星建材有限责任公司因与再审被申请人新疆维吾尔自治区阿克苏地区国家税务局、新疆建工集团第一建筑工程有限责任公司侵犯专利权纠纷一案,不服新疆维吾尔自治区高级人民法院2006年2月28日作出的(2005)新民三终字第35号民事判决,向最高人民法院(以下简称最高院)申请再审。

最高院经审查认为,当专利权被宣告部分无效后,应当以维持有效的权利要求记载的技术特征与其所引用的权利要求记载的技术特征,共同限定该专利权的保护范围。原审判决对权利人申请保护的技术方案未作具体分析区别,笼统以维持有效的所有权利要求,及它们所引用的权利要求一起共同作为确定专利权保护范围的依据,以致认定被控侵权产品没有落入专利权保护范围,确有错误。再审申请人的申请符合《中华人民共和国民事诉讼法》第179条第1款第3项规定的再审立案条件。依照《中华人民共和国民事诉讼法》第177条第2款,第140条第1款第8项、第3款之规定,裁定:指令新疆维吾尔自治区高级人民法院再审本案。

### 二、裁判要旨

**No.3-4-47-3** 当专利权被宣告部分无效后,应当以维持有效的权利要求记载的技术特征与其所引用的权利要求记载的技术特征,共同限定该专利权的保护范围。

当专利权被部分宣告无效的时候,对权利人申请保护的技术方案应当作具体分析和区别,当被维持有效的权利要求记载的都是各自不同的完整的技术方案时,能够符合专利法要求的,仍然可以得到专利法的保护。因此应当以每一个维持有效的权利要求与其所引用的权利要求,分别作为确定专利权保护范围的依据,即在确定部分有效的专利保护范围时,需要以维持有效的权利要求记载的技术特征与其所引用的权利要求记载的技术特征共同限定,而不是基于部分无效的原有专利的全部技术特征予以限定。

## 52 专利权无效的确定(《专利法》第47条)

**案例:申请再审人深圳万虹科技发展有限公司与被申请人深圳市平治东方科技发展有限公司等侵犯实用新型专利权纠纷案**

案例来源:《最高人民法院知识产权审判案例指导》(第二辑),(2009)民申字第1573号

主题词:专利权无效

### 一、基本案情

申请再审人(一审原告、二审被上诉人):深圳万虹科技发展有限公司(以下简称万虹公司)。

被申请人(一审被告、二审上诉人):深圳市平治东方科技发展有限公司(以下简称平治公司)。

被申请人(一审被告、二审上诉人):新诺亚舟科技(深圳)有限公司(以下简称新诺亚舟公司)。

被申请人(一审被告、二审上诉人):创新诺亚舟电子(深圳)有限公司(以下简称创新诺亚舟公司)。

申请再审人万虹公司与被申请人平治公司、新诺亚舟公司、创新诺亚舟公司侵犯实用新型专利权纠纷一案,广东省高级人民法院于2009年8月13日作出(2009)粤高法民三终字第215号民事判决,已经发生法律效力。2009年9月28日,万虹公司向最高人民法院(以下简称最高院)申请再审。

最高院审查查明:万虹公司以平治公司、新诺亚舟公司、创新诺亚舟公司为被告于2008年10月25日向广东省深圳市中级人民法院提起侵犯实用新型专利权纠纷。广东省深圳市中级人民法院于2009年2月25日作出(2008)深中法民三初字第419号民事判决,判决如下:

1. 创新诺亚舟公司、新诺亚舟公司立即停止生产、销售,平治公司立即停止销售侵犯本案专利权(ZL200420003299.8)产品的行为,销毁侵权产品。

2. 创新诺亚舟公司、新诺亚舟公司于本判决生效之日起15日内向万虹公司连带赔偿经济损失人民币50万元。

3. 驳回万虹公司的其他诉讼请求。一审案件受理费人民币13 800元,由创新诺亚舟公司、新诺亚舟公司连带负担。

平治公司、新诺亚舟公司、创新诺亚舟公司不服上述判决,向广东省高级人民法院(以下简称广东高院)提出上诉。

广东高院经审理,对一审法院查明的事实予以确认。另查明:2009年6月24日国家知识产权局专利复审委员会作出第13590号无效宣告请求审查决定书,宣告专利权人为刘鸿标、专利号为200420003299.8的电子发音书装置实用新型专利权全部无效。

广东高院以200420003299.8号实用新型专利已经被专利复审委员会第13590号无效宣告请求审查决定书宣告全部无效为由,依照《民事诉讼法》第153条第3项、《专利法》第47条第1款之规定,于2009年8月13日作出(2009)粤高法民三终字第215号民事判决:撤销广东省深圳市中级人民法院(2008)深中法民三初字第419号民事判决等。

最高院另查明:二审判决书的落款日期是2009年8月13日,申请再审人称其于2009年9月23日收到二审判决书,被申请人称其于2009年9月底收到二审判决书。专利复审委员会第13590号无效宣告请求审查决定书所列请求人是中山市启雅电子有限公司和创新诺亚舟公司。北京市第一中级人民法院于2009年7月2日决定受理专利权人刘鸿标针对第13590号无效宣告请求审查决定提起的行政诉讼,案号为(2009)一中行初字第1655号。2009年8月27日,申请再审人向二审法院提交了中止审理申请书、紧急报告、网络报道和相关裁定等,请求法院中止审理本案,并采取相应措施,制止创新诺亚舟公司的不正当行为并责令其消除影响。2009年9月3日,申请再审人向二审法院提交了北京市第一中级人民法院(2009)一中行初字第1655号案的开庭传票等材料。目前,北京市第一中级人民法院(2009)一中行初字第1655号案尚未审结。

最高院审查认为:《专利法》第47条第1款规定:"宣告无效的专利权视为自始即不存在。"这里"宣告无效的专利权"应当是指专利复审委员会作出的发生法律效力的无效宣告请求审查决定所宣告无效的专利权。对于专利复审委员会作出宣告专利权无效的决定,如果当事人自收到通知之日起3个月期满仍未向人民法院起诉的,该决定即发生法律效力;如果当事人依法提起了行政诉讼,该决定只有被生效的行政裁判维持其合法有效后才能发生法律效力。本案中,涉案专利虽然被专利复审委员会第13590号无效宣告请求审查决定宣告全部无效,但专利权人已经针对该决定在法定期限内提起行政诉讼,北京市第一中级人民法院对此已经立案受理,该决定显然尚未发生法律效力。在此情况下,申请再审人向二审法院申请中止审理,二审法院以涉案专利已经被第13590号无效宣告请求审查决定宣告全部无效为由,直接判决驳回申请再审人的全部诉讼请求,属于适用法律错误。申请再审人关于无效宣告请求审查决定尚不具有法律效力、不能作为裁判案件依据的申请再审理由成立,最高院予以支持。

### 二、裁判要旨

**No.3-4-47-4** 专利权被宣告无效的前提为专利复审委员会行政决定的自动生效认定,或者相关法院对专利复审委员会行政决定的认定。

专利权的无效确定有赖于专利复审行政决定的自动生效认定,或者相关法院对专利复审委员会行政决定的认定,即如下两种情形,如果当事人自收到通知之日起3个月期满仍未向人民法院起诉的,该决定即发生法律效力;如果当事人依法提起了行政诉讼,该决定只有被生效的行政决定维持其合法有效后,才能发生法律效力。因此《专利法》第47条第1款中"宣告无效的专利权",是指专利复审委员会作出的效力最终确定的无效宣告请求审查决定所宣告无效的专利权,而当专利权人已经针对专利复审委员会无效的决定在法定期限内提起行政诉讼,且相关诉讼已经立案受理,该决定显然尚未发生法律效力。因此,在该无效决定效力最终确定之前,在民事侵权案件中不宜一律以之为依据,直接裁判驳回权利人的诉讼请求。

### 53 无效宣告请求审查决定的决定日为确定宣告专利权无效的时间点(《专利法》第47条)

**案例:申请再审人陕西东明农业科技有限公司与被申请人陕西秦丰农机(集团)有限公司侵害实用新型专利权纠纷案**

案例来源:《最高人民法院知识产权审判案例指导》(第五辑)[(2012)民提字第10号]
主题词:决定日　发文日　送达日

#### 一、基本案情

申请再审人(一审被告、二审上诉人):陕西东明农业科技有限公司(以下简称东明公司)。

被申请人(一审原告、二审被上诉人):陕西秦丰农机(集团)有限公司(以下简称秦丰公司)。

申请再审人东明公司因与被申请人秦丰公司侵害实用新型专利权纠纷一案,不服陕西省高级人民法院(2009)陕民三终字第52号民事判决,向最高人民法院(以下简称最高院)申请再审。

一审法院认为,专利复审委员会第12379号无效宣告请求审查决定宣告本案专利权利要求1、4、5、6无效,在权利要求2、3的基础上维持本案专利有效,故本案专利的保护范围是:一种最大高度选择在500—700MM,在机架两侧有行走机构,行走机构是履带式机构,机架上固定有发动机、变速箱、离合器,变速箱和离合器与操作手柄连接的微型履带灵巧型农用机,其履带式行走机构是由一前一后两组抬车、一个驱动轮和一个张紧轮通过履带传动连接构成;每组抬车由两个支重轮和一个抬车总承组成,抬车总承的两个底端通过轴承分别与两个支重轮相连,抬车总承的顶端通过轴承与机架相连。本案中,东明公司认可其制造、销售的产品与秦丰公司本案技术特征完全相同,但主张是依据现有技术制造,并提交了已过保护期的ZL92223888.X号实用新型专利说明书和ZL93242720.0号实用新型专利说明书作为证据。由于东明公司的产品是否系依据该两份文献制造,需要东明公司进一步举证,东明公司也申请进行司法鉴定,但在指定的期限内未预交鉴定费用。因此,对东明公司主张其产品是根据自由公知技术制造的辩称理由不予采信。东明公司未经专利权人许可,为生产经营目的制造、销售本案专利产品的行为,已构成侵权。

东明公司不服一审判决,向陕西省高级人民法院提起上诉。

二审法院认为,一审判决以仍然有效的本案专利权利要求2、3记载的技术特征与该权利要求所引用的权利要求记载的技术特征,共同确定本案专利权保护范围是正确的,东明公司对该专利权保护范围的上诉理由无事实和法律依据,不予支持。现有技术抗辩成立,要求所主张的现有技术非组合而成。东明公司提供的证据仅为一些简单组合的资料,未能阐明其为一套系统的现有技术,更不能证明东明公司依据该现有技术自发研制生产1YG-7.5型遥控微耕机的发明创新过程,现有技术抗辩不能成立。且东明公司在一审时认可其产品落入本案专利保护范围,二审中也无充分证据证明该产品与本案专利技术特征存在差异。因此,东明公司未经专利权人许可,为生产经营目的制造、销售本案专利产品的行为构成侵权。原审判决认定事实清楚,适用法律正确。

东明公司不服二审判决,向最高院申请再审。

最高院审理查明,原审判决查明的事实属实。另查明,针对东明公司提出的宣告本案专利无效的请求,专利复审委员会作出第16225号决定,宣告本案专利权全部无效。第16225号决定的决定日是2011年3月15日,发文日是3月25日,通过邮寄送达秦丰公司的时间为2011年4月3日。秦丰公司不服第16225号决定,向北京市第一中级人民法院提起行政诉讼。2011年9月20日,北京市第一中级人民法院作出(2011)一中知行初字第2148号判决,维持了第16225号决定。由于原被告均未在法定期限内提出上诉,该判决已经发生法律效力。

2011年3月9日,应秦丰公司的强制执行申请,陕西省西安市中级人民法院冻结了东明公司在中国农业银行股份有限公司礼泉县支行账户内的存款155 468.00元。2011年3月16日,陕西省西安市中级人民法院完成了执行行为,并作出(2011)西执民字第38号民事裁定,裁定终结本案一、二审判决的执行。由于办理财务手续的原因,3月17日秦丰公司才收到银行扣划的执行款。在本案再审查阶段,双方当事人均认可以裁定作出日即3月16日为本案原审判决执行完毕时间。

最高院认为,结合申请再审人的再审请求、被申请人的答辩以及本案案情,本案的焦点问题在于:宣告本案专利权无效的决定,对本案原审判决是否具有追溯力以及本案应如何处理。这一问题的关键在于本案专利权宣告无效的时间点以及本案原审判决已执行的时间点的确定。需要说明的是,本案被诉侵权行为发生在2008年修正的《专利法》施行之前,侵权判定和法律责任适用2000年修正的《专利法》;但是本案申请再审涉及的是专利权被宣告无效后对此前人民法院作出的判决的追溯力问题,由于本案专利权被宣告全部无效的无效宣告请求审查决定作出时间在2008年修正的《专利法》施行之后,此问题应适用2008年修正的《专利法》。

1. 关于判决已执行的时间点的确定。2008年修正的《专利法》第47条第2款规定:"宣告专利权无效的决定,对在宣告专利权无效前人民法院作出并已执行的专利侵权的判决、调解书,已经履行或者强制执行的专利侵权纠纷处理决定,以及已经履行的专利实施许可合同和专利权转让合同,不具有追溯力。但是因专利权人的恶意给他人造成的损失,应当给予赔偿。"所谓判决已执行,是指判决所确定的执行内容已经执行完毕,判决确定的权利人的利益已经得到实现。判决已执行的时间点,一般应以判决所确定的执行内容执行完毕,且判决确定的权利人的利益得到实现的时间点为准。本案中,一审法院于2011年3月16日完成了全部执行行为,只是因为财务手续的原因才造成秦丰公司于次日收到执行款项,而本案双方当事人均认可以2011年3月16日作为本案原审判决执行完毕的时间,故可以2011年3月16日作为原审判决执行完毕的时间。

2. 关于宣告无效的时间点的确定。2008年修正的《专利法》第47条第2款的立法目的,在于实现公平与秩序的协调和平衡。一方面,赋予专利无效宣告请求审查决定对专利权被宣告无效后尚未执行或者履行完毕的专利侵权判决、调解书、专利侵权纠纷处理决定、专利实施许可合同、专利权转让合同等以追溯力,保障被指控的专利侵权人、专利被许可人以及被转让人的正当利益,防止专利权人借无效专利获得不当利益。另一方面,对于已经执行或者履行完毕的专利侵权判决、调解书、专利侵权纠纷处理决定、专利实施许可合同、专利权转让合同,专利无效宣告审查请求决定没有追溯力,维持已经形成并稳定化的社会秩序。由于宣告无效的专利权视为自始即不存在,以该专利权为基础的专利侵权判决、调解书、专利侵权纠纷处理决定、专利实施许可合同、专利权转让合同等所确定的利益本不应由专利权人获得。因此,《专利法》第47条第2款的规定以专利无效宣告请求审查决定有追溯力为原则,以无追溯力为例外。基于上述原因,在确定宣告无效的时间点时,应该考虑如下因素:一是该时间点应有对世性,应是社会公众均可公开得知并明确知晓的;二是该时间点应有确定性,应是一个确定的时点,原则上不宜随当事人的具体情况或者其他人为因素发生变动;三是该时间点应是较早的具有法律意义的时间点,尽量增加无效宣告请求审查决定发挥追溯力的机会。

本案中,第16225号决定涉及三个具有法律意义的时间点:决定日(2011年3月15日);发文日(3月25日);送达日(2011年4月3日)。决定日(2011年3月15日)是无效宣告请求决定的作出时间。决定日在无效宣告请求审查决定书上有明确记载,社会公众可以方便地获知。无效宣告请求决定一经作出,即对专利复审委员会产生拘束力,不得随意撤销或者变更。发文日(3月25日)是专利复审委员会向当事人发送无效宣告请求审查决定的时间,是送达过程的开始时间。该时间在无效宣告请求审查决定书上亦有明确记载。送达日(2011年4月3日)是当事人收到无效宣告请求审查决定的时间,是可提起行政诉讼期间的起算点。送达日无法在无效宣告请求审查决定书上载明,只能根据送达当事人的具体情况予以查明。无效宣告请求审查决定作出后,无论是发文日还是送达日,均可能由于人为因素发生变动,有时大大迟于决定作出日。如果以发文日或者送达日作为专利权被宣告无效的时间点,则决定作出日至发文日或者送达日这一时间间隔,可能被当事人利用,通过恶意加快或者拖延执行或履行来影响无效宣告请求审查决定的追溯力,从而获得有利于自己的追溯力结果。可见,无论以无效宣告请求审查决定的发文日还是送达日作为宣告专利权无效的时间点,均可能造成不合理的结果。相反,以无效宣告请求审查决定的决定日(作出日)作为确定专利权被宣告无效的时间点,不仅具有对世性和确定性,还可以在一定程度上增加无效宣告请求审查决定发挥追溯力的机会,实现结果公正。因此,宣告专利权无效的时间点,应以无效宣告请求审查决定的决定日(作出日)为准。

3. 本案应如何处理。本案中,宣告本案专利权无效的第16225号决定的决定日是2011年3月15日,该决定在行政诉讼程序中得到维持,并已确定发生法律效力。原一、二审判决执行完毕日是2011年3月16日。根据前述理由,本案专利权被宣告无效的时间应为2011年3月15日。在该日之前,人民法院作出的专利侵权判决并未执行完毕,故本案不属于2008年修正的《专利法》第47条第2款规定的不具有追溯力的情形。由于出现了本案专利权被宣告无效这一新的事实和证据,原一、二审判决认定侵权成立的权利基础已不复存在,应予撤销。秦丰公司基于原一、二审判决的执行而获得的利益,应予返还。东明公司的相应申请再审理由成立,最高院予以支持。秦丰公司关于原一、二审判决在第16225号决定作出之前已执行终结,第16225号决定对原一、二审判决不具有追溯力的抗辩理由不能成立,最高院不予支持。

综上,在本案专利权被宣告无效前,原一、二审判决并未执行完毕,第16225号决定对原一、二审判决具有追溯力。本案专利权已经被宣告全部无效,原一、二审判决已经丧失权利基础,应予撤销。秦丰公司的专利权已不复存在,其诉讼请求不能成立,应予驳回。

二、裁判要旨

No.3-4-47-5 在《专利法》第47条第2款意义上,应以无效宣告请求审查决定的决定日为准,确定宣告专利权无效的时间点。

现行《专利法》第47条第2款规定:"宣告专利权无效的决定,对在宣告专利权无效前人民法院作出并已执行的专利侵权的判决、调解书,已经履行或者强制执行的专利侵权纠纷处理决定,以及已经履行的专利实施许可合同和专利权转让合同,不具有追溯力。但是因专利权人的恶意给他人造成的损失,应当给予赔偿。"因此这一条文的规定的意义在于两个方面:一方面,赋予专利无效宣告请求审查决定,对专利权被宣告无效后尚未执行或者履行完毕的专利侵权判决、调解书、专利侵权纠纷处理决定、专利实施许可合同、专利权转让合同等以追溯力,保障被指控的专利侵权人、专利被许可人以及被转让人的正当利益,防止专利权人借无效专利获得不当利益。另一方面,对已经执行或者履行完毕的专利侵权判决、调解书、专利侵权纠纷处理决定、专利实施许可合同、专利权转让合同,专利无效宣告审查请求决定没有追溯力,维持已经形成并稳定化的社会秩序。由于宣告无效的专利权视为自始即不存在,以该专利权为基础的专利侵权判决、调解书、专利侵权纠纷处理决定、专利实施许可合同、专利权转让合同等所确定的利益,本不应由专利权人获得。因此,《专利法》第 47 条第 2 款的规定,以专利无效宣告请求审查决定有追溯力为原则,以无追溯力为例外。专利无效宣告请求审查决定号决定涉及三个具有法律意义的时间点:决定日;发文日;送达日。决定日是无效宣告请求决定的作出时间。决定日在无效宣告请求审查决定书上有明确记载,社会公众可以方便地获知。无效宣告请求决定一经作出,即对专利复审委员会产生拘束力,不得随意撤销或者变更。发文日是专利复审委员会向当事人发送无效宣告请求审查决定的时间,是送达过程的开始时间。该时间在无效宣告请求审查决定书上亦有明确记载。送达日是当事人收到无效宣告请求审查决定的时间,是可提起行政诉讼期间的起算点。送达日无法在无效宣告请求审查决定书上载明,只能根据送达当事人的具体情况予以查明。无效宣告请求审查决定作出后,无论是发文日还是送达日,均可能由于人为因素发生变动,有时大大迟于决定作出日。如果以发文日或者送达日作为专利权被宣告无效的时间点,则决定作出日至发文日或者送达日这一时间间隔可能被当事人利用,通过恶意加快或者拖延执行或履行影响无效宣告请求审查决定的追溯力,从而获得有利于自己的追溯力结果。可见,无论以无效宣告请求审查决定的发文日还是送达日作为宣告专利权无效的时间点,均可能造成不合理的结果。相反,以无效宣告请求审查决定的决定日(作出日)作为确定专利权被宣告无效的时间点,不仅具有对世性和确定性,还可以在一定程度上增加无效宣告请求审查决定发挥追溯力的机会,实现结果公正。因此,宣告专利权无效的时间点应以无效宣告请求审查决定的决定日(作出日)为准。

# 第五章 专利权的保护

> **本章裁判要旨**
>
> No.3-5-59-5 人民法院应当根据权利要求的记载,结合本领域普通技术人员阅读说明书及附图后对权利要求的理解,确定相关权利要求的内容。
>
> No.3-5-59-6 一项发明或者实用新型应当只有一个独立权利要求。但当独立权利要求中的多项技术特征实质上为不同技术方案时,应就不同的技术方案中的技术特征与被控侵权的发明或专利中的对应技术方案的技术特征进行比对,判断是否侵权。
>
> No.3-5-59-7 在与外观设计专利产品相同或者相近种类产品上,采用与授权外观设计相同或者近似的外观设计的,人民法院应当认定被诉侵权设计落入外观设计专利权的保护范围。
>
> No.3-5-59-8 在专利侵权诉讼中,经公证被购买的侵权产品可以作为证明专利权侵权的有效证据。
>
> No.3-5-68 侵犯专利权的诉讼时效自专利权人或者利害关系人知道或者应当知道侵权行为发生之日起计算。发明专利申请公布后至专利权授予前使用该发明未支付适当使用费的,自专利权人得知或者应当得知他人使用其发明之日起计算,但是,专利权人于专利权授予之日前即已得知或者应当得知的,自专利权授予之日起计算。
>
> No.3-5-59-9 在专利侵权纠纷案件中,如无相反证据,可以将现场录像以及勘验笔录记录的生产过程与专利权利要求书中的方法进行对比与分析,判断被控侵权方法与专利方法的必要技术特征是否相同。
>
> No.3-5-59-10 发明或者实用新型专利权的保护范围以其权利要求的内容为准。在权利要求书记载的内容不清楚时,说明书及附图可以用于解释权利要求中不清楚的内容。
>
> No.3-5-59-11 专利权的保护范围应当以权利要求书中明确记载的必要技术特征所确定的范围为准,也包括与该必要技术特征相等同的特征所确定的范围。等同特征是指与所记载的技术特征以基本相同的手段,实现基本相同的功能,达到基本相同的效果,并且本领域的普通技术人员无须经过创造性劳动就能够联想到的特征。
>
> No.3-5-59-12 判断被控侵权产品或方法是否侵犯发明专利权,应当将被控侵权产品或方法的技术特征与发明专利权利要求的技术特征进行比较。如果被控侵权产品或方法包含与专利权利要求的全部技术特征相同的技术特征,则被控侵权产品或方法构成专利侵权。
>
> No.3-5-59-13 发明专利权的保护范围以其权利要求的内容为准,说明书及附图可以用于解释权利要求。当专利权人与被控侵权人对专利权利要求记载的技术特征的理解有分歧时,可以用专利说明书记载的相关内容解释权利要求所记载的技术特征的含义,并且应当以相关领域的普通技术人员对专利说明书的理解进行解释,从而明确专利权的保护范围。

No.3-5-59-14　判断被控侵权产品或方法是否侵犯发明专利权,应当将被控侵权产品或方法的技术特征与发明专利权利要求的技术特征进行比较。如果被控侵权产品使用的方法包含与权利要求的全部技术特征相同的技术特征,或者被控侵权产品或方法的某个或某些技术特征虽与专利权利要求的对应技术特征不同但构成等同,则被控侵权产品或方法构成专利侵权。

No.3-5-59-15　实用新型专利权的保护范围以其权利要求的内容为准。权利要求书应当以说明书为依据。说明书应当对发明或者实用新型作出清楚、完整的说明,以所属技术领域的技术人员能够实现为准;必要的时候,应当有附图。摘要应当简要说明发明或者实用新型的技术要点。

No.3-5-59-16　以功能性限定技术特征撰写权利要求的专利在侵权判定时,应当按照说明书记载的实施例确定权利保护范围。

No.3-5-59-17　独立权利要求中的术语解释,应当依据其技术特征进行,不能与其他独立权利要求中的相同术语简单直接等同。

No.3-5-59-18　在方法专利的权利要求没有明确限定步骤顺序时,应当结合说明书和附图、审查档案、权利要求记载的整体技术方案以及各个步骤之间的逻辑关系,确定各步骤是否应当按照特定的顺序实施。

No.3-5-59-19　如果被控侵权技术除了包含专利权利要求中记载的全部技术特征相同的对应技术特征之外,又增加了其他技术特征,无论增加的技术特征本身或者与其他技术特征相结合产生何等功能与效果,均构成专利侵权,属于从属专利的构成相同侵权。

No.3-5-59-20　等同特征是指与所记载的技术特征以基本相同的手段,实现基本相同的功能,达到基本相同的效果,并且本领域的普通技术人员无须经过创造性劳动就能够联想到的特征。

No.3-5-59-21　在适用等同规则判断药品专利侵权纠纷时,当药品的主要成分及含量不同而具有不同的适用范围,产生不同的功能或效果时,不属于相同或等同产品。

No.3-5-59-22　改劣技术方案不落入专利权的保护范围。

No.3-5-59-23　人民法院可以依职权主动适用禁止反悔原则。

No.3-5-59-24　专利权人对其技术特征的解释应当不超出其权利要求书的记载范围,并应与其专利说明书与附图吻合。

No.3-5-59-25　在外观设计相同或者相近似的判断中,应该考虑设计空间或者说设计者的创作自由度,以便准确确定该一般消费者的知识水平和认知能力。

No.3-5-59-26　在外观设计相同或者相近似判断中,应当考量引起一般消费者注意的其他设计特征的变化。

No.3-5-59-27　专利申请人、专利权人在专利授权或无效宣告程序中,通过对权利要求、说明书的修改或者意见陈述而放弃的技术方案,权利人在侵犯专利权纠纷案件中又将其纳入专利权保护范围的,人民法院不予支持。

No.3-5-59-28　放弃的技术方案,包括通过修改或者意见陈述而缩小其保护范围所导致的变化。

No.3-5-59-29　专利权人在授权确权程序中的意见陈述可导致禁止反悔原则的适用。

No.3-5-59-30　对专利侵权纠纷中被诉侵权技术方案的查明,应当依法进行证据保全,譬如现场勘验、查封扣押生产记录等,而不是简单地进行推定。

No.3-5-59-31　对专利侵权纠纷中技术特征等同的认定,应考虑被诉侵权产品的技术特征与专利技术特征相比,是否属于基本相同的技术手段,能否实现基本相同的效果。

No.3-5-59-32　在判断外观设计专利与对比设计的视觉效果是否具有明显区别时,应考虑对一般消费者而言的外观设计专利与对比设计可视部分的相同点和区别点,并综合考虑各相同点、区别点对整体视觉效果的影响大小和程度。

No.3-5-59-33　运用说明书及附图解释权利要求时,不应以说明书及附图的例示性描述限制专利权的保护范围。

No.3-5-59-34　当外观设计专利区别于现有设计的设计特征对于外观设计的整体视觉效果更具有显著影响时,应当比较被诉侵权设计与涉案专利设计在这一区别上的相同或者近似,而不用考量装饰图案的简单替换。

No.3-5-59-35　解释权利要求时,应使保护范围与说明书公开的范围相适应。

No.3-5-59-36　如果独立权利要求被宣告无效而在其从属权利要求的基础上维持专利权有效,且专利权人未曾自我放弃,不宜因此即对该从属权利要求适用禁止反悔原则并限制等同侵权原则的适用。

No.3-5-59-37　已经写入权利要求的使用环境特征属于必要技术特征,对于权利要求的保护范围具有限定作用,且限定程度应当根据个案情况具体确定。

No.3-5-59-38　确定外观设计专利产品类别,应以具有独立存在形态、可以单独销售的产品的用途为依据。

No.3-5-59-39　划分权利要求的技术特征时,一般应把能够实现一种相对独立的技术功能的技术单元作为一个技术特征,不宜把实现不同技术功能的多个技术单元划定为一个技术特征。

No.3-5-59-40　保护范围明显不清楚的专利权的侵权指控不应支持。

No.3-5-59-41　对封闭式权利要求,一般应当解释为不含有该权利要求所述以外的结构组成部分或者方法步骤。

No.3-5-59-42　专利权人选择封闭式权利要求表明其明确将其他未被限定的结构组成部分或者方法步骤排除在专利权保护范围之外,不宜再通过适用等同原则将其重新纳入保护范围。

No.3-5-59-43　对比文件中仅有公开产品的结构图形但没有文字描述的权利要求用语,可以结合其结构特点和本领域技术人员的公知常识确定其含义。

No.3-5-59-44　开放式和封闭式权利要求的区分在包括化学、机械领域在内的全部技术领域,有普遍适用性。

No.3-5-59-45　如果对比文件的某个技术特征在该开放式权利要求中未明确提及,一般不将缺少该技术特征作为开放式权利要求相对于对比文件的区别技术特征。

No.3-5-59-46　如果方法专利所涉步骤必须以特定的顺序实施,以及这种顺序改变会带来技术功能或者技术效果的实质性差异,这种步骤顺序就对专利权的保护范围起到了限定作用。

No.3-5-59-47　如果发明的实质及其对现有技术的改进在于物质的医药用途,申请专利权保护时,应当将权利要求撰写为制药方法类型权利要求,并以与制药相关的技术特征对权利要求的保护范围进行限定。

No.3-5-59-48　如果权利要求中不产生特定毒副作用的特征没有改变药物已知的治疗对象和适应症,也未发现药物的新性能,不足以与已知用途相区别,则其对权利要求请求保护的医药用途发明不具有限定作用。

No.3-5-59-49　给药剂量仅体现于用药行为中的特征不是制药用途的技术特征,对权利要求请求保护的制药方法本身不具有限定作用。

No.3-5-59-50　被诉侵权技术方案的技术手段与权利要求明确限定的技术手段相反,技术效果亦相反,且不能实现发明目的的,不构成等同侵权。

No.3-5-59-51　在外观设计专利侵权判定中,确定产品种类是否相同或相近的依据是产品是否具有相同或相近似的用途,产品销售、实际使用的情况可以作为认定用途的参考因素。

No.3-5-59-52　对于封闭式权利要求,如果被诉侵权产品或者方法除具备权利要求明确记载的技术特征之外,还具备其他特征的,应当认定其未落入权利要求保护范围。

No.3-5-60-1　未经专利权人许可,实施其专利,即侵犯其专利权,引起纠纷的,由当事人协商解决。不愿协商或者协商不成的,专利权人或者利害关系人可以请求管理专利工作的部门处理。

No.3-5-60-2　管理专利工作的部门违反法定程序作出处理决定,且该处理决定主要证据不足的,应当予以撤销。

No.3-5-60-3　一方当事人因被控涉嫌侵犯专利权并因此遭受损失的,可以向法院起诉,请求法院确认其不侵权。

No.3-5-60-4　专利纠纷第一审案件,由各省、自治区、直辖市人民政府所在地的中级人民法院、最高人民法院指定的中级人民法院以及高级人民法院管辖。

No.3-5-60-5　因侵犯专利权行为提起的诉讼,由侵权行为地或者被告住所地人民法院管辖,其中侵权行为地与被告住所地不一致的,由最先立案的人民法院管辖。

No.3-5-60-6　在专利临时保护期间内,专利申请人仅对侵权产品制造者提起诉讼,制造地人民法院有管辖权;以制造者与销售者为共同被告起诉的,销售地人民法院有管辖权。

No.3-5-60-7　侵犯专利纠纷案件,在侵权行为地或者被告住所地法院受理案件后,被告一方对案件性质有争议,请求变更管辖法院的,不属于管辖权异议。

No.3-5-60-8　鉴定机构接受人民法院的委托,对专利诉讼中有争议的技术问题进行鉴定时,应以双方当事人经过庭审质证的真实、合法、有效的证据材料作为鉴定依据。依据未经双方当事人质证或者核对的证据材料所作出的鉴定结论,不是合法有效的证据,不能作为认定案件事实的依据。

No.3-5-60-1　相关请求人已经就针对同一专利的相同或者相关联的侵权纠纷向人民法院提起诉讼,无论当事人是否完全相同,只要可能存在处理结果冲突,管理专利工作的部门即不能受理相关专利侵权纠纷处理请求。

No.3-5-59-53　人民法院判定被诉侵权技术方案是否落入专利权的保护范围,应当审查权利人主张的权利要求所记载的全部技术特征。

No.3-5-61-1　专利侵权纠纷涉及新产品制造方法的发明专利的,制造同样产品的单位或者个人应当提供其产品制造方法不同于专利方法的证明。

No.3-5-61-2　在专利权人能够证明被诉侵权人制造了同样产品,经合理努力仍无法证明被诉侵权人确实使用了该专利方法的情况下,根据案件的具体情况,结合已知事实及日常生活经验,能够认定该同样产品经由专利方法制造的可能性很大,被诉侵权人拒不配合法院调查收集证据或者保全证据的,可以推定被诉侵权人使用了该专利方法。

No.3-5-62-1　审查现有技术抗辩时,比对方法是将被诉侵权技术方案与现有技术进行对比,在两者并非相同的情况下,审查时可以专利权人的要求为参照,确定被诉侵权技术方案中被指控落入专利权保护范围的技术特征,并判断现有技术是否公开了与之相同或者等同的技术特征。

No.3-5-62-2　被控侵权人有充分证据证明其实施的技术方案属于一份对比文献中记载的一项现有技术方案与所属领域技术人员广为熟知的常识的简单组合,则应当认定被控侵权人主张的现有技术抗辩成立,被控侵权物不构成侵犯专利权。

No.3-5-65-3　侵犯专利权的赔偿数额按照权利人因被侵权所受到的实际损失确定;实际损失难以确定的,可以按照侵权人因侵权所获得的利益确定。

No.3-5-65-4　在专利申请日前已经制造相同产品、使用相同方法或者已经做好制造、使用的必要准备,并且仅在原有范围内继续制造、使用的,不视为专利侵权。

No.3-5-69-1　在没有专利许可使用费可以参照或者专利许可使用费明显不合理的情况下,人民法院可以根据专利权的类别、侵权人侵权的性质和情节等因素,酌定赔偿专利侵权数额。

No.3-5-65-5　在有关产品的利润率难以准确计算时,人民法院可以酌定一个合理的利润率进行计算。

No.3-5-69-2　调查和制止侵权行为的合理开支数额,可以计算在赔偿数额范围内。

No.3-5-65-6　侵权人与被侵权人之间就侵权损害赔偿数额等作出事先或事后约定,属于私法自治范畴;若无法律规定的无效情形,人民法院应予支持。

No.3-5-66-1　专利权人或者利害关系人有证据证明他人正在实施或者即将实施侵犯其专利权的行为,如不及时制止将会使其合法权益受到难以弥补的损害的,可以在起诉前向人民法院申请采取责令停止有关行为和财产保全的措施。

No.3-5-69-3　为提供行政审批所需要的信息,制造、使用、进口专利药品或者专利医疗器械的,以及专门为其制造、进口专利药品或者专利医疗器械的,不视为侵犯专利权。

No.3-5-69-4　是否取得药品生产批件,对先用权抗辩是否成立不产生影响。

No.3-5-CP-37　不同法院受理的涉及同一事实的确认不侵犯专利权诉讼和专利侵权诉讼，应当移送管辖合并审理；移送过程中，如涉及地域管辖，应按照立案时间的先后顺序，由后立案受理的法院将案件移送到先立案受理的法院审理；如涉及级别管辖，一般按"就高不就低"的原则，由级别低的法院将其立案受理的案件移送到级别高的法院审理。

No.3-5-CP-201　诉讼和解协议是案件当事人为终止争议或者防止争议再次发生，通过相互让步形成的合意，和解协议的内容不限于当事人的诉讼请求事项。

No.3-5-AP-37　人民法院在判决撤销或者部分无效宣告请求审查决定时，是否判决专利复审委员会重新作出具体行政行为，应当视案件的具体情况而定。

## 54 权利要求中技术术语的解释（《专利法》第 59 条）

**案例**：菲尔马·安德烈亚斯·斯蒂勒公司与衢州力恒动力机械制造有限公司专利侵权纠纷案
**案例来源**：最高人民法院《2008 年中国知识产权司法保护十大案件》
**主题词**：权利要求　技术术语

### 一、基本案情

原告（二审被上诉人）：菲尔马·安德烈亚斯·斯蒂勒公司（以下简称菲尔马公司）。

被告（二审上诉人）：衢州力恒动力机械制造有限公司（以下简称力恒公司）。

2007 年 12 月 6 日，菲尔马公司向一审法院起诉称：1996 年 12 月 20 日，原告向中华人民共和国国家知识产权局申请"油箱注油口密封盖"发明专利，于 2001 年 9 月 19 日被授予专利权，专利号为 ZL96116726.2。力恒公司生产和销售的链锯产品上的注油口密封盖包含上述专利的全部技术特征，侵犯了原告的发明专利权，故请求一审法院判令力恒公司：确认生产和销售的链锯产品中所用的注油口密封盖侵犯了原告的发明专利权，并立即停止生产和销售带有上述侵犯专利权的注油口密封盖的链锯产品，销毁所有涉案注油口密封盖的成品、半成品和生产模具等。

一审法院经审理查明：1996 年 12 月 20 日，菲尔马公司向国家知识产权局申请了"油箱注油口密封盖"发明专利，授权公告日为 2001 年 9 月 19 日，专利号为 ZL96116726.2，该专利的权利要求 1 为：一种油箱注油口用的密封盖，尤适用于由内燃电动机驱动的携带式工作机械，具有一个突出注油口的密封盖和一个操作密封盖用的手柄，其特征在于：密封盖包括两个彼此沿轴向可相向运动的夹紧件，夹紧件之间有一个由互成角度的面构成的环形空腔，腔内有一径向可扩张的密封垫。其发明目的在于提供一种油箱注油口的密封盖结构，不但安装简便，密封可靠，而且占有空间较小，以致当安装在携带式工作机械的油箱注油口上时，不会妨碍该机械的正常操作。

2007 年 7 月 6 日，在上海市卢湾区公证处现场公证下，菲尔马公司的代理人在衢州市东港工业园东港一路 8 号力恒公司，以人民币 1500 元购得"380"链锯产品样机一台，并获取加盖力恒公司财务专用章的收款收据一份、力恒公司总经理名片一张及宣传册一本。菲尔马公司遂以侵犯其发明专利权为由提起诉讼。一审庭审中，菲尔马公司以涉案专利权利要求 1 主张权利，并认为被控产品全部落入上述权利要求范围。对此，力恒公司认为，该产品缺少两个特征：（1）被控产品上没有"夹紧件之间有一个由互成角度的面"之技术特征；（2）被控产品上没有"构成环形空腔"之技术特征，其他技术比对无异议。通过现场对被控产品的拆封比对发现，被控产品的上下两个夹紧件明显形成了一个互成角度的面，两夹紧件中间构成了一环形空腔。

2008 年 1 月 1 日，力恒公司以涉案专利权利要求未记载解决技术问题的必要技术特征以及说明书不够清楚、完整为由，向国家知识产权局专利复审委员会提出宣告该专利无效的请求，并已被受理。

杭州市中级人民法院经审理认为：(1) 菲尔马公司拥有的专利号为 ZL96116726.2 "油箱注油口密封盖"发明专利在有效期限内，法律状态稳定，并已履行了缴纳专利年费的义务，故该专利为有效专利，应受国家法律保护，菲尔马公司依法取得对侵犯 ZL96116726.2 发明专利行为之诉权。经庭审比对，被控侵权产品包含涉案发明专利权利要求 1 所记载的全部必要技术特征，即被控侵权产品已落入了涉案专利权的保护范围。(2) 菲尔马公司提供的公证书及其公证实物，足以证明被控侵权产品系力恒公司生产、销售，力恒公司虽对公证实物持有异议，但并未提供相反的证据推翻该公证书所记载的内容，故对其异议不予采信。力恒公司未经专利权人许可，以生产经营目的，生产、销售与专利技术相同的被控侵权产品，侵犯了菲尔马公司的专利权，力恒公司应当对其侵权行为承担停止侵害、赔偿损失的民事责任。由于带有侵权的注油口密封盖的链锯产品即侵权产品，故菲尔马公司要求力恒公司立即停止生产和销售带有上述侵犯菲尔马公司专利权的注油口密封盖的链锯产品的请求于法有据，应予支持。至于菲尔马公司提出的要求判令力恒公司"告知所有已购买及订购侵权链锯产品的客户，包括客户名称及详细地址；告知为其提供上述侵权注油口密封盖各部件的所有供应商名单"之请求，于法无据，应予驳回。

一审法院判决力恒公司立即停止生产、销售带有侵犯菲尔马公司拥有的 ZL96116726.2 发明专利权的"注油口密封盖"的链锯产品，销毁所有涉案"注油口密封盖"的成品、半成品和生产模具。

二审法院查明的事实与原判认定一致。另查明，国家知识产权局专利复审委员会已于 2008 年 7 月 16 日作出第 11991 号无效宣告请求审查决定，维持涉案专利权有效。

浙江省高级人民法院对被控侵权产品的技术特征是否落入涉案专利权保护范围进行了分析认定：

《中华人民共和国专利法》(2000 年) 第 56 条规定："发明或者实用新型专利权的保护范围以其权利要求的内容为准，说明书及附图可以用于解释权利要求。"故判断被控侵权产品是否落入涉案专利权保护范围，应将被控侵权产品的技术特征与涉案专利权利要求记载的全部必要技术特征进行比对。涉案专利权利要求 1 记载了以下四项必要技术特征：(1) 一种油箱注油口用的密封盖，具有一个突出注油口的密封盖和一个操作密封盖用的手柄；(2) 密封盖包括两个彼此沿轴向可相向运动的夹紧件；(3) 夹紧件之间有一个由互成角度的面构成的环形空腔；(4) 环形空腔内有一径向可扩张的密封垫。

二审法院在庭审中将被控侵权产品技术特征与上述四项技术特征现场比对后认为：(1) 被控密封盖突出于注油口，且具有一个操作密封盖用的手柄；(2) 被控密封盖有上下两个夹紧件，拧动手柄后，上下夹紧件即沿轴向发生相向运动；(3) 剥离密封垫，使上下夹紧件处于闭合状态，可清晰地看到两夹紧件外缘形成一定角度；(4) 上下夹紧件之间有一个开放性环形腔体；(5) 环形腔体内有一个"O"形密封垫，受上下夹紧件挤压后即发生径向扩张，因此，被控密封盖的技术特征已落入涉案专利权保护范围。

至于力恒公司认为的"腔"系物体内部空的部分，故被控侵权产品中没有"腔"的主张，由于涉案专利权利要求 1 已明确将"环形空腔"界定为由互成角度的面构成的空间，力恒公司对此亦未提供相反证据，故力恒公司此节上诉理由无事实和法律依据，不予采信。

对于原判主文是否恰当的问题，因原判主文第一项已将停止生产、销售的链锯明确限定为带有侵犯涉案专利权的"注油口密封盖"的链锯，并未涉及其他链锯，故力恒公司就此提出的上诉理由不能成立。

二、裁判要旨

**No.3-5-59-5** 人民法院应当根据权利要求的记载，结合本领域普通技术人员阅读说明书及附图后对权利要求的理解，确定相关权利要求的内容。

人民法院可以运用说明书及附图、权利要求书中的相关权利要求、专利审查档案对权利要求的内容进行解释。说明书对权利要求用语有特别界定的，从其特别界定。以上述方法仍不能明确权利要求含义的，可以结合工具书、教科书等公知文献以及本领域普通技术人员的通常理解进行解释。

本规则来自最高人民法院《关于审理专利侵权纠纷案件应用法律若干问题的解释》第2条以及第3条,我们应该分为两个步骤理解和应用,其中第一部分涉及的是对法定文件的采用,主要是要求审判人员结合本领域普通技术人员阅读说明书及附图后对权利要求的理解,确定相关权利要求的内容,这是因为说明书以及附图是专利审查部门认定的,是用来解释权利要求最准确和权威的文件。但是鉴于并不是所有专利说明书以及附图都能够清楚地说明权利要求的内容,因此就需要借助其他文件,如审查档案、公知文献等。从相关文件的采用来看,存在法定顺序,首先,需要依据权利要求书、专利说明书及附图进行解释。其次,在解释不清的情况下,可以参考专利审查档案,并且需要考虑到说明书对权利要求用语有特别界定的情况。最后,在参照上述文件都不能解释清楚的情况下,才能结合工具书、教科书等公知文献进行解释。当然,在利用前述文件进行解释的前提就是,要就审判人员以本领域普通技术人员的通常理解进行解释。

在本案中,力恒公司辩称,"空腔"是涉案专利的一个必要技术特征,所谓"腔",应定义为物体内部空的部分,或者物体内的封闭空间,而被控侵权产品没有"腔",故未落入涉案专利权保护范围。这一抗辩涉及的是专利权利要求的字面解释问题,即如何确定权利要求中用语的真实含义。法院从专利所属领域普通技术人员的角度,依据权利要求中的其他内容以及说明书和附图,对权利要求书中的"空腔"进行了解释。法院认为,涉案专利的权利要求本身已经对"空腔"作了界定,即"空腔"是由两个夹紧件的互成角度的面构成的。该专利的说明书中,有多处使用"环形空间"一词替代"环形空腔",并指出该专利的优点在于通过夹紧件的轴向移动使密封盖径向扩张,不仅密封也挤压在两个夹紧件上,也挤压在油箱的某一平面上。由此可知,两个夹紧件之间互成角度的面构成的环形空腔并非密闭空间,否则,空腔内的密封垫就不可能与油箱的某一平面贴合。此外,该专利的附图也印证了这一点。

## 55 具有多项技术方案的独立权利要求的比较(《专利法》第59条)

**案例:刘庆范诉温州机械厂等侵犯其实用新型专利权案**
案例来源:《人民法院案例选》2004年商事·知识产权专辑[第66号]
主题词:独立权利要求　多项技术方案

### 一、基本案情

原告:刘庆范。
被告:成都市蜀信工程机械销售中心(以下简称蜀信中心)。
被告:温州市工程机械厂(以下简称温州机械厂)。

原告刘庆范诉称,1998年8月4日,刘庆范将其开发的"一种能整平和转向的混凝土摊铺机"向中华人民共和国知识产权局(以下简称国知局)递交了实用新型专利申请,国知局经审查后于1999年9月4日授予了刘庆范实用新型专利,专利号为ZL98218028.4。温州市工程机械厂生产销售的、蜀信中心销售的水泥混凝土路面摊铺整平机侵犯了刘庆范享有的上述实用新型专利的专利权。据此,诉请人民法院判令:蜀信中心、温州机械厂立即停止专利侵权行为,赔偿损失10万元。

四川省成都市中级人民法院(以下简称成都中院)经审理查明:

1. 1998年8月4日,刘庆范向国知局递交了"一种能整平和转向的混凝土摊铺机"的实用新型专利申请,1999年9月4日,国知局授予刘庆范该实用新型专利,专利号为ZL98218028.4,且于1999年10月6日公告,授权公告号为CN2342015Y。

2. 温州机械厂是1990年成立的集体所有制企业,其经营范围为主管工程机械,兼营印刷机械等。温州机械厂生产、销售的,蜀信中心销售的"温工"牌水泥混凝土路面摊铺整平机与刘庆范的上述实用新型专利系同类产品。

3. 经过对刘庆范享有的"一种能整平和转向的混凝土摊铺机"的实用新型专利文件的分析可知,作为该专利的两大"技术特征",即整平和转向,在其整体产品中,是以分别在技术结构组成、技术功能实现和技术效果体现上都相互独立的两部分内容而存在的。其中,作为发明之一的技术特征,即为推平多余混凝土而在偏心振动辊的前方设置的带螺旋叶片的整平辊,与温州机械厂产品中的该相同部分的结构,都应属于已有的公知技术。这一技术内容在由日本道路协会编辑、中国建筑工业出版社1988年9月(1984年修订版)出版的《水泥混凝土路面设计施工纲要》,由交通部水泥混凝土推广小组编、人民交通出版社1991年11月出版的《水泥混凝土路面设计、施工与养护》,由何挺继主编、人民交通出版社1998年5月出版的《筑路机械手册》上公开。涉案双方该项技术与上述文献公开的内容没有实质性的差别,并且也均没有产生能超出上述文献所公开内容的其他新的技术功能和效果。

四川省成都市中级人民法院审理认为:

1. 根据2000年《中华人民共和国专利法》第56条的规定,实用新型专利权的保护范围以其权利要求的内容为准,说明书及附图可以用于解释权利要求。由原告实用新型专利权利要求所确定的保护范围的技术特征可概括为:(1)台板底下的带有轴承座与链轮的两个行走压平辊及一个偏心振动辊;在一侧的台板上设有电动机、减速机、链轮轴及套配有联动行走压平辊的皮带与链条,在另一侧的台板上设有电动机、链轮轴及套配有联动偏心振动辊的皮带与链条等。(2)在偏心振动辊的前方设置有带左右螺旋叶片的整平辊,用于推平多余的混凝土。这些是其作出改进的一个发明点。(3)在两行走压平辊之间还设有由轴套与轴固定的后支撑轮,在同侧台板的前端又设有由轴套与轴固定的前支撑轮;前、后两个支撑轮由踏板杠杆通过三连杆连接,其中的连杆与台板上的支持架由轴相连接,用于使摊铺机转向。这些是其作出改进的另一个发明点。其实用新型专利的能实现的技术功能为整平和转向。

2. 刘庆范的实用新型专利与温州机械厂的产品均属于同类的水泥混凝土摊铺机,其结构上的共同点表现为:(1)都具有目前同类摊铺机所共有的基本结构,包括:固定在两侧台板底下的带有轴承座与链轮的两个行走压平辊及一个偏心振动辊;在一侧台板上有电动机、减速机、链轮轴及套配有联动行走压平辊的皮带与链条,另一侧台板上设有电动机、链轮轴及套配有联动偏心振动辊的皮带与链条等。(2)在偏心振动辊的前方都设置有一个带左右螺旋叶片的整平辊,用于推平多余的混凝土。二者结构上的差别在于转向结构的设置方式及其相应的转向原理和过程。刘庆范专利采用的是与目前现有摊铺机相同工作原理的转向结构,即通过踏板杠杆及三连杆结构操纵的前后支撑轮,使支转动辊以一头全部悬空的方式失去前进动力实现转变方向,温州机械厂的产品采用的是刹车原理的结构形式,用笼罩式刹车机构使传动轴中的前转动辊的一头停止转动但不脱离模板而实现转变方向。

3. 刘庆范专利和温州机械厂的产品中都具有的,也是刘庆范专利的一个技术特征,即为推平多余混凝土而在偏心振动辊的前方设置的带螺旋叶片的整平辊,该技术特征在1988年9月中国建筑工业出版社出版的《水泥混凝土路面设计施工纲要》、1991年11月人民交通出版社出版的《水泥混凝土路面设计、施工与养护》和1998年5月人民交通出版社出版的《筑路机械手册》中,均以辅有结构图和文字说明的方式记载了同样的内容,且上述记载均早于刘庆范专利申请日。由于刘庆范的专利和温州机械厂的产品中为推平多余混凝土而在偏心振动辊的前方设置的带螺旋叶片整平辊的这一技术特征,无论是在其各自整体产品中所设置的位置、设置的方式及其与周围相邻结构的关系上,还是在其工作过程和原理,以及所具有的技术功能和效果上,都与上述文献公开的内容无实质性的差别,并且也都没有产生超出上述文献公开内容的其他新的技术功能和效果;同时,上述技术特征与转向结构在结构的组成和技术功能上,同样都是以相互毫不相关的独立技术结构内容而存在于其整体产品中。因此,刘庆范的专利和温州机械厂的产品中在偏心振动辊前方设置的带螺旋叶片整平辊这一技术特征,应认定为是对现有摊铺机中已属于常规的公知技术的沿用。由于刘庆范专利的另一技术特征,即转向结构与温州机械厂的产品在技术结构特征上有实质的差别,即二者的转向结构分别是对现有摊铺机的转向结构作出的不同形式的技术改进,在结构的设置方式及相应的工作过程和工作原理等方面均完全不同。因此温州机械厂的产品与刘庆范的专利技术既不相同,也不等同,蜀信中心、温州机械厂没有侵犯刘庆范的专利权。

刘庆范不服一审判决提起上诉。

二审法院对原审查证的主要事实予以确认。二审期间，刘庆范在开庭审理时明确表示：认可一审判决书中所认定的关于刘庆范获得的实用新型专利技术特征之一，即转向结构与温州机械厂的产品在技术特征上有实质差别，二者既不相同，也不等同，故放弃关于这部分的上诉主张和理由。

四川省高级人民法院认为，刘庆范实用新型专利的主要技术特征为整平和转向。刘庆范的实用新型专利与温州机械厂的产品均属于同类水泥混凝土摊铺机，其结构上的共同点为：(1) 都具有目前同类摊铺机所共有的基本结构，包括：固定在两侧台板底下的带有轴承座与链轮的两个行走压平辊及一个偏心振动辊；在一侧台板上有电动机、减速机、链轮轴及套配有联动行走压平辊的皮带与链条，另一侧台板上设有电动机、链轮轴及套配有联动偏心振动辊的皮带与链条等。(2) 在偏心振动辊的前方都设置有一个带左右螺旋叶片的整平辊，用于推平多余的混凝土。二者结构上的差别在于转向结构和设置方式及相应的工作原理和工作过程不同：刘庆范专利采用的是与目前现有摊铺机相同工作原理的转向结构，即通过踏板杠杆及三连杆结构操纵的前后支撑轮，使各转动辊以一头全部悬空的方式失去前进动力实现转变方向，温州机械厂的产品采用的是刹车原理的结构形式，用笼罩式刹车结构使转动轴中的前转动辊的一头停止转动，但不脱离模板而实现转变方向。

刘庆范专利和温州机械厂的产品中都具有的，也是刘庆范专利的一个技术特征，即为推平多余混凝土而在偏心振动辊的前方设置的带螺旋叶片的整平辊，该技术特征在1988年9月中国建筑工业出版社出版的《水泥混凝土路面设计施工纲要》、1991年11月人民交通出版社出版的《水泥混凝土路面设计、施工与养护》、1998年5月人民交通出版社出版的《筑路机械手册》中均以附有结构图和文字说明的方式记载了同样的内容，其内容为：该螺旋叶片装置一般横向安装在机器的正前方，其轴线平行于路基表面，高度可以随机调整，螺旋叶片的直径通常为40—50厘米；其工作方式是通过螺旋叶片的正反旋转，或是由中间向两边分、可正反方向旋转的螺旋叶片，将混凝土向任意方向摊铺，能有效地消除卸料过程中形成的离析和密度不均匀现象，并指出这是其突出的优点之一。上述记载内容均早于刘庆范的专利申请日。刘庆范的专利和温州机械厂的产品中为推平多余混凝土而在偏心振动辊前方设置的带螺旋叶片整平辊的这一技术特征，无论是其结构在整体产品中的设置位置、方式及其与相邻结构的关系上，还是其工作过程和原理以及所产生的技术功能和效果上，与上述文献公开的内容并无实质性差别，并且都没有产生超出上述文献公开内容的其他新的技术功能和效果；同时，上述技术特征与转向结构在技术结构和技术功能上也都是以无相互关联的独立技术特征存在于整体产品中，因此，刘庆范的专利和温州机械厂的产品在偏心振动辊前方设置的带螺旋叶片整平辊这一技术特征，应视为是对现有摊铺机中常规公知技术的沿用，并非刘庆范独有。

刘庆范专利的另一重要特征即转向技术特征，因刘庆范在二审期间明确认可一审判决书对这部分事实的认定，故刘庆范专利的转向技术特征与温州机械厂的产品在技术特征上有实质差别，温州机械厂的产品与刘庆范的该部分专利技术既不相同，也不等同。

二、裁判要旨

**No.3-5-59-6** 一项发明或者实用新型应当只有一个独立权利要求。但当独立权利要求中的多项技术特征实质上为不同技术方案时，应就不同的技术方案中的技术特征与被控侵权的发明或专利中的对应技术方案的技术特征进行比对，判断是否侵权。

本案在审理过程中，原告一再强调在其权利要求所记载的上述两个技术特征的结构A和结构B中，A是主要和重要的，因而主张被告的被控同类产品应属于等同侵权。而同时，被告在答辩中也多次提出了对原告专利中结构A的"公知技术抗辩"主张，并为此进行了大量举证。等同原则"和"公知技术抗辩"是分别有利于原告和被告的不同判定和处理原则，但其所针对和适用的客体范围不同。前者所针对和涉及的是在双方技术方案中对相互对应的"技术特征"间的关系,后者则针对的是双方的"技术方案"间的关系。因此在适用"公知技术抗辩"原则时,目前普遍认同的一个重要前提和界限是:用于抗辩的公知技术应该是一个独立和完整的技术方案,不能是技术特征,也不能是由不同的技术特征相互"拼凑组合"后才能形成的一个所谓的技术方案;同样,被抗辩的专利权内容也应该是其完整的技术方案。在此基础上,再将这两者的"技术方案"进行"一对一"的比较。

由本案原告刘庆范专利独立权利要求记载的内容,并结合其说明书的解释和说明,可以明显看出,其独立权利要求中的两个发明点 A 和 B,无论是从各自的结构组成形式、结构上的相互关系以及分别与各自的周围结构关系上,到各自技术功能的实现和完成,以及在各自所能产生和体现出的相应技术效果上,都是互不相关而存在的两个独立和完整的结构系统,其间不存在任何形式的外在和内在的相互关联性。因此,它们虽然都是以"技术特征"的方式出现和被记载在独立权利要求中,但实际上却应该属于两个在技术任务、技术措施和技术效果上都毫不相干而不具有单一性的两个各自独立和完整的"技术方案",因此,应当应用"公知技术抗辩"的原则来判断是否侵权,即采用以"技术方案"与"技术方案"进行"一对一"的比较。基本原则和做法包括:第一步,判断原告专利中由被告提出公知技术抗辩所针对的全部技术内容属于"技术特征",还是属于"技术方案"。第二步,确认被告提出用于抗辩的公知技术方案,确定是在不同的在先公开文献中分别都已有清楚详细的完整记载。第三步,将经上述确认后的两个技术方案以全面覆盖的方式进行比对。

## 56 外观设计专利权的认定(《专利法》第 59 条)

**案例**:东莞市华瀚儿童用品有限公司与广东省知识产权局专利行政处理纠纷案
**案例来源**:最高人民法院《2008 年 100 件全国知识产权司法保护典型案例》[行政案件第 6 号]
**主题词**:外观设计　产品种类相近

### 一、基本案情

上诉人(原审原告):东莞市华瀚儿童用品有限公司(以下简称华瀚公司)。

被上诉人(原审被告):广东省知识产权局。

原审第三人:中山市隆成日用制品有限公司(以下简称隆成公司)。

上诉人华瀚公司因与被上诉人广东省知识产权局专利行政处理纠纷一案,不服广州市中级人民法院(2007)穗中法行初字第 29 号行政判决,向广东省高级人民法院(以下简称广东高院)提起上诉。

原审法院认为:ZL99304614.2 号三轮车外观设计经国家知识产权局授予其专利权,合法有效。第三人隆成公司经转让取得该专利权应受法律保护。本案原告向国家知识产权局专利复审委员会提出涉案外观设计专利无效的申请,在没有作出无效决定的情况下,该无效申请不影响涉案专利的有效性。

通过比对,被告在原告处取得的童车与 ZL99304614.2 号外观设计专利公告的照片,可以看出:被控侵权产品与涉案专利的仰视图、后视图、主视图、左视图、右视图、立体图、俯视图均构成相近似,足以造成消费者的误认,因此,被告认定原告制造和销售的上述童车的车架落入了 ZL99304614.2 号外观设计专利的保护范围,事实清楚,证据充分,原告认为其生产和销售的被控侵权产品与专利外观设计不构成相同或者相近似的理由不能成立。只要被控侵权产品落入专利保护范围,即应认定构成侵权,侵权产品独立销售与否并不影响侵权的认定。原告称车架不能单独销售故不能与涉案专利比对的理由不能成立,原审法院不予采纳。

另外,原告提出:ZL99304614.2 号外观设计专利的名称是三轮车,但专利公告的视图却是三轮车的车架,且划入的专利类别是 1211 自行车和摩托车;而原告生产和销售的被控侵权产品是包括布围、座位、遮阳伞、购物篮等其他部分在内的整车,且划入的专利类别是 1212 童车。故原告生产和销售的被控侵权产品与 ZL99304614.2 号三轮车外观设计专利的视图比对,显然不相近似;且二者不属于同一类别,不能进行比对。

原审法院认为：(1) 根据《中华人民共和国专利法》的规定，外观设计专利的比对应以各个视图作为比对的依据和标准，如果被控侵权产品与专利中的各个视图进行比对均构成相同或者相近似，就应当认定其已落入专利的保护范围，构成侵权，至于专利的名称，只是作为参考因素予以参照。本案专利权人申请的专利名称虽为三轮车，但专利公告视图显示的是类似三轮车车架的形状。原告生产和销售的被控侵权产品中车架部分与涉案专利视图进行比对确实构成相近似，故应当认定其已落入专利的保护范围，构成侵权。(2) 虽然原告生产和销售的被控侵权产品与 ZL99304614.2 号三轮车外观设计专利分属不同类别，但其用途相近，应属于相近种类的产品；在相近种类产品上使用与外观设计专利相近似的技术方案，同样构成侵犯专利权。

华瀚公司不服原审判决，上诉请求撤销原审判决，撤销被诉处理决定。主要理由有：(1) 被控侵权的童车车架与涉案外观设计专利产品不属于同类产品，两者不具有可比性；(2) 被控侵权的 9178TW 型（双人童车）车架与涉案专利不相同和不相近似。

广东高院经审理查明：1999 年 4 月 19 日，英属维尔京群岛商育丰有限公司向国家知识产权局申请了名称为三轮车的外观设计专利，并于 2000 年 2 月 26 日被授予专利权，专利号为 ZL99304614.2，分类号为 12-11-T0344（即自行车和摩托车类），该专利年费已缴纳至 2008 年 4 月 19 日。2000 年 3 月 15 日，国家知识产权局外观设计专利公报公告了该外观设计专利权无简要说明的八幅图片，分别为主视图、后视图、左视图、右视图、俯视图、仰视图、立体图和使用状态参考图。2001 年 3 月 30 日，该专利权转移给中山隆顺日用制品有限公司；2004 年 10 月 6 日，该专利权人变更为原审第三人隆成公司。

2006 年 12 月 8 日，原审第三人隆成公司向被上诉人广东省知识产权局递交《专利侵权纠纷处理请求书》，请求被上诉人立案查处上诉人华瀚公司生产、销售被控侵权产品的行为，并责令上诉人立即停止侵权，销毁库存侵权成品、半成品、零配件。2006 年 12 月 28 日，被上诉人对原审第三人的请求予以立案处理，并于同日到上诉人华瀚公司处进行现场勘验检查，查获上诉人生产和销售 9114 型童车 5594 台、9178 型童车 2160 台、9178TW 型童车 2047 台，并依据《中华人民共和国专利法》第 11 条第 2 款、第 56 条第 2 款、第 57 条第 1 款和《广东省专利保护条例》第 31 条的规定，决定：本案上诉人停止制造、销售与 ZL99304614.2 号外观设计专利相近似的 9114、9178 和 9178TW 型童车的车架产品。

2007 年 1 月 19 日，上诉人就涉案专利向国家知识产权局专利复审委员会提出无效宣告请求，并以此为由于 2007 年 1 月 30 日向被上诉人请求中止审理粤知法处字(2006)第 38 号专利纠纷案件。2007 年 9 月 30 日，被上诉人作出《不予中止处理通知书》，并送达给上诉人和原审第三人。2007 年 9 月 24 日，专利复审委员会作出第 10575 号《无效宣告请求审查决定》，维持 ZL99304614.2 号外观设计专利权有效。

广东高院认为，原审第三人隆成公司拥有的 ZL99304614.2 号外观设计专利权真实有效，依法应当受到法律保护。经将被控侵权的 9114、9178、9178TW 型童车的车架分别与专利授权时表示在图片中的 ZL99304614.2 号外观设计专利产品相比较，两者属于同类产品，其构成要素中的主要设计部分相近似，容易导致一般消费者产生混淆。因此，被上诉人认为上诉人制造、销售的 9114、9178 和 9178TW 型童车的车架均与 ZL99304614.2 号外观设计专利相近似，分别落入了该外观设计专利的保护范围，构成了侵犯专利权，并作出被诉处理决定，证据充分，符合上述法律、法规的规定，原审判决予以维持正确，广东高院依法应予维持。虽然被诉处理决定书欠缺被上诉人广东省知识产权局案件承办人员的署名以及被上诉人未办理相关手续，即指派东莞市知识产权局的工作人员代表其进行执法，程序存在瑕疵，但该瑕疵并不足以否定被诉处理决定的合法性。上诉人以此主张撤销被诉处理决定的上诉理由不能成立，广东高院不予支持。

上诉人上诉认为，被控侵权的童车车架与涉案外观设计专利产品不属于同类产品，两者不具有可比性。虽然 ZL99304614.2 号外观设计专利的名称是三轮车，划入的专利类别是 12-11-T0344（即自行车和摩托车类），但专利的名称和外观设计专利授权时对外观设计专利产品所作的分类，仅能作为确定专利保护范围的参考依据，不是唯一依据。从表示在专利图片中的涉案外观设计专利产品尤其是通过使用状态图来看,该产品是一种童车使用的车架。上诉人制造、销售的被控侵权童车车架与涉案外观设计专利产品在产品用途、功能上具有同一性,在普通消费者实际使用中,两种应属同类产品。上诉人的该上诉理由缺乏依据,不能成立,广东高院不予支持。

上诉人上诉认为,被控侵权的9178TW型童车车架与涉案专利产品不相同和不相近似。将被控侵权的9178TW型童车车架与表示在专利图片中的ZL99304614.2号外观设计专利产品相比较,两者虽然在车架的宽度方面有所差别,但主要设计部分相近似,两者的设计风格也是相似的,给人的整体视觉效果相差不大,属于相近似的外观设计。因此,被上诉人认定被控侵权的9178TW型童车车架落入涉案外观设计专利的保护范围正确,上诉人认为两者不相近似的理由不能成立,广东高院不予支持。

二、裁判要旨

No.3-5-59-7 在与外观设计专利产品相同或者相近种类产品上,采用与授权外观设计相同或者近似的外观设计的,人民法院应当认定被诉侵权设计落入外观设计专利权的保护范围。

最高人民法院《关于审理侵犯专利权纠纷案件应用法律若干问题的解释》(以下简称最高人民法院《解释》)第8条规定:在与外观设计专利产品相同或者相近种类产品上,采用与授权外观设计相同或者近似的外观设计的,人民法院应当认定被诉侵权设计落入《专利法》第59条第2款规定的外观设计专利权的保护范围,并在最高人民法院《解释》第9条对种类相近似给出了判断依据以及参考范围:"人民法院应当根据外观设计产品的用途,认定产品种类是否相同或者相近。确定产品的用途,可以参考外观设计的简要说明、国际外观设计分类表、产品的功能以及产品销售、实际使用的情况等因素。"这是因为,产品的用途取决于其功能,而非外观。因此,对于用途、分类或者功能明显不同的产品,并不能排除模仿外观设计专利的可能性。

本案中,虽然ZL99304614.2号外观设计专利的名称是三轮车,划入的专利类别是12-11-T0344(即自行车和摩托车类),但依据最高人民法院《解释》第9条,"外观设计的简要说明、国际外观设计分类表、产品的功能以及产品销售、实际使用的情况等"为确定产品种类的参考因素,专利类别并不是唯一依据。并且将被控侵权的9178TW型童车车架与表示在专利图片中的ZL99304614.2号外观设计专利产品相比较,两者虽然在车架的宽度方面有所差别,但主要设计部分相近似,两者的设计风格也是相似的,给人的整体视觉效果相差不大,属于相近似的外观设计。因此广东省知识产权局认定被控侵权的9178TW型童车车架落入涉案外观设计专利的保护范围,符合法律规定。

**57** 公证证据的采纳(《民事诉讼法》第67条);专利侵权纠纷诉讼时效的计算(《专利法》第68条)

**案例:佛山市南海基宏家用电器有限公司与蔡镜波、佛山市澜石镇银星电器厂、北京市海淀区花园路百货商场、北京市海淀区清河百货商场侵犯专利权纠纷案**
案例来源:《知识产权审判指导与参考》第7卷第382页
主题词:公证证据 诉讼时效

一、基本案情

上诉人(原审被告):佛山市南海基宏家用电器有限公司(以下简称基宏公司)。
被上诉人(原审原告):蔡镜波。
被上诉人(原审原告):佛山市澜石镇银星电器厂(以下简称银星电器厂)。
原审被告:北京市海淀区花园路百货商场(以下简称花园路百货商场)。
原审被告:北京市海淀区清河百货商场(以下简称清河百货商场)。

上诉人(原审被告)基宏公司为与被上诉人(原审原告)蔡镜波、银星电器厂以及原审被告花园路百货商场、清河百货商场侵犯专利权纠纷一案,不服北京市高级人民法院(1999)高知初字第 75 号民事判决，向最高人民法院（以下简称最高院）提起上诉。

原审法院认定：1997 年 3 月 3 日，蔡镜波向中国专利局申请了"一种电风扇"实用新型专利（专利号为 97208750.8）。1998 年 11 月 15 日，蔡镜波与银星电器厂就该实用新型专利签订了独家使用许可合同。1999 年 1 月 6 日，该实用新型专利申请被授予专利权，专利权人为蔡镜波。1999 年 7 月 22 日、23 日，蔡镜波与银星电器厂分别从花园路百货商场、清河百货商场各购买了一台被控侵权的空调扇，并据此向原审法院提起专利侵权诉讼。在随后的专利撤销程序中，蔡镜波于 1999 年 12 月 1 日修改了其权利要求书。2002 年 1 月 23 日，专利复审委员会作出第 2465 号复审决定，确认其修改的权利要求有效。2002 年 7 月 11 日，在本案一审庭审中，基宏公司等 3 被告以被控侵权产品未经公证购买为由，认为现有证据不能证明被控侵权产品与 3 被告之间具有一一对应关系。随后，两原告又在 2002 年 7 月 12 日、16 日分别在山西省太原市、广东省信谊市以及北京市海淀区公证购买了两种型号共 7 台被控侵权的空调扇。该院于 2002 年 8 月 12 日的庭审中，对经公证购买的被控侵权产品进行了当庭勘验，与 97208750.8 号专利独立权利要求相比，经公证购买的被控侵权产品具有独立权利要求中的全部必要技术特征，但在"水工质槽"测壁上有两个直径约 2 毫米的渗水孔。

原审法院认为，蔡镜波、银星电器厂虽然提供了两台购自花园路百货商场和清河百货商场的空调扇及销售发票，但其购买行为未经公证且销售发票记载的内容不够完整准确，基宏公司亦否认该物品系其制造，故上述物证不能用来证明被控侵权产品的存在。蔡镜波、银星电器厂于 2002 年 7 月 12 日、16 日经公证购买的两种型号共 7 台空调扇可以作为证明被控侵权产品的有效证据。庭审勘验表明，被控侵权的空调扇落入 97208750.8 号实用新型专利权的保护范围，基宏公司生产、销售被控侵权产品的行为侵害了蔡镜波的专利权，应当承担相应的法律责任。判决：佛山市南海基宏家用电器有限公司立即停止侵犯蔡镜波的 97208750.8 号实用新型专利权的行为，并赔偿因侵犯 97208750.8 号专利权给蔡镜波、佛山市澜石镇银星电器厂造成的损失 1 089.4 万元及合理调查费用 9 656 元，自本判决生效之日起 10 日内付清。

基宏公司不服原审法院判决，向本院提起上诉称：（1）被上诉人制造的专利产品空调扇的单台利润不实，原审法院所取的专利产品电风扇的单台销售价格为最高价，产品成本中没有销售成本一项，只有零部件成本，因此，一审判定的赔偿数额及采用的计算方法显失公正。（2）原审判决程序违法。被上诉人原审起诉时间是 1999 年 10 月（实为 7 月），所依据的事实是花园路百货商场和清河百货商场的两张销售发票。由于该两家百货商场均否认其曾销售被控侵权产品这一事实，原审法院也未认定被上诉人的上述证据。至此，被上诉人原审起诉所依据的事实已不存在，原审法院应当依据最高人民法院《关于适用〈中华人民共和国民事诉讼法〉若干问题的意见》第 139 条（现行第 138 条）之规定，驳回原告的起诉。对于被上诉人 2002 年 7 月向原审法院重新提供证据的行为，应视为另行起诉，假定认定上诉人的行为是连续侵权行为，根据最高人民法院《关于审理专利纠纷案件适用法律问题的若干规定》第 23 条的规定，侵权损害赔偿数额应自被上诉人另行向原审法院起诉之日起，向前推算一年计算，被上诉人 2002 年 7 月提供的 1999 年的证据，不能作为计算侵权损害赔偿数额的依据。但是，原审法院并未依法驳回被上诉人的诉讼请求，并且用被上诉人在 2002 年 7 月提供的 1999 年的证据，作为计算上诉人侵权损害赔偿数额的依据，已影响到了本案的实体公正。为此，上诉人请求本院依法驳回被上诉人的诉讼请求。

蔡镜波、银星电器厂答辩称：（1）答辩人于 1999 年 7 月向原审法院提起专利侵权诉讼时，提交的证据是花园路百货商场、清河百货商场分别销售被控侵权空调扇的销售发票。该两被告在原审庭审中也承认销售过空调扇，只是不知道是否为侵权产品。被答辩人却称之为案外人的销售发票，显然是违背客观事实的。由于答辩人在购买上述侵权产品证据时没有进行公证，被答辩人即拒不承认该侵权产品系其制造，为此，答辩人于 2002 年 7 月又分别在山西省、广东省、北京市三地区的市场经公正购买了 7 台侵权产品证据。这表明，原审法院对证据的审查核实是十分认真的，采纳证据是合法的。（2）从答辩人在一审提交的起诉状和有关证据可以清楚地看

公证证据·诉讼时效

出,答辩人对3被告提起的专利侵权诉讼,完全符合《民事诉讼法》第108条的规定。在被答辩人的一审答辩状中,自己承认"在1998年1月就已经开始生产并在市场上销售该空调扇",即被控侵权产品。答辩人于1999年即提起侵权诉讼,请求法院依法保护答辩人的专利权免遭侵害。答辩人向原审法院提交的证据又充分证明了被答辩人侵犯了答辩人的专利权,侵权损害赔偿额的计算期间,显然应当从被答辩人开始制造、销售侵权产品之日至一审判决之日。本案中,答辩人根本不存在知道自己的权利遭受侵害后而多年不主张权利的问题,因此,不存在最高人民法院《关于审理专利纠纷案件适用法律问题的若干规定》第23条规定的情形,不能适用该条规定计算本案侵权损害赔偿额。

原审被告花园路百货商场和清河百货商场没有提交书面意见,但花园路百货商场在交换证据中称,坚持在一审中所持的观点,即本商场确实销售过空调扇,但并不知道其是否为侵权产品,而且本商场现已不再销售空调扇,故依照法律规定,不应承担侵权责任。

本案在二审审理过程中,经本院主持调解,上诉人蔡镜波、银星电器厂与被上诉人基宏公司双方互谅互让,经友好协商,自愿达成调解协议。

二、裁判要旨

No.3-5-59-8  在专利侵权诉讼中,经公证被购买的侵权产品可以作为证明专利权侵权的有效证据。

在专利侵权诉讼中,专利权人或者利害关系人可以在诉前向法院申请保全证据,也可以自行收集证据。但专利权人所收集的证据必须具有证据的真实性、关联性、合法性,以及相当的证据证明力。本案中,蔡镜波、银星电器厂虽然提供了两台购自花园路百货商场和清河百货商场的空调扇及销售发票,但其购买行为未经公证且销售发票记载的内容不够完整准确,不能直接证明该物品系基宏公司制造,故上述物证不能用来证明被控侵权产品的存在。蔡镜波、银星电器厂于2002年7月12日、16日经公证购买的两种型号共7台空调扇可以作为证明被控侵权产品的有效证据。

No.3-5-68  侵犯专利权的诉讼时效自专利权人或者利害关系人知道或者应当知道侵权行为发生之日起计算。发明专利申请公布后至专利权授予前使用该发明未支付适当使用费的,自专利权人得知或者应当得知他人使用其发明之日起计算,但是,专利权人于专利权授予之日前即已得知或者应当得知的,自专利权授予之日起计算。

《专利法》所规定的侵犯专利权的诉讼时效属于《民法通则》所规定的普通诉讼时效的范畴。但是鉴于专利法中存在临时保护的问题,故《专利法》第68条又规定了专利临时保护费纠纷诉讼时效的计算。本案中,被上诉人于1999年7月向原审法院提起专利侵权诉讼时,提交的证据是花园路百货商场、清河百货商场分别销售被控侵权空调扇的销售发票。该两被告在原审庭审中也承认销售过空调扇,只是不知道是否为侵权产品。但由于法院没有认定此证据,为此,被上诉人于2002年7月又分别在山西省、广东省、北京市三地区的市场经公正购买了7台侵权产品证据。在上诉人的一审答辩状中,自己承认"在1998年1月就已经开始生产并在市场上销售该空调扇",即被控侵权产品。被上诉人于1999年即提起侵权诉讼,请求法院依法保护答辩人专利权免遭侵害。因此,虽然法院认定被上诉人购买侵权产品的日期为2002年7月,但鉴于被上诉人1999年7月即已提起专利侵权诉讼,而上诉人自认的侵权始于1998年1月,因此,应该认定被上诉人知道侵权行为之日应该是1999年7月22日。

**58** 现场录像、勘验笔录记录的生产过程与专利权利要求书的解释(《专利法》第59条)

案例:湖北中天亚科冶金化工股份有限公司与武钢森泰通山冶金有限责任公司、武钢森泰通山铁合金有限责任公司专利侵权纠纷案
案例来源:《人民法院案例选》2009年第3辑[第42号]
主题词:权利要求书  现场录像  勘验笔录

一、基本案情

原告：湖北中天亚科冶金化工股份有限公司（以下简称中天亚科公司）。

被告：武钢森泰通山冶金有限责任公司（以下简称森泰冶金公司）。

被告：武钢森泰通山铁合金有限责任公司（以下简称森泰铁合金公司）。

原告中天亚科公司诉称：原告系本案专利的权利人。两被告未经许可，以营利为目的，依照原告中天亚科公司的专利方法生产"超低碳硅铁"产品，销售给武汉钢铁（集团）公司，造成原告中天亚科公司重大经济损失。原告请求判令两被告：（1）立即停止侵权行为；（2）赔偿经济损失100万元；（3）承担原告中天亚科公司因制止侵权行为支出的合理费用；（4）责令被告森泰冶金公司对专利侵权行为消除影响；（5）承担本案的案件受理费。

被告森泰冶金公司、森泰铁合金公司辩称：（1）被告生产"超低碳硅铁"使用的方法是在原通山县工业硅厂生产工艺的基础上，结合武钢非专利技术进行的创新，与原告中天亚科公司的专利方法不同；（2）被告森泰冶金公司使用的生产方法是公知技术，没有侵犯原告中天亚科公司的专利权，请求法院驳回原告中天亚科公司的诉讼请求。

湖北省武汉市中级人民法院（以下简称武汉中院）经审理查明：2003年12月5日，案外人张铁挣、湖北中天星火化工有限公司将名称为生产"超低碳硅铁"的方法发明专利（以下简称本案专利）依法转让给中天亚科公司。本案专利的说明书称：本专利的发明目的就是提供一种能够克服现有技术的缺点，能够稳定地生产出碳含量在0.015%以下，优先在0.010%以下，甚至更低碳含量的超低碳硅铁的生产方法。各方当事人均认可森泰铁合金公司与森泰冶金公司生产方法一致。一审法院在未通知森泰冶金公司的情况下，于2006年3月14日到森泰冶金公司的生产车间进行了现场勘验。在4个正在生产的冶炼炉中，随机抽取了一个冶炼炉，对炉外精炼的全过程进行录像并制作了现场勘验笔录，并当庭宣读了现场勘验笔录，对录取的录像资料也组织了双方进行观看和质证。中天亚科公司当庭对一审法院的现场勘验笔录与录像资料不持异议。一审庭审结束后，中天亚科公司致函一审法院，称不认可法院的现场勘验笔录及录像资料，书面请求法院委托有知识产权鉴定资质的机构对森泰冶金公司"超低碳硅铁"生产工艺流程进行技术鉴定，并强调鉴定人员应到生产现场以当日所见的实际生产过程作为鉴定比对的依据。

武汉中院认为，中天亚科公司通过受让方式取得的本案专利合法有效，应受法律保护。本案专利是一种生产"超低碳硅铁"的方法发明专利，被告应提供证据证明其所生产的超低碳硅铁方法不同于本案专利的制造方法。在被告举证证明其生产工艺后，因中天亚科公司予以否认且双方当事人不能达成保密协议，故一审法院依职权对森泰冶金公司生产超低碳硅铁炉外精炼的全过程进行了现场录像并制作了勘验笔录。由于中天亚科公司在庭审中对一审法院制作的录像及勘验笔录的真实性予以认可，本案应以现场录像及勘验笔录记录的生产过程与本案专利权利要求记载的方法进行比对，将从本案专利的独立权利要求披露的必要技术特征，与被告生产超低碳硅铁使用的方法进行比对与分析，可以看出被控侵权方法中有3项必要技术特征与本案专利的相应技术特征相同，有1项必要技术特征与本案专利的相应技术特征等同，有两项必要技术特征不同于本案专利的相应技术特征，并缺少与本案专利的相应技术特征相同的1项必要技术特征，故被控侵权方法没有落入本案专利的保护范围，原告诉讼请求不能成立，判决驳回中天亚科公司的诉讼请求。

中天亚科公司不服一审判决并提出上诉，请求撤销一审判决并判令支持上诉人在一审中主张的全部诉讼请求。中天亚科公司的主要上诉理由是：（1）一审判决认定事实错误，一审判决中认定的通气量、通气时间、最后倒铁水的出口的描述均无真实依据，中天亚科公司多次提出调查程序不符合规定，对内容的真实性、关联性均有异议，并非是一审判决所称的中天亚科公司对现场笔录、录像资料不持异议，后中天亚科公司申请鉴定，但由于被上诉人不予配合，导致最终未能鉴定；（2）一审法院违反诉讼程序，未准许中天亚科公司的证人李连军出庭作证，一审法院所进行的勘验是在当事人未达成勘验协议且未再申请的情况下进行的，不属于最高人民法院

《关于民事诉讼证据的若干规定》第15条规定的需要调查的情形,笔录和录像取得的过程及内容不符合法律规定;(3)一审判决没有审理实施行为的基本事实,导致没有依法审判的结果,被上诉人没有一份证据是记载诉讼之前的生产超低碳硅铁的生产工艺方法,即便一审法院勘验程序合法,内容真实,也只是勘验当日的一次性实验行为。

湖北省高级人民法院认为,中天亚科公司通过受让方式取得的本案专利合法有效,应受法律保护。本案专利系涉及新产品的制造方法发明专利,森泰冶金公司应证明其所生产的超低碳硅铁方法不同于本案专利的制造方法。一审法院依法制作的录像及勘验笔录记录合法有效,其将录像及勘验笔录记录的生产过程与专利权利要求书中记载的方法逐一进行技术比对并无不当。将现场录像及勘验笔录记录的生产过程与专利权利要求书中记载的方法比对与分析,得出被控侵权方法与中天亚科公司的方法专利有两项必要技术特征相同,有1项必要技术特征等同,有4项必要技术特征不同,故被控侵权方法没有落入中天亚科公司专利权的保护范围。一审认定事实基本清楚,适用法律正确,实体处理得当。

## 二、裁判要旨

No.3-5-59-9 在专利侵权纠纷案件中,如无相反证据,可以将现场录像以及勘验笔录记录的生产过程与专利权利要求书中的方法进行对比与分析,判断被控侵权方法与专利方法的必要技术特征是否相同。

最高人民法院《关于审理侵犯专利权纠纷案件应用法律若干问题的解释》第3条对法院解释权利要求的参考依据,即人民法院在运用说明书及附图、权利要求书中的相关要求、专利审查档案不能明确解释时可以结合工具书、教科书等公知文献以及本领域普通技术人员的通常理解进行了解释。因此,法律及司法解释没有排除法院参考相关的技术资料对专利说明书和附图进行理解,并对权利要求进行解释。

本案一审诉讼中,在各方当事人均无法达成现场勘验保密协议的情况下,一审法院为查明案情,在未通知森泰冶金公司的情况下,依职权于2006年3月14日对森泰冶金公司生产超低碳硅铁炉外精炼的全过程进行了现场录像,制作了勘验笔录。根据《民事诉讼法》第64条及最高人民法院《关于适用〈中华人民共和国民事诉讼法〉若干问题的意见》第73条的规定,一审法院的上述做法于法有据。

针对上述录像和勘验笔录,中天亚科公司明确表示一审法院制作的勘验笔录可以作为证据,在观看了该录像后,中天亚科公司两次确认其中精炼过程的真实性、合法性,并同意以录像为准。森泰冶金公司和森泰铁合金公司对一审法院制作的录像及勘验笔录的真实性也均予以认可。后中天亚科公司反悔并提出异议,但未提交足够的反证。依据最高人民法院《关于民事诉讼证据的若干规定》第70条第1款第4项的规定,一审法院将录像及勘验笔录记录的生产过程与专利权利要求书中记载的方法逐一进行技术比对,并无不当。

## 59 权利要求书的解释、等同原则的应用(《专利法》第59条)

**案例:宁波市东方机芯总厂与江阴金铃五金制品有限公司侵犯专利权纠纷案**
案例来源:最高人民法院《2008年100件全国知识产权司法保护典型案例》
主题词:权利要求书　等同原则

### 一、基本案情

原审上诉人:宁波市东方机芯总厂(以下简称机芯总厂)。

原审被上诉人:江阴金铃五金制品有限公司(以下简称金铃公司)。

原审上诉人机芯总厂因与原审被上诉人金铃公司侵犯专利权纠纷一案,江苏省高级人民法院于1999年5月9日作出(1999)苏知终字第9号民事判决,已经发生法律效力。机芯总厂认为上述判决有错误,于1999年7月16日向最高人民法院(以下简称最高院)申请再审。

原审法院查明:1995年7月1日,机芯总厂(原宁波市江东东方机芯厂)获得了中国专利局授予的"机芯奏鸣装置音板的成键方法及其设备"发明专利权,专利号为92102458.4,并于1995年8月9日公告。

被控侵权产品也是生产机械奏鸣装置的设备,与专利技术相比,缺少金属盲板被夹持在开有梳缝的导向板上的技术特征,它的盲板没有被夹持在开有梳缝的与专利技术中形式结构相同的限位装置上,换言之,它的限位装置不是在盲板下,而是位于磨轮一侧。由于缺少这一技术特征,导致限位装置与导向板在分别与其他部件的结合使用过程中产生不同的结果:(1)作用不同。专利技术中导向板的作用一是固定音板,使其在切割过程中不发生振动;二是给磨轮限位,防止其在运转时发生晃动飘移。被控侵权产品中的限位装置只给磨轮限位,没有固定盲板的作用。(2)切割方法不同。专利技术在切割时,每片磨轮始终嵌入导向板的相应梳缝内,并在其内往复运动,盲板被准确定位并夹固在导向板上。被控侵权产品在切割时,盲板呈悬臂状腾空接受旋转刀片的割入加工,没有被准确定位并夹固在其限位装置上。(3)效果不同。专利技术在切割过程中,由于导向板将盲板固定住,不发生振动,而被控侵权产品切割时盲板易产生振动,达不到该专利在效果上的目的。

南京市中级人民法院一审认为,金铃公司生产音板的设备上没有导向板装置,缺少专利保护范围中的必要技术特征,不构成侵权。

江苏省高级人民法院二审认为:(1)就形式结构而言,机芯总厂的专利权利要求书中记载的导向板与被控侵权产品中的限位装置相同;(2)被控侵权产品的限位装置与专利技术的导向板虽然在形式结构上相同,但由于限位装置缺乏专利技术导向板能固定盲板的必要技术特征,改变了其在设备中的位置及其与其他部件的结合关系,从而使切割方法也不同,并因此导致其在使用目的、作用、效果上的不同。故被控侵权产品中的限位装置与专利技术的导向板不属于等同技术的替代。同时,由于专利说明书中已明确将盲板不固定在导向板上,而是呈悬臂状腾空接受旋转刀片的割入加工排除在权利要求之外。所以,被控侵权产品未落入专利权保护范围,金铃公司未侵犯机芯总厂的专利权。

最高院查明,除原审法院认定被控侵权产品的限位装置与专利产品的导向板在分别与其他部件的结合使用过程中,其作用、切割方法和效果不同的事实外,原审法院认定的其余事实基本属实。

经双方当事人协商同意,最高院委托中国科技法学会专家评价委员会组织有关专业技术人员和法律专家对本案所涉及的专业技术问题进行鉴定。中国科技法学会专家评价委员会依据最高院的委托,组织有关专家于2000年11月27日提出鉴定意见:

机芯总厂专利与金铃公司装置在工作原理、方法上是一样的,在具体结构上,分别采用了导向板和防震限位板,这两个重要零件在加工中起的主要作用是:磨轮导向、防震、定位,二者的主要功能是基本一致的。导向板与防震限位板的主要工作面的结构形状是相似的,呈梳缝状。在机芯总厂专利中导向板具有工件(盲板)支撑功能,有利于削弱工件的加工振动,提高加工质量。在金铃公司装置中,工件安装在工件拖板上,与机芯总厂专利比较,很难看出金铃公司装置有明显技术进步。二者技术特征的不同之处,对具有机械专业知识的普通技术人员而言,无须创造性的劳动就能实现。

金铃公司对鉴定意见提出异议,庭审中,鉴定人员对金铃公司的异议作出了解答。鉴定人员认为,专利与被控侵权装置组成部分相同,都是塔状同心平行磨轮组,相邻的间距梳缝大体相等,鉴定意见中已指出专利中的导向板与被控侵权产品中的防震限位板之间的不同点,但二者在磨轮导向、防震、定位方面所起的主要作用是相同的。专利中的导向板起支撑、固定工件作用,有利于削弱工件的加工振动,提高加工质量。被控侵权产品中的防震限位板不起固定工件作用,工件是固定在工件拖板上,加工质量较差。因此,被控侵权产品无明显技术进步,不仅没有改进,反而不如专利的效果好。鉴定人接受的鉴定任务只是对专利技术与被控侵权产品进行比较,没有要求将专利技术或侵权产品技术与现有技术进行比较,故金铃公司所提两份日本专利文献,只作为进行鉴定的参考。

最高院认为,针对机芯总厂申请再审的事实和理由以及金铃公司的答辩,本案主要涉及以下问题:

1. 如何确定本案专利权的保护范围。根据我国 1992 年《专利法》第 59 条第 1 款、2001 年《专利法》第 56 条第 1 款的规定,发明或者实用新型专利权的保护范围不仅包括权利要求书中明确记载的必要技术特征所确定的范围,而且也包括与该必要技术特征相等同的特征所确定的范围。本案所涉及的"机械奏鸣装置音板成键方法及其设备"的发明专利,系属一个总的发明构思的两项发明,即机械奏鸣装置音板的成键方法和为实现该方法而专门设计的设备。在该发明专利的权利要求书中,分别记载了两项独立权利要求:权利要求 1 为实现机械奏鸣装置音板成键方法设备的独立权利要求;权利要求 9 为机械奏鸣装置音板成键方法的独立权利要求。只要被控侵权人所使用的机械奏鸣装置音板的成键方法,或者所制造的实现该成键方法的设备覆盖了专利权利要求 1 或者权利要求 9 所记载的必要技术特征,或者属于它们的等同物,即落入专利权的保护范围,构成侵犯专利权。

2. 被控侵权产品和方法是否与专利技术等同,构成等同侵权。最高院委托了有关专业人员对本案所涉及的专业技术问题进行了鉴定。在鉴定机构、鉴定人员的选择上,事先经过了双方当事人的同意,且鉴定人员出具的鉴定意见也经过了当庭质证。鉴定意见除对专利与被控侵权装置在工作原理上进行比较之外,也对技术方案进行了比较,并明确指出了"两者技术特征的不同之处",对具有机械专业知识的普通技术人员而言,无须创造性的劳动就能实现。鉴定人员对金铃公司提出的质证一一作出了合理的回答。因此,该鉴定意见产生程序合法,其所述技术事实清楚,对所得鉴定结论论证充分,并经当庭质证,可予采信。

根据查明的事实和前述的鉴定意见,可以认定被控侵权的设备和方法与专利发明主题相同,都是一种机械奏鸣装置音板的成键方法及其设备,且都采用塔状割刀组的每片磨轮始终嵌入导向板或者防震限位板的平行、均布、等宽的梳缝槽内做往复运动,以实现将盲板加工成规定割深的音键。被控侵权的成键方法及其设备对应于专利权利要求 1 和 9 所记载的必要技术特征 3 之间的前述区别,从鉴定专家组的鉴定结论看,被控侵权的产品和方法与专利相比,在工作原理、方法上是一样的,导向板和防震限位板这两个重要零件的主要工作面的结构形状是相似的;二者技术特征的不同之处,对于具有机械专业知识的普通技术人员而言,无须创造性的劳动就能实现。据此,可以认定二者在技术手段上基本相同。专利中的导向板和被控侵权产品中的防震限位板这两个重要零件的主要功能基本一致,可以认为二者所要实现的功能基本相同。因此,被控侵权产品和方法以将专利中固定盲板和导向为一体的导向板一个技术特征,分解成分别进行固定盲板和导向的防震限位板和工件拖板两个技术特征相替换,属于与专利权利要求中的必要技术特征以基本相同的手段,实现基本相同的功能,达到基本相同的效果的等同物,落入机芯总厂专利权的保护范围,构成侵犯专利权。

金铃公司辩称:其音板加工方法与专利不同,其盲板是被呈悬臂状腾空固定在夹持装置上,并接受旋转刀片的割入加工的,这一点恰好是专利技术所克服的,是被专利权利要求排除在外的。最高院注意到机芯总厂专利说明书中载有"在加工时由于盲板不是呈悬臂状"的内容,但是,该内容是在说明书实施例的表述中出现的,并没有写入权利要求 1 或者 9 中。按照权利要求不应该解释成局限于专利的实施例这一公认的原则,金铃公司以其使用的设备或者方法包含有专利实施例中未出现的附加特征为由,试图排除在权利要求保护范围之外,显然缺乏根据。金铃公司辩称:其音板加工设备中的限位装置与专利技术中的导向板不是等同技术的替代。但鉴定结论已经表明,专利中的导向板与被控侵权产品中的防震限位板在结构形状上相似,主要功能基本一致,两者技术特征的不同之处,对于具有机械专业知识的普通技术人员而言,无须创造性的劳动就能实现。因此,应当属于等同技术的替代。

最高院认定金铃公司侵犯了机芯总厂的专利权。

## 二、裁判要旨

**No.3-5-59-10** 发明或者实用新型专利权的保护范围以其权利要求的内容为准。在权利要求书记载的内容不清楚时,说明书及附图可以用于解释权利要求中不清楚的内容。

关于确定专利权保护范围问题。确定专利权的保护范围,应以权利要求书的内容为准,说明书和附图用于解释权利要求。说明书和附图不能用来限制权利要求书中已经明确无误记载的权利要求的范围。说明书中的实施例是说明书的组成部分,一般只能作为确定专利权的保护范围的参考依据。如果专利包含了发明的实施例或者该发明功能或效果的例子,权利要求书不应该解释成局限于这些例子。尤其,当一个产品或方法包含了一个在专利所披露的例子中未出现的附加特征,缺少这些例子中的特征,或者为达到目的或者不具有这些例子中写明的或潜在的所有优点时,不能以这些事实将该产品或方法排除在权利要求的保护范围之外。

就本案来说,专利说明书实施例部分虽载有"在加工时由于盲板不是呈悬臂状"字样,但这一特征并没有写入专利权利要求1或者9中,故不能利用实施例中出现的特征来限定专利权利要求范围。原审法院以说明书实施例中的特征来限定权利要求1或者9的范围,从而将被控侵权方法中"盲板呈悬臂状腾空接受旋转刀片的割入加工"排除在专利权保护范围之外,是不妥的。

**No.3-5-59-11** 专利权的保护范围应当以权利要求书中明确记载的必要技术特征所确定的范围为准,也包括与该必要技术特征相等同的特征所确定的范围。等同特征是指与所记载的技术特征以基本相同的手段,实现基本相同的功能,达到基本相同的效果,并且本领域的普通技术人员无须经过创造性劳动就能够联想到的特征。

人民法院在认定等同物替换的侵犯专利权行为时,对被控侵权产品和方法的效果与专利的效果进行比较是必要的。但在比较二者的效果时,不应强调它们之间完全相等,只要基本相同即可。有时专利的效果要比被控侵权产品和方法的效果稍好,有时也可能是相反的情况,都不影响对侵犯专利权行为的判断。出现被控侵权的产品和方法的效果比专利效果稍差的情形,属于改劣的实施,改劣实施也是等同物替换的表现形式之一。但是鉴于我国专利侵权判定是要求全部技术特征相同或者等同,这就对改劣实施在等同原则中的应用进行了限定,即改劣实施的技术效果相比专利上的技术效果稍差,而不是相差太大。因为相差太大的情况下,相关技术特征就不应该认为相同或者等同,以免不适当地扩大专利的保护范围。

本案中,专利中的导向板是导向和固定盲板结合在一起的整体装置,其功能既可以导向,又可以固定盲板,构成一个整体的技术特征。而被控侵权产品和方法是将导向和固定盲板这一整体的技术特征予以分解,替换成由防震限位板导向、工件拖板固定盲板两个技术特征,而它们结合为整体,仍起导向和固定盲板的作用。这种做法属于等同物替换的常见形式之一。应将分解后的技术特征作为一个整体来考量,而不能过于强调被控侵权产品和方法与专利在效果方面的相等性,这也与等同判断原则相悖。因此,该院认为,被控侵权产品中的防震限位板与专利中的导向板不属于等同技术的替代,没有落入专利权的保护范围,并据此判定金铃公司未侵犯机芯总厂的专利权不当。

### 60 相同侵权的适用(《专利法》第59条)

案例:庄志和、广东省深圳天明美术印刷有限公司与广东省南海市官窑中心印刷厂侵犯专利权纠纷案
案例来源:《中华人民共和国最高人民法院公报》2000年第5期第164页
主题词:相同侵权　技术特征

## 一、基本案情

原告:庄志和。
原告:广东省深圳天明美术印刷有限公司(以下简称天明公司)。

被告:广东省南海市官窑中心印刷厂(以下简称官窑印刷厂)。

原告庄志和、天明公司因与被告官窑印刷厂发生侵犯专利权纠纷,向广东省深圳市中级人民法院提起诉讼。

深圳市中级人民法院经审理查明:1993年11月15日,原告庄志和向中国专利局申请"宣纸印品及其胶印制版、印刷方法"发明专利。1995年12月30日,中国专利局授予庄志和ZL93114279.2号专利,并于1996年1月10日公告了该专利。

1993年12月15日,原告庄志和与原告天明公司签订了一份合同,将其申请专利的技术许可给天明公司使用。合同约定:在本专利申请技术被授予专利权后,双方有权阻止任何第三方的侵权行为,并可一起通过诉讼或其他法律手段要求侵权方予以经济赔偿。1996年12月1日,原告庄志和又与原告天明公司签订合同,并约定与前述合同内容相同的条款。被告官窑印刷厂于1995年开始生产、销售仿真宣纸国画挂历,至1997年5月底,共生产、销售仿真宣纸国画挂历约10万本,现仍应客户的要求生产此种挂历。

经法院委托深圳市知识产权研究会组织专家组对官窑印刷厂生产的仿真宣纸国画挂历进行鉴定,结论为:官窑印刷厂生产的宣纸挂历所涉及的技术特征及生产宣纸挂历的方法,落入了发明专利93114279"宣纸印品及其胶印制版方法"的专利保护范围。

深圳市中级人民法院认为:原告庄志和于1995年12月30日获得的"宣纸印品及其胶印制版、印刷方法"发明专利权,依法应受法律保护。庄志和与原告天明公司通过签订合同,约定天明公司有权与庄志和一起共同起诉侵权方,该约定不违反法律规定,故天明公司与庄志和一起作为本案原告是适格的。依据《中华人民共和国专利法》第11条与第59条的规定,被告官窑印刷厂未经专利权人的许可,生产、销售仿真宣纸国画挂历,经专家鉴定,该挂历已落入原告庄志和ZL93114279.2号专利的保护范围。因此,官窑印刷厂的行为已构成侵权。

第一审宣判后,被告官窑印刷厂不服判决,向广东省高级人民法院提起上诉。

广东省高级人民法院二审查明:原审法院委托深圳市知识产权研究会组织专家对双方生产的挂历有关技术问题进行鉴定时,专家们到现场了解了上诉人官窑印刷厂的胶印制版方法是:(1)使用调和油墨作为补色印刷。(2)印刷速度为4 500印/小时。(3)吸气量小于7公斤。(4)直接上机印刷。(5)网点线数200线/英寸。(6)虚蒙度6—8或10—18之间。专家们的咨询意见中曾经指出:官窑印刷厂采用庄志和发明专利限定宣纸印品利用包括普通使用的现代胶印设备、技术,即用电子分色机、胶印机、打样机,经电子分色、拼版、晒版、打样、印刷步骤,在非印刷用的宣纸或改性宣纸上制造出仿真书画印品,即落入了权利要求1以方法特征限定产品独立权利要求的范围。关于权利要求2,专家们亦认为,双方技术特征有不同之处,但无实质性差别,故其鉴定结论为:官窑印刷厂生产的宣纸挂历的技术特征及生产宣纸挂历的方法,落入了发明专利93114279"宣纸印品及其胶印制版方法"的专利保护范围。

中国专利局于1998年8月20日发出一份《撤销专利权请求的审查意见通知书》,认为本案争议的专利,其权利要求1不具有创造性,若专利权人同意删除权利要求1,则上述专利在权利要求2的基础上予以维持;如果不同意删除,则有可能导致该专利被全部撤销。1999年5月7日,中国专利局发出《撤销专利权请求的审查决定书》,决定撤销 ZL93114279.2号专利中的原权利要求1,保留原权利要求2,由原权利要求1被撤销,因此原权利要求2中"一种印刷如权利要求1所述宣纸印品的胶印制版、印刷方法……"的一段描述,不得不修改为"一种在宣纸上印刷诸如国画、书法、篆刻作品图案的胶印制版、印刷方法……"以下文字均与原权利要求2相同。除此以外,二审认定了一审查明的全部事实。

广东省高级人民法院认为:中国专利局1995年12月30日授予被上诉人庄志和的ZL93114279.2"宣纸印品及其胶印制版、印刷方法"专利,包括两项内容:(1)产品独立权利要求;(2)方法独立权利要求。1999年5月7日,中国专利局发出的《撤销专利权请求的审查决定书》,已对该专利的权利要求作了变更,故该专利的保护范围不应再以1995年12月30日授权时所述的保护范围为依据,而应以1999年5月7日中国专利局决定的最终文本为准。因此,判断本案上诉人官窖印刷厂是否侵犯了被上诉人庄志和的专利权，应视其采用的方法是否落入庄志和方法专利的保护范围。经对上诉人官窖印刷厂的胶印制版方法与被上诉人庄志和的专利方法进行比对，确认二者之间存在着明显的区别。官窖印刷厂所用的胶印制版方法没有完全覆盖变更后的 ZL93114279.2 号专利的权利要求书中所述的必要技术特征。原审法院委托有关专家进行的鉴定，是在争议的专利未被修改前，ZL93114279.2 号专利的原权利要求 1 存在的前提下所作的结论，其结论在专利被修改后的新情况下，已经失去原鉴定必须的参照依据，故不予采纳。官窖印刷厂上诉认为，该厂生产宣纸挂历的方法未落入争议专利的保护范围，理由充分，予以采纳。庄志和、天明公司认为官窖印刷厂的行为侵犯其专利权，缺乏事实和法律依据，不予支持。

二、裁判要旨

No.3-5-59-12　判断被控侵权产品或方法是否侵犯发明专利权，应当将被控侵权产品或方法的技术特征与发明专利权利要求的技术特征进行比较。如果被控侵权产品或方法包含与专利权利要求的全部技术特征相同的技术特征，则被控侵权产品或方法构成专利侵权。

侵犯专利权的行为分为相同侵权和等同侵权两种。所谓的相同侵权被控侵权的产品或者方法中能够找出与权利要求中记载的每一个技术特征相同的对应技术特征。本案中，虽然官窖印刷厂采用庄志和发明专利限定宣纸印品利用包括普通使用的现代胶印设备、技术，即用电子分色机、胶印机、打样机，经电子分色、拼版、晒版、打样、印刷步骤，在非印刷用的宣纸或改性宣纸上制造出仿真书画印品，即落入了权利要求 1 以方法特征限定产品独立权利要求的范围。但由于权利要求 1 被撤销，上诉人官窖印刷厂的胶印制版方法与被上诉人庄志和的专利方法进行比对，二者之间存在着明显的区别。因此，官窖印刷厂所用的胶印制版方法没有完全覆盖变更后的 ZL93114279.2 号专利的权利要求书中所述的必要技术特征。故不存在侵权情况。

**61** 等同侵权的适用、发明专利的保护范围（《专利法》第 59 条）

**案例：西安奥克自动化仪表有限公司与被告上海辉博自动化仪表有限公司请求确认不侵犯专利权纠纷案**

案例来源：《中华人民共和国最高人民法院公报》2008 年第 12 期第 38 页
主题词：等同侵权　专利说明书

一、基本案情

　　原告（反诉被告）：西安奥克自动化仪表有限公司（以下简称奥克公司）。
　　被告（反诉原告）：上海辉博自动化仪表有限公司（以下简称辉博公司）。
　　原告奥克公司因与被告辉博公司发生请求确认不侵犯专利权纠纷，向上海市第一中级人民法院（以下简称上海一中院）提起诉讼。辉博公司反诉奥克公司专利侵权。
　　上海市第一中级人民法院一审查明：2003 年 3 月 14 日，案外人郭云昌向中华人民共和国国家知识产权局申请名为"利用 γ 射线测量物位的方法"的发明专利，发明人为郭云昌、陈群英、宋东风，同年 8 月 27 日公开，2005 年 4 月 20 日授权公告，专利号为 ZL03115824.2。
　　2006 年 4 月 20 日，原告奥克公司与案外人天洁公司签订了一份《工矿产品购销合同》，约定由奥克公司向天洁公司提供规格型号为 MRD-AZY 的无放射源核料位计 104 套，单价为每套 5 000 元，总金额为 52 万元。2006 年 11 月 7 日，被告辉博公司向案外人裕中公司发出侵权警告函，称发现给裕中公司提供电除尘设备的成套商在其灰斗料位测量上未经授权就采用了辉博公司的上述发明专利，严重损害了辉博公司的合法权益。2007 年 1 月 31 日，裕中公司向天洁公司发出传真函，称裕中公司订购天洁公司的电除尘器，其中安装有奥克公司的 40 台核料位计，辉博公司来函指出裕中公司作为使用方侵犯了辉博公司的专利，裕中公司向天洁公司反映后，天洁公司及配套厂家奥克公司作了回应，但裕中公司认为，上述回应并没有阻止也没有给出充分的法律依据使裕中公司不受辉博公司的指责，故要求天洁公司立即与相关方协商，在专利权纠纷解决之前,要求合法专利权人出具书面证书,同意裕中公司继续使用该有专利权的料位计,并不承担任何相关责任,如果不能做到以上要求,天洁公司应向裕中公司提供没有专利权纠纷的替代产品,供裕中公司使用。

上海市第一中级人民法院一审认为,根据本案查明的事实,被告辉博公司的名称为"利用 $\gamma$ 射线测量物位的方法"的发明专利权合法有效,依法应当受到法律保护。《中华人民共和国专利法》(以下简称《专利法》)第56条第1款规定:"发明或者实用新型专利权的保护范围以其权利要求的内容为准,说明书及附图可以用于解释权利要求。"辉博公司的名称为"利用 $\gamma$ 射线测量物位的方法"的发明权利要求的内容为:一种利用 $\gamma$ 射线测量物位的方法,其特征在于采用以下步骤:(1)在容器外部设定位置测量出容器内待测物料和环境的 $\gamma$ 射线水平;(2)标定测量到的 $\gamma$ 射线水平与容器内物位的对应关系;(3)在容器外部设定位置测量实际的 $\gamma$ 射线水平,根据上述标定的 $\gamma$ 射线水平与容器内物位的对应关系,得到容器内物料的实际物位。上述内容即为涉案"利用 $\gamma$ 射线测量物位的方法"的发明的保护范围。根据科服中心出具的鉴定结论,原告奥克公司生产、销售的 MRD-AZY 无放射源核料位计所使用的测量物位的方法与辉博公司的上述发明专利是基于相同的利用 $\gamma$ 射线测量物位的原理,但采用了不同的技术方案实现对物料的非接触式测量。因为利用 $\gamma$ 射线测量物位的原理属于公知技术范畴,人人皆可自由使用,而奥克公司核料位计产品实现对物料的非接触式测量的技术方案与辉博公司的方法专利不同,故奥克公司生产、销售的 MRD-AZY 无放射源核料位计所使用的测量物位的方法,并未侵犯辉博公司发明专利权。

辉博公司不服一审判决,向上海市高级人民法院(以下简称上海高院)提起上诉。

上海市高级人民法院经二审,确认了一审查明的事实。另查明:"利用 $\gamma$ 射线测量物位的方法"发明专利(专利号:ZL03115824.2)的说明书第2页第1自然段至第4页第2自然段是对发明内容的记载,其中第3页第5自然段记载的内容是"(2)标定测量到的放射性水平与容器内物位的对应关系"。同页第6自然段记载的内容是:"根据待测物位的测量精度要求,逐渐改变容器内的实际物位,由空到满,或由满到空。在不同的物位状态下,分别测量物料和环境的放射性水平。如果在允许的时间内,无法可靠地测量到各物位状态下放射性水平的差异,则需要更换更先进的探测设备,或者降低要求(降低测量精度或延长响应时间)。最好多测几次,考察重复测量精度。"同页第7自然段记载的内容是:"根据测量数据标定放射性水平与容器内物位的对应关系"。

上海市高级人民法院二审认为,本案中,科服中心提供的鉴定结论确认,上诉人辉博公司"利用 $\gamma$ 射线测量物位的方法"发明专利权利要求1的第(2)、(3)项技术特征与被上诉人奥克公司产品使用方法的对应技术特征并不相同,且奥克公司产品使用的方法与辉博公司的方法专利是基于相同的利用 $\gamma$ 射线测量物位的原理,而采用了不同的技术方案实现对粉煤灰的非接触式测量。因此,辉博公司方法专利权利要求1的第(2)、(3)项技术特征与奥克公司产品使用方法的对应技术特征,既不属于相同技术特征,也不属于等同技术特征,辉博公司虽然对此提出异议,但没有提出相应的事实根据和法律依据。

依据《专利法》以及相关法规,上诉人辉博公司涉案专利权利要求1的保护范围为该权利要求1所包含的上述三个技术特征所限定的技术方案,该方法专利的说明书及附图可以用于解释这三个技术特征所限定的技术方案。判断被上诉人奥克公司产品使用的方法是否侵犯辉博公司的专利权,应当将奥克公司产品使用的方法的技术特征与辉博公司专利权利要求的技术特征进行比对,如果奥克公司产品使用的方法包含与辉博公司专利权利要求的全部技术特征相同的技术特征,或者奥克公司产品使用的方法的某个或某些技术特征虽与辉博公司专利权利要求的对应技术特征不同但构成等同,则奥克公司产品使用的方法构成对辉博公司专利权的侵犯。否则,奥克公司产品使用的方法不构成对辉博公司专利权的侵犯。根据本案查明的事实,奥克公司产品使用的方法不构成对辉博公司专利权的侵犯,故该上诉理由不能成立。

等同侵权・专利说明书

二、裁判要旨

No.3-5-59-13 发明专利权的保护范围以其权利要求的内容为准,说明书及附图可以用于解释权利要求。当专利权人与被控侵权人对专利权利要求记载的技术特征的理解有分歧时,可以用专利说明书记载的相关内容解释权利要求所记载的技术特征的含义,并且应当以相关领域的普通技术人员对专利说明书的理解进行解释,从而明确专利权的保护范围。

关于发明专利的保护范围,最高人民法院《关于审理侵犯专利权纠纷案件应用法律若干问题的解释》第1条就规定:"人民法院应当根据权利人主张的权利要求,依据专利法第五十九条第一款的规定确定专利权的保护范围。""权利人主张以从属权利要求确定专利权保护范围的,人民法院应当以该从属权利要求记载的附加技术特征及其引用的权利要求记载的技术特征,确定专利权的保护范围。"这表明,在我国司法实践中,是采取了以权利要求为中心,说明书和附图为辅助的专利权利要求司法政策,即既不是严格按照权利要求的措辞限定专利保护范围,说明书和附图仅解释其中模糊不清之处,也不是以说明书和附图的范围出发,随意拓展到专利权人所期望的保护范围,权利要求仅是一种指导。我国当前的司法政策应该是以权利要求的内容为准,但不过分拘泥于其内容,在本领域普通技术人员的理解下,结合说明书及附图,完整地确定专利权的保护范围。

本案中被上诉人奥克公司产品的照片及说明书主要是对产品外形、产品结构特征与工作原理的简要记载,并没有记载该产品使用方法的全部技术特征。而判断奥克公司产品使用的方法是否侵权的关键,是要将奥克公司产品实际使用方法的技术特征与上诉人辉博公司专利权利要求的全部技术特征进行比较,而不是将奥克公司产品的照片及说明书与辉博公司专利权利要求相比较。

No.3-5-59-14 判断被控侵权产品或方法是否侵犯发明专利权,应当将被控侵权产品或方法的技术特征与发明专利权利要求的技术特征进行比较。如果被控侵权产品使用的方法包含与权利要求的全部技术特征相同的技术特征,或者被控侵权产品或方法的某个或某些技术特征虽与专利权利要求的对应技术特征不同但构成等同,则被控侵权产品或方法构成专利侵权。

等同原则的采用是为了避免专利实施者在利用专利发明的实质性内容的同时,通过对专利的某些内容作出非实质性变动,从而使实施的技术与权利要求内容有所不同,逃脱专利法规制的情况。最高人民法院《关于审理专利纠纷案件适用法律问题的若干规定》第17条规定:专利权的保护范围应当以权利要求书中明确记载的必要技术特征所确定的范围为准,也包括与该必要技术特征相等同的特征所确定的范围。其中,等同特征是指与所记载的技术特征以基本相同的手段,实现基本相同的功能,达到基本相同的效果,并且本领域的普通技术人员无须经过创造性劳动就能够联想到的特征。这表明,我国法律法规中规定的等同,是指对各对应技术特征之间的个别等同,而非专利技术方案与被控侵权行为之间的整体等同。

本案中,判断被上诉人奥克公司产品使用的方法是否侵犯辉博公司的专利权,应当将奥克公司产品使用方法的技术特征与辉博公司专利权利要求的技术特征进行比较,如果奥克公司产品使用的方法包含与辉博公司专利权利要求的全部技术特征相同的技术特征,或者奥克公司产品使用的方法的某个或某些技术特征虽与辉博公司专利权利要求的对应技术特征不同但构成等同,则奥克公司产品使用的方法构成对辉博公司专利权的侵犯。否则,奥克公司产品使用的方法不构成对辉博公司专利权的侵犯。根据本案查明的事实,奥克公司产品使用的方法不构成对辉博公司专利权的侵犯,故该上诉理由不能成立。

**62** 实用新型专利保护范围解释(《专利法》第59条)

案例:中国科学院成都有机化学研究所与成都正大电器机械厂专利侵权纠纷案
案例来源:《中华人民共和国最高人民法院公报》2001年第2期第234页
主题词:实用新型　权利要求

## 一、基本案情

原告：中国科学院成都有机化学研究所（以下简称化研所）。

被告：成都正大电器机械厂（以下简称正大厂）。

原告化研所因与被告正大厂发生专利侵权纠纷，向四川省成都市中级人民法院（以下简称成都中院）提起诉讼。

成都市中级人民法院经审理查明：原告化研所享有的"复印机臭氧净化器"（专利号：87205109.9）实用新型专利权，保护期至 1995 年 7 月 18 日。"室内空气净化器"（专利号：89213104.7）实用新型专利权，保护期至 1997 年 7 月 31 日。"一种离心风机低噪音叶轮"（专利号：90211733.5）实用新型专利权，保护期至 1998 年 1 月 12 日。被告正大厂生产"二次净化器"使用的"复印机臭氧与室内空气二次净化器"实用新型专利（专利号：ZL94229927.2），申请日为 1994 年 11 月 29 日，授权公告日为 1995 年 9 月 6 日。

成都市产品质量监督检验所对被告正大厂生产的"二次净化器"进行了质量检验，并分别于 1995 年 9 月 1 日、1995 年 10 月 18 日作出了成质检（电）字第（950780）号、（961529）号检验报告。检验结论均为符合所检项目标准要求。

1995 年 8 月 16 日，被告正大厂销售给四川省电力局一台"二次净化器"。1998 年 3 月 2 日，销售给成都恩威药业有限公司一台"二次净化器"。

1994 年 10 月 22 日，科成公司委托被告正大厂加工制作叶轮模具，双方签订了一份委托制作协议。该协议载明，此叶轮用于复印机臭氧净化器，且该模具系科成公司独家享有。而正大厂生产"二次净化器"所使用的叶轮，与原告化研所享有的"一种离心风机低噪音叶轮"实用新型专利（专利号为 90211733.5）权利要求 1 中的技术方案相同。

成都市中级人民法院认为：被告正大厂生产的"二次净化器"，虽是使用了赖禹取得的"复印机臭氧与室内空气二次净化器"实用新型专利，但因其生产该产品的技术方案与原告化研所的"复印机臭氧净化器"和"室内空气净化器"两个实用新型专利权利要求 1 的保护范围等同，即以等同的方式落入了"复印机臭氧净化器""室内空气净化器"的保护范围之中。被告正大厂生产"二次净化器"所使用的叶轮，因与原告化研所享有的"一种离心风机低噪音叶轮"实用新型专利权利要求 1 中的技术方案相同，故以相同的方式落入了"一种离心风机低噪音叶轮"的保护范围之中。

原告化研所的"复印机臭氧净化器"实用新型专利权已于 1995 年 7 月 18 日失效。被告正大厂首次生产销售"二次净化器"的时间是 1995 年 8 月 16 日。故"二次净化器"不构成对"复印机臭氧净化器"的侵权。

因原告化研所的"室内空气净化器"实用新型专利、"一种离心风机低噪音叶轮"实用新型专利的有效期分别为 1997 年 7 月 31 日、1998 年 1 月 12 日，故被告正大厂从 1995 年 8 月 16 日起生产的"二次净化器"，侵犯了化研所享有的"室内空气净化器"与"一种离心风机低噪音叶轮"实用新型专利权。

此外，正大厂在 1994 年 10 月 22 日替科成公司加工制作叶轮模具时，科成公司在委托制作协议中就已经声明，该叶轮用于复印机臭氧净化器，且该叶轮的产权归科成公司所有。因此，正大厂明知该叶轮是用于复印机臭氧净化器的专用产品，其技术方案与化研所享有的"一种离心风机低噪音叶轮"实用新型专利完全相同，故对正大厂关于不构成侵权的主张不予支持。

正大厂不服一审判决，向四川省高级人民法院（以下简称四川高院）提起上诉。

四川省高级人民法院经审理查明：1992 年 7 月 7 日，被上诉人化研所的代表张模方与成都 125 信箱的代表谢清华签订"成都 125 信箱与中科院成都有机化研所环保公司风机合同"。合同约定：风机技术是由科成公司提供的专利技术，供方不得将需方提供的有关技术扩散和泄密，更不得向外转让或销售等。合同加盖有科成公司经济合同专用章和中国电子系统工程第三建设公司印章。

1994 年 10 月 22 日，由上诉人正大厂作为合同乙方，与作为合同甲方的科成公司签订的《委托制作叶轮模具协议》中,有以下内容:此叶轮用于复印机臭氧净化器,模具制作依据实物样品和有关专利资料;甲方委托乙方制作的模具,其产权为甲方独家所有,乙方不得转让第三方以及用此模具为第三方生产产品。1995年9月29日,科成公司将此模具提供给成都市金牛区九里堤塑料厂,委托其加工塑料叶轮。从1995年8月起,正大厂开始从九里堤塑料厂购进塑料叶轮生产"二次净化器"。

上诉人正大厂印制的"二次净化器"说明书称:本机改进了复印机净化装置并增设了室内净化装置等。

成都市产品质量监督检验所于1995年9月1日,依据GB4706.1-9 2《家用和类似用途电器的安全、通用要求》对上诉人正大厂生产的"二次净化器"进行了质量检验,出具了成质检(电)字第(950708)号检验报告;1996年10月18日,成都市产品质量监督检验所又依据Q/ZDO01-1996《复印机臭氧与室内空气二次净化器企业标准》,对"二次净化器"进行了质量检验,出具了成质检(电)字第(961529)检验报告。

1996年8月19日,四川省专利管理局委托中国专利局专利复审委员会,判定上诉人正大厂的"二次净化器"(JHQ-2-A型)是否落入被上诉人的"复印机臭氧净化器"和"一种离心风机低噪音叶轮"实用新型专利的保护范围。中国专利局专利复审委员会作出的《专利侵权技术判定咨询意见书》结论为:(1) 标牌上注有"正大电器",型号:JHQ-2-A型的ZHENGDA牌"二次净化器"以等同方式落入"复印机臭氧净化器"实用新型权利要求1的保护范围;(2) 安装于"二次净化器"上的叶轮,以相同方式落入"一种离心风机低噪音叶轮"实用新型权利要求1的保护范围。

1996年8月26日,上诉人正大厂向中国专利局专利复审委员会请求宣告"室内空气净化器"实用新型专利无效。中国专利局专利复审委员会在《无效公告请求审查决定书》中认为:"室内空气净化器"实用新型专利涉及的技术主题是室内空气净化器,国际分类中属于A61L9/00类,而名为"复印机臭氧净化器"的实用新型专利技术,净化的是"复印机或眷影机"产生的臭氧,属于B01D53/2类,两者不属同一类,技术主题也有别。且前者具有施香器这一区别特征,该施香器的设置具有可使芳香的净化空气充满室内的实质性特点。故作出维持"室内空气净化器"实用新型专利权的决定。

1996年6月,上诉人正大厂在成都市技术监督局备案的"二次净化器"企业标准为:用于净化复印机排出的臭氧、有机废气和粉尘。性能指标为:复印机臭氧废气排放量在60—100立方米/1小时,用A型净化后臭氧浓度不大于0.1mg等。

1999年7月2日,中国专利局作出的《撤销专利权请求审查决定书》,以1996年1月28日授予赖禹的"复印机臭氧与室内空气二次净化器"实用新型专利不具有创造性为由,撤销了该专利。

除此以外,二审认定了一审查明的其他事实。

四川省高级人民法院认为:被上诉人化研所的"复印机臭氧净化器""室内空气净化器""一种离心风机低噪音叶轮"实用新型专利,有效期分别至1995年7月18日、1997年7月31日和1998年1月12日止。有效期内的专利权,应当受法律保护。由于化研所的"复印机臭氧净化器"实用新型专利权已于1995年7月18日到期,在此之后的复印机臭氧净化器技术方案已成为公知技术,故正大厂在1995年8月以后生产的"二次净化器",不构成对该实用新型专利的侵权。

关于上诉人正大厂生产、销售的"二次净化器",是否侵犯被上诉人化研所的"室内空气净化器"实用新型专利权的问题。经对"二次净化器"拆卸后进行考察,该产品并无属于化研所"室内空气净化器"实用新型专利实质性特征的"施香器"。因此,正大厂的"二次净化器",实质上只有处理复印机臭氧的功能。正大厂诉称其产品仅用于复印机臭氧墨粉尘的净化,与室内空气净化无关的理由成立,应予支持。化研所关于"二次净化器"具有复印机臭氧净化和室内空气净化两种功能的主张,因无相应的事实证明,不予支持。故"二次净化器"虽然部分技术方案与"室内空气净化器"等同,但不构成对"室内空气净化器"实用新型专利的侵权。

实用新型・权利要求

关于"二次净化器"是否侵犯"一种离心风机低噪音叶轮"实用新型专利权的问题。在对叶轮实物证据的质证中,双方当事人均认可:1993年—1994年期间,上诉人正大厂生产并出售给科成公司的金属件风机中的叶轮,与1995年8月以后的塑料叶轮技术参数相同。双方还认可,正大厂用于"二次净化器"上的塑料叶轮,其技术参数与化研所经过修改后的叶轮专利权利要求书所记载的技术参数基本一致。故正大厂在其产品中使用的叶轮技术,落入了化研所的"一种离心风机低噪音叶轮"专利权利要求1的保护范围,已构成对该专利的侵权。一审判决认定事实基本清楚,审理程序合法,但部分适用法律不当。

二、裁判要旨

No.3-5-59-15　实用新型专利权的保护范围以其权利要求的内容为准。权利要求书应当以说明书为依据。说明书应当对发明或者实用新型作出清楚、完整的说明,以所属技术领域的技术人员能够实现为准;必要的时候,应当有附图。摘要应当简要说明发明或者实用新型的技术要点。

依据《专利审查指南(2010)》可知,说明书与权利要求之间的关系,即说明书中记载的技术方案应当与权利要求所限定的相应技术方案的表述相一致。一般情况下,在说明书技术方案部分,首先应当写明独立权利要求的技术方案,其用语应当与独立权利要求的用语相应或者相同,以实用新型必要技术特征总和的形式阐明其实质,必要时,说明必要技术特征与发明或者实用新型效果之间的关系。此外,可以通过对该发明或者实用新型的附加技术特征的描述,反映对其作进一步改进的从属权利要求的技术方案。说明书应当清楚、客观地写明发明或者实用新型与现有技术相比所具有的有益效果,即指由构成实用新型的技术特征直接带来的,或者由所述的技术特征必然产生的技术效果。因为有益效果是实用新型是否具有"进步"的重要依据。在确定实用新型专利权的保护范围时,也应该与确定发明权的保护范围一样,以权利要求为准,结合说明书及附图等,完整地解释专利的技术方案。值得注意的是,在判断其保护范围时,可以借助专利的技术效果,考察侵权判定中技术特征之间的差别。因为,一般而言,被控侵权技术与专利技术之间的技术效果越相近,相应技术特征之间相同或等同的可能性就越大。

本案中,关于上诉人正大厂生产、销售的"二次净化器",是否侵犯被上诉人化研所的"室内空气净化器"实用新型专利权的问题。判定一个产品的真实性能如何,应当主要看该产品的结构和实际效果。根据正大厂在成都市技术监督局备案的《复印机臭氧与室内空气二次净化器企业标准》,"二次净化器"用于净化复印机排出的臭氧、有机废气和粉尘,并以复印机臭氧废气排放量净化后的臭氧浓度参数为该产品的性能指标。从成都市产品质量监督检验所的《产品检验通知单》中可以看出,该所只是对复印机臭氧净化的程度进行检验。此外,成都市产品质量监督检验所的成质检(电)字第(950780)号、成质检(电)字第(961529)号两个检验报告,也是对"二次净化器"的标志、防触电保护等电器方面的安全进行检验,并不涉及该产品是否具有净化空气性能的问题。经对"二次净化器"拆卸后考察,该产品并无属于化研所"室内空气净化器"实用新型专利实质性特征的"施香器"。因此,正大厂的"二次净化器",实质上只有处理复印机臭氧的功能,不具有涉案专利的全部技术特征。正大厂诉称其产品仅用于复印机臭氧墨粉尘的净化,与室内空气净化无关的理由成立,应予支持。化研所关于"二次净化器"具有复印机臭氧净化和室内空气净化两种功能的主张,因无相应的事实证明,不予支持。故"二次净化器"虽然部分技术方案与"室内空气净化器"等同,但不构成对"室内空气净化器"实用新型专利的侵权。

**63** 功能性限定技术特征权利保护范围的确定(《专利法》第59条)

案例:河北珍誉工贸有限公司、北京双龙顺仓储购物中心与曾展翅侵犯专利权纠纷案
案例来源:《人民法院案例选》2007年第1辑[第45号]
主题词:功能性限定　技术特征

一、基本案情

上诉人(原审被告):河北珍誉工贸有限公司(以下简称珍誉公司)。

被上诉人(原审原告):曾展翅。
原审被告:北京双龙顺仓储购物中心(以下简称双龙顺中心)。
上诉人珍誉公司因侵犯专利权纠纷一案,不服北京市第二中级人民法院(2005)二中民初字第11450号民事判决,向北京市高级人民法院(以下简称北京高院)提出上诉。

北京市第二中级人民法院(以下简称北京二中院)判决认定,曾展翅对"除臭吸汗鞋垫"实用新型专利依法享有的专利权受法律保护。该项专利技术方案的必要技术特征体现为两层防滑层、两层单向渗透层、吸汗层、透气层、除臭层等七层结构,且要求吸汗层与透气层是相邻的。珍誉公司现认可被控侵权产品具备除臭层和吸汗层,且吸汗层与透气层是相邻的。从珍誉公司提出异议的对应技术特征部分看:(1)该产品的两层外表面被称为干爽表面,它是由一层布面构成,上表面的布面为斜纹布,底面则由于针线的缝合产生了凹凸不平的效果,与涉案专利防滑层的功能效果相同,且使用了与专利技术等同的解决手段,二者特征构成等同。(2)对珍誉公司称被控侵权产品只有一层单向渗透层的说法,从该产品的说明指示图和拆封的公证实物上看,在两层干爽表面相对的内面各附设了一单向渗透层,因此,该产品是具备两层单向渗透层的。根据现有证据不能证明曾展翅对单向渗透层作出了限定,而将单向渗透层描述为"是一种具有漏斗状孔隙的布面"是曾展翅专利说明书中列举的实施例,在不违反禁止反悔原则的前提下,实施例不能理解为是对必要技术特征的限定,因此,对单向渗透层的保护范围应确定为能够实现水分单向渗透的层面。在此前提下,被控侵权产品的单向渗透层设置于正面干爽表面和抗皱层之间,通过一层非织造布和吸汗层两层结构实现单向渗透功能,可以确认使用了与专利等同的技术手段,并实现了相同的技术效果,该项特征与专利技术中的单向渗透层构成等同。(3)被控侵权产品中的抗皱弹性层是由一层尼龙纤维网构成,该网状结构决定了其在起到防止鞋垫发生褶皱作用的同时,也能够实现涉案专利透气层的功能,它与专利对应特征构成相同。(4)涉案专利中的七层结构是以粘结的方式连接的,虽然被控侵权产品使用了线缝合的方式,但是,这一点区别是该领域普通技术人员不需要创造性劳动就能够联想到的,二者技术特征亦构成等同。综上,北京二中院认定珍誉公司制造、销售的"珍誉"牌袜不湿物理除臭鞋垫构成对曾展翅享有的"除臭吸汗鞋垫"实用新型专利权的侵犯。双龙顺中心作为销售商,已经证明其销售的被控侵权产品来源于珍誉公司,故其不承担赔偿责任,但应立即停止其销售行为。

珍誉公司不服原审判决,向北京高院提出上诉,请求撤销原审判决,驳回曾展翅的全部诉讼请求,其主要理由为:原审判决对专利权利要求的解释简单地以权利要求记载的文字作为限定的保护内容,且忽略了权利要求限定的各层之间的结构、位置关系和连接关系等必要技术特征,以权利要求1所限定的部分必要技术特征限定其专利权的保护范围,是不合理地扩大了专利权的保护范围。此外,"单向渗透层"是专利具有创造性的重要区别特征之一,由于专利说明书对于该技术特征的唯一解释是"单向渗透层是一种具有漏斗状孔隙的布面",就应当根据该解释为基础,合理地限定该技术特征的内容,可以考虑与其相同或等同的技术内容,但至少不应扩大理解到能够实现水分单向渗透功能的所有技术特征。

北京高院经审理查明,曾展翅于2001年4月2日向国家知识产权局提出了名称为"除臭吸汗鞋垫"的实用新型专利申请,并于2002年2月27日获得专利权,专利号为01207388.1。

根据该专利权利要求书第1项中记载的内容,"一种除臭吸汗鞋垫,其特征是:它是由两层防滑层于相对的内面各附设一单向渗透层,其间再叠置粘结吸汗层、透气层、除臭层组成,吸汗层与透气层相邻"。专利说明书记载,专利发明的目的是:针对现有鞋垫在吸湿透气性方面除臭时存在的容易产生潮湿,导致除臭效果减弱这些不足进行的改进设计;本实用新型中的单向渗透层是一种具有漏斗状孔隙的布面。

2002年9月16日,曾展翅申请北京市第二公证处前往双龙顺中心,以公证形式购买了由藁城市袜不湿垫业有限公司制造的"珍誉"牌袜不湿物理除臭鞋垫,每双单价为5.20元。藁城市袜不湿垫业有限公司后于2003年5月9日更名为珍誉公司。诉讼中,双龙顺中心认可其销售的涉案被控侵权产品来源于珍誉公司。

功能性限定·技术特征

根据该产品的说明书介绍,鞋垫分为干爽表面、活性炭层(物理除臭无副作用)、抗皱弹性层、高分子聚合体层(高效吸汗)、两层单向渗透层。其中一层单向渗透层位于干爽表面的下层,另一层单向渗透层位于底层的内面。珍誉公司在2002年10月14日答辩状中称,其制造、销售的涉案被控侵权产品为七层结构。

根据当庭拆封的被控侵权产品实物,被控侵权产品由以下结构组成:正面第一层为一斜纹布,第二层为一层非制造布,其上附有吸汗剂和活性炭,第三层为一塑料网状的抗皱弹性层,第四层为一非织造布层,第五层为一层布面。

上述事实,有第644503号实用新型专利证书、专利号01207388.1的专利文件、(2002)京二证字第5234号公证书、(2002)京二证字第5321号公证书、(2002)京二证字第5322号公证书、(2002)京二证字第5323号公证书、(2002)京二证字第5324号公证书、公证物、销售合同、庭审记录以及双方当事人的陈述等在案佐证。

北京高院认为,曾展翅对"除臭吸汗鞋垫"实用新型专利依法享有的专利权受法律保护。发明或者实用新型专利权的保护范围以其权利要求的内容为准,说明书及附图可以用于解释权利要求。对于采用功能性限定特征的权利要求,不应当按照其字面含义解释为涵盖能够实现该功能的所有方式,而是应当受到专利说明书中记载的实现该功能的具体方式的限制。具体而言,在侵权判断中应当对功能性限定特征解释为仅仅涵盖了说明书中记载的具体实现方式及其等同方式。

从本案专利权利要求1的必要技术特征看,均采用功能性限定特征,因此,对该权利要求进行解释时,应当考虑说明书中记载的具体实现方式。涉案专利说明书中对单向渗透层明确指明"为一种具有漏斗状孔隙的布面",而涉案被控侵权产品单向渗透层采用的是非织造布,并非是与具有漏斗状孔隙的布面相同或相等同的技术特征,因此,被控侵权产品没有落入涉案专利权的保护范围。原审法院关于单向渗透层的保护范围应确定为能够实现水分单向渗透的层面的认定有误,不适当地扩大了曾展翅专利权的保护范围,北京高院予以纠正。上诉人珍誉公司关于对"单向渗透层"的解释,应当结合专利说明书进行限定的上诉主张成立,北京高院予以支持。

二、裁判要旨

**No.3-5-59-16** 以功能性限定技术特征撰写权利要求的专利在侵权判定时,应当按照说明书记载的实施例确定权利保护范围。

所谓功能性限定技术特征是指在专利的权利要求中不是采用结构性特征或者方法步骤特征限定发明或实用新型,而是采用零部件或者步骤在发明或实用新型中所起的作用、功能或者所产生的效果限定发明或实用新型。依据我国《专利法》第59条的规定,对于权利要求中功能性限定特征的具体的解释方法是,在侵权判断时,该功能性限定特征的解释应当受专利说明书中记载的实现该功能的具体方式的限制,不应当解释为覆盖了能够实现该功能的任何方式,导致不适当地扩大专利权的保护范围。具体而言,在侵权判断中应当对功能性限定特征解释为仅仅涵盖了说明书中记载的具体实现方式及其等同方式。

本案中,从专利权利要求1中的必要技术特征看,均采用功能性限定特征。因此,对该权利要求进行解释时,应当考虑说明书中记载的具体实现方式。对于权利要求中单向渗透层这一技术特征而言,涉案专利说明书中对单向渗透层明确指明"为一种具有漏斗状孔隙的布面",而涉案被控侵权产品单向渗透层采用的是非织造布。由此可见,就本专利技术特征而言,被控侵权产品并非是采用与具有漏斗状孔隙的布面相同或等同的技术特征,因此,被控侵权产品没有落入涉案专利权的保护范围。

**64** 独立权利要求的术语解释(《专利法》第59条)

案例:冯德义与哈尔滨蓝波高科技开发有限公司侵犯专利权纠纷案
案例来源:《知识产权审判指导》2008年第2辑[最高人民法院〔2004〕民三监字第11-1号]
主题词:独立权利要求　术语解释

一、基本案情

再审申请人(一审原告、二审被上诉人):冯德义。

再审被申请人(一审被告、二审上诉人):哈尔滨蓝波高科技开发有限公司。

再审申请人冯德义因与再审被申请人哈尔滨蓝波高科技开发有限公司侵犯专利权纠纷一案,不服黑龙江省高级人民法院2002年6月10日作出的[2002]黑知终字第4号民事判决以及2003年12月17日作出的[2003]黑监知监字第1号驳回申请再审通知书,向最高人民法院(以下简称最高院)申请再审。

经审查查明,专利号为ZL 93106286.1、名称为"搭桥式电源断相保护电路及装置"的发明专利权为刘桂荣(一审原告、二审被上诉人,未申请再审)、冯德义共同拥有的合法有效的专利权。刘桂荣、冯德义以再审被申请人生产的DT98系列动态无功补偿装置产品(以下简称被控侵权产品)侵犯上述专利权为由,向一审法院提起民事诉讼。

对于再审被申请人制造销售的被控侵权产品是否落入涉案专利的保护范围,一审法院经双方当事人同意,由哈尔滨市中级人民法院司法鉴定中心委托黑龙江省知识产权局进行了比较鉴定。一审鉴定认为:涉案专利的权利要求2所反映的原理、功能与被控侵权产品的相对应部分相同,结构的主要技术特征相同。一审法院据此认为再审被申请人制造和销售的被控侵权产品落入涉案专利保护范围,构成专利侵权,从而判决再审被申请人停止侵权、赔偿损失。

再审被申请人不服一审判决,向原审法院提起上诉。二审过程中,原审法院认为有必要进行重新鉴定。国家科学技术部知识产权事务中心就本案的有关问题进行了鉴定,认为被控侵权产品未落入专利的保护范围。原审法院认为国家科学技术部知识产权事务中心出具的二审鉴定比较充分地反映了对比过程,鉴定报告中的叙述、分析等内容是客观的、科学的,可以作为本案判决的参考意见即证据之一;而黑龙江省知识产权局出具的专家意见则是不够确切的。由此原审法院认为,再审被申请人生产销售被控侵权产品的行为未侵犯冯德义、刘桂荣的搭桥式电源断相保护电路及装置发明专利的专利权,判决:撤销一审判决;驳回冯德义、刘桂荣的诉讼请求。

冯德义、刘桂荣不服二审判决,向原审法院申请再审。原审法院经审查驳回了冯德义、刘桂荣的再审申请。

最高院经审查认为,涉案专利权利要求2的主题名称"搭桥式电源断相保护装置"与权利要求1的主题名称"搭桥式电源断相保护电路"不同,权利要求2为独立权利要求。同时,由于权利要求2未引用权利要求1,因此,在解释权利要求2中的术语"搭桥式电源断相保护电路"时,不能将其直接限定为"权利要求1所述的搭桥式电源断相保护电路",从而将权利要求1中的所有技术特征引入权利要求2。因此,二审鉴定关于"权利要求2中所述的'搭桥式电源断相保护电路'与权利要求1所述的'搭桥式电源断相保护电路'的解释特征应当完全相同"的结论错误,由此导致二审判决以此为依据所认定的"被控侵权产品未落入权利要求2的保护范围"缺乏证据证明,再审申请人的申请符合《中华人民共和国民事诉讼法》第179条第1款第2项规定的再审立案条件。

二、裁判要旨

**No.3-5-59-17 独立权利要求中的术语解释,应当依据其技术特征进行,不能与其他独立权利要求中的相同术语简单直接等同。**

独立权利要求记载了解决技术问题所需的必要技术特征,能够从整体上反映发明或者实用新型的技术方案。因此,对一项发明创造而言,独立权利要求确定了最大的保护范围,所有以直接或者间接方式从属于该独立权利要求的从属权利要求确定的保护范围,都要落入独立权利要求保护的范围内。这就要求独立权利要求中的术语解释应该依据其技术特征进行解释,其他独立权利要求中的相同术语仅作为参考。

本案中,涉案专利权利要求2的主题名称"搭桥式电源断相保护装置"与权利要求1的主题名称"搭桥式电源断相保护电路"不同,权利要求2为独立权利要求。同时,由于权利要求2未引用权利要求1,因此,在解释权利要求2中的术语"搭桥式电源断相保护电路"时,不能将其直接限定为权利要求1所述的"搭桥式电源断相保护电路",从而将权利要求1中的所有技术特征引入权利要求2。原审法院关于"独立权利要求2应当包括权利要求1的全部必要技术特征,当被控侵权产品未落入独立权利要求1的保护范围时,也就未落入独立权利要求2的保护范围"的认识有误。

## 65 方法专利权利要求的解释(《专利法》第59条)

**案例:OBE-工厂·翁玛赫特与鲍姆盖特纳有限公司与浙江康华眼镜有限公司侵犯发明专利权纠纷案**

案例来源:《中华人民共和国最高人民法院公报》2010年第1期第30页
主题词:方法专利　步骤顺序

### 一、基本案情

申请再审人(一审原告、二审被上诉人):OBE-工厂·翁玛赫特与鲍姆盖特纳有限公司(以下简称OBE公司)。

被申请人(一审被告、二审上诉人):浙江康华眼镜有限公司(以下简称康华公司)。

申请再审人OBE公司与被申请人康华公司侵犯发明专利权纠纷一案,北京市高级人民法院于2006年12月20日作出(2006)高民终字第1367号民事判决(以下简称二审判决),已经发生法律效力。2008年9月,OBE公司向最高人民法院(以下简称最高院)申请再审。

2004年8月10日,康华公司针对涉案专利向专利复审委员会提出无效宣告请求,其理由是涉案专利不具有新颖性和创造性。专利复审委员会于2005年4月11日作出第7135号无效宣告请求决定(以下简称第7135号决定),维持涉案专利权有效。

一审法院认为,权利要求1所述的方法为四个步骤:(1)提供一用于形成铰接件的金属带;(2)切割出大致与铰接件外形一致的区域;(3)通过冲压形成一圆形部分以形成铰接件的凸肩;(4)冲出铰接件的铰接孔。涉案专利为加工弹簧铰链的制作方法,系发明专利中的方法专利,其保护范围是加工制作弹簧铰链的方法,涉案专利权利要求1是弹簧铰链中铰接件的加工方法,而铰接件仅仅是弹簧铰链中的一个零件。根据涉案专利权利要求并结合说明书可以看出,由于现有的弹簧铰链一般是由一个铰接件、一个锁紧件、一个弹簧及外壳组成,但由于上述零件尺寸很小,组装相当复杂,而且通常是散装料供给,所以首先需要麻烦的找正,才能把各件组装在正确的位置,故在本方法专利中,用金属带加工的铰接件在铰接件仍与金属带连接时进行弹簧件和锁紧件的安装……其发明任务为提出一种弹簧铰链的经济制作方法,改进零件的搬运,因而产生良好的经济效益,其发明目的是为了解决现有的弹簧铰链加工制造费用高、加工步骤费用昂贵的问题。康华公司加工铰接件的方法为在金属带材上通过冲压的方式冲下铰接件,即康华公司所称的"冲裁落料"(涉案专利则是在铰接件安装弹簧件装配单元之前仍与金属带连接),尔后由人工手持钳子夹住铰接件,将铰接件凸肩延伸部分用锻压机砸圆,即康华公司所称的"模锻",再由人工将铰接件插入打孔机进行打孔。将权利要求1与康华公司的加工方法对比可以看出,康华公司加工铰接件的方法与权利要求1的保护范围无明显差异,涉案专利的权利要求1为四个步骤,康华公司的加工步骤亦为四个,在将铰接件从金属带材上冲下后,模锻、打孔的顺序虽然可调,但顺序的调整并未产生新的效果。综上所述,康华公司加工生产铰接件的方法与涉案专利权利要求1所保护的方法等同,落入了涉案专利权利要求1的保护范围,康华公司应承担停止侵权、赔偿损失等民事责任。

康华公司不服一审判决,向北京市高级人民法院(以下简称二审法院)提起上诉。

二审法院审理查明的事实与一审法院相同。

二审法院认为,本案的核心问题在于康华公司制造被控侵权产品使用的方法是否落入涉案专利权的保护范围。被控侵权产品中铰接件的制造方法包括:(1)金属带材;(2)冲下铰接件;(3)砸圆;(4)打孔。该加工方法是:首先将铰接件与金属带料分离下来,采取传统机械加工工艺中的冲裁、锻压和冲孔设备逐一完成,其中砸圆和打孔的顺序可调。由此可见,这与专利方案所采取的铰接件同金属带料不分离且各步骤先后顺延的方法不同,被控侵权产品的制造方法与专利方法既不相同也不等同,没有落入涉案专利权的保护范围。一审判决关于被控侵权方法与涉案专利方法等同的认定错误,予以纠正。康华公司关于被控侵权方法不构成侵权的主张有事实和法律依据,予以支持。2006年12月20日,二审法院作出(2006)高民终字第1367号民事判决:撤销一审判决。

最高院经审查查明,一、二审法院认定的事实属实,予以确认。另查明以下事实:

涉案专利的权利要求1请求保护一种制造弹簧铰链的方法,该方法包括以下步骤:提供一用于形成铰接件的金属带(以下简称供料步骤);切割出大致与铰接件外形一致的区域(以下简称切割步骤);通过冲压形成一圆形部分以形成铰接件的凸肩(以下简称冲压步骤);冲出铰接件的铰接孔(以下简称冲孔步骤)。上述四个步骤均仅仅涉及弹簧铰链中的铰接件的制造,并不涉及弹簧铰链中其他部件的制造,也不涉及部件的装配。

在国家知识产权局对涉案专利申请进行实质审查的过程中,申请再审人在答复审查员发出的第二次再审查意见通知书时,对权利要求书进行了修改,并就"权利要求1的方案是完整的"陈述如下意见:"申请再审人认为将权利要求3所述的特征补充进权利要求1并非必要。在铰接件尚与金属带连接并从而设置在一个预定的位置上时,通过对铰接件进行冲压或变形,以及通过将弹簧件安装在铰接件上,就可以改进装配弹簧铰接部件的方法。"

最高院认为:在侵权诉讼中,不应以权利要求没有对步骤顺序进行限定为由,不考虑步骤顺序对权利要求的限定作用,而是应当结合说明书和附图、审查档案、权利要求记载的整体技术方案以及与各个步骤之间的逻辑关系,从本领域普通技术人员的角度出发确定各步骤是否应当按照特定的顺序实施。根据实际操作,权利要求1中的四个步骤应当按照供料步骤、切割步骤、冲压步骤或冲孔步骤的顺序依次实施,各个步骤之间具有特定的实施顺序,申请再审人有关"权利要求1仅仅是对专利方法的步骤进行描述,没有对步骤的顺序进行限定……权利要求1的保护范围包括所述步骤的各种顺序的组合"的申请再审理由,缺乏事实依据和法律依据,不予支持。

本案中,双方当事人所争议的是否应当以"铰接件同金属带料不分离"对权利要求1的保护范围进行限定,其实质是双方当事人对权利要求1的保护范围有着不同的解释。根据涉案专利说明书及附图、权利要求书中记载的其他权利要求、申请再审人在实质审查程序中提交的意见陈述书以及申请再审人在侵权诉讼中提交的有关书面意见陈述,均表明涉案专利方法在制造铰接件的过程中,权利要求1中"大致与铰接件外形一致的区域"是金属带的一部分,未与金属带分离。将被控侵权方法与涉案专利权利要求1相比,被控侵权方法虽同样使用金属带材作为制作铰接件的原料,但是被控侵权方法系使用冲压机将铰接件毛坯从金属带材上完全冲落下来,后续的砸圆、打孔等工序均是针对单个的铰接件毛坯进行,每次仅能加工一个铰接件,并且在后续的工序中始终需要人工固定单个的铰接件毛坯,不仅工艺复杂效率低,亦不便于弹簧等其他零部件的装配以及零件的搬运。因此,尽管使用的原料相同,但是被控侵权方法相对于权利要求1仍然是一种落后的生产工艺,二者采取的技术手段具有实质性的差异,实现的功能亦有不同,被控侵权方法也不能实现权利要求1所具有的实现弹簧铰链的经济加工、取消铰接件的找正、改进零件的组装和搬运等有益效果,故被控侵权方法不具有与权利要求1中的"切割出大致与铰接件外形一致的区域"相同或等同的技术特征,被控侵权方法没有落入涉案专利权的保护范围。

二、裁判要旨

**No.3-5-59-18** 在方法专利的权利要求没有明确限定步骤顺序时,应当结合说明书和附图、审查档案、权利要求记载的整体技术方案以及各个步骤之间的逻辑关系,确定各步骤是否应当按照特定的顺序实施。

方法专利通常是通过方法步骤的组合以及一定的步骤顺序实现方法发明所要达到的目的。因此,大多数情况下,方法专利权利要求中的各个步骤或者某些步骤,必须按照特定的顺序方能实施。如果以其他的顺序实施各步骤,或者在技术上不具有可行性,或者无法解决方法专利所要解决的技术问题,实现所要达到的技术效果,对于存在特定的步骤顺序的方法发明,步骤本身以及步骤之间的顺序均属于方法专利的必要技术特征,应对专利权的保护范围起到限定作用。此外,在权利要求没有对步骤顺序进行明确限定时,国务院专利行政部门在专利授权、确权程序中通常即根据各步骤在权利要求中记载的顺序对权利要求进行审查,而不会将权利要求的保护范围解释为能够以任意顺序实施各步骤。并且,如果在说明书及或者意见陈述书中或对步骤顺序进行明确的限定,或通过分析说明书及附图中记载的技术内容,能够查明在权利要求中记载的看似独立的各步骤之间客观上可能存在的特定逻辑关系,而该逻辑关系决定了各步骤必须按照特定的顺序方能实施,在侵权诉讼中,就需要考虑步骤顺序对专利权保护范围的限定作用。值得注意的是,需要考虑顺序的步骤应该属于具有逻辑关系、有着特定顺序的步骤,而不是可以随意调换顺序的步骤。不进行特定顺序的判断,将会不合适地缩小专利的保护范围。

本案中,从涉案专利说明书记载的内容看,虽然冲压步骤与冲孔步骤的顺序是可以调换的,但是,根据权利人在实质审查程序中提交的意见陈述书以及在侵权诉讼中提交的有关书面意见陈述可知,在实际加工过程中,一旦确定了二者的顺序,二者的顺序就只能依次进行。综上所述,权利要求1中的四个步骤应当按照供料步骤、切割步骤、冲压步骤或冲孔步骤的顺序依次实施,各个步骤之间具有特定的实施顺序。因此,在决定涉案专利的保护范围时,需要将其实施步骤考虑在内。

## 66 从属专利侵权(《专利法》第59条)

**案例:宋志安与江苏省无锡锅炉实用新型专利侵权纠纷案**
**案例来源:**《中华人民共和国最高人民法院公报》1999年第1期第31页
**主题词:**基础专利 从属专利

### 一、基本案情

原告:宋志安。
被告:江苏省无锡锅炉厂一分厂(以下简称锅炉厂)。
第三人:北京通用能源动力公司(以下简称通用公司)。

原告宋志安于1993年8月6日提出"分层式锅炉给煤装置"实用新型专利申请,中国专利局于1994年5月8日授予专利权,专利号93231575.5,并于同年7月3日公告。其后,宋志安发现被告锅炉厂1995年开始生产的产品与该专利产品一致,认为锅炉厂的行为已构成侵权,遂于1995年4月6日向江苏省南京市中级人民法院(以下简称南京中院)提起诉讼。法院受理后,因锅炉厂向中国专利局复审委员会提出专利无效请求,故裁定中止诉讼。1997年9月5日,中国专利局复审委员会经审查决定,维持第93231575.5号实用新型专利权有效。法院于同年11月10日恢复诉讼。审理中,由于锅炉厂提出使用的专利技术是通用公司转让的,法院遂依法通知通用公司作为本案第三人参加诉讼。

南京市中级人民法院经审理查明:原告宋志安取得的93231575.5号专利,独立权利要求为:一种分层式锅炉给煤装置。其特征是:它包括带有进口和出口的外壳,外壳内靠近进口处固定有送煤机构,靠近出口处固定有与水平成一夹角的至少一层筛子。

被告锅炉厂生产的锅炉给煤装置,技术特征包括一个给煤滚筒,下方有倾斜设置的双层梳齿式振动筛,上方并列有固定梁形闸板和分段摆动箱形闸板,给煤滚筒主轴的一端有棘轮,另一端与动力源相连接;双层梳齿式振动筛在棘轮、棘爪和振动臂的带动下绕振动筛转轴间歇振动,分段摆动箱形闸板绕轴销上下摆动。该给煤装置中的给煤滚筒,即宋志安的专利中所述的送煤机构,双层梳齿式振动筛是在宋志安专利中"筛子"的特征上进行的改进,宋志安专利中的外壳、进口、出口等技术特征,该给煤装置中均存在。与宋志安专利的不同点在于,该给煤装置增加了棘轮振动、传动装置。

1994年6月16日,第三人通用公司向中国专利局提出"正转链条给煤装置"的实用新型专利申请。1995 年 3 月 3 日,中国专利局授予其专利权,同年 3 月 15 日公告,专利号为 ZL94214484.8。1994 年 10 月 10 日,通用公司为推广该技术,与被告锅炉厂签订技术转让协议,向该厂提供了全套技术图纸。锅炉厂生产的锅炉给煤装置的技术特性,与通用公司转让的技术一致。

南京市中级人民法院认为,实用新型专利权的保护范围以其独立权利要求书的内容为准,说明书及附图可以用于解释权利要求。将被告锅炉厂使用第三人通用公司的专利技术生产的给煤装置的技术特性,与原告宋志安专利的独立权利要求进行比对,除了添加棘轮振动、传动装置等新的技术特征外,其他组成部分、结构位置等技术特征均与宋志安的专利技术特征相同或者等同,已经完全覆盖了该专利的技术特征,落入其保护范围。尽管宋志安与通用公司的两个专利申请都被授予专利权,但是宋志安的专利申请先于通用公司的专利申请,前者是基本专利,后者是从属专利。后者的实施必须依赖实施前者的专利技术,依照《专利法》(1992 年)第 9 条规定的先申请原则,从属专利权人实施其专利时,应当得到基本专利权人的许可,否则即构成侵权。《专利法》第 11 条第 1 款规定:"发明和实用新型专利权被授予后,除法律另有规定的以外,任何单位或者个人未经专利权人许可,不得为生产经营目的制造、使用、销售其专利产品,或者使用其专利方法以及使用、销售依照该专利方法直接获得的产品。"锅炉厂未经宋志安许可生产和销售的给煤装置,已经构成对宋志安专利的侵权。依照《民法通则》第 118 条的规定,宋志安有请求停止侵害、消除影响和赔偿损失的权利。第三人通用公司与锅炉厂签订的技术转让协议,因转让的技术中主要部分内容侵犯了他人的合法权益,依照《技术合同法》第 21 条第 1 款第 3 项关于侵犯他人合法权益的技术合同无效的规定,该部分内容应当被认定为无效,双方不得再继续履行。锅炉厂是通过签订协议,按照通用公司转让的技术生产该锅炉给煤装置,通用公司也已经按照协议取得了技术转让费和专利使用费 12 万元。通用公司与本案有一定利害关系,因此应当通知其参加诉讼。锅炉厂虽然没有与通用公司共同侵权的故意,但是实施了侵犯宋志安专利权的行为,应当承担部分责任。

该厂作为受让方,已经按照协议的约定为使用此项技术支付了对价,因此本案的其他侵权责任,应当由通用公司承担。锅炉厂关于其产品技术来源合法、不构成侵权的抗辩理由不成立。通用公司的技术完全覆盖了宋志安在先申请的专利,因此其以自己拥有合法专利权不构成侵权的抗辩理由,也不能成立。据此,南京市中级人民法院于 1998 年 8 月 12 日判决:被告锅炉厂停止对原告宋志安第 93231575.5 号专利的侵权行为,并刊登声明向原告宋志安赔礼道歉,消除影响(内容须经本院审核),第三人通用公司赔偿原告宋志安经济损失。

第一审宣判后,第三人通用公司不服,向江苏省高级人民法院(以下简称江苏高院)提起上诉。理由是:上诉人与宋志安曾经签订过和解协议,现在上诉人与宋志安之间没有利害冲突。宋志安告锅炉厂侵权,将上诉人拉进本案当第三人替锅炉厂承担侵权责任,是错误的。法院如果判上诉人侵权,上诉人还要向中国专利复审委员会提出无效宣告请求,二审法院应当中止本案审理。

江苏省高级人民法院经审理认为,被上诉人锅炉厂生产的锅炉给煤装置,侵犯了被上诉人宋志安的专利权,应当承担停止侵害、赔礼道歉和赔偿损失的民事责任。锅炉厂是通过与上诉人通用公司签订专利转让协议而实施侵权行为的,根据最高人民法院《关于贯彻执行〈中华人民共和国民法通则〉若干问题的意见(试行)》第 148 条第 1 款关于"教唆、帮助他人实施侵权行为的人,为共同侵权人,应当承担连带民事责任"的规定,通用公司应当负连带民事责任。

二、裁判要旨

**No.3-5-59-19 如果被控侵权技术除了包含专利权利要求中记载的全部技术特征相同的对应技术特征之外,又增加了其他技术特征,无论增加的技术特征本身或者与其他技术相结合产生何等功能与效果,均构成专利侵权,属于从属专利的构成相同侵权。**

从属专利是指在后发明或者实用新型是对在先发明或者是对实用新型的改进,在后专利的某项权利要求记载了在前专利的某项权利要求中记载的全部技术特征,除此之外又增加了另外的技术特征。这些新增的技术特征使得在后专利的技术方案与在先专利的技术方案相比，具有新颖性、创造性及实用性，从而符合专利授予的条件。该规制也是相同侵权原则对从属专利侵权的具体应用，无论增加的技术特征本身或者与其他技术特征相结合产生何等功能和效果，均构成专利侵权。因为被控侵权行为客体完全落入专利权利要求所记载的全部技术特征，因此，即使增加的技术特征具有新的技术能力或效果，仍构成从属专利，其实施需要获得基础专利权人的许可。

本案中将被告锅炉厂使用第三人通用公司的专利技术生产的给煤装置的技术特性与原告宋志安专利的独立权利要求进行比对，除了添加棘轮振动、传动装置等新的技术特征外，其他组成部分、结构位置等技术特征均与宋志安的专利技术特征相同或者等同，已经完全覆盖了该专利的技术特征，落入其保护范围，构成专利侵权。

**67** 等同原则在中药专利中的适用（《专利法》第 59 条）
**案例**：天津天士力制药股份有限公司与东莞万成制药有限公司、北京易安时代科技发展有限公司专利侵权纠纷案
案例来源：《人民法院案例选》2008 年第 3 辑［第 41 号］
主题词：中药专利　　等同特征

**一、基本案情**
  原告(上诉人)：天津天士力制药股份有限公司(以下简称天士力公司)。
  被告(被上诉人)：东莞万成制药有限公司(以下简称万成公司)。
  被告(被上诉人)：北京易安时代科技发展有限公司(以下简称易安时代公司)。
  北京市第一中级人民法院(以下简称北京一中院)经审理查明：天士力公司是名称为"一种治疗头痛的中药"发明专利（专利号为 ZL93100050.5）的专利权人。万成公司生产的"养血清脑颗粒"的组分与涉案专利相同，同时，将万成公司提交的 1981 年第 10 期《中级医刊》的《"头痛Ⅱ"治疗偏头痛型血管性头痛 45 例临床小结》（以下简称《"头痛Ⅱ"》）一文中公开的《"头痛Ⅱ"》的组方重量百分比数值与涉案专利权利要求 1 对比，两者的组方相同，前者数值落入涉案专利权利要求 1 的保护范围；将该组方重量百分比数值与涉案专利权利要求 2 比对，其结果为：除当归与川芎两者比值相差 1.25% 外，其余各味药的比值相差在 0.06% ~ 0.4% 之间。万成公司认为其生产的"养血清脑颗粒"技术方案等同于上述公知技术方案，不侵犯天士力公司的专利权。易安时代公司为万成公司提供了涉案产品的广告宣传。

北京市第一中级人民法院认为，将《"头痛Ⅱ"》一文公开的组分与万成公司的"养血清脑颗粒"药品执行标准比对可见，两者公开的中药成分相同，除当归与川芎两者比值相差 1.25% 外，其余各味药的比值相差在 0.06% ~ 0.4% 之间，属于等同技术方案。据此，万成公司的"养血清脑颗粒"技术方案存在与公知技术方案相等同的事实，万成公司以公知技术抗辩成立，天士力公司关于万成公司生产、销售"养血清脑颗粒"，易安时代公司与万成公司共同许诺销售"养血清脑颗粒"的行为，侵犯其专利权的主张不能成立，法院对此不予支持。

依照《中华人民共和国专利法》第 57 条之规定，北京市第一中级人民法院判决：驳回天津天士力制药股份有限公司的诉讼请求。

一审宣判后，天士力公司不服提出上诉，理由为：（1）原审法院未能正确采信上诉人提供的证明被控侵权技术构成对涉案专利技术侵权的证据，据此作出的被上诉人不构成专利侵权的判决是错误的；（2）上诉人有新的证据足以证明涉案专利权利要求 2 所保护的技术方案与公知技术相比具有突出的实质性特点和显著的进步，公知技术抗辩不成立。请求撤销原审判决，支持其原审诉讼请求。易安时代公司和万成公司服从原审判决。

除一审法院查明的事实外，北京市高级人民法院（以下简称北京高院）另查明：当归和川芎为本专利技术方案和被控侵权技术处方中起主要功效的组分。将《"头痛Ⅱ"》一文公开的处方与本专利权利要求 2 记载的技术方案进行折算，当归和川芎的相对差异率为 21.7%，其他组分

相对差异率在2.7%~3.1%之间。

根据《"头痛Ⅱ"》一文的记载可知,"头痛Ⅱ"的治疗仅限于偏头痛型血管头痛,而根据本专利说明书记载的内容,该技术方案除治疗血管神经性头痛、偏头痛外,还用于治疗高血压的头晕、头痛。

本案二审审理期间,上诉人天士力公司申请北京中医药大学高学敏教授出庭作证,证明内容为:药物的组成和药物的剂量是中医组方的两个实质精髓,在许多情况下,即使相同药物组成的药方,因为各药物组成的用量不同,其药物治疗效果也不同。传统的中医理论中存在有"药量加减"的组方原则,根据该原则,可以研究出新药,即在一个已有药物处方的基础上,即使不改变处方的药物组成,通过调整处方中某些药物的用量,也可以使药物的功用或功效发生改变。本案中,当归和川芎是起主要功效的君药,其用量的改变直接导致新的处方的产生。

本案二审审理期间,上诉人天士力公司曾委托北京中医药大学中药药理系就本专利技术与公知技术进行药效学试验的对比研究,研究结果表明:本专利技术对压力所致疼痛的镇痛作用显著强于公知技术。天士力公司申请天津中医药大学高秀梅教授作为专家证人就此试验结论提供证言,内容为:试验结论表明两种药存在实质性差别。

北京市高级人民法院认为,万成公司生产的被控侵权产品"养血清脑颗粒"的组分与本专利权利要求2完全相同,万成公司对此并无异议。本案的核心问题在于万成公司主张的公知技术抗辩是否成立。

"头痛Ⅱ"公开的组分与本专利权利要求2的组分虽然是相同的,但是"头痛Ⅱ"中当归和川芎作为君药的用量与本专利权利要求2的相比差异率较大,该差异直接导致两种药物的治疗效果产生较大差别,即存在实质性差别。

原审判决认为,"头痛Ⅱ"公开的技术方案与万成公司被控侵权产品"养血清脑颗粒"属于等同技术方案,但根据最高人民法院《关于审理专利纠纷案件适用法律问题的若干规定》第17条的规定,等同特征是指与所记载的技术特征以基本相同的手段,实现基本相同的功能,达到基本相同的效果,并且本领域的普通技术人员无须经过创造性劳动就能够联想到的特征,从本案的情况看,由于当归和川芎用量的差异导致两种药物的功用或功效发生改变,治疗效果产生较大差别,本领域的普通技术人员不通过临床试验等测试无法从"头痛Ⅱ"公开的技术方案得到被控侵权产品"养血清脑颗粒"的技术方案,因此,"头痛Ⅱ"公开的技术方案与万成公司被控侵权产品"养血清脑颗粒",不属于等同技术方案。

本案中,万成公司明确表示其实施了与本专利相同的技术方案,并在被控侵权后才主张以公知技术抗辩。上述事实表明,万成公司主观上具有侵权的故意,客观上实施了侵犯他人专利权的行为,具有明显的恶意,应当承担相应的民事责任。

二、裁判要旨

**No.3-5-59-20　等同特征是指与所记载的技术特征以基本相同的手段,实现基本相同的功能,达到基本相同的效果,并且本领域的普通技术人员无须经过创造性劳动就能够联想到的特征。**

等同特征,是指被控侵权人所实施技术的某个技术特征与发明或者实用新型专利权利要求记载的相应技术特征相比虽有不同,但所属领域的技术人员在侵权行为发生时通过阅读专利说明书、附图和权利要求书,无须经过创造性劳动就能认识到相应的技术特征是采用基本相同的手段,实现基本相同的功能,达到基本相同的效果。因此认定是否构成等同特征,应该立足于技术手段,考察技术功能和技术效果是否基本相同。

中药药方的成分和用量是其实质精髓,在中药药方成分不变的情况下,通过调整用量,也会改变药物的功效。本案中,虽然被控侵权中药产品与公知技术成分相同,但当归和川芎用量的差异导致两种药物的功能或效果发生改变,治疗效果产生较大差别,本领域的普通技术人员不通过临床试验等测试,无法从"头痛Ⅱ"公开的技术方案得到被控侵权产品"养血清脑颗粒"的技术方案,因此,"头痛Ⅱ"公开的技术方案与万成公司被控侵权产品"养血清脑颗粒"不属于等同技术方案。因此,二者不构成等同。

## 68 等同原则在药品专利中的应用(《专利法》第59条)

**案例**:昆明制药集团股份有限公司与黑龙江省珍宝岛制药有限公司确认不侵犯专利权纠纷案
**案例来源**:最高人民法院《2008年100件全国知识产权司法保护典型案例》[第43号]
**主题词**:药品专利　等同原则

### 一、基本案情

上诉人(原审被告):昆明制药集团股份有限公司(以下简称昆明制药公司)。

被上诉人(原审原告):黑龙江省珍宝岛制药有限公司(以下简称珍宝岛制药公司)。

上诉人昆明制药公司为与被上诉人珍宝岛制药公司确认不侵犯专利权纠纷一案,不服哈尔滨市中级人民法院(以下简称哈尔滨中院)(2003)哈民五初字第71号民事判决,向黑龙江省高级人民法院(以下简称黑龙江高院)提出上诉。

哈尔滨中院判决认定,根据我国《专利法》的规定,发明专利的保护范围以其权利要求的内容为准,说明书及附图可以用于解释权利要求。任何单位或者个人未经专利权人许可,为生产经营目的制造、销售、使用的产品,落入专利保护范围,系侵权行为。被告的产品发明专利是一种三七皂甙粉针剂,权利要求书中所列必要技术特征为一项,三七皂苷含量50%~99.5%。可以理解为专利保护范围,即药品的主要成分三七皂甙含量在标定的幅度以内。原告按照国家药品监督管理局标准(试行),生产销售的注射用血塞通(冻干),主要成分为:人参皂苷Rg1为标示量的25%~45%,人参皂苷Rb1为标示量的30%~40%,三七皂苷R1为标示量的5%~15%,与被告专利有较大差别。药品的主要成分及含量不同,会具有不同的适用范围,产生不同的功能和效果,不属于相同或等同的产品,可以认定原告的注射用血塞通(冻干)没有落入被告三七皂甙粉针剂发明专利的保护范围,不构成侵权。被告的产品发明专利皂甙类粉针剂注溶剂,权利要求书中所列必要技术特征为一项,5%的丙二醇、25%的正丙醇和70%的水组成。注射用溶媒除注射用水、注射用油以外,通常所用的即是乙醇、甘油、丙二醇、聚乙二醇、油酸乙酯等,可任意组合。被告专利为丙二醇、正丙醇及水,这三种成分及所占特定比例,构成了其专利保护范围。原告的专用溶剂为30%的乙醇和70%的水组成,被告对此没有提出异议,这个成分和比例均与被告专利不同,没有落入专利保护范围,不构成侵权。被告给原告发函,指责原告侵犯其专利权,并在专业报刊上发表严正声明,目的在于阻止原告生产销售注射用血塞通(冻干),客观上也的确对原告的生产经营活动及商誉造成一定影响和损害。原告启动司法救济程序,澄清涉案事实,请求确认其生产销售注射用血塞通(冻干)的合法性,证据充分,于法有据。被告在证据交换时没有提供证据,庭审时没有就其抗辩主张提供相应的证据,其抗辩理由不能成立。综上,原告诉讼请求有理,哈尔滨中院予以支持,判决原告黑龙江省珍宝岛制药有限公司生产销售的注射用血塞通(冻干),没有侵犯被告昆明制药集团股份有限公司三七皂甙粉针剂、皂甙类粉针剂注溶剂发明专利权。

昆明制药公司不服一审判决,向黑龙江高院提出上诉。

经审理查明:2001年6月20日、7月25日国家知识产权局先后授予昆明制药公司发明专利ZL96101652.3号、ZL96107464.7号三七皂甙粉针剂、皂甙类粉针剂注溶剂专利权。ZL96101652.3号三七皂甙粉针剂权利要求1记载:一种三七皂甙粉针剂,其特征在于由三七皂甙和注射用水溶性药用辅料组成,所述三七皂甙的含量为50%~99.5%,余量为药用辅料,所述药用辅料为氨基酸、葡萄糖、乳糖、甘露醇、聚乙烯吡咯烷酮、低分子右旋糖酐、氯化钠、葡萄糖酸钙或磷酸钙。ZL96107464.7号皂甙类粉针剂注溶剂权利要求1记载:一种皂甙粉针剂注溶剂,其特征在于由重量百分比为5的丙二醇、25的正丙醇和70的水组成。珍宝岛制药公司于2002年12月1日经国家药品监督管理局批准生产注射用血塞通,批准文件号2002ZD0986号,药品批准文号为国药准字Z20026437。按国家药品监督管理局标准(试行)ws10986(zd0986)2002,生产销售了注射用血塞通(冻干),产品说明书标示,【主要成分】三七总皂苷。【功能主治】活血祛瘀,通脉活络。

用于中风偏瘫、瘀血阻络及脑血管疾病后遗症、视网膜中央静脉阻塞属瘀血阻滞证者。昆明制药公司2003年8月4日致函珍宝岛制药公司要求其停止生产、销售上述侵权产品注射用血塞通粉针剂的一切生产经营活动,并保留对侵权者依法追究其相应法律责任的权利。珍宝岛制药公司于同年8月26日向哈尔滨市中级人民法院提起诉讼称:三七皂甙粉针剂、皂甙类粉针剂注溶剂其权利要求保护的特征与珍宝岛制药公司的产品特征不同。因此,珍宝岛制药公司没有侵犯昆明制药公司的专利权,其公司向珍宝岛制药公司发函要求其停止侵权,并在医药报上发表声明的行为,影响了珍宝岛制药公司的销售,侵犯了珍宝岛制药公司的权利,请求法院依法确认珍宝岛制药公司生产的注射用血塞通不侵犯昆明制药公司的三七皂甙粉针剂及皂甙类粉针剂注溶剂专利权。

黑龙江高院认为:昆明制药公司是ZL96101652.3号三七皂甙粉针剂、ZL96107464.7号皂甙类粉针剂注溶剂发明专利的权利人,依法应受到法律的保护。任何单位或个人未经专利权人许可,为生产经营目的制造、销售、使用的产品,落入专利保护范围均系侵权行为。关于珍宝岛制药公司生产、销售的注射用血塞通(冻干)产品,是否侵犯昆明制药公司三七皂甙粉针剂、皂甙类粉针剂注溶剂专利权的问题。根据《专利法》的规定,发明专利的保护范围以其权利要求的内容为准,说明书及附图可以用于解释权利要求。昆明制药公司的发明专利三七皂甙粉针剂,权利要求书中所列必要技术特征为三七皂甙含量50%~99.5%。可以理解为专利保护范围,即药品的主要成分三七皂甙含量在标定的幅度以内。珍宝岛制药公司按照国家药品监督管理局《国家药品标准》(试行),生产销售的注射用血塞通(冻干),主要成分为:人参皂苷Rg1为标示量的25%~45%,人参皂苷Rb1为标示量的30%~40%,三七皂苷R1为标示量的5%~15%,与昆明制药公司的专利特征有较大差别。由于药品的主要成分及含量不同,产生的功能和效果、适用范围也会不同,亦不构成相同或等同,应认定珍宝岛制药公司的注射用血塞通(冻干)产品没有落入昆明制药公司三七皂甙粉针剂发明专利的保护范围,不构成侵权。昆明制药公司的发明专利皂甙类粉针剂注溶剂,权利要求书中所列必要技术特征为5%的丙二醇、25%的正丙醇和70%的水组成。注射用溶媒除注射用水、注射用油以外,通常所用的即是乙醇、甘油、丙二醇、聚乙二醇、油酸乙酯等,可任意组合。昆明制药公司的专利特征为丙二醇、正丙醇及水,这三种成分及所占特定比例,构成了其专利保护范围。珍宝岛制药公司的专用溶剂为30%的乙醇和70%的水组成,昆明制药公司对此没有提出异议,这个成分和比例与其公司专利保护的范围不同,没有落入专利保护范围,不构成侵权。

二、裁判要旨

**No.3-5-59-21** 在适用等同规则判断药品专利侵权纠纷时,当药品的主要成分及含量不同而具有不同的适用范围,产生不同的功能或效果时,不属于相同或等同产品。

在有关药品专利的侵权案件中,可能存在两种情况,即药品成分及含量的大幅度改变对药品的功能或效果并没有显著影响;药品成分及含量的小幅度改变对药品的功能或效果有显著影响。因此在运用等同原则时,需要考虑权利说明书中药品主要成分及含量是否明确,以至于构成了其他范围的排除。此外,在确认能够适用等同原则时,还需要对涉案技术的功能或效果进行考量。

本案中,昆明制药公司的发明专利三七皂甙粉针剂,权利要求书中所列必要技术特征为三七皂甙含量50%~99.5%。而珍宝岛制药公司按照国家药品监督管理局《国家药品标准》(试行),生产销售的注射用血塞通(冻干),主要成分为:人参皂苷Rg1为标示量的25%~45%,人参皂苷Rb1为标示量的30%~40%,三七皂苷R1为标示量的5%~15%,与昆明制药公司的专利特征有较大差别。应认定珍宝岛制药公司的注射用血塞通(冻干)产品没有落入昆明制药公司三七皂甙粉针剂发明专利的保护范围,不构成侵权。昆明制药公司的发明专利皂甙类粉针剂注溶剂,权利要求书中所列必要技术特征为5%的丙二醇、25%的正丙醇和70%的水组成。注射用溶媒除注射用水、注射用油以外,通常所用的即是乙醇、甘油、丙二醇、聚乙二醇、油酸乙酯等,可任意组合。昆明制药公司的专利特征为丙二醇、正丙醇及水,这三种成分及所占特定比例,构成了其专利保护范围。珍宝岛制药公司的专用溶剂为30%的乙醇和70%的水组成,这个成分和比例与其公司专利保护的范围不同,没有落入专利保护范围,不构成侵权。

### 69 改劣技术方案不落入专利权的保护范围(《专利法》第59条)

**案例**:申请再审人张建华与被申请人沈阳直连高层供暖技术有限公司、二审上诉人沈阳高联高层供暖联网技术有限公司侵犯实用新型专利权纠纷案

案例来源:《最高人民法院知识产权审判案例指导》(第二辑)[(2009)民提字第83号]

主题词:改劣技术方案

#### 一、基本案情

申请再审人(一审被告):张建华。

被申请人(一审原告、二审被上诉人):沈阳直连高层供暖技术有限公司(以下简称直连公司)。

二审上诉人(一审被告):沈阳高联高层建筑供暖联网技术有限公司(以下简称高联公司)。

申请再审人张建华因与被申请人直连公司、二审上诉人高联公司侵犯实用新型专利权纠纷一案,不服辽宁省高级人民法院(2003)辽民四终字第10号民事判决,向最高人民法院(以下简称最高院)申请再审。最高院于2009年7月24日作出(2008)民监字第200号民事裁定,提审本案。

2002年8月,直连公司起诉至辽宁省沈阳市中级人民法院(以下简称沈阳中院)称,张建华自2002年1月与直连公司解除雇佣关系后,自创高联公司,未经专利权人许可,擅自生产、销售专利产品,侵犯了直连公司的独占许可使用权,造成直连公司产品积压、市场份额减少,请求法院依法判令高联公司和张建华承担侵权责任。高联公司和张建华辩称,判断一项技术是否侵权,主要依据是权利要求,如果被控侵权产品缺少或者改变其中一项必要技术特征,就不构成侵权。本案中,被控侵权产品缺少专利的必要技术特征,未落入专利权的保护范围。

沈阳中院一审查明,1997年12月15日,中国人民解放军总参谋部通信工程设计研究院,向国家知识产权局申请名称为"高层建筑无水箱直连供暖的排气断流装置"的实用新型专利,授权公告日为1999年9月29日,专利号为97230200.X。

1999年1月8日,中国人民解放军总参谋部通信工程设计研究院,又向国家知识产权局申请名称为"高层建筑无水箱直连供暖系统的阻旋器"的实用新型专利,授权公告日为2000年1月19日,专利号为99222425.X。

1998年1月14日,中国人民解放军总参谋部通信工程设计研究院与沈阳市奉辽给水设备厂签订协议,约定沈阳市奉辽给水设备厂在东北地区享有97230200.X实用新型专利及另一发明专利的独占使用权,使用费为10万元,在技术实施过程中,双方均有权改进技术,成果归双方所有等。1998年12月30日,沈阳市奉辽给水设备厂与直连公司签订协议书,约定沈阳市奉辽给水设备厂享有的专利独占使用权及相应义务由直连公司享有和承担。2001年2月5日,中国人民解放军总参谋部通信工程设计研究院与直连公司又签订补充协议,约定在1998年1月14日协议的基础上,直连公司再出资40万元,买断该专利的全国使用权。在一审审理过程中,中国人民解放军总参谋部通信工程设计研究院表示,同意由直连公司代替沈阳市奉辽给水设备厂享有专利使用权转让的一切权利与义务,并表示由直连公司对外进行诉讼,该院不再参与。

2001年4月24日张建华向国家知识产权局申请名称为"高层供暖回水缓冲排气装置"的实用新型专利,2002年3月13日被授予专利权,专利号为01241334.8。张建华于2002年1月离开直连公司,随即成立了高联公司,并担任该公司的法定代表人。高联公司制造的缓冲器外壳由圆柱形上壳体和倒置的圆台下壳体组成,其水平回水管与缓冲器上部圆桶内壁按切线角度安装,缓冲器的上部设有逆止排气阀,高联公司制造的分气器外壳为圆柱形,内部设有一垂直集气罩,缓冲器的上部和分气器内集气罩顶部与排气连通管连接,分气器底部的出口通过法兰与回水干管相连。

对比直连公司断流器专利技术与高联公司生产的缓冲器,两者的相同点为:(1) 外壳均为圆柱形上壳体和倒置的圆台下壳体相接;(2) 进水管与之壳体上部呈切线相接;(3) 上壳体上边有盖板及呼吸装置;(4) 出水管与下壳体下部同心相连。

不同点为:(1) 高联公司生产的缓冲器没有环绕螺纹导向板;(2) 高联公司生产的缓冲器的呼吸装置为逆止排气阀,只能呼气不能吸气。

对比直连公司阻旋器专利技术与高联公司生产的分气器,两者的相同点为:(1) 上壳体均为圆柱形;(2) 上壳体上都设有进水管、连通管及密封盖板;(3) 出水管与下壳体同心相连。不同点为:高联公司生产的分气器没有阻隔板和止旋板,但设有集气罩。

沈阳中院一审认为,直连公司依法享有"高层建筑无水箱直连供暖的排气断流装置"及"高层建筑无水箱直连供暖系统的阻旋器"实用新型专利的独占使用权。该专利保护范围以其权利要求的内容为准,说明书及附图可以用于解释权利要求。

该直连供暖技术是解决高层与低层直连供暖不设水箱的新技术,在原有低区供暖热网定压大小、运行参数、运行方式等不变的情况下,在高楼引入口增设一个增压泵,将低区网的供水加压,送至高层建筑散热器放热后,高压回水进入断流器促进膜流形成,进行减压断流,然后再进入阻旋器"复原",使高压流体平稳过渡到低压流体,实现高低层建筑直连并网供暖。直连公司的断流器内设有较为复杂的呼吸装置,在系统运行不平稳时,通过呼吸装置进行有规律的吸气和呼气,以保持系统内正常的大气压,并采用水封的方式实现系统密封,减轻系统氧蚀,高联公司的缓冲器内设有逆止排气阀,其采用的是重力封,目的也是要实观系统密闭,减轻系统氧蚀。但由于逆止排气阀只能呼气,不能吸气,在系统运行不平稳,尤其是缓冲器内压力小于大气压时,外部空气无法进入,在缓冲器内会形成真空,不但不能形成膜流运动,系统也将无法运行。高联公司的逆止排气阀与直连公司断流器专利的呼吸装置相比,是变劣的技术特征,暖通领域普通技术人员通过阅读专利说明书,无需经过创造性劳动就能够使该专利技术变形。

直连公司的断流器内还设有环绕螺纹导向板,其主要作用为使进入断流器的水流强化成膜流状态,实现气水分离。高联公司的缓冲器也是利用膜流运动原理,当带有一定速度和压力的水流从切线角度进入缓冲器后,水流受到缓冲器桶壁的阻挡,改变方向,沿桶壁形成离心旋转运动,且高联公司认为水流在重力作用下,下降到缓冲器锥体和下连回水管部分后,会加速离心旋转速度,水流靠与桶壁摩擦完成缓冲减速过程,同时部分完成气水分离,但由于高联公司的缓冲器没有环绕螺纹导向板,不能强化膜流运动的形成,减压、减速的效果降低,高联公司缓冲器的性能和效果,均不如直连公司断流器专利技术优越,也是变劣的技术特征。

高联公司的分气器内没有阻隔板,但有集气罩,当水流进入分气器后,首先会碰撞到集气罩的顶部,受集气罩顶部的阻挡,水流势能自然消减。与直连公司阻旋器专利中阻隔板相比,都是以设置挡板的方式,通过阻挡水流,达到消减势能、降低流速的作用,两者以基本相同的手段,实现基本相同的功能,达到基本相同的效果,该领域的普通技术人员通过阅读专利说明书,无须经过创造性劳动就能联想到,两者属于等同的技术特征。

高联公司的分气器没有止旋板,其认为靠水流与回水管管壁的摩擦即可达到阻旋作用,但仅靠摩擦阻力阻旋的效果,不如直连公司阻旋器专利中止旋板的阻旋效果好。

综上,高联公司分气器中的集气罩属于与直连公司专利等同的技术特征,高联公司缓冲器中的逆止排气阀及其缺少环绕螺纹导向板和止旋板,使高联公司的产品在性能、效果上均不如直连公司享有独占使用权的专利技术优越,是变劣的技术方案,由于专利技术已被社会公知,张建华又有在直连公司工作的经历,根据公知技术很容易作出对其中必要技术特征的省略,正是由于其省略了该必要技术特征,导致高联公司整个技术方案的性能、效果变劣。根据专利侵权判定的等同原则,高联公司制造、销售、许诺销售的缓冲器、分气器落入直连公司享有独占使用权的专利权保护范围。

高联公司未经专利权人的许可,为生产经营目的制造、销售、许诺销售侵权产品,侵犯了直连公司的独占使用权,应承担相应的法律责任。张建华与高联公司共同实施了侵权行为,应当承担连带侵权责任。

高联公司不服该判决,向辽宁省高级人民法院提起上诉。高级人民法院二审查明的事实与一审查明的事实一致,二审判决沿用了一审判决的分析。

最高院再审查明,原一、二审判决认定的事实基本属实。

最高院再审认为,人民法院在判断被控侵权技术方案是否落入专利权保护范围时,应当将被诉侵权技术方案的技术特征与专利权利要求记载的全部技术特征进行对比。如果被控侵权技术方案缺少权利要求记载的一个或者一个以上的技术特征,或者被控侵权技术方案有一个或者一个以上的技术特征与权利要求记载的相应技术特征不相同也不等同,人民法院应当认定被控侵权技术方案没有落入专利权的保护范围。被控侵权技术方案是否因缺少某专利技术特征而导致技术功能或效果的变劣,不应考虑。本案中,被控侵权技术方案缺少"高层建筑无水箱直连供暖的排气断流装置"专利中的"内设有环绕螺纹导向板的杯状水封罐"技术特征,也缺少"高层建筑无水箱直连供暖系统的阻旋器"专利中的"内设有成'十'字直排列的止旋板"技术特征。此外,被控侵权技术方案中的"上壳体上部设有逆止排气阀",与"高层建筑无水箱直连供暖的排气断流装置"专利中的"上壳体上边有方便可拆的呼吸室兼盖板"相比,在手段、功能、效果上,不属于最高人民法院《关于审理专利纠纷案件适用法律问题的若干规定》第17条规定的"基本相同",不构成等同特征。因此,被控侵权技术方案没有落入专利权的保护范围。原二审判决认定张建华、高联公司构成专利侵权,适用法律有误,应予纠正。

二、裁判要旨

No.3-5-59-22　改劣技术方案不落入专利权的保护范围。

从我国专利法理论以及审判可知,判断被控侵权技术方案是否落入专利权保护范围时,应当将被控侵权技术方案的技术特征与专利权利要求记载的全部技术特征进行对比,考虑是否相同或者等同。不过,进行对比的技术特征之前还存在一种情况,即被控侵权技术方案缺少某专利技术特征而导致技术效果的变劣。在这种情况下,被控的技术方案往往达不到专利技术的效果,这种情况既不构成相同,也不构成等同,故应认定被控侵权技术方案未落入专利权的保护范围。本案中,高联公司缓冲器中的逆止排气阀及其缺少环绕螺纹导向板和止旋板,使高联公司产品在性能、效果上均不如直连公司享有独占使用权的专利技术优越,是变劣的技术方案,因此,不构成等同侵权。

**70** 人民法院对禁止反悔原则的主动适用(《专利法》第59条)

案例:申请再审人沈其衡与被申请人上海盛懋交通设施工程有限公司侵犯实用新型专利权纠纷案
案例来源:《最高人民法院知识产权审判案例指导》(第二辑)[(2009)民申字第239号]
主题词:禁止反悔原则

一、基本案情

申请再审人(一审原告、二审上诉人):沈其衡。

被申请人(一审被告、二审被上诉人):上海盛懋交通设施工程有限公司(以下简称盛懋公司)。

申请再审人沈其衡与被申请人盛懋公司侵犯实用新型专利权纠纷一案,上海市高级人民法院于2007年6月4日作出(2007)沪高民三(知)终字第51号民事判决(以下简称二审判决),已经发生法律效力。2009年1月9日,沈其衡向最高人民法院(以下简称最高院)申请再审。

上海市第一中级人民法院(简称一审法院)审理查明,2000年12月18日,沈其衡向国家知识产权局申请了专利号为00263355.8,名称为"汽车地桩锁"的实用新型专利(简称涉案专利),2001年11月21日被授予专利权,专利权人为沈其衡。2006年9月26日,沈其衡起诉至一审法院称,其系涉案专利的专利权人,被申请人生产、销售的汽车车位锁的结构特征覆盖了涉案专利的必要技术特征,落入了涉案专利权的保护范围,被申请人的行为已构成侵权。

2003年3月19日,案外人川阳公司就涉案专利向专利复审委员会提出无效宣告请求。专利复审委员会于2004年3月22日作出第6101号无效宣告请求审查决定,宣告涉案专利权利要求1无效,在权利要求2、3、4的基础上维持专利权有效。沈其衡不服该决定,向北京市第一中级人民法院(以下简称北京市一中院)提起行政诉讼,其在行政起诉状中对涉案专利权利要求1中的四个技术特征作了具体结构描述:(A)底座,参见图1,是一个呈一字形的零件,两端设有孔。(B)轴。(C)活动桩是一个呈一字形的零件,端部有孔。(D)关于锁具的描述:权利要求1记载,活动桩设有供锁具插入的孔。该描述的含义是,锁具不是永久固定在孔中,而是根据使用状态呈现两种连接关系,即锁定时位于活动桩的孔中,打开时,从孔中取出,与活动桩的孔分离。2004年11月29日,北京市一中院以(2004)一中行初字第754号行政判决撤销第6101号决定,判令专利复审委员会重新就涉案专利作出无效宣告请求审查决定。专利复审委员会不服,向北京市高级人民法院(以下简称北京市高院)提起上诉。2005年4月15日,北京市高院以(2005)高行终字第37号行政判决驳回上诉,维持原判。2006年3月15日,专利复审委员会重新作出第8127号无效宣告请求审查决定(简称第8127号决定),维持涉案专利权有效。决定认定:"在锁闭地桩锁时,权利要求1的活动桩上所设置的孔可供锁具整体插入以达到锁闭地桩锁的目的,开启地桩锁时,可将锁具全部取出,活动桩上也无须设置附加的固定装置来固定锁具,因而本专利相对于现有技术,具有实质性特点和进步,本领域技术人员在现有技术基础上不能达到本专利权利要求1所述结构的汽车地桩锁,因此权利要求1相对于附件1、2具备创造性。"

一审法院认为,发明或者实用新型专利权的保护范围以其权利要求的内容为准,说明书及附图可以用于解释权利要求。专利权人在专利权授权审查程序、专利权无效宣告审查程序和随后的司法审查程序中对有关技术特征进行的说明,以及专利复审委员会和相应司法审查中法院的认定,也是解释专利权利要求的重要依据。被控侵权产品系一种汽车地桩锁,该地桩锁的底座固定在地面上,中间有凹槽,底座右端有一固定的锁具,底座左端通过芯轴连接一个"∧"形活动杆,该活动杆左、右杆的上端连接,通过折叠,右杆可以嵌入左杆内,右杆的底端有一通孔,在底座右端锁具锁定的锁舌插入该孔内,使右杆与底座相连,从而构成三角形的装置。与权利要求1相比,盛懋公司认为被控侵权产品锁具的锁定方式不同,权利要求1是用锁具将两个活动桩的顶端进行锁定,而被控侵权产品是将"∧"形右杆底端与底座右端进行锁定。关于该技术特征,根据涉案专利的权利要求、北京市一中院(2004)一中行初字第754号行政判决和北京市高院(2005)高行终字第37号行政判决、专利复审委员会作出的第8127号决定等文件,以及专利权人在相应程序中的陈述,权利要求1中记载的"活动桩设有供锁具插入的孔"的含义,是指"锁具不是永久固定在孔中,而是根据使用状态呈现两种连接关系,即锁定时位于活动桩的孔中,打开时,从孔中取出,与活动桩分离"。而被控侵权产品的锁具是固定在底座上的,在锁具锁定时锁舌插入"∧"形杆上的孔内,使右杆与底座相连。故被控侵权产品的该技术特征与"活动桩设有供锁具插入的孔"是不相同的。即使上述技术特征等不能够成立,由于沈其衡在向北京市一中院提起行政诉讼的诉状中陈述,"活动桩设有供锁具插入的孔"的含义,是指:"锁具不是永久固定在孔中,而是根据使用状态呈现两种连接关系,即锁定时位于活动桩的孔中,打开时,从孔中取出,与活动桩的孔分离",沈其衡的该陈述也得到了北京市一中院、北京市高院以及专利复审委员会的确认,从而认为涉案专利权利要求1有新颖性和创造性被维持有效,因此,根据禁止反悔原则,沈其衡亦不能以等同为由主张专利侵权成立。由于上述技术特征既不相同,也不能主张等同,故被控侵权产品的技术特征未覆盖权利要求1记载的全部技术特征,未落入涉案专利权的保护范围。2007年3月20日,一审法院作出(2006)沪一中民五(知)初字第281号民事判决,对沈其衡的诉讼请求不予支持。

沈其衡不服一审判决,向上海市高级人民法院(以下简称二审法院)提出上诉。

二审法院审理查明,一审判决认定的事实属实,予以确认。

二审法院认为,尽管涉案权利要求1并未经过修改,但根据沈其衡在行政诉讼中的陈述、北京市一中院、北京市高院在相应行政判决中的认定,以及专利复审委员会重新作出的8127号决定中的认定,均已经从锁具与活动桩的结构位置关系等方面,对"活动桩设有供锁具插入的孔"的技术特征进行了限定,因此,对"活动桩设有供锁具插入的孔"技术特征应作相应限制性的解释。另外,沈其衡在相关程序中的陈述,不仅可以在相同侵权判定时用于解释权利要求,以确定是否存在相同侵权,而且还可以在等同侵权判定时根据沈其衡的限制性陈述适用禁止反悔原则,阻止等同侵权的认定。

发明或者实用新型专利权的保护范围以其权利要求的内容为准,说明书及附图可以用于解释权利的要求。专利权人在专利权授权审查程序、专利权无效宣告审查程序和随后的司法审查程序中对有关技术特征进行的说明,以及专利复审委员会和相应法院的认定,也是解释专利权利要求的重要依据。经查,专利复审委员会第8127号决定中记载:"从本专利说明书可以看出,本专利的地桩锁所采用的锁具包括锁头和锁栓,整个锁具并不需要固定安装在地桩锁的其他部件上,锁闭时将锁具插入,开启时将锁具抽出。权利要求1包含有'活动桩设有供锁具插入的孔'这一技术特征,本专利中涉及两种锁具,一种是在权利要求2、3中限定的包含锁头和锁栓的锁具;一种是在权利要求4中限定的包含挂锁和锁环的锁具。权利要求2、3所进一步限定的是锁头和锁栓为一体的锁具,不需要固定安装在地桩锁的其他部件上。使用时,活动桩上的孔可供锁具整体插入,然后将地桩锁锁闭,如果将地桩锁开启,由锁头和锁栓组成的锁具会全部从活动桩的孔中整体拨出,开启状态地桩锁不包含锁具的任何一部分,锁头和锁栓是不可分离的,锁具为一整体。……附件1、2中均没有公开'活动桩设有供锁具插入的孔'这一技术特征,也没有给出这样的技术启示……本领域技术人员在现有技术基础上不能得到本专利权利要求1所述结构的汽车地桩锁,因此权利要求1相对于附件1、2具备《专利法》第22条第3款所规定的创造性"。由此,专利复审委员会维持涉案专利权有效。被控侵权产品的锁具是固定在底座上的,在锁具锁定时锁舌插入'∧'形杆上的孔内,使右杆与底座相连,故被控侵权产品的该技术特征与权利要求1中记载的"活动桩设有供锁具插入的孔"不相同,被控侵权产品的技术特征未覆盖权利要求1记载的全部技术特征。

所谓锁栓、锁舌,只是表述的不同而已,所指的是同一部件。被控侵权产品的锁具主要由锁头与锁栓(锁舌)两部分组成,该锁具整体嵌入底座一侧的孔内,固定在底座上。锁定地桩锁时,仅锁栓(锁舌)插入"∧"形杆上一侧的孔内,使其与底座相连。因此,使用地桩锁时,仅由锁栓(锁舌)作轴向移动,并非整个锁具位置的移动。锁栓(锁舌)仅作轴向移动的事实,并不能否定该锁具固定在底座上的事实。针对沈其衡有关被控侵权产品不存在所谓"∧"形活动杆的上诉理由,二审法院认为,被控侵权产品系由底座和活动杆组成,该活动杆由两截活动臂连接而成,锁定地桩锁时,该两截活动臂弯曲成"∧"形,与底座相连,由锁具将其锁定后构成稳定的三角形装置。因此,一审判决关于被控侵权产品"在锁具锁定时锁舌插入'∧'形杆上的孔内"的认定,也无不当。

关于禁止反悔原则,二审法院认为,一审判决的有关表述是:"……即使上述技术特征等同能够成立……根据禁止反悔原则,原告亦不能以等同为由主张专利侵权成立",根据上述表述以及一审判决的整体来看,一审判决只是表述了一种假设的存在及其法律后果,并不存在对本案适用等同原则,以及以"禁止反悔原则"来剥夺上诉人有关权利的情况。况且,法院在认定等同侵权时,也应该依职权根据案件事实审查是否适用禁止反悔原则,将等同侵权限定在恰当的范围内。

二审法院于2007年6月4日以(2007)沪高民三(知)终字第51号民事判决驳回上诉,维持原判。

最高院经审查查明,二审法院认定的事实基本属实。

最高院另查明,被控侵权产品是一种汽车地桩锁,由底座、芯轴、锁具以及左、右两根活动杆组成。底座固定在地面上,锁具固定安装在底座右端的孔中。左、右活动杆的一端可活动地连接在一起,左活动杆的另一端通过芯轴固定在底座左端,右活动杆的另一端设有一供锁舌插入的孔,当锁具锁定时,锁舌插入右活动杆的孔中,左、右活动杆呈"∧"形被锁定在底座上。左活动杆的杆体上还设有凹槽,转动右活动杆,可将右活动杆完全收纳在该槽中,此时左、右活动杆整体呈一字形结构,可以芯轴为中心在底座上转动。

关于涉案专利的锁具,说明书中有如下记载:"本实用新型……采用的锁具为多用途插栓式保险锁或普通挂锁,一旦锁具失灵或钥匙丢失,可以用电钻将锁芯钻开,重新置换一个锁具而不至于引起整个地桩锁的报废,因此,锁具通用性强。同时,为了防止他人偷配钥匙,可随时将锁具调换,提高了地桩锁的可靠性和使用寿命。"

北京市高院第37号判决中记载:"本专利权利要求1包含有'活动桩设有供锁具插入的孔'这一技术特征。对于锁具,本专利权利要求2、3、4共涉及两种锁具,一种是在权利要求2、3中限定的包含锁头和锁栓的锁具;一种是在权利要求4中限定的包含挂锁和锁环的锁具。上述锁头和锁栓、挂锁和锁环均是一个不可分割的整体。专利复审委员会在第6101号决定中认为,附件1中的门形架与本专利的活动桩相对应,但在附件1的门形架上,并没有供锁具插入的孔,其锁具是设置在锁板或者套管上的,而锁板上的孔D也不是放锁具的,而是供锁舌插入的,锁舌不等同于锁具。本专利由于采用将锁具插入活动桩设定的孔内,不需要其他的固定件将锁具与活动桩或者底座连接;而附件1公开的车位锁需要有紧固件将其固定在门形架或者套管上。由此可知,附件1的锁具与门形架或者套管的结构关系,同本专利的锁具与活动桩的结构关系是不同的。因此,'活动桩设有供锁具插入的孔'这一技术特征,并未被附件1所公开,本专利权利要求1相对于附件1具有新颖性。"

针对涉案专利权利要求1的创造性,第8127号无效决定中有如下认定:"附件1、2均没有公开'活动桩设有供锁具插入的孔'这一技术特征,也没有给出这样的技术启示。在锁闭地桩锁时,本专利权利要求1的活动桩上所设置的孔可供锁具整体插入以达到锁闭地桩锁的目的,开启地桩锁时可将锁具全部取出,活动桩上也无须设置附加的固定装置来固定锁具,因此本专利相对于现有技术,具有实质性特点和进步。"

根据申请再审人申请再审的理由及其在询问当事人程序中的有关主张以及本案事实,本案法律争议最大的焦点在于,二审法院适用禁止反悔原则是否存在错误。

禁止反悔原则是对认定等同侵权的限制。现行法律以及司法解释对人民法院是否可以主动适用等同原则未作规定,为了维持专利权人与被控侵权人以及社会公众之间的利益平衡,亦不应对人民法院主动适用禁止反悔原则予以限制。因此,在认定是否构成等同侵权时,即使被控侵权人没有主张适用禁止反悔原则,人民法院也可以根据业已查明的事实,通过适用禁止反悔原则对等同范围予以必要的限制,以合理地确定专利权的保护范围。因此,二审法院对禁止反悔原则的适用并无不当。

二、裁判要旨

**No.3-5-59-23 人民法院可以依职权主动适用禁止反悔原则。**

禁止反悔原则是为了防止专利权人为了获取专利权而在专利审查过程中对保护范围进行限制,而在侵权诉讼中却试图突破限制的行为。这种行为实际上是为了超越授权的保护范围,从而获取既不合理也不合法的保护利益。因此,在认定是否构成等同侵权时,即使被控侵权人没有主张适用禁止反悔原则,人民法院也可以根据业已查明的事实,通过适用禁止反悔原则,对等同范围予以必要的限制,合理确定专利权的保护范围。

**71 技术特征解释的范围(《专利法》第59条)**

案例:申请再审人薛胜国与被申请人赵相民、赵章仁实用新型专利侵权纠纷案
案例来源:《最高人民法院知识产权审判案例指导》(第二辑)[(2009)民申字第1562号]
主题词:技术特征的解释　权利要求的记载范围　专利说明书与附图

一、基本案情

申请再审人(一审原告、二审上诉人):薛胜国。

被申请人(一审被告、二审被上诉人):赵相民。
被申请人(一审被告、二审被上诉人):赵章仁。

薛胜国诉赵相民、赵章仁实用新型专利侵权纠纷一案,河南省高级人民法院于2008年5月23日作出的(2008)豫法民三终字第22号民事判决,已经发生法律效力。2009年9月22日,薛胜国向最高人民法院(以下简称最高院)申请再审。

2007年8月8日,原告薛胜国以赵相民、赵章仁为被告,向河南省郑州市中级人民法院(以下简称郑州中院)起诉称,赵相民、赵章仁未经授权许可使用薛胜国的专利技术,生产与薛胜国专利技术相同的产品,侵犯了薛胜国的专利权。

郑州中院一审认为:薛胜国依法享有名为"用于粉条加工的揉面机"的实用新型专利权,并按规定缴纳了专利年费,为有效专利,应受法律保护。任何单位和个人未经专利权人许可,都不得实施其专利,即不得为生产经营目的,制造、使用、许诺销售、销售、进口其专利产品。

《专利法》(2000)第56条第1款规定:"发明或者实用新型专利权的保护范围以其权利要求的内容为准,说明书及附图可以用于解释权利要求。"将本案公证保全的被控侵权产品的技术特征与涉案薛胜国专利的独立权利要求所保护的必要技术特征进行对比,第1、3项技术特征相同;第2、4项技术特征中,被控侵权产品比专利多了一个技术特征,即在驱动电机上加了一个减速器,驱动电机通过减速器驱动输送搅龙。

第5项技术特征,两者的两个U形揉面斗的位置不同。专利的两个U形揉面斗位于出料口的上方,其中一个揉面斗的底部与出料口相连通,面团到达出料口后,由输送搅龙将其自下而上挤压到揉面斗中。而被控侵权产品的两个U形揉面斗位于出料口一侧的下方,面团到达出料口后,自上而下掉至揉面斗中。薛胜国主张该项技术特征两者构成等同。在判定是否为等同特征时,应同时满足以下两个条件:(1)被控侵权物中的技术特征与专利权利要求中的相应技术特征相比,以基本相同的手段,实现基本相同的功能,产生了基本相同的效果。(2)对该专利所属领域普通技术人员来说,通过阅读专利权利要求和说明书,无须经过创造性劳动就能够联想到的技术特征。通过对比,被控侵权产品的揉面斗只是进行了简单的上下移位,其实质上仍是通过出料口将面团输送到揉面斗,进行揉面功能。该部位移位对于所属技术领域普通技术人员来说,无需经过创造性劳动即可联想到。因此该项技术特征两者构成等同。

第6项技术特征,揉面锤支撑架与动力驱动系统的连动方式不同。专利是两个揉面锤支撑架通过曲柄连杆机构与驱动电机的动力轴相连接,动力驱动装置通过曲柄连杆机构带动两个揉面锤上下运动。而被控侵权产品的两个揉面锤两个支撑架之间是杠杆连接方式,其中一个揉面锤的支撑架通过曲柄连杆机构与驱动机上减速器的动机轴相连接,动力驱动装置通过曲柄连杆机构带动一个揉面锤的支撑架,该揉面锤支撑架通过杠杆运动,使两个揉面锤呈相反方向运动。薛胜国主张该项技术特征两者亦构成等同。虽然两者达到的功能均是支撑揉面锤,带动揉面锤的支撑架上下运动,但两者的技术手段是不同的,且被控侵权产品的驱动装置驱动的是一个揉面锤的支撑架,而专利的驱动装置驱动的是两个揉面锤的支撑架,被控侵权产品的这种设计更节省动能。因此该项技术特征两者不构成等同。

综上,被控侵权产品的技术特征与专利保护的必要技术特征并不相同,未落入薛胜国专利权的保护范围,不构成侵权。

薛胜国不服上述一审判决,向河南省高级人民法院(以下简称河南高院)提起上诉。

河南高院二审审理查明的事实除与原审相同外,另查明:(1)被控侵权产品设置的机架与薛胜国专利技术所要求及附图设置的机架整体位置不同,薛胜国专利技术要求的机架上部为平行,被控侵权产品机架上部为梯形;被控侵权产品机架上部设置的料斗位置与薛胜国专利技术位置不同,薛胜国专利技术料斗通过料斗中的输送搅龙将面团挤压到U型揉面斗,被控侵权产品通过在机架上部设置的料斗通过输送搅龙将面团自流到下部设置的料斗;被控侵权产品设置在揉面斗的两个揉面锤采用连杆结构分别上下作业,薛胜国专利技术要求的两个揉面锤同时上下作业。(2)二审中,赵相民提供赵章仁于2006年12月21日向国家知识产权局申请并于

2008年1月9日获得授权的"用于粉条加工的揉面机"实用新型专利证书,其专利号为ZL200620175922.7。该实用新型的权利要求1为:"一种用于粉条加工的揉面机,包括机架、电机,在机架上部设置有带有进、出口的榨面斗,在榨面斗内设有搅龙,在机架上部还并列设有两个相通的揉面斗,所述榨面斗的出料口与所述一个揉面斗连通,所述电机与减速器连接,所述减速器的一个输出轴通过转动机构带动所述搅龙转动,其特征在于:还包括有滑杆、支杆、第一揉面锤和第二揉面锤,所述减速器还设置有第二输出轴,在所述减速器的第二输出轴与偏心轮连接,偏心轮通过曲轴与所述滑杆连接,在滑杆上设置有第一揉面锤,在所述支杆上铰接有连杆,在所述连杆的一端通过三连杆与所述滑杆活动连接,所述连杆的另一端通过三连杆与第二揉面锤活动连接。"经庭审质证,薛胜国对赵相民提供的实用新型专利无异议,但认为没有检索报告,该专利权不具法律效力,而且认为赵章仁的专利晚于薛胜国的专利申请,应保护其在先申请的专利权。(3)赵章仁专利权利要求必要技术特征与被控侵权产品相比多一项抽空机。

河南高院二审认为:

1. 被控侵权产品是否落入薛胜国专利权利的保护范围?《中华人民共和国专利法》(2000)第56条第1款规定:"发明或者实用新型专利权的保护范围以其权利要求的内容为准,说明书及附图可以用于解释权利要求。"要判断被控侵权产品是否侵犯薛胜国的专利权,首先是要明确薛胜国专利权的保护范围,该专利权必要技术特征为:一种用于粉条加工的揉面机,它包括:(1)机架1;(2)设置在所述机架1上的驱动电机2。其特征在于:(3)在机架1上部设置有带有进、出料口3、4的料斗5,(4)和水平设置在该料斗5内的由所述驱动电机2驱动的输送搅龙6;(5)在位于所述出料口4上方的机架1上并排设置有两个相通的U形揉面斗7、8,其中一U形揉面斗7的底部与所述出料口4相连通;(6)在位于每个U形揉面斗7、8上方的机架1上分别设置有一揉面锤9、10,所述两揉面锤9、10的支撑架11通过曲柄连杆机构12与驱动电机2的动力轴相连接。然后将被控侵权产品技术特征与薛胜国专利权利要求记载的必要技术特征进行对比判断。

薛胜国对一审判决认定的被控侵权产品技术特征未提出异议,该被控侵权产品技术特征为:(1)机架;(2)设置在机架上带有减速器的驱动电机;(3)机架上部设置有带有进、出料口的料斗;(4)水平设置在料斗内的输送搅龙,驱动电机通过减速器驱动输送搅龙;(5)所述出料口一侧下方的机架上并排设置有两个相通的U形揉面斗,其中一个U形揉面斗的上部与所述出料口相连通;(6)位于每个U形揉面斗上方的机架上分别设置有一揉面锤,每一揉面锤的支撑架之间由杠杆连接,其中一个揉面锤的支撑架通过曲柄连杆机构与驱动机上减速器的动机轴相连接。

2. 被控侵权产品技术是否落入薛胜国专利权利要求的保护范围?薛胜国上诉认为被控侵权产品第1、3项技术相同,第2、4、5、6项技术等同,而落入其专利权保护范围而构成侵权。赵相民、赵章仁抗辩认为,被控侵权产品技术是其自己研制,不构成侵权。

二审法院经审理认为,被控侵权产品与薛胜国专利技术不相同也不等同,理由为:

1. 被控侵权产品第1、3项技术与薛胜国专利权利技术特征第1、3项技术不相同。被控侵权产品技术第1项技术机架,薛胜国专利技术要求第1项技术也为机架,虽然两者均设置机架,但机架所设计的技术特征要求不同,薛胜国专利要求及附图机架上部为平行,而被控侵权产品机架为梯形,平行设计与梯形设计两者为整机的功效起不同的作用,不具有相同的技术特征。被控侵权产品第3项技术特征是在机架上部设置有带有进、出料斗;薛胜国专利技术要求第3项在机架上部设置有带有进、出料斗,两者进出料斗的设计位置不同,被控侵权产品两个料斗设计在梯形的机架上,进料斗设计在机架梯形的上部,出料斗设计在梯形机架下部,作业面团从进料斗的输送搅龙自流到出料斗。薛胜国专利技术要求设计及附图在机架进出料斗为连通式,进料斗设计在机架上,出料斗设计在进料斗上部连通,作业通过输送搅龙将面团挤压到出料斗。故被控侵权产品与薛胜国专利技术要求虽均有机架和进出料斗,其技术名称相同,但技术特征并不相同,一审判决认定两者相同不当。

2. 被控侵权产品第 5 项技术与薛胜国专利权利必要技术特征不等同。被控侵权产品设计出料口一侧下方的机架上并排设置有两个相通的 U 形揉面斗,其中一个 U 形揉面斗的上部与所述出料口相连通。其出料斗设计的位置在机架的梯形的下部,作业原理由进料口的面团通过输送搅龙自流到出料斗。薛胜国专利技术要求及附图在出料口上方的机架上并排设置有两个相通的 U 形揉面斗,其中一个 U 形揉面斗的底部与所述出料口相连通。出料斗设计在进料斗的一侧,作业原理由进料斗的面团通过输送搅龙将面团挤压到进料斗内。故被控侵权产品与薛胜国专利技术要求虽均有进料斗和出料斗,其名称相同,但设计位置不同,技术特征不同,作业原理不同,不构成技术上的等同,一审判决认定两者等同不当。

3. 被控侵权产品第 2、4、6 项技术与薛胜国专利权利要求技术不等同。被控侵权产品第 2 项技术与薛胜国专利权利要求第 2 项技术均为驱动电机,但被控侵权产品是带有减速器的驱动电机,其作业原理明显不同。其机械设备驱动电机只是动力装置,不具有技术特征的独创性,不能作为技术特征的等同认定。被控侵权产品第 4 项技术通过减速器驱动输送搅龙,薛胜国专利技术要求驱动电机驱动输送搅龙,二者具有不同的作业原理,不能作为技术特征的等同认定。被控侵权产品第 6 项技术两个 U 形揉面斗设置两个揉面锤,薛胜国专利技术要求两个 U 形揉面斗设置两个揉面锤,但两个揉面锤设置不同,被控侵权产品两个揉面锤之间由杠杆连接,另一个揉面锤的支撑架通过曲柄连杆机构与驱动机上减速器的动机轴相连接,其两个揉面锤作业原理为一上一下的作业。薛胜国专利技术设置的两个揉面锤的作业原理为同时上下作业。二者具有不同技术特征和工作原理,不具有等同效果。

通过对薛胜国的涉案薛胜国专利所确定的权利保护范围与被控侵权产品中对应的技术特征进行对比,赵相民生产的被控侵权产品技术特征与薛胜国专利权利要求的技术特征具有明显的不同,其技术特征亦构不成等同。因此,赵相民、赵章仁生产的被控侵权产品的技术特征未落入薛胜国专利权利保护范围,也非效果等同、手段基本相同的技术特征。薛胜国上诉认为第 2、4、5、6 项是等同特征,被控侵权产品只是在专利技术的基础上对局部增加了个别小部件,使其复杂化,其实质上仍是利用了薛胜国的专利技术的上诉理由不能成立,不予采纳。

综上,薛胜国上诉认为赵相民、赵章仁侵犯其专利权,应承担侵权责任,并无事实根据与法律依据,不予支持。一审判决认定部分技术相同或等同不当,但认定被控侵权产品技术未落入薛胜国专利权的保护范围,不构成侵权正确,予以维持。

薛胜国不服上述二审判决,认为原判适用法律确有错误,依据《民事诉讼法》第 179 条第 1 款第 6 项的规定向最高院申请再审。

最高院经听证审查查明:原审法院审理查明的事实基本属实。另,双方当事人在最高院听证时一致确认以下事实:被控侵权产品与涉案薛胜国专利独立权利要求记载的技术方案除以下几点不同以外,其他在结构和工作原理上均相同:(1) 驱动电机不同。涉案薛胜国专利仅设有驱动电机,由驱动电机的动力轴输出动力;被控侵权产品则在驱动电机上增加了减速器,经减速器输出动力。(2) 料斗和揉面斗相对位置不同。涉案薛胜国专利的两个 U 形揉面斗位于出料口的上方,其中一个揉面斗的底部与出料口相连通,面团在输送搅龙的作用下到达出料口后自下而上被挤压到揉面斗中;被控侵权产品的两个揉面斗位于出料口一侧的下方,面团到达出料口后在输送搅龙的挤压作用和自身重力的双重作用下自上而下进入揉面斗中。(3) 揉面锤运动方式不同。涉案薛胜国专利是两个揉面锤共用的一个支撑架通过曲柄连杆机构与驱动电机的动力轴相连接,动力驱动装置通过曲柄连杆机构带动两个揉面锤同向上下往复运动;被控侵权产品的两个揉面锤各有一支撑架,两个支撑架之间是杠杆连接方式,其中一个揉面锤的支撑架通过曲柄连杆机构与驱动机上减速器的动力轴相连接,动力驱动装置通过曲柄连杆机构带动一个揉面锤的支撑架,该揉面锤支撑架通过杠杆运动使两个揉面锤反向上下往复运动。被控侵权产品两个揉面锤的运动方式,对驱动电机的功率要求较低,节省动能,也不存在专利的两个揉面锤同向向上运动时所作的无用功。

最高院还查明:涉案薛胜国专利权利要求 1 中未对机架的结构作出具体限定,仅说明书附图中显示机架是长方体。对涉案薛胜国专利权利要求所记载的"两揉面锤的支撑架通过曲柄连杆机构与驱动电机的动力轴相连接"的技术内容，说明书中除两处重复了相同内容的文字说明之外，并无进一步的文字说明或限定，但附图所示两个揉面锤9、10共用一个支撑架11，两个揉面锤9、10分别位于该支撑架11的两端，与驱动电机2的动力轴相连接的曲柄连杆机构12与支撑架11的中部相连。涉案薛胜国专利说明书还记载："本实用新型的优点在于采用了上述技术方案，将和面机中初步和好的面团放入该揉面机的料斗中，由所述输送搅龙将面团自出料口挤压到与之相连通的U形揉面斗，该U形揉面斗中的揉面锤在所述曲柄连杆机构带动下对面团进行揉面。随着进入该U形揉面斗中的面团增多，经揉面锤揉过的面团被挤压进入下一个U形面斗中继续揉和，经上述揉制出的面团不仅硬度一致，质量稳定，且自动化程度高，大大提高了生产效率，节约了大量的人力资源。"被控侵权产品机架下部为长方体、上部一侧为梯形体，带有进、出料口的料斗置于该梯形体上方，两个揉面斗置于该梯形体一侧的下部长方体上方。

此外，二审法院查明的事实中有关赵章仁的专利权利要求必要技术特征与被控侵权产品相比多一项抽空机的认定有误，抽空机系赵章仁的专利权利要求2中记载的技术特征。赵章仁涉案实用新型专利说明书在背景技术部分所引证的现有技术即涉案薛胜国专利。

最高院审查认为，本案当事人在申请再审中的争议焦点，在于被控侵权产品是否落入涉案薛胜国专利权的保护范围。

本案被控侵权行为发生于2007年，应当适用2000年修订、自2001年7月1日起施行的《专利法》。该法第56条第1款规定："发明或者实用新型专利权的保护范围以其权利要求的内容为准，说明书及附图可以用于解释权利要求。"自2001年7月1日起实施的《专利法实施细则》第21条第2款规定："独立权利要求应当从整体上反映发明或者实用新型的技术方案，记载解决技术问题的必要技术特征。"同日起施行的最高人民法院《关于审理专利纠纷案件适用法律问题的若干规定》第17条规定："专利法第五十六条第一款所称的'发明或者实用新型专利权的保护范围以其权利要求的内容为准，说明书及附图可以用于解释权利要求'，是指专利权的保护范围应当以权利要求书中明确记载的必要技术特征所确定的范围为准，也包括与该必要技术特征相等同的特征所确定的范围。等同特征是指与所记载的技术特征以基本相同的手段，实现基本相同的功能，达到基本相同的效果，并且本领域的普通技术人员无需经过创造性劳动就能够联想到的特征。"上述法律、行政法规和司法解释是专利侵权案件中进行技术对比判断的基本法律依据，本案亦不例外。

本案所涉及薛胜国的名称为"用于粉条加工的揉面机"的实用新型专利，根据其专利独立权利要求1，其必要技术特征可以分解为：(1)机架；(2)设置在所述机架上的驱动电机；(3)在机架上部设置有带有进、出料口的料斗；(4)水平设置在该料斗内的由所述驱动电机驱动的输送搅龙；(5)在位于所述出料口上方的机架上并排设置有两个相通的U形揉面斗，其中一个U形揉面斗的底部与所述出料口相连通；(6)在位于每个U形揉面斗上方的机架上分别设置有一揉面锤，所述两揉面锤的支撑架通过曲柄连杆机构与驱动电机的动力轴相连接。对于专利技术特征6，专利权人薛胜国在最高院听证时明确确认，两个揉面锤共用的一个支撑架通过曲柄连杆机构与驱动电机的动力轴相连接，动力驱动装置通过曲柄连杆机构带动两个揉面锤同向上下往复运动。专利权人薛胜国对该技术特征的上述解释并未超出其权利要求书对相应技术内容的记载范围，也与其专利说明书附图所示的两个揉面锤、支撑架、曲柄连杆机构、驱动电机之间的相互位置和连接关系相吻合。因此，涉案薛胜国专利必要技术特征6可以限定为：在位于每个U形揉面斗上方的机架上分别设置有一揉面锤，所述两揉面锤的共用的一个支撑架通过曲柄连杆机构与驱动电机的动力轴相连接，动力驱动装置通过曲柄连杆机构带动两个揉面锤同向上下往复运动。

薛胜国于2007年1月9日通过公证证据保全，取得的赵相民制造并销售的被控侵权产品推盆机的相应技术特征可以分解为：(1)下部为长方体、上部一侧为梯形体的机架；(2)设置在机架上带有减速器的驱动电机；(3)机架上部设置有带有进、出料口的料斗；(4)水平设置在料斗内的输送搅龙,驱动电机通过减速器驱动输送搅龙;(5)所述出料口一侧下方的机架上并排设置有两个相通的U形揉面斗,其中一个U形揉面斗的上部与所述出料口相连通;(6)位于每个U形揉面斗上方分别设置有一揉面锤,每一揉面锤具有一支撑架,每一揉面锤的支撑架之间由杠杆连接,其中一个揉面锤的支撑架通过曲柄连杆机构与驱动电机上减速器的动力轴相连接,动力驱动装置通过曲柄连杆机构带动一个揉面锤的支撑架,该揉面锤支撑架通过杠杆运动使两个揉面锤反向上下往复运动。

通过将公证保全的被控侵权产品的技术特征与涉案薛胜国专利的必要技术特征进行比对分析,可以得出如下结论:

对于第1项对应技术特征,涉案薛胜国专利独立权利要求中采用的是机架这一上位概念,并未对机架的具体结构进行限定,因此,不能直接以说明书附图中所显示的长方体机架用于限定权利要求记载的机架这一技术特征;被控侵权产品采用下部为长方体、上部一侧为梯形体的机架,系采用了一种特定结构的机架,而该特定结构的机架与权利要求记载的机架相比,前者属于下位概念,后者属于上位概念。因此,二者的该项对应技术特征应属相同。二审法院认定涉案薛胜国专利的机架上部整体平行,不适当地限定了该技术特征;并且仅认定二者该技术特征不相同,未就是否等同作出明确认定,亦有不妥。

对于第2、4两项对应技术特征,被控侵权产品只是在涉案薛胜国专利的驱动电机上增加了一个减速器,驱动电机通过减速器驱动输送搅龙。这属于在专利技术特征的基础上增加了一个具体技术特征。因此,二者的该两项对应技术特征仍应属相同。二审法院以被控侵权产品系带有减速器的驱动电机,与专利作业原理不同,而认定不构成等同特征,错误适用了专利侵权技术对比判定方法。

对于第3项对应技术特征,涉案薛胜国专利和被控侵权产品,均为在机架上部设置有带有进、出料口的料斗,二者该对应技术特征显属相同。二审法院对该项技术特征的认定明显有误,该项技术特征仅涉及"机架上部设置有带有进、出料口的料斗",被控侵权产品和涉案薛胜国专利均只有一个料斗,不存在所谓的"进、出料斗"以及进、出料斗的相互位置关系的限定问题。

对于第5项对应技术特征,专利的两个U形揉面斗位于出料口的上方,其中一个揉面斗的底部与出料口相连通,面团在输送搅龙的作用下,到达出料口后自下而上被挤压到揉面斗中;被控侵权产品的两个U形揉面斗位于出料口一侧的下方,面团到达出料口后在输送搅龙的挤压作用和自身重力的双重作用下,自上而下进入揉面斗中。通过对比,被控侵权产品和涉案薛胜国专利的两个U形揉面斗与料斗的相对位置不同,二者不构成相同技术特征。但是,被控侵权产品只是在专利的基础上,将料斗相对于揉面斗上移,从而利用了面团自身的重力,但由于面团本身不易流动的属性,如果不利用输送搅龙挤压仅靠面团自身重力难以实现料斗中的面团输送到揉面斗的目的,反过来讲,如果仅靠面团自身重力即可以实现料斗中的面团自流到揉面斗中的目的,其就无须采用输送搅龙这一技术手段,因此,被控侵权产品实质上仍是利用输送搅龙挤压将面团通过出料口输送到揉面斗,与专利一样,两者都需要利用输送搅龙这一部件实现将面团由料斗挤压输送到揉面斗的这一功能。可见,与专利的该项技术特征相比,被控侵权产品系采取基本相同的手段,实现基本相同的功能,达到基本相同的效果。而且物体由于自身的重力能够自上而下滑落是一种普通生活常识,因此,将料斗相对于揉面斗上移对于所属技术领域普通技术人员来讲,无须经过创造性劳动即可联想到。根据前述司法解释的规定,被控侵权产品的该项技术特征构成相应专利技术特征的等同特征。二审法院仅以设计位置和作业原理不同而认定二者不构成等同特征并不正确,特别是将被控侵权产品的作业原理仅解释为自流到料斗而忽略了输送搅龙的作用,显属错误。

对于第6项对应技术特征,涉案薛胜国专利与被控侵权产品有两点不同:一是专利的曲柄连杆机构与驱动电机的动力轴相连接;被控侵权产品的曲柄连杆机构与驱动电机上减速器的动力轴相连接。对此不同,如前述对第2、4两项对应技术特征的分析,被控侵权产品只是在专利技术特征的基础上增加了减速器这一具体技术特征,并不影响二者的该对应技术特征构成相同。二是专利的两个揉面锤共用一个支撑架,并通过曲柄连杆机构和动力驱动装置带动两个揉面锤同向上下往复运动;被控侵权产品则是两揉面锤各有一支撑架,两个揉面锤的支撑架之间由杠杆连接,其中一个揉面锤的支撑架通过曲柄连杆机构和动力驱动装置使两个揉面锤反向上下往复运动。虽然两者均具有通过支撑架支撑揉面锤,动力驱动装置通过曲柄连杆机构带动揉面锤的支撑架上下运动的基本功能,但从二者的揉面锤的工作原理和运动方式来看,显然采用了不同的技术手段,不应认为是采取了基本相同的手段;同时,由于被控侵权产品的动力驱动装置驱动的是一个揉面锤的支撑架,而专利的驱动装置驱动的是两个揉面锤的支撑架,被控侵权产品的这种设计更节省动能,可使用相对较小功率的驱动电机,而且,被控侵权产品利用杠杆原理使两个揉面锤反向上下往复运动,也避免了专利的两个揉面锤共用一个支撑架时同向向上运动时所作的无用功,由此可见,二者在技术效果上亦有明显不同;另外,被控侵权产品的这种变换手段,对于本领域的普通技术人员而言,也并非无须经过创造性劳动就能够联想到的特征,被申请人赵章仁在后申请并获得授权的 ZL200620175922.7 号"用于粉条加工的揉面机"实用新型专利与现有技术(即涉案薛胜国专利)相比的区别技术特征也在于此,在一定程度上这也可以印证该变换手段对本领域的普通技术人员而言并非显而易见。因此,二者该项对应技术特征既不相同也不等同。二审法院对此对应技术特征的认定基本正确。因此,申请再审人薛胜国的申请再审理由不能成立。

二、裁判要旨

No.3-5-59-24 专利权人对其技术特征的解释应当不超出其权利要求书的记载范围,并应与其专利说明书与附图吻合。

从现行《专利法》第 59 条可知,发明或者实用新型专利权的保护范围以其权利要求的内容为准,说明书及附图可以用于解释权利要求的内容。这也就是说,专利权人在侵权诉讼程序中对其技术特征所作的解释如果未超出其权利要求书的记载范围,也与其专利说明书及附图相吻合时,可以按照其解释限定该技术特征。本案中,通过被控侵权产品的技术特征与涉案薛胜国专利的必要技术特征的对比可知,对于专利技术特征6,两个揉面锤共用的一个支撑架通过曲柄连杆机构与驱动电机的动力轴相连接,动力驱动装置通过曲柄连杆机构带动两个揉面锤同向上下往复运动。专利权人薛胜国对该技术特征的上述解释并未超出其权利要求书对相应技术内容的记载范围,也与其专利说明书附图所示的两个揉面锤、支撑架、曲柄连杆机构、驱动电机之间的相互位置和连接关系相吻合。因此,涉案薛胜国专利必要技术特征 6 可以限定为:在位于每个 U 形揉面斗上方的机架上分别设置有一揉面锤,所述两个揉面锤共用的一个支撑架通过曲柄连杆机构与驱动电机的动力轴相连接,动力驱动装置通过曲柄连杆机构带动两个揉面锤同向上下往复运动。这也应当运用在技术特征的对比中。

**72** 外观设计专利的设计空间(《专利法》第 59 条)

**案例:** 申请再审人国家知识产权局专利复审委员会、浙江今飞机械集团有限公司与被申请人浙江万丰摩轮有限公司专利无效行政纠纷案
案例来源:《最高人民法院知识产权审判案例指导》(第三辑)[(2010)行提字第 5 号]
主题词:外观设计  设计空间

一、基本案情

申请再审人(一审被告、二审上诉人):国家知识产权局专利复审委员会(以下简称专利复审委员会)。

申请再审人(一审第三人、二审上诉人):浙江今飞机械集团有限公司(以下简称今飞公司)。

被申请人(一审原告、二审被上诉人):浙江万丰摩轮有限公司(以下简称万丰公司)。

申请再审人专利复审委员会、今飞公司与被申请人万丰公司专利无效行政纠纷一案,北京市高级人民法院于 2010 年 5 月 26 日作出(2010)高行终字第 467 号行政判决,已经发生法律效

力。专利复审委员会和今飞公司均不服上述判决,分别于 2010 年 7 月 30 日和 2010 年 7 月 15 日向最高人民法院(以下简称最高院)申请再审。

万丰公司不服专利复审委员会于 2009 年 7 月 23 日作出的第 13657 号无效宣告请求审查决定(以下简称第 13657 号无效决定),在法定期限内向北京市第一中级人民法院(以下简称北京一中院)提起行政诉讼。

北京一中院一审查明:万丰公司拥有的本专利的申请日为 2006 年 6 月 1 日,授权公告日为 2007 年 4 月 11 日。

针对本专利,今飞公司于 2009 年 2 月 25 日向专利复审委员会提出无效宣告请求,其主要理由是:在本专利申请日以前,已有与本专利相似的外观设计在国内出版物上公开发表过,本专利不符合《专利法》(2000)第 23 条的规定。与此同时,今飞公司提交了如下附件作为证据:

附件 1:01339809.1 号外观设计专利公报复印件;
附件 2:01339810.5 号外观设计专利公报复印件;
附件 3:《摩托车技术》杂志 2003 年第 8 期复印件 3 页;
附件 4:《摩托车技术》杂志 2006 年第 3 期复印件 3 页;
附件 5:《摩托车技术》杂志 2001 年第 6 期复印件 3 页;
附件 6:《摩托车》杂志 2002 年第 5 期复印件 3 页。

2009 年 3 月 20 日,今飞公司补充提交意见陈述书及证据材料,补充提交了如下附件作为证据(编号续前):

附件 7:《摩托车》杂志第 199 期复印件 3 页;
附件 8:《摩托车》杂志第 211 期复印件 2 页;
附件 9:《摩托车》杂志第 221 期复印件 2 页;
附件 10:《今日印度》杂志复印件 2 页;
附件 11:电子邮件及公证书、认证书和中文译文复印件 4 页。

2009 年 4 月 27 日,今飞公司针对本专利再次提出无效宣告请求,其主要理由是:本专利与申请日前在国内外出版物上公开发表的产品外观设计相近似。在本专利申请日以前万丰公司就开始向印度 Baijal 公司销售本专利产品,因此,本专利不符合专利法(2000)第 23 条的规定。与此同时,今飞公司提交了如下附件作为证据(编号续前):

附件 12:本专利电子公告打印件 1 页;
附件 13:《Bike》杂志 2005 年 9 月号封面和封底复印件;
附件 14:《Bike》杂志 2006 年 5 月号封面和封底复印件;
附件 15:《Overdrive》杂志 2006 年 5 月号封面和封底复印件 2 页;
附件 16:声明书及公证、认证书复印件 2 页;
附件 17:声明书及公证、认证书的中文译文复印件 2 页;
附件 18:1188096 号日本外观设计专利公报复印件 6 页;
附件 19:2005 年 10 月 26 日印度 Baijal 公司与万丰公司之间的往来邮件、公证书及中文译文复印件 21 页;
附件 20:2006 年 3 月 31 日、4 月 1 日印度 Baijal 公司与万丰公司之间的往来邮件、公证书及中文译文复印件 37 页;
附件 21:印度 Baijal 公司与万丰公司之间的订货通知、公证书及中文译文复印件 9 页。

专利复审委员会认为:附件 13 杂志的封底公开了一款摩托车车轮的外观设计(即在先设计)。本专利与在先设计均为摩托车车轮产品,二者用途相同,属于相同种类的产品,可进行相同或相近似的比较。将本专利与在先设计进行比较,二者均由轮辋、辐条、轮毂组成,辐条呈逆时针旋转状分布,辐条两侧平直,轮毂表面有加强筋。二者主要不同之处在于:(1) 本专利有 5 根辐条,而在先设计为 6 根辐条;(2) 本专利辐条一面为平滑,另一面辐条表面有凹槽,而在先设计辐条表面为平滑和凹槽交替轮换;(3) 本专利与在先设计轮毂表面的加强筋图案不同。因摩托车车轮基本均由轮辋、辐条和轮毂三部分组成，圆形轮辋应属于车轮的惯常设计，相对轮辋，辐条的形状设计，通常对车轮的整体视觉效果更具有显著的影响。本专利与在先设计辐条两侧的形状相同，区别仅在于在先设计比本专利多1根辐条，属于局部细微的差别，而辐条表面凹槽和平滑的差异也属于细微变化，对整体视觉效果不具有显著影响。同时，轮毂在使用状态下通常会被支架遮挡一部分，因此，轮毂表面加强筋图案的差别对整体效果不具有显著影响。二者近似的整体形状已给一般消费者留下了相近似的整体视觉印象。综上所述，在本专利申请日以前已有与其相近似的外观设计在出版物上公开发表过，本专利不符合《专利法》(2000)第23条的规定。在已经得出上述审查结论的基础上，专利复审委员会对今飞公司提交的其他证据和理由不再进行评述。基于以上理由，专利复审委员会于2009年7月23日作出第13657号无效宣告请求审查决定：宣告本专利全部无效。

北京市一中院一审认为：在判断外观设计是否相似时，应当以相关产品的一般消费者为判断主体，对于形成最终日常产品的中间产品，关注其外观设计的是该类产品的采购者和使用者，应以采购、使用该类产品的人员为一般消费者。本案中，摩托车车轮属于摩托车这一最终日常产品的中间产品，摩托车消费者一般不会直接购买摩托车车轮进行组装使用，因此该类产品的采购者和使用者应为摩托车组装商或维修商，而这些主体往往具有一定的摩托车零部件专业知识，对于两摩托车车轮外观设计的差异应有较普通公众更高的分辨能力。在判断外观设计是否近似时，亦应考虑该类产品在外观方面存在变化空间的大小，对于外观变化空间较小的产品，其设计差异更易对整体视觉效果产生显著影响。本案中，摩托车车轮均为轮辋、辐条和轮毂组成，受其所设定功能的限制，外观变化的空间均有限。在判断外观设计是否近似时，应以表示在图片或者照片中的该产品的外观设计为准。本案中，本专利和在先设计进行比较，至少存在以下不同之处：(1)本专利有5根辐条，而在先设计为6根辐条；(2)本专利辐条一面为平滑，另一面辐条表面有凹槽，而在先设计辐条表面为平滑和凹槽交替轮换；(3)本专利与在先设计轮毂表面的加强筋图案不同。上述区别，在设计空间有限的车轮产品上，已经对整体视觉效果产生了显著影响，在该产品消费者所具有的较高分辨能力下，足以排除混淆。专利复审委员会认定本专利与在先设计属于相近似的外观设计根据不足，其基于以上认定作出的第13657号无效决定主要证据不足，应予撤销。

专利复审委员会、今飞公司不服一审判决，分别向北京市高级人民法院(以下简称北京市高院)提起上诉，均请求撤销一审判决，维持第13657号无效决定，并判令由万丰公司承担案件受理费。二者的主要上诉理由为：(1)摩托车车轮的一般消费者应当是对摩托车车轮具有常识性了解的人，既包括组装商、维修商，也包括一般购买者、使用者，原审判决认定摩托车车轮属于中间产品，将其一般消费者限定在组装商、维修商，属于认定事实错误，适用法律不当。(2)对外观设计进行相同或近似性的判断应当采用整体观察、综合判断的方法，本专利与在先设计之间尽管存在区别，但是这些差别未对整体视觉效果产生显著影响，因此属于近似的外观设计。原审法院在摩托车车轮设计空间窄小的错误前提下，认定本专利与在先设计之间的差别对产品的整体视觉效果产生显著影响是错误的。(3)根据专利法的立法宗旨，本专利仅对在先设计进行了局部修改，不具有创新性，不应当被授予专利。

万丰公司服从一审判决。

北京市高院二审查明，一审查明的事实属实。

北京市高院二审认为：

1. 外观设计是否相同或者相近似的判断标准。在判断外观设计是否相同或者相近似时，应当基于相关产品的般消费者的知识水平和认知能力进行评价，而不能从专业人员的角度进行判断。因此，在判断本专利与在先设计是否相同或近似时，应当以对摩托车车轮产品具有常识性了解的一般消费者为判断主体。今飞公司、专利复审委员会主张摩托车车轮的一般消费者应当是对摩托车车轮具有常识性了解的人，既包括组装商、维修商，也包括一般购买者、使用者，理由成立，予以支持，一审判决将一般消费者局限在具有一定的摩托车零部件专业知识的摩托车组装商或维修商,属于适用法律错误,应予纠正。

2. 外观设计是否相同或者相近似的判断方法。在判断外观设计是否近似时,应以表示在图片或者照片中的该产品的外观设计为准,采用整体观察、综合判断的方法进行对比。

将本专利与在先设计相对比,二者均由轮辋、辐条和轮毂组成,二者主要存在以下差别:(1)本专利有5根辐条,而在先设计为6根辐条;(2)本专利辐条一面为平滑,另一面辐条表面有凹槽,而在先设计辐条表面为平滑和凹槽交替轮换;(3)本专利与在先设计轮毂表面的加强筋图案不同。考虑到摩托车车轮产品在功能方面的限定,上述差别足以对设计的整体视觉效果产生显著影响。因此,本专利与在先设计不属于近似的外观设计。一审判决认定正确,应予维持。今飞公司、专利复审委员会主张二者属于近似外观设计、本专利缺乏创新性不应授予专利权,缺乏事实和法律依据,不予支持。

专利复审委员会不服上述二审判决,向最高院申请再审。

最高院审理查明,原审法院查明的事实属实。另查明:专利复审委员会在再审程序中提交的证据《摩托车技术》(2003年第8期)实际上与第13657号无效决定中的附件3(即在专利复审委员会无效宣告请求审查阶段的口审调查中所称的附件2)相同,被申请人万丰公司在专利复审委员会无效宣告请求审查阶段的口审调查中,对该附件的真实性无异议。

最高院认为,本案所涉及问题有:外观设计专利相同或相近似判断中判断主体的认定;本专利产品摩托车车轮设计空间的大小;本专利与在先设计的具体对比以及二者是否构成相同或者相近似等。

1. 外观设计专利相同或相近似判断中的判断主体的认定。本专利的申请日为2006年6月1日,应当适用2000年修正的《专利法》。《专利法》(2000)第23条规定:"授予专利权的外观设计,应当同申请日以前在国内外出版物上公开发表过或者国内公开使用过的外观设计不相同和不相近似,并不得与他人在先取得的合法权利相冲突。"国家知识产权局颁布的《专利审查指南》(2006)第四部分第五章第3节规定:"在判断外观设计是否相同或者相近似时,应当基于被比设计产品的一般消费者的知识水平和认知能力进行评价。作为某类外观设计产品的一般消费者应当具备下列特点:(1)对被比设计产品的同类或者相近类产品的外观设计状况具有常识性的了解。(2)对外观设计产品之间在形状、图案以及色彩上的差别具有一定的分辨力,但不会注意到产品的形状、图案以及色彩的微小变化。"同时,《专利审查指南》(2006)在该章第5节第5.1部分规定:"判断外观设计相同或者相近似时应当从一般消费者的角度进行判断,而不是从专业设计人员或者专家等的角度进行判断。"《专利审查指南》(2006)中对外观设计专利相同或相近似的判断主体所作的上述规定合理可行,人民法院可以参照适用。作为判断外观设计相同或相近似的主体即一般消费者是一个具有上述知识水平和认知能力的抽象概念,而不是具体的从事某种特定工作的人。但如果只是认识到一般消费者是一个抽象的人,对于外观设计相同或相近似的判断而言不具有多少实际意义。问题的关键在于具体界定一般消费者的知识水平和认知能力。这就必然要针对具体的外观设计产品,考虑该外观设计产品的同类和相近类产品的购买者和使用者群体,从而对该外观设计产品的一般消费者的知识水平和认知能力作出具体界定。对摩托车车轮产品的外观设计而言,由于摩托车车轮是摩托车主要的外部可视部件,在确定其一般消费者的知识水平和认知能力时,不仅要考虑摩托车的组装商和维修商的知识水平和认知能力,也要考虑摩托车的一般购买者和使用者的知识水平和认知能力。

专利复审委员会认为,二审判决尽管否定了一审判决对一般消费者的具体界定,但在此基础上将其界定为具体的几类人,即"维修商、组装商和一般购买者、使用者",这种将一般消费者在各个不同类型的案件中作具体身份人群对应的审查方式是错误的。对此观点,最高院难以认同。首先,二审判决在纠正一审判决对一般消费者群体界定过窄的同时,明确指出应当以对摩托车车轮产品具有常识性了解的一般消费者为判断主体,只是在概括一般消费者的范围时,才提及一般消费者既包括组装商、维修商,也包括一般购买者、使用者。而且,从二审判决的内容来看,二审判决将本专利产品的一般消费者认定为既包括组装商、维修商也包括一般购买者、使用者,这一认定实际上是对专利复审委员会上诉理由的概括和认可。其次,《专利审查指南》(2006)中虽然规定一般消费者是一个抽象的人,但在具体的外观设计相同或相近似的判断时,必须结合所要判断的外观设计产品,需要将一般消费者这个抽象的概念具体化为与该产品相关的人群,而不可能如专利复审委员会在本案再审中所主张的那样完全进行抽象判断。因此,二审判决关于本专利相同或相近似的判断主体的认定并无明显不当,专利复审委员会的上述再审理由不能成立。

2. 本专利产品摩托车车轮的设计空间大小。本案一、二审判决在有关本专利与在先设计相同或相近似的判断中,均以摩托车车轮的设计空间有限为前提,并在此基础上得出了本专利与在先设计的区别足以对整体视觉效果产生显著影响的结论。

设计空间是指设计者在创作特定产品外观设计时的自由度。设计者在特定产品领域中的设计自由度通常要受到现有设计、技术、法律以及观念等多种因素的制约和影响。特定产品的设计空间的大小与认定该外观设计产品的一般消费者对同类或者相近类产品外观设计的知识水平和认知能力具有密切关联。对于设计空间极大的产品领域而言,由于设计者的创作自由度较高,该产品领域内的外观设计必然形式多样、风格迥异、异彩纷呈,该外观设计产品的一般消费者就更不容易注意到比较细小的设计差别。相反,在设计空间受到很大限制的领域,由于创作自由度较小,该产品领域内的外观设计必然存在较多的相同或者相似之处,该外观设计产品的一般消费者通常会注意到不同设计之间的较小区别。可见,设计空间对于确定相关设计产品的一般消费者的知识水平和认知能力具有重要意义。在外观设计专利与在先设计相同或相近似的判断中,可以考虑设计空间或者说设计者的创作自由度,以便准确确定该一般消费者的知识水平和认知能力。

在考虑设计空间这一因素时,应该认识到,设计空间的大小是一个相对的概念。在设计空间极大的产品领域和设计空间受到极大限制的产品领域这两个极端之间,存在着设计空间由大到小的过渡状态。同时,对同一产品的设计空间而言,设计空间的大小也是可以变化的。随着现有设计增多、技术进步、法律变迁以及观念变化等,设计空间既可能由大变小,也可能由小变大。因此,在专利无效宣告程序中考量外观设计产品的设计空间,需要以专利申请日时的状态为准。本案从专利复审委员会提供的证据《摩托车技术》(2003 年第 8 期)(即第 13657 号无效决定中的附件 3)来看,即使摩托车车轮均由轮辋、辐条和轮毂组成,且受到设定功能限制的情况下,其辐条的设计只要符合受力平衡的要求,仍可以有各种各样的形状,存在较大的设计空间。本案一、二审判决认定摩托车车轮的设计空间较小,缺乏证据支持。因此,本案一、二审判决以摩托车车轮的设计空间有限为前提,得出本专利与在先设计的区别致使两者不相同也不相近似的结论,缺乏事实依据,应予纠正。

3. 本专利与在先设计的具体对比以及二者是否构成相同或者相近似? 就本案而言,专利复审委员会和一、二审判决均认为本外观设计专利与在先设计主要存在着三点不同之处:(1) 本专利有 5 根辐条,而在先设计为 6 根辐条;(2) 本专利辐条一面为平滑,另一面辐条表面有凹槽,而在先设计辐条表面为平滑和凹槽交替轮换;(3) 本专利与在先设计轮毂表面的加强筋图案不同。关于区别点 1,由于摩托车车轮基本上均是由轮网、辐条和轮毂三部分组成,而圆形的轮辋应属于车轮的惯常设计,因此相对于轮辋而言,摩托车车轮辐条的形状设计,通常对车轮的整体视觉效果具有更为显著的影响。本专利与在先设计辐条形状相同,其区别主要在于在先设计比本专利多 1 根辐条,由 5 根变为了 6 根。从车轮被辐条区隔所形成的空间形状看,本专利的 5 根辐条所区隔形成的形状与在先设计的 6 根辐条所区隔形成的形状没有显著区别。一般消费者通常不会注意到摩托车车轮的辐条数量由 5 根变为 6 根而产生的微小差异,对两者容易产生混淆。关于区别点 2,对于车轮辐条上面的凹槽而言,无论是一面带有凹槽,还是平面与凹槽交替,其相对于辐条整体形状而言均属于局部的细微设计,一般消费者通常不会注意到这些细微变化,其对整体视觉效果不具有显著的影响。关于区别点 3,就本专利摩托车车轮的轮毂而言,由于摩托车车轮的轮毂在使用状态下通常会被摩托车支架遮挡一部分,因此轮毂表面加强筋图案的差别对整体视觉效果不具有显著影响。还应说明的是,在先设计虽然只公开了摩托车车轮的一面,但由于其为镂空设计,明显可见车轮另一面的辐条整体形状、数量以及由辐条所区隔的空间形状均未发生变化。同时,在多数情况下,辐条上面的凹槽以及轮毂上加强筋图案的设计是对称或相应的,可以根据公开的车轮一面合理推导出另一面的辐条与加强筋的可能设计。在辐条整体形状、数量以及由辐条所区隔的空间形状均未发生变化的情况下,即使车轮另一面的辐条的凹槽以及轮毂的加强筋的设计与公开的一面有所不同,也属于一般消费者不易注意到的细微变化,通常不会对摩托车车轮的整体视觉效果产生显著影响。综上所述,两摩托车车轮的整体形状特别是辐条的造型已给一般消费者留下了相近似的整体视觉印象,两者的差别均属于局部细微变化,对整体视觉效果不具有显著的影响。因此,本专利与在先设计属于相近似的外观设计。一、二审判决在近似性的判断中适用法律错误,应予纠正。

最后,最高院认为,原审判决认定本案外观设计专利产品的设计空间较小,缺乏证据支持;认定本专利与在先设计不相同亦不相近似,适用法律错误,依法应予撤销。

## 二、裁判要旨

**No.3-5-59-25** 在外观设计相同或者相近似的判断中,应该考虑设计空间或者说设计者的创作自由度,以便准确确定该一般消费者的知识水平和认知能力。

一般消费者的知识水平和认知能力,是在判断外观设计是否为现有设计以及能否与现有设计或者现有设计的组合相比具有明显区别的判断标准。不过由于不同种类的产品具有不同的消费者群体,因此,参照《专利审查指南》(2010)可知,作为某种类外观设计产品的一般消费者应当具备下列特点:(1) 对涉案专利申请日之前相同种类或者相近种类产品的外观设计及其常用设计手法具有常识性的了解。例如,对于汽车,其一般消费者应当对市场上销售的汽车以及诸如大众媒体中常见的汽车广告中所披露的信息等有所了解。所谓的常用设计手法,包括设计的转用、拼合、替换等类型;(2) 对外观设计产品之间在形状、图案以及色彩上的区别具有一定的分辨力,但不会注意到产品的形状、图案以及色彩的微小变化。由于一些种类的产品的外观基本相似,因此,在适用一般消费者的知识水平和认知能力时,应当考虑考虑设计空间或者说设计者的创作自由度。这是因为,设计者在特定产品领域中的设计自由度通常要受到现有设计、技术、法律以及观念等多种因素的制约和影响。特定产品的设计空间的大小与认定该外观设计产品的一般消费者对同类或者相近类产品外观设计的知识水平和认知能力具有密切关联。本案中,即使摩托车车轮均由轮辋、辐条和轮毂组成,且受到设定功能限制的情况下,其辐条的设计只要符合受力平衡的要求,仍可以有各种各样的形状,存在较大的设计空间。本案一、二审判决认定摩托车车轮的设计空间较小,缺乏证据支持。不过,由于涉案专利与在先设计辐条形状相同,其区别主要在于在先设计比本专利多一根辐条,由 5 根变为了 6 根,因此,从车轮被辐条区隔所形成的空间形状看,本专利的 5 根辐条所区隔形成的形状与在先设计的 6 根辐条所区隔形成的形状没有显著区别。最终法院认定涉案专利与在先设计构成近似。

**73** 外观设计相同或者相近似的判断(《专利法》第59条)

**案例:** 申请再审人本田技研工业株式会社与被申请人中华人民共和国国家知识产权局专利复审委员会、原审第三人石家庄双环汽车股份有限公司、原审第三人河北新凯汽车制造有限公司破产清算组外观设计专利权无效行政纠纷案
**案例来源:** 《最高人民法院知识产权审判案例指导》(第三辑)[(2010)行提字第 3 号]
**主题词:** 外观设计  一般消费者

### 一、基本案情

申请再审人(一审原告、二审上诉人):本田技研工业株式会社(以下简称本田株式会社)。

被申请人(一审被告、二审被上诉人):中华人民共和国国家知识产权局专利复审委员会(以下简称专利复审委员会)。

原审第三人:石家庄双环汽车股份有限公司(以下简称双环公司)。

原审第三人:河北新凯汽车制造有限公司破产清算组(以下简称新凯公司)。

申请再审人本田株式会社因与被申请人专利复审委员会、原审第三人双环公司、原审第三人新凯公司破产清算组外观设计专利权无效行政纠纷一案,不服北京市高级人民法院(2007)高行终字第274号行政判决,向最高人民法院(以下简称最高院)申请再审。

原一、二审法院经审理查明,本田株式会社是01319523.9号"汽车"外观设计专利权(以下简称本专利)的专利权人。双环公司于2003年12月24日、新凯公司于2004年12月10日分别就本专利向专利复审委员会提出无效宣告请求。专利复审委员会将上述两无效宣告请求案合案审查,于2005年3月28日进行了口头审理。2006年3月7日,专利复审委员会作出第8105号无效宣告请求审查决定(以下简称第8105号决定),宣告本专利无效。该决定认为:(1)根据双环公司在请求书中的表述,请求书对其无效理由作了一定的说明,尽管该请求书中没有详细论述,确有不妥之处,但尚不足以认定构成不予受理的情形,且本田株式会社已对所有证据进行了充分的意见陈述,并未导致其无法陈述意见。(2)将本专利与日本国外观设计公报JP1004783(以下简称证据1)进行比较可以看出,两者的汽车各组成部分的形状以及相互之间的比例关系基本相同,整体视觉形状和设计风格基本相同。虽然本专利与证据1产品在外观上存在若干细部差别,例如,本专利前大灯呈近似三角形的不规则四边形,而证据1的前大灯呈近似梯形;本专利前保险杠下方的两侧配置有辅助灯,而证据1中未见相应配置;本专利与证据1的护板都呈倒U形,但本专利护板内设有水平隔片,其底部有小护牙,而证据1护板内设有数个空格;本专利中间窗玻璃由一边呈直角、另一边线条呈折线状构成不规则梯形,证据1中间窗玻璃呈直角梯形;本专利后组合灯从车顶附近一直延伸到后保险杠翘起部,证据1后组合灯设于车体上部;从本专利与证据1汽车后部线条看,本专利线条略微圆滑一些;两者后保险杠的形状也略有不同等。但是,本专利与证据1的产品在外观上的上述区别均属于局部的差别,根据整体观察、综合判断的原则,上述差别对于汽车的整体视觉形状和风格来说属于较细微的差别,不足以使普通消费者产生明显不同的视觉效果而将两者认定为具有不同款式的产品,而两者的主体部分的相同之处却使普通消费者易于将两者混同。至于本田株式会社强调的"本专利车身较高、重心高,为细长的造型,而证据1重心低,属于车身较宽的造型",从对两者进行整体观察来看,没有产生本田株式会社所描述的明显不同的视觉效果,故对本田株式会社的观点不予支持。综上,本专利与证据1属于相近似的外观设计,不符合《专利法》第23条的规定。

本田株式会社不服专利复审委员会作出的第8105号决定,向北京市第一中级人民法院(以下简称北京市一中院)提起诉讼。

北京市一中院认为:专利复审委员会受理该无效请求符合法律法规的规定。本专利与在先设计均为汽车整车的外观设计,一般消费者在购买和使用过程中,对汽车的整体进行观察是实际生活中经常出现的情形,故本专利与在先设计的比较应采用整体观察的方式。本专利与证据1的外观设计虽存在一定的差别,但对汽车整体外观而言,一般消费者更容易对汽车整体的设计风格、轮廓形状、组成部件的相互间比例关系等因素施以更多注意,二者的差别尚不足以使一般消费者对两者整体外观设计产生明显的视觉差异。因此,本专利与证据1属于相近似的外观设计。专利复审委员会作出的第8105号决定认定事实清楚,适用法律准确,程序合法,据此作出(2006)一中行初字第779号行政判决,维持专利复审委员会作出的第8105号决定。

本田株式会社不服一审判决,向北京市高级人民法院(以下简称北京高院)提起上诉。

北京高院二审认为:本案中,判断的主体应当是对"汽车"这一类产品有常识性了解的人,其对外观设计产品之间在形状、图案上的差别具有一定的分辨力,但不会注意到产品的形状、图案的微小变化。如果一般消费者在对本专利与证据1进行整体观察后,二者的差别对于产品外观设计的整体视觉效果不具有显著的影响,则本专利与证据1构成相近似的外观设计。

从整体上观察,两外观设计在汽车各个组成部分的形状、相互之间的长、宽、高比例关系、车身整体形状以及设计风格是大致相同的。汽车的整体外形轮廓对一般消费者视觉感受的影响是最为显著的。本田株式会社例举出其他品牌的同类汽车具有相近似的整体外形,用以证明该类汽车设计空间有限。对此,二审法院认为,本田株式会社所例举的同类汽车相近似的整体外形,并非由于其功能所限定的唯一形状,双环公司、新凯公司同时也提供了反证证明存在同类汽车具有不同的整体外形的情况,因此,本田株式会社认为设计空间有限的主张,缺乏事实依据。

本专利外观设计与证据1相比,主要差别在于:(1)本专利前大灯呈不规则四边形,证据1的前大灯呈近似梯形;(2)本专利前保险杠下方的两侧配置有雾灯,证据1中没有雾灯;(3)本专利与证据1汽车前部的护板均呈倒U形,但本专利护板内设有水平隔片,其底部有小护牙,证据1护板内设有纵向空格;(4)本专利后组合灯从车顶向下延伸至车窗下部,证据1后组合灯基本与后车窗的高度相当。此外,两者在格栅、后保险杠、后部车顶轮廓等方面亦有细微不同之处。

汽车车身侧面视图可以反映车身的整体形状,是一般消费者在购买和使用过程中最容易观察到的部位,不应排除在整体观察的范围之外。从车身侧面视图可以看出,本专利与证据1的汽车整体形状、车身高低、车门及车窗的形状等处均相近似。本田株式会社所主张的汽车车身侧面为惯常设计没有事实依据。而汽车的底部、顶部不易被一般消费者观察到,这些部位的差异对整体视觉感受的影响不明显。

本专利与证据1所存在的差别属于局部的差别,一般消费者需要施以特别的关注、反复比对才能区别开来,这样的差别对整体视觉效果不具有显著的影响。所以,在二者整体设计风格、轮廓形状、组成部件的相互间比例关系等相近的情况下,汽车若干个部位的细微差别结合起来,也不会产生明显的视觉差异。故本专利与证据1构成相近似的外观设计,本专利应当被宣告无效。综上,本田株式会社的上诉理由缺乏事实和法律依据,一审判决认定事实清楚,适用法律正确。据此判决:驳回上诉,维持原判。

最高院再审查明,原一、二审判决认定的事实基本属实。

最高院再审认为,基于被比设计产品的一般消费者的知识水平和认知能力,对被比设计与在先设计进行整体观察,综合判断两者的差别对于产品外观设计的视觉效果是否具有显著影响,是《专利审查指南》规定的判断外观设计是否相同或者相近似的基本方法。根据《专利审查指南》的规定,一般消费者的特点是,对被比设计产品的同类或者相近类产品的外观设计状况具有常识性的了解,对外观设计产品之间在形状、图案以及色彩上的差别具有一定的分辨力,但不会注意到产品的形状、图案以及色彩的微小变化。所谓"常识性的了解",是指通晓相关产品的外观设计状况而不具备设计的能力,但并非局限于基础性、简单性的了解;所谓"整体",包括产品可视部分的全部设计特征,而非其中某特定部分;所谓"综合",是指对能够影响产品外观设计整体视觉效果的所有因素的综合。

本案中,诉争类型汽车外观设计的"整体",不仅包括汽车的基本外形轮廓以及各部分的相互比例关系,还包括汽车的前面、侧面、后面等,应当予以全面观察。在综合判断时,应当根据诉争类型汽车的特点,权衡诸部分对汽车外观设计整体视觉效果的影响。就本案诉争的汽车类型而言,因该类汽车的外形轮廓都比较接近,故该共性设计特征对于此类汽车一般消费者视觉效果的影响比较有限。相反,汽车的前面、侧面、后面等部位的设计特征的变化,则会更多地引起此类汽车一般消费者的注意。本案中,本专利所示汽车的外观设计与证据1所示汽车的外观设计相比,在前大灯、雾灯、前护板、格栅、侧面车窗、后组合灯、后保险杠、车顶轮廓等装饰性较强部位均存在差别。特别是,本专利的汽车前大灯采用近似三角形的不规则四边形设计,配合带有小护牙的倒U形的前护板和中间带有横条的格栅;汽车侧面后车窗采用不规则四边形设计,且后窗玻璃与后组合灯之间由窗框所分离,配合车身上部与下部的平滑过渡;汽车后面采用后组合灯从车顶附近开始一直延伸至后保险杠翘起部的"上窄下宽"的柱形灯设计,配合带有护牙的U形后保险杠,都比较突出、醒目,具有较强的视觉冲击力。显然,这些差别对本案诉争类型汽车的一般消费者而言是显而易见的,足以使其将本专利图片所示汽车外观设计与证据1所示汽车外观设计的整体视觉效果区别开来。因此,上述差别对于本专利与证据1汽车外观设计的

外观设计·一般消费者

整体视觉效果具有显著的影响,二者不属于相近似的外观设计。

本案中,专利复审委员会的决定以及原一、二审判决,虽然都认定了两外观设计之间的差别,但都以该差别属于"细微差别"为由,将该部分的设计特征从汽车外观设计的"整体"中排除,实质上只着重对两外观设计的整体外形轮廓进行比较,并认为汽车的整体外形轮廓对于汽车、而非诉争类型汽车的一般消费者视觉感受的影响最为显著,以致错误地认定本专利与证据1外观设计相近似、本案专利权无效。

综上,原一、二审判决认定本专利所示汽车的外观设计与证据1所示汽车的外观设计相近似,从而维持专利复审委员会第8105号决定,适用法律有误,应予纠正。

二、裁判要旨

No.3-5-59-26 在外观设计相同或者相近似判断中,应当考量引起一般消费者注意的其他设计特征的变化。

从最高人民法院《关于审理侵犯专利权纠纷案件应用法律若干问题的解释》第11条可知,对于外观设计相同或者近似的判断,应当根据授权外观设计、被诉侵权设计的设计特征,以外观设计的整体视觉效果进行判断,这也是专利审查指南所规定的判断路径,即基于被比设计产品的一般消费者的知识水平和认知能力,对被比设计与在先设计进行整体观察,综合判断两者的差别对于产品外观设计的视觉效果是否具有显著影响。不过这一条同时还指出,通常对外观设计的整体视觉效果更具有影响的两种情况:(1)产品正常使用时容易被直接观察到的部位相对于其他部位有何不同;(2)授权外观设计区别于现有设计的设计特征相对于授权外观设计的其他设计特征有何不同。这是因为,在判断外观设计是否相同或者相近似时,因产品的共性设计特征对于一般消费者的视觉效果的影响比较有限,应关注更多地引起一般消费者注意的其他设计特征的变化。本案中,由于该类汽车的外形轮廓都比较接近,故该共性设计特征对于此类汽车、一般消费者视觉效果的影响比较有限。汽车的前面、侧面、后面等部位的设计特征的变化,则会更多地引起此类汽车一般消费者的注意。因此,应当考量这些其他设计特征对于一般设计效果的影响。

## 74 禁止反悔原则的应用(《专利法》第59条)

**案例**:广州美视晶莹银幕有限公司、北京仁和世纪科技有限公司与(日本)泉株式会社侵犯实用新型专利权纠纷案
**案例来源**:最高人民法院《2009年中国法院知识产权司法保护50件典型案例》
**主题词**:专利授权或无效宣告程序　禁止反悔原则

### 一、基本案情

上诉人(原审被告):广州美视晶莹银幕有限公司(以下简称美视晶莹公司)。
被上诉人(原审原告):(日本)泉株式会社。
原审被告:北京仁和世纪科技有限公司(以下简称仁和世纪公司)。

上诉人美视晶莹公司因侵犯实用新型专利权纠纷一案,不服北京市第一中级人民法院(2006)一中民初字第12795号民事判决,向北京市高级人民法院(以下简称北京高院)提起上诉。

北京市第一中级人民法院认定,2005年9月28日,泉株式会社取得"可搬式屏幕装置"的实用新型专利,该专利仍处于有效状态,其专利共有32项权利要求,泉株式会社明确其主张的权利要求为,权利要求5中引用权利要求3的技术方案和权利要求12中引用权利要求11中引用权利要求7的技术方案。

2005年12月28日,中华人民共和国国家知识产权局(以下简称国家知识产权局)应泉株式会社的请求作出检索报告,认定相对于在先公开的美国专利US6249377B1,其专利权利要求1、3、7、11不具有新颖性,权利要求2、4、8、17、18、21不具有创造性。

2006年7月25日,泉株式会社从仁和世纪公司购买了太空地拉式投影银幕(型号:太空WM-S80)两幅,并取得发票一张。在庭审中,法庭组织双方对公证处封存的产品进行勘验,仁和世纪公司承认该产品系其销售,但主张其销售的产品具有合法来源,美视晶莹公司承认该产品系其生产并销售给仁和世纪公司的。将被控侵权产品与涉案专利权利要求5引用权利要求3的技术方案进行对比,美视晶莹公司承认被控侵权产品包含有权利要求3所有的技术特征和权利要求5附加的技术特征,但认为其产品使用的是在先公开的技术。将被控侵权产品与涉案专利权利要求12中引用权利要求11中引用权利要求7的技术方案进行对比,美视晶莹公司承认,被控侵权产品包含有专利权利要求7中除锁定机构以外的其他技术特征和权利要求12附加的技术特征,但认为,权利要求7中的锁定机构和权利要求11中限定的锁定机构应当以专利说明书附图5所示的锁定机构为准,被控侵权产品锁定机构的结构与之不同,不构成对专利的侵犯。美视晶莹公司同时认为被控侵权产品所使用的锁定机构是其专利号为200520057373.9、名称为"便携式投影幕"的自有专利技术,不构成对涉案专利的侵犯。被控侵权产品通过与顶杆的宽度方向相对配设的一对卡合构件和配设在壳体的相对的开口缘部的另一对卡合部件相互卡合,从而锁定顶杆。

北京市第一中级人民法院认为,涉案专利包括多项权利要求,虽有部分权利要求经检索可能缺乏新颖性或创造性,但泉株式会社在本案诉讼中所主张的权利要求5和权利要求12,不属于上述情形,在尚未有证据证明被宣告无效的情况下,法院确认该权利要求5和权利要求12所保护的技术方案有效。

涉案专利权利要求5直接或间接从属于权利要求3,本案中,泉株式会社明确其主张的是直接从属于权利要求3的技术方案,因此,该技术方案应包含权利要求3所有技术特征和权利要求5所附加的技术特征。根据查明的事实,美视晶莹公司承认被控侵权产品包含了涉案专利权利要求3所有的技术特征和权利要求5附加的技术特征,因此,被控侵权产品落入涉案专利权利要求5中直接引用权利要求3的技术方案的保护范围。

因此,美视晶莹公司生产、销售,仁和世纪公司销售的被控侵权产品,侵犯了涉案专利权利要求5所保护的技术方案,应当承担相应的民事责任。

涉案专利权利要求12系权利要求11的从属权利要求,而权利要求11直接或间接从属于权利要求7,本案中,泉株式会社明确其主张的是权利要求12中引用权利要求11中直接从属于权利要求7的技术方案,因此,该技术方案应包含权利要求7所有的技术特征、权利要求11所附加的技术特征和权利要求12所附加的技术特征。根据查明的事实,美视晶莹公司承认被控侵权产品包含涉案专利权利要求7除锁定机构以外的其他技术特征,以及权利要求12附加的技术特征,但认为被控侵权产品的锁定机构与涉案专利的锁定机构不同。对此,一审法院认为,泉株式会社据以主张权利的权利要求12所确定的锁定机构,具有配设在顶杆上的卡合部和配设在壳体并与该卡合部卡合的被卡合部,所述卡合部具有与顶杆的宽度方向相对配设的一对卡合构件,所述被卡合部具有分别被配设在壳体的相对的开口缘部并与所述卡合构件卡合的一对被卡合构件,而被控侵权产品通过与顶杆的宽度方向相对配设的一对卡合构件,以及配设在壳体的相对的开口缘部的另一对卡合部件相互卡合,从而锁定顶杆。其中,与顶杆的宽度方向相对配设的一对卡合构件即为涉案专利中配设在顶杆上的卡合部,在壳体的相对的开口缘部的另一对卡合部件,即为涉案专利中配设在壳体并与该卡合部卡合的被卡合部,二者通过卡合锁定。因此,被控侵权产品的锁定机构包含涉案专利权利要求11和权利要求12所限定的锁定机构的所有技术特征。美视晶莹公司主张涉案专利的锁定机构应当以专利说明书附图5所示的锁定机构为准,对此,一审法院认为,根据《专利法》第56条的规定,实用新型专利权的保护范围以其权利要求的内容为准。涉案专利说明书附图5仅是专利的具体实施例,并不能以其限定、缩小专利的保护范围。被控侵权产品包含权利要求7所有技术特征、权利要求11所附加的技术特征和权利要求12所附加的技术特征,落入泉株式会社专利权利要求12引用权利要求11中直接引用权利要求7的技术方案的保护范围。

美视晶莹公司主张所使用的是其自有专利技术，北京市第一中级人民法院认为，专利号为200520057373.9、名称为"便携式投影幕"的申请日和授权日均在涉案专利申请日之后，即使其所使用的是自有专利技术，因被控侵权产品落入涉案专利的保护范围，同样构成对泉株式会社专利权的侵犯。

美视晶莹公司生产、销售，仁和世纪公司销售的被控侵权产品，侵犯了泉株式会社专利权利要求12所保护的技术方案，应当承担相应的民事责任。

综上，北京市第一中级人民法院认定美视晶莹公司侵犯了泉株式会社的专利权。

美视晶莹公司不服一审判决，向北京高院提起上诉，请求撤销一审判决，驳回泉株式会社的全部一审诉讼请求。其主要理由为：(1) 权利要求5属于现有技术，泉株式会社在涉案专利无效宣告请求审查程序中已经删除了权利要求5，权利要求5应视为自始不存在，丧失了侵权成立的基础。(2) 权利要求12实质上属于现有技术，上诉人没有侵权。

北京高院经审理查明：2004年4月29日，泉株式会社向中国国家知识产权局提出名称为"可搬式屏幕装置"的实用新型专利申请，该申请于2005年9月28日被授权公告，专利号为ZL200420042456.6，专利权人为泉株式会社，其优先权日为2003年10月31日。2006年8月10日，国家知识产权局出具专利登记簿副本，证明涉案专利仍处于有效状态。

2005年12月28日，国家知识产权局应泉株式会社的请求作出检索报告，认定相对于在先公开的美国专利US6249377B1，涉案专利权利要求1、3、7、11不具有新颖性，权利要求2、4、8、17、18、21不具有创造性。

2008年9月19日，专利复审委员会就邵泽锋、美视晶莹公司分别提出的宣告涉案专利权无效的请求，作出第12239号无效宣告请求审查决定书(简称第12239号决定)及第12240号无效宣告请求审查决定书(简称第12240号决定)，决定在2008年7月1日、2008年6月12日收到的泉株式会社提交的权利要求书的修改替换页的基础上，维持涉案专利权有效。上述权利要求书的修改替换页相同，均删除了授权文本中权利要求(以下简称原权利要求)1—6，并对其他权利要求重新编号，修改后的权利要求书与涉案专利原权利要求的引用关系一致，修改后的权利要求1—6对应于原权利要求7—12。在法定期限内，第12239号决定及第12240号决定的各方相对人，均未向法院提起诉讼，决定书已经生效。

北京高院认为：本案二审审理的焦点为被控侵权产品是否侵犯涉案专利原权利要求5、12所保护的技术方案等。

根据已经生效的第12239号决定及第12240号决定，涉案专利在权利要求书的修改替换页的基础上维持有效，而修改后的权利要求书删除了原权利要求1—6，并对其他权利要求重新编号，修改后的权利要求书与涉案专利原权利要求的引用关系一致，修改后的权利要求1—6对应于原权利要求7—12。根据《专利法》的规定，宣告无效的专利权视为自始即不存在，本案中，泉株式会社在涉案专利的无效宣告审查阶段主动对权利要求进行了修改，删除了原权利要求1—6，应视为其自始不存在，故泉株式会社主张被控侵权产品侵犯其涉案专利原权利要求5缺乏事实依据，北京高院不予支持。美视晶莹公司关于被控侵权产品未侵犯涉案专利原权利要求5的上诉主张成立，北京高院予以支持。

本案一审中，泉株式会社明确其主张的是，原权利要求12中引用原权利要求11中直接从属于原权利要求7的技术方案，因此该技术方案应包含原权利要求7所有技术特征、原权利要求11所附加的技术特征和原权利要求12所附加的技术特征。通过对比，被控侵权产品的锁定机构包含了涉案专利原权利要求12所限定的锁定机构的所有技术特征，落入涉案专利原权利要求12的技术方案的保护范围，一审法院对此认定正确。美视晶莹公司主张应将被控侵权产品作为整体考虑，该产品的壳体两端设置了固定结构，而涉案专利没有此项技术特征。由于被控侵权产品具备涉案专利原权利要求12的全部技术特征，因此，无论其是否另外设置了壳体两端的固定结构，仍然构成侵权，故一审法院认定美视晶莹公司构成侵权，应当承担相应的民事责任正确。

## 二、裁判要旨

**No.3-5-59-27** 专利申请人、专利权人在专利授权或无效宣告程序中,通过对权利要求、说明书的修改或者意见陈述而放弃的技术方案,权利人在侵犯专利权纠纷案件中又将其纳入专利权保护范围的,人民法院不予支持。

依照最高人民法院《关于审理侵犯专利权纠纷案件应用法律若干问题的解释》第6条可知,禁止反悔原则是指在专利授权或无效程序中,专利权人为确定其专利具备专利性,通过书面声明或者修改专利文件的方式,对专利权利要求的保护范围作了限制或部分放弃,并因此获得了专利权;在侵犯专利权诉讼中,法院适用等同原则确定专利权的保护范围时,应当禁止专利权人将已被限制、排除或者已经放弃的内容重新纳入专利权保护范围。适用禁止反悔原则应符合的条件是:专利权人对有关技术特征所作的限制承诺或放弃必须是明示的,且已被记录在专利文档中;限制承诺或者放弃保护的技术内容,必须对专利权的授予产生了实质性作用;适用该原则既可以是当事人提出请求,也可以是法院依职权进行;其效果则是被放弃的技术方案视为无效。

本案中,根据已经生效的第12239号决定及第12240号决定,涉案专利在权利要求书的修改替换页的基础上维持有效,而修改后的权利要求书删除了原权利要求1—6,并对其他权利要求重新编号,修改后的权利要求书与涉案专利原权利要求的引用关系一致,修改后的权利要求1—6对应于原权利要求7—12。根据《专利法》的规定,宣告无效的专利视为自始即不存在,本案中,泉株式会社在涉案专利的无效宣告审查阶段主动对权利要求进行了修改,删除了原权利要求1—6,应视为其自始即不存在,故美视晶莹公司未侵犯涉案专利原权利要求5。

### 75 禁止反悔原则的认定(《专利法》第59条)

**案例:北京实益拓展科技有限责任公司与陕西三安科技发展有限责任公司确认不侵犯专利权纠纷案**

案例来源:《人民司法·案例》2010年第6期
主题词:禁止反悔原则　放弃的技术方案

## 一、基本案情

上诉人(原审被告、反诉原告):北京实益拓展科技有限责任公司(以下简称实益公司)。

被上诉人(原审原告、反诉被告):陕西三安科技发展有限责任公司(以下简称三安公司)。

上诉人实益公司因与被上诉人三安公司确认不侵犯专利权纠纷一案,不服西安市中级人民法院(2008)西民四初字第186号民事判决,向陕西省高级人民法院(以下简称陕西省高院)提起上诉。

原审经审理查明:2007年2月,实益公司以三安公司侵犯其"自动消防泄压阀"专利权为由,将三安公司诉至北京市第一中级人民法院,请求三安公司立即停止侵害、赔礼道歉、赔偿损失。2007年4月26日,实益公司提出撤诉申请。2007年5月8日,北京市第一中级人民法院以(2007)一中民初字第2720号民事裁定书裁定:准许实益公司撤回起诉。2008年5月4日,三安公司以确认不侵犯专利权纠纷为由,将实益公司诉至西安中院。

另查明,2004年3月18日实益公司向国家知识产权局申请"自动消防泄压阀"实用新型专利。2005年2月23日,国家知识产权局授予实益公司"自动消防泄压阀"实用新型专利权,专利证书载明:发明人周慧清、杨志成、陈宗奎、孙通,专利号ZL200420003941.2,专利申请日2004年3月18日,专利权人实益公司,授权公告日2005年2月23日。2006年7月25日,实益公司请求国家知识产权局对"自动消防泄压阀"实用新型专利进行检索,2006年8月18日,国家知识产权局经审查出具了专利检索报告,初步认为"自动消防泄压阀"实用新型专利权利要求1、2不符合《专利法》第22条有关新颖性或创造性的规定。2007年12月19日,国家知识产权局专利复审委员会根据专利无效宣告请求人三安公司的申请,对"自动消防泄压阀"实用新型专利进行审查,作出第10846号无效宣告请求审查决定书,宣告专利权部分无效。该决定正文载明:2007年

4月29日，实益公司针对该无效宣告请求提交了意见陈述书和修改后的权利要求书。在专利权人于2007年4月29日提交的权利要求书的基础上，专利复审委员会维持第200420003941.2号实用新型专利的权利要求1—6有效。

又查明，三安公司在其宣传资料中称其公司专门研制了泄放压力可调式的自动启闭泄压口，已通过国家检验；并对自动泄压口的工作原理、技术参数、选型作了介绍。三安公司自动泄压口主要在京应用工程包括国家气象总局等24个单位。

法院还查明，2008年5月23日，三安公司通过电子邮件的方式给实益公司发送了产品示意图。2008年5月31日、6月9日，三安公司通过电子邮件的方式给实益公司发送了调解协议，内容为实益公司放弃基于第200420003941.2号实用新型专利向三安公司主张的一切权利；三安公司向实益公司支付人民币（未填）元，作为实益公司放弃向三安公司主张专利权及相关权利的条件；三安公司保证自2008年5月起生产换代产品，不再生产和销售与实益公司专利结构相同或相近的装有电磁牵引装置的消防泄压产品；协议签订后，三安公司撤回确认不侵犯专利权诉讼。该协议双方最终未能协商一致。2008年6月12日，三安公司给实益公司发送的电子邮件，说明了起草和解协议是为把主要精力放在市场及其他正事上，避免不必要的开支和麻烦。2008年9月10日，北京市方圆公证处经实益公司申请，对实益公司购买三安公司"自动泄压口"产品（SAXD型）的过程进行了证据保全，并于2008年9月11日作出了（2008）京方圆内经证字第22849号公证书。2008年9月12日，实益公司向西安中院提出鉴定申请，请求对北京市方圆公证处证据保全的三安公司的产品进行司法鉴定，以确定三安公司生产的产品侵犯了其专利权。

本案审理期间，经对实益公司拥有的ZL200420003941.2号实用新型专利独立权利要求技术特征与北京市方圆公证处证据保全的三安公司的"自动泄压口"产品技术特征进行比对，结果如下：实益公司ZL200420003941.2号专利技术特征是：（1）包括阀体和设置于该阀体空腔内的叶片；（2）叶片连接有压差控制驱动装置；（3）压差控制驱动装置包含电磁牵引器和控制该电磁牵引器动作的测压装置；（4）电磁牵引器的牵引连杆与所述叶片相连接。

三安公司生产的"自动泄压口"技术特征为：（1）设置于该阀体空腔内的叶片；（2）叶片连接有压差控制驱动装置；（3）压差控制驱动装置包含电动机和控制该电动机动作的测压装置；（4）电动机与叶片轴直接对接，连杆与叶片组同步。

三安公司认为，争讼之产品的技术特征与实益公司的专利不同，主要区别：（1）其产品中没有电磁牵引器，使用的是电动机；（2）没有牵引连杆，电动机与叶片轴直接对接，连接方式不同；（3）涉案专利权利要求已经修改，按照禁止反悔原则，不应以原权利要求的内容进行比对。

实益公司则认为，专利中的"电磁牵引器"与三安公司产品中的"电动机"具有相同的用途，属于等同特征替换，用电动机替代电磁牵引器动作延缓，使技术变劣；三安公司产品中的"同步连杆"与专利中的"牵引连杆"技术特征相同。

原审法院认为，本案涉及专利侵权诉讼中禁止反悔原则的主要问题是：实益公司是否存在反悔的问题。

由于三安公司在诉讼中提出了适用禁止反悔原则同样不侵犯实益公司专利权的问题，原审法院继续对实益公司是否存在反悔的情形予以述及，这对从根本上解决本案纠纷仍具有现实意义。

根据查明的事实，2005年2月23日，国家知识产权局授予实益公司"自动消防泄压阀"实用新型专利权。该专利权利要求书记载了八项内容，其中前三项载明：（1）自动消防泄压阀，包括阀体和设置于该阀体空腔内的叶片，其特征在于所述叶片连接有驱动装置；（2）根据权利要求1所述的自动消防泄压阀，其特征在于所述驱动装置为压差控制驱动装置；（3）根据权利要求2所述的自动消防泄压阀，其特征在于所述压差控制驱动装置包含电磁牵引器和控制该电磁牵引器动作的测压装置，所述电磁牵引器的牵引连杆与所述叶片相连接。

2007年4月29日实益公司针对该无效宣告请求提交了意见陈述书和修改后的权利要求书，修改后的权利要求为：自动消防泄压阀，包括阀体和设置于该阀体空腔内的叶片，其特征在

禁止反悔原则·放弃的技术方案

于所述叶片连接有驱动装置;所述驱动装置为压差控制驱动装置;所述压差控制驱动装置包含电磁牵引器和控制该电磁牵引器动作的测压装置,所述电磁牵引器的牵引连杆与所述叶片相连接。权利要求2—6是权利要求1的从属权利要求,其中采用了一些附加技术特征对权利要求1的技术方案作出进一步的限定。国家知识产权局在专利权人于2007年4月29日提交的权利要求书的基础上,维持第200420003941.2号实用新型专利的权利要求1—6有效。由此事实表明,修改前的权利要求1中所述的驱动装置属于包括电动机、电磁牵引器等在内的"上位概念",权利要求2中所述"驱动装置为压差控制驱动装置"属于所述的驱动装置的"下位概念"。实益公司作为专利权人,在无效宣告程序中,为确定其专利具备创造性、新颖性,主动删除了争讼之专利原权利要求1和2,通过修改专利文件的方式,对专利权利要求的保护范围作了限制,并因此获得了专利权。本案诉讼中,实益公司又以电动机和电磁牵引器具有相同的用途,是等同的技术特征为由确定其专利权的保护范围,考虑到实益公司将已被限制的内容重新纳入专利权保护范围,同时三安公司提出应适用禁止反悔原则确定专利保护范围,根据《中华人民共和国专利法》第47条"宣告无效的专利权视为自始即不存在"之规定,原权利要求1、2视为自始就不存在,即"驱动装置""压差控制驱动装置"等概念也随之不存在,故争讼之专利的保护范围应界定在原权利要求3中的更下位的具体概念——"电磁牵引器"。如若将"电磁牵引器"等同扩大到"电动机",导致的后果就是违反了禁止反悔原则。应当指出的是,即使上述被控侵权产品中的"电动机"技术特征与专利保护的"电磁牵引器"技术特征等同能够成立,根据禁止反悔原则,实益公司亦不能以等同为由主张专利侵权成立。

最后,西安中院判决确认原告陕西三安科技发展有限责任公司生产、销售的"SAXD型自动泄压口"产品不侵犯被告北京实益拓展科技有限责任公司第200420003941.2号"自动消防泄压阀"实用新型专利权。

宣判后实益公司不服,提起上诉,称对上诉人不应适用禁止反悔原则。

三安公司答辩称:应以上诉人变更后的专利权利要求与三安公司的产品进行比对。

陕西高院经审理查明,原审查明的事实基本属实。

关于本案是否适用禁止反悔原则。因双方当事人均表示按照权利人修改后的专利与被控侵权产品进行比对,故本案不再适用禁止反悔原则。

最后,陕西高院判决:驳回上诉,维持原判。

## 二、裁判要旨

**No.3-5-59-28** 放弃的技术方案,包括通过修改或者意见陈述而缩小其保护范围所导致的变化。

依照最高人民法院《关于审理侵犯专利权纠纷案件应用法律若干问题的解释》第6条可知,禁止反悔原则的适用主要在于对放弃的技术方案的确认。一般而言,放弃的技术方案不仅包括申请人或者权利人通过明示的方式放弃某一部分权利,更包括通过修改或者意见陈述而缩小其保护范围所导致的变化。这种变化可以分为三种类型:(1)为了与审查员援引的现有技术或者无效宣告请求人举证的现有技术形成足够的区别,在权利要求书中补充相关技术特征;(2)将原来申请书中含义模糊、具有歧义的语句、用词,改为含义清晰的语句、用词;(3)将权利要求中本来以上位概念表达的技术特征改为说明书所记载的以下位概念表达的技术特征。

本案中,2005年2月23日国家知识产权局授予实益公司"自动消防泄压阀"实用新型专利权。2007年4月29日实益公司针对该无效宣告请求提交了意见陈述书和修改后的权利要求书。国家知识产权局在专利权人于2007年4月29日提交的权利要求书的基础上,维持第200420003941.2号实用新型专利的权利要求1—6有效。在无效宣告程序中,为确定其专利具备创造性、新颖性,主动地删除了争讼之专利原权利要求1和2,通过修改专利文件的方式,对专利权利要求的保护范围作了限制,并因此获得了专利权。本案诉讼中,实益公司又以电动机和电磁牵引器具有相同的用途,是等同的技术特征为由确定其专利权的保护范围,将已被限制的内容重新纳入专利权保护范围。同时,三安公司提出应适用禁止反悔原则确定专利保护范围,根据《中华人民共和国专利法》第47条的规定，原权利要求1、2视为自始就不存在。故争讼之专利的保护范围应界定在原权利要求3中的更下位的具体概念——"电磁牵引器"。如若将"电磁牵引器"等同扩大到被删除的原权利要求中的上位概念"电动机"，即违反禁止反悔原则。

## 76 授权确权程序中禁止反悔原则的适用(《专利法》第59条)；专利侵权纠纷中被诉侵权技术方案的查明(《专利法》第59条)

**案例：申请再审人江苏万高药业有限公司与被申请人成都优他制药有限责任公司、原审被告四川科伦医药贸易有限公司侵犯发明专利权纠纷案**

案例来源：《最高人民法院知识产权审判案例指导》(第三辑)[(2010)民提字第158号]

主题词：意见陈述　禁止反悔原则　被诉侵权技术方案的查明

### 一、基本案情

申请再审人(一审被告、二审上诉人)：江苏万高药业有限公司(以下简称万高公司)。

被申请人(一审原告、二审被上诉人)：成都优他制药有限责任公司(以下简称优他公司)。

原审被告：四川科伦医药贸易有限公司(以下简称科伦公司)。

申请再审人万高公司因与被申请人优他公司、原审被告科伦公司侵犯发明专利权纠纷一案，不服四川省高级人民法院(2010)川民终字第63号民事判决，向最高人民法院(以下简称最高院)申请再审。

2007年2月7日，优他公司起诉至四川省成都市中级人民法院(以下简称成都中院)称，优他公司是名称为"藏药独一味软胶囊制剂及其制备方法"、专利号为200410031071.4的发明专利的专利权人。万高公司使用优他公司该专利方法制造、销售凯高牌"独一味软胶囊"，科伦公司销售该产品，均侵犯了优他公司的发明专利权。

成都中院一审查明：优他公司于2004年4月20日向国家知识产权局申请名称为"藏药独一味软胶囊制剂及其制备方法"的发明专利，国家知识产权局于2006年5月10日以授权公告号为CN1255100C予以公告，专利号为200410031071.4。

本案审理期间，万高公司等作为请求人曾对涉案专利提出了无效宣告请求，经国家知识产权局专利复审委员会及北京市第一中级人民法院和北京市高级人民法院的行政诉讼审理，北京市高级人民法院作出的(2008)高行终字第697号、第698号终审判决，均维持了优他公司200410031071.4号发明专利权有效。

成都中院一审认为：本案争议的内容只涉及涉案专利的权利要求1。权利要求1是一项含有以制备方法表征的技术特征在内的产品权利要求。即，该权利要求保护的是一种由独一味提取物、植物油和助悬剂三种组分以所限定的比例范围组成的软胶囊制剂药物产品，并且其中的独一味提取物组分应当是由所限定的四种提取方法中的任意一种制备得到的。本案中原、被告三方争议焦点仅涉及该权利要求1中所列四种提取方法中的第1种方法，即被诉产品对涉案的优他公司200410031071.4号发明专利中含有提取方法1表征内容的权利要求1是否构成侵权。

具体分析鉴定结论中万高公司持有异议的技术特征，(1) b1与B1都是煎煮前先进行的粉碎，其差别是b1的"粉碎"实际上是一种可以包括最粗粉、粗粉、中粉等各种不同大小颗粒在内的上位概念要求。B1中的"粉碎成最粗粉"，是在粉碎程度上对颗粒大小的一个具体下位要求。由于b1上位概念的"粉碎"要求中实际上必然包含最粗粉在内，而研究资料中的"粗粉"，也是专利说明书实验中已有过明确记载的一种具体形式，且二者都不会影响提取物浸膏粉的得粉率，即不会对独一味软胶囊制剂的剂型、组成及配比有实质性影响，但在生产操作中粗粉的效果则不及B1好。因此，b1应当是一种以基本相同的手段、实现基本相同的功能、达到基本相同的效果但生产操作的效果会变较差，并且无需创造性劳动就可由专利说明书直接得到的技术措施，应当属于是与B1等同的技术特征。(2) b2与B2都是对上步粉碎后的药材以水为提取溶媒加水煎煮，二者的差别是b2是煎煮3次，涉案专利的B2则是煎煮2次。通过专利说明书记载的煎煮1—3次对煎煮效果影响的实验表明，煎煮2次或3次除只影响生产成本外，二者的得粉率和木犀草素含量接近,不会对独一味软胶囊制剂的剂型、组成及配比有实质性影响。因此,b2 应当属于是与涉案专利 B2 等同的技术特征。(3) b3 与 B3 的差别是,b3 是将滤液浓缩成相对密度为 1.30 的清膏,涉案专利的 B3 是滤液浓缩成稠膏。由水煎煮液中得到干燥的提取物成分,最后干燥前先除去煎煮液中的水进行浓缩,是中药制剂中的一种常规中间操作过程。由于目前对清膏和稠膏尚无规范的定义和标准,只是生产过程中的一种通俗叫法,通常是以密度或比重控制,密度高或比较粘稠的称稠膏,密度低或流动性好的则称清膏,但不同药材,浓缩到同一比重,会有不同的粘稠情况,根据情况常会笼统地以清膏、稠膏称呼,不会对独一味软胶囊制剂的剂型、组成及配比产生实质影响,因此,b3 的清膏和专利 B3 的稠膏并无本质的区别,二者应属于以基本相同的手段、实现基本相同的功能、达到基本相同的效果,且无需创造性劳动即可由专利说明书直接得到的技术措施的等同特征。(4) b4 与 B4 的差别是,b4 的干燥条件是 80C 以下,干燥后研成细粉备用;B4 的干燥条件是减压干燥,干燥后粉碎成过 200 目筛的细粉。其中涉及干燥的温度条件和干燥后的粉碎程度。首先,在干燥过程中,降低操作温度以防止和避免有效成分的破坏和损失,是中药制剂常识。减压干燥的目的和效果,就是为了降低操作温度和提高干燥效率,这也是制药领域的常识。对独一味水煎煮液进行减压干燥时,其操作温度必然低于水的 100 aC 常压沸点,且实际温度的降低程度可随减压程度的增加而加大。因此,b4 的 800C 以下的干燥温度范围与 B4 减压干燥的实际温度是基本重叠的。但是,b4 中并未明确所说的 80C 以下的温度是常压条件下的操作温度还是减压条件下的温度。如果是常压下的干燥温度,则其干燥效率将明显低于 B4 的减压干燥;如果同样也是减压干燥,则 b4 就与 B4 完全相同。其次,b4 干燥后要求研成的细粉,应当是一个能满足软胶囊制剂要求的各种颗粒大小粉末的上位概念,并且包括 B4 提出的过 200 目筛的细粉。由于 b4 仅有研成细粉的要求,其颗粒的均匀性效果上将不及 B4 提出的过 200 目筛的细粉,而 B4 中的过筛环节对最终细粉的粒度进行了质量控制,均一性效果更优,二者的细粉粒度不会存在本质上效果的不同。因此,b4 与 B4 在干燥的温度及粉碎颗粒大小要求上的差异,同样不会对独一味软胶囊制剂的剂型、组成及配比有实质性影响,二者同样都应属于是以基本相同的手段、实现基本相同的功能、达到基本相同的效果但会使某些其他方面的效果变差,且无须创造性劳动,即可由专利说明书直接得到技术措施的等同特征。

根据北京市高级人民法院关于维持专利权有效的终审判决,优他公司专利提出的独一味软胶囊制剂是剂型、组成成分、配比均不同于现有硬胶囊制剂的一种产品,对独一味提取物成分的制备方法是在具体工艺条件上进行的优化选择,专利权人在授权和无效宣告程序中也没有对这些工艺条件的技术特征重新作出限缩性的修改或陈述。因此,对万高公司、科伦公司关于本案应适用禁止反悔原则的主张不予支持。万高公司以生产经营为目的,未经优他公司许可,制造、销售其发明专利产品;科伦公司销售了由万高公司制造、销售的产品,万高公司、科伦公司侵犯了优他公司的专利权,应承担停止侵权的民事责任。

万高公司不服该判决,向四川省高级人民法院(以下简称四川高院)提起上诉。

四川高院二审认为:二审诉讼涉及的争议焦点为:万高公司的被诉侵权产品是否落入涉案专利权的保护范围而构成侵权。

1. 被诉侵权产品的特征 a 与优他公司主张的涉案专利技术方案的特征 A(剂型、组成、配比特征)相同,对此万高公司在庭审中表示并无异议。

2. 涉案专利技术方案的特征 B(包含 B1、B2、B3、B4 特征)为独一味提取方法特征。万高公司认为,该专利的原始权利要求保护的仅包含产品剂型、组成和配比的特征,没有对独一味提取物的提取方法进行任何限定,在该专利审查过程中,优他公司根据审查意见通知书对原权利要求进行了限缩性修改,增加了对独一味提取物提取方法的限定,并在后续的无效审查程序中主张该专利所述的独一味提取物的提取方法未被现有技术公开,由此得到的本发明中所述独一味提取物与现有技术如《中华人民共和国药典》(2000 年版,一部)中的独一味提取物并不等同,这说明优他公司已将《中华人民共和国药典》(2000 年版,一部)中的公知技术排除在涉案专利的保护范围之外,而万高公司独一味提取物的提取方法依据的就是2000年版药典一部中的公知技术,故根据禁止反悔原则,万高公司对独一味提取物的提取方法与涉案专利技术方案中的提取方法不构成等同。对此二审法院认为,应视为优他公司在专利授权和无效程序中放弃了仅包含药品剂型、组成和配比特征的技术方案。同时,通过比较可知,万高公司独一味提取物的提取方法与《中华人民共和国药典》(2000年版,一部)中记载的提取方法并不相同,区别在于,万高公司的提取方法增加了对煎煮加水比例的限定,并增加了将干燥所得物研成细粉的限定。可见被诉侵权产品的技术方案并不在优他公司在专利授权和无效程序中所放弃的技术方案范围内,故一审判决将被诉侵权产品的提取方法特征与涉案专利相应特征进行等同对比与禁止反悔原则并无冲突。对于万高公司认为一审判决违反禁止反悔原则的主张不予支持。

3. 被诉侵权产品的特征 b1 与优他公司主张的涉案专利技术方案的特征 B1 都是煎煮前对药材进行粉碎,其差别为 b1 表述为"粉碎",B1 中为"粉碎成最粗粉"。"粉碎"实际上是一种可以包括最粗粉、粗粉、中粉等各种不同大小颗粒在内的上位概念要求。B1 中的"粉碎成最粗粉"是在粉碎程度上对颗粒大小的一个最低要求。粉碎成"最粗粉"和"粗粉"都不会影响提取物浸膏粉的得粉率,即不会对独一味软胶囊制剂的剂型、组成及配比有实质性影响。因此,b1 与 B1 相比,属于一种以基本相同的手段、实现基本相同的功能、达到基本相同的效果,并且本领域普通技术人员无须创造性劳动就可联想到的技术措施,与 B1 为等同的技术特征。

4. 被诉侵权产品的特征 b2 与优他公司主张的涉案专利技术方案的特征 B2 都是对上步粉碎后的药材以水为提取溶媒进行煎煮,二者的差别为:b2 中煎煮 3 次,B2 中煎煮 2 次。在涉案专利技术方案中,煎煮过程中的加水量、煎煮次数及煎煮时间等各技术参数间并不是孤立存在互不影响的,而是有相互关联并可以协同互补调整的,不应将其完全隔离开分别对比。而且,上述技术特征的组合并不构成完整的技术方案,而仍然属于表明提取方法中煎煮工艺的技术特征,因此,对于万高公司认为:一审没有进行技术特征的一一对比,而是对整体技术方案进行对比的主张不予支持。除煎煮次数不同外,b2 中的总加水量和总煎煮时间等其他相关联技术参数,则都在专利特征 B2 的对应参数范围内。根据涉案专利说明书记载的煎煮 1—3 次对煎煮效果影响的实验表明,煎煮 2 次或 3 次除只影响生产成本外,二者的得粉率和木犀草素含量接近,不会对独一味软胶囊制剂的剂型、组成及配比有实质性影响。因此,b2 与 B2 相比,属于以基本相同的手段、实现基本相同的功能、达到基本相同的效果,并且是本领域普通技术人员无须创造性劳动就可联想到的技术手段,与 B2 为等同的技术特征。

5. 被诉侵权产品的特征 b3 与优他公司主张的涉案专利技术方案的特征 B3 都是对滤液进行浓缩的步骤,区别在于:b3 中表述为"将滤液浓缩成相对密度为 1.30 的清膏",而 B3 中表述为"滤液浓缩成稠膏"。由水煎煮液中得到干燥的提取物成分,最后干燥前先除去煎煮液中的水进行浓缩,是中药制剂中的一种常规中间操作过程。由于目前对"清膏"和"稠膏"尚无规范的定义和标准,只是生产过程中的一种通俗叫法,通常是以密度或比重控制,密度高或比较粘稠的称稠膏,密度低或流动性好的则称清膏,但两种概念并无明确的区分界限。万高公司主张稠膏密度一般在 1.4 左右,与密度 1.3 的清膏不同。但在万高公司于二审提交的证据 2 第 279 页中却明确记载"稠膏的比重一般热测(80—90℃)为 1.30—1.35",可见,稠膏的密度也可以为 1.3,b3 的清膏和涉案专利特征 B3 的稠膏并无本质的区别,不会对独一味软胶囊制剂的剂型、组成及配比产生实质影响,二者属于以基本相同的手段、实现基本相同的功能、达到基本相同的效果,且无需创造性劳动即可联想到的技术措施,为等同特征。

6. 被诉侵权产品的特征 b4 与优他公司主张的涉案专利技术方案的特征 B4 区别在于,b4 的干燥条件是 80℃以下,干燥后研成细粉;B4 的干燥条件是减压干燥,干燥后粉碎成细粉,过 200 目筛。其中涉及干燥的温度条件和干燥后粉碎程度要求。(1) 在干燥过程中降低操作温度以防止和避免有效成分的破坏和损失,是中药制剂常识。减压干燥就是为了降低操作温度和提高干燥效率,这也是制药领域中的常识,药液的常压沸点一般为 100℃左右,减压后沸点必然低于 100℃,因此,减压干燥对温度的实质性要求就是干燥温度低于 100℃,b4 中 80℃以下的干燥温度范围实际落入了 B4 中减压干燥的干燥温度范围。另外,b4 中并未明确所说的80℃以下干燥是常压条件下的操作还是减压条件下的操作。如果是常压下的干燥,则两者的操作设备会有所不同,但优他公司要求保护的涉案专利权利要求为产品权利要求,上述的设备区别并不会对产品的剂型、组成和配比造成实质性影响;如果同样也是减压干燥,则 b4 中的干燥方法就与 B4 完全相同。(2) b4 干燥后要求研成细粉,并未明确表述有过筛步骤,但万高公司在二审庭审中表示,其在该生产过程中,实际上确实存在过筛环节,但并非是过200目筛。

二审法院认为:本案中涉案专利权利要求虽然是产品权利要求,但其中包含生产方法的技术特征,而对于药品生产企业而言,此类生产方法一般均处于他人难以获取的保密状态,因此,优他公司才在一审程序中申请法院从国家药监局调取了药品批准文号"国药准字 220050221"药品注册批件的 YB208242005 标准(试行)及晨牌药业公司报送的"独一味软胶囊"生产工艺的研究资料,上述证据表明万高公司的相关技术方案与涉案专利技术方案确有相同和等同之处,但由于上述证据中对于万高公司"独一味软胶囊"生产工艺的记载并不完整,没有明确记载其中的具体干燥和过筛方法,优他公司主张万高公司的技术方案侵犯其发明专利权,并在一审及二审程序中多次要求万高公司提供其产品批生产记录及 GMP 申报材料等记载涉案药品详细生产过程的资料,否则应当承担对其不利的法律责任。万高公司在举证期限内,未提供上述证据以证明其在干燥和过筛程序中与涉案专利方案不同。根据最高人民法院《关于民事诉讼证据的若干规定》第75条的规定,有证据证明一方当事人持有证据无正当理由拒不提供,如果对方当事人主张该证据的内容不利于证据持有人,可以推定该主张成立。因此,二审法院推定 b4 与 B4 属于等同特征。万高公司主张被诉侵权产品的技术方案中缺少涉案专利技术方案中的"减压"和"过200目筛"的特征。二审法院对此认为,"减压"是对"干燥"步骤的具体描述,经审查,被诉侵权产品的技术方案同样存在"干燥"和"过筛"两技术特征,故对万高公司的上述主张不予支持。

综上,一审判决对于被诉侵权产品的技术方案特征 a 与涉案专利技术方案的特征 A 为相同技术特征,被诉侵权产品的技术方案特征 b1、b2、b3、b4 与涉案专利的技术方案特征 B1、B2、B3、B4 分别构成等同特征,被诉侵权产品的技术方案落入了涉案专利的保护范围内并构成侵权的认定正确。

最高院查明,原二审判决认定的事实基本属实。另查明以下事实:

1. 涉案专利授权公告文本说明书第 12 页"最佳提取条件的确定"一节记载:"取独一味提取物三份,每份 1000g,加 20 倍水,分别煎煮 1 次、2 次、3 次,分别滤过,滤液浓缩,干燥,……结果表明,煎煮 2 次和煎煮 3 次,得粉率和木犀草素含量接近,为降低生产成本,选择煎煮 2 次。"说明书第 15 页"实验例 5 浸膏粉细度的确定"一节记载:"减小粒度,增加分散媒粘度都可以有效地减小沉降速度,保证混悬液的稳定性。……试验结果表明过 200 目筛的细粉沉降比值最大,因此,将独一味提取物干粉碎成过 200 目筛的细粉,制成的软胶囊内容物混悬体系最稳定。"

在涉案专利申请授权的程序中,优他公司答复国家知识产权局专利局发出的《第一次审查意见通知书》所作的"意见陈述书"记载:"根据审查意见,申请人对原权利要求 1 进行了修改,增加了对独一味提取物的限定,具体是以说明书所述独一味提取物的四种制备方法加以限定";"本发明所述独一味提取物的四种制备方法为发明人进行了大量的工艺筛选和验证试验后最终确定的工艺步骤,现有技术中并没有公开,由此得到的本发明中所述的独一味提取物,与现有技术如《中华人民共和国药典》(2000 年版,一部)中的独一味提取物并不等同。"

在万高公司等作为无效宣告请求人对涉案专利提出专利权无效宣告请求的审查过程中,优他公司在口头审理答辩词中称:"涉案专利对独一味提取物的粉碎度研究表明过 200 目筛的细粉沉降比值最大,制成的软胶囊内容物混悬体系最稳定";"独一味软胶囊与独一味胶囊相比较有如下优点:……而在独一味软胶囊制备过程中,独一味提取物是最终粉碎成细粉,通过 200 目筛。"国家知识产权局专利复审委员会针对该专利权无效宣告请求作出的第 11005 号无效宣告请求审查决定(以下简称第 11005 号无效决定)认为:"制备方法 1 表征的权利要求 1 还包含了证据 1 和证据 2 没有公开的区别技术特征如将独一味药材 '粉碎成最粗粉'，加水 '煎煮二次'，第一次加 '10—30 倍量水'，第二次加 '10—20 倍量水'，将稠膏 '粉碎成细粉，过 200 目筛'，即在独一味提取物的制备过程中对具体工艺条件进行了优化选择，煎煮次数及加水量的选择，提高了得粉率及有效成分木犀草素的含量，将稠膏粉碎成过 200 目筛的细粉，更大大优化了沉降比，经过工艺优化使得专利产品产生了与现有剂型相比，服用剂量小、在肠胃道中崩解快、吸收快、显效快、生物利用度高、制剂稳定性强等有益效果。"据此，第 11005 号无效决定维持专利权有效。

2.《中华人民共和国药典》(2000 年版，一部)"凡例"记载，药筛分等如下，五号筛为 80 目筛，六号筛为 100 目筛，九号筛为 200 目筛；粉末分等如下，细粉指能全部通过五号筛，但含有能通过六号筛不少于 95% 的粉末。该药典记载的"独一味胶囊"的制法为，取独一味 1 000 g，粉碎，加水煎煮 3 次，每次 1 小时，合并煎液，滤过，滤液浓缩成相对密度为 1.30 的清膏，在 80℃以下干燥，加入适量的淀粉，制成颗粒，干燥，装入胶囊，制成 1 000 粒，即得。

3. 万高公司在提出再审申请时提交了晨牌药业公司批生产记录，批号分别为 021216、021220、021222。三份批生产记录记载的工艺过程包含："……将浸膏平铺于烘盘中，于 80℃干燥，粉碎过 80 目筛，取样化验，合格后制剂或入库……""装入 80 目筛，开动粉碎机，待运转正常后，在料斗中加入干浸膏进行粉碎"；"装上 80 目筛，开启旋转振动筛，待运转正常后，慢慢加入浸膏粉。过筛结束后，将浸膏粉装入内衬清洁干燥防静电布袋的容器内，附标签，标明品名、重量、批号、操作者等并记录。转入制胶囊工序。"

最高院认为，本案争议的主要问题在于被诉侵权产品是否落入涉案专利权利要求 1 的保护范围。

本案中，原一、二审法院均认定万高公司生产被诉侵权产品所使用的技术方案，即为优他公司申请调取的国家药监局药品批准文号"国药准字 220050221"药品注册批件的 YB208242005 标准(试行)，及晨牌药业公司报送的"独一味软胶囊"生产工艺的研究资料所载明的技术方案，可以以该技术方案的特征与涉案专利权利要求 1 记载的相应技术特征进行比较。从该技术方案的内容看，对于独一味清膏干燥后研磨细度的要求，只有"研成细粉备用"的技术特征，没有"过 200 目筛"的技术特征，而根据《中华人民共和国药典》(2000 年版，一部)的规定，"研成细粉"是指过 80 目筛的细粉，万商公司提交的批生产记录也进一步佐证该生产工艺在过 80 目筛后并无过 200 目筛的工艺步骤。可见该项工艺是完整的。虽然优他公司认为万高公司实际使用的方法是过 200 目筛，但并没有提供相应的证据予以证明，应认为被诉侵权产品缺少涉案专利权利要求 1 记载的"过 200 目筛"的技术特征。原审判决以调取的生产工艺不完整为由，根据最高人民法院《关于民事诉讼证据规则的若干规定》第 75 条的规定，简单推定"研成细粉"与"粉碎成细粉，过 200 目筛"等同，显然不妥。人民法院认定案件事实，应当首先根据现有证据进行。就本案来说，已经有一审法院调取的被诉侵权产品的生产工艺方法、万高公司提交的《中华人民共和国药典》(2000 年版，一部)以及优他公司提交的涉案专利权利要求书和说明书等现有证据，根据这些证据记载的内容，完全可以认定调取的生产工艺中记载的"研成细粉备用"，是指过 80 目筛的细粉，而不是过 200 目筛的细粉，其工艺是完整的，根本不需要再根据最高人民法院《关于民事诉讼证据规则的若干规定》第 75 条的规定进行推定。退一步说，如果认为万高公司没有按照药品标准载明的生产工艺生产被诉侵权产品，也应当根据《民事诉讼法》和《专利法》有关证据保全的规定，依法进行证据保全，譬如现场勘验、查封扣押生产记录等，而不是简单地根据最高人民法院《关于民事诉讼证据规则的若干规定》第 75 条的规定进行推定。原审判决一方面把从国家药监局调取的生产工艺认定为被诉侵权产品所使用的技术方案，但另一方面又对该技术方案中记载的与涉案专利权利要求 1 不同的技术特征不予认定，进行所谓的推定，似存在双重标准，难以令人信服。

此外，优他公司在涉案专利授权和无效宣告程序中作出的意见陈述，强调"本发明所述独一味提取物的四种制备方法为发明人进行了大量的工艺筛选和验证试验后，最终确定的工艺步骤,现有技术中并没有公开,由此得到的本发明中所述的独一味提取物与现有技术如《中华人民共和国药典》(2000年版,一部)中的独一味提取物并不等同"。优他公司还在涉案专利说明书第12页"最佳提取条件的确定"一节强调,煎煮2次与煎煮3次相比,可以降低生产成本,所以选择煎煮2次;在说明书第15—16页"实验例5浸膏粉细度的确定"一节强调,将独一味提取物粉碎成过200目筛的细粉,制成的软胶囊内容物混悬体系最稳定。因此,根据最高人民法院《关于审理专利纠纷案件适用法律问题的若干规定》第17条的规定,并参照最高人民法院《关于审理侵犯专利权纠纷案件应用法律若干问题的解释》第6条的规定,"煎煮2次"与"煎煮3次""粉碎成细粉,过200目筛"与"研成细粉"均不构成等同特征,后者均没有落入涉案专利权利要求1的保护范围。

至于"清膏"和"稠膏",目前尚无规范的定义和检验标准,两种概念并无明确的区分界限;而减压干燥与80C常压干燥均为中药领域常规技术手段,效果没有实质不同,因此,原审判决认为被诉侵权产品特征b3"浓缩成相对密度为1.30的清膏"与专利特征B3"浓缩成稠膏"、被诉侵权产品特征b4"80C以下干燥"与专利特征B4"减压干燥"构成等同特征,并无不当。

北京紫图中心作出的北京紫图[2009]知鉴字第007号鉴定报告将"煎煮3次""研成细粉"的技术特征分别认定为"煎煮2次""粉碎成细粉,过200目筛"的等同特征,结论错误。原审判决采信该鉴定报告,并据此判决万高公司侵犯优他公司专利权,显然不当。其实,对于缺少专利权利要求记载特征的被诉侵权产品、专利权人在专利授权和无效宣告程序中放弃的技术方案等情形,在人民法院司法实践中已被排除在侵犯专利权之外,2009年12月28日公布的最高人民法院《关于审理侵犯专利权纠纷案件应用法律若干问题的解释》也对此作了明确规定,因此,人民法院只需参照该《解释》第6条、第7条的规定,直接认定即可,完全属于法律适用问题,无须进行技术鉴定。由于被诉侵权产品缺少涉案专利"过200目筛"技术特征,且被诉侵权产品中"煎煮3次"不构成专利"煎煮2次"的等同特征,因此,被诉侵权产品没有落入涉案专利权的保护范围。二审判决对此认定错误,应予纠正。

鉴于万高公司被诉侵权产品没有落入涉案专利权的保护范围,故原一、二审判决认定万高公司生产、销售、科伦公司销售被诉侵权产品的行为构成侵犯优他公司专利权,并判令其承担侵权的民事责任,显属认定事实错误,适用法律不当,应予纠正。万高公司的主要再审理由成立,最高院予以支持。

## 二、裁判要旨

**No.3-5-59-29** 专利权人在授权确权程序中的意见陈述,可导致禁止反悔原则的适用。

禁止反悔原则的具体内容,是指专利申请人在授予专利之前的专利审批程序以及专利复审程序,以及在授予专利之后的无效宣告请求程序中对于专利申请文件或者专利文件所作出的修改或者陈述意见。这些修改和意见表现了专利申请人以及专利权人对于其技术方案的认识,可以用来划定专利权的保护范围。如果专利申请人或者专利权人对其技术方案的内容进行修改或者表达相关意见,都应当应用到技术方案的范围确定和内容解释上。本案中,最高院根据专利权人在涉案专利授权和无效宣告程序中作出的意见陈述,以及涉案专利说明书中记载的有关不同工艺条件所具有的技术效果的比较分析,认定被诉侵权产品中的相关技术特征与涉案专利中的对应技术特征不构成等同,被诉侵权产品没有落入涉案专利权利要求1的保护范围。即,优他公司在涉案专利说明书第12页"最佳提取条件的确定"一节强调,煎煮2次与煎煮3次相比,可以降低生产成本,所以选择煎煮2次;在说明书第15—16页"实验例5浸膏粉细度的确定"一节强调,将独一味提取物粉碎成过200目筛的细粉,制成的软胶囊内容物混悬体系最稳定。"煎煮2次"与"煎煮3次""粉碎成细粉,过200目筛"与"研成细粉"均不构成等同特征,后者均没有落入涉案专利权利要求1的保护范围。

**No.3-5-59-30** 对专利侵权纠纷中被诉侵权技术方案的查明,应当依法进行证据保全,譬如现场勘验、查封扣押生产记录等,而不是简单地进行推定。

根据现有证据,能够查明被诉侵权产品的完整生产工艺,无需根据最高人民法院《关于民事诉讼证据规则的若干规定》第 75 条的规定,以生产工艺不完整为由推定被诉侵权产品的生产工艺与专利等同;即使认为被诉侵权人没有按照现有证据载明的生产工艺生产被诉侵权产品,也应当依法进行证据保全,譬如现场勘验、查封扣押生产记录等,而不是简单的推定。本案中,从该技术方案的内容看,对于独一味清膏干燥后研磨细度的要求,只有"研成细粉备用"的技术特征,没有"过 200 目筛"的技术特征,而根据《中华人民共和国药典》(2000 年版,一部)的规定,"研成细粉"是指过 80 目筛的细粉,万商公司提交的批生产记录也进一步佐证该生产工艺在过 80 目筛后并无过 200 目筛的工艺步骤。可见,该项工艺是完整的。虽然优他公司认为万高公司实际使用的方法是过 200 目筛,但并没有提供相应的证据予以证明,应认为被诉侵权产品缺少涉案专利权利要求 1 记载的"过 200 目筛"的技术特征。

### 77 专利侵权纠纷中技术特征等同的认定(《专利法》第 59 条)

**案例:**申请再审人陕西竞业玻璃钢有限公司与被申请人永昌积水复合材料有限公司侵犯实用新型专利权纠纷案

案例来源:《最高人民法院知识产权审判案例指导》(第三辑)[(2010)民申字第 181 号]
主题词:等同技术特征　基本相同的手段及效果

#### 一、基本案情

申请再审人(一审原告、二审被上诉人):陕西竞业玻璃钢有限公司(以下简称竞业公司)。

被申请人(一审被告、二审上诉人):永昌积水复合材料有限公司(以下简称永昌公司)。

申请再审人竞业公司与被申请人永昌公司侵犯实用新型专利权纠纷一案,广东省高级人民法院于 2009 年 12 月 16 日作出(2009)粤高法民三终字第 289 号民事判决,已经发生法律效力。2010 年 2 月,竞业公司向最高人民法院(以下简称最高院)申请再审。

广东省广州市中级人民法院(以下简称一审法院)查明:2000 年 7 月 21 日竞业公司申请了专利号为 00243741.4,名称为"玻璃钢夹砂顶管"的实用新型专利(简称涉案专利),2001 年 5 月 2 日获得授权。授权公告的权利要求 1 为:"一种玻璃钢夹砂顶管,它由管头、管身以及管尾组成,管头和管尾管径一致,管尾连接部设有密封用套环,管头、管尾通过套环连接,其特征在于:所述的管头、管身以及管尾采用树脂基体,管身设有两维以上方向绕制的纤维层以及石英夹砂层,管头和管尾设有为两维以上方向绕制的纤维层,所述的套环紧密设置在管头或管尾外壁的凹台内。"

在将被诉侵权产品与涉案专利技术进行比较的过程中,2008 年 1 月 25 日,一审法院委托广东省专利信息中心知识产权司法鉴定所(以下简称司法鉴定所)对被诉侵权产品进行鉴定,并出具相应的鉴定书。

一审法院认为:

1.《鉴定书》认为被诉侵权产品的技术特征 B′、G′与涉案专利权利要求 1 中的技术特征 B、G 不同,其余技术特征均相同。双方当事人对司法鉴定所认为相同的技术特征没有异议,但对司法鉴定所认为不同的两个技术特征有不同意见,竞业公司认为构成等同,永昌公司认为不相同也不等同。两个不同的技术特征是:(1) 涉案专利的技术特征 B"管头和管尾管径一致";被诉侵权产品的技术特征 B′"承口、插口和管身的内径一致,但插口的管外径小于承口的管外径,有锥度"。(2) 涉案专利的技术特征:"套环设置在管头或管尾外壁的凹台内";被诉侵权产品技术特征 G,"钢璃环只是固定设置在安装了密封圈的承口上方"。

2. 被诉侵权产品的技术特征:"插口的管外径小于承口的管外径,有锋度"。一审法院认为,该技术特征与涉案专利中的技术特征 B"管头和管尾管径一致"构成等同。理由是:根据涉案专利的权利要求书、说明书以及附表,涉案专利管头和管尾管径一致是指管头和管尾的管内外径一致。从现场勘察报告的插口部分示意图、承口部分示意图可见,插口的管外径小于承口的管外径,有锥度,这与涉案专利对应的技术特征从字面看不相同,但其与涉案专利对应的技术特征相比,却是以基本相同的手段,实现基本相同的功能,达到基本相同的效果,并且本领域的普通技术人员无须经过创造性劳动就能够联想到的特征。理由是:(1) 两者的连接手段基本相同。根据涉案专利权利要求书、说明书以及附图,涉案专利是一种市政管道工程用顶管,尤其是一种施工方便、顶进效率高、管径较大、柔韧性好、强度高而且成本较低的玻璃钢夹砂顶管,是在不能采用大开挖方式铺设管道的情况下,采用预挖工作坑,在工作坑作业时,将管子一段一段在地下一定的深度位置向前顶进穿过而采用的顶管,这种管子的端部设有顶管部分,管子之间的连接通过顶管密封连接,即涉案专利所述的是一条夹砂顶管的管头与另一条夹砂顶管的管尾通过套环连接,顶管的密封连接是关键技术,涉案专利的连接手段是密封用套环。被诉侵权产品插口管外径小于承口管外径,有锥度,是由于被诉侵权产品插口与涉案专利的管头的设计不同,被诉侵权产品插口采用了多级台阶设计方案,包括斜坡台阶、支撑平台阶、橡胶槽台阶、注浆减阻环空间台阶,但最终被诉侵权产品连接的重要手段还是在承口部分有密封圈槽,在密封圈槽上安装有密封圈,承口上方固定装有钢套环。因此,两者在连接手段上基本相同。(2) 由于被诉侵权产品要确保管外径尺寸误差在(0,+5) mm 范围,因此,两者采用的连接后插口管外径基本与承口管外径一致的手段也基本相同。(3) 两者实现的功能、效果也基本相同。被诉侵权产品插口管外径小于承口管外径,有锥度,是因为在插口部分设有注浆减阻环空间台阶,当玻璃钢夹砂顶管在地下顶进时,通过在注浆减阻环空间台阶位置处开有内径为 30 mm、沿着圆周 120 度均布的 3 个注浆孔,向管外壁喷射砂浆,以减少管道与外周土壤间的摩擦阻力,大大提高顶进效率,减少土壤摩擦阻力过大而造成道破裂、弯曲、偏位事故的发生。而根据涉案专利说明书,涉案专利顶管外表面光滑,顶进效率高,整个顶管重量轻,顶进过程中不会产生向下偏头事故,即使出现其他方向偏移,也容易纠正。可见,两者要实现的顶进功能、效率、防止管道破裂、弯曲、偏位事故发生的效果基本相同。由于永昌公司未能提供证据证明被诉侵权产品插口管外径由于设有注浆减阻环空间台阶,设有 3 个注浆孔向管外壁喷射砂浆,插口管外径因而要小于承口的管外径,这种变化相比涉案专利具有实质性的改进,因此,被诉侵权产品插口管外径小于承口管外径,有锥度的方案与涉案专利对应的管头和管尾管径一致的方案相比,两者实现的功能、效果也基本相同。(4) 插口的管外径小于承口的管外径,有锥度的技术特征是本领域的普通技术人员无须经过创造性劳动就能够联想到的特征。根据涉案专利说明书以及附图,涉案专利所述的是一条夹砂顶管的管头与另一条夹砂顶管的管尾通过套环连接,结合《中华人民共和国城镇建设行业标准玻璃纤维增强塑料夹砂管(CJ/T3079—1998)》6.7.3 表五及 6.10.2.1a 公开的顶管管材规格及一定锥度的承口和插口的产品标准,本领域的普通技术人员无须经过创造性劳动就能够联想到这种特征。因此,被诉侵权产品的技术特征 B′与涉案专利的技术特征 B 构成等同。

3. 被诉侵权产品钢套环只是固定设置在安装了密封圈的承口上方。一审法院认为,被诉侵权产品的该技术特征与涉案专利对应的技术特征"套环设置在管头或管尾外壁的凹台内"相同。理由是:套环固定设置在安装了密封圈的承口上方是涉案专利对应技术特征的其中一种技术方案,该技术方案仍落入该对应技术特征保护的范围。综上,被诉侵权产品落入涉案专利权的保护范围。

4. 被诉侵权产品是否为现有技术。一审法院认为:《鉴定书》在对比被诉侵权产品与现有技术时,分别引用了《中华人民共和国城镇建设行业标准玻璃纤维增强塑料夹砂管(CJTI3079—1998)》《玻璃钢夹砂管道》以及《顶管施工技术》中公开的技术内容,被诉侵权产品未使用一项已有的完整的技术方案。被诉侵权产品的技术特征虽然已分别被行业标准以及现有技术资料公开,但并不属于本领域的普通技术人员对已有技术显而易见地简单组合成的技术方案,永昌公司关于现有技术抗辩的理由不能成立。

永昌公司不服一审判决,向广东省高级人民法院(以下简称二审法院)提起上诉。
二审法院审理查明,一审法院认定的事实属实。
二审法院认为:被诉侵权产品的技术特征分别见于一个产品标准、两个公开文献中,并未使用一项已有的完整技术方案,也不属于本领域的普通技术人员对已有技术显而易见地简单组合成的技术方案，因此，永昌公司提出的现有技术抗辩不成立。

将被诉侵权产品的技术特征与涉案专利权利要求1的必要技术特征进行对比，被诉侵权产品的特征A′、C′、D′、E′、F′分别与涉案专利中的技术特征A、C、D、E、F相同，双方当事人对此没有异议。关于技术特征G和G′o涉案专利技术特征G"套环设置在管头或管尾外壁的凹台内"包括两种情况，一种是套环设置在管头的外壁凹台内，一种是套环设置在管尾的外壁凹台内；被诉侵权产品的套环固定设置在安装了密封圈的承口上方，属于涉案专利两种情况中的一种，故被诉侵权产品的技术特征G′与涉案专利的技术特征G属相同技术特征。关于技术特征B和B′，涉案专利的特征B为"管头和管尾管径一致"，被诉侵权产品的特征B′为"承口、插口的内径一致，但插口的管外径小于承口的管外径，有锥度"。根据涉案专利的权利要求书、说明书以及附图，涉案专利"管头和管尾管径一致"是指：管头和管尾的管内径一致、管头和管尾的管外径一致。被诉侵权产品的承口、插口分别对应于涉案专利中的管头和管尾，其中插口与承口的管内径一致，与涉案专利相同，但插口的管外径小于承口的管外径，与涉案专利不同，故被诉侵权产品的技术特征B′与涉案专利权利要求1的技术特征B不同。

关于技术特征B与B′是否等同。二审法院认为：涉案专利的管头和管尾管外径一致，头尾相接套设于密封用套环中，所述套环紧密设置在管头、管尾外壁凹台内，由此实现顶管之间的密封连接。而根据现场勘察报告中的示意图，被诉侵权产品的插口与承口的管外径大小并不一致，其承口外壁与钢套环紧密接合，而插口外壁则采用多级台阶设计方案，使得插口管外径小于承口管外径，由此导致插口与承口相接套设于钢套环中后，插口外壁与钢套环之间并不直接紧密贴合，而是形成一个用于注浆减阻的空间，钢套环与插口之间通过插口端部的密封圈相互贴合。施工过程中，从顶管插口注浆减阻孔喷射出的砂浆，可借助上述注浆减阻空间流至管外，并均匀分布于顶管表面，在管外泥土和管壁之间形成润滑套，从而减少管道与外周土壤间的摩擦阻力，大大提高顶进效率，减少土壤摩擦阻力过大而造成管道破裂、弯曲、偏位情况的发生。被诉侵权产品的管头设计与涉案专利存在上述不同，并且正是基于该不同，导致两者所实现的功能、达到的技术效果均不相同，该技术特征亦非本领域的普通技术人员无须付出创造性劳动就能联想到的特征，故两者不构成等同，被诉侵权产品未落入涉案专利权的保护范围，不构成侵权。

最高院审查查明，二审法院认定的事实属实。

最高院另查明，涉案专利的说明书中记载："在市政管道铺设工程中，现在一般有两种方式：一种是开敞式大开挖方式……另一种方式是当受到具体环境的限制，诸如建筑物等，而不能采用大开挖方式铺设管道，只能预挖工作坑，在工作坑作业时，将管子一段一段在地下一定的深度位置向前顶进穿过，这种作业环境需要管子的端部设有顶管部分，管子之间的连接通过顶管密封连接。现有的顶管……端部密封连接结构不合理，出现渗漏。""本实用新型具有如下优点：……端部连接结构合理，管道安装方便，密封性好。""本实用新型管头1和管尾3管径一致，本实用新型顶管的一段一段连接是通过套环4将管头1和管尾3连接在一起的。"涉案专利的说明书附图中公开了5个具体实施方式的结构图，所述结构图中管头和管尾的内外径均一致。

《鉴定书》所附的现场勘查报告记载："受广东省专利信息中心知识产权司法鉴定所委托，广东省建筑材料研究院工作人员于2008年1月31日赴湛江工地现场勘查。在现场听取委托方的情况介绍，对现场完好及破损的管材检查，然后分别在管的承口、插口以及管身取样。""该类产品为一种玻璃纤维增强塑料夹砂管，接头形式为'F'型钢承口顶管，俗称玻璃钢顶管，为非开挖顶进式施工用的管材产品。管体结构由承口（含钢套环）、管身、插口三部分组成。管材两端的承口、插口为管道施工的接头形式，利于施工和防水……在插口部分注浆减阻环台阶位置处开有内径为cp30 mm的注浆孔3个，沿圆周1200均布。管与管的连接采用顶进设备施工，将在插口安装好止水密封圈的顶入上节管材的承口中，再采取注浆的方式进行防水加固。"根据现场勘查报告中记载的接口部分示意图、承口部分示意图，被诉侵权产品的承口管外径呈水平状，其上安装有钢套环；插口管外径上设有密封圈槽以及注浆减阻环台阶，呈不规则台阶状。

等同技术特征·基本相同的手段及效果

本案再审期间，竞业公司向最高院提交了1998年1月出版的《顶管施工技术》，该书第163页记载："注浆减摩是顶管中非常重要的一个环节，尤其是在长距离和曲线顶管中，它是顶管成功与否的一个极其重要的关键性的环节……顶管施工过程中，如果注入的润滑浆能在管子的外周形成一个比较完整的浆套，则其减摩效果将是十分令人满意的。"该书第165页的图14-2-1中公开了在钢套环下方的台阶状管壁上设置注浆孔，台阶状管壁与钢套环之间形成一定的空间。

被诉侵权产品是一种玻璃钢夹砂顶管，顶管的两端分别为插口和承口，插口的管壁上设有注浆孔。虽然被诉侵权产品的插口管内径与承口管内径一致，但二者的管外径并不一致，具体表现为：承口的管外径上设有水平的凹台，凹台上设有钢套环，承口管外径与钢套环紧密配合；插口管外径呈不规则的台阶状，将插口插入承口上设置的钢套环后，插口管外径与钢套环之间形成有供减阻砂浆通过的环形空间。

最高院再查明：2007年5月18日，永昌公司由新疆永昌积水复合材料有限公司变更为永昌积水复合材料有限公司。

最高院认为：根据申请再审人申请再审的理由、被申请人的答辩意见以及本案事实，本案焦点在于被诉侵权产品是否具有与权利要求1中的"管头和管尾管径一致"相同或等同的技术特征。

1. 权利要求1中"管头和管尾管径一致"的具体含义。《专利法》（2000）第56条第1款规定："发明或者实用新型专利权的保护范围以其权利要求的内容为准，说明书及附图可以用于解释权利要求。"根据涉案专利的说明书和附图，权利要求1中的技术特征B"管头和管尾管径一致"，是指涉案专利所涉及的玻璃钢夹砂顶管的管头、管尾管内径一致，并且管外径也一致。该技术特征具有使涉案专利的管头、管尾与钢套环之间紧密配合，连接结构合理、密封性好的功能和效果。

2. 被诉侵权产品是否具有与"管头和管尾管径一致"相同或等同的技术特征。最高人民法院《关于审理专利纠纷案件适用法律问题的若干规定》第17条第2款规定："等同特征是指与所记载的技术特征以基本相同的手段，实现基本相同的功能，达到基本相同的效果，并且本领域的普通技术人员无需经过创造性劳动就能够联想到的特征。"根据上述规定，在判断被诉侵权产品的技术特征与专利技术特征是否等同时，不仅要考虑被诉侵权产品的技术特征是否属于本领域的普通技术人员无须经过创造性劳动就能够联想到的技术特征，还要考虑被诉侵权产品的技术特征与专利技术特征相比，是否属于基本相同的技术手段，实现基本相同的功能，达到基本相同的效果，只有以上两个方面的条件同时具备，才能认定二者属于等同的技术特征。

被诉侵权产品中插口、承口的管内径虽然一致，但是二者的管外径并不一致，具体表现为承口管外径上设有用于安装钢套环的水平凹台，并且承口管外径与钢套环紧密配合；而插口管外径呈不规则台阶状。虽然《顶管施工技术》中已经公开了注浆减阻的工作原理以及注浆孔、台阶状管外径等技术特征，本领域的普通技术人员在顶管施工中为了实现注浆减阻的目的，能够在《顶管施工技术》所给出的技术启示下，显而易见地想到被诉侵权产品中的注浆孔以及插口管外径呈不规则台阶状等技术特征，无须付出创造性劳动。但是，由于被诉侵权产品中的插口管外径呈不规则台阶状，一方面导致插口管外径与钢套环之间并不能紧密配合，无法实现增强管道连接密封性的功能和效果；另一方面能够在管外径与钢套环之间形成供减阻砂浆通过的环形空间，使得从注浆孔注入的减阻砂浆可以经由该环形空间均匀分布在管道周围，形成润滑套，实现减少管道外壁与土壤间的摩擦阻力，提高管道顶进效率的有益功能和效果。因此，被诉侵权产品中技术特征"插口管外径呈不规则台阶状"所实现的功能和效果，与权利要求1中"管头和管尾管径一致"所实现的功能和效果具有实质性的差异，二者不属于等同的技术特征，被诉侵权产品没有落入涉案专利权的保护范围。

二、裁判要旨

**No.3-5-59-31** 对专利侵权纠纷中技术特征等同的认定，应考虑被诉侵权产品的技术特征与专利技术特征相比，是否属于基本相同的技术手段，能否实现基本相同的效果。

所谓等同特征，是指与所记载的技术特征以基本上相同的手段，实现基本上相同的功能，达

等同技术特征·基本相同的手段及效果

到基本上相同的效果,并且本领域的普通技术人员无须经过创造性劳动就能联想到的特征。从这一定义可知,对于等同特征的判断主要集中在方式和效果,即如果使用者没有采用他人的专利技术,即使达到相同的效果,也不会被认定为侵权。而如果使用者采用了他人的专利技术,而没有达到相同的效果,仍然不会被认定为侵权。因此,在判断被诉侵权产品的技术特征与专利技术特征是否等同时,不仅要考虑被诉侵权产品的技术特征是否属于本领域的普通技术人员无须经过创造性劳动就能够联想到的技术特征,还要考虑被诉侵权产品的技术特征与专利技术特征相比,是否属于基本相同的技术手段,实现基本相同的功能,达到基本相同的效果,只有以上两个方面的条件同时具备,才能认定二者属于等同的技术特征。本案中,被诉侵权产品中插口、承口的管内径虽然一致,但是二者的管外径并不一致。尽管本领域的普通技术人员在顶管施工中为了实现注浆减阻的目的,能够在《顶管施工技术》给出的技术启示下,显而易见地想到被诉侵权产品中的注浆孔以及插口管外径呈不规则台阶状等技术特征,无须付出创造性劳动。但是,由于被诉侵权产品中的插口管外径呈不规则台阶状,一方面导致插口管外径与钢套环之间并不能紧密配合,无法实现增强管道连接密封性的功能和效果;另一方面能够在管外径与钢套环之间形成供减阻砂浆通过的环形空间,实现减少管道外壁与土壤间的摩擦阻力,提高管道顶进效率的有益功能和效果。因此,被诉侵权产品中技术特征"插口管外径呈不规则台阶状"所实现的功能和效果,与权利要求1中"管头和管尾管径一致"所实现的功能和效果具有实质性的差异,二者不属于等同的技术特征。

### 78 对一般消费者而言的外观设计专利与对比设计可视部分的相同点和区别点(《专利法》第59条)

**案例:申请再审人珠海格力电器股份有限公司与被申请人广东美的电器股份有限公司、二审上诉人国家知识产权局专利复审委员会外观设计专利权无效行政纠纷案**

案例来源:《最高人民法院知识产权审判案例指导》(第四辑)[(2011)行提字第1号]
主题词:一般消费者　可视部分

#### 一、基本案情

申请再审人(一审第三人、二审上诉人):珠海格力电器股份有限公司(以下简称格力公司)。
被申请人(一审原告、二审被上诉人):广东美的电器股份有限公司(以下简称美的公司)。
一审被告、二审上诉人:国家知识产权局专利复审委员会(以下简称专利复审委员会)。

申请再审人格力公司因与被申请人美的公司、二审上诉人专利复审委员会外观设计专利权无效行政纠纷一案,不服北京市高级人民法院(2010)高行终字第124号行政判决,向最高人民法院(以下简称最高院)申请再审。最高院于2010年12月7日作出(2010)知行字第54号行政裁定,提审本案。

一、二审法院审理查明:美的公司是专利号为200630067850.X、名称为"风轮(455-180)"外观设计专利(以下简称涉案专利)的专利权人。针对涉案专利,格力公司于2009年2月20日向专利复审委员会提出无效宣告请求,理由是涉案专利不符合《专利法》(2000)第23条的规定,并提交了公告号为CN3265720,名称为"风扇扇叶"外观设计专利作为对比文件(以下简称在先设计)。专利复审委员会于2009年6月16日作出第13585号无效宣告请求审查决定(以下简称第13585号决定),宣告涉案专利权无效。

第13585号决定认为:
1.关于一般消费者。涉案专利的风轮可以作为一个独立销售的产品,主要用于空调室外机的风扇扇叶,该风轮安装在空调室外机的内部,购买空调的消费者无法看到或者仅能透过室外机网罩看到该风轮的局部,且该风轮的外观对空调的整体外观不产生显著的影响。但对空调厂家的技术采购人员和维修人员来说,风轮是空调室外机制造、运转过程中的重要部件,能够很容易地看到风轮整体和局部的外观设计,因此,对于该风轮外观设计专利,其一般消费者应当是空调厂家的技术采购人员和维修人员。

2. 关于《专利法》(2000)第 23 条。涉案专利为一种风轮,在先设计为一种风扇扇叶的外观设计,二者的用途相同,属于相同类别的产品,可以进行相近似对比。将涉案专利与在先设计相比较,二者均由位于中间部位的轮毂和位于轮毂两侧的一对呈中心对称的扇叶组成。二者的轮毂均由一圆台状结构构成,在轮毂与扇叶的连接处均有一对处于对应位置的圆弧状轮毂壁。二者的扇叶均为内侧与轮毂由轮毂壁由下至上倾连接,外侧呈圆弧状,前侧有一尖角与一直线相连接的扇叶边构成,且直线部分相对于扇叶整体向下形成一定倾角,形成一类似刀口的加厚增强层;后侧主要由一弧线边构成,与外侧连接位置有一向外突起的尖角。因此,二者的整体形状相似,各主要组成部分的形状和布局也相似。二者的主要不同之处在于:(1)涉案专利轮毂壁的形状与在先设计不同。涉案专利和在先设计中的轮毂壁形状都是圆弧和直线的结合,但在先设计中轮毂壁的弧线延伸更长,轮毂壁围成的面积更大。(2)涉案专利后侧与内侧相连接的位置处形成了一直线边,而在先设计对应位置是由轮毂壁圆弧与直线边形成的尖角,涉案专利与之相比,相当于在该位置截去了一小块,没有形成尖角。(3)涉案专利扇叶的旋转方向与在先设计呈 180°反向,即美的公司所称的旋转方向相反。(4)在左、右视图中,涉案专利的扇叶靠近安装面一侧突出轮毂一小段,而在先设计中的扇叶在相应位置与轮毂平齐;此外,涉案专利的扇叶比在先设计的扇叶厚。

对于上述不同点,专利复审委员会认为:(1)涉案专利和在先设计中的轮毂壁形状都是圆弧和直线的结合,只是在先设计中轮毂壁的弧线延伸更长。虽然轮毂壁形状存在不同,但轮毂壁相对于整个扇叶只占很小的面积,属于局部细微区别,因此,对整体视觉效果不具有显著影响。(2)涉案专利扇叶的后侧与内侧相连接的部分相较在先设计截去了一小部分,形成了一条直线边,由于截去的部分相对整个扇叶只占很小的面积,且截去之后形成的直线边很短,相对于扇叶的外侧和后侧的长弧线,属于局部细微区别,其对整体视觉效果不具有显著影响。(3)二者的扇叶除了前述两个不同点之外,单个的扇叶轮廓非常相似,只是两个扇叶的旋转方向呈180°反向。由于双方当事人在口头审理过程中都承认扇叶的旋转方向与电机的转向相关,因此,扇叶的旋转方向由功能唯一确定,对整体视觉效果不具有显著影响。(4)关于涉案专利与在先设计左、右视图上的差异,由于扇叶为长度远远大于厚度的大段弧线,突出部分相对于整个扇叶只占很小的比例,上述差别属于局部细微差别,对整体视觉效果不具有显著影响。对于一般消费者而言,二者的整体形状和比例的差别都属于局部的细微差别,均不足以对整体视觉效果带来显著影响,二者构成相近似的外观设计。

3. 对美的公司 2009 年 4 月 7 日提交的意见陈述书中涉及的涉案专利与在先设计的六点不同,专利复审委员会认为:(1)涉案专利与在先设计都是以轮毂壁开口的一面作为安装面,因此不存在安装方向相反的差别。(2)上文已经评述了旋转方向相反、轮毂壁形状不同的差别,在此不再赘述。(3)关于扇叶设置距离不同的差别,其实就是涉案专利扇叶后侧与内侧相连接的部分相较在先设计截去了一小部分,形成了一条直线边,对此上文已经进行了评述,基于相同的理由,对该理由不予支持。(4)关于扇叶弯曲度不同,由于不能通过视觉直接观察到该差别,因此,对该理由不予支持。(5)轮毂表面形状的差别只是局部细微差别,对整体视觉效果不具有显著影响。

美的公司不服第 13585 号决定,向北京市第一中级人民法院提起行政诉讼。

一审庭审中,各方当事人对以下事实均予以认可:

1. 涉案专利产品系安装在空调室外机内部的风轮,购买空调的消费者无法看到或者仅能透过室外机网罩看到风轮的局部,且风轮外观对空调的整体外观不产生显著的影响。但对空调厂家的技术采购人员和维修人员来说,风轮是空调室外机制造、运转过程中的重要部件,能够很容易地看到风轮整体和局部的外观,因此,涉案专利的一般消费者应当是空调厂家的技术采购人员和维修人员。

2. 涉案专利与在先设计主要存在以下区别:(1)涉案专利轮毂壁的形状与在先设计不同。涉案专利和在先设计中的轮毂壁的形状都是圆弧和直线的结合,但在先设计中轮毂壁的弧线延

一般消费者・可视部分

伸更长,轮毂壁围成的面积更大(以下简称区别1)。(2)涉案专利后侧与内侧相连接的位置处形成了一直线边,而在先设计对应位置是由轮毂壁圆弧与直线边形成的尖角,涉案专利与之相比,相当于在该位置截去了一小块,没有形成尖角(以下简称区别2)。(3)涉案专利扇叶部分的旋转方向与在先设计呈180°反向,即美的公司所称的旋转方向相反(以下简称区别3)。(4)在左、右视图中,涉案专利的扇叶靠近安装面一侧突出轮毂一小段,而在先设计中的扇叶在相应位置处与轮毂平齐;此外,涉案专利的扇叶比在先设计中的扇叶厚(以下简称区别4)。

3.除上述区别外,美的公司主张涉案专利与在先设计还存在以下区别:(1)从后视图看,涉案专利的轮毂中心是外方内圆,内部是一个 D 形,在先设计则是同圆心的两个圆圈。(2)在先设计的轮毂四周有 8 个小圆孔,涉案专利没有。(3)从俯视图和仰视图看,在先设计的轮毂相对于扇叶有两个突起,涉案专利没有。专利复审委员会、格力公司认可存在上述区别,但认为上述区别对整体视觉效果不具有显著影响。

北京市第一中级人民法院认为:关于涉案专利扇叶旋转方向与在先设计相反的问题,因扇叶的旋转方向系由功能唯一确定,故对整体视觉效果不具有显著影响。关于美的公司主张的另外三点区别,相对整体外观设计所占比例较小,属于局部细微差别,对整体视觉效果亦无显著影响。判断涉案专利与在先设计是否相近似,应当以空调厂家的技术采购人员和维修人员作为判断主体,其客观上熟知此类产品及其外观设计,具有购买空调的普通消费者所不具有的知识水平和认知能力。第 13585 号决定认定的 4 点区别中,除旋转方向不同外,其余 3 点区别均分布在外观设计的中部等主要视觉部分,对上述判断主体而言,其区别足以产生整体视觉效果上的不同。因此,涉案专利和在先设计不是相近似的外观设计,第 13585 号决定事实认定有误,应予撤销。

据此判决:
一、撤销第 13585 号决定;
二、专利复审委员会就该无效宣告请求重新作出无效决定。
案件受理费 100 元,由专利复审委员会负担。

格力公司、专利复审委员会不服该一审判决,分别向北京市高级人民法院提出上诉,请求撤销一审判决,维持第 13585 号决定。

北京市高级人民法院二审认为:因扇叶部分的旋转方向系由功能决定,故对整体视觉效果不具有显著影响。区别 1、2、4 分布于涉案专利的中部等主要视觉部分,根据整体观察、综合判断原则,对一般消费者而言,其区别足以在整体视觉效果上产生不同,一审法院认定涉案专利与在先设计不是相近似的外观设计正确。专利复审委员会、格力公司认为一审法院过于夸大空调厂家的技术采购人员和维修人员的分辨和认知能力,涉案专利与在先设计构成相近似的外观设计的主张不能成立。

据此判决:驳回上诉,维持一审判决。一审案件受理费 100 元,由专利复审委员会负担;二审案件受理费 100 元,由专利复审委员会负担 50 元,格力公司负担 50 元。

格力公司不服该二审判决,向最高院申请再审。

最高院再审查明,一、二审判决认定的事实属实。

最高院认为:对外观设计进行相近似判断时,应当基于外观设计专利产品的一般消费者的知识水平和认知能力,对外观设计专利与在先设计的整体视觉效果进行整体观察、综合判断。一般消费者是为了使得判断结论更为客观、准确而确立的抽象判断主体,其具有特定的知识水平和认知能力。从知识水平的角度而言,一般消费者对与外观设计专利产品相同或者相近类别的产品具有常识性的了解,其通晓申请日之前相关产品的外观设计状况,熟悉相关产品上的惯常设计。从认知能力的角度而言,一般消费者对于形状、色彩、图案等设计要素的变化仅具有一般的注意力和分辨力,其关注外观设计的整体视觉效果,不会关注外观设计专利与对比设计之间的局部细微差别。所谓整体观察、综合判断,是指一般消费者从整体上而不是仅依据局部的设计变化,判断外观设计专利与对比设计的视觉效果是否具有明显区别;在判断时,一般消费者

一般消费者·可视部分

对外观设计专利与对比设计可视部分的相同点和区别点均会予以关注,并综合考虑各相同点、区别点对整体视觉效果的影响大小和程度。

涉案专利与在先设计均由位于中央的轮毂以及轮毂两侧呈中心对称分布的两个扇叶组成。将二者的扇叶相比较,均包括圆弧状的外侧和内侧、外侧与内侧连接处的凸起、位于前侧的尖角和直线部分,以及位于前侧的类似刀口的加厚增强层等结构。单个扇叶的形状基本相同,两个扇叶的对称分布形态亦基本相同。二者的主要区别是:(1) 扇叶的旋转方向呈180°反向(即一审判决认定的区别3);(2) 涉案专利的扇叶突出轮毂主体一小部分,并且涉案专利的扇叶比在先设计中的扇叶厚(即一审判决认定的区别4)。

关于上述相同点、区别点对整体视觉效果的影响,(1) 由于对称分布的两个扇叶占据了产品的主要视觉部分,更容易被一般消费者所关注,因此,基本相同的扇叶形状以及对称分布形态对整体视觉效果具有显著的影响。(2) 扇叶的旋转方向系由风轮的旋转功能所决定,因此,区别3对整体视觉效果不具有显著影响。(3) 由于一般消费者施以一般的注意力和分辨力难以观察到二者的扇叶厚度的细微差异,因此,扇叶厚度的区别对整体视觉效果不产生影响;涉案专利的扇叶虽突出于轮毂主体一小部分,但相对于整个扇叶而言,该突出部分所占比例较小,而且在使用状态下,该突出部分位于风轮安装面一侧,难以被一般消费者观察到,因此,区别4对整体视觉效果亦不产生显著影响。

将涉案专利与在先设计的轮毂进行比较,二者的轮毂均由一圆台状结构构成,轮毂与扇叶的连接处均有一对呈渐开线方式延伸的圆弧状轮毂壁,轮毂壁的形状均由圆弧和直线结合形成,轮毂与扇叶内侧均由轮毂壁由下至上倾斜连接,连接方式基本相同。二者的主要区别在于,在先设计的轮毂壁延伸得更长,包围的面积更大,轮毂壁圆弧与直线边形成尖角,涉案专利没有形成尖角(即一审判决认定的区别1、2)。对于位于产品中央的设计变化,应当综合考虑其在产品整体中所占的比例、变化程度的大小等因素,确定其对整体视觉效果的影响。位于中央的设计变化并不必然对整体视觉效果具有显著影响。涉案专利的轮毂虽位于中央,但相对于扇叶而言,所占面积明显较小,相对于在先设计轮毂的变化亦相对有限,在涉案专利与在先设计的轮毂及其轮毂壁还具有前述诸多相同点的情况下,上述区别对整体视觉效果不具有显著影响。事实上,涉案专利的轮毂是在在先设计的较大的轮毂的基础上,舍弃了一部分,使得轮毂壁延伸长度减少,围成的面积减少,形成的夹角发生变化。在进行相近似判断时,如果外观设计专利的改进仅仅体现为在现有设计的基础上省略局部的设计要素,这种改进通常不能体现出外观设计专利所应当具有的创新性,亦不应对整体视觉效果带来显著影响,从这个角度而言,亦应认定涉案专利轮毂的设计变化对整体视觉效果不产生显著影响。

应当指出的是,《专利法实施细则》(2001)第2条第4款规定:"外观设计,是指对产品的形状、图案或者其结合以及色彩与形状、图案的结合所作出的富有美感并适于工业应用的新设计。"2008年修改《专利法》后,修改后的《专利法》第2条第4款亦作基本相同的规定。根据上述规定,一项产品的外观设计要获得外观设计专利权的保护,其必须具备专利法意义上的美感,即在实现产品的特定功能的基础上,对产品的视觉效果作出创新性的改进,使得产品能够体现出功能性和美感的有机结合。仅仅具有功能性而不具有美感的产品设计,可以通过申请发明或者实用新型专利权予以保护,而不应当通过外观设计专利权予以保护。与本领域普通技术人员总是从技术角度考虑问题所不同,一般消费者在进行相近似判断时,其主要关注于外观设计的视觉效果的变化,而不是功能或者技术效果的变化。一般消费者也不会基于设计要素变化所伴随的技术效果的改变,而对该设计要素变化施以额外的视觉关注。因此,对于美的公司有关单纯地讨论美感没有实际意义,区别1、2、4能够显著提高风轮的工作效率,一般消费者对所述区别更加敏感,所述区别对整体视觉效果具有显著影响的主张,最高院不予支持。

综上所述,将涉案专利与在先设计相比较,综合考虑二者的相同点、不同点以及对整体视觉效果的影响,应认定二者的整体视觉效果不具有明显区别,属于相近似的外观设计。一、二审判决未考虑二者的相同点对整体视觉效果带来的显著影响,仅关注于涉案专利与在先设计的区别点,就区别1、2、4对整体视觉效果带来的影响的认定亦有不当,以致错误认定涉案专利与在先设计不相近似,适用法律错误,应予纠正。

二、裁判要旨

No.3-5-59-32 在判断外观设计专利与对比设计的视觉效果是否具有明显区别时,应考虑对一般消费者而言的外观设计专利与对比设计可视部分的相同点和区别点,并综合考虑各相同点、区别点对整体视觉效果的影响大小和程度。

在审理侵犯外观专利权纠纷的案件中,在对比外观设计专利与对比设计时应当采用整体观察、综合判断的方式。所谓整体观察、综合判断是指由涉案专利与对比设计的整体来判断,而不从外观设计的部分或者局部出发得出判断结论。依照最高人民法院《关于审理侵犯专利权纠纷案件应用法律若干问题的解释》第11条的内容可知,应当根据授权外观设计、被诉侵权设计的设计特征,以外观设计的整体视觉效果进行综合判断;对于主要由技术功能决定的设计特征以及对整体视觉效果不产生影响的产品的材料、内部结构等特征,应当不予考虑。被诉侵权设计与授权外观设计在整体视觉效果上无差异的,人民法院应当认定两者相同;在整体视觉效果上无实质性差异的,应当认定两者近似。具体而言,参照《专利审查指南2010》,如果对比设计图片或者照片未公开的部位属于该种类产品使用状态下不会被一般消费者关注的部位,并且涉案专利在相应部位的设计的变化也不足以对产品的整体视觉效果产生影响,例如冷暖空调扇,如果对比设计图片或者照片没有公开冷暖空调扇的底面和背面,涉案专利在底面或者背面的设计的变化也不足以对产品整体视觉效果产生影响,则不影响对二者进行整体观察、综合判断。而如果涉案专利中对应于对比设计图片或者照片未公开的内容仅仅是该种类产品的惯常设计,并且不受一般消费者关注,例如对比设计图片或者照片未公开的部分是货车车厢的后挡板,而当涉案专利中货车车厢的后挡板仅仅是这类产品的惯常设计时,则不影响对二者进行整体观察、综合判断。

本案中,涉案专利与在先设计的单个扇叶的形状基本相同,两个扇叶的对称分布形态亦基本相同。二者的主要区别是:(1)扇叶的旋转方向呈180°反向(即一审判决认定的区别3);(2)涉案专利的扇叶突出轮毂主体一小部分,并且涉案专利的扇叶比在先设计中的扇叶厚(即一审判决认定的区别4)。

关于上述相同点、区别点对整体视觉效果的影响,(1)由于对称分布的两个扇叶占据了产品的主要视觉部分,更容易被一般消费者所关注,因此,基本相同的扇叶形状以及对称分布形态对整体视觉效果具有显著的影响。(2)扇叶的旋转方向系由风轮的旋转功能所决定,因此,区别3对整体视觉效果不产生显著影响。(3)由于一般消费者施以一般的注意力和分辨力难以观察到二者的扇叶厚度的细微差异,因此,扇叶厚度的区别对整体视觉效果不产生影响;涉案专利的扇叶虽突出于轮毂主体一小部分,但相对于整个扇叶而言,该突出部分所占比例较小,而且在使用状态下,该突出部分位于风轮安装面一侧,难以被一般消费者观察到,因此,区别4对整体视觉效果亦不产生显著影响。

**79** 说明书及附图的例示性描述不用于限制专利权的保护范围(《专利法》第59条)

**案例**:申请再审人徐永伟与被申请人宁波市华拓太阳能科技有限公司侵犯发明专利权纠纷案

案例来源:《最高人民法院知识产权审判案例指导》(第四辑)[(2011)民提字第64号]

主题词:说明书及附图 例示性描述

一、基本案情

申请再审人(一审原告、二审上诉人):徐永伟。

被申请人(一审被告、二审上诉人):宁波市华拓太阳能科技有限公司(以下简称华拓公司)。

申请再审人徐永伟与被申请人华拓公司侵犯发明专利权纠纷一案,浙江省高级人民法院于2010年3月1日作出(2010)浙知终字第11号民事判决,已经发生法律效力。2010年7月,徐永伟向最高人民法院(以下简称最高院)申请再审。

2009年7月，徐永伟以华拓公司侵犯其"太阳能手电筒"发明专利权为由，向浙江省宁波市中级人民法院(以下简称一审法院)提起诉讼。

一审法院认定：徐永伟于2005年1月11日向国家知识产权局申请了一种名称为"太阳能手电筒"的发明专利，国家知识产权局于2008年10月8日授予其发明专利权并公告，专利号为ZL200510023199.0。该专利至今有效。该发明专利的权利要求共8项，权利要求1为：一种太阳能手电筒，包括手电筒的筒体、灯头、灯座、开关，灯头与筒体进行连接，筒体里内置有充电电池作为电源，同时手电筒上安装有控制电源断通的开关，筒体的外表面固定有太阳能电池板，太阳能电池板的输出与筒体内的充电电池进行并联连接，其特征在于所述的太阳能电池板与在外面的、保护太阳能电池板的、透明的罩盖组成可脱卸的部件，同时，筒体的表面开有配合的安装孔，罩盖的前部有前缘部分，与安装孔的前沿呈插接连接，罩盖的后端面上开有小孔，紧固有紧固件，紧固件与筒体的后部里表面进行配合固定，使该部件能够通过可脱卸的连接结构安装固定在筒体的外表面安装孔上。

一审法院认为，在被诉侵权产品与涉案专利权利要求1的比对中，双方当事人对于被诉侵权产品包含权利要求1中前序部分的全部技术特征，均无异议；但对于被诉侵权产品是否包含权利要求1中特征部分的全部技术特征，存在争议。华拓公司提出被诉侵权产品不具备"太阳能电池板与透明罩盖组成可脱卸的部件"和"该部件通过可脱卸的连接结构安装固定在筒体的外表面安装孔上"这两个技术特征。但其在庭审中承认，被诉侵权产品在安装时太阳能电池板和透明罩盖是分离的，两者与手电筒筒体的连接方式也与专利权利要求1所描述的插接连接和紧固件连接相同。同时提到，被诉侵权产品在安装之前筒体的尾端是开放的，太阳能电池板和透明罩盖安装上去后，就通过高压冲压方式将筒体尾端密封起来，非经破坏性方式，筒体后端盖无法打开。因此，华拓公司认为，被诉侵权产品的太阳能电池板和透明罩盖事实上无法脱卸，太阳能电池板与透明罩盖作为整体也无法与筒体脱卸。涉案专利的发明目的之一就是通过可脱卸式的安装结构，以方便拆换太阳能电池板。权利要求1只对太阳能电池板与透明罩盖的连接关系进行了描述，但这种连接方式要实现其发明目的，需建立在手电筒筒体本身可以拆开的基础上。专利说明书的背景技术和实施例描述了筒体后端可以打开后端盖的特征，而被诉侵权产品的筒体后端由于非经破坏性手段不能打开，尽管其太阳能电池板与透明罩盖及两者与筒体的连接方式都与专利一样，也不能实现专利的发明目的。故华拓公司认为被诉侵权产品缺少专利的两个必要技术特征，没有落入涉案专利权的保护范围。对此，原一审法院认为，涉案专利权的保护范围以其独立权利要求的内容为准，独立权利要求包括前序部分和特征部分，特征部分主要记载了"太阳能电池板与在外面的、保护太阳能电池板的、透明的罩盖组成可脱卸的部件"和"筒体的表面开有配合的安装孔，罩盖的前部有前缘部分与安装孔的前沿呈插接连接，罩盖的后端面上开有小孔，紧固有紧固件，紧固件与筒体的后部里表面进行配合固定，使该部件能够通过可脱卸的连接结构安装固定在筒体的外表面安装孔上"这两个技术特征。被诉侵权产品有太阳能电池板，也有透明的罩盖，透明罩盖是在太阳能电池板外面，能保护太阳能电池板，且太阳能电池板与罩盖在安装之前不是直接做成一体，与手电筒筒体也不是直接做成一体，而是作为分离的部件安装到手电筒筒体上去的，因此，被诉侵权产品包含了第一个技术特征；另外，华拓公司也承认被诉侵权产品的太阳能电池板与罩盖是与专利相同的连接结构安装固定在筒体上的，即筒体的表面开有配合的安装孔，罩盖的前部有前缘部分，与安装孔的前沿呈插接连接，罩盖的后端面上开有小孔，紧固有紧固件，紧固件与筒体的后部里表面进行配合固定，使该部件安装固定在筒体的外表面安装孔上的。该陈述与被诉侵权产品所反映的连接结构也相吻合。而专利记载的这种连接结构，就是可脱卸的连接结构的具体化，因此，被诉侵权产品也包含了上述第二个技术特征。至于手电筒筒体尾端是否能打开，并非权利要求记载的必要技术特征，不能以此确定被诉侵权产品是否具有可脱卸部件和可脱卸连接结构的技术特征。筒体尾端能打开，可以更好地实现专利发明目的，反之，则不能认为筒体尾端不能打开，就不具备专利必要技术特征，且被诉侵权产品在安装时筒体尾端是打开的,由于其实施的是专利技术中的可脱卸部件和可脱卸的连接结构,至少安装时可以实现太阳能电池板的拆换。因此,应该认为被诉侵权产品包含了独立权利要求特征部分的全部技术特征。综上,被诉侵权产品全面覆盖了涉案专利的全部必要技术特征,被诉侵权产品落入了涉案专利权的保护范围。华拓公司未经徐永伟的许可,生产、销售、许诺销售落入徐永伟发明专利权保护范围的太阳能手电筒产品,已侵犯了徐永伟的发明专利权,应承担相应的民事责任。

徐永伟、华拓公司均不服一审判决,向浙江省高级人民法院(以下简称二审法院)提起上诉。

二审法院认定的事实与一审查明的事实一致。

二审庭审中,华拓公司对被诉侵权产品与专利前序部分的技术特征相同没有异议,华拓公司认为两者的不同之处就在于,被诉侵权产品不具备专利权利要求1记载"所述的太阳能电池板与在外面的、保护太阳能电池板的、透明的罩盖组成可脱卸的部件",以及"使该部件能够通过可脱卸的连接结构安装固定在筒体的外表面安装孔上"两项技术特征。

二审法院认为,参看涉案专利的说明书以及徐永伟在庭审中的陈述,涉案专利的发明目的在于采用透明的罩盖对太阳能电池板进行保护,防止异物划伤损坏,延长使用寿命,并采用可脱卸式的安装结构,方便其拆换太阳能电池板。为此,涉案专利所采取的技术方案是,将太阳能电池板与透明罩盖组成可脱卸的部件,该部件通过可脱卸的连接结构安装固定在筒体的外表面安装孔上。这一技术方案既方便拆换太阳能电池板,又实现了对太阳能电池板的保护。而比较被诉侵权产品的技术方案,其太阳能电池板与透明罩盖安装固定在筒体的外表面上,并将紧固件与筒体后部里表面进行配合固定,但其手电筒筒体后端盖经过高压冲压后固定在手电筒的筒体上,无法通过人力正常打开。因此,被诉侵权产品的筒体后端盖并不具备涉案专利的"可脱卸的连接结构"这一必要技术特征,从而也使其太阳能电池板与透明罩盖之间无法进行脱卸和更换,也不具备涉案专利的"太阳能电池板与在外面的、保护太阳能电池板的、透明的罩盖组成可脱卸的部件"这一必要技术特征。由于被诉侵权产品缺少涉案专利独立权利要求中的全部必要技术特征,故并未落入涉案专利的保护范围。原一审判决认定事实不清,适用法律错误,应予纠正。二审法院判决撤销一审民事判决。

徐永伟不服原二审判决,向最高院申请再审。

最高院再审查明,原一、二审判决认定的事实基本属实。

最高院再审认为,本案当事人争议的焦点问题表现在,被诉侵权产品的后端盖不能通过人力打开,是否意味着其不具有专利权利要求中的"可脱卸"特征。

1. 能否以"后端盖"限制本案专利权的保护范围?根据《专利法》(2000)第56条的规定,发明或者实用新型专利权的保护范围以其权利要求的内容为准,说明书及附图可以用于解释权利要求。权利要求的作用在于界定专利权的权利边界,说明书及附图主要用于清楚、完整地描述专利技术方案,使本领域技术人员能够理解和实施该专利。而教导本领域技术人员实施专利的最好方式之一是提供实施例,但实施例只是发明的例示,因为专利法不要求、也不可能要求说明书列举实施发明的所有具体方式。因此,运用说明书及附图解释权利要求时,不应当以说明书及附图的例示性描述限制专利权的保护范围。否则,就会不合理地限制专利权的保护范围,有违鼓励发明创造的立法本意。本案中,对于电筒"后端盖",专利权利要求书并未记载,仅是说明书的实施例部分及附图部分有所提及。如上所述,将"后端盖"作为界定本案专利权保护范围的依据之一,是不正确的。

2. "后端盖"是否属于本案专利所述的"可脱卸"部件或连接结构?专利权利要求1记载的技术特征涉及"可脱卸"的有:(1)太阳能电池板与在外面的、保护太阳能电池板的、透明的罩盖组成可脱卸的部件;(2)使该部件能够通过可脱卸的连接结构安装固定在筒体的外表面安装孔上。另据说明书的描述,专利权利要求1中的"可脱卸"是指,电池板与罩盖之间的可脱卸,罩盖、电池板与筒体之间的可脱卸,而后端盖的开合是指,后端盖与筒体之间的可脱卸。显然,后端盖的开合与权利要求书、说明书所述的两个"可脱卸"均非同一含义。此外,专利审查档案记录了专利授权过程,反映了审查员与专利申请人交涉的具体情形,对于专利权保护范围的确定亦有解释作用。本案中,华拓公司在申请再审中提交的专利审查档案显示,所述的可脱卸的连接结构为筒体的表面开有配合的安装孔,罩盖的前部有前缘部分,与安装孔的前沿呈插接连接,罩盖的后端面上开有小孔,紧固有紧固件,紧固件与筒体的后部里表面进行配合固定。故进一步印证,后端盖不属于本案专利所述"可脱卸连接结构"的组成构件。因此,专利权利要求中"可脱卸"部件或者连接机构等技术特征,不受后端盖是否开合的限制。

3. 假使考虑"后端盖"对于专利所述"可脱卸"的影响,"后端盖"的开合是否仅指通过人力实现?徐永伟提交了用以证明通过台钳、人力冲床可以实现后端盖开合的证据,而华拓公司在庭审中并未否认被诉侵权产品的后端盖可以通过非人力方式打开,但主张,专利所称的"可脱卸"仅指通过人力打开后端盖,而不包括借助专业工具。对此,徐永伟认为,太阳能手电筒与普通手电筒不同,更换太阳能电池板时需要电路的焊接,这是普通消费者无法完成的,需要技术人员处理,因此,专业人员通过工具打开后端盖,就可以实现电池板的脱卸。最高院认为,说明书在实施例部分记载"后端盖7拧在筒体1上","打开后端盖7",说明书在背景技术部分提及手电筒的野外使用,但其强调是在无市电充电的野外环境下,利用太阳能进行充电,而不是意味着电池板的拆换也必须在野外完成。因此,通过阅读说明书等专利文件,无法得出后端盖的开合仅指通过人力实现的结论。

综上,被诉侵权产品的后端盖不能通过人力打开,并不意味着其不具有专利权利要求中的"可脱卸"特征。另外,华拓公司认可,被诉侵权产品的太阳能电池板与罩盖在安装之前不是直接做成一体,与筒体也不是直接做成一体,而是作为分离的部件安装到筒体上。而且,被诉侵权产品的太阳能电池板、罩盖安装固定在筒体上的连接方式是,筒体的表面开有配合的安装孔,罩盖的前部有前缘部分,与安装孔的前沿呈插接连接,罩盖的后端面上开有小孔,紧固有紧固件,紧固件与筒体的后部里表面进行配合固定,使该部件安装固定在筒体的外表面安装孔上。因此,被诉侵权产品具备了专利权利要求1的全部技术特征,落入专利权的保护范围,华拓公司的行为构成对涉案专利权的侵犯。

最高院认定,原二审判决认定华拓公司不构成对徐永伟专利权的侵犯,适用法律错误,应予纠正。

## 二、裁判要旨

**No.3-5-59-33** 运用说明书及附图解释权利要求时,不应当以说明书及附图的例示性描述限制专利权的保护范围。

根据现行《专利法》第59条第1款规定,发明或者实用新型专利权的保护范围以其权利要求的内容为准,说明书及附图可以用于解释权利要求的内容。权利要求的作用在于界定专利权的权利边界,说明书及附图,主要用于清楚、完整地描述专利技术方案,使本领域技术人员能够理解和实施该专利。而教导本领域技术人员实施专利的最好方式之一是提供实施例,但实施例只是发明的例示,因为专利法不要求,也不可能要求说明书列举实施发明的所有具体方式。因此,运用说明书及附图解释权利要求时,不应当以说明书及附图的例示性描述限制专利权的保护范围。否则,就会不合理地限制专利权的保护范围,有违鼓励发明创造的立法本意。具体到本案,对于电筒的"后端盖",专利权利要求书并未记载,仅是说明书的实施例部分及附图部分有所提及。因此,不能将"后端盖"作为界定本案专利权保护范围的依据之一。

## 80 外观设计侵权比较中装饰图案的简单替换(《专利法》第59条)

**案例**:申请再审人中山市君豪家具有限公司与被申请人中山市南区佳艺工艺家具厂侵犯外观设计专利权纠纷案
**案例来源**:《最高人民法院知识产权审判案例指导》(第四辑)[(2011)民申字第1406号]
**主题词**:整体视觉效果　简单替换

一、基本案情

申请再审人(一审被告、二审被上诉人):中山市君豪家具有限公司(以下简称君豪公司)。

被申请人(一审原告、二审上诉人):中山市南区佳艺工艺家具厂(以下简称佳艺家具厂)。

申请再审人君豪公司因与被申请人佳艺家具厂侵犯外观设计专利权纠纷一案,不服广东省高级人民法院(2011)粤高法民三终字第 229 号民事判决,向最高人民法院(以下简称最高院)申请再审。

君豪公司申请再审称:(1) 根据《专利法》第 2 条第 4 款和第 59 条第 2 款的规定,外观设计中形状、图案、色彩均是外观设计的保护要素,从本案专利视图可以看出其外观设计包括形状、图案两个要素。若被诉侵权产品侵权,则与涉案专利产品的形状和图案均应相近似,才构成侵权。产品图案的对比主要从图案的题材、构图方法、表现方式及花样大小等方面观察,色彩的不同也可能使图案不同。如果题材相同,但其构图方法、表现方式、花样大小不相同,则对比的图案之间不相同也不相近似。(2) 外观设计中产品的形状和图案对外观的保护同等重要,在侵权判断中具有相同的作用。从《专利法》第 2 条关于外观设计的定义可知,外观设计的形状、图案、色彩三要素间没有等级效力的差别,每一种设计要素均对产品外观设计有同等重要的作用,因此在外观设计的保护中,每一种设计要素均应该同等保护,不能侧重于保护某一个单独的要素,这样就可能扩大或者缩小外观设计专利权的保护范围,违背法律规定。涉案专利设计由形状和图案构成,二者对涉案专利权的保护范围具有同等重要的作用,不能偏废任何一个要素,而二审法院主观地为当事人确定一个要素为显著的设计特征,在产品外观上占有更大比例的图案被认为是局部的、细微的差异,这种观点直接违背了专利法规定的基本原则和申请原则,损害公共利益,对被诉侵权人不利。(3) 被诉侵权产品与涉案外观设计专利的外观明显不同,具有不同的美感和表达方式,其中图案要素在产品外观中所占面积比例较大并且比对图案明显不同,一般消费者不会混淆,因此二者不相同也不相近似,被诉侵权设计没有侵犯涉案外观设计专利权。综上,君豪公司依据《民事诉讼法》第 179 条第 1 款第 2 项的规定申请再审,请求最高院撤销二审判决,驳回佳艺家具厂的全部诉讼请求,并由其承担全部诉讼和保全费用。

佳艺家具厂提交意见认为:被诉侵权产品与涉案专利产品在整体形状、柜体各组成部分的形状以及布局方式等方面基本相同,只是在装饰图案上有差异,而产品的形状是本专利最显著的设计特征,对整体视觉效果影响较大,图案的差异仅是局部的、细微的,所以应当认定二者构成近似。二审判决认定事实清楚、适用法律正确,请求驳回君豪公司的再审申请。

最高院认为:本案的争议焦点是,被诉侵权设计是否落入涉案专利权的保护范围。被诉侵权产品与涉案外观设计专利产品均为蛋形三抽柜,二者为同类产品。将被诉侵权设计与涉案专利设计相比对,二者在柜顶、柜体和柜脚部分的外观形状基本相同,主要的不同之处是装饰图案不同,除前者柜顶无装饰,后者柜顶有百合花装饰外,其余后者以一支飘逸、匀称遍布状百合花装饰的部分,前者均以一团簇状牡丹花装饰。涉案外观设计专利产品名称是"三抽柜(蛋形)",从其产品名称和外观设计照片来看,四方形三抽柜和八边形装饰框与蛋形柜体的组合和布局是涉案专利设计区别于现有设计的设计特征,因此被诉侵权产品和涉案专利产品的外观设计在柜体的整体形状、柜体各组成部分的形状以及布局方式上的基本相同,相比其他设计特征对外观设计的整体视觉效果更具有影响。

被诉侵权设计与涉案专利设计虽然在装饰图案上存在差异,但二者均为花卉图案,图案的题材相同,在柜体的装饰布局上也基本相同,因此被诉侵权设计以牡丹花图案替换涉案专利设计的百合花图案的做法,实质是采用了涉案专利设计的设计方案,这种简单替换所导致的差异,对于整体视觉效果的影响是局部的、细微的,以一般消费者的知识水平和认知能力来判断,该差异不足以将被诉侵权设计和涉案专利设计区分开来,故不属于实质性差异,对判断被诉侵权设计与涉案专利设计在整体视觉效果上构成近似无实质性影响。

综上,被诉侵权设计与涉案专利设计相近似,落入了涉案专利权的保护范围。

二、裁判要旨

No.3-5-59-34 当外观设计专利区别于现有设计的设计特征对于外观设计的整体视觉效果更具有显著影响时,应当比较被诉侵权设计与涉案专利设计在这一区别上的相同或者近似,而不用考量装饰图案的简单替换。

从现行《专利法》第59条可知,外观设计专利权的保护范围以表示在图片或者照片中的该产品的外观设计为准,简要说明可以用于解释图片或者照片所表示的该产品的外观设计。对于外观设计专利侵权纠纷的判断,依照最高人民法院《关于审理侵犯专利权纠纷案件应用法律若干问题的解释》第11条可知,应当人民法院认定外观设计是否相同或者近似时,应当根据授权外观设计、被诉侵权设计的设计特征,以外观设计的整体视觉效果进行综合判断。从《专利审查指南2010》可知,当存在如下情形时,往往易于认定外观设计相同或者近似:(1)施以一般注意力不能察觉到的局部的细微差异;(2)使用时不容易看到或者看不到的部位;(3)将某一设计要素整体置换为该类产品的惯常设计的相应设计要素;(4)将对比设计作为设计单元按照该种类产品的常规排列方式作重复排列或者将其排列的数量作增减变化;(5)互为镜像对称。但授权外观设计区别于现有设计的设计特征相对授权外观设计的其他设计特征,这通常对外观设计的整体视觉效果更具有影响。因此,具体到本案,如果外观设计专利区别现有设计的设计特征对外观设计的整体视觉效果更具有显著影响,应当比较被诉侵权设计与涉案专利设计在这一区别上的相同或近似,具体在本案中,四方形三抽柜和八边形装饰框与蛋形柜体的组合和布局是涉案专利设计区别于现有设计的设计特征,而被诉侵权设计使用这一设计特征,应当视为与涉案专利设计相同或近似。在被诉侵权设计采用了涉案外观设计专利的设计特征的前提下,装饰图案的简单替换,不会影响两者整体视觉效果的近似。

**81** 说明书公开范围的作用(《专利法》第59条)

案例:申请再审人东莞佳畅玩具有限公司、许楚华与被申请人新利达电池实业(德庆)有限公司、肇庆新利达电池实业有限公司及一审被告、二审上诉人国家知识产权局专利复审委员会和一审第三人、二审上诉人四会永利五金电池有限公司等实用新型专利权无效行政纠纷案
案例来源:《最高人民法院知识产权审判案例指导》(第五辑)[(2012)行提字第29号]
主题词:说明书 公开范围

一、基本案情

申请再审人(一审第三人、二审上诉人):东莞佳畅玩具有限公司(以下简称东莞佳畅公司)。
申请再审人(一审第三人、二审上诉人):许楚华。
被申请人(一审原告、二被上诉人):新利达电池实业(德庆)有限公司(以下简称新利达德庆公司)。
被申请人(一审原告、二被上诉人):肇庆新利达电池实业有限公司(以下简称肇庆新利达公司)。
一审被告、二审上诉人:国家知识产权局专利复审委员会(以下简称专利复审委员会)。
一审第三人、二审上诉人:四会永利五金电池有限公司(以下简称四会永利公司)。
一审第三人、二审上诉人:简凤萍。
一审第三人、二审上诉人:松柏(广东)电池工业有限公司(以下简称松柏广东公司)。
一审第三人、二审上诉人:符琼。

申请再审人东莞佳畅公司、许楚华因与被申请人新利达(德庆)公司、肇庆新利达公司,一审被告、二审上诉人专利复审委员会,一审第三人、二审上诉人四会永利公司、简凤萍、松柏广东公司和符琼实用新型专利权无效行政纠纷一案,不服北京市高级人民法院(2011)高行终字第676号行政判决,向最高人民法院(以下简称最高院)申请再审。

北京市第一中级人民法院于2010年12月21日作出(2009)一中知行初字第2300号行政判

决,即本案的一审判决。该一审判决认为:判断专利复审委员会就涉案专利创造性的评述是否正确,其关键在于判断层压结构相对电镀方式而言是否确实更容易导致漏液情况的产生。鉴于鉴定机构依据在先的三份公开出版物已认定:"(1)早期含汞电池所使用的'用薄钢板冲制而成,然后镀镍或镀金'电池盖(电池负极部件),是引起电池泄漏的因素之一。(2)使用由镍、不锈钢、铜复合轧制而成(即具有层压结构)的复合金属带制造的电池盖取代'用薄钢板冲制而成,然后镀镍或镀金'电池盖,是含汞电池克服漏液问题的一项有效手段",因此,在无其他证据足以推翻这一结论的情况下,依据现有证据可以认定层压结构相对于电镀方式而言并不更容易导致漏液情况的产生,反而是电镀方式相比层压方式更容易产生漏液情况。由此可知,专利复审委员会在第 13560 号决定中认定涉案专利权利要求 1 不具有创造性所依据的前提条件不存在。据此判决撤销第 13560 号决定。

专利复审委员会、东莞佳畅公司、许楚华、简凤萍、四会永利公司、符琼、松柏广东公司不服一审判决,向北京市高级人民法院(以下简称北京高院)提出上诉。

北京高院于 2011 年 10 月 31 日作出(2011)高行终字第 676 号行政判决,即本案的二审判决。该二审判决认为:本案中,专利复审委员会采用了多组对比文件评价涉案专利的创造性,涉及的判断思路基本相同。以证据 B1 为例,专利复审委员会认为涉案专利权利要求 1 的技术方案与证据 B1 所披露的内容相比,区别仅在于:权利要求 1 中的"电池负极片"是指"已电镀镍或铜的金属片",而证据 B1 中对应公开的负极集电体的铜层与不锈钢层之间是层压结构。基于上述区别技术特征,涉案专利实际解决的技术问题是:避免了层压结构在冲压过程中发生错位,保证了良好的镀钢效果,从而防止漏液。鉴定机构依据在先的三份公开出版物出具的鉴定结论认定:(1)早期含汞电池所使用的"用薄钢板冲制而成,然后镀镍或镀金"电池盖(电池负极部件),是引起电池泄漏的因素之一。(2)使用由镍、不锈钢、铜复合轧制而成(即具有层压结构)的复合金属带制造的电池盖取代"用薄钢板冲制而成,然后镀镍或镀金"电池盖,是含汞电池克服漏液问题的一项有效手段。尽管上述内容涉及含汞电池所使用的技术,但是,无论是有汞电池还是无汞电池,现有技术中电池盖均可采用电镀及层压结构,因此,电池盖的结构并不因有汞还是无汞而有不同。故上述结论可以用于无汞电池技术领域之中。专利复审委员会及其他 6 个无效宣告请求人,关于有汞电池的鉴定结论不能用于无汞电池创造性判断的上诉主张不能成立,最高院不予支持。鉴于现有技术已经披露,针对解决漏液问题而言,使用层压结构的复合金属带制造的电池盖比镀镍或镀金的电池盖效果更好,而专利复审委员会在以证据 B1 作为最接近的对比文件与涉案专利权利要求 1 相比较确定的区别技术特征所解决的技术问题是,避免了层压结构在冲压过程中发生错位,保证了良好的镀钢效果,从而防止漏液。专利复审委员会的上述认定与现有技术所披露的技术内容相矛盾。因此,上述区别技术特征所解决的技术效果并非避免了层压结构在冲压过程中发生错位,保证了良好的镀铟效果,从而防止漏液。专利复审委员会应当根据该区别技术特征,在充分考虑现有技术及涉案专利的发明目的的基础上,重新确定该区别技术特征所解决的技术问题。鉴于专利复审委员会对区别技术特征所解决的技术问题认定有误,直接影响到对涉案专利创造性的评述,一审判决撤销第 13560 号决定并无不妥。鉴于其他多组对比文件均与上述情形相同,基于同样的理由,对其他多组对比文件不再重复评述。据此判决驳回上诉,维持原判。

东莞佳畅公司和许楚华不服该二审判决,向最高院申请再审。

最高院审理查明:一、二审法院查明的事实基本属实。

最高院另查明:涉案专利说明书记载如下内容:"目前一般电芯电池,因内藏'锌'这种原料,必须加入水银,防止'锌'与其他原料或金属接触时产生气体而膨胀。……在负极片上进行了镀金、镀银、铜、锡、铟等试验,最后发现在负极片上镀铟或锡,可以成功控制电池负极锌膏与负极片接触时产生的气体,……本实用新型是在电池的负极片上镀上一层铟(稀有金属)或锡,镀上铟或锡后的负极片,可以防止'锌'因与负极片接触时所产生的气体膨胀。……按照常规的生产工艺,将金属片制成负极片,电镀镍或铜,然后电镀上一层金属铟或锡。电镀方法是:(1)可将金属片(铁片或不锈钢片)制成负极片,经电镀镍或铜后,再用滚镀的方法镀上一层金属铟或锡。(2)也可将金属片以卷状先镀上镍或铜等,再镀上一层铟或锡,铟或锡可镀在金属片两面之中的一面,然后再制成负极片……"

最高院认为,本案争议的焦点之一在于:如何解释涉案专利权利要求1中"电池负极片"的含义。

最高院认为,涉案专利权利要求1未对电池负极片的结构及成型方法进行具体的限定。根据通常的理解,电池负极片是指用作电池负极的片状物,不仅覆盖了单层的片状物,也覆盖了多层的片状物;不仅覆盖通过电镀方式形成的多层片状物,也覆盖了通过诸如层压的其他方式形成的多层片状物。利用说明书和附图解释权利要求时,应当以说明书为依据,使其保护范围与说明书公开的范围相适应。(1)涉案专利说明书背景技术部分记载:"……必须加入水银,防止'锌'与其他原料或金属接触时产生气体而膨胀。"由此可以看出,涉案专利的申请人从产生发明动机开始直到申请专利之时也未认识到层压结构的电池负极片与电镀结构的电池负极片孰优孰劣,而是认识到水银之所以能够防止漏液,是因为其能够在锌与其他原料或金属之间形成隔离,防止它们之间的接触。故其认为解决钮形电池无汞化问题旨在找到一种能够代替汞的材料,使其亦能够在锌与其他原料或金属之间形成隔离,而未认识到要对电池负极片本身的结构作出专门的改进。(2)涉案专利说明书发明内容部分记载:在负极片上进行镀金、镀银、铜、锡、铟等实验,最后发现在负极片上镀铟或锡,可以成功地控制电池负极锌膏与负极片接触时产生的气体。由此可见,涉案专利的申请人在探索涉案专利的过程中,所做的工作主要是探索在负极片上电镀哪种金属能够成功地控制电池负极锌膏和负极片的接触,而并未针对电池负极片本身的结构变化进行任何尝试性的探索。(3)涉案专利说明书发明内容部分还记载:"本实用新型是在电池的负极片上镀上一层铟稀有金属或锡,镀上铟或锡后的负极片,可以防止'锌'因与负极片接触时所产生的气体膨胀"。由此可见,涉案专利的申请人认为在电池的负极片上镀上铟或锡,可以防止锌与负极片接触而产生气体膨胀,就已经完成了其发明的任务,而没有认识到其已经完成的该项发明是否还有待进一步的改进,诸如要对电池负极片本身的结构作进一步的改进并为此付出了创造性的劳动。(4)涉案专利说明书发明内容部分还记载:电镀方法是① 可将金属片(铁片或不锈钢片)制成负极片,……② ……再镀上一层铟或锡,……然后制成负极片。由此可见,这里制成的负极片既可以是未镀镍或铜之前的金属裸片,也可以是镀完铟或锡的最终产物。故涉案专利的申请人即使在申请专利之时亦未想到要对负极片的概念加以区分,以体现其针对电池负极片的结构作出过改进。综上,涉案专利并非是针对电池负极片的结构作出的改进,新利达德庆公司和肇庆新利达公司认为涉案专利权利要求1的电池负极片特指是电镀结构的主张,均没有事实和法律依据,一、二审判决及第13560号决定将涉案专利权利要求1中的电池负极片解释为特指已镀镍或铜的金属片不当,应当予以纠正。东莞佳畅公司、许楚华等主张的该项理由成立,最高院予以支持。

最后,最高院认为,一、二审判决认定事实不清,适用法律错误,应当予以撤销。第13560号决定虽然在阐述理由上存在不当之处,但作出宣告涉案专利权利要求1—4无效的结果正确,应当予以维持。东莞佳畅公司、许楚华的主要申请再审理由成立,最高院予以支持。

二、裁判要旨

**No.3-5-59-35　解释权利要求时,应使保护范围与说明书公开的范围相适应。**

现行《专利法》第59条第1款规定:"发明或者实用新型专利权的保护范围以其权利要求的内容为准,说明书及附图可以用于解释权利要求的内容。"从这一条款的行文可知,说明书和附图仅是解释权利要求的手段之一。由于说明书的作用在于清楚、完整地公开技术方案,从而保障专利申请人能够获取专利权,因此,利用说明书和附图解释权利要求时,应当以说明书为依据,使其保护范围与说明书公开的范围相适应。本案中,(1)涉案专利说明书背景技术部分记载:必须加入水银,防止'锌'与其他原料或金属接触时产生气体而膨胀。"涉案专利的申请人直到申请专利之时也未认识到层压结构的电池负极片与电镀结构的电池负极片孰优孰劣,而是认识到水银之所以能够防止漏液,是因为其能够在锌与其他原料或金属之间形成隔离,防止它们之间的接触。故其认为解决钮形电池无汞化问题旨在找到一种能够代替汞的材料,使其能够在锌与其他原料或金属之间形成隔离。(2)涉案专利说明书发明内容部分记载:……在负极片上进行镀金、镀银、铜、锡、铟等实验,最后发现在负极片上镀铟或锡可以成功控制电池负极锌膏与负极片接触时产生的气体。由此可见,涉案专利的申请人所做的工作,主要是探索在负极片上电镀哪种金属能够成功地控制电池负极锌膏和负极片的接触,而并未针对电池负极片本身的结构变化进行任何尝试性的探索。(3)涉案专利说明书发明内容部分还记载:"本实用新型是在电池的负极片上镀上一层铟稀有金属或锡,镀上铟或锡后的负极片,可以防止'锌'因与负极片接触时所产生的气体膨胀"。由此可见,涉案专利的申请人认为在电池的负极片上镀上铟或锡,就可以防止锌与负极片接触而产生气体膨胀,就已经完成了其发明的任务。(4)涉案专利说明书发明内容部分还记载:电镀方法是:① 可将金属片(铁片或不锈钢片)制成负极片,……② ……再镀上一层铟或锡,……然后制成负极片。由此可见,这里制成的负极片既可以是未镀镍或铜之前的金属裸片,也可以是镀完铟或锡的最终产物。故涉案专利的申请人即便在申请专利之时,亦未想到要对负极片的概念加以区分,以体现其针对电池负极片的结构作出过改进。综上可知,涉案专利并非是针对电池负极片的结构作出的改进。

### 82 在从属权利要求的基础上维持有效专利权对禁止反悔原则适用的限制(《专利法》第 59 条)

案例:申请再审人中誉电子(上海)有限公司与被申请人上海九鹰电子科技有限公司侵犯实用新型专利权纠纷案
案例来源:《最高人民法院知识产权审判案例指导》(第五辑)[(2011)民提字第 306 号]
主题词:从属权利要求　禁止反悔原则

#### 一、基本案情

申请再审人(一审原告、二审上诉人):中誉公司(以下简称中誉公司)。

被申请人(一审被告、二审被上诉人):上海九鹰电子科技有限公司(以下简称九鹰公司)。

申请再审人中誉电子(上海)有限公司因与被申请人九鹰公司侵犯实用新型专利权纠纷一案,不服上海市高级人民法院(2010)沪高民三(知)终字第 53 号民事判决,向最高人民法院(以下简称最高院)申请再审。

2009 年 8 月,中誉公司向上海市第二中级人民法院提起诉讼。

上海市第二中级人民法院一审查明:(1)田瑜、江文彦是名称为"一种舵机"的实用新型专利权(以下简称涉案专利)的专利权人,专利号为 ZL200720069025。(2)申请日是 2007 年 4 月 17 日,授权公告日是 2008 年 2 月 13 日。涉案专利授权公告的权利要求 1—3 为:"1. 一种模型舵机,其特征在于,包括支架、电机、丝杆和滑块,所述支架包括电机座和滑块座,所述电机设置于所述电机座内,在所述电机的一端设置有一主动齿轮,所述丝杆纵向穿过所述滑块座,在所述丝杆的一端设置有一从动齿轮,所述主动齿轮和所述从动齿轮相互啮合,所述滑块穿在所述丝杆上,并且所述滑块伸出所述滑块,在所述滑块底面设置有一电刷。2. 如权利要求 1 所述的舵机,其特征在于,在所述支架上,设置有固定到一舵机驱动电路板上的固定孔。3. 如权利要求 2 所述的舵机,其特征在于,在所述舵机驱动电路板上,印制有一条形的碳膜和银膜,所述支架通过其上的固定孔固定到所述舵机驱动电路板上,且所述滑块底面上的电刷与该碳膜和银膜相接触。"

2009 年 2 月 10 日,田瑜、江文彦与中誉公司签订《专利实施许可合同》,授予中誉公司涉案专利在中国境内的独占实施许可权,该许可合同于 2009 年 3 月 24 日在国家知识产权局备案。九鹰公司于 2009 年 4 月 20 日就涉案专利向国家知识产权局专利复审委员会(以下简称专利复审委员会)提出无效宣告请求。专利复审委员会于 2009 年 7 月 22 日作出第 13717 号无效宣告请求审查决定(以下简称第 13717 号无效决定),宣告涉案专利的权利要求 1—2,4—6 无效,在权利要求 3 的基础上维持涉案专利权有效。专利权人田瑜、江文彦不服该决定,向北京市第一中级人民法院提起行政诉讼,该院于 2010 年 3 月 10 日作出(2009)一中知行初字第 2726 号行政判决,维持第 13717 号无效决定。

根据九鹰公司的申请,一审法院于 2009 年 11 月 11 日委托科学技术部知识产权事务中心(以下简称知产事务中心)就九鹰公司生产、销售的航模舵机的技术特征与涉案专利的权利要求 3 的技术特征是否相同或等同,以及九鹰公司生产、销售的航模舵机的技术特征是否属于现有技术进行鉴定。知产事务中心于 2010 年 3 月 16 日出具的国科知鉴字[2010]09 号《司法鉴定意见书》认为:(1)被诉侵权产品的技术特征 a—f 与涉案专利权利要求 3 所记载的技术特征 A—F 相同,被诉侵权产品的技术特征 g 与涉案专利权利要求 3 所记载的技术特征 G 等同。(2)被诉侵权产品技术特征 a 与现有技术方案(德国 WES-Technik 生产的 LS 系列比例控制舵机)的技术特征 A′相同,均为"包括支架、电机、丝杆、滑块和含有舵机驱动电路的电路板";现有技术方案技术特征 B′仅能看出所述支架包括滑块座,未发现明显的电机座构造,也未发现所述含有舵机驱动电路的电路板上设置有固定孔,但这种支架在电路板上设置方式的区别属于所属技术领域惯用手段的直接置换,即被诉侵权产品技术特征 b 与现有技术方案的技术特征 B′无实质性差异;在被诉侵权产品技术特征 c 中,所述电机通过电机座设置在电路板上,而现有技术方案的技术特征 C′中,所述电机直接设置在电路板上,这种电机设置方式的区别属于所属技术领域惯用手段的直接置换,即被诉侵权产品技术特征 c 与现有技术方案的技术特征 C′无实质性差异;被诉侵权产品技术特征 d 与现有技术方案的技术特征 D′相同,均为"所述丝杆纵向穿过所述滑块座,在所述丝杆的一端设置有一从动齿轮";被诉侵权产品技术特征 e 与现有技术方案的技术特征 E′相同,均为"所述主动齿轮和所述从动齿轮相互啮合";被诉侵权产品的技术特征 f 包含"在所述滑块底面设置有一电刷",而现有技术方案的技术特征 F′虽未直接披露,但所属领域技术人员根据现有技术文件直接记载的内容和公知常识,可以很容易联想到,现有技术方案隐含了"在所述滑块底面设置有一电刷"的特征,因此被诉侵权产品技术特征 f 与现有技术方案的技术特征 F′无实质性差异;被诉侵权产品技术特征 g 为"在所述含有舵机驱动电路的电路板上,印制有一条形的碳膜和镀金铜条,且所述滑块底面上的电刷与该碳膜和镀金铜条相接触",而现有技术文件未直接记载该项技术特征,但隐含了直线型电位器,而这种直线型电位器的具体结构属于公知常识,因此被诉侵权产品技术特征 g 与公知常识无实质性差异,所属领域技术人员无须经过创造性劳动,就能够在现有技术方案隐含的直线型电位器中采用与公知常识无实质性差异的特定具体结构。

上海市第二中级人民法院一审认为,本案的争议焦点是九鹰公司的现有技术抗辩是否成立?(1)确定九鹰公司提供的现有技术是否属于相对于涉案专利的现有技术?即涉案专利申请日以前在国内外出版物上公开发表、在国内公开使用过或者以其他方式为公众所知的技术。九鹰公司提供的德国 WES-Technik 生产的 LS 系列比例控制舵机在 2005 年第 4 期《航空模型》上已公开发表,早于涉案专利申请日期 2007 年 4 月 17 日,故九鹰公司可以据此进行现有技术抗辩,(2)对被诉侵权产品的技术特征与现有技术进行比较,应限于一项现有技术方案,可以结合所属领域技术人员公知的技术常识。根据知产事务中心《司法鉴定意见书》,被诉侵权产品的技术特征 a、d、e 分别与现有技术方案的技术特征 A′、D′、E′相同,被诉侵权产品的技术特征 b、c、f 分别与现有技术方案的技术特征 B′、C′、F′无实质性差异,被诉侵权产品的技术特征 g 与公知常识无实质性差异。一审法院认为,中誉公司关于知产事务中心鉴定程序违法、鉴定方法错误和鉴定结论含混的主张没有事实和法律依据,不予认可,对该《司法鉴定意见书》依法予以确认。被诉侵权产品的技术方案是一项现有技术与公知常识的简单组合,九鹰公司的现有技术抗辩成立,被诉侵权产品不构成对涉案专利权的侵权。

中誉公司不服该一审判决,向上海市高级人民法院(以下简称上海高院)提起上诉。

上海市高级人民法院二审查明,一审判决认定的事实基本属实。另查明,北京市高级人民法院已于 2010 年 7 月 23 日作出了(2010)高行终字第 705 号行政判决:驳回上诉,维持原判。

上海市高级人民法院二审认为,涉案专利权利要求 1、2 被宣告无效,在权利要求 3 的基础上专利权被维持有效。从属权利要求 3 的保护范围由权利要求 3 附加的技术特征"在所述舵机驱动电路板上，印制有一条形的碳膜和银膜，所述支架通过其上的固定孔固定到所述舵机驱动电路板上，且所述滑块底面上的电刷与该碳膜和银膜相接触"、权利要求 3 所从属的权利要求 2 附加的技术特征"在所述支架上，设置有固定到一舵机驱动电路板上的固定孔"以及权利要求 2 所从属的权利要求 1 记载的全部技术特征共同限定。从属权利要求 3 被维持有效的原因在于在权利要求 1 中增加了从属权利要求 2 以及从属权利要求 3 记载的附加技术特征，这实质上是修改权利要求 1，在权利要求 1 记载的技术方案中增加了从属权利要求 2 和 3 记载的附加技术特征。因此，在界定权利要求 3 保护范围的技术特征中，"在所述支架上，设置有固定到一舵机驱动电路板上的固定孔"与"在所述舵机驱动电路板上，印制有一条形的碳膜和银膜，所述支架通过其上的固定孔固定到所述舵机驱动电路板上，且所述滑块底面上的电刷与该碳膜和银膜相接触"，属于为维持专利权有效限制性修改权利要求而增加的技术特征。由此，可以认定权利要求 3 中技术特征 C（在所述舵机驱动电路板上，印制有一条形的碳膜和银膜，且所述滑块底面上的电刷与该碳膜和银膜相接触）属于为维持专利权有效限制性修改权利要求而增加的技术特征。根据最高人民法院《关于审理侵犯专利权纠纷案件应用法律若干问题的解释》第 6 条的规定，专利权人在无效宣告程序中，通过对权利要求的修改而放弃的技术方案，权利人在侵犯专利权纠纷案件中又将其纳入专利权保护范围的，人民法院不予支持。本案中，涉案专利的技术特征 G 将舵机驱动电路板上作为直线型电位器的导流条明确限定为"银膜"，该具体的限定应视为专利权人放弃了除"银膜"外以其他导电材料作为导流条的技术方案。被诉侵权产品的技术特征 g 为"在所述含有舵机驱动电路的电路板上，印制有一条形碳膜和镀金铜条，且所述滑块底面上的电刷与该碳膜和镀金铜条相接触"，根据知产事务中心的鉴定意见，被诉侵权产品的技术特征 g 与涉案专利的技术特征 G 等同，知产事务中心的该项认定双方当事人均予认可，且无足以推翻该项认定的事实与理由，应予采信。尽管技术特征 g 与技术特征 C 等同，但依据禁止反悔原则，由于除"银膜"外以其他导电材料作为导流条的技术方案被视为是专利权人放弃了的技术方案，因此，以技术特征 g 与技术特征 C 等同为由，认为被诉侵权产品构成等同侵权的结论不能成立。一审法院关于本案等同侵权成立的结论有误，应予纠正。

因此上海市高级人民法院认为，本案因禁止反悔原则的适用，而不构成等同侵权，中誉公司关于本案被诉侵权产品构成专利侵权的主张，不能成立，中誉公司的上诉请求，也应予以驳回。

中誉公司不服该二审判决，向最高院申请再审。

最高院经审理查明，原一、二审法院查明的事实基本属实。

最高院提审认为，本案当事人争议的焦点问题之一为，专利复审委员会决定在权利要求 3 的基础上维持涉案专利权有效，是否导致禁止反悔原则的适用。

1. 禁止反悔原则的法理基础。诚实信用原则作为民法基本原则之一，要求民事主体信守承诺，不得损害善意第三人对其的合理信赖或正当期待，以衡平权利自由行使所可能带来的失衡。在专利授权实践中，专利申请人往往通过对权利要求或说明书的限缩以便快速获得授权，但在侵权诉讼中，又试图通过等同侵权将已放弃的技术方案重新纳入专利权的保护范围。为确保专利权保护范围的安定性，维护社会公众的信赖利益，专利制度通过禁止反悔原则，防止专利权人上述"两头得利"情形的发生。故此，专利权人在专利授权或者无效宣告程序中，通过对权利要求、说明书的修改或者意见陈述而放弃的技术方案，权利人在侵犯专利权纠纷案件中又将其纳入专利权保护范围的，人民法院不应支持。

2. 禁止反悔原则的适用条件。一般情况下，只有权利要求、说明书修改或者意见陈述两种形式，才有可能产生技术方案的放弃，进而导致禁止反悔原则的适用。本案中，独立权利要求 1 及其从属权利要求 2 均被宣告无效，在权利要求 2 的从属权利要求 3 的基础上维持涉案专利有效。问题是，权利要求 3 是否仅仅因此构成对其所从属的权利要求 1—2 的限制性修改。独立权利要求被宣告无效，在其从属权利要求的基础上维持专利权有效，该从属权利要求即实际取代了原独立权利要求的地位。但是，该从属权利要求的内容或者所确定的保护范围并没有因为原独立权利要求的无效而改变。因为,每一项权利要求都是单独的、完整的技术方案,每一项权利要求都应准确、完整地概括申请人在原始申请中各自要求的保护范围,而不论其是否以独立权利要求的形式出现。正基于此,每一项权利要求可以被单独维持有效或宣告无效。每一项权利要求的效力应当被推定为独立于其他权利要求项的效力。即使从属权利要求所从属的权利要求被宣告无效,该从属权利要求并不能因此被认为无效。所以,不应当以从属权利要求所从属的权利要求无效而被简单地认为该从属权利要求所确定的保护范围即受到限制。本案原二审判决认为,从属权利要求3被维持有效的原因在于,在权利要求1中增加了从属权利要求2以及从属权利要求3记载的附加技术特征,这实质上就是修改权利要求1,该认定有所不当。

3. 放弃的认定标准。专利权保护范围是由权利要求包含的技术特征所限定的,故专利权保护范围的变化,亦体现为权利要求中技术特征的变化。在专利授权或无效宣告程序中,专利权人主动或应审查员的要求,可以通过增加技术特征对某权利要求所确定的保护范围进行限制,也可以通过意见陈述对某权利要求进行限缩性解释。禁止反悔原则适用于导致专利权保护范围缩小的修改或者陈述。亦即,由此所放弃的技术方案。该放弃,通常是专利权人通过修改或意见陈述进行的自我放弃。但是,若专利复审委员会认定独立权利要求无效,在其从属权利要求的基础上维持专利权有效,且专利权人未曾作上述自我放弃,则在判断是否构成禁止反悔原则中的"放弃"时,应充分注意专利权人未自我放弃的情形,严格把握放弃的认定条件。如果该从属权利要求中的附加技术特征未被该独立权利要求所概括,则因该附加技术特征没有原始的参照,故不能推定该附加技术特征之外的技术方案已被全部放弃。本案中,九鹰公司称,因为权利要求1—2被宣告无效,而权利要求3是对其进一步限定,故权利要求1—2与权利要求3之间的"领地"被推定已放弃。最高院认为,权利要求3中的"银膜"并没有被权利要求1—2所提及,而且,中誉公司在专利授权和无效宣告程序中没有修改权利要求和说明书,在意见陈述中也没有放弃除"银膜"外其他导电材料作为导流条的技术方案。因此,不应当基于权利要求1—2被宣告无效,而认为权利要求3的附加技术特征"银膜"不能再适用等同原则。

综上,专利复审委员会宣告涉案专利权利要求1—2、4—6无效,在权利要求3的基础上维持专利权有效,二审法院认为涉案权利要求3中的技术特征G实质是修改权利要求而增加的技术特征,该技术特征将导流条明确限定为银膜,应视为专利权人放弃了除"银膜"外其他导电材料作为导流条的技术方案,从而认定被诉侵权产品不构成等同侵权,存在错误,应予纠正。

二、裁判要旨

No.3-5-59-36　如果独立权利要求被宣告无效而在其从属权利要求的基础上维持专利权有效,且专利权人未曾自我放弃,不宜因此即对该从属权利要求适用禁止反悔原则并限制等同侵权原则的适用。

禁止反悔原则适用于导致专利权保护范围缩小的修改或者陈述,亦即由此所放弃的技术方案不应再被纳入专利权的保护范围。这通常是专利权人通过修改或意见陈述进行的自我放弃。但如果独立权利要求被宣告无效而在其从属权利要求的基础上维持专利权有效,且专利权人未曾作上述自我放弃,则应充分注意专利权人未自我放弃的情形,严格把握放弃的认定条件。若该从属权利要求中的附加技术特征未被该独立权利要求所概括,则因该附加技术特征没有原始的参照,故不能推定该附加技术特征之外的技术方案已被全部放弃。本案中,权利要求3中的"银膜"并没有被权利要求1—2所提及,而且,中誉公司在专利授权和无效宣告程序中没有修改权利要求和说明书,在意见陈述中也没有放弃除"银膜"外其他导电材料作为导流条的技术方案。因此,不应当基于权利要求1—2被宣告无效,而认为权利要求3的附加技术特征"银膜"不能再适用等同原则。

**83** 写入权利要求的使用环境特征属于必要技术特征(《专利法》第59条)
案例:申请再审人株式会社岛野与被申请人日骋公司侵犯发明专利权纠纷案
案例来源:《最高人民法院知识产权审判案例指导》(第五辑)[(2012)民提字第1号]

主题词：使用环境特征　必要技术特征

一、基本案情

申请再审人（一审原告、二审上诉人、原申请再审人）：株式会社岛野。

被申请人（一审被告、二审被上诉人、原被申请人）：宁波市日骋工贸有限公司（以下简称日骋公司）。

申请再审人株式会社岛野与被申请人日骋公司侵犯发明专利权纠纷一案，申请再审人株式会社岛野不服中华人民共和国浙江省高级人民法院（以下简称一审法院）（2009）浙民再字第135号民事判决，向最高人民法院（以下简称最高院）申请再审。

一审法院认为，株式会社岛野是本案专利的专利权人，本案专利处于有效状态，受法律保护。关于被诉侵权产品RD-HG-30A、RD-HG-40A型自行车后拨链器实物是否系日骋公司制造的问题，因被诉侵权产品系上海市华诚律师事务所人员到日骋公司生产经营场所购买，购买过程有上海市黄浦区第一公证处公证证明，该被诉侵权产品上有日骋公司的"SUNRUN"商标，因此被诉侵权产品可以认定系日骋公司制造。因株式会社岛野提供的被诉侵权产品尚未被安装在自行车上，因此自然不具备权利要求1中的"所述自行车车架具有形成在自行车车架的后叉端(51)的换挡器安装延伸部(14)上的连接结构(14a)"的技术特征，也不清楚具体的安装方式。株式会社岛野认为，被诉侵权产品在实际使用过程中必然要具备本案专利所述的所有必要技术特征，而日骋公司对此表示否定，因此本案焦点在于被诉侵权产品在使用中是否必然要具备本案专利所述的所有必要技术特征。比较本案专利的授权文本与原始公开文本中权利要求1的内容，可以清楚地看出株式会社岛野为获得本案专利授权，在保护内容和范围上所作的明显缩小的修改。株式会社岛野第一次公开的原始文本的权利要求1，对后换挡器支架所安装的自行车车架结构及具体安装方式并没有限定，修改后的第二次公开的原始文本的权利要求1，对后换挡器支架所安装的自行车车架结构作了限定，即"所述自行车车架具有形成在自行车车架的后叉端(51)的换挡器安装延伸部(14)上的连接结构(14a)"，也即该后换挡器支架一定要安装在专利所述结构的自行车车架上才能构成侵权，该特定的自行车车架结构构成了专利的必要技术特征之一，最后的授权文本除对上述自行车车架结构作同样的限定外，对具体的安装方式也作了限定，在此前提下，株式会社岛野才获得了本案专利的授权。因此本案专利权利要求1所述的特定的自行车车架结构，及特定的安装方式是本案专利的两个必要技术特征。按株式会社岛野所述，即认为被诉侵权产品在实际使用过程中必然要具备本案专利所述的所有必要技术特征，则株式会社岛野在第一次撰写专利权利要求书时就会将所有的必要技术特征全部撰写清楚，否则就变成了无法实施的专利，而事实并非如此。在株式会社岛野未对特定的自行车车架结构及特定的安装方法限定前，国家知识产权局认为该"后换挡器支架"属于已有技术，缺乏新颖性，不能授予专利。这一方面说明了该"后换挡器支架"可以安装在其他结构的自行车车架上，否则就谈不上属于已有技术，另一方面也说明了株式会社岛野原来希望该"后换挡器支架"安装的自行车车架范围广，只因无法获得专利授权，所以才对该"后换挡器支架"安装的自行车车架结构及安装方法作了限定。由此可见，株式会社岛野认为被诉侵权产品在使用过程中只能借助本案专利提供的安装方法被安装在如权利要求1中所述结构的自行车车架上，否则就不能使用的观点与事实不符，也与株式会社岛野在专利申请过程中的情况不符，该观点不予采信。专利的权利要求是由发明的技术特征组成的完整的技术方案，发明专利权的保护范围以其权利要求的内容为准，法院确定专利权保护范围必须严格依照权利要求，不能任意减少权利要求里的技术特征，扩大专利保护范围，也不能允许专利权人在申请专利时为了获得专利权而限制缩小保护范围，获得专利权后又作出相反的解释。既然本案专利后换挡器支架可以安装在其他结构的自行车车架上，而被诉侵权产品因尚未被安装在自行车上，对其安装后是否具备"所述自行车车架具有形成在自行车车架的后叉端(51)的换挡器安装延伸部(14)上的连接结构(14a)"这一必要技术特征，及安装方式是否如本案专利权利要求所述并不清楚，因此该被诉侵权产品是否构成侵权的比对条件尚不具备，株式会社岛野认为被诉侵权产品已构成侵权的诉请不成立，不予支持。依照《民事诉讼法》(1991)第 64 条第 1 款、《专利法》(2000)第 56 条第 1 款的规定，浙江省宁波市中级人民法院于 2005 年 3 月 15 日作出(2004)甬民二初字第 240 号民事判决，驳回株式会社岛野的诉讼请求。案件受理费 7 010 元，证据保全费 1 000 元，合计 8 010 元，由株式会社岛野负担。

株式会社岛野不服一审判决，向中华人民共和国浙江省高级人民法院提出上诉。二审法院重点对如下证据进行了审查：

1. 一审期间，株式会社岛野提供了《中华人民共和国行业标准—自行车工业标准—自行车车架》(QB1880—1993)，欲证明根据行业标准生产的自行车车架应当具有本案专利所述的延伸部，被诉侵权产品安装在自行车上必须借助该安装延伸部，由此该技术特征必然落入本案专利保护范围。经一审庭审质证，日骋公司认为，该行业标准不是本案专利说明书的组成部分，不能用于对专利权利要求的范围进行解释，与本案没有关联性。该行业标准提供了车架技术规范，不仅包括具有延伸部的车架，也包括不具有延伸部的车架，即行业标准并不要求所有的自行车架必须具有延伸部，该标准也不能得出将被诉侵权产品安装在自行车上必然落入专利的保护范围，更不能用于解释本案专利的保护范围。据此，一审法院认为该证据与本案没有关联性，并无不当。

2. 一审庭审中，日骋公司认为其生产的产品可以安装在没有延伸部的自行车车架上，并当庭进行了演示。株式会社岛野认为，日骋公司将其产品直接安装在没有延伸部的自行车上，增加了一个垫圈，属于增加了技术特征，不能视为没有落入专利保护范围，并对取消垫圈后的安装效果进行演示。对该节庭审事实，一审法院没有在判决书中予以判定，存在不妥之处。二审法院认为，根据一审庭审的演示，被诉侵权产品可以通过增加垫圈的方式直接安装在没有支架延伸部的自行车上。以增加垫圈的方式进行安装是一种公开的、常规的机械安装技术，不能视为被诉侵权产品安装在没有支架延伸部的自行车上就不能正常使用。由此，一审判决认定被诉侵权产品可以安装在其他结构的自行车车架上，并无不当。

3. 二审庭审中株式会社岛野提供了两份证据保全公证文书：一是 2005 年 5 月 9 日上海市黄浦区第一公证处出具的公证书。载明：2005 年 5 月 6 日上海市华诚律师事务所人员与公证人员一起到上海新国际博览中心举行的第十五届中国国际自行车展览会上，取得了杭州骏骐车业有限公司自行车上使用的日骋公司生产的被诉侵权产品的安装状态实例。欲以证明被诉侵权产品只能安装在特定的自行车车架上。二是 2005 年 6 月 13 日杭州市拱墅区公证处出具的公证书。载明：2005 年 5 月 23 日浙江天册律师事务所人员与公证人员一起到浙江自行车市场内，取得了杭州江凯五金交电化工有限公司出售的由深圳喜德胜自行车有限公司生产的山地自行车侵害了本案专利的状态实例。欲以证明日骋公司生产的被诉侵权产品只能以实例表示的特定方式安装在该特定的自行车车架上。经庭审质证，日骋公司认为：关于公证书 1，杭州骏骐车业有限公司与日骋公司无关，其展示的自行车也与日骋公司无关联；从公证取证的照片中，不能反映后拨链器的结构，与专利技术无法对比；公证取证的自行车车架不是日骋公司生产，日骋公司也没有在其车架上安装后拨链器的行为。关于公证书 2，不能反映深圳喜德胜自行车有限公司与日骋公司之间有关联；取证的照片不能看出后拨链器与车架的结构，车架也不是日骋公司生产，安装后拨链器的行为也不是日骋公司进行。二审法院认为，上述公证文书的真实性在日骋公司不能提供充分证据推翻的情况下予以认定；但两份公证文书的内容不能证明两个自行车生产厂商与日骋公司之间存在法律上的关联，也不能证明后拨链器与车架之间的安装行为系由日骋公司完成；从安装方式看，最多证明有两个自行车生产厂家将被诉侵权产品通过某一相同的方式将后换挡器连接安装在自行车后车架的延伸部，不能证明所有被诉侵权产品要与自行车后车架连接必须采取该方法。故该两个证据尚不能证明日骋公司存在侵犯本案专利权的行为。

4. 株式会社岛野在上诉时提出取证申请，要求二审法院到杭州骏骐车业有限公司对自行车整车的装配情况进行调查，查清被诉侵权产品的真实使用状态。二审法院经审查认为，株式会社岛野在二审庭审中已经通过公证取证的方式提供了该方面的证据，且该申请不符合最高人民

使用环境特征・必要技术特征

法院《关于民事诉讼证据的若干规定》第15条和第17条的规定,故不予准许。

二审法院认为:根据本案专利权利要求书的记载,本案专利的主要技术特征包括结构特征和安装特征两部分。对此株式会社岛野表示认同。将被诉侵权产品与本案专利的结构特征相比,两者相同,双方当事人对此亦无异议。本案的争议焦点是被诉侵权产品是否具有本案专利的安装特征。一审法院结合权利人在专利审批中为确保其专利具有新颖性,对专利权利要求的保护范围作了限制承诺的书面声明,对本案专利的安装特征进行了界定,并无不当。根据独立权利要求1及专利权人在专利审批时的书面声明,本案专利的安装特征是:所述自行车车架具有形成在自行车车架的后叉端(51)的换挡器安装延伸部(14)上的连接结构(14a);所述第一连接结构(8a)和所述第二连接结构(8b)的布置应使所述支架体(8)安装在所述后叉端(51)上时,所述的第一连接结构(8a)提供的连接点是在所述第二连接结构(8b)提供的连接点的下方和后方,即至少具备以下两个安装特征:(1)具有后叉端的自行车车架;(2)安装在车架后叉端的延伸部上。而日骋公司生产的被诉侵权产品仅具备专利权利要求中的结构特征,日骋公司没有进行安装行为,被诉侵权产品不具有专利权利要求中的安装特征,没有落入本案专利保护范围,不构成专利侵权。株式会社岛野在二审庭审中进一步提出,虽然日骋公司自己没有进行安装,但他人要使用被诉侵权产品必然要按照本案专利安装特征表述的方式进行安装,至少构成间接侵权。对此,二审法院认为,我国专利法律、法规尚没有关于专利间接侵权的规定,司法实践中认定构成专利间接侵权,要以存在专利直接侵权为前提。本案中不存在直接侵权,故不能认定日骋公司构成间接侵权。据上,本案专利包括结构特征和安装特征两部分,但被诉侵权产品仅具备本案专利的结构特征,日骋公司没有进行安装行为,该被诉侵权产品也可以按本案专利限定外的其他方式进行安装,故日骋公司的行为不构成专利侵权。一审判决认定事实清楚,适用法律正确。根据《民事诉讼法》(1991)第153条第1款第1项的规定,浙江省高级人民法院于2005年10月28日作出(2005)浙民三终字第145号民事判决,判决如下:驳回上诉,维持原判。二审案件受理费7010元,由株式会社岛野负担。

株式会社岛野不服二审判决,向最高院申请再审。最高院于2009年10月20日作出(2008)民监字第197号民事裁定,指令浙江高院再审。再审阶段,双方当事人均未提供新证据。

浙江高院再审认为,本案争议焦点为被诉侵权产品是否落入本案专利保护范围?

关于株式会社岛野提出的原审判决对本案专利权利要求1的技术特征的划分及认定被诉侵权产品未落入专利保护范围是否妥当的问题。本案专利权利要求1为:

1. 前序部分。一种用于将后换挡器(100)连接到自行车车架(50)上的自行车后换挡器支架,所述后换挡器具有支架件(5)、用于支撑链条导向装置(3)的支撑件(4),以及一对用于连接所述支撑件(4)和所述支架件(5)的连接件(6、7),所述自行车车架具有形成在自行车车架的后叉端(51)的换挡器安装延伸部(14)上的连接结构(14 a),所述后换挡器支架包括:一由大致L形板构成的支架体(8);设在所述支架体(8)一端近旁,用于将所述后换挡器(100)的所述支架件(5)连接到所述支架体(8)上、可绕第一轴线(91)枢转的第一连接结构(8a);设在所述支架体(8)另一端近旁,用于将所述支架体(8)连接到所述自行车车架(50)的所述连接结构(14a)上的第二连接结构(8b),以及用于与所述换挡器安装延伸部(14)接触从而使所述后换挡器(100)相对于所述后叉端(51)以一种预定的姿势定位的定位结构(8c)。

2. 特征部分。其特征在于:所述第一连接结构(8a)和所述第二连接结构(8b)的布置应使当所述支架体(8)安装在所述后叉端(51)上时,所述的第一连接结构(8a)提供的连接点是在所述第二连接结构(8b)提供的连接点的下方和后方。根据上述权利要求的表述,其主要技术特征应包括结构特征和安装特征两部分,其中体现安装特征的表述为:"所述自行车车架具有形成在自行车车架的后叉端(51)的换挡器安装延伸部(14)上的连接结构(14a);所述第一连接结构(8a)和所述第二连接结构(8b)的布置应使当所述支架体(8)安装在所述后叉端(51)上时,所述的第一连接结构(8a)提供的连接点是在所述第二连接结构(8b)提供的连接点的下方和后方。"即,本案专利至少具备两个安装特征:(1)具有后叉端的自行车车架;(2)支架体安装在自行车

使用环境特征·必要技术特征

后叉端上。株式会社岛野在再审阶段对上述本案专利技术特征的划分予以否认,既不符合专利权利要求的表述,也与其在二审过程中认同这一划分的看法及申请专利时的明确陈述("本发明与对比文件3的自行车换挡器的安装方式是不同的特征")自相矛盾。虽然被诉侵权产品结构特征与本案专利产品相同,但由于本案专利权利要求包括具体的安装特征,而被诉侵权产品尚未被安装在自行车上,安装后是否必然具备专利权利要求所述安装特征尚不明确。申请再审人认为,被诉侵权产品实际使用中必然会具备本案专利所述的所有必要技术特征。但是,一方面,在株式会社岛野对特定的自行车车架结构及安装方法作出明确限定前,国家知识产权局认为后换挡器支架属于已有技术,缺乏新颖性,说明该"后换挡器支架"不仅能安装在具有后叉端的自行车车架上,也可以安装在其他结构的自行车车架上。另一方面,日骋公司在一审法庭上演示了通过增加垫圈方式将被诉侵权产品直接安装在没有支架延伸部的自行车上,说明常规的机械安装技术即可避免该被诉侵权产品落入专利保护范围,故株式会社岛野的上述推论依据并不充分。株式会社岛野尚无法证明日骋公司的行为构成侵犯本案专利权。

关于株式会社岛野所称原审判决对两份重要证据或者不予采信或者未进行质证的问题。就株式会社岛野提交的《中华人民共和国行业标准—自行车工业标准—自行车车架》(QB1880-93)而言,该行业标准并不要求所有的自行车架必须具有延伸部,不能用于解释本案专利的保护范围,更无法证明被诉侵权产品落入专利保护范围,原审判决对该证据不予采信并无不妥。一审期间,当事人各自当庭演示了被诉侵权产品在自行车上的安装效果情况,一审判决未对该情况予以表述,但二审判决作了相应纠正。故株式会社岛野的相关申请再审理由亦不能成立。综上,本案专利的主要技术特征包括结构特征和安装特征,虽然被诉侵权产品具备了专利的结构特征,但由于日骋公司未实施安装行为,而株式会社岛野无法证明被诉侵权产品必然具备专利权利要求所述的安装特征,故日骋公司的被诉行为不构成侵权。株式会社岛野的申请再审理由不能成立,不予支持。原审判决认定事实及适用法律并无不当,应予维持。

株式会社岛野不服再审判决,向最高院申请再审。

最高院认为,本案侵权行为发生在2008年修正的《专利法》施行之前,应适用2000年修正的《专利法》。结合本案当事人的申请再审理由、被申请人的答辩及本案事实,本案当事人争议的一个焦点问题在于:本案专利权利要求1中的使用环境特征对权利要求保护范围是否具有限定作用及其限定程度。

使用环境特征是指权利要求中用来描述发明所使用的背景或者条件的技术特征。关于使用环境特征对权利要求保护范围的限定作用及其程度,关于这一问题,最高院分析如下:

1. 使用环境特征对于保护范围的限定作用。凡是写入权利要求的技术特征,均应理解为专利技术方案不可缺少的必要技术特征,对专利保护范围具有限定作用,在确定专利保护范围时必须加以考虑。已经写入权利要求的使用环境特征属于权利要求的必要技术特征,对权利要求的保护范围具有限定作用。本案专利的保护主题是"自行车后换挡器支架",但是权利要求1在描述该后换挡器支架的结构特征的同时,也限定了该后换挡器支架所用以连接的后换挡器以及自行车车架的具体结构。这些关于后换挡器支架所连接的后换挡器及自行车车架的特征,实际上限定了后换挡器支架所使用的背景和条件,属于使用环境特征,对于权利要求1所保护的后换挡器支架具有限定作用。权利要求1所保护的后换挡器支架所使用的自行车车架的特征是,"所述自行车车架具有形成在自行车车架的后叉端(51)的换挡器安装延伸部(14)上的连接结构(14a)"(简称使用环境特征1)。权利要求1所保护的后换挡器支架所使用的后换挡器的特征是,"所述后换挡器具有支架件(5)、用于支撑链条导向装置(3)的支撑件(4),以及一对用于连接所述支撑件(4)和所述支架件(5)的连接件(6、7)"(简称使用环境特征2)。它们与权利要求1的其他特征一起,组成一个完整的技术方案,共同限定了权利要求1的保护范围。

2. 使用环境特征对于保护范围的限定程度。此处的限定程度是指使用环境特征对权利要求的限定作用的大小,具体地说是指,该种使用环境特征限定的被保护的主题对象必须用于该种使用环境,还是可以用于该种使用环境即可。使用环境特征对于保护范围的限定程度需要根据个案情况具体确定。一般情况下,使用环境特征应该理解为要求被保护的主题对象可以使用于该种使用环境即可,不要求被保护的主题对象必须用于该种使用环境。但是,如果本领域普通技术人员在阅读专利权利要求书、说明书以及专利审查档案后可以明确而合理地得知被保护对象必须用于该种使用环境,则该使用环境特征应被理解为要求被保护对象必须使用于该特定环境。本案专利权利要求1对所保护的后换挡器支架,限定了两个使用环境特征,对此分别分析如下:(1)关于使用环境特征1(自行车车架的结构特征)。本案专利申请在实质审查过程中经过了多次修改。针对国家知识产权局第一次审查意见通知书所提到的对比文件1(US5082303号美国专利),为了将本专利申请所要求保护的后换挡器支架与该对比文件公开的悬挂构件(18)相区别,株式会社岛野在意见陈述书中明确指出,对比文件1中所述的悬挂构件(18)是垂直下降组件一部分,由垂直下降构件(16)、悬挂构件(18)以及用于将悬挂构件(18)连接至下降构件上的装置(16)等组合起来,才相当于本案专利申请中的带后拨链器安装延伸部(14)的后叉端(51)的结构。根据株式会社岛野所述,本案专利所保护的后换挡器支架,只能与带后拨链器安装延伸部的后叉端相连接,而不能成为自行车车架后叉端垂直下降组件的构成部分。针对国家知识产权局第一次审查意见通知书所提到的对比文件2(EP0013136号欧洲专利),为了将本专利申请所要求保护的后换挡器支架与该对比文件公开的下降组件相区别,株式会社岛野在意见陈述书中明确指出,该对比文件所述的叉端是一个水平方向开槽的下降组件,该对比文件并没有公开或者提出本发明申请的特征,特别是支架体没有被连接至垂直下降组件或L形板上。这一意见表明,本专利所保护的后换挡器支架必须安装在具有换挡器安装延伸部的自行车车架后叉端上,而不能安装在具有水平方向开槽的下降组件的自行车车架后叉端上。因此,对于使用环境特征1,应该理解为本案专利所保护的自行车后换挡器支架必须使用在具有使用环境特征1的自行车车架后叉端上。(2)关于使用环境特征2(后换挡器的结构特征)。针对国家知识产权局第二次审查意见通知书所提到的对比文件3(US4690663号美国专利),为了将本专利申请所要求保护的后换挡器支架与该对比文件公开的基座件1相区别,株式会社岛野再次修改了权利要求1,增加了关于后换挡器的结构特征。株式会社岛野在意见陈述书中明确指出,该对比文件提到的基座件1,实际上是换挡器四连杆机构之中的一个组成构件,其一端通过水平轴6和通孔11连接至自行车车架后叉端的换挡器安装延伸部上的螺纹孔101b,故该基座件1并不相当于本申请中的支架体8。株式会社岛野还进一步指出,该对比文件3公开的换挡器是直接安装在自行车车架后叉端的换挡器安装延伸部上,与此不同,本发明公开的是一种将后换挡器(100)连接到自行车车架(50)上的自行车后换挡器支架,后换挡器具有支架件(5)、用于支撑链条导向装置(3)的支撑件(4)以及一对用于连接所述支撑件(4)和所述支架件(5)的连接件(6,7),而本发明是将上述后换挡器的上述支架件(5)连接到上述支架的支架体(8)的一端,然后再将上述支架体(8)的另一端连接至自行车车架后叉端(51)的换挡器安装延伸部(14)上。根据株式会社岛野所述,本专利所保护的后换挡器支架必须与后换挡器的支架件(5)相连接,而不能成为后换挡器自身的组成部分。可见,本专利所保护的后换挡器支架必须用于权利要求1所述的具有支架件(5)、用于支撑链条导向装置(3)的支撑件(4)、以及一对用于连接所述支撑件(4)和所述支架件(5)的连接件(6,7)的后换挡器上。因此,对于使用环境特征2,应该理解为本案专利所保护的自行车后换挡器支架,必须用于具有使用环境特征2的后换挡器上。

综上,本案专利的使用环境特征对保护范围具有限定作用,本案专利所保护的自行车后换挡器支架,必须用于该使用环境。株式会社岛野关于本案专利权利要求中出现的使用环境特征,不构成本案专利的必要技术特征,不影响权利要求的保护范围的申请再审理由不能成立,不予支持。

不过,最高院最后认为,本案被诉侵权产品落入本案专利保护范围,日骋公司生产和销售RD-HG-30A、RD-HG-40A型自行车后拨链器产品的行为,侵犯了株式会社岛野的本案专利权。原审法院对本案事实的认定有所失误,适用法律亦有不当之处,应予纠正。

使用环境特征·必要技术特征

## 二、裁判要旨

**No.3-5-59-37** 已经写入权利要求的使用环境特征属于必要技术特征,对于权利要求的保护范围具有限定作用,且限定程度应当根据个案情况具体确定。

凡是写入权利要求的技术特征,均应理解为专利技术方案不可缺少的必要技术特征,对专利保护范围具有限定作用,在确定专利保护范围时必须加以考虑。已经写入权利要求的使用环境特征属于权利要求的必要技术特征,对于权利要求的保护范围具有限定作用。由于使用环境特征是指权利要求中用来描述发明所使用的背景或者条件的技术特征,因此,应当考量使用环境特征对权利要求的限定作用的大小,具体地说,是指该种使用环境特征限定的被保护的主题对象必须用于该种使用环境,还是可以用于该种使用环境即可。使用环境特征对于保护范围的限定程度需要根据个案情况具体确定。一般情况下,使用环境特征应该理解为要求被保护的主题对象可以使用于该种使用环境即可,不要求被保护的主题对象必须用于该种使用环境。但是,如果本领域普通技术人员在阅读专利权利要求书、说明书以及专利审查档案后可以明确而合理地得知被保护对象必须用于该种使用环境,则该使用环境特征应被理解为要求被保护对象必须使用于该特定环境。本案中,本案专利的保护主题是"自行车后换挡器支架",但是权利要求1在描述该后换挡器支架的结构特征的同时,也限定了该后换挡器支架所用以连接的后换挡器以及自行车车架的具体结构。这些关于后换挡器支架所连接的后换挡器及自行车车架的特征,实际上限定了后换挡器支架所使用的背景和条件,属于使用环境特征,对于权利要求1所保护的后换挡器支架具有限定作用。

## 84 外观设计专利产品类别的确定(《专利法》第59条)

**案例**:申请再审人法国弓箭玻璃器皿国际实业公司与被申请人义乌市兰之韵玻璃工艺品厂侵犯外观设计专利权纠纷案

**案例来源**:《最高人民法院知识产权审判案例指导》(第五辑)[(2012)民申字第54号]

**主题词**:产品类别 产品用途

### 一、基本案情

申请再审人(一审原告、二审被上诉人):法国弓箭玻璃器皿国际实业公司(ARC INTERNATIONAL,以下简称弓箭国际)。

被申请人(一审被告、二审上诉人):义乌市兰之韵玻璃工艺品厂(以下简称兰之韵厂)。

被申请人(一审被告):深圳市鑫辉达贸易有限公司(以下简称鑫辉达公司)。

申请再审人弓箭国际因与被申请人兰之韵厂侵犯外观设计专利权纠纷一案,不服中华人民共和国浙江省高级人民法院(2010)浙知终字第152号民事判决,向最高人民法院(以下简称最高院)申请再审。

最高院审查查明:弓箭国际向中华人民共和国国家知识产权局申请了一种名称为"餐具用贴纸(十四)"的外观设计专利,于2004年4月21日获得授权并公告,专利号为ZL200330100096.1。专利图形主视图显示:由多个无规则摆放的苹果组成,苹果的颜色呈淡黄绿色,弓箭国际请求保护色彩。2006年12月27日,上述专利权人变更为弓箭国际,该权利至今有效。被诉侵权产品是印有相同形状图案的杯子,只是其中苹果的颜色为绿色。弓箭国际确认被诉侵权产品上的图案系油墨印刷形成。

最高院认为,外观设计应当以产品为依托,不能脱离产品独立存在。因为外观设计专利必须附着在产品载体上,所以外观设计专利需要和产品一起保护。最高人民法院《关于审理侵犯专利权纠纷案件应用法律若干问题的解释》(以下简称《司法解释》)第8条规定:"在与外观设计专利产品相同或者相近种类产品上,采用与授权外观设计相同或者近似的外观设计的,人民法院应当认定被诉侵权设计落入专利法第五十九条第二款规定的外观设计专利权的保护范围。"可见,确定被诉侵权产品与涉案外观设计专利产品是否属于相同或者相近的种类是判断被诉侵权设计是否落入外观设计专利权保护范围的前提。上述《司法解释》第9条规定:"人民法院应当根据外观设计产品的用途,认定产品种类是否相同或者相近。确定产品的用途,可以参考外观设计的简要说明、国际外观设计分类表、产品的功能以及产品销售、实际使用的情况等因素。"涉案专利产品是"餐具用贴纸",其用途是美化和装饰餐具,具有独立存在的产品形态,可以作为产品单独销售。被诉侵权产品是杯子,其用途是存放饮料或食物等,虽然被诉侵权产品上印刷有与涉案外观设计相同的图案,但该图案为油墨印刷而成,不能脱离杯子单独存在,不具有独立的产品形态,也不能作为产品单独销售。被诉侵权产品和涉案专利产品用途不同,不属于相同种类产品也不属于相近种类产品。因此,被诉侵权设计未落入涉案外观设计专利权保护范围,弓箭国际的申请再审理由不成立。

二、裁判要旨

No.3-5-59-38  确定外观设计专利产品类别,应以具有独立存在形态、可以单独销售的产品的用途为依据。

外观设计应当以产品为依托,不能脱离产品独立存在。因为外观设计专利必须附着在产品载体上,所以外观设计专利需要和产品一起保护。《司法解释》第8条规定:"在与外观设计专利产品相同或者相近种类产品上,采用与授权外观设计相同或者近似外观设计的,人民法院应当认定被诉侵权设计落入专利法第五十九条第二款规定的外观设计专利权的保护范围。"可见,确定被诉侵权产品与涉案外观设计专利产品是否属于相同或者相近的种类,是判断被诉侵权设计是否落入外观设计专利权保护范围的前提。《司法解释》第9条规定:"人民法院应当根据外观设计产品的用途,认定产品种类是否相同或者相近。确定产品的用途,可以参考外观设计的简要说明、国际外观设计分类表、产品的功能以及产品销售、实际使用的情况等因素。"因此,外观设计产品的用途亦是相同或者近似判断的重要依据。本案中,涉案专利产品是"餐具用贴纸",其用途是美化和装饰餐具,具有独立存在的产品形态,可以作为产品单独销售。被诉侵权产品是杯子,其用途是存放饮料或食物等,虽然被诉侵权产品上印刷有与涉案外观设计相同的图案,但该图案为油墨印刷而成,不能脱离杯子单独存在,不具有独立的产品形态,也不能作为产品单独销售。被诉侵权产品和涉案专利产品用途不同,不属于相同种类产品也不属于相近种类产品,故而也不构成外观设计专利侵权行为。

85 权利要求技术特征的划分标准(《专利法》第59条)

案例:申请再审人张强与被申请人烟台市栖霞大易工贸有限公司、魏二有侵犯专利权纠纷案
案例来源:《最高人民法院知识产权审判案例指导》(第五辑)[(2012)民申字第137号]
主题词:技术功能  技术特征

一、基本案情

申请再审人(一审原告、二审上诉人):张强。

被申请人(一审被告、二审被上诉人):烟台市栖霞大易工贸有限公司(以下简称大易工贸公司)。

被申请人(一审被告、二审被上诉人):魏二有。

申请再审人张强因与被申请人大易工贸公司、魏二有侵犯专利权纠纷一案,不服山东省高级人民法院(2011)鲁民三终字第160号民事判决,向最高人民法院(以下简称最高院)申请再审。

最高院审查查明:涉案专利权利要求1记载,涉案专利包含语音处理芯片、音乐芯片、放音部件。其说明书记载,语音系统可实时播报每次拳击的力度大小和伴奏音乐;语音系统有语音芯片、音乐芯片、音频功能输出极和喇叭构成,由单片机输出的寻址指令控制器实时参量(出拳的力度)的即时播报,而伴奏乐曲的选择和播放则是单片机在预置时根据键盘输入指令,寻址选通音乐芯片的某一曲目播放。双方当事人认可,被诉侵权产品具有语音处理芯片和放音部件,

具备语音提示功能。

涉案专利权利要求1记载:"该训练器包含五个靶标",说明书记载:"在面板上有按头、胸、腹部位排列的5个靶位,在每个靶位内装有靶标"。被诉侵权产品对应的技术特征为9个靶标,依照其产品说明书记载分为"左头击打部位、右头击打部位、左臂击打部位、右臂击打部位、左肋击打部位、右肋击打部位、腹部击打部位、左胯击打部位、右胯击打部位"。

最高院认为,本案的争议焦点是被诉侵权产品是否落入涉案专利权保护范围?

1. 被诉侵权产品增加了升降功能是否不构成侵权的理由。最高人民法院《关于审理侵犯专利纠纷案件应用法律若干问题的解释》第7条的规定,专利侵权判定适用全面覆盖原则,因此在侵权判断时,被诉侵权技术方案与涉案专利相比是否增加了技术特征无须考虑。被诉侵权技术方案包含涉案专利权利要求记载的全部相同或等同技术特征,即构成侵权;被诉侵权技术方案缺少涉案专利一个以上技术特征或者有一个以上技术特征与涉案专利不相同也不等同,即不构成侵权。二审法院将被诉侵权产品增加了升降功能作为不构成侵权的理由之一,属于适用法律不当。

2. 音乐芯片问题。张强认可被诉侵权产品没有音乐芯片,但认为被诉侵权产品的语音处理芯片与音乐芯片等同。从涉案专利权利要求1和说明书的记载可以看出,涉案专利的语音功能是通过语音处理芯片和放音部件实现的,音乐芯片的功能是用于播放伴奏音乐。被诉侵权产品有语音处理芯片,能实现语音提示功能,但不能实现播放伴奏音乐的功能。因此,被诉侵权产品缺少涉案专利音乐芯片的技术特征,张强的申请再审理由不成立。

3. 步进电机和交流电机问题。本案中,涉案专利步进电机的功能是控制靶标的位置和角度,而被诉侵权产品交流电机的功能是控制靶标的升降,使靶标调至适合训练者身高的高度,二者在功能效果上有所差别。但由于步进电机和交流电机都属于常规的驱动装置,仅在驱动方式和驱动精确度上有一定差别,步进电机的驱动控制比交流电机更为精确,且步进电机和交流电机的替换是本领域技术人员无须经过创造性劳动就能够联想到的,因此本案中步进电机和交流电机是等同的。二审法院认为被诉侵权产品缺少了步进电机的技术特征属于适用法律不当。

4. 靶标问题。涉案专利和被诉侵权产品的靶标数量虽然不同,但是由于涉案专利的每一个靶标在击打时单独发挥作用,因此不能将五个靶标作为一个技术特征来考虑,应当将其分解为头部靶标、腹部靶标和腰部靶标来考虑。被诉侵权产品包含了头部靶标和腹部靶标,其胯部靶标与涉案专利的腰部靶标在功能效果上是等同的,因此应当认定被诉侵权技术方案包含涉案专利5个靶标的相同或等同技术特征。一审法院认为涉案专利"五个靶标"的技术特征与被诉侵权产品"九个靶标"的技术特征不等同,属于适用法律错误,二审法院未予纠正,亦属不当。

5. 关于外接键盘和按键问题。张强主张被诉侵权前期产品有外接PC机,后期产品有外接键盘,但未提供证据予以证明,一审法院现场勘验亦未发现上述部件。因此,张强不能证明被诉侵权产品有外接键盘,其关于被诉侵权产品的外接键盘相当于涉案专利遥控器和遥控接收器的主张不成立。根据最高人民法院《关于审理侵犯专利纠纷案件应用法律若干问题的解释》的相关规定,每一项权利要求都是一个完整的技术方案;《专利法》第59条第1款规定的"权利要求"既包括"独立权利要求",也包括"从属权利要求"。根据上述司法解释第7条确定的侵权判定原则,被诉侵权产品缺少一个以上技术特征即不构成侵权,因此张强关于被诉侵权产品属于省略遥控器和遥控接收器,以及步进电机等附加技术特征的变劣侵权主张不成立。

被诉侵权产品与涉案专利相比对,缺少音乐芯片和遥控器及遥控接收器的技术特征,被诉侵权产品未落入涉案专利权保护范围,不构成侵权,因此二审判决结果正确。按键与折叠键盘是否构成等同,对本案的侵权判断不产生影响,因此对按键与折叠键盘是否构成等同不再给予评述。

二审判决虽然存在法律适用不当之处,但是鉴于二审判决结果正确,张强的有关申请再审理由不足以改变二审的判决结果,对其相关诉讼请求不予支持。

此外,一审中,张强选择以权利要求1作为保护范围,一、二审法院比对的也是涉案专利权利要求1记载的全部技术特征与被诉侵权产品技术特征,因此,二审法院认定涉案专利有3项权利要求不会对判断被诉侵权产品是否落入涉案专利权的保护范围产生影响,张强有关申请再审理由不成立。

二、裁判要旨

No.3-5-59-39 划分权利要求的技术特征时,一般应把能够实现一种相对独立的技术功能的技术单元作为一个技术特征,不宜把实现不同技术功能的多个技术单元划定为一个技术特征。

依照《专利法实施细则》第19条第1款可知,权利要求书应当记载发明或者实用新型的技术特征。这也就是说,一项权利要求书中记载的所有技术特征共同限定了要求专利保护的范围。这也表现等同侵权的判断中,被控侵权技术的技术特征与涉案专利技术的技术特征之间构成等同,就视为侵权行为。因此,等同侵权判断的前提是划分权利要求的技术特征,一般而言,应把能够实现一种相对独立的技术功能的技术单元作为一个技术特征,不宜把实现不同技术功能的多个技术单元划定为一个技术特征。

**86** 保护范围明显不清楚的专利权侵权指控不成立(《专利法》第59条)

**案例:** 申请再审人柏万清与被申请人难寻中心、添香公司侵害实用新型专利权纠纷案
**案例来源:**《最高人民法院知识产权审判案例指导》(第五辑)[(2012)民申字第1544号]
**主题词:** 明显不清楚的保护范围

一、基本案情

申请再审人(一审原告、二审上诉人):柏万清。
被申请人(一审被告、二审被上诉人):成都难寻物品营销服务中心(以下简称难寻中心)。
被申请人(一审被告、二审被上诉人):上海添香实业有限公司(以下简称添香公司)。

申请再审人柏万清因与被申请人难寻中心、二审被上诉人添香公司侵害实用新型专利权纠纷一案,不服四川省高级人民法院(2011)川民终字第391号民事判决,向最高人民法院(以下简称最高院)申请再审。

柏万清申请再审称:

1. 涉案专利权利要求1中的"导磁率高"的理解。(1)解释权利要求时应当站在本领域普通技术人员立场上,结合工具书、教科书等公知文献以及本领域普通技术人员的通常理解进行解释。(2)导磁率又称为磁导率,是国际标准的电磁学技术术语,包括相对磁导率与绝对磁导率。相对磁导率是磁体在某种均匀介质中的磁感应强度与在真空中磁感应强度之比值。绝对磁导率是在磁介质所在的磁场中某点的磁感应强度与磁场强度的比值。绝对磁导率更为常用,所以绝对磁导率在多数教科书与技术资料中简称为磁导率。(3)导磁率是磁感应强度与磁场强度之比值,是一个与磁感应强度和磁场强度都相关联的物理量。在特定的物理条件下,导磁率是可以描述、测量出的数值,可以有大小高低之分。(4)相关证据可以证明高导磁率是本领域普通技术人员公知的技术常识。国际标准单位意义上的高导磁率是国际公认的表达。相关现有技术中,从80高斯/奥斯特、1850高斯/奥斯特到34×104高斯/奥斯特或者83.5×104高斯/奥斯特,分别代表了高、很高、特高(极高)三个不同级别,但都属于高导磁率范围,都属于本领域普通技术人员理解的高导磁率范围内。(5)在涉案专利权利要求1中,限定了防电磁污染即防电磁辐射用途,高导磁率具有特定的具体环境,可以具体确定其含义。现实中,可以大致确定人们对各种辐射的防范需求。对于不同的防辐射环境需要,本领域普通技术人员可以先测定出辐射数值,然后选择能够实现防辐射目的的导磁率材料。涉案专利权利要求1中的"导磁率高"具有明确的含义,即首先确定出磁介质的导磁率数值的安全下限,然后高于这个下限数值的就是导磁率高。这个下限数值可以因使用环境不同而有所区别。

2. 被诉侵权产品中的磁介质导磁率与剩磁可以通过司法鉴定查明。在当事人未申请司法

鉴定的情况下，人民法院应当行使释明权。柏万清请求依法对被诉侵权产品进行司法鉴定。防范电磁辐射的产品应当无剩磁，或者有剩磁时进行退磁处理，直至无剩磁。因此，被诉侵权产品有明显的剩磁亦不合理。柏万清依据《民事诉讼法》第179条第1款第2项、第6项之规定申请再审。

最高院认为，准确界定专利权的保护范围，是认定被诉侵权技术方案是否构成侵权的前提条件。如果权利要求的撰写存在明显瑕疵，结合涉案专利说明书、本领域的公知常识以及相关现有技术等，仍然不能确定权利要求中技术术语的具体含义，无法准确确定专利权的保护范围的，则无法将被诉侵权技术方案与之进行有意义的侵权对比。因此，对于保护范围明显不清楚的专利权，不应认定被诉侵权技术方案构成侵权。

关于涉案专利权利要求1中的技术特征"导磁率高"。（1）根据柏万清提供的证据，虽然磁导率有时也被称为导磁率，但磁导率有绝对磁导率与相对磁导率之分，根据具体条件的不同还涉及起始磁导率 $\mu_i$、最大磁导率 $\mu_m$ 等概念。不同概念的含义不同，计算方式也不尽相同。磁导率并非常数，磁场强度H发生变化时，即可观察到磁导率的变化。但是在涉案专利说明书中，既没有记载导磁率在涉案专利技术方案中是指相对磁导率还是绝对磁导率或者其他概念，也没有记载导磁率高的具体范围，亦没有记载包括磁场强度H等在内的计算导磁率的客观条件。本领域技术人员根据涉案专利说明书，难以确定涉案专利中所称的导磁率高的具体含义。（2）从柏万清提交的相关证据来看，虽能证明有些现有技术中确实采用了高磁导率、高导磁率等表述，但根据技术领域以及磁场强度的不同，所谓高导磁率的含义十分宽泛，从80 Gs/Oe 至 $83.5 \times 10^4$ Gs/Oe 均被柏万清称为高导磁率。柏万清提供的证据并不能证明在涉案专利所属技术领域中，本领域技术人员对高导磁率的含义或者范围有相对统一的认识。（3）柏万清主张根据具体使用环境的不同，本领域技术人员可以确定具体的安全下限，从而确定所需的导磁率。该主张实际上是将能够实现防辐射目的的所有情形均纳入涉案专利权的保护范围，使保护范围过于宽泛，亦缺乏事实和法律依据。

综上所述，根据涉案专利说明书以及柏万清提供的有关证据，本领域技术人员难以确定权利要求1中技术特征"导磁率高"的具体范围或者具体含义，不能准确确定权利要求1的保护范围，无法将被诉侵权产品与之进行有意义的侵权对比。因此，对被诉侵权产品的导磁率进行司法鉴定已无必要。二审判决认定柏万清未能举证证明被诉侵权产品落入涉案专利权的保护范围，并无不当。

二、裁判要旨

No.3-5-59-40　保护范围明显不清楚的专利权的侵权指控不应支持。

准确界定专利权的保护范围，是认定被诉侵权技术方案是否构成侵权的前提条件。如果权利要求的撰写存在明显瑕疵，结合涉案专利说明书、本领域的公知常识以及相关现有技术等，仍然不能确定权利要求中技术术语的具体含义，无法准确确定专利权的保护范围的，则无法将被诉侵权技术方案与之进行有意义的侵权对比。因此，对于保护范围明显不清楚的专利权，不应认定被诉侵权技术方案构成侵权。

本案中，关于涉案专利权利要求1中的技术特征"导磁率高"。（1）在涉案专利说明书中，既没有记载导磁率在涉案专利技术方案中是指相对磁导率还是绝对磁导率或者其他概念，也没有记载导磁率高的具体范围，亦没有记载包括磁场强度H等在内的计算导磁率的客观条件。本领域技术人员根据涉案专利说明书，难以确定涉案专利中所称的导磁率高的具体含义。（2）柏万清提供的证据并不能证明在涉案专利所属技术领域中，本领域技术人员对于高导磁率的含义或者范围有着相对统一的认识。（3）柏万清主张根据具体使用环境的不同，本领域技术人员可以确定具体的安全下限，从而确定所需的导磁率。该主张实际上是将能够实现防辐射目的的所有情形均纳入涉案专利权的保护范围，使保护范围过于宽泛，亦缺乏事实和法律依据。

明显不清楚的保护范围

## 87 专利权人选择封闭式权利要求的后果(《专利法》第 59 条)

**案例**:申请再审人山西振东泰盛制药有限公司、山东特利尔营销策划有限公司医药分公司与被申请人胡小泉侵犯发明专利权纠纷案

**案例来源**:《最高人民法院知识产权审判案例指导》(第五辑)[(2012)民提字第 10 号]

**主题词**:封闭式权利要求　开放式权利要求

### 一、基本案情

申请再审人(一审被告、二审上诉人、原被申请人):山西振东泰盛制药有限公司(原山西泰盛制药有限公司,以下简称泰盛公司)。

申请再审人(一审被告、二审上诉人、原被申请人):山东特利尔营销策划有限公司医药分公司(以下简称特利尔分公司)。

被申请人(一审原告、二审被上诉人、原申请再审人):胡小泉。

申请再审人泰盛公司、特利尔分公司因与被申请人胡小泉侵犯发明专利权纠纷一案,不服山东省高级人民法院(2010)鲁民再字第 33 号民事判决,向最高人民法院(以下简称最高院)申请再审。

山东省济南市中级人民法院一审认为,关于泰盛公司生产、销售以及特利尔分公司销售的被诉侵权产品是否侵犯胡小泉的专利权。根据《专利法》(2000)第 56 条第 1 款的规定,发明专利权的保护范围以权利要求书的内容为准。胡小泉以其第二项独立权利要求作为涉案专利的保护范围,即一种注射用三磷酸腺苷二钠氯化镁冻干粉针剂,其特征是:由三磷酸腺苷二钠与氯化镁组成,二者的重量比为 100 毫克比 32 毫克。从上述权利要求内容看,涉案专利产品的必要技术特征包括:(1) 注射用针剂的样态为冻干粉;(2) 该针剂是一种三磷酸腺苷二钠氯化镁冻干粉;(3) 该针剂组分中的三磷酸腺苷二钠与氯化镁的重量比为 100 毫克比 32 毫克。

被诉侵权产品"注射用三磷酸腺苷二钠氯化镁",同样为注射用针剂,性状为白色或类白色冻干块状物或粉末,冻干粉的主要成分为三磷酸腺苷二钠和氯化镁,规格为三磷酸腺苷二钠 100 毫克,氯化镁 32 毫克,这些特征说明,被诉侵权产品与涉案专利产品的特征相同,落入涉案专利权保护范围。

对于特利尔分公司销售的产品说明书中出现的辅料碳酸氢钠和精氨酸的成分记载,法院注意到,该描述未明确出现在"注射用三磷酸腺苷二钠氯化镁"药品的审批文件以及呈报的说明书中,因此,上市销售的产品的成分中是否含有该辅料,特利尔分公司未能提供证据予以进一步证实。即使被诉侵权产品含有上述成分,但正如其说明书所表述的仅仅为辅料,而非主要成分,不影响该针剂中"三磷酸腺苷二钠氯化镁"的组分构成和重量比,与胡小泉的涉案专利产品仍为同一产品。故被告以其产品中辅料的存在,抗辩不侵权不能成立,不予支持。

最后,一审法院认定泰盛公司、特利尔分公司未经许可,实施胡小泉涉案专利权的行为,侵犯了胡小泉的涉案专利权,依法应停止侵权,泰盛公司还应承担赔偿胡小泉经济损失的责任。

泰盛公司、特利尔分公司不服一审判决,向山东省高级人民法院(以下简称山东高院)提起上诉。

山东省高级人民法院在一审法院查明事实的基础上,另查明:2008 年 11 月 19 日,在二审审理期间,专利复审委员会作出第 13268 号无效宣告请求审查决定书(以下简称第 13268 号无效决定),宣告涉案专利权全部无效。

山东省高级人民法院二审认为,根据《专利法》第 47 条的规定,宣告无效的专利权视为自始即不存在。本案胡小泉要求保护的涉案专利权已被宣告无效,即该权利应视为自始不存在,胡小泉已丧失指控他人侵犯其专利权的权利基础。泰盛公司、特利尔分公司的上诉请求应予支持。

胡小泉不服上述二审判决,向最高人民法院申请再审。最高人民法院于 2009 年 11 月 25 日作出(2009)民申字第 1135 号民事裁定,指令本案由山东省高级人民法院再审。

山东省高级人民法院再审认为:关于被诉侵权产品是否落入涉案专利保护范围问题。根据《专利审查指南 2001》的有关规定,封闭式组合物权利要求,其要求保护的组合物由所指出的组

分组成,没有别的组分,即没有别的组分也是权利要求的技术特征之一。涉案专利权利要求 2 为"由三磷酸腺苷二钠与氯化镁组成,二者的重量比为 100 毫克比 32 毫克",其保护的是三磷酸腺苷二钠与氯化镁组成和二者的重量比为 100 毫克比 32 毫克的组合物。而被诉侵权产品的组分也是三磷酸腺苷二钠和氯化镁,规格为三磷酸腺苷二钠 100 mg、氯化镁 32 mg。与涉案专利权利要求 2 的组分构成和重量比相同。至于泰盛公司、特利尔分公司的产品中增加了辅料碳酸氢钠和精氨酸,正如其说明书所表述的仅仅为辅料,而非主要成分。加入辅料是药物制备过程中的必备环节。碳酸氢钠为碱性化合物,是调节溶液 pH 值的常用辅料,精氨酸作为稳定剂也是制药行业一般技术人员可以联想到的。被诉侵权产品中发挥治疗作用的活性成分为三磷酸腺苷二钠和氯化镁,碳酸氢钠和精氨酸是药物制备工艺中的常用辅料,不是发挥药效的活性成分。涉案专利权利要求 1 关于冻干粉产品的制作方法中,也已经表明了需经过液态溶液混合,以及加入氢氧化钠调节 pH 值。因此,对涉案专利不能孤立地去看权利要求 2。从涉案专利所有权利要求及说明书看,并不能排除有其他的辅料成分。因此,对涉案专利封闭式权利要求进行解释时,"不包括其他组分"不应理解为不包括辅料成分。综上,尽管被诉侵权产品中增加两种辅料,但该辅料不是被诉侵权产品的组分,也不是被诉侵权产品增加的技术特征,不影响该针剂中"三磷酸腺苷二钠氯化镁"的组分构成和重量比。且泰盛公司、特利尔分公司也没有证据证明被诉侵权产品加入辅料碳酸氢钠和精氨酸,对涉案专利权利要求 2 的功能和效果有实质性改变。因此,泰盛公司、特利尔分公司主张加入两种辅料不落入涉案专利保护范围的抗辩理由,不能成立。

综上所述,本案经山东省高级人民法院审判委员会讨论认为,由于在再审阶段出现了北京市高级人民法院终审生效行政判决书这一新证据,导致案件事实发生根本改变,胡小泉的再审申请理由成立,应予支持。

泰盛公司和特利尔分公司不服山东省高级人民法院(2010)鲁民再字第 33 号民事判决(以下简称原再审判决),根据《民事诉讼法》第 179 条第 1 款第 2 项和第 6 项的规定,向最高院申请再审。

最高院认为,本案的争议焦点在于:如何确定封闭式权利要求的保护范围?如何确定涉案专利权利要求 2 的保护范围?被诉侵权产品是否落入涉案专利权利要求 2 的保护范围?

1. 如何确定封闭式权利要求的保护范围?泰盛公司和特利尔分公司主张,涉案专利权利要求 2 采用了"由……组成"的撰写方式,原再审判决将涉案专利权利要求 2 认定为封闭式权利要求正确,但对封闭式权利要求保护范围的确定与现行法律规定及实践相悖。胡小泉则主张,对封闭式权利要求的解释,不能纯粹依据《专利审查指南 2001》关于组合物的开放式权利要求和封闭式权利要求的规定进行。

对于封闭式权利要求及其解释规则,我国《专利法》及专利法实施细则没有明确规定,相关规定主要体现于国家知识产权局制定的部门规章《专利审查指南 2001》之中。涉案专利的申请日为 2004 年 7 月 21 日,对涉案专利申请的审查适用 2001 年版《审查指南》的相关规定。

《专利审查指南 2001》第二部分第十章"关于化学领域发明专利申请审查的若干规定"中第 3.2.1 节"开放式、封闭式及它们的使用要求"规定:"组合物权利要求应当用组合物的组分或者组分和含量等组成特征来表征。组合物权利要求有开放式、封闭式及半开放式三种表达方式。开放式表示组合物中并不排除权利要求中未指出的组分;封闭式则表示组合物中仅包括所指出的组分而排除所有其他的组分;半开放式介于两者之间。这三种表达方式的保护范围不同。常用措词如下。(1)开放式,例如'含有''包括''包含''基本含有''本质上含有'等,这些都表示该组合物中还可以含有权利要求中所未指出的某些组分,即使其在含量上占较大的比例。(2)封闭式,例如'由……组成''组成为''余量为'等,这些都表示要求保护的组合物由所指出的组分组成,没有别的组分,但可以带有杂质,该杂质只允许以通常的含量存在。(3)半开放式,即'基本'一词与封闭式的词连用,例如'基本上由……组成''基本组成为',采用这种方式表达的权利要求的保护范围介于开放式与封闭式之间。它使封闭式的权利要求只是向着这样一些未指出的组分开放,这些组分可以是任何含量,但必须是那些对所指出的组分的基本特性或者新的特性没有实质上影响的组分。(4)'主要'一词与封闭式的词连用时，即'主要由……组成''主要组成为'，其含义为开放式。"

关于上述内容，《专利审查指南(1993)》亦作基本相同之规定。《专利审查指南》(2006)时，删除了第二部分第十章"关于化学领域发明专利申请审查的若干规定"中与半开放式权利要求相关的规定，并将原来半开放式权利要求的几种表达方式归入开放式权利要求中，但对于封闭式权利要求的规定未作修改；同时在权利要求的一般性规定，即《专利审查指南(2006)》第二部分第二章第3.3节"权利要求的撰写规定"中，增加了开放式权利要求和封闭式权利要求的规定，即："通常，开放式的权利要求宜采用'包含'、'包括'、'主要由……组成'的表达方式，其解释为还可以含有该权利要求中没有述及的结构组成部分或方法步骤。封闭式的权利要求宜采用'由……组成'的表达方式，其一般解释为不含有该权利要求所述以外的结构组成部分或方法步骤。"

从上述内容可以看出，对于开放式权利要求、封闭式权利要求的典型限定方式及其解释规则，《专利审查指南》的规定是一以贯之的。《专利审查指南》的相关规定既不存在与《专利法》《专利法实施细则》相抵触的情形，亦符合国际通行做法。此外，通过长期的专利法实践，开放式权利要求与封闭式权利要求的撰写方式和解释规则，已为业界认识和接受。

《专利审查指南》之所以将权利要求划分为开放式和封闭式两种表达方式，并总结了这两种权利要求所使用的不同措词，是为了满足专利申请人申请专利时通过使用不同含义的措词界定专利权保护范围的现实需求。一般来说，在机械领域发明或者实用新型技术方案中增加一个结构技术特征，并不会破坏原技术方案的发明目的，因此，机械领域发明或者实用新型专利申请文件中权利要求的撰写较多采用开放式表达方式，除非在要素省略发明等少数情况下可能采取封闭式表达方式，从而将被省略的要素排除在专利权保护范围之外。相反，由于化学组分的相互影响，在化学领域发明技术方案中增加一个组分，往往会影响原技术方案的发明目的的实现。因此，化学领域发明专利申请文件中权利要求的撰写，有采用封闭式表达方式的较大需求。

根据《专利审查指南(2001)》中有关开放式、封闭式权利要求的具体规定可知，这两种权利要求由于使用措词的含义不同，其保护范围也不同，由此也决定了在实质审查中获得授权难度的不同。开放式权利要求的保护范围较大，但在实质审查中更容易受到有关"新颖性""创造性"或者"权利要求得不到说明书的支持"等方面的质疑，增加了获得授权的难度；与此相反，封闭式权利要求更容易通过实质审查获得授权，但其授权后的保护范围较相应的开放式权利要求小。

《专利审查指南》是国家知识产权局制定并公布、施行的部门规章，是国务院专利行政部门在专利授权、确权程序中对专利申请或者专利进行审查的依据，同时也是专利申请人或者专利权人撰写和修改专利申请文件或者专利文件的指引，更是社会公众理解授权专利权利要求的重要依据。专利申请人或者专利权人在撰写和修改专利申请文件之初，应当了解《专利审查指南》的相关规定，并根据《专利审查指南》的相关规定和其发明创造的实际情况，选择适当的撰写方式。审查员在审查过程中，也应当根据《专利审查指南》的相关规定，对不同的权利要求予以区分和进行审查。

当专利权利要求被授权以后，在《专利审查指南》相关规定的指引下，社会公众将根据该规定和专利权利要求的用语来判断专利权的保护范围，进而决定采取何种经营策略。为维护社会公众的信赖，在专利侵权诉讼程序中确定专利权的保护范围时，一般应当尊重专利授权程序中适用的《专利审查指南》相关规定和专利权利要求的用语，即与专利授权程序采取一致的解释立场，除非上述相关规定违背了专利法和其他法律、行政法规的规定和精神。

如果专利权人在专利授权程序中出于各种原因未能恰当地选择权利要求的撰写方式，选择了保护范围相对较小的封闭式权利要求，从而导致其获得授权的权利要求没有其预想的保护范围大，专利权人只能接受这种后果。也就是说，在授权以后的专利侵权诉讼程序中，如果专利权人主张其封闭式权利要求并未排除其他未限定的组成部分，该主张违背社会公众根据《专利审查指南》和权利要求的用语对封闭式权利要求作出的解释,应当不予支持。更深层次的理由在于,在有充分的机会主张更宽保护范围的权利要求,而没有这么做的专利权人与更为普遍的社会公众之间,应当由专利权人承担未能为其发明或者实用新型确定更有利的权利要求表达方式的代价。

综上,为了维护社会公众对专利权利要求保护范围的信赖,在专利侵权诉讼程序中确定专利权的保护范围时,对封闭式权利要求,一般应当解释为不含有该权利要求所述以外的结构组成部分或者方法步骤。上述解释与自1993年以来的《专利审查指南》的明确规定和长期的专利法实践保持了一致,也是对社会公众基于相关规定业已形成的稳定预期的尊重,有利于维护权利要求解释规则的确定性和可预见性。此外,上述解释规则看似严格,但并不会对专利权人的利益造成损害,专利权人在申请专利时,可以根据具体情况在开放式、封闭式、活性成分封闭、部分封闭等多种方式中选择恰当的撰写方式,从而获得恰当的保护范围。因此,上述解释规则能够合理平衡专利权人与社会公众的利益。

2. 如何确定涉案专利权利要求2的保护范围?根据《专利法》(2000年)第56条第1款的规定,发明专利权的保护范围以权利要求的内容为准,说明书和附图可以用于解释权利要求。本案中,涉案专利属于化学领域的组合物专利,权利要求2采用了"由……组成"这一措词对组合物的组分进行限定。参照《专利审查指南(2001)》第二部分第十章"关于化学领域发明专利申请审查的若干规定"中第3.2.1节的规定,涉案专利权利要求2属于组合物封闭式权利要求。在专利侵权诉讼程序中确定组合物封闭式权利要求的保护范围时,应当参照《专利审查指南》的相关规定,即,组合物封闭式权利要求表示要求保护的组合物仅由权利要求所限定的组分组成,没有别的组分,但可以带有杂质,该杂质只允许以通常的含量存在。因此,涉案专利权利要求2要求保护的注射用三磷酸腺苷二钠氯化镁冻干粉针剂中,仅由三磷酸腺苷二钠与氯化镁组成,除可能具有通常含量的杂质外,别无其他组分。

胡小泉辩称,涉案专利权利要求2要求保护的产品在制备过程中加入了辅料氢氧化钠和水,同样也有辅料存在。(1)涉案专利权利要求2作为独立权利要求,属于产品权利要求,其采取的封闭式限定,系针对产品的组成及其配比而言,与产品的制备过程中是否添加其他组分无关。(2)在生产药品过程中加入氢氧化钠,并不必然说明最终产物中也含有这一辅料。根据《药剂辅料大全》和《药用辅料应用技术》中的记载,药剂辅料是生产药物制剂的必备材料。根据《中华人民共和国药品管理法》第102条规定的药品辅料的定义,辅料是指生产药品和调配处方时所用的赋形剂和附加剂。涉案专利说明书和权利要求1中均记载了在药品制备的过程中"加入氢氧化钠"的步骤,因此,氢氧化钠应当属于在药品制备过程中加入的辅料,是辅料中的pH调节剂。根据化学领域的基本常识,向酸性溶液中加入氢氧化钠调节pH值至弱酸性或中性后,氢氧化钠必然将被中和,固体粉针剂中不会含有氢氧化钠。综上,本领域技术人员在阅读了涉案专利说明书及权利要求书后,也不会认为涉案专利权利要求2要求保护的产品中含有氢氧化钠。因此,胡小泉的相应辩称理由不能成立。

胡小泉在其针对再审申请书提交的答辩意见中还辩称,国家知识产权局对封闭式或开放式权利要求的判定标准是按照活性成分的选择界定的,并不考虑辅料的存在与否。因此,涉案专利权利要求2仅对活性成分封闭。然而经最高院查明,根据国家知识产权局针对涉案专利发出的第二次审查意见通知书,涉案专利申请人在实质审查过程中,曾试图将说明书和权利要求修改为"主要成分由三磷酸腺苷二钠与氯化镁组成",但被认为不符合《专利法》第33条关于修改的规定,未能得到允许。涉案专利申请人亦未坚持,而是修改为目前授权后的权利要求。从修改过程以及授权的权利要求2的表述来看,涉案专利申请人最终并没有采取活性成分封闭的限定方式。在授权后的专利侵权诉讼中,涉案专利申请人主张应当将涉案专利权利要求2理解为活性成分封闭,与上述客观事实相悖,亦与禁止反悔原则相悖。此外,泰盛公司和特利尔分公司向最高院提交的相关专利文件表明,国家知识产权局授权的开放式和封闭式药物组合物权利要求中均可以含有辅料,且封闭式药物组合物权利要求也不是仅仅对活性成分封闭。因此,胡小泉关于实质审查程序中国家知识产权局认为涉案专利权利要求2仅对活性成分封闭的辩称理由不能成立。

胡小泉另辩称，根据《专利法实施细则》和《专利审查指南》关于必要技术特征的规定，以及涉案专利要解决的技术问题，辅料可以由公知常识通过简单实验确定，不属于必要技术特征，因此不必写入权利要求中。（1）2001年修订的《专利法实施细则》第21条第2款规定："独立权利要求应当从整体上反映发明或者实用新型的技术方案，记载解决技术问题的必要技术特征。"《专利审查指南2001》第二部分第二章第3.1.2节规定："必要技术特征是指，发明或者实用新型为解决其技术问题所不可缺少的技术特征，其总和足以构成发明或者实用新型的技术方案，使之区别于背景技术中所述的其他技术方案"。根据上述规定可知，必要技术特征的要求是为了保证独立权利要求能够完整地反映发明或者实用新型的技术方案而提出的，是对权利要求需要具备的技术特征提出的最低限度的要求。（2）辅料是否属于必要技术特征，还需要根据辅料的具体类型、含有该辅料的技术方案或者由该辅料和其他组分组成的技术方案及其背景技术作出具体分析和判断。（3）根据最高人民法院《关于审理侵犯专利权纠纷案件应用法律若干问题的解释》第7条的规定，人民法院判定被诉侵权技术方案是否落入专利权的保护范围，应当审查权利人主张的权利要求所记载的全部技术特征。可见，我国专利侵权判定采用全面覆盖原则，无须区分必要技术特征与非必要技术特征。最为关键的是，专利申请人在遵循《专利法实施细则》第21条第2款的要求下，即撰写的权利要求不缺少必要技术特征的情况下，还应当遵循《专利审查指南》关于权利要求撰写的明确规定。因此，胡小泉关于辅料属于非必要技术特征、不必写入权利要求的辩称理由不能成立。

综上，涉案专利权利要求2明确采用了《专利审查指南》规定的"由……组成"的封闭式表达方式，属于封闭式权利要求，其保护范围应当按照对封闭式权利要求的一般解释予以确定，即，涉案专利权利要求2要求保护的注射用三磷酸腺苷二钠氯化镁冻干粉针剂仅由三磷酸腺苷二钠与氯化镁组成，除可能具有通常含量的杂质外，别无其他组分。辅料并不属于杂质，辅料也在涉案专利权利要求2的排除范围之内。原再审判决认为涉案专利权利要求2不应理解为不包括辅料成分错误，最高院予以纠正。

3. 被诉侵权产品是否落入涉案专利权利要求2的保护范围？本案中被诉侵权产品的有效成分为三磷酸腺苷二钠和氯化镁，该成分及其配比均与涉案专利权利要求2相同，但被诉侵权产品在制备过程中加入了两种辅料，即精氨酸和碳酸氢钠。其中，与涉案专利产品制备过程中加入的氢氧化钠类似，作为pH调节剂的碳酸氢钠在最终产物中被中和，但作为稳定剂的精氨酸仍然存在于最终产物中。对此，双方当事人亦认可被诉侵权产品中存在精氨酸。根据《药剂辅料大全》《药用辅料应用技术》的记载，医药领域中的辅料多种多样，精氨酸为其中的一种，一般用作药物制剂中的稳定剂。泰盛公司在制备被诉侵权产品的过程中按照一定的比例将精氨酸添加入药物制剂，精氨酸并非通常意义上的杂质。

根据最高人民法院《关于审理侵犯专利权纠纷案件应用法律若干问题的解释》第7条第1款的规定："人民法院判定被诉侵权技术方案是否落入专利权的保护范围，应当审查权利人主张的权利要求所记载的全部技术特征。"涉案专利权利要求2明确记载了其要求保护的组合物发明由三磷酸腺苷二钠和氯化镁两种组分组成，因此，除了三磷酸腺苷二钠和氯化镁两种组分之外，没有其他组分，但可以带有杂质，该杂质只允许以通常的含量存在。被诉侵权产品中添加了辅料精氨酸，无论这种辅料是否是现有技术中已知的常规辅料，其并非与三磷酸腺苷二钠和氯化镁相伴随的常规杂质。被诉侵权产品除了含有涉案专利权利要求2中的三磷酸腺苷二钠和氯化镁之外，还含有精氨酸。因此，被诉侵权产品未落入涉案专利权利要求2的保护范围。泰盛公司、特尔分公司的行为未侵犯涉案专利权。原再审判决认定被诉侵权产品落入涉案专利权利要求2的保护范围错误，最高院予以纠正。

胡小泉辩称，被诉侵权产品添加了无关紧要的辅料，与涉案专利构成等同。根据最高人民法院《关于审理侵犯专利权纠纷案件应用法律若干问题的解释》第7条和最高人民法院《关于审理专利纠纷案件适用法律问题的若干规定》第17条的规定,被诉侵权技术方案包含与权利要求记载的全部技术特征相同或者等同的技术特征的,人民法院应当认定其落入专利权的保护范围;等同特征是指与所记载的技术特征以基本相同的手段,实现基本相同的功能,达到基本相同的效果,并且本领域的普通技术人员无须经过创造性劳动就能够联想到的特征。根据上述规定,所谓等同,是指被诉侵权技术方案中的技术特征与专利权利要求中记载的对应技术特征之间的等同,而不是指被诉侵权技术方案与专利权利要求所要求保护的技术方案之间的整体等同;同时,等同原则的适用不允许忽略专利权要求中记载的任何技术特征。之所以在专利侵权判定中发展出等同原则,是考虑到事实上不可能要求专利权人在撰写权利要求时能够预见到侵权者以后可能采取的所有侵权方式,因此对权利要求的文字所表达的保护范围作出适度扩展,将仅仅针对专利技术方案作出非实质性变动的情况认定为构成侵权,以保护专利权人的合法权益,维护整个专利制度的作用。然而,在权利要求中采用"由……组成"的封闭式表达方式,本身意味着专利权人通过其撰写,限定了专利权的保护范围,明确将其他未被限定的结构组成部分或者方法步骤排除在专利权保护范围之外。本案中,涉案专利权利要求2属于封闭式权利要求,其本身使用的措辞已经将三磷酸腺苷二钠和氯化镁之外的组分排除在专利权保护范围之外。如果通过等同原则,将专利权人明确排除的结构组成部分或者方法步骤重新纳入封闭式权利要求的保护范围,认定被诉侵权产品与权利要求2构成整体等同,既不符合适用等同原则的基本目的,亦不符合司法解释中有关技术特征等同的规定。因此,对于胡小泉关于等同的相关主张,最高院不予支持。

综上,山东省高级人民法院作出的原再审判决和山东省济南市中级人民法院作出的一审判决认定泰盛公司和特利尔分公司侵犯了涉案专利权,认定事实与适用法律均有错误,依法应予撤销。

二、裁判要旨

**No.3-5-59-41** 对封闭式权利要求,一般应当解释为不含有该权利要求所述以外的结构组成部分或者方法步骤。

依照《专利审查指南2010》可知:组合物权利要求应当用组合物的组分或者组分和含量等组成特征来表征。组合物权利要求有开放式、封闭式、半封闭式三种表达方式。开放式表示组合物中并不排除权利要求中未指出的组分;封闭式则表示组合物中仅包括所指出的组分而排除所有其他的组分。开放式和封闭式常用措辞如下:(1)开放式,例如"含有""包括""包含""基本含有""本质上含有"等,这些都表示该组合物中还可以含有权利要求中所未指出的某些组分,即使其在含量上占较大的比例。(2)封闭式,例如"由……组成""组成为""余量为"等,这些都表示要求保护的组合物由所指出的组分组成,没有别的组分,但可以带有杂质,该杂质只允许以通常的含量存在。使用开放式或者封闭式表达方式时,必须要得到说明书的支持。

对于封闭式权利要求,一般应当解释为不含有该权利要求所述以外的结构组成部分或者方法步骤,即当权利要求记载一种组合物由A+B+C组成时,其保护范围仅覆盖A、B、C三种组分的组合,不能多一种组分,也不能少一种组分。因此,对于组合物封闭式权利要求,一般应当解释为组合物中仅包括所指出的组分而排除所有其他的组分,但是可以包含通常含量的杂质,辅料并不属于杂质。具体到本案中,专利权利要求2要求保护的注射用三磷酸腺苷二钠氯化镁冻干粉针剂仅由三磷酸腺苷二钠与氯化镁组成,除可能具有通常含量的杂质外,别无其他组分。辅料并不属于杂质,辅料也在涉案专利权利要求2的排除范围之内。原再审判决认为涉案专利权利要求2不应理解为不包括辅料成分错误。

**No.3-5-59-42** 专利权人选择封闭式权利要求,表明其明确将其他未被限定的结构组成部分或者方法步骤排除在专利权保护范围之外,不宜再通过适用等同原则将其重新纳入保护范围。

被诉侵权技术方案包含与权利要求记载的全部技术特征相同或者等同的技术特征的,人民法院应当认定其落入专利权的保护范围。等同特征是指与所记载的技术特征以基本相同的手段,实现基本相同的功能,达到基本相同的效果,并且本领域的普通技术人员无须经过创造性劳动就能够联想到的特征。具体而言,等同是指被诉侵权技术方案中的技术特征与专利权利要求中记载的对应技术特征之间的等同,而不是指被诉侵权技术方案与专利权利要求所要求保护的技术方案之间的整体等同,且等同原则的适用不允许忽略专利权利要求中记载的任何技术特征。在权利要求中采用"由……组成"的封闭式表达方式,本身意味着专利权人通过其撰写,限定了专利权的保护范围,明确将其他未被限定的结构组成部分或者方法步骤排除在专利权保护范围之外。本案中,涉案专利权利要求2属于封闭式权利要求,其本身使用的措词已经将三磷酸腺苷二钠和氯化镁之外的组分排除在专利权保护范围之外。

## 88 对比文件中仅公开产品结构图形但没有文字描述的权利要求用语的确定(《专利法》第59条)

**案例:**申请再审人镇江市营房塑电有限公司与被申请人广东科进尼龙管道制品有限公司、一审被告、二审被上诉人国家知识产权局专利复审委员会实用新型专利权无效行政纠纷案
案例来源:《最高人民法院知识产权审判案例指导》(第五辑)[(2012)行提字第25号]
主题词:权利要求用语  公知常识

### 一、基本案情

申请再审人(一审第三人、二审上诉人):镇江市营房塑电有限公司(以下简称镇江营房塑电公司)。

被申请人(一审原告、二审被上诉人):广东科进尼龙管道制品有限公司(以下简称广东科进公司)。

一审被告、二审上诉人:国家知识产权局专利复审委员会(以下简称专利复审委员会)。

申请再审人镇江营房塑电公司因与被申请人广东科进公司、一审被告、二审被上诉人专利复审委员会实用新型专利权无效行政纠纷一案,不服北京市高级人民法院(2011)高行终字第31号行政判决,向最高人民法院(以下简称最高院)申请再审。

北京市第一中级人民法院(以下简称北京一中院)一审查明:本专利涉及国家知识产权局于2005年9月28日授权公告的名称为"一种带法兰的铸型尼龙管道"的03274825.6号实用新型专利权,其申请日为2003年9月28日,专利权人为广东科进公司。本专利授权公告的权利要求书如下:"(1)一种带法兰的铸性尼龙管道,包括法兰(1)和直管(2),其特征在于法兰(1)和直管(2)为一体式,且法兰面上有圆柱型台面(11),所述圆柱型台面设有若干条沟槽(12)。(2)按权利要求1所述的带法兰的铸型尼龙管道,其特征在于法兰面上圆柱型台面设有若干条"V"型沟槽(12),其底部形成夹角。(3)按权利要求2所述的带法兰的铸型尼龙管道,其特征在于"V"型沟槽,其底部形成的夹角为60~120度。(4)按权利要求2所述的带法兰的铸型尼龙管道,其特征在于"V"型沟槽,其底部形成的夹角为90度。(5)按权利要求1所述的带法兰的铸型尼龙管道,其特征在于法兰面上圆柱型台面上沟槽(12)之间有间隔,并在间隔上设有环状突起(13),而另一端法兰面上相对应位置上设有相适配的凹位(14)。(6)按权利要求1所述的带法兰的铸型尼龙管道,其特征在于其中一端法兰面上的圆柱型台面周边设有环状结构(15),其内径与另一端法兰圆柱型台面的外径相适配,并且所述环状结构(15)的高度大于密封垫圈的厚度。(7)按权利要求1至6其中任一项所述的带法兰的铸型尼龙管道,其特征在于管道与法兰面连接处设有"L"型加强筋(21)"。

本专利说明书相关内容为:"直管或管件与法兰一次成型,不但制作简便,具有良好的耐腐性和耐磨性,而且能够提高强度和抗压能力,消除膨胀或收缩产生的内力,大大提高管道的抗疲劳能力和使用寿命。"

专利复审委员会于2007年4月17日作出第9751号无效宣告请求审查决定书。宣告本专利权利要求1和从属权利要求7引用权利要求1的技术方案无效,维持本专利权利要求2至6以及权利要求7引用权利要求2至6的技术方案有效。

专利复审委员会经审查,于 2010 年 6 月 10 日作出第 15012 号决定。专利复审委员会在该决定中认定:

1. 关于权利要求 2 的创造性。对比文件 1 已经公开了权利要求 2 中的直管和一次成型的铸型尼龙管道这些特征,由于对比文件 1 中的直管的两端有圆柱型凸起,则对比文件 1 公开了直管与两端有圆柱型凸起一体成型这个特征。权利要求 2 与对比文件 1 相比,区别特征在于:(1)权利要求 2 是法兰与直管为一体式,而对比文件 1 是圆柱型凸起与直管为一体式;(2)权利要求 2 所述圆柱型台面设有若干条"V"型沟槽,其底部形成夹角。关于区别特征 1,根据本专利说明书记载,本专利的目的是提供一种法兰与管道一次成型的铸型尼龙管道,采用铸型尼龙管道可以耐磨、耐腐蚀,直管与法兰一次成型,可以解决法兰在连接处容易发生爆裂、泄漏等现象发生的问题。对比文件 1,公开了直管与两端有圆柱型凸起一体成型这个特征,从本领域技术人员的角度看,直管两端的圆柱型凸起的作用,一般是用于连接管道或封头,即对比文件 1 客观上已经公开了"直管与用于管道连接的连接件一体成型"这个特征,其作用是能够防止直管与连接件在连接处泄漏,而权利要求 1 中法兰的作用也是用于连接管道或筒体或封头,因此本领域技术人员在对比文件 1 公开的"直管与圆柱型凸起一体成型"的基础上,容易想到将直管与法兰一体成型,从而得到法兰与直管一体式的技术方案。关于区别特征 2,对比文件 2 公开了一种"管件、连接件及管道的法兰紧密面",在图 1 的法兰中,法兰圆柱型台面上设置有三个"V"型沟槽,因此该区别特征已经被对比文件 2 所公开。对比文件 2 中法兰圆柱型台面上的"V"型沟槽所起的作用与其在权利要求 2 中所起作用相同,都是用于增大摩擦防止密封垫圈脱位、加强密封性能。因此,将对比文件 1 和 2 结合得到权利要求 2 所保护的技术方案对本领域技术人员来说是显而易见的,权利要求 2 所要求保护的技术方案,不具有实质性特点和进步,不具有创造性。

2. 权利要求 3 和 4 的创造性。权利要求 3 和 4 是权利要求 2 的从属权利要求,它们分别具体限定"V"型沟槽的夹角为 60—120 度和 90 度。由于对比文件 2 的法兰中已经公开了"V"型沟槽的角度为 90 度,所以权利要求 3 和 4 的附加技术特征已经被对比文件 2 所公开,权利要求 3 和 4 不具有创造性。

3. 权利要求 7 的创造性。对于本领域技术人员而言,在管道的连接处设置加强筋是本领域常用的技术手段,故权利要求 7 不具有创造性。综上,专利复审委员会作出第 15012 号决定,宣告本专利权利要求 2 至 4 无效,权利要求 7 引用权利要求 2 至 4 的技术方案无效,维持权利要求 5 和 6 以及权利要求 7 引用权利要求 5 和 6 的技术方案有效。

广东科进公司不服该决定并提起诉讼。

北京市第一中级人民法院一审认为:对比文件 1 中的主视图,只能看到直管以及其两端点圆柱型凸起,不能直接、毫无疑义地确定该圆柱型凸起为法兰或其他管道连接部件,亦不存在将直管和法兰铸为一体式的技术启示。虽然对比文件 2 公开了管道连接部分有"V"型沟槽的技术内容,但即便对比文件 1 和 2 相结合,亦未公开本专利权利要求 2 中"直管和法兰为一体式"这一区别技术特征。该区别技术特征的技术效果,恰恰在于实现本专利的发明目的之一,即制作简便,具有良好的耐腐性和耐磨性,而且能够提高强度和抗压能力,消除膨胀或收缩产生的内力,大大提高管道的抗疲劳能力和使用寿命。因此该院认为,本专利权利要求 2 具有创造性,其从属权利要求 3、4 以及权利要求 7 引用权利要求 2 至 4 时亦具有创造性。综上,该院作出(2010)一中知行初字第 3085 号行政判决;撤销专利复审委员会作出的第 15012 号无效宣告请求审查决定;专利复审委员会针对镇江营房塑电公司就名称为"一种带法兰的铸型尼龙管道"的 03274825.6 号实用新型专利提出的无效宣告请求,重新作出审查决定。

一审判决后,专利复审委员会与镇江营房塑电公司均不服,向北京市高级人民法院(以下简称北京高院)提起上诉,请求撤销一审判决并维持第 15012 号决定。

北京市高级人民法院二审认为:对比文件 1 中的主视图只能看到直管以及其两端点圆柱型凸起,不能直接、毫无疑义地确定该圆柱型凸起为法兰或其他管道连接部件,亦不存在将直管和法兰铸为一体式的技术启示。虽然镇江营房塑电公司二审新提交的证据表明,广东科进公司作为对比文件1中外观设计的专利权人,在该外观设计专利的无效审查程序中多次陈述直管两端的圆柱型凸起系法兰,但外观设计专利权的保护范围以表示在授权公告图片或者照片中的该产品的外观设计为准,专利权人在授权后的陈述,一般不得作为确定外观设计专利权保护范围的依据,故从本案对比文件1中的主视图来看,直管两端的圆柱型凸起不能直接、毫无疑义地确定为法兰或其他管道连接部件。虽然对比文件2公开了管道连接部分有"V"型沟槽的技术内容,但即便对比文件1和2相结合,亦未公开本专利权利要求2中"直管和法兰为一体式"这一区别技术特征,而该区别技术特征对于实现本专利的发明目的有重要意义。因此,一审法院认为本专利权利要求2具有创造性,其从属权利要求3、4以及权利要求7引用权利要求2至4时亦具有创造性是恰当的,专利复审委员会与镇江营房塑电公司的上诉理由依据不足,该法院不予支持。据此,北京市高级人民法院作出(2011)高行终字第31号行政判决,判决驳回上诉,维持原判。

镇江营房塑电公司不服北京市高级人民法院(2011)高行终字第31号行政判决,向最高院申请再审。

最高院再审查明事实与一、二审判决认定事实基本一致。

最高院认为,本案的焦点问题在于:原审判决对"从对比文件1中的主视图来看,直管两端的圆柱型凸起不能直接、毫无疑义地确定为法兰或其他管道连接部件"的认定是否存在错误?对比文件1是否给出了法兰与管件一体成形的技术启示?

1. 原审判决中的事实认定。最高院认为:(1)法兰是英文flange的音译,其汉语意译就是凸缘,是结构或机械零件上垂直于零件轴线突出的边缘,可用于管件或设备之间的相互连接。法兰之间的连接可通过螺栓连接、焊接、粘结、卡夹连接等多种方式实现。因此,采用螺栓连接的法兰仅是各种不同法兰连接类型中的一种形式,也存在如下情况,即法兰作为成品时不带有螺栓孔,而是在安装过程中与其连接的另外法兰进行配钻制孔。广东科进公司仅以对比文件1的圆柱型凸起上缺少螺栓孔而认定其不是法兰的主张,缺乏事实依据,最高院不予支持。(2)宣告本专利权利要求1无效的第9751号决定认定,对比文件1的圆柱型凸起为法兰,专利权人对此没有异议,并且该决定为北京市第一中级人民法院(2007)一中行初字第779号行政判决书和北京市高级人民法院(2008)高行终字第407号行政判决书所维持,现已生效。在宣告本案对比文件1无效的第9291号决定中,认定该对比文件1的附图中直管端部的圆柱型凸起为法兰,专利权人对此亦无异议,并且该决定为北京市第一中级人民法院(2007)一中行初字第1176号行政判决书和北京市高级人民法院(2008)高行终字第214号行政判决书所维持,现已生效。而本案一、二审认为对比文件1的主视图只能看到直管及其两端点圆柱型凸起,不能直接、毫无疑义地确定该圆柱型凸起为法兰或其他管道连接部件,该事实认定与在先决定和判决存在冲突。根据最高人民法院《关于行政诉讼证据若干问题的规定》第65条之规定,在一般情况下,已经被当事人认可并且在先裁判文书已经确定的事实,可以为在后裁判文书所采用,并且通常不应作出相反认定。尽管广东科进公司于申请再审阶段主张其在过去一直认为两端是法兰,但随着认识的深入才认为不是法兰。最高院认为,广东科进公司的上述主张,也在另一方面表明了本领域技术人员对圆柱形凸起是法兰的普遍认识。对比文件1为一种管道设备,必然和其他管道配合才可以起到分配液体的作用,其两端必然是一个连接部件。

综上,虽然对比文件1没有明确说明该圆柱型凸起为法兰,但结合其结构特点和本领域技术人员的公知常识,该圆柱型凸起实际是起到法兰的作用。原审判决对"从对比文件1中的主视图来看,直管两端的圆柱型凸起不能直接、毫无疑义地确定为法兰或其他管道连接部件"的认定存在错误,应予纠正。

2. 对比文件1是否给出了法兰与管件一体成形的技术启示?按照本专利说明书的记载,本专利的目的在于提供一种法兰与管道一体成型的铸型尼龙管道,可以解决法兰在连接处容易发生爆裂、泄漏等现象的技术问题。对比文件1于其简要说明中公开了"MC尼龙材料一次性铸造成型"的技术特征。从本领域技术人员的角度来看,直管两端的圆柱型凸起的作用一般是用于连接管道或封头,防止直管与连接件在连接处泄漏,因此对比文件1已经公开了"直管与用于管道连接的连接件一体成型"的技术特征。所以,本领域技术人员在对比文件1公开的直管与圆柱型凸起一体成型的基础上,容易想到将直管与法兰一体成型,从而得到法兰与直管一体式的技术方案。原审判决认为,对比文件1主视图中的直管两端的圆柱型凸起不能直接、毫无疑义地确定为法兰或其他管道连接部件,进而认为未给出法兰与管件一体成型的技术启示的认定,依据不足,应予纠正。

二、裁判要旨

No.3-5-59-43  对比文件中仅有公开产品的结构图形但没有文字描述的权利要求用语,可以结合其结构特点和本领域技术人员的公知常识确定其含义。

从最高人民法院《关于审理侵犯专利权纠纷案件应用法律若干问题的解释》第3条可知,于权利要求,可以运用说明书及附图、权利要求书中的相关权利要求、专利审查档案进行解释。说明书对权利要求用语有特别界定的,从其特别界定。当以上述方法仍不能明确权利要求含义的,可以结合工具书、教科书等公知文献以及本领域普通技术人员的通常理解进行解释。因此,对于权利要求的解释应当以专利文件为主,外部知识为辅。当对比文件中仅公开产品的结构图形但没有文字描述的,可以结合其结构特点和本领域技术人员的公知常识确定其含义。本案中,对比文件1于其简要说明中公开了"MC尼龙材料一次性铸造成型"的技术特征。从本领域技术人员的角度来看,直管两端的圆柱型凸起的作用一般是用于连接管道或封头,防止直管与连接件在连接处泄漏,因此对比文件1已经公开了"直管与用于管道连接的连接件一体成型"的技术特征。所以,本领域技术人员在对比文件1公开的直管与圆柱型凸起一体成型的基础上,容易想到将直管与法兰一体成型,从而得到法兰与直管一体式的技术方案。

**89** 开放式与封闭式权利要求的区分适用于机械领域专利、开放式权利要求的区别技术特征的认定(《专利法》第59条)

案例:申请再审人北京世纪联保消防新技术有限公司与被申请人国家知识产权局专利复审委员会、二审第三人山西中远消防设备有限公司发明专利权无效行政纠纷案

案例来源:《最高人民法院知识产权审判案例指导》(第六辑)[(2012)行提字第20号]

主题词:机械领域专利  开放式权利要求

一、基本案情

申请再审人(一审原告、二审上诉人):北京世纪联保消防新技术有限公司(以下简称世纪联保公司)。

被申请人(一审被告、二审被上诉人):国家知识产权局专利复审委员会(以下简称专利复审委员会)。

二审第三人(一审第三人):山西中远消防设备有限公司(以下简称中远公司)。

申请再审人世纪联保公司因与被申请人专利复审委员会、二审第三人中远公司发明专利权无效行政纠纷一案,不服北京市高级人民法院(2011)高行终字第76号行政判决,向最高人民法院(以下简称最高院)申请再审。

世纪联保公司系02123866.9号、名称为"脉冲超细干粉自动灭火装置"的发明专利(以下简称本专利)的专利权人。2009年6月16日,中远公司针对本专利向专利复审委员会提出无效宣告请求。2010年3月2日,专利复审委员会作出第14523号无效宣告请求审查决定书(以下简称第14523号决定),宣告本专利权全部无效。世纪联保公司不服该决定,向北京市第一中级人民法院(以下简称北京一中院)提起行政诉讼。

北京市第一中级人民法院认为,本专利权利要求1与附件1存在三个区别技术特征。世纪联保公司认为遗漏了区别技术特征:……(4)附件1的灭火装置有多孔件,而本专利中没有该部件;(5)本专利权利要求1是热敏线和套在热敏线外的套管,而附件1相应有一个凹槽和装在

该凹槽中的两根导线。但区别技术特征(5)包含在第14523号决定认定的区别技术特征(3)中,而区别技术特征(4)所述"多孔件"并不能构成本专利权利要求1与附件1的区别技术特征,并不能体现两个技术方案的不同之处。对于区别技术特征(1),附件2中公开了粒度小于10 μm以下的超细粉体灭火剂,本领域技术人员在附件1的基础上寻找高效灭火剂的过程中,容易由同样涉及灭火剂领域的附件2中获得粒度越小、比表面积越大、灭火效果越好的启示,容易想到选择粒度小的干粉灭火剂。对于区别技术特征(2),附件1由于有多孔件的存在,因此产生的是超音速气流或者是跨音速气流,但是由此并不能得出附件1中挡板冲破需要更大的冲击力。"挡板"是一个相对"铝膜"更上位的概念,本领域技术人员可以根据实际需要选择具体的挡板。对于区别技术特征(3),热敏线的燃点大于或等于135℃这一技术特征,已在现有技术中多次公开使用,本领域惯常使用的热敏线,均符合上述特征,根据附件3、6、9—13公开的内容,本领域技术人员容易想到将惯常使用的燃点大于或等于135℃的热敏线或火敏线置于密闭空间中提高其传导速度,而用于自动灭火器。此外,尽管附件1中没有公开采用扣压在铝板上固定非金属薄膜的方式,但是这种固定方式是一种常见的固定方式,本身并没有给发明带来任何预料不到的技术效果。据此,本专利权利要求1不具备突出的实质性特点和显著的进步,不符合《专利法》(2000)第22条第3款的规定。在权利要求1不具备创造性的基础上,权利要求2—5不具备创造性。

世纪联保公司不服一审判决,向北京市高级人民法院提出上诉,请求撤销一审判决及第14523号决定。

二审法院认为:本案的核心问题是本专利权利要求1是否符合专利法关于创造性的规定。发明的创造性,是指同申请日以前已有的技术相比,该发明具有突出的实质性特点和显著的进步。如果发明的技术方案相对最接近的现有技术所存在的区别技术特征,在现有的证据中存在启示或者是本领域的公知常识,则发明的技术方案相对于现有技术是显而易见的,不具有创造性。

本案中,本专利权利要求1与附件1存在如下区别技术特征:(1) 权利要求1中使用的是粒度为30 μm以下的超细干粉灭火剂(冷气溶胶灭火剂),而附件1公开的是上位的灭火剂;(2) 权利要求1中使用铝膜密封壳体喷口,而附件1公开的是挡板;(3) 权利要求1的启动器中采用由燃点大于或等于135℃,并对火焰或温度敏感的热敏线和套在热敏线外的套管组成的启动组件,其传导速度大于0.5米/秒,并且,采用扣压在铝板上用以包住产气剂的非金属薄膜,而附件1中公开的是经凹槽的带有双股导线的点火头,并且没有公开圆柱体(赛璐珞)的具体固定方式。

就区别技术特征(1)而言,本专利权利要求1中所述的"冷气溶胶灭火剂"与附件2中的"超细粉体干粉灭火剂"相同,世纪联保公司对此也予以认可。附件2中同时公开了粒度小于10 μm以下的超细粉体灭火剂,并且教导了粒度小于10 μm以下的灭火剂比表面积大、流动性好、不易吸潮结块、灭火效果好等优点,本领域技术人员在附件1的基础上,为寻找高效灭火剂,容易从同样涉及灭火剂领域的附件2中获得粒度越小、表面积越大、灭火效果越好的启示。

就区别技术特征(2)而言,权利要求1中采用了铝膜密封壳体,而采用具体的铝膜材料代替相同功能的挡板是本领域技术人员容易想到的,亦未带来任何预料不到的技术效果。附件1由于有多孔件的存在,因此产生的是超音速气流或者是跨音速气流,但是由此并不能得出附件1中挡板冲破需要更大的冲击力。另外,"挡板"是一个相对"铝膜"更上位的概念,本领域技术人员可以根据实际需要选择具体的挡板。

就区别技术特征(3)而言,附件3中公开了一种名称为安全自爆干粉灭火弹的装置,其中露在弹体外的微型安全引线为火敏元件,可以安全地自动引爆。附件9中公开了易燃的棉线自燃点150℃,附件10中表1公开了棉花自燃点150℃、燃点210℃,另外,通常可用于引线的可燃物,如尼龙、麻绒、麻袋和赛璐珞的自燃点和燃点在附件11—13中公开,数据显示均大于135℃,由此可见,热敏线的燃点大于135℃这一技术特征已在现有技术中多次公开使用,而热敏线的燃点等于135℃也未使本专利权利要求1带来任何预料不到的技术效果。附件6公开了传导速度为0.5米/秒的热敏线,并可直接、毫无疑义地推知,热敏线装在套管内可以极大地提高燃烧速度。也就是说,根据附件3、6、9—13公开的内容,本领域技术人员容易想到将惯常使用的燃点大于或等于135℃的热敏线或火敏线置于密闭空间中,提高其传导速度,而用于自动灭火器。此外,尽管附件1中没有公开采用扣压在铝板上固定非金属薄膜的方式,但是这种固定方式是一种常见的固定方式,本身并没有给发明带来任何预料不到的技术效果。

综上所述,本领域技术人员在附件1的基础上结合附件2—3、6、9—13中公开的常识性内容,获得本专利权利要求1的技术方案是显而易见的,权利要求1不具备突出的实质性特点和显著的进步,不具备创造性。世纪联保公司关于本专利权利要求1具备创造性的上诉主张不能成立。

世纪联保公司主张第14523号决定遗漏了区别技术特征:……(4)附件1的灭火装置有多孔件,而本专利中没有该部件;(5)本专利权利要求1是热敏线和套在热敏线外的套管,而附件1相应有一个凹槽和装在该凹槽中的两根导线。上述区别技术特征(5)在第14523号决定认定的区别技术特征(3)中已经提及并加以阐述。就区别技术特征(4)而言,虽然附件1的灭火器中还装有多孔件,本专利权利要求1中没有限定该部件,但是本专利权利要求1是一开放式的权利要求,其并没有排除还可能包含除了其中明确限定的部件以外的部件,因此"多孔件"并不能构成本专利权利要求1与附件1的区别技术特征,而且事实上,第14523号决定第8页第2段对即使考虑权利要求1中没有"多孔件"这一部件,也不能使权利要求1具有创造性进行了评述。由于权利要求1中没有多孔件,相应也就不具有附件1说明书中所述的上述功能,本专利不属于要素省略发明。如此缺失多孔件,并不能使权利要求1的技术方案具备创造性。世纪联保公司关于本专利权利要求1与附件1相比,还有两个区别特征以及本专利属于要素省略发明的上诉主张不能成立。

鉴于世纪联保公司未就本专利权利要求2至5的创造性评述提出上诉,一审判决及第14523号决定关于本专利权利要求2至5的创造性评述并无不妥,二审法院予以认可。

综上,一审判决及第14523号决定认定事实清楚、适用法律正确、审理程序合法,应予维持。

世纪联保公司不服二审判决,申请再审。

最高院再审认为:本案的争议焦点在于:(1)本专利权利要求1是否属于开放式权利要求?(2)第14523号决定和二审判决对本专利与附件1在多孔件和产气室方面的区别技术特征的认定是否存在错误?(3)本专利相对于对比文件是否具有创造性,第14523号决定和二审判决对于本专利创造性的评价是否正确?

1. 本专利权利要求1是否属于开放式权利要求?《专利审查指南2001》仅在第二部分第十章"关于化学领域发明专利申请审查的若干规定"中第3.2.1节规定了开放式、封闭式及半开放式三种表达方式。开放式表示组合物中并不排除权利要求中未指出的组分,封闭式则表示组合物中仅包括所指出的组分而排除所有其他的组分,半开放式介于两者之间。这三种表达方式的保护范围不同。其中,"含有""包括"为开放式表达方式的常用措词。鉴于开放式和封闭式权利要求在其他领域也有普遍适用性,且半开放式权利要求保护范围的判断方法与开放式权利要求的判断方法在实际操作中相同,《专利审查指南2006》第二部分第十章"关于化学领域发明专利申请审查的若干规定",删除了半开放式权利要求的相关规定,并将原来的半开放式权利要求的几种表达方式归入开放式权利要求中,同时在权利要求的通用章节即第二部分第二章第3.3节"权利要求的撰写规定"中,增加了开放式权利要求和封闭式权利要求的规定,即,开放式的权利要求宜采用"包含""包括""主要由……组成"的表达方式,其解释为还可以含有该权利要求中没有述及的结构组成部分或方法步骤;封闭式的权利要求宜采用"由……组成"的表达方式,其一般解释为不含有该权利要求所述以外的结构组成部分或方法步骤。

本专利申请日为2002年7月5日,授权公告日为2008年1月9日。因此,本专利的审查应当适用《专利审查指南2001》。根据《专利审查指南2001》,开放式与封闭式、半开放式权利要求的表达方式仅适用于化学领域发明专利。但是,开放式、封闭式权利要求的常用措词本身是对专利申请审查实践中不同类型权利要求常用措词的总结,应当考虑到了措词本身的含义。根据《现代汉语词典》,包括是指,包含(或列举各部分,或着重指出某一部分)。本专利权利要求1使用的"含有""包括"措词的本身含义,就应当理解为没有排除未指出的结构组成部分。在此情况下,二审判决关于"本专利权利要求1是一开放式的权利要求,并没有排除还可能包含除了其中明确限定的部件以外的部件"的认定并无不妥。

2. 第14523号决定和二审判决对于本专利与附件1在多孔件和产气室方面的区别技术特征的认定是否存在错误?世纪联保公司主张,其申请保护的灭火装置就是无产气室的内部结构,本专利权利要求1与附件1的区别在于本专利权利要求1没有附件1中由多孔件上端与顶盖底部环形凸端配合形成的产气室,第14523号决定和二审判决均没有认定该区别技术特征,认定事实错误。

专利复审委员会根据本专利权利要求1使用的"含有""包括"措词的本身含义,以及本专利没有将多孔件排除在保护范围之外的限定内容,在多孔件是附件1的技术特征而不是本专利权利要求1的技术特征的情况下,未将"多孔件"作为本专利权利要求1与附件1的区别技术特征,符合机械领域专利审查实践的常规做法,并无不妥。二审法院基于同样理由认定,本专利权利要求1是一开放式的权利要求,并没有排除还可能包含除了其中明确限定的部件以外的部件,因此,多孔件并不能构成本专利权利要求1与附件1的区别技术特征。二审法院的相关认定并不存在错误。

世纪联保公司所述的产气室,是指由附件1灭火器中的多孔件与顶盖底部环形凸端配合形成的腔室,本身并不是一个独立的部件;没有多孔件,就不会形成所谓的产气室。在多孔件不属于本专利权利要求1与附件1的区别技术特征的情况下,依附于多孔件而存在的所谓产气室,自然也不属于本专利权利要求1与附件1的区别技术特征。二审法院未将产气室作为本专利权利要求1和附件1的区别技术特征并无不妥。需要指出的是,虽然未将产气室作为本专利权利要求1与附件1的区别技术特征,但并不意味着本专利权利要求1没有产气的功能,它是通过包括产气剂在内的产气组件实现产气的功能。

3. 本专利相对于对比文件是否具有创造性?二审判决和第14523决定认定本专利权利要求1与附件1存在如下区别技术特征:(1) 权利要求1中使用的是粒度为30μm以下的超细干粉灭火剂(冷气溶胶灭火剂),而附件1公开的是上位的灭火剂;(2) 权利要求1中使用铝膜密封壳体喷口,而附件1公开的是挡板;(3) 权利要求1的启动器中采用由燃点大于或等于135℃,并对火焰或温度敏感的热敏线和套在热敏线外的套管组成的启动组件,其传导速度大于0.5米/秒,并且,采用扣压在铝板上用以包住产气剂的非金属薄膜,而附件1中公开的是经凹槽的带有双股导线的点火头,并且没有公开圆柱体(赛璐珞)的具体固定方式。多孔件和产气室并不构成本专利权利要求1与附件1的区别技术特征,二审判决和第14523号决定对区别技术特征的上述认定,并无不妥,最高院予以认可。

就区别技术特征(1)而言,本专利权利要求1中所述的"冷气溶胶灭火剂"与附件2中的"超细粉体干粉灭火剂"相同,世纪联保公司对此也予以认可。附件2中公开了如下内容,"常用干粉平均粒度为40μm左右,这些普通干粉灭火剂粒度大、比表面积低、易吸潮,粒度不易做得很小,灭火效果虽然不错,但因其粒度大、易吸潮结块、弥散性差、灭火能力有限",粒度小于10μm以下的超细粉体灭火剂"比表面积大、流动性好、不易吸潮结块、灭火效果好"。本领域技术人员在附件1的基础上,为寻找高效灭火剂,容易从同样涉及灭火剂领域的附件2中获得粒度越小、比表面积越大、灭火效果越好的启示。

就区别技术特征(2)而言,权利要求1中采用了铝膜密封壳体,而采用具体的铝膜材料代替相同功能的挡板,是本领域技术人员容易想到的,亦未带来预料不到的技术效果。附件1由于有多孔件的存在,因此产生的是超音速或者跨音速气流,但是由此并不能得出附件1中冲破挡板需要更大的冲击力的结论。另外,"挡板"是一个相对于"铝膜"更上位的概念,本领域技术人员可以根据实际需要选择具体的挡板。

就区别技术特征(3)而言,附件3公开了一种名称为安全自爆干粉灭火弹的装置,其中露在弹体外的微型安全引线为火敏元件,可以安全地自动引爆。附件9公开了易燃的棉线自燃点150℃,附件10表1公开了棉花自燃点150℃、燃点210℃,另外,通常可用于引线的可燃物,如尼龙、麻绒、麻袋和赛璐珞的自燃点和燃点,在附件11—13中公开,数据显示均大于135℃,由此可见,热敏线的燃点大于135℃这一技术特征已在现有技术中多次公开使用,而热敏线的燃点等于135℃,也未使本专利权利要求1带来任何预料不到的技术效果。附件6公开了传导速度为0.5米/秒的热敏线,并可直接、毫无疑义地推知,热敏线装在套管内可以极大地提高燃烧速度。也就是说,根据附件3、6、9—13公开的内容,本领域技术人员容易想到将惯常使用的燃点大于或等于135℃的热敏线或火敏线置于密闭空间中,提高其传导速度,而用于自动灭火器。此外,尽管附件1没有公开采用扣压在铝板上固定非金属薄膜的方式,但是这种固定方式是一种常见的固定方式,本身并没有给发明带来任何预料不到的技术效果。

《专利审查指南2001》第二部分第四章第3.3.4节对"辅助性审查基准"之一的"发明在商业上获得成功"作出如下规定:"当发明的产品在商业上获得成功时,如果这种成功是由于发明的技术特征直接导致的,则一方面反映了发明具有有益效果,同时也说明了发明是非显而易见的,因而这类发明具有突出的实质性特点和显著的进步,具备创造性。但是,如果商业上的成功是由于其他原因所致,例如由于销售技术的改进或者广告宣传造成的,则不能作为判断创造性的依据。"《专利审查指南2006》沿用了这一规定。世纪联保公司提供的关于商业成功的证据仅能证明本专利产品在商业上获得了成功,但不能证明这种成功是由于发明的技术特征直接导致,其相应申请再审理由不能成立。

综上所述,本领域技术人员在附件1的基础上,结合附件2、3、6、9—13中公开的内容获得本专利权利要求1的技术方案是显而易见的,权利要求1不具备突出的实质性特点和显著的进步,不具备创造性。

世纪联保公司主张,第14523号决定和二审判决遗漏了多孔件和产气室的区别技术特征。如前所述,第14523号决定和二审判决在区别技术特征的认定方面并不存在错误。世纪联保公司关于本专利权利要求1因相对附件1没有产气室而具备对灾害的反应更灵敏、可以满足在狭小空间使用小型灭火器的需求等有益效果的主张,不仅没有相应证据证明,而且在本专利原始说明书中没有记载;相反的是,本专利说明书中明确记载本专利具有"满足重、特大空间火灾扑救需要"的优点。因此,最高院对世纪联保公司的上述主张不予支持。

虽然多孔件和产气室并不构成本专利权利要求1与附件1的区别技术特征,但对于多孔件和产气室能否使本专利权利要求1相对附件1具备创造性,第14523号决定分别在决定书第8页第2段和第9页第2段进行了评价。二审判决在第14页对此予以评述。最高院认为,本专利权利要求1明确使用了"含有""包括"的措词,根据上述措词的本身含义,本专利权利要求1属于开放式权利要求,还可以含有该权利要求中没有指出的结构组成部分;世纪联保公司主张本专利权利要求1相对于附件1省略了多孔件,该主张与本专利权利要求1本身的字面含义相悖,本专利原始权利要求书和说明书也没有关于本专利权利要求1相对现有技术省略了多孔件的记载;即使将本专利权利要求1认定为其相对附件1省略了多孔件,但本专利同时也失去了多孔件本身具备的功能,且未带来预料不到的技术效果,本专利权利要求1并不因此而具备创造性。

根据《专利审查指南》(2001)关于创造性审查原则的相关规定,在评价发明是否具有创造性时,不仅要考虑发明技术解决方案本身,而且还要考虑发明要解决的技术问题和所产生的技术效果,将其作为一个整体看待;与新颖性"单独对比"的审查原则不同,审查创造性时,将一份或者多份对比文件中的不同的技术内容组合在一起进行评定。第14523号决定和二审判决在审查和判断本专利权利要求1的创造性时,将技术领域相同,所要解决的技术问题、技术效果或者用途最接近的附件1确定为最接近的现有技术,进而确定了本专利权利要求1与附件1的区别技术特征,在上述区别技术特征在附件2—3、6、9—13存在技术启示或者是本领域公知常识的情况下,认定本专利权利要求1不具备创造性,是将发明作为一个整体来看待,且遵循了创造性的审查原则和判断方法。世纪联保公司关于第14523号决定和二审判决在判断创造性时不符合创造性评价的基本原则的申请再审理由,不能成立。

在本专利权利要求1不具备创造性的基础上,对本专利权利要求2—5的创造性,第14523号决定和二审判决的认定并无不妥,最高院予以认可。

综上,本专利权利要求1—5均不具备创造性,第14523号决定和二审判决认定事实清楚、适用法律正确、审理程序合法,应予维持。

二、裁判要旨

**No.3-5-59-44** 开放式和封闭式权利要求的区分在包括化学、机械领域在内的全部技术领域,有普遍适用性。

从《专利审查指南》(2010)可知,开放式的权利要求宜采用"包含""包括""主要由……组成"的表达方式,其解释为还可以含有该权利要求中没有述及的结构组成部分或方法步骤。封闭式的权利要求宜采用"由……组成"的表达方式,其一般解释为不含有该权利要求所述以外的结构组成部分或方法步骤。"含有""包括"本身就具有并未排除未指出的内容的含义,因而成为开放式专利权利要求的重要标志,"由……组成"本身即具有排除未指出内容的含义,因而成为封闭式权利要求的重要标志。因此,开放式和封闭式权利要求的区分在包括化学、机械领域在内的全部技术领域有普遍适用性。本案中,涉案专利权利要求1使用的"含有""包括"措词的本身含义,就应当理解为没有排除未指出的结构组成部分。在此情况下,二审判决关于"本专利权利要求1是一开放式的权利要求,并没有排除还可能包含除了其中明确限定的部件以外的部件"的认定,并无不妥。

**No.3-5-59-45** 如果对比文件的某个技术特征在该开放式权利要求中未明确提及,一般不将缺少该技术特征作为开放式权利要求相对于对比文件的区别技术特征。

正如前文所述,开放式的权利要求一般采用"包含""包括""主要由……组成"的表达方式,其解释还可以含有该权利要求中没有述及的结构组成部分或方法步骤。因此,权利要求的保护范围除了权利要求中明确记载的技术特征及其等同物,还不排除其他组分、结构或者步骤。因此,在认定开放式权利要求相对于对比文件的区别技术特征时,如果对比文件的某个技术特征在该开放式权利要求中未明确提及,一般将不缺少该技术特征作为开放式权利要求相对对比文件的区别技术特征。本案中,专利复审委员会根据本专利权利要求1使用的"含有""包括"措词的本身含义以及本专利没有将多孔件排除在保护范围之外的限定内容,在多孔件是附件1的技术特征而不是本专利权利要求1的技术特征的情况下,未将"多孔件"作为本专利权利要求1与附件1的区别技术特征,符合机械领域专利审查实践的常规做法,并无不妥。二审法院基于同样理由认定,本专利权利要求1是一开放式的权利要求,并没有排除还可能包含除了其中明确限定的部件以外的部件,因此,多孔件并不能构成本专利权利要求1与附件1的区别技术特征。二审法院的相关认定并不存在错误。

**90** 改变方法专利的步骤顺序是否构成等同侵权(《专利法》第59条)

**案例:**申请再审人浙江乐雪儿家居用品有限公司与一审被告、二审上诉人何建华,一审第三人温士丹侵害发明专利权纠纷案

案例来源:《最高人民法院知识产权审判案例指导》(第六辑)[(2013)民提字第225号]

主题词:方法专利　等同原则

一、基本案情

再审申请人(一审被告、二审上诉人):浙江乐雪儿家居用品有限公司(以下简称乐雪儿公司)。

被申请人(一审原告、二审被上诉人):陈顺弟。

一审被告、二审上诉人:何建华。

一审第三人:温士丹。

再审申请人乐雪儿公司因与被申请人陈顺弟、一审被告、二审上诉人何建华、第三人温士丹侵害发明专利权纠纷一案,不服辽宁省高级人民法院(2011)辽民三终字第27号民事判决,向最高人民法院(以下简称最高院)申请再审。

2010年9月17日,陈顺弟以乐雪儿公司生产、销售,何建华销售和许诺销售的布塑热水袋,侵犯了其"布塑热水袋的加工方法"发明专利权为由,向辽宁省沈阳市中级人民法院(以下简称一审法院)提起诉讼。

一审法院经审理查明:陈顺弟于2006年2月24日向国家知识产权局申请了一项名称为"布塑热水袋的加工方法"发明专利,2010年2月17日获得专利权,专利号为200610049700.5,该专利权至今有效。该专利权利要求为:(1)布塑热水袋的加工方法,布塑热水袋由袋体、袋口和袋塞所组成,所述的袋体有内层、外层和保温层,在袋体的边缘有粘合边,所述的袋塞是螺纹塞座和螺纹塞盖,螺纹塞座的外壁有复合层,螺纹塞盖有密封垫片,袋塞中的螺纹塞座是聚丙烯材料,复合层是聚氯乙烯材料,密封垫片是硅胶材料所制成,其特征在于:第一步:首先取内层、保温层以及外层材料;第二步:将内层、保温层、外层依次层叠,成为组合层;第三步:将两层组合层对应重叠,采用高频热合机按照热水袋的形状对两层组合层边缘进行高频热粘合;第四步:对高频热粘合的热水袋进行分只裁剪;第五步:取聚丙烯材料注塑螺纹塞座,再把螺纹塞座作为嵌件放入模具,另外取聚氯乙烯材料在螺纹塞座外二次注塑复合层;第六步:将有复合层的螺纹塞座安入袋口内,与内层接触,采用高频热合机对热水袋口部与螺纹塞座复合层进行热粘合;第七步:对热水袋袋体进行修边;第八步:取塑料材料注制螺纹塞盖;第九步:取硅胶材料注制密封垫片;第十步:将密封垫片和螺纹塞盖互相装配后旋入螺纹塞座中;第十一步:充气试压检验,向热水袋充入压缩空气进行耐压试验;第十二步:包装。(为表述方便,以下对上述步骤用对应的阿拉伯数字表示)

一审法院认为:乐雪儿公司主张涉案专利权利要求中的保温层是功能性描述,被诉侵权方法中在内层和外层之间夹放的是半片空心薄棉,不具备保温层的技术特征。一审法院认为,涉案专利权利要求并未对保温层的材质、大小进行限定,故对乐雪儿公司的上述抗辩不予支持。乐雪儿公司自认被诉侵权方法前4步及最后一步与涉案专利权利要求1中的前4步及最后一步相同,一审法院对此予以确认。乐雪儿公司主张被诉侵权方法第6、7、8、10步分别与涉案专利权利要求1的第7、6、11、10步的内容相同,但顺序不同,因而未落入涉案专利权保护范围。一审法院认为,对于上述4个步骤,按照被诉侵权方法的顺序与按照涉案专利权利要求的顺序进行加工,其技术特征及技术效果并无实质区别,故对乐雪儿公司的上述抗辩不予支持。乐雪儿公司主张被诉侵权方法不包括涉案专利权利要求1的第5、8、9步。经审查,涉案专利权利要求1的第5、8、9步分别是螺纹塞座、螺纹塞盖及密封垫片的加工方法。被诉侵权产品的上述三个部件与依照涉案专利方法直接获得的产品对应部件结构及材质相同。乐雪儿公司虽主张与上述三个部件相对应的产品组件系从外部购买,但对购买的细节,乐雪儿公司自述是由其提供样品,由供货方按照样品的材质、结构生产,按照订货数量供货,至于样品来源及供货方的生产工艺方法,乐雪儿公司拒绝说明和举证。一审法院认为,乐雪儿公司提交的购销合同签订时间晚于被诉侵权产品出厂时间,且乐雪儿公司未能证明其真实性及履行情况,对上述3个部件的加工方法亦未进行说明及举证,故对其关于被诉侵权方法缺少涉案专利权利要求1第5、8、9步的抗辩主张不予支持。乐雪儿公司主张被诉侵权方法来源于ZL200520015446.8号实用新型专利说明书中公布的具体实施方式,因此属于现有技术,但未能举证证明被诉侵权方法与该实用新型专利的相应技术特征相同或者无实质性差异,故对其现有技术抗辩的主张不予支持。综上,被诉侵权方法所具备的技术特征完全覆盖了涉案专利权利要求的全部必要技术特征。乐雪儿公司明知陈顺弟拥有涉案专利权,仍使用涉案专利方法进行生产,并销售依照涉案专利方法直接获得的产品,侵犯了涉案专利权,应承担停止侵权、赔偿损失的法律责任。

乐雪儿公司、何建华均不服一审判决,向辽宁省高级人民法院(以下简称二审法院)提出上诉。

二审法院经审理查明:一审法院除认定乐雪儿公司自述被诉侵权方法第1、2步与涉案专利权利要求的第1、2步相同不正确以外,认定的其他事实属实,二审法院予以确认。

二审法院认为:一审法院要求乐雪儿公司对螺纹塞座、螺纹塞盖、垫片三个部件的加工方法承担举证责任不妥。乐雪儿公司自认被诉侵权产品中的螺纹塞座系由聚丙烯材料注塑而成,其复合层(聚氯乙烯材料)通过注塑成型在螺纹塞座的表面;螺纹塞盖、垫片分别为塑料材料、硅胶材料注制而成。因此,上述3个部件的加工方法与涉案专利权利要求1第5、8、9步相同。即使上述部件是由乐雪儿公司提供样品委托其他加工方进行加工,其亦应对该加工行为承担法律责任。因此,二审法院对乐雪儿公司提出的被诉侵权方法缺少涉案专利权利要求1第5、8、9步的上诉主张,不予支持。被诉侵权方法的第6、7步和第8、10步,虽然分别与涉案专利权利要求1第6、7步和第10、11步步骤顺序不同,但其技术特征和技术效果无实质区别。涉案专利权利要求未对保温层的材质、大小进行限定,被诉侵权方法中的空心棉起到一定的保温作用,相当于涉案专利权利要求中1中的保温层。因此,对乐雪儿公司提出的被诉侵权方法与涉案专利权利要求1的第6、7步及第10、11步的顺序相反,缺少涉案专利权利要求1记载的保温层的上诉主张,二审法院不予支持。乐雪儿公司提供的证明被诉侵权方法为现有技术的证明文件,仅公布了被诉侵权方法的部分技术特征,而被诉侵权方法与涉案专利构成等同。因此,乐雪儿公司的现有技术抗辩不能成立。综上,被诉侵权方法所具备的技术特征完全覆盖了涉案专利的全部必要技术特征,乐雪儿公司的行为侵犯了涉案专利权。

乐雪儿公司不服二审判决,向最高院申请再审。

最高院经审理查明:原一审、二审判决认定的事实基本属实。另查明,涉案专利说明书第2页记载:"**本热水袋的袋体由3层材料所构成,因为有了保温层,使袋中热量缓慢下降,开始时避免过热,保温时间长,提高了使用效果。**"在该页具体实施方式部分记载:"而内层4与外层3之间安装保温层5,如人造保温棉等各种有关材料,提高热水袋保温性能,慢慢散热降温,延长使用时间,又克服灌入热水开始过烫现象。"第3页记载:"第十步:将密封垫片10和螺纹塞盖9互相装配后旋入螺纹塞座8中;但也可以试压后旋入塞盖。第十一步:充气试压检验,向热水袋中充入压缩空气进行耐压试验;耐压试验的压力一般为0.5 kg/cm,或者略大于该压力。"

乐雪儿公司承认被诉侵权产品中的螺纹塞座、螺纹塞盖、垫片的材质与涉案专利相应部件的材质相同,也是注塑成型;其中螺纹塞座虽是二次成型,但与涉案专利的加工方式不同,涉案专利是在两台机器上进行的二次注塑,但现在绝大多数是在同一台机器上完成的。乐雪儿公司提交的专利号为ZL200520015446.8的"一种新型热水袋"的实用新型专利说明书载明,该专利的授权公告日为2006年12月27日。

最高院认为:本案争议问题是,被诉侵权产品的加工方法是否落入涉案专利权的保护范围?

乐雪儿公司与陈顺弟对被诉侵权方法和涉案专利方法的争议主要集中在权利要求1第5、8、9步,第6、7步,第10、11步和保温层技术特征问题。

1.第5、8、9步争议问题。乐雪儿公司主张被诉侵权产品的螺纹塞座、螺纹塞盖及垫片均是其提供样品委托案外人加工订购取得,乐雪儿公司没有义务对外购部件的加工方法承担举证责任,被诉侵权方法缺少涉案专利权利要求1的第5、8、9步。最高院认为,乐雪儿公司认可外购部件的材质、结构与依照涉案专利权利要求1第5、8、9步的加工方法所直接获得的部件的材质、结构相同,并认可外购部件的加工工艺是注塑,且螺纹塞座也是二次注塑成型。由此,能够判定上述部件的加工方法与涉案专利权利要求1第5、8、9步的加工方法相同。虽然乐雪儿公司主张螺纹塞座绝大多数是在同一台机器上完成的,与涉案专利的加工方式不同,但涉案专利权利要求1的第5步并未限定二次注塑的加工方式,二次注塑是否在同一台机器上完成,不构成对该步骤的限定条件,故乐雪儿公司的上述主张不能成立。据此,本争议的关键转为乐雪儿公司是否实

方法专利·等同原则

施了第5、8、9步？即被诉侵权方法是否缺少第5、8、9步问题。最高院认为，按照乐雪儿公司的陈述，上述部件虽不是其自行加工，但系其提供样品在案外人处定作的，也即这些部件是案外人按照乐雪儿公司的要求进行加工制作的，故乐雪儿公司对由此产生的法律后果应当承担相应的法律责任。因此，乐雪儿公司主张被诉侵权方法缺少第5、8、9步，没有事实和法律依据，最高院不予支持。

2. 步骤互换是否构成等同侵权？方法发明专利的权利要求是包括有时间过程的活动，如制造方法、使用方法、通讯方法、处理方法等权利要求。涉及产品制造方法的发明专利通常是通过方法步骤的组合以及一定的步骤顺序实现的。方法专利的步骤顺序是否对专利权的保护范围起到限定作用，从而导致在步骤互换中限制等同原则的适用，关键要看这些步骤是否必须以特定的顺序实施以及这种互换是否会带来技术功能或者技术效果上的实质性差异。具体到本案中，涉案专利权利要求1的第6步是对热水袋口部与螺纹塞座复合层进行热粘合的步骤；第7步是对热水袋袋体进行修边的步骤。被诉侵权方法采取的步骤是先对热水袋袋体进行修边，而后对热水袋口部与螺纹塞座复合层进行热粘合。乐雪儿公司主张按此步骤加工可以节省后续步骤中被加工产品所占用的空间，利于快速加工和提高加工精度，并能够使产品直接进入检测工序。最高院认为，从被诉侵权方法此前的加工步骤来看，其已在第4步中对高频热粘合后的热水袋进行了裁剪，此时修边的主要目的是为了使热水袋好看，接近成品，其减少空间的作用非常有限，而且多余边角料的存在不会干扰塞座的粘合，对塞座粘合不会产生实质性影响，因而这两个步骤的实施不具有先后顺序的唯一对应性，先修边还是先进行热粘合，对整个技术方案的实现没有实质性影响，且这两个步骤的互换在技术功能和技术效果上也没有产生实质性的差异，故被诉侵权方法调换后的步骤与涉案专利权利要求1的第6、7步属于相等同的技术特征。

涉案专利权利要求1的第10步是将密封垫片和螺纹塞盖互相装配后旋入螺纹塞座中；第11步是充气试压检验。被诉侵权方法采用的是先充气试压检验，后将密封垫片和螺纹塞盖互相装配后旋入螺纹塞座的步骤。乐雪儿公司主张这种步骤互换所带来的效果是，不需要将螺纹塞座安装好后再取下来进行充气检测，因而可以节省时间，保证检测质量。最高院认为：对热水袋进行充气试压检验，需要通过热水袋的口部进行。按照涉案专利权利要求1的第10、11步的步骤进行操作，在进行充气试压检验前，必须要从螺纹塞座中旋下螺纹塞盖后方能进行，与被诉侵权方法所采取的先试压检验后再装配螺纹塞盖的步骤相比，这种操作步骤实质上是增加了充气试压检验的操作环节，导致操作时间延长，效率降低。故将第10、11步的步骤调换后，确实产生了如乐雪儿公司主张的减少操作环节、节约时间、提高效率的技术效果，因此这种步骤互换所产生的技术效果上的差异是实质性的，调换后的步骤与涉案专利权利要求1的第10、11步不构成等同技术特征。

陈顺弟主张，涉案专利说明书已经记载了步骤10、11的顺序可以调换，权利要求1并未排除说明书中记载的这一技术方案，因此调换步骤的技术方案应当纳入涉案专利权的保护范围，对本案不应适用捐献原则。最高院认为，准确确定专利权的保护范围，不仅是为专利权人提供有效法律保护的需要，也是尊重权利要求的公示和划界作用，维护社会公众信赖利益的需要。在权利要求解释中确立捐献原则，是对专利的保护功能和公示功能进行利益衡量的产物。该规则的含义是，对于在专利说明书中记载而未反映在权利要求中的技术方案，不能包括在权利要求的保护范围之内。对在说明书中披露而未写入权利要求的技术方案，如果不适用捐献原则，虽然对专利权人的保护是较为充分的，但这一方面会给专利申请人规避对较宽范围的权利要求的审查提供便利，另一方面会降低权利要求的划界作用，使专利权保护范围的确定成为一件过于灵活和不确定的事情，增加了公众预测专利权保护范围的难度，不利于专利公示作用的发挥以及公众利益的维护。因此，最高人民法院《关于审理侵犯专利权纠纷案件应用法律若干问题的解释》第5条规定："对于仅在说明书或者附图中描述而在权利要求中未记载的技术方案，权利人在侵犯专利权纠纷案件中将其纳入专利权保护范围的，人民法院不予支持。"该司法解释从2010年1月1日起施行，本案被诉侵权行为发生在2010年9月，故该解释的上述规定能够适用于本案。按照上述条文的规定，如果本领域技术人员通过阅读说明书可以理解披露但未要求保护的技术方案是被专利权人作为权利要求中技术特征的另一种选择而被特定化，则这种技术方案就视为捐献给社会。本案中的情形正是如此。涉案专利说明书在第 3 页中明确记载了第 10、11 步的步骤可以调换，而这一调换后的步骤并未体现在权利要求中，因此调换后的步骤不能纳入涉案专利权的保护范围，乐雪儿公司关于第 10、11 步的步骤调换方案应适用捐献原则的主张依法有据，最高院予以支持。

3. "空心棉软垫"与"保温层"是否构成等同？根据涉案专利权利要求 1 的记载，保温层属于功能性限定的技术特征。最高人民法院《关于审理侵犯专利权纠纷案件应用法律若干问题的解释》第 4 条规定："对于权利要求中以功能或者效果表述的技术特征，人民法院应当结合说明书和附图描述的该功能或者效果的具体实施方式及其等同的实施方式，确定该技术特征的内容。"依照涉案专利方法所生产的热水袋共计有三层，即内层、外层和保温层。根据涉案专利说明书中关于保温层的描述及附图中公开的内容来看，该保温层由人造保温棉等各种有关材料制作，位于内层和外层之间，将内层、外层完全覆盖并隔离开，可以达到如下技术效果：提高保温性能，慢慢散热降温，延长使用时间，克服灌入热水开始过烫现象。被诉侵权产品中的空心棉软垫，在宽度上与内层、外层同宽，并与内层、外层左右两侧边缘相连接；在长度上相当于内层、外层的一半。乐雪儿公司主张半块空心棉软垫的设置是为了增强手持热水袋的手感，不具有涉案专利保温层的功能和效果。最高院认为，保温的主要原理是物理隔离减弱热对流和热传导。涉案专利设置保温层的目的，就是通过控制内外层之间空气的热对流，阻断内外层之间因物理接触而产生的热传导，实现保温和防烫的效果。被诉侵权产品所设置的半块空心棉软垫在材质上与涉案专利保温层相同，在结构上也设置于内层和外层之间，在大小上虽然没有完全覆盖内层和外层，但其设置方式实质上起到了减弱热对流和热传导的作用，也能够实现保温和防烫的技术效果。虽然半块空心棉的保温和防烫效果与整块空心棉的效果会稍有差异，但本领域技术人员基于对保温原理的认识，能够判断二者的差异是非实质性的，因此"空心棉软垫"与"保温层"构成等同。此外，乐雪儿公司用于主张现有技术抗辩的 ZL200520015446.8 号实用新型专利的区别技术特征之一，就是在内层和外层之间设置有保温层。乐雪儿公司一方面主张现有技术抗辩，另一方面又主张空心棉软垫不是保温层，这在逻辑上也是自相矛盾的。且从上述实用新型专利说明书的记载来看，该实用新型专利由三层组成，内层采用塑料制成，外层采用涤纶布制成，所以手感好，保温时间长，提高了使用效果。由此可见，热水袋产品的手感与其外层材质的使用是密切相关的，乐雪儿公司关于半块空心棉软垫的设置仅是用来增强手感的主张，缺乏事实依据，最高院不予支持。

综上，被诉侵权产品的加工方法与涉案专利方法既不相同也不等同，没有落入涉案专利权的保护范围。

## 二、裁判要旨

**No.3-5-59-46 如果方法专利所涉步骤必须以特定的顺序实施，以及这种顺序改变会带来技术功能或者技术效果的实质性差异，这种步骤顺序就对专利权的保护范围起到了限定作用。**

方法专利中的方法可以分为产品制造方法以及操作使用方法两种类型。前者作用于一定的物体上，目的在于使该物体的形状、结构或者物理化学特性发生变化；后者不以改变所涉及物品本身的结构、形状或者物理化学特性为目的，而是寻求产生或者获取某种非物质性结果。由这一分类可知，方法专利必然会涉及步骤顺序，而这种步骤顺序是否能够对专利权的保护范围起到限定作用，就需要考量其是否必须以特定的顺序实施以及这种顺序改变是否会带来技术功能或者技术效果的实质性差异。如果是，则能够起到限定作用；如果否，则不能。本案中，涉案专利说明书在第 3 页中明确记载了第 10、11 步的步骤可以调换，而这一调换后的步骤并未体现在权利要求中，因此调换后的步骤不能纳入涉案专利权的保护范围。

方法专利·等同原则

**91** 物质的医药用途发明的撰写要求、给药特征对权利要求请求保护的制药方法发明是否具有限定作用？不产生特定毒副作用的特征对权利要求请求保护的医药用途发明是否具有限定作用？（《专利法》第 59 条）

**案例**：再审申请人卡比斯特制药公司与被申请人中华人民共和国国家知识产权局专利复审委员会发明专利权无效行政纠纷案

**案例来源**：《最高人民法院知识产权审判案例指导》（第六辑），(2012) 知行字第 75 号

**主题词**：医药用途发明　给药特征　不产生特定毒副作用的特征

## 一、基本案情

再审申请人（一审原告、二审上诉人）：卡比斯特制药公司（Cubist Pharmaceuticals, Inc.，以下简称卡比斯特公司）。

被申请人（一审被告、二审被上诉人）：中华人民共和国国家知识产权局专利复审委员会（以下简称专利复审委员会）。

一审第三人：肖红。

再审申请人卡比斯特公司因与被申请人专利复审委员会发明专利权无效行政纠纷一案，不服北京市高级人民法院(2010)高行终字第 547 号行政判决，向最高人民法院（以下简称最高院）申请再审。

一、二审审理查明：卡比斯特公司于 1999 年 9 月 24 日向中华人民共和国国家知识产权局申请了名称为"抗生素的给药方法"的发明专利，并于 2004 年 5 月 19 日获得授权，专利号为 99812498.2，要求 US60/101,828 和 US60/125,750 为优先权，优先权日分别为 1998 年 9 月 25 日和 1999 年 3 月 24 日。

2008 年 6 月 4 日，肖红针对本专利向专利复审委员会提出无效宣告请求。2008 年 11 月 10 日，专利复审委员会进行了口头审理。审理过程中，卡比斯特公司声明以本专利授权公告文本作为审查基础并声明删除权利要求 9。

2009 年 4 月 7 日，专利复审委员会作出第 13188 号决定，宣告本专利权全部无效。卡比斯特公司以第 13188 号决定事实认定不清、适用法律错误为由，向北京市第一中级人民法院（以下简称一审法院）提起行政诉讼。一审法院以(2009)一中行初字第 1847 号行政判决维持了第 13188 号决定。关于权利要求 1—5、6a、7a、10—11、13—15 中限定的"不产生骨骼肌毒性"以及给药剂量、重复给药和时间间隔特征是否具有限定作用，一审法院认为，是否产生骨骼肌毒性，是对药物副作用的认识，该认识并未使上述权利要求所要求保护的用途与现有技术公开的已知用途有实质上的不同，卡比斯特公司也认可二者在适应症上是相同的，本领域的技术人员看不出，并且卡比斯特公司也不能够说明对制药用途采用"不产生骨骼肌毒性"的限定使其与现有技术公开的已知用途有何区别。因此，对卡比斯特公司关于"不产生骨骼肌毒性"对上述制药用途权利要求具有限定作用的主张不予支持。本专利上述权利要求中记载的给药剂量、重复给药和时间间隔特征与医生对治疗方案的选择有关，与药物和其制剂本身以及其制备方法均没有必然的联系，因此，所述特征仅仅体现在用药过程之中，对制药过程不具有限定作用，从而对制药用途权利要求的保护范围没有限定作用，不能使上述权利要求所要求保护的用途区别于现有技术公开的已知用途，第 13188 号决定认定权利要求 1—5、6a、7a、10—11、13—15 不具备新颖性，并无不当，并且专利复审委员会明显是在考虑了所述特征之后才作出上述权利要求不具备新颖性的认定，符合《专利审查指南》的相关规定。针对卡比斯特公司在一审诉讼中为支持其诉讼请求提交的(2008)高行终字第 378 号判决书，一审法院对卡比斯特公司提交的证据(2008)高行终字第 378 号行政判决书认为，该案件与本案的具体情况不同，该判决不是评判专利复审委员会作出第 13188 号决定是否合法的依据。针对卡比斯特公司提出给药的药物研发过程是制药过程的延续，本专利的给药方式使得潜霉素的实际应用成为可能，给药特征应当具有限定作用的主张，一审法院肯定卡比斯特公司确实对现有技术作出了改进的同时，认定该改进为确定给药剂量、重复给药和时间间隔，即如何使用药物治疗疾病。仅体现在用药过程中，并没有体现在制药

过程中,对于这种改进,制药用途权利要求并不能给予保护。

卡比斯特公司不服该一审判决,向北京市高级人民法院提起上诉。二审法院以(2010)高行终字第547号行政判决判令,驳回上诉,维持原判。二审法院主要认为:

1. 新颖性。本专利权利要求中记载的给药剂量、重复给药和时间间隔特征与医生对治疗方案的选择有关,与药物和其制剂本身以及其制备方法均没有必然的联系。因此,所述特征仅体现在用药过程之中,对制药过程不具有限定作用,从而对制药用途权利要求的保护范围没有限定作用,不能使上述权利要求所要求保护的用途区别于现有技术公开的已知用途。专利复审委员会在考虑了所述特征之后,认定权利要求1—5、6a、7a、10—11、13—15不具备新颖性,符合《专利审查指南》的相关规定,并无不当。卡比斯特公司关于专利复审委员会及一审法院就本专利新颖性认定错误的上诉主张不能成立,不予支持。

2. 本专利创造性的争议焦点仍然在于上述权利要求中限定的"不产生骨骼肌毒性"以及给药剂量、重复给药和时间间隔特征,对其是否具有限定作用,从而能够使其所要求保护的技术方案具有创造性。如前所述,"不产生骨骼肌毒性"以及给药剂量、重复给药和时间间隔特征,对制药用途权利要求没有限定作用,因此,不能够使其所要求保护的技术方案具备创造性。

最高院认为:本案争议的焦点为,本专利权利要求是否具备新颖性、创造性?具体涉及以下问题:(1)本专利权利要求1与现有技术公开的药物用途是否相同?"不产生骨骼肌毒性"是否对药物用途具有限定作用?(2)本专利权利要求1中的给药剂量、时间间隔是否对请求保护的制药用途权利要求具有限定作用?(3)第13188号决定对本专利新颖性、创造性的评价是否正确?(4)证据7的中文译文错误是否导致第13188号决定对本专利新颖性认定错误?(5)第13188号决定适用法律是否错误?

1. 本专利权利要求1与现有技术公开的药物用途是否相同?"不产生骨骼肌毒性"是否对药物用途具有限定作用?

(1)本专利授权公告的权利要求1为:"潜霉素在制备用于治疗有此需要的患者细菌感染而不产生骨骼肌毒性的药剂中的用途,其中用于所述治疗的剂量是3—75 mg/kg的潜霉素,其中重复给予所述的剂量,间隔是每隔24小时一次至每48小时一次。"其中涉及药物用途的用语为"治疗有此需要的患者细菌感染而不产生骨骼肌毒性"。本专利说明书第1页第1段记载:"本发明涉及诸如潜霉素(daptomycin 或译为达托霉素)这样的脂肽抗生素的给药的改进方法,这种抗生素对包括抗生素抗性菌株在内的革兰氏阳性菌具有有效的杀菌活性。本发明还提供了给对包括抗生素抗性菌株在内的革兰氏阳性菌也具有有效的杀菌活性的奎奴普丁/达福普汀的改进方法。"本专利权利要求1仅限定潜霉素用于治疗细菌感染,并没有对所感染的细菌类型以及感染程度进行限定,在本专利说明书中,也没有公开本专利只适用于敏感菌的深度感染。相反,说明书中多处记载,"本发明的方法可以用于治疗患有由任意类型的革兰氏阳性菌导致或加重感染的细菌感染患者","可以将本发明的方法用于体内任何器官或组织的革兰氏阳性菌感染。这些器官或组织包括但不限于骨骼肌、皮肤、血流、肾、心脏、肺和骨","可以将本发明的方法用于治疗包括不同类型的革兰氏阳性菌或包括革兰氏阳性菌和革兰氏阴性菌的混合型感染"。显然,本专利在申请日时主张的保护范围,针对的是潜霉素敏感菌感染的制药用途,包括了革兰氏阳性菌导致的任何感染,并非是卡比斯特公司申请再审所主张的严重的革兰氏阳性菌感染。

(2)"不产生骨骼肌毒性",不是患者在潜霉素施用之前呈现的症状,而是患者在施用潜霉素之后身体中某些指标发生变化的结果,体现的是药物本身是否具有毒副作用。例如,使用潜霉素后不产生骨骼肌毒性,其针对的是细菌感染,使用潜霉素后产生了骨骼肌毒性,其针对的也是细菌感染。就潜霉素本身的用途而言,二者并没有任何区别。卡比斯特公司主张,根据补充证据18《药理学》中有关副作用及不良反应的定义,现有技术在潜霉素高剂量给药时"产生骨骼肌毒性",该毒性作用不等同于副作用,而是属于不良反应中的毒性反应,因此,本专利权利要求1中的"不产生骨骼肌毒性"对本专利请求保护的制药用途具有限定作用,区别于现有技术公开

医药用途发明・给药特征・不产生特定毒副作用的特征

的已知用途。最高院认为,从药理学上讲,副作用和毒性反应具有不同的含义,一般毒性反应较副作用的危害大,但两者均属于药物不良反应的范畴,在医学实践中通常被统称为药物的"毒副作用"。没有证据能够表明,药物一旦具有毒性反应就没有临床应用的前景,本领域技术人员一旦发现药物的毒性反应就会停止对药物的研发。潜霉素具有一定的毒性作用,并不排斥其成为一种抗菌药物进行研发。本专利"不产生骨骼肌毒性",仅是改善了潜霉素的不良反应,使得骨骼肌毒性降低,并没有改变潜霉素本身的治疗对象和适应症,更没有发现药物的新性能。本专利在撰写中采用"不产生骨骼肌毒性"的限定,没有使其与现有技术公开的已知用途产生区别,对药物用途本身不具有限定作用,对本专利权利要求并未产生限定作用。

(3) 证据6《玫瑰孢链霉菌及氟链红菌产生的脂肽抗生素》公开了潜霉素可用于制备治疗细菌感染的药物,包括治疗轻度和深度革兰氏阳性菌感染的技术内容。证据6公开了"玫瑰孢链霉菌NRRL1379产生的A21978C,是一种酸性的脂肽化合物(1)。环状缩酚肽(图1a)含有13个氨基酸环化形成10个氨基酸环。"证据6还公开了"在2毫克/千克每24小时剂量下,潜霉素显示出有效治疗多种革兰氏阳性感染,在3毫克/千克每12小时的剂量下注意到偶发的副作用","单独使用潜霉素的高浓度剂量对治疗心内膜炎是有效的。"除了证据6以外,现有技术证据7中也公开了"一天一次的给药频率,使得潜霉素成为治疗严重革兰氏阳性菌的一个很好选择","仅在高剂量给予潜霉素时才会出现可逆性的骨骼肌毒性","潜霉素有望成为安全有效的一线药物抵抗多种的革兰氏阳性菌"等内容。可见,现有技术公开了潜霉素可用于治疗多种革兰氏阳性菌感染的医药用途的同时,还公开了在高剂量使用治疗深度感染时,会出现可逆性的骨骼肌毒性的技术内容。根据现有技术以及本专利记载的有关内容,本领域技术人员并不会认定"不产生骨骼肌毒性"与治疗革兰氏阳性菌的深度感染有直接的对应关系。无法根据本专利权利要求1限定的"不产生骨骼肌毒性",就得出本专利涉及的是治疗严重革兰氏阳性菌感染的制药用途,与现有技术公开的潜霉素已知用途存在实质上不同的结论。

综上,卡比斯特公司关于本专利限定了"不产生骨骼肌毒性",该限定致使本专利针对的是新的适应症,导致本专利与现有技术的制药用途实质不同的申请再审理由,最高院不予支持。第13188号决定和一、二审判决并不存在错误认定本专利的制药用途和已知用途的事实。

2. 本专利权利要求1中给药剂量、时间间隔是否对请求保护的制药用途权利要求具有限定作用? 最高院认为,在化学领域发明专利的申请中,制药用途权利要求是一类特殊的权利要求。当物质的医药用途以"用于治病""用于诊断病""作为药物的应用"等这样的权利要求申请专利,会因为属于我国《专利法》第25条第1款第3项"疾病的诊断和治疗方法",而不能被授予专利权。但若该物质用于制造药品,则可依法授予专利权。由于药品及其制备方法均可依法授予专利权,因此,物质的医药用途发明以药品权利要求或者以"在制药中的应用","在制备治疗某病的药物中的应用"等属于制药方法类型的用途权利要求申请专利的,则不属于《专利法》第25条第1款第3项规定的情形。为了保护发明人对于现有技术的创新性贡献,实现专利法保护创新、鼓励发明创造的立法宗旨,在相当长时间的专利审查实践中,国务院专利行政管理机关均允许将那些发明实质在于药物新用途的发明创造,撰写成制药方法类型的权利要求来获得专利权,如"化合物X作为制备治Y病药的应用"或与此类似的形式。实质上是针对物质的医药用途发明创造所作的特别规定,通过给医药用途发明创造提供必要的保护空间和制度激励,平衡社会公众与权利人的利益。经过多年的审查实践,已被普遍认可和接受。《专利审查指南》在关于化学领域发明专利申请审查的若干规定中明确,化学物质的用途发明是基于发现物质新的性能,利用此性能而作出的发明。无论是新物质还是已知物质,其性能是物质本身所固有的,用途发明的本质不在于物质本身,而在于物质性能的应用。因此,用途发明是一种方法发明,其权利要求属于方法类型。对此问题,《专利审查指南》(1993年版)与历次修订的《专利审查指南》亦均作出了基本相同的规定。当发明的实质及其对现有技术的改进在于物质的医药用途,申请人在申请专利权保护时,应当按照《专利审查指南》的相关规定,将权利要求撰写为制药方法类型权利要求,并以与制药相关的技术特征,对权利要求的保护范围进行限定。

医药用途发明・给药特征・不产生特定毒副作用的特征

在实践中，给药对象、给药形式、给药剂量、时间间隔等是此类权利要求中经常出现的特征，而且，还存在并会不断出现形式和内容各异的其他特征。分析各个技术特征体现的是制药行为还是用药行为，以及新用途与已知用途是否实质不同，对判定所要求保护的技术方案与现有技术是否具备新颖性非常关键。由于这类权利要求约束的是制造某一用途药品的制造商的制造行为，所以，仍应从方法权利要求的角度来分析其技术特征。通常能直接对其起到限定作用的是原料、制备步骤和工艺条件、药物产品形态或成分以及设备等。对仅涉及药物使用方法的特征，例如药物的给药剂量、时间间隔等，如果这些特征与制药方法之间并不存在直接关联，其实质上属于在实施制药方法并获得药物后，将药物施用于人体的具体用药方法，与制药方法没有直接、必然的关联性。这种仅体现于用药行为中的特征不是制药用途的技术特征，对权利要求请求保护的制药方法本身不具有限定作用。

本案中，卡比斯特公司提交补充证据14、15、16、17 主张，制药过程不仅包括原料、单位剂量（药品规格）的确定、制备工艺及设备等，还包括药品的说明书、标签和包装的撰写和印刷等药品出厂包装前的所有工序。补充证据14 为涉及化学领域专利申请文件撰写的书籍，是作者的学术观点，且与仅体现在用药行为中的特征不是制药用途的技术特征相悖，不能作为认定本专利具备新颖性、创造性的依据。补充证据15—17 是国家药监局的文件，旨在规范药品生产企业的制药生产过程，亦不能以此作为认定本专利新颖性、创造性的依据。最高院对上述证据均不予采信。

卡比斯特公司提交的补充证据1、13 主张，本专利的给药剂量、时间间隔并不是用药过程中医生对治疗方案的选择结果，而是在研发、制药过程中为用药过程确定的信息，与制药过程紧密相关。正是制药过程确定的药品说明书、标签才对随后发生的医生用药的处方行为产生了限制。因此，本专利的给药剂量、时间间隔等特征对制药过程具有限定作用。最高院认为：(1) 药品作为一种与人体健康、生命直接相关的特殊商品，其技术创新和研发的投资回报可以通过专利制度获得保障。药品的安全性、有效性和质量可控性，则是通过严格的行政审批管理制度来规制。国家对物质的医药用途相关专利制度，不同于对药品的行政管理制度，二者规范的目的、对象以及具体内容都存在实质性的区别。专利法意义上的制药过程通常是指以特定步骤、工艺、条件、原料等制备特定药物本身的行为，并不包括药品的说明书、标签和包装的撰写等药品出厂包装前的工序。(2) 单位剂量通常是指每一药物单位中所含药物量，该含量取决于配制药物时加入的药量。给药剂量是指每次或者每日的服药量，指药物的使用分量，可由药物的使用者自行决定，如一天两次或一天三次的给药。属于对药物的使用方法。临床实践中，若单位剂量的药物含量没有达到用药量，可通过服用多个单位剂量的药物实现，若药物含量大于用药剂量，则减量服用。本专利权利要求1 中记载的所述治疗的剂量是3—75 毫克/千克，并没有限定是单位剂量还是给药剂量。本专利说明书也没有记载该剂量对制药过程及制药用途种类具有影响。作为本领域的技术人员，对于本专利权利要求1 中记载的所述治疗的剂量是3—75 毫克/千克，通常理解为是每千克的活性成分为3—75 毫克，所限定的是给药剂量。针对患者个体修改服用方式，选择服用的药物剂量，从而达到药品的最佳治疗效果，是用药过程中使用药物治病的行为，给药剂量的改变并不必然影响药物的制备过程，导致药物含量的变化。同样，本专利通过时间间隔形成的给药方案，是用药过程中如何使用该药物的方法特征，属于体现在用药过程，不体现在制药阶段的医学实践活动。该用药过程的特征与药物生产的制备本身并没有必然联系，没有对潜霉素的制备方法产生改变，并影响药物本身，对制药过程不具有限定作用，不能使该制药用途具备新颖性。卡比斯特公司依据补充证据1、13，主张药物的使用行为包括在制药的过程中，给药剂量对制药用途的权利要求产生限定作用，最高院不予支持。

综上，本专利的技术方案是在给药剂量和时间间隔上的一种改进，没有改变潜霉素的抗菌机理、抗菌谱以及杀菌活性，没有改变潜霉素治疗疾病的已知用途。卡比斯特公司有关"给药剂量、时间间隔"等给药特征体现于药品说明书、标签，对制药过程具有限定作用的主张，最高院不予支持。第13188 号决定以及一、二审判决关于本专利给药剂量、时间间隔等特征对制药用途

医药用途发明・给药特征・不产生特定毒副作用的特征

权利要求没有限定作用的认定,并无不当。

3. 本专利权利要求是否具备新颖性、创造性?证据 6 公开了潜霉素可用于制备治疗细菌感染的药物。证据 7 也公开了潜霉素作为治疗细菌感染的药物,患者单独用潜霉素与潜霉素加氨基糖苷类(庆大霉素或托普霉素)治疗相比,取得了类似百分比的有利效果,还公开了潜霉素与阿米卡星的联合给药。证据 8 还公开了制药学纯化的 LY146032(即潜霉素)或其盐可以配制为口服或非胃肠给药的制剂,用于治疗或预防细菌感染。本专利权利要求 1 与证据 7 或 8 相比,针对的药物用途是相同的,区别仅在于本专利权利要求 1 进一步包括给药剂量、时间间隔等特征。如前所述,给药剂量、时间间隔等特征属于药物制备完成后用药过程的方法特征,对制药过程不具有限定作用,不能使权利要求 1 的制药用途区别于已知制药用途。虽然本专利权利要求 1 包括了给药剂量、时间间隔等特征,但这些属于给药方法的特征,对制药过程不具有限定作用,不能使权利要求 1 的制药用途区别于已知制药用途,对权利要求 1 请求保护的药物制备方法不具有限定作用。第 13188 号决定和一、二审判决认定权利要求 1 不具备新颖性,并无不当。

对于其他从属权利要求的新颖性,卡比斯特公司并未提出具体的理由,而是认为因为权利要求 1 具备新颖性,故其他从属权利要求也具备新颖性。如前所述,权利要求 1 相对证据 7 或 8,不具备新颖性,故卡比斯特公司有关从属权利要求 2—15 具备新颖性的主张,最高院不予支持。

关于本专利权利要求是否具备创造性。最高院认为,发明在商业上取得成功是创造性判断过程中需要考虑的因素。当发明在商业上获得成功时,如果这种成功是由于发明的技术特征直接导致的,则一方面反映了发明具有有益效果,同时也说明了发明是非显而易见的,因而这类发明具有突出的实质性特点和显著的进步,具备创造性。卡比斯特公司提交补充证据 2—12 用于证明本专利取得了商业上的成功。由于卡比斯特公司提交的上述证据仅能证明"克必信"药品已取得商业成功,但不能证明这种成功是由于发明的技术特征,即对权利要求有具体限定作用的、使其区别于现有技术的技术特征直接导致的,因此,不能证明本专利相对于现有技术具备创造性。最高院对于补充证据 2—12 不予采信。第 13188 号决定和一、二审判决对本专利不具备创造性的评价,并无不当。

4. 证据 7 的翻译错误是否导致错误地评价了本专利新颖性?经审查,在第 13188 号决定中,对于证据 7 的有关认定仅涉及潜霉素作为治疗细菌感染的药物部分以及联合用药的部分,即第 2 页 11—16 行以及第 11 页 6—13 行,并未引用存在错误的译文内容,而且,除证据 7 以外,该决定还引用了证据 6、8、9 评价本专利的新颖性和创造性。因此,证据 7 的译文错误并未导致本领域技术人员发生错误的理解。卡比斯特公司提出证据 7 的译文错误导致第 13188 号决定以及一、二审判决对本专利的新颖性评价错误的主张,与事实不符,最高院不予支持。

5. 第 13188 号决定适用法律是否错误?《专利法》(1992)第 22 条第 2 款规定:"新颖性,是指在申请日以前没有同样的发明或者实用新型在国内外出版物上公开发表过、在国内公开使用过或者以其他方式为公众所知,也没有同样的发明或者实用新型由他人向专利局提出过申请并且记载在申请日以后公布的专利申请文件中。"不具备新颖性并不意味着现有技术以完全相同的方式公开了权利要求记载的技术特征。例如,如果权利要求所请求保护的技术方案与一项现有技术的区别仅仅是所属领域中常见手段的直接置换,则该发明同样也不具备新颖性。在化学领域发明专利申请中,给药对象、给药形式、给药剂量及时间间隔等与使用有关的特征,是否对制药过程具有限定作用是新颖性审查时应当考虑的方面,虽然《专利审查指南》(2006)对此规定了"仅是体现在用药过程中的区别特征,不能使该用途具备新颖性",而之前的《专利审查指南》并无上述明确规定,但判断权利要求是否符合《专利法》第 22 条第 2 款,所需要考虑的因素和秉持的原则多年来均是一致的,并不存在矛盾和冲突的规定。第 13188 号决定认为,没有证据表明对潜霉素不产生骨骼肌毒性的副作用的进一步认识,能使本发明制药用途请求保护的治疗用途区别于现有技术的已知用途,同时,给药剂量、时间间隔特征体现在用药过程中,与制药过程无关,对药物本身不产生限定作用,不能使本发明的制药用途区别于现有技术的已知用途,该决

医药用途发明・给药特征・不产生特定毒副作用的特征

定所依据的理由符合《专利法》第22条第2款的规定，不存在损害申请人信赖利益的情形。卡比斯特公司关于第13188号决定存在错误引用规章的申请再审理由，最高院不予支持。

综上所述，最高院认为，一、二审法院的判决认定事实清楚，适用法律正确，符合法定程序。

## 二、裁判要旨

**No.3-5-59-47** 如果发明的实质及其对现有技术的改进在于物质的医药用途，申请专利权保护时，应当将权利要求撰写为制药方法类型权利要求，并以与制药相关的技术特征对权利要求的保护范围进行限定。

从《专利审查指南》(2010)可知，物质的医药用途如果以"用于治病""用于诊断病""作为药物的应用"等权利要求申请专利，则属于《专利法》第25条第1款第3项"疾病的诊断和治疗方法"，因此不能被授予专利权；但是由于药品及其制备方法均可依法授予专利权，因此物质的医药用途发明以药品权利要求，或者例如"在制药中的应用""在制备治疗某病的药物中的应用"等属于制药方法类型的用途权利要求申请专利，则不属于《专利法》第25条第1款第3项规定的情形。因此，上述属于制药方法类型的用途权利要求，可撰写成例如"化合物X作为制备治疗Y病药物的应用"或与此类似的形式。由于用途发明的本质不在于物质本身，而在于物质性能的应用。因此，用途发明是一种方法发明，其权利要求属于方法类型。按照《专利审查指南》的相关规定，应将权利要求撰写为制药方法类型权利要求，并以与制药相关的技术特征，对权利要求的保护范围进行限定。本案中，卡比斯特公司提交补充证据14、15、16、17主张，制药过程不仅包括原料、单位剂量（药品规格）的确定、制备工艺及设备等，还包括药品的说明书、标签和包装的撰写和印刷等药品出厂包装前的所有工序。补充证据14为涉及化学领域专利申请文件撰写的书籍，是作者的学术观点，且与仅体现在用药行为中的特征不是制药用途的技术特征相悖，不能作为认定本专利具备新颖性、创造性的依据。补充证据15—17是国家药监局的文件，旨在规范药品生产企业的制药生产过程，亦不能以此作为认定本专利新颖性、创造性的依据。最高院对上述证据均不予采信。

**No.3-5-59-48** 如果权利要求中不产生特定毒副作用的特征没有改变药物已知的治疗对象和适应症，也未发现药物的新性能，不足以与已知用途相区别，则其对权利要求请求保护的医药用途发明不具有限定作用。

从药理学上讲，副作用和毒性反应具有不同的含义，一般毒性反应较副作用的危害大，但两者均属于药物不良反应的范畴，在医学实践中通常被统称为药物的"毒副作用"。没有证据能够表明药物一旦具有毒性反应就没有临床应用的前景，本领域技术人员一旦发现药物的毒性反应就会停止对药物的研发。潜霉素具有一定的毒性作用并不排斥其成为一种抗菌药物进行研发。本案中，本专利"不产生骨骼肌毒性"，仅是改善了潜霉素的不良反应，使得骨骼肌毒性降低，并没有改变潜霉素本身的治疗对象和适应症，更没有发现药物的新性能。本专利在撰写中采用"不产生骨骼肌毒性"的限定，没有使其与现有技术公开的已知用途产生区别，对药物用途本身不具有限定作用，对本专利权利要求并未产生限定作用。

**No.3-5-59-49** 给药剂量仅体现于用药行为中的特征不是制药用途的技术特征，对权利要求请求保护的制药方法本身不具有限定作用。

专利法意义上的制药过程通常是指以特定步骤、工艺、条件、原料等制备特定药物本身的行为，并不包括药品的说明书、标签和包装的撰写等药品出厂包装前的工序。单位剂量通常是指每一药物单位中所含药物量，该含量取决于配制药物时加入的药量。给药剂量是指每次或者每日的服药量，指药物的使用分量，可由药物的使用者自行决定，这属于对药物的使用方法。临床实践中，若单位剂量的药物含量没有达到用药量，可通过服用多个单位剂量的药物实现，若药物含量大于用药剂量，则减量服用。针对患者个体修改服用方式，选择服用的药物剂量，从而达到药品的最佳治疗效果是用药过程中使用药物治病的行为，给药剂量的改变并不必然影响药物的制备过程，导致药物含量的变化。本案中，本专利通过时间间隔形成的给药方案，是用药过程中如何使用该药物的方法特征,属于体现在用药过程,不体现在制药阶段的医学实践活动。该用药过程的特征与药物生产的制备本身并没有必然的联系,没有对潜霉素的制备方法产生改变,并影响药物本身,对制药过程不具有限定作用,不能使该制药用途具备新颖性。

**92** 采用与权利要求限定的技术手段相反的技术方案不构成等同侵权(《专利法》第59条)

**案例**:申请再审人北京市捷瑞特弹性阻尼体技术研究中心与被申请人北京金自天和缓冲技术有限公司、王菡夏侵害发明专利权纠纷案

**案例来源**:《最高人民法院知识产权审判案例指导》(第六辑)[(2013)民申字第1146号]

**主题词**:相反的技术方案　等同侵权

### 一、基本案情

再审申请人(一审原告、二审上诉人):北京市捷瑞特弹性阻尼体技术研究中心(以下简称捷瑞特中心)。

被申请人(一审被告、二审被上诉人):北京金自天和缓冲技术有限公司(以下简称金自天和公司)。

被申请人(一审被告、二审被上诉人):王菡夏。

再审申请人捷瑞特中心因与被申请人金自天和公司、王菡夏侵害实用新型专利权纠纷一案,不服北京市高级人民法院(2010)高民终字第1867号民事判决,向最高人民法院(以下简称最高院)申请再审。最高院依法组成合议庭对本案进行了审查,现已审查终结。

最高院经审查查明:涉案专利说明书记载:本实用新型的目的在于提供一种当缓冲器受到冲击载荷后,可迅速缓冲能吸收大部分撞击能量,有效保护设备,然后缓慢稳定地恢复,免于弹跳,保护设备,可以有效降低噪音的一种快进慢出型弹性阻尼体缓冲器。为了实现上述目的,本实用新型是通过以下技术方案实现的:……沿活塞(3)圆周部位设置有单向限流装置(32),压缩行程时单向限流装置(32)打开,恢复行程时单向限流装置(32)关闭。由于采用了上述技术方案本实用新型具有以下优点和效果……2.本实用新型能承受较大的冲击载荷,承撞头快进慢出,外载荷撤销后自动恢复,无需增设回弹装置,可以有效保护设备和降低噪声。

最高院认为:本案争议焦点是,被诉侵权产品是否系金自天和公司制造、销售;被诉侵权产品是否落入涉案专利权的保护范围?一审、二审法院是否履行了调查收集和审查认定证据的职责?

关于本案被诉侵权产品是否系金自天和公司制造、销售问题。捷瑞特中心称其提交的被诉侵权产品实物是从齐齐哈尔轨道交通装备有限责任公司技术中心(以下简称齐齐哈尔公司技术中心)取得,其提交的《收条》载明,其中一只已经由齐齐哈尔轨道交通装备有限责任公司拆解。在一审庭审时,捷瑞特中心称编号为1234的产品实物已自行拆解后提交给一审法院。最高院认为,捷瑞特中心的上述主张表明,其在取证过程中并未对其取得的被诉侵权产品实物进行封存,且自行进行了拆解,在金自天和公司不认可该产品实物系其制造的情况下,按照谁主张谁举证的原则,捷瑞特中心有责任通过申请被诉侵权产品实物提供方出庭作证等方式,进一步举证证明该产品实物的来源及原始状态。由于捷瑞特中心并未履行相应的举证责任,导致本案现有证据尚不足以证明被诉侵权产品实物系由金自天和公司制造,此不利后果依法应由捷瑞特中心承担。综上,捷瑞特中心关于本案被诉侵权产品系金自天和公司制造的申请再审理由不能成立,最高院不予支持。

关于被诉侵权产品是否落入涉案专利权的保护范围问题。在一审庭审中,捷瑞特中心与金自天和公司共同确认被诉侵权产品没有涉案专利权利要求1中的套筒座和弹性阻尼体,被诉侵权产品的单向限流装置安装方式与涉案专利权利要求1中的安装方式相反。在申请再审中,双方当事人的争议焦点在于,被诉侵权产品与涉案专利权利要求1中的单向限流装置的安装方式是否构成等同。最高院认为,从涉案专利说明书的记载来看,涉案专利的发明目的是提供一种快进慢出型的弹性阻尼体缓冲器。为实现这一发明目的,涉案专利在单向限流装置上采取了压缩

行程时打开,恢复行程时关闭的安装方式,以达到承撞头快进慢出的效果。对此,涉案专利权利要求1对单向限流装置的安装方式也作出了明确的限定。而本案被诉侵权产品在单向限流装置上采取的是压缩行程时关闭,恢复行程时打开的安装方式,实现的是承撞头慢进快出的效果。因此,本案被诉侵权产品在单向限流装置的安装方式上与涉案专利权利要求1限定的安装方式既不相同,也不等同,没有落入涉案专利权的保护范围。捷瑞特中心关于二者构成等同的申请再审理由不能成立,最高院不予支持。

二、裁判要旨

No.3-5-59-50　被诉侵权技术方案的技术手段与权利要求明确限定的技术手段相反,技术效果亦相反,且不能实现发明目的的,不构成等同侵权。

　　等同侵权的等同就是强调被诉侵权的技术方案与专利权利要求所记载的技术手段基本相同,效果基本相同,功能也基本相同。如果被诉侵权技术方案的技术手段与权利要求明确限定的技术手段相反,技术效果亦相反,且不能实现发明目的的,当然不构成等同侵权。本案中,涉案专利在单向限流装置上采取了压缩行程时打开,恢复行程时关闭的安装方式,以达到承撞头快进慢出的效果。对此,涉案专利权利要求1对单向限流装置的安装方式也作出了明确的限定。而本案被诉侵权产品在单向限流装置上采取的是压缩行程时关闭,恢复行程时打开的安装方式,实现的是承撞头慢进快出的效果。因此,本案被诉侵权产品在单向限流装置的安装方式上与涉案专利权利要求1限定的安装方式既不相同,也不等同,没有落入涉案专利权的保护范围。

## 93 外观设计专利侵权判定中相同或相近种类产品的认定(《专利法》第59条)

**案例:再审申请人福建省晋江市青阳维多利食品有限公司与被申请人漳州市越远食品有限公司、一审被告、二审被上诉人李欣彩侵害外观设计专利权纠纷案**
案例来源:《最高人民法院知识产权审判案例指导》(第六辑)[(2013)民申字第1658号]
主题词:外观设计专利　产品种类

一、基本案情

　　再审申请人(一审被告、二审被上诉人):福建省晋江市青阳维多利食品有限公司(以下简称维多利食品公司)。
　　被申请人(一审原告、二审上诉人):漳州市越远食品有限公司(以下简称越远食品公司)。
　　一审被告、二审被上诉人:李欣彩。
　　再审申请人维多利食品公司因与被申请人越远食品公司、一审被告、二审被上诉人李欣彩侵害外观设计专利权纠纷一案,不服福建省高级人民法院于2013年4月2日作出的(2013)闽民终字第65号民事判决,向最高人民法院(以下简称最高院)申请再审。最高院依法组成合议庭对本案进行了审查,现已审查终结。
　　维多利食品公司申请再审称:(1)涉案专利"工艺品(凤梨拼盘)"(专利号200630000974.6)与被诉侵权产品"旺来拼盘吸冻"分属两个不同的类别,不具有可比性。涉案专利是《国际外观设计分类表》第11类装饰类中的"11—02",小装饰品、桌子、壁炉台和墙的装饰、花瓶和花盘。用途是装饰,功能是装点居室、美化环境。被诉侵权产品的名称为果冻,用途是食用,功能是作为一种甜品、零食,在《国际外观设计分类表》属于01—99其他杂类项。二者的售卖渠道不同,消费人群不同,且被诉侵权产品具有保质期。一审判决认定两者用途不同、产品功能不同,且在国际外观设计分类表中属于不同的类别,是正确的。但二审判决却认定被诉侵权产品也可以作为装饰陈列、摆放,进而认定是相近种类,存在严重错误。(2)被诉侵权产品与涉案专利产品的外观并不相似,涉案专利产品为规整的圆柱体,球状物整齐排列。被诉侵权产品为不规整的椭圆状,球状物是错落排列。(3)如果专利权人申请专利的保护范围包括食品的类别,根据《专利审查指南》的规定,对于多类别产品,多个分类号之间用分号分隔的规定,可以将食品类别一并列入专利的保护范围,以分号分隔。但涉案专利只是列了"11—02"类别。二审判决将果冻列入涉案专利的保护范围,变相扩大了专利的保护范围,于法无据。而且,专利权人在明知涉案专利是装饰品,与食品没有关系的情况下,将涉案专利许可给被申请人,明显为了达到恶意诉讼的需要。请求最高院撤销二审判决,对本案进行再审。

越远食品公司提交意见称:被诉侵权产品与涉案专利产品用途相同,属于同类产品,而且被诉侵权产品外观与本专利产品的外观设计相近似。维多利食品公司的再审申请缺乏事实与法律依据,请求予以驳回。

最高院认为,本案争议焦点为涉案外观设计专利"工艺品(凤梨拼盘)"(专利号200630000974.6)与被诉侵权产品"旺来拼盘吸冻"的种类是否相近?外观设计是否近似?二审判决认定的涉案外观设计专利权的保护范围是否存在错误?

1. 产品种类是否相近似?《国际外观设计分类表》是专利管理部门对外观设计专利申请文件和文献资料进行管理的工具,仅是判断产品种类的参考因素之一,并不是作为确定产品种类的唯一依据。确定产品种类相同或相近的依据是产品是否具有相同或相近似的用途,而产品销售、实际使用的情况是认定用途的参考因素。根据一、二审法院查明的事实,被诉侵权产品的外形自上而下由三部分构成,顶层是叶子,叶子朝上伸展;中间层是由若干颗粒捆扎而成的圆柱形果实,圆柱形果实的内部填充了具有可食用性的果冻,每一粒果实大小一致,紧密排列;底层是带底座的托盘。销售时,顶层的装饰物、底层的托盘与中间层的圆柱型果实一同销售。被诉侵权产品通过三层组合,整体造型为承载在托盘上的凤梨。根据产品实际使用情况,被诉侵权产品除供食用外,消费者购买后也可以将其作为贡品和摆设,达到装饰的效果。尽管被诉侵权产品的果实中盛装了果冻,具有食用的功能,但由于其与涉案专利产品具有相同的装饰用途,根据最高人民法院《关于审理侵犯专利权纠纷案件应用法律若干问题的解释》第9条规定:"人民法院应当根据外观设计产品的用途,认定产品种类是否相同或者相近。"维多利食品有限公司就二审法院认定被诉侵权产品具有装饰用途错误的主张,与事实不符,其关于被诉侵权产品与涉案外观设计专利产品属于不同类别的理由,最高院不予支持。

2. 外观设计是否相近似?维多利食品公司主张被诉侵权产品为不规整的椭圆状,球状物也是错落排列,与涉案外观设计不相近似。由于构成圆柱形果实的每一粒的造型为不规整的椭圆状,当若干颗粒通过拼插形成圆柱形果实的中间层时,其所呈现的外观,与涉案专利的外观设计相比,一般消费者通过整体观察,上述区别点仅属于局部细微差别,对整体视觉效果没有实质性影响。因此,维多利食品公司关于二者外观设计不相近似的理由,最高院亦不予支持。

3. 外观设计专利权的保护范围。《专利法》第2条第4款规定:"外观设计,是指对产品的形状、图案或者其结合以及色彩与形状、图案的结合所作出的富有美感并适于工业应用的新设计。"该定义表明,外观设计不能脱离其产品而单独存在,但外观设计专利的保护客体并非产品本身,也并非脱离外观设计专利限定的产品类别抽象出来的设计方案。《专利法》第59条规定了"外观设计专利权的保护范围以表示在图片或者照片中的该产品的外观设计为准"。因此,在确定外观设计专利权的保护范围时,产品的种类以及外观设计均是需要考虑的因素,只有在相同或相近种类的产品外观设计之间,才能进行相同或相似的比较判断。如果在与外观设计专利产品相同或者相近种类产品上,被诉侵权产品采用了与授权外观设计相同或者近似的外观设计的,则应当认定为落入了该外观设计专利权的保护范围。确定是否属于相同或相近种类产品的依据是产品是否具有相同或相近的用途,尽管涉案外观设计专利产品的类别是《国际外观设计分类表》第11类装饰类中的"11—02",但并不意味着其他具有装饰用途的产品不属于涉案专利相近种类的产品。维多利食品公司在与涉案专利相近的产品种类上使用与涉案专利相近似的外观设计,根据最高人民法院《关于审理侵犯专利权纠纷案件应用法律若干问题的解释》第8条的规定,二审法院认定被诉侵权产品落入了涉案外观设计专利的保护范围,并无不当。维多利食品公司关于二审判决变相扩大了专利的保护范围的申请再审理由,最高院不予支持。

此外,外观设计专利权人依照《专利法》第11条的规定,对其所享有的外观设计专利产品拥有以生产经营目的制造、许诺销售、销售、进口该外观设计专利产品的权利。其将上述权利通过许可转让给被许可人,亦是其行使权利的方式。维多利食品公司关于专利权人将涉案外观设计专利许可给越远食品公司是为达到恶意诉讼的目的,无事实和法律依据,最高院不予支持。

综上,维多利食品公司的再审申请不符合《民事诉讼法》第200条的规定。依照《民事诉讼法》第204条第1款的规定,裁定驳回福建省晋江市青阳维多利食品有限公司的再审申请。

二、裁判要旨

**No.3-5-59-51** 在外观设计专利侵权判定中,确定产品种类是否相同或相近的依据是产品是否具有相同或相近似的用途,产品销售、实际使用的情况可以作为认定用途的参考因素。

外观设计,是指对产品的形状、图案或者其结合以及色彩与形状、图案的结合所作出的富有美感并适于工业应用的新设计。现行《专利法》第59条规定了"外观设计专利权的保护范围以表示在图片或者照片中的该产品的外观设计为准"。因此,在确定外观设计专利权的保护范围时,产品的种类以及外观设计均是需要考虑的因素,只有在相同或相近种类的产品外观设计之间,才能进行相同或相似的比较判断。从最高人民法院《关于审理侵犯专利权纠纷案件应用法律若干问题的解释》第8条可知,在与外观设计专利产品相同或者相近种类产品上,采用与授权外观设计相同或者近似的外观设计的,人民法院应当认定被诉侵权设计落入《专利法》第59条第2款规定的外观设计专利权的保护范围。而第9条的规定所例举的,外观设计的简要说明、国际外观设计分类表、产品的功能以及产品销售、实际使用的情况等证明用途的因素仅是参考,不能排除其他用途外观设计产品的相近似。具体到本案,尽管涉案外观设计专利产品的类别是《国际外观设计分类表》第11类装饰类中的"11—02",但并不意味着其他具有装饰用途的产品不属于与涉案专利相近种类的产品。维多利食品公司在与涉案专利相近的产品种类上使用了与涉案专利相近似的外观设计。

**94** 封闭式权利要求的侵权判定(《专利法》第59条)

**案例**:申请再审人河北鑫宇焊业有限公司与被申请人宜昌猴王焊丝有限公司侵害发明专利权纠纷案

案例来源:《最高人民法院知识产权审判案例指导》(第六辑)[(2013)民申字第1201号]

主题词:封闭式权利要求 其他特征

一、基本案情

再审申请人(一审原告、二审上诉人):河北鑫宇焊业有限公司(以下简称鑫宇公司)。

被申请人(一审被告、二审被上诉人):宜昌猴王焊丝有限公司(以下简称猴王公司)。

再审申请人鑫宇公司因与被申请人猴王公司侵害发明专利权纠纷一案,不服湖北省高级人民法院(2012)鄂民三终字第116号民事判决,向最高人民法院(以下简称最高院)申请再审。

鑫宇公司申请再审称:(1)猴王公司生产的焊丝包含涉案专利的全部特征,一、二审判决认定被诉侵权产品未落入涉案专利权的保护范围,认定事实错误。(2)是否构成专利侵权应当适用最高人民法院《关于审理侵犯专利权纠纷案件应用法律若干问题的解释》第7条的规定。二审判决适用《专利审查指南》(2010)的相关规定错误。请求:最高院依法再审,撤销一、二审判决,支持鑫宇公司的一审诉讼请求。

猴王公司提交意见认为:(1)涉案专利权利要求1属于封闭式权利要求,被诉侵权技术方案包含了权利要求记载的组分之外的其他组分,应当认定未落入涉案专利权的保护范围。(2)二审判决适用《专利审查指南》(2010)的规定正确。

最高院另查明,涉案专利说明书背景技术记载:"该焊丝中含有高含量的贵重金属镍,因此使得其成本大大提高。"说明书发明内容记载:"本发明……具有以下优点:……不含有贵重的金属镍和钼,每吨的生产成本能够降低1000元以上。"

最高院认为,封闭式权利要求与开放式权利要求是一组相对应的权利要求类型,关于二者的规定主要体现于《专利审查指南》(2006)第二部分第十章、《专利审查指南》(2010)第二部分第二、十章等相关规定之中。之所以区分封闭式权利要求与开放式权利要求,在于允许专利申请人通过特定形式的措辞或者表达,表明除权利要求明确列举的组分、结构或者步骤等技术特征之外,专利技术方案是否还进一步涵盖未明确列举的其他技术特征。其中,封闭式权利要求通过"由……组成""余量为……"等表达方式的限定,表明其排除权利要求明确记载的技术特征之外的其他组分、结构或者步骤。涉案专利权利要求1采用了"由……构成""余量为铁及其不可避免的杂质构成"等措辞,表明权利人以明确的意思表示,对权利要求1请求保护的"高强度结构钢用气体保护焊丝"组分进行了穷尽式列举,权利要求1属于封闭式权利要求。

最高人民法院《关于审理侵犯专利权纠纷案件应用法律若干问题的解释》第7条系有关专利侵权判断中技术特征全面覆盖原则的规定。根据全面覆盖原则,专利侵权行为的成立,以被诉侵权技术方案包含与权利要求记载的全部技术特征相同或者等同的技术特征为充分条件,即使被诉侵权技术方案还附加有其他技术特征,亦不影响侵权判断,仍应认定侵权行为成立。在适用全面覆盖原则时,应当首先确定权利要求的保护范围。封闭式权利要求是一种特殊类型的权利要求,封闭式权利要求以特定措辞或者表达,限定了权利要求的保护范围仅包括权利要求中明确记载的技术特征及其等同物,排除了其他组分、结构或者步骤。因此,对封闭式权利要求,如果被诉侵权产品除了具备权利要求明确记载的技术特征之外,还具备其他特征,应当认定其未落入权利要求的保护范围。否则,会出现在授权确权程序中,若权利要求从严解释,权利人更容易避开现有技术获得授权;若侵权诉讼中从宽解释,覆盖更宽保护范围,权利人两头得利,法律适用前后脱节的情形。

《专利审查指南》(2006)、《专利审查指南》(2010)中有关封闭式权利要求的规定,不存在与上位法相抵触的情形,并且已在专利审查实践中适用多年,形成了稳定的秩序和预期,已为业界所广泛认可和接受。因此,在侵权诉讼中可以参照适用。本案被诉侵权产品除具有权利要求1记载的全部组分之外,还含有铬、铜、镍三种组分,其中镍还是涉案专利说明书中明确指出需要排除的组分。因此,二审判决参照适用《专利审查指南》中有关封闭式权利要求的规定,认定被诉侵权产品未落入涉案专利权的保护范围正确。鑫宇公司有关二审判决认定事实错误、法律适用错误的申请再审理由不能成立。

二、裁判要旨

No.3-5-59-52　对于封闭式权利要求,如果被诉侵权产品或者方法除具备权利要求明确记载的技术特征之外,还具备其他特征的,应当认定其未落入权利要求保护范围。

所谓封闭式的权利要求,往往采用"由……组成"的表达方式,一般解释为不含有该权利要求所述以外的结构组成部分或方法步骤。这就限定了权利要求的保护范围仅包括权利要求中明确记载的技术特征及其等同物,排除了其他组分、结构或者步骤。因此,对封闭式权利要求,如果被诉侵权产品除了具备权利要求明确记载的技术特征之外,还具备其他特征,应当认定其未落入权利要求的保护范围。本案被诉侵权产品除具有权利要求1记载的全部组分之外,还含有铬、铜、镍三种组分,其中镍还是涉案专利说明书中明确指出需要排除的组分。因此,二审判决参照适用《专利审查指南》中有关封闭式权利要求的规定,认定被诉侵权产品未落入涉案专利权的保护范围正确。

**95 专利行政调解(《专利法》第60条)**

案例:上海全能科贸有限公司诉上海市知识产权局专利侵权纠纷处理决定案
案例来源:《中华人民共和国最高人民法院公报》2011年第1期第42页
主题词:行政调解

一、基本案情

原告:上海全能科贸有限公司(以下简称全能科贸公司)。

被告：上海市知识产权局（以下简称市知产局）。

第三人：上海佳动力环保科技有限公司（以下简称佳动力公司）。

专利权人葛永乐、李建军、王泰胜于2005年9月2日提出名称为"空调器用节能雾化装置"的发明专利申请，于2007年11月7日得到国家知识产权局授权，专利号为ZL200510029351.6，现为有效专利。

2007年11月18日，上述专利权人就涉案发明专利与第三人佳动力公司签订了独占实施许可合同，第三人佳动力公司为该发明专利权的独占被许可人，该合同于2008年8月18日在国家知识产权局备案。

2008年7月21日，第三人佳动力公司向原告全能科贸公司购买了名称为"空调节能雾化器"的产品，原告开具了发票。该产品及包装上均标有"上海全能科贸有限公司"字样，型号为RSW5000A。

2007年2月2日，案外人荣盛公司申请了名称为"空调节能雾化器"的实用新型专利，并于2008年1月2日获得国家知识产权局授权，专利号为ZL200720106248.1。2007年2月1日，该公司又申请了名称为"空调节能雾化器"的外观设计专利，并于2008年1月16日获得授权，专利号为ZL200730110936.0。

2008年9月17日，被告市知产局收到佳动力公司的专利侵权调处请求。第三人佳动力公司在请求中认为，原告全能科贸公司未经专利权人许可，擅自制造和销售一种"空调节能雾化器"产品（型号为RSW5000A），侵犯了作为独占被许可人佳动力公司的合法权益，请求市知产局责令全能科贸公司立即停止侵权行为，停止生产、销售侵权产品，并对佳动力公司的经济损失及支付的律师费用等合理费用的赔偿事宜进行调解。市知产局于2008年9月22日予以受理，并于当日向全能科贸公司发出答辩通知书。全能科贸公司于2008年9月26日收到答辩通知书后，于同年10月3日提交了答辩书。当日，市知产局向佳动力公司和全能科贸公司分别发出了口头审理通知书。2008年11月12日，市知产局进行了口头审理，佳动力公司和全能科贸公司均派员参加了审理。2009年6月19日，市知产局作出沪知处字〔2008〕第22号专利侵权纠纷处理决定，认定全能科贸公司制造、销售的"空调节能雾化器"产品（以下简称涉嫌侵权产品），全面覆盖了"空调器用节能雾化装置"（专利号为ZL200510029351.6）发明专利权的保护范围，侵犯了该发明专利权的独占被许可人佳动力公司的合法权益，根据《中华人民共和国专利法》第11条第1款、第56条第1款和第57条第1款的规定，责令全能科贸公司立即停止对名称为"空调器用节能雾化装置"（专利号为ZL200510029351.6）发明专利权的侵害。该决定书已向双方当事人送达。

上海市第二中级人民法院一审认为：通过将涉嫌侵权产品技术特征与涉案专利必要技术特征进行比对，两者属于相同的技术主题，涉嫌侵权产品落入涉案发明专利权的保护范围。被告市知产局认为原告全能科贸公司未经专利权人许可，为生产经营目的制造、销售涉嫌侵权产品的行为，侵犯了第三人佳动力公司的合法权益，责令原告立即停止侵权行为认定事实清楚，适用法律正确。该被诉具体行政行为依法应予维持。原告的诉讼请求和诉讼理由不能成立。

宣判后，被告全能科贸公司不服一审判决，提起上诉。上海市高级人民法院经二审，确认了一审查明的事实。

上海市高级人民法院二审认为：上诉人全能科贸公司为生产经营目的制造、销售的涉嫌侵权产品落入了第三人佳动力公司享有的涉案发明专利权的保护范围，构成侵权。被上诉人市知产局根据第三人的申请，经审理听取双方当事人的陈述和申辩后，在双方当事人就有关赔偿事宜无法达成调解协议的情况下作出被诉处理决定，责令上诉人立即停止侵权行为，认定事实清楚，适用法律正确，执法程序合法。原审判决维持该处理决定并无不当，应予维持。

## 二、裁判要旨

**No.3-5-60-1** 未经专利权人许可,实施其专利,即侵犯其专利权,引起纠纷的,由当事人协商解决。不愿协商或者协商不成的,专利权人或者利害关系人可以请求管理专利工作的部门处理。

管理专利工作的部门处理专利侵权纠纷时,认定侵权行为成立的,可以责令侵权人立即停止侵权行为,当事人不服的,可以向人民法院起诉;侵权人期满不起诉又不停止侵权行为的,管理专利工作的部门可以申请人民法院强制执行。

依据 2008 年 12 月 27 日修订的《专利法》第 60 条的规定:"未经专利权人许可,实施其专利,即侵犯其专利权,引起纠纷的,由当事人协商解决;不愿协商或者协商不成的,专利权人或者利害关系人可以向人民法院起诉,也可以请求管理专利工作的部门处理。管理专利工作的部门处理时,认定侵权行为成立的,可以责令侵权人立即停止侵权行为,当事人不服的,可以自收到处理通知之日起十五日内依照《中华人民共和国行政诉讼法》向人民法院起诉;侵权人期满不起诉又不停止侵权行为的,管理专利工作的部门可以申请人民法院强制执行。"可知,适用该条规定需要具备以下几个条件:首先,存在专利纠纷;其次,当事人不愿协商或者协商不成;再次,专利权人或利害关系人向专利行政管理部分提出处理请求;最后,专利行政管理部门确认其侵权成立。

本案中,第三人佳动力公司通过与专利权人签订独占实施许可合同而成为涉案发明专利权的独占被许可人,享有相应权益。因此,第三人认为上诉人全能科贸公司制造、销售涉嫌侵权产品,侵犯了其受保护的相应权益而申请被上诉人市知产局作出责令停止侵权决定,并对赔偿事宜进行调解。被上诉人受理该申请后进行口头审理,听取了第三人和上诉人的陈述、申辩后,在双方就有关赔偿事宜无法达成调解协议的情况下作出被诉处理决定,具有相应的职权依据,执法程序亦符合上述法律规定,并无不当。并且,被诉处理决定认定涉嫌侵权产品已全面覆盖了涉案专利发明权利要求记载的全部技术特征,故上诉人对第三人佳动力公司构成侵权,具有相应的事实和法律依据。上海市知识产权局作出专利纠纷处理决定,符合法律规定,具有法律效力。

## 96 管理专利工作的部门就专利纠纷的行政处理决定的撤销(《专利法》第 60 条)

**案例:昆明欧冠窗业有限公司与昆明市知识产权局专利行政处理决定案**
**案例来源:最高人民法院《2008 年 100 件全国知识产权司法保护典型案例》[民事案件第 43 号]**
**主题词:行政处理决定　撤销**

### 一、基本案情

上诉人(一审原告):昆明欧冠窗业有限公司(以下简称欧冠公司)。
被上诉人(一审被告):昆明市知识产权局(以下简称市知产局)。
一审第三人:杨英武。

上诉人欧冠公司诉昆明市知产局专利行政处理决定一案,因不服昆明市中级人民法院(2006)昆行初字第 7 号行政判决,向云南省高级人民法院(以下简称云南高院)提出上诉。

一审法院判决认定,2006 年 4 月 13 日,一审第三人杨英武因 2003 年以来欧冠钢铝复合防盗窗厂生产、销售与其专利特征相同的产品向市知产局提出处理请求。市知产局受理后,向欧冠钢铝复合防盗窗厂发出了专利侵权纠纷处理请求书、答辩通知书等材料。2006 年 5 月 16 日,欧冠公司提交了答辩书,同日市知产局将答辩书送达一审第三人杨英武。2006 年 6 月 21 日市知产局委托云南省知识产权局办理专利保护技术鉴定,7 月 5 日,市知产局组成合议组对本案进行口头审理,7 月 31 日作出(2006)昆知处字 02 号专利侵权纠纷处理决定。该处理决定认定:杨英武 1999 年 1 月 15 日申请一种带防盗条的窗扇实用新型专利,于 1999 年 11 月 20 日获得国家知识产权局授权,专利号为 ZL99230778.3。市知产局认为,欧冠公司生产的防盗窗扇产品,其技术特征覆盖了专利号为 ZL99230778.3 的一种带防盗条的窗扇实用新型专利权利要求的五个必要技术特征,落入了该专利的保护范围,已构成侵权。依照《中华人民共和国专利法》第11条、第57条第1款,《云南省专利保护条例》第25条第1款,《专利行政执法办法》第33条的规定,作出相关处理决定。

一审法院判决认为,根据有关专利法律、法规、部门规章和地方性法规的规定,市知产局具备专利行政执法行政主体资格。其依法提供的证据能够证明欧冠公司生产的防盗窗扇产品,其技术特征覆盖了专利号为 ZL99230778.3 的一种带防盗条的窗扇实用新型专利权利要求的五个必要技术特征,落入了该专利的保护范围,构成侵权。市知产局经调查取证、委托专家组进行鉴定,组成合议组口头审理,听取欧冠公司、一审第三人杨英武陈述后,作出(2006)昆知处字02号《专利侵权纠纷处理决定书》的行政行为具有事实根据,也符合法律、法规、部门规章和云南省地方性法规的相关规定。尽管市知产局所作上述行政行为在合议组人员变更的告知及适用法律的准确性方面存在一定的不当,但并不必然使该行政行为违法而应予撤销。欧冠公司提出市知产局所作行政行为程序违法、事实认定不清、适用法律错误的观点理由不充分,故其诉讼请求依法应予驳回。市知产局所作(2006)昆知处字02号专利侵权纠纷处理决定认定事实清楚、证据充分,具有法律依据,符合法定程序。据此,一审法院判决驳回了欧冠公司的诉讼请求。欧冠公司不服一审判决,提出上诉。

云南高院查明:2006年5月26日,被上诉人市知产局向一审第三人杨英武发出《专利侵权纠纷处理请求受理通知书》。2006年6月21日,市知产局委托云南省知识产权局办理专利保护技术鉴定。云南省知识产权局组织有关专家组就欧冠公司生产的防盗窗扇产品技术特征与杨英武的一种带防盗条的窗扇实用新型专利必要技术特征进行鉴定,并于2006年6月27日由专家组出具了鉴定意见书。2006年7月5日,市知产局由朱晓兵、何正川、惠娟组成合议组对该专利纠纷进行口头审理。市知产局于7月31日作出(2006)昆知处字02号专利侵权纠纷处理决定。该处理决定认定,被请求人欧冠公司生产的防盗窗扇产品,其技术特征覆盖了专利号为 ZL99230778.3 的一种带防盗条的窗扇实用新型专利权利要求的五个必要技术特征,落入该专利的保护范围。该处理决定作出欧冠公司产品侵权的认定,同时责令欧冠公司停止制造销售侵权产品、销毁尚未出售的侵权产品。该处理决定由何正川、朱晓兵、施丽蓉署名并加盖市知产局公章。欧冠公司对市知产局的处理决定不服,向人民法院提起行政诉讼。

云南高院认为,根据《中华人民共和国专利法》第57条和《云南省专利保护条例》第3条第1款之规定,被上诉人昆明市知识产权局具有专利行政管理的行政执法主体资格,作出专利侵权纠纷行政处理决定是其法定职责。但该局依其法定职责作出本案专利侵权纠纷处理决定存在认定侵权事实的证据不足,且违反了法定程序。

被上诉人市知产局作出本案处理决定认定侵权事实的主要证据是鉴定意见书,因该鉴定意见书的鉴定人员资格不具有合法性,且鉴定结论超出了专业技术鉴定范围,作出的法律上的认定依法不应采纳。被上诉人市知产局在行政处理程序中未听取各方当事人对该鉴定意见书的陈述、申辩,违背了最高人民法院《证据规定》第60条第2项之规定,不能作为认定被诉具体行政行为合法的证据,故被上诉人市知产局认定上诉人欧冠公司侵权的主要证据不足。

从本案查明事实证实,被上诉人市知产局在请求书既无请求人本人签名或盖章,也无有效授权委托代理的情况下,就向第三人杨英武发出受理通知书,也就是被上诉人市知产局未收到有效请求书就予以立案受理,违反了国家知识产权局颁布实施的《专利行政执法办法》(以下简称《办法》)第6条、第7条规定的处理专利侵权纠纷应当提交请求人签名或盖章的请求书的法定程序。根据《办法》第9条的规定,管理专利工作的部门应当在立案之日起7日内将请求书及其附件送达被请求人。但本案中,被上诉人市知产局未将合法有效的请求书送达欧冠公司,违反了法定程序。此外,被上诉人市知产局未在口头审理前3日让各方当事人得知进行口头审理的时间和地点,违反了《办法》第10条规定的法定程序。被上诉人所作出的处理决定应予撤销。

## 二、裁判要旨

**No.3-5-60-2** 管理专利工作的部门违反法定程序作出处理决定,且该处理决定主要证据不足的,应当予以撤销。

现行《专利法》第60条、第61条赋予了管理专利工作的部门(即各级知识产权局)处理和调解专利侵权案件的权利。《专利行政执法办法》对管理知识产权工作部门的相关行政执法行为作出了规定。此外,在管理专利工作的部门进行侵犯专利权纠纷的处理和调解时,其取证等行为还须参照《行政诉讼法》、最高人民法院《关于行政诉讼证据若干问题的规定》等法律、法规和司法解释的规定。

本案中,被上诉人市知产局作出本案处理决定认定侵权事实的主要证据是鉴定意见书,因该鉴定意见书的鉴定人员资格不具有合法性,且鉴定结论超出了专业技术鉴定范围,作出的法律上的认定依法不应采纳。且被上诉人市知产局在请求书既无请求人本人签名或盖章,也无有效授权委托代理的情况下,就向第三人杨英武发出受理通知书;未将合法有效的请求书送达欧冠公司;在口头审理前3日让各方当事人得知进行口头审理的时间和地点等行为,违反了《专利行政执法办法》的规定。故该处理决定所依据的主要证据不足,且程序违反国家知识产权局的相关规定。因此,应当撤销其所作出的行政处理决定。

## 97 确认不侵权之诉的管辖法院(《专利法》第60条)

**案例:**龙宝公司诉朗力福公司请求确认不侵犯专利权案
**案例来源:**《人民法院案例选》2004年商事·知识产权专辑[第64号]
**主题词:**不侵权之诉 管辖法院

### 一、基本案情

原告:苏州龙宝生物工程实业公司(以下简称龙宝公司)。
被告:苏州朗力福保健品有限公司(以下简称朗力福公司)。

龙宝公司与朗力福公司均是生产销售龟蛇粉产品的企业,1997年3月4日,被告朗力福公司申请了"龟粉和蛇粉的组合物及其制备方法"发明专利,同年11月26日公开,并于2000年9月13日授权公告,专利号为97106310.9。专利权利要求书载明,龟粉和蛇粉组合物的重量比例为,龟粉10%～40%、蛇粉60%～90%;制备工艺流程为,将龟、蛇去内脏,清水漂洗,100℃蒸气灭菌2小时,然后在80℃—100℃干燥24小时,将干燥后的龟蛇粉粉碎成80目以下的粉末,按配比混合均匀填充于胶囊中。龙宝公司于2000年2月25日向卫生防疫站提出生产龟蛇粉胶囊的申请,2000年4月3日,经江苏省卫生防疫站审核批准。审核批准的资料载明,乌梢蛇和蝮蛇与乌龟的比例为55%及45%,生产工艺流程为:龟、蛇宰杀处理,自来水清洗,11℃—13℃干燥灭菌20小时,粉碎至100目以上,按蛇粉55%(其中乌梢蛇30%、蝮蛇25%)、龟粉45%配比混合,填充胶囊,在铝塑包装、微波下灭菌等。2000年8月31日,常州市专利事务所受朗力福公司的委托,向明都、苏果超市等单位发送警告函,称龙宝公司生产的龟蛇粉涉嫌侵权。龙宝公司于2000年9月14日诉至南京市中级人民法院,请求法院确认其生产龟蛇粉所采用的"龟粉和蛇粉的组合物及其制备方法"与朗力福公司的专利不同,龙宝公司不构成对朗力福公司专利权的侵犯。根据对比,二者的工艺流程和产品特征有差异,双方对此均无异议。

本案一审经两次开庭,认为事实已经查清,但由于类似案件法院从未受理过,后经审判委员会研究,决定就相关法律适用等问题向江苏省高级人民法院书面请示。

江苏省高级人民法院经审判委员会研究,多数意见认为,本案法院应当受理,但考虑该案件具有一定的特殊性,为慎重起见,决定书面向最高人民法院请示。

最高人民法院批复,同意江苏省高级人民法院审判委员会多数人的处理意见,本案应当受理。理由是:

依据《中华人民共和国民事诉讼法》第108条和第111条的规定,对于符合条件的起诉人民法院应当受理。本案中，由于被告朗力福公司向销售原告龙宝公司产品的商家发函称原告的产品涉嫌侵权，导致经销商停止销售原告的产品，使得原告的利益受到了损害，原告与本案有直接的利害关系；原告在起诉中，有明确的被告；有具体的诉讼请求和事实、理由；属于人民法院受理民事诉讼的范围和受诉人民法院管辖，因此，人民法院对本案应当受理。

本案中，原告向人民法院提起诉讼的目的，只是针对被告发函指控其侵权的行为而请求法院确认自己不侵权，并不主张被告的行为侵权并追究其侵权责任。以"请求确认不侵犯专利权纠纷"作为案由，更能直接反映当事人争议的本质，体现当事人的请求与法院裁判事项的核心内容。

该案后以原告撤诉而终结。

### 二、裁判要旨

No.3-5-60-3　一方当事人因被控涉嫌侵犯专利权并因此遭受损失的，可以向法院起诉，请求法院确认其不侵权。

确认不侵权之诉在于被控涉嫌侵权的一方当事人的利益受到损害，因此，其实质还是侵权之诉，故其管辖法院应当为侵权行为地或被告住所地法院。确认不侵权之诉受理与否还是应当依据《民事诉讼法》的相关规定。

本案中，由于被告朗力福公司向销售原告龙宝公司产品的商家发函称原告的产品涉嫌侵权，导致经销商停止销售原告的产品，使得原告的利益受到了损害，原告与本案有直接的利害关系；原告在起诉中，有明确的被告；有具体的诉讼请求和事实、理由；属于人民法院受理民事诉讼的范围和受诉人民法院管辖，因此，人民法院对本案应当受理。

## 98 侵犯外观设计专利权纠纷管辖权异议（《专利法》第60条）

**案例**：河北新凯汽车制造有限公司、高碑店新凯汽车制造有限公司与（日本）本田技研工业株式会社、东风本田汽车（武汉）有限公司、北京鑫升百利汽车贸易有限公司侵犯外观设计专利权纠纷管辖权异议案

案例来源：《中华人民共和国最高人民法院公报》2006年第9期第20页

主题词：管辖权异议

### 一、基本案情

上诉人（原审被告）：河北新凯汽车制造有限公司。

上诉人（原审被告）：高碑店新凯汽车制造有限公司。

被上诉人（原审原告）：（日本）本田技研工业株式会社。

被上诉人（原审原告）：东风本田汽车（武汉）有限公司。

原审被告：北京鑫升百利汽车贸易有限公司。

上诉人河北新凯汽车制造有限公司、高碑店新凯汽车制造有限公司为与被上诉人（日本）本田技研工业株式会社、东风本田汽车（武汉）有限公司、原审被告北京鑫升百利汽车贸易有限公司侵犯外观设计专利权纠纷管辖权异议一案，不服中华人民共和国北京市高级人民法院（2004）高民初字第1472号民事裁定，向最高人民法院（以下简称最高院）提起共同上诉。

最高院经审理查明：原审法院于2004年11月30日在向两上诉人送达原告起诉状的同时，已将两被上诉人起诉时提交的16份证据一并送达，其中证据7〔北京市公证处（2004）京证经字第05752号《公证书》〕和证据8〔北京市公证处（2004）京证经字第05753号《公证书》〕，用于证明北京鑫升百利汽车贸易有限公司销售了被控侵权产品，即厂牌型号为HXK6491E的汽车。二审中，两上诉人认可其已收到上述证据，但以公证人员未出庭为由，拒绝发表进一步的质证意见。

另查明，两上诉人在一审提交答辩状期间，对本案管辖权提出共同异议如下：（1）被控侵权

产品即型号为 HXK6491E 的汽车系由河北新凯汽车制造有限公司制造,该公司住所地在河北省,依据有关司法解释,本案应由河北省石家庄市中级人民法院管辖。(2)依据司法解释的有关规定,专利纠纷第一审案件由中级人民法院管辖,北京市高级人民法院受理本案不妥。上诉人在管辖权异议中未涉及北京鑫升百利汽车贸易有限公司是否系本案被控侵权产品销售者的问题。

最高院认为,本案北京鑫升百利汽车贸易有限公司是否系被控侵权产品的销售者,涉及确定原审法院对本案有无地域管辖权的事实依据问题。原审法院未对有关证据召集当事人进行审查核对,有所不妥。但是,在被告并未将此作为其管辖权异议所依据的事实和理由的情况下,原审法院仅针对其异议所依据的事实和理由作出裁定,尚不属实质错误。

在二审期间,最高院曾召集双方当事人就此事实进行调查,两上诉人一方面以公证人员未出庭为由,拒绝对两被上诉人提交的证明北京鑫升百利汽车贸易有限公司系本案被控侵权产品销售者的公证文书发表进一步的质证意见;另一方面又明确表示对此没有任何证据可以提交。两上诉人对有关公证文书不予认可的理由并不充分,也缺乏法律依据,应当视为其放弃对该证据进行进一步质证的权利。依据《民事诉讼法》第67条、最高人民法院《关于民事诉讼证据的若干规定》第9条第1款第6项和第2款之规定,在当事人没有相反证据足以推翻公证证明的情况下,人民法院即将经过法定程序公证证明的事实作为认定案件事实的证据。

因此,最高院认定:被上诉人所举公证文书可以证明北京鑫升百利汽车贸易有限公司系本案被控侵权产品的销售者。依据最高人民法院《关于审理专利纠纷案件适用法律问题的若干规定》第6条的规定,作为被控侵权产品销售者所在地,北京市有关法院对本案具有地域管辖权。两上诉人的前述上诉理由虽然部分成立,但尚不足以改变对本案的地域管辖。两被上诉人关于对管辖权异议的裁定不可能依据已经质证的证据材料而作出的答辩意见,亦不成立,也不影响最高院对本案管辖的确定。

最高人民法院《关于审理专利纠纷案件适用法律问题的若干规定》第2条规定,并未排除高级人民法院依法行使一审专利纠纷案件管辖权。北京市高级人民法院于2002年12月17日制定的《关于北京市各级人民法院受理第一审知识产权民事纠纷案件级别管辖的规定》中规定,争议金额1亿元以上的知识产权民事纠纷案件(含涉外纠纷案件)由高级人民法院管辖。该规定内容符合民事诉讼法及最高院司法解释的有关规定,可以作为确定本案级别管辖的依据。本案原告起诉请求的赔偿额为1亿元人民币,北京市高级人民法院对本案具有级别管辖权。两上诉人关于高级人民法院不能管辖第一审专利纠纷案件和北京市高级人民法院制定的关于一审知识产权民事案件级别管辖的有关规定违法的上诉理由,均不能成立。

## 二、裁判要旨

**No.3-5-60-4** 专利纠纷第一审案件,由各省、自治区、直辖市人民政府所在地的中级人民法院、最高人民法院指定的中级人民法院以及高级人民法院管辖。

因为专利案件的技术性、跨地域性等特点,虽然专利侵权纠纷案件属于民事案件,但是其管辖具有一定的特殊性。从相关法律法规可以得知,专利案件的管辖分为两种,首先是层级管辖,即专利纠纷第一审案件,由各省、自治区、直辖市人民政府所在地的中级人民法院和最高人民法院指定的中级人民法院或基层人民法院管辖,其次是地域管辖,即侵犯专利行为提起的诉讼,由侵权行为地或者被告住所地法院管辖。

最高人民法院《关于审理专利纠纷案件适用法律问题的若干规定》第2条规定,旨在将专利纠纷第一审案件的最低审级确定为中级人民法院,并未排除高级人民法院依法对专利纠纷第一审案件行使管辖权。因此,本案中,北京市高级人民法院根据《关于北京市各级人民法院受理第一审知识产权民事纠纷案件级别管辖的规定》,对此案享有管辖权,符合民事诉讼法及最高院司法解释的有关规定。

管辖权异议

**99** 最先立案法院的管辖权(《专利法》第 60 条)

案例:靖江市永泰丰化工有限公司与佳木斯农药厂、佳木斯兰新实业有限公司专利侵权纠纷案
案例来源:《知识产权审判指导与参考》第 6 卷第 309 页
主题词:管辖法院 最先立案法院

一、基本案情

上诉人(原审被告):靖江市永泰丰化工有限公司(以下简称永泰丰公司)。
被上诉人(原审原告):佳木斯农药厂。
原审被告:佳木斯市兰新实业有限公司(以下简称兰新公司)。

上诉人永泰公司与被上诉人佳木斯农药厂、原审被告兰新公司专利侵权纠纷一案,永泰丰公司不服黑龙江省高级人民法院 2001 年 11 月 2 日作出的(2001)黑经初字第 362 号民事裁定,向最高人民法院(以下简称最高院)提起上诉。

原审法院黑龙江省高级人民法院受理佳木斯农药厂诉兰新公司、永泰丰公司专利侵权一案后,被告永泰丰公司在答辩期间提出管辖权异议。黑龙江省高级人民法院经审理认为:被告兰新公司在佳木斯市销售永泰丰公司制造的 2,4-二氯苯氧乙酸,佳木斯农药厂在黑龙江省高级人民法院起诉兰新公司和永泰丰公司侵犯其专利权,符合最高人民法院《关于审理专利纠纷案件适用法律问题的若干规定》第 6 条的规定,裁定驳回永泰丰公司对本案管辖权提出的异议。

永泰丰公司在法定期限内向最高院提起上诉称:佳木斯农药厂指控本公司生产销售被控侵权产品 2,4-二氯苯氧乙酸的所有活动发生在江苏省靖江市,侵权行为地和被告住所地均在靖江市。兰新公司是从上诉人处购买了被控侵权产品,销售行为地在江苏省靖江市,因此,本案应由江苏省对专利案件有管辖权的南京市中级人民法院管辖。

最高院经审查核实,被上诉人佳木斯农药厂于 1997 年 3 月 25 日提出"一种高纯度 2,4-二氯苯氧乙酸的制备方法"发明专利申请,专利号为 ZL97104606.9。1998 年 9 月 30 日,该专利申请公开。2001 年 6 月 29 日,国家知识产权局通知专利申请人佳木斯农药厂在 2001 年 9 月 14 日前缴纳专利登记费、年费、印花税后,专利局将在 2001 年 9 月 29 日在专利登记簿上登记专利权的授予,专利权自登记之日起生效。佳木斯农药厂缴纳了有关费用后,于 2001 年 10 月 10 日向黑龙江省高级人民法院起诉兰新公司、永泰丰公司生产、销售 2,4-二氯苯氧乙酸产品侵犯其专利权。佳木斯农药厂 ZL97104606.9 专利申请已于 2001 年 12 月 12 日经国家知识产权局公告。

最高院另查明,佳木斯农药厂提供的兰新公司将被控侵权产品销售给黑河庄稼医院的第 0961117 号发票为复印件,且不能提供该发票原件。上诉人永泰丰公司对此复印件不予认可。被上诉人佳木斯农药厂二审期间提供了兰新公司销售给普田农业技术开发公司被控侵权产品的第 1017155 号发票原件,用以证明兰新公司在黑龙江实施了销售被控侵权产品的行为。上诉人永泰丰公司对此发票的合法性提出异议,佳木斯农药厂不能证明该发票的合法来源。

最高院认为,被上诉人佳木斯农药厂申请的"一种高纯度 2,4-二氯苯氧乙酸的制备方法"发明专利,根据国家知识产权局办理登记手续和授予发明专利权的通知,其专利权自登记之日起生效。但其起诉兰新公司在黑龙江省销售被控侵权产品的证据不足,永泰丰公司制造、销售被控侵权产品的行为地以及被告住所地均在江苏省法院管辖范围内。黑龙江省高级人民法院裁定对本案有管辖权认定事实不清,适用法律错误。上诉人永泰丰公司关于本案不应由黑龙江省高级人民法院管辖的上诉理由成立。本案应由侵权行为地或者被告住所地人民法院管辖。最高院裁定撤销原裁定,将案件移送江苏省南京市中级人民法院管辖。

二、裁判要旨

No.3-5-60-5 因侵犯专利权行为提起的诉讼,由侵权行为地或者被告住所地人民法院管辖,其中侵权行为地与被告住所地不一致的,由最先立案的人民法院管辖。

具体而言,侵权行为地包括:被控侵犯发明、实用新型专利权的产品的制造、使用、许诺销售、销售、进口等行为的实施地;专利方法使用行为的实施地,依照该专利方法直接获得的产品

的使用、许诺销售、销售、进口等行为的实施地;外观设计专利产品的制造、销售、进口等行为的实施地;假冒他人专利的行为实施地。上述侵权行为的侵权结果发生地。

本案中,最先立案的法院是黑龙江省高级人民法院,但佳木斯农药厂起诉兰新公司在黑龙江省销售被控侵权产品的证据不足,不能被认定为侵权行为地,因此黑龙江省高级人民法院对此案没有管辖权。永泰丰公司制造、销售被控侵权产品的行为地以及被告住所均在江苏省法院管辖范围内,因此,本案应由江苏省法院管辖。

**100** 涉及专利的临时保护使用费纠纷的专利诉讼管辖(《专利法》第60条、第13条)

案例:山东新发药业有限公司与浙江杭州鑫富药业股份有限公司、上海爱兮缇国际贸易有限公司发明专利临时保护期使用费纠纷及侵犯发明专利权纠纷管辖权异议案
案例来源:《知识产权审判指导》2008年第2辑
主题词:专利临时保护　诉讼管辖

## 一、基本案情

申请再审人(一审被告、二审上诉人):新发药业有限公司(以下简称新发公司)。

被申请人(一审原告、二审被上诉人):浙江杭州鑫富药业股份有限公司(以下简称鑫富公司)。

原审被告:上海爱兮缇国际贸易有限公司(以下简称爱兮缇公司)。

申请再审人新发公司因与被申请人鑫富公司、原审被告爱兮缇公司发明专利临时保护期使用费纠纷及侵犯发明专利权纠纷管辖权异议一案,不服浙江省高级人民法院2008年4月1日作出的(2008)浙民告终字第28号管辖权异议民事裁定书,向最高人民法院(以下简称最高院)申请再审。最高院依法组成合议庭对本案进行了审查,现已审查完毕。

经审查明:原告鑫富公司以新发公司、爱兮缇公司为共同被告,于2007年12月3日向浙江省杭州市中级人民法院起诉称:鑫富公司系200510123566.4号"产D—泛解酸内酯水解酶的微生物及其制备D—泛解酸的方法"发明专利的专利权人。新发公司自原告申请专利后,未经原告许可为生产经营目的,使用上述专利方法生产了专利产品,爱兮缇公司销售了依照该专利方法直接获得的产品,造成鑫富公司经济损失。

本案中,鑫富公司据以确定管辖的主要证据是新发公司与爱兮缇公司于2007年3月26日签订的《销售合同》和鑫富公司与爱兮缇公司于2007年3月28日签订的《产品订货合同》。新发公司与爱兮缇公司之间的《销售合同》约定,交货时间是4月10日以前,交货地点及运输方式为:爱兮缇公司将货送到临安市锦城镇鑫富公司指定的仓库,运费由爱兮缇公司承担。上述合同签订后,各方均依约履行了该合同。当事人对该两合同的真实性以及实际履行行为没有异议。

浙江省杭州市中级人民法院受理本案后,新发公司、爱兮缇公司在法定答辩期内提出管辖权异议认为:(1) 二被告住所地在山东省东营市或者上海市。(2) 依照本案专利方法直接获得的产品为"D—泛解酸或微生物"而非被控侵权的"D—泛酸钙"产品,二被告并不存在生产、销售依照本案专利方法直接获得的产品的侵权行为。(3) 原告提供的证据仅能证明爱兮缇公司可能对新发公司生产的"D—泛酸钙"产品存在买卖及销售行为,不能证明新发公司制造、使用、销售了依照本案专利方法直接获得的"D—泛解酸或微生物"产品。故本案应当移送有管辖权的人民法院审理。

杭州市中级人民法院一审认为,本案鑫富公司提供的购销合同等证据,可以初步证明被控依照该专利方法直接获得的产品的销售行为发生在杭州市辖区内,故杭州市中级人民法院作为销售地法院对本案享有管辖权。该院依照《中华人民共和国民事诉讼法》第38条,最高人民法院《关于审理专利纠纷案件适用法律问题的若干规定》第5条、第6条之规定,于2008年1月14日裁定:驳回山东新发药业有限公司、上海爱兮缇国际贸易有限公司对本案管辖权提出的异议。

新发公司、爱兮缇公司均不服一审裁定,向浙江省高级人民法院提出上诉。

浙江省高级人民法院二审认为,根据鑫富公司的起诉及所提供的证据材料,新发公司生产了被控侵权产品,爱兮缇公司销售了该产品。根据《民事诉讼法》第29条及最高人民法院《关于审理专利纠纷案件适用法律问题的若干规定》第6条有关"……以制造者与销售者为共同被告起诉的,销售地人民法院有管辖权"的规定,本案鑫富公司提供的其与爱兮缇公司签订的订货合同明确约定交货地为杭州临安市,杭州市中级人民法院作为本案被控侵权产品的销售地法院依法享有管辖权。新发公司、爱兮缇公司上诉提出的有关被控侵权行为是否发生在鑫富公司专利的保护期内、D—泛酸钙与本案专利的关系及新发公司、爱兮缇公司是否构成侵权等问题有待本案的实体审理,因此,对于新发公司、爱兮缇公司的上诉理由,不予支持。该院依照《中华人民共和国民事诉讼法》第154条之规定,于2008年4月1日裁定:驳回上诉,维持原裁定。

最高院经审查认为,人民法院应当在准确确定案件案由的基础上依法确定案件的管辖。本案原告的诉讼请求,既包括要求新发公司和爱兮缇公司支付发明专利申请公开后授权前的临时保护期实施专利技术的使用费,也包括要求新发公司支付专利授权后侵犯专利权行为的损害赔偿金以及承担停止侵权等民事责任。因此,本案案由应当确定为发明专利临时保护期使用费纠纷及侵犯发明专利权纠纷。原审法院将本案案由仅确定为侵犯专利权纠纷有所不妥。

最高人民法院《关于审理专利纠纷案件适用法律问题的若干规定》第5条及第6条以及《民事诉讼法》第29条的规定,进一步明确了一般意义上的侵犯专利权纠纷,即在专利授权后因他人擅自实施专利而引起的侵权纠纷的确定管辖的具体规则。发明专利保护期使用费纠纷虽然不属于一般意义上的侵犯专利权纠纷,但在本质上也是一类与专利有关的侵权纠纷,是涉及专利权人对其发明专利技术在临时保护期所享有的收取使用费的权利的侵权纠纷。因此,应当依据《民事诉讼法》第29条有关侵权诉讼的管辖确定原则来确定发明专利保护期使用费纠纷的管辖,即在法律或者司法解释对发明专利保护期使用费纠纷的管辖作出特别规定之前,可以参照侵犯专利权纠纷的管辖规定确定发明专利保护期使用费纠纷的管辖。

综上,申请再审人新发公司的再审申请不符合《中华人民共和国民事诉讼法》第179条规定的情形。

二、裁判要旨

**No.3-5-60-6 在专利临时保护期间内,专利申请人仅对侵权产品制造者提起诉讼,制造地人民法院有管辖权;以制造者与销售者为共同被告起诉的,销售地人民法院有管辖权。**

在发明权利申请公布后,获得正式授权之前,申请人虽然没有获得专利权,但是可以向实施其发明单位或个人要求支付适当的费用,这就是发明专利的临时保护制度。在发明专利临时保护期使用费纠纷中,除了权利人只能就使用费问题主张损害赔偿的民事责任而不能请求实施人承担停止侵权等其他民事责任以外,在其他问题上与一般意义上的侵犯专利权纠纷并无本质不同,发明专利临时保护期使用费纠纷在案件性质上与侵犯专利权纠纷最为类似。因此,在法律或者司法解释对发明专利保护期使用费纠纷的管辖作出特别规定之前,可以参照侵犯专利权纠纷的管辖规定确定发明专利保护期使用费纠纷的管辖。因此依据最高人民法院《关于审理专利纠纷案件适用法律问题的若干规定》第6条的规定,原告仅对侵权产品制造者提起诉讼,未起诉销售者,侵权产品制造地与销售地不一致的,制造地人民法院有管辖权;以制造者与销售者为共同被告起诉的,销售地人民法院有管辖权。销售者是制造者分支机构,原告在销售地起诉侵权产品制造者制造、销售行为的,销售地人民法院有管辖权。本案中,本案鑫富公司提供的其与爱兮缇公司签订的订货合同明确约定交货地为杭州临安市,杭州市中级人民法院作为本案被控侵权产品的销售地法院,依法享有管辖权,符合上述规则。

**101 被告以诉讼请求变更为由的管辖权异议(《专利法》第60条)**

案例:陈勇与天津天狮经济发展有限公司、天津天狮生物工程有限公司、天津天狮集团有限公司专利侵权纠纷案

案例来源:《知识产权审判指导与参考》第2卷第595页

主题词:管辖权异议　被告　诉讼请求

一、基本案情

上诉人(原审被告):天津天狮经济发展有限公司。
被上诉人(原审原告):陈勇。
原审被告:天津天狮生物工程有限公司。
原审被告:天津天狮集团有限公司。

上诉人天津天狮经济发展有限公司因与被上诉人陈勇及原审被告天津天狮生物工程有限公司、天津天狮集团有限公司侵犯专利权纠纷一案,不服北京市高级人民法院就本案管辖权异议所作出的(2000)高知初字第31号民事裁定,向最高人民法院(以下简称最高院)提起上诉。

最高院经审查认为,鉴于上诉人持其与陈勇之间的纠纷是合同纠纷而不是专利侵权纠纷,北京市高级人民法院对本案没有管辖权,应移送天津市高级人民法院管辖的理由,请求改变原审裁定,故最高院经双方当事人一致同意,主要围绕上诉人与被上诉人争论的双方之间是合同纠纷还是专利侵权纠纷这一焦点问题进行了审查。经审查证实,陈勇对天津天狮经济发展有限公司、天津天狮生物工程有限公司和天津天狮集团有限公司提起的是侵犯专利权之诉,而不是违约之诉。按照当事人诉讼请求确定人民法院审理范围的原则,符合我国《民事诉讼法》的规定;人民法院不能擅自改变当事人的诉讼请求。至于被上诉人提起侵犯专利权的诉讼请求能否得到人民法院的支持,上诉人与被上诉人之间究竟存在何种法律关系,属于实体审理的范畴,不应在管辖权异议程序中解决。因此,上诉人以其与被上诉人之间是合同纠纷而不是侵犯专利权纠纷为由,主张原审法院对本案没有管辖权,应移送天津市高级人民法院管辖的上诉请求,最高院不予支持。

二、裁判要旨

No.3-5-60-7　侵犯专利纠纷案件,在侵权行为地或者被告住所地法院受理案件后,被告一方对案件性质有争议,请求变更管辖法院的,不属于管辖权异议。

案件的受理法院一般是在对起诉材料进行审查后才决定是否受理,鉴于起诉材料的不完整性,立案法院并不一定就是合适的管辖法院,因此《民事诉讼法》就对管辖权异议作出了规定。管辖权异议的适用主体为当事人,一般为案件的被告,在有独立请求权的第三人存在的情况下,其也可以提出异议。管辖权异议的客体是第一审民事诉讼案件的管辖权;时间则是在人民法院受理案件后,当事人提交答辩状期间提出。一般来说,人民法院对当事人提出的异议,应当进行形式审查,对于案件的实质审查则应该在实体审理的过程中进行。

本案中,陈勇对天津天狮经济发展有限公司、天津天狮生物工程有限公司和天津天狮集团有限公司提起的是侵犯专利权之诉,并得到北京市法院的受理。上诉人提出当事人之间的纠纷为违约之诉,请求管辖权变更。但被上诉人提起侵犯专利权的诉讼请求性质的判断,上诉人与被上诉人之间真实法律关系的确定,都是法院在实体审理过程中决定的,故不在管辖权异议程序中解决。

## 102 专利侵权诉讼中的证据采纳(《专利法》第60条)

案例:伊莱利利公司与江苏豪森药业股份有限公司专利侵权纠纷案
案例来源:《中华人民共和国最高人民法院公报》2004年第6期第9页
主题词:专利侵权诉讼　质证

一、基本案情

上诉人(原审原告):(美国)伊莱利利公司(ELi lily and Company)(以下简称伊莱利利公司)。
被上诉人(原审被告):江苏豪森药业股份有限公司(以下简称豪森公司)。
上诉人(美国)伊莱利利公司与豪森公司(原连云港豪森制药有限公司)专利侵权纠纷一

案，不服江苏省高级人民法院（2001）苏民三初字第 001 号民事判决，向最高人民法院（以下简称最高院）提起上诉。

一审法院认为，盐酸吉西他滨属于专利法规定的新产品范围，豪森公司应就其制备盐酸吉西他滨的工艺方法负举证责任。基于本案的特殊性，如将涉及豪森公司工艺方法的技术资料内容交由伊莱利利公司审查，则可能会使豪森公司的商业利益遭受无法预见和无法弥补的损害。因此，决定对豪森公司工艺方法的技术资料采取变通的质证方式：不将该资料提交伊莱利利公司审查而交独立的鉴定专家组审查真实性以及与原告专利方法是否相同。当事人提交由法院转交鉴定机构的鉴定资料包括：伊莱利利公司三项专利的相关文献资料，豪森公司向法庭提供的研制吉西他滨、盐酸吉西他滨的生产方法的一套资料，豪森公司向江苏省药品监督管理局申报生产盐酸吉西他滨的生产资料一套，以及豪森公司于 2001 年 11 月始向国家药品监督管理部门提交的盐酸吉西他滨生产新工艺申报资料一套和有关实验图谱。鉴于鉴定结论认为豪森公司改进后的工艺方法以及申报生产的工艺方法，与伊莱利利公司专利独立权利要求所记载的保护方法不同，且理由非常详尽，伊莱利利公司关于鉴定意见的质证意见不能成立，也无足够相反证据推翻上述鉴定结论，故该鉴定意见应作为有效的定案证据使用。按照该鉴定意见，豪森公司制备盐酸吉西他滨的工艺方法（包括中试工艺和申报生产工艺）与伊莱利利公司三项专利独立权利要求所记载的保护方法不相同，未落入专利独立权利要求的保护范围。因此，伊莱利利公司起诉豪森公司侵犯专利权没有事实和法律依据，其诉讼请求应予驳回。

伊莱利利公司不服江苏省高级人民法院的一审判决，向最高院上诉。

最高院经审理查明，连云港豪森制药有限公司于 2002 年 5 月 22 日经批准变更名称为江苏豪森药业股份有限公司。被上诉人豪森公司在一审中向法院提交的所有涉及其生产盐酸吉西他滨产品工艺方法的证据材料，均未提交给上诉人伊莱利利公司进行质证。国家药品监督管理局档案室现存关于盐酸吉西他滨（连云港豪森制药有限公司申报）的批件档案等四份证据材料。被上诉人豪森公司声称其生产盐酸吉西他滨产品的工艺方法涉及其商业秘密，但未就其所称商业秘密的具体内容界定明确的范围。

最高院认为，根据《专利法》第 57 条第 2 款的规定，被上诉人豪森公司应当提供其盐酸吉西他滨产品制造方法不同于专利方法的证明。《民事诉讼法》第 66 条规定："证据应当在法庭上出示，并由当事人互相质证。对涉及国家秘密、商业秘密和个人隐私的证据应当保密，需要在法庭出示的，不得在公开开庭时出示。"上述法律规定，在程序上给予上诉人伊莱利利公司要求被控侵权方有效披露完整的涉及该新产品制造方法的证据材料并进行质证的权利，给予被上诉人要求上诉人对披露的证据中涉及商业秘密的内容进行保密的权利；在实体上对当事人在诉讼中披露商业秘密可能受到的损害也充分给予了考虑，在保障当事人合法诉讼权利的同时，对当事人的实体民事权益提供了有效保护。

对被上诉人豪森公司提交的要求保密的制备盐酸吉西他滨产品的工艺方法资料，也应当依照上述法律规定进行质证。只有在双方当事人对证据进行质证的基础上，才能够对被控侵权方法与专利方法是相同、等同还是不同作出正确的判断。因此，最高院在审理本案过程中，根据被上诉人豪森公司的申请采取不公开审理的方式，并要求上诉人伊莱利利公司法定代表人、委托代理人以及其他参与诉讼的人员承担保密义务，不得将通过诉讼程序获得的属于豪森公司商业秘密的技术信息用于诉讼以外的商业用途，否则将追究其法律责任。但是最高院在二审中的努力，仍不能弥补一审在程序上的缺陷。

鉴定机构接受人民法院的委托，对争议的技术问题做鉴定，应当以双方当事人经过庭审质证的真实、合法、有效的证据材料作为鉴定依据。被上诉人豪森公司向法院提交的其 2001 年 11 月补充的申报资料，包括盐酸吉西他滨生产新工艺的研究资料及文献资料等四份证据材料，未在国家药品监督管理局盐酸吉西他滨的批件档案中存档，其真实性无法核实。一审法院提交给鉴定机构的所有涉及被上诉人豪森公司生产吉西他滨产品的工艺技术材料，均未经双方当事人庭审质证，其中包括被上诉人豪森公司声称已经公开的"有机化学"等四份文献资料。因此，鉴定机构依据未经双方当事人质证或者核对的证据材料所作出的鉴定结论,不是合法有效的证据,不能作为认定本案事实的依据。一审法院根据鉴定结论驳回伊莱利利公司对豪森公司侵犯专利权的诉讼请求,属认定事实不清。

## 二、裁判要旨

**No.3-5-60-8** 鉴定机构接受人民法院的委托,对专利诉讼中有争议的技术问题进行鉴定时,应以双方当事人经过庭审质证的真实、合法、有效的证据材料作为鉴定依据。依据未经双方当事人质证或者核对的证据材料所作出的鉴定结论,不是合法有效的证据,不能作为认定案件事实的依据。

本案中,被上诉人豪森公司在一审中向法院提交的所有涉及其生产盐酸吉西他滨产品工艺方法的证据材料,均未提交给上诉人伊莱利利公司进行质证。且被上诉人豪森公司向法院提交的其2001年11月补充的申报资料,包括盐酸吉西他滨生产新工艺的研究资料及文献资料等四份证据材料,未在国家药品监督管理局盐酸吉西他滨的批件档案中存档,其真实性无法核实。一审法院提交给鉴定机构的所有涉及被上诉人豪森公司生产吉西他滨产品的工艺技术材料,均未经双方当事人庭审质证,其中包括被上诉人豪森公司声称已经公开的"有机化学"等四份文献资料。上述证据不是合法有效的证据,不能作为认定本案事实的依据。

## 103 专利侵权纠纷行政处理和诉讼的竞合(《专利法》第60条)

**案例:申请再审人江苏省微生物研究所有限责任公司与被申请人福州海王福药制药有限公司、一审被告辽宁省知识产权局、一审第三人辽宁民生中一药业有限公司、常州方圆制药有限公司专利侵权纠纷处理决定案**

案例来源:《最高人民法院知识产权审判案例指导》(第五辑)[(2011)知行字第99号]
主题词:行政处理　诉讼

### 一、基本案情

申请再审人(一审第三人、二审被上诉人):江苏省微生物研究所有限责任公司(以下简称微生物公司)。

被申请人(一审原告、二审上诉人):福州海王福药制药有限公司(以下简称福药公司)。

一审被告、二审被上诉人:辽宁省知识产权局。

一审第三人、二审被上诉人:常州方圆制药有限公司(以下简称方圆公司)。

原审第三人:辽宁民生中一药业有限公司(原辽宁民生医药发展有限公司,以下简称民生公司)。

申请再审人微生物公司因与被申请人福药公司、一审被告辽宁省知识产权局、一审第三人辽宁民生中一药业有限公司、方圆公司专利侵权纠纷处理决定一案,不服辽宁省高级人民法院(2011)辽行终字第16号行政判决,向最高人民法院(以下简称最高院)申请再审。

一审原告福药公司不服一审被告辽宁省知识产权局于2009年4月10日作出的辽知执字(2009)1号专利侵权纠纷处理决定,向辽宁省沈阳市中级人民法院起诉。

一审法院经审理查明,江苏省微生物研究所于1998年10月14日取得了名称为"一种含1-N-乙基庆大霉素Cla或其盐的药用制剂及其制备方法"、专利号为ZL93112412.3的发明专利权。2004年5月24日专利权人变更为微生物公司。2008年7月18日专利权人变更为微生物公司和方圆公司。2008年5月,民生公司前身辽宁民生医药发展有限公司销售了福药公司生产的硫酸依替米星氯化钠注射液。该药所附产品说明书上载明药物有效成分为硫酸依替米星,其化学结构式与专利权人要求保护的1-N-乙基庆大霉素Cla硫酸盐化学结构式相同。福药公司生产的硫酸依替米星氯化钠注射液落入本案专利权利要求1的保护范围,并且未取得专利权人的书面授权许可。2008年11月14日,微生物公司和方圆公司向辽宁省知识产权局提出申请,要求对福药公司和民生公司的专利侵权行为进行处理。2009年4月10日,辽宁省知识产权局作出辽知执字(2009)1号专利侵权纠纷处理决定。该专利侵权纠纷处理决定认定,福药公司未经专利权人许可生产的硫酸依替米星氯化钠注射液侵犯了本案专利权。该专利权的保护范围是明确的,只要含有硫酸依替米星的药用制剂,就属于本案专利的保护对象。福药公司生产的硫酸依替米星氯化钠注射液落入本案专利权保护范围。该专利侵权纠纷处理决定,要求福药公司自收到处理决定书之日,停止生产和销售上述专利产品。

辽宁省沈阳市中级人民法院于2009年8月31日作出(2009)沈行初字第59号行政判决。福药公司不服,提出上诉。辽宁省高级人民法院于2009年12月21日作出(2009)辽行终字第117号行政裁定,撤销一审判决,发回重审。沈阳市中级人民法院再审认为,在辽宁省知识产权局的专利侵权纠纷处理决定中,第三人民生公司为被请求人之一,根据《专利法》第3条第2款及第57条第1款的规定,辽宁省知识产权局具有作出本案被诉专利侵权纠纷处理决定的法定职权。本案中,辽宁省知识产权局提供的证据能够证明福药公司未经专利权人授权许可,生产、销售的硫酸依替米星氯化钠注射液属于本案专利权利要求1的保护范围。辽宁省知识产权局根据《专利法》第57条第1款的规定,对福药公司的专利侵权行为作出被诉专利侵权纠纷处理决定,责令其停止生产、销售该专利产品,认定事实清楚,适用法律正确。福药公司主张其生产硫酸依替米星氯化钠注射液得到专利权人许可,不构成专利侵权。因福药公司提供的依据不能证明其已取得本案专利权人之一方圆公司的书面授权许可生产该专利产品,况且方圆公司只是在2008年之前向福药公司提供过该专利产品的原料药,当时方圆公司并不是本案专利的专利权人,亦无权同意或许可福药公司实施该专利。根据《专利法》第12条的规定,任何单位或者个人实施他人专利的,应当与专利权人订立书面实施许可合同,向专利权人支付专利使用费,被许可人无权允许合同规定以外的任何单位或者个人实施该专利。本案专利独占许可人山禾公司向福药公司提供原料药及帮助取得药品注册批件的行为,不能证明福药公司已取得实施本案专利的许可。因此,对福药公司的上述主张,不予支持。福药公司还主张其在2004年5月就公开生产销售本案专利产品,专利权人微生物公司和方圆公司对此情况早已知道,当时并未提出异议,却至2008年11月才向辽宁省知识产权局提出处理请求,超过了处理时效。因福药公司的专利侵权行为一直处于继续状态,人民法院对其上述主张,不予支持。综上,依据最高人民法院《关于执行〈中华人民共和国行政诉讼法〉若干问题的解释》第56条第4项的规定,辽宁省沈阳市中级人民法院于2010年12月16日作出(2010)沈中行初字第28号行政判决:驳回福药公司的诉讼请求。原一、二审案件受理费共计100元,由福药公司负担。

福药公司不服,向辽宁省高级人民法院提起上诉,请求撤销一审判决和被诉专利侵权纠纷处理决定。

二审法院经审理认定了以下事实:1993年4月23日,微生物公司的前身微生物研究所作为申请人,向国家知识产权局申请名称为"一种含1-N-乙基庆大霉素Cla或其盐的药用制剂及其制备方法"的发明专利。1994年4月8日,微生物研究所与方圆公司的前身江阴方圆制药公司签订《合作经营江阴方圆制药有限公司协议书》,双方约定,微生物研究所以该所将完成的国家级一类新药硫酸爱大霉素技术成果(即本案专利)折资入股,占方圆公司全部股份的30%。1996年6月19日,微生物研究所与山禾公司的前身无锡市第一制药厂、无锡市第四制药厂,以及无锡市医药公司签订《关于新药依替米星(爱大霉素,1989—2007)原料药、水针剂国内独家生产补充合同书》。合同约定:许可其生产和销售硫酸依替米星原料药、水针剂;转让费为技术入门费加产品销售额分成;鉴于微生物研究所与江阴方圆制药公司的合作经营协议书签订在本合同书之前,故无锡市第一制药厂、无锡市第四制药厂对前述合作经营协议书予以认可。1997年4月18日,因无锡市第四制药厂撤销,各方又签订《关于履行依替米星技术转让合同的补充协议书》,约定无锡市第一制药厂继承无锡市第四制药厂就前述所有合同中享有的一切权利、义务、责任,并明确原料药总销售额按全部原料药销售额和水针剂生产额中原料药实际投料数合并计算。1998年8月22日,国家知识产权局授予微生物研究所专利权并颁发专利证书,专利授权公告日为10月14日。2003年1月,福药公司的前身福州利康药业有限公司(以下简称利康公司)等3

家单位共同向国家药品监督管理局提交药品注册申请表,该表中第17项记载:"制剂中化学原料药来源为境内生产,生产企业名称为常州方圆制药有限公司。"2004年5月21日,利康公司获得国家药品监督管理局颁发的新药证书,药品名称为硫酸依替米星氯化钠注射液。2004年5月24日,本案专利的权利人变更为微生物公司。2008年7月18日,专利权人又变更为微生物公司和方圆公司。方圆公司自2004年开始一直向福药公司提供硫酸依替米星原料药,2008年7月方圆公司成为专利权人后,即停止向福药公司提供硫酸依替米星原料药。后专利实施许可人山禾公司开始向福药公司提供硫酸依替米星原料药。2008年5月,民生公司前身辽宁民生医药发展有限公司销售了福药公司生产的硫酸依替米星氯化钠注射液。2008年11月14日,微生物公司向辽宁省知识产权局提出申请,要求对福药公司的专利侵权行为作出处理。辽宁省知识产权局受理后,追加专利权人方圆公司为共同请求人,并作出辽知执字(2009)1号专利侵权纠纷处理决定,该处理决定的主要内容为:经查,微生物公司和方圆公司的专利合法有效,应当受到法律的保护。根据《专利法》第56条的规定,发明专利的保护范围以其权利要求内容为准,说明书及其附图可以用于解释权利要求。被请求人福药公司生产的产品的主要原料虽然来源于请求人独家许可生产单位,但并非是专利产品,专利产品是在被请求人福药公司处形成的,因而专利产品中的技术特征完全覆盖了请求人的权利要求保护范围,属于专利侵权产品。被请求人福药公司称原料药是从请求人独家许可的单位买来的,因而不构成侵权的理由不能成立。因为原料只是本发明的一个中间产物,侵权产品是在被请求人福药公司处生产和销售的,因此合议组对被请求人福药公司的理由不予支持。请求人的赔偿请求在口审中明确放弃,请求人可以向人民法院另行提起民事赔偿之诉。双方当事人经调解未能达成一致,依照《专利法》第57条第1款之规定,决定:(1)责令民生公司自收到本处理决定书之日,停止销售上述专利产品;(2)责令福药公司自收到本处理决定书之日,停止生产和销售上述专利产品。

另查明,微生物公司将其所获得的"一种含1-N-乙基庆大霉素Cla或其盐的药用制剂及其制备方法"的发明专利,分别以不同形式许可给不同的厂家实施,包括许可山禾公司生产销售硫酸依替米星原料药及注射液;许可方圆公司生产销售硫酸依替米星原料药及注射液(100 mg/2 ml,50 mg/ml),注射用硫酸依替米星(100 mg/瓶,50 mg/瓶);许可爱科公司生产销售硫酸依替米星大输液。2004年8月31日,海南省海口市中级人民法院受理了原告爱科公司诉被告福药公司、海南豪迈医药公司(以下简称豪迈公司),第三人微生物公司、山禾公司侵犯发明专利权纠纷一案。2009年4月29日,海口市中级人民法院作出(2009)海中法民三重字第2号民事判决。该判决认为,爱科公司在未实际取得本案专利独占实施许可或排他实施许可权利的情况下,直接请求保护专利权,缺乏事实和法律依据,遂判决驳回爱科公司的诉讼请求。该判决已经发生法律效力。

二审法院认为:

1. 微生物公司、方圆公司请求辽宁省知识产权局处理专利侵权纠纷是否超过请求时效?本案中,福药公司自2004年5月开始生产销售硫酸依替米星氯化钠注射液至今,在微生物公司和方圆公司申请辽宁省知识产权局处理专利侵权纠纷时,福药公司生产销售硫酸依替米星氯化钠注射液的行为一直处于继续状态。因此,微生物公司和方圆公司申请辽宁省知识产权局处理专利侵权纠纷不存在超过请求时效的问题。

2. 关于辽宁省知识产权局对本案专利侵权纠纷是否具有管辖权,其受理本案专利侵权纠纷是否符合受理条件。根据2002年修订的《专利法实施细则》第81条第1款、第2款的规定,当事人请求处理或者调解专利纠纷的,由被请求人所在地或者侵权行为地的管理专利工作的部门管辖;两个以上管理专利工作的部门都有管辖权的专利纠纷,当事人可以向其中一个管理专利工作的部门提出请求;当事人向两个以上有管辖权的管理专利工作的部门提出请求的,由最先受理的管理专利工作的部门管辖。本案中,被请求人分别为福药公司和民生公司,福药公司所在地为福州,民生公司的所在地为沈阳。根据上述规定,福建省知识产权局和辽宁省知识产权局对本案专利侵权纠纷均有管辖权,请求人可以选择其中一个管理专利工作的部门提出请求。因此,辽宁省知识产权局对本案专利侵权纠纷具有管辖权。关于辽宁省知识产权局受理本案专利侵权纠纷是否符合受理条件的问题。专利法对专利侵权纠纷赋予当事人两种救济途径,一是向人民法院提起民事诉讼,二是向专利管理部门请求行政处理。根据国家知识产权局《专利行政执法办法》第5条第1款的规定,专利管理部门受理专利侵权纠纷的条件之一是当事人没有就该专利侵权纠纷向人民法院起诉。这一规定是为了防止当事人针对同一专利侵权纠纷既向人民法院提起民事诉讼,又向专利管理部门请求行政处理,避免造成民事判决和行政处理决定不一致的后果。该项规定中"当事人"的范围既包括专利权人,也包括专利实施许可合同的被许可人以及专利权的合法继承人。爱科公司作为专利实施许可合同的被许可人,已经就本案相同的专利侵权纠纷向人民法院提起专利侵权诉讼,要求法院判定福药公司和豪迈公司侵犯本案专利权,海口市中级人民法院已于2004年8月31日受理了该专利侵权诉讼,后又追加专利权人微生物公司为第三人。在此情况下,福药公司生产销售硫酸依替米星氯化钠注射液的行为是否侵犯本案专利正在民事审判程序之中,在人民法院尚未作出判决之前,辽宁省知识产权局又受理专利权人微生物公司和方圆公司针对同一侵权专利纠纷的请求,不符合上述规定。

3. 关于专利侵权纠纷处理决定认定福药公司的行为构成侵权主要证据是否充分。辽宁省知识产权局认为,福药公司生产的硫酸依替米星氯化钠注射液所附产品说明书上载明的药物有效成分硫酸依替米星的化学结构式,与专利权人要求保护的1-N-乙基庆大霉素Cla硫酸盐化学结构式相同,落入本案专利权利保护范围,并且未取得专利人的书面授权许可,因此福药公司的行为构成侵犯本案专利权。认定专利侵权必须同时满足以下两个构成要件:一是实施了专利技术或者生产了专利产品,二是未得到专利权人的许可。本案中,福药公司生产的硫酸依替米星氯化钠注射液确实属于本案专利权利要求1的保护范围,关键问题在于是否得到了专利权人的许可。《专利法》第12条关于订立书面实施许可合同的规定,应理解为倡导性的规定,而非强制性的规定。实践中,支付专利使用费的方式不唯一,存在着采用销售分成等形式支付专利使用费的情形。因此,并不能仅以未订立书面实施许可合同为由认定未得到专利权人的许可。福药公司在行政程序中,向辽宁省知识产权局提供的书面代理词提出了五项抗辩理由:专利权人已将生产硫酸依替米星原料药、水针剂的专利使用权以独占的方式许可给了山禾公司;福药公司经过专利许可使用权人的同意生产药品,不构成侵权;专利权人不准福药公司使用从专利使用权人处合法购买的原料生产注射液,违反了专利权用尽原则;福药公司生产的硫酸依替米星氯化钠注射液是常规方法生产的,不构成侵权;专利权人已授权爱科公司起诉福药公司侵犯发明专利权,案件正在海口市中级人民法院审理之中,为了防止法院判决与专利侵权处理决定相冲突,恳请辽宁省知识产权局驳回专利权人的请求。辽宁省知识产权局在作出被诉专利侵权纠纷处理决定过程中,没有全面充分考虑福药公司提出的抗辩事由,也没有对福药公司是否构成专利侵权进行综合分析判断,仅以侵权产品是在福药公司处生产和销售、福药公司未与专利权人签订书面授权许可合同为由,认定福药公司实施了侵犯专利权的行为,认定事实不清,主要证据不足。综上,被诉专利侵权纠纷处理决定认定事实不清,主要证据不足,违反法定程序,依法应予撤销;原审判决认定事实不清,判决结果不当,依法亦应撤销。依照《行政诉讼法》第61条第3项、第54条第2项第1目、第3目的规定,辽宁省高级人民法院于2011年8月1日作出(2011)辽行终字第16号行政判决,判决如下:

一、撤销沈阳市中级人民法院(2010)沈中行初字第28号行政判决;
二、撤销被上诉人辽宁省知识产权局辽知执字(2009)1号专利侵权纠纷处理决定。
一、二审案件受理费共计100元,由辽宁省知识产权局负担。

微生物公司不服二审判决,向最高院申请再审,请求撤销二审判决,依法维持一审判决和被诉专利侵权纠纷处理决定。

最高院审查查明,原审法院查明的事实属实。

最高院认为,本案被诉专利侵权纠纷处理决定针对的涉嫌专利侵权行为发生在2008年修正的《专利法》实施之前,应适用2000年修正的《专利法》。根据当事人的申请再审理由、被申请人答辩和具体案情,本案的争议焦点之一在于:辽宁省知识产权局受理本案是否符合《专利行政执法办法》(2001)第5条第1款的规定?

《专利行政执法办法》(2001)第5条第1款规定:"请求管理专利工作的部门处理专利侵权纠纷的,应当符合下列条件:(一)请求人是专利权人或者利害关系人;(二)有明确的被请求人;(三)有明确的请求事项和具体事实、理由;(四)属于受案管理专利工作的部门的受案范围和管辖;(五)当事人没有就该专利侵权纠纷向人民法院起诉。"根据《专利法》(2000)第57条的规定,因侵犯专利权引发的纠纷,专利权人或者利害关系人可以向人民法院起诉,也可以请求管理专利工作的部门处理。因此,专利侵权纠纷存在司法和行政两种纠纷解决方式。《专利行政执法办法》(2001)第5条第1款第5项规定的主要目的在于:避免人民法院和专利行政管理机关对同一侵权行为作出的司法裁判与行政处理决定相互冲突;节约执法资源,减少当事人的纠纷处理成本。基于此目的,该项规定应该理解为,相关请求人没有就针对同一专利的相同或者相关联的侵权纠纷向人民法院提起诉讼。在诉争专利和涉嫌侵权产品相同的情况下,即使行政处理程序中的当事人与在先民事侵权案件的当事人并不完全相同,只要两个纠纷的当事人之间存在交叉,其请求的内容存在一定的重叠,在先民事案件的审理结果与行政处理决定的处理结果具有关联性,可能出现结果冲突的,均应认为当事人已经就该专利侵权纠纷向人民法院提起了诉讼。本案中,专利权人微生物公司作为请求人,请求辽宁省知识产权局对福药公司及其销售商民生公司涉嫌侵犯本案专利权的行为作出处理,要求福药公司停止生产和销售硫酸依替米星氯化钠注射液。在此之前,微生物公司的专利实施许可人之一爱科公司已经就福药公司及其销售商豪迈公司侵犯本案专利权的行为,向海南省海口市中级人民法院提起了诉讼,其诉讼请求之一亦是请求判令福药公司停止生产和销售硫酸依替米星氯化钠注射液,且专利权人微生物公司作为该案第三人参加了诉讼。虽然上述两案的当事人有所不同,但是微生物公司和福药公司均为两案的当事人之一,微生物公司在两案中均处于指控地位或者支持指控的地位,福药公司在两案中均处于被指控的地位,请求的内容均包括关于福药公司停止生产和销售硫酸依替米星氯化钠注射液的行为。可见,两个案件之间存在密切的关联性,民事侵权案件的处理结果与行政案件的处理结果存在着冲突的可能性。在辽宁省知识产权局受理本案之前,当事人已经就涉及本案专利的侵权纠纷向人民法院提起了相关诉讼。二审法院认定辽宁省知识产权局受理微生物公司和方圆公司的请求不符合《专利行政执法办法》(2001)第5条第1款第5项的规定,并无不当。微生物公司的相关申请再审理由不能成立,最高院不予支持。

二、裁判要旨

**No.3-5-60-1** 相关请求人已经就针对同一专利的相同或者相关联的侵权纠纷向人民法院提起诉讼,无论当事人是否完全相同,只要可能存在处理结果冲突,管理专利工作的部门即不能受理相关专利侵权纠纷处理请求。

现行《专利法》第60条规定了管理专利工作的部门处理专利侵权纠纷的两大职责,即,(1)应当事人的请求,对专利侵权纠纷进行处理。如果认定侵权成立的,可以责令侵权人立即停止侵权。由于这是具体行政行为,当事人不服的,可以依法提起行政诉讼;(2)在处理过程中,应当事人的请求,可以就侵犯专利权的赔偿数额进行调解。由于这是居间行为,调解不成的,当事人可以提起民事诉讼。不过,由于专利侵权纠纷的最终解决机构都是人民法院。因此,为了避免行政处理和民事诉讼一并进行所产生的资源浪费,《专利行政执法办法》(2010)第8条明确规定了请求管理专利工作的部门处理专利侵权纠纷的条件之一,即当事人没有就该专利侵权纠纷向人民法院起诉。对于这一条文的理解,应当是相关请求人没有就针对同一专利的相同或者相关联的侵权纠纷向人民法院提起诉讼。因此,在诉争专利和涉嫌侵权产品相同的情况下,即使行政处理程序中的当事人与在先民事侵权案件的当事人并不完全相同,只要两个纠纷的当事人之间存在交叉,其请求的内容存在一定的重叠,在先民事案件的审理结果与行政处理决定的处理结果具有关联性,可能出现结果冲突的,均应认为当事人已经就该专利侵权纠纷向人民法院提起了诉讼。本案中,专利权人微生物公司作为请求人,请求辽宁省知识产权局对福药公司及其销售商民生公司涉嫌侵犯本案专利权的行为作出处理,要求福药公司停止生产和销售硫酸依替米星氯化钠注射液。在此之前,微生物公司的专利实施许可人之一爱科公司已经就福药公司及其销售商豪迈公司侵犯本案专利权的行为向海南省海口市中级人民法院提起了诉讼,其诉讼请求之一亦是请求判令福药公司停止生产和销售硫酸依替米星氯化钠注射液,且专利权人微生物公司作为该案第三人参加了诉讼。虽然上述两案的当事人有所不同,但是微生物公司和福药公司均为两案的当事人之一,微生物公司在两案中均处于指控地位或者支持指控的地位,福药公司在两案中均处于被指控的地位,请求的内容均包括关于福药公司停止生产和销售硫酸依替米星氯化钠注射液的行为。因此,应当认为,在辽宁省知识产权局受理本案之前,当事人已经就涉及本案专利的侵权纠纷向人民法院提起了相关诉讼。

**104** 方法发明专利侵权的举证责任倒置(《专利法》第61条);多余指定规则的应用(《专利法》第59条)

**案例**:林群祥与闽侯县台龙塑化厂方法发明专利侵权纠纷案
**案例来源**:《人民法院案例选》2003年第3辑[第47号]
**主题词**:全面覆盖原则 多余指定原则 举证责任倒置

## 一、基本案情

原告:林群祥。

被告:闽侯县台龙塑化厂(以下简称台龙塑化厂)。

原告林群祥诉称:原告享有专利号为87106851.6,名称为"强制循环鼓动法生产氯化石蜡装置"的发明专利,被告未与原告签订任何合同,即自1997年底擅自使用原告专利安装了三套生产装置,生产氯化石蜡产品,因此,诉请法院判令被告立即停止使用原告专利,向原告赔礼道歉,并向原告支付专利侵权费用人民币3万元及负担本案诉讼费用。

被告台龙塑化厂辩称:被告使用的是已过专利保护期的,专利号为85105998的专利,而原告的专利是该专利的从属专利,被告使用原专利的同时并未覆盖原告专利的必要技术特征:"氯气通入反应釜上部非反应区",因此,不构成侵权。

福建省福州市中级人民法院(以下简称福州中院)经审理查明:原告林群祥于1987年10月6日向中国专利局提出"强制循环鼓动法生产氯化石蜡装置"发明专利申请,于1990年9月12日被授予发明专利权(专利号:87106851.6)。该发明专利权要求书为:一种强制循环鼓动法生产氯化石蜡的方法,其包括将氯气经进氯管送入反应釜上部非反应区空间,釜内的氯气和反应生成的氯化氢气体经釜腔中线的出气管口抽出,所抽出的气体经喷射泵进入贮液槽,氯化氢气体在喷射泵和贮液槽中被水吸收,将余下的氯气鼓压进位于反应釜底部的鼓动器,如此连续,使氯与釜内物料快速充分接触并快速反应。

1999年9月,林群祥请求福州市专利管理处就台龙塑化厂专利侵权一事进行调处。2000年11月5日,福州市专利管理处作出榕专处字第018号《专利纠纷处理决定书》。福州市专利管理处组织专家现场查看并经庭审质证,认为,"强制循环鼓动法生产氯化石蜡装置"专利的必要技术特征并未被台龙塑化厂的技术全覆盖,台龙塑化厂使用的技术没有落入请求人的专利保护范围,因此,作出决定:被请求人不构成对请求人"强制循环鼓动法生产氯化石蜡装置"(专利号:87106851.6)专利的侵权。林群祥认为福州市专利管理处处理不够客观、不够科学公正。为此,向福州市中级人民法院起诉,要求台龙塑化厂停止侵权,赔偿专利侵权费人民币30万元,并赔礼道歉。

福建省福州市中级人民法院认为:将林群祥发明专利的技术特征与台龙塑化厂现有氯化石蜡生产的技术特征进行比较可以明显看出,二者的主要区别在于,台龙塑化厂是把氯气直接插入反应釜底部的鼓泡器内,利用钢瓶的压力进行鼓泡反应,采用底部通氯、机械搅拌方法;林群祥专利技术是把氯气经进氯管送入反应釜上部非反应区空间,避免因压力不平衡可能产生的"顶气"现象,实现大量的新鲜氯气参与循环。"将氯气放进釜内上部非反应区空间"这一技术特征属于林群祥的发明专利与现行鼓泡法装置存在的最明显的区别之处,从整体上体现了林群祥"强制循环鼓动法生产氯化石蜡装置"发明专利的技术方案,也体现了构思完整,控制简单,具有新颖性和创造性。综合林群祥在专利说明书中载明的发明目的、技术方案、效果,以及权利要求书中明确记载的权利要求内容,可以认定"将氯气放进釜内上部非反应区空间"技术特征,属于林群祥的"强制循环鼓动法生产氯化石蜡装置"发明专利权利要求中的必要技术特征。林群祥"强制循环鼓动法生产氯化石蜡装置"发明专利的必要技术特征,并未被台龙塑化厂的技术全部覆盖。台龙塑化厂现有使用的技术没有落入林群祥的专利保护范围。台龙塑化厂不构成对林群祥"强制循环鼓动法生产氯化石蜡装置"(专利号为:87106851.6)发明专利的侵权。

林群祥不服一审判决向福建省高级人民法院提起上诉称:原审法院归纳被上诉人的技术错误,经庭审质证并认证的被上诉人的技术与原审法院归纳的被上诉人的技术相比,原审法院归纳的被上诉人的技术中增加了"搅拌器""少量余氯"等内容,"氯气放釜空间"不是上诉人专利发明必要技术特征,与发明目的、效果无关,是多余指定。被上诉人技术与上诉人专利相比,除氯气放入点不同外,具有完全相同的组成要件及其结合,达到同样的效果,已构成对上诉人专利的侵权。

被上诉人台龙塑化厂辩称:"氯气放釜空间"是上诉人发明专利的必要技术特征。此特征是经专利局审定,明确记载于独立权利要求中,绝非多余指定的非必要技术特征。故请求维持原判,依法驳回上诉。

福建省高级人民法院经审理认为:对专利权的保护不能离开权利要求书中明确记载的必要技术特征,对权利要求的任何解释必须以说明书及附图为依据。林群祥在其已公开的87106851.6号发明专利的说明书中表明,"本发明的任务是提供一种设备简单、易于操作、无三废污染、安全可靠、投资省、效率高,仅有氯化及产物后处理两种功能的生产装置"。在权利要求书中将"将氯气经进氯管送入反应釜上部非反应区空间"(即上述的"氯气放釜空间")列为要求的第一项,并且在说明书中作了进一步的解释,为了排除原来鼓泡法中釜内物料倒流的可能性,"本发明只把纯氯放入非反应区,氯源与鼓动器无直接连接"。由此可见,"将氯气经进氯管送入反应釜上部非反应区空间",是为了实现该发明专利中"安全可靠"之目的必须的重要技术措施,并在对该项权利的解释说明中明确表明,"本发明只把纯氯放入非反应区",这样就对该项权利要求进行了限定,并排除了将氯气放入其他部位的可能性,即将氯气放入其他部位均非权利要求的保护范围。在诉讼中,上诉人林群祥提出该项权利要求是多余指定,是扩大其专利的保护范围,这与该专利公开的权利要求和说明书不符,本院不予支持。

被上诉人台龙塑化厂是采用将氯气经逆止阀、缓冲罐与反应后的余氯一并直接进入鼓泡器的技术方法,为了防止物料倒流,采取了安装逆止阀和缓冲罐的方法,这与林群祥发明专利中"将氯气经进氯管送入反应釜上部非反应区空间"、"氯源与鼓动器无直接连接"的技术方案是不相同的,其功能和效果的差异是实质性的,故林群祥认为这两种技术方案为等同,台龙塑化厂对其发明专利的"将氯气经进氯管送入反应釜上部非反应区空间"进行等同替换的意见,依据不足,不予支持。

综上,"将氯气经进氯管送入反应釜上部非反应区空间",为林群祥87106851.6号"强制鼓动法生产氯化石蜡装置"发明专利的必要技术特征,台龙塑化厂所使用的技术中无该技术特征或者用等同技术替换,故台龙塑化厂现在使用的生产氯化石蜡技术,未被林群祥87106851.6号"强制鼓动法生产氯化石蜡装置"发明专利的必要技术特征所覆盖,即台龙塑化厂现在使用的生产氯化石蜡技术没有落入林群祥87106851.6号"强制鼓动法生产氯化石蜡装置"发明专利保护范围,不构成对林群祥87106851.6号"强制鼓动法生产氯化石蜡装置"发明专利权的侵犯。林群祥上诉理由不充分,上诉请求不予采纳。

二、裁判要旨

No.3-5-59-53　人民法院判定被诉侵权技术方案是否落入专利权的保护范围,应当审查权利人主张的权利要求所记载的全部技术特征。

多余制定规则是指如果所属领域内的技术人员在理解权利要求所限定的技术方案时,认为该权利要求中记载的某一项技术特征对于解决发明所要解决的技术问题来说是多余的,则可以依据多余指定原则忽略该技术特征,即被控侵权行为的客体中不存在该技术特征,也同样可以得出构成侵权的结论。该规则适用的背景在于申请人难免会将不应当写入独立权利要求的非必要技术特征写入其中,从而对专利保护范围造成不必要的限定。但该规则扩大了专利保护范围,也不符合"发明和实用新型专利权的保护范围以权利要求书内容为准"的规则,因此在实践中很难得到适用。即使存在适用的可能性,在专利侵权判定时,也不能由法院或者专利行政部门主动提出,而应当由专利权人提出,并给出令人信服的理由时,才可能适用该规则。此外,这种应当被忽略的技术特征只能是个别技术特征,而不是有一定数量的技术特征。

本案中,原告提出了适用多余指定原则的要求,即要求认定讼争专利的权利要求书中记载的"将氯气经进氯管送入反应釜上部非反应区空间"这一技术特征为附加技术特征,但此诉求与我国当前最高人民法院《关于审理侵犯专利权纠纷案件应用法律若干问题的解释》第7条关于"全面覆盖原则"的规定相抵触,因此原告林群祥的主张不应被支持。在将前述确认的被告的生产方法与原告的专利进行逐项技术特征比对之后,可以确认被告的生产方法并未覆盖原告专利的权利要求书中记载的"将氯气经进氯管送入反应釜上部非反应区空间"的技术特征,因此,依据侵权判定的全面覆盖原则,被告不构成专利侵权。

**No.3-5-61-1** 专利侵权纠纷涉及新产品制造方法的发明专利的,制造同样产品的单位或者个人应当提供其产品制造方法不同于专利方法的证明。

由于制造方法专利仅仅保护该方法的使用,而不保护其生产的产品,同时专利的实施是在产品的制造过程中进行的,专利权人很难进入制造现场进行勘验检查,因此,《专利法》规定了新产品制造方法发明专利的举证责任倒置。因此,专利权人在实施该规则的时候,首先应当提供证据证明:(1)依照涉案专利的制造方法所直接获得的产品是一种新产品;(2)被控侵权人制造的产品与依照专利方法直接获得的产品相同。依照最高人民法院《关于审理侵犯专利权纠纷案件应用法律若干问题的解释》第17条的规定:"产品或者制造产品的技术方案在专利申请日以前为国内外公众所知的,人民法院应当认定该产品不属于专利法第六十一条第一款规定的新产品。"

本案讼争的是涉及新产品制造的方法发明,因此,被告应依法对其生产所使用的方法负举证责任,本案中被告未能对其主张的"所采用的技术,其工艺构思、技术方案均来源于已终止专利权的85105998号'搅拌式固相氯化法制备氯化高聚物的工艺'发明专利"的事实举出相应的证据,因此,对该不侵权的主张不予采信。但由于本案在诉讼前林群祥曾申请福州市专利管理处对被告的生产行为进行查处,福州市专利管理处在调查后作出了"榕专处字第018号"决定,其中确认了被告的生产方法,且双方当事人对此均无异议,故在被告生产方法可以认定的情况下,不应径行以被告未尽举证责任为由作出不利于被告的判决,而应通过专利的技术特征与涉案生产方法的技术特征相比对,得出是否侵权的结论。

**105** 非新产品制造方法专利侵权纠纷中的事实推定(《专利法》第61条)

**案例:再审申请人潍坊恒联浆纸有限公司与被申请人宜宾长毅浆粕有限责任公司、一审被告成都鑫瑞鑫塑料有限公司侵犯发明专利权纠纷案**
案例来源:《最高人民法院知识产权审判案例指导》(第六辑)[(2013)民申字第309号]
主题词:非新产品制造方法专利 事实推定

一、基本案情

再审申请人(一审被告、二审上诉人):潍坊恒联浆纸有限公司(以下简称潍坊恒联公司)。

被申请人(一审原告、二审被上诉人):宜宾长毅浆粕有限责任公司(以下简称宜宾长毅公司)。

一审被告:成都鑫瑞鑫塑料有限公司(以下简称成都鑫瑞鑫公司)。

再审申请人潍坊恒联公司因与被申请人宜宾长毅公司、一审被告成都鑫瑞鑫公司侵犯发明专利权纠纷一案,不服四川省高级人民法院(2012)川民终字第 533 号民事判决,向最高人民法院(以下简称最高院)申请再审。

潍坊恒联公司申请再审称:再审申请人有新的证据可以证明其生产工艺与涉案专利不同,没有侵犯宜宾长毅公司的发明专利权。

1. 潍坊恒联公司在 2011 年 2 月之前,已经拥有被诉侵权产品的生产技术,并与科研单位联合研发,边试验边生产,处于试生产阶段。

2. 2012 年 3 月 9 日,潍坊市科学技术情报研究所对潍坊恒联公司的上述研发成果作出"科技查新报告",结论为"造纸级木浆蒸煮后,增加了一道碱抽提工序,经碱抽提工序的成品木浆,多戊糖含量可降至 4% 左右,甲纤含量达 92% 以上,反应性能 250 s 以内。……在所查文献中未见相同报道"。

据此,潍坊恒联公司向国家知识产权局提交了"一种改性木浆的生产工艺"的发明专利申请。2012 年 4 月 5 日,"专利申请受理通知书"下发;2012 年 8 月 29 日,"发明专利申请公布及实质审查阶段通知书"下发。该专利申请的权利要求书中所载工艺步骤为:① 蒸煮;② 碱抽提;③ 洗涤净化;④ 漂白;⑤ 酸处理;⑥ 抄浆。

其与涉案专利的不同之处在于:① 将造纸级木浆板直接投入蒸球,而不是先碱浸再进蒸球;② 蒸煮液为碱和助剂,助剂为潍坊恒联公司所特有;③ 碱抽提是潍坊恒联公司的特有技术,涉案专利没有;④ 没有二次洗涤程序。

另外,技术参数也有诸多不同之处。

3. 宜宾长毅公司在一审中提交的潍坊恒联公司的生产线截图——从蒸球(蒸煮阶段)直接投喂木浆板,完全符合潍坊恒联公司上述专利申请文件中权利要求书所记载的步骤:首先是蒸煮,即直接将造纸级木浆板投喂到蒸球开始整个生产流程,这一特殊的投喂方式与涉案专利完全不同,没有经过分页、碱浸渍后再进蒸球这一程序。宜宾长毅公司提交证据,证明了潍坊恒联公司的生产工艺没有完全落入涉案专利权利要求的保护范围,一、二审判决认定事实错误。据此请求最高院撤销一、二审判决,依法改判,驳回宜宾长毅公司的诉讼请求。

宜宾长毅公司提交意见认为:(1)潍坊恒联公司所谓"新证据"的主张,与其在一、二审中抗辩的其根本没有生产和销售过"粘胶用木浆粕"的理由矛盾,不应当采信。(2)潍坊恒联公司所提出的新证据,是在一、二审之前或者期间就形成的,不属于法律规定的"新的证据",不应当采信。(3)潍坊恒联公司所提出的新证据,缺乏真实性和关联性,不应当采信。记载在潍坊恒联公司专利申请中的工艺形成时间为 2012 年 4 月,与其在 2011 年就采用木浆粕改性工艺生产和销售"粘胶用木浆粕"产品的事实不符。如果潍坊恒联公司与案外人于 2011 年 3 月签订《技术开发合同》,根据产品工艺研发规律,不可能在 2011 年 3 月就已经有生产和销售行为产生。《专利申请受理通知书》无法证明专利申请是否具备专利性,即使最终获得授权也是在后专利申请,不能作为不侵权的抗辩理由。(4)潍坊恒联公司在再审申请中提交的《专利申请受理通知书》明显是其在一、二审审理期间故意组织的,并且也不能证明记载在该专利申请文件中的工艺是其 2011 年 3 月当时就已经采用的工艺。(5)一审中潍坊恒联公司主张其生产棉浆粕,仅仅是添加 5% 左右的木浆板而已,显然与其在再审申请中的主张相矛盾。一、二审中潍坊恒联公司均未提交工艺记载,所提交的《生产现场工艺原始记录》,也与其在再审申请中提交的专利申请文件记载的工艺技术不一致,说明其在 2011 年 3 月生产和销售的"粘胶用木浆粕"的工艺技术,并不是 2012 年专利申请文件所记载的工艺技术。

最高院认为,本案争议焦点在于潍坊恒联公司生产涉案粘胶木浆粕产品的制造方法是否落入涉案专利权的保护范围?具体涉及以下问题:

1. 再审申请中潍坊恒联公司提交的证据是否符合"新的证据"之规定?该证据所记载的是否为涉案粘胶木浆粕产品的制造方法?最高人民法院《关于适用〈中华人民共和国民事诉讼法〉审判监督程序若干问题的解释》第 10 条规定,审判监督程序中,申请人提交的下列证据之一属于足以推翻原判决、裁定,启动再审程序的"新的证据":"(一)原审庭审结束前已客观存在庭审结束后新发现的证据;(二)原审庭审结束前已经发现,但因客观原因无法取得或在规定的期限内不能提供的证据;(三)原审庭审结束后原作出鉴定结论、勘验笔录者重新鉴定、勘验,推翻原结论的证据。当事人在原审中提供的主要证据,原审未予质证、认证,但足以推翻原判决、裁定的,应当视为新的证据。"本案中,专利权人宜宾长毅公司于 2011 年 3 月向成都鑫瑞鑫公司购买潍坊恒联公司生产的粘胶木浆粕产品,并据此以潍坊恒联公司使用其拥有的"木浆粕变性生产工艺"发明专利生产销售粘胶木浆粕产品为由提起诉讼。本案二审庭审时间为 2012 年 10 月 25 日,审查潍坊恒联公司在本案再审申请阶段所提交的证据,形成和发现时间均在二审庭审之前,并且均是由潍坊恒联公司自主掌握,客观上可以随时提交的证据。但是,潍坊恒联公司在一、二审程序中未提交上述证据。因此,潍坊恒联公司在再审申请阶段提交的证据,不属于"新的证据",最高院不予采信。另外,潍坊恒联公司在再审申请中所提交的证据,涉及完整技术方案的是其"一种改性木浆的生产工艺"专利申请的权利要求书、说明书及说明书摘要,该证据的形成时间晚于涉案粘胶木浆粕产品的销售时间 2011 年 3 月。因现无证据证明其所记载的工艺技术就是潍坊恒联公司生产涉案粘胶木浆粕产品所采用的制造方法,故对潍坊恒联公司以该证据所记载的技术方案不同于涉案专利技术并主张其未侵犯宜宾长毅公司的发明专利权,最高院不予支持。

2. 涉案粘胶木浆粕产品制造方法的举证责任如何分配?该制造方法是否落入涉案专利权的保护范围?在民事诉讼中,举证责任的分配一般采取"谁主张谁举证"的原则,而针对部分侵权行为的特殊性,则适用举证责任倒置的规则。对于产品制造方法发明专利侵权纠纷,如果涉及新产品制造方法,《专利法》第 61 条第 1 款及最高人民法院《关于民事诉讼证据的若干规定》(以下简称《民事诉讼证据规定》)第 4 条第 1 款第 1 项均规定,由制造同样产品的被诉侵权人对其产品制造方法不同于专利方法承担举证责任。而对非新产品制造方法发明专利侵权纠纷的举证责任分配,相关法律和司法解释均无具体规定。一般而言,对制造方法专利的使用表现在产品的制造过程中,产品制造过程涉及生产步骤和工艺参数,具体的流程和数据只能在生产现场或者查看生产记录才能得知。通常情况下,专利权人难以接近被诉侵权人的生产现场和生产记录以取得完整的制造方法证据,在产品制造方法证据完全掌握在被诉侵权人手中的情况下,如果不结合具体案情,对侵权指控成立的可能性大小以及双方当事人的举证能力进行分析,只是简单地适用"谁主张谁举证"的一般原则,由专利权人举证证明被诉侵权人生产同样产品的制造方法,显然不利于客观事实的查明,亦有违公平原则。《民事诉讼证据规定》第 7 条规定:"在法律没有具体规定,依本规定及其他司法解释无法确定举证责任承担时,人民法院可以根据公平原则和诚实信用原则,综合当事人举证能力等因素确定举证责任的承担。"凡是掌握证据的当事人均有责任提供证据以还原客观事实,举证责任的分配原则应当是在公平和诚实信用的基础上,确保最大限度地查明客观事实。具体到产品制造方法发明专利侵权纠纷,当使用专利方法获得的产品属于新产品时,《专利法》规定对被诉侵权人生产新产品的制造方法适用举证责任倒置规则。究其原因,是因为新产品在方法专利申请日前不为公众所知,经由专利方法制造的可能性较大,其制造方法的证据又处于被诉侵权人的实际控制之中,因此,应当由距离证据更近的被诉侵权人提供该证据,证明针对自己的侵权指控不成立。当使用专利方法获得的产品不属于新产品时,意味着在方法专利申请日前,通过其他方法已经制造出同样的产品,因此,同样产品经由专利方法制造的可能性就没有新产品的大,如果也适用举证责任倒置规则,一律由被诉侵权人对其制造方法进行举证,就有可能被专利权人滥用来套取被诉侵权人的商业秘密,不利于对被诉侵权人商业秘密的保护,所以,法律和司法解释没有规定适用举证责任倒置规则。但是,这类产品的制造方法往往只有被诉侵权人知道,专利权人很难举证,所以简单地适用"谁主张谁举证"的原则,一律由专利权人对被诉侵权人的制造方法进行举证,确有困难和不公,不利于案件事实的查明。为了既能查明案件事实,又能确保被诉侵权人的商业秘密不被泄露,平衡好专利权人和被诉侵权人的利益,根据审判实践,最高院认为,在专利权人能够证明被诉侵权人制造了同样产品,经合理努力仍无法证明被诉侵权人确实使用了该专利方法,根据案件具体情况,结合已知事实及日常生活经验,能够认定该同样产品经由专利方法制造的可能性很大的,人民法院可以根据《民事诉讼证据规定》中的第 7 条规定,将举证责任分配给被诉侵权人,不再要求专利权人提供进一步的证据,而由被诉侵权人提供其制造方法不同于专利方法的证据。

本案涉及产品制造方法发明专利侵权纠纷,涉案粘胶木浆粕并非新产品。一审中,专利权人宜宾长毅公司提供了"潍坊恒联公司棉浆粕出门证""潍坊恒联公司浆粕质量检验单"等一系列证据,证明被诉侵权人潍坊恒联公司生产销售了涉案产品,并且通过产品检验等方式,证明了涉案产品是与涉案专利方法生产的产品相同的粘胶木浆粕而非潍坊恒联公司辩称的粘胶棉浆粕。对于涉案产品的制造方法,宜宾长毅公司提供了其所拍摄到的潍坊恒联公司的生产车间、相关机器设备以及原材料木浆板投放过程的视频资料,虽然这些证据不能形成完整的生产步骤和工艺参数,尚不足以证明潍坊恒联公司生产涉案产品的制造方法,但是潍坊恒联公司在一审中,认可该视频资料所显示的是其公司的生产现场。同时,一审法院根据宜宾长毅公司的证据保全申请,两次赴潍坊恒联公司进行调查取证:第一次取证中,潍坊恒联公司称其负责人不在,阻止法院进入生产现场;第二次取证中,该公司将法院带至棉浆粕生产现场,而非上述视频资料所显示的生产现场。由此可见,宜宾长毅公司已经完成了涉案产品与涉案专利方法生产的产品相同的举证责任,在涉案产品制造方法证据由潍坊恒联公司掌握的情况下,积极提供生产现场视频资料,并申请法院进行证据保全,为证明涉案产品制造方法落入涉案方法专利权保护范围尽了合理努力。而潍坊恒联公司虽然否认其生产销售了涉案产品,同时主张涉案产品为粘胶棉浆粕,却没有提供有力的证据予以反驳。在一审法院对其掌握的制造方法证据进行保全时,亦不予配合,致使法院未能调取到涉案产品制造方法证据。根据上述事实和日常生活经验,可以推断潍坊恒联公司侵权的可能性较大,因此,原一、二审法院综合考虑双方当事人已经完成的举证情况、距离证据的远近等因素,将证明涉案产品制造方法的举证责任分配给潍坊恒联公司承担,并无不当。潍坊恒联公司应当并且也完全有能力提供证据证明涉案产品制造方法不同于专利方法以支持自己的不侵权主张,但是在一、二审法院释明后,其无正当理由拒不提供涉案产品制造方法证据。因潍坊恒联公司未完成举证义务,原一、二审法院认定其生产涉案粘胶木浆粕产品的制造方法落入涉案专利权保护范围,宜宾长毅公司的侵权指控成立,亦无不当。

另外,潍坊恒联公司主张宜宾长毅公司在一审中提交的生产线截图证明潍坊恒联公司的木浆板投喂方式与涉案专利不同,没有经过分页、碱浸渍后再进蒸球这一程序。对此,最高院认为,宜宾长毅公司提交该生产线截图的目的,是为了证明潍坊恒联公司以木浆板为原料生产粘胶木浆粕而非其辩称的粘胶棉浆粕。该生产线截图只是涉案产品生产过程中的一个片段,从中难以看出涉案产品的制造方法是否包括分页、碱浸渍等步骤,无法判断涉案产品制造方法是否落入涉案专利权保护范围。原一、二审法院判令潍坊恒联公司承担举证责任,从保护其商业秘密考虑,其虽不用提供完整的制造方法证据,但是为了证明自己的不侵权主张,至少应该提供部分生产步骤或工艺参数证明涉案产品制造方法,与涉案方法专利有一个技术特征不相同也不等同,或者其制造方法缺少涉案方法专利的一个技术特征,而潍坊恒联公司并未提供这方面证据,故最高院对其主张不予支持。

综上,潍坊恒联公司的再审申请不符合《民事诉讼法》第 200 条第 1 项规定的情形。依照《民事诉讼法》第 204 条第 1 款之规定,裁定:驳回潍坊恒联浆纸有限公司的再审申请。

二、裁判要旨

No.3-5-61-2 在专利权人能够证明被诉侵权人制造了同样产品,经合理努力仍无法证明被诉侵权人确实使用了该专利方法的情况下,根据案件的具体情况,结合已知事实及日常生活经验,能够认定该同样产品经由专利方法制造的可能性很大,被诉侵权人拒不配合法院调查收集证据或者保全证据的,可以推定被诉侵权人使用了该专利方法。

从现行《专利法》第 61 条第 1 款可知,专利侵权纠纷涉及新产品制造方法的发明专利的,制造同样产品的单位或者个人应当提供其产品制造方法不同于专利方法的证明。专利法并没有提及当专利权人的方法专利产品并非新产品的举证责任承担。结合民事诉讼法理论中有关举证责任分配的原理可知，在专利权人能够证明被诉侵权人制造了同样产品，经合理努力仍无法证明被诉侵权人确实使用了该专利方法的情况下，根据案件具体情况，结合已知事实及日常生活经验，能够认定该同样产品经由专利方法制造的可能性很大，被诉侵权人拒不配合法院调查收集证据或者保全证据的，可以推定被诉侵权人使用了该专利方法。本案中，宜宾长毅公司已经完成了涉案产品与涉案专利方法生产的产品相同的举证责任，在涉案产品制造方法证据由潍坊恒联公司掌握的情况下，积极提供生产现场视频资料，并申请法院进行证据保全，为证明涉案产品制造方法落入涉案方法专利权保护范围尽了合理努力。而潍坊恒联公司虽然否认其生产销售了涉案产品，同时主张涉案产品为粘胶棉浆粕，却没有提供有力的证据予以反驳。在一审法院对其掌握的制造方法证据进行保全时，亦不予配合，致使法院未能调取到涉案产品制造方法证据。根据上述事实和日常生活经验，可以推断潍坊恒联公司侵权的可能性较大，因此，原一、二审法院综合考虑双方当事人已经完成的举证情况、距离证据的远近等因素，将证明涉案产品制造方法的举证责任分配给潍坊恒联公司承担，并无不当。

### 106 现有技术抗辩步骤的选择（《专利法》第62条）

**案例：北京东方京宁建材科技有限公司与北京锐创伟业房地产开发有限公司、北京锐创伟业科技发展有限公司、北京睿达华通化工材料技术有限责任公司侵犯实用新型专利权纠纷案**

案例来源：《人民法院案例选》2009年第2辑[第48号]

主题词：现有技术抗辩

#### 一、基本案情

上诉人（原审原告）：北京东方京宁建材科技有限公司（以下简称东方京宁公司）。

被上诉人（原审被告）：北京锐创伟业房地产开发有限公司。

被上诉人（原审被告）：北京锐创伟业科技发展有限公司。

被上诉人（原审被告）：北京睿达华通化工材料技术有限责任公司（以下简称睿达华通公司）。

原审原告：徐炎。

上诉人东方京宁公司因侵犯实用新型专利权纠纷一案，不服北京市第二中级人民法院（2008）二中民初字第120号民事判决，向北京市高级人民法院（以下简称北京高院）提出上诉。

北京市第二中级人民法院认定，徐炎是"一种带硬质加强层的轻质发泡材料填充件"实用新型专利（简称本专利）的权利人，其权利要求1为："一种带硬质加强层的轻质发泡材料填充件，包括一个本体，其特征在于本体四周具有一个密封层，密封层与本体之间具有加强层。"2007年7月15日，徐炎授予东方京宁公司以普通实施许可方式使用本专利。睿达华通公司在参与"中关村电子城西区（望京科技创业园）E6E7地块研发中心"项目LPM空心楼盖工程项目施工过程中，使用了由其制造、销售的被控侵权产品"PCM内膜"。锐创伟业科技发展有限公司是"中关村电子城西区（望京科技创业园）E6E7地块研发中心"项目的建设单位。睿达华通公司提交了名称为"具有多种截面形状用于混凝土中的轻质多孔材料填充体"实用新型专利（简称对比文件1），并据此主张公知技术抗辩。

北京市第二中级人民法院认为，东方京宁公司作为本专利的普通实施被许可人，在其被许可地域范围内可以与专利权人共同提起专利侵权诉讼，本案不宜中止审理。睿达华通公司提供的对比文件1的申请日早于本专利的申请日，该证据构成本专利的在先技术。本案被控侵权产品属于公知技术，睿达华通公司制造、销售该产品的行为不构成对本专利的侵犯。东方京宁公司、徐炎指控锐创伟业房地产开发有限公司、锐创伟业科技发展有限公司和睿达华通公司侵犯其专利权的诉讼主张及诉讼请求依据不足，不予支持。

东方京宁公司不服原审判决，于法定期限内向北京高院提出上诉。

北京高院经审理查明:名称为"一种带硬质加强层的轻质发泡材料填充件"实用新型专利(即本专利)的申请日为2004年7月16日,授权公告日为2005年8月10日,专利权人为徐炎,专利号为ZL200420077923.9。2007年7月15日,徐炎与东方京宁公司签订了《专利实施许可合同》,双方约定东方京宁公司以普通许可方式取得本专利的实施权,合同有效期为自2007年7月15日至2014年7月15日。

锐创伟业科技发展有限公司是"中关村电子城西区(望京科技创业园)E6E7地块研发中心"项目的建设单位,睿达华通公司参与了该项目中LPM空心楼盖工程项目的施工,并在施工过程中使用了其制造、销售的被控侵权物"PCM内膜"。

在本案诉讼过程中,睿达华通公司主张被控侵权物使用的是公知技术,并提供了两组证据。第一组证据为《现浇混凝土空心楼盖结构技术规程》,由于该证据没有记载制造带硬质加强层的轻质发泡材料填充件的具体实施方案,不属于可进行比对的公知技术。第二组证据为一份名称为"具有多种截面形状用于混凝土中的轻质多孔材料填充体"实用新型专利(即比对文件1)。该专利的专利号02293406.5,申请日为2002年12月24日,授权公告日为2004年2月25日。由于其申请日及授权公告日均早于本专利的申请日,且二者属于同一技术领域,故比对文件1可以作为本专利的公知技术。

北京高院认为,原审法院未注意到相关技术特征的功能性特点,仅根据比对文件1说明书中有关加强层是可以被取消的记载,认定对比文件1的全部必要技术特征为轻质多孔材料即本体和隔离层,是不恰当的。实用新型专利权的保护范围以其权利要求的内容为准,说明书及附图可以用于解释权利要求,但不能将说明书记载的内容直接搬进权利要求,否则将影响对专利权保护范围的准确界定。比对文件1权利要求1中的隔离层及加强层都属于功能性技术特征,其保护范围应当受到专利说明书中记载的实现该功能的具体方式的限制,即该功能性限定特征应解释为仅仅涵盖了说明书中记载的具体实施方式及其等同方式。因此,根据比对文件1的权利要求1及说明书的记载,比对文件1的权利要求1记载的技术方案(简称A技术方案)的必要技术特征至少应包括:A.轻质多孔材料;B.经涂刷或缠绕一层或数层由灰浆类材料(如水泥浆)、纤维类(如纤维布)……胶带类(如塑料胶带)其中一种或几种的组合构成的隔离材料形成的隔离层;C.在隔离层外周圈由螺旋筋或钢筋笼构成的加强层。

但是,比对文件1的说明书除了说明权利要求1记载的A技术方案外,还揭示了其他技术方案。本领域普通技术人员在认真阅读了比对文件1的权利要求书及说明书后,无须付出创造性劳动就可以直接得出没有加强层,只有本体及隔离层,且该隔离层可以是灰浆类材料(如水泥浆)、纤维类(如纤维布)、胶带类(如塑料胶带)的一种或几种的组合的技术方案(简称B技术方案)。A技术方案与B技术方案的差异在于A技术方案必须包括加强层这一必要技术特征,而B技术方案则可省略加强层这一技术特征。故A技术方案才是比对文件1的专利保护技术方案,B技术方案只是A技术方案在获得专利保护的同时贡献给社会公众的技术方案,而无论是A技术方案还是B技术方案,都属于本专利的公知技术。

将被控侵权产品与对比文件1所揭示的B技术方案进行比较:首先,可以看到被控侵权产品的a特征与B技术方案的A特征是相同的,各方当事人对此亦无异议;其次,被控侵权产品b特征为本体四周缠绕有胶带,c特征为胶带与本体之一面之间是水泥浆和网格状纤维布的组合体,两者共同构成B技术方案所揭示的隔离层。显然,本领域的普通技术人员无须付出创造性劳动即可由比对文件1公开的B技术方案得出被控侵权物所使用的技术方案。

基于上述理由,北京高院判定被控侵权物使用的技术方案系公知技术。上诉人有关被控侵权物不属于公知技术的上诉理由及全部诉讼主张均不能成立,北京高院不予支持。原审法院虽然未能准确判定比对文件1的权利要求1所记载的A技术方案的必要技术特征,但其正确地判定了比对文件1的说明书所揭示的同属本专利公知技术的B技术方案,且其有关被控侵权物系使用同为公知技术的B技术方案的判定结果正确,故北京高院在纠正原审判决相关错误的同时,对其判决结果予以维持。

二、裁判要旨

**No.3-5-62-1** 审查现有技术抗辩时,比对方法是将被诉侵权技术方案与现有技术进行对比,在两者并非相同的情况下,审查时可以专利权人的要求为参照,确定被诉侵权技术方案中被指控落入专利权保护范围的技术特征,并判断现有技术是否公开了与之相同或者等同的技术特征。

审查现有技术抗辩时,比对方法是将被诉侵权技术方案与现有技术进行对比,在两者并非相同的情况下,审查时可以专利权利要求为参照,确定被诉侵权技术方案中被指控落入专利权保护范围的技术特征,并判断现有技术是否公开了与之相同或者等同的技术特征。

依照现行《专利法》第22条、第23条可知,所谓现有技术,就是指申请日以前在国内外为公众所知的技术;所谓现有设计,就是指申请日以前在国内外为公众所知的设计。发明、实用新型专利不得为现有技术,否则丧失新颖性,外观设计专利也是如此。因此,现行《专利法》第62条规定,被控侵权人有证据证明其实施的技术或者设计属于现有技术或者现有设计的,不构成侵犯专利权。审查现有技术抗辩时,涉及被控侵权技术方案、专利的技术方案以及现有技术,如果三者相同,则肯定不构成侵权,但实际情况往往是三者之间存在等同或者两两相同的情况。对于这种现实存在的情况,如何安排比对顺序成为一个需要解决的问题。从现行《专利法》的要求可知,比对的核心就是被控侵权技术与现有技术,因此,比对方法可以是将被诉侵权技术方案与现有技术进行对比,如果两者相同,则构成现有技术抗辩。在两者并非相同的情况下,审查时可以专利权利要求为参照,确定被诉侵权技术方案中被指控落入专利权保护范围的技术特征,并判断现有技术是否公开了与之相同或者等同的技术特征。本案中,尽管现有技术中公开的电磁阀包括三个部分,其具体结构与被诉侵权产品的电磁阀有着明显差异,但是现有技术中确已公开将电磁阀的出口与有杆活塞的外端直接相联接,被控侵权产品的技术特征与现有技术的等同,因此构成现有技术的抗辩。

**107** 现有技术抗辩中多项技术方案对比的前提(《专利法》第62条)

**案例:苏州工业园区新海宜电信发展股份有限公司诉南京普天通信股份有限公司、苏州工业园区华发科技有限公司侵犯专利权纠纷案**

案例来源:《中华人民共和国最高人民法院公报》2010年第10期第37页

主题词:现有技术抗辩　技术方案

一、基本案情

原告:苏州工业园区新海宜电信发展股份有限公司(以下简称新海宜公司)。

被告:南京普天通信股份有限公司(以下简称普天公司)。

被告:苏州工业园区华发科技有限公司(以下简称华发公司)。

原告新海宜公司因与被告普天公司、被告华发公司发生专利权纠纷,向江苏省苏州市中级人民法院(以下简称苏州中院)提起诉讼。

苏州中院一审查明:2002年3月13日,原告新海宜公司向国家知识产权局提出名称为"槽道顶出纤结构"的实用新型专利申请,2003年1月1日,经国家知识产权局公告,该申请被授予实用新型专利权,专利号为ZL02219359.6(以下简称涉案专利)。该涉案专利曾由案外人美国ADC电讯股份有限公司(以下简称美国ADC公司)于2005年1月6日提出无效宣告请求,在专利复审委员会审查过程中,新海宜公司于2005年3月2日修改了该专利的权利要求书,并由专利复审委员会在修改后的权利要求的基础上,于2005年11月29日作出第7754号无效宣告请求审查决定书(以下简称第7754号决定书),维持该专利权有效。诉讼中,新海宜公司主张,以在第7754号决定书中修改后的权利要求1、2作为本案侵权判定的依据。

2006年6月26日,被告普天公司向专利复审委员会提出涉案专利的无效宣告请求,后专利复审委员会于2007年4月24日作出第9694号无效宣告请求审查决定书(以下简称第9694号决定书),认为其在2005年11月29日针对涉案专利作出的第7754号决定书已生效,并在该第7754号生效决定书的基础上维持了涉案专利权有效。

庭审中,原告新海宜公司与被告普天公司一致认可普天公司该光纤槽道活动出线口组件产品与涉案专利相比,差异仅在于少了一个与下纤口卡接的出纤口接头,即涉案专利权利要求2的部分特征。

另查明,专利号US6,192,181 B1(申请日1999年7月16日),名称为"光纤电缆出口槽"的美国专利,公开了一种关于光纤电缆的管理和布设系统。该专利曾在专利复审委员会的第7754号无效宣告请求审查决定书中,由申请人美国ADC公司作为无效宣告请求的证据所使用,根据该生效的第7754号决定书的认定,该美国专利与涉案专利的技术特征区别在于,前者没有公开在出纤口基体上设有活动式出纤口盖的结构特征。

1997年1月北京邮电大学出版社出版的中华人民共和国通信行业标准——《长途通信传输机房铁架槽道安装设计标准》一书中,揭示了"列、主槽道均由电缆支架、侧板、底板、终端板及盖板等组成"。

苏州中院一审认为,原告新海宜公司的涉案实用新型专利申请日为2003年1月1日,处于专利权的有效保护期内,虽然被告普天公司在本案答辩期间提出专利无效宣告审查请求,但专利复审委员会2007年4月24日第9694号无效宣告请求审查决定书(以下简称第9694号决定书)已经维持涉案专利权有效,故该专利权在未经司法或行政途径撤销前,仍具有有效性,专利权人可依法维护涉案专利权不受任何侵害。因专利权人新海宜公司在第7754号决定书中已经修改了该专利的权利要求书内容,且第7754号决定书已经第9694号决定书确认生效,故涉案专利权的保护范围应以第7754号决定书中修改后确认的权利要求1、2为准。

将被控侵权的光纤槽道活动出线口组件产品与涉案专利独立权利要求1相比对,其技术特征与涉案专利独立权利要求1载明的技术特征一一对应,落入涉案专利权的保护范围。诉讼中,被告普天公司以US6,192,181 B1号美国专利及《长途通信传输机房铁架槽道安装设计标准》两份证据为依据进行现有技术抗辩。判断现有技术抗辩是否成立,应以一份比对文件所揭示的技术与被控侵权物使用的技术进行单独比对,而不能以组合而成的现有技术进行比对。将US6,192,181 B1号美国专利与被控侵权产品比对,该专利文件缺少了在出纤口基体上设有活动式出纤口盖的技术特征,而《长途通信传输机房铁架槽道安装设计标准》一书中既没有揭示相同或等同于涉案专利权利要求1的技术方案,也没有公开权利要求1中描述的"包括便于多次出纤的活动式出纤口盖,该出纤口盖盖在出纤口基体上"技术特征,两份证据均不能完全揭示被控侵权物的全部技术特征,故普天公司以现有技术进行抗辩的理由不能成立。将普天公司被控侵权的光纤槽道活动出线口组件产品与原告新海宜公司的涉案专利独立权利要求2相比对,在于前者较后者少了一个出纤口接头这一结构特征,而直接由波纹管的上端与下纤口卡接,而涉案专利权利要求2描述为:"包括一波纹管接头,该波纹管接头上端通过卡扣结构与下纤口端卡接,波纹管接头下端则与波纹管卡接。"两者技术构造不同,产生的技术效果也不同。而考虑到仅就两者相同的卡接连接方式这一技术特征而言,卡接方式属本领域内普通技术人员所知晓的通用的技术手段,故被控产品的技术特征与涉案专利权利要求2的技术特征既不相同也不等同,未落入涉案该实用新型专利权的保护范围。综上,普天公司生产、销售光纤槽道活动出线口组件产品的行为,侵犯了新海宜公司的涉案专利权,应当承担停止侵权、赔偿损失的法律责任。

普天公司不服一审判决,向江苏省高级人民法院(以下简称江苏高院)提起上诉。

江苏高院经二审,确认了一审查明的事实。

另查明:本案上诉人普天公司因不服专利复审委员会第9694号审查决定,以专利复审委员会为被告,向北京一中院提起行政诉讼。北京一中院依照法律规定通知本案被上诉人新海宜公司作为第三人参加诉讼。北京一中院一审行政判决认为,"在本专利中光纤均要通过出纤口基体和槽道,结合比对文件2的技术启示,本领域技术人员在开放式的出纤口基体或槽道上通过设置盖板达到对其中的光纤加以保护的作用是显而易见、容易想到的,不会给本专利带来实质性特点,不具有创造性。因此,专利复审委员会关于本专利具有创造性的评述,缺乏事实和法律依据,应予纠正,其作出的第9694号决定认定事实不清,适用法律错误,应予撤销"。

专利复审委员会、本案被上诉人新海宜公司不服一审行政判决,向北京高院提起上诉。北京高院二审行政判决认为,涉案专利权利要求1相对于比对文件1和2的结合,没有实质性特点和进步,不具备创造性。专利复审委员会、新海宜公司的上诉理由不能成立,其上诉请求不予支持。

还查明:北京法院一、二审行政判决书中所述比对文件1,即指专利号为US6,192,181 B1的美国专利;比对文件2即指《长途通信传输机房铁架槽道安装设计标准》。该两份比对文件与本案上诉人普天公司在本案提出现有技术抗辩所使用的两份比对文件完全相同。

江苏高院二审认为:

上诉人普天公司以US6,192,181 B1号美国专利和《长途通信传输机房铁架槽道安装设计标准》两份比对文件进行现有技术抗辩。将被控侵权产品与其中的US6,192,181 B1号美国专利进行比对,被控侵权产品只是增加了在开放式的出纤口基体上设有活动式出纤口盖这一技术特征。国家通信行业《长途通信传输机房铁架槽道安装设计标准》中明确规定:"列、主槽道均由电缆支架、侧板、底板、终端板及盖板等组成。"虽然该国家标准中并未明确槽道上的盖板是否属于活动式盖板,但本领域技术人员根据国家标准的要求,在开放式出纤口基体上或槽道上通过设置活动式盖板,实现既对其中的光纤加以保护,同时又便于多次出纤和维护的作用,是容易联想到的。因此,相对于本领域普通技术人员而言,根据《长途通信传输机房铁架槽道安装设计标准》的要求,在槽道或开放式出纤口基体上加盖或者加活动式的盖,属于本领域中的一种公知常识。北京法院一、二审行政判决书亦认定,本领域技术人员在开放式的出纤口基体或槽道上通过设置盖板达到对其中的光纤加以保护的作用是显而易见的。据此,普天公司提供的证据足以证明其主张的现有技术抗辩理由成立,被控侵权产品不构成侵犯涉案专利独立权利要求1。

综上,上诉人普天公司主张现有技术抗辩的上诉请求和理由成立,应予支持,一审判决认定现有技术抗辩不能成立是错误的,应予纠正。

二、裁判要旨

No.3-5-62-2 被控侵权人有充分证据证明其实施的技术方案属于一份对比文献中记载的一项现有技术方案与所属领域技术人员广为熟知的常识的简单组合,则应当认定被控侵权人主张的现有技术抗辩成立,被控侵权物不构成侵犯专利权。

现有技术抗辩是指在专利侵权纠纷中被控侵权人以其实施的技术属于现有技术为由,对抗专利侵权指控的不侵权抗辩事由。通常情况下,被控侵权人进行现有技术抗辩,只能援引一份比对文献中记载的一项现有技术方案,但是,在被控侵权人有充分证据证明,其实施的技术方案属于一份对比文献中记载的一项现有技术方案与所属领域技术人员广为熟知的常识的简单组合,应当允许被控侵权人以该理由进行现有技术抗辩。

本案中,被控侵权产品只是增加了在开放式的出纤口基体上设有活动式出纤口盖这一技术特征。国家通信行业《长途通信传输机房铁架槽道安装设计标准》中明确规定:"列、主槽道均由电缆支架、侧板、底板、终端板及盖板等组成。"虽然该国家标准中并未明确槽道上的盖板是否属于活动式盖板,但本领域技术人员根据国家标准的要求,在开放式出纤口基体上或槽道上通过设置活动式盖板,实现既对其中的光纤加以保护,同时又便于多次出纤和维护的作用,是容易联想到的。因此,相对于本领域普通技术人员而言,根据《长途通信传输机房铁架槽道安装设计标准》的要求,在槽道或开放式出纤口基体上加盖或者加活动式的盖,属于本领域中的一种公知常识。

## 108 以侵权人获得利益确定损害赔偿(《专利法》第65条)

案例:新乐国人啤酒有限公司与武安名人啤酒厂、雪山(河北)啤酒有限公司外观设计专利侵权纠纷案

案例来源:《人民法院案例选》2002年第1辑[第49号]

主题词:侵权赔偿 侵权人获得利益

## 一、基本案情

原告：新乐国人啤酒有限公司（以下简称国人公司）。
被告：武安名人啤酒厂（以下简称名人厂）。
被告：雪山（河北）啤酒有限公司（以下简称雪山公司）。

原告国人公司于 2000 年 7 月 6 日向国家知识产权局申请了"干啤王"啤酒瓶贴外观设计专利。

国家知识产权局于 2000 年 12 月 1 日授予专利权并颁发《外观设计专利证书》，2001 年 1 月 10 日公告。该专利分为颈标和瓶体标两部分。颈标呈"?"形，中间注有"干啤王"及国人公司"人"字形的龙状图案，英文 GRANDMENBEER 构成的组合商标；瓶体标贴呈方形，注有倾斜、夸张的变体行书（海报体）"干啤王"三个字，字体豪放醒目，由左上至右下斜放在标贴中间，占据整个瓶贴的 3/4 面积，中间的"啤"字外加边框以示突出，瓶贴右上角是国人啤酒的组合商标及"10°"字样，标贴的左下角注有原料、执行标准、生产许可证号、酒精度、净含量、保质期、厂名、地址及电话号码等内容。标贴底色为浅灰色，"干啤王"三个字以红、绿、蓝三色分别区分不同的市场，销售于不同区域。

被告名人厂的"干啤王"标贴也分颈标和瓶体标两部分，颈标亦呈"?"形，中间有青泉啤酒的"青泉"二字的美术体图案及名人厂的英文缩写 M.RCOMPANY 的组合商标。瓶体标贴呈方形，"干啤王"三个字均加边框，字体为行书，由左上至右下斜放在标贴中间，占据标贴的大部分面积，瓶贴右上角是青泉啤酒的组合商标及"10°"字样，左下角注有原料、执行标准、生产许可证号、酒精度、净含量、保质期、厂名、地址及电话号码等内容。标贴底色为白色，"干啤王"三个字以红、绿、蓝三色分别区分不同的市场，销售于不同的区域。

名人厂在邯郸等地区大量散发"青泉干啤王"广告，其每捆"干啤王"零售价 12.50 元，每个瓶盖可兑奖 0.5 元，每捆还可得到 2 元小礼品，每 10 捆再得 1 份 5 元的礼品。

名人厂于 2001 年 2 月 13 日在《中原商报》第 8 版，以《前进中的武安市名人啤酒厂》为题做了整版广告。该广告称："青泉啤酒厂于 2000 年 6 月 1 日由唐山民营企业家刘文丰先生出资买断，更名为武安市名人啤酒厂，聘请了全省啤酒行业著名的管理人才刘杰出任总经理。投入 1000 万元流动资金，年生产优质啤酒 12 万吨"等内容。

刘文丰是雪山公司的法定代表人。名人厂于 2000 年 10 月 20 日领取生产许可证，2000 年 10 月 26 日领取正式营业执照，经营期限自 2000 年 10 月 26 日到 2001 年 4 月 30 日，2001 年 3 月又通过年检登记，名人厂享有雪山公司的商标使用权等。

原告国人公司诉称：我公司拥有"干啤王"外观设计专利。该外观设计应用于产品并投放市场后，于 2000 年 3 月被河北省工商局认定为知名商品。今年 4 月初，我公司发现本产品在邯郸、衡水、沧州等地区销量锐减，经调查，是两被告侵权所致。两被告在《中原商报》及上述各地市电视台大量刊登、播发销售广告，对我公司构成专利和知名商品侵权。请求法院判令两被告停止侵权，销毁侵权产品，责令被告在国内知名报纸及电视台向原告公开赔礼道歉，消除影响并赔偿经济损失（包括律师费、调查费等）200 万元及承担本案诉讼费用。

两被告辩称：雪山公司于 2000 年 6 月 20 日就委托苍南工艺厂设计青泉"干啤王"啤酒瓶贴，并签有协议。名人厂于 2000 年 8 月 3 日与河北华艺彩印厂签订了印刷"10°干啤王"商标的合同。因此，两被告在原告的外观设计申请日前就已做使用前的准备并已使用，享有先用权，且被告使用的瓶贴与原告的专利有明显区别，对原告不构成侵权，应驳回原告的诉讼请求。

石家庄市中级人民法院经审理认为：原告依法享有的"干啤王"外观设计专利权现处于法律规定的有效保护期内，任何单位和个人未经专利权人许可，不得为生产经营目的制造、销售其外观设计专利产品。被告名人厂的"干啤王"商标的颈标与原告的"干啤王"颈标形状相似，且中间部位均有红色商标图案及英文字母；瓶体标贴均有"干啤王"三个大字，字体相近似，占据该标贴的大部分面积，从左上至右下斜线排列，其中"啤"字均加外框以示突出，右上均有方形商标图案和英文字母、10°字样，左下角均注有原料、执行标准、生产许可证号、酒精度、净含量、保质期、厂名、地址及电话号码等内容,二者相近似,一般消费者足以发生误认,构成外观设计专利侵权。

二、裁判要旨

No.3-5-65-3 侵犯专利权的赔偿数额按照权利人因被侵权所受到的实际损失确定;实际损失难以确定的,可以按照侵权人因侵权所获得的利益确定。

依照《专利法》(2000年)第60条第1款的规定,追究侵权人的赔偿责任时,可以根据权利人的请求,按照权利人因被侵权所受到的损失或者侵权人因侵权所获得的利益确定赔偿数额。权利人因被侵权所受到的损失可以根据专利权人的专利产品因侵权所造成销售量减少的总数乘以每件产品利润所得之积计算。同时,鉴于当前市场很多产品并仅涉及一种专利技术,并且诸如商标等其他权利也能给产品制造者带来利益,因此最高人民法院《关于审理侵犯专利权纠纷案件若干问题的解释》第16条规定:"侵权所获得的利益,应当限于侵权人因侵犯专利权行为所获得的利益;因其他权利所产生的利益,应当合理扣除。"

在本案中,原告提供了在武安等15个县市在2001年3、4、5月份的实际销售量比销售合同中的计划销量少4379.98吨,但这只是原告与其批发商的预测销售量,实际销售中,销量受市场多方面因素的影响,如果据此来认定赔偿额875733.2元(4379.98吨×税后利润199.94元/吨)有失公平,此数额不宜采用。如果权利人销售量难以确定,侵权产品在市场上销售总额乘以每件专利产品的合理利润之积也可以视为权利人因侵权所受到的损失,但原告无法提供该证据,被告又拒不提供,法院难以确定。根据法律规定,法院还可参照该专利许可使用费的1至3倍,合理确定赔偿数额;没有专利许可使用费可以参照的,人民法院可以根据专利权类别、侵权人侵权的性质和情节等因素,一般在人民币5000元至30万元确定赔偿数额,最多不超过人民币50万元。在本案中,法院根据原告的实际损失以及被告的侵权时间、销售范围及销量,酌情确定两被告赔偿原告损失50万元。

**109** 专利侵权的酌定赔偿(《专利法》第65条);先用权(《专利法》第69条)

**案例:**昆明飞龙电器厂与昆明科力嘉工贸有限公司实用新型专利侵权纠纷案
**案例来源:**《人民法院案例选》2004年商事·知识产权专辑[第62号]
**主题词:**先用权 专利侵权的酌定赔偿

一、基本案情

上诉人(原审被告):昆明科力嘉工贸有限公司。

被上诉人(原审原告):昆明飞龙电器厂。

原告昆明飞龙电器厂因被告昆明科力嘉工贸有限公司涉嫌侵犯其专利,向昆明市中级人民法院(以下简称昆明中院)提起诉讼。

昆明市中级人民法院经审理查明,原告于2000年1月20日向国家知识产权局专利局申请"民用电炉功率调节开关"专利,经审查,国家知识产权局专利局于2000年10月14日授予其专利权,专利号为ZL00222172.1。2001年12月14日,原告向国家知识产权局请求作出检索报告,国家知识产权局经检索后于2002年4月24日出具《实用新型专利检索报告》,认为ZL00222172.1号专利全部权利要求1—4符合《专利法》第22条有关新颖性和创造性的规定。2002年7月19日,原告向本院起诉被告,认为被告生产、销售侵犯其专利权的产品,并申请证据保全,本院对被告生产的电灶一台、开关一组及2000年4月1日至2002年3月30日的账册和会计凭证24本进行了检查。

昆明市中级人民法院经审理认为:

1. 被告是否构成侵权? (1)被告认为其不构成侵权的理由之一是,原告的ZL00222172.1号专利已丧失了新颖性、创造性,系无效专利。但ZL00222172.1号专利的专利说明书中提到了公告号为CN2098728U的"民用电炉功率调节开关"技术,而公告号为CN2098728U的"民用电炉功率调节开关"技术正是91223578.0号专利,并阐述ZL00222172.1号专利是对上述已有技术作的进一步改进,因此,ZL00222172.1号专利是对原有技术的创新、改造,具有授予专利权条件的新颖性和创造性。国家知识产权局经检索后,于2002年4月24日出具《实用新型专利检索报告》,再次确认了ZL00222172.1号专利具有新颖性和创造性;如果被告仍然坚持原告的ZL00222172.1号专利无效,也应通过其他程序解决,本案作为专利侵权诉讼并不解决专利权无效的问题。(2)被告认为其不构成侵权的理由之二是,其产品实物与原告的产品实物相比存在着诸多不同点。但一项实用新型专利的保护范围是以其权利要求的内容为准,并非以专利权人生产的产品实物为准,且被告提出的不同之处均是开关外形和开关与电灶其他部分连接方式等的不同,并不涉及开关的内部结构、构造,而ZL00222172.1号专利权利要求保护的范围则是开关的内部结构。将保全到的被告的开关与ZL00222172.1号专利的权利要求相对比,完全符合该专利权利要求1—4项。(3)被告认为其不构成侵权的理由之三是,其先于原告专利申请日前就已生产出自己的产品,享有先用权。但从证据角度看,被告用以证明自己享有先用权的证据,仅能证明,其于1999年9月委托云南无线电T模具分厂加工生产过用于开关的胶质外壳的模具,但一个开关由多种零部件组成,需要必要的设备和人员来制造生产,仅委托加工开关用的胶质外壳的模具,也不能证明被告已经做好制造、使用的必要准备。且模具并不等于开关用胶质外壳,更不等于开关本身,不能证明其用该模具生产了开关用胶质外壳,又用该胶质外壳去生产了开关,更不能证明生产出的开关所用技术就是与日后被授予专利权的原告的技术相同或近似的技术。被告未举证证明其在原告专利申请日前生产的开关与之后的专利技术是相同或近似,就无法证明其享有先用权。本案中,被告关于其不构成侵权的全部答辩意见均不能成立,且经比对,被告生产的开关已经落入原告专利权利要求保护的范围,因此,被告侵犯了原告的专利权。

2. 被告已经构成侵权,侵权损失如何计算?本案认定被告侵权的证据只有保全的电灶和开关的实物,本案中专利权人因侵权行为受到的损失、侵权人因侵权行为获得的利润及专利许可使用费均无证据证明,根据2001年7月1日起施行的最高人民法院《关于审理专利纠纷案件适用法律问题的若干规定》第21条的规定,同时综合考虑了以下因素:(1)原告的专利系实用新型专利,技术含量并不很高;(2)以本案证据来看,被告的侵权行为的时间在半年左右;(3)本案仅保全到被告的一台电灶和一组开关,无法确认被告生产、销售侵权产品的数量规模,但可推知被告具备一定的生产能力和生产规模;(4)被侵权的开关仅是其生产、销售的电灶的一部分,而一台电灶的售价,从原告提交的被告销售电灶的发票看,也仅为人民币215元;(5)原告为制止侵权行为,发生了一定的费用。综合上述因素,被告应赔偿给原告人民币1万元整。

昆明科力嘉公司不服一审判决提起上诉。

云南省高级人民法院经审理认为:

1. 关于模具设计过程。赵宝根的当庭陈述及刘波的陈述与模具图纸及模具生产合同、模具生产付费凭据相互印证,可证实科力嘉公司在专利申请日前确实设计生产出一套模具。但模具的设计并不在ZL00222172.1号专利保护范围之内。以上三份证据与本案无关,故不予采纳。

2. 关于配件生产过程,童朝瑞虽证实1999年12月4日科力嘉公司委托其公司生产完毕的三种配件与一审法院认定侵权的产品相同,但就科力嘉公司委托昆明泰和仪器仪表公司生产配件一节,仅有童朝瑞个人的陈述,没有相关合同或受托方昆明泰和仪器仪表公司的证实,证据不足,不能认定。科力嘉公司提交的三个配件也不能确定是何时生产的。故对科力嘉公司在专利申请日前生产出配件这一事实不能确认。

3. 关于开关成品装配过程,虽然有李永泽出庭作证,但李永泽原系科力嘉公司的生产主管,与该公司有利害关系,其证言又无其他证据相印证,依法不能采信,不能认定科力嘉公司在专利申请日前已经生产开关成品。

4. 关于科力嘉公司提交的产品图纸,图纸上虽标明设计日期为1999年8月,且有科力嘉公司的条章,但此时科力嘉公司尚未成立,加之图纸设计人袁高全在1999年6月刚从飞龙厂离职,科力嘉公司又不能提交其他证据证明图纸确系袁高全设计完成,仅有此份图纸不能认定科力嘉公司在1999年8月已经设计完成被控侵权产品。

综上所述,科力嘉公司提交的以上证据不能充分证明其在专利申请日前已经制造相同产品、使用相同方法或者已经做好制造、使用的必要准备,其主张享有先用权的抗辩依法不能成立。科力嘉公司未经专利权人飞龙厂的许可擅自生产、销售侵犯其专利的产品,已构成侵权。一审判决依照法律规定,判决科力嘉公司停止侵权,并结合侵权情节等实际情况,确定科力嘉公司赔偿飞龙厂人民币1万元整并无不当,应予维持。

二、裁判要旨

**No.3-5-65-4** 在专利申请日前已经制造相同产品、使用相同方法或者已经做好制造、使用的必要准备,并且仅在原有范围内继续制造、使用的,不视为专利侵权。

我国采用的是先申请制度,即两个以上的申请人分别就同样的发明创造申请专利的,专利权授予最先申请专利的人。但这对先发明却后申请的人造成了一定的不公平。因此,先用权制度是为了保障先发明人的利益而设立的,其实质是一种可以对抗专利权的抗辩权。先用权不是单独的一种权利,表现为先用权人不能主张他人实施相同发明创造的行为侵犯其先用权,也不能主张随后授予专利权的行为妨碍其先用权。审查先用权抗辩必须考虑如下因素:(1)时间因素。先用权人应当是在专利申请日之前已经制造相同产品、使用相同方法或者已经做好制造、使用的必要准备,否则,即使是在专利申请日后,专利公布日之前,也不存在先用权问题。(2)来源因素。先用权人所使用的技术应当是自己研发或者从其他合法途径获得。(3)使用范围因素。先用权人仅可在原有范围内继续制造、使用专利产品或技术。所谓原有范围,应当指专利申请时,先用权人的生产条件和生产规模。

在本案中,科力嘉公司主张其没有侵权,并享有先用权,其对此就应当承担举证责任。为证明这一观点,科力嘉公司在二审时又提交了科力嘉有关模具设计过程、配件生产过程、开关成品装配过程及产品图纸的证据。但由于这些证据形式上存在缺陷或者无其他证据相印证,依法未被采信。结合本案情况看,科力嘉公司所举的证据不能证明其在飞龙厂专利申请日前已经制造相同产品、使用相同方法或者已经做好制造、使用的必要准备,其主张享有先用权依法不能成立。科力嘉公司未经专利权人飞龙厂许可擅自生产、销售其专利的产品,已经构成侵权。

**No.3-5-69-1** 在没有专利许可使用费可以参照或者专利许可使用费明显不合理的情况下,人民法院可以根据专利权的类别、侵权人侵权的性质和情节等因素,酌定赔偿专利侵权数额。

根据《专利法》第65条的规定,专利侵权的损失赔偿额可按照以下方法计算:(1)以专利权人因侵权行为受到的实际经济损失作为损失赔偿额;(2)以侵权人因侵权行为获得的全部利润作为损失赔偿额;(3)参照该专利许可使用费的倍数合理确定。当前述数额都难以确定的情况下,人民法院可以根据专利权的类别、侵权人侵权的性质和情节等因素,酌定赔偿专利侵权数额。因此,法定赔偿只能是在权利人所受损失、侵权人的非法获利以及专利许可使用费均难以确定的情况下所采用的"第四顺位"的赔偿方法。其中,专利权的类别指的是发明专利、实用新型专利及外观设计专利等;侵权的性质则包括是否故意或过失侵权;侵权的情节则包括侵权行为的类型、规模以及持续时间等。此外,在确定赔偿数额的时候,还应包括纸质侵权行为所支付的合理开支,如调查、制止侵权等行为所产生的合理费用。

本案中飞龙厂主张其损失的主要证据是科力嘉公司的公司简介和产品介绍,当中提到该公司"年生产能力达到一万台以上"。但公司简介和产品介绍只是企业对外宣传的一种手段,其内容的真实性和可靠性还需有其他证据相印证,且年生产能力也不等于科力嘉公司实际生产、销售的数量,不能以此计算被告生产、销售侵权的产品的实际数额。另外,本案中飞龙厂未举证证明其因侵权行为而受到的损失,也未能举证证明有对该专利许可使用费的情形。因此,根据2001年7月1日起施行的最高人民法院《关于审理专利纠纷案件适用法律问题的若干规定》第21条的规定,法院可以结合本案专利性质、侵权时间长短、侵权情节严重程度、侵权产品售价、原告为调查侵权行为支出的费用等实际情况酌情判决赔偿金。

## 第五章 专利权的保护

**110** 数额利润率(《专利法》第65条);合理开支数额的确定(《专利法》第69条)

**案例**:华纪平与合肥安迪华进出口有限公司等专利权权属、侵权纠纷案
**案例来源**:《最高人民法院知识产权审判案例指导》(第二辑)[(2007)民三终字第3号]
**主题词**:侵权行为赔偿数额 利润率 合理开支

### 一、基本案情

上诉人(原审原告):华纪平。
上诉人(原审原告):合肥安迪华进出口有限公司(以下简称安迪华公司)。
上诉人(原审被告):上海斯博汀贸易有限公司(Shanghai Sportin Trading Co. Ltd,以下简称斯博汀公司)。
被上诉人(原审被告):如东县丰利机械厂有限公司(以下简称丰利公司)。
被上诉人(原审被告):南通天龙塑业有限公司(以下简称天龙公司)。

原审原告华纪平、安迪华公司与原审被告斯博汀公司、丰利公司、天龙公司侵犯专利权纠纷一案,华纪平、安迪华公司和斯博汀公司均不服江苏省高级人民法院于2006年12月15日作出的(2005)苏民三初字第0006号民事判决,向最高人民法院(以下简称最高院)提出上诉。

原审法院经审理查明如下事实:

1. 1999年3月8日,华纪平向国家专利局申请一项名称为"哑铃套组手提箱"的实用新型专利,该专利授权公告日为同年12月10日,专利号为ZL99205057.X。2006年1月23日,斯博汀公司向国家知识产权局专利复审委员会请求宣告该专利权无效,专利复审委员会经审理,于2006年9月20日作出第8676号无效宣告请求审查决定,维持专利权有效。目前,该专利仍处于合法有效状态。

2. 2003年1月18日,安迪华公司通过与华纪平签订《专利技术实施许可合同》方式,取得在中国制造、使用、销售和出口涉案哑铃套组手提箱专利产品的"非独占性且不可转让的许可权"。同时,约定许可使用费为每年500万元人民币。该《合同》第1.5条还约定,合同工厂是指生产合同产品的工厂,该工厂为合肥罗尔斯成功实业有限公司(以下简称罗尔斯公司)。该《合同》第2.2条约定,许可方同意被许可方通过本合同指定的工厂罗尔斯公司生产、销售和出口产品。

3. 2005年10月,华纪平以斯博汀公司、丰利公司在南通海关出口的2 160件哑铃套组手提箱侵犯其专利权为由,向南通海关申请扣押该批侵权产品,并随即向江苏省高级人民法院申请诉前责令停止侵犯专利权行为、财产保全及提起诉讼。江苏省高级人民法院据此申请,于2005年11月6日作出(2005)苏禁字第0001号民事裁定,责令丰利公司停止销售和出运这2 160件哑铃套组手提箱,并于2005年11月7日赴南通海关扣押了这批哑铃套组手提箱,同时提取其中一件作为侵权证据使用。2006年1月17日,江苏省高级人民法院将上述扣押的哑铃套组手提箱移至南通恒基物流经贸有限公司仓库扣押。

该批哑铃套组手提箱所附报关单及装箱单上记载,申报出口人为丰利公司,申报时间为2005年10月17日,采购者为斯博汀公司,运抵国为比利时;商品名称为"杠铃",海关编码为"95069190",同时在品名一栏标注有"7604327"字样,包装箱的体积为"1130×910×750",价格为"13.75美元/件"等。

一审庭审中,将海关扣押的上述哑铃套组手提箱与涉案专利进行比对,该哑铃套组手提箱包括箱底、箱盖,箱底与箱盖通过连接韧带相连。箱底上设有放置大哑铃片的大哑铃片槽和放置小哑铃片的小哑铃片槽;箱盖上设有放置哑铃杆的哑铃杆槽,哑铃杆槽相对于哑铃杆挡环的部位设有两个哑铃杆挡环槽,哑铃杆槽的两侧上沿有用于固定哑铃杆的锁紧凸起;箱盖上还设有4个放置哑铃杆两端螺帽的螺帽槽;螺帽槽中心部位设有圆形凸柱;圆形凸柱沿周向具有与螺帽内螺纹配合的局部外螺纹;箱底和箱盖上设有相应的提手,箱底和箱盖上还设有两个扣襻。

华纪平、安迪华公司对上述比对无异议。斯博汀公司认为,涉案专利权利要求书中明确是放置大哑铃片或小哑铃片的,而被控侵权手提箱系空盒子,其中的凹槽看不出是否放置大哑铃

片或小哑铃片,其他特征与涉案专利相同。丰利公司认为,被控侵权手提箱采用的是圆弧形过渡,与涉案专利不同;同时,被控侵权手提箱箱盖上是不完全螺纹装置,而涉案专利是完全的螺纹装置,其他特征与涉案专利相同。

4. 丰利公司在一审庭审中明确承认海关扣押的哑铃套组手提箱由其生产制造,该哑铃套组手提箱系斯博汀公司以自己名义向丰利公司订购,丰利公司并不知晓斯博汀公司具体代理哪家境外公司。

1998 年 12 月 11 日,斯博汀公司与丰利公司签订的《一般购买规定》(简称《合同》)中载明:斯博汀公司是一家由 DECATHLON 集团(即迪卡侬公司)拥有的中国公司,可使用 DECATHLON 商标并委托不同提供服务方制造及装配若干货物;《合同》第 5 条约定,丰利公司交予斯博汀公司的货物应与其样品和规格指南上的特性相符,并保证无材料上、工艺上或其他任何明显的或潜在的质量问题;第 7 条约定:本一般购买规定并无期限,与双方目前及将来的商业关系同期有效,其条款规定适用于 SST(斯博汀公司)给供应商的每份购买单。该《一般购买规定》的附件《产品生产过程中的合法性承诺》还载明:丰利公司作为斯博汀公司的制造商或者加工商,双方之间在法律上是购销关系或者是加工承揽关系。

5. 2005 年,丰利公司通过南通海关出口编码为"95069190"、款号为"7604327"、规格为 20 KG/件、品名为"杠铃"的商品共 1 186 箱 42 696 件。其中,2005 年 8 月 15 日和 8 月 16 日出口的两批杠铃的外包装箱体积为"1180×840×720",标注的价格为 13.59 美元/件,总量为 4 320 件;其余 10 批共计 38 376 件 20KG 杠铃的外包装箱体积均为"1130×910×750",标注的价格为 14.75 美元/件。

6. 两原告为本案诉讼,已经支付诉讼前停止侵犯专利权行为申请费 1 000 元、公证费 800 元、律师代理费 50 万元。

7. 一审庭审中,斯博汀公司和丰利公司均明确放弃公知技术抗辩。

根据当事人的诉辩主张和上述事实,原审法院认为:通过庭审比对,应当认定被控侵权手提箱包括涉案专利的必要技术特征,落入了涉案专利的保护范围。且现有证据能够证明被控侵权哑铃套组手提箱系由斯博汀公司委托丰利公司加工生产,二者共同实施了制造和销售行为。

对斯博汀公司和丰利公司应当承担的民事责任,原审法院认为,斯博汀公司和丰利公司未经专利权人许可,擅自加工生产、销售与涉案专利技术特征相同的哑铃套组手提箱,共同侵犯了两原告的专利权。两原告要求斯博汀公司和丰利公司停止侵权、销毁侵权产品和赔偿损失的诉讼请求,应予支持。由于侵犯专利权不涉及权利人商誉等人身权利,而赔礼道歉一般适用于侵犯他人名誉权、商誉权等人身权利场合,故两原告要求被告承担赔礼道歉的民事责任缺乏法律依据,不予支持。

根据我国《专利法》和最高人民法院《关于审理专利纠纷案件适用法律问题的若干规定》第 20 条,侵犯专利权的赔偿数额,按照权利人因被侵权所受到的损失或者侵权人因侵权所获得的利益确定。其中,权利人因侵权受到的损失可以根据专利权人的专利产品因侵权所造成的销售量减少的总数乘以每件专利产品的合理利润所得之积计算;权利人销售量减少的总数难以确定的,侵权产品在市场上销售的总数乘以每件专利产品的合理利润所得之积可以视为权利人因被侵权所受到的损失。同时,人民法院还可以根据权利人的请求以及具体案情,将权利人因调查、制止侵权所支付的合理费用计算在赔偿数额范围之内。

本案中,因两原告提供了斯博汀公司和丰利公司的侵权数量及专利产品的利润情况,故依法应以两原告的损失确定赔偿数额。(1)关于侵权数量的认定。2005 年,斯博汀公司和丰利公司共计出口销售款号为"7604327"的 20 KG 哑铃 42 696 件。丰利公司庭审中陈述,其生产并提供给斯博汀公司的款号为"7604327"的 20 KG 哑铃包装只有纸盒包装和涉案手提箱包装两种,二者的体积相差不多。从南通海关扣押的哑铃套组手提箱所附报关单和装箱单来看,采用被控侵权手提箱包装的款号为"7604327"的 20 KG 哑铃 36 件一箱的包装箱的体积为"1130×910×750";而从海关调取的丰利公司和斯博汀公司 2005 年出口哑铃的报关单和装箱单上显示,款号为"7604327"的20 KG 哑铃的36件一箱的包装箱体积有两种,分别为"1130×910×750"和"1180×840×720",其中体积为前者的共38 376件,体积为后者的为4 320件。由此可以认定,丰利公司和斯博汀公司2005年出口的包装箱体积为"1130×910×750"、款号为"7604327"的20 KG 哑铃采用的均应是与南通海关扣押哑铃所使用的手提箱一致的包装。因此,应当认定丰利公司和斯博汀公司2005年出口的使用涉案手提箱包装的20 KG 哑铃为38 376件。(2)关于涉案专利产品合理利润的认定。两原告主张采用涉案手提箱包装的20 KG 哑铃产品的利润率为销售价格14.66美元/件的30%,而斯博汀公司主张销售该产品的利润率为10%左右,丰利公司主张其生产、销售该产品的利润率为10%以内。故即使按斯博汀公司和丰利公司的陈述,由丰利公司所生产的涉案产品经斯博汀公司销售给国外客户的利润总额也应当在20%左右。同时,根据涉案专利手提箱本身的价值及其在实现所包装的哑铃产品利润中所起的作用,结合双方当事人主张的利润率等因素,可以确定涉案专利手提箱的合理利润率为涉案哑铃产品销售价的15%。因此,按照原告的销售价格14.66美元/件计算,涉案专利手提箱的合理利润应为2.20美元/件。

据此,两原告因侵权所受损失应计算为:38 376件(侵权数量)×2.20美元/件(专利产品的合理利润)=84 427.20美元,按两原告起诉之日中国银行公布的外汇基准牌价汇率100美元:807.95元人民币计算,折合人民币682 129.56元。对此损失,斯博汀公司和丰利公司应当承担连带赔偿责任。

两原告虽主张以双方专利实施许可合同约定的500万元专利许可使用费作为计算赔偿额的依据,但由于两原告之间在签订许可合同时具有利害关系,即华纪平系安迪华公司的股东和法定代表人,且安迪华公司提供的相关财务账册也反映该500万元许可使用费并没有实际支付,故不应当作为确定本案赔偿数额的依据。

关于两原告为制止侵权支付的合理费用。根据两原告提供的差旅费发票,两原告为制止侵权支出的调查费为2万多元,但斯博汀公司和丰利公司以该发票来源于案外人安迪健身用品公司以及有些发票上记载的餐费过高为由,对该证据的关联性不予认可。对此,因两原告为调查侵权行为客观上必然要支出一定的差旅费,但鉴于上述差旅费发票中记载的部分餐费高达上千元,明显不合理等因素,故不能完全按照票面记载的金额认定两原告的合理支出。在扣除有关不合理支出,并参照公务员差旅费报销标准,依法确定两原告在本案中支出的合理差旅费数额,与两原告已经实际支出的800元公证费相加,两项合计确定为2万元人民币。关于律师代理费,根据原告提供的安徽省律师服务收费标准计算,本案可以收取的律师代理费最高为21万元人民币。考虑到本案中两原告诉讼请求的赔偿额未得到全部支持,依法确定合理律师代理费为11万元。斯博汀公司和丰利公司对上述合理费用及律师代理费均应当予以赔偿。

综上,原审法院依照《专利法》第11条第1款、第56条第1款、第57条第1款、第60条和最高人民法院《关于审理专利纠纷案件适用法律问题的若干规定》第9条、第20条第2款、第22条之规定,判决如下:

1. 上海斯博汀贸易有限公司、如东县丰利机械厂有限公司立即停止生产、销售侵犯涉案ZL99205057.X号"哑铃套组手提箱"实用新型专利的产品,销毁被扣押哑铃套组手提箱。

2. 上海斯博汀贸易有限公司、如东县丰利机械厂有限公司于本判决生效后10日内连带赔偿华纪平、合肥安迪华进出口有限公司经济损失人民币682 129.56元,以及为制止侵权而支出的公证费、差旅费等合理费用人民币2万元、律师代理费人民币11万元和扣押哑铃套组手提箱所发生的实际仓储费用。

3. 驳回华纪平、合肥安迪华进出口有限公司的其他诉讼请求。案件受理费110 010元、其他诉讼费300元、诉前停止侵犯专利权行为申请费1 000元、财产保全费51 720元,共计163 030元,由华纪平、合肥安迪华进出口有限公司负担10 000元,上海斯博汀贸易有限公司和如东县丰利机械厂有限公司负担153 030元(华纪平、合肥安迪华进出口有限公司已预交的案件受理费不予退还,由上海斯博汀贸易有限公司和如东县丰利机械厂有限公司在支付赔偿款时一并给付)。

华纪平、安迪华公司不服一审判决,共同向最高院提出上诉称,一审判决认定斯博汀公司和丰利公司实施了专利侵权行为的事实正确,但对有关赔偿损失标准和金额的认定没有依据,请求撤销原判第二、三项,依法改判。斯博汀公司亦不服一审判决,向最高院提起上诉称,一审判决认定事实不清,请求撤销原判,依法改判。

华纪平、安迪华公司在二审中提供了二份新证据。第一份证据系由安迪华公司出具并加盖合肥市地方税务局包河分局骆岗税务所印章的《我公司出口产品20 KG杠铃组(壹成套组)成本核算表》,用于证明安迪华公司专利产品的成本及利润,其中计算得出其出口的使用涉案专利包装箱的20 KG杠铃组产品利润率为44%。斯博汀公司和丰利公司对该证据的形式真实性没有异议,但认为该证据不能作为新的证据提交,而且对其合法性和内容真实性有异议。第二份证据是国家知识产权局专利复审委员会于2007年8月14日作出的第10426号无效宣告请求审查决定,用于证明涉案专利权仍然有效,斯博汀公司和丰利公司对此无异议。

斯博汀公司在二审中提供了3份新证据。第一份证据是斯博汀公司与罗尔斯公司2003年7月23日针对2003年8月4日签订的《一般购买规定》(系斯博汀公司一审证据)所签订的一份《补充约定》,用于证明涉案专利权应当属于斯博汀公司。第二份证据是《外商投资企业注册登记申请书》及其附件,用于证明华纪平与罗尔斯公司有利害关系。第三份证据是《无效宣告请求受理通知书》和《无效宣告请求书》及相关证据,用于证明斯博汀公司已就涉案专利再次提出无效宣告请求。华纪平、安迪华公司对上述3份证据的真实性无异议,但认为第一份证据不属于新的证据,且对其关联性有异议。

对于上述证据,经开庭质证,最高院认证如下:对于斯博汀公司与罗尔斯公司2003年7月23日的《补充约定》,因涉及本案关键事实的认定,最高院允许其作为二审程序中新的证据;对华纪平、安迪华公司提交的成本核算表,最高院将在判理部分综合予以认定;对其他3份证据,当事人对其真实性和合法性均无异议,最高院予以认可。

最高院经审理查明:原审法院查明的事实属实。同时,根据本案一、二审证据,另查明:案外人罗尔斯公司系由安迪华公司与他人共同投资设立的外商投资企业,安迪华公司委派华纪平担任罗尔斯公司的法定代表人。2003年8月4日,斯博汀公司与罗尔斯公司签订了《一般购买规定》。《一般购买规定》第4条是关于"侵权"的约定,其中第1款约定:"SST(斯博汀公司)未提供技术参数的货物:供应商应确保其所售予SST且无SST特别设计的货物未侵犯中华人民共和国包括台湾及迪卡侬从事零售业务的国家的商标、专利及外观设计方面的专有权利,并应就这点向SST作出保证……"2003年7月23日,斯博汀公司与罗尔斯公司针对2003年8月4日签订的《一般购买规定》,又签订了一份《补充约定》。《补充约定》第1条是关于"产品的销售及其工业产权"的约定,其中第1款约定:"凡双方同意经由SST设计或参与设计或对其设计进行修改或改进的产品,以及所有携带DECATHLON商标标识的产品,供应商保证只将其售予SST而不得售予其他任何公司,除非另有SST的书面指示……"第2款约定:"上述产品与其相关的图纸、设计、模具一经完成,其所载的知识产权、工业产权都将自动而完整地为SST所有,包括其经济权利,特别是代理权、再生权、间接权利及与所设计产品相适应的修改权,该权利的享有范围适用于知识产权、工业产权整个保护期间及当前和将来的运作方式下全世界范围的生产和销售。"《补充约定》第4条约定:"本补充约定所涉及的产品为:(1)迪卡侬9 KG麻面哑铃组;(2)迪卡侬14 KG电镀组;(3)迪卡侬20KG喷漆组。"

在一审庭审中,原告说明其起诉请求被告赔偿原告前期费用34万元中,包含南通海关扣留涉案侵权产品时所收取的案外人合肥安迪健身用品有限公司交纳的侵权货物担保金24万元和至本案判决执行结束时对扣留货物所发生的费用以及原告为制止侵权行为所支付的律师代理费以外的合理费用。一审中原告提交的为证明所付律师代理费以外的合理费用的票据金额总计20 725.08元,主要是公路收费、加油费、飞机票、出租车费、餐饮费、住宿费等差旅费用和公证费,其中包括两次交通违章罚款各200元、购买香烟62元、口香糖6.3元。

2007年4月2日,斯博汀公司以涉案专利不具备创造性为由,再次向国家知识产权局专利复审委员会请求宣告该专利权无效,专利复审委员会经审理,于2007年8月14日作出第10426

号无效宣告请求审查决定,维持涉案专利权有效。之后,当事人均未提起诉讼,该决定已发生法律效力。

在最高院第二次庭审中,各方当事人还确认了以下事实:(1)斯博汀公司与华纪平、安迪华公司均确认,斯博汀公司在向丰利公司订购涉案产品之前,先后向罗尔斯公司和安迪华公司订购涉案产品,其中斯博汀公司向安迪华公司下订单是在2004年11月至2005年1月间,安迪华公司最后向斯博汀公司供货是在2005年6月,双方合同金额为1 833 224.33美元,但斯博汀公司认为该合同金额既包括使用涉案专利包装箱的产品,也包括与涉案专利无关的产品等多种规格的产品;2003年7月23日的《补充约定》第4条中的"迪卡侬20KG喷漆组"就是指涉案专利产品(华纪平、安迪华公司的共同委托代理人庭后又寄交材料声明,该产品指迪卡侬自己设计的知识产权产品,并非指涉案专利产品)。(2)斯博汀公司和丰利公司均确认,对一审法院关于被控侵权产品与专利的技术特征对比结论无异议,对一审法院认定侵权产品数量38 376件也不再提出异议,但对利润率的计算有异议。(3)华纪平、安迪华公司均确认,一审主张2 000万元的赔偿是按照2003—2006年共4年,每年都是参照专利许可使用费500万元计算的,但没有有关斯博汀公司在2005年7月以前和11月以后向丰利公司订购或由丰利公司出口涉案产品的证据,也没有丰利公司在2005年8—10月之间在南通海关以外向我国其他海关报关出口涉案产品的证据,只有2005年8—10月丰利公司通过南通海关报关出口涉案产品的证据,这些证据均来自一审法院从南通海关调取的丰利公司2005年全年出口报关单。

最高院认为,本案二审中当事人争议的主要问题是,涉案专利权的归属及是否因此影响本案的侵权定性;侵权损害赔偿数额的确定是否合法合理;本案原告为制止侵权行为所支付的合理费用的确定以及诉讼费用的负担。

对于涉案专利权的归属及是否因此影响本案的侵权定性,因涉案专利权归属明确且经两次无效宣告程序均维持有效,而各方当事人均认可原审法院有关被控侵权产品与涉案专利的技术对比结论,被控侵权人均已明确放弃现有技术抗辩,又不存在其他不侵权抗辩事由,故最高院亦认定斯博汀公司和丰利公司构成对涉案专利权的侵犯。斯博汀公司的有关上诉理由不能成立,原审法院对此认定正确,应予维持。

对侵权损害赔偿数额的确定,依据《专利法》(2000)第60条的规定,侵犯专利权的赔偿数额,首先应当按照权利人因被侵权所受到的损失或者侵权人因侵权所获得的利益确定;只有在被侵权人的损失或者侵权人获得的利益难以确定时,才可以参照该专利许可使用费的倍数合理确定。本案中,华纪平、安迪华公司上诉主张应当参照专利许可使用费确定赔偿,但原审法院从南通海关调取的丰利公司2005年的出口报关单等证据清楚地表明,在原审法院2005年11月6日作出并执行诉前责令停止侵犯专利权行为的裁定之前,丰利公司仅在2005年8—10月间有出口涉案侵权产品的行为,各方当事人在二审中也确认,根据上述证据,丰利公司共计出口涉案侵权产品38 376件,华纪平、安迪华公司并无任何证据证明斯博汀公司和丰利公司在2005年7月以前和11月以后有专利侵权行为的存在,也没有斯博汀公司和丰利公司在2005年8—10月之间在南通海关以外向我国其他海关报关出口涉案产品的证据,因此,本案中侵权时间和销售侵权产品的数量是确定的。华纪平、安迪华公司提出,斯博汀公司和丰利公司的侵权行为造成其失去了欧洲市场,这一主张既无确实的证据支持,也没有充分的理由说明。况且,市场的变化可能因多种因素造成,而对已经发生的侵权行为,判令支付损害赔偿,既能够弥补其实际的市场利益损失,判令停止侵害,也有助于权利人恢复和开拓市场。华纪平、安迪华公司还提出,通过海关查明的侵权产品出口数量,仅是最初的开拓市场数量,不包括市场成熟后产品销量增加的情况。对此,在人民法院判令停止侵害后,就足以制止侵权行为的继续,更不会出现侵权规模扩大的情况。事实上,本案中2005年11月原审法院作出并执行诉前责令停止侵犯专利权行为的裁定以后,就已不存在侵权行为继续的情况。

在侵权产品销售数量可以确定的情况下,根据专利产品或者侵权产品的利润率,即可以计算出被侵权人的损失或者侵权人获得的利益,并以此确定赔偿额;在有关产品的利润率难以准确计算时，人民法院可以酌定一个合理的利润率来计算。当然，如果当事人能够证明存在一个真实合理的按照产品件数计算的专利许可使用费时，也可以根据按件计费标准乘以侵权产品数量所得之积计算赔偿额，但是本案中所谓的专利许可使用费系按年度计费，并非按照产品数量计费，无法参照计算。另外，即使采用参照专利许可使用费的方法计算损害赔偿额，原告也必须负责证明专利许可使用费的真实性和合理性。本案中，涉案专利实施许可合同签订时专利权人系被许可人的股东和法定代表人，二者之间显然具有利害关系，虽然事后专利权人将其所有股份让与他人并且不再担任法定代表人，但仅据此并不能排除对该专利许可使用费的真实性和合理性的合理怀疑，况且，原告也未能提供证据证明该专利许可使用费已经实际支付并依法缴纳了相应税款，故该专利许可使用费的真实性和合理性在本案中也不应当予以认定。因此，华纪平、安迪华公司有关参照专利许可使用费确定赔偿额的上诉理由，最高院不予支持。

本案原审法院根据侵权产品销售数量乘以酌定的专利产品的合理利润来计算本案赔偿额，并无不妥，但各方当事人对原审法院酌定的合理利润率15%均有异议。华纪平、安迪华公司上诉认为原审确定的利润率过低，主张依据其所举成本核算表的计算结果按44%的利润率计算赔偿。对此，在原审法院已经就专利产品和侵权产品的利润率进行了审查而且原告也提出了30%的专利产品利润率的具体主张的情况下，华纪平、安迪华公司在二审中又提交该证据，并不属于一审庭审结束后新发现的证据，不能作为二审程序中的新的证据；同时，即使可以接受该证据，由于有关内容系安迪华公司自行核算的结果，在没有其他证据佐证的情况下，不能仅凭加盖的税务部门印章就认可其内容的真实性；另外，假设该利润率是真实的，也只是其出口的使用涉案专利包装箱的20KG杠铃组产品的整体利润率，并不能当然将出口整套产品的利润全部认为是涉案专利包装箱本身的利润。斯博汀公司和丰利公司上诉认为原审确定的利润率过高，但均未能举出充分的证据支持其主张。其关于应当根据使用专利包装箱和使用纸包装箱的产品差价来计算专利包装箱的价格并据此确定利润率的主张，虽然具有一定的合理性，但也并非绝对准确，基于特定的营销策略，专利产品与非专利产品之间的差价，并不当然反映出专利的贡献作用。同时，在确定知识产权侵权损害赔偿额时，可以考虑当事人的主观过错程度，确定相应的赔偿责任，尤其是在需要酌定具体计算标准的情况下，应当考虑当事人的主观过错程度。本案中，斯博汀公司在与安迪华公司终止了使用涉案专利手提箱的哑铃产品的采购关系后，又向丰利公司采购同样产品，存在明显的主观过错，应当在赔偿额上有所体现。综合考虑，原审法院在当事人均不能准确举证证明相关专利产品或者侵权产品利润率的情况下，根据侵权人自认的使用涉案专利手提箱的哑铃产品的利润率，结合权利人当时主张的自己产品的利润率，同时考虑专利产品和侵权产品本身的价值，以及作为市场销售的哑铃产品的包装对整体产品销售利润的贡献作用，确定涉案专利包装箱的合理利润率为涉案哑铃产品销售价的15%，虽然相对较高，但考虑到侵权人的主观过错明显，该酌定的利润率并无明显不妥，最高院无须予以变更，各上诉人有关利润率计算的上诉理由，最高院均不予支持。

对原告为制止侵权行为所支付的合理费用的确定以及诉讼费用的负担。根据最高人民法院《关于审理专利纠纷案件适用法律问题的若干规定》第22条的规定，在专利侵权案件中，根据权利人的请求以及具体案情，人民法院可以将权利人因调查、制止侵权所支付的合理费用计算在赔偿数额范围之内。应当说，权利人为调查、制止侵权行为所支付的各种开支，只要是合理的，都可以纳入赔偿范围。虽然本案原告在起诉时请求被告赔偿原告的前期费用和律师代理费，而且原审法院在判决主文中对此亦作为公证费、差旅费等合理费用、律师代理费和实际仓储费用等三项分别予以确定，但这些费用在本质上均属于因调查、制止侵权所支付的费用。在原告主张的所谓的前期费用34万元中，包含南通海关扣留涉案侵权产品时所收取的案外人合肥安迪健身用品有限公司交纳的侵权货物担保金24万元、至本案判决执行结束时对扣留货物所发生的费用，以及原告为制止侵权行为所支付的律师代理费以外的其他合理费用。其中，对担保金和海关扣留货物所发生的费用，依照《中华人民共和国知识产权海关保护条例》的有关规定,知识产权权利人向海关提供的担保金用于赔偿可能因申请不当给收货人、发货人造成的损失,以及支付货物由海关扣留后的仓储、保管和处置等费用;侵权嫌疑货物被认定为侵犯知识产权的,知识产权权利人可以将其支付的有关仓储、保管和处置等费用计入其为制止侵权行为所支付的合理开支。据此,在认定构成侵犯知识产权时,担保金中扣除权利人已经支付的海关扣留货物所发生的仓储、保管和处置等有关费用以外,将退还权利人。因此,保证金并不能当然作为当事人的损失予以计算,只有权利人支付的有关侵权货物仓储、保管和处置等费用可以计入其为制止侵权行为所支付的合理开支而获得赔偿。原审法院未支持原告有关保证金的主张,但判令二侵权被告连带赔偿扣押哑铃套组手提箱所发生的实际仓储费用,实际上是将这些在一审判决时尚不能准确计算数额的仓储费用作为权利人为制止侵权行为所支付的合理开支的一部分确定的,于法有据,并无不当,当事人也均未对此提出上诉,最高院应予确认。对于原告主张的差旅费和公证费等开支,斯博汀公司对其中部分开支的合理性有异议。其中,对于交通违章罚款和购买香烟、口香糖的开支,明显不合理,确实应当予以剔除,但这些费用总计不超过500元,在原审判决确定的2万元相关合理费用中,实际上已经排除了这些费用;对高达上千元的餐费,原审法院亦认为不合理,在综合确定合理开支数额时,实际上已经作出了相应考虑;对购买一般的食品和饮料等,属于有关调查人员在开展调查活动时为维持一般人身体所需的正常开支,并非不合理开支;对同一天在不同酒店发生的住宿费、出租车费,华纪平、安迪华公司有关系因多人多地同时开展侵权调查的解释合乎情理,并非明显不合理。需要特别说明的是,为制止侵权行为所支付的合理开支并非必须要有票据一一予以证实,人民法院可以根据案件具体情况,在有票据证明的合理开支数额的基础上,考虑其他确实可能发生的支出因素,在原告主张的合理开支赔偿数额内,综合确定合理开支赔偿额。就本案而言,对原告主张的差旅费、公证费等合理开支数额,从其有关赔偿所谓的前期费用34万元的诉讼请求看,扣除担保金部分24万元,也并非仅限于原告有票据支持的20725.08元。因此,原审法院综合考虑各种因素,在律师代理费之外确定2万元的其他合理开支赔偿额,并无明显不妥,斯博汀公司的有关上诉请求,最高院不予支持。对原告主张应全额赔偿其已实际支付的50万元律师代理费,原审法院综合考虑安徽省律师服务收费标准和原告请求赔偿额的支持程度,确定11万元的赔偿额,相对比较合理,并非显失公平,各方当事人的有关上诉请求,并无充分的法律和事实依据,亦不予支持。

综上,华纪平、安迪华公司和斯博汀公司的上诉理由均不能成立,原判认定事实基本清楚,适用法律正确。

二、裁判要旨

**No.3-5-65-5 在有关产品的利润率难以准确计算时,人民法院可以酌定一个合理的利润率进行计算。**

从现行《专利法》第65条可知,侵犯专利权的赔偿数额按照权利人因被侵权所受到的实际损失确定;实际损失难以确定的,可以按照侵权人因侵权所获得的利益确定。权利人的损失或者侵权人获得的利益难以确定的,参照该专利许可使用费的倍数合理确定。赔偿数额还应当包括权利人为制止侵权行为所支付的合理开支。因此,在侵权产品销售数量可以确定的情况下,根据专利产品或者侵权产品的利润率,即可以计算出被侵权人的损失或者侵权人获得的利益,并以此来确定赔偿额;在有关产品的利润率难以准确计算时,人民法院可以酌定一个合理的利润率计算;在确定知识产权侵权损害赔偿额时,可以考虑当事人的主观过错程度确定相应的赔偿责任,尤其是在需要酌定具体计算标准的情况下,应当考虑当事人的主观过错程度。本案中,原审法院在当事人均不能准确举证证明相关专利产品或者侵权产品利润率的情况下,根据侵权人自认的使用涉案专利手提箱的利润率,结合权利人当时主张的自己产品的利润率,同时考虑专利产品和侵权产品本身的价值和作为市场销售的哑铃产品的包装,对整体产品销售利润的贡献作用,确定涉案专利包装箱的合理利润率为涉案产品销售价的15%,尽管这一比率相对较高,但由于侵权人的主观过错明显,其还是得到了最高院的认可。

侵权行为赔偿数额·利润率·合理开支

**No. 3-5-69-2　调查和制止侵权行为的合理开支数额,可以计算在赔偿数额范围内。**

从最高人民法院《关于审理专利纠纷案件适用法律问题的若干规定》第22条的规定可知,在专利侵权案件中,根据权利人的请求以及具体案情,人民法院可以将权利人因调查、制止侵权所支付的合理费用计算在赔偿数额范围之内。因此,权利人为调查、制止侵权行为所支付的各种开支,只要是合理的,都可以纳入赔偿范围;这种合理开支并非必须要有票据一一予以证实,人民法院可以根据案件具体情况,在有票据证明的合理开支数额的基础上,考虑其他确实可能发生的支出因素,在原告主张的合理开支赔偿数额内,综合确定合理开支赔偿额。因此,本案的原审法院判决被告赔偿原告制止侵权而支出的公证费、差旅费等合理费用人民币2万元、律师代理费人民币11万元和扣押哑铃套组手提箱所发生的实际仓储费用,没有局限于原告具有票据支持的费用,也没有拓展至原告所提交的货物保证金。

### 111 事先或事后约定侵权损害赔偿数额的效力(《专利法》第65条)

**案例:申请再审人中山市隆成日用制品有限公司与被申请人湖北童霸儿童用品有限公司侵害实用新型专利权纠纷提审案**

案例来源:《2013年中国法院十大创新性知识产权案件》[(2013)民提字第116号]

主题词:侵权损害赔偿数额　事先或事后约定

**一、基本案情**

再审申请人(一审原告、二审上诉人):中山市隆成日用制品有限公司(以下简称隆成公司)。

被申请人(一审被告、二审上诉人):湖北童霸儿童用品有限公司(以下简称童霸公司)。

再审申请人隆成公司因与被申请人童霸公司侵害实用新型专利权纠纷一案,不服湖北省高级人民法院(2012)鄂民三终字第86号民事判决,向最高人民法院(以下简称最高院)申请再审。

2011年5月,隆成公司向武汉市中级人民法院提起诉讼称:其是专利号为ZL01242571.0,名称为"前轮定位装置"实用新型专利(以下简称涉案专利)的权利人。2008年4月,隆成公司曾以童霸公司侵犯涉案专利为由向武汉市中级人民法院提起诉讼,法院以(2008)武知初字第144号民事判决书判决童霸公司停止侵权并赔偿损失。童霸公司不服上述判决而提起上诉。二审期间,经法院主持调解,双方达成调解协议并由湖北省高级人民法院制作了(2009)鄂民三终字第42号民事调解书,其主要内容为:童霸公司保证不再侵犯隆成公司的专利权,如发现一起侵犯隆成公司实用新型专利权的行为,自愿赔偿隆成公司人民币100万元。但童霸公司仍继续大规模地从事侵犯隆成公司涉案专利权的行为。(2009)中证内字第5846号公证书、(2010)中证内字第938号公证书,可证明童霸公司通过网络继续许诺销售,并实际生产、销售侵权产品。2009年10月23日至25日,童霸公司参加中国进出口商品交易会,展出侵权产品并大量派发载有侵权产品图片的产品宣传册。2010年3月,隆成公司通过湖北省汉川市公证处办理了相关侵权产品的购买公证。综上,隆成公司请求法院判令童霸公司赔偿隆成公司100万元并承担本案的诉讼费用。

武汉市中级人民法院一审查明:2008年4月2日,隆成公司以童霸公司侵害其涉案专利权为由,向武汉市中级人民法院提起民事诉讼。2009年6月16日,武汉市中级人民法院作出(2008)武知初字第144号民事判决书,判决:

1. 童霸公司立即停止制造、许诺销售、销售侵犯隆成公司"前轮定位装置"实用新型专利权的B858C-B型手推车产品,并清除童霸公司网站与产品宣传册上关于该型号手推车产品的宣传内容;

2. 童霸公司赔偿隆成公司8万元。

3. 驳回隆成公司其他诉讼请求。

童霸公司不服该判决,提起上诉。2009年9月2日,湖北省高级人民法院以(2009)鄂民三终字第42号民事调解书调解结案,调解协议的内容为:

1. 童霸公司于调解协议签字之日起立即停止制造、许诺销售、销售B858C-B型童车产品,清除童霸公司网站上关于该型号童车产品的图片及产品宣传册中关于该型号童车产品的文字与图片介绍,并保证不再侵犯隆成公司的专利权。如发现一起侵犯隆成公司外观设计专利权的行为,童霸公司自愿赔偿人民币 50 万元,如发现一起侵犯隆成公司实用新型专利权的行为,童霸公司自愿赔偿人民币 100 万元。

2. 童霸公司于调解协议签字之日起 10 日内赔偿隆成公司经济损失 5.5 万元,并支付隆成公司垫付的一审案件受理费 3 300 元、证据保全费 30 元。

3. 双方均放弃基于本案事实的其他诉讼请求。

武汉市中级人民法院一审认为,本案争议焦点之一为,如何确定童霸公司的民事责任?

隆成公司当庭明确本案系侵权之诉,要求童霸公司承担侵权赔偿责任,赔偿标准以双方在(2009)鄂民三终字第 42 号民事调解书中的约定为准。一审法院认为,侵权民事责任与违约民事责任的事实基础和法律基础不同,产生于不同的法律关系。《中华人民共和国合同法》(以下简称《合同法》)第 122 条规定,因当事人一方的违约行为,侵害对方人身、财产权益的,受损害方有权选择依照《合同法》要求其承担违约责任或者依照其他法律要求其承担侵权责任。本案中隆成公司既然明确选择对被控侵权行为提起侵权之诉,就应根据侵权责任法确定赔偿数额。隆成公司关于本案为侵权之诉,赔偿标准以(2009)鄂民三终字第 42 号民事调解书的约定为准,与《合同法》的上述规定相冲突,不予支持。本案中因隆成公司主张侵权之诉,导致童霸公司不能就违约之诉的违约事实及违约金是否过高提出抗辩,违约之诉也无法纳入法庭调查和辩论的范围。法院出具的调解书是对当事人已发生的行为所产生的责任的约定,并不具有对将来未发生行为的责任进行预判及强制执行的效力,如发生调解书中当事人约定的于将来发生的违约情形,该违约条款仍需当事人按《合同法》的相关规定另行诉讼,并经人民法院确定违约的事实及区分违约情节后判定违约责任。本案中,在隆成公司未主张违约之诉的情况下,法院无须就当事人双方是否有违约行为及违约责任作出判断,故不宜简单适用当事人约定的违约赔偿金,本案赔偿数额仍应根据童霸公司侵权行为的性质,依据《专利法》关于法定赔偿的规定加以确定。童霸公司关于隆成公司主张赔偿 100 万元依据不足的抗辩理由成立。

隆成公司在本案中没有提交证据证明其实际损失或童霸公司的侵权获利,一审法院依法适用法定赔偿。考虑涉案专利权现已到期,前轮定位装置在被控侵权童车整车中属辅助部件之一,整车售价不高,销售数量无法确定,且隆成公司亦认可在国内市场无法购买到被控侵权童车等因素,同时结合童霸公司系再次侵权,一审法院确定在前案判赔数额的基础上适当加重对童霸公司的赔偿处罚力度。

隆成公司、童霸公司不服一审判决,向湖北省高级人民法院提起上诉。

湖北省高级人民法院二审查明,一审查明的事实属实,依法予以确认。另查明,2010 年 3 月 9 日,隆成公司为购买涉案 TBT86 型号童车产品支付 260 元。

湖北省高级人民法院二审认为,结合双方当事人上诉请求、理由,本案二审争议焦点之一为,如何确定童霸公司的民事责任。

双方当事人曾因专利侵权纠纷在人民法院的主持下达成调解协议,协议约定赔偿经济损失的条件是童霸公司存在新的侵权行为。因此,侵权行为成立与否是本案双方当事人权利义务关系的基础,而不能直接以调解协议的内容作为双方权利义务关系的基础。

2009 年 9 月 2 日,童霸公司与隆成公司在涉案专利侵权的前案中达成调解协议,该案的被控侵权童车产品型号为 B858C-B,协议约定"如发现一起侵犯隆成公司外观设计专利权的行为,童霸公司自愿赔偿人民币 50 万元,如发现一起侵犯隆成公司实用新型专利权的行为,童霸公司自愿赔偿人民币 100 万元"。就该协议内容而言,由于其具体针对的被控侵权产品型号为 B858C-B,而非本案被控侵权产品 TBT86,故在被控侵权产品型号不相同的情况下,前述调解协议中约定的赔偿数额不能适用于本案。并且,现有证据仅表明童霸公司存在销售侵权行为,因此,专利侵权赔偿数额的确定不能忽略本案的实际情况,特别是涉案专利部分在整车中的价值份额,以及被控侵权产品本身并未进入市场销售,不管是国内市场还是国外市场。而且,并无任何直接证据显示童霸公司存在隆成公司诉称的"仍然大规模、不间断地从事侵犯涉案专利权的行为"。故一审法院依据《专利法》第 65 条的规定,酌定童霸公司赔偿隆成公司经济损失 14 万元,符合本案实际。隆成公司要求直接按照调解书的约定确定赔偿数额,其事实和法律依据不足,法院不予支持。

关于一审案件受理费的负担问题。《诉讼费用交纳办法》第 29 条规定,诉讼费用由败诉方负担,胜诉方自愿承担的除外。部分胜诉、部分败诉的,人民法院根据案件的具体情况决定当事人各自负担的诉讼费用数额。一审法院根据本案的具体情况,在认定童霸公司侵权事实成立的情况下,决定由童霸公司负担本案全部案件受理费,具有事实和法律依据。童霸公司关于一审法院判决其承担全部案件受理费有失公平的上诉理由不能成立。

隆成公司不服二审判决,向最高院申请再审称。

最高院审理查明,原一、二审法院查明的事实基本属实,最高院予以确认。

最高院另查明:

1. 在先案件与民事调解书的情况。2008 年 4 月,隆成公司以童霸公司生产、销售的婴儿车侵犯隆成公司的专利权为由,向武汉市中级人民法院提起三个诉讼。

隆成公司诉童霸公司侵犯"婴儿车收合关节"外观设计(专利号为 ZL02322197.6)一案,涉案侵权产品为 D900 型号婴儿车,武汉市中级人民法院作出(2008)武知初字第 143 号民事判决,认定侵权成立,判决童霸公司停止侵权并承担赔偿责任。宣判后,双方当事人均未上诉。

隆成公司诉童霸公司侵犯"婴儿车可单手收合结构"实用新型专利(专利号为 ZL00228933.4)一案,涉案侵权产品为 D900 型号婴儿车,武汉市中级人民法院作出(2008)武知初字第 142 号民事判决,认定侵权成立,判决童霸公司停止侵权并承担赔偿责任。童霸公司不服一审判决,向湖北省高级人民法院提起上诉。二审期间,当事人自愿达成调解协议,其主要内容为:(1)童霸公司于调解协议签字之日起立即停止制造、许诺销售、销售 D900 型号婴儿车产品,清除童霸公司网站上该型号婴儿车产品的图片及产品宣传册中对该型号产品的介绍,并保证不再侵犯隆成公司的专利权,如发现一起侵犯隆成公司外观设计专利权的行为,童霸公司自愿赔偿人民币 50 万元,如发现一起侵犯隆成公司实用新型专利权的行为,童霸公司自愿赔偿人民币 100 万元;(2)童霸公司于调解协议签字之日 10 日内赔偿隆成公司经济损失 55 000 元,并支付隆成公司垫付的一审案件受理费 3 300 元、证据保全费 30 元;(3)双方均放弃基于本案事实的其他诉讼请求。湖北省高级人民法院对该调解协议进行审查确认后,于 2009 年 9 月 2 日制作(2009)鄂民三终字第 41 号民事调解书。

隆成公司诉童霸公司侵犯"前轮定位装置"实用新型专利(专利号为 ZL01242571.0)一案,涉案侵权产品为 B858C-B 型号婴儿车,武汉市中级人民法院作出(2008)武知初字第 144 号民事判决,认定侵权成立,判决童霸公司停止侵权并承担赔偿责任。童霸公司不服一审判决,向湖北省高级人民法院提起上诉。二审期间,当事人自愿达成调解协议,除涉及的侵权婴儿车产品型号由 D900 变化为 B858C-B 外,其内容与(2009)鄂民三终字第 41 号民事调解书确认的调解协议的内容一致。湖北省高级人民法院对该调解协议进行审查确认后,于 2009 年 9 月 2 日制作(2009)鄂民三终字第 42 号民事调解书。

2. 调解协议解释的有关情况。就调解协议"如发现一起侵犯隆成公司实用新型专利权的行为,童霸公司自愿赔偿人民币 100 万元"这一约定,隆成公司在最高院庭审中主张,"一起侵犯隆成公司实用新型专利权的行为",是指侵犯隆成公司一项实用新型专利权的行为,既不限于前案中特定型号的侵权产品,也不限于前案中所涉及的实用新型专利权,若侵犯"几项"实用新型专利权,就构成"几起"侵权行为;童霸公司在提交给最高院的书面答辩意见中主张:"一起侵犯隆成公司实用新型专利权的行为",是针对前案特定型号侵权产品的有关侵权行为,后在最高院庭审中主张,按调解协议的字面理解,有关侵权行为应不限于前案特定型号的侵权产品,案外其他产品如构成侵犯实用新型专利权,同样满足调解协议约定的条件。

最高院认为,结合本案再审申请人的申请再审理由和被申请人的答辩意见,本案的争议焦点之一为,如何确定童霸公司的赔偿责任?

1. 双方在前案中达成的调解协议的效力。由于调解协议系双方自愿达成,其内容仅涉及私权处分,不涉及社会公共利益、第三人利益,也不存在法律规定的其他无效情形,且湖北省高级人民法院对调解协议进行审查确认后制作了民事调解书,故双方在前案中达成的调解协议合法有效。

2. 本案能否适用双方在调解协议中约定的赔偿数额确定方法?(1)最高院认为,本案中童霸公司应承担的民事责任,不属于侵权责任与违约责任竞合之情形。《合同法》第122条所规定的侵权与违约责任的竞合,其法律要件是"因当事人一方的违约行为,侵害对方人身、财产权益"。就该规定来看,违约责任与侵权责任发生竞合的前提是当事人双方之间存在一种基础的交易合同关系。基于该交易合同关系,一方当事人违反合同约定的义务,该违约行为侵害了对方权益而产生侵权责任。因此,该规定中的违约行为,应当是指对基础交易合同约定义务的违反,且该违约行为同时侵害了对方权益,而不是指对侵权行为发生之后当事人就如何承担赔偿责任所作约定的违反。《合同法》第122条中的违约行为与侵权行为是同一法律行为,而一方的侵权行为与侵权行为发生后双方对赔偿责任计算方式和数额的约定则是两个法律行为。就调解协议的内容来看,该协议并非隆成公司与童霸公司之间的基础交易合同,而是对侵权行为发生后如何承担侵权赔偿责任(包括计算方法和数额)的约定。因此,本案中童霸公司应承担的民事责任,不属于《合同法》第122条规定的侵权责任与违约责任竞合的情形。(2)应当明确,本案中童霸公司应承担的民事责任系侵权责任。一方面,前已述及,隆成公司与童霸公司之间并不存在基础合同关系;另一方面,调解协议的法律意义与效果,不在于对童霸公司的合同交易义务作出约定,而在于对侵权责任如何承担作出约定。即使没有调解协议,童霸公司基于法律规定,也同样负有不侵权的义务。当事人双方将童霸公司将来侵权行为发生后的具体赔偿方法和数额写进调解协议,只是为了便于进一步约定当童霸公司再次侵权时其侵权责任应如何承担。(3)《侵权责任法》《专利法》等法律,并未禁止被侵权人与侵权人就侵权责任的方式、侵权赔偿数额等预先作出约定;这种约定的法律属性,可认定为双方就未来发生侵权时,权利人因被侵权所受到的损失或者侵权人因侵权所获得的利益,预先达成的一种简便的计算和确定方法。最高院认为,基于举证困难、诉讼耗时费力不经济等因素的考虑,双方当事人在私法自治的范畴内,完全可以对侵权赔偿数额作出约定,这种约定既包括侵权行为发生后的事后约定,也包括侵权行为发生前的事先约定。因此,本案适用调解协议中双方约定的赔偿数额确定方法,与《专利法》第65条的有关规定并不冲突。值得注意的是,最高人民法院《关于审理著作权民事纠纷案件适用法律若干问题的解释》第25条第3款规定,双方当事人基于权利人的实际损失或者侵权人的违法所得,就赔偿数额达成协议的,法院应当准许。该规定即为法院对当事人就涉案侵权责任赔偿数额作出的"事后约定"的认可。

综上,本案可以适用隆成公司与童霸公司在调解协议中约定的赔偿数额确定方法。

3. 本案如何适用双方在调解协议中约定的赔偿数额确定方法?本案具体如何适用调解协议中约定的赔偿数额确定方法,取决于对调解协议中"如发现一起侵犯隆成公司实用新型专利权的行为,童霸公司自愿赔偿人民币100万元"这一约定内容的解释。根据最高院查明的事实,(2009)鄂民三终字第41号民事调解书与(2009)鄂民三终字第42号民事调解书所涉案件均为侵害实用新型专利权案,但在调解协议中,却同时包含童霸公司不得再侵害隆成公司外观设计与实用新型专利权的内容,结合隆成公司与童霸公司之间曾发生多起侵害专利权纠纷案件,以及最高院庭审中双方当事人就这一问题发表的意见等相关情况,可以认定调解协议中关于童霸公司不得再实施侵权行为以及相应赔偿数额的约定为一揽子约定,即:(1)上述约定中的"一起侵权行为",不限于前案中所涉特定型号的侵权婴儿车;(2)上述约定中的"一起侵权行为",不限于前案中所涉及的专利权;(3)上述约定中的"一起侵权行为",是指侵害隆成公司一项专利权的行为。因此,童霸公司在本案中应当赔偿隆成公司100万元。隆成公司该项申请再审理由成立,应予支持。二审法院就童霸公司的赔偿责任如何确定这一问题适用法律错误,应予纠正。

## 二、裁判要旨

**No.3-5-65-6** 侵权人与被侵权人之间就侵权损害赔偿数额等作出事先或事后约定，属于私法自治范畴；若无法律规定的无效情形，人民法院应予支持。

现行《专利法》第65条规定了侵犯专利权的赔偿数额的计算方法，即按照权利人因被侵权所受到的实际损失、侵权人因侵权所获得的利益、该专利许可使用费的倍数合理等。这表明，侵犯专利权的赔偿数额的确定极为复杂。因此，权利人与侵权人就侵权损害赔偿数额作出的事先约定能够得到法院的认可，只要这种约定不存在法律所规定的无效情形。这种约定的法律属性，是双方就未来发生侵权时权利人因被侵权所受到的损失或者侵权人因侵权所获得的利益，预先达成的一种简便的计算和确定方法，不构成权利人与侵权人之间的交易合同。故侵权人应承担的民事责任仅为侵权责任，不属于《合同法》第122条规定的侵权责任与违约责任竞合的情形，而依照最高人民法院《关于审理著作权民事纠纷案件适用法律若干问题的解释》第25条第3款可知，双方当事人基于权利人的实际损失或者侵权人的违法所得，就赔偿数额达成协议的，法院应当准许。这亦可成为法院直接以权利人与侵权人的事先约定作为确定侵权损害赔偿数额的依据。具体到本案中，(2009)鄂民三终字第42号民事调解书的主要内容为，童霸公司保证不再侵犯隆成公司的专利权，如发现一起侵犯隆成公司实用新型专利权的行为，自愿赔偿隆成公司人民币100万元。从案情可知，这一调解协议包含对侵权人以后侵权行为的赔偿数额的约定，具有法律效力，因此100万元的赔偿数额应当得到法院的支持。

### 112 专利侵权的诉前禁令（《专利法》第66条）

**案例：炬力集成电路设计有限公司与矽玛特有限公司、东莞市歌美电子科技有限公司、黄忠达侵犯专利纠纷案**

案例来源：《知识产权审判指导》2007年第2辑第146页

主题词：诉前禁令

#### 一、基本案情

申请人：炬力集成电路设计有限公司。

被申请人：矽玛特有限公司(SIGMATELINC.)。

被申请人：东莞市歌美电子科技有限公司。

被申请人：黄忠达。

申请人炬力集成电路设计有限公司因被申请人矽玛特有限公司、东莞市歌美电子科技有限公司、黄忠达侵犯其专利权向西安市中级人民法院（以下简称西安中院）提出申请称，其是美国Nasdaq（纳斯达克）上市公司，国际著名的IC（芯片）设计企业，拥有专利号为01145044.4的可变取样频率的过取样数字类比转换器发明专利权，该专利的申请日为2001年12月31日，授权日为2005年5月11日。申请人发现矽玛特有限公司向中国境内销售侵犯申请人01145044.4发明专利权的STMP35xx系列多媒体播放器主控芯片；东莞市歌美电子科技有限公司在进口、使用前述侵犯申请人专利权的多媒体播放器主控芯片，并销售包含这些芯片的MP3播放器等产品；黄忠达在销售包含这些芯片的MP3播放器等产品。申请人经对上述芯片产品进行技术分析得知，该产品包含了申请人01145044.4专利的全部技术特征，落入了申请人的专利保护范围。申请人认为，被申请人未经申请人许可，实施申请人专利，侵犯了申请人专利权。鉴于IC设计行业需要投入巨大的研发资源，知识产权的保护对于申请人具有生死攸关的意义。被申请人进口、销售、使用侵权产品数量巨大，涉及的利益重大，如不及时制止侵权行为，将导致申请人专利产品价格下滑、信誉受损，使其合法权益受到难以弥补的损害。根据《专利法》第61条之规定，特向法院提出诉前停止侵犯专利权行为之申请，请求法院责令：(1)矽玛特有限公司停止侵犯申请人01145044.4号发明专利权的行为，包括停止向中国境内销售侵犯申请人01145044.4号发明专利权的多媒体播放器主控芯片产品；(2)东莞市歌美电子科技有限公司停止侵犯申请人

01145044.4号发明专利权的行为,包括停止进口、使用、销售矽玛特有限公司侵犯申请人01145044.4号发明专利权的多媒体播放器主控芯片产品;(3) 黄忠达停止侵犯申请人01145044.4号发明专利权的行为,包括停止销售矽玛特有限公司侵犯申请人01145044.4号发明专利权的多媒体播放器主控芯片产品。

西安中院经审查认为,《专利法》第61条规定:"专利权人或者利害关系人有证据证明他人正在实施或者即将实施侵犯其专利权的行为,如不及时制止将会使其合法权益受到难以弥补的损害的,可以在起诉前向人民法院申请采取责令停止有关行为和财产保全的措施。"最高人民法院《关于对诉前停止侵犯专利权行为适用法律问题的若干规定》第4条规定:申请人提出申请时,应提交下列证据:专利权人应当提交证明其专利权真实有效的文件,包括专利证书、权利要求书、说明书、专利年费缴纳凭证。提交证明被申请人正在实施或者即将实施侵犯其专利权的行为的证据,包括被控侵权产品以及专利技术与被控侵权产品技术特征对比材料等。第6条规定:申请人提出申请时应当提供担保,申请人不提供担保的,驳回申请。本案中,炬力集成电路设计有限公司已提交了证明其专利权真实有效的专利登记簿副本、权利要求书、说明书、专利年费缴纳凭证及被申请人实施侵犯其专利权行为的初步证据,包括被控侵权产品以及专利技术与被控侵权产品技术特征比对材料;同时炬力集成电路设计有限公司向西安中院提供了申请责令被申请人停止侵犯01145044.4发明专利权行为的担保,故其申请,符合最高人民法院《关于对诉前停止侵犯专利权行为适用法律问题的若干规定》第9条规定的人民法院接受专利权人或者利害关系人提出责令停止侵犯专利权行为的申请后,经审查符合本规定第4条的,应当在48小时内作出书面裁定;裁定责令被申请人停止侵犯专利权行为的,应当立即开始执行之规定,西安中院依法予以支持。

二、裁判要旨

No.3-5-66-1 **专利权人或者利害关系人有证据证明他人正在实施或者即将实施侵犯其专利权的行为,如不及时制止将会使其合法权益受到难以弥补的损害的,可以在起诉前向人民法院申请采取责令停止有关行为和财产保全的措施。**

诉前禁令是TRIPS第44条对缔约方的规定,也是我国知识产权保护的需要。现行《专利法》第66条以及最高人民法院《关于对诉前停止侵犯专利权行为适用法律问题的若干规定》,对如何实施诉前禁令作出了具体的规定。

1. 主体。提出申请的利害关系人,包括专利实施许可合同的被许可人、专利财产权利的合法继承人等。专利实施许可合同被许可人中,独占实施许可合同的被许可人可以单独向人民法院提出申请;排他实施许可合同的被许可人在专利权人不申请的情况下,可以提出申请。

2. 管辖法院。诉前责令停止侵犯专利权行为的申请,应当向有专利侵权案件管辖权的人民法院提出。

3. 提交材料。专利权人或者利害关系人向人民法院提出申请时,应该提交的材料有如下几种:(1) 提交书面申请状,其应当载明当事人及其基本情况、申请的具体内容、范围和理由等事项。申请的理由包括,有关行为如不及时制止会使申请人合法权益受到难以弥补的损害的具体说明。(2) 相关证据,如证明专利权真实有效的文件、证明被申请人正在实施或者即将实施侵犯其专利权的行为的证据等。

4. 提供担保。申请人提出申请时应当提供担保,申请人不提供担保的,法院将会驳回申请。

此外,法院还将对当事人提出的复议申请应当从以下方面进行审查:如被申请人正在实施或即将实施的行为是否构成侵犯专利权;不采取有关措施,是否会给申请人合法权益造成难以弥补的损害;申请人提供担保的情况;责令被申请人停止有关行为是否损害社会公共利益等。

本案中,炬力集成电路设计有限公司已提交了证明其专利权真实有效的相关凭证,及被申请人实施侵犯其专利权行为的初步证据,并提供相应担保,故其申请,符合最高人民法院《关于对诉前停止侵犯专利权行为适用法律问题的若干规定》第9条的规定。西安中院对此申请予以支持。

**113 药品专利的 Bolar 例外(《专利法》第 69 条)**

**案例:三共株式会社、上海三共制药有限公司与北京万生药业有限责任公司发明专利侵权纠纷案**

案例来源:《人民法院案例选》2008 年第 2 辑[第 41 号]

主题词:药品专利 Bolar 例外

一、基本案情

原告:三共株式会社。

原告:上海三共制药有限公司(以下简称三共制药公司)。

被告:北京万生药业有限责任公司(以下简称万生公司)。

北京市第二中级人民法院(以下简称北京二中院)经审理查明:1992 年 2 月 21 日,三共株式会社向国家知识产权局提出"用于治疗或预防高血压症的药物组合物的制备方法"发明专利申请,并于 2003 年 9 月 24 日被授予专利权(专利号为 ZL97126347.7)。

2006 年 1 月 10 日,三共株式会社作为许可方与被许可方三共制药公司签订专利实施许可合同。合同约定三共株式会社许可三共制药公司在中华人民共和国全域内使用该专利方法,以及使用、销售和进口依照该专利方法直接获得的产品。专利许可方式为普通使用许可,合同有效期自 1999 年 12 月 8 日至 2009 年 12 月 7 日。在本案审理期间,三共株式会社认可三共制药公司作为涉案专利普通实施许可合同的被许可人与其共同提起诉讼。

在本案审理期间,三共株式会社和三共制药公司主张涉案药品为新产品,并提交了涉及相关化合物及药物的 2001 年欧洲专利及 1997 年美国专利授权文本,以及国家食品和药品监督管理局(以下简称国家药监局)网站的相关内容,以证明含有"奥美沙坦"的高血压治疗药物为新产品。2006 年 3 月 13 日,经中华人民共和国长安公证处公证的国家药监局网站内容包括,在"药品国产品种"和"药品进口品种"中查询产品名称或商品名称为"奥美沙坦"的药品,搜索结果为未找到符合查询条件的数据。

2003 年 6 月第 22 卷第 6 期《中国新药与临床杂志》刊载了《奥美沙坦:一种新的血管紧张肽 II 受体拮抗剂》一文,其中涉及奥美沙坦的结构式(图略)。

2003 年 5 月中国医药科技出版社出版的《药物剂型和给药体系》一书中,载有"片剂通常是由药物和适当的药用辅料制成的固体制剂"内容。

2005 年 11 月 17 日,经中华人民共和国长安公证处公证,对万生公司的网站(网址为:http://www.bjwsyy.com)相关内容进行了证据保全。其中"研究开发"栏目中包括"奥美沙坦",显示进展情况为"即将获得临床批文(首家)"。同日,经中华人民共和国长安公证处公证,还对国家药监局的网站(网址为:http://www.ede.org.cn)的相关内容进行了证据保全。其中"受理目录"中包括万生公司的受理号为 CXHS0501489 的涉案药品受理信息,查询该药品注册进度,显示办理状态为"在药品审评中心审评",状态开始时间为 2005 年 7 月 22 日。新受理号编码规则自 2005 年 1 月开始实施,其中第一位为国别,C 为国产;第二位为申请分类,X 为新药;第三位为分类,H 为化学药品;第四位为申请阶段,S 为申请上市;第五、六位为 2 位年份;后面为流水号。

在本案审理过程中,基于三共株式会社及三共制药公司的申请,北京二中院前往国家药监局调取了万生公司申请"奥美沙坦酯片"新药注册及审批所提交的相关材料,包括药品说明书、起草说明及相关参考文献;药学研究资料综述;样品的检验报告书,以及该药品临床试验报告和临床研究总结报告。其中,该药品说明书及药学研究资料综述中载明了该药品的结构式,该结构式与《中国新药与临床杂志》刊载的涉案文章中奥美沙坦的结构式相同;药学研究资料综述中还载明了该药品的操作步骤,即将奥美沙坦酯、乳糖等混合均匀,加入制备好的黏合剂制软材,再加入其他成分混匀,压片;样品的检验报告书载明,药品批号分别为 20041201、20041202、20041203;药品临床试验报告中载明:"奥美沙坦酯……是日本三共(Sankyo)公司研制的一种选择性血管紧张素 II 受体(AT1)阻断剂,2002 年分别在美国……和德国……上市。奥美沙坦酯是一种前体药物,口服后在体内转化为奥美沙坦……使血压降低,具有耐受性好,不良反应少等特点,临床用于治疗高血压症。"

三共株式会社、三共制药公司及万生公司对北京二中院调取的上述材料的真实性均予认可,三共株式会社和三共制药公司主张相关材料所载明的生产方法与涉案专利方法相同,侵犯了其专利权;万生公司主张其为药品注册提供信息而进行的生产样品的行为不构成侵权,且此后对相关生产工艺有所改动,但其未就此举证证明。

北京市第二中级人民法院认为,原告三共株式会社所享有的涉案"用于治疗或预防高血压症的药物组合物的制备方法"发明专利权应当受到《中华人民共和国专利法》的保护。任何单位或者个人未经专利权人原告三共株式会社许可,都不得实施其专利,即不得为生产经营目的使用其专利方法以及使用、许诺销售、销售、进口依照该专利方法直接获得的产品。鉴于原告三共株式会社认可三共制药公司与其共同提起本案诉讼,原告三共制药公司作为涉案专利的普通实施许可合同的被许可人有权与涉案专利权人三共株式会社共同在本案主张权利。虽然被告万生公司主张涉案专利名为药品制备方法,实为药品本身,涉案专利的授权不符合相关法律规定,并已就此提出无效宣告请求,但对该专利有效性的审查尚在处理过程中,故北京二中院依据涉案专利的现有状态进行审理。

依据《专利法》的有关规定,因新产品制造方法发明专利引起的专利侵权诉讼,由制造同样产品的单位或者个人对其产品制造方法不同于专利方法承担举证责任。根据本案已经查明的事实,被告万生公司申请注册的涉案药品为"奥美沙坦酯片",该化学药品的结构式与涉案专利所涉及的产品结构式相同,因此二者属于相同产品;且相关药品专利授权文件及新药注册情况等现有证据均表明,涉案药品"奥美沙坦酯片"为新产品。因此,被告万生公司应就其产品制造方法承担举证责任。鉴于被告万生公司在本案审理期间未就此举证证明,北京二中院基于两原告的申请,前往国家药监局调取了被告万生公司申报的相关材料。经比对,其中涉及的涉案药品操作步骤表明,被告万生公司使用的方法与涉案专利方法基本相同。

依据本案现有证据,两原告指控被告万生公司侵权的涉案药品"奥美沙坦酯片"尚处于药品注册审批阶段,虽然被告万生公司为实现进行临床试验和申请生产许可的目的使用涉案专利方法制造了涉案药品,但其制造行为是为了满足国家相关部门对于药品注册行政审批的需要,以检验其生产的涉案药品的安全性和有效性。鉴于被告万生公司的制造涉案药品的行为并非直接以销售为目的,不属于《专利法》所规定的为生产经营目的实施专利的行为,故北京二中院认定被告万生公司的涉案行为不构成对涉案专利权的侵犯。两原告主张按照药品注册相关办法的规定,被告万生公司为申请新药生产许可而生产的三批样品,在取得药品生产批准文号后可以上市销售,进而主张涉案样品应仍在有效期内可以上市销售,认为被告万生公司侵犯了涉案专利权,依据不足,北京二中院不予支持。

因此,本案原告三共株式会社和三共制药公司主张被告的涉案行为侵犯了涉案专利权,并请求法院判令被告万生公司停止侵权、赔偿两原告经济损失及因诉讼支出的费用的诉讼主张,依据不足,北京二中院不予支持。

一审宣判后,双方当事人均未上诉,一审判决已经发生法律效力。

二、裁判要旨

**No.3-5-69-3** 为提供行政审批所需要的信息,制造、使用、进口专利药品或者专利医疗器械的,以及专门为其制造、进口专利药品或者专利医疗器械的,不视为侵犯专利权。

在药品或者医疗设备专利权的保护期届满之后,其他厂商就可生产仿制药品及医疗器械,这能够降低价格,利于公众。但是依照我国《药品管理法》的相关规定可知,在药品公司生产一种其以前所未生产过的药品之前,都必须经过国家药品监督管理部门的审批。因此,如果不允许其他厂商在专利权保护期间届满之前为行政审批而实施专利权的话,在专利权终止后的相当一段期间内,将没有仿制产品进入市场,这等于变相地延长了专利权的保护期,不利于维护公众利益。故《专利法》第69条第5项规定:"为提供行政审批所需要的信息,制造、使用、进口专利药品或者专利医疗器械的,以及为其制造、进口专利药品或者专利医疗器械的",不视为侵犯专利权。为了维护专利权人的利益,该项对前述行为的实施作出了限定,即为了获得相应行政审批所需要的信息,这就要求实施者不能够将仿制品在专利保护期届满之前投入市场。这就是由美国率先在判例中所确立、为其他国家所采用的 Bolar 例外。

本案被告万生公司虽然为实现进行临床试验和申请生产许可的目的使用涉案专利方法制造了涉案药品,但其制造行为是为了满足国家相关部门对于药品注册行政审批的需要,以检验其生产的涉案药品的安全性和有效性。被告万生公司制造涉案药品的行为并非直接以销售为目的,不属于我国《专利法》所规定的为生产经营目的实施专利的行为,且涉案药品尚处于注册审批阶段,并无法上市从而影响专利权人的合法权利,未给专利权人带来经济利益的损失。

### 114 药品生产批件的是否取得对先用权抗辩是否成立不产生影响(《专利法》第69条)

**案例**:江西银涛药业有限公司与被申请人陕西汉王药业有限公司、一审被告西安保赛医药有限公司侵犯专利权纠纷案
**案例来源**:《最高人民法院知识产权审判案例指导》(第四辑),(2011)民申字第1490号
**主题词**:药品生产批件 先用权抗辩

#### 一、基本案情

申请再审人(一审被告、二审上诉人):江西银涛药业有限公司(以下简称银涛公司)。
被申请人(一审原告、二审被上诉人):陕西汉王药业有限公司(以下简称汉王公司)。
一审被告:西安保赛医药有限公司(以下简称保赛公司)。
申请再审人银涛公司因与被申请人汉王公司、一审被告保赛公司侵犯专利权纠纷一案,不服陕西省高级人民法院(2011)陕民三终字第00021号民事判决,向最高人民法院(以下简称最高院)申请再审。

涉案专利是"一种具有降压、降脂、定眩、定风作用的中药组合物及其制备方法和其用途"的发明专利,申请日为2005年9月27日,授权日为2007年3月14日,专利权人为汉王公司。一审庭审中,汉王公司请求以涉案专利权利要求1、6、23作为本案请求保护的范围。涉案专利权利要求书记载:权利1.一种具有降脂、降压、定眩、定风作用的中药组合物,其特征在于制备该组合物所用药效成分的原材料组成按重量份为:天麻1365—4095份,杜仲1365—4095份,野菊3350—10050份,杜仲叶4195—12585份和川芎1675—5025份。……权利6.一种制备权利要求1—5任一项所述中药组合物的方法,包括如下步骤:取半份天麻粉碎成细粉,得天麻细粉;另取剩余的半份天麻粉碎成粗粉,用醇溶剂回流提取,合并过滤提取液,回收乙醇并浓缩成天麻浸膏;将醇提后的天麻残渣与杜仲、杜仲叶、野菊、川芎均匀混合,加水煮提,合并滤过提液,浓缩滤液,制得40—80℃时相对密度为1.15—1.5的混合稠膏;再将天麻细粉加入到天麻浸膏和混合稠膏中,混匀,加入适量药学上可接受的载体,按照常规制剂方法制备得到所需制剂。……权利23.权利要求1—5任一项所述的组合物在制备降脂、降压、定眩、定风药物中的应用。

本案中,双方当事人对被诉侵权的"强力定眩胶囊"药品处方、制备方法和用途落入涉案专利权保护范围没有争议,但是银涛公司提出先用权抗辩。最高人民法院《关于审理侵犯专利权纠纷案件应用法律若干问题的解释》第15条第2款规定:"有下列情形之一的,人民法院应当认定属于专利法第六十九条第(二)项规定的已经做好制造、使用的必要准备:(一)已经完成实施发明创造所必需的主要技术图纸或者工艺文件;(二)已经制造或者购买实施发明创造所必需的主要设备或者原材料。"因此,先用权是否成立,关键在于被诉侵权人在专利申请日前是否已经实施专利或为实施专利,做好了技术或者物质上的必要准备。银涛公司主张先用权抗辩的证据之一,是2005年6月16日江西省食品药品监督管理局向其出具的"强力定眩胶囊"药品注册申请受理通知书,以及银涛公司申请药品注册时所报送的《"强力定眩胶囊"申报资料项目》资料,该资料的药学研究资料部分记载了"强力定眩胶囊"的处方、制备方法、用途。银涛公司主张先用权抗辩的证据之二是江西省药检所《药品注册检验报告表》及附件,该报告表及附件显示,银涛公司于2005年3月13日、15日、17日分别生产了三批"强力定眩胶囊"样品,供申请注

册检验使用。银涛公司主张先用权抗辩的证据之三是《药品生产许可证》和《药品 GMP 证书》，表明其在申请注册"强力定眩胶囊"时，即具有"胶囊剂"生产线。由此可见，在涉案专利的申请日 2006 年 9 月 27 日前，银涛公司已经完成了生产"强力定眩胶囊"的工艺文件和设备，符合上述司法解释规定的"已经做好制造、使用的必要准备"的条件，应当认定银涛公司在涉案专利申请日前为实施涉案专利做好了制造、使用的必要准备。至于银涛公司何时取得"强力定眩胶囊"药品生产批件，是药品监管的行政审批事项，不能以是否取得药品生产批件来判断其是否做好了制造、使用的必要准备。二审认定银涛公司没有做好制造、使用的必要准备判决错误，应当予以纠正。

二、裁判要旨

No.3-5-69-4　是否取得药品生产批件，对先用权抗辩是否成立不产生影响。

先用权抗辩是否成立的关键在于，被诉侵权人在专利申请日前是否已经实施专利或者为实施专利做好了技术或者物质上的必要准备，如已经完成实施发明创造所必需的主要技术图纸或者工艺文件；已经制造或者购买实施发明创造所必需的主要设备或者原材料。药品生产批件是药品监管的行政审批事项，与先用权抗辩的认定没有关系，其是否取得药品生产批件，对先用权抗辩是否成立不产生影响。本案中，通过 2005 年 6 月 16 日江西省食品药品监督管理局向其出具的"强力定眩胶囊"药品注册申请受理通知书，以及银涛公司申请药品注册时所报送的《"强力定眩胶囊"申报资料项目》资料、江西省药检所《药品注册检验报告表》及附件、《药品生产许可证》和《药品 GMP 证书》等证据，表明在涉案专利的申请日 2006 年 9 月 27 日前，银涛公司已经完成了生产"强力定眩胶囊"的工艺文件和设备，符合"已经做好制造、使用的必要准备"的条件。

## 115 专利侵权案件的管辖（《民事诉讼法》第 37 条）

**案例：本田株式会社与双环公司侵犯外观设计专利权纠纷管辖权异议案**
案例来源：《最高人民法院知识产权审判案例指导》（第五辑）[（2012）民三终字第 1 号]
主题词：移送管辖　级别管辖　地域管辖

一、基本案情

上诉人（一审原告）：本田技研工业株式会社（以下简称本田株式会社）。

被上诉人（一审被告）：石家庄双环汽车股份有限公司（以下简称双环公司）。

上诉人本田株式会社因与被上诉人双环公司侵犯外观设计专利权纠纷管辖权异议一案，不服中华人民共和国河北省高级人民法院（以下简称河北高院）（2011）冀民三初字第 1 号民事裁定，向最高人民法院（以下简称最高院）提起上诉。

2011 年 7 月 18 日，河北高院受理本田株式会社诉双环公司侵犯外观设计专利权纠纷一案，在该案提交答辩期间，双环公司提出管辖权异议，请求将本案指定中华人民共和国河北省石家庄市中级人民法院（以下简称石家庄中院）与该院受理的确认不侵犯外观设计专利权纠纷案合并审理。

河北高院一审审理认为，2003 年 11 月 24 日，本田株式会社曾就涉案外观设计专利在中华人民共和国北京市高级人民法院（以下简称北京高院）对双环公司提起侵犯外观设计专利权诉讼，鉴于该案与石家庄中院 2003 年 10 月 16 日受理的双环公司诉本田株式会社确认不侵犯外观设计专利权纠纷一案属于同一事实，最高院于 2004 年 6 月 24 日作出（2004）民三他字第 4 号通知，责成北京高院将该案移送石家庄中院，与此前该院受理的确认不侵权案合并审理。同时指出，如涉及级别管辖问题，由河北高院依照《民事诉讼法》等有关规定处理。为此，河北高院根据上述通知的要求及《民事诉讼法》第 39 条有关级别管辖的规定，于 2004 年 12 月 9 日作出（2004）冀立民函字第 43 号通知，将该侵权案指定石家庄中院与其受理的确认不侵权案合并审理。在上述两案管辖权已经确定的情况下，本田株式会社于 2011 年 6 月 22 日就侵权案件提出撤诉申请，石家庄中院裁定准许后，本田株式会社又就相同案件事实随即将诉讼标的额由0.8亿元增至3.4857亿元，直接向河北高院提起诉讼，显然系有意规避《民事诉讼法》第39条规定的行为，对此河北高院不予支持。双环公司的管辖权异议成立，河北高院予以支持。据此，河北高院裁定本案移送石家庄中院与其受理的确认不侵权案合并审理。

本田株式会社不服一审裁定，向最高院提起上诉。

最高院审理查明，2003年11月24日，本田株式会社曾就涉案外观设计专利在北京高院对双环公司提起专利侵权诉讼，诉讼标的额为0.8亿元。鉴于该案与石家庄中院2003年10月16日立案受理的双环公司诉本田株式会社确认不侵犯涉案外观设计专利权案件基于同一事实，最高院于2004年6月24日作出(2004)民三他字第4号通知，责成北京高院将该案移送石家庄中院，与该院此前受理的确认不侵权案件合并审理，并指出如涉及级别管辖问题，依照《民事诉讼法》等有关规定处理。2004年12月9日，河北高院根据上述通知及《民事诉讼法》第39条规定，作出(2004)冀立民函字第43号通知，将上述侵权案件指定石家庄中院与其受理的双环公司诉本田株式会社确认不侵权案件合并审理。随后，本田株式会社向最高院提出级别管辖异议。最高院认为，上述侵权案件在国内和国际上都具有重大影响，要求河北高院作为一审案件受理。2005年2月2日，河北高院又作出(2005)冀立民函字第5号通知，决定石家庄中院将上述侵权案件和确认不侵权案件一并移送河北高院合并审理，但是石家庄中院一直未予移送。在上述两案诉讼期间，双环公司于2003年12月24日对涉案外观设计专利提起无效宣告请求，国家知识产权局专利复审委员会作出第8105号无效宣告请求审查决定，宣告涉案外观设计专利权无效。2007年9月28日，北京高院作出(2007)高行终字第274号行政判决，维持该无效决定。据此，河北高院于2008年2月18日作出(2008)冀民三初字第1号函，认为影响上述确认不侵权案件提级管辖的情况已经不存在，再次将两案指定石家庄中院审理。石家庄中院经审理，于2009年7月6日作出(2003)石民五初字第00131号民事判决。本田株式会社不服该判决，上诉至河北高院。河北高院二审期间，最高院于2010年11月26日作出(2010)行提字第3号行政判决，撤销针对涉案专利的第8105号无效宣告请求审查决定。河北高院遂于2011年3月22日作出(2009)冀民三终字第77号民事裁定，裁定撤销原判，发回重审。石家庄中院重审期间，本田株式会社于2011年6月22日向其提出撤回侵权起诉的申请，石家庄中院于2011年6月30日作出(2011)石民五初字第00143号民事裁定，准许本田株式会社撤回起诉。2011年7月18日，本田株式会社根据双环公司提交的《石家庄双环汽车股份有限公司因专利侵权纠纷造成利润损失评估咨询报告书》，将诉讼标的额由0.8亿元增至3.4857亿元，以同一案件事实又向河北高院提起本案诉讼。

最高院认为，本案涉及以下三个焦点问题：(1)本案是否应由河北高院作为一审法院审理？(2)石家庄中院审理的双环公司诉本田株式会社确认不侵犯涉案外观设计专利权案件是否应当移送河北高院与本案合并审理？(3)本田株式会社是否存在恶意规避管辖的行为？

1. 本案应否由河北高院作为一审法院审理？根据2010年发布的最高人民法院《关于调整地方各级人民法院管辖第一审知识产权民事案件标准的通知》第1条规定："高级人民法院管辖诉讼标的额在2亿元以上的第一审知识产权民事案件，以及诉讼标的额在1亿元以上且当事人一方住所地不在其辖区或者涉外、涉港澳台的第一审知识产权民事案件。"本案诉讼标的额达3.4857亿元，应当属于河北高院一审受案范围。河北高院将本案移送没有一审管辖权的石家庄中院审理不当。因此，对本田株式会社关于河北高院作为一审法院审理本案的上诉请求，最高院予以支持。

2. 石家庄中院审理的双环公司诉本田株式会社确认不侵犯涉案外观设计专利权案件，是否应当移送河北高院与本案合并审理？石家庄中院现审理的确认不侵权案与本案均涉及同一外观设计专利，属于涉及同一事实的确认不侵犯专利权诉讼和专利侵权诉讼，根据最高院(2004)民三他字第4号通知第1条的规定，为了避免同一事实的案件为不同法院重复审判，两案应当移送管辖合并审理。如何移送管辖，应当根据地域管辖和级别管辖的规定分别予以确定。如果属于地域管辖,则应按照最高院上述通知第 4 条规定的精神,依照《民事诉讼法》第 37 条第 2 款和最高人民法院《关于在经济审判工作中严格执行〈中华人民共和国民事诉讼法〉的若干规定》第 2 条的规定,按照立案时间的先后顺序予以移送,即由后立案受理的法院移送到先立案受理的法院。如果属于级别管辖,则应当按照最高人民法院《关于审理民事级别管辖异议案件若干问题的规定》和最高人民法院《关于调整地方各级人民法院管辖第一审知识产权民事案件标准的通知》的规定,一般按"就高不就低"的原则予以移送,即级别低的法院应将其立案受理的案件移送到级别高的法院合并审理,而级别高的法院一般不能将其立案受理的案件移送到对该案没有管辖权的级别低的法院合并审理。本案涉及的是级别管辖权异议,按照本案的诉讼标的额和涉外性质,河北高院应当作为本案的一审法院,石家庄中院无权管辖本案,故河北高院应当将石家庄中院现审理的确认不侵权案件提至该院,与其立案受理的本案合并审理,而不是将应当由自己审理的本案指定给没有管辖权的石家庄中院与其正在审理的确认不侵权案件合并审理。

3. 本田株式会社是否存在恶意规避管辖的行为? 最高院(2004)民三他字第 4 号通知,责成北京高院将其立案受理的本田株式会社诉双环公司侵犯涉案外观设计专利权一案移送石家庄中院,与其受理的基于同一事实的确认不侵权案件合并审理,实际上解决的是上述案件的地域管辖问题。鉴于本田株式会社诉双环公司侵犯涉案外观设计专利权一案的标的额达 0.8 亿元和涉外性质,且移送前由北京高院一审,所以通知特别强调,级别管辖问题依照《民事诉讼法》等有关规定处理,并非双环公司所称的最高院在级别管辖上也指定石家庄中院管辖。根据当时执行的最高人民法院《关于各高级人民法院受理第一审民事、经济纠纷案件问题的通知》,河北高院受理争议金额不低于 3 000 万元以及争议金额不低于 2 000 万元的涉外和涉港澳台第一审经济纠纷案件,显然上述专利侵权案件属于河北高院一审案件受案范围,对此河北高院在其(2004)冀立民函字第 43 号通知中也予以确认。但河北高院没有严格执行最高院的上述通知规定,仍以(2004)冀立民函字第 43 号通知将该专利侵权案件指定石家庄中院,与其受理的确认不侵权案合并审理。最高院根据本田株式会社提出的级别管辖权异议,基于该案在国内和国际上都具有重大影响,要求河北高院将该专利侵权案件作为一审案件受理。河北高院也确实进行了纠正,通知石家庄中院将上述两案移送河北高院合并审理,但此后又以涉案外观设计专利权被宣告无效,影响案件提级管辖的情况已经不存在为由,再次将两案指定石家庄中院审理。由此可见,上述两案本应由河北高院作为一审法院合并审理,该院将其指定石家庄中院审理,自始即违反最高院有关级别管辖的规定和对本案级别管辖的具体指导意见。在上述两案经石家庄中院一审完毕进入河北高院二审期间,最高院撤销了宣告涉案外观设计专利权无效的决定,河北高院据此将上述两案发回石家庄中院重审。重审期间,本田株式会社就侵权案件提出撤诉申请,是对其诉权的合法处置。石家庄中院准许其撤诉后,本田株式会社根据双环公司提交的《石家庄双环汽车股份有限公司因专利侵权纠纷造成利润损失评估咨询报告书》,重新计算其损害赔偿请求额,并向河北高院提起本案诉讼,亦合法有据,并不存在如河北高院和双环公司所述的恶意规避管辖的行为。

综上,本田株式会社认为本案应由河北高院作为一审法院审理,并应将石家庄中院审理的确认不侵权案件提至该院与本案合并审理的主要上诉理由成立,一审裁定适用法律不当,应当依法予以纠正。

二、裁判要旨

**No.3-5-CP-37** 不同法院受理的涉及同一事实的确认不侵犯专利权诉讼和专利侵权诉讼,应当移送管辖合并审理;移送过程中,如涉及地域管辖,应按照立案时间的先后顺序,由后立案受理的法院将案件移送到先立案受理的法院审理;如涉及级别管辖,一般按"就高不就低"的原则,由级别低的法院将其立案受理的案件移送到级别高的法院审理。

根据最高院(2004)民三他字第 4 号通知第 1 条的规定,为了避免同一事实的案件为不同法院重复审判,两案应当移送管辖合并审理。如何移送管辖,应当根据地域管辖和级别管辖的规定分别予以确定。如果属于地域管辖,则应按照最高院上述通知第4条规定的精神,依照《民事诉讼法》第37条第2款和最高人民法院《关于在经济审判工作中严格执行〈中华人民共和国民事诉讼法〉的若干规定》第2条的规定,按照立案时间的先后顺序予以移送,即由后立案受理的法院移送到先立案受理的法院。如果属于级别管辖,则应当按照最高人民法院《关于审理民事级别管辖异议案件若干问题的规定》和最高人民法院《关于调整地方各级人民法院管辖第一审知识产权民事案件标准的通知》的规定,一般按"就高不就低"的原则予以移送,即级别低的法院应将其立案受理的案件移送到级别高的法院合并审理,而级别高的法院一般不能将其立案受理的案件移送到对该案没有管辖权的级别低的法院合并审理。由于本案涉及的是级别管辖权异议,按照本案的诉讼标的额和涉外性质,河北高院应当作为本案的一审法院,石家庄中院无权管辖本案,故河北高院应当将石家庄中院现审理的确认不侵权案件提至该院,与其立案受理的本案合并审理,而不是将应当由自己审理的本案指定给没有管辖权的石家庄中院与其正在审理的确认不侵权案件合并审理。

### 116 专利诉讼的调解(《民事诉讼法》第201条)

**案例**:杨培康与无锡活力保健品有限公司侵犯发明专利权纠纷案
**案例来源**:《中华人民共和国最高人民法院公报》2009年第11期第37页
**主题词**:调解协议

#### 一、基本案情

再审申请人(一审原告、二审被上诉人):杨培康。

再审被申请人(一审被告、二审上诉人):无锡活力保健品有限公司(以下简称活力公司)。

再审申请人杨培康因与再审被申请人活力公司侵犯发明专利权纠纷一案,不服江苏省高级人民法院(2008)苏民三终字第0038号民事调解书,向最高人民法院(以下简称最高院)申请再审。

本院经审查查明:2005年11月,杨培康以活力公司侵犯其专利权为由,向江苏省南京市中级人民法院提起诉讼,请求法院确认活力公司侵权,判令活力公司停止生产、销售被控侵权产品。一审法院认为,活力公司生产、销售的被控侵权产品落入了专利权的保护范围,构成了对杨培康专利权的侵犯,依法应当承担相应的民事责任。据此判决,活力公司在判决生效后立即停止生产销售被控侵权产品。活力公司不服该判决,向江苏省高级人民法院提起上诉。在二审审理过程中,经法院主持调解,双方当事人达成和解协议。二审法院根据该和解协议制作了民事调解书。

另经审查查明,2008年5月19日,杨培康与活力公司签订《和解协议》,杨培康本人及活力公司的特别授权代理人在该协议上签字。杨培康的代理律师参加了二审的庭审及和解、调解活动。杨培康已收到活力公司依和解协议支付的人民币5.5万元。

最高院认为,诉讼和解协议是案件当事人通过相互让步以终止其争议或防止争议再发生而形成的合意,和解协议的内容不限于当事人的诉讼请求事项。本案中,杨培康具有较高的文化程度,其代理律师亦与杨培康一起参加了庭审及和解、调解活动,杨培康本人在和解协议上签字,并接收了活力公司按照协议约定支付的款项。因此,本案并不存在杨培康所称的"调解违背其真实意愿"及违反调解自愿原则的情形。另外,该和解协议的内容亦不违反法律。二审法院根据双方当事人签订的和解协议依法制作调解书,并无不当。

#### 二、裁判要旨

**No.3-5-CP-201** 诉讼和解协议是案件当事人为终止争议或者防止争议再次发生,通过相互让步形成的合意,和解协议的内容不限于当事人的诉讼请求事项。

一般来说,专利侵权纠纷的救济手段有当事人的协商、司法救济以及行政救济,其中司法救济既包括诉讼,也包括法院的调解。行政救济也包括调解,但其仅是居间行为,不具有法律的约束力,而法院的调解则具有法律效力,其制作的调解书可以申请执行,不过《民事诉讼法》也规定关于调解的审判监督条款。其第 201 条规定,当事人对已经发生法律效力的调解书,提出证据证明,调解违反自愿原则或者调解协议的内容违反法律的,可以申请再审。

在本案中,当事人具有较高的文化程度,并有代理律师一同参与诉讼、调解、和解活动。在此情形下,当事人在和解协议上签字同意并收取了对方当事人按照和解协议支付的款项,此后在没有充分证据的情况下,又以调解违背其真实意愿为由申请再审的,不属于上述所规定的情况。

### 117 人民法院判决专利复审委员会重新作出具体行政行为,要视案件的具体情况而定(《行政诉讼法》第 54 条)

**案例**:申请再审人曹忠泉与被申请人国家知识产权局专利复审委员会、一审第三人上海精凯服装机械有限公司实用新型专利权无效行政纠纷案

**案例来源**:《最高人民法院知识产权审判案例指导》(第五辑),[(2012)行提字第 7 号]

**主题词**:行政诉讼　具体行政行为

#### 一、基本案情

申请再审人(一审原告、二审上诉人):曹忠泉。

被申请人(一审被告、二审被上诉人):国家知识产权局专利复审委员会(以下简称专利复审委员会)。

一审第三人:上海精凯服装机械有限公司(以下简称精凯公司)。

申请再审人曹忠泉因与被申请人专利复审委员会、一审第三人精凯公司实用新型专利权无效行政纠纷一案,不服北京市第一中级人民法院(以下简称北京一中院)一审(2009)一中行初字第 1326 号行政判决和北京市高级人民法院(2010)高行终字第 634 号行政判决,向最高人民法院(以下简称最高院)申请再审。

北京一中院经审理查明:本专利系国家知识产权局于 2006 年 10 月 4 日授权公告的名称为"裁剪机磨刀机构中斜齿轮组的保油装置"的实用新型专利,专利号为 200520014575.5,申请日为 2005 年 9 月 1 日,专利权人为曹忠泉,权利要求是:"要求 1. 一种裁剪机磨刀机构中斜齿轮组的保油装置,其特征在于在斜齿轮位置(2)和中间齿轮位置(3)的周围位置设有挡油围壁(4)。要求 2. 根据权利要求 1 所述的保油装置,其特征在于围壁(4)上留有供其内的中间齿轮与其外的传动齿轮啮合的缺口。要求 3. 根据权利要求 2 所述的保油装置,其特征在于围壁(4)与斜齿轮机匣(8)或磨刀机匣(1)制成一体。要求 4. 根据权利要求 1 所述的保油装置,其特征在于围壁(6)外的传动齿轮位置(5)上设置弧形盖板(7)。"

北京市第一中级人民法院认为:本专利与附件 5—1 均是机械设备,均涉及齿轮组保油润滑问题,因此属于相同或相近的技术领域。曹忠泉在专利复审委员会进行的口头审理中已表示对附件 5—1 的真实性及中文译文的准确性无异议,专利复审委员会以附件 5—1 专利说明书及其中文译文作为评价本专利创造性的现有技术使用并无不当。本专利权利要求 1 的技术方案与附件 5—1 的主要区别在于:前者针对裁剪机磨刀机构,后者的应用环境是绕线机;前者中间齿轮是与外部的传动齿轮啮合,后者齿轮 146 与带有螺纹的传动螺杆相配合。在传动方式上采用齿轮替代附件 5—1 中的螺杆,且将绕线机中齿轮组保油润滑的技术应用于裁剪机磨刀机构中,从而得到权利要求 1 的技术方案,对所属领域的技术人员来说是很容易想到和实现的。因此,本专利权利要求 1 不具备创造性。附件 5—1 中的挡板 206 位于齿轮组和带有螺纹的螺杆上方,其与相当于"挡油围壁"的护罩 200 的直接向前部分 200A、圆柱形部件 200B、后圆弧片 200C 相互配合,客观上可以起到将润滑油保持在齿轮周围的作用。而本专利权利要求 3 中弧形盖板的主要作用也是与围壁相互配合,将飞溅的润滑油保留在斜齿轮周围。因此,附件 5—1 中的挡板 206 相当于本专利权利要求 3 的弧形盖板。在本专利权利要求 1 相对于附件 5—1 不具备创造性的情况下,本专利权利要求 3 的技术方案相对于附件 5—1 不具备实质性特点和进步。曹忠泉

虽主张本专利在商业上的巨大成功，从侧面证明了本专利具有创造性，但鉴于其并未提交相应证据，故对其主张不予支持。此外，曹忠泉已经认可如果本专利权利要求1不具备创造性，则权利要求2作为从属权利要求也不具备创造性。综上，专利复审委员会作出的第13216号决定认定事实清楚，适用法律正确，程序合法，一审法院据此作出（2009）一中行初字第1326号行政判决，维持专利复审委员会作出的第13216号决定。

曹忠泉不服一审判决，向北京市高级人民法院提起上诉，请求撤销一审判决及专利复审委员会第13216号决定。

北京市高级人民法院认为：请求人在提出无效宣告请求之日起1个月后增加无效宣告理由的，专利复审委员会一般不予考虑，但是针对专利权人以合并方式修改的权利要求，请求人可以在专利复审委员会指定期限内增加无效宣告理由并进行具体的说明。曹忠泉在无效宣告程序中以合并方式修改了权利要求，精凯公司提出使用附件5—1评价修改后的权利要求2的创造性属于在专利复审委员会规定期限内增加的无效理由，且在口头审理中曹忠泉针对该项无效理由充分陈述了意见并表示不再补充书面意见。因此，专利复审委员会在程序上和实体上充分保障了专利权人与无效请求人双方的权利，并无违法之处。虽然本专利与附件5—1应用的机械设备不同，但均涉及机械设备中齿轮组保油润滑问题，属于相同的技术领域。专利复审委员会与一审法院认定附件5—1中护罩200，就相当于本专利权利要求1中的"挡油围壁"是正确的。附件5—1的齿轮146，就相当于本专利权利要求1中"挡油围壁"内的"中间齿轮"；齿轮160，就相当于权利要求1中"挡油围壁"内的"斜齿轮"；附件5—1圆柱形部件200B的上顶点和后圆弧片200C的上顶点之间存在的开口，就相当于本专利权利要求1中的缺口。本专利权利要求1的技术方案与附件5—1在齿轮传动方式上存在不同，但二者的齿轮传动方式均是所属技术领域中的惯用技术手段。因此，将附件5—1绕线机中齿轮组保油润滑的技术应用于裁剪机磨刀机构中，从而得到本专利权利要求1的技术方案，对所属领域的技术人员来说是容易想到的。本专利权利要求1相对于附件5—1不具备创造性。本专利权利要求2进一步限定了围壁（4）与斜齿轮机闸（8）或磨刀机闸（1）制成一体。附件5—1公开了将护罩200适宜且严格地与基架支撑物198固定起来的内容，给出了将相当于围壁的护罩与支撑物相固定的技术启示，而制成一体技术属于本领域的公知常识，所属领域技术人员将二者相结合，容易得到本专利权利要求2的技术方案。因此，在本专利权利要求1不具备创造性的基础上，本专利权利要求2也不具备创造性。本专利权利要求3的附加技术特征进一步限定了围壁外的传动齿轮位置上设置弧形盖板，主要作用是与围壁相互配合，将飞溅的润滑油保留在斜齿轮周围。附件5—1的挡板206位于齿轮组和带有螺纹的螺杆上方，其与相当于"挡油围壁"的护罩200相互配合，同样也可以起到将润滑油保持在齿轮周围的作用。因此，附件5—1已经公开了本专利权利要求3的附加技术特征，在本专利权利要求1不具备创造性的基础上，本专利权利要求3也不具备创造性。综上，曹忠泉的上诉理由缺乏事实和法律依据，一审判决认定事实清楚，适用法律正确。据此判决：驳回上诉，维持原判。

最高院再审查明：一审和二审法院查明的事实属实。另查明，精凯公司于2008年12月26日提交了意见陈述书，并提交了包括附件5—1在内的证据。精凯公司在2009年2月9日的意见陈述书中，明确将之前提交的附件5—1作为对比文件。2009年2月25日口头审理时，精凯公司当庭提交了意见陈述书，在该意见陈述书中，精凯公司声明撤回其于2009年2月9日提交的意见陈述书，但没有撤回附件5—1。专利复审委员会提交的口头审理记录表记载，曹忠泉在口头审理时的发言中，提到附件5—1中文译文第6页倒数第2段第6行相关内容，该内容与附件5—1的7页中文译本相符。

本专利说明书在"发明内容"中载明："本实用新型由于在斜齿轮组的周围设置了围壁，将飞溅的润滑油保留在斜齿轮的周围，使斜齿轮组保持了良好的润滑，磨刀噪音明显降低，同时降低了能源损耗，延长斜齿轮的使用寿命，还可防止被裁剪的布料被污染。"在"具体实施方式"中载明："为了防止传动杆齿轮将围壁内的润滑油甩出，在该齿轮位置5处上方设置一弧面盖板7"。

最高院再审认为:本案争议的焦点问题主要是本专利与附件5—1相比是否具有创造性。创造性是发明创造的本质特性,是对发明创造相较于现有技术的创新高度要求。我国《专利法》对实用新型创造性的要求,是同申请日以前已有的技术相比具有实质性特点和进步。在评价发明创造是否具备创造性时,不仅要考虑发明创造的技术方案本身,还要考虑发明创造所属的技术领域、所解决的技术问题和所产生的技术效果,将其作为一个整体看待,即应从发明创造的技术原理、技术构思、技术效果等方面综合认定。

1. 技术领域。曹忠泉主张本专利与附件5—1的国际分类号不同,二者既不是相同的技术领域,也不是相近或相关的技术领域,因此附件5—1不能作为评判本专利创造性的对比文件使用。最高院认为,技术领域是要求保护的发明或者实用新型所属或者应用的具体技术领域,不是上位的或者相邻的技术领域,也不是发明或者实用新型本身。确定发明或者实用新型所属的技术领域,应当以权利要求所限定的内容为准,一般根据专利的主题名称,结合技术方案所实现的技术功能、用途加以确定。附件5—1公开的技术内容涉及绕线机润滑系统的润滑问题,本专利的技术方案是要解决裁剪机斜齿轮组的保油润滑问题。虽然绕线机属于纺织机械,裁剪机属于服装机械,二者在应用环境上有区别,但本专利和对比文件的技术方案均涉及机械系统的润滑问题,属于相同的技术领域。因此,专利复审委员会将附件5—1作为判断本专利创造性的对比文件,并无不妥。

2. 技术特征。本专利为一种裁剪机磨刀机构中斜齿轮组的保油装置,根据本专利权利要求书和说明书,为了实现其发明目的,本专利在斜齿轮位置和中间齿轮位置的周围设置了挡油围壁,将飞溅的润滑油保留在斜齿轮的周围;在围壁外的传动齿轮位置上设置了弧形盖板,防止围壁内的润滑油甩出。从附件5—1所公开的润滑系统的技术特征来看,其与本专利实际要解决的技术问题和所产生的技术效果并不相同。附件5—1中由抛油环160,齿轮146、150,护罩200以及挡板206等构成的润滑系统的主要作用是从机油箱162获取润滑油,并将润滑油输送到需要润滑的部件,设置护罩200的直接向前部分200A、圆柱形部件200B、后圆弧片200C以及挡板206的主要目的就是为上述技术功能服务的。为此,护罩200设置了进油口,以从机油箱获取润滑油,挡板206设置了出入口204,以接收润滑油。由于本专利与附件5—1所要解决的技术问题并不相同,因此所达到的技术效果也不同,本专利的技术特征所达到的技术效果是将润滑油保持在齿轮周围不外漏,实现齿轮的良好润滑和防止润滑油污染布料;护罩200和挡板206所起到的技术效果是将润滑油输送出去,而不是保持在齿轮周围不外漏。

3. 技术启示。附件5—1公开的润滑系统的技术方案所要解决的主要技术问题是有效输送润滑油,以实现对绕线机的内部构件进行润滑,而不是防止润滑油飞溅污染布料。对本领域技术人员来讲,在看到附件5—1所公开的技术方案基础上,无动机将其润滑系统中的护罩200和挡板206的技术特征加以改进后,应用到裁剪机磨刀机构中,以解决本专利所要解决的防止润滑油飞溅,将润滑油保持在斜齿轮周围的技术问题。因此,附件5—1对于本领域技术人员来讲,不存在促使其获得本专利所请求保护的技术方案和技术效果的技术启示。

综上,本专利权利要求1请求保护的技术方案相对对比文件附件5—1是非显而易见的,具有实质性特点和进步,具备《专利法》第22条第3款规定的创造性。由于本专利权利要求1具备创造性,其从属权利要求2、3亦具备创造性。原一、二审判决认定本专利相对于附件5—1没有创造性,从而维持专利复审委员会第13216号决定,适用法律错误,应予纠正。

根据《行政诉讼法》第54条第2项的规定,人民法院在判决撤销或者部分撤销被诉具体行政行为时,可以判决被告重新作出具体行政行为,但是否判决被告重新作出具体行政行为要视案件的具体情况而定。人民法院在审查专利复审委员会作出的无效宣告请求审查决定时,对专利复审委员会认为专利权有效,而人民法院认为专利权无效的情况,在判决撤销被诉决定的同时,应一并判决专利复审委员会重新作出决定;对专利复审委员会认为专利权无效的,人民法院在判决撤销被诉决定时,是否一并判决专利复审委员会重新作出决定,要区分如下两种情况:专利复审委员会针对无效宣告请求人所提出的无效理由和证据要全部作出评述,而人民法院认为专利权有效的,不必再判决专利复审委员会重新作出决定;专利复审委员会没有对无效宣告请求人所提出的无效理由和证据全部作出评述,而依据部分理由及相应证据作出的无效决定不能成立的,人民法院应一并判决专利复审委员会针对无效宣告请求人所提出的其他无效理由和证据重新作出决定。本案中,精凯公司针对本专利向专利复审委员会提出的无效理由是,本专利权利要求1、2、3不符合《专利法》第22条第2款、第3款、第26条第3款、第4款,《专利法实施细则》第20条第1款的规定;权利要求3不符合《专利法实施细则》第21条第3款的规定。精凯公司还提交了包括附件5—1在内的多份对比文件,以评价本专利权利要求的新颖性和创造性。专利复审委员会在作出第13216号决定时,是依据附件5—1对本专利权利要求作出没有创造性的评价,并据此宣告本专利权全部无效的,对精凯公司提出的其他无效理由和证据没有作出评述。有鉴于此,在最高院判决撤销专利复审委员会作出的第13216号决定后,专利复审委员会应针对精凯公司提出的其他无效理由和证据,重新作出决定。故此,依照《行政诉讼法》第54条第2项、最高人民法院《关于执行〈中华人民共和国行政诉讼法〉若干问题的解释》第76条第1款、第78条的规定,判决撤销北京市高级人民法院(2010)高行终字第634号行政判决、北京市第一中级人民法院(2009)一中行初字第1326号行政判决,并撤销国家知识产权局专利复审委员会第13216号无效宣告请求审查决定。

二、裁判要旨

**No.3-5-AP-37** 人民法院在判决撤销或者部分无效宣告请求审查决定时,是否判决专利复审委员会重新作出具体行政行为,应当视案件的具体情况而定。

根据《行政诉讼法》第54条第2项的规定,人民法院在判决撤销或者部分撤销被诉具体行政行为时,可以判决被告重新作出具体行政行为,但是否判决被告重新作出具体行政行为,要视案件的具体情况而定。人民法院在审查专利复审委员会作出的无效宣告请求审查决定时,对专利复审委员会认为专利权有效,而人民法院认为专利权无效的情况,在判决撤销被诉决定的同时,应一并判决专利复审委员会重新作出决定;对专利复审委员会认为专利权无效的,人民法院在判决撤销被诉决定时,是否一并判决专利复审委员会重新作出决定,要区分如下两种情况:(1)专利复审委员会针对无效宣告请求人所提出的无效理由和证据全部作出评述,而人民法院认为专利权有效的,不必再判决专利复审委员会重新作出决定;(2)专利复审委员会没有对无效宣告请求人所提出的无效理由和证据全部作出评述,而依据部分理由及相应证据作出的无效决定不能成立的,人民法院应一并判决专利复审委员会针对无效宣告请求人所提出的其他无效理由和证据重新作出决定。本案中,精凯公司针对本专利向专利复审委员会提出的无效理由是,本专利权利要求1、2、3不符合《专利法》第22条第2款、第3款、第26条第3款、第4款,《专利法实施细则》第20条第1款的规定;权利要求3不符合《专利法实施细则》第21条第3款的规定。精凯公司还提交了包括附件5—1在内的多份对比文件,以评价本专利权利要求的新颖性和创造性。专利复审委员会在作出第13216号决定时,是依据附件5—1对本专利权利要求作出没有创造性的评价,并据此宣告本专利权全部无效的,对精凯公司提出的其他无效理由和证据没有作出评述。有鉴于此,在最高院判决撤销专利复审委员会作出的第13216号决定后,专利复审委员会应针对精凯公司提出的其他无效理由和证据重新作出决定。

# 第四编 反不正当竞争

第一章 仿冒纠纷

第二章 虚假宣传纠纷

第三章 侵害商业秘密纠纷

第四章 商业诋毁纠纷

第五章 其他反不正当竞争纠纷

# 第一章 仿冒纠纷

**本章裁判要旨**

No.4-1-2.2-1 仿冒他人域名行为,构成不正当竞争行为。

No.4-1-5.2-1 冒用他人商品条形码对特殊企业而言将造成商品来源的混淆,破坏公平的市场竞争环境,构成不正当竞争。

No.4-1-5.3-1 商品条形码是商品标识的一种表现形式,具有特定性,应受法律保护。

No.4-1-5.2-2 具有很高知名度的指代特定人群及其技艺或作品的特定称谓,可以被认定为知名商品特有名称,获得《反不正当竞争法》保护。

No.4-1-5.3-2 判断"行业(或商品)+姓氏"的称谓是否属于通用名称,应综合考虑该称谓是否属于仅有的称谓方法、该称谓所指人物或商品来源是否特定以及是否使用了文学上的比较手法等因素。

No.4-1-2.3-1 自然人、法人或其他组织只要事实上从事了商品经营或营利性服务的行为,即属于《反不正当竞争法》上的经营者。

No.4-1-5.2-3 对于已为同行业经营者约定俗成、普遍使用的表示某类商品的名称,应认定为该商品的通用名称。

No.4-1-5.2-4 通用名称经过使用产生了区别性或者显著性,获得了"第二含义",便可以成为特有名称。

No.4-1-5.2-5 只有将他人商品名称做相同或者近似的使用,并造成与他人知名商品相混淆,才构成仿冒知名商品特有名称的不正当竞争行为。

No.4-1-5.2-6 不具备特有性的描述性商品名称,不能构成知名商品特有名称。

No.4-1-5.2-7 地域性相关公众认可度、地域性群众长期劳动实践形成的商品生产工艺以及地域性商品生产原料,是判断地域性商品通用名称的综合考量因素。

No.4-1-5.2-8 认定该知名商品,应当结合该商品在中国境内的销售时间、销售区域、销售额和销售对象,进行宣传的持续时间、程度和地域范围,作为知名商品受保护的情况等因素,并适当考虑该商品在国外已知名的情况,进行综合判断。

No.4-1-5.2-9 反不正当竞争法所保护的知名商品特有的包装、装潢,是指能够区别商品来源的盛装或者保护商品的容器等包装,以及在商品或其包装上附加的文字、图案、色彩及其排列组合所构成的装潢。

No.4-1-5.2-10 对他人能够区别商品来源的知名商品特有的包装、装潢,进行足以引起市场混淆、误认的全面模仿,属于不正当竞争行为。

No.4-1-5.2-11 只要经营者主观上存在过错,其产品装潢与他人在先使用在产品上的装潢构成近似并足以造成混淆或者误认的,即可认定该在先产品为知名商品。

No.4-1-20-1 当不正当竞争纠纷的损害赔偿额难以计算时,该赔偿额应为侵权人在侵权期间因侵权所获得的利润以及受侵害者为调查侵权人的不正当竞争行为所支付的合理费用。

No.4-1-1-1　在符合《反不正当竞争法》保护条件的情况下,外观设计专利权已终止的商品外观仍可受到反不正当竞争法的保护。

No.4-1-5.2-11　产品形状获得反不正当竞争法保护的重要条件是非功能性以及显著性。

No.4-1-5.2-12　反不正当竞争法对包装装潢的保护是针对装潢的整体而言的,对装潢的组成部分并不单独予以保护。

No.4-1-5.2-13　受保护标识的显著程度、相关消费者的识别力、标识之间的近似性和标识所有人以及侵权人的知名度是认定商品的包装、装潢是否构成混淆时应考虑的要素。

No.4-1-5.2-14　不具有原创性名称使用行为,不能使该名称成为知名服务的特有名称。

No.4-1-5.3-3　企业名称权人无权禁止他人在其字号的原有含义上进行合理使用。

No.4-1-5.2-15　由经营者营业场所的装饰、营业用具的式样、营业人员的服饰等构成的具有独特风格的整体营业形象,可以认定为服务的"装潢"。

No.4-1-1-2　保护公平竞争、保护经营者和消费者的合法权益,是《反不正当竞争法》的立法目的。

No.4-1-5.2-16　对知名商品的判断,应当综合考虑该商品的销售时间、区域、规模以及宣传力度、受影响范围等因素。

No.4-1-5.3-4　市场知名度的高低是字号能否受《反不正当竞争法》的保护的判断标准。

No.4-1-2.2-2　经营者是否具有超越法定经营范围而违反行政许可法律、法规的行为,不影响其依法行使制止不正当竞争行为的民事权利。

No.4-1-2.2-3　反不正当竞争法并未限制经营者之间必须具有直接的竞争关系,也没有要求其从事相同行业。经营者之间具有间接竞争关系,行为人违背《反不正当竞争法》的规定,损害其他经营者合法权益的,也应当认定为不正当竞争行为。

No.4-1-5.3-5　判断侵权企业申请注册其企业名称中字号的主观意图,主要以其申请注册时的主观状况为准,不能以被侵权企业此后具有知名度而推定侵权企业此前注册企业字号时,具有攀附其声誉和市场价值的主观恶意。

No.4-1-5.3-6　在判断具有特殊地理因素的企业字号是否可以共存时,应综合考虑与之相关的历史因素。

No.4-1-5.1-1　将在先使用且已有一定市场知名度的企业字号申请注册为商标并予以使用,足以使相关公众对商品的来源产生误认的,侵犯了在先的企业字号权益,构成不正当竞争。

No.4-1-5.3-7　将他人注册商标中相同的文字作为企业名称中的字号使用在类似商品上,致使相关公众对商品或者服务的来源产生混淆,虽不突出使用,仍构成不正当竞争行为。

No.4-1-5.3-8　具有一定市场知名度、为相关公众所熟知并已实际具有商号作用的企业或者企业名称的简称,可以视为企业名称。

No.4-1-5.3-9 擅自将他人已实际具有商号作用的企业简称作为商业活动中互联网竞价排名关键词,使相关公众产生混淆误认的,属于不正当竞争行为。

No.4-1-5.4-1 仿冒他人商品的质量证明构成不正当竞争。

No.4-1-5.4-2 仿冒食品生产许可证号、食品标签认可证书号的行为有违行政管理规定,但不构成不正当竞争行为。

No.4-1-20-2 若仿冒行为仅是对财产权利造成损害,则不应将赔礼道歉纳入赔偿责任范围。

## 1 仿冒域名(《反不正当竞争法》第2条)

**案例:上海柏丽居货运代理有限公司与毕丽萍、上海孚睿吉商务咨询有限公司不正当竞争纠纷上诉案**

**案例来源:**(2008)沪高民三(知)终字第174号

**主题词:**仿冒域名

### 一、基本案情

上诉人(原审原告):上海柏丽居货运代理有限公司(以下简称柏丽居公司)。
上诉人(原审被告):上海孚睿吉商务咨询有限公司(以下简称孚睿吉公司)。
上诉人(原审被告):毕丽萍。

原告柏丽居公司成立于2001年,主要经营商务咨询服务、物品打包、货物代理等业务,是域名"www.bridgerelo.com"的注册人。被告孚睿吉公司成立于2007年,经营商务咨询、物品打包、货运代理、仓储服务、装卸服务、汽车租赁、房地产经纪等业务。被告毕丽萍为孚睿吉公司的法定代表人和出资人。

2007年12月14日,毕丽萍注册系争域名"bridgerelo.com.cn",并与孚睿吉公司共同使用该域名。上述两个网站的网页频道栏、图片、系争的"Bridge Worldwide Relocations"图文组合标识等均相同,页面中的文字部分均为英文,内容除上海办事处的联系方式不同外,其余均相同。其中,在"www.bridgerelo.com"网站上刊登的上海办事处为原告,在"www.bridgerelo.com.cn"网站上刊登的上海办事处为被告。在上述两个网站上的"公司简介"一栏中均有:柏丽居货运代理有限公司是一家总部设在加利福尼亚州充满活力的美国公司,公司通过设在七个国家或地区的办事处在亚洲—太平洋地区提供超一流的搬场服务。作为享有良好声誉的第一流的物流提供商,柏丽居货运代理有限公司在中国、韩国、新加坡、泰国、印度尼西亚和菲律宾等为公司客户和他们的奉调人员提供专业的搬场协助服务……等介绍。调查中,柏丽居公司承认其在"www.bridgerelo.com"网站上所作的宣传有虚假夸大的成分。

原告公司诉称:两被告仿冒原告域名、网页宣传内容,造成公众混淆,损害了原告的合法权益,属于不正当竞争行为。

两被告辩称:原告在bridgerelo.com域名所在网页里发布的内容不享有合法权益,该域名和网页内容均属于案外人所有。

一审法院审理认为,两被告明知已经存在"bridgerelo.com"域名,且原告也在实际使用该域名,但为了商业目的,被告毕丽萍注册系争域名并将系争域名用于宣传、推广被告孚睿吉公司的货运代理等业务,而这些业务与原告经营的业务相同,这可能会使相关网络用户对原告与被告孚睿吉公司之间的关系以及被告孚睿吉公司提供的服务来源产生混淆,从而误导网络用户访问其网站。另外,被告网站仿冒原告网站宣传,但原告网站宣传内容均与事实不符,属于虚假宣传,故原告对该网站上的宣传内容并不享有合法权益,不受我国反不正当竞争法的保护。据此,一审法院依照《中华人民共和国反不正当竞争法》第 2 条第 1 款、第 20 条第 1 款,最高人民法院《关于审理涉及计算机网络域名民事纠纷案件适用法律若干问题的解释》第 4 条、第 5 条第 1 款第 2 项、第 7 条、第 8 条的规定判决:被告毕丽萍注册的"bridgerelo.com.cn"域名于判决生效之日起由原告上海柏丽居货运代理有限公司注册、使用;被告毕丽萍、被告孚睿吉公司共同赔偿原告上海柏丽居货运代理有限公司经济损失人民币 8 000 元。

两被告不服,提出上诉,二审法院判决:驳回上诉,维持原判。

二、裁判要旨

**No.4-1-2.2-1 仿冒他人域名行为,构成不正当竞争行为。**

所谓"域名",即企业、政府、非政府组织等机构或者个人在域名注册商上注册的名称,是互联网上企业或机构间相互联络的网络地址。每一个域名都是独一无二的,随着社会经济高速发展与网络技术应用的迅速普及,"域名"已成为一种有价值的资源。北京市高级人民法院在《关于审理域名注册、使用而引起的知识产权民事纠纷案件的若干指导意见》中指出:"域名是因特网上用户在网络中的名称和地址。域名具有技术性和标识性两方面的功能。技术功能是指域名注册人在网络上的地址;识别功能是指域名注册人在英特网上代表自己的标志。"可见,域名不仅代表了企业在网络上独有的位置,也是企业产品、服务范围、形象、商誉等要素的综合体现,是企业无形资产的一部分。同时,"域名"也是有文字含义的商业性标记,与商标、商号类似,体现了相当的创造性和识别性。因此,对"域名"进行仿冒将会产生误导社会公众、扰乱市场秩序的后果。实践中,域名通过注册而获得,并且遵循先申请先注册原则,即管理机构对申请人提出的域名是否违反了第三方的权利不进行任何实质审查,这样也使得域名纠纷层出不穷。因此,2001 年 6 月,最高人民法院出台了针对处理域名纠纷的《关于审理涉及计算机网络域名民事纠纷案件适用法律若干问题的解释》,明确规定了行为人注册、使用域名行为构成侵权或不正当竞争的四个条件:(1) 原告请求保护的民事权益合法有效。(2) 被告域名或其主要部分构成对原告驰名商标的复制、模仿、翻译或音译;或者与原告的注册商、域名等相同或近似,足以造成相关公众的误认。(3) 被告无注册、使用的正当理由。(4) 被告具有恶意。

就本案而言,(1) 原告对"bridgerelo.com"域名享有在先合法权益。(2) 系争域名"bridgerelo.com.cn"与原告的"bridgerelo.com"域名相比较,前者仅比后者多了".cn",两者的主要识别部分"bridgerelo"相同,足以造成相关公众的误认。(3) 被告对系争域名不享有合法权益,也未就其注册、使用该域名的正当理由进行举证证明。(4) 从原告和被告孚睿吉公司的经营范围看,均涉及商务咨询服务、货运代理等业务,双方存在竞争关系。被告毕丽萍在注册系争域名之前,应该知道已经存在"bridgerelo.com"域名,且原告也在实际使用该域名,但为了商业目的,毕丽萍注册系争域名并将系争域名用于宣传、推广孚睿吉公司的货运代理等业务,可见,被告对系争域名的注册、使用具有恶意。因此,两被告共同使用系争域名的行为构成不正当竞争。

**2** 仿冒商品条形码(《反不正当竞争法》第 5 条第 2、3 项)

**案例:宁波华能国际经济贸易有限公司与福建天龙电机有限公司不正当竞争纠纷上诉案**

案例来源:最高人民法院《2008 年 100 件全国知识产权司法保护典型案例》,(2004)闽民终字第 283 号

主题词:仿冒商品条形码　商品来源的混淆

一、基本案情

上诉人(原审被告):福建天龙电机有限公司(以下简称天龙公司)。

被上诉人(原审原告):宁波华能国际经济贸易有限公司(以下简称宁波华能公司)。

宁波华能公司拥有《中国商品条码系统成员证书》,其厂商识别代码为 69234963。2002 年 6 月 18 日,天龙公司因使用宁波华能公司所有的条形码,而被福建省质量技术监督局行政处罚。

宁波华能公司诉称天龙公司使用其商品条形码,造成原告经济损失,构成不正当竞争,要求

被告承担赔偿责任。

天龙公司辩称：商品条形码中虽然包含一些产品信息，但其主要作用是方便管理，对于相关公众和消费者来讲并不具有显著性，所有的条形码在形式上均是极其相似的。在消费者中用于区分商品信息没有意义，消费者不会因为条形码相同而把被告与原告的商品混淆。因此，被告不会对原告构成不正当竞争。

一审法院审理认为，商品条形码作为一种专用权，其与商品密不可分，它同样会随商品信誉的提高而提高它的知名度。天龙公司冒用他人条形码，以假乱真，除了企图挤占宁波华能公司的商品市场以外，其使用亦会对宁波华能公司商品的信誉造成不利影响。天龙公司冒用条形码，不仅体现为扰乱市场、违反行政管理，而且亦对他人的民事权利造成了侵害。因此，天龙公司冒用宁波华能公司条形码的行为属于不正当竞争行为，已构成侵权。依照《中华人民共和国反不正当竞争法》第2条、第5条第4项、第20条的规定，一审法院判决：天龙公司应于本判决生效之日起15日内，赔偿宁波华能公司条形码被冒用的损失12万元，赔偿宁波华能公司本案诉讼的律师费用5 000元。

天龙公司不服一审判决，提起上诉。

二审法院审理认为：宁波华能公司的商品条形码经合法取得，其专用权受法律保护。天龙公司在其生产的产品上冒用宁波华能公司的商品条形码的行为不仅违反了相应行政管理的规定，同时也挤占商品条形码专用权人的商品市场，使特定的消费群体在特定的场合对商品的来源产生混淆，违反了市场交易中的诚实信用原则，破坏了公平竞争的市场秩序，构成不正当竞争。根据《中华人民共和国反不正当竞争法》第2条和第5条第3项的规定，天龙公司已构成对宁波华能公司的不正当竞争，损害了宁波华能公司的合法权益。此外，冒用宁波华能公司条形码的产品是在天龙公司的生产现场查获的，没有进入商品流通领域，未给宁波华能公司造成严重的经济损失，故原审确定赔偿数额过高，应予调整。根据本案侵权行为的性质和情节，以及宁波华能公司为制止侵权和诉讼所支出的合理费用，酌情确定天龙公司赔偿宁波华能公司人民币2万元。据此，二审法院依照《中华人民共和国民事诉讼法》第153条第1款第2项和《中华人民共和国反不正当竞争法》第20条第1款的规定，判决：撤销宁德市中级人民法院（2003）宁知初字第8号民事判决；福建天龙电机有限公司应于本判决生效之日起15日内，赔偿宁波华能国际经济贸易有限公司损失人民币2万元。

二、裁判要旨

**No.4-1-5.2-1 冒用他人商品条形码对特殊企业而言将造成商品来源的混淆，破坏公平的市场竞争环境，构成不正当竞争。**

根据《反不正当竞争法》第5条第2项的规定，"造成和他人的知名商品相混淆，使购买者误认为是该知名商品"是仿冒型不正当竞争行为的构成要件之一。对于"混淆"的类型，一般可以分为两大类：一是商品自身的混淆；二是经营者的混淆，即商品来源的混淆。其中，对于经营者的混淆，又可以细分为关联关系的混淆和联想意义的混淆。前者指误认甲、乙商品来源于具有商业标识许可使用、参股等特定联系的不同经营者；后者指将甲、乙商品产生联想。[①] 本案中，天龙公司仿冒商品条形码的行为是对经营者，即商品来源的混淆。因为商品条形码对每个注册企业而言都是唯一的，并直接指向企业名称和地址信息。因此，仿冒商品条形码实质上是对企业名称和地址信息的仿冒。但与企业名称不同，商品条形码并非普通消费者肉眼可以识别，需要通过专业的条码阅读扫描器解码后才能还原为相应企业信息。因此，商品条形码对普通消费者一般不会产生影响。但是，对特定的企业（如商品批发、运输、仓储、超级商场等企业）在运用计算机管理的环境下，商品条形码对区分商品来源具有重大意义，对商品条形码的仿冒行为仍会导致市场竞争产生混淆现象。《反不正当竞争法》的立法目的是保护公平竞争的市场经济秩序，制止不正当竞争行为，以保护经营者和消费者的合法权益。任何违反诚实信用，破坏公平竞争

---

① 参见孔祥俊：《商标与不正当竞争法原理与判例》，法律出版社2009年版，第740页。

市场秩序的行为,均属于该法调整的范围。所以本案中,被告天龙公司冒用他人商品条形码,违反了市场交易中的诚实信用原则,破坏了公平竞争的市场秩序,构成不正当竞争。

**No.4-1-5.3-1　商品条形码是商品标识的一种表现形式,具有特定性,应受法律保护。**
　　根据国家技术监督局《商品条码管理办法》的规定,商品条形码(又称商品条码)是由一组规则排列的条和空(即条码)及其对应字符组成的表示一定信息的商品标识。任何单位或者个人使用的商品条形码必须经注册取得,经注册的商品条形码中必然有厂商代码,其中包含的信息有企业名称及地址等内容。由此可见,经注册的商品条形码是特定企业名称及商品的特殊表现形式,对特定商品条形码的使用,经计算机解读后,必然涉及对特定企业名称的使用。为此,国家技术监督局《商品条码管理办法》规定,系统成员对其注册厂商识别代码和相应商品条码享有专用权。既然商品条形码是含有上述信息并为特定主体享有专用权的商品标识,对其进行使用也必然产生相应的民事权利。本案中,原告宁波华能公司的商品条形码经合法取得,其专用权受法律保护。《反不正当竞争法》第5条第3项明确规定,擅自使用他人的企业名称或者姓名,引人误认为是他人商品的行为属不正当竞争行为。随着电子信息技术的运用,企业的名称或者姓名早已不再停留于本国文字的基础上。事实上,阿拉伯数字所代表的信息远远比汉字所涉及的范围更广,商品条形码虽然没有汉字内容,但作为商品的"户口""身份证",直接反映商品生产厂家的名称。因此,商品条形码是商品标识的一种表现形式,权利人对其享有专用权,应受法律保护。

### ❸ 仿冒知名商品特有名称(《反不正当竞争法》第5条第2、3项)

**案例:张锠、张宏岳、北京泥人张艺术开发有限责任公司与张铁成、北京泥人张博古陶艺厂、北京泥人张艺术品有限公司不正当竞争纠纷案**
案例来源:《最高人民法院知识产权审判案例指导》(第五辑)[(2007)高民终字第540号]
主题词:知名商品特有名称　通用名称

#### 一、基本案情

再审申请人(一审原告、二审被上诉人):张锠。
再审申请人(一审原告、二审被上诉人):张宏岳。
再审申请人(一审原告、二审被上诉人):北京泥人张艺术开发有限责任公司(以下简称泥人张艺术开发公司)。
被申请人(一审被告、二审上诉人):北京泥人张博古陶艺厂。
被申请人(一审被告、二审上诉人):张铁成。
被申请人(一审被告、二审上诉人):北京泥人张艺术品有限公司(以下简称北京泥人张艺术品公司)。

"泥人张"最早是指清末道光年间著名的民间泥塑艺人张明山。1844年,张明山为著名京剧演员余三胜塑像,十分传神,名闻于时,被人们称为"泥人张",故张明山为"泥人张"彩塑的创始人。"泥人张"的第二代传人张玉亭、张华棠承袭了其父的彩塑技艺风格,且有创新。1949年2月,在天津市人民政府的鼓励、扶持下,"泥人张"第三代传人张景禧在天津市取得营业执照,开办了泥人张社,制作泥人。后张明山后代中部分从事彩塑创作的人员与天津市人民政府指派的人员,在天津市共同创建了天津泥人张彩塑工作室。1950年,"泥人张"第三代传人张景祜从天津调入北京,先后在中央美术学院、中央工艺美术学院设立"泥人张"工作室,从事"泥人张"彩塑艺术品的创作。张锠为张景祜之子,是"泥人张"第四代传人之一。张宏岳为张锠之子,是"泥人张"第五代传人之一。1966年"文革"开始后,该工作室被迫摘掉了"泥人张彩塑工作室"的牌子,1974年更名为天津彩塑工作室,1983年12月又恢复了原来的天津泥人张彩塑工作室名称;1985年12月12日成立天津古文化街泥人张工艺品经营部,并悬挂"泥人张"牌匾;1988年10月27日,天津泥人张彩塑工作室将"泥人张"申请注册商标,1993年12月29日天津古文化街泥人张工艺品经营部变更为天津市泥人张工艺品经营部。1997年8月14日,泥人张艺术开发公司成立,张宏岳为该公司法定代表人。张明山及其后代最早生活在天津,张明山的后代张景祜最晚在1956年即到北京发展;张明山及其后代被全国范围内的报纸、史料使用"泥人张"的称谓进行报道和记载,其作品广为多国博物馆收藏。根据天津市高级人民法院判决的相关内容,原告张锠、张宏岳以及泥人张艺术开发公司是"泥人张"这一专有名称的权利人之一,其经有关部门核准有权将"泥人张"名称作为企业或机构名称的部分内容使用,并不得擅自许可和转让。

张桂山是北京市宣武区广内雕塑厂颇为有名的一位泥塑老艺人。1979年7月13日,《北京日报》对其事迹进行了报道。1980年7月12日,《中国青年报》刊登的《名师传艺记》、1988年出版的《北京工商史话》收录的吴国洋著《北京的"泥人张"》和1989年出版的《创业之歌》收录的潇湘著《北京"泥人张"》等,都是使用"泥人张"或者"北京泥人张"对张铁成及其家族进行报道的公开出版物及文章。爱新觉罗·溥杰先生受托为张桂山题写了事先确定好的"泥人张"牌匾。北京泥人张博古陶艺厂和北京泥人张艺术品公司分别于1982年11月26日和1994年7月4日注册成立,其法定代表人均为张铁成。北京泥人张艺术品公司将其域名注册为www.nirenzhang.com。自1987年起,张铁成、北京泥人张博古陶艺厂和北京泥人张艺术品公司对"北京泥人张"的名称来源及产品就进行了广泛宣传,其制作的泥陶工艺品也多次获奖。

原告发现,被告北京泥人张艺术品公司在其网上简介中宣称:"北京泥人张"始于清末道光年间,至今已有160年的历史,北京泥人张艺术品有限公司下属北京泥人张博古陶艺厂,是制作"北京泥人张"传统仿古泥陶艺术品的专业厂家,厂长张铁成系"北京泥人张"的第四代传人,深得艺术真传,现任该厂的法定代表人。

原告诉称:(1)三被告上述对所谓"北京泥人张"历史的宣传,以及被告张铁成以"北京泥人张"第四代传人自居,均没有事实依据,三被告如此宣传,是故意造成与原告"泥人张"专有名称的混淆,是对其"泥人张"名称的专有权的侵犯。(2)被告北京泥人张博古陶艺厂及被告北京泥人张艺术品公司,擅自将"泥人张"作为自己企业的名称使用,同样是明显的侵权行为。被告北京泥人张艺术品公司用"泥人张"的汉语拼音"nirenzhang"作为自己网站的域名,这是被告以不同的方式使用"泥人张"专有名称的行为。被告的这种使用方式,易使公众产生混淆,是一种不正当竞争行为。

原告请求法院判令:(1)被告停止侵权,不得以任何形式使用"泥人张"的专有名称;(2)注销被告北京泥人张艺术品公司所使用的www.nirenzhang.com域名;(3)被告向原告公开赔礼道歉;(4)被告北京泥人张博古陶艺厂及被告北京泥人张艺术品有限公司赔偿原告北京泥人张艺术开发有限责任公司经济损失110万元,以及为本案诉讼支出的公证费1000元、律师费3万元等。

被告辩称:(1)"北京泥人张"与原告的天津泥人张从制造工艺、选料用材、外观特征、艺术风格上,均有较大差别,是完全不同的两种产品。(2)北京泥人张艺术品公司将爱新觉罗·溥杰先生题写的"泥人张"文字注册为商标已经6年,没有人对以上商标提出异议。(3)被告在宣传中一直使用"北京泥人张"字样,用以区别于天津泥人张。"泥人+姓氏"是对民间泥塑艺人的习惯性称谓,"泥人张"是对民间张姓泥塑艺人的通用称谓,没有唯一性和专属性,在全国范围内可用地域加以区分,如北京"泥人张"、天津"泥人张"。所以被告没有实施所谓不正当竞争行为。(4)被告北京泥人张博古陶艺厂成立于1979年,1983年正式注册公司,而原告北京泥人张艺术开发有限责任公司1997年才成立,被告的发展规模已远远胜过原告,被告无须假冒原告的名称及产品来提高自己产品的信誉度和知名度,所以原告的起诉无事实及法律依据,请求法院驳回原告的全部诉讼请求。

一审法院审理认为:"泥人张"最初系指张明山。经过长期使用,"泥人张"已成为知名彩塑艺术品的特有名称。张明山后代中从事彩塑创作的人员和天津泥人张彩塑工作室,有权在其创作的艺术品上使用"泥人张"名称,并有权将"泥人张"作为企业或机构名称的部分内容使用。

张铁成、北京泥人张艺术品公司、北京泥人张博古陶艺厂将"北京泥人张"作为产品名称、企业名称、域名使用和宣传的行为，足以造成公众对"泥人张"彩塑艺术品的来源和制作人的混淆。其上述使用行为客观上借助了"泥人张"百余年来形成的声誉，为自己争取了更多的交易机会，在主观上也有过错，其行为已经构成不正当竞争，应承担相应的民事责任。但北京泥人张博古陶艺厂于1983年即已注册成立。因此，张铁成、北京泥人张艺术品公司、北京泥人张博古陶艺厂所获得的经济利益和市场效益，是与其自身的积极经营分不开的，而非单纯地靠使用"泥人张"名称所产生。而且三原告对张铁成、北京泥人张艺术品公司、北京泥人张博古陶艺厂使用"北京泥人张"名称的情况早就知晓，但一直未提出异议，过于懈怠行使自己的权利。原告对其所提遭受经济损失的情况也未提交证据加以证明。在此情况下，法院对三原告提出的经济损失赔偿的请求不予支持，但对三原告提出的其为诉讼支出的合理费用，可予适当支持。本案不涉及人身或精神权利，故对三原告关于公开赔礼道歉的请求不予支持。综上，一审法院判决：

1. 张铁成及北京泥人张艺术品公司于判决生效之日起，立即停止关于"北京泥人张"及张铁成为"北京泥人张"第四代传人的宣传。

2. 北京泥人张博古陶艺厂及北京泥人张艺术品公司于判决生效之日起，立即停止使用带有"泥人张"文字的产品名称、企业名称，立即停止在企业宣传中使用"泥人张"专有名称等涉案侵权行为。

3. 北京泥人张艺术品公司于判决生效之日起立即停止使用"www.nirenzhang.com"互联网域名，并于判决生效之日起30日内注销该互联网域名。

4. 北京泥人张博古陶艺厂及北京泥人张艺术品公司于判决生效之日起10日内，赔偿泥人张艺术开发公司为本案诉讼支出的合理费用1万元等。

张铁成、北京泥人张博古陶艺厂、北京泥人张艺术品公司不服一审判决，提起上诉。

二审法院审理为：(1) 1982年成立的北京泥人张博古陶艺厂和1994年成立的北京泥人张艺术品公司，均早于1997年成立的泥人张艺术开发公司，故其在后的利益不能对抗成在先的企业名称和商品名称，故二被告不构成对二原告的侵权。(2) 根据被告提供的证据，"北京泥人张"也是有一定历史渊源和影响力，故1982年张铁成在注册成立北京泥人张博古陶艺厂时，在企业名称和产品名称中使用"泥人张"的字样有合理依据，而且在其后的二十余年里，积极经营，有了较高的知名度和市场影响力。(3) 北京"泥人张"仿古陶艺制品和天津"泥人张"彩塑艺术品在制造工艺、销售渠道、消费群体上存在很大差异，不会产生市场混淆和品牌误认，而且三原告并未提供有力证据证明相关公众对二者产生了混淆和误认，故被告不构成不正当竞争。一审判决认定事实不清，适用法律错误，依法予以改判。据此，二审法院判决：

1. 维持北京市第二中级人民法院(2006)二中民初字第1017号民事判决第四项，即北京泥人张博古陶艺厂及北京泥人张艺术品有限公司于本判决生效之日起10日内，赔偿北京泥人张艺术开发有限责任公司为本案诉讼支出的合理费用1万元。

2. 撤销北京市第二中级人民法院(2006)二中民初字第1017号民事判决中有关停止使用"泥人张"专有名称和"www.nirenzhang.com"互联网域名的判决。

3. 北京泥人张艺术品有限公司于本判决生效之日起30日内，在其"nirenzhang"域名前附加区别性标识等。

张锠、张宏岳、北京泥人张艺术开发公司不服二审判决，向最高人民法院(以下简称最高院)提起再审。

最高院认为：认定一个类似"老字号"的特定名称权是否真实存在，应当以客观的历史记载和持续性相传的历史为证，而北京"泥人张"的产生、发展和传承的证据均不足。因此，再审法院判决：

一、撤销北京市高级人民法院(2007)高民终字第540号民事判决。

二、维持北京市第二中级人民法院(2006)二中民初字第1017号民事判决。

二、裁判要旨

No.4-1-5.2-2 具有很高知名度的指代特定人群及其技艺或作品的特定称谓,可以被认定为知名商品特有名称,获得《反不正当竞争法》保护。

知名商品特有名称的判断要素主要考虑三个方面:(1)该商品是否为知名商品;(2)确定该商品名称是否为特有名称;(3)从商品性质上判断此名称是否能够显著的区分于商品来源。本案中,源于天津的"泥人张"泥塑商品,由清末道光年间的张明山所开创,经过几代人的传承,该商品已经在全国甚至国际上享有声誉,因此可以将其认定为知名商品。"泥人张"的称谓最初指的是该泥塑商品的创始人张明山,后经过张家人世代的努力,该称谓承载了极大的商业价值,用"泥人张"标识泥塑作品,明确了作品的来源或者作品与张明山及其后几代人的特定联系,不仅便于消费者准确识别相关商品来源,而且显然会增强使用者的市场竞争力和获利能力。"泥人张"这一称谓在使用过程中,已经从对特定人群的称谓发展到对该特定人群所传承的特定泥塑技艺和创作、生产的作品的一种特定称谓,因此其可以作为反不正当竞争法上的知名商品特有名称予以保护。

No.4-1-5.3-2 判断"行业(或商品)+姓氏"的称谓是否属于通用名称,应综合考虑该称谓是否属于仅有的称谓方法、该称谓所指人物或商品来源是否特定以及是否使用了文学上的比较手法等因素。

通用名称,是指在一定范围内普遍使用的名称,其本身不具有识别特定商品来源的功能。通用名称包括法定的或者约定俗成的两种情况。法定的通用名称是指法律规定或者国家标准、行业标准等规范性文件确定的通用名称;约定俗成的通用名称是指相关公众普遍认可和使用的通用名称。这里的相关公众一般是指全国范围内的相关公众,但如果被指称的行业或者商品由于历史传统、风土人情或者自然条件、法律限制等原因而局限在特定地域市场或者有其他相关市场内,则以该相关市场的公众为判断标准。本案中的"泥人张",显然不属于法定的通用名称。判断其是否为约定俗成的通用名称时,应当以全国范围内的相关公众的通常认识为标准,因为泥塑行业和商品在全国范围内均有分布。虽然,从日常生活经验出发,"行业+姓氏"或者"商品+姓氏",确实是社会大众特别是北京人对民间艺人的一种称谓方法。但是,这种方法并不是仅有的一种称谓方法,而且,这也不意味着根据这种方法产生的称谓就必然是相关商品的通用名称。例如"泥人李""泥人常"等名称,即使确实存在,显然所指的人物或者商品的来源也应当是特定的,并不是对特定姓氏一人的通用称谓。"泥人张"作为对张明山及其后几代泥塑艺人的称谓,历史悠久,声誉较高。媒体或者特定范围内的人称其他做泥人的艺人为"泥人张",通常是一种文学上的比较手法,体现了对该艺人技艺的艺术性肯定或者夸张。因此,"泥人+姓氏"并非是对泥塑艺人的通用称谓,被告在没有实质证据证明全国范围内的张姓泥塑艺人均被普遍称谓"泥人张"。

**案例:江苏爱特福药物保健品有限公司与北京地坛医院、金湖县爱特福化工有限责任公司、北京庆余药品经营部不正当竞争纠纷案**

案例来源:《中华人民共和国最高人民法院公报》2003年第5期(总第85期)[(2002)民三终字第1号]

主题词:《反不正当竞争法》上的经营者 知名商品特有名称 通用名称

一、基本案情

上诉人(原审被告):江苏爱特福药物保健品有限公司(以下简称爱特福保健品公司)。

被上诉人(原审原告):北京地坛医院。

原审被告:金湖县爱特福化工有限责任公司、北京庆余药品经营部。

1984年,北京地坛医院的前身北京第一传染病医院成功研制能迅速杀灭各类肝炎病毒的消毒液,经北京市卫生局组织专家鉴定,授予应用成果二等奖,定名为"84肝炎洗消液",后更名为

"84消毒液"。1984年,地坛医院设立"北京第一传染病医院劳动服务公司",生产销售"84消毒液",并先后在全国范围内转让该项技术达三十余家。各受让企业在其产品上均标明商标及"84肝炎洗消液"或"84消毒液"名称。1992年6月,地坛医院出资设立"北京龙安医学技术开发公司"(以下简称龙安公司),委托该公司生产销售"84消毒液"。双方约定,凡今后在"84消毒液"的生产、研制开发及经营销售中处理有关法律纠纷均以地坛医院的名义,由地坛医院出面解决。地坛医院还于1997年3月通过组建集团公司的形式,向全国三十多个生产厂家转让、许可使用其技术,生产、销售"84消毒液"。

1987年8月21日,地坛医院与金湖县有机化工厂(以下简称金湖化工厂)签订《关于联合生产"84肝炎洗消剂"合同书》,约定:双方联合生产"84肝炎洗消剂",由地坛医院提供技术,为金湖化工厂培训生产技术人员和检测人员,金湖化工厂向地坛医院支付科研经费1万元,每年分别由本项产品纯利润中提取10%作为地坛医院联合生产的利润,地坛医院保留技术成果的所有权和转让权,在江苏省长江以北及南京市范围内不得再行转让或联营。

1992年7月2日,金湖化工厂以现金、厂房、设备及商标专用权与香港励锵行有限公司合资成立了爱特福保健品公司,生产消毒清洁、卫生及日化用品。该公司当年即开始生产、销售"84消毒液"。自1994年5月至今,爱特福保健品公司先后以报刊广告、电视广告及广告招贴等形式宣传其生产的爱特福牌"84消毒液"。

2001年4月11日,卫生部发布《卫生部关于印发健康相关产品命名规定的通知》,对包括消毒剂、消毒器械在内的健康相关产品的命名提出了要求。《健康相关产品命名规定》第4条第3项规定,健康相关产品命名必须符合的原则包括:名称由商标名、通用名、属性名三部分组成。截至2002年9月,已经获得卫生部卫生许可批件并在有效期内的"84消毒液"有五个,除龙安公司"龙安牌84消毒液"、爱特福保健品公司"爱特福牌84消毒液"外,尚有青岛剑盾洗消剂厂"剑盾牌84消毒液"、安徽省蚌埠防疫制品厂"亚康牌84消毒液"、南京江南消毒剂厂"众智牌84消毒液"等。

北京地坛医院诉称:"84"为地坛医院生产的消毒液的特有名称,爱特福保健品公司未经地坛医院许可,擅自使用"84"消毒液作为其产品名称,造成与地坛医院产品的混淆和消费者的误认,已构成不正当竞争,应承担赔偿责任。

被告辩称:(1)北京地坛医院不具备诉讼主体资格。(2)"84消毒液"是因被告人生产的"爱特福牌84消毒液"而知名,并且"84"系同类消毒液产品的通用名称,不应认定为北京地坛医院所特有。

一审法院审理认为:(1)地坛医院虽不是该产品的生产经营者,但由于其资金来源为差额补贴,有权委托他人生产、销售"84消毒液",且不影响其作为权利主体来主张权利。(2)"84消毒液"自1985年投放市场以来,受到消费者的广泛认同,在市场上具有一定的知名度,属于为公众所知悉的商品,应认定为知名商品。"84"作为一种消毒液的名称由地坛医院最早使用,并由于该院的使用而知名。"84"一词与地坛医院及其研制生产的消毒液密切相关,成为该商品的代表和象征,故"84"已经具有了与其他相关商品相区别的显著特征,应认定"84"为地坛医院生产的消毒液的特有名称。

爱特福保健品公司未经地坛医院许可,擅自使用"84消毒液"作为其产品名称,足以造成与地坛医院产品的混淆和消费者的误认,已构成不正当竞争,应承担民事责任。据此,一审法院依照《反不正当竞争法》第5条第1款第2项、第20条第1款的规定,判决:

一、爱特福保健品公司立即停止在其生产销售的消毒液上使用"84"作为其商品名称,停止在各媒体上以"84消毒液"为名称进行广告宣传;

二、爱特福保健品公司于本判决生效之日起30日内,在《新民晚报》《北京晚报》上,向地坛医院公开赔礼道歉;

三、爱特福保健品公司赔偿地坛医院经济损失人民币25万元。

爱特福保健品公司不服一审判决,提起上诉。

《反不正当竞争法》上的经营者·知名商品特有名称·通用名称

二审法院审理认为:(1)认同一审法院对于地坛医院依法享有本案原告诉讼主体资格的认定。(2)原告地坛医院自1984年研制开发"84肝炎洗消液"(后更名为"84消毒液")以来,向全国多家企业转让该技术,许可其生产销售"84消毒液"。在有关技术转让许可合同中,并未对"84"名称有何特殊约定,以至于"84消毒液"作为该类商品的名称被普遍使用,且各个受让企业均在使用该商品名称的同时,标明各自所使用的商标。可见,仅凭"84消毒液"的名称已不能区别该商品来源。因此,地坛医院所提出的"84消毒液"为其知名商品的特有名称,进而由其专有的主张实难支持。

综上,原审判决对"84消毒液"是否为知名商品特有名称的事实认定不清,适用法律错误,应当予以纠正。故此,二审法院根据《中华人民共和国反不正当竞争法》第5条第2项、《中华人民共和国民事诉讼法》第153条第1款第3项的规定,判决如下:撤销北京市高级人民法院(2001)高知初字第79号民事判决;驳回北京地坛医院的诉讼请求。

二、裁判要旨

**No.4-1-2.3-1 自然人、法人或其他组织只要事实上从事了商品经营或营利性服务的行为,即属于《反不正当竞争法》上的经营者。**

依据《反不正当竞争法》第2条的规定,不正当竞争行为的主体是经营者,此处的"经营者"应从行为性质的角度理解,即行为人只要事实上从事了商品经营或营利性服务的行为,即为《反不正当竞争法》所称的经营者,而不论其是否具有法定资格、是否经过工商登记、有无营业执照等。本案中,原告地坛医院虽然不是"84消毒液"产品的直接生产经营者,但是其事业单位的资金来源为差额补贴,其与龙安公司有关生产销售"84消毒液"委托合同合法有效,其行为的性质依然属于营利性行为,因此可以成为《反不正当竞争法》上的经营者。

**No.4-1-5.2-3 对于已为同行业经营者约定俗成、普遍使用的表示某类商品的名称,应认定为该商品的通用名称。**

"特有性"是知名商品名称、包装和装潢受保护的前提条件,最高人民法院《关于审理不正当竞争民事纠纷案件适用法律若干问题的解释》第2条明确规定了不认定为知名商品特有的名称、包装、装潢的情形,其中第1项就明确了"商品的通用名称、图形、型号"不应认定为知名商品特有的名称、包装、装潢。所谓通用名称或者标识,指的是特定种类的商品或者服务普遍使用的商业标识,它既可以是法律规定的标识、国家标准,也可以是行业标准采用的标识,还可以是同行业经营者约定俗成的标识。法律之所以不保护通用的商业标识,主要是通用的商业标识不能表示出商品或者服务相互之间的区别性特征,没有加以保护的必要。而且,通用的商业标识属于公共财富(公有领域),不能让特定的经营者垄断使用。① 本案中,"84消毒液"是否为知名商品特有名称是裁判的争议焦点,一审法院在认定案件事实时并未考虑"84消毒液"在同行业中的使用率和影响力,单凭原告最先生产和使用该名称,就认定该名称为原告所特有。二审中,法院补充了相关事实情况,即原告地坛医院自1984年研制并生产"84消毒液"以来,已先后在全国范围内转让该项技术达三十余家,而各受让企业在其产品上均标明商标及"84肝炎洗消液"或"84消毒液"名称,使得"84消毒液"作为该类商品的名称被普遍使用,并成为同行业经营者约定俗成的标识,即"通用名称"。因此,原告不能将"84消毒液"作为其特有名称而获得独占使用权。

**案例:山东东阿阿胶股份有限公司与山东福胶集团有限公司不正当竞争纠纷案**
案例来源:(2003)粤高法民三终字第96号
主题词:通用名称 特有名称 商品近似

一、基本案情

上诉人(原审被告):山东东阿阿胶股份有限公司(以下简称东阿公司)。

---

① 参见孔祥俊:《商标与不正当竞争法原理与判例》,法律出版社2009年版,第719页。

被上诉人(原审原告):山东福胶集团有限公司(以下简称福胶集团)。
被上诉人(原审被告):广东省药材公司综合商行(以下简称广东药材商行)。

福胶集团是由山东平阴阿胶厂投资设立的以生产和销售"山东阿胶膏"为主营业务的公司。"山东阿胶膏"是山东平阴阿胶厂于1981年研制开发的中药品种,1985年开始,该药品先后进入广东的广州、东莞、茂名、吴川、化州、江门、湛江等地市场。1996年8月20日,中华人民共和国卫生部同意将山东平阴阿胶厂的"山东阿胶膏"列为国家二级中药保护品种,保护期7年,并给该厂颁发了《中药保护品种证书》,规定在该中药品种保护期内,凡未取得《中药保护品种证书》的企业,一律不得生产。福胶集团是由山东平阴阿胶厂出资设立的,并且承接了该厂的全部权利义务。1999年至2000年,福胶集团在广东市场投入了大量的广告。

2000年5月23日,福胶集团从阿胶集团广东药材商行购买了阿胶集团东阿公司生产的"阿胶三宝膏"一瓶,单价24.9元。据此,福胶集团分别指控东阿公司、广东药材商行的生产和销售行为,属于仿冒知名商品的特有名称,以及进行虚假广告宣传直接贬低同类产品质量和商誉的行为,构成不正当竞争。

一审法院审理认为:"山东阿胶膏"是山东平阴阿胶厂于1981年研制开发、1983年获得科技成果二等奖的产品,其生产和销售时间久,范围广,并自1996年起被列为国家二级中药保护品种,在市场上具有一定的知名度,是为相关公众所知悉的商品,应当认定为知名商品。"山东阿胶膏"是经申请获得《中华人民共和国中药保护品种条例》保护的国家二级中药保护品种,依该条例第17条的规定,被批准保护的中药品种,在保护期内限于由获得《中药保护品种证书》的企业生产,该中药品种仍然在保护期内。由于"阿胶膏"和"山东阿胶膏"名称相近似,东阿公司未经福胶集团同意,在其生产、销售的"阿胶三宝膏"的外包装盒上,没有正确标注商品名称,而是对"阿胶膏"三个字作突出使用,容易使人误认为是福胶集团的知名商品"山东阿胶膏",构成对福胶集团知名商品特有名称专用权的侵犯,是一种不正当竞争行为。同时,东阿公司在宣传中使用了"天下第一膏"的用语,属于使用"最高级""最佳"等应予禁止的广告用语的情形,在其产品质量上误导了消费者,损害了其他竞争对手的利益,也构成不正当竞争。综上所述,依照《中华人民共和国反不正当竞争法》第2条、第5条第2项、第9条、《中华人民共和国民法通则》第134条第1款第1、7项以及第2款的规定,一审法院判决:

一、东阿公司于本判决发生法律效力之日起,立即停止在其生产、销售的阿胶三宝膏的内外包装上仿冒福胶集团的知名商品"山东阿胶膏"的特有名称和使用不当广告语"天下第一膏"的行为;

二、广东省药材公司综合商行于本判决发生法律效力之日起,立即停止销售被告东阿公司生产的在内外包装上仿冒福胶集团的知名商品山东阿胶膏的特有名称和使用不当广告语"天下第一膏"的阿胶三宝膏药品的行为;

三、东阿公司于本判决发生法律效力之日起10日内,一次性赔偿福胶集团经济损失人民币15万元。

东阿公司不服一审判决,提起上诉。

二审法院审理认为:"山东阿胶膏"具有独特性,与相关商品通用名称有显著区别,符合知名商品的构成要件。但"阿胶膏"所表达的含义是将中药中的阿胶类产品加工为膏状的一种商品,应认定为该类商品的通用名称。"阿胶膏"必须与"山东"结合在一起,才能形成具有独特性的商品名称。因此,东阿公司生产的"阿胶三宝膏"与福胶集团的"山东阿胶膏"不相近似,其使用"阿胶三宝膏"名称的行为不构成侵权。据此,二审法院判决:

一、变更广州市中级人民法院(2000)穗中法知初字第53号民事判决第(一)项为:山东东阿阿胶股份有限公司在判决发生法律效力后立即停止在其生产销售的"阿胶三宝膏"中使用不当广告语"天下第一膏"的行为;

二、变更广州市中级人民法院(2000)穗中法知初字第53号民事判决第(二)项为:广东省药材公司综合商行在判决发生法律效力后立即停止销售山东东阿阿胶股份有限公司生产的在

内外包装上使用不当广告语"天下第一膏"的阿胶三宝膏;

三、变更广州市中级人民法院(2000)穗中法知初字第53号民事判决第(三)项为:东阿公司在判决发生法律效力后10日内赔偿山东福胶集团有限公司经济损失人民币5万元。

## 二、裁判要旨

**No.4-1-5.2-4** 通用名称经过使用产生了区别性或者显著性,获得了"第二含义",便可以成为特有名称。

《反不正当竞争法》所保护的知名商品特有名称是指具有显著性,能够区别于其他商业标识的商品名称。通用名称(或通用商业标识)因其不具有显著性,且属于公有领域,不应受到垄断性保护,否则将有损公共利益。然而,通用名称与特有名称并非两个极端,两者在使用过程中可以发生互相转化。对此,《关于审理不正当竞争民事纠纷案件适用法律若干问题的解释》第2条第2款也作出了相应规定。我们在前述"江苏爱特福药物保健品有限公司与北京地坛医院的不正当竞争纠纷案"中已经了解到,知名商品的名称经使用而成为通用名称的情形。本案例则提供了反例,即通用名称在经过使用后产生了区别性与显著性,从而可以转化成特有名称。

通用名词转化为特有名称的方式是通过长期的使用或者广告宣传,而其效果是使通用名称产生"第二含义"。根据WIPO的界定,"第二含义"是经使用而取得的显著性,即在市场上经过持续和专有使用特定标识,使相当多的消费者知道该标识,并将使用该标识的经营活动与特定的商业来源联系起来。据此,我们可以将通用名称转化为特有名称的条件概括为:(1)经过长期持续的使用和宣传;(2)通用名称与特定的商业来源进行联系,并具有显著性;(3)得到大多数消费者的认可。就本案而言,"山东"和"阿胶膏",前者是地名,后者是直接表现其主要原料和形态的药材名称,都属于通用名称。然而"山东阿胶膏"被认定为知名商品的特有名称,主要原因在于其具备"第二含义"的要素,即"山东阿胶膏"经过福胶集团及其前身山东平阴阿胶厂长期的生产、使用及宣传,获得了《中药保护品种证书》,其知名度及在市场上的影响力,已经足以使公众将"山东阿胶膏"与福胶集团联系起来,从而使得"山东阿胶膏"具有了超越其本身含义的"第二含义",成为了特有名称。

**No.4-1-5.2-5** 只有将他人商品名称做相同或者近似的使用,并造成与他人知名商品相混淆,才构成仿冒知名商品特有名称的不正当竞争行为。

本案中,被告东阿公司是否构成不正当竞争,其中一个基本的判断方法是其使用的"三宝阿胶膏"是否与福胶集团"山东阿胶膏"特有名称相同或相近似,是否会引起消费者的混淆。近似性判断过程中,对知名商品特有名称的保护,应控制在合理而适度的范围内,既要防止知名商品的特有名称被混淆而导致竞争秩序的混乱,也要保护竞争厂商的利益及在此基础上促进有效竞争,维护公平竞争秩序的公共利益的平衡。本案中,"阿胶膏"应认定为该类商品的通用名称,包括福胶集团在内的任何企业或个人均不能独占使用该名称,否则,会形成对"阿胶膏"这一通用名称的垄断,损害阿胶类制造商、销售商及相关消费者的权利,造成权利人的权利与公共利益的失衡,妨碍正当竞争。因此,福胶集团的"山东阿胶膏"只有作为一个整体才能构成知名商品的特有名称,受到法律的保护。同时,消费者将"山东阿胶膏"与福胶集团联系在一起,但不会将作为通用名称的"阿胶膏"与特定的福胶集团建立独特的联系,不能将"山东阿胶膏"简化为"阿胶膏",进而将两者视为等同。一审法院将作为知名商品特有名称的"山东阿胶膏"中的"山东"和"阿胶膏"分割开来,认定"阿胶膏"与"山东阿胶膏"相近似,进而认定东阿公司构成对福胶集团知名商品特有名称的侵犯,这样认定是不适当的,对知名商品特有名称权利的保护也不适度,因此,二审法院进行了改判。

**案例:**厦门康士源生物工程有限公司与北京御生堂生物工程有限公司、北京御生堂生物工程有限公司、长春市东北大药房有限公司擅自使用知名商品特有名称、包装、装潢纠纷案
**案例来源:**《最高人民法院知识产权审判案例指导》(第四辑)[(2011)民提字第60号]
**主题词:**描述性的商品名称　特有名称

## 一、基本案情

申请再审人(一审被告、二审上诉人):厦门康士源生物工程有限公司(以下简称康士源公司)。

被申请人(一审原告、二审被上诉人):北京御生堂生物工程有限公司(以下简称御生堂公司)。

原审被告:厦门康中源保健品有限公司(以下简称康中源公司)。

原审被告:长春市东北大药房有限公司(以下简称东北大药房)。

御生堂公司成立于2001年8月20日。2003年6月,由御生堂公司监制、北京御生堂保健品公司总经销,北京寿春堂公司生产的御生堂牌肠清茶上市。2003年8月5日,商标局核准在"茶及茶叶代用品"上的注册申请"御生堂"商标。2005年4月13日,北京御生堂营销策划有限公司获得了包装盒(御生堂肠清茶)的外观设计专利。2008年6月16日,御生堂商标被北京市工商行政管理局认定为北京市著名商标。2008年3月28日,御生堂公司取得"御生堂肠清茶"商标注册,核定使用商品第30类:茶、冰茶、茶饮料、茶叶代用品。

康中源公司成立于2004年3月15日,康士源公司成立于2006年6月19日。2004年4月6日,康中源公司原法定代表人叶秋枫向商标局申请在第30类产品上注册"肠清"商标,2005年11月3日该申请被商标局驳回,理由是因"肠清"二字直接表示了指定使用商品的功能、用途等特点,用作商标缺乏显著特征,不具备商标的识别作用。2008年3月27日,康中源公司的网站上展示了康士源公司涉案产品。2004年6月17日,康中源公司原法定代表人叶秋枫以个人名义向国家知识产权局提出了包装盒的外观设计专利申请,并于2005年1月12日取得了该外观设计专利证书。康士源公司生产的涉案产品康中源肠清茶的包装装潢与该外观设计专利一致。

2001年以前,医药、保健品行业存在"肠清口服液""肠清液""肠清胶囊"等称谓,一些专业人士也在杂志上发表了关于"肠清口服液"或"肠清液"或"肠清胶囊"的研究文章。自2004年至2007年,市场上有其他以"肠清茶"命名的同类产品在市场上出售。2008年9月22日,东北大药房出售了"康中源"牌肠清茶(外包装显示该产品由康士源公司生产)。同年,御生堂公司还从浙江、广东、辽宁购得"康中源"牌肠清茶产品。

御生堂牌肠清茶产品自2003年6月上市,8月在西安《华商报》上对御生堂牌肠清茶产品进行了广告宣传。随后,御生堂公司对其御生堂品牌肠清茶产品进行了大量的广告宣传,特别是2005年至2007年连续3年,御生堂公司为推广御生堂肠清茶产品在全国部分城市平面媒体上(如安徽市场报、半岛晨报、成都晚报、保定晚报、沧州晚报、长春晚报、常州晚报、成都商报、城市快报、楚天都市报、长沙晚报、大连晚报、广州日报、贵阳晚报、海峡导报、华商报、济南时报、解放日报、辽沈晚报、洛阳晚报、南昌晚报、南方都市报、宁波晚报、青年报、齐鲁晚报、绍兴晚报、深圳晚报、唐山晚报、温州都市报、温州商报、武汉晚报、羊城晚报、西宁晚报、新疆都市报、新民晚报、新文化报、扬子晚报、北京晨报、北京晚报、城市晚报、东亚经贸新闻报)进行了广告宣传。自2005年至2007年,仅在吉林省长春市的广告投入就达2640万元。

2005年5月14日,长春《东亚经贸新闻》报以《长春市场冒出五种"克隆肠清茶"》为主标题,以"省工商局加大打假稽查力度,维护正规企业合法权益,维护良好的市场经济秩序"为副标题对五种仿冒肠清茶的商品(其中含"康中源"肠清茶)进行了报道。同日,长春《城市晚报》以《卖仿冒肠清茶业户被查处》为标题,就吉林省工商局稽查分局对某超市促销区业户因涉嫌无照经营,其商品被执法人员依法扣留封存进行了报道。同日,长春《新文化报》以《仿冒肠清茶仍有人在卖》为标题,对长春消费者刘女士在购康中源肠清茶时,与御生堂知名商品发生了混淆进行了报道。2005年5月16日,长春《东亚经贸新闻》报以《"克隆肠清茶"退出商场溜进广场》为标题,对涉案商品"康中源"肠清茶仍在市场销售进行了报道。2005年5月18日,《新文化报》以《仿冒"肠清茶"仍有人在卖》为标题对涉案商品"康中源"肠清茶仍在商场上销售进行了报道。

御生堂公司曾于2005年10月31日以康中源公司不正当竞争为由向厦门市中级人民法院起诉,该案在审理过程中,双方于2006年2月10自愿达成调解协议,调解协议中写明:(1)康中

描述性的商品名称·特有名称

源公司因生产的"康中源肠清百合 TM 茶""康中源肠清常清 TM 茶"与御生堂公司知名商品"御生堂肠清茶"的名称和装潢相近似,同意变更"康中源肠清百合 TM 茶""康中源肠清常清 TM 茶"的名称和装潢,变更后的名称和装潢必须与御生堂公司的知名商品"御生堂肠清茶"特有的名称和包装、装潢有显著区别。(2)康中源公司同意于 2006 年 7 月 1 日以后停止生产任何标有"肠清"二字的产品,变更与御生堂公司生产的肠清茶相近似的装潢,如果康中源公司违反上述约定,按从市场上查获产品的价值的 3 倍赔偿御生堂公司。后御生堂公司于 2006 年 2 月 11 日向厦门市中级人民法院申请撤回起诉。

2008 年 11 月 3 日,御生堂公司以康士源公司、康中源公司及东北大药房构成不正当竞争为由向长春市中级人民法院提起诉讼,请求判令康士源公司、康中源公司停止使用与其知名商品"肠清茶"相同或近似的商品名称、相近似的包装、装潢并赔偿其经济损失人民币 50 万元;判令东北大药房停止销售侵权产品。

一审法院审理认为:(1)御生堂公司使用独特的方法生产"御生堂"肠清茶产品,自 2003 年投放市场以来,御生堂公司为该产品投入了较大资金及广告费,进行了大量的广告宣传和市场开发,广告覆盖面大,产品行销全国大部分省市和地区。由于御生堂公司通过多种媒介进行宣传和销售,使其产品在市场上占有一定的份额,为消费者所知悉,在相关公众中具有较高的知名度,对该商品应认定为知名商品。(2)"肠清茶"名称是御生堂公司独创的名称。御生堂公司在将该产品推向市场时,作为一个整体首先在保健品市场上使用"肠清茶"这一名称,并在之后的广告中对"肠清茶"产品名称作了突出宣传,使"肠清茶"产品名称具有了显著性。消费者能够将"肠清茶"作为商品名称与某一类商品紧密联系起来,并且已经成为与通用名称有区别性特征的一个商品名称。御生堂公司在后续广告促销、宣传报道、产品包装装潢、产品推介等诸多方面进一步凸显"肠清茶"名称,使消费者将"肠清茶"与生产者御生堂公司联系到一起,"肠清茶"成为特定生产经营者的产品标识,已形成了显著的区别性特征。御生堂公司自"肠清茶"投入市场以来,始终对肠清茶名称坚持进行排他性使用。"肠清茶"名称具有特定性,属于知名商品的特有名称。

康士源公司作为同业竞争者,明知"肠清茶"系御生堂公司的知名商品的特有名称,其包装装潢为知名商品的特有装潢,却擅自在其生产的同类商品包装上突出使用相同的名称和相近似包装装潢,足以引起市场的误认,造成与知名商品的混淆,其排挤和损害竞争对手,以获取不正当利益的目的明显。因此,康士源公司的行为构成了我国《反不正当竞争法》所禁止的仿冒知名商品特有名称、特有装潢的不正当竞争行为,应依法承担相应的法律责任。

综上,一审法院判决:
一、康士源公司停止使用与御生堂公司知名商品"肠清茶"相同或近似的商品名称;
二、康士源公司停止使用与御生堂公司知名商品"肠清茶"相近似的包装装潢;
三、东北大药房停止销售"康中源肠清百合 TM 茶""康中源肠清常清 TM 茶";
四、康士源公司于本判决生效之日起 15 日内赔偿御生堂公司经济损失(包括为制止侵权行为所支付的合理开支)30 万元。

康士源公司不服一审判决,提起上诉。

二审法院审理认为,(1)御生堂公司所生产的御生堂牌肠清茶自 2003 年 6 月上市以后,进行了大量的广告宣传,可以认定御生堂牌肠清茶为知名商品。结合本案,虽然"肠清"二字表明了商品功能、用途,但御生堂公司在后续广告促销、宣传报道、产品包装装潢、产品推介等诸多方面进一步凸显了"肠清茶"名称,将"肠清茶"与生产者御生堂公司联系到一起,"肠清茶"成为特定生产经营者的产品标识,在使用中产生了显著性,故"肠清茶"名称具有特定性,应当认定该"肠清茶"为知名商品的特有名称。(2)康士源公司所使用的涉案三种装潢与御生堂公司主张权利的装潢相比,虽均存在区别点,但从涉案产品的装潢设计风格和整体上看,两者的包装装潢在文字、图案、色彩、构图等方面相近似,按照一般购买者的注意能力,足以造成产品来源混淆。因此,康士源公司关于产品装潢存在显著区别的说法不能成立,应依法承担相应的法律责任。

综上,二审法院判决:

一、维持(2008)长民三初字第 106 号民事判决第 1、2、3 项;

二、变更判决第 4 项为康士源公司于本判决生效之日起 15 日内赔偿御生堂公司经济损失(包括为制止侵权行为所支付的合理开支)20 万元。

康士源公司不服二审判决,提起再审。

再审法院审理认为,御生堂公司主张"肠清茶"为其知名商品特有名称证据不足,不予支持。原一、二审判决仅因御生堂肠清茶产品进行了大量宣传、"肠清茶"产品名称被突出使用即认定其构成知名商品特有名称不当,应予以纠正。因此,再审法院判决:

一、维持二审民事判决第 2 项;

二、变更(2010)吉民三知终字第 1 号民事判决第 1 项为:维持二审民事判决第 2、3 项,撤销一审民事判决第 1 项。

二、裁判要旨

**No.4-1-5.2-6　不具备特有性的描述性商品名称,不能构成知名商品特有名称。**

描述性商品名称是指对商品的功能和用途进行客观的陈述,不具备识别商品来源的作用。和通用名称一样,描述性商品名称在一般情况下,不能构成知名商品的特有名称,除非该商品名称通过使用获得了显著特征,能够将商品来源直接指向该市场主体。本案中,在御生堂公司肠清茶产品上市之前,保健品行业存在"肠清口服液""肠清胶囊"等称谓,并有相关研究文章发表。可见,"肠清"有"肠道清理"之意,其直接表明了该类商品的功能和用途,不能成为某一市场主体享有权利的特有名称,除非该主体能够证明该描述性商品名称的特有性,御生堂公司负有这一举证责任。根据其提交的大量广告宣传的证据,御生堂肠清茶产品销售时间较长、区域较广,宣传的范围亦很广,能够为相关公众所知悉,可以认定其为《反不正当竞争法》第 5 条第 2 项规定的"知名商品",但能否认定"肠清茶"为知名商品特有名称,还需结合其广告方式、相关公众的认知等相关因素,判断其是否已经通过使用成为产品来源的标识。本案中,御生堂公司提交大量平面媒体广告,基本形式为大幅宣传洗肠的必要性及益处、肠清茶热销等情况,配有小幅御生堂肠清茶产品图样及购买方式等信息。这种广告方式,侧重宣传的是肠清茶产品的功能,未能克服肠清茶本身所具有的描述商品功能的性质,不能达到使相关公众将"肠清茶"与某一特定来源主体联系起来的目的。"肠清茶"三字在御生堂肠清茶产品包装背潢中占有显著位置,也并不必然表明其能够成为指代产品来源的标识。商品及其名称能否被认定为知名商品、特有名称主要取决于相关公众对市场状况的认知情况,本案中,关于保健食品的命名规定,并不能当然决定一商品名称为通用名称,反之,截至目前,仅有御生堂肠清茶获得保健食品批号的事实,亦不能当然证明其为御生堂公司的特有名称。

**案例:山东鲁锦实业有限公司诉鄄城县鲁锦工艺品有限责任公司、济宁礼之邦家纺有限公司侵害商标权及不正当竞争纠纷案**

案例来源:最高人民法院第十批指导性案例[第 46 号]

主题词:不正当竞争　商品通用名称

一、基本案情

上诉人(原审被告):鄄城县鲁锦工艺品有限责任公司(以下简称鄄城鲁锦公司)。

上诉人(原审被告):济宁礼之邦家纺有限公司(以下简称礼之邦公司)。

被上诉人(原审原告):山东鲁锦实业有限公司(以下简称鲁锦公司)。

原告鲁锦公司的前身是嘉祥县瑞锦民间工艺品厂。1985 年起原告将所产棉布、工艺品、服装和床上用品等产品统称为"鲁锦"。其于 1999 年 12 月 21 日取得注册号为第 1345914 号的"鲁锦"文字商标,有效期为 1999 年 12 月 21 日至 2009 年 12 月 20 日,核定使用商品为第 25 类服装、鞋、帽类,具体为"服装、套装、汗衫、制服、夹克(服装)、背心(马甲)、童装、睡衣(含睡衣裤)、运动衫、吸汗内衣等"。原告又于 2001 年 11 月 14 日取得注册号为第 1665032 号的"Lj + LUJIN"

的组合商标,有效期为 2001 年 11 月 14 日至 2011 年 11 月 13 日,核定使用商品为第 24 类的"纺织物、棉织品、内衣用织物、纱布、纺织品、毛巾布、无纺布、浴巾、床单、纺织品家具罩等"。嘉祥县瑞锦民间工艺品厂于 2001 年 2 月 9 日经工商部门核准,依法更名为嘉祥县鲁锦实业有限公司,后于 2007 年 6 月 11 日更名为山东鲁锦实业有限公司。

1993 年 4 月 22 日,原告鲁锦公司的前身嘉祥县瑞锦民间工艺品厂与日本国益久染织研究所合资成立嘉祥京鲁益久织造有限公司,原告在获得"鲁锦"注册商标专用权后授权该公司使用,并在多家报社、杂志社、电视台等媒体栏目多次宣传报道其产品及注册商标。2006 年 3 月,原告被"中华老字号"工作委员会接纳为会员单位。原告经过多年的艰苦努力及长期大量的广告宣传和市场推广,其"鲁锦"牌系列产品,特别是"鲁锦"牌服装,在国内享有一定的知名度。2006 年 11 月 16 日,"鲁锦"注册商标被山东省工商行政管理局审定为山东省著名商标。

被告鄄城鲁锦公司于 2003 年 3 月 3 日经工商局核准登记成立,系有限责任公司,其在产品上所使用的商标是"精一坊文字+图形"组合商标,该商标已向国家工商总局商标局申请注册,但尚未核准。2007 年 9 月,鄄城鲁锦公司向国家工商总局商标评审委员会申请撤销原告鲁锦公司已注册的第 1345914 号"鲁锦"商标,商标评审委员会已经受理但至今未作出裁定。

鲁西南民间织锦,是一种山东民间纯棉手工纺织品,因其纹彩绚丽、灿烂似锦而得名,在鲁西南地区已有上千年的历史,是历史悠久的齐鲁文化的一部分。从 20 世纪 80 年代中期开始,鲁西南织锦开始被开发利用,引进现代生活。1986 年 1 月 8 日在济南举行了"鲁西南织锦与现代生活展览汇报会"。1986 年 8 月 20 日,由山东省经委、省妇联、省艺术学院、省二轻厅等有关单位共同在北京民族文化宫举办了"鲁锦与现代生活展",引起强烈反响。1986 年前后,《人民日报》《经济参考》《农民日报》《中国美术报》等报刊发表关于"鲁锦"的专题报道,山东电视台、中央电视台也拍摄了多部关于"鲁锦"的专题片。自此,"鲁锦"作为山东民间手工棉纺织品通称被广泛使用。此后,鲁锦的研究、开发和生产逐渐普及并不断发展壮大。1987 年 11 月 15 日,为促进鲁锦文化与现代生活的进一步结合,开展农村妇女的生产,加拿大国际发展署(CIDA)与中华全国妇女联合会共同在鄄城县杨屯村举行了双边合作项目——鄄城杨屯妇女鲁锦纺织联社培训班。

山东省及济宁、菏泽等地方的史志资料在谈及历史、地方特产或传统工艺时,对"鲁锦"也多有记载,均认为"鲁锦"是流行在鲁西南地区广大农村的一种以棉纱为主要原料的传统纺织产品,是山东的主要民间美术品种之一。相关工具书及出版物也对"鲁锦"多有介绍,均认为"鲁锦"是山东民间手工织花棉布,以棉花为主要原料,手工织线,手工染色,手工织造,俗称"土布"或"手织布",因此布色彩斑斓,似锦似绣,故而称为"鲁锦"。

1995 年 12 月 25 日,山东省文物局作出《关于建设"中国鲁锦博物馆"的批复》,同意菏泽地区文化局在鄄城县成立"中国鲁锦博物馆"。2006 年 12 月 23 日,山东省人民政府公布第一批省级非物质文化遗产,其中省文化厅、鄄城县、嘉祥县作为申报单位申报的"鲁锦民间手工技艺"被评定为非物质文化遗产。2008 年 6 月 7 日,国务院国发(2008)19 号文件确定由山东省鄄城县、嘉祥县申报的"鲁锦织造技艺"被列入第二批国家级非物质文化遗产名录。

原告诉称:原告发现在济宁市区域内,有大量被告鄄城鲁锦公司、礼之邦公司生产、销售的鲁锦产品。这些产品都在显著位置标明了"鲁锦"字样,并由礼之邦鲁锦专卖店等众多专卖店进行销售。被告的上述产品侵犯了原告的"鲁锦"注册商标专用权。另外,鄄城鲁锦公司企业名称中含有原告的"鲁锦"注册商标字样,误导了消费者,构成不正当竞争。请求判令二被告立即停止生产、销售带有"鲁锦"字样的侵权产品,并销毁已生产的侵权产品和包装;判令鄄城鲁锦公司变更企业名称,去掉其名称中的"鲁锦"字样;判令礼之邦公司所居店堂门面不得使用"鲁锦"字样;判令二被告赔偿经济损失 50 万元,并承担本案诉讼费、调查费、律师费等原告为制止被告侵权行为所支出的一切费用。

被告辩称:原告鲁锦公司注册成立于 2001 年 2 月 9 日,在原告成立之前及 1999 年鲁锦商标注册完成之前,"鲁锦"这两个文字已经变成了通用名称,成为一种工艺技术、文化的代表,各行各业都有权加以使用。请求依法驳回原告的全部诉讼请求。

被告礼之邦公司未作答辩。

一审法院审理认为：

原告鲁锦公司的"鲁锦"文字商标和"Lj+LUJIN"的组合商标，已经国家商标局核准注册并核定使用于第25类、第24类商品上，在该类商品上原告依法享有注册商标的专用权，受法律保护。被告鄄城鲁锦公司提供商标评审委员会的《注册商标争议申请受理通知书》，用于证明"鲁锦"注册商标发生争议并已被受理，但未提供商标评审委员会作出的结论性裁定，不能据此否认原告对"鲁锦"注册商标依法享有的专用权。鄄城鲁锦公司庭审中虽然提供了大量丛书、期刊、报纸、报道、宣传资料、专题片、获奖证书等书面、视听资料证据，但均不足以证明"鲁锦"是历史文化遗产，属于社会公共资源，也不能证明"鲁锦"属于国家商标局制定的《类似商品和服务区分表》中的第25、24类商品的通用名称或者第25、24类商品中某一具体商品的通用名称。故鄄城鲁锦公司关于"鲁锦"是历史文化遗产、社会公共资源、通用名称，原告无权禁止被告在第25、24类商品上使用"鲁锦"的理由无法律依据和事实根据，不予支持。

原告鲁锦公司生产"鲁锦"系列服装及纺织品、床上用品已有十几年的历史，所获得的各类荣誉称号表明"鲁锦"系列服装在服装生产行业具有一定的知名度，在山东省境内服装行业享有很高的知名度，在济宁市及其周边地区的知名度则更高，已为相关的经营者或者消费者知悉，属于知名商品。"鲁锦"注册商标于1999年12月经国家商标局核准注册并使用至今，现仍在有效期内且系山东省著名商标。2001年2月原告经核准使用"鲁锦"作为企业字号后，原告商品的品牌和生产者名称中均含有"鲁锦"两字，因此"鲁锦"应当认定为原告知名商品特有标识。被告鄄城鲁锦公司的企业名称获得核准的时间为2003年3月，被告企业名称中的字号"鲁锦"与原告使用的"鲁锦"完全相同，但原告使用在先，被告使用在后。结合被告在侵权商品的包装袋上将"鲁锦"文字放大、突出使用，且未标志生产商、地址的实际情况，可以认定被告明显具有傍名牌及误导公众的主观故意，其行为违反了诚实信用原则，构成不正当竞争。同时也构成侵犯原告商标及商标专用权。

一审法院判决：

一、被告鄄城鲁锦公司于本判决生效之日立即停止在其生产、销售的第25类服装类系列商品上使用"鲁锦"作为其商品名称或者商品装潢，并于本判决生效之日起30日内，消除其现存被控侵权产品上标明的"鲁锦"字样；被告礼之邦公司立即停止销售被告鄄城鲁锦公司生产的被控侵权商品。

二、被告鄄城鲁锦公司于本判决生效之日起15日内赔偿原告鲁锦公司经济损失人民币25万元；被告礼之邦公司赔偿原告鲁锦公司经济损失人民币1万元。

三、被告鄄城鲁锦公司于本判决生效之日起30日内变更企业名称，变更后的企业名称中不得包含"鲁锦"文字；被告礼之邦公司于本判决生效之日立即将其位于济宁运河路商业街3号店堂门面上的"鲁锦"字样消除。

被告不服，提起上诉。

上诉人鄄城鲁锦公司诉称：在1999年鲁锦公司注册"鲁锦"商标之前，"鲁锦"就已成为通用名称，是社会公共财富，历史文化遗产。上诉人使用"鲁锦"的行为，仅是表明上诉人的商品是用鲁锦面料制成的，属于"正当使用"，不构成商标侵权，也不构成不正当竞争。

上诉人礼之邦公司诉称："鲁锦"是鲁西南一带特有的民间纯棉手工纺织品的通用名称，上诉人不知道"鲁锦"是被上诉人鲁锦公司的注册商标，接到诉状后已停止了相关使用行为，故不应承担赔偿责任。

被上诉人鲁锦公司辩称：（1）"鲁锦"是被上诉人于1985年独自创造使用的，是被上诉人依法注册的商标，不是通用名称。当地人称他们所织造的织物为"土布"、"粗布"，不用"鲁锦"一词。上诉人鄄城鲁锦公司、礼之邦公司认为"鲁锦"是通用名称，但对于"鲁锦"到底是指鲁西南织锦，还是指鲁西南织锦技艺，或者是指鲁锦服饰并不确定，所以不能证明"鲁锦"是通用名称。

(2)商品的通用名称除了要具备较强的针对性外,还必须具备名称的规范性和公众知晓的广泛性。将棉布定义为"锦"反科学,且很多地方并不将"土布"称为鲁锦,不具有广泛性。故不能认定"鲁锦"为通用名称。(3)自1999年"鲁锦"商标申请注册至今,被上诉人进行了广泛的使用和宣传,与被上诉人形成了唯一对应关系,上诉人的行为构成了对被上诉人注册商标专用权的侵犯,也构成了不正当竞争。(4)即使能够认定"鲁锦"是通用名称,上诉人的使用行为突出了"鲁锦"两字,也不属于正当使用,仍然构成侵权。请求驳回上诉,维持原判。

二审法院审理认为:

在1999年被上诉人鲁锦公司将"鲁锦"注册为商标之前,已是山东民间手工棉纺织品的通用名称,"鲁锦"织造技艺为非物质文化遗产。上诉人鄄城鲁锦公司、济宁礼之邦公司的行为不构成商标侵权,也不构成不正当竞争。

二审法院判决:

一、撤销山东省济宁市中级人民法院(2007)济民五初字第6号民事判决。

二、驳回被上诉人鲁锦公司的诉讼请求。

## 二、裁判要旨

**No.4-1-5.2-7** 地域性相关公众认可度、地域性群众长期劳动实践形成的商品生产工艺以及地域性商品生产原料,是判断地域性商品通用名称的综合考量因素。

商品通用名称是指行业规范或社会公众约定俗成的对某一商品的通常称谓。通用名称往往具有地域性特征,对其广泛性的判断应以特定产区及相关人群为标准,而不应以全国范围为标准。本案中的"鲁锦"属于典型的地域性通用名称,其专指鲁西南民间织锦,是一种山东民间纯棉手工纺织品,其纹彩绚丽,灿烂似锦。

判断具有地域性特点的商品通用名称,应当注意从以下方面综合分析:(1)该名称在某一地区或领域约定俗成、长期普遍使用并为相关公众认可;(2)该名称所指代的商品生产工艺经某一地区或领域群众长期共同劳动实践而形成;(3)该名称所指代的商品生产原料在某一地区或领域普遍生产。① 相关公众的认可程度,可以通过史料记载以及媒体宣传等途径作为考证渠道。本案中"鲁锦"作为这种具有山东特色的手工纺织品的通用名称,为国家级主流媒体、各类专业报纸以及山东省内新闻媒体所公认,山东省及济宁、菏泽、嘉祥、鄄城省、市、县三级史志资料均将"鲁锦"记载为传统鲁西南民间织锦的"新名",有关工艺美术、艺术的工具书中也确认"鲁锦"就是产自山东的一种民间纯棉手工纺织品。经山东省嘉祥县、鄄城县共同申报,"鲁锦织造技艺"于2006年被确定为第一批山东省非物质文化遗产,2008年被确定为国家级非物质文化遗产。② "鲁锦"代表的纯棉手工纺织生产工艺并非由某一自然人或企业法人发明而成,而是由山东地区特别是鲁西南地区人民长期劳动实践而形成,具有较强的地域特色。③ "鲁锦"代表的纯棉手工纺织品的生产原料亦非某一自然人或企业法人特定种植,而是山东不特定地区广泛种植的棉花。可见,对于我国其他省份的手工棉纺织品不叫"鲁锦",并不影响"鲁锦"专指山东地区特有的民间手工棉纺织品这一事实。此外,鲁锦公司认为,"鲁锦"这一名称不具有科学性,主张棉织品应称为"棉"而不应称为"锦"。然而,名称的确定与其是否符合科学没有必然关系,对于已为相关公众接受、指代明确、约定俗成的名称,即使不符合科学,亦不影响其成为通用名称。

### 4 仿冒知名商品特有的包装、装潢(《反不正当竞争法》第1条、第5条第2项、第20条)

**案例:意大利费列罗公司与蒙特莎(张家港)食品有限公司、天津经济技术开发区正元行销有限公司不正当竞争纠纷案**

案例来源:最高人民法院第十批指导性案例[第47号]

主题词:知名商品特有的包装与装潢　误认

## 一、基本案情

再审申请人(一审被告、二审被上诉人):蒙特莎(张家港)食品有限公司(以下简称蒙特莎公司)。

再审被申请人(一审原告、二审上诉人):意大利费列罗公司(FERRERO S. p. A)(以下简称费列罗公司)。

原审被告:天津经济技术开发区正元行销有限公司(以下简称正元公司)。

费列罗公司于1986年在中国核准注册了"FERRERO ROCHER"商标,其"FERRERO ROCHER"系列巧克力产品(以下简称FERRERO ROCHER巧克力)在1988年以前通过中国粮油食品进出口总公司采取寄售方式进入中国市场。费列罗公司自1993年开始,以广东、上海、北京地区为核心逐步加大FERRERO ROCHER巧克力在国内的报纸、期刊和室外广告的宣传力度。相继在一些大中城市设立专柜进行销售,并通过赞助一些商业和体育活动,提高其产品的知名度。2000年6月,其"FERRERO ROCHER"商标被国家工商行政管理部门列入全国重点商标保护名录。

蒙特莎公司是1991年12月张家港市乳品一厂与比利时费塔代尔有限公司合资成立的生产、销售各种花色巧克力的中外合资企业。1990年4月23日,张家港市乳品一厂申请注册"金莎"文字商标,并于1991年4月获得核准注册。费列罗公司在1994年曾向国家工商行政管理局商标评审委员会提出撤销该商标,但未获支持。张家港市乳品一厂自1990年开始生产金莎巧克力,该巧克力的包装、装潢与蒙特莎公司自2002年起生产销售的被控侵权巧克力使用的包装、装潢基本一致,与FERRERO ROCHER巧克力使用的包装、装潢较为近似。该产品1990年被张家港市经济委员会确认为市级新产品;1991年荣获北京市第二届国际博览会银奖、江苏省第七届轻工业优秀新产品金奖、江苏省第三届轻工美术设计展评会二等奖;1992年获得苏州市第二届优秀新产品。金莎巧克力在1998年被中国焙烤食品糖制品工业协会评为中国市场优秀品牌巧克力推荐产品之一;在2000年和2001年连续被中国食品工业协会评为国家质量达标食品,并在2000年获得中国知名食品信誉品牌;在2000年被江苏省质量技术监督局认定为江苏省重点保护产品;在2001年获得西部名牌产品贸易洽谈会金奖;在2004年被评为中国名牌产品并被确定为国家免检产品。"金莎"商标在2001年被认定为苏州市知名商标、江苏省著名商标。经自1992年以来对金莎巧克力的广泛宣传,其知名度逐步提高,在获得上述荣誉的同时,在《中国食品报》公布的由中华全国商业信息中心、全国连锁店超市信息办公室等单位发布的全国食品市场调查及全国连锁店销售统计、监测排行中,1997年至2002年,金莎巧克力排名靠前。该统计排名中未出现FERRERO ROCHER巧克力。2002年张家港市乳品一厂向蒙特莎公司转让"金莎"商标,蒙特莎公司开始生产、销售金莎巧克力。正元公司为蒙特莎公司生产的金莎巧克力在天津市的经销商。

费列罗公司诉称:费列罗公司自1984年起通过中国粮油食品进出口总公司在中国市场销售巧克力产品,目前该产品在中国市场有很大的占有率。其产品不仅在世界范围内,而且在中国也是尽人皆知的知名商品。多年来该产品一直保持特有的包装、装潢,其涵盖了原告商标、外观设计、著作权等多项知识产权,具有独创性,是原告知识产权的综合性体现。费列罗公司的巧克力产品使用的特有包装、装潢为:(1)金色呈球状的纸质包装;(2)在金纸球状包装上配以椭圆形金边并且印有"FERRERO ROCHER"商标的标签作为装潢;(3)每一粒金纸球状包装的巧克力均有咖啡色纸质底托作为装潢;(4)具有各种形状的塑料制硬包装盒,但包装盒的盒盖均为透明,以呈现金纸球状内包装;(5)使用原告所持有的配有产品图案的组合商标作为装潢,并由商标标识处延伸出红金颜色的绶带状图案。被告蒙特莎公司多年来一直仿冒原告产品,擅自使用与原告知名商品特有的包装、装潢相同或近似的包装、装潢,误导消费者,使消费者产生混淆。而且,原告一推出新产品或时节性产品,马上就会遭到蒙特莎公司仿冒,甚至在欧洲推出的新产品尚未进入中国市场即遭仿冒。蒙特莎公司的上述行为及被告正元公司销售仿冒产品的行为,已经给原告的生产和销售造成了恶劣影响,并侵害了广大消费者的合法利益,造成原告重大经济损失。请求判令蒙特莎公司不得生产、销售,正元公司不得销售符合前述费列罗公司巧克力产品特有的任意一项或者几项组合的包装、装潢的产品或者任何与费列罗公司的上述包装、装潢相似的足以引起消费者误认的巧克力产品,并赔礼道歉、消除影响、承担诉讼费用,蒙特莎公司赔偿原告经济损失人民币 300 万元。

蒙特莎公司答辩称:原告涉案产品在中国境内市场并没有被相关公众所知悉,无证据证明其在中国境内的市场销售量和占有率。相反,蒙特莎公司生产的金莎巧克力产品在中国境内消费者中享有很高的知名度,多次获奖,属于知名商品。蒙特莎公司生产的金莎巧克力使用的包装、装潢是自己的工作人员和张家港市工艺美术印刷厂的专业设计人员合作开发,经过多次改进最终定型的,并非仿冒他人已有的包装、装潢。普通消费者在购买时只需施加一般的注意义务,就不会混淆原、被告各自生产的巧克力产品。故原告起诉无事实和法律依据,请求驳回原告的诉讼请求。

一审法院审理认为:由于知名商品具有明显的地域特点,商品在国外的知名程度并不代表在中国境内的知名度,商品是否知名以及知名程度应根据其存在的市场具体情况认定。早在 20 世纪 70 年代,已有企业采用金色锡箔纸包裹球状巧克力,使用透明塑料外包装,呈现巧克力内包装,因此 FERRERO ROCHER 巧克力的包装属于通用包装,并非其所特有,该包装不应保护。但 FERRERO ROCHER 巧克力的装潢具有识别和美化商品、区别商品来源的显著特征,构成其特有的装潢。应当认定费列罗公司诉状中请求保护的(2)、(4)、(5)项装潢为 FERRERO ROCHER 巧克力所特有。金莎巧克力最早使用该装潢是在 1990 年,晚于费列罗公司,且金莎巧克力自张家港市乳品一厂 1990 年推出以来,一直采用与被控侵权巧克力一致、同时与 FERRERO ROCHER 巧克力近似的装潢。此后,经过广泛宣传,金莎巧克力的市场占有率在巧克力产品中名列前茅,并多次获得国家政府部门和相关协会的褒奖,成为在中国知名度较高的商品。在原、被告的巧克力商品均为我国知名商品的情况下,二者商品知名的时间先后及知名度的高低应当作为普通消费者能否将被告商品误认为原告商品的具体认定因素。从双方巧克力商品知名的时间分析,蒙特莎公司生产的金莎巧克力至 20 世纪 90 年代中期已经逐步发展为全国知名商品,而 FERRERO ROCHER 巧克力进入国内市场后的一段时间直至 1993 年前,仅在一些城市的免税商店、机场等场所销售。1993 年以后,至近几年才成为国内知名商品,其知名的时间要晚于蒙特莎公司生产的金莎巧克力。就双方巧克力商品的知名度而言,蒙特莎公司提供的连续多年的市场销售占有率排行榜表明,而排行榜中从未出现 FERRERO ROCHER 巧克力,足以说明金莎巧克力的知名度明显高于 FERRERO ROCHER 巧克力。再者,蒙特莎公司与费列罗公司的巧克力产品在国内市场已并行存在十多年,两者在宣传、销售过程中,对各自产品的商标及产地来源极为注重,对产品的质量、价格、口味及消费层次的不同需要使双方拥有各自的消费群。由于费列罗公司的"FERRERO ROCHER"商标与蒙特莎公司的"金莎"商标均处于产品包装的显著位置,消费者能从巧克力的商标及生产厂家等不同之处进行分辨,购买自己所需要的产品,近似的装潢已经不能成为消费者选择的障碍。因此,尽管二者产品装潢近似,亦不足以使消费者产生误认,混淆二者的产品。综上,蒙特莎公司生产的金莎巧克力使用的包装、装潢不构成对费列罗公司的不正当竞争,正元公司销售金莎巧克力的行为亦不构成侵权。因此,法院一审判决:驳回费列罗公司的诉讼请求。

费列罗公司对一审判决不服,提起上诉。

二审审理认为,对商品的知名状况的评价应根据其在国内外特定市场的知名度综合判定,不能理解为仅指在中国境内知名的商品。费列罗公司作为专业生产巧克力食品的国际知名企业,此系该行业公知的事实。其生产的 FERRERO ROCHER 巧克力在 1984 年进入国内市场销售前,已经在巧克力市场为相关公众知晓,具有较高的知名度。该产品自 1984 年开始在国内公开销售,在当时中国市场上,FERRERO ROCHER 巧克力商品特有的包装、装潢作为整体,具有显著的视觉特征和效果。此后,该产品在中国市场长期销售,已为相关公众知晓,应当认定为知名商品。FERRERO ROCHER 巧克力使用的包装、装潢为整体设计,表达了特定的含义,形成特有的包装、装潢形式。蒙特莎公司金莎 TRESOR DORE 巧克力使用了与 FERRERO ROCHER 巧克力基本相同的包装、装潢,因此,应认定其擅自使用了 FERRERO ROCHER 巧克力特有的包装、装潢。蒙特莎公司擅自使用 FERRERO ROCHER 巧克力特有的包装、装潢,生产、销售金莎 TRESOR DORE 巧克力,直接影响了 FERRERO ROCHER 巧克力的销售和知名度。故如果以蒙特莎公司生产的金莎 TRESOR DORE 巧克力现在在我国的市场知名度高于 FERRERO ROCHER 巧克力的知名度为由,驳回费列罗公司的诉讼请求,实际上是维持了本案不正当竞争的后果。

据此,二审法院依照《中华人民共和国民事诉讼法》第 130 条、第 153 条第 1 款第 2 项,《中华人民共和国反不正当竞争法》第 1 条、第 2 条和第 5 条第 2 项,判决:

一、撤销一审判决;

二、蒙特莎公司立即停止使用金莎 TRESOR DORE 系列巧克力侵权包装、装潢;

三、蒙特莎公司赔偿费列罗公司人民币 700 万元,于本判决生效后 15 日内给付;

四、责令正元公司立即停止销售使用侵权包装、装潢的金莎 TRESOR DORE 系列巧克力。

蒙特莎公司不服二审判决,提出再审申请。

再审法院审理认为,本案二审判决中关于"对商品知名状况的评价应根据其在国内外特定市场的知名度综合判定,不能理解为仅指在中国境内知名的商品"的表述欠妥,但根据 FERRERO ROCHER 巧克力进入中国市场的时间、销售情况以及费列罗公司进行的多种宣传活动,认定其属于在中国境内的相关市场中具有较高知名度的知名商品正确。FERRERO ROCHER 巧克力所使用的包装、装潢因其构成要素在文字、图形、色彩、形状、大小等方面的排列组合具有独特性,形成了显著的整体形象,且与商品的功能性无关,经过长时间使用和大量宣传,已足以使相关公众将上述包装、装潢的整体形象与费列罗公司的 FERRERO ROCHER 巧克力商品联系起来,具有识别其商品来源的作用,应当属于特有的包装、装潢。费列罗公司 FERRERO ROCHER 巧克力的包装、装潢使用在先,蒙特莎公司在其巧克力商品上使用的包装、装潢与 FERRERO ROCHER 巧克力特有包装、装潢又达到在视觉上非常近似的程度,使相关公众易于误认金莎 TRESOR DORE 巧克力与 FERRERO ROCHER 巧克力存在某种经济上的联系。

据此,再审法院判决:

一、维持二审法院民事判决第一项、第五项。

二、变更二审法院民事判决第二项为:蒙特莎(张家港)食品有限公司立即停止在本案金莎 TRESOR DORE 系列巧克力商品上使用与意大利费列罗公司的 FERRERO ROCHER 系列巧克力商品的特有包装、装潢相近似的包装、装潢的不正当竞争行为。

三、变更二审法院民事判决第三项为:蒙特莎(张家港)食品有限公司自本判决送达后 15 日内,赔偿意大利费列罗公司人民币 500 万元;

四、变更二审法院民事判决第四项为:责令天津经济技术开发区正元行销有限公司立即停止销售上述金莎 TRESOR DORE 系列巧克力商品。

二、裁判要旨

**No. 4-1-5.2-8** 认定该知名商品,应当结合该商品在中国境内的销售时间、销售区域、销售额和销售对象,进行宣传的持续时间、程度和地域范围,作为知名商品受保护的情况等因素,并适当考虑该商品在国外已知名的情况,进行综合判断。

知识产权保护的地域性决定了商品的名称、包装和装潢只有在中国具有知名度才可能受到中国法律的保护。最高人民法院《关于审理不正当竞争民事案件应用法律若干问题的解释》第 1 条第 1 款也明确指出:"知名商品"应为"在中国境内具有一定的市场知名度,为相关公众所悉的商品"。该市场知名度的判断标准,需要结合中国市场内生产、销售以及宣传情况等综合性因素。具体就本案而言,虽然本案原告费列罗公司的 FERRERO ROCHER 巧克力在进入中国市场以前在国外已经具有较高的知名度,但对其国内知名度的认定应以其进入中国市场后的销售时间、销售区域、销售额和销售对象,进行任何宣传的持续时间、程度和地域范围,进行综合判断。其在国外的知名度可以作为认定其知名度的参考因素之一,但不是主要的考量因素。不能因为原告的 FERRERO ROCHER 巧克力在国内外均具有较高的知名度,被告的金莎 TRESOR DORE 巧克力仅在国内具有知名度,而认定前者的知名度高于后者。因此,再审法院认为二审判决中关于"对商品知名状况的评价应根据其在国内外特定市场的知名度综合判定,不能理解为仅指在中国境内知名的商品"的表述欠妥。

No.4-1-5.2-9 反不正当竞争法所保护的知名商品特有的包装、装潢,是指能够区别商品来源的盛装或者保护商品的容器等包装,以及在商品或者其包装上附加的文字、图案、色彩及其排列组合所构成的装潢。

商品的包装指的是为识别商品以及方便携带、储运而使用在商品上的辅助物和容器;而商品的装潢则是指识别与美化商品而在商品或者包装上附加的文字、图案、色彩及其排列组合。① 可见,商品的包装与装潢具有法律意义和功能意义,前者指的是识别商品,后者指的是携带、储运以及美观。从《反不正当竞争法》的目的,关注的是包括商品包装与装潢的识别性,即判断商品包装与装潢是否为商品所特有,主要考察其是否具有较强的识别性。具体到本案而言,费列罗公司请求保护的 FERRERO ROCHER 巧克力使用的包装、装潢系由一系列要素构成。如果仅仅以锡箔纸包裹球状巧克力、采用透明塑料外包装以及呈现巧克力内包装等方式进行简单的组合,所形成的包装、装潢因无区别商品来源的显著特征而不具有特有性;而且,这种组合中的各个要素也属于食品包装行业中通用的包装、装潢元素,不能被独占使用。但是,锡纸、纸托、塑料盒等包装材质与形状、颜色的排列组合有很大的选择空间。同时,将商标标签附加在包装上,该标签的尺寸、图案、构图方法等亦有很大的设计自由度。在可以自由设计的范围内,将包装、装潢各要素独特排列组合,使其具有区别商品来源的显著特征,可以构成商品特有的包装、装潢。FERRERO ROCHER 巧克力所使用的包装、装潢因其构成要素在文字、图形、色彩、形状、大小等方面的排列组合具有独特性,形成了显著的整体形象,且与商品的功能性无关,经过长时间使用和大量宣传,已足以使相关公众将上述包装、装潢的整体形象与费列罗公司的 FERRERO ROCHER 巧克力商品联系起来,具有识别其商品来源的作用,应当属于《反不正当竞争法》第5条第(2)项所保护的特有的包装、装潢。

No.4-1-5.2-10 对他人能够区别商品来源的知名商品特有的包装、装潢,进行足以引起市场混淆、误认的全面模仿,属于不正当竞争行为。

对商品包装、装潢的设计,不同经营者之间可以相互学习、借鉴,并在此基础上进行创新设计,形成有明显区别各自商品的包装、装潢。这种做法是市场经营和竞争的必然要求。就本案而言,蒙特莎公司可以充分利用巧克力包装、装潢设计中的通用要素,自由设计与他人在先使用的特有包装、装潢具有明显区别的包装、装潢。但是,对他人具有识别商品来源意义的特有包装、装潢,则不能作足以引起市场混淆、误认的全面模仿,否则就会构成不正当的市场竞争。我国《反不正当竞争法》中规定的混淆、误认,是指足以使相关公众对商品的来源产生误认,包括误认为与知名商品的经营者具有许可使用、关联企业关系等特定联系。本案中,由于 FERRERO ROCHER 巧克力使用的包装、装潢的整体形象具有区别商品来源的显著特征,蒙特莎公司在其巧克力商品上使用的包装、装潢与 FERRERO ROCHER 巧克力特有包装、装潢又达到在视觉上非常近似的程度,即使双方商品存在价格、质量、口味、消费层次等方面的差异和厂商名称、商标不同等因素,仍不免使相关公众易于误认金莎 TRESOR DORE 巧克力与 FERRERO ROCHER 巧克力存在某种经济上的联系。因此,蒙特莎公司模仿 FERRERO ROCHER 巧克力包装和装潢的行为构成不正当竞争。

**案例:福建省乔丹体育用品有限公司诉晋江市阳新体育用品有限公司不正当竞争纠纷上诉案**
案例来源:最高人民法院《2008年100件全国知识产权司法保护典型案例》[(2002)民三终字第9号]
主题词:在先权利 损害赔偿

---

① 《关于禁止仿冒知名商品特有的名称、包装、装潢的不正当竞争行为的若干规定》第3条。

## 一、基本案情

上诉人(原审原告):福建省乔丹体育用品有限公司(以下简称福建乔丹)。

上诉人(原审被告):晋江市阳新体育用品有限公司(以下简称晋江阳新)。

福建乔丹的前身是"福建省晋江市陈埭溪边日用品二厂"(以下简称溪边二厂)。2000年6月28日,晋江市工商行政管理局将溪边二厂甄别为"晋江市乔丹体育用品有限公司"(以下简称晋江乔丹)。2000年9月22日,晋江乔丹经核准变更为福建乔丹,其经营范围为运动器材、运动服装、运动鞋制造。福建乔丹在本案诉讼中主张权利的运动鞋鞋盒和手提袋的包装、装潢,系晋江麦克鞋塑有限公司(以下简称晋江麦克)于1998年7月许可给溪边二厂使用,后分别于2000年7月5日和2000年10月1日再次与晋江乔丹、福建乔丹签订类似协议许可使用。

福建乔丹生产的运动鞋销往全国,在相关消费群体中具有较好的商业信誉和商品声誉。福建乔丹的运动鞋外包装鞋盒的装潢以红色和白色为基本色调;鞋盒上盖装潢以白色为基本色调,在鞋盒上盖中部醒目地印有一个黑框红底的圆圈,圆圈内有一个白色的运动员运球体态速写,球在运动员右手,圆圈内下方有"QIAODAN"字样(该图案以下简称圆圈图案),鞋盒上盖四边均有该圆圈图案,鞋盒上盖用黑色黑体字标明"乔丹(r)"以及运动鞋名称及相应的英文名称;鞋盒下座装潢以红色为基本色调,并在四周用白色黑体字标明"乔丹(r)"以及运动鞋名称及相应的英文名称;鞋盒底部印有"北京乔丹体育用品公司(福建公司)"以及圆圈图案、地址、电话、网址等。

晋江阳新于2000年6月5日登记为企业法人,经营运动鞋、运动服装制造。2000年7月晋江阳新开始生产、销售的运动鞋所使用鞋盒的装潢也是以红色和白色为基本色调;鞋盒上盖装潢以白色为基本色调,在鞋盒上盖中部醒目地印有一个黑框红底的圆圈,圆圈内有一个白色的运动员运球体态速写,球在运动员左手,鞋盒上盖四边均有该圆圈图案,鞋盒上盖用黑色黑体字印上"香港乔丹(国际)鞋业公司监制"及相应的英文字样;鞋盒下座装潢以红色为基本色调,并在四周用白色黑体字分别印有"阳新体育用品有限公司制造""香港乔丹(国际)鞋业公司监制""运动、休闲鞋系列"以及相应的英文;鞋盒底部印有监制单位、制造商、地址、电话以及晋江阳新的圆圈图案。晋江阳新生产的运动鞋在上海、江苏、浙江、云南、辽宁、湖北、江西、河南等地销售。

福建乔丹诉称晋江阳新仿冒其商品外包装、装潢,构成不正当竞争,请求赔偿经济损失人民币2 093 108.2元。

一审法院审理认为:晋江阳新在其运动鞋鞋盒上所使用的装潢在总体布局、图案设计、色彩搭配、整体效果上与福建乔丹同类产品鞋盒所使用的装潢图案相近似,足以引起消费者的误认。晋江阳新搭知名品牌的"便车"的主观意图明显。根据我国《反不正当竞争法》第5条第2项的规定,可认定晋江阳新构成对福建乔丹的不正当竞争,侵害了福建乔丹的合法权益。晋江阳新依法应当承担停止侵权、赔偿经济损失、赔礼道歉、消除影响的法律责任。福建乔丹对其因晋江阳新不正当竞争行为所遭受的损失没有提供充分的证据,因此,对其赔偿请求不予全额支持。根据晋江阳新的主观过错、实施侵权行为的手段和情节、侵权行为的影响范围,以及福建乔丹企业的知名度、为诉讼所支出的合理费用等综合因素,本案酌情确定赔偿额为人民币25万元。据此,一审法院依照《中华人民共和国民法通则》第106条第2款、第134条第1款第1、7、9、10项,《中华人民共和国反不正当竞争法》第5条第2项、第20条第1款之规定,判决:

一、晋江市阳新体育用品有限公司应立即停止在其生产的运动鞋鞋盒上使用与福建省乔丹体育用品有限公司乔丹牌运动鞋鞋盒相近似的装潢的不正当竞争行为,销毁所有带有讼争装潢图案的鞋盒;

二、晋江市阳新体育用品有限公司应在本判决生效后10日内,赔偿福建省乔丹体育用品有限公司经济损失及合理费用人民币25万元;

三、晋江市阳新体育用品有限公司应在本判决生效后10日内,在《法制日报》上刊登道歉声明,消除影响,道歉声明的内容由法院审定。

福建乔丹不服一审判决,提起上诉。

福建乔丹诉称:一审判决赔偿经济损失及合理费用 25 万元,数额偏少。(1) 根据晋江阳新在(2001)泉知初字第 05 号晋江阳新诉福建乔丹等不正当竞争案中提供的合同书、库存表、调查表等证据,其仿冒产品数额清楚,在 2000 年的销售额就达到 10 465 541 元,按照 20% 的利润率计算,其当年可获利 2 093 108.20 元。(2) 一审法院对晋江阳新工厂现场勘验的结果是现场只有空盒,而认定运动鞋尚未进入市场,并据此得出福建乔丹将未进入市场的鞋盒作为计算赔偿损失的依据显然不合理的结论,属于严重错误。

晋江阳新答辩称:晋江阳新在另案中提供的合同、库存表等在该案的一、二审判决中均未被作为确定赔偿额的计算依据,在本案中不应当作为计算赔偿的依据;晋江阳新的库存产品已经低价卖给了外贸公司,并且未使用包装盒。

晋江阳新亦不服一审判决,提起上诉。

晋江阳新诉称:

1. 一审认定福建乔丹的"乔丹"运动鞋鞋盒的装潢从 1998 年开始一直使用,并且乔丹牌运动鞋已成为知名商品没有事实依据。(1) 福建乔丹的前身晋江乔丹成立于 2000 年 6 月 28 日,同年 8 月 24 日即到工商行政部门投诉晋江阳新的不正当竞争行为,其成立不到两个月,产品何以知名?(2) 在甄别为晋江乔丹前的溪边二厂也是一个注册资金只有 13.6 万元的村办小厂,根本不具备知名商品所应当具备的一定规模的产销量、广告投放量和较大范围的销售区域等条件。(3) 福建乔丹在一审中也并没有提交作为知名商品应当具备的产量、销量、广告投放量、产品销售覆盖的范围以及相关部门的认定等证据。

2. 判决晋江阳新赔偿 25 万元没有依据。在晋江阳新的有关行为受到行政处罚、已不再使用原包装之后,福建乔丹又以相同理由起诉,实属恶意;一审法院又依此判决晋江阳新赔偿福建乔丹的经济损失,依据不足。综上,晋江阳新请求:撤销一审判决,改判驳回福建乔丹的诉讼请求。

福建乔丹答辩称:一审法院认定乔丹牌产品为知名商品符合法律规定,对其特有包装、装潢的使用情况的认定有充分的事实根据。(1) 福建乔丹的产品质优、价廉、物美,每年投入 1 000 多万元广告费在中央电视台和各地方电视台做广告,产品畅销各地,为广大消费者所熟知。(2) 晋江阳新关于晋江乔丹从成立到投诉不正当竞争行为不到两个月,无法证明产品已经知名的说法,没有事实依据。乔丹牌产品在晋江麦克 1998 年 6 月获得商标注册后就开始生产,并非 2000 年 6 月 28 日晋江乔丹成立后才生产。晋江乔丹也并非 2000 年 6 月 28 日才存在,它是由 1990 年 5 月即存在的溪边二厂甄别而来的。

二审法院审理认为:福建乔丹及其前身晋江乔丹成立时间虽然很短,但两年多的持续经营也足以使被经营产品在一定的范围内知名。经营者的产销量、广告宣传和获得的荣誉以及有关部门的认定等仅是认定知名商品的重要参考因素,并非在个案中必须一一加以证明。晋江阳新与福建乔丹同为制鞋企业,属于同一地区的同业竞争者,故晋江阳新应当知道福建乔丹已经在先使用的鞋盒装潢,其在主观上有明显的仿冒故意。因此,晋江阳新在其白色和浅灰色上盖的鞋盒上的装潢仿冒了福建乔丹知名商品的特有装潢,其行为已经构成了不正当竞争。关于损害赔偿的数额,本案是针对包装物特有装潢的侵权,其侵权后果是造成购买者对被包装产品的混淆或者误认,而且本案侵权鞋盒作为运动鞋的整体包装物在习惯上是与运动鞋一起出售的。所以,在以侵权人因侵权所获得的利润计算赔偿额时,可以将侵权人使用侵权包装物销售产品所获得的利润作为确定赔偿额的重要因素。但是福建乔丹在计算晋江阳新的销售额时,将晋江阳新已销售但未证实是否使用被控侵权鞋盒的原库存产品部分计入侵权销售额存在疑点。更为重要的是,福建乔丹并未举证证明晋江阳新销售产品的实际利润率或者提出一个合理的利润率,甚至其在二审庭审中也承认所主张的 20% 的利润率只是自己的预测和估计,并无科学依据。据此,二审法院认为,一审法院根据本案具体案情,酌情确定赔偿额为人民币 25 万元,并无明显不妥,故而驳回上诉,维持原判。

二、裁判要旨

**No.4-1-5.2-11** 只要经营者主观上存在过错，其产品装潢与他人在先使用在产品上的装潢构成近似并足以造成混淆或者误认的，即可认定该在先产品为知名商品。

《关于审理不正当竞争民事案件应用法律若干问题的解释》第1条列举了认定知名商品时应当考虑的几项因素。但是在个案中，在经营者知道或者应当知道他人在先使用的商品装潢的情况下，对该商品本体的装潢或者其包装物的装潢擅自作相同或者近似使用，足以造成购买者混淆或者误认的，即使原告无法对上述重要的参考因素一一加以证明，人民法院亦可认定该在先商品为知名商品，并依法予以保护。本案中，晋江阳新认为，福建乔丹的成立时间短、注册资本少且未能提交其产品产销量、广告投放量和有关部门的认定等方面的证据，不应认定其产品为知名商品。但二审法院认为，经营时间的长短、经营者的产销量、广告宣传和获得的荣誉以及有关部门的认定等仅是认定知名商品的重要参考因素，并非在个案中必须一一加以证明。晋江阳新与福建乔丹同为制鞋企业，所生产、销售的鞋类产品也基本相同，属于同业竞争者，而且双方住所地也均在晋江市。晋江阳新显然应当知道福建乔丹已经在先使用的鞋盒装潢，其在主观上有明显的仿冒故意。因此，本案可以认定福建乔丹在先使用的鞋盒所包装的运动鞋产品为知名商品，其鞋盒装潢亦为其知名商品的特有装潢。

**No.4-1-20-1** 当不正当竞争纠纷的损害赔偿额难以计算时，该赔偿额应为侵权人在侵权期间因侵权所获得的利润以及受侵害者为调查侵权人的不正当竞争行为所支付的合理费用。

关于不正当竞争案件中的损害赔偿额的计算问题，《反不正当竞争法》第20条作出了原则性规定，即在损害赔偿额难以计算时，该赔偿额为侵权人在侵权期间因侵权所获得的利润以及受侵害者为调查侵权人的不正当竞争行为所支付的合理费用。因此，如何确定侵权人在侵权期间因侵权所获得的利润，就成为计算具体赔偿额的重点。在司法实践中，原告应承担侵权者因侵权行为所获利润的举证责任。然而，该举证证明往往难以完成，原告只能通过一些表面证据进行估算，多数情况下无法给予确切的证据。因此，法院常常会结合具体案情，在综合考察侵权人的主观过错、实施侵权行为的手段和情节、侵权行为的影响范围，以及被侵权人的知名度以及为诉讼所支出的合理费用等因素后，对损害赔偿额进行自由裁量。本案中，福建乔丹主张权利的客体是作为知名商品的包装物上的特有装潢。对包装物特有装潢侵权的后果是造成购买者对被包装产品的混淆或者误认，而且本案侵权鞋盒作为运动鞋的整体包装物，在习惯上是与运动鞋一起出售的。所以，在以侵权人因侵权所获得的利润计算赔偿额时，可以将侵权人使用侵权包装物销售产品所获得的利润作为确定赔偿额的重要因素。但是，福建乔丹所提供的证据不足，计算方法也存在疑点，部分缺乏科学依据，因此，二审法院未支持福建乔丹有关提高损害赔偿额的诉讼请求，而是维持一审判决。

**案例：申请再审人宁波微亚达制笔有限公司与被申请人上海中韩晨光文具制造有限公司、原审被告宁波微亚达文具有限公司、原审被告上海成硕工贸有限公司擅自使用知名商品特有装潢纠纷案**

案例来源：《最高人民法院知识产权审判案例指导》（第三辑）[（2010）民提字第16号]
主题词：进入公共领域的外观设计专利　形状构造类装潢

一、基本案情

申请再审人（一审被告、二审上诉人）：宁波微亚达制笔有限公司（以下简称微亚达公司）。

被申请人（一审原告、二审被上诉人）：上海中韩晨光文具制造有限公司（以下简称中韩晨光公司）。

原审被告：宁波微亚达文具有限公司。

原审被告：上海成硕工贸有限公司。

中韩晨光公司于2002年7月19日向国家知识产权局申请了名称为"笔（事务笔）"的外观

设计专利,该专利于 2003 年 2 月 19 日获得授权公告,专利号为 ZL02316156.6,后因该外观设计专利未缴纳专利年费,于 2005 年 10 月 12 日终止。

经对比,中韩晨光公司的 K-35 型按动式中性笔的外观与前述外观设计专利相同。中韩晨光公司自 2002 年 3 月 26 日起,即开始销售 K-35 型按动式中性笔。

2004 年 9 月 21 日,中韩晨光公司经受让取得注册商标"晨光",商标注册证号为第 1815587 号,注册有效期自 2002 年 7 月 28 日至 2012 年 7 月 27 日,核定使用商品为第 16 类的笔、笔记本等。2005 年 1 月,"晨光"商标被上海市工商行政管理局认定为上海市著名商标,有效期自 2005 年起至 2007 年止。2005 年 12 月 30 日,国家工商行政管理总局商标局认定在第 16 类笔商品上的"晨光"注册商标为驰名商标。此外,"晨光"牌中性笔于 2003 年和 2007 年还多次获得"名牌"产品称号,中韩晨光公司对其产品也进行了广告宣传。

中韩晨光公司生产的晨光牌 K-35 型按动式中性笔的外观由撅头、笔套夹、装饰圈、笔杆、笔颈、护套、尖套组成。撅头是直径为 6 毫米、顶部为圆球状的圆柱体空心零件,采用透明塑料制造,可以看到内部按动结构零件的颜色。笔套夹为圆柱体与半圆梯形组合成的三维立体形状,半圆梯形的最高处连接有一个 7 毫米宽的笔夹,笔夹面呈弧形曲面向内收敛,笔套夹上部有两条半环形镂空,套身上有大圆弧缺口,笔夹与半圆梯形结合处有一个 6.5 毫米长的腰形孔,笔套夹的颜色与笔芯颜色相同,笔夹面上印有"M&G"及产品型号"K-35"等字样。装饰圈位于笔套夹下方,其弧度与笔套夹和笔杆的曲线相吻合,材质为经过电镀处理的工程塑料。笔杆是直径为 11.6 毫米的空心圆柱体,由透明塑料制造,在其与笔颈连接处贴有环形不干胶,上面印有注册商标"晨光",产品型号"K-35"等字样。笔颈是一个上端与笔杆连接,下端与尖套连接的空心圆柱体状零件。笔颈外套有护套,该护套外形呈中间小两头略大的哑铃型,护套颜色与笔芯墨水颜色相同。尖套为弧形圆锥体状零件,其表面经过电镀,颜色与装饰圈的色泽相同。

微亚达制笔公司和微亚达文具公司生产、销售的 681 型水笔的结构与上述 K-35 型按动式中性笔相同,笔夹上印有"WEIYADA""681"等字样,环形不干胶上印有"WEIYADA""E681"等字样,从整体上看,两者外观基本相同。2007 年 6 月 4 日,中韩晨光公司在成硕工贸公司处购买了 681 型水笔一盒,并委托上海市黄浦区第一公证处对上述购买行为进行了公证。

原告中韩晨光公司诉称:其晨光牌 K-35 型按动式中性笔是知名商品,成硕工贸公司销售的、由微亚达制笔公司和微亚达文具公司生产、销售的 681 型水笔,仿冒了 K-35 型按动式中性笔的特有装潢,构成不正当竞争行为,给中韩晨光公司造成较大的经济损失,请求法院判令微亚达制笔公司、微亚达文具公司和成硕工贸公司立即停止生产和销售侵权产品,赔偿其经济损失 50 万元和律师费用 3 万元。

被告微亚达制笔公司和微亚达文具公司共同辩称:中韩晨光公司的晨光牌 K-35 型按动式中性笔的各个部件属于笔的组成部分,不属于笔的装潢,该笔的外观不构成知名商品的特有装潢。

一审被告成硕工贸公司辩称:其对系争 681 型水笔是否构成仿冒知名商品特有装潢并不知情,不应承担民事责任。

一审法院审理认为:

1. 中韩晨光公司的 K-35 型按动式中性笔外观中的笔套夹和装饰圈部分构成知名商品的特有装潢

中韩晨光公司自 2002 年 3 月起开始生产 K-35 型按动式中性笔,并在该笔上使用了注册商标"晨光"。"晨光"商标曾被评为上海市著名商标,并被国家工商行政管理总局商标局认定为驰名商标,晨光牌中性笔也多次被评为制笔行业的名牌产品。据此,可以认定 K-35 型按动式中性笔是在市场上具有一定的知名度,为相关公众所知悉的知名商品。K-35 型按动式中性笔的外观由撅头、笔套夹、装饰圈、笔杆、笔颈、护套和尖套组成,中韩晨光公司对其中笔套夹和装饰圈部分进行了专门设计,使其除具有功能性以外,还具有较强的装饰性,起到了美化商品的作用。

而其中揿头、笔杆、笔颈、护套和尖套部分的形状设计，属于使笔类商品实现自身技术效果的功能性设计，这些部件的形状以及整体的色彩搭配与其他同类商品相比，也缺乏显著特征。因此，可以认定，K-35 型按动式中性笔外观中的笔套夹和装饰圈部分构成知名商品的特有装潢。

2. 微亚达制笔公司和微亚达文具公司的行为构成不正当竞争

经比对，被控侵权的 681 型水笔与 K-35 型按动式中性笔在笔套夹和装饰圈部分的形状设计基本无差别，构成了相近似的产品装潢，此外两个产品的其他部分也十分相似，从整体上看足以造成消费者的混淆。微亚达制笔公司和微亚达文具公司未经中韩晨光公司许可，擅自生产、销售使用知名商品特有装潢的 681 型水笔，构成了不正当竞争行为，应当承担停止侵害、赔偿损失的民事责任。鉴于上述两公司的法定代表人相同，又属于关联企业，在实施侵权行为的过程中具有共同的主观过错，应当承担连带责任。成硕工贸公司仅实施了销售行为，且其销售的 681 型水笔系合法来源于微亚达文具公司，据此，成硕公司作为销售商仅应承担停止侵害的民事责任。

综上，一审法院判决：

一、微亚达文具公司、微亚达制笔公司于判决生效之日起立即停止实施仿冒中韩晨光公司知名商品 K-35 型按动式中性笔特有装潢的不正当竞争行为；

二、成硕工贸公司于判决生效之日起立即停止销售 681 型水笔；

三、微亚达公司、微亚达制笔公司于判决生效之日起十日内共同赔偿中韩晨光公司包括合理费用在内的经济损失人民币 10 万元；

四、驳回中韩晨光公司的其他诉讼请求。

微亚达制笔公司不服一审判决，提起上诉。

二审法院审理认为：

1. 中韩晨光公司的 K-35 型按动式中性笔属于知名商品。中韩晨光公司自 2002 年 3 月起上市销售 K-35 型按动式中性笔以来，即在该款中性笔上使用了注册商标"晨光"，加之"晨光"商标曾被评为上海市著名商标，被国家工商行政管理总局商标局认定为驰名商标，晨光牌中性笔也多次被评为制笔行业的名牌产品，据此可以认定，K-35 型按动式中性笔在市场上具有一定的知名度，属于知名商品。

2. K-35 型按动式中性笔笔套夹和装饰圈构成知名商品的特有装潢。K-35 型按动式中性笔的装潢并非仅指印在笔套夹上的文字和不干胶贴上的"晨光"商标文字、图案、色彩及其排列组合。K-35 型按动式中性笔的外观形状如果符合最高人民法院《关于审理不正当竞争民事案件应用法律若干问题的解释》第 2 条关于商品装潢的构成要件，并满足受法律保护的其他要件，可以根据《反不正当竞争法》第 5 条第 2 项获得保护。中韩晨光公司的 K-35 型按动式中性笔的笔套夹上部有两条半环形镂空，套身上有大圆形缺口，笔套夹下方又配以"S"形装饰圈，上述两部件的设计不仅体现防滑、节省材料、提高加工工艺性等功能性考虑，也体现了独特的装饰性效果，增加了 K-35 型按动式中性笔外形的美观，故笔套夹和装饰圈亦属于 K-35 型按动式中性笔的装潢设计。根据本案证据显示，随着近年来中韩晨光公司对 K-35 型按动式中性笔的广泛宣传和大量销售，已经使 K-35 型按动式中性笔笔套夹和装饰圈部件的独有设计与商品的来源，即生产者中韩晨光公司之间建立了明确和稳固的联系，使其具备了识别商品来源的显著特征，故应认定为知名商品的特有装潢。在中韩晨光公司生产的 K-35 型按动式中性笔在消费者中已享有一定知名度的情况下，微亚达制笔公司作为同业竞争者，在其生产的 681 型水笔上擅自使用与 K-35 型按动式中性笔知名商品特有装潢相近似的装潢，足以使消费者在购买时对商品来源产生误认，构成不正当竞争，对此应当承担停止侵害、赔偿损失等民事责任。据此，二审法院判决：驳回上诉，维持原判。

微亚达制笔公司不服二审判决，提出再审申请，诉称：原审判决将中韩晨光公司 K-35 型按动式中性笔的零部件本体、外观设计直接认定为特有装潢，认定事实不清。（1）商品的特有装潢不能是商品本体，而应该是附加、附着在商品本体上的文字、图案、色彩及其排列组合。特有装潢应该独立于商品本体而存在,并对商品的使用功能没有影响。K-35 型按动式中性笔的笔套夹和装饰圈是笔的零部件,属于笔的本体,构成外观设计。笔的零部件本体的特有外形和特有外观设计不等于特有装潢。(2) K-35 型按动式中性笔曾获得过外观设计专利,其笔套夹和装饰圈在外观设计专利状态下属于外观设计的一部分,但这并不等于其在外观设计专利权终止后就构成特有装潢。K-35 型按动式中性笔的外观设计专利失效后,其外观设计不再受法律保护。(3) 原审判决根据 K-35 型按动式中性笔的笔套夹和装饰圈与中韩晨光公司之间的联系,认定该笔套夹和装饰圈属于特有装潢,没有事实和法律依据。K-35 型按动式中性笔的外观设计并不知名,不具有指向功能,不能指向中韩晨光公司,不能起到识别产品来源的作用。故,请求撤销原一、二审判决,由被申请人承担本案诉讼费。

被申请人中韩晨光公司答辩称:原审判决认定事实清楚,适用法律正确。(1) 微亚达制笔公司未能提供足够证据证明其在先制造和销售被控侵权产品。(2) 中韩晨光公司的 K-35 型按动式中性笔多次被制笔行业评为名牌产品,其使用的注册商标"晨光"曾被评为上海市著名商标,并被认定为驰名商标,因此 K-35 型按动式中性笔系知名商品。(3) 中韩晨光公司对 K-35 型按动式中性笔的笔套夹和装饰圈进行了专门设计,体现了独特的装饰性设计,不具有功能性效果,起到了美化商品和区分来源的作用。相关公众已经将 K-35 型按动式中性笔的整体外观形象与特定来源联系起来,看到这种具有笔套夹的半环形镂空、腰形孔以及"S"型装饰圈等设计的中性笔时,会认为该笔是中韩晨光公司或其关联企业制造的产品。这种外观已经取得了第二含义。(4) K-35 型按动式中性笔的笔套夹和装饰圈的独特设计作为装潢,应当得到反不正当竞争法的保护。K-35 型按动式中性笔的外观设计专利过期后,并不必然导致其他所有权利丧失,法律并不禁止对一项设计提供多重保护。(5) 微亚达制笔公司生产和销售的 681 型水笔,造成了与中韩晨光公司 K-35 型按动式中性笔的混淆。

再审过程中,微亚达制笔公司、微亚达文具公司与中韩晨光公司于 2010 年 11 月 22 日达成和解协议,微亚达制笔公司根据该和解协议向本院申请撤回其再审申请。

二、裁判要旨

**No.4-1-1-1 在符合《反不正当竞争法》保护条件的情况下,外观设计专利权已终止的商品外观仍可受到反不正当竞争法的保护。**

在多数情况下,如果一种外观设计专利因保护期届满或者其他原因导致专利权终止,该外观设计就进入了公有领域,任何人都可以自由利用。但是,在知识产权领域内,一种客体可能同时属于多种知识产权的保护对象,其中一种权利的终止并不当然导致其他权利也失去效力。同时,反不正当竞争法也可以在知识产权法之外,在特定条件下对某些民事权益提供有限的、附加的补充性保护。就获得外观设计专利权的商品外观而言,外观设计专利权终止之后,在使用该外观设计的商品成为知名商品的情况下,如果他人对外观设计的使用足以导致相关公众对商品的来源产生混淆或者误认,这种在后使用行为就会不正当地利用该外观设计在先使用人的商誉,构成不正当竞争。因此,外观设计专利权终止后,该设计并不当然进入公有领域,在符合反不正当竞争法的保护条件时,它还可以受到该法的保护。具体而言,由于商品的外观设计可能同时构成商品的包装或者装潢,因而可以依据反不正当竞争法关于知名商品特有包装、装潢的规定而得到制止混淆的保护。此时,该外观设计应当满足以下条件:(1) 使用该设计的商品必须构成知名商品;(2) 该设计已经实际具有区别商品来源的作用,从而可以作为知名商品的特有包装或者装潢;(3) 这种设计既不属于由商品自身的性质所决定的设计,也不属于为实现某种技术效果所必需的设计,或者使商品具有实质性价值的设计;(4) 他人对该设计的使用会导致相关公众的混淆或者误认。不过,外观设计专利权的终止,至少使社会公众收到了该设计可能已经进入公有领域的信号,因而主张该设计受到知名商品特有包装、装潢保护的权利人应提供更加充分的证据来证明有关设计仍应受法律保护。进入公有领域的外观设计专利,并不当然成为该设计享受反法保护的障碍,因为反不正当竞争法保护的是一种竞争秩序,尤其是避免混淆的发生,而不是一般性地垄断某一特定的标志或图案。

**No.4-1-5.2-11　产品形状获得反不正当竞争法保护的重要条件是非功能性以及显著性。**

商品的装潢一般可以分为文字图案类装潢和形状构造类装潢，前者外在于商品之上的文字、图案、色彩及其排列组合；后者内在于物品之中，属于物品本体但具有装饰作用的物品的整体或者局部外观构造，但仅由商品自身的性质所决定的形状、为实现某种技术效果所必需的形状，以及使商品具有实质性价值的形状除外。现实生活中大多数装潢都可归为这两种类型。尽管该两种类型的装潢在表现形态上存在差异，但都因其装饰美化作用而构成商品的装潢。如果把装潢仅仅理解为附加、附着在商品本体上的文字、图案、色彩及其排列组合，就会把商品自身的外观构造排除在外，从而不恰当地限缩了装潢的范围。本案中，中韩晨光公司的K-35型按动式中性笔的笔套夹上部有两条半环形镂空，套身上有大圆形缺口，笔套夹下方又配以"S"形装饰圈，上述两部件的设计不仅体现防滑、节省材料、提高加工工艺性等功能性考虑，也体现了独特的装饰性效果，增加了K-35型按动式中性笔外形的美观，故笔套夹和装饰圈亦属于K-35型按动式中性笔的装潢设计。

所谓知名商品的特有装潢，是指知名商品上具有区别商品来源的显著特征的装潢。由于文字图案类装潢和形状构造类装潢的表现形态不同，决定了它们构成特有装潢的条件也存在一定差异。对文字图案类装潢而言，由于消费者几乎总是习惯于利用它们来区分商品来源，除因为通用性、描述性或者其他原因而缺乏显著性的情况外，它们通常都可以在一定程度上起到区别商品来源的作用。一般而言，在使用文字图案类装潢的商品构成知名商品的情况下，该文字图案类装潢除缺乏显著性的情形外，通常都可起到区别商品来源的作用，从而构成知名商品的特有装潢。形状构造类装潢则并非如此。形状构造本身与商品本体不可分割，相关公众往往更容易将其视作商品本体的组成部分，而一般不会直接将其与商品的特定生产者、提供者联系起来。即使使用该形状构造的商品已经成为知名商品，在缺乏充分证据的情况下，也不能直接得出相关公众已经将该种形状构造与特定的生产者、提供者联系起来的结论。因此，对形状构造类装潢而言，不能基于使用该种形状构造的商品已经成为知名商品，就当然认为该种形状构造已经起到了区别商品来源的作用，更不能仅凭使用该种形状构造的商品已经成为知名商品，就推定该种形状构造属于知名商品的特有装潢。因而，认定形状构造类装潢构成知名商品特有装潢，需要有更加充分的证据，证明该种形状构造起到了区别商品来源的作用。可见，与外在于商品之上的文字图案类装潢相比，内在于商品之中的形状构造类装潢，构成知名商品的特有装潢需要满足更严格的条件。这些条件一般至少包括：(1) 该形状构造应该具有区别于一般常见设计的显著特征。(2) 通过在市场上的使用，相关公众已经将该形状构造与特定生产者、提供者联系起来，即该形状构造通过使用获得了第二重含义。也就是说，一种形状构造要成为知名商品的特有装潢，仅仅具有新颖性和独特性并对消费者产生了吸引力是不够的，它还必须能够起到区别商品来源的作用。只要有充分证据证明该形状构造特征取得了区别商品来源的作用，就可以依据知名商品的特有装潢获得保护。

**案例：山东龙大企业集团有限公司与莱阳鲁花浓香花生油有限公司不正当竞争纠纷案**
案例来源：《中国案例指导·民事卷》2006年第1辑（总第2辑）[（2003）鲁民三终字第14号]
主题词：知名商品特有的装潢　混淆的认定因素

**一、基本案情**
　　原告：山东龙大企业集团有限公司（以下简称龙大公司）。
　　被告：莱阳鲁花浓香花生油有限公司（以下简称鲁花公司）。
　　龙大公司于1997年9月委托青岛益青印刷包装股份有限公司为自己的粉丝产品设计印制包装袋，该包装袋上"龙口粉丝"四个蓝色竖排大字是由该公司设计室主任杨超用毛笔手书而成的，此四字被置于包装袋中央透明部分的正中间位置，左边临近"龙口"二字处，印有红底白字白框的"绿豆"字样，右下侧与"丝"字底边对齐处印有白底红字红框、三行12字的"包装专利、法律保护、仿冒必究"字样，"龙口粉丝"四字上方是龙大公司的红色注册图形商标，以及分别处于商标两侧的"龙大"与"食品"字样。包装袋最下部分的设计由浅蓝、白及湖蓝三色相间的竖条构成,左、右、上三边分布的是 21 个龙形瓦当图案,底色为不透明的白色。1999 年 3 月,龙大公司的该包装袋被国家知识产权局授予外观设计专利。龙大公司在全国设有三十几个办事处,其粉丝产品在各地的办事处均有销售。龙大公司为提高自己产品的知名度,在中央电视台为龙大食品进行了广告宣传。"龙大"牌粉丝在中国国际农业博览会上被认定为"2001 年中国国际农业博览会名牌产品"。龙大公司具有相当高的知名度,是全国农业产业化的龙头企业,其注册商标"龙大"文字及图形已于 2002 年被国家工商行政管理总局商标局认定为驰名商标。

鲁花公司于 2000 年 5 月开始使用的包装袋分为上、中、下三段,其中上、下两端为茄花紫色与白色相间的细色条,中段上方中间为"福花"扇形商标,商标两侧各设计了一条飞腾的黄龙,"龙口粉丝"四个字亦被置于包装袋中央透明部分的正中间位置,字体与龙大公司包装袋上的完全相同,色彩有所区别,为茄花紫色。包装袋两侧、黄龙的下方各设计了 3 个花形图案,内有"福花"商标图形,在包装袋的下端、茄花紫色与白色细条纹图案上用大红色套印了"莱阳鲁花"四个大字。该包装袋于 2001 年 9 月 26 日被国家知识产权局授予外观设计专利。鲁花公司的注册商标"鲁花"及"福花"也具有相当高的知名度,其中"鲁花"商标于 2001 年被山东省工商行政管理局认定为山东省著名商标,目前也在向国家工商行政管理局申请驰名商标认定。"福花"牌龙口粉丝于 2000 年 8 月被中国食品工业协会授予国家质量达标食品称号。

龙大公司诉称鲁花公司擅自使用与知名商品"龙大"牌龙口粉丝特有的包装装潢相近似的包装、装潢,使购买者易产生误认或混淆,构成不正当竞争。

一审法院审理认为,龙口粉丝是中国胶东地区的传统产品,原产于山东招远,因多经由龙口港外销而得名龙口粉丝,已有三百余年的生产历史。在烟台地区的招远市、龙口市一带,粉丝厂家生产的精细粉丝,均使用龙口粉丝的名称,龙口粉丝的知名度在胶东地区乃至全国家喻户晓,它的知名是由招远市、龙口市一带不特定的粉丝生产者经过多年的生产经营,形成的一种市场成果,不是任何一个特定的企业独创培养起来的,可以说早在龙大公司生产龙口粉丝之前,龙口粉丝就已经是知名商品。因此,龙口粉丝作为知名商品,是烟台地区生产粉丝的厂家共同使用的名称,不是龙大公司特有的知名商品。龙大公司虽然是知名度相当高的企业,龙大公司的龙大商标是全国驰名商标,但龙大公司的粉丝包装袋上使用的是龙口粉丝这一名称,而不是龙大粉丝。鲁花公司的粉丝包装袋上虽然使用了与龙大公司字体一样的龙口粉丝字样,但消费者如果想购买龙大公司生产的龙口粉丝,不会仅以龙口粉丝四个字的字体一样就购买,通常会以商标、厂家名称及相关装潢识别,因为两公司的龙口粉丝包装袋上都在非常醒目的位置印制了各自的注册商标、生产厂名及有关标识。消费者将鲁花公司的龙口粉丝包装与龙大公司的龙口粉丝包装产生混淆的可能性极小。综上,鲁花公司的行为不构成不正当竞争。根据《中华人民共和国反不正当竞争法》第 2 条第 2 款、第 5 条第 2 项之规定,判决:驳回龙大公司的诉讼请求。

龙大公司不服一审判决,提起上诉。

二审法院审理认为,龙大公司生产的"龙大"牌龙口粉丝虽然为知名商品,但鲁花公司所生产的"福花"牌龙口粉丝的包装装潢与其商品的包装装潢并不相近似,亦不会造成两者商品的混淆和购买者的误认。同时,也没有确切证据表明混淆已经发生。因此,鲁花公司已尽到将自己的商品与龙大公司的商品相区别的义务,主观上并不存在将其商品与龙大公司商品混淆的恶意,其行为不构成不正当竞争。原审法院查明事实清楚,适用法律正确,判决理由虽有不妥,但判决结果得当,应予维持。依照《中华人民共和国民事诉讼法》第 153 条第 1 款第 1 项之规定,判决:驳回上诉,维持原判。

二、裁判要旨

No. 4-1-5.2-12　反不正当竞争法对包装装潢的保护是针对装潢的整体而言的,对装潢的组成部分并不单独予以保护。

商品的包装装潢是指附加在商品包装上的文字、图案、色彩及其排列组合,它既可以单独由具有美感的文字构成,也可以单独由各式图案构成,同时也可以由文字、图案、色彩以一定的方式排列组合而成。一个包装在同时具有文字、图案及色彩等要素的情况下,装潢应当是指由上述要素排列组合而成的整体,其中的文字或图案等只能成为装潢的一部分。我国反不正当竞争法对包装装潢的保护是针对装潢的整体而言的,对装潢的组成部分并不单独予以保护。在本案中,龙大公司产品包装袋上"龙口粉丝"四个字,只是整个包装装潢的一个组成部分,因此,龙大公司主张将"龙口粉丝"四个字单独作为包装装潢加以保护,没有依据。

**No. 4-1-5.2-13 受保护标识的显著程度、相关消费者的识别力、标识之间的近似性和标识所有人以及侵权人的知名度是认定商品的包装、装潢是否构成混淆时应考虑的要素。**

从受保护标识的显著程度而言,本案中应当考虑"龙口粉丝"作为通用名称对消费者的购买判断力所产生的影响。龙大公司和鲁花公司所使用的包装、装潢中相同的是"龙口粉丝"四个字,而非其他的构成要素。龙口粉丝是中国胶东地区众多厂家生产的精细粉丝的通用名称,并不代表某一个具体的生产厂家,这使以"龙口粉丝"四个字作为组成部分的包装装潢,本身不具有较强的显著性。消费者在看到"龙口粉丝"四个字时,并不会将其与某个具体厂家联系起来,而是要结合商品装潢中的其他部分如图案、商标、企业名称等要素,加以综合判断和选择购买。

从相关消费者的识别力而言,对于两个包装装潢是否构成近似并造成混淆的判断,应当站在普通消费者的角度,采取隔离观察的方法,对两者进行整体对比和突出部分对比。即使商品的包装、装潢中的突出部分相同或相近,但如果是其他突出部分或者非突出部分左右了消费者对商品的印象,一般也不认为有混淆的可能。本案中由于龙口粉丝是通用名称的缘故,再加上装潢中其他要素的影响,并没有达到使消费者看到"龙口粉丝"四个字即认为是龙大公司的商品的程度,所以不会发生混淆。

从标识之间的近似性而言,通过比对可以看出,两者的包装装潢中"龙口粉丝"四个字除颜色略有区别外,字形与大小完全相同,并均处于包装袋正中位置。其区别体现以下几个方面:一是除"龙口粉丝"四个字之外的其他文字和图案存在明显差异。龙大公司上部中间为包含"LONGDA"字母在内的红色圆形商标,商标两侧分别为"龙大"和"食品"字样,包装袋上部及两侧为龙形瓦当图案,且紧密相连,下端为宽间距的条幅。鲁花公司包装袋上部为"福花"扇形商标,两侧偏下位置各有一条体形较大的黄龙,包装袋左右两侧是三个等间距分布的、中间是"福花"商标图案的仿古花形图案,上、下两端均为细线条相间的条幅图案,下部色条中有"莱阳鲁花"字样。二是色彩存在区别。龙大公司包装装潢的主色调为湖蓝色,辅色为淡蓝色和红色,鲁花公司包装装潢的主色调为深茄花紫色,辅色为大红色和黄色。三是整体结构略有不同。龙大公司的包装装潢为"外围—中央"围合式,鲁花公司的包装装潢为"上、中、下"三段式。因此,龙大公司与鲁花公司产品的包装装潢,除"龙口粉丝"四个字之外,其他构成要素包括文字、图案和色彩及排列组合之间区别明显,并不构成近似,亦不会使消费者对两者产生误认和混淆。

从标识所有人以及侵权人的知名度而言,本案中,龙大公司和鲁花公司都具有较高的市场知名度。龙大公司拥有的"龙大"商标为中国驰名商标。鲁花公司注册的"鲁花"商标是山东省著名商标,与"福花"商标在山东省乃至全国均享有较高的知名度。因此,鲁花公司虽然在其粉丝商品上使用了与龙大公司相同的"龙口粉丝"四个字,但同时也在显著的位置标注了"福花"商标和"莱阳鲁花"的名称,使普通消费者能较为容易地意识到是鲁花公司的商品,并与龙大公司的商品区分开来。

**5 仿冒知名服务特有的名称、企业名称(《反不正当竞争法》第 5 条第 2、3 项)**

**案例:上海避风塘美食有限公司与上海德荣唐美食有限公司不正当竞争纠纷案**
案例来源:《人民法院案例选》2005 年第 1 辑(总第 51 辑)[(2003)沪高民(知)终字第 49 号]
主题词:企业名称　知名服务特有的名称

**一、基本案情**

上诉人(原审原告):上海避风塘美食有限公司(以下简称避风塘公司)。

被上诉人(原审被告):上海德荣唐美食有限公司(以下简称德荣唐公司)。

原告避风塘公司于 1998 年 9 月 15 日经工商行政管理部门注册登记成立,企业名称为:"上海避风塘美食有限公司",经营饭、菜、酒、点心、冷饮、咖啡等。经工商行政管理部门批准,避风塘公司及其分店自 1999 年 9 月起,制作作"避风塘"内容的店堂牌匾广告和户外广告,同时还在菜单、食品包装盒、日历卡上印制"避风塘"及其汉语拼音的字样。避风塘公司的经营曾获得若干项荣誉,并被媒体报道。避风塘公司对外宣传资料上刊印的《〈避风塘〉的故事》,内容为:"避风塘"是香港维多利亚海港上帆船、舢板等船只用来避台风的多个海湾,其中以位于香港岛北侧的铜锣湾避风塘(建于 1862 年)最为出名。自 20 世纪 60 年代开始,由于环境的污染,香港沿海以捕鱼为生的渔民在香港邻近水域仅靠捕鱼已难以为生,而这些渔民世代以大海为家,在如此特殊的居住环境下,对海产认识甚深,对海产的烹调另树独特风格。与此同时,由于香港的经济不断发展,铜锣湾区已成为香港最繁荣的消费娱乐区,遂有渔民以其艇只为店,在铜锣湾避风塘经营起特色海鲜美食。由于其制作和烹调技巧在当时没有任何餐厅菜馆可以仿效生产,便形成了其专营式的经营。昔日的避风塘,每当夜幕低垂的时候,渔民们驶来一艘艘张灯结彩的营业艇来避风塘做生意。这些小艇专门经营海鲜、粥、粉、面、水果、饮料等,还有一些歌舞艇上面有歌女演唱和乐师伴奏。市民纷纷到艇上饮食和娱乐、歌舞升平。全盛时期,营业艇多达数百艘。避风塘从而变成市民们夜生活的胜地,更是香港美食家经常光临的饮食好去处,并且成为中外游客一个旅游观光点。随着香港进一步的发展,避风塘受填海及环保卫生的影响,此等经营面临停业的危机,于是陆地上出现了和原避风塘师傅合作的香港避风塘美食店,而今,避风塘已从香港向中国内地和台湾地区以及世界各地全面发展。人们纷至沓来,真正领略了"避风塘"美食加浪漫风情的全新感受。

被告德荣唐公司于 2001 年 1 月 8 日注册登记成立,企业名称为:"上海德荣唐美食有限公司",经营饭、菜、饮料的堂吃、外卖、酒的堂饮等。经工商行政管理部门批准,自 2002 年 8 月 13 日开始,德荣唐公司在门面招牌上,突出使用了"唐人街""德荣唐美食"等字样;在一楼和二楼的玻璃窗上,分别印有"避风塘畅饮""避风塘料理"等广告语;在菜单上方,印制"唐人街避风塘料理"字样;在设置的路标上,印制"唐人街餐厅避风塘"字样。

原告诉称:"避风塘"是本公司的名称。本公司使用"避风塘"进行对外宣传,在经营中十分注重广告投入,强化了"避风塘"作为品牌形象的作用,使"避风塘"成为上海地区餐饮服务行业中较为知名的服务名称。被告在其招牌、匾额、店堂餐桌以及广告上擅自使用"避风塘"字样,利用本公司知名度为其获取非法利益。被告这种引人误解的虚假宣传行为,侵犯了本公司的企业名称权和知名服务的特有名称权,是不正当竞争行为。原告请求法院判令被告立即停止侵权,公开向本公司赔礼道歉,消除影响,赔偿本公司的经济损失 50 万元。

被告辩称:"避风塘"一词,是餐饮行业内约定俗成并广泛使用的一种特色风味菜肴的名称。本公司是在标注自己企业名称的情况下使用"避风塘"一词,不侵犯原告的企业名称,不会引起消费者误解。

一审法院认为:(1)被告德荣唐公司的店面招牌上,使用了自己企业名称中的字号,即"德荣唐美食",其广告宣传中虽有"避风塘"一词,但未将该词作为本企业名称中的字号。(2)"避风塘"一词不是避风塘公司创先使用,且该词已被餐饮行业经营者作为一种烹调方法及菜肴的代表名称广泛使用,故不能成为原告避风塘公司的餐饮服务与众不同的显著标志,避风塘公司无权禁止其他经营者使用"避风塘"一词。(3)被告德荣唐公司在店堂布置和对外提供餐饮服务时,使用"避风塘料理"等文字进行广告宣传,意在向消费者说明其菜肴的风味,不是对其菜肴的质量、制作成分、性能、用途、生产者、有效期限、产地等引人误解的虚假宣传,因此不构成利用广告作虚假宣传的不正当竞争行为。据此,一审法院认为原告避风塘公司的各项主张均缺乏法律依据,根据《中华人民共和国民事诉讼法》第 64 条第 1 款规定判决:不支持原告上海避风塘美食有限公司的诉讼请求。

原告不服一审判决,遂提起上诉。二审法院审理后认为,一审法院认定事实清楚,判决正确,于是驳回原告上诉,维持原判。

二、裁判要旨

**No.4-1-5.2-14** 不具有原创性名称使用行为,不能使该名称成为知名服务的特有名称。

知名服务的特有名称,是指知名服务独有的、与通用名称有显著区别的服务名称。认定知名服务特有名称,除了该服务本身要成为知名服务外,还应当符合以下条件:(1)该名称不能直接表示服务的功能、用途和质量,并且与此类服务的通用名称有显著区别;(2)该名称应当具有原创性或创先使用性,或者是通过经营者的服务使通用名称具有了新的特定含义而形成;(3)该服务名称应当具有显著的区别性,消费者可以自然地将该名称和特定经营者以及知名服务联系起来。本案中,"避风塘"一词除具有避风港湾的原有含义外,已引申为一种烹调方法及菜肴的通用名称。作为一种烹调方法及菜肴的通用名称,"避风塘"一词在避风塘公司设立之前就已存在,不是由于避风塘公司的使用,才使得消费者认可其为一种烹调方法及菜肴的通用名称。因此,"避风塘"一词不能成为避风塘公司与同行业其他经营者之间相区别的显著标志。原告避风塘公司对"避风塘"一词的使用,不具有原创性和创先使用性,其未对该词赋予新的特定含义而使其成为知名服务的特有名称。

**No.4-1-5.3-3** 企业名称权人无权禁止他人在其字号的原有含义上进行合理使用。

企业名称权,是指企业依法对其名称所享有的权利。根据《反不正当竞争法》第5条第3项的规定,经营者不得以"擅自使用他人的企业名称或者姓名,引人误认为是他人的商品"的手段损害竞争对手。判断行为人是否使用了他人企业的名称,应考虑两项因素:(1)是否使用了他人的企业名称、字号或者简称;(2)前项的使用行为是否对消费者造成了混淆。就本案而言,首先,"避风塘"是原告"上海避风塘美食有限公司"企业名称中的字号,被告德荣唐公司的店面招牌上,使用的是自己企业名称中的字号,即"德荣唐美食",因此被告并未在自己的企业名称中使用"避风塘"这一字号,更不存在使用企业名称的全称或者简称行为。其次,当字号只有一种含义时,即使仅仅擅自使用企业名称中的字号,也可能造成消费者误认或者混淆市场主体,从而侵害相应企业的名称权。但是当字号还有其他含义时,如果他人是在原有含义上合理使用,企业名称权人无权禁止。"避风塘"一词,除了是原告避风塘公司的字号外,还兼具避风港湾、一种烹调方法及菜肴的通用名称等原有含义。被上诉人德荣唐公司没有把"避风塘"一词作为自己企业的字号,只是在"一种烹调方法及菜肴的通用名称"这一含义上使用该词,使用的显著性也没有超过自身企业字号,客观上不足以造成消费者对不同企业的混淆和误认,因此避风塘公司无权禁止。

**6** 仿冒知名服务特有的装潢(《反不正当竞争法》第5条第2项)

**案例:广州市越秀区东北菜风味饺子馆与宋维河不正当竞争纠纷案**

案例来源:《知识产权审判指导与参考》第6卷(第367页)[(2001)粤高法知终字第63号]
主题词:知名服务特有的装潢

一、基本案情

上诉人(原审被告):广州市越秀区东北菜风味饺子馆(以下简称东北菜饺子馆)。
被上诉人(原审原告):宋维河。

原告宋维河系海口东北人餐厅业主,该餐厅的经营性质为个体工商户。经国家工商行政管理局商标局核准,该餐厅注册了"东北人"文字商标。该餐厅企划广告设计师纪文静自1995年设计了餐厅视觉识别系统,通过以东北的民间特色为主基调的红色为企业主要色彩,以黑色为主要文字书写色彩,以徐海清书写的"东北人"书法为企业名称的书写方式,以凤凰、牡丹图案的花土布为服务人员服饰及桌布等装饰用面料,以红双喜、玉米、蘑菇、白菜、萝卜、鱼为固定图案的窗花,同时依据餐厅经营的粗粮、野菜、水饺等特色产品,确立了餐厅固定的广告语:"粗粮、野菜、水饺——棒!""要想营养好,请来东北人吃粗粮、野菜、水饺!"等,同时根据大红色的主基调,确立了东北人餐厅内用品的色彩及造型。为适应广州市场的需要,从1996年10月起,该餐馆又设计了新的菜谱,新菜谱以红底的花土布为封面的主基调,配以名称、吉祥物、"东北人"各分店地址和粗粮、野菜、水饺的广告语,并将企业的健康形象代表——郑艳彬的人物肖像加入封面中。自1997年开始,海口东北人餐厅许可广州市东北人企业有限公司在广东地区独占使用"东北人"注册商标权,以及"东北人风味饺子坊"的名称、包装、装潢,从事连锁经营。

东北菜饺子馆于1999年3月开业经营,该馆的牌匾上使用的企业名称是"东北人风味饺子馆"(长堤分店),其中"东北人"字号作显著化使用,字体也与海口东北人餐厅使用"东北人"字号的字体相同。经海口东北人餐厅在广州的连锁店广州市天河东北人风味饺子坊提出交涉,东北菜饺子馆将该馆的牌匾上使用的企业名称及字号的字体作了调整。该馆开业后所使用菜谱的封面上,除服务员人物肖像及其身后的部分背景外,菜谱的其他部分均相同。男服务员服装上也印有"粗粮、野菜、水饺——棒!"的广告语。该馆店内的布置、陈设、装饰风格也与海口东北人餐厅及其在广州的连锁店的布置、陈设、装饰风格雷同。

宋维河诉称:自开办海口东北人餐厅以来,以"东北人"风味饺子坊为品牌,通过优质服务赢得了广大客户的喜爱,并在广州开设了四家"东北人"风味饺子坊分店,享有很高的知名度。而东北菜饺子馆为谋取不法利益,采用了不正当竞争的方法对原告"东北人"这一服务品牌特有的包装、装潢也作了相同和近似的使用,包括男女服务员的服装;男服务员身后的广告语;被告橱窗里的蘑菇剪纸、装酒的容器及其摆设和排列组合以及被告面巾纸的包装。东北菜饺子馆的行为违反了反不正当竞争法,请求法院判令被告东北菜风味饺子馆停止其不正当竞争的行为并进行赔偿。

东北菜风味饺子馆答辩称:原告的海口东北人餐厅的装饰、装修,不具有独创性,是东北风味餐厅的通用装饰,不是知识产权法保护的内容。餐厅的商品是饮食,不是装饰和装修,原告列举的餐厅的内部装饰和装修,不是商品包装和装潢;所列举的餐厅的服务员服装、蘑菇剪纸、东北炕等装饰均是东北的地方特色,东北地方文化与地方民俗不能认为东北人餐厅在海口或广州首先使用就具有独占权。原告和被告经营的都是东北地区的饮食文化,都是将东北地区的固有特色搬到了广州市,都是在模仿和怀旧,都没有创新。

一审法院审理认为:原、被告都是餐饮业的经营者,经营的也都是东北风味,市场竞争关系客观存在。原告对其特色的设计和宣传都有相当的投入,意在使消费者产生印象,反映经营者的企业形象,从而起到为经营者带来竞争优势的作用。但是被告在对地方风俗特色进行选择时,在内容和表现形式上有诸多地方与原告的相同或雷同,被告借用他人在消费者中的形象,故意是明显的,是一种不诚实的市场行为。被告的模仿行为容易使消费者造成误认,构成对原告所经营的海口东北人餐厅不正当竞争侵权。据此,一审法院依照《中华人民共和国反不正当竞争法》第2条、第20条、《中华人民共和国民法通则》第134条第1款第1、7、10项的规定,判决:

一、东北菜风味饺子馆构成对宋维河所经营的海口东北人餐厅的不正当竞争,应立即停止不正当竞争行为;

二、东北菜风味饺子馆在本判决发生法律效力之日起10日内一次性赔偿宋维河经济损失人民币10万元;

三、东北菜风味饺子馆在本判决发生法律效力之日起10日内在《羊城晚报》上刊登启事,公开向宋维河赔礼道歉(内容须经本院审定)。

东北菜风味饺子馆不服一审判决,提起上诉。

二审法院认为,宋维河在经营海口东北人餐厅过程中,由该餐厅企划广告设计师纪文静设计了餐厅的视觉识别系统,系统涉及字号的字体、装饰及服饰图案、广告语、吉祥物等多个方面,是智力劳动的成果。该系统虽是以东北地区的民间风俗文化特色为设计素材,但不是对民间特色或者民俗的照搬照用,体现了设计者的智力创作,形成了独特的风格。东北菜风味饺子馆作为同业经营者,从其开业前后的经营行为看,使用与海口东北人餐厅所使用的"东北人"字号相同的字体并作显著化,所使用菜谱的封面也与海口东北人餐厅使用的菜谱相近似,男服务员服装上同样印有"粗粮、野菜、水饺——棒!"的广告语,以及馆内使用与海口东北人餐厅雷同的装饰等,这些表象足以使人相信东北菜风味饺子馆在主观上有搭成功经营者便车的意图,不是在正当、公平的竞争,有违经营者应当遵循的公平诚实信用原则。因此,东北菜风味饺子馆的仿冒行为是一种不正当的竞争行为。

据此,二审法院判决:驳回上诉,维持原判。

## 二、裁判要旨

**No.4-1-5.2-15** 由经营者营业场所的装饰、营业用具的式样、营业人员的服饰等构成的具有独特风格的整体营业形象,可以认定为服务的"装潢"。

《反不正当竞争法》对知名商品包装与装潢的保护同样适用于"营利性服务",所谓服务的"包装"或者"装潢",指的是由诸如营业场所、营业人员、营业工具等装饰、服饰、店面风格等元素形成的独特标识。这种独特标识实际上构成了经营者提供服务的综合形象,具有显著性,也属于区分服务来源的商业标识。本案中,宋维河在装潢中所使用的店面色彩、招牌字体、民族窗花、广告语、菜谱、服务人员的装束等构成了装潢的独特风格,虽然宋维河在装潢中采用了一些通用的东北元素,但是对于元素的选取以及组合搭配,依然体现出宋维河装潢中的独特之处。同时,在宋维河多年经营推广下,该装潢风格具有了显著识别性,成为消费者辨认服务的标识。而东北菜风味饺子馆对其装潢风格的抄袭,虽不是完全照搬,但其相似度已经足以造成消费者误认,因此法院认为这种行为存在"搭便车"的意图,有违经营者应当遵循的公平诚信原则,构成不正当竞争。

### 7 仿冒企业名称(《反不正当竞争法》第1条、第5条)

**案例:镇江唐老一正斋药业有限公司与吉林一正药业集团有限公司、一正集团吉林省医药科技实业有限公司、江苏大德生药房连锁有限公司、江苏大德生药房连锁有限公司镇江新概念药房不正当竞争纠纷上诉案**

案例来源:《中华人民共和国最高人民法院公报》2011年第12期[(2009)苏民三终字第0091号]

主题词:知名商品 企业字号

## 一、基本案情

上诉人(原审原告):镇江唐老一正斋药业有限公司(以下简称唐老一正斋公司)。

被上诉人(原审被告):吉林一正药业集团有限公司(以下简称一正集团)。

被上诉人(原审被告):一正集团吉林省医药科技实业有限公司(以下简称一正科技公司)。

被上诉人(原审被告):江苏大德生药房连锁有限公司。

被上诉人(原审被告):江苏大德生药房连锁有限公司镇江新概念药房。

唐老一正斋公司是一家以生产销售"一正膏"牌膏药为主的企业。"唐一正斋"膏药店由原告唐老一正斋公司法定代表人的先祖唐守义在清朝康熙年间创设,主要制作主治跌打损伤等病症的"奕正膏",后改名"一正膏"。"一正"源于唐氏祖训"一心本一德治病救人,正人先正己一丝不苟"。1922年,"唐一正斋"改名为"唐老一正斋"。"唐老一正斋"及其产品"一正膏"历史悠久,影响力曾到达全国及东南亚地区。由于其巨大的影响,为了防止假冒产品的出现,清朝政府特立石碑"奉宪勒石永禁",以杜绝假冒"一正膏",该碑被誉为中国打假第一碑。1930年,唐守义的第九代传人将其父唐棣(字尊楼)的头像注册为"一正膏"膏药的商标,以肖像为商标在我国为首创。20世纪50年代至80年代,"一正膏"中断,改称"镇江膏药"进行生产和销售,在市场上有相当的知名度。1992年11月27日,唐氏后人唐镇凯投资设立原告,注册资本为16万美元,主要生产销售"一正膏"牌膏药。1994年8月7日,该公司注册"唐萼楼肖像"和"唐老一正斋"文字和图形组合商标并被核准(商标注册证为第700302号),核定使用商品为第5类膏药。目前,原告生产的"一正膏"膏药因历史原因没有药品批准文号并主要通过坐诊配药和邮购销售,未进入药店销售。1996年8月,"唐老一正斋"加"唐萼楼肖像"图形和文字组合商标获得镇江市首届知名商标称号,2005年6月,原告被中国商业联合会下属的中华老字号工作委员会评为"中华老字号"会员单位。2007年3月,"一正斋"膏药制作技艺被江苏省人民政府列为江苏省非物质文化遗产。

一正集团公司设立于2003年4月,注册资本人民币1850万元,主要生产片剂、膏剂、颗粒剂等产品。一正科技公司为一正集团的子公司,设立于2005年11月,注册资本人民币800万元,主要生产"一正痛消"膏药等产品。一正集团公司及其子公司注册了"一正""一正春""一正消"汉字或者汉字图形组合商标,并相互许可使用,现均处于有效存续期间。其中第3743982号"一正"商标,核定使用商品为第5类的膏剂,分别于2006年7月12日、2007年5月15日被评为吉林省著名商标、四平市知名商标,2008年3月5日被国家工商行政管理总局商标局评定为中国驰名商标。"一正痛消"膏药在国内主要由药店经销,卫生许可证号为"吉四卫健字〔2005〕第004号",批准文号为"吉卫健用字〔2006〕002号"。一正集团公司、一正科技公司主要通过公司开办的网站、央视及部分地方卫视对企业形象和产品进行广告宣传并通过全国部分药店销售。一正集团公司、一正科技公司认为使用"一正"汉字为企业字号并注册为商标源于其宗旨:一心一意做事,堂堂正正做人。

原告唐老一正斋公司诉称:被告一正集团公司、一正科技公司未经其同意擅自在公司名称中使用"一正"字号,同时相互许可对方使用"一正"两个汉字及相似的商标并在膏药上使用含有"一正"汉字的名称,与原告的知名商品名称"一正膏"混淆,引起了消费者的误认,侵犯了注册商标专用权,构成了不正当竞争。被告江苏大德生药房连锁有限公司、江苏大德生药房连锁有限公司镇江新概念药房销售上述侵权产品,构成共同侵权,依法应当承担连带民事责任。

被告一正集团公司、一正科技公司辩称:两公司是在当地工商部门经合法登记取得企业名称权的。"一正""一正消""一正春"等商标是经依法注册并被核准使用的。核定使用的"一正"商标已被认定为四平市知名商标、吉林省著名商标和中国驰名商标。因此,属于合法使用,不构成侵权。一正集团公司、一正科技公司的企业名称、特有包装和商标等均没有侵犯原告的合法权利,不构成不正当竞争,请求法院驳回原告的诉讼请求。

一审法院审理认为:原告唐老一正斋公司企业名称中的字号应是"唐老一正斋"五个汉字,仅"一正"两个汉字并不能完全表达"唐老一正斋"所寓含意义及其企业名称以及字号的显著性和独特性。原告不能以获得"一正"两汉字的专用权而排除他人使用。原告的产品没有证据证明构成知名商品;同时,现无证据证明一正集团公司和一正科技公司是借助原告的字号或者产品名称所产生的商誉进行恶意登记和攀附。因此,认定一正集团公司和一正科技公司擅自使用原告膏药特有的名称或使用与其近似的名称,造成和其膏药相混淆,使购买者误认的证据不足。据此,法院依据《中华人民共和国民事诉讼法》第64条第1款、第128条、第130条,最高人民法院《关于民事诉讼证据的若干规定》第2条的规定,驳回原告唐老一正斋公司的诉讼请求。

原告不服一审判决,提起上诉。

二审法院审理认为:被上诉人"一正集团"注册使用"一正"商标的行为以及使用"一正"作为其企业字号的行为都不构成不正当竞争行为,应维持一审原判。同时,在判决中本着"尊重历史、照顾现实"的原则,为了更好地保护"唐老一正斋"老字号的无形资产,传承其独特的产品与工艺,继承其所蕴含的优秀文化传统,促进"一正"驰名商标的进一步发展,防止市场主体的混淆和冲突,双方当事人都应当各自诚实经营,各自规范使用其商品名称和商标,必要时可以附加标识加以区别,以保护消费者权益,维护市场正常的竞争秩序。

二、裁判要旨

**No.4-1-1-2** 保护公平竞争、保护经营者和消费者的合法权益,是《反不正当竞争法》的立法目的。

立法目的是司法实践中法官进行案件审理时需要考虑的基本原则。《反不正当竞争法》作为竞争法最开始,是以保护公平竞争以及竞争者利益为目的,随着竞争法日益强化其社会功能,其保护的利益日趋多元化,保护消费者利益也被纳入竞争法的立法目的。例如,德国 2004 年《反不正当竞争法》第 1 条明确规定:"本法适用于保护竞争者、消费者及其他市场参与者,防止不正当竞争。"而我国《反不正当竞争法》第 1 条也开宗明义对立法原则作出了规定。① 本案中,虽然二审法院最终未能支持上诉人的诉讼请求,但从保护经营者的角度,法院还是综合考虑了"老唐一正斋"作为知名的老字号,和"一正"作为驰名商标的影响力和未来发展力。对于原、被告销售区域重合的镇江地区的商品,法院要求双方当事人都应当各自诚实经营,各自规范使用其商品名称和商标,必要时可以附加标识加以区别。而维护市场正常竞争秩序的最终目的是为了给消费者提供良好的消费环境,从而保护消费者权益。

**No.4-1-5.2-16** 对知名商品的判断,应当综合考虑该商品的销售时间、区域、规模以及宣传力度、受影响范围等因素。

所谓"知名商品"②,是指在中国境内具有一定的市场知名度,为相关公众所知悉的商品。该概念的定义方式套用了"驰名商标"的抽象定义方式③,缺少可操作性。因此,最高人民法院司法解释对如何认定"知名商品"作了进一步规定:人民法院认定知名商品,应当综合考虑该商品的销售时间、销售区域、销售额和销售对象,进行宣传的持续时间、程度和地域范围,作为知名商品受保护的情况等因素。

本案中,上诉人的"一正膏"最终未被法院认定为知名商品,主要原因在于:(1)从商品的销售时间和对商品进行宣传所持续的时间、程度和地域范围而言,原告商品"一正膏"的历史商誉因其曾更名生产等因素而中断多年。虽然"一正"的历史悠久且шт疗效显著而行销海内外,但 20 世纪 50 年代,"一正"被改称"镇江膏药",直到 1992 年才恢复成立唐老一正斋公司。因此,"唐老一正斋"与"一正膏"自清朝起累积的历史商誉已经中断了近四十年,使得知晓"唐老一正斋"与"一正膏"历史商誉的人群主要为江苏镇江等地区了解一定历史的相关公众。(2)从商品的销售区域和销售规模而言,"一正膏"因其生产和销售模式的特殊性而限制了其现有社会影响力的扩展。由于资金限制等诸多因素,"一正膏"并没有获得药品批准文号,故该商品至今还无法进入药店进行销售,而只能采用坐堂问诊、邮寄销售等具有局限性的销售模式,该种特殊的销售渠道使得知晓"一正膏"商品的人群范围相对有限。目前"一正膏"仍未进行规模化生产,其生产量有限,这也在一定程度上影响了"一正膏"的对外销售规模和销售额。因此,尽管原告获得的"中华老字号会员单位"等相关荣誉,以及有关书籍对"唐老一正斋"与"一正膏"的介绍均显示出"唐老一正斋"与"一正膏"历史悠久,但判断"一正膏"能否在本案中获得反不正当竞争法的保护,其历史传承是否悠久仅是参考因素之一。法院在综合其他因素考虑后,最终未认定上诉人的"一正膏"为知名商品。

**No.4-1-5.3-4** 市场知名度的高低是字号能否受《反不正当竞争法》的保护的判断标准。

根据《反不正当竞争法》第 5 条第 3 项的规定,"擅自使用他人的企业名称或者姓名,引人误认为是他人的商品"的行为,被认定为不正当竞争行为。根据《企业名称登记管理规定》的规定,企业名称应当由以下部分依次组成:字号(或者商号)、行业或者经营特点、组织形式。可见字号是企业名称中的核心要素,但它是否具有独立保护的价值? 最高人民法院《关于审理不正当竞争民事案件应用法律若干问题的解释》第 6 条规定:具有一定的市场知名度、为相关公众所知悉的企业名称中的字号,可以认定为《反不正当竞争法》第 5 条第 3 项规定的"企业名称"。可见,字号能否成为《反不正当竞争法》的保护对象,取决于其市场知名度的高低。本案中,"唐老一正斋"作为老字号,其历史悠久且具有较高的市场知名度,应得到《反不正当竞争法》的保护。但原告主张禁止一正集团公司、一正科技公司使用"一正"字号,则难以成立:(1)原告唐老一正斋公

---

① 《中华人民共和国反不正当竞争法》第 1 条规定:"为保障社会主义市场经济健康发展,鼓励和保护公平竞争,制止不正当竞争行为,保护经营者和消费者的合法权益,制定本法。"
② 参见最高人民法院《关于审理不正当竞争民事案件应用法律若干问题的解释》第 1 条。
③ 参见最高人民法院《关于审理涉及驰名商标保护的民事纠纷案件应用法律若干问题的解释》。

司企业名称中的字号应当为"唐老一正斋",故从严格意义上来说,其与被告一正集团公司、一正科技公司的字号"一正"并不相同。(2)即使"一正"可以视为原告字号中的核心部分,根据前述裁判要旨有关知名商品认定的论述,原告商品"一正膏"目前的知名度,尚不足以支持其运用反不正当竞争法来禁止一正集团公司、一正科技公司依法使用其"一正"字号。(3)原告并没有提供证据证明一正集团公司、一正科技公司在注册登记"一正"字号时,攀附了其现有商誉,且造成了市场混淆,即被告主观上没有恶意,客观上也未造成市场混淆的结果。因此,被上诉人一正集团公司、一正科技公司使用字号"一正"二字,不构成对上诉人的不正当竞争。

**案例:兰建军、杭州小拇指汽车维修科技股份有限公司诉天津市小拇指汽车维修服务有限公司等不正当竞争纠纷案**

案例来源:最高人民法院第七批指导性案例[第30号]
主题词:竞争关系　经营范围

## 一、基本案情

上诉人(原审原告):兰建军。
上诉人(原审原告):杭州小拇指汽车维修科技股份有限公司(以下简称杭州小拇指公司)。
上诉人(原审被告):天津市小拇指汽车维修服务有限公司(以下简称天津小拇指公司)。
上诉人(原审被告):天津市华商汽车进口配件公司(以下简称天津华商公司)。

杭州小拇指公司成立于2004年10月22日,法定代表人为兰建军。其经营范围为:"许可经营项目:无;一般经营项目:服务:汽车玻璃修补的技术开发,汽车油漆快速修复的技术开发;批发、零售:汽车配件;含下属分支机构经营范围;其他无需报经审批的一切合法项目(上述经营范围不含国家法律、法规规定禁止、限制和许可经营的项目)。凡以上涉及许可证制度的凭证经营。"其下属分支机构为杭州小拇指公司萧山分公司,该分公司成立于2005年11月8日,经营范围为:"汽车涂漆、玻璃安装"。该分公司于2008年8月1日取得的《道路运输经营许可证》载明的经营范围为:"维修(二类机动车维修:小型车辆维修)"。

2011年1月14日,杭州小拇指公司取得第6573882号"小拇指"文字注册商标。2011年4月14日,兰建军将其拥有的第6573881号"小拇指"文字注册商标以独占使用许可的方式,许可给杭州小拇指公司使用。

杭州小拇指公司多次获中国连锁经营协会颁发的中国特许经营连锁120强证书,2009年杭州小拇指公司"小拇指汽车维修服务"被浙江省质量技术监督局认定为浙江服务名牌。

天津小拇指公司成立于2008年10月16日,法定代表人田俊山。其经营范围为:"小型客车整车修理、总成修理、整车维护、小修、维修救援、专项修理。(许可经营项目的经营期限以许可证为准)。"该公司于2010年7月28日取得的《天津市机动车维修经营许可证》载明类别为"二类(汽车维修)",经营项目为"小型客车整车修理、总成修理、整车维护、小修、维修救援、专项维修"。有效期自2010年7月28日至2012年7月27日。

天津华商公司成立于1992年11月23日,法定代表人与天津小拇指公司系同一人,即田俊山。其经营范围为:"汽车配件、玻璃、润滑脂、轮胎、汽车装具;车身清洁维护、电气系统维修、涂漆;代办快件、托运、信息咨询;普通货物(以上经营范围涉及行业许可证的凭许可证件在有效期内经营,国家有专项专营规定的按规定办理)。"天津华商公司取得的《天津市机动车维修经营许可证》的经营项目为:"小型客车整车修理、总成修理、整车维护、小修、维修救援、专项修理",类别为"二类(汽车维修)",现在有效期内。

天津小拇指公司、天津华商公司在从事汽车维修及通过网站进行招商加盟过程中,多处使用了"小拇指图"标识,且存在单独或突出使用"小拇指"的情形。

2008年6月30日,天津华商公司与杭州小拇指公司签订了《特许连锁经营合同》,许可天津华商公司在天津经营"小拇指"品牌汽车维修连锁中心,合同期限为2008年6月30日至2011年6月29日。该合同第3条第4项约定:"乙方(天津华商公司)设立加盟店,应以甲方(杭州小拇指公司)书面批准的名称开展经营活动。商号的限制使用(以下选择使用):(√)未经甲方书面同意,乙方不得在任何场合和时间,以任何形式使用或对'小拇指'或'小拇指微修'等相关标志进行企业名称登记注册;未经甲方书面同意,不得将'小拇指'或'小拇指微修'名称加上任何前缀、后缀进行修改或补充;乙方不得注册含有'小拇指'或'小拇指微修'或与其相关或相近似字样的域名等,该限制包含对乙方的分支机构的限制。"2010年12月16日,天津华商公司与杭州小拇指公司因履行《特许连锁经营合同》发生纠纷,经杭州市仲裁委员会仲裁裁决解除合同。

另查明,杭州小拇指公司于2008年4月8日取得商务部商业特许经营备案。天津华商公司曾向商务部行政主管部门反映杭州小拇指公司违规从事特许经营活动应予撤销备案的问题。对此,浙江省商务厅《关于上报杭州小拇指汽车维修科技股份有限公司特许经营有关情况的函》记载:(1)杭州小拇指公司特许经营备案时已具备"两店一年"条件,符合《商业特许经营管理条例》第7条的规定,可以备案;(2)杭州小拇指公司主要负责"小拇指"品牌管理,不直接从事机动车维修业务,并且拥有自己的商标、专利、经营模式等经营资源,可以开展特许经营业务;(3)经向浙江省道路运输管理局有关负责人了解,杭州小拇指公司下属直营店拥有《道路运输经营许可证》,经营范围包含"三类机动车维修"或"二类机动车维修",具备从事机动车维修的资质;(4)杭州小拇指公司授权许可,以及机动车维修经营不在特许经营许可范围内。

兰建军和杭州小拇指公司诉称:其依法享有"小拇指"注册商标专用权,而天津小拇指公司、天津华商公司在从事汽车维修及通过网站进行招商加盟过程中,多处使用了"小拇指图"标识,且存在单独或突出使用"小拇指"的情形,侵害了其注册商标专用权;同时,天津小拇指公司擅自使用杭州小拇指公司在先的企业名称,构成对杭州小拇指公司的不正当竞争。故诉请判令天津小拇指公司立即停止使用"小拇指"字号进行经营、天津小拇指公司及天津华商公司停止商标侵权及不正当竞争行为、公开赔礼道歉、连带赔偿经济损失63万元及合理开支24379.4元,并承担案件诉讼费用。

被告天津小拇指公司、天津华商公司辩称:(1)杭州小拇指公司的经营范围并不含许可经营项目及汽车维修类,也未取得机动车维修的许可,且不具备"两店一年"的特许经营条件,属于超越经营范围的非法经营,故其权利不应得到保护。(2)杭州小拇指公司并不从事汽车维修业务,双方不构成商业竞争关系,且不能证明其为知名企业,其主张企业名称权缺乏法律依据,天津小拇指公司、天津华商公司亦不构成不正当竞争,故请求驳回原告的诉讼请求。

一审法院审理认为:(1)兰建军拥有的第6573881号"小拇指"文字注册商标合法有效,其对侵害商标权的违法行为有权予以制止。杭州小拇指公司拥有的第6573882号"小拇指"文字注册商标合法有效,且其通过兰建军的授权获得了第6573881号"小拇指"注册商标的独占许可使用权利,故其对侵害第6573881号及第6573882号商标权的违法行为有权予以制止。(2)根据《反不正当竞争法》第1条的规定,该法的立法目的是保障市场经济健康发展,鼓励和保护公平竞争,制止不正当竞争,以保护经营者及消费者的合法权益。又根据该法第2条第2款的规定可知,"不正当竞争"是指经营者违反法律损害其他经营者的合法权益,扰乱经济秩序的行为。因此,《反不正当竞争法》所调整的是具有竞争关系的平等市场主体之间的法律关系,而非市场经营者之间或未取得相应经营资格的经营者之间因不存在竞争关系亦即无从适用该法律。原审法院认为,杭州小拇指公司依据《反不正当竞争法》的相关规定要求天津小拇指公司、天津华商公司承担不正当竞争的法律责任,必须首先证明自身是与天津小拇指公司、天津华商公司存在竞争关系的合法经营者。

本案天津小拇指公司与天津华商公司均从事汽车维修行业,而杭州小拇指公司的经营范围并不包含汽车维修类。尽管杭州小拇指公司认为自己的企业法人营业执照中载明"含下属分支机构的经营范围",且其分支机构具有汽车维修的经营范围并取得了相应的许可证,故其作为总公司也就相应取得了汽车维修的经营范围。原审法院认为,杭州小拇指公司的营业执照中明确载明"许可经营项目:无""上述经营范围不含国家法律法规规定禁止、限制和许可经营的项目"以及"凡以上涉及许可证制度的凭证经营"的内容。交通部发布的《机动车维修管理规定》第7

条第 1 款规定:"机动车维修经营依据维修车型种类、服务能力和经营项目实行分类许可。"可知,经营汽车维修属于依法许可经营的项目。杭州小拇指公司的营业执照中明确记载了其没有任何许可经营的项目,所包含的分支机构的经营范围也仅仅限定在"一般经营项目"范围内,并且不能提交其从事汽车维修行业的相关许可证,故其无证据证明自己为合法的汽车维修行业的经营者。因此,杭州小拇指公司与天津小拇指公司、天津华商公司在汽车维修行业并不存在具体的竞争关系,故杭州小拇指公司此项诉讼请求无事实和法律依据,依法予以驳回。

据此,一审法院判决:

一、判决生效之日起天津市小拇指汽车维修服务有限公司立即停止侵害第 6573881 号和第 6573882 号"小拇指"文字注册商标的行为,即天津市小拇指汽车维修服务有限公司立即在其网站(www.tjxiaomuzhi.net)、宣传材料、优惠体验券及其(含分支机构)经营场所停止使用"小拇指图"标识,并停止单独使用"小拇指"字样;

二、判决生效之日起天津市华商汽车进口配件公司立即停止侵害第 6573881 号和第 6573882 号"小拇指"文字注册商标的行为,即天津市华商汽车进口配件公司立即停止在其网站(www.tjxiaomuzhi.com)使用"小拇指图"标识;

三、判决生效之日起 10 日内,天津市小拇指汽车维修服务有限公司、天津市华商汽车进口配件公司连带赔偿兰建军、杭州小拇指汽车维修科技股份有限公司经济损失及维权费用人民币5 万元;

四、驳回兰建军、杭州小拇指汽车维修科技股份有限公司的其他诉讼请求。

兰建军、杭州小拇指公司及天津小拇指公司、天津华商公司均提出上诉。

二审法院审理认为,是否存在竞争关系是认定构成不正当竞争的首要条件。我国反不正当竞争法所规制的不正当竞争行为,是指损害其他经营者合法权益、扰乱经济秩序的行为,从直接损害对象看,受损害的是其他经营者的市场利益。《反不正当竞争法》第 2 条第 3 款规定:"本法所称的经营者,是指从事商品经营或营利性服务的法人、其他组织和个人。"据此,反不正当竞争法所调整的竞争关系的主体应为市场经营者之间,而市场主体之间竞争关系的存在,并非仅以相同行业或服务类别为限。本案中,被诉存在不正当竞争的天津小拇指公司与天津华商公司均从事汽车维修行业,故首先应确定的问题是,杭州小拇指公司是否为汽车维修相关市场的经营者。

经查,杭州小拇指公司成立于 2004 年 10 月 22 日,其营业执照载明的经营范围为:"许可经营项目:无;一般经营项目:服务;汽车玻璃修补的技术开发,汽车油漆快速修复的技术开发;批发、零售:汽车配件;含下属分支机构经营范围;其他无须报经审批的一切合法项目(上述经营范围不含国家法律、法规规定禁止、限制和许可经营的项目)。凡以上涉及许可证制度的凭证经营。"其一审中提供了下属分支机构之一,即成立于 2005 年 11 月 8 的萧山分公司的营业执照,其上载明的经营范围为:"汽车涂漆、玻璃安装",该分公司于 2008 年 8 月 1 日取得的《道路运输经营许可证》载明的经营范围为:"维修(二类机动车维修:小型车辆维修)。"结合二审查明杭州小拇指公司经营情况的相关事实,可以看出,杭州小拇指公司本身不具备从事机动车维修的资质,也并未实际从事汽车维修业务,但从其所从事的汽车玻璃修补、汽车油漆快速修复等技术开发活动,以及经授权许可使用的注册商标核定服务项目所包含的车辆保养和维修等可以认定,杭州小拇指公司通过将其拥有的企业标识、注册商标、专利、专有技术等经营资源许可其直营店或加盟店使用,使其成为"小拇指"品牌的运营商,以商业特许经营的方式从事与汽车维修相关的经营活动。因此,杭州小拇指公司是汽车维修市场的相关经营者,其与天津小拇指公司及天津华商公司之间存在竞争关系。另外,依据本案现有证据,并不能够直接认定杭州小拇指公司存在非法经营机动车维修或特许经营业务的行为,即使杭州小拇指公司因其经营范围中有关项目的记载构成违反行政法规和规章,也并不影响其主张合法的民事权益,杭州小拇指公司有权提起本案不正当竞争之诉。原审判决关于不正当竞争的认定有误,应予纠正。天津小拇指公司关于杭州小拇指公司属于违法经营及两者不具有竞争关系的主张,本院不予支持。

据此,二审法院判决:
一、维持一审民事判决第一、二项;
二、自本判决生效之日起,天津市小拇指汽车维修服务有限公司立即停止在其企业名称中使用"小拇指"字号;
三、自本判决生效之日起10日内,天津市小拇指汽车维修服务有限公司赔偿杭州小拇指汽车维修科技股份有限公司经济损失人民币3万元。
天津小拇指公司提起再审。
天津小拇指公司申请再审称:二审判决认为天津小拇指公司的行为构成不正当竞争,认定事实及适用法律存在错误。二审判决认定不正当竞争未以事实为依据。天津小拇指公司从事汽车维修行业,而杭州小拇指公司的经营范围并不包含汽车维修类,两公司之间在汽车维修行业不存在竞争关系;杭州小拇指公司的主营业务是特许经营,而天津小拇指公司未从事特许经营业务,故在特许经营领域双方也不构成竞争关系。一审法院认为两公司之间并不存在具体的竞争关系,因而判决驳回杭州小拇指公司关于不正当竞争的诉讼请求是正确的。二审判决认为竞争关系"并非仅以相同行业或服务类别为限",继而认定杭州小拇指公司与天津小拇指公司构成竞争关系,明显错误。
兰建军、杭州小拇指公司答辩称:(1)杭州小拇指公司自身未经营汽车维修业务,其下属的直营店经营机动车维修业务获得了行政许可,均不存在违法经营问题;杭州小拇指公司作为"小拇指"品牌的运营商,以商业特许经营的方式从事经营活动也符合法定条件。天津小拇指公司称杭州小拇指公司存在非法经营行为,却始终未提供相应的证据。(2)天津小拇指公司与杭州小拇指公司存在同业竞争关系。"小拇指"商号和商标是杭州小拇指公司在中国首创,天津小拇指公司使用"小拇指"商号存在主观恶意,其所谓的德国小拇指公司,在原审时已经查明是其自己在香港注册的公司,其用该公司的名义在香港注册"小拇指及图"商标后,再授权其在内地使用该商标,并在网站上进行虚假宣传,目的就是为了造成消费者混淆误认,充分反映了其不正当竞争的恶意。
再审法院审理认为,杭州小拇指公司许可他人在车辆清洁、车辆保养和维修等服务领域使用其商标,或者其从事商业特许经营活动,许可其直营店、加盟商在经营活动中使用其"小拇指"品牌、专利技术等经营资源,并不以其自身取得经营机动车维修业务的行政许可为前提条件,这与实际经营机动车维修业务的被许可人应依法取得相应的行政许可,并无矛盾之处。无论杭州小拇指公司是否获得了经营机动车维修业务的行政许可,均不影响该公司依法制止侵犯其商标权和不正当竞争行为的民事权利,也不影响人民法院依法保护其民事权益。天津小拇指公司关于杭州小拇指公司从事特许经营不符合法定条件或有非法经营行为,故其权利不应受法律保护的主张,没有事实和法律依据。此外,根据原审法院查明的事实,杭州小拇指公司2008年4月8日已取得商务部商业特许经营备案。根据《反不正当竞争法》第2条的规定,该法所称"商品"包括服务。认定不正当竞争行为并不以经营者之间存在直接的竞争关系或处于同一行业为条件。二审判决认为竞争关系"并非仅以相同行业或服务类别为限",符合法律规定。
据此,再审法院驳回了天津市小拇指汽车维修服务有限公司的再审申请。

二、裁判要旨

**No.4-1-2.2-2　经营者是否具有超越法定经营范围而违反行政许可法律、法规的行为,不影响其依法行使制止不正当竞争行为的民事权利。**
天津小拇指公司、天津华商公司认为其行为不构成不正当竞争的一个主要理由在于,杭州小拇指公司未依法取得机动车维修的相关许可,超越法定经营范围从事特许经营且不符合法定条件,属于非法经营行为,杭州小拇指公司主张的民事权益不应得到法律保护。
首先,对于超越法定经营范围违反有关行政许可法律、法规的行为,应当依法由相应的行政主管部门进行认定,主张对方有违法经营行为的一方,应自行承担相应的举证责任。本案中,对于杭州小拇指公司是否存在非法从事机动车维修及特许经营业务的行为,从现有证据和事实看,难以得出肯定性的结论。经营汽车维修属于依法许可经营的项目,但杭州小拇指公司并未从事汽车维修业务,其实际从事的是授权他人在车辆清洁、保养和维修等服务中使用其商标,或以商业特许经营的方式许可其直营店、加盟商在经营活动中使用其"小拇指"品牌、专利技术等,这并不以其自身取得经营机动车维修业务的行政许可为前提条件。此外,杭州小拇指公司已取得商务部商业特许经营备案,杭州小拇指公司特许经营备案时已具备"两店一年"条件,其主要负责"小拇指"品牌管理,不直接从事机动车维修业务,并且拥有自己的商标、专利、经营模式等经营资源,可以开展特许经营业务。故本案依据现有证据,并不能认定杭州小拇指公司存在违反行政许可法律、法规从事机动车维修或特许经营业务的行为。

其次,即使有关行为超越法定经营范围而违反行政许可法律、法规,也应由行政主管部门依法查处,不必然影响有关民事权益受到侵害的主体提起民事诉讼的资格,亦不能以此作为被诉侵权者对其行为不构成侵权的抗辩。本案中,即使杭州小拇指公司超越法定经营范围而违反行政许可法律、法规,仍属于行政责任范畴,该行为并不影响其依法行使制止商标侵权和不正当竞争行为的民事权利,也不影响人民法院依法保护其民事权益。被诉侵权者以经营者超越法定经营范围而违反行政许可法律、法规为由主张其行为不构成侵权的,人民法院不予支持。

**No.4-1-2.2-3** 反不正当竞争法并未限制经营者之间必须具有直接的竞争关系,也没有要求其从事相同行业。经营者之间具有间接竞争关系,行为人违背《反不正当竞争法》的规定,损害其他经营者合法权益的,也应当认定为不正当竞争行为。

司法实践中,经营者之间是否存在竞争关系是认定构成不正当竞争的关键。虽然现有法律和司法解释并没有明确竞争关系本身的判断标准,但司法界和学术界对"竞争关系"的讨论已经非常丰富。原最高人民法院副院长曹建明认为,"所谓竞争关系一般是指经营者经营同类商品或服务,经营业务虽不相同,但其行为违反了《反不正当竞争法》第2条规定的竞争原则,也可以认定具有竞争关系"。① 有学者将竞争关系划分为三种类型,即同业者之间的竞争关系、为自己或者他人争取交易机会所产生的竞争关系以及因破坏他人竞争优势所产生的竞争关系。② 也有学者在总结现有案例的基础上,对竞争关系进行了更为细致的划分,例如,按经营范围、按注册商标的商品类型、按商品的功能、按行业性质和职业分工、按消费者是否混淆、按商品的形态、潜在的市场竞争标准等。③ 可见,竞争关系的判断标准并不单一。因此,司法实践中,法官在认定是否存在竞争关系时不应以存在直接的或具体的竞争关系,或者要求经营者从事相同行业为前提。根据《反不正当竞争法》第2条第2款的规定,反不正当竞争法所规制的不正当竞争行为,是指损害其他经营者合法权益、扰乱经济秩序的行为,从直接损害对象看,受损害的是其他经营者的市场利益。因此,经营者之间具有间接竞争关系,行为人违背《反不正当竞争法》的规定,损害其他经营者合法权益的,也应当认定为不正当竞争行为。

本案中,被诉存在不正当竞争的天津小拇指公司与天津华商公司均从事汽车维修行业。根据已查明的事实,杭州小拇指公司本身不具备从事机动车维修的资质,也并未实际从事汽车维修业务,但从其所从事的汽车玻璃修补、汽车油漆快速修复等技术开发活动,以及经授权许可使用的注册商标核定服务项目所包含的车辆保养和维修等可以认定,杭州小拇指公司通过将其拥有的企业标识、注册商标、专利、专有技术等经营资源许可其直营店或加盟店使用,使其成为"小拇指"品牌的运营商,以商业特许经营的方式从事与汽车维修相关的经营活动。因此,杭州小拇指公司是汽车维修市场的相关经营者,其与天津小拇指公司及天津华商公司之间存在间接竞争关系。

---

① 参见孔祥俊:《反不正当竞争法的司法创新和发展——为〈反不正当竞争法〉施行20周年而作》,载《知识产权》2013年第12期。
② 同上注。
③ 参见谢晓尧:《在经验与制度之间:不正当竞争司法案例类型化研究》,法律出版社2010年版,第47—51页。

**案例:福建省白沙消防工贸有限公司诉南安市白沙消防设备有限公司侵犯企业名称(商号)权及不正当竞争纠纷案**

案例来源:《最高人民法院知识产权审判案例指导》(第五辑)[(2012)民申字第14号]
主题词:企业名称　地理名称　主观恶意

### 一、基本案情

申请再审人(一审原告、二审被上诉人):福建省白沙消防工贸有限公司(以下简称福建白沙公司)。

被申请人(一审被告、二审上诉人):南安市白沙消防设备有限公司(以下简称南安白沙公司)。

"白沙"系福建省南安市美林镇白沙村的村名。在南安市,有许多公司或企业,如福建省南安市白沙金属有限公司、福建省南安市白沙五金铸造厂、福建省南安市白沙阀门厂、福建省南安市白沙阀门铸造厂、福建省南安市白沙阀门加工厂等,都以"白沙"为企业字号。

1989年4月16日,南安县美林镇白沙村民委员会投资创办"福建省南安县白沙消防器材厂",住所地为美林镇白沙村,企业经济性质为村办集体所有制,主营消防器材,兼营水暖器材。1993年9月8日,"福建省南安县白沙消防器材厂"变更企业名称为"福建白沙消防工贸公司"。2003年3月25日,"福建白沙消防工贸公司"进行集体企业清理甄别,变更企业名称为"福建省白沙消防工贸有限公司"。福建白沙公司拥有两枚"远红"文字及图形商标,其中一枚(三角形)商标于2002年12月16日被认定为"泉州市知名商标";2003年6月被认定为"福建省著名商标"。另外,福建白沙公司注册的第726166号"远红"商标于2006年12月10日由常德市中级人民法院在(2006)常民三初字第24号民事判决中认定为中国驰名商标。

1995年1月9日,经核准设立"福建省南安市白沙消防设备厂",住所地为南安市美林镇白沙村,企业经济性质为集体所有制,主营SQ100地上、地下壁式水泵接合器,SS100地上消防栓等消防器材产品。1997年7月28日,"福建省南安市白沙消防设备厂"向国家工商总局商标局申请获准注册"白沙"(文字组合成圆形)商标,注册证号为第1065970号,核定使用商品为第9类灭火器具,注册有效期限自1997年7月28日至2007年7月27日。2003年2月26日,"福建省南安市白沙消防设备厂"经甄别,变更企业名称为"南安市白沙消防设备有限公司"。2003年7月17日,商标局核准该商标注册人变更为"南安市白沙消防设备有限公司"。该商标注册期限届满前,商标局又核准续展注册有效期至2017年7月27日。2003年9月16日,"南安市白沙消防设备有限公司"向商标局申请注册"白沙"文字商标,2005年5月14日,初审定为第3719794号商标,使用商品为第9类"灭火器,灭火设备,火灾扑打器,太平梯,消防水龙带喷头,消防软管喷嘴,消防车,消防船,灭火洒水系统"。目前该商标尚未获得核准注册。

2004年,福建白沙公司向有关工商行政管理机关请求解决福建白沙公司与南安白沙公司的企业名称争议。2004年6月30日,泉州市工商局向南安市工商局发函《关于对福建省白沙消防工贸有限公司等企业名称争议问题的答复》,内容为:"工商行政管理机关对企业名称实行分级登记管理,登记机关核准企业名称时,应注意把握在登记主管机关辖区内不得与已登记注册的同行业企业名称相同或者近似的原则。国家工商行政管理局在《关于企业名称行政区划辖区问题的答复》(工商企字[1999]第122号)中指出:企业名称相同,是指两个企业名称完全一致;企业名称所冠行政区划不同,其他组成部分相同的,不宜简单认定为近似。如对已登记注册的企业名称,虽然行政区划不同,在使用中引起公众误认,损害他人合法权益的不适宜的企业名称,应当依据注册在先和公平竞争的原则予以处理。你局可依照上述规定对该起名称争议案件进行处理。"但南安市工商局在收到该份文件后并未进行处理,也未将争议的处理情况反馈给泉州市工商局。

2007年6月,宏鑫集团昌盛有限责任公司将应当寄给南安白沙公司的区域代理方案、合作意向错寄给福建白沙公司,其中《商品快讯》将福建白沙公司的地址、联系人、电话误认为南安白沙公司的。2007年2月,泉州联众工贸有限公司将寄给南安白沙公司员工黄文亮的贺年片寄给福建白沙公司。福建天驰商标代理有限公司将南安白沙公司"白沙"商标误认为是福建白沙公司的,因而发函与福建白沙公司法定代表人庄诸葛、办公室主任洪长江联系续展事宜。

福建白沙公司诉称:(1)南安白沙公司未经字号在先注册人同意,使用其在先注册的企业字号注册为自己的企业字号和商标,属于擅自使用他人的企业名称的行为。即便"白沙"是双方企业所在的村名,是公共资源,但一旦有一方在先登记注册,则在所在行政区划范围内享有企业名称(字号)专用权,另一方以相同的字号登记注册,如果造成相关公众混淆误认的,则构成对在先企业名称(字号)的侵权,构成不正当竞争。(2)南安白沙公司预见福建白沙公司企业知名度会持续提高实施侵权行为,其主观恶意和侵权行为是持续进行的,判断福建白沙公司是否知名、何时知名及知名的范围,应当以法院判决之时作为评判的时间点。(3)福建白沙公司提供的证据足以证明,一般公众和相关业者甚至连专业商标代理机构均已对二者的企业名称产生混淆误认,是否产生混淆误认,应当以消防产品的最终用户即普通消费者及普通公众的一般感知和认识作为判断标准。

综上,被告的行为构成不正当竞争,请求法院判令:(1)南安白沙公司应当停止使用"白沙"字号和"白沙"注册商标。(2)南安白沙公司应当登报消除影响,向福建白沙公司赔礼道歉。(3)南安白沙公司应当赔偿福建白沙公司人民币100万元。

南安白沙公司辩称:(1)南安白沙公司申请注册含有"白沙"字号的企业名称没有违反诚实信用原则。南安白沙公司与福建白沙公司使用"白沙"字号均有其特殊的历史背景。福建白沙公司、南安白沙公司与同处白沙村均含有"白沙"字号的十几家企业一样,均为村办企业,企业性质都是集体所有制,实际出资人虽不同,但均系村委会投资创办。南安白沙公司使用"白沙"字号是村委会的决定,不存在不诚实信用的问题。"白沙"是福建白沙公司与南安白沙公司所在地的村名,是公共资源,显著性弱,福建白沙公司不享有专用权。南安白沙公司设立时,福建白沙公司并无名气,不存在傍名牌、搭便车的情况。(2)多年来,福建白沙公司对南安白沙公司使用含有"白沙"的企业名称和商标均未提出过异议。消防产品具有特殊性,属于受公安部门监管的产品,一般要求标明生产厂家、商标、规格、型号等产品标志。南安白沙公司的商标是"白沙",与福建白沙公司的"远红"商标不同;南安白沙公司的企业名称中的行政区划是"南安市",与福建白沙公司的行政区划"福建省"不同;南安白沙公司的企业名称中的所在行业为"消防设备",仅为生产企业,与福建白沙公司的所在行业"消防工贸"不同,工贸包括生产和贸易。作为消防行业的从业人员这样的特殊群体,上述区别足以区分辨识,不会混淆误认,不构成不正当竞争。(3)南安白沙公司于1997年7月获准注册"白沙"商标,迄今已15年,福建白沙公司未依法在5年内向商标评审委员会申请撤销,"白沙"商标虽未驰名,但在业内也有一定的知名度,对于已经获得注册的商标与他人现有的在先权利相冲突时,应由商标局或商标评审委员会依法作出判断。综上,南安白沙公司注册其"白沙"字号及商标,不会导致混淆误认,不构成侵犯福建白沙公司企业名称权,不构成不正当竞争。

一审法院审理认为:

1. "白沙"是两家企业法定住所地的地名,法定代表人也同是白沙村人,在20世纪80年代末、90年代初,两家企业均选择以同村的地名"白沙"作为字号是合情合理的。福建白沙公司提供的证据未能证明1994年南安白沙公司申请该企业名称时,福建白沙公司已是知名企业,南安白沙公司存在"傍名牌""搭便车"的主观恶意。因此,该企业名称登记行为不属于不正当竞争行为。

2. 两家企业为同业竞争关系,由于地理位置等原因,确实存在一定程度上的混淆和误认。为了规范市场竞争秩序,福建白沙公司向有关工商登记管理机关申请解决未果,遂向一审法院提起诉讼,一审法院也认为双方当事人的企业名称有必要进一步加以区分,以避免公众的混淆、误认,保护公平竞争、维护经营者和消费者的合法权益。参照《企业名称登记管理规定》规定:"两个以上的企业因已登记注册的企业名称相同或者近似而发生争议时,登记主管机关依照注册在先原则处理。"福建白沙公司于 1989 年就核准注册使用"白沙"字号；而南安白沙公司则于 1995 年才注册登记相同字号，故应认定福建白沙公司对"白沙"字号注册在先，依法享有对企业名称中使用"白沙"字号的优先权利。

3. 根据《商标法》(2001) 第 9 条第 1 款的规定："申请注册的商标，应当有显著性，便于识别，并不得与他人在先取得的合法权利相冲突。"因此，南安白沙公司申请注册的"白沙"商标与福建白沙公司在先取得的企业名称专用权相冲突，现福建白沙公司要求南安白沙公司停止使用该商标也应予支持。

4. 南安白沙公司所使用的企业名称系经法定程序注册登记，使用的是自己的企业名称，并不属于"擅自使用他人企业名称"的情形。在实际经营中，虽然有邮政部门和相关客户投递错误，以及商标事务所将"白沙"商标混淆为福建白沙公司的注册商标等事实的发生，但不足以认定消防行业的相关公众将两家企业的商品混淆误认。因此，一审法院认为福建白沙公司指控南安白沙公司存在不正当竞争行为，严重损害福建白沙公司商誉，应承担赔礼道歉、赔偿经济损失 100 万元的证据不足，一审法院不予采纳。

综上所述，一审法院判决：

一、南安白沙公司应于判决生效之日起 30 日内变更企业名称，变更后的企业名称中不得包含"白沙"文字；

二、南安白沙公司停止使用证号为 1065970 的"白沙"注册商标；

三、驳回福建白沙公司的其他诉讼请求。

南安白沙公司不服一审判决，提起上诉。

二审法院审理认为：

1. 福建白沙公司使用"白沙"字号的时间早于南安白沙公司，但后者使用现有名称的时间早于前者，而且南安白沙公司使用以"白沙"为字号的企业名称，有其历史原因，在主观上并无恶意，也没有违反诚实信用原则。而且，到本案诉讼时，南安白沙公司使用"白沙"字号已长达 12 年，其为该字号的声誉提升也付出了大量心血和努力。如果在此时责令其停止使用含有"白沙"字号的企业名称，则有违公平合理原则。但为了规范市场行为，南安白沙公司与福建白沙公司均应当规范使用经核准登记的企业名称。因此，一审法院仅仅参照《企业名称登记管理规定》第 25 条所确定的注册在先原则，不综合考虑本案的具体情况，所作出的相关判决应属不当，予以纠正。

2. "白沙"是南安白沙公司的住所地地名，也是该企业的字号，其将自己经合法登记注册的字号申请注册为商标，没有违反诚实信用原则。福建白沙公司也未能提供证据，证明南安白沙公司在申请注册"白沙"商标时存在试图利用福建白沙公司的企业名称的信誉进行不正当竞争的主观恶意。虽然南安白沙公司所使用"白沙"注册商标的文字与福建白沙公司的字号相同，但消防产品是特殊商品，一般要求在产品上应标注产品型号、规格、商标或厂名等产品标志，在产品外包装上应标注有产品名称、型号、制造日期、制造厂名、厂址等包装标志。因此，从产品及其包装上看，商标和厂名是结合使用的，能够使消防产品的相关公众辨别产品上的商标与包装上的厂名的对应关系，不会导致其将该商标与其权利人或使用人以外的其他生产厂商产生混淆。因此，一审法院没有综合考虑本案具体情况，仅依据我国《商标法》第 9 条第 1 款的规定，判令南安白沙公司停止使用其注册商标应属不当，予以纠正。

综上所述，二审法院判决：

一、撤销福建省泉州市中级人民法院(2007)泉民初字第 164 号民事判决。

二、驳回福建白沙公司的全部诉讼请求。

福建白沙公司不服二审判决，申请再审。

再审法院认为二审法院的判决并无不当，最终驳回了福建白沙公司的再审申请。

企业名称·地理名称·主观恶意

二、裁判要旨

No.4-1-5.3-5　判断侵权企业申请注册其企业名称中字号的主观意图,主要以其申请注册时的主观状况为准,不能以被侵权企业此后具有知名度而推定侵权企业此前注册企业字号时,具有攀附其声誉和市场价值的主观恶意。

根据《反不正当竞争法》第5条第3项的规定,判断经营者是否构成对他人企业名称的不正当竞争主要考虑两个因素:(1)经营者是否存在擅自使用行为。(2)这种擅自使用的行为是否引起他人误认混淆。所谓"擅自使用",指的是未经权利人许可,且具有主观恶意的使用行为。因此,对经营者主观恶意的考量是判断其行为是否构成不正当竞争行为的要素之一。对侵犯他人企业名称主观恶意的认定应以其注册相关企业名称字号时所具备的主观意图,以及可能存在的客观原因进行综合判断。本案中,福建白沙公司主张其企业名称因该公司拥有"远红"驰名商标而具有较高的知名度,南安白沙公司注册"白沙"字号具有傍名牌、搭便车的恶意。要判断南安白沙公司申请注册其企业名称中字号的主观意图,主要以其申请注册时的主观状况为准,不能以福建白沙公司此后具有知名度而推定南安白沙公司此前注册"白沙"字号时具有攀附其声誉和市场价值的主观恶意。从本案查明的事实来看,南安白沙公司于1994年申请成立,1995年核准注册;福建白沙公司的"远红"商标于2002年被认定为泉州市知名商标,2003年被认定为福建省著名商标,2006年被认定为驰名商标。即使这些证据能够证明福建白沙公司的"远红"商标后来具有知名度,但尚不足以证明其在南安白沙公司核准注册时已具有知名度,故不能证明南安白沙公司申请注册其字号具有主观恶意,不足以认定其违反诚实信用原则。

No.4-1-5.3-6　在判断具有特殊地理因素的企业字号是否可以共存时,应综合考虑与之相关的历史因素。

处理具有历史因素的知识产权权利冲突纠纷案件,在坚持诚实信用、维护公平竞争和保护在先权利等原则的基础上,应尊重历史,不能脱离历史简单裁判。本案中,"白沙"系两公司住所地村名,属于公共资源。因此,南安白沙公司将"白沙"作为其企业名称中的字号登记注册,具有特殊的地理因素。福建白沙公司虽先将"白沙"村名作为其企业名称中的字号登记注册,但对该村名并不享有专有权,不能排斥同处该村的其他企业使用"白沙"二字。事实上,白沙村已有不少企业将"白沙"登记注册为企业名称中的字号。而且,福建白沙公司使用"白沙"字号18年,南安白沙公司使用"白沙"字号也已12年,二者已共存了十余年。因此,南安白沙公司将"白沙"作为其字号,属于对该公司住所地村名的正当使用。

**案例:广东伟雄集团有限公司、佛山市高明区正野电器实业有限公司、广东正野电器有限公司与佛山市顺德区正野电器有限公司、佛山市顺德区光大企业集团有限公司不正当竞争纠纷案**
案例来源:《最高人民法院知识产权审判案例指导》(第一辑)[(2008)民提字第36号]
主题词:注册商标　企业字号

一、基本案情

申请再审人(一审原告、二审被上诉人):广东伟雄集团有限公司(以下简称伟雄集团公司)。

申请再审人(一审原告、二审被上诉人):佛山市高明区正野电器实业有限公司(以下简称高明正野公司)。

申请再审人(一审原告、二审被上诉人):广东正野电器有限公司(以下简称广东正野公司)。

被申请人(一审被告、二审上诉人):佛山市顺德区正野电器有限公司(以下简称顺德正野公司)。

被申请人(一审被告、二审上诉人):佛山市顺德区光大企业集团有限公司(以下简称顺德光大集团公司)。

伟雄集团公司的前身顺德市伟雄集团公司分别于1994年8月、1994年12月申请注册"正野 GENUINE""正野 GENUIN"商标,并分别于1996年7月、1996年11月获准注册,核定使用商品第 11 类,即管道式排风扇、空气调节器、换气扇、消毒器。1995 年 1 月 15 日,顺德市伟雄集团公司将"正野 GENUIN"商标授权顺德市正野电器实业公司在其生产的换气扇、空气调压器上使用,并于该商标核准注册后,于 1997 年 1 月 15 日正式签订商标许可使用合同,将该商标在 10 年期内无偿许可顺德市正野电器实业公司使用。顺德市伟雄集团公司后经改制变更为伟雄集团公司。1999 年 3 月,上述两商标权人核准为伟雄集团公司。

高明正野公司成立于 1996 年 5 月。1997 年 1 月 15 日,顺德市伟雄集团公司与高明正野公司签订商标许可使用合同,将上述两商标无偿许可高明正野公司使用。1998 年 4 月 30 日,顺德市正野电器实业公司因场地不能满足扩大生产的需要而申请注销,该公司所有的人员设备转到高明正野公司,未了结的债权债务全部由高明正野公司承担。顺德市正野电器实业公司于 1998 年 5 月 14 日被批准注销。

广东正野公司 2001 年 8 月由高明市正野电器有限公司更名而来。1999 年 10 月,伟雄集团公司将"正野 GENUIN"商标许可高明市正野电器有限公司使用。

顺德市正野电器实业公司、高明正野公司、广东正野公司及其前身高明市正野电器有限公司被许可使用上述商标后,通过长期的生产销售、参加展览会、产品推介会、制作散发宣传册,通过在媒体、店招、灯箱等形式在中国大陆及海外对正野商标进行长期持续性的宣传,从 1995 年至 2001 年持续性年度支出的广告费共计 2 891 万余元。2000 年 12 月,"正野 GENUIN"商标被评为广东省著名商标。顺德市正野实业公司、广东正野公司使用含有正野变形字体的外观设计包装和标贴对其产品进行销售,"正野"产品行销全国。

顺德光大集团公司于 1995 年 9 月 7 日成立,生产销售家用电器、照明器具等。1997 年 5 月 29 日,顺德光大集团申请注册"正野 ZHENGYE"商标,并于 1998 年 9 月 28 日核准注册,核定使用在第 9 类,即电器插头、插座及其他接触器等商品。1998 年 10 月 23 日,原顺德光大集团公司广告策划部部长何建华设立顺德市勒流镇正野电器厂(下称电器厂),主营电饭锅、热水器。1998 年 12 月 18 日,顺德光大集团公司两股东出资成立顺德市勒流镇正野电器有限公司,主营家用电器、燃气具、照明电器等。同年 12 月 31 日,电器厂歇业。1999 年 2 月 8 日,顺德市勒流镇正野电器有限公司和日本新菱有限会社合资成立顺德正野公司,生产经营电风扇、插头插座、空调器等。1999 年 2 月 18 日,顺德光大集团公司与顺德正野公司签订商标许可合同,将"正野 ZHENGYE"商标无偿许可顺德正野公司使用,使用期限至 2008 年 9 月。1999 年 6 月 30 日,顺德正野公司外方股东日本新菱有限会社更名为正野有限会社。从 1999 年 10 月起,顺德正野公司在其开关插座的宣传资料、宣传报刊、经销场所、价目表、包装盒、包装袋等的显著位置上使用"正野 ZHENGYE"字样。

原告诉称,原告通过长期、大量的宣传,"正野"商标及其产品在市场上具有较高的知名度、信誉度、美誉度。被告明知"正野"是原告创立的知名商标和商号,在成立了与原告原顺德市正野公司名称完全相同的公司,还在开关插座等商品上申请注册"正野 ZHENGYE"商标,同时自 1999 年起一直在其产品、包装、宣传资料、广告等方面使用(中日合资)正野电器有限公司,引起相关公众的误认。被告的行为违反了诚实信用原则,给原告带来严重损害。请求法院判令:(1)两被告停止使用"正野"二字进行不正当竞争;(2)赔偿原告经济损失 200 万元;(3)两被告向三原告赔礼道歉、消除影响;(4)被告顺德正野公司变更企业名称,不得使用"正野"字样;(5)两被告承担本案的诉讼费、代理费支出 53 500 元。

被告共同答辩:顺德正野公司的"正野"字号源于股东企业勒流正野公司的许可,该公司经自身努力,已成为知名企业,正野商标在开关、插座行业中成为知名商标。顺德光大集团公司经合法注册"正野 ZHENGYE"商标,核定使用在第 3、7、9、11 类商品上,在第 9 类上注册了"正野电工"商标。伟雄集团公司就商标权对顺德光大集团公司和顺德正野公司起诉无事实和法律依据。二者商标不同、指定商品分属不同的类似群。顺德正野公司使用"正野 ZHENGYE"商标是经顺德光大集团公司合法许可。广东正野公司和高明正野公司对"正野"字号无在先使用权。顺德正野公司名称经顺德工商局依法核准登记。相互之间企业名称权不冲突。

注册商标·企业字号

一审法院审理认为：三原告及其前身1995年以来不间断地使用和宣传"正野GENUIN"商标，其产品在同类商品和服务中具有较高的知名度，其商标已通过各种途径为相关公众所熟知，应认定为知名商标。顺德市正野电器实业公司注销后，其"正野"字号产生的相关权益转由高明正野实业公司行使，且该字号应从1994年9月开始，属于原告连续使用，已成为知名字号。被告顺德光大集团公司与顺德正野公司、伟雄集团公司同在顺德市，却在1997年申请注册与原告的"正野GENUIN"商标相近似的"正野ZHENGYE"商标，具有明显的攀附原告知名商标、引起消费者将二者混淆的故意。被告顺德光大集团公司违反诚实信用原则和基本的商业伦理，将他人知名商标进行仿冒性的注册，其行为构成不正当竞争。被告顺德正野公司登记使用"正野"字号，有明显的搭他人便车的故意，且在其产品、包装、广告等宣传资料上突出使用"正野"及"正野电工"字样，将其作为商品标识和商品名称使用，引起消费者的误认和混淆，其行为构成不正当竞争。据此，一审法院判决：

一、顺德光大集团公司、顺德正野公司在判决生效之日起立即停止使用"正野"两字。

二、顺德正野公司在判决生效之日起立即停止在其企业名称中使用"正野"字号，并向顺德市工商行政管理局申请变更企业字号。逾期不变更可由法院强制变更。

三、顺德光大集团公司、顺德正野公司在判决生效之日起30日内在《羊城晚报》第一版刊登致歉声明，向三原告赔礼道歉，消除影响（内容须经法院核准）。

四、顺德光大集团公司、顺德正野公司在判决生效之日起10日内赔偿原告经济损失50万元，并支付原告为本案支出的合理费用52 533元，合计552 533元。

顺德光大集团公司、顺德正野公司不服一审判决，提起上诉。

二审法院审理认为：由于伟雄集团公司的"正野GENUIN"商标并非驰名商标，不能适用驰名商标特殊保护和扩大保护范围的相关规定。由于顺德正野公司的企业名称注册登记时间先于伟雄集团公司的"正野GENUIN"商标被评为"广东省著名商标"的时间，没有违反《广东省著名商标认定和管理暂行办法》的规定，其登记注册企业名称的行为，没有侵犯伟雄集团公司的商标权。顺德正野公司因顺德光大集团公司的授权而合法拥有"正野ZHENGYE"商标的使用权，未突出使用其企业名称，不侵犯伟雄集团公司的商标专用权。企业名称的法定保护范围是禁止他人在同一级辖区内同行业登记相同或者近似的企业名称。顺德正野公司和高明正野公司的企业名称的字号虽然相同，但行政区划不相同，分属"顺德市"和"高明市"，不同企业主体的区分是显而易见的。高明正野公司以其拥有企业名称为由，认为顺德正野公司企业名称的登记行为侵犯了该公司的企业名称权缺乏法律依据。广东正野公司使用"正野"企业名称的时间晚于顺德正野公司的登记注册时间，且行政区划层级不同，广东正野公司认为顺德正野公司的企业名称登记注册行为侵犯了该公司的企业名称权也缺乏法律依据。基于顺德光大集团公司的商标使用许可，顺德正野公司在自己的企业名称中使用"正野"字号，具有合法的权利基础和正当的理由。没有证据表明两者会产生混淆。顺德伟雄集团公司注册"正野"商标，顺德正野公司在其企业名称中使用"正野"二字，并没有违反《反不正当竞争法》的规定。据此，二审法院判决撤销一审判决，驳回伟雄集团公司、高明正野公司、广东正野公司的诉讼请求。

伟雄集团公司、高明正野公司、广东正野公司不服二审判决，申请再审。

再审法院认为：（1）顺德正野公司成立时，"正野GENIUN"商标已具有一定的知名度。顺德正野公司将与他人注册商标中相同的"正野"文字作为企业名称中的字号使用，生产开关插座等产品。在建材市场及日常生活中，排风扇、换气扇与开关插座等商品的销售渠道、消费对象基本相同，顺德正野公司的行为足以使相关公众对其商品或者服务的来源产生混淆，构成不正当竞争行为。（2）顺德光大集团公司、顺德正野公司使用"正野ZHENGYE"商标的行为，足以使相关公众对商品的来源产生误认，侵犯高明正野公司在先"正野"字号权益，构成不正当竞争。顺德正野公司与伟雄集团公司、原顺德市正野电器实业公司均在同一地区，知道"正野"商标和"正野"字号的知名度，却使用与高明正野公司企业名称字号相同的"正野"字号，生产经营电风扇、插头插座、空调器等，足以使相关公众对商品或者服务的来源产生混淆，构成不正当竞争行为。

广东正野公司使用"正野"文字作为企业字号的时间晚于顺德正野公司的成立时间。在再审审理期间,广东正野公司明确表示放弃顺德正野公司构成不正当竞争行为的诉讼请求。

综上,二审法院判决:

一、撤销二审法院民事判决。

二、变更一审法院民事判决第一项为:顺德市光大企业集团有限公司、顺德正野电器有限公司于判决生效之日起立即停止使用侵犯高明正野公司"正野"字号权益的"正野 ZHENGYE"商标。

三、变更一审法院民事判决第二项为:顺德正野电器有限公司在本判决生效之日起立即停止在其企业名称中使用"正野"字号。

四、变更一审法院民事判决第三项为:顺德光大集团公司、顺德正野公司在判决生效之日起30日内在《羊城晚报》第一版刊登致歉声明,向广东伟雄集团有限公司、高明市正野电器实业有限公司赔礼道歉,消除影响(内容须经法院核准)。

五、变更一审法院民事判决第四项为:顺德市正野电器有限公司于本判决生效之日起10日内赔偿广东伟雄集团有限公司、高明市正野电器实业有限公司经济损失50万元,并支付本案支出的合理费用52 533元,合计552 533元。

二、裁判要旨

No.4-1-5.1-1 将在先使用且已有一定市场知名度的企业字号申请注册为商标并予以使用,足以使相关公众对商品的来源产生误认的,侵犯了在先的企业字号权益,构成不正当竞争。

受反不正当竞争法保护的企业名称,特别是字号,不同于一般意义上的人身权,是区别不同市场主体的商业标识,本质上属于一种财产权益。因此,具有一定的市场知名度、为相关公众所知悉的企业名称中的字号,可以纳入《反不正当竞争法》的保护范围。① 本案中,(1)字号是区别不同主体的主要根据,作为财产权可以转让、继承。二审判决认定高明正野公司不能承继顺德市正野电器实业公司的字号没有法律依据。(2)通过原顺德市正野电器实业公司和高明正野公司的广告宣传和相关商品的销售,"正野"字号及相关产品已具有一定的市场知名度,为相关公众所知悉。因此,"正野"字号应当被认定为受《反不正当竞争法》保护的企业字号。顺德光大集团公司、顺德正野公司使用"正野 ZHENGYE"商标的行为,足以使相关公众对商品的来源产生误认,侵犯高明正野公司在先"正野"字号权益,构成不正当竞争。

No.4-1-5.3-7 将他人注册商标中相同的文字作为企业名称中的字号使用在类似商品上,致使相关公众对商品或者服务的来源产生混淆,虽不突出使用,仍构成不正当竞争行为。

伟雄集团公司于1995年许可原顺德正野电器实业公司使用"正野 GENIUN"商标,并于1996年在第11类换气扇上注册了该商标,通过伟雄集团公司、高明正野公司的广告宣传和相关商品的销售,在1999年2月顺德正野公司成立时,"正野 GENIUN"商标已具有一定的知名度。顺德正野公司将与他人注册商标中相同的"正野"文字作为企业名称中的字号使用,生产开关插座等产品。在建材市场及日常生活中,排风扇、换气扇与开关插座等商品的销售渠道、消费对象基本相同,顺德正野公司的行为足以使相关公众对其商品或者服务的来源产生混淆。顺德正野公司使用与伟雄集团公司注册商标"正野 GENIUN"文字部分相同的"正野"字号,虽未突出使用,但仍构成不正当竞争行为。

**案例:山东山起重工有限公司诉山东起重机厂有限公司侵犯企业名称权纠纷案**
案例来源:《最高人民法院知识产权审判案例指导》(第二辑)[(2008)民申字第758号]
主题词:企业简称

一、基本案情

申请再审人(一审被告、二审上诉人):山东山起重工有限公司(以下简称山起重工公司)。

---

① 参见最高人民法院《关于审理不正当竞争民事案件应用法律若干问题的解释》第6条。

第一章 仿冒纠纷

被申请人(一审原告、二审被上诉人):山东起重机厂有限公司(以下简称山东起重机厂)。

山东起重机厂成立于1968年,以起重机械制造加工为主,1991年10月31日变更名称为山东起重机厂。2002年1月8日山东起重机厂有限公司成立,其经营范围包括起重机械及配件的设计、制造、安装、咨询、技术服务与销售等业务。

山起重工公司成立于2004年2月13日,2004年5月24日获得企业法人营业执照,其经营范围为起重机械、皮带输送机械、石油机械设备制造、销售、安装、维修。在山起重工公司成立过程中,山东省工商行政管理局于2004年1月13日同意其预先核准企业名称为山东山起重工有限公司。2004年2月26日,青州市经济贸易局向山东省工商行政管理局发出《关于申请保护山东起重机厂有限公司名称的报告》。该报告称:"'山起'既是山东起重机厂的简称,也代表着企业的形象,山起重工公司的注册,损害了山东起重机厂的名称权利,并在职工中引起了强烈反响,恳切希望贵局对此企业名称给予撤销。"2004年2月20日,青州市工商局请示山东省工商行政管理局研究处理因山起重工公司的企业名称引发的纠纷。山东省工商行政管理局个体私营经济监督处于2004年3月9日提出如下意见:"山东起重机厂有限公司原为国有老企业,在生产经营和对外经济来往中使用'山起'作为企业简称,同时该企业在我省同行业中有一定的知名度,现上述几个企业住所地都在青州市,在社会上易产生误解。根据有关规定,请你局做好双方企业的工作,并督促山东山起重工有限公司到省局变更企业名称。"但山起重工公司至今未变更企业名称。该纠纷发生后,双方虽经青州市工商行政管理局、山东省工商行政管理局处理,但当事人未达成一致意见。

经查,"山起"这一名称的使用情况主要分为两类。一是山东起重机厂自己主动使用;二是社会公众或其他有关单位使用"山起"作为"山东起重机厂"的代称。山东起重机厂主动使用"山起"简称的情况有:(1)对外宣传使用。在山东起重机厂于2003年1月制作(片尾显示时间为2002年12月31日)的光盘宣传片"托起新世纪的太阳"中,片头有"谨以此片献给已经成为或将要成为'山起'的朋友——徐新民"字样;除片头和片尾外,全片屏幕右下方始终突出显示"山起"字样;在该片的解说词中,多次使用"山起"作为山东起重机厂的代称;在职工工作服和工作帽上,分别绣有"山起"文字或汉语拼音;在厂房屋顶部位侧面墙壁上标有"山起"字样。(2)在对外经营活动中使用:例如,在山东起重机厂与晋城福盛钢铁有限公司于2003年4月23日签订的"技术协议"中,直接用"山起厂"指代"山东起重机厂";在山东起重机厂与安徽铜陵金港钢铁有限公司于2003年1月16日签订的协议中,直接用"山起厂"指代"山东起重机厂"。(3)在企业内部使用。该厂法定代表人徐新民在2003年1月29日全体员工大会的讲话中多次使用了"山起"或"山起人"的称呼;2002年10月8日和2004年3月8日,山东起重机厂分别以"山起"杯为名举办了职工篮球比赛和女工拔河比赛。社会公众或有关单位使用"山起"作为简称指代"山东起重机厂"的情况有:莱芜钢铁集团机械制造有限公司的书面证明称,其在口语上经常以"山东山起"名称代称山东起重机厂;青州市经济贸易局于2004年2月26日作出的《关于申请保护山东起重机厂有限公司名称的报告》认为,"山起"作为山东起重机厂的简称,已经为青州乃至全国、全省同行业众所周知。

山东起重机厂于2005年7月11日向法院起诉,请求判令山起重工公司立即停止对"山起"字号的使用,赔偿损失50万元。

一审法院审理认为:山东起重机厂在生产经营状况、企业规模、企业营销、企业荣誉、企业贡献等诸多方面不仅为同行业认可,而且被社会广泛认知,具有较高知名度,并已形成一个消费群体,用户在看到具有"山起"字样的名称时,很容易与其产生联系,应当确认"山起"系山东起重机厂企业名称的简称。山起重工公司使用山东起重机厂在先使用并知名的企业名称中最核心的"山起"字号,双方当事人所属行业相同或有紧密联系,其住所地都在青州市,使相关公众产生误认,应认定山起重工公司已构成对山东起重机厂名称权的侵犯,应该赔偿因此给山东起重机厂造成的经济损失。由于山东起重机厂未能提供证据证明山起重工公司在侵权期间的全部获利情况,也未提供其因侵权所受到的损失,需综合考虑山起重工公司侵权行为的性质、情节、持续期间、范围,结合青州市经济贸易局印发的《工业经济月报》中的相关数据,酌情确定赔偿数额。2007年9月20日,一审法院作出(2006)潍民三初字第26号判决,判令山起重工公司到工商管理部门办理变更企业名称的相关手续,停止使用"山起"二字作为字号;赔偿山东起重机厂经济损失人民币20万元;驳回山东起重机厂的其他诉讼请求。

山起重工公司不服一审判决,提出上诉。

二审法院审理认为:山东起重机厂是起重机行业中的知名企业,在特定区域,特别是在青州市,"山起"已经被相关公众识别为山东起重机厂,两者之间建立了特定联系,可以认定为山东起重机厂的特定简称。山起重工公司在企业名称中使用"山起",没有正当理由,并且由于其与山东起重机厂同处青州市,导致相关公众对两家企业产生误认,构成不正当竞争。一审法院结合2005年5月青州市经济贸易局印发的《工业经济月报》,综合考虑山起重工公司侵权行为的性质、情节等因素,酌定赔偿数额为20万元并无不当。2008年6月5日,二审法院判决驳回上诉,维持原判。

山起重工公司不服再审判决,提出再审申请。

二审法院审理认为:原审判决认定"山起"是"山东起重机厂"为公众所认可的特定简称正确,山起重工公司使用"山起"字号构成不正当竞争,最终驳回山东山起重工有限公司的再审申请。

二、裁判要旨

**No.4-1-5.3-8　具有一定市场知名度、为相关公众所熟知并已实际具有商号作用的企业或者企业名称的简称,可以视为企业名称。**

简称源于语言交流的方便。简称的形成与两个过程有关:(1)企业使用简称代替其正式名称;(2)社会公众对简称与正式名称所指代对象之间的关系认同。这两个过程相互交织。由于简称省去了正式名称中某些具有限定作用的要素,可能不适当地扩大了正式名称所指代的对象范围,因此,一个企业的简称是否能够特指该企业,取决于该简称是否为相关公众认可,并在相关公众中建立起与该企业的稳定联系。本案中,山东起重机厂最初成立于1968年,自1991年开始使用该企业名称,而且获得了大量荣誉称号。其产品产量、质量均居同行业前列,是起重机行业中的知名企业。山东起重机厂在企业宣传片、厂房、职工服装、合同等对外宣传活动和经营活动中,多次主动地使用"山起"简称。经过山东起重机厂的使用,至少在青州这一特定地域内的相关公众中,"山起"这一称呼已经与山东起重机厂建立起了稳定联系。山东起重机厂提供的证据表明,起重设备的相关用户经常使用"山起"作为山东起重机厂的代称。因此,可以认定"山起"在一定地域范围内已为相关公众识别为山东起重机厂,两者之间建立了稳定联系。

如果经过使用和公众认同,企业的特定简称已经为特定地域内的相关公众所认可,具有相应的市场知名度,与该企业建立起了稳定联系,已产生识别经营主体的商业标识意义,他人在后擅自使用该知名企业简称,足以使特定地域内的相关公众对在后使用者和在先企业之间发生市场主体上的混淆,进而将在后使用者提供的商品或服务误认为在先企业提供的商品或服务,造成市场混淆,在后使用者就会不恰当地利用在先企业的商誉,侵害在先企业的合法权益。此时,《反不正当竞争法》第5条第3项对企业名称保护的规定,可以适用于保护该企业的特定简称。本案中,山起重工公司与山东起重机厂同处青州市区,两者距离较近,经营范围基本相同,在"山起"作为山东起重机厂的特定简称已经为相关公众认可的情况下,山起重工公司也理应知道"山起"是山东起重机厂的特定简称。在这种情况下,山起重工公司仍然在企业名称中使用"山起"作为字号,足以造成相关公众对两家企业产生误认,侵犯了山东起重机厂的合法权益,构成不正当竞争。

**案例:天津中国青年旅行社诉天津国青国际旅行社擅自使用他人企业名称纠纷案**
**案例来源:最高人民法院第七批指导性案例[第29号]**
**主题词:不正当竞争　搜索引擎　竞价排名　关键词侵权**

## 一、基本案情

上诉人(原审被告):天津国青国际旅行社有限公司(以下简称国青旅行社)。

被上诉人(原审原告):天津中国青年旅行社(以下简称天津青旅)。

原告1986年11月1日成立,是从事国内及出入境旅游业务的国有企业,直属于共青团天津市委员会。共青团天津市委员会出具证明称:"天津青旅"是天津中国青年旅行社的企业简称。2007年,《今晚报》等媒体在报道天津青旅承办的活动时,就已经开始以"天津青旅"的简称指代天津中国青年旅行社。天津中国青年旅行社亦在给客户的报价单、与客户签订的旅游合同、与其他同行业经营者的合作文件、发票等资料、承办的若干届"盛世婚典"活动以及经营场所各门店招牌上等日常经营活动中使用"天津青旅"作为企业的简称。

被告2010年7月6日成立,是从事国内旅游及入境旅游接待等业务的有限责任公司。

2010年年底,原告发现通过Google搜索引擎分别搜索"天津中国青年旅行社"或"天津青旅",在搜索结果的第一名并标注赞助商链接的位置,分别显示"天津中国青年旅行社网上营业厅 www.lechuyou.com 天津国青网上在线营业厅,为您理想选择出行提供优质、贴心、舒心的服务"或"天津青旅网上营业厅 www.lechuyou.com 天津国青网上在线营业厅,为您理想选择出行提供优质、贴心、舒心的服务",点击链接后进入网页是标称天津国青国际旅行社乐出游网的网站,网页顶端出现"天津国青国际旅行社—青年旅行社青旅/天津国旅/三源电力/金龙旅行社/大亚旅行社—最新报价"字样,网页内容为国青旅行社有限公司旅游业务信息及报价,标称网站版权所有:乐出游网—天津国青/北京捷达假期;并标明了国青旅行社的联系电话号码和经营地址。同时,天津青旅通过百度搜索引擎搜索"天津青旅",在搜索结果的第一名并标注推广链接的位置,显示"欢迎光临天津青旅重合同守信誉单位……天津青旅 400-611-5253"。原告针对发现的上述情形通过天津市北方公证处进行了三次证据保全公证并向法院提起诉讼。

原告诉称:被告在其 www.lechuyou.com 和 022.ctsgz.cn 网站页面、网站源代码,以及搜索引擎中非法使用原告企业全称及简称"天津青旅",属于恶意使用原告享有合法权益的名称,容易使相关公众产生误认,给原告造成重大经济损失。被告的行为构成对原告的不正当竞争,请求判令被告立即停止不正当竞争行为,公开向原告赔礼道歉,赔偿原告经济损失10万元,并承担诉讼费用。

被告辩称:(1)原告指控的两个网站并非被告拥有,被告也没有实施不正当竞争行为;(2)"天津青旅"并不由原告享有;(3)原告主张的损失没有事实和法律依据。请求驳回原告的诉讼请求。

一审法院审理认为,原告自1986年即开始经营境内外旅游业务,经过多年的经营宣传,已为相关公众所知悉,并具有相应的市场知名度。"天津青旅"是原告2007年时就已在日常经营活动中普遍使用的企业简称,相关报道和客户亦以"天津青旅"指代原告企业,该企业简称已为相关公众所认可,并在相关公众中建立起与原告企业的稳定关联关系,已产生识别经营主体的商业标识意义,他人在后擅自使用该企业简称,足以使特定区域内的相关公众发生市场主体的混淆,故"天津青旅"应视为原告的企业名称,给予法律保护。

被告虽否认通过Google和百度搜索引擎键入"天津中国青年旅行社"或"天津青旅"搜索所得的原告企业名称的赞助商链接或推广链接系其所为,但点击链接后均是进入被告企业的业务宣传网站,且链接描述中亦将被告乐出游网站及被告业务电话与原告企业相对应,使相关公众对原、被告之间产生市场经营主体的混淆,上述事实足以认定系被告所为,被告通过在相关搜索引擎中设置与原告企业名称有关的关键词以及在网站源代码中使用原告企业名称等手段,使相关公众在搜索"天津中国青年旅行社"和"天津青旅"关键词时,直接显示被告的网站链接,从而进入被告的网站联系旅游业务,主观上具有使相关公众产生误认的故意,客观上不恰当地利用了原告的企业信誉,损害了原告的合法权益,构成不正当竞争。

一审法院判决:

一、被告天津国青国际旅行社有限公司立即停止侵害行为。

不正当竞争·搜索引擎·竞价排名·关键词侵权

二、被告天津国青国际旅行社有限公司于本判决生效之日起 30 日内，在其公司网站上发布致歉声明持续 15 天（该声明须经法院审核，逾期不执行，法院将公布判决的主要内容，费用由被告天津国青国际旅行社有限公司承担）。

三、被告天津国青国际旅行社有限公司赔偿原告天津中国青年旅行社经济损失人民币 3 万元。

四、驳回原告天津中国青年旅行社的其他诉讼请求。

被告天津国青国际旅行社有限公司不服一审判决，提起上诉。

二审法院审理认为：未经天津青旅的许可，涉诉网站及其推广链接与赞助商链接中擅自使用"天津中国青年旅行社"及"天津青旅"，足以使相关公众在网络搜索、查询中产生混淆误认，损害了天津青旅的合法权益。国青旅行社虽否认开办了涉诉侵权网站，并否认实施了在推广链接与赞助商链接中使用"天津中国青年旅行社""天津青旅"的行为，但点击链接后均是进入"天津国青"网站，该网站的页面上标有国青旅行社标识，宣传内容、地址、电话、《企业法人营业执照》《税务登记证》《开户许可证》《旅行社业务经营许可证》等，上述信息均与上诉人真实信息一致，由此可以认定，涉诉网站是上诉人的业务宣传网站，上诉人直接参与了该网站的设立，并提供了相关信息。

上诉人作为与被上诉人同业的竞争者，其在明知被上诉人企业名称及简称享有较高知名度的情况下，仍擅自使用被上诉人企业名称及简称的行为，明显有借他人之名为自己谋取不当利益的意图，主观恶意明显，故其在承担停止侵权责任的同时，应承担消除影响的民事责任。

二审法院判决：

一、维持一审民事判决第二、三、四项及案件受理费部分。

二、变更一审民事判决第一项"被告天津国青国际旅行社有限公司立即停止侵害行为"为："被告天津国青国际旅行社有限公司立即停止使用'天津中国青年旅行社''天津青旅'字样及作为天津国青国际旅行社有限公司网站的搜索链接关键词"。

三、驳回天津国青国际旅行社有限公司的其他上诉请求。

二、裁判要旨

**No.4-1-5.3-9　擅自将他人已实际具有商号作用的企业简称作为商业活动中互联网竞价排名关键词，使相关公众产生混淆误认的，属于不正当竞争行为。**

互联网技术的发展为市场竞争者提供了新的商业营销手段，同时也为其提供了实施不正当竞争行为的途径。企业通过搜索引擎的竞价排名提高消费者对其设定关键词的市场关注度，是企业在互联网领域进行自我营销的重要手段，也是搜索引擎的主要盈利点。然而，这种营利手段不应成为不正当竞争的工具。

搜索引擎是指计算机自动从互联网搜集信息，经过一定整理后，提供给用户进行查询的系统。它首先利用称为网络蜘蛛的自动搜索机器人程序来连上每一个网页上的超链接；然后将收集来的信息进行整理，创建索引，并将它们按照一定的规则进行编排；当用户向搜索引擎发出查询指令，搜索引擎接受查询并向用户反馈资料。搜索引擎技术的应用大大节省了消费者对商品信息的查找时间，已成为人们生活中不可缺少的一部分。消费者在了解商家或者商品信息，比较同类商家或者商品优劣时，往往会首先在搜索引擎中输入关键词查找相关信息。虽然，搜索引擎并不能保证信息的真实性和准确性，但其仍对消费者具有参考价值，也是消费者进行消费评价的重要指标。因此，如果同业竞争者对搜索引擎所指向的信息进行篡改、歪曲，造成公众混淆，将构成不正当竞争行为。

在搜索引擎开发初期，所有的搜索结果都是客观的，也就是通常所说的"普通搜索结果"。其排列方式是按照搜索引擎预先设定的规则，根据搜索结果页面包含的关键词数量、相关性、页面点击量等因素进行排列。根据搜索引擎的工作原理，普通搜索结果的页面必然包含关键词，并且排名越靠前的网页，其与关键词的相关性就越高。然而，随着技术的发展，出现了"竞价排名的搜索结果"。竞价排名是搜索引擎服务商向客户提供的以关键词付费高低为标准对购买同一关键词的客户的网站链接,在搜索结果中给予先后排序的一种网络营销服务。① 只要其与搜索引擎服务商签约,对关键词出价,其想要推广的网站信息就会被搜索引擎依关键词寻找,并出现在搜索结果的显著位子。竞价排名这种商业推广模式的出现,打破了相关性排名的规则。因此,竞价排名服务使得搜索引擎所显示的信息丧失了其原有的客观性,而是依据商业推广者的要求进行搜索排序。有学者认为搜索引擎提供的竞价排名服务具有商业广告的性质。②

本案中,被告购买了搜索引擎服务提供者百度和谷歌的竞价排名服务,并将原告的企业名称和简称——"天津中国青年旅行社"以及"天津青旅"——设定为推广链接关键词,搜索的内容为"天津中国青年旅行社网上营业厅 www.lechuyou.com 天津国青网上在线营业厅,为您理想选择出行提供优质、贴心、舒心的服务"和"天津青旅网上营业厅 www.lechuyou.com 天津国青网上在线营业厅,为您理想选择出行提供优质、贴心、舒心的服务"。当网络用户在搜索框中检索"天津中国青年旅行社""天津青旅"时,被告网站的推广信息就会出现在搜索结果页面顶部的"推广链接"位置。被告上述行为的结果是,当网络用户想要检索与原告天津中国青年旅行社相关的信息时,无论输入全称还是简称,首先出现在搜索结果页面中的就是被告的推广信息,网络用户自然会点击进入被告网站。很显然,这种仿冒同业竞争者企业名称的关键词的设定很容易使网络用户对于被告与原告之间的关系产生混淆误认。由此可见,被告利用原告在旅游服务行业内的知名度和商誉,为自己谋取不当利益的主观故意十分明显,被告的行为属于擅自使用他人企业名称的不正当竞争行为。

值得关注的是,本案中,百度与谷歌作为搜索引擎,是否应当承担侵权责任以及承担何种侵权责任。一方面,在缺少搜索引擎协助的情况下,被告难以通过竞价排名实施不正当竞争行为;另一方面,竞价排名服务本身可能造成歪曲搜索结果客观性,混淆网络用户对信息的判断。因此搜索引擎的在竞价排名服务中的侵权责任,以及其是否应该承担对网络关键词的审查义务都是值得进一步探讨的问题。

**8** 仿冒质量证明(《反不正当竞争法》第5条第4项、第20条)
**案例:遵化栗源食品有限公司与北京富亿农板栗有限公司、上海三樱包装材料有限公司不正当竞争纠纷案**
案例来源:(2006)二中民初字第10214号
主题词:质量证明 生产许可证号 损害赔偿责任的承担方式

一、基本案情
  原告:遵化栗源食品有限公司(以下简称栗源公司)。
  被告:北京富亿农板栗有限公司(以下简称富亿农公司)。
  被告:上海三樱包装材料有限公司(以下简称三樱公司)。
  2001年—2003年,栗源公司先后获得唐山市食品工业办公室颁发的"板栗制品"食品卫生许可证(许可证号为 TSX09-食字-01 号)、唐山市质量技术监督局向栗源公司颁发食品标签认可证书(证书号为 TBR130281011-2001)以及中国质量认证中心向栗源公司颁发《质量管理体系认证证书》(证书号为 1300/20017258)。证明该公司建立的质量管理体系符合标准——ISO9001:200。该证书还表明,通过认证的范围包括:板栗、速冻栗仁及栗仁系列灭菌小包装产品的生产加工。栗源公司出口的栗仁产品外包装袋背面标注有上述证号。
  2005年1月1日,美国昌海集团公司与富亿农公司签订《包装袋委托定做合同》。合同约定:美国昌海集团公司委托富亿农公司定做20万个150克甘栗包装袋,并附有包装袋正面和背

---

① 参见李明伟:《论搜索引擎竞价排名的广告属性及其法律规范》,载《新闻与传播研究》2009年第16卷第6期。
② 参见宋亚辉:《竞价排名服务中的网络关键词审查义务研究》,载《法学家》2013年第4期。

面图片;如出现任何设计问题,与富亿农公司无关,富亿农公司对版面设计不承担法律责任。该合同附有甘栗包装袋正面及背面图样。

原告栗源公司诉称:2005年初,被告富亿农公司与被告三樱公司签订包装袋印制合同,三樱公司为富亿农公司印制150克栗仁包装袋40万个,包装袋背面印有原告栗源公司的质量管理体系认证证书号、食品生产许可证号、食品标签认可证书号。被告富亿农公司利用上述包装袋包装自己生产的栗仁产品,出口到原告在美国、泰国和马来西亚的市场,扰乱了三地市场,给原告造成重大经济损失。原告认为,两被告的涉案行为属于在商品上冒用认证标志、名优标志等质量标志,对商品质量作引人误解的虚假表示的行为,构成了不正当竞争,对原告的农产加工品出口渠道造成严重影响。故诉至法院,请求判令两被告停止涉案不正当竞争行为,销毁侵权产品、半成品及模具;判令两被告赔偿原告经济损失人民币1584077.62元,支付律师费人民币66995元;判令两被告在美国、泰国、马来西亚的媒体上公开赔礼道歉、消除影响;并由两被告承担本案诉讼费用。

被告富亿农公司答辩称:首先,基于美国昌海集团与富亿农公司的包装袋委托定做合同,该公司委托被告三樱公司印制了涉案包装袋,其并不知悉该包装袋为侵权产品,并无过错,因此不应承担侵权的法律责任;第二,包装袋上的证号印刷字体较小,消费者在购买产品时不会注意到,且消费者也不可能因为包装袋上存在原告的上述号码而购买涉案产品,因此被告印制使用该包装袋不构成不正当竞争;第三,原告要求被告承担赔礼道歉的法律责任,缺乏依据,请求法院驳回原告的诉讼请求。

被告三樱公司答辩称:该公司接受富亿农公司的委托,按照双方合同的约定以及富亿农公司的要求印制涉案包装袋,且富亿农公司提供了美国昌海集团与其签订的合同及授权书等材料,因此,三樱公司的加工行为具有合法授权,已经尽到印刷厂商的审查义务。而且,该公司与富亿农公司的合同中已明确约定,如定做物侵犯第三方权利,后果由定做方承担,故三樱公司不应承担法律责任,故请求法院驳回原告的诉讼请求。

法院审理认为,本案被告富亿农公司在自身商品上仿冒使用原告质量管理体系认证证书号,并进行销售的行为构成不正当竞争,应当承担停止侵权、赔偿损失的法律责任。被告三樱公司系接受富亿农公司的委托而印制涉案包装袋,原告栗源公司指控其行为亦构成不正当竞争,缺乏依据,不予支持。食品生产许可证号、食品标签认可证书号本身对商品质量并不具有较强的标识作用,被告富亿农公司的涉案使用行为虽有不妥之处,但不构成不正当竞争。鉴于涉案不正当竞争行为仅对相关财产性权利造成损害,原告提出被告富亿农公司应承担公开赔礼道歉的法律责任的诉讼请求,缺乏依据,本院不予支持。

综上,法院依照《中华人民共和国反不正当竞争法》第5条第4项、第20条的规定,判决如下:

一、北京富亿农板栗有限公司于本判决生效之日起停止涉案不正当竞争行为;

二、北京富亿农板栗有限公司于本判决生效之日起30日内,在《人民日报》(海外版)就涉案不正当竞争行为发表声明,以消除影响(声明内容须经本院核准,逾期不履行,本院将在该报登载本判决主要内容,所需费用由北京富亿农板栗有限公司负担);

三、北京富亿农板栗有限公司于本判决生效之日起10日内,赔偿遵化栗源食品有限公司经济损失人民币2万元;赔偿遵化栗源食品有限公司因本案诉讼而支出的合理费用4000元。

二、裁判要旨

### No.4-1-5.4-1 仿冒他人商品的质量证明构成不正当竞争。

仿冒行为的目的在于与他人知名商品或服务造成混淆,从而达到"搭便车"的目的。主要的仿冒行为有仿冒他人商品或服务的名称、包装装潢以及知名企业名称等,而对质量认证标志的仿冒同样能在商品质量上对消费者造成混淆。根据《反不正当竞争法》第5条第4项的规定,在商品上伪造或者冒用认证标志、名优标志等质量标志,伪造产地,对商品质量作引人误解的虚假表示的行为,亦属于仿冒行为,构成不正当竞争。与前几项仿冒行为不同,仿冒质量认证标志、伪造产地等仿冒行为仅适用于商品,不适用于服务。本案中,被告富亿农公司在其委托加工的涉案包装袋上使用了原告的质量管理体系认证证书号,并使用该包装袋销售其生产的栗仁产品,使相关消费者对其产品的质量产生误认,客观上可能对原告相关产品的销售产生影响,造成其经济损失。因此,被告富亿农公司的上述行为构成不正当竞争,应当承担停止侵权、赔偿损失的法律责任。

**No.4-1-5.4-2　仿冒食品生产许可证号、食品标签认可证书号的行为,有违行政管理规定,但不构成不正当竞争行为。**

根据我国相关法律的规定,食品生产许可证号、食品标签认可证书号是国家相关行政主管部门为方便食品的生产管理与监督而颁发的许可证号,其本身并不属于民事权益的范畴。食品生产许可证号、食品标签认可证书号本身对商品质量并不具有较强的标识作用,同时亦不具有识别商品来源的功能。通常公众难以通过食品生产许可证号、食品标签认可证书号来区别商品。本案中,被告富亿农公司在涉案包装袋上使用原告栗源公司的涉案产品食品生产许可证号、食品标签认可证书号,违反了相关行政管理规定,显属不当。但该行为并不是使消费者对原、被告商品产生混淆的原因,因此该行为不属于不正当竞争行为。

**No.4-1-20-2　若仿冒行为仅是对财产权利造成损害,则不应将赔礼道歉纳入赔偿责任范围。**

关于不正当竞争行为的赔偿责任问题,《反不正当竞争法》第20条作出了原则性规定、第21条作出了适用性规定。而对于具体的责任承担方式,立法者并未作具体规定。司法实践中,若不正当竞争行为对权利人商誉或者产品声誉造成影响,法院一般会适用赔礼道歉的侵权责任形式对被侵权人的精神权利予以救济。而不涉及权利人商誉或者产品声誉损害的侵权行为,则仅救济被侵权人的财产权利。本案中,被告富亿农公司仿冒质量认证标志的行为,仅对相关财产性权利造成损害,原告提出被告富亿农公司应承担公开赔礼道歉的法律责任的诉讼请求,缺乏依据,法院不予支持。

## 第二章 虚假宣传纠纷

> **本章裁判要旨**
>
> No.4-2-9.1-1　仿冒行为的主要目的是搭他人商品声誉的便车;虚假宣传行为的目的在于通过对商品质量等提供误导性的信息,误导相关公众。
>
> No.4-2-9.1-2　对引人误解的虚假宣传行为进行认定时,应参考被宣传对象的实际情况。
>
> No.4-2-9.1-3　因宣传内容的不全面或带有歧义性而"引人误解",即使内容真实也依然构成虚假宣传不正当竞争行为。
>
> No.4-2-14-1　"明确的指向性"是判断行为是否构成商业诋毁的基本要素。
>
> No.4-2-9.1-4　同业竞争者宣传内容存在混同使用或者模糊称谓其经营主体身份,造成公众误认,但并未造成他人直接损害的,不构成不正当竞争。
>
> No.4-2-9.1-5　具有一定事实基础但略显夸张的宣传内容,不足以造成相关公众误解的,不构成虚假宣传行为。
>
> No.4-2-2.2-4　不正当竞争关系是作为民事主体的经营者之间的法律关系,当事人违反行政管理规范,不必然构成不正当竞争。
>
> No.4-2-20-3　被侵权人主张不正当竞争行为损害赔偿的前提,是该不正当竞争行为与被侵权人经济损害之间存在因果关系。

### ❾ 虚假宣传(《反不正当竞争法》第 2 条、第 9 条第 1 款、第 14 条、第 20 条)

**案例**:中国药科大学与江苏福瑞科技有限公司不正当竞争纠纷案
**案例来源**:《中华人民共和国最高人民法院公报》2005 年第 6 期(总第 104 期)[(2005)苏民三终字第 020 号]
**主题词**:仿冒行为　虚假宣传

#### 一、基本案情

上诉人(原审被告):江苏福瑞科技有限公司(以下简称福瑞科技公司)。

被上诉人(原审原告):中国药科大学。

原告中国药科大学是教育部直属重点大学。原告的很多科研成果,都通过附属于原告的中国药科大学制药有限公司、江苏药大医药有限公司、中国药科大学科技实业(集团)总公司、南京药大生物制药有限公司等企业,转化成医疗器械与众多药品供应市场。这些产品不仅在市场上取得了很好的营销业绩,保证了附属单位向原告上缴的收入,也在市场上为原告赢得了声誉,使原告的"中国药科大学"这一名称成为医药行业具有市场竞争力的象征。

被告福瑞科技公司主要经营各类定型包装食品销售,经济信息咨询服务,二类医用电子仪器设备制造、销售,紫苏籽油软胶囊的加工、销售等业务。

2003 年 1 月,被告福瑞科技公司与原告中国药科大学的体育部签订了承租协议,租用中国药科大学体育部二楼约 10 平方米的房间一处。协议约定:福瑞科技公司承租中国药科大学体育部的房屋一间,租期 3 年,每年租金 7 000 元;中国药科大学为福瑞科技公司提供对外信箱一个,号码为 181;福瑞科技公司不得以中国药科大学名义从事任何商业活动,其从事任何商业活动的后果与中国药科大学无关。

2004年3月2日,被告福瑞科技公司领取了紫苏籽油软胶囊加工销售的卫生许可证,开始制造、销售"天聪1号"胶囊。"天聪1号"胶囊包装盒的正面标有"江苏福瑞科技技术有限公司 中国南京 中国药科大学东校园"字样,背面标有"福瑞科技 荣誉出品 中国南京中国药科大学东校园"字样,两侧均标有"福瑞科技有限公司 中国药科大学东校园""联系地址:中国南京 中国药科大学181信箱"字样。《宝典》宣传册的封面,标有"江苏福瑞科技有限公司 中国南京 中国药科大学东校园"字样,封底标有"地址:中国南京 中国药科大学东校园""邮箱:中国南京 中国药科大学181信箱"字样。该宣传册宣称:"中国药科大学高新科研成果天聪1号胶囊","中国药科大学和福瑞公司携手合作在此领域研究取得了一系列重大科研成果","天聪1号"胶囊"获中华人民共和国国家发明专利,发明专利号ZL9810861.X,国际专利主分类号A61K31/202"。在宣传单中,亦标有"中国药科大学 东校园 福瑞科技荣誉出品"的字样。而事实上,在"天聪1号"胶囊的研制开发过程中,只有中国药科大学退休教师李耐三曾以个人名义参与。福瑞科技公司从未因"天聪1号"胶囊申报和获取过专利,宣传册中使用的专利号是案外某公司的专利。

原告诉称:被告在宣传其生产的号称具有促进婴儿脑发育功效,但没有批准文号的"天聪1号"胶囊产品时,擅自使用原告名称,将原告名称与其企业名称明显突出地放在一起,还故意编造事实,向消费者进行虚假宣传,误导消费者,使消费者误认为其与原告存在某种特殊关系,以便从中牟取非法利益。被告的行为损害了原告在社会上的良好声誉和形象,降低了原告附属企业生产产品的市场竞争力,最终将减少原告从附属企业应获得的利益。请求判令被告:(1)立即停止使用原告名称,公开赔礼道歉;(2)立即销毁全部库存的印有原告名称的包装盒,销毁印刷模板;(3)赔偿经济损失人民币30万元。

被告辩称其是为标示公司联系地址而使用中国药科大学的名称。

一审法院审理认为:福瑞科技公司不能证明该房屋与"天聪1号"胶囊的生产经营存在实际联系,且《承租协议》中已经约定,福瑞科技公司不得以中国药科大学的名义从事任何商业活动。在此情况下,福瑞科技公司在"天聪1号"胶囊的包装、宣传册和宣传单上反复、突出地使用"中国南京中国药科大学东校园"字样,并宣称"天聪1号"胶囊是"中国药科大学高新科研成果",证明福瑞科技公司不是为标示联系地址而正当使用中国药科大学的名称,而是借中国药科大学的名称从事商业活动。福瑞科技公司实施该行为的目的,是要让消费者将"天聪1号"胶囊误认为是中国药科大学研制开发的产品,或者将福瑞科技公司误认为是与中国药科大学存在某种联系的单位。被告构成《反不正当竞争法》第5条第3项规定的"擅自使用他人的企业名称或者姓名,引人误认为是他人的商品"的不正当竞争行为。不仅如此,被告在其赠送的宣传材料中,多处宣称"天聪1号"胶囊是"中国药科大学高新科研成果",足以使消费者对"天聪1号"胶囊的研制单位产生错误认识。同时,被告还冒充他人的专利号,宣称"天聪1号"胶囊是获得过国家发明专利的产品。被告的上述行为,已构成《反不正当竞争法》第9条规定的"利用广告或者其他方法,对商品的质量、制作成分、性能、用途、生产者、有效期限、产地等作引人误解的虚假宣传"的不正当竞争行为。

据此,一审法院依照《中华人民共和国民法通则》第134条第1款第1、7、10项的规定,判决:

一、被告福瑞科技公司自本判决生效之日起,立即停止在其产品"天聪1号"胶囊包装、宣传册、宣传材料上不正当使用原告中国药科大学名称的行为,并停止对"天聪1号"胶囊的虚假宣传行为。

二、被告福瑞科技公司自本判决生效之日起,立即销毁库存的侵权包装盒、宣传册及宣传材料。

三、被告福瑞科技公司自本判决生效之日起15日内,在《扬子晚报》上公开赔礼道歉,以消除对原告中国药科大学造成的不良影响。逾期不执行,将刊登本判决书主要内容,费用由福瑞科技公司负担。

四、被告福瑞科技公司自本判决生效之日起 15 日内,赔偿原告中国药科大学经济损失人民币 10 万元。

福瑞科技公司不服一审民事判决,提起上诉。在二审审理中,福瑞科技公司提出撤回上诉的申请。

二、裁判要旨

**No.4-2-9.1-1　仿冒行为的主要目的是搭他人商品声誉的便车;虚假宣传行为的目的在于通过对商品质量等提供误导性的信息,误导相关公众。**

《反不正当竞争法》第 9 条规定:"经营者不得利用广告或者其他方法,对商品的质量、制作成分、性能、用途、生产者、有效期限、产地等作引人误解的虚假宣传。"第 5 条第 3、4 项也规定了不得采用虚假表述的仿冒行为。在司法实践中,两者在进行事实判断时存在重叠,即都可能造成误导公众的后果。但两者在适用目的、判断思路以及赔偿责任上存在差别。

就仿冒行为的相关规定而言,其规制的是竞争者不正当的"搭便车"行为;而虚假宣传行为的相关规定,规制的则是竞争者不正当的制造虚假宣传意义上的误导行为。本案中,被告福瑞科技公司正是看中了原告中国药科大学所承载的声望,不经中国药科大学同意,在自己的产品上反复、突出地使用这一名称,还将自己的产品标榜为"中国药科大学高新科研成果"。福瑞科技公司盗用中国药科大学的名称,将影响中国药科大学的名望,从而损害中国药科大学从药品市场上应得的利益。被告福瑞科技公司的不正当竞争行为,违反诚实信用原则和公认的商业道德,侵犯了原告中国药科大学的名称权,无偿占有了中国药科大学的商业信誉。因此,法院认为被告的行为构成《反不正当竞争法》第 21 条、第 24 条、第 5 条第 3 项所规定的仿冒行为。而被告福瑞科技公司在其赠送的宣传材料中,多处宣称"天聪 1 号"胶囊是"中国药科大学高新科研成果",其目的则是使消费者对"天聪 1 号"胶囊的研制单位产生错误认识,即对商品的生产者进行引人误解的虚假宣传。客观上造成公众对"天聪 1 号"胶囊的误认,欺骗了消费者,损害了公众利益,因此法院认定其构成《反不正当竞争法》第 9 条规定的虚假宣传行为。

此外,《反不正当竞争法》对两种行为的赔偿责任分别作出了规定,可见两者在适用的条文、赔偿的数额上均存在差异。因此,司法实践中不可盲目将两者行为混为一谈,而应根据具体案情作出适当判断。

**案例:泰兴市蓝色阀门有限责任公司与南京水美环保机械有限公司虚假宣传不正当竞争纠纷案**
案例来源:中国知识产权裁判文书网①[(2008)宁民三初字第 99 号]
主题词:被宣传对象

一、基本案情

原告:泰兴市蓝色阀门有限责任公司(以下简称蓝阀公司)。
被告:南京水美环保机械有限公司(以下简称水美公司)。

2003 年 8 月 17 日,蓝阀公司与泰州市华夏网络有限公司(以下简称华夏公司)签订网站建设合同一份,约定蓝阀公司委托华夏公司进行网站建设,域名为 http://www.chinabluevalve.com。蓝阀公司负责提供所有上载于网站的资料,并保证资料的合法性;华夏公司按蓝阀公司的要求,使用蓝阀公司提供的资料,进行网站的开发,在合同期限内保证蓝阀公司网站正常运作,免费维护。

2007 年 8 月 16 日,由蓝阀公司委托代理人吴华兰在江苏省南京市公证处操作电脑,以宽带方式接入互联网,以 www.google.com 搜索方式进入蓝阀公司网址 http://www.chinabluevalve.com,进一步点击"生产设备"超级链接,进入 http:www.chinabluevalve.comequipment.asp 网址,点击该页中图片链接,分别打印了四幅从不同角度拍摄的检测设备照片。在蓝阀公司网页中,记载有

---

① 参见 http://ipr.court.gov.cn/js/bzdjz/200902/t20090224_130674.html。

蓝阀公司地址、电话、传真、Email 地址等信息,还记载:"Copyright2008 泰兴市蓝色阀门有限责任公司版权所有 All Rights Reserved"字样。依旧通过 www.google.com 搜索方式进入水美公司网址 http:www.smhbjx.comcompany.asp,点击"公司容貌"超级链接,进入 http:www.smhbjx.com-face.asp,点击该页中图片链接,分别打印了四幅从不同角度拍摄的检测设备的照片(该照片与前述照片一致)。在水美公司网页中,记载有:"版权所有 2005 南京水美环保机械有限公司"字样。江苏省南京市公证处对以上过程,制作了(2007)宁证内经内字第 82799 号公证书。

原告蓝阀公司诉称:原告公司于 2001 年 9 月经过自主钻研,成功开发出用于橡胶止回阀(鸭嘴阀)产品的检测设备。该设备原告系独立开发,并自行土建、设计、施工、安装,迄今国内未见任何其他厂家拥有与此完全相同的设备。2003 年,原告将该设备的照片发布于自己拥有版权的公司网站上用于宣传,以向客户证明本公司拥有检测产品的设备,能够保证产品的质量和功能,并能够确保用户的使用要求和条件。正因为原告拥有该检测设备并向广大客户宣传,获得一致认可和好评,才为原告的生产经营带来巨大的效益。最近,原告发现被告水美公司将原告该设备照片发布于被告公司网站上,并标有"南京水美"字样进行虚假宣传,误导广大用户,为被告生产经营带来巨大效益,但事实上,被告并不具备该套设备,更不具备该照片著作权,其网上照片系剽窃原告照片而来,故诉至法院,请求判令被告水美公司:(1)停止虚假宣传的不正当竞争行为,删除网络上的不实宣传内容,消除影响;(2)赔偿原告人民币 200 万元,并在省级报刊上刊登声明更正,并赔礼道歉;(3)承担本案诉讼费用、取证费用及其他一切相关费用。

被告水美公司辩称:被诉侵权照片对被告宣传不起作用,原告没有证据证明其所称不正当竞争行为给原告造成了损失,且被告已将被诉照片从其网站上删除。就本案而言,被告在自己网站中登载了与原告网站相同内容的涉讼照片,但没有任何关于照片所显示设备的文字说明,因此不存在原告诉称的虚假宣称、误导公众问题,也就不可能给原告造成经济损失。被告拥有自主知识产权,根本无须借助原告检测设备进行宣传,故被告不应构成不正当竞争行为。

法院审理认为:现有的证据表明,被告水美公司未经许可,将原告蓝阀公司检测设备的照片登载于自己的网站上,从而误导相关公众,使公众产生被告水美公司也有完善检测设备和检测实力的误解,进而取得竞争上的优势,从一定程度上挤占了原告蓝阀公司的市场空间。即便涉讼四幅照片未附加任何文字说明,但由于浏览并关注原、被告网站的均为其业内人士,显然能够了解该检测设备的功用。因此,被告水美公司的该虚假宣传的行为构成不正当竞争,应承担相应的民事侵权责任。综上,依据《中华人民共和国反不正当竞争法》第 9 条第 1 款、第 20 条和最高人民法院《关于审理不正当竞争民事案件适用法律若干问题的解释》第 17 条第 1 款之规定,判决如下:

一、被告水美公司于本判决生效之日起 10 日内,赔偿原告蓝阀公司经济损失人民币 20 万元;

二、被告水美公司于本判决生效之日起 10 日内,在《江苏法制报》上刊载声明(内容需经本院审核),就其侵权行为向原告蓝阀公司赔礼道歉,并消除影响。

被告水美公司不服一审判决,提出上诉,后又撤回上诉。

二、裁判要旨

**No.4-2-9.1-2 对引人误解的虚假宣传行为进行认定时,应参考被宣传对象的实际情况。**

一般认为,宣传行为是否足以"引人误解",是判断该行为是否构成虚假宣传的关键。而对被宣传对象的范围进行恰如其分的确定是判断是否造成"引人误解"的关键。由于宣传行为发生的领域、涉及的内容和指向的对象都存在差异,因此被宣传对象范围的判断标准也各有不同。例如,针对一般公众商品的宣传,被宣传对象一般是广大消费者,其范围广、专业知识要求低;而针对专业领域的商品宣传,由于其宣传内容较为专业,一般公众不会了解,故也不会受其误导,但对于该领域的专业人士而言,则会受其影响,造成误导。本案中,原告蓝阀公司自主开发的用于橡胶止回阀(鸭嘴阀)产品的检测设备属于专业商品,其被宣传对象也以专业人士为主。被告水美公司在自身并不具备生产该检测设备能力的情况下,盗用原告检测设备的照片并在自己的网站上进行宣传,属于伪造生产能力的虚假宣传行为。被告辩称,自己在网站中登载了与原告网站相同内容的涉诉照片,但没有任何关于照片所显示设备的文字说明,即不存在误导公众的问题。然而,法院认为,浏览被告网站并有意向进行商业交易的被宣传者主要是该领域内的专业人士,对于专业人士而言,即使不对照片中显示的设备进行文字说明,也能了解该检测设备的功能。被告将原告照片放在自己的网站上进行宣传,足以让这些专业人士误认为被告是具备生产该检测设备能力的,因此,被告水美公司的该虚假宣传行为构成不正当竞争。

**案例:福建省福清大闽生物工程有限公司与福州南海岸生物工程有限公司不正当竞争纠纷上诉案**

案例来源:最高人民法院《2008 年 100 件全国知识产权司法保护典型案例》[(2000)知终字第 8 号]

主题词:虚假宣传　商业诋毁

一、基本案情

上诉人(原审被告):福建省福清大闽生物工程有限公司(以下简称大闽公司)。

被上诉人(原审原告):福州南海岸生物工程有限公司(以下简称南海岸公司)。

南海岸公司是一家生产保健食品的企业,其主要产品是南海岸"鳗钙"。该产品于 1997 年 4 月 24 日取得了国家卫生部卫食健字(1997)第 236 号《保健食品批准证书》。该《保健食品批准证书》的说明书写明:"鳗钙选用淡水鳗脊椎骨为原料,采用先进生物工程技术精制而成","经超微破碎,颗粒在 1 000—3 000 目之间"。南海岸鳗钙产品投放市场后,受到消费者的好评,具有一定的商品声誉,南海岸公司因此取得良好的商业信誉。

大闽公司是一家生产、销售鳗钙及系列保健食品的企业,其生产的主要产品是"大闽鳗钙"。该产品于 1998 年 4 月 7 日取得了国家卫生部卫食健字(1998)第 195 号《保健食品批准证书》。1998 年以来,大闽公司在宣传、促销其生产的"大闽鳗钙"产品时,在各类广告中,使用了"第二代鳗钙"提法,并称"大闽鳗钙是在原有鳗钙基础上,推陈出新的第二代鳗钙"。大闽公司还在建瓯市向部分药店散发了"大闽鳗钙与南海岸鳗钙的区别"的对比表,从含钙量、甜味剂、色素、工艺、破碎、营养综效等方面进行比较。其中在"工艺"项对比中,称南海岸鳗钙是"吃生骨(水解工艺)",大闽鳗钙是"经活化处理";在"破碎"项对比中,称南海岸鳗钙是"机械破碎,500 目",大闽鳗钙是采用"气流超微破碎,2 500 目"。

南海岸公司据此以大闽公司构成不正当竞争为由向原审法院提起诉讼,请求:(1)判令大闽公司立即停止损害其商业信誉、商品声誉的行为。(2)判令大闽公司赔偿其经济损失、商誉损失 250 万元。(3)判令大闽公司以在《福建日报》刊登澄清广告的方式,向其赔礼道歉,消除影响。(4)判令大闽公司承担本案诉讼费、律师调查费。

一审法院审理认为:南海岸公司和大闽公司同为生产保健食品的企业,且主要产品均为鳗钙,双方为同业竞争者。双方在市场竞争中理应遵循诚实信用和公平的原则,不得贬低竞争对手的商品或服务。大闽公司在宣传、促销其产品过程中,将大闽鳗钙说成是"第二代鳗钙",实际上暗示消费者南海岸公司的鳗钙是"第一代鳗钙";大闽公司还在一定的区域向药店散发了有虚假内容的对比宣传材料。大闽公司的这些行为,诋毁了南海岸鳗钙产品的商品声誉,损害了南海岸公司的商业信誉,以不正当的手段取得市场份额,违反了公平竞争的市场秩序,构成我国《反不正当竞争法》第 14 条所规定的不正当竞争行为,依法应当承担相应的法律责任。据此,一审法院根据《中华人民共和国反不正当竞争法》第 14 条和第 20 条、《中华人民共和国民法通则》第 120 条第 2 款的规定,判决:

一、大闽公司应立即停止损害南海岸公司商业信誉、商品声誉的不正当竞争行为。

二、大闽公司应在本判决生效后 20 日内,在《福建日报》刊登声明,向南海岸公司公开赔礼道歉,消除影响。

三、大闽公司应在本判决生效后 20 日内,赔偿南海岸公司经济损失、商誉损失人民币 15 万元。

大闽公司不服一审判决,提起上诉。

大闽公司诉称:(1)我公司制作的广告宣传材料中,"第二代大闽鳗钙"的提法是相对于本公司以前生产的大闽牌鳗钙而言,没有关于"南海岸鳗钙是第一代鳗钙"的提法,这一广告内容反映的是客观事实,不构成不正当竞争行为。(2)大闽鳗钙与南海岸鳗钙是同类产品,存在某些相同或者近似的属性,两者之间具有可比性。因此,我公司制作内容真实的"大闽鳗钙与南海岸鳗钙的区别"表,不构成不正当竞争行为。(3)我公司从未向社会散发前述区别表,只将该表作为内部研究使用,不构成宣传、散发资料行为,也就不可能构成虚假宣传的不正当竞争行为。

二审法院审理认为:

1. 大闽公司使用"第二代鳗钙——大闽鳗钙"这种用语宣传产品,易于使消费者产生只有大闽鳗钙是第二代鳗钙产品,包括南海岸鳗钙在内的其他品牌的鳗钙产品都属于第一代产品的认识,误解大闽鳗钙已经被同行业公认为第二代产品。这种宣传方式,损害了包括南海岸公司在内的其他鳗钙产品经营者正当竞争的合法权益,构成《反不正当竞争法》第9条所禁止的虚假宣传的不正当竞争行为,大闽公司对此应当承担不正当竞争的法律责任。由于大闽公司的上述宣传,是以对自己的产品作引人误解的宣传的方法间接贬低他人的产品,并未直接对南海岸公司或者其产品进行评价,故不构成对南海岸公司的商业信誉或者商品声誉的损害。原审判决认定大闽公司上述行为构成不正当竞争行为虽然正确,但适用《反不正当竞争法》第14条认定大闽公司构成捏造、散布虚伪事实,损害竞争对手的商业信誉、商品声誉的不正当竞争行为,未适用第9条认定其构成引人误解的虚假宣传的不正当竞争行为,在适用法律上存在错误,应予纠正。

2. 大闽公司制作了两份对比表,(1)将"第一代鳗钙"与"第二代鳗钙"进行比较,以配合其"第二代鳗钙——大闽鳗钙"的宣传,抬高自己的产品,贬损他人的产品。从这种比较的目的与效果看,其性质很明显,与"第二代鳗钙——大闽鳗钙"的宣传共同属于虚假宣传的不正当竞争行为。(2)直接将大闽鳗钙与南海岸鳗钙进行比较,所比较的项目,仅涉及药剂含量和部分功效、工艺等,未全面对两者在申请批准为保健食品的技术资料中记载的技术性指标进行客观陈述,也未说明其知悉南海岸鳗钙生产工艺的具体情况,在语言上使用了消费者和一般经销商难以理解的"吃生骨(水解工艺)"等概念,易于让消费者和经销商对南海岸公司的南海岸鳗钙产品产生疑问。大闽公司这一份对比表,足以导致消费者和经销商对南海岸鳗钙产品产生怀疑,直接损害了南海岸公司的商业信誉和南海岸鳗钙的商品声誉,构成捏造、散布虚伪事实损害竞争对手的不正当竞争行为。综上,原审判决事实清楚,适用法律部分错误,应予纠正。原审判决书主文对当事人的名称使用简称虽有不妥,但对案件处理结果没有不当影响,本院不再变动。本院根据《中华人民共和国反不正当竞争法》第9条第1款、第14条、第20条,《中华人民共和国民事诉讼法》第153条第1款第1项之规定,判决如下:驳回上诉,维持原判。

二、裁判要旨

**No.4-2-9.1-3 因宣传内容的不全面或带有歧义性而"引人误解",即使内容真实也依然构成虚假宣传不正当竞争行为。**

根据我国《反不正当竞争法》第9条的规定,构成虚假宣传不正当竞争行为的前提条件是"引人误解"和"虚假宣传"。然而,理论界对是否将"信息的虚假性"作为判断虚假宣传行为的构成要件存在争议,即行为人宣传的是"真实的信息",但仍然达到"引人误解"的效果,是否构成虚假宣传的不正当行为?《关于审理不正当竞争民事案件适用法律若干问题的解释》第8条对此作出了进一步规定。根据该《解释》内容,"引人误解"成为判断是否构成虚假宣传不正当竞争行为的主要要素。该《解释》第8条第1款列举了三种构成虚假宣传的行为,即"(一)对商品作片面的宣传或者对比的;(二)将科学上未定论的观点、现象等当作定论的事实用于商品宣传的;(三)以歧义性语言或者其他引人误解的方式进行商品宣传的"。该款列举说明了即使宣传者宣传的是真实的信息,但属于不全面的或带有歧义性的、足以引人误解的信息,该宣传行为仍构成虚假宣传。本案中,判断大闽公司的宣传行为是否构成不正当竞争的虚假宣传行为,关键在于其使用的"第二代鳗钙"提法是否足以"引人误解"。一种产品属于该同类产品的第几代,应当根据该产品的品质特征以同行业公认或者消费者普遍认可的方式确定。如果经营者根据其自己产品更新换代的结果而声称该产品属于第几代,则在宣传过程中应当明确表明所谓的"第 x 代产品"仅属于自己产品的更新换代,与他人生产的同类产品无关。否则,其宣传易于误导消费者不是对该经营者自己产品的创新进行理解,而是对该经营者的产品与他人的产品进行比较,产生该经营者的产品必然比他人的产品具有优势的错误认识,从而抬高了自己的产品,贬低了他人的产品。这样的宣传还易于误导消费者产生该"第 x 代产品"已经得到行业的公认,形成了行业和社会对该经营者的产品与他人的产品有不同的技术性评价的误解。因此,虽然大闽公司所宣传的内容并不虚假,但其宣传是不全面、不准确、带有歧义性的,造成了引人误解的结果,构成虚假宣传的不正当竞争行为。

### No.4-2-14-1 "明确的指向性"是判断行为是否构成商业诋毁的基本要素。

商业诋毁的"指向性"指的是该商业诋毁行为针对的是特定的商事主体。该"特定"并不要求行为人指名道姓,直接明示其受攻击的主体,但必须能为接受该诋毁信息的公众所识别,并以一般公众的理解力为标准,能够分辨出诋毁者所指称的具体对象。[①] 本案中,一审法院将大闽公司在宣传中使用"第二代鳗钙"的行为认定为商业诋毁行为,而二审法院对此作出了修正,主要原因在于大闽公司的此项宣传行为并没有明确的指向性,而是以对自己的产品作引人误解的宣传的方法间接贬低他人的产品,但这种贬低针对的是所有生产鳗钙的企业,并非特指南海岸公司或者其产品。因此,仅就使用"第二代鳗钙"的宣传行为而言,大闽公司仅构成虚假宣传,不构成商业诋毁。但大闽公司直接将大闽鳗钙与南海岸鳗钙进行片面比较,由于其明确了其比较的对象是"南海鳗钙",则该行为构成商业诋毁。

**案例**:北京黄金假日旅行社有限公司与携程计算机技术(上海)有限公司、上海携程商务有限公司、河北康辉国际航空服务有限公司、北京携程国际旅行社有限公司虚假宣传纠纷上诉案
**案例来源**:最高人民法院《2009 年中国法院知识产权司法保护十大案件》,(2007)民三终字第 4 号
**主题词**:虚假宣传　夸张宣传

### 一、基本案情

上诉人(原审原告):北京黄金假日旅行社有限公司(以下简称黄金假日公司)。
被上诉人(原审被告):携程计算机技术(上海)有限公司(以下简称携程计算机公司)。
被上诉人(原审被告):上海携程商务有限公司(以下简称携程商务公司)。
被上诉人(原审被告):河北康辉国际航空服务有限公司(以下简称康辉服务公司)。
被上诉人(原审被告):北京携程国际旅行社有限公司(以下简称北京携程公司)。
黄金假日公司的经营范围是:国内旅游、旅游咨询;国内航线、国际航线或中国香港、澳门、台湾地区航线的航空客运销售代理业务;信息咨询(不含中介);因特网信息服务业务(除新闻、出版、教育、医疗保健、药品、医疗器械和 BBS 以外的内容)等。
携程计算机公司的营业范围是:计算机软、硬件技术和系统集成的开发,销售自产产品;科技咨询、市场咨询、投资咨询、信息服务(包括网上旅游信息服务)、订房服务、会务服务、商务咨询、票务咨询(涉及许可经营的凭许可证经营)。
携程商务公司的营业范围是:订房服务、会务服务;商务咨询,信息服务;旅游用品及工艺品批发零售、承接各类广告设计、制作,互联网信息服务(涉及许可经营的凭许可证经营)。
携程商务公司是 ctrip.com 的经营者。在 ctrip.com 网页"关于携程"部分有:"携程是国内

---
① 参见谢晓尧:《在经验与制度之间:不正当竞争司法案例类型化研究》,法律出版社 2010 年版,第 355 页。

领先的电子客票服务供应商,预订量名列全国前列,机票直客预订销售量也全国领先,是名副其实的国内领先的机票预订服务平台。""2006年1月,携程荣获上海市工商局授予的'上海市著名商标'。"在《携程出票城市达到43个》一文中有:"截止到2005年7月,携程的机票预订、出票及送票上门的服务涵盖了国内所有重点城市。用户通过拨打携程全国免费服务电话800-820-6666,或者登录携程网站,即可在上海、北京、广州、深圳、杭州、成都、大连、青岛等43个出票城市随时随地轻松预订机票,这在全国尚属首家。"及"43个预订出票城市、全国统一的机票预订中心,有力地体现了携程机票预订业务的专业性和规模性。依托庞大的预订出票网络和专业优质的服务,携程的机票业务发展蒸蒸日上,据悉,目前携程每月的机票预订量达20万张"。在《国际机票异地出发本地取票携程打造国际机票预订新模式》一文中有"携程目前已与国内三大航空集团及主要境外航空公司和机票代理建立了良好的合作关系,建有全国统一的预订服务中心,提供国际、国内所有航线的机票预订服务,并在北京、上海、广州、深圳等近40个商旅城市通过有资质的票务代理提供送票上门服务。2004年11月,携程在网上搭建、开通了国内首个国际机票在线预订平台,此举被业内誉为是具有里程碑意义的突破"。

2006年7月11日,黄金假日公司诉称:携程计算机公司和携程商务公司并不具有经营国际国内机票销售业务的经营许可和经营资格,却不断进行虚假宣传;康辉服务公司在河北省石家庄地区为携程计算机公司提供机票出票及送票服务,其虽然取得了《民用航空客运销售代理业务经营批准证书》,但其行为实际上使携程计算机公司和携程商务公司的虚假宣传行为得以实现,是非法转让行政许可的行为,是帮助携程计算机公司和携程商务公司进行非法经营和虚假宣传。携程计算机公司和携程商务公司通过携程旅行网进行国内机票销售,并通过互联网取得旅客中信银行信用卡的个人信息,再由北京携程公司进行收款,北京携程公司是帮助携程计算机公司和携程商务公司进行非法经营,应承担连带赔偿责任。故请求判令:(1)携程计算机公司和携程商务公司停止通过"携程旅行网"进行"携程拥有行业内规模最大的统一的机票预订系统,是国内领先的电子客票服务供应商,预订量名列全国前列,机票直客预订销售量也是全国领先,是名副其实的国内领先的机票预订服务平台",以及"携程的机票预订、出票及送票上门的服务涵盖了国内所有重点城市。用户通过拨打携程全国免费服务电话800-820-6666,或者登录携程网站,即可在上海、北京、广州、深圳、杭州、成都、大连、青岛等43个出票城市随时随地轻松预订机票,这在全国尚属首家"的虚假宣传。(2)被告赔偿因其虚假宣传不正当竞争给原告造成的经济损失人民币500万元。

携程计算机公司、携程商务公司、北京携程公司、康辉服务公司答辩称:

1. 携程计算机公司和携程商务公司不存在虚假宣传行为,黄金假日公司混淆了机票预订和机票销售。(1)携程计算机公司拥有机票预订服务的经营许可。(2)携程计算机公司和携程商务公司通过携程旅行网和携程会员手册提供的是国内国际机票信息查询与代为预订业务,并非实施民航客运代理业务。(3)携程计算机公司与携程商务公司,携程计算机公司和携程商务公司与康辉服务公司或与北京携程公司之间的合作是合法的经济合作关系。

2. 携程计算机公司等四被告的行为是合法经营,不构成对原告的侵权,不应承担赔偿损失的责任。

一审法院审理认为:黄金假日公司与携程计算机公司在旅游信息服务方面存在同业竞争关系。携程计算机公司只是提供机票信息的中介,"预订"一词强调的是事先约定的意思,同酒店预订、旅游服务预订一样,对于一般的消费者即乘客而言,不会因该内容而引起对携程计算机公司服务方式的误解与混淆。因此,黄金假日公司诉称该部分内容构成虚假宣传的主张,理据不足,不予支持。黄金假日公司诉称康辉服务公司、北京携程公司的行为是一种帮助行为,但并无证据证明该二公司与所诉的虚假宣传行为有何关联性,该二公司既不是宣传内容的发布者,也不是制作者或经营者,与携程计算机公司所作的宣传没有必然的联系。因此,黄金假日公司诉称该二公司是一种帮助行为,应承担连带责任的主张证据不足,不予支持。据此,一审法院依据《中华人民共和国反不正当竞争法》第9条之规定判决:驳回黄金假日公司对本案所审理部分内容的诉讼请求。

黄金假日公司不服一审判决,提出上诉。

二审法院经审理认为:本案依据现有证据,并不能够直接认定被上诉人携程计算机公司和携程商务公司存在非法经营民航客运销售代理业务的行为,即使被上诉人存在非法经营行为,也应当依法由相应的行政主管部门或者刑事司法机关审查认定。非法经营并不当然等于民事侵权,民事诉讼原告不能仅以被告存在非法经营行为来代替对民事侵权行为的证明责任。而认定被告是否构成虚假宣传的不正当竞争行为应符合经营者之间具有竞争关系、有关宣传内容足以造成相关公众误解、对经营者造成了直接损害这三个基本条件。本案上诉人所列举的证据不能证明被上诉人携程计算机公司和携程商务公司对被控所谓非法经营行为的宣传及其可能存在的所谓市场混淆行为构成对黄金假日公司不正当竞争的结论。同时,被上诉人网站上的宣传内容是对其实际经营状况和业绩的客观表述,不会引人误解的,就不构成虚假宣传行为。

综上所述,本案上诉人的上诉理由均不能成立,原判认定事实基本清楚,适用法律基本正确。依据《中华人民共和国民事诉讼法》第153条第1款第1项的规定,判决:驳回上诉,维持原判。

二、裁判要旨

**No.4-2-9.1-4 同业竞争者宣传内容存在混同使用或者模糊称谓其经营主体身份,造成公众误认,但并未造成他人直接损害的,不构成不正当竞争。**

对虚假宣传行为的判断应从行为主体的主观状态、行为效果以及损害事实三个方面进行综合判断。(1)从经营者的竞争关系角度而言,本案中,黄金假日公司与携程计算机公司、携程商务公司之间在旅游信息服务方面存在同业竞争关系。(2)从宣传内容引人误解而言,黄金假日公司指控的是携程计算机公司和携程商务公司的有关宣传行为构成所谓的市场混淆行为,即消费者会对该二者之间在提供相关服务的主体身份及其经营资质上发生混淆或者误认。对此,该二者在经营中对各自的身份表示确有不当之处,有混同使用或者模糊称谓其经营主体身份的行为。例如,携程计算机公司和携程商务公司大量使用"携程"和"携程旅行网"的简称,有关的宣传容易使人产生对市场上的"携程"是否是一家、"携程"到底指谁、"携程旅行网"到底是谁在经营等疑问和困惑,可能会造成相关公众对该二者身份的混淆或者误认。(3)从黄金假日公司造成直接损害而言,不论相关公众是否会对携程计算机公司和携程商务公司之间主体身份及其经营资质上发生混淆或者误认,黄金假日公司并未举证证明上述误导性行为使其自身受到了直接损害。黄金假日公司不能简单地以相关公众可能产生上述与黄金假日公司无关的误导性后果而代替黄金假日公司对自身受到损害的证明责任。因此,携程计算机公司和携程商务公司的行为并不构成不正当竞争。

**No.4-2-9.1-5 具有一定事实基础但略显夸张的宣传内容,不足以造成相关公众误解的,不构成虚假宣传行为。**

司法实践中,许多经营者在宣传自身商品或者服务时往往倾向于使用"国内领先""名列全国前列""全国领先"等形容语言进行概括性的描述和宣传,该类形容词若运用在名不见经传的商品或者服务上,与事实存在明显冲突,必然会引起公众误解,构成虚假宣传。但若运用在已有相应的市场知名度的商品或服务上,只是进行略显夸张的概括性描述,且不会造成公众误解,则不构成虚假宣传。本案中,黄金假日公司提出,携程商务公司对"携程是国内领先的电子客票服务供应商,预订量名列全国前列,机票直客预订销售量也是全国领先"及"可在上海、北京、广州、深圳、杭州、成都、大连、青岛等43个出票城市随时随地轻松预订机票,这在全国尚属首家"的宣传,没有提供证据证明是真实的,构成虚假宣传。但法院认为,上述宣传内容中,"电子客票服务供应商""机票直客预订销售""预订机票"等用语,均是对携程商务公司提供机票预订服务的经营方式的客观陈述,不存在虚假内容,不足以造成相关公众的误解;而"国内领先""名列全国前列""全国领先"等用语,主要是对自己在同业竞争者中地位的描述,根据作为机票预订消费者的日常生活经验,可以得出携程计算机公司提供的机票预订服务在国内同行业中属于规模较大、经营状况较好的一家公司,上述宣传用语尚不足以造成相关公众的误解。

**案例:北京市仁爱教育研究所与星球地图出版社虚假宣传纠纷上诉案**
案例来源:《人民法院案例选》2007年第4辑(总第62辑),(2006)一中民终字第13982号
主题词:不正当竞争关系　虚假宣传　损害赔偿

### 一、基本案情

上诉人(原审原告):北京市仁爱教育研究所(以下简称仁爱研究所)。

被上诉人(原审被告):星球地图出版社(以下简称星球出版社)。

2005年4月18日,教材审定办公室向地质出版社和仁爱研究所出具教基室(2005)86号《关于下发义务教育课程标准实验教科书初审结果的通知》,告知地质出版社和仁爱研究所送审的《地理图册(七年级上册)》(以下简称《图册》)已经于2004年4月经过全国中小学教材审定委员会初审。

2005年5月,仁爱研究所与地质出版社地图编辑一室合编的《图册》第1版由地质出版社出版,该书版权页注明由地质出版社发行,主编为李铁钢、王辑慈。但由于《图册》通过教材审定的时间较晚,《图册》未能进入教育部2005年的《义务教育课程标准实验教学用书目录》,因此不能进入《河南省2005年秋季普通中小学教学用书目录》。

2005年7月,星球出版社编制的《地理地图册(七年级上册)》(以下简称《地图册》)第1版由星球出版社出版,主编为周瑞祥,封面上标明"义务教育课程标准实验教科书""河南省专用"的字样。该书版权页注明由河南新华书店发行。

2005年10月18日,教育部办公厅发布教基厅(2005)15号《教育部关于印发〈2006年义务教育课程标准实验教学用书目录〉的通知》,要求各省、自治区、直辖市教育厅要完整转发《2006年义务教育课程标准实验教学用书目录》,不得删减或者增加。在《2006年义务教育课程标准实验教学用书目录》第26页为地理图册的选用目录,其中包括仁爱研究所编著的李铁钢、王辑慈主编的地质出版社出版的《图册》;还包括星球出版社出版的由朱翔、陈民众、周瑞祥主编的《地图册》,该书备注栏标明"与本出版社教材配套,供学生自愿选用";并包括周瑞祥、高培英主编的星球出版社出版的《地图册》,该书备注栏标明"与湖南教育出版社教材配套(供学生自愿选用)"。

仁爱研究所诉称:我所编著的《地理(七年级上册)》(以下简称《地理》)是经全国中小学教材审定委员会2004年初审的义务教育课程标准实验教科书,该书于2004年7月由大象出版社出版发行。按照教育部的规定,地理教材应配有地理图册,为此,我所与地质出版社地图编辑室合编了《图册》,由地质出版社于2005年5月出版发行。《地理》已经成为河南等省中学生使用的教材。星球出版社未经教育部审批,非法出版发行与《地理》配套使用的《地图册》,并在河南省以每册3.38元的价格销售。星球出版社出版发行《地图册》的行为属于搭便车,导致我所的《图册》在河南省无法销售,严重侵害了我所的合法权益,扰乱了中小学教材市场秩序。而且,星球出版社的《地图册》封面上标有"义务教育课程标准实验教科书""河南省专用"的字样,误导消费者,构成虚假宣传。综上,星球出版社构成不正当竞争,我所诉请法院判令星球出版社停止不正当竞争行为,停止出售、使用、宣传《地图册》。此外,我所的《地理》教材2005年秋季在河南省的销售量为374 500册,星球出版社销售《地图册》的数量应按照此计算,其非法获利超过了100万元。因此,我所诉请法院判令星球出版社赔偿我社经济损失100万元。

星球出版社辩称:(1)我社具有合法的出版资质,且经过教育部审批,有权编制、出版地理教材配套使用地图册,我社出版的《地图册》是合法出版物。(2)《地图册》是否经教育部教材审定,与是否构成不正当竞争无关。教育部允许一家出版社出版的地理教材与另一家出版社出版的地理图册配套使用,是否使用由学生自愿选择,因此不存在仁爱研究所主张的搭便车而构成不正当竞争。综上,仁爱研究所的诉讼请求无事实和法律依据,请法院予以驳回。

一审法院经审理认为:(1)星球出版社称其出版的《地图册》经过了教育部的教材审定,但

并未证明主编为周瑞祥、与《地理》配套使用的《地图册》进入了教育部 2005 年或 2006 年的《义务教育课程标准实验教学用书目录》，而且，亦未提供《地图册》经过教材审定办公室审定的批文，故法院依证据规则确认《地图册》未经过教育部教材审定，《地图册》的出版发行违反了《教材管理办法》第 2 条和第 4 条关于地理地图册应当经过教材审定之规定，当事人应当依法承担相应的行政责任。原告仅仅因为没有经过教材审定就出版、销售地理图册的说法，并不构成不正当竞争。(2) 星球出版社的《地图册》并未经过教育部教材审定，却在《地图册》封面上标注"义务教育课程标准实验教科书""河南省专用"的字样，属虚假宣传。(3) 就仁爱研究所主张的赔偿而言，《图册》不能在 2005 年秋季在河南省发行，主要是因为其通过教材审定的时间较晚，并非《地图册》的发行导致。仁爱研究所要求星球出版社赔偿 100 万元的诉讼请求，无事实依据，法院不予支持。据此，一审法院依照《中华人民共和国著作权法》第 11 条第 4 款，《中华人民共和国反不正当竞争法》第 2 条、第 9 条之规定，判决：

一、被告星球地图出版社立即停止出版、发行封面标注"义务教育课程标准实验教科书""河南省专用"的《地图册》；

二、驳回原告北京市仁爱教育研究所的其他诉讼请求。

仁爱研究所不服一审判决，提出上诉。

二审法院审理认为：虽然星球出版社客观上实施了出版发行《地图册》的行为，但鉴于仁爱研究所无权在河南省内出版发行地理图册，亦不会从星球出版社出版发行《地图册》这一行为中获得利益，故无论该行为是否合法均不会损害仁爱研究所的经济利益，其亦无权要求星球出版社承担赔偿损失的民事责任。据此，仁爱研究所的该上诉理由缺乏事实及法律依据，法院不予支持。综上，原审判决认定事实清楚，适用法律正确，法院予以维持。

二、裁判要旨

**No.4-2-2.2-4　不正当竞争关系是作为民事主体的经营者之间的法律关系，当事人违反行政管理规范，不必然构成不正当竞争。**

《反不正当竞争法》调整的是不正当竞争行为导致的市场竞争不公的现象，维护市场竞争秩序和经营者的合法利益。合理正当的市场竞争行为将有利于商品和服务的优胜劣汰，促进市场经济的发展。本案中，教辅用书的相互竞争，有利于教辅用书质量的提高。地理图册属教辅用书，应允许其依法进入市场相互竞争。竞争优势取决于图书质量等因素，经过教材审定的地理图册的竞争优势应是其图书质量而非审批资质。星球公司的《地图册》未经教材审定的说法本身，并不能提高地理地图册的市场竞争优势，不会损害其他地理图册经营者的合法的竞争利益。如果经营者面对的不是市场的竞争而是有资质的竞争，将不利于建立公平的市场竞争秩序。因此，仅仅因为星球出版社没有经过教材审定就出版、销售地理图册，主张其不构成不正当竞争的理由不能成立。

**No.4-2-20-3　被侵权人主张不正当竞争行为损害赔偿的前提，是该不正当竞争行为与被侵权人经济损害之间存在因果关系。**

经营者的不正当竞争行为给其他经营者造成损害的，应当承担损害赔偿责任。但承担该侵权责任的前提条件是该侵权行为与受害人的损失之间存在因果关系。本案中，虽然星球出版社在其《地图册》的封面上标注"义务教育课程标准实验教科书""河南省专用"构成虚假宣传的不正当竞争行为，但仁爱研究所的经济损失并不是由此不正当竞争行为所导致。其损失的真正原因在于《图册》通过教材审定的时间较晚，未能进入教育部 2005 年的《义务教育课程标准实验教学用书目录》，进而也无法进入《河南省 2005 年秋季普通中小学教学用书目录》，最终导致其不能在河南省境内发行。因此，仁爱研究所主张的损失与星球出版社的不正当竞争行为无因果关系，仁爱研究所要求星球出版社赔偿 100 万元的诉讼请求不能得到法院支持。

不正当竞争关系·虚假宣传·损害赔偿

# 第三章 侵害商业秘密纠纷

> **本章裁判要旨**
>
> No.4-3-10-1 "客户自愿"的抗辩,应建立在对离职员工个人的信赖基础上。
>
> No.4-3-10-2 具有实用性、秘密性、保密性特征的客户名单可以作为商业秘密获得保护。
>
> No.4-3-10-3 权利人对商业秘密主张权利的前提是能说明该商业秘密的具体内容。
>
> No.4-3-10-4 商业秘密的新颖性要求。
>
> No.4-3-10-5 行为人利用职务之便掌握了技术秘密,并违反忠实义务,使用或者允许他人使用该商业秘密,构成侵犯商业秘密的行为。
>
> No.4-3-10-6 第三人明知他人以不正当手段获取商业秘密,仍对该商业秘密加以利用,构成侵犯商业秘密的行为。
>
> No.4-3-10-7 通过有偿转让具有经济价值并采取保密措施进行保护的技术信息属于技术秘密。
>
> No.4-3-2.2-5 通过正当途径获取商业机会不构成不正当竞争。
>
> No.4-3-10-8 一般的知识、经验和技能不足以构成商业秘密。
>
> No.4-3-10-9 在侵权人无法提供其商业秘密合法来源的情况下,以"接触+相似"的规则来判断其行为是否构成侵犯商业秘密。
>
> No.4-3-10-10 判断行为人的行为是否属于"反向工程",应以该行为人未采取不正当手段为前提。
>
> No.4-3-10-11 商业秘密应具备秘密性、价值性的特点。
>
> No.4-3-10-12 竞业禁止条款中双方即使未就补偿费问题形成一致意见,也不意味着可以解除保密义务,雇员仍负有后合同义务。
>
> No.4-3-10-13 商业秘密内容的合法性是该商业秘密受法律保护的前提。
>
> No.4-3-10-14 采取合理的保密措施是相关信息成为商业秘密并受法律保护的前提。
>
> No.4-3-10-15 商业秘密的价值性不以其先进性为判断标准。
>
> No.4-3-10-16 原告对第三人侵犯商业秘密的主观状态负有举证责任。
>
> No.4-3-10-17 义务人对商业秘密所负有的保密期限应以不违反权利人有关保守商业秘密的要求为前提。
>
> No.4-3-10-18 单纯的竞业限制约定,不能构成作为商业秘密保护条件的保密措施。

**10** 侵犯商业秘密(《反不正当竞争法》第2条、第10条)

**案例**:济南灯具厂有限公司诉张晓红、李红、冯秀娟、济南智富商贸有限公司侵犯商业秘密纠纷案

**案例来源**:《人民法院案例选》2009年第4辑(总第70辑)[(2008)济民三终字第8号]
**主题词**:商业秘密 客户名单 客户自愿

## 一、基本案情

上诉人(原审被告):张晓红。
被上诉人(原审原告):济南灯具厂有限公司(以下简称济南灯具厂)。
原审被告:李红。
原审被告:冯秀娟。
原审被告:济南智富商贸有限公司(以下简称智富公司)。

济南灯具厂系济南市灯具加工和进出口贸易企业,有自主进出口经营权,通过参加广交会等展会,与诸多国外公司建立了稳定的出口贸易关系,与国内配套生产厂家形成了长期稳定的供货关系。该厂将客户名单、资料作为其重要的商业信息并采取了电脑加密、保险柜加锁等保密措施,建立起专人专管等保密制度。张晓红曾历任该厂副厂长、进出口部经理、信息办公室主任等职;李红曾任该厂进出口部业务经理;冯秀娟曾任该厂进出口部电脑操作员。张晓红、李红在该厂工作期间,多次代表该厂参加广交会,掌握着该厂在进出口贸易方面的所有商业客户信息及合同订单情况。三人均于2007年12月与原告解除劳动合同。智富公司系由张晓红的丈夫唐庆斌、弟弟张晓东于2006年8月24日共同出资设立,法人代表为唐庆斌,李红亦向该公司出资并按出资额领取了利润。该公司成立后出口业务所涉产品范围、出口客户、国内配货厂家均与原告高度重合,且与唐庆斌先前从事职业无重合。该公司业务及出口客户的联系工作主要由张晓红负责经办,李红还为该公司联系过部分客户。而原告自2006年11月之后,经营状况严重下滑。

原告济南灯具厂诉称:张晓红、李红、冯秀娟三被告盗用原告名义截取原告的国外订单供被告智富公司利用,侵犯了原告的商业秘密,请求法院判令三被告立即停止侵权行为,不得继续截留使用原告的商业秘密,并赔偿原告经济损失203万元人民币。

被告张晓红、李红、冯秀娟辩称:自然人不属于《反不正当竞争法》的调整对象,其并未实施任何侵犯原告商业秘密的行为。被告智富公司辩称:其客户资源均有合法来源,原告诉称遭受的损失与其无关;原告的客户名单不构成商业秘密,不应受法律保护。

一审法院审理认为,原告济南灯具厂的客户名单不为公众所知,原告为其采取了保密措施,能够为其带来利益,构成商业秘密。被告智富公司的国内协作厂家和出口客户与原告的相关客户高度重合,虽其主张该客户资源均有合法来源,但未提供有效证据证明。张晓红、李红曾系原告进出口部员工,掌握原告重要的商业客户信息,并在智富公司处有投资,且利用所掌握的原告客户信息为智富公司联系客户,协助成交并从中获利。故认定上述三被告已侵犯原告商业秘密。但原告不能证明冯秀娟也实施了侵犯商业秘密的行为。在赔偿数额方面,智富公司也付出了成本和劳动,不宜将其全部利润作为计算赔偿数额依据,故法院结合本案具体情节酌情确定赔偿数额。依照《中华人民共和国民法通则》《中华人民共和国反不正当竞争法》、最高人民法院《关于审理不正当竞争民事案件应用法律若干问题的解释》的规定,判决:

一、张晓红、李红、智富公司立即停止对原告商业秘密的侵权行为;
二、三被告于判决生效之日起10日内,连带赔偿原告经济损失人民币150万元。

被告张晓红不服一审判决,提起上诉。

二审法院审理认为,原审原告的客户信息构成商业秘密,三被告实施了侵犯该商业秘密的行为。另根据当事人二审提交的新证据,进一步核实侵权获利情况,依《中华人民共和国民事诉讼法》第153条第1款规定,将原审判决赔偿数额改为70万元,维持了原审其他判决内容。

## 二、裁判要旨

**No.4-3-10-1** "客户自愿"的抗辩,应建立在对离职员工个人的信赖基础上。

依据最高人民法院《关于审理不正当竞争民事案件应用法律若干问题的解释》第13条的规定,客户基于对职工个人的信赖而与职工所在单位进行市场交易,该职工离职后,能够证明客户自愿选择与自己或者其新单位进行市场交易的,应当认定没有采用不正当手段,但职工与原单位另有约定的除外。实践中,客户对员工的信赖往往是在该员工代表企业与客户进行业务交往中形成的,难以分清是对员工个人的信赖还是对企业的信赖。审判中,客户一般不参加诉讼,在审查"客户自愿"的抗辩理由时,应由被告就"客户自愿是基于对员工个人的信赖"承担举证责任。该案中,被告智富公司未能提供相应证据,因此其客户来源合法的主张未被法院采信。

**No.4-3-10-2** 具有实用性、秘密性、保密性特征的客户名单可以作为商业秘密获得保护。

根据《反不正当竞争法》第10条的规定,商业秘密是指不为公众所知悉、能为权利人带来经济利益、具有实用性并经权利人采取保密措施的技术信息和经营信息。概言之,商业秘密具有实用性、秘密性、保密性三个特征,客户名单作为一种商业信息,同时满足此三个特征时即可获得商业秘密的保护。

依据最高人民法院《关于审理不正当竞争民事案件应用法律若干问题的解释》的规定,商业秘密的实用性指有关信息具有现实的或者潜在的商业价值,能为权利人带来竞争优势。客户名单一般都符合该特征,在审判实务中争议不大。而客户名单是否具有秘密性和保密性,往往是当事人争议的焦点。

商业秘密的秘密性指有关信息不为其所属领域的相关人员普遍知悉和容易获得。首先,从客户名单的来源看,其不同于技术秘密,其受保护的基础是因为权利人为此付出了相当的人力、物力、财力,而从公开渠道即可获得,或无须付出一定的代价而容易获得的信息没必要作为商业秘密保护。因此审查原告获得客户名单是否付出特别的努力,有助于判断客户名单的秘密性。该案中,从客户名单的获取渠道而言,被告以原告的客户名单来自广交会上的公知信息为由,证明其不属于商业秘密。但广交会只是提供交易的平台,是否参会、能否吸引客户并建立长期合作关系,都需付出更多努力。因此法院未采信被告公知信息的抗辩理由。从客户名单的内容看,其构成应是区别于相关公知信息的特殊客户信息,包括汇集众多客户的客户名册,以及保持长期稳定交易关系的特定客户。客户名单是信息的集合体,其中的客户名称、联系方式、一般需求等往往是公开的,但具体需求的质量、数量、结算方式、联系人习惯等通常难以获取,即使该信息都可在共有领域获取,但权利人将其组合加工而成特定用途的信息集合体时,也应作为商业秘密获得保护。因此,被告依据客户名单中部分信息公知而主张客户名单整体公知是不可取的。

商业秘密的保密性指权利人为防止信息泄露所采取的与其商业价值等具体情况相适应的合理保护措施。所谓"合理的措施",即只要能够向公众表明权利人的保密意图,能够使公众将秘密信息与一般信息相区别即可,不苛求权利人以过分昂贵的代价换取保密措施万无一失。而且,一项信息在使用和管理过程中是无法避免在一定程度上向权利人以外的人(如:职工、合作方等)披露的,此时只要这些知悉者负有保密义务,也不能抹杀信息的保密性。该案中,原告将客户名单、资料作为其重要的商业信息并采取了电脑加密、保险柜加锁等保密措施,建立起专人专管等保密制度,可以认定其客户名单具有保密性。

**案例:江苏苏威尔软件工程有限公司诉吴志贤侵犯商业秘密纠纷案**
案例来源:(2005)苏民三终字第063号
主题词:商业秘密 "披露+显示"规则 新颖性

## 一、基本案情

上诉人(原审原告):江苏苏威尔软件工程有限公司(以下简称苏威尔公司)。

被上诉人(原审被告):吴志贤。

被上诉人(原审被告):南京金陵教具集团有限公司(以下简称金陵公司)。

苏威尔公司和吴志贤于2002年5月12日签订劳动合同,约定吴志贤在苏威尔公司从事教学具制作工作。吴志贤"必须遵守苏威尔公司员工手册和公司规章制度,保守甲方(苏威尔公司)商业秘密,否则承担泄露甲方商业秘密所造成的一切后果;离开公司后一年内不得从事与苏威尔公司相同的业务"。苏威尔公司和被上诉人金陵公司的实验仪器在山东省青岛市2004年8月底9月初召开的山东省第一届教学仪器设备展示会(以下简称山东展示会)上同时展出。吴志贤于2004年9月6日参加了山东展示会,并坐在金陵公司的展台内,与金陵公司有接触。苏威尔公司的《小学现代教育科学探究实验仪器系统》共列出仪器名称和探究课题35项,金陵公司相对应的共列出30项,除省略的5项外,两者相同;苏威尔公司的《中学现代教育科学探究实验仪器系统》共列出仪器名称和探究课题55项,金陵公司相对应的共列出49项,除省略的6项外,两者相同。

原告诉称:原告针对物理教学需要,在进行了大量市场调研的基础上,制定了物理科学探究实验仪器开发研制计划,并陆续设计完成一套较为完整、科学、直观的物理科学探究实验仪器,相关商业信息和技术是原告的核心商业秘密。被告吴志贤作为原告的主要产品研发人员,违反该竞业限制的约定,未经原告同意,受聘于与原告存在竞争关系的被告金陵公司,借助于原告单位掌握的市场调研信息、产品开发计划和产品设计方案,帮助金陵公司生产与原告相同的产品,致使金陵公司的相同产品与原告的产品同时在"山东省第一届教学仪器设备展示会"上展出,被告吴志贤还亲自为第二被告进行商业宣传、产品讲解、展示和促销,帮助第二被告与原告进行不正当竞争。被告金陵公司明知原告和被告吴志贤存在竞业限制约定的情况下,非法聘用,并借助其非法使用原告的商业秘密,从而获得了与原告产品同步推向市场的机会,严重侵害了原告的商业秘密和经济利益,给原告造成了巨大的经济损失。原告请求判令两被告立即停止侵犯原告商业秘密的行为,停止生产、销售侵权产品,责令两被告之间解除劳动关系;并共同赔偿原告经济损失5万元。

被告吴志贤辩称:其从未受聘于被告金陵公司,原告所称的商业秘密不存在,其产品的技术信息已为公众所知悉。

被告金陵公司辩称:两被告未建立任何劳动关系,原告所称的商业秘密已为其自身的经营活动公开,不构成商业秘密。

一审法院认为:(1)苏威尔公司没有充分的证据证明吴志贤和金陵公司建立了劳动关系、金陵公司展示的系统方案与其绝大部分相同以及吴志贤和金陵公司在山东展示会上有较紧密的接触。(2)苏威尔公司陈述上述系统中的单个实验仪器经过其工业化设计,但现有证据表明,在山东展示会之前,公开的资料中已披露了实验仪器的构造。因此,苏威尔公司对其设计的领先性和创造性举证不足。(3)苏威尔公司称《小学现代教育科学探究实验仪器系统》和《中学现代教育科学探究实验仪器系统》系从大量仪器中选择而成,该选择能够构成商业秘密,但同样证据不足。据此,一审法院判决:驳回苏威尔公司的诉讼请求。

苏威尔公司向本院提起上诉,本案二审法院认为:苏威尔公司主张其《小学现代教育科学探究实验仪器系统》和《中学现代教育科学探究实验仪器系统》及其中单项产品的工业化设计方案构成商业秘密,以及吴志贤和金陵公司共同侵害了其商业秘密,证据不足。一审判决认定事实清楚,适用法律正确,应予维持。依照《中华人民共和国民事诉讼法》第153条第1款第1项的规定,判决:驳回上诉,维持原判。

二、裁判要旨

**No. 4-3-10-3 权利人对商业秘密主张权利的前提是能说明该商业秘密的具体内容。**

知识产权权利人主张权利的前提是其能证明该权利的存在。例如,商标权人须提供其商标注册证、专利权人须提供其专利产品的专利权证书、著作权人则需要提供其所完成的作品。而对于商业秘密,由于缺乏相关的权利证书,司法实践中法院评判商业秘密权是否存在所依据的方法是"披露+显示"规则,即商业秘密权利人应对其拥有的商业秘密符合法定条件,包括商业秘密的载体、具体内容、商业价值和对该项商业秘密所采取的具体保密措施等承担举证责任。① 可见,阐明商业秘密的具体内容是说明商业秘密符合法定条件的基础。在各级地方法院的司法实践中,也就相关审案经验作出了总结②,即要求原告披露商业秘密的具体内容显示其存在的"权利",无确权的披露则无权利的可能。本案中原告苏威尔公司主张单个仪器的工业化设计构成商业秘密,首先必须对所谓工业化设计的具体内容作出明确说明。但苏威尔公司只泛泛提及材质、尺寸、重量等工业化设计中的基本概念,未能说明哪些仪器有其独特的工业化设计以及该工业化设计的具体内涵,甚至没有提供任何相关证据证明其进行了工业化设计,因此其所谓工业化设计的秘密性无法认定,更无从认定其所拥有的商业秘密。

### No.4-3-10-4　商业秘密的新颖性要求。

根据《反不正当竞争法》对商业秘密的定义:商业秘密,是指不为公众所知悉、能为权利人带来经济利益、具有实用性并经权利人采取保密措施的技术信息和经营信息。一般认为,对商业秘密的判断可以从主观因素与客观因素两个方面分析。从主观因素而言,权利人需采取保密措施,使商业秘密处于秘密状态;从客观因素而言,商业秘密须具备秘密性、价值性和实用性。商业秘密从客观上是否需要具备新颖性? 对此,理论上也存在争议,而我国并未在立法上对此作出明确规定。实际上,新颖性的要求已经蕴含在保密性或价值性之中。当然,商业秘密所要求的新颖性并不同于专利对新颖性的要求,其实质是指信息受法律保护所必须具备的最低限度的劳动创造成分,与现有公开的信息的不相同性、非轻而易举和非显而易见性。③ 本案中,原告苏威尔公司主张系统本身构成商业秘密的理由是:他们根据我国中小学物理教学的需要,经过广泛调查研究,从成千上百种物理实验及仪器中作了有针对性的遴选而形成了两套系统,为此付出了巨大的人力、物力、财力和智力性劳动,采取了合理的保密措施,且在其系统产品进入市场之前,市场上没有与其相同的系统产品,据此可以说明该系统具有商业秘密所要求的秘密性,故系统符合商业秘密的构成要件。但是,苏威尔公司既未提供证据证明其为了研制该系统作出的投入和创造性劳动,也未能对其遴选和组合的具体内容作出明确的说明,因而不能排除该系统产品只是对已有仪器的简单罗列。由于苏威尔公司并未明确主张和举证证明系统产品中某个仪器是其自己研制,且承认系统产品是从成千上百种物理实验及仪器中作了针对性的遴选而形成,故可以推定本案所涉单个仪器均早为相关公众所知悉。而为我国相关公众所知悉且针对同一实验课题而设计的同类仪器数量毕竟有限,从事教具开发、制作的企业针对我国中小学物理教学的需要,从现有仪器中进行选择而推出的系统产品,由于利用的资源相同、针对的消费群体相同、目的相同,因而系统产品在客观上存在相似甚至相同的可能性。金陵公司销售的产品中,针对小学部分有 30 项,针对中学部分有 49 项,分别比苏威尔公司的两个系统产品少了 5 项和 6 项,除了数量不同外,两者选用的仪器相同,金陵公司认为这一事实恰恰证明了苏威尔公司的系统产品没有新颖性,只是对已有仪器的简单罗列,同业经营者完全可能作出同样的罗列。因此,法院认为原告主张系统本身构成商业秘密的证据不足。

**案例:河南省许昌市许继电气股份有限公司诉郑学生、河南省漯河市爱特电器设备有限公司侵犯商业秘密纠纷上诉案**
案例来源:《中华人民共和国最高人民法院公报》1999 年第 2 期第 69 页
主题词:技术秘密　忠实义务　注意义务

---

① 参见最高人民法院《关于审理反不正当竞争民事案件应用法律若干问题的解释》第 14 条。
② 参见北京市高级人民法院《关于审理反不正当竞争案件几个问题的解答》、河南省高级人民法院《商业秘密侵权纠纷案件审理的若干指导意见(试行)》。
③ 参见谢晓尧:《在经验与制度之间:不正当竞争司法案例类型化研究》,法律出版社 2010 年版,第 393 页。

一、基本案情

上诉人(原审被告):郑学生。

上诉人(原审被告):河南省漯河市爱特电器设备有限公司(以下简称爱特公司)。

被上诉人(原审原告):河南省许昌市许继电气股份有限公司(以下简称许继公司)。

1984年12月10日,原告许继公司的前身许昌继电器厂与德国西门子公司签订"继电保护电力线载波设备许可权和技术秘密合同",以有偿技术转让的方式受让西门子公司的继电保护和载波技术。根据合同的约定,许继公司于1985年12月21日向西门子公司支付620 446西德马克,用于购买载波设备许可证资料,并于1986年5月至同年8月,派被告郑学生到西门子公司进行技术培训。郑学生作为项目负责人之一,参加ESB-500型单边电力线载波机的研制工作。1992年1月,ESB-500型单边电力线载波机技术成果通过了机电部、能源部的鉴定,后投入生产,效益显著。许继公司分别在1987年、1989年对本单位的产品底图蓝图、工艺资料、技术资料等制定过保密规定。ESB-500型单边电力线载波机技术研制过程中以及研制成功后,该公司都进行了保密管理,从未向任何单位和个人进行技术转让与技术公开。

被告郑学生1983年大学毕业后分配到原告许继公司工作。1992年3月25日,郑学生与许继公司签订了期限11年的"全员劳动合同",合同约定:郑学生应当遵守单位制定的各项规章制度。1994年10月,郑学生将其掌握的电力线载波机技术及远方保护信号音频传输机技术作价20万元入股,与漯河卷烟厂及张明亮等人组建被告爱特公司。爱特公司于1994年11月正式营业。1995年5月,郑学生未经批准离开许继公司到被告爱特公司工作。在被告爱特公司中,除被告郑学生以外,没有其他从事电力线载波机及远方保护信号传输装置技术的研究人员。该公司也未对许继公司的电力线载波机及远方保护信号传输装置产品进行过"反向工程"研制。

原告许继公司诉称:被告郑学生在原告公司工作期间,掌握了原告的电力线载波机技术。被告爱特公司采用以技术入股的利诱手段,利用郑学生非法提供的技术秘密生产电力线载波机,侵犯了原告的商业秘密。请求法院依法判令郑学生赔偿因单方中止劳动合同给原告造成的损失13.5万元;判令郑学生和爱特公司停止侵权行为,赔偿原告的经济损失,并对原告的商业秘密承担保密义务,承担本案诉讼费用。

被告郑学生无答辩。

被告爱特公司辩称:原告的起诉不符合事实,被告没有侵犯原告的商业秘密。

诉讼中,法院委托专家对双方当事人的产品进行技术鉴定。经鉴定,被告爱特公司生产的SSB-2000型电力线载波机,在机械结构上与原告许继公司的ESB-500型单边电力线载波机相比较,等同之处有15处之多,其中重要部件如IFC中频发送插件、IFR中频接收插件的中频滤波器、AGC导频控制插件的导频显示方式等,与ESB-500型一致。结论是:爱特公司生产的SSB-2000型电力线载波机,在机械结构及部分重要部件上使用了许继公司的ESB-500型单边电力线载波机之专有技术。

一审法院审理认为,电力线载波机生产技术是原告许继公司的商业秘密,应受法律保护。被告郑学生利用职务之便掌握了此项商业秘密,违反许继公司的保密规定,无偿使用此项技术生产产品并进行销售,侵害了许继公司享有的合法权益。被告爱特公司明知电力线载波机技术为许继公司的技术秘密,仍采用作价入股的手段诱使郑学生带出此项技术秘密,侵犯了原告的商业秘密。据此,一审法院判决:

一、被告郑学生及被告爱特公司自判决生效之日起立即停止侵权,不得使用原告许继公司的电力线载波机技术进行生产和经营活动,并对已知悉的许继公司的技术秘密承担保密义务;

二、被告郑学生及被告爱特公司连带赔偿原告许继公司经济损失213 450元。

三、驳回原告许继公司的其他诉讼请求。

被告郑学生不服第一审判决,提起上诉。

二审法院审理认为,ESB-500型电力线载波机技术是原告许继公司的技术秘密,应当受到法律的保护。郑学生在许继公司任职期间就参与了爱特公司的组建,继而又违背与许继公司的保密约定,将掌握的职务技术成果作价入股,利用许继公司的电力线载波机生产技术为爱特公司生产 SSB-2000 型电力线载波机,其行为属于披露和使用许继公司的商业秘密,侵害许继公司合法权益的侵权行为,应当承担停止侵权、赔偿损失的民事责任。爱特公司明知郑学生是许继公司的在职人员,却不经合法受让,以作价入股的手段利诱郑学生以此项技术为其生产产品,并进行销售,其行为是以不正当竞争的手段获取他人商业秘密,侵害他人合法权益的侵权行为,应当承担停止侵权、赔偿被侵权人损失的民事责任。据此,河南省高级人民法院依照《中华人民共和国民事诉讼法》第 153 条第 1 款第 3 项的规定,判决维持第一审判决的第一、三项,撤销第二项;郑学生、爱特公司连带赔偿许继公司经济损失 62 160 元。

二、裁判要旨

No.4-3-10-5　行为人利用职务之便掌握了技术秘密,并违反忠实义务,使用或者允许他人使用该商业秘密,构成侵犯商业秘密的行为。

根据《反不正当竞争法》和 WIPO《关于反不正当竞争保护的示范规定》的规定,侵犯商业秘密的行为大致可以分为"间谍行为、违约行为、泄密行为、引诱行为、第三方过错行为"五种。与其相对应的行为主体,即侵权人(义务人),可以分为"不确定的第三人、交易伙伴、雇员、特定的第三人"四类。侵权人承担侵权责任的理论依据主要是"公序良俗、诚实信用、忠实义务以及注意义务"。① 司法实践中比较常见的案例是,雇员违反忠实义务侵犯商业秘密、交易伙伴违反诚实信用义务侵犯商业秘密,以及第三人违反注意义务侵犯商业秘密。本案中,被告郑学生作为原告许继公司的技术员工,与公司签订了保密协议,但在接受公司技术培训和技术研发后,违反了其对公司的忠实义务,将自己所掌握的技术信息披露给第三人爱特公司,并使用此技术生产产品进行销售,严重侵犯了原告的商业利益,构成侵犯商业秘密的不正当竞争行为。

No.4-3-10-6　第三人明知他人以不正当手段获取商业秘密,仍对该商业秘密加以利用,构成侵犯商业秘密的行为。

关于侵犯商业秘密的不正当手段,《反不正当竞争法》采取了"列举＋概况"的方式进行规定,即"以盗窃、利诱、胁迫＋其他不正当手段"。对于"其他不正当手段",判断的依据是《反不正当竞争法》总则的有关规定,即凡以违背诚实信用原则和公认的商业道德的行为获取商业秘密的,均属于侵犯权利人商业秘密权的不正当竞争行为。本案中,被告爱特公司作为第三人,明知郑学生是许继公司的在职人员,郑学生掌握的技术不是他个人的非职务技术,却不经合法受让,以作价入股的手段利诱学生利用此项技术为其生产产品,并进行销售。其行为属于违反注意义务,以不正当竞争的手段获取他人商业秘密的行为。

No.4-3-10-7　通过有偿转让具有经济价值并采取保密措施进行保护的技术信息属于技术秘密。

商业秘密从内容上可分为经营信息和技术信息。② 前者是经营者在经营过程中形成的,能够为经营者带来商业利益,并由经营者采取保密措施的信息内容。后者是在技术或生产过程中形成的,具有较高技术含量,并由持有者采取保密措施的信息内容。如信息持有人将技术信息申请专利并获得专利权,该技术信息一经公开,也就不再是商业秘密。但是,在现实生活中,多数企业因为专利申请与维护的成本过高、技术本身尚未成熟等因素,并不会选择马上申请专利。因此,这些未申请专利,但具有秘密性和保密性,并能为持有人带来经济利益的技术信息就被纳入《反不正当竞争法》的保护范围。本案中,原告许继公司以有偿技术转让的方式受让西门子公司的继电保护和载波技术后,开展了 ESB-500 型单边电力线载波机的研制工作,并在研制成功后投入生产,获取效益。同时,原告通过制定保密管理制度以及与员工签订保密协议等保密措施对技术信息进行保护。可见,原告所拥有的"ESB-500 型单边电力线载波机技术"属于商业秘

---

① WIPO《关于反不正当竞争保护的示范规定》。
② 参见《中华人民共和国反不正当竞争法》第 10 条第 2 款。

密,应予以保护。

**案例**:山东省食品进出口公司、山东山孚集团有限公司、山东山孚日水有限公司与马达庆、青岛圣克达诚贸易有限公司不正当竞争纠纷案
案例来源:《中华人民共和国最高人民法院公报》2009年第9期(总第153期)[(2008)鲁民三终字第83号]
主题词:商业秘密　商业机会　客户信任

## 一、基本案情

　　上诉人(原审被告):马达庆。
　　上诉人(原审被告):青岛圣克达诚贸易有限公司(以下简称圣克达诚公司)。
　　被上诉人(原审原告):山东省食品进出口公司(以下简称山东食品)。
　　被上诉人(原审原告):山东山孚集团有限公司(以下简称山孚集团)。
　　被上诉人(原审原告):山东山孚日水有限公司(以下简称山孚日水)。
　　山东食品成立于1982年10月26日,其前身为中国粮油食品进出口公司山东省食品分公司,后分别投资成立了山孚集团和原告山孚日水。
　　马达庆于1986年进入原告山东食品工作,1988年开始从事海带加工和出口工作,其间两次与原告公司签订劳动合同,并于2006年年底离开原告公司。圣克达诚公司于2006年9月22日成立,企业类别为自然人独资的一人有限责任公司,马达庆离开原告公司后到圣克达诚公司任职,并成为实际业务控制人。
　　山东食品自20世纪70年代开始经营海带出口业务。根据中粮集团与日本北海道渔联达成的协议,日本北海道渔联委托中粮集团对海带配额、质量、数量进行统一管理,日方认可中粮集团是其在华海带贸易的唯一窗口。因此,中粮集团于2001年至2006年间,以每年下发通知的方式向原告山东食品等6家单位分配特定区域产海带出口日本的数量配额。上述配额下达后,主要由被告马达庆代表山东食品或者山孚集团与日本东海水产贸易(株)、三井贸易(株)、神港交易(株)等公司签订《中日贸易合同》,办理海带出口业务。2007年1月17日,中粮公司向被告圣克达诚公司发出《关于报送海带经营计划的通知》称:"圣克达诚公司请求经营出口日本海带贸易传真悉,要求圣克达诚公司于2007年1月17日前报送海带出口工作计划。"同年2月14日,中粮公司向山东食品、圣克达诚公司发出《关于调整2007年海带出口经营权的通知》,决定将2007年威海海带出口日本业务交由圣克达诚公司执行。同年3月23日,山东省国际经济贸易联合会致函日本北海道渔联协商解决对日海带出口配额的分配问题。同年4月3日,日本北海道渔联代理事副会长宫村正夫回函称:"(1)通过北京中粮公司作为窗口,长期以来我们与山东食品之间存在着贸易关系。……(4)马氏及其他职员辞职后的山东食品,是否能够保证威海海带的品质稳定和数量,对此我们感到不安和疑虑,另一方面,因马氏长期从事威海海带的业务,拥有丰富的经验和知识,已被日本海带业界承认和信赖。我们与日本国内的海带厂商进行了多次慎重的协商,并且依据中粮公司在当地听取、比较山东食品和圣克达诚公司这两家公司业务计划后提供给我方的资料,我们判定,从2007年起的威海海带业务,圣克达诚公司为最适合的从事威海海带业务的公司。(5)对于我们来说,在和中国进行的海带贸易中确保规定的数量和质量的统一稳定性是大前提,因此要求北京中粮公司将马氏的新公司(圣克达诚公司)作为威海海带的窗口企业。"同年4月6日,中粮集团发出《关于下达2007年海带出口数量配额的通知》,圣克达诚公司获得310吨威海地区产海带出口配额。同年7月5日,中粮集团发出《关于下达2007年海带出口数量配额的通知》,山东食品获得320吨威海地区产海带出口配额。
　　山东食品诉称:马达庆利用其任职期间所掌握的海带业务的全部流程、技术和客户信息,通过其在离职前后实施的一系列行为窃取属于原告的商业机会而为自己谋取不正当利益,该行为违背了诚实信用的市场竞争规则,是明显的不劳而获行为。马达庆所控制的被告圣克达诚公司所进行的全部业务,都源自原告一直在经营的海带业务,并与原告的海带业务范围完全一致,圣

克达诚公司设立的目的在于攫取原告的商业机会,且已经给原告造成了巨大的经济损失,违反了《中华人民共和国反不正当竞争法》,应依法承担赔偿责任。

圣克达诚公司辩称:圣克达诚公司通过正常渠道、公开程序、公平竞争的方式取得对日本海带出口配额,按照正常的方式收购和出口海带,并不构成不正当竞争。

马达庆辩称:本人是依据劳动合同终止了与原告的劳动关系,并且与原告之间没有签订过限制就业的相关协议,因此本人离职后的工作不属于不当行为,请求驳回三原告对本人的诉讼请求。

一审法院认为:马达庆为圣克达诚公司的实际操作人,在离开山孚日水后很短的时间内,圣克达诚公司获取了对日出口海带的贸易机会,而该对日出口海带的贸易机会并非任何企业可以从市场上通过公开、自由竞争而获得。马达庆之所以得到日本北海道渔联的认可,是基于马达庆在为山东食品、山孚集团及山孚日水办理对日出口海带贸易过程中逐渐形成的信赖,并非是日本客商基于对马达庆能力的了解。马达庆将本属于山东食品的竞争优势改变为圣克达诚公司所有,违背了诚实信用原则,也违背了公认的商业道德。圣克达诚公司作为法人,其业务操作均由马达庆实际进行,该公司明知马达庆违背商业道德但仍然利用该竞争优势,主观上构成明知,亦违背了公认的商业道德。2007年被告圣克达诚公司享有310吨威海地区产海带出口数量配额,而此前威海地区海带出口均由山东食品享有,山东食品因该贸易机会部分丧失而导致损失是必然的,故马达庆、圣克达诚公司的行为给山东食品造成了经济损失。据此,青岛市中级人民法院判决:

一、被告马达庆、圣克达诚公司于本判决生效之日起,立即停止采取与原告山东食品相同的方式经营对日出口海带贸易,其不得经营的时间为判决生效之日起3年;

二、被告圣克达诚公司于本判决生效之日起10日内,赔偿原告山东食品经济损失人民币2111669.27元;

三、被告马达庆对上列第二项的给付义务承担连带赔偿责任。

圣克达诚公司和马达庆不服一审判决,向山东省高级人民法院提起上诉。

二审法院认为:山东食品或山孚日水对日出口海带的贸易机会并非商业秘密。马达庆在既没有违反竞业禁止义务,又没有侵犯商业秘密的情况下,运用自己在原用人单位学习的知识、技能为圣克达诚公司服务,既没有违反诚实信用原则,也没有违反公认的商业道德,不属于《反不正当竞争法》直接规定的不正当竞争行为。圣克达诚公司争取贸易机会的行为仅仅是向中粮集团提出经营出口日本海带贸易的请求,上述配额的分配是中粮集团、日本北海道渔联综合双方能力确定的结果。在竞争过程中,圣克达诚公司没有违反公认的商业道德,没有违反诚实信用原则,其行为不具有不正当性。据此,二审法院依照《中华人民共和国民事诉讼法》第153条第1款第2、3项的规定,判决:

一、撤销山东省青岛市中级人民法院(2007)青民三初字第136号民事判决;

二、驳回山东食品、山孚集团、山孚日水的诉讼请求。

二、裁判要旨

**No.4-3-2.2-5 通过正当途径获取商业机会不构成不正当竞争。**

《反不正当竞争法》的立法目的是保护公平竞争。经营者遵守诚实信用,通过公平竞争获取利益的行为应为法律所鼓励和保护。本案中,对日出口海带贸易机会是国内企业获得的可以就相关区域生产特定数量海带对日出口的资格,是一种交易机会。2007年,圣克达诚公司获得该交易机会,山东食品获得的海带出口配额因此随之减少,圣克达诚公司获得该交易机会的行为由此给山东食品造成了损害。然而,竞争本身是经营者之间互相争夺交易机会的行为,在交易机会的得失之间,往往会给竞争对手造成损害。这种损害虽然是构成不正当竞争行为的必要条件,但不是充分条件,仅仅造成损害并不必然构成不正当竞争。马庆达以及圣克达诚公司造成的交易机会损害并非不正当。(1)马达庆的行为不构成竞业禁止。虽然马达庆在原公司工作多年,积累了相关工作经验和商业人脉,但其代表圣克达诚公司向中粮集团争取贸易机会时,已离开山东食品。并且，山东食品并未与马庆达签订任何竞业禁止约定，即马庆达在其离职后有从业的自由。（2）日本北海道渔联代表理事副会长宫村正夫的回函已表明，马庆达被控行为没有违反诚实信用原则和公认的商业道德。马达庆在离开原告后，以正当方式为圣克达诚公司获取了贸易机会，属于公平竞争行为。（3）圣克达诚公司争取贸易机会的行为也是公平竞争行为。本案中，价格、数量、质量并非决定能否取得对日海带出口贸易机会的关键，能否取得交易机会关键在于能否获得对日出口海带的资格。而该资格的获取是由资格的赋予人根据申请人的相关条件综合评定而得出，并非通过其他非法手段可以获得。圣克达诚公司向中粮集团提出有关经营出口日本海带贸易的申请的方式合法，因此，圣克达诚公司未侵犯原告的商业秘密。

### No.4-3-10-8 一般的知识、经验和技能不足以构成商业秘密。

商业秘密的秘密性是其受保护的前提，而一般的知识、经验和技能因不具有商业秘密的资格和条件，因此，不足以构成商业秘密。本案中，马达庆运用自己在原用人单位学习的知识、技能为圣克达诚公司服务，并通过自己多年积累的从事对日海带进出口贸易的经验和人脉，获取了经营出口日本海带贸易的机会，应当属于合法的商业行为，不构成不正当竞争行为。其向中粮集团提出经营出口日本海带贸易的请求，并获取相应配额的行为，在没有与原单位签订保密协议或者相关约定的情况下，并不构成对客户信息的侵犯。因为根据《关于审理不正当竞争民事案件适用法律若干问题的解释》第13条的规定："客户基于对职工个人的信赖而与职工所在单位进行市场交易，该职工离职后，能够证明客户自愿选择与自己或者其新单位进行市场交易的，应当认定没有采用不正当手段，但职工与原单位另有约定的除外。"而日本北海道渔联代表理事副会长宫村正夫的回函，已表明中粮集团和日本北海道渔联将涉案的贸易机会授予被告圣克达诚公司，是基于对马达庆个人的信赖，与山东食品无关。

### 案例：河南均衡新技术有限责任公司、徐平均、马军政与郑州恒科实业有限公司侵犯商业秘密纠纷上诉案

案例来源：(2002)豫法民三终字第86号
主题词：商业秘密　"相似+接触"规则　反向工程　竞业禁止

### 一、基本案情

上诉人（原审被告）：河南均衡新技术有限责任公司（以下简称均衡公司）。
上诉人（原审被告）：徐平均。
上诉人（原审被告）：马军政。
被上诉人（原审原告）：郑州恒科实业有限公司（以下简称恒科公司）。
原审被告：邹辉静。

恒科公司成立于1998年2月，由天津中储商贸股份有限公司（以下简称天津商贸公司）与被告徐平均等18位自然人申请注册而成。1998年4月11日，天津商贸公司收购中储总公司下属的郑州电子秤厂（以下简称电子秤厂）全部资产。该电子秤厂研发并生产了QZD型自动定量包装机（以下简称ZD系列半自动包装机）和应变式电子吊秤（以下简称OCS系列电子吊秤）。自投放市场以来，ZD系列半自动包装机和OCS系列电子吊秤在许多地区有一定的市场占有率，恒科公司接收电子秤厂资产后，该两种传统产品的销售收入仍在恒科公司的收入中占有一定的比例，并长期拥有大批固定客户。电子秤厂在存续期间，为保护其技术，在其与马军政、邹辉静签订的劳动合同书中，均要求二被告遵守企业规章制度，不得泄露企业商业秘密，并与马军政专门签订了保守企业商业秘密协议书。被告徐平均曾担任该电子秤厂总工程师。1999年8月18日，恒科公司购买取得电子秤厂全部流动资产的所有权。

恒科公司于1998年4月23日聘任徐平均为该公司总经理兼总工程师，由其主持开发DXD200自制袋立式全自动包装机（以下简称DXD系列全自动包装机）。1999年6月1日，徐平均以恒科公司总经理身份签发计划任务书，开发便携式无线动态轮重仪（以下简称便携式轮重

仪)生产技术。

恒科公司成立后,于1998年6月22日印发《关于保守公司商业秘密的暂行规定》和《业务人员考核办法》等规章制度,对"公司商业秘密的范围和内容"进行了规定,同时规定"三年内不得利用本公司的商业、技术秘密、销售渠道、客户名单、经营信息等从事与本公司同类产品生产经营相同的活动"。

马军政在恒科公司期间,先后任销售部经理、新产品销售部经理,负责为公司进行客户开发。

邹辉静在恒科公司期间,任该公司华南办主任,负责广东、广西、海南、香港地区的产品销售,并多次从公司调阅有关客户信息资料。

2000年5月起,徐平均、马军政、邹辉静相继辞去在恒科公司的工作。2000年6月23日均衡公司成立,徐平均任该公司总经理,马军政、邹辉静负责均衡公司的产品销售业务。均衡公司成立后,开始生产、销售DXD系型全自动包装机、OSC系列电子吊秤、BCS便携式动、静态汽车轮秤和ZD型自动定量包装机四种产品(其中DXD系列全自动包装机,是在对恒科公司的设备进行反向研究的基础上改进组装成的),并在《湖南物资快讯》《汇中信息》《物通信息》及《计控信息报》上刊登广告,其中载明徐平均为总经理,业务联系人为马军政、邹辉静。此外,均衡公司还在其公司主页(www.junheng.com.cn)上刊登有其生产的上列四种产品的名称及技术指标。均衡公司在其印制的该四种产品的宣传单上,亦有对上述四种产品的介绍。

恒科公司诉称:均衡公司所生产、销售的该四种产品的名称和技术特征与原告所生产、销售的产品名称、特征相同,而该技术及销售客户名单均为原告的商业秘密,遂诉至法院,要求均衡公司等停止对其商业秘密的侵害并赔偿损失。

被告辩称:(1)恒科公司的四种产品不属于商业秘密,DXD200型全自动包装机系恒科公司从上海购买样机后复制而成,该技术并非恒科公司自行研制。(2)均衡公司的产品设计图纸和恒科公司的产品图纸是不相同的,均衡公司的产品图纸是自己设计的。(3)恒科公司所谓的客户名单,是公共信息,构不成商业秘密。

一审法院审理认为,恒科公司所述的四种产品中,ZD系列半自动包装机和OCS系列电子吊秤的生产技术,为电子秤厂投入人力、物力自行研制开发,并在产品投放市场后,每年为电子秤厂带来显著的经济效益,同时,电子秤厂亦注重该技术的保密工作,采取了合理的保密措施,故该技术信息及利用该技术加工的产品的销售信息均符合商业秘密的构成要件,属于电子秤厂的商业秘密。天津商贸公司收购电子秤厂后,将电子秤厂的全部无形资产注入恒科公司,上述商业秘密亦属于无形财产,故恒科公司拥有了上列技术信息及经营信息商业秘密的所有权。恒科公司自行研制开发便携式轮重仪和DXD200型全自动包装机的生产技术,同样投入了大量的人力、物力,最终开发成功,并已投入市场产生效益,故该产品的技术信息同样具备实用性和价值性。徐平均辩称的DXD200型全自动包装机系恒科公司从上海购买样机后复制而成,该技术并非恒科公司自行研制。但是恒科公司的行为属反向工程,而反向工程乃是对合法取得的产品进行解剖和分析,从而得出其构造、成分以及制造方法或工艺的行为,该过程是揭示产品中所包含的商业秘密的过程,属正当竞争行为。同时,恒科公司也采取了合理的保密措施,因此,上述技术信息和销售信息符合商业秘密的构成要件,属于恒科公司的商业秘密。综上,恒科公司拥有的上述四种产品的技术信息和经营信息属于商业秘密,应予保护。被告徐平均作为恒科公司商业秘密的掌握者,不履行保密义务,擅自将其知晓的技术秘密泄露给均衡公司,已构成对恒科公司商业秘密的侵犯。马军政和邹辉静擅自将其掌握的客户信息泄露给均衡公司,使均衡公司将其所生产的产品销售给恒科公司的固定客户,挤占市场销售份额,获取非法利润,其行为已构成对恒科公司商业秘密的侵犯。据此,一审法院判决:

一、均衡公司、徐平均、马军政、邹辉静于本判决生效之日起立即停止披露、使用恒科公司ZD系列包装机、OCS系列电子吊秤、便携式轮重仪和DXD系列包装机的技术信息和经营信息的商业秘密。

商业秘密·"相似+接触"规则·反向工程·竞业禁止

二、均衡公司、徐平均、马军政、邹辉静于本判决生效之日起 5 日内,在《郑州晚报》上刊登不低于 300 字的致歉声明,向恒科公司赔礼道歉,声明内容由原审法院审定。

三、均衡公司、徐平均、马军政、邹辉静于本判决生效之日起 10 日内,赔偿恒科公司损失人民币 220 万元。

均衡公司、徐平均、马军政不服一审判决,提起上诉。

二审法院审理认为:ZD 系列半自动包装机、OCS 系列电子吊秤、DXD 系列全自动包装机及便携式轮重仪属于恒科公司的商业秘密。虽然均衡公司主张其类似于恒科公司的 ZD 系列半自动包装机、OCS 系列电子吊秤及 DXD 系列自动包装机因为未有上市销售,所以不构成侵权。但均衡公司已经生产并已在网络、广告中进行宣传的情况下,完全可以依据"接触+相似"原则进行确定,至于产品是否上市只是侵权行为严重与否及确定赔偿数额的依据,故均衡公司等上诉人的该项上诉理由不能成立。均衡公司的产品是在模仿恒科公司产品基础上的非实质性改进,不能构成反向工程。恒科公司对徐平均、马军政、邹辉静等有"竞业禁止"的规定,因恒科公司未支付补偿费,故应无效。但徐平均、马军政、邹辉静仍负有一种保密的后合同义务。据此,二审法院依照《中华人民共和国民事诉讼法》第 153 条第 1 款第 3 项之规定,判决:

一、维持郑州市中级人民法院(2001)郑经初字第 27 号民事判决第一项、第二项、第四项及案件受理费承担部分。

二、变更郑州市中级人民法院(2001)郑经初字第 27 号民事判决第三项为:"均衡公司、徐平均、马军政、邹辉静于本判决生效之日起 10 日内赔偿恒科公司损失 20 万元,逾期按中国人民银行规定的逾期付款利率计息。"

二、裁判要旨

**No. 4-3-10-9** 在侵权人无法提供其商业秘密合法来源的情况下,以"接触+相似"的规则来判断其行为是否构成侵犯商业秘密。

《关于审理不正当竞争民事案件适用法律若干问题的解释》第 14 条对"举证责任的分配"进行了规定:当事人指称他人侵犯其商业秘密的,应当对其拥有的商业秘密符合法定条件、对方当事人的信息与其商业秘密相同或者实质相同以及对方当事人采取不正当手段的事实负举证责任。司法实践中,原告要证明被告采取的不正当手段往往比较困难,因此,法院判案时常采用推定的方式,即在证明一些前提事实以后,推定被告采取了不正当手段,而让被告对其未采取不正当手段提供反证。对原告而言,这就是"接触+相似"的举证责任;对被告而言,则需要提供其合法获得商业秘密的证据。[①] 本案中,法院认定均衡公司构成侵犯商业秘密的不正当竞争行为就运用了"接触+相似"规则。(1)被告所掌握四项技术信息与原告的商业秘密如出一辙,存在实质相同性;(2)被告徐平均在就职于均衡公司之前曾作为原告公司的总经理兼总工程师,完全有能力接触到原告的核心技术秘密;(3)均衡公司无法提供其未采取不正当手段的证据。因此,根据"接触+相似"规则,法院可以认定均衡公司侵犯了原告的商业秘密。

**No. 4-3-10-10** 判断行为人的行为是否属于"反向工程",应以该行为人未采取不正当手段为前提。

"反向工程"是指通过技术手段对从公开渠道取得的产品进行拆卸、测绘、分析等而获得该产品的有关技术信息。根据《关于审理不正当竞争民事案件适用法律若干问题的解释》第 12 条的规定,通过自行开发研制或者反向工程等方式获得的商业秘密,不认定为《反不正当竞争法》第 10 条第 1、2 项规定的侵犯商业秘密行为。但当事人以不正当手段知悉了他人的商业秘密之后,又以反向工程为由主张获取行为合法的,不予支持。本案中,一审法院认定恒科公司从上海购买样机后复制研发的行为属于反向工程;二审法院则否定了均衡公司模仿恒科公司产品构成反向工程。两项认定的区别原因在于,恒科公司是通过正常渠道购买他人合法产品,并通过投

---

① 参见孔祥俊:《商标与不正当竞争法原理和判例》,法律出版社 2009 年版,第 841 页。

商业秘密 · "相似+接触"规则 · 反向工程 · 竞业禁止

入大量人力、物力进行研发,从而获得该产品的有关技术信息。因此,原告并未采取任何不正当手段,同时也是通过自身的努力从公开市场上获取的商品中研究出有价值的技术信息;而均衡公司主张其构成"反向工程"的目的在于以反向工程主张其行为的合法性。如前所述,已经有充分证据证明,被告均衡公司采取了不正当手段获取商业秘密,因此,其以"反向工程"的辩解无法得到法院的支持。

### No.4-3-10-11 商业秘密应具备秘密性、价值性的特点。

根据我国《反不正当竞争法》第10条第3款的规定,商业秘密是指不为公众所知悉,能为权利人带来经济利益、具有实用性并经权利人采取保密措施的技术信息和经营信息。因此,一项信息只有同时具备秘密性和价值性才能成为商业秘密。其中秘密性体现在客观和主观两个方面,从客观上而言,该商业秘密需处于尚未公开,不为公众所知悉的状态;从主观上而言,该商业秘密的所有者应采取合理的保密措施对商业秘密进行保护。从内容上而言,商业秘密包括技术水平、技术潜力、新技术前景预测等技术信息和新产品的市场占有情况及如何开拓市场、产品的区域性分布、经营战略等经营信息。本案中,ZD系列半自动包装机、OCS系列电子吊秤的生产技术、便携式轮重仪和DXD200型全自动包装机的生产技术,属于恒科公司所拥有的技术信息,而恒科公司的客户资料则属于经营信息。判断这些信息是否构成商业秘密,关键要看这些信息是否具备商业秘密的基本特点,即秘密性和价值性。(1)就秘密性而言,客观上,恒科公司所拥有的四项技术和客户资料并未通过任何途径公开,仍处于不为公众所知的状态;主观上,恒科公司对上述技术和经营信息采取了签订保密协议、制定保密制度等合理的保密措施。(2)从价值性而言,恒科公司以及自身拥有的技术信息和经营信息,生产并销售产品,拓展自己的销售渠道,占领市场,并从中获取收益,足以说明这些信息能为其带来丰厚的效益。因此,两审法院都认定了恒科公司所拥有的四项技术信息和客户资料属于商业秘密,应当予以保护。

### No.4-3-10-12 竞业禁止条款中双方即使未就补偿费问题形成一致意见,也不意味着可以解除保密义务,雇员仍负有后合同义务。

所谓竞业禁止,指的是用人单位对员工采取的以保护其商业秘密为目的的一种法律措施,是根据法律规定或双方约定,在劳动关系存续期间或劳动关系结束后的一定时期内,限制并禁止员工在本单位任职期间同时兼职于业务竞争单位,限制并禁止员工在离职后从事与本单位竞争的业务。我国对"竞业禁止"的规定主要体现在《公司法》和《劳动合同法》中。尽管《反不正当竞争法》并没有明文对竞业禁止作出规定,但是,不竞业义务的实施是保护商业秘密的手段。从目的上而言,《公司法》中对"竞业禁止"作出规定,强调的是公司高管人员的忠实义务;在《劳动合同法》中对"竞业禁止"有所规定,强调的是对雇主利益,尤其是知识产权利益的保护。而在处理反不正当竞争案件的司法实践中,法院适用竞业禁止的规定,主要强调的是信息来源的道德性,避免员工流动之中的"搭便车"行为。① 本案中,均衡公司辩称恒科公司对徐平均、马军政、邹辉静等有"竞业禁止"的规定,因恒科公司未支付补偿费,故应无效。但法院认为,虽然《劳动合同法》第23条规定了"公司要求职工承担保密义务,应当支付补偿费",但这并不意味着双方就补偿费问题未形成一致意见时,保密义务就可以解除。因此,徐平均、马军政、邹辉静仍负有一种后合同义务,即对相关的商业秘密仍有保密义务。可见,法院在裁判时,不仅应考虑现行《劳动合同法》的有关规定,同时也应从《反不正当竞争法》的立法目的出发,从维护信息来源的道德性要求以及遵循诚实信用、公平竞争的原则的角度,认定在没有竞业禁止规定的条件下,被告依然负有保密的后合同义务。

---

① 参见谢晓尧:《在经验与制度之间:不正当竞争司法案例类型化研究》,法律出版社2010年版,第421页。

案例：上海强人路信息服务有限公司与上海辰邮科技发展有限公司等侵犯商业秘密纠纷上诉案
案例来源：(2006)沪高民三(知)终字第92号
主题词：商业秘密　合法性

一、基本案情

上诉人（原审原告）：安客诚信息服务（上海）有限公司（原名上海强人路信息服务有限公司，以下简称强人路公司）。

被上诉人（原审被告）：上海辰邮科技发展有限公司（以下简称辰邮公司）。

被上诉人（原审被告）：香罗奈（上海）国际贸易有限公司（以下简称香罗奈公司）。

被上诉人（原审被告）：上海希望城经济发展有限公司（以下简称希望城公司）。

被上诉人（原审被告）：上海市健康教育协会（以下简称健康协会）。

2003年2月，强人路公司与辰邮公司签订了一份《相互保密协议书》，该协议约定了保密信息的定义与内容、免责条款、违约责任等内容。2003年2月至2005年5月期间，被告辰邮公司为强人路公司提供打印服务。

2004年9月、11月，强人路公司分别与上海汇奥文化传播有限公司（以下简称汇奥公司）、北京凯柔中国有限公司（以下简称凯柔公司）签订《直邮市场活动服务合同》：强人路公司为两公司的顾客招募活动分别提供5 000条与10 000条数据，并从中获取服务费用8 768元和21 525元；数据选择范围是上海地区的时尚富有人群、社会精英，并在服务条款中约定：数据只供一次性使用，强人路公司在所提供数据中插入少量种子数据。之后，强人路公司为履行其与汇奥公司的合同，委托被告辰邮公司打印信封标签共计5 000条数据，每条数据包含了姓名、性别、城市、地址、邮政编码等内容。上述数据中包括上海市复兴中路593号1708室的林汇而小姐、林萍小姐和上海市斜土路85弄8号2402室的茹卡尔先生。强人路公司为履行其与凯柔公司的合同，委托被告辰邮公司打印信封标签共计10 000条数据，其中包括上海市复兴中路593号1708室的林卡尔先生、林萍小姐和上海市斜土路85弄8号2402室的茹卡尔先生、威茹岚麟先生。

2005年3月至2006年1月期间，上述上海市斜土路85弄8号2402室的茹卡尔收到以被告香罗奈公司、希望城公司、健康协会名义发出的广告函。上述斜土路地址的威茹岚麟收到以被告辰邮公司、香罗奈公司、希望城公司名义发出的广告函。上述斜土路地址的茹卡尔收到以被告香罗奈公司名义发出的广告函。上述复兴中路593号1708室的林汇而收到以被告希望城公司、健康协会名义发出的广告函。上述复兴中路地址的林萍两次收到以被告健康协会名义发出的广告函。

另查明，强人路公司浦西办事处的地址为上海市复兴中路593号1708室，强人路公司企划经理茹威的住址为上海市斜土路85弄8号2402室。强人路公司在庭审中称，上述地址中的收件人姓名系其从真实的自然人姓名与公司名称所组成的数据库中随机抽取文字，重新组合而成的虚拟姓名。

强人路公司诉称：4名被告自2005年6月起先后使用了强人路公司的上述保密信息，向强人路公司数据组中的对象邮寄产品广告和服务宣传资料等信函，四被告的行为严重侵犯了强人路公司的商业秘密，故诉请：(1) 判令4名被告向强人路公司公开赔礼道歉；(2) 判令4名被告停止侵犯强人路公司的商业秘密，不得继续使用强人路公司的数据信息。

一审法院审理认为，强人路公司主张的两组共15 000条数据系由其依据汇奥公司、凯柔公司的要求从有关的上海地区时尚富有人群中分析选择而形成的数据库，具备秘密性、价值性的特点，构成商业秘密。但强人路公司为检测目的而虚拟的几项数据，其本身并无商业价值，也不能独立地构成商业秘密。此外，强人路公司仅以两个地址所对应的数条虚拟信息要求推断出被告辰邮公司使用了其全部15 000条数据，亦不足以为证。因此，在强人路公司只能证明被告辰邮公司使用了上述部分虚拟数据的情况下，无法认定被告辰邮公司侵犯了强人路公司的商业秘密。故该两被告亦未侵犯强人路公司的商业秘密。据此，一审法院依照《中华人民共和国民事诉讼法》第64条第1款、第130条，《中华人民共和国反不正当竞争法》第10条第3款之规定，判决:驳回强人路公司的诉讼请求。

强人路公司不服一审判决,提起上诉。

二审法院审理认为:权利人的商业秘密是否能够受到法律保护的前提条件是,其诉称的该商业秘密是否具有合法性。经查,由于本案的有关数据信息涉及公民个人的有关信息,与其他技术信息和经营信息相比,其具有较大的特殊性。如果不经过合法程序而对这些个人信息进行获取和使用,将会造成对公民个人权利的损害。因此,上诉人对其主张的有关数据信息商业秘密,应当举证证明其取得及使用这些有关数据信息具有合法性的依据。否则,上诉人要求保护的商业秘密不能受到法律的保护。从本案的有关证据来看,无法反映上诉人是合法取得该有关数据信息的,也无法反映上诉人对于该有关数据信息的使用是经过有关公民的许可的。因此,上诉人关于要求保护其有关数据信息商业秘密的诉请,尚缺乏足够证据的支持。据此,依照《中华人民共和国民事诉讼法》第153条第1款第1项、第158条、第130条、第157条之规定,判决如下:驳回上诉,维持原判。

二、裁判要旨

**No.4-3-10-13 商业秘密内容的合法性是该商业秘密受法律保护的前提。**

对于本案中强人路公司所收集的两组共15 000条数据是否构成商业秘密,一审和二审法院作出了截然不同的认定。其中,一审法院认定其构成商业秘密,主要理由是其具有价值性和秘密性。二审法院则作出了相反的认定,原因在于该数据不具有合法性。信息的合法性是其构成商业秘密的前提。从某种程度而言,商业秘密的合法性也是其价值性在法律维度的体现。所谓合法性,即当事人对该技术信息和经营信息的获取、使用等均不违反法律的规定以及不损害他人的合法权益。由于本案所涉的有关数据信息涉及公民个人的有关信息,与其他技术信息和经营信息相比,其具有较大的特殊性。如果不经过合法程序而对这些个人信息进行获取和使用,将会造成对公民个人权利的损害。通常情况下,商业秘密具有合法来源的证据,包括具有赠与、继承、受遗赠、互易、自行研制及开发、反向工程开发等情形的文件、资料等。然而,强人路公司并未提供其获得上述数据信息的合法性依据,因此,其主张对这些数据享有商业秘密权,无法得到法院支持。

**案例:张培尧、惠德跃、江苏省阜宁县除尘设备厂与苏州南新水泥有限公司侵犯商业秘密、财产损害赔偿纠纷上诉案**

案例来源:中国知识产权裁判文书网①[(2000)知终字第3号]
主题词:商业秘密　保密措施　价值性

一、基本案情

上诉人(原审原告):张培尧。
被上诉人(原审被告):苏州南新水泥有限公司(以下简称南新水泥公司)。
原审原告:惠德跃。
原审原告:江苏省阜宁县除尘设备厂(以下简称阜宁除尘厂)。

1995年12月2日,张培尧与阜宁除尘厂签订技术转让合同,约定由张培尧将立窑烟气湿式除尘装置技术(包括喷淋、喷雾、射流、水膜等)转让给阜宁除尘厂;阜宁除尘厂对张培尧提供的全部图纸和技术秘密承担保密义务;技术所有权属于张培尧,阜宁除尘厂只有使用权;技术转让费为150万元。1996年5月27日,张培尧、惠德跃就前述技术申请获得了95213206.0号"立窑湿式除尘器"实用新型专利。1997年11月,阜宁除尘厂就该项目展开生产研发。

1996年12月4日,南新水泥公司与原告阜宁除尘厂约定:阜宁除尘厂供给南新水泥公司LZ-2型立窑湿式除尘器一台;如经阜宁除尘厂调试,仍达不到排放浓度低于150mg/Nm3的标

---

① 参见http://ipr.court.gov.cn/zgrmfy/bzdjz/200603/t20060301_122176.html。

准,南新水泥公司不予付款,但产品仍属阜宁除尘厂所有;如阜宁除尘厂拆除,必须负责恢复南新水泥公司系统的原始状态。合同签订后,阜宁除尘厂将除尘器安装完成。之后,经多次检测,除尘器不能达到合同约定的除尘标准,故南新水泥公司一直未予付款。1998年9月16日,阜宁除尘厂向苏州仲裁委员会申请仲裁。同年11月13日,苏州仲裁委员会作出裁决:认定立窑湿式除尘器没有达到协议约定的粉尘排放标准,不符合约定的付款条件;裁决双方1996年12月4日所签协议终止;阜宁除尘厂应在本裁决书送达之日起3个月内自行拆除1号立窑安装的湿式除尘器,南新水泥公司在阜宁除尘厂拆除设备后,补偿阜宁除尘厂损失费用3万元。但双方并未履行仲裁裁决。

1999年1月25日,南新水泥公司致电阜宁除尘厂,要求其拆除除尘器,否则将自行拆除。由于未得回复,同年2月20日,南新水泥公司自行组织人员拆除部分除尘器设备并将被拆除尘器设备放置于公司内。

张培尧、惠德跃、阜宁除尘厂诉称被告南新水泥公司自行拆除阜宁除尘厂提供的除尘器,致使其中的商业秘密泄露并造成除尘器灭失,请求判令南新水泥公司:(1)赔偿因商业秘密侵权造成的损失2000万元;(2)赔偿违法灭失原告LZ-2型立窑湿式除尘器的损失129万元;(3)返还不当得利60万元。

一审法院审理认为,阜宁除尘厂在与南新水泥公司签订协议时,没有采取任何保密措施,没有言明LZ-2型立窑湿式除尘器包含有商业秘密,不能自行拆除,且张培尧、惠德跃主张的商业秘密均为除尘器内部构件的材质、几何尺寸、排列顺序等,这些都可以通过简单的拆卸、测绘得知,不能成为不为公众所知悉的技术信息。张培尧以图纸未交给南新水泥公司,对关键技术予以密封,且在除尘器上方立有专利号牌子,即为采取保密措施,于法无据。张培尧、惠德跃关于南新水泥公司构成商业秘密侵权的主张不能成立。综上,该院依照《中华人民共和国反不正当竞争法》第10条第3款、《中华人民共和国民法通则》第106条第1款的规定,判决:

一、南新水泥公司赔偿阜宁除尘厂损失3万元,拆除的设备由阜宁除尘厂自行运回,于本判决生效后10日内一次性执行;

二、驳回张培尧、惠德跃的诉讼请求。

张培尧不服一审判决,提起上诉。

张培尧诉称:(1)上诉人主张的商业秘密存在。该商业秘密是自一个已授权的实用新型专利、一个经过4年实质审查即得授权的发明专利、两个已受理的发明专利申请和其他未申请专利的技术信息所构成。原判认定通过简单的拆卸、测绘可以得知的技术信息不属于技术秘密,没有法律依据。关键要看这种拆卸、测绘是否合法。上诉人相关的一些技术在申请专利后有的已被授权,有的已被专利局受理,除尘器"内部构件的材质、几何尺寸、排列顺序等"均属于技术信息,也构成技术秘密。(2)被上诉人侵犯了上诉人的商业秘密。由于被上诉人以不正当手段违法拆除除尘器,导致大量零部件、装置包括喷嘴被盗窃,使上诉人的技术秘密和设备的新颖性丧失,有关发明专利申请面临不能授权的威胁。

南新水泥公司辩称:LZ-2型立窑湿式除尘器中无商业秘密可言。

1. 阜宁除尘厂没有采取任何保密措施。

2. 上诉人的技术并非"不为公众所知悉"。(1)上诉人称其除尘器是专利产品,而专利产品所涉及专利技术本应公开;(2)上诉人所应用的除尘、回收、水路系统及故障排除方法和参数,在1992年、1994年、1995年、1997年全国发行的《水泥技术》杂志上已公开;(3)上诉人主张的商业秘密无非是除尘器内部构件的材质、几何尺寸、排列顺序等,这些均可通过简单的拆卸、测绘得知。

3. 上诉人的技术不具有实用性、先进性,不能带来经济利益。原告为我公司所装除尘器为阜宁除尘厂第一台试制试用产品,其粉尘排放浓度达不到约定的必须小于150mg/Nm3的标准。而1997年1月《水泥技术》杂志刊登的水膜除尘器,烟尘排放浓度已能达到150mg/Nm3,远较原告的除尘器先进、实用。

二审法院审理认为:(1)原审原告阜宁除尘厂未采取合理的保密措施,上诉人在本案中主张将有关技术信息作为商业秘密来保护的理由不能成立。(2)被上诉人所提原告阜宁除尘厂应用的除尘、回收、水路系统及故障排除方法和参数已在《水泥技术》杂志上公开,但这些技术方案与上诉人要求保护的技术信息并不完全相同,不能直接依此得出有关技术信息均已公开的结论。(3)被上诉人所提其新安装的除尘设备以及相关文献公开的技术方案远较上诉人的技术先进,推断出本案争议技术不具备先进性和实用性的主张,也没有法律依据。综上,基于第一点理由,上诉人的上诉理由不能成立,其上诉请求应予驳回。

## 二、裁判要旨

**No.4-3-10-14 采取合理的保密措施是相关信息成为商业秘密并受法律保护的前提。**

商业秘密应具有秘密性,该秘密性从客观上而言是商业秘密内容本身不为公众所知,从主观上而言,则是权利所有人采取了合理的保密措施。国际条约和各国法律都将采取保密措施作为构成商业秘密的必要条件,可见保密措施的重要性。(1)它表明了权利人对所持"信息利益"的主观态度。在当今这个信息量过剩的社会,对公有信息与私有信息进行分辨需要付出较高成本。就一般人而言,要分辨一项信息是公有信息还是私有信息,最直观的方法就是看持有人是否采取了合理的保护措施,使其所有的私有信息与公有信息相隔离。(2)它是信息占有的宣示方式。知识产权立法中,法定的知识产权都会通过一定的方式来表达或宣示,体现权利的公信力。例如,专利的授予、商标的注册、版权的登记等。而商业秘密由于其不能公开,使得其宣示方式与众不同,即采取保密措施,使商业秘密信息处于权利所有人的"控制"状态之下。信息一旦受控,人们便不能自由接近,就会成为一种私有物品,而不会成为公有物品,"控制"使信息产生价值。[①]

所谓合理的保密措施,根据《关于审理不正当竞争民事案件适用法律若干问题的解释》第11条第1款的规定,合理的程度是指"与其商业价值等具体情况相适应",达到足以防止信息泄露的程度的保密措施。针对合理保密措施的判断,《关于审理不正当竞争民事案件适用法律若干问题的解释》第11条第2款也列出了一些考察因素,即所涉信息载体的特性、权利人保密的意愿、保密措施的可识别程度、他人通过正当方式获得的难易程度等因素。本案中,两审法院都认定原告阜宁除尘厂并未采取合理的保密措施,原因在于:(1)从所涉信息载体的特性以及保密措施的可识别度而言,原告所提供的除尘器上仅载明该除尘器为"中国专利产品",而并未从其实物特征上表明其采取了保密措施。(2)从权利人保密的意愿以及他人通过正当方式获得的难易程度而言,本案被告通过与阜宁除尘厂签署协议的方式取得除尘器的占有和使用。因此,若要判断阜宁除尘厂是否对相关技术信息采取了保密措施,应当考察阜宁除尘厂在协议中有无保密义务的相关约定或者协议实际履行中有无采取其他保密措施。但阜宁除尘厂既未在协议中约定相关保密条款,也未在协议履行时实施有效的保密行为,可见其并未对其技术信息采取合理的保密措施。

**No.4-3-10-15 商业秘密的价值性不以其先进性为判断标准。**

商业秘密的价值性并不同于专利法中的"实用性",后者指的是"该发明或者实用新型能够制造或者使用,并且能够产生积极效果"。[②] 商业秘密的价值性范围要宽一些,它并不要求必须是能够制造或者一定是最先进的,还可以包括消极价值,即防止他人获取竞争优势。[③] 被告在二审答辩中提出,被告新安装的除尘设备以及被相关文献公开的技术方案远较上诉人的技术先进,进而推导出本案争议技术不具备先进性和实用性的主张,是不能成立的。因为不能以有比争议技术更加先进的技术存在,即认为争议技术就不构成商业秘密。只要是能够为权利人或者

---

[①] 参见谢晓尧:《在经验与制度之间:不正当竞争司法案例类型化研究》,法律出版社2010年版,第389页。
[②] 《专利法》第22条第4款。
[③] 参见孔祥俊:《商标与不正当竞争法原理和判例》,法律出版社2009年版,第829页。

使用人带来一定的经济利益或者竞争优势,能够实际使用的技术信息,即符合商业秘密价值性条件的要求。被告在安装了原告阜宁除尘厂提供的除尘器后,其粉尘排放浓度虽然达不到约定的国家一级标准,但已高于国家二级标准,也明显低于安装前的粉尘排放浓度,应当认为相关技术信息具备价值性。

**案例:安徽省服装进出口股份有限公司与上海中基进出口有限公司、叶启华、徐迎春侵害商业经营秘密纠纷上诉案**

案例来源:安徽法院网①[(2004)皖民三终字第 4 号]

主题词:商业秘密　第三人侵犯商业秘密的举证责任　保密期限

一、基本案情

上诉人(原审原告):安徽省服装进出口股份有限公司(以下简称服装公司)。

被上诉人(原审被告):上海中基进出口有限公司(以下简称中基公司)。

被上诉人(原审被告):叶启华。

被上诉人(原审被告):徐迎春。

被告叶启华、徐迎春原系原告服装公司从事外贸业务的业务员。服装公司与被告叶启华、徐迎春签订劳动合同时明确约定了保密条款:与公司有关的客户名录(单)、商品价格、订单内容、生产工艺、新产品、供货渠道、销售渠道等能产生经济效益的技术信息和经营信息是公司的商业秘密,并约定凡涉及服装公司商业秘密的文件必须妥善保管,未经分管经理同意,职工不得擅自带出服装公司经营场所,作废的文件予以销毁。职工离职后,不得利用服装公司名义进行经济活动,并且 3 年内不能利用服装公司的商业秘密经营与服装公司相同或类似的业务。2002年 11 月,被告叶启华与徐迎春离开服装公司后,带走了服装公司的部分业务文件,到合肥安太纺织服装公司(以下简称安太公司)工作。该公司仅在工商部门办理了名称的预登记,并未正式注册。被告叶启华、徐迎春以安太公司的名义对外从事业务活动。2002 年 11 月 30 日,被告叶启华以安太公司名义与中基公司签订了外贸代理出口协议,由中基公司代理安太公司的外贸出口业务。协议签订前后,被告叶启华、徐迎春通过中基公司与国内服装加工企业签订内销合同,将服装出口给日本丸红株式会社等多家日本客户。被告叶启华、徐迎春通过上述服装公司的贸易渠道,共进行了五笔交易,合同金额为 447 924.94 美元。扣除内外销合同的差价、运费及中基公司的代理费,被告叶启华、徐迎春实际获利 30 万元人民币。

服装公司诉称:中基公司、叶启华、徐迎春侵犯其商业秘密,应承担侵权责任并进行民事赔偿。

一审法院审理认为,原告服装公司诉称的商业秘密是其与国内服装加工企业和日本客户之间建立的贸易联系,这种以客户名录为表现形式的特定的联系不为公众所知悉,具有实用性,能够给服装公司带来经济效益,且服装公司通过与职工签订《劳动合同》《保密协议》等,对该经营信息采取了保密措施。因此,该经营信息符合商业秘密的构成要件,属于服装公司的商业秘密。被告叶启华、徐迎春违反与服装公司的保密约定,利用自己在原单位所掌握的经营信息,通过中基公司操作外贸业务,是披露、使用其掌握的服装公司商业秘密的行为,已构成不正当竞争,应承担停止侵权、赔礼道歉、赔偿损失的民事责任。中基公司与叶启华是外贸代理关系,服装公司提供的证据不足以认定中基公司对叶启华、徐迎春的违法行为是明知或应知,故中基公司不构成侵犯服装公司的商业秘密。据此,该院依照《中华人民共和国反不正当竞争法》第 10 条第 1款 3 项、第 20 条、《中华人民共和国民事诉讼法》第 130 条之规定,判决:

一、叶启华、徐迎春立即停止侵犯服装公司商业秘密的行为,自本判决生效之日起 3 年内不得披露、使用或允许他人使用其掌握的服装公司的客户名录;

二、叶启华、徐迎春自本判决生效之日起 15 日内在《国际商报》刊登向服装公司赔礼道歉、

---

① 参见 http://www.ahcourt.gov.cn/gb/ahgy_2004/zscq/cpws/userobject1ai5294.html。

消除影响的声明;逾期不刊登,原审法院将公布本判决内容,公布费用由叶启华、徐迎春承担;

三、叶启华自本判决生效之日起 15 日内,赔偿服装公司人民币 30 万元,徐迎春负连带责任。

服装公司不服一审判决,提出上诉。其上诉理由是:一审认定叶启华与中基公司存在外贸代理关系错误。双方签订的代理出口协议内容违法,不能作为认定代理关系的依据,事实是,叶、徐受聘于中基公司,双方之间形成的是劳动关系。中基公司对叶启华、徐迎春的侵犯商业秘密行为造成的服装公司损失应承担共同侵权责任。

中基公司答辩称:其与叶启华、徐迎春的安太公司是外贸代理关系,一审对此认定正确。

二审法院审理认为:(1) 原告服装公司的客户名录构成商业秘密,被告叶、徐的行为构成了对服装公司商业秘密的侵犯。(2) 因原告服装公司未提供足够证据证明中基公司存在明知或应知被告侵犯其商业秘密的事实,中基公司不应就被告叶、徐侵权所造成的损失承担连带赔偿责任。(3) 被告叶启华、徐迎春所负有的不得披露、允许他人使用其所掌握的服装公司商业秘密之义务的期限,是以不违反权利人有关保守商业秘密的要求为前提的。故原判主文第一项中关于叶启华、徐迎春"自本判决生效之日起 3 年内不得披露、使用或允许他人使用其掌握的服装公司的客户名录"之内容,虽是针对当事人的诉请所作出的,但该内容因既与本案当事人的约定不符,又与法律规定相悖,故该表述有欠精当。正确的表述应为"叶启华、徐迎春立即停止侵犯安徽省服装进出口股份有限公司商业秘密的行为,并自该两人从服装公司离职后的 3 年内(即自 2002 年 11 月至 2005 年 10 月)不得在与服装公司相同或相类似的业务范围内使用其掌握的属于服装公司商业秘密的客户名录"。综上,服装公司的上诉理由均不能成立,应予驳回。原审认定事实清楚,适用法律正确,判决基本适当。本院依照《中华人民共和国民事诉讼法》第 153 条第 1 款第 1 项之规定,判决如下:驳回上诉,维持原判。

二、裁判要旨

**No.4-3-10-16　原告对第三人侵犯商业秘密的主观状态负有举证责任。**

民事诉讼中,根据"谁主张,谁举证"的原则,权利人指称他人侵犯其商业秘密的,应当对其拥有的商业秘密符合法定条件、对方当事人的信息与其商业秘密相同或者实质相同以及对方当事人采取不正当手段的事实负举证责任。[①] 根据《反不正当竞争法》第 10 条的规定,第三人明知或者应知商业秘密是采用不正当手段获取的,仍主动获取、使用或者披露他人的商业秘密,视为侵犯商业秘密。因此,权利人对于第三人的主观状态,即第三人是否明知或应知负有举证责任。本案中,原告服装公司主张中基公司应承担连带赔偿责任,然而,原告既未证明被告叶、徐为中基公司的聘用员工,存在劳动关系;也未提供证据证明中基公司在代理被告叶、徐出口服装业务时明知或应知叶、徐曾为服装公司的员工的事实。因此,原告的主张不能得到法院支持。

**No.4-3-10-17　义务人对商业秘密所负有的保密期限应以不违反权利人有关保守商业秘密的要求为前提。**

在司法实践中,一般认为,保密期限与商业秘密的存续期限相同,因此法院在判决停止侵害的民事责任时,停止侵害的时间一般持续到该项商业秘密已为公众知悉时为止。但是考虑到商业秘密自身获得的难易程度不同,对于相对简单的商业秘密,可能相关领域内的专业人员可以在一定时间内获得,因而赋予此商业秘密过长的保护期是不合理的。因此,法律作出了进一步规定,即如果判决停止侵害的时间明显不合理时,法院也可以在依法保护权利人该项商业秘密竞争优势的情况下,判决侵权人在一定期限或者范围内停止使用该项商业秘密。[②] 从法理上而言,商业秘密不同于专利,专利的保护是有期限的,过了期限,该项专利将进入公有领域,任何人都可以自由使用。而商业秘密没有保护期限,只要其处于保密状态下,就将一直受到法律保护。

---

① 参见《关于审理不正当竞争民事案件适用法律若干问题的解释》第 14 条。
② 参见《关于审理不正当竞争民事案件适用法律若干问题的解释》第 16 条。

因此,在判决停止侵害的民事责任时,赋予法官自由裁量权,使其能根据案情合理确定停止侵害的时间,将有利于平衡商业秘密权利人和社会公众之间的利益。本案中,服装公司与叶启华、徐迎春约定叶启华、徐迎春离职后 3 年内不得利用原告服装公司的商业秘密经营开展与服装公司相同或类似的业务。一审法院判决:被告应自本判决生效之日起 3 年内不得披露、使用或允许他人使用其掌握的服装公司的客户名录。但二审法院认为,义务人对商业秘密所负有的保密期限,应以不违反权利人有关保守商业秘密的要求为前提。当事人约定的 3 年保护期是"从被告离职"之日起,非"从本判决生效"之日起。因此,二审法院认为一审法院的表述既与本案当事人的约定不符,又与法律规定相悖,应予以修改。

二审对一审有关保密期限的表述进行了修改,将"自本判决生效之日起三年内,"改为"自两人……离职后"。

**案例:上海富日实业有限公司与黄子瑜、上海萨菲亚纺织品有限公司侵犯商业秘密纠纷案**
案例来源:《最高人民法院知识产权审判案例指导》(第四辑)[(2011)民申字第 122 号]
主题词:竞业限制　保密措施

一、基本案情

申请再审人(一审原告、二审上诉人):上海富日实业有限公司(以下简称富日公司)。

被申请人(一审被告、二审被上诉人):黄子瑜。

被申请人(一审被告、二审被上诉人):上海萨菲亚纺织品有限公司(以下简称萨菲亚公司)。

1996 年,黄子瑜与案外人管烽共同出资设立富日公司,黄子瑜出资人民币 40 万元,持股 40%,公司经营范围包括服装、针纺织品的加工制造、销售等。公司设立后,黄子瑜在公司担任监事、副总经理等职,参与公司的经营管理。2002 年 4 月 30 日,富日公司通过股东会决议,同意黄子瑜退出公司并辞去相关职务。2002 年 4 月间,黄子瑜与案外人刘学宏共同投资组建了萨菲亚公司。该公司的经营范围包括纺织品、服装的制作、销售等。在 2000 年年初左右,富日公司开始与案外人"森林株式会社"发生持续交易。萨菲亚公司设立后,案外人"森林株式会社"基于对黄子瑜的信任,随即与之建立了业务关系。

《富日公司章程》第 37 条规定,董事、监事、总经理依照法律规定或者经股东会同意外,不得泄露公司秘密。富日公司提供的《劳动合同》首部载明:"根据《中华人民共和国劳动法》《上海市劳动合同条例》(以下简称《条例》),甲乙双方本着平等、自愿、协调、一致的原则,签订本合同。"该《劳动合同》第 11 条第 1 款约定:"乙方(指黄子瑜)在与甲方(指富日公司)解除本合同后,五年内不得与在解除本合同前与甲方已有往来的客户(公司或个人)有任何形式的业务关系。否则,乙方将接受甲方的索赔。"该劳动合同中没有关于保守商业秘密的约定。

2010 年,富日公司以黄子瑜、萨菲亚公司共同侵犯其商业秘密为由提起诉讼,请求法院判令两被告停止侵权,并连带赔偿其经济损失 230 万元。

一审法院审理认为:根据《反不正当竞争法》的规定,作为商业秘密受法律保护的经营信息,须是不为公众所知悉、能为权利人带来经济利益、具有实用性并经权利人采取了保密措施的经营信息。在本案中,并无证据表明富日公司主张保护的特定客户信息属于不为公众所知悉,并经其采取了相应保密措施的经营信息。同时,虽有部分证据可以表明富日公司在与该特定客户进行交易时获得相应的营业利润,但该等证据不足以说明富日公司系因其所拥有的特定客户信息而取得了竞争优势。因此,该特定客户的信息要作为富日公司的商业秘密受到法律保护,还欠缺事实依据。此外,日商"森林株式会社"系基于对黄子瑜的信任而主动选择与其交易,故而也难以认为黄子瑜和萨菲亚公司的行为违反了诚实信用原则或者公认的商业道德。综上,一审法院驳回了富日公司全部诉讼请求。

富日公司不服一审判决,提起上诉。

二审法院审理认为:商业秘密的权利人是否对其相关信息采取了保密措施,是认定商业秘密构成的前提条件之一。本案中,富日公司主张黄子瑜、萨菲亚公司采取不正当手段利用了其与日商"森林株式会社"的特定交易信息,侵犯了其商业秘密,应首先证明其对上述信息采取了相应的保密措施。富日公司主张其与日商"森林株式会社"的特定交易信息为其商业秘密,并具体体现在双方的销售合同及相关附件中,应举证证明其对上述合同及相关附件采取了合理、具体而有效的保密措施,但本案中并无证据表明富日公司对上述合同及相关附件采取了相关保密措施。富日公司与黄子瑜签订的《劳动合同》第11条,既没有约定富日公司(甲方)哪些信息是商业秘密,也没有约定黄子瑜(乙方)应对哪些商业秘密负有保守秘密的义务,故上述约定应认定为竞业禁止条款而非保密措施。因此,二审法院驳回上诉,维持一审判决。

富日公司不服二审判决,提起再审。

再审法院审理认为,本案中,《劳动合同》第11条第1款不属于富日公司为保护其商业秘密所采取的保密措施,富日公司相关申请再审理由不能成立。最终驳回了富日公司的再审申请。

二、裁判要旨

**No.4-3-10-18 单纯的竞业限制约定,不能构成作为商业秘密保护条件的保密措施。**

竞业限制是指对特定的人从事竞争业务的限制,分为法定的竞业限制和约定的竞业限制。法定的竞业限制主要是指公司法上针对公司董事、高级管理人员设定的竞业限制,属于在职竞业限制。约定的竞业限制,一般是指依据《合同法》和《劳动合同法》针对交易相对人或者劳动者通过协议约定的竞业限制,既包括离职竞业限制,也包括在职竞业限制。在实践中,用人单位与劳动者就竞业限制作出约定的情况早已存在。一些地方性法规和部门规范性文件对竞业限制作出了规定。自2008年1月1日起施行的《劳动合同法》也对约定竞业限制作出了明确规定,该法第23条规定:"用人单位与劳动者可以在劳动合同中约定保守用人单位的商业秘密和与知识产权相关的保密事项。对负有保密义务的劳动者,用人单位可以在劳动合同或者保密协议中与劳动者约定竞业限制条款,并约定在解除或者终止劳动合同后,在竞业限制期限内按月给予劳动者经济补偿。劳动者违反竞业限制约定的,应当按照约定向用人单位支付违约金。"

我国立法允许约定竞业限制,目的在于保护用人单位的商业秘密和其他可受保护的利益。但是,竞业限制协议与保密协议在性质上是不同的。前者是限制特定的人从事竞争业务,后者则是要求保守商业秘密。用人单位依法可以与负有保密义务的劳动者约定竞业限制,竞业限制约定因此成为保护商业秘密的一种手段,即通过限制负有保密义务的劳动者从事竞争业务而在一定程度上防止劳动者泄露、使用其商业秘密。但是,相关信息作为商业秘密受到保护,必须具备《反不正当竞争法》规定的要件,包括采取了保密措施。参照最高人民法院《关于审理不正当竞争民事案件应用法律若干问题的解释》第10条第3款的规定,人民法院应当根据所涉及信息载体的特性、权利人保密的意愿、保密措施的可识别程度、他人通过正当方式获得的难易程度等因素,认定权利人是否采取了保密措施。因此,符合《反不正当竞争法》第10条规定的保密措施,应当表明权利人保密的主观愿望,并明确作为商业秘密保护的信息的范围,使义务人能够知悉权利人的保密愿望及保密客体,并在正常情况下足以防止涉密信息泄露。对于单纯的竞业限制约定,即便其主要目的就是为了保护商业秘密,但由于该约定没有明确用人单位保密的主观愿望和作为商业秘密保护的信息的范围,因而不能构成《反不正当竞争法》第10条规定的保密措施。本案中,富日公司提供的《劳动合同》第11条第1款没有明确富日公司作为商业秘密保护的信息的范围,也没有明确黄子瑜应当承担的保密义务,而仅限制黄子瑜在一定时间内与富日公司的原有客户进行业务联系,显然不构成《反不正当竞争法》第10条规定的保密措施。

## 第四章 商业诋毁纠纷

**本章裁判要旨**

No.4-4-14-2 "散布虚假信息"是指将所捏造的虚伪事实向不特定多数人或者特定的共同客户或同行业的其他竞争者进行传播的行为。

No.4-4-14-3 基于客观事实且非恶意的商业投诉行为不构成商业诋毁。

No.4-4-14-4 网络平台服务提供商在不正当竞争侵权纠纷中可以援引"通知—删除"制度进行合理抗辩。

No.4-4-14-5 以私力救济方式公开揭露同业竞争者侵犯其专有权利应控制在合理范围内,否则将构成商业诋毁。

No.4-4-14-6 不完整的宣传表述可能导致捏造虚假事实的后果。

No.4-4-14-7 不恰当的评价可能构成商业诋毁。

No.4-4-14-8 利用广告与竞争者进行比较,贬损其商品的行为,属于商业诋毁。

### 11 商业诋毁(《反不正当竞争法》第14条)

**案例:上海某机电设备有限公司与上海某设备成套设计研究院、上海某电力设备有限公司商业诋毁纠纷上诉案**

案例来源:(2010)沪一中民五(知)终字第296号

主题词:商业诋毁 散布虚假信息

#### 一、基本案情

上诉人(原审被告):上海某设备成套设计研究院(以下简称成套院)。

上诉人(原审被告):上海某电力设备有限公司(以下简称电力公司)。

被上诉人(原审原告):上海某机电设备有限公司(以下简称机电公司)。

机电公司于2005年9月9日登记成立,经营范围为机电设备及铺件、电子产品的销售等,主要生产给煤机机械和控制系统的备件。成套院于1996年6月登记成立,经营范围为某设备行业科技开发、成套工程承包、生产经营电站自动控制系统等。电力公司于1995年6月登记成立,经营范围为电力、电站设备及其技术改造与维修、机电设备的加工及修理等、经营电工产品、电讯设备及各类成套机械的零部件等。

2008年10月28日,成套院、电力公司在发给相关客户的《告用户书》中称:机电公司"假借SPERI(即成套院的英文简称)和电力公司关联企业的名义……推销其仿制的假冒伪劣给煤机备件……致使一些用户上当受骗,现已有用户误用机电公司假冒伪劣备件后出现设备故障影响生产,造成了损失。为避免更多的用户上当受骗……敬请用户注意防范"。附件中又称"机电公司生产的'伪盗'备件……其实是假冒伪劣产品……如误用某公司的'伪盗'备件……为防止受骗上当,造成不必要的损失,在此详细列举'伪盗'与正品的外观不同之处"。成套院、电力公司向山东运河电厂、山东莱芜电厂、宁夏石嘴山电厂等5家客户发送了上述材料。

岳阳电厂、韩城电厂曾向机电公司购买了给煤机上使用的备件。2008年9月和2009年3月,成套院分别从上述两单位处替换了两单位向机电公司购买的给煤机微机系统中的CPU板件,并向上述两单位出具了《板件替换证明》。该证明中称:"为了维护用户利益……杜绝假冒伪劣产品可能造成的隐患,对非本公司生产的板件在升级中免费回收,并用新板替换",证明同时附有收回的机电公司板件和替换板件的名称、编号。

机电公司诉称:成套院、电力公司的行为构成商业诋毁,请求判令两被告:(1)立即停止捏造、散布虚假事实,损害其商业信誉、商品声誉的行为;(2)公开赔礼道歉,在专业期刊"某设备"连续两期刊登向其赔礼道歉、消除影响、恢复商业信誉的声明;(3)赔偿经济损失 50 万元、合理费用 52 879.90 元。

一审法院审理认为:本案中,被告成套院、某电力设备公司向相关客户发送《告用户书》及附件的行为,以及将某公司的产品从岳阳电厂、韩城电厂处更换之后,在出具的替换证明中称此举是为了杜绝假冒伪劣产品可能造成的隐患的行为,属于捏造的虚假事实、严重损害同业竞争者机电公司的商业信誉和商品声誉的行为,构成商业诋毁。据此,一审法院判决:

一、两被告立即停止对上海某机电设备有限公司的商业诋毁行为;
二、就其实施的商业诋毁行为在"某设备"上刊登启事,赔礼道歉、消除影响;
三、两被告共同赔偿原告经济损失人民币 3 万元;
四、被告成套院赔偿原告经济损失人民币 1 万元。

被告成套院、电力公司不服一审判决,提出上诉。上诉人认为,其发出的涉讼《告用户书》仅针对五家客户,《板件替换证明》范围更小,原审法院判决其消除影响的范围失当。

二审法院判决:驳回上诉,维持原判。

二、裁判要旨

**No.4-4-14-2 "散布虚假信息"是指将所捏造的虚伪事实向不特定多数人或者特定的共同客户或同行业的其他竞争者进行传播的行为。**

根据《反不正当竞争法》第 14 条有关商业诋毁不正当竞争行为的规定,"散布"行为是判断行为人是否构成商业诋毁不正当竞争行为的要素之一。何为"散布"行为?法律并未作出明确解释,但在司法实践中,有法院认为,散布必须指向多数的公众;也有法院认为,散布的对象不应以数量的多寡来判断,而应考虑该散布行为是否足以影响到被诋毁者的商业信誉和商品声誉。笔者同意后者观点。《反不正当竞争法》第 14 条保护的是经营者的商业信誉和商品声誉不受他人的诋毁损害,维护公平竞争的市场环境。若将"散布"的对象限定在多数的公众,将不利于权利人主张自身权利。"散布"对象的多少只能构成商业诋毁危害结果的考量因素,不能构成商业诋毁行为是否成立的判断因素。本案中,成套院、电力公司虽仅向五家客户发出了涉讼《告用户书》,而发出《板件替换证明》范围更小,但并不影响其承担消除影响责任的范围,原因在于:(1)"散布"的对象应当是与所涉虚假陈述相关的主体,而不应简单地理解为向社会公众传播。(2)成套院、电力公司没有证据证明因为其散布范围小,而使得机电公司的损失有所减少。(3)本案所涉行业的客户专业性较强,客户范围本身就相对较小。因此,二审法院认为,原审法院判决成套院、电力公司在行业内的刊物上刊登启事、消除影响并无不妥。

**案例:杭州曼波鱼贸易有限公司与台州市康贝婴童用品厂、浙江淘宝网络有限公司不正当竞争纠纷上诉案**
案例来源:浙江法院网①[(2010)浙知终字第 196 号]
主题词:商业投诉行为 网络平台服务提供商的侵权责任

一、基本案情

上诉人(原审被告):台州市康贝婴童用品厂(以下简称康贝厂)。
被上诉人(原审原告):杭州曼波鱼贸易有限公司(以下简称曼波鱼公司)。
被上诉人(原审被告):浙江淘宝网络有限公司(以下简称淘宝公司)。

---

① 参见 http://www.zjcourt.cn/content/20060509000006/20120323000019.html。

2005年7月7日，吕良向国家专利局申请了"婴儿泳桶"实用新型专利，授权公告日为2006年8月30日，专利号为ZL200520112649.9。其独立权利要求为：一种婴儿泳桶，主要由泳桶外层和泳桶内层组成，其特征在于：在泳桶外层的外围均匀设有5—8个泳桶立杆套，泳桶立杆套内部设有泳桶立杆；泳桶的底部侧面依次连接有排水管和出水龙头；泳桶内层的底部设有互相联通的气囊和气囊充气口。2009年4月22日，康贝厂、吕良向淘宝公司发出《专利侵权通知函》，称：ZL200520112649.9专利权人吕良全权授予康贝厂独家使用，并有权代表专利权人行使专利保护。包括"母婴曼波鱼专营店"在内的29家淘宝网店所销售的产品并非该专利所授权的厂家生产，为仿冒专利权人的产品。同时，康贝厂向淘宝公司提供了ZL200520112649.9专利权证书及公告材料、权利人身份材料、侵权人店铺地址等附件。2009年4月24日，淘宝公司将康贝厂所提供的附件中所包括"母婴曼波鱼专营店"在内的29家网店所发布的"曼波鱼婴儿游泳池"产品信息全部删除，并通知包括"母婴曼波鱼专营店"在内的29家淘宝网店：淘宝网近日收到ZL200520112649.9专利权人的投诉，认为你们销售的"曼波鱼婴儿游泳池"产品不是他授权生产，构成专利侵权，故淘宝网作删除处理，如有异议，请提供你们的产品在2005年7月7日前已经生产或者销售或者在其他公开出版物上已经公开的证据，或该产品为专利权人许可使用的单位生产的产品，淘宝网检查后再做进一步处理。2009年4月29日，曼波鱼公司根据淘宝公司的要求，向淘宝网客户投诉专员递交了《反投诉申请书》，并提交了相关证据以及专利权证书。淘宝公司遂将该反投诉通知及其附件转给康贝厂，要求其就反投诉通知作出解释。淘宝公司经审核康贝厂所作的解释，认为该解释并非针对反投诉通知所作出，遂于2009年5月3日恢复了所删除的有关"曼波鱼婴儿游泳池"产品信息，"曼波鱼婴儿游泳池"产品可继续在淘宝网上宣传、销售。

曼波鱼公司诉称：康贝厂出于不正当竞争的目的，为打压竞争对手，故意捏造该公司的虚假侵权事实，并恶意向淘宝公司进行投诉，而淘宝公司则在未经任何核实的情况下删除了曼波鱼公司的产品信息，致其及下属经销商的正常经营活动受到严重影响，并使该公司遭受巨大经济损失，商业信誉亦受到贬低，遂请求原审法院判令：(1) 康贝厂赔偿经济损失10万元，淘宝公司对上述款项承担连带赔偿责任；(2) 康贝厂赔偿调查取证费8350元及律师代理费10 000元，淘宝公司承担连带赔偿责任；(3) 康贝厂、淘宝公司在省内两家主要报纸上刊登致歉声明，公开向曼波鱼公司赔礼道歉，消除影响。

康贝厂辩称：其行为属于正当维权、不构成侵权。

一审法院审理认为，曼波鱼公司生产、销售的"曼波鱼婴儿游泳池"产品包含的技术特征与ZL200520112649.9实用新型专利权利要求所包含的技术特征相比，"曼波鱼婴儿游泳池"产品缺乏ZL200520112649.9实用新型专利中的"泳桶内层的底部设有互相联通的气囊和气囊充气口"之必要技术特征；同时，"曼波鱼婴儿游泳池"产品泳桶为一层结构，其与涉案专利"泳桶由内、外两层组成"之必要技术特征既不相同也不等同。可见，被控侵权的"曼波鱼婴儿游泳池"产品并未落入ZL200520112649.9实用新型专利权的保护范围。康贝厂作为同行业竞争者，在能够确定其投诉的"曼波鱼婴儿游泳池"产品尚未落入其专利权保护范围之情形下，仍然指控曼波鱼公司的"曼波鱼婴儿游泳池"是仿冒其专利的侵权产品，并径行向淘宝公司投诉，要求删除淘宝网上所有"曼波鱼婴儿游泳池"产品信息，致使曼波鱼公司的"曼波鱼婴儿游泳池"产品无法在淘宝网上正常销售。导致曼波鱼公司正常经营活动及商誉受到影响，康贝厂的行为已超出了正当维权之范畴，违背了诚实信用原则和公认的商业道德，损害了曼波鱼公司的商业信誉和商品声誉，构成了对曼波鱼公司的不正当竞争。淘宝公司作为网络服务提供者，并不具有审查所有所传播信息的能力和义务，且其已尽到了合理的注意及协助义务。因此，淘宝公司对康贝厂所实施的侵权行为没有过错，无须承担责任。据此，一审法院依照《中华人民共和国民法通则》第118条、第134条，《中华人民共和国反不正当竞争法》第2条、第20条，最高人民法院《关于审理不正当竞争民事案件应用法律若干问题的解释》第17条，《中华人民共和国民事诉讼法》第64条之规定，于2010年7月2日判决：

商业投诉行为·网络平台服务提供商的侵权责任

一、康贝厂赔偿曼波鱼公司经济损失人民币3万元,于判决生效之日起10日内履行完毕。
二、康贝厂在www.taobao.com网站首页上连续3日刊登申明,为曼波鱼公司消除影响(内容须经该院审核)。

康贝厂不服一审判决,提起上诉。

康贝厂上诉称:(1)"母婴曼波鱼专营店"销售的被控侵权产品与涉案专利虽有差异,但并无实质区别,该产品的内部结构与涉案专利基本相符,作用也基本相同,应认为被控侵权产品落入了涉案专利的保护范围。(2)康贝厂的投诉是基于"母婴曼波鱼专营店"销售的被控侵权产品与该厂生产的产品非常相似,经比对后认为落入了涉案专利的保护范围,方才向淘宝公司投诉,并非恶意损害对方商业信誉的行为;故即使法院判定被控侵权产品不落入涉案专利的保护范围,康贝厂的投诉行为亦不构成不正当竞争。据此,原审判决认定事实不清,请求二审法院撤销原审判决,改判驳回曼波鱼公司的全部诉讼请求。

曼波鱼公司答辩称:康贝厂与曼波鱼公司系同业竞争者,该厂在缺乏相应证据和事实基础的前提下,无端投诉曼波鱼公司,明显具有主观恶意,达到了损害竞争对手商业信誉的目的,其行为具有违法性。据此,请求二审法院驳回康贝厂的上诉,维持原判。

二审法院审理认为:(1)康贝厂依据淘宝公司设定的投诉规则,向淘宝公司就涉案产品作侵权投诉,系其寻求权利救济的正当途径。(2)康贝厂的投诉行为符合淘宝公司设定的适格投诉的形式要件,其涉案投诉行为不具有毁损曼波鱼公司商誉和涉案产品声誉的主观故意。所以,康贝厂涉案投诉应认为系正当行使其合法权利,尚不具备诋毁竞争对手的主观恶意和相应的行为后果,不构成不正当竞争。据此,原审判决认定事实不清,适用法律错误,依法应予纠正。依照《中华人民共和国民事诉讼法》第153条第1款第3项之规定,判决:撤销一审法院民事判决,驳回杭州曼波鱼贸易有限公司的诉讼请求。

## 二、裁判要旨

**No.4-4-14-3  基于客观事实且非恶意的商业投诉行为不构成商业诋毁。**

商业投诉行为主要是指经营者针对其他经营者的不正当竞争行为向行政主管部门、行业主管机构或者提供中立服务的第三方进行的投诉行为。其中,提供中立服务的第三方如商场、超市以及电子商务中的网络服务提供商。在市场竞争中,经营者之间的相互监督行为是一种市场自律行为。经营者基于客观事实,非恶意地对竞争对手的不正当竞争行为进行投诉和揭发,将有利于营造公平的竞争环境。本案中,康贝厂针对曼波鱼公司产品可能侵犯其专利向网络服务提供商淘宝公司进行投诉的行为,一审法院认定其构成商业诋毁的不正当竞争;而二审法院否定了一审法院的认定,认为该行为属于正常的商业投诉。造成两审法院判决不一致的主要原因在于对康贝厂投诉行为的主观故意的认定上。一审法院认为,康贝厂与曼波鱼公司属同业竞争者,生产同类商品,康贝厂在应知晓其投诉的"曼波鱼婴儿游泳池"产品尚未落入其专利权保护范围之情形下,仍然指控曼波鱼公司的"曼波鱼婴儿游泳池"是仿冒其专利的侵权产品,并向淘宝公司进行投诉,损害曼波鱼公司商誉并造成损失,其在主观上具有故意。然而,判断投诉人所进行的投诉行为是否存在主观故意,可以从两个方面进行考察:(1)投诉人所投诉的事实是否具有真实性,非投诉人所捏造。本案中,康贝厂与曼波鱼公司生产的产品之间具有相似性,康贝厂基于对自身权利的保护,认为曼波鱼公司存在侵权的可能,于是向淘宝公司进行投诉。可见康贝厂并不是无中生有的投诉,而是基于一定的事实基础。而这一事实基础最终是否属实,则不应要求投诉人作出多专业性的证明。因为本案性质上属不正当竞争纠纷,并非侵犯专利权之诉或确认不侵权之诉,因此,法院无须就涉案被控销售产品是否落入涉案专利保护范围作出评判。(2)投诉人的投诉行为是否正当。本案中,康贝厂仅向淘宝公司提出,并符合淘宝公司设定的适格投诉的形式要件,因此,不能当然认定康贝厂是明知涉案被控侵权产品不构成侵权,亦不能认定其涉案投诉行为具有毁损曼波鱼公司商誉和涉案产品声誉的主观故意。如果认定康贝厂的涉案投诉行为构成不正当竞争,会对正常的投诉行为产生深远的不良影响。因为要求只有侵权投诉得到司法的最终侵权判定方可认定为合适投诉的话,显然对投诉人要求过于苛刻,会给投诉行为带来极大的不确定性,并使相关的投诉争议解决机制形同虚设,既增加当事人的争议解决成本,也会降低争议的解决效率。

**No.4-4-14-4** 网络平台服务提供商在不正当竞争侵权纠纷中可以援引"通知—删除"制度进行合理抗辩。

随着网络技术的飞速发展,通过网络进行不正当竞争的行为日益增多。由于网络虚拟环境的特殊性,使得对侵权形式、侵权主体、侵权范围以及侵权责任的判断变得复杂而困难,也使得网络服务商有些无所适从。针对这一问题,2010年颁布的《侵权责任法》第36条第2款、第3款作出了规定:"网络用户利用网络服务实施侵权行为的,被侵权人有权通知网络服务提供者采取删除、屏蔽、断开链接等必要措施。网络服务提供者接到通知后未及时采取必要措施的,对损害的扩大部分与该网络用户承担连带责任。网络服务提供者知道网络用户利用其网络服务侵害他人民事权益,未采取必要措施的,与该网络用户承担连带责任。"该条借鉴了国外处理网络服务商侵权问题时运用的"通知—删除"制度,明确了网络服务商的侵权责任界限。本案中,淘宝公司作为网络平台服务提供商,针对权利人的投诉,并非接到投诉即径行删除被投诉侵权的产品信息,而是要求相关的投诉必须符合该公司设定的初步审查标准,在符合相应形式要件的情况下,才能通过投诉审查,进而由淘宝公司将被投诉侵权的产品信息删除。康贝厂投诉的"曼波鱼婴儿游泳池"产品是否侵犯专利权,因涉及专业技术判断,淘宝公司并不具有相应的判断能力。淘宝公司收到康贝厂的书面通知并审查其所提供的权利证书等材料后,暂时删除涉嫌侵权产品信息,是行使其作为网络服务提供者的法定义务,并无不当,也无过错,其行为不构成帮助侵权。事实上,淘宝公司在接到曼波鱼公司的《反投诉申请书》后的极短时间内,及时恢复了已删除的产品信息,属于采取必要措施降低损害的行为,因此不应承担侵权责任。

**案例:赵杰峰与佛山市南海嘉美时代照明有限公司、汪仲商业诋毁纠纷案**
案例来源:(2009)鄂民三终字第21号
主题词:商业诋毁 私力救济 虚假事实

**一、基本案情**

上诉人(原审被告):佛山市南海嘉美时代照明有限公司(以下简称嘉美时代公司)。

上诉人(原审被告):汪仲。

被上诉人(原审原告):赵杰峰,经营江门市蓬江区荷塘嘉美照明电器厂(以下简称嘉美照明电器厂)。

2007年8月11日,嘉美时代公司在《扬子晚报》A9版上发布《严正声明》称:发现包装上标注了"JMZ嘉美之光"及"嘉美专业工程照明"字样的灯具产品,生产厂家为嘉美照明电器厂,并进一步声称:广东省有关部门已认定"嘉美之光"产品侵犯本公司商标权利,其谴责任何仿冒其商标、包装及产品外观的行为,并通过法律途径解决相关问题,其将采取一切法律手段追究仿冒、抄袭、销售者的法律、经济责任。其后,在嘉美时代公司的授意下,被告汪仲又在位于荆州市蓝特商贸城一期第396号经营部门前的醒目位置,张贴了一则与嘉美时代公司发布在《扬子晚报》上的《严正声明》内容大体一致《严正声明》,该《严正声明》进一步明确了广东省工商局已认定"嘉美之光"产品侵犯了本公司的商标权利。

赵杰峰诉称:作为从事灯具产品生产、销售等经营的企业或个体工商户,嘉美时代公司、汪仲为牟取不正当利益、获得不正当竞争优势,大肆捏造、散布虚伪事实,诋毁商业信誉和商品声誉,实施了不正当竞争行为。为此,请求判令被告嘉美时代公司、汪仲:(1)立即停止捏造、散布虚伪事实,损害商业信誉、商品声誉的不正当竞争行为;(2)在《中国灯饰报》《楚天都市报》《扬子晚报》和荆州市蓝特商贸城刊登致歉声明,以消除影响、恢复名誉;(3)连带赔偿经济损失和为制止不正当竞争行为的各种合理开支,共计50万元(人民币,下同)。

另查明:2007年4月17日,广东省工商行政管理局下发有关地级以上市工商局的《关于保护"美嘉"注册商标专用权的通知》中说:"根据投诉材料,我局认为,佛山市嘉美之光照明有限公司在其生产的相同商品上使用的'嘉美'文字与第1634073号注册商标构成近似侵权。"该通知并没有明确指向本案的原告赵杰峰或者其经营的嘉美照明电器厂。

一审法院审理认为，赵杰峰与嘉美时代公司、汪仲均系从事灯具产品生产、销售等经营的企业或个体工商户，相互之间存在商业竞争关系。嘉美时代公司、汪仲提交的证据并不能证明，其在《严正声明》中所声称的广东省工商局或者广东省有关部门已经认定"嘉美之光"产品侵犯了嘉美时代公司商标权的事实，故应当认定《严正声明》捏造、散布了虚伪事实，损害了赵杰峰的商业信誉、商品声誉。根据《反不正当竞争法》第14条的规定，嘉美时代公司、汪仲的行为应当认定为商业诋毁行为，属于不正当竞争。据此，一审法院判决：

一、汪仲、嘉美时代公司立即停止进行有关赵杰峰或者其经营的江门市蓬江区荷塘嘉美照明电器厂生产的"JMZ嘉美之光"产品被广东省工商局或广东省有关部门认定侵犯嘉美时代公司商标权利的宣传；

二、由汪仲、嘉美时代公司赔偿赵杰峰经济损失3万元。

嘉美时代公司、汪仲不服，提出上诉。

上诉人诉称：原审判决认定事实不清，定性明显错误，上诉人根本没有捏造事实。原审法院对"捏造"理解错误，"捏造"是从无到有、凭空编造，而本案中，上诉人对被上诉人进行长期的打击侵权或仿冒等打假行动，并经由各地有关工商部门进行查处、处罚以及法院判决停止侵权等，事实十分清楚。捏造是针对事实的不存在，显然对词语的表达不恰当。

被上诉人赵杰峰答辩称：上诉人刊登或张贴《严正声明》，没有事实依据，捏造、散布虚假事实，其行为构成不正当竞争。原审判决认定事实清楚，适用法律正确，请求驳回上诉，维持原判。

另查明，在2007年11月17日浙江省杭州市中级人民法院(2007)杭民三初字第33号民事判决查明的事实中，认定"嘉美(时代)公司当庭撤回对赵杰峰有关商标侵权方面的指控，并撤回变更上诉人所设立的企业名称的请求。同时确认赵杰峰已将诉争的被控侵权包装、装潢改成以白色为基础的新包装、装潢"。赵杰峰当时不服一审判决提出上诉，后于2008年4月24日以"其已与嘉美时代公司达成和解协议"为由申请撤回上诉，浙江省高级人民法院于同年4月29日作出(2008)浙民三终字第132号民事裁定，准许其撤回上诉。

## 二、裁判要旨

**No.4-4-14-5　以私力救济方式公开揭露同业竞争者侵犯其专有权利应控制在合理范围内，否则将构成商业诋毁。**

公平的市场竞争中，每个市场主体都应诚实经营。若某经营者在市场竞争中发现其他同业竞争者实施了不正当竞争行为，侵犯其正当权益，在诉诸法律前，该经营者可以采取私力救济的方式进行先行救济，例如与侵权人进行沟通协商、通过中介机构或者主管机构进行协调解决、采取合理方式给予对方警告或者公开揭露同业竞争者的侵权行为，以对其造成监督，并对相关同业竞争者和消费者起到提醒作用。在采取公开揭露的方式进行私权救济时，权利人应严格控制其揭露的内容、针对的对象以及相关公开用语，即该公开揭露的内容应属事实，其针对的对象也应是相关的同业竞争者，其用语应当适当得体。因为权利人采取该方式救济的目的应该是告知消费者事实情况，提醒相关的同业竞争者注意，以达到维护自身以及消费者利益的目的。如果该权利人仅站在自己的主观立场发表公开言论，歪曲事实，并希望以此达到排挤、打击竞争对手，从而谋取自身利益，该权利人的行为无疑将构成商业诋毁。本案中，嘉美时代公司和汪仲所发布的《严正声明》中指出："广东省工商局已认定'嘉美之光'产品侵犯了本公司的商标权利"，但实际上，广东省工商局上述并没有明确指向赵杰峰或者其经营的嘉美照明电器厂。因此，虽然嘉美时代公司和汪仲公开《严正声明》的目的是表明其会通过法律途径追究对"嘉美"商标进行仿冒、抄袭等不正当竞争行为的法律责任，但其在声明中捏造了基本事实，给赵杰峰或者嘉美照明电器厂的声誉造成损害，构成商业诋毁行为。

**No.4-4-14-6　不完整的宣传表述可能导致捏造虚假事实的后果。**

《反不正当竞争法》第14条规定的虚伪事实，指的是不真实、不客观、与事实真相不相符的状态。这里的"虚伪"即包括捏造的、不真实的,也包括过分的、不合理的。因此,如果行为人对真实的信息进行不全面、不完整的宣传表述,足以造成不真实、不客观的宣传结果,同样构成商业诋毁。本案中,嘉美时代公司和汪仲在上诉中指出其对赵杰峰及嘉美照明电器厂进行了长期的打假行动,并经由各地有关工商部门查处、处罚以及法院判决停止侵权等事实十分清楚,其行为不应构成捏造事实的商业诋毁行为。但是,嘉美时代公司与赵杰峰之间的案外相关纠纷是2007年11月17日才有明确的一审判决,而嘉美时代公司发表《严正声明》的时间是2007年8月,也就是说,在相关纠纷正处于诉讼关键阶段,嘉美时代公司和汪仲就提前在《严正声明》中向社会公众散布不利于竞争对手的未有定论的事实,即使这种事实不完全属于虚伪事实,因其所表述的内容不完整、不全面,导致其声明的事实不真实、不客观,其行为同样构成商业诋毁。

**案例:腾讯科技(深圳)有限公司、深圳市腾讯计算机系统有限公司与北京奇虎科技有限公司、北京三际无限网络科技有限公司、奇智软件(北京)有限公司不正当竞争纠纷上诉案**
案例来源:《人民法院案例选》2012年第1辑[(2011)二中民终字第12237号]
主题词:商业诋毁　不恰当的表述

**一、基本案情**

上诉人(原审被告):北京奇虎科技有限公司(以下简称奇虎科技公司)。
上诉人(原审被告):北京三际无限网络科技有限公司(以下简称三际无限公司)。
被上诉人(原审原告):腾讯科技(深圳)有限公司(以下简称腾讯科技公司)。
被上诉人(原审原告):深圳市腾讯计算机系统有限公司(以下简称腾讯计算机公司)。
被上诉人(原审被告):奇智软件(北京)有限公司(以下简称奇智软件公司)。

QQ软件是目前国内用户数量最多的即时通讯软件。腾讯科技公司和腾讯计算机公司是QQ软件的权利人。奇虎科技公司、奇智软件公司、三际无限公司是从事桌面客户端软件开发和运营的互联网公司,与腾讯科技公司、腾讯计算机公司具有竞争关系。

2010年9月27日,腾讯科技公司、腾讯计算机公司发现网址为"www.360.cn"的网站(以下简称360网)向网络用户提供"360隐私保护器V1.0Beta软件"(以下简称360隐私保护器)下载服务并在"360网"上发表很多不当的文章和言论。具体而言,奇虎科技公司、奇智软件公司、三际无限公司实施了以下行为:(1)通过"360隐私保护器"只针对QQ软件进行监测,监测的结果将QQ2010软件正常的文件扫描描述为"可能侵犯了用户隐私"。但事实上,涉案的这些可执行文件并不涉及用户的隐私。(2)在"360隐私保护器"界面用语和"360网"的360安全中心、360论坛、360隐私保护器软件开发小组博客日志、《用户隐私大过天》专题网页中还对QQ软件进行了一定数量的评价和表述。这些评价和表述,使用了"窥视""为谋取利益窥视""窥视你的私人文件""如芒在背的寒意""流氓行为""逆天行道""投诉最多""QQ窥探用户隐私由来已久""请慎重选择QQ"等词语和表述来评价QQ软件。

基于上述事实,腾讯科技公司、腾讯计算机公司请求一审法院判令奇虎科技公司、奇智软件公司、三际无限公司:立即停止涉案不正当竞争行为,连续3个月在"360网"、新浪网、搜狐网、网易网站首页显著位置,以及《法制日报》和《中国知识产权报》第一版显著位置向腾讯科技公司、腾讯计算机公司公开赔礼道歉、消除影响,并连带赔偿经济损失400万元。

奇虎科技公司、奇智软件公司共同答辩称:(1)"360隐私保护器"不存在不正当竞争的事实。奇智软件公司开发的"360隐私保护器",只是为用户提供了监测QQ软件等产品在用户计算机系统后台运行情况的工具,并将该软件产品运行后扫描或查看用户计算机系统中安装的软件和文件信息的情况如实记录下来,对其中可能涉及用户隐私信息的情况向用户进行提示。"360隐私保护器"是否启动使用以及对于监测结果是否涉及个人隐私,均可由用户自行选择和自主判断。"360隐私保护器"作为一款软件,是中立的,并不会对某款软件是否侵犯用户隐私权作最终的判定。对于QQ软件,"360隐私保护器"所做的提示也是"被QQ查看过的文件,有可能涉及您的隐私"。"360隐私保护器"监测并反映出的结果,是客观反映事实的,没有"捏造事实、诋毁商誉"等行为,因此不构成不正当竞争。(2)"360网"上发表的一系列文章,不存在"捏造、散布虚伪事实"等不正当竞争行为。腾讯科技公司、腾讯计算机公司所诉称侵权文章的主要内容是向用户介绍"360隐私保护器"的功能、原理和运行结果。其中很多言论根本没有涉及腾讯科技公司、腾讯计算机公司或QQ软件。"360网"上发布的文章中列举的QQ软件查看用户计算机系统中文件的情况,以及网络用户对QQ软件涉嫌侵犯用户隐私的投诉,均有事实依据,并非"捏造、散布虚伪事实"。在文章的用语上,也无恶意诋毁、污蔑、诽谤等情节,因此亦不构成不正当竞争。

综上,客观上,QQ软件是即时通讯软件,而奇智软件公司开发的"360隐私保护器"是安全软件,两者的功能、使用领域、用户对象均不相同,不构成竞争关系;主观上,奇智软件公司开发"360隐私保护器"的目的只是为了保护用户的知情权和选择权。"360网"的官方博客、官方论坛、专题网页等形式是向用户介绍"360隐私保护器"的功能、原理、运行结果,并不构成不正当竞争。

一审法院审理认为:虽然法律并未禁止"360隐私保护器"对QQ2010软件的运行进行监测,但由于腾讯科技公司、腾讯计算机公司与奇虎科技公司、奇智软件公司和三际无限公司之间具有竞争关系,故当"360隐私保护器"对QQ软件的运行进行监测以及对监测结果进行表述和评价时,就应当遵循诚实信用准则,公正且客观地表述和评价。"360隐私保护器"监测提示用语界面用语以及"360网"上存在评价和表述,采取不属实的表述、捏造事实的方式,具有明显的不正当竞争的意图,损害了腾讯科技公司、腾讯计算机公司的商业信誉和商品声誉,构成了商业诋毁。据此,一审法院依据《中华人民共和国反不正当竞争法》第2条、第14条、第20条之规定,判决:

一、奇虎科技公司、奇智软件公司和三际无限网络科技有限公司停止发行使用涉案"360隐私保护器V1.0Beta版软件";

二、奇虎科技公司、奇智软件公司和三际无限公司在"360网"(网址为www.360.cn)上删除"360安全中心""360论坛""360隐私保护器软件开发小组博客日志"和《用户隐私大过天》专题网页中本案查明的涉案侵权内容;

三、奇虎科技公司、奇智软件公司和三际无限公司于本判决生效之日起30日内,在"360网"(网址为www.360.cn)的首页以及《法制日报》上公开发表声明,消除因涉案侵权行为给腾讯科技(深圳)有限公司和深圳市腾讯计算机系统有限公司造成的不良影响(在"360网"首页上的声明保留30日,上述声明的内容均须经原审法院审核,逾期不执行,原审法院将依法公开本判决书的主要内容,相关费用由三公司共同负担);

四、奇虎科技公司、奇智软件公司和三际无限公司于本判决生效之日起10日内共同赔偿腾讯科技(深圳)有限公司和深圳市腾讯计算机系统有限公司经济损失40万元。

三际无限公司、奇虎科技公司均不服一审判决,提起上诉。

二审法院经审理,判决:驳回上诉,维持原判。

## 二、裁判要旨

**No.4-4-14-7 不恰当的评价可能构成商业诋毁。**

在市场竞争中,每个经营者都有权对其他经营者进行适当的监督,这也是行业间的自律行为。作为市场经营者,对竞争对手的产品进行客观评价也是法律所允许的,但是这种评价表述应当是基于客观事实,而不是主观的猜测或者捏造,如果因为行为人不恰当的评价而导致公众对其竞争对手的商誉或产品声誉产生误解,导致其商誉或者产品声誉受损,该不恰当的评价行为足以构成商业诋毁。

本案中,腾讯科技公司、腾讯计算机公司与奇虎科技公司、奇智软件公司和三际无限公司之间存在竞争关系。被告作为公平的市场竞争者以及竞争对手,对原告的产品进行监测和评价的行为,并不必然构成不正当竞争行为。具体而言,被告的产品"360隐私保护器"是一款安全类软件产品,该类产品中很多程序都是为解决单一问题或弥补单一漏洞而设计的。而其仅针对

QQ软件进行监测的行为,是一种针对一款市场占有率较高的软件提供相关的辅助性服务,只要该款软件设计合理、表达恰当,且不存在违反诚实信用等公认商业道德的情况,都应为法律所允许。因此,"360隐私保护器"在对QQ软件进行监测并对监测结果进行评价和表述时,在初始界面、监测结果等处的显示内容,是否如实反映了客观情况,是否会造成用户误解并产生不适当的联想,是判断其行为正当性的关键。

然而,本案的事实表明:"360隐私保护器"软件在对QQ2010软件扫描用户计算机内文件进行监测时,使用了"本工具将监督并记录其他软件对您电脑内的隐私文件的'窥视'";"某些软件除了运行自身必需的文件外,还为了谋取利益'窥视'您的隐私文件,可能导致您的隐私泄漏";"360隐私保护器会如实记录某些软件访问用户隐私信息的可疑行为,并对可能泄露您个人隐私的操作作标红提醒";"个人电话、证据号码、上网和聊天记录等隐私泄露事件大多与某些软件偷窥电脑信息有关,无数网民因此深受广告骚扰、欺诈威胁"等描述。虽然,被告辩称其开发"360隐私保护器"的目的只是为了保护用户的知情权和选择权,并且使用的是"可能"的表述,是否采信取决于用户自身。但实际上,对于信息不对称的用户而言,这样不恰当的评价会使用户产生一种不安全感,导致放弃使用或避免使用QQ2010软件,从而使"可能"变成是一种确定的结论,也必然造成软件用户在使用"360隐私保护器"后会对QQ2010软件产生负面的认识和评价。同时,在无事实依据的基础上,"360隐私保护器"通过使用"个人电话、证据号码、上网和聊天记录等隐私泄露事件"等语言描述,并将相关信息的泄露与"广告骚扰、欺诈威胁"等后果相联系,引导用户联想到相关后果,可能与"360隐私保护器"关于QQ软件可能泄露用户隐私的相关提示具有关联关系,从而导致QQ软件用户对该软件产生不合理怀疑,甚至负面评价。因此,涉案"360隐私保护器"对相关监测结果的描述缺乏客观公正性,足以误导用户产生不合理的联想,对QQ软件的商品声誉和商业信誉带来一定程度的贬损,该行为足以构成商业诋毁。

**案例:广州高露洁棕榄有限公司与广州宝洁有限公司、宝洁(中国)有限公司、广州浩霖贸易有限公司不正当竞争纠纷案**

案例来源:《人民法院案例选》2006年第4辑(总第58辑)[(2004)沪二中民五(知)初字第40号]

主题词:商业诋毁　比较广告

**一、基本案情**

　　原告:广州高露洁棕榄有限公司。
　　被告:宝洁(中国)有限公司。
　　被告:广州浩霖贸易有限公司。
　　本案纠纷发生期间,中国市场销售的家用非牙膏牙齿洁白商品有3个品牌,即"高露洁捷齿白美白液""佳洁士深层洁白牙贴""海德堡家用专业牙齿漂白套装"。"高露洁捷齿白美白液"商品由美国高露洁棕榄公司制造,由原告广州高露洁棕榄有限公司经销。"佳洁士深层洁白牙贴"商品由美国宝洁公司制造,由被告广州浩霖贸易有限公司经销。
　　被告广州浩霖贸易有限公司制作并散发了"佳洁士深层洁白牙贴"广告单,该广告单中写有如下内容:"佳洁士深层洁白牙贴,比较一般'涂抹式'的美白牙齿液有什么优胜的地方?答:佳洁士深层洁白牙贴的独特粘贴设计,能有效保护在牙齿上的洁白啫喱,避免流失于唾液中,让洁白元素在使用的30分钟里充分发挥作用。相反,美白牙齿液往往于涂上后数分钟便被唾液冲掉而大量流失,洁白成效相对偏低。一般的牙齿洁白产品(如洁白牙膏、美白牙齿液)只能去除牙齿表面的部分污渍。洁白效果不太明显的原因是:(1)一般洁白牙膏只能去除牙齿表面污垢,无法有效清除内层着色牙垢。(2)停留在牙齿上的洁白成分时间不足,涂上后数分钟即被唾液冲掉而大量流失,大大降低洁白效用。临床实验证明:①试用者使用7天后,牙齿明显变得更亮白。②洁白效果是一般涂抹式美白牙齿液的3倍。"
　　2004年1月29日,原告委托代理人在上海市公证处使用该公证处计算机登录被告宝洁(中国)有限公司网站,发现该网站上发布如下广告信息:(1)《给牙齿做"美白面膜"7天亮白一整年佳洁士深层洁白牙贴登陆中国为你揭开亮白笑容背后的秘密》一文,文中写道:"临床试验结果表明,佳洁士深层洁白牙贴的美白功效是传统涂抹式洁白产品的3倍。"(2) Crest佳洁士深层洁白牙贴广告,该广告中有"只需7天,牙齿就明显亮白,效果是涂抹式美白产品的3倍"的表述。至2004年10月28日本院开庭审理时,上述广告仍在被告宝洁(中国)有限公司网站上发布。

原告广州高露洁棕榄有限公司诉称:原告于2003年3月开始在中国市场经销"高露洁捷齿白美白液"产品。该产品作为中国市场至今唯一的涂抹式牙齿美白液产品,深受中国消费者青睐。被告宝洁(中国)有限公司于同年11月开始在中国市场推出"佳洁士深层洁白牙贴"产品,由被告广州浩霖贸易有限公司销售该产品。二被告在销售"佳洁士深层洁白牙贴"产品时,采取在市场上散发广告单和在互联网上刊登广告等方法,向公众散布"'佳洁士深层洁白牙贴'产品的效果是涂抹式美白牙齿液产品的三倍""一般的牙齿洁白产品(如洁白牙膏、美白牙齿液)只能去除牙齿表面的部分污渍""美白牙齿液往往于涂上后数分钟便被唾液冲掉而大量流失、洁白成效相对偏低"等虚假陈述,贬低涂抹式美白牙齿液产品的效果。原告请求本院判决:(1)确认三被告散布的不当陈述构成以对比广告手法贬低竞争对手(原告)的产品和捏造、散布虚假事实损害原告商业信誉、商品声誉以及利用广告作引人误解的虚假宣传的不正当竞争行为;(2)三被告停止不正当竞争行为,撤回并销毁侵权宣传单和网页信息;(3)三被告在《新民晚报》《北京日报》《北京青年报》《深圳商报》《深圳特区报》《人民日报》上刊登致歉声明,公开赔礼道歉、消除影响;(4)三被告赔偿原告经济损失及为本案支付的费用共计人民币50万元。

被告宝洁(中国)有限公司辩称:宝洁(中国)有限公司确在其网站上登载原告指控的信息,但该信息是他人撰写的文章并载于新闻栏目,并非宝洁(中国)有限公司制作的广告,且其内容均是真实的。此外,宝洁(中国)有限公司并不经销"佳洁士深层洁白牙贴",也没有在市场上散发原告指控的广告单。

被告广州浩霖贸易有限公司辩称:广州浩霖贸易有限公司经销"佳洁士深层洁白牙贴"并制作和散发了原告指控的广告单,但该广告单中的内容均是真实的。

法院审理认为,被告广州浩霖贸易有限公司经销"佳洁士深层洁白牙贴"商品,与经销"高露洁捷齿白美白液"商品的原告广州高露洁棕榄有限公司存在竞争关系。被告宝洁(中国)有限公司虽没有经销"佳洁士深层洁白牙贴"商品,但因其经营牙齿护理商品而与原告存在事实上的竞争关系。两被告分别采取发布网站广告或散发广告单的手法,捏造、散布"'佳洁士深层洁白牙贴'产品效果是涂抹式美白牙齿液产品的三倍""一般的牙齿洁白产品(如洁白牙膏、美白牙齿液),只能去除牙齿表面的部分污渍""美白牙齿液往往于涂上后数分钟便被唾液冲掉而大量流失、洁白成效相对偏低"等虚假陈述,贬低了涂抹式美白牙齿液商品的效果。两被告的行为均损害了原告经销的"高露洁捷齿白美白液"的商品声誉和原告在经销该商品中享有的商业信誉,构成《反不正当竞争法》第14条规定的不正当竞争行为。据此,法院依照《中华人民共和国反不正当竞争法》第2条第1款,第14条,第9条第1款,第21条第1款,《中华人民共和国广告法》第4条,第12条,第21条,《中华人民共和国民法通则》第134条第1款第1项、第7项、第9项、第10项、第2款之规定,判决:

一、被告宝洁(中国)有限公司的行为构成捏造、散布虚假事实损害原告广州高露洁棕榄有限公司商业信誉、商品声誉和利用广告作引人误解的虚假宣传,以及采取不当对比广告手法贬低原告广州高露洁棕榄有限公司经销的商品的不正当竞争行为;

二、被告广州浩霖贸易有限公司的行为构成捏造、散布虚假事实损害原告广州高露洁棕榄有限公司商业信誉、商品声誉和利用广告作引人误解的虚假宣传以及采取不当对比广告手法贬低原告广州高露洁棕榄有限公司经销的商品的不正当竞争行为;

三、被告宝洁(中国)有限公司、被告广州浩霖贸易有限公司停止对原告广州高露洁棕榄有限公司的不正当竞争行为;

四、被告宝洁(中国)有限公司应于本判决生效之日起10日内,赔偿原告广州高露洁棕榄有限公司经济损失人民币15万元;

五、被告广州浩霖贸易有限公司应于本判决生效之日起10日内,赔偿原告广州高露洁棕榄有限公司经济损失人民币25万元;

六、被告宝洁(中国)有限公司应于本判决生效之日起30日内在《法制日报》刊登致歉声明,向原告广州高露洁棕榄有限公司赔礼道歉、消除影响(内容须经本院审核);

七、被告广州浩霖贸易有限公司应于本判决生效之日起30日内,在《新民晚报》《北京日报》《深圳特区报》《法制日报》上刊登致歉声明,向原告广州高露洁棕榄有限公司赔礼道歉、消除影响(内容须经本院审核)。

二、裁判要旨

**No.4-4-14-8　利用广告与竞争者进行比较,贬损其商品的行为,属于商业诋毁。**

所谓比较广告,即指广告主在发布的广告中将在同一领域内自己与他人经营的商品或提供的服务进行比较,以说明自己商品或服务的优势而排斥他人的广告。虽然我国法律并不禁止比较广告,但比较广告所提供的信息应当全面和客观,不能贬低其他生产经营者的商品服务或者损害竞争对手的商业信誉和商品声誉。

关于比较广告的法律规定,司法实践中主要体现在《反不正当竞争法》和《广告法》中,其中前者要求经营者在市场交易中,应当遵循公平、诚实信用的原则,遵守公认的商业道德;后者则具体规定,广告不得含有虚假的内容,不得欺骗和误导消费者;广告不得贬低其他生产经营者的商品或者服务;广告主不得在广告活动中进行任何形式的不正当竞争。因此,比较广告应当遵循比较广告的行为准则,即对比的内容应当以可以证明的具体事实为基础,不得采用直接的比较方式,使用的语言、文字的描述应当准确,广告中所作的比较必须在一定的限度范围内而且只能陈述一种客观事实,不能片面夸大,不得借以贬低其他经营者的商品或服务。

本案中,被告宝洁(中国)有限公司和广州浩霖贸易有限公司在发布网站广告或散发广告单时,中国市场上的涂抹式牙齿美白商品只有"高露洁捷齿白美白液",两被告分别在广告中声称"'佳洁士深层洁白牙贴'产品效果是涂抹式美白牙齿液产品的三倍""一般的牙齿洁白产品(如洁白牙膏、美白牙齿液)只能去除牙齿表面的部分污渍""美白牙齿液往往于涂上后数分钟便被唾液冲掉而大量流失、洁白成效相对偏低",属于采用直接对比方式的比较广告,而比较的内容并无事实基础,且客观上贬低了原告经销的"高露洁捷齿白美白液"商品,该虚假的比较广告实质是一种商业诋毁,故两被告的行为构成不正当竞争行为。

# 第五章 其他反不正当竞争纠纷

> **本章裁判要旨**
>
> No.4-5-2.1-1 从事互联网服务的经营者,在其他经营者网站的搜索结果页面强行弹出广告的行为,违反诚实信用原则和公认商业道德,妨碍其他经营者正当经营并损害其合法权益,可以认定为不正当竞争。

## 12 强行植入广告页面(《反不正当竞争法》第2条第1款)

**案例**:北京百度网讯科技有限公司与青岛奥商网络技术有限公司、中国联合网络通信有限公司青岛市分公司、中国联合网络通信有限公司山东省分公司不正当竞争纠纷案
**案例来源**:最高人民法院第十批指导性案例[第45号]
**主题词**:市场竞争行为　不正当竞争手段

### 一、基本案情

原告:北京百度网讯科技有限公司(以下简称百度公司)。
被告:青岛奥商网络技术有限公司(以下简称奥商网络公司)。
被告:中国联合网络通信有限公司青岛市分公司(以下简称联通青岛公司)。

原告百度公司是国内技术领先的中文搜索引擎制造商,原告拥有的 www.baidu.com 网站(以下简称百度网站)是全球最大的中文搜索引擎网站,每天有超过上亿的网民访问百度网站和查询信息。

被告奥商网络公司是山东地区的网络应用服务提供商,主要面向广大客户提供 WEB 网站定制、FLASH 动画建站、联通 114 电话实名、腾讯 SOSO 推广、263 企业邮箱、域名注册、服务器租用等网络产品服务。

被告联通青岛公司隶属于中国联合网络通信有限公司,是青岛地区的全业务电信运营商。

2009年4月14日,山东省青岛市市中公证处出具编号为(2009)青市中证民字第002187号的公证书,对原告委托代理人利用该处计算机进行登录百度搜索等网站操作程予以公证,该公证书记载的主要内容如下:

1. 登录百度网站(www.baidu.com),在该网站显示对话框中输入"鹏飞航空",点击"百度一下",弹出一显示有"打折机票抢先拿就打114"的页面,随后该页面转至相应的"鹏飞航空"搜索结果页面。

2. 登录百度网站(www.baidu.com),在该网站显示对话框中输入"航空票务",操作"wire-sharkwin321.1.2.exe"程序生成后台记录文件。

3. 登录百度网站(www.baidu.com),在该网站显示对话框中输入"鹏飞航空",点击"百度一下",弹出一显示有"打折机票抢先拿就打114"的页面,迅速点击该页面中显示有"打折机票抢先拿就打114"的页面,打开了一显示地址为 http:air.qd.sd.cn 的页面,操作"wiresharkwin321.1.2.exe"程序生成后台记录文件。

同日,山东省青岛市市中公证处出具编号为(2009)青市中证民字第002188号的公证书,对原告委托代理人利用该处计算机进行登录百度搜索等网站操作程予以公证,该公证书记载的主要内容为:

登录百度网站(www.baidu.com),在该网站显示对话框中输入"青岛人才网",点击"百度一下",弹出一显示有"找好工作到半岛人才网 www.job17.com"的页面,迅速点击该页面中显示之

"马上点击",打开了一显示地址为 http:www.job17.com 的页面。

登录百度网站(www.baidu.com),在该网站显示对话框中输入"电话实名",点击"百度一下",弹出一显示有"查信息打114,语音搜索更好用"的页面,随后该页面转至相应的"电话实名"搜索结果页面。

原告诉称,三被告在青岛地区利用网通的互联网接入网络服务,实施严重侵犯原告合法权益的广告业务,严重损害了原告的商誉,具体表现为:凡是使用青岛网通的网络信号进行上网的用户,当该用户在原告所属的百度网站对相关关键词进行搜索时,会在百度网站搜索结果页面出现之前弹出两被告的广告页面,该广告页面严重遮挡了百度搜索结果页面的显示内容,使得原告无法正常为网民提供搜索服务。

三被告答辩称:其不存在不正当竞争行为。

法院审理认为:三被告未经原告许可,在原告的搜索结果页面强行增加广告进行推广宣传,使原告不能正常向互联网用户提供服务,导致大量网民误以为三被告实施的广告是原告故意设置的,极大破坏了原告的商业运作模式,伤害了原告搜索服务的美誉度和企业的商誉,造成了网民和流量的大量流失。同时,该行为严重削弱了原告作为搜索引擎营销服务商的竞争力,大量带走原告的现有和潜在客户,已经给原告造成了大量的客户流失,直接损害了原告的经济效益。三被告的行为违背了诚实信用和公平交易的市场行为准则,已构成严重的不正当竞争行为。据此,法院依照《中华人民共和国民法通则》第130条、第134条,《中华人民共和国反不正当竞争法》第20条的规定,判决:

一、被告青岛奥商网络技术有限公司、被告中国联合网络通信有限公司青岛市分公司于本判决生效之日起立即停止针对原告北京百度网讯科技有限公司的不正当竞争行为,即不得利用技术手段,使通过联通青岛公司提供互联网接入服务的网络用户,在登录百度网站进行关键词搜索时,弹出两被告的广告页面。

二、被告青岛奥商网络技术有限公司、被告中国联合网络通信有限公司青岛市分公司于本判决生效之日起10日内赔偿原告北京百度网讯科技有限公司经济损失人民币20万元。

三、被告青岛奥商网络技术有限公司、被告中国联合网络通信有限公司青岛市分公司于本判决生效之日起10日内在各自网站(青岛信息港 www.qd.sd.cn、中国奥商网 www.og.com.cn)首页位置上刊登声明以消除影响,声明刊登时间应为连续的15天,声明内容须经本院审核。

二、裁判要旨

**No.4-5-2.1-1 从事互联网服务的经营者,在其他经营者网站的搜索结果页面强行弹出广告的行为,违反诚实信用原则和公认商业道德,妨碍其他经营者正当经营并损害其合法权益,可以认定为不正当竞争。**

《反不正当竞争法》的调整范围是市场竞争行为。在司法实践中,尤其是在将一般条款适用于那些《反不正当竞争法》未具体列举的不正当竞争行为时,首先要判断被告所实施的行为是否为市场竞争行为。所谓市场竞争行为,即行为人为竞争目的,获取或者破坏他人竞争优势的行为。一般而言,我们可以从主观因素和客观因素两个方面判断市场竞争行为。从主观因素而言,即指行为人的竞争目的是为了获取或者破坏他人的竞争优势;从客观因素而言,即指行为人实施了获取竞争或破坏他人竞争优势的行为。行为人的主观心理往往可以从其客观行为中推导出来。本案中,用户在互联网上登录搜索引擎网站进行关键词搜索时,正常出现的应该是搜索引擎网站搜索结果页面,不应弹出与搜索引擎网站无关的其他页面。但是在被告联通青岛公司所提供的网络接入服务网络区域内,却出现了与搜索结果无关的广告页面强行弹出的现象,这种广告页面的弹出并非接入互联网的计算机本身安装程序所导致,被告联通青岛公司既没有证据说明在其他网络接入服务商网络区域内会出现同样情况,也没有对在其网络接入服务区域内出现的上述情况给予合理解释。可见,被告联通青岛公司在其提供互联网接入服务的区域内,对于网络服务对象针对百度网站所发出的搜索请求进行了人为干预,使干预者想要发布的广告页面在正常搜索结果页面出现前强行弹出。这种人为干预,诱使本可能通过百度公司搜索结果检索相应信息的网络用户点击该广告页面,影响了百度公司按照自己的意志向网络用户提供服务,致使百度公司难以实现其预期商业目的,损害了百度公司的经济利益。由于所弹出广告并非网络用户自主选择的结果,该行为还容易导致网络用户误以为弹出广告页面系百度公司所为,会使网络用户对百度公司所提供服务的评价降低,对百度公司的商业信誉产生了一定的不利影响,使其竞争优势受到了损害。因此,这种干预属于"获取竞争或破坏他人竞争优势的行为",即市场竞争行为。

不同于一般的市场竞争行为,不正当竞争行为是指以不正当的手段获取竞争或破坏他人竞争优势的行为。因此,是否实施了"不正当的手段"是区别"不正当竞争行为"与"一般市场竞争行为"的关键。而是否给对方造成经济损失则不是区别二者的关键,因为即使在正常的市场竞争行为中,优胜劣汰的规律同样会使竞争失败者遭受损失。何为"不正当的手段"?《反不正当竞争法》第5条至第14条已经用具体列举的方式罗列出了各种不正当的手段,但是,具体列举的方式无法穷尽所有的不正当的手段,因此,《反不正当竞争法》第2条第1款将"自愿、公平、诚实信用的原则"和"公认的商业道德"作为不正当手段的一般判断标准。具体到本案而言,被告联通青岛公司与奥商网络公司实施的行为,是利用了百度网站搜索引擎在我国互联网用户中被广为知晓并被广泛使用的实际情况,通过技术手段,让使用联通青岛公司提供互联网接入服务的网络用户,在登录百度网站进行关键词搜索时,在正常搜索结果显示前弹出被告奥商网络公司发布的广告页面。这种行为显然属于利用百度公司的市场知名度来为自己牟利的行为,其既没有征得原告的同意,也违背了使用互联网接入服务用户的意志,违背了公认的商业道德,构成"以不正当的手段获取竞争或破坏他人竞争优势的行为",即不正当竞争行为。

# 案例索引

## A

艾德文特软件有限公司与国家工商行政管理总局商标评审委员会商标驳回复审行政纠纷案　304

安徽省服装进出口股份有限公司与上海中基进出口有限公司、叶启华、徐迎春侵害商业经营秘密纠纷上诉案　874

安徽省傻子经济发展有限公司与芜湖市傻子瓜子总厂注册商标使用权纠纷案　248

## B

白广成诉北京稻香村食品有限责任公司著作权权属、侵权纠纷案　056

白秀娥诉国家邮政局、国家邮政局邮票印制局侵犯著作权案　145

柏万清诉成都难寻物品营销服务中心等侵害实用新型专利权纠纷案　545

拜尔斯道夫股份有限公司与国家知识产权局专利复审委员会专利无效行政纠纷案　516

保时捷股份公司与北京泰赫雅特汽车销售服务有限公司著作权纠纷案　023

北京百度网讯科技有限公司与青岛奥商网络技术有限公司、中国联合网络通信有限公司青岛市分公司、中国联合网络通信有限公司山东省分公司不正当竞争纠纷案　889

北京北大方正电子有限公司与暴雪娱乐股份有限公司、上海第九城市信息技术有限公司、九城互动信息技术（上海）有限公司、北京情文图书有限公司侵犯著作权纠纷案　044

北京慈文公司与海南网通公司侵犯著作权纠纷案　085

北京东方京宁建材科技有限公司与北京锐创伟业房地产开发有限公司、北京锐创伟业科技发展有限公司、北京睿达华通化工材料技术有限责任公司侵犯实用新型专利权纠纷案　754

北京方太新怡华食品销售有限公司与新会市大有食品有限公司、新会市包大厨食品有限公司、彭顺智侵犯注册商标专用权及不正当竞争纠纷案　330

北京非同音乐文化传播有限公司与黑龙江人民广播电台网络传播权侵权纠纷案　203

北京国联医药经营有限公司诉北京紫竹药业有限公司抄袭广告词侵犯著作权被驳回案　218

北京华夏长城高级润滑油有限责任公司与国家工商行政管理总局商标评审委员会、日产自动车株式会社商标争议行政纠纷案　282

北京黄金假日旅行社有限公司与携程计算机技术（上海）有限公司、上海携程商务有限公司、河北康辉国际航空服务有限公司、北京携程国际旅行社有限公司虚假宣传纠纷上诉案　852

北京精雕科技有限公司诉上海奈凯电子科技有限公司侵害计算机软件著作权纠纷案　237

北京实益拓展科技有限责任公司与陕西三安科技发展有限责任公司确认不侵犯专利权纠纷案　663

北京市海淀区东方计算机技术研究所与珠海市恒开电子发展有限公司北京市海淀区恒开电子产品经营部著作权纠纷案　040

北京市仁爱教育研究所与星球地图出版社虚假宣传纠纷上诉案　855

北京台联良子保健技术有限公司与国家工商行政管理总局商标评审委员会、山东良子自然健身研究院有限公司商标争议行政纠纷案　310

北京中铁快运有限公司与国家工商行政管理总局商标评审委员会等商标行政纠纷案　278

北影录音录像公司与北京电影学院著作权纠纷案　134

本田株式会社与双环公司侵犯外观设计专利权纠纷管辖权异议案　779

比亚迪股份有限公司与国家知识产权局专利复审委员会、惠州超霸电池有限公司专利无效行政纠纷案　487

博内特里公司诉上海梅蒸公司等商标侵权和不正当竞争纠纷案　372

## C

长沙沩山茶业有限公司与国家工商行政管理总局商标评审委员会、湖南宁乡沩山湘沩名茶厂等商标行政纠纷案　262

陈建与富顺县万普印务有限公司侵犯著作权纠纷案　051

陈俊峰与金盾出版社侵犯著作权纠纷案　113

陈立洲、王雁与珠江电影制片公司、王进著作权纠纷案　216

陈民洪与彭万廷、刘君励、宜昌市歌舞剧团等著作权纠纷案　016

陈涛诉沙宝亮、北京现代力量文化发展有限公司著作权纠纷案　180

陈卫华诉成都电脑商情报社侵犯著作权纠纷案　173

陈兴良与中国数字图书馆有限责任公司著作权纠纷案　229

陈逸飞与大一公司等著作权纠纷案　074

陈逸与厦门友协广告有限公司著作权纠纷案　137

陈勇与天津天狮经济发展有限公司、天津天狮生物工程有限公司、天津天狮集团有限公司专利侵权纠纷案　740

成都经济电视台与成都市信海广告公司著作权纠纷案　153

慈文公司和鼎仁信息技术、上海派特文化传播有限公司著作权纠纷案　077

## D

大连新益建材有限公司与大连仁达新型墙体建材厂侵犯专利权纠纷案　530

大宇资讯股份有限公司诉上海盛大网络发展有限公司侵犯注册商标专用权纠纷案　351

大众汽车股份有限公司诉长春大众润滑油品销售有限公司商标侵权纠纷案　373

德士活有限公司与国家工商行政管理总局商标评审委员会、广东苹果实业有限公司商标撤销行政纠纷案　281

丁如云诉无锡日报社著作人身权侵权案　174

丁晓春与江苏美术出版社、南通市教育局著作权纠纷案　139

东莞市华瀚儿童用品有限公司与广东省知识产权局专利行政处理纠纷案　613

东莞市金正科技电子有限公司与摩托罗拉（中国）电子有限公司著作权纠纷案　006

## F

（法国）拉科斯特股份有限公司与（新加坡）鳄鱼国际机构私人有限公司、上海东方鳄鱼服饰有限公司北京分公司侵犯商标专用权纠纷案　347

法国路易威登马利蒂股份有限公司诉郭碧英侵犯注册商标专用权纠纷案　398

法国（欧尚）集团诉国家工商行政管理总局商标评审委员会注册商标专用权行政确权纠纷案　316

菲尔马·安德烈亚斯·斯蒂勒公司与衢州力恒动力机械制造有限公司专利侵权纠纷案　608

冯德义与哈尔滨蓝波高科技开发有限公司侵犯专利权纠纷案　631

佛山海天公司诉高明威极公司侵害商标权及不成当竞争纠纷案　407

佛山市合记饼业有限公司与珠海香记食品有限公司侵犯注册商标专用权纠纷案　422

佛山市南海基宏家用电器有限公司与蔡镜波、佛山市澜石镇银星电器厂、北京市海淀区花园路百货商场、北京市海淀区清河百货商场侵犯专利权纠纷案　615

佛山市圣芳（联合）有限公司与国家工商行政管理总局商标评审委员会、强生公司商标撤销行政纠纷案　353

福建省白沙消防工贸有限公司诉南安市白沙消防设备有限公司侵犯企业名称（商号）权及不正当竞争纠纷案　832

福建省福清大闽生物工程有限公司与福州南海岸生物工程有限公司不正当竞争纠纷上诉案　850

福建省乔丹体育用品有限公司诉晋江市阳新体育用品有限公司不正当竞争纠纷上诉案 811

福建省石狮市人民政府与王则坚著作权纠纷案 115

福州金得利工艺品有限公司与刘爱容、深圳市丰和盛实业有限公司、盛琦外观设计专利侵权纠纷案 484

傅清莲等与长春电影制片厂等著作权纠纷案 107

## G

耿某诉北京摇太阳文化艺术传播有限公司等侵犯著作邻接权纠纷案 185

龚凯杰与浙江泛亚电子商务有限公司、王蓓著作权纠纷案 214

广东唱金影音有限公司与中国文联音像出版社、天津天宝文化发展有限公司、天津天宝光碟有限公司、河北省河北梆子剧院、河北音像人音像制品批销有限公司著作权纠纷案 190

广东大圣公司与王海成等侵犯著作权纠纷案 200

广东伟雄集团有限公司、佛山市高明区正野电器实业有限公司、广东正野电器有限公司与佛山市顺德区正野电器有限公司、佛山市顺德区光大企业集团有限公司不正当竞争纠纷案 835

广东智软电脑开发有限公司诉广州拓保软件有限公司软件著作权侵权案 127

广东中凯公司与重庆水木年华网吧、罗昌颖侵犯著作权纠纷案 054

广州高露洁棕榄有限公司与广州宝洁有限公司、宝洁(中国)有限公司、广州浩霖贸易有限公司不正当竞争纠纷案 886

广州美视晶莹银幕有限公司、北京仁和世纪科技有限公司与(日本)泉株式会社侵犯实用新型专利权纠纷案 660

广州市越秀区东北菜风味饺子馆与宋维河不正当竞争纠纷案 822

桂林天狮广告策划有限公司与桂林市旅游局著作权纠纷案 104

国家知识产权局专利复审委员会与科万商标投资有限公司、佛山市顺德区信达染整机械有限公司外观设计专利无效纠纷申请再审案 455

## H

哈力旦·乌甫江、阿不力克木等与新疆洛宾文化艺术发展有限公司、天津音像公司著作权纠纷案 122

杭州曼波鱼贸易有限公司与台州市康贝婴童用品厂、浙江淘宝网络有限公司不正当竞争纠纷上诉案 879

杭州啄木鸟鞋业与中华人民共和国国家工商行政管理总局商标评审委员会、七好(集团)有限公司商标争议行政纠纷案 305

合肥普天机电设备贸易有限责任公司与蒋家善专利权属纠纷案 450

河北新凯汽车制造有限公司、高碑店新凯汽车制造有限公司与(日本)本田技研工业株式会社、东风本田汽车(武汉)有限公司、北京鑫升百利汽车贸易有限公司侵犯外观设计专利权纠纷管辖权异议案 736

河北珍誉工贸有限公司、北京双龙顺仓储购物中心与曾展翅侵犯专利权纠纷案 629

河南均衡新技术有限责任公司、徐平均、马军政与郑州恒科实业有限公司侵犯商业秘密纠纷上诉案 866

河南省许昌市许继电气股份有限公司诉郑学生、河南省漯河市爱特电器设备有限公司侵犯商业秘密纠纷上诉案 861

河南省柘城县豫丰种业有限责任公司诉国家工商行政管理总局商标评审委员会商标行政纠纷案 261

侯勇与哈尔滨秋林集团股份有限公司等商标异议复审行政纠纷案 298

湖北午时药业股份有限公司与澳诺(中国)制药有限公司、王军社侵犯发明专利权纠纷案 533

湖北中天亚科冶金化工股份有限公司与武钢森泰通山冶金有限责任公司、武钢森泰通山铁合金有限责任公司专利侵权纠纷案 617

湖南省长康实业有限责任公司与国家工商行政管理总局商标评审委员会、长沙加加食品集团有限公司商标异议复审行政纠纷案 301

湖南省华光机械实业有限责任公司、湖南省嘉禾县华光钢锄厂与湖南嘉禾锻造厂、郴州市伊斯达实业有限责任公司侵犯商标

权纠纷案 355
华纪平与合肥安迪华进出口有限公司等专利权权属、侵权纠纷案 763
华润雪花啤酒(中国)有限公司诉张志刚、山东民鑫生物科技有限公司商标侵权案 370
环球城市制片公司诉上海沪声音像有限公司、曾扣亮侵犯著作权纠纷案 243
黄长青等诉李永祥、贵阳彩艺商标事务所申请人资格确权以及商标侵权纠纷案 328
黄能华等与扬子江音像公司、汝金山侵犯著作权纠纷案 095
黄志斌与南通百乐渔都经营管理有限公司著作权纠纷案 114
黄自修与南宁市艺术剧院著作权纠纷案 058
辉瑞产品有限公司、辉瑞制药公司诉上海东方制药有限公司破产清算组、北京健康新概念大药房有限公司、广州威尔曼药业有限公司不正当竞争、侵犯未注册驰名商标权纠纷申请再审案 265

## J

济南灯具厂有限公司诉张晓红、李红、冯秀娟、济南智富商贸有限公司侵犯商业秘密纠纷案 858
《家庭》杂志社诉北京里肯咨询有限公司等13家单位侵犯注册商标专用权案 250
江苏爱特福药物保健品有限公司与北京地坛医院、金湖县爱特福化工有限责任公司、北京庆余药品经营部不正当竞争纠纷案 797
江苏迈安德食品机械有限公司与江苏牧羊集团有限公司侵害注册商标专用权、不正当竞争纠纷案 399
江苏苏威尔软件工程有限公司诉吴志贤侵犯商业秘密纠纷案 859
江西银涛药业有限公司与被申请人陕西汉王药业有限公司、一审被告西安保赛医药有限公司侵犯专利权纠纷案 778
蒋柏平与李磊、金光明、南京金桐电器有限公司发明专利侵权纠纷案 595
蒋海新诉飞利浦公司计算机网络域名纠纷案 383
劲牌有限公司诉国家工商行政管理总局商标评审委员会商标驳回复审行政纠纷案 256
景德镇法蓝瓷实业有限公司与潮州市加兰德陶瓷有限公司侵害著作权纠纷案 030
靖江市永泰丰化工有限公司与佳木斯农药厂、佳木斯兰新实业有限公司专利侵权纠纷案 738
句容市美人鱼景观贸易有限公司与江苏金一文化发展有限公司著作权纠纷案 020
炬力集成电路设计有限公司与矽玛特有限公司、东莞市歌美电子科技有限公司、黄忠达侵犯专利纠纷案 774

## K

开平味事达调味品有限公司诉雀巢产品有限公司确认不侵犯注册商标专用权纠纷案 344
坤联公司与深圳八航公司侵犯著作权纠纷案 068
昆明飞龙电器厂与昆明科力嘉工贸有限公司实用新型专利侵权纠纷案 760
昆明欧冠窗业有限公司与昆明市知识产权局专利行政处理决定案 733
昆明制药集团股份有限公司与黑龙江省珍宝岛制药有限公司确认不侵犯专利权纠纷案 639

## L

LG电子株式会社与国家知识产权局专利复审委员会、宁波奥克斯空调有限公司外观设计专利权无效行政纠纷案 584
拉科斯特股份有限公司与上海龙华服饰礼品市场经营管理有限公司注册商标专用权纠纷案 394
兰建军、杭州小拇指汽车维修科技股份有限公司诉天津市小拇指汽车维修服务有限公司等不正当竞争纠纷案 827
雷茨饭店有限公司诉上海黄浦丽池休闲健身有限公司商标权权属、侵权纠纷案 311
李长福与中国文史出版社侵犯著作权纠纷案 076
李红霞与克拉玛依市聋哑学校综合服务部商标使用权侵权纠纷案 333
李耀中与太原市同翔金属镁有限公司发明专利侵权纠纷案 525
利源公司诉金兰湾公司商标侵权纠纷案 424

联友卤制品厂诉柏代娣商标侵权纠纷案 379
林群祥与闽侯县台龙塑化厂方法发明专利侵权纠纷案 748
林奕诉中国新闻社侵犯其保护作品完整权及名誉权案 069
刘保昌与安徽省东泰纺织有限公司侵犯专利权纠纷案 440
刘国础与叶毓山著作权纠纷案 102
刘国企、刘国全、刘国有、刘国同、刘国年等与北京文化艺术音像出版社、中国经济信息社、贵州东方音像出版社、广州四达音像有限公司纠纷案 183
刘汉雷与中央电视台、上海市群众艺术馆、徐英著作权纠纷案 100
刘凯与达茂旗政府等侵犯著作权纠纷案 038
刘庆范诉温州机械厂等侵犯其实用新型专利权案 610
龙宝公司诉朗力福公司请求确认不侵犯专利权案 735
鲁道夫·达斯勒体育用品波马股份公司诉浙江淘宝网络有限公司、陈仰蓉销售假冒注册商标的商品纠纷案 389
路德马特(美国)股份有限公司不服商标驳回复审决定诉国家工商行政管理总局商标评审委员会案 296
路易威登马利蒂(法国)诉时间廊(广东)钟表有限公司、雄腾(上海)贸易有限公司、深圳市金光华商业有限公司侵犯商标专用权纠纷案 386
罗襄珑诉法制日报社退稿纠纷案 171

## M

马鞍山市永合重工科技有限公司与三一重工股份有限公司(以下简称三一重工公司)侵犯商标专用权及不正当竞争纠纷案 365
美泰利装饰公司诉钦州港务局等侵犯外观设计专利权案 468
米其林集团总公司诉谈国强欧灿侵犯注册商标专用权案 381
米其林集团总公司与天津米其林电动自行车有限公司侵犯商标权纠纷案 286

## N

南京大学出版社与武汉亚新地学有限公司请求确认不侵犯商标权纠纷案 426
宁波华能国际经济贸易有限公司与福建天龙电机有限公司不正当竞争纠纷上诉案 792
宁波市东方机芯总厂与江阴金铃五金制品有限公司侵犯专利权纠纷案 619

## O

OBE-工厂·翁玛赫特与鲍姆盖特纳有限公司与浙江康华眼镜有限公司侵犯发明专利权纠纷案 633

## P

彭博有限合伙公司诉上海澎博财经资讯有限公司等商标侵权纠纷案 271

## Q

汽车杂志社与中国汽车工业经济技术信息研究所侵犯版式设计专有使用权案 178
钱钟书、人民文学出版社诉胥智芬、四川文艺出版社著作权纠纷案 163
乔哲与西部旅行社著作权纠纷案 053
邱则有与长沙市桔洲建筑工程有限公司侵害发明专利权纠纷案 488

## R

日本国株式会社双叶社诉中华人民共和国国家工商行政管理总局商标评审委员会商标行政确认纠纷案 268
如皋市爱吉科纺织机械有限公司与国家知识产权局专利复审委员会、王玉山实用新型专利无效行政纠纷案 490
如皋市印刷机械厂诉铁德公司侵犯商标专用权纠纷案 369
(瑞士)豪夫迈—罗须公司诉中华人民共和国国家工商行政管理总局商标评审委员会、第三人西南药业股份有限公司商标行政纠纷案 318

## S

三共株式会社、上海三共制药有限公司与北京万生药业有限责任公司发明专利侵权纠纷案 776
山东东阿阿胶股份有限公司与山东福胶集团有限公司不正当竞争纠纷案 799
山东龙大企业集团有限公司与莱阳鲁花浓香

花生油有限公司不正当竞争纠纷案 818
山东鲁锦实业有限公司诉鄄城县鲁锦工艺品有限责任公司、济宁礼之邦家纺有限公司侵害商标权及不正当竞争纠纷案 804
山东齐鲁众合科技有限公司与齐鲁证券有限公司南京太平南路证券营业部侵犯注册商标专用权纠纷案 401
山东山起重工有限公司诉山东起重机厂有限公司侵犯企业名称权纠纷案 838
山东省食品进出口公司、山东山孚集团有限公司、山东山孚日水有限公司与马达庆、青岛圣克达诚贸易有限公司不正当竞争纠纷案 864
山东新发药业有限公司与浙江杭州鑫富药业股份有限公司、上海爱今缇国际贸易有限公司发明专利临时保护期使用费纠纷及侵犯发明专利权纠纷管辖权异议案 739
上海柏丽居货运代理有限公司与毕丽萍、上海孚睿吉商务咨询有限公司不正当竞争纠纷上诉案 791
上海避风塘美食有限公司与上海德荣唐美食有限公司不正当竞争纠纷案 820
上海富日实业有限公司与黄子瑜、上海萨菲亚纺织品有限公司侵犯商业秘密纠纷案 876
上海某机电设备有限公司与上海某设备成套设计研究院、上海某电力设备有限公司商业诋毁纠纷上诉案 878
上海纽福克斯汽车配件有限公司、纽福克斯光电科技（上海）有限公司诉上海索雷亚汽车用品有限公司著作权纠纷案 071
上海强人路信息服务有限公司与上海辰邮科技发展有限公司等侵犯商业秘密纠纷上诉案 870
上海全能科贸有限公司诉上海市知识产权局专利侵权纠纷处理决定案 732
上海帅佳电子科技有限公司、慈溪市西贝乐电器有限公司与山东九阳小家电有限公司、王旭宁及济南正铭商贸有限公司发明专利侵权纠纷案 587
尚杜·拉菲特罗兹施德民用公司因与被告深圳市金鸿德贸易有限公司、湖南生物医药集团健康产业发展有限公司商标专用权纠纷 402
佘国富与翁金山、佘珍英著作权纠纷案 120

佘全生诉袁中玉等侵犯外观设计专利权案 514
申请再审人柏万清与被申请人难寻中心、添香公司侵害实用新型专利权纠纷案 700
申请再审人北京世纪联保消防新技术有限公司与被申请人国家知识产权局专利复审委员会、二审第三人山西中远消防设备有限公司发明专利权无效行政纠纷案 711
申请再审人北京市捷瑞特弹性阻尼体技术研究中心与被申请人北京金自天和缓冲技术有限公司、王菡夏侵害发明专利权纠纷案 727
申请再审人北京双鹤药业股份有限公司与被申请人湘北威尔曼制药股份有限公司、一审被告、二审被上诉人国家知识产权局专利复审委员会发明专利权无效行政纠纷案 556
申请再审人贝林格尔英格海姆法玛两合公司因与被申请人国家知识产权局专利复审委员会、第三人江苏正大天晴药业股份有限公司发明专利权无效行政纠纷案 505
申请再审人本田技研工业株式会社与被申请人中华人民共和国国家知识产权局专利复审委员会、原审第三人石家庄双环汽车股份有限公司、原审第三人河北新凯汽车制造有限公司破产清算组外观设计专利权无效行政纠纷案 657
申请再审人曹忠泉与被申请人国家知识产权局专利复审委员会、一审第三人上海精凯服装机械有限公司实用新型专利权无效行政纠纷案 783
申请再审人东莞佳畅玩具有限公司、许楚华与被申请人新利达电池实业（德庆）有限公司、肇庆新利达电池实业有限公司及一审被告、二审上诉人国家知识产权局专利复审委员会和一审第三人、二审上诉人四会永利五金电池有限公司等实用新型专利权无效行政纠纷案 685
申请再审人法国弓箭玻璃器皿国际实业公司与被申请人义乌市兰之韵玻璃工艺品厂侵犯外观设计专利权纠纷案 697
申请再审人法国卡斯特兄弟股份有限公司与被申请人国家工商行政管理总局商标评审委员会、李道之商标撤销复审行政纠纷案 334

申请再审人福建多棱钢业集团有限公司与被申请人启东市八菱钢丸有限公司侵犯发明专利权纠纷案 536

申请再审人国家知识产权局专利复审委员会与被申请人胡颖、原审第三人深圳市恩普电子技术有限公司实用新型专利权无效行政纠纷案 502

申请再审人国家知识产权局专利复审委员会与被申请人江苏先声药物研究有限公司、南京先声药物研究有限公司、第三人李平专利无效行政纠纷案 592

申请再审人国家知识产权局专利复审委员会与被申请人张迪军、慈溪市鑫隆电子有限公司外观设计专利权无效行政纠纷案 519

申请再审人国家知识产权局专利复审委员会与被申请人赵东红、张如一,一审第三人、二审被上诉人邹继豪专利无效行政纠纷案 507

申请再审人国家知识产权局专利复审委员会、浙江今飞机械集团有限公司与被申请人浙江万丰摩轮有限公司专利无效行政纠纷案 652

申请再审人河北鑫宇焊业有限公司与被申请人宜昌猴王焊丝有限公司侵害发明专利权纠纷案 730

申请再审人洪亮与被申请人国家知识产权局专利复审委员会、原审第三人宋章根实用新型专利权无效行政纠纷案 548

申请再审人江苏省微生物研究所有限责任公司与被申请人福州海王福药制药有限公司、一审被告辽宁省知识产权局、一审第三人辽宁民生中一药业有限公司、常州方圆制药有限公司专利侵权纠纷处理决定案 743

申请再审人江苏万高药业有限公司与被申请人成都优他制药有限责任公司、原审被告四川科伦医药贸易有限公司侵犯发明专利权纠纷案 666

申请再审人鲁道夫·达斯勒体育用品波马股份公司与北京六里桥广客宇商贸有限责任公司侵犯注册商标专用权纠纷案 430

申请再审人宁波微亚达制笔有限公司与被申请人上海中韩晨光文具制造有限公司、原审被告宁波微亚达文具有限公司、原审被告上海成硕工贸有限公司擅自使用知名商品特有装潢纠纷案 814

申请再审人邱则有与被申请人山东鲁班建设集团总公司侵犯专利权纠纷案 568

申请再审人山西康宝生物制品股份有限公司与被申请人国家工商行政管理总局商标评审委员会、原审第三人北京九龙制药有限公司商标争议行政纠纷案 314

申请再审人山西振东泰盛制药有限公司、山东特利尔营销策划有限公司医药分公司与被申请人胡小泉侵犯发明专利权纠纷案 702

申请再审人陕西东明农业科技有限公司与被申请人陕西秦丰农机(集团)有限公司侵害实用新型专利权纠纷案 599

申请再审人陕西竞业玻璃钢有限公司与被申请人永昌积水复合材料有限公司侵犯实用新型专利权纠纷案 672

申请再审人深圳盛凌电子股份有限公司与被申请人安费诺东亚电子科技(深圳)有限公司侵犯实用新型专利权纠纷案 553

申请再审人深圳市蓝鹰五金塑胶制品厂与被申请人罗士中侵犯实用新型专利权纠纷案 560

申请再审人深圳万虹科技发展有限公司与被申请人深圳市平治东方科技发展有限公司等侵犯实用新型专利权纠纷案 598

申请再审人沈其衡与被申请人上海盛懋交通设施工程有限公司侵犯实用新型专利权纠纷案 643

申请再审人石家庄制药集团欧意药业有限公司与被申请人张喜田、二审上诉人石家庄制药集团华盛制药有限公司、石药集团中奇制药技术(石家庄)有限公司,一审被告吉林省玉顺堂药业有限公司侵犯发明专利权纠纷案 460

申请再审人孙守辉与被申请人青岛肯德基有限公司、上海柏礼贸易有限公司、百胜(中国)投资有限公司侵犯实用新型专利权纠纷案 539

申请再审人台山先驱建材有限公司与被申请人广州新绿环阻燃装饰材料有限公司、付志洪侵犯实用新型专利权纠纷案 543

申请再审人武田药品工业株式会社与被申请人国家知识产权局专利复审委员会、四川

海思科制药有限公司、重庆医药工业研究院有限责任公司发明专利权行政纠纷案　494

申请再审人徐永伟与被申请人宁波市华拓太阳能科技有限公司侵犯发明专利权纠纷案　680

申请再审人薛胜国与被申请人赵相民、赵章仁实用新型专利侵权纠纷案　646

申请再审人盐城泽田机械有限公司与被申请人盐城市格瑞特机械有限公司侵犯实用新型专利权纠纷案　500

申请再审人曾关生与被申请人国家知识产权局专利复审委员会发明专利申请驳回复审行政纠纷案　564

申请再审人张建华与被申请人沈阳直连高层供暖技术有限公司、二审上诉人沈阳高联高层供暖联网技术有限公司侵犯实用新型专利权纠纷案　641

申请再审人张强与被申请人烟台市栖霞大易工贸有限公司、魏二有侵犯专利权纠纷案　698

申请再审人浙江杭州鑫富药业股份有限公司与被申请人山东新发药业有限公司、上海爱分缇国际贸易有限公司发明专利临时保护期使用费纠纷及侵犯发明专利权纠纷管辖权异议申请再审案　471

申请再审人浙江乐雪儿家居用品有限公司与一审被告、二审上诉人何建华，一审第三人温士丹侵害发明专利权纠纷案　716

申请再审人镇江市营房塑电有限公司与被申请人广东科进尼龙管道制品有限公司、一审被告、二审被上诉人国家知识产权局专利复审委员会实用新型专利权无效行政纠纷案　708

申请再审人中山市君豪家具有限公司与被申请人中山市南区佳艺工艺家具厂侵犯外观设计专利权纠纷案　683

申请再审人中山市隆成日用制品有限公司与被申请人湖北童霸儿童用品有限公司侵害实用新型专利权纠纷提审案　770

申请再审人中誉电子(上海)有限公司与被申请人上海九鹰电子科技有限公司侵犯实用新型专利权纠纷案　688

申请再审人珠海格力电器股份有限公司与被申请人广东美的电器股份有限公司、二审

上诉人国家知识产权局专利复审委员会外观设计专利权无效行政纠纷案　676

申请再审人株式会社岛野与被申请人日骋公司侵犯发明专利权纠纷案　691

申诉人阿瑞斯塔生命科学北美有限责任公司与被申诉人中华人民共和国国家知识产权局专利复审委员会专利行政纠纷案　512

深圳市斯瑞曼精细化工有限公司诉深圳市坑梓自来水有限公司、深圳市康泰蓝水处理设备有限公司侵害发明专利权纠纷案　473

深圳唐锋电器实业有限公司、上海克莱美斯有限公司与胡松、武汉大学职务发明专利归属纠纷案　444

沈家和诉北京出版社著作权纠纷案　165

沈阳薇薇美容有限公司诉国家工商行政管理总局商标评审委员会商标争议行政纠纷案　322

施特里克斯有限公司与宁波圣利达电器制造有限公司、华普超市有限公司侵犯专利权纠纷申请再审案　486

石鸿林诉泰州华仁电子资讯有限公司侵害计算机软件著作权纠纷案　041

舒学章、国家知识产权局专利复审委员会与济宁无压锅炉厂发明专利权无效纠纷案　451

双叶株式会社与上海恩嘉经贸发展有限公司、广州市诚益眼镜有限公司、响水县世福经济发展有限公司侵犯著作权纠纷案　224

思科技术公司诉许杰侵犯商标权纠纷案　431

四川省宜宾五粮液集团有限公司与济南天源通海酒业有限公司侵犯商标专用权及不正当竞争纠纷案　357

四川滕王阁制药有限公司诉四川保宁制药有限公司侵犯商标专用权纠纷上诉案　376

宋志安与江苏省无锡锅炉实用新型专利侵权纠纷案　635

苏州鼎盛食品有限公司与江苏省苏州工商行政管理局工商行政处罚上诉案　359

苏州工业园区新海宜电信发展股份有限公司诉南京普天通信股份有限公司、苏州工业园区华发科技有限公司侵犯专利权纠纷案　756

孙楠与北京金视光盘有限公司、淄博银座商城有限责任公司、江西音像出版社侵犯表演者权纠纷案　196

索尼爱立信移动通信产品(中国)与国家工商行政管理总局商标评审委员会、刘建佳商标行政纠纷案 259

## T

泰尔斯特拉有限公司与中华人民共和国国家工商行政管理总局商标评审委员会商标行政纠纷案 292

泰兴市蓝色阀门有限责任公司与南京水美环保机械有限公司虚假宣传不正当竞争纠纷案 848

汤丽真诉福建省云霄潮剧团著作权纠纷案 015

腾讯科技(深圳)有限公司、深圳市腾讯计算机系统有限公司与北京奇虎科技有限公司、北京三际无限网络科技有限公司、奇智软件(北京)有限公司不正当竞争纠纷上诉案 884

天津狗不理集团有限公司诉济南大观园商场天丰园饭店侵犯商标专用权纠纷案 395

天津天士力制药股份有限公司与东莞万成制药有限公司、北京易安时代科技发展有限公司专利侵权纠纷案 637

天津中国青年旅行社诉天津国青国际旅行社擅自使用他人企业名称纠纷案 840

## W

汪飞来与重庆出版社出版合同纠纷案 168

汪峰与深圳市华动飞天网络技术开发有限公司著作权纠纷案 189

王春花诉新乡市邮电局将其作品制作成电话声讯服务节目侵犯著作权案 206

王冠亚等诉安徽音像出版社等著作权纠纷案 106

王广均、王广利与刘宝芝、山东省巨野县恒洁环保设备制造有限公司专利技术买卖合同纠纷案 459

王将饺子(大连)餐饮有限责任公司与李惠延侵犯注册商标专用权纠纷案 324

王兴华、王振中、吕文富、梅明宇与黑龙江无线电一厂专利实施许可合同纠纷案 475

王庸诉朱正本、中央电视台、王云之著作权侵权案 097

王正昌与云南省地图院、富民县人民政府著作权纠纷案 035

王志荣与湖南大学出版社出版合同纠纷案 160

翁立克与上海浦东伊维燃油喷射有限公司、上海柴油机股份有限公司职务发明设计人报酬纠纷案 478

无锡霍尔塞特工程有限公司与无锡市铭鑫增压器制造有限公司著作权纠纷案 005

吴冠中与上海朵云轩、香港永成古玩拍卖有限公司著作权纠纷案 241

吴光志与西安近代化学研究所、西安北方庆华电器(集团)有限责任公司技术成果署名权纠纷案 477

吴林祥、陈华南与翟晓明、常州一匙通数码锁业有限公司专利权纠纷案 447

吴美丽等与上海电影制片厂等著作权纠纷案 204

武汉市勘测设计研究院与牛水英著作权纠纷案 036

武汉适普软件有限公司诉武汉地大空间信息有限公司计算机软件著作权侵权案 233

## X

西安奥克自动化仪表有限公司与被告上海辉博自动化仪表有限公司请求确认不侵犯专利权纠纷案 624

厦门大洋工艺品有限公司与厦门市黄河技术贸易有限公司专利实施许可合同纠纷案 438

厦门康士源生物工程有限公司与北京御生堂生物工程有限公司、北京御生堂生物工程有限公司、长春市东北大药房有限公司擅自使用知名商品特有名称、包装、装潢纠纷案 801

厦门市雅宝电脑有限公司与北京今点万维网络技术有限公司、北京雅宝在线拍卖有限公司注册商标侵权纠纷案 342

新传在线(北京)信息技术有限公司与中国网络通信集团公司自贡分公司侵犯信息网络传播权纠纷案 090

新疆岳麓巨星建材有限责任公司与新疆维吾尔自治区阿克苏地区国家税务局、新疆建工集团第一建筑工程有限责任公司侵犯专利权纠纷案 597

新乐国人啤酒有限公司与武安名人啤酒厂、雪山(河北)啤酒有限公司外观设计专利侵

权纠纷案 758

星源公司、统一星巴克诉上海星巴克、上海星巴克分公司商标侵权及不正当纠纷竞争案 414

## Y

雅柏电影有限公司和数联公司著作权纠纷案 087

雅虎公司诉中华人民共和国国家工商行政管理总局商标评审委员会商标异议复审行政纠纷案 284

阎世豪与上海亿之唐信息服务有限公司著作权侵权纠纷案 239

颜永华诉南京市鼓楼区至乐书社等图书出版合同纠纷案 158

杨某诉春风文艺出版社等著作权侵权纠纷案 119

杨培康与无锡活力保健品有限公司侵犯发明专利权纠纷案 782

杨松云与日喀则地区行署修建灵塔办公室著作权纠纷案 093

叶洪桐诉北京丰联广场商业有限公司著作权侵权纠纷案 219

伊莱利利公司与甘李药业有限公司发明专利侵权纠纷案 469

伊莱利利公司与江苏豪森药业股份有限公司专利侵权纠纷案 741

伊士曼柯达公司诉苏州科达液压电梯有限公司商标权侵权纠纷案 276

意大利爱马仕公司与国家工商行政管理总局商标评审委员会商标驳回复审行政纠纷案 255

意大利费列罗公司与蒙特莎（张家港）食品有限公司、天津经济技术开发区正元行销有限公司不正当竞争纠纷案 807

英特莱格公司诉可高公司等侵犯实用艺术作品著作权案 007

于耀中与北京成象影视制作公司等著作权纠纷案 221

俞华诉北京古桥电器公司侵犯广告词著作权案 143

圆谷会社与豫园购物中心著作权纠纷案 226

圆谷制作株式会社、上海圆谷策划有限公司与辛波特·桑登猜、采耀版权有限公司、广州购书中心有限公司、上海音像出版社侵害著作权纠纷案 010

云南滇虹药业集团股份有限公司与国家工商行政管理总局商标评审委员会等商标行政纠纷案 335

## Z

再审申请人福建省晋江市青阳维多利食品有限公司与被申请人漳州市越远食品有限公司、一审被告、二审被上诉人李欣彩侵害外观设计专利权纠纷案 728

再审申请人精工爱普生与被申请人专利复审委员会等发明专利权无效行政纠纷案 573

再审申请人卡比斯特制药公司与被申请人中华人民共和国国家知识产权局专利复审委员会发明专利权无效行政纠纷案 721

再审申请人乐高公司与被申请人小白龙动漫公司等侵害著作权纠纷案 025

再审申请人（美国）伊莱利利公司与被申请人中华人民共和国国家知识产权局专利复审委员会专利权无效行政纠纷案 547

再审申请人潍坊恒联浆纸有限公司与被申请人宜宾长毅浆粕有限责任公司、一审被告成都鑫瑞鑫塑料有限公司侵犯发明专利权纠纷案 750

再审申请人株式会社岛野因与被申请人中华人民共和国国家知识产权局专利复审委员会及一审第三人宁波赛冠车业有限公司发明专利权无效行政纠纷案 570

臧天朔诉国际减灾十年艺术系列组委会等未经许可以营利为目的使用其作品侵犯著作权纠纷案 188

张锠、张宏岳、北京泥人张艺术开发有限责任公司与张铁成、北京泥人张博古陶艺厂、北京泥人张艺术品有限公司不正当竞争纠纷案 794

张梅桂、泰州市园艺塑料厂与江苏省知识产权局专利纠纷处理决定案 442

张培莲与四川科学技术出版社、北京市新华书店王府井书店侵犯著作权纠纷案 169

张培尧、惠德跃、江苏省阜宁县除尘设备厂与苏州南新水泥有限公司侵犯商业秘密、财产损害赔偿纠纷上诉案 871

张绍蓁与任义伯著作权纠纷案 212

张旭龙与人民美术出版社著作权纠纷案 176

张延华与临猗县志编委会著作权纠纷案 110

漳州片仔癀药业股份有限公司诉漳州市宏宁家化有限公司侵犯商标专用权纠纷案 417

赵杰峰与佛山市南海嘉美时代照明有限公司、汪仲商业诋毁纠纷案 882

浙江泛亚电子商务有限公司与北京百度网讯科技有限公司、百度在线网络技术(北京)有限公司侵犯著作权纠纷案 080

浙江省食品有限公司诉上海市泰康食品有限公司、浙江永康四路火腿一厂商标侵权纠纷案 340

浙江永乐影视制作有限公司、淄博笑艺文化传播有限公司与夏津县广播电视局、夏津县广播电视台播放权纠纷案 207

镇江唐老一正斋药业有限公司与吉林一正药业集团有限公司、一正集团吉林省医药科技实业有限公司、江苏大德生药房连锁有限公司、江苏大德生药房连锁有限公司镇江新概念药房不正当竞争纠纷上诉案 824

中国东南技术贸易总公司与北京市王码电脑总公司专利侵权纠纷案 527

中国贵州茅台酒厂有限责任公司诉重庆南方君临酒店有限公司侵犯商标专用权案 428

中国科学院成都有机化学研究所与成都正大电器机械厂专利侵权纠纷案 626

中国药科大学与江苏福瑞科技有限公司不正当竞争纠纷案 846

中国音像著作权集体管理协会与北京京瑞房产有限公司著作权纠纷案 228

中国友谊出版公司与浙江淘宝网络有限公司、杨海林侵犯出版者权纠纷案 231

重庆协信控股(集团)有限公司诉重庆天骄物业发展有限公司商标侵权案 252

重庆正通药业有限公司、国家工商行政管理局商标评审委员会诉四川华蜀动物药业有限公司商标行政纠纷案 289

周海婴诉光明日报社侵犯著作权纠纷案 141

朱莉亚·班纳·亚历山大与北京市海淀区戴尔培训学校、北京洲际文化艺术交流有限公司著作权纠纷案 130

庄志和、广东省深圳天明美术印刷有限公司与广东省南海市官窑中心印刷厂侵犯专利权纠纷案 622

邹源与林治、中华工商联合出版社著作权纠纷案 210

遵化栗源食品有限公司与北京富亿农板栗有限公司、上海三樱包装材料有限公司不正当竞争纠纷案 843

# 主题词索引

## B

版式设计　178
保护表演形象不受歪曲权　183
保护范围　030,545,597
保护作品完整权　069,076,165,174
保密措施　871,876
保密期限　874
报酬权　168
报刊转载　173
报社　174
被告　741
被诉侵权技术方案的查明　666
被宣传对象　848
本职工作　450
比较广告　886
必不可少的使用范围　135
必要技术特征　530,692
编辑作品　110
表明身份权　183
表演　214
表演者　180,183,185,188,189,190,204
表演者身份　196
伯尔尼公约　007
驳回商标申请　296
补交的实验数据　494
不产生特定毒副作用的特征　721
不得转载声明　239
不恰当的表述　884
不侵权之诉　735
不正当竞争　804,840
不正当竞争关系　855
不正当竞争手段　889
不正当手段注册　305
步骤顺序　633

## C

财产权　122

操作使用方法专利　440
产品产地　379
产品广告　006
产品类别　697
产品用途　697
产品制造方法专利　440
产品种类　728
产品种类相近　613
唱腔设计　106
撤销　733
诚实信用　376
驰名商标　276,278,281,282,284,365,414
驰名商标认定　286
尺寸参数　553
充分公开　547
出版合同　158,160
出版期限　165
传统工艺　484
创造性　484,487,494,502
从属权利要求　688
从属专利　635

## D

答题卡　051
单位　444
登记　459
等同技术特征　672
等同侵权　584,624,727
等同特征　637
等同原则　619,639,716
抵触申请　488
地理标志　340
地理名称　832
地图作品　036
地域管辖　779
第三人侵犯商业秘密的举证责任　874
电视和美术作品　006
电视台　207

电影 VCD　107
电影作品　106
调查权　442
调解协议　782
独创性　005,025,038,053,097
独立权利要求　527,530,610,631
多项技术方案　610
多余指定原则　748

## E

恶意注册　289
二次报酬权　204

## F

发表　068,210,212
发明人　478
发明专利临时保护期使用费　471
发文日　599
发行权　076
法定许可　139,180,200
法律依据　160
法人作品　093,104,110
《反不正当竞争法》上的经营者　797
反向工程　866
方法发明专利　440
方法专利　460,633,716
房屋出租者　243
仿冒商品条形码　792
仿冒行为　846
仿冒域名　791
放弃的技术方案　663
放映权　228
非新产品制造方法专利　750
分案申请　568
封闭式权利要求　702,730
辅助工作　102
附图　548,553
复制发行　200
复制品　243
复制权　071,076,226

## G

改编　016,097,100
改劣技术方案　641
稿酬　158,210,212

歌曲作品　180
个人作品　016
给药特征　721
更换商标　370
公告　459
公开范围　685
公益广告　137
公证证据　090,615
公知常识　708
公知技术抗辩　486
公知领域　020
功能性设计特征　519
功能性限定　629
共同创作　095
关键词侵权　840
管理专利工作的部门　442
管辖法院　735,738
管辖权　328
管辖权异议　736,741
广播　206
规范使用　395
国家名称　256
国家意志　093

## H

合法性　870
合理开支　763
合理审查义务　428
合理使用　127,130,137,145
合同终止　168
合作作品　119
合作作者　102
后序部分　527
后续开发　127
后续行为　473
汇编作品　053,104,176
汇校本　163
惠益分享　058
混淆　311,414
混淆的认定因素　818
混淆性近似　347
获酬权　477
获得显著性　250

## J

机械领域专利　711

基本相同的手段及效果　672
基础专利　635
级别管辖　779
集体管理　228
计算机软件　040,041,233,237
技术措施　233,237
技术方案　547,756
技术功能　698
技术秘密　861
技术偏见　512
技术术语　545,608
技术特征　622,629,698
技术特征的解释　646
继承　122
价值性　871
假冒署名　241
剪纸作品　145
简单替换　683
建筑作品　023
教科书　139
结构接近的化合物　505
进入公共领域的外观设计专利　814
禁止反悔原则　533,556,643,660,663,666,688
禁止混淆　376
经营范围　827
竞价排名　840
竞业禁止　866
竞业限制　876
竞争关系　827
举证责任　041,145
举证责任倒置　460,748
具体行政行为　783
决定日　599

## K

KTV　228
开放式权利要求　702,711
勘验笔录　618
可视部分　676
客户名单　858
客户信任　864
客户自愿　858
课堂教学　135
肯定的意思表示　143

口头审理　584
夸张宣传　852

## L

类似服务　271,311,342
类似商品　301,305
立体到平面的复制　056
立体商标　255,344
利润率　763
例示性描述　680
连续三年停止使用　334
链接服务　085
临时保护　595
垄断　438
录像制品　107,207
录像制作者权　190
录音录像　188
录音录像制品　185
录音录像制作者　203
录音制品　196,200
录音制作者　180

## M

美术作品　020,044,120,224
描述性的商品名称　801
民间文学作品　058
民间艺术作品　056
民间音乐作品　097
民事　545
民事纠纷　224
民事制裁　241
名誉权　069
明显不清楚的保护范围　700
默示　141
默示许可　219
母案申请　568

## P

拍卖　241
判决执行　169
赔偿额　373
赔偿数额　407,430
赔偿责任　428
"披露＋显示"规则　859
剽窃　218

平面到立体　226
平行进口　381
普通技术人员　560

## Q

期刊　171
期刊社　174
其他特征　730
企业标准备案　490
企业简称　838
企业名称　820,832
企业字号　414,824,835
前序部分　527
侵害复制权　005,038
侵害实用新型专利权　545
侵权　169
侵权对比　545
侵权判断　030
侵权赔偿　587,758
侵权人获得利益　758
侵权损害赔偿数额　770
侵权行为赔偿数额　763
侵权责任　085
侵权者身份　196
权利管理信息　239
权利要求　533,548,608,626
权利要求保护范围　543
权利要求的记载范围　646
权利要求的解释　560,573
权利要求书　553,618,619
权利要求书修改　592
权利要求术语　536
权利要求用语　708
权利主张地原则　271
全面覆盖原则　525,748
确认不侵权之诉　426

## R

人身权　122
软件作品　044

## S

散布虚假信息　878
善意第三人　333
商标拆分使用　372
商标撤销　334
商标代理　289
商标的合理使用　357
商标共存　353
商标共存协议　310
商标合理使用　424
商标混淆可能　401
商标近似　281,298,322,330,347,355,359,
　　373,383,402
商标侵权　365,430
商标侵权刑事责任　431
商标侵权行为　292
商标权　398
商标权共有　248
商标使用　259,265,282,304,335,359,386,
　　399,407
商标显著性　262
商标许可使用合同　333
商标异议　314,328
商标专用权　369,394
商标专用权范围　342
商标转让　248
商标转让公告　330
商品分类　252
商品近似　799
商品来源的混淆　792
商品类似　373
商品名称　395
商品通用名称　804
商业成功　502
商业诋毁　850,878,882,884,886
商业惯例　417
商业机会　864
商业秘密　858,859,864,866,870,871,874
商业上的成功　487
商业投诉行为　879
设计空间　652
设计人　478
摄影作品　035,114
摄制　221
申请日　447
生产工业产品行为　071
生产许可证号　843
声讯服务　206
实用新型　507,548,626

实用艺术作品　007,025,030
实质性相同　041
使用方式的特性　130
使用费分成　478
使用环境特征　692
使用许可合同　141
市场管理方责任　394
市场竞争行为　889
事后补救义务　389
事前审查义务　389
事实推定　750
事先或事后约定　770
署名　095,214
署名权　015,107,477
术语解释　631
数码照片　035
数字图书馆　229
说明书　533,548,553,685
说明书及附图　539,543,680
私力救济　882
思想表达　051
思想表达二分法　218
送达日　599
搜集证据权　442
搜索引擎　840
诉前禁令　774
诉讼　743
诉讼管辖　739
诉讼请求　741
诉讼时效　615
诉讼中止　587
溯及力　353
损害赔偿　811,855
损害赔偿责任的承担方式　843
所属技术领域的技术人员　547
所属技术领域人员　564

### T

他人作品　214
特定含义　536
特有名称　799,801
通用名称　261,402,794,797,799
通用名称的认定　422
通知—删除　080
同时申请　451

投稿　160,171
突出使用　252
图书出版者　176
图书质量　165
图书重印　169
推定　113
退稿　171

### W

歪曲篡改　216
外观设计　398,613,652,657
外观设计专利　514,728
外观设计专利现有技术抗辩　587
外国鉴定结论　010
网络服务提供商　080
网络服务提供者　231
网络环境　090
网络平台服务提供商的侵权责任　879
网络商标侵权　351
违约责任　165
未注册商标　265
委托创作　114,115,119
委托代理　074
委托作品　053,104,127,188
文字作品　100
物质技术条件　444,447
误认　807

### X

戏剧作品　015,016,100
先用权　760
先用权抗辩　778
现场录像　618
现有技术　507,512
现有技术抗辩　500,754,756
现有设计　514
相反的技术方案　727
相关公众　311,401
相关技术领域　584
"相似+接触"规则　866
相同或类似的设计　455
相同侵权　622
相同专利　451
协商　119
新晶型化合物　505

新颖性　488,490,500,859
信赖利益　573
信息网络传播　206
信息网络传播权　054,077,087,090,189,203,229
行政处罚　359
行政处理　743
行政处理决定　733
行政调解　732
行政纠纷　224
行政批准　036
行政审批　054
行政诉讼　783
行政违规行为　074
形式审查　114
形状构造类装潢　814
修改权　100,174
虚假事实　882
虚假宣传　846,850,852,855
许可使用　143,153
许诺销售　469

## Y

演出组织者　180
演绎权　016
药品管理法规　556
药品生产批件　778
药品专利　639
药品专利 Bolar 例外　776
一般消费者　657,676
医药用途发明　721
移送管辖　779
以类似摄制电影的方法创作的作品　185
意见陈述　573,666
域名　383
原件所有权　120
原说明书和权利要求书记载的范围　570

## Z

载体　221
再创作　058,216
在先权　311
在先权利　252,268,314,316,318,322,324,376,398,516,811
展览　219

整体视觉效果　683
正当使用　417
证据效力　010
证明力　090
知名度　284
知名服务特有的名称　820
知名服务特有的装潢　822
知名商品　402,824
知名商品特有的包装与装潢　807
知名商品特有的装潢　818
知名商品特有名称　794,797
知情权　168
直接获得的产品　460
职务发明　444,450
职务发明创造　447
职务作品　110,113,139
质量保证义务　370
质量证明　843
质证　741
中药专利　637
忠实义务　861
重复授权　455
重印再版　168
主观恶意　832
注册商标　224,835
注意义务　085,861
著作权　056
著作权登记　025
著作权侵权　040
著作权人声明　173
著作权许可使用合同　074
专利部分无效　597
专利共有人　475
专利临时保护　739
专利临时保护期使用费　473
专利侵权的酌定赔偿　760
专利侵权法定赔偿　484
专利侵权诉讼　741
专利权人限制　539
专利权无效　598
专利权属　450
专利权转让　459
专利申请文件修改　570
专利实施　468
专利实施许可合同　438,475

专利授权或无效宣告程序　660
专利说明书　624
专利说明书与附图　646
专利无效宣告程序　592
专利要求书　525
专有出版权　163,231
专有使用权　115,141
转让合同　153

字库　044
字体　044
组合商标　386
最先立案法院　738
作品　051,221
作品登记　068
作者　095